추천의 글

목회자들에게 성경해석법과 강해설교를 가르치고 나면 좋은 주석을 추천해달라는 부탁을 종종 받곤 한다. 그런 질문을 받으면 마음이 아팠다. 왜냐하면 우리말로 번역된 주석 가운데 선뜻 추천할 만한 것이 떠오르지 않았기 때문이다. 그런데 이번에 디모데를 통해 『존더반 신약주석』이 번역된다는 소식을 듣고 여간 기쁘지 않았다. 이 주석 시리즈야말로 목회자들을 위한 최고의 주석 중 하나가 될 것이기 때문이다.

그동안 여타의 주석들은 매우 학문적이거나 아니면 지나치게 적용에만 치우친 것으로 그 종류가 나뉘어 설교자들은 여러 권의 주석을 한꺼번에 참조해야 했다. 또한 그것을 다시 종합하는 쉽지 않은 과정을 거쳐야 했다. 시간에 쫓기는 목회자에게 이러한 작업은 결코 쉽지 않은 것이다.

『존더반 신약주석』은 성경 각각의 구절을 어느 학문적 주석 못지않게 깊고 정확하게 연구해놓았을 뿐만 아니라, 그 연구 결과를 바탕으로 신학적 진리를 알기 쉽게 추출해놓았다. 책에서는 '석의적 개요'라고 지칭했지만 실제로는 '강해적 개요'에 가깝게 본문의 의미를 잘 강해해놓아 설교자가 곧바로 그 개요를 자신의 설교에 사용할 수 있도록 배려하였다. 거기에 더하여 따로 부문을 할애해 적용까지 충실하게 다루어주었다.

설교자가 반드시 알아야 할 전후 문맥을 잘 연구해놓은 것과 본문의 흐름을 명확하게 알 수 있도록 도표로 본문을 배열해놓은 점 그리고 헬라어에 능숙하지 않아도 충분히 의미를 이해할 수 있도록 배려한 점이 돋보인다. 만일 어느 설교자가 현존하는 우리말 주석 가운데 오직 한 권만 구입해야 한다면 나는 이 주석 시리즈가 될 것이라 확신한다. 신약을 깊고 올바르게 설교하려는 모든 설교자에게 이 시리즈를 추천한다. 설교자라면 반드시 서재에 비치하고 두고두고 보아야 할 주석이다.

박정근 _ 부산 영안침례교회 담임목사

나는 사람들과 나의 서가를 공유하는 것을 마다하지 않는다. 어떤 책이든 좋으니 다 꺼내 읽으라고 초대한다. 그럼에도 주석서만큼은 입장을 허용하지 않는다. 그만큼 설교자에게 주석서는 중요하다. 그럼에도 주석서를 탐구하며 말씀을 바르게 전하기 위해 노력하는 것보다 더욱 중요하게 생각하는 것이 있는데, 그것은 바로 하나님의 마음을 앞서지 않도록 머리가 지식으로 가득 차기 전에 멈추는 것이다. 이번에 한국에 소개되는 『존더반 신약주석』은 이런 염려에서 놓여날 수 있도록 해주었던 매우 탁월한 책이다.

주석서들은 보통 단어 해석이 탁월하거나, 배경 설명을 중점으로 하거나, 다양한 해석에 초점이 맞춰져 있는 등 어느 한쪽에 강점이 있기 마련이다. 때문에 준비하는 입장에서는 한 본문을 놓고도 많은 주석서를 참고해야 한다. 하지만 이 책은 관찰, 해석, 적용 이 세 가지 중 어느 하나도 놓치지 않고 있으며, 특히 적용까지 균형을 잃지 않고 담아놓았다. 무엇보다 찾기 쉽고 깔끔한 편집으로 핵심이 무엇인지 한눈에 파악할 수 있도록 배려했다.

통찰력 있지만 단순한 심령에 주님의 마음이 더 잘 담길 수 있다고 생각하는 이들에게 꼭 필요한 단 한 권의 주석서가 무엇인지 묻는다면, 나는 이 책이라고 생각한다. 최소한, 준비의 시작은 이 책이라고 권하고 싶다.

서정인 _ 한국컴패션 대표

교육가로서, 특히 어린이 사역자로서, 또 말씀을 선포하는 설교자로서 주석을 선정하는 기준은 두 가지다. 이 주석은 본문이 의미하는 바를 충분하고 명확한 그림으로 설명해주는가? 이 주석은 그 진리가 오늘 내 문제에 의미하는 바를 볼 수 있도록 분명하게 비추어주는가?

『존더반 신약주석』은 내가 원하는 내 스타일의 주석이다. 보배를 발견한 나의 가슴이 뛴다. 이 주석이 보배인 이유는 다음과 같다.

첫째, 정확한 그림을 보게 해주기 때문이다. 그 본문이 기록된 역사적 배경, 그 본문이 위치한 맥락과 각 단어의 종속관계 등을 면밀하게 살피는 문법적 분석, 성경이 하나님의 말씀이라는 복음주의 신학의 렌즈를 통해 본문이 독자에게 의미하는 바가 무엇인지를 정확히 드러내준다.

둘째, 큰 그림을 보게 해주기 때문이다. 본문을 통해 성경 저자가 말하려는 중심 사상을 한두 문장으로 졸여줌으로써 이 본문을 통해 내가 들어야 할 성령의 음성을 정확하게 붙들 수 있도록 도와준다.

셋째, 시각적으로 보여주기 때문이다. 성경은 평평한 지면에 검은 잉크로 인쇄되었기 때문에 거기에 사용된 어구의 높낮이나 의미상의 크기가 잘 구분되어 보이지 않는다. 그러나 이 주석은 그것을 입체적으로 시각화해주고 있다. 각 본문의 '번역' 부분은 헬라어의 문법적 구조에 따라 각 단어나 구가 어떻게 연결되고 종속되는지를 보여주는 멋진 그림이다.

단어나 문장의 위치를 통해 그리고 주동사 문장을 굵은 폰트로 강조함으로써, 한눈에 보아도 저자가 말하려는 중심 의도가 강조되고 있다.

넷째, 어떻게 적용해야 할지를 보여주기 때문이다. 성경을 연구하는 이유는 지적 유희를 위해서가 아니다. 그것은 순종하기 위해서다. 바른 진리를 알아야 하는 이유는 바른 삶을 살기 위해서다. 이 주석은 양쪽 언덕을 확고하게 이어주는 다리처럼 우리가 발견한 진리가 어떻게 우리 삶과 연결되는지까지 친절하게 연결해주고 있다. 더욱이 설교 구성이 서툰 설교자나 교사가 자신의 회중이나 학생들의 필요에 맞게 약간 조정만 하면 한 편의 설교안이나 교안이 될 개요까지 친절하게 제공해주고 있다.

『존더반 신약주석』을 통해 한국교회에 말씀의 능력으로 힘을 얻는 축복이 임하길 기대하며 기도한다.

양승헌 _ 세대로교회 담임목사, 파이디온 공동설립자 및 전(前) 대표,
한국해외선교회(GMF) 이사장

『존더반 신약주석』은 하나님이 본문에서 의도하신 뜻을 정확하게 찾아내 청중에게 전달하기 위해 본문을 진지하게 공부하는 이들에게 진정 복음과 같다. 이 시리즈는 주석이 갖추어야 할 모든 요소를 포함하고 있는 탁월한 석의적 주석이다. 철저한 단어 연구, 문법적 세부 사항, 역사적, 문화적 배경, 전후 문맥, 본문 비평적 문제 등의 연구를 통해 본문의 의미를 정확하게 설명하고 있다. 뿐만 아니라 중요한 해석적 쟁점들을 최고의 복음주의 학자들과 최근의 학문적 연구들을 기초로 하여 균형을 추구하면서 본문이 의도하는 뜻을 찾기 위해 최대한의 노력을 기울인다.

주석의 구조 또한 명료하다. 각 장마다 저자가 사고하는 연결성을 강조하는 전후 문맥으로 시작하여 본문의 전체 흐름을 한눈에 볼 수 있는 도해 그리고 본문의 메인 아이디어(주요 개념), 본문의 사고의 흐름을 볼 수 있는 석의적 개요, 세부적인 본문 설명 그리고 적용에서의 신학으로 장을 마치는 자연스러운 구조로 지루하지 않게 본문의 내용을 따라가게 한다. 특히 각 장의 마지막 부분에서 다루는 '적용에서의 신학'은 현 시대를 살아가는 청중에게 본문의 핵심 메시지를 삶에 실제로 적용할 수 있게 다룸으로써 언제나 적용을 고민해야 하는 설교자들에게 큰 유익이 된다.

『존더반 신약주석』은 하나님의 말씀을 정확하고 올바르게 전하기를 소원하는 성경교사나 설교자가 절대로 놓쳐서는 안 될 귀중한 자산이 될 것이다. 정확하게 해석된 말씀으로 성도를 올바로 세울 때 한국교회가 건강하게 세워질 것을 믿음의 눈으로 바라보며, 모든 설교자에게 탁월한 길잡이가 될 『존더반 신약주석』을 강력하게 추천한다.

이재학 _ 디모데성경연구원 원장

존더반 신약주석

강해로 푸는 고린도전서

옮긴이 **김귀탁** 총신대학교 신학과와 신학대학원, 아세아연합신학대학원을 졸업하고 총신대학교 대학원에서 조직신학 박사 과정을 공부했다. 역서로는 『경외와 외식』, 존더반 신약주석 시리즈 중 『강해로 푸는 요한 일·이·삼서』(이상 디모데), 『BECNT 요한계시록』, 『신약 개론』, 『ESV 스터디 바이블』(이상 부흥과개혁사), 『그레고리 빌 요한계시록 주석』, 『로마서 주석』(이상 복있는 사람), 『UBC 출애굽기』(성서유니온선교회) 등이 있다.

ZONDERVAN
Exegetical Commentary on the New Testament 1 Corinthians

존더반 ZONDERVAN 신약주석

강해로 푸는 고린도전서

1쇄 발행 2019년 12월 20일

지은이 폴 가드너
책임편집 클린턴 E. 아놀드
펴낸이 고종율
옮긴이 김귀탁

펴낸곳 주) 도서출판 디모데 〈파이디온 선교회 출판 사역 기관〉
등록 2005년 6월 16일 제 319－2005－24호
주소 서울특별시 서초구 서초대로 141–25(방배동, 세일빌딩)
전화 마케팅실 070) 4018–4141
팩스 마케팅실 031) 902–7795
홈페이지 www.timothybook.com

값 65,000원
ISBN 978–89–388–1656–6 04230
ISBN 978–89–388–1578–1 (세트)

존더반 ZONDERVAN 신약주석

강해로 푸는 고린도전서

폴 가드너 지음

클린턴 E. 아놀드 책임편집 | **김귀탁** 옮김

차례

시리즈 서론

복되게도 이 세대에는 탁월한 주석이 많다. 어떤 주석은 전문적인 것으로, 평론가들이 제기한 쟁점들을 잘 다룬다. 또 어떤 주석은 단어 용례에 대한 광범위한 정보를 제공하고, 다양한 해석적 문제들에 대한 거의 모든 견해를 나열한다. 또 어떤 주석은 문화적·역사적 배경 지식을 제공하는 데 초점을 맞춘다. 또한 적용을 위한 많은 통찰들을 끄집어내려는 주석도 있다.

문제는 당신이 주석에서 무엇을 찾고 있는가 하는 것이다. 당신이 다음 중 어느 하나에라도 해당된다면 이 주석 시리즈는 당신을 위한 것이다.

- 헬라어를 배웠으며, 자신이 잘 훈련받은 학자라고 생각하지는 않지만 배운 것을 적용하도록 도와줄 주석을 원한다.
- 주석가가 각 본문의 주된 요점으로 제시하는 간결한 한두 문장짜리 진술이 도움이 된다고 생각한다.
- 교회 생활과 관련이 없는 것처럼 보이는 학문적 문제에 얽히지 않으면서 성경에 나오는 말씀을 해석하는 데 도움을 얻고 싶다.
- 각 본문에서 사고의 흐름에 대한 시각적 설명(도해적 표시)을 보고 싶다.
- 원문의 의미를 가능한 명확하게 설명하고 중요한 해석적 쟁점들을 잘 헤쳐나가도록 돕는 견실한 복음주의 학자들의 전문적인 인도를 원한다.
- 본문의 의미를 조명하는 데 도움이 될 만한 최고이자 최근의 학문적 연구 결과와 역사적 정보에서 유익을 얻고 싶다.
- 각 본문에서 수집할 수 있는 핵심적인 신학적 통찰과 이러한 통찰이 오늘날 그리스도인들에게 적절한 것인가에 대한 논의의 요약을 얻기 원한다.

위의 사항들은 이 신약 주석 시리즈의 특징 중 몇 가지만 꼽은 것이다. 이 시리즈에 대한 아이디어는 편집국에서 목사와 교사들이 헬라어 본문에 기초한 주석 시리즈에서 원하는 것이 무엇인지 조사한 후 오랜 시간에 걸쳐 다듬어진 것이다. 이 일에 참여한 사람으로는 필자, 조지 거스리(George H. Guthrie), 윌리엄 마운스(William D. Mounce), 토마스 슈라이너(Thomas

R. Schreiner), 마크 스트라우스(Mark L. Strauss)와 존더반 전체 편집차장 벌린 버브루그(Verlyn Verbrugge)와 전(前) 존더반 원고 검토 편집차장 잭 쿠하첵(Jack Kuhatschek) 등이다. 우리는 또한 교회에 도움이 될 만한 주석 시리즈를 계획하는 과정에서 도움을 받기 위해 목회를 하고 있는 목사, 사역 지도자, 신학교 교수들로 구성된 자문 편집진을 모집했다. 존더반 원고 검토 편집차장 데이비드 프리스(David Frees)가 지금까지 그 과정을 이끌어왔다. 존더반 선임 도서 편집자 카트야 코브렛(Katya Covrett)이 이제 그 과정을 완성까지 이끌어왔으며, 콘스탄틴 캠벨(Constantine R. Campbell)이 위원회에서 섬기고 있다.

이제 각 성경 본문을 다루기 위한 일곱 가지 구성 요소가 포함된 설계도를 보자. 다음은 이 주요 요소들에 대한 간략한 안내다.

문학적 전후 문맥

이 부분에는 본문이 그 책의 광범위한 문학적 전후 문맥 안에서 어떤 역할을 하는지에 대한 간결한 논의가 나온다. 주석가는 그 책에서 앞에 나오는 자료 및 뒤에 나오는 자료와의 연결들을 강조하고, 이 본문의 핵심적 특징들을 관찰한다.

주요 개념

많은 독자는 이것이 이 주석 시리즈에서 대단히 유용한 특징임을 알게 될 것이다. 각 본문에 대해, 주석가는 본문의 큰 개념 혹은 중심 취지를 한두 문장으로 주의 깊게 기술한다.

번역과 도해식 레이아웃

이 시리즈의 또 다른 독특한 특징은 헬라어 본문에 대한 각 주석가의 번역을 도해로 제시한다는 것이다. 이 도해의 목적은 독자들이 본문 안에 나오는 사고의 흐름을 시각화해서 더 잘 이해하도록 돕는 것이다. 번역 자체는 이 주석의 '설명' 부분에서 각 주석가가 내린 해석적 결정들을 반영한다. 다음은 이 책의 구성 방식이다.

1. 구절을 나타내는 숫자 바로 옆에는 성경 본문의 각 절이나 문구의 기능을 나타내는 해석적 분류 표시가 나온다. 본문에서 그에 해당되는 부분은 분류 표시 바로 옆에 배치되었다. 쉽게 이해할 수 있도록 전문적인 특수 용어는 사용하지 않았다.

2. 일반적으로 모든 절(주어와 술어를 포함하는 단어들의 무리)을 별도의 행으로 잡으며, 그것이 어떻게 본문의 주요 주장을 뒷받침하는지 밝힌다(즉, 그것은 언제 행동이 일어났다고, 어떻게 그것이 일어났다고, 혹은 왜 그것이 일어났다고 말하고 있는가). 때로 더 긴 문구나 일련의 항목은 별도의 행으로 놓기도 했다.
3. 종속(혹은 독립)절과 문구들은 들여 써서 그것이 수식하는 단어 바로 밑에 둔다. 이것은 독자들이 본문의 흐름에서 절과 구의 관계의 특질을 더 쉽게 볼 수 있도록 돕는다.
4. 모든 주요 절은 굵은 활자로 되어 있으며, 분명히 알아볼 수 있도록 왼쪽 끝으로 밀어놓았다.
5. 때로 종속되는 말들이 너무 오른쪽에 놓이게 될 때 – 바울의 길고 복잡한 이야기가 종종 그렇듯이! – 이어지는 말들의 위치를 왼쪽으로 옮겨놓았다. 하지만 그렇게 했다는 것을 나타내기 위해 화살표를 사용했다.
6. 우리가 따른 전반적인 과정은 담화 분석 원리 및 이야기 비평(복음서와 사도행전에 대해서는) 원리에서 배운 것이다.

구조

번역 바로 다음에, 주석가는 본문에 나오는 사고의 흐름에 대해 말하고 어떻게 본문에서 각 절의 관계에 관한 해석적 결정들이 이루어졌는지 설명한다.

석의적 개요

상세한 석의적 개요에서는 본문의 전반적 구조를 묘사했다. 이것은 성경을 가르치거나 설교할 때, 본문에 나오는 사고의 흐름을 간결하게 설명할 수 있는 방식을 찾고 있는 사람들에게 특히 도움이 될 것이다.

본문 설명

이 책은 석의적 주석이므로, 본문의 의미를 해석하기 위해 헬라어를 사용한다. 당신의 헬라어가 다소 서툴다 해도(혹은 심지어 어느 정도 제한되어 있다 해도) 너무 염려하지 마라. 모든 헬라어 단어는 우리말 번역 다음에 괄호 안에 인용되어 있다. 우리는 이 주석이 비전문가들에게도 가능한 한 읽기 쉽고 유용한 것이 되도록 최선을 다했다.

이 주석에서 가장 도움을 받을 사람은 대학이나 신학교에서 2년 정도 헬라어 교육을 받은 사람일 것이다. 혹은 한두 학기 정도 중급 문법(Wallace, Porter, Brooks and Winberry 혹은 Dana and Mantey 같은)을 공부한 사람도 포함될 것이다. 저자들은 이 문법서들에 나오는 문법적 용어들을 사용한다. 하지만 본문의 문법에 관한 상세한 사항들은 본문 해석과 관련이 있을 때만 논한다.

본문의 이 부분을 강조하는 것은 의미를 전달하기 위해서다. 주석가들은 단어와 이미지, 문법적 세부 사항, 특정한 개념과 관련된 구약적·유대적 배경, 역사적·문화적 전후 문맥, 중요한 본문 비평적 문제, 표면에 부상하는 다양한 해석적 문제들을 검토한다.

적용에서의 신학

이것 역시 석의 주석 시리즈만의 독특한 특징이다. 우리는 본문이 다양한 세부 사항 속에서 무엇을 의미했는지 묘사하기 위해서뿐 아니라, 또한 그것이 신학적으로 기여하는 바를 성찰하기 위해서도 각 저자에게 이것이 중요하다고 생각했다. 이 부분에서는 본문의 신학적 메시지를 요약한다. 저자들은 본문의 신학을 그 책 안에서 그리고 더 광범위한 성경적-신학적 맥락에서 그것이 차지하는 위치에 비추어 논한다. 마지막으로, 각 주석가들은 본문의 메시지가 오늘날의 교회를 위해 무엇을 말하는지에 대해 몇 가지 제안을 한다. 이 시리즈 각 권 끝부분에는 이 책에서 다룬 신학적 주제 전체에 대한 요약이 나온다.

우리는 이 시리즈가 독자 스스로 신약 본문을 이해하기 위해서뿐 아니라, 하나님의 진리에 굶주린 사람들에게 그 말씀을 가르치고 설교하는 일에도 도움이 되기를 진심으로 바라고 기도한다.

클린턴 E. 아놀드(Clinton E. Arnold), 책임편집자

저자 서문

성경 연구에 대한 사랑이 싹트기 시작했던 때는 짐 헐리(Jim Hurley)와 케임브리지에서 양초 만들기 사업을 하던 시기였다. 그는 당시 박사학위 논문을 위해 틴데일 하우스(Tyndale House)에서 고린도전서를 연구하고 있었다. 그때 우리 두 사람은 돈이 필요했다. 아내와 나는 미국에서 신학교에 다닐 학비를 충분히 마련하고자 애쓰고 있었다. 마침내 길이 열려서, 시몬 키스트메이커(Simon Kistemaker)를 만나게 된 리폼드 신학교(Reformed Theological Seminary)에서 공부를 할 수 있게 되었다. 나중에 키스트메이커는 핸드릭슨 신약주석 시리즈(Hendriksen New Testament Commentary) 중 고린도전서 주석을 썼다. 키스트메이커는 목회에 중점을 두고 신약을 탁월하게 가르쳤고, 개인적으로 크게 격려해주었다. 이를 통해 내 안에 박사 과정을 공부하고 싶은 열망이 생겨났다. 그래서 케임브리지 대학으로 돌아와 모나 후커(Morna Hooker)의 박사 과정 연구생이 되어, 고린도전서 8-10장을 연구하게 되었다. 박사 논문의 각 단계를 세심하게 검토해준 후커 교수에게 깊이 감사한다.

서품을 받은 후 나는 북 런던에 있는 영국국교회 신학교인 오크힐 신학교(Oak Hill Theological College)에서 헬라어, 신약성경, 설교학을 가르쳤다. 고린도전서도 강의 시간표에 들어갔다. 그 이후 오크힐 도서관에서 고린도전서 연구를 진행했는데, 이용을 허락해준 도서관 당국에 감사를 전한다. 또한 틴데일 하우스 도서관의 임직원들에게도 큰 빚을 졌다. 그들은 박사 논문을 쓰는 기간 및 그 이후의 안식년 기간에 연구 장소를 제공하고, 귀중한 조언을 아끼지 않았다. 그들이 없었다면 이 책은 결코 완성되지 못했을 것이다.

또한 오랜 세월 각자 감독자로서 교회를 섬기는 중에도 다양한 저술과 교수 계획으로 내게 끊임없이 자극을 준 세 명의 주교, 곧 마이클 보엔(Michael Baughen), 마이클 랑리쉬(Michael Langrish), 피터 포스터(Peter Forster)에게 진정으로 감사를 전한다. 나는 영국과 미국에서 목회 사역을 감당하는 동안 이 놀라운 서신을 전체적으로 설교할 기회를 두 번이나 얻었고, 여러 신학교에서 이 서신을 가르쳤다. 모든 성경은 항상 하나님의 모든 백성에게 유익하다. 하지만 지식과 지혜를 높이 평가하고 대다수가 최상의 교육을 받으며 똑똑한 사람이 가장 인정받는 사회에서, 지위와 개인주의적인 삶에 사로잡힌 사회에서, 매우 심각한 우상 숭배에 빠져 많은 신을 섬기는 사회에서, 고린도전서의 모든 내용은 하나님이 우리 시대를 향해 말씀하시는 것처럼 들린다.

주로 이런 이유로 목회 사역을 감당하면서 오래 걸리더라도 고린도전서 주석을 써야겠다는 자극을 받았다. 이 책에서 나는 고린도전서의 헬라어 본문을 석의적으로 검토했고, 하나님의 말씀이 모든 세대의 교회를 위해 주어졌다는 관점에 따라 고린도전서 본문을 어떻게 적용할지 제시했다.

『존더반 신약주석』 시리즈의 편집장으로서 따스한 격려와 책에 대한 유용한 세부적 설명을 아끼지 않은 클린턴 아놀드(Clinton Arnold)와 이 작품의 문법 도표와 다른 작업을 통해 소중한 도움을 베풀어준 조지 거스리(George Guthrie)에게 특히 감사하다. 이 작품은 애틀랜타의 크라이스트 장로교회(ChristChurch Presbyterian)의 장로와 교인들 그리고 특히 조수로서 수고를 많이 한 제시카 허드슨(Jessica Hudson)의 은혜로운 지원 없이는 완결될 수 없었을 것이다. 허드슨 양은 정말 세심하게 교정을 돕고, 각주와 참고문헌을 분류하는 작업을 해주었다. 그리고 무엇보다 아내 샤론(Sharon)이 전폭적으로 지원해주었고, 특히 포기하고 싶은 유혹을 받을 때마다 내게 놀라운 힘을 주었다. 아내는 모든 면에서 동역자로 항상 내 옆에 있었다. 우리는 함께 "예수 그리스도와 그가 십자가에 못 박히신 것 외에는 아무 것도 알지 아니하기로"(2:2) 작정한 삶을 살고자 애썼다. 때로 많이 부족했지만 우리가 '하나님도 알아주시는'(8:3) 자라는 것을 알고 있고, 따라서 우리는 이 책이 조금이라도 하나님의 영광을 나타내기를 기도한다.

폴 가드너(Paul Gardner)

약어표

AB	Anchor Bible
ANF	*The Ante-Nicene Fathers*. Edited by Alexander Roberts and James Donaldson. 10 vols. Edinburgh: T&T Clark, 1866–72.
AcBib	Academia Biblica Series (SBL)
ACCS	Ancient Christian Commentary on Scripture
AGJU	Arbeiten zur Geschichte des antiken Judentums und des Urchristentums
AJA	American Journal of Archaeology
AnBib	Analecta Biblica
ANTC	Abingdon New Testament Commentaries
ASV	American Standard Version
AThR	*Anglican Theological Review*
AV	Authorized Version
AYBC	Anchor Yale Bible Commentaries
BDAG	Danker, Frederick W., Walter Bauer, William F. Arndt, and F. Wilbur Gingrich. *Greek-English Lexicon of the New Testament and Other Early Christian Literature*. 3rd ed. Chicago: University of Chicago Press, 2000.
BDF	Blass, Friedrich, Albert Debrunner, and Robert W. Funk. *A Greek Grammar of the New Testament and Other Early Christian Literature*. Chicago: University of Chicago Press, 1961.
BECNT	Baker Exegetical Commentary on the New Testament
BT	*The Bible Translator*
BR	*Biblical Research*
BTB	*Biblical Theology Bulletin*
BZ	*Biblische Zeitschrift*
CBC	Cambridge Bible Commentary
CBET	Contributions to Biblical Exegesis and Theology
ConBNT	Coniectanea Biblica: New Testament Series
CBQ	*Catholic Biblical Quarterly*
CGTC	Cambridge Greek Testament Commentary

CNT	Commentaire du Nouveau Testament
CRINT	Compendia Rerum Iudaicarum ad Novum Testamentum
DFTC	Dissertationes ad gradum magistri in Facultate Theologica vela in Facultate Iuris Canonici consequendum conscriptae
EKKNT	Evangelisch-katholischer Kommentar zum Neuen Testament
ESV	English Standard Version
ET	English translation
EvQ	*Evangelical Quarterly*
ExpTim	*Expository Times*
HAR	*Hebrew Annual Review*
HibJ	*Hibbert Journal*
HNT	Handbuch zum Neuen Testament
HNTC	Harper's New Testament Commentaries
HTR	*Harvard Theological Review*
HUT	Hermeneutische Untersuchungen zur Theologie
ICC	International Critical Commentary
ISBE	*International Standard Bible Encyclopedia*. Edited by Geoffrey W. Bromiley. 4 vols. Grand Rapids: Eerdmans, 1979–1988.
JB	Jerusalem Bible
JBL	*Journal of Biblical Literature*
JETS	*Journal of the Evangelical Theological Society*
JSNT	*Journal for the Study of the New Testament*
JSNTSup	Journal for the Study of the New Testament Supplement Series
JTS	*Journal of Theological Studies*
L&N	Louw, Johannes P., and Eugene A. Nida, eds. *Greek-English Lexicon of the New Testament: Based on Semantic Domains*. 2nd ed. New York: United Bible Societies, 1989.
LCL	Loeb Classical Library
Leg.	*Legum allegoria* [Philo]
LNTS	Library of New Testament Studies
LSJ	Liddell, Henry George, Robert Scott, Henry Stuart Jones. *A Greek-English Lexicon*. 9th ed. with revised supplement. Oxford: Clarendon, 1996.
LXX	Septuagint (the Greek Old Testament)
𝔐	Majority text
MM	Moulton, James H., and George Milligan. *The Vocabulary of the Greek Testament*. London, 1930. Repr., Peabody, MA: Hendrickson, 1997.
m. Pesahim	Mishnah: Pesahim
NA	Nestle-Aland, *Novum Testamentum Graece*
NAC	New American Commentary

NASB	New American Standard Bible
NCB	New Century Bible
NEB	New English Bible
NIBCNT	New International Bible Commentary on the New Testament
NICNT	New International Commentary on the New Testament
NICOT	New International Commentary on the Old Testament
NIGTC	New International Greek Testament Commentary
NIV 1984	New International Version (1984)
NIV 2011	New International Version (2011)
NIVAC	NIV Application Commentary
NJB	New Jerusalem Bible
NKJV	New King James Version
NovT	*Novum Testamentum*
NovTSup	Supplements to Novum Testamentum
NRSV	New Revised Standard Version
NSBT	New Studies in Biblical Theology
NTL	New Testament Library
NTS	*New Testament Studies*
NTT	New Testament Theology (Cambridge University Press)
Num. Rab.	Numbers Rabbah
𝔓	Papyrus (manuscript)
PNTC	Pillar New Testament Commentaries
P. Oxy.	*Oxyrhynchus Papyri*. Edited by Bernard P. Grenfell, Arthur S. Hunt, et al. London: Egypt Exploration Fund, 1898–.
Prov.	*De providentia* [Philo]
PTMS	Pittsburgh Theological Monograph Series
RB	*Revue biblique*
REB	Revised English Bible
RevExp	*Review and Expositor*
RSV	Revised Standard Version
RTR	*Reformed Theological Review*
SBG	Studies in Biblical Greek (Lang)
SBL	Society of Biblical Literature
SBLDS	Society of Biblical Literature Dissertation Series
SBLMS	Society of Biblical Literature Monograph Series
SBT	Studies in Biblical Theology
SNT	Studien zum Neuen Testament
SNTSMS	Society for New Testament Studies Monograph Series
SP	Sacra Pagina
T. Jud.	Testament of Judah

T. Levi	Testament of Levi
t. Sukkah	Tosefta: Sukkah
TDNT	*Theological Dictionary of the New Testament*. Edited by Gerhard Kittel and Gerhard Friedrich. Translated by Geoffrey W. Bromiley. 10 vols. Grand Rapids: Eerdmans, 1964–1976.
TEV	Today's English Version (= Good News Bible)
THKNT	Theologischer Handkommentar zum Neuen Testament
TJ	*Trinity Journal*
TNTC	Tyndale New Testament Commentaries
TOTC	Tyndale Old Testament Commentaries
TynBul	*Tyndale Bulletin*
UBS^5	*The Greek New Testament*, United Bible Societies, 5th ed.
VC	*Vigiliae Christianae*
WBC	Word Biblical Commentary
WTJ	*Westminster Theological Journal*
WUNT	Wissenschaftliche Untersuchungen zum Neuen Testament
ZECNT	Zondervan Exegetical Commentary on the New Testament
ZNW	*Zeitschrift für die neutestamentliche Wissenschaft und die Kunde der älteren Kirche*

고린도전서 서론

바울이 고린도 교회에 쓴 편지(고린도전후서)는 대대로 그리스도인에게 매력을 끌고, 자극을 주며, 도전이 되었다. 고린도서에 대해서는 처음부터 목회를 위한 강해와 주석 저술 작업이 활발하게 이루어졌다. 최근에는 대중적인 기독교 출판사와 전문적인 학술지를 통해 다수의 논문이 출판되고 발표되었다. 바울이 편지를 쓸 때 다루는 주제들은 세대를 뛰어넘어 많은 관심을 계속해서 불러일으켰다.

고린도전서는 무엇보다 바울이 한 특정 교회와 그 교회의 문제들에 대해 가졌던 관심의 산물로 보는 것이 옳다. 하지만 고린도전서에 담긴 아주 많은 가르침이 어느 세대에서든 쉽게 접하고 직접 적용할 수 있는 것으로 보이기 때문에, 대대로 많은 교회가 고린도전서에 매력을 느낀 것은 의심할 여지가 없다. 고린도전서는 교회가 결혼과 독신, 성관계와 음행, 우상 숭배, 신령한 은사의 사용, 마지막 때의 일들, 세상의 지혜와 그것이 교회에 미치는 영향, 교만, 부자와 가난한 자 사이의 문제, 교회 연합과 같은 다양한 문제와 다른 많은 주제를 가르치는 데 사용되었다.

고린도전서에는 매우 실천적인 메시지가 담겨 있지만, 신학적 깊이가 있는 내용도 풍성하다. 고린도전서는 바울이 참된 믿음의 대표적인 표지로 보는 사랑의 본질에 관한 가장 긴 강론과 더불어, 부활에 대한 가장 긴 신학적 논문도 담고 있다. 그런데 무엇보다 독자는 바울이 편지에 쓰는 모든 말이 "[그들] 중에서 예수 그리스도와 그가 십자가에 못 박히신 것 외에는 아무것도 알지 아니하기로 작정[한]"(2:2) 십자가 신학(*theologia crucis*)에 겸손하고도 전적으로 헌신하는 것에 어떻게 기반을 두고 있는지를 볼 수 밖에 없다. 바울은 하나님이 자기에게 부여하신 '강력한 의무감'으로 주 예수 그리스도에 관한 이 복음을 전하고 지지한다(9:16–17). 그리고 고린도전서에서 바울은 이 복음을 해설하고 적용한다. 때로는 복음의 내용이 고린도 교회와 그 교인에게 전하는 함축적 의미를 예증하기 위해 자신이 직접 경험한 일을 제시하기도 한다. 바울은 복음을 고린도 교회의 생활에 적용할 때 기쁨과 위로를 가지고 나아가기도 하고, 때로는 "이 세대의 지혜"에 쉽게 끌려가버린 교인들을 크게 염려할 때와 같이(2:6) 강력하게 경고하기도 한다. 그러나 경고하는 것이 사실이고 바울이 고린도 교인을 질책하는 것처럼 보일 때도, 그는 분명히 "형제[와 자매]"를 깊이 사랑하는 자의 입장에서 자신을 '그리스도 예수 안에서 그들을 낳은 아버지'(4:15)로 그리고 그들을 "사랑하는 자녀"(4:14)로 보고 그렇게 경고한다.

물론 본문이 관념적으로 그 위에 기반을 둔 모든 가르침의 무게를 거의 지탱할 수 없다는 말은 아마 옳을 것이다. 그러나 관심 있는 그리스도인이라면 고린도전서가 21세기 교회를 위해 기록되었다는 느낌도 분명히 받을 것이다. 목사와 신학생이 바울이 편지를 쓸 당시의 사회적, 역사적 배경과 종교적 배경을 살펴볼 때, 바울이 자신이 속한 사회에 맞서 '주 예수 그리스도'를 강조한 것을 연구할 때, 바울이 성경(구약성경)을 흥미롭게 사용하는 것을 검토할 때 그리고 바울의 논증이 어떻게 전개되는지 확인할 때, 그들은 곧바로 알아낼 수 없는 깊이 있는 진리를 금방 찾아내고, 하나님의 섭리 속에서 자신이 상상할 수 있는 것보다 훨씬 분명하게 현재의 세상에 진리를 전할 수 있을 것이다. 어쨌든 이 세대 역시 "하나님의 어리석음이 사람보다 지혜롭고 하나님의 약하심이 사람보다 강하[다]"(1:25)라는 사실을 기억해야 한다.

저자

사도 바울이 고린도전서의 저자라는 점은 논란이 없다. 당시 그리스식 편지에서 공동 발신자를 포함하는 경우는 드물고, 그런 경우는 지금 입수할 수 있는 수백 개의 파피루스 편지 중 불과 몇 곳에서만 발견된다. 그러나 바울이 쓴 편지에서는 공동 발신자를 언급하는 경우가 드물지 않다. 예를 들어, 데살로니가전서 1:1과 데살로니가후서 1:1은 공동 발신자로 디모데와 실루아노를 언급한다. 고린도전서 1:1에서는 소스데네를 공동 발신자로 언급한다(1:1에 대한 설명을 보라). 소스데네는 사도행전 18:17에서 박해를 받았던, 회당장으로 불리는 소스데네로 보인다. 소스데네는 바울의 편지를 받아쓴 대필자일 수도 있다. 또는 그저 소스데네가 자신과 함께 있으며 자신의 사역을 돕고, 자신과 같이 고린도 교회를 사랑하며 관심이 있다는 점을 분명히 하고 싶었기에 그를 공동 발신자로 한 것일 수도 있다.

고린도에서의 바울

사도행전 18장은 바울이 고린도에서 처음에 펼친 복음 전도 사역의 본질을 이해하는 데 이차 자료를 제공한다. 사도행전에 제시된 바울의 전도 여행의 순서가 정확하다고 인정한다면, 바울이 고린도에 처음 도착한 일이 2차 전도 여행 기간에 일어났다고 볼 수 있다. 2차 전도 여행의 경로는 다음과 같다. 바울은 안디옥에서 출발하여 더베, 루스드라, 이고니온을 거쳐서 에게해를 건너 빌립보로 나아가며, 그다음에는 남쪽으로 가 데살로니가와 베뢰아에 이르고, 결국 바울이 처음에는 유대인 회당에서 복음을 전하고 나중에는 아레오바고에서 스토아와 에피쿠로스 철학자들에게 복음을 전한 아덴(아테네)으로 갔다(행 17:16–34). 그런 다음 누가는 독자에게 바울이 '그 후에 아덴을 떠나 고린도에 이르렀다'고 알려준다(행 18:1). 고린도에서도 바울은 복음을 가르쳤는데, 처음에는 역시 유대교 회당에서 가르쳤다. 바울이 아굴라와 브리스길라를 회당에서 만났는지, 아니면 천막 만드는 일[1]을 하다 만났는지는 분명하지 않다(행 18:3). 아굴라와 브리스길라는 유대인으로 로마에 거주했으나 로마 황제 글라우디오(클라우디우스)가 발한 칙령으로 어쩔 수 없이 로마를 떠나야 했고, 바울과 같이 천막 만드는 일을 했다. 아굴라와 브리스길라는 고린도에 처음 도착했을 때 그리스도인이 아니었을지 모르지만, 바울이 고린도를 떠났을 때는 확실히 그리스도인이었다(행 18:26; 고전 16:19). 대다수 유대인은 회당에서 바울이 전한 메시지를 거부했다. 그러나 "회당장"인 그리스보 그리고 회당 옆에 살면서 "하나님을 경외하는" 자였던 디도 유스도가 바울의 메시지를 듣고 회심했다(행 18:7–8). 다른 많은 고린도 사람 또한 바울의 메시지를 듣고 회심했다. 그러나 환상을 통해 주님이 직접 개입하여 두려워하지 말고 복음을 전하라고 말씀하셨을 때, 바울은 고린도에 더 머무르며 계속 전진하겠다고 생각한 것 같다. 환상을 통해 받은 메시지는, 바울이 자신과 새로 회심한 자에게 가해지는 거센 반대를 목격하고 고린도를 떠나야겠다고 마음먹었다는 사실을 암시한다.

그때 주님은 바울에게 자신이 그와 함께 있고, 고린도에 믿을 자가 많이 있다고 약속하셨다(행 18:9–10). 그리하여 바울은 이후 고린도에서 18개월을 더 머물렀고, 모두 합하면 2년 정도 고린도에 머물렀을 것이다(행 18:11). 마침내 갈리오가 아가야 총독으로 있을 때 유대인이 주동이 되어 그리스도인을 혹독하게 박해하는 사건이 일어났다(행 18:12–16). 앞에서 언급한 회당장 소스데네(고전 1:1도 보라)는 그리스도인이 되었다는 이유로 유대인들에게 체포되어 매를 맞았다(행 18:17). 그런데 이 일 후에도 우리는 바울이 고린도에 "여러 날" 더 머물다 결국은 작별하고, 브리스길라와 아굴라를 데리고 수리아로 떠나갔다는 말을 듣는다(행 18:18). 누가가 사도행전에서 기록한 기사를 보면, 바울이 고린도를 떠났을 때는 회심하고 돌아온 많은 신자로 구성된 교회가 이미 고린도에 굳게 세워져 있었다는 암시를 모든 면에서 받는다. 고린도 교회는, 사도행전에 언급된 회심한 유대인 신자와 바울의 복음 전도로 믿음이 생긴 그리스 이교 사회 출신의 "많은" 이방인 신자로 구성되었을 것이다. 고린도전서 3:6에서 바울은 자신이 고린도 교회를 "심었[다]"(개척했다)라고 언급한다.

1. '천막 만드는 일'에는 아마 가죽 작업이 포함되었을 것이다. σκηνοποιός라는 단어의 다른 이차 의미로는 "무대 장치 제작자"와 "천막 천을 깁는 자"가 있다. BDAG 928–29에서 상세한 설명을 보라.

고린도전서의 기록 연대와 기록 이유

고린도전서는 주후 54년(또는 주후 55년)에, 아마 오순절이 되기 전 어느 한 시점에 에베소에서 기록된 것으로 보인다(고전 16:8).[2] 사도행전 18:2은 브리스길라와 아굴라를 언급할 때, 모든 유대인은 로마에서 떠나라는 황제의 칙령에 따라 이달리야(이탈리아)에서 "새로" 온 사람이었다고 설명한다. 이 칙령은 주후 49년에 발효되었을 것이다.[3] 이것은 사도행전 18:12과 정확하게 일치한다. 사도행전 18:12은 갈리오가 아가야 총독이었을 때 바울이 고린도에서 복음을 전했다고 언급한다. 이것이 바울이 고린도에서 활동한 기간을 파악하는 데 더 확실한 연대를 제공한다.[4] 갈리오는 주후 51년 혹은 52년 6월이나 7월에 총독의 자리에 올라 채 2년을 채우지 못했을 가능성이 가장 크다. 갈리오는 바울을 만났을 때 확실히 총독의 직무를 충분히 감당하고 있었고(행 18:14-15), 바울은 그때 고린도에서 18개월을 머물러 있었으며(행 18:11), 법정에 끌려가 갈리오를 만난 이후로도 "여러 날"을 고린도에 머물렀기 때문에 바울이 고린도에서 복음 전도 사역을 하고 거의 2년이 지난 후인 주후 51년 말이나 주후 52년 봄/여름에 고린도를 떠났다고 추정하는 것이 합리적이다.[5] 따라서 많은 요소는 바울이 고린도전서를 쓴 시기가 고린도에서 복음 전도 사역을 시작하고 대략 2년 반 정도가 지난 후였다는 점을 암시한다.

고린도전서를 읽어보면, 바울이 고린도를 떠난 시기와 고린도전서를 기록한 시기 사이 중간에 고린도 교회가 양적으로 계속 성장하고 고린도 도시에 대한 영향력도 더 커진 것이 분명하다. 그때 어느 한 시점에 아볼로가 고린도 교회에서 사역을 시작하여 바울이 심은 교회에 '물을 주었다'(고전 3:5-7). 의심할 것 없이 아볼로는 가르침 사역(양육)을 통해 고린도 교회를 돕고 고린도 교회의 장기적인 성장에 공헌했다. 바울은 아볼로의 사역이 자신의 사역과 조화를

---

2. 주후 53년 연대설이 간혹 지지를 받기는 했어도, 우리가 아는 고린도 교회의 왕성한 활동을 감안하면(뒤의 내용을 보라), 주후 53년 오순절 이전 연대설은 너무 이르다는 것이 이 책의 견해다. 만약 Fitzmyer (각주 5를 보라)가 갈리오가 아가야 총독이었던 때를 작성 연대로 보는 것이 정확하다면, 주후 53년 연대설은 확실히 너무 이르다.

3. 이 추방 명령은 Suetonius의 *Lives of the Caesars* (*Divus Claudius* 25.4)에 언급된다.

4. 글라우디오의 델피 비문을 보면, 1905년과 1910년 사이에 발견된 것 가운데 일곱 파편과 1967년에 추가로 발견된 두 파편에서 글라우디오가 갈리오를 "내 친구이자 총독인 유니우스 갈리오"로 지칭하는 글이 나온다. 이 비문은 글라우디오 통치(주후 41-54년) 제12년을 언급한다. 관련 비문의 번역과 재구성은 C. K. Barrett, *The New Testament Background: Writings from Ancient Greece and the Roman Empire That Illuminate Chrisatian Origins*, 교정/편집 (San Francisco: HarperCollins, 1989), 51-52를 보라. 또한 J. Murphy-O'Connor, *St. Paul's Corinth: Texts and Archaeology* (Wilmington, DE: Glazier, 1983), 149 이하도 보라.

5. Joseph A. Fitzmyer, *First Corinthians: A New Translation with Introduction and Commentary*, AYBC 32 (New Haven: Yale University Press, 2008), 37-45는 바울이 고린도에 머무른 연대에 대한 증거를 매우 상세히 검토한다. Fitzmyer는 바울이 주후 52년 중반 어느 한 시점에 갈리오 앞에 끌려왔을 것이라고 결론짓는다. Fitzmyer는 이후로 길게 이어진 바울의 여행과 에베소에 머무른 기간을 고려하여, 고린도전서는 "아마 57년 초(그러나 56년 말도 가능하다)…오순절 이전 어느 한 시점에" 기록되었을 것이라고 단정한다. Fitzmyer가 바울이 고린도를 떠난 시기와 고린도전서를 기록한 시기 사이에 어느 정도 상당한 시간이 흘렀다는 사실을 인정한 것은 확실히 정확하다. 갈리오의 아가야 통치를 상세히 설명하고 그 통치가 바울이 갈리오 앞에 끌려간 사건과 바울이 나중에 로마법을 이용하는 것에 미친 여파를 다루는 것은 Bruce W. Winter, "Gallio's Ruling on the Legal Status of Early Christianity (Acts 18:14-15)", TynBul 50.2 (1999): 213-24를 보라. 고린도전서 기록 연대의 상세한 설명과 재구성에 대해서는 Jerome Murphy O'Connor, *Paul: A Critical Life* (Oxford: Clarendon, 1996)를 보라.

이루고, 자신과 아볼로는 분리되지 않았다는 점을 힘주어 말했다(3:8-9). 확실히 바울은 아볼로에게 고린도 교회를 다시 방문할 것을 권고하기도 했다(16:12).

또한 이 중간에 바울은 또 하나의 편지를 썼다(5:9). 그 편지에서 바울은 고린도 교인이 음행한 자와 사귀는 것을 염려하는 마음을 분명히 표현했다.[6] 고린도전서 5장이 고린도 교인 사이에서 일어난 근친상간 사건을 묵인한 일을 다루는 것으로 보아, 이 이전 편지는 이 사건을 특별히 언급했을 것이다. 아볼로가 고린도에 있는 동안 근친상간 범죄가 저질러졌다고 상상하기는 어렵다. 교회 안에서 이런 죄를 묵인하는 태도가 자라날 정도였다면 아볼로가 떠나고 어느 정도 시간이 흐른 후였을 것이다.

고린도전서의 기록 이유를 살펴보자. 어떤 면에서 고린도전서가 5:9에 언급된 편지의 후편으로 기록된 것이라 해도, 고린도전서의 기록 이유는 더 포괄적이다. 고린도전서는 바울이 고린도 교회에 관해 최소한 세 개의 출처, 곧 정보원을 통해 얼마 동안 상당한 양의 정보를 입수했다는 사실을 분명히 암시한다. 첫째, 바울은 "글로에의 집 사람들"을 통해 소식을 들었다(1:11). 글로에는 에베소나 고린도를 기반으로 활동한 여성 사업가였을 것이다. 분명히 바울은 글로에의 집 사람들이 은밀하게 전해준 소식을 신뢰했다. 고린도전서의 일부 내용은 이런 구두 보고와 긴밀하게 관련된 것 같다. 예를 들면, 1:11-4:5, 11:17-34 그리고 15:12-34에서 볼 수 있다. 바울이 입수한 정보의 두 번째 출처는 고린도 교회에서 보내온 편지였다. 스데바나와 브드나도와 아가이고는 이 편지를 바울에게 전하도록 고린도 교회가 공식적으로나 반(半)공식적으로 보낸 파견단이었을 것이다(16:17). 또 고린도전서의 일부 내용, 특히 "…에 대하여"라는 말로 시작되는 부분(7:1, 25; 8:1; 12:1; 16:1)은 그 편지의 내용을 설명하는 것일 수 있다. 마지막으로 바울이 고린도 교회의 상황에 관해 분명히 아볼로와 대화를 나눈 점(4:6; 16:12)을 고려하면, 바울에게 고린도 교회의 일부 걱정거리를 전한 출처로 아볼로를 추정하는 것이 안전하다.[7]

고린도 교회에서 벌어진 분쟁

고린도전서를 분석하는 것을 보면 대부분 고린도 교회 안에서 벌어진 분쟁 문제를 가장 먼저 언급한다(1:10-17; 3:3-9). 어떤 주석가는 이 분쟁을 고린도전서를 쓴 핵심 이유로 본다. 바울은 특별히 고린도 교인이 자신을 각각 "바울에게…아볼로에게…게바에게…그리스도에게 속한" 자로 본다고 언급한다(1:12).[8] 비록 일부 주석가가 "베드로"파의 영향으로 일어난 어떤 문

6. 이 편지는 주후 52년 후반기에 작성되었을 것이다.
7. 고린도전서를 쓴 이유를 파악하는 데 도움을 주는 바울과 고린도 교회 간의 이런 소통의 범주는, 고린도전서가 보다 이른 시기인 주후 53년에 기록되었다는 초기 연대설에 약간의 근거를 제공한다.
8. 이 분쟁의 성격은 본문 설명, 특히 1:12에 대한 설명에서 더 상세히 다루어진다.

제와 "아볼로"파의 영향으로 일어난 다른 문제를 비난하기 위해 고린도전서가 쓰였다고 말하지만, 사실 바울은 절대로 그런 비난을 하지 않는다. 그리고 이 파벌들이 이후 바울이 다루는 문제들의 원천으로 다시 언급되는 경우가 없다는 점도 기억하는 것이 중요하다. 확실히 요한네스 뭉크(Johannes Munck)는 바울에 관한 중요한 저서를 쓰면서 한 장에 "파벌 없는 교회"라는 제목을 붙였다. 뭉크는 해석자들이 이 분쟁을 너무 지나치게 부각했다고 올바로 믿었기 때문이다.[9]

나아가 1:12에 언급된 파벌들이 고린도전서를 쓰게 한 주요 원인이라고 주장하면, 바울이 큰 관심을 둔 고린도 교회 안의 다른 분쟁들을 가볍게 볼 우려가 있다. 고린도전서 8장에서 바울은 '강한' 자로 불릴 수 있는(고린도전서 안에서는 그들을 그렇게 부르지 않지만) 자와 대립시켜 '약한' 자에 대해 언급한다. 바울은 주의 만찬을 설명하는 곳에서 부자와 가난한 자 사이에 벌어진 또 다른 분쟁을 언급한다(11:17-22). 그 분쟁으로 주의 만찬이 더럽혀졌다. 분명한 것은 고린도 교회 안에 여러 가지 면에서 교회 생활을 파벌로 갈라놓는 일들이 벌어졌다는 점이다. 그러나 바울이 특정 파벌의 상황에 대해 전하는 말을 모든 상황에 적용하지 않고 읽는 것이 중요하다. 예를 들어, 고린도전서 2장이 지혜 문제가 근본적으로 아볼로파와 관련된 문제임을 암시하는 정보를 충분히 제공한다는 주장은 정말 의심스럽다.[10] 이런 의심스러운 결론이 나오는 것은, 주로 사도행전 18:24에서는 아볼로를 "언변이 좋고 성경에 능통한 자"였다고 말하지만 바울이 고린도전서 2:1에서 분명히 자신에 관해서는 거의 정반대로 말하기 때문이다.

1:12의 파벌 분쟁은 과장된 것일 수도 있고, 이 파벌들이 실제로 무엇을 가르쳤는지에 대한 확실한 증거가 전혀 없다는 점(1:12에 대한 설명을 보라)을 인정하더라도, 고린도 교회에서 벌어진 분쟁은 고린도전서에서 중대한 문제이고, 고린도 교회의 연합이 바울이 편지를 쓰는 중대한 이유라는 점을 주목하는 것은 중요하다. 바울은 고린도 교회에서 벌어진 분열과 다툼에 크게 실망한다(1:10-11; 3:3; 11:18).

고린도전서의 통합성

어떤 주석가는 현존하는 고린도전서의 통합성(온전한 상태)에 대해 문제를 제기했다. 이때 제기되는 질문은 주로 바울이 자신이 쓴 다른 편지들을 고린도전서에서 언급하는 점에 기인한다(고전 5:9; 고후 2:3-4, 7:8은 최소한 서로 다른 두 편지를 언급한다). 일부 주석가는 우리가 지금 고

9. Johannes Munck, *Paul and the Salvation of Mankind* (Richmond: John Knox, 1959). Fee의 평가는 지금도 크게 타당하다. "고린도 교회가 '파벌'로 완전히 분열되고 말았다고 상상하는 것은 확실히 잘못이다. 왜냐하면 고린도전서 자체에는 이 분쟁을 어떻게 볼 수 있는지를 암시하는 요소가 별로 없기 때문이다"(Gordon D. Fee, *The First Epistle to the Corinthians*, 개정/편집, NICNT [Grand Rapids: Eerdmans, 2014], 5). Munck의 논문은 탁월한 논문집인 Edward Adams, David G. Horrell 공동편집, Christianity at Corinth (Louisville: Westminster John Knox, 2004)에 담겨 재출간된다.

10. J. C. Hurd, *The Origin of 1 Corinthians* (SCM: London, 1965)를 보라.

린도전서와 고린도후서로 아는 편지가 사실은 '다른 편지들'의 내용을 어느 정도 혼합시켜 편집한 본문이라고 주장했다. 그들은 고린도전서에서 다양하게 나타나는 내적 본문 문제를 거기서 다른 편지들의 본문이 삽입되거나 융합된 것을 암시하는 표지로 삼았다. 이런 식의 본문 편집을 암시하는 것으로 지적된 요소는 다음과 같다. (1) 주어의 명확한 끊김과 갑작스러운 변화(예를 들어, 고린도전서 8장과 9장의 주어들 사이에 전환이 없는 것과 고린도후서에서 특히 두드러지는 이와 같은 다른 전환 문제들), (2) 현재 우리가 보는 고린도전후서를 바울의 고린도 사역을 다루는 사도행전 18장의 기사와 비교해볼 때 생기는 난제, (3) 소위 '엄격한' 본문과 '관대한' 본문 간의 가설적 구분(예를 들어, 고린도전서 8-10장의 부분), (4) 고린도전서 4:19과 16:5-9 사이의 예상되는 대립, (5) 사도직을 옹호하는 내용이 나오는 고린도전서 4장과 9장 사이의 연계성에 관한 문제[11] 등이 있다. 따라서 어떤 주석가는 편지들의 역사를 재구성하는 데 힘쓰고, 현존하는 편지 중 어느 부분이 '원래'의 서신에 속해 있는지를 거론한다. 바이스(J. Weiss, 1910년) 이후로 주석가들에게서 아주 다양한 재구성이 발견되지만,[12] 1948년에 헤링(Héring)은 재구성을 단순화하는 데 힘쓰고, 현존하는 고린도전서에서는 단지 두 개의 편지만 발견된다고 주장했다. 그러나 재구성을 단순화하는 연구는 슈미탈스(W. Schmithals)가 가장 복잡한 재구성 중 하나를 제시하면서 막을 내렸다. 슈미탈스는 시간이 많이 흐른 뒤 견해를 바꾸었지만, 그는 1971년에 바울과 고린도 교인 사이에 6개의 편지가 오갔고, 그중 일부가 고린도전서와 고린도후서에서 발견된다고 주장했다.[13] 헤링의 간단한 재구성에 대해 슈미탈스는 "확실히 (그것은) 놀랄 만큼 좁은 관찰에 기반을 두었고, 따라서 피상적이다"[14]라고 말했다.

이런 모든 가설의 문제점은 설명이 너무 주관적이라는 것이다. 위에서 열거한 것과 같은 본문 문제들에 대해 문학 비평과 자료 비평에 의존하지 않고 답변을 추구하는 가설이 선호되어야 하는 것은, 그것이 이미 손안에 있는 증거를 다루기 때문이다. 콘첼만(Conzelmann)은 본서가 취하는 견해를 다음과 같이 잘 요약한다. "고린도전서 안의 다양한 상황들을 결정적으로 알려주는 증거는 존재하지 않는다. 고린도전서에 나타난 끊김은 고린도전서 구성의 상황에서 나오는 것으로 설명될 수 있다."[15]

다른 주석가는 바울이 고린도 교회와 하는 대화를 때때로 복합적으로 재구성함으로써 현존하는 편지들에 나타난 논증의 내적 통합성과 연속성 문제를 다루는 데 힘썼다. 허드(J. C.

---

11. 이 5가지 항목은 부분적으로 Schmithals의 작품과 Héring의 "비판적 고찰"의 요약으로부터 나왔다. Walter Schmithals, *Gnosticism in Corinth: An Investigation of the Letters to the Corinthians*, 번역 John E. Steely (Nashville: Abingdon, 1971), 90-101; Jean C. Héring, *The First Epistle of Saint Paul to the Corinthians*, 공동번역 A. W. Heathcote, P. J. Allcock (London: Epworth, 1962), xiii. 그리고 Héring은 두 개의 편지를 찬성한다. 편지 (a)는 "1-8장, 10:23-11:1, 16:1-4, 10-14"로 한정되고, 그러므로 편지 (b)는 "9장, 10:1-22, 11-15장 그리고 16장 나머지 부분(어떤 관점에서 보더라도 13장은 특별히 첨가된 것임)"으로 한정된다(같은 책, xiv).

12. Weiss의 고린도전서 구분을 유용하게 영어로 요약한 것이 Hans Conzelmann, *1 Corinthians: A Commentary on the First Epistle to the Corinthians*, 번역 J. W. Leitch, Hermeneia (Philadelphia: Fortress, 1975), 3에서 발견된다.

13. 그의 방법은 *Gnosticism in Corinth*, 90-101에서 잘 증명된다.

14. 같은 책, 88n8.

15. Conzelmann, *1 Corinthians*, 4.

Hurd)는 이 연구를 가장 상세히 한 주석가 가운데 하나인데, 여기서 그의 연구를 간단히 본보기로 제시할 수 있다. 허드는 고린도전서의 기원, 구조, 상황 그리고 고린도전서와 관련된 바울의 편지에 대해 종합적 가설을 세우려고 했다.[16] 허드는 바울이 (예루살렘 회의를 통해 주어진) 사도들의 명령(사도행전 15장)에 따라 어떤 권리와 자유에 대한 자신의 태도를 약간 바꾸어야 했다고 주장한다. 고린도 교회를 처음 방문했을 때 바울은 고린도 교인에게 '지혜'와 '지식'에 관해 가르쳤다. 그러나 지금은 그 가르침을 양보하고 자신의 태도를 바꾸어야 했다. 고린도 교인은 바울이 이렇게 태도를 바꾼 것에 화를 내고 이해하지 못하겠다는 모습을 보였다. 7:1–11:1의 주요 부분은 고린도 교회에서 발생한 문제를 다룬다. 허드는, 주석가들이 고린도 교회에 보낸 편지에 나온 인용문으로 믿는 구절들은 바울이 과거에 했던 말이었는데, 고린도 교인이 이제와서 바울이 태도를 바꾸었다고 생각하고 그를 불신하면서 바로 그 말을 인용한 것이라고 주장한다. 허드는 8–10장을 사례로 들어 자신이 전제하는 것으로 많은 문제가 어떻게 설명되는지 증명하려고 애쓴다. 허드는 다음과 같이 주장한다. 교회를 설립했을 당시(단계 1) 바울은 (1) "그리스도인은 지식이 있다", (2) "우상은 아무것도 아니다", (3) "하나님은 한 분밖에 없다", (4) "모든 것이 가하다"라고 설교했다. 바울은 공공 시장에 나온 우상 제물을 사 먹는 행동을 했다. 그런데 이런 상황에서 바울은 '이전 편지'를 썼고(단계 2), 그 편지에서는 "우상 제물을 먹지 말라"고 했다. 이에 당혹감과 불쾌감을 느낀 고린도 교인은 (1) "그러나 우리는 지식이 있다", (2) "그러나 우상은 아무것도 아니다" 등 바울이 과거에 자신들에게 했던 말로 답변했다(단계 3). 여기에 그들은 "당신은 우리가 시장에서 우상 제물을 사거나 친구들과 함께 우상 제물을 먹을 수 없다고 말하는 것이냐"고 덧붙였다. 이에 대한 바울의 반응(단계 4)이 8:1–11:1에 나온다. 그 내용은 (1) "맞다. 하지만 지식은 교만하게 한다", (2) "맞다. 하지만 이른바 신들이 있다", (3) "맞다. 하지만 모든 사람이 이 지식을 가진 것은 아니다", (4) "맞다. 하지만 모든 것이 덕을 세우는 것은 아니다" 등이다. 그리고 시장에서 우상 제물을 사 먹은 자신의 행동에 대해 바울은 "내가 자유인이 아니냐 사도가 아니냐"(9:1), "무릇 시장에서 파는 것은 양심을 위해 묻지 말고 먹으라"(10:25)고 말했다.

이런 가설적인 재구성이 매력이 있는 것은 그것이 고린도전서를 쓰게 만든 한 가지 원래 문제, 즉 이전 편지에서 다룬 문제(5:9)를 암시하기 때문이다. 또한 이 재구성은 다양한 문제가 무작위적이거나 서로 무관한 것이 아니고, 바울이 직접 이전 편지에서 제기한 문제라는 점도 암시한다. 그러나 이와 비슷한 다른 시도들과 마찬가지로, 재구성의 문제점은 본문 자체에서 바울의 생각이 어디서 고린도 교인의 생각으로 바뀌는지 확인하기가 쉽지 않다는 점이다. 고린도전서에 언급된 이전 편지가 실제로 없고 우리가 확실히 아는 유일한 사실은 이전 편지가 고린도 교회 안에서 벌어진 음행 사건을 다루었다는 것이므로, 이 재구성은 실제로 우리에

16. Hurd, *Origin of 1 Corinthians*.

게 있는 본문에서 우리를 훨씬 더 멀어지게 만든다. 허드가 자신이 말한 "단계 2"를 설명하면서, "우리에게 있는 본문, 곧 고린도전서(단계 4)를 더 깊이 탐구할수록 우리의 탐구는 그만큼 더 불확실해진다"[17]라고 한 말은 두말할 것 없이 맞다. 그러나 여기서 바울이 이처럼 짧은 기간에 본질적 문제에 대한 자신의 견해를 바꾸는 것이 과연 개연성이 있는지도 물어보아야 한다. 게다가 허드의 재구성은 바울이 사도행전에서 확인된 연대와 다른 연대에 그 활동을 했다는 결론을 요구한다. 예를 들어, 허드의 재구성에 따르면 예루살렘 회의(사도행전 15장)는 사도행전 18장 이후에 열려야 한다.

일부 주석가는 고린도전서에서 바울이 한 주장의 전개나 국면을 설명하는 데 도움을 주고자, 바울이 고린도 교인과 주고받은 편지를 다양하게 재구성했다. 허드는 바울이 무엇을 말하는지 그리고 우리가 그 말을 어떻게 해석해야 하는지 파악하기 위해 설명해야 할 몇 가지 문제를 독자에게 환기한다. 그러나 이 책은 최근의 대다수 주석의 견해를 따라,[18] 이 문제들은 우리가 본 적 없는 편지를 재구성하는 일에 의존하지 않아도 우리 앞에 놓인 편지의 내용 전개만으로 얼마든지 설명할 수 있다고 믿는다. 이 책에서는 간혹 그리고 필요할 때만 바울이 고린도 교회와 대화할 때 내놓은 설명의 가능한 배경을 시험적으로 재구성할 것이다. 하지만 그렇게 할 때 바울이 고린도전서 자체에서 더 폭넓게 기록한 내용에 의존하려고 애쓸 것이다.

고린도: 도시

고린도 도시는 미케네 문명 시대(대략 주전 1600-1100년)에도 꾸준히 존속했으나 강력하고 부유한 대도시로 재등장한 것은 주전 800년경이었다. 주전 400년경에 고린도는 약 9만 명의 주민이 거주하는 그리스 최대 도시 가운데 하나가 되었다. 그러나 주전 146년에 로마군의 침략을 받아 완전히 멸망했다.[19] 이후 회복되지 못하다가 주전 44년에 율리우스 카이사르(줄리어스 시저)에 의해 재건되었다. 이후 고린도는 단숨에 그리스의 지방 수도가 되었고, 로마 총독이 그곳에 주둔하면서 아가야 지방을 다스렸다(주전 27년). 그중 한 사람이 사도행전 18:12-17에 언급된 갈리오 총독이다. 고린도는 위치상 그리스 본토와 로마의 속주 아가야를 연결하는 지협에 자리 잡았고, 항구로서 아드리아해와 지중해의 무역을 연결하는 운항 통로를 제공하기 때문에 전략적으로 중요한 위치를 점하고 전반적으로 번성했다. 스트라보(Strabo)는 고린도의 특징을 다음과 같이 묘사한다. "고린도가 번성한 것은 그곳이 상업 중심지이기 때문이라

17. 같은 책, 213.

18. 예컨대 다음 자료들을 보라. Fee, *1 Corinthians*, 16; Anthony C. Thiselton, *The First Epistle to the Corinthians: A Commentary on the Greek Text*, NIGTC (Grand Rapids: Eerdmans, 2000), 36-38; Fitzmyer *1 Corinthians*, 48-53; Mark Taylor, 1 Corinthians, NAC 28 (Nashville: Broadman & Holman, 2014), 21.

19. Pausanias, *Description of Greece* 2.1.2.

고 알려져 있다."[20] 타이센(Theissen)은 경제적 위상으로 볼 때 고린도가 금융 중심지와 "직공들의 생산" 중심지였다고 주장한다.[21]

이후 네로 황제가 고린도 지협 양쪽을 연결하는 운하(가장 넓은 지점이 약 6.4킬로미터)를 건설하기 시작했으나 완공에 이르지는 못했다.[22] 바울 당시 '디올코스'(*diolkos*)로 알려진 고대 돌길을 따라 동쪽으로는 겐그레아(롬 16:1)와 북쪽으로는 레기움이 연결되어 두 항구 사이에 오가는 뱃짐을 육로로 운반할 수 있었다.[23]

사회적 배경

바울이 도착했을 때쯤 고린도의 인구는 그리스인, 다수의 로마인 그리고 원근 각처의 다른 많은 나라의 사람들이 혼합되어 있었다. 10만 명에 달하는 주민이 고린도에 거주했다. 그러므로 브루스 윈터(Bruce Winter)가 말하는 것처럼, 이 새로운 도시의 전반적인 사회 분위기가 그리스보다 로마에 의존한 것은 놀랍지 않다.[24] 심지어 고린도의 건축물과 도시 설계도 로마를 모방했다. 이에 따라 황제를 숭배하던 신전도 로마식으로 건축했으며, 광장 맨 앞에는 다른 어떤 것보다 로마 건축물을 더 높이 세워놓았다.[25] 흥미롭게도 고린도 유적지에서 많은 비문이 발굴되었다. 그런데 초대교회 당시부터 고린도에서 발굴된 모든 비문이 사실상 그리스어가 아니라 라틴어로 쓰여 있다.[26]

바울은 "육체를 따라 지혜로운 자가 많지 아니하며 능한 자가 많지 아니하며 문벌 좋은 자가 많지 아니하도다"(1:26)라고 말할 때, 단순히 고린도 교회의 구성원이 아니라 고린도 도시의 일반적 사회 구성원을 더 반영했다고 볼 수 있다. 초기에 고린도에 정착한 로마인은 대다수가 자유인,[27] 즉 상대적으로 가난한 전직 노예들이었다. 그들은 주로 로마 본토에서 왔으나 아마 이집트와 같이 아주 먼 곳에서 온 사람도 있었을 것이다. 한 저술가는 고린도 도시에 관해 설명하면서 "오, 운 없는 도시여, 그대는 대신 어떤 주민을 받았는가? 슬프구나, 그

---

20. Strabo, *Geography*, 번역 Horace Leonard Jones, 전8권, LCL (Cambridge: Harvard University Press, 1917–1932), 8.6.20.

21. Gerd Theissen, *The Social Setting of Pauline Christianity: Essays on Corinth*, 편집/번역/서론 John H. Shultz (Philadelphia: Fortress, 1982), 101. 그리고 Wayne A. Meeks, *The First Urban Christians: The Social World of the Apostle Paul* (Newhaven: Yale University Press, 1983), 48과 n265는 고린도의 유명한 청동 산업을 주목하고, Pausanias, *Description of Greece* 2.2.1–4와 Pliny, *Natural History* 34.1, 6–8을 인용한다.

22. 운하는 1800년대 말에 가서야 완공되었다. 그러나 현대의 배가 다니기에는 너무 좁다.

23. '디올코스'(*diolkos*)로 알려진 이 돌길은 주전 7세기 말이나 6세기 초에 완공된 것으로 여겨진다. 이 유적지의 고고학을 다룬 상세한 한 논문에서 David K. Pettegrew는 이 돌길이 상품 운송 용도로는 자주 사용된 것 같지 않다고 주장했다. Pettegrew는 간혹 그 길이 지협 한 쪽에서 다른 쪽으로 군함을 운반하고 "무거운 건축 재료"를 옮기는 데, 그리고 "시장에 내다 팔고자…지협에서 생산된 상품을 손쉽게 운반하는 데" 간혹 사용되었다고 주장한다(David K. Pettegrew, "The Diolkos of Corinth," *AJA* 115 [2011]: 549–574).

24. Bruce W. Winter, *After Paul Left Corinth: The Influence of Secular Ethics and Social Change* (Grand Rapids: Eerdmans, 2001), 7.

25. 같은 책, 9.

26. J. H. Kent, *Corinth VIII.3: The Inscriptions*, 1926–1950 (Princeton: American School of Classical Studies at Athens, 1966).

27. Strabo는 이 신도시에는 "대부분 자유인 계층에 속해 있는 자가" 정착해 살았다고 기록한다(*Geography* 8.6.23 [Jones, LCL]).

리스에 큰 재앙이 닥치다니!"[28]라고 말했다. 그러나 바울이 하는 말에는 확실히 부자도 더러 있었다는 사실이 함축되어 있다. 이런 이유로 고린도는 바울이나 브리스길라와 아굴라와 같은 실업가에게 문이 활짝 열려 있던 도시였다. 의심할 것 없이 고린도는 어떤 이는 돈을 벌고 어떤 이는 돈을 잃는 곳이었고, 이것은 모두 사회적 지위를 중시하는 복잡한 세상을 만드는 데 일조했다.

고린도에서 로마서를 쓸 때 바울은 로마서 16:23에서 "나와 온 교회를 돌보아주는 가이오도 너희에게 문안하고 이 성의 재무관 에라스도와 형제 구아도도 너희에게 문안하느니라"(에라스도는 디모데후서 4:20에서도 볼 수 있다)와 같이 문안 인사를 전한다. 바울이 이러한 고관들에게 이토록 큰 관심을 둔 이유는 그들이 교회 공동체의 중요한 지도자였기 때문이다. 그리고 여기서 그들의 라틴어 이름을 주목할 필요가 있다. 에라스도는 도시 관리이며 부자로 추측하는 것이 합당할 것이다. 비문이 고린도 극장 근처에서 발견된 후로 에라스도라는 이름과 인물이 특별히 중요해졌다. 그 비문에는 "에라스도가 재무관[29]에 대한 답례로 자비를 들여 이 비석을 놓았노라"와 같은 말이 기록되어 있다. 또 다른 비문에서는 "…에게 (이것을 헌정하는) 비텔리, 프론티누스, 에라스투스(에라스도)는"[30]과 같이 인물이 언급된다. 고린도전서에서 "글로에의 집(사람들)," 브드나도, 아가이고, 스데바나와 같은 이름이 열거되는 것도 당시에 부유한 그리스도인 사업가가 크게 활약했다는 점을 암시할 것이다(1:11; 16:17). 고린도 지역에서 교역이 번창했다는 사실은 중앙 광장의 출토품에서 작은 가게들이 많이 발견된다는 점에서 드러난다. 바울과 브리스길라와 아굴라도 천막 만드는 일을 할 때 이러한 가게를 운영했을 것이다.

상인과 선원들이 대거 고린도 도시로 유입되자 고린도 도시 당국은 2년마다 지협 경기 대회를 개최했다.[31] 이 경기 대회로 원근 각처에서 수많은 사람이 고린도 도시로 몰려들었다. 그로 인해 고린도의 사업 활동도 크게 확대되었다. 바울이 고린도에 거주하는 동안 이 경기 대회가 개최된 것으로 보이므로, 9:24–27에 나오는 경주 예화는 특히 이 경기 대회와 관련되어 있을 것이다. 머피 오코너(Murphy O'Connor)는 이 대회는 올림픽보다 등급이 낮았으나 델피와 네메아에서 열린 대회보다는 등급이 높았다고 주장한다(9:24–26에 대한 설명을 보라). 이 모든 것은 바울 당시에도 고린도가 부와 힘이 번창하는 도시였고, 그러므로 그리스도의 교회를 세우는 데 아주 중요한 장소였다는 점을 의미했다. 다른 이들도 고린도를 중심으로 펼친 사도들의 선교 사역에 참여하고 복음을 널리 전파했을 것이다.

주의 만찬을 먹는 일에서 확인할 수 있는 것처럼(11:17–22), 부자와 가난한 자 간의 비극적

---

28. Crinagoras, *Greek Anthology* 9.284 (Murphy–O'Connor, St. Paul's Corinth, 49).

29. 재무관 직무에는 거리와 광장과 같은 공공설비를 유지하는 일이 포함되었다. 또한 영업세를 거두는 일도 포함되었다.

30. 이 비문들을 상세히 설명한 것은 D. W. J. Gill, "Erastus the Aedile," *TynBul* 40 (1989): 293–301과 A. D. Clarke, "Another Corinthian Erastus Inscription," *TynBul* 42 (1991): 146–51을 보라. 또한 A. D. Clarke, *Secular and Christian Leadership in Corinth: A Socio-Historical and Exegetical Study of 1 Corinthians 1-6*, AGJU 18 (Leiden: Brill, 1993), 47–57도 보라.

31. Aelius Aristides, *Orations* 46.23.

인 분쟁은 단순히 고린도에서 서로 다른 사회·경제적 배경을 가진 사람들이 서로를 대하는 삶의 한 방식을 반영하는 것으로 볼 수 있다. 현대 세계와 똑같이 그 당시에도 부와 학식은 사회적 지위를 높이는 역할을 했다. 사람들은 사회적 지위가 올라갈 때 이전 지위를 버리고 새로 주어진 지위를 받아들임으로써 자기보다 가난한 자를 멀리했을 것이다. 고린도전서에서 바울이 엘리트 계층의 자랑에 거듭 관심을 두는 것은, 당시 사회의 공적 인정과 영예를 얻기 위해 벌어진 치열한 경쟁 관계라는 배경에 비추어 보면 충분히 이해된다.

최근 들어 당시 헬레니즘 사회의 사회적 계층화에 관해 그리고 그것이 고린도 교회에서 바울이 직면한 문제들과 어떻게 충돌했는지에 관해 연구가 많이 이루어졌다. 1970년대에 거드 디슨은, 1세기 헬레니즘의 사회 배경과 바울 서신의 관계를 연구한 유력한 논문을 연속해서 썼다. 그 가운데 아주 중요한 한 논문은 1:26–29에서 바울이 고린도 교인의 사회적 구성을 설명하는 것으로 연구를 시작한다. 이 설명을 헬레니즘의 문학적, 사회적 구조 안에 두고 연구함으로써 교인들과 바울이 접한 문제를 이해하는 데 사회적 계층화가 지닌 중요성을 상술한다.[32] 헬레니즘 환경에 대한 또 하나의 영향력 있는 사회적 설명을 1983년에 웨인 믹스(Wayne Meeks)가 쓴 책에서 찾아볼 수 있다.[33] 여러 가지 면에서 이 책은, 벤 위더링턴(Ben Witherington)과 앤드류 클라크(Andrew Clarke)가 쓴 주석에 언급된 최근 작품들이 나올 수 있는 장을 마련했다.

오늘날 대부분의 항구와 마찬가지로 고린도 도시도 성적으로 문란한 항구로 알려져 있었다. 그러나 고린도는 다른 대다수 도시보다 더 악명 높은 이름이 있었다. 고린도라는 도시 이름은 심지어 성적 문란의 대명사가 되었다. 곧, "코린티아스테스"(*Corinthiastes*)라는 말 자체가 난봉꾼을 의미했다. 심지어는 "모든 사람이 고린도로 항해하는 것은 아니다"[34]와 같은 그리스어와 라틴어로 된 관련 속담까지 있었다. 그러나 정확히 판단하면 이러한 악명은 대부분 고린도가 그리스의 도시였던 초기에 주어졌다. 어느 한 시기에 특별히 문란한 도시였던 것이므로, 고린도전서를 읽을 때 고린도가 문란한 도시였다는 선입관을 강하게 가지고 읽지 않는 것이 중요하다. 초기 일부 주석들에 언급된 스트라보의 설명을 예로 들어보자. 스트라보는 1천 명의 신전 창녀를 두었던 아프로디테 신전에 관해 설명하면서 고린도가 그처럼 성적으로 문란한 도시가 된 것은 확실히 로마 제국의 정복이 있기 전이라고 말했다.[35] 그러므로 바울이 고린도전서 10장에서 우상을 섬기는 신전의 활동에 대해 말할 때, 이런 문란한 성 관습을 염두에

32. 이 논문들은 앞에서 언급한 영문 저작(Theissen, *Social Setting of Pauline Christianity*)에 담겨 있다. 특히 2장, "Social Stratification in the Corinthian Community: A Contribution to the Sociology of Early Hellenistic Christianity," 69–120을 보라.

33. Meeks, *First Urban Christians*.

34. Strabo, *Geography* 8.6.20 (Jones, LCL). 또한 Horace, *Epistles* 1.17도 참고하라. 그러나 Richard A. Horsley, *1 Corinthians*, ANTC (Nashville: Abingdon, 1998), 31이 이 속담은 고린도 도시의 제약 없는 문란한 성 관습보다 치열한 "상업적 경쟁"을 가리킨다고 지적하는데, 아마 옳을 것이다.

35. 이에 대한 최초의 주장은 Strabo, *Geography* 8.6.20에 나온다. 또한 12.3.36도 보라. Murphy–O'Connor, *St. Paul's Corinth*, 55–56은 로마 시대에는 신전 창녀의 수가 그 정도로 많을 만큼 크게 건축된 아프로디테 신전이 있다는 증거가 나타나지 않는다고 지적한다.

둔 것으로 상상하는 것은 잘못이다. 그렇다고 해도 바울의 편지를 보면 알 수 있듯이 당시 음행은 심각한 문제였다. 확실히 로마서가 고린도에서 기록되었다면, 로마서 1:18-32에 열거된 죄악은 말할 것 없이 고린도와 같은 도시에서 쉽게 발견되는 죄목이었을 것이다.

종교적 배경

바울이 복음을 전하고, 편지를 썼을 당시 고린도의 사회적, 종교적 배경은 현대인이 원하는 대로 따로 떼어놓을 수 없을 것이다. 고대 로마 세계와 같이 종교적 관습이 시민들의 일상생활을 크게 지배하는 사회는 어느 곳을 막론하고 종교가 교역에서부터 사회적 인정과 사회적 지위에 이르기까지 모든 분야에 직접 영향을 미치는 것을 알 수 있다. 어느 도시든 바울이 사역하던 당시 주요 도로를 따라 걸어본 사람이라면, 로마 제국에서 숭배한 신들이 엄청나게 많았다는 것을 확인할 수 있다. 먼저 몇 미터마다 대다수 주요 도로에 늘어선 기둥들이 있었다. 이 기둥들 꼭대기에는 유명하거나 저명한 인사들과 신들의 이름이 적혀 있었다. 또 그리스와 로마의 모든 도시에는 신전과 산당이 다수 있었고, 어떤 신전과 신들은 다른 것들보다 그 도시에서 더 높은 지위를 차지했다. 이 신상들의 모습은 도시마다 달랐다. 성경에서 발견되는 한 사례가 유명한 에베소 지역의 디아나 여신(그리스 만신전의 아르테미스 여신) 숭배다. 디아나 여신은 에베소 도시의 수호신이었는데, 다른 지역에서도 대부분 숭배되었다. 고린도에서 크고 작은 다양한 규모의 신전들이 다수 발굴되었다.

로마인은 고린도 도시를 재건했을 때 고대 그리스 신들을 수용하고 그 신들을 자신의 만신전에 들여오거나 자신이 숭배하는 신들과 실질적으로 동등하게 여겼다. 또한 로마인은 점차 황제를 숭배했다. 주후 50년대 초에는 황제 숭배의 범위가 명확하지 않지만 아구스도(아우구스투스)와 이후 황제들의 조각상과 성상이 고대 고린도의 유물 잔해 속에서 발견되었고, 광장 맨 앞에 황제를 숭배하는 로마의 신전이 세워졌다. 고린도 주변에서 발견된 다른 신전 중에는 고대 그리스의 아폴로(치유와 예언의 신)와 그의 쌍둥이 자매 아르테미스(로마 만신전의 디아나)를 숭배했던 신전도 있다. 아폴로의 아들이자 의학의 신인 아스클레피오스 역시 사랑의 여신 아프로디테(로마 만신전의 비너스)만큼 숭배 대상이 되었다. 바다의 신 포세이돈(넵투누스)을 섬기는 신전도 당연히 항구 도시의 중요한 신전이었다. 이 외에 다른 신전으로는 여신 코레(페르세포네로도 불림)와 그녀의 딸 데메테르 그리고 신비 종교의 대표자인 이집트의 신 사라피스와 이시스를 숭배하는 신전도 있었다. 이후 몇십 년 뒤 주후 2세기 저술가 파우사니아스(Pausanias)는 고린도에서 26개의 숭배 장소를 찾아냈다고 주장했다.[36] 이것을 많다고 생각해서는 안 된다. 사도행전 17:16을 보면 사도 바울은 아덴에 갔을 때 그곳에 우상이 가득한 것을

36. Pausanias, *Description of Greece* 2.2.1-4.1.

보고 격분했다. 사도행전 17:21–22을 보면 바울은 아레오바고를 찾았을 때 자신과 대화를 나눈 그리스인들이 '매우 종교적이고', 특별히 어떤 새로운 신에 관해 말하는 일에 관심이 많다고 분명히 말했다.

삶의 모든 영역에 종교성이 스며들어 있었던 것은 당시에 신전이 사업가나 상인들이 인맥을 형성하거나 친구를 만나는 장소의 역할을 했다는 사실을 의미한다. 확실히 당시에는 수호신 없이는 사업하기가 어려웠을 것이다. 예를 들어 코레와 데메테르 신전이나 아스클레피오스 사당은 부속 건물로 많은 식당이 있었다. 초기 파피루스 문서에는 식사에 초대한 사례가 나오고, 신전 일부를 식사 장소로 제공하기도 했다. 어떤 사례를 보면 식사 초대가 비종교적인 모임처럼 보이기도 한다.[37] 그러나 식사를 위한 모임이 실제로 신전에서 식사하는 것이었음을 보여주는 다른 사례도 있다. 또는 신의 이름으로 식사 초대가 이루어지기도 했다.[38] 그러므로 바울이 이런 사회에서 어떻게 처신해야 하는가에 대한 문제에 봉착한 것은 확실히 불가피했다. 종교적이든 비종교적이든 다양한 배경에서 이루어지는 사회적 모임과 관련된 다수의 질문은, 로마서 1:23의 묘사처럼, 사람들이 "썩어지지 아니하는 하나님의 영광을 썩어질 사람과 새와 짐승과 기어 다니는 동물 모양의 우상으로 바꾸[어버린]" 세상 속에서 그리스도인이 거룩하게 살고자 했을 때 당연히 대두될 수밖에 없었다. 고린도전서 8장과 10장에서 다양한 식사에 대한 다른 접근법을 다루는 것은 이런 배경 속에서 보아야 충분히 설명된다.

고린도전서를 보면 바울이 유대교와 이교 사상을 버리고 기독교로 개종하여 그리스도인이 된 사람에게 편지를 썼다는 사실이 분명히 드러난다. 고린도 교회 안에 유대교를 버리고 회심한 사람이 있었다는 사실을 뒷받침하는 명확한 증거가 있다. 바울은 먼저 유대교 회당에서 복음을 전했다. 다른 누구보다 바울의 동료 브리스길라와 아굴라가 유대인이었다. 회당장 그리스보는 그 지역에서 처음으로 회심한 사람이었다(행 18:8; 고전 1:14). 할례자로 부르심을 받은 신자도 고린도전서 7:18에서 언급된다. 바울은 또한 "유대인들에게 [그가] 유대인과 같이 된 것은 유대인들을 얻고자" 함이었음을 분명히 밝힌다(9:20). 고린도 지역의 출토품에서 발견된 상인방 일부에는 "히브리인의 회당"이라는 비명이 적혀 있다. 이것은 고린도 도시에 유대교 공동체가 실제로 존재했음을 입증하는 외적 증거다.[39] 또한 이방인이 그리스도인으로 회심한 증거도 있다. 바울이 고린도전서 8:7에서 각별한 관심을 두고 설명하는 대상은 그리스도인으로 회심한 이방인이다. 일부 교인, 특히 이교 사상에 뿌리를 둔 교인이 비신자와 함께 식사 초대를 받은 것으로 보인다. 그 가운데 어떤 교인은 거리낌 없이 우상을 숭배하는 신전에 들어갈 준비가 되어 있었다(8:10). 그런데 그것은 유대교를 믿고 자란 자에게는 거의 상상할 수 없

37. 예컨대 *P. Oxy.*, 926을 보라.

38. 예를 들어, G. H. R. Horsley, *New Documents Illustrating Early Christianity*, 1–4권 (Sydney: The Ancient History Documentary Research Centre of Macquarie University, 1981–1987), 1:5에 인용된 *P Coll Youtie* 51–55는 "주 세라피스의 연회"에 참석하는 식사 초대를 언급한다. *P Köln* 57에는 실제로 초대하는 당사자가 신이다(같은 책).

39. Philo, *On the Embassy to Gaius*, 281–83.

던 일이었다. 다른 교인, 곧 유대교가 아니라 로마나 그리스에 뿌리를 둔 교인은 대부분 지역 법정에 호소하여 혜택을 보는 것을 만족스럽게 여겼다(6:1). 그리고 대부분이 이방인인 비신자는 교회 안에 들어와 예배를 지켜보도록 초대를 받거나, 초대받지 못했어도 슬쩍 들어온 듯하다(14:24-25).

교인이 된 사람이 과거에 견지했던 종교적 신념 때문에, 바울이 다루는 문제들이 더 복잡하게 된 것은 의심할 여지가 없다. 그러나 더 일반적으로 말하면 그리스 배경을 가진 자든 유대교 배경을 가진 자든 회심한 자는 그들이 속한 사회의 영향을 받았다. 온갖 사회적, 정치적, 사업적 관계에 항상 존재하는 종교적 국면이 혼재하는 사회에서, 지위에 대한 사회적 열망과 자부심이 컸기 때문에 당시 교인들은 공동체의 인정과 소속감을 얻으려면 타협해야 한다는 엄청난 유혹에 당연히 시달렸다. 이에 대해 바울은 십자가에 못 박힌 그리스도를 제시하는 것으로 반응했다. 다시 말해, 바울은 이에 대한 반응으로 그리스도가 십자가에서 본을 보이신 겸손, 복음을 위해 그리고 그리스도 주께 모든 영광을 돌려야 하는 사람들에게 요구된 거룩함을 위해 훈련된 자기 희생을 제시했다.

요약하면 바울이 고린도 교인을 "그리스도 예수 안에서 거룩하여진" 자로, "성도라(성도로) 부르심을 받은" 자로, "우리의 주 되신 예수 그리스도의 이름을 부르는" 자로, "미쁘신"(신실하신) 하나님을 가졌고 주께서 "우리 주 예수 그리스도의 날"에 책망할 것이 없도록 끝까지 견고하게 하실 자로 말하는 고린도전서의 첫 문장은, 바울이 심각하게 세상과 타협하는 교인을 염려한다는 사실을 보여주기도 하지만 동시에 그의 소망에 대한 확실한 근거도 보여준다(고전 1:2-9). 고린도 교인의 사회적 지위에 대한 열망 그리고 인정과 소속감에 대한 갈망은, 이제 자아에 사로잡히고 지위를 추구하며 우상을 숭배하는 이교 사상의 가치와 태도 속에서 발견되어서는 안 된다. 철저히 그리스도 안에서 그리고 그리스도의 교회 안에서 발견되어야 한다.

수사적, 문학적 배경

최근 바울이 편지에 고전 수사학을 구사한 것에 대해 많은 연구가 이루어졌다. 이것은 이 책에서도 여러 곳에서 다룬다. 그러나 바울이 편지에서 사용하는 문학적, 수사적 배경을 다루기 전에, 본문 자체에서 바울이 당시 다른 선생 및 철학자들과 자신이 다른 점은 메시지의 내용만이 아니라, 메시지를 청중에게 설득력 있게 전하는 방식에도 있었음을 상기시킨다는 사실을 유념해야 한다. 따라서 2:1에서 바울은 자신이 "말과 지혜의 아름다운 것으로" 전하지 않았다고 말한다. 바울은 일부러 세련된 방식을 피한다(2:1-5에 대한 설명을 보라). 바울은 자신이 전하는 복음의 내용, 곧 "십자가에 못 박힌 그리스도"와 그 그리스도를 전하는 방식이 분리되어서는 안 된다고 주장한다. 바울이 전하는 말의 힘은 어떤 것이든 하나님의 역사에 기인하는 것이지 그의 수사 솜씨에 기인하는 것이 아니다. 하지만 바울이 간혹 당시의 편지 쓰는 관습과 수사 방식을 다양하게 사용하여 매우 조심스럽게 편지를 쓰는 것은 분명하다. 벤 위더링턴은 이런 용법 일부를 "미시적 수사"(micro-rhetoric)라고 부른다. 이때 위더링턴은 "미시적 수사"라는 말을 "신약성경에 나타난 수사 장치, 예컨대 수사 의문문, 극적 과장법, 의인화, 부연 설명, 아이러니, 생략 삼단 논법(즉, 불완전 삼단 논법) 등을 사용하는 것"을 가리키는 의미로 썼다.[40] 그러나 위더링턴이 쉽게 인정한 것처럼, 그것은 그와 다른 주석가들이 최근에 그렇게 주장한 것과 같이 고린도전서 같은 편지가 고대 연설문의 형식적 수사 구분의 특징을 전부 또는 일부 보여줄 수 있다고 주장하는 것과는 다른 문제다.

아리스토텔레스의 작품 『수사학』(*Rhetorica*)은 수사학에 관한 가장 오래된 논문으로, 그리스-로마 시대 전체에 영향을 미쳤다. 주후 1세기에 퀸틸리아누스의 『웅변술』(*Institutio oratoria*)[41]은 수사의 원리를 상세히 설명했고 로마 제국 전역에 영향을 미쳤다. 퀸틸리아누스는 수사학을 "말을 잘하는 학문"[42]으로 정의한다. 고대 연설의 수사는 다음과 같이 세 범주로 나누어진다. (1) "법정적"(forensic) 또는 "사법적"(judicial) 수사: 법적 소송에서 고소하고 변호하는 데 사용되었고, 주로 이미 일어난 과거 사건에 초점을 두었다. (2) "정치적"(deliberative) 수사: 청중을 어떤 특정 행동에 대한 찬반으로 이끌고자 설득하는 정치적 논쟁에서 널리 사용되었고, 주로 미래에 초점이 있다. (3) "과시적"(epideictic) 또는 "의례적"(ceremonial) 수사: 장례식이나 어떤 영예로운 도시 행사와 같은 공적 모임에서 어떤 사람을 칭송하는 데 자주 사용되었고, 현재에 초점이 있다. 이처럼 폭넓은 형태를 띠는 수사는 '엑소르디움'(*exordium*, 서론) '나라티오'(*narratio*, 서술), '프로포지티오'(*propositio*, 논제), '프로바티오'(*probatio*, 증명), '레푸타티오'(*refutatio*, 논박), '페로라티오'(*peroratio*, 결론)와 같이 여섯 가지 공통 요소로 세분될 수 있었다.

고린도전서를 형식적 수사학에 따라 분석한 것 가운데 특별히 주목할 만한 것으로 마거릿 미첼(Margaret Mitchell)이 고린도전서에 관해 쓴 작품이 있다. 이 작품은 고린도전서 석의에 크게 공헌하고, 고린도전서를 하나의 통합된 단일체로 보는 견해를 옹호하는 또 하나의 강력한 논증을 제공한다. 그러나 고린도전서가 교회 연합을 위해 쓰인 "철저한 정치적 수사 논증"이라는 미첼의 주장은 문제를 너무 과장하는 것으로 보인다. 특히 바울이 교회 연합을 자신이 펼친 주장의 핵심 동력으로 탐구한다는 사실을 지나치게 강조하는 것 같다.[43] 최근에 브루스 윈터는 바울의 편지를 소피스트 학파의 포괄적인 철학적, 수사적 배경을 반대하는 견해에 두려고 했다.[44] 또한 고린도전서 본문을 수사 성격에 따라 분석하고, 바울(그리고 필로)이 소피스

40. Ben Witherington III, *New Testament Rhetoric: An Introductory Guide to the Art of Persuasion in and of the New Testament* (Eugene, OR: Cascade, 2009), 7. Witherington이 고린도전서를 강해하면서 일부 이런 요소가 가져온 결과를 다루는 것은 *Conflict and Community in Corinth: A Socio-Rhetorical Commentary on 1 and 2 Corinthians* (Grand Rapids: Eerdmans, 1995)를 보라.

41. 이 작품은 아마 첫 세기 마지막 10년 기간에 나왔을 것이다.

42. Quintilian, *Institutio oratoria* 12.1.1.

43. Margaret M. Mitchell, *Paul and the Rhetoric of Reconciliation: An Exegetical Investigation of the Language and Composition of 1 Corinthians* (Louisville: Westminster John Knox, 1991).

44. Bruce W. Winter, *Philo and Paul among the Sophists: Alexandrian and Corinthian Responses to a Julio-Claudian Movement*, 2차 편집 (Grand Rapids: Eerdmans, 2002), 188. 1:17에 관한 주석을 추가로

트 운동을 반대하지만 (특히 구약성경을 언급함으로써) 아울러 소피스트의 방법을 일부 채택함으로써 소피스트 운동과 어떻게 상호 작용했는지 증명하는 데 힘쓴다.

이 책에서는 바울이 많은 곳에서 수사 장치를 썼다고 지적할 것이다. 고린도전서 15장을 정치적 수사의 적당한 한 사례로 볼 수 있다는 의견이 제시되었다. 이것은 13장을 과시적 수사의 한 사례로 보는 것이 유익한 것과 같다. 그러나 이 외에도 이 책은 본문이 확대된 정치적 수사의 다른 사례들보다 더 폭넓게 기능한다고 믿는다. 또한 본문을 단순히 이런 식으로 보는 것은 바울이 고린도전서에서 다루는 내용과 다양한 개인적 및 집단적 적용을 과도하게 제한한다고 본다. 이처럼 긴 편지는 의심할 것 없이 교회에서 큰 소리로 읽히기는 했지만 무엇보다 개인적인 의사 교환이고, 문체가 설득을 위한 공적 연설과는 완전히 거리가 멀다.

고린도전서는 일차적으로 한 편의 편지로 읽혀야 한다. 다수의 고대 편지를 입수하여 비교해보면 확실히 고린도전서는 바울 당시의 공인된 편지 작성 기준에 잘 부합한다. 다만 바울의 이 편지가 이 책이 입수할 수 있는 다른 편지들보다 훨씬 더 길기는 하다. 헬레니즘 시대의 편지 작성 관습은 뒤에서 간략히 다루겠지만, 이 편지들을 편지의 서두와 결말에서 관습을 벗어나 해석하는 것은 별로 도움이 되지 않는다. 고린도전서의 서두와 결말은 대체로 헬레니즘 시대의 편지 작성 관습을 따랐다. 따라서 서두에서 발신자의 이름을 제시하고 수신자를 언급한다. 이어서 편지의 수신자에게 전하는 인사말과 간혹 감사가 나온다. 당시 편지는 결말에 여행 계획을 덧붙이기도 했다. 그러나 추가 문안 인사, 자필 서명, 마지막 축복은 거의 항상 덧붙였다. 이 책에서 지적할 것처럼, 바울은 이런 편지 관습을 따랐지만 그 관습을 자신의 기독교적 의도에 맞게 고친 것이 분명하다.

고린도전서에 대한 해석: 한 가지 근본적인 문제를 다룬다?

교회 안의 파벌 간 분쟁이 고린도전서 대부분을 차지한다고 말하기가 확실히 어렵다는 사실을 고려하면,[45] 다른 어떤 근본적인 문제가 고린도전서를 기록한 이유를 일관되게 파악하는 기준을 제공할 수 있는지 의문을 제기할 필요가 있다. 역사적 재구성을 시도할 때 그런 기준을 파악하려고 애썼지만, 너무 사변적으로 흐르고 말았다. 고린도전서를 이해하는 네 가지 주된 관점이 있다. 처음 두 관점은 앞에서 지적했다. 이 두 관점 가운데 하나는 근본적인 문

보라. 소피스트는 수사 "기법"을 전문적으로 훈련받았다. 젊은 소피스트는 공적 연설가로 말하는 법을 배웠다. 주후 첫 세기에는 이런 훈련이 전문가 계층에 들어가려면 필수 조건이었다. 고린도에서 일어난 소피스트 운동을 설명할 때 윈터는 이렇게 주장한다. "고린도는 소피스트 연설가와 시인으로 차고 넘쳤고, 두세 명이 함께 모이는 곳은 어디서나 강력한 경쟁이 펼쳐진 것으로 보였다…소피스트는 자기들이 받은 교육 때문에 그들이 다른 사람들보다 더 잘 안다고 믿었다"(같은 책, 128).

45. 예컨대 특정 파벌이 교회 안에서 여자가 "부끄러운" 행위를 하거나(14:35), 근친상간을 조장하거나(5장), 우상 제물을 먹는 것(8장)을 어떻게 비난했는지 알아내기 어렵다.

제를 1:12에 나오는 네 개의 파벌에서 찾아야 한다는 것이다. 다른 하나는 근본적인 문제가 바울이 고린도 교인과 자신의 태도에 대한 그들의 오해나 자신의 태도 변화(허드에 따르면)를 다루는 것에 있다는 견해다.

세 번째 관점은 주로 바울이 자신이 다루고 싶어 하는, 기본적으로 서로 무관한 다수의 문제를 느슨하게 배열해놓았다고 보는 것이다. 이어서 네 번째 관점은 고린도전서가 크게 잘못된 사고와 많은 잘못된 실천을 낳은 몇 가지 근본적인 신학적 문제를 다루었다는 주장이다. 첫 번째와 두 번째 관점의 문제점은 이미 지적했다. 고린도전서가 기본적으로 서로 무관한 관념들을 느슨하게 배열해놓았다고 보는 관점은, 고린도 교회 전체에 대해 만족스럽지 못한 그림을 제공한다. 그리고 고린도전서에 나타나는 다양한 주제, 특히 처음 몇 구절에서 제시한 몇 가지 주제를 정당화하지 못한다. 만약 각각의 문제가 서로 관련이 없다면, 이 책 역시 바울이 고린도에서 18개월 동안 가르친 것이 아무 소용이 없었다는 견해를 취할 수밖에 없다.

최근에 주석가들이 고린도전서의 문학 양식과 고린도전서를 기록하게 된 사회적, 종교적 환경에 비추어 고린도전서를 검토하고 해석하는 경향이 있다는 사실은 앞에서 지적했다. 그러나 현대의 해석이 앞서 이루어진 연구에 얼마나 크게 의존하고, 또 그 연구로부터 얼마나 앞으로 나아갔는지 간략히 지적하는 것은 가치가 있다. 19세기 이전에 주석가들은 보통 고린도전서가 두 가지 요소, 곧 (1) 교회를 분열시키려는 사탄의 욕망과 (2) 명예욕으로 부패한 지도자들에 의해 서로 관련된 일련의 다양한 문제에 대한 답변으로 기록되었다고 보았다.[46] 그러나 19세기에 주석가들은 이런 개별적인 문제들 배후에 있는 공통 요소를 찾아내려 할 때 고린도의 역사적 상황을 재구성하는 작업에 힘썼다. 따라서 1831년에 바우어(F. C. Baur)는 고린도전서 1:12에 언급된 '파벌'의 특징을 규정하는 데 심혈을 기울였다. 바우어는 고린도 교회에 두 집단이 존재했다고 주장했다. 하나는 바울/아볼로파이고, 다른 하나는 그리스도/베드로파다. 바우어는 바울이 갈라디아에서와 같이 고린도에서도 유대주의자들의 반대에 직면했다고 믿었다. 따라서 바울에 대한 공격을 유대교/바울주의 논쟁의 새로운 단계로 보았다.[47] 앞에서 지적한 것처럼 바울이 세운 교회의 교인 일부는 유대인으로 구성되었음을 암시하는

46. 예컨대 다음 자료들을 보라. John Chrysostom, *The Homilies of S. John Chrysostom, Archbishop of Constantinople, on the First Epistle of St. Paul the Apostle to the Corinthians*, 전2권, Library of Fathers of the Holy Catholic Church (Oxford: Parker, 1839), 1:2; John Calvin, The First Epistle of Paul the Apostle to the Corinthians, 번역 John W. Fraser, 공동편집 David W. Torrance, Thomas F. Torrance (Edinburgh: Oliver & Boyd, 1960), 9. Chrysostom은 1:12에서 붙여진 사도들의 이름을 그 이름 뒤에 오만한 지도자들이 숨어 있는 "가면"으로 간주한다. 따로 분리된 "그리스도"파는 없다. 왜냐하면 바울은 분쟁의 죄과를 더 심각한 것으로 만들고자, 또 이 규칙에 따르면 그리스도가 이 파벌들 가운데 단지 한 파벌에 속한 것으로 간주되어야 함을 지적하고자 자기 자신을 한 파벌로 추가했기 때문이다(*Homilies on First Corinthians*, 1:24–25). Calvin도 이 입장을 취한다(*First Corinthians*, 24–25).

47. F. C. Baur, "Die Christus Partei in der Korinthischen Gemeinde," *Tübinger Zeitschrift für Theologie 5* (1831): 61–206. 참고. Baur, *The Church History of the First Three Centuries*, 3차 편집, 전2권 (Edinburgh: T&T Clark, 1878), 1:61 이하; Baur, *Paul, the Apostle of Jesus Christ*, 전2권 (London: Williams and Norgate, 1876), 1:269 이하. 이것은 변증법적 역사 이해를 반영한다. "원리가 원리를 반대하는 입장에 서 있었다. 그리고 오직 기독교의 미래의 발전만이 두 원리 가운데 어느 하나가 다른 원리를 지배할지 결정할 수 있었다"(Baur, *Church History*, 1:63).

곳들이 있지만, 유대교와 관련된 문제가 일어났다는 사실이 '유대주의자' 집단이 존재했음을 반드시 암시하는 증거는 아니다.[48] 게다가 바우어의 재구성 작업이 요청하는 것처럼, 바울 기독교와 베드로 기독교 간의 이런 배분을 놓고 갈등이 계속되었다는 증거도 없다.[49] 19세기 말에 많은 주석가가 바우어의 전제에 불만을 표했다. 고데(Godet)는 고린도전서와 관련하여 바울의 반대자 가운데 헬레니즘의 영향을 받은 사람이 더러 있었다고 주장했다. 그러나 고데는 여전히 그리스도파를 유대주의자로 보고, "바울의 복음과 반대되는 복음 개념을 베드로의 것으로 돌릴 만한 권위가 우리에게는 조금도 없다"라고 주장했다.[50] 베드로파는 그리스도파와 구별되었고 그리스도파의 율법주의자보다 더 큰 자유를 용납했다. 그러나 사실 엄격주의자는 바리새파 유대인이 아니라 오히려 '건전하지 못한 사변'에 치우친 자들이었다. 고데는 또 영지주의 저술가들 사이에도 유사한 평행 관계가 있다고 주장했다.[51] 여기서 영지주의가 고린도전서를 읽을 때 고려해야 할 배경이라고 믿는 사람들을 이해하게 된다.

1908년 뤼트게르트(Lütgert)는 바우어의 견해에 반대하면서 바울은 율법폐기주의적인 초성령주의자, 심지어는 영지주의자에게도 공격을 받았다고 주장했다. 그들은 그리스도파였다. 뤼트게르트는 오직 이 한 진영, 곧 성령주의자로 초바울적인 영지주의 집단이 바울을 반대하는 파라고 보았다.[52] 뤼트게르트는 또 바울이 전한 복음이 근본적으로 고린도의 상황 속에서 헬레니즘 사상의 영향을 받아 본래의 내용에서 벗어났다고 주장함으로써, 이 성령주의 집단을 바울 자신의 자유에 관한 설교와 연계하려고 시도했다. 더 나아가 뤼트게르트는 바울이 고린도 교회에 보낸 편지가 유대주의 문제를 전혀 암시하지 않는다고 주장했다. 고린도 교인이 바울을 두려워하지 않고 멸시한 것은, 바울이 당당하지 못하고 권능과 성령에 대한 증거가 없는 것처럼 보였기 때문이다.

슐라터(Schlatter)는 뤼트게르트의 유대교-영지주의 반대자(헬레니즘 환경에 영향을 받은) 가설에 기반을 두었으나, 이 반대자의 신학이 사변적인 팔레스타인 유대교에서 나왔다고 믿었다.[53] 예루살렘에서 온 새로운 지도자들이 고린도 교회에 도착했고 자신은 베드로에 속했다고 주장했다. 그러나 그들은 엄밀한 의미에서 유대주의자가 아니었다. 이 새 지도자들의 영향력은 갈수록 커졌다. 따라서 그들의 바울에 대한 비판도 갈수록 더 거세졌다. 고린도 교인이 바울에게, 아니 심지어는 베드로에게 의존하자 이 새 지도자들은 그리스도에게 의존하는 반응을

48. 참고. Conzelmann, *1 Corinthians*, 14n108. 루터는 유대주의화한 기독교가 일으킨 문제점을 파악하기 위한 근거를 어느 정도 마련했다. Martin Luther, *Luther's Works, Vol. 28: Commentaries on 1 Corinthians 7, 1 Corinthians 15; Lectures on 1 Timothy* (Saint Louis: Concordia, 1973), 7을 보라.

49. H. J. Schoeps, *Paul: The Theology of the Apostle in the Light of Jewish Religious History* (Philadelphia: Fortress, 1959), 78 이하도 이 논쟁이 유대주의 요소에 중점이 있다고 주장한다.

50. F. L. Godet, *Commentary on St. Paul's First Epistle to the Corinthians*, 번역 A. Cusin, 전2권 (Edinburgh: T&T Clark, 1889-1990), 1:33-34. Godet는 1:63-82에서 고전 1:12에 나오는 네 파벌의 실제 존재를 인정한다.

51. 같은 책, 72-77.

52. D. W. Lutgert, *Freiheitspredigt und Schwarmgeister in Korinth: Ein Beitrag zur Charakteristik der Christuspartei* (Gütersloh: C. Bertelsmann, 1908). Baur에 대한 비판은 특히 49 이하를 보라.

53. Adolf von Schlatter, *The Church in the New Testament Period*, 번역 Paul P. Levertoff (London: SPCK, 1955), 174 이하.

보였다. 이것은 그들이 자신의 영적 독립성을 표현하는 한 방식이었다. 슐라터는 바울과 반대자의 차이가 "서로 다른 복음 개념"에 있다고 보았다. 고린도 교인은 믿음을 지혜로 대체했다.[54] 이 지혜는 개념상 특별히 그리스의 지혜가 아니라 오히려 혼합적인 헬레니즘의 압력 아래 두드러지게 부각된 유대의 '지혜' 관념을 반영했다. 그러므로 고린도전서는 '지혜 있는' 자의 자기중심적 신학을 반대했다. 지혜 있는 자는 마음대로 자신의 지혜를 표현했다. 그러나 바울은 자유를 단념하지 않고 특수한 상황에서 자유가 어떻게 사랑과 균형을 이루어야 하는지, 그리하여 '자율적 윤리'를 어떻게 피해야 하는지 증명했다. 슐라터가 4:6과 4:8을 강조하고 이 두 구절을 특별히 성령주의 집단과 연계하는 것은 부분적으로 나중에 "과(過)실현된 종말론"(over-realized eschatology)에 관해 말하는 것의 기초를 놓았다.[55]

다른 많은 주석가는 한 가지 주요 신학적 문제가 영지주의에 속한 어떤 반대파에서 나온 것으로 보려는 갈망을 가지고 연구를 진행했다. 특히 슈미탈스는 영지주의는 고린도전서를 기록하게 한 배경이라고 주장했으나, 영지주의가 팔레스타인 유대교에서 나왔다는 견해는 받아들이지 않았다. 슈미탈스는 영지(gnosis)가 바울 당시에 모든 종교가 썼던 전문 용어라고 믿었다.[56] 슈미탈스는 영지 관념의 뿌리를 『헤르메스 총서』(*Corpus Hermeticum*)에서 찾았다. 비록 다른 주석가들이 영지 관념에 기반을 둔 가설을 제시하기는 했어도, 슈미탈스가 제시한 것보다 더 상세히 제시한 학자는 없었다. 확실히 슈미탈스의 견해는 바울 서신 다른 곳에서 아주 드물게 나타나는 종교 어휘의 존재를 진지하게 취한다. 하지만 오늘날 주석가들은 바울이 편지를 쓴 시기에 고린도에 발전된 영지주의가 존재했을 가능성을 거의 무시한다.[57] 이에 따라 어떤 이는 '열광주의'나 '심령주의'에 관해 말하기를 좋아했다. 그러므로 부분적으로 이런 관념들의 출처가 신비 종교인지 아니면 영지주의인지에 대한 질문이 제기되었다.[58] 또 다른 이는 원영지주의(proto-Gnosticism)에 관해 말했다.[59]

다수의 주석가가 앞에서 제시한 견해에 자기 목소리를 내고, 종종 논쟁을 벌였다. 때로는

---

54. 같은 책, 174.

55. 많은 이가 바울이 고린도 교회에서 직면한 문제의 일부가 "실현된 종말론" 문제였다고 주장했다. R. M. Grant, *An Historical Introduction to the New Testament* (London: Collins, 1963), 204를 보라. "과실현된 종말론"은 Thiselton이 대중화시킨 말로 알려져 있다. Anthony C. Thiselton, "Realized Eschatology at Corinth," *NTS* 24.4 (1978): 510–26을 보라.

56. Schmithals, *Gnosticism in Corinth*, 146.

57. 다음 자료들을 보라. Conzelmann, *1 Corinthians*, 15; Fee, *1 Corinthians*, 11–12; Birger A. Pearson, *The Pneumatikos-Psychikos Terminology in 1 Corinthians: A Study in the Theology of the Corinthian Opponents of Paul and Its Relation to Gnosticism*, SBLDS 12 (Missoula, MT: Scholars Press, 1973); E. Yamauchi, *Pre-Christian Gnosticism: A Survey of the Proposed Evidences*, 2차 편집 (Grand Rapids: Baker, 1984); A. J. M. Wedderburn, "Gnosticism and Paul's First Letter to the Corinthians" (학위논문, Cambridge college fellowship competition, 1969), 189 이하.

58. 예컨대 다음 자료들을 보라. G. Bornkamm, *Paul* (London: Hodder and Stoughton, 1971), 71 이하; E. Käsemann, *New Testament Questions of Today* (London: SCM, 1969), 125 이하; R. A. Knox, *Enthusiasm: A Chapter in the History of Religion; with Special Reference to the XVII and XVIII Centuries* (Oxford: Clarendon, 1950), 9 이하.

59. 원영지주의는 단순히 나중에 영지주의에서 사용되었던 사상 형태와 말을 가리키는 용어다. 따라서 원영지주의 배경을 받아들이는 가설들은 상당히 많다. 예컨대 고린도 교회의 "파벌"에 대해 유대교나 그리스 배경을 강조하거나 다른 관점을 취할 때 원영지주의가 언급된다.

과거의 결론을 옹호하기도 했다. 확실히 바울이 고린도 교회에서 직면한 문제에 대한 하나의 통일된 주제나 원인을 탐구하는 것은 많은 유익이 있었다. 특히 요즘 대다수 주석가는 고린도전서를 일련의 문제들을 무작위로 담은 편지가 아니라 하나로 통합된 단일체로 본다. 이 책은 앞에서 다양하게 언급한 많은 주석가의 도움을 받았고, 이것은 본문을 통해 알 수 있다.

그러나 '공동체 표지'와 관련된 특정 종교적 문제가 고린도전서 전체를 가장 잘 이해하게 한다는 것도 이 책의 견해다. 대다수 공동체에는 어떤 사람이 공동체의 구성원인지 아닌지를 가리는 모종의 경계 표지가 있다. 따라서 어떤 집단은 입회 자격 요건을 제시한다. 예를 들어, 어떤 사람이 한 공동체의 일원이 되려면 어느 특정 지역에서 살아야 한다. 그러지 않으면 다른 공동체에 속한다. 부자들만 가입할 수 있는 골프 클럽은 그 공동체의 참여자나 구성원이 될 자격이 있는지 확인하기 위해 막대한 공탁금을 요구할 수 있다. 종교 진영을 보면 다양한 '표지'를 우리 주변에서 확인할 수 있다. 예를 들어, 이슬람교에서는 여성에게 구성원으로서 머리를 가리도록 요구할 수 있다. 시크(Sikh)교 남자들은 긴 머리를 터번으로 가려야 한다. 기독교는 공동체 입회 자격의 경계 표시로서 세례를 제시한다. 그러나 일단 교회 '안에' 들어가 있다면, 정확히 사람들을 교인으로 또는 신령한 사람으로 계속 표시하는 것이 바울이 여기서 고린도 교인에게 말하는 내용의 일부다. 바울에게는 그런 표시가 그리스도를 본받는 것이고, 주로 사랑의 역사 속에서 확인된다. 그런데 거의 어느 공동체에서나 이런 소위 '공동체 표지' 또는 '경계 표시'가 어떻게 교만과 오만의 원천이 될 수 있는지 확인하기 쉽다. 어쨌든 그것들은 단순히 그가 공동체 '안에' 있음을 입증하는 표지로 그치지 않고, 공동체 안에서 배타적인 기능을 하기도 한다. 이 표지를 갖지 못한 자는 공동체의 일원이 아니거나 공동체 안에서 어떤 내적 집단이나 엘리트 집단의 일원이 아니다. 이 고린도 교회 안에서 바울이 언급하는 문제 중 하나는 어떤 교인이 잘못된 '표지'를 고집하고, 따라서 그 표지로 교만해지고 자랑하는 자가 되었다는 것이다. 그러므로 바울이 이 문제를 다루는 방식은 십자가에 못 박힌 그리스도와 사랑의 진정한 본질에 관해 주장하는 것과 함께 기독교 공동체의 표지 또는 지위를 잘못 보도록 유혹받는 자와 관련이 있다. 뒤에서 이 책은 통상적으로 '표지'라는 말을 이 문제를 확인하는 용도로 사용할 것이다.

이 책은 바울이 유대교를 버리고 개종한 자와 이교 사상을 버리고 개종한 자로 구성된 교회에 직면해 있다는 견해를 취한다. 그러나 이 두 집단은 같은 도시에서 살고 같은 사업, 같은 사회적 및 종교적 환경 속에서 일했다. 그러한 환경은 삶의 다양한 분야에서 타협하라고 심하게 압박했다. 지식과 현학적 요소를 추구하는 경향과 공동체의 지위, 소속, 인정에 대한 욕구로 인해 숱한 시험이 주어졌다. 깊이 생각해보지 않아도 기독교 신앙에 대한 지혜와 지식은, 구약성경을 배경으로 하는 것 및 은사로 유명한 것과 함께, 금세 이교 사상의 가치와 타협할 수 있었다. 당시 사회가 지위를 나타내는 표지와 표시를 추구하고, 특별히 지식과 지혜를 소중히 여겼던 것처럼 일부 고린도 교인도 그러했다. 바울의 관점에 따르면, 십자가에 못 박힌 그리스도와 예수님이 본을 보여주신 사랑에 따라 사는 것을 중심에 두고 바울이 전한 복음으로 돌아오는 것이 유일한 해답이었다.

그러므로 이 책은 여러 주석가의 견해와 동일하게 바울이 다루는 주된 근본적인 문제가 지혜와 지식의 소유와 관련되어 있다고 주장한다. 이 책은 고린도 교인이 이러한 지식과 지혜를 신령한 은사로 생각하고 너무 중요하게 여긴 나머지 일부 교인이 영적 교만에 빠졌다고 주장할 것이다. 어쨌든 이로 인해 바울이 다루어야만 하는 많은 문제가 일어났다. 바울의 대답은 그리스도를 십자가에 못 박히신 주님으로 선포하는 복음 메시지의 핵심으로 겸손히 돌아오라는 것이다. 결국 고린도 교인의 오만함은 '교만을 부추기지만', 십자가에 못 박히신 주님에 대한 참된 헌신을 반영하는 것은 오직 사랑뿐이다(8:1; 13:1-13). 고린도전서의 많은 부분이 어떤 형식으로든 공동체 안에서 그리고 하나님 앞에서 차지하는 지위와 관련된 것으로 나타날 것이다. 바울은 거기에 교만이 있을 자리가 없다고 본다. 지위에 대한 질문에는 지혜나 지식이나 다른 하나님의 은사에 호소하여 답해서는 안 된다. 겸손하게 주님을 예배하고 겸손하게 교회의 덕을 세우는 것이 중요하다.

개요

I. 편지의 서두(1:1-9)
- A. 인사말(1:1-3)
- B. 감사(1:4-9)

II. 연합의 부족에 대한 바울의 낙심(1:10-17)
- A. 고린도 교인에게 연합을 당부함(1:10-12)
- B. 그리스도와 그리스도의 목적으로 돌아설 것을 당부함(1:13-16)
- C. 바울이 복음을 전하라는 그리스도의 부르심을 따름(1:17)

III. 십자가로 말미암아 근본적으로 다른 관점이 형성됨(1:18-2:5)
- A. 십자가의 도(1:18-25)
- B. 고린도 교인의 부르심에서 예증됨(1:26-31)
- C. 바울의 복음 전파에서 예증됨(2:1-5)

IV. 온전한 그리스도인은 하나님의 지혜를 구함(2:6-4:21)
- A. 바울이 하나님의 지혜를 선포함(2:6-13)
- B. 하나님의 지혜가 "신령한" 자의 특징임(2:14-16)
- C. 고린도 교인이 영적으로 온전하지 못함(3:1-9)
- D. 지혜로운 지도자는 영적 분별력을 가지고 행함(3:10-4:21)

V. 신령하지 못한 지혜는 중대한 죄를 낳음(5:1-6:20)
- A. 근친상간 사건을 해결해야 함(5:1-8)
- B. 공동체 정체성은 거룩함을 요구함(5:9-13)

C. 그리스도인 간의 소송을 세상 법정에 맡겨서는 안 됨(6:1–8)

D. 공동체 정체성은 거룩함을 요구함(6:9–11)

E. 음행은 그리스도와의 연합과 양립할 수 없음(6:12–17)

F. 공동체 정체성은 거룩함을 요구함(6:18–20)

VI. 공동체 지위와의 관계에서 본 결혼, 독신, 이혼, 과부 생활(7:1–40)

A. 하나님의 부르심에 따라야 하는 결혼과 독신(7:1–24)

B. 독신의 유익(7:25–40)

VII. 지위, 지식, 자유 그리고 우상에게 바친 음식(8:1–11:1)

A. 지식과 사랑은 대조적임(8:1–3)

B. '신들'과 '주들'의 실존에 관한 지식(8:4–6)

C. 우상 신전에서 우상 제물을 먹는 것에 관한 지식(8:7–13)

D. 지위와 권리는 복음의 목적에 종속되어야 함(9:1–27)

E. 신령한 은사를 악용하는 이스라엘에 대한 경고(10:1–13)

F. 언약의 충성에 관한 문제(10:14–22)

G. 오직 이웃의 유익과 하나님의 영광을 구하라(10:23–11:1)

VIII. 지위, 공적 예배, 자유, 은사(11:2–14:40)

A. 공적 예배에서 남편과 아내가 지켜야 할 행위(11:2–16)

B. 주의 만찬에서 교회가 지켜야 할 행위(11:17–34)

C. 신령한 자와 교회 안에서 은사의 기능(12:1–31)

D. 사랑으로 인증받는 신령한 자의 지위(13:1–13)

E. 공적 예배에서 은사의 적절한 기능(14:1–25)

F. 공적 예배에서 모든 행위는 교회의 덕을 세워야 함(14:26–40)

IX. 그리스도와 그의 백성의 부활의 복음(15:1–58)

A. 그리스도의 부활로 보증된 복음의 사실들(15:1–11)

B. 부활에 관한 진리(15:12–34)

C. 부활한 몸: 연속성과 불연속성(15:35–49)

D. 몸의 변화의 필연성(15:50–58)

X. 결론적 지침과 의견(16:1–24)

A. 연보에 관한 지침(16:1–4)

B. 바울의 여행 계획(16:5–9)

C. 디모데와 아볼로에 관한 언급(16:10–12)

D. 다양한 권고(16:13–18)

E. 주 안에서 다른 사람들이 전하는 문안 인사(16:19–20)

F. 바울이 직접 쓴 편지의 결말(16:21–24)

참고문헌

Commentaries

Allo, Ernest B. *Saint Paul: Première Épître aux Corinthiens*. 2nd ed. Paris: J Gabalda, 1956.

Barclay, William. *The Letters to the Corinthians*. Revised edition. Philadelphia: Westminster, 1975.

Barrett, Charles K. *A Commentary on the First Epistle to the Corinthians*. 1st ed. HNTC. New York: Harper & Row, 1968.

Bengel, Johann Albert. *Gnomon of the New Testament*. Volume 3. Edinburgh: T&T Clark, 1877.

Best, Ernest. *Critical and Exegetical Commentary on Ephesians*. ICC. Edinburgh: T&T Clark, 1998.

Betz, Hans Dieter. *Galatians: A Commentary on Paul's Letter to the Churches in Galatia*. Philadelphia: Fortress, 1979.

Bittlinger, Arnold. *Gifts and Graces: A Commentary on I Corinthians 12–14*. London: Hodder & Stoughton, 1967.

Blomberg, Craig. *1 Corinthians*. NIVAC. Grand Rapids: Zondervan, 1994.

Bray, Gerald Lewis. *1–2 Corinthians*. ACCS. Downers Grove, IL: InterVarsity Press, 1999.

Bruce, Frederick F. *1 and 2 Corinthians*. NCB. Grand Rapids: Eerdmans, 1984.

Calvin, Jean. *The First Epistle of Paul the Apostle to the Corinthians*. Translated by John W. Fraser. Edited by David W. Torrance and Thomas F. Torrance. Edinburgh: Oliver and Boyd, 1960.

Chrysostom, Saint John. *The Homilies of S. John Chrysostom, Archbishop of Constantinople, on the First Epistle of St. Paul the Apostle to the Corinthians*. Library of Fathers of the Holy Catholic Church. Oxford: Parker, 1839.

Ciampa, Roy E., and Brian S. Rosner. *The First Letter to the Corinthians*. PNTC. Grand Rapids: Eerdmans, 2010.

Collins, Raymond F., and Daniel J. Harrington. *First Corinthians*. SP 7. Collegeville, MN: Liturgical Press, 1999.

Conzelmann, Hans. *1 Corinthians: A Commentary on the First Epistle to the Corinthians*. Hermeneia. Philadelphia: Fortress, 1975.

Dunn, James D. G. *1 Corinthians*. New Testament Guides. Sheffield: Sheffield Academic Press, 1995.

Edwards, Thomas Charles. *A Commentary on the First Epistle to the Corinthians*. London: Hamilton, Adams, & Co., 1885.

Ellicott, C. *St. Paul's First Epistle to the Corinthians, with a Critical and Grammatical Commentary*. London: Longmans, Green, & Co., 1887.

Fee, Gordon D. *The First Epistle to the Corinthians*. NICNT. Rev. ed. Grand Rapids: Eerdmans, 2014.

Fitzmyer, Joseph A. *First Corinthians: A New Translation with Introduction and Commentary*. AYBC 32. New Haven: Yale University Press, 2008.

Furnish, Victor Paul. *The Theology of the First Letter to the Corinthians*. NTT. Cambridge: Cambridge University Press, 1999.

Garland, David E. *1 Corinthians*. BECNT. Grand Rapids: Baker Academic, 2003.

Godet, Frédéric Louis. *Commentary on St. Paul's First Epistle to the Corinthians*. Translated by A. Cusin. 2 vols. Edinburgh: T& T Clark, 1889–90.

Hays, Richard. *First Corinthians*. Interpretation. Louisville: Westminster John Knox, 1997.

Héring, Jean. *The First Epistle of Saint Paul to the Corinthians*. Translated by A. W. Heathcote and P. J. Allcock. London: Epworth, 1962.

Hodge, Charles. *An Exposition of the First Epistle to the Corinthians*. New York: Robert Carter and Brothers, 1860.

Horsley, Richard A. *1 Corinthians*. ANTC. Nashville: Abingdon, 1998.

Kistemaker, Simon. *Exposition of the First Epistle to the Corinthians*. Grand Rapids: Baker, 1993.

Lias, J. J. *The First Epistle to the Corinthians*. The Cambridge Bible for Schools. Cambridge: Cambridge University Press, 1881.

Lightfoot, Joseph Barber. *Notes on Epistles of St. Paul from Unpublished Commentaries*. New York: Macmillan, 1895.

Lindemann, Andreas. *Der Erste Korintherbrief*. Handbuch zum Neuen Testament 9/1. Tübingen: Mohr Siebeck, 2000.

Luther, Martin. *Luther's Works, Vol. 28: Commentaries on 1 Corinthians 7, 1 Corinthians 15; Lectures on 1 Timothy*. Saint Louis: Concordia, 1973.

Meyer, H. A. W. *Critical and Exegetical Commentary on the New Testament. 1 Corinthians*. Edinburgh: T&T Clark, 1873–82.

Moffatt, James. *The First Epistle of Paul to the Corinthians*. London: Hodder & Stoughton, 1938.

Montague, George T. *First Corinthians*. Catholic Commentary on Sacred Scripture. Grand Rapids: Baker, 2011.

Morris, Leon. *The First Epistle of Paul to the Corinthians: An Introduction and Commentary*. Tyndale New Testament Commentaries. Grand Rapids: Eerdmans, 1958.

Murphy-O'Connor, Jerome. *1 Corinthians*. New Testament Message 10. Dublin: Veritas, 1980.

Orr, William F., and James Arthur Walther. *I Corinthians: A New Translation*. AB 32. Garden City, NY: Doubleday, 1976.

Parry, Reginald St. John. *The First Epistle of Paul the Apostle to the Corinthians*. Cambridge: Cambridge University Press, 1937.

Ridderbos, Herman. *The Epistle of Paul to the Churches of Galatia*. NICNT. Grand Rapids: Eerdmans, 1953.

Robertson, Archibald, and Alfred Plummer. *A Critical and Exegetical Commentary on the First Epistle of St. Paul to the Corinthians*. ICC. Edinburgh: T&T Clark, 1911.

Ruef, John S. *Paul's First Letter to Corinth*. Pelican New Testament Commentaries. Philadelphia: Westminster, 1977.

Sampley, J. Paul. "The First Letter to the Corinthians." In vol. 10 of *The New Interpreter's Bible*. Edited by Leander E. Keck. 12 vols. Nashville: Abingdon, 2002.

Schrage, Wolfgang. *Der erste Brief an die Korinther*. EKKNT Bd. 7:1–4. Neukirchen-Vluyn: Neukirchener, 1991–2001.

Senft, Christophe. *La Première Épître de Saint Paul aux Corinthiens*. CNT. Geneva: Labor et Fides, 1990.

Soards, Marion L. *1 Corinthians*. NIBC. Peabody, MA: Hendrickson, 1999.

Talbert, Charles H. *Reading Corinthians: A Literary and Theological Commentary on 1 and 2 Corinthians*. New York: Crossroad, 1987.

Taylor, Mark. *1 Corinthians*. NAC 28. Nashville: Broadman & Holman, 2014.

Thiselton, Anthony C. *The First Epistle to the Corinthians: A Commentary on the Greek Text*. NIGTC. Grand Rapids: Eerdmans, 2000.

Thrall, Margaret E. *I and II Corinthians*. Cambridge Bible Commentary. Cambridge: Cambridge University Press, 1965.

Walvoord, John F., and Roy B. Zuck, eds. *The Bible Knowledge Commentary: An Exposition of the Scriptures*. New Testament edition. Wheaton: Victor, 1983.

Weiss, Johannes. *Der erste Korintherbrief*. Göttingen: Vandenhoeck & Ruprecht, 1970 [1910].

Wolff, Christian. *Der erste Brief des Paulus an die Korinther: Zweiter Teil: Auslegung der Kapitel 8–16*. THKNT 7/2. Berlin: Evangelische Verlagsanstalt, 1982.

Other Works

Adams, Edward, and David G. Horrell, eds. *Christianity at Corinth: The Quest for the Pauline Church*. Louisville: Westminster John Knox, 2004.

Agnew, Francis H. "The Origin of the NT Apostle-Concept: A Review of Research." *JBL* 105.1 (1986): 75–96.

Arnold, Clinton E. *Ephesians*. ZECNT. Grand Rapids: Zondervan, 2010.

Asher, Jeffrey R. "Speiretai: Anthropogenic Metaphor in 1 Corinthians 15:42–44." *JBL* 120.1 (2001): 101–22.

Aune, David Edward. *Prophecy in Early Christianity and the Ancient Mediterranean World*. Grand Rapids: Eerdmans, 1983.

Baker, David L. "Interpretation of 1 Corinthians 12–14." *EvQ* 46 (1974): 224–34.

Barclay, John M. G. *Paul and the Gift*. Grand Rapids: Eerdmans, 2015.

Barrett, C. K. *Essays on Paul*. London: SPCK, 1982.

———. *The New Testament Background: Writings from Ancient Greece and the Roman Empire That Illuminate Christian Origins*. Revised Edition. San Francisco: HarperCollins, 1989.

Barré, Michael L. "To Marry or to Burn: Pyrousthai in I Cor 7:9." *CBQ* 36.2 (1974): 193–202.

Bartchy, S. Scott. *[Mallon Chrēsai]: First-Century Slavery and the Interpretation of 1 Corinthians 7:21*. SBLDS 11. Missoula, MT: SBL, 1973.

Barth, Markus. *Ephesians 4–6*. AB 34A. New York: Doubleday, 1974.

Bassler, Jouette M. "1 Cor 12:3: Curse and Confession in Context." *JBL* 101.3 (1982): 415–18.

Baur, F. C. "Die Christus Partei in der Korinthischen Gemeinde." *Tübinger Zeitschrift für Theologie* 5 (1831): 61–206.

———. *The Church History of the First Three Centuries*. 3rd ed. 2 vols. Edinburgh: T&T Clark, 1878.

———. *Paul, the Apostle of Jesus Christ*. 2 vols. London: Williams and Norgate, 1875–76.

Beasley-Murray, George Raymond. *Baptism in the New Testament*. Grand Rapids: Eerdmans, 1990.

Bedale, Stephen. "Meaning of *Kephalē* in the Pauline Epistles." *JTS* 5.2 (1954): 211–16.

Beekman, John, and John Callow. *Translating the Word of God, with Scripture and Topical Indexes*. Grand Rapids: Zondervan, 1974.

Beker, Johan Christian. *Paul the Apostle: The Triumph of God in Life and Thought*. Philadelphia: Fortress, 1984.

Bilezikian, Gilbert G. *Beyond Sex Roles: What the Bible Says about a Woman's Place in Church and Family*. Grand Rapids: Baker Academic, 2006.

Bock, Darrell L. *Jesus according to Scripture*. Grand Rapids: Baker, 2002.

Bornkamm, Günther. *Early Christian Experience*. New York: Harper & Row, 1969.

———. *Paul*. London: Hodder & Stoughton, 1971.

Bosch, Jorge S. *"Gloriarse" Segun San Pablo. Sentido Y Teología de* Καυχάομαι. AnBib 40. Rome: Biblical Institute Press, 1970.

Boswell, John. *Christianity, Social Tolerance, and Homosexuality: Gay People in Western Europe from the Beginning of the Christian Era to the Fourteenth Century*. Chicago: University of Chicago Press, 1981.

Bourke, M. M. "The Eucharist and Wisdom in I Corinthians." Pages 2:267–81 in *Studiorum Paulinorum Congressus Internationalis Catholicus 1961: Simul secundus Congressus Internationalis Catholicus de Re Biblica: completo undevicesimo saeculo post S. Pauli in urbem adventum*. 2 vols. AnBib 17–18. Rome: Pontificio Instituto Biblico, 1963.

Brown, Alexandra R. *The Cross and Human Transformation: Paul's Apocalyptic Word in 1 Corinthians*. Minneapolis: Fortress, 1995.

Bruce, F. F. *Paul: Apostle of the Heart Set Free*. Grand Rapids: Eerdmans, 1977.

Bultmann, Rudolf. *Theology of the New Testament*. Vol. 1. Translated by Kendrick Grobel. Scribner Studies in Contemporary Theology. New York: Scribner, 1951.

Burke, Trevor J., and J. K. Elliott, eds. *Paul and the Corinthians: Studies on a Community in Conflict: Essays in Honour of Margaret Thrall*. NovTSup 109. Leiden: Brill, 2003.

Byrne, Brendan. "Sinning against One's Own Body: Paul's Understanding of the Sexual Relationship in 1 Corinthians 6:18." *CBQ* 45.4 (1983): 608–16.

Byron, John. *Slavery Metaphors in Early Judaism and Pauline Christianity: A Traditio-Historical and Exegetical Examination*. WUNT. Tübingen: Mohr Siebeck, 2003.

Campbell, Constantine R. *Basics of Verbal Aspect in Biblical Greek*. Grand Rapids: Zondervan, 2008.

———. *Verbal Aspect, the Indicative Mood, and Narrative: Soundings in the Greek of the New Testament*. SBG 13. New York: Peter Lang, 2007.

Campbell, R. Alastair. "Does Paul Acquiesce in Divisions at the Lord's Supper." *NovT* 33.1 (1991): 61–70.

Carson, Donald A. *Exegetical Fallacies*. Grand Rapids: Baker, 1984.

———. *From Sabbath to Lord's Day: A Biblical, Historical, and Theological Investigation*. Grand Rapids: Zondervan, 1982.

———. *Showing the Spirit: A Theological Exposition of 1 Corinthians 12–14*. Grand Rapids: Baker, 1987.

Castelli, Elizabeth A. *Imitating Paul: A Discourse of Power*. Louisville: Westminster John Knox, 1991.

Cervin, Richard S. "Does *Kephalē* Mean 'Source' or 'Authority over' in Greek Literature: A Rebuttal." *TJ* 10.1 (1989): 85–112.

Cheung, Alex T. *Idol Food in Corinth: Jewish Background and Pauline Legacy*. JSNTSup 176. Sheffield: Sheffield Academic, 1999.

Chow, John K. *Patronage and Power: A Study of Social Networks in Corinth*. JSNTSup 75. Sheffield: JSOT, 1992.

Clarke, Andrew D. "Another Corinthian Erastus Inscription." *TynBul* 42 (1991): 146–51.

———. *Secular and Christian Leadership in Corinth: A Socio-Historical and Exegetical Study of 1 Corinthians 1–6*. AGJU 18. Leiden: Brill, 1993.

———. *Serve the Community of the Church: Christians as Leaders and Ministers*. First-Century Christians in the Graeco-Roman World. Grand Rapids: Eerdmans, 1999.

Coffin, Charles Porter. "The Meaning of 1 Cor 15:32." *JBL* 43.1–2 (1924): 172–76.

Cotterell, Peter. *Linguistics & Biblical Interpretation*. Downers Grove, IL: InterVarsity Press, 1989.

Cullmann, Oscar. *Christ and Time: The Primitive Christian Conception of Time and History*. Rev. ed. with a new introductory chapter. London: SCM, 1962.

———. *The Early Church*. Abridged ed. London: SCM, 1966.

Dana, Harvey E., and Julius R. Mantey. *A Manual Grammar of the Greek New Testament*. New York: Macmillan, 1957.

Danker, Frederick W., Walter Bauer, William F. Arndt, and F. Wilbur Gingrich. *Greek-English Lexicon of the New Testament and Other Early Christian Literature*. 3rd ed. Chicago: University of Chicago Press, 2000.

Danylak, Barry. *Redeeming Singleness: How the Storyline of Scripture Affirms the Single Life*. Wheaton, IL: Crossway, 2010.

Daube, David. "Κερδαίνω as a Missionary Term." *HTR* 40.2 (1947): 109–20.

Davies, William D., and David Daube. *The Background of the New Testament and Its Eschatology*. Cambridge: Cambridge University Press, 1956.

Deissmann, Adolf. *Light from the Ancient East: The New Testament Illustrated by Recently Discovered Texts of the Graeco-Roman World*. Rev. ed. New York: George H. Doran, 1927.

DeMaris, Richard E. "Corinthian Religion and Baptism for the Dead (1 Corinthians 15:29): Insights from Archaeology and Anthropology." *JBL* 114.4 (1995): 661–82.

Deming, Will. *Paul on Marriage and Celibacy: The Hellenistic Background of 1 Corinthians 7*. 2nd edition. Grand Rapids: Eerdmans, 2004.

Derrett, J. Duncan M. "Judgment and 1 Corinthians 6." *NTS* 37.1 (1991): 22–36.

DeYoung, Kevin. *What Does the Bible Really Teach about Homosexuality?* Wheaton, IL: Crossway, 2015.

Dio Chrysostom. *Discourses 1–11*. Translated by J. W. Cohoon. LCL 257. Cambridge: Harvard University Press, 1932.

———. *Discourses 12–30*. Translated by J. W. Cohoon. Loeb Classical Library 339. Cambridge: Harvard University Press, 1932.

———. *Discourses 31–36*. Translated by J. W. Cohoon and H. Lamar Crosby. LCL 358. Cambridge: Harvard University Press, 1940.

———. *Discourses 61–80. Fragments. Letters*. Translated by H. Lamar Crosby. LCL 385. Cambridge: Harvard University Press, 1951.

Dodd, Brian J. *Paul's Paradigmatic "I": Personal Example as Literary Strategy*. JSNTSup 177. Sheffield: Sheffield Academic, 1999.

Dodd, Charles H. *The Meaning of Paul for Today*. New York: Meridian Books, 1965.

Duff, Arnold M. *Freedmen in the Early Roman Empire*. New York: Barnes & Noble, 1958.

Dunn, James D. G. *Baptism in the Holy Spirit: A Re-Examination of the New Testament Teaching on the Gift of the Spirit in Relation to Pentecostalism Today*. SBT 15. London: SCM, 1970.

———. *Christology in the Making: A New Testament Inquiry into the Origins of the Doctrine of the Incarnation*. 2nd edition. Grand Rapids: Eerdmans, 1996.

———. *Jesus and the Spirit: A Study of the Religious and Charismatic Experience of Jesus and the First Christians as Reflected in the New Testament*. Philadelphia: Westminster, 1975.

———. *Romans 1–8*. WBC 38A. Dallas: Word, 1988.

———. *The Theology of Paul the Apostle*. Grand Rapids: Eerdmans, 1998.

———. *Unity and Diversity in the New Testament: An Inquiry into the Character of Earliest Christianity*. London: SCM, 1977.

Dupont, Jacques. *Gnosis: La Connaissance Religieuse dans les Épîtres de Saint Paul*. Dissertationes ad gradum magistri in Facultate Theologica vel in Facultate Iuris Canonici consequendum conscriptae 2.40. Louvain: Nauwelaerts, 1949.

Ellingworth, Paul. "Translating 1 Corinthians." *BT* 31.2 (1980): 234–38.

Ellis, E. Earle. *Paul's Use of the Old Testament*. Grand Rapids: Eerdmans, 1957.

———. *Prophecy and Hermeneutic in Early Christianity: New Testament Essays*. WUNT 18. Tübingen: Mohr Siebeck, 1978. Repr., Grand Rapids: Eerdmans, 1978.

English, Adam C. "Mediated, Mediation, Unmediated: 1 Corinthians 15:29: The History of Interpretation, and the Current State of Biblical Studies." *RevExp* 99.3 (2002): 419–28.

Epictetus. *Discourses, Books 1–2*. Translated by W. A. Oldfather. LCL 131. Cambridge: Harvard University Press, 1925.

———. *Discourses, Books 3–4. Fragments. The Encheiridion*. Translated by W. A. Oldfather. LCL 218. Cambridge: Harvard University Press, 1928.

Eriksson, Anders. *Traditions as Rhetorical Proof: Pauline Argumentation in 1 Corinthians*. ConBNT 29. Stockholm: Almqvist & Wiksell, 1998.

Fee, Gordon D. *God's Empowering Presence: The Holy Spirit in the Letters of Paul*. Peabody, MA: Hendrickson, 1994.

———. *Pauline Christology. An Exegetical-Theological Study*. Peabody, MA: Hendrickson, 2007.

Finlan, Stephen. *The Background and Content of Paul's Cultic Atonement Metaphors*. AcBib 19. Atlanta: SBL Press, 2004.

Fishbane, Michael A. "Through the Looking Glass: Reflections on Ezek 43:3, Num 12:8 and 1 Cor 13:8." *HAR* 10 (1986): 63–75.

Fitzgerald, John T. *Cracks in an Earthen Vessel: An Examination of the Catalogues of Hardships in the Corinthian Correspondence*. SBLDS 99. Atlanta: Scholars Press, 1988.

Fjärstedt, Biörn. "Synoptic Tradition in 1 Corinthians: Themes and Clusters of Theme Words in 1 Corinthians 1–4 and 9." Diss., Teologiska Institutionen of Uppsala, 1974.

Forbes, Christopher. "Comparison, Self-Praise and Irony: Paul's Boasting and the Conventions of Hellenistic Rhetoric." *NTS* 32.1 (1986): 1–30.

———. *Prophecy and Inspired Speech in Early Christianity and Its Hellenistic Environment*. WUNT 75. Tübingen: Mohr Siebeck, 1995.

Fotopoulos, John. *Food Offered to Idols in Roman Corinth: A Social-Rhetorical Reconsideration of 1 Corinthians 8:1–11:1*. WUNT 151. Tübingen: Mohr Siebeck, 2003.

Gagnon, Robert A. J. *The Bible and Homosexual Practice: Texts and Hermeneutics*. Nashville: Abingdon, 2001.

Gardner, Paul Douglas. *The Gifts of God and the Authentication of a Christian: An Exegetical Study of 1 Corinthians 8–11:1*. Lanham, MD: University Press of America, 1994. Repr., Eugene, OR: Wipf & Stock, 2017.

Gärtner, Bertil E. *The Temple and the Community in Qumran and the New Testament: A Comparative Study in the Temple Symbolism of the Qumran Texts and the New Testament*. SNTSMS 1. Cambridge: Cambridge University Press, 1965.

Gill, D. W. J. "Erastus the Aedile." *TynBul* 40 (1989): 293–301.

Grant, R. M. *An Historical Introduction to the New Testament*. London: Collins, 1963.

Gray, Patrick. *Opening Paul's Letters: A Reader's Guide to Genre and Interpretation*. Grand Rapids: Baker Academic, 2012.

Grudem, Wayne A. "Does *Kephalē* ('head') Mean 'Source' or 'Authority over' in Greek Literature: A Survey of 2,336 Examples." *TJ* 6.1 (1985): 38–59.

———. *The Gift of Prophecy in 1 Corinthians*. Lanham: University Press of America, 1982.

———. *The Gift of Prophecy in the New Testament and Today*. Rev. ed. Wheaton: Crossway, 2000.

———. "The Meaning of *Kephalē* ('head'): A Response to Recent Studies." *TJ* 11.1 (1990): 3–72.

———. "The Meaning of *Kephalē* ('head'): An Evaluation of New Evidence, Real and Alleged." *JETS* 44.1 (2001): 25–65.

Gundry, Robert H. "Ecstatic Utterance (NEB)." *JTS* 17.2 (1966): 299–307.

———. *Sōma in Biblical Theology: With Emphasis on Pauline Anthropology*. SNTSMS 29. Cambridge: Cambridge University Press, 1976.

Guthrie, George H. *2 Corinthians*. Grand Rapids: Baker Academic, 2015.

Hans-Joachim Schoeps. *Paul: The Theology of the Apostle in the Light of Jewish Religious History.* Philadelphia: Westminster, 1961.

Hanson, Anthony Tyrrell. *Studies in Paul's Technique and Theology.* London: SPCK, 1974.

Harrill, J. Albert. "Paul and Slavery: The Problem of 1Cor 7:21." *BR* 39 (1994): 5–28.

Harris, Murray J. *Slave of Christ: A New Testament Metaphor for Total Devotion to Christ*. NSBT 8. Downers Grove, IL: InterVarsity Press, 2001.

Harrison, James R. *Paul's Language of Grace in its Graeco-Roman Context*. WUNT II.172. Tübingen: Mohr Siebeck, 2003.

Hawthorne, Gerald F., Ralph P. Martin, and Daniel G. Reid, eds. *Dictionary of Paul and His Letters*. Downers Grove, IL: InterVarsity Press, 1993.

Hays, Richard B. "Relations Natural and Unnatural: A Response to J. Boswell's Exegesis of Rom 1." *Journal of Religious Ethics* 14.1 (1986): 184–215.

Heil, John Paul. *The Rhetorical Role of Scripture in 1 Corinthians*. Atlanta: SBL Press, 2005.

Hengel, Martin. *The Atonement: The Origins of the Doctrine in the New Testament*. Philadelphia: Fortress, 1981.

———. *Crucifixion in the Ancient World and the Folly of the Message of the Cross*. London: SCM, 1977.

Higgins, A. J. B. *New Testament Essays: Studies in Memory of Thomas Walter Manson, 1893–1958*. Manchester: Manchester University Press, 1959.

Hill, C. E. "Paul's Understanding of Christ's Kingdom in I Corinthians 15:20–28." *NovT* 30.4 (1988): 297–320.

Hooker, Morna D. "Authority on Her Head: An Examination of 1 Cor 11:10." *NTS* 10.3 (1964): 410–16.

———. "'Beyond the Things Which Are Written': An Examination of 1 Cor 4:6." *NTS* 10.1 (1963): 127–32.

———. "Hard Sayings: I Corinthians 3:2." *Theology* 69.547 (1966): 19–22.

———. *Jesus and the Servant: The Influence of the Servant Concept of Deutero-Isaiah in the New Testament*. London: SPCK, 1959.

Horrell, David G. *The Social Ethos of the Corinthian Correspondence: Interests and Ideology from 1 Corinthians to 1 Clement*. Edinburgh: T&T Clark, 1996.

Horsley, G. H. R. *New Documents Illustrating Early Christianity*. Vols. 1–4. Sydney: The Ancient History Documentary Research Centre, Macquarie University, 1981–87.

Howard, J Keir. "Baptism for the Dead, a Study of 1 Corinthians 15:29." *EvQ* 37.3 (1965): 137–41.

———. "Christ Our Passover: A Study of the Passover-Exodus Theme in 1 Corinthians." *EvQ* 41.2 (1969): 97–108.

Hull, Michael F. *Baptism on Account of the Dead (1 Cor:15:29): An Act of Faith in the Resurrection*. AcBib 22. Atlanta: SBL Press, 2005.

Hurd, John Coolidge. *The Origin of I Corinthians*. Macon, GA: Mercer University Press, 1983.

Hurley, James B. *Man and Woman in Biblical Perspective*. Grand Rapids: Zondervan, 1981.

Instone-Brewer, David. "1 Corinthians 7 in the Light of the Graeco-Roman Marriage and Divorce Papyri." *TynBul* 52.1 (2001): 101–15.

———. "1 Corinthians 7 in the Light of the Jewish Greek and Aramaic Marriage and Divorce Papyri." *TynBul* 52.2 (2001): 225–43.

———. "1 Corinthians 9:9–11: A Literal Interpretation of 'Do Not Muzzle the Ox.'" *NTS* 38.4 (1992): 554–65.

Jeremias, Joachim. *The Eucharistic Words of Jesus*. New Testament Library. London: SCM, 1966.

———. "'Flesh and Blood Cannot Inherit the Kingdom of God' (1 Corinthians 15:50)." *NTS* 2.3 (1956): 151–59.

———. *Infant Baptism in the First Four Centuries*. Library of History and Doctrine. Philadelphia: Westminster, 1960.

———. "This Is My Body." *ExpTim* 83.7 (1972): 196–203.

Jewett, Robert. *Paul's Anthropological Terms: A Study of Their Use in Conflict Settings*. AGJU 10. Leiden: Brill, 1971.

Johanson, Bruce C. "Tongues, a Sign for Unbelievers: A Structural and Exegetical Study of I Corinthians 14:20–25." *NTS* 25.2 (1979): 180–203.

Jones, Stanton L., and Mark A. Yarhouse. *Homosexuality: The Use of Scientific Research in the Church's Moral Debate*. Downers Grove, IL: InterVarsity Press, 2000.

Josephus. *Jewish Antiquities, Volume I: Books 1–3*. Translated by H. St. J. Thackeray. LCL 242. Cambridge: Harvard University Press, 1930.

———. *Jewish Antiquities, Volume IV: Books 9–11*. Translated by Ralph Marcus. LCL 326. Cambridge: Harvard University Press, 1937.

Jourdan, George Viviliers. "KOINŌNIA in I Corinthians 10:16." *JBL* 67.2 (1948): 111–24.

Käsemann, Ernst. *New Testament Questions of Today*. Philadelphia: Fortress, 1969.

Kim, Seyoon. *The Origin of Paul's Gospel*. 2nd edition. WUNT II.4. Tübingen: Mohr Siebeck, 1984. Repr., Eugene, OR: Wipf & Stock, 2007.

———. *Paul and the New Perspective. Second Thoughts on the Origin of Paul's Gospel*. Grand Rapids: Eerdmans, 2002.

Kim, Yung Suk. *Christ's Body in Corinth. The Politics of a Metaphor*. Minneapolis: Fortress, 2008.

Kinman, Brent. "'Appoint the Despised as Judges!' (1 Corinthians 6:4)." *TynBul* 48.2 (1997): 345–54.

Klassen, William. "The Sacred Kiss in the New Testament: An Example of Social Boundary Lines." *NTS* 39.1 (1993): 122–35.

Klein, William W. "Noisy Gong or Acoustic Vase: A Note on 1 Corinthians 13:1." *NTS* 32.2 (1986): 286–89.

Kloppenborg, John S. "Analysis of the Pre-Pauline Formula 1 Cor 15:3b–5 in Light of Some Recent Literature." *CBQ* 40.3 (1978): 351–67.

Knox, R. A. *Enthusiasm: A Chapter in the History of Religion; with Special Reference to the XVII and XVIII Centuries*. Oxford: Clarendon, 1950.

Kovach, Steven D., and Peter R. Schemm Jr. "A Defense of the Doctrine of the Eternal Subordination of the Son." *JETS* 42 (1999): 461–76.

Kreitzer, Larry J. *Jesus and God in Paul's Eschatology*. JSNTSup 19. Sheffield: JSOT, 1987.

Kubo, Sakae. "I Corinthians 7:16: Optimistic or Pessimistic?" *NTS* 24.4 (1978): 539–44.

Kuck, David W. *Judgment and Community Conflict: Paul's Use of Apocalyptic Judgment Language in 1 Corinthians 3:5–4:5*. NovTSup 66. Leiden: Brill, 1992.

Lampe, Geoffrey W. H., and K. J. Woollcombe. *Essays on Typology*. SBT 22. Naperville, IL: AR Allenson, 1957.

Levertoff, Paul P. *Midrash Sifre on Numbers: Selections from Early Rabbinic Scriptural Interpretations*. Translations of Early Documents. Series III, Palestinian-Jewish and Cognate Texts (Rabbinic). London: SPCK, 1926.

Liddell, Henry George, Robert Scott, Henry Stuart Jones. *A Greek-English Lexicon*. 9th ed. with revised supplement. Oxford: Clarendon, 1996.

Lietzmann, Hans. *An die Korinther I–II*. 4th ed. HNT 9. Tübingen: Mohr Siebeck, 1949.

Lindars, Barnabas. *New Testament Apologetic: The Doctrinal Significance of the Old Testament Quotations*. London: SCM, 1961.

Louw, J. P., and Eugene A. Nida. *Greek-English Lexicon of the New Testament: Based on Semantic Domains*. 2nd ed. New York: United Bible Societies, 1989.

Lütgert, D. W. *Freiheitspredigt und Schwarmgeister in Korinth: Ein Beitrag zur Charakteristik der Christuspartei*. Gütersloh: C. Bertelsmann, 1908.

MacDonald, Margaret Y. "Women Holy in Body and Spirit: The Social Setting of 1 Corinthians 7." *NTS* 36.2 (1990): 161–81.

Macgregor, George H. C. *Eucharistic Origins: A Survey of the New Testament Evidence; Bruce Lectures, 1928*. London: J Clarke, 1929.

Malina, Bruce J., and John J. Pilch. *Social-Science Commentary on the Letters of Paul*. Minneapolis: Fortress, 2006.

———. *The New Testament World: Insights from Cultural Anthropology*. Rev. ed. Louisville: Westminster John Knox, 1993.

Marshall, I. Howard. *Last Supper and Lord's Supper*. Grand Rapids: Eerdmans, 1981.

Martin, Dale B. *The Corinthian Body*. New Haven: Yale University Press, 1995.

———. *Sex and the Single Savior: Gender and Sexuality in Biblical Interpretation*. Louisville: Westminster John Knox, 2006.

———. *Slavery as Salvation: The Metaphor of Slavery in Pauline Christianity*. New Haven: Yale University Press, 1990.

Martin, Ralph P. *The Spirit and the Congregation: Studies in 1 Corinthians 12–15*. Grand Rapids: Eerdmans, 1984.

McArthur, John. *Strange Fire: The Danger of Offending the Holy Spirit with Counterfeit Worship*. Nashville: Thomas Nelson, 2013.

Meeks, Wayne A. *The First Urban Christians: The Social World of the Apostle Paul*. New Haven: Yale University Press, 1983.

———. "'And Rose up to Play': Midrash and Paraenesis in 1 Corinthians 10:1–22." *JSNT* 16 (1982): 64–78.

Meier, John P. "On the Veiling of Hermeneutics (1 Cor 11:2–16)." *CBQ* 40, no. 2 (1978): 212–26.

Metzger, Bruce M. *A Textual Commentary on the Greek New Testament*. 2nd ed. Stuttgart: Deutsche Bibelgesellschaft/German Bible Society, 1994.

Mickelsen, Alvera. *Women, Authority & the Bible*. Downers Grove, IL: InterVarsity Press, 1986.

Mitchell, Alan C. "Rich and Poor in the Courts of Corinth: Litigiousness and Status in 1 Corinthians 6.1–11." *NTS* 39.4 (1993): 562–86.

Mitchell, Margaret M. *Paul and the Rhetoric of Reconciliation: An Exegetical Investigation of the Language and Composition of 1 Corinthians*. HUT 28. Tübingen: Paul Siebeck, 1991.

Mitton, Charles L. "New Wine in Old Wineskins." *ExpTim* 84.11 (1973): 339–43.

Moloney, Francis J. *A Body Broken for a Broken People: Eucharist in the New Testament*. Peabody, MA: Hendrickson, 1997.

Motyer, J. Alec. *The Prophecy of Isaiah: An Introduction and Commentary*. TOTC. Leicester: Inter-Varsity Press, 1993.

Moule, Charles F. D. *An Idiom Book of New Testament Greek*. 2nd edition. Cambridge: Cambridge University Press, 1959.

———. "The Judgment Theme in the Sacraments." Pages 464–81 in *The Background of the New Testament and Its Eschatology*. Edited by W. D. Davies and D. Daube. Cambridge: Cambridge University Press, 1956.

———. *Miracles: Cambridge Studies in Their Philosophy and History*. London: A. R. Mowbray, 1965.

Moulton, J. H., and G. Milligan. *The Vocabulary of the Greek Testament: Illustrated from the Papyri and Other Non-Literary Sources*. London, 1930. Repr., Peabody, MA: Hendrickson, 1997.

Mullins, Terence Y. "Greeting as a New Testament Form." *JBL* 87.4 (1968): 418–26.

Munck, Johannes. *Paul and the Salvation of Mankind*. Richmond, VA: John Knox, 1959.

Murphy-O'Connor, Jerome. "1 Corinthians 11:2–16 Once Again." *CBQ* 50.2 (1988): 265–74.

———. "Interpolations in 1 Corinthians." *CBQ* 48.1 (1986): 81–94.

———. *Keys to First Corinthians: Revisiting the Major Issues*. Oxford: Oxford University Press, 2009.

———. *Paul: A Critical Life*. Oxford: Oxford University Press, 1996.

———. *Paul: His Story*. Oxford: Oxford University Press, 2004.

———. "Sex and Logic in 1 Corinthians 11:2–16." *CBQ* 42.4 (1980): 482–500.

———. *St. Paul's Corinth: Texts and Archaeology*. Wilmington, DE: Glazier, 1983.

———. "Tradition and Redaction in 1 Cor 15:3–7." *CBQ* 43.4 (1981): 582–89.

———."Works without Faith in 1 Cor 7:14." *RB* 84.3 (1977): 349–61.

Murray, John. *Collected Writings of John Murray*. Edinburgh: Banner of Truth Trust, 1977.

Niccum, Curt. "The Voice of the Manuscripts on the Silence of Women: The External Evidence for 1 Cor 14:34–35." *NTS* 43.2 (1997): 242–55.

O'Brien, Peter T. *Introductory Thanksgivings in the Letters of Paul*. NovTSup 49. Leiden: Brill, 1977.

Odell-Scott, David W. "Editorial Dilemma: The Interpolation of 1 Cor 14:34–35 in the Western Manuscripts of D, G and 88." *BTB* 30.2 (2000): 68–74.

———. "In Defense of an Egalitarian Interpretation of 1 Cor 14:34–36: A Reply to Murphy-O'Connor's Critique." *BTB* 17.3 (1987): 100–103.

———. "Let the Women Speak in Church: An Egalitarian Interpretation of 1 Cor 14:33b–36." *BTB* 13.3 (1983): 90–93.

Økland, Jorunn. *Women in Their Place: Paul and the Corinthian Discourse of Gender and Sanctuary Space*. JSNTSup 269. London: T&T Clark, 2004.

Osborne, Robert E. "Paul and the Wild Beasts." *JBL* 85.2 (1966): 225–30.

Oster, Richard. "When Men Wore Veils to Worship: The Historical Context of 1 Corinthians 11:4." *NTS* 34.4 (1988): 481–505.

Paige, Terence. "1 Corinthians 12:2: A Pagan Pompe?" *JSNT* 44 (1991): 57–65.

Panikulam, G. *Koinōnia in the New Testament: A Dynamic Expression of Christian Life*. AnBib 85. Rome: Biblical Institute, 1979.

Patterson, Orlando. *Slavery and Social Death: A Comparative Study*. Cambridge: Harvard University Press, 1982.

Payne, Philip B. "Fuldensis, Sigla for Variants in Vaticanus, and 1 Cor 14.34–5." *NTS* 41.2 (1995): 240–62.

Pearson, Birger A. *The Pneumatikos-Psychikos Terminology in 1 Corinthians: A Study in the Theology of the Corinthian Opponents of Paul and Its Relation to Gnosticism*. SBLDS 12. Missoula, MT: Scholars Press, 1973.

Perriman, Andrew C. "The Head of a Woman: The Meaning of *Kephalē* in 1 Cor 11:3." *JTS* 45.2 (1994): 602–22.

Peterman, Gerald W. *Paul's Gift from Philippi: Conventions of Gift-Exchange and Christian Giving.* SNTSMS 92. Cambridge: Cambridge University Press, 1997.

Pettegrew, David K. "The Diolkos of Corinth." *AJA* 114 (2011): 549–74.

Petzer, J. H. "Contextual Evidence in Favour of *Kauchēsōmai* in 1 Corinthians 13:3." *NTS* 35.2 (1989): 229–53.

Philo. *Allegorical Interpretation of Genesis 2 and 3.* Translated by F. H. Colson and G. H. Whitaker. LCL 226. Cambridge: Harvard University Press, 1929.

———. *On Abraham. On Joseph. On Moses.* Translated by F. H. Colson. LCL 289. Cambridge: Harvard University Press, 1935.

———. *On Providence.* Translated by F. H. Colson. LCL 363. Cambridge: Harvard University Press, 1941.

———. *On the Confusion of Tongues. On the Migration of Abraham. Who Is the Heir of Divine Things? On Mating with the Preliminary Studies.* Translated by F. H. Colson and G. H. Whitaker. LCL 261. Cambridge: Harvard University Press, 1932.

———. *On the Decalogue. On the Special Laws, Books 1–3.* Translated by F. H. Colson. LCL 320. Cambridge: Harvard University Press, 1937.

———. *On the Special Laws, Book 4. On the Virtues. On Rewards and Punishments.* Translated by F. H. Colson. LCL 341. Cambridge: Harvard University Press, 1939.

Phipps, William E. "Is Paul's Attitude toward Sexual Relations Contained in 1 Cor 7:1?" *NTS* 28.1 (1982): 125–31.

Phua, Richard Liong-Seng. *Idolatry and Authority: A Study of 1 Corinthians 8.1–11.1 in the Light of the Jewish Diaspora.* LNTS 299. London: T&T Clark, 2005.

Piper, John, and Wayne A Grudem. *Recovering Biblical Manhood and Womanhood: A Response to Evangelical Feminism.* Wheaton, IL: Crossway, 1991.

Plato. *Lysis. Symposium. Gorgias.* Translated by W. R. M. Lamb. LCL 166. Cambridge: Harvard University Press, 1925.

———. *Republic, Volume II: Books 6–10.* Translated by Christopher Emlyn-Jones and William Preddy. LCL 276. Cambridge: Harvard University Press, 2013.

Plevnik, Joseph. *Paul and the Parousia: An Exegetical and Theological Investigation.* Peabody, MA: Hendrickson, 1997.

Plutarch. *Lives, Volume I: Theseus and Romulus. Lycurgus and Numa. Solon and Publicola.* Translated by Bernadotte Perrin. LCL 46. Cambridge: Harvard University Press, 1914.

———. *Moralia.* Translated by F. Babbitt, W. Helmbold, P. De Lacy, et al. 15 vols. LCL. Cambridge: Harvard University Press, 1927–69.

Poythress, Vern S. "Linguistic and Sociological Analyses of Modern Tongues-Speaking: Their Contributions and Limitations." *WTJ* 42.2 (1980): 367–88.

———. "Nature of Corinthian Glossolalia: Possible Options." *WTJ* 40.1 (1977): 130–35.

Prothro, James. "Who is 'of Christ'? A Grammatical and Theological Reconsideration of 1 Cor 1.12." *NTS* 60 (2014): 250–65.

Reitzenstein, Richard. *Hellenistic Mystery-Religions: Their Basic Ideas and Significance.* PTMS 18. Pittsburgh: Pickwick, 1978.

Ridderbos, Herman N. *Paul: An Outline of His Theology.* Grand Rapids: Eerdmans, 1975.

Roberts, Alexander, and James Donaldson, eds. *Ante-Nicene Christian Library: Translations of the Writings of the Fathers down to A.D. 325.* Edinburgh: T&T Clark, 1867.

Robertson, A. T. *A Grammar of the Greek New Testament in the Light of Historical Research*. Nashville: Broadman, 1934.

Robinson, John A. T. *The Body: A Study in Pauline Theology*. SBT 5. London: SCM, 1952.

———. *Twelve New Testament Studies*. London: SCM, 1962.

Rosner, Brian S. *Greed as Idolatry: The Origin and Meaning of a Pauline Metaphor*. Grand Rapids: Eerdmans, 2007.

———. *Paul and the Law: Keeping the Commandments of God*. NSBT 31. Downers Grove, IL: InterVarsity Press, 2013.

———. *Paul, Scripture and Ethics: A Study of 1 Corinthians 5–7*. AGJU 22. Leiden: Brill, 1994. Repr., Grand Rapids: Baker, 1999.

———. *Understanding Paul's Ethics: Twentieth-Century Approaches*. Grand Rapids: Eerdmans, 1995.

Sampley, J. Paul. *Pauline Partnership in Christ: Christian Community and Commitment in Light of Roman Law*. Philadelphia: Fortress, 1980.

Sanders, E. P. *Paul and Palestinian Judaism: A Comparison of Patterns of Religion*. Philadelphia: Fortress, 1977.

Savage, Timothy B. *Power through Weakness: Paul's Understanding of the Christian Ministry in 2 Corinthians*. SNTSMS 86. Cambridge: Cambridge University Press, 1996.

Scanzoni, Letha. *All We're Meant to Be: Biblical Feminism for Today*. 3rd ed. Grand Rapids: Eerdmans, 1992.

Schaff, Philip, ed. *The Principal Works of St. Jerome*. Vol. 6 of *Nicene and Post-Nicene Fathers*, second series. Translated by W. H. Fremantle. Buffalo, NY: Christian Literature, 1893.

Schlatter, Adolf von. *The Church in the New Testament Period*. London: SPCK, 1955.

Schmidt, Thomas E. *Straight & Narrow? Compassion & Clarity in the Homosexuality Debate*. Downers Grove, IL: InterVarsity Press, 1995.

Schmithals, Walter. *Gnosticism in Corinth: An Investigation of the Letters to the Corinthians*. Translated by John E. Steely. Nashville: Abingdon, 1971.

Schnackenburg, Rudolf. *Baptism in the Thought of St. Paul: A Study in Pauline Theology*. Oxford: Blackwell, 1964.

Schoeps, H. J. *Paul: The Theology of the Apostle in the Light of Jewish Religious History*. Philadelphia: Fortress, 1959.

Schreiner, Thomas R. *Paul, Apostle of God's Glory in Christ: A Pauline Theology*. Downers Grove, IL: InterVarsity Press, 2001.

Scroggs, Robin. *The New Testament and Homosexuality: Contextual Background for Contemporary Debate*. Philadelphia: Fortress, 1983.

———. "Paul: *Sophos* and *Pneumatikos*." *NTS* 14.1 (1967): 33–55.

Segal, J. B. *The Hebrew Passover: From the Earliest Times to A.D. 70*. London Oriental Series 12. London: Oxford University Press, 1963.

Seneca. *Epistles, Volume II: Epistles 66–92*. Translated by Richard M. Gummere. LCL 76. Cambridge: Harvard University Press, 1920.

Shanor, Jay. "Paul as Master Builder: Construction Terms in First Corinthians." *NTS* 34.3 (1988): 461–71.

Smit, Joop F. M. *"About the Idol Offerings": Rhetoric, Social Context, and Theology of Paul's Discourse in First Corinthians 8:1–11:1*. CBET 27. Leuven: Peeters, 2001.

———."Two Puzzles: 1 Corinthians 12:31 and 13:3: A Rhetorical Solution." *NTS* 39.2 (1993): 246–64.

Stacey, David. *The Pauline View of Man in Relation to Its Judaic and Hellenistic Background*. New York: Macmillan, 1956.

Stanley, Christopher D. *Paul and the Language of Scripture: Citation Technique in the Pauline Epistles and Contemporary Literature*. Cambridge: Cambridge University Press, 1992.

Storms, Sam. *The Beginner's Guide to Spiritual Gifts*. Minnesota: Bethany House, 2012.

Tertullian, Minucius Felix. *Apology. De Spectaculis. Minucius Felix: Octavius*. Translated by T. R. Glover and Gerald H. Rendall. LCL 250. Cambridge: Harvard University Press, 1931.

Theissen, Gerd. *Psychological Aspects of Pauline Theology*. Philadelphia: Fortress, 1986.

———. *The Social Setting of Pauline Christianity: Essays on Corinth*. Edited, translated and with an introduction by John H. Shultz. Philadelphia: Fortress, 1982.

Thielman, Frank. *Paul & the Law: A Contextual Approach*. Downers Grove, IL: IVP Academic, 1995.

Thiselton, Anthony C. "Realized Eschatology at Corinth." *NTS* 24.4 (1978): 510–26.

Tischendorf, Constantin von. *Novum Testamentum Graece*. Editio Stereotypa sexta decima ad editionem viii maiorem compluribus locis emendatem conformata. Lipsiae: B. Tauchnitz, 1904.

Tomson, Peter J. *Paul and the Jewish Law: Halakha in the Letters of the Apostle to the Gentiles*. CRINT. Assen: Van Gorcum/Minneapolis: Fortress, 1990.

Turner, Max. *The Holy Spirit and Spiritual Gifts: In the New Testament Church and Today*. Rev. ed. Peabody, MA: Hendrickson, 1998.

Vanhoozer, Kevin J. *Is There a Meaning in This Text? The Bible, the Reader, and the Morality of Literary Knowledge*. Grand Rapids: Zondervan, 1998.

Verbrugge, Verlyn D. *Paul's Style of Church Leadership Illustrated by His Instructions to the Corinthians on the Collection*. Lewiston, NY: Mellen, 1992.

Vines, Matthew. *God and the Gay Christian: The Biblical Case in Support of Same-Sex Relationships*. New York: Convergent, 2014.

Walker, William O. "1 Corinthians 2:6–16: A Non-Pauline Interpolation?" *JSNT* 47 (1992): 75–94.

Wallace, Daniel B. *Greek Grammar beyond the Basics: An Exegetical Syntax of the New Testament with Scripture, Subject, and Greek Word Indexes*. Grand Rapids: Zondervan, 1996.

Warfield, Benjamin Breckinridge. *Counterfeit Miracles*. New York: Charles Scribner, 1918.

Watson, Francis. *Agape, Eros, Gender: Toward a Pauline Sexual Ethic*. Cambridge: Cambridge University Press, 2000.

———. "The Authority of the Voice: A Theological Reading of 1 Cor 11.2–16." *NTS* 46.4 (2000): 520–36.

Wedderburn, A. J. M. "Gnosticism and Paul's First Letter to the Corinthians." Diss., Cambridge college fellowship competition, 1969.

Weima, Jeffrey A. D. *Neglected Endings: The Significance of the Pauline Letter Closings*. JSNTSup 101. Sheffield: JSOT Press, 1994.

Westerholm, Stephen. *Justification Reconsidered: Rethinking a Pauline Theme*. Grand Rapids: Eerdmans, 2013.

Westermann, William Linn. *The Slave Systems of Greek and Roman Antiquity*. Philadelphia: American Philosophical Society, 1955.

Whiteley, Denys E. H. *The Theology of St. Paul*. Philadelphia: Fortress, 1964.

Williams, Guy. "An Apocalyptic and Magical Interpretation of Paul's 'Beast Fight' in Ephesus (1 Corinthians 15:32)," *JTS* 57 (2006), 42–56.

Willis, Wendell Lee. *Idol Meat in Corinth: The Pauline Argument in 1 Corinthians 8 and 10*. SBLDS 68. Chico, CA: Scholars Press, 1985.

Winter, Bruce W. "1 Corinthians 7:6–7: A Caveat and a Framework for 'the Sayings' in 7:8–24." *TynBul* 48.1 (1997): 57–65.

———. *After Paul Left Corinth: The Influence of Secular Ethics and Social Change*. Grand Rapids: Eerdmans, 2000.

———. "Civil Litigation in Secular Corinth and the Church: The Forensic Background to 1 Corinthians 6:1–8." *NTS* 37.4 (1991): 559–72.

———. "Gallio's Ruling on the Legal Status of Early Christianity (Acts 18:14–15)." *TynBul* 50 (1999): 231–24.

———. "Lord's Supper at Corinth: An Alternative Reconstruction." *RTR* 37.3 (1978): 73–82.

———. *Philo and Paul among the Sophists: Alexandrian and Corinthian Responses to a Julio-Claudian Movement*. 2nd ed. Grand Rapids: Eerdmans, 2002.

———. "Puberty or Passion? The Referent of ΥΠΕΡΑΚΜΟΣ in 1 Corinthians 7:36." *TynBul* 49.1 (1998): 71–89.

———. *Roman Wives, Roman Widows: The Appearance of New Women and the Pauline Communities*. Grand Rapids: Eerdmans, 2003.

———. "Secular and Christian Responses to Corinthian Famines." *TynBul* 40.1 (1989): 86–106.

———. *Seek the Welfare of the City: Christians as Benefactors and Citizens*. First-Century Christians in the Graeco-Roman World. Grand Rapids: Eerdmans, 1994.

———. "St Paul as a Critic of Roman Slavery in I Cor 7:21–23." *Proceedings of the International Conference on St Paul and European Civilization*. Παύλεια 3 (1998): 339–54.

Wire, Antoinette Clark. *The Corinthian Women Prophets: A Reconstruction through Paul's Rhetoric*. Minneapolis: Fortress, 1990.

Witherington III, Ben. *Conflict and Community in Corinth: A Socio-Rhetorical Commentary on 1 and 2 Corinthians*. Grand Rapids: Eerdmans, 1994.

———. *New Testament Rhetoric: An Introductory Guide to the Art of Persuasion in and of the New Testament*. Eugene, OR: Cascade, 2009.

———. "Not So Idle Thoughts about Eidolothuton." *TynBul* 44.2 (1993): 237–54.

———. *Women and the Genesis of Christianity*. Cambridge: Cambridge University Press, 1990.

———. *Women in the Earliest Churches*. SNTSMS 59. Cambridge: Cambridge University Press, 1991.

Wright, J. Robert. "Boswell on Homosexuality: A Case Undemonstrated." *AThR* 66.1 (1984): 79–94.

Wright, Nicholas Thomas. *Paul and the Faithfulness of God*. Christian Origins and the Question of God 4. Minneapolis: Fortress, 2013.

———. *The Resurrection of the Son of God*. Christian Origins and the Question of God 3. Minneapolis: Fortress, 2003.

———. *Surprised by Hope: Rethinking Heaven, the Resurrection, and the Mission of the Church*. New York: Harper, 2008.

Yamauchi, E. *Pre-Christian Gnosticism. A Survey of the Proposed Evidences*. 2nd ed. Grand Rapids: Baker, 1984.

Zuntz, Günther. *The Text of the Epistles: A Disquisition upon the Corpus Paulinum*. Schweich Lectures, 1946. London: Oxford University Press, 1953.

고린도전서 1:1–9

CHAPTER 1

문학적 전후 문맥

고린도전서는 헬레니즘 시대의 다양한 편지와 비슷한 형식으로 시작된다. 첫 인사말에서 발신자와 수신자를 언급하고 종종 모종의 감사하는 말을 담는다. 그러나 바울은 헬레니즘 시대의 편지 양식을 독특하게 기독교 방식에 맞게 개조한다. 바울은 발신자인 자신과 수신자인 고린도 교인이 주 예수 그리스도를 섬기도록 하나님의 부르심을 받은 자라는 사실을 부각한다(1–2절). 바울의 인사말은 오히려 기도와 같은 역할을 한다(3절). 바울은 고린도 교인이 하나님과 그리스도께 받은 은혜와 평강을 기억하고 경험하기를 바란다.

이어서 감사가 계속되는 것은 고린도 교인이 그리스도 안에서 받은 은혜를 강조한다. 이 "풍성한 은혜"에는 하나님이 주신 은사가 포함된다. 바울은 서두에서 이 은사를 언급하고, 이어서 적절한 시점에(특히 8–14장에서) 다시 다룬다. 은사 주제는 어떤 식으로든 편지 대부분의 기저를 이룰 것이다. 그러나 고린도 교인은 특정 은사를 악용하는 잘못을 저질렀다. 그리고 첫 인사말은 발신자나 수신자보다 하나님과 주 예수님께 온전히 집중하도록 이끄는 기능을 한다. 또한 독자에게 "우리 주 예수 그리스도의 날"(8절)을 기다리는 그들의 현재 상황을 상기시키는 역할도 한다. 오직 하나님만이 이 기다림을 끝까지 지키도록 견고하게 하실 수 있는 분이므로, 바울은 독자에게 하나님의 미쁘심(신실하심)을 상기시키는 것으로 인사말을 끝마친다.

➦ **I. 편지의 서두(1:1–9)**

II. 연합의 부족에 대한 바울의 낙심(1:10–17)

III. 십자가로 말미암아 근본적으로 다른 관점이 형성됨(1:18–2:5)

주요 개념

이 편지의 발신자인 바울과 소스데네는 하나님의 부르심을 받고 거룩해진 고린도 교회에 인사말을 전한다. 바울은 하나님이 고린도 교인을 부르시고 그들이 그리스도 안에서 받은 은사를 그들 속에 분명히 나타나게 하신 은혜에 하나님께 감사한다. 바울은 하나님의 백성과 관련된 그리스도의 주 되심과 하나님의 미쁘심(신실하심)을 확언한다.

번역

고린도전서 1:1-9

1a	행위	하나님의 뜻을 따라
b	권위에 대한 단언	그리스도 예수의 사도로 부르심을 받은
c	발신자 1	**바울과**
d	발신자 2	**형제 소스데네는**
2a	수신자	고린도에 있는 하나님의 교회
b	동격	곧 그리스도 예수 안에서 거룩하여지고
c	동격	성도라 부르심을 받은 자들과
d	확대	또…우리의 주…예수 그리스도의 이름을 부르는 모든 자들에게
e	장소	각처에서
		곧 그들과 우리의 주 되신
3a	3b절의 원천	하나님 우리 아버지와 주 예수 그리스도로부터
b	인사	**은혜와 평강이 있기를 원하노라**
4a	이유	그리스도 예수 안에서 너희에게 주신 하나님의 은혜로 말미암아
b	감사	**내가 너희를 위하여 항상 하나님께 감사하노니**
5a	4a절의 1차 설명	이는 너희가…모든 일
		그 안에서…풍족하므로
b	확대	곧 모든 언변과 모든 지식에
6a		그리스도의 증거가
		너희 중에 견고하게 되어
7a	5a절의 결과	너희가
		모든 은사에 부족함이 없이
b	시간	우리 주 예수 그리스도의
		나타나심을 기다림이라
8a	4a절의 2차 설명	

(그들에게 주어진 은혜)		[그리고] 주께서 너희를…끝까지 견고하게 하시리라
b	8a절에 대한 묘사	우리…의 날에 책망할 것이 없는 자로
		주 예수 그리스도
9a	수단(또한 행위)	너희를 불러
b	위치	그의 아들…와 더불어 교제하게 하시는
c	동격	예수 그리스도 우리 주
d	단언	**하나님은 미쁘시도다**

구조

고린도전서의 첫 부분은 편지 양식에 따라 정교하게 구성되어 발신자, 수신자, 인사말(감사를 포함함)을 담고 있다. 그러나 독자의 주의를 모든 은혜와 평강의 원천이신 하나님과 그리스도께 집중시킨다. 바울이 여기서 주의를 자아에서 하나님과 그리스도께 집중시키는 것은, 나중에 고린도 교인에게 자랑과 파벌 싸움을 멈추도록 호소하는 내용의 일부를 구성할 것이다. "예수 그리스도"(또는 "그리스도 예수"와 같은 명칭의 다른 형태)와 "하나님"을 반복하는 것은 이것을 강조한다. 따라서 우리는 아홉 구절(1:1–9)에서 "하나님"을 6번, "예수"를 8번에 걸쳐 언급하는 것을 볼 수 있다.

여기서 바울과 수신자는 그들이 부르심을 받은 자라는 점에서 동일시된다(1, 2, 9절). 2절에서 연속된 여격은, 2a절의 확대인 2b절 그리고 2b절과 동격인 2c절과 함께, 바울이 편지를 쓰는 대상을 지시한다. 바울은 하나님 우리 아버지와 주 예수 그리스도를 똑같이 은혜와 평강의 원천으로 여긴다(3절).

4–8절의 주절은 "내가…감사하노니"(Εὐχαριστῶ)이다. 그 뒤에 종속절이 여러 개 나오는데, 이 절들은 각각 바울이 고린도 교인에 대해 감사하는 이유를 더 깊이 설명한다. 이 종속절에서 바울은 조용히 고린도전서 전체에 걸쳐 중요하게 다루어질 '은사' 문제를 제기한다. 여기서는 특별히 '언변과 지식'의 은사를 언급한다.

하나님의 미쁘심, 곧 신실하심(πιστός)을 강조하는 것(9절)은 앞에 나오는 행위의 종속절과 함께, 하나님이 그들을 '부르신' 분이라는 점과 그들의 미래가 하나님의 주권적 은혜에 달려 있다는 점을 주장함으로써 이 첫 부분을 유용하게 요약한다. 그러나 "그의 아들과 더불어 교제하게 하시는"(εἰς κοινωνίαν τοῦ υἱοῦ αὐτοῦ) 자로 부르심을 받은 것을 언급하는 것도 독자에게 앞으로 나올 것을 미리 준비시키는 역할을 한다. 왜냐하면 바울은 앞으로 그들의 분쟁에 관해 말할 것이고, 10장에서는 이 "교제"의 본질로 돌아가 더 상세히 다룰 것이기 때문이다.

석의적 개요

➡ **I. 편지의 서두(1:1–9)**

A. 인사말(1:1–3)

1. 하나님의 부르심(1:1–2)

a. 사도로서 바울의 부르심(발신자, 1:1)

b. 고린도 교인의 부르심(수신자, 1:2)

2. 하나님의 은혜(1:3)

B. 감사(1:4–9)

1. 그리스도 예수 안에서 풍성하게 베풀어진 하나님의 은혜에 대한 감사(1:4–7)

2. 고린도 교인에 대한 하나님의 신실하심에 대한 감사(1:8–9)

본문 설명

1:1 하나님의 뜻을 따라 그리스도 예수의 사도로 부르심을 받은 바울과 형제 소스데네는(Παῦλος κλητὸς ἀπόστολος Χριστοῦ Ἰησοῦ διὰ θελήματος θεοῦ, καὶ Σωσθένης ὁ ἀδελφὸς). 바울과 소스데네가 이 편지의 발신자다. 하지만 1장 처음 세 구절 이후로는 1인칭 단수형("내가/내/나는/나를")이 지배하고,[1] 바울이 편지를 쓰는 또는 최소한 편지를 받아쓰게 하는 당사자인 것이 분명히 드러난다. 바울은 자신을 하나님께 "사도"로 부르심을 받은 자로 제시한다.

이 첫 부분은 바울이 자신의 부르심을 강조하는 것으로 시작되고, 고린도 교인의 부르심에 대한 설명으로 이어진다(2, 9절). 빌립보서와 빌레몬서를 제외하고 바울 서신 대부분은 이처럼 권위를 확언하는 것으로 편지가 시작된다. "사도"라는 말은 보내심을 받은 자, 곧 사자(메신저)를 가리킬 수 있지만(참고. 고후 8:23; 빌 2:25),[2] 신약성경에서는 일반적으로 예수님이 원래 제자로 택하신 자(막 3:14–15)와 몇 명의 다른 사람만을 가리킨다. 사도는 부활하신 주 예수를 직접 목격한 자이고, 그래서 특히 하나님께 부르심을 받아 "그의(예수님의) 부활의 공식적 증인이 되고, 또 전도라는 근본적인 방식으로 말씀을 전하도록 사명을 위임받은" 자였다.[3] 바울이 사도로 부르심 받은 것은 "하나님의 뜻을 따라" 이루어졌다. 이것은 아마 다메섹으로 가는 길에서 부활하신 주 예수님을 본 그의 독특한 환상 사건을 가리킬 것이다(행 9:1–7; 고전 9:1; 갈 1:12). 고린도전서에서 바울은 고린도 교회를 격려하거나 책망할 때 이 부르심에 내재한 사도로서의 권위에 굳게 의지한다(1:10; 9:1–27; 15:7–9; 참고. 4:9; 12:28–29).[4]

1. 이후로는 1인칭 복수형("우리")이 2:6에서 처음으로 사용된다. 그러나 바울이 그 말로 소스데네를 가리키는 것 같지는 않다. 오히려 다른 사도들이나 전체적으로 사도적인 증인을 가리키고 있다.

2. 9:4에 대한 설명을 추가로 보라.

3. F. H. Agnew, "The Origin of the NT Apostle–Concept: A Review of Research," *JBL* 105 (1986): 75–96 (77을 보라).

소스데네는 사도로 여겨지지 않는다. 그렇지만 소스데네가 "형제"로 불린다는 사실은 그가 고린도 교인에게 이미 잘 알려진 인물이었음을 암시한다. 소스데네는 바울이 고린도에서 그리스도의 복음을 전했을 당시에 고린도 유대교 회당의 회당장이었다(행 18:17). 만약 그렇다면 소스데네는 지금 바울 편에서 활동하고 있고, 바울의 서기일 수 있으며, 심지어 이 편지(고린도전서)를 고린도 교회에 전달한 사람일 수도 있다.

"하나님의 뜻을 따라"(διὰ θελήματος θεοῦ)라는 말은 하나님에 의한(by God) 행위였다는 점을 암시한다. 바울은 자신의 부르심이 하나님의 계획과 목적 안에 깊이 자리 잡고 있음을 분명히 한다. 바울은 자기 안에서 일어난 어떤 감정에 이끌려 사도가 된 자로 말하지 않는다. 바울은 주를 섬기고자 하는 자신의 열망 때문이 아니라, 하나님이 예수 그리스도의 복음이 사도들을 통해 전해지기를 원하셨기 때문에 사도가 되었다. 이 구절은 사도의 권위가 띠는 성격이 하나님의 뜻(목적)에 기반을 두고 있음을 진술한다.[5] 바울은 2:6-13, 4:9-16 그리고 9:1-27에서 자신이 사도로서 지닌 권위로 말미암아 불거진 문제로 되돌아간다.

바울이 하나님께 "그리스도 예수"의 사도로 "부르심을 받은"(κλητός) 것, 그리하여 평생 예수 그리스도의 복음을 선포하고 해석하고 입증하는 근본적인 역할을 맡은 것은 으스댈 만한 특권이나, 심지어는 자랑거리로 삼을 수도 있는 일이다. 그러나 고린도 교인이 바울에게 품은 불만은 바울이 그렇게 하지 않았다는 것이고, 고린도 교인은 바울의 그런 태도를 그리스도의 "권세"를 가진 사람의 모습이 아니라고 보았다. 실제로 바울은 그 권세를 조금도 자랑하지 않았다. 오히려 약한 말로(1:17), 또 약한 삶처럼 보인 것을 통해 복음을 전했다(고후 10-11장을 보라). 이렇게 할 때 바울은 그리스도의 메시지를 말하고, 그 메시지를 따라 살았다. 곧, 그리스도의 발자취를 따르고, 심지어 그리스도의 고난까지 받았다. 그러므로 고린도전서의 이 첫 구절은 하나님 아버지와 주 예수 그리스도 안에 기반을 둔 권위를 강력히 천명한다. 바울은 능력과 지혜에 관한 고린도 사람의 관점을 반대함으로써 이 부르심의 본질을 더 깊이 전개할 것이다.

1:2 고린도에 있는 하나님의 교회 곧 그리스도 예수 안에서 거룩하여지고 성도라 부르심을 받은 자들과 또 각처에서 우리의 주 곧 그들과 우리의 주 되신 예수 그리스도의 이름을 부르는 모든 자들에게(τῇ ἐκκλησίᾳ τοῦ θεοῦ τῇ οὔσῃ ἐν Κορίνθῳ, ἡγιασμένοις ἐν Χριστῷ Ἰησοῦ, κλητοῖς ἁγίοις, σὺν πᾶσιν τοῖς ἐπικαλουμένοις τὸ ὄνομα τοῦ κυρίου ἡμῶν Ἰησοῦ Χριστοῦ ἐν παντὶ τόπῳ, αὐτῶν καὶ ἡμῶν). 이제 바울은 편지의 수신자를 밝히고 그들에게 인사말을 한다. 지금 바울은 "하나님의(τοῦ θεοῦ, 소유의 소유격) 교회"에 편지를 쓰고 있다. 이 구절은 이어질 내용에 비추어 보면 중요한 진술을 담고 있다. 바울은 처음부터 편지를 받는 자가 하나님의 교회라는 사실을 상기시킨다. "교회는 교회 안의 집단이나 지도자에게 '속해 있는' 것이 아니라 하나님께 속해 있다."[6] 3:9-17에서 고린도 교인을 정면으로 반박할 때 바울이 "하나님의"(θεοῦ와 τοῦ θεοῦ)라는 말을 8번에 걸쳐 반복하는 것은 주목할 만하다. 하나님이 "고린도에 있는"(τῇ οὔσῃ ἐν Κορίνθῳ, 형용사적 분사) 자신의 교회를 세우셨다. 예수 그리스도를 믿는 사람들이 모인 이 고린도 교회는 아마 가정집에서 만나 예배를 드렸을 것이다. 그러나 여기서 단수형 "교회"라는 말이 사용된 것은 그들이 제대로 보여주지 못한 참된 연

4. 바울의 사도의 권위와 바울이 이 권위를 사용한 방식에 대한 상세한 설명은 J. D. G. Dunn, *The Theology of Paul the Apostle* (Grand Rapids: Eerdmans, 1998), 571-80을 보라.

5. 이것은 비슷하지만 더 강력한 진술인 갈라디아서 1:1을 상기시킨다.

6. Thiselton, *1 Corinthians*, 74.

합(통일성)을 확인하는 데 도움을 준다. 물론 교회는 건물이 아니라 믿는 자를 가리킨다. 그래서 바울은 자신의 편지를 받는 자의 본질을 더 깊이 설명한다.

첫 번째로, 바울은 "그리스도 예수 안에서 거룩하여진 자들"(ἡγιασμένοις)에게 편지를 쓴다. 이 완료 수동태 분사는 명사(실명사)로 기능한다. 바울은 여기서 단수형 "교회"(church)에서 복수형("거룩하여진 자들")으로 수를 바꿈으로써 고린도에 있는 교회라는 하나의 연합된 유기체를 구성하는 사람 모두에게 말한다. 하나님의 백성을 "거룩하여진 자들"로 지칭하는 것은 하나님이 이스라엘 백성을 "거룩한" 민족(LXX 출 19:6, ἔθνος ἅγιον)으로 부르신 것을 상기시킨다. 말하자면 고린도 교인은 온전히 의로우시고 거룩하신 하나님께 속한, 하나님 자신의 소유로 하나님을 위해 '구별된' 사람들이었다. 하나님의 백성은 하나님의 거룩하심을 비롯하여 그분의 정체성, 곧 그분이 누구신지를 반영하도록 부르심을 받았다. 고린도전서 6:11에서 바울은 고린도 교인에게 그들이 과거에, 곧 그리스도를 믿는 믿음을 가졌을 때 '거룩하여진' 백성의 지위를 얻은 사실을 상기시킨다. 바울은 '너희가 씻음과 의롭다 하심을 받은' 것처럼 '너희가 거룩함을 받았다'(ἡγιάσθητε, 부정과거 수동태)고 말한다. 그러나 1:2에서 완료 시제는 하나님이 과거에 하신 행동의 현재적 결과를 가리킨다(수동태를 주목하라). "그리스도 예수 안에서" 일어난 일이 "거룩한" 백성이 되도록 부르심을 받은 사람들로 구성된 새로운 공동체를 낳는다.

따라서 두 번째로, 바울은 "성도라(성도로) 부르심을 받은 자들"(κλητοῖς ἁγίοις)[7]에게 편지를 쓴다고 덧붙인다. 자신이 하나님께 사도로 부르심을 받은 것처럼 이제 바울은 고린도 교인에게 하나님이 그들도 거룩한 공동체와 거룩한 삶을 반사할 특별한 역할을 하도록 부르신 사실을 상기시킨다. 아마 여기서 바울의 생각 배후에 있는 본문은 칠십인역 레위기 11:44일 것이다. 거기서 이스라엘 자손은 그들이 "거룩한" 백성이 될 것이라는 말을 듣고, 그리하여 "거룩하게" 하라(καὶ ἁγιασθήσεσθε καὶ ἅγιοι ἔσεσθε)는 도전을 받는다. 특히 바울은 고린도전서 6장과 7장에서 거룩해진 자들은 실제로 거룩한 사람으로서 삶을 살아야 한다는 점을 다룰 것이다.

세 번째로, 바울은 "성도라(성도로) 부르심을 받은" 자들의 지역적 기반을 더 깊이 설명한다. 바울은 지금 이 편지를 받는 수신자의 범주를 '각처에 있는 모든 자로' 확대하는 것이 아니다. 그렇게 하면 헬라어 본문을 부당하게 번역하게 된다. 오히려 성도로 부르심을 받은 자가 고린도 교인만이 아니라 다른 곳에도 많이 있다고 말하는 것이다. 확실히 주 예수 그리스도의 이름을 "부르는" 모든 자가 그분께 속해 있다. 여기서 동사 '부르다'의 현재 분사(ἐπικαλέω)는 중간태이고, 보통 어떤 일을 행하도록 하나님이나 신들에게 부르짖는 것을 의미한다.[8] 따라서 사도행전 2:21에서 우리는 "누구든지 주의 이름을 부르는 자"는 구원을 받을 것이라는 말씀을 본다(ὃς ἂν ἐπικαλέσηται τὸ ὄνομα κυρίου, 부정과거 중간태 가정법). 여기서 주의 이름을 부르는 것은 요엘서 2:32(LXX 3:5, "누구든지 여호와의 이름을 부르는 자는 구원을 얻으리니")에서 연원한다. 요엘서의 원래 문맥을 보면, 요엘은 하나님의 영이 모든 육체에 부어지고(2:28), 주님이 심판하시고 자기 백성을 원수의 손에서 구원하러 오

---

7. 어떤 이는, 예컨대 Fee, *1 Corinthians*, 29는 '성도'라는 말을 요즘 잘못 이해한다는 점을 이유로 ἅγιοι를 '성도'로 번역하는 것을 반대한다. 이 말은 종종 예컨대 '성'(saint) 바울과 같이 특출하게 거룩해 보이는 자를 가리키는 데 사용된다. 그러나 제대로 이해한다면 이 말은 여기서 "각처에서 우리의 주 곧 그들과 우리의 주 되신 예수 그리스도의 이름을 부르는" 모든 자를 가리키고, 따라서 굳이 '성도'의 대용어를 찾고자 애쓸 이유가 전혀 없다. 사실은 이 말이 내포하는 잘못된 의미를 교정해야 한다.

8. David E. Garland, *1 Corinthians*, BECNT (Grand Rapids: Baker Academic, 2003), 29n6에 설명된 것처럼, 이 중간태 속에 어떤 심화된 의미가 담겨 있는 것 같지는 않다.

실 날을 고대한다. 여기서 바울은 구원을 행하시는 그리스도의 주 되심 관점에 따라 요엘서 2:32을 해석한다. 바울이 여기서 '주의 이름'에 관해 말할 때 염두에 둔 것은 이처럼 강력하고 언약적이며 보호하는 힘이 있는 '주 되심'이다. 그러므로 주의 이름을 부르는 것은 주를 믿는 믿음을 가지고, 주를 경배하고 섬길 뿐만 아니라 주께 순종한다는 것을 함의한다. 여기서 "이름"은 주의 정체성과 관련된 모든 것을 가리킨다. "각처에" 주의 이름을 부르는 사람들이 있다는 사실은 고린도 교인에게 하나님의 교회가 차지한 지리적 범주가 매우 넓다는 점을 환기한다. 고린도 교인은 하나님에 관한 한 우주의 중심이 아니다.

2절의 마지막 어구인 "그들[의 주]과 우리의 [주]"(αὐτῶν καὶ ἡμῶν, 헬라어 원문에는 마지막에 나옴–역주)는 "처"(place)[9] 라는 말과 함께 취해질 수 있을 것이다. 그러나 이것은 무리한 해석으로 보이고 거의 일리도 없다. '우리의(ἡμῶν) 주 예수 그리스도…그들의 (주)와 우리의 (주)'로 설명하는 것이 더 좋아 보인다. 여기서 이 말을 단순히 첨가한 것은 또한 나중에 분열되고 자아에 사로잡힌 모습을 보게 될 고린도 교인에게 그들도 하나님의 백성을 구성하는 다른 지역의 어느 교회와 마찬가지로 동일한 주님 아래 있다는 사실을 상기시킨다.

1:3 하나님 우리 아버지와 주 예수 그리스도로부터 은혜와 평강이 있기를 원하노라(χάρις ὑμῖν καὶ εἰρήνη ἀπὸ θεοῦ πατρὸς ἡμῶν καὶ κυρίου Ἰησοῦ Χριστοῦ). 이렇게 편지의 수신자를 상세히 언급한 바울은 "은혜와 평강"이라는 간명한 표현으로 그들에게 인사말을 전한다. 이 인사말은, 편지 서두에 쓰는 전통적인 표현법이지만 특별히 기독교적 용법에 맞춘 것이다. 바울 당시의 편지들은 발신자와 수신자를 언급한 후, 종종 단순히 '인사'(χαίρειν)라는 말을 포함했다.[10] 이러한 용법은 사도행전 15:23의 편지에 나타난다. 그러나 바울은 단순한 인사가 아니라 훨씬 더 깊은 뜻이 있는 말로 관념을 바꾼다. 이것은 편지를 받는 자에게 은혜와 평강이 임하기를 바라는 "소원 기도"와 같다.[11]

3절에서 "은혜"라는 단어는 바울이 "하나님 우리 아버지와 주 예수 그리스도로부터"라고 그 원천을 언급하는 것으로 정의된다. 자기 백성에 대한 하나님의 부르심과 지속적 공급(2절)이 확실히 이 간절한 인사말에 내포되어 있다. 그러나 바울은 "은혜"라는 말을 4절에서 다시 사용하므로, 이 말을 좀 더 상세히 검토해보는 것이 가장 좋다. 바울이 여기서 말하는 은혜는 단순히 사람들이 믿음으로 나아오도록 받은 은혜가 아니라, 공동체를 유익하게 하려고 그들을 '풍족하게 만든' 은혜다. 바울은 부정과거 수동태 '주어진'(was given)이라는 말을 사용함으로써(4절) 은혜의 원천이라는 사실을 상기시킨다.

"은혜"(χάρις)라는 말은 그리스도인이 가장 사랑하는 용어 중 하나다. 은혜의 기원은 호의라는 관념에 있다. 고전적 용례를 보면, 은혜는 신들의 호의를 가리켰다. 그러나 신약성경에서, 특히 바울이 사용할 때 이 말은 종종 실제로 하나님이 자기 백성에게 사랑으로 베푸시는 모든 보살핌과 신자가 하나님과 주 그리스도께 받는 모든 것, 특히 그들의 구원을 가리키는 약어가 된다. 현대 기독교 국가에서 "은혜"(grace)라는 영어 단어는 통상적으로 하나님의 사랑에서 나오는 그리고 자신을 위해 사람들을 구속하겠다는 그분의 목적에서 나오는 하나님의 긍휼과 용서로, 죄인에게 완전히 값없이

---

9. Witherington은 *Conflict and Community*, 80에서 "처"를 '모임 장소'를 가리키는 것으로 간주한다. 그러므로 "그들과 우리의"를 다양한 만남의 장소를 묘사하는 것으로 취해야 한다고 주장한다.

10. 예컨대 *P. Oxy*. 932는 "타이스가 티그리오스에게, 인사"라고 말한다. 1세기 편지들의 인사말에 관한 추가 사례는 Patrick Gray, *Opening Paul's Letters: A Reader's Guide to Genre and Interpretation* (Grand Rapids: Baker, 2012)을 보라.

11. Thiselton, *1 Corinthians*, 81.

주어지는 것으로 이해된다. 그러나 "은혜"(χάρις)라는 말 자체는 선물을 주는 것과 관련된 용어에 새겨져 있다는 점을 기억해야 한다. 확실히 은혜라는 말의 가장 자연스러운 영어 번역은 종종 단순히 '선물'(gift, 참고. 고전 16:3), '베푸는 행위'[고후 8:6–7, "grace of giving"(NIV)]일 것이다. 선물은 확실히 완전히 값없이 주어지는 것일 수 있으나, 다른 다양한 이유로도 주어질 수 있다. 예를 들어, 선물은 그것을 받은 답례로 선물을 준 자에게 줄 수 있다. 또는 누군가의 비위를 맞추기 위해 줄 수도 있다. 혹은 누군가 선물을 받을 만한 일을 했기 때문에 줄 수도 있다. 이것을 깨달으면 문맥을 주의 깊게 검토하는 것이 중요해진다. 오직 문맥으로만 선물을 주는 것이 어떤 면에서 합당하거나 그렇지 않은지 드러날 것이기 때문이다. 이 합당성 여부는 선물을 주는 자와 받는 자의 관계와 연계되어 있을 것이다. 은사와 은혜의 주제를 다루는 탁월한 한 작품에서 존 바클레이(John Barclay)는 은혜의 의미가 하나님이 자기 백성에게 베푸시는 것과 관련해서 얼마나 다양할 수 있는지 증명했다. 바클레이는 받는 자의 지위나 가치 또는 다른 어떤 것에 대한 언급 없이 주어지는 하나님의 은혜를 "과분한" 은혜(incongruous grace)로 부른다.[12] 4절에서 "은혜"라는 말은 하나님이 그리스도, 곧 주 안에서 베풀어주시는 구원 및 보존 사역과 관련되어 정의된다. 여기서 "은혜"라는 말은 확실히 값없이 주어진 선물이라는 의미가 있고, 사도 바울은 이 은혜에 크게 감사한다. 왜냐하면 바울은 하나님의 선물이 그분이 고린도 교인을 부르신 것 속에, 그들에게 격려와 유익을 주고자 주신 것 속에 그리고 그들이 하나님이 주의 날에 "책망할 것이 없는" 자로 발견될 것을 보증하는 것 속에(8절) 나타나 있음을 보기 때문이다.

3절에서 접속사(καί)를 사용하는 것은 성부와 성자가 은혜와 평강의 근원 또는 원천[13]으로서 동등하다는 사실을 암시한다. 고린도 교인의 자만은 그들의 자랑과 함께 이런 기도가 훨씬 더 필요하다는 점을 보여준다.

"평강"(εἰρήνη)이라는 말은 전통적인 그리스 편지의 인사말에는 나타나지 않는다. 그러나 바울은 자신이 쓴 모든 편지에 평강이라는 말을 서두의 인사말 일부로 그리고 마지막 문안 인사로 자주 사용한다. 이 말의 뿌리는 구약성경에 있다. 평강('샬롬', שָׁלוֹם)은 하나님의 백성이 되었을 때 임하는 기업과 경험을 가리킨다. 평강이라는 말은 언약의 복을 요약하는 말로, 고린도 교인이 평화롭기를 바라는 기도를 크게 넘어선다. 평강이라는 말의 객관적 내용은 의롭다 함을 얻은 결과 주어지는 하나님과의 화평을 포함한다(롬 5:1). 그러나 평강은 또한 하나님의 백성에게 속해 있는 언약적인 안전함을 요약하는 말이다(겔 34:25). 평강에는 심지어 선교의 의미도 있다. 그 이유는 "화평의 언약"의 한 부분이 하나님의 백성이 '번성할' 것이라는 데 있기 때문이다(겔 37:26). 그런데 그것이 놀랍지 않은 것은 평강은 예컨대 이사야서 66:12에서처럼 이스라엘의 종말론적 소망을 요약하는 데 사용되기 때문이다. 이사야서 52:7과 나훔서 1:15에서 "복음"은 "평화"의 좋은 소식으로 묘사된다. 이에 비추어 여기서 평강을 기원하는 바울의 기도는, 단순히 고린도 교인이 일상생활에서 날마다 그리스도가 그들을 아버지께 이끌어주시고 구원의 풍성한 복으로 안전하게 지키시는 것을 경험하기를 바라는 것으로 볼 수 있다(에베소서 6:15도 보라). 그러므로 그것은 고린도 교인이 분열과 다툼이 아니라 평강(평화) 속에서 살아야 할

12. John M. G. Barclay, *Paul and the Gift* (Grand Rapids: Eerdmans, 2015). Barclay의 결론을 요약한 것은 이 책 서언과 18장을 보라. 이 책은 먼저 제2성전 시대 유대교의 방대한 문헌을 배경으로 은사와 은혜에 대한 바울의 이해를 검토한 다음, 갈라디아서와 로마서에 나타난 바울의 신학에 비추어 주로 은사와 은혜를 검토한다. 이 책에서 Barclay는 바울의 은혜 이해에 대한 역사적이고 현대적인 신학적 해설을 상세히 제공한다.

13. 이것은 특히 ἀπό+소유격의 통상적 용법은 아니지만, 고후 1:2과 빌 1:2에서와 같이 다수의 인사말에서 발견된다. 또한 고전 6:19에서 비슷한 구성을 가진 용례도 보라.

이유가 된다.

1:4b 내가 너희를 위하여 항상 하나님께 감사하노니(Εὐχαριστῶ τῷ θεῷ μου πάντοτε περὶ ὑμῶν). 이제 바울은 편지의 수신자를 위해 하나님께 각별히 감사하는 것으로 나아간다. 이 긴 문장(헬라어 원문은 1:4-7이 한 문장임-역주)은, 종속절 간의 관계를 이해하려면 함께 묶어 고찰해야 한다. 여기서 다루는 주절은 첫 부분이 "내가 너희를 위하여 항상 하나님께 감사하노니"(개역개정에는 이 말이 뒷부분에 나옴-역주)로 되어 있다. "항상"(πάντοτε)은 동사를 수식하고, 바울이 고린도 교회에 오랫동안 계속해서 관심을 두었음을 독자에게 상기시킨다. 바울은 기도할 때마다 고린도 교인을 위해 기도한다는 사실을 분명히 할 의도가 있는 것처럼 보인다.[14]

바울은 고대의 다른 편지에 나오는 단순히 의례적인 감사 인사말과 달리, 이 인사말을 고린도 교인을 칭송하거나 자신의 행위에 주의를 집중시키는 데 사용하지 않고 하나님께 감사하는 것에 사용한다.[15] 여기서 우리는 바울이 의도적으로 하나님 아버지, 예수 그리스도 그리고 그리스도 안에서 그들에게 주어진 은혜에 초점을 맞추었음을 알 수 있다. 바울은 편지를 쓸 때 종종 수신자의 좋은 점을 찾아내 말하는 것으로 시작한다고 알려져 있다. 그러나 이것은 부분적으로만 사실이다. 바울은 하나님의 교회를 구성하는 자에게 편지를 썼기 때문에, 하나님이 자기 백성에게 보여주신 은혜에 대해 감사할 대상은 바로 하나님이시다. 이것을 "연설이나 편지의 핵심 주제를 요약하는 한편 청자에 대한 선의를 보증하기" 위해 청자를 칭송하는 데 사용하는 수사적 '엑소르디움'(서두)으로 볼 필요는 없다.[16] 바울은 확실히 이것을 나중에 고린도 교회가 직면한 문제의 핵심인 은사 문제를 소개할 기회로 삼기는 하지만, 여기서 그들이 받은 은사는 하나님과 예수 그리스도에게서 나오고, 그러므로 하나님과 예수 그리스도가 이런 풍족함에 대해 감사해야 할 대상이라는 사실을 솔직하게 확립한다. 확실히 그리스도의 재림을 기다리는 하나님의 백성에게는 이러한 풍족함이 꼭 필요하다.

1:4a, 5 그리스도 예수 안에서 너희에게 주신 하나님의 은혜로 말미암아…이는 너희가 그 안에서 모든 일 곧 모든 언변과 모든 지식에 풍족하므로(ἐπὶ τῇ χάριτι τοῦ θεοῦ τῇ δοθείσῃ ὑμῖν ἐν Χριστῷ Ἰησοῦ, ὅτι ἐν παντὶ ἐπλουτίσθητε ἐν αὐτῷ, ἐν παντὶ λόγῳ καὶ πάσῃ γνώσει). 이 구절(1:4a, 5)은 바울이 감사하는 두 가지 이유를 제시한다. 첫 번째 종속절(4a절)은 "은혜 [때문에]"(ἐπὶ τῇ χάριτι)로 번역될 수 있다. 두 번째 절(5a절)도 '…때문에'(ὅτι)를 의미할 수 있는 말로 시작된다. 이 두 절이 서로 어떻게 관련되어 있고, 어떻게 번역해야 가장 좋은지는 약간의 논란이 있다. 이 헬라어 전치사구(ἐπὶ+여격)는 다양하게 사용된다. 여기서 제기되는 질문은 이 전치사구가 감사하는 첫 번째 이유('…때문에')를 소개하고, 이어서 '그것은' 또는 '…때문에'(ὅτι)라는 말이 나와, 주어진 은혜의 내용을 더 깊이 설명하느냐는 것이다.[17] 다른 견해는 이 전치사구(ἐπὶ+여격)가 바울이 지금 감사하는 내용의 근거를 제공한다고 보는 것이다. 이 경우에는 하나님께 감사하는

14. 바울은 다른 곳에서 자신이 교회를 위해 얼마나 깊이 기도하는지 보여준다(빌 1:4, 9; 골 1:9; 살전 1:2; 살후 1:11).

15. P. T. O'Brien, *Introductory Thanksgivings in the Letters of Paul*, NovTSup 49 (Leiden: Brill, 1977)를 보라.

16. 이것은 Witherington, *Conflict and Community*, 87의 주장이다. Witherington은 (수사적 및 웅변적 담화에 주안점을 두고 헬라어 '*sophia*'로 이해되는) 1:5에 언급된 언변과 지식이 고린도 교회에서 일어난 문제들의 원인이었다. 여기서 언변과 지식이 언급된 것은 바울이 편지에 쓰는 것이 "편지…의 주요 주제를 요약하는 한편 독자에게 선의를 가졌음을" 보증하려는 수사적 목적이 없으면 "설명할 수 없고", "고린도 교인은 언변이 곧 지혜였다고 추정한 것처럼 보인다"라고 주장한다(82).

17. NIV, RSV, ESV가 그렇다. 또한 Fee, *1 Corinthians*, 36n13과 Héring, *First Corinthians*, 3도 보라.

첫 번째 이유를 두 번째 절(ὅτι···, 5a절)이 제공한다('내가 항상 감사하노니 하나님의 은혜로 말미암아…너희가 풍족하기 때문이다').[18] 이 책은 4a절이 바울이 고린도 교회에 대해 하나님께 감사하는 첫 번째 이유를 든다고 본다. 바울이 감사하는 이유는 고린도 교인이 자신에게 "주어진"(δοθείσῃ) 하나님의 은혜를 받았기 '때문이다'.

여기서 감사를 받는 분이 하나님인 이유는 하나님이 이 은혜[19]를 "그리스도 예수 안에서"(ἐν Χριστῷ Ἰησοῦ) 주셨기 때문이다. 이것은 도구의 여격이 아니다. 즉, 이것은 아무리 사실이더라도 그리스도가 하나님의 은혜를 그들에게 중재하신 분이라는 뜻이 결코 아니다. 고린도 교인은 이 은혜를 받았기 때문에 그리스도와 동일시되고, 그리스도가 그들을 대표하고, 그들이 그리스도께 속한 공동체의 일원이라는 사실을 알게 되었다.

5a절("이는 너희가…모든 일")은 고린도 교인이 받은 은혜의 내용을 더 깊이 설명한다. 하나님의 은혜는 고린도 교인이 "그 안에서", 즉 그리스도 안에서 모든 일에 풍족하게 된 것을 의미했다.[20] 이 부정과거 형태("풍족하므로")는 이 일이 과거 어느 한 시점에 일어났음을 암시한다. 이것은 고린도 교인이 어쨌든 지금은 풍족하지 않다는 것을 함축하지 않고, 고린도 교인에게 그들이 가진 은사는 근래에 그들에게 임한 것이거나 그 은사가 그들의 영적 성숙도에 따라 오가는 것이 아님을 조용히 상기시킨다. 바울은 여러 곳에서 하나님의 은혜를 "풍성함"과 "보화"라는 말로 언급한다.[21] 그리고 하나님이 "그리스도 안에서" 자기 백성을 위해 행하신 일과 그들에게 제공하시는 것에 깜짝 놀라 항상 가장 깊이 감사한다. 바울은 고린도 교인이 자신이 받은 은사를 자랑하고 싶은 유혹을 받기 때문에 그 은사의 원천인 하나님께 주의를 집중시키고, 그 은사는 하나님이 진실로 풍족하게 베푸신 은혜라는 점을 강조한다.

또 하나의 종속절(5b절)은 바울이 특별히 주의를 집중시키고자 하는 풍족함의 본질에 대해 상술한다. 곧, 고린도 교인은 "모든 언변"과 "모든 지식에" 풍족해졌다. 7a절에서 고린도 교인이 모든 은사(χαρίσματα)에 부족함이 없다고 언급하는 것에 비추어 보면, 바울은 여기서 "언변"(λόγος)과 "지식"(γνῶσις)의 은사, 곧 12:8, 14:2–19에서 매우 긍정적인 관점에서 다시 언급하는 은사를 가리킨다고 보는 것이 가장 좋다.[22] 바울이 나중에 고린도 교인에게 모든 사람이 개개의 모든 성령의 은사를 가지지 않았다는 점(12:4–11)을 상기시키는 것으로 보아, 이 두 은사는 고린도 교회에서 특히 두드러지게 나타났다. 그러므로 나중에 언급하기 위해 그리고 하나님께 감사하기 위해 특별히 선별되었다고 추정할 수 있다. 여기서 바울이 고린도 교인의 주의를 집중시키고 그들을 위해 하나님께 감사하는 것은 바울이 그들이 가진 "지식"의 문제가 하나님이 은혜로 주신 선물 자체와 관련된 것이 아니라, 그들이 그 선물을 사용하는 방법과 그것이 공동체 안에서 발휘하는 기능과 관련되어 있다는 점을 상기시킨다.

이 지식과 언변의 은사가 정확히 무엇인지 정의하는 것은 불가능할 정도는 아니지만 어렵기는 하다. "지식"(γνῶσις)이라는 말은 신약성경의 다른 어떤 책에서보다 고린도전서에서 훨씬 자주 나타난다는 사실을 주목해야 한다. 앞의 서론에서 확인했듯이 이 사실은, "신령한"(πνευματικός)이나 "지혜"(σοφία)와 같은 말의 사용과 함께, 바울이 모종의 영지주의에 맞서 이런 말을 하는 것이라는 사변을 조장하는 역할을 했다. 그러나 이러한

---

18. H. E. Dana, Julius R. Mantey, *A Manual Grammar of the Greek New Testament* (New York: Macmillan, 1957), 106이 그렇다. 또한 Thiselton, *1 Corinthians*, 84도 보라.

19. 이 구절에 나오는 "은혜"라는 말을 더 상세히 알아보려면 3절에 대한 설명을 보라.

20. 4절에 나온 "그리스도 예수 안에서"를 가리키는 대명사의 사용은 5a절이 4b절을 설명한다고 믿는 또 하나의 이유다.

21. 예컨대 롬 2:4; 9:23; 엡 1:7; 2:7을 보라.

22. Fee, *1 Corinthians*, 38; *contra* Thiselton, *1 Corinthians*, 92–93.

배경은 바울이 이 편지를 계속 쓰면서 지식에 관해 말하는 것과 거의 부합하지 않는 듯하고, 게다가 연대를 근거로 하면 완전히 무시해야 한다.[23]

그럼에도 그리스 사회에서 그리고 확실히 일부 유대교 지혜 전승에서 "지혜"와 "지식"이 두드러지게 강조되었다는 사실은 고린도 교인이 이 두 은사를 그토록 특별히 중시했던 이유를 이해하는 데 도움을 줄 수 있다. 아마도 고린도 교인은 이 두 은사를 자신이 속한 사회가 가장 소중하게 여긴 요소와 동등한 위치에 있는 기독교의 요소로 간주했을 것이다. 당시 그리스 사회에서는 수사학이 높은 평가를 받았다. 당시에는 설득력과 논리성이 중요한 소통 방식이었다. 뭉크가 정확히 주장한 것처럼, 바울이 직면한 것은 타협하고 왜곡된 복음으로, 이런 복음이 "당시의 대표적인 경향인 철학과 궤변술의 혼합"에 크게 의존했던 고린도 신학의 중심이 되었다. 여기서 뭉크는 "철학, 종교, 수사학의 인기 있는…혼합"을 만난다고 말한다.[24] 최근에는 윈터가 1세기에 활동한 소피스트와 바울이 편지를 쓸 당시에 소피스트가 세상에 미친 영향을 상당히 상세하게 검토했다.[25] 윈터는 고린도 교인은 소피스트의 정교한 수사, 지혜, 지식에 대한 관점을 크게 흡수했고, 바울의 가르침은 이런 경향을 특별히 반대했다고 주장한다. 따라서 바울이 고린도전서 첫 부분부터 하나님이 주신 지혜와 지식의 은사를 크게 강조하는 것은 당시에 이런 수사학이 칭송받고, 엘리트 계층이 차지한 지위로 암시되는 배경을 반대하는 것으로 간주해야 한다. 당시에는 신이나 영성에 관한 지식이 크게 존중되었다. 나중에 바울은 고린도 교회의 이런 은사에 대한 이해와 사용이 실제로 얼마나 크게 왜곡되었는지 증명할 것이다. 바울은 지금은 단순히 고린도 교인이 하나님의 은혜를 풍족하게 받은 것에 대해 하나님께 감사한다.

1:6 [때문에][26] **그리스도의 증거가 너희 중에 견고하게 되어**(καθὼς τὸ μαρτύριον τοῦ Χριστοῦ ἐβεβαιώθη ἐν ὑμῖν). 바울은 지금 고린도에 있는 전체 기독교 공동체에("너희 중에") 말한다. 하나님이 고린도 교인에게 자신의 은사를 풍족하게 부어주신 것은 복음, 곧 그리스도의(τοῦ Χριστοῦ, 목적의 소유격) 증거를 견고하게 하는(확증하는) 역할을 했다. 어쨌든 은사가 복음을 세운 것이 아니라 고린도 교인 가운데 복음이 세워진 것이 모든 사람에게 유효한 하나님의 은사를 낳았다.

1:7 너희가 모든 은사에 부족함이 없이 우리 주 예수 그리스도의 나타나심을 기다림이라(ὥστε ὑμᾶς μὴ ὑστερεῖσθαι ἐν μηδενὶ χαρίσματι, ἀπεκδεχομένους τὴν ἀποκάλυψιν τοῦ κυρίου ἡμῶν Ἰησοῦ Χριστοῦ). 바울은 고린도 교인이 모든 "은사"에 부족함이 없게 된 결과 그리스도 안에서 풍족하게 된 사실을 그들에게 감사의 한 부분으로 상기시킨다.[27] 이 결과절은 5a절을 수식하는 것으로 보는 것이 가장 좋다. 그리고 이것을 부정적 의미로 보아야 할 이유가 조금도 없다. 5a절("너희가…모든 일…에 풍족하므로")은 분명히 긍정적 의미다. 따라서 이것은 단순히 문체상의 특징으로, "(고린도 교인의) 허탄한 교만에 통렬하게 한 방 먹이는"[28] 의미가 결코 아니다. 나중에 고린도전

23. 2:12; 8:1-2, 7; 12:8; 13:2에 대한 설명에서 "지식"의 은사에 관한 상세한 설명을 보라. 고린도전서의 가능한 배경과 영지의 본질에 관한 상세한 설명은 Paul D. Gardner, *The Gifts of God and the Authentication of a Christian: An Exegetical Study of 1 Corinthians 8-11:1* (Lanham, MD: University Press of America, 1994; 재판, Eugene, OR: Wipf & Stock, 2017), 6-10, 23-27을 보라.

24. Munck, *Paul and the Salvation of Mankind*, 153.

25. Winter, *Philo and Paul among the Sophists*, 180-85.

26. 여기서 καθώς라는 말은 원인을 가리키는 부사 접속사다.

27. 여기서 χάρισμα의 번역으로 선택한 영어는 'grace-gift'다. 이 단어의 해석 문제에 대해서는 뒤의 "심층 연구: '카리스마'(Χάρισμα)에 대한 이해"를 보라.

28. Garland, *1 Corinthians*, 34.

서 12장에서 바울은 각 사람이 은사가 있다는 점과 성령이 몸에 필요한 은사를 주신다는 사실을 확실히 한다. 부족한 자가 아무도 없는 이유는 하나님이 자신의 교회에 가장 좋은 것이 무엇인지 아시고, 교회가 하나님의 은혜 안에서 풍족하게 되기 때문이다.

더 나아가 바울은 이것으로 그리스도인이 사는 시대가 어떤 것인지를 상기시킨다. 그리스도인이 사는 시대는 그리스도의 영광스러운 오심, 곧 "우리 주 예수 그리스도의 나타나심"(ἀπεκδεχομένους를 시간적 분사로 취함)을 기다리는 시대다. 은사는 "얼굴과 얼굴을 대해" 볼 때까지(13:12) 교회가 적절한 삶을 살도록 돕기 위해 주어진다. 이것을 특별히 고린도 교인의 가르침 속에 있는 모종의 실현된 종말론(realized eschatology)을 반대하기 위한 언급으로 볼 필요는 없다. 오히려 바울은 단순히 하나님이 "우리 주 예수 그리스도의 날"을 기다리는 동안(8절) 고린도 교인을 지켜주시고, 그들의 존속을 돕기 위해 은혜를 베풀어주시는 것에 대해 하나님께 계속 감사한다. 나중에 바울은 일부 고린도 교인이 이미 (목표에) '이르렀다'고 느끼는 것을 설명하는데, 이 첫 부분은 부분적으로 그 설명에 대한 무대를 미리 세우는 것으로 볼 수 있다. 그러나 바울은 그리스도인에게 그들 앞에는 목표가 있고, 하나님이 그 목표에 도달하는 것을 보증하신다는 점을 상기시키는 데 가장 큰 관심이 있다. 그래서 바울은 여기서 그다음 구절로 나아간다.

1:8 주께서(그가)[29] 너희를 우리 주 예수 그리스도의 날에 책망할 것이 없는 자로 끝까지 견고하게 하시리라(ὃς καὶ βεβαιώσει ὑμᾶς ἕως τέλους ἀνεγκλήτους ἐν τῇ ἡμέρᾳ τοῦ κυρίου ἡμῶν Ἰησοῦ [Χριστοῦ]). 바울이 하나님께 감사하는 은혜의 내용은 고린도 교인이 하나님의 부르심을 받고, 그리스도 안에서 크게 풍족하게 된 것(은사) 그리고 그들이 주의 날에 "책망할 것이 없는"(죄책이 없는) 자로 발견될 것을 하나님이 보증하시리라는 것이다. 이 부분의 '석의적 개요'는 이것이 4b절을 설명하는 두 번째 주요 종속절을 구성한다는 것을 보여준다.

"끝까지"(ἕως τέλους)에서 "끝"은 그리스도의 "나타나심"의 때(7b절)를 가리킨다. 그때 고린도 교인은 "책망할 것이 없는" 자로 견고하게 될 것이다.[30] 다시 말하면 고린도 교인은 하나님의 은혜로 그리스도 예수 안에서 그분이 심판하러 오실 때 모든 죄책에서 자유로울 것이다. "우리 주 (예수 그리스도)의 날"이라는 말은 구약 본문에서 나왔다. 선지자들은 어떤 불길한 예감으로 그날에 관해 경고했다. 요엘은 "여호와의 날이 임하는" 것에 관해 "경고의 소리를 지르고", 사람들이 "떠는" 것을 말한다. 에스겔과 아모스는 그날을 하나님이 심판하러 다시 오셔서 자신의 이름의 정당성을 입증하실 때로 언급한다.[31] 바울의 그리스도 중심 종말론은, 그날을 그리스도가 심판하러 다시 오셔서 자기 백성을 구원하시는 날로 기다린다. 바울은 고린도전서 5:5에서 그날을 다시 언급한다.[32]

이 편지 서두의 감사 부분에서 바울은 그리스도 안에서 고린도 교인에게 주어진 하나님의 은혜에 초점을 맞춘다. 고린도 교인의 잘못과 그들의 죄가 무엇이든 간에, 바울은 하나님이 그들에게 현세에서 필요한 은사를 주시고, 심판 날에 살아 계신 주의 법정에서 책망할 것이 없는 자로서 그들의 지위를 보장하심으로써 하나

29. 대명사 "그가"(ὅς)가 누구를 가리키는지는 분명하지 않다(개역개정에는 "주께서"–역주). 이 말은 '그리스도가 너희를 견고하게 하시리라'를 의미하는가, 아니면 '하나님이 너희를 견고하게 하시리라'를 의미하는가? Thiselton은 헬라어 본문으로는 누구를 가리키는지 적절하게 알 수 없으나 이것이 바울이 '그리스도 안에서 하나님이 주신 약속'에 관심이 있다는 본문의 의미에 영향을 미치지는 않는다고 올바르게 주장한다(Thiselton, *1 Corinthians*, 101).

30. Archibald Robertson, Alfred Plummer 공저, *A Critical and Exegetical Commentary on the First Epistle of St. Paul to the Corinthians*, ICC (Edinburgh: T&T Clark, 1911), 7.

31. 특히 겔 30:2–3; 36:22–33; 욜 2:1–2; 암 5:18–20을 보라.

32. 3:13을 보고, 15:23–24에 대한 설명도 보라.

님의 은혜가 그들 속에 역사한다는 점에 대해 하나님께 감사한다.

심층 연구

Χάρισμα에 대한 이해

'카리스마'(Χάρισμα)라는 말은 고린도전서에 나타나는 것처럼 영어 역본과 주석가들이 다양하게 번역한다. 이것은 부분적으로 이 말이 사용되는 다양한 문맥에서 분명히 다양한 의미가 있기 때문이고, 또 부분적으로 주석가들이 고린도전서에서 바울이 이 말을 사용하는 것과 "신령한 것"(πνευματικά)이라는 말을 사용하는 것의 차이를 인정하고 싶은 경향이 있기 때문이다. NRSV, NIV, NET는 '카리스마'를 1:7에서 처음 나타날 때는 "신령한 선물"(spiritual gift)로 번역하고, 이어서 7:7 그리고 12장 여러 곳에서 나타날 때는 단순히 "선물"(gift)로 번역한다(참고. RSV). 그리고 AV, NJB, REB, ESV는 이 단어가 나올 때마다 "선물"(gift)로 번역한다. 반면에 TEV는 각각 "복"(blessing, 1:7), "선물"(gift, 7:7), "신령한 선물"(spiritual gift, 12:4)로 번역한다. 칼뱅은 이 말을 "선물"(gifts)로 번역하고, 때로는 "은혜"(graces)라는 말로 번역하기도 한다.[33] 이 책에서는 이 말을 일관되게 "은사"(grace-gift)로 번역하기로 했고, 다음과 같은 몇 가지 이유로 그렇게 번역한다. 나는 '카리스마'라는 단어를 "은사"로 번역하는 경우를 제임스 모펫(James Moffatt)의 주석에서 처음 접했다. 비록 그의 번역이 고린도 교인이 "신령한 재능"이 부족하지 않다는 점(7절)을 가리키기는 해도, 모펫은 이것을 그 과정에서 고린도 교인에게 적합한 "은사"(grace-gift)로 설명한다.[34] 카슨(D. A. Carson)도 "은사"라는 번역을 사용했고, 좀 더 최근에는 데이비드 갈런드(David Garland)가 그의 주석에서 그렇게 번역했다.[35] 이 단어의 번역에 대한 실질적인 문제는, 카슨이 고린도전서 12장에 나오는 '카리스마'에 관해 말하는 진술에서 다음과 같이 잘 제기된다. "은혜를 언급하기를 무척 좋아하는 사도 바울이 은혜의 사건들에, 은혜의 구현에 그리고 은혜로 주어진 선물(은사)에 주의를 집중하는 것은 매우 적절하다."[36]

'카리스마'라는 단어는 신약성경에서 17번에 걸쳐 등장하고, 바울 서신을 제외한 다른 책에서는 딱 한 번만 나타난다(벧전 4:10). 필로는 『율법의 알레고리』(*Legum allegoriae*) 3:24에서 이 말을 두 번 사용한다. 반면 다른 그리스어 문헌에서는 매우 드물게 사용되고, "이 말이 최초로 확실하게 사용된 사례는… 주후 2세기에 나왔다"(Alciphron *Ep.* 3.17.4).[37] 이 단어는 '은혜'(χάρις)라는 말에서 연원하지 않고 '은혜롭게 베풀다'[38]나 '값없이 베풀다'를 의미하는 동사 '카리조마이'(χαρίζομαι)라는 말에서 연원한다. -μα 어미는

33. Calvin, *First Corinthians*, 22.

34. James Moffat, *The First Epistle of Paul to the Corinthians* (London: Hodder and Stoughton, 1938), 7.

35. D. A. Carson, *Showing the Spirit: A Theological Exposition of 1 Corinthians 12-14* (Grand Rapids: Baker, 1987), 19-22; Garland, *1 Corinthians*, 31-32, 271-72, 575-78과 여러 곳.

36. Carson, *Showing the Spirit*, 19.

37. James R. Harrison, *Paul's Language of Grace in its Graeco-Roman Context*, WUNT II.172 (Tübingen: Mohr Siebeck, 2003), 280. 추가로 279-83에서 이 주제에 대한 설명을 보라.

38. 이것은 Gordon D Fee, *God's Empowering Presence: The Holy Spirit in the Letters of Paul* (Peabody, MA: Hendrickson, 1994), 33에서 "이

행동의 결과나 성과를 의미할 수 있고, 따라서 여기서 이 말은 은혜로 주어진 선물을 가리킨다. 그러므로 이 명사가 그 자체로 "신령한 선물"을 가리키지 않음을 주목하는 것이 중요하다. 이 명사가 이런 의미를 가지려면 형용사 한정사 '신령한'이 요구되거나 문맥이 이것을 충분히 명확히 하는 것이 필요하기 때문이다. 따라서 예를 들어 로마서 1:11에서 바울은 어떤 신령한 선물(χάρισμα ὑμῖν πνευματικὸν)을 로마 지역 교인에게 나누어주기를 바란다. 그러나 로마서 5:15, 16에서는 '카리스마'라는 말이 단순히 '선물'을 의미하고, 바울은 반복을 피하려고 사실상 동의어인 두 단어(δωρεά와 δώρημα)를 사용하는데, 본서도 이 두 단어를 똑같이 '선물'로 번역한다.[39] 따라서 '신령한'이라는 단어를 바울이 말하는 "선물"과 관련지어 사용할 때는 조심해서 사용해야 하는 것처럼, '카리스마'라는 단어도 바울이 그 말을 사용할 때마다 그리스도 안에 있는 하나님의 은혜를 포괄적으로 가리키려는 함축 의미가 반드시 있다고 추정하지 않는 것도 중요하다. 다시 말해, 오직 문맥을 통해서만 바울이 이 '선물'이 하나님의 은혜로 값없이 주어진 것을 특별히 염두에 둔 것인지를 추론할 수 있다.

고린도전서 1장에서는 바울이 언급하는 '선물'이 "그리스도 안에서" 하나님에게서 오는 것을 가리킨다는 점이 분명하다(4절). 고린도전서의 이 첫 부분은 하나님이 예수 그리스도 안에서 자기 백성에게 보여주신 호의로 가득 차 있다. 따라서 사도 바울은 "그리스도 예수 안에서 너희에게 주신(δίδωμι) 하나님의 은혜(χάρις)로 말미암아" 고린도 교인을 위해 하나님께 감사한다. 이어서 이 하나님의 은혜가 이름이 붙어 언급되는 두 가지로 고린도 교인을 "풍족[하게 한]" 선물의 관점에 따라 설명된다["이는 너희가 그 안에서 모든 일, 곧 모든 언변과 모든 지식에 풍족하므로"(5절)]. 확실히 바울은 하나님이 주신 선물의 결과가 "(그들이) 모든 은사(χάρισμα)에 부족함이 없이 우리 주 예수 그리스도의 나타나심을 기다[리게 된]"(7절) 것에 있음을 감사한다.

"그리스도 안에서" 하나님에 의해 고린도 교인에게 '주어진' "하나님의 은혜"와 그들의 풍족함을 강조하는 것은 나중에 전개될 내용이 무엇인지를 말해준다. 말하자면 적어도 고린도전서에서는 이 "은사들"이 예수 그리스도 안에서 그리고 그분을 통해 하나님이 자기 백성을 위해 행하시는 은혜 활동의 일부로 이해되어야 한다. 7:7에서 바울이 "언변과 지식"의 은사와 예언이나 방언과 같은 다른 은사와 달라 보이는 "은사"를 가리키는 것이 분명하지만, 그럼에도 문맥은 다시 한번 "하나님으로부터" 직접 받은 선물에 관해 말한다. 고린도전서의 주장을 조립해보면, 바울이 이 서신에서 '카리스마'라는 말로 언급하는 "은사", 곧 선물은 다 연합, 사랑, 주에 대한 섬김으로 공동체의 덕을 세우려는 의도가 있음이 분명해진다. 은사는 하나님이 은혜로 베풀어주시는 것으로, 목적에 따라 은혜롭게 주어진다. 이 요점을 다

명사가 χάρις(은혜)라는 말로부터 형성되었다"라고 말하는 것과는 반대다. Max Turner, *The Holy Spirit and Spiritual Gifts: In the New Testament Church and Today*, 개정/편집 (Peabody, MA: Hendrickson, 1998), 264를 보라. 또한 BDAG 1081도 보라.

39. N. T. Wright는 이 두 구절(롬 5:15, 16)에 나오는 여러 단어에 대해 "이 단어들 간에 미세한 구분이 있는 것은 의심할 여지가 없다"라고 확실히 올바르게 말한다. Wright는 계속해서 이 두 구절에서 "바울이 다른 단어를 선택하는 한 가지 이유는…반복을 피하기 위함이다"라고 말한다("Romans," in *The New Interpreter's Bible Commentary*, ed. Leander E. Keck, vol. 10 [Nashville: Abingdon, 2002], 524).

시 진술하는 2:12을 보면, 성령이 우리에게 "주어진 것"의 참된 본질을 깨닫도록 교회를 돕는 역할을 하신다.

바울은 하나님으로부터 "은사"로 값없이 주어지는 것과 고린도 교인이 자신의 능력이나 영성에 관해 자랑하는 것을 대조한다. 바울은 부르심에 따라 "건축자"와 같이 교회의 터를 닦을 수 있었다(3:10). 바울은 이것이 "내게 주신 하나님의 은혜(χάρις)"라고 말한다(3:10). 바울은 고린도 교인의 자랑에 이의를 제기하면서 "네게 있는 것 중에 받지 아니한 것이 무엇이냐 네가 받았은즉 어찌하여 받지 아니한 것 같이 자랑하느냐"(4:7)라고 묻는다. 마지막으로 12장에서 바울은 공동체의 덕을 세우는 데 적절한 목적이 있는 은사를 해설할 때, 그것들이 다 하나님과 하나님의 영에 의해 주어지고 능력을 갖추게 된다는 점을 분명히 한다.

고린도전서를 연구해보면, 바울이 특별히 하나님이 자기 백성에게 선물을 주시는 것을 이처럼 강조하는 이유를 확인할 수 있다. 곧, 고린도 교인이 그것을 자신의 영적 업적으로 보는 교만한 태도와 대조하기 위함이다. 모든 것이 다 주어졌고, 모든 것이 다 그리스도 안에서 주어졌다. 따라서 바울은 이 은사들을 고린도 교회에 나타내신 하나님의 은혜에 감사한다.

고린도전서에서 바울은 스스로 '신령하다'고 자랑하고 "신령한 것"에 큰 관심이 있는 사람들과 맞선다. 이에 따라 바울은 '신령하다'는 말이 무슨 뜻인지 그리고 진정으로 "신령한 것"은 자랑할 만한 재능이나 속성이 아니라 하나님의 은혜와 호의의 선물이라는 사실을 다시 정의해야 한다. 바울이 다시 정의하는 것에는 '카리스마'라는 말의 용법도 포함된다. 이 은사는 단순히 또 하나의 '선물'이 아니다. 이것에 비추어 보면 '카리스마'라는 말을 "은사", 곧 '은혜의 선물'(grace-gift)로 번역하는 것은 이치에 맞는 것 같다. 물론 그것이 서투른 번역으로 느껴질 수 있지만, 고린도전서에서 매우 혼란스러울 수 있는 "신령한"(spiritual)이라는 단어를 인위적으로 집어넣는 일은 피하게 될 것이다.

1:9 너희를 불러 그의 아들 예수 그리스도 우리 주와 더불어 교제하게[40] 하시는 하나님은 미쁘시도다(πιστὸς ὁ θεός δι' οὗ ἐκλήθητε εἰς κοινωνίαν τοῦ υἱοῦ αὐτοῦ Ἰησοῦ Χριστοῦ τοῦ κυρίου ἡμῶν). 고린도전서 서두의 감사 부분에서 마지막을 장식하는 이 구절은 인사말을 요약하고, 아울러 이어지는 부분과 다리를 놓는다. 바울은 먼저 하나님의 미쁘심(신실하심)을 확언한다(헬라어 본문에는 "하나님은 미쁘시도다"라는 말이 처음에 나옴–역주). "하나님은 미쁘시도다"(θεὸς πιστός)라는 말은 칠십인역 신명기 7:9과 32:4에 두 번 나타난다. 또한 칠십인역 이사야서 49:7에서는 "이스라엘의 거룩하신 이는 신실하시다"(πιστός ἐστιν ὁ ἅγιος Ισραηλ)라는 어구도 볼 수 있다. 이 본문들은 각각 하나님과 그분의 백성 사이에 맺은 언약 관계와 특별히 관련되어 있다.[41] 하나님의 백성은 하나님께 "부르심을 받거나" "택하심을 받은" 자로, 하나님은 그들에게 신실하겠다고 약속하신다. 하나님은 선지자들을 통해

40. 이 구절 마지막 부분에서 '심층 연구: Κοινωνία의 의미'에 나오는 설명을 보라.

41. 10:13에서 πιστὸς ὁ θεός와 그 말의 언약과의 관련성에 대한 상세한 설명을 보라.

자기 백성에게 죄와 거역의 위험성을 경고하신다. 하지만 이런 경고는 항상 자신이 한 언약의 약속들에 신실하신 하나님을 언급하는 문맥에 주어진다. 하나님은 용서하실 것이다. 확실히 하나님의 신실하심 속에서만 사람은 심판 날에 "책망할 것이 없는" 자로 발견될 때까지 "견고하게 [될]" 어떤 가능성이 있다(고전 1:8). 옛 저술가들과 같이 사도 바울도 먼저 자기 백성을 "부르신" 이가 그들에게 신실하지 않으면 인간의 상황에는 아무런 희망도 없다는 것을 안다.[42]

문법적으로 이 전치사구(δι᾽ οὗ)는 1절에서와 똑같이 이해되어야 한다. 그것은 "그(하나님)에 의해"[43] 바울이 지금 언급하는 주와 언약 관계에 들어가게 되는 부르심이다. 이 수동태(ἐκλήθητε, "너희를 불러", 곧 '너희가 부르심을 받아')는, 독자에게 하나님께 속한 공동체(하나님의 교회)의 복에 참여하는 일이 오직 하나님의 주권적인 부르심의 사역을 통해서만 일어난다는 점을 상기시킨다. 모든 권세를 가지신 이, 곧 "예수 그리스도 우리 주"와 "더불어 교제하게 하시는" 것, 곧 언약에 참여[44](κοινωνία)하게 하시는 것, 이것이 하나님이 역사 속에서 자신의 백성이 이루기를 바라시는 목표다.

바울은 그리스도를 반복해서 언급하는데, 이때 대체로 그리스도의 주 되심을 강조하는 더 긴 지칭인 "주 예수 그리스도"라는 말을 사용하거나 아니면 간단하게 그분을 "주"로 부른다[2(2번), 3, 7, 8, 9절]. 무엇보다 그리스도는 "주"이시다. 바울은 이 부분을 더 긴 호칭인 "예수 그리스도 우리 주"를 언급하는 것으로 끝마친다. 그리스도께서 재림하시면 심판이 있을 것이나, 그분의 뜻을 따르는 자는 책망할 것이 없을 것이다. 그리스도는 은혜의 원천이고, 그리스도의 언약 공동체에 참여하는 자는 지금 그리스도의 풍성함을 받는 자가 되며, 미래에는 완전히 안전한 자가 될 것이다. 그다음 부분은 "우리 주 예수 그리스도"의 이름으로 호소하는 것과 함께 시작된다(10절). 그런 다음 바울은 주님의 공동체에 참여하려면 필요한 요구 조건이 있다고 주장할 것이다. 하나님의 백성은 부르심에 합당한 연합을 반영해야 한다. 이제 바울은 이 연합을 다루는 것으로 시선을 돌린다.

심층 연구

Κοινωνία의 의미

아마 고린도전서 10장을 찾아보기 전까지는 바울의 '코이노니아' 개념의 중요성에 대한 논의를 미루고 싶은 마음이 들 것이다. 고린도전서 10장을 보면, '코이노니아'라는 말이 4번에 걸쳐 나타난다. 그것은

42. 바울이 그것을 고린도전서와 관련시킬 때 광야 전승과 특히 신명기 32장을 해설하고 의지하는 것에 대한 더 상세한 설명은 Gardner, *Gifts of God*, 115-133, 153-54를 보라.

43. Charles F. D. Moule, *An Idiom Book of New Testament Greek*, 2차 편집 (Cambridge: Cambridge University Press, 1959), 57, 204.

44. Victor P. Furnish, *The Theology of the First Letter to the Corinthians*, NTT (Cambridge: Cambridge University Press, 1999), 34-35를 보라. '코이노니아'(κοινωνία)라는 단어가 번역하기 어렵다는 것은 많은 곳에서 거론되었다(Gardner, *Gifts of God*, 159-65에서 나의 요약을 보라). '코이노니아'의 번역어로 "언약에 참여"(covenant participation)라는 말을 사용하면, '코이노니아'가 복음 메시지와 교회에 관한 모든 것의 핵심이라는 사실을 우리에게 상기시킨다(행 2:42). '코이노니아'는 하나님께 속한 백성의 유익에 참여하거나 나누어받는 것과 관련되어 있다. 고전 10:16, 18을 보면 확인할 수 있는 것처럼 '코이노니아'라는 말의 이 번역은 또한 그 말이 그 본문에서 어떻게 사용되는지 파악하는 데도 도움을 준다. '교제'(fellowship)라는 통상적 번역의 부적절함, 이 단어의 대다수 성경적 용례의 '언약' 문맥, 그리고 이 단어의 내포 의미에 포함된 '참여'와 '나눔'에 대해서는 뒤에서 검토할 것이다.

그리스도인이 왜 우상 숭배에 빠져서는 안 되는지 그리고 이교 신전에서 고기를 먹을 때 어떤 종교 활동이 벌어지는지에 대한 바울의 견해를 파악하는 데 결정적인 역할을 한다. 그러나 고린도전서 10장은 '코이노니아'라는 말이 어떻게 이해되고 번역되어야 하는지 파악하는 데 열쇠인 것처럼, 고린도 교회를 다루는 바울의 모든 행동을 이끄는 근본 전제로서도 중요하다는 점을 놓쳐서는 안 된다. 이 책이 (분명하게 드러날 이유로 말미암아) '언약에 참여'(covenant participation)로 번역하는 '코이노니아'라는 말(개역개정에는 1:9에서 "더불어 교제하게 하시는"–역주)은 1:9에 처음 나타난다. 그리고 이 말은 바울의 사고 속에서 하나님께 속한 백성으로서의 교회에 관해 그리고 메시아이신 그리스도와 그들의 관계에 관해 그가 편지에 쓰는 모든 내용에 영향을 미치는 신학적 주제를 말해준다. 확실히 말하면 고린도전서에서 바울에게 그리고 바울이 고린도 교회의 연합을 추구하는 것, 곧 고린도 교인이 모든 면에서 거룩해지고 겸손한 자가 되고 그리스도의 주 되심을 이해하는 자가 되도록 추구하는 것에 활력을 주는 하나의 핵심 관념이 있다면 그것은 바로 '코이노니아'이다. 바울은 "예수 그리스도 우리 주와 더불어 교제하도록(언약에 참여하도록) 부르심 받은" 것(1:9)을 자신들의 주와 함께 이 공동체에 속해 있는 엄청난 유익을 공유하는 하나님의 백성으로 부르심 받은 것으로 본다. 그러므로 이 참여는 그리스도 안에서 하나님께 참여한다는 점에서는 '수직적'이고, 언약의 주, 곧 예수 그리스도께 복종하는 다른 사람들에게 참여한다는 점에서는 '수평적'이다(참고. 1:2).

바울은 자신의 성경 이해로부터 그리고 하나님이 자기 백성 이스라엘을 다루시는 것에 대한 성경의 설명으로부터 이처럼 교회를 언약 공동체로 묘사하는 관념을 얻는다. 각각 정교하게 선별된 교회에 관한 묘사는, 하나님이 택하신 왕, 곧 주 예수 그리스도가 지금 이미 오셨다는 것이 새로운 요소라는 점을 제외하면, 구약성경의 묘사와 평행을 이룬다. 바울은 교회가 하나님의 "부르심"이 있었을 때(1:2, 9, 24, 26) 그리고 하나님의 결정 또는 의도적인 택하심이 있었을 때(1:26–29) 생겼다고 본다. 하나님은 그리스도 예수 안에서 '거룩하게 되거나' '성결하게 되도록'(1:2, 3:17, 6:11), 그들의 "주"가 되시는 '주 예수 그리스도의 이름을 부르도록'(1:2) 이 사람들을 부르셨다. 이 신실하신 하나님(1:9)은 은혜로 자기 백성에게 다양하게 복을 베푸셨고(1:4–7), '그의 아들과 더불어 교제하도록(κοινωνία)' 그들을 부르셨다(1:9).[45]

이스라엘은 하나님께 그의 "거룩한" 백성이 되도록 "부르심을 받고" "택하심을 받았다"(참고. 출 19:5–6; 신 7:6–9). 바울은 이스라엘 이야기 속에서 언약의 주(여호와)를 발견한다. 언약의 주는 출애굽기 34:6–7에서 "여호와라 여호와라 자비롭고 은혜롭고 노하기를 더디 하고 인자와 진실이 많은 하나님이라, 인자를 천대까지 베풀며 악과 과실과 죄를 용서하리라 그러나 벌을 면제하지는 아니하고 아버지의 악행을 자손 삼사 대까지 보응하리라"와 같이 자기 자신을 계시하셨다. 그러므로 바울은 하나님이 사람들을 자기 백성으로 부르실 때 그들을 언약에 따라 다루시고 그들에게 사랑으로 다가가 복을 베풀어 주시지만, 그들이 거역할 때는 심판하신다고 이해한다. 다시 말해 바울은 (구약)성경을 통해 주(여호와)께

45. '코이노니아'(κοινωνία)라는 말은 사람이 참여하거나 공유하는 것에 대해 소유격을 취한다.

서 언약에 따라 "나를 사랑하고 내 계명을 지키는" 모든 자에게 사랑을 베풀어주겠다고 약속하신 것(출 20:6)을 알았다. 그리고 그 부르심과 그 사랑이 "그리스도 안에서", 유대인만이 아니라 모든 사람에게 계시된다(참고. 롬 3:22). 따라서 고린도전서 1장과 10장에서 (그리고 어떤 식으로든 고린도전서 나머지 본문 대부분에서) 하나님과 그의 백성에 관한 구약성경 이야기의 이런저런 언약 요소들이 모두 바울의 가르침과 바울의 교회에 대한 관심을 주도한다. 바울은 하나님이 언약의 사랑으로 거룩한 자를 자기 자신에게 부르시고, 언약의 관점에 따라 약속/복과 심판/저주를 그들에게 말씀하신다는 이 관점 안에서 '코이노니아'에 관해 말할 수 있다. 따라서 이 책은 '코이노니아'를 '언약에 참여'라는 뜻으로 번역한다. 하나님이 이스라엘과 언약을 맺으심으로써 그들이 하나님의 공동체로 생겨난 것처럼 바울도 자신의 피로 "새 언약"을 세우신 예수님 안에서 이런 일이 일어난 것으로 본다(11:25). 바울은 이런 일이 어떻게 일어나는지, 언약 공동체에 속하는 것이 무엇인지 그리고 언약 공동체에 속한 자는 어떻게 살아야 하는지 알고자 하나님이 이스라엘을 다루시는 법을 자세히 살펴본다.

'코이노니아'라는 말은 다양한 배경 속에서 사용되고, 당연히 이 단어가 신약성경에서 사용될 때 항상 똑같은 의미로 번역되어야 할 아무런 이유가 없다. 이 단어의 의미는 문맥에 따라 결정되어야 한다. 따라서 예루살렘 교회를 위한 연보를 논의할 때 관련 단어들이 사용되는 것을 찾아볼 수 있는데(고후 8:4; 9:3), 거기서 이 단어의 관념은 '참여' 또는 '나눔'이다. 그리고 히브리서 13:16에서는 소유물의 '나눔'의 관념이 담겨 있다. 이것은 불가피하게 고린도전서 1장과 10장에서 이 단어를 어떻게 번역하는 것이 가장 좋은지에 대한 논의를 일으킨다. 이는 성경의 다양한 번역들을 비교해보면 확인할 수 있다. 어떤 번역은 명사 "교제"(fellowship)로 번역한다(예를 들어, AV, RSV, NIV, 1:9에서만). 다른 번역은 "공유하는 것"(to share in, 예를 들어 REB, NJB, 10:16에서만), "협력하는 것"(to partner with, 예를 들어 NJB, 1:9에서만), 또는 "참여하는 것"(participation in, 예를 들어 ESV, 10:16, 18에서)과 같은 동사 관념으로 번역한다. 이 차이는 그리 크지 않다. 하지만 현대 설교자에게는 이 단어를 해석하고 내포 의미를 이해하는 문제가 확실히 심각하다. 현대 교회 생활에서 "교제"는 종종 교회 예배나 소그룹 모임을 한 후 커피 한 잔을 마시며 대화를 나누는 것을 가리킨다. 심지어는 그리스도인이 함께 즐거운 시간을 보내는 것을 가리킨다. 반면에 '참여'는 단순히 어떤 활동을 다른 사람들과 함께 하는 것을 가리킬 수 있다. '코이노니아'라는 말은 어떻게 번역되더라도, 특히 바울이 관련 단어들을 사용할 때는 이보다 훨씬 더 깊은 의미가 있음을 아는 것이 굉장히 중요하다.[46]

46. 그리스 문헌에 사용된 '코이노니아'라는 말의 용법이 면밀히 검토되었다. 이 단어는 사람들이 서로 일을 공유할 때 갖는 다양한 차원의 친밀함을 가리킬 수도 있고, 우상 제물을 먹을 때 형성된 신과의 관계를 포함하여 아주 다양한 관계들을 가리킬 수도 있었다. 다음 자료들을 보라. G. Panikulam, *Koinonia in the New Testament: A Dynamic Expression of Christian Life* (Rome: Pontifical Biblical Institute, 1979); G. V. Jourdan, "Koinonia in 1 Cor 10:16," *JBL* 67 (1948), 111–24; F. Hauck, "κοινωνός, κοινωνέω, κοινωνία, συγκοινωνός, συγκοινωνέω," *TDNT* 3:797–809; Wendell L. Willis, *Idol Meat in Corinth: The Pauline Argument in 1 Corinthians 8 and 10*, SBLDS 68 (Chico, CA: Scholars Press, 1985), 168–74. 그러나 이 단어를 로마의 조합(*societas*) 개념과 연계시키려고 시도하는 것은 크게 무시되었다. J. Paul Sampley, *Pauline Partnership in Christ: Christian Community and Commitment in Light of Roman Law* (Philadelphia: Fortress, 1980)와 Horsley, *New Documents*, 3:19의 비판 및 Thiselton, *1 Corinthians*, 188을 보라.

티슬턴(Thiselton)은 1:9의 '코이노니아'의 통상적인 번역인 "교제" 대신 '공동의 참여'(communal participation)라는 번역을 유용하게 제시한다. 이 번역은 그리스도 안에서 형성된 사회와 각 사람이 "그리스도 안에서" 함께 나누는 관념을 내포한다.[47] 이것은 신자들이 "서로 교제하고(κοινωνία) 떡을 떼며 오로지 기도했다"라고 묘사하는 사도행전 2:42의 이 단어의 용법으로 충분히 지지를 받는다. 이 '공동의 참여' 관념을 더 깊이 지지하는 것은 갈라디아서 2:9에서 확인된다. 거기 보면 예루살렘 교회의 지도자들이 참된 복음이 바울의 삶 속에서 증명되었음을 인정했고, 따라서 그들이 바울에게 "친교(κοινωνία)의 악수"를 청했다. 따라서 그들은 이 인정을 통해 바울을 공동체에 받아들였다. 빌립보서 1:5에서 바울은 빌립보 교인이 복음을 위한 일에 (공동의) 참여(κοινωνία)한 것에 감사한다.

이 단어를 '언약에 참여'로 번역하는 것은 티슬턴이 올바르게 확인하는 것처럼 공동의 요소 또는 공동체 개념을 반영하려는 의도가 있으나, 동시에 바울에게는 이 공동체가 하나님의 언약 백성이라는 점을 인정하려는 의도도 있다. 이것은 그들이 주님이신 그리스도께 특별히 '참여하는' 관계 속에 있다는 점을 가리킨다. 이것은 단순히 서로 '공동체'에 참여하거나 가담하는 것 이상을 의미한다. 그들은 주의 만찬에 '언약에 따라 참여함으로써'(고전 10:16-17) 그들의 주님이 세우신 "새 언약"을 기념하는(11:25) 자다. 반면에 이방인 우상 숭배자도 신에게 바친 제물을 먹을 때 그들의 신(귀신들)에게 '언약에 따라 참여한다'(10:7, 18, 20). 고린도 교인은 예수님이 자신의 왕으로서 충성하며 복종해야 하는 언약의 주라는 사실을 인정하며 살아야 한다.

바울의 사상에 깊이 새겨져 있는 이 언약 요소는 다음과 같은 사실로 더 깊이 확인된다. 첫째, 1:9에서 '코이노니아'는 하나님이 자신을 위해 주 예수 그리스도와 관계를 맺는 공동체가 될 사람들을 택하신 결과이자 목표라는 사실로 더 깊이 확인된다. 확실히 큐리(Currie)는 신약성경에서 '코이노니아'의 용례를 살펴보면 항상 '코이노니아'가 복음의 핵심이자 하나님의 택하심의 목적이라는 사실을 암시한다고 주장했다.[48] 이것은 하나님이 이스라엘을 부르셔서 그들을 언약으로 자신과 묶으신 것을 반영한다(신 14:2; 사 43:1; 48:12; 참고. 사 42:6). 둘째, '코이노니아'는 이 언약에 참여하는 것이 "주 예수 그리스도"께 초점이 맞추어져 있다는 사실로 더 깊이 확인된다. 그리스도를 "주 예수 그리스도"로 강조하는 사실이 고린도전서 이 첫 부분에서 두드러진다(2, 3, 7, 8, 9, 10절). 주 되심은 2절("그들과 우리의 주")이 분명히 하는 것처럼 단순한 협력 관계가 아니라 충성을 요청한다. 고린도전서 10장은 다른 '주들', 곧 그리스도와 귀신을 첨예하게 대조한다(10:21-22). 주 되심은 하나님이 자기 백성과 맺으신 언약 관계의 활동에 근본적 요소였다. "언약서"에 대한 순종은 주이신 하나님께 순종하는 것을 의미했다(출 24:7). 언약의 주 되심은 또한 주께서 자기 백성이 그분을 따르고 순종하면 그들을 안전하게 하고 그들에게 복을 베풀어주실 것이지만(고전 1:8; 참고. 출 34:10), 그렇게 하지 않으면 그들을 심판하실 것(고전 11:31-32; 신 7:9-10)이라는 점을 의미했다. 이것은 엄밀히 바울이 교회에서 일어나는 일로 보는 것이고, 이 일로 바울은 고린도 교회에 대해 염려한다. 고린도 교인은 하나님의 언약 백성이고, 따라서 그리스도, 곧 왕(주)은 이스라엘 백성

47. Thiselton, *I Corinthians*, 104.

48. Stuart D. Currie, "Koinonia in Christian Literature to 200 AD" (박사학위논문, Emory University, 1962), 14.

에게 그렇게 하신 것처럼 고린도 교인에게도 복을 베풀거나(고전 1:8) 심판하실(10:11-12) 것이다. 다른 신들에게 돌아서는 것(10장) 또는 심지어 한 언약의 지체를 다른 지체와 분리함으로써 연합을 깨뜨리는 것은, 언약의 규정을 어김으로써 심판을 받는 것을 의미한다. 따라서 바울이 하나님이 자기 백성인 이스라엘을 언약에 따라 다루시는 이야기를 '우리를 깨우치기 위해 기록된' 것으로 여기는 것은 놀랍지 않다(10:11).

셋째로, 1:9에서 '코이노니아'는 주님과 '언약에 참여' 속에 들어가게 하는 이 부르심이 "미쁘신 하나님"(πιστὸς ὁ θεός)의 간절한 당부라는 사실로 더 깊이 확인된다. '하나님이 미쁘시다'는 말은 10:13에 다시 나오고(참고. 고후 1:18), 특별히 하나님이 자기 백성이 될 공동체가 되도록 사람들을 부르실 때 언약에 신실하시다는 뜻을 내포한다. 이 말은 구약성경에서 주목할 만한 언약 관련 두 본문에 그 배경이 있다(LXX 신 7:9; 32:4). 신명기 7장에서 모세는 이스라엘 백성에게 주(여호와)께서 그들을 사랑하시므로(7-8절) 그들을 "택하셔서" 자신의 "백성이 되도록" 하셨다(6절)는 사실을 상기시킨다. 이어서 모세는 "그런즉 너는 알라 오직 네 하나님 여호와는 하나님이시요 신실하신 하나님이시라(θεὸς πιστός) 그를 사랑하고 그의 계명을 지키는 자에게는 천 대까지 그의 언약을 이행하시며 인애를 베푸시되(ὁ φυλάσσων διαθήκην καὶ ἔλεος) 그를 미워하는 자에게는 당장에 보응하여"(9절)라고 말한다. 신명기 32장이 주 그리스도에 관한 바울의 사고에서 차지하는 중요성 역시 주목해야 한다(10장에 대한 설명을 보라). 여기서도 하나님이 그들을 택하신 것을 상기시키는 일의 핵심에 언약의 주로서 자기 백성에게 신실하신 하나님의 모습이 있다. 그러나 그들은 하나님을 주님으로 인정하기를 거부하고 심판을 자초했다.

고린도전서 10장에서 언약 주제를 명확히 다룬다(거기서 본문 설명을 보라). "그들", 곧 이스라엘 자손은 "우리 조상들"이었다(1절). 이스라엘 자손은 모세의 인도 아래 바다 가운데로 지남으로써 그들 자신의 세례를 받았다. 이스라엘 자손은 애굽의 속박에서 벗어났기 때문에 그리고 하나님이 광야에서 그들을 먹이고 살리셨기 때문에 큰 복(선물들)을 받았다. 이스라엘 자손이 직면한 비극은 그들이 다른 신들에게 돌아섬으로써 언약의 법에 직접 불순종한 것이었다(출 34:12-15). 심지어 이스라엘 자손은 제사 식사를 하면서 다른 신을 숭배하기까지 했다(출 32:6; 고전 10:7). 따라서 "그들의 다수를 하나님이 기뻐하지 아니하셨다"(고전 10:5). 바울은 이 관념을 전개할 때 모든 그리스도인이 아는 제사 식사, 곧 성찬을 생각했다. 그리고 여기서 우리는 바울이 '코이노니아'라는 말을 기독교의 성찬(16절)과 이스라엘/이방인의 제사 식사(18-20절)에서 음식을 먹는 것을 통해 일어나거나 발생한 것을 가리키는 데 적용한 것을 알게 된다. 기독교의 성찬은 그리스도의 죽음으로 말미암아 세워진 언약과 관련이 있다. 하나님의 백성은 성찬에서 언약에 따라 그리스도의 피와 몸에 참여한다. 여기서 그리스도인의 항구적인 공동체 정체성이 확립된다. 그렇다면 고린도에 세워진 언약 공동체는, 주 예수 그리스도 아래 우상들의 신전에서 이루어지는 제사 식사에 참여하는 것이 다른 언약 공동체, 곧 다른 주인인 귀신들을 따르고 섬기는 공동체의 지체가 되는 것이라는 사실을 참으로 인정해야 할 것이다(고전 10:20-21). 두 언약 공동체에 동시에 참여하는 것은 불가능하다. 예수님이 친히 "한 사람이 두 주인을 섬기지 못할 것이니"(마 6:24)라고 말씀하셨다.

이상의 내용을 요약하면, 바울이 고린도전서 1:9과 10:16, 18, 20에서 '코이노니아'라는 단어(그리고 동족 용어)를 사용할 때 그의 관점은 하나님이 창조하신 이스라엘 공동체가 여호와와 관계를 맺고 있다는 것이다. 여호와는 자기 백성에게 사랑으로 다가오셔서 그들에게 언약 관계를 부여하셨다(창 12:1-3; 15:18; 출 34:10). 이 관계 속에서 주님은 순종의 대상이다(창 17:9; 출 19:5). 또 하나님으로서 경배의 대상이 되어야 한다(출 34:14). 윌리스(Willis)가 "이스라엘은 제사 공동체"라고 말하는 것과 같다.[49] 따라서 언약의 주는 자신의 신실한 백성에게 복을 베풀고 그들의 안전을 보장하실 것이다. 그러나 "질투하는 하나님"이므로 거역하고 순종하지 않는 백성은 심판하실 것이다(출 34:14, 참고. 고전 10:22). 바울은 고린도 교인이 그리스도와의 언약 관계에 참여하도록 하나님의 부르심을 받았고 이미 "그리스도 안에" 있다고 본다. 하나님이 자신의 언약에 '신실하시므로' 이 공동체 속에 이미 큰 기쁨과 복이 있는 것이 확인되었다(1:1-9). 그러나 여러 가지 면에서 신실하지 못한 자가 더러 있기 때문에 먹구름이 몰려온다. 사랑에서 나오는 고린도 교인에 대한 바울의 염려는 그들에게 심판이 기다리고 있을 수 있다는 것이다.

적용에서의 신학

고린도전서의 첫 부분(1:1-9)은, 하나님이 그리스도 안에서 자기 백성을 부르시고 그들 속에서 역사하시기 때문에 구절마다 하나님의 은혜에 대한 기쁨으로 가득 차 있다. 이 첫 부분은 고린도전서 나머지 전체에 대한 확고한 기초를 확립한다. 따라서 교사나 설교자는 바울이 간략히 언급하지만 그가 뒤에서 말하는 많은 내용의 기초가 되는 신학을 확립하기 위해, 이 첫 부분에 비교적 오래 머무르며 내용을 숙고하고 싶을 것이다. 예를 들어, 바울은 고린도전서에서 다루어야 한다고 생각했던 문제가 무엇이든 간에, 주 안에서 그리고 그리스도가 재림하실 때 고린도 교인이 차지한 안전한 지위를 이 첫 부분에서 굳게 확립한다. 게다가 성령의 일부 은사가 고린도 교회에서 악용될 수 있다고 해도, 고린도 교인의 교회 안에서의 실존은 전적으로 하나님의 은혜고, 그 은혜로 말미암아 바울은 고린도 교인에 대해 하나님께 감사한다. 무엇보다도 그리스도 안에서 바울을 사도로 부르시고, 고린도 교회가 존재하도록 부르신 하나님은 항상 신실하시고 자기 백성을 끝까지 보존하실 것이다.

1. 개인주의에 맞섬

현대의 많은 교회는 여기서 제기된 몇 가지 신학적 문제에 특별한 도전을 받을 것이다. 개인주의를 강조하는 현대 교회는 종종 하나님이 ("그리스도 안에서") 자신의 교회로 부르신 자의

49. Willis, *Idol Meat in Corinth*, 187.

공동체가 띠는 정체성을 제대로 주목하지 않는다. 이런 잘못된 태도의 한 가지 징후는 교회가 어떤 것을 설명할 때 종종 하나님 및 하나님이 그리스도 안에서 행하신 부르심을 언급하지 않고, 대신 자신의 지도자나 담임목사의 이름을 언급하는 것이다. 많은 교인이 주일 아침에 70분 정도 '행하는' 예배를 '교회'로 본다는 사실도 이 흔한 잘못을 나타내는 또 다른 징후다. '…안에서 하나님의 교회'가 되는 것, 집단으로 '거룩하여진 자'가 되는 것, 집단으로 '하나님의 아들과 더불어 교제하도록(언약에 참여하도록) 부르심을 받는 것'이 무슨 뜻인지 파악하는 것이야말로 확실히 교회가 직면한 가장 절실한 필요 가운데 하나다. 고린도전서의 첫 부분을 통해 최소한 부분적으로는 개인을 넘어 서로를 자신의 교회를 세우시는 그리스도의 전체 사역의 일원으로 보도록 교인들의 눈을 높여야 한다. 더불어 지역 교회가 전체 교회의 작은 한 부분에 불과하다는 점을 더 깊이 이해하도록 해야 할 것이다. 고린도전서의 첫 부분에 바울의 교회론이 담긴 것을 무시하면 결국 주님에 대한 교회의 증언 및 섬김과 개개 신자의 서로에 대한 헌신을 강화할 기회를 놓친다.

하나님의 부르심이 지향하는 목표는 그리스도인이 하나님의 교회에 속한 거룩한 백성이 되어 그리스도와 더불어 교제하도록(언약에 참여하도록) 하는 데 있다. 교회가 이루고자 하는 이러한 연합의 본질과 목표를 진정으로 파악해야만 은사, 교회 권징 등에 관한 설명이 적절하게 이루어진다. 이 부분에서 하나님이 사람들을 그리스도의 언약 공동체로 부르시고 자기 백성을 주의 날이 임할 때까지 책망할 것이 없는 자로 견고하게 하시는 일에서 하나님의 주도권을 강조하는 것은, 자신의 교회에 대한 하나님의 주권적 목적과 목표에 더 집중하게 한다.

많은 이가 믿음이 없는 자에게 가장 매력적인 교회는 그리고 인간적으로 말해 가장 '성공한' 교회는, 언약 공동체에 참여(κοινωνία)하는 것으로 이끄는 하나님의 부르심을 가장 잘 이해하고 준행하는 교회라고 말할 것이다. 요즘 일부 복음 전도자는 그리스도를 믿는 믿음이 없는 대다수 사람에게 복음을 전하는 유일한 길은 교회를 개척하는 것이라고 말한다. 이것은 주로 개척 교회가 보통 함께 사역하고 서로의 은사에 의지하는 법을 배운 매우 헌신적인 그리스도인들로 이루어진 작은 공동체이기 때문이다. 실용적인 관점에서 보면 이것이 사실일 것이다. 그러나 개척한 지 오래된 대다수 교회를 생각하면 서글픈 마음이 든다. 고린도전서를 읽은 독자는 때때로 바울이 (비교적 짧은 기간에 일어난) 문제가 전혀 없는 다른 교회를 새로 시작하는 것이 차라리 더 낫겠다고 느끼기 마련이다. 그러나 이것은 해답이 아니다. 교회는 교회다. 교회는 하나님의 부르심을 받은 공동체로, 그리스도가 주가 되고 각 개인이 성령으로 능력을 받아 하나님의 부르심을 확증하는 일에 자신의 몫과 일이 있는 언약 공동체로 부르심 받은 것을 "그리스도 안에서" 재발견해야만 한다. 고린도전서 이 첫 부분에서 다룬 교회에 관한 내용은 뒤에서 다양한 방식으로, 특히 5장과 6장에서 권고하는 경건한 삶과 12장에서 제시하는 몸 은유를 통해 굳게 확립된다. 사실 자신의 교회를 거룩하게 하고자 하시는 하나님의 목적에 따라 확립된 연합은, 공동체 안에서의 연합을 권고하든 더 나은 행동을 권고하든 바울이 이후 고린도 교인에게하는 모든 권고의 기초가 된다.

2. 하나님이 자신의 교회에 신실하신 것을 신뢰함

하나님이 자신의 교회에 신실하시다는 사실의 중요성은 인정되어야 한다. 신자는 교회에 절망하기가 정말 쉽다. 나는 기독교 신앙에 관심이 있는 사람들을 가르치는 기회를 자주 얻는데, 그 사람들이 거듭해서 분명히 밝히고 싶어 하는 첫 번째 사실은 자신이 '제도권 교회'를 저버렸다는 것이다. 그들이 제도권 교회를 저버린 이유를 말하자 함께 강의를 듣던 대다수 그리스도인은 대체로 당혹감을 느끼고, 많은 교회에 대한 매우 정확한 묘사라는 사실을 인정하고 낙담했다. 동시에 그리스도인은 제도권 교회에 대한 묘사가 교회의 참된 모습에 대한 왜곡이라는 점을 안다. 그럼에도 바울의 교회관은 제도권 교회를 포기하는 것을 대안으로 삼지 않는다. 제도권 교회도 하나님의 교회이기 때문이다. 하나님은 미쁘시다. 곧, 신실하시다(9절). 이스라엘이 하나님을 거역했는데도 특별히 그리고 계속해서 용서받는다는 사실을 떠올리면서, 바울은 하나님의 신실하심이 의미하는 바가 그리스도가 재림하실 때까지 하나님이 교회를 계속 용서하고 거룩하게 하고 보존하실 것이라는 점이라고 역설한다. 하나님의 목표는 마지막 날에 "책망할 것이 없는" 자로 나타나도록 자신의 교회를 이처럼 포괄적으로 보존하시는 것이다(8절). 오늘날 어떻게든 많은 교회를 개척하려고 수고하는 것은 세상의 빛과 증인이 되라는 부르심을 이루기 원하는 교회의 긍정적인 모습이다. 그러나 여기에는 또한 모든 교회에 그들이 부르심 받았다는 사실과 보존하시는 하나님의 능력을 기억하고, 하나님과 서로를 사랑하는 자가 되며, 섬기려고 세상에 나갔을 때 다시 매력 있고 환영받는 자가 되라는 부르심도 있다.

3. 하나님이 자기 백성에게 주신 은사에 감사함

고린도전서의 이 첫 부분에서 하나님이 고린도 교인에게 주신 은사에 감사하는 것은 현대인의 교회에 관한 사고에 자극을 주어야 한다. 바울의 이 언급은 너무나 자주 은사주의자와 비은사주의자 간에 논쟁을 불러일으켰다.[50] 때로 이 논쟁의 중점을 하나님의 영이 오늘날 새로운 계시를 베풀어주시는지 여부에 관한 질문에 있었다.[51] 이러한 논쟁은 교회가 보여야 할 진지하고 적절한 모습이다. 하지만 슬프게도 논쟁의 양편 당사자 모두 바울이 여기서 주님이 고린도 교회에 은사를 주시는 사역을 말할 때 그가 보여주는 기쁨과 감사를 간과하는 것 같다. 바울은 계속해서 고린도 교회가 은사를 종종 왜곡된 방식으로 사용했고, 이로 인해 교회에 분쟁이 일어나고 신학이 변질되었다는 점을 증명할 것이다. 그럼에도 바울은 거기서 은사를

---

50. 대중적 차원의 작품으로 John McArthur, *Strange Fire: The Danger of Offending the Holy Spirit with Counterfeit Worship* (Nashville: Thomas Nelson, 2013)과 Sam Storms, *The Beginner's Guide to Spiritual Gifts* (Minnesota: Bethany House, 2012)를 보라.

51. 예컨대 Benjamin B. Warfield, *Counterfeit Miracles* (New York: Charles Scribner, 1918)를 보라.

무시해야 한다고 주장하지 않는다. 은사의 기능이 왜곡되고 은사가 악용될 때마다 현대 교회에도 부분적으로 고린도 교회의 모습이 보인다. 다른 한편으로 교회는 악용에 대한 두려움으로 은사를 완전히 무시하기도 한다. 바울은 고린도전서에서 나중에 은사의 왜곡된 사용을 비판한다. 하지만 그렇다고 은사를 무시하지는 않는다. 오히려 바울은 은사의 올바르고 적절한 기능을 더 가르친다. 고린도전서의 첫 부분에서 바울은 신학적 토대를 놓는다. 은사는 하나님의 영이 하나님의 교회에 속한 모든 지체에게 값없이 베풀어주시는 선물이다. 은사의 목적은 다시 오실 그리스도를 기다리는 동안 교회에 힘과 능력을 주어 자신의 부르심을 따라 살게 하는 것이다.

4. 감사하는 법을 깨달음

마지막으로, 고린도전서의 이 첫 부분에는 감사의 본보기가 담겨 있다. 바울의 감사는 단순히 고린도 교인을 비판하기 전에 잠시 그들의 기분을 좋게 하는 것도 아니고, 단순히 수사 장치에 그치는 것도 아니다. 오히려 이 감사는 바울 안에서 역사하는 하나님의 은혜를 반영한다. 이를테면 바울은 고린도 교회 때문에 크게 혼란스러울 때도 감사하는 법을 알았다. 하나님이 자기 백성 가운데 어떤 일을 행하시는지 보는 법은 그리스도인이라면 누구나 배워야 할 교훈이다(참고. 빌 4:11). 이 교훈을 깨우칠 때 하나님의 백성 가운데 임하시는 하나님의 복과 은혜를 진정으로 감사하기 마련이다.

CHAPTER 2

고린도전서 1:10–17

문학적 전후 문맥

서두에서 인사말을 하고 고린도 교인이 그리스도 안에서 받은 은혜에 대해 하나님께 감사할 때, 바울은 편지가 계속되면서 부각될 몇 가지 요점을 먼저 간략히 언급했다. 바울은 고린도 교인이 받은 은사에 대해 그리고 하나님이 자기 백성에게 항상 신실한 모습을 보여주시는 것에 대해 하나님께 감사했다. 그때 그리스도의 주 되심이 강조되었고, 바울은 고린도 교인에게 하나님이 그들을 주님 자신의 공동체로 부르신 것을 상기시켰다.

이제 바울은 편지의 본문으로 들어간다. 바울은 본문에서 자신이 깊이 염려하는 여러 가지 문제를 다룰 것이다. 먼저 1:10–17에서 바울은 고린도 교회에 연합이 부족한 점을 걱정한다. 바울은 서두 마지막 부분에서 고린도 교인이 그리스도의 언약 공동체, 곧 교회로 부르심을 받은 사실을 확언하는 것으로 교회의 연합을 언급했다(9절). 13절에 나오는 일련의 수사 의문문은 교회가 이루어야 할 연합 문제의 심각성을 충분히 이해시키고, 그리스도의 십자가를 중심에 둔 복음 메시지가 교회의 연합에 대해 가진 함축성을 설명하는 것으로 논증을 이동하는 역할을 한다. 이 논증은 18–25절에서 전개되고, 26–31절에서 고린도 교인의 부르심을 통해 예증된다. 연합과 분쟁 문제에 대한 설명이 4장 끝까지 계속된다.

I. 편지의 서두(1:1–9)

➦ **II. 연합의 부족에 대한 바울의 낙심(1:10–17)**

III. 십자가로 말미암아 근본적으로 다른 관점이 형성됨(1:18–2:5)

주요 개념

바울은 고린도 교회에 연합이 부족한 것에 낙심하는 마음을 표현하고, 고린도 교인에게 그들의 생각과 목적이 하나가 되어야 한다고 항변한다. 바울이 고린도 교회에 선포한 그리스도의 십자가 복음으로 말미암아 연합보다 더 강하게 요구되는 것은 없다.

번역

고린도전서 1:10-17

10a	권고	**형제들아 내가…너희를 권하노니**
b	도구	우리 주 예수 그리스도의 이름으로
c	목표 1	모두가 같은 말을 하고
d	목표 2	너희 가운데 분쟁이 없이
e	목표 3/대조	같은 마음과 같은 뜻으로 온전히 합하라
11a		내 형제들아…너희에 대한 말이
b	출처	글로에의 집 편으로
c	당부의 이유	**내게 들리니**
d	내용	곧 너희 가운데 분쟁이 있다는 것이라
12a	설명	**내가 이것을 말하거니와**
b		너희가 각각 이르되
c	목록	나는 바울에게, 나는 아볼로에게,
d	목록	나는 게바에게, 나는 그리스도에게 속한 자라
		한다는 것이니
13a	수사적 질문 1	**그리스도께서 어찌 나뉘었느냐**
b	수사적 질문 2	**바울이 너희를 위하여 십자가에 못 박혔으며**
c	수사적 질문 3	**바울의 이름으로 너희가 세례를 받았느냐**
14a	단언	**나는…감사하노니**
b		그리스보와 가이오 외에는
c	대상	너희 중 아무에게도 내가 세례를 베풀지 아니한 것을
15a	결과	이는 아무도…말하지 못하게 하려 함이라
b		나의 이름으로 세례를 받았다
16a	삽입	내가 또한 스데바나 집 사람에게 세례를 베풀었고

b		그 외에는 다른 누구에게 세례를 베풀었는지 알지 못하노라
17a	단언	**그리스도께서 나를 보내심은 세례를 베풀게 하려 하심이 아니요 오직**
b	대조	**복음을 전하게 하려 하심이로되**
c	방식	말의 지혜로 하지 아니함은
d	목적/방지	그리스도의 십자가가 헛되지 않게 하려 함이라

구조

바울의 핵심 전제가 이 부분(1:10–17)의 첫 문장에서 발견된다(10절). 여기서 바울 권고는 하나님의 백성으로 특별히 부르심 받은 자들이 분쟁해서는 안 된다는 것이다. 이 권고는 최소한 4장 끝까지 영향을 미칠 것이다.[1] 10절에서 '권하다'(παρακαλέω)라는 동사를 사용하고, 4:16에서 교회의 분쟁 주제에 대해 결론을 내릴 때 이 동사를 다시 사용하는 것을 주목하라. 바울의 권고는 세 개의 종속절로 나누어져 있다["내가…너희를 권하노니", 10c절은 ἵνα가 이어지는 세 개의 절을 지배하고, 이때 각 절은 현재 가정법 동사를 사용한다(10c, d, e절)]. 바울은 이어서 고린도 교회의 분쟁을 알려준 정보의 출처를 제시한(11절) 뒤에 그 정보의 내용을 제시한다(12절). 이어서 13절에서는 자신이 고린도 교회에서 행한 사역을 언급하고, 다른 사람들의 말과 행동이 아닌 그리스도와 그분의 사역에 모든 초점을 맞추어야 함을 지적하면서 결론을 맺는 일련의 수사 의문문을 통해 깊은 염려를 강하게 표출한다. 바울은 고린도 교인에게 자신의 소명이 말의 지혜가 아니라 십자가에 중점을 둔 복음을 전하는 것이었음을 상기시킨다(14–17절). 이것은 18–25절에 나오는 십자가의 도를 제시하는 설명을 시작하는 역할을 한다.

석의적 개요

➡ **II. 연합의 부족에 대한 바울의 낙심(1:10–17)**

A. 고린도 교인에게 연합을 당부함(1:10–12)

1. 고린도 교인은 같은 말을 해야 한다(1:10)

---

1. Mitchell, *Rhetoric of Reconciliation*, 94도 1:10이 '포르포지티오' 역할을 한다고 주장한다. 곧, 바울이 편지 전체에서 다룰 내용의 주요 전제를 진술한다고 본다. 추가로 뒤의 내용을 보라.

2. 글로에의 집 사람들이 고린도 교인의 분쟁을 알려주었다(1:11)
3. 고린도 교인이 다른 지도자들에게 충성하는 일이 지적된다(1:12)

B. 그리스도와 그리스도의 목적으로 돌아설 것을 당부함(1:13-16)

1. 그리스도는 나누어지지 않는다(1:13)
2. 세례는(다른 누구의 이름이 아니라) 그리스도의 이름으로 받는다(1:14-16)

C. 바울은 복음을 전하라는 그리스도의 부르심을 따름(1:17)

1. 바울은 세례를 베풀도록 보내심을 받은 것이 아니다
2. 바울은 정교하고 강력한 말을 사용하라고 보내심을 받은 것이 아니다
3. 능력은 그리스도의 십자가가 전하는 메시지에 있다

본문 설명

1:10a 형제들아 내가…너희를 권하노니(Παρακαλῶ δὲ ὑμᾶς, ἀδελφοί). 바울은 고린도 교회에 대한 첫 번째 염려를 언급하는 것으로 이 부분을 시작한다. 고린도 교인 사이에 연합이 부족하다. 최근 일부 주석가는 바울은 여기서 당시 유행하던 그리스 수사법을 의도적으로 사용했다고 주장했다. 예컨대 위더링턴은 바울이 여기서 '권하다'(παρακαλέω)라는 말을 사용하는 것이 편지의 내용을 '엑소르디움'에서 '프로포지티오'로 바꾸는 역할을 한다고 주장한다. '프로포지티오'는 "전체 강론에 대한 논제 진술을 가리킨다."[2] 그러나 의심할 여지 없이 자신이 쓴 편지가 교회에서 크게 낭독되고, 따라서 어느 정도 연설문으로 기능한다는 사실을 알았다 해도(참고. 살전 5:27), 바울이 여기서 그리스 수사법을 의도적으로 사용하는지 여부는 전혀 분명하지 않다. 나중에 이런 현학적인 말의 지혜를 염려하는 것을 보면, 바울이 고린도전서의 구조에서 그리스 수사법을 중요하게 여겼을 가능성은 없어 보인다. 사실 바울은 여기서 단순히 편지 작성의 기본 구조를 생각했다. 그래서 인사말이 담긴 서두를 마치고, 편지를 쓴 이유였던 문제를 다루는 '본문'으로 이동하는 것이 거의 불가피했다고 보아야 더 만족스러운 판단이 될 것이다.

우리가 확인했듯이 바울은 사도의 권위를 가지고 편지를 쓴다. 4:16에서 "내가 너희에게 권하노니(παρακαλέω) 너희는 나를 본받는 자가 되라"고 말하는 것이 분명히 하는 것처럼, 바울은 확실히 고린도 교인이 자신의 말을 경청하고 따를 것으로 기대했다. 그러나 바울은 편지 양식을 따르더라도 특별히 기독교 방식에 맞추어 편지를 쓴다. 바울은 고린도 교인을 "형제[와 자매]"(ἀδελφοί, 1:10)[3]로 부르며 그들에게 권고한다. 바울은 고린도 교인에게 자기 자신 및 다른 지도자를 "그리

---

2. Witherington, *Conflict and Community*, 70, 94. 고린도전서에 나타난 수사학의 용법과 기능을 더 상세히 제시하고 설명하는 것은 Mitchell, *Rhetoric of Reconciliation*을 보라.
3. 고린도전서에서 바울은 남자만이 아니라 여자에게도 편지를 쓴 것이 분명하다. 예컨대 7장과 11장을 보라. '아델포이'(ἀδελφοί)라는 말은 단순히 "형제"를 의미할 수 있으나 종종 헬라어에서 그 말은 '형제와 자매'를 가리킨다. 고린도전서 전체의 문맥에 따라, 여기서는 편지가 남자와 여자에게 다 주어지는 것으로 추정된다. 그래서 이 말이 나올

스도의 일꾼(종)"으로 보라고 요구한다(4:1). 바울은 고린도 교인을 자신의 "사랑하는 자녀"로(4:14) 그리고 자신을 그리스도 안에서 그들의 아버지로(4:15) 여기고 그들에게 권고한다. 따라서 고린도전서에서 바울이 다루는 문제들이 무척 심각하다 해도, 바울은 고린도 교인에게 권고할 때 고전 수사학에는 별로 기반을 두지 않고, 하나님 안에 있는 자신의 '가족'에 대한 깊은 사랑에 기반을 두었다고 보는 것이 더 낫다.

따라서 여기서 동사 '권하다'(παρακαλέω)가 어떤 의미인지 질문이 제기된다. 이 동사의 의미는 수사적 힘을 담아 강력히 경고하는 것에서부터 어떤 일을 행하라고 조용히 당부하는 것에 이르기까지 다양하게 끌어낼 수 있다.[4] 여기서는 '단호한 당부'의 의미를 내포한다고 보는 것이 가장 좋아 보인다. 바울은 단호하지만 사랑하는 태도로, 그리고 특별히 자신에게 주어진 사도직의 은사와 소명을 반영하여 고린도 교인이 그리스도 안에서 덕을 세우기를 바란다. 바울은 나중에 예언과 같은 은사가 교인들이 서로 배워 덕을 세우고, 모두가 "권면을 받도록"(παρακαλέω, 14:31) 주어진다고 주장한다. 이것은 바울이 편지의 수신자에게 다가가는 진정한 모습이다. 여기서 이 단어는 힘을 가진 자에게서 나오는 거친 수사법이 아니라, 가족을 사랑하는 자의 단호한 당부의 의미가 담긴 '권하다'(urge)라는 말로 번역된다.

1:10b 우리 주 예수 그리스도의 이름으로(διὰ τοῦ ὀνόματος τοῦ κυρίου ἡμῶν Ἰησοῦ Χριστοῦ). 고린도 교회가 이미 가진 모든 것 속에 그리스도의 주 되심이 중심적 위치를 차지한다는 진리는 서두에서 조심스럽게 확립되었다. 바울은 이제 고린도 교인에게 주의 이름으로 권고한다. 이 전치사구(διὰ+소유격)는 바울이 사용하는 권고의 도구를 묘사한다. 따라서 문자적으로는 '…이름을 통해'(이름으로, through the name…)를 뜻한다. 그러나 이 도구적 어구의 통상적인 영어 번역은 '…이름 안에서'(in the name…)이다. 다시 말하면 바울은 자신의 권고가 그리스도에 관해 알려진 모든 것(그 "이름"은 그분의 인격, 성품, 사역에 나타나 있는 모든 것을 대변한다)이 적절한 기반을 두고 있음을 지시하기 때문에 당연히 받아들여져야 한다고 말하는 것이다.[5]

1:10c-e 모두가 같은 말을 하고 너희 가운데 분쟁이 없이 같은 마음과 같은 뜻으로 온전히 합하라(ἵνα τὸ αὐτὸ λέγητε πάντες, καὶ μὴ ᾖ ἐν ὑμῖν σχίσματα, ἦτε δὲ κατηρτισμένοι ἐν τῷ αὐτῷ νοΐ καὶ ἐν τῇ αὐτῇ γνώμῃ). 바울이 고린도 교회에 권고하는 연합이 이제 분명히 제시된다. "내가…너희를 권하노니"[6] 다음에 세 개의 현재 가정법 동사가 이어진다. 바울이 하는 권고의 첫 번째 목표는 고린도 교인 "모두가 같은 말을 하[는]"(τὸ αὐτὸ λέγητε πάντες) 것이다. 바울은 뒤에서 말과 지혜의 아름다운 것(장점)과 이 아름다운 말과 지혜가 어떻게 분쟁을 낳고 고린도 교회를 그리스도의 십자가에서 멀어지게 했는지 강조한다. 이것을 고려하면, 여기서 바울이 그들에게 모두 서로 "같은 말을 하[라]"고 당부할 때 이 말을 사용하는 것은 특별히 적합하다. 고린도 교회는 다툼과 분열 속에 있었고, 앞으로 확인될 것처럼 이것은 심각한 문제가 되었다. 그리고 이것은 두 번째 절에서 부연 설명되는데, 거기서 사용된 단어는 '분파'(schisms, 이 말은 어원적으로 σχίσματα라는 말에서 나옴)라는 말보다 '분열'(splits)이라는 말로 번역되는 것이 더 낫다(개역개정에는 "분쟁"—역주).

때 이 책은 '형제[와 자매]'로 번역했다.

4. 다양한 파피루스 문서는 이 단어가 친분 관계나 다른 관계에 호소할 때 기반이 될 수 있음을 암시한다. MM 484는 *Paris Papyri* 42:8과 *Rylands Papyri* 2.229.17을 인용하여 이 단어는 부드럽게 '내가 구하다'라는 뜻으로 번역될 수 있다고 주장한다(Thiselton, *1 Corinthians*, 114도 이 견해를 따름).

5. 바울은 여기서 그리스도를 대신하여 행함으로써 어떤 특별한 사도적 권위를 주장하는 것이 아니다.

6. '히나'(ἵνα) 절은 바라는 내용을 소원 동사로 표현한다.

영어에서 '분파'는 종종 신학적 이유로 갈라져서 한쪽이 다른 쪽을 이단으로 간주하는 교회들을 가리킨다. 고린도 교회는 확실히 나누어지고 '분열되었다'[11d절에서 언급된 "분쟁"(conflicts)을 보라]. 그러나 고린도 교인은 여전히 함께 있다. 그러므로 모두 같은 말을 하고 서로 교제를 회복하라는 권고를 받아야 한다.

이것이 바울이 세 번째 절에서 고린도 교인에게 "합해야"(restored) 한다고 권고할 때 취하는 의미다. 바울은 고린도 교회에 조화가 회복되기를, 곧 서로 합한 모습을 보기 원한다. 바울은 이 합함을 "주 예수 그리스도의 이름으로" 권고한다. 이것의 기초는 그리스도가 나누어지지 않는다는 점에 있다(1:13). 여기서 바울은 고린도 교인이 같은 "마음", 곧 같은 세계관을 갖는 것에 특별한 관심을 두었다. 바울이 신령한 자는 그리스도의 목적과 생각을 반영해야 한다고 계속 주장하는 것은 주목할 만하다. 2:16에서 바울은 "우리가 그리스도의 마음을 가졌느니라"고 말한다. 그리스도의 마음을 가질 때 연합이 일어나고 분열에서 회복될 것이다.[7] 고린도 교인은 그리스도의 마음을 갖고 그분의 의도와 목적(γνώμη)을 따르면 참된 연합을 이루게 될 것이다. 고린도 교회가 회복해야 하는 것은 바로 이 그리스도의 마음이다.

1:11 내 형제들아 글로에의 집 편으로 너희에 대한 말이 내게 들리니 곧 너희 가운데 분쟁이 있다는 것이라(ἐδηλώθη γάρ μοι περὶ ὑμῶν, ἀδελφοί μου, ὑπὸ τῶν Χλόης ὅτι ἔριδες ἐν ὑμῖν εἰσιν). 바울은 고린도 교회에 '분열'이 있다고 이미 말했다. 이 새로운 문장과 주절은 바울이 고린도 교회에 "분쟁"이 있음을 알게 된 정보의 출처를 단순히 설명하는 구절을 이끈다. "분쟁"(ἔρις)이 고린도 교회를 완전히 갈라놓을 정도로 (아직은) 심각하지 않을 수 있다. 그렇지만 바울은 분쟁을 그리스도에게 속하지 않은 자가 대표적으로 범하는 한 가지 죄로 제시한다(롬 1:29). 따라서 3:3에서 바울은 고린도 교회에 이런 "분쟁"이 보이자 그들이 "육신에 속한 자"로 살고 "사람을 따라 행하는 것"이라고 말한다. 그리스도를 닮은 모습을 회복하는 것은, 그들이 그리스도인으로서 살아가려면 꼭 필요하다.

바울이 전달받은 소식은 심각하고, 편지를 쓰게 한 직접적 원인이다. 그러나 바울은 여전히 고린도 교인을 자신의 영적 가족으로 보고 말한다. 여기서 "내 형제[와 자매]들아"(ἀδελφοί μου)라고 말하는 것을 주목하라. 바울이 받은 소식이 믿을 만한 것인 이유는 바울이 아는 자가, 아니 사실은 추측건대 고린도 교인들도 아는 자가 전해준 소식이었기 때문이다. 본문은 바울에게 소식을 전해준 "글로에의 집 편(사람들)"에 관해 우리에게 어떤 정보도 주지 않지만,[8] 글로에가 고린도 교회에 잘 알려져 있었고, 에베소나 고린도를 기반으로 사업하는 여성 사업가였으리라 추정하는 것이 합리적이다. 이때 글로에의 일꾼들은 사업상 그녀를 돕고자 여행하던 중이었고, 바울도 그들을 신뢰했을 것이다. 그들은 글로에의 종이나 고용인이었을 것이다. 글로에에 관해서는 알려진 바가 더는 없다.[9]

1:12 내가 이것을 말하거니와 너희가 각각 이르되 나는 바울에게, 나는 아볼로에게, 나는 게바에게, 나는 그리스도에게 속한 자라 한다는 것이니(λέγω δὲ τοῦτο, ὅτι ἕκαστος ὑμῶν λέγει, Ἐγὼ μέν εἰμι Παύλου, Ἐγὼ δὲ Ἀπολλῶ, Ἐγὼ δὲ Κηφᾶ, Ἐγὼ δὲ Χριστοῦ). 바울은 여기서 이미 벌어진 분쟁을 언급한

7. 고린도전서 2:16은 의미 범주가 매우 폭넓은, 1:10의 γνώμη라는 단어를 파악하는 데 도움을 준다. 여기서 이 단어는 '목적' 또는 '의도'를 가리킨다(개역개정에는 "뜻"–역주). BDAG 202를 보라.

8. NIV는 헬라어 τῶν Χλόης를 "글로에의 집안"(Chloe's household)으로 번역한다(문자적으로는, '글로에의 것들'). 아마 여기에는 사업상 글로에를 위해 활동한 종들도 포함될 것이다. Meeks, *First Urban Christians*, 59를 보라.

9. 글로에라는 이름은 Horace의 시에서 발견되고(*Odes* 1.23.1; 3.9.6, 9), 트라키아(대략 현재 발칸 반도와 서부 터키를 망라하는 지역) 출신 여성으로 알려져 있다.

다. 고린도 교인 대부분(ἕκαστος ὑμῶν, "너희가 각각")이 어떤 식으로든 이 분쟁에 연루되어, 각자 자기는 다른 지도자보다 어느 특정 지도자와 더 깊은 관계를 맺고 있다거나 그 지도자를 지지한다고 주장한 것 같다.[10] 직전 구절(11절)과의 연관성이 '이제'(δέ)라는 접속사에 나타나 있다. 이 후치 접속사는 반의 접속사일 수 있다. 그때는 부드럽게 반의적 의미가 될 수 있다(따라서 '그러나'로 번역된다). 바울이 들은 바가 실제로 일어나고 있으므로, '그리고'로 번역되거나 영어에서는 그 말이 굳이 필요 없기 때문에 번역되지 않을 수도 있다(개역개정에는 번역되어 있지 않음-역주). 그리고 설명적 의미를 띠는 세 번째 용법이 있는데, 아마 이것이 12절에서 사용하는 의미일 것이다. 따라서 이 용법에 따르면 이 말을 영어로 번역할 때 '이제'(now)로 번역할 수 있다. 어떤 용법인지는 문맥에 따라 판단해야 한다.[11]

표면상으로는 '바울에게 속한'(of Paul), '아볼로에게 속한'(of Apollos) 등 지도자의 이름으로 정체성이 확인되는 파벌들이 있는 것처럼 보인다. 이 소유격들(Παύλου, Ἀπολλῶ 등)은 소유의 소유격이 아니라 관계의 소유격이다. 그러므로 이것을 '나는…의 편이다'[12]로 번역하는 것이 가장 좋고, '나는…를 따른다'[13]로 번역하는 것은 피하는 것이 좋다. 이것은 엄밀한 관계에 대한 질문은 좀 더 열린 문제로 남겨놓고, 교인들이 자신을 특정 파벌에 속한 구성원으로 보았다는 가정을 필요로 하지 않는다.

4세기 초 크리소스토무스[14]를 비롯하여 많은 주석가가 이 네 파벌의 정체성이 무엇인지 그리고 이 네 파벌 간의 신학적 차이는 무엇인지 파악하려고 애썼다. 복음을 전할 때 유창한 언변이나 지혜를 자랑한 파벌을 아볼로와 연관시키려는 시도가 있었다.[15] 사도행전 18:24에서 아볼로는 '언변이 좋다'(ESV, eloquent, λόγιος)고 묘사되고, 바울이 고린도에서 펼친 아볼로의 사역을 자신의 심는 사역과 구분하여 "물주는" 사역으로 간주하는 것(3:6)을 고려하면, 그런 시도가 가능하기는 하다. 바울이 고린도전서의 처음 몇 장에서 고린도 교인의 교만한 태도를 공격할 때 아볼로를 반복해서 언급하는 것과 고린도 교인이 지식과 지혜의 은사를 잘못 사용한 것도 아볼로를 '지혜 신학'을 크게 강조하는 파벌의 지도자로 보는 주장의 증거로 사용되었다.[16] 그러나 바울은 자신의 편지에서 신학의 내용이나 설교 우선권에서 자신과 아볼로가 완전히 갈라섰다고 조금도 암시하지 않는다. 물론 자신들이 바울과 특별한 관계를 맺고 있다고 말하는 집단이 존재했을 가능성은 있다. 바울은 고린도 교

10. Marion L. Soards, in *1 Corinthians*, NIBC 7 (Peabody, MA: Hendrickson, 1999), 33은 단수형 ἕκαστος가 사용된 것은 각자가 집단이 아니라 개인으로 행동한 것을 분명히 하고, 따라서 이것은 바울이 고린도 교회 안의 네 "집단" 또는 식별 가능한 파벌들에 대해 염려했다고 말하는 자가 틀렸음을 입증한다고 주장한다. 여기서 단수형을 사용하는 것도 이런 의미를 가질 수 없게 한다. 그러나 이 책은 구별된 네 파벌이 종종 주장되는 것처럼 실제로 존재했다는 증거는 전혀 없다는 Soards의 견해에 동조한다.

11. καί가 계속적 용법으로 사용될 때 '그리고'로 번역해야 할지, 또는 단순히 생략해야 할지를 놓고서도 비슷한 문제가 대두된다. 이 말이 진정한 접속사로 기능하여 단어나 생각이나 문장을 하나로 묶을 때는 '그리고'로 번역되어야 한다. 또한 이 말은 부사 용법으로 '또한'(also)이나 강의 용법으로 '심지어'(even)로 번역될 수 있다. 이 말은 때때로 온건한 반의 접속사('그러나')로 기능할 수도 있다.

12. AV도 같다. Thiselton, *1 Corinthians*, 121-22를 보라. Thiselton은 Mitchell, *Rhetoric of Reconciliation*, 85를 인용하고, 대체로 그 견해를 따라 '…의 아내,' '…의 자녀' 등의 유비에 따라 이 소유격들을 '관계'의 소유격으로 간주한다.

13. NIV, TEV, ESV도 같다.

14. Chrysostom, *Homilies on First Corinthians*, homily 3, 24-25에 다음과 같은 말이 있다. "그러나 이 파벌들은 바울 자신이나 베드로나 아볼로에 관해 말해주는 것이 아무것도 없었다. 다만 바울은 만약 이 파벌들이 의지할 대상이 아니었다면 다른 파벌들은 훨씬 더 의지할 대상이 아니었다는 점을 암시한다…따라서 바울은 아주 강력하게 고린도 교인을 이런 파벌들과 차단하고 이 파벌들의 이름을 제시한다."

15. 아볼로는 사도행전 18:24-28에서 언급된다. 거기서 아볼로가 알렉산드리아 출신으로 성경에 능통했고 예수님에 관해 "자세히(정확히)" 가르쳤다는 사실을 확인한다. 그러나 아볼로는 에베소에 도착했을 때 지식이 부족했다. 그래서 브리스길라와 아굴라는 아볼로를 자기 집으로 데려와 진리를 "더 정확하게" 설명해주었다(26절).

16. 아볼로에 관한 이러한 관점은 주로 18:24-28에서 그에 관해 묘사된 내용에 기반을 두었다(각주 15를 보라). 더 상세한 설명은 '고린도전서 서론'을 보라.

회를 심었고(개척했고), 많은 사람을 믿음으로 이끌었다. 그렇지만 이어지는 구절을 보면 바울은 특별히 이런 생각을 조금도 하지 않았던 것으로 보인다. 심지어 이 바울파는 이른바 게바파(베드로파)보다 율법주의 요소가 약했을 것이라고 주장되기도 했다. 어떤 이는 바울파가 아마 유대주의자로 구성되었을 것이라고 설명했지만, 고린도전서에는 갈라디아서에서 제기된 것(참고. 갈 2:11-14)과 같은 문제가 있었음을 암시하는 언급이 전혀 없다. 이런 식으로 특정 파벌의 구성을 설명하는 것은 사변에 불과하다(또한 '고린도전서 서론'도 보라).

더 나아가 이 특정 지도자들이 직접 주도한 특정 파벌이 있었다는 견해를 취하는 사람은 항상 예수님을 따른다고 주장하는 파벌이 과연 어떤 집단인지 확인하는 데 문제점을 안고 있다. 그리스도파는 바울이 비꼬기 위해 집어넣은 것인가, 또는 이 파벌의 신학은 과연 어떤 것인가?[17] 그리스도파는 자신들이 가장 '신령하다'고 주장했는가? 15장을 고려하면, 그리스도파는 부활에 관해 어떤 파벌보다 더 정통한 견해를 취한 파벌이었는가? 사실 본문은 우리에게 그리스도파와 그들의 믿음에 대해 아무것도 말해주지 않는다. 게바(베드로), 바울, 아볼로는 3장에서 언급되지만 거기서도 그들이 서로 다른 신학을 가졌다거나 각기 다른 파벌의 지도자였다는 암시는 조금도 없다. 게다가 그들 중에 어느 하나를 따른다고 주장하는 고린도 교인에 대해 바울이 괴로워하는 것을 생각하면, 언급된 지도자 중에 그 누구도 자신의 이름을 파벌에 사용하도록 허락했을 가능성은 거의 없어 보인다. 거기서 더 중요한 것은 4:16에서 바울이 "너희는 나를 본받는 자가 되라"고 말한다는 사실이다. 이것은 만약 바울이 고린도 교회가 파벌로 더 갈라지는 것을 두려워했다면 결코 해서는 안 될 말이었다. 또한 아볼로가 복음의 동역자라는 것을 증명하려고 바울이 얼마나 신경을 쓰는지는 주목할 만하다(3:4-15).

바울이 고린도 교회의 분쟁에 관해 말할 때 교회 안에서 어떤 일이 벌어졌는지에 대해 앤드류 클라크(Andrew Clarke)가 제시한 또 다른 설명이 있다. 클라크는 바울의 염려가 고린도 교회의 다양한 파벌이 견지한 신학에 있지 않고 "오로지 고린도 교인이 개인 숭배로 이 특정 인물을 자신들과 결부시킨 것에 있었다"라고 주장했다.[18] 클라크는 고린도 교인이 교회 안에서 "세속적인 리더십 관습"을 따랐다고 주장한다. 그의 견해에 따르면, 고린도 교인도 주변 사회가 지도자에게 경의를 표한 것처럼 자신들의 지도자에게 똑같이 경의를 표했다. 고린도 교인이 세상의 지혜와 "자랑"에 사로잡힌 것도 주변 세속 사회에서 발견되는 그와 같은 태도에 휩쓸렸기 때문이다. 그러나 이것이 고린도 교회 안에서 일어난 일을 부분적으로 설명해준다고 해도, 바울이 여기서 이 특정 지도자들의 이름을 사용하는 이유를 충분히 설명해주지는 못한다. 만약 리더십의 지위에 관한 세속적 관점만이 문제의 전부였다면, 확실히 가장 바람직하게 원하는 결과는 최고 지위를 가진 분으로 그리스도를 '따르는' 것이 되었을 테니 말이다.

본문을 더 깊이 살펴보면, 개인 숭배 관념을 약간 수정한 견해가 가장 좋은 답변일 것이다. 바울은 세례에 관해 말하는 것으로 시선을 옮긴다. 세례는 교회 공동체의 구성원 자격의 공적 표지다. 우리는 나중에 고린도전서의 한 가지 주 관심사가 어떤 사람이 기독교 공동체의 참된 지체인지를 확인하는 진정한 증거를 제공하는 문제에 있음을 확인할 것이다. 고린도 교인 가운데 어떤 이는 성령의 일부 은사(특히 "지식"과 "지혜"의 은사)가 언약 공동체의 참된 구성원을 인증하는 증거라

17. James Prothro, "Who is 'of Christ'? A Grammatical and Theological Reconsideration of 1 Cor 1.12," *NTS* 60 (2014): 250-65를 보라. 이 논문은 "나는 그리스도에게 속한 자라"는 말은 다른 지도자들의 파벌을 반대하는 바울 자신의 주장이라고 지적한다.

18. Clarke, *Secular and Christian Leadership in Corinth*, 92.

고 생각한 것으로 보인다. 바울은 이것을 격렬히 부정할 것이다. 그러나 구성원 자격이나 공동체 지위를 증명하는 증거가 대다수의 교인에게 특별한 관심사였다면, 교인들이 자신에게 세례를 베푼 자와 더 긴밀하게 관련되는 것은 매우 자연스럽다. 이것은 고린도 교인이 세상의 영향을 받아 특수한 지도자나 후견인을 언급함으로써 지위를 얻고자 했다는 클라크의 가설과 연계할 수 있다. 오늘날에도 교인들이 종종 교회 지도자와 가져야 할 적절한 관계 이상으로 더 긴밀한 애착을 갖는다. 이런 애착은 자신을 믿음의 길로 이끌어준 지도자를 중요하게 여기는 개인적 성향이다. 그러므로 그들이 다른 누구보다 그 지도자에게 세례를 받고 싶어 하는 일이 자주 벌어진다. 당시 고린도 지역 사회는 지혜로 지위를 얻고 어떤 개인의 후원을 받는 것을 중요하게 여겼다. 이 때문에 그리스도인이 주변에서 가치가 크고 평판이 높다고 생각한 것을 본받아 어떤 은사를 가진 '후견인'을 열심히 찾은 이유는 쉽게 상상이 된다.

하지만 이 견해를 취한다 해도, 바울이 "그리스도"를 따른다는 주장을 비꼬는 의미 외에 다른 의미로 언급한다고 보는 것은 사실상 생각할 수 없다. 다시 말하면 바울은 자신이 주장하는 요점을 제시하기 위해 실제 상황에서 부조리한 상황으로 나아간다. 여기서 바울의 요점은 "이 모든 일은 얼마나 어리석은가! 우리 가운데 누가 과연 '우리는 그리스도를 따른다'라고 말하겠는가?"와 같이 단순할 것이다. 따라서 바울은 마지막으로 부조리한 말을 취해 이 분열과 분쟁에 대한 완벽한 논박을 이끌어낸다.

1:13a 그리스도께서 어찌 나뉘었느냐(μεμέρισται ὁ Χριστός;). 물론 고린도 교인이 모두 그리스도께 속해 있지만, 그들이 행동하는 모습은 그중 일부만 그리스도께 속해 있다는 관점을 낳을 것이다.[19] 바울은 수사적 질문을 계속한다. 통상적으로 이 질문이 '아니다'의 답변을 기대했다면(이것이 가장 자연스러울 것이다), 그 답변에는 13b절에 나타난 같은 불변화사(μή)가 쓰였을 것이다.[20] 그런데 사실상 이 질문은 긍정적 답변을 요청한다. 바울이 암시하는 아이러니, 곧 어떤 이가 부조리하게도 자신이 그리스도를 따른다고 말하는 것은 어떤 개인을 중심으로 한 이 모든 분열로 말미암아 그리스도가 나뉘어져 있는 비극적인 장면을 낳는다.

1:13b-c 바울이 너희를 위하여 십자가에 못 박혔으며 바울의 이름으로 너희가 세례를 받았느냐(μὴ Παῦλος ἐσταυρώθη ὑπὲρ ὑμῶν, ἢ εἰς τὸ ὄνομα Παύλου ἐβαπτίσθητε;). 따라서 바울은 이 분쟁의 부조리함을 절실하게 느끼게 하려고 약간 비꼬는 말투로 설명을 계속한다. 그다음 두 질문도 '아니다'라는 답변을 예상하게 한다. 바울은 자명한 답변을 가진 질문을 제기한다. 당연히 바울은 십자가에 못 박히지 않았다. 당연히 고린도 교인은 바울의 이름으로 세례를 받지 않았다. 바울은 여기서 편지가 읽힐 때 청자가 즉각 긴장하지 않도록 정교하게 자신을 본보기로 사용한다. 부정과거 수동태 "십자가에 못 박혔[다]"(ἐσταυρώθη)라는 말은 과거에 일어난 그리스도의 십자가 죽음 사건을 상기시킨다. 그 사건은 절대 반복되지 않는다. 그 사건은 "너희를 위하여"(ὑπὲρ ὑμῶν) 일어났다.

바울은 18-25절에서 십자가 메시지의 효력을 더 상세히 설명한다. 그러나 여기서는 그리스도인과 교회 자체의 실존에 결정적인 사건은 그리스도의 죽음이라는 점을 상기시킨다. 바울은 다른 곳에서 그리스도의 죽음을 "우리를 위한" 사건으로 정교하게 제시한다.[21] 그

---

19. Fee, *1 Corinthians*, 62가 그렇게 말한다. "너희는 그리스도가 단지 한 파벌만 자신에게 속하도록 나누어졌다고 말하는 것이냐?"

20. 단어 μή는 사본 𝔓⁴⁶에서 증명된다. 그러나 이것은 질문의 기능을 보여주고자, 즉 부정적 답변을 이끌어내고자 첨가한 것 같다.

21. 더 명확한 본문을 들면 롬 3:21-28; 5:8-11; 고후 5:14-21; 갈 3:13-14; 골 1:12-23이 있다.

러나 그리스도가 자신의 죽음으로 신자들의 모든 죗값을 치르셨다는 사실은 누구나 알 것이다. 그리스도는 십자가에 달려 죽으셨을 때 자신의 모든 백성을 대표하셨고, 그들의 죄를 위해 자신의 목숨을 희생하셨을 때 그들이 받아야 할 심판을 대신 취하셨다. 오직 그리스도만 십자가에 못 박히셨고, 그러므로 오직 그리스도만 구속자, 속죄 제물, 교회의 머리가 되신다. 그리스도 안에서 구원을 찾은 자에게는 아무리 저명하거나 위대하다고 해도, 어느 지역 교회 지도자를 따른다고 주장하는 것은 부조리한 일이다. 교회 지도자의 지위와 은사 활동을 크게 중시하는 오늘날, 이것은 교회가 어떤 곳인지를 매우 강력하게 환기한다. 교회는 우리를 위해 십자가에 못 박히신 분을 따르고, 오직 그분만이 교회에서 주님이 되신다. 바로 이런 이유로 그리스도인은 다른 어떤 사람의 이름이 아니라 그리스도의 이름으로 세례를 받는다.

여기서 부정과거 수동태 "세례를 받[다]"(ἐβαπτίσθητε) 라는 말은 모든 신자가 통과한 과거의 한 사건을 가리킨다. 모든 세례는 그리스도'의 이름 속으로'(into the name of) 들어가는 사건으로 이해되고(참고. 마 28:19; 행 8:16; 갈 3:27[22]), 세례를 베푸는 자가 누구인가는 중요하지 않다. 그리스도'의 이름 속으로' 들어가는 움직임이 어떤 면에서 세례를 통과한 것을 의미하는지(εἰς+대격은 종종 속으로 들어가는 움직임을 표현함), 또는 '예수님의 이름 안에서'(in the name of Jesus)로 번역하는 것이 더 나은지(여기서는 ἐν+여격이 예상됨)에 관해 논란이 있다. 이 두 헬라어 표현은 당시 상호 교체하여 사용되었다는 증거가 더러 있다.[23] 그러나 세례는 일어난 움직임에 대한 외적 표지와 증거로 간주해야 한다. 따라서 '…의 이름 속으로'로 번역되어야 할 것이다. 세례는 그리스도의 주 되심의 영역 안으로 움직인 것[24]과 어둠의 나라에서 빛의 나라로 옮겨진 것의 표지다(고전 5:7-8; 골 1:13-14; 2:9-15). 고린도전서 10:2에 '…속으로 세례를 받은'(baptized into) 것에 대한 비슷한 용법이 있다.

따라서 바울은 중요한 것이 자신이나 어떤 다른 교회 지도자가 아니라는 요점을 귀류법을 통해 제시한다. 세례 자체는 오직 한 명의 주님이 계시는 것을 증명하고, 그리스도인들이 그분께 속해 있다는 점을 지시한다. 오직 그리스도만이 지배권을 가지셨다. 다른 모든 이는 그분의 일꾼(종)에 불과하고, 믿음은 인간 지도자와 그들의 지혜가 아니라 "하나님의 능력에" 있다(2:5).

1:14 나는 그리스보와 가이오 외에는 너희 중 아무에게도 내가 세례를 베풀지 아니한 것을 감사하노니(εὐχαριστῶ [τῷ θεῷ][25] ὅτι οὐδένα ὑμῶν ἐβάπτισα εἰ μὴ Κρίσπον καὶ Γάϊον). 바울은 중요한 것이 인간 지도자와 개인이 아니라는 논증을 계속 적용하면서, 자신이 고린도 교회에 있을 때 했던 일을 추가로 잠시 생각한다. 세례를 베푸는 일이 중요했다면 바울도 그 일에 가능한 한 많은 시간을 할애했을 것이다. 그렇지만 실제로는 단지 몇 사람에게만 세례를 베풀었고, 그들 가운데 그리스보와 가이오가 있었다. 여기에 언급된 세례 사건은 바울이 고린도 교회에 도착하고 아주 이른 초기에 행해진 것 같다. 그리스보는 사도행전 18:8에 언급된 인물로 보인다. 이 구절을 보면 그리스보는 "회당장"으로 자기 집 사람들과 함께 주님을 믿었다. 그리고 바울이 로마서를 고린도에서 쓴 것으로 보아 가이오는 당연히 로마서 16:23에 언급된 인물을 가리킬 것이다. 그렇다면 가이오는 바울과 고린도

22. 사도행전 2:38에서 여격을 가진 ἐπί를 참고하라.
23. MM 209-10을 보라.
24. 참고. Robertson, Plummer 공저, *First Corinthians*, 13.
25. Bruce M. Metzger, *A Textual Commentary on the Greek New Testament*, 2차 편집 (Stuttgart: Deutsche Bibelgesellschaft/German Bible Society, 1994), 479는 τῷ θεῷ의 첨가를 "C"로 평가한다. 이것은 "위원회가 어떤 이문을 본문 속에 있는지 결정하기가 어렵다"라는 것을 암시했다. 인정한다면 이 독법은 다른 곳에서 나타난 바울의 관례를 따르지만(예를 들어, 고전 1:4; 14:18), ℵ, B, 6, 1739와 같은 사본에서는 이 어구가 생략되어 있다.

교회를 주인처럼 돌볼 만큼 재산이 많은 사람이었던 것 같다. 16절에서 바울은 또한 자신이 스데바나 집 사람에게 세례를 베푼 것을 말한다. 스데바나 집은 16:15에서 "아가야의 첫 열매"로 언급된다. 바울은 말하지 않지만 세월이 흐르면서 고린도 교회에서도 임명된 장로가 세례를 베풀었을 것이다. 본문을 보면 여기서 바울이 그리스보와 가이오를 언급한다는 암시가 어디에도 없다. 왜냐하면 부자와 교회 지도자로서 그리스보와 가이오는 논쟁의 핵심에 있었기 때문이다.[26]

1:15 이는 아무도 나의 이름으로 세례를 받았다 말하지 못하게 하려 함이라(ἵνα μή τις εἴπῃ ὅτι εἰς τὸ ἐμὸν ὄνομα ἐβαπτίσθητε[27]). "아무도…못하게 하려"(ἵνα μή τις)라는 말은 바울이 사람에게만 세례를 베풀었던 것이 고린도 교회에 머무르던 초기에 지켰던 특별한 방침이었다는 것을 의미하지 않는다. 이 절은 바울이 고린도 교회에 있었을 때 실제로 일어난 일의 (의도하지 않은) 결과를 표현한다. 모든 사도가 세례가 그리스도의 교훈이었던 것(마 28:19)을 알고 있었을 것이므로, 여기서 바울이 모든 신자가 세례를 받은 것을 보증하지 않는다고 생각할 수 없다. 바울의 설명은, 아마 새로 세워진 교회들에서 처음부터 사도와 순회 복음 전도자가 지역 감독자나 지도자에게 세례를 위임했음을 반영할 것이다. 바울은 세례를 항상 중요하게 여겼다. 바울이 최초로 회심한 자들에게 세례를 베푼 사실은 확실히 이것을 증명한다. 그러나 하나님의 섭리 속에서 적어도 현재의 주장에 대한 결론은, 17절에 나타나듯 바울의 소명이 복음을 전하는 것이었기에 그는 많은 사람에게 세례를 베풀지 않았다는 것이다. 확실히 (그리스도 대신에) 바울이 주 되심의 영역(바울이 "나의 이름으로 세례를 받았다"라고 말할 때 사용하는 유추)에 들어갔다는 관념은 터무니 없는 것이다.

1:16 내가 또한 스데바나 집 사람에게 세례를 베풀었고 그 외에는 다른 누구에게 세례를 베풀었는지 알지 못하노라(ἐβάπτισα δὲ καὶ τὸν Στεφανᾶ οἶκον· λοιπὸν οὐκ οἶδα εἴ τινα ἄλλον ἐβάπτισα). 이어서 바울은 자신이 스데바나 집 사람에게 "세례를 베[푼]" 것을 회상한다(여기서 καί는 동사에 강조 의미를 더한다. 하지만 '또한'으로도 번역될 수 있다). 그러나 바울은 "그 외에는"[28] 자신이 세례를 베푼 사람들을 기억하지 못한다고 말한다. "[나는] 알지 못하노라"(οὐκ οἶδα)는 말은 여기서 '나는 생각해내지 못하노라'로 적법하게 번역될 수 있다. 왜냐하면 16절 자체는 거의 나중에 회상하는 내용으로 보이기 때문이다. 로버트슨(Robertson)은 "아마 서기가 바울에게 스데바나 집 사람에게 세례를 준 일을 상기시켜 준 것 같다"라고 흥미롭게 주장한다.[29] 따라서 이 마지막 절은 단순히 바울이 직접 세례를 베푼 모든 사람을 열거했지만 아마 다른 사람들도 더 있을 것으로 생각한다는 점을 가리킨다.

스데바나는 아마 교회 안에서 공식 직분을 가진 고린도 교회의 지도자였을 것이다. 왜냐하면 바울은 브드나도 및 아가이고와 함께 스데바나에게 감사의 말을 전하고, 고린도 교인에게 "이런 사람들을 알아주라"고 당부하기 때문이다(16:17-18). 또한 이렇게 당부하는 구절에서 바울은 스데바나의 집을 "아가야의 첫 열매"라고 언급한다. 이것은 스데바나와 그의 집 사람이나 가족이 그 지역에서 최초로 회심한 자 가운데 일부였음을 함축한다. 그러나 스데바나가 누구인지 알아보는 데 신경을 쓰다 보면, 바울이 고린도 교인에게 그와 다른 사람

26. Garland, *1 Corinthians*, 54는 이와 반대다(이런 관념은 매력을 끌 수 있다).

27. ἐβάπτισα라는 이문으로 이 구절의 의미가 바뀌는 것은 아니다. 그러나 아마 14절과 16절과의 동화 현상에서 나왔을 것이다.

28. 여기서 λοιπόν이라는 말은 부사로 기능한다(λοιπός의 중성 대격). 이 흥미로운 부사에 대한 보다 상세한 설명은 Moule, *Idiom Book of New Testament Greek*, 161을 보라.

29. Robertson, Plummer 공저, *First Corinthians*, 13.

들을 알아주라고 당부하는 점을 간과하기 쉽다. 이것 때문에 최소한 많은 주석가가 받아들이는 클라크의 주장, 곧 그들이 "분명 유력한자"에 속한다는 견해[30]에 약간 의심이 생긴다. 바울은 세상의 기준으로 유력한 지위에 있지 않은 사람들을 교회로 이끌기로 결심했다는 사실을 염두에 두어야 한다(예컨대 1:26-29을 보라). 이름이 언급된 모든 사람, 아니 최소한 한두 사람은 능하지 못한 자로 확인되었을 가능성이 충분히 존재한다(1:26). 이것은 확실히 바울의 논증에 도움이 될 것이다.

많은 주석가는, 특히 초대교회에서 자녀가 세례를 받은 사례로부터 '가족'(household) 세례를 추론해낼 수 있는지를 배경에 놓고 가족 세례의 본질을 설명했다. 초대교회의 정치를 묘사하는 것이 흥미롭기는 하지만, 이것은 여기서 바울의 논증과 아무 상관이 없다. "집"(οἶκος)은 아마 다른 가족들 그리고 하인과 노예를 비롯하여 같은 가정에 속한 다양한 세대를 포함하는 개념일 것이다. 그러나 그보다 더 제한적일 수도 있다. 여기서 바울의 요점은 단순히 스데바나 및 그와 관련된 사람들을 포함하여 자신이 세례를 베푼 다른 사람들이 있었다는 것이다.[31]

1:17a-b 그리스도께서 나를 보내심은 세례를 베풀게 하려 하심이 아니요 오직 복음을 전하게 하려 하심이로되(οὐ γὰρ ἀπέστειλέν με Χριστὸς βαπτίζειν ἀλλὰ εὐαγγελίζεσθαι). 이 부분의 마지막 구절은 다음 부분으로 넘어가는 다리 역할을 한다. 바울은 자기 자신, 자신의 실천, 자신의 부르심을 사용하여 논증을 더 깊이 전개한다. 바울을 부르신 목적은 복음을 전하는 것이었다. 앞에서 지적했듯, 이것은 바울이 세례를 주는 일을 등한시했다는 것을 뜻하는 것은 아니다. 복음의 핵심은 그리스도의 메시지에 있었고, 바울은 이제 그것을 전개할 것이다. 바울은 편지의 서두의 첫 부분에서 그리스도를 여러 번 언급했다. 이것이 목회 사역과 복음 전도의 초점이 되어야 한다. 언약 공동체의 구성원의 자격과 지위는 '그리스도 안에'(in Christ) 있는 것으로 묘사된다. 그리고 세례는 한 주님에서 다른 주님에게로 이동하는 움직임으로서 '그리스도 속으로'(into Christ) 들어가는 것으로 묘사된다. 따라서 이것은 교회의 삶이 맞추어야 할 초점이 되어야 한다. 이것이 고린도전서에 나타난 바울의 '복음' 개념의 첫 번째 용법이다. 여기서 복음은 동사형으로 나온다(εὐαγγελίζω). 그리고 그 의미는 '좋은 소식을 전하다' 또는 '좋은 소식을 가지고 오다'이다. 바울이 전하고 행하는 모든 것의 중심에 복음이 있다는 것은 앞에서 매우 명확하게 드러난 그리스도의 주 되심에서 이미 증명되었다. 바울은 9장에서 복음이 자기 자신, 자신의 가르침 그리고 자신의 행동에 미친 영향을 얼마간 상세히 설명한다. 15:1-8에서는 복음 메시지의 기본적인 내용을 제시한다. 바울은 고대하던 메시아, 곧 그리스도가 이미 오셨고, 왕이시며, 경배받아야 할 대상이라고 본다. 또한 '주'로서 그리스도는 마귀의 온갖 세력뿐만 아니라 카이사르와 같은 정치가들을 포함한 다른 주보다 우위에 있어야 할 분으로 보아야 한다(고전 10장을 보라). 라이트(N. T. Wright)가 "복음, 복음, 복음이다. 복음이 바울을 정의했다. 복음이 바울의 사역을 정의했다. 복음이 바울이 세운 공동체를 정의했다. 복음은 신학의 요체로, 새로운 세계관을 떠받치는 중심 기둥의

30. Clarke, *Secular and Christian Leadership in Corinth*, 46.

31. 이 구절과 관련하여 가족 세례와 유아 세례를 다루는 설명은 다음 자료들을 보라. Joachim Jeremias, *Infant Baptism in the First Four Centuries*, Library of History and Doctrine (Philadelphia: Westminster, 1960), 19, 21-24, 40-41; George R. Beasley-Murray, *Baptism in the New Testament* (London: Macmillan, 1962; 재판, Grand Rapids: Eerdmans, 1990), 177-81, 312-20; Everett Ferguson, *Baptism in the Early Church: History, Theology, and Liturgy in the First Five Centuries* (Grand Rapids: Eerdmans, 2009). Thiselton, *1 Corinthians*, 142는 "디모데전서 3:4에서 자기 '집'을 잘 다스리는 것은 복종을 잘하는 자녀가 있음을 의미한다"라고 지적한다.

기초였다. 복음은 하나님의 능력을 수반했다"[32]와 같이 매우 설득력 있게 설명하는 것과 같다.

여기서 접속사 '…때문에'(γάρ, 개역개정에는 번역되어 있지 않음-역주)는 설명 용법이 아니라 계속 용법이다. 이 새 문장의 주된 관념은 대조를 통해 제시된다. 그리스도가 이 문장 전체의 주어라는 점을 주목하라. 여기서 바울은 자신이 사도로서 부르심 받은 것을 염두에 두고 있다(1절). 1절에 묘사된 "하나님의 뜻"이 여기서 더 깊이 설명된다. 하나님의 뜻은 세례를 베풀도록 보내신 것이 아니고(부정적), 그러나(ἀλλά, 강력한 반의접속사) 복음을 전하도록 보내신 것(긍정적)이었다. 바울은 9장에서 자신의 사도직에 대해 다시 말할 때 자신이 복음을 전하는 일에 대해 느낀 거룩한 '의무감'(ἀνάγκη, 16절[33])을 언급한다. 갈라디아서 2:7-9에서는 바울이 이방인에게 복음을 전하는 자신의 특수한 부르심에 관해 언급할 때 이와 비슷하게 말하는 것을 볼 수 있다.

그리스도가 바울에게 복음을 전하라고 주신 사명에는 복음 메시지의 내용을 적절히 반영한 전달 방법도 포함되었다. 복음 메시지는 지위나 힘이 지배하는 사회에서는 매력을 끄는 것이 아니었다. 복음 메시지는 "그리스도의 십자가"라는 말에 요약되어 있다(17d절). 바울은 복음 메시지에 흥분이나 영광이나 성취와 같은 세속적 장식품이 조금도 없다고 계속 주장해야 한다. 그러므로 사람들은 복음 메시지를 받아들일 때 자신이 한 일을 자랑할 만한 근거가 전혀 없다. 오히려 복음 메시지는, 사람들이 속한 문화의 세계관을 표면상으로는 약하고 인상적이지 않아 보이지만 실제로는 하나님의 능력인 것과 대치시킨다. 그러므로 복음 메시지는 그 내용에 적합한 방법으로 전해져야 한다. 복음을 전하는 바울의 소명에 복음 메시지를 어떻게 전해야 하는지 그 방법에 관한 소명도 더해졌다.

1:17c-d 말의 지혜로 하지 아니함은 그리스도의 십자가가 헛되지 않게 하려 함이라(οὐκ ἐν σοφίᾳ λόγου, ἵνα μὴ κενωθῇ ὁ σταυρὸς τοῦ Χριστοῦ). 이 부분을 요약하는 이 구절은 독자에게 이어지는 부분을 준비시키는 역할도 한다. 바울은 복음의 능력이 얼마나 유창하게 복음을 전하느냐에 달려 있지 않다고 주장한다. 확실히 어떤 식으로든 복음의 능력을 과장하는 것은 십자가의 메시지를 흐려 놓을 것이다. "말의 지혜로 하지 아니함은"이라는 말이 "전하게"를 수식한다고 지적하는 것은 가치가 있다. 그러므로 말의 지혜로 전하지 않는 것은 단순히 바울이 선호하는 말의 한 방식이 아니라 그리스도가 맡기신 사명의 한 부분이다.[34] 따라서 바울은 복음 메시지의 표현 방법 자체가 복음 메시지의 성공이나 적절한 수용에 영향을 미친다고 지적한다. 따라서 바울은 "그리스도의 십자가가 헛되지 않게 하려 함이라"(ἵνα μὴ κενωθῇ)고 말한다. 만약 복음이 "말의 지혜로" 전해진다면 복음의 내용만 잃어버리는 것이 아니라 복음의 참된 능력도 잃어버린다.[35] 그러므로 18절에서 우리는 "십자가의 도"가 삶을 변화시키는 것이 주 그리스도를 경배하도록 사람들을 부르시기 위해 그 안에서 하나님이 능력으로 역사

32. N. T. Wright, *Paul and the Faithfulness of God*, Christian Origins and the Question of God 4 (Minneapolis: Fortress, 2013), 411.
33. 이것은 뒤에 나오는 9:16에 대한 설명에서 더 상세히 다룬다.
34. 흥미롭게도 대다수 주석가는 여기에 복음 제시 방법들의 대조가 나타나 있다고 지적한다. 그러나 그들은 이 본문 속에서 문법적 연계성을 보지 못해 바울이 그 방법을 메시지에 내재된 것으로 간주하고, 사도로서의 자신의 부르심 사역의 한 부분으로 본 것을 파악하지 못하는 것 같다.
35. 올바른 방법으로(하나님이 위임하신 대로 그리고 성령의 능력으로) 전해진 복음은 발화(發話) 능력이 있다. K. J. Vanhoozer, *Is There a Meaning in This Text? The Bible, the Reader, and the Morality of Literary Knowledge* (Grand Rapids: Zondervan, 1998), 427-28을 보라. 화행(話行) 이론과 이 이론의 이 구절에 대한 적용을 더 상세히 설명한 것은 Thiselton, *1 Corinthians*, 146(51-52도 포함)을 보라. 또한 Alexandra R. Brown, *The Cross and Human Transformation: Paul's Apocalyptic Word in 1 Corinthians* (Minneapolis: Fortress, 1995), 14-29도 보라.

하시기 때문이라는 말을 볼 수 있다.

그렇다면 "말의 지혜로"(ἐν σοφίᾳ λόγου)는 무슨 뜻일까? 많은 주석가가 지적한 것처럼 여기서 한 가지 문제점은 "지혜"(σοφία)와 "말"(λόγος)이라는 단어에 폭넓은 의미가 있다는 점이다. "말"(λόγος)은 말에서부터 언어나 진술 등에 이르기까지 어느 것이나 가리킬 수 있다. 확실히 바울은 1:5에서 성령의 은사를 묘사하기 위해 이미 이 단어를 사용했다. 그러나 그것이 여기서 바울이 염두에 둔 뜻이 아님은 분명하다. 그중 하나는 추천되고 다른 하나는 거부되기 때문이다.

"지혜"(σοφία)라는 단어는 지성을 가리키는 의미로 사용될 수 있다. 성경 본문에서 사용될 때 지혜는 종종 하나님이 자기 백성에게 주시는 것으로 확인된다. 따라서 그들은 받은 지혜로 하나님의 뜻을 이해할 뿐만 아니라, 그 뜻을 의도적으로 실천하려는 경향도 보이게 된다. 다시 말해, 지혜 있는 자는 하나님의 뜻을 알 뿐만 아니라 그 뜻을 행하는 자다. 이것은 특히 구약의 지혜 문헌에 나오며, 그중에서도 특히 잠언서의 많은 격언에서 발견된다. 그러나 1:22에서 바울은 여기서 언급하는 지혜가 특히 그리스인(헬라인)의 영역에 속해 있다는 점을 분명히 한다. 그리스인은 지혜가 인상적 사고와 철학적 탐구를 함축한다고 보았다. 그리스인의 지혜는 관념의 영역과 관련되었다. 그러나 지혜에 훨씬 더 큰 비중을 둔 것은, '지혜 있는 자'가 되는 것이 세련된 수사 기준에 따라 말하고 주장할 수 있는 자가 되는 것이었기 때문이다. 간혹 증명의 수사학, 곧 세련된 수사 표현이 내용 자체보다 더 중요한 요소가 되었음을 입증하는 증거가 더러 있다.[36] 세련된 수사는 사람들을 특정 견해나 믿음으로 설득하려는 목표가 있었다. 그러나 웅변이나 글의 증명, 구조, 형식을 통해 설득하는 능력이 본질상 더 소중히 여겨졌다. 따라서 이로 말미암아 헬레니즘 사회에서는 사람들 속에 지위와 높은 존경에 대한 끊임없는 열망이 자라났다. 브루스 윈터는 바울이 소피스트 철학과 태도가 특히 기승을 부린 고린도 지역의 공동체에 직면해 있었다고 주장했다.[37] 소피스트는 웅변 실력으로 "공개적인 추종자를 얻고 학생들에게 자기 학파의 매력을 보여준" 것으로 잘 알려져 있었다.[38]

따라서 바울이 이 본문에서 무엇을 말하는지 그리고 이 "말의 지혜"를 "십자가의 도"(18절) 및 "하나님의 지혜"(21절)와 어떻게 대조하는지 살펴보면, 그가 복음이 그 자체로 세상의 지혜 관점을 완전히 뒤집어놓는다고 주장한다는 것을 알 수 있다. "복음"으로 이해되는 그리스도의 십자가, 곧 그리스도 안에서 나타난 하나님의 충분한 계시는 그 자체에 궁극적 "지혜", 즉 이 세상에 대한 하나님의 생각과 계획을 담고 있다. 또 복음 그 자체에는 "하나님의 능력"이 있다(18절). 인간 교사와 설교자는 단지 하나님의 강력한 메시지를 담은 그릇에 불과하다. 세련된 수사는 단순히 하나님의 말씀이 행하는 능력을 흐려놓을 뿐이다. 설교자의 전달 방식을 칭송하면 그의 경력은 좋아지겠지만, 이것은 복음의 초점이 아니다. 반면에 내용("하나님의 지혜"), 곧 예수 그리스도 안에 있는 하나님의 계획을 높이는 것은 메시지를 전하는 인간의 음성을 감소시킬 수밖에 없다. 그러므로 그리스도는 복음을 전하도록 바울을 보내실 때, 세례 요한처럼(요 3:30) 그리스도는 항상 흥하겠지만 그는 항상 쇠하리라는 의미가 담긴 직무를 주셨다. 의심할 것 없이 바울은 그리스도가 높아지셨을 때 "나는 이러한 기쁨으로 충만하였노라"(요 3:29)고 말했던 세례 요한과 같은 마음을 가졌을 것이다.

복음을 "말의 지혜"로 전하면 복음의 능력이 소멸한다. 복음은 배운 자에서부터 배우지 못한 자까지, 사회의 엘리트에서부터 사회의 밑바닥에 이르기까지 모든

36. Winter, *Philo and Paul among the Sophists*, 188.

37. Winter, *Philo and Paul among the Sophists*.

38. 같은 책, 4.

사람에게 선포되고 알려져야 한다. 그렇지 않으면 단지 엘리트, 곧 소피스트 수사와 철학을 이해하고 자란 사람의 전유물이 되고 만다. 현대의 관점에서 보면 그것은 복음이 오직 대학가에서 학식이 매우 높은 교수에게만 선포될 수 있다는 말과 같을 것이다. 여기서 바울은 복음을 전하라는 부르심이 모든 면에서 세상의 가치를 뒤집어놓는 것을 포함한다고 말한다.

"지혜"와 "십자가" 주제로 시작한 이 구절은 이제 이어지는 부분과 직접 연결된다. "그리스도의 십자가"(ὁ σταυρὸς τοῦ Χριστοῦ)는 선포된 복음의 내용을 가리키는 약어가 된다.

심층 연구

복음

"복음"(τὸ εὐαγγέλιον), 곧 '좋은 소식'은 주로 그리스도의 구원 사역과 관련된 기독교 신앙의 전파 내용을 가리킨다. 바울이 복음이라는 말을 간혹 추가 설명 없이 절대적 의미로 사용한다는 사실은, 그 말이 이미 기독교 용어로 정착되어 있었다는 점을 암시한다. 바울이 복음이라는 말을 사용한 것은 복음서에서 발견되는 것처럼 그리스도께서 친히 그 말을 사용하신 것에서 연원할 것이다. 복음서에서 이 말의 명사와 동사 형태는 특별히 그리스도 자신, 곧 그리스도의 인격 및 땅에서의 존재 그리고 하나님 나라에 대한 그리스도의 설교 및 가르침과 결부되어 있다(예를 들어, 마 4:23; 막 1:1; 눅 3:18; 4:18). 복음 메시지에 대한 반응은 예수님이 "회개하고 복음을 믿으라"(막 1:15)고 명령하신 말씀을 따르는 것으로 이루어져야 한다. 따라서 이 관념은 하나님이 자기 백성에게 선포하신 좋은 소식에 관한 예언 관념을 반영한다. 이사야서 40:9, 52:7과 61:1-2에서처럼, 동사형으로 쓰인 '좋은 소식을 전하는 것'(εὐαγγελίζω)이 특별히 중요하다. 이사야서 40:9에서 이사야 선지자는 하나님이 자신의 구원 능력을 계시하시고, 자기 백성을 함께 모아 그들을 보호하고 보살피시는 것에 관해 말한다. 이사야서 52:7은 하나님이 모든 민족 앞에 자신의 주권적 통치가 계시되도록 그분의 백성을 구원하시는 것에 강조점을 두었다. 또한 이사야서 61장의 문맥을 구성하는 내용은, 하나님의 백성이 회복되는 것과 민족들에게 하나님을 왕으로 계시하는 것으로 이루어져 있다.

그러나 바울 서신에서는 "복음"이라는 개념이 지배적 주제가 된다.[39] 이사야 선지자와 마찬가지로, 바울은 좋은 소식을 하나님이 자기 백성을 구원하시는 행동을 민족들이 충분히 알도록 선포하는 것으로 여긴다. 따라서 바울은 "약속"(ἐπαγγελία, 참고. 롬 1:2; 4:13-16)과 복음이 긴밀한 관계가 있다고 본다. 그것은 복음이 미리 약속된 것의 성취이기 때문이다. 복음은 궁극적으로 예수님의 인격 자체에 관한 것이다. 복음은 "사람의 뜻에 따라 난 것"이 될 수 없다(갈 1:11). 오히려 바울은 "(예수님을) 전함"(갈 1:16), "그의 아들의 복음"(롬 1:9), "예수 그리스도를 전파함"(롬 16:25)에 관해 말한다. 이로 인해 바울은 그리스도

39. Dunn, Theology of Paul, 160-81에서 4장, "The Gospel of Jesus Christ"를 보라. 또한 F. F Bruce, *Paul: Apostle of the Heart Set Free* (Grand Rapids: Eerdmans, 1977), 325-28도 보라. 이 주제를 전문적으로 더 깊이 검토하는 것은 김세윤, *The Origin of Paul's Gospel*, 2차 편집, WUNT II.4 (Tübingen: Mohr Siebeck, 1984; 재판, Eugene, OR: Wipf & Stock, 2007)를 보라.

의 성육신(롬 1:3), 그리스도의 주 되심(고후 4:5), 그리스도의 죽음(고전 2:2), 그리스도의 장사와 부활(롬 1:4; 고전 15:1–7) 그리고 그리스도의 승천(빌 2:9; 엡 4:10)에 관해 말한다.

바울에게는 이 복음이 항상 진실로 삼위일체 하나님의 복음이다. 복음은 하나님의 복음일 수도 있고 예수님의 복음일 수도 있다(참고. 롬 1:1; 15:16; 그리고 롬 1:9; 15:19도 함께). 그리고 복음은 성령을 통해 개인에게 계시되고 적용되며 보증된다(롬 2:29; 8:2, 10–11; 고전 2:10; 6:11; 고후 1:22; 엡 1:13). 또한 복음은 주 예수 그리스도에 관한 복음이므로 또한 강력한 힘이 있다. 바울은 복음을 "모든 믿는 자에게 구원을 주시는 하나님의 능력"으로 말한다(롬 1:16). 복음은 구원에 관한 사실을 단순히 설명하는 것이 아니다. 그것은 구원에 관한 하나님의 말씀으로서 활력 있는 능력을 지닌 메시지다. 복음은 "능력과 성령으로" 임한다(살전 1:5). 따라서 복음은 믿음을 일으킨다. 그러나 복음은 또한 복음서에 나오는 것처럼 반응하지 않는 자에 대한 심판도 포함한다. 하나님의 심판 행동은 믿음의 헌신이라는 반응을 낳아야 한다. 이것은 로마서 10:15과 같은 본문으로 보아 분명하다. 바울은 로마서 10:15에서 예수님의 복음을 선포하고 듣고 믿는 것의 관계를 검토하는 문맥에서 이사야서 52:7을 인용한다.

물론 바울은 이방인에게 복음을 전하는 자신의 소명을 특별히 의식했다(고전 1:17–25; 갈 1:16; 2:2, 7–9). 이런 이유로 바울은 복음을 전하러 여행을 다녔고, 급기야는 로마에서도 "복음을 전했다"(롬 1:15). 이처럼 복음을 선포하는 삶은 불가피하게 고난을 초래했다. 여러 가지 면에서 사도들과 그들 이후의 다른 전도자들은, 복음을 전할 때 그 메시지에 선포되신 분(예수님)의 삶을 반영한 것으로 보인다. 구원은 고난과 십자가의 길을 통해 온다. 복음의 메시지나 능력 안에는 엘리트주의도 없고 어떤 편애도 없다. 오히려 복음이 선포될 때 부르심 받은 것을 깨닫는 자는, 세상 기준으로 보면 지혜가 있거나 강한 힘을 가진 자가 아니다(고전 1:26–29). 사람들이 주님 앞에 서기 위해 나아갈 때, 하나님은 아무도 자신들의 업적을 자랑하지 못하게 하시기 때문이다.

적용에서의 신학

1. 불화와 개인

슬프게도 대다수 교회가 알력을 경험하고, 어떤 면에서는 분열을 겪기도 한다. 종종 이 분열은 특정 개인들을 중심으로 일어난다. 이때 그들은 분열된 집단의 지도자가 된다. 이 본문에서 바울은 이런 분열을 극복해야 한다고 지적할 뿐만 아니라 신학적으로 복음과 반대된다고 주장한다. 바울이 여기서 "주 예수 그리스도의 이름으로" 당부하는 것은 그가 교회 안에서 벌어지는 분쟁을 심각한 눈으로 바라보고 있음을 암시한다. 그리스도의 주 되심과 그분의 복음은 이런 인간적 성향을 정복해야 한다. 문제는 분쟁이 "육신"의 산물이자(3:1–3) 인간이 범하는 죄의 결과라는 점에 있다. 그리스도의 주 되심 아래 사는 자는 그리스도가 요청하시는 연합을 증명하고 그 연합에 따라 살아야 한다.

여기서 바울이 제시하는 신학적 논증은 그리스도는 나누어지지 않는다는 진리이고, 따라서 그리스도의 백성도 분열되어서는 안 된다는 사실이다(1:13). 이 문제에 대해 바울이 제시하는 해결책은 복음 자체로 돌아가라는 것이다. 사람들이 그리스도께 초점을 맞출 때, 특히 그리스도가 죽음과 부활을 통해 그들을 위해 행하신 일에 초점을 맞출 때 그리고 인간 지도자가 아니라 그리스도를 따를 때, 하나님의 백성 사이에 연합이 나타날 것이다. 많은 교회가 복음 전파를 위해 함께 사역할 때 그리스도인 사이에 새로운 차원의 연합이 나타날 수 있음을 보고 놀라서는 안 된다. 모든 이가 그리스도의 교회에 대한 그분의 뜻과 목적 그리고 그분 자체에 초점을 맞출 때 진리 안에서 연합하게 될 것이다. 어떤 주석가가 주장하는 것처럼, 바울은 여기서 그 연합이 어떤 대가를 치르더라도 달성되어야 할 정도로 우선순위가 높다는 점을 옹호하는 것이 아니다. 바울은 모두가 "같은 말을 할"(agree) 것을 요구한다(10절). 연합은 오직 그들이 "같은 마음과 같은 뜻"으로 합할 때만, 다시 말해 그리스도의 마음과 뜻을 품을 때만 일어날 수 있다. 이런 연합이 있으려면 힘든 수고와 주의 깊고 겸손한 리더십과 많은 기도가 필요할 것이다. 교회 안의 이런 가시적 연합이 세상에 영향을 주기를 바라는 그리스도의 기도는 분열이 복음 진리에 얼마나 위험한지를 잘 보여준다(요 17:11-23).

여기서 말하는 분쟁은 이단 문제로 갈라지는 분파를 가리키지 않는다. 분파는 다른 문제고, 다른 성경 본문에서 다루어진다. 그러나 현대 교회에서 일어나는 대부분의 분쟁은 사람을 중심으로 일어난다. 사람들은, 그리스도의 마음을 진실로 구하면 별로 중요하지 않을 것으로 판명될 일에 크게 신경을 쓴다. 오늘날에는 교인들이 누가 누구에게 세례를 베풀었는지는 별로 신경 쓰지 않는다. 하지만 다양한 개인 숭배가 너무 쉽게 이루어진다. 이것은 아주 다양한 차원에서 일어날 수 있으나 모두 분쟁을 일으킨다. 예배 음악이나 예배 시간에 대해 불평하는 어떤 이는 뒤에서 자기와 의견을 함께 나눌 교인을 찾고, 그때 분쟁을 일으키기 시작한다. 어떤 이는 교회 사역의 한 분야를 교회 안에서 다른 지도자나 다른 활동을 손상하는 세력 기반으로 사용하기 시작한다. 심지어는 직장의 경쟁 관계에 익숙한 어떤 이는 복음 사역자에 맞서 세력 다툼을 벌이기도 한다. 목사나 지도자는 종종 평강을 회복하고 이런 적대적인 분쟁을 종식하고자 할 때, 특히 분쟁이 급격히 고도로 감정적인 문제가 될 때 시험에 빠진다. 참된 관심사를 가려내는 일은 항상 중요하다. 하지만 종종 그것은 근본 문제가 아니라 증상을 언급하는 것으로 그친다는 점을 의미한다. 자주 그렇듯이 바울이 여기서 확인하는 문제는 단순한 증상이 아니라 근본 문제다. 지도자를 포함하여 교인들은 종종 예수 그리스도와 십자가에 못 박힌 그리스도를 시야에서 놓치기도 한다. 그들의 눈은 더는 예수님께 고정되어 있지 않다. 그리고 임시 응급조치로는 깊은 상처를 치료하지 못할 것이다. 만약 그들이 복음 자체를 시야에서 놓치고 있다면, 사람들이 서로 '미안하다'고 말하고 악수를 하게 하는 것은 문제의 해결책이 아니다. 사과는 관련 당사자가 진정한 문제가 무엇인지 그리고 복음이 얼마나 겸손을 요구하고 그리스도께 초점을 맞출 것을 요청하는지 깨달은 결과로 나와야 한다. 십자가에 못 박힌 그리스도는 설교와 가르침뿐만 아니라 삶과 예배에서도 초점이 되어야 한다.

2. 개인 숭배의 위험성

때때로 교회가 '유명한' 목사를 담임목사로 두고 싶을 때 개인 숭배가 조장된다. 일부 교회는 매우 탁월한 강연 전문가이자 언론에 정통한 목사를 담임목사로 임명하기 시작했다. 화려한 수사, 농담의 은사, 몇 가지 예화가 곁들여진 설교는 명품 설교가 되어 라디오, TV, 인터넷에서 들려온다. 소통에 각별한 관심이 있는 현대 사회에서는 이처럼 리더십이 있고 '앞서가는' 사람에게 초점을 맞추는 현상을 피하기 어렵다. 그런데 이런 현상은 바울 시대의 현상과 다르지 않다. 그때도 청중은 설교자의 메시지보다 그의 표현 방식, 지위, 능력에 더 큰 관심이 있었다. 이것은 어느 교회에나 지극히 필수적이지만 쉽게 말하기가 어려운 부분이다. 그러나 바울은 웅대한 연설이나 교묘한 구술 기법을 과시하기보다, 복음 메시지에 더 알맞은 전달 형태가 있다는 것을 매우 분명히 밝혔다. 우리는 전달 방식을 십자가에 못 박힌 그리스도의 메시지에 더 긴밀하게 일치시키는 일에 지속적인 관심을 두어야 한다. 그리스도를 제시할 때 단순한 표현과 확고한 겸손을 보여주는 것은, 특별히 문체와 형식을 금방 파악하고 내용에 관해 묻는 젊은 비신자에게 매력을 끌 것이다.

3. 하나님의 말씀이 지닌 능력을 신뢰함

설교자와 교사가 여전히 복음 선포에 발화(發話) 능력이 있다고 믿는가 하는 질문은 매우 중요하다. 교회는 예수님의 복음을 제시하면 복음 자체에 사람들을 회심시키고 변화시킬 하나님의 능력이 있다는 사실을 진실로 인정하는가? 바울의 신학은 다른 성경 저자들의 신학과 온전히 일치한다. 예를 들어, 요엘은 "그의 명령(말씀)을 행하는 자는 강하니"(욜 2:11)라고 말하고, 히브리서 저자도 "하나님의 말씀은 살아 있고 활력이 있어"(히 4:12)라고 말한다. 그러나 바울은 이보다 훨씬 더 강력하게 바라본다. 그는 그리스도의 복음이 전하는 하나님의 말씀이 하나님의 창조하시는 말씀을 반영한다고 여긴다. 복음의 말씀을 통해 새 창조가 일어나기 때문이다(고후 5:17; 갈 6:15). 여기서 우리는 창세기 1:24-26을 떠올리게 된다. "하나님이 이르시되…하시니 그대로 되니라…하나님이 이르시되 우리의 형상을 따라 우리의 모양대로 우리가 사람을 만들고." 바울은 복음 메시지가 그리스도 안에서 주어진 하나님의 메시지이기 때문에 거기에는 변화시키는 능력이 있다고 가르친다. 하나님은 자신의 말씀, 곧 십자가에 못 박힌 그리스도 안에서, 그 계시를 통해 역사하신다.

3 CHAPTER

고린도전서 1:18-25

문학적 전후 문맥

바울은 이제 편지의 본문을 쓰기 시작한다. 고린도 교인 사이에서 이루어져야 하는 연합의 부재가 다루어야 할 첫 번째 문제였다. 이 문제는 고린도전서 전체에 걸쳐 거듭 드러날 것이다. 또한 바울은 교인들이 각자 특정 지도자를 선호하는 문제도 언급했다. 이런 분쟁이 일어난 것은 아마 그들이 그 지도자에게 세례를 받았기 때문이었거나, 단순히 당시 사회의 관습에 따라 후견인을 두고 공동체 안에서 모종의 인정을 받고 지위를 차지하는 것이 외관상 유익했기 때문일 것이다. 바울은 끊임없이 그리스도와 그분의 주 되심 그리고 "말의 지혜"와 반대되는 "그리스도의 십자가"를 언급함으로써 고린도 교회에서 일어나는 문제에 도전하기 시작했다. 그다음 주요 부분(1:18-25)에서 바울은 17절에서 언급한 세상의 지혜가 지닌 설득력 및 엘리트주의와 그리스도의 십자가가 지닌 지혜 및 능력을 구분한다. 그리고 바울은 고린도 교인에게 스며든 이 세상의 "지혜"와 하나님에게서 나온 하나님의 지혜를 대조한다. 십자가는 "미련한 것"으로 간주하거나 "하나님의 능력"으로 간주하거나 둘 중 하나다. 하나님의 지혜는 의도적으로 이 세상의 지혜를 어리석은 것으로 만들었다. 심지어 하나님은 약하실 때도 사람보다 강하시다. 또 '어리석으실' 때도 사람보다 지혜로우시다.

1:18-25은 "그리스도의 십자가"의 능력과 그분의 십자가가 어떻게 어떤 사람을 멸망시키거나 구원하는 역할을 하는지 제시한다. 유대인과 이방인이 똑같이 복음을 듣고 충격을 받지만 그 반응은 다르다. 세상의 눈에 매우 부조리하게 보이는 일, 곧 십자가에 못 박히신 왕이 어떻게 지금까지 "지혜"로 간주될 수 있었을까? 1:26-31에서 바울은 고린도 교인 속에서 이 복음이 만들어낸 (이상한) 결과를 제시함으로써 자신의 요점을 확실히 한다. 세상의 기준에 따르면, 고린도 교인은 대부분 "지혜가 있지" 않았고 능력이나 지위를 가지지 않았다. 바울은 2:1-5에서 자신이 약하고 "지혜의 말"이 부족함에도, 하나님이 자신을 통해 역사하신 (이상한) 현상을 제시함으로써 메시지를 더 깊이 예증한다. 이런 식으로 바울은 그들이 복음을 듣고 반응할 때마다 하나님의 지혜가 사람의 지혜보다 강하고 더 효력 있는 것으로 확인되었다고

주장한다. 심지어는 복음을 제시하는 방식도 이 세상의 "지혜 있는 자"는 멀리할 것이다. 왜냐하면 바울은 약하게 보였고 복음을 전할 때 세련된 수사를 사용하지 않았기 때문이다. 복음은 고린도 교인이 저지른 온갖 잘못, 곧 그들의 자랑, 교만 그리고 주변 문화의 관점에 따라 지위를 중시하는 경향 등을 바로잡았다.

I. 편지의 서두(1:1-9)
II. 연합의 부족에 대한 바울의 낙심(1:10-17)
➦ **III. 십자가로 말미암아 근본적으로 다른 관점이 형성됨(1:18-2:5)**
  A. 십자가의 도(1:18-25)
  B. 고린도 교인의 부르심에서 예증됨(1:26-31)
  C. 바울의 복음 전파에서 예증됨(2:1-5)
IV. 온전한 그리스도인은 하나님의 지혜를 구함(2:6-4:21)

주요 개념

십자가에 못 박힌 그리스도의 메시지는, 세상에는 미련한 것이지만 사람들을 구원하시는 하나님의 능력을 담고 있다. 지혜 있는 것과 미련한 것에 관한 당대 가치관이 영향력을 미치고 있지만, 그리스도의 십자가 메시지는 구원받는 자에게 하나님의 능력과 지혜를 계시한다. 이에 비추어 볼 때 사람들의 지혜와 힘은 아무것도 아닌 것으로 드러난다.

번역

고린도전서 1:18-25

18a	단언	**십자가의 도가…미련한 것이요**
b		멸망하는 자들에게는
c		구원을 받는 우리에게는
d	대조	**하나님의 능력이라**
19a	18a-b절의 확증	**기록된 바**
b	인용	내가 지혜 있는 자들의 지혜를 멸하고
c		총명한 자들의 총명을 폐하리라 하였으니(사 29:14)

20a	수사적 질문	**(1) 지혜 있는 자가 어디 있느냐**
b	연속	**(2) 선비가 어디 있느냐**
c	연속	**(3) 이 세대에 변론가가 어디 있느냐**
d	연속의 결론	**(4) 하나님께서 이 세상의 지혜를 미련하게 하신 것이 아니냐**
21a		하나님의 지혜에 있어서는
b	21c–e절의 원인	이 세상이…하나님을 알지 못하므로
c	수단	자기 지혜로
d	단언	**하나님께서…믿는 자들을 구원하시기를 기뻐하셨도다**
e	수단	전도의 미련한 것으로
22a	단언	**유대인은 표적을 구하고**
b		**헬라인은 지혜를 찾으나**
23a	단언	**우리는 십자가에 못 박힌 그리스도를 전하니**
b	묘사	유대인에게는 거리끼는 것이요
c		이방인에게는 미련한 것이로되
24a	대조	오직 부르심을 받은 자들에게는
b	동격	유대인이나 헬라인이나
c		그리스도는
d	묘사	하나님의 능력이요
e		하나님의 지혜니라
25a	단언	**하나님의 어리석음이 사람보다 지혜롭고**
b		**하나님의 약하심이 사람보다 강하니라**

구조

이 부분에서 바울이 말하고자 하는 핵심 전제는 18절에 제시된다. 하지만 전체 부분(1:18–2:5)은 17절의 내용을 더 상세히 전개한다. 18–21절에서 복음의 능력이 하나님의 관점에 따라 언급된다. 세상은 십자가의 도를 미련한 것으로 간주하지만, 사람들은 십자가의 도에 서로 근본적으로 다르게 반응함으로써 두 부류로 나누어진다. 바울은 십자가 메시지의 미련한 것을 통해 자신의 지혜로 하나님께 도달할 수 있다고 느끼는 자들을 좌절시키는 것이 하나님의 의도라고 말한다(19–21절). 바울은 성경에 호소하고(19절), 세 가지 강력한 수사 의문문으로 성경을 가리킴으로써(20절) 이 사실을 지지한다. 21절도 하나님의 지혜에 있어서는 이 세상이 자기 지혜로 하나님을 알지 못하고, 전도를 통해 믿는 자가 구원을 받을 것이라고 그 요점(ἐπειδὴ γὰρ)을 계속 전개한다. 하나님이 의도하신 이 두 가지 반응에도, 그다음 세부 부분은 복음이 모든 사람(유대인과 이방인 모두, 22-24절)에게 전파될 것이고 또 전파되어야 한다는 사실을 계시한다. 바울은 이 일련의 대조를 통해 유대인과 이방인 가운데 부정적 반응이 있으리라는 점을 증명한다. 바울은 일부 유대인의 부정적 반응과 일부 이방인의 부정적 반응을 정교하게 균형을 맞추어 제시한다(23절). 유대인은 표적을 구하고, 유대인에게 십자가에 못 박히신 왕은 거리끼는 것이다. 이방인은 지혜를 구하고, 이방인에게 십자가에 못 박히신 왕은 미련한 것이다. 반면 부르심을 받은 자(κλητοί)는 하나님의 지혜와 능력을 만날 것이다(24절). 25절은 비교절을 사용하여 하나님이 보여주신 구원의 길이 하나님이 사람보다 얼마나 더 지혜롭고 강하신 분인지 계시한 것을 보여줌으로써 이 부분을 요약한다. 이를 통해 바울은 하나님의 지혜가 실제로 고린도 교회에서 어떻게 나타났는지 보여주는 사례로 시선을 돌린다(26-31절).

석의적 개요

III. 십자가로 말미암아 근본적으로 다른 관점이 형성됨(1:18-2:5)

➡ **A. 십자가의 도(1:18-25)**

1. 십자가의 도는 이 세상의 지혜를 멸망시킴(1:18-20)
2. 십자가의 도는 믿는 자를 구원함(1:21)
3. 십자가의 도는 모든 사람(유대인과 이방인)에게 전파되어야 함(1:22-24)
    a. 십자가의 도는 유대인에게는 거리끼는 것이고 이방인에게는 미련한 것이다(1:22-23)
    b. 십자가의 도는 유대인이나 이방인이나 부르심을 받은 자에게는 하나님의 능력과 지혜다(1:24)
4. 십자가의 도는 사람의 지혜의 어리석음을 드러냄(1:25)

B. 고린도 교인의 부르심에서 예증됨(1:26-31)

C. 바울의 복음 전파에서 예증됨(2:1-5)

본문 설명

1:18 십자가의 도가 멸망하는 자들에게는 미련한 것이요 구원을 받는 우리에게는 하나님의 능력이라(Ὁ λόγος γὰρ ὁ τοῦ σταυροῦ τοῖς μὲν ἀπολλυμένοις μωρία ἐστίν, τοῖς δὲ σῳζομένοις ἡμῖν δύναμις θεοῦ ἐστιν). 바울은 17절에서 자신이 어떻게 "그리스도의 십자가"의 능력에서 아무것도 헛되지 않도록 복음을 전하는 자로 부르심을 받았는지 설명한 다음, 이제 18절에서 복음 전파에서 발견되는 능력의 본질을 제시하기 시작한다. 이 능력은 어떤 이는 구원을 받지만 다른 이는 멸망하는 역사 속에서 확인될 수 있다. '그러므로'(개역개정에는 번역되어 있지

않음-역주)라는 말이 18절을 17절과 연결한다. 17절에서 바울은 "말의 지혜로" 전하지 않은 것에 관해 말했다. 여기서 바울은 "십자가의 도"(Ὁ λόγος…ὁ τοῦ σταυροῦ)를 말한다. 바울은 십자가의 도가 구원받는 자들 속에서 하나님의 능력으로 경험된다고 주장한다. 헬라어에서 "말"(λόγος)이 폭넓은 의미를 지닌다는 점은 앞에서 지적했다. 여기서 "십자가의 도"와 17절에 나온 "말의 지혜"의 대조는 이보다 더 분명할 수 없다. "말의 지혜"는 사람의 솜씨, 총명, 창의성을 드러낸다. 반면 "십자가의 도"는 모든 것이 하나님께 속해 있다. 십자가의 도는 십자가에 못 박히신 그리스도 안에서 발견되는 구원의 복음을 선포하는 것에 대한 제유법이다. 이 선포는 바울 서신과 신약 다른 곳에 나타나는 것처럼 죄에 대한 하나님의 심판 선언, 용서받는 데 요구되는 회개의 필요성, 그리스도가 "너희를 위하여" 십자가에서 죽으셨기에(1:13; 참고. 15:1-7) 가능해진 구원을 얻는 방식을 포함할 것이다. 그리스도의 죽음, 부활, 영광스러운 주 되심의 위치로 높아지심도 이 온전한 메시지의 한 부분이 될 것이다.[1] 그러나 십자가의 중심적 위치, 십자가 메시지의 수치, 주님의 낮아지심, 십자가 못 박힘에 따른 소름 끼치는 죽음의 공포로 말미암아, 이 전체 메시지는 결국 사람들을 두 부류로 나눈다.

십자가 죽음은 유대인이나 이방인이 모두 공포와 멸시의 대상으로 간주했다. 바울이 분명히 하는 것처럼, 많은 유대인에게 십자가 죽음은 "거리끼는 것"(걸림돌)의 원인이다(23절에서 추가 설명을 보라). 유대교의 율법에서 "나무에 달려 죽는" 것은 그가 저주받았음, 즉 하나님께 벌을 받은 것을 의미했다(신 21:23; 참고. 갈 3:13; 5:11). 그러나 유대인과 이방인에게 모두 십자가 죽음이, 십자가에 못 박혀 죽으신 왕은 말할 것도 없고 십자가에 못 박히신 왕에 관해 전하는 관념 전체까지, 미친 짓 또는 미련한 것(μωρία, 18절)으로 보인 이유는 순전히 십자가 처형의 죽음에서 느껴지는 공포 때문이었다. 헹겔(Hengel)은 "십자가 처형을 받는 죄수는 상대적으로 적은 비용으로 공개적 효과가 크고 며칠 동안 형언할 수 없을 정도로 극심한 죽음의 고통을 겪어야 했다"[2]라고 말한다. 따라서 사람의 지혜에 비추어 볼 때 십자가 죽음에 관한 모든 진리가 믿을 수 없는 것으로 보인 점은 놀랍지 않다. 그러나 매우 간명하게 바울은 이처럼 쉽게 믿지 못하는 사람들을 "멸망하는"(ἀπόλλυμι) 자로 묘사한다. 이 현재 중간태 분사는 그들이 "멸망을 향해 가고 있다는" 사실을 암시한다.[3] 이 중간태는 하나님이 이 일의 행위자 또는 원인이라는 점을 함축한다고 보는 것이 가능하다. 이것은 "십자가의 도" 자체가 사람들을 둘로 나누고, 그 자체에 구원하거나 멸망시키는 하나님의 능력이 있다는 전체적 진리에 적합할 것이다.

또 바울은 똑같이 간명하게 결정적으로 중요한 대조를 진술한다. 곧, 두 집단의 사람들을 비교한다. 한 집단에는 십자가의 도가 "미련한 것"이고, 다른 한 집단에는 십자가의 도가 "하나님의 능력이다"(δύναμις θεοῦ ἐστιν). 이 두 여격 분사는 십자가에 대해 사람들을 이쪽 아니면 저쪽으로(μέν…δέ) 규정한다. 따라서 십자가에 달려 죽으신 왕에 대한 사람들의 반응에 따라 하나님은 멸망하는 자나 구원받는 자를 드러내신다.

여기서 현재 분사 "구원을 받는"(who are being saved, σῳζομένοις)이라는 말은, 구원이 종말론적으로 역사가 중대한 클라이맥스에 이르렀을 때 온전히 실현될 것이라는 사실을 상기시킨다. 바울이 뒤에서 고린도 교인에게 말할 필요가 있는 것처럼, 그들은 아직 목표에 이르지 못했다. 물론 "하나님은 미쁘시다"(1:9; 10:13). 하나님은 자기 백성을 지키고 보호하시겠지만 그들은 아직 목표에 이르지 못했다. 최후의 심판과 구원은 종말론적

1. 앞에서 '심층 연구: 복음'을 보라.
2. Martin Hengel, *Crucifixion in the Ancient World and the Folly of the Message of the Cross* (London: SCM, 1977), 87.
3. Héring, *First Corinthians*, 8. 참고. Horsley, *1 Corinthians*, 48.

지평 위에 존재한다.

따라서 "십자가의 도"라는 말은 확실히 구원받는 법에 관한 메시지를 선포하는 것이지만, 사실은 그 이상이다. 십자가의 도는 말세(마지막 때)가 임한 것을 하나님이 선포하시는 것이기도 하다(고전 10:11). 하나님이 선지자들에게 약속하신 것이 지금 성취되고 있다. 하나님은 심판하시고, 자신의 이름의 정당성을 입증하시며, 능력과 영광 속에서 계시되는 중이다. 하나님의 심판은 그리스도가 십자가에서 죽으셨을 때 확인된다. 마지막 때는 이미 세상에 임했고, 모든 사람은 구원을 받거나 멸망을 당할 것이다.

우리는 여기서 바울이 "미련한 것"과 "지혜"를 비교할 것이라고 예상할 수 있다. 그러나 바울은 "미련한 것"과 "능력"을 비교하고, 십자가의 도가 강력하게 삶을 변화시키시는 하나님의 방식이라는 점을 상기시킨다. 24절에서 바울은 "하나님의 지혜"라는 말을 사용하는데, 거기서 그 말은 사실상 "하나님의 능력"과 동의어다. 그러나 18절에서 바울이 지적하는 요점은 지극히 중요하다. 이 세상의 방법은 미련한 것과 지혜를 비교한다. 그러나 십자가를 다룰 때는 다르게 비교한다. 그것은 아무것도 이루지 못하는 것과, 구원을 제공함으로써 하나님의 공동체 안에서 참된 지위를 부여하는 능력을 비교하는 것이다.

1:19 기록된 바 내가 지혜 있는 자들의 지혜를 멸하고 총명한 자들의 총명을 폐하리라 하였으니(γέγραπται γάρ, ἀπολῶ τὴν σοφίαν τῶν σοφῶν, καὶ τὴν σύνεσιν τῶν συνετῶν ἀθετήσω). 바울은 자신의 주장을 뒷받침하기 위해 칠십인역 이사야서 29:14[4]을 인용한다. 그리스도의 십자가에서 하나님이 지혜 있는 자들의 지혜를 멸하겠다고 선언하시는 목적이 성취된다. "기록된 바"(γέγραπται)라는 말은 성경에서 인용한 본문을 소개할 때 전통적으로 사용하는 말이다.[5] 이 완료 시제는 과거에 기록된 것이 지금도 계속 효력이 있음을 암시한다. 바울은 고린도전서에서 (구약) 성경 본문을 14번 정도 인용하고, 다른 많은 성경 본문을 인유한다. 이사야서 29:14의 원래 문맥은, 하나님의 백성이 자신의 계획과 행동을 어둠 속에서 행하고 하나님의 길을 거역하는 것(15절)에 대해 하나님이 심판하실 때를 바라보는 내용이다. 자기의 지혜가 없어질 "지혜자"는 아마 왕의 모사들을 가리킬 것이다. 하나님은, 그들이 피조물에 불과하다는 것을 인정하지 않고 자신을 창조주로 만들어 신처럼 높이는 것을 비난하신다(16절). 그들은 심지어 하나님이 "총명이 없다"라고까지 불만을 터뜨렸다(16절). 그러나 하나님은 자신이 총명이 있고 만사를 통제하는 주체임을 보여주실 것이다. 이사야서 30:1-2에서 이사야 선지자가 계속 보여주는 것처럼, 이 "지혜자들"이 애굽과 맹약을 맺어 앗수르의 침략을 막고자 했던 계획은 수포로 돌아갈 것이다. 사실 하나님은 이스라엘이 애굽과 맹약한 일로 앗수르가 매우 놀라 자기들의 입장이 더 불리해지기 전에 계획을 바꾸어 이스라엘을 침략하게 하실 것이다. 하나님이 자기 백성을 구원하시는 역사는 외관상 약해 보이는 계획을 통해 이루어진다. 하나님의 백성은 침략을 당한다. 그들은 그 과정에서 정복되고 비참해진다. 하지만 이 곤경에서 벗어나도록 하나님의 구원이 임한다. 따라서 이 이사야서 본문은 바울이 고린도 교인에게 말하는 것과 잘 들어맞는다. 하나님의 백성인 고린도 교인은 세상의 지혜를 의지하고, 하나님의 지혜가 세상의 지혜와 다르다는 사실을 인정하지 않은 것처럼 보인다. 그러나 (외관상) 약한 것에서 참된 능력이 발견될 것이다. 하나님의 백성은 십자가의 비천한 모습 속에서만 죄의 패배와 세상의 지혜를 전복하시는 하나님의 최종적이고

4. LXX 이사야 29:14에서 마지막 단어는 여기서 바울이 쓰는 ἀθετήσω("내가 폐하리라")가 아니라 κρύψω("내가 가리리라")이다. 이런 변화가 가능한 이유에 대해서는 Thiselton, *1 Corinthians*, 161을 보라.

5. 예를 들어, 마 4:4; 행 1:20; 롬 1:17.

결정적인 응답을 발견한다.

바울이 이사야서 본문을 인용할 때 미래 시제 '내가 멸하리라'(I will destroy, ἀπολῶ)는 말을 사용하는 것은 바울의 가르침에 종말론적 배경이 있음을 더 깊이 확립하고, 1:18의 현재 시제("멸망하는", ἀπολλυμένοις)를 보강한다. 그렇게 함으로써 바울은 이것이 항상 하나님이 자신의 지혜가 아닌 다른 모든 지혜를 멸하시고 자신의 방식으로 구원을 일으키시려는 의도였다는 점을 말한다. 그리고 미래 시제 "내가…폐하리라"(I will nullify, ἀθετήσω)는 말을 사용하는 것은, 이 세상의 지혜가 세상을 보는 또 다른 방식이 아니라 하나님을 직접 반대하고, 따라서 '폐하거나' 피해야 한다는 관념을 전달한다. 이사야가 예언한 것처럼 이 세상의 지혜와 총명을 가진 자는 멸망당할 것이다. 이 "지혜"는 그것을 생각하고, 그것을 가르치며, 그것에 따라 행하는 사람들과 분리될 수 없다.

1:20a–c 지혜 있는 자가 어디 있느냐 선비가 어디 있느냐 이 세대에 변론가가 어디 있느냐(ποῦ σοφός; ποῦ γραμματεύς; ποῦ συζητητὴς τοῦ αἰῶνος τούτου;). 이 세 개의 수사 의문문은 단지 인유이기는 하지만 계속 (구약) 성경을 의존한다. 여기서 반복은 바울이 하는 말의 효력을 한층 더 강화하는 역할을 한다. 십자가에 못 박힌 그리스도는 "이 세대"의 온갖 지혜를 파괴한다. 여기서 바울은 이사야서 19:12, 33:18, 44:25과 같은 기존의 구약 본문이나 이와 비슷한 다른 본문을 사용했다고 볼 수도 있다.[6] 그러나 그럴 가능성은 작고, 그것이 바울의 주장에 본질적인 것도 아니다. 다만 바울은 여기서 다음과 같이 세 부류의 특수한 사람을 가리킬 의도가 있었다고 볼 수 있다.[7]

1. "지혜 있는 자"(σοφός)는 앞서 언급된 그리스의 소피스트나 철학자를 가리킨다.[8]
2. "선비"(γραμματεύς)는 율법, 곧 유대교 율법에 정통한 사람을 가리킨다(이것은 22–23절에 나올 유대인과 헬라인에 대한 언급을 미리 소개하는 역할을 한다).
3. "이 세대에 변론가(συζητητής)"는 사람들에게 인기를 끌기 위해 철학적 논쟁과 토론을 일반적으로 즐기는 자를 가리킨다.

여기서 바울의 염려에 대해 더 중요한 것은 "이 세대에"(τοῦ αἰῶνος τούτου)라는 말이다. 이 말은 "지나가는"(7:31, παράγω) 현 세상을 가리킨다. 바울은 "세대"라는 말을 이원적인 그리스 개념이 아니라 유대 개념에 따라 이해한다. "이 세대"는 본질상 '세상의'라는 말과 동의어이고(1:20–21; 2:12; 참고. 3:19) "지나가는"(7:3; 참고. 2:6) 것이지만, 그리스도인이 금욕주의와 같은 것을 통해 피해야 한다는 암시는 전혀 없다. 유대 사상에 따르면 현세대는 결정적으로 메시아 세대, 곧 하나님의 구원의 시대로 넘어갔다. 다니엘서 9:24–27과 「솔로몬의 시편」(Psalms of Solomon) 17:1–4, 42–46, 18:5–6과 같은 본문은 제2성전 시대의 유대 사상이 크게 강조한 메시아 대망에 대해 말한다. 하나님은 왕, 곧 자신의 메시아를 보내실 것이다. 메시아는 오셔서 하나님의 원수들을 정복하고, 하나님의 백성을 모으며, 땅에 영원한 의의 나라에서 다스리실 것이다. 따라서 예수님을 메시아로 인정하는 바울과 초대교회는 현 세상 질서의 끝인 마지막 때가 그리스도의 오심, 곧 그분의 죽음과 부활과 승

6. 예컨대 C. K. Barrett, *A Commentary on the First Epistle to the Corinthians*, HNTC (New York: Harper and Row, 1968), 52–53을 보라.
7. 구약 본문을 인용한 것으로 보면 이 세 부류의 사람이 다 유대인이었다고 말하는 것은 개연성이 없다. 이 부분에서 바울이 구약 본문을 인용한 것을 상세히 검토한 것은 Munck, *Paul and the Salvation of Mankind*, 146–53을 보라.
8. Robertson, Plummer 공저, *First Corinthians*, 19에서 그렇게 보고, 총칭 개념(유대인과 이방인)으로 보는 Charles Ellicott, *St. Paul's First Epistle to the Corinthians, with A Critical and Grammatical Commentary* (London, 1887)는 이와 대립된다.

천으로 시작되었다고 본다. 승천하여 하늘 보좌에 앉으신 왕이 자신의 통치를 이미 시작하셨다.[9] 이 사건은 지혜 있는 자의 지혜를 멸했다. 그리스도께 속한 자는 이미 새 시대에 속해 있다. 여기서 바울의 종말론은 당시 유대교의 종말론과 차이가 있다. 메시아는 다윗의 왕좌에 올라 영원히 다스리신다. 하지만 현재 두 시대가 나란히 공존한다. 그리스도 안에서 행하시는 하나님의 사역은 물론 이 지배권이 어떤 면에서는 동등하지 않은 것을 보여준다. 확실히 이미 십자가의 도는 이 진리를 계시한다. 곧, 사람들은 이미 멸망당하고 있고 또 이미 구원받고 있다. 그리스도(그리고 십자가에 못 박힌 그리스도)는, 곧 하나님의 능력이시다.

1:20d 하나님께서 이 세상의 지혜를 미련하게 하신 것이 아니냐(οὐχὶ ἐμώρανεν ὁ θεὸς τὴν σοφίαν τοῦ κόσμου;). 바울은 논증을 위해 편지의 수신자인 그리스도인들이 자신과 뜻을 같이하고 있다고 가정한다. 이 질문(οὐχί를 가진)에는 "예"라는 답변이 예상된다. 동사 "미련하게 [했다]"(ἐμώρανεν, 부정과거)라는 말은 마지막 단락에서 도달한 결론이 정확하다는 것을 증명한다. 하나님은 세상의 지혜를 "미련하게 하[셨다]." 이 일은 십자가에 못 박힌 그리스도로 말미암아 일어났다. 여기서 "세상의"라는 말은 소유의 소유격이다. 그러므로 세상, 즉 "이 세대에" 속한 지혜는 멸망할 것이다.

1:21 하나님의 지혜에 있어서는 이 세상이 자기 지혜로 하나님을 알지 못하므로 하나님께서 전도의 미련한 것으로 믿는 자들을 구원하시기를 기뻐하셨도다(ἐπειδὴ γὰρ ἐν τῇ σοφίᾳ τοῦ θεοῦ οὐκ ἔγνω ὁ κόσμος διὰ τῆς σοφίας τὸν θεόν, εὐδόκησεν ὁ θεὸς διὰ τῆς μωρίας τοῦ κηρύγματος σῶσαι τοὺς πιστεύοντας). 세상의 지혜가 복음 전도를 미련한 것으로 간주하지만, 바울은 계속해서 전도와 하나님의 지혜 간에 하나님이 정하신 관계를 강조하는 논증을 요약하고 확대한다. 문장 구조가 분명히 드러나도록 주절이 종속절과 분리되어 뒤에 나온다.

'하나님께서…믿는 자들을 구원하시기를 기뻐하셨도다.' 여기서 동사 "하나님께서…기뻐하셨도다"[it pleased God, εὐδόκησεν(부정과거)]는 하나님이 사람들을 구원으로 이끄는 방법을 의도적으로 그리고 기쁘게 정하셨다는 사실을 독자에게 상기시킨다. 하나님은 사람들이 구원받도록 계획하셨을 뿐만 아니라, 구원이 성취되는 수단도 정하셨다. 하나님의 의도적인 계획을 가리키는 "하나님께서 기뻐하셨다"라는 관념은 마태복음 17:5, 누가복음 12:32, 갈라디아서 1:15(참고. 골 1:19; 엡 1:5)과 같은 신약 본문에서 확인할 수 있고, 부정적 관점에서는 고린도전서 10:5에서도 확인할 수 있다.[10]

여기서 현재 분사(πιστεύοντας, "믿는")는 의미가 깊다. 구원을 받은 자(18절)는 현재 '믿고 있는' 자다(21절). 십자가에 못 박힌 그리스도에 대한 지속적 믿음[11]과 헌신은 결정적으로 중요한 문제다. 이 믿음은 의도적으로 사람의 지혜를 버리고, 그리스도의 죽음과 부활을 통한 하나님의 효과적인 구원 계획에 온 마음으로 참여할 것을 요청한다. 바울은 이 주절을 문장 끝에 둠으로써 내용을 더 강조한다. 사람들은 하나님의 놀라우신 계획에 따라 구원받을 것이다. 그리고 하나님이 구원을 얻도록 정하신 수단은 "전도의 미련한 것"이다.

---

9. 두 "세대"에 대한 바울의 접근법을 더 깊이 알려면 Wright, *Paul and the Faithfulness of God*, 1061–73, 특히 1069를 보라.
10. G. Schrenk, "εὐδοκέω," *TDNT* 2:740–42를 보라.
11. 현재 분사를 계속적 의미가 있는 것으로 간주해야 하는지는 항상 문맥이 결정해야 하지만, 여기서 "믿는 자들"(πιστεύοντας)이라는 실명사 분사는 계속적 의미가 있는 것 같다. 다시 말하면 바울과 다른 사도들은 계속 믿는 것을 구원의 증거로 보았다(참고. 고전 14:22; 롬 3:22; 4:11, 24). 또한 Daniel B. Wallace, *Greek Grammar Beyond the Basics: An Exegetical Syntax of the New Testament with Scripture, Subject, and Greek Word Indexes* (Grand Rapids: Zondervan, 1996), 621n22의 설명도 보라.

"전도의 미련한 것으로"라는 표현은 고린도 사회가 수사와 말의 지혜에 높은 가치를 둔 것과 대조된다. 그러나 여기서 "전도"(preaching)는 단순히 전달의 한 방식이 아니라 전달된 내용을 가리킨다. 또한 '선포'(proclamation)라는 말이 사용될 수도 있다. 바울은 "우리는 십자가에 못 박힌 그리스도를 전하니"(23절)라고 계속 말한다. 무엇보다 메시지의 내용이 이 전도를 (인간적으로 말해) 미련한 것으로 간주하게 한다. 따라서 여기서 우리는 문장 전반부로 되돌아갈 수 있다. 문장 전반부는 하나님이 사람의 지혜를 멸하시는 것에 관해 언급한 것과 하나님이 실제로 자신의 참된 지혜를 계시하시는 방법 간에 연계성을 놓는 역할을 한다.

바울은 앞에서 "하나님의 능력"을 세상의 "지혜"와 대조하여 말했지만(18–19절), 이제는 "하나님의 지혜"(소유의 소유격)[12]에 관해 말한다. 이 지혜의 내용은 실제로 주절에서 명확히 제시된다("하나님께서…기뻐하셨도다"). 그리스도의 죽음을 통해 믿는 자를 구원하시는 것은 다름 아닌 하나님의 작정이다. 이것은 하나님의 지혜고, 바울이 계속 예증하는 것처럼 "이 세상"의 지혜와는 전혀 맞지 않는 지혜다(3:18).

19절에서 하나님이 세상의 지혜를 멸하실 것이라는 사실을 확인했다. 하나님이 세상의 지혜를 멸하겠다고 미리 정하신 계획에 관한 이 관념은 주절에 나온다("하나님께서…를 기뻐하셨도다"). 따라서 종속절은 이 관념과 일치한다("하나님의 지혜에 있어서는 이 세상이 자기 지혜로 하나님을 알지 못하므로…"). 여기서 '…때문에'(ἐπειδή)라는 말이 사용된 것은 원인적 용법이다(개역개정에는 이 말이 "알지 못하므로"에 들어가 있음–역주). 하나님이 세상의 지혜를 멸하시는 것은, 세상의 지혜가 사람들로 하여금 하나님을 알게 할 수 없었기 "때문에" 하나님이 행하시는 일이다.[13] 따라서 바울은 고린도 교인에게 사람들이 자기들 자신의 기법과 전략을 통해서는("자기 지혜로") 하나님을 알지 못하는 것이 기정 사실임을 상기시킨다. 하나님을 아는 것은 단순히 하나님에 관해 아는 것이 아니다. 모든 사람이 하나님에 관해 나름대로 안다(롬 1:19–21). 오히려 하나님을 아는 것은, 주님을 구원하실 수 있는 유일한 분으로 여기는 것이다. 하나님을 아는 것은 "우리의 주 되신 예수 그리스도의 이름을 부르는" 것이다(1:2). 무엇보다 하나님을 아는 것은 완전히 새로운 시각, 곧 새로운 사고방식에 맞추어 하나님과의 관계에 들어가는 것이다. 바울은 2:6–16에서 이것을 말하는데, 거기서 그 진술은 "우리가 그리스도의 마음을 가졌느니라"는 말로 끝난다(또한 8:2–3에 대한 설명도 보라).

1:22 [때문에][14] 유대인은 표적을 구하고 헬라인은 지혜를 찾으나(ἐπειδὴ καὶ Ἰουδαῖοι σημεῖα αἰτοῦσιν καὶ Ἕλληνες σοφίαν ζητοῦσιν). 바울은 세상에 대해 두 가지 중요한 종교적 구분을 사용함으로써, 이제 자신이 말한 것에서 제외될 자는 아무도 없다는 사실을 증명할 수 있다. 심지어 다른 종교적 관점에 따라 보더라도 유대인과 헬라인은 똑같이 하나님을 알지 못했다. 어떤 종교적 관점이 다른 관점보다 하나님께 더 가까이 나아가게 하는 것은 아니다. 그러나 모든 곳에 사는 모든 사람이 자기들이 선호하는 수단을 통해 하나님께 도달할 수 있다고 똑같이 망상했다. 따라서 나중에 바울은 분명히 "아무도 자신을 속이지 말라"고 지적한다(3:18). 결론적으로 이것은 사람들이 자신의 형상을 따라 신을 만들어내는 경향이 있다는 점을 의미한다. 이런 신은 힘이 있고 '타

12. Moule, *Idiom Book of New Testament Greek*, 40.
13. 이 부정과거 '알지 못했다'(οὐκ ἔγνω)는 말은 완성 아니면 결과 용법이다. 이 용법은 전체 사건을 특별히 최종 결과에 따라 보는 것을 함축한다. A. T. Robertson, *Grammar of the Greek New Testament in the Light of Historical Research* (Nashville: Broadman, 1934), 834와 Dana and Mantey, *Manual Grammar*, 195를 보라. 동사 기능에 따르면 그것이 "요약"으로 간주될 수 있다.
14. '때문에'(since, ἐπειδή)는 바울이 21절에서 말한 것을 상세히 소개하고 23절을 내다본다("유대인은…을 구하므로 우리는…를 전하니").

자'일 수 있으나 항상 사람들이 원하는 방식에 따라 행동할 것이다. 이 두 당사자가 증명을 요구한다는 사실은, 그들이 "하나님을 심판할 수 있는 권세를 자신에게 부여하는" 것을 의미한다.[15] 이것은 우상 숭배와 다르지 않다.

바울은 유대인이 "표적"을 구한다고 말한다. 이스라엘은 중대한 역사적 시점에 그들의 언약의 주가 그들 속에 강력한 표적으로 역사하신 사건을 경험했다. 예를 들면, 출애굽 때 엄청난 이적이 있었고(출 10:1; 신 10:4) 이스라엘 백성은 시내 산에서 하나님을 만났다. 표적은 엘리야 시대에서도 확인할 수 있고(왕상 17-18장; 참고. 눅 4:25), 솔로몬 시대에 성전을 봉헌할 때도 나타난다(대하 7:1). 따라서 표적은 메시아 대망의 한 요소가 되었다(신 18:15; 사 64:1-4; 렘 31:31-33; 행 7:37). 그러나 유대인은 하나님이 원하시는 어떤 방법으로든 역사하실 것을 신뢰하며 기다리지 못하고, 하나님에 대한 증거로 표적을 보고자 했다. 유대인이 이런 표적을 구하는 것은 구약 시대에도 정죄를 받았다(예를 들어, 신 6:16). 예수님은 마태복음 12:38-45에서 표적을 구하는 일에 실망하셨다. 그때 종교 지도자들은 예수님을 시험하려고 예수님께 표적을 보여달라고 요구했다. 이에 예수님은 그들이 볼 것은 자신의 죽음과 부활을 가리키는 요나의 표적밖에 없다는 말씀으로 반응하셨다. 예수님은 지금 사도 바울이 이해한 사실을 지적하신 것이다. 말하자면 그때 예수님은 유일한 큰 표적이 미련한 것으로 보이는 것, 전혀 표적이 아닌 듯 보이는 것, 즉 십자가 죽음 속에서 발견되게 되어 있었던 것을 지적하셨다. 표적을 구함으로써 하나님을 시험하는 것은, 유대인이 하나님의 길을 신뢰하지 않고 자신들의 명령에 따라 움직일 신을 원했다는 점을 증명하는 것에 불과했다. 예수님은 그런 그들을 "악하고 음란한 세대"로 부르셨고(39절), 이것은 바울이 여기서 제시하는 요점이다. 유대인은 그들의 요구에 비추어 보면 헬라인과 조금도 다르지 않았다.

"헬라인"(그리스인)은, 23절이 보여주듯이 이방인과 동의어다.[16] 바울은 헬라인이 지혜를 구한다고 말한다. 바울은 여기서 지혜를 구하는 것이 헬라인 사회의 특징이라고 말한다. 앞에서 고린도 교인이 살았던 헬레니즘 세계에서는 지혜에 의지하는 것이 얼마나 두드러지고, 그런 지혜가 얼마나 높은 평가를 받았는지 이미 확인했다. 따라서 바울은 헬라인의 지혜에 담긴 엘리트주의와 그들의 지혜의 내용을 다 비판했다. 바울이 아덴의 아레오바고에서 그리스 문명을 직접 접했던 것(행 17:16-34)이 아마 여기서 바울의 사고에 영향을 미쳤을 것이다. 그때 바울은 에피쿠로스와 스토아 철학자들을 비롯한 다른 많은 사람에게 복음을 전했다.[17] 바울은 거기서 헬라인의 지혜가 큰 종교성을 낳는 것을 보았으나, 심지어 그들이 신을 만들어냈을 때도 하나님에 대한 무지 외에 다른 것은 갖지 못한 것을 확인했다. 바울은 이 사실을 죄악으로 간주하고 회개가 필요하다고 보았다(행 17:31-32).

1:23a [따라서][18] 우리는 십자가에 못 박힌 그리스도를 전하니 (ἡμεῖς δὲ κηρύσσομεν Χριστὸν ἐσταυρωμένον). 바울은 유대인이나 헬라인이나 하나님에 관한 참된 지식이 조금도 없는 세상을 향해 "우리는 십자가에 못 박힌[19] 그리스도를 전하니"라고 말한다. 여기서 완료 시제는 바울이 십

15. Conzelmann, *1 Corinthians*, 47.

16. Winter, *After Paul Left Corinth*, 23-24. "'Ελληνες라는 말은 고린도전서에서 일관되게 '이방인'으로 번역된다. 그러므로 '이방인'이 바울이 언급하는 대상이 되어야 한다."

17. 이에 대한 누가의 해설은, 이처럼 지혜를 끊임없이 추구한 결과가 일상생활 속에서 어떻게 나타나는지에 대해 흥미로운 통찰력을 제공한다(행 17:19-21).

18. 여기서 불변화사 δέ는 보통 "그러나"로 번역된다. 이것은 22절의 ἐπειδή를 번역하는 뜻이 아니다. δέ는 단순히 계속 용법이고, 21절의 ἐπειδή는 22절의 같은 단어와 평행을 이루므로 이 책은 '…때문에…따라서 우리는 전하니'(since…so we preach)로 번역했다.

19. 분사 ἐσταυρωμένον은 형용사로 기능한다.

자가에 못 박힌 그리스도의 지속적 중요성을 성찰하고 있음을 암시한다. 그리고 수동태는 이 일이 그리스도께 행해졌음을 상기시킨다. 이어서 바울은 일련의 대조를 제시한다. 처음 두 청중, 곧 유대인과 이방인은 십자가에 못 박힌 그리스도의 복음을 부정적으로 평가한다. 반면 세 번째 청중은 긍정적으로 평가한다.

1:23b 유대인에게는 거리끼는 것이요(Ἰουδαίοις μὲν σκάνδαλον).[20] 앞에서 지적했듯이 유대인과 헬라인(이방인)이라는 두 집단은 십자가에 못 박힌 그리스도를 똑같이 거부한다. 그러나 그들은 각기 다른 수단을 써서 그런 결론에 이른다. 유대인에게는 십자가에 못 박힌 그리스도가 "거리끼는 것"(σκάνδαλον)이다. 이것은 걸려 넘어지게 하는 것을 가리킨다.

걸려 넘어지게 하는 것(걸림돌)이라는 관념은 고린도전서에서, 특히 8–10장에서 중요한 주제다. 여기서 바울의 사고 배후에 이사야서 8:14과 28:16이 놓여 있다는 것이 널리 인정된다. 이 두 구절은 거역하는 이스라엘 백성에 대해 말한다. 여호와를 "믿고" "경외한" 이스라엘 백성은 걸려 넘어지지 않고 안전을 보장받았다. 이사야서 8:14은 하나님을 믿는 자에게는 그분이 "성소"가 되고 그분을 거부하는 자에게는 "걸림돌"(LXX, λίθου προσκόμματι)이 된다고 묘사한다. 이 두 이사야서 본문의 결론은 하나님이 시험이 되는 돌을 두신다는 것이다. 결론적으로 그것은 믿음의 항목이다. 따라서 바울은 걸림돌 관념을 사용할 때 십자가에 못 박힌 그리스도를 전하는 것을 시금석, 곧 믿음의 항목으로 본다. 이사야가 당시 "지혜 있고" "교만한" 이스라엘 백성에게 넘어지지 말라고 경고한 것처럼, 바울 당시에도 이스라엘이 주 안에서 성소를 구하기보다는 돌(그리스도)에 걸려 넘어진 것으로 간주한다.[21]

심층 연구

걸림돌에 관한 주제

바울이 고린도전서에서 걸려 넘어지게 하는 돌과 관련된 말들을 사용하는 것은 상당히 중요하고, 특히 고린도전서 8–10장에서는 더 중요하다(πρόσκομμα, σκάνδαλον, σκανδαλίζω, ἐγκοπή, ἀπρόσκοπος).[22] "거리끼는 것"(σκάνδαλον), 곧 걸려 넘어지게 하는 돌의 개념은 1:23에 소개되었다. 신약성경에서 이 말이 사용된 배경으로 널리 인정되는 것은[23] 칠십인역의 소위 '돌 본문'이다.[24] 사실 동일한 구약 본문들도 8:9에 나오는 "걸려 넘어지게 하는 것"(πρόσκομμα)이라는 말의 배경을 제공한다. 이 책의 목적상 이 본문들이 기능하는 방법을 살펴보는 것이 유익하다. 그렇게 하면 바울이 고린도전서에서 그 본문들에 의존하는 방

20. μέν…δέ 구성은 비교를 소개한다. 따라서 여기서 δέ는 번역할 필요가 없다. "유대인에게는…헬라인에게는"이라는 말은 지시의 여격이다. 따라서 24절의 "부르심을 받은 자들에게는"도 마찬가지다.

21. 이것은 십자가에 못 박힌 죄수에 관한 선포로 말미암아 일어난 "모욕"을 넘어선다(Thiselton, *1 Corinthians*, 171). 그것이 그 메시지를 듣는 유대인의 참된 종교적 및 신앙적 위탁을 드러내려고 하나님이 정하신 방법이다.

22. 고전 1:23; 8:9, 13; 9:12; 10:32을 보라. 바울이 "거리끼는 것"과 거치는 것(πρόσκομμα와 σκάνδαλον) 사이를 구분하는지는 의심스럽다. 이 두 단어가 형용사 용법으로 사용되는 9:33(σκάνδαλου와 προσκόμματος)을 참조하라.

23. G. Stählin, "σκάνδαλον," *TDNT* 7:344는 이렇게 말한다. "형식적으로나 실질적으로 σκάνδαλον과 σκανδαλίζω에 대한 신약성경의 용법은 오로지 구약성경과 유대 사상의 사고 및 언어에 따라 통제된다. 참고. Conzelmann, *1 Corinthians*, 148n28.

24. 사 8:14; 28:16; 시 117:22(LXX, 118:22, ET)을 보라. 참고. 롬 9:33.

법을 예증하는 데 도움이 되기 때문이다.

구약과 신약 본문 둘 다 '돌' 개념이 변증과 관련된 설명에서 종종 사용된다.[25] 이런 경우에 이 관념은 두 가지 방식으로 기능했다. 곧, '돌'은 걸려 넘어지게 하고 파괴하는 것이 될 수 있다. 또는 돌은 안전한 성소나 터(기초)가 될 수 있다. 이 점에서 돌의 기능은 사람들의 반응과 사람들이 믿음으로 반응했는지 여부와 관련되어 있다. 따라서 돌은 사람이 (예컨대, 이사야에게는 "남은 자"의 일원으로서 또는 바울에게는 "부르심 받은 자"로서) 하나님의 백성에 속할 것인지 혹은 멸망당할 것인지를 좌우할 것이다.

8:13에서 "실족하게 하는 것"으로 번역된 단어(σκανδαλίζω)[26]는 아마 칠십인역 이전 그리스 문헌, 또는 필로나 요세푸스의 작품에서는 사용되지 않았을 것이다. 그러나 '덫'을 의미하는 관련 단어(σκανδάληθρον)는 간혹 나타났다. "걸림돌"(πρόσκομμα)[27]이라는 명사도 칠십인역 외에는 드물게 사용되었고, 필로나 요세푸스의 글에도 나타나지 않았다.[28] 칠십인역에서 이 말은 다양한 단어로 번역되기는 했으나 오로지 은유 용법으로 사용되었고, 죄가 일으킨 '덫'이나 '멸망의 원인'을 의미했다.[29] 고린도전서 8-10장이 특별히 관심을 두는 것은, 출애굽기 23:33과 34:12에 나오는 "올무"나 "걸림돌"(LXX, πρόσκομμα)로 인해 다른 신들을 숭배하게 된 것과 관련된 것이다. 따라서 걸려 넘어지게 하는 것은 하나님께 죄를 범하는 일이다.

특히 두 구약 본문이 "걸림돌"과 "기초" 그리고/또는 "모퉁잇돌"의 주제를 전개할 때 핵심 역할을 했다. 거역하는 이스라엘에 주어진 말씀인 이사야서 8:14과 28:16이 그 두 본문이다. 여호와를 "믿고" "경외한" 이스라엘 백성은 안전하고 걸려 넘어지지 않을 것이다. 그들은 여호와께서 자신의 성소였다는 사실을 발견할 것이다. 이사야서 8:14은 하나님을 "성소"(ἁγίασμα), "걸림돌"(λίθου προσκόμματι), "걸려 넘어지는 반석"(πέτρας πτώματι)으로 소개한다. 하나님은 이처럼 걸려 넘어지게 하실 수 있으나[많은 사람이 걸려 넘어질 것이다(πίπτω, LXX 사 8:15)] 또한 성소가 되셨다. 이사야서 28:16을 보면 하나님은 믿는 이가 "다급하지"(shamed, LXX) 않게 되도록 시온에 "기초"와 귀하고 견고한 기촛돌을 두셨다.[30]

이 두 본문은 돌로 시험하는 것에 관한 관념을 다룬다. 이사야서 8:14에서 그 돌은 올무다. 28:16에서는 사람들이 믿어야 하는 "돌"로, 이 돌을 믿지 않으면 그들은 "다급하게"(shamed) 된다. 두 본문에서 제기한 질문은 이 말씀을 들은 자가 멸망당할 것이냐, 아니면 하나님을 성소로 발견할 것이냐에 있었다. 이사야서 28-29장은 이스라엘을 구원할 기초가 사람과 사람의 지혜가 아니라 하나님이 되셔야 한다는 점을 강조하지만, 이사야서 8장은 이런 구원관이 교만하고 오만한 이스라엘에 실제로 어떤 문제를 낳았는지를 보여준다.[31] 이사야서의 이 장들(8장, 28-29장)이 이스라엘 백성 가운데 진실로 누가 하나님

25. '돌' 본문들과 그 본문들이 신약성경에서 변증에 사용되는 것 간의 연계성을 상세히 연구한 것은 Barnabas Lindars, *New Testament Apologetic: The Doctrinal Significance of the Old Testament Quotations* (London: SCM, 1961), 특히 169 이하를 보라. 참고. G. Stählin, "προσκόπτω", *TDNT* 6:745-58.
26. 이 단어는 LXX에서 동사로 22번 등장하고 명사로 4번 등장한다.
27. 이 단어는 LXX에서 11번 등장한다(그 가운데 5번은 Sirach에 나온다).
28. 이 단어는 Quintus Curtius Rufus, *Historia Alexandri Magni*에서 발견된다. 거기서는 알렉산더를 패배시켜 결국은 도망치게 만든 마케도니아의 다리오(다리우스)를 가리킨다(개정판 γ, book 2:15; 개정판 ε, 16).
29. 출 23:33; 34:12; Jdt 8:22; 사 8:14; 29:21; 렘 3:3.
30. 멸망의 가능성이 '다급하게 된 것'과 '넘어지는 것'에서 확인된다.
31. Herman N. Ridderbos, *Paul: An Outline of His Theology*, 번역 John

의 백성인가 하는 문제에 직면하게 한다는 점에서 보면, 이 본문들이 기독교의 변증에 사용된 것은 놀랍지 않다. 린다스(Lindars)가 매우 주의 깊게 확인한 것처럼, 반응에 대한 신약성경의 변증을 보면, "돌은 무엇보다 먼저 신앙의 항목이고, 그리스도를 향한 믿음, 새 이스라엘에 속해 있는 것이나 거기서 거부되는 것 사이의 중대한 시금석이다."[32]

로마서 9:33에서 바울은 이사야서 8:14과 28:16을 함께 묶어 인용한다. 거기서 바울은 이스라엘에 대한 하나님의 작정을 다루면서 그리스도가 걸림돌과 거치는 바위였다는 점을 증명한다. 바울이 로마서 9:33b에서 "그를"이라는 말을 덧붙이는 것은 의미심장하다["그를(즉, 그리스도를) 믿는 자는 부끄러움을 당하지 아니하리라"]. 이 점에서 바울은 유대인의 문제를 정면으로 돌파했다. 만약 이스라엘이 멸망당하고 또는 비(非)이스라엘이 구원받게 되어 있었다면, 결정적 요소는 그 돌인 그리스도에 대한 반응에서 발견되어야 했다. 사람이 하나님의 백성에 속하는 여부를 결정하는 관건은 그리스도를 믿는 믿음이었다.[33]

고린도전서를 연구할 때 바울이 이렇게 변증의 관점에서 편지를 썼다는 점을 보는 것이 중요하다. 바울이 고린도전서에서 강조한 요점은, 하나님의 계획 속에서 이스라엘의 혈통적 지위와 관련되어 있지 않았다. 그러나 바울은 '누가 하나님의 백성인가?' 또는 '사람들이 하나님께 속해 있음을 결정하는 요소는 무엇인가?'와 같은 동일하게 기본적인 종교적 질문에 봉착했다. 바울은 1장에서 고린도 교인이 가졌다고 주장하는 지혜와 그리스도께 중심을 둔 복음 메시지 사이에서 대조를 이끌어낸다. 십자가에 못 박힌 그리스도에 대한 이 메시지(1:23)는 "거리끼는 것"(σκάνδαλον, "걸림돌")이었다.[34] 이 "돌"은 "지혜 있는 자의 지혜"(1:19)는 걸려 넘어지게 했으나, 어떤 이는 "구원받는" 길로 이끄는 역할을 했다(1:18). 그 돌의 이 두 기능적 국면은 "**하나님과 그분의 선물이 구원, 아니면 파멸을 가져올 수 있다**는 성경의 원리를 단순히 바꾸어놓은 것"이다.[35] 본질상 고린도전서 1:23의 거리끼는 것과 이사야서 8장과 28–29장의 걸림돌/반석 설명 간의 유일한 차이는 기독론 내용에 있다.[36] "하나님 앞에서"(1:29) 그들은 사람의 지혜에 신뢰를 두었는가, 아니면 그리스도께 두었는가? 그들은 하나님이 "부끄럽게" 하신 미련한 자의 일원이었는가(1:27–28)? 또는 그리스도가 그들의 기초석이 되었는가? 이 대조는 엄밀히 바울이 3:10–11에서 건축 비유를 사용할 때 제시하는 대조인가? 그러므로 이 비유에 따라 바울은 3:10–11과 8장에서

Richard DeWitt (Grand Rapids: Eerdmans, 1975), 142.

32. Lindars, *New Testament Apologetic*, 177.

33. 이 "돌" 주제는 베드로전서 2:4–10에서도 나타난다. 이 돌은 신자에게는 보배로운 돌이지만 불순종하는 자에게는 걸려 넘어지게 하는 돌이 될 것이다. 이스라엘 자손은 이 돌에 걸려 넘어졌다(7–8절). 그러나 하나님의 참된 백성은 이 돌을 믿고 긍휼을 얻었다(벧전 2:9–10). 2:7에서 저자는 구약의 세 번째 "돌" 본문(시 118:22)을 사용하여 그리스도가 바로 그 돌이라는 사실을 증명했다.

34. 유대인이나 이방인에게 십자가에 못 박힌 그리스도를 전한 결과를 서로 구분하는 것은 불필요하다. 십자가의 거리끼는 것(σκάνδαλον)은 유대인과 이방인 모두에게 (각기 다른 방식으로) 구원이나 하나님의 은혜가 나타나는 영역을 다시 생각해보도록 도전했다.

35. G. Stählin, "προσκόπτω," *TDNT* 6:750 (강조체 저자). 이것은 말할 것 없이 이사야 8:14에서 언급된 돌의 이중적 기능에서 나왔다. 이사야 28:16의 문맥도 두 가지 반응을 언급한다. 하나는 그 돌이 '데멜리온'(θεμέλιον), 곧 기초가 되고, 또 하나는 그 돌이 지혜 있는 자의 지혜를 멸하는 것이다(사 29:13; 참고. 고전 1:19).

36. 하나님을 걸려 넘어지게 하는(πρόσκομμα) 잠재적인 돌로 보는 것으로부터 그리스도를 그런 돌로 보는 것으로 바뀌는 것이, 그리스도가 구약 시대에 하나님이 이루신 많은 기능을 이루시는 분이라고 믿는 믿음을 가진 자에게는 확실히 자연스러울 것이다. 또한 시편 118:165(LXX)에서 "율법"이 걸려 넘어지게 하는 것(σκάνδαλον)의 잠재적 원인이 되는 것과 이 원인이 예수 그리스도로 바뀌는 것이 이런 노선에 따라 촉진될 수 있다는 것도 주목하라.

'세우다'라는 말[(ἐπ)οικοδομέω]을 사용한다.

이 책은 바울이 건축 비유를 사용할 때 메시아 시대에 성전과 성읍을 '재건하거나' '높이 세우는' 것에 관해 말한 다수의 구약 본문을 염두에 두었다고 주장할 것이다. 3:10과 11절에서 "터"(θεμέλιος)라는 말이 사용된다. 바울이 터를 의인화하여 그리스도를 가리키는 의미로 사용하는 것을 고려하면(롬 9:33을 보라), 이사야서 28:16을 염두에 두었다고 보는 것도 확실히 가능하다. 바울은 터에 관해 말하는 동안에는 걸림돌에 대해서는 말하지 않는다. 그러나 생각의 흐름은 이사야서 8:14과 28:16이 융합된 로마서 9:33과 베드로전서 2:6-8과 비슷하다. 이 로마서 본문과 베드로전서 본문에 놓인 돌은 이사야서 28:16의 "기촛돌"(모퉁잇돌)이었고, 두 본문에서 그 돌은 거리끼는 것과 구원받는 결과를 함께 가져왔다. 이것이 고린도전서에서 바울의 목적이었다. 바울은 그리스도를 하나님의 건물의 터로 설교했다. 이 터를 받아들이는 자는 하나님께 속한 자와 동일하다. 바울은 고린도 교인에게 그들이 하나님의 성전이고 성령이 그들 안에 거하신다는 사실을 강력하게 상기시킨다[3:16-17; 참고. LXX 시 117:22-24(118:22-24, ET)].[37]

1:23c 이방인에게는 미련한 것이로되(ἔθνεσιν δὲ μωρίαν). 바울은 여기서 "이방인"에 관해 말하고, 자신이 이방인과 헬라인(22절)을 똑같이 생각한다는 사실을 또다시 암시한다. 앞에서 이방인이 십자가의 도를 "미련한 것"으로 간주하는 이유를 확인했다(17절에 대한 설명을 보라). 이방인에게 그리스도의 십자가 처형은 죽음 가운데 가장 굴욕적인 죽음이었다. 십자가 처형은 문명화된 사람이라면 누구든 당연히 보고 싶지 않은 일이다. 세련된 수사나 현학적인 종교적, 철학적 논쟁에서 지혜를 찾는 것이 자연적인 사람들에게는, 아레오바고에서 그런 일이 있었던 것처럼(참고. 행 17:16-34), 십자가에 못 박힌 그리스도는 즉각 거부되어야 할 "미련한 것"에 불과했다. 그러나 처음 두 집단, 곧 유대인과 이방인이 각기 다른 이유로 똑같이 그리스도를 거부하는 집단으로 끝났다면, 그들과 사실을 다르게 보는 세 번째 집단이 있다.

1:24 오직 부르심을 받은 자들에게는 유대인이나 헬라인이나 그리스도는 하나님의 능력이요 하나님의 지혜니라(αὐτοῖς δὲ τοῖς κλητοῖς, Ἰουδαίοις τε καὶ Ἕλλησιν, Χριστὸν θεοῦ δύναμιν καὶ θεοῦ σοφίαν). 부르심을 받은 자는, 하나님께 속할 자를 영원히 변화시키시고 용서하시며 창조하시는 하나님의 능력이 십자가에 못 박혀 죽으시고 부활하신 주 그리스도 안에 있음을 보고 믿으며 경험하게 되어 있다. 이 하나님의 능력은 복음이 선포되고 사람들이 회개와 믿음으로 나아올 때 전 세계에서 계속 확인된다. 이것이 하나님의 계획이었다. 이것이 하나님의 "지혜"였다. 피츠마이어(J. Fitzmyer)가 다음과 같이 지적하는 것과 같다. "바울은 '능력'과 '지혜'를 연계시킴으로써, 지혜는 단순한 사변 능력이 아니라 하나님의 활력적인 행동의 표출이라는 점을 증명한다."[38] "부르심을 받은 자들에게는"(τοῖς κλητοῖς)이라는 어구는 또 하나의 지시의 여격이다("우리는 십자가에 못 박힌 그리스도를 전

37. 참고. 베드로전서 2:4-10. Lindars, *New Testament Apologetic*, 179 이하는 이 구절이 이사야 28:16과 어떻게 관련되는지 증명하고, 그리스도를 돌로 보는 은유가 전체적으로 LXX 시편 117:22(ET 118:22)에 의존한다고 주장한다. 따라서 이사야 28:16은 LXX 시편 117:22을 설명하는 용도로 사용된다. 또한 베드로가 베드로전서 2:7에서 시편 117:22을 위에서 언급한 융합의 하나로 인용하는 것도 주목하라.

38. Fitzmyer, *1 Corinthians*, 160.

하니…부르심을 받은 자들에 관해서는…하나님의 능력이요"). "부르심을 받은" 자는 "믿는" 자이고(21절) "구원을 받는" 자다(18절). 또 부르심을 받은 자는 그리스도와 "더불어 교제하는"(언약에 참여하는) 자다(9절). 그리고 이 집단은 인종, 교육, 부, 배경에 따라 구분되지 않는다. 하나님은 자신의 크신 계획 속에서("하나님께서…기뻐하셨도다", 21절) 유대인과 헬라인을 막론하고 모든 부류의 사람을 부르셨기 때문이다. 하나님의 부르심을 받은 자는 현실을 유대인이나 헬라인과는 다르게 인식하고 파악한다. 하나님의 부르심을 받은 자는 세상의 "지혜" 기준에 따르면 만족스럽지 못한 것, 즉 십자가에 못 박힌 그리스도가 "하나님의 능력"이자 "하나님의 지혜"라는 것을 인정한다.[39] 바울은 하나님의 지혜에 대해 아직 할 말이 많다. 그러나 여기서 "십자가에 못 박힌 그리스도"(23절)와 동격 관계에 있는 두 어구(하나님의 지혜와 능력)는 앞에서 살펴보았다. 마지막 결론 문장은 이 부분에 거의 필요하지 않은 말처럼 보인다. 그러나 바울은 강조하기 위해 내용을 다시 요약하고, 이 말을 그다음 부분을 소개하는 데 사용한다.

1:25 하나님의 어리석음이 사람보다 지혜롭고 하나님의 약하심이 사람보다 강하니라(ὅτι τὸ μωρὸν τοῦ θεοῦ σοφώτερον τῶν ἀνθρώπων ἐστὶν, καὶ τὸ ἀσθενὲς τοῦ θεοῦ ἰσχυρότερον τῶν ἀνθρώπων). 이 구절의 요점은, 하나님이 어떤 분이고 어떤 일을 행하시는지와 사람이 어떤 존재이고 어떤 일을 행하는지를 비교할 수 없다는 것이다. 하나님이 사람의 길을 바꾸신다. 왜냐하면 하나님은 사람이 상상하거나 생각할 수 있는 어떤 것보다 지혜롭고, 사람이 자신의 계획을 실행할 수 있는 어떤 것보다 자신의 계획을 실행하는 데 강하시기 때문이다. 하나님을 좌절시킬 수 있는 것은 아무것도 없다. 하나님의 계획이 십자가에 못 박힌 왕의 외관상 연약함과 결부되어 있을 때도 하나님을 좌절시킬 수 없다. 이 결론은 비교 용법으로 제시된다. 여기서 비교는 다음과 같이 소유격(때때로 여기서 탈격으로도 불림) 다음에 비교 형용사를 붙이는 것으로 표현된다. "사람[의 지혜]보다 강하니라."[40]

적용에서의 신학

1. 반(反)문화적 선포로서의 십자가

세상의 사고방식에 휩쓸리는 것이 모든 시대와 모든 문화 속에서 항상 교회가 직면하는 근본 문제다. 종종 우리는 문화가 사고방식과 생각의 우선순위에 얼마나 큰 영향을 미치는지 전혀 모른다. 우리는 교회가 자기중심적이고 심지어는 교만한 상태에 빠지기도 하는 문제에 놀라서는 안 된다. 그러나 바울이 고린도 교회에서 직면한 몇 가지 문제점과 많은 현대 교회의 문제점 사이에서 유사점을 보고 놀랄 수 있다. 현대 사회는 교육, 지혜, 부 그리고 특히 능력에

39. "지혜"와 "능력" 또는 "힘"은 다양한 본문에서 하나님의 속성으로 함께 묶인다(예를 들어, 렘 10:12; 51:15; 단 2:20, 23; 참고. 사 11:2).

40. Moule, *Idiom Book of New Testament Greek*, 98은 "지혜"(τῆς σοφίας)라는 말이 여기에 있는 것으로 이해해야 하고, 그래서 영어 번역에서 이 말이 삽입된 것이라고 지적한다.

가치를 둔다. 교회가 이런 것들에 가치를 두는 이유는 교인들이 일상 생활 속에서 이런 것들을 가치 있게 여기기 때문이다. 이에 따라 교회에서 장로로 세움 받은 이유가 그의 영적 성숙함 때문이 아니라 사회적 지위나 재산이나 교육적 배경 때문인 경우를 찾아볼 수 있다. 다른 곳을 보면 교회들이 간혹 '하나님의 능력'에 관해 말하기는 하지만, 그때도 이적과 표적과 기사에서 또는 교인 수의 급격한 증가에서 하나님의 능력의 표지를 찾을 것이다. 교인이 얼마나 '신령한' 모습으로 나타나는지 또는 얼마나 열심히 주를 위해 '행하거나' 증언하는지 등의 모습에서 하나님의 능력의 표지를 찾는 교회는 '성령의 권능'을 크게 강조할 것이다. 지금은 특출한 자, 부유한 자에게서 혹은 교사들이 십자가에 관해 가르치는 일에 시간을 할애하지 않고 행하는 다른 인간적 활동에서 하나님의 능력을 찾는 것으로 크게 한정되어 있다. 흥미롭게도 구속 사건을 가르칠 때도 종종 부활이나 성령의 보내심이 가장 중요하게 다루는 요소가 되었다. 이 사건들은 인간적 관점에서 보면 매우 강력해 보인다. 그러나 사도 바울은 (강력해 보이지 않는) 십자가 죽음 사건으로 시선을 돌린다. 물론 바울이 십자가에 못 박힌 그리스도를 전할 때 부활과 성령에 관해 말하는 것 역시 사실이다. 그렇더라도 바울은 의도적으로 십자가를 복음의 초점으로 선택한다.

구속의 핵심 요소인 십자가는 너무 중요하기 때문에 매우 굴욕적이고, 슬픔으로 가득 차 있으며, 세상에 아무 감동을 주지 못하는 것처럼 보인다. 그런데 사실 십자가는 '하나님의 능력'이다. 십자가에 못 박힌 그리스도에 대한 전도를 통해 역사하시는 분이 하나님이라는 것을 이해하면, 그리스도인은 사람이 은혜로 구원받는다는 사실을 다시 보는 데 도움을 받는다. 교사들은 하나님이 그들과 그들의 설교를 구원 목적을 위해 사용하실 때, 그 불편한 메시지가 사람들의 삶을 변화시키는 것을 볼수록 이 가르침의 사역을 감당할 때 그만큼 더 겸손해질 것이다. 하나님의 경륜 속에서 이 메시지를 가르치는 설교자들을 통해, 삶을 변화시키는 하나님의 은혜의 참된 능력이 드러날 것이다. 하나님께 부르심을 받아 가르치고 설교하지만 자신이 매우 유명하고 탁월한 설교자로 대접받는 저명 연사가 아니라는 사실을 아는 자는 여기서 희망과 위로를 발견한다. 하나님은 약하고 힘없는 사람들을 택해 그들을 사용하심으로써 역사를 바꾸신다. 성경 이야기를 보면, 하나님이 이런 식으로 세상의 눈에 약해 보이는 자와 능력이나 힘이 없기 때문에 두려움에 가득한 자를 통해 역사하시는 사례를 길게 나열할 수 있다. 예를 들어, 모세, 엘리야, 다윗, 이사야 등을 쉽게 상기할 수 있다.

매주 십자가에 못 박힌 그리스도가 중심에 있는 수업을 들은 자는, 비록 가르치는 자가 세상에서 최고의 강사는 아니더라도, 하나님이 그들 속에 그리고 그들 가운데 역사하실 것이라고 확신한다. 지도자와 교인 모두 복음의 참된 중심이 어디에 있는지 자문해보도록 도전받을 필요가 있다. 새로 교회에 온 사람에게 이 질문을 하면, 그리스도인이 반드시 자신이 핵심 메시지로 생각하는 바만 듣는 것이 아니라는 사실을 유익하게 가르칠 수 있다.

2. 걸려 넘어지게 하는 메시지

이 본문은 또한 인간이 얼마나 항상 자신의 형상을 따라 신을 만들려 하는 경향이 있는가를 상기시켜준다. 바울은 표적을 구하는 유대인과 지혜를 구하는 헬라인에 관해 말한다. 그들은 각각의 문화, 역사, 종교로 말미암아 자신의 신들에게 이런 일을 기대했다. 그러나 십자가에 못 박힌 그리스도는 이런 요구를 단호하게 거부하신다. 지금까지 십자가에 못 박힌 신을 요구한 자는 아무도 없었을 것이다. 그러나 그렇게 알더라도 그리스도인 역시 시험은 항상 똑같이 받는다는 점을 유념해야 한다. 곧, 그리스도인도 십자가에 못 박힌 그리스도를 우리 시대의 구미에 더 잘 맞는 것으로 바꾸는 유혹을 받기 마련이다. 이런 일은 온갖 잡다한 방식으로 행해질 수 있다. 보통 복음을 왜곡하는 일이 아주 선한 의도로 이루어지고, 종종 복음의 진리의 요소들이 사용되어 이루어지므로 문제가 훨씬 더 심각해진다. 예를 들면, 그리스도는 우리의 온갖 필요를 채워주는 해결사로 선포된다. 그리스도는 물론 그런 분이지만, 이런 말을 듣는 자는 종종 자신이 원하는 것은 무엇이나 구할 수 있고 또 받아낼 수 있겠다는 생각을 은연중에 가질 수 있다. 그 결과 "십자가에 못 박힌 그리스도"는 현대인의 구미에 맞게 표현된 반(半)진리 아래 묻힌다. '슬롯머신' 사회는 '슬롯머신' 신을 만들어낸다.

진실로 거리끼는 것(걸려 넘어지는 것)이 되고 미련한 것으로 간주되는 복음 전도는 어느 문화, 어느 시대에서나 미천한 행위다. 오직 교회가 바울처럼 이것이 하나님이 택하신 길(하나님의 지혜, 하나님의 구원 방법, 하나님의 능력)이라는 사실을 이해할 때만 그리스도인은 확신하며 십자가에 못 박힌 그리스도를 세상에 전할 수 있다. 그리스도인은 이웃, 동료, 친구 또는 가족에게 그리스도를 설득력 있게 전하는 일에 자신이 너무 약하고 무력하기에 성공할 가능성이 없다고 느낄 수 있다. 그렇더라도 그리스도인은 하나님을 확실하게 신뢰할 수 있다. 우리는 반대자 앞에서도 그리스도를 "온유와 두려움으로" 전해야 한다(벧전 3:15). 그리고 할 수 있는 한 최선을 다해 그리스도를 왕으로 전하고, 우리의 죄 사함을 위해 자기 생명을 바치신 그리스도의 사랑을 말해주어야 한다.

CHAPTER 4

고린도전서 1:26–31

문학적 전후 문맥

1:18–25에서 바울은 세상의 눈에 부조리하게 보이는 것, 곧 십자가에 못 박힌 그리스도가 어떻게 '지혜'로 간주될 수 있었는지의 문제를 다루었다. 바울은 세상이 두 부류의 사람들, 곧 십자가에 못 박힌 그리스도를 미련한 것으로 보는 자와 부르시고 구원하실 수 있는 하나님의 능력과 지혜가 그리스도 안에 있음을 보는 자로 나누어질 수 있음을 증명했다. 1:18–25은 하나님의 능력과 지혜가 누군가 상상할 수 있는 어떤 것보다 더 크다는 사실을 지적하는 것으로 끝났다.

이제 바울은 이 진리들이 고린도 교인의 경험 속에 어떻게 적용되었는지 두 가지 사례를 제시한다. 1:26–31에서 바울은 고린도 교인에게 복음이 미친 (이상한) 영향에 대해 말한다. 하나님은 자신의 지혜로, 세상의 눈에 택함 받을 것으로 예상되는 자를 택하지 않으셨다. 고린도 교인 중에는 학식이 낮거나, 지위가 미천하거나, 능력이 없는 자도 있었다. 그러나 하나님은 그런 자를 택하셨고, 그들은 믿음으로 나아왔다. 이런 일은 주의 능력으로 일어났기 때문에 그들은 자랑한다면 오직 주 안에서만 자랑할 수 있다. 그다음 부분(2:1–5)에서 바울은 하나님의 능력과 지혜의 본질이 가르치는 것을 복음 전하는 자로서 자신에게 적용한다.

I. 편지의 서두(1:1–9)
II. 연합의 부족에 대한 바울의 낙심(1:10–17)
III. 십자가로 말미암아 근본적으로 다른 관점이 형성됨(1:18–2:5)
  A. 십자가의 도(1:18–25)
➦ **B. 고린도 교인의 부르심에서 예증됨(1:26–31)**
  C. 바울의 복음 전파에서 예증됨(2:1–5)
IV. 온전한 그리스도인은 하나님의 지혜를 구함(2:6–4:21)

주요 개념

고린도 교인들 자신이 바로 하나님의 택하심을 통해 그리고 그분의 목적에 따라 그리스도 안에서 하나님의 부르심을 받는다는 바울의 주장을 입증하는 증거다. 고린도 교인은 하나님의 지혜가 사람의 지혜를 능가하기에, 무엇을 자랑할지에 대해 주어진 단 한 가지 근거가 이 모든 일을 행하신 주님밖에 없다는 점을 예증한다.

번역

고린도전서 1:26-31

절	구분	본문
26a	25a절의 예증	**형제들아 너희를 부르심을 보라**
b	부르심의 상황	육체를 따라 지혜로운 자가 많지 아니하며
c	목록	능한 자가 많지 아니하며
d	목록	문벌 좋은 자가 많지 아니하도다
27a	대조	그러나
		하나님께서 세상의 미련한 것들을 택하사
b	목적	지혜 있는 자들을 부끄럽게 하려 하시고
c	목록	**세상의 약한 것들을 택하사**
d	목적	강한 것들을 부끄럽게 하려 하시며
28a	목록	**하나님께서 세상의 천한 것들과…택하사**
b	목록	멸시 받는 것들과
c		없는 것들을
d	목적	있는 것들을 폐하려 하시나니
29a	목적(부가적) 1	이는 아무 육체도 하나님 앞에서 자랑하지 못하게 하려 하심이라
30a	원인	너희는 하나님으로부터 나서
b	단언	**그리스도 예수 안에 있고**
c	확대	예수는 하나님으로부터 나와서 우리에게 지혜와
d		의로움과 거룩함과 구원함이 되셨으니
31a	목적(부가적) 2	기록된 바

b	인용	자랑하는 자는 주 안에서 자랑하라 함과 같게 하려 함이라(렘 9:23)

구조

부르심을 받은 자에게 그리스도는 하나님의 지혜와 능력으로 간주되었다(24절). 바울은 고린도 교인들의 경험을 강력한 '아드 호미넴'(*ad hominem*, 대인 공격) 논증으로 사용한다. 26-29절에서 바울은 고린도 교인에게 그들의 부르심을 숙고해보라고 촉구한다. 바울은 세상의 관점에서("육체를 따라") 나누어지는 사람들의 부류를 진술함으로써 그들이 어떤 자인지 제시하기 시작한다(26절). 이어서 바울은 그들이 비천하고 무가치한데도 하나님이 그런 부류의 사람들을 어떻게 택하셨는지를 말하고(27-28절), 그 결과 아무도 그들의 부르심 속에서 일어난 일을 자신의 업적으로 자랑할 수 없다고 말한다(29절). 그런 다음 바울은 본질상 하나님에게서 나온 지혜이신 그리스도의 중심적 위치를 다시 증명함으로써 이 사례를 요약한다(30-31절).

바울이 자신의 요점을 보강하기 위해 세 개의 진술을 두 번에 걸쳐 연속으로 제시하기 때문에 본문의 어조는 훨씬 더 강력해진다. 따라서 26절에서 세 개의 진술이 "많지 아니하며"라는 말로 시작되는 것은, "하나님께서…택하사"라는 말로 시작되는 세 개의 목록(27-28절)과 대조된다. "하나님께서…택하사"(ἐξελέξατο ὁ θεός)라는 말이 강력하게 삼중으로 반복되는 것과 29절에서 "하나님 앞에서"(ἐνώπιον τοῦ θεοῦ)라는 결론적 어구가 나오는 것은 고린도 교인의 부르심이 모두 하나님께 의존했다는 바울의 주장을 더 크게 부각한다. 따라서 특히 세 번에 걸쳐 지위 문제를 다루는 전반부 목록은, 바울이 30절에서 하나님과 그리스도께 초점을 돌리기 때문에 후반부 목록에서 뒤집히는 것으로 드러난다. 전체 내용은 바울의 메시지를 요약하는 또 다른 성경 인용으로 마무리된다(31절).

석의적 개요

III. 십자가로 말미암아 근본적으로 다른 관점이 형성됨(1:18-2:5)

- A. 십자가의 도(1:18-25)
- ➡ **B. 고린도 교인의 부르심에서 예증됨(1:26-31)**
    1. 고린도 교인은 부르심을 받았을 때 세상에서 지위가 보잘것없었다(1:26)
    2. 하나님은 고린도 교인의 부르심 속에서 자신의 목적을 추구하셨다(1:27-29)
    3. 하나님은 고린도 교인에게 "그리스도 안에서" 새로운 지위를 주셨다(1:30)
    4. 고린도 교인은 주 안에서 자랑해야 한다(1:31)
- C. 바울의 복음 전파에서 예증됨(2:1-5)

본문 설명

1:26a 형제들아[1] 너희를 부르심을 보라(Βλέπετε γὰρ[2] τὴν κλῆσιν ὑμῶν, ἀδελφοί). 이제 바울은 '아드 호미넴'[3] 논증을 통해 고린도 교인에게 그들의 부르심에 관해 '숙고할' 것을 촉구한다. 즉, 그들이 어떻게 믿음으로 나아왔고, 믿음으로 나아왔을 때 그들의 사회적 지위와 상태가 어떠했는지 숙고해보라고 요구했다.[4] 부르심은 지금까지 바울의 논증에서 중요한 역할을 했다. 바울은 1:1에서 자신의 부르심에 대해 말했다. 이어서 고린도 교인의 부르심(1:2), 그들의 부르심이 주와 "더불어 교제하게 하신 것"(1:9) 그리고 다시 자신의 편지를 받는 자의 부르심(1:24)을 언급했다. 바울이 "부르심"(κλῆσις)이라는 말에 부여하는 중요성은 상당히 크다. 그것은 부르심이 단순히 하나님의 호출을 가리키지 않고 하나님의 능력이 가져오는 변화를 가리키기 때문이다. 바울은 고린도 교인에게 그들이 어떻게 그리스도인이 되었는지 그들의 전체적인 상황에 대해 숙고하기를 바란다. 고린도 교인은 과분한 사랑과 부르심으로 그들 속에 작용하는 하나님의 은혜로운 사역을 다시 살펴보아야 한다. 바울은 고린도 교인을 자신의 '형제와 자매'로 간주한다. 그리고 바울은 자신의 부르심에 대해 간단히 숙고하는데(2:1–5), 바울의 부르심은 하나님의 은혜를 훨씬 더 웅장하게 보여준다.

여기서 '숙고하라'(reflect upon, Βλέπετε, 개역개정에는 "보다"–역주)는 직설법이거나 명령법일 수 있다. 그러나 여기서 성찰의 본보기를 소개하는 문맥이 그 말이 명령이라는 점을 시사한다. 이 동사의 통상적 의미는 '바라보다' 또는 '보다'이다. 이처럼 이 단어를 은유적 의미로 사용하면 '숙고하다'나 '성찰하다'라는 번역이 다 적합하다. 콘첼만은 여기에 역설이 담겼다고 지적한다. 곧, 콘첼만은 고린도 교인이 "'아무것'도 보이지 않는 곳을 보라"는 요구를 받았다고 말한다.[5]

1:26b–d 육체를 따라 지혜로운 자가 많지 아니하며 능한 자가 많지 아니하며 문벌 좋은 자가 많지 아니하도다(ὅτι οὐ πολλοὶ σοφοὶ κατὰ σάρκα, οὐ πολλοὶ δυνατοί, οὐ πολλοὶ εὐγενεῖς). 바울은 고린도 교인에게 그들의 부르심을 숙고할 때 자신이 편지에 썼던 두 "지혜" 간의 대조를 주목할 것을 요구한다. 따라서 바울은 고린도 지역 신자들의 사회적 지위에 집중한다. '…하는 것'(that, ὅτι)이라는 말은 고린도 교인의 "부르심"의 상황을 묘사하는 세 개의 절을 소개하는 역할을 한다(개역개정에는 이 말이 나타나 있지 않다. 이 말을 밝혀 번역하면 다음과 같다. '육체를 따라 지혜로운 자가 많지 아니하며, 능한 자가 많지 아니하며, 문벌 좋은 자가 많지 아니한 것이다'–역주). 영어 번역에서는 의미를 밝히기 위해 최소한 세 개의 절 가운데 첫 번째 절에 동사 'be'를 삽입해야 한다(곧, were wise). 그렇게 하면 "지혜로운"(σοφοί), "능한"(강한, δυνατοί), "문벌 좋은"(εὐγενεῖς)이라는 말이 동사 'be'의 보어가 된다.

바울은 앞에서 이미 능력과 지혜에 관해 말했지만, 여기에 "문벌 좋은"(εὐγένης)이라는 말을 쓴 것은 바울이 주로 사회적 관점에 따라 생각했고, 고린도 교회 안의 그리스도인 대부분을 사실상 사회적 지위가 낮은 자로 묘사했음을 분명히 한다. 이 세 단어는 헬레니즘 사상이 지배하던 당시 로마 사회에서 가장 높은 평가를 받은 사회적 요소를 가리킨다.[6] 일반적으로 "지혜로운 자"

1. "형제들"(ἀδελφοί)에 대해서는 1:10을 보라.
2. '…때문에'(γάρ)는 바울의 논증 그다음 단계와 연계되고, 번역할 필요는 없다.
3. Fitzmyer, *1 Corinthians*, 161.
4. 1:2–3에서 부르심에 대한 설명을 보라.
5. Conzelmann, *1 Corinthians*, 49.
6. 이 세 단어와 이 단어들이 표상하는 관념이 그리스 문헌의 다양한 문맥에서 발견된다. Munck, *Paul and the Salvation of Mankind*, 162n2는 다양한 관련 사례를 제시한다. Munck는 이 세 단어는 각각 소피스트가 소중히 여긴 요소를 말해준다고 올바르게 강조한다. Plutarch,

는 공동체 안에서 탁월한 자로 간주되었다. 아마 특별히 글을 잘 읽고 공적 연설을 할 수 있는 자로 인정받았을 것이다. "능한 자"는 사회에서 권력을 행사할 수 있는 자였다. 아마 그 권력은 학문, 부, 정치적 지위에서 나왔을 것이다. "문벌 좋은 자"는 능한 자와 사회적 지위 및 부를 가진 자의 후손이었다. 윈터는 고린도 교회의 모든 교인이 이 세 단어를 특히 소피스트가 즐겨 사용하는 말에서 나왔다고 즉각 인정했을 것으로 추측하는 것은 의심스럽다고 정확히 지적한다. 그럼에도 윈터는 당시 사회적 지위가 지혜, 능력, 좋은 문벌, 부에 있었다는 관념이 얼마나 널리 퍼져 있었는지를 충분히 증명한다. 윈터는 "지혜로운 자"(σοφοί)가 소피스트 선생에게 가르침을 받은 자를 가리킨다고 보았으나 "능한 자"(즉, 유력한 자)와 "문벌 좋은 자"는 대다수 소피스트 선생이 좋은 가문 출신이었다는 점을 이유로 그들의 부모를 가리켰을 것이라고 주장한다.[7]

바울이 고린도 교인이 당시 사회의 우상 숭배 관습에 굴복할 위험 속에 있었던 점을 염려한 것은 의심의 여지가 없다. 여기서 바울이 보여주는 아이러니는 고린도 교인 가운데 높은 사회적 지위를 가진 자가 '많지 않았다'(οὐ πολλοί)는 것이다. 긍정적 관점에서 말하면, 고린도 교인 가운데 많은 이가 사회적으로 엘리트 출신이 아니었는데도 하나님의 부르심을 받아 하나님을 알게 되었다는 것이다. 확실히 (엘리트 출신이 아닌) 고린도 교인이 하나님께 속해 있는 그리스도인으로 사는 현실 자체는, 1:21에서 세상이 "자기 지혜로 하나님을 알지 못했다"라고 언급하는 요점을 증명한다. 좋은 배경을 가진 자가 '많지 않았기' 때문에, 바울이 전하는 말에 대해 고린도 교인이 가시적으로 보여준 증거는 믿음으로 나아온 고린도 교회 대다수 교인이 사회에서 중요한 지위를 차지하지 못한 자였다는 것이다. 따라서 바울이 스스로 지혜롭고, 능하고, 문벌이 좋다고 생각했던 자들을 겸손하게 하는 데 성공한 것은, 고린도 교회 안에서 그런 자가 사회에서는 거의 접촉하지 않던 다수의 교인과 친하게 지냈기 때문이다. 바울이 '많지 않다'고 말하는 것은 고린도 교회 안에 세상 지위를 가진 자가 그래도 더러 있었다는 점을 함축한다. 이에 대해서는 성경 본문에 제한적이기는 해도 약간의 증거가 있다. 다만 1:16에 언급되었고 16:15-18에 다른 사람들과 함께 다시 언급된 스데바나가 이런 사람 가운데 하나였을 것이다. "글로에의 집 편(사람들)", 아굴라와 브리스길라 그리고 다른 이들은 아마 원근 각처를 다니며 장사를 한 사업가였을 것이다(1:11; 16:19). 그리스보는 잘 알려진 회당장 출신이었다(1:14). 바울은 고린도 교인이 사회적으로 다양한 계층에 속한 사람들로 이루어졌음을 암묵적으로 지적한다.[8]

바울은 "지혜로운 자"를 "육체를 따라"(κατὰ σάρκα) 지혜로운 것으로 묘사한다. 바울은 "육체를 따라"라는 어구를 때로 약간 다른 의미를 내포시켜 여러 번에 걸쳐 사용한다. 고린도전후서만 보면, 이 어구는 고린도전서에서 두 번 나타나고(또한 10:18도 보라), 고린도후서에서는 6번이나 사용된다[고후 1:17; 5:16(2번); 10:2, 3;

Moralia 1.58C-E를 참고하라. 거기서 Plutarch는 스토아 사상가를 "지혜로우면서 동시에 부유하고 단정하고 문벌이 좋은 왕으로" 부른다(LCL). Philo, *Virtues* 187-226은 문벌 좋은 자로 간주되는 자에 대한 자신의 의견을 어느 정도 깊이 있게 설명한다. Thucydides, *History of the Peloponnesian War* 1.126.3은 사일런을 "문벌이 좋으면서 힘이 있는 자"로 묘사한다. Winter, *Philo and Paul among the Sophists*, 191에서 더 상세한 설명과 인용을 보라.

7. Winter, *Philo and Paul among the Sophists*, 190. 여기서 Winter는 Munck, *Paul and the Salvation of Mankind* (같은 책, 161 이하)를 따른다. Clarke, *Secular Christian Leadership in Corinth*, 41-45를 참고하라.

8. 고린도 교회의 다양한 교인 구성에 대한 설명이 Meeks, *First Urban Christians*, 특히 51-73에서 발견된다. Munck가 고린도 교회 안에서 "그리스-로마 세계의 사회 계층의 매우 폭넓은 차이가 무대에서 사라지고 있다"라고 평가한 것은 증거를 과장하는 측면이 있다(*Paul and the Salvation of Mankind*, 73). 또한 Theissen, *Social Setting of Pauline Christianity*, 특히 2장과 Clarke, *Secular and Christian Leadership in Corinth*, 45n25를 보라. 거기서 Clarke는 Munck의 견해를 논박한다.

11:18]. 이 어구는 단순히 사람들의 역사적 혈통(혈과 육)을 가리킬 수 있다(롬 4:1; 9:5).[9] 그러나 폭을 더 넓혀 바울의 다른 서신들을 보면, 이 어구 혹은 간혹 사용하는 간단한 "육체"(또는 "육신", σάρξ)라는 말은 영적 의미가 있고, 성령에 속해 있거나 하나님에게서 나온 것과 대조된다. 이것은 종종 이 어구가 영적 상태나 상황에 대한 평가의 한 표현으로 사용된다는 점을 의미한다.[10] 다양한 영적 상태를 설명한 이 직접 문맥에서 바울은 이 세상의 지혜와 하나님의 지혜를 대조한다. 어떤 면에서 바울은 분명한 사실을 중립적으로 진술하는 것처럼 보일 수 있다. "육체를 따라", 즉 그들의 자연적 능력에 따라 보면 많은 이가 지혜롭지 못했다. 많은 이가 능하지(강하지) 못한 것도 마찬가지다. 그러나 바울이 자신의 요점을 제시할 때, 이 사실은 그리스도인이라는 지위를 고려하면 이 동일한 사람들이 어떻게 간주되어야 하는지와 생생하게 대조된다. 2:12에서 논증의 전개에 따라 바울은 "세상의 영"과 "하나님으로부터 온 영"을 직접 대조한다. 이것이 바울이 1장에서 소개한 두 가지 지혜를 대조하는 것의 핵심이다. 그러므로 여기서 바울이 "육체를 따라"라는 어구를 영적으로 부정적인 의미를 담아 사용했다고 볼 수 있다. 어쨌든 슈라이너(Schreiner)가 지적하는 것처럼, 1:26에서 지혜로운 자로 언급된 자는 "그들의 지혜가 이 세상에 속한 지혜(고전 1:20; 3:18-20)이므로 그리고 '이 세대의 통치자들'의 지혜(고전 2:6, 8)를 따른 것이므로 거부될 것이다."[11] 여기서 바울의 한 가지 염려는 고린도 교인이 자신의 공동체 안에서 벌어지는 일에 대해 하나님의 관점이 아니라 세상의 관점에 기준을 두고 판단하는 것이다. 고린도후서 1:17에서 바울은 고린도 교인에게서 그가 신령하지 않다는 반발을 듣는 현실에 직면해 있다. 따라서 바울은 수사적으로 이렇게 묻는다. '내가 육체를 따라 계획하느냐?' 다시 말하면, 바울은 고린도 교인에게 그가 '세속적이고' 속이는 방법으로 일한다고 믿는지, 또는 정직하고 경건한 방법으로 일한다고 믿는지 묻는다.[12] 고린도전서 10:18에서 이 어구가 사용될 때 그 뜻에 대해서도 똑같은 질문이 제기된다. 바울은 "단순히 혈통적 친족"[13]을 가리키는가, 아니면 이 문맥에서도 이스라엘에 대한 영적 평가를 함축하는가? 뒤에서 10:18을 설명할 때 이 책은 바울이 역사적 이스라엘에 대해 영적 평가를 했다고 주장할 것이다.

따라서 1:26에서 바울은 고린도 교인에게 "지혜"를 평가할 때, 불경건하고 타락한 사회의 생각이 아니라 하나님의 생각을 반영할 것을 촉구한다. 나중에(특히 3:1 이하에서) 발견할 것처럼, 분명히 스스로 신령하다고 생각하는 자가 죄로 얼룩진 신분 중심 사회의 가치들에 기반을 두고 판단하는 것은 아이러니하다.

바울이 고린도 교인에게 하나님의 능력 및 지혜를 반영하라고 당부하고, 그것을 이 세상의 능력 및 지혜와 대조할 때 우리는 그의 더 깊은 주장을 놓치기가 쉽다. 참된 영적 성숙은 성경적으로 사고하는 것을 포함한다. 바울은 고린도 교인에게 고린도전서 1장에서 이미 여러 번에 걸쳐 하나님의 말씀 속에 지혜가 있으므로 성경으로 돌아가라고 촉구했다. 18-19절에서 바울은 자신이 십자가에 못 박힌 그리스도께 비추어 세상의 지혜를 비

9. 그러나 이런 구절들도 바울이 그리스도에게 속해 있는 자와 속해 있지 않은 자 간의 영적 차이를 결정적으로 분명히 하는 문맥에서 나타난다.

10. 이러한 용법에 대한 몇 가지 분명한 사례가 롬 8:5, 12-13; 갈 4:23, 29에서 발견된다.

11. Thomas R. Schreiner, *Paul, Apostle of God's Glory in Christ: A Pauline Theology* (Downers Grove, IL: InterVarsity Press, 2001), 144.

12. 고후 5:16(2번); 10:2, 3; 11:18에서 이 어구의 추가 사례를 보라. 5:16에는 옛 피조물과 새 피조물 간의 대조가 나타나 있다. 그리스도인은 "육체를 따라" 다루어져서는 안 된다. 왜냐하면 이전 것은 지나갔고 그들은 이제 "새 피조물"이기 때문이다(5:17, ESV).

13. Dunn, *Theology of Paul*, 65가 그렇다. 거기서 Dunn이 바울의 "인간학적 전제"와 σάρξ라는 단어와 κατὰ σάρκα라는 어구에 대한 바울의 용법을 탁월하게 분석한 것을 보라(같은 책, 62-73).

판하는 것은 새로운 일이 아니고, 하나님의 지혜와 맞지 않는 세상의 견해를 비판한 옛 선지자들의 관점을 따르는 일임을 증명하기 위해 이사야서 본문을 인용하고 인유했다. 여기에서 예레미야서 9장이 바울에게 사고의 관점을 제공하고, 고린도전서 1:31에서 바울은 구약에서 인용한 본문(렘 9:24)으로 결론을 맺는다. 그리스의 상황과 바울이 여기서 편지에 쓴 것 사이에 평행 관계가 있는 것을 앞에서 확인했지만, 26절에 나오는 삼중의 부정적 평가는 예레미야서 9:23(LXX 9:22)의 삼중의 부정적 평가에 의존하는 것 같다["여호와께서 이와 같이 말씀하시되 지혜로운 자는 그의 지혜를 자랑하지 말라 용사는 그의 용맹을 자랑하지 말라 부자는 그의 부함을 자랑하지 말라"]. 알렉산드라 브라운(Alexandra Brown)이 지적하는 것처럼, "예레미야서 8:4-10:25은, 고린도전서 1-4장에서와 같이 '아는 것'과 '지혜'라는 반복된 주제를 다루는 것이 특징이다."[14] 예레미야가 메시지를 선포한 배경 그리고 바울이 고린도와 평행 관계가 있다고 본 배경은, 하나님의 백성과 그들의 지도자가 지혜가 없는데도 스스로 "지혜롭다"고 주장한 것과 관련되어 있었다(렘 8:8). 예레미야 선지자는 이런 사람들에 대해 "지혜롭다 하는 자들은 부끄러움을 당하며"(렘 8:9)라고 말했다. 이런 사람들은 마땅히 알아야 하는 것만큼 (하나님을) "알고" 싶어 하지 않았다[렘 9:6(LXX 9:5)]. 이런 사람들은 언약법이나 언약의 주를 하나님의 지혜의 원천으로 보지 않고, 자신의 능력이나 지혜나 재산을 지혜의 원천으로 보았다. 이런 사람들의 할례는 마음에 받은 할례가 아니라 단순히 육체의 할례에 불과했다[렘 9:25-26(LXX 9:24-25)]. 바울이 생각하기에 하나님은 옛날에 "지혜로운 자"를 부끄럽게 만드신 것같이, 27-28절이 분명히 하는 것처럼 또다시 그렇게 하실 것이다.

1:27 그러나 하나님께서 세상의 미련한 것들[15]을 택하사 지혜 있는 자들을 부끄럽게 하려 하시고 세상의 약한 것들을 택하사 강한 것들을 부끄럽게 하려 하시며(ἀλλὰ τὰ μωρὰ τοῦ κόσμου ἐξελέξατο ὁ θεός ἵνα καταισχύνῃ τοὺς σοφούς, καὶ τὰ ἀσθενῆ τοῦ κόσμου ἐξελέξατο ὁ θεός ἵνα καταισχύνῃ τὰ ἰσχυρά). 강한 반의 접속사 "그러나"(ἀλλά)라는 말로 대조가 시작된다. 사람이("육체를 따라", κατὰ σάρκα) 중요한 것으로 보는 것과 하나님이 중요한 것으로 보시는 것의 엄청난 차이가 하나님이 행하신 방식에서 증명되었다. 행동 방식을 '하나님께서 택하신'(ἐξελέξατο ὁ θεός) 것은 주어와 동사가 세 번씩 반복되는 것(그다음 구절에 나오는 것을 포함하여)으로 크게 강조된다. 이 두 번째 삼중 묘사는 바울이 26절에서 확인한 세 유형의 사람들과 대조된다.

하나님의 택하심은 사랑과 은혜를 자신이 기뻐하는 자에게 베풀어주기로 하신 주권적 결정을 함축한다. 바울이 방금 말한 것에 따라 겸손해질 수 있는 자에게 이제 하나님의 택하심을 받은 자로서 어떤 특권이 속해 있는지 판명된다. 다른 곳을 보면 하나님의 택하심은 영원 전에 구원하고 싶은 자를 구원하기로 결정하신 작정 속에 분명히 새겨져 있지만, 여기서 바울은 더 직접 그 택하심이 미치는 영향에 주목한다. 그리고 여기서 논증은 거의 단도직입적이다. 바울은 일부 고린도 교인을 세상의 기준에 따라 "미련한 자"로 부른다. 그러나 하나님은 그들을 택하셨다. 바울은 하나님의 깊은 사랑

14. Alexandra Brown이 고전 1:26-31에서 바울이 예레미야서 본문을 사용하는 것을 분석할 때 예레미야서 8:8-9의 사용을 조금도 언급하지 않는 것은 놀랍다. 내가 보기에 예레미야서 8:8-9은 바울이 예레미야서 9장을 사용하는 이유를 제공하는 본문이다(Alexandra R. Brown, *The Cross and Human Transformation: Paul's Apocalyptic Word in 1 Corinthians* [Minneapolis: Fortress, 1995], 87-96).

15. 여기서 바울은 사람들에 관해 말하지만 중성 실명사적 형용사 τὰ μωρά("미련한 것들"), τὰ ἀσθενῆ("약한 것들")라는 말을 사용한다. 또한 28절도 보라. Barrett, *First Corinthians*, 58은 이것이 "일반화하는 것"이고, "아마…고린도 교인에게 너무 대놓고 말하기를 삼가는 것"이라고 주장한다.

과 은혜를 안다. 그래서 그는 하나님이 그들에게 행하신 것을 숙고해보면, 그들 역시 사랑에서 나온 하나님의 우선권이 인간의 우선권과 완전히 구별된다는 사실을 알게 될 것이라고 말하는 것이다.

27절에서 목적절은 1:26절에서 언급된 세 집단의 사람들 가운데 첫째 집단인 "지혜로운 자"를 다룬다. 하나님의 택하심의 역사는 지혜 있는 자들을 "부끄럽게" 하려고 행해진다. 바울은 여기서 예레미야서 8:9의 "지혜롭다 하는 자들은 부끄러움을 당하며"라는 말을 인유한다(참고. LXX 삼상 2:10). 칠십인역 예레미야서 8:9에서 수동태 동사 ᾐσχύνθησαν("부끄러움을 당하며")의 행위자는 분명히 하나님이시다. 그래서 바울은 고린도전서 1:27에서 하나님을 주어로 삼는다[ἵνα καταισχύνῃ τοὺς σοφούς, "(하나님께서) 지혜 있는 자들을 부끄럽게 하려 하시고"]. '부끄러움을 당하다'라는 말은 지위를 중시하는 그리스 사회에서 창피를 심하게 당하는 것을 가리키지만,[16] 바울은 여전히 두 지혜를 서로 대립시키는 성경의 관점을 가르치고, 하나님이 세상의 지혜를 무너뜨리는 것을 증명하는 데 관심이 있다. 예레미야가 지혜로운 자가 부끄러움을 당하는 일에 대해 말하는 것도 흥미롭지만, 같은 동사 '부끄럽게 하다'라는 말이 1:23의 "거리끼는 것"(걸림돌)의 배후에 놓인 본문인 칠십인역 이사야서 28:16에서 사용되는 것도 흥미롭다. 이사야서 28:16에서 "기촛돌"을 믿는 이는 '부끄러움을 당하지' 않을 것이다. 곧, 파멸당하지 않을 것(ὁ πιστεύων ἐπ' αὐτῷ οὐ μὴ καταισχυνθῇ, 개역개정에는 "다급하게 되지 아니하리로다"-역주)이다. 바울은 로마서 9:32-33에서 이스라엘에 관해 말할 때 "(그들이) 부딪칠 돌에 부딪혔느니라 기록된 바 보라 내가 걸림돌과 거치는 바위를 시온에 두노니 그를 믿는 자는 부끄러움을 당하지(καταισχυνθήσεται) 아니하리라 함과 같으니라"고 설명한다. 따라서 바울은 하나님이 "미련한 것들"을 택하신 것이 믿지 않는 "지혜로운 자"가 '부끄러움을 당하게 하려는', 즉 그에게 파멸의 심판이 임하게 하려는 하나님이 의도하신 계획의 한 부분이라는 점을 보여준다. 1:21에서 바울은 이것을 다음과 같이 다른 말로 표현했다. "하나님께서 전도의 미련한 것으로 믿는 자들을 구원하시기를 기뻐하셨도다."

26절에서 고린도 교인에 대한 바울의 두 번째 묘사는 그들 가운데 "능한 자"가 많지 않다는 것이다. 또 27절에서 바울은 "하나님께서…택하사"라는 말을 반복하고 "약한 것들"(τὰ ἀσθενῆ)에 관해 언급한다. 고린도 교회의 많은 그리스도인은 공동체 안에서 단순히 능력, 영향력, 지위의 관점에서 보면 약한 자였다. 그러나 하나님의 목적(목적절을 반복함)은 의도적으로 "강한 것들을 부끄럽게 하시는" 것(지혜 있는 자들을 부끄럽게 하시는 것과 같은 의미)에 있었다.

1:28 하나님께서 세상의 천한 것들과 멸시 받는 것들과 없는 것들을 택하사 있는 것들을 폐하려 하시나니(καὶ τὰ ἀγενῆ τοῦ κόσμου καὶ τὰ ἐξουθενημένα ἐξελέξατο ὁ θεός, τὰ μὴ ὄντα, ἵνα τὰ ὄντα καταργήσῃ). 26절에 언급된 세 번째 집단은

16. 6:5-6에 대한 설명 뒤에 나오는 '심층 연구: 부끄러움'을 보라. 정의상 부끄러움, 곧 수치는 모든 사회에서 굴욕적인 일이다. 바울 당시의 그리스-로마 세계에서는 오늘날 우리가 의식하는 것보다 지위를 훨씬 더 크게 의식했을 것이다. 당시 사회에서는 어떤 사회 계층을 넘어 출세하기가 어려웠다. 그때 사람들은 지금처럼 공경을 받거나 존경심이 담긴 이름으로 불리는 것을 좋아했다. 고린도에는 명망 있는 시민을 공경하는 비문이 아주 많다. Witherington, *Conflict and Community*, 8을 보라. Witherington 역시 "고린도는 공개적인 자랑과 자기 과시가 예술 양식이 된 도시였다…거기서 일어날 수 있는 가장 나쁜 일은 사람의 명예가 공개적으로 더럽혀지는 것이었다"와 같이 말한다. 사람들은 명예와 공경을 위해 자신의 성공, 지위, 업적, 지혜 등을 '자랑거리'로 삼는다. 부끄러움은 자신이 공개적으로 무너져 내려 '자랑할' 것이 아무것도 남아 있지 않은 자가 겪는 일이다. 부끄러움은 사람의 공동체 지위가 적절하지 않음을 인증하는 역할을 한다. 그러나 바울이 "부끄러움"이라는 말을 사용할 때 배후에 있는 구약 배경은 단순히 사회에서 겪는 사회적 당혹감이나 굴욕이 아니라 하나님의 심판을 지시한다.

"문벌이 좋지" 않은 자들이었다. 이제 바울은 세 번째 대조 진술에서 하나님이 "천한 것들"(τὰ ἀγενῆ)을 택하셨다고 말한다. 이 문맥에서 "천한 것들"이라는 말은 "문벌 좋은 자"와 반대되는 개념이다. 따라서 이 말은 '문벌이 좋지 않은' 것이나 '비천한 환경에서 태어난' 것으로 번역될 수 있다. 그러나 이 경우에는 "멸시받는 것들"(τὰ ἐξουθενημένα)과 "없는 것들"(τὰ μὴ ὄντα)이라는 두 개의 묘사가 추가되어 대조의 정도가 훨씬 더 강해진다.

문벌이 좋지 않은 자는 세상 사람들의 눈에 천한 것들로 간주되었을 것이다. 문벌이 좋지 않은 자는 또 '멸시받았다'(ἐξουθενημένα). 문벌이 좋지 않은 자는 세상이 가치 있다고 보는 모든 것과 반대되는 기준에 따라 하나님이 택하신 자들이다. 바울은 "없는 것들"(τὰ μὴ ὄντα)을 언급함으로써 이 목록을 요약한다. 요즘 말로 '별 볼 일 없는 자'(no one)가 되거나 소위 '빵점'(zero) 인생이 되는 것을 말할 수 있다. 이것이 여기서 바울이 염두에 둔 의미다. 많은 고린도 교인이 주변 사회에서 이런 자로 취급되었다. 에픽테토스도 비슷하게 말한다. 에픽테토스는 다른 사람들이 자기를 멸시하고, 그들이 "에픽테토스는 아무것도 아니라"(οὐδὲν ἦν ὁ Ἐπίκτητος)고 말하는 것을 상상한다고 말한다.[17] 바울은 하나님이 택하심의 역사를 행하실 때 세상의 가치를 완전히 무너뜨리신 것을 증명했다. 그러나 바울은 또한 이 시점에서는 아직 전개되지 않은 관념, 곧 하나님이 그리스도 안에서 행하시는 새 창조 관념도 암시했다. 하나님은 자신의 목적을 위해 "없는 것들"을 취해 창조하셨다. 그 결과 새 사람들이 존재하게 되었다. 따라서 바울은 여기서 이 새 창조의 목적을 증명한다.

이 삼중의 진술 가운데 마지막 목적절은, 27b절("지혜 있는 자들을 부끄럽게 하려 하시고") 및 27d절("강한 것들을 부끄럽게 하려 하시며")과 평행을 이룬다. 바울은 "있는 것들을 폐하시려고(또는 '멸하시려고')"(ἵνα τὰ ὄντα καταργήσῃ) 하나님이 이런 방식으로 택하셨다고 말한다. 이 동사('폐하다', καταργέω)는, "부끄럽게 하[다]"라는 동사와 같이, 다수의 성경 본문에서 심판과 멸망을 가리킨다. 이런 관념은 2:6, 6:13 그리고 특히 이 단어가 더 상세히 검토되는 15:24에서 더 명확해진다. 십자가에 못 박힌 그리스도를 선포하는 복음 전도는 세상이 소중히 여기는 것을 완전히 뒤집어놓는다. 이 복음을 통해 하나님은 구원과 심판의 목적을 이루신다. 하나님은 세상의 눈에 미련하고 약하고 '아무것도 아닌' 것처럼 보이는 것을 일으켜 세우시고, 세상이 가치 있게 생각하는 것을 심판하신다(부끄럽게 하고 폐하신다).

1:29 이는 아무 육체도 하나님 앞에서 자랑하지 못하게 하려 하심이라(ὅπως μὴ καυχήσηται πᾶσα σὰρξ ἐνώπιον τοῦ θεοῦ). 만약 하나님이 택하시는 목적이 세상의 눈에 '대단한 자'로 간주되는 자들이 결국 심판과 멸망을 받는 것이라면, 이 택하심에는 구원받는 자를 포함하여 모든 사람과 관련된 최종의 부가적 목적도 있다. 하나님의 택하심(ὅπως로 소개된[18])의 목적은 "어떤 사람도 하나님 앞에서 자랑하지 못하게 하려"는 것이다. 여기서 πᾶσα σὰρξ(문자적 의미는 '모든 육체')는 모든 인간을 가리킨다. 비신자는 멸망당할 것이므로 자랑할 것이 아무것도 없을 것이다. 그러나 구원받는 자도 자랑할 것이 아무것도 없다.

"자랑"은 고린도전서 뒷부분에서 하나의 주제로 전개된다(9:15에서 설명을 보라). "자랑"은 그리스 세계에서는 평범한 개념이었다.[19] 헬레니즘 세계의 저술가들은

17. Epictetus, *Discourses* 3.9.14 (Oldfather, LCL). Theissen, *Social Setting of Pauline Christianity*, 71은 문벌 좋은 자가 별 볼일 없는 자가 되거나 별 볼일 없는 자와 대조되는 것에 대해 말하는 그리스 저술가들의 말을 많이 열거한다.

18. BDF §369.4는 ὅπως가 이 목적절에서 사용되는 것은 앞에 ἵνα가 사용된 것으로 보아 문체상의 이유라고 주장한다.

19. Philo, *Worse* 32-35는 구약 인물인 가인을 비유적으로 당시에 학식과 재산을 자랑하는 이기주의자를 가리키는 것으로 해석한다. 또한 Plutarch, *Moralia* 7.539-47에서 적절하고 부적절한 자기 영광에 관한 글도 보라. Plutarch는 야망을 자기 자랑과 관련시켜 증명한

"자기를 높일"(περιαυτολογία)[20] 때가 있다고 생각했지만 대체로 자랑하는 일을 멸시했다. 보쉬(Bosch)에 따르면, "자랑"이 일관되게 멸시를 당한 것에는 적어도 다음과 같은 네 가지 이유가 있었다. (a) 신들에게 불쾌감을 주었기 때문이다. (b) 사람들에게 불쾌감을 주었기 때문이다. (c) 사람들 앞에서 나쁜 말로 들렸기 때문이다. (d) 자랑의 기초가 가치 있는 것으로 간주되지 못했기 때문이다.[21] 바울이 여기서 "자랑"이라는 말을 사용할 때, 고린도 교인은 당연히 바울이 그들을 비판하는 의미를 알아차렸을 것이다. 그리고 교회 안에서 지위를 얻는 데 혈안이 되고 자신이 받은 은사를 과시했던 교인들은, 확실히 이 비판에 기분이 상했을 것이다. 그러나 고린도 교인은 여기서 개인적으로 공격을 받는다고 느꼈겠지만, 바울이 "아무 육체도…못하게 하려 하심이라"(μὴ…πᾶσα σὰρξ)고 지적했을 때 그가 단순히 인신공격이 아니라 훨씬 더 깊은 신학적 요점을 제시했다는 점도 파악했을 것이다. 바울은 여기서 "하나님 앞에서"(ἐνώπιον τοῦ θεοῦ) 모든 사람의 문제가 자신의 성취나 업적을 내세우고 싶은 성향이라고 주장한 것이다. 어쨌든 하나님의 택하심은 인간적 노력에 조금이라도 의존하는 것을 철저히 부정한다.

여기서 바울이 자랑을 정의하는 것은 성경의 사상에 비추어 한 번 더 헬레니즘의 자랑 개념을 재정의한 것임을 주목해야 한다. 예레미야 8-9장이 고린도 교회에서 벌어진 일을 보는 바울의 관점에 중대한 영향을 미치는 것 그리고 고린도전서 1:26에 나오는 삼중의 묘사가 예레미야서 9:23(LXX 9:22)에 의존하는 것을 보면, 바울이 자랑 문제에 대해서도 동일한 예언 본문을 계속 염두에 둔 것은 특별하지 않다. 바울은 자랑 문제를 "하나님 앞에" 서는 지위 문제로 간주했다. 예레미야서 9:23(LXX 9:22)에서 여호와는 사람의 지혜가 하나님 앞에 서는 지위를 얻는 일에 도움을 줄 수 없고, 이스라엘 백성은 이런 일들을 "자랑해서는" 안 된다고 천명하신다. 그러나 예레미야서 9:24(LXX 9:23)은 백성이 "명철하여 내가 여호와라는 것을 아는"(συνίειν καὶ γινώσκειν ὅτι ἐγώ εἰμι κύριος) 것을 자랑할 수 있고, 또 그것을 자랑해야 한다고 말한다. 모든 자랑이 멸시받을 일로 간주되지는 않는다. 31절에서 바울은 예레미야서 본문(렘 9:24)을 인용하여 "자랑"을 간단하게 다시 정의한다. 여기서 바울은 "자랑"이라는 말을 긍정적으로 사용하는 것을 옹호한다. 따라서 바울은 자랑은 대부분 잘못된 것이지만, 올바르고 적절한 자랑이 있다고 자랑의 개념을 (성경적으로) 다시 정의한다. 이 정의는 헬레니즘 사상에 배경을 두는 것 같지 않다. 그러나 바울은 하나님 앞에 서는 지위를 얻을 수 있는 길이 있고, 그 길은 십자가에 못 박힌 그리스도를 믿는 믿음을 갖는 것이라고 주장한다. 이것은 전적으로 은혜에 속하고, 하나님의 지혜와 그분의 택하심에 속한 것이므로, 주 안에서 자랑하는 것이 적절하다.[22]

다. Plutarch는 한편으로는 "자기 자랑을 혐오하는 것"에 관해 말하고, 다른 한편으로는 자신에 관한 진실이 말해져야 할 때(7.539.E)나 자기 연민을 피해야 할 때(7.541.A-B; LCL)와 같이 자신에 관해 말해야 할 적절한 자리가 있다고 주장한다. 여기서 자신에 관해 말해야 할 적절한 자리가 있다는 것은 사도 바울이 고전 4:8-13과 고후 11:21-30에서 자신의 불행을 "자랑하는" 것과 극명하게 대조된다. 바울의 사고 세계는 Plutarch가 자기 연민을 피하고 '자기 높임'을 인정하는 것과는 완전히 거리가 멀다. "따라서 사람은…비천하고 가련한 상태에서 당당한 태도로 나아가기 위해 자기 높임을 사용하고…운명에 맡긴다…이것으로 우리는 공격적이거나 무모한 사람이 아니라 위대한 불굴의 사람이 된다"(7.541.A-B; LCL). 아울러 Christopher Forbes, "Comparison, Self-Praise and Irony: Paul's Boasting and the Conventions of Hellenistic Rhetoric," *NTS* 32 (1986): 1-30에서 자신과 더 위대한 자를 비교하는 것이 자기 지식을 높이는 데 도움을 준다는 헬레니즘 관점을 연구한 내용도 보라.

20. Plutarch, *Moralia* 7.539.E.

21. Jordi Sanchez Bosch, *"Gloriarse" según San Pablo: sentido y Teología de* Καυχάομαι, AnBib 40 (Rome: Biblical Institute Press, 1970), 4 이하. 또한 "자랑"을 멸시적인 속성으로 보는 다수의 사례에 대해서는 Gardner, *Gifts of God*, 85-87을 보라.

22. 바울이 예레미야 9:23과 같은 본문에 비추어 자랑 개념을 다시 정의하는 것은, 그가 고린도후서에서 여러 번에 걸쳐(예를 들어, 고후

1:30a-b 너희는 하나님으로부터 나서 그리스도 예수 안에 있고(ἐξ αὐτοῦ δὲ ὑμεῖς ἐστε ἐν Χριστῷ Ἰησοῦ). 이 구절은 무엇보다 먼저 하나님의 은혜가 그리스도 안에 있음을 상기시켜 준다. 이 구절에는 이전 것과의 근본적인 대조가 담겨 있다. 바울은 "없는" 것들에 관해 말했다(28절). 이제 대조를 통해 하나님으로 말미암아 '너희가 있다'(ὑμεῖς ἐστε)고 말한다. 여기서 '그로 말미암아'(ἐξ αὐτοῦ, 개역개정에는 "하나님으로부터 나서"-역주)라는 말은 하나님이 고린도 교인이 그리스도 안에서 얻은 그리스도인이라는 지위의 효과적 원인이라는 점을 암시한다. 그러나 이 말은 고린도 교인이 그리스도 안에 있게 된 것의 원천이 하나님이라는 점도 암시할 수 있다. 인칭 대명사가 동사와 함께 사용되고(ὑμεῖς ἐστε), 그 말의 문장 속 위치는 내용을 강조하는 역할을 한다.

세상이 지위와 영예를 가져오는 지혜와 지식을 강조하기 때문에, 일부 고린도 교인은 "지식"이나 "말의 지혜"와 같은 은사를 기독교 공동체 안에서 지위를 얻었음을 입증하는 증거로 내세웠다. 그들은 자칭 "신령한" 자가 되었고, 그리하여 사회에서 소중히 여긴 가치들을 교회 속으로 끌어들였다. 그러므로 바울은 그렇게 교회 속에 스며든 사회적 가치들을 철저히 무너뜨렸고, 고린도 교인에게 하나님 앞에 설 자는 아무도 없으며, 자랑할 자도 아무도 없다(28절)는 사실을 상기시켰다. 그럼에도 고린도 교인은 하나님 앞에 서는 지위가 있다. 그것이 가능한 것은, 그들이 자신의 은사나 말의 세련된 수사나 지혜가 아니라 단순히 하나님으로 말미암아 그 지위를 얻었기 때문이다. 비록 여기서 은혜라는 말이 사용되지 않기는 해도, 바울의 전체 논증은 하나님의 은혜에 의존한다. 하나님이 바로 고린도 교인이 얻은 지위와 그들이 하나님께 '속해 있는' 사실의 원천과 원인이 되신다. 왜냐하면 하나님이 자기 백성의 대표자로, 십자가 죽음과 부활을 통해 그들에게 구원을 가져오는 왕을 주셨기 때문이다. 세상의 "지혜"가 이방인 공동체 안에서 이방인에게 지위를 준다면, 그리스도인도 세상의 지혜와 다르기는 해도 지혜를 알고 있음을 깨달아야 한다고 바울은 말한다. 그 지혜는 은혜로 계시되고 "그리스도 안에" 있는 모든 이가 소유한다.[23]

1:30c-d 예수는 하나님으로부터 나와서 우리에게 지혜와 의로움과 거룩함과 구원함이 되셨으니(ὃς ἐγενήθη σοφία ἡμῖν ἀπὸ θεοῦ, δικαιοσύνη τε καὶ ἁγιασμὸς καὶ ἀπολύτρωσις). 그리스도의 죽음과 부활로 하나님 앞에서 참된 객관적 지위를 얻을 가능성이 믿는 자에게 주어졌다. 그리스도는 자신의 인격으로 언약의 복과 저주를 성취하심으로써 하나님의 계획을 보여주고, 또 그 계획에 따라 온전히 사신 분이다. 그리스도는 지혜이지만 세상이 이해하는 의미의 지혜는 아니다. 그리스도는 구원과 심판에 관한 하나님의 중대한 계획을 나타내신 분이다. 그리스도는 누구든 궁극적으로 중요한 지위를 차지할 수 있게 하는, 곧 "하나님 앞에"(ἐνώπιον τοῦ θεοῦ, 29절) 설 수 있게 하는 유일한 길이다. 바울은 이제 2인칭 복수형에서 1인칭 복수형으로 바꿈으로써 고린도 교인을 자신과 하나로 묶는다. 여기서 부정과거 수동태는 과거 그리스도가 지혜가 되셨던 때를 환기한다. 그리고 여격 "우리에게"(ἡμῖν)는 이익의 여격이다. "하나님으로부터"(ἀπὸ θεοῦ)라는 말은 하나님을 궁극적 원천으로 되돌아본다.[24]

1:14; 5:12) 자랑 관념을 긍정적으로 사용할 수 있는 이유를 설명해 준다. 고린도후서에서 바울은 고린도 교인이 자신을 평가할 때 부정적으로 비교하기 때문에 자신을 직접 추천한다. 그러나 바울은 자신의 "자랑"을 계속 언급할 때 오직 자신의 사역과 자신이 주를 따른 방법에 대해서만 말한다. 고린도 교인은 능력에 따라 자신을 주제넘게 내세우지만 바울은 이런 비교를 거부하고 자신이 하나님께 복종한 것에 따라 자신의 사역을 언급한다. George H. Guthrie, *2 Corinthians* (Grand Rapids: Baker Academic, 2015), 488-90에서 바울이 고린도 교인이 자신을 "자랑할" 때 행한 것에 대해 자신을 추천하는 것과 그들이 바울에게 기대했던 것을 다른 방식으로 유용하게 요약한 것을 보라.

23. 2장에 대한 설명의 많은 부분에서 이것을 더 상세히 다룰 것이다.

바울은 31절을 예레미야서에서 인용한 본문에 따라 진술하면서 거기에 "의로움"과 "거룩함"과 "구원함"이라는 세 단어를 덧붙인다. 이 단어들은 하나님 앞에 서는 지위와 관련된다. 하지만 이 세 단어는 각기 다른 의미가 있다.[25] 이 세 단어는 부분적으로 "지혜"의 내용을 신자들과 관련지어 해설한다.[26] 여기서 다시 한번 부분적으로 예레미야가 한 예언과의 평행 관계가 드러난다. 바울은 예레미야의 예언을 따라 "의로움"(δικαιοσύνη)을 언급한다. 예레미야서 본문의 원래 문맥을 보면, 의로움은 변함없는 사랑, 공의, 의를 행하시는 하나님과 관련되어 있다. 하나님은 이런 일들을 기뻐하시고, 자기 백성이 이런 일들을 행하기를 기대하신다[9:24(LXX 9:23)]. 예레미야서 본문에서 하나님의 의로우심은 자기 백성에 대한 그분의 신실하신 판결과 관련되어 있다. 이때 하나님의 백성이 그분의 경고를 주의하지 않으면 이 판단은 심판의 공의가 될 것이다. 바울은 또한 하나님의 판결 관념이 현존한다고 본다. 자기 백성을 위해 십자가에 못 박히신 왕(참고. 1:13)은 하나님께 정당성을 입증받았고, 그것은 부활에서 증명되었다. 그리스도인은 모든 믿는 자를 대표하는 왕이신 '그리스도 안에서' 그들에게 해당하지 않았던 정당성을 발견하고, 그들이 주님 앞에 설 수 있게 된 것이 이제 사실이 되었다. 바울은 여기서 이것이 어떻게 그리스도의 십자가 죽음과 부활에서 일어나는지 말하지 않는다. 그러나 바울은 확실히 예수님이 죄를 지은 자, 곧 언약을 어긴 자가 받을 심판 아래 죽으신 사건을 염두에 두었다(참고. 갈 3:3). 고린도후서 5:21에서 지적하는 것처럼, 십자가에서 "하나님이 죄를 알지도 못하신 이를 우리를 대신하여 죄로 삼으셨다." 따라서 그리스도인은 '그리스도 안에서' 자신이 진실로 언약에 따라 하나님 앞에 서는 지위를 차지했음을 발견한다. 그리스도와 같이 그리스도인도 "의로운" 자로 발견되었다. 현재 기독교 공동체의 지위가 그대로 보증된다. 하지만 세상이 상상한 것과 같은 것은 아니다. 이 '무죄' 판결에 대한 확신은, 믿는 자는 누구나 그리스도의 정당성이 그분의 부활에서 증명된 것처럼 그들의 정당성도 그들이 부활할 때 증명될 것을 예견한다. 바울은 나중에 이것이 신자들의 삶에 중요한 윤리적 함축성을 지녔음을 증명한다. 그러나 그것은 여기서 그것이 바울의 요점이 아니다.

"거룩함"(ἁγιασμός) 역시 그리스도인이 '그리스도 안에서' 가진 것인 객관적 지위와 관련되어 있다(6:11에서처럼, 거기에서 이 부정과거 시제는 성령으로 말미암아 거룩하게 된 것에 사용된다). 종종 그리스도인은 거룩함을 한평생 지키고, 성화의 과정을 통해 그리스도를 더 닮아가고 더 거룩한 자가 된다. 그러나 거룩한 삶에 대한 요청이 정당하고, 그것이 고린도전서에서 중요한 역할을 하는 것은 거룩함이 그리스도 안에서 하나님의 선행적 사역에서 나오기 때문이다. 그리고 이때 그리스도인은 자신이 하나님의 "택하심을 받은" 구별된 백성이라는 사실을 발견한다. 그러하기에 바울은 27–28절에서 '하나님이 택하사'라는 말을 삼중으로 반복하면서 고린도 교인의 주의를 거룩함에 집중시킨다. 따라서 여기서 거룩함은 분명히 계속 구약적인 개념이나 언약적인 느낌을 내포한다. 왕이신 '그리스도 안에서' 그리스도인은 자신이 옛 하나님의 백성을 따라가고 있음을 확인한다. 하나님은 옛 백성에게 "너희가 내 말을 잘 듣고 내 언약을 지키면 너희는 모든 민족 중에서 내 소유가 되겠고 너희가 내게 대해 제사장 나라가 되며 거룩한 백성이 되리

24. 수동태 동사의 주어는 통상적으로 ὑπό+소유격으로 암시된다. ἀπό+소유격은 자주 나타나지 않는다(고전 11:32도 보라). 하나님이 "궁극적 행위자"이시다(Wallace, *Greek Grammar*, 433).

25. N. T. Wright는 이 세 단어가 "명백히 지위, 과정 그리고 사건"을 암시한다고 주장한다(Wright, *Paul and the Faithfulness of God*, 950).

26. NIV는 "즉, 우리의 의로움"(that is, our righteousness)이라는 말을 삽입하여 이것을 분명히 한다.

라"(출 19:5-6)고 말씀하셨다. 왕이신 그리스도가 순종하여 언약을 지키셨기에, 그분의 백성은 진실로 "거룩한 백성"이 된 것을 발견하게 된다.

마지막으로 바울은 "구원함"(ἀπολύτρωσις)에 대해 말한다. "구원함"(redemption, '구속/대속')은 자기 백성을 위한 그리스도의 사역 전체를 충분히 요약하는 말이므로, 사실은 목록 첫 번째 자리에 들어갈 말로 예상된다. 그러나 이 말이 목록 마지막 자리에 들어가 있는 것은 어쨌든 그 뜻을 강조하기 위함이다(참고. 롬 3:24-25). 여기서 구원함과 관련된 그림은 노예 세계와 노예를 사기 위해 값을 치르는 일에서 나온다.[27] 값을 치르면 자유를 얻을 수 있다. 그러나 그것은 가끔은 한 주인에서 다른 주인으로 소속만 바꾸는 이동이 일어나는 것도 암시했다. 옛날 이스라엘 이야기가 다시 한번 이 그림의 배경을 제공한다. 이스라엘이 애굽에서 벗어나 얻은 자유와 약속의 땅에 들어간 것은 하나님의 '구속' 사건으로 간주되었다(예를 들어, 시 111:9). 물론 이 구속 사건은 특정 속박 상태에서 벗어나 자유를 얻은 것이었으므로, 여기서 '자유'라는 말은 정당하게 사용되는 용어다. 그러나 실제로 이동이 일어난 것은 이스라엘이 하나님께 속한 백성으로 충분히 형성되었을 때였다. 구원함을 언급할 때, 바울은 다시 한번 그리스도 안에서 과거에 일어난 사건을 염두에 둔다.[28] 물론 그것은 그리스도가 재림하실 때인 '구원의 날'을 고대하지만, 여기서는 바울이 다른 곳에서 그날까지 '인 치심을 받았다'고 한 언급(엡 4:30)을 반영한다. 부정과거 "우리에게…되셨으니"(ἐγενήθη)라는 말이 여전히 이 묘사를 지배한다. 그리스도의 십자가 사역 전체로 말미암아 그리고 그리스도의 부활로 입증된 정당성에 따라, 그리스도인은 하나님에 의해 '그리스도 안에서' 함께 모이고, 죄의 지배와 죄의 결과인 심판에서 벗어나 하나님의 나라로 옮겨졌다(골 1:13-14).

그리스도 예수 안에 있지 않았던 자가 지금은 그 안에 있으므로 하나님 앞에서 그들의 지위가 확립되고 확증된다. 하나님은 그들의 행동을 통하지 않고, 또는 사람의 지혜나 계획을 통하지 않고, 십자가에 못 박히신 그리스도 안에서 하나님 앞에 서는 데 필요한 모든 것을 이루도록 역사하셨다.

1:31 기록된 바 자랑하는 자는 주 안에서 자랑하라 함과 같게 하려 함이라(ἵνα καθὼς γέγραπται, Ὁ καυχώμενος ἐν κυρίῳ καυχάσθω). 하나님이 그리스도 안에서 행하시는 사역으로 예레미야서 본문에서 인용한 예언이 성취된다. 십자가에 못 박히신 그리스도는 오직 한 가지만 자랑할 수 있다는 점을 보여주었다. 왜냐하면 모든 역사는 오직 "하나님으로부터" 나오고, 주 안에서 이루어지기 때문이다. (구약) 성경 본문의 인용을 소개하는 이 구문(ἵνα καθὼς, "같게 하려 함이라")은 생략법이고 파악하기가 힘들다. 하지만 1:29과 비슷한 또 하나의 부가적인 목적절로 볼 수 있다. 30-31절의 흐름은 의역하면 더 분명해진다["너희는 (성경에) 기록된 것처럼 '자랑하는 자는 주 안에서 자랑하는' 자로 (주목받을 수) 있도록…우리에게 지혜가 되신 그리스도 예수 안에 있다"]. 이런 의미에서 이 인용 본문은 지금까지 주어진 논증의 '증명'이 아니라 '성취'의 증거다.

앞에서는 예레미야서 9:23-24의 문맥을 통해 바울이 이 본문에서 단순히 "자랑"을 언급하는 것에서 벗어나 "자랑하는 자는 주 안에서 자랑하라"고 말하지 않을 수 없는 이유를 지적했다. 예레미야서 9:12에서 예레미야는 여호와께서 이스라엘을 다루시는 것을 충분히 깨달을 만큼 누가 "지혜로울" 수 있는지 묻는다. 고린도 교인은 자신의 행위로 말미암아 하나님이 자신에게 행하신 일을 깨닫지 못한 것 같다. 결론적으로 모두가 하

27. 7:24에 대한 설명에서 '심층 연구: 은유로서의 종노릇과 주인의 이동'을 보라.

28. 6:20에 대한 설명에서 대속물에 대한 더 상세한 설명을 보라.

나님의 교회에 참여하는 것, 하나님의 교회에 속하는 것, 모두가 언약의 주 앞에 서는 지위를 차지하는 것은 완전히 '그로(하나님으로) 말미암아' 이루어진다(30절). 그러므로 해도 되는 적합한 자랑이 있다. 모든 영광은 주님께 돌아가는 것이므로 사람이 자신에게 영광을 돌리는 일은 있을 수 없다.

적용에서의 신학

1. 모든 사람에게 복음을 선포함

고린도 교인은 십자가에 못 박히신 그리스도가 아니라, 세속적 가치에 기초를 두고 자신의 지도자에 관해, 서로에 관해 그리고 믿음으로 나아온 자들에 관해 판단을 일삼았던 것 같다. 이런 판단은 인간이 지닌 죄의 본성에서 나오는 것으로, 사람이라면 누구나 회심했을 당시 자신의 배경이 어떠하든 간에 어쩔 수 없이 이런 판단을 하는 것 같다. 이런 요점은 바울이 예레미야서 본문을 인용하는 것에서 충분히 추론된다. 자신의 지혜, 율법에 대한 신뢰 그리고 자신의 민족을 자랑하는 사람들이 있었다. 그러나 바울은 예레미야가 이런 자랑을 비판한 것과, 그리스 사회의 영향을 크게 받은 한 교회에서 자신이 본 것 사이에 평행 관계가 있다고 본다. 이것은 현대 교회에 중대한 경고로 다가온다. 여기서 하나님은 자신이 원하는 이유로 자신이 원하는 자를 택하신다는 사실이 중요하다(1:27-28에서 이 말이 강조를 위해 세 번에 걸쳐 반복됨). 모든 민족과 모든 족속 중에서 나온 사람들을 구원하시는 것이 하나님의 뜻이지만, 교만하고 강하며 자만하고 오만한 자를 "부끄럽게 하고" 멸망시키는 것 역시 하나님의 뜻이다. 하나님은 어떤 것이나 어떤 사람이 신 중의 신이신 하나님의 위치를 무너뜨리는 것을 절대로 용납하지 않으신다. 세상의 관점에서 볼 때 지혜롭지 못하고 약한 자에게 다가가신다고 해서 하나님이 부유하고 지혜로운 자를 무시하시는 것은 아니다. 그들에게도 자신에 관해 말씀하신다. 하나님은 편견을 갖거나 괴팍하신 분이 아니다(고린도 교회 안에 지혜로운 자도 더러 있었다, 26절). 하나님의 공의와 긍휼과 은혜는 그들의 배경과 상관없이 모든 사람에게 적용된다. 하나님은 구원받은 자가 이것을 세상에서 멸시받는 사람들에게 많이 반영하도록 보증하심으로써 자신에 관한 이 중요한 사실을 가르치신다.

현대 교회는 이 복음의 핵심(십자가에 못 박히신 그리스도)이 복음 전도 방식에 어떻게 반영되는지 그리고 다른 사회적 집단 활동에 시간을 얼마나 할애할지 등을 물어볼 필요가 있다. 많은 복음 전도 집단이 교육을 많이 받은 자와 세상에 영향력을 행사하는 자에게 복음을 전하는 일에 집중한다. 일부 대학생선교회는 '학계의 야심가'에게 선교를 집중하고, 어떤 대학교는 그런 사역으로 더 유명하다. 이런 판단은 매우 타당한 것처럼 보인다. 만약 이 세상의 유력자가 그리스도인이 된다면 그들이 사회를 변화시키거나 다른 많은 사람을 주님께 이끌 가능성이 그만큼 더 커 보이기 때문이다. 목표는 좋다. 하지만 그렇게 되면 십자가에 못 박히신 그리스도의 메시지가 발휘하는 효력은 제한되지 않을까? 어떤 이가 이런 집단에 복음을 전하라고 부르심을 받는 것은 의심할 것 없이 하나님께서 세우신 계획의 일환이다. 그러나 오늘날 믿음으로 나아오는 대다수 세상 사람은 교육을 충분히 받지 못한 나라에서 살고, 그런 나라들은 별로 부강하지 않으며, 국민들은 연약하고 착취의 대상으로 느껴진다. 이런 곤경 속에 있는 사람들이 그리스도께 돌아설 가능성이 그만큼 더 크다는 것을 이유로 애써 그들에게 복음 전하는 일을 무시하기가 쉽다. 그런데 바울은 하나님이 천하고 멸시받는 자를 택하고, 있는 자를 없는 자로 만드시는 것처럼, 지혜로운 자를 부끄럽게 하시는 것이 하나님의 목적이라는 점에 유의하고, 복음의 본질과 하나님에 관해 생각해보라고 요구한다. 십자가에 못 박히신 왕에 중심을 둔 복음을 말할 때도 바울은 신명기 7:7-8을 염두에 둔 것이 틀림없다["여호와께서 너희를 기뻐하시고 너희를 택하심은…여호와께서 다만 너희를 사랑하심으로 말미암아"].

교회가 사회의 가난한 자, 환멸에 빠진 자, 착취당한 자보다 부자, 배운 자, 유력한 자를 찾아가는 일에 더 시간을 쓸 때, 자기도 모르게 참된 복음을 얼마나 많이 숨기는 일이 벌어질까? 바울이 말하는 것으로 보아 초대교회 당시에는 교인이 문화적, 사회적으로 무척 다양하게 구성되었다. 이런저런 이유로 사회에서 높이 평가받지 못한 많은 사람이 기독교로 회심했다. 그렇다고 해도 바울이 이런 사람들을 일부러 전도 대상으로 삼았는지는 의심스럽다. 바울은 단순히 아무 차별과 편견 없이 만난 모든 사람에게 그리스도에 관해 말했을 가능성이 더 크다. 그것보다 바울은 의도적으로 온갖 부류의 사람들이 복음 메시지를 들을 수 있는 곳에서 자신의 입장을 확실히 밝히는 방침을 가졌던 것이 틀림없다. 이 모든 것은 우리가 복음을 전하거나 사회 집단에 복음을 들고 다가가는 방식에 중대한 의미를 함축한다. 사실 이것은 먼저 지역 교회가 자신의 '공동체'를 어떻게 설명하느냐에 대해 함축성을 갖는다.

2. 겸손하게 선포함

이 본문은 또한 교회에서 목사와 교사로 부르심 받은 자에게 경고하고 도전한다. 목사와 교사가 더 많은 학위를 받고 오랫동안 신학 공부를 했다고 강조하는 것은 가치가 있을지도 모르지만, 여기에 오만함이 스며들어 복음의 본질과 십자가에 못 박히신 그리스도라는 복음의 핵심과 중심이 애매해질 수 있다. 선포된 그리스도의 복음은 사람들을 믿음으로 이끄는 하나님의 능력을 계시하고, 그 자체가 곧 하나님의 능력이다. 하나님이 자신의 은혜로 설교자나 교사의 학문을 사용하실 때도 사람들을 믿음으로 이끄는 것은 그들의 웅변이나 학문이 아니다. 바울이 그러했듯, "십자가에 못 박힌 그리스도"께 초점을 맞추는 것은 부지런히 수고하고 정성스럽게 준비하는 것과 함께 말과 삶이 단순하고 명료해야 함을 촉구하는 것이다. 복음 진리는 사람을 매우 겸손하게 만든다. 사람들은 그리스도께 속할 때 '아무것도 아닌 자'가 그리스도 안에서 '매우 괜찮은 자'가 된다. 마찬가지로 하나님의 사자는, 세례 요한과 같이(요 3:30) 그리스도가 높아질 때 자기는 쇠하고 '아무것도 아닌 자'가 되어야 한다.

3. 성경적 자존감을 높임

자존감에 대해 말이 매우 많은 시대에 이 본문이 분명히 죄의 영향을 받은 자존감과 경건한 자기 이해를 함께 지적하는 것 역시 주목할 가치가 있다. 누구든지 자신이 그리스도를 따르게 된 것을 자랑할 수 없다. 구원은 그리스도 안에서 은혜로 주어지기 때문이다. 바울이 말하는 바, 구원은 그 사람이 '누구였는지' 혹은 '누구인지'로 말미암아 일어나는 것이 아니고, 하나님이 그리스도 안에서 세상의 눈에 '아무것도 아닌' 자를 택하시는 사역을 통해 일어난다고 주장한다. 현대의 세속적 심리학이 교회 안에 너무 깊이 스며들었다. 개인을 높이 세우는 목적을 추구하고, 개인에게 '힘을 주며', 개인이 실제로 얼마나 선하고 재능이 있는지를 강조한다. 개인이 이 세상과 하나님에 대해 얼마나 가치 있는 존재인지를 부각하는 심리학이 침투하여 교회를 변질시켰다. 현대의 세속적 심리학이 강조하는 자존감은 종종 자신에게 유리하게 타인과 비교하거나 '자아'를 더 크게 강조하는 것에 기반을 둔다. 하지만 이 본문은 복음이 이런 자존감의 관념을 완전히 잘라버린다는 것을 증명한다. 우선 복음은 사람들을 아무것도 아닌 자로 만든다. 종종 세상의 눈에는 모든 사람이 '아무것도 아닌 자'다. 그러나 하나님의 눈에는 하나님이 은혜로 택하시는 사랑을 베풀어주시지 않으면 모두 '아무것도 아닌 자'다.

한편 이 본문은 사회 속에서 그리고 가족이나 친구 때문에 소외감을 느끼는 사람들에게 앞으로 나아갈 길을 제시한다. 이 본문은 현실적이고 경건한 자기 파악과 자기 평가의 길을 안내한다. 십자가에 못 박히신 그리스도는, 각 사람에게 그분이 아무에게도 좋은 사람으로 간주되시지 않았다는 점과 아버지의 뜻을 위해 낮아지실 준비가 되어 있었다는 점을 상기시킨다. 그리스도인이 그리스도의 마음을 품고자 이 본문을 자신에게 적용할 때 자존감에 대한 세상의 평가는 뒤집어진다. 그리스도인은 자존감을 얻기 위해 싸우지 않고, 끊임없이 낮은 자존감으로 우울해하지 않으며, 심지어는 무력감에 사로잡히지도 않고, 자신의 부르심을 주목하고 자신을 택하신 아버지를 바라볼 수 있다. 따라서 그리스도인은 하나님이 그들을 만드신 것과 하나님 가족의 일원으로서 주신 지위를 알기 마련이다. 세상이 우리에 관해 뭐라고 말하든 간에, 심지어 다른 교회 교인이 우리를 어떻게 생각하든 간에, "그리스도 예수 안에 있고"(30절)라는 말씀의 능력을 깨닫는다면 그런 평가는 정말 아무것도 아니다. 그리스도인은 호의적인 하나님의 평가를 받고("의로움"), 구속을 받으며, 그들 속에서 하나님의 계획(그리스도 안에서 얻는 "지혜")이 이루어진다. 그리고 거룩하게 된 하나님 백성의 일원이라는 지위를 차지한다. 그러므로 목사와 지도자들은 세상의 지혜에서 나온 샘이 아니라, 하나님의 긍휼, 사랑, 연민의 깊은 샘으로부터 물을 마시도록 사람들을 이끌어야 한다.

CHAPTER

5 고린도전서 2:1–5

문학적 전후 문맥

1:18–25에서 바울은 1인칭 복수형으로 말함으로써 복음이 어떻게 십자가에 못 박히신 그리스도에 중심을 두는지를 증명했다. 이 구원 방법은, 전혀 다른 '세상의' 지혜 관점을 가진 자와 마주 앉아 있으면 무척 빈약하게 보일지라도 하나님의 지혜다. 1:26–31에서 바울은 고린도 교인에게 그들 자신이 십자가의 도에 담긴 하나님의 능력을 입증하는 증거라는 점을 보여주기 위해 2인칭 복수형으로 바꾸어 전했다. 고린도 교인은 사회에서 "지혜가 있거나" 큰 명성을 가진 자가 아니었다. 그러나 하나님은 "그리스도 예수 안"에서 그들이 현재 가진 지위로 그들을 부르셨다(30절). 지위가 없었던 자가 이제는 지위를 얻었다. 고린도 교인은 '아무것도 아닌 것들'이었고, 그래서 그들이 가진 것은 다 그들을 자신의 소유로 만드신 하나님께 속한 것이었다. 그러므로 십자가에 못 박히신 그리스도의 복음을 선포할 때 고린도 교인들 자신이 하나님의 지혜의 능력을 증명한다. 따라서 2:1–5에서 1인칭 단수형을 사용하여 바울은 자신을 비슷한 요점을 제시하는 두 번째 본보기로 제시하고, 1:17에서 간략히 언급한 것을 상세히 설명한다. 바울의 복음 전파는 세상의 기준에 따르면 강한 것이 아니었다. 오히려 바울의 복음 전파에서 사람들을 믿음으로 이끈 것은 하나님의 영과 그분의 능력이었다. 이 부분(2:1–5)은 바울이 참된 지혜의 본질을 제시하는 두 번째 주요 부분(2:6–4:21)으로 넘어가는 다리로 작용한다.

III. 십자가로 말미암아 근본적으로 다른 관점이 형성됨(1:18–2:5)
- A. 십자가의 도(1:18–25)
- B. 고린도 교인의 부르심에서 예증됨(1:26–31)
- ➦ **C. 바울의 복음 전파에서 예증됨(2:1–5)**

IV. 온전한 그리스도인은 하나님의 지혜를 구함(2:6–4:21)

주요 개념

바울이 고린도에 왔을 때 그는 약했고 두려워했다. 게다가 그리스 사회의 많은 사람이 기대하는 세련된 수사 솜씨가 있는 것도 아니었지만, 바울의 복음 전파는 사람들이 믿음으로 나아오게 된 것이 하나님의 영과 하나님의 능력으로 말미암은 것임을 여실히 증명했다. 따라서 바울은 자신 속에서 그리고 사람들이 믿음으로 나아온 사실을 통해 하나님의 지혜가 사람의 지혜를 능가한다는 증거를 상세히 제시한다.

번역

고린도전서 2:1-5

1a	시간	형제들아…너희에게 나아가…때에
b		내가
c	내용	하나님의 증거를 전할
d	방식	말과 지혜의 아름다운 것으로
e	1차 개인적 본보기	**아니하였나니**
2a	내용	내가 **너희 중에서…아무 것도**
b	내용	예수 그리스도와 그가 십자가에 못 박히신 것 외에는
c	설명	**알지 아니하기로 작정하였음이라**
3a		내가
b	2차 개인적 본보기	**너희 가운데 거할 때에**
c	방식	약하고 두려워하고 심히 떨었노라
4a	내용(부정적 관점)	**내 말과 내 전도함이 설득력 있는 지혜의 말로 하지 아니하고**
b	대조(긍정적 관점)	다만 **성령의 나타나심과 능력으로 하여**
5a	목적(부정적 관점)	너희 믿음이 사람의 지혜에 있지 아니하고
b	대조(긍정적 관점)	다만 하나님의 능력에 있게 하려 하였노라

구조

바울이 복음에 담긴 하나님의 능력을 직접 증언하는 것은, 그것을 전하는 방식이 복음의 능력을 반영하고 적용한다는 점을 증명하려는 의도가 있다. 이것은 바울이 "[그리고] 내가"(κἀγώ,

1, 3절)라는 자전적인 말로 자신의 복음 전파 방식을 언급함으로써 두 부분을 시작하는 구조에 반영되었다. 그리고 두 부분 사이에 그 방식을 통해 바울이 전한 내용을 설명한다(2절). 바울의 전파 방식과 메시지의 내용은 이렇게 정교하게 융합되어 하나로 얽혀 있다.

바울은 자신의 복음 전도 방식을 소극적 관점에서 평가하는 것으로 설명을 시작한다. 첫 번째로, 바울은 자신의 지혜나 재능을 내세워 사역을 감당하려고 하지 않았다(2:1). 두 번째로, 바울은 메시지의 내용, 곧 십자가에 못 박히신 그리스도에 대해 말한다(2절). 이어서 세 번째로, 바울은 사역 방식을 언급하는 것으로 되돌아와 자신의 두려움에 대해 말하고, 자신의 선포와 말에 관한 평가를 반복한다(3–4a절). 마지막 네 번째로, 바울은 자신의 복음 전파의 결과를 설명한다. 바울은 복음 선포 방식(4b절) 및 선포 내용(5절)에 함께 나타난 하나님의 능력을 두 번에 걸쳐 언급함으로써 강력한 대조로 설명을 끝맺는다. 바울의 복음 전파는 성령과 하나님의 능력을 예증하고, 그것은 고린도 교인의 믿음이 하나님의 능력 안에 뿌리를 두었다는 점을 의미했다.

이런 식으로 바울은 1:18에서 시작된 부분, 곧 하나님이 복음으로 어떻게 세상의 지혜를 무너뜨렸는지 예증하는 부분을 끝맺는다. 바울은 이것이 복음의 내용, 즉 십자가에 못 박히신 그리스도를 통해 이루어졌다는 사실을 증명했다. 이 복음 속에 하나님의 능력과 지혜가 계시되었고, 이 두 가지는 고린도 사람들이 얻고자 애썼던 능력 및 지혜와 날카롭게 대조를 이룬다. 2장 끝까지 이어지는 그다음 부분에서 바울은 신령한 사람이라면 누구나 추구해야 하는 하나님의 지혜의 본질을 상술한다.

석의적 개요

III. 십자가로 말미암아 근본적으로 다른 관점이 형성됨(1:18–2:5)

A. 십자가의 도(1:18–25)

B. 고린도 교인의 부르심에서 예증됨(1:26–31)

➦ **C. 바울의 복음 전파에서 예증됨(2:1–5)**

1. 바울의 복음 전파 방식(2:1)
   - a. 고상한 말로 전하지 않음
   - b. 지혜의 능력으로 전하지 않음
2. 바울의 복음 전파 내용(2:2)
   - a. 오직 예수 그리스도
   - b. 예수 그리스도가 십자가에 못 박히신 것
3. 바울의 복음 전파 방식(2:3–4a)
   - a. 약함 속에서 전함

b. 지혜의 말로 전하지 않음

4. 바울의 복음 전파 결과(2:4b–5)

a. 성령의 나타나심과 능력

b. 하나님의 능력에 의존하는 믿음

본문 설명

2:1 형제들아 내가[1] 너희에게[2] 나아가 하나님의 증거를 전할 때에 말과 지혜의 아름다운 것으로 아니하였나니(Κἀγὼ ἐλθὼν πρὸς ὑμᾶς, ἀδελφοί, ἦλθον οὐ καθ᾽ ὑπεροχὴν λόγου ἢ σοφίας καταγγέλλων ὑμῖν τὸ [μαρτύριον][3] τοῦ θεοῦ). 바울은 1인칭 단수형을 사용하여 논증을 계속한다. 이제 고린도 교인이 아니라 바울이 고찰 대상이다. 바울은 하나님의 지혜가 사람의 지혜보다 얼마나 더 큰지를 보여 주는 추가 사례로 자신의 복음 전파로 시선을 돌림으로써 자신이 고린도에서 이전에 행했던 복음 전파 사역을 되돌아본다. 여기서 부정과거 시간 분사(ἐλθών, "…하였나니")는 바울이 고린도를 처음 방문했을 때를 생각했음을 암시한다.

바울은 첫인상을 생생하게 기억했던 당시 순회 철학자 및 소피스트들이 자신의 우수함과 현란한 문체를 과시하고 수준 높은 수사 솜씨로 사람들을 사로잡았던 것과 달리,[4] 복음을 '말의 아름다운 것'(loftiness of speech)으로 전하지 않았다. 헬라어 단어 "아름다운 것"(ὑπεροχή)은 흔하게 사용된 말은 아니나 '탁월함' 또는 '우수함'을 의미할 수 있다.[5] 디모데전서 2:2에서 바울은 높은 위엄이 있거나 높은 지위에 있는 자를 묘사하는 데 이 단어를 사용한다. 그러나 여기서 이 단어를 사용할 때는 약간 비꼬는 저의가 담겨 있는 것으로 보인다. 곧, 이 말을 '과장된 수사'나 '호언장담'과 같은 뜻으로 본다. "말의 아름다운 것"이라는 말은 주동사 "내가…나아가"의 보어가 되는 현재 분사 "전할"이라는 말과 함께 바울의 선포보다는 바울의 '나아감'과 가장 자연스럽게 연계된다.

바울은 자신이 나아가 전한 것이 "하나님의 증거"(τὸ μαρτύριον τοῦ θεοῦ)라고 말했는가, 아니면 '하나님의 비밀'(τὸ μυστήριον τοῦ θεοῦ)이라고 말했는가? 이 책은 "증거"(testimony, μαρτύριον)라고 번역했는데, 이 번역이 더 개연성 있는 독법으로 보인다. 그러나 여기서 중요한 이문이 나타난다. 비록 아주 최근에는 "비밀"이라는 독법을 더 많이 취하기는 해도, 이 두 견해를 취하는 주석가들의 수는 거의 비슷하다.[6] 여기서 제기되는 또 하나의 질문은 "하나님의"(τοῦ θεοῦ)라는 말의 소유격이다.

1. '그리고 내가'(κἀγώ)라는 말은 그다음 본보기를 시작하는 역할을 한다.
2. "너희에게"(πρὸς ὑμᾶς)가 매우 자연스러운 독법인 것은 πρός+대격이 보통 '…에게'(to)나 '…를 향해'(toward)를 의미하기 때문이다.
3. 이 본문 비평 판단에 대해서는 이어지는 설명을 보라.
4. Winter, *Philo and Paul among the Sophists*, 147–48, 155–64는 철학자가 어떤 도시에 처음 들어왔을 때 잘 받아들여지기를 바라고 행할 것으로 기대되는 특정 "소피스트 관례"를 지적한다. 바울은 2:1–5에서 이런 관례를 의도적으로 거부한 것으로 볼 수 있다.
5. BDAG 1034.
6. NA28에 따르면, 사본의 지지는 μαρτύριον("증거")이 더 강하다(Metzger, *Textual Commentary*, 480은 이 견해를 지지한다). 이것을 지지하는 사본은 다음과 같다. ℵ2 B D F G L P Ψ 33. 81. 104. 365. 630. 1175. 1241. 1505. 1506. 1739. 1881. 2464 𝔐 b vg syh sa (약어표에 대해서는 NA28을 보라). 그렇지만 μυστήριον("비밀")에 대한 사본의 증거가 사실은 먼저 나왔다. 하지만 𝔓46의 증거는 단순히 개연성에 불과하다는 점을 주목하라. 이것을 지지하는 사본은 다음과 같

만약 이 말이 목적의 소유격이라면 바울은 '하나님에 관한 증거'를 말하는 것이다. 만약 이 말이 주격의 소유격이라면 바울은 '하나님으로부터 나온 증거'를 말하는 것이다. 이 책은 주격의 소유격으로 취하고, 따라서 바울이 십자가에 못 박힌 그리스도에 관해 하나님으로부터 받은 증거(복음 자체)를 전했다는 의미로 본다.[7]

그러므로 바울은 자신의 복음 전파 방식을 하나님으로부터 온 증거로 말함으로써 자전적인 예증을 시작한다. 바울은 인간적으로 훌륭하게 의사를 전달하는 관습을 거부했고, 심지어는 자신을 홍보한다는 암시도 전혀 주지 않았다. 그럼에도 바울은 복음을 전하고 그리스도에 관해 말했을 때 분명히 하나님의 말씀을 말했다. 그리하여 사람들은 믿음으로 나아왔고, 바울이 증명할 것처럼 그것은 하나님의 능력에 기인한 결과였다.

2:2 내가 너희 중에서 예수 그리스도와 그가 십자가에 못 박히신 것 외에는 아무 것도 알지 아니하기로 작정하였음이라(οὐ γὰρ ἔκρινά τι εἰδέναι ἐν ὑμῖν εἰ μὴ Ἰησοῦν Χριστὸν καὶ τοῦτον ἐσταυρωμένον). 이제 두 번째로 바울은 자신이 전하는 '하나님의(하나님으로부터 온) 증거'의 내용을 다룬다. 바울은 하나님의 증거를 선포할 때 오로지 한 가지 주제에만, 곧 예수 그리스도와 그분이 십자가에 못 박히신 것에만 집중하기로 굳게 결심했다.[8] 여기서 '알다'(εἰδέναι)라는 동사를 다시 사용하는 것은 바울이 가르치는 방식과 가르치는 내용을 하나로 묶는 역할을 한다. "[내가] 알지 아니하기로 작정하였음이라"는 말은 바울이 말한 방식이나 사용한 말에 있어 그리스도와 십자가가 중심이었다는 점과 그의 전체 태도와 행동도 그의 삶이 그리스도께 확고하게 고정되어 있었다는 점을 암시한다. 1:18-25에서 바울은 이미 십자가에 못 박히신 그리스도의 중심적 위치를 설명했다. 바울이 수사기교나 연설 문체를 포기한 것에 관해 많은 논의가 있으나, 이때 바울이 전파한 내용에 강조점을 둔 것은 종종 망각된다. 1:18-2:5 부분은 전체적으로 무엇보다 복음이 십자가에 못 박히신 그리스도로 말미암아 구원을 얻는 하나님의 능력이라는 요점을 제시한다(참고. 롬 1:16).

2:3 내가 너희 가운데 거할 때에 약하고 두려워하고 심히 떨었노라(κἀγὼ ἐν ἀσθενείᾳ καὶ ἐν φόβῳ καὶ ἐν τρόμῳ πολλῷ ἐγενόμην πρὸς ὑμᾶς). 이제 바울은 1절에서 고린도에 들어와 복음을 전할 때 자신이 사용한 방식에 관해 말한 것으로 되돌아간다. 이것은 κἀγώ["(그리고) 내가"]라는 말을 반복하는 것으로 암시된다. 인간적인 관점에서 볼 때 바울은 약하고 두려워하는 자로 보였다. 바울은 허풍을 떨지도 않았고 자신감으로 가득 차 있지도 않았다. 그는 하나님과 복음 메시지를 신뢰했다. 그러나 자신이 사용하는 말의 문체와 인간적 매력이 지지자를 모이게 한 요인이 아니라는 점을 잘 알았다. 여기서 부정과거 '내가 거했다'(ἐγενόμην)라는 말은 바울이 고린도에

다. 𝔓[46vid] ℵ* A C ar r sy[p] bo, Hipp BasA Ambst (약어 표에 대해서는 NA[28]을 보라). Metzger는 μυστήριον이 "여기 7절에서 사용된 용법을 준비하지만" μαρτύριον은 1:6의 용법을 상기시킨다고 주장한다. 그러나 Fee가 지적하는 것처럼 그것이 원인이 되기에는 그 구절과 너무 거리가 멀고, 바울의 "비밀" 개념에 익숙한 이후 세대의 필사자가 "증거" 대신 "비밀"을 사용했다고 보는 것은 거의 개연성이 없다. 더 깊은 주장에 대해서는 Fee, *1 Corinthians*, 96을 보라. *Philo and Paul among the Sophists*, 156에서 Winter는 바울이 "소피스트의 μαρτύς를 자신이 사용하는 방법의 진실함을 입증하는 표지로 염두에 두었다면 "증거"로 보는 것도 정확할 수 있다고 주장한다. "증거"를 채택한 역본과 주석가는 다음과 같다. NA[25], AV, ASV, RSV, ESV, NIV; Barrett, *First Corinthians*, 62-63; Fee, *1 Corinthians*, 96; Craig Blomberg, *1 Corinthians*, NIVAC (Grand Rapids: Zondervan, 1994), 54. "비밀"이나 이와 동등한 말을 채택한 역본과 주석가는 다음과 같다. NA[28], NRSV, TEV; Héring, *First Corinthians*, 15; Thiselton, *1 Corinthians*, 207; and Garland, *1 Corinthians*, 83.

7. J. B. Lightfoot, *Notes on Epistles of St. Paul from Unpublished Commentaries* (London: Macmillan, 1895), 171이 그렇다.

8. 헬라어에 더 가깝게 번역하면 이렇다. '이 십자가에 못 박히신 것'(τοῦτον ἐσταυρωμένον).

처음 나타났던 때에 관해 아직도 말하고 있음을 암시한다. "너희 가운데"(πρὸς ὑμᾶς)는 2:1에 나오는 말("너희에게")과 똑같다.

바울은 고린도 교인 가운데 있을 때 약하고 두려워하는 마음이 있었지만, 여기서 그가 주목하는 것은 그런 모습이 아니다. 이런 본보기는 바울이 고린도에 처음 나타났을 때 고린도 사람들이 어떻게 신자가 되었는지 돌아보게 한다. 인간적으로 말하면 무리를 끌어모으기 위해 어떤 대회를 개최한 것도 아닌데, 별로 매력 없는 남자가 여전히 강력한 사역을 펼친 것은 이상한 일이었다. 하지만 그것은 하나님의 능력이었다.

이 부분에 대한 최근의 많은 설명을 보면, 고린도 교인 사이에서 바울이 다른 방식으로 쉽게 할 수 있었던 일, 즉 '소피스트와 경쟁하는 일'을 기꺼이 포기할 정도로 바울이 당시 수사 전문가와 정반대였던 점을 강조한다. 확실히 바울이 위대한 주석가였을 뿐만 아니라, 아레오바고에서 보여준 것처럼 훌륭한 논객이기도 했던 것은 의심할 여지가 없다(행 17:19–34). 그러나 고린도전서 1:10 이후로 여기까지 이 부분 전체에 걸쳐 바울은 이보다 훨씬 더 깊은 사실에 대해 말하고 있고, 이 구절(2:2)은 그것을 분명히 상술한다. 바울은 하나님의 뜻을 따라 사도로 부르심을 받았다(1:1). 바울이 전하는 메시지의 내용은 사람들에게 거리끼는 것이자 미련한 것이다(1:23). 고린도에서 바울의 전도를 통해 믿음으로 나아온 자는 대부분 높은 명성이 있는 사람들이 아니었다. 그것은 바울도 마찬가지다. 바울은 두려워하고 그리 인상적이지 못한 사람이었다. 바울은 그리스 방식의 특징인 유창한 언변으로 말하지 않는다. 이것이 바울의 모습이다. 바울은 세상의 지혜와 비교하려고 이런 모습으로 나타나기로 결심한 것이 아니다. 바울은 복음을 전하는 데 맞지 않는 자신의 부적합성과 두려움과 부족함과 연약함에도, 하나님이 일부러 자신을 부르신 것을 잘 알고 있다. 바울이 깨달은 것은 이런 자신의 부족한 모습이 실제로 그의 부르심의 한 부분이라는 사실이다. 하나님은 복음을 전하는 사자가 아닌 십자가에 못 박히신 그리스도가 드러나고 들리도록 바울과 같은 부족한 사람을 택하셨다.

바울은 여러 곳에서 자신의 연약함이나 부적합성을 언급하는데, 그렇다고 반드시 헬레니즘적인 "세상의 지혜"를 피하기 위한 맥락에서 이것을 언급하는 것은 아니다. 예를 들어, 갈라디아서 4:13–14에서 바울은 건강이 나빴을 때 자신이 갈라디아 교회에 복음을 전한 것에 대해 말한다. 흥미롭게도 바울은 일부 고린도 교인이 보고 철저히 멸시했으리라 예상되는 그의 연약한 모모습을 갈라디아 교인은 멸시하지 않았다고 지적한다. 바울은 자신이 겪은 박해와 외적 상처 및 고난에 대해 말할 때도, 그런 일을 십자가에 못 박히신 그리스도가 복음을 전파하는 자들의 삶에서 충분히 드러날 수 있도록 하나님이 허용하신 일로 본다. 바울이 "질그릇"에 보배를 가졌고, "항상 예수님의 죽음을 [우리] 몸에 짊어지는" 것을 강조하는 것은 이 원리를 더 깊이 확립한다(고후 4:7–10).

"두려워하고 심히 떨었노라"(ἐν φόβῳ καὶ ἐν τρόμῳ πολλῷ)는 말이 바울의 자전적인 묘사에 추가로 덧붙여진다. 이 태도가 소피스트 선생들의 자기 과시 태도와 강력히 대조된다는 것은 의심의 여지가 없다. 그러나 그것으로 두려움의 성격이나 두려움이 전체적으로 복음에 미치는 효력이 적절히 설명되는 것은 아니다. 한 가지 매력적인 견해는, 이 두렵고 심히 떠는 태도가 하나님이 복음을 자신에게 맡기신 것에 대해 바울이 깊이 두려워하는 마음을 가졌음을 가리킨다고 보는 것이다.[9] 이와 비슷한 관념이 구약성경에서 간혹 발견된다[예

9. Roy E. Ciampa, Brian S. Rosner 공저, *The First Letter to the Corinthians*, PNTC (Grand Rapids: Eerdmans, 2010), 116은 Timothy B. Savage, *Power through Weakness: Paul's Understanding of the Christian Ministry in 2 Corinthians*, SNTSMS86 (Cambridge: Cambridge

를 들어, 시 2:11; 55:5(LXX 54:6); 참고. 히 12:20–21]. 그러나 바울이 고린도를 처음 방문했을 당시 모습을 기록한 누가의 기사를 보면, "두려워하고 심히 떨었노라"는 말을 액면 그대로 실제 두려움을 언급하는 것으로 이해할 만한 충분한 이유가 있다. 누가는 바울이 고린도를 처음 방문했던 당시를 매우 힘든 시기로 알았음을 분명히 한다. 그때 바울은 '대적과 비방을 받았고'(행 18:6), 회당을 떠났다. 분명히 바울은 물리적으로 두려워했고, 유대인들이 힘을 합해 공격하고 법정으로 끌고 갔기 때문에(행 18:12) 그럴 만한 이유가 충분히 있었다. 소스데네도 체포되어 매질을 당했다(행 18:17). 그러나 이것이 가장 먼저 암시하는 것은, (우리가 아는 한) 오직 고린도에서만 하나님이 바울에게 환상으로 개입하셔서 사람들이 그를 공격하고 해를 가하는 두려운 일에 대해 특별히 말씀하실 정도로(행 18:9–10) 고린도에서 혹독한 고난을 겪었다는 사실이다. 바울이 고린도에서 이후 18개월을 더 머무르게 된 것(행 18:11)은 바로 이 환상 때문이었다. 크리소스토무스는 "이런 이유로 나는 (바울을) 찬미한다. 두려움 속에 있기 때문에, 단순한 두려움이 아니라 사실은 커다란 위험에 빠져 심히 떨리는 상황 속에 있기 때문에, 바울은 자신의 면류관을 지키기 위해 그토록 열심히 달려갔다"[10]라고 명쾌하게 말한다.

따라서 바울은 고린도 교회에 처음 방문했을 당시부터 그에 관해 기억할 수 있는 온갖 증거를 취합한다. 바울은 실제로 두려워했고 육체적으로 연약했다. 게다가 바울은 순회 철학자나 연설가의 기준에 맞지도 않았다. 이제 바울은 그 점으로 되돌아간다.

2:4a 내 말과 내 전도함이 설득력 있는 지혜의 말로 하지 아니하고[11](καὶ ὁ λόγος μου καὶ τὸ κήρυγμά μου οὐκ ἐν πειθοῖ[ς] σοφίας [λόγοις]). 바울은 고린도를 처음 찾아와 고린도 교인 가운데 거할 때 보여준 다른 모습으로 되돌아간다. 말하자면 바울은 개인적으로 복음을 전할 때 세련된 논증과 전달 방식을 사용하지 않은 것을 다시 언급한다. 다시 말하지만 선포 내용과 선포 방식은 분리될 수 없다. 이 문맥에서 "말"과 "전도함"(λόγος와 κήρυγμα)은 같은 것을 의미한다. 이 중복 용법은 "두려움과 떨림"이라는 말에 비추어 보면 문체상의 특징이 될 수 있고, 강조를 추가하는 역할을 한다. 바울은 말을 선포한다. 하지만 그것은 "말의 아름다운 것"이 아니다(2:1). 바울이 시작했던 곳으로 되돌아가 보면, 그것은 "설득력 있는 지혜의 말로 하지 아니하"는 것이다. "설득력 있는"(πειθοῖς)은 "말"(λόγοις)을 수식한다. 여기서 바울은 수사 기교를 통한 설득의 기술을 생각한다. 바울은 분명히, 고린도전서 여러 곳에서 주목하는 것처럼, 편지를 쓸 때 얼마든지 그런 기술을 사용할 수 있다. 그러나 이것은 바울이 복음을 전할 때 의존한 방식이 아니다. 그리고 이런 기술에 의존한 자와 비교해볼 때 바울은 약해 보인다. 바울은 일부러 복음을 '너무 단순한' 상태로 만들지도 않았고, 그렇다고 복음을 너무 장황하고 과시적인 말에 담아놓지도 않았다. 그러나 바울이 전한 말은 땅에서 하는 어떤 말보다 더 깊고, 강력하며 삶을 변화시키는 능력이 있었다. 따라서 바울은 계속해서 "다만"(but rather)으로 번역되는 말로 강력한 대조를 제시한다.

University Press, 1995), 73을 따랐다.

10. Chrysostom, *Homilies on First Corinthians*, homily 6 (pp. 68–69).

11. 일부 사본은 "지혜" 앞에 '사람의'(ἀνθρωπίνης)라는 말을 덧붙인다(특히 그런 사본은 다음과 같다. ℵ[2] A C L P Ψ 81, 104, 365, 630, 𝔐; 그리고 NA[28]의 구조를 보라). Metzger, *Textual Commentary*, 481은 이것을 '설명적 해설'로 간주한다. πειθοῖς σοφίας라는 어구가 𝔓[46] F G에서 발견된다. 그러나 𝔓[46]에는 λόγοις라는 말이 포함되지 않는다. 이 이문들은 바울이 제시하는 논증의 취지에 큰 영향을 미치지 않는다. πειθοῖς가 그리스 문헌 다른 곳에서는 나타나지 않는다는 사실이 본문에 약간의 혼란을 가져올 수 있다. 또한 Fitzmyer, *I Corinthians*, 172에 상세하게 제시된 본문 분석도 주목하라. BDAG 791을 보라. 여기서 ἐν은 도구적 용법으로 사용된다.

2:4b-5a 다만 성령의 나타나심과 능력으로 하여 너희 믿음이 사람의 지혜에 있지 아니하고(ἀλλ᾽ ἐν ἀποδείξει πνεύματος καὶ δυνάμεως, ἵνα ἡ πίστις ὑμῶν μὴ ᾖ ἐν σοφίᾳ ἀνθρώπων). 바울이 자신의 약함과 자신의 말에 관해 언급한 모든 것에도 불구하고, 그의 복음 전파는 성령의 역사와 참된 능력의 존재를 증명했다. 이 대조 문장의 주어 "내 말과 내 전도함"(ὁ λόγος μου καὶ τὸ κήρυγμά μου)은 이전 문장에서 취해진다. "나타나심"(ἀπόδειξις)이라는 단어는 증명을 '보여주거나' 어떤 것이 참됨을 '증명하는' 것과 관련지을 수 있다.[12] 확실히 윈터는 이 단어가 전문적으로 믿음이 하나님의 능력에 달려 있다는(5절) 설득력 있는 주장의 증명 또는 "입증"으로 이해되어야 한다고 주장한다.[13] 일부 고린도 교인이 바울이 유창한 웅변과 설득력 있는 수사 능력으로 그가 전파한 것을 확실히 증명하기를 원한다 해도, 사실 바울은 복음 전파가 성령의 역사로 말미암아 그리고 하나님의 능력 안에서 입증되거나 증명된다고 주장한다. 그것은 성령의 역사와 하나님의 능력이 고린도 교인의 삶을 변화시키는 결과를 낳았기 때문이다.

고린도전서 3장에서 확인할 것처럼, 무엇보다 먼저 성령의 역사는 그리스도를 계시한다. 성령은 그리스도를 따르도록 강력하게 신자들을 변화시키신다. "능력"(δύναμις)은 (12:28에서처럼) '(강력한) 역사'를 가리키는 것이 아니라, 인간적 관점에서 보면 바울이 복음을 전했을 때 놀랍게도 고린도 교인이 실제로 믿음으로 나아온 사실을 가리킨다. 고린도 교인의 믿음은, 복음이 강력하지 않은 방식으로 선포될 때 하나님의 영이 강력하게 역사하시는 것을 입증하는 증거가 된다.

바울은 그리스도를 믿는 믿음으로 나오는 것이 전적으로 은혜로 일어나는 하나님의 기적의 역사라는 사실을 자신의 편지 여러 곳에서 힘껏 주장한다. 예를 들어, 에베소서 2:4-5에서 "너희는 은혜로 구원을 받은 것이라"고 주장하고, 이것은 다 하나님의 "크신 사랑"과 "긍휼"로 말미암은 일이라고 말한다. 여기서 바울은 하나님의 강력한 은혜가 모든 단계에서, 심지어는 (인간적으로 말하면) 부적합한 말씀 전파가 있을 때도 주어진다는 사실을 증명한다. 믿음은 들음에서 나며 들음은 그리스도의 말씀으로 말미암는다(롬 10:17). 그리고 바울은 이제 이 믿음으로 시선을 돌린다. 믿음 자체는 하나님의 능력이 내는 산물이다.

5절 첫 번째 절("너희 믿음이 사람의 지혜에 있지 아니하고")은 바울이 자기 방식으로 복음을 전하는 목적을 제시한다. 바울의 복음 전파는 결코 "사람의 지혜"에(ἐν σοφίᾳ ἀνθρώπων) 의존할 수 없다. 이 포괄적인 표현은 설교자나 철학자가 행하거나 말할 때 사람이 보기 원하는 전반적인 방식, 곧 웅변적인 말의 지혜(1:17), 헬라인이 추구한다고 언급되는 지혜(1:22), 설득력 있는 지혜의 말(2:4) 등을 하나로 요약한다.

그러나 바울이 자신과 자신의 메시지를 이런 방식으로 전한 것은, 하나님이 바울을 택하신 것과 이런 방식으로 선포하도록 메시지를 주신 것에 대한 하나님의 목적과 분리되어서는 안 된다. 하나님의 목적에 따르면 믿음은 단순히 사람들의 정교한 증명에 기반을 두어서는 안 된다. 바울은 데살로니가전서 1:5에서 이 말을 반복한다("이는 우리 복음이 너희에게 말로만 이른 것이 아니라 또한 능력과 성령과 큰 확신으로 된 것임이라").

결론적으로 바울은 자신의 요점을 더 강력한 대조를 통해 제시한다.

2:5b 다만 하나님의 능력에 있게 하려 하였노라(ἀλλ᾽ ἐν δυνάμει θεοῦ). 오직 하나님의 능력만이 그리스도를 믿는 믿음의 기초여야 한다. 그리스도를 믿는 믿음은 전적으로

12. L&N 28.52, ἀπόδειξις: "'예증하는 것, 증명하는 것'은…사람이 어떤 것을 사실, 곧 '증명, 증거'로 알게 만드는 수단이다." 이 관념의 배경에 대한 더 깊은 설명은 Thiselton, *1 Corinthians*, 218-22를 보라.

13. Winter, *Philo and Paul among the Sophists*, 159-60.

은혜에 속해 있다. "믿음"(πίστις)은 그리스도에 대한 신뢰 및 헌신과 관련되어 있다. 믿음은 하나님이 능력으로 역사하신 십자가에 못 박히신 그리스도의 '말과 나타나심'의 결과다. 따라서 믿음은 객관적 내용을 가졌을 뿐만 아니라 신자들의 변화 속에서 일어나는 내적 반응을 가리키기도 한다. 존 머리(John Murray)가 지적하는 것처럼, "믿음 자체는 사람이 그리스도께 위탁하는 일로 전체 영혼이 움직이는 것이다."[14]

바울은 이 본보기에 대한 설명을 마치면서 모든 것을 하나님과 그분의 능력으로 돌린다. 바울은 하나님이 사람들을 자신에게 이끄시는 모든 단계에 어떻게 관여하시는지 입증하는 산 증거였다. 아주 정교한 논증은 어떤 사람을 예수 그리스도가 아니라 설교자에게 이끌 수 있다. 바울은 많은 사람에게는 미련한 것이고, 또 다른 사람에게는 거리끼는 것에 불과한 메시지가 그 메시지를 반영하는 것처럼 보이는 방식, 곧 수사적인 화려한 말과 현학적인 표현이나 강력한 표적이 없는 방식으로 제시되었다는 점을 보여준다. 이 메시지를 전하는 사자 자체는 약하고 두려워하는 자다. 메시지의 내용, 메시지를 전달하는 방식 그리고 메시지를 전하는 자가 세상의 눈에 인정받지 못하는 것을 생각하면, 바울이 처음 고린도를 방문해서 사역한("내가 너희에게 나아가", 1절) 성과는 오직 하나님의 능력과 성령의 사역에 귀속시킬 수 있다. 하나님은 그리스도에 관한 좋은 소식의 말을 취하셔서, 그 말을 자신의 영의 능력으로 구원받은 사람들의 삶에 적용하신다.

적용에서의 신학

1. 인간적 연약함은 설교자를 겸손하게 하는 이점인가?

바울의 개인적 본보기는 오늘날 복음을 전하는 자에게 강하게 도전한다. 폭을 더 넓혀 성경의 이야기를 보면, 바울이 외관상 약함을 보여주는 유일한 사람이 아니라는 점을 발견한다. 하나님은 다른 경우에도 그 일에 가장 적합한 자로 여겨질 수 없는 자를 백성의 지도자로 택하셨기 때문이다. 출애굽기 4:10에 "모세가 여호와께 아뢰되 오 주여 나는 본래 말을 잘하지 못하는 자니이다 주께서 주의 종에게 명령하신 후에도 역시 그러하니 나는 입이 뻣뻣하고 혀가 둔한 자니이다"라는 말씀이 나온다. 예레미야서 1:6에서 "내가 이르되 슬프도소이다 주 여호와여 보소서 나는 아이라 말할 줄을 알지 못하나이다 하니"라는 말씀을 볼 수 있다. 주님은 자신의 복음을 전할 자를 택하셨고, 지금도 택하신다. 하지만 현대 설교자들은 십자가에 못 박히신 그리스도를 신실하게 전할 때 교인들의 삶 속에서 성령의 참된 능력이 작용하는 것을 보리라는 점을 깨닫도록 권면받아야 한다. 젊은 설교자들이 인터넷이나 콘퍼런스에서 설교를 들을 때 이른바 유명 설교자의 목소리와 억양까지 모방하려고 애쓰는 모습을 너무 자주

14. John Murray, *Collected Writings of John Murray*, 2권 (Edinburgh: Banner of Truth, 1977), 262-63.

본다. 그런 설교자에게서 배울 점은 많을 수 있지만, 우리는 바울을 바라보고 하나님이 바울을 사용하신 방법을 주목하면 훨씬 더 많은 것을 배우고 자극을 받을 수 있다. 바울은 고린도전서 4:16에서 자신과 사도들이 '그리스도를 위한 바보'가 된 것과 자신이 개인적으로 그리스도를 위해 엄청나게 많은 고난을 받은 것을 말한 후에, 고린도 교인에게 "나를 본받으라"고 권고한다. 그리스도의 빛 속에서 살 때 이것이 모든 그리스도인에게 해당한다면 복음 설교자와 목사들에게는 참으로 더 많이 해당할 것이다. 하나님은 복음에 대한 자신의 목적을 이루기 위해 강하고 똑똑한 사람을 필요로 하시지 않는다. 하나님은 오늘날 세계 곳곳의 강단에서 들려지는 무수한 예화와 유머가 필요 없으시다. 하나님은 그리스도의 종을 찾으신다. 그리고 하나님은 멸시받고 거부당하며, 심지어는 십자가에서 죽임을 당하기까지 하신 분에 대해 설교하면서 그분의 겸손함과 연약함을 모방하는 사람을 필요로 하신다.

2. 그리스도께 사로잡힘

이런 연약함과 겸손함을 가지고 설교하려면 단순히 그 말을 전할 때만이 아니라 모든 면에서 주 예수 그리스도에 대한 온전한 헌신이 필요할 것이다. 2:2에서 바울이 "내가 너희 중에서 예수 그리스도와 그가 십자가에 못 박히신 것 외에는 아무것도 알지 아니하기로 작정하였음이라"고 말했을 때, 여기에 어느 정도 과장법이 섞여 있다고 믿기가 쉽다. 그러나 1장을 읽어보면 바울에게 이것이 예수님의 복음에 전적으로 헌신하는 삶을 의미했음을 알게 된다. 바울의 말과 행동, 그의 삶의 방식, 조롱과 박해를 견뎌낸 그의 능력 그리고 그가 선포한 내용은 모두 자기 백성을 위해 자신의 목숨을 내놓으신 메시아, 곧 왕이신 하나님께 인도를 받았다. 바울은 나중에 이것을 해설한다. 그러나 메시아가 부활로 자신의 정당성을 입증하신 것 그리고 바울이 고난을 통해 영광으로 나아가는 것을 매우 분명히 볼 수 있도록 메시아가 새 창조로 인도하시는 것은 사실이다. 바울이 그리스도께 사로잡힌 것은 모든 면에서 확인된다. 그리고 그것은 복음을 전하는 모든 자가 열심히 배워야 한다. 그리스도가 만물의 으뜸이 되실 때, 십자가에 못 박히신 그리스도 외에 아무것도 모르게 되는 것이 가능하다. 왜냐하면 이것이 그리스도의 종이 맡은 역할의 본질을 특별히 이해하는 사람의 태도가 될 것이기 때문이다. 바울이 고린도후서 4:5에서 "우리는 우리를 전파하는 것이 아니라 오직 그리스도 예수의 주 되신 것과 또 예수님을 위해 우리가 너희의 종 된 것을 전파함이라"고 말하는 것과 같다. 아주 많은 설교자가 자신에게 사로잡히는 것으로 끝나고, 자신이 다른 설교자가 사는 것만큼 살지 못하거나 다른 설교자만큼 '성공하지' 못한 것에 낙심한다. 많은 설교자가 좋은 평판을 얻는 것에 집착하거나 매 주일 나오는 예배자의 숫자에 얽매인다. 바울은 복음을 전하는 것을 "내가 부득불 할 일"이라고 말했다(9:16). 바울은 그리스도와 하나님으로부터 나온 자신의 부르심에 사로잡혀 있었다. 처음이자 마지막이신 그리스도는 복음을 전하도록 하나님의 부르심을 받은 모든 자의 목적이 되어야 한다.

CHAPTER 6

고린도전서 2:6-16

문학적 전후 문맥

바울은 복음의 통일성과 내용에 대해 말했다. 복음의 초점은 십자가에 못 박히신 그리스도다(1:18-25). 복음은 가치에 대한 모든 인간적 관념과 반대되는 입장에 있다. 그럼에도 고린도 교인들은 이런 입장이 하나님의 능력을 일으키는 방식이라는 점을 입증하는 증거다(1:26-31). 바울은 연약함과 두려움 그리고 탁월한 수사 능력이 부족했는데도 사람들을 믿음으로 나아오도록 하는 일에 하나님이 자신을 사용하신 것에 관해 말했다. 바울은 이것이 오직 하나님의 지혜와 능력을 통해서만 일어났다고 역설했다(2:1-5).

바울은 고린도 교인이 자신과 마찬가지로 그들 자신의 능력이나 지혜가 아니라 하나님의 지혜와 능력으로 하나님 백성의 공동체에 속하게 되었다는 사실을 확립한 다음, 이제 분열된 고린도 교회에 도전하는 것으로 시선을 돌린다. 고린도 교인이 자랑과 지위에 집착하는 태도는 세상에 속한 지혜의 특징이다. 그런 태도는 그들이 완전히 잘못된 기초에 따라 공동체 안에서 영적 신임장과 지위를 얻고자 하는 것이기 때문이다. 따라서 4:21까지 이어지는 긴 부분에서 바울은 "신령한" 자가 하나님과 그분의 길을 분별하고자 할 때 어떤 모습이어야 하는지를 제시한다. 이로써 고린도 교인은 하나님이 원하는 자에게 은사를 주시기에, 은사가 영적 지위를 얻는 것과 무관하다는 사실을 깨달을 것이다. 특히 교회 지도자는 모든 그리스도인의 특징이 되어야 하는 종의 모습과 겸손한 태도를 보여주어야 한다는 점도 알게 될 것이다.

따라서 바울은 1인칭 복수형으로 되돌아가 사도들이 전하는 참된 지혜의 본질에 관해 말한다. 바울은 참된 지혜와 이 세상의 지혜, 그리스도인과 비신자를 대조함으로써 참된 지혜의 원천과 효력을 묘사한다. 1:18-25과 비슷한 논증을 따라 바울은 고린도 교인의 사고와 어휘를 다시 정의하기 시작한다. 여기에 나오는 많은 단어가 평소 바울이 사용하는 것과 다르다. 그러므로 상당히 깊은 고찰을 요구한다. 그러나 헬레니즘 시대에 유대교와 이교 사상을 배경으로 둔 바울의 독자는, 그들이 이전에 종교적 대화를 나눌 때 쓰였던 말이 사용되는 것에 익숙했을 것이다.[1] 그런데 바울은 그 말들에 새로운 내용을 부여한다. 이 새로운 내용은 바울이 이미 전한 말의 자연스러운 결과일 뿐만 아니라 성경적 사상에 깊이 의존한다. 바울은 그리스도 중심의 지혜 견해를 전개하고, 이 지혜를 어떤 이는 믿고 또 다른 이는 믿지 않는 이유를 설명한다. 그리고 참된 성숙의 본질에 관해 말한다. 바울은 자신이 말하는 모든 것의 열쇠를 하나님의 영으로 본다. 이것 때문에 바울은 조심스럽게 정의할 필요가 있는 "신령한"(πνευματικός)이라는 단어를 붙들고 씨름한다. 바울은 이 정의를 사람들에게와, 십자가에 못 박히신 그리스도께 비추어 적절히 분별되어야 할 사건들에, 그리고 이 모든 것을 일어나게 할 수 있는 성령의 역사에 적용한다. 바울은 이 부분에서 가르친 것을 고린도전서 3장에서 고린도 교인 가운데 나타나는 특정 문제들에 적용할 것이다.

이 본문의 문체와 이전 부분과의 대조 때문에 몇몇 주석가는 이 본문 전체를 바울에게서 나오지 않은 삽입 본문으로 간주해야 하는지,[2] 또는 바울이 기존의 어떤 "미드라쉬"(midrash)를 사용한 것인지[3] 논쟁을 벌였다. 주어가 단수형에서 복수형으로 바뀌는 문제, 이 부분을 본문에서 명백히 독립시켜 떼놓기가 쉽고 그 자체로 의미가 있는 점,[4] 어휘 문제가 모두 논쟁을 불러일으켰다. 머피 오코너(Murphy-O'Connor)는 이 본문을 문맥에서 분리하는 것을 강력히 반대하는 논증을 펼쳤다. 그러나 워커(Walker)의 논문은 그 관념을 복원하려고 애썼으나 성공하지 못했다.[5] 최근에 머피 오코너는 이 본문의 통합성을 옹호하는 견해로 돌아갔고,[6] 티슬턴

III. 십자가로 말미암아 근본적으로 다른 관점이 형성됨(1:18-2:5)

➡ **IV. 온전한 그리스도인은 하나님의 지혜를 구함(2:6-4:21)**

A. 바울이 하나님의 지혜를 선포함(2:6-13)

B. 하나님의 지혜가 "신령한" 자의 특징임(2:14-16)

C. 고린도 교인이 영적으로 온전하지 못함(3:1-9)

D. 지혜로운 지도자는 영적 분별력을 가지고 행함(3:10-4:21)

---

1. Pearson, *Pneumatikos-Psychikos Terminology in 1 Corinthians*를 보라. Robin Scroggs는 "Paul: Σοφός and Πνευματικός," *NTS* 14 (1967): 33-55에서, 여기서 바울이 행하는 가르침의 배경을 유대의 지혜 범주 속에서 찾는다.
2. William O. Walker, "1 Corinthians 2:6-16: A Non-Pauline Interpolation?" *JSNT* 47 (1992), 75-94를 보라.
3. E. E. Ellis, *Prophecy and Hermeneutic in Early Christianity: New Testament Essays*, WUNT 18 (Tübingen: Mohr Siebeck, 1978; 재판, Grand Rapids: Eerdmans, 1978), 156은 이 부분은 "미드라쉬 문학 형태로 되어 있고…아마 (바울이 고린도전서에서) 사용하기 전에 이미 (바울이 주도한) 성령주의 집단 안에서 만들어졌을 것"이라고 주장한다.
4. Ellis의 설명이 그렇다(같은 책). 또는 그것이 고린도 교회에서 "신령한 자"를 자처하는 자가 바울을 반대하고 자신의 위치를 높이려고 시도했고, 그래서 편지에 따로 추가한 것으로 설명될 수도 있었다(Walker, "1 Corinthians 2:6-16," 75-94).
5. Jerome Murphy-O'Connor, "Interpolations in 1 Corinthians," *CBQ* 48 (1986): 81-84.
6. Jerome Murphy-O'Connor, *Paul: A Critical Life* (Oxford: Oxford University Press, 1996), 282-84. 그러나 바울은 확실히 여기서 반대자의 말을 비꼬는 말투로 다시 정의하기는 하지만, 다음과 같이 말하는 것은 근거가 없다. "바울은 반대자와 유치한 지식 게임을 벌였다. 바울의 전반적인 목적은 반대자를 당황하게 하여 그들을 혼란에 빠뜨림으로써 그들이 큰 소리로 낭독되는 편지의 내용을 듣는 다른 모든 자에게 비웃음을 사고 침묵하게 만드는 것이다"(같은 책, 283). 이것은 자신이 그리스도를 위해 사람들을 "얻고자" "모든 사람에게 종이" 되었다고 믿는 자의 행동이 될 수 없었다(고전 9:19, NRSV).

도 같은 견해를 일관되게 주장했다.[7] 본문 자체를 더 큰 문맥 속에서 주해하면, 이 본문이 바울이 제시하는 논증의 흐름 속에서 어떻게 이해될지 그리고 실질적으로 어떻게 전개될지 확인할 수 있다.

주요 개념

바울은 참된 지혜를 정의하고, 참된 지혜의 원천이 하나님이며, 참된 지혜가 성령을 통해 계시된다고 말한다. 바울은 '신령하다'라는 말이 어떤 뜻인지 제시하고 성령을 소유한 "온전한"(성숙한) 사람과 성령을 소유하지 못한 "신령하지 못한"(비영적인) 사람을 대조한다. 신령하지 못한 사람은 그리스도 안에 있는 하나님의 지혜를 이해하지 못했다. 신령한 사람은 그리스도 안에 있는 하나님의 지혜를 받아들이고 이해했다. 그 결과 영적 분별력과 그리스도의 마음을 품게 되었다.

번역

고린도전서 2:6-16

6a	단언	그러나 **우리가…지혜를 말하노니**
b	위치	온전한 자들 중에서는
c	설명	이는 이 세상의…또…통치자들의 지혜도 아니요
d	대조적 단언	**지혜가 아니요**
e	묘사	이 세상에서 없어질
7a	반의	오직
b	1차 지혜 묘사	은밀한 가운데 있는…곧 감추어졌던 것인데
c	단언	**하나님의 지혜를 말하는 것으로서**
d	2차 지혜 묘사	하나님이…미리 정하신 것이라
e	궁극적 목표/유익	우리의 영광을 위하여
f	시간	만세 전에
8a	3차(부정적) 지혜 묘사	이 지혜는 이 세대의 통치자들이 한 사람도 알지 못하였나니

7. Thiselton, *1 Corinthians*, 36–41, 224–26, 239–40.

b	조건	만일 알았더라면
c	대조적 단언	영광의 주를 십자가에 못 박지 아니하였으리라
9a	증거	기록된 바
b	성경 인용	하나님이 자기를 사랑하는 자들을 위하여 예비하신 모든 것은
c		눈으로 보지 못하고 귀로 듣지 못하고
		사람의 마음으로 생각하지도 못하였다 함과 같으니라
		(사 64:4, 65:17)
10a	단언	**오직 하나님이…이것을 우리에게 보이셨으니**
b	수단	성령으로
c	10a절의 설명	**성령은 모든 것…통달하시느니라**
d	확대	곧 하나님의 깊은 것까지도
11a	10절의 기초	사람의 일을…누가 알리요
b	수사적 질문	사람의 속에 있는 영 외에
c	결론	이와 같이 **하나님의 일도…아무도 알지 못하느니라**
d		하나님의 영 외에는
12a	단언(부정적)	**우리가 세상의 영을 받지 아니하고**
b	대조(긍정적)	오직 **하나님으로부터 온 영을 받았으니**
c	목적	이는 우리로 하여금…것들을 알게 하려 하심이라
d	원천	하나님께서 우리에게 은혜로 주신
13a	단언(부정적)	**우리가 이것을 말하거니와**
b	도구	사람의 지혜가 가르친 말로 아니하고
c	대조	오직 성령께서 가르치신 것으로 하니
d	방식	영적인 일은 영적인 것으로 분별하느니라
14a	단언 1	**육에 속한 사람은…일들을 받지 아니하나니**
b	원천	하나님의 성령의
c	단언 1의 이유	**이는 그것들이**
		그에게는 어리석게 보임이요,
d	단언 1에 추가	또 **그는 그것들을 알 수도 없나니**
e	이유	그러한 일은 영적으로 분별되기 때문이라
15a	대조적 단언 2	**신령한 자는 모든 것을 판단하나**
b	추가적 단언	**자기는 아무에게도 판단을 받지 아니하느니라**

16a	성경 인용	누가 주의 마음을 알아서
b		주를 가르치겠느냐(LXX 사 40:13)
c	결론적 단언	그러나 **우리가 그리스도의 마음을 가졌느니라**

구조

2:6–13에서 바울은 그리스도인과 비그리스도인의 대조를 일련의 대조법을 통해 전개하면서 하나님의 지혜를 선언한다. 주변 세상에 미련한 것으로 보이는 것이 사실은 "온전한 자"에게는, 즉 그리스도인에게는 "지혜"다.

2:6–7의 첫 번째 대조에서 지혜는 그리스도인에게 주어진다. 그러나 이것은 이 세상의 지혜가 아니다. 그리고 만세 전에 미리 정해진 것이다.

2:8–10에서 "이 세대"에 속한 자는 이 지혜를 이해하지 못했다. 그러나 이것은 성령을 통해 그리스도인에게 계시되었다.

2:11–13에서 하나님의 일은 아무도 모른다. 그러나 성령을 받은 자는 안다. 그러므로 신령한 일은 신령한 자를 위한 것이다.

2:14–16에서 바울은 신령하지 못한 자(육에 속한 자)와 신령한 자의 차이를 숙고한다. 육에 속한 자는 하나님으로부터 온 것을 깨닫지 못한다. 그러나 신령한 자는 하나님의 일을 분별하고 그리스도의 마음을 품었다. 따라서 하나님의 지혜는 "신령한" 자의 특징이다.

석의적 개요

➡ **IV. 온전한 그리스도인은 하나님의 지혜를 구함(2:6–4:21)**

A. 바울이 하나님의 지혜를 선포함(2:6–13)

1. 참된 지혜는 이 세상의 지혜와 구별됨(2:6–9)
   a. "은밀하고" "감추어져 있던" 참된 지혜가 계시되었다(2:6–7)
   b. 참된 지혜는 이 세대의 통치자들이 알지 못하는 것이다(2:8)
   c. 참된 지혜는 하나님이 그분을 사랑하는 자들에게 주시는 선물이다(2:9)
2. 참된 지혜는 성령으로 계시됨(2:10–13)

B. 하나님의 지혜가 "신령한" 자의 특징임(2:14–16)

1. 육에 속한 자는 신령한 일을 분별하지 못함(2:14)
2. 신령한 자는 모든 것을 "판단함"(2:15–16)

본문 설명

2:6a-b 그러나 우리가 온전한 자들 중에서는 지혜를 말하노니(Σοφίαν δὲ λαλοῦμεν ἐν τοῖς τελείοις). 바울은 자신의 복음 전파와 세상이 자기에게 기대하고 지혜로 간주하는 것의 차이를 검토한 다음, 이제 "지혜"를 검토하는 일로 돌아간다. 바울이 고린도 교인이 세상의 지혜에 높은 가치를 두기 때문에 염려했음을 확인했다. 고린도 교인은 십자가에 못 박히신 그리스도에 대한 헌신이 아니라, 세상의 지혜에 따라 사람들을 판단하거나 자신의 공동체 지위를 결정했다. 그래서 바울은 하나님의 관점에 따라 확인되는 참된 지혜의 본질을 명확히 밝혀야만 했다.

"그러나"(δέ)라는 말은 온건한 반의 접속사로 바울이 주어를 1인칭 단수형에서 1인칭 복수형으로 바꾸면서 설명을 계속하도록 이끄는 역할을 한다. 이러한 수의 변화는 부분적으로 이전 단락에서 바울이 자신을 특수한 본보기로 사용한 후에 일어난 문체상의 특징이다. 그렇지만 더 중요한 것은 바울이 자신을 복음을 전하는 모든 자,[8] 특히 사도들과 연계시킨다는 점이다. 앞에서 베드로(1:12)와 아볼로(1:12과 3:5)를 언급한 것에 비추어 보면, 바울은 자신과 그들이 사람들에게 하나님의 지혜를 전하는 동일한 일을 행한다는 것을 증명할 근거를 이미 준비하는 것으로 보인다. 십자가에 못 박히신 그리스도를 전하는 자 간에 서로 다른 "지혜"가 있을 수 없기 때문이다. 본문이 전개되면 1인칭 복수형에 고린도 교회의 모든 교인도 포함된다. 그들이 다 "신령한" 자이기 때문이다.

바울은 고린도 교인의 지혜에 관한 이해를 다시 정의하는데, 이 정의는 1:17, 24, 30에서 지적한 것처럼 그리스도 안에서 하나님이 은혜로 행하시는 구원 사역에 철저히 초점이 맞추어져 있다. 그러므로 세상이 하나님의 지혜를 잘못 알고 있는데도, 바울이 "우리가…지혜를 말하노니"(Σοφίαν δὲ λαλοῦμεν)라고 말하는 것은 약간 놀라운 대조가 아닐 수 없다. "지혜"의 엄밀한 의미는 문맥에 따라 결정되어야 한다. 지금까지 고린도전서에서 바울이 묘사한 하나님의 지혜는, 사실상 그리스도 안에서 발견되는 구원의 길을 가리키는 약어였다. 참된 지혜는 십자가에 못 박히신 그리스도를 믿는 믿음으로 나아올 수 있도록 하나님이 모든 사람에게 주신다. 그런데 바울은 지혜를 묘사할 때 약간 수수께끼같이 자신은 "온전한 자 중에서" 지혜를 말한다는 말을 덧붙인다.

"온전한 자" 또는 "성숙한 자"(τελείοι)는 신비 종교, 영지주의 그리고 유대교의 묵시 문헌에서 즐겨 사용하던 용어다. 따라서 이 셋 중 어느 배경이 바울의 사고에 영향을 미쳤는지 그리고 고린도 교회의 엘리트 교인이 그 용어를 어떻게 이해했을지 약간의 논란이 일었다. 헬레니즘 시대의 신비 종교의 관점에서 보면, "온전한 자"라는 말은 그 종교의 깊고 은밀한 가르침을 전수한 자를 가리킬 수 있다. 온전한 자는 영적으로 완전한 상태에 도달한 자를 가리키는 관념으로 취할 수 있다. 바울이 이런 신비 종교에 의존했다고 주장하는 주석가로는 콘첼만과 센프트(Senft)가 있다. 콘첼만은 온전한 자라는 말은 "신비 종교의 언어 범주에 속해 있고", 특히 10절에 비추어 보면 바울은 이 말로 "자신이 그때까지 고린도 교인에게 숨겨놓은 추가 지식"이 있음을 암시한다고 말한다.[9] 다른 주석가는 온전한 자라는 말은 본질상 영지주의에서 사용하는 용어이므로, 영지주의가

8. Garland, *1 Corinthians*, 91은 "기독교의 복음을 선포하는 자는 누구나 이 지혜를 말한다"라고 올바르게 주장한다.

9. Conzelmann, *1 Corinthians*, 61; cf. Christophe Senft, *La Première Épître de Saint Paul aux Corinthiens*, CNT (Geneva: Labor et Fides, 1990), 49. 또한 Richard Reitzenstein, *Hellenistic Mystery Religions: Their Basic Ideas and Significance*, 번역 John E. Steely, PTMS 18

이 말이나 바울의 말의 고린도 배경이라고 주장한다. 요약하면 "온전한 자"는 성령에게서 특수하거나 추가된 '지식'을 받음으로써 목표에 도달한 자를 가리킨다. 그러므로 어떤 주석가는 바울이 그리스도인을 두 부류로 구분하고, 그 가운데 오직 영적 엘리트 계층에 주는 메시지에 대해 말하고 있거나 또는 이런 식으로 구분하는 일부 고린도 교인을 반박하고 있거나 둘 중 하나라고 결론짓는다.[10]

그러나 어떤 그리스도인은 '목표에 도달했고'(τελείοι) 다른 그리스도인은 도달하지 못했다는 의미에서, 바울이 그리스도인을 두 집단으로 분류했다고 주장하는 견해는 바울이 지금까지 말한 모든 사실을 무익하게 만든다. 특히 4:6-21에서 말하는 것과 정면으로 배치된다. 사실 바울이 사람들을 구분하는 것의 본질은 이 본문에서 즉각 명확히 드러난다.

바울이 대조하는 두 가지 지혜(자신의 지혜와 세상의 지혜)는 십자가에 못 박히신 그리스도에 따라 좌우되므로, 바울은 "영광의 주"를 십자가에 못 박은 자와 영광의 주를 믿는 자를 대조한다(2:8). 7절에서 바울은 우리의 영광을 위해 하나님이 미리 정하신 작정에 관해 말한다. 따라서 그 영광에 고린도 교인 전체가 포함되는 것으로 간주한다. 바울이 말하는 지혜는 하나님이 "자기를 사랑하는" 모든 자(2:9), 즉 성령을 소유한 모든 자(2:12)를 위해 준비하신 것과 관련되어 있다. 12:13은 모든 그리스도인이 성령을 소유한 것으로 간주한다. 따라서 2:6 후반부는 온전한 자를 믿음이 온전하지 못한 자가 아니라 없어질(사라질) 운명을 가진 자와 대조한다. 그러므로 "온전한 자"는 바울의 편지를 받은 수신자인 그리스도인들, 곧 십자가에 못 박히신 그리스도에 관한 "지혜로운" 메시지를 받은 자를 가리킨다.[11] 바울은 한 그리스도인 집단과 다른 그리스도인 집단을 대조하는 것이 아니다. 그것은 고린도 교인이 행하던 구분이었다. 그럼에도 바울은 뒤에서 고린도 교인 가운데 많은 이에 대해 그들이 어떤 존재인지와 어떻게 행동하는지를 구분할 것이다. 다시 말해 바울은 그들의 정체성과 그들의 행위를 구분할 것이다. 고린도 교인은 "온전한 자"다. 즉, 고린도 교인은 공동체라는 지위를 가진 참된 그리스도인이다. 그러나 그들은 아직 "어린아이들"처럼 행동하고 있었다(3:1).

따라서 이 구절에서 바울은 자신이 전하는 지혜의 형태에 대해 말한다. 여기서 바울은 하나님의 지혜가 단순히 십자가에 못 박히신 그리스도를 믿는 것 이상이라는 점을 분명히 한다. 온전한 복음, 즉 하나님의 온전한 지혜와 계획은 그 믿음의 실천적인 함축 요소를 이해하는 것과 교회로서 십자가에 못 박히신 그리스도를 따르는 방식으로 행동하는 것을 포함한다. 바울은 2장 처음 몇 구절에서 자신의 삶으로 이것을 증명했다. 앞에서 바울은 지혜와 자랑에 관한 가르침을 위해 예레미야서 본문을 보았다. 그리고 여기서도 바울이 말하는 것은 구약의 지혜 관념을 상기시킨다. 바울은 이른바 수준 높은 그리스도인과 수준 낮은 그리스도인 사이를 대조하지 않는다. 그는 그리스도인이 어떤 존재인지("온전한 자", τέλειος)를 배우는 자와 배우는 것을 주의하지 않는 자 사이를 대조한다. 피는 그것을 이렇게 요약한다. "'그리스도 안에 있는' 자(1:30)는 다 '온전한 자'이고, 따라서 고린도 교인은 온전한 자에 포함되어 있다."[12]

(Pittsburgh: Pickwick, 1978)도 보라.

10. Schmithals, *Gnosticism in Corinth*, 150-55는 바울이 (유대인) 영지주의자로 구성되고, 온전한 자라는 말과 다른 말들이 성령으로부터 비전적인 지식을 받은 것을 가리키는 전문적 의미가 있다고 본 그리스도파를 반대했다고 주장한다. Barrett, *First Corinthians*, 69는 "그 문단은 전체적으로…영지주의 언어를 담았다"라고 지적한다.

11. Chrysostom, *Homilies on First Corinthians*, homily 7.1은 이렇게 말한다. "'지혜'라는 말은 바울이 복음과, 구원의 방법, 곧 십자가로 구원 받는 것에 붙이는 이름이다. '온전한 자'(τελείοι)는 믿는 자를 가리킨다."

12. Fee, *1 Corinthians*, 110.

이제 바울은 자신의 관점에 따라 지혜 개념을 전개하는 데 도움을 주는 "지혜"의 네 가지 조건을 제시한다.

2:6c-e 이는 이 세상의 지혜가 아니요 또 이 세상에서 없어질 통치자들의 지혜도 아니요(σοφίαν δὲ οὐ τοῦ αἰῶνος τούτου οὐδὲ τῶν ἀρχόντων τοῦ αἰῶνος τούτου τῶν καταργουμένων). 첫째, 바울은 소극적 관점에 따라 자신의 지혜를 정의한다. 곧, 바울이 말하는 지혜는 이 세상의 지혜도 아니고 이 세대의 통치자들의 지혜도 아니다. 여기서는 동사가 구절 전반부에 나온다(λαλοῦμεν, "우리가…말하노니"). 바울은 이제 1:7-8과 1:20에서 지적했던 종말론적 관점을 가지고 말한다. 하나님의 "지혜"는 "이 세대"에 속해 있고(1:20에서 τοῦ αἰῶνος τούτου에 대한 설명을 보라), 지금 바울이 "이 세상의 통치자들"(τῶν ἀρχόντων τοῦ αἰῶνος τούτου)이 따르는 것으로 말하는 지혜와 대조되었다. 십자가는 이 세대에 그리고 이 세상에서 없어질 모든 자에게 멸망을 선고했다.[13] 하나님의 지혜는 "이 세상에서 없어질" 자에게는 지혜로 여겨지지 않을 것이다. 1:18에서와 같이 바울은 여기서도 멸망당할 이 세상 사람들과 "구원받는" 사람들을 대조한다.

"통치자들"은 당시 정치 지도자[14]를 가리키거나, 마귀의 세력[15]을 가리키거나, 또는 마귀의 세력과 그들의 인간 대행자[16]를 함께 가리킬 수 있다. 세 견해가 다 가능하지만 바울이 계속해서 구체적으로 십자가 죽음에 관해 말한다는 사실은, 그가 가장 염두에 둔 자는 실제 정치 지도자라는 점을 암시한다. 이들은 십자가 사건에 연루된 모든 자를 포함할 것이고, 바리새인에서부터 헤롯, 빌라도 그리고 그들 배후에 있는 가이사까지 유대인과 이방인 통치자를 차별 없이 망라할 것이다. 라이트가 지적하는 것처럼, 그리스도를 십자가에 못 박은 이들은 "다만 그들이 자신의 사형 영장에 서명했다는 사실을 발견하게 될" 것이다.[17] 신약성경 다른 곳을 보면, 정치 "지도자들"(ἄρχοντες)이 십자가 사건에 연루되어 있다(예를 들어, 눅 23:35; 행 3:17; 4:8). 로마서 13:3에서 "다스리는 자들"은 분명히 당대 정치 지도자를 가리킨다. 그러나 없어질 세대에 대한 종말론적이고 묵시적인 관점을 적용하여 정치 지도자와 그들에게 역사하는 마귀의 세력을 완전히 분리하는 것은 바울에게 자연스럽지 않은 일로 보인다(고전 15:24도 보라). 이런 관념 융합은 로마서 8:38-39에 확실히 나타난다. 또한 고린도 사회에서 크게 칭송을 받으나 그리스도를 거부한 사회 유력자들에게 일격을 가한 것으로 볼 수 있다. 어떻게 보든 이 통치자들은 지혜에 관해 바울에게 제공할 것이 전혀 없다.

2:7a-c 오직 은밀한 가운데 있는 하나님의 지혜를 말하는 것으로서 곧 감추어졌던 것인데(ἀλλὰ λαλοῦμεν θεοῦ σοφίαν

13. 현재 수동태 분사 καταργουμένων("없어질")은 τῶν ἀρχόντων("통치자들")과 일치한다. 동사 '없어지다'(καταργέω)에 대한 더 상세한 설명은 15:24에 대한 설명을 보라. 참고. 1:28.

14. Chrysostom, *Homilies on First Corinthians*, homily 7.1은 이렇게 말한다. "따라서 바울은 여기서 '이 세상의 통치자들'이라는 말을 어떤 이가 생각하는 것처럼 실제 귀신들을 가리키는 의미가 아니라 권력을 가진 자를 가리키는 의미로 사용한다." Calvin, *First Corinthians*, 53과 Horsley, *1 Corinthians*, 8도 마찬가지다.

15. 위의 각주에서 언급한 Chrysostom의 인용문은 Origen, *Fr. Lam.* 4.11을 가리킬 것이다. 거기서 Origen은 바벨론 통치자들을 마귀 세력의 대표로 간주한다. 또한 Origen, *De principiis* 33.3도 보라. 거기 보면 다음과 같은 말이 나온다. "따라서…우리는 민족들의 통치를 맡았고, 이런 이유로 이 세상의 임금으로 불리는 다양한 영적 세력이 세상 군주들 속에 활동한다고 가정해야 한다." 또한 Moffatt, *First Corinthians*, 29도 보라. 거기서는 이렇게 말한다. "바울은 초자연적인 악의 세력이 활동하는 것을 본다." Héring, *First Corinthians*, 16; Barrett, *First Corinthians*, 70도 보라.

16. Cullmann, *Christ and Time* (Northampton: SCM, 1951), 191을 보라. "바울은 분명히 '이 세상의 통치자들'이라는 말로 불가시적인 '이 세상의 임금들'…과 헤롯이나 빌라도와 같은 그들의 실제 도구들을 함께 가리킨다." 여기서 Cullmann의 관점과 그의 관점이 다른 주석가들에게 미친 영향에 대한 분석은 Thiselton, *1 Corinthians*, 237-238을 보라. Ciampa, Rosner 공저, *First Corinthians*, 125도 바울이 "둘 다", 곧 마귀의 세력과 그들의 인간 대행자를 가리키는 것으로 본다.

17. Wright, *Paul and the Faithfulness of God*, 1284.

ἐν μυστηρίῳ τὴν ἀποκεκρυμμένην). 바울은 강한 반의 접속사로 긍정적 진술을 제시하고, 그렇게 함으로써 자신이 전하는 말이 하나님의 지혜라는 사실을 강조한다(소유의 소유격). 여기서도 두 단어("은밀한"과 "감추어졌던")가 많은 논란을 불러일으켰다. "은밀한 가운데 있는"이라는 어구를 사용하고 "감추어졌던" 지혜에 관해 말하는 것 때문에, 앞에서 언급한 신비 종교나 영지주의 관념의 영향이 있었던 것은 아닌지 주석가들의 사변이 난무했다.[18] 6절에서 통치자들이 누구를 가리키는지 생각했을 때보다 여기서 사변의 결과를 얻어내기가 더 어렵다. 그러나 결론적으로 고린도 지역의 종교 용어에서 나왔다고 볼 수 있는 말들의 추측적인 배경보다 더 중요한 것은 바울이 "지혜"라는 말로 가리키는 의미다. 바울은 지혜의 의미에 네 가지 설명을 제시한다.

첫째, "은밀한 가운데 있는"(ἐν μυστηρίῳ)이라는 말은 하나님의 지혜의 본질을 묘사하므로, 형용사로 기능한다. 이것은 '우리가 말하는'(λαλοῦμεν)이라는 동사를 수식하지 않는다. 다시 말해, 오직 온전한 자나 영적 엘리트가 일어나는 일을 이해할 수 있도록 바울이 은밀하거나 감추어진 방식으로 말한다는 의미가 아니다. 오히려 하나님의 지혜는 "이 세대"에 속해 있는 자에게 "은밀한 가운데 있[고]" "감추어[져 있다]." 만약 고린도 지역에 '신비'를 크게 중시하거나 오직 식자(識者)나 엘리트 계층만이 종교 문제를 더 깊이 이해할 수 있다는 사실을 크게 강조하는 종교들이 있었다면, 바울은 고린도전서 1장에서 이미 가르친 내용에 맞추어 그 말들을 다시 정의한다. 문맥은, 특히 8절은 "이 세대의 통치자들"에게 하나님의 지혜가 은밀한 가운데 있다고 말하며 그들을 분명히 정의한다. 바울이 실제로 아무리 분명하게 그리고 단순하게 전하더라도 이 세상의 지혜만 알고, 없어질 운명에 처한 자에게는 바울이 말하는 일이 은밀한 가운데 있다. 곧, 그들에게는 감추어져 있다.

바울 서신에서 '은밀함'(또는 비밀/신비, μυστήριον)이라는 말은 다양한 문맥에서 20번에 걸쳐 등장한다. 하지만 이 말은 일정하게 '그리스도 안에서' 하나님의 구원 방식이 계시된 사실을 전달하는 개념이다. 많은 경우에 이 말은 특별히 구원이 어떻게 이방인에게 임했는지를 알려주는 계시도 가리킨다(롬 11:25; 엡 3:1–9; 골 1:26–27). 그들 중에서 "예수 그리스도와 그가 십자가에 못 박히신 것 외에는" 아무것도 알지 아니하기로 작정한(2절) 사람으로서 바울이 맡은 자(청지기)로 부르심 받은 것은 이런 "은밀함"(비밀)이다(4:1). 바울은 복음 진리를 전하고, 복음 진리는 하나님이 오래전에 약속하신 백성을 구속할 왕이신 메시아를 보내신 것과, 세상이 "영광의 주"(τὸν κύριον τῆς δόξης, 8절)에 대해 기대하는 방식이 아니라 메시아의 십자가 죽음을 통해 그들을 구원하시는 것을 가리킨다. 물론 이 비밀은 또한 메시아와 그의 백성이 어떻게 부활로 정당성이 입증되는지를 증명한다. 그러나 "그리스도 안에서" 하나님의 구원 목적이 계시되었다. 그런데 바울이 이해하는 것처럼 "비밀"은 그리스도 안에서 하나님이 직접 선언하셨고, 따라서 고린도전서가 말하는 것처럼 믿는 자는 구원하고 지혜 있는 자의 지혜를 멸하는 하나님의 능력을 지녔다. 계시되는 비밀에는 단순히 이제 이해되는 어떤 신학적 지식이 아니라 그리스도 안에 있는 사람들에 대한 하나님의 실제 구원이 포함된다.[19] 확실히 바울의 종말론 관점에는 미래도 완전한 비밀로 남아 있지 않다. 왜냐하면 우리는 예수님을 "영광의 주"로 알고, 이미 믿는 자는 '구원받고 있으며', 그리스도가 자기 백성을 위해 이 땅으로 영광 속에 다시 오실 것이기 때문이다. 비록 지금은 "거울로 보는 것같이 희미하게" 보고 있으나 "얼굴과 얼굴을 대해" 볼 기쁜 날을 고대하고 있다(13:12). 그러나 은밀한

18. Schmithals, *Gnosticism in Corinth*, 138–40에서 설명을 보라.

19. G. Bornkamm, "μυστήριον," *TDNT* 4:820–21.

가운데 있고 감추어져 있는, 자기 백성에 대한 하나님의 지혜로운 계획은 계시되었다. 그러므로 미래가 어떻게 될지는 구속받은 자에게 이미 알려져 있다.

둘째, "감추어졌던"이라는 말이 더해지고, 역시 "지혜"를 수식한다(τὴν ἀποκεκρυμμένην).[20] 여기서 완료 수동태를 사용하는 것은, 십자가에 못 박히신 그리스도 안에서 계시된 하나님의 지혜의 지속적 결과를 염두에 두었음을 암시한다. 이 지혜가 감추어져 있는 것은 하나님이나 바울이 소수의 사람만 알아듣도록 말했기 때문이 아니라, "이 세대"에 속한 사람들은 애당초 이해하지 못하는 것이었기 때문이다. 사실은 성령이 "이 세상"에 속한 자에게 감추어져 있던 것(6절)을 우리에게 '보이셨다'(계시하셨다, 2:10). 모든 그리스도인이 성령으로 말미암아 계시된 구원의 은밀함(비밀)을 가진 것은 그들의 특권이다(10절). 그러므로 한 그리스도인 집단이 다른 그리스도인 집단보다 더 은밀한 일을 받았다고 주장할 수 없다는 것은 당연한 결론이다. 십자가에 못 박힌 그리스도의 계시를 받은 것은 그리스도인이 되는 필수 조건이다.

2:7d–f 하나님이 우리의 영광을 위하여 만세 전에 미리 정하신 것이라(ἣν προώρισεν ὁ θεὸς πρὸ τῶν αἰώνων εἰς δόξαν ἡμῶν). 셋째, 바울은 여기서 "지혜"를 한정하는 또 다른 말을 덧붙인다. 하나님은 이 지혜를 "미리 정하[셨다]"(προορίζω). 다시 말하면 그리스도와 그분의 십자가 사역은 하나님이 미리 계획하신 일이었다. 바울은 "만세 전에"(πρὸ τῶν αἰώνων)라는 말을 덧붙임으로써 이 사실을 강조한다. 이 관념은 1:21에서 "하나님께서 기뻐하셨도다"라고 말하는 절의 관념보다 더 직접적이고 더 힘 있게 진술된다. 하지만 의미는 같다. 하나님이 그리스도 안에서 사람들을 사랑과 긍휼과 용서로 만나주시는 것은 "창세 전에"(엡 1:4) 나온 하나님의 크고 놀라우신 지혜로, 지금은 믿는 모든 자에게 계시되었다. 이것은 그리스도가 계시될 때까지 영원부터 "감추어졌던" 것이다. 여기서도 자신의 목적이 "영광"에 있다는 점을 아는 자와 "부끄러움을 당하고" "없어질" 자가 특별히 대조된다.

이어서 바울은 또 하나의 주목할 만한 진술을 덧붙인다. "믿는 자들을 구원하는"(1:21) 하나님의 계획은 그분이 "우리의 영광을 위하여" 마련하신 것이다.[21] 다음 구절(8절)에서 그리스도는 "영광의 주"로 불린다. 하나님의 목적은 자기 백성이 그리스도의 영광에 참여하도록 하시는 것에 있다. 이것은 "부끄러움"(1:27)과 정반대된다. "부끄러움"은 멸망과 심판을 내포하는 종말론적 의미가 있으나, "영광"은 하나님의 영광 앞에서 최종적 구속과 구원을 내포하는 의미가 있다. 영광은 부활이 일어날 때 충분히 실현될 것이다(15:42–43). 이것은 바울이 십자가에 못 박히신 그리스도를 선포할 때 부활과 승천을 선포의 본질적인 내용으로 말하는 것을 상기시킨다. 그리스도인은 자신을 위해 준비된 영광이 계시되었기 때문에 이미 그 영광을 미리 맛보고 있다(9–10절). 그리스도인은 하나님의 구원 계획을 이해했다. 그리스도인은 부활하신 영광의 주를 알고, 영광의 주의 사랑을 경험하며, 자기들이 "그리스도와 함께한 상속자"(롬 8:17)라는 사실을 안다.

2:8 이[22] 지혜는 이 세대의 통치자들이 한 사람도 알지 못하였나니 만일 알았더라면 영광의 주를 십자가에 못 박지 아니하였으리라(ἣν οὐδεὶς τῶν ἀρχόντων τοῦ αἰῶνος τούτου ἔγνωκεν, εἰ γὰρ ἔγνωσαν, οὐκ ἂν τὸν κύριον τῆς δόξης ἐσταύρωσαν).[23] 넷째, 여기서 바울은 그리스도 안에 있

20. 이 분사는 속성의 형용사 용법으로 기능한다.
21. 여기서 εἰς+대격은 목표를 암시한다.
22. "이[것]"(ἣν)은 "지혜"를 수식하고 또 다른 관계절을 소개하는 역할을 한다.
23. "이 세대의 통치자들"에 관해서는 2:6을 보라. 귀신들보다 역사적 통치자들을 염두에 둔다는 것이 여기서 분명해진다. 복음서에서 귀

는 하나님의 지혜에 대한 비신자들의 반응(6절)으로 되돌아가 지혜의 네 번째 조건을 제시한다. 그리스도 안에 있는 지혜를 이 세대의 통치자들이 이해하지 못했다는 사실은, 그들이 "영광의 주"를 십자가에 못 박은 사건으로 증명된다. 십자가에 못 박히신 왕을 따라야 하는 자가 고난을 겪는 일에서도 그분을 따른다는 진리(롬 8:17; 고후 4:16-17)는 이 세대의 통치자들에게 감추어졌고, 그래서 그들은 어떤 일이 일어나는지 "알지" 못했다. 바울은 이처럼 주를 십자가에 못 박은 자들이 영광을 알지 못하는 것을 죄로 여긴다. 따라서 그들은 "부끄러움"을 겪는다(고전 1:27). 예수님은 십자가에서 기도하셨던 것처럼 자신을 박해하는 자들을 이와 같이 대하셨다. "아버지 저들을 사하여 주옵소서 자기들이 하는 것을 알지 못함이니이다"(눅 23:34). 여기서 동사 '알다'의 완료 시제[ἔγνωκεν, 여기서 '알았다'(understood)로 번역됨[24]]는 이어지는 본보기를 미리 준비하는 역할을 한다. 지금 바울은 과거에 그리스도의 십자가 사건에서 일어났고 이 세대의 모든 통치자 속에서 계속 함축성이 있는 일을 염두에 두었다.

"영광의"[τῆς δόξης, 묘사의 소유격(참고. 약 2:1)] 주라는 말은 하늘의 영역에 속해 있는 것과 하나님을 묘사하는 것을 독자에게 상기시킨다. 피츠마이어가 "주는 '영광의 하나님'이시다. 그것은 주께서 자신의 부활로 아버지의 영광스러운 임재 속에 들어가 영광을 받으셨기 때문이다"[25]라고 말하는 것과 같다. 키스트메이커(Kistemaker)는 바울이 여기서 시편 24:8의 "영광의 왕이 누구시냐"라는 질문에 답변을 제공한다고 지적한다.[26] 영광의 주라는 어구는 「에녹1서」(1 Enoch) 여러 곳에서 여호와를 가리키는 것으로 사용된다(예를 들어, 1 Enoch 25:3; 27:3-5). 「에녹1서」 63:2은 이 땅의 지도자들이 하나님의 심판을 면제받는 것을 탄원할 심판 날을 고대한다. 그들은 "영광의 주와 지혜의 주"를 애타게 부르짖는다.[27] 바울이 여기서 「에녹1서」에 의존할 가능성은 전혀 없어 보인다. 하지만 과거에 오로지 하나님께만 붙일 수 있었던 명칭으로 그리스도를 지칭한다.[28] 다시 말해 바울은 주 "여호와"께만 해당하던 영광의 주라는 말을 주 "그리스도"께 적용한다. 역대상 16:10은 여호와에 대해 "그의 성호를 자랑하라"고 말한다. 이것 역시 확실히 이 세상의 통치자들이 결코 알지 못했으나 지금은 계시된 사실이다. 그리스도 안에서 여호와가 오셨기 때문이다.

바울은 조건절과 귀결절에 부정과거 시제를 취하는, 사실과 반대되는 조건문(εἰ γὰρ…οὐκ ἂν…)을 사용하여 이 세상의 통치자들이 하나님의 지혜를 알지 못했다는 요점을 예증한다. "영광의 주"와 십자가 사건을 나란히 놓는 것은 엄밀히 말해 절대로 성립할 수 없다. 십자가에 못 박히는 것은 유대인이 생각하는 하나님의 지혜 관념과 맞지 않았고, 메시아의 모습과 도래 방법은 헬레니즘의 '영광' 관념과도 맞지 않았다. 바울이 1:23에서 분명히 하는 것처럼 모든 사람을 대표하는 두 집단, 곧 유대인과 헬라인은 모두 자신의 이익에 따라 하나님의 지혜를 거부했다.

여기서 하나님의 지혜에 나타난 엄청난 아이러니는, 이 세대의 통치자들이 그들의 지혜를 따라 주를 십자가에 못 박음으로써 사실 (자신도 모르는 사이에) 하나님의 지혜를 수행했다는 것이다. 진실로 하나님은 "지혜 있는 자들의 지혜"를 멸하셨다(1:19). 이 특별한 가르침은

신들은 단지 예수님이 진정으로 누구신지를 아는 몇 안 되는 존재 가운데 하나다. 여기서 말하는 통치자들은 예수님이 누구신지 알지 못했다.

24. RSV, ESV, NIV, NRSV, NASB와 다른 번역들이 있다.

25. Fitzmyer, *1 Corinthians*, 177.

26. Simon J. Kistemaker, *Exposition of the First Epistle to the Corinthians* (Grand Rapids: Baker, 1993), 83.

27. James H. Charlesworth 편집, *The Old Testament Pseudepigrapha*, 전2권 (New York: Doubleday, 1983), 1:44.

28. Conzelmann의 견해와 반대로, "우주 속에 임하셨을 때 (영광의 주)는 자신을 감추셨다"(*1 Corinthians*, 63)고 볼 암시가 전혀 없다.

고린도 교인에게 어떤 승리주의 맥락에서 제시되는 것이 아니다. 그것은 단순히 '없어질 운명 속에 있는' 자들의 계획을 압도하는 하나님이 세우신 계획의 승리가 아니다(2:6). 사실 이 가르침은, 세상의 관점에 따라 사건을 보도록 유혹받는 그리스도인에게 그들 역시 세상의 겉모습에 속지 않도록 커다란 자극을 준다. 하나님을 사랑하는 자에게 십자가의 길은 영광의 길이다. 십자가의 길은 참된 지혜의 길이다. 하나님이 자기를 사랑하는 자들의 영광을 위해 이런 식으로 행하시리라 그 누구도 상상할 수 없었을 것이다.

2:9 기록된 바 하나님이 자기를 사랑하는 자들을 위하여 예비하신 모든 것은 눈으로 보지 못하고 귀로 듣지 못하고 사람의 마음으로 생각하지도 못하였다 함과 같으니라(ἀλλὰ καθὼς γέγραπται, ἃ ὀφθαλμὸς οὐκ εἶδεν καὶ οὖς οὐκ ἤκουσεν καὶ ἐπὶ καρδίαν ἀνθρώπου οὐκ ἀνέβη, ἃ ἡτοίμασεν ὁ θεὸς τοῖς ἀγαπῶσιν αὐτόν). 이제 바울은 성경 본문을 인용하는 것으로 이 부분을 결론짓고 다음 부분을 소개한다. 여기서 바울이 전하는 말의 전반적인 취지는 매우 분명하다. 바울은 자신이 "말하는" 것(2:7)의 내용을 요약한다. 다시 말해 여기서 "모든 것"(ἃ)으로 언급하는 "지혜"를 요약한다. 바울은 이 지혜를 감추어졌던 하나님의 비밀로 불렀고, 이 지혜는 "우리의 영광"을 위하여 우리에게 주어진다. 그리고 바울은 "이 세대"에 속한 사람은 이 지혜를 알지 못한다고 말한다(2:8). 그러나 바울은 자신이 말하는 이 놀라운 사실을 성경이 확증한다고 결론짓는다. 따라서 이 구절을 다음과 같이 의역할 수 있다. '우리는 성경이 말하는 것처럼 눈으로도 보지 못하고 귀로도 듣지 못하며 사람의 마음은 생각하지도 못한 일을 포함하는 지혜를 말한다. 이 일은 하나님이 자기를 사랑하는 자를 위해 예비하신 것이다.' 이 책은 문맥에 암시되어 있는 헬라어 부정과거 시제를 반영하기 위해 과거 시제를 사용했다. 말하자면 하나님의 지혜는 이제 다 계시되었다.[29] 바울은 이전에 은밀함(비밀)이었던 것이 이제는 '선포되었다'는 말을 반복한다. 그리스도는 오셔서 십자가에 못 박히셨다. 그리스도는 영광의 주이시다. 그리스도는 지금 복음 전파를 통해 그분께 속해 있는 모든 자에게 계시된다. 따라서 여기서 "예비하신" 것은 바울이 나중에 말하는 종말론적인 복을 고대하는 것이 아니라, 바울이 이어지는 부분에서 더 말해야 할 그리스도에 관한 계시를 가리킨다.[30]

여기서 반의 접속사(ἀλλά)는 그리스도를 십자가에 못 박은 자의 행동과 그들이 하나님의 계획을 알지 못하는 것을 대조한다. "기록된 바"에 대해서는 1:19을 보라. "모든 것"(ἃ)은 중성 복수형 대명사로 번역되고, 처음 두 절의 목적어로 작용한다("보이고 들려진 모든 것"). 그런데 여기서 문제가 되는 것은 세 번째 절에 분명한 주어가 없다는 것이다. '사람의 마음속에서'가 가장 좋은 번역일 것이다(ἐπὶ καρδίαν ἀνθρώπου). 여기서 동사(ἀνέβη, '생각하다')는 앞의 두 동사와 같이 부정과거 단수형이다. 로버트슨은 "모든 것"은 '눈으로 보고' '귀로 들은' 것의 대격(목적어)이지만 또한 "생각하지도"와 함께 주격 중성 명사로도 기능하므로, "사람의 마음속에 들어가지 못한 것"(사람의 마음으로 생각하지 못한 것)으로 번역된다고 주장한다.[31] 그러나 이 번역은 여전히 불편하다. 확실히 말하면 이 본문의 헬라어는 아무리 잘 보아도 애매하다. 두 번째로 등장하는 "모든 것"이라는 말은 아마 지시적 의미가 더 클 것이다. 따라서 그 말은 '이

---

29. 하나님이 그리스도 안에서 이 일을 계시하셨기 때문에 지금은 이 일을 전체적으로 확인할 수 있다. 그리고 이 일은 전부 그리스도 안에서 계시되었으나 아무도 이와 같으리라고 상상하지 못했다.

30. 마태복음 25:34을 보면, 동일한 예비 관념이 아직 받아야 할 천국의 종말론적 복을 지시한다. 그러나 여기서는 드러난 그리스도의 계시에 강조점이 있다.

31. Robertson, Plummer 공저, *First Corinthians*, 40. 또한 Thiselton, *1 Corinthians*, 248-49도 보라.

것'(these things)으로 번역된다.

마지막으로, 이 인용 본문의 출처는 어디인가?[32] 분명히 말하면 최소한 처음 두 절은 이사야서 64:4(LXX 64:3)을 염두에 두었다. 이사야서 65:16은 세 번째 절과 가장 밀접한 평행 관계가 있다. 또한 바울이 기존의 구약 본문들을 합성하여 인용했다고 생각할 수도 있다.[33] 물론 바울은 그런 본문들을 하나로 묶어 인용할 수 있다(참고. 롬 3:10–18). 그러나 이 인용 본문은 성경으로 제시되고, 바울이 하나님의 지혜의 깊은 것에 대해 말한 요점을 인증하며, "자기를 사랑하는" 자들(τοῖς ἀγαπῶσιν αὐτόν은 이익의 여격임)에게 그것이 얼마나 놀라운 복인지를 확증한다. 더 나아가 이 말은 바울이 '온전한' 수준에 도달한 일부 그리스도인이 아니라 모든 그리스도인에게 말한다는 사실을 암시한다. 비슷한 관념이 로마서 8:28에도 나타난다.

바울은 아직 여기서는 사랑을 모든 그리스도인의 대표적 특성이 되어야 하는 표지로 설명하지 않는다.[34] 그러나 이 인용 본문에서 "자기를 사랑하는 자들"을 언급하는 것은 고린도전서 8–13장에서 상세히 전개될 주제를 미리 소개하는 역할을 한다. 앞에서는 고린도 교회에서 공동체 지위가 굉장히 중요한 요소였다는 점을 확인했다. 이처럼 인정받고 싶어 하는 욕구는 의심할 것 없이 주변 사회의 가치 및 '이 세상'의 지혜와 타협한 결과였다. 일부 고린도 교인은 자신을 다른 그리스도인보다 더 우월한 존재로 본 것 같다. 어떤 교인은 나중에 2장과 3장을 다룰 때 살펴볼 것처럼 자기들이 '신령하다'고 주장하기도 했다. 또 어떤 교인은 "지혜"나 "지식"의 은사를 하나님 앞에서 그리고 기독교 공동체 안에서 자신의 높은 지위를 입증하는 증거로 여겼을 것이다. 그러나 바울은 고린도 교인이 그리스도인의 참된 표지를 사랑으로 이해하는 것이 필수적이라고 본다.

하나님은 이 모든 것을 우리의 영광을 위해 예비하셨다. 이 사실을 지지하기 위해 인용된 성경 본문은 '하나님을 사랑하는 모든 자'가 '우리'에 해당한다는 사실을 분명히 한다. 누구든 그리스도인의 공동체 지위를 표시하거나 인증하는 요소가 무엇인지 알고 싶어 하는 자에게 근본적인 것은 구약 율법에서 확인되는 하나님에 대한 사랑과 이웃에 대한 사랑이다. 나중에 더 상세히 살펴보겠지만, 바울은 하나님에 대한 사랑이 이전에 자기 백성에게 베풀어주신 그분의 사랑으로부터 자라난다고 본다. 그러나 하나님에 대한 사랑은 또한 사람의 삶 속에서 행하시는 성령의 역사에 달려 있다. 만약 어떤 사람이 하나님의 백성에 속해 있음을 인증하는 참된 표지, 즉 신령한 사람의 표지가 무엇인지 알고 싶다면, 그가 하나님과 이웃에 대한 사랑의 삶을 사는지 확인하는 것 외에 다른 것을 볼 필요가 없다. 이 과정에 대한 바울의 이해는 아마 로마서 5:5에서 가장 명확히 표현될 것이다("우리에게 주신 성령으로 말미암아 하나님의 사랑이 우리 마음에 부은 바 됨이니"). 나중에 바울은 이 모든 것으로 돌아간다. 지금은 하나님을 사랑하는 자의 삶 속에 성령의 이 역사가 있다는 점을 말하는 것으로 만족한다.

2:10 [때문에][35] 오직 하나님이 성령으로 이것을 우리에게 보이

32. 출처가 예수님의 말씀일 것이라고 간혹 주장되었다. 그러나 이 본문이나 복음서에 그것을 암시하는 요소가 전혀 없다. 이 견해는 최근에 바울과 다른 비정경 자료 간의 평행 관계를 찾는 주석가들이 주장했다. Tuckett이 이 "말"과 도마복음에 나오는 비슷한 어구 사이의 가능한 관계를 검토하는 내용을 참고하라(Christopher Tuckett, "Paul and Jesus Tradition: The Evidence of 1 Corinthians 2:9 and the Gospel of Thomas 17," in *Paul and the Corinthians: Studies on a Community in Conflict: Essays in Honor of Margaret Thrall*, 공동편집 Trevor J. Burke, J. K. Elliott, NovTSup 109 [Leiden: Brill, 2003], 109).

33. Fee, *1 Corinthians*, 115.

34. 13:3에 대한 설명에서 '심층 연구: 사랑, 그 기능과 배경'을 보라.

35. Nestle–Aland 본문은 "그러나"(δέ)라는 말로 이 구절을 시작한다. 이 책은 "…때문에"(for, γάρ)가 특히 $\mathfrak{P}^{46}$, B,6, 365 사본을 포함하여 더 강력한 사본의 지지를 받는다고 믿는다. 따라서 이 독법을 채택한다.

셨으니 성령은 모든 것 곧 하나님의 깊은 것까지도 통달하시느니라(ἡμῖν δὲ ἀπεκάλυψεν ὁ θεὸς διὰ τοῦ πνεύματος· τὸ γὰρ πνεῦμα πάντα ἐραυνᾷ, καὶ τὰ βάθη τοῦ θεοῦ). 이 구절에서 바울은 하나님의 깊은 것에 자신이 말해온 참된 계시가 포함되어 있다고 주장한다. 다시 말해 바울은 십자가에 못 박히신 그리스도 안에 나타난 하나님의 자기 계시가 하나님의 깊은 것에 포함되어 있다고 본다. 오직 성령만이 하나님의 목적과 그리스도 안에서 이루어진 하나님의 자기 희생의 깊은 것까지 통찰하실 수 있다. 오직 성령만이 이 세대의 통치자들은 깨달을 수 없는 것을 사람들에게 깨닫게 하실 수 있다. 여기서 문법을 보면, 전치사구 "우리에게"(ἡμῖν)는 위치로 보아 강조 용법이다. 반면에 "이것"은 (구약) 성경의 인용 본문에서 나온 말이다. 따라서 이 인용 본문은 앞에 나온 설명을 결론짓고, 또한 이 계시에 대한 성령의 사역을 다루는 다음 부분을 소개하는 역할도 한다. 여기서 바울은 "우리"를 강조 용법으로 사용함으로써 고린도 교회의 모든 그리스도인 편에 서고자 애쓴다. 그러나 특별히 고린도 교인을 "자기를(하나님을) 사랑하는 자들"로 간주한다. 그러므로 "우리"는 8절에서 언급된 자, 곧 감추어져 있는 것에 여전히 감추어진 상태에 있는 자와 직접 대조된다.

하나님을 사랑하는 자에게 이것(these things)을 계시하는 것은 하나님이 미리 정하신 목적이었다. 이것은 하나님이 예비하신 것이고, 이것이 계시된 수단은 "성령으로"(διὰ τοῦ πνεύματος)다. 2:4에서 하나님의 목적을 계시하는 일에 있어 성령이 맡으신 역할이 소개되었고, 이제 성령은 2장 끝부분까지 계속되는 설명을 지배하는 주인공이다. 일부 고린도 교인이 자신이 상당히 신령한 상태에 있다고 본 것은 거의 의심할 여지가 없다. 바울은 무엇보다 먼저 성령이 계시에 대해 맡으신 역할을 바로 보도록 하는 일에 심혈을 기울인다. 어떻게 어떤 이는 "십자가에 못 박힌 그리스도"를 받고 또 어떤 이는 받지 못했는가? 그것은 성령의 역사에 달려 있다.

이 구절 후반부에서 '…때문에'(γάρ, 개역개정에는 이 말이 "보이셨으니"에 포함되어 있음–역주)는 설명적 용법이다. "…까지도"(καί)는 심화 용법으로 간주되어야 한다. 문맥은 바울이 성령의 지속적 사역을 묘사했음을 암시하고, 따라서 여기서 현재 능동태 동사 "통달하시느니라"(ἐραυνᾷ)는 습관적 용법으로 보는 것이 적합하다. 곧, 이것은 성령이 행하되, 계속 행하시는 일이다. 여기서 바울의 논증은 "비슷한 것은 비슷한 것으로 알려질 수 있다"라는 그리스식 표준 논증 방식을 따른다.[36]

성령은 이를테면 인간과 하나님의 깊은 것 사이에 있는 간격에 다리를 놓는다. "하나님의 깊은 것"에 대한 바울의 관념과 평행을 이루는 흥미로운 요소가 「에녹1서」 63:2–3에서 발견된다. 그 본문은 다음과 같다. "영들의 주…영광의 주와 지혜의 주를 찬송하오니…깊은 것은 다 주의 비밀이고 무궁무진합니다"(참고. 2 Baruch 14:8–9).[37] 물론 이 작품들은 바울보다 늦은 시기에 등장한 것이다[특히 「바룩2서」(2 Baruch)는 주후 2세기 작품으로 보인다]. 그러므로 이 모든 것이 드러내는 사실은 "하나님의 깊은 것"에 관한 관념이 유대교의 묵시 작품에 잘 알려져 있었고, 바울에게도 대체로 알려져 있었다는 점이다.

성령은 하나님을 충분히 알고 계신다. 오직 성령만이 하나님의 깊은 것에 다가가고 그것을 파악하신다. 그러나 "은밀한 가운데 있고 감추어졌던 하나님의 지혜"(7절)가 소수의 "신령한" 사람들만 가진 어떤 특별한 계시를 가리키는 것이 아니었던 것처럼, "깊은 것"(τὰ βάθη)도 그런 특별한 계시를 가리키는 것이 결코 아니다. "깊은 것"은 신비 종교의 깊은 경지나 영지주의의 특수한

36. Garland, *1 Corinthians*, 98.

37. Charlesworth, *Old Testament Pseudepigrapha*, 1:44. 2 Baruch 14:8–9, "누가 당신의 길의 깊은 것을 헤아릴 수 있겠나이까?"

지식이 아니다. "깊은 것"은 성령을 가진 자(12절), 하나님을 사랑하는 자, 다시 말해 모든 그리스도인이 가진 것이다.[38] 성령은 하나님의 계획과 목적을 알아내고 아신다는 점에서 "모든 것을 통달하신다"(πάντα ἐραυνᾷ). 따라서 성령은 '하나님을 사랑하는 자들'(9절) 속에서 그들에게 그것을 전달하고 그것을 활성화 하신다.

2:11 사람의 일을 사람의 속에 있는 영 외에 누가 알리요 이와 같이 하나님의 일도 하나님의 영 외에는 아무도 알지 못하느니라(τίς γὰρ οἶδεν ἀνθρώπων τὰ τοῦ ἀνθρώπου εἰ μὴ τὸ πνεῦμα τοῦ ἀνθρώπου τὸ ἐν αὐτῷ; οὕτως καὶ τὰ τοῦ θεοῦ οὐδεὶς ἔγνωκεν εἰ μὴ τὸ πνεῦμα τοῦ θεοῦ). 이 구절은 바울이 10절에서 말한 내용의 기초다. 사람은 이 구절 전반부("사람의 일을 사람의 속에 있는 영 외에 누가 알리요")의 진리를 아는 것처럼, 후반부("하나님의 일도 하나님의 영 외에는 아무도 알지 못하느니라")의 진리도 알고 즉각 이해해야 한다. 오직 하나님의 영만이 진실로 하나님 자신, 곧 그분의 생각과 계획과 목적 그리고 가장 깊은 의도를 알 수 있다.[39] 결론은 만약 2:10a–b이 사실이라면 하나님의 깊은 것이 성령으로 우리에게 계시되었고, 이것은 오직 하나님의 영만이 아시므로 그분을 통해서만 계시될 수 있었다는 것이다.

바울은 여기서 그리스의 이원론 관점에 따라 생각하는 것이 아니다. '사람의 영이 사람의 속에 있는' 것은 그 사람 말고 다른 사람에게 증명되지 않는 것을 묘사한다. 배럿(Barrett)은 이것을 "그의 자의식"으로 설명한다.[40] 그러나 그것은 자의식 이상이다. 여기서 바울의 요점은 개개의 사람이 진실로 자기 자신을 아는 유일한 존재라는 점이다.

하나님의 "일"(τά)로 지칭하는 것은 아마 9절의 "모든 것"(ἃ)을 상기시키려는 의도일 것이다.

2:12a–b 우리가 세상의 영을 받지 아니하고 오직 하나님으로부터 온 영을 받았으니(ἡμεῖς δὲ οὐ τὸ πνεῦμα τοῦ κόσμου ἐλάβομεν ἀλλὰ τὸ πνεῦμα τὸ ἐκ τοῦ θεοῦ). 바울은 계속해서 구별되어야 할 두 부류의 사람이 있다고 주장한다. 하나는 "세상의 영"을 받은 자(τὸ πνεῦμα τοῦ κόσμου)고, 다른 하나는 '하나님의 영'을 받은 자(τὸ πνεῦμα τὸ ἐκ τοῦ θεοῦ)다.[41] 하나님은 성령을 보내시는 분이시다. 따라서 이 구별의 핵심 초점은, 사람이 어떤 "영"을 가졌는가 하는 것이다. 이 구별은 사회적 지위에 근거한 것도 아니고 세상이 소중하게 여기는 "지혜"에 근거한 것도 아니다. 이 구별은 "지식"이나 "언변"과 같이 성령으로부터 은사를 받은 자에게 근거한 것도 아니다. 모든 그리스도인이 "온전한 자"이고, "하나님을 사랑하는 자"이며, 그러므로 "하나님의 영을 받은" 자인 것이 틀림없다. 여기서 부정과거 '받았다'(ἐλάβομεν)는 말은, 예를 들어 갈라디아서 3:2과 고린도후서 11:4에서처럼 과거에 그들이 믿음으로 나아왔을 때를 가리킨다.[42] 이 모든 것으로 말미암아 그리스도인은 세상 사람들과 완전히 다른 사고방식과 관점을 갖는다. 바울이 이미 증명을 시작한 것처럼, 그것은 그리스도께 초점을 맞추고, 그리스도인의 소유와 존재 전체가 은혜로 오직 하나님의 역사에 의존한다는 점을 인정하는 실존 양식일 것이다. 사람

38. Thiselton, *1 Corinthians*, 257은 11절과 자기 지식을 강조하는 그 구절의 내용에 비추어 보면, 바울이 제시하는 의미가 "하나님의 자아의 깊은 것"이라는 의역으로 가장 잘 포착될 수 있을 것이라고 주장한다.

39. 바울은 "영"을 언급할 때 인간학에 관해 진술하는 것도 아니고, 그렇다고 하나님의 본성에 관해 말하는 것도 아니다. 이것은 단순히 유비다. 내가 아는 한 하나님은 자기 자신을 아시는 분이다.

40. Barrett, *First Corinthians*, 74.

41. ἐκ τοῦ θεοῦ라는 어구는 부분 소유격 용법이다(Lightfoot, *Notes on Epistles*, 180).

42. Dunn, *Theology of Paul*, 324는 여기서 바울이 부정과거 시제를 사용하는 것이 "독자에게 (은혜를 경험하는) 첫 단계와 그 첫 단계가 지속적인 제자도의 결정적 요소로서 갖는 성격을 거듭 상기시킨다"라고 지적한다.

이 어떤 영을 가졌느냐에 기반을 둔 이 구별에 따라 바울은 "신령한" 것과 신령하지 못한 것에 관해 말할 것이다. 또한 그리스도인을 '초영적인'(superspiritual) 자와 그렇지 못한 자로 나누는 일(고린도 교인이 열심히 한 일)이 없이, 그리스도인의 삶과 윤리의 성숙함(온전함)에 관한 질문도 다루게 될 것이다.

2:12c-d 이는 우리로 하여금 하나님께서 우리에게 은혜로 주신 것들을 알게 하려 하심이라(ἵνα εἰδῶμεν τὰ ὑπὸ τοῦ θεοῦ χαρισθέντα ἡμῖν). 바울은 계속해서 고린도 교인의 사고를 다시 정의하면서 지식 문제로 되돌아간다. 바울은 고린도 교인이 세상에서 받은 지식과 지혜를 통렬히 비판했다. 반면에 하나님의 영을 가진(11절) 자로서 "우리"에게 계시되고 "우리"를 위해 주어진 지혜(7절)가 있다. 또한 바울은 십자가에 못 박히신 그리스도를 믿는 자는 누구나 성령을 갖고 있다고 가정한다. 바울은 성령이 엄밀히 "우리가 알게 하려고" 주어졌다고 주장한다. 여기서 동사 '알게 하다'의 목적어는 중성 복수형 대격으로 표현된다(τὰ χαρισθέντα).[43] 따라서 바울은 우리가 '하나님에 의해'(ὑπὸ τοῦ θεοῦ, 행위를 표시함) 은혜로 우리에게 주어진 것들을 아는 것에 대해 말한다. 이 책은 이 동사에 담긴 "은혜"(χάρις)의 측면을 포함하기 위해 '은혜롭게'(graciously)라고 번역했다.[44]

바울은 이 진술에서 두 가지 목적을 달성한다. 첫째, 바울은 "우리"가 성령을 갖고 있고, 그러므로 우리가 확실히 "알" 수 있다는 점을 계속해서 증명한다. 그리스도인은 내주하시는 성령으로 말미암아 하나님으로부터 오는 것을 이해하고 평가할 수 있다. 둘째, 바울은 "우리"가 하나님이 은혜로 제공하고 계시하기로 정하신 것만 알 수 있음을 증명한다.

이 구절들은 사람의 지혜로 그리스도인이 가진 것을 조금도 얻지 못함을 계속 증명한다. 따라서 여기에는 그리스도인을 진실로 겸손하게 만드는 것이 담겨 있다. 그리스도인은 이사야서에 약속된 놀라운 것을 갖고 있다. 즉, 그리스도인은 "십자가에 못 박힌 그리스도"에 수반되는 모든 것에 중점이 있는 하나님의 선물을 가졌다. 가장 넓은 의미로 보면 그리스도인은 구원을 소유하고 있다. 그러나 앞으로 살펴보겠지만, 더 구체적으로 보면 바울이 "은사"에 포함되는 것으로 언급하는 것, 곧 특히 고린도 교인에게서 분명하게 드러나고 1:7에서 바울이 기쁘게 언급했던 것을 소유하고 있다. 이것은 그리스도인에게 하나님이 그들을 위해 행하시고 그들에게 주신 모든 것을 증명하기 위해 하나님에게서 오는 그분의 영을 통해 계시되었다. 그것은 처음부터 끝까지 은혜로, 이 구절에서 우리가 "알도록" 성령이 돕는다고 말하는 것이다.

2:13a-c 우리가 이것을 말하거니와 사람의 지혜가 가르친 말로 아니하고 오직 성령께서 가르치신 것으로 하니(ἃ καὶ λαλοῦμεν οὐκ ἐν διδακτοῖς ἀνθρωπίνης σοφίας λόγοις ἀλλ' ἐν διδακτοῖς πνεύματος). 바울은 4절에서 자신이 전한 말을 상기시키는 방법으로 자신의 가르침의 방식을 묘사하면서 제시한 사람의 지혜와 성령이 주신 것의 대조를 이어나간다. 접속사 '그리고'(καί, 개역개정에는 번역되어 있지 않음–역주)는 이것을 이전 문장과 관련시킨다. 하지만 전체 사상은 6–7절에서 바울이 묘사하는 복음의 지혜를 언급한다. 복음을 전하는 이 도구, 곧 수단은 "사람의 지혜"와는 아무 상관이 없고 오직 성령의 능력으로 선포되는 것이다.[45] 그러므로 '우리가 말하는' "이것"(ἃ는 대격이고, 목적어로 기능한다)은 하나님이 주신 것으로,

43. 이 실명사 분사는 부정과거 수동태 용법이다.

44. 바울이 하나님이 자신의 교회에 "주시는" 모든 것을 보는 배경을 더 깊이 살펴보려면 1:8에 대한 설명 다음에 나오는 '심층 연구: Χάρισμα에 대한 이해'를 보라.

45. "가르친 말로"(ἐν διδακτοῖς⋯λόγοις)는 도구절로 간주된다.

성령이 바울과 "우리" 모두가 "알" 수 있게 하신 것이다. 바울이 말하는 감추어졌던 지혜(6-7절)는 성령으로 계시될 뿐만 아니라(10절) "성령께서 가르치신"(ἐν διδακτοῖς πνεύματος) 말로 바울을 통해 전달된다. 말하자면 구원 및 그리스도의 사역과 관련된 하나님의 '깊음' 또는 '깊은 것'은 사람의 지혜에서 나온 통상적인 담화를 통해서는 선포되지 않는다. 아니 사실은 바울을 통해 전해진 것도 성령의 개입을 필요로 한다. 바울이 여기서 염두에 둔 것은 당연히 성령이 설교자에게 능력을 주시는 것뿐만 아니라, 설교자가 전하는 메시지를 받을 자의 귀와 눈과 마음에 성령이 능력을 주시는 것도 포함한다.

그다음 절은 많은 논란을 불러일으켰다.

2:13d 영적인 일은 영적인 것으로 분별하느니라(πνευματικοῖς πνευματικὰ συγκρίνοντες). 바울은 여기서 성령에 속해 있는 것과 속해 있지 않는 것이 무엇인지, 또는 성령에 속해 있는 자와 속해 있지 않은 자가 누구인지 말한다. 이것은 바울이 이 본문 전체를 통해 제시해온 구분이다. 어떤 이는 알고 있고, 또 어떤 이는 알지 못하고 없어질 운명에 처해 있다. 성령의 인도 아래 바울이 전하는 복음은 사람들을 엄밀히 두 갈래로 구분한다. 바울이 전하는 복음은 하나님의 지혜이므로 어떤 것이 "지혜"가 아닌지를 드러낸다. 바울이 전하는 복음은 한 집단에 대해서는 그들을 "부끄럽게 하고," 다른 집단에 대해서는 그들의 "영광을 위하여" 활동한다. 이것은 1:18 이후로 고린도전서에서 거듭 언급된 주제였다. 따라서 이 단어(συγκρίνοντες)는 여기서 '평가하다'(evaluating)로 번역된다. 그리스도인은 자신이 "신령한 자"로서 어떤 일이 "영적인지"의 여부, 즉 성령께 속해 있거나 성령으로부터 나오는지 여부를 평가하도록 돕는 성령을 가졌음을 알아야 한다.

그러나 여기서 석의 문제가 일어난다. "영적인 것"(πνευματικοῖς)이라는 말의 여격 복수형은 남성인가, 중성인가? 그리고 "분별하느니라"(평가하느니라, συγκρίνοντες)는 말의 의미는 무엇인가? 첫째, 문법적으로 보면 이 절이 '우리가 말하는'(13a절) 것의 긍정적 측면을 계속 한정하는 것이 분명해 보인다. 둘째, 여기서 동사(συγκρίνω)의 의미가 결정되어야 한다.[46] 이 말은 칠십인역에서 꿈을 해석하는 데 사용되기 때문에 '해석하다'라는 번역이 많은 이에게 지지받는다.[47] 그런데 신약성경에서 이 단어가 다른 곳에서 딱 한 번만 사용되는데(고후 10:12), 거기서 그 말은 바울과 고린도 교회의 다른 지도자들 사이를 평가하거나 비교하는 데 사용된다. 이것은 여기서 바울이 의도하는 의미와 다르지 않다. 문맥을 보면 바울은 그리스도인이 모든 것에 대해 올바른 또는 "영적인" 평가를 하는 것에 관심이 있다.

셋째, 이 문맥에서 "영적인 것"(πνευματικοῖς)이라는 말은 '영적인 것들'(중성)로 번역되어야 하는가, 아니면 '영적인 사람들'(남성)로 번역되어야 하는가? 앞에서 바울이 두 집단의 사람들이 영적인 일을 어떻게 평가하는지 비교하고 있다고 이미 지적했다. 이 절에서 "영적인 일"(πνευματικά)이 강조를 위해 나온 위치가 14절의 비교에 영향을 미치는 것으로 보인다. 14절을 보면 비영적인 사람, 즉 육에 속한 사람(ψυχικός)은 "성령의 일들"(τὰ τοῦ πνεύματος)을 받지 아니하는 것으로 확인된다. 그러므로 이 책은 여기서 πνευματικοῖς라는 말을 남성으로 취하고, 따라서 "영적인 일"을 평가해야 하는 "영적인 사람들"을 가리키는 의미로 본다.[48]

그렇다면 여기서 바울의 관심은, 스스로 "지혜롭다"라고 생각하는 어떤 자와 달리, 그 자신은 영적인 사람

---

46. 바울이 고린도전서에서 συγκρίνω와 πνευματικός라는 말을 사용할 때 용법을 상세히 검토한 것은 Gardner, *Gifts of God*, 73-74, 137-43을 보라.

47. 참고. 창 40:16, 22; 41:12; 민 15:34; 단 5:8(LXX 5:7).

48. NIV; Garland, *1 Corinthians*, 100과는 반대다. ESV, RSV, NRSV와 같다.

들을 위해 "영적인 일"을 올바르게 평가하고, 따라서 올바르게 설명했음을 고린도 교인이 이해하는 것에 있다. 복음이 그리스도께 초점을 두고 있고 언약의 삶과 순종에 관해 말하는 것에 따라 매우 폭넓게 정의되는 것을 고려하면, 바울은 "영적인 일"을 사실상 복음의 약어로 본다(9:11도 보라). 말하자면 바울은 하나님에 의해 구원이 그들에게 주어진 것 그리고 기독교 공동체 안에서의 지위가 그리스도 안에서 그들에 대한 하나님의 계획으로 말미암아 주어진 것을 고린도 교인이 알기를 바란다. 고린도 교인의 "지혜"는 하나님의 지혜다. 고린도 교인의 풍성한 모든 언변과 지식은 성령의 선물이다. "영적인" 것은 항상 그리스도 중심이거나 그분을 지시하므로, "십자가에 못 박힌 그리스도"는 "영적인" 사람들, 즉 성령이 있는 사람들에게 당연히 이해되는 메시지다.

계속해서 말하는 것을 보면, 바울은 "영적"(신령한)이라는 말을 항상 그리스도를 지시하는 어떤 것 또는 어떤 사람으로 이해했음이 분명히 드러난다. 영적인(신령한) 사람은 그리스도를 "지혜"(1:30)로 본다. 영적인 사람은 또한 기독교 공동체 안에서 무엇이 지위를 부여하는지 적절히 평가하고, 그리하여 지위가 주변 사회의 인정을 받는 자에게 주어지는 것이 아니라 그리스도 안에서 하나님이 선물로 주시는 것이라는 점을 안다. "신령한 자"가 그들 자신을 보기 전에 그리스도를 먼저 보게 되는 것은 영적인 일, 즉 그리스도 예수 안에서 주어진 계시를 드러내는 것이 성령의 사역이기 때문이다. 마지막으로 신령한 자는 바울과 같이 "우리가 그리스도의 마음을 가졌느니라"(2:16)고 말할 수 있다.

2:14a-c 육에 속한 사람은 하나님의 성령의 일들을 받지 아니하나니 이는 그것들이 그에게는 어리석게 보임이요(ψυχικὸς δὲ ἄνθρωπος οὐ δέχεται τὰ τοῦ πνεύματος τοῦ θεοῦ, μωρία γὰρ αὐτῷ ἐστιν). 이 구절은 앞에서 십자가에 못 박힌 그리스도를 거부한 자의 '미련함'에 관해 설명한 것(1:18, 21, 23을 보라)을 상기시킨다. 여기서 바울은 이 육에 속한 사람(비영적인 사람, 신령하지 못한 사람)이 성령으로부터 나온 것을 "어리석게"(μωρία) 본다고 말한다. 문맥을 고려하면 육에 속한 사람은 "이 세대에 속한 사람"으로 불릴 수 있고, 이때 "이 세대"에 속하는 것은 그리스도께 속하지 않는 것이다. 그러므로 심판 아래 있는 것으로 여겨진다(1:20). 비록 "육에 속한 사람"(ψυχικός)의 의미에 관해 약간의 논쟁이 있기는 해도, 여기서 "육에 속한 사람"과 15절의 "신령한 자"(그리고 13절의 '영적인 사람들')의 대조는 매우 강력해서 "육에 속한 사람"은 "영적인" 지식이 전혀 없는 자, 즉 그리스도인이 아닌 자를 가리킨다.[49]

여기서 "받지 아니하나니"(οὐ δέχεται)라는 습관적 현재 시제가 사용되는 것은 바울이 그것을 그들의 지속적 특징으로 보았다는 점을 암시한다. 바울은 이 요점을 이 구절 후반부에서 강조한다. 거기서 바울은 육에 속한 사람이 하나님의 성령의 일들을 '알 수도 없다'고 말한다. 여기서 하나님의 "성령의 일들"(τὰ τοῦ πνεύματος)[50]은 13절에서 언급된 "영적인 일"(πνευματικά)이고, 이것을 육에 속한 사람은 누리지 못한다. 육에 속한 사람은 성령으로부터 나오고 그리스도를 지시하는 것을 "미련한 것"으로 간주한다(1:23). "육에 속한 사람"(ψυχικός)은 십자가에 못 박히신 그리스도가 "지혜"라는 사실을 이해할 수 없다. 육에 속한 사람은 하나님께 속한 것과 세상에 속한 것의 차이를 분별할 수 없고, 단순히 하나님의 일들을 무시한다. ψυχικός라는 말은 유다서 1:19에서 "성령이 없는" 자에게 사용되고, 야고보는 이 단어를 형용사로 사용하여 "땅 위의" 것과 "귀신의" 것에 속한 지혜를 묘사한다(약 3:15).

---

49. E. Schweizer, "ψυχικός," *TDNT* 9:662-63; Pearson, *Pneumatikos-Psychikos Terminology in 1 Corinthians*; Scroggs, "Paul: Σοφός and Πνευματικός," 52.

50. 원천의 소유격. 간혹 탈격으로 지칭되기도 한다.

3:1에서 바울은 그리스도인에게 말한다. 그런데 그들 중 어떤 이는 성령의 일을 분별할 때 그리스도의 마음을 평가하고 분별함으로써 그리스도인으로서 합당한 삶을 살지만, 다른 이는 그리스도인으로서 합당한 삶을 살지 못하고 마치 그리스도인이 아닌 것처럼 처신한다. 3:1에서 바울이 "신령한 자"(πνευματικός)와 대조하기 위한 말로 "육에 속한 자"(ψυχικός)라는 말을 사용하지 않는 이유는 분명해 보인다. 거기서 바울은 그리스도인 간의 구별을 묘사하는 데 도움을 주는 말을 찾아낸다. 그리고 "육신에 속한 자"(σαρκινοί)라는 말을 사용한다.

바울이 볼 때 "육에 속한 자"가 성령의 일들을 받지 못하는 이유는, 이런 일들에 '영적인' 평가가 필요하기 때문이다. 오직 성령만이 이해하도록 하실 수 있기 때문에 육에 속한 자가 성령의 일들을 받으려면 성령의 내주가 필요하다(12절). 바울이 지금 주장하는 것처럼, 바로 이런 이유로 판단과 분별 문제가 고린도전서에서 매우 크게 부각된다. 지식과 지혜가 있다고 주장하는 자는, 성령의 일들을 분별할 능력이 없다는 점에서 지식과 지혜를 갖지 못했음을 스스로 증명한다. 바울은 이제 그것을 설명한다.

2:14d-e 또 그는 그것들을 알 수도 없나니 그러한 일은 영적으로 분별되기[51] 때문이라(καὶ οὐ δύναται γνῶναι, ὅτι πνευματικῶς ἀνακρίνεται). 바울은 육에 속한 사람은 하나님의 영으로부터 나오는 것을 '알 수 없다'(οὐ δύναται γνῶναι)[52]고 말한다. 하나님의 지혜는 지혜 있는 자들의 지혜를 멸하고 "총명한 자들의 총명"을 폐한다(1:19). 이것이 하나님이 그분께 속해 있는 자들, 곧 그분의 영을 소유한 자들에게만 그분의 일이 알려지도록 정해놓고 하시는 일이다. 바울이 이미 주장한 것처럼 하나님의 일들은 그 일들을 계시하고 그 일들을 적절히 판단하실 수 있는 하나님의 영을 필요로 한다.[53] 이 책은 동사 '판단하다' 또는 '분별하다'(ἀνακρίνω)라는 말이 2:14에서 법적 의미를 함축한다고 본다. 따라서 여기서 바울은 이렇게 말하는 것과 같다. '육에 속한 사람은 하나님의 영이 주신 일들을 거부하고, 그 일들을 이해할 수도 없다. 왜냐하면 그 일들의 참된 본질은 성령을 소유한 신령한 자만 판단할 수 있기 때문이다.'[54] 그러므로 여기서 말하는 판단은 두 가지 평가 중 하나의 결과를 낼 것이다. 곧, 하나님의 일들을 '어리석음'으로 판단하거나 '하나님께 속한' 것으로 판단하거나 할 것이다. 여기서 바울의 요점은 육에 속한 자는 완전히 그릇된 판단을 하고, 그 결과 멸망에 이른다는 것이다(1:18). 만약 육에 속한 자가 영적인 일을 더 깊이 알고자 부지런히 힘쓴다면, 바울이 십자가에 못 박히신 그리스도에 관해 말하는 것을 "알게 되리라는" 것은 사실이 아니다. 성령을 소유하지 않은 자는 절대로 이 지식을 얻을 수 없다.

2:15 신령한 자는 모든 것을 판단하나 자기는 아무에게도 판단을 받지 아니하느니라(ὁ δὲ πνευματικὸς ἀνακρίνει [τὰ] πάντα, αὐτὸς δὲ ὑπ' οὐδενὸς ἀνακρίνεται).[55] "육에 속한 자"와 달리 "신령한 자"(ὁ πνευματικός)는 '판단할'

51. ἀνακρίνεται는 단수 수동태 동사다. 중성 복수형 주어는 통상적으로 단수 동사를 취한다. Wallace, *Greek Grammar*, 399-401.

52. 부정과거 부정사 γνῶναι는 시발(始發) 부정과거 용법이다. 따라서 번역은 '알게 되다'가 된다.

53. Conzelmann, *1 Corinthians*, 69는 영적으로 분별되는 것이 "지혜"라고 주장한다. 우리는 영적으로 분별되어야 하는 것을 더 일반적으로 "하나님의 성령이 하시는 일들"로 본다.

54. Fee, *1 Corinthians*, 125는 이 단어를 '분별하다'(discern)로 번역하지만, 어쨌든 결론은 본서에서 우리가 내리는 것과 같다. "여기서 '분별하다'라는 말은 하나님이 세상에서 행하시는 일에 관해 적절한 '판단'을 행할 수 있다는 것을 가리키는 의미다." 또한 Reginald St. John Parry, *The First Epistle of Paul the Apostle to the Corinthians* (Cambridge: Cambridge University Press, 1957), 14도 보라.

55. 여기서 첫 번째 '그러나'(δέ)는 온건한 반의 접속사의 의미가 있고, 두 번째 '그러나'는 첫 번째 절에 결합되어 있다(개역개정에는 첫 번째 '그러나'는 번역하지 않고, 두 번째 '그러나'는 "판단하나"라는 말에 포함되어 있음—역주).

(ἀνακρίνω) 능력이 있다. 따라서 올바른 판단을 행하고 성령이 우리에게 계시하신 "모든 것"을 알 수 있다(10절). 신령한 자는 하나님으로부터 은사로 주어진 것들과 "신령한 일들"을 '안다.' 신령한 자는 이 모든 일의 중심에서 그리스도를 보고, 세속적 가치들에 기반을 둔 부적절한 또는 그릇된 판단을 피한다. 특히 신령한 자는 자신의 지도자에 따라 또는 지도자가 보여준다고 생각하는 어떤 비전 있는 지식이나 지혜에 따라 다른 그리스도인을 판단하지 않는다. 신령한 자는 기독교 공동체가 은혜로 그리고 십자가에 못 박힌 그리스도로 말미암아 구성원이 모두 "구원을 받는"(1:18) 자로서 하나님 앞에서 지위가 같으므로 분열되어서는 안 된다고 올바로 판단한다.

그뿐만 아니라 신령한 자 자신(αὐτός)은 '아무에게도 판단을 받지 않는다'(ὑπ' οὐδενὸς ἀνακρίνεται). 이 문장은 다양하게 설명된다. 그러나 지적했듯이, 고린도 교인 사이에 서로를 판단하고 어떤 교인은 다른 교인보다 더 신령하다고 생각하는 심각한 문제가 있었다면, 바울은 여기서 그리스도인, 곧 신령한 자는 성령을 받았으므로 다른 사람에게 판단을 받을 수 없다고 주장하는 것이다. 다시 한번 이것은 동사 '판단하다'가 여기서 법적 의미가 있음을 암시하고, 바울은 여기서 고린도전서 4:3–5과 매우 비슷한 사실을 의도하고 있다. 4:3–5에서 바울은 고린도 교인이 그를 판단한다는 사실을 분명히 한다. 바울은 이런 고린도 교인에게 이 구절(2:15)에 나타난 신학으로 대응한다["다만 나를 심판하실(ἀνακρίνω) 이는 주시니라 그러므로 때가 이르기 전, 곧 주께서 오시기까지 아무것도 판단하지 말라…"(4–5절)]. 요컨대 바울은 고린도전서 4:3–5에서 말하는 것과 같은 내용을 로마서 8:33에서 말한다. "누가 능히 하나님께서 택하신 자들을 고발하리요 의롭다 하신 이는 하나님이시니." 2장 이 부분에서 바울은 그리스도인과 비그리스도인 간의 차이를 지적한다. 바울은 3장과 4장에서 다음 논증 단계로 들어갈 때 고린도 교회 안에서 서로 판단하는 사람들에게 똑같은 교훈을 적용한다. 바울은 또 하나의 성경 본문을 인용하는 것으로 2장을 마친다.

2:16 누가 주의 마음을 알아서 주를 가르치겠느냐 그러나 우리가 그리스도의 마음을 가졌느니라(τίς γὰρ ἔγνω νοῦν κυρίου, ὃς συμβιβάσει αὐτόν; ἡμεῖς δὲ νοῦν Χριστοῦ ἔχομεν). 1:18에서 시작된 바울의 긴 논증이 이처럼 성경에 호소하는 것으로 끝을 맺는다. 바울은 칠십인역 이사야서 40:13을 인용한다. 다만 그 구절의 중간 절은 제외하고, 따라서 이 인용 본문에는 선행사 없이 "관계 대명사"(ὅς)만 그대로 남아 있다. 로버트슨은 이것이 관계 대명사가 어떻게 결과를 나타내는 의미로 기능할 수 있는지를 보여주는 "특히 좋은 한 사례"라고 지적한다.[56] 그러므로 대다수 번역들을 따라 이 책도 바울이 인용하는 본문의 결과 관념과 의미를 전달하기 위해 '따라서'(so that)를 삽입했다('누가 주의 마음을 알았고, 따라서 누가 주를 가르치겠느냐'–역주).

구약성경에서는 '누가 주의 마음을 알았느냐'라는 질문에 대한 답변이 오직 '하나님'일 수밖에 없다. 그러나 바울의 논증은 여기서 독자를 더 깊은 곳으로 끌어들였다. 바울은 주의 영이 주의 마음을 알고, 그러므로 성령을 소유하는 자도 성령이 계시하는 모든 것을 알 수 있다고 말했다. 따라서 바울은 "우리가 그리스도의 마음을 가졌느니라"고 결론을 내릴 수 있다. 이것은 구약성경에서 본래 여호와(LXX, κύριος)께 적용된 말이 그리스도께 적용되는 바울 서신의 또 다른 사례다.[57] 이것은 엄밀히 바울이 "감추어졌던" 것이 계시된다고 말할 때 가리키는 의미의 한 본보기다. 이것은 하나님이 백성에게 은혜로 주신 것들(2:12)을 아는 것과 관련되어 있

56. Robertson, *Grammar of the Greek New Testament*, 724.

57. 바울은 로마서 11:34에서도 이 인용 본문을 사용한다.

고, 모든 초점이 그리스도께 맞추어져 있다.

여기서 "그리스도의 마음"(νοῦν Χριστοῦ)을 갖는 것은 문맥에 따라 정의되어야 한다. 그리스도의 마음을 가졌다는 말은 지금까지 이어진 긴 논증의 결론을 요약하는 진술이다. 바울은 그리스도의 "마음", 곧 그리스도에 관한 이해 또는 지식은 모든 그리스도인이 성령을 가졌으므로 그리스도인이라면 누구나 당연히 가져야 한다는 점을 증명했다.[58] 그리스도의 마음은 능력, 공동체 안에서 그들의 지위, 그들의 솜씨 좋은 화술 등에 따라 사람들을 판단하는 이 세상의 마음과 정면으로 대립된다. 그리스도의 마음은 십자가에 못 박히신 그리스도를 인생의 전부로 아는 마음이다. 말하자면 그리스도인의 삶은 겸손한 삶이고, 그리스도인이 가질 수 있는 모든 것은 은혜로 그리고 하나님으로부터 나온 것을 인정하는 삶이다. 그리스도의 마음은 피상적으로 사람들을 판단하지 않는다. 왜냐하면 사람들을 판단하는 것은 마지막 날에 그리스도가 행하실 일이기 때문이다. 그리스도의 마음은 어떤 것이 하나님의 지혜에 속하고 어떤 것이 이 세상의 지혜에 속한 것인지 분별할 수 있다. 다시 말해, 그리스도의 마음은 사람의 뜻이 아니라 주님의 뜻을 따를 만큼 "하나님의 지혜"와 보조를 맞추는 마음이다.[59] 그리스도의 마음은 진실로 "하나님을 따라 하나님의 생각을 생각하는" 마음이다.

다음 부분에서 살펴볼 것처럼, 이 본문은 적용되거나 선포될 때 자주 왜곡되었고, 그래서 잘못된 해석으로 이단이 등장하는 지경까지 이르렀다. 그러나 이 본문은, 그리스도 안에서 주어지는 하나님의 은혜의 계시로 말미암아 그리고 하나님의 영을 통해 그리스도인이 얼마나 많은 것을 받았는지 특별히 상기시키는 역할을 한다. 이 본문은 삼위 하나님이 진실로 자기 백성을 위해 그리고 "우리의 영광"을 위해 자신의 작정을 성취하는 일에 친히 참여하신 것을 증명했다(2:7).

적용에서의 신학

1. 하나님을 사랑하는 자의 기쁨

바울은 복음 전파의 결과로서 변화된 삶이 어떻게 하나님의 능력에 철저히 의존하는지 증명했다(2:5). 신자의 믿음은 십자가의 도가 선포될 때 임하는 하나님의 부르심과 성령의 역사에 토대를 둔다. 믿음의 토대는, 아무리 영적으로 보일지라도 사람이 꿈꾸는 어떤 것에 있지 않고, 또 그런 것에 있을 수도 없다. 하나님의 역사는 그리스도가 "하나님으로부터 나와서 우리에게 지혜와 의로움과 거룩함과 구원함이 되셨[다]"(1:30)라는 의미에서 결함이 없다. 따라

58. 여기서 바울이 자기 자신과 '신실한 사역자들'만을 가리킨다고 보는 것은 불가능해 보인다(Calvin, *First Corinthians*, 64는 반대다). 문맥은 모든 그리스도인이 가져야 함을 요청하는 것 같다.

59. Taylor, *1 Corinthians*, 96은 그리스도의 마음을 갖는 것이 "감추어져 있던 하나님의 지혜를 갖는 것과 동의어라고" 본다. 그리고 "우리는 바울이 구약 본문과 상호 작용할 때 삼위일체의 의미가 강하게 나타나는 것을 주목하지 않을 수 없다"라고 말한다.

서 바울은 신자들을 "온전한 자"로 부른다. 여기서 말하는 온전함은 '완전함'이나 '이미 도달한 상태'를 의미할 수 없다. 왜냐하면 바울은 4:8에서 자신과 사도들도 그렇지 않다고 주장하기 때문이다. 그러나 온전함은 모든 그리스도인이 믿음을 가진 순간부터 누리는 지위를 가리킨다. 골로새서 1:13에서 바울은 모든 그리스도인이 한 나라에서 다른 나라로 옮겨졌다고 설명한다. 여기서는 그것이 "멸망하는" 자에서 "구원을 받는" 자로 옮겨지는 것이다(고전 1:18). 하나님이 "만세 전에"(2:7; 참고. 엡 1:4) 그리스도인을 자신의 마음과 목적 속에 두었다는 사실을 아는 것은 우리가 헤아릴 수 있는 범주를 넘어선다. 이 지식은 형언할 수 없는 기쁨을 가져온다. 이것은 2:9에서 바울이 구약을 인용할 때 암시된다. 여기서 바울이 의존하는 이사야서 64장과 65장의 구절들은 기쁨에 대해 말한다. 그리스도인은 이 지혜를 더 깊이 이해하고 자신이 하나님께 온전히 속해 있음을 깨달을 때 기쁨이 흘러넘쳐야 한다. 하나님은 그리스도 안에서 자신의 사랑과 그리스도인에게 속해 있는 구원의 길을 보여주셨다. 하나님은 이 세상에서 그들의 영광을 위해 성령의 능력과 역사를 보여주셨다. 하나님은 사람들에게 그들이 그리스도의 죽음으로 일어난 일을 이해하고, 죽음이 그들을 위해 일어난 일임을 알 수 있는 능력을 주셨다. 하나님은 그분을 위해 사는 것이 가능하다는 점과, 하나님이 자기를 사랑하는 자들에게 능력을 주셨다는 점을 증명하셨다. 무엇보다 하나님은 그리스도인에게 하나님의 마음을 가질 수 있는 능력을 주셨다. 이것은 그리스도인이 성령을 소유하고 있기 때문에 그들이 주님께 속해 있는 것과 속해 있지 않은 것 그리고 그리스도를 위해 살고 말하는 법을 구분할 수 있다는 점을 의미한다. 종종 그리스도인의 삶은, 그리스도가 영광 중에 오실 때까지 복잡한 율법을 따라 살아야 하고 매우 억압된 실존을 견뎌야 하는 삶으로 묘사된다. 하지만 이것은 바울이 여기서 묘사하는 그림이 아니다. 우리는 그리스도인으로서 이미 아주 많은 것을 가졌다. 우리는 그리스도를 가졌고, 그리스도 안에서 하나님이 세우신 구원 계획을 알고 있으며, 그 구원을 경험한다. 우리는 그리스도 안에서 언약 공동체에 참여하는 복을 누린다. 그리고 우리는 주님께 속해 있는 것과 그러지 않은 것을 판단할 능력이 있다. 이것은 우리가 하나님이 은혜로 값없이 주신 것이 얼마나 많은지 보고 확인할 수 있다는 점을 의미한다(2:12). 이것은 기쁨이고, 이 기쁨은 우리가 상상할 수 있는 모든 것을 뛰어넘는다.

2. 신령한 자와 육에 속한 자

성경은 인간 전체를 두 부류로 나눈다. 성경은 이 두 부류를 다양한 이름으로 부른다. 그리스도는 "양과 염소"로 지칭하신다(마 25:32). 바울은 고린도전서 14:24에서 "믿지 아니하는 자들이나 알지 못하는 자들"이 교회 안에 들어와 믿음을 갖고 교회 안에 있는 자들을 반대하는 것에 대해 말한다. 호세아서 1:9–2:1에서 하나님은 "내 백성이 아닌" 자들과 "내 백성인" 자들에 관해 말씀하신다. 고린도전서의 이 본문에서는 하나님께 성령을 받은 자와 하나님의 영의 일들을 인정하지 못하는 자를 구분한다. 하나님은 또한 "육에 속한 자"와 "신령한 자"를 구분하신다. 사람들을 둘로 나누는 두 부류의 구분만이 고린도전서에서 바울이 전하는 많은 내용의 근본적인 역할을 한다. 오늘날은 이 구분이 너무나 자주 흐려진다. 사람들은 그리스도인을 다른 기준에 맞추어 구분하는 데 더 빠르다. 사람들은 그리스도인과 그리스도인이 아닌 자로 사람들을 갈라놓는 이 유일한 결정적 구분을 따르지 않는다. 새로운 신자와 오래된 신자, 믿음이 더 깊은 신자와 깊지 않은 신자, 덜 거룩한 신자와 더 거룩한 신자 등으로 그리스도인을 구분한다. 이런 식으로 구분하는 것이 종종 오늘날 '법적' 구분인 것처럼 언급된다. 물론 그래야 하는 경우가 있기는 하다. 그리스도인의 위치는 어떤 사람이 지옥에 간다고 판단하는 자리도 아니고, 그렇다고 '다른 이보다 더 거룩한 자'로 드러나는 자리도 아니다. 사실 고린도전서가 하는 이 구분은 비신자를 저급한 존재로 느끼게 하는 구분이 아니다. 오히려 신자가 하나님의 백성으로서 자신이 어떤 존재인지 깨닫도록 돕는 구분이다. 신자는 "그리스도 예수 안에" 있기 때문에, 그들의 삶의 우선순위와 죄 및 거룩함에 대한 그들의 태도를 비롯하여 그들의 사고와 전체적인 삶의 방식은 육에 속한 사람과 완전히 달라야 한다. 바울은 육에 속한 사람에게 복음을 전하고, 심판에서 구원하는 하나님의 능력과 지혜를 신뢰한다. 바울은 신령한 자에게 이렇게 말한다. '어떻게 너희가 육에 속한 사람들처럼 인생을 생각할 수 있단 말이냐? 어떻게 너희가 육에 속한 사람들처럼 사람들을 판단하려 할 수 있단 말이냐?'

현대 교회는 세상 속에 있으라는 부르심을 이행할 것을 종종 아주 강력하게 요구한다. 하지만 그리스도의 마음을 가진 하나님의 거룩한 백성이 되고 깊은 영적 분별력을 가지라는 도전은 종종 잘 들리지 않는다. 예수님은 죽으시기 직전에 이것을 위해 친히 이렇게 기도하셨다. "내가 비옵는 것은 그들을 세상에서 데려가시기를 위함이 아니요 다만 악에 빠지지 않게 보전하시기를 위함이니이다"(요 17:15). 하나님의 백성이 그리스도의 법 아래 살지만, 동시에 흑암의 나라에 살 때 주어지는 도전은 항상 인생이 힘들다는 것이다. 그러나 다른 무엇보다 적절한 판단력과 분별력을 가질 수 있도록 성령이 주어졌기 때문에, 하나님의 백성은 그분의 언약 공동체의 일원으로 세상에서 사는 동안 '세상에 속하지 않는' 것이 무엇인지 이해할 수 있다.

3. 그리스도의 마음을 가짐

유감스럽게도 간혹 이 본문의 일부는 그리스도인에게 크게 악용되는 경향이 있었다. 그들이 언급된 내용을 오해하고, 오해한 것을 교회 안에서 자신이나 다른 사람들에게 잘못 적용했기 때문이다. 고린도전서에서 바울은 일관되게 어떤 종류든 엘리트 의식을 드러내거나, 어느 한 그리스도인 집단이 다른 집단보다 더 신령하다고 주장하는 자를 반대했다. 그런데 어떤 이는 여전히 그것이 마치 바울이 엄밀히 말하는 내용인 것처럼 본문을 적용했다. "온전한 자"(성숙한 자)라는 말을 신비적으로 더 깊이 하나님의 일들을 깨달은 그리스도인을 가리키는 의미로 취하고, 그들을 "신령한 자"와 동일하게 여기는 잘못된 적용으로 바울의 신학을 손상시킨다. 그러므로 이런 해석에 따르면 일부 그리스도인은 "신령하지" 않거나 "온전한 자"에 들어가지 못하는 일이 벌어진다. 때때로 이런 "신령한" 자는 아무에게도 판단받아서는 안 되므로 비판에서 벗어나 있다고 여겨진다. 또 다른 이는 어떤 그리스도인이 "온전한 자"가 되려면 믿음으로 나아오는 것 외에 하나님을 깊이 체험하는 것이 있어야 한다고 주장한다. 그런데 그것은 그들이 아직 하나님의 영을 받아야 할 상태에 있다는 점을 의미한다. 여기에서 이런 관념을 지지하는 데 이 본문을 적용한 많은 사례를 탐구하기는 어렵다. 다만 성경 본문이 문맥에서 벗어나 얼마나 쉽게 왜곡될 수 있는지 지적하는 것으로 충분하다. 우리가 확실히 확인했듯이 이 본문은 이해하기가 그리 쉽지 않다. 때때로 의미가 금방 분명히 드러날 수 없는 구절들을 적용하고자 할 때는 조심해야 한다. 예를 들면, 이 본문에서 "온전한 자"와 "육에 속한 자"와 같은 말은 주의 깊게 검토할 필요가 있다. 그러나 이 검토는 무엇보다 먼저 바울의 신학의 관점 안에서 이루어져야 한다. 바울은 "하나님으로부터 온 영을 받은" "우리"에 대해 말할 때 자신의 편지를 받는 모든 그리스도인에게 말한다. 바울은 "그리스도의 마음"을 갖는 것에 관해 말할 때, 자신을 들어 말하지만 자신을 "신령한" 모든 자, 즉 모든 그리스도인과 나란히 놓는다. 4:8에서 바울은 이것이 이미 도달했거나 "왕"이 되었다는 주장이 아님을 분명히 한다. 그것은 엘리트주의를 주장하는 것이 아니다. 희한하게도 이 세대의 지혜와 매우 다르다는 점에서 그것은 매우 심오한 진술이다. 바울에게 해당하는 것은 모든 그리스도인에게 그대로 해당한다. 따라서 모든 그리스도인이 그리스도의 마음을 품고 행해서 그리스도의 마음에 따라 살아야 한다. 모든 그리스도인은 성령을 소유하고 있고, 그러므로 어떻게 살지 그리고 무엇을 믿고 믿지 않을지에 대해 그리스도와 같은 판단을 할 수 있으므로, 똑같이 그리스도의 마음을 가진 것에 대해 말할 수 있어야 한다.

바울 당시 하나님의 백성이 그리스도가 생각하시는 대로 생각해야 했던 것처럼, 오늘날 하나님의 백성도 똑같은 권면을 받아야 한다. 삶의 어떤 영역도 이 권면에서 벗어나지 않는다. 그러므로 "신령한 자"가 되는 것은, 종종 오늘날에도 그렇고 또 바울 당시에도 그랬던 것처럼, 이원론의 관점에 따라 이해해서는 안 된다. 신령한 자가 되는 것은 그리스도를 위해 사는 것이고, 그리스도의 백성과 그분의 세상에서 그리스도와 같이 생각하는 것이다. 신령한 자가 되는 것은 항상 그리스도의 통치 아래 사는 것이다.

CHAPTER 7

고린도전서 3:1–9

문학적 전후 문맥

1:18–2:16에서 바울은 이 세상의 지혜를 강하게 공격하고, 이 지혜를 하나님의 지혜인 십자가에 못 박히신 그리스도를 아는 것과 대조했다. 이 세상의 지혜는 사람들을 지위, 학식, 그들이 보여주는 은사, 세련된 수사 등으로 판단한다. 이 두 지혜는 서로 정반대된다. 세상이 미련한 것으로 간주하는 것, 곧 십자가에 못 박히신 그리스도 안에는 하나님의 능력과 지혜가 있다. 그리스도는 만세 전에 자기 백성의 구원과 영광을 위해 정하신 하나님의 계획을 이행하신다. 만약 고린도 교인이 서로 나누어지기를 바라고 기독교 공동체 안의 지위에 관해 말한다면, 바울은 그들에게 기본 원리로 돌아가야 한다고 주장한다. 지혜를 가진 자와 갖지 못한 자를 나누는 것은 그리스도를 아는 자와 모르는 자를 구분하는 것이다. 이 세상에 통용되는 지혜의 기준을 하나님의 백성인지 여부를 판단하는 기준으로 삼아서는 안 된다.

바울은 그리스도인을 "신령한 자"(거의 확실히 고린도 교인이 사용한 말)로 부름으로써 이것을 증명한다. 바울은 하나님의 지혜가 오직 "영적으로" 분별될 수 있다고 지적한다. 말하자면 하나님의 일들은 성령이 그 일들을 계시하셔야만 알 수 있다. 오직 성령만이 그리스도의 마음을 아시기 때문이다. 따라서 바울은 "신령한"이라는 말을 '영성'의 수준을 가리키는 용도가 아니라, 주님의 소유인 자 그리고 "육에 속해" 그리스도를 따르지 않거나 그분을 알지 못한 자 간의 기본적 구분을 가리키는 용도로 다시 정의한다.

그리스도인은 (주를 제외하고) 아무에게도 판단받지 않는다. 그리스도인의 지위가 안전한 것은 그들이 성령을 소유하고 있기 때문이다. 따라서 바울은 사람들 간의 본질적 구분을 확립하고, 그리스도인이 하나님 앞에 서는 자와 서지 못하는 자로 나누어질 수 없다는 사실을 증명한 다음, 고린도 교회의 문제점을 직접 붙들고 씨름한다. 3:1–4:21에서 바울은 고린도 교회에서 일어난 분쟁 문제로 돌아가 기독교 선생이 어떻게 판단받거나 판단받아서는 안 되는지 상세히 검토한다. 바울은 자신이 "육신에 속한"(fleshly) 자로 행한다고 말하는 고린도 교인에게 말한다. 고린도 교인은 하나님의 영을 받았으나(2:12) 그들의 삶과 행위는 하나님의 지혜가 아니라 이 세상의 지혜를 더 크게 반영한다. 이런 모습은 바뀌어야 한다.

3:1–4에서 바울은 고린도 교인의 시기와 분쟁을 용납할 수 없고, 그런 일은 하나님의 영의 세계가 아니라 육신의 세계에 속한 행동이라는 점을 증명한다. 이때 바울은 새로운 대조를 도입한다. 이 대조에 따라 자칭 신령한 자들은 "아린아이들"(3:1, νήπιος)[1]로 지칭된다. 앞에서는 대조가 믿는 자(신령한 자)와 믿지 않는 자(육에 속한 자) 사이에 이루어졌다. 이번에는 신령한 자(신자들)가 마땅히 되어야 할 모습과 고린도 교회에서 자칭 신령한 자가 실제로 보여준 모습 사이에 대조가 이루어진다. 그들은 같은 가족의 일원이지만 자라면서 해야 할 일이 많다.

3:5–9에서 바울은 자신과 아볼로의 복음 사역을 다루고, 사역의 차이는 그들 중에서 누가 더 큰가의 문제가 아니라 하나님의 부르심과 관련되어 있음을 증명한다. 따라서 이 부분은 기독교 리더십과 복음 사역의 본질을 더 상세히 검토하는 부분(3:10–4:21)으로 들어가도록 돕는 다리 역할을 한다.

IV. 온전한 그리스도인은 하나님의 지혜를 구함(2:6–4:21)

A. 바울이 하나님의 지혜를 선포함(2:6–13)

B. 하나님의 지혜가 "신령한" 자의 특징임(2:14–16)

➦ **C. 고린도 교인이 영적으로 온전하지 못함(3:1–9)**

D. 지혜로운 지도자는 영적 분별력을 가지고 행함(3:10–4:21)

주요 개념

고린도 교인은 그들의 본분에 맞게 신령한 자로 행동해야 한다. 특히 고린도 교인이 교회 리더십과 그들의 선생을 놓고 보인 시기와 다툼은 그들이 아직 그리스도 안에서 어린아이라는 점을 보여준다. 바울은 자신과 아볼로를 들어 다양한 사역과 부르심에 관한 영적 관점이 어떠해야 하는지 증명한다.

1. BDAG 671을 보라. 여기서 은유 용법으로 사용된 νήπιος라는 말은 '아주 어린아이'나 '유아'를 가리킨다. 이 말을 비은유 용법으로 사용하는 고린도전서 13:11을 참고하라.

번역

고린도전서 3:1-9

1a	수신자	형제들아
b	단언 1	**내가 신령한 자들을 대함과 같이 너희에게 말할 수 없어서**
c	대조	육신에 속한 자
d	동격	곧 그리스도 안에서 어린 아이들을 대함과 같이 하노라
2a	단언 2	**내가 너희를 젖으로 먹이고**
b	대조	밥으로 아니하였노니
c	단언 2의 기초	이는 **너희가 감당하지 못하였음이거니와**
d	시간적 대조	**지금도 못하리라**
3a	설명	**너희는 아직도 육신에 속한 자로다**
b	단언 2의 기초(위치)	너희 가운데 시기와 분쟁이 있으니
c	수사적 질문 1(a)	**어찌 육신에 속하여**
d	재진술 질문 1(b)	**사람을 따라 행함이 아니리요**
4a	단언 2의 기초(시간)	어떤 이는 말하되 나는 바울에게라 하고 다른 이는 나는 아볼로에게라 하니
b	재진술 질문 1(c)	**너희가 육의 사람이 아니리요**
5a	단언 2의 사례	그런즉
b	수사적 질문 2	**아볼로는 무엇이며**
c	목록	**바울은 무엇이냐**
d	단언(반응)	그들은…사역자들이니라
e	확대	주께서 각각 주신 대로
f	행위	너희로 하여금 믿게 한
6a	반응의 명확화	**나는 심었고**
b	진행	**아볼로는 물을 주었으되**
c	대조	오직 **하나님께서 자라나게 하셨나니**
7a	결과	그런즉 심는 이나 물 주는 이는 아무 것도 아니로되
b	요약	오직 자라게 하시는 이는 하나님뿐이니라
8a	7a절의 확대	**심는 이와 물 주는 이는 한가지이나**
b	추가 확대	**각각…자기의 상을 받으리라**
c	방식	자기가 일한 대로
9a	결론	**우리는 하나님의 동역자들이요**

b 결론 너희는 하나님의 밭이요
c 확대 하나님의 집이니라

구조

바울은 여기서 2장에서 사용한 "신령한"(πνευματικός)이라는 말을 취해 사용한다. 바울은 2장에서 고린도 교인이 하나님을 사랑하고 그래서 그들에게 성령이 있다면, 신령한 자라는 점을 증명했다. 이어서 논증이 다음과 같이 펼쳐진다. (1) 고린도 교인은 그리스도 안에서 "육신적인" 방식으로 행하는 어린아이들이다(3:1–2). (2) 고린도 교인의 시기와 분쟁은 이것을 증명한다(3:3–4). (3) 그러므로 고린도 교인은 바울과 아볼로의 본보기로부터 배워야 한다(3:5–9). 바울과 아볼로는 서로 시기하지 않는다. 바울과 아볼로는 하나님이 정하신 대로 하나님 아래 각기 다른 사역을 감당하는 동역자다. 따라서 여기서 하나님이 세우신 선생이 행하는 사역의 본질 그리고 특히 고린도 교회 안에서 사역자들의 위치를 더 깊이 탐구할 길이 열린다.

석의적 개요

IV. 온전한 그리스도인은 하나님의 지혜를 구함(2:6–4:21)
- **A. 바울이 하나님의 지혜를 선포함(2:6–13)**
- **B. 하나님의 지혜가 "신령한" 자의 특징임(2:14–16)**
- ➦ **C. 고린도 교인이 영적으로 온전하지 못함(3:1–9)**
  - **1. "신령한 자"로 살지 못하고 있음을 보여주는 고린도 교인의 파벌(3:1–4)**
    - a. 고린도 교인은 젖만 먹을 수 있다(3:1–2)
    - b. 고린도 교인은 "육신에 속한" 자다(3:3)
    - c. 고린도 교인의 파벌은 교회 지도자가 중심에 있다(3:4)
  - **2. 하나님의 종인 교회 지도자(3:5–9)**
    - a. 하나님이 교회 지도자의 사역을 정하신다(3:5–6b)
    - b. 하나님이 교회 지도자의 사역에 열매를 맺게 하신다(3:6c–7)
    - c. 하나님이 교회 지도자에게 상을 베풀어주신다(3:8)
    - d. 하나님의 밭과 하나님의 건물이 교회 지도자의 일터다(3:9)

본문 설명

3:1 형제들아 내가 신령한 자들을 대함과 같이 너희에게 말할 수 없어서 육신에 속한 자 곧 그리스도 안에서 어린 아이들을 대함과 같이 하노라(Κἀγώ, ἀδελφοί, οὐκ ἠδυνήθην λαλῆσαι ὑμῖν ὡς πνευματικοῖς ἀλλ᾽ ὡς σαρκίνοις, ὡς νηπίοις ἐν Χριστῷ). 바울은 고린도 교인을 꾸짖고자 1인칭 단수형으로 돌아간다. 바울은 고린도 교인이 다 '신령하다'고 확언하지만 그들의 행위는 신령한 것과 차이가 있다는 점을 암시한다. "[그리고] 내가"(κἀγώ)라는 말은 진행의 전환을 강조하는 역할을 한다(앞에서 2:1, 3을 보라).

"신령한 자들"(πνευματικοῖς)이라는 말은 분명히 남성 명사다. 여기서 불변화사 "…같이"(ὡς)가 두 번 사용됨으로써 비교 요점이 부각된다. 고린도 교인을 "형제[와 자매]"(ἀδελφοί)로 부르는 것은 친근함을 표시하고, 그리스도 안에서 바울이 그들과 맺는 긴밀한 관계를 상기시킨다. 앞으로 나올 내용이 가혹해 보일 것이고, 확실히 바울은 고린도 교인에게 강력하게 항의할 것이다. 그러나 고린도전서 전체에 걸쳐 바울은 고린도 교인에게 그들이 하나님의 가족이라는 점과 자신이 그들을 사랑하고 보살핀다는 점을 의식적으로 상기시키면서 그렇게 단호하게 말한다(1:10, 11, 26; 2:1; 4:6, 14–15; 7:24; 10:1; 11:33).

바울은 고린도 교인이 '신령하다'고 주장했다(그들은 진실로 '형제와 자매'다). 그러나 고린도 교인은 신령한 자인 것처럼 행하거나 살지 않는다. 따라서 이 문장은 전반부와 후반부가 분명히 대조된다. 바울은 그들에게 "[오직/그러나 오히려][2] 육신에 속한 자(ὡς σαρκίνοις)를 대함과 같이" 한다고 말한다. 그다음 절은 "육신에 속한 자…같이"와 동격 관계이고, 따라서 바울은 고린도 교인에게 "그리스도 안에서 어린아이들…같이"(ὡς νηπίοις ἐν Χριστῷ) 대한다고 설명한다.

앞에서 지적한 것처럼, 바울은 "육에 속한"(ψυχικός, '비영적인/신령하지 않은') 자라는 말을 고린도 교인을 묘사하는 데 사용하지 않는다. 그 이유는 분명해 보인다. 바울은 실제로 그리스도인이므로 "신령한 자"이지만, "이 세상의 지혜"를 따르는 자같이 세속적으로 행동하는 사람을 묘사하는 데 사용할 단어를 찾기 때문이다.

바울이 여기서 미숙한 어린아이(또는 아기) 심상을 사용하는 것은 너무 직설적이다. 만약 고린도 교인이 "온전한 자"(τελείοι, 2:6)에 관해 말하면서 교회 안의 일부 교인은 도달했으나 다른 교인은 도달하지 못했다는 판단을 했다면, 바울은 그들에게 고린도 교회의 모든 교인이 이미 '도달했다'고 말해주어야만 했다. 고린도 교인은 주님께 속해 있고 주님의 것이므로 엄밀한 의미에서 다 "온전하다." 일단 그리스도 안에 있으면 그들은 없어질 운명에 처한 자에 속해 있지 않다. 고린도 교인은 다른 세계관을 따르는 자의 판단에 의존하지 말고, 그리스도께 속해 있는 모든 자에게 그리스도의 언약 공동체 안의 지위가 안전하다는 말을 들어야 한다. 고린도 교인은 거룩하고, 모두 그리스도께 속해 있다. 그러나 하나님 앞에서 그들의 지위와 위치가 안전하다고 말하는 것과 그들이 삶 속에서 자신의 지위와 위치를 증명한다고 말하는 것은 완전히 별개의 문제다.

바울은 그리스도인을 "신령한" 집단과 신령하지 못한 집단으로 구분하는 이런 명백한 태도를 용납하지 못할 것이다. 따라서 이제 단호하게 포문을 열어 자신을 남보다 영적으로 더 우월하게 보는 자를 포격한다(이 포격은 4:8에서 훨씬 더 명확히 드러난다). 바울은 그런 자에게 그들이 공동체 안에서 자신의 우월한 지위를 어떻게 생각하든 간에 자기는 그들을 "신령한 자"같이(ὡς

---

2. ἀλλά를 강한 반의 접속사로 취한다.

πνευματικοῖς) 대할 수 없다고 말한다.

그들은 완전히 미숙한 그리스도인으로 행하고 있다. 따라서 "온전한 자"를 자처한 자는 바울에게 "어린아이들"이라는 말을 들었을 때 확실히 심기가 불편했을 것이다. 그러나 그들은 미숙한 어린아이에게서 나타나는 특징인 무분별하고 호전적인 태도로 서로를 대했다. 어린아이들이 종종 게임을 하다 예의 없이 다른 아이들을 남겨놓고 빠져나오듯이, 고린도 교인도 서로 배타적이고 상대방을 무시했다.

그러나 이런 유치한 삶의 모습이 처음보다 더 악화된 것은 그들이 비기독교적 사고방식을 가진 자처럼 행동했기 때문이다. 그들의 행위와 말과 전체 사고방식은 육신에 속해 있다. 곧, 육신적이다. 이처럼 육신에 속한 모습은 성령으로 변화된 사고방식에서 나오는 것이 아니라, 십자가에 못 박히신 그리스도의 중심적 위치를 깨달을 수 없는 세계관으로부터 나오는 것이다. 갈런드가 지적하는 것처럼, 특히 예수님의 가르침과 1:18-2:16에서 바울이 이미 전한 말에 비추어 보면 여기에 커다란 아이러니가 담겨 있다. 갈런드는 마태복음 11:25-27을 언급하면서 "예수님은 '이것'을 '지혜롭고 슬기 있는 자들'에게는 숨기시고 '어린아이들'에게는 나타내심을 하나님께 감사하셨다"[3]라고 말한다.

이 책은 "육신에 속한"(fleshly, σαρκινοί)이라는 말로 번역했으나, 어떤 기독교 진영에서는 이 말을 바울이 여기서 말하는 의미보다 훨씬 더 좁은 의미로 말할 수 있다는 점을 인정해야 한다. 현대 교회에서는 이 말의 의미가 때때로 부도덕하거나 방탕한 행위 또는 일반적으로 대다수 그리스도인이 행하고 싶지 않은 일을 행하는 것을 가리키는 것으로 축소된다. 그러나 바울은 이 말을 이보다 훨씬 넓은 개념으로 본다. 이 말은 전체적인 삶의 방식, 또는 간혹 그렇게 불리는 것처럼 '세계관'과 관련된 의미다. 고린도 교인은 그리스도에 대한 헌신이 자신과 다른 모습을 보여주는 기독교 지도자와 그 지도자를 따르는 자들을 쉽게 판단하는 경향이 있었는데, 이것은 엄밀히 그들이 '육신에 속해 있음'을 보여주는 한 가지 사례다. "육신에 속한" 상태가 되면 교회는 분열되고 교인은 서로 다투는 것으로 끝난다. 육신에 속한 상태가 되면 한 그리스도인이 자신을 다른 그리스도인보다 우월한 자로 판단하고, 그 결과 일부 그리스도인은 공동체의 일원으로 인정되지 못하는 일이 벌어진다. 다시 말해 육신에 속한 상태가 되는 것은, 하나님의 영이 역사하셔서 신자들 속에 형성된 것이 아닌 자신의 자연적 본능을 따르는 것을 의미한다.

이것은 바울이 믿음 안에서 자라도록 고린도 교인을 기분 좋게 격려하는 말이 결코 아니다. 이것은 고린도 교인이 하나님의 백성으로서 어떤 기초에 따라 활동해야 하는지 깨닫도록 생생하면서도 날카롭게 도전하는 말이다. 고린도 교인의 문제점은 소위 그들의 "지혜"(3:18)와 "자랑"(21절)에서 나온다. 그리고 이 두 속성은 그리스도인이 아닌 자, 곧 육에 속한 자에게서 예상되는 것이다. 확실히 이것은 오만하게 뽐내며 '우리가 다 지식이 있다'(8:1)고 주장하는 자를 공격하는 말이다.

3:2-3a 내가 너희를 젖으로 먹이고 밥으로 아니하였노니 이는 너희가 감당하지 못하였음이거니와 지금도 못하리라 너희는 아직도 육신에 속한 자로다(γάλα ὑμᾶς ἐπότισα, οὐ βρῶμα, οὔπω γὰρ ἐδύνασθε. ἀλλ' οὐδὲ ἔτι νῦν δύνασθε, ἔτι γὰρ σαρκικοί ἐστε). 일부 교인의 온갖 자랑과 소위 지혜에도 불구하고, 고린도 교인은 전체적으로 어린아이처럼 행했다. 따라서 자라지 않으면 안 된다. 고린도 교인은 십자가에 못 박히신 그리스도의 복음이라는 '고기'를 제대로 씹지 못했다. 고린도 교인은 여전히 후커가 "합성 대

3. Garland, *1 Corinthians*, 107.

체물"(synthetic substitutes)로 부른 것[4]을 찾는다는 의미에서 지금도 밥을 먹을 수 없다(οὐδὲ ἔτι νῦν δύνασθε, "지금도 못하리라"). 따라서 바울은 고린도 교인에게 말을 전하는 방식을 조정할 필요가 있었다. 바울은 부정과거 동사(ἐπότισα, '내가 먹였다')를 사용하여 자신이 그들을 찾아와 "젖"을 먹였던 과거를 되돌아본다. 바울은 계속 아기와 관련된 심상을 사용한다. 고린도 교인이 갓 태어난 신자였을 때는 밥, 곧 단단한 음식이 주어지지 않았다. 그동안 그들이 밥을 먹을 수 없었던 것은 밥을 먹을 준비가 되어 있지 않았기 때문이다. 이것은 충분히 예상할 수 있는 일이다. 하지만 이 구절 후반부의 강력한 대조는 고린도 교인을 비꼬는 말로 가득 차 있다. "이는"(Indeed)이라는 말은 강력한 대조(ἀλλά)를 반영하는 의도가 있고, 계속적 진행 상태를 나타낸다. "…도 못하리라"(οὐδὲ ἔτι)는 말은 바울이 현재 시제로 바꿀 때 대조를 심화하는 역할을 한다. 고린도 교인은 여전히 육신에 속해 있기 때문에 "지금"(νῦν)도 밥을 먹을 수 없다. 1–2절에는 약간의 언어유희가 있다. 바울은 고린도 교인이 '아직 (밥을 먹을) 수 없었기' 때문에 자신이 그들에게 '말할 수 없었다'고 말한다. 확실히 그들은 '지금도 (밥을 먹을) 수 없다.'

여기서 "젖"과 "밥"(단단한 음식)이라는 말이 어떤 뜻인지 파악하는 것이 중요하다. 다른 곳에서 이 두 용어는 함께 나타나 은유적으로나 직설적으로 다 사용된다. 예를 들어, 필로는 젖을 아기들(νηπίοι)의 음식으로, 밥(떡)을 어른들(τελείοι)의 음식으로 말하고, 보통은 은유적인 본문에서 젖과 밥이라는 말을 사용한다.[5] 그러나 바울이 말하는 "젖"과 "밥"은 여기서 특수한 의미로 사용된다. 바울은 1장에서 자신의 복음을 매우 분명하게 제시했다. 바울의 복음은 십자가에 못 박히신 그리스도가 중심에 있다. 십자가에 못 박히신 그리스도가 하나님의 참된 "지혜"다. 확실히 모든 면에서 십자가에 못 박히신 그리스도가 밥, 곧 "단단한 음식"이다. 그러니 이 메시지에 한평생 헌신하는 것을 "젖"을 먹여주는 일로 부를 수는 결코 없었을 것이다. 고린도 교인이 사람들을 구분하는 잘못된 방식을 바울이 싫어하는 것을 감안하면, 확실히 그들에게 지금 '깊은 가르침'을 주지 못하고 나중에 준비가 되었을 때 주고자 뒤로 미루었을 것이다.[6] 이런 수준이었기 때문에, 바울이 고린도전서 전체에 걸쳐 반박하는 분쟁이 교회 공동체 안에 일어났을 것이다.

여기서 젖과 밥 자체보다 핵심적인 은유에 주의를 집중하는 것이 더 낫고, 그것이 주요 그림을 그리는 데 도움이 될 것이다. 바울은 고린도 교인을 십자가에 못 박히신 그리스도의 복음으로 길렀다. 따라서 그들에게 참된 "하나님의 지혜"를 제공하고(1:24), 그 복음 속에 있는 "하나님의 능력"을 계시했다(2:5). 바울은 "그들에게 나아갔을" 때(2:1) 자신이 그렇게 했던 사실을 이미 여러 곳에서 지적했다. 바울은 메시지의 일부를 뒤로 미루지 않았다. 그러나 새로 믿은 그리스도인("그리스도 안에서 어린아이들")은 자라가야 한다. 그들은 받은 메시지를 공부하고 자신에게 적용할 필요가 있다. 이 적용은 한평생 이루어져야 한다. 그들이 그리스도 안에서 계시된 것을 더 깊이 알고자 하면 전해 받은 메시지가 그들을 하나님의 말씀 속으로 더 깊이 인도할 것이다. 그들은 스스로 성경을 보고 바울이 한평생 내린 것과 동일한 결론에 이르는 것이 기대되었다. 이것은 사람들이 이런 일을 들을 능력을 갖는 "신령한" 지위에 이를

4. Morna D. Hooker, "Hard Sayings: 1 Cor. 3:2," *Theology* 69 (1966): 21.

5. 신령한 음식 은유가 Philo의 작품 여러 곳과 다른 곳에서 발견된다. J. Behm, "βρῶμα," *TDNT* 1:643n7에서 그 사례를 보라.

6. Barrett, *First Corinthians*, 81은 바울이 온전한 자에게 말하는 지혜는 "십자가의 도에 의존하지만 십자가의 도의 전개이기도 하다"라고 주장한다. 우리는 이것이 문제가 선생에게 있음을 암시할 것이라고 생각하지 않을 수 없다.

때까지 감추어져 있는 "더 깊은" 진리가 아니다. 오히려 이것은 원래 메시지를 훨씬 더 깊이 흡수할 때 기대되는 자연스러운 성장 과정의 일부다. 다르게 말하면 젖과 밥은 같은 것이다. 젖과 밥은 사람들이 먹고 사는 양식이다. 그러나 젖을 떼고 밥을 먹는 일로 나아가는 것은 자연스러운 성장 과정이다. 그리스도인의 한 가지 참된 표지 그리고 종종 젊은 그리스도인이라면 특히 더 주목해야 할 표지는, 그리스도에 관해 더 많이 알고 동일한 원래 복음 메시지 속으로 더 깊이 들어가고 싶은 간절한 열망을 품는 것이다. 이 메시지에 더해지는 것은 아무것도 없다. 다만 이제는 그 메시지를 성경에 비추어 검토하며, 어떻게든 메시지를 따라 "그리스도의 마음"을 더 깊이 반영하는 삶을 사는 것이다. 누가는 사도행전 17:11에서 베뢰아 지역 그리스도인에 대해 한 가지 흥미로운 사실을 언급한다. 베뢰아 지역 그리스도인은 "이것이 그러한가" 알아보려고 날마다 성경을 상고했다는 칭찬을 듣는다. 바울이 고린도 교인에게 보기 원했던 것은, 베뢰아 지역 그리스도인처럼 그들도 "간절한 마음으로 말씀을 받고"(행 17:11) 하나님의 말씀을 계속 공부하는 데 헌신하는 모습이다. 베뢰아 지역 그리스도인은 자신이 들은 것을 성경에 비추어 판단하거나 평가했다. 바로 이것이 "어린아이들"과 어른으로 행하는 자의 차이다.

고린도 교인은 그리스도 안에 있는 하나님의 지혜의 그릇이 아니라 이 세대의 지혜의 그릇에서 음식을 먹었다. 고린도 교인이 가장 절실하게 깨달아야 할 한 가지 사실은, 바울이 고린도전서 이후 부분에서 매우 분명히 증명할 것처럼, 그들 각 사람은 교회 공동체의 덕을 세우도록 성령의 은사를 받다는 점이다. 그리스도의 교회 안에는 배울 점과 얻을 것이 많은 사람들이 다양하게 존재한다. 처음에 복음을 받아들일 때와 마찬가지로, 이 은사들도 세상의 기준에 따라 더 커 보이는 자가 독차지하는 것이 아니다.

여기서 바울은 1절에서 사용한 "육신에 속한 자"라는 말과 약간 다른 말을 사용한다(1절에서는 σαρκινοί를 사용하고 여기서는 σαρκικοί를 사용한다). 두 단어 사이에 의미의 차이가 있는지는 결코 분명하지 않다(개역개정에는 둘 다 "육신에 속한 자"–역주). 어떤 주석가는 이 두 단어가 다른 의미를 내포한다고 주장했다. 고든 피는 이 단어(3절, σαρκικοί)가 분명히 더 큰 윤리적 함축성이 있고, 다른 단어(1절, σαρκινοί)는 영적 실존보다 물리적 실존 측면과 더 깊은 관련이 있다고 주장한다.[7] 그러나 특히 콘첼만은 이 두 단어가 동의어라고 말하고, 이 책도 그 견해를 따른다.[8]

3:3b-d 너희 가운데 시기와 분쟁이 있으니 어찌 육신에 속하여 사람을 따라 행함이 아니리요(ὅπου γὰρ ἐν ὑμῖν ζῆλος καὶ ἔρις, οὐχὶ σαρκικοί ἐστε καὶ κατὰ ἄνθρωπον περιπατεῖτε;). 여기서 바울은 자신이 가장 크게 염려하는 고린도 교인의 "육신에 속한" 행동이 시기이며, 그것이 분쟁의 원인이었다는 점을 분명히 한다. 시기는 바로 비신자 세계에서 일어나리라 예상되는 일이다. 따라서 여기서 접속사 "…때문에"(γάρ, 개역개정에는 이 말이 "있으니"라는 말에 포함되어 있음–역주)는 육신에 속하고 어린아이같이 되는 것이 무엇인지에 대한 더 깊은 설명과 본보기를 소개한다. "시기"는 어린아이의 대표적인 행동으로, 사람이 지위와 소유를 차지하기 위해 싸우고 그것들을 내세우는 것과 관련되어 있다(ζῆλος는 긍정적으로 '열심'을 의미할 수도 있으나 여기서는 매우 부정적인 취지로 사용된다). 갈라디아서 5:13–26에는 바울이 "육체"의 일에 관해 말하고(13절,

7. Fee, *1 Corinthians*, 135–36. Garland, *1 Corinthians*, 109는 "-ικος 어미는 '특징'이라는 의미를 내포한다"라고 주장하고, "그것은 사람들이 자기중심성에 따라 드러내는 가치, 태도, 판단을 가리킨다"라고 말한다.

8. Conzelmann, *1 Corinthians*, 72. 또한 Thiselton, *1 Corinthians*, 293도 보라.

σάρξ) 갈라디아 교인에게 "성령을 따라 행하라"고 권고하는(16절, πνεύματι περιπατεῖτε) 약간 비슷한 내용이 나온다. 갈라디아서 5:13-26에서 바울은 "육체"를 대표적으로 반영한다고 여기는 일들을 열거한다. 거기에는 음행, 우상 숭배, 분쟁과 시기가 있다(갈 5:19-20). 사람들이 자신을 부정적 관점에 따라 서로 비교하거나 다른 사람에 대해 자신의 우월함을 내세우려고 애쓸 때, 시기는 자연스럽게 분쟁을 낳을 것이다(참고. 롬 13:13; 고후 12:20). "분쟁"(ἔρις)이라는 말은 고린도전서 1:11에서 바울이 앞으로 다룰 주제를 소개했을 때 이미 사용되었다.

3:3의 질문("어찌 육신에 속하여 사람을 따라 행함이 아니리요?")은 "육신에 속한 자"가 어떤 뜻인지 계속 설명하기 때문에(οὐχί라는 말과 함께) '그렇다'는 답변을 예상한다. 바울은 여기서 고린도 교인이 지위와 리더십을 두고 벌이는 분쟁 및 사소한 시기와 그들의 서로에 대한 태도를 염두에 두었다. 이런 모습은 고린도 교인이 "사람(의 방식)을 따라" 행하고 있음을 암시한다(NRSV, 'according to human inclinations').[9] 여기서 바울은 근본적으로 사람의 방식에 따라 사는 것과 "성령을 따라"[ESV, 갈 4:29(κατὰ πνεῦμα)] 영적인 삶을 사는 것을 대조한다.

3:4 어떤 이는 말하되 나는 바울에게라 하고 다른 이는 나는 아볼로에게라 하니 너희가 육의 사람이 아니리요[10](ὅταν γὰρ λέγῃ τις, Ἐγὼ μέν εἰμι Παύλου, ἕτερος δέ, Ἐγὼ Ἀπολλῶ, οὐκ ἄνθρωποί ἐστε;). 바울은 또 다른 설명적 용법의 접속사(γὰρ)를 사용하여, 최소한 부분적으로는 1장에서 언급했던 파벌 문제로 되돌아감으로써 방금 언급한 문제에 직접 적용한다. 대명사 "나는"(ἐγώ)의 강조를 위한 위치, 관계의 소유격 그리고 동사의 부재는 1:12에서 지적한 것과 똑같다. 이 파벌들에 속해 있을 지지자 역시 1:12과 서론 부분에서 설명된다.

그러나 바울은 여기서 논점을 좁혀 자신과 아볼로만 언급한다. 네 지도자 가운데 두 사람이 이제 바울이 선정한 본보기가 되어, 신령한 어른이 어떻게 일을 처리하고 행동하는지 예증할 것이다. 본문은 게바가 아니라 아볼로가 본보기로 선정된 이유를 말하지 않는다.[11] 아볼로는 언변이 좋은 사람으로 유명했고(행 18:24), 바울은 복음을 전할 때 자신이 "말의 지혜"(1:17)로 전하지 않았다고 주장한 것이 여기서 아볼로가 본보기로 선정된 이유일 수 있다. 인간적 관점에서 보면 아볼로와 바울은 상당히 달라 보이므로 각기 다르게 판단될 수 있다. 사실 두 사람은 주님을 위해 동역했다. 그때 그들은 각기 다른 소명을 깨닫고 시기나 분쟁에 빠지지 않았다. 더 단순하게 말하면 아볼로와 바울은 고린도에서 함께 복음을 전했기 때문에 대다수 교인에게 누구보다 더 잘 알려져 있었다.

3:5 그런즉 아볼로는 무엇이며 바울은 무엇이냐 그들은 주께서 각각 주신 대로 너희로 하여금 믿게 한 사역자들이니라(Τί οὖν ἐστιν Ἀπολλῶς; τί δέ ἐστιν Παῦλος; διάκονοι δι᾽ ὧν ἐπιστεύσατε, καὶ ἑκάστῳ ὡς ὁ κύριος ἔδωκεν). 여기서 바울은 자신과 아볼로를 본보기로 내세운다. 바울은 자신과 아볼로는 똑같이 하나님의 사역자이므로 지도자로서 서로 경쟁의식이 전혀 없다는 점을 증명할 것이다. 바울은 그다음 몇 구절을 지배하는 수사 의문문으로 설명을 시작한다. 바울이 제시하는 첫 번째 요점은 자신과 아볼로는 "사역자들"(διάκονοι, '종들')이라는 점이다. 그리고 두 번째 요점은 그들 각자에게 주께서 주신

9. κατὰ ἄνθρωπον이라는 어구는 '육신에 속한 사람으로 사는 것'을 뜻한다. "사람(의 길)을 따라"(According to human ways)라는 말은 암묵적으로 경건한 삶의 길과 육신적인 삶의 길을 대조하려는 의도가 있다. 동사 περιπατέω('걷다/행하다')는 위에서 언급한 갈라디아서 5:16에서와 같이 대체로 삶을 사는 것을 가리킨다.

10. 여기서 다시 바울은 "사람의(육의)"(ἄνθρωποι)라는 말을 "육신에 속한"이라는 말의 동의어로 사용한다. 참고. 3:3.

11. Fitzmyer, *I Corinthians*, 188. "여기서 두 파벌이 언급되는 것은 바울과 아볼로나 게바의 관계에 어떤 차이가 있기 때문이 아니라 단순히 본보기로 제시된 것이다."

(정하신) 사역이 있었다는 점이다. 여기서 "각각"(ἑκάστῳ) 이라는 말이 사용된 것은, 바울이 자신과 아볼로를 본보기로 삼아 이 편지에서 제시하고자 하는 다수의 요점을 언급할 길을 준비한다. 첫째, 이어지는 구절들에서 바울이 증명할 것처럼(참고. 9:15-17), 그들은 각각 다른 부르심과 은사를 받았다. 둘째, 그들은 자신이 가진 것을 각각 하나님으로부터 '받았다.' 나중에 바울은 이것이 모든 그리스도인에게 해당된다는 사실을 증명한다. 12:4-11에서 바울은 모든 사람에게 다양한 은사가 주어지지만 각자에게 주어진 섬김(사역)이 있다고 주장한다. 바울은 또한 이 할당은 모두 하나님이 자신의 영을 통해 행하신다고 주장한다. 이어서 12:29에서 바울은 모든 사람이 교회 안에서 똑같은 역할을 맡는 것이 아니라, 하나님이 그들에게 모두 각기 감당할 사역을 정하셨다는 점을 분명히 한다.

바울은 고린도 교인에게 바울과 아볼로의 사역을 통해 그들이 복음을 "믿은" 사실을 상기시킨다.[12] 인간적 관점에서 보면 이것은 고린도 교인에게 자신의 지도자에 대한 애착을 불러일으킬 수 있다. 그러나 바울은 그들이 단순히 "사역자들"(διάκονοι, '종들')이라고 주장함으로써 그런 가능성을 즉각 일소한다. 여기서 바울이 사용하는 수사의 효력은 어느 지도자에 대해서도 다르게 생각할 수 없게 한다. 바울과 아볼로가 고린도 사람들 사이에서 그리스도를 위해 행한 사역은 하나님이 맡기신 것이고, 순종하는 사역자(종)로서 두 사람은 각각 부르심에 따랐다. 이것이 메시아이신 왕의 십자가 죽음 속에서 하나님의 지혜를 보게 된 사람의 삶이다. 이런 섬김과 순종의 본보기는 "그리스도의 마음"(2:16)을 그대로 보여준다.

따라서 첫 번째로, 이 구절은 고린도 교인에게 성령을 따르는 지도자를 어떻게 여겨야 하는지 올바로 보도록 돕는 역할을 한다. 두 번째로, 바울이 자신의 메시지를 이해하게 하기 위해 제시할 다양한 대조가 여기서 시작된다. 바울은 주님을 위해 일하는 것은 하나님이 주도권을 갖고 계시고, 그분이 부르시며, 그분이 직무를 정하셨고, 그렇게 한 일에 대해 하나님이 상을 주실 것으로 아는 것이 전부라고 주장한다.

3:6 나는 심었고 아볼로는 물을 주었으되 오직 하나님께서 자라나게 하셨나니(ἐγὼ ἐφύτευσα, Ἀπολλῶς ἐπότισεν, ἀλλὰ ὁ θεὸς ηὔξανεν). 앞의 '석의적 개요'에서 지적한 것처럼, 5-9절에서 바울의 논증은 그가 제시하는 주요 요점을 증명한다. 그리하여 고린도 교인에게 "육신에 속한" 자의 사고방식을 버리라고 도전하는 것으로 볼 수 있다. 모든 것이 하나님께 속해 있다. 그러므로 주의 사역에 참여했을 때 아무에게도 그것을 자랑할 근거가 없다. 5절은 신학적인 핵심 주제를 제시한다. 곧, 바울과 아볼로는 하나님의 사역자들이고, 모든 교회 지도자가 그렇게 여겨져야 한다(4:1; 9:19; 참고. 고후 4:5; 6:4). 5-6b절에서 하나님은 바울과 아볼로 두 사람에게 각기 다른 사역을 맡기셨다. 두 사람의 사역에서 나온 열매는 어떤 것이든 하나님이 자라게 하시므로 맺어진 것이다. 그러므로 그것은 그들이 '대단한 사람'이라는 뜻이 아니다(6c-7절). 하나님의 부르심을 받은 자의 사역에는 연합이 있고, 일한 대로 상을 주시는 분은 하나님이시다(8절). 마지막으로 바울은 자신과 아볼로가 하나님의 사역자이지만, 고린도 교회는 그들이 일해야 하는 하나님의 밭이자 그들이 세워야 할 하나님의 건물이라는 점을 분명히 한다(9절). 바울은 "하나님"이라는 말을 거듭 사용함으로써 독자에게 자신의 요점에 대한 의심을 조금도 남겨놓지 않는다.

이제 바울은 유비를 바꾸어 농사의 이미지를 사용

12. διά+소유격은 여기서 행위를 지시하기 위해 사용된다.

한다. 여기서 부정과거 동사들은 여전히 바울이 고린도에 왔을 때 사역했던 과거의 모습을 되돌아본다. 바울은 고린도 교인이 과거에 그들에게 일어난 일을 되돌아볼 때, 그들 가운데서 주를 위해 행한 사역을 주목하기를 원한다. 그때 바울은 심었다. 바울이 고린도에 먼저 와서 사람들 속에 하나님의 말씀의 씨를 뿌렸다. 아볼로는 물을 주는 일을 담당했다. 그러나 어떤 이가 아볼로를 통해 믿음으로 나아온 것으로 보아 아볼로는 심는 일도 감당했다(5절). 아볼로가 한 사역의 내용은 설명되지 않지만, 아마 고린도 교인에게 믿음을 더 깊이 가르치고 성경을 해석하는 일을 했을 것이다. 그러나 그 가운데 어느 것도 바울에게 중요한 것이 아니었다. "오직"(rather, 여기서 ἀλλά는 강한 반의 접속사로 바울의 생각의 단서를 소개한다) 중요한 것은 "자라나게 하신"(ηὔξανεν)[13] "하나님"이셨다. 그동안 내내 바울은 심고 아볼로는 물을 주었다.[14] 바울과 아볼로가 고린도 교인 가운데서 주를 섬기고자 어떤 일을 행했든 간에 하나님의 사역은 계속되었다. 따라서 바울은 자신과 아볼로, 두 지도자에 관해 그리고 두 지도자의 각기 다른 두 사역에 관해 말한다. 그러나 사람들이 초점을 맞추어야 할 이는 하나님이시고, 하나님은 심지어 지도자들이 오고갈 때도 그들에게 다양한 직무를 맡기심으로써 계속해서 역사를 펼치신다. 이 유비에서 심은 자가 물주는 자와 불화가 있을 수 있다거나, 어떤 일은 요구되고 다른 일은 요구되지 않는다는 관념은 부조리하다. 그래서 바울은 계속해서 다음과 같이 말한다.

3:7 그런즉 심는 이나 물 주는 이는 아무 것도 아니로되 오직 자라게 하시는 이는 하나님뿐이니라(ὥστε οὔτε ὁ φυτεύων ἐστίν τι οὔτε ὁ ποτίζων ἀλλ' ὁ αὐξάνων θεός). 바울이 농사 또는 원예 이미지에서 이끌어내는 첫 번째 요점은, 복음 전파의 전체 과정에서 일어나는 모든 일에 대해 유일하게 중요한 분은 하나님이라는 사실이다. 고린도 교인이 지도자를 대할 때 취했던 "육신에 속한" 방법은, 자신이 누구인가와 자신이 무엇을 행했는지를 중요하게 여겼음을 의미했다. 고린도 교인은 자신들이 더 존경하는 특별한 지도자를 내세우고 그 지도자의 이름과 사역을 자랑할 수 있었다. 그러나 바울은 중요한 것은 하나님뿐이라고 여긴다. 하나님과 그분이 그리스도 안에서 행하시는 사역에 비추어 보면, 다른 모든 것은 "아무것"도 아니다. 오늘날 우리는 대화할 때 '그는 정말 대단한 사람이야'라고 흔히 말할 수 있다. 마찬가지로 고린도 교인도 존경했던 지도자에 대해 똑같이 말했다. 그러나 바울은 도리어 그들에게 '하나님이 정말 대단하신 분이다'라고 말해주고 싶었다(여기서 τι라는 말이 사용된 것은 사도행전 5:36에서처럼 부정대명사를 강조 용법으로 사용하는 것과 같다).

따라서 바울은 하나님의 사역이 우리가 있든 없든 항상 계속된다는 사실을 모든 사람에게 경이롭고 겸손하게 상기시킨다. 그러나 바울의 말은 또한 하나님이 은혜로 자기 백성을 사용하셔서 자신의 사역을 진전시키시기 때문에 그들에게 큰 격려가 된다. 한편으로 하나님의 교회의 사역자는 그 모든 일이 '일어나게' 할 힘이 없다. 다른 한편으로 하나님은 각 사람에게 농부의 일에 참여하는 엄청난 특권을 주셨다.

3:8–9 심는 이와 물 주는 이는 한가지이나 각각 자기가 일한 대로 자기의 상을 받으리라 우리는 하나님의 동역자들이요 너

13. 여기서 이 미완료 시제는 계속의 의미를 담고 있다.
14. 이 부정과거 동사들(ἐφύτευσα와 ἐπότισεν)은 복합적 또는 총괄적 부정과거 용법이다(BDF §332를 보라). Wallace, *Greek Grammar*, 557은 이것을 행동을 전체적으로 보는 것으로 설명한다. 그리고 미완료 동사(ηὔξανεν, "자라나게 하셨나니")는 부정과거 동사("심었고", "물을 주었으되")와 대조를 이루고, 항상 자라게 하신 분은 하나님이셨다는 바울의 요점에 주의를 집중한다.

희는 하나님의 밭이요 하나님의 집이니라(ὁ φυτεύων δὲ καὶ ὁ ποτίζων ἕν εἰσιν, ἕκαστος δὲ τὸν ἴδιον μισθὸν λήμψεται κατὰ τὸν ἴδιον κόπον. θεοῦ γάρ ἐσμεν συνεργοί· θεοῦ γεώργιον, θεοῦ οἰκοδομή ἐστε). 바울이 농사 유비를 통해 제시하는 두 번째 요점은 각기 다른 일을 하는 두 일꾼이 "한가지"(one, ἕν εἰσιν)라는 점이다. 바울은 자신과 아볼로가 '하나'라고 주장한다. 말하자면 두 사람은 하나님께 속해 있는 "동역자"다(여기서 θεοῦ, 곧 "하나님의"는 소유의 소유격이다). 두 사람이 지위에 있어서나 행하도록 요구받는 일에 있어 하나인지 묻는 것은 무익하다. 이 두 가지는 분리될 수 없기 때문이다. 바울과 아볼로는 무슨 일을 하든지 지위에 있어 분명히 하나다. 이것은 바울이 앞에서 논증할 때 모든 그리스도인에 관해 증명한 사실이다. 그러나 여기서 바울은 또한 자신과 아볼로가 주님이 그들에게 맡기신 일을 행하는 데서 한 가지 일을 감당한다는 점도 증명한다. 고린도 교인이 생각하기에 두 사람은 "한가지"와는 거리가 멀다. 지도자들은 각기 다르게 판단받는다. 어떤 지도자는 주변 세상에 자타가 공인하는 "지혜"를 보여주는 메시지를 훌륭하게 전한다. 또 다른 지도자는 나머지 지도자보다 더 중요한 가르침이나 역할을 맡은 것처럼 보인다. 지도자는 끊임없이 판단을 받는다. 그러나 바울은 자신과 아볼로에 관해 둘 다 아무것도 아니고(7절), 두 사람이 하나라고 말한다. 여기서 또다시 하나님을 세 번 반복해서 언급하는 점을 주목하라. 그것은 초점이 하나님께 있다는 뜻이다.

바울이 제시하는 세 번째 요점은 자신과 아볼로는 "동역자"라는 점이다. 두 사람 사이에는 연합이 있다. 그런데 바울이 연합에 호소하려면 고린도 교인의 눈에 연합이 보여야 했다. 여기서 소유격 "하나님의"(θεοῦ)는 소유의 소유격 용법으로, 섬김의 사역을 훨씬 분명히 부각하는 역할을 한다. 이 사역자들은 하나님께 속하여 그분의 일을 행하기 위해 힘을 모아 함께 수고한다. 여기서 바울이 자신과 하나님이 동역자라고 생각했을 가능성은 별로 없다. 오히려 바울과 아볼로는 하나님께 속해 있는 사역자들이었다고 보는 것이 개연성이 더 크다. 그러나 바울이 습관처럼 사용하는[15] "동역자"(συνεργοί)라는 말은 그의 마음속에서 두 가지 의미가 있었다고 볼 수 있다. 말하자면 바울은 일꾼들의 연합과 일꾼들이 일할 때 하나님이 그들과 함께하신 사실을 동시에 염두에 두었다. 16:15-16에서 바울은 스데바나와 그의 집 사람들 그리고 "성도 섬기기로" 작정한 참된 모든 교회 동역자를 따뜻한 마음으로 칭찬한다.

바울이 제시하는 네 번째 요점은, 심는 자와 물주는 자 사이에 한 가지 차이가 있지만 이것은 완전히 하나님의 손에 달려 있다는 점이다. "각각 자기가 일한 대로 자기의 상을 받으리라"(ἕκαστος⋯τὸν ἴδιον μισθὸν λήμψεται)는 말은 상을 받는 것에서 바울과 아볼로 간에 차이가 있다는 점을 시사한다. 하지만 그들은 어떤 상을 받을지는 알지 못한다. 그 상은 오직 하나님이 그들의 사역을 어떻게 보시는가에 달려 있다. "받으리라"(λήμψεται)의 미래 시제는 3:13-14에서 상술할 심판 날을 바라본다. 여기서 바울이 언급하는 "일"(κόπος)은 그리스도인 일꾼이 하나님의 밭에서 힘들게 수고하는 것이다. 하나님의 백성은 아무리 힘들더라도 이 일을 견뎌야 한다. 나중에 바울은 고린도 교인에게 "주의 일"에 더욱 힘쓰라고 권고한다(15:58). 바울은 고린도후서 6:5에서 자신이 겪은 시련을 일일이 열거한다. 바울은 자신의 수고와 시련을 언급할 수 있다(고후 11:27; 갈 6:17). 사실 바울은 이런 일들을 편지에 썼을 때, 자신이 전한 복음을 듣고 믿음으로 나아왔으나 지금은 도리어 자기를 무시하는 사람들에게 편지를 쓰면서 자신이 겪었던

15. 예컨대, 롬 16:3, 9, 21; 고후 8:23; 빌 4:3; 몬 1:1을 참고하라.

"힘든 수고"를 생각했을 것이다. 그러나 사실 바울에게는 이런 수고가 '평생의 사역'이었고, 언젠가 그의 사역은 모든 상황을 온전히 보고 매우 공정하게 처리하실 수 있는 한 분에게 제대로 평가받을 것이다.

"상"(또는 '보수', μισθός)이라는 말은 특히 바울 서신에서 종종 종말론적인 의미를 함축하여 사용된다.[16] 바울은 고린도 교인이 어떤 사람들에게 주는 영예와 어떤 사람들이 스스로 주장하는 지위를 주목하고, 그것을 십자가에 못 박히신 그리스도의 진정한 복음과 대조되는 것으로 생각한다. 여기서 바울은 예수님의 가르침을 상기시키는 듯하다. 바울의 가르침은 확실히 주님의 가르침과 동일한 방향 속에서 주어진다(그리고 바울은 9장에서 이것을 더 상세히 말한다). 마태복음 6:2에서 주님은 다른 사람들에게 영광을 받고자 허세를 부리는 자들을 염두에 두셨다["그들은 자기 '상'(μισθός)을 이미 받았느니라"]. 그러나 아버지는 '은밀한 중에 행하는 것을 보시고' "갚아 주실" 것이다(마 6:4). 바울은 고린도전서 3:14-15에서 이것을 더 상세히 말한다. 지금으로서는 하나님의 "밭", 즉 고린도에 있는 교회가 판단하는 입장이 아님을 지적할 따름이다.

마지막으로, 바울은 자기 자신과 아볼로를 본보기로 말한 다음 유비를 계속하지만 이번에는 각도를 약간 바꾸어 유비를 제시한다. "너희는 하나님의 밭이요"(θεοῦ γεώργιον). 심는 것과 물 주는 것을 언급하고 나서 밭을 언급하는 것은, 하나님의 백성에 대해 사용된 전통적인 유비 요소들을 상기시킨다(예를 들어, 시 80:8; 사 5:7; 렘 31:27-28; 42:9-10; 암 9:14). 에스겔 선지자는 심판이 임했을 때 이스라엘이 살아남지 못할 가능성을 숙고하면서, 그 표현을 하나님이 이스라엘을 심는 것에 대한 심상으로 사용했다(겔 17:5-10). 바울은 심지어 복음 사역에 부르심을 받은 것을 예레미야가 받은 부르심과 비슷한 관점에 따라 볼 수 있다. 예레미야서 본문을 보면 다음과 같이 하나님의 명령에 건축하는 것과 심는 것이 함께 나온다. "보라 내가 오늘 너를 여러 나라와 여러 왕국 위에 세워…건설하고 심게 하였느니라"(렘 1:10). 다시 말하지만 하나님의 밭과 그분의 집에 강조점이 있다. 그리고 이제 바울은 건물 유비로 시선을 돌린다.

"너희는…하나님의 집이니라"에서 "너희는…이니라"(ἐστε)는 말은 강조 용법이고, 9a절의 "우리는…이요"와 대조를 이룬다. 여기서 바울의 요점은, 매우 교만해서 서로를 그리고 자신들의 지도자를 판단하는 자는 많은 일을 필요로 하는 밭이자 집이라는 것이다. 이제 "집"(οἰκοδομή)의 은유가 전면에 부각되고, 이 비유는 고린도전서에서 내내 다루어진다. 바울은 고린도 교인에게 각 사람이 공동체 안에서 다른 사람들을 "세워 줄"(οἰκοδομέω) 의무가 있다고 말한다. 그리고 이것은 바울이 이어지는 몇 구절에서 다루는 주제가 된다. 이에 대해 바울은 자신과 아볼로의 사역을 본보기로 면밀하게 비교한다. 그런 다음 바울은 이 '건축' 사역의 본질을 검토할 것이다.

16. 더 상세한 내용은 3:15에 대한 설명에서 '심층 연구: 어떤 상인가?'를 보라.

적용에서의 신학

1. 영적 성장의 필요성

하나님의 백성은 역사 대대로 자신이 하나님의 백성이라면 더 배울 것이 없거나 또는 가르침이 더 이상 필요없다고 가정하는 경향이 항상 있었다. 이런 유혹이 오는 것은, 일단 자신의 삶에 하나님의 복에 대한 증거가 있으면 이제 더는 아무것도 필요하지 않다고 보기 때문이다. 그때 사람들은 하나님 앞에서 자신의 지위가 안전하다고 보기 시작한다. 다양한 사람과 다양한 세대가 복음의 부르심이나 메시지의 다양한 국면에 의지하여 이 '안전'을 찾았다. 어떤 이는 선택 교리로 시선을 돌려 '구원받은' 백성으로서 자신은 안전하다고 보았고, 그래서 믿음 속에 더 깊이 들어가는 것에 대해 걱정할 필요가 조금도 없다고 주장한다. 고대 이스라엘에서는 종종 율법이라는 은혜의 선물과 할례의 표에 안전을 의지했다. 따라서 고대 이스라엘 자손은 율법의 소유와 할례의 표를 공동체의 지위를 보장하는 증거로 간주했다. 그 결과 이스라엘 백성은 삶에서 무엇을 행했는가를 별로 중요하게 여기지 않았다. 따라서 선지자들의 중대한 당부 가운데 하나가 백성에게 "너희는 마음에 할례를 행하라"고 촉구하는 것이었다(신 10:16; 참고. 렘 4:4). 고린도 교회에서 어떤 교인은 영적 은사를 자신이 우월하거나 온전한 그리스도인으로서 안전한 지위가 있음을 입증하는 증거로 삼았다. 그래서 그들은 다른 것이 많이 필요하다는 사실을 믿지 않았다. 물론 항상 이런 입장에 일말의 진리가 있는 것이 문제다. 하나님의 복은 율법을 통해서나 은사를 통해서나 혹은 선택을 통해서나 세례를 통해서나 모두 신자에게 성령의 역사가 있었음을 가리킨다.

그러나 성경 전체는 참 신자와 경건한 교회가 하나님께 지속적인 양육을 받아야 한다고 말한다. 교회 안에서 이것이 의미하는 바, 성경에 기록된 하나님의 말씀을 통해 하나님에 관해 그리고 그리스도 안에서 이루어진 하나님의 사역에 관해 더 깊이 배워야 한다는 것이다. 오직 이 양육을 통해 제자들이 하나님과 그분의 말씀 앞에서 겸손하게 자라갈 때, 궁극적으로 교회 안에서 분쟁이 예방될 것이다. 밥, 곧 '단단한 음식'을 찾는 이 양육을 통해서만 삶의 모든 영역에서 하나님께 영광을 돌리는 법을 발견할 수 있다. 교회는 이 '단단한 음식'을 잘 먹을 때, 하나님의 백성을 높이 세우고 복음을 널리 전하는 일을 감당하도록 부르심을 받은 전체 사역에 더 크게 감사할 것이다.

많은 교회가 매주 신실하게 복음을 선포하고 회개를 촉구하지만, 사람들을 하나님의 목적으로 더 깊이 끌어들이지는 못하고 있다. 예를 들어, 성경적 교회론을 배우고 교회가 '이 세대'에 맡은 핵심 역할을 깨달은 자는 매우 드물다. 그래서 그들은 "귀가 가려워서 자기의 사욕을 따를 스승을 많이 두고"(딤후 4:3) 분열되거나, 한 교회에서 다른 교회로 옮겨 다니기도 한다. 그들은 항상 자신이 좋다고 느끼는 교회를 찾는다. 또는 선포된 말씀이 아니라 예배나 사역의 다른 측면에 우선 순위를 두는 교회를 찾는다. 물론 슬프게도 교회 사역자와 지도자는 교인의 구미를 맞추고자 이런 지엽적인 일에 끌려들어간다. 메시지가 '너무 무겁다'는 한 가지 불평 때문에 목회자들은 세상에 영향을 미치는 교회로 자라는 데 있어 교인에게 아무 도움이 되지 않을 가벼운 "젖"을 주는 것으로 돌아가버린다. 교인은 십자가에 못 박히신 그리스도의 터 위에 세우는 좋은 가르침을 구하고 영적 성장에 힘써야 한다. 그렇게 해야 이 세상에서 참된 영향력을 미치는 그리스도 중심의 교회가 될 것이다.

2. 사명을 받은 종

이 본문에서 "하나님"이라는 말이 여러 번 반복되는 것은 강조점이 어디에 있는가를 잘 보여준다. 하나님은 자기 백성을 소유하신다. 하나님은 자기 백성을 부르시며 그들을 인도하신다. 그러므로 그분은 기뻐하시는 것에 따라 백성의 수고가 열매를 맺도록 역사하신다. 따라서 바울은 자신과 아볼로가 하나님의 사역자, 곧 종이라는 사실을 강조했다. 하나님의 백성, 특히 지도자들이 하나님의 "종"이라는 관념의 배경은 구약성경에 뿌리를 둔다. 모세는 주기적으로 "여호와의 종"으로 지칭되었다(예를 들어, 신 34:5; 수 1:1, 13; 대하 24:6). 다윗은 일부 시편 표제에서 이런 호칭으로 불린다(예를 들어, 시 18:1; 36:1). 그리고 이후 세월이 흐른 뒤 예수님의 어머니 마리아는 자신을 이 말로 지칭했다(눅 1:38). 대부분 이 말은 하나님의 사역에 신실하게 헌신하는 태도를 특별히 반영한다[사 20:3(이사야); 22:20(엘리야김); 37:35(다윗)]. 심지어는 이스라엘 민족 자체도 때로는 하나님의 종으로 지칭된다. 그러므로 이사야서의 예언들이 그 "종"에 관해 말하고[42:1, 19(2번); 43:10; 44:1, 2, 21(2번)을 보라], "종"에 관한 이런 이해를 궁극적으로 온전히 성취하신 분이 예수님이며, 다른 무엇보다 예수님이 그 종이라는 점은 결코 놀랍지 않다(마 12:18; 행 3:13, 26; 4:27; 빌 2:7). 따라서 그리스도인이 종으로서 섬기는 사역은 그리스도께 충성함으로써 그분을 본받을 때 알려지고 경험된다.

그러나 그리스도인은 종의 관념이 삶의 방식에 실제로 차이를 만들어내지 않더라도 그것은 삶을 규정하는 특징이라는 점을 쉽게 이해할 수 있다. 첫째, 바울은 종의 역할이 복음의 근본 진리라는 점을 알고 있다. 종의 역할은 예외적인 선택 사항이 아니다. 그리스도는 종이셨기 때문에 그리스도의 백성도 종이어야 한다. 둘째, 바울은 종의 역할이 그리스도를 위한 것이므로 하나님의 부르심과 연계되어 있다고 본다. 이것은 그리스도인 각자에게 그들의 소명에 따라 다양한 실천이 요구될 것이라는 점을 의미한다. 바울은 심었고 아볼로는 물을 주었으나, 두 사람은 주의 부르심에 순종하는 섬김을 통해 각각 자기 일을 감당했다. 이것이 종의 역할을 감당하는 방식이므로, 그리스도인 사이에 분쟁이 일어나거나 한 사람이 다른 사람을 찍어 누르는 것이 교회에서 결코 일어나서는 안 되는 이유가 분명해진다. 셋째, 각 사람이 자신의 부르심에 따라 감당해야 할 순종과 섬김의 기준을 일관되게 제공하는 통일된 사명이 있다. 그 사명은 하나님의 백성을 높이 세우는 것이다. 이것이 각 사람에게 은사가 주어지고 각 사람을 몸의 지체라고 말하는 이유다. 따라서 각 지체는, 인간적으로 말해 아무리 비천한 자라 해도, 교회 안에서와 그리스도 안에서 이루어지는 하나님의 사역에서 중요한 지위를 차지한다.

대다수 참된 그리스도인은 수시로 자신이 주 안에서 자라고 있는지 자문해보기 마련이다. 그들의 믿음은 자라고 있는가? 그들은 갈수록 주를 더 깊이 사랑하고 더 열심히 섬기는가? 이 질문들에 만족스럽게 답변하게 하기 위해, 바울은 모든 그리스도인이 알고 파악해야 하는 본질적이고 근본적인 진리를 제시했다. 모든 그리스도인은 주님이 가르치신 하나님의 말씀에 더 깊이 빠져들어야 한다. 그러지 않으면 믿음이 발전하지 못하고, 주님 안에서 성장하지 못하며, 주님을 더 깊이 사랑하지도 더 열심히 섬기지도 못한다.

CHAPTER 8

고린도전서 3:10–17

문학적 전후 문맥

3:1–9에서 바울은 고린도 교인이 지지하는 어떤 지도자와 그 지도자가 가졌다고 생각되는 '영성'의 수준을 아무리 크게 자랑할 수 있다고 해도, 그들을 아직 어린아이 수준의 믿음을 지닌 자로 다룰 수밖에 없다고 말했다. 고린도 교인은 그들 가운데 성령을 드러내는 방식이 아니라 순전히 인간적인 방식으로 행했다. 따라서 고린도 교인은 신령할 수 있으나(어쨌든 그들은 그리스도인이므로) 그들의 삶은 신령한 요소를 제대로 반영하지 못했다. 그들은 육신에 속한 자다. 3:6–9에서 바울은 자신과 아볼로를 간략히 비교함으로써 교회 지도자를 바라보는 완전히 다른 방식이 있음을 증명한다. 이 다른 방식은 하나님의 밭과 그분의 집에서 다른 일을 하도록 각 사람을 부르시는 하나님께 초점을 맞춘다.

3:10–17에서 바울은 건물 유비를 약간 더 깊이 취한다. 바울은 올바른 터, 곧 예수 그리스도가 유일한 기초라는 점을 확실히 해야 한다고 말한다. 그리고 그 터 위에 세워질 것을 주의 깊게 검토해야 한다고 주장한다. 건축자는 결국 오직 하나님께 책임을 지고 하나님께 계산해야 한다. 이 집은 하나님의 성전이다.

이어서 바울은 그리스도인이 서로를 판단하거나 기독교의 리더십과 사역을 평가할 때 가져야 할 지혜와 영적 분별에 관한 문제로 돌아감으로써, 지금까지 자신이 제시한 논증을 하나로 묶는다. 바울은 고린도 교인에게 세상 사람들이 아니라 하나님의 눈앞에서 자신을 적절히 평가해야 한다고 경고한다. 그런 다음 바울은 특히 기독교 선생들을 평가하는 올바른 방법을 제시하고, 그가 전하는 말을 고린도 교인이 그를 어떻게 판단했는지에 적용한다.

주요 개념

고린도 교인은 하나님의 집이고, 그들 속에 성령이 거하신다. 이후 건축자는 그 터를 주의 깊게 그리고 적절히 주목해야 한다. 하나님의 성전을 파괴하려 한다면, 무슨 일이 되었든 그것을 시도하는 자에게 파멸이 임할 것이다.

번역

고린도전서 3:10-17

10a	방식	내게 주신 하나님의 은혜를 따라 내가 지혜로운 건축자와 같이
b	단언	**터를 닦아 두매**
c	단언	**다른 이가 그 위에 세우나**
d	권고	그러나 **각각 어떻게 그 위에 세울까를 조심할지니라**
11a	대조	이 닦아 둔 것 외에
b	권고의 기초	능히 다른 터를 닦아 둘 자가 없으니
c	설명	이 터는 곧 예수 그리스도라
12a	조건 1(조건절)	만일 누구든지…이 터 위에 세우면
b	방식	금이나 은이나 보석이나 나무나 풀이나 짚으로

13a	단언(귀결절)	**각 사람의 공적이 나타날 터인데**
b	이유	그 날이 공적을 밝히리니
c	설명	이는 불로 나타내고
d	단언	**그 불이…시험할 것임이라**
e	확대	각 사람의 공적이 어떠한 것을
14a	조건 2(조건절)	만일 누구든지…공적이 그대로 있으면
b	묘사	그 위에 세운
c	단언(귀결절)	**상을 받고**
15a	조건 3(조건절)	누구든지 그 공적이 불타면
b	단언(귀결절)	**해를 받으리니**
c	확대	그러나 **자신은 구원을 받되**
d	방식	불 가운데서 받은 것 같으리라
16a	수사적 질문	**너희는…알지 못하느냐**
b		너희가 하나님의 성전인 것과
c		하나님의 성령이 너희 안에 계시는 것을
17a	조건 4(조건절)	누구든지 하나님의 성전을 더럽히면
b	단언(귀결절)	**하나님이 그 사람을 멸하시리라**
c	단언의 기초	**하나님의 성전은 거룩하니**
d	확대	너희도 그러하니라

구조

바로 앞부분(3:1–9)은 고린도 교인이 하나님의 집이라고 말하는 것으로 끝났다. 이 부분(3:10–17)은 고린도 교인이 하나님의 성전이라고 말하는 것으로 끝난다. 여기서 전개되는 것은 건물 은유다. 첫 번째 세부 부분인 3:10–15에서 바울은 교회에서 선생들이 감당하는 사역을 증명한다. 바울은 건축자로서 터를 닦았다. 다른 선생들은 그 터 위에 집을 세우되 매우 조심스럽게 세워야 한다(10절). 그들은 예수 그리스도를 가리키는 터를 다시 닦을 필요가 없다(11절). 조심스럽게 집을 세워야 할 필요성은 심판 날에 분명히 드러날 것이다. 두 번째 세부 부분인 3:16–17에서 바울은 그 집이 사실 하나님의 성전이라는 사실을 증명한다. 이 집을 파괴하는 모든 시도는 심판을 받게 될 것이다. 그 집이 하나님의 성전이고, 그 안에 하나님의 영이 거하시기 때문이다. 고린도 교인은 하나님의 성전이다.

석의적 개요

IV. 온전한 그리스도인은 하나님의 지혜를 구함(2:6-4:21)
- A. 바울이 하나님의 지혜를 선포함(2:6-13)
- B. 하나님의 지혜가 "신령한" 자의 특징임(2:14-16)
- C. 고린도 교인이 영적으로 온전하지 못함(3:1-9)
- ➦ **D. 지혜로운 지도자는 영적 분별력을 가지고 행함(3:10-4:21)**
  - **1. 예증: 집과 지혜로운 건축자(3:10-15)**
    - a. 예수 그리스도 외에 다른 터는 닦지 말라(3:10-11)
    - b. 하나님이 시험하실 때 설 수 있는 집을 세워라(3:12-15)
  - **2. 하나님의 영이 거하시는 하나님의 성전으로서의 집(3:16-17)**
    - a. 고린도 교인은 하나님의 성전이다(3:16)
    - b. 하나님의 성전을 파괴하면 하나님의 심판을 받는다(3:17)

심층 연구

교회의 덕을 세움

고린도전서 3:9은 "하나님의 집"(θεοῦ οἰκοδομή)을 언급하는 것으로 끝난다. 이 건물 은유의 전개로 고린도전서에서 바울이 주는 교훈의 본질적 요소가 이제 결정적으로 부각된다. 특히 8장 이후로 바울이 성령의 은사의 유용한 목적을 설명하기 때문에 이것이 결국 바울이 제시하는 핵심 은유다. 성령의 은사를 올바르게 사용하면 하나님의 교회가 세워진다. 그런데 은사를 잘못 사용하면, 고린도 교회의 자칭 "온전한 자"나 엘리트주의자 속에서 확인된 것처럼 하나님의 백성에게 큰 해가 임한다. 그러므로 여기서 건물 은유의 배경과 용법을 더 깊이 고찰하는 것이 가치가 있다.

3:10에서 바울은 자신이 고린도 지역에 세워진 교회의 터를 닦은 것에 대해 말한다. 따라서 고린도에 있는 이 지역 교회가 바울이 말하는 "집"의 주된 지시 대상이다. 뒤에서 확인하게 되듯이, 바울은 누구든 그 터 위에 적절한 재료로 집을 세우라고 명령한다(3:10-15). 다시 말하면 누구든 이제 고린도 교회의 터를 닦은 복음을 더 깊이 전개하는 자라면 무엇을 말하거나 가르치든 동일한 메시지를 확대하는 것일 뿐, 그 메시지를 다른 것으로 바꾸는 것이 아님을 확실히 해야 한다. 3장의 계속되는 내용을 보면, 건물 은유가 바울이 고린도 교인을 "하나님의 성전"(3:16)으로 부르게 만든 것인지, 아니면 그 반대인지 그리 분명하지 않다. 최소한 바울의 논증 구성에 있어서는, 집 심상보다 성전 심상이 앞서는 것처럼 보인다. 의심할 것 없이 바울의 생각은, 고린도 교인이 메시아 시대, 곧 성령이 이미 임한 시대(3:16)와 심판 날을 향해 나아가고 있던 시대(3:13)에 살고 있었다는 지식(특히 바울이 15장에서 현시대를 언급하는 것을 보라)의 인도를 받았다. 그러므로 당연히 바울은 자신이 닦은 터가 그리스도라고 말한다(3:11).

건물 은유 자체는 구약성경에서 유래한다.[1] 구약성경에서 성전과 성읍을 재건하거나 "세우는 것"은 하나님이 미래에 이스라엘에 베풀어주실 복의 한 요소로 간주되었다. 확실히 말해 그 집의 목표는 하나님의 약속들의 성취였다.[2] 바울은 고린도 교회가 메시아의 터 위에 세워지고, 그 안에 하나님의 영이 거하시는 새로 세워진 성전이라고 생각했다.[3]

바울은 건물 은유를 계속하면서 '세우는 것'을 교회와 전체 교회를 구성한 교인들이 참된 존재가 되도록 돕는 일로 말했다. 교인들은 거룩한 하나님의 성전이었다(3:16-17). 그러므로 세워진 모든 집은 사람의 지혜가 아니라 하나님의 지혜와 계획을 따라야 했고(2:16), 이런 집을 세울 때 갖는 태도도 그리스도를 섬기는 태도여야 했다(4:1). 고린도후서 5:1-5은 바울이 성령을 영원한 집의 보증인으로 여긴 사실을 상기시킨다(참고. 고전 3:16).

고린도전서 8:1에서 동사 '세우다'(οἰκοδομέω)라는 말을 사용하는 것은 3장에서 확인한 구약 성전 주제를 특별히 인유하는 것은 아니다. 그렇지만 바울이 이 단어를 염두에 둔 것은, 앞에서 자신이 세운 것과 고린도 교회 지도자들이 세운 것을 비교했기(3:10-15) 때문일 것이다. 3장과 8장의 평행성은 그렇게 보는 것을 가능하게 한다. 3장에서 바울은 잘못 지은 집은 파괴될 것이라고 말했다.[4] 8:10-11에 따르면 ("지식"에 기반을 둔) '세움'을 이교 신전에서 우상 제물을 먹는 일에 잘못 적용하는 것은 멸망(ἀπόλλυμι)을 낳을 수 있었다. 아마 정확하지 못한 터 위에 세운 자는 자신이 "지혜롭다"(3:18)거나 "지식"을 가졌다고(8:2) 생각했을 것이다. 그러나 그들은 아직 지혜로운 자가 되지 못했고(3:18), 마땅히 알아야 할 것을 아직 알지 못했다(8:2).

이에 따라 8장을 살펴볼 때 우리는 바울이 앞서 이 주제를 설명한 것을 무시할 수 없다. 이 은유의 중심에는, 그리스도의 교회로서 분열이 아니라 그분 안에서 섬기는 일로 하나가 되어야 하는 고린도 교회에 대한 바울의 염려가 놓여 있기 때문이다. 따라서 이론을 실천한 실제 결과는 세워진 집의 형태를 확인하는 것으로 검증되어야 했다. 13장의 토대를 구축하는 진술에서, 바울은 사랑이 실제로 교회의 덕을 세우지만 지식은 실제로 사람을 교만하게 만든다고 주장한다(8:1). 이 주제는 14장에서 훨씬 더 깊이 전개된다. 14장에서 바울은 두 가지 은사, 곧 방언과 예언의 은사를 본보기로 취해 교회 안에서 예언이 하나님의 백성의 "덕을 세우지만" 방언은 그러지 못하다는 점을 증명함으로써 두 은사를 대조한다(14:2-3). 바울이 "덕을 세우는" 은사에 대해 기대하는 구체적인 내용은 "위로"와 "권면"에 관해 말하는 14:2-5을 설명할 때 검토된다.

1. 이것은 다양한 연구에서 예증된다. Pierre Bonnard, "L'Église corps de Christ dans le Paulinisme," *Revue de théologie et de philosophie* 8 (1958): 268-82; Ridderbos, *Paul*, 429-32를 보라.
2. 사도행전 15:16에서 야고보의 말은 이 은유에 의존했다. 곧, 야고보는 아모스 9:11과 예레미야 12:15을 사용했다.
3. Ridderbos, *Paul*, 430. 참고. 사 28:16; 65:21-22; 66:1; 겔 36:10, 36; 37:24-28; Jub 1:17. 특히 Barrett, *First Corinthians*, 90; Héring, *First Corinthians*, 24; Conzelmann, *1 Corinthians*, 77-78도 바울이 고린도전서 3장에서 이런 관념에 의존했다고 주장한다. 또한 Burtil E. Gärtner, *The Temple and the Community in Qumran and in the New Testament*, SNTSMS 1 (Cambridge: Cambridge University Press, 1965), 56-60을 보라. Gärtner는 바울 서신 이 부분과 쿰란 공동체 문서에 나타난 관념 사이의 평행 관계를 예증한다.
4. 그 단어는 φθείρω다. BDAG 857을 보라("punish with eternal destruction"). 참고. 벧후 2:12; 유 1:10, 11(ἀπόλλυμι가 있음).

따라서 바울은 교회가 하나님의 영이 거하는 처소로서 성전을 대체하기 때문에 교회의 덕을 세우는 것을 그리스도인의 직무로 본다. 이 직무는 교회의 목적을 떠받치고, 교인을 격려하며, 모든 교인이 진실로 하나님이 거하기를 바라시는 거룩한 성전이 되도록 보장하는 것을 의미한다.

여기서 마지막으로 추가할 한 가지 요점이 있다. 고린도전서에서 바울에게 중요한 또 하나의 주제는 "거리끼는 것", 곧 "걸림돌"에 관한 주제다. 물론 이것 역시 성전 주제, 메시아 관련 본문 그리고 세움 및 파괴 문제와 긴밀하게 연계되어 있다(1:23에 대한 설명에서 '심층 연구: 걸림돌에 관한 주제'를 보라).

본문 설명

3:10a-c 내게 주신 하나님의 은혜를 따라 내가 지혜로운 건축자와 같이 터를 닦아 두매 다른 이가 세우나(Κατὰ τὴν χάριν τοῦ θεοῦ τὴν δοθεῖσάν μοι ὡς σοφὸς ἀρχιτέκτων θεμέλιον ἔθηκα, ἄλλος δὲ ἐποικοδομεῖ). 여기서 바울은 3:6a-b에서 전한 말을 반복하지만 심는 자 은유가 아니라 건축자 은유를 사용한다. 여기서 주동사는 "내가…닦아 두매"(ἔθηκα)다. 이 부정과거 동사는 바울이 처음에 고린도 교인에게 복음을 전했던 때를 되돌아본다. 이 분사는 한정적 위치에서 하나님의 은혜가 띠는 선물로서의 성격을 암시한다(τὴν χάριν…τὴν δοθεῖσάν). "은혜"의 의미를 생각하면 이것은 중복 표현으로 보인다. 그렇지만 바울은 방금 전체 사역이 하나님의 사역이라고 주장했다. 따라서 이것은 바울이 행한 사역이 무엇이든 하나님께 받은 은혜로 말미암아 그것을 행한다는 요점을 보강한다. 바울이 자신을 "지혜로운 건축자"로 묘사할 때 아이러니의 요소가 약간 담겨 있을 수 있다.[5] 바울과 고린도 교인 간에 벌어진 논쟁의 일부는 지혜의 본질과 그 정의에 있다. 그러나 여기서 "지혜로운"(σοφός)이라는 말은 단순히 '유능함'을 의미할 수 있다.

"터"는 예수 그리스도이시다(3:11, 참고. 2:2). 바울이 "터"(θεμέλιος, 참고. NRSV)라는 말을 사용하는 것은 중요하다. 앞에서는 '걸림돌'(σκάνδαλον, "거리끼는 것") 주제를 다루면서 두 본문이 바울의 신학에 미친 영향을 살펴보았다.[6] 이 두 본문은 바로 칠십인역 이사야서 8:14과 칠십인역 이사야서 28:16이다. 첫 번째 본문(LXX 사 8:14)에서 하나님은 믿는 자의 성소(ἁγίασμα), 또는 믿지 않는 자의 걸림돌로 묘사된다. 두 번째 본문(LXX 사 28:16)에서는 기촛돌(θεμέλιος)이라는 말이 나온다. 사람은 이 돌을 믿어야 하고, 만약 믿지 않으면 부끄러움을 당하게 된다(1:27에서 '부끄러움'에 대한 설명을 보라). 이사야서의 두 본문에 놓여 있는 것은 하나님의 돌이다. 바울은 자신이 이 일에 참여하게 된 것이 하나님의 은혜라고 강력히 천명함으로써 이 사실을 정확히 인식했다. 그러나 이사야서 본문에서 중요한 것은 이 기촛돌에 대

5. Jay Shanor, "Paul as Master Builder: Construction Terms in First Corinthians," *NTS* 34 (1988): 461-71은 고대 그리스 세계의 건축에 대한 고대의 많은 설명과 계약들을 검토하고 이 부분에서 바울이 건물 은유를 전개하는 것과 비교한다. Jay Shanor는 건축할 때 "건축자(ἀρχιτέκτων)에게 일상적인 건축 작업을 감독할 총책임이 주어졌다"라는 것을 증명한다(같은 책, 465).

6. 1:23에 대한 설명과 그 뒤에 나오는 '심층 연구: 걸림돌에 관한 주제'를 보라. 또한 Lindars, *New Testament Apologetic*, 169 이하도 보라.

한 반응이고, 이것이 바울이 고린도전서 1:23-25에서 확립하고 3:11에서 염두에 둔 사실이다. 예수 그리스도 외에 다른 터는 결코 없다. 이 유일한 터를 받아들이는 것이 하나님께 속한 자를 확인하는 기준이다. 바울은 고린도 교인에게 그들이 하나님의 집이라는 점(3:9)과 그들 속에 성령이 거하는 하나님의 집이라는 점을 강력히 상기시킨다(3:16-17).

따라서 내용을 요약하면, 바울은 기존 예언들에 입각하여 하나님이 확실히 자기 아들, 곧 예수 그리스도라는 터를 닦아놓으셨다고 말하고 있다. 고린도 교인은 그리스도를 믿기에, 그들은 거룩한 집, 곧 하나님의 "성전"이다. 이것이 바울이 3:16에서 확립하는 요점이다. 바울이 올바른 방식으로 올바른 터를 닦아놓았으므로, 이제 다른 지도자들이 그 이후 새로운 '걸림돌'을 세우지 않고 이미 닦아놓은 터 위에 집을 세우는 것이 지극히 중요하다. 문맥상 이 터 위에 세우는 "다른 이"(ἄλλος)가 아볼로일 수는 없다. 아볼로는 지금 고린도에 있지 않고, 바울은 앞에서 자신과 아볼로가 하나님의 부르심을 이루는 사명을 감당하는 일에서 하나로 연합되었고, 두 사람의 사역에서 자라게 하신 이는 오직 하나님이셨다(3:6)고 말했기 때문이다. 오히려 바울은 지금은 "다른 이"를 아주 애매하게 말하는 것처럼 보인다. 하지만 나중에 바울은 이 일을 제대로 감당하지 못하는 자들을 염려한다.[7]

3:10d 그러나 각각 어떻게 그 위에 세울까를 조심할지니라(ἕκαστος δὲ βλεπέτω πῶς ἐποικοδομεῖ). 독자는 여기서 "각각"(ἕκαστος)이라는 말로 그 터 위에 세우도록 부르심을 받은 자가 많다는 점을 상기하게 된다. 바울은 여기서 현재 고린도 교회에서 활동하는 지도자들을 염두에 두었을 수 있다. 하지만 많은 주석가는 바울이 말하는 것이 모든 그리스도인에게 적용된다는 점을 놓치고 있다. 나중에 바울은 '세우다'(οἰκοδομέω)[8]라는 말을 사용하여 모든 그리스도인이 교회의 덕을 세우도록 하나님께 은사를 받는다는 사실을 증명한다(8:10; 10:23; 14:17). 따라서 모든 그리스도인은 어떻게 '세울지'에 관해 도전을 받는다. 그러나 지금 다루는 특정 문제는 현재 고린도 교회 지도자들이 교회 공동체 안에서 지위에 관해 가르치는 것에 더 큰 초점이 있다. 여기서 바울은 명령형 "조심할지니라"(βλεπέτω)는 말을 사용하여 각 건축자에게 조심하라고 경고한다. 따라서 '조심스럽게 세워라'로 번역할 수 있다.

3:11 이 닦아 둔 것 외에[9] 능히 다른 터를 닦아 둘 자가 없으니 이 터는 곧 예수 그리스도라(θεμέλιον γὰρ ἄλλον οὐδεὶς δύναται θεῖναι παρὰ τὸν κείμενον, ὅς ἐστιν Ἰησοῦς Χριστός). 바울은 1:23과 2:2에서 제시한 결정적인 메시지를 여기서 되풀이한다. 오직 그리스도만이 어느 교회든 그 위에 세워져야 하는 터다. 여기서 터가 "닦아 둔"(κείμενον) 것으로 묘사되는 것은 수동태 의미를 수반하는 현재분사('닦여 있는')로 보아야 한다. 어떤 주석가는 이것을 과거 시제로 번역한다('이미 닦여진'). 그러나 현재 시제가 이 터가 항상 닦여 있는 것이라는 관념을 제대로 전달한다.[10] 그러므로 항상 적절한 방식으로 계속 세워져야

7. "다른 이"가 확실히 일반적 지칭인지(예를 들어, Thiselton, *1 Corinthians*, 309; Garland, *1 Corinthians*, 115), 또는 집을 잘못 짓는 자를 가리키는지(예를 들어, Fee, *1 Corinthians*, 149), 또는 아볼로를 가리키는지(예를 들어, Lightfoot, *Notes on Epistles*, 189-90)를 놓고 상당히 많은 논란이 있었다.

8. '세우다'(οἰκοδομέω)와 '위에 세우다'(ἐποικοδομέω)의 차이는 무시해도 된다. 후자(ἐπί, 곧 "위에"와 함께)는 특별히 터가 언급되는 문맥에서 사용된다. 고린도전서 이후 부분에서 '덕을 세우다'(οἰκοδομέω)라는 말이 '교만하게' 되는 것과 대조되고(8:1), 건물 은유는 고린도전서 전체에 걸쳐 강하게 나타난다.

9. 비교 문장에서 παρά+대격은 통상적인 "…외에"(beside)가 아니라 특히 '다른'(ἄλλος)이라는 말과 함께 '…보다'(than)로 가장 잘 번역된다. Dana, Mantey 공저, *Manual Grammar*, 108 (§116 [3차 의미]). 또한 BDF §236.3도 보라.

한다. 이것은 1:23의 "우리는…전하니"의 현재 시제를 상기시킨다.

3:12–13 만일 누구든지 금이나 은이나 보석이나 나무나 풀이나 짚으로 이 터 위에 세우면 각 사람의 공적이 나타날 터인데 그 날이 공적을 밝히리니 이는 불로 나타내고 그 불이 각 사람의 공적이 어떠한 것을 시험할 것임이라(εἰ δέ τις ἐποικοδομεῖ ἐπὶ τὸν θεμέλιον χρυσόν, ἄργυρον, λίθους τιμίους, ξύλα, χόρτον, καλάμην, ἑκάστου τὸ ἔργον φανερὸν γενήσεται, ἡ γὰρ ἡμέρα δηλώσει· ὅτι ἐν πυρὶ ἀποκαλύπτεται, καὶ ἑκάστου τὸ ἔργον ὁποῖόν ἐστιν τὸ πῦρ [αὐτὸ] δοκιμάσει). 이제 바울은 잘못 세우는 자에게 임할 심판과 잘 세우는 자에게 주어질 상을 언급한다. 바울은 여기서 네 개의 단순 조건문 가운데 첫 번째 조건문을 사용한다(다른 세 개의 조건문에 대해서는 14–17절을 보라).[11] 바울은 어떤 사람의 공적(work, '행위, 사역')은 계속 남아 있을 것이고(14절), 어떤 사람의 공적은 불에 탈 것이라고 추정한다(15절).

이 네 조건절의 주어는 각각 "누구든지"(τις)이다. 여기서 바울은 건물 유비를 사용하고, 집을 세우는 자에게 관심이 있다. 어떤 재료는 불에 탈 수 있고 다른 재료는 불에 탈 수 없다는 점을 제외하고, 재료 자체의 개별적인 중요성은 별로 없다. 피가 말하는 것처럼, 여기서 바울의 관심은 "어떤 (건축 재료)는 다른 것과 달리 소멸되지 않는 특성"이 있다는 점이다.[12] 따라서 이 재료에 관해 말할 때 바울이 염두에 둘 수 있는 특정 건물을 아주 상세히 알아볼 필요는 없다. 피츠마이어는 이렇게 설명한다. "여기서 건물의 구성 요소로 언급된 재료는 상징적이다."[13]

여기서 전체 논증은 바울이 마지막 때 있을 활동으로 교회의 터를 닦는 일과 그 터 위에 세우는 일을 얼마나 중요하게 보는지를 증명한다. 이 활동에는 전체적으로 중대한 종말론적 목표가 있다. 그 마지막 날에 사람들은 하나님 앞에 '서야' 한다. 하나님의 성전으로서 그 집은 이제 마땅히 가져야 할 모습, 곧 그들 속에 하나님이 함께하시는 하나님 백성의 모습을 반영해야 한다. 우리가 "얼굴과 얼굴을 대하여 볼" 때가 올 것이다(13:12). 그러나 지금도 하나님의 영은 그의 교회 안에 계신다(3:16).

바울은 하나님의 백성을 집으로, 또 하나님의 성전으로 생각할 때(16절) 다윗이 아들 솔로몬에게 성전 건축의 사명을 위임하는 장면(대상 22:6–16)을 떠올리는 것 같다. 솔로몬은 여호와의 집을 건축하고 그렇게 할 수 있는 "총명"(σύνεσις)과 "지혜"(σοφία, LXX 12절)를 갖게 되리라는 말을 듣는다. 다윗은 성전을 건축하고자 금, 은, 놋과 돌 등 가장 좋은 재료를 준비해 두었다(14절). 솔로몬이 성전을 아름답고 정교하게 건축하는 직무를 감당한 것처럼, 바울의 편지를 받는 자도 그렇게 해야 한다. 바울이 제시한 불에 탈 수 있는 재료 목록에는 "나무"(ξύλον), "풀"(χόρτος), "짚"(καλάμη)이 언급된다. 그에 따라 각 사람은 계산해야 할 것이다.

따라서 여기서 바울이 바라보는 것은 "그날"(ἡ ἡμέρα)이다. 그날에 두 "지혜"가 벌인 싸움에 대해 최후의 판결이 내려질 것이다. 그날 모든 것이 명확해질 것이다. 바울은 1:8에서 이미 그날을 '우리 주의 날'로 지칭했다. 1:8에서는 그날이 하나님의 백성이 주의 심판대 앞에서

10. 이것은 여기서 현재 격언 용법으로 추정된다. 이 터는 복음이 선포될 때 항상 세워지는 기초다.
11. 단순 조건문은 대체로 조건절의 진리를 가정하고, 문장 어느 한 부분에서 직설법 동사의 어느 시제나 취할 수 있다. 다시 말하면 이것은 우리가 조건절 속에서 가정법이나 기원문을 사용하는 절을 찾아내는 것을 예상할 수 있는 막연한 추측이 아니다.
12. Fee, *1 Corinthians*, 150.
13. Fitzmyer, *1 Corinthians*, 198. Fitzmyer는 바울은 여기서 후속적 복음 전파를 언급한다. 이 전파는 "좋은 재료(복음 자체)를 가질 수 있거나 아주 나쁜 재료(사람의 지혜의 예화나 일화)를 가질 수 있으며, 때가 되면 그 차이가 분명해질" 것이라고 말한다.

"책망할 것이 없는" 자로 나타날 날로 긍정적으로 묘사된다(5:5도 보라). "그날"은 구약성경에 그 배경이 있고 심판의 때를 내다본다.[14] 그날과 종말론적 불 심판이 연계되어 있는 내용이 이사야서 66:15-16, 스바냐서 1:17-18, 말라기서 3:2-3에서 확인된다. 신약성경에서는 그 '날'이 그리스도가 구원하고 심판하시기 위해 재림하시는 날이다.[15]

13절(12절의 조건절의 귀결절)은 바울이 각 사람의 공적이 "나타날"[φανερός, 형용사(바울이 최후의 심판 날을 언급할 때 4:5에서 동사 φανερόω가 나타남)] 것이라고 말할 때 가리키는 의미를 더 깊이 전개한다. 바울이 이렇게 말하는 기초(γάρ)는 그날이 '공적을 밝히는'(δηλώσει) 날이라는 것이고, 이것이 일어나는 이유(ὅτι)는 집을 세우는 일과 집의 재료가 어떠한지가 불로(ἐν πυρί는 도구적 용법이다) 드러날 것이기 때문이다.[16]

처음부터 불은 성경에서 거룩하고 자신을 심판자와 구주로 계시하는 하나님의 두려운 임재와 연계되었다. 하나님은 제물로 바쳐진 짐승 조각 사이로 지나가셨을 때 아브라함과 맺은 언약 관계를 맹세하셨다(창 15:17). 하나님은 소돔과 고모라를 불로 심판하셨다(창 19:24). 하나님은 떨기나무 불꽃 안에서 모세에게 나타나셨고(출 3:2), 시내 산에서는 불 가운데 강림하셨다(출 19:18). 히브리서 12:29에서 하나님은 "소멸하는 불"로 지칭된다. 그러므로 신약성경에서 불이 심판하거나 시험한다고 말하는 것은, 주님이 심판하고 시험하실 것이라고 말하는 것과 같다. 하지만 그것이 지옥 불의 심판을 가리키는 것이 아닌 것은 이 불이 선한 자를 드러내기도 하기 때문이다(참고. 벧전 1:7). 여기서 말하는 장면은 요한계시록 3:18에서 말하는 것과 같다. 요한계시록 3:18에서 예수님은 라오디게아 교회에 "내게서 불로 연단한 금을 사라"고 권고하신다. 어떤 금이든 품질을 결정하려면 시금(試金) 과정을 거쳐야 하는 것처럼, 그리스도의 교회를 세우는 사역의 질도 그분이 오실 때 주님께 시험을 거친다. 이것은 분명히 십자가에 못 박히신 그리스도의 터 위에 세운 공적(사역)의 질을 증명할 것이다["어떠한 것", ὁποῖος(대명사)].

3:14-15 만일 누구든지 그 위에 세운 공적이 그대로 있으면 상을 받고 누구든지 그 공적이 불타면 해를 받으리니 그러나 자신은 구원을 받되 불 가운데서 받은 것 같으리라(εἴ τινος τὸ ἔργον μενεῖ ὃ ἐποικοδόμησεν, μισθὸν λήμψεται· εἴ τινος τὸ ἔργον κατακαήσεται, ζημιωθήσεται, αὐτὸς δὲ σωθήσεται, οὕτως δὲ ὡς διὰ πυρός). 여기서 논증은 이전 두 구절로부터 계속되는 것이다. 그러므로 바울은 공적이 지속되는, 즉 시험에 견디는 건축자는 상을 받을 것이라고 지적한다. 공적이 '불타는'[17] 건축자는, 비록 구원받을지라도 해를 받을 것이다. 따라서 여기서 두 번째와 세 번째 단순 조건문은 바울의 말을 상술하는 역할을 한다. 불로 행하는 이 심판이 있는데도 바울이 앞에서 고린도 교회가 하나님의 백성이라고 제시한 가르침을 취소하지 않는 것은 주목할 만하다. 공적이 불타면 어떤 선생이 "자기는"(αὐτός) 구원받을 것이라고 말할지라도, "오직 불 가운데서(through)"[18] 구원을 받는다. 다시 말하면 그 기독교 선생은 그리스도인이고, 하나님은 신실한 분이

14. 예컨대 사 34:8; 렘 46:10; 욜 2:11; 3:14을 보라. 또한 이후 자료에서 Psalms of Solomon 15:4-6과 2 Baruch 48:39-41도 참고하라.

15. 예컨대 고전 1:8; 5:5; 눅 17:30; 롬 13:12; 살전 5:4; 벧후 3:10을 보라.

16. 13절에서 "불로 나타내고"라는 말은 나타날 "공적"이 아니라 "그날"을 가리킬 것이다. 특히 Robertson, Plummer 공저, *First Corinthians*, 63; Barrett, *First Corinthians*, 88이 그렇게 말한다. 이것은 그"날"이 살후 1:7-8; 2:8; 단 7:9-11에서 불로 나타내는 것으로 묘사된다는 점을 근거로 주장된다. 또한 "이는"이 "공적"을 가리킨다면 그다음 절은 중복되는 것이다. 그러나 그다음 절 "그 불이 각 사람의 공적이 어떠한 것을 시험할 것임이라"는 말은 설명적 문장으로 간주될 수 있다는 견해도 있다. Fitzmyer, *1 Corinthians*, 199에 따르면, "공적" 자체("어떠한 것")를 그날 자체가 아니라 불 심판에 의해 나타나는 것으로 보는 것이 더 자연스럽다.

17. κατακαίω('불태우다')의 미래 수동태는 그 일이 일어날 때를 바라본다.

다(1:8-9). 하지만 그는 간신히 구원받을 것이다. 불타는 것은 선생이 아니라 그의 공적(사역)이다. 여기서 관련 당사자가 "구원받는"(σωθήσεται) 것을 언급하는 것은 하나님의 최후 심판 앞에서 받는 구원을 암시한다. 빈약한 공적이 사람의 구원을 무효화하는 것은 아니다. 구원은 복음을 전하는 자의 사역에 달려 있을 수 없다. 그러므로 분명히 "구원" 자체는 여기서 바울이 염두에 둔 상이 아니다.

상과 해의 문제는 많은 논란을 불러일으켰지만 여기서는, 3:8에서처럼 상 또는 '삯'을 바울의 종말론적 관점 안에 있는 것으로 보아야 한다(아래의 설명을 보라). 하나님의 신실한 백성의 소망과 기대는 그리스도가 오실 때 상을 받으리라는 것이다. 뒤에서 바울은 자신이 목표로 삼은 "상"에 대해 말한다(9:24-27에 대한 설명을 보라). 그러나 이것은 끝이 오기 전에 이 세상에서 상을 받는 것을 부정하는 말이 아니다. 치암파(Ciampa)와 로스너(Rosner)가 이것을 다음과 같이 잘 요약한다. "신실한 섬김에 대한 상은 주인의 기쁨과 신뢰에 있고, 이것은 더 큰 책임이 맡겨지는 결과를 낳는다."[19]

심층 연구

어떤 상인가?

모든 구원과 하나님 앞에 서는 것이 전적으로 은혜라는 성경의 가르침을 굳게 지켜온 그리스도인은 상, 특히 복음 사역에 주어지는 상 관념에 종종 의문을 던졌다. 3:14-15의 특수한 문맥에서 상의 형태는 명시되어 있지 않다. 이로 인해 바울이 말하는 상이 무엇인지에 대해 다양한 견해가 등장했다.

첫째, 이 본문은 연옥 관념을 소개하는 것이 아님을 주의하는 것이 중요하다. 우리가 누군가 찬동하는 연옥 교리에 관해 뭐라고 말할 수 있든 간에, 바울이 여기서 불로 시험받는 대상으로 다루는 것은 사람이 아니라 행위다. 여기서 불은 (마치 하나님이 불을 사용하셔서 이전에 결함이 있었던 것을 좋은 것으로 만드는 것처럼) 행위를 순결하게 하는 것이 아니라, 불에 타버릴 수 있는 행위를 심판하는 것이다.[20]

둘째, 이 본문은 어쨌든 바울이 은혜에 관해 말한 모든 내용을 조금도 저해하지 않는다. 만약 건축자가 불타지 않고 계속 남아 있는 재료로 건축한다면, 그것은 오직 은혜로 그렇게 하는 것이다. 그들은 단순히 하나님이 자신의 종으로 행하도록 부르시고, 또 행할 수 있는 능력을 주셔서 구비시키셨기 때문에 그 일을 행하는 것이다. 어쨌든 바울은 8절에서 농부의 삯(상)에 대해 말했고, 9절에서는 일꾼, 밭, 집이 다 하나님께 속했다는 사실을 강조했다. 7절에서 바울은 자라게 하시는 이가 오직 하나님이라는 사실을

18. 여기서 διά+소유격 구성은 어떤 곳을 '통과하는'(through) 것을 의미한다(참고. 벧전 3:20). Robertson, Plummer 공저, *First Corinthians*, 65는 이렇게 말한다. "불은 그 효력이 너무 빠르므로 일꾼은 안전을 위해 불을 급히 통과해야(through) 한다."

19. Ciampa, Rosner 공저, *First Corinthians*, 157.

20. 로마가톨릭교회 관점에 따라 연옥 교리 및 그 교리와 이 구절의 관계를 다루는 것은 George T. Montague, *First Corinthians*, Catholic Commentary on Sacred Scripture (Grand Rapids: Baker, 2011), 75-76을 보라(Montague는 이 구절이 연옥에 관한 어떤 사실을 계시한다고 믿지 않는다). Fitzmyer, *1 Corinthians*, 201도 마찬가지다. 그러나 이 구절은 중세 로마가톨릭의 다양한 문서에서 연옥 교리를 지지하는 본문으로 사용된다. 현대 교회에서는 *The Catechism of the Catholic Church*, 2차 편집 (Vatican City: Libreria Editrice Vaticana, 1994), para. 1031n607에서 고전 3:13이 연옥 교리를 지지하는 성경적 증거로 인용된다.

분명히 했다. 더 나아가 바울은 15:58에서 오직 주안에서 그 수고가 헛되지 않을 것이라고 주장한다. 그러나 "해"나 "상"의 본질은 쉽게 정의되지 않는다.

복음 전파는 그 자체가 상이고, 이것이 바울이 여기서 암시하는 사실의 한 부분이라고 주장되었다. 또 오직 상은 "자원하는" 사역에 대해 주어져야 의미가 있고, 그러지 않으면 상은 "삯"으로 간주된다는 주장도 있었다.[21] 그러나 9장에서 자신의 "상"(24절)에 대해 말할 때 바울은 자신의 사역을 자원하는 것으로 거의 보지 않는다. 오히려 바울에게 복음 전파는 강제로 부과된 의무다(16절). 확실히 "상"(μισθός)과 '해를 받음'(ζημιόω)으로 번역된 말은 경제적 보수를 염두에 둔 문맥에서 사용될 수 있다. 제이 섀너(Jay Shanor)는 이 두 용어가 고대 그리스에서 건축 계약을 할 때 어떻게 사용되었는지 증명했다.[22] 바울이 사용하는 은유가 건축과 관련된 것으로 보아, 이것이 바울이 여기서 두 용어를 사용하는 배경을 제공할 수 있었을 것이다. 그러나 바울이 두 용어를 이런 식으로 사용하여 이와 같이 말할 수 있기는 하지만, 여기서 상에 관해 말하는 바울의 가르침은 하나님의 백성의 종말론적 기대에 대한 그의 이해에서 나온다.

바울은 자신이 목표로 하는 "상"을 종말론적 기대의 한 부분으로 말했다(9:24–27에 대한 설명을 보라). 아마 우리는 상이나 보상에 대해 다음의 내용보다 더 강하게 말할 수 없을 것이다. 곧, 바울이 4:5에서 말하는 것처럼 선한 행위는 하나님께 "칭찬"(ὁ ἔπαινος)을 받는다. 그러나 다른 곳에서 바울은 또 다른 관념을 제시한다. 거기에서 바울은 자신이 복음을 전한 사람들 자체를 자신의 "자랑의 면류관," 영광, 기쁨으로 볼 마지막 날을 고대하기 때문이다(살전 2:19–20). 이런 의미에서 복음 전파의 결과는 자체로 그 공적이 하나님 앞에 서야 확인되는 마지막 날에 기쁨이나 상의 한 부분이 될 것이다.

마지막 날에 받을 상에 관한 바울의 관점은 복음서에 나오는 그리스도의 가르침과 잘 부합한다. 복음서를 보면 복음 사역과 그리스도를 따르라는 부르심에 대한 충성은 상을 받도록 되어 있다. 몇 가지 비유와 권면하는 일부 본문은 상에 관한 문제를 직접 언급한다. 마태복음 5:12에서 예수님은 박해를 받는 자는 "하늘에서 너희의 상(ὁ μισθὸς ὑμῶν)이 크므로" 즐거워하라고 가르치신다. 마태복음 25:23의 착하고 충성된 종의 비유와 같은 비유들도 동일한 관념으로 결론을 맺는다. "잘하였도다 착하고 충성된 종아 네가 적은 일에 충성하였으매 내가 많은 것을 네게 맡기리니 네 주인의 즐거움에 참여할지어다." 마태복음 6:1과 누가복음 6:35도 상에 대해 말한다. 따라서 바울이 면류관과 상을 기대한다고 말할 때 무엇을 상상하는지 명확히 드러나는 것은 아니지만, 그것은 "네 주인의 즐거움에 참여할지어다"라는 예수님의 말씀으로 잘 요약되는 듯 하다.[23] 그 즐거움 가운데 하나가 마지막 날에 있을 불 심판에서 타지 않고 남아 있는 공적(사역)을 보는 것이다. 마지막 날에 주님 앞에 서는 것에 대한 데살로니가 교회나 고린도 교회의 참된 장면은, 바울이 4:5에서 하나님께 칭송이나 칭찬(ἔπαινος)을 받으리라 언급할 때 상상하는 것이 될 것이다.

---

21. Kistemaker, *First Corinthians*, 114.

22. Shanor, "Paul as Master Builder," 468–69.

23. 마태복음 25:23. 참고. 눅 6:23. 히브리서 12:2은 "그 앞에 있는 기쁨"(ESV)에 비추어 예수님 자신의 생애와 죽음을 증명한다.

말과 삶을 통해 복음을 전파하는 선한 사역을 감당함으로써 신실하게 주님을 섬기면, 바울이 가르치고 예수님이 말씀하는 상을 받는다. 바울은 골로새서 3:23–24에서 이것을 잘 요약한다. "무슨 일을 하든지 마음을 다하여 주께 하듯 하고 사람에게 하듯 하지 말라 이는 기업의 상을 주께 받을 줄 아나니 너희는 주 그리스도를 섬기느니라."[24]

아마 상을 받는 것 반대쪽에는 '해를 입는 것'이 있을 것이다. 빈약한 공적(사역)은 선생의 눈앞에서 사라지고 만다. 주님과 복음을 위해 수고한 평생의 공적이 거의 혹은 전혀 이룬 것이 없음을 볼 때 슬픔과 아쉬움이라는 참담한 마음을 갖게 될 것이다. 이 교훈이 주는 도전은 모든 그리스도인에게 굉장히 중요하다. 십자가 신학(십자가에 못 박히신 그리스도)을 승리주의 신학과 설교자 중심의 교회로 바꿔버린 오늘날 일부 지도자는, 교회가 아무리 크게 성장했다 하더라도 그리고 교인들이 하나님의 은혜로 구원받았다 해도 다음과 같은 상황을 충분히 상상할 수 있다. 곧, 심판 날 다 타버리고 공적이 하나도 남아 있지 않은 것을 보고, '아, 하나님의 은혜로 내가 정말 잘했구나'라고 결코 말할 수 없는 참담한 장면을 그려볼 수 있다. 바울이 증명한 것처럼 마지막 날에 타지 않고 그대로 남아 있어 하나님 앞에 설 공적은 "터"(θεμέλιος, 3:10–12) 위에 적절하게 세워진 집이다. 오직 그런 공적만이 진실로 하나님이 백성을 통해 이루신 은혜의 사역이 될 것이다. 9:18에 대한 설명도 추가로 보라.

3:16 너희는 너희가 하나님의 성전인 것과 하나님의 성령이 너희 안에 계시는 것을 알지 못하느냐(Οὐκ οἴδατε ὅτι ναὸς θεοῦ ἐστε καὶ τὸ πνεῦμα τοῦ θεοῦ οἰκεῖ ἐν ὑμῖν;). 바울은 네 번째이자 마지막인 가장 준엄한 조건문(17절)을 다루기 전에 잠시 멈추어 고린도 교회가 하나님의 성전으로 간주되고, 그러므로 그리스도 안에서 연합된 모습으로 나타나야 한다는 요점을 다시 강조한다. 고린도 교회가 하나님의 성전인 것은 하나님의 영이 그들 안에 거하기 때문이다. "너희가…알지 못하느냐"(Οὐκ οἴδατε)라는 질문은 수사 의문문이다. 하지만 바울은 확실히 고린도 교인이 자신의 말에 동조할 것을 기대한다. 바울은 고린도전서에서 일부 교인이 "지식"이 있다는 이유로 다른 교인보다 우월하다고 생각하는 것(8:1)을 염두에 두고 약간 비꼬는 의도로 이 질문(Οὐκ οἴδατε)을 여러 번에 걸쳐 사용한다.[25] 이 질문은 대체로 바울이 고린도 교인의 기독교적 삶의 실천이나 행위에 대해 특별히 염려하는 부분에서 사용된다. 이 질문은 고린도 교인이 알고 있으나 삶에서 무시하는 것처럼 보이는 신학적 진술이 나오는 곳에서 종종 제시된다. 그러나 이 수사 의문문의 주된 취지는, 고린도 교회의 일부 신자가 바울의 말의 요점을 분명히 놓치기는 했어도, 바울이 그 말을 누구나 받아들여야 할 근본 신학으로 보았음을 분명히 하는 것이다.

여기서 "성전"(ναός)은 뜰을 포함한 성전 전체 구역이 아닌 건물 자체, 곧 성소를 가리킨다.[26] 이것은 바울이 그리는 하나님께 속한 백성의 모습이다. 하나님의 백성

24. 또한 막 9:41; 눅 6:35–36; 요이 1:8도 보라.
25. 바울은 이 수사적 질문을 특히 6장에서, 곧 2, 3, 9, 15, 16, 19에서 사용한다. 또한 9:13, 24도 보라.
26. 참고. Jdt 4:2: τοῦ ναοῦ κυρίου θεοῦ αὐτῶν ἐταράχθησαν["그들은 그들의 주 하나님의 성전에 대해…깜짝 놀랐다"(NRSV)]

은 하나님의 집이다(3:9). 바울은 하나님이 자신의 성전에 거하시는 것을 하나님의 영이 "너희 안에"(ἐν ὑμῖν, 복수형) 거처를 두었다고 말하는 것으로 설명한다. 나중에 바울은 개개의 교인들에게 음행을 피하라고 당부하고, 개인의 몸이 성령의 전이라고 말한다(6:19). 그러나 여기서 말하는 요점은 이것이 아니다. 여기서 바울은 교사, 지도자, 평신도가 교회의 중요성을 깨닫기를 바란다. 이 깨달음의 열쇠는 성령이 그들 안에 거하시는 것이다. 성령이 그들 안에 거하시기 때문에 그들은 함께 모일 때 "우리 주 예수의 능력"을 경험한다(5:4).

연합에 대한 결정적 논증이 여기에 있다. 고린도 교인은 하나님께 속해 있는 한 성전이고(θεοῦ는 소유의 소유격이다), 함께할 때 그들은 한 성령이 거하시는 곳이다. 그러나 이것은 또한 잘 세우는 것에 대한 결정적 논증이기도 하다. 그들은 하나님이 거하시는 집을 짓고 있다. 이것은 아마 솔로몬의 성전이 매우 조심스럽게 지어져야 했을 때와 같은 함축성을 지녔을 것이다.[27] 이 심상은 바울이 고린도에 세워진 이교 신전 건물에서 찾아낸 심상보다 개연성이 더 크다. 따라서 바울은 리더십에 관한 분열과 파벌과 분쟁이 교회의 삶의 서글픈 현실인 것과, 근본적으로 하나님의 성전으로서 지역 교회의 중요성과 본질에 대한 몰이해를 드러낸다는 것을 증명한다. 따라서 네 번째이자 마지막 조건문에는 가장 준엄한 의미가 담겨 있다.

3:17a–b 누구든지 하나님의 성전을 더럽히면 하나님이 그 사람을 멸하시리라(εἴ τις τὸν ναὸν τοῦ θεοῦ φθείρει, φθερεῖ τοῦτον ὁ θεός). 이 준엄한 경고는 명령과 다름없다. 바울은 여기서 고린도 교회의 일부 지도자를 염두에 두었을 수 있다. 곧, 이전 구절들에서 언급된 지도자보다 확실히 더 심하게 파벌을 만들고 앞장서 분쟁을 일으킨 지도자들을 생각했을 수 있다. 바울은 지도자의 사역이 판단을 받거나 상을 받는 문제에서 시선을 돌렸다. 그리고 이제는 교회를 파괴하는 자는 누구든지 멸망을 당할 것이라고 말한다. 그러나 이 경고는 교회 전체에 주어진다. 어떤 지도자는 자신의 행동으로 멸망당할 수 있다. 그러나 고린도 교회의 많은 교인이 이 세상의 지혜에 미혹을 받고, 교회 안에서 자신의 지위와 소속감과 영예에 대한 욕심으로 특정 지도자에게 치우치는 유혹을 받은 것으로 보인다. 그들 역시 이 모든 것이 얼마나 심각한지 알아야 한다. 지도자는 자신의 설교를 귀담아 듣는 자가 없으면 금방 변하거나 떠날 수 있다. 만약 교인이 그런 위험성을 인정하고, 자기 자신이 아니라 십자가에 못 박히신 그리스도를 전하는 지도자를 찾는다면 그런 지도자를 찾을 것이고, 그때 교회는 다시 건강해질 것이다.[28]

심판에 대한 경고에 이어 '동해보복법' 원리가 이어진다. 여기서 '멸하다'로 번역된 동사(φθείρω)는 허물어지는 집의 심상을 취한다. 귀결절의 미래 시제("멸하시리라")는 각 사람의 행위가 하나님 앞에 드러나리라 말한

27. 17절에서는 성전의 거룩함을 크게 강조한다. 따라서 이 본문은 고린도후서 6:16–18과 쉽게 비교된다. 거기서 바울은 "우리는 살아 계신 하나님의 성전"이라고 말하면서 거룩함을 촉구한다. 그때 바울이 출애굽기 6:7, 레위기 26:12, 예레미야 31:33에서 발견되는 구약성경의 성전 관념에 직접 호소하는 것은 주목할 만하다. N. T. Wright는 거룩함과 하나님의 백성 가운데 거하시는 성령의 임재라는 두 개의 "주된 그리고 긴밀하게 결합된 주제"가 어떻게 바울의 가르침을 관통하는지 어느 정도 상세히 제시한다. 라이트가 분명히 증명하는 것처럼, "'에클레시아'의 거룩함이 본질상 바울의 긍정적 상징 세계의 핵심 요소가 되고…이 공동체는 바울이 예루살렘 성전 자체를 사전 표지로 본 변화된 새 실재다"(Wright, *Paul and the Faithfulness of God*, 357–58).

28. Shanor, "Paul as Master Builder," 469–70은 다양한 비문의 내용을 기초로 여기서 멸망 관념(17절, φθείρω)을 "해를 입는 것"으로 이해해야 한다고 주장한다. Shanor는 '멸하다'라는 말은 뜻이 너무 강하다고 주장한다. 일부 고대 건축 계약 문서를 보면 건물에 "해를 입힌"(φθείρω) 일꾼은 "벌금을 물도록"(ζημιόω, 3:15에서처럼) 되어 있었다. 이것이 바울이 이 말을 사용할 때 가리키는 의미일 수도 있고 아닐 수도 있다. 그러나 하나님이 '그 사람에게 해를 입히실' 것이라고 말하는 것은 거의 일리가 없다. 문맥은 이 번역이 인정하는 것보다 더 명확한 종말론적 의미가 있다.

날을 고대한다. 신학적으로 말하면 성경은 다른 곳에서 하나님의 교회는 절대로 정복될 수 없다는 사실을 분명히 한다. 하지만 그 말은 지역 교회가 멸망당할 수 없다는 뜻은 아니다. 바울은 이미 개인에 대해 그들의 공적은 심판받을 수 있으나, 그들 자신은 결국 구원받을 수 있다고 말했다. 그럼에도 그때 있을 멸망은 오직 한 가지, 곧 최후의 심판과 정죄를 의미할 것이다. 요한계시록에서 요한을 통해 주어진 그리스도의 말씀을 보면 바울의 염려를 예증하는 데 도움이 된다. 라오디게아 교회도 고린도 교회의 교만과 오만, 자만과 같은 문제가 함께 있었다. 거기서 예수님은 자신을 사실상 교회 밖에 나와 있는 것으로 묘사하신다. 이 생생한 그림은 자신의 영으로 자신의 성전에 거하셔야 하지만, 들어가지 못하고 밖에서 들어갈 수 있는지 알아보고자 문을 두드리는 교회의 주님을 묘사하는 그림이다(계 3:20). 예수님은 이렇게 경고하신다. "내 입에서 너를 토하여 버리리라"(계 3:16). 라오디게아 교회에 편지를 쓸 때는, 고린도전서 3:17에서와 같이, 아직 '열심을 내고 회개할' 기회가 있다(계 3:19). 이것은 고린도 교회에 주는 강력한 경고로, 고린도 교회에는 의심할 것 없이 참으로 심각한 문제가 있었다.

3:17c–d 하나님의 성전은 거룩하니 너희도 그러하니라(ὁ γὰρ ναὸς τοῦ θεοῦ ἅγιός ἐστιν, οἵτινές ἐστε ὑμεῖς). 바울은 추가로 설명이 필요한 것처럼 16절에서 나온 자신의 논증을 확대하고 그것을 요약 형태로 다시 제시한다. 곧, 성전이 거룩한 것은 그곳에 하나님이 거하시기 때문이다. 이어서 바울은 "너희도 그러하니라"(You are that temple, 참고. 3:9, 16)고 강력히 천명한다. 여기서 복수형 관계 대명사(οἵτινές)는 문법적으로 쉽게 이해되는 말이 아니다. 이 말은 이전 절에서 "성전"(단수형)을 직접적인 지시 대상으로 취하지만 더 거슬러 올라가면 그 성전을 구성하는 자, 즉 "너희" 고린도 교인(16절)을 가리키기 때문에 (견인 용법에 의해) 복수형이 된다. 두 번째 절의 "너희"(ὑμεῖς)는, 2인칭 복수형 동사를 가진 헬라어에서는 불필요하므로 강조 용법이다.

이 구절에서 바울이 전하는 말에 추가된 것은 바울이 성전을 '거룩하다'(ἅγιος)고 묘사한 것이다. 그것은 확실히 이 부분 전체에 걸쳐 함축되어 있다. 하나님이 어디에 계시든 그곳은 항상 거룩하다(16절에 대한 설명을 보라). "성전"(ναός)은 '지성소'를 포함하고(예를 들어, 출 26:33; 레 16:2), 지금은 지성소에 주의가 집중되어 있다. 성전을 더럽히는 자를 멸하는 것에 함축된 신성모독은 더 설명할 필요가 없다. 바울의 경고는 심각하다.

적용에서의 신학

1. 오직 십자가에 못 박히신 그리스도만 아는 것

이 부분에서 바울은 "예수 그리스도와 그가 십자가에 못 박히신 것"(2:2)이 교회 사역에서 함축하는 바를 더 상세히 제시했다. 따라서 하나님이 세상에서 일어나는 모든 일을 보고 식별하신다는 것을 우리가 깨닫게 되면, 이 구절들(3:10–17)은 기독교의 모든 사역에 근본적으로 도전한다. 복음 전파 사역이 하나님의 심판 앞에서 굳게 설 수도 있고 그러지 못할 수 있다는 점은, 선포된 메시지의 초점뿐만 아니라 복음 전파 사역의 적용 전략도 조심스럽게 다루어야 함을 암시한다. 바울이 여기서 전하는 말은 현대 교회에 아주 다양한 형태로 적용할 수 있다. 교회 지도자는 누구를 막론하고 자신을 먼저 돌아보아야 한다. 교인들 앞에서 십자가에 못 박히신 그리스도만 아는가? 여기서 두 가지 평가가 자신을 검토하도록 어느 정도 자극할 수 있다. 요즘 많은 지역에서 특히 젊은 사역자가 기존 교회에서 목회하는 것보다 교회를 개척하는 것을 더 선호한다. 때때로 교회 개척이 사람들을 그리스도께 인도하고 양적으로 교회가 성장하는 가장 빠른 길이라고 믿기 때문에 그 의도는 무척 좋다. 그러나 나는 교회를 개척하는 사람 가운데 교회 생활을 자신의 기호에 맞게 설계함으로써 자신만의 목회 방식을 만들어내는 이를 더러 만났다. 한 지역의 인구 실태 조사에서부터 기금 모금 방법과 좋아하는 음악 형태에 이르기까지 모든 것에 관해 많은 질문이 제기된다. 심지어는 복장 규정에 대해서도 질문이 제기된다. 이런 질문들을 다루는 긴 토론회에서는 다음과 같이 단순하고 가장 기본적인 질문은 배제된다. '예수 그리스도가 이 교회의 유일한 터인가?' 단순히 개척 교회만이 아니라 많은 기존 교회도 담임목사와 그의 비전을 중심으로 교회가 운영된다. 만약 이것이 십자가에 못 박히신 그리스도 외에 아무것도 알지 않기로 하는 비전이라면 하나님이 칭찬하실 것이다. 그러나 진정으로 자기 자신과 교회에 관해 이 질문을 하려면 겸손한 자세와 종의 마음이 요구된다. 체계가 잘 잡힌 교회에 속한 사람에게도 이와 똑같은 질문이 제기되지만, 종종 다른 방식으로 제기된다. 많은 교회가 몇 년이 지나면, 특히 시간이 오래 지날수록 상대적으로 기름칠이 잘된 기계가 된다. 그 온전한 '기계'는, 모든 전통과 함께 그리고 종종 '변화를 요하는 것은 아무것도 없다'는 은밀한 오만함과 함께, 여전히 그 교회가 모든 사역에서 십자가에 못 박히신 그리스도 외에는 아무것도 모르는지 정직하게 질문하는 것을 심각하게 방해할 수 있다.

2. 지역 교회

특히 오늘날 서양 교회에서는 많은 교인이 지역 교회의 중요성에 대한 의식을 완전히 상실해버렸다. 교회는 하나님이 거하는 성전으로 택함 받고 세상에 참된 삶의 길을 제공하는 공동체라는 관념이 거의 모두 사라졌다. 많은 교회가 교인들이 불편하지 않도록 또는 식사 시간에 너무 늦지 않도록 70분 정도 짧게 진행되는 주일 예배를 제공하는 것으로 그친다. 십자가에 못 박혀 죽으시고 부활하신 왕이신 주님이 자신의 영으로 거하시고 새 하늘과 새 땅을 미리 맛보는 새로운 사회를 제공하신다는 바울의 주장은 거의 알려지지 않는다. 바울 당시의 고린도와 마찬가지로 오늘날도 주변 세상의 가치와 우선순위가 사람들의 사고를 지배한다. 그로 인해 하나님이 거하시는 곳의 지역 표시가 무너질 수 있는 위험성이 심각하게 대두된다.

3. 다른 이가 심은 곳에 세움

하나님 백성의 지도자들이 다양한 은사와 부르심을 받았음을 인정하는 일은 실제로 언제나 힘들었다. 모세, 아론, 미리암 사이의 관계로 야기된 문제(민 12장)는 성경에 나오는 많은 사례 가운데 하나에 불과하다. 교회 사역자와 지도자들에게 주님의 다른 부르심이 있음을 인정하는 것이야말로 어느 교회든 성장의 결정적 요소다. 그 때문에 바울이 자신은 고린도에 교회를 심으라는 부르심을 받았고, 아볼로는 고린도 교회에 들어와 다음 단계로 고린도 교인의 영적 성장을 감당하라는 다른 부르심을 받았다는 사실을 제대로 인정하는 것은 참으로 감동적인 한 사례다. 또한 종종 이것을 인정하려면 교회나 지도자에게 겸손함이 요구된다. 어떤 사람은 교회를 심으라(개척하라)는 부르심을 받을 수 있고, 다른 사람은 기존 교회에서 '담임' 목사로 사역하라는 부르심을 받을 수 있다. 또 다른 사람은 복음 전도자로 부르심을 받을 수 있으나, 또 어떤 사람은 양떼를 양육하는 자로 부르심을 받을 수 있다. 우리는 신약의 다양한 곳에서 이런 일이 일어나는 것을 확인할 수 있다. 특히 이 본문뿐만 아니라 사도행전 6장과 같은 본문에서도 나타난다. 실제로 어떤 이는 복음을 전하는 은사를 받고, 다른 이는 사람들에게 개인적으로 복음을 해설하고 가르치는 은사를 받았다. 또 다른 이는 목회 사역에 능숙하게 복음을 적용하는 은사를 받았다. 종종 지도자가 최소한 이 가운데 어떤 일 또는 모든 일을 행할 수 있다는 사실이 다음의 질문을 자문하지 않았다는 사실을 의미해서는 안 된다. '하나님은 어디로 당신을 부르시고, 무엇을 위해 당신에게 진실로 은사를 주셨는가?' 교인들도 이 질문을 주의 깊게 성찰할 필요가 있다. 교회를 심은 자는 정말 겸손하게 자신의 특별한 은사를 제한해야 할 때를 잘 알고, 그리하여 '아볼로들'이 들어와 '물주는' 일을 행하도록 허용할 때를 제대로 알고 있는가? 교회는 그들이 사랑하고 그들 가운데 많은 이를 회심으로 이끈 지도자와 결별할 수 있는가, 아니면 그 사람의 '집단'에 충성하는가?

4. 하나님의 은혜로운 상

앞에서는 상으로 생각하기가 힘들지만 지금까지 우리가 받은 모든 것이 하나님께 속해 있고 오직 하나님의 은혜로 주어졌다는 것을 이해한다고 지적했다. 확실히 그리스도의 종(일꾼)으로 겸손하게 순종함으로써 그리스도를 위해 수고하는 가장 큰 동기는, 그분이 우리를 위해 행하신 모든 것을 아는 것이다. 우리의 가장 깊은 동기는 사랑에 대한 반응이다. 이 동기에서 하나님을 사랑하고 이웃을 사랑하라는 두 가지 '대'명령이 나온다. 하나님이 우리를 위해 행하신 것은 본받아야 할 일이고, 하나님이 먼저 우리를 사랑하셨다. 그러나 이 맥락에서 성경은 상에 관해 말한다. 이 상을 주를 위해 살고 행하는 것에 대한 부가적인 동기로 무시하는 것은 잘못이다. 이 상은 이미 그리스도인이 된 자에게 주어진다. 말하자면 하나님의 은혜로 구속받고 그분을 섬기는 일에 참여하는 자에게 주어진다. 그리스도인에게 중요한 문제는 겸손한 종의 길에는 책임이 따른다는 것이다. 하나님이 현세에서 어느 정도 평가하시고, 또 "그 날"에 온전히 평가하시는 것은 하나님이 정하신 책임에 대해 우리가 보이는 반응이다. 바울이 이 부분에서 '해를 입는 것'과 "상"에 관해 제시하는 가르침은 우리가 (은혜로) 받은 은사를 주를 섬기는 일에 적절히 사용하는 것이 참으로 중요하다는 점을 상기시킨다. 에베소서 2:10에서 바울이 "우리는 그가 만드신 바라 그리스도 예수 안에서 선한 일을 위해 지으심을 받은 자니 이 일은 하나님이 전에 예비하사 우리로 그 가운데서 행하게 하려 하심이니라"고 말하는 것과 같다. 우리가 하나님이 만드신 작품이 된 것은 하나님의 은혜로 이루어진 일이다. 우리가 "그리스도 예수 안에서 선한 일을 위하여 지으심을 받은" 것은 하나님의 은혜로 이루어진 일이다. 하나님이 우리가 행하도록 전에(미리) 준비하신 것은 하나님의 은혜로 이루어진 일이다. 고린도전서에 따르면 하나님이 우리에게 "은사"를 주셔서 이처럼 행하게 하신 것은 하나님의 은혜로 이루어진 일이다. 그리고 우리가 부르심을 진지하게 받아들이고, 하나님이 자기 백성에게 상을 주기를 정하시는 것도 전적으로 하나님의 은혜로 이루어진 일이다. 이 상은 그리스도가 오실 때 주어질 것으로 기다리는 언약의 복에서 확인할 수 있다. 여기에는 그리스도를 "얼굴과 얼굴을 대하여" 보는 것과 새 창조를 누리는 것이 포함될 것이다. 그 복은 "즐거움"(기쁨)이라는 단어로 가장 잘 요약된다(마 25:23; 눅 6:23). 히브리서 저자는 예수님도 "기쁨"에 동기를 자극받아 십자가에 못 박히신 그리스도가 되심으로써 자신의 부르심을 성취하셨다고 말한다. "믿음의 주요 또 온전하게 하시는 이인 예수님을 바라보자 그는 그 앞에 있는 기쁨을 위해 십자가를 참으사 부끄러움을 개의치 아니하시더니 하나님 보좌 우편에 앉으셨느니라"(히 12:2). 그러나 예수님의 가르침에는 주의 종으로서 맡은 책임을 충실하게 감당한 것에 대한 상이 미래에 더 큰 책임을 부여받는 것으로 주어진다는 점도 암시되어 있다. 이것 역시 큰 기쁨이 될 것이다. 하지만 그것은 결코 '내가 얻어낸 것' 또는 어떤 면에서 공로를 쌓는 일의 문제로 간주될 수 없다. 오히려 그것은 아직 나타나지 않은 하나님의 은혜의 또 다른 영광스러운 국면이며, 이는 하나님이 부르신 대로 사는 사람이 되라는 도전으로 남아 있다.

9 CHAPTER

고린도전서 3:18-4:5

문학적 전후 문맥

바울은 닦여야 할 유일한 터, 곧 예수 그리스도에 관해 말했다. 사람들은 이 터 위에 조심스럽게 집을 세워야 한다. 왜냐하면 그 집은 하나님의 성전이고, 고린도 교인이 바로 그 성전이기 때문이다. 분쟁을 일으키고 하나님의 백성을 갈라놓는 것은 위험하다. 건축자는 책임을 져야 할 것이다.

3:18-4:5에서 바울은 지금까지 전개한 자신의 논증을 한데 묶는다. 바울은 먼저 교인들이 (세상 사람의 눈으로가 아니라) 하나님 앞에서 자신을 적절하게 판단해야 한다고 경고한다. 이어서 기독교 선생들을 평가하는 올바른 방법을 제시하며, 특히 바울이 전하는 말을 당시 기독교 선생들이 그를 어떻게 판단했는지에 적용한다. 바울이 전하는 모든 말의 종말론적 배경이 여기서도 계속된다. 그리스도가 재림하실 때 행할 심판은 모든 것을 드러낼 것이다. 바울은 3:10-17을 기반으로 이 심판이 행해질 때 각 사람이 하나님의 칭찬으로 받을 상이 포함되어 있다는 점을 증명한다(4:5). 이 요약에서 바울의 문체가 약간 바뀐다. 연속적인 다섯 개의 명령, 곧 권고가 이어지고 이 권고는 각각 바울이 지혜, 자랑, 판단과 같은 문제에 관해 앞에서 가르친 것에서 나온다. 세 개의 권고는 고린도 교인이 자신을 어떻게 평가해야 하는지와 관련되어 있다. 바울은 두 지혜의 대조로 되돌아가 고린도 교인이 스스로 속아서는 안 된다고 말한다. 고린도 교인이 지혜롭게 되기를 바란다면 미련한 자가 되고 자랑해서는 안 된다. 두 개의 추가 권고는 고린도 교인이 바울과 사도들을 어떻게 평가해야 하는지와 관련되어 있다. 바울과 사도들은 그리스도의 일꾼(종)으로 여겨져야 한다. 고린도 교인은 그리스도가 재림하시기 전에 지도자인 바울과 사도들을 판단해서는 안 된다. 고린도 교인이 자신의 지도자를 어떻게 판단하는지의 문제로 돌아감으로써 그리고 특히 그들과 자신의 관계 문제를 다룸으로써, 바울은 4:6-21에서 전개될 내용의 기반을 마련한다. 이 요점은 4:16에서 "너희는 나를 본받는 자가 되라"는 말로 분명하게 나타난다.

IV. 온전한 그리스도인은 하나님의 지혜를 구함(2:6–4:21)
- A. 바울이 하나님의 지혜를 선포함(2:6–13)
- B. 하나님의 지혜가 "신령한" 자의 특징임(2:14–16)
- C. 고린도 교인이 영적으로 온전하지 못함(3:1–9)
- **D. 지혜로운 지도자는 영적 분별력을 가지고 행함(3:10–4:21)**
  1. 예증: 집과 지혜로운 건축자(3:10–15)
  2. 하나님의 영이 거하는 하나님의 성전으로서의 집(3:16–17)
  3. ➦ **리더십은 하나님의 지혜에 비추어 확인됨(3:18–23)**
  4. **지혜로운 지도자는 오직 하나님의 칭찬을 받음(4:1–5)**
  5. 따라야 할 본보기인 바울과 아볼로(4:6–21)

V. 신령하지 못한 지혜는 중대한 죄를 낳음(5:1–6:20)

주요 개념

고린도 교인은 스스로 내세우는 지혜와 그들이 좋아하는 일부 지도자에 대한 자랑을 잊고, 그리스도께 속한 자라는 지위를 적절히 평가해야 한다. 나아가 고린도 교인은 교회 지도자 역시 충성된 자로 섬겨야 할 종으로 그리스도께 속해 있음을 인정해야 한다. 그리스도가 그들의 주님이시므로 오직 그분만이 판단하실 수 있다. 그러므로 고린도 교인은 그리스도가 재림하시기 전에 그분의 영역을 침범해서는 안 된다. 지혜로운 지도자는 하나님의 칭찬을 받을 것이다.

번역

고린도전서 3:18-4:5

18a	1차 권고	**아무도 자신을 속이지 말라**
b	조건(조건절)	너희 중에 누구든지 이 세상에서 지혜 있는 줄로 생각하거든
c	2차 권고(귀결절)	**어리석은 자가 되라**
d	목적	그리하여야 지혜로운 자가 되리라
19a	권고의 기초	**이 세상 지혜는** 하나님께 **어리석은 것이니**
b	입증/증명	기록된 바

c	성경인용 1	하나님은 지혜 있는 자들로 하여금 자기 꾀에 빠지게 하시는 이라 하였고 (욥 5:13)
20a		또
b	성경인용 2	주께서 지혜 있는 자들의 생각을
c		헛것으로 아신다 하셨느니라(시 94:11, LXX 93:11)
21a	추론	그런즉
b	3차 권고	**누구든지 사람을 자랑하지 말라**
c	권고의 기초	**만물이 다 너희 것임이라**
22a	목록	바울이나 아볼로나 게바나
b		세계나 생명이나 사망이나
c		지금 것이나 장래 것이나
d	반복	**다 너희의 것이요**
23a	단언	**너희는 그리스도의 것이요 그리스도는 하나님의 것이니라**
4:1a	4차 권고	**사람이 마땅히 우리를…여길지어다**
b	방식	그리스도의 일꾼이요
c	확대	하나님의 비밀을 맡은 자로
2a	위치	그리고
b	단언	**맡은 자들에게 구할 것은 충성이니라**
3a	행위	너희에게나
b	행위	다른 사람에게나
c	단언	**판단 받는 것이 내게는 매우 작은 일이라**
d	단언(심화)	**나도 나를 판단하지 아니하노니**
4a	단언	**내가 자책할 아무 것도 깨닫지 못하나**
b	대조	**이로 말미암아 의롭다 함을 얻지 못하노라**
c	궁극적 기초	**다만 나를 심판하실 이는 주시니라**
5a	추론	그러므로
b	시간	때가 이르기 전
c	확대	곧 주께서 오시기까지
d	5차 권고	**아무 것도 판단하지 말라**
e	묘사	그가 어둠에 감추인 것들을 드러내고
f		마음의 뜻을 나타내시리니
g	결과	그 때에 각 **사람에게 하나님으로부터 칭찬이 있으리라**

구조

3:16–17에서 바울은 터이신 예수 그리스도와 일치하지 않는 나쁜 행위로 하나님의 성전을 더럽히는 것의 위험성을 증명했다. 이 부분(3:18–4:5)에서는 바울이 자신이 전하는 말을 함께 묶어 구체적인 상황에 적용한다. 이 부분은 자연스럽게 두 하위 부분(3:18–23과 4:1–5)으로 나누어지고, 바울의 생각의 흐름이 다섯 개의 명령에 암시되어 있다.

첫 번째 하위 부분(3:18–23)은 명령으로 시작되는데("아무도 자신을 속이지 말라", 18절), 여기서 바울의 생각은 두 "지혜"를 비교하는 것으로 되돌아간다. 고린도 교인은 정직하게 자기를 평가하라는 요구를 받는다. 자신을 속이는 것은, 세상의 기준에 지혜로운 것이 하나님께는 어리석은 것이 되는 현실을 바로 보아야만 극복할 수 있다. 추가로 이어지는 두 개의 명령이 이 요점을 강화한다. "어리석은 자가 되라"(18절). "누구든지 사람을 자랑하지 말라"(21절). 세상의 기준에 따라 자신을 지혜롭다고 생각하는 사람은 진실로 지혜로운 자가 되려면 먼저 어리석은 자가 되어야 한다. 인간 지도자를 자랑하고 싶은 자는 누구든 인간 지도자 역시 그리스도께 속해 있다는 점을 명심해야 한다.

두 번째 하위 부분(4:1–5)은 궁극적으로 오직 하나님만이 지혜로운 리더십을 칭찬하실 수 있다는 사실을 증명한다. 이 하위 부분은 고린도 교인에게 그리스도를 섬기는 것에 비추어 사도 리더십을 생각하라고 권고하는 또 하나의 명령으로 시작된다. 이 일꾼들(종들)은 충성된 자로 나타나야 한다. 하지만 그들은 자신의 "주", 오직 그분께 책임을 져야 한다. 바울은 다섯 개의 연속 명령 가운데 다섯 번째 명령에 따라, 판단하는 주체는 그들이 아니라는 적용을 제시한다. 주님은 다시 오실 때 모든 것을 드러내실 것이다.

석의적 개요

- **IV. 온전한 그리스도인은 하나님의 지혜를 구함(2:6–4:21)**
  - A. 바울이 하나님의 지혜를 선포함(2:6–13)
  - B. 하나님의 지혜가 "신령한" 자의 특징임(2:14–16)
  - C. 고린도 교인이 영적으로 온전하지 못함(3:1–9)
  - **D. 지혜로운 지도자는 영적 분별력을 가지고 행함(3:10–4:21)**
    - 1. 예증: 집과 지혜로운 건축자(3:10–15)
    - 2. 하나님의 영이 거하는 하나님의 성전으로서의 집(3:16–17)
    - ➦ **3. 리더십은 하나님의 지혜에 비추어 확인됨(3:18–23)**
      - **a. 아무도 자신을 속이지 말라(3:18)**
      - **b. "어리석은 자"가 되라(3:19–20)**

c. 누구든지 자기 지도자를 자랑하지 말라(3:21–22)
d. 그들은 그리스도의 것이다(3:23)
4. 지혜로운 지도자는 오직 하나님의 칭찬을 받음(4:1–5)
a. 사도들은 그리스도의 일꾼으로 간주되어야 한다(4:1)
b. 그리스도의 일꾼은 충성이 요구된다(4:2)
c. 그리스도의 일꾼은 오직 주에게만 판단을 받는다(4:3–5)
5. 따라야 할 본보기인 바울과 아볼로(4:6–21)

본문 설명

3:18 아무도 자신을 속이지 말라 너희 중에 누구든지 이 세상에서 지혜 있는 줄로 생각하거든 어리석은 자가 되라 그리하여야 지혜로운 자가 되리라(Μηδεὶς ἑαυτὸν ἐξαπατάτω· εἴ τις δοκεῖ σοφὸς εἶναι ἐν ὑμῖν ἐν τῷ αἰῶνι τούτῳ, μωρὸς γενέσθω, ἵνα γένηται σοφός). 바울은 또 하나의 단순 조건문으로 자신이 주장한 주요 문제점을 제시하고 두 "지혜"를 비교하는 주제로 되돌아간다. 따라서 바울은 고린도 교회 안의 개인들(τις)에게 말한다. 여기서 조건절은 사실로 추정된다. 바울은 고린도 교인이 스스로 지혜롭다고 생각하는 것을 알고 있다. 그러나 바울은 여기서 아이러니를 보여주는데, 그 이유는 그가 조건절을 사용하기 때문이 아니라 "이 세상에서"라는 말을 덧붙이기 때문이다.[1] 두 지혜는 정반대다. 각 사람은 서로 다른 편의 지혜를 '어리석은 것'으로 생각한다. 이어지는 부분에서 바울이 분명히 하는 것처럼, 각 사람은 서로 다른 편의 지혜를 거꾸로 뒤집는다. 하나님의 방식으로 사물을 보는 일에서 지혜로운 것은 이 세상에서 어리석은 자가 되는 것을 의미한다. 따라서 쿡(Kuck)이 말하는 것처럼, 바울은 3:18–23에서 "사람의 지혜에 대해 하나님이 판단하시는 관점에 따라 1:18–2:16의 주장을 대부분 되풀이한다."[2]

다섯 개의 명령 가운데 첫 번째 명령인 "아무도 자신을 속이지 말라"(Μηδεὶς ἑαυτὸν ἐξαπατάτω)는 말은 돌발적이고 도전적이다. 이 말은 1:18–3:17에서 말한 것을 전체적으로 요약한다. 여기서 문제점은 사람들이 스스로 지혜롭다고 '생각할' 수 있으나 이것은 그저 자기를 속이는 일에 불과하다는 것이다. 많은 이가 자신의 '지혜'를 뒷받침해주는 공동체를 강조하고, 이것을 자랑하는 것에 만족한다. 그러나 그들은 "이 세상에서 지혜 있는" 것에 관해 말하는 것이고,[3] 하나님은 사실을 완전히 다르게 보신다. 그리스도인으로서 우리는 "그리스도의 마음을 가져야"(2:16) 한다. 바울은 마지막 날과 주의 심판을 견뎌야 하는 것에 관해 말했다(3:10–17). 따라서 하나님 앞에서 자신의 지위에 관해 스스로 속이는 일

1. ἐν+여격 구성은 시간절을 소개하는 역할을 한다.
2. David W. Kuck, Judgment and Community Conflict: Paul's Use of Apocalyptic Judgment Language in 1 Corinthians 3:5–4:5, NovTSup 66 (Leiden: Brill, 1992), 196.
3. 바울은 계속해서 사람들이 하나님을 거부하거나 하나님을 거역하는 "이 세대"의 관점에 따라(1:20; 2:6, 8) 생각한다. 바울은 세상의 영을 받은 자와 하나님으로부터 온 영을 받은 자의 대조를 묘사한다(2:12).

은 심각하게 받아들여져야 한다. 그래서 여기서 '판단'의 주제, 특히 하나님의 심판 주제가 요약된다. 그 심판의 날이 이르고, 그날에 자신의 판단과 다르게 판명될 자가 스스로 '서 있다'고 생각하는 것은 끔찍한 일일 것이다(참고. 10:12).

비록 다른 동사를 사용하기는 하지만, 바울은 6:9과 15:33에서도 고린도 교인에게 속임을 당하지 말라(μὴ πλανᾶσθε)고 권고한다. 이 두 구절에서 문제점은 사람들은 항상 그른 것을 옳은 것으로, 옳은 것을 그른 것으로 생각함으로써 자신을 속일 수 있다는 점이다. 그러나 하나님은 결코 속임을 당하지 않으신다. 15장에는 자신을 속이는 문제가 부활을 중심으로 나타난다. 6:9에서는 도덕 영역에서 자기를 속이는 문제를 다룬다. 바울은 사람들이 참된 지혜에 관해 스스로 속는다면, 의심할 것 없이 다른 많은 영역에서도 스스로 속을 것으로 본다. 바울의 두 번째 명령은 이 문제점을 해결하는 유일한 방법을 제시한다. "어리석은 자가 되라." 즉, 스스로 이 세상에서 지혜 있다고 생각하는 자는 이 세상에 대해 어리석은 자가 되어야 한다. 이제 그 이유가 상술된다.

3:19–20 이 세상 지혜는 하나님께 어리석은 것이니 기록된 바 하나님은 지혜 있는 자들로 하여금 자기 꾀에 빠지게 하시는[4] 이라 하였고 또 주께서 지혜 있는 자들의 생각을 헛것으로 아신다 하셨느니라(ἡ γὰρ σοφία τοῦ κόσμου τούτου μωρία παρὰ τῷ θεῷ ἐστιν· γέγραπται γάρ, ὁ δρασσόμενος τοὺς σοφοὺς ἐν τῇ πανουργίᾳ αὐτῶν· καὶ πάλιν, Κύριος γινώσκει τοὺς διαλογισμοὺς τῶν σοφῶν ὅτι εἰσὶν μάταιοι). 이제 바울은 자신의 요점을 하나님의 관점에 따라 반복한다. 곧, 십자가가 이방인에게 미련한 것으로 보인다면(1:23), 이 세상의 지혜는 하나님께 어리석은 것이다. 여기서 "하나님께"(παρὰ τῷ θεῷ)는 '하나님 앞에서', 즉 '하나님의 심판의 보좌 앞에서'[5]를 의미한다. 이어서 바울은 사람의 지혜가 하나님의 심판 아래 있다는 진리를 증명하기 위해 추가로 두 개의 성경 본문을 인용한다. "기록된 바"(γέγραπται)라는 말에 대해서는 1:19에 대한 설명을 보라. 첫 번째 인용 본문은 욥기 5:13이다(거기서는 분사 ὁ δρασσόμενος가 나타나지 않는다). 이 욥기 본문의 포괄적 문맥은 여기서 바울이 시기와 분쟁 그리고 '어리석은 자'와 '지혜로운 자'에 대해 설명하는 내용과 함께 바울의 목적에 딱 들어맞는다. 거기 보면 엘리바스가 하나님 앞에서는 아무도 옳을 수 없다고 (그릇되게) 주장한다. 그 과정에서 엘리바스는 하나님 앞에서 옳지 않은 자를 "지혜가 없이" 죽는(멸망하는) 자로 (올바르게) 주장한다(욥 4:21). 엘리바스는 "어리석은 자"(주의 뜻을 행하지 않는 자)를 시기로 죽임을 당하는 자로 묘사한다(5:1–2). 이어서 엘리바스는 주께서 "교활한 자의 계교를 꺾으사…지혜로운 자가 자기의 계략에 빠지게 하시며"라고 말한다(5:12–13). 따라서 엘리바스는 욥에게 하나님께 자신의 입장을 분명히 하라고 권고하는데, 이것은 바울이 자신을 속이는 자에게 권고하는 것과 정확히 일치한다.

이어서 바울은 시편 94:11(LXX 93:11)에서 인용한 두 번째 본문을 제시한다. 그런데 바울은 시편 본문의 "사람의"(τῶν ἀνθρώπων)라는 말을 "지혜 있는 자들의"(τῶν σοφῶν)라는 말로 바꾼다. 여기서 자칭 "지혜 있는" 자들의 '어리석음'을 아시는 하나님이 그들의 꾀를 사용하여 그들 스스로 꾀에 빠지게 하신다는 것에 아이러니가 있다. 하나님은 모든 것을 보고 계시고, 그것을 헛것으로

4. "[그가] 자기 꾀에 빠지게 하시는"으로 번역된 분사(ὁ δρασσόμενος)는 '독립 주격' 또는 일종의 '절대 주격'이고, 속담 표현으로 보아야 한다(예를 들어, 벧후 2:22). Dana, Mantey 공저, *Manual Grammar*, 70 (§83[4]). 또한 Wallace, *Greek Grammar*, 55도 참고하라.

5. 이 어구는 다른 곳, 곧 롬 2:11, 13; 갈 3:11; 엡 6:9; 벧전 2:20에서 하나님의 심판 앞에 서는 것을 가리킨다. Kuck, *Judgment and Community Conflict*, 192는 "이 세상의 판단 앞에 서는 것과 하나님 앞에 서는 것은 근본적으로 갈라져 있다"라고 말한다.

아신다. “헛것”(μάταιοι)이라는 말은 모든 지혜로운 계획과 의견의 무익함을 암시한다. 하나님은 그들이 아무것도 이루지 못하고 어디에도 가지 못하는 것을 아신다. 이것은 최종 목표가 십자가에 못 박히신 그리스도를 통해 이루어졌고, 여전히 이루어지고 있는 주님의 지혜로운 계획과 얼마나 대조적인가! 주님은 자신이 예정하신 “날”에 모든 것을 드러내실 것이다.

3:21a–b 그런즉 누구든지 사람을 자랑하지 말라(ὥστε μηδεὶς καυχάσθω ἐν ἀνθρώποις). “그런즉”(so then, ὥστε)[6]이라는 말로 바울이 방금 앞에서 한 말의 결과가 소개된다. 따라서 여기서 우리는 바울이 고린도 교인에게 적용하는 세 번째 명령을 접한다. “누구든지 자랑하지 말라”(μηδεὶς καυχάσθω).[7] 여기서 바울은 1:28–31의 내용을 요약하고 적용한다. 그러나 아울러 1:10에서 처음 당부했던 권고로 되돌아간다. 십자가에 못 박히신 그리스도의 메시지를 진실로 깨달은 자는 어떤 “자랑”이든 주님을 자랑할 것이다. 여기서 바울의 목표는 연합에 있다. 하지만 이 연합은 무엇보다 먼저 하나님과 그분의 길을 아는 것을 의미한다. 그래서 바울은 인간적으로 사람의 지혜에 의존하는 것이 하나님의 백성의 생각에서 제거되어야 하는 이유를 진술할 때 한 번 더 자신의 신학적 기초로 되돌아간다. 그다음 문장은 ‘왜냐하면’으로 시작되는데, 이것은 인간 지도자와 그들의 길을 자랑해서는 안 되는 이유를 암시한다.

3:21c–23 만물이 다 너희 것임이라 바울이나 아볼로나 게바나 세계나 생명이나 사망이나 지금 것이나 장래 것이나 다 너희의 것이요 너희는 그리스도의 것이요 그리스도는 하나님의 것이니라(πάντα γὰρ ὑμῶν ἐστιν, εἴτε Παῦλος εἴτε Ἀπολλῶς εἴτε Κηφᾶς εἴτε κόσμος εἴτε ζωὴ εἴτε θάνατος εἴτε ἐνεστῶτα εἴτε μέλλοντα, πάντα ὑμῶν, ὑμεῖς δὲ Χριστοῦ, Χριστὸς δὲ θεοῦ). 인간 지도자에게 의존하려고 애쓰거나 우월한 영적 집단에 속하기를 바라면, 복음의 영광스러운 빛을 놓친다. 그리스도 안에 있는 하나님의 지혜를 따르는 자는, 처음부터 끝까지 하나님의 백성을 위해 행해진 모든 것을 염두에 둔다. 십자가에 못 박히신 그리스도는 세상의 눈에 미련한 것으로 보일 수 있다. 그러나 이것은 하나님이 생명이나, 사망이나, 지금 것이나, 장래 것이나 자기 백성이 누리도록 계획하신 모든 것을 그들에게 주시기 위한 하나님의 방식이었다. 3장의 이 마지막 두 구절 반(3:21c–23)은 긴밀하게 함께 묶어야 하는데, 그것은 마지막 두 절(“너희는 그리스도의 것이요”와 “그리스도는 하나님의 것이니라”, 23절)이 21c–22절의 의미를 설명하는 데 도움을 주기 때문이다. 21c–22절은 하나님의 백성이 그리스도 안에서 하나님과 그분의 교회에 속해 있음을 발견할 때 그들에게 주어진 특권을 은혜롭게 진술한다.

바울은 예증을 위해 지도자 명단을 다시 제시한다. 그런데 1:12 이후로 여기서 처음으로 베드로가 언급된다. 여기서 베드로를 언급하는 것이 아마 모든 것을 하나로 묶는 데 도움을 줄 것이다. 1:12을 설명할 때 지적한 것처럼, 고린도 교회 안에 바울이나 베드로를 따르는 교인들로 구성된 특수 집단이 있었을 가능성은 없다. 여기서 알아낼 수 있는 것은 이 명단의 범주가 폭넓고 광범위하다는 것이다. 바울은 특정 지도자들에 관해 생각하는 것에서 완전히 벗어나 하나님 백성의 전체 기업이 무엇인지 생각하도록 독자를 이끈다. ‘나는 바울에게 속해 있다’와 같은 개인주의 접근법 대신 ‘만물이 다 너희 것이다’와 같은 말이 교회에 주어진다.

바울과 다른 모든 사람 그리고 다른 모든 것은 교회와 맺은 관계 속에서 이해되어야 한다.[8] 바울은 고린도

6. 이 말은 자주 명령을 소개하는 역할을 한다.
7. 이 단어의 신학적 뿌리는 1:29에 대한 설명을 보라.
8. 영어로는 이 소유격을 속해 있다는 의미에서 소유의 소유격, 곧 ‘만물이 다 너희의 것’(all things are yours)으로 번역하는 것이 자연스럽

교인에게 그들의 지도자를 "그리스도의 일꾼"으로 간주해야 한다고 말할 때(4:1) 이 관점을 전개한다. 이 새로운 관점에 따르면 "만물"은 교회와 맺은 관계 안에서 정의되고, 이것은 궁극적으로 교회가 그리스도 및 하나님과의 관계 속에 있음을 의미한다. 로버트슨이 말하는 것처럼, "교회는 사도들의 재산이 아니다. 사도들은 교회의 일꾼이다."[9] 만물은 하나님이 교회에 대해 품으신 웅대한 목적에 달려 있다. 지도자는 교회를 섬기기 위해 존재한다. 하지만 세상에서 일어나는 일, 곧 생명이나 사망이나, 지금 것이나 장래 것이나(아마 바울은 이 말로 무덤 너머를 가리켰을 것이다) "모든 것"은 하나님의 영이 거하시는 성전인 교회의 유익을 위해 존재한다. 그러므로 그것들은 다 '너희의 것'(πάντα ὑμῶν), 곧 "너희의 유익을 위한 것"이다. 로마서 8장 마지막 부분에서 바울은 그리스도 안에서 하나님의 백성을 하나님의 사랑과 분리할 수 없는 것들을 열거할 때 비슷한 사실을 언급한다(롬 8:35–39). 아마 바울이 여기서 염두에 둔 내용을 가장 잘 요약한 본문은 로마서 8:28일 것이다["우리가 알거니와 하나님을 사랑하는 자, 곧 그의 뜻대로 부르심을 입은 자들에게는 모든 것이 합력하여 선을 이루느니라"]. 따라서 만물이 주의 백성을 섬기므로, 만물은 주께 속한 백성의 것이다.

바울은 고린도 교회의 관점에 따라 설명을 시작했다. 이것은 고린도 교회의 상황이고, 바울은 고린도 교인에서 시작하여 하나님까지 나아간다. 그러나 바울은 하나님부터 시작할 수도 있었다. 바울은 강조하기 위해 3:16–17에서만 "하나님"(θεός)이라는 명칭을 무려 5번에 걸쳐 사용했고, 따라서 이 부분을 "하나님"으로 끝맺는 것은 적절하다. 그리스도는 하나님의 것이다. 그리스도는 하나님의 아들이자 메시아로,[10] 교회를 위해 이 땅에 오시는 분이다. 교회는 그리스도의 것이다. 만물은 하나님과 그분의 아들의 것이므로 교회의 유익을 위해 존재한다. 하나님과 그리스도께 속해 있고 그리스도로 말미암아 생겨난, 하나님과 교회의 관계는 "만물"이 교회를 위해 존재하는 이유다. 그렇다면 이러한 공동체 안에서 어떻게 지위가 중요할 수 있겠는가? 고린도 교인은 그리스도의 것이다. 그런데 고린도 교인은 완전히 잘못 알고 있다. 그리스도인 개개인은 교회의 일부고, 따라서 세상이 줄 수 있는 것을 넘어서는 지위, 곧 "하나님 앞에 설 수 있는 지위"를 지닌다. 그러므로 고린도 교인은 자신이 누구인지 올바르게 성찰해야 한다. 에베소서 1:18에서 바울은 "성도 안에서의 기업의 영광"을 언급할 때, 하나님의 관점에 따라 이 모든 것을 어느 정도 포착한다. 모든 성도는 하나님께 속해 있고, 하나님은 그들을 자신의 영광스러운 기업으로 여기신다. 모든 성도는 하나님을 위해 존재한다.

4:1a–b 사람이 마땅히 우리를 그리스도의 일꾼이요…여길지어다(Οὕτως ἡμᾶς λογιζέσθω ἄνθρωπος ὡς ὑπηρέτας Χριστοῦ). 고린도 교인이 자신이 누구인지 알게 되면, 바울은 3:5–9을 적용하여 그들에게 자신의 지도자로 생각하는 대상을 다시 성찰해보라고 요구할 수 있다. 이 두 번째 요약 부분에서 바울은 교회 리더십에 관해 말하고, 고린도 교인이 자신에 관해 판단하는 특수한 관심사로 범주를 좁힌다. 네 번째 명령(4:1)에서 바울은 '여기다'(λογίζομαι)라는 동사의 현재 명령형을 사용한다. 은유적으로 이 말은 '평가하다, 계산하다, 간주하다'를 의미한다. 이 책은 네 번째 명령의 의미를 제대

다. 그러나 이 소유격은 때때로 헬라어에서 사용하는 관계의 소유격과 구분하기 어렵다(1:12에 대한 설명을 보라). 여기서 바울이 전하는 말의 요점은 "만물"이 하나님께 속한 백성과의 관계에서 그들의 유익을 위해 있고 그들의 이익 속에 있다는 것이다.

9. Robertson, Plummer 공저, *First Corinthians*, 72.

10. 바울은 여기서 성부와 성자의 존재론적 관계를 말하는 것이 아니다. 바울의 요점은 교회와 관련하여 성자가 성부와의 관계 속에서 띠는 기능을 말하는 것이다. 곧, 성자와 성부 사이에 기능적 종속이 있다.

로 전달하기 위해 '사람이…하게 하다'(let a person)로 번역했다. "이것이 사람이 해야 할 방법이다"(this is how one should, RSV, ESV) 또는 "사람이 우리를 (그렇게) 여겨야 한다"(men ought to regard us, NIV)라는 번역은 바울이 전하는 말의 의미를 제대로 전달하지 못한다. 바울은 여기서 고린도 교인이 더 나은 관점으로 사물을 보도록 도울 수 있다고 주장하는 것이 아니다. 오히려 이것이 하나님의 교회 안에 있는 방식이다. 지도자는 그리스도를 위해 일하는 일꾼(종)이다. 따라서 지도자를 일꾼으로 여겨야 한다. "일꾼"과 "맡은 자"(4:1c)는 "우리"와 동격 관계에 있는 절을 소개한다(따라서 헬라어 본문에서는 대격이다). "일꾼"(ὑπηρέτης)이라는 말은 바울 서신 다른 곳에서는 사용되지 않는다. 3:5에서 바울은 더 흔한 말인 "사역자"(διάκονος)라는 용어를 사용했다. 여기서 이 말은 단순히 "하급자"(subordinates)[11]를 의미할 수 있다. 그러나 두 번째 어구("맡은 자", stewards)가 증명하는 것처럼 바울은 그리스도의 집에서 그분을 섬기는 일에 중점을 둔다.

4:1c 하나님의 비밀을 맡은 자로(καὶ οἰκονόμους μυστηρίων θεοῦ). "맡은 자"(οἰκονόμος, '청지기')는 주인의 집안일을 책임졌던 사람이었다.[12] 바울은 여기서 두 가지 목적을 동시에 달성하고자 한다. 바울은 첫 번째로 자신과 다른 사도 또는 지도자들이 그리스도의 일꾼이라는 것, 그러므로 교인들은 그들을 뛰어난 은사를 가졌거나 언변이 유창하다는 이유로 따라야 할 모종의 권위자(guru)로 여겨서는 안 된다는 점을 분명히 한다. 그들은 "주"를 섬기고(4절과 5절), 자기 사역에 대해 주님께 책임을 져야 한다.[13] 그러나 두 번째로 바울은 고린도 교인 사이에서 진정한 사도 리더십을 행사할 수 있는 길을 열어놓고자 한다. 이 두 절은 함께 작용하여 바울이 그 목적을 달성하도록 도움을 준다. 이 두 절은 바울이 명령을 받는 종으로, 그리스도와 그분의 교회를 섬기는 자로 있다는 사실을 강조한다. 그러나 이 두 절은 많은 종을 거느린 집안에서와 마찬가지로, 바울의 위치가 감독이라는 사실도 부각시킨다. 특히 바울과 다른 사도들은 "하나님의 비밀"을 맡은 자다(여기서 θεοῦ는 소유의 소유격이다). 2:7에서 확인된 것처럼, "비밀"(mysteries, 여기서는 복수형)은 특히 이방인을 구원으로 이끄는 것과 관련하여 그리스도 안에서 계시되는 하나님의 구원 목적을 가리킨다. 사도들은 복음 메시지를 들고 십자가에 못 박히신 그리스도 안에 있는 하나님의 "지혜"를 고린도와 세상의 유대인 및 이방인에게 나타냈다. 이것은 하나님의 사명을 맡은 자로 부르심 받은 종으로서 사도들이 감당해야 할 신성한 의무였다. 간단히 말해 사도들은 복음을 전하는 자다.

4:2 그리고 맡은 자들에게 구할 것은 충성이니라(ὧδε λοιπὸν ζητεῖται ἐν τοῖς οἰκονόμοις ἵνα πιστός τις εὑρεθῇ). 한 집안의 청지기는 누구를 막론하고 '충성된'(πιστός) 자로 발견될 것이 기대된다. 여기서 바울은 '하나님이 미쁘시다(신실하시다)'(1:9; 참고. 10:13)는 사실을 돌이켜본다고 할 수 있다. 하나님의 비밀을 맡은 자는 하나님과 같은 자가 되어야 한다. '이곳에서'(in this position, 개역개정에는 번역되어 있지 않음-역주), 즉 그들이 이런 형태의 사역에 참여할 때는 더 많은 것이 요구된다. 동사 '구하다'(요구하다)의 목적어를 제공하는 마지막 절은 3인칭 단수형이다. 이 책의 번역(it is required of stewards that they be found

11. BDAG 1035를 보라. 다른 곳에서, 예컨대 막 14:54; 요 7:32; 행 5:22에서 ὑπηρέτης를 보라.

12. Thiselton의 "재산관리인"(estate managers)이라는 번역은 조금 멀리 간 것 같으나 분명히 이 직무에 대한 책임이 함축되어 있다(1 Corinthians, 336).

13. Clarke, *Secular and Christian Leadership in Corinth*, 122는 바울이 "이 용어를 사용하는 것은 바울이 제시하는 논증의 초점을 다시 한번 사람이 아니라 직무에 맞추는 역할을 한다"라고 말한다.

faithful, '맡은 자들에게 구할 것은 그들이 충성된 사로 발견되는 것이니라'–역주)처럼, 복수형으로 번역하는 것이 아주 자연스럽기는 하다. 하지만 단수형 견해를 따르면 '그가 충성된 자로 발견되는 것이니라'(that one be found faithful)가 될 것이다. 여기서 동사 '발견되다'(εὑρεθῇ, 개역개정에는 이 의미가 "충성이니라"는 말에 포함되어 있음–역주)라는 말은 신뢰성(충성됨)이 그 사역의 자격 요건이고, 맡은 자의 사역을 판단하는 기초라는 점을 암시한다.

일부 영어 번역이 1:9과 4:2에 나오는 πιστός(신실한, faithful)를 각기 다른 말로 번역하는 것은 안타깝다(개역개정에는 1:9은 "미쁘다", 4:2은 "충성"–역주). 그렇게 되면 두 말의 관련성이 사라지기 때문이다. 하나님은 완전히 믿으실 만한 분이라는 점에서 미쁘시다(신실하시다). 그 외에도 하나님은 자신이 행하기로 정하시는 일은 무엇이든 그대로 수행하신다. 사도들도 이 두 영역에서 신실하고(충성되고) 믿을 만한(신뢰할 만한) 자로 발견되어야 한다. 교인들에게서도 어떤 위선이나 언행의 불일치가 발견되어서는 안 되고, 하나님이 행하도록 부르신 일을 행할 때 신실해야 한다. 교인들도 복음을 전하고 십자가에 못 박히신 그리스도와 그것이 삶에 함축하는 것을 교회에서 가르치는 일을 소홀히 해서는 안 된다.

물론 여기서 말하는 내용은 실제로 모든 그리스도인의 다양한 부르심에 그대로 적용된다. 그리스도인은 하나님이 신실하시므로 신실한(충성된) 자로 발견되어야 한다. 그러나 여기서 "맡은 자"(청지기)에 관해 말할 때 바울은 특별히 자신과 다른 사도들 또는 교회의 최고 지도자를 염두에 두었다. 청지기 직분에서 이러한 신실함(충성) 문제는 쉽게 '판단받을' 수 있다. 따라서 바울은 이제 고린도 교인이 이렇게 판단하는 것에 시선을 돌리고, 그의 말을 고린도 교인이 그를 판단해온 방식에 직접 적용한다.

4:3 너희에게나 다른 사람에게나 판단 받는 것이 내게는 매우 작은[14] 일이라 나도 나를 판단하지 아니하노니(ἐμοὶ δὲ εἰς ἐλάχιστόν ἐστιν, ἵνα ὑφ' ὑμῶν ἀνακριθῶ ἢ ὑπὸ ἀνθρωπίνης ἡμέρας· ἀλλ' οὐδὲ ἐμαυτὸν ἀνακρίνω). 바울은 여기서 일부 고린도 교인이 자신을 이미 어떤 종교 재판에 회부한 것으로 여겼다고 주장하는 것이 아니다. 그러나 고린도 교인은 자신의 지도자를 판단했고, 분명히 바울에 관해서도 판단했다. 여기서 "…것이"(ἵνα)는 문장의 종속절을 소개하는 역할을 한다. 부정과거 수동태 가정법 '내가 판단받는'(ἀνακρίνω)이라는 말은 가설적 상황을 말한다.

이렇게 판단할 때 고린도 교인은 아마 또다시 세상의 지혜를 모방했을 것이다. 왜냐하면 세속적인 고린도 사회에는 사람의 정치적인 성공에 대한 평가가 확실히 공개적으로 이루어졌고, 그 평가에 따라 그 사람은 사회 지도자 가운데 한 사람으로 인정받았기 때문이다.[15] 그러나 바울은 관점이 완전히 달랐고, 이 관점은 고린도 교인의 관점이 되어야 한다. 주의 일꾼이자 맡은 자(청지기)인 바울의 최대 관심사는, 자신을 판단할 모든 권리가 있으시고 적절한 과정에 따라 확실히 판단하실 주님이었다(4–5절). 바울의 이러한 관점은 그의 기독론(그리스도는 주이시다)과 그의 종말론(하나님의 심판이 오고 있다)에 깊이 스며들어 있다. 고린도 교인은 자신이 속해 있던 사회의 관점을 따라 신령한 것의 의미에 관한 매우 잘못된 가정을 기초로 공동체 안에서 지위와 위치를 추구했다. 고린도 교인은 지도자들이 받은 은사, 수사 능력 등을 주목했으나 바울은 그들에게 다른 방식, 곧 하나님의 방식을 보여주었다.

2:13에서 바울은 "사람의 지혜"(ἀνθρωπίνης σοφίας)가 가르친 말로 복음을 전하지 않았다고 말했다. 여기서는 사람의 법정(ἀνθρωπίνης ἡμέρας,[16] 개역개정에는 '사람의 법

---

14. "매우 작은"은 ἐλάχιστος를 번역한 것이고, 이 말은 μικρός의 최상급으로 사용된다.

15. Clarke, *Secular and Christian Leadership in Corinth*, 121.

16. 여기서 거의 모든 번역이 채택하는 "날"(Day, ἡμέρα)이라는 말 대신

정, 날'이 아니라 "다른 사람"–역주)이 아니라 하나님이 자기를 판단하실 것이라고 지적한다. 사람의 지혜는 사람의 법정에서 서거나 넘어진다. 하나님의 지혜는 하나님의 법정에서 서거나 넘어진다. 따라서 바울은 이것을 고린도 교인에게 직접 적용하고, "너희에게" 판단받지 않을 것이라고 말한다. 그리고 거기에 '또는 어떤 사람의 법정에서도'(or by any human court, 개역개정에는 "다른 사람에게나"–역주) 판단받지 않을 것이라는 말을 덧붙인다. 이 마지막 절은 "너희에게나"와 동격 관계다. 따라서 바울은 고린도 교인이 사람의 지혜에 따라 살고 판단하기 때문에 그들이 사람의 법정이 되었다는 점을 심각하게 비판한다.

여기서 강한 반의 접속사(ἀλλά)는, 자주 그러한 것처럼 앞에서 제시한 것과 반대되는 관념을 표현하지 않고 추가된 사상을 심화시키는 역할을 한다. 따라서 '사실은'(in fact)으로 번역된다('진실로'도 가능할 것이다). 이제 바울은 더 깊이 나아간다. 바울은 자신도 판단하지 않는다.

고린도전서 전체에 망라된 이 중요한 판단 주제는 이미 검토했고, '판단하다'(ἀνακρίνω)라는 단어의 용법은 앞에서 설명했다(2:14–15). 바울은 계속해서 신령한 자는 "아무에게도 판단을 받지 아니하느니라"고 말했다(2:15). 그 구절에 대한 설명에서 모든 그리스도인에게 성령이 내주하시므로 어떤 그리스도인이 다른 그리스도인을 '신령하지 않다'고 판단하는 것은 이치에 맞지 않기 때문에, 바울은 모든 그리스도인이 "신령한" 자라는 요점을 제시했다고 주장했다. 여기서 바울은 이 요점을 자신에게 직접 적용한다. 고린도 교인은 두 가지 이유로 바울이 얼마나 '신실한지' 판단할 자격이 없다. 첫 번째 이유는 판단하는 것은 오직 하나님의 권한이기 때문이다. 두 번째 이유는 고린도 교인이 행하는 판단과 평가는 실제로 공동체의 영성과 지위에 대한 세상의 지식에 기반을 두었기 때문이다. 그리스도인은 하나님의 영을 지녔기 때문에 오직 은혜로 그 지위를 차지한다. 그리스도인은 은혜로 주를 위해 수고하도록 부르심을 받았고, 은혜로 주께서 그들을 부르신 일을 하도록 은사를 받았다. 바울은 자신의 주인, 곧 주님 앞에서 서거나 넘어지거나 한다. 바울은 행하도록 부르심 받은 일을 자신이 행한다고 믿는다. 따라서 바울은 자신이 충성된 자로 발견될 것이라고 믿는다. 고린도 교회의 일부 엘리트가 하는 세속적 판단은 결국 바울을 피고석에 앉혀 놓았고, 그들은 바울의 지위에 대해 오직 하나님만이 하실 수 있는 판단을 자행했다.

4:4 내가 자책할 아무 것도 깨닫지 못하나 이로 말미암아 의롭다 함을 얻지 못하노라[17] 다만 나를 심판하실 이는 주[18]시니라(οὐδὲν γὰρ ἐμαυτῷ σύνοιδα, ἀλλ' οὐκ ἐν τούτῳ δεδικαίωμαι, ὁ δὲ ἀνακρίνων με κύριός ἐστιν). 고린도 교회의 일부 엘리트 교인은 바울을 그의 은사, 지식, 지혜, 리더십을 기초로 판단했다. 바울은 이런 요소를 판단의 기초로 삼는 것을 철저히 거부한다. 바울이 맡은 자(청지기)의 직분을 어떻게 감당했는지 판단하는 일은 오직 하나님만 하실 수 있다. 청지기 직분을 생각할 때 바울은 자신이 충성하지 못했다고 생각하지 않았다. 바울이 이러한 자기 의식을 가진 것은 자기 안에 자책할 만한 것이 아무것도 없다고 믿기 때문이다. 그렇다고 해도 바울이 충성된 자로 발견된다면, 그것 역시 주의 은혜로 말미암은 것이다. 바울은 7:25에서 바로 그 점을 말한

'법정'이라는 말로 번역하는 것을 주목하라. 이 본문에서 사람의 '날'은 하나님의 심판의 법정을 가리키는(3:13) 그"날"과 대조 관계에 있다. BDAG 347을 보라. Fee는 유용하게 비슷한 영어 번역으로 "법정에 출두함"(having one's day in court)이라는 말을 제시한다(Fee, *1 Corinthians*, 175).

17. ἐν τούτῳ("이로 말미암아")의 용법에 대해서는 Moule, *Idiom Book of New Testament Greek*, 51을 보라.

18. Colwell이 제시한 규칙은 다음과 같다. 비록 명사 앞에 관사가 붙어 있지 않더라도 (대체로) 동사 앞에 나오는 명사는 한정적 의미를 함축한다.

다. "주의 자비하심을 받아서 충성스러운 자가 된 내가."

여기서 동사 '내가 깨닫지 못하다'(I am not aware of, σύνοιδα)라는 말은 현재 의미를 가진 완료 시제다. 곧, 결여(불완전) 동사다. 이 책이 이 말을 '의식하다'(aware)라고 번역한 것은 함축 의미가 주로 '자기 의식'과 관련되어 있기 때문이다.[19] 여기서 관련성은 단순하다. 바울은 마치 자신이 잘못하거나 죄책감을 느낄만한 어떤 일을 찾아본 것처럼 "내 양심은 깨끗하다"(NIV)라고 말하는 것이 아니다. 바울은 단순히 자신을 평가할 수 있는 한, 자신은 주를 섬기는 일에 충성을 다했다고 말하는 것이다.

그러나 고린도 교인이 내린 판단의 결과로 보면 일부 교인이 "신령한" 자의 범주에서 제외되었거나 사실상 제외될 것이므로, 바울은 아직도 할 말이 남아 있다. 바울이 증명한 것처럼, 고린도 교인과 같이 판단하면 결국 그들은 하나님의 백성의 범주에서 제외될 것이다. 왜냐하면 '신령하다'는 것은 (바울에 따르면) 성령을 소유한 것으로 정의되기 때문이다. 성령을 소유한 자는 주의 것이다. 따라서 비록 고린도 교인이 그럴 의도가 없었을지라도, 결과는 그들이 주께서 오셔서 마지막 날에 하실 심판과 비견되는 판단을 이미 했다는 것이다.

그래서 바울은 심판 날에 관해 생각하고 '의롭다 함을 얻거나' '무죄로 방면되는' 것에 대해 말한다(δεδικαίωμαι는 완료 수동태다. 여기서 행위자는 다음 구절이 증명하는 것처럼 주님이시다). 여기서 최종적으로 중요한 것은 바울의 자기 의식이 아니다. 바울의 자기 의식은 단순히 그가 충성된 자가 되고자 할 때 그의 길을 안내하는 역할을 한다. 중요한 것은 하나님의 판단이고, 그분의 판단에 대해 바울은 오직 그분의 자비와 은혜에 의지해야 한다. 여기서와 다음 구절(5절)에서 바울이 "주"라는 명칭을 사용하는 것을 주목하면 흥미롭다. '오실' 언약의 주로서(5절) 오직 그분께만 심판을 선언할 권세가 있다.

4:5a–c 그러므로 때가 이르기 전 곧 주께서 오시기까지 아무 것도 판단하지 말라(ὥστε μὴ πρὸ καιροῦ τι κρίνετε, ἕως ἂν ἔλθῃ ὁ κύριος). 마지막 날에 있을 주님의 판단이 모든 것을 드러낸다. 그때 주님의 판단은 누가 실제로 주님께 속했는지 드러낼 것이다. 그러나 또한 3:14–15에서 바울이 말한 것처럼, 주님의 판단은 지도자의 사역이 지속적 가치가 있는지 없는지의 여부도 드러낸다. "그러므로"(ὥστε)라는 말은 앞에서 말한 것의 결과와 이 부분에 나온 다섯 개의 명령 중 마지막이자 가장 중요한 명령을 소개한다. 문맥상으로는 "판단하지 말라"(μὴ… κρίνετε)는 명령이 요구되지만 이 동사는 문법적으로 직설법도 될 수 있고 명령법도 될 수 있다. 따라서 "때가 이르기 전"(πρὸ καιροῦ)[20]이라는 말은 그다음에 나오는 "주께서 오시기까지"(ἕως ἂν ἔλθῃ ὁ κύριος)로 부연 설명된다. 이 헬라어 어구는 오시는 때가 정해져 있지 않음을 암시한다.[21] 따라서 바울은 그날에 주님이 하실 활동을 추가로 제시한다.

4:5d–f 그가 어둠에 감추인 것들을 드러내고 마음의 뜻을 나타내시리니 그 때에 각 사람에게 하나님으로부터 칭찬이 있으리라(ὃς καὶ φωτίσει τὰ κρυπτὰ τοῦ σκότους καὶ φανερώσει τὰς βουλὰς τῶν καρδιῶν· καὶ τότε ὁ ἔπαινος γενήσεται ἑκάστῳ ἀπὸ τοῦ θεοῦ). 주님은 자신의 빛을 비추심으로써 '어둠의'(τοῦ σκότους는 묘사의 소유격이다) 것들을 드러

19. 나중에 8장에서 바울은 대체로 "양심"으로 번역하는 단어인 συνείδησις에 관해 많은 말을 할 것이다. 이 책은 8장을 다룰 때 그 말의 더 나은 의미, 즉 코이네 헬라어에서 수시로 발견되는 의미가 "도덕적 양심"으로 생각되는 것이 아니라 '자기의식'이라고 주장할 것이다. 이에 관해 더 깊이 알려면 8:7에 대한 설명 뒤에 나오는 "심층 연구: '양심'(συνείδησις)이라는 말의 의미"를 보라. 또한 Gardner, *Gifts of God*, 42–48도 보라.

20. 전치사 πρό는 소유격을 취하는데, 여기서는 시간적 용법이다.

21. 신약성경 여러 곳에서 접속사 ἕως는 불변화사 ἄν과 함께 부정과거 가정법을 취하고, 불명확한 시간을 암시한다.

내실 것이다. "[우리] 마음의 뜻"(τὰς βουλὰς τῶν καρδιῶν)은 "감추인 것들"(τὰ κρυπτὰ)의 한 부분이다. 이것들은 사람이 공개적으로 살피는 것이 불가능하다. 오직 하나님만이 사람의 마음을 보시기 때문이다. 다시 말하면 하나님은 사람이 주님과 가진 관계의 진실을 드러내신다. 동기와 관심사, 욕구와 욕심이 다 드러난다. 사람의 교만이나 겸손, 타인에 대한 태도 또는 교회를 분열시키거나 연합시키는 열망 등이 역력히 드러난다. 그러나 바울은 이 전체 부분을 긍정적으로 언급하면서 끝맺는다. 3:8과 3:14에 따르면 바울은 그때를 상이 주어질 날로 바라보기 때문이다. 여기서 바울은 또한 그 상이 어떤 것이 될지를 묘사한다. 하나님의 백성에게 그분 앞에서("하나님으로부터", ἀπὸ τοῦ θεοῦ) 칭찬받기를 바라는 것보다 더 좋은 것이 과연 있을 수 있을까! 그때 칭찬을 받지 못할 가능성이 있다는 사실을 설명하기 위해 "칭찬"(ἔπαινος)이라는 말에서 다른 의미를 찾을 필요는 없다. 바울의 가르침을 따르고 그가 제시한 다섯 개의 결론적 명령을 진지하게 취하는 자는 칭찬을 받을 것이다.

이렇게 바울은 자신의 가르침을 고린도 교회에 적용하는 것으로 이 부분을 끝맺는다. 바울은 고린도 교인에게 먼저 그들이 누구인지 성찰하라고 요구했다. 그는 세 개의 명령을 통해 고린도 교인에게 그들이 누구인지 스스로 속지 말고, 세상의 눈에 "어리석은 자"가 되며, 사람을 자랑하지 말라고 말했다. 더 나아가 바울은 고린도 교인이 그리스도의 것이라는 사실을 상기시켰다. 고린도 교인은 하나님께 속해 있고 하나님의 백성이라는 지위를 지니고 있는데, 이것은 그들이 그때까지 상상했던 것을 넘어선다. 이어서 바울은 계속해서 리더십, 특히 자신의 리더십에 대한 고린도 교인의 이해에 관해 말했다. 바울은 나머지 두 개의 명령을 통해 그와 사도들을 "그리스도의 일꾼"으로 여겨야 하고, 그러므로 그들은 주님께 책임을 져야 한다고 주장한다. 그러므로 고린도 교회는 바울을 판단해서는 안 된다. 이것은 마지막 날에 오직 주님이 행사하실 권한이기 때문이다. 주님의 심판석에서 충성된 종에게 내려질 칭찬이 기다리고 있기 때문에, 바울은 격려의 말로 이 본문을 끝낸다.

적용에서의 신학

1. 자기를 속이는 문제

자신을 속이는 일은 인간이 저지르는 가장 흔한 죄 가운데 하나가 틀림없다. 스스로 속는 죄는 일상적인 삶에서 쉽게 찾아낼 수 있다. 예레미야서 37:9에서 여호와는 이스라엘에게 여호와께서 심판하겠다고 하신 말씀을 이행하지 않으실 것이라고 상상하는 것과 관련하여 자기 속임의 위험성을 경고하신다. 야고보서 1:22에도 하나님의 말씀을 들으나 행하지 않음으로써 자신을 속이는 것에 대해 경고한다. 마찬가지로 바울도 나중에 음행이나 간음에 빠지거나 또는 이성 간의 결혼 관계에서가 아닌 다른 각종 성관계에 빠진 자들의 자기 속임에 대해 언급한다(6:9-10). 이런 일을 중요하지 않게 여기는 그리스도인이, 이런 일을 행하는 자가 "하나님의 나라를 유업으로 받지" 못하리라는 말(6:10)을 명확히 들을 때 자기를 속이는 죄는 얼마나 더 클까! 이 사례들은 사람들이 각각 하나님과 상관없는 자신의 지혜, 자신의 삶의 방식, 자신의 우선순위가 삶에 적합하다고 믿을 때 나타나는 자기 속임의 일반 원리를 부각시킨다. 바울은 이 세상의 지혜가 하나님 앞에서 미련한 것이라고 주장한다. 자기 속임은 오로지 회개하고 십자가에 못 박히신 그리스도를 믿는 거듭난 믿음으로써만 그리고 하나님의 참된 지혜가 오직 그리스도 안에 있다는 사실을 인정할 때만 고침 받을 수 있다. 이런 회개는 우리가 교만과 탐욕을 내려놓고 자기중심적이고 자기 확대를 도모하는 삶을 포기할 때 온다. 그때 이런 잘못된 삶이 오직 그리스도를 주로 아는 삶으로 대체된다. 이것이 불명예, 악평, 고난 그리고 심지어는 박해까지 받으며 그리스도를 따르도록 준비된 삶이다. 동시에 이것은 마지막 날에 하나님의 칭찬을 듣는 영광을 고대하는 삶이다.

2. 충성된 청지기

바울은 자신과 교회 지도자들을 맡은 자, 곧 청지기로 불렀다. 하나님의 집을 감독하는 일은 어느 교회 지도자에게나 매우 경이로운 일로 겸손하게 행해야 한다. 사도들은 이 일을 특별히 맡았다. 그러나 교회에서 가르치는 모든 자가 이와 동일한 부르심을 받는다. 왜냐하면 그들 역시 십자가에 못 박히신 그리스도를 전하고 가르치며, 그 터 위에 세우는 일을 하기 때문이다. 교회 지도자에 관해 더 일반적으로 말하면, 히브리서 저자는 교회 지도자가 "너희 영혼을 위해 경성하기를 자신들이 청산할 자인 것 같이 하는" 사람이라고 설명한다(히 13:17). 이런 사람은 더 큰 책임이 있다. 교회 지도자는 하나님의 이름에 큰 영광을 돌리거나, 아니면 일부 지도자가 그러하듯 오만하고 교만한 길로 빠지거나 둘 중 하나다. 따라서 야보고 사도가 야고보서 3:1에서 "내 형제들아 너희는 선생 된 우리가 더 큰 심판을 받을 줄 알고 선생이 많이 되지 말라"고 말한 것은 당연하다.

하나님의 백성 사이에서 이런 섬김이 유지되려면 특히 규칙적인 기도와 같이 하나님 백성의 헌신적인 영적 지원이 요구된다. 이런 기도가 없으면 아마 이 세대의 지혜가 우리의 교회에 깊숙이 파고들 것이다. 그렇게 되면 결국 교인들은 이렇게 말하게 된다. "이런 탁월한 목사를 모셔올 수 있다면 하나님을 의존할 필요가 없다!" 물론 이 교인들은 자신이 원하는 것만큼 목회가 '성공적이지' 못하면 목사를 비난할 것이다. 바울은 교회와 교회의 청지기는 교회의 성장과 완전히 그리고 긴밀하게 결합되어 있음을 증명한다. "만물이 다 너희 것임이라!"

올바르게 집을 세우는 일은 십자가에 못 박히신 그리스도의 터 위에서 이루어진다는 주장에 비추어 보면, 신학적으로 충분히 구비된 사역자가 필요할 뿐만 아니라 하나님이 직무를 맡긴 청지기를 위해 기도하는 경건하고 헌신적인 교인들도 필요하다. 또한 이런 교인들은 하나님이 자기 백성 중에 세우신 청지기들에게 권세를 주신 것을 인정할 것이다. 이것은 세상의 지혜가 인정하는 권세가 아니고, 하나님의 말씀에서 나와 사람들에게 영향을 미치는 권세다.

교회 지도자는 신실한 청지기가 되도록 부르심을 받았다. 교회 지도자의 기쁨은 여러 가지 면에서 발견되겠지만, 하나님의 백성에게 존경을 받는다면 그것은 그들이 합당한 일꾼이 되는 데 큰 힘이 될 것이다. 히브리서 13:17은 이렇게 말한다. "너희를 인도하는 자들에게 순종하고 복종하라 그들은 너희 영혼을 위해 경성하기를 자신들이 청산할 자인 것같이 하느니라 그들로 하여금 즐거움으로 이것을 하게 하고 근심으로 하게 하지 말라 그렇지 않으면 너희에게 유익이 없느니라." 데살로니가전서 5:12에서 바울은 교인들에게 "너희 가운데서 수고하고 주 안에서 너희를 다스리며 권하는 자들을 너희가 알아주라"고 권고한다. 신실한 청지기라는 역할은 사도 바울이 자신의 삶을 통해 보여주는 것처럼 그리 쉽지 않다. 그러나 청지기의 역할은 지도자와 교인들이 그들 가운데 하나님의 목적이 이루어지도록 함께 수고하고 기도할 때 즐거운 사역이 될 수 있다.

3. 주님이 오실 때

심판 날은 종종 성경에서 두려운 날로 묘사된다. 이 본문도 자기 속임의 위험성과 이런 사람들에 대한 하나님의 심판을 언급했다. 그러나 바울은 심판 날을 다른 측면으로도 바라본다. 곧, 그날은 하나님의 충성된 백성이 자기 백성에게 복을 베풀어주시는 신실하신 하나님 앞에 서고, 그리하여 "각 사람에게 하나님으로부터 칭찬이 있는" 날이다. 주의 날을 생각할 때 두려움과 큰 기쁨 사이에 균형을 잡기가 어렵다. 경고는 경고다. 그러므로 그날이 과소평가되어서는 안 된다. 고린도전서 이 부분에는 경고가 많이 나온다. 그러나 하나님의 백성은 오직 하나님의 은혜로 온전히 구속받고 의롭다 함을 얻는다. 하나님의 백성은 자기들을 은혜로 부르시고 은혜로 감당할 은사를 주신 일을 위해 수고한다. 하나님의 백성은 날마다 인도하고 능력을 주시는 하나님의 영이 주시는 선물을 가지고 일한다. 그러므로 그리스도인, 특히 자기 자신을 무가치하고 성공하지 못한 지도자로 보는 사람은, 이 세상의 판단이 아니라 하나님의 백성으로서 주 앞에 설 때 지닌 지위가 중요하다는 점을 기억해야 한다. 하나님은 "각 사람에게 하나님으로부터 칭찬이 있으리라"고 약속하셨다.

CHAPTER 10

고린도전서 4:6–21

문학적 전후 문맥

3:18–4:5에서 바울은 독자에게 지혜로운 리더십의 본질을 검토할 것과 그들 자신을 하나님 앞에서 적절하게 평가할 것을 권고했다. 또한 독자에게 그들의 지도자, 특히 바울을 어떻게 생각해야 하는지 성찰해보라고 요구했다. 고린도 교인이 살고 일하는 포괄적인 배경은 그리스도의 재림을 배후에 놓고 있다. 고린도 교인에게 지도자를 판단할 자격은 없다. 그 판단은 당연히 마지막 날에 하나님이 하실 것이다. 다만 그 사이에 하나님의 청지기는 주님께 충성을 다해야 한다.

바울은 이제 1:4–7에서 감사의 제목으로 소개했던 하나님의 은사 문제로 돌아간다. 1:4–7에서 바울은 특히 "언변"(λόγος)과 "지식"(γνῶσις)의 은사를 지적했다. 바울은 2:4에서 이것을 다시 언급했다. 2:4에서 바울은 자신의 "말"(λόγος)이 "지혜"가 없는 것처럼 보일 수 있으나, 사실은 "성령의 나타나심과 능력"을 증명했다고 말했다. 곧이어 바울은 진정으로 신령한 자를 정의하면서 신령한 자가 하나님의 영을 소유하고 하나님으로부터 온 은사가 있다는 사실을 강조했다(2:10–12). 이제 바울은 고린도 교인이 어떤 종류의 영적 성숙함이나 '목표에 도달한 것'의 증거로 여긴 은사와 그들의 믿음에 관한 질문으로 돌아간다. 4:6–21에는 신랄하게 비꼬는 내용이 담겨 있다. 그러나 바울은 여기서 자신의 사도 직분을 옹호하는 것이 결코 아니다.[1] 고린도 교인은 사도들이 모든 교인에게 높은 평가를 받고 교회에서 혹은 사회에서까지 높은 지위를 차지하는 모습을 기대했을 것이다. 그런데 여기서 바울의 요점은 사도들과 교인들 사이에 차이가 전혀 없다는 것이다(4:7). 사도들과 교인들이 다 은사를 받았다. 그러나 이 은사는 영적 성숙도를 입증하는 기능을 하는 것이 아니다. 만약 기독교 신앙이 있음을 증명하는 외적 인증을 바란다면, 그것은 신앙이 가져올 온갖 고난과 슬픔과 수고를 무릅쓰고 그리스

1. Fee, *1 Corinthians*, 179는 이와 반대다. Fee는 이 부분 전체의 제목을 "참된 사도권의 표지"로 붙인다.

도를 따르고 십자가 신학에 깊이 헌신하는 삶으로 주어질 것이다. 마지막 때는 하나님 나라의 존재가 "말"(λόγος)이 아니라 "능력"(δύναμις), 곧 하나님의 능력 속에서 확인된다. 나중에, 특히 8장 이후부터, 바울은 성령의 은사가 고린도 교회에서 어떻게 (잘못된) 기능을 하게 되었는지 말하는 데 많은 지면을 할애한다. 바울은 이 본문에서 교만의 주제를 주로 다룬 다음에, 5장에서 도덕과 관련하여 고린도 교인의 교만한 행위를 다룬다.

IV. 온전한 그리스도인은 하나님의 지혜를 구함(2:6-4:21)
- A. 바울이 하나님의 지혜를 선포함(2:6-13)
- B. 하나님의 지혜가 "신령한" 자의 특징임(2:14-16)
- C. 고린도 교인이 영적으로 온전하지 못함(3:1-9)
- **D. 지혜로운 지도자는 영적 분별력을 가지고 행함(3:10-4:21)**
  - 1. 예증: 집과 지혜로운 건축자(3:10-15)
  - 2. 하나님의 영이 거하는 하나님의 성전으로서의 집(3:16-17)
  - 3. 리더십은 하나님의 지혜에 비추어 확인됨(3:18-23)
  - 4. 지혜로운 지도자는 오직 하나님의 칭찬을 받음(4:1-5)
  - ➦ **5. 따라야 할 본보기인 바울과 아볼로(4:6-21)**

V. 신령하지 못한 지혜는 중대한 죄를 낳음(5:1-6:20)

주요 개념

하나님의 은사는 그리스도인의 성숙함(온전함)을 인증하는 증거로 주어지는 것이 아니다. 고린도 교인은 아직 목표에 이르지 못했고 교만한 모습을 버려야 한다. 고린도 교인은 바울을 바라볼 때, 그의 인생과 가르침이 십자가에 못 박히신 그리스도의 겸손함을 반영하는 것을 보아야 한다.

번역

고린도전서 4:6-21

6a		형제들아
b	단언	**내가…이 일에 나와 아볼로를 들어서 본을 보였으니**

c	유익	너희를 위하여
d	목적	이는 너희로 하여금 기록된 말씀 밖으로 넘어가지 말라 한 것을 우리에게서 배워
e	결과	서로 대적하여 교만한 마음을 가지지 말게 하려 함이라
7a	수사적 질문	**누가 너를 남달리 구별하였느냐**
b	수사적 질문	**네게 있는 것 중에 받지 아니한 것이 무엇이냐**
c	조건(조건절)	네가 받았은즉
d	수사적 질문(귀결절)	**어찌하여 받지 아니한 것 같이 자랑하느냐**
8a	탄식	**너희가 이미 배 부르며**
b	탄식	**이미 풍성하며**
c	단언(추가 탄식)	**우리 없이도 왕이 되었도다**
d	목적	우리가 너희와 함께 왕 노릇 하기 위하여
e	소원	참으로 **너희가 왕이 되기를 원하노라**
9a	설명	내가 생각하건대
b	단언	**하나님이 사도인 우리를…끄트머리에 두셨으매**
c	방식	죽이기로 작정된 자 같이
d	이유	우리는 세계…구경거리가 되었노라
e	동격	곧 천사와 사람에게
10a	연속, 대조적 예증	우리는 그리스도 때문에 어리석으나
b	대조	너희는 그리스도 안에서 지혜롭고
c	예증	우리는 약하나
d	대조	너희는 강하고
e	예증	너희는 존귀하나
f	대조	우리는 비천하여
11a	시간	바로 이 시각까지
b	추가 예증	**우리가 주리고**
c	목록	**목마르며**
d		**헐벗고**
e	목록	**매맞으며 정처가 없고**
12a		**또 수고하여**
b	도구	친히 손으로 일을 하며
c	사건(연속, 예증)	모욕을 당한즉
d	반응	**축복하고**
e	사건(연속, 예증)	박해를 받은즉

f	반응	**참고**
13a	사건(연속, 예증)	비방을 받은즉
b	반응	**권면하니**
c	요약	**우리가**…세상의 더러운 것과…**되었도다**
d	확대	지금까지…만물의 찌꺼기 같이
14a	단언	**내가…이것을 쓰는 것이 아니라**
b	목적(부정적)	**너희를 부끄럽게 하려고**
c	목적(긍정적)	**오직 너희를 내 사랑하는 자녀 같이 권하려 하는 것이라**
15a	조건(조건절)	그리스도 안에서 일만 스승이 있으되
b	단언(귀결절)	**아버지는 많지 아니하니**
c	영역	그리스도 예수 안에서
d	단언	**내가 복음으로써 너희를 낳았음이라**
16a	권고	그러므로 **내가 너희에게 권하노니 너희는 나를 본받는 자가 되라**
17a	원인	이로 말미암아
b	단언	**내가…디모데를 너희에게 보내었으니**
c	묘사	주 안에서 내 사랑하고 신실한 아들
d	확대	**그가 너희로 하여금 그리스도 예수 안에서 나의 행사…생각나게 하리라**
e	묘사	곧 내가 각처 각 교회에서 가르치는 것을
18a	단언	**어떤 이들은…스스로 교만하여졌으나**
b	상황	내가 너희에게 나아가지 아니할 것 같이
19a	소원	주께서 허락하시면
b	단언	**내가 너희에게 속히 나아가서**
c	목적	**교만한 자들의 말이 아니라…알아보겠으니**
		오직 그 능력을
20a	기초	**하나님의 나라는 말에 있지 아니하고**
b	대조	**오직 능력에 있음이라**
21a	수사적 질문	**너희가 무엇을 원하느냐**
b	수사적 질문	**내가…너희에게** 나아가랴
c	방식(도구)	매를 가지고
d	방식(도구)	사랑과 온유한 마음으로 나아가랴

구조

4:6-21은 세 개의 하위 부분으로 나눌 수 있다. 4:6-8은 고린도 교인이 받은 성령의 은사에 기반을 둔 교만을 다루기 전에 이전 부분과 연결하는 다리 역할을 한다. 첫째, 바울은 일부 고린도 교인이 자신이 다른 교인들보다 더 크다고 생각하게 하고 자랑하게 한 경쟁적인 태도를 반박한다. 둘째, 바울은 고린도 교인이 가진 것은 전부 하나님께 선물로 받은 것이라고 천명한다. 셋째, 바울은 약간 비꼬고 풍자하는 태도로 고린도 교인이 이미 목표에 도달한 것처럼 생각한다고 주장한다. 바울은 고린도 교인이 왕처럼 행동하고 생각한다고 넌지시 언급한다.

4:9-13에서 바울은 사도들의 삶과 사역을 묘사하면서 일부 고린도 교인과 극명하게 대조되는 모습을 제시한다. 하나님은 사도들을 부르셔서 세상의 "구경거리"가 되게 하셨다. 이것은 독자에게 십자가에서 역시 구경거리가 되신 그리스도를 상기시켰다. 사도들은 십자가에 못 박히신 그리스도에 관한 메시지를 전했고, 그들은 이런 십자가 신학을 반영하는 삶을 살았다. 10절은 바울이 사도들과 고린도 교회 지도자를 세 가지 모습으로 대조하는 것에 따라 더 세분할 수 있다. 이어서 바울은 사도들이 겪은 여섯 가지 고난을 제시한(11-12b절) 다음 세 가지 추가 대조로 되돌아온다(12c-13b절). 이 하위 부분의 내용을 간략히 요약하면 사도들은 찌꺼기로 여겨졌다는 것이다(13절).

4:14-21에서 바울은 자신이 고린도 교인에게 '하나님 안에서 아버지'로 감당했던 자상한 목회 사역을 되돌아본다. 바울은 그렇게 말함으로써 자신이 고린도 교인을 부끄럽게 할 마음이 전혀 없고, 오히려 일부 교인의 교만이 지닌 위험성을 경고하고 싶다고 말한다. 바울은 고린도 교인이 "왕"이 되었다고 평가하고, 그들에게 하나님의 나라는 그들의 "말"(성령의 은사든 아니든 간에)에 있지 않고, 오직 하나님의 능력에 있다는 사실을 상기시킨다.

석의적 개요

IV. 온전한 그리스도인은 하나님의 지혜를 구함(2:6-4:21)

- A. 바울이 하나님의 지혜를 선포함(2:6-13)
- B. 하나님의 지혜가 "신령한" 자의 특징임(2:14-16)
- C. 고린도 교인이 영적으로 온전하지 못함(3:1-9)
- **D. 지혜로운 지도자는 영적 분별력을 가지고 행함(3:10-4:21)**
  1. 예증: 집과 지혜로운 건축자(3:10-15)
  2. 하나님의 영이 거하는 하나님의 성전으로서의 집(3:16-17)
  3. 리더십은 하나님의 지혜에 비추어 확인됨(3:18-23)
  4. 지혜로운 지도자는 오직 하나님의 칭찬을 받음(4:1-5)

➦ 5. 따라야 할 본보기인 바울과 아볼로(4:6–21)

a. 고린도 교인이 교만함(4:6–8)

(1) 고린도 교인은 은사를 근거로 어떤 사람을 다른 사람보다 더 높이 세운다(4:6)

(2) 고린도 교인은 모두 하나님으로부터 은사를 받은 것을 보지 못한다(4:7)

(3) 고린도 교인은 이미 목표에 도달했다고 생각한다(4:8)

b. 하나님이 사도들을 비천한 자가 되게 하심(4:9–13)

(1) 사도들은 죽이기로 작정한 자에게 "구경거리"가 되었다(4:9)

(2) 사도들은 고린도 교회의 엘리트 교인과 극명하게 대조된다(4:10)

(3) 사도들은 다양한 일로 고난을 겪는다(4:11–12)

(4) 사도들은 찌꺼기같이 취급된다(4:13)

c. 바울이 고린도 교인에게 아버지로서 호소함(4:14–21)

(1) 고린도 교인은 바울을 본받아야 한다(4:14–17)

(2) 바울은 고린도 교회에 가서 영적으로 분별할 것이다(4:18–21)

V. 신령하지 못한 지혜는 중대한 죄를 낳음(5:1–6:20)

본문 설명

4:6a–c 형제들아 내가 너희를 위하여 이 일에 나와 아볼로를 들어서 본을 보였으니(Ταῦτα δέ, ἀδελφοί, μετεσχημάτισα εἰς ἐμαυτὸν καὶ Ἀπολλῶν δι᾽ ὑμᾶς). 바울은 자신과 아볼로를 고린도 교회에서 리더십의 본보기로 든 이유를 설명한다. '따라서'(δέ, 개역개정에는 번역되어 있지 않음–역주)는 계속적 용법이다. 여기서 "내가…본을 보였으니"(I have applied)로 번역된 동사(μετασχηματίζω)의 의미가 논란을 불러일으켰다. 이 말의 명확한 의미를 찾기가 어려운 한 가지 이유는 이 구절이 성경에 나온 유일한 용례라는 데 있다. 뒤에서 이 책은 바울이 이 단어를 비유어로 사용하여 자신에 관해 말했다고 지적할 것인데, 이렇게 볼 때 "내가 이 일을 나 자신에게 적용했으니"라고 번역할 수 있다.[2] 그러나 여기서 바울이 말하고자 하는 의미를 논의할 때는 대체로 크리소스토무스가 이 본문에 대해 주석한 것으로 시작한다. 크리소스토무스는 아주 간략하게 바울이 그의 비판과 논증을 자신과 아볼로에게 적용함으로써 가르칠 때 문학적 "위장" 기법을 사용했다고 주장했다.[3] 바울이 겨냥한 대상은 사

2. RSV, NRSV, NIV가 이렇게 번역한다. BDAG 642 (3)를 보라. 바울은 이 말을 빌립보서 3:21에서 사용하고, 거기서는 이 말이 낮은 몸이 영광의 몸으로 바뀌는 몸의 "변화"를 가리킨다. Thiselton, *1 Corinthians*, 349는 이 말에 대한 네 가지 견해를 설명한다.

3. Chrysostom, *Homilies on First Corinthians*, homily 12. "만약 바울이 자신의 논증을 고린도 교인에게 직접 적용했다면 그들은 마땅히 배워야 할 것을 배우지 못하게 되거나, 바울의 말에 화가 나 질책을 받아들이지 못할 것이라는 점을 의미했다. 그러나 바울이 자신에게 적용했을 때 바울을 존경하는 그들은 질책을 기꺼이 받아들였다." 고린도후서 11:13, 14, 15에서 이 동사의 중간태는 거짓으로 사도로 "가장한" 자를 가리킨다.

실 고린도 교회를 분열시킨 익명의 지도자들이었다. 그러나 바울은 공격을 자신과 아볼로에게 적용함으로써 공격을 완화한다. 많은 이가 이 해석을 따랐다. 이 해석의 명확한 한 가지 난점은, 이 단어를 제외하고는 바울이 실제로 다른 대상을 겨냥하여 자신과 아볼로를 '위장'으로 사용한 것을 암시하는 다른 사례가 전혀 없다는 것이다. 이 견해를 따르는 로버트슨과 플러머는 다음과 같이 설명한다. "나는 은밀하게 암시하기 위하여 그리고 너희를 위해, 즉 우리가 개인 자격으로 너희를 가르칠 수 있도록 이 경고를 나 자신과 아볼로에게 적용했다."[4] 몇 가지 가운데 이 입장을 지지하는 한 가지 논증을 들면, 바울이 자신이나 아볼로가 하나님의 성전(3:16)을 더럽히는 것을 진지하게 생각했다고 상상하는 것은 불가능하다는 주장이다. 그러나 이 책이 제시한 것처럼, 3:15과 3:16–17 사이에 2인칭 복수형으로 바뀌는 것을 비롯하여 방향 전환이 있는 듯 보인다. 그러나 3장 안에서도 바울은 자신이 행한 사역에 대해 마지막 날에 책임을 져야 할 자로 본다는 것은 의심의 여지가 없다. 다른 주석가는 4:6에서 바울이 심는 것, 세우는 것 등 3장에서 사용한 심상들을 언급했다는 견해에 주로 중점을 두고 각기 다양하게 의미를 제시한다.[5] 대다수 주석가는 바울이 여기서 리더십에 관해 말할 때 고린도 교인의 즉각적인 반발을 사지 않기 위해 자신과 아볼로를 본보기로 사용한 것이라는 점에 동조한다. 바울이 4:14–16의 가르침에 이런 식의 반발이 일어나는 것을 피하고자 했다는 주장은 본문 속에 얼마간 근거가 있다. 4:14–16에서 바울은 고린도 교인을 "내 사랑하는 자녀"로 지칭하고, 자신이 그들을 "부끄럽게 하려는" 것이 아니라 "아버지"로서 경고하거나 권고하려고 한다고 말한다.

이 책이 취한 견해는 NIV, RSV, NRSV, ESV와 같이 이 동사를 '내가 적용했으니'(I have applied)로 번역하는 것이다. 그러나 바울이 여기서 문학적 기교를 사용한다는 사실도 무시해서는 안 된다. 이 기교가 너무 복잡하거나 위장되어 있어서 언급된 모든 것이 바울과 아볼로에게 적용되지 않는다고 볼 필요는 없다. 오히려 바울은 자신과 아볼로를, 엄밀히 각자의 사역과 부르심 속에서, 지금 고린도 교인에게 가르치고자 하는 리더십을 적용하는 법에 대한 본보기로 사용한 것 같다. 바울은 여기서 얼마든지 자신을 '피고석에' 둘 용의가 있으나, 오직 하나님 앞에서만 자신을 피고석에 둔다. 바울과 아볼로는 서로 다른 부르심에 따라 동역했다. 바울과 아볼로는 십자가에 못 박히신 그리스도를 모든 것의 중심에 두었다. 그들은 자신이 신실한 청지기라는 점을 끊임없이 자각하고, 각자 사역을 감당할 때 겸손하게 그리스도의 일꾼이 되고자 했다. 바울과 아볼로는 마지막 날에 상을 기대하며 살았을 뿐만 아니라, 그날을 충성된 헌신에 동기를 부여하는 자극제로 삼는다.

4:6d–e 이는 너희로 하여금 기록된 말씀 밖으로 넘어가지 말라 한 것을 우리에게서 배워 서로 대적하여 교만한 마음을 가지지 말게 하려 함이라(ἵνα ἐν ἡμῖν μάθητε τὸ μὴ ὑπὲρ ἃ γέγραπται, ἵνα μὴ εἷς ὑπὲρ τοῦ ἑνὸς φυσιοῦσθε κατὰ τοῦ ἑτέρου). 여기서 바울은 자신과 아볼로가 동역했던 방식에 주의를 기울인다. 바울과 아볼로가 사역할 때 겸손한 태도를 보여주고 자랑하지 않거나 서로 비교하지 않은 것은, 그들이 그리스도 중심의 사역을 펼쳤다는 것을 의미한다. 이 구절 후반부에는 두 개의 목적절이 있

4. Robertson, Plummer 공저, *First Corinthians*, 80. 또한 J. Schneider, "μετασχηματίζω," *TDNT* 7:958도 보라. 최근에는 Fitzmyer, *1 Corinthians*, 215가 이 단어를 이런 식으로 취함으로써 이 '통상적 의미'를 사용하는 문장의 의미를 찬성한다.

5. 예컨대 Morna D. Hooker, "'Beyond the Things Which Are Written': An Examination of I Corinthians 4:6," *NTS* 10 (1963): 127–32가 그렇다.

다. 고든 피는 바울이 말하는 것의 전체 목적이 두 번째 절에서 발견된다고 주장한다.[6] 이 목적은 쉽게 파악된다. 곧, 바울은 고린도 교인이 자랑하지 않고, "교만한 마음을 가지지" 않는 법을 배우기를 바란다. 여기서 동사 '교만한 마음을 갖게 되다'(φυσιοῦσθε, 수동태 가정법)라는 말은 고린도전서에서 6번 나오고, 바울 서신 다른 곳에서는 딱 한 번 나타난다(골 2:18). 이 동사는 다른 사람에 반대하여(따라서 κατά가 옴) 어떤 것이나 자신을 과시하는 것을 의미한다. 여기서 바울의 염려는, 고린도 교인 사이에서 누군가를 다른 사람과 비교하는 일에 의도적으로 힘쓰는 현상이 일어나는 데 있다.[7] 이런 일은 공동체를 깨뜨린다. 바울은 계속해서 하나님으로부터 온 은사가 자랑이나 차별의 원인이 되어서는 안 된다고 말한다. 고린도 교인은 받은 은사를 근거로 서로를 향해 교만할 수 없고 또 교만해서도 안 된다(7절). 그러나 첫 번째 절("이는 너희로 하여금 기록된 말씀 밖으로 넘어가지 말라 한 것을 우리에게서 배워")에 우선권이 있고, 여러 가지 이유로 이것이 바울이 말하는 모든 것의 첫 번째 주된 목적으로 보인다.

첫째, 몇 가지 문법적 요점을 주목할 필요가 있다. "우리에게서 배워"(ἐν ἡμῖν μάθητε)라는 말은 모울(Moule)이 모범의 여격으로 부르는 것의 한 사례로, 이것은 도구적 여격의 연장이다.[8] 이것의 또 한 사례가 9:15에 나온다. "…밖으로"(ὑπέρ+대격)는 '…위로'(above)를 의미할 수도 있다. 여기서 중성 대명사(τό, '것')가 또 다른 어려움을 안겨준다. 때때로 여기서처럼 단독으로 쓰일 때 이 말은 간접 화법이나 인용문을 소개하는 역할을 할 수 있다. 따라서 어떤 주석가는 이 첫 번째 절을 "너희가 '넘어가지 말라'는 말의 의미를 배울 수 있도록"으로 번역했다.[9] 그러나 고린도 교인이 이 말을 속담으로 인정했을 것이라고 주장할 필요는 없다. 앞에서 이 책이 번역한 것처럼, 단순 간접 화법으로 보아도 충분하다. 동사형 "기록된"(γέγραπται)이라는 말은 성경에 기록되어 있는 것을 가리키는 의미로 오로지 바울만 사용한다(1:19에 대한 설명을 보라). 바울은 관례처럼 '기록한 것 같이'(καθὼς γέγραπται)나 '기록된 바'(γέγραπται γάρ)와 같은 말을 사용한다. "기록된"이라는 말이 '것'(ἃ γέγραπται, 개역개정에는 "말씀"-역주)과 결합된 것은 독특하다. 그러나 다른 곳에서 성경에 기록된 것을 가리키기 위해 오로지 완료 수동태 용법을 사용하는 것을 보면, 여기서도 바울이 이것을 염두에 둔 것으로 추정하는 것이 합리적이다.

둘째, '기록된 것(말씀) 밖으로 넘어가지 말라'는 말은 해석이 필요하다. 콘첼만은 이렇게 말했다. "이 어구는…이해하기 어렵다. (대다수는) 추측을 넘어서지 못한다."[10] 그러나 이런 판단은 너무 비관적이다. 대다수 주석가는 바울이 성경을 가리킨다고 본다. 바울의 요점은 고린도 교인이 성경이 말하는 것(즉, 기록된 것)을 넘어가지 않도록 자신과 아볼로를 본보기로 삼아 배울 필요가 있다는 것이다. 따라서 여기서 물어보아야 할 질문은 '어떤 성경이냐'는 것이다. 답변으로 전체 성경이 제시되었다. 말하자면 바울은 일반적으로 자신과 아볼로의 태도를 본받아 하나님의 백성으로서 성경을 삶에 적용해야 함을 말하고 있다.[11] 다른 주석가는 바울이 특

6. Fee, *1 Corinthians*, 175.
7. 바울은 고린도후서 10:12에서 이처럼 누군가를 다른 이와 비교하는 일을 훨씬 더 단호하게 비판한다.
8. *Idiom Book of New Testament Greek*, 77.
9. Barrett, *First Corinthians*, 106; Fee, *1 Corinthians*, 181; Moule, *Idiom Book of New Testament Greek*, 111은 이 견해를 취하는 여러 경우 중 일부다. 또한 NRSV와 NIV도 이 견해를 취한다. 그러나 RSV, ESV, NASB는 이 견해를 취하지 않는다.
10. Conzelmann, *1 Corinthians*, 86.
11. 이것이 F. F. Bruce, *1 and 2 Corinthians*, NCB (Grand Rapids: Eerdmans, 1984), 48에서 취한 입장이다. F. F. Bruce는 "그 책을 지켜라"고 의역한다. 여기서 Bruce는 그 책을 그리스도의 복음으로 간주한다. 또한 Barrett, *First Corinthians*, 106-7도 보라.

별히 고린도전서에서 지금까지 인용한 성경 본문을 염두에 둔 것이라고 주장했다.[12] 사실 여기서 문맥이 이것을 파악하는 데 어느 정도 도움을 준다. 이 책은 앞에서 이것이 바울의 첫 번째 핵심 목적절이라고 주장했다. 결국 고린도 교인은 '지위'와 '소속' 그리고 "신령한" 것 등에 접근할 때 성경을 따라야 한다. 그렇게 하면 그들이 현재 겪고 있는 문제가 해결될 것이다(나중에 바울이 다룰 다른 문제가 있다). 따라서 고린도 교인이 '교만한 마음을 가져서는' 안 된다는 두 번째 목적절이 나온다. 하지만 그것은 결국 부차적인 목적절이다. 고린도 교인이 분쟁에 빠진 것은 엄밀히 말해 성경 밖으로 넘어간 것이다. 말하자면 성경이 말하는 것에서 벗어난 것이다. 고린도 교인은 성령의 은사가 공동체에서 지위를 나타내고 그리스도인의 온전함을 확증한다고 주장할 때 성경 밖으로 넘어가는 것이다. 고린도 교인은 오직 주님만 하실 수 있는 판단을 자신의 것으로 삼아 지도자들을 판단할 때 성경 밖으로 넘어가는 것이다.

이것이 여기서 말하는 의미를 올바르게 파악하는 방법인지를 가리는 한 가지 시금석은, 지금까지 바울이 인용한 성경 본문을 살펴보는 것이다. 1:19에 나오는 첫 번째 인용 본문은 고린도 교회의 많은 교인이 의존한 것으로 보이는 사람의 지혜를 반대한다. 이 인용 본문은 고린도 교인이 이 구절이 말한 것 밖으로 넘어갔음을 증명한다. 2:9에 나오는 인용 본문은 하나님의 지혜가 "신령한" 소수 엘리트에게 한정되는 것을 반대한다. 바울은 하나님의 지혜가 "신령한" 소수 엘리트에게 한정되어 있다고 말하는 것이 성경의 명백한 가르침에서 벗어나는 것이라고 천명한다. 2:16에 나오는 인용 본문도 같은 의미가 있다. 2:19-20에서 바울은 주님이 사람의 지혜를 "미련한 것"으로 간주하시기 때문에, 사람의 지혜에 대한 자리를 갖고 계시지 않는다는 것을 증명한다. 다시 말해 이것은 성경이 인정하는 것보다 사람의 지혜에 더 큰 가치를 부여하는 것으로, 고린도 교인이 분명히 성경 밖으로 벗어난 부분이다. 그런데 이렇게 간단히 살펴보는 것으로는 인용 본문이나 바울이 여기서 말하는 것의 의미를 정당화할 수 없다. 그러나 바울이 전하는 말의 의미에 대해서는 포기할 이유가 전혀 없다. 바울의 염려는 하나님의 은사가 고린도 교회 공동체에서 성경이 인정하지 않는 방식으로 기능하는 것에 있다. 이것은 8:1-14:40에서 바울의 주장의 핵심 요소가 된다. 그러나 이것은 또한 1-4장의 주된 취지이기도 하다. 만약 고린도 교인이 하나님이 주신 "언변"(λόγος)과 "지혜"(σοφία)와 "지식"(γνῶσις)의 복을 받았다면 그들은 당연히 하나님께 감사해야 한다. 왜냐하면 성경은 이 은사들이, 바르게 이해되면, 하나님으로부터 온 것임을 계시하기 때문이다. 그러나 성경은 "지혜"와 "지식"의 은사를 세상에서 보는 것과 같이 생각하지 않는다. 성경은 이 은사들을 영적 성숙함이나 기독교 교회 안에서의 지위를 인증하는 요소로 삼는 것을 인정하지 않는다.[13]

이상의 설명을 요약해 보겠다. 바울은 자신과 아볼로가 기독교 사역을 감당할 때 어떻게 동역하는지 증명했다. 바울은 4:3-5에서 본보기를 통해 피고석에 앉을 준비를 했는데, 그것은 고린도 교인이 바울을 너무 심하게 반대해서가 아니라 그들이 그의 사역의 배후에 있는 포괄적인 종말론적 배경을 보기 원했기 때문이다.

---

12. 특히 Hooker, "'Beyond the Things Which Are Written,'" 127-32가 그렇다.

13. 그러므로 Hooker, "'Beyond the Things Which Are Written,'" 130에서 고린도 교인이 "바울의 십자가에 못 박히신 그리스도 메시지에 지혜의 기반을 둔 영성의 형태로" 어떤 사실을 덧붙여 전했다고 말하는 것에 동의한다. 그러나 이 책은 이 지혜가 주로 1:9에서 "언변" 및 "지식"에 관해 언급된 성령의 은사를 중심에 둔다고 본다. 고린도 교인이 두 은사를 특별한 것으로 간주한 것은 이 두 은사가 지위를 보장할 가능성이 가장 높았고, 이런 개념들에 이미 사로잡힌 사회 속에서 두 은사를 수준 높은 영성을 보여주는 증거로 보았기 때문이다.

바울이 어떻게 자신의 소명을 수행하고 자신의 은사를 사용하는지는 주님이 판단하실 일이다. 따라서 바울은 이제 고린도 교인에게 다시 생각해보라고 권고한다. 고린도 교인은 바울과 아볼로를 바라보고 그들에게서 십자가의 신학, 곧 겸손함을 가르치는 신학을 보아야 한다. 고린도 교인은 수시로 겸비해진 사람들을 보고, 이것이 참된 제자의 도라는 것을 깨달아야 한다. 그렇게 하지 않으면 성경이 인정하거나 가리키는 것을 크게 넘어가고 만다.

4:7 누가 너를 남달리 구별하였느냐 네게 있는 것 중에 받지 아니한 것이 무엇이냐 네가 받았은즉 어찌하여 받지 아니한 것 같이 자랑하느냐(τίς γάρ σε διακρίνει; τί δὲ ἔχεις ὃ οὐκ ἔλαβες; εἰ δὲ καὶ ἔλαβες, τί καυχᾶσαι ὡς μὴ λαβών;). 이 구절은 이렇게 의역할 수 있다. '이것을 반성해 보라. 누가 너를 판단할 수 있느냐? 네가 가진 신령한 은사가 무엇이든 간에 하나님께 받은 것이 아니냐?' "(네가) 받지 아니한 것"(ὃ οὐκ ἔλαβες)이 두 번째 질문의 "무엇이냐"(τί)의 내용을 부여한다. 세 개의 수사 의문문은 지금 고린도 교회가 전체적으로 잘못한 문제의 핵심을 파고든다("누가", "무엇이냐", "어찌하여"). 오직 이 구절에서만 질문이 단수형이고, 어느 개인이든 이것을 교회 안에서 자신의 위치에 적용할 수 있다. 심지어 자랑하는 자에게 나쁜 평가를 받아 교회에서 기를 펴지 못하는 사람도 '누가 너를 판단하느냐(구별하느냐)'는 질문을 받는다. 왜 교회 안에 있는 자에게 이런 일이 일어나는가? 판단을 하거나 판단을 받는 사람은 누구나 이 과정 전체를 오인된 것으로 보아야 한다. 그렇다면 어찌하여 그것이 애초에 선물이 아닌 것처럼 자랑하는가?

바울이 고린도전서에서 처음으로 사용하는 또 하나의 동사(διακρίνω)는 '판단하다' 또는 '평가하다'로 번역할 수 있다. 이 단어는 헬라어 어근 κρίνω와 함께 이미 언급한 다른 동사들과 긴밀하게 관련되어 있다. 그러나 여기서 접두사 διά는 특히 이런 판단의 분열을 일으키는 성격에 대해 주의를 환기시킨다. 예를 들어, 6:5에서 바울은 어떤 사람이 두 형제 사이에 벌어진 분쟁을 사회 법정에 호소하여 해결하는 것에 이 단어를 사용한다. 이 단어의 비슷한 용례가 14:29에서 발견된다. 거기에서 어떤 이는 가치 있는 것을 알아보려고 예언들을 분별한다. 4:7로 돌아오면, NRSV는 그것을 문맥에 따라 "누가 네 안에서 다른 어떤 것을 보느냐?"로 번역한다. 이것은 분명히 사람들 사이를 구별하는 의미를 전달한다. 그러나 '구별하다'로 번역하는 것은 여기서 이루어지고 있는 판단 관념을 확실히 담지 못한다.[14] 바울은 단순히 구별에 관심을 두는 것이 아니라 긍정적이거나 부정적인 판단이나 평가를 초래하는 구별에 관심이 있기 때문이다. 이것이 바로 바울이 잘못된 것으로 그리고 성경에서 벗어난 것으로 보는 것이다. 물론 교인들은 다른 그리스도인을 볼 때 그들 속에서 '다른' 어떤 것을 볼 수 있다. 누군가는 이런 은사가 있고, 또 다른 이는 저런 은사가 있다(바울은 이 요점을 12장에서 크게 강조한다). 그러나 바울은 이처럼 '어떤 것을 다르게 보는 것'이 지위나 영성을 판단하는 근거가 된다고 보지 않는다. 그리스도인은 서로 차이가 있고, 이 차이는 이미 지적되었다. 이 차이를 어떻게 보느냐가 바울의 관심사다. 바울의 그다음 문장은 이 관심사를 다룬다. 어쨌든 이 책은 이 동사(διακρίνω)를, 어쩌면 부적절하게, '사이를 판단하다'(judges between)로 번역한다. 이것은 이 번역에 구별뿐만 아니라, 나아가 좋거나 나쁜 평가로 끝나는 판단도 내포되기를 의도한 것이다.

14. 이것은 "누가 너를 구별하느냐?"(Garland, *1 Corinthians*, 131)나 "누가 너를 다른 어떤 자와 구별하느냐?"(Ciampa and Rosner, *First Corinthians*, 174)와 같은 번역도 마찬가지다. 이런 번역은 영어에서 구분 관념을 내포하지만 문맥에서 바울의 관심사인 법적 판단 관념은 갖지 못한다.

고린도 교인이 가진 것 가운데 "받지"(ἔλαβες) 아니한 것은 하나도 없었다. 여기서 부정과거 시제는 바울이 고린도 교인이 회심하고 성령을 받고, 또 하나님이 그들에게 주신 은사를 받았을 때를 되돌아본다. '네가'(단수형) 그것들을 선물로 받았다. 이것은 그들 간에 구별이 없다는 뜻이다. 고린도 교인은 받은 은사를 자신의 힘으로 얻은 것이 아니다. 그들은 이런 저런 은사를 얻어내 자라가는 것이 아니다. 여기에는 승리주의나 엘리트주의가 들어설 여지가 없다. 고린도 교인은 무엇을 가졌든 간에 다 하나님께 은혜로 받았다. 이것이 사실이라면 그들이 그것을 어떻게 자랑할 수 있겠느냐고 바울은 계속해서 말한다. 마지막 절에서 "받지 아니한 것같이"(ὡς μὴ λαβών)라는 말이 반복되는 것은 고린도 교인이 가진 것이 단순히 선물이라는 점을 보강한다.

4:8a–c 너희가 이미 배 부르며 이미 풍성하며 우리 없이도 왕이 되었도다(ἤδη κεκορεσμένοι ἐστέ· ἤδη ἐπλουτήσατε· χωρὶς ἡμῶν ἐβασιλεύσατε). 8–13절은 아이러니가 매우 강하고, 심지어는 비꼬기까지 한다. 이제 바울은 자신과 사도들이 따르는 십자가의 길과, 스스로 영적으로 우월하다고 생각하는 고린도 교회의 일부 교인이 따르는 길에는 엄청나게 차이가 큰 삶의 방식이 존재한다는 것을 예증한다. 이 차이는 극명하다. "이미"(ἤδη)라는 말을 문장 시작 부분에서 사용하는 것은 강조 용법이고, 바울이 말하고자 하는 것의 방침과 방식을 소개한다. 바울은 "우리 없이도"(χωρὶς ἡμῶν)라는 말을 사용함으로써 자칭 "신령한 자"가 사도들도 갖지 못한 것을 가졌거나 경험한다고 떠든다는 사실을 암시한다.

그러나 이 '거만한' 사람들이 실제로 믿은 것이 무엇인지는 분명하지 않다(여기서 복수형 "너희"는 아마 고린도 교회의 모든 교인을 가리키는 것은 아닐 것이다). 티슬턴은 바울이 여기서 지적하는 문제가 과실현된 종말론(overrealized eschatology)이라고 주장하는 최근 주석가 가운데 가장 확실한 지지자였다. 티슬턴은 "이미"(ἤδη)라는 말을 사용하는 것이 과실현된 종말론을 암시하는 "분명한 신호"라고 말한다.[15] 이로써 티슬턴은 고린도 교인이 하나님의 나라가 이미 이르렀다고 믿었다고 주장한다. 티슬턴은 배럿의 말을 다음과 같이 인용한다. "고린도 교인에게는 실현된 종말론의 '이미'를 한정하는 '아직' 단계가 전혀 없다."[16] 이 견해의 한 가지 문제점은 일부 고린도 교인이 아주 일관된 신학을 가졌다고 추정한다는 점이다. 그런데 이에 대한 증거는 주장만큼 그리 분명하지 않다.

바울이 1:18–25에서 제시하는 주장이 심오한 '십자가 신학'이라는 점은 의심의 여지가 없다. 바울이 고린도 교인에게 퍼붓는 비판의 논조와 기초는 십자가 신학이다. 그러나 바울은 이어서 고린도 교인의 기독교적 삶의 실천에 관해 많은 말을 한다. 그들은 교인들을 서로 갈라놓고 지도자를 자랑한다. 고린도 교인은 어떤 이가 다른 이보다 더 신령하다고 주장한다. 또 의심할 것 없이 그리스도의 몸에서 일부 그리스도인을 배제하는 '지위'나 '위치'에 관한 견해를 옹호한다. 그러나 엄밀히 말하면, 바로 여기서 고린도 교회의 자칭 신령한 자는 제대로 정립된 실현된 종말론 신학을 가졌다는 견해에 흠이 생길 수 있다. 바울은 당연히 고린도 교인에게 '너희가 아직 더 임해야 할 것이 있다는 것을 알지 못하느냐' 고 묻지 않는다. 바울은 이렇게 묻는다. "너희는 너희가 하나님의 성전인 것과 하나님의 성령이 너희 안에 계시는 것을 알지 못하느냐"(3:16). 이 말로 보면 확실히 과실현된 종말론이 옳다고 확증하는 것은 위험한 판단이다. 확실히 고린도 교인은 이것을 알고 있었다. 고린도 교회의 분열은 '이미 목표에 도달한'(종말론적 의미에서) 자와

15. Thiselton, *1 Corinthians*, 357–59. 또한 Anthony C. Thiselton, "Realized Eschatology at Corinth," *NTS* 24 (1978): 510–26도 보라.

16. Barrett, *First Corinthians*, 109.

아직 도달하지 못한 자 사이의 분열이 아니고(어쨌든 "신령한 자"도 다른 그리스도인을 교회의 일부로 보았다), 특수한 은사를 근거로 자신의 지위가 더 높다고 주장한 자들 사이의 분열이었다. 이 분열에 대해 바울은 그들의 지위에 관한 논리를 성찰해보라고 반응한다. 만약 모든 교인이 성령을 가졌다면 다 신령한 자여야 한다. 따라서 어떤 교인이 신령한 자가 아니라고 말하는 것은, 결국 이런 자가 실제로 그리스도인이 아니므로 교회에 속해 있지 않다고 말하는 것과 같다. 이것은 이어지는 부분에서 바울이 비꼬는 말을 할 때 동원한 논리이기도 하다. 바울은 일부 엘리트 교인에게, 만약 그들이 이처럼 초영성을 소유했다고 자처한다면, 그들이 다른 사람들에 관해 실제로 말하는 바가 무엇인지 더 깊이 생각해보라고 권고한다.

그러므로 바울이 여기서 가장 염려하는 것은 고린도 교인의 '소속'에 관한 신학(신자에 내주하시는 성령의 임재에 관한 신학)과 '온전함'(성숙함)에 관한 신학이다. 이것은 고린도 교회에 나타난 문제에 대한 바울의 반응이 기독교 신앙의 '표지' 및 윤리와 관련되어 있는 이유다.[17] 고린도 교인은 마치 자신이 가장 높은 영적 지위에 도달한 것처럼 행동했다. 따라서 이제는 십자가가 전혀 중요하지 않은 것처럼 행동했다.

바울의 이후 주장은, 이 책이 지금까지 말해왔듯, 고린도 교인이 바울을 멸시하지 않고 그와 정면 대결을 하지 않았다고 가정해야만 유효하다. 그러지 않으면 바울의 논증은 오히려 고린도 교인의 잘못된 입장을 확증하는 것이 되고 만다. 바울은 고린도 교인에게 말할 때 여전히 그들을 사랑하는 자녀로 생각하고, 자녀가 아버지에게 하는 것처럼 자신에게 반응하기를 기대하는 마음으로 그들의 아버지로서 말한다. 바울은 자신과 고린도 교인의 관계가 깊고 충분히 인격적이었음을 믿는다. 그리고 그들이 "나를 본받는 자가 되라"(4:16)는 요청을 들을 뿐만 아니라 주의를 기울일 정도로, 자신이 그들에게 충분한 권위가 있다고 확실히 믿는다. 그러므로 바울은 자신의 비꼬는 말이 고린도 교인의 기분을 상하게 할 것이라는 것을 안다. 그러나 그것은 고린도 교인을 해치거나 파괴하기 위한 의도가 아니다(14-16절에 대한 설명을 보라).

세 개의 수사 의문문은 고린도 교인이 "배부른" (κεκορεσμένοι) 것, "풍성한"(ἐπλουτήσατε) 것, "왕이 된" (ἐβασιλεύσατε) 것에 관해 말한다. 여기서 부정과거 시제는 시발(始發) 용법이다.[18] 즉, 그것들은 일어난 일이나 일어나고 있는 일의 출발점을 강조한다. "이 심상들은 완전히 세속화된 지도자를 묘사한다."[19] 이 지도자들은 신학적 의미가 아니라 세속적 의미에서 그들 주변의 고린도 세계가 인정할 만한 수준에 "이르렀다." 이 지도자들은 진실로 이 세상의 지혜의 가치들을 반영한다.[20] 이것은 "죽이기로 작정된 자같이 끄트머리에 두어진" 사도들과는 현격하게 다르다(9절에 대한 설명을 보라).[21]

4:8d-e 우리가 너희와 함께 왕 노릇 하기 위하여 참으로 너희가 왕이 되기를 원하노라(καὶ ὄφελόν γε ἐβασιλεύσατε, ἵνα καὶ ἡμεῖς ὑμῖν συμβασιλεύσωμεν). 바울은 신랄하게 비꼬는 말을 계속하면서 아직 성취되지 않은 소원을 언급한다. 만약 고린도 교인이 실제로 '왕 노릇 한다면' 바울은 자기도 왕 노릇 하기를 바란다.

---

17. 바울의 윤리와 고린도 교인에 대한 바울의 반응에 관한 문제는 Kuck, *Judgment and Community Conflict*에서 다룬다. 최근에 Garland, *1 Corinthians*, 137-39 역시 "과실현된 종말론" 견해에 이의를 제기했다.

18. Moule, *Idiom Book of New Testament Greek*, 11.

19. Clarke, *Secular and Christian Leadership in Corinth*, 123.

20. Winter, *Philo and Paul among the Sophists*, 198-99는 바울이, 고린도 교회 엘리트 교인에게 '배부르고, 풍성하고, 왕이 되었다'고 사용하는 말이 얼마나 명확하게 소피스트의 자랑거리와 평행을 이루는지 증명한다. Philo, *Worse* 33-34를 보라.

21. 같은 책.

고린도 교인은 세상의 사고를 가지고 있기에 매우 세속적이고, 아주 교만해서 세상의 조건에 따라 삶을 바라보지만, 바울은 하나님의 백성이 "배부르고"(참고. 시 63:5; 눅 1:53) "풍성하고"(참고. 시 21:3; 112:3) 하나님과 함께 "왕 노릇 할"(참고. 단 7:27; 딤후 2:12; 계 20:6) 때가 아직 이르지 않았다는 점을 알고 있다. 바울은 고난받은 사도로서 확실히 고린도 교인이 '왕 노릇 하고' 따라서 자기도 그렇게 왕 노릇 할 수 있기를 진정으로 원했을 것이다. 그러나 그렇게 왕 노릇 할 때는 아직 이르지 않았다. 여기서 고린도 교인이 알아야 했던 것은 이 영광이 그리스도의 영광스러운 재림을 기다리고 있고, 세속적인 영광 관념과는 아무 상관이 없다는 것이다.[22] 고린도 교인은 마치 자신이 모든 것을 가졌고, 이를테면 목표에 이미 '도달한' 것처럼 행동할지 모르지만, 교회 안에서나 특히 그들 당시 사회에서 아직 왕 노릇 하지 못하는 것을 알아야 한다. 이것은 하나님 나라의 방식이 아니다. 바울은 20절에서 이 문제로 되돌아갈 것이다.

4:9 내가 생각하건대[23] 하나님이 사도[24]인 우리를 죽이기로 작정된 자 같이 끄트머리에 두셨으매 우리는 세계 곧 천사와 사람에게 구경거리가 되었노라(δοκῶ γάρ, ὁ θεὸς ἡμᾶς τοὺς ἀποστόλους ἐσχάτους ἀπέδειξεν ὡς ἐπιθανατίους, ὅτι θέατρον ἐγενήθημεν τῷ κόσμῳ καὶ ἀγγέλοις καὶ ἀνθρώποις). 이제 바울은 사도들의 삶의 방식 및 사도들이 주변 세상에 비치는 모습과, 고린도 교회 안의 자칭 "신령한 자"의 삶의 방식 및 그들이 주변 세상에 비치는 모습 사이의 일련의 대조를 시작한다.

그런데 여기서 바울의 요점을 놓치기가 쉽다. 사도들은 단순히 하나의 삶의 방식을, 고린도 교인은 다른 삶의 방식, 곧 유익하지 않거나 하나님을 섬기지 못하는 삶의 방식을 취하는 것이 아니다. 바울은 사도들이 보여주는 삶의 방식이 하나님의 사역이라는 점을 증명한다. 하나님이 이 문장의 주어다. 사도들을 이런 모습으로 '두신'(ἀπέδειξεν) 이는 하나님이시다. 하나님은 사도들을 죽이기로 작정된 자같이 '진열해' 두셨다. 바울은 이것이 '우리는 구경거리(θέατρον, 행 19:29, 31을 보라. 참고. 오늘날의 말로 '극장')가 되었기' 때문이라고(ὅτι는 이유를 소개한다) 말한다. 따라서 바울은 여기서 자신이 자원하여 금욕적인 삶의 방식을 취했다고 말하는 것이 아니고, 하나님이 자신과 사도들이 그리스도 안에서 그런 자가 되도록 부르셨다고 말한다. 바울과 사도들은 십자가에 못 박히신 그리스도의 복음을 말로만 전하는 것이 아니라 자신들의 몸으로도 전했다. 바울과 사도들은 자신이 따르는 분을 생생하게 보여주는 그림이다(바울은 또한 이 관점을 고후 4:12에서도 전개한다). 그러나 주목할 사실은, 바울이 여기서 이것이 단순히 사도들의 부르심으로 그치는 것이 아니라고 주장한다는 점이다. 이 문제에 있어 모든 신자가 사도들을 본받아야 한다(17절). 모든 신자가 그리스도를 따르도록, 심지어는 자기 십자가를 짊어질 정도로(눅 9:23) 그리스도를 따르도록 부르심을 받았기 때문이다.

여기서 바울이 그리는 그림은 사회 '저명인사' 행렬의 끄트머리(ἐσχάτους, '마지막')에 죽임당할 예정인 자가 처형될 곳으로 끌려가고 있는 장면을 떠오르게 할 수 있다.[25] 여기서 명사로 기능하는 형용사 "죽이기로 작정된"(ἐπιθανατίους)이라는 말은 신약성경에서 딱 한 번 여기서만 나타난다. 칠십인역(Bel 31-32)에 사용된 한 용례를 보면, 이 말은 사자들에게 던져지는 자를 묘사하

22. 6:1-3에서 바울은 고린도 교인에게, 다음 세상에서 하나님의 백성이 자신과 함께 다스리고 자신과 함께 판단할 것이라는 점을 고려하여, 이 세상에서 교인들 사이에서 다툼이 벌어질 때 (세상 법정으로 가지 말고) 교회 안에서 지혜롭게 처리하라고 권고한다.

23. "내가 생각하건대"(δοκῶ)는, 여기서처럼 문장의 주절을 소개하는 데 사용될 때, 보통 영어에서 '내가 그것을 이와 같이 생각하는데' 또는 '내가 보기에는'을 의미한다.

24. "사도"에 관해서는 1:1에 대한 설명을 보라.

25. Dio Chrysostom, *Orations* 31.121은 고린도 지역에서 개최한 경주 장면을 묘사한다.

는 데 사용된다. 고린도전서 4:9에서 사도들은 세상에 구경거리가 되었고, 바울은 "천사와 사람에게"라는 마지막 어구로 이 구경거리를 확대한다(καὶ ἀγγέλοις καὶ ἀνθρώποις, 참고의 여격). 이렇게 함으로써 바울은 고린도 교인에게 사도들이 겪은 고난의 보편적 중요성이 아니라 고난당하신 그리스도의 보편적 중요성을 상기시킨다. 사도들은 그리스도의 고난을 반영하고, "그리스도를 위하여" 어리석은 자가 된다(10절).

이어지는 구절들에서 바울은 사도들과 고린도 교회 지도자들 간의 대조를 세 번에 걸쳐 제시한다. 그런 다음 바울은 사도들이 겪은 고난을 여섯 가지 사실로 나누어 제시하고, 나머지 세 번의 대조를 제시하는 것으로 되돌아간다. 여기서 바울의 요점은 사도들이 그저 더러운 찌꺼기처럼 여겨진다는 것이다(13절).

4:10 우리는 그리스도 때문에 어리석으나 너희는 그리스도 안에서 지혜롭고[26] 우리는 약하나 너희는 강하고 너희는 존귀하나 우리는 비천하여(ἡμεῖς μωροὶ διὰ Χριστόν, ὑμεῖς δὲ φρόνιμοι ἐν Χριστῷ· ἡμεῖς ἀσθενεῖς, ὑμεῖς δὲ ἰσχυροί· ὑμεῖς ἔνδοξοι, ἡμεῖς δὲ ἄτιμοι). 바울은 '어리석음'과 '지혜'를 언급하는 것으로 설명을 시작하고, 세상의 지혜 관점을 출발점으로 삼아 아이러니를 강하게 보여준다. 세상의 지혜 관점에 따르면 사도들의 삶은 십자가에 못 박히신 그리스도의 가르침(1:18–25)만큼이나 어리석은 모습으로 나타난다. 세상의 지혜 관점에 따르면 고린도 교회 지도자들은 '그리스도 안에서 지혜로운' 자로 나타난다. 반면 "그리스도 때문에"(그리스도를 위하여)[27] 바울과 다른 사도들은 어리석은 자로 나타난다. 여기서 "우리"(ἡμεῖς)는 아볼로와 바울을 가리키고, 아마 다른 사도들도 포함될 것이다(9절). 갑자기 나타나는 이 세 개의 대조 진술의 그리스어 원문에는 동사가 없다. 하지만 영어로 번역할 때는 의미를 확실히 하기 위해 동사가 필요하다. 동사가 없기 때문에 나타나는 간결함은 바울의 진술을 더 신랄하게 만든다.

바울은 한 집단은 '약하고', 다른 집단은 '강하게' 보인다고 주장한다. 바울이 편지의 서두에서 하나님이 약한 자를 택하여 강한 자를 부끄럽게 하시려 했다고 말한 것에 비추어 보면(1:26–27에서 더 상세한 설명을 보라), 이 대조는 아이러니로 충만하다.[28] 간단히 말해 바울은 지금 하나님이 그의 편을 들어주시고, 고린도 교회 지도자들을 심판하실 것이라고 말하는 것이다. 세 번째 대조는 아주 강력하다. 하나는 "존귀하나" 다른 하나는 '비천하다'(참고. 12:22–24). '존귀한'(ἔνδοξος) 것은 고린도 사회가 중요하게 여긴 덕목이었다. 이것은 바울이 1:26에서 지적한 것과 대조된다. 즉, 고린도 사람들이 믿는 자가 되었을 때 그중에 "문벌이 좋은" 사람이 많지 않았다. 그런데 그들은 '존귀함'을 주장한다. 하지만 사도들은 계속 비천한 상태에 있었다. 11절에서 우리는 이 비천함이 어떻게 공개적으로 확인되는지 볼 수 있다.

4:11–12b 바로 이 시각까지 우리가 주리고 목마르며 헐벗고 매맞으며 정처가 없고 또 수고하여 친히 손으로 일을 하며(ἄχρι τῆς ἄρτι ὥρας καὶ πεινῶμεν καὶ διψῶμεν καὶ γυμνιτεύομεν καὶ κολαφιζόμεθα καὶ ἀστατοῦμεν καὶ κοπιῶμεν ἐργαζόμενοι ταῖς ἰδίαις χερσίν). 바울은 자신이 직접 겪은 고난을 시간 어구와 함께 일일이 소개한다. 시간 어구 "바로 이 시각까지"[29]라는 말은, 고린도 교인에게 그들을 떠난 이후 바울의 인생에서 벌어진 일들이 이전과 조금도 바뀌

26. 바울이 여기서 '지혜로움'을 의미하는 σοφοί이 아니라 '총명함'을 의미하는 φρόνιμοι를 사용하는 것을 주목하라. 이것은 의미상의 차이는 없고 아마 문체상의 특징일 것이다.

27. διά+대격, 참고. 6절.

28. 6:5–6에 대한 설명 다음에 나오는 '심층 연구: 부끄러움'을 보라.

29. ἄχρι+소유격 τῆς ὥρας("이 시각까지")는 형용사로 기능하는 ἄρτι ("바로")로 수식된다.

지 않았다는 점을 상기시킨다. 바울이 겪은 고난은 사도들이 더 "신령한" 자가 되면 벗어나는 어떤 시간적 단계가 아니다. 오히려 바울이 말하는 것과 같이 그와 다른 사도들은 그리스도를 위해 고난을 겪었다. 이 요점은 4:13의 목록 끝부분에서 시간절(ἕως ἄρτι, "지금까지")을 다시 사용하는 것으로 더 강해진다.

바울의 고난 항목은 의미심장하다. 오늘날 '복음을 위해 고난받는' 일에 대해 말하는 것은, 선교사가 선교하러 다닐 때 겪는 박해나 간혹 겪는 궁핍함을 가리키는 경향이 있다. 그러나 여기서 바울은 사도로서 자신의 목숨과 직결된 온갖 고난을 함께 묶어 제시한다. 다시 말해 바울은 고난을 등급으로 나누지 않는다. 예를 들면, 매를 맞는 것이 생계를 유지하기 위해 일하는 것보다 특별한 일이 아니다. 바울은 자신과 아주 존귀한 고린도 시민, 곧 매질도 당하지 않고 친히 손으로 수고할 일도 없는 자를 구별하는 불쾌한 삶의 사건을 일반적으로 묘사한다.

바울의 고난 목록과 다른 문헌에 나오는 고난을 비교해보면 유사하다고 생각되는 것이 많다.[30] 그렇지만 그런 고난은 여기서 바울이 겪은 고난을 해석하는 데 별로 도움이 되지 않는다. 바울은 자신의 실제 생활에서 경험한 것을 말하고 있고, 그 경험을 고린도 교인이 따라야 할 본보기로 제시한다.[31] 바울은 고난 목록을 제시하는 이 구절들을 통해 그리스도의 가르침을 환기시킨다. 바울은 여기서 그리스도가 가르치신 것을 기억하고 그 가르침을 자신의 인생과 경험에 비추어 보면서 특별히 이 고난을 염두에 두었을 것이다. 그리스도는 그분을 따를 때 "십자가를 지고" 자기를 부인하는 일이 필수적이라고 가르치셨다(막 8:34). 바울은 이 가르침을 한평생 자신의 모토로 삼는다. '주리고 목마른' 것은 바울이 부자에게 불순한 후원을 받는 것을 거절한 사실을 암시할 수 있다. 그러나 그것은 바울이 복음을 전하러 여행하다 투옥당했을 때 겪었던 일(예를 들어, 빌 4:10-14)을 암시하는 것으로 보는 것이 더 나아 보인다.

예수님은 제자들에게 "주린" 자가 "배부름을 얻을" 것이라고 말씀하신다(눅 6:21). 또 사회에서 '미움을 받고', '따돌림을 받고', '욕을 먹는' 것에 대해서도 말씀하신다(눅 6:22). 그리고 이것은 엄밀히 바울과 사도들이 겪은 일이다. 고린도 교회의 다른 지도자들은 이런 일을 겪지 않는다. "헐벗고"(γυμνιτεύω)라는 말은 신약성경 다른 곳에서는 나오지 않는다. 이 단어의 의미로 더 흔하게 쓰이는 것은 '가볍게 치장하다'이다. 자칭 "지혜로운" 자는 의심할 것 없이 공동체 안에서 자신의 높은 지위에 걸맞게 잘 차려 입을 것이다. 그리고 동사 '매질하다'(κολαφίζω, 여기서는 수동태)라는 말은 비천한 자(10절)가 흔히 겪는 일로, 매를 맞거나 나쁜 대접을 받거나 심지어는 학대를 당하는 것을 의미할 수 있다. 이 세 가지 의미는 어느 것이나 문맥에 일치한다. 그러나 "주리고" '목마른' 것 뒤에 나올 때, 이 말은 군중으로부터 실제로 받은 육체적 피해나 투옥의 결과로 보는 것이 더 낫다. '정처가 없는' 것은 끊임없이 여행하며 돌아다니는 선교사의 운명이다. 우리는 여기서 예수님이 어디에도 집으로 부를 만한 거처가 없으셨다는 점을 떠올리게 된다(마 8:20). 또한 바울이 이것을 고린도 교인이 그를 본받아야 할 한 가지 요소로 제시하는 것도 기억해야 한다. 이 단어는 "유랑자"를 의미할 수 있고, 따라서 "고정된 거처가 없이" 이곳저곳을 떠돌아다니는 사람을 의미할 수 있다.[32] 그러므로 그런 자는, 고린도 교회 공동체

30. Horsley, *1 Corinthians*, 71을 보라. 이 고난 목록을 다른 문헌에 비추어보고 바울이 살던 헬레니즘 세계가 고난에 대해 갖는 태도를 상세히 설명한 것은 John T. Fitzgerald, *Cracks in an Earthen Vessel: An Examination of the Catalogues of Hardships in the Corinthian Correspondence*, SBLDS 99 (Atlanta: Scholars Press, 1988)를 보라.

31. 바울이 자신이 겪은 고난을 아주 상세히 언급한 것이 고후 11:23-29에서 발견된다. 또한 고후 4:8-12; 6:4-10도 보라.

32. BDAG 145; Thiselton, *1 Corinthians*, 362.

에서 좋은 집을 소유하고 하나님 나라의 시민이 되는 것보다 이 세상의 시민으로 안정된 지위를 가진 자와 대조된다.

마지막으로 이 고난 목록에서 바울은 '우리는 수고하여 친히 손으로 일을 한다'고 말한다.[33] 어떤 면에서 이것은 단순히 종종 밤늦게까지 가르침과 설교에 많은 시간을 보내고 낮에는 바쁘게 '생업'에 종사해야 하는 사람이 경험하는 것이었다. 바울은 다른 곳에서 이 점을 언급한다(살전 2:9; 4:11; 살후 3:6-10). 그러나 바울의 말에는 그보다 더 깊은 의미가 함축되어 있고, 그것이 바울의 편지를 받은 사람들에게는 중요했을 것이다. 당시에는 많은 이가 육체노동을 경시했다. 육체노동을 하면 사회의 상류 계층으로 대접받지 못했다.

이렇게 바울은 고린도 교회의 지도자인 자칭 "신령한 자"의 생각과 잘 맞지 않을 사도들의 사역을 묘사하는 여섯 가지 항목을 마무리한다. 바울은 이 강력한 논증을 사도들의 세 가지 행동을 추가로 담은 묘사로 끝낸다. 자신의 상황에 대한 사도들의 반응은 불쾌하게 여기는 것도 아니고, 자신이 더 큰 존경을 받을 자격이 있다고 느끼는 것도 아니다. 오히려 모든 것을 통해 그리스도를 닮은 모습을 추구하는 것이었다.

4:12c-13b 모욕을 당한즉 축복하고 박해를 받은즉 참고 비방을 받은즉 권면하니(λοιδορούμενοι εὐλογοῦμεν, διωκόμενοι ἀνεχόμεθα, δυσφημούμενοι παρακαλοῦμεν). 바울은 그리스도가 가르침과 본보기를 통해 제시하신 것(눅 6:28; 23:34)을 자신의 행동에 다시 반영한다. 여기서 부사적 분사들(모두가 현재 수동태 주격)은 보통 시간적 의미로 번역된다. "모욕을 당했을 때…"(NIV, RSV, NRSV, ESV). 그러나 그 분사들은 또한 양보의 의미로 번역될 수 있기에, 양보 문장의 조건절을 구성한다. "우리가 모욕을 당하면…."[34] 어느 쪽을 택하든 차이는 거의 없다. '모욕하다'(λοιδορέω)라는 말은 '욕하다'를 의미할 수 있다. 사도 베드로는 예수님에 관해 말할 때 같은 단어를 사용한다. "욕을 당하시되 맞대어 욕하지 아니하시고"(벧전 2:23). 모욕과 조롱을 당하는 것에 대한 사도들의 반응은 축복하는 것, 즉 '좋은 말을 해주는'(εὐλογέω) 것이다. 박해에 대한 사도들의 반응은 참는 것이다. 사도들은 맞대응하지 않는다.

사도들이 이런 식으로 고난을 겪었기 때문에 바울도 베드로와 같이 아마 그리스도의 제자는 박해를 받고 참을 때 생명을 얻을 것이라는 주님의 가르침[눅 21:12-19, 눅 21:19에서는 참음에 대해 다른 단어를 사용함(ὑπομονή)]을 의식적으로 따랐을 것이다. '비방하다'(δυσφημέω)라는 말은 다른 사람을 거짓으로 비난하는 것을 의미한다. 바울은 이에 대해 사도들이 '(친절하게) 권면하는' 것으로 반응한다고 말한다. 여기서 '권면하다'로 번역된 동사(παρακαλέω)는 다양한 의미가 있다. 권면하는 것은 성령이 신자와 동행하면서 행하시는 일이다(요 14:16). 이 단어는 또한 법적 소송을 제기하는 것을 함축할 수 있고, 또는 단순히 친교를 제안하는 것을 가리킬 수도 있다. 따라서 RSV는 "[우리는] 회유하고자 힘쓰니"(we try to conciliate)라고 번역하고, ESV는 "[우리는] 부탁하니"(We entreat)라고 번역한다. 여기서 바울이 가리키는 뜻은, 사도들이 비방당할 때 비방자가 자신의 입장을 의도적으로 왜곡함에도 사람들에게 친절하게 당부함으로써 끝까지 그리스도에 관한 진리를 진실하게 말해준다는 것이다.

돌이켜보면 성경 전체를 손에 쥔 우리로서는 이 본문을 읽을 때 바울이 모든 면에서 본받고자 했던 분을 생각하지 않고 읽기가 불가능하다. 그분은, "곤욕을 당하여 괴로울 때도 그의 입을 열지 아니하였음이여 마치

33. 분사 ἐργαζόμενοι는 보충 용법이고, 여격 ταῖς ἰδίαις χερσίν는 도구 용법이다(우리 자신의 손"으로").

34. Moule, *Idiom Book of New Testament Greek*, 150.

도수장으로 끌려가는 어린 양과 털 깎는 자 앞에서 잠잠한 양같이 그의 입을 열지 아니하였[다]"(사 53:7). 사도행전 8:32에서 빌립이 이 본문을 에티오피아 내시에게 설명해준 것처럼, 모든 사도도 자신이 선포했던 그리스도의 삶을 따라 사는 데 힘썼다. 따라서 바울은 이제 사도들이 삶에서 경험한 것을 마지막으로 요약한다.

4:13c-d 우리가 지금까지 세상의 더러운 것과 만물의 찌꺼기 같이[35] 되었도다(ὡς περικαθάρματα τοῦ κόσμου ἐγενήθημεν, πάντων περίψημα ἕως ἄρτι). 바울은 세상의 관점에서 보았을 때 사도들이 작은 자 중에서도 가장 작은 자라고 요약한다. "지금까지"(ἕως ἄρτι)라는 시간 어구는 4:11에서 설명했다. 따라서 이 말은 이 하위 부분을 둘러싸는 역할을 한다. "세상의"(τοῦ κόσμου)라는 소유격은 1:20, 27, 2:12을 생각나게 한다.

"더러운 것"과 "찌꺼기"라는 두 단어는 대체로 같은 것을 가리킨다.[36] 이 두 단어는 문질러지거나 닦여지는 것의 의미가 있고, 욕설로 사용된다. 이 두 단어는 신약성경 다른 곳에서는 전혀 나타나지 않는다. 그러나 간혹 속죄 제물을 가리킬 수 있는데, 그것은 '문질러지는' 것(περικάθαρμα)을 제거함으로써 정화가 이루어지기 때문이다. 이것이 아마 칠십인역 잠언 21:18의 의미일 것이다.[37] 「토비트」(Tobit) 5:19에서 "희생양"은 περίψημα를 올바르게 번역한 것으로 볼 수 있다.[38] 소즈(Soards)는 바울이 이 연속된 목록을 부정적인 두 언급으로 끝내는 것이 아니라, 고난의 이유를 가리키는 긍정적인 언급으로 끝낸다고 주장함으로써 이것을 중요하게 여긴다. 소즈는 "바울이 속량을 가리키는 두 긍정적 심상을 동격으로 제공할 의도가 있다"라고 말한다. 소즈는 바울이 그리스도와 구원을 가져온 그분의 십자가 고난을 끊임없이 떠오르게 하는 것을 지적하면서, 사도들을 세상의 "더러운 것"으로 부를 때 바울이 "그들을 구원을 제공하는 하나님의 대리인으로 부른"다고 믿는 것은 "충분히 일리가 있다"라고 말한다. 그래서 소즈는 본문을 이렇게 번역한다. "비방을 받으면 우리는 초청하고, 지금까지 더러운 것(세상의 대속물, 찌꺼기), 곧 만물의 속전같이 되었도다."[39] 이 견해의 난점은 이런 의미를 지지하는 증거가 매우 적다는 것이다. 그러나 더 심각한 난점은 그것이 여기서 바울이 말하는 정확한 내용과 쉽게 일치하지 않는다는 점이다. 바울은 내내 "지금까지" 자신의 인생이 사회의 찌꺼기를 반영한다고 주장했다. 바울은 계속해서 자신이 이 일들을 편지에 쓰는 것은 고린도 교인을 부끄럽게 하려는 것이 아니라고 말한다. 그러므로 바울이 갑작스럽게 이 목록 끝부분에서 방향을 바꾸어 자신이 말한 모든 것을 긍정적인 말로 제시한다고 보는 것은 개연성이 별로 없다. 바울은 계속해서 이 세상의 지혜의 관점에 따라 말한다. 따라서 사도들은 그대로 "더러운 것"으로 남아 있다. 그것을 바꿀 것은 아무것도 없다.

4:14 내가 너희를 부끄럽게 하려고 이것을 쓰는 것이 아니라 오직 너희를 내 사랑하는 자녀 같이 권하려 하는 것이라(Οὐκ ἐντρέπων ὑμᾶς γράφω ταῦτα, ἀλλ' ὡς τέκνα μου ἀγαπητὰ νουθετῶν).[40] 어떤 주석가는 여기서 어조가 바뀐다고 주장한다.[41] 그러나 이어지는 내용은 대부분 앞에서 제시했던 것과 같은 메시지의 한 부분이다. 바울은 많은 것

35. "…같이"는 비교 불변화사(ὡς)를 번역한 것이다.
36. G. Stählin, "περίψημα," *TDNT* 6:84-93.
37. BDAG 801.
38. BDAG 808.
39. Soards, *1 Corinthians*, 98, 100. Barrett, *First Corinthians*, 113에 따르면, Barrett는 바울이 의도적으로 이중 의미를 염두에 둔 것으로 본다.
40. νουθετῶ[ν]의 다양한 독법(NA[28]을 보라)이 이 구절의 의미에 실질적인 영향을 미치지는 않는다. 이 분사 형태가 문법적으로 개연성이 더 크다. νουθετῶ 형태가 더 어려운 이문이라고 주장할 수 있다.
41. Conzelmann, *1 Corinthians*, 91. 또한 Brian J. Dodd, *Paul's Paradigmatic 'I': Personal Example as Literary Strategy*, JSNTSup 177 (Sheffield: JSOT Press, 1999), 65도 보라.

을 편지에 썼다. 바울이 사도들과 고린도 교회 지도자들을 대조하는 내용은 매우 신랄했다. 그렇지만 바울은 그런 내용을 언급할 때 전체적으로 자녀를 대하는 아버지와 같이 고린도 교인을 걱정했다. 바울은 고린도 교인에게 말할 때 여러 번에 걸쳐 그들을 "형제[와 자매]"로 불렀다(1:10, 26, 2:1; 3:1; 4:6). 그러나 지금은 편지를 쓴 목적이 고린도 교인에게 아버지가 자녀에게 하듯이 경고하기 위함이라고 강력히 피력한다. 때때로 아버지는 자녀에게 강경하게 경고해야 한다. 아버지가 그렇게 경고하는 것은 자녀를 사랑하기 때문이다. 바울은 고린도 교인에게 이것을 이해시키고, 자신과 이런 관계를 계속 맺을 것을 확실히 말하고자 한다. 다시 말하지만 이 구절들은 바울이 고린도 교회 지도자들에게 강력한 공격을 받는 대상이었다는 관념을 반대한다. 이 구절들은 고린도 교회 공동체에서 교인들과 사랑의 관계를 맺고 있고, 여전히 리더십과 권위를 분명히 가진 사람이 쓴 것이다. 명백히 고린도 교회의 일부 지도자는 바울이 자기들을 겨냥해 말하는 문제에 난감해하거나 심지어는 바울과 맞지 않는 의견을 갖고 있었을 것이다. 그러나 바울은 그들을 사랑하고 용납하는 마음으로 말하고, 그들과 맺고 있는 이런 관계로 말미암아 그들이 자신의 말을 들어줄 것을 기대한다.

"이것"(these things, ταῦτα)이라는 말은 단순히 이전 몇 구절이 아니라 바울이 지금까지 말한 모든 것을 가리킨다. 이 말 뒤로 두 개의 대조 목적절이 이어진다. 첫 번째 목적절에서 바울은 부정적인 관점으로 말한다. 여기서는 분사가 목적절을 제공한다(ἐντρέπων, "부끄럽게 하려고"). 바울은 고린도 교인을 "부끄럽게 하려고" 편지를 쓰는 것이 아니다[42](단어가 1:27에서 하나님의 심판 관념을 담아 언급된 동사 καταισχύνω가 아님을 주목하라). 외면적인 것을 지나치게 중시하는 지위 중심 사회에서, 바울은 자신이 그들을 '몰아세울' 의도가 없음을 분명히 밝히고 싶어 한다. 바울의 의도는 그들 가운데서나 세상 앞에서 고린도 교인을 공개적으로 모욕하거나 멸시하는 것이 아니다. 바울의 의도는 철저히 고린도 교인의 '소속', 곧 그들의 지위가 안전하고 확실하다는 점을 알도록 그들을 돕는 데 있었다. 그러나 '그리스도 안에' 있는 그들의 지위는 세상이 인정하지 않는 방식으로 확인된다. 오늘날의 말로 하면, 고린도 교인의 '자존감'은 그들이 어떤 모습인지, 그들이 어떤 은사를 받았는지, 또는 그들의 말과 행동이 얼마나 세련되었는지에 기반을 두어서는 안 된다. 고린도 교인의 자존감은 단순히 주님의 은혜와 사랑 속에서 발견되어야 한다. 따라서 바울이 고린도 교인에게 편지를 쓰는 것은 교인으로서 그들을 무너뜨리기 위함이 아니라 오히려 자신의 "사랑하는 자녀"같이 그리고 그리스도 안에서 그들의 "아버지"로서(15절) 그들을 권고하기 위함이다.

그래서 강한 반의 접속사를 사용하여 바울은 이렇게 말한다. "[그러나] 오직(ἀλλά)…권하려 [내가 쓰는 것이라]"(νουθετῶν, 또 하나의 목적 분사). '권하다' 또는 "경고하다"(ESV)라는 뜻을 가진 이 동사는 다양한 문맥에서 사용되지만 다른 곳에서는 아버지가 자녀를 위해 하는 것에 사용된다(LXX Wis 11:10을 보라). 이런 면에서 이 권고는 협박이 아니라 사람이 행동을 바꾸어 성숙해지도록 돕기 위한 말과 행위를 가리킨다.[43]

여기서 누구나 주목해야 할 것은 바울의 온화한 목회적인 마음이다. 참으로 안타깝게도 오늘날에는 부드러운 말과 성품을 진정한 사랑과 동일하게 여기는 경향이 있다. 고린도 교인에 대한 바울의 참된 사랑은 이전 구절들에서 아주 명확하게 확인된다. 그리고 여기서는 바울이 고린도 교인의 사랑을 받은 자로서 그리고 그들을 사랑하는 자로서 자신의 말이 상처가 될 것이라 생

42. 6:5-6에 대한 설명 다음에 나오는 '심층 연구: 부끄러움'을 보라.

43. 예컨대 롬 15:14; 엡 6:4; 살전 5:12, 14을 보라.

각하는 바울의 마음을 본다. 따라서 바울은 자신이 해야 할 말을 하게 해주고, 또 그 말을 귀담아 듣게 하는 그들과의 관계를 강화하고 높이 세운다. 만약 고린도 교인이 실제로 이 관계를 인정하지 않는다면 바울의 말은 소귀에 경 읽기가 되고 말 것이다.

4:15a-b 그리스도 안에서 일만 스승이 있으되 아버지는 많지 아니하니(ἐὰν γὰρ μυρίους παιδαγωγοὺς ἔχητε ἐν Χριστῷ ἀλλ' οὐ πολλοὺς πατέρας).[44] 스승(παιδαγωγός), 곧 '선생'은 당시 헬레니즘 사회에서 잘 알려져 있었다.[45] 그들은 보통 부유한 가정의 자녀 교육을 전담한 충실한 종이었다. 종종 손에 매를 들고 교육하는 그들은 어떤 때는 엄한 감독으로 여겨졌다. 바울은 아버지 같은 마음을 품고 사랑으로 행한 행동에 대해 매를 들고 가르치는 자와 자기 자신을 대조한다. 바울은 21절에서 약간 비꼬는 말투로 고린도 교인에게 그들이 이것을 원하는 것인지 또는 매를 더 좋아할 것인지 물어볼 것이다. '확실히'[46]라는 말(개역개정에는 번역되어 있지 않음-역주)은 조건문의 귀결절을 소개하는 역할을 한다.

바울이 여기서 부성애에 호소하는 것은, 부분적으로 그런 면이 있기는 하나 단순히 고린도 교회에 대한 자신의 사랑을 언급하기 위한 은유가 아니다.[47] 사실 바울이 고린도 교회에서 했던 역할은, 그다음 문장이 증명하는 것처럼, 고린도 교인을 생기게 한 것, 곧 그들을 '낳은' 것을 포함했다.[48] 그러나 바울이 여기서 "수많은 '보호자'나 '베이비시터'를 반대하고, 자신이 고린도 교인을 '그리스도 예수 안에서' '복음으로 낳은 그들의 아버지'가 된 유일한 자라고 보는 것(그렇게 되면 아볼로를 내려다보는 또 하나의 사례가 된다)"[49]은 본문의 증거와 이 부분의 취지를 확실히 벗어난다. 바울은 아볼로에 대해 이런 식으로 말하지 않는다. 바울은 항상 아볼로를 복음 사역의 동지로 본다.

4:15c-d 그리스도 예수 안에서 내가 복음으로써 너희를 낳았음이라(ἐν γὰρ Χριστῷ Ἰησοῦ διὰ τοῦ εὐαγγελίου ἐγὼ ὑμᾶς ἐγέννησα). 바울은 복음을 전하던 초기에 많은 고린도 사람이 믿음으로 나아왔던 때를 다시 되돌아본다. 그때 바울의 사역은 전체적으로 "그리스도…안에서" 이루어졌다. 곧, 그리스도로 말미암아 그리고 그분을 통해 이루어졌다. 그러나 주님이 바울을 사용하여 복음을 전하게 하셨다. "복음으로써"(διὰ τοῦ εὐαγγελίου)라는 말은 고린도 사람을 믿음으로 이끈 수단을 표현하는 말이다. 따라서 바울은 복음을 수단으로 그리스도 안에서 내가 '너희를 낳았다' 또는 '너희의 아버지가 되었다'(γεννάω)고 말한다. "복음"은 그리스도에 관한 것과 그분의 성육신, 죽음, 부활, 승천을 통한 구원에 관한 선포를 가리키는 약어다.[50] 바울이 지금 자신의 호소에 덧붙일 수 있는 권고는 고린도 교인과의 특별한 관계에서 나온다.

4:16 그러므로 내가 너희에게 권하노니 너희는 나를 본받는 자가 되라(παρακαλῶ οὖν ὑμᾶς, μιμηταί μου γίνεσθε). 바울은 고린도 교인이 믿음의 대상인 그리스도를 반영하는 자

44. "…때문에"(γάρ)는 계속 용법이다. ἐάν+가정법 구성은 조건문의 조건절을 소개하고, 불명확하다. 그래서 이 책은 여기에 '아마'(perhaps)라는 말을 덧붙인다. 이 가정법(ἔχητε)은 현재 시제지만 조건문의 동떨어진 가설적 성격은 영어에서 과거 시제가 사용되어 쉽게 번역된다.

45. Conzelmann, *1 Corinthians*, 91n10.

46. 여기서 ἀλλά라는 단어는 기능을 심화하는 역할을 한다(Dana and Mantey, *Manual Grammar*, 240).

47. 바울이 고린도전서에서 가족 용어를 사용하는 것에 대해서는 Trevor J. Burke, "Paul's Role as 'Father' to his 'Children' in Socio-Historical Context (1 Cor. 4:14-21)," in Burke and Elliott, *Paul and the Corinthians*, 95-113을 보라.

48. Andrew D. Clarke, *Serve the Community of the Church: Christians as Leaders and Ministers*, First-Century Christians in the Graeco-Roman World (Grand Rapids: Eerdmans, 2000), 218-23.

49. Contra Horsley, *1 Corinthians*, 72.

50. 15:1에 대한 설명을 보라.

가 되기를 바란다. 세상의 지혜의 눈으로 보면 너무 이상한 바울의 인생은 고린도 교인이 날마다 실제 삶에서 그리스도를 반영하는 것이 어떤 의미인지 깨닫도록 도움을 줄 수 있다. 이 권고는 바울의 논증의 앞과 뒤를 동시에 바라본다. "그러므로"(οὖν) 바울은 이 권고의 기초를 그리스도 안에서 고린도 교인의 아버지가 되는 것뿐만 아니라, 그의 이전 논증, 특히 사도들과 그들이 세상의 더러운 것으로 사는 인생에 관해 말한 것에도 둔다. 이 권고는 바울이 "내가…너희를 권하노니"라는 말로 시작했던 1:10에서부터 여기까지 전체 부분을 결말짓는다. 1:10을 설명할 때 '권하다'(παρακαλέω)는 말의 의미를 상술했다. 거기서는 바울이 이 말을 '거친 수사'가 아니라 '단호한 격려'로 사용한다고 주장했다. 이 말은 아버지가 자녀에게 하는 말이다. 바울은 고린도 교인에게 자신을 본받으라고 '권할' 때 간절하고도 사랑하는 마음을 품고 말한다. 그러나 "그러므로"(οὖν)라는 말은 바울의 본보기가 사실상 모든 사도에게서 나타나는 본보기(9–13절)와 다르지 않다는 점을 상기시킨다. 바울이 본받아야 할 자인 것은 그가 그들의 사도이기 때문이다.

여기서 본받음의 관념은 단순히 바울이 행하거나 말하는 것을 무조건 모방한다는 뜻을 함축하지 않는다. 고린도전서가 분명히 하는 것처럼 하나님의 경륜 속에서 어떤 이는 사도고, 또 어떤 이는 사도가 아니다. 누구나 하나님께 은사를 받지만 교회 공동체를 위한 은사의 목적과 의도는 다양하다. 바울의 관심은, 고린도 교인이 어떤 삶을 살도록 부르심을 받았든 간에, 그들이 그의 가르침과 실천을 따른다는 의미에서 자신을 본받게 하는 것이다(11:1에 대한 설명도 보라). 바울은 고린도 교인의 삶이 그리스도의 구원하는 복음을 반영하기를 바란다. 그리고 그 삶은 승리주의, 엘리트주의, 소피스트의 교만함, 지위를 추구하는 삶을 의미하지 않는다. 그것은 십자가에 못 박히신 그리스도를 반영하는 삶을 의미한다.

바울이 이처럼 간절히 권고하는 것을, 어떤 이는 교만하거나 온정주의에 빠진 것으로, 또 다른 이는 날조한 것으로 이해함으로써 유감스럽게도 왜곡하고 말았다.[51] 사실 바울은 고린도에서 복음을 전했을 때 믿음으로 나아온 자가 잘되는 것 외에 바라는 것이 없었다. 고린도 교인은 바울을 바라볼 때 그가 그리스도 안에서 자신의 아버지가 되므로 자기들을 인도할 한 본보기라고 생각했을 것이다. 고린도 교인은 자녀로서 각기 다른 부르심과 다른 은사를 갖는다. 하지만 자신의 삶을 되돌아보고 그 삶이 과연 합당한지 물어볼 충분한 증거를 자신 앞에 두었다. 실제로 바울이 한 말을 고려할 때, 만약 고린도 교인이 바울을 본받는다면, 그들 역시 세상의 더러운 것과 "미련한 것"으로 취급받게 될 것이다.[52] 고린도 교인은 바울이 복음을 위해 받는 고난, 곧 바울이 박해자의 손에 겪은 육체적 고통과 고난도 인정하게 될 것이다. 이 모든 것은 고린도 교인이 바울에게서 본받기를 바라는 것이다.

4:17a–d 이로 말미암아 내가 주 안에서 내 사랑하고 신실한 아들 디모데를 너희에게 보내었으니 그가 너희로 하여금 그리스도 예수 안에서 나의 행사[53]…생각나게 하리라(διὰ τοῦτο

51. Horsley, *1 Corinthians*, 72. 그리고 Thiselton, *1 Corinthians*, 370–73은 일부 학자가 바울을 날조자로, 또는 온정주의와 권위주의에 빠진 자로 비판하는 것을 더 깊이 살펴본다. 이때 Thiselton은 특별히 Elizabeth A. Castelli, *Imitating Paul: A Discourse of Power* (Louisville: Westminster John Knox, 1991)의 주장을 참조한다. 그러면서 Castelli의 입장은 석의적 증거에 반하고 심지어는 철학적 증거에도 반한다고 주장한다.

52. Mitchell, *Rhetoric of Reconciliation*, 222. "4:1–13의 내용과 비교해보면 고린도 교인은 너무 잘못되었기 때문에 바울의 행동을 열심히 본받지 않으면 안 된다. 각각의 행동 형태에는…성급한 자랑 및 자기이익 추구와 반대되는 겸손함 및 자기절제의 본보기가 담겨 있다."

53. 이것은 이중 대격의 한 사례(ὑμᾶς…τὰς ὁδούς)로, 동사와 함께 상기시키거나 가르치는 것에 대해 사용되었다. Moule, *Idiom Book of New Testament Greek*, 33. 그리고 BDF §155를 보라.

ἔπεμψα ὑμῖν Τιμόθεον, ὅς ἐστίν μου τέκνον ἀγαπητὸν καὶ πιστὸν ἐν κυρίῳ, ὃς ὑμᾶς ἀναμνήσει τὰς ὁδούς μου τὰς ἐν Χριστῷ [Ἰησοῦ][54]). 바울은 고린도 교인에게 "이로 말미암아"(διὰ τοῦτο) 디모데를 보냈다. 즉, 자신이 말한 모든 것을 고린도 교인이 알도록 도와주라고 디모데를 보냈다. 관계 대명사 "…한 (자)"(ὅς)로 소개된 두 절은 디모데를 묘사한다. 첫 번째 절은 디모데와 바울의 관계를 묘사하고, 두 번째 절은 고린도 교인과 관련하여 디모데가 바울을 위해 한 행동을 묘사한다. 영어 번역에서는 의미를 더 명확히 하려고 두 번째 관계 대명사(ὅς)를 인칭 대명사 '그는'(he)으로 번역한다.

여기서 사용된 부정과거 형태(ἔπεμψα, "내가…보내었으니")가 논란이 된다. 이 말은 발신자가 자신을 수신자의 관점에서 보는 '서한체' 표현일 수 있다. 이것은 영어로 '내가 내 편지와 함께 디모데를 보내니'(I am sending Timothy with my letter) 또는 '내가 내 편지와 함께 디모데를 보내었으니'(I have sent Timothy with my letter)라고 번역할 수 있다. 또 다른 가능성은 이것을 사실을 진술하는 표준 부정과거 용법으로 간주하고, 디모데가 최근에 고린도 교회를 방문했고 이 편지가 (최근의) 방문 이후 보내졌다고 추정하는 것이다. 그리고 16:10에 비추어 볼 때 더 개연성이 커 보이는 세 번째 가능성은, 바울이 벌써 디모데를 보냈으나 디모데가 아직 고린도에 도착하지 않았다고 보는 것이다. 16:10에 대한 설명을 보라. (따라서 이것은 정점 또는 효과의 부정과거 용법이 될 것이다.) 디모데가 고린도에 실제로 여행했는지가 불확실하다고 보는 것보다, 디모데가 고린도에 도착한 때가 불명확하다고 보는 것이 더 낫다. 따라서 4:17과 16:10을 함께 묶으면 다음과 같이 의역할 수 있다. '내가…디모데를 너희에게 보내었으니…그가 (실제로) 도착하면…너희에게 그리스도 예수 안에서 나의 행사를 상기시켜줄 것이다.'

사실이 어떠하든 간에, 디모데는 온전히 신뢰할 수 있는 동역자로 바울과 오랫동안 관계를 쌓았다. 이 본문은 바울이 디모데의 행동뿐만 아니라 그의 교훈과 가르침에 대한 지식도 높이 평가했음을 암시한다. 바울은, 유대인 어머니와 그리스인 아버지를 부모로 둔 디모데를 루스드라에서 만났다. 거기서 디모데는 '칭찬받는 자였다.' 그때 바울은 디모데를 데리고 그곳을 떠나고자 했다(행 16:1-4). 따라서 디모데는 때로는 바울과 함께, 또 때로는 바울의 심부름으로 널리 여행했다. 고린도후서는 디모데가 고린도에서 말씀을 전할 때 바울 및 실루아노와 함께 있었던 점과, 고린도후서의 발신자 중 하나라는 점 그리고 고린도 교인과 이미 확립된 관계가 있었다는 점을 보여준다(고후 1:1, 19; 참고. 살전 1:1; 살후 1:1).

바울이 바라는 바, 고린도 교인이 어떤 존재가 되기를 원하는지 그들이 알고 싶다면 디모데가 상기시켜 줄 것이다. 디모데 역시 바울의 "사랑하는 아들"이다(4:14과 비교해보라). 바울은 "충성된"(신실한, πιστός, 4:2) 청지기에 관해 말했고, 디모데는 "주 안에서 신실한"(πιστὸν ἐν κυρίῳ) 자다. 만약 바울이 고린도 교인을 어떻게 보았는지에 관해 의문의 여지가 있었다면, 그들은 바울이 자신들에게 요구하는 것을 디모데에게서 찾아낼 것이다. 디모데는 바울이 무슨 말을 하는지 이해했다. 명확한 설명이 요구된다면 디모데가 얼마든지 설명해줄 수 있다. 그러나 무엇보다 디모데는 그 본보기가 될 것이다. 고린도 교인은 디모데를 보고 바울이 말한 "그리스도 예수 안에서 나의 행사"(τὰς ὁδούς μου τὰς ἐν Χριστῷ)를 상기할 수 있다. 여기서 바울이 사용하는 "행사"(또는 '길', ὁδοί)라는 말의 의미는 유대교에 그 배경이 있다. '할라카'(*halakah*), 곧 랍비의 가르침이 말하는 "행사"는 삶의 실천 지침과 관련되어 있다.[55] 바울은 자신과 디모데와 고린도 교인이 "그리스도 안에서" 어떻게 인생을 살

54. 이 본문의 이문들은 "그리스도"를 포함하거나 포함하지 않는다. 어느 쪽이든 의미에는 아무런 영향을 끼치지 않는다. 그러나 초기 사본인 $\mathfrak{P}^{46}$과 ℵ의 증거는 "그리스도"라는 말을 포함하는 것을 말해준다.

55. 신명기 8:6에서 이스라엘 자손은 하나님의 "길을"(행사를) 따라가

것인지에 관심이 있었다.[56] 이 요점은 19절에서 다시 등장한다.

4:17e 곧[57] 내가 각처 각 교회에서 가르치는 것을(καθὼς πανταχοῦ ἐν πάσῃ ἐκκλησίᾳ διδάσκω). 사도들의 삶의 행사(길)에 대한 바울의 평가에 비추어 보면, 그가 다른 사도들이 가르친 것과 똑같은 것을 가르쳤다고 합리적으로 추정할 수 있다. '곧 각처에서'(καθὼς πανταχοῦ, '각처에서처럼')라는 어구는 부사구로, 현재 시제 동사 "내가…가르치는"(διδάσκω)을 수식한다. 바울은 고린도 교인에게 요구하고자 하는 바에 새로운 것은 없다고 주장한다. 이 삶의 행사는 정확히 바울이 그가 세운 모든 교회에서 가르친 것이다. 바울 서신에서 "교회"(ἐκκλησία)라는 말은 통상적으로 지역 교회를 가리킨다. 하지만 여기서는 바울의 생각 속에 지역 교회와 포괄적 교회가 분리되지 못한 것을 알 수 있다. 교회는 전체적으로 모든 모임 속에서 예배 대상인 그리스도, 곧 십자가에 못 박히신 그리스도를 반영하는 삶의 방식, 도덕성, 타인에 대한 태도 등을 특징으로 보여주어야 한다.

4:18 어떤 이들은 내가 너희에게 나아가지 아니할 것 같이 스스로 교만하여졌으나(ὡς μὴ ἐρχομένου δέ μου πρὸς ὑμᾶς ἐφυσιώθησάν τινες). 바울이 없을 때 일부 고린도 교인은 실제로 자만에 빠져 교만한 모습을 보였다. 18-19절에서 바울은 고린도 교인에게 자신이 곧 그들을 방문할 것이라고 경고한다. 여기서 절대 소유격(ἐρχομένου…μου)이 "…같이"(처럼)를 의미하는 불변화사(ὡς)를 통해 소개된다. 따라서 주절은 4:6을 이해하게 하고, 독자에게 어떤[58] 지도자들이 자신들에게 주어진 말을 다 무시할 정도로 '교만하게 된'(ἐφυσιώθησάν) 것을 상기시킨다. 따라서 바울은 일부 고린도 교인의 교만을 크게 염려한다. 이에 바울은 자신이 전한 말을 주의 깊게 들어야 한다고 천명한다. 그리고 자신이 아버지로서 전하는 권고를 사랑하는 자녀가 따랐는지 확인하고자 고린도 교회를 방문할 것이다. 바울은 4:6에서 교만한 자를 묘사하기 위해 처음으로 사용했던 경멸스러운 단어 '교만하다'(φυσιόω)라는 동사를 여기서와 19절에서 다시 사용한다(5:2; 8:1; 13:4도 보라). 8:1에서 바울은 고린도 교인이 지식의 은사로 '교만하게' 된 것을 특별히 주목한다.

4:19 주께서 허락하시면 내가 너희에게 속히 나아가서 교만한 자들의 말이 아니라 오직 그 능력을 알아보겠으니(ἐλεύσομαι δὲ ταχέως πρὸς ὑμᾶς, ἐὰν ὁ κύριος θελήσῃ, καὶ γνώσομαι οὐ τὸν λόγον τῶν πεφυσιωμένων ἀλλὰ τὴν δύναμιν). 바울은 고린도 교인에게 "속히"(ταχέως) 나아갈 것이다. 이 방문의 성격이 16:1-8에 더 상세히 제시된다. 거기에는 이 방문이 얼마간 지연된 이유가 언급된다. 16장이 암시하는 것처럼 방문의 목적은 여러 가지다. 그러나 여기서

라고 권고받는다(하나님의 길을 따라가는 것에 대해서는 신명기 10:12과 LXX에서 다수의 언급을 참고하라. 특히 이 길과 거짓 길을 대립시키는 시편 119편을 보라).

56. Alfred Seeberg, "Moral Teaching: The Existence and Contents of 'the Ways,'" in *Understanding Paul's Ethics: Twentieth Century Approaches*, 편집 Brian S. Rosner (Grand Rapids: Eerdmans, 1995), 161-63을 보라. Seeberg는 여기서 바울의 의도에 대해 완전히 다른 견해를 취한다. Seeberg는 바울이 이처럼 자신을 본받으라고 권고하는 의도가 그의 행위와 직결되지 않는다고 주장한다. Seeberg는 심지어 직전 구절들에서 바울이 고린도 교인에게 그렇게 말했을 때도 왜 디모데가 바울의 행위를 그들에게 상기시킬 필요가 있었겠느냐고 묻는다. Seeberg는 여기서 "행사"는 바울의 삶의 길을 가리키는 것이 아니라 기독교의 도덕적 가르침의 명칭을 가리킨다고 주장한다. 따라서 Seeberg에 따르면, "이 가르침은 바울이 자신의 사역에 사용했을 때 그의 도덕적 가르침이 되었고…그러므로 τὸ εὐαγγέλιόν μου[나의 복음(롬 2:16, 딤후 2:8)]와 같은 의미에서 '나의 행사'로 간주되어야 한다." Seeberg는 이것이 17절에서 바울이 계속해서 "내가 각처 각 교회에서 가르치는 것을"이라고 말할 때 그가 한 말의 의미를 훨씬 더 낫게 한다고 주장한다.

57. 여기서 Seeberg의 해석(위의 각주를 보라)을 계속하면, καθώς를 "한 방식으로" 또는 "한 내용에 관해"라는 의미로 취하는 것이 포함된다. 따라서 이에 따르면 바울은 자신이 모든 곳에서 제공하는 도덕적 가르침의 본체를 가리킨다.

58. 주절의 주어는 "어떤 이들"(τινες)이다.

바울은 자신이 고린도에 왔을 때 고린도 교인이 어떻게 하고 있는지 찾아보겠다고, 곧 '알아볼'[59] 것이라고 말한다. 단순 조건절 "주께서 허락하시면"은 바울의 의도가 명확하지 않다는 것이 아니라, 하나님의 섭리가 개입하는 것을 인정한다는 뜻이다. 이것은 오늘날에도 그리스도인들 사이에서 흔히 사용되는 표현이다. 바울은 고린도 교인에게 곧 나아갈 것이다.

바울은 여기서 일부 교만한 고린도 교인의 "말"(τὸν λόγον)을 언급한다. '언변'(speech)이라는 번역은 여기서 대다수 번역이 선호하는 "말"(talk)이라는 번역보다 더 자연스럽지 못하다. 그러나 "말"로 번역하면 고린도전서 앞부분에서 '언변'으로 번역될 수 있는 단어와의 중요한 관련성이 사라진다. 이 관련성을 보면 바울의 생각이 어떻게 진행되는지 이해하는 데 도움이 된다. 그러나 이 관련성에 따라 우리는 "신령한" 자에 대한 근본적인 문제로도 돌아가게 된다. 성령의 은사들, 특히 당시 헬레니즘 사회에서 더 가치가 있었던 언변과 지혜와 지식의 은사는 고린도 교인 가운데서 어떻게 기능하는가? 바울은 1:5에서 고린도 교인에게 주어진 "언변"의 은사에 대해 하나님께 감사했다. 바울은 다른 곳에서 이 은사에 대해 말했다. 바울은 세상의 "언변"이나 "말"을 그리스도 및 자신의 것과 대조했다(1:17–18; 2:1, 4, 13). 바울이 "언변"의 은사를 받았다고 주장하는 자에 대해 세운 시금석은 모든 그리스도인에게 적용된다. 모든 그리스도인이 은사를 가졌기 때문이다. 은사가 덕을 세우는가? 다시 말해, 이 사람들이 은사로 무엇을 하는가? 만약 이 은사들이 진실로 성령으로부터 오는 것이라면, 이 은사들이 사용될 때 성령의 능력이 작용할 것이다. 그러지 않는다면 은사는 단순히 자기를 섬기는 "이 세상"의 가치 체계의 산물에 불과하다. 고린도 교인들 사이에서 사용한 바울의 "언변"(λόγος)은 인상적인 사람의 말과는 거리가 멀다. 그런 바울의 언변에 성령이 "능력"(δύναμις)으로 역사하심으로써 사람들이 믿음으로 나아왔다(2:3–5). 여기 19–20절에서 바울은 결국 '그들의 허세를 꺾어놓겠다'고 말하는 것이다.

4:20 하나님의 나라는 말에 있지 아니하고 오직 능력에 있음이라(οὐ γὰρ ἐν λόγῳ ἡ βασιλεία τοῦ θεοῦ ἀλλ' ἐν δυνάμει). 바울이 일부 고린도 교인의 허세를 꺾어버릴 수 있는 기초는, 하나님의 영을 통해 능력을 드러내는 하나님 나라 자체의 본질에 있다. 여기서 반의 접속사(ἀλλά, '오직/그러나')와 동사의 부재는 대조를 심화하고 생동감 있게 하는 역할을 한다. 바울은 하나님의 역동적인 통치, 곧 하나님이 왕의 능력으로 다스리시는 것 그리고 왕의 재림으로 언젠가 충분히 완성될 하나님의 구원 목적의 성취에 관해 말하고 있다.[60] 바울은 고린도 교인에게 편지를 쓸 때 "하나님의 나라"라는 관념을 기정 사실로 제시한다. 하나님의 나라 안에 바울이 말해온 능력의 원천이 있다. 하나님의 나라는 왕이신 예수님, 곧 메시아가 출범시키셨다. 언젠가 "끝"이 오면 그리스도는 "모든 통치와 모든 권세와 능력을 멸하시고 나라를 아버지 하나님께 바칠" 것이다(15:24–25). 사람들 속에서 현재 그리스도가 통치하시는 것은 하나님의 능력이 교회 안에서 증명되는 것으로만 확인된다.

바울은 고린도에 올 때 고린도 교회 지도자들에게서 하나님이 그리스도 안에서 역사하시는 증거를 찾아볼 것이다. 바울은 고린도 교회 지도자들이 공동체 안에서 지위와 영예를 얻고자 은사를 팔아먹는 악습으로 이런 증거가 나타나지 않게 될 것을 두려워한다. 여기서 아이러니는 고린도 교인들의 삶이 크게 변화되어 그리스도를 닮고, 심지어는 앞에서 묘사한 것처럼 '사도와 같은' 모습이 될 때 진정한 증거가 주어진다는 점이다.

---

59. γινώσκω의 중간태는 '알게 되다'라는 의미가 있다.

60. 6:9a–b에 대한 설명 다음에 나오는 '심층 연구: 하나님의 나라'를 보라.

하나님 나라의 능력은 약한 상태, 곧 세상에서 더러운 것으로 취급되지만 하나님과 그분의 통치를 위해 살아갈 때 드러난다. 이것이 바울이 고린도 교회에서 보고 싶은 것이다. 그래서 바울은 대다수 주석가가 거칠거나 가혹한 말로 간주하는 진술로 이 부분을 끝맺는다.

4:21 너희가 무엇을 원하느냐[61] 내가 매를 가지고[62] 너희에게 나아가랴 사랑과 온유한 마음으로 나아가랴(τί θέλετε; ἐν ῥάβδῳ ἔλθω πρὸς ὑμᾶς ἢ ἐν ἀγάπῃ πνεύματί τε πραΰτητος;). 바울이 사랑하는 자녀들에게 단호하지만 사랑이 담긴 질책으로 설명을 끝마칠 때, 거기에는 연민 어린 그의 마음이 깊이 스며들어 있다. 물론 자녀들은 바울이 사랑으로 나아와 온유한 마음으로, 즉 매 없이 대해주기를 바랄 것이다.

이 구절에 대해 주로 제기되는 질문은 바울이 "경고"로[63] 끝맺는 것인지, 아니면 그보다는 엄하지 않은 태도로[64] 끝맺는 것인지의 여부다. 만약 바울이 내내 고린도 교인과 정면으로 맞선 상태에 있는 것으로 추정되면, 이것은 이 부분 끝에서 결론적으로 경고하는 것으로 해석될 수 있다. 그러나 이러한 철저한 대치 관계에 대한 증거를 조금도 찾을 수 없다. 바울의 권고는 그와 의견이 다른 지도자들도 여전히 그를 충분히 존중했고, 그래서 바울의 말을 들을 준비가 되어 있다는 사실에 기반을 두었다. 이 구절을 이해하는 또 다른 방법은 바울이 지금까지(특히 4:8-13에서) 상당히 많은 아이러니 기법을 사용한 다음, 곧바로 자신은 그들을 부끄럽게 하려는 의도가 없다고 말한 것을 기억하는 것이다. 오히려 바울은 고린도 교인이 자녀로서 권고받은 내용을 이해하기를 원했다. 바울은 스승이나 선생을 언급했는데, 이 두 용어는 헬라어와 구약성경에서 막대기나 매[65]를 들고 가르치는 자를 가리켰다. 따라서 바울은 고린도 교인에게 양자택일을 제안한다. 바울은 고린도 교인에게 스승으로서 매를 들고 갈 수 있고, 혹은 그들의 아버지로 갈 수 있다. 여기에는 어느 정도 아이러니가 함축되어 있는 듯 보인다. 특히 바울이 계속 다음 장에서 언급할 음행에 비추어 보면 이런 아이러니 기법으로 그가 전한 말의 심각성이 저해되지는 않는다.

적용에서의 신학

1. 세상의 더러운 것과 같다?

만약 현대의 설교자가, 그중에서도 특히 서양 국가의 설교자가 바울이 여기서 세상의 더러운 것으로 취급받는 것과 주리고 목마르며 헐벗고 약하며 비천한 것에 관해 설교한다면, 우리는 그것을 말도 안 된다고 여기고 무시할 수도 있다. 비록 우리가 그런 설교자를 위대한 성경 교

61. 이 의문 대명사(τί, "무엇")는 헬라어 신약성경에서 양자택일을 소개하는 데 사용될 수 있다. 따라서 여기서 이 대명사는 '둘 중의 어느 것?'이라는 의미를 함축할 수 있다.
62. 이 세 여격(ἐν과 함께)은 모두 방식을 가리키는 도구 용법이다.
63. Fee, *1 Corinthians*, 209.
64. 소유격 '온유함의'(of gentleness, πραΰτητος)는 묘사의 소유격("온유한")이다.
65. "매"(ῥάβδος)라는 단어는 LXX에서 교정과 징계를 위해 사용된다. 예컨대 출 21:20; 잠 10:13을 보라.

사로 생각했다고 해도, 여전히 '그의 과장된 말은 오늘날에는 조금 지나쳤다'고 혹평하고 넘어갈 것이다. 그런데 문제는 그런 설교자가 바로 사도 바울이라는 것이고, 우리가 여기서와 다른 성경 본문을 통해 익히 아는 것처럼 바울은 이것을 실제로 경험했다는 것이다. 따라서 우리는 바울을 의심할 이유가 조금도 없다. 확실히 세상에는 바울이 여기서 묘사하는 내용을 지금 당장 확인할 수 있는 그리스도인이 많이 있다. 그러나 모두에게 난제는, 이런 고난을 묘사한 다음 바울이 이어서 사람들에게 즉각 자신을 본받으라고 말하는 것에 있다. 그러므로 이 본문이 주는 도전은 어쩌면 우리가 상상하는 것보다 훨씬 강력하다. 이것은 단순히 일꾼(종)으로서 희생적인 삶을 살라는 부르심이 아니라, 우리가 선포하는 것을 그대로 본보기로 보여주라는 부르심이다. 최소한 이것은 삶에서 우리의 다양한 은사와 다양한 부르심을 가지고 그것이 우리에게 무엇을 의미하는지 끊임없이 자문해야 함을 의미한다. 친구와 함께 있을 때나 일할 때 자신의 번성과 자신의 지위에 관심을 두지 않는 것이 삶에서 그리스도를 나타내는 것과 어떻게 관련되어 있을까?

성경을 전체적으로 살펴보면, 우리는 주님을 온전히 섬기면서 신자들 사이에서 그리고 심지어는 세상 사람들 사이에서 사회적으로 지위가 있는 신자들을 얼마든지 발견한다. 사도 바울이 예루살렘에서 받은 대접을 고려하면(행 15:4–26; 갈 2:1–10) 그리고 베드로가 나중에 바울의 글을 성경으로 언급하는 것을 고려하면(벧후 3:15–16), 그는 다른 사도들 사이에서도 충분한 지위를 차지했다. 그러나 9장에서 직접 경험한 것을 본보기로 제시하는 데서 알 수 있듯, 여기서 두드러지는 사실은 복음 전파 사역에 대한 바울의 태도다. 우리는 바울이 자신에게 일어난 일과 직접 겪은 고난을 상술하는 말을 들을 때, 바울이 이런 고난을 항상 좋아한 것은 아니라는 점을 깨닫는다. 그러나 바울은 종으로서 주님을 위해 살고 복음을 전했을 때, 자신에게 일어나는 모든 일에 대해 언제나 준비가 되어 있었다. 어떤 일이 일어나든, 그것은 진정한 도전이다. 만약 하나님이 우리에게 바울처럼 고난을 받으라고 요청하신다면, 우리는 어떻게 할 것인가? 히브리서 11장에는 믿음으로 유명한 위대한 인물들의 명단이 제시되는데, 그들 가운데 많은 이가 믿음을 위해 고난을 겪도록 부르심을 받았다. 바울이 제시하는 것은 유일한 사례도 아니고, 바울의 도전은 성경이 제시하는 것과 같은 개인적인 도전이다. 영화 '패션 오브 크라이스트'(*The Passion of the Christ*)[66]를 보면, 바울이 자신의 생각을 재연하며 '내가 세상 사람들 앞에서 이 기름 부음 받으신 왕의 메시지를 어떻게 가장 잘 말하고 그 메시지에 따라 살 수 있을까?' 하고 자문하는 장면을 쉽게 상상할 수 있다. 그리고 바울의 도전을 들을 때 우리 속에서 삶을 변화시키는 역사를 지속적으로 행하실 성령이 필요하다는 사실을 깊이 깨닫는다.

66. Mel Gibson이 감독한 영화로(2004년), 그리스도의 마지막 몇 시간과 십자가 죽음을 다루고 그리스도의 고난을 생생하게 묘사한다.

2. 따라야 할 본보기

바울은 자신을 고린도 교인이 따라야 할 본보기로 제시한다. 당연히 바울은 모든 그리스도인에게도 본보기가 된다. 경건한 삶을 이처럼 진지하게 본받는 것은 성경 본문 곳곳에서 확인된다. 신학적으로 보면 이 관념은 하나님이 자기 백성에게 "내가 거룩하니 너희도 거룩하라"고 명령하시는 말씀에 확실히 새겨져 있다(레 11:44-45; 19:2; 벧전 1:16). 구약성경은 특히 하나님의 백성의 인도자에게 거룩함을 요구한다. 이것은 구약 선지자들이 이스라엘 제사장들에게 퍼부은 비난과 바울이 고린도 교회의 지도자에게 주는 도전이 여러 면에서 평행 관계에 있다는 점을 의미한다. 예를 들어, 말라기가 제사장들에게 항의하는 것(말 2장)은 그들의 가르침이 백성을 걸려 넘어지게 한 것을 겨냥할 뿐만 아니라 그들의 교만하고 악한 삶의 방식도 겨냥한다. 제사장들은 차별 없이 가르치고 자신의 삶의 방식을 통해 하나님의 법을 증명해야 할 의무가 있었다. 하나님의 백성은 하나님의 법을 들을 때도 자신 앞에 본보기를 두는 일이 항상 기대되었다. 그 본보기는 예수님에게서 온전히 이루어졌다. 따라서 그리스도를 본받는 것이 가장 큰 일이다(고전 11:1).

그러나 그리스도인이 다른 신자의 본보기가 되어야 하는 것은, 그리스도 안에서 온전함을 향해 자라가려면 지극히 필수적인 일이다.[67] 우리는 존경하는 사람을 보거나, 허물이 많은데도 그리스도를 반영하는 삶을 사는 사람을 주변에서 보게 되면 겸손해질 수 있다. 오늘날 기독교 진영에서 멘토링이나 제자훈련에 대해 많은 말을 한다. 이것은 많은 사람에게 도움을 줄 수 있다. 그러나 이런 일이 더 자연스럽고 자발적으로 이루어지기를 바란다면, 단순히 더 성숙한 그리스도인을 바라보고, 그들과 사귀며, 그들과 친교를 누리는 과정만으로도 배우고 보고 본받는 데 충분히 도움을 받을 수 있다. 바울은 아버지가 자녀를 대하는 가족 관점에 따라 고린도 교인에게 '권고한다'(4:14). 그리스도 안에 있는 형제나 자매를 이처럼 존경하면 필요할 때 "권고를 받는" 일이 일어난다. 이것은 특권이다. 하지만 이 특권을 누리는 그리스도인은 별로 없고, 우리는 어떻게든 이 특권을 찾아내 누려야 한다. 반면 믿음이 더 성숙하고 더 나이가 많은, 그래서 그리스도와 함께 살아온 삶의 경험도 더 많은 그리스도인과 젊은 교인들의 거리가 너무 멀다. 여기서 다시 한번 우리는 가족 관점을 통해 하나님이 우리를 부르시는 것을 스스로 깨닫고 발견하도록 자극을 받는다. 우리는 모든 그리스도인이 그리스도 안에서 자랄 수 있도록 서로 도와줄 의무가 있다.

67. 참고. 빌 3:17; 살후 3:7-9; 히 13:7.

3. 인정받는 것의 필요성

모든 그리스도인이 사회에서 높은 평판을 얻는다면 인생이 훨씬 더 수월할 것이다. 현 시대를 포함하여 모든 시대의 그리스도인이 사회에서 높은 평판을 얻고 싶은 유혹을 받는다. 만약 당시 헬레니즘 사회에서 사람들의 기대에 맞추고자 "언변", "지혜", "지식"과 같은 성령의 은사를 받는 것이 필요했다면, 오늘날 현대 교회도 세속 사회의 기대에 부응하고, 사회와 타협하는 데 도움을 얻으려면 물질을 값없이 베푸는 은사(롬 12:8)나 가르침의 은사 또는 소통을 잘하는 은사 등이 필요할 것이다. 다만 교회가 세상의 존경과 인정을 추구할 때 교회에 진정으로 도전을 줄 유일한 '신학'이 있는데, 그것이 바로 십자가의 신학이다. 그런데 유감스럽게도 많은 교회에서 십자가의 신학이 거의 완전히 사라졌다. 약함, 자기 희생, 자기 낮춤 그리고 주님으로 인한 박해 등의 관념은 거의 전해지지 않는다. 대신 사람들은 그리스도의 순종하는 종이 되기보다 주변 세상에서 지위를 얻는 데 관심이 더 크다. 그리스도인은 마치 자신이 부자가 되고 다스리는 자가 된 것처럼 행동하고, 이 세상의 지혜에 뿌리를 둔 사람들의 애정과 존경을 추구한다. 하나님의 나라는 확실히 능력 안에서 계시되지만, 이 능력은 그리스도 안에 있는 하나님의 능력이다. 그러므로 바울과 같이 진실로 이것을 보기 원한다면, "예수 그리스도와 그가 십자가에 못 박히신 것 외에는 아무것도 알지 아니하기로"(고전 2:2) 작정해야 한다.

CHAPTER 11

고린도전서 5:1-13

문학적 전후 문맥

바울은 고린도 교인이 이미 차지하고 있는 지위에 관해 말했고, 이 지위는 하나님이 그들에게 주신 것에 기반을 두었다(4:7). 바울은 약간 비꼬는 말투로 고린도 교인의 태도를 부자 및 "왕"과 같다고 비난했다. 고린도 교인은 자신의 지위, 곧 바울이 세상의 지혜를 따르는 행동으로 보는 것을 자랑했다. 바울은 자신의 삶을 묘사하고, 그것을 고린도 교회의 많은 교인의 삶과 명확히 대조하여 제시했다. 바울은 고린도 교인에게 자신의 말을 들을 뿐만 아니라, 그의 인생을 보고 그가 그리스도를 위해 살아가는 법을 본받으라고 권고했다.

십자가에 못 박히신 그리스도 안에 계시된 하나님의 지혜만이 오직 하나님의 거룩한 백성과 언약 공동체로서 지위를 보장한다. 진실로 온전한 그리스도인이라면 이것을 깨닫고 하나님의 지혜를 구할 것이다. 고린도전서 첫 부분(1-4장)에서 바울은 이러한 종류의 지혜가 선한 분별력을 반영하고, 고린도 교인이 그 분별력에 따라 사람들에 관해서와 신령한 은사의 본질 및 기능에 관해 그리고 하나님의 백성이 되는 것의 의미에 관해 올바른 판단을 내리게 될 것이라고 강조했다. 이제 5-6장에서 바울은 고린도 교인이 나태나 묵인으로 하나님의 지혜와 온전함을 갖지 못함을 드러낸 중대한 죄에 대해 설명한다. 5장에서는 교회 안에서 묵인된 근친상간의 죄를 붙들고 씨름한다. 그렇게 함으로써 바울은 교회를 과거 이스라엘과 같이 거룩한 백성으로 부르심을 받고, 거룩하지 못하면 주의 심판을 받게 될 언약 공동체로 보는 관점을 계속해서 보여준다. 바울은 이 주제를 다룰 때 레위기 18:8, 20:11과 신명기 22:22, 30, 27:20을 염두에 둔 것 같다. 죄인이 이스라엘 공동체에서 퇴출되는 것은 기독교 공동체의 출교 규정의 본보기가 된다.

5-6장과 앞에 나온 내용의 연속성은 여러 번에 걸쳐 드러나고, 이어지는 내용도 이 가운데 일부다. 첫 번째로, "교만"과 자랑 주제가 반복된다(5:2, 6; 6:12). 두 번째로, 올바른 판단과 분별력의 필요성 주제가 되풀이된다(5:3, 9-13; 6:1-6, 12, 15-16, 19). 세 번째로, 십자가에 못 박혀 죽으시고 부활하신 그리스도에 호소하는 주제가 다시 나온다(5:7; 6:14, 20). 네 번째로, 하

나님의 백성은 자체로 하나님의 성전이라는 관념(6:19)처럼 교회 안팎에서의 지위에 대한 관심이 다시 등장한다(5:10-12; 6:4, 10-11, 17, 20). 이로 인해 1장과 3장에서 언급된 거룩함의 주제가 기독교 공동체의 정체성의 본질로 다시 부각된다(5:9-13; 6:9-11).

IV. 온전한 그리스도인은 하나님의 지혜를 구함(2:6-4:21)

➦ **V. 신령하지 못한 지혜는 중대한 죄를 낳음(5:1-6:20)**

- **A. 근친상간 사건을 해결해야 함(5:1-8)**
- **B. 공동체 정체성은 거룩함을 요구함(5:9-13)**
- C. 그리스도인 간의 소송을 세상 법정에 맡겨서는 안 됨(6:1-8)
- D. 공동체 정체성은 거룩함을 요구함(6:9-11)
- E. 음행은 그리스도와의 연합과 양립할 수 없음(6:12-17)
- F. 공동체 정체성은 거룩함을 요구함(6:18-20)

VI. 공동체 지위와의 관계에서 본 결혼, 독신, 이혼, 과부 생활(7:1-40)

주요 개념

교만하게도 수준 높은 영적 지위에 있다고 스스로 추정하는 사람들에게 경건한 분별력이 없다는 증거는, 고린도 교인이 교회 안에서 벌어진 음행 사건을 묵인한 일에서 비극적으로 드러난다. 그리스도가 위해 죽으신 교회는 거룩한 백성이 되고, 그들 속에서 주 예수의 임재와 능력이 확인되어야 한다. 하나님의 지혜에서 나오는 온전한 영성은 교회 안에서 벌어지는 악을 적절하게 분별하고, 악을 저지른 사람을 내쫓아서 악을 적절히 처리해야 한다.

번역

고린도전서 5:1-13

1a	위치	너희 중에
	단언	**심지어…함을 들으니**
b		**음행이 있다**
c	묘사	그런 음행은 이방인 중에서도 없는 것이라
d	확대	누가 그 아버지의 아내를 취하였다 하는도다
2a	탄식	**그리하고도 너희가 오히려 교만하여져서**

b 수사적 질문 **어찌하여 통한히 여기지 아니하고**

c 결과 그 일 행한 자를…쫓아내지 아니하였느냐

d 분리 너희 중에서

3a 강조 **내가 실로**

영역 몸으로는

b 상황 떠나 있으나

영역 영으로는

c 상황 함께 있어서

거기 있는 것 같이

d 묘사 이런 일 행한 자를

e 행동 **이미 판단하였노라**

4a 수단 주 예수의 이름으로

b 시간 너희가 내 영과 함께 모여서

c 수단 우리 주 예수의 능력으로

5a 명령 **이런 자를 사탄에게 내주었으니**

b 예기된 결과 이는 육신은 멸하고

c 목적 영은 주 예수의 날에 구원을 받게 하려 함이라

6a 단언 **너희가 자랑하는 것이 옳지 아니하도다**

b 수사적 질문 **적은 누룩이 온 덩어리에 퍼지는 것을 알지 못하느냐**

7a 원인 너희는 누룩 없는 자인데

b 목적 새 덩어리가 되기 위하여

c 명령 **묵은 누룩을 내버리라**

d 명령의 기초 우리의 유월절 양 곧 그리스도께서 희생되셨느니라

8a 권고 이러므로 **우리가 명절을 지키되**

b 방식 묵은 누룩으로도 말고

c 확대 악하고 악의에 찬 누룩으로도 말고

d 방식/대조 누룩이 없이 오직 순전함과 진실함의 떡으로 하자

9a 단언 **내가 너희에게 쓴 편지에**

b 목적 **음행하는 자들을 사귀지 말라 하였거니와**

10a 설명 이 말은…도무지 사귀지 말라 하는 것이 아니니

b 목록 이 세상의 음행하는 자들이나

탐하는 자들이나 속여 빼앗는 자들이나

우상 숭배하는 자들을

c 기초 만일 그리하려면 너희가 세상 밖으로 나가야 할 것이라

11a	9a절과 대조	**이제 내가 너희에게 쓴 것은**
b	조건	만일…음행하거나 탐욕을 부리거나
c	묘사	어떤 형제라 일컫는 자가
d	목록	우상 숭배를 하거나 모욕하거나
		술 취하거나 속여 빼앗거든
e	목적 1	**사귀지도 말고**
f	목적 2	**그런 자와는 함께 먹지도 말라 함이라**
12a	수사적 질문 1	**밖에 있는 사람들을 판단하는 것이야 내게 무슨 상관이 있으리요마는**
b	수사적 질문 2	**교회 안에 있는 사람들이야 너희가 판단하지 아니하랴**
13a	단언/반응 1	**밖에 있는 사람들은 하나님이 심판하시려니와**
b	명령/증명…	
	인용/(반응 2)	이 악한 사람은 너희 중에서 내쫓으라(신 17:7, 특히 12절)

구조

5장은 간단하게 두 부분으로 나누어진다.

첫 번째 부분(1–8절)은 근친상간 문제를 매우 심각한 걱정거리로 제시한다. 이러한 행동은 이방인에게도 용납되지 않는다. 고린도 교회가 이런 행동을 묵인하는 것은 바울이 말해온 교만함을 실제로 드러내는 것이다(4:18–19; 5:1–2b). 2c–d절의 명령은 시작할 때 품었던 바울의 주된 목표, 곧 이 악한 자는 공동체에서 퇴출되어야 한다는 것을 가리킨다. 이어서 바울은 이 요점을 5, 7, 9, 11, 13절에서 다양한 방식으로 제시한다. 3–5절에서 출교 과정이 언급되고, 6–8절에서는 한 가지 비유로 출교의 신학적 기초를 제공한다.

두 번째 부분(9–13절)에서 바울은 이미 편지에 이에 관해 썼다는 사실을 언급함으로써(9절) 하나님 백성의 필수적인 경계 표지 중 하나인 거룩함을 강조한다. 바울은 세상 사람들에게 관심이 있는 것이 아니라(9–10절), 그 악한 사람을 내쫓아야 하는 기독교 공동체에 관심이 있다(11–13절).

석의적 개요

➡ **V. 신령하지 못한 지혜는 중대한 죄를 낳음(5:1–6:20)**

A. 근친상간 사건을 해결해야 함(5:1–8)

1. 교회가 취해야 할 조치(5:1–2)

2. 퇴출 절차(5:3-5)

3. 이 조치의 신학적 기초(5:6-8)

B. 공동체 정체성은 거룩함을 요구함(5:9-13)

1. 교회는 이 세상의 부도덕한 자에게 관심을 두지 않음(5:9-10)

2. 교회는 자체 구성원 속의 부도덕한 자에게 관심을 두어야 함(5:11-13)

C. 그리스도인 간의 소송을 세상 법정에 맡겨서는 안 됨(6:1-8)

D. 공동체 정체성은 거룩함을 요구함(6:9-11)

본문 설명

5:1a-c 너희 중에 심지어 음행이 있다 함을 들으니 그런 음행은 이방인 중에서도 없는 것이라("Ολως ἀκούεται ἐν ὑμῖν πορνεία, καὶ τοιαύτη πορνεία ἥτις οὐδὲ ἐν τοῖς ἔθνεσιν). 고린도전서에서 처음으로 여기서 "음행"(πορνεία) 주제가 소개되는데, 이 주제는 5-6장 전체와 7장 일부에서 다루어진다. 코이네 헬라어에서 이 단어는 일반적인 음행을 가리킬 수 있다. 그러나 가장 빈번하게는 대가를 지불한 매춘부와의 성관계나 간혹 간통과 관련하여 사용되었다.[1] 바울은 고린도 교인이 묵인하고 용납하는 일로 충격을 받는다. 수동태 "들으니"(ἀκούεται)라는 말은 글로에의 집편에 들은 추가 정보(1:11)를 가리키거나, 다른 출처를 통해 알게 된 것을 가리킬 수 있다. "심지어"(ὅλως)라는 말은 바울이 소식을 듣고 받은 실망과 충격을 표현한다. 바울의 논증에 따르면, 이 문제는 고린도 교인이 힘을 모아 주의 백성으로서 올바르게 행하지 않으면 그가 당연히 "매를 가지고" 그들에게 나아가야 할 일의 명확한 증거가 된다(4:21). 이 문장 후반부에 번역을 위해 동사가 보충되어야 한다. 따라서 그들 중에 "음행이 있다"(there is sexual immorality)로 번역된다.

바울 당시에 세상은 우리가 "음행"이라고 부르는 것에 대한 관점이 애매했다. 한편으로는 이성 간 결혼이 법으로 보호받았고, 다른 한편으로는 다음과 같은 일반적 관점이 있었다. "성관계는 먹고 마시는 것처럼 자연스럽고 필수적이며 정당한 일로 간주되었다…심지어는 결혼한 사람도 민법상의 결혼을 위반하지 않는 한 혼외 성관계가 허용되었다."[2] 따라서 "이방인 중에서도"[3](ἐν τοῖς ἔθνεσιν, 처격 용법) '묵인되지'(tolerated)[4] 않을 정도로 이 음행이 매우 악하다는 바울의 말은 고린도 사람들의 성 관습에 상당히 느슨한 태도를 보였던 독자에게 강력한 파장을 불러일으킨다. 사실 의붓어머니나 의붓아버지와의 성관계를 포함하여 근친상간은 법으로 금지되었음을 증명하는 증거가 있다.[5]

1. F. Hauck, S. Schulz 공저, "πόρνη," *TDNT* 6:579-595.
2. 같은 책, 6:582-583.
3. '…조차 아닌'(not even, οὐδὲ)이라는 말을 사용한 것은 바울이 들은 사건의 충격성을 강조하는 역할을 한다.
4. 헬라어 본문은 여기에 동사가 없다. Barrett, *First Corinthians*, 121은 "이런 음행은…중에서도 저질러지지 않은 것이라"로 번역한다. 본서의 번역에 대해서는 ESV와 Thiselton, *1 Corinthians*, 385도 보라. RSV는 "발견되지 않는 종류의"(of a kind that is not found)라는 말이 있다.
5. 이방인 가운데 그리고 당시 법에 근친상간에 관한 일반적인 태도를 유용하게 설명한 것은 Clarke, *Secular and Christian Leadership in Corinth*, 77-84를 보라.

그러나 바울의 관점에 따르면 그리고 고린도 교회 안의 회심한 교인들의 관점에 따르면, "음행"(πορνεία)의 의미는 폭넓었다. 성경이 말하는 성관계의 관점으로 보면, 음행은 창조 기사 자체나 모세 율법에 암시된 것처럼 이성 간 결혼을 벗어나 갖는 성행위를 가리켰다. 따라서 칠십인역은 이 단어를 사용하여 창세기 38:24에 나오는 다말의 매춘, 열왕기하 9:22에 나오는 이세벨의 음행, 호세아서 1:2, 2:4 등에 나오는 매춘과 음행을 묘사한다. 성경의 법은 혼외 성관계의 권리 및 범죄에 관해 그리스-로마 세계의 어떤 법보다 훨씬 더 명확히 규정했다. 그것이 간음 행위이든, 매춘이든, 수간이든, 근친상간이든, 동성애든, 우상 숭배와 관련된 성행위든 간에 모든 음행은 구약성경 곳곳에서 어느 정도 세밀하게 정죄된다(예를 들어, 출 20:14; 22:16; 레 18; 19:29; 겔 23:36-49 등). 그러므로 고린도 교인 사이에서 벌어진 일과 그 일이 어떻게 묵인되었는지에 대해 바울이 느끼는 엄청난 두려움의 강도를 제대로 이해하는 것이 중요하다. 유대교 배경을 가진 사람이 근친상간 행위를 야비한 행위로 여기는 것은 두말할 필요가 없다. 그러나 이방인"도" 이런 행위를 용납하지 못할 것이다. 따라서 바울은 간단하게 일어난 사건의 내용을 언급한다.

5:1d 누가 그 아버지의 아내를 취하였다 하는도다(ὥστε γυναῖκά τινα τοῦ πατρὸς ἔχειν). 이방인에게도 용납되지 않은 끔찍한 음행은 바로 근친상간 사건이다. 서두의 접속사(ὥστε)를 번역한다면, '즉' 또는 '…때문에'를 의미할 수 있다. "누가"(τινα)는 부정(不定)의 의미로, 바울이 관련 당사자의 이름을 몰랐다는 것을 암시하거나 아니면 바울이 사건의 심각성을 지적함으로써 어떤 종류의 음행도 묵인되어서는 안 된다는 점을 말하고 싶어 함을 암시하는 것인데, 후자가 더 가능한 견해다. 바울이 단순히 사건이라고 지칭하기만 해도 될 정도로 이 일은 매우 널리 알려졌을 것이다. 그래서 그것을 기초로 6-13절에서 일반적으로 적용한다.

여기서 현재 부정사(ἔχειν, "취하였다")는 이 사건이 고린도 교인이 계속 묵인해온 지속적인 근친상간 관계라는 점을 암시한다. 주석가들은 이 근친상간 관계의 배경을 사변을 동원해 설명한다. 바울의 관점에 따르면, 성경은 이에 대해 명확하다. 레위기 18장에서 여러 근친상관 관계가 법적으로 금지된다. 특히 18:8을 보라("너는 네 아버지의 아내의 하체를 범하지 말라 이는 네 아버지의 하체니라"). 구약의 법정에서 판결한다면, 이 범죄는 사형을 언도받을 것이다. 바울의 생각에 따르면 하나님께 속한 백성의 총회가 법정으로서 판결을 선포해야 하는데, 이때 형벌은 범죄 당사자를 공동체에서 축출하는 것이 되어야 한다(2-5절).

근친상간 범죄가 심각한 것은 당시에 아주 많은 사람이 대가족을 이루고 살았기 때문이다. 성경은 어떤 관계, 곧 가정을 파괴하고 남편과 아내 사이의 신뢰를 깨뜨리는 관계가 금지된다는 사실을 분명히 진술함으로써 가정을 보호한다. 오늘날에는 근친상간이 심각한 의학적, 유전적 문제를 일으킬 수 있다고 알려져 있다. 그러나 여기서 바울이 염려하는 것은 근친상간으로 가정에 대한 하나님의 법을 어긴 것이다. 근친상간 금지법이 이교 사회에서도 시행되었기 때문에, 바울은 그리스도인이 근친상간을 저지르는 것은 훨씬 더 두려운 범죄라고 역설한다. 여기서 이 사건의 당사자인 두 남녀의 엄밀한 관계는 불분명하다. 바울은 '자기 어머니와 성관계를 가졌다'고 말하지 않고 "그의 아버지의 아내"와 성관계를 가졌다고 말한다. 따라서 어떤 이는 이 아버지의 아내가 '의붓어머니'를 의미하는 것이 틀림없다고 추정한다. 그러나 바울은 "아버지의 아내"라는 말을 친'어머니'를 암시하는 것으로 보이는 레위기 18:8의 말과 일치시켜 사용한 것 같다. 이런 근친상간 사건은 현대에서와 똑같이 고대에서도 일어난 것이 분명하다.[6]

5:2a-b 그리하고도 너희가 오히려 교만하여져서 어찌하여 통한히 여기지 아니하고(καὶ ὑμεῖς πεφυσιωμένοι ἐστὲ, καὶ οὐχὶ μᾶλλον ἐπενθήσατε). 이제 바울은 고린도 교인이 근친상간 사건을 묵인한 문제를 앞에서 제시했던 교만 문제와 연결한다. "너희가…교만하여져서"(πεφυσιωμένοι)[7]라는 말은 단순히 '너희가 오만하다'는 것을 의미한다. 그러나 "너희가…교만하여져서"(you are puffed up)라는 번역은 이 용례를 4:6, 18, 19에서 사용된 똑같은 동사와 연결한다. 고린도 교인은 자신들의 죄를 슬퍼하기는커녕 오히려 하나님 앞에서 자기들의 지위를 교만하게 자랑했다. 그것은 그들이 자기들 가운데 있는 악을 무시했다는 것을 의미했다.

고린도 교인이 보인 교만함의 본질은, 특히 6:12에 비추어 보면 크게 다루어졌다(6:12에 대한 설명을 보라).[8] 6:12에서 바울은 고린도 사람의 속담인 "모든 것이 내게 가하[다]"라는 말을 인용하고 그 말을 비판했다. 고린도 교회 안에서 자칭 "신령한 자"는 자신이 도덕과 육체 문제를 염려할 필요가 없다고 생각했는가? 다시 말하면 이것은 육체 문제를 중요하지 않은 것으로 간주한 모종의 이원론 사상이었는가? 확실히 말해 자신이 누렸던 자유를 실제로 증명하는 것이 그들의 훌륭한 '영성'을 과시하는 데 도움을 주었을까? 이 견해는, 바울이 이 구절에서 암시하는 바가 일부 고린도 교인이 그 사람의 근친상간 사건을 실제로 자랑하고 다닌 것이라고 주장한다. 그러나 그것은 바울이 실제로 말하는 것에서 너무 크게 벗어나는 것 같아 보인다.

4장에 비추어 보면, 이 문제는 이원론의 한 형태에서나 어떤 실현된 종말론에서 나온 것이 아니라, 단순히 공동체 안에서 벌어진 행위 문제를 완전히 무시한 데서 나온 것으로 보아야 더 낫다. 고린도 교인의 세계관을 지배하는 것은 그들의 '영성'이고, 이 영성은 그들의 "언변"과 "지식"으로 증명된다. 고린도 교인은 자기들의 공동체 지위가 안전하다고 믿고, 이 점에서 교만하고 오만하다. 아마 고린도 교인이 "모든 것이 내게 가하[다]"라고 자신들의 지위를 표현하는 것에 공감하는 일은, 현대에도 있을 것이다. 지금도 슬프게도 일부 기독교 진영에서 '남녀가 그들의 가정이나 침실에서 사적으로 무엇을 하는지 누가 신경 쓰겠는가'라고 말하는 소리가 들린다. 당연히 바울은 이에 대한 답변으로, 이런 행위는 완전히 하나님의 법 및 그분의 백성의 존재와 양립할 수 없는 것이라고 본다. 나아가 이런 행위는 교회에 불명예를 안기는데 그것은 그리스도께도 마찬가지다.

여기서 탄식이 '그리고…아니하고'(and yet, καὶ οὐχί)와 연결되어 수사 의문문까지 미친다.[9] 바울은 고린도 교인에게 왜 "통한히 여기지"('슬퍼하지', πενθέω) 않는지 묻는다. 비방과 박해를 받는 것에 대한 그리스도의 가르침을 독자에게 상기시킨 4장에서처럼, 여기에도 "애통하는(πενθέω) 자는 복이 있나니 그들이 위로를 받을 것임이요"(마 5:4)라는 두 번째 복에 대한 암시가 나타나 있다. 칠십인역에서 이 동사(πενθέω)는 다른 사람의 죄에 대한 슬픔을 묘사하는 데 사용되고, 이것이 여기서 바울이 사용하는 이 단어의 의미를 밝혀준다. 교회 안에 있는 자는 공동체에서 일어난 죄를 하나님 앞에서 슬퍼하고 회개해야 하며, 죄를 범한 두 남녀에게 회개를 촉구해야 한다. 죄에 대한 슬픔을 가장 두드러지게 보여주는 한 가지 사례가 에스라서 10:6에서 발견된다. 거기에서 에스라는 신실하지 못한 포로들의 죄를 슬퍼한다. 따라서 이 본문은 하나님의 법에 도전을 받아 변화되지 못하고 완고하게 죄를 저지른 자를 공동체에서 퇴출하는 것을 가리킨다(스 10:7-8). 또한 경건한 공동체를 향

6. 로마 시대의 근친상간에 대한 법적 및 문학적 태도를 흥미롭게 검토한 책에서 Clarke는 간음의 가능한 동기가 경제적인 문제에 있거나 이혼이나 배우자의 죽음 이후의 로마의 복잡한 지참금 제도와 관련되어 있다고 주장한다(같은 책, 84-85).

7. 이것은 완곡한 완료 수동태로, 지속적 결과를 함축한다.

8. Clarke, *Secular and Christian Leadership in Corinth*, 74-76.

9. 여기서 καί는 두 번째 절 또는 문장에서 두드러지거나 예기치 못한 어떤 것을 강조하는 데 사용된다(BDAG 495를 보라).

해 그 나라 사람들의 길에서 분리될 것을 촉구한다(참고. 느 1:4; 단 10:2; 1 Esdr 9:2). 에스라 시대에 죄를 슬퍼하는 것은 가족의 죽음을 슬퍼하는 것과 똑같이 공개적인 구경거리였다.

여기서 바울의 수사적 질문은 긍정의 답변이 예상된다. 고린도 교인은 전체 공동체를 위해 죄를 깊이 자백하는 것으로 반응해야 했다. 전체 공동체는 그들 가운데 부주의하게 주의 법을 깨뜨리는 사건이 일어나면 자신들의 지위를 누릴 수 없다.

5:2c-d 그 일 행한 자를 너희 중에서 쫓아내지 아니하였느냐(ἵνα ἀρθῇ ἐκ μέσου ὑμῶν ὁ τὸ ἔργον τοῦτο πράξας;). 이 죄를 통한히 여긴(슬퍼한) 결과는, 이 죄의 가증한 성격을 인정하는 것과 그 후속 조치로 범죄를 저지른 당사자를 고린도 기독교 공동체 밖으로 쫓아내는 것[10]이다. 이 절은 다양하게 해석되는 '…때문에'(ἵνα)라는 말로 시작되었다(개역개정에는 번역되어 있지 않음—역주). 이 절은 단순히 목적절이거나, 어쩌면 이 책에서 번역하는 것처럼 결과절일 수 있다. 불변화사 ἵνα의 드문 용법이기는 하지만 이 용법은 확실히 신약성경에서 나타나고, 여기서도 일리가 있다.[11] 죄에 대한 이러한 종류의 슬픔은 행동을 낳는다. 이 행동은 에스라가 죄를 슬퍼한 다음에 취한 행동, 곧 범죄 당사자를 그들에게서 추방한 것과 같을 것이다.

그러므로 이 음행 사건에 대한 바울의 직접적인 염려는 고린도 교회 자체의 거룩함이 손상되는 것에 있다. 고린도 교인이 그들 중에서 벌어진 음행 사건을 관련 당사자가 공동체 안에서 높은 지위에 있는 사람이라서 묵인한 것인지, 아니면 단순히 그들이 '풍파를 일으킬' 마음이 없어서 묵인한 것인지 막론하고, 묵인의 결과는 치명적이다. 고린도 교인이 자신의 지위와 은사에 대해 어떻게 '교만하고', 음행과 하나님의 법을 무시할 수 있다는 말인가?

5:3 내가 실로 몸으로는 떠나 있으나 영으로는 함께 있어서 거기 있는 것 같이 이런 일 행한 자를 이미 판단하였노라(ἐγὼ μὲν γάρ, ἀπὼν τῷ σώματι παρὼν δὲ τῷ πνεύματι, ἤδη κέκρικα ὡς παρὼν τὸν οὕτως τοῦτο κατεργασάμενον). 여기서 "내가"라는 말은 강조 용법이다. 고린도 교인은 '교만하고'(2절), 이에 대한 바울의 태도는 단호하다. 바울의 판단은 정직하고 구약의 선례와 일치한다. 곧, 그 사람을 언약 공동체에서 퇴출해야 한다. 바울은 관련 당사자를 옆에 함께 있는 자인 것처럼 '판단했다'(κρίνω). 동사의 완료 시제는 아마 바울이 그 상황을 듣는 순간 그 판단이 이루어졌고, 그들이 편지를 읽을 때 바울이 그들 앞에 서 있다는 것을 암시한다.

"몸으로는"(τῷ σώματι)이라는 말과 "영으로는"(τῷ πνεύματι)이라는 말은 많은 질문을 불러일으킨다. 이 두 어구는 현재 분사 "떠나 있으나"와 "함께 있어서"를 한정하므로 장소의 여격이나 방식의 여격으로 볼 수 있다. 그중에 방식의 여격이 개연성이 더 커 보인다. 바울은 자신이 함께 있지 못하거나(ἄπειμι) 함께 있거나(πάρειμι) 한 방식을 묘사한다. 바울이 그들과 함께 있는 방식은 육체적으로 함께 있는 것이 아니다. 그때 바울은 그곳이 아니라 다른 곳에 있기 때문이다. 그러나 그 사람을 쫓아내라는 바울의 판단은 그가 함께 있는 것처럼("as if"라는 말은 나타나 있지 않음, ESV) 이루어진다. 따라서 바울이 "영으로는" 그들과 함께 있다고 말할 때 엄밀히 말해 그 의미가 무엇인지 검토해야 한다.

어떤 이는 단순히 몸이 아닌 다른 방식으로 함께 있는 것을 의미한다고 주장했다.[12] 예를 들어, '우리의 생각은 너희와 함께 있다'라거나, '이렇게 말하니 너와 함

10. (αἴρω, 곧 '쫓아내다'라는 말에서 나온) ἀρθῇ, 곧 '쫓겨나다'라는 말은 부정과거 수동태 가정법이다.

11. 참고. 요 9:2; 롬 11:11.

12. 골로새서 2:5에서 바울은 이것을 염두에 두는 것 같다. Barrett, *First*

께 있는 느낌이다'라고 말할 수 있다. 이것은 바울이 일종의 이원론 방식으로 생각했다는 것을 암시한다. 곧, 몸은 없으나 영은 (어떤 면에서) '마치' 있는 것처럼 함께 있다. 그러나 4절은 이보다 훨씬 더 깊은 의미를 전한다. 거기서 바울은 고린도 교인이 "주 예수님의 이름으로" 바울의 "영"과 함께 있고, "우리 주 예수님의 능력으로" 모였다고 말한다. 바울은 "우리"가 다 "하나님께서 우리에게 은혜로 주신 것들을 알게 하려 하려고 하나님으로부터 온 영"을 받았다고 이미 말했다(2:12). 하나님의 영은 고린도 교회에 지식과 총명을 주시고, 바울은 고린도 교회의 일원으로 그들과 함께 성령을 소유한다. 6:17에서 바울은 "주와 합하는 자는 한 영"이라고 말한다. 따라서 바울은 여기서 고린도 교인이 함께 모일 때 주의 영이 그들 속에 있으므로, 그리고 바울도 성령과 하나이기 때문에, 바울 역시 그들과 함께 있다는 것을 가리킬 것이다. "영으로 그리스도께 연합된 바울은 그분의 임재를 통해 고린도 교인과 함께 있다."[13] 그런데 어쩌면 여기에는 이보다 훨씬 큰 의미가 있을 것이다. 왜냐하면 바울은 사도의 권위를 가지고 편지를 썼고 그의 말은 성령으로부터 나오기 때문이다. 바울은 성령의 권세를 가지고 말했다. 따라서 그 권세로 판결을 선언하며, 고린도 교회 총회가 그의 판결에 즉각 동조할 것을 기대한다.

5:4 주 예수의 이름으로 너희가 내 영과 함께 모여서 우리 주 예수의 능력으로(ἐν τῷ ὀνόματι τοῦ κυρίου [ἡμῶν] Ἰησοῦ, συναχθέντων ὑμῶν καὶ τοῦ ἐμοῦ πνεύματος σὺν τῇ δυνάμει τοῦ κυρίου ἡμῶν Ἰησοῦ). 고린도 지역에 있는 주의 백성의 총회가 영으로 그리고 주의 이름과 주의 능력으로 바울과 함께 모일 때, 바울은 그들이 그와 똑같은 판단을 내리고 근친상간을 저지른 당사자를 교회에서 쫓아내기를 바란다. 절대 소유격은 4:18에 사용되었다. 여기서는 '너희가 모일 때'(συναχθέντων ὑμῶν)를 의미한다. 단어 순서를 고려하면 "(우리) 주 예수의 이름으로"라는 말은 이론상 "이런 일 행한 자"(3절)와 함께 둘 수 있다. 따라서 그것은 바울이 '주 예수의 이름으로 이런 일 행한 자'를 판단했다는 것을 의미할 수 있다. 이것은 근친상간의 죄를 범한 자가 그렇게 행할 특별한 "지식"을 가졌다고 주장하면서 행동의 정당성을 주님께 돌렸다는 것을 함축할 수 있다. 8장을 보면 고린도 교인이 확실히 자신의 지식 뒤에 숨어 어리석은 방법으로 행동했다고 추정할 만한 충분한 근거가 있다. 그러나 여기서 바울은 단순히 어리석은 짓을 다루는 것이 아니라 그 사람을 쫓아내지 않으면 안 될 매우 중대한 범죄를 다룬다. 그리고 8장에서와 달리 바울은 여기서 행한 일이나 말한 것에 대한 신학을 붙들고 씨름하는 것이 아니다. 여기서 바울이 초점을 맞추는 것은 절대로 용납할 수 없는 행동이다.

두 번째 가능한 견해는 바울이 이런 일 행한 자를 "주 예수의 이름으로" 이미 판단했다는 것이다(RSV, NRSV).[14] 그러나 이 어구는 동사가 너무 멀리 있어 그것이 쉽게 이해되지 않는다. 더욱이 바울은 이 판단을 혼자 내리는 것이 아니다. 바울은 판단했으나 고린도 교회가 그 판단에 동조하고 그 판단을 이행하기를 바란다.

그러므로 "주 예수의 이름으로"라는 어구는 곧바로 이어지는 말과 함께 간다고 보는 것이 더 낫다. 바울은 고린도 교인에게 교회로서 함께 모이는 것이 주 예수의 이름으로 모인 것이라는 사실을 상기시킨다. 다시 말해 고린도 교인은 땅에서 그리스도의 몸이고, 그분의 능력

Corinthians, 123을 보라.

13. Garland, *1 Corinthians*, 165.

14. Fee, *1 Corinthians* (초판), 206. 이 책 개정판(228)에서 Fee는 "결국 가장 좋은 답변은 이 어구를 기본적으로 전체 문장을 수식하는 것으로 보는 것이다"라고 주장한다. Garland, *1 Corinthians*, 166을 보라.

으로 그분의 뜻을 행한다. 따라서 두 전치사구("주 예수의 이름으로"와 "우리 주 예수의 능력으로")는 서로를 설명하는 데 도움을 준다. 두 전치사구는 함께 모인 교회가 이러한 중대한 판단을 내릴 수 있는 수단을 설명해준다. 곧, 고린도 교인은 첫 번째로 "(우리) 주 예수의 이름으로" 판단하고, 두 번째로 이 판단이 "우리 주 예수의 능력으로" 행해지는 것으로 부연 설명된다.

1:2을 설명할 때 지적한 것처럼, 여기서 "이름"은 주님의 정체성에 속한 모든 것을 지칭한다. 또 성령이 모든 육체에 부어지고 주께서 심판하고 구원하시려 강력한 권능을 가지고 오실 날을 고대하는 요엘서 2:32도 배경으로 지적되었다. 따라서 여기서 주 예수의 "이름"과 "능력"은 주의 심판(또는 구원)이라는 의미를 내포할 수 있다. 따라서 고린도 교회는 성령의 인도 아래 그리고 바울 사도의 문제 제기를 신뢰하는 태도로 활동한다. 그러나 그렇게 활동할 때 그들은 그리스도로서 활동하는 것이다. 물론 주의 이름으로 고린도 교회가 행하는 판단은 주께서 최후의 심판을 행하실 권리를 침해하는 것은 아니다. 이런 식의 판단은, 심지어 이와 같이 중대한 사건을 다룰 때도, 항상 회복을 염두에 두고 있다. 따라서 5절에서 바울은 "영은 주 예수님의 날에 구원을 받게 하려 함이라"고 덧붙인다. 여기서 주 예수님의 날은 그리스도의 재림과 최후의 심판의 날을 가리킨다.

따라서 바울이 고린도 교인에게 강조하는 행동은 마태복음 18:17-18에 나오는 예수님의 가르침과 관련되어 있다. 거기에는 그들 중에서 일어난 죄를 처리할 때 전체 교회가 어떻게 해야 하는지 명확하게 제시되어 있다. 고린도전서 5장에서처럼 마태복음 18장에서 회개하지 않는 것으로 언급된 자도 공동체에서 쫓겨나야 한다. 즉, 교회는 그 사람을 "이방인이나 세리"와 같이 여겨야 한다.

5:5 이런 자를 사탄에게 내주었으니 이는 육신은 멸하고 영은 주 예수의 날에 구원을 받게 하려 함이라(παραδοῦναι τὸν τοιοῦτον τῷ Σατανᾷ εἰς ὄλεθρον τῆς σαρκός, ἵνα τὸ πνεῦμα σωθῇ ἐν τῇ ἡμέρᾳ τοῦ κυρίου). 앞에 언급된 이유로 보면, 바울은 자신의 판단을 교인 총회가 함께 내려야 할 판단으로 보는 것 같다. 출교는 개인의 최종적 회복과 구원을 목표로 시행되어야 한다. 여기서 "내주었으니"(παραδοῦναι)라는 부정사는 명령의 의미로 보는 것이 가장 좋다. 대다수 번역은 이 부정사를 "너는 내주어야 한다"(you are to hand over, NRSV)나 "(너는) 내주라"(hand over, NIV)와 같이 다양한 형태로 명령의 의미를 담아 번역한다. 복수형 주어도 일리가 있는 것은, 바울이 '우리가 이 사람을 내주자(내보내자)'[15]고 말하는 것으로 볼 수도 있기 때문이다.

여기서 '내주는 것'은 이런 자를 공동체 밖으로 내보내는 공식적 판결과 관련되어 있다. 로버트슨과 플러머가 말하는 것처럼, "이 범죄자는 자신이 활동하던 영역에서 내보내진다."[16] 결국은 회복될지라도, 이런 죄를 지은 자를 어둠의 영역에 속해 있는 자 가운데 둘 필요가 있다. 이런 자의 행동은 "하나님의 나라"(4:20)에 적합하지 않고, 따라서 그가 악한 입장을 고수하는 한 주의 백성과 어떤 관계도 맺을 수 없다. 바울에게 그리스도의 주 되심 관점이 얼마나 결정적인 요소인지는 고린도전서 1:1-10을 설명할 때 지적했다. 이런 자는 주 예수 그리스도께 순종하지 않았고, 따라서 회개하지 않는 한 그는 다른 주인이 지배하는 세상 속에서 살아야 한다.

현대 독자는 다른 주인의 '관할' 아래 둔다는 말이 생소할 수 있으나, 바울은 사탄을 실제 지배 권능을 가

15. 만약 모든 판단 행위가 바울의 행위라면, παραδοῦναι("내주었으니")라는 말은 간접 화법의 부정사로 간주될 수 있었다. 번역은 '내가 우리 주 예수의 이름으로 이 사람을…너희가 내주어야 한다고…판단했다'와 같이 될 수 있다.

16. Robertson, Plummer 공저, *First Corinthians*, 99.

진 존재로 이해한다. 사탄은 "만군의 주"에 의해 제약을 받으나 '이 세상'과 '이 세대'에 미치는 사탄의 능력과 영향력은 매우 실제적이다. 사탄은 "이 세상의 신"이다(고후 4:4). 사탄은 그리스도인들을 시험한다(고전 7:5). 사탄은 하나님의 백성을 속이고(고후 2:11; 11:14; 12:7), 그로 인해 더러는 사탄을 따랐다(딤전 5:15). 디모데전서 1:19-20을 보면, 여기에 언급된 범죄자와 차이가 없는 자를 다룬 한 사례를 언급한다. 어떤 이는 믿음이 파선했고, 그 가운데 두 사람("후메내오"와 "알렉산더")은 '신성을 모독하지 못하도록 사탄에게 내어주었다.' 거듭 말하지만 그렇게 내주는 것의 목적은 회복이다. 이것은 이런 자가 한 번 더 '다른 편 맛을 보고', 그리하여 자신의 잘못된 행동을 후회함으로써 회개하고 주님을 믿는 믿음으로 돌아올 것이라는 뜻이다. 그러므로 이 판단을 통해 두 가지 목표가 이루어진다. 첫째, 바울이 여기서 가장 큰 관심을 둔 공동체 자체가 자기 정화를 위한 조치를 취함으로써, 공동체가 주의 뜻에 반하는 잘못을 결코 묵인하지 않는다는 사실을 보증한다. 그렇게 교회는 자체로 "거룩함"을 지키는 데 힘쓴다(1:2). 둘째, 죄를 지은 개인은 공동체 안에서 차지한 지위와 자신이 속해 있다고 생각하는 자리에서 떠나, 자신이 그 자리에 속해 있지 않고 쫓겨난 사실을 깨닫는다. 이 조치로 그는 공동체에서 나간다. 그것은 하나님의 뜻이다.

추가로 나오는 두 개의 절은 설명이 필요하다. 첫 번째 절은 "육신을 멸하고"(ὄλεθρον τῆς σαρκός)라는 말이다. 이것이 내주는 것의 목적인가(따라서 전치사 εἰς는 목적절을 소개하는가)? 이것은 두 개의 목적절이 있고, 두 번째 절은 "…하려 함"(ἵνα)이라는 말과 함께 시작된다는 것을 의미할 수 있다. 또한 "육신을 멸하고"가 무슨 뜻인지 묻는 것이 중요하다.

문법적 질문을 먼저 취하면, 그 의미가 두 번째 절이 확실히 '목적'을 가리킬 것을 요구한다. "이런 일 행한 자"(τοιοῦτον)에 대한 바울의 소원은 그가 마지막 날에 "구원을 받는"(σωθῇ) 것이다. 이것이 그를 공동체에서 내주기로 판결하는 목적이다. 그 목적은 궁극적으로 회복에 있다. 첫 번째 절 "내주었으니 이는(εἰς)…"의 의미는 조금 애매하다. 그것은 목적절일 수 있지만, 피는 이런 식으로 표현된 이중의 목적절은 흔하지 않고 "예견된 결과"를 암시하는 것으로 보는 편이 더 낫다고 지적한다. 피는 이렇게 주장한다. "'그의 육신의 멸망'은 그 사람이 사탄의 영역으로 되돌아간 것의 예견된 결과이지만, 그 조치의 명백한 목적은 그의 구원에 있다."[17]

여기서 바울의 요점을 바로 파악하려면, "육신"(flesh)과 "영"(spirit)의 의미를 알아야 한다. 종종 "육신"이라는 말은 신체적 몸을 가리키는 의미로 쓰인다. 그러므로 '멸함'(ὄλεθρος)이라는 말은 사람이 그의 몸으로는 죽을 것이지만, 마지막 심판 날에 그의 영은 "구원받을" 것이라는 점을 의미한다. 바울은 여기서 고통받고 죽어가는 사람이 그동안 회개하고, 그리하여 결국은 구원받게 될 것을 염두에 두었다는 주장이 제기되었다. 이 견해는 로마서 1:24-27의 묘사와 유사한 일이 일어나는 것으로 주장한다. 로마서 1:24-27에서 바울은 하나님이 비신자를 그들의 죄에 내버려두고, 그로 인해 그들 스스로 자신의 죄의 처벌을 받는 것에 대해 말한다. 바울이 여기서 육체적인 몸의 고통을 염두에 두었음을 암시하는 또 다른 사례는 고린도전서 11:30에서 발견된다. 거기에서는 많은 교인이 주의 만찬을 더럽혔기 때문에 병들어 죽게 되었다. 그러나 로마서 1장 및 고린도전서 11장 본문이 이런 사고 방식과 연계성이 있을 수 있다고 해도, 그 사람을 출교하는 조치는 하나님으로부터 오는 것이지 교회가 결정한 판결의 한 부분이 아니다. 게다가 바울은 그 본문들 어디서도 "영"이나 "육신"이라

17. Fee, *1 Corinthians*, 230. 또한 BDAG 290 (4.e)도 보라.

는 말을 사용하지 않는다.

1:26에서 바울은 "육체를 따라 지혜로운 자"에 관해 말하고, 10:18에서 예증하는 것처럼 "육신을 따라 난"이라는 말을 이스라엘에 적용한다. 1:26에서는 바울이 "육체"(육신)를 사실상 "이 세대"(세상)라는 말의 동의어로 사용한다고 지적했다. 이런 의미에서 "육신"은 하나님께 속하지 않고 어둠의 영역이나 사탄에게 속하는 것을 따르는 것과 관련되어 있다. 육신에 속한 행동은 하나님을 섬기지 않고 자신을 섬기는 일이고, 결국은 사탄을 섬기는 일이 된다. 우리가 "육신"을 이런 식으로 이해하면, 자신의 목적이 (근친상간의 죄를 범한) 사람의 영의 구원이라고 말하는 바울이 그를 '내줌'으로 (이 사람이 따랐던) 육신의 길이 파괴되기를 바라는 것이다. 즉, 바울은 기독교 공동체에 남지 못하고 또다시 세상에 들어가면 확실히 회개가 일어날 것이라고 믿는다. 그렇다면 회개는 육신, 즉 어둠의 행위와 생활이 파괴되는 변화된 삶으로 확인된다. 그러므로 "영"(τὸ πνεῦμα)은 그 사람이 죄와 완전히 분리되어 최후의 심판을 통과하고 구원을 받을 수 있는 실존을 표상한다. 여기서 바울이 말하는 실존은 "하나님의 영"을 받음으로써 가능해지고 보증된다(2:12). 이 견해에 대한 반론은, 그렇게 되면 그 사람이 구원을 얻을 수 있게 만드는 장본인이 사탄이 되어버린다는 점이다. 그러나 이것은 성경에서 거듭 확인되는 것처럼 하나님의 주권을 오해하는 데서 나온 반론이다. 사탄의 능력은 제한되어 있다. 사탄이 악을 행하는 곳에서 하나님은 선을 이끌어내실 수 있다. 이것은 요셉의 삶에서 분명히 확인된다(창 50:20). 또 바울에게도 다양한 상황 속에서 자신의 "육체에 가시"가 사탄의 사자로 여겨지는 일이 벌어지지만, 그것은 결국 바울이 하나님의 은혜가 족하다는 사실을 깨닫도록 돕는다(고후 12:7-10).

만약 이 견해가 정확하다면, 바울이 여기서 언급하는 "육신"의 길은, 로마서 1장의 내용과 평행 관계에 있다. 로마서 1:26-27에 언급된 자는 그리스도인이 전혀 아니므로 상황이 완전히 다르기는 하지만 이것이 사실이다. 하나님이 비신자를 죄에 내버려두시는 것은 현세에서 그들이 하나님의 심판을 받는 것으로 확인된다. 그리고 이것은 그들의 궁극적 상태를 암시한다. 그러나 그때도 하나님의 이런 조치는 그중에 얼마를 회개로 이끌려는 의도가 있는 것 같다. 고린도전서 5장에서 죄를 범한 그리스도인 역시 주님의 심판을 계속 겪도록 사탄에게 내어진다. 그러나 그는 어디까지나 주님의 것이므로, 그렇게 사탄에게 내주는 목적은 "(그가) 주의 날에 구원을 받게 하려는" 것이라고 확실히 말할 수 있다.

(바울과 고린도 교회 총회의) 이 연합적 판단에는 두 가지 큰 동기가 있다. 하나는 하나님의 백성의 거룩함과 보호이고, 다른 하나는 이 개인의 구원이다. 3-5절에서는 판단의 초점이 죄를 지은 개인에게 있다. 21세기 그리스도인에게는 무척 생소하게 느껴질지 모르지만 고린도 교회의 이 판단은 근본적이고, 심지어는 사법적이다. 그러나 궁극적으로는 회복을 위한 판단이고, 최후의 심판 날에 주님의 자리를 침범할 의도는 전혀 없다. 바울은 이어지는 구절들에서 이 판단이 고린도 교회의 연합이라는 정체성에 왜 그토록 필수적인지 증명한다.

5:6-7 너희가 자랑하는 것이 옳지 아니하도다 적은 누룩이 온 덩어리에 퍼지는 것을 알지 못하느냐 너희는 누룩 없는 자인데 새 덩어리가 되기 위하여 묵은 누룩을 내버리라 우리의 유월절 양 곧 그리스도께서 희생되셨느니라(Οὐ καλὸν τὸ καύχημα ὑμῶν. οὐκ οἴδατε ὅτι μικρὰ ζύμη ὅλον τὸ φύραμα ζυμοῖ; ἐκκαθάρατε τὴν παλαιὰν ζύμην, ἵνα ἦτε νέον φύραμα, καθώς ἐστε ἄζυμοι. καὶ γὰρ τὸ πάσχα ἡμῶν ἐτύθη Χριστός). 유월절에서 이끌어낸 비유가 6-8절에서 출교의 신학적 기초를 제공한다. 바울은 분명하게 드러난 사실을 지적하고, 5:2에서 자랑에 관해 전한 말을 상기시킨다(참고. 4:18-19). "옳지 아니하도다"(Οὐ καλὸν)라는 말은 진부하게 들릴 수 있지만, 전혀 그렇지 않다. 그 말은 음행 사건에 대한 고린도 교인의 전반적인 관점이 완

전히 잘못되었음을 바울이 크게 염려하고 있음을 암시하기 때문이다. 여기서 문제는 단순히 한 개인에게 있는 것으로 그치지 않고 전체 공동체에 있다. 한 개인의 행동이 전체 교회에 영향을 미친다. 그러나 고린도 교인의 이기적인 교만과 자신의 영적 지위에 대한 지나친 확신이 하나로 결합되어 치명적인 결과를 낳았다. 고린도 교인은 교회 공동체 전체를 무시했고, 특히 죄를 지은 개인과 교회 사이의 관계를 철저히 무시했다. 떡에 퍼져 있는 누룩 비유가 적절한 것은, 누룩이 소량으로 떡 덩어리 전체에 엄청난 영향을 미칠 수 있을 뿐만 아니라 죄 및 거룩함의 결여와 관련하여 구약성경에서 이끌어낸 관념으로 충만하기 때문이다.[18]

바울은 수사적 질문을 던지며 한 부분을 다시 시작한다. "(너희가)…알지 못하느냐(οὐκ οἴδατε)?" 이에 대한 답변은 '물론 우리는 안다'가 되어야 한다. 이 질문은 고린도전서에서 10번에 걸쳐 사용된다. 3:16에 대한 설명을 보라. 바울은 고린도 교인에게 실제로 그들의 정체성에 합당한 존재가 되는 것이라는 목적을 위해(ἵνα) 묵은 누룩을 "내버리라"(ἐκκαθαίρω)고 명령한다(7절). "너희는 누룩 없는 자인데(자이므로)"(여기서 καθώς는 원인적 의미로 사용된다)[19]라는 말은 묵은 누룩을 내버리라는 명령의 기초를 제공하고, 마지막 절("우리의 유월절 양 곧 그리스도께서 희생되셨느니라")은 십자가에 못 박히신 그리스도께 다시 중점을 둔 근본적인 신학을 제공한다. 바울은 여기서 속죄 제물, 곧 유월절 어린양(τὸ πάσχα)을 언급한다. ζύμη라는 말은 때로는 "효모"(yeast)로 번역되고(NIV, NRSV), 또 때로는 "누룩"(leaven)으로 번역되는데(RSV, ESV), "누룩"이라는 번역이 더 낫다.[20] 떡(빵)을 만들 일이 거의 없는 현대의 가정에서는 이 구분이 중요하지 않아 보일 수 있다. 아니 사실은 오늘날 순전한 효모(이스트)를 구입해 떡을 직접 만드는 가정에서도 작은 봉지에 담겨 있는 반죽 덩어리가 부풀기 시작할 때 어떤 과정을 거쳐 떡이 만들어지는지 거의 알지 못한다. 바울이 편지를 쓸 당시에는, 유교병이든 무교병이든 간에 떡을 굽는 일이 일상적인 일이었다. 그러나 사람들은 순수한 효모와 가까운 것을 거의 얻지 못했다. 그래서 대부분 떡을 구울 때 효모 배양균이 포함된 생 반죽 덩어리를 약간 남겨두고, 다음에 떡을 구울 때 그 덩어리를 첨가했다. 따로 두는 동안 발효되기 시작한 생 반죽 덩어리가 새 반죽 덩어리에 급속히 스며들어 부풀도록 만들었다. 이렇게 남겨둔 반죽 덩어리가 바로 "누룩"이다.

이것이 부정적 교훈을 제시하는 비유로 쉽게 사용될 수 있는 것은 분명하다. 누룩의 효력은 순전한 반죽 덩어리가 누룩에 오염되는 것에 달려 있기 때문이다. 특히 따스한 기후에서 다양한 종류의 효모와 효소가 너무 빠르게 발효되기 때문에, 주기적으로 누룩을 완전히 제거한 다음 새로 떡을 구워야 했다. 그렇게 하지 않으면 위생적이지 못하고 다른 유기체로부터 오염이 일어나 질병을 일으킬 위험이 있었기 때문이다. 유대교의 절기를 보면 매년 무교절에 바로 이 일을 행했다. 무교절에는 어떤 누룩이든 7일 동안 집에서 제거되어야 했다. 출애굽기 12:14-20과 13:3-10에 묘사된 무교절의 핵심에는 하나님의 백성이 애굽과 분리되고 구속받은 사건이 있었다. 유월절과 직접 관계가 있는 무교절은 의심할 것 없이 바울이 누룩 심상에서 유월절 어린양의 희생으로 나아가는 것을 설명해준다. 이스라엘 백성은 더 이상 애굽의 신들로 오염되어서는 안 되고 여호와께 거룩한 자가 되어야 했다.

이처럼 묵은 누룩을 내버리는 것은 또한 옛 것에서

18. 이 비유는 갈라디아서 5:9에서도 나타난다.

19. BDAG 391. 이 절의 강조점에 대한 해석을 돕기 위해 "진실로"라는 말이 덧붙여진다.

20. 효모와 누룩이라는 말의 의미와 구분에 대한 폭넓은 설명이 Charles Leslie Mitton, "New Wine in Old Wineskins: IV, Leaven," in *ExpTim* 84 (1973): 339-43에서 발견된다.

새 것으로 바뀌는 것에 대한 유용한 그림도 제공했다. 출애굽으로 새로운 국가가 형성되었고 그것이 유월절과 무교절에 상기되는 것처럼, 고린도에 있는 기독교 교회도 새로 형성된 공동체다. 되돌아갈 수 없다. 여기서 바울은 내버리는 것의 심상과 옛 것에서 새 것으로 바뀌는 것의 심상에 의존한다.

고린도 교회 지도자들은 근친상간의 죄를 저지른 교인의 음행 사건을 묵인하고 넘어갔다. 한 사람이나 두 사람의 행동, 곧 "적은" 누룩의 결과는 겉으로 보기에 그리 중요해 보이지 않으나 사실은 모두에게 재앙을 가져온다(6절. "적은", 곧 μικρά는 강조 위치에 있다). 바울은 기독교 교회의 공동체 표지가 '그리스도 안에' 있는 것에 의해 정해진다고 본다. 기독교 교회에 속한 자는 십자가에 못 박히신 그리스도를 따르고, 하나님의 법에 따라 살며, 그리스도의 죽음과 부활로 말미암아 새로 출범한 새 시대의 공동체를 보여준다. 이 새로운 사회는 거룩하고, 그리스도를 주님과 주인으로 섬기는 사람들로 구성된다. 기독교 교회에 속한 자는 하나님께 은사로 큰 복을 받고, 마지막 날에 "책망할 것이 없는 자"로 발견될 사람들이다(1:8). 그들은 과거에 취했던 삶의 방식을 버리고 새로운 삶의 방식을 택했다. 바울은 고린도전서 1:1–9에서 이것이 고린도 교회의 정체성이라는 점을 분명히 했다. 그리고 여기서 바울은 그 요점을 다시 언급한다. "너희는 누룩 없는 자인데[자이므로]"(καθώς ἐστε ἄζυμοι). 그러므로 거룩함과 순결함이 기독교 공동체를 규정하는 핵심 요소다. 곧, 거룩하신 하나님은 그리스도 예수 안에서 거룩하게 된 거룩한 백성을 소유하신다(1:2, 30). 이것은 거룩함을 위반한 심각한 사건에 내포된 부정함을 무시하는 것이 그토록 치명적인 이유다. 고린도 교회에서 '그리스도 안에' 있는 공동체 정체성의 기초가 손상되었다. 하나님이 특별히 거룩하게 부르신 자가 그 부르심을 경멸했다.

그러나 바울이 여기서 공동체의 거룩함에 관해 제시한 내용은 6:19에서 다시 설명할 관념인데, 앞에서 교회를 "하나님의 성전"으로 말한 것(3:16–17)에 비추어 보면 여기에는 추가된 요소가 있다. 이 공동체는 하나님이 자신의 영으로 거하시는 곳이고, 이스라엘에 있는 여호와의 성막과 성전이 거룩해야 했던 것처럼 자체로 '깨끗하고 거룩해야' 한다(참고. 시 5:7; 11:4; 겔 43:12; 합 2:4). 이스라엘에서 성전 또는 성소는 단순히 하나님이 자기 백성 가운데 거하신다는 심오한 진리를 표상하는 물리적 장소였다. 따라서 출애굽기 29:45은 "내가 이스라엘 자손 중에 거하여 그들의 하나님이 되리니"라고 말한다. 이어서 29:46에서는 이것을 애굽에서 이스라엘 자손을 이끌어내신 목적으로 보기도 한다. "그들은 내가 그들의 하나님 여호와로서 그들 중에 거하려고 그들을 애굽 땅에서 인도하여 낸 줄을 알리라 나는 그들의 하나님 여호와니라"(참고. 출 25:8; 겔 11:16; 37:26–28). 따라서 히스기야 왕이나 요시야 왕과 같이 부흥이 일어난 시기에 물리적인 성전을 깨끗하게 하는 것은, 백성의 대표로서 왕이 솔선수범하는 연합 정신을 가지고 공동체를 깨끗하게 하는 것을 반영하려는 의도가 있었다. 두 경우 모두 왕이 오랫동안 방치되었던 성전 문을 열었고, 깨끗함을 위해 희생 제사를 다양하게 드렸으며, 중대한 유월절 절기를 기념했다(대하 29–30장; 34–35장; 참고. 스 6장).[21]

앞에서 지적했듯이 바울은 근친상간 범죄를 저지른 두 당사자의 죄를 판단했을 때 신명기 22:30(LXX 23:1)을 염두에 둔 것 같다. 율법이 누가 여호와의 총회에서 쫓겨나고 누가 백성 중에 있도록 허용되어야 하는지 정한 것으로 보아(신 23:1–8), 이 신명기 본문의 문맥 역시 백성 가운데 거하시는 하나님의 임재가 전면에 있다.

21. Rosner는 예수님이 성전을 청결하게 하신 사건 직후 유월절 행사가 이어진다고 지적한다(막 11:15–18; 막 14장). Brian S. Rosner, *Paul, Scripture and Ethics: A Study of 1 Corinthians 5-7*, AGJU 22 (Leiden: Brill, 1994; 재판, Grand Rapids: Baker, 1999), 61–93.

신명기 22:13-30에는 이스라엘에서 "악을 제할지니라"는 명령이 반복된다(21, 22, 24절; 참고. 신 13:5; 17:7, 12; 19:19; 21:21; 24:7). 따라서 하나님이 이스라엘 언약 공동체를 다루시는 일에서 발견되는 다양한 배경에서 보면, 바울의 생각은 다음과 같이 명확하다. 하나님은 고린도 교인 중에 있는 자신의 성전에 거하신다. 그리고 그들이 깨끗하고 거룩해지는 것이 본질적인 것은 특히 유월절 사건이 유월절 어린양, 곧 그리스도의 희생으로 이미 일어났기 때문이다(γὰρ τὸ πάσχα ἡμῶν ἐτύθη Χριστός, "우리의 유월절 양 곧 그리스도께서 희생되셨느니라").

여기서 신학적 영향은 훨씬 더 멀리 미친다. 그리스도의 십자가 죽음으로 하나님이 거룩한 백성을 소유하실 수 있도록 죄에 대해 큰 대가가 지불되었다. 그러므로 죄를 무시하는 것은 그리스도의 희생적 죽음, 부활, 승천으로 이루어진 전체 구속 사건의 가치를 떨어뜨릴 뿐만 아니라, 심지어 손상시키기까지 한다. 그러므로 윤리가 중요하다. 윤리는 교회의 신학, 교회의 구원론 그리고 교회의 기독론까지도 반영하기 때문이다. 그리스도의 희생에 관해 말하는 이 구절의 마지막 문장("우리의 유월절 양 곧 그리스도께서 희생되셨느니라")만큼 이것을 더 분명히 말하는 것은 없다. 이 문장은 고린도전서 1장을 시작하면서 바울이 십자가에 못 박히신 그리스도를 해설했던 것을 상기시킨다.

신약성경 저자들은 그리스도의 죽음을 아주 다양한 방식으로 해설한다. 그리스도를 율법의 마침(τέλος)이 되시는 분으로 보는 것처럼(롬 10:4), 전체 희생 제사 제도도 그리스도를 지시하는 것으로 이해되었다. 유월절 어린양(τὸ πάσχα)의 희생 제사는 단지 전체 희생 제사 제도의 한 부분에 불과했다. 그러나 유월절 어린양의 희생 제사는 여기서 바울의 논증에 결정적으로 중요한 요소로 나타난다. 사실 그리스도의 희생적 죽음과 유월절의 연계성은 주의 만찬이 유월절 기념 의식의 배경에서 일어난 것으로 이해될 수 있음을 생각하면 자연스러워 보인다(11:24에 대한 설명을 보라). 유월절 어린양이 흘린 피는 각 가정마다 값비싼 희생이 치러진 것으로, 죽음의 사자에게서 가족을 구원하는 효력이 있다. 죽음의 사자는 희생당한 어린양의 피가 문설주와 인방에 발라진 집을 '지나쳤다.'

이스라엘 자손은 희생 제사 행위, 어린양의 피 흘림 그리고 문에 피를 바르는 것을 통한 피의 효력의 적용에 따라 하나님의 백성으로 여겨졌다. 이스라엘 자손이 애굽을 떠나 광야에 들어갔을 때 하나님이 분명히 하신 것처럼, 유월절과 무교절은 이스라엘 자손에게는 국가의 형성을 기념하고, 특히 국가의 정체성을 보여주는 중요한 절기다(출 12-13장). 그리고 의미심장하게도 새로 형성된 국가는 하나님이 애굽 땅에 있는 모든 처음 난 것뿐만 아니라 "애굽의 모든 신"까지도 심판하시는 것을 본다(출 12:12). 유일하신 참 하나님이신 여호와와 이 세상의 신들을 대표하는 사람인 바로 사이에 벌어진 싸움, 곧 '신들의 전쟁'으로 묘사될 수 있는 사건에서 여호와가 결정적으로 승리를 거두신다. 이 승리를 통해 여호와는 자기 백성을 다른 모든 신과 분리하신다.

바울은 '국가 형성'을 매우 값비싼 희생을 치른, 그리스도의 구속에 기인하는 것으로 본다. 하나님의 백성은 그리스도 안에서 자신들이 "값으로 산" 것이 되었음을 발견한다(고전 6:20). 하나님의 백성은 이 세상의 신들에게서 구원을 받았고, 지금은 자신이 섬기는 분의 순결함과 거룩함을 반영하면서 살아야 한다. 그리스도의 십자가 사역으로 하나님의 백성이 생겨나는데, 고린도 교인은 그렇게 생겨난 백성의 일원이다. 여기서 바울의 기독론, 구원론, 교회론은, 함께 묶여 올바른 삶을 살고 그들 중에서 죄인을 쫓아내라고 권고하는 것의 기초로 작용한다.

5:8 이러므로 우리가 명절을 지키되 묵은 누룩으로도 말고 악하고 악의에 찬 누룩으로도 말고 누룩이 없이 오직 순전함과 진실함의 떡으로 하자(ὥστε ἑορτάζωμεν, μὴ ἐν ζύμῃ παλαιᾷ μηδὲ ἐν ζύμῃ κακίας καὶ πονηρίας, ἀλλ' ἐν ἀζύμοις εἰλικρινείας καὶ ἀληθείας). 바울은 그리스도를 사람들을 위해 희생한 유월절 어린양으로 보는 관점에 따라, 자연스럽게 기념의 주제로 나아간다. 구약의 유월절이 애굽에서 해방되는 구속, 유일하신 참 하나님이 애굽인의 거짓 신에 승리하신 것, 국가를 형성한 출애굽 사건을 기념한 절기였던 것처럼, 그리스도인의 전체 삶도 이와 동일한 관점에서 파악되어야 한다. 그리스도인의 명절은 하나님의 백성이 구속받은 것, 그리스도가 이 세상의 신들을 처리하신 것 그리고 새 나라의 백성이 탄생하게 된 것을 즐거워하는 절기가 되어야 한다. 그러나 하나님이 자기 백성을 위해 희생과 구속을 통해 이루신 것을 적절하게 반영하는 적합한 방식으로 구약의 유월절이 기념되어야 했던 것처럼, 교회도 똑같이 해야 한다. 그리스도인이 한평생 지켜야 할 것은, 거룩한 백성으로서 음행과 구습의 묵은 누룩으로 오염되지 않고 그것들을 완전히 '내버림으로써'(7절, ἐκκαθαίρω) 이방 민족과 구별되는 것이다.

"이러므로"(ὥστε)라는 말은 바울이 이제 결론으로 나아가고 있음을 암시한다. "우리가 명절을 지키되"(ἑορτάζωμεν, 권고의 가정법)라는 명령은 이 지킴이 계속되어야 하는 일임을 암시한다. 여기서 '악함'(κακία)과 "악의"(πονηρία)라는 두 단어는 사실은 동의어이고, "묵은 누룩"(ζύμη παλαιά)의 의미를 부연 설명하는 묘사의 소유격이다. 이렇게 지키는 것으로 공동체를 오염시키는 것이 뿌리 뽑혀야 한다. 말하자면 음행뿐만 아니라 악하고 이 세상에 속해 있는 모든 것이 근절되어야 한다. 따라서 바울은 강한 반의 접속사(ἀλλά, '오직/그러나')를 사용하여 대조를 이끌어낸다. 이 오염을 막는 대안이 누룩이 없는 "순전함과 진실함"(εἰλικρινείας καὶ ἀληθείας, 묘사의 소유격)의 떡으로 묘사된다. 이처럼 오만하고 교만한 사람들은 그리스도를 다시 바라보고, 자신을 속이지 않고 순전하게 되어야 한다. "순전함"(εἰλικρίνεια)이라는 말은 고린도전후서에만 나타난다. 고린도후서 1:12에서 바울은 자신의 행동을 "하나님의…진실함(godly sincerity)으로 묘사하면서 그것을 "육체의 지혜"와 비교한다. 고린도후서 2:17에서 바울은 똑같이 자신과 다른 거짓 사도들을 '순전함을 가진 자'와 하나님의 말씀을 '혼잡하게 하는 자'로 비교한다. "순전함"(sincerity)이라는 단어를 사용할 때 바울은 육체의 지혜에 따라 기대되는 것과 성령에 속해 있는 것의 대조를 염두에 둔 듯하다. 단순히 좋은 인상을 주기 위해 진실을 숨기고 진리를 왜곡하며, 메시지를 과장해서는 안 된다. 사실 사람들의 삶과 행동 방식에는 진정한 순전함과 개방적인 태도가 있어야 한다. 따라서 "진실함"(ἀλήθεια) 역시 새로운 삶을 지키는 것의 한 특징이다. 진실함은 하나님을 거역하는 자의 불의로 억제된다(롬 1:18). 그리스도가 아니라 자신에게 빠진 자는 종종 진실함을 자신의 자랑으로 쉽게 대체한다. 교만에서 나오는 과장은 훨씬 더 큰 속임수로, 특히 자신을 속이는 것으로 이어진다.

요약하면 바울은 하나님의 백성에게 그분의 선하심을 송축하고 "그리스도 안에서 거룩하여진"(1:2) 자로서 자신의 부르심을 굳게 지키는 거룩한 삶을 살 것을 요청한다. 이 변화는 너무 근본적이어서 출애굽 때 이스라엘 자손이 경험하고 유월절 희생과 기념으로 기억되는 새 출발과 비슷하다. 하나님의 백성은 과거로 되돌아가거나, 이전 생활과 타협하거나, 공동체 안에서 벌어진 악을 묵인할 수 없다. 또한 하나님의 백성은, 그들을 언약 공동체에 속하게 만든 구속이 큰 희생을 치른 사건을 통해 찾아왔기 때문에 적극적으로 경건하며 순전하고 진실한 삶을 살아야 한다. "우리의 유월절 양 곧 그리스도께서 희생되셨느니라."

5:9 내가 너희에게 쓴 편지에 음행하는 자들을 사귀지 말라 하였거니와("Εγραψα ὑμῖν ἐν τῇ ἐπιστολῇ μὴ συναναμίγνυσθαι πόρνοις). 바울은 9–13절에서 주어를 바꾸지 않는다. 오히려 자신이 말하는 것을 명확히 하기 위해 애쓴다. 곧 그리스도인의 공동체 정체성은 거룩함을 요청하고, 그것은 성적 음행과 분리되는 것을 의미한다는 말에 오

해가 생기지 않게 하려 한다. 부정과거 동사 "내가…쓴"이라는 말은 이전 편지를 가리키는데("편지에"), 이 편지는 현존하지 않는다. 바울이 편지를 쓴 목적은 부정사로 표현되었다. 곧, 이런 사람들과 "사귀지 말라"(μὴ συναναμίγνυσθαι)는 것이었다.

음행을 저지른 자를 교회에서 쫓아내는 것은 바울이 교회를 그리스도인 '게토'(ghetto)로 만들고자 한다는 뜻이 아니다. 바울은 어느 교회든 성적으로 부도덕한 사람들과 아예 접촉하지 않음으로써 순전함을 지키는 고립된 수도원 공동체가 되기를 바라지 않는다. 그렇지 않으면 고린도 교회의 많은 교인이 어떻게 복음을 접했겠는가? 바울이 6:11에서 말하는 것처럼, "너희 중에 이와 같은 자들이 있었기" 때문이다. 그러나 바울은 언약 공동체의 일원을 자처하는 자는 자신의 정체성에 합당한 사람, 즉 하나님의 거룩한 백성이 되어야 한다고 말한다. 그러므로 공동체의 표지나 경계를 둘러싼 내적 공동체 훈련이 필수적이다.

따라서 첫 번째로, 바울은 9–10절에서 교회가 이 세상의 음행하는 자들과 사귀어서는 안 된다는 점을 분명히 말한다. 여기서 동사 '사귀다'(συναναμίγνυμι)는 11절에도 나타난다. 그렇지만 신약성경 다른 곳에서는 딱 한 번 데살로니가후서 3:14에서 나온다.[22] 바울이 11절에서 고린도 교인에게 "그런 자와는…도 말라"고 말하는 사실은, 그가 무엇을 염두에 두었는지 설명하는 데 도움을 준다. 고린도 교인은 개인에게뿐만 아니라 외부 세계에도 그들의 공동체가 다른 공동체와 다르고, 음행을 용납하지 않는다는 점을 분명히 밝힐 방도를 찾아야 한다. 여기서 함께 먹는 것은 성찬 식사를 의미할 수 있으나, 이것은 개연성이 없다. 오히려 식사는 일반적으로 교제와 친교를 나누는 자리였다. 8장에서 확인할 것처럼 우상 신전에서 식사하는 것은 그 신전의 우상을 받아들인다는 사실을 함축할 수 있었다. 그러므로 바울의 권고는 공동체에 속해 있는 것으로 여겨지는 것과 관련되어 있다. 따라서 바울은 고린도 교인에게 공동체가 모일 때 소속이 표현되는 방식에 주목할 것을 기대한다. 음행한 자가 퇴출되어야 하는 곳은 바로 공동체가 모이는 자리다. 그러나 이것은 지도자들이 음행 사건을 묵인하는 일에서 자신들의 행동을 옹호하면서 이전 편지를 완전히 오해한 것이거나, 그것을 악용한 것일 수 있다. 고린도전서 본문에는 상황에 관해 확실히 전해주는 정보가 충분히 없다. 따라서 바울은 이런 자와 사귀지 말라는 것이 무슨 뜻인지를 계속해서 말한다.

5:10 이 말은 이 세상의 음행하는 자들이나 탐하는 자들이나 속여 빼앗는 자들이나 우상 숭배하는 자들을 도무지 사귀지 말라 하는 것이 아니니 만일 그리하려면 너희가 세상 밖으로 나가야 할 것이라(οὐ πάντως τοῖς πόρνοις τοῦ κόσμου τούτου ἢ τοῖς πλεονέκταις καὶ ἅρπαξιν ἢ εἰδωλολάτραις, ἐπεὶ ὠφείλετε ἄρα ἐκ τοῦ κόσμου ἐξελθεῖν[23]). 여기서 바울은 이전 편지에서 자신이 했던 말의 의미를 설명하거나 명확히 한다. 나아가 교인 가운데 음행한 사람에 관해 자신이 말한 내용을 부연 설명한다. 바울은 이 세상 밖으로 나가는 것을 옹호하는 것이 아니라고 주장한다. 이 구절에서 "세상"(κόσμος)이라는 말은 두 번의 용례에서 사용된 것과 의미가 약간 다르다. 첫 번째 용례에서 "이 세상"은 단순히 모든 인간이 사는 물리적 영역 이상을 의미했다. 이 의미는 바울이 고린도전서 앞부분에서 이 말을 사용하는 것과 관련되어 있다. 거기서 바울은 "세상의 미련한 것들"에 관해 말하고(1:27), 그리스도인은 "세상의 영"을 받지 않았다고 말했다(2:12). 바울

22. 이 동사는 두 본문에서, 곧 이스라엘이 외국인과 (통혼으로) 혼합되고 우상 숭배로 오염되는 것을 다루는 LXX 호 7:8과 겔 20:18에서도 사용된다.

23. 부정과거 부정사 '나가다'(ἐξελθεῖν)라는 말은 동사 "그리하려면"에 목적절을 제공하고, 여격들은 여전히 주동사 '사귀다'의 지배를 받는다.

은 음행, 탐욕 그리고 여기서 열거하는 악들을 '이 세상에 속해 있는' 것의 일부로 본다. "이 세상(의 외형)은 지나감이니라"(7:31). 그러나 바울은 그리스도인에게 이 세상을 떠나라고 요구하지 않는다. "세상"의 두 번째 용례는 영역과 더 깊은 관련이 있다. 세상은 확실히 다른 사회로 다른 주인이 지배하지만 하나님의 백성이 살도록 부르심 받은 곳이다. 베드로는 그리스도인을 세상에서 "거류민과 나그네"로 사는 자로 언급한다(벧전 2:11–12). 그러나 그리스도인은 결국 하나님을 크게 영화롭게 하도록 "이방인 중에서" 선한 삶을 유지해야 한다. 이것이 바울의 신학이다. 하나님은 유일하신 참 하나님을 세상에 증언하도록 자신의 교회를 부르셨다. 순전함과 진실함은 교회의 특징이 되어야 한다. 하나님이 교회를 부르신 것은 이 세상을 떠나라고 부르신 것이 아니다. 심지어 그 가르침이 미련한 것으로 여겨지더라도 복음을 증거하고 계속해서 십자가에 못 박히신 그리스도를 증언하라고 부르셨다. 만약 하나님이 고린도 교인에게 많은 죄가 특징인 이 세상의 사람들과 섞여 살지 말라고 요구하셨다면 복음은 무의미해질 것이다.

여기서 열거되는 특정 죄악 목록이 다른 그리스 문헌에 열거된 것과 평행을 이룬다는 견해가 있다. 이로 인해 때때로 언급된 죄악은 고린도 사람의 삶에 관한 실제 묘사가 아니라 오히려 "본보기"로 제시한 것이라는 결론이 나온다.[24] 그러나 고린도전서를 통해 고린도 사람의 삶을 알아보면, 이 죄악은 확실히 고린도 지역에 만연되어 있던 것들이었음을 알 수 있다. 바울을 근심하게 한 음행 사건이 고린도 교회 안에서 벌어졌다. 8장에서는 우상 숭배와 타협하는 심각한 문제를 다룬다. 따라서 여기서 "탐하는 자"(πλεονέκτης)와 "속여 빼앗는 자"(ἅρπαξ, '도둑')가 어떻게 적합한지 질문하게 된다. 클라크, 위더링턴 그리고 다른 주석가들의 연구에 따르면, 엘리트주의와 사회적 지위를 신봉한 고린도 사회는 끊임없이 더 많은 것을 갈망하는 사람들로 가득 찼던 것이 거의 의심의 여지가 없다. 돈은 권력과 지위를 가져다주었다. 따라서 탐욕이 자라고 확산되었다.[25] 도둑질을 단순히 탐욕의 연장으로 보는 것은 큰 억지가 아니다. "속여 빼앗는 자"(ἅρπαξ)는 보통 속임수로 남의 것을 훔치는 도둑, 곧 사기꾼[26]을 가리킨다. 로스너(Rosner)는 "첫 번째 단어(πλεονέκτης)는 탐욕에 빠지는 국면에 초점이 있고, 두 번째 단어(ἅρπαξ)는 탐욕을 만족시키고자 사용하는 포악하고 부정직한 수단에 초점이 있다"라고 주장한다.[27]

그러나 앞에서 확인했듯이 교회를 하나님의 부르심을 받은 거룩한 백성으로 이해하는 바울의 관점은 분명히 구약성경의 많은 가르침에 의존한다. 구약성경은 여기에 언급된 것과 같은 죄를 일률적으로 여호와와 맺은 언약을 어기는 것으로 본다. 앞에서 레위기 18장의 성범죄를 이미 지적했다. 또 우상 숭배가 이스라엘 자손에게 하나님의 심판을 초래하고, 그 땅에서 '추방'되는 결과를 낳을 것이라는 점도 수시로 강조된다고 지적했다(예를 들어, 신 32:21; 왕하 17:15–18). 그런데 오늘날에는 그것을 그리 자주 지적하지 않는 것은 그것이 현대 교회에서 크게 만연된 죄이기 때문일 것이다. 탐욕과 강탈(속여 빼앗는 것)은 성경에서 이러한 다른 죄들과 같은 맥락에 있는 것으로 여겨진다. 하나님의 백성이 이런 죄악에 연루되면 하나님의 심판 아래 들어간다. 예컨대 에스겔서 16장의 주목할 만한 한 본문은, 이스라엘의 죄가 소돔의 죄보다 더 악하다고 설명한다. 소돔의 죄는 양식과 경제적 번성에 과도하게 집착하여 가난한 자를 돕지 않는 교만으로 묘사된다. 그때 여호와는 소돔

24. Conzelmann, *1 Corinthians*, 100–101에서 추기(追記)를 보라.
25. 또한 Theissen, *Social Setting of Pauline Christianity*, 131도 보라.
26. BDAG 109. Thiselton, *1 Corinthians*, 411은 유용하게 "강탈을 행하는 자"로 번역한다.
27. Brian S Rosner, *Greed as Idolatry: The Origin and Meaning of a Pauline Metaphor* (Grand Rapids: Eerdmans, 2007), 109.

사람을 심판하셨다. 구약성경에는 선지자들이 성범죄, 우상 숭배, 탐욕, 강탈, 착취로 말미암아 '세상에 속한' 자와 이스라엘 자손을 반대하는 곳이 많이 나온다. 로스너는 올바르게 다음과 같이 주장한다. "(10-11절의) 대표적인 죄악 목록은…어떤 면에서 어겼을 때 자동으로 범죄자를 (공동체에서) 배제하는 언약 규범 목록이다." 로스너는 칠십인역 신명기에 열거된 5개의 죄목이 어떻게 "바울의 목록 6개 가운데 5개와 쉽게 비교될" 수 있는지를 지적한다.[28] 로스너는 각각 음행하는 자에 대해서는 신명기 22:21, 우상 숭배 하는 자에 대해서는 신명기 17:3, 7, 모욕하는 자(악의적으로 거짓 증언하는 자)에 대해서는 신명기 19:18-19, 술 취하는 자에 대해서는 신명기 21:20-21, 속여 빼앗는 자(도적)에 대해서는 신명기 24:7을 제시한다. 이처럼 언약을 따라 형성된 공동체 신학과 출교 신학은, 바울이 13절(뒤의 내용을 보라)에서 특정 인용 본문을 선택해 결론을 맺는 것을 명확히 밝혀준다.

이런 배경을 고려하더라도, 이 특정 죄악이 각기 고린도 사회의 골칫거리로 대두되었을 것이다. 그러므로 이 세상의 지혜로 크게 유혹을 받던 고린도 교인에게도 문제였을 것이기 때문에, 바울은 이 특정 죄악을 특별히 열거했을 것이다. 따라서 바울은 고린도에서 목격한 것, 글로에의 집 사람들에게서 들은 것 그리고 구약성경에 비추어 볼 때 언약 공동체에 매우 위험한 것으로 보는 이 특정 죄악을 열거한다. 그러나 바울은 10절에서 그리스도인이 이런 죄를 범하는 자와 어우러져 사는 것은 피할 필요가 없다고 주장한다. 그렇게 피하면 "이 세상 밖으로 나가"(ἐκ τοῦ κόσμου ἐξελθεῖν) 살아야 하는 일이 벌어지기 때문이다. 세상을 떠나 사는 기독교 집단 거류지는 없다.

5:11 이제 내가 너희에게 쓴 것은 만일 어떤 형제라 일컫는 자가 음행하거나 탐욕을 부리거나 우상 숭배를 하거나 모욕하거나 술 취하거나 속여 빼앗거든 사귀지도 말고 그런 자와는 함께 먹지도 말라 함이라(νῦν δὲ ἔγραψα ὑμῖν μὴ συναναμίγνυσθαι ἐάν τις ἀδελφὸς ὀνομαζόμενος ᾖ πόρνος ἢ πλεονέκτης ἢ εἰδωλολάτρης ἢ λοίδορος ἢ μέθυσος ἢ ἅρπαξ, τῷ τοιούτῳ μηδὲ συνεσθίειν). 공동체의 정체성과 공동체의 경계 표지에 대한 바울의 관심은 권고에 직접적인 초점을 두고 계속 이어진다. 고린도 교인은 "형제[또는 자매]라 일컫는"(ἀδελφὸς ὀνομαζόμενος) 자가 계속 죄를 범하면, 그런 자와 누구도 '사귀어서는' 안 된다. 바울은 이렇게 말할 때 한 사람의 특수한 음행 사건에서 많은 사람이 이런 범주의 죄를 계속 범할 수 있는 상황으로 일반화하여 설명을 계속한다.

"내가…쓴"(ἔγραψα, 부정과거)이라는 말은 9절에서와 달리 서한체 부정과거 용법으로 여겨진다. 따라서 대다수 최근 주석가와 역본들은 이 말을 현재 시제로 번역한다.[29] "이제"(νῦν)라는 말을 덧붙인 것은 이것을 확증하는 것으로 보인다. 그러나 모든 주석가가 이에 동의하는 것은 아니다. 바울이 4:14에서 지금 쓰고 있는 편지를 언급할 때 현재 시제를 사용하는 것은 이 견해에 반하는 사실로 말할 수 있다. 게다가 RSV는 5:11에서 ἔγραψα를 진정한 과거 시제로 취한다. 따라서 바울이 첫째 편지에서 했던 말을 설명하는 것으로 본다. 서한체 부정과거 용법이라고 가정하면, 바울은 '이제 내가 너희에게 쓰는 것은'이라고 말하는 것이고, 그렇게 되면 현재의 편지와 과거의 편지(9절)의 대조가 나타나 잘못 이해될 수 있다.

현재 가정법과 죄악들의 묘사 방식은, 바울이 상습적이거나 지속적인 죄를 염두에 두었음을 암시한다. 바울은 이런 죄가 이 세상에 속한 자가 대표적으로 범하

---

28. B. Rosner, *Paul, Scripture, and Ethics*, 69-70.

29. 예컨대 ESV, NIV, NRSV가 있다. 그러나 RSV, REB, NJB는 과거 시제를 사용한다.

는 죄임을 증명했기 때문에, 그런 죄를 상습적으로 범하면서 교회 "안에"(ἔσω) 있다고 주장하는 자에게 말한다(12절). 다시 말해, 바울은 죄를 범하거나 시험에 넘어간 일이 처음 발각되었을 때 그 죄인을 공동체에서 쫓아내는 것이 유일한 조치라고 주장하는 것이 아니다. 오히려 죄가 이미 알려지고 그 죄를 계속해서 범하는 자에 관해 말하는 것이다. 이 세상에 속한 많은 자가 저지를 것으로 예상할 수 있는 죄를 교회 안에 있는 자에게 허용할 수는 없다.

여기서 바울은 두 가지 죄악, 곧 '모욕하는 자'와 '술 취한 자'를 목록에 추가한다. 이 목록이 신명기를 배경으로 한 것은 앞에서 언급했다. '모욕하다'나 '비웃다'(λοιδορέω)라는 동사는 4:12에서 확인했다. 바울은 자신을 모욕하는 자에게 '친절한 말'로 반응했다. 그는 고린도에서 흔히 일어나는 것으로 알고 있는 다른 죄악을 분명히 염두에 두고 있다. 웅변술과 지위를 크게 존중하는 사회에서 엘리트 계층에 속하지 않은 자는 비웃음을 당했다. 이 구절들에서 바울은 자신이 그런 비웃음을 받았음을 암시한다. 그러나 바울을 근심하게 한 것은 단순히 개인의 문제가 아니다. 고린도 교회 안에서 모욕하고 조롱하는 자는, 세상이 미련한 것으로 여기는 것에 대해 말해온 바울과 같은 사람을 과녁으로 삼았다. 주님께 속한 언약 공동체의 일원을 자칭하는 사람이 주님의 메시지를 증언하는 이를 모욕하거나 조롱하면서 공동체 안에 계속 머물러 있게 해서는 안 된다.

술 취한 자(μέθυσος)는 새로 추가된 죄악으로 습관적으로 술에 취하는 자를 말한다. 술 취함이 고린도 지역에서 특별히 문제가 되었는지 여부를 판단할 수 있는 증거는 많지 않다. 그러나 10:7에서 인용한 구약 본문(출 32:6로부터)에 술 취함을 교회 문제로 보는 암시가 있다고 보는 것이 가능하다. 이방인의 축제는 진탕 마시고 떠드는 분위기로 유명했고, 술 취함과 음행은 종종 오늘날의 축제에서와 같이 동전의 양면처럼 함께 일어났을 것이다. 11:21에서 바울은 주의 만찬 자리에서도 교인들이 술에 취해 소동을 벌인 사례가 있었음을 지적한다. 이것은 일부 교인이 과거에 이교 신전 축제에 참여했던 것과 똑같은 방식으로 주의 만찬에 참여했다는 점을 암시한다. 바울 서신에서 절제는 성령의 중요한 한 가지 열매로 간주된다.[30] 그러므로 술 취한 자는, 삶에서 성령의 내주하심을 증명하게 되어 있는 자와 완전히 반대된다.

마지막으로 바울은 명령에 "(아무하고나) 사귀지도 말고"라는 두 번째 부분을 추가한다. 고린도 교인은 그런 자와는 함께 먹지'도 말아야'(μηδέ) 한다. 이 문장은 "사귀지 말라"는 바울의 말이 무슨 뜻인지를 제시한다는 점에서 설명문이다. 그런 자와 함께 먹지 말라는 명령을 중요하게 적용하는 한 가지 사례가 그들을 성찬 식사에서 제외하는 데 있는 것 같다. 그러나 이 식사 제외가 얼마 동안 지속되어야 하는지는 분명하지 않다. 데살로니가후서 3:14의 비슷한 권고에도 이 식사 제외가 언제까지 지속되기를 바라는지 분명히 제시되지 않는다. 그러나 오늘날 많은 문화에서처럼 바울 당시에도 사람들과 함께 식사하는 것은 사회적 유대감이나 특별한 관계를 형성하는 것과 관련되어 있었다. 식사는 친교가 이루어지는 자리였고, 심지어는 식사 자리에서 계약이 맺어지기도 했다. 바로 이런 식사를 할 때 사람들은 서로 의존하고 있음을 보여주는 지속적 관계와 위탁을 형성한다. 이 모든 것은 기독교 공동체에 완전히 적합하며, 크게 장려되어야 한다. 교인들은 서로 사랑해야 하고 확실히 서로에게 의존한다. 그러나 바울은 어떤 사람이 징계 아래 있고 공동체에서 퇴출될 때는 그 사람과 이런 식의 깊은 교제를 하는 것이 부적합하다고 말한다. 칼뱅

---

30. 갈라디아서 5:23을 보라. 고린도전서에서는 7:5, 9; 9:25을 주목하라. 또한 "절제하지 못하는" 것에서 나오는 디모데후서 3:3의 악덕 목록도 보라. 그리고 디모데후서 1:7도 보라. "하나님이 우리에게 주신 것은…절제하는 마음이니"(ESV).

은 이에 대해 이렇게 설명한다. "(출교할 때) 교회의 권위는, 만약 개인들이 자신의 식탁에 주의 만찬에서 쫓겨난 자를 초대하는 일이 벌어진다면, 무시되고 말 것이다."[31]

오늘날의 교회는 피해야 할 친밀함이나 공동체의 의존 관계에 대한 문화적 표현이 무엇인지 살펴보아야 한다. 그리고 사회적 접촉은 조심스럽게 이루어져야 한다. 그러나 이런 설명은 바울이 불가능한 일을 요구하는 것이 아님을 교회가 이해하는 데 도움을 줄 것이다. 바울은 이런 자와 어떤 식으로도 접촉하지 말라고 요구하는 것이 아니다. 교회는 이런 자를 철저히 공동체 밖에 있는 자로 다루어야 한다는 것이다.

5:12–13 밖에 있는 사람들을 판단하는 것이야 내게 무슨 상관이 있으리요마는 교회 안에 있는 사람들이야 너희가 판단하지 아니하랴 밖에 있는 사람들은 하나님이 심판하시려니와 이 악한 사람은 너희 중에서 내쫓으라(τί γάρ μοι τοὺς ἔξω κρίνειν; οὐχὶ τοὺς ἔσω ὑμεῖς κρίνετε; τοὺς δὲ ἔξω ὁ θεὸς κρινεῖ. ἐξάρατε τὸν πονηρὸν ἐξ ὑμῶν αὐτῶν). 어떤 혼란도 벌어지지 않도록, 바울은 기독교 공동체 안에 있는 죄인에게 관심이 있다고 다시 주장한다. 바울은 (교회) 밖에 있는 사람들은 하나님이 심판하실 것이라고 말한다.[32] 그는 이제 결론을 내리는데, 이 마지막 두 구절의 구조는 명확하다. AB–AB 형태를 취한다. 첫 번째 수사 의문문(5:12a)은 5:13a에서 조치를 단언하는 것으로 답변이 이루어진다. 바울은 교회 밖에 있는 사람들은 판단하지 않는다. 그것은 자신의 일도 아니고, 고린도 교인의 일도 아니기 때문이다. "밖에 있는 사람들은 하나님이 심판하시려니와"(τοὺς δὲ ἔξω ὁ θεὸς κρινεῖ). 5:12b의 두 번째 수사 의문문은 교회 안에 있는 사람들에게 판단을 촉구하고, 5:13b에서 조치를 명령하는 것으로 답변이 이루어진다. "이 악한 사람은…내쫓으라"(ἐξάρατε).

고린도 교회 공동체가 하나님의 심판에서 보호받으려면 관련 죄인을 출교시키는 일이 요구된다. 따라서 바울은 징계와 관련하여 하나님의 교회에 주어진 책임을 명확히 한다. 아무리 "신령한" 자라 해도 그들에게는 "밖에 있는 사람들"(τοὺς ἔξω)을 판단할(κρίνειν) 의무가 없다. 다시 말해 여기서 이해해야 하는 것은 공동체의 경계 표지고, 이 표지에는 올바른 판단이나 분별이 포함되어 있다. "밖에 있는" 사람들은 교회 안에 있지 않은 자다. 밖에 있는 사람들은 비그리스도인과 비신자다. 모세 오경의 언약 맥락에 따르면 밖에 있는 사람들은 여호와를 인정하지 않는 이스라엘 주변 민족과 동등하다. 밖에 있는 사람들의 심판은 하나님의 손에 맡겨져 있다(시 82:8; 참고. 계 18:4–8). 이스라엘 자손에게 자주 주어진 경고는, 그들이 잘못하면 진영이나 백성 "밖에" 있게 하는 것으로 처벌받는 것이다. 말하자면 이스라엘 자손에게 주어진 처벌은 그들이 다른 민족과 같이 되는 것에 있다(예를 들어, 레 22:10; 24:14; 민 12:14–15).

그러나 교회와 같은 그리스도인 집단은 밖에 있는 자가 아니라 안에 있는 자를 판단해야 한다. RSV는 "교회"라는 말을 덧붙여 "교회 안에"라고 말한다. 이것은 바울이 공동체 안의 구성원 자격 및 지위와 관련된 자에게 매우 중요하다고 보는 판단과 분별에 관한 전체 문제를 클라이맥스로 이끈다. 고린도 교인은 이 중대한 판단 문제에서 결정적으로 실패했고, 대신 작은 일에 대해서는 잘못된 방법으로 서로를 판단한다. 고린도 교인은 여기서 필요한 판단을 할 때 두 가지가 요구된다. 첫째로 죄가 치명적이고 심각하게 공동체 안으로 들어왔음을 깨달아야 하고, 둘째로 관련 당사자를 쫓아내는 조치를 취해야 한다. 바울은 자신이 인유해온 신명기의 같은 부분에서 여러 번에 걸쳐 인용한 본문으로 이 부분을 끝맺는다. 칠십인역 헬라어 본문은 다음과

---

31. Calvin, *First Corinthians*, 114.

32. 헬라어 본문에서 첫 절("내게 무슨 상관이 있으리요마는")은 영어로 번역할 때 동사가 필요하다. "For what [is it] to me"[μοι("내게")는 개인적 관심의 여격으로 기능함].

같다. "너는 너희 중에서 악을 제할지니라"(AT, ἐξαρεῖς τὸν πονηρὸν ἐξ ὑμῶν αὐτῶν, 신 17:7; 19:19; 21:21; 22:21, 24; 24:7을 보라. 또한 신 17:12; 22:22도 보라). 바울은 논증의 표현법에 맞추어 칠십인역의 미래 직설법을 부정과거 명령법으로 바꾸었다.

바울은 고린도 교회의 근친상간 사건을 교인들이 처리하는 문제에 대한 설명을 생생하고 명확한 문체로 결론지었다. 주님께 속한 자에게 요청되는 언약의 순종이 고의로 무시되었다. 그 결과 하나님의 영이 거하시는 성전 공동체의 거룩함이 훼손되었다. 그러므로 고린도 교회는 옛 이스라엘에 내려진 것과 같은 하나님의 심판을 받지 않으려면, 합당한 조치를 취해야 한다. 옛 이스라엘이 완고하게 회개하지 않는 죄인을 진영에서 추방하도록 요구받은 것처럼 교회도 똑같이 해야 한다. 바울은 10장에서 여호와께서 이스라엘을 심판하신 사건을 또다시 본보기로 제시한다. 10장에서 바울은 "(이런 일은) 본보기가 되고 또한 말세를 만난 우리를 깨우치기 위해 기록되었느니라"(10:11)고 명확히 말한다.

적용에서의 신학

1. 교회 안에서 일어난 음행

교인들 사이에서 벌어진 음행 사건을 묵인하는 교회의 위험성이 5장에서 명확히 확인된다.[33] 하나님은 자신이 정하신 때 음행을 심판하실 것이다. 음행은 성경 전체에 걸쳐 하나님을 불쾌하게 만드는 일로 묘사되기 때문이다. 종종 현대 교회는 간음이나 포르노와 같은 특정 죄를 지적하고 언급하지만, 음행에 관한 성경의 신학은 거의 선포하지 않는다. 그러나 성경 전체의 흐름을 보면 음행이라는 주제가 왜 이처럼 중요한지 알 수 있다. 그리스도인은 음행에 관해 올바른 가르침을 받을 때 용납할 수 없는 행위가 무엇인지 명확히 파악할 수 있다. 그러나 때로는 그런 가르침이 단순히 독단적인 계율처럼 보일 수 있다. 많은 사람이 성경에 나오는 주의 명령이 결코 독단적이지 않음을 이해하지 못하고, '우리가 그렇게 못하는 것은 허용되지 않기 때문이다'라는 거부감을 갖는다. 확실히 말해, 성행위를 이성 간의 결혼 관계의 한 요소로 보는 성경의 신학을 제대로 보아야, 하나님이 어떤 행위를 강조하시는 이유를 최종적으로 이해하게 된다.

바울은 모든 성경 저자가 지지하는 전통에 따라 성행위의 정당한 대상은 창조 때 하나님이 정하셨다고 보았다. 아담이 "생육하고 번성하라"는 명령(창 1:28, 그리고 2:23을 보라)을 수행하기 위해 합당한 배우자를 둔 것은, 하나님이 여자를 창조하신 것을 보았을 때였다. 결혼에

33. 바울이 고린도 교회에 탐욕과 우상 숭배의 위험성을 경고하는(5:10) 것의 각별한 중요성은 5:10에 대한 설명을 보라. 또한 6:1-11에 대한 설명 다음에 나오는 '적용에서의 신학'에서 관련 부분('우상 숭배와 탐욕')도 보라.

관한 이야기가 나온 것은 그 이후부터, 곧 합당한 배우자가 함께했을 때부터였다. 확실히 결혼은 하나님의 창조 명령을 제대로 이행할 합당한 배우자를 둔 결과로 도입된 제도다. "이러므로 남자가 부모를 떠나 그의 아내와 합하여 둘이 한 몸을 이룰지로다"(창 2:24). 게다가 성경의 창조 내러티브가 전개될수록 하나님이 창조 때 결혼 관계를 인간 생활 속에서 그분이 자기 백성과 맺는 관계의 표상으로 정하셨다는 사실이 분명해진다. 하나님은 결혼 생활을 살펴보신 뒤, 결혼이 백성에 대한 사랑의 훌륭한 표상이 될 수 있겠다고 생각하고 그런 결정을 하신 것이 아니다. 하나님은 백성에 대한 그분의 사랑을 더 잘 이해하고, 그분에 대한 그들의 사랑이 어떠해야 하는지를 더 잘 파악하도록 먼저 결혼 제도를 세우셨다.

이것 때문에 하나님이 왜곡된 결혼 관계(간음/이혼)를 사람들이 그분에게서 떠나 우상을 숭배할 때 일어나는 일의 증거로 삼으시는 것이 가능하다. 간음은 하나님의 백성이 그분과의 관계를 파괴하는 그림을 상징적으로 보여준다. 아울러 이혼도 하나님이 백성을 사랑하시고 그들에게 신실하시다는 창조의 그림을 절대로 보여주지 못한다. 호세아서나 에스겔서 16장 및 예레미야서 3장과 같은 성경의 많은 본문은 이와 똑같은 관념을 묘사한다. 아마 결혼에 대한 창조적이고 성경 신학적인 관점을 이끌어내는 가장 명확한 성경 본문은 에베소서 5:21-33일 것이다. 거기에서 바울은 교회에 대한 그리스도의 사랑과 아내에 대한 남편의 사랑, 그리스도에 대한 교회의 사랑과 아내의 남편에 대한 사랑을 넘나들며 성경적 결혼관을 설명한다. 그 본문은 우리를 위해 온전한 결혼에 대한 그림을 그려준다. 주목할 점은 그 본문이 창세기 2:23을 인용하여 그 내용을 그리스도와 교회에 직접 적용하면서 결론을 맺는다는 것이다(엡 5:29-30). 그리고 이보다 훨씬 주목할 만한 사실은, 바울이 창세기 본문을 인용하여 특별히 성관계 행위를 하나님과 백성에 대한 그림과 연결하는 것이다. "그 둘이 한 육체가 될지니." 하나님이 창조 때 그리신 그림 깊은 곳에 남자와 여자가 가장 친밀한 관계로 들어가는 장면이 있다.

하나님은 결혼이 그러한 그림이 되기를 원하셨고, 결혼을 깨뜨리는 것이 우상 숭배나 하나님을 저버리는 일과 비슷하게 묘사되는 것을 생각하면, 모세 오경에 제시된 성행위에 관한 많은 율법은 단순히 실용적 목적을 넘어 훨씬 더 많은 의미를 담고 있다. 의심할 것 없이 주의 법은 그대로 지켜졌을 때 실용적 유익이 있는 것으로 판명되었다. 다양한 질병을 피하게 되고(참고. 롬 1:27), 정욕이 통제되며, 자녀는 부모를 잃지 않고, 가정생활에서 맛보는 다른 실제 이익들도 많다. 그런데 우리는 수간(獸姦)이 잘못이라는 것은 즉각 확인할 수 있다. 왜냐하면 아담은 동물을 성관계 대상으로 의도적으로 거부했고, 하나님은 아담을 위해 하와를 특별히 창조하셨기 때문이다. 이로 말미암아 아담과 하와는 서로의 몸을 즐기면서 창조 명령을 즐겁게 지킬 수 있었다. 근친상간이 잘못인 것은 그것이 가족 안에서 벌어지는 일로, 한 가족을 떠나(부모를 떠나, 창 2:24) 다른 가족을 시작하는 일이 아니기 때문이다. 하나님과 그분의 백성의 '차이'는 동성 '결혼' 관계가 아닌 남편과 아내에게 반영된다. 물론 성경은 성행위가 이성 간 결혼 관계로 제한되는 이유와, 다른 모든 성관계는 음행이 되는 이유를 이보다 더 많이 제시한다. 그러나 이런 성경 신학은 거의 가르쳐지지 않는다. 그 결과 많은 그리스도인이 이것을 하나님이 독단적으로 만들어놓으신 것이라고 생각한다. 그래서 그들은 비성경적인 행위를 용납하는 데 매우 취약하다. 음행의 죄는 교회 안에서 가장 심각한 문제다. 그 죄가 하나님이 백성을 자신의 성전으로 만드셨고, 그러므로 그들이 거룩한 곳이 되어야 한다는 가르침을 거부하는 태도를 반영하기 때문이다.

2. 출교라는 징계

하나님은 그분의 백성 가운데 거하시므로 그들이 거룩해야 한다는 요구는 성경 전체에 면면히 흐른다. 이 본문에서 바울은 분명히 구약성경에 나온 비슷한 주제에 의존한다. 바울이 고린도전서에서 기독교 공동체와 이스라엘 자손을 비교하는 일이 때로는 암묵적으로, 또 때로는 명시적으로 나타난다. 그리고 이 비교는 하나님의 법을 거역하고 사는 죄인을 공동체에서 쫓아내는 관념의 배경을 구성한다. 바울은 거룩하라는 요청을 의도적으로 계속 무시하는 자를 공동체에서 내보내는 판단(판결)을 행하라고 요구한다. 그리고 그 판단을 그리스도를 따르고 성령의 인도를 받는 자에게 기대되는 분별의 한 요소로 본다. 이런 영적 분별은 슬프게도 고린도 교회에서와 같이 많은 현대 교회에서도 찾아보기 어렵다. 개인이 받을 최후의 심판은 항상 주님의 손에 맡겨져 있다. 그러나 교회는 판단을 통해 하나님의 백성 가운데서 고의로 계속 저질러지는 죄에 대해 주님이 불쾌하게 여기신다는 사실을 드러내야 한다. 오늘날도 고린도에서처럼 음행, 탐욕, 술 취함, 모욕 등 많은 죄가 지적당하지 않고 묵인된다. 최근 한 젊은 전문직 여성에게서 그녀가 막 출석하기 시작한 교회에 관한 이야기를 들었다. 그녀는 동료 교인들이 교회 뒤에서 전날 밤에 어떻게 술을 마셨는지 그리고 각기 데이트에서 어떤 성적 경험을 했는지 농담하는 것을 보고 깜짝 놀랐다고 한다. 그때 그녀는 교회 지도자가 이런 대화의 위험성에 대해 아무런 말도 해주지 않는 것을 특별히 걱정했다. 교인들 가운데 아무도 거룩함에 관해 도전받지 못했다.

오늘날은 교회가 하나님의 백성으로서 언약의 주 하나님께 책임이 있는 언약 공동체라는 사실을 실제적으로 의식하지 않는다. 그러다 보니 교회가 서로에 대해 영적으로 책임져야 할 권리가 있다는 점도 깨닫지 못한다. 개인주의를 강조하는 것은 주님 앞에서 자신의 길을 선택하는 것이 각자에게 맡겨져 있음을 의미한다. 그래서 만약 한 사람이 중대한 죄로 회개할 필요가 있다는 사실을 다른 사람들이 인정하면 말해줄 것이 있기는 하지만, 그때도 회개하는 일은 죄를 지은 개인의 몫으로 그친다. 그 죄가 그리스도의 몸에 미치는 여파는 성찰되거나 논의되지 않는다. 앞에서 언급한 여성이 출석하는 교회의 지도자는 논란이 되는 행위를 인정하지 않거나 심지어는 싫어할 수 있고, 실제로 관련된 개인들의 영혼을 염려할 수는 있겠지만, 분명히 교회의 거룩함은 별로 염려하지 않았다.

또 오늘날의 교회는 세상이 타인에 대한 관용을 크게 강조하는 경향에 맞서 싸우고 있다.

'우리는 다 서로 용납하고 사랑해야 하고, 따라서 서로 판단해서는 안 된다'고 말하며 이런 경향이 교회에 파고들 때, 교회는 또다시 한 개인의 죄를 반대하는 일에 행동을 함께할 수 없다는 것을 깨닫는다. 함께 행동하면 자칫 권위주의적이고 사랑이 없는 것으로 여겨지기 때문이다. 종종 사람들은 '누가 우리를 판단해야 하는가?'와 같이 질문할 것이다. 이런 식의 질문에 대한 성경의 답변은 물론 다양할 것이다. 그러나 그 핵심에는 교회가 성령의 인도 아래 진정으로 거룩한 곳이 되도록 연합하여 활동해야 하는 '몸'이라는 진리가 있다. 거룩함은 참으로 중요하다.

우리가 '출교'(excommunication)로 부르는 것, 곧 죄를 지은 교인을 공동체에서 내보내는 것은 확실히 교회가 회개하고 하나님의 용서를 받을 필요가 있는 교인에게 주는 마지막 단계의 징계로 보아야 한다. 출교는 죄를 지은 교인의 회복이라는 목표가 있고, 죄를 지은 교인의 거룩함을 회복하기 위해 취하는 여러 단계 가운데 마지막이 될 것이다. 그리스도인은 거룩하고 그리스도를 섬기는 삶을 살지 못하고 방황하는 형제자매에게 권고할 의무가 있다(참고. 마 18:15-16; 살전 5:12-15; 살후 3:15), 바울도 똑같이 했다(행 20:31; 고전 4:14). 에베소서 5:11-14에서 바울은 "어둠의 일"을 따르는 자에게 경고를 넘어서고 완전한 출교에 앞서 공개적으로 죄를 폭로하는 일종의 징계 조치에 대해 설명한다(참고. 딤전 5:20).[34] 거기서 바울은 그리스도인이 그런 자와 사귀어서는 안 되고, 성숙하지 못한 그리스도인이나 갓 회심한 이가 거룩함을 추구하는 삶의 길로 들어서도록 그들의 죄를 지적하거나 드러내야 한다고 주장한다.

물론 교회 권징은 기독교적 삶의 윤리를 교정하는 것 이상의 목표가 있다. 교회 권징은 하나님의 부르심을 받은 자가 그분이 거하기에 합당한 거처가 되도록 거룩함을 높이는 데 목적이 있기 때문이다. 그리고 결정적으로 교인을 교회의 사귐에서 퇴출하는 이 중대한 단계는, 다음 두 국면을 교회에서 가르치고 교인들이 이해해야만 비로소 효력이 있다. 즉, 교회는 출교 조치를 개인의 회복을 위한 제도로 여기고, 하나님이 거하시는 거처의 거룩함을 보존하기 위한 제도로 보아야 한다.

하나님의 백성 가운데 거룩함이 없다는 것은, 교회에 들어온 외부인이 교회 속에서 그에게 익숙한 세상의 모습을 본다는 것을 의미한다. 하나님은 자신의 백성이 그들이 사는 사회 속에 있어야 하지만, 누구나 인정할 수 있을 정도로 거룩한 백성으로 살도록 정하셨다.

34. 바울이 에베소서 5장에서 이 문제에 대해 한 말을 적용한 상세한 설명은 Clinton E. Arnold, *Ephesians*, ZECNT (Grand Rapids: Zondervan, 2010), 338-40을 보라.

CHAPTER 12

고린도전서 6:1–11

문학적 전후 문맥

6장에서 바울은 고린도 교인 가운데 판단이 없다는 것과, 교만함, 분쟁을 낳은 일부 행위 및 태도에 대해 계속해서 말한다. 5장에서 다루어진 것처럼 고린도 교인이 그들 사이에서 벌어진 음행 사건을 묵인하고 넘어간 것은, 하나님 앞에서 자신들의 지위는 절대 문제가 될 수 없다고 잘못 믿은 교회와 교회 지도자의 비극적 행위 중 단지 한 사례에 불과하다. 바울은 그리스도인의 공동체 정체성에 거룩함이 필수 요소라는 사실을 상기시키는 것으로 5장을 끝냈다. 고린도 교인은 자신의 지혜와 신령한 은사를 자랑했지만, 바울은 이제 그들에게 하나님의 지혜가 없고 서로에 대한 관심과 배려가 부족한 것을 드러내는 교회 생활의 또 다른 측면으로 시선을 옮긴다. 이 부분(6:1–11)은 하나님 앞에서의 그들의 참된 지위와 그 지위에 어떻게 도달하는지 상기시키는 말로 시작하고 끝난다. 고린도 교인은 "성도"이며(6:1–2), '씻음 받았다'(11절), 그리고 하나님 나라의 상속자다(9–11절).

그런데도 고린도 교인은 서로 소송을 벌였다. 이 사례의 묘사에 담긴 아이러니는 매우 날카롭다. 일반(민사) 소송 사건의 판결은 지혜로운 판단이 요구된다. 교회 안에서 지혜로운 자를 자처하는 자가 무엇이 공정하고 정당한지에 대해 교인들을 도울 수 없다는 말인가? 작은 민사 소송 사건조차 비신자에게 가서 판결받아야 한다면, 그들이 그토록 자랑하는 지혜가 어디 있다는 말인가? 6:9–11에서 바울은 고린도 교인이 분별력이 없기 때문에 하나님 앞에서 그들의 지위에 관해 심각한 의심이 간다는 사실을 분명히 말한다. 이 부분에서 아이러니가 상실되면 안 된다. 고린도 교인은 자신의 지위와 능력을 자랑하는데, 특히 지혜와 지식의 은사가 그들의 지위와 능력을 안전하게 해준다고 보기 때문이다. 이것은 바울이 고린도전서 처음 부분에서 말했던 것, 곧 그들의 지위는 전적으로 하나님의 은혜에 의존하다는 것을 이곳에서 다시 떠올리게 하는 이유다. 11절에서 수동태를 사용하는 것은 이 요점을 파악하는 데 도움을 준다. 6:12–20에서는 고린도 교인의 도덕 문제에 대한 판단이 심각하게 잘못된 교회 생활의 또 다른 문제점을 다룰 것이다.

주요 개념

그리스도인은 성도다. 그러므로 그리스도인 공동체는 성도로서의 정체성을 삶에 반영해야 한다. 그리스도인이 다툼을 벌이는 것과 그 다툼을 안일하게 세상 법정에 호소하는 것은 다 잘못이다. 하나님 나라의 상속자인 그리스도인은 서로 사랑함으로써 그리고 지혜의 은사를 사용하여 교인 사이에 일어난 모든 법적 문제를 신령한 방식으로 해결함으로써 하나님이 자신들에게 주신 지위를 삶에 반영해야 한다.

번역

고린도전서 6:1-11

1a	수사적 질문 1	**너희 중에 누가**
b	설명	다른 이와 더불어 다툼이 있는데
c		**구태여…고발하고**
d	위치	불의한 자들 앞에서
e	대조	성도 앞에서 하지 아니하느냐
2a	수사적 질문 2 (기초) 큰 것에서 작은 것으로 나아가는 논증	**성도가 세상을 판단할 것을 너희가 알지 못하느냐**

b	조건(조건절)	세상도…판단을 받겠거든
c	행위	너희에게
d	수사적 질문 3 (귀결절)	**지극히 작은 일 판단하기를 감당하지 못하겠느냐**
3a	수사적 질문 4	**우리가 천사를 판단할 것을 너희가 알지 못하느냐**
b	큰 것에서 작은 것으로 나아가는 논증	그러하거든 하물며 세상 일이랴
4a	조건(조건절)	그런즉 너희가 세상 사건이 있을 때에
b	수사적 질문 5 (귀결절)	**교회에서 경히 여김을 받는 자들을 세우느냐**
c	위치	[재판석에]
5a	단언	**내가 너희를 부끄럽게 하려 하여 이 말을 하노니**
b	수사적 질문 6	**너희 가운데…지혜 있는 자가…이같이 하나도 없느냐**
c	확대	그 형제간의 일을 판단할 만한
6a	단언	형제가 형제와 더불어 고발할 뿐더러
b	방식(탄식)	믿지 아니하는 자들 앞에서 하느냐
7a	설명	너희가 피차 고발함으로
b	단언	**너희 가운데 이미 뚜렷한 허물이 있나니**
c	수사적 질문 7	**차라리 불의를 당하는 것이 낫지 아니하며**
d	수사적 질문 8	**차라리 속는 것이 낫지 아니하냐**
8a	대조적 단언	**너희는 불의를 행하고** **속이는구나**
b	대상	그는 너희 형제로다
9a	수사적 질문 9	**불의한 자가 하나님의 나라를 유업으로 받지 못할 줄을 알지 못하느냐**
b	권고	**미혹을 받지 말라**
c	9b절의 설명	음행하는 자나 우상 숭배하는 자나 간음하는 자나
d	단언의 주어를 제공하는 목록	탐색하는 자나
e		남색하는 자나
10a		도적이나 탐욕을 부리는 자나 술 취하는 자나
b		모욕하는 자나 속여 빼앗는 자들은
c	단언	하나님의 나라를 유업으로 받지 못하리라
11a	단언	**너희 중에 이와 같은 자들이 있더니**

b	원인 또는 도구	주 예수 그리스도의 이름과
c	행위	우리 하나님의 성령 안에서
d	대조 1	**씻음과**
e	대조 2	**거룩함과**
f	대조 3	**의롭다 하심을 받았으니라**

구조

이 부분은 이 편지의 수신자가 하나님 앞에서 지닌 지위를 확언하는 것으로 시작하고 끝맺는다. 본문의 추진력은 3:16과 5:6에서 이미 사용된 일련의 동일한 수사 의문문을 통해 유지된다. "너희가 알지 못하느냐"(6:2, 3, 9). 추가로 나오는 수사 의문문은 이 메시지를 강조하는 역할을 한다(6:1, 5, 7).

첫 번째 부분(6:1-8)은 문제점을 언급하는 것으로 시작하고 끝맺는다. 한 형제가 다른 형제를 세상 법정에 고발한다[1절과 6절에서 '고발하다'와 '판단하다'(κρίνω)로 번역된 말을 사용하고, 이 부분에서 반복되는 것을 주목하라]. 그리스도인이 세상 법정에 고발해서는 안 되는 세 가지 주된 이유가 제시된다(1-3, 4-6, 7-8절).

두 번째 부분(6:9-11)에서 바울은 세상 법정에 다툼을 고발하는 교인에 대한 언급에서 벗어나, 교회 전체의 행위에 일반적인 도전을 주는 것으로 메시지를 확대한다. 5장에서처럼 공동체에 거룩함을 당부하는 것이 여기서 초점으로 다시 나타난다. 이 부분의 핵심에는 "미혹을 받지 말라"는 명령(9절)이 있다. 여기서 "불의"로 번역된 관련 단어들이 반복되는 것도 논증의 추진력을 유지한다(6:1, 7, 8, 9, ἄδικος, ἀδικέω).

석의적 개요

V. 신령하지 못한 지혜는 중대한 죄를 낳음(5:1-6:20)
- A. 근친상간 사건을 해결해야 함(5:1-8)
- B. 공동체 정체성은 거룩함을 요구함(5:9-13)
- ➦ **C. 그리스도인 간의 소송을 세상 법정에 맡겨서는 안 됨(6:1-8)**
  - **1. 결국 그리스도인이 세상을 심판할 것이기 때문이다(6:1-3)**
  - **2. 그리스도인은 하나님의 지혜를 지니고 있어야 하기 때문이다(6:4-6)**
  - **3. 이 행동이 그리스도인의 불의를 드러내기 때문이다(6:7-8)**
- **D. 공동체 정체성은 거룩함을 요구함(6:9-11)**

1. 불의한 자는 하나님의 나라를 유업으로 받지 못한다(6:9-10)
2. 의로운 자는 하나님으로 말미암아 변화되었다(6:11)

본문 설명

6:1 너희 중에 누가 다른 이와 더불어 다툼이 있는데 구태여 불의한 자들 앞에서 고발하고 성도 앞에서 하지 아니하느냐(Τολμᾷ τις ὑμῶν πρᾶγμα ἔχων πρὸς τὸν ἕτερον κρίνεσθαι ἐπὶ τῶν ἀδίκων, καὶ οὐχὶ ἐπὶ τῶν ἁγίων;). 이 구절의 영어 번역은 매끄럽지는 않다[Dare anyone of you, having a (legal) grievance against another, go to law before the unrighteous instead of the saints? '너희 중에 누가 감히 다른 사람과 법적 다툼을 벌이는데 성도 대신 불의한 자 앞에 고발하느냐'–역주]. 하지만 여기에는 신자가 다른 신자를 법정에 호소하는 그다음 문제를 제시할 때 바울이 전하는 뜻에 충격은 아니더라도, 큰 놀라움을 안겨주는 표현을 보존하려는 의도가 담겨 있다. 첫 번째 의문 동사는 힘이 있다. "누가"(τις)에는 통상적으로 부정의 의미가 있으나 여기서는 교회 안에 그런 법정 소송이 단지 한 건이 있다고 볼 수 있고, 이 경우 '너희 중에 하나가…'로 번역할 수 있다. 만약 바울이 단지 한 명의 개인을 염두에 둔 것이라면 논증이 2절에서 전체 교회에 전하는 것으로 확대되기 전에 여기서 언급되는 자는 이 소송의 원고가 될 것이다.[1] "누가"에 내포된 의미가 통상적으로 부정의 의미가 있는 것과 이어지는 구절들의 복수형 동사를 고려하면, 바울이 동료 형제나 자매를 세상 법정에 호소한 다수의 익명의 교인을 가리킨다고 추정하는 것이 더 나아 보인다. 여기서 분사구문("다른 이와 더불어 다툼이 있는데")은 "누가"를 수식한다. "다툼"(πρᾶγμα)은 통상적으로 단순히 '행위'나 '행동'을 의미하는 단어다. 이 문맥에서 그리고 이런 문장 구성에서 이 단어는 법적 행동 또는 소송과 관련된 의미를 특별히 내포한다.[2] 동사 '고발하다'(κρίνω)의 현재 중간태 부정사에 전치사 "…앞에서"(ἐπί+소유격)를 붙이는 것은 사람이 판단받는 것에 대한 관념을 제공한다. 따라서 번역은 '법에 호소하다'(go to law)가 된다.

바울은 분명 이 소송 사건을 하나님의 백성 사이에서 벌어진 부적절한 행동의 또 다른 사례로 소개한다. 바울은 자신이 아무 은사도[특히 "지식"의 은사(1:4-7)] 부족하지 않다고 칭찬하던 대상이 신자들 사이에 법적 문제나 다툼이나 논쟁이 벌어지자 공동체 밖에 있는 다른 사람들(ἄδικοι)을 찾아갈 준비가 된 모습을 믿을 수 없는 일로 본 것 같다.

바울은 여기서 다시 고린도 교인을 "성도"로 부름으로써 편지 서두에서 언급했던 말을 상기시킨다.[3] 따라서 바울은 고린도 교인이 인간적 지위를 자랑하고 지혜와 능력과 많은 은사에 대해 말할 때, 그들에게 참으로 중요한 유일한 지위는 그들이 하나님 앞에서 지닌 지위라는 점을 상기시킨다. 바울이 고린도 교인을 "성도"로 지칭함으로써 여기서 그들의 지위를 염두에 두었다는 사실은 문맥으로 보아 분명하다. 2-3절에서 바울은 고린도 교인이 세상과 천사를 판단하는 지위에 있으므로 이런 지위를 가지지 못한 자의 판단에 의존하는 것을 반

1. Fee, *1 Corinthians*, 255.
2. *P. Oxy*. 743.19. BDAG 858을 보고, MM 532에 인용된 파피루스 사본에서 나온 사례를 보라.
3. 1:2에 대한 설명을 보라.

대한다. 여기서 바울이 펼치는 논증의 뼈대는 그의 종말론이다. "성도"(ἅγιοι)와 "불의한 자"(ἄδικοι, 1절)라는 두 집단이 미래에 차지할 지위가 언급된다. '성도가 세상을 판단하고 천사를 판단할' 것이라고 말하는 2-3절에서 그리고 "불의한 자가 하나님의 나라를 유업으로 받지 못할" 것이라고 말하는 9절에서 언급된다. 한 집단은 하나님의 공동체 안에 지위를 차지하고, 다른 집단은 하나님의 공동체 밖에 지위를 차지한다.[4]

나아가 바울이 "성도"와 "불의한 자"를 특별히 대조하는 것 역시 영적 지위가 관건이라는 사실을 암시한다. 성경에서 더 흔하게 나타나는 대조는 "의인"(δίκαιος)과 "악인"(ἄδικος) 사이의 대조로, 이것은 단순히 신자와 비신자를 구분한다(예를 들어, 마 5:45; 행 24:15).[5] 또는 간혹 개인이 행하는 행위들 간의 도덕적 대조도 나타난다(예를 들어, 계 22:11). 물론 "성도"와 "불의한 자"를 비교할 때 도덕적 국면은 무시될 수 없다. 이 장들에 나타난 바울의 염려는 "성도"라는 지위를 지닌 자의 행위에 그 지위가 아무런 영향을 미치지 못하는 것처럼 보이는 데 있다. 거룩한 자가 불의한 자, 곧 비신자 같이 행하고 있다. 불의한 자의 특징은 부도덕한 행위를 하는 것이다(6:9).

그럼에도 세상을 심판하는 자로서 성도가 차지한 미래의 지위에 호소하는 것(2절), "비신자"를 "불의한 자"와 동의어로 사용하는 것(6절), 하나님 나라의 상속을 언급하는 것(9절) 그리고 신자의 지위를 수동태로 표현하는 것(11절)은 모두 바울의 주된 염려를 시사한다. 바울은 성도가 아닌 자, 즉 기독교 공동체 안에 지위를 얻지 못한 자에게 법적 다툼의 판결을 맡기는 것이 성도에게는 잘못이라는 점에 관심을 둔다.

그러므로 교회 밖의 재판관에 대해 바울이 제기하는 문제점은, 그들이 판단자로서 불공평했다는 사실과 주로 관련된다는 결론을 쉽게 내리기 전에 조심스럽게 숙고해야 한다. 물론 재판관이나 치안판사가 부당한 재판을 하는 경향이 있기 때문에, 바울이 5절에서 기독교 공동체 안에 그리스도인 형제(와 자매) 사이를 판단할 수 있는 자가 있는지 물을 때 상당히 비꼬는 말투로 그렇게 물을 수 있다. 그러나 어떤 주석가는 바울이 세상 법정의 재판관을 "불의한 자"(ἄδικοι)로 묘사하는 것을 비그리스도인으로서 그들이 차지한 지위에 관한 진술이 아니라, 그들이 재판할 때 공정성이 결여되었거나 본래 편애하면서 부자나 권력자를 봐주는 도덕적 요소에 관한 진술로 보았다.[6] 확실히 로마 법정의 재판관들은 사법적 청렴성을 지녔다고 알려져 있지는 않았다. 1세기 말의 저술가인 디오 크리소스토무스는 고린도의 법률가들이 정의를 왜곡한 사실을 언급한다.[7] 티슬턴은 "**정의가 의심스러운** 법정에 판결을 구하고"라고 번역한다.[8] 윈터 역시 당시 고린도의 민사 소송 제도를 폭넓게 검토하고, 부자들이 자기들의 이득을 위해 정의를 조작할 힘을 행사하는 수단으로 법정을 이용하는 관행을 평가함으로써, "불의한 자"라는 말이 '부당하거나' '불공평한' 재판을 행하는 자를 가리킨다는 견해를 피력했다. 윈터는 이것이 엘리트 계층에 속한 부유한 고린도 그리스도인이 공동체 안에서 벌어진 형제와의 다툼을 사회 법정에 호소했을 때 일어난 일이었다고 주장한다.[9] 갈런드도 대체로 이 견해를 따르면서 이렇게 말한다.

---

4. Bruce J. Malina, John J. Pilch 공저, Social-Science Commentary on the Letters of Paul (Minneapolis: Fortress, 2006), 82가 이 두 집단을 "안에 있는 자(insiders)와 "밖에 있는 자"(outsiders)로 지칭하는 것은 옳다.

5. Barrett, *First Corinthians*, 135는 이 구절에 대해 "아마 '비그리스도인'과 '그리스도인'이라는 말이…더 좋을 것이다"라고 말한다.

6. 참고. Horsley, *1 Corinthians*, 84; Garland, *1 Corinthians*, 195-96.

7. Dio Chrysostom, *Orations* 8.9는 고린도 지협 경기대회에 몰려든 사람들에 관해 크게 비꼬는 말투로 이렇게 말한다. "운수를 점치는 많은 점쟁이, 재판을 왜곡한 수많은 법률가"가 그런 식으로 자신들의 권력을 행사하는 데 익숙했고, 거기서 이득을 취할 것이 예상되었다.

8. Thiselton, *1 Corinthians*, 418(강조체 저자).

9. Bruce W. Winter, "Civil Litigation in Secular Corinth and the Church: The Forensic Background to I Corinthians 6:1-8," *NTS* 37 (1991): 559-72.

"바울은 단순히 어떤 그리스도인이 그리스도인 형제와 연루된 사건을 믿음 없는 재판관에게 맡기는 것에 격분한 것이 아니라, 부자와 권력자 편을 드는 재판관에게 소송을 맡기는 것에 격분한 것이다."[10]

고린도에서 시행된 그리스 소송 제도와 고린도의 권력자가 자신들의 이득을 얻고자 행하는 부패와 날조 사례를 상세히 검토해보고, 작은 사건을 고린도의 타락한 사법부에 맡긴 교인의 사건을 생각해보면, 비신자들에게는 사법부가 세상에서 최고였다고 해도, 바울의 염려가 무척 깊었으리라고 보는 편이 본문으로 보아 개연성이 있는 것 같다. 바울은 그리스도인들 간의 다툼을 이런 식으로 세상 법정을 통해 해결할 필요가 있다는 사실을 절대로 받아들일 수 없었다. 그리스도인은 복음과 사랑과 주님에 대한 의존 관계에 지배되는 완전히 다른 세계관을 가지고 살아가기 때문이다(참고. 6:7). 온전하고 신령하며 은혜가 넘치는 기독교 신자는, 법을 공부하지 않은 자라도 이런 다툼을 처리하는 데 필수적인 지식이 있어야 한다. 바울은 그리스도의 공동체 안에 있는 자와 밖에 있는 자의 차이가 세상 법정으로 가져갔어야 할 문제가 일어났을 때를 포함한 삶의 전체적인 접근 방식에 큰 영향을 끼친다고 보았다.

6:2-3 성도가 세상을 판단할 것을 너희가 알지 못하느냐 세상도 너희에게[11] 판단을 받겠거든 지극히 작은 일 판단하기를 감당하지 못하겠느냐 우리가 천사를 판단할 것을 너희가 알지 못하느냐 그러하거든 하물며 세상 일이랴(ἢ οὐκ οἴδατε ὅτι οἱ ἅγιοι τὸν κόσμον κρινοῦσιν; καὶ εἰ ἐν ὑμῖν κρίνεται ὁ κόσμος, ἀνάξιοί ἐστε κριτηρίων ἐλαχίστων; οὐκ οἴδατε ὅτι ἀγγέλους κρινοῦμεν, μήτι γε βιωτικά). 바울의 논증이 이제 큰 것에서 작은 것으로 나아가면서 클라이맥스에 도달한다. 이 세상에서 신자의 판단은 속담의 표현처럼 "식은 죽 먹기"다. 최후의 심판과 관련해서도, 신자가 하나님의 언약 백성으로서 엄밀히 높은 지위를 지닌 자이기 때문이다. 하나님이 자기 백성에게 심판할 수 있는 특별한 능력을 주셨기 때문에 신자는 그들 사이에서 벌어지는 작은 일을 얼마든지 판단할 수 있다. "너희가 알지 못하느냐"(οὐκ οἴδατε ὅτι)라는 수사 의문문에 관해서는 3:16에 대한 설명을 보라. 여기서 다시 등장하는 수사 의문문은 비꼬는 어조를 담고 있다. 이곳의 미래 시제는 왕이 재림하실 때 있을 종말론적 심판을 내다본다. 여기서 '만일'(εἰ)이라는 말은, 현재 중간태 직설법 동사(κρίνεται)를 취하는 제1조건문을 소개하는 역할을 한다. 따라서 조건절은 논증을 위해 성도들이 세상을 판단할 것이라는 점을 가정한다. "지극히 작은 일 판단하기를"은 목적의 소유격(κριτηρίων ἐλαχίστων)[12]을 번역한 것이다.

바울은 아이러니와 비꼬는 말을 계속해서 사용한다. 아이러니는, 모든 시대의 가장 심각하고 두려운 심판이 있을 때 그리스도께 참여할 자가 기독교 공동체 안에서 작은 법적 소송을 처리할 때 서로를 신뢰할 수 없다는 사실에 담겨 있다. 세상 법정을 찾는 자가 하나든 여럿이든 간에 이런 소송은 6:2에서 "작은 일" 또는 "지극히 작은 일"(ἐλαχίστων)로 묘사된다. 이런 소송은 세상 법정으로 가져가기에는 너무 작은 일인 것이다.

---

10. Garland, *1 Corinthians*, 197. 또한 Witherington, *Conflict and Community*, 164와 John K. Chow, *Patronage and Power: A Study of Social Networks in Corinth*, JSNTSup 75 (Sheffield: Sheffield Academic Press, 1992), 181-82도 자신들의 다툼을 해결하기 위해 법정으로 간 자는 자신들에게 유리한 판결을 받아낼 가능성이 컸다는 점에서 보면 교회 안에서 부자였을 것이라고 결론짓는다.

11. '너희에 의해'(bt you, ἐν ὑμῖν)라는 말이 여기서 가장 좋은 번역이다. 그렇지만 헬라어 본문에서 이 구성(ἐν+여격)은 거의 행위를 표현하지 않는다. 그러나 6:11("우리 하나님의 성령으로")을 보라. Wallace, *Greek Grammar*, 374는 6:2이 명확히 행위를 표현하는 구성의 유일한 사례라고 본다. BDF §219.1은 "당연히 '광장 앞에서'"라는 말을 덧붙인다. 이 말은 여격의 처격 용법을 의미할 것이다.

12. 형용사 '감당하지 못하는'(ἀνάξιοί)이라는 말은 여기서 소유격(κριτηρίων ἐλαχίστων)을 필요로 한다. BDF §182.2는 이것을 "가치의 소유격"의 항목 아래 설명한다. 마태복음 3:8은 ἄξιος가 소유격 목적어를 취하는 한 사례를 제공한다.

'판단하다'로 번역된 단어의 어미(-τηρίων)는 판단이 주어지는 자리를 함축할 수 있다. 따라서 로버트슨은 이렇게 번역한다. "너희가 가장 작은 재판도 못할 만큼 합당하지 못하냐?"[13]

어떤 교인이 이 사건을 세상 법정에 호소한 이유가 무엇인지는 약간 논란이 있다. 그러나 본문은 거의 정보를 제공하지 않는다. 한 가지 답변을 교회 안에서 권력을 행사할 때 되풀이되는 문제에서 찾아볼 수 있다. 지적했듯이 고린도의 이교 사회에서 지위는 부, 권력, 지혜 그리고 후견제도에 기반을 두었다. 법정은 종종 그런 것을 누리는 사람들 편을 들어 주었다. 이런 지위로 말미암아 사회에서 자기 마음대로 인생을 살았던 개종자들이 교회 공동체 안에서도 비슷한 방식으로 자신들의 목표를 이루고자 애쓰는 것은 놀랍지 않을 것이다. 부자와 권력자는 법정에 소송을 제기하면 쉽게 승리할 것으로 기대되었다. 그래서 그들은 어쩌면 현대 세계에서 그러는 것보다 훨씬 빨리 세상 법정에 의존했을 것이다.[14] 그러나 부유한 그리스도인이 이런 식으로 권력과 공동체 지위를 남용하는 것 때문에 바울은 고린도 교회에서 일어나는 일에 대해 단순히 두려움이 가중되었을 것이다. 바울의 염려는 고린도 교인이 더 잘 알아야 한다는 점에 있다("너희가 알지 못하느냐"). 지금 고린도 교인의 지위는 그 기초가 다르다. 고린도 교인은 "그리스도 예수 안에" 있는 지위를 가졌다(1:30). 교인들 가운데 '아무리 작은 자'도 그리스도 안에서 그리고 그분의 백성과 함께 언약에 참여하는 복을 누리는 다른 모든 자와 똑같은 지위를 갖는다. 고린도 교인의 문제점은 이제 세상 사람들과 다른 방식으로 해결되어야 한다. 고린도 교인의 새로운 지위는 그들이 "불의를 당하[거나]" 차라리 "속는" 것과 같은 관념(6:7)에 만족할 것을 요청한다. 지금 고린도 교인이 행하는 일은 확실히 "공동체를 심각하게 파괴하고" 있었다.[15] 그리고 신령한 은사를 지닌 사람들 중에는 서로 사랑해야 할 사람들을 선하고 경건하게 중재할 수 있는 이들이 있었다.[16]

따라서 바울은 여기서 큰 것에서 작은 것으로 나아가는 논증을 전개한다. 약간 비꼬는 느낌을 담은 세 개의 수사 의문문 다음에 요약을 담은 탄식이 이어지고, 그것으로 요점이 충분히 이해된다. "성도[는] 세상을 판단할 것"이고,[17] 따라서 확실히 "성도"로서 고린도 교인은 얼마든지 지극히 작은 일(κριτηρίων ἐλαχίστων)[18]을 판단할 능력이 있다. 성도는 또한 "천사도 판단할"(ἀγγέλους κρινοῦμεν) 것이고, 따라서 고린도 교인이 "세상[과 관련된] 일"(βιωτικά)[19]은 얼마나 더 잘 판단할 수 있겠는가! 이 논증은 바울이 고린도 교인을 "성도"로 특별히 여겼기 때문에 더 개인적인 것이 된다[2절에서 "너희에게"(ἐν ὑμῖν)]. 따라서 바울은 그들이 굉장히 부

13. Robertson, Plummer 공저, *First Corinthians*, 112. 여기서 염두에 둘 수 있는 소송과 법정 형태에 대한 상세한 설명은 J. Duncan M. Derrett, "Judgment and 1 Cor 6," *NTS* 37 (1991): 22-36을 보라. 또한 Bruce W. Winter, *Seek the Welfare of the City: Christians as Benefactors and Citizens* (Grand Rapids: Eerdmans, 1994), 105-21도 보라.

14. Winter는 "Civil Litigation," 561 이하에서, 힘 있는 자만이 법정으로 갔을 것이라고 주장한다. 또한 같은 저자, *Seek the Welfare of the City*, 106-21도 보라. 고린도전서 1장에 나타나 있는 각기 다른 지도자들 아래 벌어진 분쟁이 결국은 그들 간의 법정 소송이 되었다고 주장하는 것은 사변에 불과하다(Winter, *Seek the Welfare of the City*, 118은 이런 관점을 반대한다).

15. Witherington, *Conflict and Community*, 164-65.

16. '사랑'을 그 공동체 표지로 강조하는 것은 바울이 8장과 13장에서 더 상세히 전개하지만 그 관념은 하나님께 속한 백성의 행동을 다룰 때 바울의 마음속에 항상 담겨 있다.

17. 뒤에 나오는 '심층 연구: 성도와 세상에 대한 심판'을 보라.

18. Winter, *Seek the Welfare of the City*, 107-8은 이 어구로 보아 이 사건을 사소한 일반 소송 사건으로 이해해야 한다고 주장한다. 또한 Winter는 이렇게 지적한다. "일반적으로 소송은 고린도 도시의 힘 있는 자(οἱ δυνατοί)로 사회적으로 동등한 자들 간에 행해지거나 또는…사회적 지위와 권력을 가진 자가 그렇지 못한 하급자를 대상으로 행해졌다." 따라서 이런 법정 소송은 사람들 사이에 끊임없이 벌어지는 흔해빠진 다툼이다. 반면에 더 심각한 법정 소송은 로마 재판관 앞으로 가져갔다.

19. 이 말은 "일상사"를 가리킨다. BDAG 177을 보라.

적절한 지식을 가졌을 때도 여전히 그들을 그리스도 안에서 언약에 참여하는 자로 여긴다. 마찬가지로 3절에서도 바울은 1인칭 복수형(κρινοῦμεν, "우리가…판단할")을 사용하여 고린도 교인의 지위를 종말론적인 심판자로 간주하면서 개인적인 적용을 보여준다. 이런 식으로 큰 것에서 작은 것으로 나아가는 논증이 절정에 도달한다. 만약 고린도 교인이 언젠가 천사도 판단하도록 되어 있다면, 하나님의 백성 가운데 일어나는 작은 일은 얼마나 더 잘 해결할 수 있겠는가!

종말론에서 나온 이 논증의 힘은 고린도 교인에게 거의 상실되지 않고 그대로 적용될 수 있었다. 바울이 말하는 마지막 날이 되면, 그가 심지어 사도들을 "(하나님에 의해) 세계, 곧 천사와 사람에게 구경거리가"(4:9) 된 자로 묘사한 현재 상황과 완벽하게 반대되는 반전이 일어난다. 그리스도가 이 땅에 계시거나 십자가로 나아가셨을 때 그분의 왕권이 즉각 분명하게 드러나지 않은 것처럼, 신자의 참된 지위도 이 세상이나 천사에게 곧바로 분명하게 드러나지 않는다. 그러나 예수님이 하나님의 아들이자 메시아로서 자신의 지위에 어울리는 방식으로 사셨던 것처럼, 그리스도인도 (현재) 하나님의 백성으로서 그리고 언젠가 다스리고 심판할 자로서 그들의 지위에 합당한 방식으로 살아야 한다. 당분간 그 지위는 형제나 자매에 대한 사랑으로 불의를 경험하는 그리스도인의 준비된 모습 속에서 가장 잘 확인된다.

심층 연구

성도와 세상에 대한 심판

성도가 세상과 천사를 심판할 것이라는 주장의 배경은 칠십인역 다니엘서 7:22로 보아야 할 것 같다. 거기서 우리는 "그가 지극히 높으신 이의 성도들에게 판단을 맡기셨고"(καὶ τὴν κρίσιν ἔδωκε τοῖς ἁγίοις τοῦ ὑψίστου)라는 말을 볼 수 있다. 「솔로몬의 지혜」(Wisdom of Solomon) 3:8-9과 「집회서」(Sirach) 4:14-15도 하나님의 백성(이 경우에는 유대인)이 민족들을 심판할 것이라는 비슷한 관점을 제공한다.[20] 비슷한 관점을 보여주는 신구약 중간기 작품과 쿰란 공동체 문서의 다른 본문들도 바울이 한 진술의 배경을 추가로 제공한다.[21] 이 본문들 가운데 일부는 "거룩한 자"가 사실은 하나님의 백성이 아니라 천사를 가리키는 것으로 보이지만, 이 본문들을 지배한 것은 다니엘서 7장의 환상으로 보인다. 그래서 N. T. 라이트는 "1세기경 이 본문(단 7:18, 22, 27)은 전체적으로 신실한 유대인의 관점에 따라 이해된 것이 분명해 보인다"라고 말한다.[22] 라이트는 또한 이것이 앞에서 언급한 「솔로몬의 지혜」 3장과 「집회서」의 본문을 설명해줄 것이라고 주장한다.

바울과 초대교회는 하나님의 심판이 자신을 "주"로 지칭하신 그리스도에 의해 수행되리라는 것을 기정 사실로 본다. 이 심판은 세상이 끝날 때, 그리스도가 신적 영광 속에서 다시 오실 때 일어난다(참고.

20. Wis 3:8-9, "그들이 민족들을 심판하리라." Sirach 4:14-15, "지혜를 경건하게 섬기는 자는 거룩하신 분을 섬기는 것이며 주님은 지혜를 사랑하는 자를 사랑하신다. 지혜에 순종하는 자는 민족들을 다스리리라."

21. 1 Enoch 1:9, 38(여기서 "거룩한 자"는 아마 천사들일 것이다); 38:1; 98:12; 108:12-13; Jub 24:29; 〈1QpHab〉 5:4-5; 〈4Q161〉 8-10:20. 또한 유 1:14-15도 보라.

22. Wright, *Paul and the Faithfulness of God*, 1090n208.

눅 21:27; 행 17:31). 바울은 고린도 교인에게 "주께서 오실" 때까지 기다려야 하므로 그를 판단하지 말라고 권고한다(4:5). 바울은 성경의 유산을 기초로 하나님의 백성이 주님의 사역에 동참하고, 주님의 지위 속에 들어가 "그리스도 안에" 있는 자로 발견되며, 그리스도와의 언약 관계에 참여하게 된다고 믿는다. 하나님의 백성은 그리스도를 대표할 때 그분의 사역에 동참하고 그분과 합력하는 자가 된다. 바울이 '우리는(그리스도인은) 그리스도와 함께 죽었고'(롬 6:8), '우리가 주와 함께 살 것이고'(딤후 2:11), "이제는 내가 사는 것이 아니요 오직 내 안에 그리스도께서 사시는 것이라"(갈 2:20)고 말할 수 있는 것처럼, 하나님의 백성도 주 그리스도에게 해당하는 모든 것에 들어간다고 상상할 수 있다. 만약 그리스도가 세상의 심판자라면 "그리스도 안에" 있는 자가, 다니엘이 그의 환상에서 본 것처럼, 세상을 판단하는 것은 당연하다. 다시 말해, 이것은 "하나님의 백성이 [하나님의] 아들 예수 그리스도 우리 주와 더불어 교제하는"(1:9) 것에 대한 바울 신학의 또 다른 결과다.[23]

이와 동일한 관념이 신약성경 다른 곳에서도 나타난다. 예를 들어, 예수님은 제자들에게 그들이 그리스도와 함께 보좌에 앉아 이스라엘 열두 지파를 심판할 것이라고 친히 약속하신다(마 19:28).[24] 요한계시록 20:4은 보좌에 앉아 심판할 권세가 주어진 자에 관해 말한다. 그리스도와 함께 부활한 자는 또한 "그리스도와 함께 다스릴" 것이다(계 20:6; 참고. 롬 5:17). 확실히 말하면 고난당한 하나님의 아들이 아버지께서 그를 다시 영광으로 이끄셨을 때 물려받은 모든 것을 하나님의 백성도 공유한다. 심지어는 지금도 신자는 "그리스도 안에서" 그리스도와 함께 많은 것을 공유하는데, 특히 "그리스도의 고난"을 공유한다(고후 1:5). 그러나 하나님의 백성은, 그분이 그들을 영광으로 이끄실 때 훨씬 더 많은 것을 그리스도와 함께 누릴 것이다. 여기에는 태초에 인간을 위해 창조된 그리스도의 통치와 지배도 포함되어 있다(창 1:28). 이 통치의 일부는 영광의 주가 심판하실 때 그 일에 참여하는 것이 될 것이다. 아이러니하게도 고린도 교회의 엘리트 그리스도인은 그것을 완전히 잘못 알았다. 그들은 자신들이 벌써 "왕이 되었다"고 믿었다(고전 4:8). 그런데 역설적이게도 바울은 자신이 그들과 함께 이 통치에 참여하고 싶다고 말했다. 그렇지만 바울은 이 최후의 통치가 아직은 불확실한 것을 알았다. 그렇더라도 언젠가 바울과 고린도 교인은 이 주님의 통치에 참여할 것이다.

천사를 판단하는 것에 대한 언급(6:3)도 최후의 심판 날을 가리킨다. 그러므로 그리스도의 심판을 받을 타락한 천사를 판단하는 것을 가리킨다. 타락한 천사에 대한 심판은 묵시 사상에서 반복되는 관념이다.[25] 15:24-27에서 바울은 예수님이 아버지께 나라를 바치시기 전에 "모든 통치와 모든 권세와 능력을 멸하실" 것이라고 말한다. 그리스도는 모든 원수를 물리칠 때까지 다스리실 것이다. 다시 말해, 바울

23. 1:9에 대한 설명 마지막 부분에서 '심층 연구: Κοινωνία의 의미'를 보라.

24. 이 특수한 심판이 무엇을 가리키든 간에 관념은 똑같다. 곧, 그 왕을 따르는 자는 마지막 날에 왕의 심판에 동참할 것이다. "사법적 판단을 행하는 것"과 "하나님의 심판"을 시행하는 것을 굳이 구분할 필요는 없다(Garland, *1 Corinthians*, 202는 배경으로 추정된 본문들이 오직 후자만을 가리킨다고 주장하면서 이것을 지지한다). 바울은 높아진 하나님의 백성이 그리스도의 마음을 가졌다고 본다. 하나님께 속한 백성의 뜻은 결국 하나님의 뜻과 같은 노선에 있고, 그들은 언약의 주님께서 하시는 사역에 온전히 참여한다. 여기서 바울은 하나님께 속한 백성의 종말론적 지위에 의존한다(Fee, *1 Corinthians*, 257-258이 그렇게 주장한다).

25. 예컨대 유 1:6; 벧후 2:4를 보라. 마 25:41도 참고하라.

은 성도가 그리스도와 함께 다스리고 있고, 이 엄청난 종말론적 심판에서는 천사도 심판할 것이라고 주장하는 것 같다. 바울이 어떤 천사나 어떤 종류의 심판을 염두에 두었는지 추측하는 것은 별로 의미가 없다.[26] 문맥에 따르면 그것은 하나님의 백성이 주님과 함께 참여하는 심판 전체를 망라한다. 큰 것에서 작은 것으로 나아가는 논증은 효력이 강하다. 만약 이 모든 것이 미래에 일어날 일이라면, 고린도 교회의 그리스도인 일부가 어떻게 지금 당장 교회 안에서 벌어진 작은 다툼 하나조차 해결할 수 없다는 말인가!

6:4 그런즉 너희가 세상 사건이 있을 때에 교회에서 경히 여김을 받는 자들을 세우느냐(βιωτικὰ μὲν οὖν κριτήρια ἐὰν ἔχητε, τοὺς ἐξουθενημένους ἐν τῇ ἐκκλησίᾳ τούτους καθίζετε;). 바울은 아이러니를 담아 비판하는 수사적 질문을 계속한다. 바울은 "성도", 곧 하나님의 거룩한 백성의 지위에 있는 자가 어찌하여 교회가 "경히 여김을 받는" 자로 여기는 이방인에게 판단을 받고자 하는지 이해할 수 없다. 그러나 이 구절은 해석에 근본적인 난점이 몇 가지 있다. 동사 '세우다'(또는 '앉히다', καθίζω)가 여기서 현재 직설법인지, 아니면 현재 명령법인지 결정해야 한다. 또한 구두법에 관한 판단도 이루어져야 한다. 이 구절은 질문인가, 아니면 진술/명령인가? 나아가 "경히 여김을 받는" 자들은 누구인가? 그들은 교인인가, 아니면 교회 안에 있는 어떤 자가 소송을 맡긴 교회 밖에 있는 재판관인가? 이런 질문을 둘러싼 논쟁은 상당히 치열하다.

어떤 주석가는 이 구절을 일련의 수사 의문문 가운데 속해 있는 한 질문으로 본다.[27] 그러므로 여기서 동사는 현재 직설법 동사로 보고, "경히 여김을 받는" 자들은 이 종말론적 공동체 안에 자신의 자리가 없는 이방인 재판관을 가리킨다. 따라서 이 구절은 이렇게 이해될 수 있다. "그런즉[28] 너희가 이 세상의 삶과 관련된 소송이 있으면, 교회가 '경히 여기는' 자들을 재판하는 자리에 앉히겠느냐?" 이 해석은 여러 가지 면에서 지지를 받는다. 수사 의문문들의 연속성이 계속 유지된다. 2a절의 첫 번째 질문은 이어지는 2d절의 아이러니한 질문의 기초를 제공한다. 3a절의 질문은 이어지는 4b-c절의 아이러니한 질문의 기초를 제공한다. 이 아이러니와 풍자 기법은 5절의 수사적 질문에서 강도 높게 비꼬는 용법으로 자연스럽게 이어진다. 비록 바울이 세상의 관점에서 볼 때 고린도 교회가 '멸시받는 자'로 구성되어 있음을 인정한다 해도(1:28), 그가 고린도 교회의 일부 교인을 "경히 여김을 받는"(멸시받는) 자로 볼 가능성은 거의 없다. 그리고 동사를 이런 식으로 문장 맨 끝에 둘 때는 명령법이 아니라 직설법으로 보는 것이 더 개연성이 있다. 이 해석은 또한 다른 견해들이 가진 문제로 보아도 지지를 받는다. 그러나 이 견해도 문제점이 없는

26. 바울이 선하고 악한 천사가 다 심판받을 것을 상상했는지에 관해 질문이 더러 있었다. Godet, *First Corinthians*, 1:288은 15:24로부터 "모든 권세"에 대한 그리스도의 심판은 "악한" 천사에 대한 심판을 포함할 것이라는 결론을 이끌어낸다. 이것은 6:2의 내용과 조화되고 하나님을 거역한 곳으로 이해되는 "세상"에 대한 심판과도 일치된다. Godet는 바울이 공적을 계산하는 "선한" 천사에 대한 심판을 말했다고 보는 Meyer의 견해를 논박한다. Meyer는 히브리서 1:13-14을 자신의 견해를 지지하는 본문으로 삼는다. 그러나 그 본문은 성도가 천사를 심판한다는 관념에 관해서는 아무것도 말하지 않는다.

27. UBS⁵의 구두법과 일치한다. RSV, NJB, NASB도 그렇다. 현대 주석가 가운데 이 견해를 취하는 것에 대해서는 다음 자료들을 보라. Barrett, *First Corinthians*, 137; Héring, *First Corinthians*, 39; Fee, *1 Corinthians*, 260; Thiselton, *1 Corinthians*, 432; Fitzmyer, *1 Corinthians*, 252. 또한 Meeks, *First Urban Christians*, 94도 보라.

28. οὖν을 효력을 심화시키는 용도로 삼는다. MM 465; BDAG 736을 보라.

것은 아니다. 바울은 비그리스도인을 이처럼 비방하는 방식으로 말한 것일까? 바울은 다른 곳 어디서도 그런 방식으로 말하지 않는다. 기독교 교회는 세상 재판관을 재판석에 '앉히는', 즉 그들을 재판관으로 임명할 어떤 위치에 있었는가? 여기서 "교회에서"라는 말은 난해하다. 그 말은 '교회에 의해(by) 경히 여김을 받는' 것을 의미하는가, 아니면 '교회 안에 있는 자 중에서(among) 경히 여김을 받는' 것을 의미하는가?

어떤 주석가는 이 구절을 명령문으로 본다. 따라서 동사를 명령 동사로 이해한다.[29] 그렇다면 이 구절은 이렇게 이해될 수 있다. '그런즉 너희가 이 세상의 삶과 관련된 소송이 있으면, 교회 안에서 경히 여김을 받는 자들을 재판석에 앉혀라.' 이 경우에는 "경히 여김을 받는" 자가 그리스도인을 가리키는 것이 틀림없다. 바울이 하는 생각의 궤도를 따라가보면, 그가 매우 예외적인 것으로 생각하는 일을 고린도 교인에게 명령하는 것은 상상할 수 없기 때문이다. 이 견해 역시 여러 가지 면에서 지지를 받는다. "경히 여김을 받는"(ἐξουθενημένους)이라는 말은 1:28에서 사용되고("멸시받는"), 거기서는 그리스도인에 대한 세상의 태도를 가리킨다. 이 말은 또한 누가복음 23:11과 사도행전 4:11에서 예수님이 헤롯과 유대인에게 "멸시받은" 것에 대해서도 사용된다. 다른 곳을 보면 이 말을 그리스도인이 그리스도인에게 사용한다.[30] 만약 여기서 그리스도인을 염두에 둔 것이라면, 재판석에 앉혀야 할 자는 그리스도인이다. 그렇게 보면 바울은 기독교 공동체 안에서 기대되어야 할 일이 세상 가치를 반전시키는 일이라는 점을 다시 지적하는 것이다. 그리스도인은 세상 사람에게 "경히 여김을 받을" 수 있다. 그렇더라도 그들은 "성도"이고, 언젠가 세상을 판단하는 심판석에 앉을 것이다. 그러므로 그리스도인 가운데 아무리 작은 자라도 지금 당장 그들의 공동체 안에서 지도와 판단을 제공할 준비가 되어 있어야 한다. 나아가 그들 가운데 아무리 부자라도 다른 형제들에게 복종할 준비가 되어 있어야 한다. 이렇게 할 때 교회는 일을 처리하면서 세상과 다른 방법, 곧 하나님의 의를 반영하고 가난한 자라도 정의를 누리는 방법을 보여주어야 하고, "은혜의 역사"를 세상이 보도록 드러내야 한다.[31] 그런데 이 견해는 두 가지 문제가 있다. 첫 번째 문제는 명령 동사를 문장 맨 끝에 두는 경우가 거의 없다는 것이다. 그리고 두 번째 문제는 바울이 일부 그리스도인을 "경히 여김을 받는" 자로 언급할 가능성이 없다는 것이다. 그것은 바울이 세상과 천사를 판단할 자로서 신자의 높아진 지위에 호소하는 논증의 이 부분에서는 특히 더 불가능해 보인다. 그렇게 되면 바울이 자신이 일관되게 거부하는 교회 안의 사회적 구별을 인정하는 결과를 낳고 만다. 물론 바울은 아이러니 기법에 따라 이 사회적 구별을 추천하는 것이 아니라 인정하는 것일 수 있다. 그러나 이것은 고린도 교인에게 쉽게 오해될 수 있고, 그들이 다 그리스도께 속한 교회의 공동체 안에서 동등하다는 바울의 일반적 논증을 심각하게 손상시킬 수 있다.

4절의 해석에 관한 이 두 주요 견해를 두고 벌어지는 찬반 논쟁은 종종 세부적이고 복잡하다. 이것이 또 하나의 수사적 질문이라는 견해가 특히 문법에 따르면 비중이 더 큰 것처럼 보인다. 따라서 이 책은 이 견해를 취한다. 하지만 이 견해를 취하면 바울이 "경히 여김을 받는" 자를 교회 밖에 있는 자로 본다는 생소한 사실을 인정해야 한다. 이 견해는 또한 고린도 교인에게 그들이

29. AV와 NIV가 그렇다. 이 견해를 취하는 현대 주석가들은 다음과 같다. Kistemaker, *First Corinthians*, 181; Clarke, *Secular and Christian Leadership in Corinth*, 71; Garland, *1 Corinthians*, 204-7; Brent Kinman, "'Appoint the Despised as Judges!' (1 Corinthians 6:4)," *TynBul* 48 (1997): 345-54. Kinman은 이 "경히 여김을 받는" 자들이 고린도 교회 안에서 힘 있는 자와 부유한 자에게 멸시를 당하는 비천한 교인들이라는 견해를 제시한다.

30. 예를 들어, 고전 16:11; 롬 14:3, 10; 고후 10:10; 갈 4:14.

31. Murphy-O'Connor, *Paul: A Critical Life*, 285가 그렇게 주장한다.

높아진 종말론적 공동체라는 점과, 실제로 언약 공동체 밖에 있기 때문에 "경히 여김을 받는" 자로 간주되는 세상 지도자와 재판관에게 판단하는 자리를 내주어서는 안 된다는 점을 강조하는 것에도 도움을 준다.

4절의 문장 구조에 관해 더 상세히 살펴볼 필요가 있다. 4절은 이전 구절(3절)이 "세상 일"에 큰 강조점을 두고 끝마쳤을 때 사용한 것과 같은 단어(βιωτικά)로 시작한다. 4절의 문장은 제3조건문 형태를 취한다. 종종 성취에 대한 확실성이 부족함을 함축할 수 있는 이런 문장 구성을 사용함으로써, 바울은 그리스도인에게서 이런 소송이 발견되는 것이 놀랍다는 요점을 부각한다.[32] 다시 말해, 바울은 고린도 교회의 그리스도인 사이에 이런 다툼과 문제가 있는 것에 계속 놀라움을 표현하고 있다. 언젠가 세상이 끝날 때 세상과 천사를 판단할 성도로서 고린도 교인이 차지한 지위는, 확실히 그들이 지금 당장 그들 가운데 벌어진 일을 정의롭고 경건하게 결정할 수 있음을 상기시킨다. 바울은 여기서 자연스럽게 다음 진술로 나아간다.

6:5-6 내가 너희를 부끄럽게 하려 하여 이 말을 하노니 너희 가운데 그 형제간의 일을 판단할 만한 지혜 있는 자가 이같이 하나도 없느냐 형제가 형제와 더불어 고발할 뿐더러 [이것을][33] 믿지 아니하는 자들 앞에서 하느냐(πρὸς ἐντροπὴν ὑμῖν λέγω. οὕτως οὐκ ἔνι ἐν ὑμῖν οὐδεὶς σοφός ὃς δυνήσεται διακρῖναι ἀνὰ μέσον τοῦ ἀδελφοῦ αὐτοῦ; ἀλλὰ ἀδελφὸς μετὰ ἀδελφοῦ κρίνεται καὶ τοῦτο ἐπὶ ἀπίστων). 5절 첫 문장("내가 너희를 부끄럽게 하려 하여 이 말을 하노니")은 더 자연스럽게 뒤를 돌아보는 한편 다음 질문을 준비하는 역할을 한다.[34] 세상을 판단할 자가 이 세상의 작은 사건조차 판단하지 못하고, 자신들이 언젠가 심판할 자에게 판단을 맡기는 것은 큰 부끄러움이 아닐 수 없다. 바울이 지금 상처에 소금을 뿌릴 정도로 이 문제는 매우 심각하다. 여기서 부사(οὕτως), 곧 "이같이"(do you mean to say)[35]는 앞에서 말한 것을 요약하고 다음 요점으로 논증을 옮기는 역할을 한다. 바울은 여기서 여섯 번째 수사적 질문을 한다. 이 질문은 다음과 같은 답변을 가정한다. '확실히 그렇다. 우리 가운데 지혜로운 자가 더러 있다.' 그러나 이것은 바울이 전하는 말의 아이러니를 배가한다. 고린도 교인은 긍정으로 반응할 수 있지만, 세상 법정에 호소하는 행동은 최소한 교회 안에 있는 자의 지혜, 즉 바울이 "그리스도 안에서" 그들에게 주어지는 것으로 증명한(1:30) 지혜를 불신한다는 점을 암시한다. 이것은 고린도 교인을 부끄럽게 만든다. 바울의 논증은 여전히 3:18-20에서 설명하는 지혜에 기반을 둔다(3:18-20에 대한 설명을 보라). 고린도 교인은 자칭 자신들의 "지혜"를 자랑했다. 그러나 바울은 일관되게 고린도 교인이 자랑하는 지혜(σοφός)를 부정적 관점에서 조명하고, 그것을 "이 세상의" 지혜로 불렀다.[36] 바울은 고린도 교인이 자랑하는 지혜와 그리스도 안에서 하나님이 제공하신 지혜를 대조했다. 바울은 이 세상의 지혜를 "하나님께 어리석은 것"이라고 말했다(3:19). 인간적 차원에서 보면 고린도 교인 중 아무에게도 지혜가 없다고 주장하는 것은 훨씬 더 부끄러운 일이다. 고린도 교회 엘리트 신자들은 도움을 얻고자 세상 법정으로 향할 때 단순히 자신들이 "지혜롭지 못한" 것을 공개적으로(따라서 부끄럽게도) 증명하는 것과 같다(3:18).

---

32. Wallace, *Greek Grammar*, 696-97을 보라. 따라서 우리는 이 문장을 미래에 더 개연적인 조건문으로 취한다. Fee, *1 Corinthians*, 258n201과 Fitzmyer, *1 Corinthians*, 252는 이와 반대다. 이들은 이 문장을 현재 일반 조건문으로 본다.

33. καὶ τοῦτο는 부사로 기능하므로 강조 용법이다.

34. 만약 4절을 명령으로 보면 이 문장이 어떻게 뒤를 돌아볼 수 있는지 보기가 어렵다. 이 문장은 앞을 내다보아야 한다.

35. 이것은 BDAG 741에 제시된 것에 따라 부사를 번역한다.

36. Alan C. Mitchell, "Rich and Poor in the Courts of Corinth: Litigiousness and Status in 1 Corinthians 6:1-11," *NTS* 39 (1993): 562-86.

동사 '…할 만하다'(또는 '할 수 있다', δυνήσεται)의 미래 시제는 관용 용법이고, 영어로 번역할 때는 현재 시제로 가장 잘 번역된다. 그러나 바울이 그리스도 안에서 고린도 교인이 가진 능력(δύναμις)에 대해 말을 많이 하는 것으로 보아 그것은 아이러니를 더 강화한다(예를 들어, 1:18, 24; 4:19). 그렇다면 고린도 교인은 하나님이 그들에게 판단하도록 주신 신령한 재능을 가져서는 안 되는가? 여기서 "형제"라는 말은 NRSV와 같이 "신자"(believer)로 쉽게 번역할 수 없다. "신자"로 번역하면, 다수의 주석가가 지적하는 것처럼 "그리스도 안에" 있는 자가 합당하게 가진 가족 관계 관념을 제대로 전하지 못하기 때문이다. 그리스도인 간의 관계는 분명히 성을 구별하지 않는다(여성도 법정에 갈 수 있고 기독교 공동체의 확실한 구성원이었다). 그런데 이 책은 현대 영어에서 어쨌든 성을 중립적으로 나타내고, 여기서 사용된 단수형에 계속 충실하며, 결정적으로 중요한 가족 요소를 그대로 견지하는 것을 계속 찾고 있다. 만약 실제로 바울이 "형제"가 다른 형제에게 죄를 범한 가족 문제와 이 문제를 처리할 방도를 염두에 둔 것이라면(마 18:15–18), 이 말을 "신자"로 번역하는 것은 별로 도움이 되지 않는다.

4:14에서 바울은 자신의 목적이 고린도 교인을 부끄럽게 하는 것에 있지 않다고 말한다. 바울은 지위와 위치에 각별한 관심이 있는 공동체를 비방할 의도가 전혀 없었다. 오히려 바울은 아버지가 자녀를 대하는 것과 같이 행동했다(4:14에 대한 설명을 보라). 그러나 6장에서 바울이 언급하는 상황은 이와 완전히 다르다. 6장에서는 일부 고린도 교인의 교만함과 어떤 교인이 다른 교인에게 잘못된 방식으로 힘을 행사하는 모습을 다시 폭로했다. 바울은 자신들의 "지식"과 "지혜"를 자랑하는 공동체에 이런 교만이 가진 파괴성을 비꼬는 말투로 강하게 드러낸다. 이것은 확실히 고린도 교인에게 부끄러움을 일으키고, 바울은 아무 거리낌 없이 그렇게 주장한다. 고린도 교인은 하나님의 지혜를 반영해야 하므로 서로 다툼이 있을 때 세상 법정에 호소해서는 안 된다. 바울이 여기서 편지로 쓰는 모든 내용에는 공동체의 구별됨과 거룩함을 염려하는 마음이 고스란히 담겨 있다. 호슬리(Horsley)는 이 문제를 다음과 같이 잘 요약한다. "6:2–3에 암시된 것처럼, 여기서 바울의 관심은 종말론적인 하나님의 백성으로서 고린도 교회가 하나님의 심판 아래 서 있는 '세상'을 반대하는 것에 있다."[37]

심층 연구

부끄러움

'부끄러움'(또는 "수치," ἐντροπή)이라는 개념은 지위, 자존심, 높은 공동체 위상이 매우 중요한 문화 속에서 특히 효력을 발휘하는 비난이다. 부끄러움은 특별히 사람이나 공동체의 공적 지위 또는 가치와 관련되어 있다. 확실히 4:14에서 바울은 '부끄럽게 하다'나 '부끄러움을 겪게 하다'(ἐντρέπω)라는 동사를 사용할 때 이 단어에 매우 예민한 태도를 보여주고, "내가 너희를 부끄럽게 하려고 이것을 쓰는 것이 아니라 오직 너희를 내 사랑하는 자녀같이 권하려 하는 것이라"고 말한다. 4:14에서 바울은 고린도 교회를 향한 자신의 사랑과 아버지 같은 자신의 태도를 강조했다. 그런데 6:5–6에서 바울의 어조는 더 강해진다. 대중의 눈으로 보아도 고린도 교인이 그들의 교회 공동체에서 벌어지는 작은 일을 제대로 판단할 수 없

37. Horsley, *1 Corinthians*, 85.

다는 것은 확실히 부끄러운 일이다. 바울은 6:5과 15:34에서는 '부끄러움'이라는 명사를 사용한다(개역개정에는 6:5과 15:34에서 이 명사를 다 동사형으로 번역-역주). 바울 서신 가운데 데살로니가후서 3:14과 디도서 2:8에서는 동사로도 나타난다. 이 두 본문에서 관련된 부끄러움이 공공성이라는 특성을 띠는 것이 문맥으로 보아 분명하다. 따라서 바울은 '부끄러움'이라는 말로 고린도 교인의 자칭 지혜를 완전히 박살낸다. 말리나(Malina)가 다음과 같이 말하는 것과 같다. "부끄러움을 겪거나 당하는 것은 이 일로 지위가 상실된 것을 인정하는 것과 함께 가치나 지위에 대한 개인적 열망이 좌절되거나 차단되는 것을 의미한다."[38] 고린도 교회 안에서 "지식"과 "지혜"를 가진 자의 지위가 심각하게 훼손될 정도로 도전받고 있다.

고린도에서 그리스 로마 문화의 자부심을 중요시하는 경향과 사회적 지위를 강조하는 태도가 지극히 중시된 것은 거의 의심의 여지가 없다. 위더링턴이 지적하는 것처럼, 고린도 사람들이 공적 및 사적으로 자부심을 중요하게 여기는 경향이 있었다는 것은 여러 증거에서 드러난다. 이것은 고린도 사회 속에서 차지한 지위와 자신들이 사회에 베푼 선행을 세상이 알아주기를 바란 사람들이 세운 "엄청나게 많은" 비문과, 심지어는 노예들이 세운 비문에도 반영되어 있다. 위더링턴은 계속해서 이렇게 말한다. "따라서 고린도 사람들은 영예와 수치를 존중하는 문화 속에서 살았고…거기서 일어날 수 있는 최악의 일은 자신의 명성이 공개적으로 손상되는 일이었다."[39]

그러나 부끄러움의 개념이 고린도의 그리스 문화에서만 의미가 있었던 것은 아니다. 바울은 구약성경의 영적 부끄러움 개념에도 크게 의존한다. 의인이 세상 앞에서 겪는 부끄러움이 있는데, 이때는 당혹스러워할 필요가 없다. 이 부끄러움이 의인에게 임하는 것은 그들의 의로운 삶이 원인이고, 하나님 백성의 정당성을 입증하는 부르심을 낳기 때문이다(시 34:26; 68:8, 20. 이 본문들에서 LXX는 ἐντροπή라는 말을 사용한다). 그러나 부적합하고 하나님의 백성에게 당혹감을 안겨주는 부끄러움도 있다. 호세아서 10:6(참고. 사 42:17)에서처럼 이스라엘은 우상 숭배의 죄를 범했을 때 자주 이 부끄러움에 처한다. 이 호세아서 본문을 보면, 에브라임과 이스라엘이 우상 숭배로 말미암아 하나님과 하나님의 원수들 앞에서 "부끄러움"(LXX, αἰσχύνω)에 처했다. 바울이 고린도 교인을 '부끄럽게 하는' 것은 고린도의 문화적 환경 속에서 효력이 있지만 그 배후에는 이처럼 더 충분한 성경적 이해가 있었다. 고린도 교인이 겪는 부끄러움은 친구와 사회 앞에서 겪는 것이면서 동시에 하나님 앞에서 겪는 것이다.

6:7-8 너희가 피차 고발함으로 너희 가운데 이미 뚜렷한 허물이 있나니 차라리 불의를 당하는 것이 낫지 아니하며 차라리 속는 것이 낫지 아니하냐 너희는 불의를 행하고 속이는구나 그는 너희 형제로다(Ἤδη μὲν [οὖν] ὅλως ἥττημα ὑμῖν ἐστιν ὅτι κρίματα ἔχετε μεθ' ἑαυτῶν· διὰ τί οὐχὶ μᾶλλον ἀδικεῖσθε; διὰ τί οὐχὶ μᾶλλον ἀποστερεῖσθε; ἀλλὰ ὑμεῖς ἀδικεῖτε καὶ ἀποστερεῖτε, καὶ τοῦτο ἀδελφούς). 이제 바울은 세 번째 논증을 전개한다. 고린도 교인은 그들 사이의 다툼을 세상 법정에 맡겨서는 안 된다. 왜냐하면 그것은 그들의 불의를 드러내는 일이기 때문이다. 다른 길이 있

38. Bruce J. Malina, *The New Testament World: Insights from Cultural Anthropology*, 3rd ed. (Louisville: Westminster John Knox, 1983), 46.

39. Witherington, *Conflict and Community*, 8.

다. 그것은 고난을 받고 십자가에 못 박히신 그리스도의 복음을 더 잘 반영하는 길이다. "뚜렷한"(in fact)이라는 말은 바로 앞에 있는 헬라어 어구(μὲν οὖν, '정말 그러므로')의 의미를 심화하는 역할을 한다.[40] 이 두 구절에서 "너희"라는 복수형은 고발인, 곧 원고를 가리킬 것이다. 그런데 1절에 언급된 한 사건을 염두에 둔다고 해도, 바울의 논증은 이 사건을 용납하는 교인 전체에 주어진다고 보는 것이 더 나아 보인다. 앞에서는 바울이 4절의 제3조건문["(만일) 그런즉 너희가 세상 사건이 있을 때"]에서 이미 가정법을 사용함으로써 이 주제에 대한 가능성을 열어두었다고 주장했다. 바울은 이제 명백하다. 고린도 교인은 "이미"(ἤδη), 즉 어떤 법정 소송의 결과나 그들이 공동체에 끼친 손해를 헤아려보기 전에 이미 "뚜렷한 허물"(complete defeat, ὅλως ἥττημα)이 있었다. 그러나 고린도 교인은 다른 형제를 세상 법정에 고발함으로써 어떤 허물이 있었는가? 그 허물은 여기서 하나님 앞에서 자신들의 지위가 어떠한지 그리고 그리스도 안에서 주어지는 자기들의 기업의 본질이 무엇인지 파악하지 못했다는 의미에서 '실패'를 가리킬 수 있다. 로마서 11:12에서 이 말이 바로 그 '실패'의 의미로 사용된다. 거기서 바울은 이스라엘이 그리스도 안에 있는 자신들의 기업을 이해하거나 받는 데 실패한 사실을 설명한다. 이런 의미에서 고린도 교인에게 있는 허물은 확실히 "도덕적 실패"를 가리킨다.[41] (그리스도인은 어쨌든 서로 다투어서는 안 되고 자기중심성, 교만함, 공동체에 대한 관심 부족과 같은 모습을 드러내서는 안 된다.) 그러나 고린도 교인의 허물은 그 이상의 의미가 있다. 그것은 또한 영적 지혜와 관점에 대해서도 완전히 실패한 것을 가리킨다. 로마서 11장에 언급된 이스라엘처럼, 고린도 교인도 하나님 나라의 참된 유업과 거기에 딸린 모든 복을 보는 데 실패했다. 이 복들은 세상 법정에서 어떤 승리를 거둔다 해도 그보다 크다. 사실 고린도 교인이 자신들의 다툼을 세상 법정에 호소하면, 주변 세상이 전형적으로 보여주는 것과 똑같은 불의나 똑같은 잘못과 속임수에 빠지는 일이 벌어진다. 바울은 형제(와 자매)를 세상 법정으로 끌고 가는 일에 함축된 도덕적, 영적 실패는 자신들을 피해자로 믿고 세상 법정에 호소하는 자가 스스로 불의를 행하고, '심지어는 너희 형제(와 자매)'(καὶ τοῦτο ἀδελφούς)를 속이는 것을 의미한다고 말한다.[42]

바울은 그리스도의 가르침과 일치되고, 그리스도 안에서 하나님의 지혜와 능력을 반영하는 다른 대안을 제시한다(1:18, 21, 24). 바울은 4:12-13에서 이 대안을 이미 제시했다. "또 수고하여 친히 손으로 일을 하며 모욕을 당한즉 축복하고 박해를 받은즉 참고 비방을 받은즉 권면하니 우리가 지금까지 세상의 더러운 것과 만물의 찌꺼기같이 되었도다." 이것은 "악한 자를 대적하지 말고" "다른 뺨을 돌려 대라"는 마태복음 5:39과 그리스도의 가르침이 낳은 결과다.[43] 그리스 저술가들의 글에 이런 가르침과 평행을 이루는 사례가 존재하는 것은 사실이다. 두드러진 한 사례를 들면 플라톤의 작품에 다음과 같은 글이 있다. "우리는 나쁜 일을 행하는 것은 더 큰 악이고, 나쁜 일을 겪는 것은 더 작은 악이라고 말한다."[44] 그리스 작품에 나온 다른 사례들은 지혜로운 자는 남에게 악을 행하는 자가 아니라 차라리 악을 겪는 자가 될 것이라는 가르침을 증명한다.[45] 그럼에도 (이 부분이 끝날 때 반복된) 바울이 제시한 종말론적

40. 고전 헬라어에서는 두 단어가 흔히 함께 사용된다. 신약성경에서는 오직 여기서만 그렇게 나타난다. MM 450을 보라. οὖν이라는 단어는 𝔓⁴⁶, ℵ*, D*와 같은 여러 사본에는 빠져 있다. ℵ², A, B, C, D 사본에는 이 말이 포함되어 있다.

41. Thiselton, *1 Corinthians*, 436.

42. 단어 τοῦτο, 곧 '이것'은 불의와 속임수를 가리킨다. 이 단어는 반복을 통해 불의를 강조하는 역할을 하지만 여기서 굳이 번역할 필요는 없다.

43. 또한 로마서 12:17도 보라.

44. Plato, *Gorgias* 508E (Lamb, LCL).

45. Mitchell, "Rich and Poor," 562-68.

관점 및 신자와 공동체의 삶에서 그리스도의 사역의 효력을 강조하는 고린도전서의 문맥에 따르면, 바울의 가르침은 분명 그리스 사상이 아니라 기독교 전통에 굳게 뿌리를 두고 있다.

요약하면 충분히 추구할 만한 가치 있는 길은 십자가의 도, 곧 세상이 "미련한 것"으로 간주하는 지혜다(1:23). 따라서 바울은 다른 행위를 제시하는 두 개의 간략한 수사 의문문으로 요점을 정리한다. 이때 이 두 질문은 똑같이 "차라리…낫지 아니하냐"(διὰ τί οὐχὶ μᾶλλον…)라는 말로 시작한다.[46] 바울은 형제를 상대로 세상 법정에 소송을 제기하는 자에게 그렇게 할 것을 요구한다. 불의를 당하거나 속임을 당하는 것이 그렇게 잘못인가? 확실히 "하나님의 나라"의 관점에서 볼 때는 그렇지 않다(9절). 그리스도가 백성을 위해 자신을 내놓으신 것(세상의 눈에는 미련한 것)처럼 그리스도의 백성도 서로를 위해 자신을 바쳐야 한다. 이것은 교회에서나 세상에서 그리스도인의 지위를 확장해주지는 않지만, 그리스도인은 허물 대신 그것이 하나님 나라의 유업의 복을 가져올 것임을 이미 경험했다. 13:4-7에서 바울은 이 관점을 사랑을 베풀며 사는 것과 동일하게 본다.

8절은 강한 반의 접속사(ἀλλά, '그러나')로 시작된다(개역개정에는 번역되어 있지 않음-역주). 바울은 여기서 자신의 논증을 가장 힘 있게 전개한다. 여기서 문제는 최소한 교회의 한 지체, 아니 어쩌면 하나 이상의 지체가 실제로 세상 법정에 고발했다는 것이다. 지위를 높이고 권력을 행사하는 데 사용된 제도와 방식이 낳을 수 있는 불의를 고려하면, 여기서 불가피하게 약하거나 힘없는 사람이 악을 겪거나 속임을 당하는 일이 벌어졌을 것이다. '이것'(τοῦτο)이라는 말[개역개정에서 "그는 너희 형제로다"의 헬라어 원문의 뜻은 다음과 같다. '이것은 너희 형제에게 (하는 일이로다)'-역주]은 염두에 둔 문제를 특수화하는 데 사용된다. 종말론적 현실을 고려하면 "성도"가 "성도"에게 이렇게 하는 것은 믿을 수 없는 일이다.

6:9a-b 불의한 자가 하나님의 나라를 유업으로 받지 못할 줄을 알지 못하느냐 미혹을 받지 말라(ἢ οὐκ οἴδατε ὅτι ἄδικοι θεοῦ βασιλείαν οὐ κληρονομήσουσιν; μὴ πλανᾶσθε). 아홉 번째 수사 의문문과 함께 논증의 이 부분이 결론에 도달한다. 바울은 한 번 더 '너희가 알지 못하느냐?'라는 질문으로 결론을 시작한다(3:16에 대한 설명을 보라). 2절의 수사적 질문으로 제시된 종말론적 배경이 여기서 더 상세히 설명된다. 1절에서 "불의한 자"는 부정적 관점에서 "성도"와 대조되었다. 9-10절에서 "불의한 자"는 하나님의 나라를 유업으로 받지 못하는 자로 판명된다. 이 암묵적 대조가 주는 암시는 "성도"가 "하나님의 나라"의 유업을 확실히 받을 자라는 것이다.[47] 따라서 바울이 여기서 말하는 것처럼 "불의한 자"는 그가 계속해서 묘사할 음행과 불경건함에 연루된 자로 그치는 것이 아니다. 불의한 자는 언약 공동체 밖에 있는 사람들이다. 불의한 자는 "그리스도 안에" 있지 않고, 따라서 하나님의 백성에게 약속된 모든 것을 상속받지 못할 것이다(갈 5:21도 보라). 헬라어 본문에서 "불의한 자"와 "하나님의 나라"가 병렬로 배치된 것은 하나님의 나라를 유업으로 받을 자와 받지 못할 자의 대조를 부각한다. 그러나 이 사람들, 곧 불의한 자를 확인하는 한 가지 방법은 그들의 삶과 행위를 보는 것이다. 이것은 성도들을 그들의 삶과 행위로 확인할 수 있는 것과 똑같다.

바울의 논증이 가진 힘은 바로 여기에 있다. 곧, 사람들은 자기들의 지위에 속임을 당할 수 있다. 여기서 바울이 고린도 교인에게 명령하는 것은 간명하다. "미혹을 받지 말라"(μὴ πλανᾶσθε, 15:33도 보라). 고린도 교인은 삶과 행위가 자신의 공동체 지위를 보여주는 중요

46. 이 두 동사(ἀδικέω, ἀποστερέω)의 중간태는 '…을 자신에게 허용하다'라는 관념을 함축한다.

47. '심층 연구: 하나님의 나라'를 보라.

한 표지 역할을 한다는 사실을 알아야 한다. 하나님 백성의 거룩함은 모든 사람에게 분명히 증명되어야 한다. 바울은 3:18에서 스스로 속는 일의 위험성에 관한 이 특별한 요점을 제시하기 위한 근거를 이미 구축해놓았다. "아무도 자신을 속이지 말라"(ἐξαπατάω). 여기서처럼 거기서도 관건은 공동체 안에서 그들의 지위와 마지막 날에 살아남는 데 요구되는 것과 관련되어 있다(3:12–15). 고린도 교인은 하나님께 어리석은 것에 불과한 그들의(세상의) 지혜(3:19)에 의존함으로써 스스로 속고 있다. 여기서 고린도 교인은 참된 지혜가 없어서 "불의"에 속한 것에 다가갈 때 세상의 지혜를 따라갔다. 바울은 불의한 자에게서 명백히 나타날 수 있는 행위 목록을 열거하고, 그들이 하나님의 나라를 유업으로 받지 못할 것이라고 반복해서 말한 다음(9c–10절), 그리스도인이 그리스도의 사역으로 말미암아 변화된 삶을 사는 자가 되어야 한다고 주장한다(11절).

심층 연구

하나님의 나라

6:9–10에서 "하나님의 나라"라는 말은 종말론적 나라에 초점을 맞춘다. 하나님의 나라 주제는 15장에서 더 깊이 전개된다(특히 15:50에 대한 설명을 보라). 15:50에서 바울은 '혈과 육은 하나님 나라를 이어받을 수 없다'고 말한다. 거기서 바울은 부활에 집약되어 있는 변화에 관심을 둔다. 썩지 아니할 것과 마지막 날에 온전히 성취될 미래의 나라를 상속받을 자와 "썩지 아니할 것", "죽지 아니할 것" 그리고 사망을 이기는 "승리"와 같은 말로 요약되는 큰 복을 받지 못할 자 사이에는 근본적인 차이가 있다(15:52–57). 바울은 그때 "우리가 변화될 것"이라고 말한다(15:52). 6:9에서 이 모든 것이 미래 시제로 언급된다. 불의한 자는 이 모든 것을 경험하지 못할 것이다. 그러나 바울이 4:20에서 현재 시제를 사용하여 분명히 한 것처럼 하나님의 나라는 미래에 임할 뿐만 아니라 현재에도 임한다. "성도들"은 지금 하나님 나라의 백성이다. 하나님 나라의 현재성은 복음서에서, 특히 마태복음에서 아주 빈번하게 언급된다. 거기에는 하나님의 나라가 통상적으로 "천국"으로 불리고 50번 이상 등장한다. 많은 경우 예수님이 직접 말씀하신 것으로 확인된다. 하나님 나라의 개념은 구약성경에서 여호와께 돌려지는 왕권에 의존한다. 구약성경에 따르면 여호와는 왕으로서 충분한 권세가 있고, 특히 자기 백성을 비롯해 전체 피조물을 다스리신다(삿 8:23; 시 47:2; 사 6:5; 43:15; 말 4:1). 역대상 28:5을 보면, 솔로몬 왕은 "여호와의 나라 왕 위에 앉아 다스리도록" 택함을 받은 자로서 이 역할에 있어서 여호와의 대표자다(LXX, βασιλεία κυρίου, 또한 역대하 13:8도 보라). 신약성경에서 하나님 나라에 대한 선지자들의 열망은 예수님이 오셔서 친히 다스리는 것에서 성취된다(마 4:8, 23; 12:28; 눅 17:21). 복음 메시지를 받아들이는 것은 예수 그리스도를 받아들이는 것이고(막 1:1), 하나님의 나라가 가까이 온 것을 받아들이는 것이며, 회개의 필요성을 받아들이는 것이다(막 1:15). 예수님은 하나님의 나라에 속해 있는(하나님과 그리스도의 통치 아래 있는) 자의 특징이 될 믿음, 행위 그리고 삶의 형태에 관해 반복해서 설교하신다. 주목할 만한 것은 팔복에 관한 기사에서 예수님이 하나님 나라의 백성에게 기대되는 삶과 그에 따라 주어질 기업에 관해 말씀하시는 것이다(마 5:3–12). 사도 바울이 4:20에서 하나님 나라와 그 나라에 참여하는 자에게 기대되는 것에 대해 스쳐가듯이 간단하게 언급

한다는 사실은, 의심할 것 없이 하나님의 나라에 대한 주님의 가르침이 이미 널리 알려지고 이해되었다는 점을 암시한다.

구약성경의 가르침 그리고 특히 주님의 가르침에서 교회로 이전된 전통을 배경으로 놓고 보면, 바울의 논증이 성도가 이미 왕과 그의 통치에 헌신하고 있고, 그러므로 그들의 삶에 (예수님이 가르치신 대로) 그것을 반영해야 한다고 가정하는 것은 놀랍지 않다. 언젠가 "하나님의 나라를 유업으로 받을" 자는 이미 지금 그리스도의 통치 아래 있기 때문에 자신의 정체성을 쉽게 증명할 수 있다. 이런 문제를 중요하게 여기지 않는 그리스도인은 어쩌면 그들이 하나님 앞에서 안전하다고 느낄 것이므로 스스로 속지 않도록 조심해야 한다.

6:9c-10 음행하는 자나 우상 숭배하는 자나 간음하는 자나 탐색하는 자나 남색하는 자나 도적이나 탐욕을 부리는 자나 술 취하는 자나 모욕하는 자나 속여 빼앗는 자들은 하나님의 나라를 유업으로 받지 못하리라(οὔτε πόρνοι οὔτε εἰδωλολάτραι οὔτε μοιχοὶ οὔτε μαλακοὶ οὔτε ἀρσενοκοῖται οὔτε κλέπται οὔτε πλεονέκται, οὐ μέθυσοι, οὐ λοίδοροι, οὐχ ἅρπαγες βασιλείαν θεοῦ κληρονομήσουσιν). 이제 바울은 하나님의 나라와 철저히 양립할 수 없는 삶의 방식을 가진 사람의 목록을 제시한다. 이 목록은 철저하지 않고 견본만 열거된다. 그러나 이 견본에 속한 자의 사례는 고린도 교회 안에서 잘 알려져 있었을 것이다. 여기에 열거된 여섯 가지 죄악의 특징은 이미 5:9-11에 제시되었다. 그 목록의 순서는 현재 본문과 다르다(음행하는 자, 탐하는 자, 우상 숭배하는 자, 속여 빼앗는 자인 도적, 모욕하는 자, 술 취한 자). 이 여섯 가지 죄에 대해서는 5:9-11에 대한 설명을 보라. 6장의 본문에는 새로운 죄목 네 가지가 열거된다. 그 가운데 두 죄목, 곧 "간음하는 자"(μοιχοί)와 "도적"(κλέπται)은 로마서 13:9에서 반복하는 십계명으로 이미 정죄 대상이 된다[출 20:14-15(LXX 20:13-14)]. "간음하는 자"라는 말은 특별히 자신의 배우자에게 충실하지 못한 자를 가리킨다(롬 7:2-3도 보라). 주님도 마태복음 5:27에서 이 죄에 대해 친히 말씀하신다. 거기서 주님은 십계명의 관련 계명을 인용하시고 그 계명의 더 깊은 의미를 계시하신다. 세리와 바리새인 비유(눅 18:9-14)에서 자칭 '의로운' 바리새인은 자신이 저지르지 않은 죄로 간음을 언급하고 자신을 불의한 자(ἄδικοι)와 구별한다. "도적"이라는 말에 내포된 의미는 분명하다.

이어서 바울은 동성애와 관련된 죄인을 가리키는 두 단어를 사용한다.[48] 그러나 이 두 단어의 의미는 최근에 논란의 대상이 되었다.[49] '성적으로 남자에게 몸을 파는 남자'(μαλακοί)와 '남자와 성관계를 갖는 남자'(ἀρσενοκοῖται)라는 번역은 바울이 관심을 둔 동성애 행위의 유형의 명백한 차이를 전달하려는 의도가 있다. 여기서 형용사 형태로 된 첫 번째 단어(μαλακός, "탐색하는 자")는 단순히 '부드러운'(예를 들어, 마 11:8에서 옷에 대해 사용)이라는 뜻을 내포할 수 있다. 그러나 고대 헬라어에서 이 형용사는 때때로 남자들에 대해 사용될 수 있다. 따라서 영어로는 '남자답지 못한'(effeminate)을 의미한다. 이 단어는 또한 더 구체적으로 성적 의미가 있

48. BDAG 613.
49. 6:11에 대한 설명 다음에 나오는 '심층 연구: 동성애 문제와 고린도전서 6:9'을 보라.

고, 이때 동성 간 성행위에서 수동적인 남성 파트너를 가리킨다.[50] 이 단어가 '남성'과 '침대'의 복합어(ἄρσην와 κοίτη)인 두 번째 단어(ἀρσενοκοῖται, "남색하는 자")와 병렬 배치된 것이 이것을 분명히 한다.[51] 이 단어는 초기 그리스 문헌에는 전혀 나타나지 않는다. 하지만 바울은 거의 확실히 그 기원을 구약의 십계명에 그리고 특히 '누구든지 여인과 동침하듯 남자와 동침하면'(κοιμηθῇ μετὰ ἄρσενος κοίτην γυναικός, LXX 레 20:13) 반드시 죽이도록 되어 있는 거룩함과 관련된 율법에 둔다. 따라서 바울은 이 두 단어로 동성 간 성행위에 가담한 두 남자를 가리킨다. 첫째, 바울은 동성 간 성행위에서 수동적인 역할을 하는 남자를 먼저 묘사하고, 이어서 능동적인 역할을 하는 남자를 묘사한다. 이것이 바울이 여기서 사용하는 두 단어에 대한 전통적인 견해다. 그리고 이것은 다수의 현대 주석가들과 영어 번역들 가운데 가장 널리 받아들여진 견해로 남아 있다. 이 책도 그 견해를 취한다.

바울은 악한 성관습에 삶이 사로잡혀 있는 사람들을 열거함으로써 불의한 자, 즉 하나님의 언약 공동체 밖에 사는 사람들에 관해 그리고 그들의 행위와 삶의 선택에 관해 개괄적인 관점을 제공했다. 이 사람들은 자신이 "성도"인지 아닌지 여부를 좌우하는 참된 지위에 대해 스스로 속아서는 안 된다. 바울은 동료 신자와의 다툼을 세상 법정에 호소한 고린도 교회 안의 일부 교인을 노골적으로 비난했다. 바울이 고린도 교인의 행위에 관해 지적한 문제점은 여러 가지가 있었다. 그러나 바울은 세상 법정을 찾은 교인이 그리스도인 형제들에게 악을 행하고 그들을 속인 것이라고 말하며 결론을 맺었다. 바울은 이런 행위가 "불의한 자"의 특징이므로, 그들은 하나님 앞에서 아무런 지위를 차지하지 못하고, 따라서 하나님의 나라를 유업으로 받지 못할 것이라고 지적했다. 불의한 자의 지위는 성도와 다르므로, 그들의 행위와 삶의 방식도 성도와 다를 것이다. 그러므로 이런 일이 성도들 사이에서 행해져서는 안 된다. 그 안에 왕이 영을 통해 거하시고(6:19-20), 죽은 자 가운데서 몸으로 부활하여 죄와 사망에 대한 승리를 증언하고(15:53-56), 그리스도가 왕의 영광(6:2-3)으로 오실 때 그분과 함께 심판할 지위를 지닌 "성도"는, 지금 그들이 섬기는 왕과 그분이 이미 그들에게 주신 지위를 반영해야 한다.[52] 이제 바울은 그 다른 지위로 시선을 돌린다.

6:11 너희 중에 이와 같은 자들이 있더니 주 예수 그리스도의 이름과 우리 하나님의 성령 안에서 씻음과 거룩함과 의롭다 하심을 받았느니라(καὶ ταῦτά τινες ἦτε· ἀλλὰ ἀπελούσασθε, ἀλλὰ ἡγιάσθητε, ἀλλὰ ἐδικαιώθητε ἐν τῷ ὀνόματι τοῦ κυρίου Ἰησοῦ Χριστοῦ καὶ ἐν τῷ πνεύματι τοῦ θεοῦ ἡμῶν). 과거에 고린도 교인 중에 "이와" 같은 자들이 있었다(ἦτε).[53] 그러나 그들은 씻음 받았다.[54] "(어떤) 자들"(τινες)

---

50. 참고. Diogenes Laertius, *Lives of Eminent Philosophers 7.173; Dio Chrysostom, Orations* 66.25.

51. 상세한 검토와 사례에 대해서는 Robert A. J. Gagnon, *The Bible and Homosexual Practice: Texts and Hermeneutics* (Nashville: Abingdon, 2001), 306-32를 보라. Gagnon은 μαλακός의 의미를 상세히 검토한 결과를 다음과 같이 요약한다. "고린도전서 6:9에서 *malakoi*라는 말은 남자들이 자신을 수동적인 또는 수용적인 성적 파트너로서 더 매력적으로 보이도록 자신의 남성성을 여성성으로 적극적으로 바꾸려고 애쓰는 남자를 가장 크게 염두에 두었다. *arsenokotai*는 *malakoi*의 능동적인 성적 파트너로 활동하는 남자를 가장 크게 염두에 두었다"(같은 책, 338). 또한 D. F. Wright, "Homosexuals or Prostitutes? The Meaning of ARSENOKOITAI (1 Cor. 6:9, 1 Tim. 1:10)," *VC* 38 (1984): 125-153; Brian S Rosner, "The Origin and Meaning of 1 Corinthians 6,9-11 in Context," *BZ* 40 (1996): 250-253; Fitzmyer, *1 Corinthians*, 256-58도 참고하라.

52. 이렇게 하나님을 "반영하는" 일은 온전한 것이 올 때까지는 불완전하다(13:10). 그러나 성도는 성령이 내주하시기 때문에 언약의 주 하나님을 계속해서 증언한다. 이것은 바울이 교인들에게 그리스도를 "본받으라"고 자주 호소하는 이유를 설명해준다. 바울은 자신이 우리 모두가 그렇게 하도록 부르심을 받은 합당한 방식으로 그리스도를 본받고 있기에 또한 교인들에게 자기를 "본받으라"고 권고할 수 있다(4:6, 11; 참고. 살전 1:6; 3:9; 엡 5:1).

53. 이 미완료 형은 존재 상태를 표현한다.

54. 지시 형용사 "이와 같은"(ταῦτά)은 '이것'(these things)으로 번역되

이라는 말로 보면, 교인 중에 그런 자들, 아마 성경을 따르고 이런 식으로 '불의하게' 살지 않은 회심한 유대인들이 있었다고 보는 것이 가능하다. 그럼에도 고린도 교회의 모든 교인은, 바울이 그들의 삶의 방식에 큰 영향을 미친다고 주장하는 하나님의 역사를 이미 경험했다. 바울은 자신의 논증을 입증하는 하나님의 세 가지 활동을 열거한다. 여기서 각 동사는 수동태다.[55] 이는 구절 끝에서 분명해지는 것처럼, 그것이 그리스도 안에서 그리고 성령으로 말미암아 신자의 삶에 행해진 하나님의 역사이기 때문이다.

첫째, '너희는 씻음을 받았다'(ἀπελούσασθε). 바울은 여기서 이 말로 죄를 씻어버리는 결과를 가져온 회개와 믿음의 사건을 가리킨다. 세례는 이것을 지시하지만 여기서 염두에 둔 것은 세례가 아니다.[56] 오히려 염두에 둔 것은, 이어지는 두 수동태 동사로 알 수 있는 것처럼, 교회와 신자의 삶에서 그리스도가 이루신 사역이다. 에베소서 5:25b–27이 유용한 평행 요소를 제공한다. 에베소서 본문에서 바울은 그리스도가 교회를 거룩하게 하시려고 교회를 위해 자신을 주신 것을 언급한다. 그때 그리스도는 교회를 '물로 씻어 말씀으로 깨끗하게 하사 거룩하게 하셨다'(καθαρίσας τῷ λουτρῷ τοῦ ὕδατος ἐν ῥήματι). 또한 디도서 3:5과 요한복음 15:3도 참고하라. 고린도 교인은 그리스도의 말씀을 듣고 그 말씀을 받아들여 회심할 때 "씻음"을 받아 그리스도의 주 되심과 상관없이 살아온 과거의 악한 삶에서 깨끗하게 되었다. 그러므로 씻음 받은 자, 이것이 고린도 교인의 지위다.

둘째, '너희는 거룩함을 받았다'(ἡγιάσθητε). 이것은 고린도전서 6:1의 끝부분과 고린도전서 첫 부분을 되돌아본다(1:2, 30에 대한 설명을 보라). 이는 신자를 하나님의 거룩한 백성의 일원("성도")으로 만드는 그리스도의 구속 행위의 핵심 요소를 가리킨다. 이것은 1:2에 대한 설명에서 언급한 바 있다. 1:2을 보면 "거룩하게 된 자"가 하나님의 교회와 동격 관계에 있다. 고린도 교인은 과거의 삶의 방식과 구별되도록 하나님께 부르심을 받았다. 그러므로 하나님의 거룩한 백성, 이것이 고린도 교인의 지위다.

셋째, 마지막으로 '너희는 의롭다 하심을 받았다'(ἐδικαιώθητε). 이것은 고린도 교인의 지위, 즉 지금 하나님과 올바른 관계에 있는 지위에 대해 다시 말한다. 여기에 담긴 의미를 하나님의 백성이 "한 의로운 행위"로 말미암아 정죄에서 벗어나 생명을 얻었다고 말하는 로마서 5:18과 구분할 이유는 거의 없다. 모든 사람은 하나님의 심판대 앞에 서게 되어 있다(1:30에 대한 설명을 보라). 의롭다 하심을 받는 것은 "그리스도 안에서" 믿음을 가진 자에게 이미 일어났고, 이것은 전적으로 은혜다.[57] 언급된 죄들의 지역적 배경과 고린도 교회 일부 교인이 과거에 불의한 자의 전형적인 삶의 방식을 따른 사실 그리고 성도가 이런 사람들을 판단하는 자리에 앉을 것이라는 점을 고려하면, 바울이 하나님의 심판대를 염두에 둔 것이라고 추정할 충분한 이유가 있다. 그리스도 안에서 심판할 자격을 가진 "성도"는 이미 심판을 받아 무죄 판결을 받았다. 이것을 완전한 법적 심상과

고, 바울이 "앞에서 말한 모든 것"을 생각한다는 점과 그 전체를 두렵게 여긴다는 점을 암시한다. Wallace, *Greek Grammar*, 331은 이것을 "이 중성 단어는, 마치 그들이 회심하기 전에 인간 이하의 존재였던 것처럼, 부패에 대한 두려움을 표현하는 데 사용된다"라고 제시한다.

55. ἀπελούσασθε('씻음을 받았다')는 부정과거 중간태로, 원인의 정도를 암시할 수 있다('네가 네 자신에게…하도록 허용했다'). 그러나 여기서는 그 말이 수동태의 의미일 것이다. 거의 모든 영어 번역이 그 말을 수동태로 번역한다.

56. 이것이 세례에 대한 언급이라는 견해는 Beasley–Murray, Baptism in the New Testament, 162–67을 보라. 참고. Fitzmyer, *1 Corinthians*, 258. 여기서 제시된 견해를 상세히 설명한 것은 James D. G. Dunn, *Baptism in the Holy Spirit: A Re-Examination of the New Testament Teaching on the Gift of the Holy Spirit in Relation to Pentecostalism Today*, SBT 15 (London: SCM, 1970), 120–23을 보라.

57. 이것이 성령의 역사가 그리스도인의 칭의(의롭다하심)와 직접 관련된 유일한 구절임을 주목하는 것은 가치가 있다.

분리하려고 애쓰는 것은 거짓 이분법에 불과하다. 따라서 고린도 교인은 이 진리를 깨달았다면 성도로서 자신들의 지위가 매우 굳건하다는 사실을 파악해야 한다.[58] 그러므로 하나님 앞에서 의롭다고 판단 받은 자, 이것이 고린도 교인의 지위다.

이 모든 일("씻음과 거룩함과 의롭다 하심")은 "주 예수 그리스도의 이름…안에서" 일어났다.[59] "주 예수 그리스도의 이름…안에서"라는 전치사구는 앞서 나오는 세 개의 모든 동사를 수식한다. 이것을 '…의 이름 안에서' 세례를 받은 것으로 혼동하지 않는 것이 중요하다. 바울은 지금 이 모든 일이 세례받을 때 일어났다고 말하는 것이 아니다.[60] 오히려 바울은 여기서 그리스도가 자기 백성을 위해 행하신 사역 전체를 염두에 두었다. "…안에서"는 아마 원인적 용법, 아니 사실상 도구적 용법('…으로')으로 볼 수 있을 것이다. 1:10에서 지적한 것처럼 "이름"은 주가 어떤 분인지 모든 것을 표상하는 방법이다. 이름은 특히 신자에 대한 그리스도의 권세와 주 되심을 함축한다. 고린도 교인은 주님의 인격과 사역 때문에(또는 주님의 인격과 사역으로 말미암아) 변화되어 주의 언약 공동체로 들어갔다. 그것은 '우리 하나님의 성령으로 말미암아'(여기서 ἐν은 6:2에서처럼 행위를 표현하는 용법으로 이해된다) 고린도 교인에게 적용된다. 이 구절에서 하나님, 그리스도, 성령이 함께 언급되는 것을 주목하면 흥미롭다. 삼위 하나님이 다 그 계획과 그 결과, 곧 하나님의 거룩한 백성을 일으키는 일에 참여하신다.

사도들은 신자에게 과거의 삶의 방식에서 벗어나라고 관례처럼 강조했다. 바울은 예수님이 행하신 구속 사역의 결과로 신자의 삶에 일어난 변화를 몇 가지 열거한다. 그러나 이 변화는 그 사람의 삶과 교회 전체의 삶에서 구현되고 실천되어야 한다. 주님은 이것을 요청하신다. 자신의 지혜와 은사를 자랑하는 자에게 바울은 조심스럽게 성령의 사역으로 그들의 새로운 지위가 주어진 것을 상기시킨다. 그들은 성령으로 말미암아 변화되었다. 그들은 이제 그들에게 내주하시는 성령을 따라 살아야 한다(6:19).

---

58. Thiselton, *1 Corinthians*, 455는 바울이 "법적 무죄 방면이라는 좁은 심상"에 호소한다고 보는데, 그는 그 좁은 심상을 너무 쉽게 무시하는 것처럼 보인다. 이 법적 무죄 방면 심상은 "씻음" 및 "거룩함" 심상과 같이 좁은 것일 수 있다. 그러나 그리스도의 이 근본적 사역이 그의 백성의 삶에 대해 가진 함축성은 결코 좁지 않다. Thiselton이 "6:11과 고린도전서에 나타난 은혜로 얻는 칭의"라는 제목으로 "의롭다 하심을 얻는 것"을 상세히 설명한 것은 탁월한 업적이다. 하지만 이전 구절과 위의 주장을 감안하면, Thiselton이 바울이 고린도 교인에게 선언하는 내용을 아주 과감하게 다음과 같이 요약할 수 있는지 의심스럽다. "바울은 이렇게 선언한다. 너희는 받아들여졌다! 너희는 하나님의 것이다! 너희는 특권적 지위를 차지했다. 그러나 이 모든 것은 하나님으로부터 그분의 자유롭고 주권적인 선물로서 온다. 하나님은 고린도 교인에게…그들이 받아들여진 것을 받아들이라고 말씀하신다…"(같은 책, 455-58). 고린도 교인의 문제는 지위 문제에 있는 것으로 여겨지지만 이 마지막 구절(11절)은 책망보다는 격려를 위해 지위에 호소한다. 고린도 교인은 이것을 다 알고 있어야 한다. 그러나 그들은 모르는 것처럼 행하고 있다. 각 동사 앞에 '그러나'(ἀλλά)라는 접속사가 반복되는 것은 바울이 고린도 교인이 자신들의 지위에 맞게 살지 못하고 있음을 강조하는 데 추가로 힘을 보탠다.

59. A, D^2, 𝔐를 포함하여 일부 사본에는 "그리스도"라는 말이 빠져 있고, 아주 짧은 이문이 있다. 어떤 사본은 "우리 주 예수 그리스도"라는 말을 덧붙인다. 초기 파피루스 문서 $\mathfrak{P}^{11vid}$, $\mathfrak{P}^{46}$과 ℵ, D*에는 "예수 그리스도"라는 말이 있다.

60. 고린도전서에서 이미 확인한 것처럼(1:13, 15; 또한 10:2), 바울 서신에서 세례는 항상 "…속으로"(εἰς) 들어가는 것이다. 사도행전을 보면 이것이 흔한 사실이다(예를 들어, 8:16; 19:3, 4, 비록 누가가 사도행전 2:38에서 한 번 전치사 ἐπί를 아마 원인 관념에 따라 "…을 기초로"라는 의미로 사용하기는 해도 말이다). 사도행전 10:48은 [예수 그리스도의 이름] 안에서(ἐν, '…으로') 세례를 받는 것을 언급하는 유일한 구절이다.

심층 연구

동성애 문제와 고린도전서 6:9

신약성경에서 로마서 1:26-27, 고린도전서 6:9 그리고 디모데전서 1:10과 같은 구절이 동성애 행위를 정죄한다는 점에 대해서는 오랫동안 거의 논란이 없었다. 이 본문들은 대부분 구약성경의 가르침, 특히 창조 기사와 레위기 18:22과 20:13 같은 구절에 바탕을 둔 것으로 여겨졌다. 그러나 최근에 많은 주석가가 성경은 한 남자가 다른 한 남자를 사랑하는 진실한 동성애 관계는 언급하지 않는다는 점과, 다양한 신약 본문이 실제로 전통적으로 해석되어온 것과는 다른 의미가 있다는 점을 들어 다양하게 증명하려고 애썼다. 종종 이 두 주장과 다른 주장들이 동시에 제기된다. 여기서 할 수 있는 일은 이 문제를 간략히 요약하고, 다만 고린도전서 6:9과 연결하여 살펴보는 것이 전부다. 동성애 문제를 다룬 세 저술가를 언급하면 오늘날의 주된 논점을 부각하는 데 도움이 될 것이다.

존 보스웰(John Boswell)은 당시 로마 사회와 마찬가지로 초기 기독교도 동성애를 용납하지 않았다는 견해를 입증하려고 애쓴 유력한 논문을 썼다.[61] 보스웰은 동성애에 대한 이런 불관용 방침은 나중에 교회의 정치적 힘이 강해지자 훨씬 더 강하게 나타났다고 주장했다. 보스웰은 신약성경은 동성 간 성행위 자체에 대해서는 언급하지 않는다고 추론했다. 보스웰은 6:9을 주석하면서, 두 용어("탐색하는 자"를 가리키는 μαλακός와 "남색하는 자"를 가리키는 ἀρσενοκοῖται)를 함께 취해서는 안 된다고 주장했다. 보스웰은 첫 번째 단어가 "특별히 동성애와 관련이 없는 일반적인 도덕적 연약함"을 가리킨다고 주장했다. 결론적으로 보스웰은 이 단어가 자기절제 능력이 부족하여 자위행위를 하는 자를 가리킬 수 있다고 주장했다. 그런 다음 "이것이 종교개혁을 거치며 이의 없이 확립된 교회 전통이었다"라고 주장한다. 그렇지만 이 주장은 다른 여러 주석가의 연구와 정면으로 대립되었다. 그리고 보스웰은 두 번째 단어는 "동성 간 성관계가 아니더라도, 성관계에서 능동적인 역할을 하는 자를 가리킨다"라고 주장한다.[62] 보스웰은 여기서 바울은 동성 간 성행위가 포함되거나 그러지 않을 수 있는 전반적인 매춘 문제에 훨씬 더 큰 관심이 있었다고 주장한다. 보스웰은 바울이 열거하는 죄악 목록이 레위기, 곧 구약의 율법과 관련되어 있다는 관념을 무시한다.[63] 고린도전서 6:9과 관련하여 보스웰이 제시하는 거의 모든 주장이 논란을 불러일으켰다.[64] 특히 주목할 만한 것은, 초기 기독교 교회가 레위기에서 정죄된 성범죄를 성행위의 옳고 그름에 관한 그들의 견해를 이끌어내는 근거로 삼지 않았다는 보스웰의 특이한 주장이다. 초대교회의 성경 해석에 대해 놀랄 만큼 부족한 이해를 보여주는 보스웰은, 초대교회가 레위기의 일부 율법을 무시한 탓에 윤리 문제에 대한 지침을 얻고자 레위기의 이런 다른 본문에 시선을 돌리지 않았다고 주장한다.[65] 그러

61. John Boswell, *Christianity, Social Tolerance, and Homosexuality: Gay People in Western Europe from the Beginning of the Christian Era to the Fourteenth Century* (Chicago: University of Chicago Press, 1980).
62. 같은 책, 340-41.
63. 같은 책, 113.
64. Boswell의 고린도전서 6:9에 대한 실질적인 연구 내용을 논박하는 것은 J. Robert Wright, "Boswell on Homosexuality: A Case Undemonstrated," *ATR* 66 (1984): 79-94에 나오는 비평 논문을 보라. 참고. Gagnon, *Bible and Homosexual Practice*; Richard B. Hays, "Relations Natural and Unnatural: A Response to John Boswell's Exegesis of Romans 1," *Journal of Religious Ethics* 14 (1986): 184-215. 많은 독자가 Kevin DeYoung, *What Does the Bible Really Teach about Homosexuality?* (Wheaton, IL: Crossway, 2015)에서도 좋은 자원을 발견할 것이다.

나 바울이 레위기 18장과 20장에서 취한 주제들의 유사성은 주목할 만하고, 보스웰의 주장을 논박하는 데 도움을 준다(근친상간, 레 18:7-18과 20:11-12; 음행, 레위기 18장과 20장에 두루 언급됨; 간음, 레 18:20과 20:10; 동성애, 레 18:22과 20:13).[66]

로빈 스크록스(Robin Scroggs)는 6:9-10에 나오는 바울의 죄악 목록이 초기 헬레니즘 시대의 유대교에 배경을 두었을 것이라고 주장한다. 그러나 스크록스는 이 죄악 목록은 바울이 이 특수한 죄악 자체에 관심을 두고 있음을 암시하는 것이 아니라, 단순히 편지에 쓴 내용의 중요성을 높이는 역할을 한다고 주장한다. 따라서 스크록스는 이렇게 주장한다. "바울이 고린도전서 6:9-10에서 열거하는 죄악 목록은 그의 우선 사항에 관한 의식을 반영하거나 그러지 않을 수 있는 정형화된 하나의 문학 양식이다."[67] 스크록스는 바울이 우선순위를 둔 것은 사실 근친상간 사건(5:1-5), 서로 다툼이 있는 교인을 세상 법정에 고발한 사건(6:1-8), 일부 교인이 여성 매춘에 가담한 사건(6:12-20)이라고 주장한다. 그리고 이렇게 덧붙인다. "분명히 동성애는 이슈가 아니고, 성범죄는 이성 간에 저지르는 죄를 가리킨다."[68] 이렇게 주장한 다음 스크록스는 이 결론을 바울이 사용한 두 단어(μαλακός와 ἀρσενοκοῖται)를 검토할 때 적용한다.

종합적으로 스크록스는 이 두 단어가 사실 착취적인 남색 관계로 죄를 범하는 자를 가리킨다고 주장한다.[69] 스크록스에 따르면 여기서 두 번째 단어(ἀρσενοκοῖται)는 수동적인 성교 파트너인 어린 남자나 소년을 착취하거나 고용하는 능동적인 성교 파트너를 가리킨다. 그리고 스크록스는 착취 관점을 본문에 매우 깊이 적용함으로써, 첫 번째 단어(μαλακός)는 "동성 간의 성관계에서 여성 역할을 하는 남창"을 가리킨다고 본다. 말하자면 동성 간의 성관계에서 이성 간의 성관계의 여성 파트너를 모방하여 여자처럼 연약한 태도를 취함으로써 수동적인 역할을 하는 남성을 가리킨다고 주장한다. 스크록스는 동성애를 가증한 죄로 언급한다고 보는 본문인 로마서 1:26-27을 주석할 때도 이렇게 말한다. "바울이 여기서 동성애를 공격하는 가운데 남색, 아니 사실은 더 부패한 형태의 남색을 생각했다고 지적하는 것으로 설명을 마치겠다."[70] 그러나 많은 주석가가 지적한 것처럼, 남색을 가리키는 헬라어 단어(παιδεραστής)가 따로 존재하고, 반면 고린도전서 6:9의 바울의 말에는 남색을 가리키는 단어가 전혀 없다. 또한 주목할 것은, 바울이 로마서 1:27에서 분명히 남자와 여자 모두 "서로 향하여 음욕이 불타올랐다"(NRSV)라고 말한다는 것이다. 이것으로 보면 그 본문에 착취 관계는 거의 함축되어 있지 않다. 던(Dunn)은 스크록스의 로마서 1:28에 대한 주석을 평가하면서 이렇게 말한다. "바울의 고발은 남성과 여성을 막론하고 온갖 종류의 동성애 관습을 포함하고, 다른 관습과 구분된 어떤 한 동성애 관습을 겨냥한 것으로 보이지 않

65. Boswell, Christianity, *Social Tolerance, and Homosexuality*, 106.

66. 바울이 레위기에 의존했다는 사실은 롬 1:27; 8:3; 12:19; 13:9; 갈 5:14에서도 확인된다.

67. Robin Scroggs, *The New Testament and Homosexuality: Contextual Background for Contemporary Debate* (Philadelphia: Fortress, 1983), 107-8. 이 죄악 목록의 "선(先)역사"에 대한 다양한 견해를 요약한 것은 Rosner, *Greed as Idolatry*, 52-53을 보라. 이 목록의 가능한 원천이 무엇이든 간에, 바울 자신은 "너희 중에 이와 같은 자들이 있더니"(6:11)라는 말을 덧붙임으로써, 그것을 고린도 교회와 직결된 상황에 맞추어 설명한다. 다른 어떤 비교할 만한 목록이 있는 것을 이 죄인 목록이 단순히 죄인들의 포괄적 본보기였다고 주장하는 데 사용할 수는 없다.

68. Scroggs, *New Testament and Homosexuality*, 103.

69. 같은 책, 101-9.

70. 같은 책, 117.

는다."[71] 이것은 여러 가지 성범죄를 반대하는 레위기의 지침과 일치할 것이다.

이 죄를 남색으로 제한하는 것은 인정되지 않는다. 그러나 (뒤에서) 매튜 바인스(Matthew Vines)가 제시하는 것처럼, 오늘날 일부 주석가는 바울이 착취적인 성행위를 죄악으로 간주했고, 신실하고 사랑에 바탕을 둔 동성애를 언급한 것이 아니었다고 주장하는 데 이 구절을 사용한다. 그리고 이 구절에 아이러니가 담겨 있는 것은 잘 지적되지 않는다. 여성처럼 옷을 입고 행동하는 여성적인 남성은 그리스 문헌에서 거의 보편적으로 정죄되지만, 남색은 일반적으로 죄악이나 착취 행위로 보지 않고 실제로 일부 작품 속에서는 사랑의 관계로 지지를 받는다.[72]

이 구절에 대한 현대 주석가들의 세 번째 견해는 매튜 바인스의 『하나님과 게이 그리스도인』(*God and the Gay Christian*)이라는 책에서 확인된다. 이 책은 이 주제에 관해 쓴 어떤 학문적인 책보다 엄청나게 많이 팔렸고, 고린도전서 6:9과 바울의 동성애 이해에 대해 매우 편향적인 견해를 크게 대중화하는 역할을 했다. 목사라면 누구든 이 책의 내용을 알아둘 필요가 있다. 게이이자 복음 전도자인 바인스는 다음과 같이 말하면서 책을 시작한다. "나의 전체적인 주장은 이렇다. 곧, 성경의 충분한 권위를 인정하는 그리스도인은 신실한 일부일처 동성 관계도 정당한 것으로 인정할 수 있을 것이다."[73] 이 책은 교회나 그리스도인들에게서 간혹 나타나는 거부, 비난, 상처로 얼룩진 매우 가슴 아픈 개인적인 사건들로 가득 차 있다. 저자는 이 책에서 6개의 주요 성경 본문을 다룬다. 그런데 많은 설명과 결론에는 해석학적 엄밀함이 결여되어 있다. 예를 들어, 바인스는 레위기는 갑각류 해물을 먹는 것을 금하는 본문에서 동성 간 성행위를 금한다는 사실을 언급하고, 지금은 아무도 그것을 따르지 않으므로 바울이 성 윤리의 기초를 그 레위기 본문에 둘 가능성은 전혀 없다고 주장한다. 바인스는 다른 곳에서 "좋은 열매 맺는 못된 나무가 없느니라"는 예수님의 평가는 도덕 행위에 대한 궁극적 판단 기준이 될 수 없다고 주장한다. 따라서 사랑이 바탕을 이루고 견실한 동성애 관계에서 "좋은 열매"가 나오므로 동성애 관계는 죄가 될 수 없다고 바인스는 말한다. 추가로 제시하는 사례에서 바인스는 "게이 그리스도인에게 독신의 의무를 명하는 것은 많은 게이들이 감당할 수 없는 일을 명하는 것이고", 그러므로 고린도전서 10:13은 그리스도인의 하나님이 실제로 이런 요구를 하실 수 없다는 점을 증명한다고 말한다.[74]

바인스는 자신의 책 7장에서 고린도전서 6:9을 다룬다. 바인스는 데일 마틴(Dale Martin)의 말을 인용하여 첫 번째 단어 μαλακός에는 "부드러운"이라는 의미가 있다고 주장한다.[75] 그리고 세네카의 말을 인용하여 이 단어는 여성화된 남자나 절제가 부족하여 자기 멋대로 하는 남자를 가리키는 데 사용되었다고 말한다. 이처럼 절제가 부족한 것은 성관계에서 수동적인 역할을 하는 자나 자기 아내를 너무 맹목적으로 사랑하는 남자에게 적용할 수 있다. 바인스는 이 단어가 결국 헤이스(Hays)가 제시한 것처럼 "절제가 부족한 자"를 가리키는 말로 번역되어야 한다고 결론짓는다.[76] 바인스는 두 번째 단어(ἀρσενοκοῖται)

---

71. James D. G. Dunn, *Romans 1-8*, WBC 38A (Dallas: Word, 1988), 65.

72. 여러 사례에 대해서는 Gagnon, *Bible and Homosexual Practice*, 350–60을 보라.

73. Matthew Vines, *God and the Gay Christian* (New York: Convergent, 2014), 2.

74. 같은 책, 11.

75. Dale B. Martin, *Sex and the Single Savior: Gender and Sexuality in Biblical Interpretation* (Louisville: Westminster John Knox, 2006).

에 대해서도 데일 마틴의 견해를 따라 설명한다. 바인스는 단어가 문맥에 따라 정의되어야 하고, 가능한 많은 문맥을 찾아내야 한다는 마틴의 주장을 받아들인다. 그러나 그런 다음 6:9의 문맥을 이 단어의 의미를 결정하는 요소로 삼아서는 안 된다고 강력히 주장한다. 대신 바인스는 나중에 이 단어를 사용하는 다른 두 용례의 문맥(바인스는 두 내용을 모두 오해하는 것 같다)을 찾아내 그 문맥을 6:9에 적용한다. 바인스는 이 단어가 레위기에 가능한 배경이 있다는 점을 인정한다. 하지만 (스크록스와 같이) 남색을 고대 세계에 성행한 이런 성관계의 주된 문제점으로 지적한다. 그것은 당연히 레위기가 말하는 사실이 아니다. 바인스는 바울이 구약성경에 따라 생각할 수 있는 가능성을 조금도 인정하지 않는다. 따라서 바인스는 이 단어의 몇 가지 추가 용례로 보아 이 단어가 경제적 착취를 가리키는 것으로 보는 편이 가장 낫다고 결론짓는다. 그리고 결론적으로 이렇게 말한다. "비록 바울이 사용하는 단어가 동성 성관계에서 두 남성 파트너를 정죄하려는 의도가 있었다고 해도, 바울의 배경은 오늘날 우리의 배경과는 확실히 다르다."[77] 따라서 이 두 단어에 대한 전통적인 견해가 지지를 받고 있어도, 바인스는 그 견해로는 바울이 모든 동성애 관계를 죄악으로 말한다고 보는 관념을 충분히 지지하지 못한다고 본다. 바인스는 21세기가 이런 동성애 관계를 이해하는 데 다른 배경을 제공한다고 말한다. 지금은 동성애 관계도 잠재적으로 진실하거나 "언약적인" 헌신 관계가 될 수 있다고 알려져 있다. 따라서 바인스의 책은 성경에 충실하기를 바라는 한 게이가 실제로 받은 개인적인 상처로부터 나온 훌륭한 논증서가 된다. 그러나 6:9과 다른 본문들에 관한 바인스의 논증은 매우 혼란스럽다. 바인스는 어디서도 진지한 학문과 교류하지 않고, 여러 가지 면에서 마틴의 견해를 오용했음을 보여주었다. 더구나 자신이 다루는 모든 성경 본문의 의미에 관해 독자에게 혼란스럽게 깊은 의심을 심어놓는다. 일단 본문의 의미에 혼란이 생기면, 감정에 치우친 증명되지 않은 주장이 힘을 얻는다. 다시 말해, 신약성경에는 사랑을 바탕으로 한 동성애 관계에 대한 언급이 나오지 않는다는 주장이 힘을 얻는다. 바인스는 성경 본문들을 검토한 다음 이렇게 결론을 맺는다. "우리는 고린도전서 6:9과 디모데전서 1:10에 나오는 논란이 많은 헬라어 용어를 살펴보았다. *malakoi*와 *arsenokoitai*는 동성 간 성행위를 포함할 수 있으나 이 단어들이 묘사하는 행위는 현대의 레즈비언, 게이, 양성애자 그리고 트랜스젠더 그리스도인들이 맺는 관계와는 별로 유사한 것이 없다."[78]

앞에서 대다수 최근 주석가의 견해를 따라, 바울이 여기서 언급한 두 단어(μαλακός와 ἀρσενοκοῖται)는 함께 취하면 확실히 동성 간 성행위를 암시한다고 주장했다. 또 직접 문맥에 따라 바울이 레위기 18장과 20장에 의존하여 근친상간 사건을 다루었다고 주장했다. 바울의 성 윤리는 대체로 구약성경에 배경

76. Hays, "Natural and Unnatural," 218-21.

77. Vines, *God and the Gay Christian*, 126.

78. 같은 책, 129. 다시 말해 고대 저술가들이 동성애 관계의 사랑이나 불변성에 관해 아무것도 몰랐다고 주장하는 것은 단순히 잘못이라는 점을 기억해야 한다. 예를 들어, Plato, *Symposium* (181 B-D)에서 사랑에 관해 말할 때 Pausanias는 남자가 먼저 여자와 사랑에 빠지는 "흔한" 사랑과 "무엇보다 여성과 함께 나누는 것이 아니라 오직 남성과 함께 나누는" "고상한" 사랑을 구분한다. Pausanias는 남자가 사춘기를 벗어난 남자와 사랑에 빠지는 것에 관해 말할 때, 이 남자들은 "그들과 한평생 함께하고 삶을 공유할 기대감을 갖고 사랑할 준비가 되어 있다"라고 말한다. Pausanias는 또한 이런 사랑과 남색을 구분한다. 동성애를 지지하는 고대 저술가들의 작품에서 나온 이런저런 다양한 인용문을 확인하려면 Gagnon, *Bible and Homosexual Practice*, 351-60을 보라. 한편 헬레니즘 당시 유대교는 보편적으로 동성애 행위를 정죄했다.

을 두기 때문에 이런 설명에 놀라서는 안 된다. 바인스가 고린도전서 6:9에 대한 가뇽(Gagnon)의 정교한 석의를 다루지 않은 것은 흥미롭다. 바인스는 가뇽과 자신이 연구의 기초로 삼은 마틴, 스크록스, 보스웰의 많은 석의적 요점을 다른 주석가들이 반박하는 것은 다루지 않는다.

이제 결론을 말해보겠다. 만약 바울이 동성 간의 사랑과 헌신에 관해 오늘날 우리가 아는 것처럼 알고 있었다면, 그것을 단순히 사변적이고 심지어는 공상적인 것으로 비난하지 않았을 것이다. 바울은 동성애를 하나님의 창조 질서를 왜곡하는 죄악으로 비난하는 로마서 1:27에서, 남자가 남자를 원하여 "서로 향하여 음욕이 불일 듯 하는"(ἐν τῇ ὀρέξει αὐτῶν εἰς ἀλλήλους) 것에 관해 말한다. 게다가 단순히 착취 관계나 남색만을 염두에 둔 것이라면, 왜 바울은 여자가 여자에 대해 부끄러운 짓을 하는 것을 언급할까? 고린도전서를 보면 바울은 강렬한 성욕과 그 결과 임하는 유혹을 잘 알고 있다(예를 들어, 7:2, 5, 9). 바울은 성욕 자체를 정죄하는 것이 아니고, 하나님의 질서가 유지되게 하기 위한 자기 절제를 주장하는 것이다. 바울은 절제를 성령의 열매로 본다(갈 5:23). 이것은 바울이 절제가 자동으로 그리고 '자연적으로' 모든 사람에게 나타나는 덕으로 간주하지 않았음을 암시한다. 이성 간 결혼 관계 속에 있는 부부에게 성욕이 일어나면, 각 배우자는 상대방에게 복종해야 한다(7:2-3). 이 성욕이 결혼 관계를 벗어나 일어날 때는 절제가 요구되고, 성욕을 절제하지 못하면 이성과 결혼을 해야 한다(7:9, 36). 성 생활이 성 정체성과 연계되어 있는 현대에는, 바울이 동성 간 성행위를 금지하는 것이 항상 많은 사람에게 거부감을 불러일으킬 것이다. 그러나 성경에서는 동성 간 성행위를 금지하는 가르침이 하나님의 창조 목적에 새겨져 있다. 창조 목적을 왜곡하는 것은 거의 불가피하게 우상 숭배와 연계된다. 바울의 세계관에 따르면, 신자의 정체성은 오직 '그리스도 안에서' 발견되어야 하고, 순종하는 신자는 오직 그리스도의 영으로 말미암아 하나님이 자기에게 원하시는 삶을 살 수 있는 능력을 얻는다. 성경은 사람의 욕망이나 유혹이 완전히 제거될 것이라는 주장을 절대로 하지 않는다. 오히려 교회는 최선을 다해 '수고하고 무거운 짐 진 자들이 모두' 살아 계신 그리스도께 나아가 도움을 받도록(마 11:28) 힘쓰고, 모든 그리스도인에게 다음과 같은 말씀을 늘 가르치는 것이 의무다. "오직 하나님은 미쁘사 너희가 감당하지 못할 시험 당함을 허락하지 아니하시고 시험당할 즈음에 또한 피할 길을 내사 너희로 능히 감당하게 하시느니라"(고전 10:13).[79]

79. 더 깊은 연구를 위해서는 Thomas E. Schmidt, *Straight and Narrow? Compassion and Clarity in the Homosexual Debate* (Downers Grove, IL: InterVarsity Press, 1995)와 Stanton L. Jones, Mark A. Yarhouse 공저, *Homosexuality: the Use of Scientific Research in the Church's Moral Debate* (Downers Grove, IL: Inter-Varsity Press, 2000)를 보라.

적용에서의 신학

1. 법적 문제

바울은 하나님의 백성이 언약 공동체 안에서 일어난 다툼에 대한 판단(판결)을 언약 공동체 밖에 있는 자에게 맡기는 관념이 합당하지 않다고 본다. '하나님의 지혜'를 소유한 자라면 절대로 그렇게 해서는 안 된다. 이런 일을 하는 사람이 "지혜"의 은사를 소유했다고 주장하는 것은 참으로 아이러니다. 신학적으로 이것은 항상 자기 백성에 대한 하나님의 관심사이기도 했다. 하나님의 백성은 문제가 크든 작든 간에 항상 조심스럽게, 공정하게 그리고 지혜롭게 판단할 것이 기대되었다. 솔로몬은 선한 통치를 위해 "듣는 마음"과 "여호와를 기쁘시게 한" 선악의 분별력을 달라고 하나님께 기도했다(왕상 3:7-8). 흥미롭게도 간음, 근친상간, 동성애, 우상 숭배 그리고 다른 죄들을 다루는 레위기 19장에서도 다음과 같은 말씀을 볼 수 있다. "너희는 재판할 때 불의를 행하지 말며 가난한 자의 편을 들지 말며 세력 있는 자라고 두둔하지 말고 공의로 사람을 재판할지며…너는 네 형제를 마음으로 미워하지 말며 네 이웃을 반드시 견책하라 그러면 네가 그에 대해 죄를 담당하지 아니하리라 원수를 갚지 말며 동포를 원망하지 말며 네 이웃 사랑하기를 네 자신과 같이 사랑하라 나는 여호와이니라"(15-18절). 서글프게도 "차라리 불의를 당하는 것이 낫지 아니하며 차라리 속는 것이 낫지 아니하냐"라는 질문에 함축된 관념은, 세상 사람들 가운데서 겪었던 것과 똑같은 비웃음이나 불신의 반응을 많은 그리스도인 가운데에서도 겪게 될 것이라는 점이다.

그리스도인들, 심지어는 같은 교회에서 함께 예배하는 그리스도인들도 어쩔 수 없이 교회 밖에 있는 자 또는 '세상' 법정에 호소해야 할 경우가 확실히 있다. 예를 들어, 이혼이나 재산권 분쟁에 있어서는 사회가 인정하는 법적 구속력 있는 판결이 있어야 한다. 다른 많은 사례도 제시될 수 있다. 그럼에도 이 소송 문제는 확실히 많은 그리스도인이 주변 사회에 속한 자와 같이 행하는 또 다른 삶의 분야가 되고 말았다. 교인들은 그리스도인 간의 다툼을 성령의 도우심을 받아 경건한 자를 통해 공정하게 처리되어야 할 문제로 보지 않고 세상 법정에 너무 쉽게 의존한다. 바울 당시에 부자가 가난한 자를 법정 소송을 통해 위협하는 것이 훨씬 수월한 것만큼, 정의가 부분적으로 부와 영향력에 기반을 두게 되는 것도 수월해진다. 최근에는 그리스도인이 화해하도록 돕거나 분쟁을 공정하게 처리하도록 돕기 위해 많은 단체가 결성되었다. 그러나 대다수 교회는 사업상 또는 개인적인 관계상 교인들이 너무 자주 세상 법정에 의존한다는 점을 인정할 것이다.

2. 자기 속임

바울은 대대로 교회를 괴롭힌 큰 위험 요소로 자기를 속이는 문제가 고린도 교회에 이미 존재하는 것을 안다. 이기적인 쾌락을 위한 욕망을 통해서나, 과거의 삶에 영향을 받거나 혹은 단순히 사회의 끊임없는 압력 때문에 그리스도인은 죄를 변명하게 된다. 아마 그리스도인은 자신의 높은 영적 지위에 의존하거나, 이 책이 주장하는 것처럼 어떤 은사를 가진 것으로 자기들의 안전한 지위가 증명된다고 믿음으로써 죄를 합리화할 것이다. 어떻게 보든 자신을 속이는 일이 기독교 공동체 안에서 매우 심각한 일인 것은, 그것이 이런 사람들은 하나님의 나라를 유업으로 받지 못할 것이라는 두려운 진리에 무감각하도록 만들기 때문이다. 이성 간 결혼 밖에 있는 자와 성관계를 갖는 것이 실제로 음행이 아니라고 자신을 속이든, 탐욕이 실제로는 탐욕이 아니라고 속이든, 우리가 삶에서 (하나님보다 더) 중요하게 여기는 것이 사실 우상 숭배가 아니라고 자신을 속이든 간에, 회개하지 않으면 결국 하나님의 나라를 유업으로 받을 수 없는 자가 되는 결과를 맞이할 것이다.

3. 이방 민족과 같이 되는 것

고린도 교회가 안고 있던 문제점은 현대 교회의 문제점과 동일하다. 그리스도인이 그토록 쉽게 스스로 속게 되는 이유는, 세상이 자신들의 생각과 행동에 미치는 영향을 거의 파악하지 못하고, 자신들의 거룩함이 어디서 무너지고 있는지 제대로 알지 못하기 때문이다. 이것은 성경에서 어떤 성행위가 허용되거나 허용되지 않는지에 관해 복잡한 토론을 하거나, 단순히 사회에서 심각한 탐욕과 불의의 문제를 무시하는 여러 가지 면에서 확인된다. 그리스도인은 세속 사회에서 살아갈 때, 고린도 교회와 이스라엘이 직면했던 것과 똑같이 사회에 순응하라는 유혹에 직면한다. 이것은 이스라엘이 모압 여인들에게 받았던 유혹이었고(민 25:1-2), 가나안 족속의 신전 창녀에게서 받았던 유혹이었다(왕상 14:24; 15:12). 그때 이스라엘은 주변 이방 민족과 같이 되고 말았다(왕하 17:15; 참고. 겔 20:32). 하나님의 백성이 주변 사회와 같이 되고 싶은 유혹에 굴복할 가능성이 더 높아지는 것은, 그들이 종종 자기 비판 능력을 거의 상실하고 여호와의 뜻을 분별할 수 없기 때문이다. 앞에서 이런 분별력의 결여가 어떻게 고린도 교회를 향한 바울의 염려의 핵심이 되는지 확인했다. 그러나 다시 말하지만, 그것은 항상 모든 시대에 걸쳐 하나님 백성의 공통적인 문제점이었다(참고. 신 32:28-29; 사 44:18-20; 호 14:9). 우리의 마음에 끌리는 이유를, 심지어는 성경과 모순된 것으로 알고 있는 이유를 내세우는 일이 너무 흔하다. 당연히 바울은 이런 우리에게 이렇게 권고한다. "미혹을 받지 말라!"

4. 우상 숭배와 탐욕

동성애는 현재 논란이 많은 문제이기 때문에 앞에서 많이 설명했다. 그러나 탐욕(십계명 열 번째 계명과 매우 긴밀하게 연계되어 있는)은 확실히 거의 모든 그리스도인에게 영향을 미치지만 거의 언급되지 않는다(탐욕에 대한 추가 설명에 대해서는 5:10을 보라). 바울이 5:10-11과 6:9-10에서 죄악 목록을 제시할 때 탐욕을 음행 및 우상 숭배와 나란히 두는 것은, 교회의 삶에서 탐욕이 얼마나 심각한 죄인지를 암시한다.[80] 음행이나 명백한 우상 숭배에 대한 현대 교회의 반응을 성찰하고, 그 반응을 탐욕에 대한 반응과 비교해보는 것은 흥미롭다. 음행과 우상 숭배는 많은 교회에서 어느 정도 교회 권징을 통해 처리할 것이다. 그런데 개인적으로 나는 탐욕에 대해서도 그렇게 처리한 사례는 들어보지 못했다. '합법적 야망'이라는 이름으로 혹은 자녀를 위해서나 사업상 좋은 인상을 주기 위해 더 좋은 차와 집과 옷을 가져야 한다는 것을 이유로 탐욕이 얼마나 쉽게 정당화될 수 있는지 모른다. 이때에도 교회는 "이방 민족과 같이" 되는 유혹을 받는다. 그리고 탐욕은 자기 비판이 이루어지고 하나님의 말씀의 빛을 비추기가 무척 어려운 삶의 한 영역임이 분명하다. 우리는 성경에서 우상 숭배가 성범죄와 어떻게 연계되어 있는지 확인했다. 그러나 우상 숭배는 탐욕을 포함하여 대부분의 죄와 긴밀하게 연계되어 있다(예를 들어, 렘 6:13-15). 하박국서 2:5-19을 보면, 고린도전서 6:10에서와 같이 탐욕, 술 취함, 우상 숭배가 서로 연관되어 있다. 자기 자신을 탐욕이나 욕심의 여부를 판단하는 기준으로 삼는 것이 이 우상 숭배의 핵심이다. 만약 현대에 일어나는 형태의 탐욕, 도적질, 사취, 술 취함이 현재 동성애에 대해 일어나고 있는 것만큼 논의의 주제가 되었다면, 교회 전체에 어떤 변화가 일어날 수 있을지 우리는 단지 상상만 할 수 있을 뿐이다.

80. Rosner는 "탐욕을 우상 숭배로 규정하는 것은 탐욕을 강력히 정죄하는 매우 두드러지고 효과적인 수단"이라고 말한다. 추기(追記) 1에서 Rosner는 탐욕이 고대 유대교과 초대 기독교에서 어떻게 정죄되는지 요약한다(*Greed as Idolatry*, 157-59).

CHAPTER 13

고린도전서 6:12–20

문학적 전후 문맥

6:12–20에서도 바울은 기독교 공동체 안에서 죄를 묵인하는 일이 얼마나 위험한지를 다루며 5:1에서 시작된 부분을 이어나간다. 바울은 특정 문제들, 곧 근친상간 사건(5:1–13)과 그리스도인 형제 사이의 다툼을 세상 법정에 고발한 사건(6:1–11)을 채택해 주의를 집중시켰다. 바울은 이런 죄를 묵인하는 일과 이런 죄에 가담하는 일은 하나님의 백성이 성도로서 차지한 지위와 전혀 양립할 수 없음을 증명했다. 바울은 이 마지막 부분(6:12–20)도 고린도 교회 안에서 죄를 묵인하는 일에 대한 염려를 직접 다루는 것으로 끝맺는다. 다시 한번 바울의 논증이 공동체의 거룩함에 호소하는 것으로 요약된다(19–20절; 참고. 5:9–13; 6:9–11). 이렇게 할 때 바울은 고린도 교인이 직면하는 또 다른 심각한 위험, 즉 음행과 매춘 문제를 다룬다. 본문은 결론의 의미가 있지만 동시에 바울이 고린도전서 나머지 부분에서 다룰 중대한 문제를 시작하는 역할도 한다. 라이트풋(Lightfoot)이 지적한 것처럼 "근친상간 사건은…그것 자체로 끝나는 일이 아니었다(고후 12:21을 보라). 음란죄는 고린도 교회의 골칫거리였다."[1]

본문 첫 부분에 나오는 속담 "모든 것이 내게 가하다"라는 말은 우상 제물을 먹는 문제를 다루는 10:23에서 다시 나온다. 성경은 관례적으로 음행과 우상 숭배를 동전의 양면처럼 연결한다. 바울은 선례를 따라 이 연계성이 고린도 교회가 묵인한 사건으로 증명된다고 주장한다. 두 비슷한 명령은 이 두 죄가 중복된다는 점을 부각한다. "음행을 피하라"(6:18)는 명령 다음에 "우상 숭배하는 일을 피하라"(10:14)는 명령이 나온다.[2] 창녀와 성관계를 가질 때 형성된 연합을 반대하는 근거로 제시된 바울의 신학적 논증(주와 합하는 자는 한 영이니라)은, 그들이 한 몸, 곧 그리스도의 몸의 지체이므로(10:16–17) 우상 숭배에 빠지지 말라는 동일한 기본 논증을 예견한다. 바울이 그리스도인의 몸을 "성령의 전"으로 언급하는 것(6:19) 역시 우상 숭

1. Lightfoot, *Notes on Epistles*, 213.
2. 6:20에 대한 설명에서 '심층 연구: 음행, 우상 숭배 그리고 언약 공동체'를 보라.

배에 관한 설명을 예견하는 한편, 동시에 3:16-17에서 성령의 내주하심으로 하나님의 백성이 그분의 성전이 된 것에 대한 설명을 되돌아본다.

매춘의 사례는 7장의 기반을 마련하고, 부분적으로 음행의 유혹에 대한 답변을 제공하는 결혼 관련 설명을 예비한다(7:2, 9). 바울이 "너희는 값으로 산 것이 되었으니"(6:20)라고 그리스도의 구속 행위에 호소하는 것은 주 앞에서 적절한 행위를 해야 하는 것에 대한 근본적인 호소로 작용하고, 이것은 7:23에서 반복된다. 게다가 6:14에서 부활에 호소하는 것도 부활할 때 몸의 지위에 대한 상세한 설명을 예견한다. 따라서 바울은, 비록 교회 공동체 안에서 실제로 문제가 되는 일을 다루므로 매우 실제적이기는 해도, 교훈적이고 신학적인 느낌을 더 강하게 주는 내용을 편지에 쓴다. 바울은 고린도 교회 공동체가 교인들 사이에서 일어난 성범죄를 묵인하는 것을 깊이 우려한다. 하지만 아울러 자신의 관점과 음행을 피해야 하는 이유를 설명하는 데 더 큰 비중을 둔다.

주요 개념

그리스도인은 그들을 값으로 사신 주님께 속해 있다. 그리스도인은 자신이 그리스도와 한 몸으로 연합된 것을 인정해야 한다. 그러므로 그리스도인이 자신의 몸으로 하는 일은 주 앞에서 중요하다. 어떤 형태든 음행은 몸을 능욕하고 공동체의 거룩함을 흐려놓는 것을 의미한다.

번역

고린도전서 6:12-20

12a	인용/단언	**모든 것이 내게 가하나**
b	단언/반응	**다 유익한 것이 아니요**
c	인용/단언	**모든 것이 내게 가하나**
d	단언/반응	**내가 무엇에든지 얽매이지 아니하리라**
13a	인용/단언	**음식은 배를 위하여 있고**
		배는 음식을 위하여 있으나
b	단언	**하나님은…폐하시리라**
		이것
		저것을 다
c	대조/단언	몸은 음란을 위하여 있지 않고
d	설명	오직 주를 위하여 있으며
e	추가 설명	주는
f		몸을 위하여 계시느니라
14a	단언	**하나님이 주를 다시 살리셨고**
b		또한…**우리를 다시 살리시리라**
c	수단	그의 권능으로
15a	수사적 질문	**너희 몸이 그리스도의 지체인 줄을 알지 못하느냐**
b	수사적 질문	**내가**
	상황	그리스도의 지체를 가지고
c		**창녀의 지체를 만들겠느냐**
d	탄식	**결코 그럴 수 없느니라**
16a	묘사	창녀와 합하는 자는
b	수사적 질문	**그와 한 몸인 줄을 알지 못하느냐**
c	16a, b절의 증명	일렀으되
d	성경 인용	둘이 한 육체가 된다 하셨나니(창 2:24)
17a	묘사	주와 합하는 자는
b	(16a, b절과) 대조	**한 영이니라**
18a	명령	**음행을 피하라**
b	단언/18a절의 기초	**사람이 범하는 죄마다 몸 밖에 있거니와**
c	18a절의 기초 연속	**음행하는 자는 자기 몸에 죄를 범하느니라**

19a	복합 수사적 질문		
	1부	**너희 몸은…성령의 전인 줄을**	
b	원천		너희가 하나님께로부터 받은 바
c	위치		너희 가운데 계신
		알지 못하느냐	
d	복합 수사적 질문		
	2부	**너희는 너희 자신의 것이 아니라**	
20a	19d절의 기초	**값으로 산 것이 되었으니**	
b	권고	그런즉…**하나님께 영광을 돌리라**	
c	방식	너희 몸으로	

구조

이 부분에서 "음행을 피하라"(6:18)는 명령은 이전 부분의 "미혹을 받지 말라"(6:9)는 명령과 똑같이 중추 지점을 표시한다. 음행은 자신의 몸에 죄를 범하는 것이다. 바울은 고린도 사람에게서 나온 것으로 보이는 두 개의 속담을 언급하면서 이 부분을 시작한다(6:12-13). '너희가…알지 못하느냐'(15, 16, 19절)로 시작되는 세 개의 추가 수사 의문문은 바울이 그리스도의 주 되심 아래 살 때 몸에 합당한 지위를 부여하라고 신학적인 기반을 가지고 호소하는 것을 소개한다. 그러나 여기서는 이전 부분보다 논란이 적다. 13절의 정교한 구조는 바울이 펼치는 논증의 진행을 파악하는 데 도움을 준다. 그 구조는 다음과 같다.

A. 음식은 배를 위하여 있다	배는 음식을 위하여 있다
B. 하나님은 배를 폐하실 것이다	하나님은 음식을 폐하실 것이다
A. 몸은 주를 위하여 있다	주는 몸을 위하여 있다
B. 하나님은 주를 다시 살리실 것이다	하나님은 우리를 다시 살리실 것이다

이 구조에서 "음식은 배를 위하여 있고 배는 음식을 위하여 있으나"라는 말은, "몸은 (음란을 위해 있지 않고) 오직 주를 위하여 있으며 주는 몸을 위하여 계시느니라"는 이어지는 말을 보강한다. 이것은 여기서 바울의 관심사가 무엇인지를 잘 드러낸다. 왜냐하면 바울은 이어서 창녀와 합하는 음행으로 입증되는 것처럼 몸에 죄를 짓는 것이 그리스도인의 삶과 완전히 맞지 않는 이유를 증명하는 세 개의 논증을 제시하기 때문이다. 그것은 다음과 같다. (1) 몸은 주를 위하여 있다(부활로 증명됨, 13-14절). (2) 신자의 몸은 그리스도의 지체다(15절). (3) 신자는 그리스도와 한 영이다(16-17절). 그다음에 음행을 피하라는 명령이 나오고(18절), 거기서 더 나아가 (1) 신자의 몸은 성령의 전이고(19절) (2) 신자는 값으로 샀다(20절)고 말하면서 종합적으

로 성령의 임재와 그리스도의 사역에 기반을 둔 공동체의 거룩함을 요구한다. 여기서 논증은 하나님께 몸으로 영광을 돌리라는 마지막 권고로 끝난다. 이 권고는 특별한 음행 사건을 다루는 것으로 시작된 부분의 적합한 결론을 구성하고(5:1), 남편과 아내가 상대방의 몸을 어떻게 존중해야 하는지를 언급하는 부분의 적합한 서론을 구성한다(7:2–4).

석의적 개요

V. 신령하지 못한 지혜는 중대한 죄를 낳음(5:1–6:20)

- A. 근친상간 사건을 해결해야 함(5:1–8)
- B. 공동체 정체성은 거룩함을 요구함(5:9–13)
- C. 그리스도인 간의 소송을 세상 법정에 맡겨서는 안 됨(6:1–8)
- D. 공동체 정체성은 거룩함을 요구함(6:9–11)
- ➦ **E. 음행은 그리스도와의 연합과 양립할 수 없음(6:12–17)**
  - 1. 그리스도인의 자유는 경계가 있다(6:12)
  - 2. 몸은 음란이 아니라 주를 위하여 있다(6:13–17)
    - a. 몸은 주를 위하여 있다(6:13)
    - b. 주는 몸을 다시 살리실 것이다(6:14)
    - c. 몸은 그리스도의 지체로 다른 것과 합해져서는 안 된다(6:15–17)
- **F. 공동체 정체성은 거룩함을 요구함(6:18–20)**
  - 1. 성범죄는 몸에 죄를 범하는 것이다(6:18)
  - 2. 몸은 성령의 전이다(6:19)
  - 3. 몸은 하나님께 영광을 돌려야 한다(6:20)

본문 설명

6:12 모든 것이 내게 가하나 다 유익한 것이 아니요 모든 것이 내게 가하나 내가 무엇에든지 얽매이지 아니하리라(Πάντα μοι ἔξεστιν, ἀλλ' οὐ πάντα συμφέρει. πάντα μοι ἔξεστιν, ἀλλ' οὐκ ἐγὼ ἐξουσιασθήσομαι ὑπό τινος). 이제 바울은 그리스도인의 자유를 둘러싸고 벌어지는 경계의 문제를 다룬다. 공동체의 거룩함은 오직 교회가(그리고 개개의 그리스도인이) 공동체를 '높이 세우고' 유익하게 하는 원리에 우선해야 함을 이해할 때 비로소 확립될 것이다. 첫 문장의 전반부("모든 것이 내게 가하나")는 대체로 바울이 이후의 내용을 한정하려고 가져온 인용문으로 추정된다. 이 말은 이 구절에서 다시 반복되고, 10:23에서도 두 번 반복된다. 바울의 첫 번째 한정("다 유익한 것이 아니요")

역시 10:23에서 반복된다. 8장 이후로 본격화되는 논의가 이 본문에서 시작된다. 또한 이 본문은 1-4장의 내용을 취하고 참된 그리스도인의 특징이 무엇인지에 대한 질문을 더 상세히 전개한다. 만약 사회에서의 지위나 위치가 고린도 교인에게 매우 중요하다면, 바울은 기독교 신학에서도 지위가 근본적으로 중요하다는 점을 그들이 깨닫기를 바란다. 그럼에도 신자에게 이 공동체 정체성 표지는 믿지 않는 사회가 추구하는 것과 전연 다르다.

첫째, 바울은 고린도 교인이 자신의 "지혜"가 교회 안에서 교인 자격을 인증하거나 표시하는 것이 아님을 기억해야 한다고 주장했다. 둘째, 바울은 고린도 교인이 "지혜롭다"고 생각하는 것은 다수의 중요한 신학적 '기본 진리'에 비추어 판단되어야 한다고 주장했다. 바울이 고린도전서의 중추를 이루는 13장에서 분명히 할 것처럼, 사랑이 기독교 공동체의 구성원 자격을 규정하는 표지이므로, 그가 여기서 참된 지혜의 시금석을 그 지혜가 낳은 결과가 '유익한지' 여부로 보는 것은 놀랍지 않다. 셋째, "모든 것이 가하다"라는 속담은 자유를 보장하는 말로 들리지만, 그 속담의 지혜롭고 경건한 적용은 항상 그리스도인이 경건하지 못한 삶의 방식이나 행위에 '예속될' 수 있는지에 대한 질문을 불러일으킬 것이다.

바울이 이 속담에 따라 어떤 교인이 매춘에 빠지는 것을 우려하는 것으로 보아, 고린도 교인은 이 속담을 무엇이든 할 수 있는 무제약적인 진리로 여긴 것 같다. 아마 바울은 주변 사회에서 떠도는 속담을 취했을 것이다. 아니면 고린도 교인이 율법으로부터의 자유를 강조한 바울의 교훈을 잘못 이해한 데서 나온 것일 수도 있다. 그러나 여기서 강한 반의 접속사 '그러나'(ἀλλά, 개역개정에는 "가하나"는 말에 이 단어의 의미가 포함되어 있음-역주)를 사용한 것으로 보면, 바울은 고린도 교인이 이 속담을 적용하는 방식에 대해 직접 제동을 건다. "다 유익한 것이 아니요." 이 헬라어 단어(συμφέρω)는 '함께 가져오다'를 의미한다. 그러나 이 문맥에서 '함께 가져오다'라는 의미는 고린도전서에서 거듭 설명하는 "덕을 세우는 것"의 이면에 놓여 있다. 따라서 10:23에서 동사 '덕을 세우다'라는 말은 단순히 "유익"을 설명하는 역할을 한다["모든 것이 가하나 모든 것이 유익한(συμφέρω) 것은 아니요 모든 것이 가하나 모든 것이 덕을 세우는(οἰκοδομέω) 것은 아니니"]. 미첼(Mitchell)은 정치적 수사(deliberative rhetoric)에서 이익을 호소하는 방편으로 이 단어를 자주 사용한다고 지적한다.[3] 연설가나 정치적 글의 저자에게는 특정 조치가 유익하다고 주장하는 다양한 방법이 있었을 것이다. 그리고 이처럼 유익한 것에 호소하는 것도 그 방법 중의 하나였다. 이런 관례를 바울의 독자가 잘 알고 있었다면, 의심할 것 없이 그 관례는 바울의 논증에 힘을 더해줄 것이다.

8-14장에서 바울은 이 모든 것에 대한 자신의 생각을 훨씬 더 상세히 설명한다. 여기서는 고린도 교회가 묵인한 음행 문제에 주로 주목한다. 이후의 장들은 확실히 여기서 바울이 드러낸 생각을 설명하는 데 도움을 준다. 8:1에서 처음으로 기독교의 공동체 지위를 결정하는 참된 요소, 즉 공동체 지위의 '표지'로 간주되는 사랑에 관해 언급한다.[4] 거기서 바울은 단도직입적으로 '지식은 교만하게 하지만'(지식은 고린도 교인을 교만하게 만든 자산 가운데 하나다) '사랑은 덕을 세운다'고 지적한다(8:1에 대한 설명을 보라). 고린도 교인이 사용한 속담의 유효성을 파악하는 한 가지 시금석은 어떤 것이 그리스도 안에서 형제에게 (사랑의) 유익을 주는지 여부를 재는 것이다. 율법으로부터의 자유든 어둠의 영역으로부터의 자유든 어떤 자유를 막론하고, "그리스도 안에" 있을

3. Mitchell, *Rhetoric of Reconciliation*, 29-31.

4. 이것은 2:9에서 암시되었다.

때 주어지는 자유는 어떤 식이든 다양한 차원에서 존재한다. 9장을 시작할 때 바울은 (헬라어 단어 ἐλεύθερος를 사용하여) "내가 자유인이 아니냐"라는 수사 의문문을 사용하고, 긍정의 답변을 기대한다. 그러나 바울은 교회의 유익이나 덕을 세우는 역할을 하지 못하면 이 모든 것이 무의미하다고 주장한다.

이 구절의 속담에 대한 바울의 두 번째 항의도 마찬가지다. 즉, 이후 장들이 바울의 이 항의를 설명하는 데 도움을 준다. 헬라어 본문에는 '가하다'와 '얽매이다'(ἔξεστιν와 ἐξουσιάζω에서 나온 ἐξουσιασθήσομαι) 사이에 언어유희가 있다. '얽매이다'로 번역된 동사는 사람이 어떤 일을 할 '권세'나 '능력'이나 '(법적) 권리'가 있는 것과 관련되어 있다(7:4을 보라). 이것을 '모든 것이 내게 가하나(합법적이나) 내가 어떤 것에도 속박되지 아니하리라'로 번역하는 것은, 비록 그것이 자체로 어떤 상황에서 유익한 것이 될 수 있다고 해도, 바울이 어떤 것으로도 속박받는 것을 거부하리라는 관념을 포착하는 한 방법이다. 따라서 9장에서 바울은 자신의 모든 권리가 복음의 방해물이 되도록 하기보다는 자신의 모든 권리가 복음의 방해물이 된다면 기꺼이 포기할 준비가 되어 있는 것에 대해 상세히 언급한다(ἐξουσία, 9:4-6, 12, 18; 참고. 8:9).

6:13-14 음식은 배를 위하여 있고 배는 음식을 위하여 있으나 하나님은 이것 저것을 다 폐하시리라 몸은 음란을 위하여 있지 않고 오직 주를 위하여 있으며 주는 몸을 위하여 계시느니라 하나님이 주를 다시 살리셨고 또한 그의 권능으로 우리를 다시 살리시리라(τὰ βρώματα τῇ κοιλίᾳ, καὶ ἡ κοιλία τοῖς βρώμασιν· ὁ δὲ θεὸς καὶ ταύτην καὶ ταῦτα καταργήσει. τὸ δὲ σῶμα οὐ τῇ πορνείᾳ ἀλλὰ τῷ κυρίῳ, καὶ ὁ κύριος τῷ σώματι· ὁ δὲ θεὸς καὶ τὸν κύριον ἤγειρεν καὶ ἡμᾶς ἐξεγερεῖ διὰ τῆς δυνάμεως αὐτοῦ). 바울은 여기서 고린도 사람들이 사용하는 속담을 인용하여, 음행은 몸에 대한 하나님의 계획, 곧 몸이 결국은 부활하여 그리스도와 연합하도록 되어 있는 계획에 조금도 부합하지 않는다고 주장한다. 여기서도 대다수 주석가와 성경 역본은 첫 문장(13절)의 전반부나 전체를 인용문으로 간주한다. 이 책은 이 문장 전체(13a-b, 즉 '구조' 부분에 설명된 것처럼 A와 B 전체)를 인용문으로 본다. 바울은 이익의 여격('…을 위하여')을 사용하므로, 그 말은 "배를 위하여…음식을 위하여"(τῇ κοιλίᾳ…τοῖς βρώμασιν)로 번역된다. 여기서 "이것"은 배를 가리키고(ταύτην은 κοιλία와 일치한다), "저것"은 음식을 가리킨다(ταῦτα는 βρώματα와 일치한다). 13c-f절에서도 13절의 여격이 똑같이 해당된다("주를 위하여…몸을 위하여"). 13b절의 "하나님은…폐하시리라"는 언급은 갑작스럽다.[5] 그것은 이 속담에 대한 바울의 반응일 수 있다. 그러나 그것은 배가 하나님보다 중요한 것이 될 때 배의 부적절함을 주장하는 데 사용된 전체 표현의 일부로 보인다.[6] 고린도 교인이 이 속담이나 이와 비슷한 주장을 음행을 옹호하는 데 사용한 것으로 볼 수도 있지만 그런 증거는 없다.[7] 우리가 여기서 어디에 인용 부호를 붙이든 간에, 혹은 이 말이 바울이 직접 그 주제와 관련시키기 위해 가져온 잘 알려진 속담이라고 가정한다

5. 이 동사(καταργέω)의 의미에 대해서는 15:24에 대한 설명을 보라.
6. Jerome Murphy-O'Connor, "Corinthian Slogans in 1 Cor 6:12-20," *CBQ* 40 (1978): 394-95.
7. 어떤 이는 이것이 바울이 배에 관해 말해야 하는 이유를 알려주는 것 같다고 주장한다. 따라서 그 속담이 배는 중요한 것이 아니라고 말하는 것처럼("하나님은 배를 폐하시리라"), 사람들은 몸은 중요하지 않다고 주장했다("하나님은 생식기를 폐하시리라"). Fee, *1 Corinthians*, 280과 Rosner, *Paul, Scripture, and Ethics*, 129가 그렇게 주장한다. 이것은 여기서 "배"(κοιλία)는 태(胎)를 가리키고, 이 개념을 연장하면 생식기를 가리킬 수 있다는 것을 기초로 일부 주석가들이 지지한다(BDAG나 MM는 이런 의미의 연장 사례를 전혀 제공하지 않고, Garland, *1 Corinthians*, 230이 제공한 사례는 다 단순히 "배"로 번역될 수 있을 것이다. 예컨대 LXX 삼하 7:12; 시 131:11에서 "허리"나 "배"로부터 나온 자손이 그렇다). 일부 고린도 교인이 배가 중요하지 않다는 속담과 생식기가 중요하지 않다는 속담의 연계성을 보았을지 모르지만, 그 말은 분명히 여기서 '생식기'를 가리키는 것이 아니라는 점을 기억해야 한다.

고 해도, 중요한 것은 바울의 계속되는 논증이다.

바울의 관심은, 배와 음식의 관계 그리고 이와 반대로 음식과 배의 관계가 몸과 음행의 관계와 같지 않다는 것이다("몸은 음란을 위하여 있지 않고", 13c절). 배와 음식은 삶이 끝날 때 이 둘을 폐하실 때까지 특별한 목적을 위해 합력한다. 그러나 몸은 또한 하나님의 창조 질서 안에서 특별한 목적을 위해 일하고, 그것은 "주를 위하여" 있다. 배와 음식의 관계가 가까운 것처럼 몸은 주와 특별히 가까운 관계를 갖도록 지음 받았다.[8] 라이트가 이렇게 말하는 것과 같다. "현세에서 '몸'은 순종의 자리이자 수단이고, 그 자체로 하나님을 섬기는 도구로 창조주 하나님께 '바쳐져야' 한다."[9] 하나님이 창조하신 것은 하나님이 주신 목적을 위해 사용되어야 한다. 가장 확실한 것은 몸은 음란(πορνεία)을 위해 지음 받은 것이 아니라는 점이다.

여기서 바울이 주는 가르침은 광범하다. 몸은 하나님의 목적을 이루는 데 정말 중요하다. 그러므로 몸이 성적으로 음란한 행위에 연루되는 것은 잘못이다. 물질로서 몸은 현상계를 넘어서면 실존이나 중요성을 갖고 있지 않다고 보는 이원론은 있을 수 없다. 이런 이원론은 바울이 견지하는 세계관이 아니다. 15장에서 바울은 현재의 몸과 미래의 몸에 대해 말하고, 여기 14절에서도 미래의 몸을 언급한다. 현재의 몸과 미래의 몸은 연속성과 불연속성을 함께 갖고 있다. 현재의 몸은 썩을 것으로 묘사되고 미래의 몸은 썩지 아니할 것으로 묘사된다(15:42). 그러나 둘 다 "몸"이다. 하나님은 주를 다시 살리셨고,[10] 따라서 미래에 "그의 권능으로", 즉 하나님의 능력으로 우리를 다시 살리실 것이다(14절). 몸은 썩지 아니할 것과 죽지 아니할 것을 입게 될 것이다. 몸은 "몸"이 아닌 다른 어떤 것이 되지 않는다.

그럼에도 바울은 여기서 단순히 몸이 미래에 연속성이 있다는 것 이상의 사실을 말한다. 그것은 몸이 미래에 폐해지지 않을 것이라는 점이다. 바울은 몸은 주를 위하여 있다고 말한다. 말하자면, 몸은 음란을 위해 있는 것이 아니고 그리스도와 연합하고 주와 합하도록(17절) 그리고 하나님께 영광을 돌리도록(20절) 있다. 바울이 그다음 몇 구절에서 성령이 몸에 거하시는 것(19절)과 주께서 그 사람이 자신과 "합하도록"(17절) 몸을 자신과 연합시키신다는 사실을 제시한다는 의미에서 볼 때, 주는 몸을 위해 계신다.

바울 서신에서 "몸"(σῶμα)이 무엇을 의미하는지에 관해 상당한 논란이 있다. 휘틀리(Whiteley)는 "몸"이 특히 그리스도와 관련하여 바울 서신에서 가리키는 가능한 몇 가지 의미를 다음과 같이 유용하게 요약한다. 첫째, 지상적이고 신체적인 몸이 있다. 그리스도께 적용하면, 이 몸은 '지상 생활을 하실 때 그리스도의 몸'이고, 자연 질서에 속해 있으며, 문자적 의미로 취해져야 한다. 둘째, '부활한 몸'이 있다. 휘틀리는 이 몸 역시 실제 몸을 가리키기는 해도 "초자연적 질서에" 속해 있다고 말한다. 셋째, '교회'를 가리킨다. 이때의 몸은 은유적으로 이해해야 한다. 하지만 이 몸은 '자연적인 몸'(현재의 교회)과 휘틀리가 "초자연적인 몸"(부활할 때의 교회)으로 부르는 것을 다 함축한다.[11]

많은 이가 또 다른 질문을 아주 상세히 다루지만 여기서 그렇게 다룰 필요는 없다. 루돌프 불트만(Rudolf Bultmann)은 바울 서신에서 "몸"이라는 말은 일반적으로 "자아"(self) 또는 "인격"(person)과 동등하다고 주장했고, 많은 이가 이 주장을 따랐다. 고린도전서 6:13-20을 다

8. Furnish, *Theology of the First Letter to the Corinthians*, 58은 이것을 잘 포착한다. "음식과 배는 서로의 관계 속에서 행할 때 각자의 역할을 제대로 수행할 수 있다. 마찬가지로 몸은 오직 그리스도와의 관계와 조화를 이루어 행할 때만 온전한 몸이 된다."

9. Wright, *Paul and the Faithfulness of God*, 491.

10. 하나님이 주어이고, 그러므로 하나님이 13절의 "폐하실" 분이자 14절의 그리스도를 다시 살리셨고, 또 주의 백성으로서 우리를 다시 살리실 분이라는 점을 주목하라.

11. D. E. H. Whiteley, *The Theology of St. Paul* (Philadelphia: Fortress, 1971), 197.

루면서 불트만은 이 의미가 그 단어의 다양한 용례 아래 놓여 있다고 주장한다.[12] 13절에서 몸은 '성생활의 자리이고, (따라서) 음란으로 더럽혀져서는 안 된다.' 그러나 불트만은 이 단어가 몸은 "주를 위하여 있으며 주는 몸을 위하여 계시느니라"고 바울이 몸에 대해 말할 때 같은 것을 의미할 수 없다고 계속 말한다. 불트만은 13절과 14절에서 "자아, 인격" 관념이 또다시 나타난다고 말한다. 불트만에게는 이 부분 전체에 걸쳐 "몸"(σῶμα)의 의미가 신체적 "몸"의 의미와 "인격" 또는 "자아"의 의미 사이를 왔다갔다하는 것처럼 보인다.[13] 에른스트 캐제만(Ernst Käsemann)은 불트만의 견해를 진지하게 검토했다. 캐제만은 이 본문에서 이 단어에 다른 의미를 부여하는 불트만의 해석은 "해결할 수 없는 모순에 빠져 있다"라고 주장했다. 캐제만은 올바르고도 강력하게 "우리가 바울이 하나님의 피조물에 대한 모든 역사가 육체성(corporeality)으로 시작해서 끝난다고 본다는 사실을 조금이라도 수정하면 바울의 구원론의 일관성은 파괴된다"[14]라고 주장한다.

이 구절들에서 "몸"(σῶμα)이라는 단어는 단순히 사람의 신체적 몸을 가리키는 것으로 보는 것이 가장 자연스러워 보인다. 당연하게도 바울은 여기서 사람의 신체적 몸이 그리스도의 주 되심 아래 있다고 본다. 비록 몸을 '전 인격' 또는 '인격'이라고 보는 것이 13, 15, 16절에서 가능할 수는 있지만, 두 몸 사이의 신체적 행위가 성령이 그 몸 안에 거하신다는 바울의 가르침(19절)을 손상시키는 부적절한 결합을 낳는다. 바울의 논증은 우리의 신체적 몸은 중요하고, 우리가 그 몸을 가지고 신체적으로 행하는 것은 우리의 신체적 행동을 포함한 삶의 모든 분야에서 그리스도의 주 되심을 진지하게 취하는지 여부를 함축한다. 교회는 죄를 묵인해서는 안 된다. 음행의 죄가 잘못인 것은, 목적을 위해 몸을 창조하신 주님과 그 몸 사이에는 통합적 관계가 있기 때문이다.

이 신체적 몸의 중요성은 그리스도가 다시 살아나신 것처럼(14절) 몸도 다시 살아날 수 있고, 그리하여 몸으로 인식될 수 있으나 신령하고 썩지 아니할 진정한 신체적 몸이 될 수 있다는 바울의 가르침으로 계속된다.[15] 이제 바울은 몸이 창녀와 합하는 특수한 문제를 다루는 것으로 시선을 돌리고 자신이 말하는 진리를 입증하는 증거로 성경에 호소한다.

6:15-16 너희 몸이 그리스도의 지체인 줄을 알지 못하느냐 내가 그리스도의 지체를 가지고 창녀의 지체를 만들겠느냐 결코 그럴 수 없느니라 창녀와 합하는 자는 그와 한 몸인 줄을 알지 못하느냐 일렀으되 둘이 한 육체가 된다 하셨나니 (οὐκ οἴδατε ὅτι τὰ σώματα ὑμῶν μέλη Χριστοῦ ἐστιν; ἄρας οὖν τὰ μέλη τοῦ Χριστοῦ ποιήσω πόρνης μέλη; μὴ γένοιτο. [ἢ] οὐκ οἴδατε ὅτι ὁ κολλώμενος τῇ πόρνῃ ἓν σῶμά ἐστιν; Ἔσονται γάρ, φησίν, οἱ δύο εἰς σάρκα μίαν). 바울은 음행을 반대하는 신학적 논증을 펼치면서 먼저 몸은 주를 위하여 있다고 말했다. 바울은 그리스도를 다시 살리신 일에 담긴 그리고 그다음에 우리도 다시 살리실 것이라는 약속에 담긴 하나님의 권능을 언급함으로써 이것을 증명했다. 이 부활은 몸의 부활이다. 15-17절에서 두 가지 추가 논증이 제시된다. 바울은 15절에서 신자가 그리스도의 지체라는 사실에 호소하고, 17절에서는 신자가 주와 한 영으로 결합되어 있다는 사실에 호소한다. 그 중간(16절)에서 바울은 매춘 문제를 소개하고 매춘이 왜 그리스도인에게 그토록 심각한 죄인지 증명한다.

---

12. Rudolph Bultmann, *Theology of the New Testament*, 전2권 (London: SCM, 1952), 1:194-95.

13. 같은 책.

14. Ernst Käsemann, *Perspectives on Paul* (Philadelphia: Fortress, 1971), 18-19.

15. 예컨대 그리스도의 부활하신 육체적 몸이 어떻게 음식을 먹으면서 불멸의 몸이 될 수 있는지와 비교해보라(참고. 눅 24:42-43; 고전 9:1; 15:42-55).

일련의 수사 의문문에 담긴 또 다른 질문이 이 구절에서 시작된다(3:16에 대한 설명을 보라). 마지막 몇 구절이 덜 논쟁적이고 대신 더 교훈적이었다면, 바울은 이제 자신이 어떤 교인의 행위로 말미암아 그리고 이 죄를 묵인할 준비가 된 교회로 말미암아 자신이 얼마나 크게 괴로워하는지를 암시한다. 몸을 "지체"(members, μέλη)로 부르는 것은 정확한 번역이기는 하지만(NIV, ESV, NASB, 그리고 다른 대다수 번역) 바울의 관점을 직접 전달하지는 못한다. 몸이 지체, 즉 팔, 다리, 눈 등을 가진 것처럼, 바울은 그리스도도 같은 지체를 가지셨고 그리스도인의 몸은 그분의 "지체"라고 말한다. 12:12-27에서 바울은 이 유비를 가져다가 기독교 공동체에서 그것이 무엇을 의미하는지 더 깊이 성찰한다(롬 12:4-5도 보라). 그 그림은 매우 간명하다. 각 그리스도인의 몸은 그리스도의 "몸"과 결합할 때 (우리 몸의 "지체"가 그러는 것처럼) 어떤 기능을 발휘한다. 다른 곳에서 바울은 "지체"로서 눈이 귀의 기능을 행하지 않는 것과 같이, 개개의 그리스도인이 공동체 안에서 동일한 기능을 지니지 않음을 설명한다(12장). 모든 지체가 필수적이고 그리스도를 섬기는 일에 헌신한다. 고린도전서 12장과 로마서 12장에서 바울은 각 지체가 서로 어떻게 관련되어 있는지에 더 큰 관심을 둔다. 여기서 바울의 주된 목적은 그리스도인이 그리스도 자신, 곧 죽은 자 가운데서 육체로 부활하신 분과 어떻게 관련되어 있는지에 대해 말하는 것이다. 우리는 우리의 몸으로 주를 위해 살아야 한다.

여기서 구조가 바울의 생각의 흐름을 드러내는 데 도움을 준다. 우리의 몸은 그리스도의 지체다. 따라서 우리의 몸은 창녀와 결합되어서는 안 된다. 몸이 창녀와 결합하면 창녀와 하나가 되는 일이 벌어진다. 반면에 몸이 그리스도와 결합하는 것은 그리스도와 연합하는 것을 의미한다. 여기서 ABBA 구조가 나타난다(A: 몸이 그리스도와 관련됨, B: 몸이 창녀와 관련됨). 매춘을 반대하는 진술은 신학으로 둘러싸여 있다. 결정적인 문제는 그리스도인과 그리스도 사이의 관계와 그 연합의 본질이다. 하나님이 창조하신 몸이 목적을 달성하는 것은 그리스도와의 연합에 있다.

두 번째 질문은 상황 분사 "가지고"(ἄρας)라는 말과 함께 시작된다. 여기서 부정과거 시제는 과거를 함의하지 않고, 창녀를 위해 그리스도에게서 떨어져나가는 행동 전체를 암시한다. 주동사("내가…지체를 만들겠느냐", ποιήσω)는 부정과거 가정법이나 미래 직설법 중 하나일 것이다. 미래 직설법으로 취하면 교리적 질문의 의미가 더 강해진다. 그러므로 이 미래 시제 동사는 분사를 해석하는 데 도움을 준다. "그러므로 내가 그리스도의 지체를 가지고 창녀의 지체로 만들겠느냐?" 대부분 '너희가…알지 못하느냐'라는 질문으로 시작된 수사 의문문 다음에, 바울은 2인칭이나 3인칭을 사용하여 논쟁을 더 직접적인 것으로 만든다. 여기서 바울은 1인칭 단수형으로 바꾼다. 이렇게 하면서 바울은 자신에 관해 말함으로써 창녀의 지체로 만드는 장면을 훨씬 더 상상할 수 없는 일로 만드는 것 같다. 고린도 교인은 바울이("내가") 자신의 몸이나 다른 사람들의 몸을 가지고 창녀와 성관계를 맺음으로써 창녀와 합하는 일을 예상하겠는가? "결코 그럴 수 없느니라"(μὴ γένοιτο)는 말이 유일하게 가능한 답변이다.

여기서 바울의 관심은 각 신자의 몸이 그리스도께 속해 있고, 그러므로 그 몸이 오직 그리스도를 섬기는 일에 사용되어야 함을 인정하는 것이 그들의 의무라는 것에 있다. 창녀와 음란한 성관계를 갖는 데 몸을 사용하면 몸이 창녀와 결합되어 창녀와 한 몸이 되고 만다. 바울은 창세기 2:24을 인용하여 이 요점을 제시한다. 전적 헌신에 기반을 둔 부부 관계에서 이루어지는 성관계가 "한 몸"이 되는 것으로 언급된다. 이 성행위에서 그리스도인은 창조 당시에 여자가 남자로부터 지음 받고, 따라서 이전에는 그들이 확실히 "한 몸"이었던 점을 상기해야 하는 것처럼 보인다.

여기서 '합함'(κολλώμενος)의 개념은 "긴밀하게 묶는 것" 또는 "달라붙는 것," 혹은 "접착하는 것"을 의미할 수 있다.[16] 그러나 이 문맥에서의 의미는 (더 긴 단어인 προσκολλάω를 사용하는) 칠십인역 창세기 2:24을 따른다. 거기서 '합하는 것'은, 같은 구절인 칠십인역 창세기 2:24을 똑같이 인용하지만 이 동사의 짧은 형태를 사용하는 마태복음 19:5에서처럼 성관계를 가리킨다. 하나님은 창조주시고, 또한 남편을 아내와, 하나님의 백성을 주와 합하게 하신 분이시다. 따라서 창녀를 찾아가는 문제는 단순히 배우자에게 충실하지 못한 것으로 그치지 않고 훨씬 더 심각한 문제를 불러일으킨다. 말하자면 창녀와 합하는 것은 하나님이 합하게 하신 것을 '떼어놓는' 것이다. 하나님이 남편과 아내 사이에 만드신 연합을 깨뜨리고, 사실상 다른 '결합'에 빠지는 것은 주님을 거부하는 것이다. 그러나 부부의 결합은 하나님이 자신과 자기 백성에게 행하신 다른 결합을 상징하기 때문에, 창녀에게 가는 것은 또한 이 부분에서 주를 거부하는 것과 같다. 이제 17절은 바로 이 점에 대해 말한다.

6:17 주와 합하는 자는 한 영이니라(ὁ δὲ κολλώμενος τῷ κυρίῳ ἓν πνεῦμά ἐστιν). 구조는 창녀와 합한 결합과 주와 합한 결합 사이에 균형이 없다는 점을 보여준다. "…합하는 자는 (그와) 한 몸인 줄을"(16절), "…합하는 자는 (주와) 한 영이니라"(17절). 이 두 결합 간의 차이는 컸다. 건드리(Gundry)는, 바울이 몸은 영보다 저급하다는 몸과 영의 이원론을 따른다고 주장하는 불트만 및 로빈슨과 같은 주석가의 견해를 어느 누구보다 강렬하게 반대했다.[17] 오히려 바울은 그리스도인과 그리스도의 관계에서 몸에 대해 그리고 몸이 맡은 역할에 대해 계속 생각한다. 그리스도인과 그리스도의 관계는 신자가 그리스도와 "한 영"이 되는 것을 함축한다. 바울은 여기서 성령이 창조 사역과 이 관계를 유지하는 일에 관여하신 사실을 염두에 두었을 것이다. 바울은 11절에서 그리스도인이 되게 하는 변화를 일으키신 행위자가 성령이었다고 말했다. 이어서 19절을 보면 몸은 성령의 "전"이다(3:17도 보라). 주와 합하는 관계는 성령으로 말미암아 성령과 함께 이루어지고, 바울이 주와 "한 영"이라고 말한 연합을 낳는다.

바울은 하나님과 그분의 백성 사이의 깊은 관계를 묘사하기 위해 창조 이야기 및 남편과 아내의 성적 연합 관념에 의존하는 전통적인 성경적 심상을 염두에 두었다. 그러므로 바울이 "그리스도와의 혼인 관계라는 심상을 사용할 의도가 없다"라고 주장하는 것은 부적합하다.[18] 오히려 바울의 논증은 그 반대다. 바울은 올바르게 사고하는 그리스도인이라면 창녀와의 성관계로 왜곡된 결혼 관계를 통해 주님과의 깨진 관계를 생각하게 될 것이라고 추정했다. 성관계의 심상은 성경에서 매우 자주 이런 식으로 사용된다. 그래서 바울은 15절에서 '너희가…알지 못하느냐'라는 심각한 수사적 질문을 사용하여 자신의 논증을 전개한다. 거듭해서 말하면 이미 확인했듯이 음행은 우상 숭배와 연계되어 있다. 10:7-9에서 바울은 이 주제로 돌아간다. 거짓 종교들이, 심지어 어떤 종교는 (신전) 매춘을 장려할 정도로, 상습적으로 음행에 대해 다른 접근법을 가진 것은 결코 우연이 아니다.[19]

---

16. BDAG 555; MM 352.

17. Robert H. Gundry, *SOMA in Biblical Theology with Emphasis on Pauline Anthropology*, SNTSMS 29 (Cambridge: Cambridge University Press, 1976), 66-69. 그리고 Bultmann, *Theology of the New Testament*, 1:194-95와 John A. T. Robinson, *The Body: A Study in Pauline Theology*, SBT (London: SCM, 1952), 29를 보라.

18. Garland, *1 Corinthians*, 235.

19. 주전 146년에 고린도가 멸망당하기 전인 초기에 고린도에서 일종의 신전 매춘이 있었음을 증명하는 믿을 만한 증거가 있기는 하지만, 바울이 편지를 쓸 당시에는 신전 매춘에 대한 명확한 증거가 없다. 그러므로 바울이 신전 매춘을 염두에 두었다고 보는 것은 가능하지만 개연성은 없다. 오늘날처럼 당시에도 대다수 도시에서, 특히 항구 도시에서 매춘이 흔한 현상이었다는 것을 고려하면, 바울은 '일반적인' 매춘을 염두에 두었을 것이다. 이 본문에서 바울이 몸

주와 합함으로써 한 영이 되는 것은 몸과 영의 분리를 함축하지 않는다. 몸은 전적으로 주께 헌신하고 주를 섬기는 일에 계속 바쳐지는 사람의 한 요소다. 남자와 여자가 진실로 (그들의 몸으로) 하나님의 사랑하심, 신실하심, 거룩하심을 반영할 수 있도록 성관계 영역에서 주께 순종하는 것은 이 섬김의 한 부분이다. 따라서 이어서 나오는 명령은 바울의 의도를 요약하는 말로 조금도 놀랍지 않다.

6:18 음행을 피하라 사람이 범하는 죄마다 몸 밖에 있거니와 음행하는 자는 자기 몸에 죄를 범하느니라(φεύγετε τὴν πορνείαν· πᾶν ἁμάρτημα ὃ ἐὰν ποιήσῃ ἄνθρωπος ἐκτὸς τοῦ σώματός ἐστιν, ὁ δὲ πορνεύων εἰς τὸ ἴδιον σῶμα ἁμαρτάνει). 명령 동사 "피하라"(φεύγετε)는 말은 매춘 문제에 대한 바울의 반응을 강조하고 요약하지만, 아마 바울은 공동체의 거룩함을 요청하는 것으로 이 부분을 결론지을 때 근친상간 사건을 되돌아보았을 것이다. 이 음행 사건을 처리하는 유일한 길은 마치 원수에게서 도망치는 것처럼 다른 방향으로 달아나는 것이다. 음행은 다른 주인이 지배하는 영역이다. 그곳으로 가는 것이 위험천만한 일인 것은 그 일로 심판이 초래되기 때문이다. 어쩌면 여기서 바울은 창세기 39:12에서 요셉이 보디발의 아내를 피해 도망치는 장면을 상기시키는 것일 수 있다. 그때 요셉은 그 여인의 손에 자기의 옷을 버려두고 "(도망쳐) 밖으로 나갔다"(ἔφυγεν καὶ ἐξῆλθεν ἔξω).

이어지는 진술을 보면 바울의 의도가 무엇인지 쉽게 드러나지 않는다. 대다수는 "모든 다른 죄"[20]로 번역하지만 헬라어 본문은 단순히 "모든 죄"로 되어 있다(AV, NRSV가 이렇게 번역한다). "다른"이라는 말을 집어넣으면 일반적 죄와 특수한 음행 죄 사이의 논쟁에 함축된 대조가 인정된다. 그러나 이 문장의 후반부는 매우 명확하다. 음행하는 자는 자기 몸에 죄를 범하는 것이다(여기서 사용된 εἰς는 누가복음 12:10에서 사용된 것과 같은 용법으로, '…에 반대하여'라는 뜻이다). 바울이 주장한 것처럼 성관계를 맺으면 '합하는 일'이 일어난다. 하나님은 그렇게 되도록 창조하셨다(창 2:24). 만약 다른 자와 육체적으로 결합하거나 연합하는 것이 몸에 의도된 목적이 아니라면, 정의상 그렇게 하는 것은 몸에 대해 죄를 범하는 것이다.

이 문장의 전반부["사람이 범하는 (다른) 죄마다"]로 돌아가보면, 다음과 같은 질문이 제기된다.[21] 바울은 여기서 어쨌든 음행이 다른 어떤 죄보다 나쁘다는 것, 또는 어쩌면 다른 모든 죄와 질적으로 다르다는 것을 암시하는가? "사람이 범하는 (다른) 죄마다 몸 밖에(ἐκτός) 있다"는 말은 무슨 뜻인가? 주석가와 역본들이 이 문장의 전반부와 몸 "밖에" 있지 않은 음행 죄가 있음을 말하는 후반부를 대조하기 위해 '다른'이라는 말을 첨가하는 것은 정확한가? 현대와 고대의 많은 주석가가 다양한 방식으로 음행 죄를 다른 죄와 비교했을 때 이런 죄들과 유일하게 차이가 있는 음행 죄의 본질이 무엇인지 파악하는 데 힘썼다. 따라서 칼뱅은 몸의 많은 지체가 각기 다른 죄로 더럽혀지는 것을 쉽게 인정하지만 "손은 도둑질이나 살인으로 더럽혀진다"라고 말한다. 그럼에도 "이런 다른 죄는 우리 몸에 음행 죄와 같이 더러운

이 성전이 되는 것을 강조하고, 6장 앞부분과 10장에서 우상 숭배와 일반적인 음란의 분명한 연계성을 언급하는 것을 고려하면, 바울은 우상을 숭배하는 신전 축제에서 빈번하게 이루어진 세속적 매춘을 염두에 둔 것일 수도 있다. 이런 축제는 축제 기간에 일어나는 음란한 성행위와 함께 10장의 관심사이므로 이런 축제에서 벌어지는 식사 교제에 참석하는 고린도 교인은 얼마든지 매춘에 가담할 우려가 있었다. Winter(*Seek the Welfare of the City*, 174)는 "성대한 행사를 위해 매춘을 제공한 순회 포주들이 있었고, 그들이 매춘을 만찬 자리에 서비스로 제공했을 것이다"라고 설명한다.

20. 예를 들어, NIV, RSV(NRSV에서는 "모든 죄"로 바뀜), TEV, NASB.

21. 여기서 바울의 가르침의 문맥에 따라 이 문장의 의미를 파악하려는 다양한 시도가 있었다. 각 견해를 평가하기에는 지면이 부족하다. 유용한 요약에 대해서는 Bruce N. Fisk, "Porneuein as Body Violation: The Unique Nature of Sexual Sin in 1 Cor 6:18," *NTS* 42 (1996): 540–58을 보라.

얼룩을 남겨놓지 않는다."[22] 키스트메이커도 비슷한 견해를 취한다. 그는 마약 중독과 같은 다른 죄들도 '몸에 대해' 범하는 죄가 아닌가 하는 질문에 대해 이렇게 답변한다. "영 안에서 일어나는 음행 죄는 육체적인 몸 자체의 만족을 추구하고, 따라서 몸으로 국한된다. 어떤 면에서 음행 죄가 다른 모든 죄와 다른 것은 그것이 몸 안에 있는 죄이기 때문이다."[23]

이 본문을 파악하는 또 다른 길은 바울이 여기서 고린도 사람이 사용하던 속담을 인용하거나 최소한 고린도 방식의 사고를 요약했다고 추정하는 것이다. 따라서 고린도 사람이 "사람이 범하는 모든 죄는 몸 밖에 있다"(그러므로 몸은 도덕과 무관하고 죄와 아무 상관이 없다)고 말한다는 것이다. 그런데 바울은 이 속담의 예외가 되는 한 가지 죄가 성범죄라고 말함으로써 이 속담을 한정한다.[24] 그러나 이 견해에는 문제가 있다. 음행을 피하라는 명령은 결정적으로 중요한 명령이었다. 이 명령은 여기서 바울이 펼치는 논증의 핵심에 있고, 두 수사의문문('너희가…알지 못하느냐', 16, 19절) 사이에 굳게 자리잡고 있다. 그런데 바울이 음행 죄에 관한 설명 중간에 다른 논증을 다루고자 한다는 견해는 개연성이 없는 것 같다. 고린도 교인은 자신의 몸을 대체로 주님 앞에서 자신의 영적 지위와 무관한 것으로 여긴다. 따라서 당연히 성범죄는 교회의 관심사 밖에 있다고 보았을 것이다. 그러나 바울의 논증은 몸이 중요하다는 것이었다. 그는 신학적 근거에 따라 자신의 관점을 지지하는 성경적 증거를 제공함으로써 그렇게 주장했다. 18절은 성범죄를 범하는 동안 몸에 형성된 관계의 본질에 관한 바울의 논증의 연장으로 더 자연스럽게 이해된다. 게다가 '그러나'(δέ, 18c절, 개역개정에는 번역되어 있지 않음—역주)라는 말은, 주장되는 것처럼 대조가 있다고 볼 수는 없을 것 같다. 고린도 사람의 속담으로 주장한 12절에서는 강한 반의 접속사가 사용된다(ἀλλά, 이 말은 실제로 그 구절에 속담이 들어 있는지 여부를 판단하는 데 도움을 준다). 갈런드가 지적하는 것처럼, 만약 이것이 속담이라면, "6:18b의 반응은 적절한 논박이 아니다."[25]

비록 전반부를 속담으로 취한다고 해도, 바울이 성범죄와 다른 모든 죄 사이에 모종의 질적 차이가 있다고 믿지 않는 한 그것에 동조해야 하는 이유가 분명하지 않다. 이 견해가 결론적으로 가장 일리가 있는 것은 사실이다. 하지만 어떤 면에서 성범죄가 이 속담의 예외인가? 앞서 언급한 것처럼 칼뱅과 다른 주석가들은 이 부분을 설명할 때 성범죄가 초래하는 무서운 결과를 설명했다. 이 모든 것은 사실일 것이다. 하지만 바울이 죄들 사이의 구별을 암시한 것인지 알아보려면 지금까지 바울이 펼친 논증을 검토하는 것이 가장 좋다.

바울은 음행의 본질에 관해 말했고, 매춘을 본보기로 사용했다. 음행 죄는 몸이 실제로는 주를 위해 있는 것인데 관련 여성과 몸을 "합하는 것"으로 상세히 묘사되었다. 하지만 그리스도의 주 되심 아래 그리고 그리스도의 창조의 목적에 따라 성행위를 하는 몸은 폐해질 수 없는 목적이 있다. 이 목적은 앞에서 지적한 것처럼 자기 백성에 대한 하나님의 신실하심과 그들에 대한 하나님의 사랑과 헌신을 포함하여 하나님의 형상의 국면들을 반영하는 것에 있다. 그러므로 성범죄에 빠지

22. Calvin, *First Corinthians*, 131–32.

23. Kistemaker, *First Corinthians*, 201. 또한 Barrett, *First Corinthians*, 151과 Fee, *1 Corinthians*, 290도 보라.

24. Murphy-O'Connor, "Corinthian Slogans," 391–96. 또한 Leon Morris, *The First Epistle of Paul to the Corinthians: An Introduction and Commentary*, TNTC (Grand Rapids: Eerdmans, 1958), 103과 Horsley, *1 Corinthians*, 92 그리고 Fitzmyer, *1 Corinthians*, 269도 보라.

25. Garland, *1 Corinthians*, 236. 그리고 Brendan Byrne, "Sinning against One's Own Body: Paul's Understanding of the Sexual Relationship in 1 Corinthians 6:18," *CBQ* 45 (1983): 608–16을 보라. Byrne은 여기에 "특별히 어떤 직접적인 방식으로 자신의 '몸'에 타격을 입히는 간음에 관한 것이 있다"라고 비슷한 결론을 맺는다. 이것이 왜 그러한지에 대한 Byrne의 설명은 너무 복잡하고 불필요하다. Byrne은 Käsemann의 견해를 따라 σῶμα는 여기서 "인격적인 자기소통 도구"로 이해되어야 한다고 주장한다(같은 책, 613).

는 것은 정말 특별히 몸의 성적 기능을 창조한 목적에 반한다는 의미에서 몸에 대해 죄를 범하는 것이다. 그렇게 보면 음행은 주님과 하나님께 속한 백성의 연합에 반하고, 주님이 육체적 몸 자체를 사용하여 그 연합을 촉진하고 그 연합을 설명하는 데 도움을 주고자 하신 것에도 반대된다.[26] 이런 식으로 취하면 그다음 수사적 질문(16a절에서처럼 '너희가…알지 못하느냐')은 단순히 그 메시지를 강조하는 역할을 한다.

6:19 너희 몸은 너희가 하나님께로부터 받은 바 너희 가운데 계신 성령의 전인 줄을 알지 못하느냐 너희는 너희 자신의 것이 아니라(ἢ οὐκ οἴδατε ὅτι τὸ σῶμα ὑμῶν ναὸς τοῦ ἐν ὑμῖν ἁγίου πνεύματός ἐστιν, οὗ ἔχετε ἀπὸ θεοῦ, καὶ οὐκ ἐστὲ ἑαυτῶν;). 공동체의 거룩함을 촉구하는 또 하나의 요약으로, 바울은 이제 매춘과 관련된 음행이 그리스도인의 삶과 완전히 어울리지 않는 네 번째 이유를 제시한다. 몸은 성령이 거하시는 곳이다. 이 수사 의문문은 이어지는 두 진술을 지배한다. 첫째, 고린도 교인은 "너희 몸은 너희 가운데 계신 성령의 전[이라는]" 사실을 당연히 알고 있었고, 또는 확실히 알고 있었어야 했다는 점을 전제한다. 둘째, 고린도 교인은 자신이 자신의 것이 아니라 주의 것이라는 점을 알고 있어야 했다.

이 일련의 수사 의문문('너희가…알지 못하느냐') 중 첫 번째 질문(3:16에 대한 설명을 보라) 역시 고린도 교인이 자신을 "하나님의 성전"으로 이해하는 문제를 제기했다. 거기에서 바울이 하나님이 성령을 통해 교회에 내주하시는 하나님의 임재에 관해 말했다고 지적했다. 3:17에서 바울은 성전을 거룩한 곳이라고 말하고, 누구든지 하나님의 성전을 더럽히는 자는 멸망을 당하리라 경고한다. 그리고 6장에서는 강조점을 성령이 안에 거하시는(ἐν ὑμῖν, "너희 가운데") 개인에게 두었다. 따라서 바울은 사람의 "몸" 역시 성령의 전이라고 말할 수 있다. 사람의 몸은 성령이 내주하시는 곳이기 때문이다. 로마서 8:11에서 바울은 성령의 내주하심을 성령이 예수님의 부활에 관여하신 것과 연결한다. 바울은 바로 이분이 우리 안에 거하시는 성령으로, "너희 죽을 몸도 살리실" 분이라고 말한다. 따라서 여기서 바울은 성령이 내주하시는 몸에 대해 그리고 하나님이 "그의 권능으로 우리를 다시 살리실"(ἡμᾶς ἐξεγερεῖ διὰ τῆς δυνάμεως αὐτοῦ, 14절) 것에 대해 말한다. 이 행위자는 "너희 가운데 계신", 즉 신자의 몸에 거하시는 성령이시다. 신자가 다른 사람과 "합하는" 것은 자신의 삶 속에 계시는 하나님의 참된 임재를 무시하는 것과 같다.

바울은 여기서 더 결정적으로 중요한 요점을 제시한다. 말하자면 바울은 하나님의 은혜에 호소한다. 바울은 관계절을 사용하여 성령을 한정한다. "너희가 하나님께로부터 받은 (성령)." 하나님이 성령의 원천이자 수여자이시다. 하나님의 성령은 완전히 하나님의 주도권과 은혜로 말미암아 공동체의 삶과 각 신자의 삶 속에 거하신다. 바울은 고린도 교인이 예수 그리스도 안에서 받은 하나님의 은혜에 감사하는 것으로 이 편지를 시작했다(1:4). 1:9에서 하나님이 사람들을 자신에게 부르신 목적이 그들이 모든 권세를 가지신 분, 곧 "예수 그리스도 우리 주"와 함께 "언약에 참여하도록"(κοινωνία) 하는 것에 있음을 확인했다(1:9에 대한 설명을 보라). 성령이 주어짐으로써 주인을 바꾸는 것이 가능하고 또 그것을 증언할 수 있게 되었으므로, 바울은 그리스도인의 삶과 "이 세상에 속한" 자의 삶을 대조할 수 있었다. 바울은 2:12에서 제자들이 세상의 영이 아니라 "하나님의 영"을 받았다고 여기서 제시하는 요점을 이미 소개했다. 그리스도인은 하나님의 영을 통해 "그리스도의 마음"을 가질 수 있다(2:16). 이것은 하나님의 은혜다. 곧, 하나님

26. 뒤에 나오는 '심층 연구: 음행, 우상 숭배 그리고 언약 공동체'를 보라.

이 자기 백성에게 베풀어주시는 놀라운 선물이다. 그러므로 6장에서 바울이 묘사한 대로 몸을 악용하는 것은 하나님의 은혜를 거부하는 것이고, 신자의 몸에 거하시는 성령의 사역과 임재를 통해 확립된 언약 관계를 파괴하는 것이다.

이제 바울은 공동체의 거룩함을 요청하는 마지막 논증으로 시선을 옮긴다. 바울은 여기서 몸을 창녀와 합함으로써 죄를 범하는 것이 그리스도인의 삶과 맞지 않는 이유를 더 깊이 제시한다. 그것은 그리스도인이 주님께 속해 있고, 그러므로 그들의 몸이 주님의 것이기 때문이다. 문법적으로 보면 "너희는 너희 자신의 것이 아니라"(ὅτι…καὶ οὐκ ἐστὲ ἑαυτῶν)는 절은 수사 의문문('너희는 너희 자신의 것이 아니라…는 것을 알지 못하느냐')에 대한 답변으로 주어진 제2목적절이다. 이것은 고린도 교인에게 그들이 주님의 것이라는 점을 상기시킨다. 고린도 교인은 하나님의 "아들 예수 그리스도 우리 주"와 "더불어 교제하는"(언약에 참여하는) 상태에 들어갔다(1:9). 그러므로 그들은 독립적인 행위자도 아니고(결코 그런 적이 없었다), "이 세대의 통치자들"에게 속해 있는 것도 아니다(2:6-8). 바울이 3:16과 3:23에서 말한 것처럼, "너희는 하나님의 성전"이고 "너희는 그리스도의 것"이다. 20a절에서 바울은 자신이 염두에 둔 것을 설명한다.

6:20 값으로 산 것이 되었으니 그런즉 너희 몸으로 하나님께 영광을 돌리라(ἠγοράσθητε γὰρ τιμῆς· δοξάσατε δὴ τὸν θεὸν ἐν τῷ σώματι ὑμῶν). 그리스도의 죽음으로 말미암아 그리스도인이 하나님이 값으로 산 자가 되었기 때문에, 바울은 몸의 모든 활동의 목표가 하나님께 영광을 돌리는 것이라고 주장한다. 여기서 '…때문에'(γάρ, 개역개정에는 이 말의 의미가 "되었으니"에 포함되어 있음-역주)라는 말은 이것이 바울이 방금 말한 것에 대한 설명이라는 점을 분명히 한다. 수동태 "너희는 값으로 산 것이 되었[다]"(ἠγοράσθητε)라는 표현은 다시 하나님의 행동에 주의를 집중시킨다. "값으로"(τιμῆς)[27]라는 말은 1:30과 그리스도 안에서 이루어진 구속을 되돌아보게 한다. 사람들을 값 주고 산다는 바울의 심상은 노예 세계에 의존한다.[28]

티슬턴이 주장하는 것처럼 이것은 사람이 값을 치르고 얻는 자유의 문제가 아니다.[29] 다시 말해, 이 은유는 노예가 독립을 얻는 것에 관한 것이 아니다. 오히려 바울은 소유권의 이전 또는 주인의 이동을 염두에 두었다. 본문으로 보아 이것이 확실히 분명한 것은 바울이 "너희는 너희 자신의 것이 아니라"는 말을 덧붙이기 때문이다. 7:23에서 바울은 그리스도인에 관해 "너희는 값으로 사신 것이니"라고 똑같은 말을 한다. 그곳의 문맥(7:17-24에 대한 설명을 보라)은 여기서 바울의 요점을 파악하는 데 도움을 준다. 거기서 바울은 고린도 교인이 지위와 사회적 상승에 욕심을 부리는 것을 반대하면서 지위에 대한 다른 관점을 제시한다. 사람들은 그리스도인이 되면 그때 그들의 상태가 어떠하든 간에(종이든 자유인이든), 하나님을 위해 살고 수고해야 한다. 바울은 7:21-22에서 종에게 말한다. 바울은 종에게, 만약 자유가 주어졌다면 그 자유를 이용하라고 권고하지만 계속해서 그 사람에게 '주의 자유인이 되라'고 말한다. 그러나 이 말은 소유의 소유격이다("주께 속한"). 따라서 바울은 하나님의 부르심을 받았을 때 자유인이었던 자가 이제는 "그리스도의 종"이 된 것에 대해 말한다(7:22). 이것 때문에 바울은 곧바로 "너희는 값으로 사신 것이니"라고 말하고, "사람들의 종이 되지 말라"고 명령

27. 가치의 부사적 소유격이다.
28. 7:24에 대한 설명에서 '심층 연구: 은유로서의 종노릇과 주인 됨의 이동'을 보라.
29. Thiselton, *1 Corinthians*, 476-77. 1:30에서 "구속"에 대한 설명을 보라.

한다(7:23).

바울은 여기서 자신은 무엇에든지 얽매이지(ἐξουσιασθήσομαι) 않겠다고 말하는 6:12을 염두에 두고 있다. 편지를 쓰는 내내 이것이 바울의 관심사였다. 그리스도와 그분의 사역을 통해 이루어진 언약의 참여(교제)로 말미암아 그리스도가 신자의 삶을 주인으로 지배하는 권리가 확립되었다. 신자는 자신을 값 주고 사신 주인을 위해 자기의 권리(9장에 대한 설명을 보라)를 포기했다(엡 6:9; 골 4:1도 보라).[30]

값으로 치른 대가는 그리스도의 죽음이었다. 바울은 5:7에서 "우리의 유월절 양 곧 그리스도께서 희생되셨느니라"고 말했다(5:7에 대한 설명을 보라). "십자가에 못 박히신 그리스도"는 복음 메시지의 참된 핵심이다(1:18, 23). 하나님은 그리스도의 희생적인 죽음을 통해 그리스도를 '우리의 구원함'이 되게 하셨다(1:30에 대한 설명을 보라). 그리스도의 주 되심으로 들어가면 사람은 몸을 비롯하여 그의 모든 것이 주님의 것이 된다. 그 결과, 곧 "그런즉"(δή) 바울은 직설법("너희 몸은…너희 가운데 계신 성령의 전인…너희는 너희 자신의 것이 아니라 값으로 산 것이 되었으니")에서 다음과 같은 결론적 명령법으로 나아간다. "너희 몸으로 하나님께 영광을 돌리라"(δοξάσατε δὴ τὸν θεὸν ἐν τῷ σώματι ὑμῶν).[31]

바울은 그리스도인이 음행 죄를 묵인하는 것을 반대하는 다섯 가지 논증을 제시했다. (1) 몸은 주를 위하여 있다, (2) 우리의 몸은 그리스도의 지체다, (3) 우리는 그리스도와 한 영이다, (4) 우리의 몸은 성령의 전이다, (5) 우리는 값으로 산 것이 되었다와 같이 몸의 중요성과 목적을 증명하는 것으로 논증했다. 따라서 마지막 명령("너희 몸으로 하나님께 영광을 돌리라")은 사실상 불가피하게 주어진다. "하나님께 영광을 돌리라"(δοξάσατε, 부정과거 명령법)[32]는 말은 하나님께 영예가 돌아가도록 하나님께 집중하라는 뜻이다. 그러나 바울은 '너희 몸 안에서'(in your body, ἐν τῷ σώματι ὑμῶν)라는 말을 덧붙인다. 여기서 '…안에서'(ἐν)는 도구적 의미로 볼 수 있고, '너희 몸을 가지고'(너희 몸으로, with your body)라는 뜻이다. 이 명령은 "음행을 피하라"(18절)는 이전 명령과 대조된다. 몸을 음란한 목적에 사용하는 것은 한 주인을 섬기는 일이다. 하지만 그리스도인은 값 주고 자신을 사신 분을 섬기는 일에 자신의 몸을 사용해야 한다. 교회가 하나님의 영광을 모든 몸의 활동의 목표로 삼으면, 근친상간이나 동성애나 매춘이나 어떤 것을 막론하고 모든 형태의 음행을 묵인하지 않도록 방비할 것이다. 고린도 교인에게 필요한 첫 번째 단계는 몸의 위치가 하나님의 구속 목적 안에 있다는 점을 기억하는 것이었다. 하나님은 자신의 권능으로 자기 백성을 육체적으로 다시 살리실 것이다. 왜냐하면 그 몸이 그리스도께 속해 있는 지체이기 때문이다. 그동안 몸은 성령이 거하는 전이다.

30. Martin은 우리는 그리스도께 종노릇하는 것을 상승 이동의 관점에 따라 본다고 주장한다. 즉, 그리스도께 종노릇하는 것은 더 높은 종의 지위로 상승하는 것이라는 말이다. 그러나 이것은 주인의 완전한 이동의 힘을 과소평가 하는 위험성이 있다. 그리스도의 주 되심은 단순히 더 우월하거나 더 큰 지위가 아니라 다른 영역에서 작용하는 것이므로 완전히 다른 지위다. Dale B. Martin, Slavery as Salvation: *The Metaphor of Slavery in Pauline Christianity* (New Haven: Yale University Press, 1990), 64-65를 보라.

31. "그런즉"(δή)이라는 말은 신약성경에서 다섯 번만 나온다. 이 후치 불변화사는 보통 명령이나 권고 가정법과 함께 등장하고, 명령을 심화시키는 역할을 한다(예를 들어, 눅 2:15; 행 13:2; 15:36).

32. 총괄적 부정과거 용법의 이 유용한 사례에 대해서는 Wallace, *Greek Grammar*, 721을 보라. 이것은 일어나지 않았다는 뜻이 아니고, 명령으로 새로 주어진 절박한 일로 간주해야 한다.

심층 연구

음행, 우상 숭배 그리고 언약 공동체

5:1에서 바울은 중대한 음행(πορνεία) 사건을 다루기 시작했다. 바울은 하나님의 거룩한 백성에게 기독교 공동체 안에서 음행하는 자나 우상을 숭배하는 자와 사귀지 말라고 권고했다(5:10). 그리고 6:9, 13, 18에서 음행 문제가 다시 제기된다. 7:2과 10:8에서도 마찬가지다. 5:11, 6:9, 10:7-8에서는 음행이 우상 숭배와 직접 연계되어 있다(참고. 갈 5:19-20). 바울은 분명히 이 두 문제(음행과 우상 숭배)를 가끔 분리하여 다루지만(예를 들어, 롬 13:13; 살전 4:3), 이 두 문제는 자주 함께 다루어진다. 그러므로 바울이 왜 이 두 문제를 똑같이 그리고 강력히 정죄하는지를 검토하는 것은 가치가 있다.[33] 그에 대한 대답은 이 두 죄가 특별히 그리스도인이 주와 맺는 그리고 그들 사이에서 맺는 언약 관계를 파괴하기 때문이라는 것이다.

6:9에서 바울이 사람들의 삶의 방식을 염두에 둔 것은 주목할 만하다. 이것은 단순히 죄악 목록이 아니다. 5:10에서처럼 바울은 그들의 죄로 확인되는 죄인의 목록을 제시한다(5:10과 6:9에 대한 설명을 보라). 따라서 바울은 여기서 어떤 추상적 음행 관념이 아니라 음행하는 자들(πόρνοι)을 가리킨다. 마찬가지로 어떤 추상적 우상 숭배 관념이 아니라 우상 숭배 하는 자들(εἰδωλολάτραι)을 가리킨다. 이것의 중요성은 쉽게 간과될 수 있다. 고린도전서 전체에 걸쳐 바울은 고린도에 있는 하나님의 백성, 곧 "성도들"의 공동체에 관심을 두었다. 여기서 "언약 공동체"로 지칭된 이 공동체는 ("그리스도 안에서") 주님과 관계를 맺으며 살고, 이 삶은 그들의 하나님을 서로에게 그리고 세상에 "반영할" 것을 요청한다. 결론적으로 이것은 에덴동산에 죄가 들어오지 않았더라면 아담과 하와가 결국 형성했을 공동체, 곧 그들이 하나님과 이웃을 사랑하고 하나님의 뜻에 완전히 참되고 기쁘게 순종하는 공동체인지 질문을 받는다는 것을 의미한다. 이 공동체는 주께서 영광 중에 오셔서 만물을 새롭게 하시기(계 21:5) 전에는 완전한 상태에 이를 수 없다. 그러나 하나님의 백성은 이미 "그리스도 안에" 있다. 죽은 자 가운데서 이미 살아나신 주님 그리고 언젠가 죽은 자 가운데서 살아나 땅을 물려받을 모든 신자의 처음 익은 열매인 주님이 하나님의 백성을 대표하신다. 모든 그리스도인을 대표하는 머리는 "마지막 아담"이시다(고전 15:45). 이런 이유로 15:49에서 바울은 "우리가 흙에 속한 자의 형상을 입은 것같이 또한 하늘에 속한 이의 형상을 입으리라"고 말할 수 있다.[34] 하늘에 속한 이의 형상을 입는 것은 인간이 원래 지음 받은 모습, 즉 하나님의 형상을 회복하는 것이다(창 1:26-27; 5:3; Wis 2:23).

우상 숭배는 분명히 그리스도인이 닮아야 할 주님과 언약 관계를 맺으며 사는 법에 관한 이런 이해와 정면으로 반한다. 십계명은 이 점을 강력히 천명한다. "우리 하나님 여호와께서 호렙 산에서 우리

---

33. 엡 5:3-5; 골 3:5도 참고하라. 바울은 다른 방식들로 죄를 지은 자에 관해 많이 말한다. 그러나 우상 숭배와 음행은 고린도전서에서만이 아니라 다른 서신들에서도 지배적인 주제로 다루어진다. 죄를 지은 자는 보통 외관상 이 두 포괄적인 큰 죄(곧, 우상 숭배와 음행) 가운데 어느 하나와 연루되는 경우가 있다. 예컨대 탐심은 골로새서 3:5에서 우상 숭배로 묘사된다. 또한 사무엘상 15:23도 보라. 거기 보면 "완고함"의 죄, 말하자면 하나님에 대해 완고한 태도를 취하는 것이 "우상 숭배"(ESV)로 묘사된다.

34. 첫 번째 아담과 마지막 아담의 대표성에 관한 바울의 주장은 15:48-49에 대한 설명을 보라. 또한 거기서 15:49의 권고 가정법에 대한 주장을 주목하라.

와 언약을 세우셨을"(신 5:2) 때 여호와의 율법은 분명했다. '나 외에는 다른 신들을 두지 말고 새긴 우상을 만들지 말라'(5:7-9). 신명기 4:16에서 이 금지 계명을 부분적으로 설명한다. 곧, 하나님은 호렙 산에서 어떤 형태로 자신을 나타내시지 않았고, 그러므로 백성들은 남자나 여자 또는 어떤 피조물의 어떤 "형상"(εἰκών)으로도 만들어서는 안 된다. 사실은 모세 오경의 이야기가 말하는 것처럼 요구된 하나님의 유일한 형상은 하나님이 에덴에서 사람을 만드셨을 당시의 남자와 여자의 형상이었다. 만약 참된 인간이 유일하게 허용된 하나님의 형상이라면 그리고 (타락 이후로) 오직 예수님에게서 온전한 형상이 확인되었다면, 우상 숭배는 하나님의 위치를 찬탈하려고 획책하는 일일 뿐만 아니라 근본적으로 인간을 비인간화하는(dehumanizing) 일이다. 언약의 주는 참 하나님이다. 언약의 주는 하나님이자 왕으로 오신 여호와다. 따라서 어떤 형태든 우상 숭배는 그분을 대신하여 그분께 속한 공동체의 머리가 되려고 획책함으로써 하나님이 자기 백성과 맺으신 언약을 깨뜨리는 것이다. 그리스도 안에서 언약의 주는 왕으로 땅에 오셔서 참 인간이 되셨으므로, 그분은 창조주를 진실로 '반영하는' 유일하신 분이다. 따라서 다른 "형상"은 어떤 것을 막론하고 사람들 앞에서 완전히 속이는 것이다. 바울은 "미혹을 받지 말라"(6:9; 참고. 15:33)고 말하는데, 그것은 이런 속임수가 마귀의 일이기 때문이다(10:20). 우상 숭배는 궁극적으로 본래 지음 받은 존재인 참 인간, 다시 말해 유일하게 참된 하나님의 형상이 되는 사람의 능력을 파괴한다. 그래서 바울은 "내 사랑하는 자들아 우상 숭배하는 일을 피하라"(10:14)고 역설한다.

음행 역시 언약의 순종에 대한 부르심을 정면으로 반대한다. 바울은 성관계를 단순히 개인적 만족을 추구하는 문제로 보지 않는다. 왜냐하면 성관계는 "인자와 진실이 많으신" 주와 그의 백성 사이의 친밀한 관계를 상징하고, 주께서 그들에게 "너는 마음을 다하고 뜻을 다하고 힘을 다하여 네 하나님 여호와를 사랑하라"고 말씀하시기 때문이다(출 34:6; 신 6:5; 참고. 막 12:30). 따라서 바울은, 10:14에서 우상 숭배에 관해 "우상 숭배하는 일을 피하라"고 말하는 것처럼, 6:18에서는 음행에 관해 "음행을 피하라"고 말한다. 다시 한번 바울은 창조 이야기와 하나님이 자기 백성과 맺으신 언약을 음행의 문제점을 파악하는 핵심 요소로 본다.

바울은 각 신자가 그리스도께 속해 있고 오직 그리스도를 섬기는 일에 사용될 수 있음을 인정하는 것에 관심이 있다. 이 섬김에는 몸도 포함된다. 창조자이신 언약의 주가 소유권을 갖고 계시고, 우리의 몸은 그분의 것이다("몸은 음란을 위하여 있지 않고 오직 주를 위하여 있으며 주는 몸을 위하여 계시느니라", 6:13). 다시 한번 바울은 언약 백성이 특히 몸을 비롯하여 만물이 새로 지으심을 받을 때를 대비하며 사는 법을 숙고하면서 창조 이야기를 떠올린다.

그러므로 독자는 바울이 6:16에서 음란하게 창녀와 성관계를 갖는 것은 창녀와 "합하는" 것이고, "[그녀와] 한 몸"이 되는 것이라는 요점을 제시하기 위해 창세기 2:24로 시선을 돌리는 것에 놀라서는 안 된다. 창조 이야기를 보면, 하와가 아담을 위해 아담의 몸으로 지음을 받는 것은 사람이 혼자 사는 것이 "좋지 아니하기" 때문이었다(2:18). 창세기 2:23에서 아담은 하와를 "내 살 중의 살"이라고 부르는데, 이것은 하와가 아담에게 완전한 "돕는" 배필이기 때문이다(2:18). 또한 창세기 2:24은 남자가 부모를 떠나 아내와 한 몸을 이루는 것에 대해 말한다. 성관계는 부부가 이전에 한 몸이었던 것, 곧 여자인 하와가 아담의 몸을 취했던 사실을 상기시키는 것처럼 보인다. 다른 어떤 인간 행동에서 보는 것보다 더 심오한 것이 몸의 결합에 있다. 성경은 하나님이 인간 행동을 보시다가, 사랑의 분위기 속에서 이루어진 성관계가 사람들에 대한 그분의 사랑 및 그분에 대한 사람들의 사랑에 대한 적절한 그림을 제공한다고 판단하셨다고 주장하는 것 같지 않다. 성경의 암시는 이보다 훨씬 더 깊이가 있다. 인간이 가장 깊은 차원의 인간 관계 속에서 하나님과 그분의 백성의 연대성을 상징하는 것이 되도록, 배우자와 성관계를 누리게 된 것은 하나님이 실제로 계획하신 일이다. 다시 말하면 이 은유 또는 상징은 먼저 하나님의 마음속에서 형성되었고, 이때 하나님이 그렇게 창조하신 목적은 특별한 방식으로 남자와 여자를 하나로 연합하는 것에 있다. 마태복음 19:6에서 예수님이 말씀하시는 것과 같다. 거기서 예수님은 창세기 2:24을 인용하여 "하나님이 짝지어주신 것을 사람이 나누지 못할지니라"고 말씀하신다. 이것은 바울이 다른 본문에서 발견되는 음행하지 말라는 구체적인 권고(출 20:14; 레 19:29; 21:7; 신 5:18; 잠 23:27)를 취하지 않고, 창세기 2:24을 취하여 자신의 주장을 지지하는 것과 비슷한 이유다.

따라서 음행은 온전히 선한 창조를 부정하는 것이고, 그러하기에 하나님을 반영하는 삶에 불순종하는 것을 암시한다. 간음, 근친상간, 동성 간 성행위 또는 다른 어떤 행위를 막론하고 부부 간의 결혼 관계 밖에서 이루어지는 혼외 성관계는 언약을 깨뜨리고, 따라서 죄를 짓는 행위다(6:9). 이런 성행위는 본래 지음 받았을 때의 상태가 아니고, 하나님과 그분의 백성 사이의 언약 관계를 깨뜨린다. 때때로 우상을 숭배하는 예배가 음행과 연루된 것처럼 보이는 사실도 이 초점을 더 부각한다(10:7-8). 그러므로 부정적인 관점에서 보면 다른 신을 따라가는 자는 간음하는 자로 묘사될 수 있다. 이것은 호세아의 예언과 선지자들이 이스라엘을 향해 다른 신들과 간음을 저지른다고 고발하는 많은 본문에 본질적 내용을 제공한다(렘 3:9; 겔 16장; 참고. 계 2:22).

적용에서의 신학

1. 음행을 묵인하는 것의 위험성

바울은 교회 안에서 음행이 묵인되는 것을 두렵게 생각했다. 그렇지만 모든 것이 가하다는 속담을 기초로 고린도 교회 안에서 음행이 정당화된 것처럼 보인다. 바울이 여기서 이 속담을 매우 근본적으로 제한하고, 10장에서는 훨씬 더 근본적으로 제한하는 것으로 보아 바울이 이 "속담"을 제한하기는 하지만 이 속담에 동조했다는 일부 주석가의 주장은 동의하기 어렵다. 결국 바울은 이 속담을 제한함으로써 그 효력을 무가치하게 만든다.

누구나 그리스도인의 자유에는 무수한 제약이 있다는 사실을 알아야 한다. 아마 유명한 영국 국교회 기도문의 "섬기는 것은 완전한 자유"[35]라는 말이 이것을 가장 잘 요약할 것이다.

이 섬김은 바울이 증명할 것처럼 주를 섬기는 일일 것이다. 주의 백성 가운데 공동체에 유익을 주거나 공동체의 덕을 세우는 일은 적극 장려되어야 한다. 성경에서 하나님의 형상을 반영하는 것과 남자와 여자가 지음 받은 방식의 연계성(창 1:26-27)이 여기서 근본 원리 가운데 하나다. 교회는 사람들이 덕을 세우는 곳이 되어야 한다. 따라서 그들은 세상에서 주님을 더 잘 반영하고 겸손한 섬김을 통해 주님을 위해 살아야 한다.

교회들이 교인들 가운데 일어난 음행이나 창세기 2장에 묘사된 것처럼 남편과 아내 사이의 성행위가 아닌 다른 어떤 성행위를 묵인할 때, 그것은 세상에 발을 맞추는 일이 될지는 모르지만 성경에는 불순종하는 일이 될 것이다. 그렇게 되면 하나님이 그분을 세상에 반영하도록 계획하신 방법 중 하나가 파괴될 정도는 아니더라도 왜곡되고, 성령의 전은 부정한 곳이 되고 말 것이다. 우리 시대에는 매춘이 매우 흔하다. 많은 서양 국가가 이미 매춘을 합법화했다. 많은 그리스도인이 외롭고 고립되어 있다고 느낄 수 있는 세상 속에서 종종 이런 성관계의 유혹을 받는다. 교회가 이런 욕망과 유혹을 만난 사람들을 돕는 데 훨씬 더 많이 노력해야 하는 것은 의심할 여지가 없다. 교회는 사람들을 주에 대한 지식과 사랑에서 더 멀리 떼놓을 활동을 관용하는 것보다, 주에 대한 사랑을 더 잘 반영하는 데 힘써야 한다.

2. 변화의 가능성

현대에 벌어지는 성행위에 관한 많은 논쟁 속에서, 그리스도인은 삶에서 자제할 것을 요구받아서는 안 되는 어떤 활동이 있다는 주장에 쉽게 휘말려든다. 이 관념은 현대인의 사고를 크게 지배한다. 성적 욕망이나 호감을 실제로 표현하는 것은 사람의 본성과 깊이 관련되어 있으므로, 성행위에 참여하는 것도 예상되어야 한다고 가정된다. 그리스도인 가운데 이런 견해를 용납하는 자가 있는 것은 회심의 기적적인 성격에 대한 이해가 점차 줄어드는 현실을 반영한다. 회심이 주로 구주로서 예수님께 특정 기도를 했는지 그리고 (간혹) 교회에 가는지 여부로 확인되는 시대에, 신약성경에 묘사된 전 존재의 변화는 크게 무시되었다. 이것은 또한 현대 교회에서 거룩함을 강조하는 태도를 감소하는 것에도 영향을 미쳤다. 교회 안에서 기독교 윤리를 끊임없이 부정적 관점으로 제시하는 것도 문제를 더 악화한다. 말하자면 교회는 그들을 사랑하고 보호하시는 하나님께 그리고 그들이 하나님을 위해 사는 것이라는 목적을 가지신 하나님께 기반을 둔 기독교 윤리를 가르치기보다는 단순히 "안 돼"라고 말하는 집단으로 여겨진다. 이 세상의 방식에 타협하라는 유혹은 언제나 극렬히 찾아올 것이다. 하지만 하나님을 반영하고, 그것을 이루어질 수 있게 하는 그분의 변화시키는 능력을 증명하라는 부르심의

35. 이 말은 *The Book of Common Prayer*의 아침 기도문 가운데 "평화를 위한 본기도(本祈禱)"에 들어 있다. 이 기도문의 원조인 고대 라틴어 기도문이 더 주목할 만할 것이다. 그 기도문의 원문은 다음과 같다. cui servire, regnare est("섬기는 자가 다스리는 자다"). 말하자면 하나님을 섬기는 삶을 살고 하나님께 복종하는 것은, 사실상 하나님과 함께 다스리는 것이다.

본질은 적절히 가르쳐지면 매우 힘 있고 긍정적인 메시지다. 이것은 허무는 것이 아니라 "덕을 세우는" 메시지다. 우리가 주와 맺는 연합, 곧 "(주와) 한 영"이 되는 것을 기억하는 것이 좋다(6:17). 우리 각자 안에 거하실 때 심지어는 우리의 본성도 변화시키는 성령의 특별한 능력을 기억하는 것은 지극히 중요하다(6:19). 바울은 에베소 교인에게 이렇게 말했다. "하나님을 따라 의와 진리의 거룩함으로 지으심을 받은 새 사람을 입으라고 [너희는 배웠다]"(엡 4:24). 또 고린도후서 5:17에서는 새 것과 옛 것의 대조가 명확하다. "그런즉 누구든지 그리스도 안에 있으면 새로운 피조물이라 이전 것은 지나갔으니 보라 새 것이 되었도다." 확실히 지금은 믿음으로 나아온 자의 삶에서 일어나는 근본적인 이적을 새롭게 강조할 때다. 이 이적은 사람의 '본성'으로 여겨질 수 있는 것도 변화시킬 수 있다. 영광으로 끝나는 이 과정은 성령이 우리 안에서 역사하심으로써 이미 시작되었다. 그렇게 되는 이유는 다음과 같다. "우리가 다 수건을 벗은 얼굴로 거울을 보는 것같이 주의 영광을 보매 그와 같은 형상으로 변화하여 영광에서 영광에 이르니 곧 주의 영으로 말미암음이니라"(고후 3:18).

CHAPTER 14

고린도전서 7:1-9

문학적 전후 문맥

바울은 고린도 교인이 공동체 안에서 벌어진 죄를 묵인하는 사건에서 자신이 본 위험성을 언급한 다음 이제 새로운 부분을 시작한다. 이 새로운 부분에서 바울은 고린도 교인이 자신에게 보낸 편지에 제기된 문제를 다룬다(7:1). 7:1에서 "이제…에 대하여"(περὶ δέ)라는 소개 공식을 사용하고 8:1과 12:1에서 이 공식이 반복되는 것을 고려하면, 고린도 교인이 제기한 질문이 폭넓게 세 범주로 나뉘는 것을 볼 수 있다. 이 세 범주는 결혼과 독신에 관한 문제(7장), 우상 숭배에 관한 문제(8-11장), 신령한 은사의 사용에 관한 문제(12-14장)다. 바울은 결혼과 독신에 관한 문제를 다룰 때 독신으로 남아 있는 것, 과부의 지위, 비신자와의 결혼, 이혼에 관한 가르침을 통합해서 다루고, 회심할 때 가졌던 결혼 관계의 지위를 그대로 유지하는 것에 관한 가르침을 자신의 메시지의 핵심에 둔다.

이 본문은 새로운 주제를 다루고 고린도 교인의 편지에 대한 답변으로 제시된 것이다. 그렇지만 바울은 앞에서 소개한 주제와 관념들을 취하고, 이전 본문들과의 연속성을 유지한다. 바울은 6장 후반부에서 지배적인 관심사였던 "음행"(τὰς πορνείας, 7:2)에 대한 시험 문제에 계속 관심을 가졌다. 여기서 바울은 "은사"의 위치에 관한 자신의 이해를 개진한다(7:7; 참고. 1:7). 또 사람의 "부르심"(7:17-24; 참고. 1:9, 24-26)에 관심을 두고, 사람의 "권세"나 "권리" 문제(7:4; 참고. 6:12)도 다시 제기한다. 더 나아가 바울은 그리스도인의 자유와 자기 백성을 "값 주고 사신" 그리스도의 "종"이 되는 것의 본질에 대해서도 말한다(7:22-24; 참고. 6:12, 20).

그러나 이 부분의 어조는 다른 부분과 다소 다르다. 여기서는 수사적 질문('너희가…알지 못하느냐')이 나오지 않는다. 대신 좀 더 미묘한 어조가 담겨 있다. 고린도 교인이 편지에 쓴 문제 가운데 어떤 것은 확실히 심각한 문제로 대두된다. 하지만 바울은 또한 모든 그리스도인이 주님이 그들에게 선물로 주신 삶을 따를 책임이 있음을 증명하고, 그들이 시험에 넘어지지 않는다는 점을 보증하는 데 관심이 있다.

바울은 영적으로 교만한 모습을 보이는 일부 고린도 교인을 크게 염려했다. 이 본문에서 일부 고린도 교인은 성관계와 같은 육체적 활동을 신령하지 못한 일로 간주하는 일종의 금욕주의를 견지한 것 같다.

V. 신령하지 못한 지혜는 중대한 죄를 낳음(5:1-6:20)

➦ **VI. 공동체 지위와의 관계에서 본 결혼, 독신, 이혼, 과부 생활(7:1-40)**

A. 하나님의 부르심에 따라야 하는 결혼과 독신(7:1-24)

1. 결혼한 부부와 성관계(7:1-5)

2. 독신을 선호하는 바울의 태도(7:6-7)

3. 결혼하지 아니한 자와 성욕(7:8-9)

4. 결혼한 부부는 결혼한 그대로 지내야 함(7:10-16)

5. 각 사람은 주께서 나눠주신 대로 삶을 영위해야 함(7:17-24)

B. 독신의 유익(7:25-40)

VII. 지위, 지식, 자유 그리고 우상에게 바친 음식(8:1-11:1)

주요 개념

고린도 교인이 제기한 문제 가운데 일부 교인이 결혼 생활에서 성관계를 중단하는 것을 더 나은 영적 입장으로 여겼음을 나타내는 문제에 답변하면서, 바울은 그들이 음행의 시험에 직면할 것이라고 주장한다. 바울은 결혼 생활에서 부부가 맺는 성관계의 가치와 상호 의존성 그리고 결혼하지 아니한 자의 절제의 가치와 상호 의존성을 강조한다.

번역

고린도전서 7:1-9

1a	상황	**너희가 쓴 문제에 대하여 말하면**
b	인용	**남자가 여자를 가까이 아니함이 좋으나**
2a	기초	음행을 피하기 위하여
b	1차 권고	
	(첫째 부분)	**남자마다 자기 아내를 두고**(A, 남자)
c	(둘째 부분)	**여자마다 자기 남편을 두라**(B, 여자)
3a	2차 권고	

	(첫째 부분)	**남편은** 그 아내에 대한 의무를 다하고	(A)
b	(둘째 부분)	**아내도** 그 남편에게 그렇게 할지라	(B)
4a	3절의 1차 기초		
	(첫째 부분)	**아내는 자기 몸을 주장하지 못하고**	(B)
b	(둘째 부분)	오직 **그 남편이 하며**	
c	3절의 2차 기초		
	(첫째 부분)	**남편도 그와 같이 자기 몸을 주장하지 못하고**	(A)
d	(둘째 부분)	오직 **그 아내가 하나니**	
5a	권고	**서로 분방하지 말라**	
b	목적(긍정적)	다만 기도할 틈을 얻기 위하여	
c	허락	합의상 얼마 동안은 하되	
d	권고	다시 합하라	
e	태도	이는 너희가 절제 못함으로 말미암아	
f	목적(부정적)	사탄이 너희를 시험하지 못하게 하려 함이라	
6a	5절의 허락에 대한 설명	**그러나 내가 이 말을 함은**	
b	태도	허락이요	
c	태도	명령은 아니니라	
7a	소원	**나는 모든 사람이 나와 같기를 원하노라**	
b	단언	그러나 **각각 하나님께 받은 자기의 은사가 있으니**	
c	묘사	이 사람은 이러하고	
		저 사람은 저러하니라	
8a	단언	**내가…이르노니**	
b	수신자	결혼하지 아니한 자들과 과부들에게	
c	내용	나와 같이 **그냥 지내는 것이 좋으니라**	
9a	허락(조건절)	만일 절제할 수 없거든	
b	단언(귀결절)	**결혼하라**	
c	기초	**정욕이 불 같이 타는 것보다 결혼하는 것이 나으니라**	

구조

7장에서 바울은 고린도 교인이 제기한 문제를 다루기 시작한다(7:25; 8:1; 12:1도 보라). 1절은 최소한 일부 고린도 교인이 제시한 의견에서 인용하거나, 그들이 이전에 했던 언급을 담은 것으로 보인다. 1-9절은 세 부분으로 나눌 수 있다. 첫 번째 부분(1-5절)은 결혼한 부부와 그들의 성관계를 다룬다. 이 성적 시험 문제에 대한 논증은 "음행을 피하기 위하여"(2절)라는 어구로 시작되어 "사탄이 너희를 시험하지 못하게 하려 함이라"(5절)는 어구로 끝난다. 이 부분(1-5절)은 남편과 아내에게 번갈아 교훈함으로써 정교하게 균형을 이룬다(2절에 대한 설명에서 이 균형을 증명하는 2-4절의 더 상세한 구조 분할을 보라). 그 뒤로 개인적 의견을 다루는 두 번째 부분(6-7절)이 이어지는데, 이 부분은 세 번째 부분(8-9절)으로 들어가는 다리를 놓는다.

세 번째 부분(8-9절)은 바울이 자신의 권세에 주의를 환기하는 것으로 시작된다(바울의 권세는 10, 12, 25, 26절에서도 확인된다). 여기서 바울은 과부를 비롯하여 결혼하지 않은 자에게 말한다. 바울은 그들의 성욕(정욕)을 인정하고 그들을 향해 말한다. 결혼하지 아니한 자는 독신으로 남아 있거나(8절) 결혼하거나(9절) 자유롭게 택할 수 있다. 세 번째 부분도 성적 시험에 대한 언급으로 끝마친다.

석의적 개요

VI. 공동체 지위와의 관계에서 본 결혼, 독신, 이혼, 과부 생활(7:1-40)

➡ **A. 하나님의 부르심에 따라야 하는 결혼과 독신(7:1-24)**

1. 결혼한 부부와 성관계(7:1-5)

a. 고린도 교인이 사용한 속담(7:1)

b. 남편과 아내가 맺는 성관계의 상호 의존성(7:2-5)

2. 독신을 선호하는 바울의 태도(7:6-7)

3. 결혼하지 아니한 자와 성욕(7:8-9)

본문 설명

7:1 너희가 쓴 문제에 대하여 말하면 남자가 여자를 가까이 아니함이 좋으나(Περὶ δὲ ὧν ἐγράψατε, καλὸν ἀνθρώπῳ γυναικὸς μὴ ἅπτεσθαι). 바울은 성관계와 그것이 결혼 생활에서 차지하는 적절한 위치에 대한 문제로 시선을 돌린다. 이 문제를 다룰 때 바울은 결혼하지 아니한 자의 여러 다른 상황에 관해서도 말한다. 1b절의 "남자가 여자를 가까이 아니함이 좋으나"라는 진술은, 고린도 교인이 바울에게 쓴 편지에서 인용한 것으로 여겨진다. 바울은 이 진술에 아주 강한 단서를 붙여 사실상 무의미한 말로 만든다. 고린도전서에서 6번 사용되는(7:1, 25; 8:1; 12:1; 16:1, 12; 참고 8:4) '이제…에 대하여'(περὶ δέ)라는 소개말은 바울이 자신과 고린도 교인, 즉 양 당사

자가 공통 관심사로 인정한 문제를 다루고 있음을 암시한다.[1] 고린도 교회 일부 교인은 (결혼 생활에서) 금욕하는 것이 영적으로 가치가 있다고 보는 이원론을 지지한 듯하다. 그렇지만 바울은 이러한 이원론을 거부한다. 여기서 여자를 '가까이하는 것'(ἅπτεσθαι)은 여자와 성관계를 갖는 것을 가리킨다.[2] 이 동사는 룻이 이삭을 주울 때 보아스가 소년들에게 룻을 성적으로 괴롭히지 말라고 명령하는 룻기 2:9(LXX)과 남의 아내와 간통하는 것을 반대하는 잠언 6:29(LXX)에서 그런 의미로 사용된다.

이 문장("남자가 여자를 가까이 아니함이 좋으나")을 인용문으로 보아야 하는지 여부가 약간의 논란을 불러일으켰다. 2-5절에서 바울이 한 설명에 비추어 보면, 이 문장을 인용문으로 보지 않으면 거의 의미가 없는 것 같다. 그러나 다른 두 견해도 검토해볼 가치가 있다. 첫 번째 다른 견해는 1b절을 질문으로 보는 것이다('남자가 여자를 가까이 아니함이 좋으냐?'). 하지만 이런 식으로 물음표를 붙인다고 해도, 고린도 교인이 바울에게 우호적인 편지를 썼다는 것과 그들이 자신의 입장을 진술하는 것이 아니라 바울에게 조언을 구했다는 것을 암시하는 점을 제외하고는, 본문에 대한 이해를 거의 바꾸지 못한다. 이 견해의 또 다른 가능성은 1b절을 고린도 교인이 쓴 편지에 나온 (미지의) 언급에 비추어 새로운 주제를 소개하는 바울의 수사적 질문으로 보는 것이다. 어떻게 보든 바울의 답변은 이 진술이 절대적이라는 사실을 부인한다. 왜냐하면 결혼 생활에서 성관계는 부정되지 않고 오히려 장려되기 때문이다.

두 번째 다른 견해는 1b절을 단순하게 바울에게서 나온 말로 보는 것이다.[3] 이 견해에 따르면, 바울은 그 다음 구절들에서 이 진술을 제한하는 것으로 추정된다. 이 견해의 주된 문제점은, 1b절의 단언이 올바른 배경 속에서 성관계를 갖는 것을 단순히 허락하는 정도가 아니라 확고하게 인정하는 2-5절과 정면으로 대립하는 것처럼 보이는 점이다. 게다가 바울은 자신의 근본적인 결혼관을 구약성경, 특히 창조 내러티브에서 이끌어내기 때문에, 1b절의 단언을 한정할 의도가 있기는 해도, 그 단언에 동의할 의도는 전혀 없는 것 같다. 바울은 창세기 2:18이 이에 대한 배경을 제공하는 것으로 본다. 창세기 2:18에서 하나님은 "사람이 혼자 사는 것이 좋지 아니하니 내가 그를 위하여 돕는 배필을 지으리라"고 말씀하신다. 그것은 남자와 여자가 한 몸을 이루는 것에서 절정에 달하고(창 2:24), 이 말로 "선한" 창조 이야기가 끝난다. 그렇다면 1b절의 진술이 단순 진술이라면, 남자가 여자와 함께 살지 않는 것이 좋다는 점을 함축함으로써 성관계의 선함을 창조 자체의 한 요소로 보는 관점을 부정하는 것이 되고 만다. 게다가 그렇게 되면 1b절은 성경적 사상이나 바울의 사상이 아니라, 그리스의 대표적 사상인 영육 이원론을 암시하게 된다. 유감스럽게도 역사 속에서 때때로 이 진술은, 삶의 모든 영역에서 하나님의 영광을 위하여 사는 모든 인간, 곧 영과 육에 관한 성경적 관점이 아닌, 그리스의 이원론적인 영성에서 더 흔히 나타나는 금욕주의를 정당화하는 데 사용되고 말았다.[4]

1b절이 성관계에 대한 바울의 관점을 반영하는 것이 아니라, 고린도 사람에게서 나온 단언으로 보는 견해는

1. '이제…에 대하여'라는 말의 각각의 사용이 7:1에서 분명히 말하는 것과 같이 편지를 가리키는지 여부가 완전히 명확하지는 않다. 뒤에서 어구(περὶ δέ)가 사용된 각 구절에 대한 설명에서 제시되는 내용을 보라(7:25; 8:1; 12:1; 16:1, 12).

2. Ciampa, Rosner 공저, *First Corinthians*, 273-75는 '가까이하다'(ἅπτεσθαι)라는 단어에 대하여 다른 견해를 제공한다. Ciampa/Rosner는 이 단어가 쓰인 다수의 용례를 검토하고, 본문이 "남자가 여자를 성적 만족에 이용하지 않는 것이 좋으나" 또는 "남자가 쾌락을 목적으로 여자와 성관계를 갖지 않는 것이 좋으나"로 번역되어야 한다고 결론짓는다.

3. AV; RSV; TEV; NIV(1984); NASB. Barry Danylak, *Redeeming Singleness: How the Storyline of Scripture Affirms the Single Life* (Wheaton, IL: Crossway, 2010), 173-211. Calvin, *First Corinthians*, 134; Conzelmann, *1 Corinthians*, 115-16.

4. W. E. Phipps, "Is Paul's Attitude toward Sexual Relations Contained in 1 Cor. 7:1?", *NTS* 28 (1982): 125-31.

많은 근거가 있다. 첫째, 이 견해는 이 구절들의 논리를 이해하는 더 단순한 방법을 제공하고, 바울의 나머지 논증과 맞지 않는 것처럼 보이는 진술을 제거한다. 이 견해는 어떤 특수한 상황에서는 독신이 선하고 신령한 소명일 수 있음을 인정하지만, 사실 바울은 그 진술(1b절)에 동조하지 않는 관점(따라서 3-5절)을 받아들인다. 그러나 앞으로 살펴볼 것처럼, 바울은 남자가 여자와 성관계를 갖는 것이 그 자체로 좋지 않아서가 아니라, 다른 기초에 따라 독신의 유익을 인정한다. 둘째, 7:1이 고린도 교인이 쓴 편지에 대한 언급으로 시작되고, '이제…에 대하여'라는 말로 내용이 소개된다는 사실은, 곧바로 나올 인용문을 충분히 암시한다(똑같은 공식이 사용되고, 절대로 바울에게서 나온 것으로 볼 수 없는 진술이 나오는 8:1과 중요한 유사점이 있다). 셋째, 1b절의 단언은 "남자"를 언급하고, 여자의 행동이나 생각에 대해 말하는 것이 아니라는 사실을 지적해야 한다. 이것은 남자와 여자의 상호 책임과 의무[ἐκ συμφώνου, "합의상"(7:5)]를 특별히 다루는 이번 장(7장)에서, 바울이 가르침을 제시하는 방식(7:2-5, 12-13)이 아니다. 이는 바울이 독신을 강조하는 곳에서도 마찬가지다(예를 들어, 7:32-34).

여기서 추가로 논의할 요점은 '좋다'(καλόν)라는 단어의 의미에 중점이 있다. 요약하면 1b절을 바울에게서 나온 진술로 보고, 따라서 그가 곧바로 자신의 이 진술을 한정한다고 말하는 대다수 주석가는 '좋다'라는 말을 단순히 실용적인 의미로 취한다. 만약 남자가 절제할 수 있다면 독신으로 남아 있는 것이 좋다, 아니 사실은 그것이 훨씬 더 '낫다.' 그러나 '좋다'는 말은 또한 이상적이거나 도덕적이거나 철학적인 "좋음(선)"[5]으로 생각될 수 있고, 이 경우 이 진술은 총칭적 개념으로 간주될 수 있다. 만약 이것이 올바른 관점이라면, 바울이 한정하는 것은 다 최선책이 아니라 차선책으로 여겨야 한다. 그런데 이 진술을 바울에게서 나온 것으로 가정하면, 그렇게 생각할 수가 없다. 바울은 절대로 결혼과 창조 명령을 '차선책'으로 간주하지 않고, 항상 성관계를 갖지 않는 금욕을 이상적인 '선'으로 보지도 않는다.

그러나 1b절의 진술('남자가 여자를 가까이 아니함이 좋다')을 고린도 교인이 사용한 속담으로 취한다면, 고린도 교인이 이 진술로 가리키는 바가 무엇인지 알아보아야 한다. 바울이 이 진술을 그다음 몇 구절에서 엄격히 한정하는, 아니 사실은 이 진술을 부정하는 것을 고려하면, 고린도 교인은 이 진술을 영적 또는 도덕적 '선'으로 간주한 것으로 보인다. 고린도 교인 가운데 일부는, 그들의 이원론으로 보아 그리고 그리스 사상에 의존한 그들의 "지혜"와 "지식" 관념으로 보아, 성관계를 갖지 않는 것이 최선의 실존 방식이라고 보았다. 바울은 이런 실존 방식을 절대로 지지하지 않는다.

이어지는 부분에서 바울은 결혼과 독신에 관한 내용을 열정적으로 피력한다. 바울은 결혼과 독신, 둘 중 어느 하나가 더 우월한 도덕적 선이라고 보지 않는다. 오히려 하나님의 부르심과 그분이 삶을 위해 베풀어주신 것을 따르는 것이 선이다(17절). 바울은 실용적인 이유로는 어떤 행동이 다른 행동보다 더 좋을 수 있다는 점을 인정한다. 그러나 이것도 하나님의 부르심에 예속되어 있다. 바울은 이상적인 영적 실존 영역에 따라 논증을 펼치는 것이 결코 아니다. 그렇기 때문에 이 책은 바울이 고린도 교인이 사용한 속담을 받아들이고, 그런 다음 그 속담을 한정한다고 주장하는 것은 설득력이 없다고 본다. 오히려 바울은 고린도 교인이 쓴 편지에 그 속담이 언급되었기 때문에 그것을 다루는 것으로 보인다. 그러나 바울은 그 속담을 사용하여 결혼과 독신을

5. 애초부터 일부 주석가는 '좋다'는 말을 이런 식으로 취한다. 예를 들면 다음과 같은 주석가가 있다. Tertullian, *Monogamy* 3:2; Jerome, *Jov.* 1:7. 또한 Will Deming, *Paul on Marriage and Celibacy: The Hellenistic Background of I Corinthians 7*, SNTSMS 83 (Grand Rapids: Eerdmans, 2004), 110-15도 보라.

그들과 완전히 다르게 설명한다. 바울은 도덕적 또는 영적 '선'은 주님이 주신 것에 맞게 인생을 살 때 나타난다고 주장한다. 실용적인 선은 모든 상황 속에서 주님을 섬기고 주님께 순종해야 할 필요에 따라 결정될 것이다.

7:2 음행을 피하기 위하여 남자마다 자기 아내를 두고 여자마다 자기 남편을 두라(διὰ δὲ τὰς πορνείας ἕκαστος τὴν ἑαυτοῦ γυναῖκα ἐχέτω, καὶ ἑκάστη τὸν ἴδιον ἄνδρα ἐχέτω). 남편과 아내는 음행을 피하는 특별한 방법을 부부간의 성관계에서 찾는다. 이제 바울은 고린도 교인이 사용한 속담('남자가 여자를 가까이 아니함이 좋다')에 함축된 논의에서 다른 방향의 논의로 시선을 돌린다. 바울은 그 속담을 완전히 부정하지는 않아도 크게 한정한다. 여기서 "음행"(τὰς πορνείας)이라는 말은 독자에게 앞 장(6장), 특히 매춘에 관한 설명과 음행을 피하라는 명령(6:18)을 상기시킨다. 어떤 주석가는 바울이 여기서 고린도 교인의 입장을 노골적으로 거부하지는 않는다고(그가 독신을 높이 평가하기 때문에) 주장하지만,[6] 사실은 바울이 그들의 입장을 단호하게 거부했다고 보는 것이 더 낫다. 다른 방향에서 전개하기는 하지만 여기서 바울의 논증은 음행과 방탕의 문제를 다룬 6장에서부터 이어져온 것이다. 그러나 바울은 일부 고린도 교인이 주장하는 금욕주의도 똑같이 문제가 있다고 본다. 만약 사람이 몸으로 하나님께 영광을 돌려야 한다면(6:20), 결혼은 엄밀히 남자와 여자가 하나님께 영광을 돌릴 수 있도록 그분이 세우신 제도다. 바울의 논증을 이런 식으로 의역할 수 있다. "'남자가 여자를 가까이 아니함이 좋다.' 반면[7] 우리가 남자는 자기 아내를 두고 여자는 자기 남편을 두어야 한다고 말한 것은 엄밀히 그 음행 때문이다."

바울은 앞으로 독신에 관해 충분히 말하는 시간을 갖는다. 그러나 1절을 잇는 내용이 8절이 아니라 2–6절이라는 사실은, 여기서 바울이 이 속담을 철저히 논박하고 있음을 암시한다. 현재 명령 '(남자마다/여자마다) 두라'(ἐχέτω)는 말은 이 견해를 강화하는 역할을 한다. 바울은 여기서 허락(또는 '용인', concession)을 말하는 것이 아니다.[8] 오히려 이것은 6장에서 매우 분명하게 제시된 사회의 유혹을 피하고자 하는 남편과 아내에게 대책으로 주는 바울의 명령이다.[9] 여기서 "남자마다"라는 말은 모든 독신 남자를 가리키지 않고 결혼한 각 남자를 가리킨다.

단순히 남자만을 언급하는 이 속담과는 반대로, 바울은 이후로 몇 구절(2–4절)을 남편과 아내의 상호 의존 관계를 증명하고 부부의 상호 책임을 강조하는 구조로 정교하게 구성한다. 이 구절들의 교차 대구 구조에 관해서는 다양한 견해가 제시되었다. 바울이 여기서 구조를 통해 남편과 아내의 상호 의존 관계를 어떻게 증명하는지 주목하는 것은 확실히 유용하다. 2b절을 출발점으로 삼으면, 남편(A)이 먼저 언급되고, 그다음에 아내가 언급된다(B). 앞에 나온 개요에서 지적한 흥미로운 패턴이 이런 식으로 나타나는 것을 보게 된다.

A(2b절) 남자마다 자기 아내를 두고
  B(2c절) 여자마다 자기 남편을 두라
A(3a절) 남편은 그 아내에 대한 의무를 다하고
  B(3b절) 아내도 그 남편에게 그렇게 할지라
  B(4a절) 아내는 자기 몸을 주장하지 못하고
    (오직 그 남편이 하며, 4b절)
A(4c절) 남편도 그와 같이 자기 몸을 주장하지 못하고
  (오직 그 아내가 하나니, 4d절)

6. 참고. Garland, *1 Corinthians*, 255.
7. Thiselton, *1 Corinthians*, 501은 여기에 나온 반의 접속사에 대해 이 번역(on the contrary)을 주장한다.
8. Conzelmann, *1 Corinthians*, 116은 이와 반대다.
9. 관사가 들어간 '그 음행'(τὰς πορνείας)은 6장에 묘사된 특정 사건을 가리킬 것이다.

이어서 5절에 깊은 수준의 상호 합의에 대한 주장이 나온다.

6장의 문맥의 제한과 7:1의 속담은 바울이 여기서 결혼에 관해 자신이 믿는 모든 사실을 묘사하는 것이 아니라는 점을 의미한다. 일부 주석가의 주장과 달리, 문맥에서 바울이 금욕주의를 옹호하거나 결혼을 차선책으로 간주한다는 추론은 허용되지 않는다. 다른 곳에서 바울은 분명히 결혼을 삶 전체에서 중요한 제도로 보는 더 깊은 이유를 제시한다. 신학적으로 보면, 결혼은 그리스도와 그분의 교회의 사랑을 상징하고 창조 규례를 성취하는 제도다(엡 5:24–31; 참고. 고전 11:3, 11–12; 고후 11:2). 그러나 여기서는 직접적인 음행 문제가 여전히 바울의 마음속 전면에 놓여 있다. 7장이 6장과 분리되면 안 되는 이유는 7장이 '이제는…에 대하여'라는 말로 시작되기 때문이다. 바울은 결혼과 독신에 대한 설명으로 시선을 돌리지만 그 이면에는 음행 사건을 묵인한 교회가 있다.

여성 및 남성 지시형용사(ἕκαστος…ἑκάστη, "남자마다…여자마다")는 명령문에 주어를 제공하는 역할을 한다. "(남자마다/여자마다) 두라"(ἐχέτω)는 명령은 '굳게 붙들라'는 의미를 내포할 수 있다. 그러나 바울이 7:12에서 같은 동사를 단순히 '아내를 갖다'(즉, 결혼 상태 속에 있다)를 의미하는 뜻으로 사용하는 것을 고려하면, 이 말을 '성관계를 가지라'는 의미로 보는 것은 개연성이 없다.[10] 두 개의 재귀 대명사, "자기 아내"(τὴν ἑαυτοῦ γυναῖκα)와 "자기 남편"(τὸν ἴδιον ἄνδρα)이라는 말을 사용하는 것은 바울이 여기서 모든 남자와 모든 여자에게 결혼을 명하는 것이 아니라 오히려 결혼한 모든 남자와 결혼한 모든 여자는 다른 사람과 음행을 저지르지 말고 그들 자신의 배우자를 굳게 붙들고 있음을 확실히 하라고 명하는 것임을 암시한다. 바울은 다음 세 구절(3–5절)에서 이것을 특별히 성관계와 관련하여 해설한다. 따라서 바울은 솔직하게 그 속담('남자가 여자를 가까이 아니함이 좋다')을 부정하는 것으로 설명을 시작한다. 남편과 아내가 부도덕한 다른 성관계를 추구하지 않고 서로를 굳게 붙들고 상대 배우자와 성관계를 갖는 것(2–5절)은 확실히 올바르고 적절하다.

7:3 남편은 그 아내에 대한 의무를 다하고 아내도 그 남편에게 그렇게 할지라(τῇ γυναικὶ ὁ ἀνὴρ τὴν ὀφειλὴν ἀποδιδότω, ὁμοίως δὲ καὶ ἡ γυνὴ τῷ ἀνδρί). "남편은 그 아내에 대한 [성적] 의무를 다하고"라는 문장은 '남편은 그 아내에게 빚진 것(τὴν ὀφειλὴν)을 갚고(ἀποδιδότω)'라고 번역할 수 있다. 일부 주석가는 결혼 관계에서 이처럼 '빚'의 개념을 찾아내는 것을 이상하게 보지만, 이 개념은 성경에서 말하는 결혼이 항상 계약과 같은 책임과 의무를 포함하는 언약 관념이 있다는 사실을 독자에게 상기시킨다. 남자와 여자는 부모를 떠나 (결혼으로) 한 몸이 된다고 공개적으로 진술하는 창조 이야기로 볼 때, 결혼 관계는 당연히 성관계를 포함했다. "둘이 한 몸을 이룰 지로다"(창 2:24). 여기에 포함된 "의무"는 한 배우자의 사랑의 결여나 (성적) 욕구의 결여를 조금도 함축하지 않는다. 성관계는 단순히 결혼 생활의 한 요소다. 일부 고린도 교인이 남자가 여자와 성관계를 갖지 않는 것이 좋다고 말하는 배경에서, 바울은 결혼 생활에서 성관계를 갖지 않는 것은 언약에 따른 결혼 관계의 의무를 파괴하는 일이라는 사실을 증명했다.[11]

이런 면에서 바울은 남편과 아내에게 서로에 대한

10. Garland, *1 Corinthians*, 256은 만약 그 말이 2절에서 '두다'(갖다)를 의미한다면 바울이 독신을 옹호하는 8–9절에서 모순된 상태에 빠지게 된다는 점을 근거로, 2절에서는 이 동사(ἔχω)가 12절에서 사용된 것과 같은 의미로 볼 수 없다고 잘못 주장한다. 2절의 명령은 각 남자는 아내를 두고, 또 거꾸로 각 여자는 남편을 두라는 것이 아니라 각 남녀는 자신의 남편/아내를 두라는 것이다.

11. 이 특수한 "의무"가 성관계를 가리킨다는 사실은 3–5절이 한 단위를 이루고 있다는 점을 이해할 때 분명해진다. 4–5절은 특별히 남편이나 아내가 배우자의 "몸"을 주장할 권리를 가진 것에 대해 말한다. 5절은 상대 배우자와 분방하는(deprive, '상대 배우자의 권리를

(성적) 의무(권리)를 이행하라고 명령한다. 다시 말해 고린도 교인이 쓴 편지에서 인용한 속담은 옹호될 수 없다. 배우자와의 성관계는 결혼 서약의 한 부분으로 장려되어야 한다. 그러나 자신의 배우자와 성관계를 갖는 것은 6장에서 말하는 음행을 피하는 자연스러운 방법이기도 하다. 여기서 바울이 주장하는 바는, 6장에서 상술한 음행의 유혹이 존재하는 현실이 결혼 제도의 정상성과 고린도 교인의 진술 자체의 불합리성을 함께 암시한다는 것이다. (아마 이원적 세계관을 가졌기 때문에) 금욕주의를 통해 일종의 더 큰 '영성'을 추구하는 자에게 경건하고 '신령하게' 보일 수 있는 행동이 도리어 음행과 부정함(방탕)을 낳을 수 있었다. 바울은 여기서 결혼을 정상적인 실존 양식으로 본다.[12] 또한 결혼은 성관계 영역에서 사람이 자신의 몸으로 하나님께 영광을 돌릴 수 있는 길이기도 하다(6:20; 참고. 살전 4:3-5).

앞에서 이 본문의 구조가 남편과 아내의 관계와 관련된 행동 및 의사 결정의 상호 의존성을 얼마나 강조하는지 지적했다. "그렇게"(ὁμοίως)라는 말은 이 요점을 언어적으로 제시한다. 성관계 영역에서 남편과 아내는 동등한 권리(의무)가 있다. 이것은 아마 바울 당시 세상에서는 통상적인 개념이 아니고, 그 문제에 관해 성경이 가르치는 "한 몸"으로의 연합 관념을 반영할 것이다.[13] 이것은 4절에서 더 깊이 강조된다.

7:4 아내는 자기 몸을 주장하지 못하고 오직 그 남편이 하며 남편도 그와 같이 자기 몸을 주장하지 못하고 오직 그 아내가 하나니(ἡ γυνὴ τοῦ ἰδίου σώματος οὐκ ἐξουσιάζει ἀλλὰ ὁ ἀνήρ· ὁμοίως δὲ καὶ ὁ ἀνὴρ τοῦ ἰδίου σώματος οὐκ ἐξουσιάζει ἀλλὰ ἡ γυνή). 바울은 결혼 생활에서 두 배우자의 몸은 상대방에게 속해 있고, 따라서 두 배우자는 각기 상대방을 주장할 '권리'가 있다고 덧붙인다. 이 논증은 단도직입적으로 전개된다. '주장하다'('지배하다', ἐξουσιάζω)라는 단어는 이미 6:12에서 바울이 언어유희로 사용했다. "권세" 또는 "권리"(ἐξουσία)라는 명사는 8:9에서 사용되고(개역개정에는 "자유"-역주), 9장에서 중요한 논의의 주제가 된다. 그러나 9장의 설명은 오직 이 구절을 다음과 같이 이해하도록 도움을 준다. 곧, 고린도 교회가 드러낸 한 가지 문제는 '권리'에 의존하는 것에 있었다. '권리'에 의존하는 태도는 고린도 교인의 영적 교만함을 반영했다. 여기서 바울은 결혼 생활을 본보기로 이런 권리나 의무에 관해 말할 준비가 되어 있다. 그러나 바울은 이런 '권리'가 어떤 사람을 다른 사람보다 더 칭찬하게 하는 근거를 제공하는 것은 아니라고 본다. 오히려 그 반대가 사실이다. 바울은 결혼하면 남자나 여자는 자신의 몸을 주장하지(지배하지) 못한다고 역설한다. 각 배우자가 서로의 몸을 주장한다. 로마 사회에서 이 구절 첫 부분("아내는 자기 몸을 주장하지 못하고 오직 그 남편이 하며")은 예상될 수 있는 일이었으나, 남편이 "자기 몸을 주장하지" 못한다고 말하는 둘째 부분은 가부장적인 로마 사회에서는 놀라운 일이다. 확실히 오늘날 서양 사회의 많은 분야에서도, 남자가 여자를 지배하고 있고 남자가 여자에게 해와 고통을 가하는 힘을 행사하는 일이 종종 벌어지므로, 4c-d절이 여전히 놀랄 만한 일이라고 말할 수 있다. "자기" 몸을 다른 사람의 지배 아래 두는

빼앗는') 것에 대하여 말한다. 5절에서 '빼앗다'(ἀποστερέω, 개역개정에는 '분방하다'-역주)라는 말은 출애굽기 21:10(LXX)에서 남자가 그의 (첫) 아내에게서 "그 여자의 음식과 의복과 부부의 권리"를 빼앗아서는 안 되는 것에 관해 말하는 데 사용된다. 여기서 부부의 권리(marital rights)는 히브리어(עֹנָה)와 헬라어(ὁμιλία) 모두 성관계, 곧 동침하는 것을 가리킨다.

12. 이 요점은 Soards, *1 Corinthians*, 138에서 잘 제시된다. Soards는 또한 바울은 2절에서 결혼을 용납하지 않는다고 주장하지만, "결혼은 정상적이고 자연스러운 필수적인 일이다. (바울은) 결혼은 예외가 아니라 법칙이라는 자신의 기본적 이해를 설명하고 확증하기 위해 음행의 잠재적 문제점을 인정한다"라고 추론한다.

13. Witherington, *Conflict and Community*, 170-75를 보라. Soards, *1 Corinthians*, 139는 4절에 관해 이렇게 말한다. "여기서 바울이 전하는 말에 대한 역사적 또는 문화적 선례는 거의 없다. 남성 지배 사회가 고대 문화의 특징이었지만 바울은 특이하게도 인류 평등주의 관점에서 결혼의 역학 관계를 이해한다."

일이 어떻게 가능한지 굳이 설명할 필요는 없다. 그리고 "오직"이라는 말이 없으면, 마치 남자가 여자의 몸을 완전히 주장할 힘을 가졌고 반대로 여자가 남자의 몸을 완전히 주장할 힘을 가졌다는 것이 함축된 것처럼, 그 표현을 덧붙일 필요도 없다("아내의 몸은 오직 자기에게 속해 있지 않으니", 1984년 NIV) 그렇게 하면 요점을 놓칠 것 같다.[14] 문맥은 여기서 말하는 "몸"이 성관계에 참여할 때의 몸을 가리킨다는 점을 분명히 한다.

비록 결혼 생활의 상호 책임이라는 관계가 결혼의 의무에 관한 성경적이고 법적인 이해 안에서 시작될 수 있기는 해도, 바울이 이 명령을 상세히 언급하면서 사랑을 무시한다고 주장하면 잘못이다. 상호 의존 관계를 부각하고 각 배우자의 성적 욕구와 필요를 강조하는 것은 서로 사랑하고 존중하는 관계를 가리키기 때문이다.

7:5 서로 분방하지 말라 다만 기도할 틈을 얻기 위하여 합의상 얼마 동안은 하되 다시 합하라 이는 너희가 절제 못함으로 말미암아 사탄이 너희를 시험하지 못하게 하려 함이라(μὴ ἀποστερεῖτε ἀλλήλους, εἰ μήτι ἂν ἐκ συμφώνου πρὸς καιρόν ἵνα σχολάσητε τῇ προσευχῇ καὶ πάλιν ἐπὶ τὸ αὐτὸ ἦτε, ἵνα μὴ πειράζῃ ὑμᾶς ὁ Σατανᾶς διὰ τὴν ἀκρασίαν ὑμῶν). 여기서 '분방하다'(또는 '빼앗다', ἀποστερέω)라는 말은 강탈이나 사취하는 것[15]을 함의하고, 결혼 생활에서 남편과 아내가 감당할 상호 책임과 의무를 상기시키는 역할을 한다. 상대방에게서 성관계를 빼앗아서는(상대방과 분방해서는) 안 된다. 빼앗게(분방하게) 되면 사탄의 역사로 절제하지 못 하는 일이 벌어질 수 있기 때문이다. 따라서 바울은 자신이 전한 말에 느슨한 단서를 붙인다. 부부가 합심 기도를 하기 위해 성관계를 금하는 시간을 가져야 할 때가 있을 수 있다.

'아마…이 아니라면'(unless perhaps, εἰ μήτι ἂν)이라는 번역(개역개정에는 "…은 하되"-역주)은 헬라어 어구의 의미를 제대로 반영하지 못한다.[16] "얼마 동안"(πρὸς καιρόν)이라는 말은 일정하지만 짧은 기간을 가리킨다. 두 주요 목적절(ἵνα와 ἵνα μὴ)은 "합의상…하되(서로 분방하되)"라는 말을 수식한다. 첫 번째 목적절은 두 부분으로 나누어진다. 첫째 부분("기도할 틈을 얻기 위하여")은 서로 합의하여 성관계를 중단할 수 있는 목적을 언급한다. 그 목적은 기도하는 데 '전념하기'(σχολάσητε) 위해서다. 둘째 부분은 '합의'의 최종 목적에 대하여 말한다. 곧, "다시 합하는"[문자적으로, '같은 곳에'(ἐπὶ τὸ αὐτό)] 일이 있을(ἦτε)[17] 수 있도록 하는 것이 최종 목적이다. 두 번째 주요 목적절은 부정의 방식으로 표현된다. 그들을 '사탄이 시험하지 못하도록'[ἵνα μὴ, 문자적으로 '(사탄이)…할 수 없도록'] 서로 합의하는 것이다. 다시 합하는 것, 시험의 위험성 그리고 어쩔 수 없는 허락에 강조점을 두는 것을 고려하면, 먼저 사도 바울이 이런 정도로 성관계의 중단을 마지못해 허락한다는 점을 분명히 하는 것처럼 보인다.

절제하지 못할 때 임하는 잠재적인 시험은 사탄에게서 비롯된다. 바울은 아마 결혼한 부부가 성관계가 없이 너무 오랜 시간이 흐르면 절제하지 못하게 되어서, 6장에 언급된 부도덕한 행위나 2절의 "음행"의 유혹을 받을 수 있다는 점을 염두에 두었을 것이다. 따라서 그리스도인이 결혼 생활에서 부부간의 정상적인 성관계에서 벗어남으로써 배우자나 자신을 성적 시험에 빠지게 하는 것은 잘못이다. 디슨(Theissen)이 말한 바, 결혼한 사람이 배우자에게서 결혼 생활의 권리를 빼앗길 때

14. "배타적인"(exclusive)이라는 말을 덧붙이는 Thiselton, *1 Corinthians*, 505에 실례이기는 하다.

15. 고전 6:7을 보라.

16. BDF §376.

17. 어떤 사본은 이 명령에서 "(함께) 있다"(be, ἦτε) 대신 "함께 오다"(come together, συνέρχησθε)를 사용한다. 후자는 전자를 단순화한 말이므로 후자가 원문일 가능성이 더 작다. $\mathfrak{P}^{46}$의 지지에도 불구하고, 대다수 증거는 전자를 지지한다.

성적 환상의 유혹에 빠진다고 말하는 것은 타당하다.[18]

이 구절(5절)은 1절의 속담이 고린도 교인에게서 나왔음을 입증하는 증거를 추가로 제공한다. 5절에서 바울은 기도가 남편과 아내가 성관계를 중단할 충분한 이유가 된다는 점을 솔직히 인정한다. 각자 합법적으로 배우자를 통해 자신들의 성욕을 만족시키기를 기대할 수 있는 결혼 생활의 상호 의존관계에 따르면, 성관계를 중단하는 일도 부부가 함께 내리는 공동 결정이어야 한다. 물론 이 똑같은 시험이 부부가 서로 기도하기 위하여 성관계를 중단하기로 했을 때 일어났다면 정말 슬픈 아이러니가 아닐 수 없다. 이것이 바울의 허락이 특정(짧은) 기간으로 한정되는 이유다. 결정이 합의로 이루어져야 하므로, 아마 바울은 남편과 아내가 가정의 필요를 위하여 함께 기도하는 시간을 염두에 두고 말했을 것이다.

자신이 쓴 편지 어디서나 바울은 기도를 그리스도인의 삶의 필수 요소로 여기고, "쉬지 말고" 기도하라고 권고한다.[19] 바울의 생각에 따르면, 남편과 아내의 합심 기도가 성관계의 중단을 당연히 요청하는 것은 분명히 아니다. 그러나 바울은 간혹 기도에 집중하기 위하여 성관계를 중단하는 것은 유익하다는 점을 인정한다. 이것이 왜 사실일 수 있는지 생각해보면 흥미롭다. 바울은 당시 주변 사회와 같이, 아니 사실은 일부 고린도 교인들과 같이 이원론적으로 생각하지 않는다.[20] 바울은 한 활동, 곧 기도는 '영적이고' 다른 활동, 곧 성관계는 영적이지 않다고 보지 않는다. 바울은 남편과 아내가 주님 앞에 나와 오랜 기간 함께 친밀하게 기도하는 시간을 상상할 수 있다. 이 친밀한 기도를 통해 부부가 서로에게 그리고 주님께 마음의 문을 열 때 상대방에 대한 사랑도 더 깊어지기 마련이다. 만약 기도 속에서 발견되는 이 친밀함이 오랫동안 계속된다면 성욕도 그만큼 더 깊어질 것이다. 그때 사탄의 시험이 성적 환상을 통해 오거나, 또는 기도 시간이 자체로 단순히 불만을 낳게 되거나 할 수 있다.

7:6 그러나 내가 이 말을 함은 허락이요 명령은 아니니라(τοῦτο δὲ λέγω κατὰ συγγνώμην, οὐ κατ' ἐπιταγήν). 6-7절에 나오는 바울의 개인적 의견은 결혼한 자에 대한 설명과 결혼하지 아니한 자에 대한 설명 사이에 다리를 놓는다. 바울은 5절의 말을 허락(용인)으로 간주한다. 바울은 자신이 금욕을 명하는 것은 아니라고 주장한다. 이것은 단순히 허락으로, 어찌 보면 마지못해 인정하는 허락이다. 바울은 이런 예외를 말할 때 자신이 방금 드러낸 마지못한 태도를 여기서도 반복한다.

---

18. Gerd Theissen, *Psychological Aspects of Pauline Theology*, 번역 John P. Calvin (Philadelphia: Fortress, 1986), 172.

19. 롬 12:12; 15:30; 고후 1:11; 엡 6:18; 살전 5:17.

20. 7:1에서 고린도 교인이 사용한 속담에 금욕주의의 기원이 함축되어 있는지에 관해서는 논란이 많았다(7:1에 대한 설명을 보라). 고린도 교회의 일부 교인은 기도와 같은 '영적' 활동을 더 '거룩한' 일로 보고, 공동체 안에서 영적 지위를 더 확실히 증명하는 일로 구분한 것 같다. 확실히 어떤 사람에게는 성관계 금지 자체가 영적 교만의 문제가 될 수 있다. 이런 관점은 헬레니즘 시대 유대교에도 흔했다. 예를 들어, Philo, *Moses* 2.14는 모세가 하나님에게서 오는 환상을 기다리고 있었을 때 음식과 성관계를 억제했다고 말한다(Horsley, *1 Corinthians*, 96-98을 참고하라. Horsley는 고린도 교인은 그들이 평생의 동지로 간주하는 *Sophia*, 곧 "지혜"에 온전히 헌신하기 위하여 자신들의 배우자를 버린 그리스 사회의 어떤 사람들에 비추어 금욕주의의 자극을 받았을 것이라고 주장한다). 고린도 교인이 "지혜"의 은사를 성숙함이나 수준 높은 영성의 표시로 특별히 중시했다는 우리의 믿음에 비추어 보면, 이런 관점에 어느 정도 상당한 매력이 있다. 그러나 그들이 성관계를 중단하는 것에 또 다른 배경이 제시되었다. 예를 들어, 당시 어떤 유대 사상은 기도할 시간을 갖기 위하여 가능한 한 여자와의 육체 관계를 일시적으로 중단하는 것에 대하여 말했다. "자기 아내와 성관계를 갖는 시간이 있고, (남자에게는) 기도하기 위하여 금욕해야 할 시간이 있다"(*T. Naph.* 8:7-10. Deming, *Paul on Marriage and Celibacy*, 120에 인용됨). 확실히 그리스 이원론 사상의 일반적 풍토는 성관계를 중단하는 것이 자신들의 수준 높은 영적 지위, 어쩌면 사실은 자신들의 더 깊은 "지식"이나 "지혜"를 증명했다고 주장하는 사람들에게 영향을 미쳤다. 그들은 성관계 중단을 공동체 안에서 자신들의 우월한 지위에 대한 주장을 강화해줄 요인으로 믿었을 것이다. 고린도 교인에게 이런 형태의 금욕주의를 낳은 엄밀한 종교적 또는 철학적 배경이 무엇인지 명확히 밝히는 일은 아마 불가능할 것이다.

이것이 '내가 이것(τοῦτο)을 말함은'의 의미를 가장 논리적으로 파악하는 것으로 보인다. 하지만 어떤 주석가는 여기서 '이것'은 2–5절 일부나 전체를 가리킬 수 있다고 주장했다. 그리고 다른 주석가는 '이것'이 7절에서 시작된 이후 부분을 내다본다고 주장했다.[21] 2–3절의 명령과 4절의 단언으로 보면, 바울이 이 구절들(2–5절)에서 자신이 전한 모든 말을 '허락으로' 생각했다고 보는 것은 개연성이 없다. 다른 누구보다 오르(Orr)와 헤링(Héring)은 그 문장('내가 이것을 말함은')이 앞을 내다본다고 주장했다.[22] 최근에 윈터와 갈런드는 이 견해를 더 상세히 전개했다.[23] 윈터는 한 주석 논문에서 '말하다' 동사 다음에 나오는 '이것'이라는 말(개역개정에는 국문법에 따라 '이것'이라는 말이 동사 앞에 나옴–역주)은 앞으로 나올 부분을 가리킨다고 주장한다. 갈런드는 만약 이 허락이 이전에 나온 것을 가리킨다면 그것은 다만 기도하는 동안에 성관계를 중단하는 것을 가리킬 것(이 책의 입장)이라고 주장한다. 그러나 그렇게 되면 부부가 '그들의 성관계를 중단하는 기간'을 갖기 위한 다양한 이유가 있는 것이 틀림없는데, 왜 굳이 바울은 이와 같은 이유로 허락하는지에 대한 질문이 제기된다.[24] 그래서 갈런드는 윈터의 견해를 따라 이 허락이 앞으로 나올 부분을 가리킨다고 본다. 그러나 이 허락이 앞으로 나올 부분을 가리킨다고 보는 견해는 문제가 많다. 첫째, 바울이 당시에 직면했던 문제점은 단순히 기도를 위한 '성관계 중단 기간'을 인정하지 않은 점에 있었던 것이 아니고, 성관계 중단을 사탄의 시험과 상관없는 특별히 '영적인' 일로 간주한 점에 있었다. 바울은 일정 기도 기간에 정상적인 성관계를 잠시 중단하는 것(허락으로)을 제외하고, 1절에 언급된 것과 같은 어떤 속담에 기초를 두고 의도적으로 금욕하는 것을 인정하지 않았다. 둘째, '이것'이 앞으로 나올 내용을 가리키게 되면 이런 강력한 논증을 펼칠 수가 없다. 고린도전서 7:35은 "이것"이라는 대명사가 이전에 나온 내용을 가리키는 용법의 한 본보기를 제공한다. 더구나 티슬턴은 6절에서 "허락"(συγγνώμη)이라는 말을 사용하는 것은 의도적으로 5절에 나오는 "합의"(σύμφωνος)를 상기시킨다고 주장하고, 6절은 5절에 대한 바울의 마지못한 허락을 되돌아본다는 견해에 더 큰 비중을 둔다.

7:7 나는 모든 사람이 나와 같기를 원하노라 그러나 각각 하나님께 받은 자기의 은사가 있으니 이 사람은 이러하고 저 사람은 저러하니라(θέλω δὲ πάντας ἀνθρώπους εἶναι ὡς καὶ ἐμαυτόν· ἀλλὰ ἕκαστος ἴδιον ἔχει χάρισμα ἐκ θεοῦ, ὁ μὲν οὕτως, ὁ δὲ οὕτως). 바울은 자신이 전한 말에 비추어, 독신이 유익하다는 사실을 독자에게 상기시킨다. 그러나 이것이 모든 사람에게 해당하는 일은 아니다. 이 문장은 앞으로 주어질 결혼하지 아니한 자에 대한 설명의 길을 확실히 열어놓기는 하지만, 이전 여섯 구절(1–6절)의 논증의 결론으로 가장 잘 이해된다. 바울은 "남자가 여자를 가까이 아니함이 좋[다]"(1절)라는 고린도 교인이 사용한 속담을 언급하는 것으로 설명을 시작했다. 그러나 바울은 이 속담을 받아들이지는 않았다. 남편과 아내는 성관계를 가지라는 명령을 받고, 상대방의 몸을 주장할 권리가 있다고 언급한다. 남편과 아내는 절제하지

21. "이것"이 이전 내용을 가리킨다고 생각하는 일부 주석가는 또한 1b절의 속담을 바울에게서 나오는 것으로 추정한다. 그렇게 보면 2–5절에서 바울은 결혼 생활에 대하여 말하지만 오직 허락으로만 이것을 말한다(Robertson, Plummer 공저, *First Corinthians*, 132–35. 또한 다음 자료들도 보라. Conzelmann, *1 Corinthians*, 118; Morris, *First Corinthians*, 107; Ernest B. Allo, *Saint Paul: Première Épître aux Corinthiens* [Paris: Gabalda, 1956], 159).

22. William F. Orr, James A. Walther 공저, *I Corinthians*, AB 32 (Garden City: Doubleday, 1976); Héring, *First Corinthians*, 58.

23. Bruce Winter, "1 Corinthians 7:6–7: A Caveat and a Framework for 'the Sayings' in 7:8–24," *TynBul* 48 (1997): 57–65, 참고. Garland, *1 Corinthians*, 269–70.

24. Garland, *1 Corinthians*, 269–70.

못해 사탄의 시험 아래 떨어지지 않도록 오직 서로 합의를 통해서만 짧은 기간 성관계를 중단할 수 있다. 그러지 않으면 2절과 6장에 언급된 음행에 빠질 수 있기 때문이다. 따라서 바울은 이 부분을 결론지을 때 자신의 입장과 자신이 더 선호하는 관점으로 시선을 돌린다.[25]

바울은 8절에서 자신이 독신자임을 분명히 밝힌다. 바울이 독신자인 이유가 아내와 사별했거나 아내가 그를 떠났기 때문인지, 또는 아직 결혼한 적이 없어서인지는 분명하지 않다. 그러나 자신의 "은사"(χάρισμα, 1:7과 12:4을 보라)에 호소하는 것을 보면, 바울은 결혼한 적이 없다는 사실을 암시한다. 바울이 결혼하지 않고 독신으로 사는 인생을 하나님에게서 나온 은혜의 선물로 믿는 것이 흥미롭다. 하나님은 바울이 아내가 필요 없이, 결혼할 여유나 시간 없이(7:33-34) 그리고 성관계에 대한 욕구가 없이 살 수 있게 하셨다. 그러나 바울은 "각각"(ἕκαστος) "이 사람은 이러하고 저 사람은 저러[한]"(ὁ μὲν οὕτως, ὁ δὲ οὕτως) 은사가 있다고 말할 때 결혼도 "은사"라는 점을 인정한다. 독신과 결혼은 단순히 개인의 선택이나 선호와 관련된 문제가 아니다. 하나님의 은사에 따라 남자와 여자는 하나님이 그렇게 살도록 부르셨을 때 비로소 각자 그렇게 살 수 있다. 나중에 논증할 때 바울은 주님이 "각 사람"에게 나눠주신 삶을 언급하고, 사람들에게 "부르심을 받은 그 부르심 그대로" 지내라고 당부한다(20절; 7:17-24). 주님은 결혼 생활이나 독신 생활을 나눠주신다(할당하신다). 그때 은혜로 그렇게 살 수 있는 은사를 베풀어주신다. 8절에서 확인할 것처럼, 독신의 은사의 한 가지 요소는 성욕(정욕)이 불같이 타는 것이 아니라 "절제"를 보여줄 수 있는 것과 관련되어 있다. 그러나 그 요소에는 복음 사역에 집중하고 그런 상황에 자족하는 법을 배우는(빌 4:11) 능력도 포함될 것이다.[26] 우리는 바울이 생각하는 바, 한 배우자에게 충실한 것, 다른 사람에게 자신의 전 자아를 바치는 것, 어떤 형태든 간에 음행을 멀리하는 것 그리고 한평생 사랑하며 사는 것은 하나님이 결혼을 위해 주시는 "은사"를 필요로 하는 성품에 담겨 있다고 여기리라 추측할 수 있다.

그러면 우리는 7a절에 나오는 바울의 소원을 어떤 측면에 따라 해석해야 할까? 분명히 바울은 결혼한 자의 독신이 아니라 독신이 주님이 그들에게 정해주신 삶이라는 사실을 깨달은 자의 독신을 옹호한다(8c절을 보라). 그러나 이 구절의 어조는 6절에서 보인 마지못해 허락하는 태도를 계속 반영한다. 바울은 여기서 명령하는 것이 아니다. 뒤에서(7:34) 바울에게 독신이 이점이 있다고 주장하는 이유가 충분히 있다는 점을 확인할 수 있다. 그러나 독신은 모든 사람을 위한 방편도 아니고, 더 높은 차원의 영성을 주장하는 어떤 이원론 관념과도 아무런 상관이 없다.

7:8-9 내가 결혼하지 아니한 자들과 과부들에게 이르노니 나와 같이 그냥 지내는 것이 좋으니라 만일 절제할 수 없거든 결혼하라 정욕이 불 같이 타는 것보다 결혼하는 것이 나으니라 (Λέγω δὲ τοῖς ἀγάμοις καὶ ταῖς χήραις, καλὸν αὐτοῖς ἐὰν μείνωσιν ὡς κἀγώ· εἰ δὲ οὐκ ἐγκρατεύονται γαμησάτωσαν, κρεῖττον γάρ ἐστιν γαμῆσαι ἢ πυροῦσθαι). 바울은 계속해서 고린도 교회 안에서 현재 독신으로 사는 자들, 곧 "결혼하지 아니한 자들"과 "과부들"에게 말한다. 독신이 '좋은' 것일 수 있다. 그러나 어떤 상황에서는 결혼이 적합하다. "결혼하지 아니한 자"(ἄγαμος)라는 단어는 신약성경에서 고린도전서 7장에만 나타난다. 여기서는 이 단어가 결혼하지 아니한 남자와 여자를 다 가리키는 것으로 보인다. 하지만 11절에서는 이혼한 여자를 가리키고, 32절에서는 결혼하지 아니한 남자(장가가지 않은 자)

25. 1절을 바울이 독신을 옹호하여 말하는 진술로 취하는 주석가는 1절을 그 논증의 요약으로 본다. 하지만 이미 확인했듯이 이것은 여러 가지 이유로, 특히 2-5절의 바울의 명령을 고려하면, 개연성이 없다.

26. Thiselton, *1 Corinthians*, 513.

를 말하며, 34절에서는 결혼하지 아니한 여자(시집가지 않은 자)를 가리킨다. 8절에서 이 단어는 일반적으로는 독신인 남자만을, 또는 특수하게는 "과부들"을 언급하는 이어지는 내용에 비추어 보아 과부들만 가리킬 수 있다고 주장되었다.[27] 그러나 바울의 설명은 결혼해서는 안 되거나, 결혼하는 것이 가장 좋을 수 있는 독신 남자와 여자의 사례를 계속 검토한다. 그리고 바울이 여기서 "과부"를 특별히 언급하는 이유가 즉각 분명히 드러나지는 않아도, "결혼하지 아니한" 자가 모든 독신자를 일반적으로 가리키는 개념으로 간주되면 전체 논증이 더 일리 있어 보인다.

"좋으니라"(καλόν)는 말은 도덕적 선을 함축한다고 볼 필요가 없다. 바울은 여기서 자신이 전한 모든 말을 번복하는 것이 아니라, 본보기를 통해 7절에서 한 말을 부연 설명한다. 바울은 독신을 명령하지 않았고, 지금도 독신을 명령하지 않는다. 그럼에도 독신은 실존의 한 방식으로 좋고, 그러하기에 바울은 '나와 같이 하라'(ὡς κἀγώ)고 말한다. 그러나 독신은 자체의 은사를 필요로 한다. 독신의 은사가 없는 증거는 절제가 부족하고 성욕이 불같이 타는 것으로 판명된다.

대다수 주석가와 번역들은 여기서 바울의 관심사가 독신은 좋은 실존 방식이고 이점이 있지만(32절), 만약 성욕을 절제할 수 없으면 결혼하는 것이 '더 낫다'는 것에 있다고 본다. 독신으로 살 사람은 "정욕이 불같이 타는"(성욕으로 불타는) 상태로 있어서는 안 된다. 이것은 바울이 결혼을 주로 절제하지 못하는 성욕(정욕)의 배출구를 제공하는 실존 방식으로 생각하고 있다는 점을 함축한다. 그러나 이 해석에 따르면, 두 가지 중대한 질문이 제기된다. 첫째, '불타는'("불같이 타는", πυροῦσθαι) 것은 무엇을 가리키는가? 그것이 '[지옥에서] 불타는' 것을 의미할 수 있다는 주장이 있었다. 만약 혼외 성관계가 이미 일어났다면, 이 주장은 일리가 있을 것이다(5:1–5, 그리고 6장도 해당한다). '불같이 타다'(불타다)라는 동사는 칠십인역(참고. Sir 23:17)에서와 베드로후서 3:12[28]에서 이런 의미로 사용된다. 따라서 이때 염두에 둔 개념이 하나님의 심판일 수 있다. 그러나 이 동사는 또한 은유적으로 격렬한 감정을 묘사하는 데도 사용된다(고후 11:29; 2 Macc 4:38을 보라). 그리고 여기서도 이 동사를 이런 의미로 취하는 것이 어쩌면 더 자연스럽다. 따라서 이 동사(πυροῦσθαι)의 번역은 '[성욕으로] 불타다'가 된다. 둘째, 절제할 수 없는 것은 가정인가, 아니면 실제인가? 결혼이 절제하지 못하는 성욕에 대한 해답이라는 사실을 함축하기에는 전자가 훨씬 더 나아 보인다. 그러나 현재 시제 "절제할 수 없거든"(οὐκ ἐγκρατεύονται)이라는 말은, 결혼하지 않은 자들이 자기가 결혼하지 아니할 자와 성관계를 하는 실제 상황을 염두에 두었을 수 있음을 암시한다. 바울은 결혼을 단순히 억압된 성욕의 배출구로 보는 것이 아니라 하나님의 부르심으로 그리고 하나님으로부터 오는 은사를 필요로 하는 것으로 보기 때문에 이것이 더 개연성 있는 관점으로 보인다.

신약성경에서 "절제"는 단순히 악한 욕망(정욕)을 억제하는 것을 가리키지 않는다는 사실을 주목하는 것이 가치가 있다. 고린도전서 9:25에서 경기자(이기기를 다투는 자)가 "절제"(RSV, NRSV, ESV)를 실천하는 것은 그리스도인이 자신의 눈을 하나님의 복에 목표를 두어야 함을 예시하는 본보기로 사용된다. "절제"(ἐγκράτεια)는 또한 성령의 열매 가운데 하나로 제시된다(갈 5:23). 따라

27. Fee, *1 Corinthians*, 318–19는 바울은 대체로 자신의 논증 각 부분에서 남자와 여자를 함께 언급하고, 따라서 이 구절이 다르게 읽혀야 할 아무런 이유가 없다고 주장한다. Fee는 또한 "과부"를 가리키는 데 사용된 헬라어 단어는 없고, 따라서 과부라는 말이 문맥상 독신 남자를 가리킨다고 주장한다.

28. BDAG 899. Michael L. Barré, "To Marry or to Burn: πυροῦσθαι in 1 Cor. 7:9," *CBQ* 36 (1974): 193–202.

서 이런 절제가 부족한 것이 성욕을 조절할 수 없는 것과 같은 특수한 문제를 가리킬 수도 있지만, 바울에게는 그것이 더 폭넓은 함축적 의미가 있었다. 결혼은 단순히 이런 조절 없이 성욕을 마음껏 발산하는 '배출구'가 아니라, 실제로는 자신의 마음을 하나님의 부르심에 맞추고 그 부르심을 따라 살 때 적용되는 절제의 길이다. 결혼은 여기서 다른 어떤 사람만큼 영적이지 못한 자에게 차선책으로 여겨지는 제도가 아니다. 오히려 결혼은 부르심 받은 자의 당연한 선택이다. 따라서 다음과 같이 부정과거 명령형이 사용된다. '그들이 결혼하게 하라'(γαμησάτωσαν).

적용에서의 신학

1. 결혼 생활의 상호 의존 관계

한 사람의 몸이 다른 사람에게 속할 수 있다는 관념은 난제로 가득 차 있다. 잘못 이해되면 많은 관계에서 나타나는 착취와 학대를 묵인하는 개념으로 보일 수 있다. 많은 목사는 그리스도인 사이의 결혼에서도 이런 학대가 일어나는 것을 볼 수 있다. 대부분의 경우는 남자가 여자를 학대했으나 때로는 여자가 남자를 학대하는 경우도 있었다. 그러나 오늘날 우리가 사는 세계에서 매우 흔하게 나타나는 학대와 끔찍한 착취의 죄는, 성경이 요구하는 결혼 생활의 상호 의존 관계가 가진 장점을 가려버리므로 결코 허용되어서는 안 된다. 결혼 생활의 상호 의존 관계는 남편과 아내가 서로를 완벽하게 보완하는 존재로 지음 받았기 때문에 창조 자체와 함께 시작되었다. "내 뼈 중의 뼈요 살 중의 살이라…둘이 한 몸을 이룰 지로다"(창 2:23-24)라는 말은 분명히 바울이 여기서 남편과 아내의 성관계를 설명할 때 사용하는 말을 미리 지시한다. 부부 관계에서 이루는 연합은 그들이 "한 몸"이 되는 육체 행위에서 분명하게 확인되기 때문에, 하나가 다른 하나에 속하고 하나가 다른 하나의 몸을 주장할 '권리'를 갖는다는 관념은 충분히 일리가 있다. 이 관념은 남편과 아내가 서로를 위해 지음 받은 목적을 말해줄 뿐만 아니라, 언약을 따르고 하나님을 반영하고 자기희생적인 신실함과 사랑의 관계로 부르심 받은 그들의 소명에 대해서도 말해준다. 바울이 염두에 둔 결혼 관계 안에서 성관계를 가질 때 남편과 아내는 자신의 몸이 상대방에게 속해 있는 것으로 간주해야 한다. 마찬가지로 각 배우자는 상대방의 몸이 자신에게 속해 있다고 가정할 권리가 있다. 이것이 "한 몸"이 된다는 말의 의미다. 부부간의 연합을 성행위에서보다 더 명확하게 확인할 곳은 어디에도 없다. 각 배우자는 성관계를 가질 때 부끄럼 없이 취하는 벌거벗은 모습과 취약한 모습만큼 서로에게 자신을 주고, 삶에서 상대방의 입장을 인정해주는 것은 어디에도 없다. 바울은 완전한 취약성과 개방성에 관해 말하는 것이다. 에베소서에서 그리스도와 그분의 백성의 하나 됨을 반영하는 것이 이처럼 한 몸이 되는 것에서 매우 분명하게 확인되는 것은 놀랍지 않다(엡 5:31-32).

종종 성관계를 단순히 자손의 번식과 (대부분 남성의) 성욕 조절을 위한 도구로 보는 복음주의 교회에는 이 본문이 훨씬 더 많은 것을 말해준다. 이 본문은, 여자 역시 결혼 생활에서 하나님이 그들에게 주신 배우자를 만족시킬 수 있는 성욕이 있음을 인정하지 않는 자에게 그 사실을 상기시킨다. 이 본문은 각 배우자가 사랑으로 자신을 상대방에게 주어 상대방이 기쁨을 얻게 하고, 따라서 그들이 각자 자신의 기쁨을 추구하도록 하므로 성행위 자체의 상호 의존성을 남자와 여자에게 똑같이 상기시킨다. "서로 분방하지(빼앗지) 말라"는 말은 결혼 생활에서 성을 조종의 도구로 삼을 자리가 전혀 없다는 사실을 강력히 주장한다. 아가서는 이런 육체적 사랑을 빼어나게 표현한 시로 가득 차 있다. 아가서를 보면 사랑하는 자와 사랑받는 자가 서로의 몸을 황홀한 말로 묘사한다(예를 들어, 여자는 5:10-16에, 남자는 6:4-7; 7:1-5에). 또 사랑하는 자와 사랑받는 자 둘 다 성관계로 자신의 사랑이 성취되기를 갈망하는 마음을 가지고 부르짖는다(예를 들어, 여자는 3:1-5; 4:16b; 8:1-3에, 남자는 4:1-16; 7:8-9에). 교회는 이런 문제에 관해 긍정적인 메시지를 선포하고, 이 구절들에 많은 시간을 할애해야 한다. 그렇게 해야 하는 것은 6:9만 보아도 모든 그리스도인 남녀의 영적(그리고 육체적) 건강에 결정적으로 중요하기 때문이다.

2. 절제하지 못함

결혼하지 아니한 자와 과부들에게 독신으로 남아 있으라고 요청하는 것은, 그렇게 할 수 있다고 해도, 특히 성행위를 하거나 하지 않는 것이 각자의 개성과 관련된 오늘날 사회에서는 대부분 실천하기 힘든 일이다. 바울은 분명히 성적 시험으로 맞닥뜨릴 수 있는 문제들이 있다는 점을 인정한다. 그러나 바울은 또한 성취감을 느끼며 즐겁게 인생을 사는 다른 방법을 염두에 두고 있다. 6장을 설명할 때 지적한 것처럼, 일부 교파에서는 회심의 기적을 통해 그리스도인의 생각이 획기적으로 바뀌는 변화를 종종 간과하거나 일부러 무시한다. 바울은 사람들을 변화시키는 하나님의 능력을 가정한다. 따라서 "절제"는 희망 없는 혹은 너무 낙관적인 염원이 아니라, 그리스도 안에서 얼마든지 이룰 수 있는 삶의 한 행동 방식이다. 바울이 절제에 호소하는 것은 바울 서신에서 흔하게 나타나는 신학적 주제다. 갈라디아서 5:23에서 바울은 절제를 "성령의 열매"로 부르면서, 그것이 신자의 삶에서 하나님이 행하시는 역사의 산물임을 상기시킨다. 6장에서 바울은 성령이 모든 신자 안에 거하신다는 사실을 주장했다. 그러나 절제라는 성령의 열매는 종종 다른 열매와 분리되는 경향이 있다. 참으로 너무나 자주 절제는 완전히, 부정적인 것으로 간주된다. 곧, 절제는 어떤 일을 해서는 안 되거나, 어떤 행동을 삼가거나 사람들이 "괜찮다"고 말해야 할 삶의 부분들에 "안 된다"고 말하는 것으로 여겨진다. 그렇지만 이것은 바울이 절제를 보는 관점이 아니다. 성령의 열매로서 절제를 실천하는 것은 이 세상에서 하나님을 영화롭게 하고 그리스도의 형상을 증언하는 일로 여겨진다. 절제는 주님을 사랑과 순종으로 섬길 수 있게 하고, 하나님이 원하시는 대로 살아가는 각 개인에게 기쁨을 가져온다. 확실히 사람은 절제를 통해 썩지 아니할 면류관을 받는다(9:25). 절제라는 성령의 열매도 다른 열매들과 같이 '불타올라야' 하는 것은 의심의 여지가 없다. 그러나 성령이 주어진 이유 가운데 하나는 바로 이것이다. "하나님이 우리에게 주신 것은 두려워하는 마음이 아니요 오직 능력과 사랑과 절제하는 마음이니"(딤후 1:7). 이것은 그리스도인이 날마다 경험해야 하는 적극적이고 즐거운 삶의 한 부분이다. 교회가 절제의 열매는 얻을 수 없다고 가정하고, 신자의 삶에서 하나님의 능력을 경시하는 것은 절망적인 태도다.

CHAPTER 15

고린도전서 7:10-16

문학적 전후 문맥

바울은 5-6장에서 난잡한 성행위와 음행 문제를 다양하게 다룬 다음, 고린도 교인이 편지로 남편과 아내의 성관계에 관해 자신에게 제기한 질문을 7:1-7에서 답변하기 시작했다. 그리고 8-9절에서 결혼을 고려할 수 있는 자에게 말하고, 배경에 따라 그들에게 독신이나 결혼을 권고했다. 이제 바울의 설명은 다양한 관계들을 신속하게 다룬다. 비록 비신자와 결혼했다고 해도 그 비신자가 결혼 생활을 지속할 용의가 있을 때는 이혼해서는 안 된다. 만약 이혼한다면 이혼한 자는 독신으로 지내야 한다. 혼합 결혼(그리스도인과 비그리스도인의 결혼)을 했을 때는 믿지 않는 남편이나 아내 그리고 심지어는 그 자녀도 믿음 및 주님에 관해 특별한 관계를 경험한다. 믿지 않는 배우자가 구원받고 믿음으로 나아오는 일이 일어날 수 있다. 바울이 이런 다양한 관계에 관해 말하는 지침 원리는 이어지는 구절들(17-24절)에서 제시된다.

V. 신령하지 못한 지혜는 중대한 죄를 낳음(5:1-6:20)

VI. 공동체 지위와의 관계에서 본 결혼, 독신, 이혼, 과부 생활(7:1-40)

A. 하나님의 부르심에 따라야 하는 결혼과 독신(7:1-24)

1. 결혼한 부부와 성관계(7:1-5)
2. 독신을 선호하는 바울의 태도(7:6-7)
3. 결혼하지 아니한 자와 성욕(7:8-9)
4. **결혼한 부부는 결혼한 그대로 지내야 함(7:10-16)**
5. 각 사람은 주께서 나눠주신 대로 삶을 영위해야 함(7:17-24)

B. 독신의 유익(7:25-40)

주요 개념

결혼한 그리스도인은 결혼을 유지하고 배우자와 이혼해서는 안 된다. 비록 비신자와 결혼했다고 해도 그리스도인은 비신자가 결혼을 깨뜨리지 않는 한 결혼을 유지해야 한다. 믿지 않는 배우자에게 부부간의 충실함을 지키면 그를 구원으로 이끌 수 있기 때문이다.

번역

고린도전서 7:10-16

10a	수신자	결혼한 자들에게
b	명령	**내가 명하노니**
c	삽입	(명하는 자는 내가 아니요 주시라)
d	명령의 내용	**여자는 남편에게서 갈라서지 말고**
11a	예외: 허락	(만일 갈라섰으면
b	명령	그대로 지내든지
c	명령	다시 그 남편과 화합하든지 하라)
d	명령의 내용	**남편도 아내를 버리지 말라**
12a	수신자	그 나머지 사람들에게
b	단언	내가 말하노니
c	삽입	(이는 주의 명령이 아니라)
d	조건(조건절)	만일 어떤 형제에게 믿지 아니하는 아내가 있어 남편과 함께 살기를 좋아하거든
e	12b절의 내용 (귀결절)	**그를 버리지 말며**
13a	조건(조건절)	어떤 여자에게 믿지 아니하는 남편이 있어 아내와 함께 살기를 좋아하거든
b	12b절의 내용 (귀결절)	**그 남편을 버리지 말라**
14a	13b절의 기초	**믿지 아니하는 남편이…거룩하게 되고**
b	행위	아내로 말미암아

c	12e절의 기초	**믿지 아니하는 아내가…거룩하게 되나니**
d	행위	남편으로 말미암아
e	유비	그렇지 아니하면 **너희 자녀도 깨끗하지 못하니라**
f		그러나 이제 **거룩하니라**
15a	예외:	
	조건	혹 믿지 아니하는 자가 갈리거든
b	명령	**갈리게 하라**
c	설명	**형제나 자매나…구애될 것이 없느니라**
d	상황	이런 일에
e	단언	그러나 **하나님은 화평 중에서 너희를 부르셨느니라**
16a	수사적 질문	아내 된 자여 **네가 남편을 구원할는지 어찌 알 수 있으며**
b	수사적 질문	남편 된 자여 **네가 네 아내를 구원할는지 어찌 알 수 있으리요**

구조

바울의 생각이 8절의 결혼하지 않은 신자와 과부들에서 9절의 결혼해야 할 신자들로 옮겨질 때, 그의 설명 구조는 명확하고 논리적이다. 이어서 10–11절은 결혼한 자에게 말하고, 특별히 이혼 문제를 다룬다. 마지막으로 바울은 "그 나머지 사람들"(12–16절), 즉 비신자와 결혼한 신자들에게 말한다. 이 마지막 부분(12–16절)은 더 세밀하게 구분할 수 있다. 첫 번째로 바울은 비신자를 남편이나 아내로 둔 그리스도인에게 이혼하지 말라고 권고한다(12–13절). 두 번째로, 신자가 믿지 않는 배우자의 삶에 미칠 수 있는 영향에 대하여 말한다(14–16절). 바울이 여기서 하는 말을 신학적으로 정당화하는 내용은 17절 이하에서 전개된다.

석의적 개요

VI. 공동체 지위와의 관계에서 본 결혼, 독신, 이혼, 과부 생활(7:1–40)

A. 하나님의 부르심에 따라야 하는 결혼과 독신(7:1–24)

1. 결혼한 부부와 성관계(7:1–5)
2. 독신을 선호하는 바울의 태도(7:6–7)
3. 결혼하지 아니한 자와 성욕(7:8–9)

➦ **4. 결혼한 부부는 결혼한 그대로 지내야 함(7:10-16)**

a. 갈라서는 것과 이혼은 일어나서는 안 된다(7:10-11)

b. 비신자와 결혼한 그리스도인은 이혼을 요구해서는 안 된다(7:12-13)

c. 믿는 배우자는 믿지 않는 배우자를 구원으로 이끌 수 있다(7:14-16)

본문 설명

7:10-11 결혼한 자들에게 내가 명하노니 (명하는 자는 내가 아니요 주시라) 여자는 남편에게서 갈라서지 말고 (만일 갈라섰으면 그대로 지내든지 다시 그 남편과 화합하든지 하라) 남편도 아내를 버리지 말라(Τοῖς δὲ γεγαμηκόσιν παραγγέλλω, οὐκ ἐγὼ ἀλλὰ ὁ κύριος, γυναῖκα ἀπὸ ἀνδρὸς μὴ χωρισθῆναι–ἐὰν δὲ καὶ χωρισθῇ, μενέτω ἄγαμος ἢ τῷ ἀνδρὶ καταλλαγήτω–καὶ ἄνδρα γυναῖκα μὴ ἀφιέναι).[1] 7-8절에서 바울은 "결혼하지 아니한 자들"과 "과부들"에게 지침을 주었다. 10-11절에서는 "결혼한 자들"에게(Τοῖς δὲ γεγαμηκόσιν) 말하는데, 이때 바울의 논증은 단순하다. 결혼한 신자는 갈라서거나(별거하거나) 이혼해서는 안 된다. 만약 여자가 갈라섰다면 결혼(재혼)하지 말고 그대로 지내든지 다시 화합하든지 해야 한다. 추측건대 바울은 만약 이 경우에 여자가 재혼하면 간음을 저지르는 것이라고 말하는 것 같다. 이 가르침은 단호하다. 그러나 마가복음 10:7-12에서 그리스도가 주신 가르침과 똑같다. 여기서 바울이 왜 하필이면 갈라서는 문제를 다루는지를 생각하는 것은 현명하지 못하다. 결국 그 이유는 알 수 없기 때문이다. 앞에서 일부 교인이 잘못된 이유로 성관계를 중단하는 문제를 다룬 것으로 보아(5절), 어떤 부부가 성관계를 포기했을 뿐만 아니라 시험을 피하고자 서로 갈라서기도(별거하기도) 했을 수 있다. 여자가 먼저 다루어지는 것으로 보면, 일부 여자들이 그리스도께 헌신을 다하기 위하여 금욕주의자가 된 것으로 볼 수 있다.[2] 그러나 이런 금욕주의 전통을 가진 여성 집단의 존재에 대한 증거는 거의 없다. 남자와 여자가 갈라서거나 이혼한 것은 단순히 그들이 이혼이 흔하고 매우 쉽게 이루어졌던 그리스-로마 시대 배경에 살았기 때문이라고 보는 것이 더 낫다. 결혼 생활을 떠나거나 심지어는 한편에서 결혼 관계가 끝났다고 선언할 때도 두 배우자의 동의가 필요했다. 이것이 여기서 바울의 '지시' 또는 명령을 이해하는 데 도움을 줄 것이다. 왜냐하면 바울은 고린도전서를 통해 고린도 교회가 주변 문화의 죄와 충분히 분리되지 못하는 무능력한 모습을 계속 염려하기 때문이다. 이 경우 고린도 교인은 분명히 그리스도의 가르침도 조롱하고 있는 것이다.

이 두 구절(10-11절)은 바울이 처음에는 아내에게, 그다음에는 남편에게 주는 두 명령 사이에 있는 삽입구와 함께 한 문장으로 보아야 한다. 여기서 완료 분사(γεγαμηκόσιν, "결혼한")는 결혼 생활의 지속적인 상태를 말해준다. 그리고 주어지는 명령은 이번 장(7장) 처음 몇 구절에서 주어진 바울의 허락 및 소원과 완전한

1. 이 두 구절은 주절에서 한 부류에 속한 자로 간주하는 관사 없는 두 명사['아내'와 "남편"(γυναῖκα와 ἄνδρα)]와 종속절에서 특정한 사람을 염두에 둔 관사를 가진 한 명사['그녀의 남편'(τῷ ἀνδρί)]를 유용하게 비교한다.

2. 이 견해는 Horsley, *I Corinthians*, 96과 또 Margaret Y. MacDonald, "Women Holy in Body And Spirit: The Social Setting of I Corinthians 7," *NTS* 36 (1990): 161-81에서 취했다.

대조 관계에 있다. 주님이 친히 이혼 문제에 관해 말씀하셨고, 바울은 이제 그 가르침을 고린도 교회의 그리스도인 남편과 아내에게 적용하고자 한다. 여기서 '갈라서다'(separated, χωρίζω)와 '버리다'(divorce, ἀφίημι)로 번역된 두 동사는 사실상 동의어다. 이 두 동사는 누군가에게서 갈라서거나 이탈하는 것을 함의한다. 그러나 후자('버리다')는 때때로 법적 배경 속에서 사용된다. 그러므로 "이혼하다"[3]로 이해하는 것이 더 낫다. 이 단어(ἀφίημι)는 여기서와 12절에서 남편에게 적용된다. 이것은 유대 사회에서 남편만이 이혼 소송을 제기할 수 있었던 사실을 반영하는 것으로 볼 수 있으나,[4] 문맥과 13절에서 이 단어가 아내에게 적용되는 것(μὴ ἀφιέτω τὸν ἄνδρα, '그 남편을 버리지 말라')은 이런 관점을 불가능하게 한다. 바울은 여기서 마가복음 10:2–12, 그중에서도 특히 9절에 기록된 예수님의 가르침을 떠올리는 것 같다. "그러므로 하나님이 짝지어 주신 것을 사람이 나누지 못할지니라(ἄνθρωπος μὴ χωριζέτω)." 여기서 (명하는 자는) "내가 아니요 주시라"(οὐκ ἐγὼ ἀλλὰ ὁ κύριος)는 말이 소개되는 것은, 바울이 12절에서 "내가 말하노니 이는 주의 명령이 아니라"고 말할 것이기 때문이다.

일부 주석가는 여기서 이 어구들에 담긴 두 가지 수준의 권위, 곧 바울의 권위와 주님의 권위의 수준을 구분하려고 했다. 이 견해에 따르면, 7:10에서 바울이 주님께 의존하는 말은 그가 12절에서 "주님이 아니라" 자신에게서 나왔다고 주장하는 말보다 더 중요한 말로 보아야 한다. 하지만 이렇게 보면 사도라는 권위에 대한 바울의 이해를 완전히 오해하게 된다. 바울은 여기서 단순히 고린도 교인이 이 주제에 관해 주님이 하신 말씀을 알고 있으리라는 점을 가리키는 것이다. 10–11절에서 바울은 결혼한 신자에게 말한다. 결혼한 신자에게 예수님의 말씀은 바뀌지 않고 그대로 유효하다. 이혼은 용납할 수 없다. 그러나 바울은 12–16절에서는 그리스도의 말씀에 의존하지 않고 새로운 상황에서 벌어지는 갈라섬과 이혼에 관해 설명한다. 거기서 바울은 (결혼한 신자들을 제외한) "그 나머지 사람들"에게 말한다(12절). 즉, 비신자와 결혼한 신자들에게 말한다. 따라서 바울은 이 두 번째 집단(비신자와 결혼한 신자들)에게 말할 때는 지금 말하는 주체가 자신이라는 점을 분명히 밝힌다. 그렇지만 바울이 전한 가르침의 권위는 어쨌든 그런 이유로 낮아지지 않는다. 오히려 바울은 자신의 생각을 새로운 상황에 적용하고, 자신이 "주의 자비하심을 받아서 충성스러운 자"(ὡς ἠλεημένος ὑπὸ κυρίου πιστὸς εἶναι, 7:25)라는 점과 자신이 "하나님의 영"을 받은 자(7:40)로서 말하고 있다는 점을 인지하고 그렇게 말한다. 말하자면 바울은 사도의 권위를 가지고 그리스도의 생각을 새로운 상황 속에서 계속 설명하고 있다(참고. 2:16).

단호하게 명령하지만, 바울은 아울러 목회자로서 예민한 마음을 가졌다. 어떤 갈라섬이나 이혼의 경우에는 아내가 남편과 화합하는 것이 가능하지 않을 수 있다. 예를 들어, 이혼은 다른 어떤 사람과의 또 다른 결혼(재혼)을 낳을 수 있다. 그러나 원인이 무엇이든 간에 만약 이혼했다면, 아내는 결혼하지 않고 그대로 지내야 한다고 바울은 말한다. 아내가 남편과 갈라서면 안 되는 것처럼 남편도 아내와 이혼해서는 안 된다. 누가 누구를 버렸든지 간에 이혼을 추구해서는 안 된다. 그동안 그리스도인 부부는 화합을 도모해야 한다. 이것이 몹시 힘들기는 해도 올바른 길이다.

7:12–13 그 나머지 사람들에게 내가 말하노니 (이는 주의 명령이 아니라) 만일 어떤 형제에게 믿지 아니하는 아내가 있어

3. BDAG 156. 그러나 두 단어 간의 이 차이가 너무 중시되어서는 안 된다. MM 696은 "갈라서[다]"(χωρίζω)라는 말은 고린도전서 7:10, 11, 18에서처럼 거의 이혼과 관련된 전문 술어가 되었다"라고 주장한다.

4. Barrett, *First Corinthians*, 162.

남편과 함께 살기를 좋아하거든 그를 버리지 말며 어떤 여자에게 믿지 아니하는 남편이 있어 아내와 함께 살기를 좋아하거든 그 남편을 버리지 말라(Τοῖς δὲ λοιποῖς λέγω ἐγώ, οὐχ ὁ κύριος· εἴ τις ἀδελφὸς γυναῖκα ἔχει ἄπιστον, καὶ αὕτη συνευδοκεῖ οἰκεῖν μετ᾽ αὐτοῦ, μὴ ἀφιέτω αὐτήν· καὶ γυνὴ εἴ τις ἔχει ἄνδρα ἄπιστον, καὶ οὗτος συνευδοκεῖ οἰκεῖν μετ᾽ αὐτῆς, μὴ ἀφιέτω τὸν ἄνδρα). 바울은 이제 다른 부류의 "결혼한 자"에게 말한다. 그 "나머지 사람들"(λοιπόι)은 비신자와 결혼한 그리스도인을 가리킨다. 신자는 비신자 배우자에게 이혼을 요구해서는 안 된다. 바울은 다시 남편과 아내에게 번갈아 말함으로써 정교하게 균형을 유지한다. 바울은 이전 두 구절(10-11절)에서는 아내에게 먼저 말했고, 이제 이 두 구절(12-13절)에서는 남편에게 먼저 말한다. 그러므로 이 두 구절도 함께 묶어야 한다. 그러나 이번에는 예수님의 특별한 가르침을 언급하지 않는다. "내가 말하노니 (이는 주의 명령이 아니라)"[5]라는 것은 예수님이 말씀하지 않으신 것으로, 바울이 목회자로서 결혼 관계에 대하여 권고하는 것이다. 신자와 비신자('믿지 않는 자', ἄπιστος)의 대조가 첫 번째 대구(對句)에서 부각되는데, 거기서 믿는 남편은 "형제"(ἀδελφός)로, 믿지 않는 아내는 단순히 "아내"(γυνή)로 지칭된다. 두 번째 대구에서는 문맥에서 대조가 이미 확립되었기 때문에 아내를 '자매'(ἀδελφή)[6]로 지칭할 필요가 없다. 하지만 '자매'라는 말은 아내가 어떤 사람인지를 분명히 나타낸다.

그리스도인이 비신자와 결혼하는 일은 있을 것 같지 않지만, 바울은 결혼한 후 한 배우자가 믿음을 갖게 된 경우를 접했다. 7:39에서 바울은 과부들에게 "주 안에서만" 결혼하라고 가르친다. 그리고 구약성경의 가르침도 분명히 혼합 결혼을 금했고, 심지어는 어떤 상황에서는 이혼을 찬성했다(신 7:3; 스 10:3). 확실히 성경의 이런 가르침은 그리스도인 배우자에게 자신이 신자가 아닌 배우자와 이혼할 권리가 있다고 느끼게 했다. 영적 지위를 강조하고 영적 이원론을 취하면, 어떤 사람에게는 이혼이 적합하고 "신령한" 대책으로 보일 수 있다. 그러나 바울은 다시 그리스도의 복음에 비추어 문제를 다르게 본다. 그리스도인 남편이나 그리스도인 아내는 믿지 않는 배우자가 그들과 함께 사는 데 동조하는 한 그 배우자와 이혼해서는 안 된다. 이 명령의 영어 번역은 명령의 취지를 제대로 담아야 한다. '그는/그녀는 이혼하지(버리지) 말아야 한다'(He/she is not to divorce, μὴ ἀφιέτω). NIV는 "절대로 이혼해서는(버려서는) 안 된다"(must not divorce)로 번역하여 이 명령의 취지를 제대로 포착한다. ESV와 NRSV의 "이혼할(버릴) 의무가 없다"(should not divorce)라는 번역은 부적절하다. 이 명령의 이유는 14절과 16절에서 설명된다. 따라서 바울은 현대 교회에서도 여전히 빈번하게 일어나는 실제 상황을 다룬다. 곧, 한 배우자가 그리스도인이 되지만, 다른 배우자는 그리스도인이 되지 않는 상황이다. 이때 결혼 생활을 유지하는 것은, 그리스도가 모든 가족이 누릴 유익을 가지고 그 가정에 들어오신 것을 의미한다(14절). 그리고 적절한 때가 되면 믿지 않는 배우자가 믿음으로 나아올 수도 있다(16절).

7:14 믿지 아니하는 남편이 아내로 말미암아 거룩하게 되고 믿지 아니하는 아내가 남편으로 말미암아 거룩하게 되나니 그렇지 아니하면 너희 자녀도 깨끗하지 못하니라 그러나 이제 거룩하니라(ἡγίασται γὰρ ὁ ἀνὴρ ὁ ἄπιστος ἐν τῇ γυναικί, καὶ ἡγίασται ἡ γυνὴ ἡ ἄπιστος ἐν τῷ ἀδελφῷ· ἐπεὶ ἄρα τὰ τέκνα ὑμῶν ἀκάθαρτά ἐστιν, νῦν δὲ ἅγιά ἐστιν). 이 구절

5. 앞에서 10절에 대한 설명을 보라.
6. 믿는 여자를 가리키는 데 "자매"(ἀδελφή)라는 말을 사용하는 것은 로마서 16:1과 고린도전서 9:5를 보라. 거기 보면 "자매"와 "아내"라는 명사가 나란히 놓여 "자매"라는 말이 결과적으로는 형용사 역할을 한다. 따라서 번역은 "믿는 아내"(believing wife)가 된다(NIV, ESV, NRSV도 마찬가지다).

은, 믿지 않는 배우자가 결혼 생활을 유지하기를 원하면 그렇게 하는 것이 더 나은 첫 번째 이유를 제시한다. 그 이유는 바로 비신자가 그리스도인 배우자로 말미암아 "거룩하게 되[기]"(ἡγίασται) 때문이다. 이 책은 여기서 "거룩하게 되[는]" 것이 그들의 구원을 가리키는 것이 아니고, 믿지 않는 배우자가 그들 주변의 그리스도인에게 내주하신 성령의 역사를 가까이서 경험한다는 것을 의미한다고 주장할 것이다. 따라서 그들은 날마다 자신들 앞에서 그리스도를 생생하게 반영하는 삶을 사는 자로부터 유익을 얻는 특혜를 경험한다. 여기서 완료 시제("거룩하게 되고", "거룩하게 되나니")는 편지의 저자가 이 행동의 현재적 결과에 관심을 두었음을 암시한다. 이 진술은 많은 논란을 불러일으켰다. 비신자가 신자로 말미암아(by) 또는 신자를 통해(through) 또는 신자 안에서(in) "거룩하게 [된다]"라고 말하는 것은 어떤 의미에서 사실일 수 있는가? 이 문제는 여기서 전치사가 다양한 의미를 지닐 수 있기 때문에 더 어려워진다(ἐν τῇ γυναικὶ…ἐν τῷ ἀδελφῷ).

바울은 그리스도인에게 믿지 않는 배우자와 이혼하지 말라고 권고했다. 그런데 12–13절에 대한 설명에서 이런 경우 이혼이 가능한 이유를 다루었다. 고린도 교회 그리스도인은 결혼을 통해 비신자와 결합하는 것은 영적이지 못한 일로 생각했을 것이다. 또 이 견해를 지지하는 데 구약 본문을 사용했을 것이므로, 아마 비신자와의 결합 자체로 자신이 부정한 자가 되었다고 두려워했을 것이다. 더 나아가 이 견해는 그리스도인의 "몸은 그리스도의 지체이고"(6:15), 또 "성령의 전이라는"(6:19; 참고. 3:17) 바울의 가르침으로 지지를 받을 수 있었다. 더구나 창녀와의 성관계를 일반적으로 정죄하는 것을 고려하면, 고린도 교인은 그 정죄가 비신자와의 모든 성관계에도 그대로 적용되리라고 추정했을 것이다.

그러나 바울은 고린도 교인과 다른 관점으로 논증을 전개한다. 이런 배경 속에서 그리스도인이 부정하게 되기보다는 오히려 비신자가 "거룩하게 되는"(ἡγίασται) 일이 벌어진다. 바울 서신에서 '거룩하다'라는 말은 통상적으로 신자들을 묘사하는 데 사용되고(1:2을 보라), 신자가 "그리스도 안에" 있음으로 말미암아 그리고 삶에서 성령의 역사를 통해 얻은 신자의 지위를 가리키는 데 사용된다(6:11; 롬 15:16). 이 의미 뒤에는 하나님을 위한 분리를 가리키는 구약의 성결 개념이 있다. 하나님의 백성은 불신앙에서 벗어나 신자들의 공동체에 들어가도록 하나님의 부르심을 받았다. 그러나 이것은 여기서 말하는 의미가 될 수 없다. 만약 그렇게 되면, 마치 거룩함이 결혼 행위를 통해 이동할 수 있는 어떤 물건인 것처럼, 비신자가 신자와 결혼한 것 자체로 하나님의 백성과 신자가 된 것을 의미하게 되기 때문이다. 설사 이런 일이 일어날 수 있었다고 해도, 바울은 이런 사람을 다시는 '비신자'로 부르지 못하게 되고, 그렇게 되면 16절은 불필요한 구절이 되고 말 것이다.

칼뱅은 여기서 바울이 믿지 않는 자에게는 없는 그리스도를 따르는 자의 영적 능력이나 지위를 생각하고 있다고 주장했다. 칼뱅은 그리스도인은 "믿지 않는 남편(또는 아내)과의 접촉으로 부정하게" 될 수 있다고 주장한다. 그렇지만 이렇게 덧붙인다. "그러나 결과는 다르게 판명된다. 왜냐하면 경건한 배우자가 결혼을 부정하게 만드는 불경건한 다른 배우자보다 결혼 생활을 더 '거룩하게 만들기' 때문이다…그동안 이 거룩함이 믿지 않는 배우자에게 개인적 혜택이 되는 것은 아니다."[7] 갈런드는 칼뱅의 논증을 따라 이런 결혼은 하나님의 결혼 계획을 따르고, 그러므로 결혼의 창조 규례를 깨뜨리는 창녀와의 관계와 달리 거룩하다고 주장했다. 따라서 그리스도인이 연루된 이런 결혼은 하나님의 거룩

7. Calvin, *First Corinthians*, 148.

하심을 경험하는 지점이고 변화를 일으키시는 하나님의 능력이 임하는 영역이다.[8] 제롬 머피 오코너는 이 거룩함을 주로 윤리적 관점에서 바라본다. "비록 그 이방인이 믿음으로 자신을 그리스도께 위탁하지 않았다 해도, '*hagioi*', 곧 거룩한 자에게 기대되는 행실과 비슷한 행동 방식을 보여준다."[9]

그리스도인 배우자가 있으면 의심할 것 없이 비신자에게 새로운 삶의 길이 열릴 수 있다. 그리스도인의 행동, 가치 그리고 그리스도가 감동을 주신 사랑은 결혼생활에 영향을 미치기 마련이다. 그때 그 영향은 비신자 배우자에게 거부감을 주어 그로 인해 이혼하거나, 아니면 그에게 평온함을 주어 그가 감사하는 마음으로 그 영향을 받아들이거나 둘 중 하나가 될 것이다. 바울이 16절에서 지적하는 것처럼, 이것이 구원을 낳을 수도 있다. 이런 관점에 따르면 전치사(ἐν)를 도구적 의미로 취할 것이 필수적으로 요청되므로, 다음과 같이 번역할 수 있다. "그의 [믿는] 아내를 통해 거룩하게 되고… 그의 [믿는] 형제를 통해 거룩하게 되나니"(참고. NRSV, NASB).

그러나 이 책이 지지하는 견해에 따르면, 이런 관점은 바울의 생각을 단지 부분적으로만 설명하는 데 그친다. 바울이 배우자가 "거룩하게 되나니"라고 말하고, 그리스도인 부모의 자녀가 '깨끗하지 못한'(ἀκάθαρτα) 것이 아니라 '거룩하다'고 말하기 때문이다. 그러므로 일부 주석가는 설명할 때 언약 관념을 더 구체적으로 적용했다. 칼뱅은 로마서 11:16을 인용한다("제사하는 처음 익은 곡식 가루가 거룩한즉 떡 덩이도 그러하고 뿌리가 거룩한즉 가지도 그러하니라"). 자녀에 대한 이런 관점에 대하여 뭐라고 말할 수 있든 간에, 로마서 11장의 문맥은 하나님의 거룩한 백성인 이스라엘에서 유대인과 이방인이 차지한 위치에 관해 말한다. "안에" 있던 어떤 이는 결국 그들의 불신앙으로 말미암아 꺾인다(롬 11:17-18). 고든 피 역시 로마서의 이 구절들로 시선을 돌리고,[10] 거기서와 여기서 '거룩하다'라는 말을 사용하는 것은 언약 관념을 드러내고, 아직 구원받지 못해 구원받기를 바라는 자가 거룩한 집단으로 편입된다는 점에서 비슷하다고 주장한다. 바울이 이스라엘과 교회를, 심지어는 그가 나중에 그리스도 안에 있지 않은 것으로 여기는 자가 그 두 집단에 포함될 때도, "거룩한" 집단으로 부를 수 있다는 사실은 여러 곳에서 분명히 드러난다.

이런 언약 관념은 바울에게 어떻게 작용하는가? 10장에서 이 관념을 더 상세히 검토하겠지만 로마서 3장이 이 관념을 파악하는 데 얼마간 도움을 주는 것 같다. 로마서 3장에서 바울은 유대인과 이방인을 막론하고 모든 사람이 죄를 범했고 하나님 앞에서 불의한 자로 발견된다는 사실을 (구약) 성경으로 증명한 다음, 이렇게 수사적인 질문을 한다. "그런즉 유대인의 나음이 무엇이냐"(롬 3:1). 바울은 "하나님의 말씀"을 비롯하여 유대인이 받은 많은 큰 혜택을 열거한다. 로마서 9:4-5에서는 이스라엘 자손에 관해 "그들에게는 양자 됨과 영광과 언약들과 율법을 세우신 것과 예배와 약속들이 있고 조상들도 그들의 것이요 육신으로 하면 그리스도가 그들에게서 나셨으니"와 같이 상세히 언급한다. 이것들은 하나님의 백성이 살면서 누리는 깜짝 놀랄 만한 배경이다. 이것들은 하나님의 언약 공동체 안에 있을 때 누리는 엄청난 혜택의 일부다. 그러나 로마서 3:9-10에서 바울은 "그러면 어떠하냐 우리는(유대인은) 나으냐 결코 아니라 유대인이나 헬라인이나 다 죄 아래에 있다"라고

8. Garland, *1 Corinthians*, 289. 그리고 Calvin, *First Corinthians*, 149를 보라. Rosner, *Paul, Scripture, and Ethics*, 169-170을 참고하라.

9. Jerome Murphy-O'Connor, "Works without Faith in 1 Corinthians 7:14," in *Keys to First Corinthians: Revisiting the Major Issues* (Oxford: Oxford University Press, 2009), 49 [이 논문은 *RB* 84 (1977): 349-61에 처음 발표됨].

10. Fee, *1 Corinthians*, 331-32.

두 번째 수사적 질문을 한다. 궁극적으로 구원은, 이스라엘 공동체 구성원에게 주어지는 언약의 혜택을 경험하거나 심지어 그 공동체 구성원 표지인 할례를 받거는 것으로 보장되지 않는다. 구원은 언약의 주이신 예수 그리스도를 믿는 믿음을 통해 임한다. 이 책은 이것이 고린도전서 이 부분에서 바울이 생각하는 방식이라고 믿는다. 믿는 배우자가 있으면, 결혼 관계가 모든 면에서 그리스도의 주 되심 아래 놓이게 된다. "아내로 말미암아 거룩하게 되고…남편으로 말미암아 거룩하게 되나니"에서 도구적 전치사 "…로 말미암아(통해)"(ἐν)는 바울이 신자를 비신자를 "거룩하게" 만드는 수단으로 이해하고 있음을 암시한다. 따라서 전체 결혼 관계가 이것으로 불가피하게 영향을 받는다. 만약 아내가 신자라면, 그녀는 '주님께 하는 것처럼' 남편에게 복종할 것이다. 만약 남편이 신자라면, 그는 "그리스도께서 교회를 사랑하시고 그 교회를 위하여 자신을 주심같이" 아내를 사랑할 것이다(엡 5:22-25). 비신자 배우자는 하나님의 말씀을 들으며 성경의 영향 아래 살고, 언약의 약속들에 관해 들으며, 예배의 본질을 이해하고 그리고 심지어는 믿는 배우자가 그리스도를 생생하게 반영하는 모습을 보는 온갖 혜택을 확실히 누리게 된다. 이것은 엄청난 유익이다. 그들은 여호와가 외국인이 이스라엘 사람들 가운데 살 때 유익을 얻으리라 기대하신 것(참고. 출 23:12; 겔 47:22)과 비슷한 유익을 얻을 것이다. 그들은 확실히 동료 비신자보다 큰 혜택을 받고 '구별된다.' 그러나 그들은 아직 믿음의 사람은 아니다. 바울이 10장에서 증명할 것처럼, 이것은 어떤 식으로든 언약 공동체에 안의 많은 사람에게 해당할 수 있다.

그리스도인 부모를 둔 자녀에 관해 말하면, 그들 역시 마찬가지다. 바울이 그렇게 가정하는 것은 자녀에 대해 주장할 수 있는 것이 '거룩한' 비신자에 대해 주장할 수 있는 것과 유비 관계를 이루기 때문이다. 그리스도인 부모를 둔 자녀는 언약의 주가 다스리시고, 언약의 주를 경배하며, 주의 말씀을 배우고 깨달으며, 주의 약속을 설명해주는 가정에 속한 데서 오는 혜택이 있다. 그리고 그 자녀가 그런 가정에서 믿음과 예배의 필요성을 알게 되는 것도 확실히 중요하다. 다시 말해 바울이 로마서에서 말한 것처럼, 그것은 이방인이 아니라 유대인이 얻는 큰 유익이다. 그런데 지금은 언약의 주가 왕이신 예수님으로 알려져 있다.[11] 바울의 가장 절실한 염원이 동포가 그리스도를 믿는 믿음으로 나아오는 모습을 보는 데 있는 것처럼(롬 9:1-3; 10:1), 여기서도 바울은 믿는 아내와 믿는 남편에게 믿지 않는 배우자의 구원에 대한 희망과 참된 가능성을 갖도록 도전한다(7:15-16).

7:15-16 혹 믿지 아니하는 자가 갈리거든 갈리게 하라 형제나 자매나 이런 일에 구애될 것이 없느니라 그러나 하나님은 화평 중에서 너희를 부르셨느니라 아내 된 자여 네가 남편을 구원할는지 어찌 알 수 있으며 남편 된 자여 네가 네 아내를 구원할는지 어찌 알 수 있으리요(εἰ δὲ ὁ ἄπιστος χωρίζεται, χωριζέσθω· οὐ δεδούλωται ὁ ἀδελφὸς ἢ ἡ ἀδελφὴ ἐν τοῖς τοιούτοις· ἐν δὲ εἰρήνῃ κέκληκεν ὑμᾶς ὁ θεός. τί γὰρ οἶδας, γύναι, εἰ τὸν ἄνδρα σώσεις; ἢ τί οἶδας, ἄνερ, εἰ τὴν γυναῖκα σώσεις;). 14절에서 바울이 펼치는 논증의 논리는 16절로 곧바로 이어지고, 15절은 논리적으로 12-13절의 연장이다. 그러므로 우리는 먼저 16절로 시선을 돌려야 한다. 바울은 하나님의 역사와 약속에 기반을 둔 자신의 언약적 낙관주의(covenantal optimism)를 사용하여, 신자에게 가능하면 결혼 생활을 인내하라고 격려한다. 바울은 '…을 어찌 알 수 있는가?'(τί οἶδας)라는 똑같은 두

11. 그러나 어떤 이는, 만약 그런 자녀가 언약 가족의 일원이고 따라서 언약 공동체의 구성원이라면, 그들은 세례라는 언약의 표지를 받아야 한다고 주장하는 것이 논리적으로 일리가 있다고 주장할 수 있지만, 이것은 바울이 여기서 전하는 말도 아니고 지금 바울이 그 문제를 다루는 것도 아니다.

개의 수사적 질문으로, 그리스도인 아내나 그리스도인 남편에게 비신자 배우자를 구원할 가능성이 있음을 암시한다. 그 반대 사실을 언급하는 주장도 있지만, 바울은 확실히 믿지 않는 배우자의 구원 가능성을 기대하는 것처럼 보인다.[12] 물론 구원은 하나님의 손에 달려 있으므로 사실 그리스도인 배우자는 이런 일이 일어날 것을 확실히 알 수 없다. 그러나 하나님은 자기 백성을 사역에 사용하신다. 또한 그리스도를 증언하고, 그리스도의 말씀이 보이고 들려지는 곳에는 하나님이 자신의 구원을 이루실 것이라는 참된 소망이 있다.

15a-d절("혹 믿지 아니하는 자가 갈리거든 갈리게 하라 형제나 자매나 이런 일에 구애될 것이 없느니라")을 삽입구로 보면, 본문은 일관되게 그리고 명확하게 이해된다. 12-14절은 믿지 않는 배우자를 둔 그리스도인에게 말하고, 16절은 이런 사고의 흐름을 지속한다. 그러나 이제 우리는 15절로 돌아가야 한다. 이 삽입구도 그리스도인이 아닌 자와 결혼 생활을 하는 그리스도인을 다룬다. 그러나 이혼을 요구하는 비신자 배우자의 관점에 따라 결혼 생활을 바라본다. 따라서 독자는 지금 다루는 문제로부터 그리 멀리 있지 않다. 바울은 일부 믿지 않는 배우자가 그리스도인과 함께 사는 것에 만족하지 못하리라는 점을 인정한다. 그래서 이런 사람이 그리스도인 "형제"나 "자매"와 갈리거든 "갈리게 하라"(χωριζέσθω)고 바울은 말한다. 비록 결혼에 대한 기독교적 관점에 따라 갈라섬을 피해야 하지만, 그리스도인은 믿음이 없는 자가 요구하는 이 갈라섬을 막을 필요가 없다. 이것은 비교적 간단하다.

그러나 여기서 바울이 "속박되다"(ESV, enslaved)나 "매이다"(NIV, NRSV, bound, δουλόω)라는 말(개역개정에는 "구애될"-역주)을 사용할 때, 이 말의 번역 또한 논란의 대상이 된다. 바울은 결혼 생활의 '속박'(구속)에서 벗어나는 것을 가리키는가, 아니면 결혼법의 '속박'에서 벗어나는 것을 가리키는가? 일부 주석가가 주장하는 것처럼 만약 후자라면, '자유롭게 된' 그리스도인은 잠재적으로 7:39에 묘사된 과부와 같은 입장에 놓이고, 물론 '오직 주 안에서' 해야 하기는 하지만 재혼할 수 있다.[13] '속박되다'라는 말은 또한 '노예처럼 매이다'라는 말처럼 '매이다'를 의미할 수 있다.[14] 그러나 율법 아래 '매인' 것을 묘사하는 데 사용된 통상적인 단어와 바울이 7:39(참고. 롬 7:27)에서 사용하는 단어는 차이가 있다(δέω). 바울의 의도가 단순히 어떤 사람이 이혼했을 때 결혼 관계에서 믿지 않는 배우자에게 다시는 속박되지 않는다는 것인지, 또는 결혼 제도, 법적 의무가 이제 더는 신자를 속박하거나 구속하지 않는 것을 강조하는 것인지 묻게 되

12. 여기서 수사적 질문은 희망의 표현으로 이해되고, 그것으로 그리스도인 배우자는 비신자 배우자가 갈라서자고 주장하지 않는 한 이혼해서는 안 되는 또 하나의 이유가 제시된다. 이것은 이혼이 최선책은 아니라는 이 본문과 특히 14절의 일반적 접근법을 계속할 것이다. Tertullian, *To His Wife* 2.2.3과 Augustine, *Adulterous Marriages* 1.13에서 이 본문을 이런 식으로 이해했다. Lightfoot, *Notes on Epistles*, 227은 '…을 어찌 알 수 있는가?'(τί οἶδας)가 삼하 12:22, 욜 2:14 그리고 다른 곳에서 희망을 언급하는 문맥에서 사용된다는 언어학적 근거에 따라 그 질문에 대한 이런 해석을 지지했다. 그 질문에 대한 이런 소위 '낙관적인' 이해는 NRSV 번역에 잘 표현되어 있다. "아내여, 네가 알다시피, 너는 남편을 구원할 수 있다"(NEB도 보라). 이와 다른 주요한 견해는 이 수사적 질문을 배우자가 회심할 것에 대한 의심을 담고 있고, 그래서 갈라섬을 옹호하는 15절의 논증에 덧붙여진다고 보는 것이다. 이 견해에 따라 의역하면 다음과 같다. '만약 비신자가 갈라선다면 갈라서라. 네가 그 비신자를 구원할지 누가 알 수 있겠느냐?' 이 견해에 따르면, 비신자를 구원하는 관념은 불가능한 것으로 간주되고, 따라서 결혼 생활을 함께할 이유를 제공하지 않는다. 이 견해를 옹호하는 설명은 Sakae Kubo, "1 Cor 7:16: Optimistic or Pessimistic?," *NTS* 24 (1978): 539-44를 보라. 세 번째 견해는 Fee, *1 Corinthians*, 337-38에서 주장된다. Fee는 이 수사적 질문들은 애매하지만 "거의 확실히" 사고의 흐름은 이 질문들이 15a-b절이 아니라 12-14절과 함께 가는 것을 암시한다고 믿는다.

13. 이것은 때때로 '바울의 특권'(Pauline privilege)으로 지칭된다.

14. BDAG 260은 '속박하다'를 일차 의미로 보고 '종같이 되다'나 '매이다'를 이차 의미로 보면서, 7:15에 나오는 말을 이차 의미 범주에 집어넣는다.

변, 이 차이는 중요해진다.

만약 속박 관념이 결혼 상태를 가리키는 것으로 취해지면, 두 가지 잠재적인 문제가 제기된다. 첫째, 바울이 결혼 생활에 '구애되는'(속박되는) 것에 관해 말하는 것은 상상하기가 어렵다. 바울이 에베소서 5:22-33에서 결혼 생활에 관해 묘사하는 것과 성경 전체가 결혼에 높은 관심을 두는 것을 고려하면, 바울이 결혼 생활을 어떤 형태든 속박으로 여겼다고 보는 것은 불가능하기 때문이다.[15] 결혼은 남자와 여자에 대한 하나님의 뜻이 백성에 대한 그리스도의 사랑을 반영하는 관계 속에서 성취되는 영역이다. 둘째, 이와 같이 이해하면, 이 진술은 어쨌든 불필요한 말처럼 보인다. 만약 비신자가 신자와 이혼했다면, 분명히 신자는 더는 결혼에 '속박'을 받을 수 없다. 여기서 바울이 펼치는 논증의 흐름을 기억하는 것이 중요하다. 바울은 비신자가 신자와 함께 살 마음을 가진 경우에 관해 말하고, 이 경우에는 그리스도인이 이혼을 요구할 이유가 전혀 없다고 주장했다. 바울은 언약 요소가 이 관계에 얼마나 낙관적인 희망의 원인이 될 수 있는지 말했다. 그는 16절에서 이것을 분명히 요약한다. 그러나 믿지 않는 배우자에 관해 말할 때(14절)는, 만약 그가 결혼 생활을 끝내고자 하면, 그것은 완전히 다른 상황이라는 점을 분명히 한다. 그럴 때 그리스도인 배우자는 믿지 않는 배우자가 자기와 갈리게(갈라서게) 해야 한다.[16] 여기서 사용된 단어(χωρίζω, '가르다/갈라서다')는 바울이 7:10-11에서 사용한 단어와 똑같다. 7:10-11에서 바울은 그리스도인 배우자에게 말하고, 그리스도인 부부는 갈라서면 남편이나 아내나 재혼해서는 안 된다고 주장했다. 7:15 본문이 특별한 것은 이혼이 하나의 대안이 되어서는 안 되고, 결혼의 지속적 결과가 배우자가 통상적으로 재혼해서는 안 된다는 것을 의미한다는 일반적인 논증에서 벗어나기 때문이다.[17] 15절의 상황에서는 믿지 않는 배우자가 갈라서자고 요구한 것이므로, 그때 그리스도인 배우자는 결혼 생활을 유지하기 위하여 할 일이 아무것도 없었다. 기독교적 상황에서는 '재혼 불가' 법칙에 따라 화합해야 하지만(11c절), 15절의 상황에서는 믿지 않는 배우자가 화합에 대한 요구를 전혀 받지 않는다. 따라서 우리가 '구애되다'(속박되다)라는 단어를 좋아하든 좋아하지 않든 간에, 여기서 명확한 대조를 볼 수 있다. 그리스도인 간에 이루어진 결혼에서 우리는 재혼하지 말고 배우자와

---

15. 바울이 결혼을 '속박'으로 말한다고 볼 수 있는 두 가지 가능한 배경이 주장되었다. 첫째, Deming은 스토아-견유학파 철학자들에게 결혼을 속박의 관점에서 논의한 증거가 있다고 주장했다. Deming은 이것을 지지하는 다수의 본문을 인용한다. 예를 들어, Philo는 에세네파를 설명할 때 독신 공동체 안에서 발견된 그들의 "참되고 유일한 자유"에 관해 말한다. 남자는 결혼할 때 "자유인 대신 종"이 된다(Deming, *Paul on Marriage and Celibacy*, 147에 Philo의 *Hypothetica*로부터 인용됨). Philo는 또한 사람이 자신이 원하는 대로 행할 "능력"을 함축하는 자유에 관한 에세네파의 관점에 따라 논증을 전개한다. 이 책은 Deming이 이후에 사변을 통해 고린도 교인이 결혼을 보는 방식에 관해 이끌어낸 결론을 따르지 않는다. 또 우리는 고린도 교인이 비신자와의 관계에서 그들이 갖춘 "능력"에 관한 관점을 결혼을 대체로 '속박'으로 간주하는 헬레니즘 시대의 관념에 따라 받아들였다는 Deming의 사변적인 결론도 따라서는 안 된다. 둘째, 결혼 상태를 '속박'으로 간주하지 않는 관점은 구약성경과 유대 사상을 배경으로 하고, 이혼 행위 자체는 종의 아내의 이혼을 둘러싼 법칙을 다루는 출애굽기 21:10-11에 뿌리를 둔다고 주장되었다. 다음 두 논문을 보라. David Instone-Brewer, "1 Corinthians 7 in the Light of the Graeco-Roman Marriage and Divorce Papyri," *TynBul* 52 (2001): 101-15, "1 Corinthians 7 in the Light of the Jewish Greek and Aramaic Marriage and Divorce Papyri," *TynBul* 52 (2001): 225-43. 우리가 이 두 배경 가운데 어느 한쪽이 바울의 말에 영향을 미쳤을 것이라고 주장하든 안 하든 간에, 둘 다 이 이혼의 최종 결과에 대한 바울의 견해를 결정하는 데 특별히 도움을 주는 것은 없다. 비록 그것이 결혼의 속박 상태로부터의 자유라 해도, 그 자유는 자유인의 법적 권리를 제공하는 것과 함께 종을 자유인으로 만든다. 따라서 유비에 따르면 그리스도인으로서 이혼하는 자는 종이 아닌 자의 권리, 곧 자유로운 선택권을 갖고 인생을 다시 시작할 권리가 있다.

16. 중간태 직설법 다음에 중간태 명령법이 온다(χωρίζεται와 χωριζέσθω). 이것은 이혼의 주도권이 비신자 배우자에게 있다는 점을 강조한다. 만약 비신자 배우자가 스스로 갈라서거든 그가 그 관계에서 스스로 갈라서게 하라.

17. Fee, *1 Corinthians*, 334는 이와 반대다.

화합하도록 주장하기 위하여 결혼 상태(속박)에 호소하거나 결혼법의 구속에 호소할 수 있다. 그런데 15a절의 상황에서는 결혼 상태("속박"?)가 적용되지 않고, 또 이제는 결혼 생활이 없으므로 그리스도인은 이혼이나 재혼에 관한 규칙에도 '매이지' 않는다. 이 책의 견해는 비신자가 그리스도인과의 결혼 생활에서 벗어나 이혼하게 된 이런 슬픈 상황에서 신자인 남편이나 아내는, 마치 배우자가 죽은 것처럼, 어떤 엄격한 조건 아래 재혼할 수 있다는 것이다.

또 하나의 문장("그러나 하나님은 화평 중에서 너희를 부르셨느니라")도 설명이 필요하다. 그리스도인은 어떤 의미에서 하나님께 화평'으로'(to, ἐν) 부르심을 받았는가? 두 가지 중요한 해석이 주어진다. 첫째, 여기서 화평에 호소하는 것은 방금 전한 말을 되돌아보고 그 말을 보강하는 역할을 한다. 그 말을 듣는 그리스도인("너희")[18]은 이혼하려는 비신자 배우자의 욕망에 맞서 싸워서는 안 된다. 모든 그리스도인은 할 수 있는 한 다른 사람들과 상호 교제하면서 화평하며 살도록 부르심을 받는다(롬 12:18; 14:19). 둘째, 그렇지 않으면 여기서 화평에 호소하는 것이 믿지 않는 배우자와 이혼해서는 안 되는 것에 대한 또 하나의 논증을 제공하는 것이 될 수 있다. 이 경우에 불변화사(δέ)는 반의 접속사로, '…때문에'라는 계속/원인의 의미가 아니라 '그러나'라는 의미로 취해진다. 이 경우에 15e절은 15절 이전 부분의 사상과 분리되고, 16절과 함께 묶여야 한다.[19] 둘 중 어느 입장이든 사상의 흐름이나 헬라어 본문에 일리가 있어 보인다. 그러나 "화평"이라는 말은 언약의 함축적 의미로 가득 차 있다는 점을 주목해야 한다. 이 말은 하나님이 자기 백성에게 원하시는 것을 전체적으로 요약한다. 따라서 여기서 바울은 확실히 신자의 이런 화평한 모습과 신자가 경험한 화평이 비신자를 "거룩하게" 만드는 결과를 낳을 수 있다는 사실을 염두에 두었다(참고. 고후 13:11). 이러한 경우 이 문장("그러나 하나님은 화평 중에서 너희를 부르셨느니라")은 앞에서 설명한 것처럼 16절을 내다본다. 16절에서 바울은 이혼을 금하는 두 번째 주된 이유를 제시한다.

바울은 이처럼 하나님의 부르심을 언급한 후, 그다음 부분으로 나아가 독신이나 결혼 혹은 심지어 재혼이 적절한 활동인지 여부를 파악하는 데 이 부르심이 어떻게 결정적인 역할을 하는지 설명한다(17-24절).

적용에서의 신학

1. 결혼의 영속성

오래전 신학교에 다닐 때 인도 출신의 훌륭한 신학자이자 기독교 지도자였던 한 사람에게서

18. "너희"(ὑμᾶς)라는 말은 UBS에 의해 "B"로 평가되고, 특히 ℵ* A C K 81 1175 사본에서 발견된다. "우리"(ἡμᾶς)라는 말은 특히 $\mathfrak{P}^{46}$ $ℵ^2$ B D F G Ψ 33 $\mathfrak{M}$ 사본에서 발견된다. 후자 사본의 증거가 더 강력하다. 이것은 바울이 모든 그리스도인은 다른 사람들과 맺는 모든 관계 속에서 화평하며 살라는 일반적 요청에 호소한 것을 의미할 것이다. Héring, *I Corinthians*, 53은 이 해석을 따른다. Metzger(*Textual Commentary*, 489)는 필사자가 "격언의 언급"을 일반화하는 것으로 보는 것이 더 낫고, 따라서 적용의 폭을 넓힌다고 주장한다.

19. Garland, *I Corinthians*, 292가 그렇다.

강의를 들었다. 이후로 그 강의는 한평생 내게 생생하게 살아 있다. 그때 그녀는 '문화적 기독교'에 관해 강의했다. 그녀는 우리는 누구나 자신의 문화적 관점에 맞지 않는 성경을 무시하고 싶은 유혹을 받는다는 요점을 예증하기 위하여, 미국의 많은 그리스도인이 대체로 사회에 만연한 이혼을 받아들인 것을 사례로 언급했다. 인도에서도 세상이 바뀌었다. 그러나 그때 그녀는 대다수 인도 그리스도인은 그들의 삶에서 이혼을 가능한 선택으로 절대 생각하지 않았다고 지적했다. 또 교회도, 이슬람도, 힌두교도 일반적으로 이혼을 인정하지 않았기 때문에 일반 국민도 그렇게 생각했다고 말했다. 사도 바울도 성경 전체에서 발견되는 이 동일한 가정을 그대로 적용한다. 곧, 이혼은 하나님의 뜻이 아니라고 본다. 결혼의 영속성을 강조하는 성경의 요점은 창세기 2:21-25로 거슬러 올라간다. "한 몸"이 됨을 강조하는 것과 부모를 떠나 배우자와 "합하는 것"은 평생 지켜야 할 의무로 여겨진다. 모세 율법에 이혼할 가능성이 열려 있었지만(참고. 신 24:1-4), 이혼은 정의상 이미 결혼 관계의 영속성과 신성함을 깨뜨리는 간음과 같은 분명한 죄에 대해서만 인정되었다. 예수님도 율법의 의도를 제시하심으로써, 그리고 모세를 통해 허락된 이혼도 "본래는 그렇지 아니했다"(마 19:8)라는 점을 선생들에게 상기시키심으로써 그 문제를 명확히 똑같이 취급하셨다. 바울이 직면한 새로운 목회 환경, 곧 그리스도인이 된 자가 비신자와 결혼한 것을 자각한 상황에 가르침을 적용할 때 이런 성경적, 신학적 배경을 반영한다. 특히 서양 교회는 성경적 결혼관을 거부하는 문화적 도전에 숱하게 직면하기 때문에 결혼 제도의 영속성을 새롭게 촉구할 필요가 있다.

바울은 비신자 배우자와의 결혼 생활에서도 결혼의 영속성과 가치를 더욱 높이는 새로운 논증을 소개한다(참고. 39절). 바울은 비신자가 그리스도인 배우자의 믿음으로 영향을 받고, 그래서 그 영향으로 그가 구원을 받을 수도 있다고 주장한다. 오늘날 세상에서는 이런 '혼합' 결혼 관계를 교회 생활에서 수시로 접한다. 종종 (새로?) 믿은 배우자가 상대방에게 상처를 주고 상대방과 함께 사는 것이 극히 힘들다는 것을 알게 되고, 그래서 간혹 실제로 반목하기도 한다. 그러나 바울이 권고하는 기본 입장은 '함께 견디라'는 것이다. 교회는 바울의 말을 통해 울려 퍼지는 복음의 소망으로 새 신자에게 권고할 때마다 이것을 확인할 필요가 있다. 이것은 믿지 않는 배우자가 진실로 결혼 생활을 계속하기를 바라는 경우에, 기독교 지도자가 효과적인 기독교 가정생활이 무엇인지 그리스도인 배우자에게 가르칠 수 있는 대책을 강구해야 한다는 점을 의미한다. 여성들에게는 베드로전서 3:1-4의 권고가 유용하다. 확실히 베드로전서 3:1-2은, 베드로전서 3:7a에서와 마찬가지로, 믿지 않는 아내를 둔 그리스도인 남편들에게도 말을 전한다. 그러나 바울이 결혼의 영속성에 대한 가르침을 따라 부부가 함께 사는 것에 우선권을 분명히 두기는 해도, 그가 믿지 않는 배우자가 요구하면 이혼할 수 있음을 인정한다는 사실을 주목해야 한다. 이런 상황은 그리스도인의 통제에서 벗어나 있다. 이런 경우에는 교회가 힘을 모아 이혼한 그리스도인을 격려할 필요가 있으나 종종 제대로 인식되지 못한다. 현대의 이혼과 달리, 이런 이유로 벌어진 이혼은 종종 개인에 따라 믿음 때문에 고난을 겪는 일이 되고, 우리 중 많은 이가 매우 자주 보는 것처럼 이로 인해 젊은 그리스도인 배우자가 새로 찾은 믿음을 의심하게 될 수도 있다. 교회가 모든 이혼을 하나로 싸잡아서 잘못된 일로 보거나, 모든 이혼을 너무 흔해 평가할 가치조차 없는 것으로 보는 경향 때문에, 믿음을 지키기 위하여 배우자와 갈라선 많은 그리스도인이 도움을 받지 못한다는 느낌이 든다.

2. 언약 자손

이 한 구절(14절)에 기반을 두고 자녀에 대한 그리고 자녀와 주님의 관계에 대한 전체 신학을 세우지 않는 것이 중요하다. 그러나 여기서 믿는 부모를 둔 자녀에 대한 바울의 언급이 유비로 사용되는 것은 확실히 주목할 만하다. 다시 말하면 바울이 전하는 말은 진리로 추정되고, 바울은 고린도 교인이 자신이 전하는 말을 이해하기를 바란다. 자녀 양육 문제는 성경 전체에서 중요하다. 하나님의 율법(어른의 마음속에 있어야 하는)을 부모와 자녀가 집에 앉았을 때든지, 길을 갈 때든지, 누워 있을 때든지, 일어날 때든지 자녀에게 가르치라고 명령한 모세의 교훈(신 6:7)으로부터, 히스기야 시대에 주님을 섬기는 데 제사장의 자녀를 여호와의 전에 들어가게 하고(대하 31:16), 주님이 자기 옆에 어린아이를 데려오셔서 그렇게 하신 것(마 18:2-5; 19:13-14)까지 보면, 자녀를 하나님의 언약 백성의 일원으로 여겨야 한다. 이것이 자녀가 반드시 거듭날 것을 의미하는 것은 아니라고 지적했다. 그렇지만 이것은 자녀에게 그들 자신을 하나님께 속해 있는 자로 보도록 권고하고, 점차 그들이 훨씬 더 분명하고 시의 적절한 방법으로 믿음을 스스로 고백할 수 있게 하는 자녀 양육법을 암시한다. 기독교 가정에서 자라지 못한 그리스도인 부모에게는, 곧 미국과 유럽에서 볼수 있듯 교회를 다니다 회심한 교인이 대다수를 차지하는 교회 안의 부모에게는, 이것이 크게 권장할 가르침으로 요구된다. 따라서 비신자와 결혼한 자도 교회 안의 그리스도인에게 도움과 격려를 받아야 한다.

CHAPTER

16

고린도전서 7:17–24

문학적 전후 문맥

바울은 남자와 여자 간에 이루어지는 다양한 관계를 다루었다. 바울은 이혼에 관한 설명(7:10–16)을 잠시 중단하고, 이제 결혼, 이혼, 독신, 과부 생활에 관한 자신의 관점을 설명하는 데 도움을 주는 원리를 제시한다. 이 원리는 그리스도인 남자와 여자가 이성과의 관계 속에서 해야 할 선택과 행동을 안내한다. 이 원리는 17절에서 요약된다. 사람들은 하나님이 자신을 믿음으로 부르셨을 때, 즉 결혼했든 하지 않았든 간에 부르심 받았을 때 지녔던 지위를 그대로 지켜야 한다. 그리스도인은 결혼한 상태에서 결혼하지 않은 상태로, 또는 결혼하지 않은 상태에서 결혼한 상태로 지위를 바꾸는 어떤 결정을 하더라도, 한 지위가 다른 지위보다 영적으로 더 높거나 더 낮다는 가정에 따라서는 안 된다는 점을 명심해야 한다. 오히려 하나님이 그들을 부르신 사실이 결정적으로 중요하다. 만약 하나님이 거룩한 자기 백성의 일원으로 살도록 은혜로 부르시고 은사를 주셔서 능력 있게 하신 것에 따라 자신의 삶을 바라본다면, 그리스도인은 당연히 주님이 삶 속에서 자신을 인도하실 때 주어지는 큰 혜택을 주목할 것이다. 바울은 두 가지 예증, 곧 할례 의식에서 나온 것(7:18–19)과 종의 세계(노예제도)에서 나온 것(7:21–23)을 사용하여, 독자에게 세 번에 걸쳐 믿음으로 부르심을 받았을 때 지녔던 지위를 그대로 유지하라고 권고한다(7:17, 20, 24). 이 두 예증은 바울이 25절에서 되돌아가는 결혼 문제와 전연 상관이 없는 것처럼 보인다. 그러나 이 두 예증은 그리스도인이 이른바 영적 이유로 자신의 지위를 바꿔서는 안 된다는 사실을 증명한다. 할례나 무할례가 자체로 하나님 앞에서 영적, 종교적 혜택을 주지 않는 것처럼 결혼이나 독신도 마찬가지다. 하나님의 은혜로운 부르심은 사회적 지위와 상관없이 주어진다. 그렇다고 이것이 그리스도인이 자신의 사회적 지위를 바꿀 수 없다는 뜻은 아니다. 종은 자유가 제공하는 유익을 취할 수 있고(7:21), 결혼하지 아니한 자는 결혼할 수 있다. 그러나 이것은 항상 주님의 인도하심을 인정하는 가운데 이루어져야 한다.

주요 개념

각 사람은 주님이 자기에게 정해주신 삶을 영위해야 한다. 이제는 회심이 사회적 관계를 바라보는 결정적 지점이 된다. 이제는 주님이 주인이고, 삶은 주님의 결정과 뜻을 따라가야 한다.

번역

고린도전서 7:17-24

17a	상황	오직 주께서 각 사람에게 나눠 주신 대로
b		하나님이 각 사람을 부르신
		그대로
c	명령	**행하라**
d	단언	**내가…이와 같이 명하노라**
e	장소	모든 교회에서
18a	예증 1(조건)	할례자로서 부르심을 받은 자가 있느냐
b	권고	**무할례자가 되지 말며**
c	조건	무할례자로 부르심을 받은 자가 있느냐
d	권고	**할례를 받지 말라**

19a	단언(소극적)	**할례 받는 것도 아무 것도 아니요**
b		**할례 받지 아니하는 것도 아무 것도 아니로되**
c	단언(적극적)	**오직 하나님의 계명을 지킬 따름이니라**
20a	권면	**각 사람은…지내라**
b	영역	부르심을 받은
c		그 부르심 그대로
21a	예증 2(조건)	네가 종으로 있을 때에 부르심을 받았느냐
b	권고	**염려하지 말라**
c	삽입	그러나
	조건	네가 자유롭게 될 수 있거든
	단언	**그것을 이용하라**
22a	영역	주 안에서
b	21b절의 기초	**부르심을 받은 자는**
c	상황	종이라도
d	단언	**주께 속한 자유인이요**
		또 그와 같이
e		자유인으로 있을 때에
f	21b절의 추가 기초	**부르심을 받은 자는**
g	단언	**그리스도의 종이니라**
23a	단언	**너희는 값으로 사신 것이니**
b	권고	**사람들의 종이 되지 말라**
24a	결론적 요약	**형제들아**
b	상황	너희는 각각 부르심을 받은 그대로
c	권고	**하나님과 함께 거하라**

구조

7장의 전체 논증에 대해 7:17–24이 차지하는 중심적 위치는, 독신으로 남아 있거나 결혼하는 것에 관한 규범이 자주 확언 되는 사실(7:2, 8, 10–11, 12–16, 26–27, 37–38, 40)을 인정하면 특히 주목할 만하다. 이 규범적 원리는 17절에서 충분히 진술된다. 하나님의 부르심이 있을 때 사회적 관계는 독신이거나 결혼을 했거나 그대로 유지되어야 한다. 17절의 이 원리는 또한 24절에서 7:17-24을 결론지음으로써 24절과 인클루지오를 이룬다. 이 원리가 20절에서 재진술되는 것은 할례(18-19절)와 종의 세계(21-23절)라는 두 예증에 다리를 놓는다. 첫 번째 예증은 유대인과 이방인의 상호 작용 분야와 할례 문제에서 취한 것이고(18-19절), 두 번째 예증은 종의 세계에서 취한 것이다(21-23절). 첫 번째 예증은 "부르심 받은" 그대로 지내라는(20절) 요구의 본보기를 제공한다. 두 번째 예증은 자유의 가능성을 인정함으로써, 진실로 필요하다면 지위를 바꿀 수 있음을 인정한다.

석의적 개요

VI. 공동체 지위와의 관계에서 본 결혼, 독신, 이혼, 과부 생활(7:1-40)

A. 하나님의 부르심에 따라야 하는 결혼과 독신(7:1-24)

1. 결혼한 부부와 성관계(7:1-5)
2. 독신을 선호하는 바울의 태도(7:6-7)
3. 결혼하지 아니한 자와 성욕(7:8-9)
4. 결혼한 부부는 결혼한 그대로 지내야 함(7:10-16)

➦ **5. 각 사람은 주께서 나눠주신 대로 삶을 영위해야 함(7:17-24)**

a. 원리: 주께서 각 사람에게 나눠주신 대로 살아가라(7:17)

b. 할례로부터의 예증(7:18-19)

c. 원리의 반복(7:20)

d. 종의 세계로부터의 예증(7:21-23)

e. 원리의 요약(7:24)

본문 설명

7:17 오직 주께서 각 사람에게 나눠 주신 대로 하나님이 각 사람을 부르신 그대로 행하라 내가 모든 교회에서 이와 같이 명하노라(Εἰ μὴ ἑκάστῳ ὡς ἐμέρισεν ὁ κύριος, ἕκαστον ὡς κέκληκεν ὁ θεός, οὕτως περιπατείτω· καὶ οὕτως ἐν ταῖς ἐκκλησίαις πάσαις διατάσσομαι). 첫 번째 문장("오직 주께서 각 사람에게 나눠주신 대로 하나님이 각 사람을 부르신 그대로 행하라")은 이 부분의 문맥을 규정하는 역할을 한다. 바울은 사람들에게 어떻게 살 것인지 결정할 때 두 가지 관련 원리를 고려하라고 권고한다. 이 두 원리는 기독교적 삶을 사는 데 사용하도록 주님이 나눠주신 것을 파악할 필요성 및 하나님의 부르심의 본질과 관련되어 있다. 따라서 주어지는 권고가 이 원리를 담은 두 종속절로

한정된다. 문장은 조건 어구(εἰ μὴ, 개역개정에는 "오직"–역주)로 시작한다. 이 어구는 이전에 말한 것과 온건한 대조를 보여주는 것 외에 다른 의미는 없다.[1] 일상적으로 쓰는 말로 '꼭 명심하라'고 말할 수 있는 것과 같다.

첫 번째 원리는 주님이 각 사람에게 나눠주신 것, 곧 할당하신(ἐμέρισεν) 것과 관련되어 있다. "나눠주신" 것이 무엇인지 논란을 불러일으켰다. 두 가지 견해가 가장 개연성이 크다. 바울은 하나님이 각 개인에게 두신 삶의 특수한 상황을 염두에 두었거나[2] 주님이 각 사람에게 나눠주신 특수한 은사를 염두에 두었거나[3] 둘 중 하나다. 이 둘 중 하나를 택하는 일은 그리 쉽지 않다. 은사를 나눠주셨다는 견해를 지지하는 한 가지 논증은 바울이 12:7–8에서처럼 은사에 관해 말할 때 대체로 '주다'라는 동사를 사용한다는 것이다.

그러나 이 견해를 취하기 전에 두 번째 원리를 주목하는 것이 중요하다. "하나님이 각 사람을 부르신 그대로." 이 부분에서 '부르다'라는 동사가 자주 사용되는 것(καλέω가 15–24절에서 9번에 걸쳐 사용됨)이 주목할 만하다[명사 "부르심"(κλῆσις)도 20절에서 나타난다]. 여기 17절에서 '부르다'라는 동사의 주어는 하나님이다. 1:9과 바울 서신 다른 곳에서처럼, 하나님의 부르심은 회심을 비롯하여 구원 영역으로 들어가는 것과 관련된다(예를 들어, 롬 4:17; 8:30; 9:24; 갈 1:6, 15; 살전 2:12). 그러나 어떤 주석가는 이 부르심이 사람들이 믿음으로 나아왔을 때 살던 문화 속에서 직업이나 사회적 상황과 더 깊이 관련되어 있다고 주장했다.[4] 이런 다른 강조점에 따라 제기되는 질문은 바울이 각 사람이 믿음으로 나아왔을 때 그들이 받은 "부르심"(미혼, 기혼 등) 속에 그대로 남아 있어야 한다고 특별히 말하는 것인지, 아니면 각 사람이 그들의 사회적 배경이나 결혼의 상태가 어떠하든 자신의 회심/부르심을 결정적 문제로 보아야 하는지에 있다. 따라서 이런 방식으로 "행하라"(살라)는 권고는 그들이 '결혼하거나' '결혼하지 않은' 그대로 계속 살아야 하는 것을 의미하거나, 또는 그들은 결혼이나 이혼 여부와 상관없이 그분을 섬기라는 하나님의 부르심이 모든 결정을 지배한다는 것을 단순히 확신해야 한다는 것을 의미한다. 물론 이 두 입장은, 티슬턴이 분명히 하는 것처럼,[5] 바울의 논증에서 그리 쉽게 분리되는 것은 아니다. 하나님의 부르심을 따르는 것은 순종함으로써(19c절) 그리고 그리스도의 "종"이라는 새로운 지위를 인정함으로써(22절) 하나님을 따르는 것을 의미한다.

이어지는 구절들이 이 요점을 파악하는 데 도움을 준다. 회심한("부르심을 받은") 자는 사회적 지위를 바꾸는 데 힘썼기 때문이 아니라 하나님이 부르셨기 때문에 변화된 자신의 영적 지위를 갖는다. 바울은, 믿지 않는 배우자와 이혼하면 자신의 영적 지위가 더 나아지리라고 생각할 수 있는 자에게 그들이 원래 받았던 부르심을 상기시킨다. 영적 지위를 증명하기 위하여 사회적 상황을 바꾸는 것은 필수적으로 요청되는 일이 아니다. 할례와 종의 세계에서 가져온 본보기는 똑같이 이 요점을 확실히 한다. 진실로 17절에서 "각 사람"(ἕκαστος)을 강조하는 것은, 그 자체로 하나님이 사람들을 개인적으로 그리고 아주 다양한 배경으로부터 자신에게 부르신 사실에 주의를 집중시킨다. 22절이 분명히 하는 것처

1. 이 말을 "그럼에도 불구하고"(nevertheless, NIV)로 번역하는 것은 너무 강하다. 여기서 대조는 단순히 실천적인 권고로부터 바울이 이제 설명할 권고의 기반인 기본 원리로 이동하는 것에 있다. 번역은 "오직"(only, RSV, NASB)이라는 말이 만족스럽다.
2. 이 견해를 취하는 주석가는 다음과 같다. Godet, *First Corinthians*, 1:353–54; Barrett, *First Corinthians*, 168; Fee, *1 Corinthians*, 341; Thiselton, *1 Corinthians*, 548.
3. 이 견해를 취하는 주석가는 다음과 같다. Calvin, *First Corinthians*, 151; Conzelmann, *1 Corinthians*, 125.
4. Héring, *First Corinthians*, 55; Fitzmyer, *1 Corinthians*, 307.
5. Thiselton, *1 Corinthians*, 549. Thiselton은 18, 20b, 22절에서 "부르심을 받다"라는 말은 "너희가 그리스도인이 되었을 때"라는 의미의 지배를 받는다고 조심스럽게 말한다. 그러나 이어서 20절에서 "부르심"(κλῆσις)이라는 명사를 사용하는 것에 주의를 집중시키고, 이것은 "특수한 지위나 역할로 이끄는 부르심 관념과 매우 가깝다"라고 지적한다.

럼, 지위의 변화는 "주 안에서"(ἐν κυρίῳ) 일어난다. 이것은 각 사람이 부르심 받았을 때, 즉 회심했을 때 함께 살던 배우자와 (헤어지지 않고) 그대로 지낼 수 있다는 점을 의미한다. 따라서 고린도 교인이 어떤 은사와 어떤 삶의 방식이나 행동이 그들을 더 좋은 영적 지위로 이끌 것이라고 주장했다면, 바울은 모든 것은 사람이 주님께 속하도록 부르심 받은 것에 합당하게 사는 것에 달려 있다고 천명함으로써 이 주장을 일축한다. 또한 이런 관점은 이제 되돌아갈 첫 번째 절("오직 주께서 각 사람에게 나눠주신 대로 하나님이 각 사람을 부르신 그대로 행하라")에 대한 이해도 나타낸다.

앞에서 "주께서 각 사람에게 나눠주신 대로"라는 절은 얼핏 보면 그리스도께 받은 은사를 가리키는 것이 아니라, 오히려 하나님이 백성에게 정해주신 다양한 상황을 가리키는 것처럼 보일 수 있다고 말했다. 은사를 "나눠주신"(assigned) 것인지 혹은 '주신'(given) 것인지에 관해 제기된 질문과 상관없이, 일부 주석가는 로마서 12:3을 하나님이 사람들의 상황을 어떻게 정해주셨는지(μερίζω)에 관해 말하는 것으로 보이는 내용과 평행을 이루는 것으로 보았다. 그러나 여기에 참된 평행 관계는 절대로 없다. 로마서 12:3은 실제로는 "믿음의 분량"을 나눠주신 것에 관해 말하고, 이것은 사람들이 겪는 상황에 필수적인 믿음을 가리킬 수 있지만, 이런 해석은 문맥과 거의 맞지 않는 것 같다. 사실 로마서 12:3과 유일하게 평행을 이루는 것이 있다면, 그것은 '나눠주다'(μερίζω)라는 동사를 사용한다는 것뿐이다. 게다가 로마서 12:3에서는 하나님이 주어지만 고린도전서 7:17에서는 주가 주어고, 무엇을 나눠주셨는지는 언급조차 되지 않는다.

고린도전서 1:4–8은 예수님이 하나님의 은혜와 풍성한 은사를 베풀어주신다고 말한다. 그리고 7:7에서 바울은 자신이 받은 "은사"(χάρισμα)를 하나님의 부르심 속에서 어떻게 사는지 그리고 결혼하거나 결혼하지 않은 자로 살 수 있도록 "각 사람"에게 은사가 어떻게 주어지는지와 관련하여 설명했다. 따라서 7:17에서 바울은 주가 회심한 자(하나님이 부르신 자)에게 그 부르심에 따라 살아가도록 자신의 은사를 통해 필요한 자원을 나눠주신 것에 대하여 말한다고 보아야 한다. "그대로 행하라"(περιπατείτω)는 명령은, 주의 은혜의 도우심으로 하나님의 부르심을 따르는 것이 그리스도인이 지켜야 할 삶의 방식이라는 바울의 권고를 표현한다. 만약 그리스도인이 회심한 유대인이나 이방인이라면, 또는 회심한 종이거나 자유인이라면, 그들의 사회적 상황이 어떠하든 그대로 지내도록 주의 은혜가 그들에게 충분히 주어진다. 그들은 '하나님과 함께 거하기'(μενέτω παρὰ θεῷ, 24절; 참고. 20절) 위하여 자신의 결혼 관계나 사회적 지위를 바꿀 필요가 없다. 바울은 "모든 교회에서"(ἐν ταῖς ἐκκλησίαις πάσαις) 이와 같이 명한다고 말함으로써 이 명령의 비중을 높인다. 다른 곳에서 세 번에 걸쳐 바울은 자신의 가르침이 사도적인 권위가 있음을 강조하기 위해 다른 교회에서 일어난 일을 언급한다(4:17; 11:16; 16:1; 참고. 14:33).

7:18–19 할례자로서 부르심을 받은 자가 있느냐 무할례자가 되지 말며 무할례자로 부르심을 받은 자가 있느냐 할례를 받지 말라 할례 받는 것도 아무 것도 아니요 할례 받지 아니하는 것도 아무 것도 아니로되 오직 하나님의 계명을 지킬 따름이니라 (περιτετμημένος τις ἐκλήθη; μὴ ἐπισπάσθω. ἐν ἀκροβυστίᾳ κέκληταί τις; μὴ περιτεμνέσθω. ἡ περιτομὴ οὐδέν ἐστιν, καὶ ἡ ἀκροβυστία οὐδέν ἐστιν, ἀλλὰ τήρησις ἐντολῶν θεοῦ). 바울의 예증은 직설적이다. 만일[6] 어떤 사람이 하나님의 나라 속으로 '부르심을 받았다면'(ἐκλήθη, 여기서 수동

6. 이것은 UBS⁵의 구두법을 따른 것이다. 대다수 주석가는 이 문장을 질문으로 번역한다. '할례자로…한 자가 있느냐?' 이 차이는 별로 크지 않다.

태는 하나님의 주도권을 암시한다), 할례를 받거나 받지 않은 것은 아무 상관이 없고, 굳이 할례의 표를 숨기고자 애쓸 필요도 없다. 또한 할례를 받지 않은 자도 굳이 할례를 받으려고 할 필요가 없다. “무할례자가 되[다]”(ἐπισπάσθω)라는 단어는 마치 다른 피부가 생성된 것처럼 생식기 끝에 표피가 덮어 씌워진 것을 의미한다. 사람의 유대적인 특성을 감추려는 이런 일이 간혹 일어난 것처럼 보인다. 예를 들어, 「마카비1서」 1:15은 특히 남자들이 옷을 벗고 참가하는 경기 대회와 관련하여 일부 유대인이 헬레니즘 사상을 받아들인 결과의 하나로, 이런 행동을 하는 것을 묘사한다. 의심할 것 없이 이것은 사회에서 더 잘 받아들여지기를 바라는 갈망의 표현이었다. 아마 그렇게 하면 더 크고 더 높은 사회적 상승을 이룰 수도 있었을 것이다.[7] 바울에게 이 예증이 ‘유효하다는’ 사실은 고린도 교회가 회심한 유대인과 이방인으로 구성된 것이 본질상 종이나 자유인으로 구성된 것과(21-23절) 똑같다는 점을 매우 충분히 암시한다. 할례의 표를 제거하는 것이 불필요한 것처럼 반대로 할례를 받는 것 역시 불필요하다. 그리스도인이 되었을 때 할례받지 않은 이방인이었다는 이유로 아무도 할례를 받을 필요가 없다. 본질적인 영적 지위의 변화는 하나님의 부르심으로, 즉 그리스도인이 될 때 일어난다. 할례의 표가 있다고 해서 새로 확립되는 것은 아무것도 없다. 결혼하거나 결혼하지 않는 것도 마찬가지다.

마지막 절에서 바울은 이렇게 말한다. “오직(오히려) 하나님의 계명을 지킬 따름이니라”(ἀλλὰ τήρησις ἐντολῶν θεοῦ). 여기서 반의 접속사(ἀλλὰ)는 강한 용법이다. 따라서 이 책은 이것을 ‘오히려’(rather)로 번역한다. 이 생략 문장은 영어로 번역할 때 전반부의 ‘아무것도 아닌 것’과의 대조를 암시하기 위해 몇 개의 단어를 집어넣어야 한다. 따라서 “오히려 중요한 것은…이니라”고 번역한다 (NASB). 대조가 분명하고 주목할 만하다. 유대인의 사고로 보면, 할례와 모세 율법은 동의어나 다름없었다. 어쨌든 남아가 할례를 받는 것은 율법의 규정이었다. 따라서 이 진술은 바울의 해석에 중대한 변화가 일어난 것과, 바울이 그리스도를 만나고 그리스도인이 된 것에 비추어 율법의 위치를 신학적으로 평가하는 것에 대한 통찰력을 제공한다. 여기서는 모세 율법에 대한 바울의 이해를 상세히 검토할 수 없다. 다만 바울이 ‘오히려 (중요한 것은) 하나님의 계명을 지킬 따름이니라’는 마지막 절을 덧붙이는 의도를 파악하려면 몇 가지 판단이 필요하다. 바울은 할례나 무할례를 두 부류의 사람들, 곧 유대인과 이방인을 사회적, 윤리적, 종교적으로 명확히 분리하는 구분의 한 본보기로 삼는다. 그렇지만 이런 식의 구분이 기독교 신앙을 가진 모든 사람에게는 하나도 중요하지 않다. 이것은 결혼하거나 결혼하지 않은 지위도 마찬가지다. 이런 윤리적 또는 종교적 표지는 사람의 영성이나 하나님과 함께하는 지위의 깊이에 관해 아무것도 말해주지 않는다.

그러나 정말 중요한 것은 하나님의 은혜로운 부르심과 성령의 내주하심이다. 그렇더라도 부르심 자체는 순종으로 주님을 섬기는 것이라는 점을 망각해서는 안 된다. 따라서 19c절(“오직 하나님의 계명을 지킬 따름이니라”)은, 고린도 교인으로 하여금 바울이 할례는 중요하지 않다고 말함으로써 하나님의 율법을 폐지했다고 상상하지 못하도록 덧붙여진 것으로 보인다. 고린도 교회 안에서 특히 성범죄로 하나님의 율법을 직접 어기는 사건이 일어난 것을 고려하면, 바울은 할례 사례를 율법폐기주의적인 목적을 드러내는 데 사용할 수는 없었다.

할례 예증과 마지막 절(“오직 하나님의 계명을 지킬 따름이니라”)의 의미가 이토록 분명하고 문맥에서 제공되지만, 바울이 “하나님의 계명”(ἐντολῶν θεοῦ)이라는 말

7. Winter, *Seek the Welfare of the City*, 147-52.

로 무엇을 가리키는지는 여전히 명확하게 파악해야 한다. 이와 비슷한 말이 모세 오경에서는 폭넓게 하나님이 이스라엘 자손에게 주신 명령을 가리키는 데(레 4:22; 신 4:2) 사용되었고, 시편에서는 전체 모세 율법을 가리키는 데 사용되었다[시 78:7(LXX 77:7); 119:115(LXX 118:115)]. 그러나 많은 주석가 모세 율법이 여기서 바울이 의도하는 것일 수는 없다고 주장한다. 그렇게 되면 바울이 "할례['계명'의 하나인(레 12:3), 참고. Sir 32:23]는 중요하지 않으나 계명을 지키는 것은 중요하다"[8]와 같은 말을 했다는 뜻이 될 것이다. 그러므로 대다수 주석가는 이 말을 더 일반적으로 하나님의 율법을 지칭하는 개념으로 이해한다. 이것은 갈라디아서 5:14에서 바울 자신이 언급한 말로 가장 잘 표현된다. "온 율법은 네 이웃 사랑하기를 네 자신같이 하라 하신 한 말씀에서 이루어졌나니." 따라서 예컨대 핫지(Hodge)는 갈라디아서 5:6을 인용하여 유일하게 중요한 것이 "사랑으로써 역사하는 믿음"이라고 말한다. 핫지는 이것이 하나님의 계명을 지키는 것과 똑같다고 말한다.[9] 이것이 아마 정확할 것이다. 그러나 어떤 근거에 따라 할례와 같은 일부 율법은 무시되어야 할까?

이에 대해서는 갈라디아서 6:15이 추가로 도움을 준다. 그 이유는 거기서 바울이 특이하게도 할례를 '새 창조'와 대조하기 때문이다. 바울은 이렇게 말한다. "할례나 무할례가 아무것도 아니로되 오직 새로 지으심을 받는 것만이 중요하니라." 한 개인이 부르심을 받고 그리스도를 믿는 믿음으로 나아올 때 하나님이 부여하신 새로운 종말론적 지위가 율법의 위치와 종교적 지위 문제에 대한 바울의 설명에서 결정적인 요소로 판명된다. '새 창조'는 더 높은 영적 지위를 주장하거나 하나님 앞에 서는 지위를 인증하려고 애쓰는 온갖 시도를 무력화한다. 혈통이나 민족성 문제가 아무 의미도 없는 것은 그리스도 안에 있는 사람이 새로운 피조물이고, 바울이 고린도후서 5:17에서 말하는 것처럼 "이전 것은 지나갔으니 보라 새것이 되었기" 때문이다. 어떤 사회적 관계나 조건을 영적 지위의 결정적 요소로 간주하는 것은 "옛" 것으로 되돌아가는 것이고, 사람들을 "육신을 따라"(고후 5:16) 보는 것이다.

새 언약 공동체에서는 "하나님의 계명" 가운데 어느 것도 그리스도인의 지위를 인증하는 힘을 가질 수 없다. 정말 아이러니하게도 많은 이가 하나님 앞에서 자신의 종교적 지위를 인증한다고 믿은 할례는 그들의 심판을 지시하는 것으로 끝났고, 해답은 오직 그리스도 안에서만 발견되었다. 그리스도는 구속 사역(그분의 죽음, 부활, 승천, 성령을 보내심)에서 율법의 "마침"('목표', τέλος)으로 계시된다(롬 10:4). 확실히 그리스도 안에서 할례는 목표를 달성했다. 왜냐하면 그리스도가 대표로서 죽으심으로 말미암아, 곧 그리스도가 자신에게 속한 백성의 왕으로서 "할례"를 받으심으로써[10] 율법의 저주의 심판이 이루어졌기 때문이다. 이 왕을 믿는 믿음을 가진 자에게는 다시는 저주가 없다. 또는 하나님의 심판을 받아야 할 자로 여겨질 필요도 없다. 오히려 그들은 메시아를 믿는 믿음으로 나아왔을 때 그들에게 내주하시는 성령을 받았다. 그리고 이것은 사랑을 실천할 때 모든 사람에게 계시된다(고전 8:1과 13장을 보라). 물론 옛 언약 아래에서도 "사랑"은 하나님의 명령이고, 다른 모든 명령을 요약하는 계명이다(신 10:12; 11:1, 13; 막 12:30-31).

---

8. Traugott Holtz, "The Question of the Content of Paul's Instructions," in Rosner, *Understanding Paul's Ethics*, 65. Holtz는 7:20의 이 난제를 언급하면서 이렇게 말한다. "여기서 우리는 바울만이 아니라 일반적으로 신약성경의 율법 신학의 핵심 문제 가운데 하나에 직면한다." Rosner는 이 작품 서론 논문("That Pattern of Teaching")에서, 바울의 윤리와 그 뿌리에 대한 다양한 이해 또는 접근법을 유용하게 개관한다. 이 작품에 담긴 논문들은 대체로 바울의 윤리에 대한 다양한 접근법을 보여준다.

9. Charles Hodge, *An Exposition of the First Epistle to the Corinthians*, 7차 편집 (New York: Robert Carter and Brothers, 1860), 122-23.

10. 골 2:11-12.

그러나 옛 언약이 항상 예견한 것처럼, 성령은 이제 율법을 하나님 백성의 마음속에 기록하고 그 율법에 따라 살도록 그들에게 능력을 주셨다(렘 31:33; 히 8:10; 10:16). 육체의 할례는, 심판을 받지 않고 하나님 앞에 올바로 서려면 마음의 할례가 필요하다는 사실을 지시하는 역할을 했다(참고. 신 10:16; 렘 4:4; 9:25). 그리스도 안에서 심판은 이미 임했고 지나갔다. 그리고 성령은 마음속에서 그리고 마음 위에 역사하신다. 따라서 왕에게서 참된 정수가 매우 아름답게 드러나는 "사랑"은 하나님 앞에서 종교적 지위를 입증하는 요소가 되고, 그리스도를 믿는 믿음을 가진 모든 자에게 유용하다.

이런 맥락에서 바울은 하나님의 계명이 그 의미나 중요성을 상실하지 않는다고 본다. 오히려 하나님의 계명은 그 왕의 사역과 그분의 영이 내주하시는 임재에 비추어 새롭게 이해되어야 한다. 하나님의 계명은 하나님의 백성에게 속해 있고, 그들의 마음속에 새겨져 있으며, "공동체를 형성하고 공동체를 규정하는" 장식으로 계속 기능을 발휘한다.[11] 하나님의 백성은 늘 '거룩해야' 한다. 하나님의 백성은 삶에, 가난한 자에게, 정의에, 서로에게 그리고 무엇보다 그 왕께 다가갈 때 하나님의 율법에 인도를 받아야 한다. 그러나 그리스도의 구원 사역을 통해 이루어진 사람들의 통일성을 반영하지 못하는 율법은 유대인과 이방인의 구분에 대해 말한다. 그러므로 그리스도인에게는 아무 효력이 없을 것이다.

7:20 각 사람은 부르심을 받은 그 부르심 그대로 지내라(ἕκαστος ἐν τῇ κλήσει ᾗ ἐκλήθη ἐν ταύτῃ μενέτω). 이 구절은 바울이 펼치는 논증의 중심을 구성한다(앞에서 '구조'를 보라). 할례 예증(18–19절)과 종의 세계 예증(21–23절) 사이에 있는 이 구절은 바울이 가르치는 교훈을 요약한다. 그리스도인의 영적 지위를 확립해주는 것은 하나님 및 그리스도와의 관계다. 앞에서 확인했듯이 "부르심을 받은"이라는 말은 회심을 가리키는 것으로 보인다. 그래서 신자는 믿음으로 나아왔을 때 처했던 사회적 "상태"(ἐν τῇ κλήσει, "그 부르심 그대로")에[12] 그대로 있으라는 권고를 받는다. 그것을 바꾸라고 요구하지 않는다.

7:21 네가 종으로 있을 때에 부르심을 받았느냐 염려하지 말라 그러나 네가 자유롭게 될 수 있거든 그것을 이용하라(δοῦλος ἐκλήθης, μή σοι μελέτω· ἀλλ' εἰ καὶ δύνασαι ἐλεύθερος γενέσθαι, μᾶλλον χρῆσαι). 두 번째 사례를 제시하기 위해 바울은 또 다른 사회적 지위 문제인 종의 세계(노예제도)로 시선을 돌린다.[13] 이 구절의 번역은 복잡하지만, 본문이 말하는 요점은 분명하게 드러나고 할례 사례에서 제시된 것과 똑같다. 요점은 사람의 영적 지위의 변화는 하나님이 부르실 때, 즉 사람이 믿음으로 나아올 때 일어난다는 것이다. 사회적 상태의 다른 변화들은 이 지위에 아무 영향을 미치지 못한다. 따라서 사람이 종이냐 아니냐는 중요하지 않다. 그러나 바울은 중요한 단서를 붙인다. 만약 자유가 있다면 종은 그 자유로 유익을 얻을 수 있다. 종이든 자유인이든 어떤 상태에서나 하나님은 충분히 섬김을 받으실 수 있다.

이 구절의 번역은 상당히 어렵다. 종의 사례는 할례 사례와 정확히 똑같이 제시되지는 않는다. 첫째, 이 두 번째 예증에서 바울이 불특정 3인칭이 아니라 2인칭 단수형을 사용하는 것이 주목할 만하다. 여기에 어떤 중요성이 있는지는 분명하지 않다. 하지만 종(노예)의 문제는 고린도 교회 안에서 이미 실제로 대두되었을 것이다.

11. Wright, *Paul and the Faithfulness of God*, 1036.
12. 혼란을 피하기 위해 이 책은 번역할 때 "부르심"(κλῆσις)보다 '상태'(condition, 참고. NRSV, ESV)라는 말을 사용했다. 같은 관념이 1:24–26에서 증명된다. 거기서 바울은 고린도 교인에게 하나님께 부르심을 받아 믿음으로 나아왔을 때 사회에서 차지했던 위치에 관해 생각해보라고 요구한다.
13. 바울의 윤리와 노예제도 문제에 대해서는 Dunn, *Theology of Paul*, 698–701을 보라.

반면에 할례 문제는 노예 문제보다는 가설적이었을 것이다. 바울은 27-28절에서 다시 2인칭을 사용한다. 둘째, 똑같은 형태가 되려면 '네가 종으로 있을 때 부르심을 받았느냐 자유를 구하지 말라'와 같이 말해야 하지만, 바울은 실제로는 "염려하지 말라"고 말한다. 나아가 바울은 '네가 자유인으로 있을 때 부르심을 받았느냐 종이 되려고 하지 말라'고 덧붙여야 했을 것이다. 그러나 이것은 아무도 종이 되려고 하지 않을 것이므로 부조리한 말이 되고 말 것이다. 그러므로 바울이 이 두 번째 사례를 제시할 때 이렇게 말을 바꿀 수밖에 없는 것은 그의 논증을 더 깊이 증명하는 역할을 한다. 많은 종이 자유인의 지위를 얻는 데 집착했으리라는 것은 거의 의심의 여지가 없다. 대다수의 종은 서른 살이 되어 자유인의 지위를 얻는 것을 목표로 삼았다. 따라서 종의 예증은 그리스도인으로서 영적 지위를 얻는 데 집착하는 것으로 보이는 자에게 특히 적합하다. 그리스도인 종들에게 종이라는 지위가 영적인 걱정거리가 되어서는 안 되는 것처럼, 하나님 앞에 서는 지위와 관련해서도 결혼이나 독신 상태가 걱정거리가 되어서는 안 된다. 이 두 경우에 중요한 것은 하나님의 부르심에 순종하고 그리스도를 섬기는 일이다(22c절). 셋째, 할례 사례와 달리 이 두 번째 사례에서 바울은 다음과 같은 단서를 붙인다. "그러나 네가 자유롭게 될 수 있거든"(ἀλλ' εἰ καὶ δύνασαι ἐλεύθερος γενέσθαι).

이 구절의 헬라어 본문 구조도 문제를 불러일으킨다. 어떤 번역은 18절에서처럼 불필요하게[14] 첫 번째 절을 끊고, 그 절을 수사 의문문으로 만들었다["네가 부르심을 받았을 때 종이었느냐?", NRSV와 NIV가 그렇게 번역했다(개역개정도 그렇게 번역했음-역주)]. 네슬-알란트[28](Nestle-Aland[28])은 그것을 하나의 단순절로 만들고, 그것을 제1조건문 형태로 이해하고 귀결절을 명령문으로 만든다('네가 종이였다면…염려하지 말라'). 이 구절 후반부에도 부정과거 명령이 귀결절로 이어지는 조건문이 나와서 문장 전체가 구조적인 균형을 이룬다는 점을 고려하면, 이것이 아마 가장 정확할 것이다.

그러나 직접 목적어가 없는 것을 고려하면, 바울이 종에게 "이용하라"(χρῆσαι)고 권고하는 것이 무슨 뜻인지 여전히 불투명하다. 이 책은 '자유의 기회'(the opportunity for freedom)라는 말을 삽입하여 번역했다(이 경우에 헬라어 어구는 τῇ ἐλευθερίᾳ, 곧 '그 자유'로 볼 수 있다). 시대를 초월하여 에라스무스와 칼뱅으로부터 ESV에 이르기까지 많은 주석가와 번역이 이 입장을 취했다. ESV는 이렇게 번역한다. "그러나 네가 너의 자유로 유익을 얻을 수 있으면 그 기회를 이용하라." 간단히 말해 이것이 정확하다면, 바울이 그리스도께 부르심을 받은 상태에 그대로 있으라는 말에 붙이는 단서는 자유가 주어진다면 종이 그 자유를 취할 수 있다는 것이다. 그럼에도 다른 견해가 제시된다. 이 책의 번역과 달리, 그들의 종노릇에 의해 제공된 '기회'가 그들의 자유가 아니라 그들이 '이용해야' 하는 것이라고 주장될 수 있다(이 경우에 헬라어 어구는 τῇ δουλείᾳ, 곧 '그 종노릇'으로 볼 수 있다). 크리소스토무스로부터 NRSV에 이르기까지 많은 주석가와 번역이 이 입장을 취했다. NRSV는 "비록 네가 너의 자유를 얻을 수 있다고 해도, (종으로서) 너의 현재 상태를 어느 때보다 지금 이용하라"고 번역한다. 문맥과 문법은 두 입장을 지지하는 데 다 사용되었다.

두 번째 입장은 충분한 지지 근거가 있다. 첫째, 이 입장은 문맥상 7:17, 20, 24에서 사람들에게 그들이 부르심을 받은 상태에 그대로 남아 있으라고 강조하는 것에 적합하다. 또한 이 입장은 22절 처음에 나오는 '…때문에'(γάρ, 개역개정에는 번역되어 있지 않음-역주)를 더 일리 있게 만든다고 주장된다. 그러면 22절은 사람이 자

14. BDF §494.

신의 종노릇을 이용할 준비가 된 이유가 된다. 진실로 중요한 것은 그들이 주께 속한 자유인이라는 점이기 때문이다. 둘째, 문법상 조건절("네가 자유롭게 될 수 있거든")이 반의 접속사 "그러나"(ἀλλ')라는 말로 소개된다. 이것은 이전 문장과의 강력한 대조를 암시한다. 그러면 '그러나 만약 또한' 혹은 '그러나 비록'(ἀλλ' εἰ καί)이라는 어구가 다음과 같이 양보로 번역된다. '염려하지 말라. 그러나 비록 네가 자유를 얻을 수 있더라도 차라리 너의 현재 상태를 이용하라.' 이 주장은 '차라리'(μᾶλλον)를 반의적 의미로 간주하고, 그러므로 예기치 못한 어떤 것을 도입함으로써 강화된다.[15] 이 견해에 따르면, 바울은 그리스도인 종들에게 어느 정도 위안을 준다. 곧, 그들은 종노릇을 계속하더라도 '주 안에서' 자신이 '자유롭다'는 것을 기억해야 한다. 나아가 그리스도인 종들은, 믿는 배우자가 믿지 않는 자기 배우자에게 그럴 수 있는 것처럼, 자신이 처한 종의 지위를 하나님을 위해 사용할 수 있다.[16]

첫 번째 입장도 충분한 지지 근거가 있다. 첫째, 이미 언급했듯이 문맥상 바울이 분명히 할례 예증을 사용했을 때와 똑같은 방식으로 종의 세계 예증을 사용할 수 없다는 사실을 주목하는 것이 중요하다. 또한 할례 사례(18절) 및 결혼 사례(27절)에서, 바울은 명령법을 사용하여 원래 처했던 상태를 유지하라고 지시한다. 데밍(Deming)이 지적한 것처럼[17] 여기서는 명령의 내용이 다르고 비교적 온건하다. "[너는] 염려하지 말라"(μή σοι μελέτω)는 말은 종노릇도 중요한 문제가 아니라는 점과 바울이 종들은 주님을 섬길 때 종이라는 자신의 지위에 만족하는 법을 배울 수 있다고 믿었다는 점을 확실히 암시한다. 그러나 그것은 이어지는 단서에 대한 문을 열어 놓는다. 여기서 바울이 자신이 전한 말에 단서를 붙이는 것이 이상해 보이지 않는 이유는, 이 본문의 다른 진술들에서도 바울이 자신의 명령에 어떤 단서를 붙이기 때문이다. 예를 들어, 5절에는 기도하기 위하여 "합의상" 부부가 성관계를 중단하는 것을 인정하는 예외가 있다. 9절에는 결혼하지 아니한 자에게 "만일 절제할 수 없거든" 독신으로 남아 있지 말고 결혼하라고 권고하는 예외가 있다. 15절에서 바울은 그리스도인이 배우자와 이혼해서는 안 되지만 예외가 있다고 주장한다. "혹 믿지 아니하는 자가 갈리거든." 또 다른 사례가 27-28절에서도 발견된다. 따라서 문맥상 바울이 이미 언급한 온건한 명령에 단서를 붙이는 것을 보고 놀랄 필요는 없다. 사실 어떤 예외도 없이 제공된 유일한 사례가 있다면 그것은 할례 사례다.

둘째, 바울이 종들이 자유를 내놓을 때 유익을 얻는 것을 염두에 두었음을 지지하는 문법적 요소도 있다. 첫 번째로, 문장에서 단어나 목적어가 빠져 있을 때 그것을 보충하기 위하여 다른 곳에서 똑같은 문장을 찾아보는 것이 좋다. 여기서는 직접 문맥에 "자유"라는 단어가 나와 있다. 이어서 두 번째로, 이 형태(εἰ καί)에 나오는 양보 용법은 '만일 확실히'(if indeed)라는 강조의 의미를 전달한다.[18] 이에 대한 사례가 4:7, 7:28, 고린도후서 4:3, 11:6에서 발견된다. 따라서 여기서 반의 접속사(ἀλλά)는 계속 '그러나'나 '그렇더라도' 또는 '오히려'로 사용되는 일반적인 강한 의미일 것이다. 여기서 비교급(μᾶλλον)은 종종 심화 용법으로 나타난다. 그래서 '당연히'(by all means)로 번역될 수 있다(개역개정에는 번역되어 있지 않음-역주). 세 번째로, 다수의 주석가가 만약 바울이 현재 (종의) 상태로 남아 있는 것에 관해 말했다면 현

15. BDAG 613 (2.a: "rather" 또는 "sooner").
16. Conzelmann, *1 Corinthians*, 127; Deming, *Paul on Marriage and Celibacy*, 156n210. K. H. Rengstorf, "δοῦλος," *TDNT* 2:272-73.
17. Deming, *Paul on Marriage and Celibacy*, 156-57. Deming은 바울의 논증과 스토아학파의 강력한 비방 관습(diatribe) 간에 다수의 평행 관계가 있다고 주장한다.
18. Dana and Mantey, *Manual Grammar*, 292 (§278.3)는 "강경한 허락"(emphatic concession)에 관해 말한다.

재 명령이 더 자연스럽다고 지적했다. 이 부정과거 명령(χρῆσαι, "이용하라")은 행동의 연속성보다는 한 번의 행동을 가정할 가능성이 더 크다.[19]

결론적으로, 바울은 다른 경우에 그런 것처럼 자신의 주된 논증에 예외를 인정하는 것 같아 보인다. 바울의 주된 논증은 영적 지위를 얻기 위하여 이혼하는 것은 정당성이 없다고 주장하는 논리를 견지한다. 종노릇하는 상태가 또 하나의 사례를 제공하는 것은 그것도 걱정거리가 되어서는 안 되는 일이기 때문이다. 중요한 것은 사람이 주님께 속하는 것이다. 따라서 22–23절은 종의 지위를 언급하는 것으로 바울의 주된 논증을 보강한다.

7:22–23 주 안에서 부르심을 받은 자는 종이라도 주께 속한 자유인이요 또 그와 같이 자유인으로 있을 때에 부르심을 받은 자는 그리스도의 종이니라 너희는 값으로 사신 것이니 사람들의 종이 되지 말라(ὁ γὰρ ἐν κυρίῳ κληθεὶς δοῦλος ἀπελεύθερος κυρίου ἐστίν· ὁμοίως ὁ ἐλεύθερος κληθεὶς δοῦλός ἐστιν Χριστοῦ. τιμῆς ἠγοράσθητε· μὴ γίνεσθε δοῦλοι ἀνθρώπων). 이 두 구절은 이제 바울의 생각을 더 깊이 설명하고, 21a절(앞에서 주장한 것처럼 21c절을 예외적인 삽입구로 이해하면)로부터 자연스럽게 이어진다. 그리고 여기서도 "부르심을 받은"(κληθείς)이라는 말은 회심을 가리킨다. 회심할 당시 종이었던 자는 주님의 경륜 속에서는 그들이 "자유인"이라는 사실을 인정해야 한다.[20] 회심할 당시에 (종이 아니라) "자유인"이었던 자는 주님이 그들을 "값으로 사신 것"이므로 이제는 주님의 종이다. 다른 모든 주인 됨(lordships)과 지위 관계(status relationships)는 회심 이후 그들이 맺은 그리스도와의 관계에 비추어 보면 대수롭지 않은 것이 된다. 회심한 자("주 안에서 부르심을 받은 자")는 회심으로 영원히 지위가 바뀌고, 완전히 다른 주인의 지배 아래 놓인다. 그러므로 진실로 중요한 것은 그리스도와의 새로운 관계다.

따라서 바울은 종이 아니라 자유인에게 말하고, 그들에게 각자가 "그리스도의 종"이라는 사실을 상기시킨다(22절). 이 요점은 그리스도인을 '값으로 샀다'(τιμῆς ἠγοράσθητε, 참고. 6:20)고 말하는 23절의 진술로 강조된다. 그들은 이제 계약을 맺어 주님을 섬기는 위치에 있다. 이처럼 "주께 속한 자유인"(ἀπελεύθερος κυρίου)이 된 위치에는 많은 특권이 있고, 이것은 아직 주님께 속하지 않은 자가 얻고자 애쓰는 위치다. 그러나 그 위치는 섬기고 순종하고 경배하라는 요청을 수반한다. "주 안에" 있는 자는 누구나 사실은 주의 "종"이다. 주가 그들을 값을 치르고 사셨기 때문이다. 이것은 이스라엘이 애굽의 속박에서 구속받은 것(출 6:6)과 죄에서 해방된 것과 죄 사함을 낳는 속량(사 44:23; 딛 2:14)을 동시에 상기시킨다. 그리스도인은 그 왕을 섬기는 일에 집중하고, 자신이 종으로서 그 왕의 지배 아래 산다는 관점에 따라 살아야 한다. 그러나 그리스도인은 그리스도가 죽음을 통해 값을 치르고 사신 사랑받는 종이다. 그리스도인은 주이신 그리스도께 속해 있다. 그리스도인은 그리스도의 것이고, 섭리를 통해 바뀌지 않는 한 믿음으로 나아왔을 때 가졌던 사회적 위치를 그대로 유지하면서 그리스도를 섬겨야 한다.

6:20에서는 일부 현대 주석가가 바울의 논증을 상승 이동(upward mobility)의 관점에 따라 본다는 사실을 지적했다. 말하자면 바울은 그리스도인에게 참된 상승 이동이 자신을 노예 주인이 아니라 주님께 속한 자로 보는

19. Robertson, Plummer 공저, *First Corinthians*, 148; Garland, *1 Corinthians*, 310. Robertson/Plummer가 부정과거의 역할을 과장하는 것에 대하여 경고하는 것은 지혜롭다. 여기서 부정과거의 역할을 조심스럽게 살펴보아야 하겠지만, 그것은 새로운 행동을 염두에 둔 것 같고, 기동(起動)의 부정과거 용법으로 보는 것이 좋다.

20. 7:24에 대한 설명 다음에 나오는 '심층 연구: 은유로서의 종노릇과 주인 됨의 이동'에서 "자유인"과 주님께 속해 있는 자의 종노릇에 대한 바울의 은유를 해설하는 내용을 추가로 보라.

것에 있다고 주장한다. 따라서 어떤 주석가는 이 구절들을 검토할 때 이런 견해를 제시한다. 예를 들어, 티슬턴은 마틴의 견해를 따라[21] 여기서 바울이 종말론적 자유, 곧 죄에서 자유롭게 되는 것을 언급한다는 관점을 거부한다. 티슬턴은 여기서 "자유인"(ἀπελεύθερος)이라는 말은 단순히 자유에 대한 묘사를 가리키는 것이 아니라 전문 술어로 사용되었음을 지적하고, 자유인이 되는 것이 사회에서 상승 이동하는 것을 의미한다고 주장했다. 그렇게 보면 여기서 바울에게 실제 문제는 자유가 아닌 지위라고 주장할 수 있다. 종에게는 그리스도의 "자유인"이 되는 것이 모든 '상승 이동' 가운데 가장 좋은 것이고, 사회적 지위의 상승에 관한 다른 모든 계획을 부적합한 것으로 만든다. 그러나 바울은 이 구절에서 자유인이 "그리스도의 종"이 되는 것에 대해서도 말한다. 따라서 갈런드 역시 마틴의 견해를 따라 다음과 같이 말한다. "이 단언은 종과 자유인의 간격을 허무는 것이 아니라, 실제로는 자유인을 더 낮은 사회적 지위의 계단에 내려놓는다. 그것은 통상적인 종과 자유인의 지위를 뒤집는다."[22]

그러나 이러한 주장은 바울의 의도를 넘어선 것이다. 여기서 로마 제국의 가족 계급 제도의 사회적 패턴이 어떻게 기능했는지 파악하는 것이 확실히 유용하다. 사회적 지위의 계단을 타고 올라가 자유인이 되는 일의 중요성을 절대 간과해서는 안 된다. 또한 자유인이 되면 자유인으로서 자부심을 느끼게 할 수 있는 (현재) 후견인에 대한 의무와 책임이 여전히 포함되어 있음을 기억하는 것도 유익하다. 그러나 바울이 인간적 지위와 그리스도의 주 되심 아래 새로 발견된 지위를 대조하고 있음을 인정한다고 해서, 그가 주님의 가족 안에서 인간적 계급 구조가 뒤집어지는 것을 가정했다는 말은 아니다. 23a절의 "값으로 산" 것에 대한 언급은 자유인과 종에게 모두 해당한다. 23b절에서 "사람들의 종이 되지 말라"는 말에 함축된 대조는 그들이 이미 다른 어떤 존재, 곧 주님의 종이라는 것이다. 바울은 하나님의 가족 안에서 사회적 지위의 차별을 인정하지 않는다. 바울은 종과 자유인이 자신의 지위를 다르게 보기를 원한다. 지금 그들이 받는 통치가 완전히 다른 것이기 때문이다. 6:20에서 말했듯이, 우리는 주인 됨을 전체적으로 이동시키는 힘을 과소평가할 위험성이 있기 때문에 여기서 조심해야 한다. 그리스도의 주 되심은 단순히 더 우월하거나 더 큰 지위가 아니다. 그리스도의 주 되심은 다른 지배권 아래서 작용하기 때문에 완전히 다른 권한 영역이다. 따라서 바울은 고린도 교인이 자신의 회심을 '상승 이동'을 이루는 큰 사건으로 여기는 것(자신은 지금 훨씬 더 큰 주인과 후견인의 권세 아래 있다)을 염려한다. 따라서 이 세상의 사회에서 상승한 사회적 지위를 얻고자 하는 모든 욕구를 상대화하는 것이 아마 사실이겠지만, 그리스도라는 주인이 지배하는 새 영역은 그리스도 안에 있는 자유인과 종이 아무런 지위를 함의하지 않을 정도로 완전히 다른 영역이다(참고. 고전 12:13; 갈 3:28).

바울은 로마 시민으로 어느 누구에게도 예속되어 있지 않았다. 그러나 바울에게는 "그리스도의 종(δοῦλος)"인 것이 가장 큰 특권이었고, 심지어는 그 말을 자신을 지칭하는 데 사용했다. 그 관념은 많은 곳에서 발견된다.[23] 그리고 의심할 것 없이 그 관념의 배후에는 구약의 개념들이 놓여 있다. 하지만 주님의 가르침도 아마

---

21. Thiselton, *1 Corinthians*, 559–61. 이 설명은 대부분 Martin, *Slavery as Salvation*, 63–68의 내용을 따른다.

22. Garland, *1 Corinthians*, 315는 Martin, *Slavery as Salvation*, 66을 인용한다.

23. 다음 본문들에서 발견된다. 롬 1:1; 14:18; 16:18; 고전 7:22; 갈 1:10; 엡 6:6; 빌 1:1; 골 4:12; 딤후 2:24 (주의 종), 참고. 롬 6:22 ("하나님께 종이 되어", NRSV), 살전 1:9["(종으로서) 살아 계시고 참되신 하나님을 섬기는지와"]. 또한 골로새서 1:7과 4:7에서 "함께 종이 된 자"(AT, fellow slave)라는 말을 사용하는 것도 주목하라. Murray J. Harris, *Slave of Christ: A New Testament Metaphor for Total Devotion to Christ*, NSBT 8 (Downers Grove, IL: InterVarsity Press, 2001)을 보라.

같은 배경을 제공했을 것이다. 특히 이와 평행을 이루는 요한복음 15:20의 예수님의 말씀이 그렇다. "내가 너희에게 종이(또는 노예가) 주인보다 더 크지 못하다 한 말을 기억하라 사람들이 나를 박해하였은즉 너희도 박해할 것이요 내 말을 지켰은즉 너희 말도 지킬 것이라."

23절의 두 문장("너희는 값으로 사신 것이니"와 "사람들의 종이 되지 말라")에서 바울은 주인 됨의 이런 대조를 특별히 강조한다. 자유인으로 지금 그리스도의 종인 자는 누구를 막론하고 다른 어느 누구의 종이 되어서는 안 된다. 왜냐하면 그들은 "값으로 사신 것이기" 때문이다. 종이 되기를 바라는 것은 누구에게든 있을 수 없는 일처럼 보이지만, 로마 제국에서 어떤 형태의 종노릇은 종에게 주택과 고용과 일련의 특권이 제공되었다.[24] 따라서 여기서 바울은, 자유인이지만 자신의 사회적 지위를 더 높여서 사회에서 상승 이동을 하고자 "인간 주인"(human masters, NRSV)과 이런 종속 관계를 맺기 바라는 그리스도인에게 말한다. 그리스도인이 이런 지위 향상을 꾀하는 것은 완전히 잘못이다. 모종의 종노릇을 통해 인간 주인에게 충성함으로써 지위 향상을 꾀하는 것은 참으로 아이러니하고, 오직 그리스도만이 주님이고 오직 그리스도만이 독보적인 공급자이자 후견인이라는 진실을 완전히 부정하는 것이다.

7:24 형제들아 너희는 각각 부르심을 받은 그대로 하나님과 함께 거하라(ἕκαστος ἐν ᾧ ἐκλήθη, ἀδελφοί, ἐν τούτῳ μενέτω παρὰ θεῷ). 이 구절로 이 부분이 끝나고 바울이 전한 말을 요약한다. 바울은 이 부분에서 두 가지 예증을 사용했다. 곧, 할례와 종의 세계를 예증으로 들었다. 이 두 사례는 어떤 면에서 서로 상당히 달랐다. 하지만 계속해서 결혼에 대하여 말해온 바울의 주된 요점은, 사람의 상황이나 '상태'는 주님께 속해 있는 것으로 말미암아 완전히 빛을 잃는다는 것이다. 그러므로 각 사람은 부르심을 받았을 때 자신이 있던 상태에 그대로 있으면서 하나님 옆에 있어야겠다고 결심해야 한다(παρά라는 말은 여격과 함께 '…에서' 또는 '…의 옆에' 또는 '…외에'를 의미함). 그리스도인은 단지 결혼이나 독신 또는 종노릇 등과 같은 상황 속에서만 사는 것이 아니다. 그리스도인은 날마다, 사실은 매우 힘든 상황에서도 자신이 하나님 옆에 있음을 그리고 하나님이 자신 곁에 있음을 인식하며 살아야 한다.

심층 연구

은유로서의 종노릇과 주인 됨의 이동

7장에서 바울이 채택하는 두 가지 예증, 곧 할례와 종의 세계의 예증은 고린도 교인에게서 발견되는 사회적, 민족적 다양성을 잘 암시한다. 바울 당시에 로마 제국 전역에 종, 곧 노예가 있었다. 종의 사회적 지위는 최하급이었다. 대가족 안에서 종에게 큰 힘이 있었고, 심지어는 자신의 종을 둘 수도 있었는데도 그리고 많은 종이 자신이 속한 집에서 가난한 자유인보다 안전한 삶을 살았는데도 종에게는 법적 권리가 없었다. 특히 로마 제국은 전쟁을 통해 많은 종을 확보했다. 그러나 종의 공급은 집안에서 출생을 통해 더 많이 이루어졌다. 고린도와 같은 도시에 사는 종의 수는 전체 인구의 3분의 1에서 절반까지 추

24. Winter, *Seek the Welfare of the City*, 146-47에서 "Social Mobility: 1 Cor 7:17-24" 부분을 보라.

산이 다양하다.[25] 종은 주인의 재산으로 여겨졌고 법적 결혼도 허용되지 않았다. 주인(상전)은 종을 소유함으로써 값싼 노동력으로 경제적 이득을 취했을 뿐만 아니라 더 높은 사회적 지위도 얻었다. 따라서 노예제도는 한 사람이 다른 사람에게 권력을 행사함으로써 사회적 지위를 얻는 아주 확실한 한 영역이었다.

사도 바울이 다소에서 얼마나 많은 종노릇을 목격했는지 분명하지 않으나 확실히 여행할 때는 이런 종노릇을 많이 목격했을 것이다.[26] 바울은 예루살렘에서 집안에 속한 종(사노비)과 공관에 속한 종(공노비)을 "유대인과 이방인" 가운데서 다 보았을 것이다. "바울은 아마 종들이 경매에 붙여진 가축 시장 가까이에 있는 특별한 돌을 잘 알고 있었을 것이다."[27] 바울은 에베소에서 브리스길라와 아굴라와 함께 일했을 때(16:19에 대한 설명을 보라), 같은 직업에 종사하는 종들을 가까이 접촉했을 것이다. 역사적으로 보면, 종은 유대교 안에서 더 많은 권리를 소유했고, 로마 사회의 다른 종보다 더 나은 대우를 받았다는 증거가 많이 존재한다.[28]

바울이 상전에게 소유한 종을 해방해야 한다고 주장하거나, 7:21에서처럼 종에게 자유를 추구하라고 더 열렬히 권고하지 않은 것이 현대 독자에게는 당연히 이상해 보인다. 이것은 부분적으로 바울의 신학과 관련되어 있다. 하나님의 백성이 출애굽 할 당시 애굽의 속박에서 해방되었을 때와 같이, 때가 되어 왕이 다시 오시면 모든 그리스도인 역시 참된 자유와 기쁨의 본질을 드러낼 관계에 들어가나 영원히 언약의 주의 종으로 살아가는 깜짝 놀랄 만한 역설적 상황에 놓이게 될 것임을 바울은 예견한다. 로마의 종노릇, 곧 기껏해야 비인간화 경향이 있는 것에 불과한 노예제도는, 모든 사람을 그들이 지음 받았을 때의 상태로 완전히 바꿈으로써 진실로 그들을 인간화할 창조자이신 왕을 섬기는 새로운 종노릇으로 대체될 것이다. 만약 바울이 실제 종노릇에 어떻게 접근하는지 파악하려면, 우리는 주인 됨, 소유권과 소속 그리고 지위 문제에 대한 바울의 신학을 숙고해야만 한다. 이런 숙고가 7:21-23에서 특히 더 필요한 것은, 7:21-23에서 바울이 어떻게 종노릇을 은유적인 방식에 따라 긍정적이고 부정적으로 사용하는지 확인할 수 있기 때문이다.

고린도 교회의 엘리트 교인과 달리, 바울은 자신보다 지혜롭지 못하거나 배우지 못했거나 신령한 은사를 두드러지게 가지지 못한 자를 절대 무시하지 않는다. 오히려 바울의 관심은 하나님의 나라에서

---

25. 주후 1세기에 로마 제국의 노예제도, 노예의 법적 권리, 노예의 수 그리고 노예의 사회적 지위와 노동 환경에 대하여 연구한 자료는 많다. 특히 다음 자료를 보라. Orlando Patterson, *Slavery and Social Death: A Comparative Study* (Cambridge: Harvard University Press, 1982); William L. Westermann, *The Slave Systems of Greek and Roman Antiquity* (Philadelphia: American Philosophical Society, 1955); Arnold M. Duff, *Freedmen in the Early Roman Empire* (Oxford: Clarendon, 1928). 고린도전서 이 부분을 다루고 노예제도에 관한 많은 자료를 검토하는 작품은 S. Scott Bartchy, *First-Century Slavery and the Interpretation of 1 Corinthians* 7:21, SBLDS 11 (Atlanta: Scholars Press, 1973)이다. 또한 다음 작품도 보라. J. Albert Harrill, "Paul and Slavery: The Problem of 1Cor 7:21," *BR* 39 (1994): 5-28; Bruce W. Winter, "St Paul as a Critic of Roman Slavery in 1 Cor 7:21-23," *Pauvleia* 3 (1998): 339-54.

26. Bartchy, *First-Century Slavery*, 50은 "다른 곳에서 종이 수행한 많은 직무가…다소에서는 자유인의 직업이었다"라고 주장한다.

27. 같은 책, 50-51. Bartchy는 바울이 노예 생활을 접했을 가능성을 그가 방문한 대다수 주요 도시들에서 나온 증거와 함께 설명한다. 유대교와 예루살렘에 노예제도가 존재한 것에 대한 Bartchy의 설명은 탁월하다(같은 책, 31-35).

28. 같은 책, 52.

지위가 하나님의 은혜의 부르심으로 말미암아 확립된다는 사실을 증명하는 것에 있다(1:2, 26-31). 메시아의 영은 교회 안에 임하실 때 교회 안의 개개의 신자들 속에 거하신다(참고. 3:16; 6:19; 12:27). 따라서 바울은 12:13에서 "우리가 유대인이나 헬라인이나 종이나 자유인이나 다 한 성령으로 세례를 받아 한 몸이 되었고 또 다 한 성령을 마시게 하셨느니라"고 말할 수 있다(참고. 갈 3:28; 골 3:11). 그러나 그리스도 안에서 누리는 이런 자유의 결과는 주인 됨의 이동으로 주어진다. 따라서 얼핏 보면 매우 아이러니하게 보일 수 있기는 하나 그리스도인의 최종적 지위는 그들이 지금 다 종이라는 것이다.

하나님 백성의 정체성에 대한 이러한 이해는 출애굽 사건에 뿌리를 두었다고 바울은 생각한다. 애굽의 속박에서 해방된 이스라엘의 역사는 그대로 교회의 역사이기도 하다. 하나님은 아브라함과 맺으신 언약을 통해 한 백성을 부르고 택하셨다. 여호와는 이후에 이 언약을 기억하고(출 6:5-6) 속박과 바로의 왕권으로부터 자기 백성을 해방하러 오셨고, 그들을 자신의 통치 아래 두셨다. 여호와는 그들 속에서 거하시고, 그들과 언약을 맺으심으로써 아브라함과 맺은 고대의 언약을 더 굳건히 하셨다. 모세에게 전해진 것처럼, 이 언약에서 한 왕이 다른 왕으로 대체되는 것이 즉각 분명해졌다(민 23:21-22). 모세의 마지막 복은 이것을 요약하고, 여호와가 사랑으로 자기 백성에게 오시는 것을 묘사하면서 "이로써 여호와께서 여수룬에서 왕이 되셨으니"(신 33:2-5, ESV, 개역개정에는 "여수룬에 왕이 있었으니"-역주)라고 결론짓는다. 많은 경우에 여호와는 명령하실 때 이와 비슷한 내용을 서언에 담아 순종을 촉구하신다. "너는 기억하라 네가 애굽 땅에서 종이 되었더니 네 하나님 여호와가 강한 손과 편 팔로 거기서 너를 인도하여 내었나니 그러므로 [네게 명령하여]…"(신 5:15; 참고. 6:12-15; 13:5; 15:15 등). 골로새서 1:13-14에서 바울은 이러한 주인 됨의 이동이나 나라의 이동을 이렇게 묘사한다. "그가 우리를 흑암의 권세에서 건져내사 그의 사랑의 아들의 나라로 옮기셨으니 그 아들 안에서 우리가 속량, 곧 죄 사함을 얻었도다."

고린도전서 7:21-23은 이런 배경에 기반을 두었다. 로마의 사회 체계 안에서 차지한 종의 지위는 이제 더 큰 주인이 됨이 관건이므로 무의미하게 되었다. "주 안에서" 부르심을 받는 것은 교회 안에 있는 사람들에게 더 크거나 작은 사회적 지위를 부여하는 것이 아니다. 하나님의 부르심 아래 들어오는 것은 왕이신 하나님 아래 들어가는 것이고, 따라서 다른 모든 것은 의미가 사라져야 한다. 각 그리스도인은 "주께 속한 자유인"(ἀπελεύθερος κυρίου)이 되었다. 여기서 주목할 사실은 바울이 각 그리스도인은 '자유하다'고 말하지 않는다는 것이다. 바울은 "자유인"(ἀπελεύθερος)이라는 말을 사용할 때, 로마의 종의 해방 관습에 대해 자신이 가진 지식에 분명히 의존한다. 대다수 종은 결국 자유를 얻고 싶을 것이다. 그리고 이것이 많은 종이 진실로 '염려했던' 이유였을 것이다(7:21). 에픽테투스는 이렇게 말했다. "종의 기도는 자신이 즉각 자유를 얻는 것에 있다. 왜 그런가?…그것은 그가 지금까지 종노릇에서 자유를 얻지 못해 고생하고 편안한 삶을 살지 못했다고 생각하기 때문이다."[29] 그렇기는 해도 오늘날의 독자가 기대하는 것처럼, 자유를 얻은 자는 그리 자유롭지 못하다. 예를 들어, 대다수 자유인은 다른 나라나 도시로 쉽게 이주할 수 없었다. 어떤 자유인은 너무 가난해서 그렇게 할 수 없었다. 그렇다 해도 특히 자기 수

29. Epictetus, *Discourses* 4.1.33 (Oldfather, LCL).

중에 있는 돈을 쓰는 것과 관련해서 보면, 그들은 어느 정도 자신의 삶을 더 잘 통제할 수 있었을 것이다. 그러나 종은 자유를 얻었더라도 *'paranomé'*, 곧 종종 2–10년 정도 효력이 지속된 노동 의무 계약 때문에 때로는 둘 중 하나가 죽을 때까지 자유를 얻은 사람이 전 주인에게 예속되는 일이 벌어질 것이다. 종의 해방 조건에 얼마 동안 주인을 섬기겠다고 서약하는 내용이 포함되어 있었던 것 같다. 그때 자유를 얻은 종은 주인의 이름을 취하기도 했을 것이다.[30] 이 모든 사실은 여기서 바울이 품은 생각을 명확히 밝혀준다. 종이 바랄 수 있는 실제 자유는 얻을 만한 가치가 있고, 그래서 바울은 그리스도인 종들이 종에서 해방될 기회를 얻는 것을 좋게 본다. 확실히 종에게는 그들에게 특별히 유익하거나 생산적인 일이 있기도 했다. 그리고 그리스도인 종들은 특별히 이런 특권을 받기를 원할 것이다. 그러나 사회에서 어떤 대우를 받느냐 하는 것보다 더 중요한 것은, 그리스도인 종들이 주 안에서 "자유인"이라는 사실이다. 말하자면 그리스도인 종들은 다른 모든 주인 위에 계시는 주님과 지속적인 의무 계약을 맺고 있다. 그리스도인 종들이 누리는 자유는 다른 모든 형태의 해방을 무익한 것으로 만들어버릴 정도로 즐거운 자유다.

적용에서의 신학

1. 그리스도인과 결혼함

바울이 결혼한 신자에게 그리스도인이 되었을 때의 결혼 상태를 유지하라고 강조하는 것은 오늘날 많은 사람에게 질문을 불러일으킨다. 결혼한 일부 그리스도인은 믿지 않는 배우자가 이혼을 요구할 수 있다는 관념에 놀라움을 느낄 것이다. 그러나 많은 목사가 회심한 교인들 가운데서 이런 일을 겪는다. 한 배우자의 회심이 다른 한 배우자의 반대에 직면하는 일이 갈수록 늘고 있다. 교인들은 이것을 알아야 한다. 그래야 그런 일을 겪는 자를 돕고 그들에게 따스한 격려를 베풀 수 있다. 슬프게도 놀랄 만큼 많은 그리스도인이 오늘날 비신자와 결혼하는 선택을 했기 때문에, 이처럼 새로 회심한 그리스도인의 입장에 대하여 매우 둔감한 태도를 보일 수 있다.

고린도전서의 이 부분을 읽어보면, 종종 비신자와의 결혼을 묵인하는 오늘날 그리스도인 세대에 큰 도전을 준다. 고린도후서 6:14은 그리스도인이 비신자와 결혼하는 것을 반대하

30. 폭넓은 설명은 Bartchy, *First-Century Slavery*, 72–82를 보라. 또한 John Byron, *Slavery Metaphors in Early Judaism and Pauline Christianity: A Traditio-Historical and Exegetical Examination*, WUNT 162 (Tübingen: Mohr Siebeck, 2003), 236–37도 보라.

는 성경 본문으로 자주 인용된다. 그것이 바울이 6장에서 다루는 직접적인 주제는 아니지만 6:14을 결혼까지 포괄하는 신학적 원리로 사용하는 것은 적절할 수 있다. 그러나 고린도전서 7장에는 그리스도인이 신자와 결혼해야 한다는 사실을 강력히 확언하는 진술이 있다. 바울이 여기서 고찰하는 상호 의존 형태는, 두 배우자가 기도하기 위하여 성관계를 얼마 동안 중단하는 사례에서 그들이 믿음을 공통으로 가졌음을 가정한다. 부부는 결혼 생활을 할 때 함께 지내고, 서로에게 자신의 몸을 주며, 결혼에 대한 하나님의 뜻을 행하며 살도록 하나님이 자신을 은혜로 부르신 것으로 보아야 한다는 관점은, 같은 주님을 경배하는 사람과 결혼해야 함을 강조하는 이유로 제시된다. 놀랍게도 현대 교회에서는 이런 점을 거의 강조하지 않고, 종종 강조한다고 해도 부정적인 관점에서 언급된다. 이 본문은 그리스도인이 오직 다른 그리스도인과 결혼할 때 주어지는 여러 가지 긍정적인 결과와 특권을 제시한다.

2. 비그리스도인 배우자의 회심 가능성

바울은, 신실하고 사랑이 많은 그리스도인 남편이나 아내가 믿지 않는 배우자를 믿음으로 이끌 것이라고 약속하지 않는다. 하지만 그런 일이 실제로 가능하다는 입장은 견지한다. 베드로가 분명히 하는 것처럼(벧전 3:1–2), 그런 일이 일어나게 하려면 종종 희생적인 삶이 요구된다. 이런 혼합 결혼은 아마 초대교회 당시보다 오늘날 훨씬 더 흔할 것이다. 그러나 그런 일이 가능하다는 것은, 그리스도인이 아닌 자와 일부러 결혼하려 하는 사람에게 절대로 그 구실로 사용될 수 없다. 왜냐하면 그런 일은 오직 하나님의 은혜로만 일어날 수 있기 때문이다(참고. 삼상 15:23). 교회는 결혼한 후 그리스도인이 된 자가 아내나 남편으로서 믿지 않는 배우자에게 그리스도의 사랑을 보여주는 자가 되도록 돕고자 할 때 부드럽고 공손하고 따스한 태도를 보여야 한다. 베드로가 베드로전서 3:8–9에서 "마지막으로 말하노니 너희가 다 마음을 같이하여 동정하며 형제를 사랑하며 불쌍히 여기며 겸손하며 악을 악으로, 욕을 욕으로 갚지 말고 도리어 복을 빌라 이를 위하여 너희가 부르심을 받았으니 이는 복을 이어받게 하려 하심이라"와 같이 말하는 것과 같다.

3. 속박에서 벗어남

우리는 과거 어느 시대보다 오늘날에 속박, 곧 종노릇이 더 심각하다는 말을 듣는다. 종종 사람들을 악조건 속에서 일하게 하는 노예제도는 기독교 세계에서뿐만 아니라 많은 세속적인 서양 세계에서도 완전히 잘못된 일로 여겨진다. 그러나 과거 일부 그리스도인은 노예제도를 옹호했다. 나는 과거에 많은 그리스도인이 노예를 두었던 '남부' 조지아주 애틀랜타에 있는 집에서 글을 썼다. 종이 자신의 자유를 권리로 주장해야 한다고 바울이 말하지 않는다는 사실과 구약 시대에도 어떤 상황에서는 종노릇이 허용되었다는 사실을 포함하여, 다양한 신학적,

성경적 주장이 노예제도를 옹호하는 데 사용되었다. 고린도전서 7장의 이 본문에서 바울이 종에 관해 말하면서 부르심을 받았을 때 처했던 상태를 유지하라고 권고하는 사실이 노예제도를 옹호하는 증거로 사용되었다. 우리는 이 본문이 어떤 적법한 의미에서 보아도 그렇게 사용될 수 없다는 점을 확인했다. 그러나 노예제도가 폐지되었다는 증거도 이 본문으로부터 이끌어낼 수 없다. 노예제도 폐지의 증거는 성경적, 신학적 차원에서 더 잘 확인될 것이다. 다만 여기서는 이것을 다룰 지면이 없고, 몇 가지 요점만 제시해도 유용할 것이다. 하나님의 백성이 애굽의 속박에서 구속받은 것과 신약성경에서 죄로부터 해방된 구원을 묘사하기 위하여 동일한 주제를 채택하는 것에 비추어 보면, 교회는 노예제도 자체에 대한 교회의 태도를 더 깊이 검토할 수 있는 견고한 신학적 기초가 있었다. 바울 서신은 모든 종을 해방해야 한다고 주장하지 않을 것이나, 세상의 사회적 속박 아래 사는 동안 종은 할 수 있는 한 자유를 취해야 한다는 사실을 분명히 제시한다. 나아가 바울은 빌레몬서에서 사람들이 종으로 계속 사는 것보다 자유를 얻기를 바란다는 점을 증명한다. 또한 그리스도인 상전은 수하에 있는 그리스도인 종들을 "형제"로 보아야 한다. 이것은 세상에서와는 완전히 다른 관계를 암시한다.

노예제도 폐지에 대한 성경적 증거는, 역사 대대로 성경이 종을 대하는 태도와 종이 해방되어야 할 때와 방법에 훨씬 큰 도전을 주는 것에 의존하면 증명될 것이다. 자유에 대한 환상은 이전에 '너는 애굽 땅에서 종 되었다'(예를 들어, 신 15:15; 참고. 레 26:11–13)고 끊임없이 등장하는 후렴구로부터 나온다. 이스라엘이 7년마다 종을 해방하고 선물을 주어 떠나보내야 하는 특별한 율법 규정은, 모든 종이 좋은 대접을 받는 것에 대해 하나님이 관심을 가지신 점을 드러낸다. 만약 계속 종노릇했다면 몇 년 뒤에는 자유를 주어야 한다(신 15:12–18; 참고. 출 21:2–5).

인간이 하나님의 형상으로 지음을 받았다는 사실은 다음과 같은 결정적으로 주요한 주제들로 귀결된다. 즉, 모든 사람이 정의롭고 공평한 대접을 받아야 한다는 것, 사람들 사이를 판단할 때 편애가 없어야 한다는 것, 일꾼은 정당한 삯을 받아야 하므로 모든 것이 결국 오늘날 거의 모든 그리스도인이 공유하는 강한 믿음에 도움을 주어야 한다는 것 그리고 노예제도는 잘못되었기에 어디서든 가능하면 폐지되어야 한다는 것이다. 오늘날 대다수 그리스도인은 노예제도가 기독교적으로 옹호될 수 있었다는 사실을 믿기 어려워한다. 그러나 그것은 우리가 다 종종 물리치기가 매우 어려운 우리 시대의 관념들의 영향을 깊이 받고 있다는 사실을 생생하게 상기시키는 역할을 한다. "이 세상의 지혜"는 너무 쉽게 우리가 성경을 해석하는 법에 영향을 미친다. 또한 우리가 정당화하려는 것에, 그러므로 삶과 교회에서 변화에 매우 미온적인 모습을 갖는 것에 영향을 미친다.

CHAPTER 17

고린도전서 7:25-40

문학적 전후 문맥

바울은 결혼, 이혼, 성관계에 대하여 말한 다음, 결혼한 자는 결혼한 상태를 유지하는 데 힘써야 하고 결혼하지 아니한 자는 당연히 결혼해야 한다고 느껴서는 안 된다고 주장했다. 결혼하거나 결혼하지 않은 상태는 그 자체로 어떤 영적 이익이나 불이익이 있는 것은 아니다. 비신자와 결혼한 자에게는 비신자 배우자가 이혼을 요구하는 특수한 상황이 벌어질 수 있다. 그러나 그러한 경우 이혼은 가능한 한 피해야 한다. 이혼하지 않으면 신자들의 자녀에게 실제 유익이 있고, 믿지 않는 배우자가 실제로 구원받을 가능성이 생기기 때문이다. 일반적으로 그리스도인은 회심했을 때 이미 결혼한 상태를 바꾸려면 각별히 조심해야 한다. 상황을 바꾸는 일이 금지된 것은 아니지만, 바울의 권고에 비추어 그리고 주님이 그리스도인을 부르신 삶에 비추어 조심스럽게 고려되어야 한다.

이어지는 부분, 곧 25-40절에서 바울은 결혼하지 않고 지내는 자의 유익에 관해 말하고, 특별히 결혼해본 적이 없는 자("처녀")에 관해 다룬다. 독신을 지키면 주님의 일에 헌신할 힘을 더 얻는 것을 비롯하여 유익이 상당히 많지만, 그렇다고 이것이 결혼은 잘못이라는 뜻은 아니다. 마지막 두 구절(39-40절)에서 바울은, 결혼할 자유가 있지만 결혼하지 않고 지금 그대로 지내는 것이 더 복될 수 있는 과부에 관해 말하는 것으로 되돌아간다(참고. 7:8). 여기서 바울의 목표는, 각 사람에게 "흐트러짐이 없이 주를 섬기는" 것(35절)이 이런 결정들을 좌우해야

V. 신령하지 못한 지혜는 중대한 죄를 낳음(5:1-6:20)

VI. 공동체 지위와의 관계에서 본 결혼, 독신, 이혼, 과부 생활(7:1-40)

A. 하나님의 부르심에 따라야 하는 결혼과 독신(7:1-24)

➦ **B. 독신의 유익(7:25-40)**

VII. 지위, 지식, 자유 그리고 우상에게 바친 음식(8:1-11:1)

한다는 점과 이런 자세가 전체 교회에 유익하다는 점을 이해시키는 것이다.

주요 개념

흐트러짐이 없이 주를 섬기는 것이 독신으로 지낼지 혹은 결혼할지에 관한 결정을 좌우해야 한다. 그러나 결혼하지 않고 그대로 지내는 것이 가치 있음을 지시하는 다른 요소들도 충분히 고려해보아야 한다.

번역

고린도전서 7:25-40

25a	상황	처녀에 대하여는
b	단언	**내가 주께 받은 계명이 없으되**
c	확대	주의 자비하심을 받아서 충성스러운 자가 된
d	단언	**내가 의견을 말하노니**
26a	단언	**내 생각에는 이것이 좋으니**
b	기초	곧 임박한 환난으로 말미암아
c	내용	사람이 그냥 지내는 것이
d	반복	좋으니라
27a	26절의 설명/질문	**네가 아내에게 매였느냐**
b	권고/반응	**놓이기를 구하지 말며**
c	질문	**아내에게서 놓였느냐**
d	권고/반응	**아내를 구하지 말라**
28a	허락	그러나 장가 가도
b	단언	**죄 짓는 것이 아니요**
c	허락	처녀가 시집 가도
d	단언	**죄 짓는 것이 아니로되**
e	허락의 기초	**이런 이들은…고난이 있으리니**
f	시간	육신에
g	소원	**나는 너희를 아끼노라**

절	구분	본문
29a	단언	형제들아 **내가 이 말을 하노니**
b	내용	**그 때가 단축하여진**
	결과	고로
c	시간	이 후부터
d	예증, 연속	아내 있는 자들은 없는 자 같이 하며
30a		우는 자들은 울지 않는 자 같이 하며
b		기쁜 자들은 기쁘지 않은 자 같이 하며
c		매매하는 자들은 없는 자 같이 하며
31a		세상 물건을 쓰는 자들은 다 쓰지 못하는 자 같이 하라
b	29b절의 기초	**이 세상의 외형은 지나감이니라**
32a	단언	**너희가 염려 없기를 원하노라**
b	32a절의 설명	**장가 가지 않은 자는** 주의 일을 **염려하여**
c	확대	어찌하여야 주를 기쁘시게 할까 하되
33a	설명 계속/대조	**장가 간 자는** 세상 일을 **염려하여**
b	확대	어찌하여야 아내를 기쁘게 할까 하여
34a	결과	마음이 갈라지며
b	설명 계속	**시집 가지 않은 자와**
c		**처녀는** 주의 일을 **염려하여**
d	방식	몸과 영을 다
e	34d절의 확대	거룩하게 하려 하되
f	설명 계속/대조	**시집 간 자는** 세상 일을 **염려하여**
g	확대	어찌하여야 남편을 기쁘게 할까 하느니라
35a	요약	**내가 이것을 말함은**
b	유익	너희의 유익을 위함이요
c	목적(소극적)	너희에게 올무를 놓으려 함이 아니니
d	32-34절의 목적/목표	오직 너희로 하여금 이치에 합당하게 하여
e	확대	흐트러짐이 없이 주를 섬기게 하려 함이라
36a	조건 첫째 부분 (조건절)	그러므로 만일 누가 자기의 약혼녀에 대한 행동이 합당하지 못한 줄로 생각할 때에
b	조건 둘째 부분 (조건절)	그 약혼녀의 혼기도 지나고 그같이 할 필요가 있거든
c	허용	**원하는 대로 하라**
d	단언	**그것은 죄 짓는 것이 아니니**

e	권고	**그들로 결혼하게 하라**
37a	36절과의 대조	그러나 **그가**
b	1차 조건(기준)	마음을 정하고
c	2차 조건	또 부득이한 일도 없고
d	3차 조건	자기 뜻대로 할 권리가 있어서
e	4차 조건	그 약혼녀를 그대로 두기로 하여도
f	단언	**잘하는 것이니라**
38a	36-37절의 결론	그러므로 **결혼하는 자도 잘하거니와**
b		**결혼하지 아니하는 자는 더 잘하는 것이니라**
39a	단언	**아내는…매여 있다가**
b	시간	그 남편이 살아 있는 동안에
c	조건(조건절)	남편이 죽으면
d	귀결절	**자유로워…시집 갈 것이나**
e	확대	자기 뜻대로
f	단서	주 안에서만 할 것이니라
40a	상황/반복 (25d절을 보라)	그러나 내 뜻에는
b	조건	그냥 지내는 것이
c	단언	**더욱 복이 있으리로다**
d	단언	**나도 또한 하나님의 영을 받은 줄로 생각하노라**

구조

바울은 이제 25-40절에서 결혼하지 않고 그대로 지내는 것이 주는 유익을 제시한다. 바울은 "처녀"(παρθένος)라는 말을 6번에 걸쳐 언급한다. 25절에서 '이제…에 대하여'(περὶ δέ)라는 표현을 사용하는 것으로 주제가 바뀐다. 결혼하지 아니한 자와 관련된 문제를 검토하는 첫 번째 주요 부분(25-38절)은 세 하위 부분으로 나눌 수 있다. 첫째, 25-31절에서 바울은 마지막 때의 삶에 관한 문제를 제시하고, "임박한 환난"과 이 세상의 "지나감"에 대하여 언급한다. 이 문맥은 마지막 때의 삶을 위하여 결혼과 독신 문제를 상대화한다. 둘째, 32-35절에서 바울은 결혼하지 아니한 남자나 여자가 주님께 바칠 수 있는 흐트러짐이 없는 섬김의 가치를 높게 평가한다. 셋째, 36-38절에서 바울은 약혼한 남자에게 말하고, 성욕을 도저히 절제할 수 없으면 결혼하라고 권고한다. 그리고 마지막으로 짧은 두 번째 주요 부분(39-40절)에서 바울은 과부와 관련된 문제를 간략히 설명한다.

이 본문 전체(25-40절)는 "그냥 그대로 지내는 것"에 관한 주제를 계속 다룬다(26-27, 37-38, 40절; 참고. 7:2, 8, 10-11, 12-16). 이 본문은 바울 자신의 '의견'("판단", γνώμη)을 언급하는 것으로 시작되고(25절) 끝난다(40절). 이 두 구절(25절과 40절)에서 바울은 이런 의견을 제시하는 자신의 권리를 강조한다. 그 이유는 첫 번째로 자신이 충성스러운 자이기 때문이고(25절), 두 번째로 자신이 하나님의 영을 받았기 때문이다(40절). 나아가 특히 29d-31절(5개의 예증)과 32b-34절에 대한 설명에서, 바울의 논증을 보강하는 정교한 구조를 살펴보고, 아울러 결혼한 남자와 결혼하지 아니한 남자 그리고 결혼한 여자와 결혼하지 아니한 여자 간에 정교한 균형이 이루어져 있음을 주목해야 한다.

석의적 개요

VI. 공동체 지위와의 관계에서 본 결혼, 독신, 이혼, 과부 생활(7:1-40)
- A. 하나님의 부르심에 따라야 하는 결혼과 독신(7:1-24)
- ➡ **B. 독신의 유익(7:25-40)**
  - **1. 결혼하지 아니한 자에 관한 문제(7:25-38)**
    - a. 마지막 때의 삶은 결혼을 상대화한다(7:25-31)
    - b. 결혼하지 아니한 자는 주님을 흐트러짐 없이 섬길 수 있다(7:32-35)
    - c. 결혼 여부를 결정할 때는 성욕을 고려하라(7:36-38)
  - **2. 과부에 관한 문제(7:39-40)**

본문 설명

7:25 처녀에 대하여는 내가 주께 받은 계명이 없으되 주의 자비하심을 받아서 충성스러운 자가 된 내가 의견을 말하노니 (Περὶ δὲ τῶν παρθένων ἐπιταγὴν κυρίου οὐκ ἔχω, γνώμην δὲ δίδωμι ὡς ἠλεημένος ὑπὸ κυρίου πιστὸς εἶναι). "[이제]…에 대하여는"이라는 말은 새로운 주제를 소개하는 역할을 한다(περὶ δέ에 관해서는 7:1에 대한 설명을 보라). 바울은 결혼과 독신에 관한 포괄적인 설명을 계속하는 가운데 결혼하지 아니한 자에게 말하고, 그중에 "처녀"로 부르는 대상에게 하는 말로 먼저 설명을 시작한다. 7:1에서는 바울이 고린도 교인에게 받은 편지에 담긴 주제를 다루는 것이 분명하게 드러나지만, 여기서는 그것이 분명하게 드러나지 않는다. 여기서 바울은 단순히 앞서 언급한 것을 약간 다른 방향에서 부연 설명하는 것일 수 있다. 그러나 어떤 면에서 고린도 교인이 최소한 "처

녀" 문제를 언급했다고 보는 것이 가장 좋아 보인다. '기혼'(married)이나 '미혼'(unmarried)을 더 자주 사용하는 현대 영어에서는 "처녀"(virgin)라는 말이 결혼이나 독신 문맥에서 흔히 사용되지 않지만, 미혼으로 과거에 결혼한 적이 전혀 없는 모든 자가 실제로 처녀성(순결)을 가진 자로 추정되었다는 사실을 기억하는 것이 좋다. 단순히 이 말을 '결혼하지 아니한 자'로 번역하면, 성욕에 대해 언급하는 36절을 위한 무대가 적절히 세워지지 못한다. 이 설명은 전체적으로 결혼하지 아니한 자가 (처녀성을 잃지 않은) "처녀"로 있어야 하고, 혼전 성관계를 갖는 유혹을 거부해야 한다는 것을 전제로 한다. 또한 현대 영어에서 "처녀"라는 단어는 거의 항상 소녀와 여성을 가리키고, 남성을 가리키는 경우는 거의 없다. 이 구절들(28, 34, 36, 37, 38절)에서 이 단어는 여성 관사와 함께 사용되므로 분명히 여성이나 소녀에 관해 말한다. 그런데 25절에서 이 말의 복수형(virgins)은 여자들과(혹은) 남자들을 가리킬 수 있다.[1] 더 복잡한 문제는 이 단어("처녀")가 34절에서 좀 더 제한적인 의미로 사용되는 것처럼 보인다는 사실이다. 34절에서 "시집가지 않은 자"(ἡ γυνὴ ἡ ἄγαμος)는 "처녀"(ἡ παρθένος)와 확실히 다른 의미를 가진 말로 제시된다. 그 이유를 뒤에서 살펴볼 것인데, 그 이유를 고려하면 "시집가지 않은 자"라는 단어는 '약혼자'(betrothed)로 번역하는 것이 가장 좋아 보인다.

따라서 여기서 몇 가지 질문이 제기된다. "처녀"는 전적으로 여성을 가리키는가, 아니면 바울은 결혼하지 아니한 남자도 염두에 두고, 최소한 남자도 설명의 한 대상으로 삼았는가? 여성인 처녀는 누구인가? 그녀들은 단순히 결혼하지 않은(어쩌면 대부분 젊은) 여성을 가리키는가? 아니면 이 단어는 약혼하거나 결혼이 예정된 여자로 아직 결혼하지 않았기 때문에 성적으로 능동적이지 않은 여자를 가리키는가? 아니면 고린도 교인이 아는 어떤 특정 범주의 여성을 가리키는가? 처녀 문제에 관해 바울은 "내가 주께 받은 계명이 없으되"(ἐπιταγὴν κυρίου οὐκ ἔχω)라고 말하고, 이것은 10절과 12절의 말("명하는 자는 내가 아니요 주시라"와 "이는 주의 명령이 아니라")을 상기시킨다. 10절에서 바울과 고린도 교인은 주님이 그 주제에 관해 말씀하신 것을 알고 있었다. 12절에서는 주님으로부터 온 구체적인 말씀이 없었기에, 바울은 "이는 주의 명령이 아니라"고 말한다. 25절에서 바울은 그리스도로부터 교회에 내려온 구체적인 명령을 받지 않았다. 그래서 대신 자신의 "의견"(γνώμη)을 제시한다. 그러나 바울은 "충성스러운"(신실한) 자(πιστός, 참고. 4:2)로서 자신의 "의견"을 말한다. 하나님은 '미쁘신'(신실하신) 분(10:13)이다. 따라서 하나님의 자비하심을 받은 바울의 말은 믿을 수 있다(참고. 고후 1:17-22). 바울은 항상 하나님의 자비하심을 사도로서 자신의 부르심 및 자신의 복음 전파 사역과 연결한다(고전 15:10-11; 고후 4:1). 따라서 바울이 지금 의지하는 것은 이 부르심과 자신의 삶 속에서 행하시는 하나님의 이런 역사다. 그래서 그의 말은 믿을 수 있는 것으로 주장된다. 비록 바울이 이번 장(7장)에서 각기 다른 상황을 다루고 바울이 주는 권고나 의견은 사도로서 주는 것이기는 해도, 바울이 이런 권고에 어떻게 도달하는지는 모든 그리스도인의 본보기로 작용한다. 이런 문제 가운데 어떤 것은 구약성경이나 주님에게서 직접 나온 명령이 없다. 그래서 바울은 일반적인 성경 원리에 따라 말한다. 때가 임박했으므로(26절), 사람들은 그냥 그대로 지내는 것이 더 좋다. 모든 신자는 주님을 섬겨야 한다. 만약 이 섬김이 결혼하지 않았을 때나 결혼했을 때 더 잘 이루어질 수 있다면, 그것이 결혼 여부를 결정하는 참된 기준이 된다. 만약 어떤 사람이 음행의 유혹을 받기에 결혼이 그의 해답이 된다면, 결혼하기로 한 결정은 당

1. 어떤 주석가는 남자들이 요한계시록 14:4에서 처녀("순결한 자")로 불린다는 사실을 지적한다. 하지만 거기서는 "처녀"가 우상 숭배에 가담하지 아니한 자를 가리키기 위한 은유 용어이므로 엄격히 말하면, 이것이 적합한 것은 아니다.

연히 지극히 필수적인 성경 원리의 인도를 받은 것이다.

7:26-27 내 생각에는 이것이 좋으니 곧 임박한 환난으로 말미암아 사람이 그냥 지내는 것이 좋으니라 네가 아내에게 매였느냐 놓이기를 구하지 말며 아내에게서 놓였느냐 아내를 구하지 말라(Νομίζω οὖν τοῦτο καλὸν ὑπάρχειν διὰ τὴν ἐνεστῶσαν ἀνάγκην, ὅτι καλὸν ἀνθρώπῳ τὸ οὕτως εἶναι. δέδεσαι γυναικί; μὴ ζήτει λύσιν· λέλυσαι ἀπὸ γυναικός; μὴ ζήτει γυναῖκα). 여기에는 7:1에서 고린도 교인이 사용한 속담, '남자가 여자를 가까이 아니함이 좋다'는 말이 반영되어 있다. 그러나 그 반영은 관심을 유지하고 7장의 주요 주제와의 연계성을 구축하기 위한 수사 효과 외에 다른 의미는 없다. 앞에서 확인했듯이 바울은 고린도 교인이 사용한 속담에 동조하지 않는다. 그러나 여기서 바울은 특수한 상황에 대하여 말한다. 문제는 성관계나 육체적 관계를 갖는 것이 좋은지에 관한 것이 아니다. 바울은 결혼이 옳을 수도 있고, 독신이 옳을 수도 있다고 보기 때문이다. 앞부분에서 바울이 말한 것처럼, 결정적인 요소는 사람들이 믿음으로 나아왔을 때 처해 있는 상태다. 사람들은 그냥 그대로 지내야 한다. "그냥 지내는 것"(τὸ οὕτως εἶναι)이라는 말은 27절을 내다본다. 곧, 결혼했다면 남자는 결혼한 그대로 지내는 것이 좋다. 또는 결혼하지 않았다면 아내를 구하지 않는 것이 좋다. 그러나 바울은 이제 독신이 유효한 대안, 아니 사실은 더 좋은 대안이 되는 다른 이유를 '현재의 고통으로 말미암아'라고 언급한다.

여기서 '현재의'(present)라는 말은 "임박한", 아니 사실은 '급박한'을 의미할 수 있다(개역개정에는 "임박한"-역주). 신약성경에서 이 단어의 통상적인 용법은 바울이 종말론적으로 말한다는 사실, 곧 바울이 "환난"을 마지막 때의 증거로 생각했다는 사실을 암시한다. 신약성경에서 이 단어(ἐνίστημι, '현재의/임박한')는 종말론 문맥에서 여러 번 사용된다. 예를 들면, 디모데후서 3:1(미래 시제로)과 데살로니가후서 2:2(완료 시제로)이 있다. 또한 이 단어는 갈라디아서 1:4에서 '현재(악한) 세대'로, 히브리서 9:9에서는 "현재(시대)까지"로 사용된다[둘 다 여기서처럼 완료 분사다(참고. 롬 8:38, 고전 3:22)]. 여기서 바울이 "현재의" 고통(환난)에 관해 말한다는 관점을 피하기 어려운 이유는, 이것이 이 단어를 사용하는 바울의 통상적 용법이기 때문이다. 그러나 바울은 여기서 현재 세대("이 세대", 1:20; 2:6-8; 3:18)와 미래 세대의 종말론적 구조를 염두에 두었을 수도 있다. '고통'(distress, ἀναγκή)이라는 말은 이 관점에 바울이 고린도 교인이 직면한 단순히 직접적이고 지역적인 힘든 일이 아니라 고통에 대한 포괄적인 관점을 가졌다는 사실을 덧붙인다. 이 단어는 다양한 의미가 있다. 이 단어는 '강제'나 '필연성'을 의미할 수 있다(예컨대, 바울이 복음을 전하는 데 '강요받고' '압박받은' 것을 말하는 9:16에 대한 설명을 보라). 또한 이 단어는 재난과 환난을 가리키기도 한다. 누가는 이 단어를 아이를 밴 자들과 젖먹이는 자들에게 화가 있을 마지막 날에 임하는 환난을 묘사하는 데 사용한다(눅 21:23). 이런 의미에서 이 단어는 "환난"(tribulation, θλίψις, 참고. 살전 3:3-4, 7)과 실질적으로 동의어가 된다(개역개정에는 "환난"-역주). "환난"(θλίψις)이라는 말은 28절에서도 사용되고(개역개정에는 "고난"-역주) 마지막 때 겪는 고난을 가리킬 수 있다(참고. 마 24:29). 따라서 이 세 단어, 곧 '현재의'(ἐνίστημι), '고통'(ἀναγκή), "환난"(θλίψις, 26, 28절)이라는 말은 다 종말론적 관점에서 사용하는 것이 가능하다. 이 견해는 바울이 "그때가 단축하여진" 것(29절)과 "이 세상의 외형은 지나가는" 것(31절)이라고 말하는 것으로 개연성이 더 커진다. 바울은 그리스도의 오심이 "말세"(마지막 때)가 우리에게 임했음을 의미한다고 보았다(10:11). 바울은 이후로 고린도전서에서 여러 번에 걸쳐 이 사실을 언급한다.

그렇다면 이것으로 이 본문에 대한 이해가 어떻게 달라지는가? 그것은 바울이 심각하고 실제적인 목회 문제들을 다루지만 이 문제들을 폭넓은 그림의 일부로 본다는 것을 암시한다. 고린도 교인이 일상적인 삶 속에서 겪는 모든 일은 마지막 때의 삶을 지시하는 것으로 생각할 수 있다. 바울은 특정 문제들에 대해 믿을 만한 자신의 의견을 피력하지만, 더 일반적으로는 "이 세대", 곧 그 통치자들이 없어질 운명에 처하는 세대(2:6)의 삶에 관해 말한다. 바울은 하나님 나라의 유업을 다른 어떤 것보다 더 중요한 유산으로 생각한다(6:9). 우리는 '현재의 고통'(τὴν ἐνεστῶσαν ἀνάγκην)을 "하나님과 함께"(παρὰ θεῷ, 24절) 견디고, 그분을 섬기는 데 한평생 헌신하는 삶을 살아야 한다. 결혼하거나 결혼하지 아니한 자로 지위가 바뀌는 것은 자체로 염려거리가 된다. 따라서 단순히 주님을 기쁘시게 하는 큰 목표를 흐트러뜨리는 결과를 낳을 것이다(32절).

브루스 윈터는 한 논문에서 1세기에 고린도에 닥친 기근들을 살펴보고, 주후 51년에 로마 제국에 극심한 흉년이 임한 것을 증거로 인용하며, 이것이 '현재의 고통'을 구체적으로 설명해줄 것이라고 주장한다. 윈터는 기근으로 인해 종종 사회에서 벌어지는 극렬한 소동, 아니 사실은 폭동에 관해 기록한 초기 저술가들의 글을 다수 인용한다. 윈터는 바울이 고린도전서를 쓸 당시에 고린도 지역이 극심한 흉년 때문에 사회적으로 큰 혼란을 겪었을 가능성이 충분히 있다고 주장한다. 결혼하는 문제나 자녀를 갖는 문제는 이런 시기에 자연스럽게 심각한 문제로 대두되었을 것이다. 그러나 그보다는 신학적으로 고린도 교인은 기근이나 지진 등과 같은 천재지변을 통상적으로 하나님의 심판이 임한 것, 즉 말세의 도래와 연계하는 법을 거의 모르지 않았을 것이다. 윈터가 지적하는 것처럼, 기근은 "종말론적인 재난의 시작"[2]의 일부로 보아야 했다(참고. 막 13:8). 만약 이것을 바울이 이 구절들에서 사용하는 어휘와 함께 묶는다면, 그가 사람에게 "그냥" 지내라고 말하는 권고는 실제 기근으로 말미암은 '고통'을 배경에 둔 것 같다. 따라서 이것은 하나님의 백성이 이 세대에 살면서 '사람의 지혜가 아니라 하나님의 능력'(2:4)에 의지해야 함을 모든 사람에게 상기시키는 역할을 한다.

이 문맥에서 결혼과 독신이 다시 한번 상대화된다. 바울은 독신이나 금욕이 더 '영적'이라는 고린도 사람의 관점으로 보이는 것을 받아들이지 않는다. 오히려 독신이나 결혼은 순종으로 주님을 따르는 것에 달려 있다. 어떤 이는 결혼하고 또 어떤 이는 결혼하지 않을 수 있다. 그러나 바울은 여기서 '현재의 고통'을 고려하여 자신의 요점을 다음과 같이 제시한다. "네가 아내에게 매였느냐(δέδεσαι)[3] 놓이기를 구하지 말며 아내에게서 놓였느냐 아내를 구하지 말라" 여기서 '매이다'와 '놓이다'(λύσις, 맺은 계약으로부터 풀려났다는 의미에서 '놓인' 것을 가리킴)라는 말은 결혼과 이혼에 사용하는 통상적 용어가 아니다. 따라서 바울은 여기서 남자와 여자 사이에 가능한 두 가지 형태의 '매임' 관계를 통합하는 의도가 있다고 볼 수 있다. 바울은 결혼에 관해서는 이미 말했다. 이제 바울은 다른 것에 대하여 더 상세히 말할 것인데, 이때 주요 초점이 되는 주제는 법적 약혼, 곧 '정혼'이다. 여기서 말하는 정혼은 현대의 약혼과 달리, 한 당사자에게 상대편 당사자에 대한 법적 의무가 무겁게 부과되었다는 사실을 기억해야 한다. 이것은 이 책에서 '자유롭다'(free)는 말 대신 '놓이다'(released)라는 말을 사용한 이유다. 현대 영어에서는 결혼에 대한 약속인 약혼을 깨는 것, 곧 파혼에 관해 말할 수 있다. 따라서 바

2. Bruce W. Winter, "Secular and Christian Responses to Corinthian Famines," *TynBul* 40 (1989): 86–106 (93). 물론 이것을 바울이 그리스도의 재림을 금방 임할 절박한 사건으로 예견했다는 뜻으로 볼 필요는 없다. 또한 Wright, *Paul and the Faithfulness of God*, 562도 보라.

3. 동사의 상(相)에서 미완료가 되는 완료는 여기서 존재 상태를 묘사하고, 따라서 상태 동사로 말해질 수 있다. 이 동사는 '매임'의 상태가 현재 계속되고 있다는 관점에 따라 현재 의미로 번역된다. 완료(그리고 과거완료)와 그 동사의 상의 관계와 상태 동작류(*Aktionsart*)의 가능성에 대해서는 Constantine R. Campbell, *Basics of Verbal Aspect in Biblical Greek* (Grand Rapids: Zondervan, 2008), 103–7, 특히 106을 보라.

울은 약혼한 남자에게 "놓이기를 구하지(파혼하지) 말라"고 말한다. 결혼한 자에게는 결론적으로 "[결혼을] 깨뜨리지(이혼하지) 말라"고 말한다. 여자와 약혼하지 않거나 결혼하지 아니한 남자에게는 "아내를 구하지 말라"고 말한다.[4] 이것이 바울이 여기서 말하는 첫 번째 요점이다. 만약 어떤 남자가 한 여자와 약혼했다면, 바울은 그에게 그 약혼을 깨뜨리지 말라고 말하는 것이다. 말하자면 그 약혼에서 놓임 받으려고 애쓰지 말라는 뜻이다.

7:28 그러나 장가 가도 죄 짓는 것이 아니요 처녀가 시집 가도 죄 짓는 것이 아니로되 이런 이들은 육신에 고난이 있으리니 나는 너희를 아끼노라(ἐὰν δὲ καὶ γαμήσης, οὐχ ἥμαρτες· καὶ ἐὰν γήμῃ ἡ παρθένος, οὐχ ἥμαρτεν. θλῖψιν δὲ τῇ σαρκὶ ἕξουσιν οἱ τοιοῦτοι, ἐγὼ δὲ ὑμῶν φείδομαι). 이런 행동이 취해질지 불확실한 상태를 말하는 조건절을 통해, 바울은 이처럼 결혼을 하겠다거나 하지 않겠다고 결정하는 것이 처녀 개인에게 달려 있음을 분명히 한다(25절). 여기서 바울이 말하는 것을 명심해야 할 대상은 처녀다. 바울이 여기서 2인칭 단수형으로 바꿔 '네가 장가가는'(γαμήσῃς) 것에 관해 말할 때, 그 말을 목회 상황에 적용한 것이 분명하다. 결정해야 할 자가 결혼을 할지 안 할지 여부를 분명히 하는 것이 중요하다. 만약 그가 결혼한다면, 그는 "죄짓는 것이 아니요"(οὐχ ἥμαρτες, 부정과거 시제를 기동 용법으로 취함)라는 말을 듣는다.

바울은 이번 장에서도 평소처럼 결혼하지 아니한 남자에게 말함으로써 처녀에게 말한 것과 동일한 요점을 제시함으로써 논증의 균형을 맞춘다. 마찬가지로 '처녀도 죄짓는 것이 아니다.' 유대 사상은 이상적인 결혼 생활을 매우 강하게 옹호했기 때문에, 여기서 결혼하는 것이 "죄"가 될 수 있다는 관념은 특이하다. 그러므로 거의 확실히 바울은 '여자를 가까이 아니함이 좋다'는 고린도 교인의 입장을 다시 반대한다. 바울은 자신의 말이 오해받지 않기를 바란다. 바울과 고린도 교회의 일부 엘리트 교인에게는 다른 교인들에게 결혼해서는 안 된다고 주장할 만한 이유가 나름대로 있었다. 그러나 바울은 이것이 결혼의 도덕성이나, 어쨌든 결혼은 죄라는 관점과는 아무 상관이 없다고 본다. 바울이 독신을 주장하는 것은 목회적인 이유에 있다. 주님으로부터 또는 성경에서 다르게 명하는 명령은 없다.

그러나 바울은 결혼하기로 한 자라면 누구나 고려해야 하는 이 행동 과정에 더 깊은 관심이 있다. "이런 이들"(οἱ τοιοῦτοι)은 현세에서(개역개정에는 문자적으로 "육신에"-역주) "고난"(θλίψις)을 겪을 것이다. 이 문맥에서 '현세에서'(in this life)로 번역된 "육신에"라는 말(문자적으로, τῇ σαρκί)은 단순히 땅에서 사는 육체적인 삶을 가리킨다(따라서 이 책은 '현세에서'로 번역한다). 다시 말해, 문맥은 이 "고난"이 고난의 때인 이 세대의 삶의 일반적 사실과 분리될 수 없다는 점을 암시한다. 그러나 바울은 독신으로 있는 자에게는 일어나지 않을 특별한 고난이 결혼한 자에게 닥칠 것이라는 사실을 암시하지는 않는다. 만약 기근이 문제였다면, 가족을 먹여 살리는 일이 더 힘들어질 것이다. 또는 바울이 염두에 둔 것은 시간을 빼앗기거나 연루되는 일이 많은 결혼 생활의 성격에 있을 것이다. 왜냐하면 나중에 바울은 결혼한 자가 마음이 '갈라지는'(μερίζω) 것과 주님을 섬기는 일에 집중하지 못하고 배우자를 기쁘게 하는 일을 '염려하는'(μεριμνάω) 것을 언급하기 때문이다(34절). 바울은 여기서 목회에 최선을 다하며 어떻게든 그들이 이런 시련을 겪지 않도록 말하는 것이다.

7:29a-b 형제들아 내가 이 말을 하노니[5] 그 때가 단축하여진 고로(τοῦτο δέ φημι, ἀδελφοί, ὁ καιρὸς συνεσταλμένος

4. 이 진술의 문맥에서 헬라어 단어 γυνή는 '아내'를 가리킨다. 하지만 다른 곳에서는 바울이 약혼한 여자에게 말하고 있음을 암시하기 위하여 '여자'가 사용된다.

5. 동사 '내가 확언하다'(φημι)라는 말은 다양한 의미가 있다. 이 말은

ἐστίν). 바울은 여기서 자신이 언급한 고난의 성격을 전개하는 것도 아니고, 독신으로 사는 삶이 유익이 되는 이유를 더 깊이 제시하는 것도 아니다. 오히려 바울은 자신의 논증을 더 일반적인 논증으로 확대한다. 바울의 관심은 모든 그리스도인이 자신이 살던 시대의 본질을 파악하는 것에 있다. 그리스도의 오심은 모든 그리스도인이 마지막 때 살고 있고, '이 세상의 외형은 지나가는' 것임을 의미한다(31절). 사람들은 결혼이나 독신의 지위를 그대로 유지해야 하지만 그들의 삶의 우선순위는 새로운 실재를 반영해야 한다. 그리스도는 모든 것의 초점이자 목표이고, 모든 인간적 활동은 이 관점을 반영해야 한다. 로버트슨과 플러머는 바울의 의도를 "그러나 나는 아무에게도 그들의 지위를 바꾸라고 권고하지 않고, 땅의 모든 것에 **대한 태도**를 완전히 바꾸라고 권고한다"[6]와 같이 부연 설명할 때 이것을 잘 포착한다. 바울은 이 관점을 통제하는 요인이 "그때가 단축하여진"(ὁ καιρὸς συνεσταλμένος ἐστίν) 사실에 있다고 말한다.

이 절("그때가 단축하여진 고로")이 무슨 뜻인지에 관해 상당히 논란이 많다. 그리스도가 긴급하게 재림하실 것이므로, 본질상 결혼이나 사업 등과 같은 다른 정상적인 인간 활동을 하는 것은 별로 가치가 없다는 추론에서 나오는 말인가? 그리스도가 오실 때까지 즉각적인 박해로 어떤 끔찍한 고난이나 "환난"이 퍼부어질 것이라는 말인가? 바울의 논증을 이런 식으로 보는 관점이 가진 난점은 바울이 그리스도의 오심에 의존하여 자신의 요점을 제시하지 않는 것이다. 더욱이 바울은 그리스도의 오심이 임박했다는 이유로 사람들에게 일상적인 활동을 포기하라고 분명히 주장하지 않는다. 그럼에도 바울이 "그때"에 관해 말하는 것은 확실히 그리스도가 이미 오셨고 또다시 오실 것이라는 종말론적 관점에 따라 주어진다. 바울은 역사 속의 이 두 지점이 '시대'를 둘러쌌다고 보는 역사관을 가지고 말한다. 바울은 "말세를 만난 우리"에 관해 말하는 10:11에서 이것을 언급한다. 바울은 이 시대를 현재 존재하는 그대로 이 세상 역사의 마지막 시대로 보고, 이 세상의 외형은 지나간다고 말한다(31절). 그리스도의 죽음, 부활, 승천으로 시작된 시대는 그분이 다시 오시는 재림으로 끝날 것이다(참고. 15:24).[7] 그"때"가 '단축되었고'(συστέλλω)라는 말은 단순히 기간이 짧다는 것을 의미할 수 있다. 그러나 이 단어는 또 '제한되었다'는 의미에서 '단축된' 것을 의미할 수도 있다. 따라서 바울은 하나님이 의도적으로 '택함 받은 자를 위하여' 그들이 최악의 고난의 시기를 면하도록 그때를 제한하신 것을 염두에 두었을 수 있다(막 13:20, 그러나 '단축하다'라는 뜻으로 사용된 다른 단어 κολοβόω를 주목하라). 또한 그것은 그리스도로 말미암아 끝이 임하고, 따라서 그리스도인이 이 사실에 비추어 살아야 한다는 것이 이제는 알려져 있다는 의미에서 그때가 '단축된' 것을 의미할 수 있다. 티슬턴은 쿨만의 견해를 기초로 "그때"(καιρός)는 "결정적 시간"인데, 그것은 "그때"가 반드시 기근과 같은 어떤 특수한 고통이나 환난으로 제한되는 시간이 아니라, 그리스도인이 유익을 얻어야 하는 일반적인 "기회의 시간"이기 때문이라고 주장한다.[8] 자기에게 주어진 부르심을 따르는 사람에게 강조점이 있는 것에 비추어 보면, 이것이 7장의 의미를

때로는 단순히 '내가 말하다'를 의미하고(개역개정이 이렇게 번역함-역주), 또 때로는 인용문을 소개하는 데 사용하기도 한다(예를 들어, 6:16). 간혹 이 말은 (10:19에서처럼) 이전에 한 말을 설명하는 데 사용될 수도 있다. 이것이 NIV, NRSV, ESV의 번역이고, 다른 번역들도 여기서 그렇게 번역한다. 그러나 이 말은 또한 확증을 함의할 수 있다. 따라서 이때는 어떤 것을 "확언하다"는 뜻이 된다(Thiselton, *1 Corinthians*, 579가 이렇게 설명한다). 이런 의미에서 이 말은 또한 때가 단축된 것을 염려하는 바울의 요점을 논증하는 데 도움을 준다. 바울은 "때"를 한정하는 데 '단축되었다'(συνεσταλμένος ἐστίν)라는 완곡한 분사를 사용한다.

6. Robertson, Plummer 공저, *First Corinthians*, 154 (강조체 원저자).
7. 이 시대는 또한 그분이 성육신하여 왕으로 오셨을 때 시작된 것으로 간주할 수 있다(히브리서 1:1-2에서 그렇게 본다).
8. Thiselton, *1 Corinthians*, 581-83. 이것은 Oscar Cullmann, *Christ and*

더 잘 밝혀준다.

이 책은 바울이 주님의 가르침과 일치되게 하나님이 의도적으로 그때를 제한하거나 단축하셨고, 그러므로 그때가 특별한 기회와 도전의 시간이라고 믿는 견해를 취한다. 그러나 바울이 이것을 통해 확립하는 사실은 오늘날 우리가 '단기 종말 사상'(short-termism)으로 부르는 것을 절대로 반영하지 않는다. 바울은 끝이 내일 올 수 있으므로 당장 정상적인 인간 활동을 중단하라고 주장하지 않는다. 비록 모든 그리스도인이 주님이 임하실 날[이 편지는 16:22에서 아람어 기도문인 '*marana tha*'("주여 오시옵소서")로 끝난다]을 바라보면서 살고 있더라도, 바울은 이런 삶의 활동을 적절한 방식으로 행하고, 하나님의 부르심을 받은 자에게 합당한 복음에 우선순위를 두는 삶을 살 것을 요구한다. 그리스도인은 이 세상이 지나갈 것(7:31)이라는 점을 이해할 때, 이 세상에서 삶의 우선순위에 대해 절박한 관점을 가져야 한다. 그리스도는 주님이시다. 그리스도는 삶 속에서 다른 모든 것보다 우선하여 따라야 할 분이시다.

7:29c-31 이 후부터 아내 있는 자들은 없는 자 같이 하며 우는 자들은 울지 않는 자 같이 하며 기쁜 자들은 기쁘지 않은 자 같이 하며 매매하는 자들은 없는 자 같이 하며 세상 물건을 쓰는 자들은 다 쓰지 못하는 자 같이 하라 이 세상의 외형은 지나감이니라(τὸ λοιπόν ἵνα καὶ οἱ ἔχοντες γυναῖκας ὡς μὴ ἔχοντες ὦσιν, καὶ οἱ κλαίοντες ὡς μὴ κλαίοντες, καὶ οἱ χαίροντες ὡς μὴ χαίροντες, καὶ οἱ ἀγοράζοντες ὡς μὴ κατέχοντες, καὶ οἱ χρώμενοι τὸν κόσμον ὡς μὴ καταχρώμενοι· παράγει γὰρ τὸ σχῆμα τοῦ κόσμου τούτου). 바울은 계속해서 사람들이 그리스도를 섬기는 것과 그리스도의 재림에 우선순위를 둔 인생을 살 때, 그때가 "단축된" 것이 어떤 영향을 미칠지 다섯 가지 예증을 들어 설명한다. 도피주의는 결코 대안이 아니다. 그렇다고 이 세상의 일이 그리스도인의 삶을 지배해서는 안 된다. "이후부터"(τὸ λοιπόν)라는 말은 부사구로, 이어서 나오는 긴 절을 수식한다. 각 예증은 "고로"(so that, ἵνα)라는 말과 현재 가정법 "…하며"(they might be, ὦσιν)라는 말로 소개된다. 이것은 드물게 나타나는 명령(ἵνα)절의 한 사례가 아니라 결과절로 보아야 할 것 같다.[9] 따라서 바울은 '그때는 단축되었고, 그 결과 이후부터 아내가 있는 자는 마치…처럼 될 수 있다'라고 말하는 것이다.

심층 연구 **7:29-31에 나온 관념들의 가능한 배경**

일부 주석가는 이 세 구절에서 일부 내용이 스토아 사상을 배경으로 두거나 스토아 사상의 영향을 반영한다고 주장한다. 확실히 내용이 스토아 사상과 어느 정도 유사한 것은 분명하다. 예를 들어, 에픽테토스는 소크라테스에 관해 이렇게 말한다. "소크라테스를 붙들고 그가 아내와 자녀가 있었던 점을 주목해 보라. 그러나 소크라테스는 아내와 자녀를 자신의 것으로 생각하지 않았다. 그에게는 나라…친구와 친족들도 있었다. 그러나 소크라테스는 법에 복종하고 법 때문에 순종하는 태도를 가졌다. 이런 이유로 소크라테스는 필요할 때 군인으로 나선 첫 번째 사람이었다. 그리고 전쟁이 벌어졌을 때는 거의 가차 없

Time: The Primitive Christian Conception of Time and History (London: SCM, 1962)에 기반을 둔다.

9. Fee, *1 Corinthians*, 373n298이 그렇다. 그러나 BDF §387.3은 이와 반대다. Robertson, *Grammar of the Greek New Testament*, 994를 참고하라.

이 위험을 무릅썼다."[10] 세네카는 재산을 사용하는 것에 관해 이렇게 말한다. "재산은 마치 안전을 지키기 위해 주어진 것처럼 그리고 곧 회수될 것처럼 조심스럽게 사용되어야 한다. 재산을 소유하고 있을 때 이성을 사용하지 않는 자는 누구나 그 재산을 오래 지키지 못한다. 왜냐하면 번성 자체는, 만약 이성에 의해 통제되지 않으면, 자체로 무너질 것이기 때문이다. 만약 누가 매우 덧없는 재산을 의지한다면, 그는 곧 그 재산을 빼앗기고, 빼앗기지 않으려면 고통을 겪는다."[11] 여기서 이 두 사례는 바울이 전하는 말과 어느 정도 중복되지만 바울의 생각은 스토아 사상과는 전연 다른 방향에서 움직이고 있다.[12] 바울은 자신이 제시하는 사례들을 통해 이성에서 나오고 감정의 연약함을 극복할 수 있는 자기통제와 결단을 강조하는 것에는 아무 관심이 없다. 바울은 신령한 사람의 목표가 세상 질서의 결정론으로부터 개인적 자유를 얻는 것에 있다고 보지 않는다. 그렇다고 바울은 세상 소유물로부터의 분리를 사람에게 '자유'를 줄 수 있는 것으로 보지도 않는다. 오히려 바울은 성경의 가르침에서 나오는 특별한 기독교 종말론 안에서 살고 생각한다. 그리스도는 주님이시고, 이 지나가는 시대에 중요한 것은 사람의 부르심이다. 그러므로 삶의 우선순위는 항상 오실 왕을 기쁘시게 하는 것에 비추어 정해야 한다(32절).

반면에 다른 주석가는 여기서 바울의 생각이 유대 묵시 사상에서 나온 말에 의존하고, 에스겔서 7:10-13(LXX)과 같은 본문을 인용한다고 주장했다. 이 에스겔서 본문을 보면, 임할 재앙의 "그날"에 관해 말하고, 그러므로 "사는 자도 기뻐하지 말고 파는 자도 근심하지 말라"고 지적한다(12절).[13] 동사들의 긴밀한 평행 관계가 에스라4서(4 Ezra) 16:41-44에서 발견된다. 거기 보면 마지막 날의 심판이 사람들에게 임하고 있다고 말한다. 그 본문은 다음과 같다. "파는 자는 도망가는 자같이 하고, 사는 자는 잃어버릴 자같이 하라. 사업하는 자는 아무 이익이 없는 자같이 하고, 집을 세우는 자는 집에서 살지 않는 자같이 하며, 심는 자는 거두지 못하는 자같이 하라…결혼하는 자는 자녀가 없을 자같이 하고, 결혼하지 않는 자는 과부가 된 자같이 하라." 그러나 고든 피가 올바르게 주장하는 것처럼, 바울은 "묵시주의자가 견지하는 세상으로부터의 '도피'"를 절대 옹호하지 않는다.[14]

결혼은 그리스도인의 정상적인 일상적 경험에서 나오는 다섯 가지 예증, 곧 그리스도인이 사는 시대에 비추어 보면 모든 활동이 상대화된다는 요점을 제시하기 위하여 주어지는 예증 가운데 첫 번째 예증이다. 이 다섯 가지 예증은 '그때가 단축하여졌다'는 주장과 '이 세상의 외형은 지나간다'는 주장 사이에 위치한다.

결혼: 결혼은 7장에서 주요 주제로 다루어졌고 지금은 다섯 가지 가운데 첫 번째 예증으로 제공된다. 우리는 여기서 직접 문맥을 통해 삶의 모든 분야에서 주님을 섬기는 일에 우선순위를 두는 것이 관건이라는 사실을 떠올리게 된다. 포괄적 문맥(참고. 2-5절)을 보면, 바울이 독신이나 어떤 형태의 영적 금욕주의를 옹호하지

10. Epictetus, *Discourses* 4.1 (Oldfather, LCL).

11. Seneca, *Epistles* 74:18 (Gummere, LCL).

12. 이 두 사례와 여기서 바울이 전하는 말과 평행을 이루는 다른 많은 사례가 Deming, *Paul on Marriage and Celibacy*, 187(그러나 178-88을 보라)에서 상세히 검토된다.

13. 같은 책, 174-78은 또한 고린도전서 7장의 이곳에서 바울의 수사와 어느 정도 평행을 이루는 것처럼 보이는 유대 묵시 작품들의 본문도 검토한다. Deming은 이렇게 말한다. "결론적으로 우리는 여기서 스토아 사상과 묵시 자료를 긴밀하게 통합시켜 살펴보아야 한다."

14. Fee, *1 Corinthians*, 375.

않는다는 점을 분명히 알 수 있다. 바울은 인간의 성욕을 부정하지 않고(참고. 8-9절), 이혼을 옹호하지도 않는다. 결혼은 이 세상을 벗어나면 존속하지 않는다(39절, 참고. 눅 20:34-38). 따라서 결혼을 삶의 결정적 요소로 보아서는 안 된다. 32-33절에 나타난 결혼한 자와 결혼하지 아니한 자의 대조는 여기서 바울의 의도가 무엇인지를 보여준다. 결정적인 요점은 주님을 기쁘시게 하는 것이고 흐트러짐 없이 주님을 섬기는 것이다. 심지어는 결혼한 자도, 결혼은 좋은 것이고(2절) 결혼 생활 속에서 이루어지는 성관계는 장려되어야 하지만(3-5절) 사람의 우선순위는 주님께 두어야 함을 깨달아야 한다. 따라서 "[아내가 없는] 자같이 하라"는 말은 요점을 강조하기 위한 조심스럽고 신중한 과장법이다.

우는 것과 기뻐하는 것: 바울은 여기서 그리스도인이 정상적인 감정이 없는 삶을 살아야 한다고 주장하는 것이 아니다(참고. 롬 12:15). 바울 자신도 다양한 경우에 기뻐하거나(고후 7:13) 울거나(고후 2:4) 하는 모습을 보여줄 수 있다. 그러나 그리스도에 비추어 볼 때 우는 것은 다 상대화된다. 왜냐하면 아무것도 우리를 '하나님의 사랑에서 끊을 수 없기' 때문이다(롬 8:39). 바울은 이 주제를 이사야서에서 인용하지 않지만 말할 것 없이 이사야서를 통해 배운 관점, 곧 그리스도가 재림하실 때 하나님이 모든 슬픔을 제거하실 것이라는 주제에 따라 이렇게 말했다(사 35:10; 51:11; 65:19; 참고. 계 21:4). 이제는 슬픔에 너무 빠지면 오직 주님을 섬기라는 현재의 부르심이 흐트러질 수 있다. 마찬가지로 기뻐하는 것도 상대화된다. 사실 그리스도인은 그리스도에 비추어 볼 때 이 세상에서 웃음과 재미가 주는 기쁨이 그리 오래가지 못하고, 주님을 따르는 자는 영원한 기쁨을 기다린다는 점을 알고 있다. 우는 것과 기뻐하는 것은 이제 주님을 섬기는 일에 우선순위를 두는 배경에 따라 좌우된다.

매매하고 사업하는 것: 모든 매매 역시 이 세상에서 지나가는 것으로 여겨야 한다. 물건을 매매하거나 사업에 종사하는 일에 너무 집착함으로써 그리스도를 섬기는 일의 우선권이 축소되어서는 안 된다. 여기서 '소유하다'(possess)로 번역된 말은 분명히 이 사례들에 전체적으로 담긴 바울의 의도를 보여준다. 바울은 (물건을) "매매하는" 자에 관해 말하지만 '없는(소유하지 못한) 자(κατέχοντες)같이 해야 한다'라고 말한다. 데살로니가전서 5:21에서 이 말은 '굳게 붙들다'로 번역된다(NRSV, "좋은 것을 굳게 붙들고", 개역개정에는 '취하다'-역주). 이처럼 어떤 것을 굳게 붙든다는 의미의 소유 관념(참고. 15:2)이 물건을 매매하거나 사업에 종사하는 자에 대해 바울이 품은 염려의 본질을 파악하는 데 도움을 준다. 세상 물건을 쓰는 것과 세상 물건을 다 쓰지 못하는 것의 대조도 바울이 자신의 종말론적 세계관 속에서 결코 도피주의자가 아니라는 사실을 다시 보여준다.[15] 현재 세상은 살고 쓰고 누리는 곳이 되어야 한다. 상업과 사회 사업도 활성화되어야 한다. 그러나 그런 일이 사람을 지배해서는 안 된다.[16]

따라서 이 다섯 가지 예증은 바울이 자신의 말을 종말론적 배경에 따라 전한다는 점을 상기시키는 것으로 끝난다('…때문에', γάρ). 현세는 '지나가는 것'(παράγει)이다. 이것은 세상의 붕괴 과정이 이미 시작되었다는 점을 의미한다. 그러나 여기서 바울의 생각은 피조물이 직면한 문제(롬 8:19-22에서 말한)에 있는 것이 아니라 피조물의 "외형"(σχῆμα), 곧 사물의 존재 방식에 있다. 지금 결혼, 울음, 웃음, 사업 등에 따라 경험되는 것처럼

15. 여기서 접두사 κατά는 χράομαι('다 쓰다')의 의미를 심화하는 효력이 있다. Thiselton, *1 Corinthians*, 583-84는 χρώμενοι와 καταχρώμενοι의 언어유희를 설명한다.

16. 세상을 지나가는 것으로 보는 자는 불가피하게 부활을 부정하고 미래를 주목하지 않는 자와 정면으로 대립한다. 여기서 후자는 다음과 같이 지금 여기서 다 쓰는 일에 집중한다. "내일 죽을 터이니 먹고 마시자"(15:32).

이 세상의 외형은 새 땅으로 대체되는 과정에 있다(참고. 사 65:17; 벧후 3:13).

7:32-34 너희가 염려 없기를 원하노라[17] 장가 가지 않은 자는 주의 일을 염려하여 어찌하여야 주를 기쁘시게 할까 하되 장가 간 자는 세상 일을 염려하여 어찌하여야 아내를 기쁘게 할까 하여 마음이 갈라지며 시집 가지 않은 자와 처녀는 주의 일을 염려하여 몸과 영을 다 거룩하게 하려 하되 시집 간 자는 세상 일을 염려하여 어찌하여야 남편을 기쁘게 할까 하느니라(Θέλω δὲ ὑμᾶς ἀμερίμνους εἶναι. ὁ ἄγαμος μεριμνᾷ τὰ τοῦ κυρίου, πῶς ἀρέσῃ τῷ κυρίῳ· ὁ δὲ γαμήσας μεριμνᾷ τὰ τοῦ κόσμου, πῶς ἀρέσῃ τῇ γυναικί, καὶ μεμέρισται. καὶ ἡ γυνὴ ἡ ἄγαμος καὶ ἡ παρθένος μεριμνᾷ τὰ τοῦ κυρίου, ἵνα ᾖ ἁγία [καὶ] τῷ σώματι καὶ τῷ πνεύματι· ἡ δὲ γαμήσασα μεριμνᾷ τὰ τοῦ κόσμου, πῶς ἀρέσῃ τῷ ἀνδρί). 32-34절에서 바울이 하는 권고의 목표는 35d-e절의 요약("오직 너희로 하여금 이치에 합당하게 하여 흐트러짐이 없이 주를 섬기게 하려 함이라")으로 확인된다. 바울의 소원은 흐트러짐(갈라짐)이 없이 주님을 섬기는 것이다. 따라서 이전 구절들에 제시된 논증으로부터 설명이 계속되는 것이 분명하다. 세상 일과 주의 일에 대한 염려의 깊이는 불가피하게 사람이 결혼하거나 하지 않는 것에 영향을 받는다. '이제'(δέ, 개역개정에는 번역되어 있지 않음-역주)는 새로운, 하지만 관련된 내러티브 부분을 시작한다는 의미에서 반의 접속사다. 이 말은 '즉'이나 심지어는 '따라서'로 번역될 수 있고, 그러므로 관련된 설명으로 이끄는 역할을 한다.[18]

바울의 논증은 명확하고 그 구조에 의해 더 강화된다. 우리가 7장에서 익숙해진 방식에 따라 바울은 결혼한 자와 결혼하지 아니한 자, 남자와 여자 간에 균형을 맞춘다. 바울은 (a) 결혼하지 아니한 남자의 염려에 관해 말하고(32절), (b) 결혼한 남자의 염려에 관해 말하며(33절), 이어서 (c) 결혼하지 아니한 여자와 처녀의 염려에 관해 말하고(34b-e절), (d) 결혼한 여자의 염려에 관해 말한다(34f-g절). 여기서 바울의 요점은 사람은 (마음이/주의가) '갈라지면' 주님을 충분히 섬기기가 어렵다는 것이다. 이 책은 여기에 '그의 주의가'(his attention)라는 말을 삽입했으나(개역개정에는 "마음이"라는 말이 삽입됨-역주) 헬라어 본문은 간단히 '그가 갈라지며'(μεμέρισται)라고 말한다. 이 갈라짐은 주께 자신을 바치는 것과 다른 것에 바치는 것 사이에서 일어나며, 잠재적으로 상충하는 활동이다. 결혼하는 것은 불가피하게 남편이나 아내를 위하여 그의 주의가 어느 정도 배우자에게 집중될 것이라는 점을 의미한다. 남자나 여자를 막론하고 독신으로 사는 것은 결혼 관계의 특별한 염려가 제거되어 주님을 섬기는 일에서 주의가 갈라지지(흐트러지지) 않을 가능성이 더 크다는 점을 의미한다.

세상의 일은 잘못된 것도 아니고 부적합한 것도 아니다. 그러나 독신 및 결혼과 관련된 문제에서도, 통상적인 일상생활은 항상 주의 모든 백성이 "기쁘시게 할"(ἀρέσκω, 32절) 분이신 주님 앞에서 그리고 주님을 섬기는 일로 이루어져야 한다. 여기서 바울의 생각의 방향은 스토아 사상의 염려에서 나온 자유 개념이나 독신을 지지하는 견유 학파의 결혼관과는 아무 상관이 없다. 이런 사상들은 덕에 더 집중하는 성찰과 자기만족의 더 나은 길을 인정한다.[19] 대신 바울은 그리스도가 거듭 천명하신 구약성경의 가르침, 곧 여호와 하나님을

17. "염려"(concerns, ἀμερίμνους)라는 말은 여기서와 마태복음 28:14에서만 발견되고, '걱정'(anxiety)으로 번역될 수 있다. 그러나 영어에서 '걱정'이 자주 부정적 함축 의미가 있는 것은 도움이 되지 않는다. 장가가지 않은 자가 주의 일에 대해 하는 "염려"는 주를 섬기는 일에 적극적으로 헌신하는 것을 가리킨다. 그다음 문장에 나오는 분명한 언어유희[μεριμνάω('염려하다')와 μερίζω('나뉘다')] 역시 이 단어의 의미가 영어 단어 '염려하다'(concern)라는 말로 더 잘 전달된다는 것을 암시한다. 이때 이 말은 긍정적 의미와 부정적 의미를 다 가질 수 있다. 12:25에서 바울은 그리스도의 몸 가운데서 서로 적극적으로 "염려할(돌볼) 것"을 권고한다(참고. 빌 2:20).

18. 이 용례에 대해서는 고전 10:11. BDAG 213(2)을 보라.

19. 여기서 바울의 논증 방식과 비슷한 견유 학파와 스토아 학파에

마음을 다하고 뜻을 다하고 힘을 다하여 사랑하라는 명령(신 6:5; 막 12:30)에 의존한다. 이 사랑은 특히 개인이 삶과 섬김에 있어 주님께 우선권을 둘 때 드러난다(참고. 마 10:37; 막 8:34).

'갈라진'(μεμέρισται, 완료 수동태) 것이 문제다. 남편과 아내는 배우자를 기쁘게 하고 돌보는 일을 생각하기 때문에, 자신의 생각과 행동 그리고 자신의 시간을 "주의 일"(τὰ τοῦ κυρίου)에 할애하지 못하는 모습을 보여준다. 바울은 결혼하는 일이나 친족을 돌보는 일을 잘못으로 보지 않는다. 디모데전서 5:8에서 바울은 디모데에게 "누구든지 자기 친족 특히 자기 가족을 돌보지 아니하면 믿음을 배반한 자요 불신자보다 더 악한 자니라"고 교훈한다. 바울은 7장 앞부분에서 남편과 아내는 서로에 대하여 책임이 있다고 언급한 자신의 가르침을 뒤집지 않는다. 오히려 35절에서 진술하는 것처럼, 남자와 여자, 결혼한 자와 결혼하지 아니한 자가 똑같이 자신의 삶을 주님께 바쳐야 한다는 사실을 인정해야 한다. 또 부르심을 받은 그대로 지내라고 명령받은 지위에서 이익과 불이익이 다 나오는 것도 인정해야 한다(24절).

사람들이 염려해야 할 "일"이 결혼하지 아니한 여자[20]에게 영과 육이 다 거룩해져야 한다는 관점에 따라 말해진다. 여기서도 평소처럼 바울은 주님께 헌신하는 삶을 살아야 하는 전 인간(the whole person)에게 관심이 있다.[21] 이 진술은 32c절의 결혼하지 아니한 남자가 "어찌하여야 주를 기쁘시게 할까"(πῶς ἀρέσῃ τῷ κυρίῳ) 염려한다는 말을 해설한다. 결혼한 여자에 관한 설명은 33절에서 결혼한 남자에 관해 말하는 것과 직접 평행을 이룬다. 바울은 그렇게 말할 때 확실히 각 사람이 지닌 은사를 염두에 두었다(7절). 바울은 결혼하지 않은 남자와 여자는 스스로 절제할 수 있는 능력이 있다고 가정하고, 계속해서 주님을 섬기는 데 시간과 활동을 더 할애하도록 요구하는 부르심이 있다고 주장한다. 바울은 일부 고린도 교인이 은연중에 견지하는 금욕주의에 결코 동조하지 않는다(1절). 바울이 "세상 일"을 염려하는 것과 "주의 일"을 염려하는 것을 대조하는 것은, 결혼하라는 부르심이나 결혼하지 말고 그냥 지내라는 부르심을 실용적으로 주님께 대한 섬김과 헌신의 관점에서 보는 것이다.[22]

7:35 내가 이것을 말함은 너희의 유익을 위함이요 너희에게 올무를 놓으려 함이 아니니 오직 너희로 하여금 이치에 합당하게 하여 흐트러짐이 없이 주를 섬기게 하려 함이라(τοῦτο δὲ πρὸς τὸ ὑμῶν αὐτῶν σύμφορον λέγω, οὐχ ἵνα βρόχον ὑμῖν ἐπιβάλω, ἀλλὰ πρὸς τὸ εὔσχημον καὶ εὐπάρεδρον τῷ

서 나온 상세한 사례들에 대해서는 Deming, *Paul on Marriage and Celibacy*, 193-201을 보라. Epictetus, *Discourses* 3.22.69는 하나님을 섬기는 일의 "방해물"인 결혼과 가족을 제거하는 독신에 대한 언급을 종종 인용한다. "견유 학파의 사람이 전혀 흐트러짐이 없이 하나님의 통치에 전념하고, 인간의 공통적 의무에 매이지 않고, 통상적인 삶의 관계에 연루되지 않으며…사람들 사이를 다닐 수 있는 것이 적합하지 않은가?"(Oldfather, LCL).

20. '시집가지 않은 자 또는 처녀'(καὶ ἡ γυνὴ ἡ ἄγαμος καὶ ἡ παρθένος)는 다르게 번역될 수 있다. 세 가지 번역이 가능하다. 첫째, 이 두 명사는 복합 주어를 구성할 수 있다. 그러면 이 두 명사는 약간 다른 두 집단의 여자들을 가리킬 것이다. (1) 결혼하지 않은 상태에 있는 여자, 곧 과부와 이혼녀가 여기에 해당할 것이다. (2) 결혼해 본 적이 없거나 아직 약혼 상태에 있는 젊은 여자를 가리킬 것이다. 그런데 여기서 문제점은 '염려하다'(is concerned)라는 단수형 동사가 사용된다는 점이다. 이 문제는 이 책이 번역한 것처럼, '또는'이라는 말을 사용하면 해소할 수 있다. 여기서 단수형이 사용된 것은 이것이 "집합적 범주"이기 때문일 것이다(Thiselton, *1 Corinthians*, 590). NRSV가 동사를 단순히 복수형으로 만드는 것은 더 의심스럽다. "시집가지 않은 여자와 처녀는…염려하여(are anxious)." 둘째, "처녀"는 "시집가지 않은 자"를 부연 설명하는 용법일 수 있다. 그러면 번역은 다음과 같다. "시집가지 않은 자, 즉 처녀는." 셋째, "시집가지 않은 자"와 "처녀"는 형용사적으로 '여자'를 묘사하는 의미로 사용된다. 그러면 '시집가지 않고 처녀인(또는 순결한) 여자'로 번역된다.

21. Conzelmann은 이렇게 말한다. "σῶμα, 곧 '몸'과 πνεῦμα, 곧 '영'은 이원론 개념이 아니다. 몸과 영은 함께 사용되어 전 인간을 가리킨다"(1 Corinthians, 134n32).

22. "몸"의 거룩함을 단지 순결함의 유지로만 보는 것은 정당성이 없다. Barrett(*First Corinthians*, 181)와 같이 이 어구가 "고린도의 금욕주의 집단"에서 인용된 것으로 단정할 필요가 없는 것은 다른 곳에서 바울이 분명히 모든 그리스도인의 몸의 거룩함을 요구하기 때문이다.

κυρίῳ ἀπερισπάστως). 여기서 바울은 이 부분 마지막 몇 구절을 편지에 쓰는 자신의 목적(ἵνα)을 요약한다. 바울의 목적은, 각 사람이 결혼이나 독신 상태에서 현세의 삶을 사는 데 있어 가장 중요한 요소가 주님께 얼마나 헌신하는가와 관련되어 있음을 이해시키는 것이다. "흐트러짐(갈라짐)이 없이 주를 섬기는"(εὐπάρεδρον τῷ κυρίῳ ἀπερισπάστως) 것은 온 교회에 유익을 준다. 그러나 바울이 전한 말은 새로운 율법주의로 오해받을 수 있었다. 그래서 바울은 자신의 목적이 고린도 교인들을 제한하는 데 있지 않다고 피력한다.[23] 오히려 고린도 교인은 바울이 전하는 말을 따르면 유익을 얻을 것이다. 바울은 고린도 교인이 주님을 더 잘 섬기고 주님의 부르심을 더 잘 성취할 수 있는 그들의 영적 유익을 염두에 두었다. 그리고 여기서 바울이 내내 단순히 개인이 아니라 공동체를 염려했다고 생각하는 것이 중요하다. 결혼한 자와 결혼하지 아니한 자의 순종과 거룩함은 공동체에 "유익"(σύμφορος)이 된다.[24]

여기서 부정적 목적절 다음에 강력한 대조를 이끄는 "오직"(ἀλλά)이라는 말이 나온다. 따라서 (πρός로 소개되는) 이후의 두 어구는 그들에게 속해 있는 "유익" 관념을 상술한다. 바울은 그들의 유익을 위하여 말한다. 즉, "흐트러짐이 없이" 충분히 주를 섬기는 적절한("이치에 합당한", εὐσχήμων)[25] 헌신을 위하여 또는 목적으로(πρός) 말한다. 문장 끝에 나오는 "흐트러짐(갈라짐)이 없이"(ἀπερισπάστως)라는 부사의 위치가 많은 논란을 불러일으켰다. 그 위치 때문에 이 단어에 큰 의미를 부여할 수 있는지 좀 의심스럽기는 하지만, 확실히 이 단어는 바울이 펼치는 논증의 결론적 요약을 명확히 한다. 결혼을 했든 하지 않았든 모든 그리스도인이 흐트러짐이 없이 주님을 위하여 사는 데 헌신을 다해야 한다.

7장 전체에서 바울의 가르침은 주님께 헌신을 다하며 사는 인생에 집중되어 있다. 이 헌신은 사람의 부르심과 그가 받은 은사로 결정된다. 그러나 사람의 삶 속에서 이 헌신이 이루어지려면 적절한 거룩한 삶을 끊임없이 주의하고, 결혼과 독신이 그 헌신에 어떻게 영향을 미치는지 (이원론적인 관점이 아니라) 실용적인 관점에서 파악해야만 한다. 바울은 이처럼 독신을 긍정적으로 언급한 다음, 아직 미혼인 어떤 자에게 '합당하거나'(적절하거나) 그렇지 못한 행동이 무엇인지 말하는 것으로 되돌아간다.

7:36 그러므로 만일 누가 자기의 약혼녀에 대한 행동이 합당하지 못한 줄로 생각할 때에 그 약혼녀의 혼기도 지나고 그같이 할 필요가 있거든 원하는 대로 하라 그것은 죄 짓는 것이 아니니 그들로 결혼하게 하라(만일 누가 그가 그의 약혼녀에게 합당하지 못하게 행동하고 있다고 생각한다면, 만일 그의 성욕이 강하고, 따라서 그렇게 해야 한다면 그가 원하는 대로 하게 하라. 그는 죄 짓는 것이 아니니, 그들로 결혼하게 하라-저자 사역)(Εἰ δέ τις ἀσχημονεῖν ἐπὶ τὴν παρθένον αὐτοῦ νομίζει ἐὰν ᾖ ὑπέρακμος, καὶ οὕτως ὀφείλει γίνεσθαι, ὃ θέλει ποιείτω· οὐχ ἁμαρτάνει·

---

23. "올무를 놓으려"(βρόχον ὑμῖν ἐπιβάλω)라는 말은 고삐나 굴레로 짐승을 단단히 얽어매는 것을 가리킨다.
24. 여기에 나오는 동사 또는 동사의 실명사 형태(συμφέρω/σύμφορος)는 6:12; 10:23, 33; 12:7에서도 사용된다. 6:12를 설명할 때 이 책은 바울에게는 이 영적 "유익" 관념이 사실상 공동체의 '덕을 세우는' 관념과 동의어라고 지적했다.
25. εὐσχήμων이라는 말은 다양하게 "좋은 질서"(NRSV), "본래 있어야 하는 방식"(JB), "적절한 것"(Thiselton), "적절성 있는 것"과 "적절한 것"(Barrett, Fee, Garland) 등으로 번역되었다. 그다음 구절에 나오는 동족 동사의 부정적 형태(ἀσχημονέω)는 여기서 의미적 가치를 충분히 암시한다. 36절에서 바울은 약혼녀에게 부적절한 또는 부적합한 방식으로 행동하는 자를 언급한다. 우리는 35절에서 이 말을 '적절한'으로 번역할 수 있는데, 그 이유는 그것이 알맞은 도덕 행위 관념을 포함할 수 있기 때문이다. 그러나 그 말은 또한 주님을 향한 흐트러짐이 없는 마음이(갈라짐이 없는 주의가) 주님의 종이라면 누구에게나 당연히 기대되는 적절한 행동이라는 점을 암시할 수 있다. 이 말은 관사가 있는 형용사이므로 대다수 번역은 동사를 추가한다. 따라서 NRSV는 동사를 보충하여 "좋은 질서를 촉진하여"라고 번역한다.

γαμείτωσαν). 바울은 주님께 헌신하기를 바라고, 남자나 여자나 "염려"에서 벗어나기를 원한다(32절). 결혼하지 아니한 남자와 여자는 이런 염려에서 벗어날 수 있고(32-34절), 그래서 "주의 일"에 더 우선순위를 둘 수 있지만, 바울은 이제 36절에서 이것을 방해하는 두 가지 상황을 확인한다. 바울은 약혼한 남자가 성욕이 강해 자신의 약혼녀에게 합당하지 못한 행동을 하게 되는 경우에 관해 말한다. 추측건대 이런 사람은 7절에서 말한 독신의 "은사"를 받지 못한 자일 것이다.

주로 헬라어 본문의 구문과 의미에 난점이 있기 때문에, 고린도전서에서 이런 논란을 불러일으키지 않은 구절은 거의 없었다. 위에서 내가 한 번역은 헬라어 본문과 문맥에 있어 가장 일리가 있어 보인다. '(그리고) 따라서 그렇게 해야 한다면'(καὶ οὕτως ὀφείλει γίνεσθαι)이라는 말은 바울이 이 (약혼한) 커플에게 불가피한 결과로 보는 것에 대하여 말한다. 바울은 7장 앞부분에서 자신이 전한 말의 원리를 적용하고, 그 사람에게 결혼은 죄가 아니라는 것과 그가 원하는 대로 해야 한다는 것을 상기시킨다. "그들로 결혼하게 하라"(γαμείτωσαν)는 명령은 바울이 이 경우에는 이것을 허락(concession)으로 보고 있지 않음을 암시한다. 이처럼 성욕이 강한 사람은 사실 주님을 충분히 섬기려면 결혼하는 것이 '합당하다.' 36절에 대한 이런 이해는 또한 아직 결혼하지 않은 남자가 성욕을 절제하면 약혼녀와 결혼하지 않는 것도 잘하는 것이라고 말하는 37절로 매우 자연스럽게 들어가게 한다. 그런 다음 38절은 남자가 약혼녀와 관련하여 취할 수 있는 행동에 관한 바울의 견해를 요약한다. 그러나 여기서 주석가들 간에 차이가 있는 다양한 주석적인 요점을 주목하고, 이처럼 다양한 요점이 제시된 이유를 파악하는 것이 중요하다.

첫 번째로, 강한 '성욕'(passions, ὑπέρακμος)이라는 말의 번역 문제가 있다. 이 말에 각기 다른 두 번역이 제시된다. (1) 어떤 주석가는 이것을 '만일 (그녀의) 한창때가 지나면'으로 번역한다. BDAG의 관련 항목은 명사(ἀκμή)가 '사람의 성장에서 최고점 또는 한창때'를 가리킨다고 말한다(개역개정에는 이런 의미에서 "혼기"-역주). 따라서 이 단어는 "그 지점을 넘기면"을 의미할 수 있다.[26] (2) 어떤 주석가는 이 책에서 번역하는 것처럼 '(강한) 성욕'으로 번역한다. BDAG는 이런 해석이 어떻게 일어나는지 유용하게 설명한다. "다른 해석자는 (전치사) ὑπέρ의 강의적인 의미, 곧 '극히'에 초점을 맞춘다…따라서 우리가 다루는 (본문)에서 ὑπέρακμος는 사람의 성적 절정기를 의미하고…그러므로 강한 성욕을 갖고라는 의미다."[27]

(1)번의 해석처럼, 바울이 한창때(혼기)가 지난 여자(어쩌면 남자도)에 관해 말할 의도가 있다고 보는 것은 오래된 전통이다. 일부 교부가 이 해석을 따르고, 이후로 칼뱅과 루터도 이 해석을 따른다. AV는 이 견해를 따라 이렇게 번역한다. "만일 누가 자기의 처녀에게 합당하지 못한 행동을 하는 것으로 생각하면, 만일 그녀의 꽃 같은 시기가 지나고 그렇게 요구하는 것이 필요하거든…." 1995년에 나온 NASB도 이와 비슷한 번역을 취했다(개역개정도 이 견해를 취함-역주). (2)번의 해석에서처럼, 바울이 성욕이 강한 남자에 관해 말할 의도가 있다고 보는 해석은 많은 현대 주석가가 취한 견해다. NIV(2011)는 "만일 그의 성욕이 너무 강하고"로 번역한다. ESV는 "만일 그의 성욕이 강하고"로 번역한다. 윈터는 성욕이 관건이라는 견해를 강력히 옹호하고, 그 단어가 여성의 사춘기와 남자의 성욕에 대하여 사용되는 자료들을 제시한다.[28] 이 책도 그 견해를 취한다.

두 번째로, 주석가들은 36절 첫 부분에 있는 "누가"(τις)가 누구인지를 놓고 논쟁을 벌였다. 38절의 결론적 요약에서 바울이 '결혼하다'라는 의미로 사용한 통

26. BDAG 1032.
27. 같은 책.
28. Bruce W. Winter, "Puberty or Passion? The referent of ΥΠΕΡΑΚΜΟΣ in 1 Corinthians 7:36," *TynBul* 49 (1998): 71-89.

상적인 동사(γαμέω)가 '결혼시키다'라는 의미를 통상적으로 가진 동사(γαμίζω)[29]로 바뀐다. 그리고 이로 인해 "누가"가 자신의 "처녀 (딸)"을 결혼시키는(시집보내는) 아버지를 가리킨다고 추정하는 해석을 지지하는 오랜 전통이 생겼다. 따라서 바울이 이제 어떤 아버지들의 염려를 언급하는 것으로 시선을 돌렸다고 주장된다. '현재 사회의 위기'에 비추어 볼 때 아버지들은 자신의 딸을 과연 결혼시켜야 할까? 딸의 결혼을 결정하거나 준비하는 것이 아버지의 의무였다는 점을 고려하면, 36절은 처녀로 '사춘기'에 이르렀거나 '혼기에 도달한' 또는 '혼기가 지난' 처녀 딸에 관한 아버지의 행위에 관해 말한 것일 수 있다(위에서 언급한 ὑπέρακμος의 다양한 번역을 보라). NASB는 이 해석을 취한다. 그리고 이것이 교부들의 공통적인 견해다. 칼뱅의 번역도 이 견해를 잘 증명한다. "만일 누가 그의 처녀 딸에게 그것이 합당하지 못하다고 판단하면, 그리고 그 딸이 인생의 한창때(혼기)를 지나 그렇게 하는 것이 필수적이라면, 그가 원하는 대로 하라. 그런다고 그가 죄를 짓는 것은 아니니, 그들로 결혼하게 하라…그러므로 결혼시키는 자도 잘하는 것이고, 결혼시키지 아니하는 자는 더 잘하는 것이니라."[30] 그러나 이 해석에 문제가 많다는 점을 지적하지 않을 수 없다. 첫째, 이 문맥에서 단순히 '딸'이라는 단어를 쓰면 충분할 텐데 굳이 "처녀"라는 단어를 사용하는 것은 이상하다. 둘째, 만약 주어가 이전 구절들의 주어와 다른 것으로 바뀌었다면, 왜 '아버지'라는 단어가 사용되지 않는가? 사실 부정 용법의 "누가"(τις)에 대해서는 이전 구절들로부터 오직 하나의 주어가 자연스럽게 드러난다. 곧, 그 주어는 32절의 장가가지 않은 자다. 셋째, 더 중요하게는 바울이 왜 36절에서 '그녀로 결혼하게 하라'가 아니라 3인칭 복수형으로 "그들로 결혼하게 하라"고 말하는지 물을 수 있다. 여기서 복수형은 "누가"(장가가지 않은 자)와 그의(아버지의) 딸을 더 자연스럽게 가리킨다. 그러므로 분명히 바울은 '아버지와 딸로 결혼하게 하라'로 말하는 것이 아니다. 넷째, 바울이 28절에서 "처녀"에게 주는 이전 가르침에 비추어 보면, 이 구절들은 불필요한 중복처럼 보일 것이다. 이 본문에서는 부모가 고려 중인 결혼에 관여하는 것에 관한 언급은 조금도 없었다. 다섯째, 마지막으로 이런 구분이 코이네 헬라어에서 동사 '결혼하다'와 '결혼시키다' 사이에 있을 수 있는지 전혀 분명하지 않다. 38절에서 바울이 선택한 동사(γαμίζω)는 그 동사가 여기서는 타동사로 사용되지만 다른 동사(γαμέω)는 7장 다른 곳에서 자동사로 사용된다고 단순히 말할 수 있다. 요약하면 "처녀"를 28절에서처럼 아직 결혼한 적이 없는 독신 여성으로 보는 것이 더 자연스러운 해석으로 보인다. "그"가 "그의 처녀"에게 합당하게 행동할 수 없으므로, 그 커플이 약혼했거나 또는 결혼하기로 정해져 있다고 추정하는 것이 합리적으로 보인다. 그래야 36절 끝부분의 복수형 명령("그들로 결혼하게 하라")도 충분히 일리가 있다.

세 번째로, 주석가들은 '처녀'(저자의 번역과 개역개정은 "약혼녀"로 번역했지만 원문은 '처녀'를 가리키는 단어를 사용함-역주)가 누구인지를 놓고 논쟁을 벌였다. 우리는 그 말이 결혼이 약속된 미혼 여자를 가리키는 것 같다고 이미 주장했다. 그러나 어떤 주석가는 세 번째 견해를 제시했다. 곧, 처녀로 남아 있는 결혼한 여자를 가리킨다는 것이다. 이 견해는 이른바 '신령한 결혼 생활' 관습이 존재한다는 사실을 가정한다. 이 주장은 부부가 독신을 유지하면서 함께 살았다는 것이다. 어떤 행위는 영적 행위로, 또 섹스와 같이 어떤 '비속한' 행위는 '비영적' 행위로 간주한 그리스 이원론에 빠진 일부 고린도

29. 9, 10, 28, 33, 34, 36, 39절에서 '결혼하다'라는 의미로 더 통상적인 동사(γαμέω)가 사용된다.

30. Godet, *First Corinthians*, 1:389. "바울은 다음과 같은 사실을 가리킨다. '그는(아버지는) 확실히 자녀의 행복을 위해 더 나은 일을 행할 수 있었다. 그러나 그런다고 그가 어떤 비난을 받아야 하지는 않았다.'"

교인이 이런 관습에 가담했을 것이라고 믿는 것이 원리상으로는 충분히 가능하다. 고린도 교인이 1절의 '남자가 여자를 가까이 아니함이 좋다'는 속담을 취할 준비가 얼마나 잘 되어 있었는지에 대해서는 더 많은 증거를 제시할 수 있다. 그러므로 이런 세계관을 취한 어떤 부부는 결혼 생활을 할 때 주님을 섬기는 일이 아니라 '세속적' 활동으로 간주될 수 있는 일을 피하고자 했을 것이다. 바울은 그들에게 만약 남자가 성욕을 억제할 수 없으면 결혼하라고 말했다. 이것은 아마 그들이 정상적으로 결혼한 부부로서 그들의 결혼 생활을 완성해야 한다는 점을 의미할 것이다. 따라서 모펫(Moffatt)은 이렇게 번역한다. "만일 누가 그가 그의 신령한 신부인 처녀에게 합당하지 못한 행동을 한다고 생각하고, 또 만일 그의 성욕이 강하다면." 그러나 '처녀'를 일종의 '신령한 신부'로 생각하는 것이 매력적일지 몰라도, 이런 형태의 결혼이 당시 사회의 교회 안과 밖에서 존재했다는 증거가 전혀 없다. 만약 이런 형태의 결혼이 존재했다면, 확실히 바울은 자신이 7:3-4에서 이미 말한 것에 비추어 어쨌든 그런 결혼을 정죄했을 것이다.

요약하면, 성욕이 매우 강한 약혼한 커플에게 바울은 그들이 합당하지 못한 행동을 하지 않으려면 결혼해야 한다고 말한다.[31] 그리고 이것이 그들이 혼외 성관계를 가질 가능성을 가리킨다고 보는 것이 가장 낫다. 이것은 35절에서 흐트러짐이 없이 주님을 섬기는 것으로 요약되는 "합당한" 행위에 대한 바울의 환상과 대립한다. "[그는] 죄짓는 것이 아니니"(οὐχ ἁμαρτάνει)라는 말이 덧붙여진 것은 이 커플이 결혼을 죄로 간주할 수 있기 때문이 아니라, 바울 자신이 독신을 찬성한 자이기 때문이다. 바울은 그들에게 독신은 어떤 상황에서는 더 나은 선택이지만 여기서는 그렇지 않다는 점을 분명히 하고자 한다. 결혼하는 것은 어쨌든 죄가 아니다. 그런 자는 오히려 결혼해야 한다.

7:37 그러나 그가 마음을 정하고 또 부득이한 일도 없고 자기 뜻대로 할 권리가 있어서 그 약혼녀를 그대로 두기로 하여도 잘 하는 것이니라(ὃς δὲ ἕστηκεν ἐν τῇ καρδίᾳ αὐτοῦ ἑδραῖος, μὴ ἔχων ἀνάγκην, ἐξουσίαν δὲ ἔχει περὶ τοῦ ἰδίου θελήματος, καὶ τοῦτο κέκρικεν ἐν τῇ ἰδίᾳ καρδίᾳ, τηρεῖν τὴν ἑαυτοῦ παρθένον, καλῶς ποιήσει). 이제 바울은 남자가 약혼녀와 결혼하지 않겠다고 확실히 선택할 수 있을 때에 대해 설명한다. 그는 결혼하지 않겠다는 결정을 외부의 압력 때문에 하지 않아야 하고, 자신의 (성적) 욕구를 확실히 통제한다면 얼마든지 독신 생활을 할 수 있다고 굳게 확신해야 한다. 그러므로 의심할 것 없이 이 사람은 자신에게 독신의 은사가 있는지 확인하려고 자신을 살펴볼 것이다(7:7). 이 구절의 ABBA 대구 구조는 약혼한 남자가 독신으로 지내는 조건을 분명히 보여준다. 여기서 '누구든'(개역개정에는 "그가"-역주)은 '잘하는'(καλῶς ποιήσει) 자를 가리킨다. 바울은 독신으로 그냥 지내기로 하는 결정을 내릴 수 있는 네 가지 기준을 세운다.

첫 번째 기준은 '누구든 굳건한 마음을 정하는[32]'(ὃς δὲ ἕστηκεν ἐν τῇ καρδίᾳ αὐτοῦ ἑδραῖος) 것이다. 여기서 "마음"(καρδία)은 그 남자의 전체적인 의지를 가리키고, 영어에서 의미할 수 있는 것처럼 단순히 그의 감정만을 가리키는 것이 아니다. 마음은 "결심의 원천"이다.[33] 만약 약혼한 남자가 결혼하지 않으려면, 이 문제에 관해 진실로 입장을 굳건하게 확립해야 한다. '굳건한'(ἑδραῖος, 개역개정에는 번역되어 있지 않음-역주)이라는 형용사는 이

31. '합당하지 못하게 행동하다'(ἀσχημονέω)라는 동사는 신약성경에서 오직 여기서와 고린도전서 13:5에서만 발견된다. 이 동사는 부적절하거나 예의 없는 도덕적 행위를 가리킨다.

32. 이 현재 시제는 완료 직설법으로 번역한다(ἕστηκεν). 헬라어에서 강조 용법의 완료 시제는 종종 영어에서 현재 시제로 가장 잘 번역된다. 왜냐하면 그것이 강조되는 과거 행동에서 나온 현재 상태 또는 결과이기 때문이다. 이 책은 이 구절에서 똑같은 이유로 '결정하다'(κέκρικεν, 역시 완료 시제)라는 동사를 그렇게 번역했다.

33. J. Behm, "καρδία," *TDNT* 3:612.

관념에 상당한 힘을 불어넣는다. 분명히 그는 성욕이든 또는 어쩌면 여자의 부모에게서 나오는 사회적 압력이든 어떤 외압에도 독신으로 살겠다는 결심이 흔들리지 않는 입장을 견지해야 한다.

두 번째 기준은 '부득이한 일이 없는'(μὴ ἔχων ἀνάγκην) 것이다. 이 기준은 세 번째 기준인 "자기 뜻대로 할 권리가 있[는]"(ἐξουσίαν…θελήματος) 것에 따라 해석된다. 여기서 언급된 부득이한 일을 사회적 압력으로 이해하는 것도 가능하지만, 가장 개연성 있는 의미는 성적 압력이다. 성 문제는 이번 장, 특히 이번 장 첫 부분에서 반복해서 다루어진 문제다. 따라서 이 경우에는 '욕구'(desire)가 "뜻"(will)보다 더 나은 번역이고, 이 말을 분명히 성적 의미가 내포된 요한복음 1:13의 명사("육정")와 비교할 수 있다. 따라서 외부로부터의 압력이 없어야 한다는 소극적 관점이 자기 욕구대로 할 "권리"[34]가 있어야 한다는 적극적 관점으로 균형이 맞추어진다. 무엇보다 먼저 그 남자는 합당하지 못한 길로 나아가도록 압력을 받아서는 안 되고, 그러므로 약혼녀에 관해 악한 행동을 해서는 안 된다.

네 번째 기준은 그가 '그 약혼녀를 그대로 두기로 결정하는' 것이다. "자기"(ἴδιος)라는 말이 들어간 것은 그의 결심이 사건이든 사람이든 외부 요소에 영향을 받지 않았다는 점을 다시 강조하는 역할을 한다. 그가 약혼녀와 결혼하지 않고 그녀를 그대로 두기로 한 결심은 굳건해야 한다. 다시 말하면 그 남자는 약혼녀를 그대로 처녀로 '두고' 그녀와 성관계를 갖지 않기로 굳게 결심해야 한다.

만약 그 남자가 이 네 가지 기준을 지키기로 했다면, 그것은 좋은 결심이 될 것이다. "잘하는 것이니라"(καλῶς ποιήσει). 그런데 이 결심에서 좋은 것은 어떻게든 실제로 결심했다는 점에 있지 않고, 그 남자가 주가 나눠 주신 대로 행하기로 했다는 점에 있다(17절). 직전 구절(7:36)은 "죄짓는 것이 아니니"라고 약간 소극적인 말로 끝맺었다. 바울은 내내 실제적이었고, 그리스도인이 그리스도께 헌신하는 동안 거룩한 삶을 살고자 할 때 옳은 일을 행하는 것에 관심이 있다. 26절은 바울이 37절에서 더 적극적으로 확언하는 것처럼 보이는 이유를 설명해준다. 여기서(37절) 바울은 남자와 여자가 결혼하지 않고 현재 상태 그대로 지내기로 하는 문제에 대하여 말했고, 그것은 바울이 가능한 한 어디서나 옹호했던 일이다. 이어지는 구절(38절)에서 바울은 36-37절의 논증을 요약한다.

7:38 그러므로 결혼하는 자도 잘하거니와 결혼하지 아니하는 자는 더 잘하는 것이니라(ὥστε καὶ ὁ γαμίζων τὴν ἑαυτοῦ παρθένον καλῶς ποιεῖ, καὶ ὁ μὴ γαμίζων κρεῖσσον ποιήσει). "그러므로"(ὥστε καί)라는 말은 앞의 두 구절(36-37절)의 설명을 결론적 요약으로 이끈다. 따라서 바울은 36절에서 제시한 이유로 결혼하는 것과 37절에서 제시한 이유로 결혼하지 않는 것 둘 다 좋은 입장이라는 점을 굳게 확립한다. 두 경우 다 주님께 합당하고, 그분께 헌신하며 거룩한 삶을 사는 것에 대한 염려를 반영한다. 비교 부사 "더 잘하는"(κρεῖσσον)이라는 말을 사용하는 것은 큰 의미는 없다. 그런데 이 표현은 그들이 현재 상황 그대로 지내는 것이 더 좋다는 바울의 진술(26절)과 결혼하지 않는 자가 주님께 헌신할 때 다른 염려로 마음이 흐트러지지 않아야 한다는(32-34절) 그의 관점을 반영한다.

의미심장하게도 결혼하는 자도 "잘하는"(καλῶς ποιεῖ) 것이라는 사실은, 7장 첫 문장이 바울이 크게 반대하는 고린도 교인의 진술[1절, "…를 가까이 아니함이 좋으나"(καλὸν…μὴ ἅπτεσθαι)]이라는 점을 더 강력히 지지하

34. ἐξουσία라는 단어의 번역과 가능한 기원에 관해서는 8:9에 대한 설명에서 "심층 연구: '권리'와 '자유'"를 보라.

는 역할을 한다.

7:39 아내는 그 남편이 살아 있는 동안에 매여 있다가 남편이 죽으면 자유로워 자기 뜻대로 시집 갈 것이나 주 안에서만 할 것이니라(Γυνὴ δέδεται ἐφ’ ὅσον χρόνον ζῇ ὁ ἀνὴρ αὐτῆς· ἐὰν δὲ κοιμηθῇ ὁ ἀνήρ, ἐλευθέρα ἐστὶν ᾧ θέλει γαμηθῆναι, μόνον ἐν κυρίῳ). 바울은 36-38절에서 결혼하지 아니한 남녀와 관련된 문제를 다룬 다음, 이제 여성 및 결혼과 관련된 상황을 다루고, 남편이 죽을 때 외에는 결혼을 해체할 수 없다고 천명한다.[35] 이 구절은 또한 남편이 죽은 후에는 재혼할 수 있다는 새로운 주제도 소개한다. 바울은 이미 8절에서 과부들에게 말했다. 거기서 바울은 과부들에게 결혼하지 말고 그대로 지내라고 권고했다.

바울은 주님의 가르침에 기반을 두고 10절에서 확립한 원리, 곧 결혼한 자는 갈라서거나 이혼하지 말라는 원리를 천명하는 것으로 시작한다. 우선 먼저 여기서 "매여 있[는]" 것은 결혼의 법적 구속력을 가리킨다. 강의(強意)의 완료 수동태(δέδεται)는 영어로는 현재 시제('매이다')로 자연스럽게 번역된다.[36] 여기서 염두에 둔 것은 과거에 치른 결혼식의 법적 구속력에 영향을 받는 현재 상황이다. 그러나 바울은 여기서 단순히 법적 요구보다 더 폭넓게 생각하는 것 같다. 바울은 그리스도인이 주님께 대한 헌신 때문에 이혼하거나 별거하지 않기를 기대한다(10-13절에 대한 설명을 보라).

그런데 죽음으로 법적 상황이 완전히 바뀐다. 바울은 로마서 7:1-4에서 이 사실을 상세히 언급한다. 로마서 7:1-4에서 바울은 그리스도의 죽음이 어떻게 그리스도인을 "율법에 대하여 죽은" 자로 이끌었는지 설명하는 예증으로 결혼의 법적 구속력과 죽을 때 법적 의무에서 벗어나는 것을 사용한다(4절). 여기서(39절) 바울은 이것이 제공할 수 있는 예증에 관심이 있는 것이 아니라, 종종 지원이나 가정이 없는 상태로 방치되는 많은 여자가 직면하는 불행한 현실에 관심이 있다. 바울은 제3조건절로, 만약 남편이 죽으면 그것이 아내에게 어떤 함축적 의미가 있는지 설명을 시작한다. 신약성경에서 죽음에 관한 많은 진술이 대체로 그런 것처럼, 완곡어구인 '잠자다'라는 말이 '죽다'는 의미로 사용된다(참고. 고전 11:30; 15:6, 18, 20, 51, 그리고 살전 4:13-15에서 세 번 사용된다). 이 완곡어구의 신학적 의미는 과소평가되어서는 안 된다. 그리스도 안에 있는 자에게 죽음의 잠은 부활의 깨어남을 가리키는 역할을 한다. 또한 뒤에서 고린도전서 15:18, 20에 대한 설명도 보라.

남편이 죽으면 아내는 '자유롭다'(ἐλευθέρα). 말하자면 결혼의 법적 요구에서 해방되고, 그러므로 다른 선택을 할 수 있다. 혼자 살거나 재혼하거나 할 수 있다. 바울은 여기서 재혼 문제를 다룬다. 남편이 죽으면 아내는 이제 재혼이 가능하다. 아내는 남편이 죽으면 '자신이 결혼하고 싶은 자에게'(ᾧ θέλει γαμηθῆναι) 시집갈 자유가 있다. 이 절에 대한 설명은 거의 없지만 이것이 결혼의 이익과 불이익에 관한 바울의 일반적인 설명의 흐름을 계속 따르고 있는 것은 주목할 만하다. 사실 아내는 남편이 죽으면 자신의 미래에 대한 하나님의 뜻을 식별할 자유가 있다. 그리고 다른 사람들에게 결혼하라는 압력을 받아서는 안 되고, 재혼하겠다는 결정을 하려면 새로운 배우자에 관해 하나님의 뜻을 구할 필요가 있다.

아마 이 아내는 재혼하라는 압력을 기독교 공동체 안에서보다는 밖에서 더 많이 받을 것이다. 그리스도인이 기독교 공동체 안에 있는 과부들을 보살펴야 한다는 것은 초대교회 당시부터 명백히 주어진 명령이었다

35. 따라서 이전에 말한 것과 강력한 연계성을 가진다. 따라서 이 마지막 두 구절(39-40절)은 나중에 덧붙인 것이 아니다.

36. Wallace, *Greek Grammar*, 581은 이 완료 시제를 "격언적인 완료 시제"의 드문 한 사례로 제시한다("그것은 분배적 가치가 있다"). 이 동사의 이 시제는 많은 경우에 또는 많은 개인에게 일어날 어떤 일에 대해 말한다. 강의의 의미는 그대로 남아 있다.

(행 6:1-6을 보라; 참고. 딤전 5:3, 16; 약 1:27). 디모데전서 5:11-15에서 젊은 과부가 재혼을 고려할 필요가 있다고 명확히 권고하는 것은 바울이 이 구절(고전 7:39)에서 말하는 내용을 부정하지 않는다. 디모데전서 5:11-15의 권고는, 단순히 젊은 과부가 자신의 부르심을 검토하고 그리스도에게서 멀어지게 하는 시험에 저항할 때 고려해야 하는 실제적인 성욕 문제와 자녀 욕구 문제를 반영한다.

바울이 여기서 유일하게 붙이는 단서는 "주 안에서"(μόνον ἐν κυρίῳ) 재혼하라는 것이다. 여기서 "주 안에서"라는 말은 종종 논란을 불러일으키지만 일반적 의미는 분명하다. 이 새로운 결혼(재혼)은 7장 전체에 걸쳐 설명되는 주님께 헌신하는 삶의 관점 안에서 이루어져야 한다. 그러므로 최소한 여기서 말하는 결혼은 동료 그리스도인 신자와 결혼하는 것을 함축한 것이 틀림없다.

7:40 그러나 내 뜻에는 그냥 지내는 것이 더욱 복이 있으리로다 나도 또한 하나님의 영을 받은 줄로 생각하노라(μακαριωτέρα δέ ἐστιν ἐὰν οὕτως μείνῃ, κατὰ τὴν ἐμὴν γνώμην, δοκῶ δὲ κἀγὼ πνεῦμα θεοῦ ἔχειν). 38절에서 독신 남자의 결혼에 관해 설명하는 것과 "더 잘하는" 것이라는 비교 어구를 사용하는 것에 비추어 보면, 바울은 이제 과부들에게도 비슷하게 말한다. 바울의 경우가 그렇듯이 독신으로 지내면 32절에서 그가 말한 삶의 염려가 줄어들고, 따라서 흐트러짐이 없이 주님을 더 쉽게 섬길 수 있다. 이때 비교 어구 "더욱 복이"(μακαριωτέρα)라는 말이 사용된다. 우리는 바울이 25절에서 이것의 뒷면과 같은 문제에 대하여 자신의 "의견"(γνώμη)을 언급한 것을 다루었다. 바울은 여전히 그리스도인 여성에게 분명한 선택을 제시한다. 바울은 이 문제들에 관한 자신의 의견을 아무에게도 강요하지 않고, 사람들이 이처럼 고단한 시기에 주님을 어떻게 섬기고 헌신해야 가장 잘하는 것인지 실제적인 문제를 통찰하는 것에 관심을 두었다.

"더욱 복이"(μακαριωτέρα)라는 말은 하나님이 베풀어 주신 복을 받는다는 신학적 의미에서 '복을 더 받는' 것을 가리키고, 따라서 이 복이 가져오는 기쁨을 가리킬 수 있다. 이런 용법은 로마서 14:22의 축복 형태에서 확인된다. '윤리 문제'에 대하여 자신을 판단하는 자가 "자책할 이유가 전혀 없을" 때 그들은 "정죄받는" 것이 아니라 오히려 하나님께 "복을 받는다"(롬 14:23을 보라).[37] 그러나 여기서 바울이 이것을 염두에 둔 것은 아닌 것 같다. 독신이 결혼보다 하나님께 더 복을 받는 것은 아니다. 그러나 개인은 독신으로 지냄으로써 현재의 위기 속에서 압박감을 덜 받고, 주님을 섬기는 데 더 많은 시간을 할애할 수 있다. 따라서 마음속에 "더욱 복이" 있을 것이다.

마지막 문장("나도 또한 하나님의 영을 받은 줄로 생각하노라")은 바울이 일부 자칭 신령한 자를 염두에 두었음을 다시 암시한다. 그들은 자신이 전하는 말에 성령의 인도하심이 있다고 주장한다. 그들의 말에는 "남자가 여자를 가까이 아니함이 좋다"(7:1)와 같은 진술이 포함되어 있다. 바울은 이에 대하여 겸손하게 이렇게 말한다. "나도 또한 하나님의 영을 받은 줄로 생각하노라"(δοκῶ δὲ κἀγὼ πνεῦμα θεοῦ ἔχειν). 바울은 7장 전체에 걸쳐 과부들에게 그리고 확실히는 다른 남자와 여자들에게 주님이 살도록 부르시고 또 은사를 주셔서 살게 하신 인생에 관해 의미가 깊은 신학적 논증을 조심스럽게 전개했다. 바울은 이것을 위기의 때 주어지는 삶의 시험 및 염려들과 나란히 다루었다. 바울의 권고는 매우 실제적이고 결혼했거나 독신으로 있는 남녀에게 분별력을 행사할 것을 촉구했다. 이런 다양한 삶의 상황에 어떤 원리를 적용하고 그 원리를 어떻게 적용할지 배

37. F. Hauck, "μακάριος," *TDNT* 4:369. Fitzmyer, *1 Corinthians*, 329는 이 단어를 하나님의 복을 가리키는 의미로도 취한다.

우면, 바울이 고린도 교인에게 갈망하는 성숙함에 도달할 것이다(3:1). 또한 그렇게 되면 일상적인 삶의 부침 속에서 "그리스도의 마음"을 실제로 식별할 수 있는 참된 신령한 자가 드러날 것이다(2:15-16).

적용에서의 신학

삶의 만족

바울은 그리스도인에게 결혼과 독신에 관한 기본적인 기독교 입장을 "그냥 그대로 지내는" 것으로 보라고 권고한다. 정확히 자신이 바라는 삶으로 이끄는 '선택'이 자유에 대한 정의를 거의 지배하는 세상에서, 이것은 많은 이에게 참을 수 없는 제약을 가하는 말로 들릴 것이다. 노예제도를 예증으로 사용하는 것을 고려하면, 많은 이가 자신이 크게 두려워하는 것이 충분한 근거가 있다고 생각할 수 있다. 그러므로 바울의 이런 금지 명령은 오늘날 세계에서는 지켜질 수 없다고 생각할 수 있다. 많은 미혼 남녀는 하나님이 자신이 독신으로 지내기 바라는 것을 참을 수 없는 일로 느끼고, 많은 기혼 남녀는 아주 다양한 이유로 자신의 배우자와 함께 살아야 하는 현실을 견딜 수 없는 일로 볼 것이다. 결혼한 자에 관해 말하면, 우리는 예수님이 음행 죄를 범했을 경우에는 이혼을 허용하셨다는 사실을 안다(마 19:3-9). 이 본문에서 바울은 또 다른 이유로 이혼을 허용한다(7:15). 함께 살도록 요구하는 일은 이혼이 다양하고 심각한 상황 속에서 허용될 수 있다고 알려진 배경에 따라 이루어져야 한다. 독신에 관해 말하면, 바울은 결혼하는 것이 잘못이 아님을 분명히 주장하고, 결혼의 이유를 제시한다.

그럼에도 결혼을 절실하게 갈망하는 그리스도인 남녀는 하나님이 자신을 독신으로 지내도록 부르실 수 있다는 관념을 크게 고려하지 않을 수 있다. 그러나 지금은 교회가 그리스도인이 삶의 만족을 얻는 유일한 길이 마치 결혼에 있는 것처럼 보이게 하는 일을 멈추어야 할 때다. 정체성이 종종 성적 활동에 사로잡혀 있을 정도로 성에 지나치게 집착하는 현대 사회에서, 교회는 그 어느 때보다 독신의 은사가 무엇인지 그리고 주님을 섬길 때 독신이 주는 유익이 무엇인지 분명히 가르쳐야 한다. 어쨌든 남자와 여자는 결혼했을 때 비로소 '온전하다'는 관념(일부 복음주의 진영에서 수시로 듣는 설명)은 단순히 비성경적이다. 예수님은 독신이었는데도 '온전하셨다'(그 말이 무엇을 뜻하든)는 명백한 사실을 지적하지 않아도, 이 본문은 독신으로 지내는 사람이 가질 수 있는 사역의 이점이 분명히 있다고 말한다.

그러나 고린도전서 7장의 메시지를 제대로 배우려면 바울이 말하는 성공적인 기독교적 결혼과 독신의 신학적 토대를 파악해야만 한다. 첫째, 우리는 한평생 성령이 지속해서 능력과 힘을 주시는 것에 따라 살아야 한다. 주님이 하나님의 영광을 위하여 신자를 부르시고 신자로서, 그런 삶을 살도록 은사를 주셨다는 사실은 놀라운 성경의 가르침 중 하나다. 주님은 심지어 결혼과 독신에 대해서도 이런 은사를 주시므로, 각 사람은 이 은사를 따라 주님이 살도록 부르신 삶을 살 수 있다(7:7, 17). 둘째, 7장은 결혼이나 독신의 목표는 무엇보다 먼저 지속적인 기쁨의 감정을 누리는 데 있지 않다는 사실을 가르친다. 물론 우리는 모두 그런 감정이 지속되기를 갈망하지만 말이다. 결혼이나 독신의 목표는 그리스도가 우리에게 원하는 곳이라면 어디서나 우리가 그분의 종이 되는 것이고, 그로써 현세에서 하나님을 영화롭게 하는 것이다(7:22). 바울은 이 원리를 다양한 방식으로 제시한다. 그리스도인은 이 세상의 압력이나 염려에서 벗어나기를 바란다. 그렇지만 그리스도인은 오직 "주를 기쁘시게 하기" 위해서만 염려할 수 있고(32절), 주님을 섬기는 데 흐트러짐이 없어야 한다(35절). 셋째, 포괄적인 종말론적 배경을 끊임없이 염두에 두어야 한다. "이 세상"은 "지나가고" 그때는 단축되었다(29, 31절). 사람들이 인생 전체에서 가장 중요한 문제와 결정이라고 생각하는 것이 하나님의 계획 속에서는 덧없는 것에 불과하다. 이런 원리를 염두에 두고 바울은 그리스도인에게 자신의 방식으로 호소할 수 있다. 바울은 자신이 절망을 권고하는 자가 아님을 잘 알고 있기 때문이다. 그리스도인은 주님의 영을 가졌기에 힘든 결혼 생활을 얼마든지 견뎌낼 수 있고, 독신자는 어쩌면 원하지 않는 독신 생활을 고수하고 주 안에서 만족을 구함으로써 하나님께 영광을 돌릴 수 있을 것이다. 이것은 쉽게 이룰 수 없고, 사실 바울도 그것을 '배워야' 했다. 그렇지만 빌립보서 4:11에서 바울은 "어떠한 형편에든지 나는 자족하기를 배웠다"라고 말할 수 있었다(참고. 고후 12:10).

진실로 사람들이 믿음으로 나아올 때 이것은 그들이 점차 힘든 생활로 판명될 수 있는 결혼 관계 속에서 평온하고 겸손하게 사는 법을 배우는 것을 의미할 수 있다. 반면 이것은 새로 믿은 그리스도인이 동거하던 남자 친구의 집에서 나오거나, 오랫동안 맺어온 관계를 끊는 것을 의미할 수 있다. 이제는 그것이 주님이 자신에게 정하신 일이 아님을 인정하기 때문이다. 바울은 자신이 전하는 말이 받아들여지기 어렵다는 것을 잘 알고 있다. 그러나 바울은 자신의 신학적 원리를 따르고 신자 개인의 삶에서 열매를 맺게 하시는 하나님의 영의 능력을 신뢰한다.

CHAPTER 18

고린도전서 8:1-13

문학적 전후 문맥

바울은 고린도전서 전체에 걸쳐 다양하게 고린도 교회의 파벌이 얼마나 오만하게 공동체 안에서 자신들의 우월한 지위를 주장했는지 염려했다. 앞에서는 일부 고린도 교인이 자신의 지위에 의존하는 것의 배후에 성령의 은사가 있다고 주장했다. 특히 당시 그리스-로마 사회에서 크게 칭송을 받았던 "지혜"와 "지식"의 은사가 하나님 앞에서 그들의 지위를 인증한다고 확신하는 관점이 그 배후에 있다. 이 주제는 바울이 고린도 교인이 편지로 제기한 또 다른 문제를 '이제…에 대하여'(περὶ δέ, 7:1을 보라)라는 어구로 제시하는 8장에서도 계속된다. 고린도전서 8장에서 바울은 1:5에서 소개된 문제, 곧 고린도 교인의 이른바 "지식" 문제를 직접 다루기 시작한다. 바울은 고린도 교인이 이 지식을 사용하여 확신 없는 다른 그리스도인들의 믿음이 걸려 넘어질 수 있는 행동을 조장하는 것을 증명한다. 바울은 그리스도 안에 있는 형제와 자매를 위하여 언제든 "지식"을 버릴 준비가 되어 있다. 9장에서 바울은 그리스도인이 복음을 위하여 또는 그리스도의 몸을 세우기 위하여 자신의 권리로 여기는 것을 완전히 포기할 수 있다는 관념을 전개한다. 10장에서는 계속해서 교만한 그리스도인이 드러내는 문제점과 그들이 과신하는 지위에 대한 관점이 그들을 어디로 이끌 수 있는지에 대하여 말한다. 그리고 11장에서는 교인들이 연합 예배 시간에서까지도 자신들의 권리와 지위를 고집하는 태도 때문에 타인에 대한 사랑과 관심이 부차적인 자리로 밀려버린 특수한 사례를 제시한다. 이어서 12장에서는 성령의 은사의 올바른 기능을 제시하고 고린도 교회의 엘리트 교인이 성령의 은사를 사용하는 방식을 반대한다. 그리고 13장은 이 논증의 중추적인 결론을 구성한다. 사람이 어떤 은사(심지어는 "지식"도)를 가졌더라도 사랑이 없으면 아무것도 아니다. 사랑이 기독교 공동체 안에서 영적 성숙과 지위의 참된 표지 또는 인증이기 때문이다.

여기서 "지식"은 기독교적 삶을 영위하고 실천하는 방식에 관해 성령이 주신 깨달음과 관련되어 있다. 바울이 제기하는 문제점은 은사 자체에 있는 것이 아니라, 일부 고린도 교인이 자신의 은사에 기반을 두고 펼친 활동과 가르침에 있다. 따라서 그들은 자신의 지식을 따라

'우상은 아무것도 아니라'고 말하고, 그 결과 우상에게 바쳐진 고기를 먹을 수 있다. 따라서 고린도 교회의 엘리트 교인의 행동 방식을 반대하는 바울의 논증은 서로 긴밀하게 얽혀 있는 두 갈래 길을 취한다. 첫째, 바울은 우상의 제물과 관련된 "지식"의 실제 본질에 질문을 제기하고, 사랑과 덕을 세우는 것에 관한 주제를 소개한다(8:1, 5–6). 이어서 바울은 그들이 자신의 "지식"을 통해 형제와 자매가 죄를 짓게 하는 것을 예증한다(8:10–13). 8장은 구조가 복잡하지만 바울이 각각의 요점에 따라 고린도 교회의 엘리트 교인에게 가차 없이 도전하는 것을 보여준다.

VI. 공동체 지위와의 관계에서 본 결혼, 독신, 이혼, 과부 생활(7:1–40)

➦ **VII. 지위, 지식, 자유 그리고 우상에게 바친 음식(8:1–11:1)**

A. 지식과 사랑은 대조적임(8:1–3)

B. '신들'과 '주들'의 실존에 관한 지식(8:4–6)

C. 우상 신전에서 우상 제물을 먹는 것에 관한 지식(8:7–13)

D. 지위와 권리는 복음의 목적에 종속되어야 함(9:1–27)

주요 개념

바울은 우상의 제물을 먹는 일에 참여하는 것과 관련된 고린도 교회의 엘리트 교인의 "지식"은 잘못되었고, 그리스도인에게 위험한 지식으로 판명될 수 있다고 경고한다. 음식은 하나님 앞에 서는 것과 아무 상관이 없다. 지식의 은사를 이처럼 '교만하게 과시하는' 것에 대한 대안은 사랑을 실천하는 것이다.

번역

고린도전서 8:1-13

1a	주제 소개	우상의 제물에 대하여는
b	고린도 교인의 말을 인용	**우리가 다 지식이 있는 줄을 아나**
c	단언/반응	**지식은 교만하게 하며**
d	단언/반응	**사랑은 덕을 세우나니**
2a	조건(조건절)	만일 누구든지 무엇을 아는 줄로 생각하면

b	귀결절(1c절과 대조)	**아직도** 마땅히 알 것을 **알지 못하는 것이요**
3a	조건	또 누구든지 하나님을 사랑하면
b	귀결절	**그 사람은 하나님도 알아 주시느니라**
4a	상황	그러므로 우상의 제물을 먹는 일에 대하여는
b	고린도 교인의 말을 인용	**우리가 우상은 세상에 아무 것도 아니며…아노라**
c	계속	**또한 하나님은 한 분밖에 없는 줄**
5a	허락	비록 하늘에나 땅에나 신이라 불리는 자가 있어
b	삽입/확언	많은 신과 많은 주가 있으나
6a	귀결절(첫째 부분) 고백	그러나 **우리에게는 한 하나님**
b	동격	곧 아버지가 계시니
c	확대	만물이 그에게서 났고
d	유익	우리도 그를 위하여 있고
e	귀결절(둘째 부분)	또한 **한 주**
f	동격	예수 그리스도께서 계시니
g	확대	만물이 그로 말미암고
h	확대	우리도 그로 말미암아 있느니라
7a	1b, 4b, c절의 부정	그러나 **이 지식은 모든 사람에게 있는 것은 아니므로**
b	설명	**어떤 이들은**
c	이유	지금까지 우상에 대한 습관이 있어
d	방식	우상의 제물로
e	단언	**알고 먹는 고로**
f	단언	**그들의 양심이 약하여지고 더러워지느니라**
8a	기초	**음식은 우리를 하나님 앞에 내세우지 못하나니**
b	확대 연속(조건절)	우리가 먹지 않는다고 해서
c	단언(귀결절)	**더 못사는 것도 아니고**
d	확대, 연속(조건절)	먹는다고 해서
e	단언(귀결절)	**더 잘사는 것도 아니니라**
9a	당부	**그런즉…조심하라**

b	내용	너희의 자유가 믿음이 약한 자들에게 걸려 넘어지게 하는 것이 되지 않도록
10a	묘사	지식 있는
b	9절의 기초, 조건	
		네가…누구든지 보면
c	장소	우상의 집에 앉아
d	상황	먹는 것을
e	추가 조건	그 믿음이 약한 자들의 양심이
f	단언	**담력을 얻어**
g	내용	우상의 제물을 먹게 되지 않겠느냐
11a	결과	그러면…**그 믿음이 약한 자가 멸망하나니**
b	수단	네 지식으로
c	11a절과 동격	**그는 그리스도께서 위하여 죽으신 형제라**
12a	방식	이같이
b	12a절의 설명	너희가 형제에게 죄를 지어
c	12a절의 설명	그…양심을 상하게 하는 것이
d	시간	약한 [때]
e	단언	**곧 그리스도에게 죄를 짓는 것이니라**
13a	요약	그러므로
b	조건	만일 음식이 내 형제를 실족하게 한다면
c	단언/결론	**나는 영원히 고기를 먹지 아니하여**
d	결과(소극적)	내 형제를 실족하지 않게 하리라

구조

이번 장(8장)은 세 부분으로 나누어진다. 첫 번째 부분(8:1-3)은 고린도 교인이 편지로 우상의 제물에 관해 제기한 질문을 검토한다. 여기서 바울은 교만하게 하는 "지식"과 덕을 세우는 사랑을 대조한다. 두 번째 부분(8:4-6)은 우상은 실재하지 않고 오직 한 하나님만 계신다고 아는 고린도 교인의 "지식"을 다룬다. 여기서 바울은 먼저 고린도 교인의 입장을 제시한다(4절). 이어서 자신의 입장을 개진한다(5-6절). 따라서 바울은 이 "지식"의 내용과 엘리트 교인들의 이 지식에서 추론한 것에 이의를 제기한다. 세 번째 부분(8:7-13)에서 바울은 우상의 제물을 먹는 것이 이전에 우상을 믿었던 자에게 미칠 것으로 예상되는 심각하게 해로운 결과(8:7, 9-13)와 고린도 교인이 우상의 제물을 먹어도 된다는 신념을 갖게 된 이유(8:8)를 검토한다.

석의적 개요

➦ **VII. 지위, 지식, 자유 그리고 우상에게 바친 음식(8:1-11:1)**

A. 지식과 사랑은 대조적임(8:1-3)

1. 지식은 일시적이고 교만하게 한다(8:1a-c)
2. 사랑은 덕을 세운다(8:1d)
3. 하나님을 사랑하면 하나님이 알아주신다(8:2-3)

B. '신들'과 '주들'의 실존에 관한 지식(8:4-6)

1. 고린도 교회 엘리트 교인의 입장: 우상은 실재하지 않는다(8:4)
2. 바울의 입장: 우리에게는 한 하나님이 계시지만 마귀들은 실재한다(8:5-6)

C. 우상 신전에서 우상 제물을 먹는 것에 관한 지식(8:7-13)

1. 새로 회심한 자는 죄에 빠질 수 있다(8:7)
2. 이런 식사는 하나님 앞에 서는 지위에 아무런 유익이 없다(8:8)
3. 이런 식사는 사람을 멸망으로 이끌 수 있다(8:9-13)

본문 설명

"약한" 교인과 엘리트 교인이라는 두 집단의 교인이 이전 장들보다 이번 장에서 훨씬 더 분명하게 부각된다. 바울은 "약한 자"를 언급한다(8:7). 앞으로 살펴볼 것처럼, 이 약한 자는 자기 의식("양심", συνείδησις)이 빈약한 자다. 약한 자는 하나님 앞에서 자신의 지위에 대해 불안한 마음을 가지고, 공동체 구성원 자격에 대해서도 확신이 부족하다. 약한 자는 자신이 하나님이 구원하신 언약 공동체의 일원이라는 것을 어떻게 확신할 수 있을까? 이것은 약한 자가 자신의 지위가 안전하다고 주장하는 다른 사람들에게 잘못된 인도를 받을 수 있다는 점을 의미한다. 이 두 번째 집단에 속한 교인은 통상적으로 '강한 자'로 지칭된다. 하지만 바울은 여기서는 '강한 자'라는 말을 사용하지 않는다. 이 책에서는 다양하게 이 집단을 '엘리트 교인', '교만한 자', '지식 있는 자'로 지칭한다. 대부분의 경우에서 '강한 자'라는 말을 사용하지 않은 이유는, 이 집단이 로마서 14-15장에서 말하는 "강한 자"와 동일시되어서는 안 되는 것과 깊이 관련되어 있기 때문이다. 로마서 15:1에서 바울은 자신을 "강한 자"로 지칭한다. 그러나 이 본문에서는 자신을 이 집단과 거의 완전히 분리한다. 이처럼 다양한 용어를 사용할 때, 이 책은 고린도 교인들이 옹호할 만한 고정된 신학적 입장을 취하지 못하고 도리어 하나님 앞에서 자신의 지위와 하나님의 공동체 안에서 자신의 구성원 자격이 어떻게 증명되고 인증되어야 하는지에 대해 잘못된 지식을 가졌다는 견해를 반영하고자 한다. 8:7을 설명할 때 이에 관해 더 깊이 살펴보겠다.

8:1 우상의 제물에 대하여는 우리가 다 지식이 있는 줄을 아나 지식은 교만하게 하며 사랑은 덕을 세우나니(Περὶ δὲ τῶν εἰδωλοθύτων, οἴδαμεν ὅτι πάντες γνῶσιν ἔχομεν. ἡ γνῶσις φυσιοῖ, ἡ δὲ ἀγάπη οἰκοδομεῖ). 여기서도 '이제…에 대하여는'이라는 말은 새로운 주제를 소개하는 역할을 한다. 7:1의 같은 어구에 대한 설명에 비추어 보면, 이 주제도 고린도 교인이 바울에게 보낸 편지에서 제기된 것으로 보인다. 그 편지에 제기된 문제는 우상 숭배와 관련된 음식을 먹는 일에 관한 것이다. 분명히 초대교회는 항상 우상 숭배로 만연한 주변 문화와 거리를 두는 데 힘썼다. 이것은 사도행전 15장에 상세히 언급된 예루살렘 회의의 안건 가운데 하나였다. 소비자가 시장에서 살 수 있는 고기는 대부분 특정 종교적 배경 속에서 도살당한 것이었기 때문에 이런 고기를 먹는 것이, 특히 이교를 버리고 새로 그리스도인이 된 자에게는 종종 논란의 원인이 되었다.[1] 앞으로 살펴볼 것처럼, 여기서 제기된 질문은 특별히 이 음식을 먹은 사회적 배경과 관련되었다. 어떤 교인은 우상의 신전에서 또는 우상과 특히 긴밀하게 관련된 사회적 상황 속에서 우상의 제물을 먹는 것이 아무 잘못이 없다고 말했던 것 같다.[2] 그러나 여기서 문제가 복잡해지는 것은 바울이 처음에 우상의 제물에 관한 논의에서 "지식"과 "사랑"에 관한 논의로 주제를 바꾸는 것처럼 보이기 때문이다. "우상의 제물"과 "지식" 및 "사랑" 간의 엄밀한 연계성은 오직 전체 논증이 드러나야 파악될 수 있다. 그러나 여기서 다음과 같은 네 가지 해석적 질문이 즉각 제기된다. (1) "우상의 제물"은 정확히 무엇인가? (2) 바울이 고린도 교인이 쓴 편지를 인용한다면, 이 인용문의 범주는 어떻게 되는가? (3) "지식"은 무엇을 가리키고, 지식이 공동체 안에서 어떻게 "교만"을 일으키는 역할을 하는가? (4) "사랑"은 무엇을 가리키고, 사랑이 공동체 안에서 어떻게 "덕을 세우는" 역할을 하는가? 이제 이 질문들을 각각 순서대로 살펴보자.

질문 (1)에 관해 말하면, "우상의 제물"(εἰδωλόθυτα)은 "우상"(εἴδωλον)이라는 말과 제사에서처럼 '바치다'(θύω)라는 말이 결합하여 만들어진 중성 복수형 명사를 번역한 것이다. 8:4과 8:10이 분명히 하는 것처럼, 바울과 고린도 교인이 여기서 거론하는 문제는 이 음식을 먹는 것이다. 따라서 이 책은 이 말을 일반적으로 '우상에게 바쳐진 음식'(food offered to idols)으로 번역한다(개역개정에는 주로 "우상의 제물"-역주). 어떤 주석가는 단순히 이 말을 '우상 고기'(idol meat)로 번역한다. 다른 곳에서 내가 주장한 것처럼, 이것은 아마 최초 기독교 진영에서 이교 신전 제사에 바쳐진 음식을 가리키기 위하여 만들어 낸 말로 보인다. 그리스도인은 새로 자유를 얻었는데도 통상적으로 이 음식을 먹을 수 없다고 느꼈다. 특히 이것은 신전에서 먹는 음식이었을 것이다.[3] 8:10에서 바울은 "지식" 있는 자가 "우상의 집(신전)에서" 음식을 먹는 것을 본 것에 대하여 말한다. 이런 배경 속에서 음식을

1. 이 문제가 초기에 이 그리스도인들과 사도 바울 간에 벌어진 논쟁의 특수한 주제였다는 증거는 전혀 없다(Alex T. Cheung, *Idol Food in Corinth: Jewish Background and Pauline Legacy*, JSNTSup 176 [Sheffield: Sheffield Academic Press, 1999], 109에는 실례지만).
2. 8:10에 대한 설명에서 더 상세한 내용을 보라.
3. 우상에게 바쳐진 음식을 가리키는 통상적인 헬라어 단어(ἱερόθυτος)가 10:28에서 사용된다. εἰδωλόθυτος란 단어는 신전에서 제물로 바쳐진 음식을 가리키는 유대-기독교의 전문 용어가 된 것 같고, 아마 이 음식을 신전에서 또는 신전 주변에서 먹었을 것이다. 많은 작품이 이 제사 음식의 본질을 검토한다. Gardner, *Gifts of God*, 15-63과 183-85 그리고 Willis, *Idol Meat in Corinth*; Joop F. M. Smit, *"About the Idol Offerings": Rhetoric, Social Context and Theology of Paul's Discourse in First Corinthians 8:1-11:1*, CBET 27 (Leuven: Peeters, 2001)을 보라.

먹는 것은, 우상은 실재하지 않는다고 말하는 신학(8:4)을 고려하더라도, 확실히 그리스도인에게는 일반적으로 받아들여질 수 없었다. 고린도전서 이 부분에서 제기된 질문은 단순히 시장에서 산 음식이 원래 제물로 바쳐진 것이라 해도, 그것을 먹을 수 있는지에 관한 일반적인 질문이었던 것 같지는 않다. 대신 그리스도인이 신전에 들어갔을 때 우상 숭배와 특별히 연관된 음식이나 고기를 먹을 수 있는지에 관한 질문이었던 것 같다. 8:10의 내용과 이후의 10:20-21의 설명에 비추어 보면, 실제 질문은 그 안에서 이 제사 음식을 먹은 (신전) 배경과 관련되어 있었던 것으로 보인다.[4] 바울이 여기서 단지 "고기"만을 염두에 두었는지는 전혀 분명하지 않다. 바울은 8:8-13에서 일반적으로 "음식"(βρῶμα)을 언급하지만, 8:13에서 "고기"(κρέας)라는 말을 사용하는 것은 바울이 짐승 희생 제사와, 그러하기에 제사에 바쳐진 "고기"에 관해 말하고 있음을 암시한다.

질문 (2)에 관해 말하면, 다수의 주석가는 8:1b("우리가 다 지식이 있는 줄을 아나")이 7:1에서 언급된 편지, 곧 고린도 교인이 바울에게 보낸 편지에서 나온 인용문을 담았다는 데 동의한다. 그러나 이 인용문이 어디서부터 시작되는지에 대해서는 의견이 분분하다. 첫 번째 견해는 바울이 "우리가…줄을 아나"[5]라고 말할 때 고린도 교인에게서 나온 인용문에 동조하는 모습을 보여주므로, 실제 인용문이 '우리가 다 지식이 있다'라는 대다수 주석가의 주장이다. 그런데 이 견해의 문제점은 8:7a이 이 견해와 직접 대립하는 것처럼 보이는 것에 있다. 먼저 바울은 '우리가 다 지식이 있다'는 말에 동조한다. 그런데 8:7에서는 "그러나 이 지식은 모든 사람에게 있는 것은 아니므로"라고 말한다. 이 외관상의 대립에 대하여 다양한 해결책이 제시되었다. 예를 들어, 콘첼만은 다른 주석가들과 함께 8:1에서 바울이 고린도 교인에게 "객관적 지식이 있고" 이 지식이 어떤 "이론적 원리"로 구성되어 있다는 점에 동조하지만 8:7에서는 이 지식의 실천에 관심이 있다고 주장한다.[6] 그렇지만 이론과 실천 또는 감정적 동화 간의 이런 구분은 억지 해석에 불과하다. 고린도 교인은 그랬을지 몰라도, 바울은 이런 식의 구분을 결코 하지 않는다. 바울은 고린도 교회의 소위 '강한 자'가 "지식"을 어떻게 사용하는지에 관심이 있다.

두 번째 견해는 티슬턴이 제시한 것으로 이 인용문이 "우리가 다 있다"는 말로 시작된다고 주장하고, 이 전 절(οἴδαμεν ὅτι)을 "(너희가 말하는 것처럼) '우리가 다…이 있다'는 것을 충분히 알고 있으나"[7]로 번역하는 것이다. 이 관점에 따르면 바울은 일부 고린도 교인이 이 말을 하는 것을 인정은 하지만, 실제로 그 말에 동조하지는 않는다. 티슬턴은 바울이 이 고린도 교인이 말하는 내용을 구체적으로 확인하지 않고, 그러므로 8:2과 8:7에서 이런 "지식"에 대하여 자신의 설명을 강력하게 개진할 여지를 충분히 남겨놓았다고 주장한다.

세 번째 견해는 8:1b의 문장 전체를 인용문으로 보는 것이다. "우리가 다 지식이 있는 줄을 아나." 이 해석을 따르는 주석가는 "우리가…줄을 아나"[8]라는 절이 오직 여기서와 8:4에서만 나타나고, 이 절을 인용문을 소

4. Ben Witherington, "Not so Idle Thoughts about Eidolothuton," *TynBul* 44 (1993): 237-54. 우상 숭배적인 식사의 배경과 이 식사에 대한 바울의 반응을 더 상세히 다룬 것은 다음 작품을 보라. Richard Liong-Seng Phua, *Idolatry and Authority: A Study of 1 Corinthians 8:1-11:1 in the Light of the Jewish Diaspora*, JSNTSup 299 (Edinburgh: T&T Clark, 2005). John Fotopoulos, *Food Offered to Idols in Roman Corinth: A Social-Rhetorical Reconsideration of 1 Corinthians 8:1-11:1*, WUNT II.151 (Tübingen: Mohr Siebeck, 2003).

5. ὅτι는 인용문을 소개하는 서창(敍唱)으로 본다.

6. Conzelmann, *1 Corinthians*, 146. 또한 Barrett, *First Corinthians*, 194도 참고하라. Jerome Murphy-O'Connor, *1 Corinthians*, New Testament Message 10 (Dublin: Veritas, 1980), 80은 "이론적 수용과 감정적 동화 간의 차이"에 관해 말한다. "약한 자는 말로는 그렇게 말했지만 그들의 마음은 여전히 수십 년에 걸쳐 형성된 습관의 영향을 받았고(7절), 감정적으로는 자기들이 과거에 섬겼던 '신'을 두려워했다."

7. Thiselton, *1 Corinthians*, 621.

8. οἴδαμεν δὲ ὅτι과 οἴδαμεν γὰρ ὅτι에 대해서는 롬 2:2; 3:19; 고후 5:1을 보라. Willis, *Idol Meat in Corinth*, 70과 Gardner, *Gifts of God*,

개하는 절로 확실하게 말할 수 없다고 지적한다. 그러므로 그들은 또한 8:4의 같은 절("우리가…줄 아노라")은 고린도 교인에게서 나온 인용문인 '우리가 우상은 세상에 아무것도 아닌 줄 아노라'의 일부로 보아야 한다고 추정한다. 이 책은 이 세 번째 견해를 따른다. 이 견해가 바울이 펼치는 논증의 흐름을 더 분명하게 하는 것 같고, 앞으로 살펴볼 것처럼 8:7과도 긴장 관계를 피하기 때문이다. 또 이 견해는 이론과 실천을 분리할 필요도 없게 한다. 다시 말하면 (1) 누구나 다 이 사실을 인정한 것은 아니었고, (2) 언급되고 있는 지식은 특수한 영적 지식이었다(이 지식의 본질은 뒤에서 다루어진다). 이 고린도 교인의 어조는 아마 방어적이었을 것이다. '이것은 (누가 어떻게 말하든 간에) 우리가 다 가졌다고 아는 것이다.' 8:7에서 바울이 단순히 모든 사람이 "이 지식"을 가지지는 않았다고 말하는 것은 고린도전서 12장과 14장에서 말하는 내용과 충분히 일치한다.

질문 (3)에 관해 말하면, "지식"(γνῶσις)이라는 말을 어떻게 이해하느냐가 8장을 이해하는 방식에 영향을 미칠 것이다. 본서에서 취한 견해는 고린도 교회의 엘리트 교인은 성령의 선물들("은사", χάρισμα)을 자랑하고, 그것을 하나님 앞에서 자신들의 안전과 지위의 인증 표시나 표지로 사용했다는 것이다. 바울은 고린도 교인이 "지식"(1:5)을 비롯하여 많은 은사를 받은 점을 인정했다. 고린도 교회의 일부 엘리트 교인은 교만하게도 자신은 다 이 특수한 은사를 가졌다고 주장한다. 바울은 고린도 교회의 엘리트 교인이 지식의 은사를 대하는 방식이 '(그들을) 교만하게 한다'고 역설한다(8:1c). 8:1d에서 바울은 이것을 '덕을 세우는'(οἰκοδομέω) "사랑"과 대조한다. 바울과 고린도 교인의 "지식"의 은사에 대한 이런 생각은 13장의 논증으로 더 깊이 지지를 받는다. "은사"(12:31)를 "방언" 및 "예언하는 능력"(13:2)과 연계시켜 다루고, "사랑"의 은사와 비교하면 그 은사들은 아무것도 아니라고 묘사하는 것(13:1-3)은 확실히 바울이 8장의 이곳에서 다루는 문제를 생생하게 요약한다.

질문 (4)에 관해 말하면, "사랑"(ἀγάπη)의 의미와 사랑이 바울의 생각 속에서 작용하는 기능은 바울이 고린도 교회의 일부 엘리트 교인의 입장에 대해 가진 염려의 본질을 이해하는 데도 결정적으로 중요하다.[9] "사랑"의 관념은 여기서 "지식" 및 은사들과 대조되어 소개되고, "사랑을 추구하라"(14:1)는 말로 시작하는 14장이 끝날 때까지 많은 논의의 배후에 있다. 물론 13장은 사랑을 상세히 해설한다. 8:1에서 "사랑"과 '덕을 세우는' 역사를 연계시키는 것을 고려하면, 바울이 덕을 세우는 활동에 관해 말할 때는 어디서나 사랑의 역사에 대해서도 생각했다고 추정하는 것이 옳다. 바울은 어떤 사람이 하나님을 향한 사랑을 보여주는 것이 그 사람을 "하나님도 알아주시는"(8:3) 것에 대한 확실한 표지로 본다. 이것은 하나님이 택하시는 방식으로 자기 백성을 '아셨다'는 구약성경의 가르침에 기반을 둔다(참고. 민 16:5; LXX 렘 1:5). 바울은 "지식"이 사랑과 달리 빈약하다고 본다. 지식은 "모든 사람에게 있는 것"이 아니고 (8:7) 기껏해야 단지 부분적이기(13:12) 때문이다. 모든 그리스도인이 지식이 있는 것은 아니므로 지식은 택하심이나 하나님 앞에서의 지위에 대한 표지가 될 수 없다. 그러나 고린도 교회의 일부 엘리트 교인이 그렇게 믿은 것과는 달리, 지식은 절대로 더 큰 영적 성숙의 표지가 될 수 없다. 바울은 오직 사랑만이 그리스도인의 또는 그들의 성숙함의 표지나 인증 표시로 작용한다고 본다. 이 사랑은 이웃에 대한 존경과 사랑을 반영하는 방식으로 공동체에 관심이 있고 공동체의 덕을 세우는 그리스도인을 낳는 토대가 된다.

그러므로 고린도전서 8:1은 고린도전서 8-10장의 핵

22-23을 보라.

9. 13:3에 대한 설명에서 '심층 연구: 사랑, 그 기능과 배경'을 보라.

심 주제일 뿐만 아니라 바울의 주요 신학적 관심사를 소개하는 역할도 한다. 8:1b의 전체 문장 "우리가 다 지식이 있는 줄을 아나"(οἴδαμεν ὅτι πάντες γνῶσιν ἔχομεν)를 인용문으로 취하면, 1인칭 복수형 동사('우리는 알다', '우리는 있다')를 이중으로 사용하는 것은 우상의 제물 문제를 제기한 자에게 주의를 집중시키는 역할을 한다. "우리(고린도 교회에서 진실로 '신령한 자')는 우리가 다 지식이 있는 줄을 아나." '교만하게 하다'(φυσιόω)라는 말은 자신의 장점을 자랑하거나 자신의 지위를 내세우는 것을 의미한다. 따라서 1절에서 바울은 고린도 교회의 엘리트 교인의 "지식"이 공동체 안에서 기능하는 방식에 대해 단호하고 의도적으로 일축하는 관점을 제공한다. 지식은 인증 표지로 작용할 때 그리스도인의 교만과 그리스도인들 간에 존재하는 차별의 원인이 되었다.

교회가 최대한 추구해야 할 것은 '덕을 세우는' 것, 곧 사랑이다. 덕을 세우는 것은 먼저 공동체의 교화(edification)를 가리키지만, 또한 믿음을 높여주는 개인의 교화도 가리킨다.[10] 따라서 사랑은 진실로 '표지'이지만 '교만하게 하지 않는다'(13:4). 바울은 13장에서 사랑이 실제로 어떻게 나타나는지 증명한다. 따라서 애초부터 바울은 공동체 안에서 "지식"과 "사랑"의 각기 다른 기능을 대조한다.

8:2 만일 누구든지 무엇을 아는 줄로 생각하면[11] 아직도 마땅히 알 것을 알지 못하는 것이요(εἴ τις δοκεῖ ἐγνωκέναι τι, οὔπω ἔγνω καθὼς δεῖ γνῶναι). 두 조건문(2절과 3절)이 8:1의 마지막 문장을 확대한다. 그리하여 바울은 "지식"을 주장한 고린도 교회의 일부 엘리트 교인에게 강력하게 도전한다. 첫째 조건문(2절)은 지식 문제를 다루고, 둘째 조건문(3절)은 사랑 문제를 다룬다. 지식의 은사에 내재한 아이러니는, 그 은사가 그리스도인이 얼마나 모르는지 또는 그들이 앞으로 얼마나 더 많이 알아야 하는지 드러낸다는 것이다. "지식"은 불완전하고 부분적이므로 하나님 앞에서 지위의 표지로 결코 기능할 수 없고, 따라서 지식을 자랑하는 것은 아무 유익이 없다. 그러나 하나님을 사랑하는 자는 자신이 확실히 주님의 소유라는 점을 그들 스스로 드러낸다. 왜냐하면 그들은 그 사랑으로 자신이 하나님께 '알려져 있음'을 보여주기 때문이다(3절).

여기서 "아는 줄로"라고 완료 시제(ἐγνωκέναι)가 사용된 것은 의미심장하다. 그것은 고린도 교인이 일단 "지식"을 받았다면 자신들이 이후로 계속 지식의 은사를 가졌었다고 상상하거나 생각했다(δοκέω)는 점을 암시한다. 아마 지식의 은사에 대한 이런 경험은 종종 반복되었을 것이다(12:8). 그런데 그 경험이 지금 일부 교인에게 "지식이 있다"[12]라는 주장의 기초로 사용되었다. 청(Cheung)이 지적하는 것처럼, 그들은 "지식 있는 자"[13]를 자처한다. 그러나 바울은 지식이 불완전하므로 검증될 필요가 있다고 주장한다. 이 검증은 예언과 같은 다른 은사들과 똑같은 방식으로 이루어져야 할 것이다. 그 방식은 성경과 사도들의 가르침에 비추어 검증하고(14:37), 또 교회의 덕을 세우는지 여부에 따라 검증하는 것이다(14:26). 나아가 그 방식은 교회 안의 다른 교인들의 평가를 통해서도 이루어질 수 있다(14:29, 32). 물론 바

10. 3:10에 대한 설명에서 '심층 연구: 교회의 덕을 세움'을 보라.
11. 8:2-3에 나오는 본문의 다수 이문을 주목해야 한다. 𝔓⁴⁶ 사본과 Ambrosiaster는 8:2에서 "무엇을"(τι)이라는 단어를 생략한다. 이 생략은 충분히 일리가 있다. 고린도 교인이 칭송하는 것은 지식으로서의 지식이지 특수한 어떤 것에 관한 지식이 아니다. 마찬가지로 바울에게도 추구해야 할 것은 사랑으로서의 "사랑"이고, 목적어를 생략하는 것이 첫 번째 조건문과 더 잘 대응을 이룬다. 사람은 지식보다 사랑을 보여주어야 한다. 만약 동사의 목적어가 요구되었다면, 그것은 하나님과 이웃을 사랑하라는 성경의 명령으로 요약될 것이다.
12. 바울은 자신이 기동(起動)의 부정과거 용법을 사용하는 8:2b에서 이런 추론을 허용하지 않는다.
13. Cheung, *Idol Food in Corinth*, 곳곳.

울은 고린도 교인이 마땅히 알아야 할 만큼 알지 못한 것으로 보이는 삶과 믿음의 다양한 분야를 이미 지적했다. 따라서 바울이 앞에서 제기한 수사적 질문, '너희는 알지 못하느냐'(οὐκ οἴδατε)에 담긴 아이러니가 훨씬 더 깊이 정곡을 찌른다(3:16; 5:6; 6:2, 3, 9, 15, 16, 19 등).

바울이 이 교만한 집단에 하는 신학적 도전은 13장까지 다양하게 지속한다. 13장에서 바울은 지식을 포함한 성령의 모든 은사는 부분적이고 일시적인 것으로 여겨야 한다는 사실을 분명히 한다. 은사들의 일시적 성격은 그리스도의 재림에 비추어 보면 분명해진다. 그때가 되어야 비로소 "온전한" 것(τὸ τέλειον, 13:10)이 오기 때문이다. 지금 '우리는 부분적으로 안다'(13:9). 하지만 '부분적으로 하던 것이 폐해질' 때(그리스도가 오실 때, 10절) 지식의 은사도 폐해질 것이다(13:8). 그러므로 그동안 고린도 교인은 지식이나 어떤 성령의 은사에 그것이 가질 수 없는 힘을 부여해서는 안 된다. 지식의 은사는 그리스도인을 표시하거나 인증하는 것이 주어진 목적이 아니므로 그렇게 할 수 없다. 다른 모든 은사와 마찬가지로 지식의 은사도 주님이 재림하실 때까지 교회의 덕을 세우도록 주어지고, 그동안 하나님의 백성에게 유용하고 실제적이지만 부분적인 지식을 제공한다.

8:3 또 누구든지 하나님을 사랑하면 그 사람은 하나님도 알아주시느니라(하나님에 의해[14] 알려지느니라)(εἰ δέ τις ἀγαπᾷ τὸν θεόν, οὗτος ἔγνωσται ὑπ' αὐτοῦ). 이제 3절은 아이러니로 가득 차 있음을 확인할 수 있다. 일부 엘리트 교인의 지식에 대한 관점에 따라 몇몇 교인은 '교만하게 되고', 하나님 앞에서 자신들의 지위를 과신하는 상태가 되었다. 그러나 사실 하나님 앞에서 그리스도인의 지위를 인증하는 표지는 사랑이다. 자신들이 하나님께 속해 있음('알려져 있음')을 확신할 수 있는 자는 '나는 안다'고 말하는 자가 아니라 '나는 사랑한다'고 말하는 자다. '하나님에 의해'(by him)라는 말을 추가한 필사자는 확실히 그 문장을 제대로 이해했다. 그 관념은 민수기 16:5(LXX)을 상기시킨다["여호와께서 자기에게 속한 자가 누구인지(καὶ ἔγνω ὁ θεὸς τοὺς ὄντας αὐτοῦ), 거룩한 자가 누구인지 보이시고…그가 택하신 자를…"].[15]

바울은 다른 곳에서 사랑을 성령의 "열매"의 하나로 언급하고(갈 5:22), 다른 은사들과 달리 사랑을 영원히 지속되는 것으로 여긴다(고전 13:8, 13). 바울이 사랑의 중심적 위치를 강조하는 것은 13장에서 절정에 달한다. 하지만 8장에서 바울이 우상 숭배와 관련한 제사 및 제물에 관해 말할 때 '하나님에 대한 사랑'을 인증하는 표지 기능이 실제로는 우상 숭배를 반대하는 명령인 십계명의 첫째 계명에 다음과 같이 나타나 있음을 기억하는 것이 중요하다. "나 외에는 다른 신들을 네게 두지 말지니라…나 네 하나님 여호와는 질투하는 하나님인즉 나를 미워하는 자의 죄를 갚되 아버지로부터 아들에게로 삼사 대까지 이르게 하거니와 나를 사랑하고 내 계명을 지키는 자에게는 천 대까지 은혜를 베푸느니라"(신 5:7–10, 참고. 출 20:2–6; 신 7:1–10). 그다음 구절(고전 8:4)에 나오는 고린도 교인의 주장이 "너는…네 하나님 여호와를 사랑하라"는 명령으로 시작되는 '쉐마'(신 6:4–5)의 일부라는 점을 고려하면, 하나님의 백성은 그

14. 여기서 추가로 두 개의 이문이 지적되어야 한다. 𝔓46 사본은 "하나님"(τὸν θεόν)을 생략하고, 𝔓46, ℵ, and 33 사본은 "하나님에 의해"(ὑπ' αὐτοῦ)라는 말을 생략한다. 이 생략된 본문이 원문이고 조건문과도 균형을 이룰 것이다. "알려지느니라"(ἔγνωσται)라고 수동태가 사용되는 것은 다른 필사자에게 행위자로 "그"(하나님으로 이해되는)라는 말을 삽입시키도록 만들었을 것이다. 이것은 완료 동사 형태를 수동태보다는 중간태로 보아야 할 가능성 때문에 더 복잡해진다. 만약 동사의 중간태 형태가 원래 의도한 것이었다면 그 의미는 분명히 다음과 같을 것이다. "누구든지 하나님을 사랑하면 그 사람은 아느니라"(또는 "참된 앎을 경험했느니라" Thiselton, *1 Corinthians*, 625–27을 보라). 그리고 Fee, *1 Corinthians*, 402를 보라. 이 책의 번역은 𝔓46을 따른다(But if anyone love [God], this one is known [by him]). Fee, *1 Corinthians*, 402n28과 같이, 우리도 "이것이 원문임을 보여주는 온갖 흔적을 가졌다"라고 믿는다.

15. 디모데후서 2:19에서 바울이 이 본문을 인용하고 있음을 주목하라.

분의 자녀임을 인증하는 표지가 하나님과 동료 인간에 대한 사랑을 보여주는 데 있다는 점을 항상 명확히 유념해야 한다. 성경을 보면 많은 곳에서 사랑이 하나님께 속해 있는 자의 인증 표지로 확인된다. 예수님도 "너희가 서로 사랑하면 이로써 모든 사람이 너희가 내 제자인 줄 알리라"고 말씀하셨다.

역설적이게도 고린도 교회의 엘리트 교인은 사랑이 진정한 기독교와 신앙의 성숙을 입증하는 유일하게 명확한 표지라는 사실을 '알지' 못했다. 그들이 추구해야 할 일은 사랑, 곧 하나님과 서로에 대한 사랑을 실천하는 것이었다(14:1; 참고. 16:22). 이 사랑은 사람들을 갈라놓고 심지어는 어떤 이를 다른 신들에게 돌아가도록 만들기도 하는 "지식"과 대조된다.

8:4 그러므로 우상의 제물을 먹는 일에 대하여는 우리가 우상은 세상에 아무 것도 아니며 또한 하나님은 한 분밖에 없는 줄 아노라(Περὶ τῆς βρώσεως οὖν τῶν εἰδωλοθύτων οἴδαμεν ὅτι οὐδὲν εἴδωλον ἐν κόσμῳ, καὶ ὅτι οὐδεὶς θεὸς εἰ μὴ εἷς). 이제 바울은 1절에서 제기한 문제로 되돌아간다. 여기서 고린도 교인에게서 나온 것으로 예상되는 인용문의 범위에 관해 또다시 질문이 제기된다. 앞에서 제시한 1절에 대한 관점에 비추어 보면 그 인용문에 "우리가… 줄을 아노라"(οἴδαμεν ὅτι)는 말이 포함되는 듯 보인다. 8:5-6의 한 문장은 문법적으로 불완전한 문장이지만(파격 구문), 고린도 교인에 대한 조심스러우면서도 명확한 바울의 반응이다.

고린도 교인은 자신이 믿는 일신론에 호소함으로써 자신이 우상의 집(신전)에서(8:10) 이 음식(우상의 제물)을 먹을 수 있는 지위를 가졌음을 지지하는 근거를 신학적으로 제시한다. '하나님은 한 분밖에 없다'(οὐδεὶς θεὸς εἰ μὴ εἷς)라는 것은 '쉐마'의 확언이자 유대교와 기독교 신앙의 근본 항목이다. 우상이 실재하지 않는다는 사실은 분명히 성경의 가르침으로부터 나올 수 있다. 그래서 고린도 교회의 엘리트 교인은, 우상이 실재하는 것이 아니므로 우상의 집일지라도 신전에 들어가 음식을 먹는 것은 별로 중요하지 않다고 말했다. 만약 이것이 엘리트 교인의 "지식"이라면, 그것은 성경의 말을 넘어선다. 성령의 은사로 주어진 "지식"은 진리의 실천 및 적용에 요구되는 깨달음과 관련되어 있다. 엘리트 교인은 하나님의 영이 자신을 깨닫도록 '조명하실' 수 있기 때문에, 성경의 어떤 진리가 실제로 자신에게 이 우상의 제물을 먹는 것을 허용한다고 믿은 것 같다. 그뿐만 아니라 고린도 교회의 엘리트 교인은, 진정한 또는 성숙한 그리스도인이 이런 고기나 음식을 일부러 먹어도 되는 것은 그 행위가 "지식"의 은사를 소유했음을 증명하기 때문이라고 주장한 것 같다. 이러한 재구성은, 바울이 나중에 우상의 제물을 먹는 일이 "약한" 자들에게 '덕을 세우지' 못하고 오히려 그들을 '실족하게 만드는' 결과를 빚고 만다(8-11절)고 비꼬듯이 말하는 이유를 설명해준다.

그러므로 바울이 고린도 교회의 엘리트 교인이 특히 우상에 관해 펼치는 주장을 제한해야 한다는 것은 놀랍지 않다. 성경이 우상이 '아무것도 아니라'고 말하는 것과 우상 배후에 악한 영적 실재가 없다고 주장하는 것은 별개의 사실이다. 이사야서 44:9에서 우상을 만드는 자는 그들이 만드는 우상과 같이 "다 허망하다"(πάντες μάταιοι). 그러나 창조주이신 참 하나님과 대조할 때만 그 허망함이 드러난다(사 44:6-8). 이사야서 41:29을 보면, 신들의 행사는 "허무하다." 사실 이스라엘 자손의 관점은 거짓 신들과 그 신들의 우상은 다 "헛되고", 유일하신 참 하나님만 그들을 위하여 무엇이든 행하실 수 있다는 것이다.[16] 솔직히 다른 구절들은 이런 우상들의 배후에 귀신 또는 "신들"이 있다고 주장

16. Gardner, *Gifts of God*, 35-37.

한다. 고린도전서 10장, 특히 19–22절에서, 바울은 '신들은 없다'는 개념과 어리석은 예배 개념을 확립하는 신명기 32장에 호소한다. 신명기 32장은 "알지 못하던 신들"을 언급하고 "귀신들에게" 행하는 제사를 지적한다(신 32:16–18, 21). 성경은 우상 숭배와 귀신들 그리고 다른 신들에 대한 숭배의 위험성을 거듭 경고한다.

따라서 바울은 고린도 교인의 입장을 두 가지로 비판한다. 첫 번째로, 바울은 고린도 교인이 "지식"이 공동체 안에서 발휘한다고 보는 기능을 인정하지 않는다. 지식은 고린도 교인의 믿음과 달리 공동체 인증 표지가 될 수 없다. 오직 "사랑"만이 공동체 인증 표지가 될 수 있다. 두 번째로, 고린도 교인의 지식은 단순히 잘못된 것이다. 우상의 제물에 관한 그들의 행동은 기껏해야 불완전한 이해에 기반을 두었다. 일신론은 참되지만 우상 숭배와 우상의 제물에 영적 실재가 결부되어 있음을 부인하는 주장은 잘못이다. 이것이 그다음 두 구절(5–6절)에서 바울이 논증하는 것이다. 우리는 5–6절이 고린도 교인의 입장과 구별된 바울의 입장을 반영한다고 믿는다.

8:5–6 비록 하늘에나 땅에나 신이라 불리는 자가 있어 많은 신과 많은 주가 있으나 그러나 우리에게는 한 하나님 곧 아버지가 계시니 만물이 그에게서 났고 우리도 그를 위하여 있고 또한 한 주 예수 그리스도께서 계시니 만물이 그로 말미암고 우리도 그로 말미암아 있느니라(καὶ γὰρ εἴπερ εἰσὶν λεγόμενοι θεοὶ εἴτε ἐν οὐρανῷ εἴτε ἐπὶ γῆς, ὥσπερ εἰσὶν θεοὶ πολλοὶ καὶ κύριοι πολλοί, ἀλλ' ἡμῖν εἷς θεὸς ὁ πατὴρ, ἐξ οὗ τὰ πάντα καὶ ἡμεῖς εἰς αὐτόν, καὶ εἷς κύριος Ἰησοῦς Χριστὸς, δι' οὗ τὰ πάντα καὶ ἡμεῖς δι' αὐτοῦ). 8:4–6b을 의역하면 다음과 같다. "너희는 우상의 제물을 먹는 일을 지지하여 '우리는 우상이 세상에 존재하지 않고, 하나님이 한 분밖에 없다고 알고 있다'고 말한다. 그러나 너희가 신들이 있는지 질문하지만(그리고 나는 신들이 있다고 너희에게 장담한다), 확실히(ἀλλά)[17] 우리에게는 한 하나님, 곧 아버지가 계신다." 이 의역은 바울이 여기서 전하는 말의 정교한 구조를 드러내는 데 도움을 준다.

8:5a	비록	하늘에나 땅에나 신이라 불리는 자가	있어
8:5b	[확실히]	많은 신과 많은 주가	있으나
8:6	그러나 우리에게는		
		한 하나님	
	곧 아버지가		계시니
		만물이 그에게서 났고	
	우리도 그를 위하여 있고 또한		
		한 주	
	예수 그리스도께서 계시니	만물이 그로 말미암고	
		우리도 그로 말미암아 있느니라(하나님께 나아가느니라)	

바울은 이 부분의 논증을 시작할 때 "신이라 불리는 자"(λεγόμενοι θεοί)를 언급하고, "많은 '신'과 많은 '주'가 있다"라고 확언함으로써 고린도 교인과는 분명히 다른 입장을 취한다. 바울은 드물게 사용되는 "비록"(for indeed if, καὶ γὰρ εἴπερ)이라는 말로 문장을 시작하는데, 이 어구는 가정이 사실과 일치한다는 점을 암시한다.[18]

17. BDF §448.5. 여기서 ἀλλά는 εἴπερ("비록") 이후의 귀결절을 소개하는 역할을 한다. 4:15에서 ἐάν을 가진 비슷한 구문에서처럼, 그 말은 '확실히' 또는 '적어도'로 번역될 수 있다.

18. LSJ 489. Thayer는 "만약…라면"(provided that)이라는 번역을 제안한다(Joseph H. Thayer, *A Greek-English Lexicon of the New Testament* [New York: Harper & Brothers, 1889], 172). Robertson, *Grammar of the Greek New Testament*, 1026은 "이 주문장의 진리는 이 한 가지 난점에도 불구하고 굳건하게 확립된다"라고 말한다. 나는 이 "한 가지 난점"이 '확실히'(ἀλλά)로 시작되는 귀결절(8:6)에서 제공된다고 본다. 뒤의 내용을 보라.

그리고 그 가정은 신이라 불리는 자가 있다는 것이고, 바울은 "[확실히] 많은 신과 많은 주가 있으나"라고 말함으로써 이 사실을 추가로 확인한다. 그러나 8:6의 귀결절은 "그러나 우리에게는", 즉 그리스도인에게는 한 하나님,[19] 곧 우리가 아버지로 알고 있는[20] 분이 계신다는 말을 덧붙이는 것으로 단서를 붙인다.

그러면 여기서 바울과 고린도 교인 간의 차이를 어떻게 더 정확히 설명할 수 있을까? 콘첼만은 여기서 바울의 입장이 "신들은 사람들이 그들을 신으로 믿을 때 신이 되고, 한 하나님과 한 주를 믿는 믿음은 이 세력들을 더는 인정하지 않을 자유를 낳는다"라는 것이라고 주장한다.[21] 그러나 그것은 바울의 입장보다 고린도 교인의 입장에 더 맞는 것 같다. 5b절은 이 신들과 주들이 실재한다는 사실을 확인해주었다. 8:6이 "우리에게는"이라는 말과 함께 시작되기 때문에, 8:5은 오직 그들("약한 자")에게만 해당하는 사실을 주관적으로 진술했다고 절대로 말할 수 없다. 신들은 실재하지 않는다는 '객관적인' 기독교의 견해와 이방인의 마음속에는 신들이 존재한다는 '주관적인' 견해를 구별하는 것은 바울의 의도와는 거리가 멀다. 8:7에서 바울의 관심은 우상과 우상 고기로 말미암아 실제로 더럽혀지는 결과에 있다. 만약 그렇지 않다면 8:9-13의 강력한 진술이 필요 없을 것이다.

10:14-22에 가서야 바울이 여기서 제시하는 구분이 명확해진다. 그러나 바울의 요점은 다음과 같이 단순하다. 우상은 만물을 창조하신("만물이 그에게서 났고") 하나님 아버지 및 한 주, 곧 만물이 그로 말미암고 우리도 그로 말미암아 있는 분이신 예수 그리스도와 비교하면 '아무것도' 아니다. 하지만 귀신들은 확실히 실재하고 실제로 숭배를 받을 수 있다. 10:14-22의 "귀신들"은 8:5의 "신"과 "주"다. 그러므로 이 문제에 대한 기독교의 관점은 유대교의 전통적 관점과 같다. 곧, 우리에게는 오직 참되고 그분께 속한 자의 아버지가 되시는 한 하나님이 계신다. 하나님의 백성이 하나님 및 그분의 사역을 다른 모든 것과 비교할 때 그 나머지는 '아무것도 아니다.' 만약 그리스도인이 언제든 이것을 잊어버린다면 귀신에게 약점을 드러내고 말 것이다(10:14-22). 진실로 하나님은 '신 가운데 신이시며 주 가운데 주이시다'(신 10:17).

이 중요한 논증을 펼치는 가운데, 바울은 8:6에서 간단하지만 아주 깊이 있게 아버지와 예수 그리스도의 구원 및 보존 사역을 해설한다. 이것은 그리스도의 선재성을 확언하는 최초의 진술 가운데 하나로 주장되었다. 바울이 10:20, 22에서 인용하는 신명기 32장이 다시 이에 대한 배경을 제공한다. 신명기 32:6에서 이스라엘 자손은 다음과 같은 도전을 받는다. "어리석고 지혜 없는 백성아 여호와께 이같이 보답하느냐 그는 네 아버지시요 너를 지으신 이가 아니시냐." 하나님의 창조 사역은 하나님이 자기 백성을 존재하게 하시는 일에서 확인되고, 그러므로 여기서 하나님이 "아버지"로 불린다. 이어서 신명기 32장 본문은 이스라엘 자손이 하나님을 어떻게 거역했는지 묘사한다. "그들이 다른 신으로 그의 질투를 일으키며 가증한 것으로 그의 진노를 격발하였도다…그들은 하나님께 제사하지 아니하고 귀신들에게 하였으니…너를 낳은 반석을 네가 상관하지 아니하고 너를 내신 하나님을 네가 잊었도다"(신 32:16-18).

19. Hurd, *Origin of 1 Corinthians*, 122는 이것을 올바르게 "단일신교 채취가 나는 진술"로 부른다. 그러나 이것이 단일신교는 아니다. 왜냐하면 바울은 이 "신들"을 "…이라 불리는"(so-called) 자로 보기 때문이다. 사실 이 신들은 신이 아니고 귀신이다.

20. 다시 말해 바울은 이 부분의 많은 부분을 통해 그리고 10장까지 신명기 32장을 염두에 두고 있다는 강력한 암시가 있다. 신명기 32:6에는 "아버지"라는 말을 하나님께 적용한 구약성경의 드문 사례 가운데 하나가 있다. 여기서 바울은 구약성경의 관례에 따라 "아버지"라는 말을 하나님께 적용한다. 하나님은 자기 백성을 존재하게 하시고 그들을 택하시는 사랑을 베풀어주셨다는 점에서 그들의 "아버지"가 되신다(신 32:6; 사 63:16; 렘 3:19; 31:9, 참고. 시 89:26).

21. Conzelmann, *I Corinthians*, 145.

바울이 8:6에서 말하는 내용도 그와 가깝다. 바울은 우상 숭배, 귀신들, 우상을 섬기는 예배에 참여하는 것은 이스라엘 자손에게 그러했듯 그리스도인에게도 위험하다고 늘 주장한다. 그럼에도 그리스도인이 우상 숭배와 우상을 섬기는 예배에 참여하도록 유혹하는 시험을 물리치기 위하여 싸우는 일 가운데 하나는 한 주권적인 하나님이 만물을 창조하시고, 자기 백성을 유일하게 창조하신 사실을 기억하는 것이다. 그러므로 하나님은 아버지로 알려지신다. 만물이 그분에게서(ἐξ οὗ) 그분의 백성을 위하여 나왔고, 그분께(εἰς αὐτόν) 우리가 간다.[22] 티슬턴은 하나님은 "우리의 실존의 목표"라고 부연 설명한다.[23] 우리의 존재의 모든 것 그리고 우리의 행함의 모든 것이 우리 하나님을 위하여 이루어져야 한다.

한 하나님의 사역의 중보자는 한 주이시다. 만물이 그로 말미암아(δι' οὗ) 있고, 그리스도인으로서 우리는 '그로 말미암아'(δι' αὐτοῦ) 우리의 실존의 목표를 이루고자 하나님 앞에서 우리의 실존과 섬김을 계속하는데, 그가 바로 예수님이시다["그로 말미암아 (우리가 하나님께 나아가느니라)"]. 그러므로 그리스도 안에서 하나님께 속하려면 분명히 온갖 우상 숭배를 피해야 한다. 우리의 전체 실존이 하나님을 위하여 그리고 하나님에 관해 이루어져야 한다. 바로 이 목적을 위하여 그리스도가 우리를 하나님의 백성으로 존재하게 하셨다. 그러나 우리가 아버지이신 하나님과 함께하는 그분의 가족으로서 보존된다는 이 중대한 가르침은, 그 가족이 어떻게 함께 살아야 하는지에 관해서도 명확한 결론을 내린다. 바울은 이제 그 결론으로 시선을 돌린다.

8:7 그러나 이 지식은 모든 사람에게 있는 것은 아니므로 어떤 이들은 지금까지[24] 우상에 대한 습관이 있어 우상의 제물로 알고 먹는 고로 그들의 양심이 약하여지고 더러워지느니라(Ἀλλ' οὐκ ἐν πᾶσιν ἡ γνῶσις· τινὲς δὲ τῇ συνηθείᾳ ἕως ἄρτι τοῦ εἰδώλου ὡς εἰδωλόθυτον ἐσθίουσιν, καὶ ἡ συνείδησις αὐτῶν ἀσθενὴς οὖσα μολύνεται). 이제 바울은 고린도 교회의 엘리트 교인이 가진 지식에 이의를 제기함으로써 그들의 관점을 거부한다. 엘리트 교인이 가졌다고 내세우는 지식을 모든 사람이 소유했다고 주장하는 것은 단순히 잘못이다. 그것은 사실이 아니다. 이교 사상에서 갓 회심한 자 가운데 어떤 사람[25]은 하나님의 백성 속에서 이처럼 새로 세워진 자신의 지위에 대해 자기 의식과 확신을 가지고자 애썼다. 만약 고린도 교회 엘리트 교인의 지식이 하나님 앞에서 그리스도인의 지위를 진정으로 예증하고 인증한다면, "약한 자"가 그들을 따라 그렇게 하려고 애쓰는 모습은 놀랍지 않다. 어쨌든 그들도 하나님 앞에서 안전하다고 느끼기를 바랄 테니 말이다. 그러나 이처럼 연약하고 새로 회심한 그리스도인은 이로 말미암아 덕을 세우기는커녕 오히려 더럽혀지고 죄로 (다시) 이끌린다.

8:7은 "그러나"(ἀλλ')라는 강한 반의 접속사로 시작하고, 부정어 "아니므로"(οὐκ)에 강조점이 있다. 바울은 여

22. 문자적으로는, '우리가 그에게'(we to him)다. Barrett, *First Corinthians*, 192; "그리고 우리의 존재를 이끄시는 그에게"(And to whom our own being leads).
23. Thiselton, *1 Corinthians*, 638.
24. ἄρτι의 비교적 흔한 의미는 '최근' 또는 '바로 지금'이다. 예컨대 마 9:18; 계 12:10을 보라. "우리가 말하고 있는 직전에"(Thayer, *Greek-English Lexicon*, 75).
25. 어떤 주석가는 "약한" 자가 유대인과 같이 우상 고기를 먹는 데 매우 민감한 태도를 가진 자를 가리킨다고 주장했다. 따라서 "지금까지"라는 말은 "자기들이 유대인이었기 때문에 우상이 실재한다고 믿는 데 익숙했던 지금까지"로 부연 설명할 수 있다. 그러므로 그들은 자기들이 으레 잘못이라고 생각했던 음식을 먹는 것에 양심의 고통을 느꼈다. Jacques Dupont, Gnosis: *La Connaissance Religieuse dans Les Épîtres de Saint Paul* (Louvain: E. Nauwlaerts, 1949), 532–33을 보라. 또한 Adolf von Schlatter, *The Church in the New Testament Period* (London: SPCK, 1955), 174 이하도 보라. 결국 바울이 여기서 제시하는 종교적 문제점은, 그가 유대교로부터 회심한 개종자에게 말하거나 이방인 배경을 가진 개종자에게 말하거나 똑같기는 하지만, "약한" 자를 이방인 개종자로 보는 것이 더 나은 이유가 이 책 여러 곳에서 제시되었다고 믿는다.

기서 "지식"으로 불리는 성령의 은사를 모든 그리스도인이 소유하지는 않았다는 점을 단순히 가리킨 것으로 볼 수 있다. 이것은 12장에서 몸 은유를 사용하는 것에 비추어 보면 일리가 있고, 8:1에서 "우리가 다 지식이 있는 줄을 아나"라고 말하는 진술과는 여전히 직접 대립한다. 그러나 8:7은 고린도 교회 엘리트 교인의 말로 여겨지는 세 가지 진술 전체에서 그들이 자칭 자신의 지식을 드러낸 것을 가리킨다고 보는 것이 더 개연성이 있다. 이 세 가지 진술은 (1) '우리가 다 지식이 있는 줄을 안다', (2) '우리가 우상은 세상에 아무것도 아니라는 점을 안다', (3) '하나님은 한 분밖에 없다'이다. 바울은 이론으로서가 아니라 고린도 교회 엘리트 교인의 행동이 정당화될 수 있는 진술로서 모든 사람이 이 지식을 가졌다는 사실을 부인한다.

따라서 바울이 "이 지식"[26]이라고 언급하는 것은 고린도 교인이 제기했던 문제를 가리킨다. 이에 대해 바울은 고린도 교회 엘리트 교인의 세 가지 진술 전체를 비판하는 것으로 반응한다. (1) 모든 사람이 이 지식을 소유하지는 않았다. (2) 모든 사람이 우상의 제물을 먹을 수 있을 정도로, 우상이 아무것도 아니라는 지식을 소유하지는 않았다. (3) 모든 사람이 우상의 신전에 들어가 먹을 수 있을 정도로 "하나님은 한 분밖에" 없다는 지식을 소유하지는 않았다. 확실히 말하면 바울은 이 지식을 가지지 않았다. 앞에서 확인했듯이, 4c절("또한 하나님은 한 분밖에 없는 줄 아노라")이나 6a절("그러나 우리에게는 한 하나님, 곧 아버지가 계시니")은 일신론에 대한 이론적 진술로 볼 수 있다. 결과적으로 이 두 진술은 '지식의 말'과 대립한다. 6절에서 바울의 말은 하나님이 그리스도 안에서 행하신 일에 그리고 자기 백성을 창조하고 보존하시는 분으로서 그리스도의 위치를 더 깊이 이해시키는 데 중점이 있다. 그러하기에 분명히 바울은 '교만하게 되지' 않고, 기독교 교회의 '덕을 세운다.'

이런 식으로 고린도 교인에 대한 바울의 반응은 계속된다.[27] 하나님과 우상 숭배의 본질에 관한 고린도 교인의 진술이 현대인에게는 이론적인 말로 들릴지 몰라도, 일부 주석가가 주장했듯이 고린도 교인의 지식은 단순히 이론적 지식이 아니었다. 사실 고린도 교인이 소유했다고 주장하는 지식을 단순히 이론적 지식으로 주장하면 성령의 은사가 가진 목적을 오해하게 된다. 앞에서 확인했듯이, 지식의 은사는 성경적(또는 다른) 진리를 취해 그것을 교회의 덕을 세우기 위하여 교회의 현재 상황에 적용한 것이었다. 따라서 "지식"에 대한 참된 설명은 현재 교회의 교화(덕을 세우는 것)를 위한 성경의 적용이나 의미에 대한 성령의 계시가 포함된 은사라는 점에 있다. 사실 지식의 은사와 성령의 다른 모든 은사를 판단하는 참된 시금석은 그리스도의 교회의 덕을 세우는 일이 일어나는지 여부를 재는 것에 있다(14:26). 분명히 어떤 이는 덕을 세우지 못한다. 사실 이것은 바울의 중대한 관심사로, 그는 8:10-11에서 극단적인 아이러니 기법에 의존하여 어떤 이는 '덕을 세우려고' 우상의 제물을 먹음으로써 엘리트 교인들의 자칭 지식으로 말미암아 결국 '멸망하게' 될 것이라고 말한다.

따라서 바울은 엘리트 교인의 양심, 곧 자기 인식이나 자기 의식이 '약하여지고 더러워진다'(ἀσθενὴς οὖσα μο-

---

26. 여기서 정관사는 지시형용사로 기능한다.

27. 8:1과 8:7 간의 관계에 관해 많은 논의가 있다. 만약 바울이 8:1에서 '다 지식이 있다'는 사실에 동조한다면, 이것이 "이 지식은 [우리] 모든 사람에게 있는 것은 아니므로"라는 말과 어떻게 일치하겠는가? Fee, *1 Corinthians*, 417과 Conzelmann, *1 Corinthians*, 146은 이 차이가 이론적 차원의 지식(다 가진, 8:1)과 경험적, 정서적 차원의 지식(다 가지지 못한, 8:7)을 구별하는 것으로 가장 잘 설명된다고 주장한다. 그러나 확인했듯이 바울 또는 고린도 교인이 이런 식으로 이론과 실천을 분리했다는 것에 대한 증거는 거의 없다. 지식의 은사는 하나님의 뜻에 대한 그들의 이해에 그들의 실천을 포함한 것 같다. 8:1의 전체 문장 "우리가 다 지식이 있는 줄을 아나"를 고린도 교인에게서 나온 인용문으로 취하면, 8:7의 문제는 사실상 사라진다. 7절에서 바울은 고린도 교회 엘리트 교인이 주장한 것은 여러 가지 면에서 단순히 잘못이라는 자신의 관점을 요약한다. 뒤의 내용을 보라.

λύνεται)고 말한다.[28] 말하자면 그들은 죄를 짓게 된다. 바울은 8-13절에서 이것을 더 상세히 전개한다. 바울은 이교 사상을 버리고 이제 갓 회심한 자를 염려하고 있다. 그들은 종교적 숭배의 일부로 우상을 섬기고 우상의 제물을 먹는 것에 익숙했다. 10장에서 바울은 모든 그리스도인이 희생제사의 배경 속에서 우상에게 바친 고기를 먹는 일에 휩쓸리면 심각한 위험에 처한다고 주장한다. 하지만 여기서는 이 "지식"의 어리석음을 증명하기 시작한다. 과거에 이교도였던 사람이 우상을 숭배하는 축제가 중심을 이루는 사회적 배경에 다시 들어가면 마음속에 유혹과 혼란이 있을 수 있고, 그 결과 이교 예배와 활동에 다시 빠져들 수 있다.

이처럼 자기 의식("양심", συνείδησις)이 "약한" 자는 이런 약한 자기 의식이 그들의 행동과 감정에 그대로 반영되어 하나님의 백성으로서 불안한 의식을 가지게 되었다. 그들의 약함은 도덕적 판단을 잘못하는 일에 있지 않았다. "지금까지"(ἕως ἄρτι) 이방인이었던 자로서 그들의 약한 자기 의식은 쉽게 이해된다. 만약 그들이 지식의 은사(어떤 이는 가지지 못한)가 하나님 앞에 서는 지위를 표시했다는 말을 들었다면 그들의 약함은 배가될 것이다.

심층 연구

"양심"(συνείδησις)이라는 말의 의미

이 책은 여기서 양심(συνείδησις)을 '자기 인식'(self-awareness) 또는 '자기 의식'(self-consciousness)이라는 말로 번역했다. "양심"을 죄를 짓지 않도록 사람들을 제어할 수 있는 내면의 도덕적 지식 또는 의식으로 보는 현대적 의미는 바울이 편지를 쓸 때는 아직 일반화되지 않았다. 1세기까지 이 단어는 마우러(Maurer)가 지적하는 것처럼, "자기 의식이라는 비도덕적인 의미로 더 빈번하게 사용되었고, 이것은 도덕적 판단을 하는 것과의 연관성이 부차적이었다는 사실을 암시했다."[29] 그러나 이처럼 단어의 의미가 바뀌었을 때 우리의 이해에 가장 큰 도움을 줄 수 있는 것은 배경이다. 8장에서는 이 말이 세 가지 이유로 '도덕적 양심'이라는 관념을 의미하지 않는 것이 분명하다. 바울은 자신이 염려하는 자에 대하여 양심이 '약하다'라고 말한다. 첫째, 만약 이것이 '도덕적 양심'이라면 이 "약한" 자는 도리어 너무 강한 양심을 가진 것으로 보인다. 그들은 우상의 신전에 들어가는 일에 죄책감을 느낄 정도로 양심적이었기 때문이다. 둘째, 만약 '도덕적 양심'이 문제였다면 실제로 "양심"이 약한 자가 '강한' 자였다. 어쨌든 그들은 바울이 증명한 죄를 자신들의 죄로 (도덕적으로) 의식해야 했기 때문이다(8:12). 셋째, 바울은 이 본문에서 "약한" 자를 결코 비판하지 않았다. 바울은 그들을 있는 그대로 받아들였고, 그들을 바뀌게 만든 자를 정죄했다.[30] 이런 관점은 바울이 교만한 자에게 그들이 '능하지 않다'는 점(1:26)과 "약한" 자가 하나님의 택하심을 받은 자라는 점(1:27)을 상기시킨 것과 일치되었다. 바울은 자기들 스스로 '강하다'라고 믿는 자와 비교하여 자신은 "약한" 자였다고 주장하기도 했다(4:10). 나아가 다루는 문제가 해이해진 또는 부적

28. '더러워지다'(μολύνω)라는 말은 '(죄로) 얼룩지다'를 의미한다(참고. 고후 7:1).

29. C. Maurer, "συνείδησις," *TDNT* 7:898-919.

30. 바울이 로마서 14장에서 "약한 자"는 분명히 믿음이 성숙해질 필요가 있다고 말한다는 이유로, 어떤 주석가는 바울이 여기서 이 "약한 자"에 관해서도 불가피하게 똑같이 느끼고 있다고 상상한다. 그러나 위에서 언급한 것처럼 고린도전서 8장은 다른 문제를 다룬다.

절한 도덕 의식의 문제였다면, 바울은 그것을 절대로 묵인하지 않았을 것이다. 이것은 바울이 "약한" 자를 얻기 위하여 약한 자가 될 준비가 되었다고 말하는 9:19-23에서 증명된다. 그러나 그렇게 할 때 "그리스도의 법"을 어기지 않을 것이다.

이상의 사실을 고려하고, 또 약한 자가 사실은 우상 숭배에 빠질 정도로 엘리트 교인과 같은 모습을 보이고 싶어 했다는 점(8:7, 10)을 고려하면, 여기서 말하는 '약한 양심'은 단순히 공동체와의 관계 속에서 자기 지식이나 자기 의식이 부족한 것을 의미하는 듯 보인다. 이것은 헬라어 단어로 보면 충분히 가능한 의미고 문맥에도 적합하다. 첫 번째로, 바울은 "지식"을 둘러싼 주된 문제가 소속의 문제였다는 점을 이미 증명했다(8:3). 만약 "약한" 자가 하나님 앞에서 자신의 소속이나 지위를 의심했다면, 그것은 잘못된 것으로 알려진 어떤 일을 행하도록 충분한 동기를 제공할 수 있었다. 집단의 인정을 크게 갈망하기 때문에 지혜롭지 못한 많은 일이 쉽게 일어날 수 있었다. 만약 그들이 신전에서 우상 고기를 먹는 것이 자신들에게 '지식이 있음'을 증명해줄 것이라고 확신했다면, 그들이 그렇게 하는 동기는 충분히 이해된다. 두 번째로, 이것은 또한 엘리트 교인이 약한 자가 자기들을 따라 하기를 좋아한 이유도 설명해준다. 고린도 교회의 엘리트 교인은 약한 자가 자신들과 같이 '높이 세워지는' 모습을 보고 싶어 했고, 따라서 그것은 약한 자에게 하나님 앞에서 더 큰 안전감을 주었다.

8:8-9 음식은 우리를 하나님 앞에 내세우지 못하나니 우리가 먹지 않는다고 해서 더 못사는 것도 아니고 먹는다고 해서 더 잘사는 것도 아니니라[31] 그런즉 너희의 자유가 믿음이 약한 자들에게 걸려 넘어지게 하는 것이 되지 않도록 조심하라(βρῶμα δὲ ἡμᾶς οὐ παραστήσει τῷ θεῷ· οὔτε ἐὰν μὴ φάγωμεν ὑστερούμεθα, οὔτε ἐὰν φάγωμεν περισσεύομεν. βλέπετε δὲ μή πως ἡ ἐξουσία ὑμῶν αὕτη πρόσκομμα γένηται τοῖς ἀσθενέσιν). 이 구절은 많은 논란을 불러일으켰다.[32] 그러나 이 구절을 전부 바울의 반응으로 생각하면 어려움이 없다.[33] 고린도 교회의 엘리트 교인은 확실히 우상의 제물을 먹는 것은, 하나님 앞에서 자신들의 지위를 증명한다고 믿었다. 그것이 그들이 "지식"을 가졌음을 증명했기 때문이다. 그래서 바울은 엘리트 교인과 "약한" 자에게 우상의 제물을 먹는 것이 하나님 앞에 서는 그들의 지위와 아무 상관이 없다는 점을 이해시키겠다고 결심한다.

머피 오코너는 다음과 같이 올바르게 주장한다. "두말할 필요 없이 고린도 교인은 *charismata*('은사들')를 중요하게 여겼다. 이 은사들은 하나님께 기원을 두었다(고전 12:6). 그래서 고린도 교인은 이 은사들을 하나님 앞에 서는 지위를 재는 확실한 시금석으로 삼을 수 있었다."[34] 그러나 바울은 하나님 앞에 서는 지위를 보증하는 것이 은사의 기능이 아니라는 점을 이미 증명했다.

31. BDAG 805.
32. Barrett, *First Corinthians*, 195는 첫 번째 절이 "강한 자의 입장과 분명히 일치한다"라고 주장한다. Barrett와 다른 많은 주석가는 "강한" 자(이 본문에서 사용되지 않는 말)는 우상 고기를 먹는 것을 '아디아포라'로서, 어쨌든 대수롭지 않은 일로 간주했을 것이라고 믿는다. Gordon Fee, "Εἰδωλόθυτα Once Again: An Interpretation of 1 Corinthians 8-10," *Bib* 61 (1980): 190은 "이 본문은 갑작스러운 것만큼 당혹스럽다"라고 말했다. 이것 때문에 8:8의 일부는 고린도 교인 가운데 강한 자에게서 나온 추가 인용문에 포함시킬 수 있다는 주장이 등장했다.
33. 바울이 여기서 1인칭 복수형(ἡμᾶς)으로 돌아가는 것은 바울이 이것을 자신에게 말했다고 볼 가능성이 커진다.
34. Murphy-O'Connor, "Food and Spiritual Gifts in I Corinthians 8:8," in *Keys to First Corinthians*, 81.

1:5에서 바울은 고린도 교인이 하나님의 은사를 풍성하게 받은 점과 그들 가운데 아무도 모든 은사에 "부족함이"(ὑστερέω) 없었던 점(1:7)을 인정했다. 풍족한 은사가 주님이 다시 오실 때까지 현세에서 하나님이 주시는 복의 한 부분이라고 여겼지만, 바울은 주 예수 그리스도의 날에 책망할 것이 없는 자로 끝까지 견고하게 하는 것이 은사가 아니라 주님이라는 사실도 분명히 했다(1:7-9).[35] 따라서 8장에서 바울은 매우 명확하게 대응한다. 부연 설명하면 바울은 이렇게 말한다. '너희가 잘못되었다. 음식은 너희가 하나님 앞에 서는 지위를 증명하지 못한다. 먹지 않거나 먹는 것은 이 문제에 있어 우리를 조금도 돕지 못한다. 먹지 않는 것이 우리와 하나님의 관계에 무언가 부족하다는 점을 의미하지 않는다. 마찬가지로 먹는다고 해서 무엇을 얻는 것도 아니다.'

'서다'(8:8a, παρίστημι, 개역개정에는 "내세우지"-역주)라는 단어는 고린도 교인에게 관건이 하나님 앞에 서는 지위와 관련되어 있다는 점을 확증한다. 이 단어는 어떤 것을 '입증하거나' '증명하는' 것을 의미할 수 있다. 그러나 여기서는 '심판자 앞에 서는 것'을 의미한다고 보는 것이 가장 낫다. 헤링이 말하는 것처럼, "(최후의) 심판에 대한 분명한 암시가 있다."[36] 서는 것의 반대는 '걸려 넘어지는'(πρόσκομμα) 것이고, 이것은 하나님 앞에 서지 못하는 것과 관련되어 있다. 그리고 이제 그것은 바울이 다음 몇 구절에서 전개하는 또 다른 중요한 주제가 된다.[37] 따라서 바울이 '너희의 이 권리[38](혹은 권세)'(ἡ ἐξουσία ὑμῶν αὕτη, 개역개정에는 "자유"-역주)에 관해 말할 때 1인칭("우리")에서 2인칭("너희")으로 바꾸어 어떻게 사실을 강조하는지 보는 것이 매우 중요하다. 바울은 엘리트 교인이 말하는 '먹을 권리'를 전혀 인정하지 않는다. 여기서 바울이 이것을 소위 엘리트 교인의 '권리'로 인정한다는 암시는 전혀 없다. 오히려 바울은 엘리트 교인의 관점을 인정하지 않는다. 갈런드가 말하는 것처럼, 바울의 말은 "경멸하는 소리로 들린다."[39] 바울에게는 엘리트 교인의 자칭 권리가 단순히 약한 자를 걸려 넘어지게 하는 '걸림돌'에 불과하다. 2인칭 복수형 명령(βλέπετε, '너희는 조심하라')은 다른 사람을 죄에 걸려 넘어지도록 해서는 안 된다는 바울의 명령을 엘리트 교인들에게 깊이 각인시킨다. 바울은 8장 마지막 구절인 13절까지 엘리트 교인에게 계속 2인칭으로 말한다. 바울이 8:11-12에서 계속 말하는 것처럼, 이런 식으로 약한 자를 걸려 넘어지게 하는 자는 그리스도께 죄를 범하는 것이다. 나아가 그 결과로 약한 형제나 자매는 멸망할 수도 있다.

심층 연구

"권리"와 "자유"

8장과 9장에서 바울이 사용하는 '권리'(right, ἐξουσία)라는 단어는 정의하기가 어렵다. 어떤 영어 단어로도 그 의미를 충분히 포착할 수 없다. 그것은 특히 바울이 이 단어를 사용할 때 의미가 약간 바뀌는 것

35. 롬 3:23; 히 4:1; 12:15에서 '부족하다'나 '결여하다'(ὑστερέω)라는 말의 종말론적 배경을 참고하라.
36. Héring, *First Corinthians*, 73. 또한 다음 자료도 보라. Johann Albrecht Bengel, *Gnomon of the New Testament*, 제3권 (Edinburgh: T&T Clark, 1877), 253; Allo, *Premiere Épître aux Corinthiens*, 204; Barrett, *First Corinthians*, 195. 고후 4:14과 롬 14:10을 보라.
37. 1:23에 대한 설명 마지막 부분에서 '심층 연구: 걸림돌에 관한 주제'를 보라.
38. 뒤의 설명을 보라.
39. Garland, *1 Corinthians*, 387.

처럼 보이기 때문이다.[40] 이 단어는 고린도전서에서 10번 등장하는데, 그 가운데 6번이 9장에서 발견된다. 이 단어는 종종 '권세'로 번역되기도 한다. 그런데 8:9에서 NRSV는 이 단어를 "자유"(liberty)로 번역(개역개정에도 "자유"-역주)하고 9:4, 5, 6, 12에서는 "권리"로 번역한다(12절에서는 rightful claim, 개역개정에도 "권리"-역주). 이 단어가 9장에서 이처럼 집중적으로 사용되는 것은 당연히 8장에 나오는 이 단어를 파악하는 데 도움을 준다. 위에서 언급된 '권세'와 "권리"라는 번역은 칠십인역에서 발견되는 이 단어의 법적 개념에 의존한다(예를 들어, 1 Macc 10:38; 시 113:2; Wis 10:14). 바울이 9:9에서 지지를 위하여 모세 율법을 환기하는 배경 그리고 특히 바울이 거기서 이 단어를 사용하는 방식을 고려하면, 이 단어를 '(너희가 사람들의 집단의 일원임을 고려하면) 너희의 법적 권리의 행사'(개역개정에는 "너희의 자유"-역주)와 같은 말로 번역할 수 있다.[41] 따라서 고린도 교회 엘리트 교인, 곧 "강한" 자는 "지식"이 있고, 자신이 "권리"로 믿은 것을 적극적으로 행사하는 집단의 일원이었다. 9장에서 바울이 자신의 "권리"에 관해 말할 때 그가 사도들(의 집단)의 일원으로서 특별히 자신의 권리를 행사하는 것은 주목할 만하다.

"(너희가 사람들의 특수한 집단의 일원임을 고려하면) 너희의 법적 권리의 행사"에 맞추어 번역한 것은, 9장에 사용된 이 단어뿐만 아니라 8:9에 사용된 이 단어도 충분히 이해하게 해준다. 이 정의는 다른 헬라어 문헌에서 더러 사용되는 이 단어의 용법과도 일치한다. 이 헬라어 단어는 "그 길에서 방해할 것이 전혀 없기" 때문에 행동을 수행할 "능력"이 있다는 개념에서 나온 말이다.[42] 그 말을 '능력'으로 번역하는 것이 가장 좋을 때도 어떤 것을 행할 법적 또는 정치적 권리가 그 말의 지배적인 의미로 보인다. 그 능력은 종종 자신들의 의지를 시행할 충분한 능력을 갖춘 자에게 적합한 것으로 이해되기 때문이다.[43]

요약하면 8:9에서 바울이 거의 경멸적으로 말하는 '너희의 이 권리'(ἡ ἐξουσία ὑμῶν αὕτη)는 어떤 이론적 가능성이 아니라 실천을 포함한다. "강한" 자는 자신들이 우상의 신전에서 음식을 먹을 권리가 있다는 신념에 따라 약한 자를 멸망으로 이끌었다. 그러므로 바울은 우상의 신전에서 음식을 먹는 것을 기독교 공동체의 "권리"(ἐξουσία)로 인정할 마음이 없었다. 오히려 그것은 걸림돌(9절, πρόσκομμα)이었다.[44]

8:10-11 지식 있는 네가 우상의 집에 앉아 먹는 것을 누구든지 보면 그 믿음이 약한 자들의 양심이 담력을 얻어[45] 우상의 제물을 먹게 되지 않겠느냐 그러면 네 지식으로 그 믿음이 약한 자가 멸망하나니 그는 그리스도께서 위하여 죽으신 형제라(ἐὰν γάρ τις ἴδῃ σὲ τὸν ἔχοντα γνῶσιν ἐν εἰδωλείῳ κατακείμενον, οὐχὶ ἡ συνείδησις αὐτοῦ ἀσθενοῦς ὄντος

40. 더 상세한 것은 Gardner, *Gifts of God*, 55-56을 보라.
41. 또한 6:12과 10:23에 대한 설명도 보라. 고린도 교회 엘리트 교인이 써먹은 "모든 것이 내게 가하다[적법하다]"(πάντα ἔξεστιν)라는 속담은 8:9에 나오는 ἐξουσία라는 단어와 분명히 비슷한 면이 있다. 또한 7:4에 대한 설명도 보라.
42. W. Foerster, "ἐξουσία," *TDNT* 2:562. Foerster는 바울의 자유가 유대교 율법에서 해방되는 것으로 행사된다고 본다(같은 책, 566).
43. 다음 사례들은 이 단어의 다양한 의미를 이 범주 안에서 예증하도록 돕는다. Plutarch, Lycurgas 3.14에서 우리는 "왕의 권력"(LCL; καὶ βασιλικὴν ἐξουσίαν ἔχοντι. 참고. Thucydides, *History of the Peloponnesian War* 6.31.4; 7.69.2)에 관해 말하는 것을 본다. 또 그의 *Publicola* 7.8 (LCL; ἐξουσίαν ψήφου)에서는 "투표권"을 받아들이지 않을 자유에 관해 말하는 것도 본다. 또한 Epictetus, *Discourses* 1.29.11도 참고하라(καὶ τίς σοι ταύτην τὴν ἐξουσίαν δέδωκεν; Ποῦ δύνασαι νικῆσαι δόγμα ἀλλότριον;).
44. Gardner, *Gifts of God*, 56.
45. '높이 세워져'(be built up)라는 영어 번역이 가장 매끄러운 것은 아니지만, 이 말을 일부러 사용하는 것은 바울이 여기서 아이러니하

οἰκοδομηθήσεται εἰς τὸ τὰ εἰδωλόθυτα ἐσθίειν; ἀπόλλυται γὰρ ὁ ἀσθενῶν ἐν τῇ σῇ γνώσει, ὁ ἀδελφὸς δι' ὃν Χριστὸς ἀπέθανεν). 이제 바울은 문제의 실체를 드러낸다. 그것은 어떤 희생 제사에 바친 고기를 시장에서 사는 것에 있지도 않았고, 또는 단순히 어떤 이가 그리스도 안에 있는 "약한" 형제와 자매에게 음식은 아디아포라에 속하는 일이므로 아무 두려움 없이 먹을 수 있다고 권고하는 것에도 있지 않았다. '자기 의식'이 약한 자는 좋든 나쁘든 우상을 숭배하는 신전 안에서 엘리트 교인들이 고기를 먹는 모습을 볼 때 '높이 세워진다'(담력이 생긴다). 의심할 것 없이 우상의 제물을 먹는 자는 "약한" 자를 이끌어내 하나님 앞에서 자신들의 지위에 대한 확신을 '높이 세우도록' 일부러 "지식"을 보여주는 일에 집중하고 있었다.[46] 여기서 '앉아 먹다'(κατακείμενον)라는 동사는 바울이 8:13에서 더 일반적으로 말할 때 사용하는 '먹다'(ἐσθίω)라는 단순한 동사보다 신전에서 먹으며 교제하는 측면을 더 함의한다.[47] 바울은 여기서 역설의 요소를 크게 함축하여 만약 "약한" 자가 이런 식으로 우상의 제물을 먹는 강한 자를 따른다면, 하나님 앞에서 자기들의 안전한 지위에 대하여 높이 세워지는(담력을 얻는) 것이 아니라 오히려 우상 숭배에 대하여 '높이 세워질'(οἰκοδομηθήσεται) 것이라고 주장한다. 이때 약한 자는 우상에게 바쳐진 희생 제물 음식을 먹고, 그로써 죄를 짓게 된다. 하나님의 백성이 차지하는 지위가 그들의 행동으로 인증되기는커녕 도리어 그들은 자신을 멸망으로 이끄는 우상 숭배로 되돌아가고 만다.

이런 자칭 '권리'를 잘못 사용할 때 완전히 사람이 '멸망하는'(ἀπόλλυμι) 일이 벌어진다. 바울은 여기서 완곡하게 말하지 않는다. (헬라어 원문에는) '멸망하다'라는 동사가 강조를 위하여 문장 앞에 나와 있다. 바울 서신에서 '멸망하다'라는 단어는 항상 영원한 파멸을 가리킨다. 콘첼만은 이렇게 말한다. "이 동사는 도덕적 타락이라는 약화된 의미로 이해해서는 안 된다. 다른 곳에서처럼 여기서도 이 동사는 영원한 파멸을 의미한다."[48] 바울은 여기서 우상의 제물을 먹는 문제 전체와 '서거나' '넘어지는' 문제를 성찰한다. 만약 이 교만한 교인들이 우상 고기를 먹는 것이 하나님의 심판대 앞에서 약한 자의 지위를 보증하는 데 도움을 준다고 가정했다면, 아마 정확히 그 반대 결과가 일어날 것이다.

8:11은 다시 이 문제가 근본적으로 성령의 은사가 발휘하는 기능과 관련되어 있음을 보여준다. "네 지식으로"(ἐν τῇ σῇ γνώσει) 멸망이 일어난다. 여기서 비극은, 은사의 기능을 이처럼 왜곡하는 것이 하나님 앞에 서는 지위를 제공하는 것이 아니라 "그리스도께서 위하여 죽으신"(δι' ὃν Χριστὸς ἀπέθανεν) 형제나 자매를 멸망으로 이끌 수 있음을 의미한다는 것이다. 이런 식으로 바울은 "형제"나 자매로서 그리스도인의 정체성을 확립하는 그리스도의 구원 사역이 이런 생각에 따라 문제가 된다

게도 οἰκοδομέω라는 동사를 의도적으로 계속 사용하고 있다는 사실을 주목하도록 만들기 위함이다. 다른 곳에서는 "용기를 내어"(be encouraged to, NRSV)나 "대담하게 되어"(emboldened to, NIV)로 번역한다(개역개정도 비슷하게 "담력을 얻어"–역주).

46. Garland, *1 Corinthians*, 387은 이것이 고린도 교회 엘리트 교인이 약한 자가 자신들을 따르게 만들려는 의도된 방침이었다고 보는 나의 견해를 반대한다(*Gifts of God*, 24, 30–31, 50–51 등). Garland는 바울이 아직 일어나지 않은 "개연적인 미래의 상태"(οἰκοδομηθήσεται)를 사용한다고 올바르게 지적한다. 그러나 Garland는 고린도전서 여기서와 나중에 바울이 그렇게 사용하는 것처럼 '교만하게 하다'와 '높이 세워지다'라는 말이 결합하였을 때 나타나는 영향을 무시한다. 바울이 "약한" 자를 염려하는 것은 엄밀히 말해 엘리트 교인들이 자신들의 행동을 자랑하고, 따라서 다른 사람들을 자신들의 행동으로 이끌려고 애쓰기 때문이다. 바울은 그렇게 따르는 자는 멸망으로 끝날 것이라고 주장한다. 엘리트 교인들의 지지를 받아 이 고기를 먹는 것은, 만약 계속 억제되지 않으면, 미래에 그 최종 결과가 어떻게 될지 충분히 예견된다. Garland는 바울은 여기서 어떤 이는 이미 너무 깊이 떨어져 불가피하게 "멸망할" 것이라고 주장하는 것은 아니라고 올바르게 말한다.

47. 이 동사(κατάκειμαι)는 사람들이 보통 어떤 사람의 집에서 식사하기 위하여 의자에 기대는 흔한 자세를 묘사하는 데 사용된다. 여기에 불가피하게 어느 정도 친밀감이 함축되어 있다. 마가복음 2:15과 누가복음 7:37에서 예수님을 참고하라.

48. Conzelmann, *1 Corinthians*, 149n38.

는 점을 증명한다.

"형제"로서, 곧 공동체의 지체로서 사람의 정체성은 십자가에 못 박히신 그리스도라는 하나의 터 위에 그리고 그 터로 말미암아 세워졌다(1:23; 3:11; 8:6). 1:31로 돌아가면, 그리스도인이 할 수 있는 유일한 "자랑"은 "그리스도 예수 안에서" 그들이 "거룩하여졌기"(1:2) 때문에 "주 안에서" 자랑하는 것임을 볼 수 있다. 하나님께 속한 백성의 공동체에 참여하고 하나님 앞에 서는 지위를 갖는 것은, '그의 아들 예수 그리스도 우리 주와 더불어 교제하도록(언약에 참여하도록) 부르심을 받았기'(1:9) 때문이다. 이 요점은 10장에서 더 상세히 전개된다. 그러나 여기 11절 마지막 부분에서, 바울은 "지식"이 없는 자도 "형제"라는 말에 요약된 온전한 공동체 지위를 가졌다는 사실을 확립한다. 그들은 남녀를 막론하고 다 하나님을 아버지로 두고 있고, 이 가족을 위해 죽으신 그리스도로 말미암아(8:6) 존재하게 된 가족의 일원이다. 그들은 오직 하나님의 은혜와 그리스도의 십자가 구속 사역으로 하나님과 그분의 교회에 속해 있다. 따라서 바울은 이와 다르게 말하거나 또는 그리스도인에게 그리스도의 죽음으로 말미암아 그들의 것이 된 안전을 의심하게 하는 것은, 형제나 자매에게 죄를 짓는 일일 뿐만 아니라 그리스도에 대해서도 죄를 짓는 일이라고 주장한다.

8:12-13 이같이 너희가 형제에게 죄를 지어 그 약한 양심을 상하게 하는 것이 곧 그리스도에게 죄를 짓는 것이니라 그러므로 만일 음식이 내 형제를 실족하게 한다면 나는 영원히 고기를 먹지 아니하여 내 형제를 실족하지 않게 하리라(οὕτως δὲ ἁμαρτάνοντες εἰς τοὺς ἀδελφοὺς καὶ τύπτοντες αὐτῶν τὴν συνείδησιν ἀσθενοῦσαν εἰς Χριστὸν ἁμαρτάνετε. διόπερ εἰ βρῶμα σκανδαλίζει τὸν ἀδελφόν μου, οὐ μὴ φάγω κρέα εἰς τὸν αἰῶνα, ἵνα μὴ τὸν ἀδελφόν μου σκανδαλίσω). 고린도 교회의 엘리트 교인이 자기 형제와 자매들에게 죄를 짓는 방식이 8:10-11에서 확인되었다. 12-13절에서 바울은 "형제"라는 말을 강조하기 위하여 두 번이나 반복한다. '죄를 짓다'(ἁμαρτάνω)라는 동사가 12절의 문장을 시작하고 끝낼 때 사용되어 그 사실이 강조된다. 죄는 우상의 집에서 이런 식으로 음식을 먹음으로써 벌어진 확실한 결과이기 때문이다. 형제들의 약한 자기 의식(τὴν συνείδησιν ἀσθενοῦσαν)을 "상하게 하거나"(τύπτω) 상처를 입히는 죄는, 그들이 우상 숭배의 압력에 굴복하여 안전의 유일한 근거로서 그리스도와 그분의 죽음을 믿는 믿음을 저버리게 만든 것이다. 따라서 그것은 약한 형제나 자매에 대하여 죄를 짓는 일일 뿐만 아니라 결국은 그리스도께도 죄를 짓는 일이다. 이것은 약한 형제나 자매를 위하여 죽으신 그리스도의 사랑과 얼마나 대조되는가! 바울은 8:13에서 본보기를 통해 자신의 행동에 대하여 말하는 내용으로 시선을 돌리기 때문에 여기서는 그들의 지식에 관해 충분히 말하지 않는다.

바울은 13장에서 기독교 공동체 안에서 작용하는 사랑의 본질과 기능을 상세히 언급한다. 그러나 여기서는 자신의 인생을 본보기로 공동체 안에서 사랑이 어떻게 행사되어야 하는지 증명한다. 이 주제는 9장까지 계속된다. 바울의 관심사는 "지식"이 항상 공동체 안의 타인에 대한 사랑과 관심에 종속되어야 한다는 것이다. 이것이 사람의 행동에 얼마나 큰 영향을 미치는지 강조하기 위하여, 바울은 신자가 이런 식사로 "실족하게"(σκανδαλίζω) 하면 자기는 '영원히 고기를 먹지 않겠다'(οὐ μὴ φάγω κρέα εἰς τὸν αἰῶνα)고 강력히 천명한다. 여기서 "고기"(κρέας)는 우상의 집에서 먹은 음식에서부터 모든 고기를 가리키는 것으로 폭이 넓혀진 것이고, 이것은 신전의 친밀한 배경 속에서 8:10의 "앉아 먹는" 것이 더 일반적으로 "먹는" 것으로 바뀐 것과 같다. 이 결과 강력한 과장법이 나타난다. 10장에서 바울이 실제로 다양한 형태의 고기를 먹을 준비가 되어 있음을 우리가 알기는 해도, 여기서 독자는 지금 바울에게 가장 큰 문제가 무엇인지 의심할 것이 없다. 바울은 형제나 자매를 멸망시킬 위험을 무릅쓰지 않고 무엇이든 포기할 수 있다. 10장에서 바울은 광야 사건을 인용하여 이 위험성을 예증한다. 이스라엘 자손이 다른 신에게 돌아서는 것이 '걸려 넘어지게 하는 것(걸림돌)' 또는 '덫'(πρόσκομμα)과 특별히 연관되어 있기 때문에 8:9에서 이 단어에 중요성이 더해진 것으로 볼 수 있다.[49]

앞에서 '실족하다'(σκανδαλίζω)라는 단어가 "걸려 넘어지게 하는 것"(8:9, πρόσκομμα)의 관념과 긴밀하게 관련되어 있음을 확인했다. 그것은 바울이 형제나 자매가 멸망당할 가능성에 관해 말하는 것과 연관되어 있다. 이와 긴밀하게 관련된 단어가 1:23에서 처음 나왔다. 거기서 바울은 "십자가에 못 박히신 그리스도"를 "거리끼는 것"(σκάνδαλον)으로 언급했다. 십자가에 못 박히신 그리스도의 복음 앞에 섰을 때 지혜 있는 자의 지혜는 혼란에 빠진다. 그리고 어떤 이는 자신이 '멸망 속에' 있음을 발견하지만, 다른 이는 자기들이 '구원받는' 모습을 발견한다(1:18–19). 바울은 아주 명확하게 천명한다. 곧, 어떤 것도 그리스도가 구원을 주시고자 죽으셨다는 복음을 가려서는 안 된다. 비록 많은 것을 포기해야 한다고 해도, 다른 어떤 거리끼는 것도 인정되어서는 안 된다. 바울이 8장에서 전한 말은 "지식"을 상대화한다. 누군가가 소유했다고 주장하는 은사의 내용과 기능에 관해서는 유효성을 따져볼 필요가 있다. 지식이 하나님 앞에서 그들의 지위를 누리는 것을 '더 높이는' 것이 아니라, 죄와 우상 숭배에 빠지는 것을 '더 높이는' 것이 될 때 그것은 더는 은사가 아니다. 따라서 이 마지막 구절(13절)은 바울이 8장에서 말한 모든 내용을 요약한다. 그러나 또한 바울이 9장에서 자신을 본보기로 제시하는 출발점을 제공하는 역할도 한다. 바울은 형제나 자매를 위한 사랑이 으뜸이 되도록 언제든 자신의 '권리'를 포기할 용의가 있다.

적용에서의 신학

1. 공동체 지위를 과시하고 싶은 욕망

모든 그리스도인이 모든 시대에 걸쳐 직면하는 위험성과 똑같이, 고린도 교인도 주변 사회에 순응하는 방식에 맞추어 자신의 믿음을 해석하는 위기에 봉착했다. 고린도 교인이 살던 사회는 영적 미덕으로 지식과 지혜에 큰 가치를 부여했다. 그리고 그들의 은사도 이러한 문화적 환경에 잘 맞았다. 그 결과 고린도 교인은 '교만하고' 거만한 자가 되었다. 성경은 종교적 열정에 있어 자만과 오만에 빠질 위험성을 거듭해서 경고한다. 한편으로는 금욕주의를 실천하고, 다른 한편으로는 방탕한 행동에 빠지는 것은 교만의 기초가 될 수 있다. 그렇게 될 때 한 사람이나 한 집단이 자신을 다른 사람들과 구별하고 다른 사람들보다 자신이 더 '신령하다'라고 여기는 일이 벌어지기 때문이다(참고. 고전 4:6; 8:1; 갈 6:13; 골 2:18). 이 근본적인 신학적 문제점은 그리스도 안에 있는 하나님의 은혜를 보지 못하는 점과 관련되어 있다. 사람들은 하나님

49. 출 23:33; 34:12–13.

앞에 서는 영적 지위를 얻기 위하여 자신을 바라볼 때 즉각 자신이 교회에 속해 있는 것과 매우 '신령하다'는 것을 입증하기 위한 수단을 강구하기 시작한다. 이에 대한 바울의 반응은 "예수 그리스도와 그가 십자가에 못 박히신 것"(2:2) 또는 "우리 주 예수 그리스도의 십자가"(갈 6:14) 외에는 아무것도 "자랑하지" 않겠다고 말하는 것이다. 하나님 앞에 서는 지위는 완전히 그리스도 안에 있는 하나님의 은혜와 자기 백성에 대한 하나님의 사랑에 놓여 있으므로, 하나님의 능력 외에 다른 것을 의지하는 믿음은 절대로 허용할 수 없다(2:5). 그러므로 "믿음의 법"은 자랑에서 완전히 벗어나 있다(롬 3:27).

자신의 신령한 삶과 관련된 요소를 찾아내 자랑하는 것은 모든 그리스도인이 직면하는 문제점이다. 디모데전서 3:6을 보면, 신앙의 연륜이 짧은 자를 장로로 임명해서는 안 되는 이유를 제시한다. 고린도 교회에서 그런 일이 일어난 것처럼, 우리는 하나님의 자비로운 긍휼에 따라 주어진 것을 취해 그것을 자랑거리로 삼기가 너무 쉽다. 선지자 예레미야는 이것을 특별히 예레미야서 9:23-24에서 언급했다. 하나님은 은혜로 지혜, 재산, 힘을 주실 수 있으나 지혜 있는 자나 부유한 자나 능한 자는 여기서 자신들의 삶 속에서 주님이 은혜와 사랑으로 베풀어주신 활동 외에 자랑할 것이 하나도 없음을 유념해야 한다. 교만에 빠질 이런 시험의 위험성은 현대 교회에서 더 심각하다. 설교자든 찬양 사역자든 또는 다른 주목할 만한 영적 은사를 가진 사람이든 누구를 막론하고, 그리스도인이 가진 모든 것은 은혜로 주어졌다는 사실을 망각하는 문제에 쉽게 빠질 수 있다.

2. 확신을 자극함

많은 그리스도인은 자신의 믿음이 안전한지 궁금하게 여긴다. 어쩌면 이것은 그들이 하나님 앞에서 자신의 지위에 대한 확신을 얻기 위하여 의존할 수 있는 가시적이거나 실제적인 증거를 찾아보는 것을 의미할 수 있다. 하나님의 백성 안에서 우리가 서 있는 지위에 관한 빈약한 이해 혹은 '약한 자기 의식'으로 말미암아, 우리는 스스로 취한 공동체 안의 지위로 교만해지거나 그 지위를 자랑하는 자에게 쉽게 이용당할 수 있다. 바울은 "약한" 자의 지위를 잘못된 것으로 주장하지 않는다. 오히려 이 본문을 사용하여 다른 그리스도인을 과거의 악한 삶의 길로 돌아가게 하는 자의 위험성을 가르친다. 이런 "약한" 자는 두말할 것도 없이 믿음을 '더 높이고', 또 하나님 앞에서 자신의 지위에 대한 확신도 '더 높여야' 한다. 12장에서 바울은 이것이 엄밀히 은사가 주어진 이유임을 증명한다. 말하자면 사람들이 그리스도를 믿는 믿음을 더 높이고, 그리하여 자신을 그리스도의 몸의 일부로 더 잘 볼 수 있도록 하는 것이 은사가 주어진 이유다. 모든 그리스도인이 교화를 이루는 자, 곧 덕을 세우는 자가 되어야 한다. 그런데 이 교화는 지위의 외적 표지를 가진 것처럼 보이는 다른 일부 그리스도인을 모방하려고 애쓰는 일이 아니라, 그리스도의 터 위에 세워져야 한다. 자신을 "특별한 존재"라고 생각하는 자는 다른 사람들을 죄로 이끌 수 있음을 깨달아야 한다. 하나님과 이웃에 대한 사랑을 공동체 지위의 참된 표지로 보지 못할 때 그들은 타인에게 교만하게 굴고, 선한 것과 주님께 속한 것을 기껏해야 부적절한 것으로 대체하고 만다. 이런 결과는 자신과 자신의 행동을 신령한 삶의 중심에 두려는 사람들의 욕망에서 나온다. 그리스도인이 공동체 안에서의 권리와 권한으로 여기는 것(심지어는 그들이 누리는 것까지도)을 그리스도인 형제나 자매를 위하여 포기하는 능력이 궁극적으로 사랑을 입증하는 시금석이다. 이런 모습이 부족한 자는 먼저 그들을 위하여 십자가에 못 박히신 그리스도에 대한 사랑을 다시 돌아볼 때 이에 대한 확신을 얻는다. 그리고 서로 사랑하는 것을 통해 서로의 믿음을 세워줄 때 확신이 더 강화된다.

CHAPTER 19

고린도전서 9:1–27

문학적 전후 문맥

바울은 고린도 교회 엘리트 교인이 특히 우상의 제물을 먹을 권리와 관련하여, 자신의 "지식"을 크게 과시함으로써 과거에 우상을 숭배한 전력이 있는 "약한" 자를 다시 우상 숭배로 이끌었다고 주장했다. 바울은 누구든 멸망으로 이끄는 일을 피하고자 자신은 고기를 영원히 기꺼이 먹지 않겠다고 선언하면서 8장을 마무리했다. 바울은 삶 속에서 주님과 복음을 항상 우선순위에 두어야 한다고 본다. 이것은 9장과의 연계성을 제공하고, 9장에서 바울은 복음에 어떻게 우선순위를 두는지 삶의 본보기를 통해 예증한다. 사도로서 바울은 자신이 행사할 수 있는 확실한 권리가 있었다. 그렇지만 이 권리를 "복음을 위하여"(9:23) 기꺼이 포기할 준비가 되어 있었다. 그러므로 구조상 9장과 8장 사이의 연계성이 8:13에서 발견되어야 한다. 바울은 엘리트 교인의 권리와 그들의 행동이 약한 자를 멸망하게 할 수 있는 위험성을 다루는 문제에서 시선을 돌려, 이제 9장에서 형제와 자매를 이런 실족으로 이끄는 것을 피하고자 하는 자신과 자신의 행동에 관해 말한다. 고린도 교인은, 우상의 집에 제물로 바쳐진 음식을 먹을 '권리'가 있다고 여기고, 그 권리를 실제로 행사함으로써 약한 자를 잘못된 길로

VI. 공동체 지위와의 관계에서 본 결혼, 독신, 이혼, 과부 생활(7:1–40)

VII. 지위, 지식, 자유 그리고 우상에게 바친 음식(8:1–11:1)

- A. 지식과 사랑은 대조적임(8:1–3)
- B. '신들'과 '주들'의 실존에 관한 지식(8:4–6)
- C. 우상 신전에서 우상 제물을 먹는 것에 관한 지식(8:7–13)
- ➦ **D. 지위와 권리는 복음의 목적에 종속되어야 함(9:1–27)**
- E. 신령한 은사를 악용하는 이스라엘에 대한 경고(10:1–13)

이끌고 있었다. 바울은 9장에서 자신의 삶으로부터 예증을 취한 다음, 10장에서는 약한 자가 멸망하는 것으로 끝나는 추가 사례를 역사 속에서 취해 제시하고, 우상에게 바쳐진 제물의 특별한 위험성을 더 상세히 설명한다.

주요 개념

그리스도의 복음은 모든 신자의 삶 속에서, 특히 다른 사람들을 대할 때 우선순위에 놓아야 한다. 어떤 '권리'가 어느 집단의 구성원에게 주어질 수 있지만, 그리스도인에게는 이 권리가 항상 그들이 복음 자체에 대한 걸림돌이 되지 않도록 다른 사람들에게 극히 조심스럽게 행사되어야 한다. 바울의 삶은 언제나 복음에 우선순위를 두는 방식으로 펼쳐진다.

번역

고린도전서 9:1-27

1a	1차 수사적 질문	**내가 자유인이 아니냐**
b	2차 수사적 질문	**사도가 아니냐**
c	3차 수사적 질문	**예수 우리 주를 보지 못하였느냐**
d	4차 수사적 질문	**주 안에서 행한 나의 일이 너희가 아니냐**
2a	소극적 조건	다른 사람들에게는 내가 사도가 아닐지라도
b	단언	**너희에게는 사도이니**
c	기초	**나의 사도 됨을** 주 안에서 **인친 것이 너희라**
3a	단언/변명	**나를 비판하는 자들에게 변명할 것이 이것이니**
4a	1차 변명/ 수사적 질문	**우리가 먹고 마실 권리가 없겠느냐**
5a	2차 변명/ 수사적 질문	**우리가…믿음의 자매 된 아내를 데리고 다닐 권리가 없겠느냐**
b	목록	다른 사도들과
c	목록	주의 형제들과
d	목록	게바와 같이
6	3차 변명/	

	수사적 질문	**어찌 나와 바나바만 일하지 아니할 권리가 없겠느냐**
7a	6절의 1차 예증	
	(수사적 질문)	**누가…군 복무를 하겠느냐**
b	방식	자기 비용으로
c	6절의 2차 예증	**누가 포도를 심고**
d	/수사적 질문	**그 열매를 먹지 않겠느냐**
e	6절의 3차 예증	**누가 양 떼를 기르고**
f	/수사적 질문	**그 양 떼의 젖을 먹지 않겠느냐**
8a	4차 변명/	
	수사적 질문	**내가 사람의 예대로 이것을 말하느냐**
b	확대	**율법도 이것을 말하지 아니하느냐**
9a	기초	**모세의 율법에…기록하였으니**
b	인용	곡식을 밟아 떠는 소에게 망을 씌우지 말라 (LXX 신 25:4)
c	9b절의 설명	**하나님께서 어찌 소들을 위하여 염려하심이냐**
10a	단언/수사적 질문	오로지 **우리를 위하여 말씀하심이 아니냐**
b	반복	**과연 우리를 위하여 기록된 것이니**
c	설명	밭 가는 자는 소망을 가지고 갈며
d	연속	곡식 떠는 자는 함께 얻을 소망을 가지고 떠는 것이라
11a	조건문 형식의	
	수사적 질문	우리가 너희에게 신령한 것을 뿌렸은즉
b	변명의 결론	**너희의 육적인 것을 거두기로 과하다 하겠느냐**
12a	조건문 형식의	
	수사적 질문	다른 이들도 너희에게 이런 권리를 가졌거든
b	변명의 결론	**하물며 우리일까보냐**
c	단언(대조)	그러나 **우리가 이 권리를 쓰지 아니하고**
d	단언	**범사에 참는 것은**
e	위치	그리스도의 복음에
f	소극적 목적	아무 장애가 없게 하려 함이로다
13a	내용	성전의 일을 하는 이들은 성전에서 나는 것을 먹으며
b	내용	제단에서 섬기는 이들은 제단과 함께 나누는 것을
c	수사적 질문	**너희가 알지 못하느냐**

14a		이와 같이
b	단언, 절정	**주께서도…명하셨느니라**
c	내용	복음 전하는 자들이 복음으로 말미암아 살리라
15a	결론(대조)	그러나 **내가 이것을 하나도 쓰지 아니하였고**
b	소극적 단언	또 **이 말을 쓰는 것은**
c	소극적 목적	내게 이같이 하여 달라는 것이 아니라
d	부분적 기초	**내가 차라리 죽을지언정**
e	단언	**누구든지 내 자랑하는 것을 헛된 데로 돌리지 못하게 하리라**
16a	허락	내가 복음을 전할지라도
b	단언	**자랑할 것이 없음은**
c	15e, 16b절의 기초	**내가 부득불 할 일임이라**
d	조건(조건절)	만일 복음을 전하지 아니하면
e	16c절의 기초 (귀결절)	**내게 화가 있을 것이로다**
17a	조건(적극적)	내가…이것을 행하면
b	수단	내 자의로
c	단언(귀결절)	**상을 얻으려니와**
d	조건(소극적)	내가 자의로 아니한다 할지라도
e	단언(귀결절)	**나는 사명을 받았노라**
18a	질문(요약)	그런즉 **내 상이 무엇이냐**
b	반응	내가 복음을 전할 때에 **값없이 전하고**
c	결과	복음으로 말미암아 내게 있는 권리를 다 쓰지 아니하는 이것이로다
19a	19b절의 기초	내가 모든 사람에게서 자유로우나
b	단언	**스스로 모든 사람에게 종이 된 것은**
c	목적	더 많은 사람을 얻고자 함이라
20a	1차 예증, 유익	유대인들에게
b	단언	**내가…된 것은** 유대인과 같이
c	목적	유대인들을 얻고자 함이요
d	2차 예증, 유익	율법 아래에 있는 자들에게는

e 삽입 내가 율법 아래에 있지 아니하나
f 단언 율법 아래에 있는 자 같이 된 것은
g 목적 율법 아래에 있는 자들을 얻고자 함이요

21a 3차 예증, 유익 율법 없는 자에게는
b 삽입 내가 하나님께는 율법 없는 자가 아니요
도리어 그리스도의 율법 아래에 있는 자이나
c 단언 율법 없는 자와 같이 된 것은
d 목적 율법 없는 자들을 얻고자 함이라

22a 4차 예증, 유익 약한 자들에게
b 단언 **내가 약한 자와 같이 된 것은**
c 목적 약한 자들을 얻고자 함이요

d 단언 **내가…여러 모습이 된 것은**
e 유익 여러 사람에게
f 목적 아무쪼록
몇 사람이라도 구원하고자 함이니

23a 단언 **내가…모든 것을 행함은**
b 유익 **복음을 위하여**
c 목적 복음에 참여하고자 함이라

24a 내용 운동장에서 달음질하는 자들이 다 달릴지라도
오직 상을 받는 사람은 한 사람인 줄을
b 수사적 질문 **너희가 알지 못하느냐**

c 목적 너희도 상을 받도록
d 당부, 24a–b절의
결과 **이와 같이 달음질하라**
25a 단언 **이기기를 다투는 자마다 모든 일에 절제하나니**
b 확대 **그들은…하되**
c 목적 썩을 승리자의 관을 얻고자
d 대조 우리는 썩지 아니할 것을 얻고자 하노라

26a 결말 그러므로
b 단언 **나는 달음질하기를**
c 방식 향방 없는 것 같이 아니하고
d 단언 **싸우기를**
e 결과 허공을 치는 것 같이 아니하며

27a	대소	[그러나]
b	단언	**내가 내 몸을 쳐** **복종하게 함은**
c	목적(소극적)	내가 남에게 전파한 후에 자신이 도리어 버림을 당할까 두려워함이로다

구조

9장은 세 부분으로 나누어진다. 9장 전체에 걸쳐 바울은 복음에서 멀어질 수 있는 어떤 그리스도인을 위하여 '권리'를 희생할 준비가 되어 있는 자의 본보기로 자신을 사용한다. 8장과 9장 사이에서 문체가 약간 바뀐다. 여기서 연속된 15개의 수사 의문문이 사용되어 이 본문(9장)을 생생하고 명확하게 만든다.[1]

첫 번째 주요 부분은 9:1-18이다. 이 주요 부분은 두 개의 하위 부분으로 더 세분할 수 있다. 먼저 첫 번째 하위 부분인 1-12a절에서 바울은 사도로서 자신의 권리를 지지하는 주장을 펼친다. 일부 주석가가 주장한 것처럼, 1-2절은 바울의 사도 직분을 변명하는 내용이 아니다. 오히려 4개의 수사적 질문과 강력한 단언을 통해 바울은 이어지는 논증의 전제를 확립한다. 9장의 전체 논증은 독자에게 바울이 사도이고, 사도들이 어떤 권리를 가졌다는 전제를 인정할 것을 필수적으로 요청한다. 바울의 목적은 사도들과 사도들의 권리 행사가 그리스도인과 그들의 권리 행사에 대한 일반적 유비를 제공할 수 있음을 증명하는 것에 있다.[2] 따라서 바울이 자신의 권리를 다루는 방식은, 고린도 교회 엘리트 교인이 소위 자신들의 '권리'를 어떻게 다룰지에 대한 본보기가 된다. 그리고 9:3-12b에서 바울은 자신이 사도로서 경제적, 업무적 지원을 받을 권리가 있다고 주장한다. 바울은 일반적으로 사도 진영에서 지원을 받는 다른 사도들에 관해 말하고, 이 지원을 예증하며, 모세 율법에 호소한다(8-10절). 그리고 복음을 위하여 자신이 이 권리를 사용하지 않았다고 결론짓는다(12b절). 두 번째 하위 부분인 12c-18절에서 바울은 복음이 모든 사람에게 "값없이" 제공되고, 자신은 복음을 전파해야만 하는 신적 불가피성을 가졌다고 주장한다.

두 번째 주요 부분(9:19-23)에서, 바울은 복음을 위하여 권리를 포기하는 것에 대한 추가 본보기를 제공한다. 복음 전파의 지배적 원리는 그리스도를 위하여 더 많은 사람을 얻는 것

1. Paul Ellingworth, "Translating 1 Corinthians," *BT* 31.2 (1980): 234-38. 우리가 확인했듯이, 이 질문은 고린도전서에서 아주 흔하게 나타난다. 확실히 말하면 거의 100개에 달한다.

2. 여기에 어떤 사도의 '변명'이 조금이라도 있다면, 일부 '엘리트' 교인은 바울이 권리를 사용하지 않았다는 이유로, 그러므로 어쩌면 자기들이 지도자에게 기대한 은사를 그가 드러내지 않았다는 이유로 그를 업신여길 수 있다. 그러나 본문에는 이것이 사실이라는 증거가 명확히 없다.

이다(19절). 바울은 사람들을 더 많이 얻기 위하여 사람들의 세 집단에 따라 자신을 어떻게 적용했는지 증명한다. 바울은 20절에서는 유대인에 관해 말하고, 21절에서는 이방인에 관해 말하며, 마지막으로 22절에서는 "약한" 자에 관해 말한다. 따라서 논증 마지막 부분에서 바울은 8장 마지막에서 제기된 문제, 곧 "약한" 자를 실족하지 않게 하고 오히려 돕는 방법에 대하여 자신의 인생에서 직접 가져온 본보기로 되돌아간다. 여기서 복음의 우선권이 다시 강조된다(23절; 참고. 12, 16절).

세 번째 마지막 주요 부분(9:24-27)에서, 바울은 자신의 메시지를 요약한다. 이때 바울은 경주자 은유를 사용하고, '썩지 아니할 관'을 최종적으로 받으려면 사도에게도 절제와 자발적인 억제가 필수적이라고 말한다.

석의적 개요

VII. 지위, 지식, 자유 그리고 우상에게 바친 음식(8:1-11:1)

A. 지식과 사랑은 대조적임(8:1-3)

B. '신들'과 '주들'의 실존에 관한 지식(8:4-6)

C. 우상 신전에서 우상 제물을 먹는 것에 관한 지식(8:7-13)

➦ **D. 지위와 권리는 복음의 목적에 종속되어야 함(9:1-27)**

1. 바울이 사도로서 자신의 지위와 권리에 복종함(9:1-18)

a. 바울의 전제: 그는 자유인이고 사도다(9:1-2)

b. 사도로서 바울은 지원받을 권리가 있다(9:3-12b)

(1) 다른 사도들은 이 권리를 행사한다(9:3-6)

(2) 군인들도 지원받을 자격이 있다(9:7)

(3) 모세 율법은 바울에게 지원받을 권리를 부여한다(9:8-12b)

c. 자유인으로서 바울은 지원받을 권리를 포기했다(9:12c-18)

(1) 바울은 복음의 길에 장애가 되지 않을 것이다(9:12c-15)

(2) 바울은 부득불 복음을 전할 의무 아래 있다(9:16-18)

2. 바울의 원리: 그리스도를 위하여 더 많은 사람을 얻는 것(9:19-23)

a. 바울은 모든 사람에 종이 되었다(9:19-22)

(1) 유대인들을 얻고자 수고한 일에서 나온 본보기(9:19-20)

(2) 이방인들과 다른 사람들을 얻고자 수고한 일에서 나온 본보기(9:21-22)

b. 바울은 복음을 위하여 모든 것을 행했다(9:23)

3. 바울의 목적: 썩지 아니할 관을 얻는 것(9:24-27)

a. 경기자의 훈련된 삶에서 나온 예증(9:24-25)

b. 바울의 자기훈련(9:26-27)

본문 설명

9:1–2 내가 자유인이 아니냐 사도가 아니냐 예수 우리 주를 보지 못하였느냐 주 안에서 행한 나의 일이 너희가 아니냐 다른 사람들에게는 내가 사도가 아닐지라도 너희에게는 사도이니 나의 사도 됨을 주 안에서 인친 것이 너희라(Οὐκ εἰμὶ ἐλεύθερος; οὐκ εἰμὶ ἀπόστολος; οὐχὶ Ἰησοῦν τὸν κύριον ἡμῶν ἑόρακα; οὐ τὸ ἔργον μου ὑμεῖς ἐστε ἐν κυρίῳ; εἰ ἄλλοις οὐκ εἰμὶ ἀπόστολος, ἀλλά γε ὑμῖν εἰμι· ἡ γὰρ σφραγίς μου τῆς ἀποστολῆς ὑμεῖς ἐστε ἐν κυρίῳ). 바울은 4개의 수사적 질문으로 자신이 사도라는 전제를 확립한다. 바울은 9장 나머지 부분에서 이 전제를 따라 논증을 전개한다. 이 네 질문은 고린도 교인이 누구보다 바울의 사도 직분을 확실히 인정해야 하는 것이 사도로서 바울이 사역한 직접적인 결과가 바로 그들 자신이기 때문이라는 단언으로 보강된다.

수사적 질문들을 살펴볼 때 9장에 나오는 수사 의문문의 수를 고려하면, 바울의 설명에서 이 질문들이 어떤 기능을 하는지 파악하는 일이 중요하다. 일부 주석가는 이 네 질문이 확실히 수사 장치라는 점은 인정하지만, 계속해서 실제 질문으로 취급하므로 바울이 여기서 자신이 사도라는 사실을 옹호하고 있다고 주장한다.[3] 그러므로 이 견해에 따르면, "내가…사도가 아니냐" 라는 질문은 실제 질문이고, 네 개의 질문도 다 그렇다. 이에 따라 고린도 교회 독자는 이 질문에 '맞다'라고 대답할 것이 기대되었다고 주장된다.[4] 그러나 실제 질문과 수사적 질문의 기능적 차이는, 실제 질문은 정보나 특정 반응을 이끌어내는 데 사용되지만 수사적 질문은 "정보를 전달하거나 정보에 주의를 집중시키는 데" 사용되는 것이다.[5] 따라서 이 네 개의 질문 자체는 바울이 자신의 사도직을 비판하거나 부정했던 일부 교인에게 자신의 사도직을 옹호하려고 애쓰고 있다는 증거를 전혀 제공하지 않는다. 오히려 이 네 질문은 이어지는 논증의 전제를 강력하게 천명하는 유용한 장치로 작용한다. 바울은 사도이고, 사도들은 어떤 권리를 가졌으며, 바울의 경우에는 복음을 위하여 그 권리를 포기하는 길을 선택했다.

"자유"(ἐλεύθερος)에 대한 언급은 얼핏 보면 이상해 보인다.[6] 바울은 7:21에서 이 단어를 사용하여 종에서 해방된 자유를 가리켰고, 이어서 종은 주께 속한 자유자이고 '자유인으로' 부르심을 받은 자는 그리스도의 종이라고 말했다(7:22). 그러나 바울이 여기서 말하는 자유는 특별히 사도로서 그에게 속해 있고, 8:13에서 자신에 관해 말했던 것과 즉각 대조된다. 8:13에서 바울은 만약 복음을 위하여 필요하다면 고기를 절대로 먹지 않겠다고 자신의 자유를 엄격히 제한했다. 그런데 바울은 여기서 자신이 "자유인"이라고 주장한다. 7:21–22의 논증과 같이, 바울은 주 안에서 누리는 참된 자유가 "자유"의 전체 관념과 대립하는 것처럼 보일 정도로 놀라운 결과를 낳을 수 있음을 증명한다. 바울의 행동은 자칭 강한 자의 행동과 얼마나 다른가! 바울은 주 안에서 '자유로운' 것이 그리스도를 섬기는 데는 "종"이 되는 것

3. Fee, *1 Corinthians*, 435–37은 예컨대 이 네 질문은 제기된 각 질문에 대해 추정된 대립 관계의 추가 증거를 제공한다고 가정한다. 그러나 진정한 수사적 질문들에 어떤 답변이 예상되는지 추정할 필요가 없다. 이 네 질문은 단순히 사실에 대한 강력한 단언으로 기능하기 때문이다.

4. 불변화사 οὐκ가 포함된 질문은 긍정적 반응을 기대한다.

5. John Beekman, John Callow 공저, *Translating the Word of God* (Grand Rapids: Zondervan, 1974)을 보라.

6. D F G Ψ M 사본에서 발견된 본문의 이문은 두 번째 질문 "(내가) 사도가 아니냐?"가 첫 번째 질문 전에 나온다. 그러나 NA[28]의 본문이 잘 증명된다. 그중에서도 특히 𝔓[46] B D F G 33 사본에서 잘 증명된다. 일부 필사자는 두 번째 질문이 더 중요하다고 느꼈고, 그래서 질문의 위치를 바꾼 것으로 볼 수 있다.

으로 보았다. 이것은 9:19에서 다시 제시되는 요점이다.

첫 번째 질문("내가 자유인이 아니냐")과 같이 두 번째 질문["(내가) 사도가 아니냐"]도 약간 의외로 보인다. 고든 피는 이 질문이 "즉각 주목을 끈다"라고 주장하고, "이 질문은 바울의 사도직 자체가 고린도 교회에서 위기 속에 있음을 암시하는 고린도전서의 첫 번째 진술이다"[7] 라고 말했다. 그러나 이 관점은 전혀 개연성이 없어 보인다. 첫째, 이 관점은 네 개의 수사적 질문을 단순히 중립적이지만 강력한 단언으로 보지 않고 실제 질문으로 취한다. 둘째, 사도직에 관한 이 진술은 바울이 사도로서 자신의 부르심을 확언하는 로마서 1:1과 다른 곳에서 말한 진술과 별로 다르지 않다. 셋째, 일부 고린도 교인은 교만했고(4:18) 아마 바울에 대하여 특히 더 교만했겠지만, 바울은 여전히 그들을 "내 사랑하는 자녀"로 불렀고(4:14), 자신에 대한 그들의 태도보다 그들의 행동을 더 염려했던 것으로 보인다. 마지막으로, 만약 사도로서 바울의 권위가 그와 고린도 교인 사이에서 중요한 문제였다면, 그가 9:1에 이르러서야 비로소 그 사실을 처음으로 언급하는 것은 의아하다. 이 질문을 포함하여 나머지 각 질문은 단순히 자신이 사도로 부르심을 받았다는 1:1의 주장을 재천명하지만, 여기서는 바울이 그러므로 사도로서 자신이 특정한 권리가 있다는 사실을 확립한다. 이 네 질문은 단언들이 특별할 것이 없고, 주어진 그대로 취해져야 함을 가정한다. 세 번째 질문["(내가) 예수 우리 주를 보지 못하였느냐"]은 독자에게 바울이 주님을 목격했고(참고. 고전 15:8), 따라서 유다를 대체할 당시(행 1:22; 2:32) 사도들에게 요구되었던 초기의 기준을 바울이 충족한 사실을 환기시킨다.[8] 바울은 여기서 다메섹으로 가는 길에 부활하신 주님을 만난 사건(행 9:3-6)을 떠올리는 것 같다.[9]

연속된 네 개의 질문 가운데 마지막 질문["(내가) 주 안에서 행한 나의 일이 너희가 아니냐"]은 바울이 고린도 교회의 설립자였다는 사실을 가리킨다. 이 사실은 바울이 고린도 교인에게는 자신의 사도직이 문제가 되지 않을 것으로 예상된다는 사실을 확실히 하는 2절의 단언으로 강화된다. 비록 다른 사람들은 바울을 사도로 보지 않을 수 있다 해도, 고린도 교인이 결단코 바울을 사도로 보지 않을 수 없는 이유는 그들의 존재 자체가 바울의 사도직을 보증하기 때문이다. 어쨌든 고린도 교인은 바울의 복음 전파 사역의 결과다. '인침'(σφραγίς)이라는 말은 어떤 것이 법적으로 타당하다는 것을 증명한다. 이 단어는 로마서 4:11에서 은유적으로 할례와 아브라함의 "믿음으로 된 의"를 가리키는 데 사용된다. 거기서 이 단어는 법적으로 아브라함이 언약 백성의 일원임을 증명한다. 디모데후서 2:19에서는 이 단어가 하나님 백성의 지체임을 나타내는 증거로 사용된다. 여기서 바울은 이 단어로 고린도 교회의 존재가 자신의 사도직을 증명한다는 사실을 암시한다. 그러나 그 인침은 바울의 모든 사역이 "주 안에서"(ἐν κυρίῳ) 이루어졌다는 사실로 말미암아 제공된다. 사실 고린도 교인의 회심은 주님의 사역이었고 주님의 뜻에 따라 일어났다(고전 1:4-8).

9:3 나를 비판하는 자들에게 변명할 것이 이것이니(Ἡ ἐμὴ ἀπολογία τοῖς ἐμὲ ἀνακρίνουσίν ἐστιν αὕτη). 어떤 주석가는 이 구절이 1-2절을 되돌아본다고 주장했지만,[10] 이어지는 설명을 내다보는 것으로 이해하는 편이 더 낫다. 여기서 바울이 "변명"(ἀπολογία)과 '비판하다'('평가하다', ἀνακρίνω)와 같은 법적 용어를 사용하는 것은 그가

---

7. Fee, *1 Corinthians*, 436.
8. 갈라디아서 1:16에서 바울은 또한 자신의 목격자 증언에도 호소한다.
9. "사도"에 대한 설명은 1:1을 보라. 그리고 Kim, *Origin of Paul's Gospel*, 7 이하; 55 이하를 보라.
10. 특히 Fitzmyer, *1 Corinthians*, 357과 Robertson, Plummer 공저, *First Corinthians*, 179는 이 구절이 2절을 되돌아본다고 주장한다. "이것"(αὕτη)이라는 말의 문장 끝 위치는 "이것"이 앞으로 나오는 내용을 가리키는 것일 수 있다. 그러나 바울이 언급하는 "비판"은 그의 사도직이 아니라 그가 자신의 '권리'를 사용하는 법과 관련되어 있고, 그것이 이어지는 구절들에서 다루고자 하는 주제다.

사람이 행사하는 법적 권리에 관해 말하고 있음을 상기시킨다. 그러나 바울은 고린도 교인이 적절한 영적 판단을 하지 못하는 점을 이미 상세히 비판했다(2:14-15; 4:3-4). 2-4장에서 바울은 고린도 교인이 교인들을 판단하고 평가하는 문제를 자신과 아볼로에게 이미 적용했다. 그래서 바울은 특별히 고린도 교인에게 자기를 '비판하거나'(평가하거나) 판단하라고 요구한다. 고린도 교인은 바울의 행동을 사도직을 가진 자로서 평가해야 한다. 만약 고린도 교인이 바울의 행동을 평가하면, 그들은 자신이 행한 행동과는 완전히 다른 것을 보게 될 것이다. 여기서 바울의 주 관심사는, 사도들의 '권리' 행사가 사도직을 인증하는 것이 아닌 것처럼, 고린도 교회의 엘리트 교인이 가졌다고 주장하는 다른 권리의 행사도 하나님께 속한 자를 인증하는 것이 아님을 고린도 교인이 깨닫는 것이다.

9:4-6 우리가 먹고 마실 권리가 없겠느냐 우리가 다른 사도들과 주의 형제들과 게바와 같이 믿음의 자매 된 아내를 데리고 다닐 권리가 없겠느냐 어찌 나와 바나바만 일하지 아니할 권리가 없겠느냐(μὴ οὐκ ἔχομεν ἐξουσίαν φαγεῖν καὶ πεῖν; μὴ οὐκ ἔχομεν ἐξουσίαν ἀδελφὴν γυναῖκα περιάγειν, ὡς καὶ οἱ λοιποὶ ἀπόστολοι καὶ οἱ ἀδελφοὶ τοῦ κυρίου καὶ Κηφᾶς; ἢ μόνος ἐγὼ καὶ Βαρναβᾶς οὐκ ἔχομεν ἐξουσίαν μὴ ἐργάζεσθαι;). 바울 자신의 인생에서 나온 긴 예증이 여기서 시작된다. "우리"라는 말은 처음에는 "권리"가 있는 사도 집단을 가리킨다. 하지만 이후에는 특별히 바울과 바나바를 가리킨다. 4절에 나오는 첫 번째 "권리"(ἐξουσία),[11] 곧 바울이 말하는 것에 대한 '자격'으로 불릴 수 있는 것은 사도들이 사역을 할 때 경제적이거나 물질적인 지원을 받을 권리다. 여기서 연속으로 소개하는 다른 3개의 수사 의문문은 바울이 제시하는 논증에 증거를 제공한다. 여기서 이 질문들을 통해 제시된 요점은 독자가 분명히 알고 있는 사실로 추정되고, 이중 부정(μὴ οὐκ)은 그 요점을 훨씬 더 강화한다. 물론 사도들은 그렇게 할 자격이 있다. 당연히 바울과 바나바도 이 권리에서 제외되지 않는다. 바울은 논란의 여지가 있는 말을 조금도 하지 않는다. 이 수사 기법은 다시 한번 단순히 이 자격의 본질과 사도 집단에 속한 자가 다 이 권리를 가졌다는 사실을 적극적으로 옹호하는 역할을 한다. 베드로("게바")를 언급하는 것은 베드로가 고린도 교인에게 잘 알려져 있었다는 사실을 반영한다(참고. 1:12).

4절의 첫 번째 질문("우리가 먹고 마실 권리가 없겠느냐")에서 먹고 마실 권리를 언급하는 것은 8장과 고린도 교인이 직접 제기한 음식 주제를 반영한다. 고린도 교인은 자신이 어디서나 어떤 음식을 먹을 수 있는 권리가 있음을 주장하려고 애썼다(8장). 이 문제는 바울이 10장에서 다시 다룬다. 따라서 바울은 사도로서 자신이 가진 음식에 관한 권리에 관해 말한다. 이 권리를 바울은 7-11절과 12-14절에서 더 깊이 주장한다.

두 번째 질문("우리가 다른 사도들과 주의 형제들과 게바와 같이 믿음의 자매 된 아내를 데리고 다닐 권리가 없겠느냐")은 바울이 사도로서 전도 여행을 할 때 아내를 데리고 다닐 권리와 관련되어 있다. 그러나 수사적 질문의 힘을 고려하면, 여기서 추정되어야 할 요점은 다음과 같다. 곧, 사도들은 지원을 받을 뿐만 아니라 아내의 물리적 지원을 받는 것도 기대할 수 있다. '믿는 아내'(ἀδελφὴν γυναῖκα)라는 말은 '자매 (된) 아내'(sister wife,

11. Hans Lietzmann, *An Die Korinther I-II*, 4차 편집, HNT 9 (Tübingen: Mohr Siebeck, 1949), 40은 그가 여기서와 5, 6, 12절에서 "권리"를 "자유"(Freiheit)로 번역할 때 바울이 펼치는 논증의 진행을 충분히 인정하지 못한다. 첫 번째 수사적 질문(1절)에서 "자유"는 바울이 자신의 권리(ἐξουσία)를 행사할 때 그가 가진 선택권을 반영한다. "자유"와 "권리"는 같은 말이 아니다. Lietzmann은 19절에서는 올바르게 "권리"(Recht)로 번역한다.

참고. AV, 개역개정에는 "믿음의 자매 된 아내"–역주)로 번역될 수 있다.[12] 대다수 주석가는 "자매"가 그리스도인 자매를 가리키고(참고. 7:15), 따라서 "아내"를 수식한다고 추정한다. 그래서 "그리스도인 아내"(TEV)나 "믿는 아내"(대부분의 현대 역본)로 번역된다. 바울이 여기서 5–7장에서 다룬 배우자와의 성관계에 관한 설명을 생각했다고 보기는 거의 불가능하다.[13] 그렇게 되면 이 부분 나머지 내용과 전연 일치되지 않는 주제를 소개하는 것이 되고 만다. 오히려 바울은 단순히 사도가 아내를 데리고 다니면 필요할 때 음식과 경제적 도움을 받는다는 점을 제시하고 있다. 이 언급은 초대교회 시대부터 부부가 함께 선교 사역을 했다는 사실과, 최소한 어떤 부부는 물리적 도움을 받고 사역했다는 사실에 대한 흥미로운 통찰력을 제공한다.

여기서 "주의 형제들"(ἀδελφοὶ τοῦ κυρίου)은 사도들과 분리된 또 하나의 교회 지도자 집단으로 볼 수 없을 것 같다. 그러나 이런 집단이 있다고 보면, 바울이 여기서 "사도"(ἀπόστολος)라는 말을 잘 알려진 초기의 선교사들('사자들')을 일반적으로 가리키는 말로 사용하는지, 아니면 더 전문적으로 열두 사도에 하나나 둘을 더한 집단을 가리키는 말로 사용하는지 여부에 대한 질문이 제기된다. 마가복음 6:3에서는 야고보와 요셉과 유다와 시몬이 주님의 형제로 언급된다. 갈라디아서 1:19에서는 바울이 야고보를 "주의 형제"로 부르고, 분명히 사도 가운데 하나로 언급한다. 바울은 이미 자신이 '예수 우리 주를 보았다'(1절)고 말했기 때문에 주의 형제들이 일반적으로 초대교회에서 주님이 선택하신 사도들과 동일한 지위를 가졌던 것 같다. 다만 이것을 확신할 방도는 없다. 그러나 주님을 잘 알았던 이 사람들을 언급하는 것은 바울이 이제 거론할 문제에 관해 주님의 가르침을 잘 알고 있었다는 사실을 환기한다. 마태복음 10장을 보면, 열두 제자가 예수님의 파송을 받았다. 파송받을 때 열두 제자는 식량을 준비하지 말라는 말씀을 듣고, 그때 예수님은 "이는 일꾼이 자기의 먹을 것 받는 것이 마땅함이라"고 말씀하신다(10절).[14]

마지막 세 번째 질문("어찌 나와 바나바만 일하지 아니할 권리가 없겠느냐")은 바울과 바나바가 다른 사도들과 같이 복음을 전하는 동안 생활비를 벌지 않고 물질적 도움을 받을 자격이 있다는 점을 강조한다. 여기서 바나바를 선택한 것은 의미심장하다. 바나바는 바울을 사도들에게 소개하고, 바울이 "주를 본" 사실을 사도들에게 보증한 사람이었다(행 9:27). 그리고 다소에 가서 바울을 찾아 안디옥으로 데리고 간 사람이었다(행 11:25–26). 또한 바나바는 바울과 함께 선교 여행을 다녔다. 아마 "권리"를 포기했다는 관점에서 볼 때 훨씬 더 중요한 사실은 바나바가 밭을 팔아 교회에 바친 사실일 것이다(행 4:36–37).

9:7 누가 자기 비용으로 군 복무를 하겠느냐 누가 포도를 심고 그 열매를 먹지 않겠느냐 누가 양 떼를 기르고 그 양 떼의 젖

12. 사제들이 점차 독신에 귀의하는 것에 영향을 받은, 초기의 일부 주석가(예를 들어, Tertullian, *Monogamy* 8; Jerome, *Jov*. 1.26)와 한두 명 이상의 최근 학자들(참고. Allo, *Premiere Épître aux Corinthiens*, 214)이 여기서 문제의 여성은 아마 여집사 아니면 사도의 여성 보조인이었을 것이라고 주장했다.

13. Ciampa, Rosner 공저, *First Corinthians*, 401은 이와 반대다.

14. 바울은 여기서 주님의 말씀을 직접 사용하지 않지만, 누가복음 10장 및 마태복음 10장과 고린도전서 9장 사이에 관념과 어휘의 중복이 있는 것은 바울이 주님의 가르침을 잘 알고 있었음을 암시한다. 예수님은 제자들에게 그들의 권세나 권리(ἐξουσία, 마 10:1; 눅 10:19)에 대해 말씀하실 뿐만 아니라 "일꾼이 그 삯(μισθός)을 받는 것이 마땅하다"(눅 10:7, ESV)라는 이유로 (주인이) 제공하는 것을 먹고(ἐσθίω) 마시는(πίνω) 것에 관해서도 말씀하신다. 더 상세한 설명은 Biörn Fjärstedt, *Synoptic Tradition in 1 Corinthians: Themes and Clusters of Theme Words in 1 Corinthians 1-4 and 9* (Uppsala: Rotobeckman, 1974)를 보라. 또한 Peter J. Tomson, *Paul and the Jewish Law: Halakha in the Letters of the Apostle to the Gentiles*, CRINT (Assen: Van Gorcum/Minneapolis: Fortress, 1990), 125–31도 보라.

을 먹지 않겠느냐(τίς στρατεύεται ἰδίοις ὀψωνίοις ποτέ; τίς φυτεύει ἀμπελῶνα καὶ τὸν καρπὸν αὐτοῦ οὐκ ἐσθίει; ἢ τίς ποιμαίνει ποίμνην καὶ ἐκ τοῦ γάλακτος τῆς ποίμνης οὐκ ἐσθίει;). 바울은 자신이 다른 사도들이 가진 것과 똑같은 권리가 있음을 증명한 다음, 설명의 폭을 넓혀 3개의 수사적 질문을 추가로 제시하고, 앞에서 주장했으나 지금은 다른 집단의 사람들에게 적용하는 동일한 원리를 간단하게 예증한다.[15] 바울은 여기서 특별히 삯보다는 양식에 관해 계속 생각한다. 그러나 부르심을 따르는 사람의 활동에 관해서도 생각한다. 따라서 바울은 군인이나 목자나 포도원 지기에 관해 말하는 것이 아니라, 자신의 부르심의 활동에 종사하는 사람에 관해 말한다. 전쟁하러 나가는 사람은 군대에서 활동할 때 먹을 양식[16]을 스스로 준비하는 것이 예상되지 않는다. 포도원에 포도나무를 심는 자는 그 열매를 먹을 것이다. 양 떼를 기르는 자는 양의 젖을 취할('먹을', ἐσθίω) 것이다. 이 소명은 각각 깊은 성경적 배경이 있다. 그것이 이 본문에서 바울이 최우선으로 생각하는 것은 될 수 없지만, 독자는 그가 "하나님의 동역자" 가운데 하나로 밭에서 "심는" 사역을 감당했다고 이미 말한 점을 주목할 것이다(3:6–9). 어떤 활동을 하는 자에게 어떤 권한을 행사할 자격이 주어진다는 이 일반적인 요점은, 사도들도 사역을 위해 필요한 것을 공급받을 자격을 가졌다는 특수한 요점을 보강하는 역할을 한다. 바울은 어떤 활동과 통상적으로 그 활동에 적합한 자격의 연계성에 관한 세 가지 통상적이고 충분히 이해되는 사례나 예증을 제시했다. 그러나 바울은 여기서 그것으로 그치지 않는다. 이제 이것이 진실로 법적 권리라는 것을 확증하려고 모세 율법에 의지하여 성경적 지지를 제시하기 때문이다.

9:8 내가 사람의 예대로 이것을 말하느냐 율법도 이것을 말하지 아니하느냐(Μὴ κατὰ ἄνθρωπον ταῦτα λαλῶ, ἢ καὶ ὁ νόμος ταῦτα οὐ λέγει;). 이제 바울은 모세 율법에 호소하여 자신의 요점을 제시한다. 이 수사적 질문("내가 사람의 예대로 이것을 말하느냐")은 대체로 '아니다'라는 답변을 예상할 수 있다. 따라서 여기서 번역할 때 이 의미를 포착하려는 시도가 있다. 그러나 이 질문은 다시 단순히 긍정적 단언으로 작용한다. 곧, 내가 사람의 예대로(사람의 관점에 따라) 이것을 말하는 것이 아니라는 것이다. 여기서 "사람의 예대로"(문자적으로 '사람을 따라', κατὰ ἄνθρωπον)라는 말은 3:3에도 나타난다. 거기서는 그 말이 부정적 의미를 내포한다. 여기서는 중립적 의미를 내포한 진술이다. 바울은 방금 세 가지 직업에 호소함으로써 자신의 권리를 옹호했다. 이제는 같은 요점을 더 깊이 제시한다. 바울은 때때로 "율법"이라는 말을 사용하여 성경 곳곳을 폭넓게 가리킬 수 있지만, 이어지는 구절(9:9)에서는 신명기 25:4의 내용을 인용하므로 그가 그 말로 '모세 율법', 곧 토라를 언급한다는 것이 명확해진다.

9:9 모세의 율법에 곡식을 밟아 떠는 소에게 망을 씌우지 말라 기록하였으니 하나님께서 어찌 소들을 위하여 염려하심이냐(ἐν γὰρ τῷ Μωϋσέως νόμῳ γέγραπται, Οὐ κημώσεις βοῦν ἀλοῶντα. μὴ τῶν βοῶν μέλει τῷ θεῷ). 이 인용문의 요점은 명확하다. 그것은 단순히 소가 곡물을 가는 큰 맷돌을 당겨 돌리는 일을 할 때 거기서 나온 곡물을 먹지 못하도록 함으로써 소가 일하는 것을 방해해서는 안 된다는 점이다. 하나님은 소를 "염려하시는"[17] 것이 아니라(이 질문은 부정의 답변을 예상한다) 사람을 염려하시는 것이므로, 그것을 사도가 자신의 사역을 감당할 때 교인들에

15. 이 특수한 예증 배후에 있는 것으로 예상되는 스토아–견유 학파 및 랍비 전통에 관해서는 Tomson, *Paul and the Jewish Law*, 126을 보라.

16. ὀψώνιον이라는 말은 삯을 의미할 수 있을 뿐만 아니라 "양식"을 의미할 수도 있다(LSJ, 그리고 Thayer, *Greek-English Lexicon*, 471도 그렇다).

17. 이것은 초시간적인 사실이나 속담 진술에 사용된 격언의 현재 시제 용법이다(Wallace, *Greek Grammar*, 523–24).

게 양식을 지원받는 것을 불합리하게 방해받아서는 안 된다는 점을 입증하는 증거로 보아야 합리적이다.[18] 그러나 바울이 이 구절에서 인용하는 말과 9:10에서 계속해서 말하는 것은 많은 논란을 불러일으켰다.

9:10 [진실로][19] 오로지 우리를 위하여 말씀하심이 아니냐 과연[20] 우리를 위하여 기록된 것이니 밭 가는 자는 소망을 가지고 갈며 곡식 떠는 자는 함께 얻을 소망을 가지고 떠는 것이라 (ἢ δι᾽ ἡμᾶς πάντως λέγει; δι᾽ ἡμᾶς γὰρ ἐγράφη, ὅτι ὀφείλει ἐπ᾽ ἐλπίδι ὁ ἀροτριῶν ἀροτριᾶν, καὶ ὁ ἀλοῶν ἐπ᾽ ἐλπίδι τοῦ μετέχειν). 바울은 강력한 강조 표현으로 "오로지"(πάντως)[21] 모세가 "우리를 위하여"(δι᾽ ἡμᾶς) 기록했다고 주장한다. 바울은 이 인용문을 사도들[22]과 그들의 권리에 적용한다. 그러나 몇 가지 질문이 즉각 제기된다. 이것이 성경을 적합하게 사용하는 것인가? 아니면 바울은 성경 본문을 자의적으로 '증거 본문'으로 사용하는 것인가? 혹은 일부 주석가가 주장하는 것처럼, 바울은 필로와 비슷한 방식으로 율법을 풍유적으로 적용하고 있는가? 하나님이 자신의 모든 피조물을 보살피신다는 자주 반복되는 주장(예를 들어, 창 1:24; 시 50:10-11; 눅 12:6)에 비추어 보면, 바울은 진실로 하나님이 소들을 염려하시지 않는다고 말할 수 있을까?

리츠만(Lietzmann)과 다른 주석가들은 바울이 이 인용문을 사용하는 방식이 필로의 작품에서 발견되는 풍유법(알레고리 기법)과 비슷하다고 주장한다.[23] 콘첼만과 이어서 센프트는 이렇게 설명한다. "하나님의 관심은 더 높은 존재들에 있고", 이로 인해 율법의 세부 사실이 "풍유적으로 해설되는" 일이 벌어진다.[24] 필로가 다음과 같이 설명하는 말을 여러 학자가 인용한다. "율법은 비이성적인 피조물이 아니라 지성과 이성을 가진 존재에 대하여 규정한다."[25] 또 다른 주석가 집단은 바울이 이 본문을 '실제' 의미로 사용하되, 다만 랍비 방식에 따라 더 작은 것에서 더 큰 것으로 나아가는 논증을 전개한다고 주장한다. 곧, 만약 이것이 소들에 대하여 사실이라면 사람들에 대해서는 얼마나 더 사실이겠느냐는 것이다. 이 경우에는 소에 관한 본문이 유비

18. 바울은 이 구절을 다른 곳에서는 디모데전서 5:18에서 딱 한 번 인용한다. 거기서 바울은 그것을 '일꾼이 그 삯을 받는 것은 마땅하다'는 인용문과 직접 연계시킨다. 그 문맥에서 이것은 잘 다스리는 장로들, 특히 가르침과 설교로 수고하는 자는 갑절의 영예(τιμή)를 누릴 자격이 있다는 바울의 설명을 한정한다. 이 문맥과 이 인용문을 고려하면, 바울이 '갑절의 영예'보다 '갑절의 삯'을 가리켰다고 보는 것이 확실히 옳다.

19. 오직 문맥만이 불변화사 ἤ의 의미를 암시할 수 있으나 이 말은 번역하기가 반드시 쉽지는 않다. 이 말은 절들 사이를 분리하는 의미로 '또는'을 가리킬 수 있다. 이 말은 또한 단순히 절들 사이를 분리하는 역할만 할 수 있다. 이 경우에는 종종 영어로는 번역되지 않을 것이다. 그러나 이 말은 또 "수사적 질문을 소개하고 덧붙이는 데도" 종종 사용된다(BDAG 432). 9:7에서 이 말은 앞의 의문문 뒤에서 의문문과 함께 사용되고, 이때는 번역할 필요가 없다. 9:15에서 이 말은 비교 구문의 일부로 사용된다. "내가 차라리 죽을지언정…" 참고. 마 10:15; 고전 14:19. 여기 9:10에서, 이 말은 부사로 기능할 수 있고, 따라서 "진실로" 또는 "확실히"로 번역될 수 있다(BDAG 433, 개역개정에는 번역되어 있지 않음-역주) 이것은 "오로지"(πάντως)를 강조하는 말로 보는 것이 좋다.

20. γάρ라는 단어(yes, 개역개정에는 "과연"-역주)는 종종 질문에 대한 답변을 확언하는 경우에 사용된다(참고. 살전 2:20, BDF §452.2를 보라).

21. ESV는 이 말이 "certainly," NIV는 "surely"로 되어 있다.

22. 이것은 1인칭 복수형 "우리"는 제한적이고, 바울이 세우려고 애쓰는 권리를 가진 사도들에게만 관련되어 있음을 가정한다. Conzelmann, *1Corinthians*, 155는 이와 반대다. Wallace, *Beyond Basics*, 398을 보라. "우리를 위하여"라는 말은 아마 소와 달리 "우리와 같은 모든 인간을 위하여"를 의미할 것이다. 그러나 이 말이 두 번째로 나오고, 거기서 밭 가는 자에게 적용되는 것은 이 말이 바울이 펼치는 논증의 중심을 이루는 사도들을 가리킨다는 것을 암시한다. 11절의 "우리"는 사실은 훨씬 더 제한적이고, 오직 바나바와 바울만을 가리킬 것이다.

23. Lietzmann, *An Die Korinther I-II*, 41은 Philo에게서 나온 다수의 사례를 인용한다. 바울이 여기서 이 인용문으로 무슨 말을 하는지에 관해 주석가들이 취한 다양한 입장에 대한 상세한 검토는 David Instone-Brewer, "1 Corinthians 9:9-11: A Literal Interpretation of 'Do Not Muzzle the Ox,'" *NTS* 38 (1992): 554-65를 보라.

24. Conzelmann, *1 Corinthians*, 154-55와 Senft, *Première Épître de Saint Paul aux Corinthiens*, 119를 보라.

25. Philo, *Spec. Laws* 1.260 (Colson, LCL).

로 사용된다.[26]

바울이 구약 본문을 인용하는 방식에 대하여 종종 이런 식의 질문이 제기되고, 이런 질문에 답변하기 위해서는 항상 인용된 구약 본문의 원래 문맥을 먼저 살펴보는 것이 좋다. 이것은 바울이 그 본문을 선택한 이유를 설명하는 데 도움을 주기 때문이다. 신명기 25:4의 문맥은 사람들을 대하는 법에 관한 율법을 다룬다. 특히 어떤 사람들을 보살피는 율법과 관련되어 있다. 신명기 24:14까지 거슬러 올라가면, 처음에는 품꾼이 응당 받아야 할 것을 지불해야 할 필요성에 대하여 말한다. 품꾼은 학대받아서는 안 되고, 품삯은 일한 당일에 지불되어야 한다(신 24:14-15). 범죄에 대해서는 오직 죄인 자신만 처벌받아야 하고, 자식이나 다른 친족이 처벌받아서는 안 된다(신 24:16). 과부와 객은 정의의 법칙에 따라(신 24:17-18), 또한 곡식을 수확할 때 밭에서 곡식을 다 거두어서는 안 된다는 사실로 굳게 확립되는 이삭줍기 원칙에 맞추어(신 24:19-22), 적절하게 보살핌을 받아야 한다. 신명기 25:5-10에서는 과부의 권리가 수혼제(嫂婚制)에 따라 확립된다. 그렇다면 분명히 액면 그대로 소의 권리에 관해 말하는 신명기 25:4은 문맥에 다소 맞지 않는다. 이것은 원래 문맥에서도 신명기 25:4은 특별히 소를 다루는 문제에 대한 예증이 아니라, 사람을 정의와 공정의 원리에 따라 다루는 문제에 대한 예증으로 작용했다는 점을 암시할 것이다. 사실 이것이 신명기 25:4에 대하여 대다수 유대교 주석이 말하는 방식이다.[27] 이런 식의 예증으로서 신명기 25:4은 일할 때 소를 다루는 법에 관한 진술로 작용한다. 하지만 바울이 그 구절을 사람들에 대한 언급으로 사용하는 것도 합법적이고 문맥과 일치한다.

10절 후반부("밭 가는 자는 소망을 두고 갈며 곡식 떠는 자는 함께 얻을 소망을 두고 떠는 것이라")는 인용문이 아니다. 거기서 ὅτι는 서창(敍唱)이 아니다. 이 말을 인용문으로 보도록 만들 수 있는 원래의 성경 본문이 없기 때문이다. 그러나 인스톤-브루어(Instone-Brewer)는 다음과 같이 지적한다. "이것은 미쉬나(*m.B.Mes.*) 7.2를 부연 설명한 것이다. '이들 곧 일이 끝난 후(즉, 경작을 거쳐 수확할 때까지) 아직 자라고 있는 것에 수고하는 자와 일이 끝나기 전에(즉, 타작하기 전에) 이미 얻은 것에 수고하는 자는 율법의 요구에 따라 (그들이 수고하여 얻은 수확물을) 먹을 수 있다."[28] 그럼에도 "바울이 이 특정한 미쉬나를 염두에 둔 것 같다"라고 주장하는 것은 사변에 지나지 않는다. 오히려 엄격한 수사 기법을 따라 바울은 인용문이 제기한 곡식 문제로부터 이것이 어떻게 "우리를 위하여" 기록되었다고 말할 수 있는지를 설명하는 것으로 나아간다. 그것은 밭을 가는 자는 누구든, 그들이 수확을 확신할 수 없다는 점을 고려해도 수확에 대한 진정한 소망을 두고 밭을 갈고, 또 그들이 최종 산물을 나누어 받을 것이라는 소망을 두고 곡식을 떠는 것이 틀림없기 '때문이다'(ὅτι). 따라서 바울은 자신의 요점을 다시 제시한다. 곡식을 가지고 일하는 자, 곧 곡식을 심고 곡식을 타작하는 자는 자신이 한 손의 수고에 대한 열매를 누리기를 당연히 기대할 것이다. 스미트(Smit)가 말하는 것처럼, "비유적으로 농사짓는 일꾼들이" 교체되는 것은 큰일이 아닌데, 그것은 "결국 이로써 (바울이) 복음 전파자에게 어떤 이는 심고…다른 이는 단지 타작만 한다고 말하기" 때문이다.[29] 고린도 교회의 엘리트 교

---

26. 랍비 자료를 상세히 제시하는 것은 Anthony T. Hanson, *Studies in Paul's Technique and Theology* (London: SPCK, 1974), 162-66을 보라. "이 모든 증거는 신명기 25:4이 랍비들에게 매우 익숙한 본문이었다는 사실을 증명한다.…이 본문은 유비적인 의미로 매우 자유롭게 적용되었으나 어떤 랍비도 그럴 경우에 문자적 의미가 무시될 수 있다고 주장하지 않는다."

27. Tomson, *Paul and the Jewish Law*, 127n160, 129를 보라.

28. Instone-Brewer, "1 Corinthians 9:9-11," 558.

29. Smit, *About the Idol Offerings*. 또한 John P. Heil, *The Rhetorical Role of Scripture in 1 Corinthians*, SBLMS 15 (Atlanta: SBL Press, 2005), 139도 보라.

인은 바울이 심는 것을 소망했고(3:6-9), 따라서 물질적 지원을 포함하여 그 일의 열매를 함께 누릴 권리가 있음을 알아야 한다.

많은 주석적 문제와 해석적 질문이 제기되었지만 9-10절은 이제 바울이 사도로서 자신이 물질적 지원을 받을 "권리"가 있다고 설명하는 내용에서 분명한 자기 위치를 갖는다. 율법은 바울과 그가 7절의 수사적 질문을 통해 주장한 모든 것을 지지한다. 바울은 이런 지원을 받을 자격이 있다. 율법은 바울 세대의 사람들에게 그리고 복음 전파자에게 말한다. 바울은 소에 대한 언급에서 결국은 타작하여 수확을 얻는 사람들에게 시선을 돌림으로써, 이들 역시 타작된 곡식을 얻을 것을 분명히 기대하고 있다고 덧붙인다. 바울은 이제 자신의 논증 그다음 부분, 즉 자신이 심었으므로 그 역시 거두는 것에 참여할 것을 당연히 기대할 수 있다는 점을 매우 주의 깊게 확립한다.

9:11-12b 우리가 너희에게 신령한 것을 뿌렸은즉 너희의 육적인 것을 거두기로 과하다 하겠느냐 다른 이들도 너희에게 이런 권리를 가졌거든 하물며 우리일까보냐(εἰ ἡμεῖς ὑμῖν τὰ πνευματικὰ ἐσπείραμεν, μέγα εἰ ἡμεῖς ὑμῶν τὰ σαρκικὰ θερίσομεν; Εἰ ἄλλοι τῆς ὑμῶν ἐξουσίας μετέχουσιν, οὐ μᾶλλον ἡμεῖς;). 바울은 고린도에서 자신이 행한 사역을 "심는" 일이라고 말했고(3:5-8), "스데바나의 집"을 아가야에서 행한 사역의 "첫 열매"로 말할 때는(16:15) 회심의 역사를 열매로 표현한다. 바울은 참으로 진실하게 복음을 전하고 십자가에 못 박히신 그리스도께 초점이 있는 지혜를 나누어줌으로써 그들 속에 "신령한(영적인) 것"(τὰ πνευματικὰ)을 심었다. 바울이 사용하는 "신령한"(영적인, πνευματικός)이라는 말의 용법에 대해서는 2:13을 설명할 때 검토했다. 거기서는 그 말이 성령으로 계시되고 항상 그리스도를 지시하는 것을 가리켰다고 주장했다. 여기서 바울은 단순히 12절 끝부분에서 자신이 "그리스도의 복음"으로 요약하는 것을 염두에 둔다. 여기서 "육적인 것"(τὰ σαρκικά)은 이원론에 따라 조명되어서는 절대로 안 된다. 오히려 단순히 그리스도를 믿는 믿음으로 나아온 자에게서 나오는 육적(물리적) 유익을 가리킨다.[30]

바울은 또 하나의 수사적 질문을 사용하여 이 요점을 제시한다. 하지만 이번에는 질문이 조건 형태로 되어 있고, 귀결절이 "…로 과하다(μέγα) 하겠느냐"로 시작되는 것처럼 아이러니를 암시하는 것 이상의 의미가 담겨 있다. 티슬턴은 현대 관용어를 사용하여 이것을 다음과 같이 잘 해석한다. "우리가…을 거둔다면 그것이 어떤 대단한 것(Big Deal)이겠느냐?"[31] 독자는 이 두 문제, 곧 "신령한 것"과 "육적인(물리적인) 것"을 철저히 대조하는 것에 약간 놀라움을 느끼게 될 것이다. 바울은 1인칭 복수형으로 돌아감으로써 자신이 행하는 사역에 대해 사도로서 경제적, 물리적 지원을 받을 권리를 확실히 가졌다는 사실을 부각한다.

추측건대 이 조건절은 실제 상황을 가리키고, 따라서 흥미롭게도 바울은 사도로서 누릴 권리를 주장하는 한편 이제는 고린도 교인이 "다른 이들"(ἄλλοι)에게 어떤 도움을 받을 권리를 이미 주었다는 점을 인정한다. 티슬턴, 헤링 그리고 로버트슨과 플러머의 견해와 일치되게, 이 소유격(ὑμῶν, "너희에게")은 주격의 소유격으로 취해진다. 따라서 이 절의 번역은 "너희가 (그들에게 준) 권리에 참여하거든"(τῆς ὑμῶν ἐξουσίας μετέχουσιν)이 된다.[32]

30. 영적인 것(신령한 복, NRSV)을 받았기 때문에 육적인 것으로 다른 사람들을 섬기는 의무를 지켜야 하는 것에 관해 말하는 로마서 15:27을 참고하라.

31. *1 Corinthians*, 688.

32. Fee, *1 Corinthians*, 453은 많은 주석가와 같이 그것이 목적의 소유격이라고 주장한다. Thiselton의 Fee에 대한 반응은 중요하다(*1 Corinthians*, 690).

다른 이들이 행사한 이 권리는 능력 및 후견 문제와 관련된 것으로 보아야 하므로(뒤의 내용을 보라), 바울이 주장해온 것과 정반대되는 목적의 소유격은 개연성이 없다. NRSV는 목적의 소유격으로 보고 "다른 이들도 너희에게 이런 권리를 가졌거든 우리는 훨씬 더 많이 가지지 않겠느냐"고 번역한다. 그러나 바울은 '이렇게' 말하지 않는다. 그리고 하나님이 사도들에게 정하신 권리를 주장하는(9-10절) 바울이 '고린도 교인에 대해' 다른 이들이 가진 권리와 그가 요구하는 것을 같은 것으로 본다고 주장할 이유는 없다. 바울이 마지막으로 염두에 둔 것은 고린도 교인'에 대하여' 어떤 권위를 행사하는 것이다. 여기서 비교할 요점은, 단순히 고린도 교인이 "다른 이들"을 경제적으로 돕는 일을 거부한 것으로 나타나지 않는다는 점이다.

여기서 "다른 이들"이 고린도 교인에게서 경제적 도움을 받을 "권리"를 이미 부여받았다고 여겨지는 자인지는 불분명하다. 그들은 당연히 1장에서 언급된 파벌들의 지도자였을 것이다. 갈런드는 아볼로가 이 다른 이들 가운데 하나일 수 있다고 주장한다. 왜냐하면 아볼로는 바울이 심은 사역에 "물을 주는" 일을 맡았고, 바울도 아볼로를 자기가 일한 대로 "자기의 상을 받을" "동역자"로 언급하기 때문이다(3:5-9).[33] 그러나 일부 부유한 교인이 고린도 교회 안에서 후견자로서 권력을 쥐고 있었고, 그리하여 자기들이 선호하는 지도자에게 수입을 제공했다고 보는 것도 최소한 가능하다. 그러나 바울은 이런 후원을 용납할 수 없다는 사실을 분명히 했다(1:12-14). 바울은 지도자의 지위를 근거로 또는 후원을 근거로 이런 지원을 바라지 않는 것이 아니라, 복음을 위하여 그리고 복음의 열매가 이미 고린도에서 맺혔기 때문에 이런 지원을 바라지 않는다.

9:12c-f 그러나 우리가 이 권리[34]를 쓰지 아니하고 범사에 참는 것은 그리스도의 복음에 아무 장애가 없게 하려 함이로다 (Ἀλλ' οὐκ ἐχρησάμεθα τῇ ἐξουσίᾳ ταύτῃ, ἀλλὰ πάντα στέγομεν ἵνα μή τινα ἐγκοπὴν δῶμεν τῷ εὐαγγελίῳ τοῦ Χριστοῦ). 이제 바울은 복음이 '값없이' 전파되어야 함을 증명하는 문제로 시선을 돌린다. 복음을 값없이 전파해야 했기 때문에 바울은 경제적 지원을 받을 권리를 포기했다(12c-15절). 따라서 바울은 자신이 부득불 복음을 전하지 않으면 안 되는 '의무'가 있다고 지적한다(16-18절). "그러나"(ἀλλά)라는 표현은 직전에 한 말과 강력한 대조를 구축한다. 직전 몇 구절에서 사도로서 지원받을 "권리"가 있음을 확립한 다음, 이제 바울은 자신이 펼치는 논증의 결론을 미리 진술한다. 이로써 이 전체 부분이 8장에서 제기된 주제를 어떻게 계속 직접 다루는지 정확히 보여준다. 바울은 그리스도의 복음에 아무 장애가 되지 않기로 결심했고, 앞으로도 항상 그렇게 결심할 것이다. 그리고 만약 사도로서 경제적 지원을 받을 수 있는 이 "권리"가 그리스도의 복음에 장애가 된다면, 바울은 자신의 권리를 행사하지 않을 것이다. 따라서 고린도 교인은, 만약 소위 "권리"를 가졌다면, 그들의 권리 역시 그리스도의 복음에 항상 종속되어야 함을 배워야만 한다. 13-14절에서 바울은 그리스도를 위해 얼마를 얻기 위하여 자신이 행사할 수 있는 모든 권리를 어떻게 포기하는지에 따라 자신이 내린 결론의 적용을 상세히 전개하기 전에(15-23절), 자신의 "권리"를 지지하는 추가 사례를 간략히 다루는 것으로 돌아간다.

'참다'(στέγω)[35]라는 관념은 독자에게 바울이 사도로

33. Chow, *Patronage and Power*, 173은 이렇게 말한다. "고린도 교회 안에는 다른 사도들을 물질적으로 지원하는 자, 즉 자신보다 못한 자에게 돈을 쓰는 부자 후견인이 있었던 것 같다(고전 9:12a)." 또한 pp. 107-9에서 그의 설명도 보라. 또한 Clarke, *Secular and Christian Leadership in Corinth*, 31-32, 125, 133도 보라.

34. 여기서와 15절에서 사용된 동사 χράομαι가 여격을 취하는 것을 주목하라. Robertson, *Grammar of the Greek New Testament*, 532-33.

35. 동사 "참다"(στέγω)는 '견디다'(endure)로 번역될 수 있다. 의미는 같

서의 권리를 행사하지 않는 것에 그만한 대가가 따른다는 사실을 상기시킨다[참고. 13:7, "(사랑은) 모든 것을 참으며"]. 바울은 사도로서 권리를 행사하지 않은 대가로 불명예를 얻고, 심지어는 배고픔과 헐벗음도 겪는다. 그러나 이 가운데 어떤 일도, 복음을 전하라는 하나님의 부르심을 따르는 일과(1:17을 보라) 그리스도를 위하여 사람들을 얻는 일에서(뒤의 내용을 보라) 중요하지 않다. 이것은 고린도 교회 엘리트 교인의 모습과 완연히 대조된다. 엘리트 교인들은 권리를 포기할 준비가 되어 있지 않았다. 따라서 형제와 자매들에게 '죄를 범하고' 심지어는 그들을 '멸망하게' 만드는 위험도 무릅썼다(8:8-12). 바울은 여기서 복음과 그것에 함축된 내용을 이해하지 못하게 가로막는 방해물을 가리키는 데 "장애"(걸림돌, ἐγκοπή)라는 말을 사용함으로써 내용을 앞의 8장과 직접 연결한다.[36] 사도로서 가진 이 "권리"는 바울이 그리스도의 복음 때문에 사람들의 길에 걸림돌을 두지 않으려고 일부러 행사하지 않은 것이다. 엘리트 교인은 이런 바울을 본받아야 한다.

9:13 성전의 일을 하는 이들은 성전에서 나는 것을 먹으며 제단에서 섬기는 이들은 제단과 함께 나누는 것을 너희가 알지 못하느냐(Οὐκ οἴδατε ὅτι οἱ τὰ ἱερὰ ἐργαζόμενοι [τὰ] ἐκ τοῦ ἱεροῦ ἐσθίουσιν, οἱ τῷ θυσιαστηρίῳ παρεδρεύοντες τῷ θυσιαστηρίῳ συμμερίζονται;). 13-14절은 사도들이 지원받을 "권리"를 가진다는 사실을 예증하는 것으로 되돌아가기 때문에, 바울이 자신의 속내를 덧붙인 것으로 보인다. 그러나 8:1-11:1의 이 전체 부분에서 바울이 보여준 세심함을 기억하는 것이 중요하다. 바울은 대수사학자처럼, 마지막 두 강력한 사례를 제공하기 전에 먼저 자신의 결론을 제시했다. 바울은 성전 제물로부터 양식을 얻는 제사장을 다루는 첫 번째 사례에서, 이것을 자신의 요점을 확립하는 성경의 추가 증거로 생각했을 것이다(13절). 그러나 바울이 전하는 모든 것에 최종적 권위를 부여하는 것은 두 번째 사례, 곧 예수님의 말씀이다(14절). 바울이 전개하는 논증은 길고 상세하지만 강력한 힘이 있다. 사도들은 지원받을 "권리"를 가졌다는 바울의 주장이 가진 가장 강력한 권위는 마지막까지 유보된다. 예수님이 그 문제를 말씀하셨다. 이 큰 주요 본문의 수사법은 "내가 그리스도를 본받는 자가 된 것같이 너희는 나를 본받는 자가 되라"(11:1; 참고. 4:16)는 반복적인 명령을 이끌고 있음을 기억하는 것도 중요하다.

구약 시대에는 제사장이 백성이 바친 제물로 제사를 지낸 다음 일부 소제 제물 그리고 심지어는 짐승 제물 가운데 일부를 음식으로 먹는 것이 허용되었다(레 6:14-18; 10:14).[37] 이것은 아마 이교 신전에서도 마찬가지였을 것이다[38]("…을 너희가 알지 못하느냐"에 대해서는 3:16을 보라). 이처럼 성전 관습에 호소하는 것은 바울이 편지를 쓰던 당시에는 아주 흔한 일이었다. 이 복합문에서 두 번째 문장("제단에서 섬기는 이들은 제단과 함께 나누는 것을 너희가 알지 못하느냐")은 아마 첫 번째 문장("성전의 일을 하는 이들은 성전에서 나는 것을 먹으며")을 설명해주는 역할을 할 것이다. "제단과 [제단에서 나오는 음식을] 함께

다. 그러나 13:7에서 '견디다'(ὑπομένω)를 의미하는 사실상의 동의어가 이 단어와 함께 사용된다. 상세한 논의는 13:7에 대한 설명을 보라. 9:12b과 13:7에서 바울이 말하는 것 사이에 그의 생각의 분명한 연계성을 증명하기 위하여 두 곳에서 στέγω를 "참다"로 번역했다. 따라서 나는 ὑπομένω를 '견디다'라는 말로 번역하는 것을 허용한다.

36. '걸림돌', '거리끼는 것' 또는 '걸려 넘어지게 하는 것' 주제는 8:13을 설명할 때 상세히 검토되었다. 또한 1:23에 대한 설명 다음에 나오는 '심층 연구: 걸림돌에 관한 주제'를 보라.

37. 칠십인역 레위기 6:7-10에서 θυσιαστήριον과 μερίς라는 단어의 근접 관계를 보면 바울이 여기서 이 구절들을 염두에 둔 것으로 볼 수 있다.

38. '(제사장으로) 섬기다'(παρεδρεύω)라는 동사가 신약성경에서는 하팍스 레고메논으로 딱 한 번 나오고, 제사장을 섬기는 것과 관련하여 칠십인역에서는 한 번도 나오지 않지만(하지만 잠 1:21; 8:3을 참고하라), 이교 제사와 관련하여 세속 작품들에서는 나온다는 사실은 바울이 여기서 이교 제사장에 관해 생각했다고 판단하는 데 결정적인 증거가 되지는 못한다.

나누는"(τῷ θυσιαστηρίῳ συμμερίζονται) 관념 역시 바울이 나중에 10:18에서 설명하는 내용을 확립하도록 돕는 역할을 한다. 다시 한번 수사적 질문은 사실을 명확히 천명하는 역할을 하고, 독자가 틀림없이 동조할 것을 가정한다. 곧, 성전 제사장은 제사에 바친 음식을 먹을 수 있다.

9:14 이와 같이 주께서도 복음 전하는 자들이 복음으로 말미암아 살리라 명하셨느니라(οὕτως καὶ ὁ κύριος διέταξεν τοῖς τὸ εὐαγγέλιον καταγγέλλουσιν ἐκ τοῦ εὐαγγελίου ζῆν). 사도로서 바울이 경제적 지원을 받을 수 있는 권리가 있음을 천명하기 위해 의지하는 최종적이고 결정적인 권위는 주 예수가 직접 하신 말씀에서 발견된다. "이와 같이"(οὕτως καὶ)라고 말함으로써, 바울은 위에서 모세 율법에 언급된 활동에서 확인된 실제 사례로부터 배우는 것과 똑같은 사실을 예수님의 말씀을 통해서도 배울 수 있다는 점을 가리킨다. 그러나 예수님의 말씀을 인용하는 것이 바울이 펼치는 논증의 클라이맥스라는 점을 고려하면, 인용된 예수님의 말씀이 훨씬 더 중요할 것이다. 만약 바울이 자신의 과거 본보기를 (레위기에 나온 하나님의 명령에 의존하여) 하나님이 제사장들에게 그들의 생계를 유지하는 방식을 명하신 것으로 본다면, 예수님이 복음을 전하는 자의 생계에 대하여 명하시는 방식도 마찬가지다. 똑같은 결정적 권세를 가지고 하나님도 말씀하시고, 예수님도 말씀하신다. 어떻게 보든 13-14절의 마지막 두 언급은 가능한 최고의 권위에 기반을 두었다.

바울은 "주께서 명하셨느니라"(ὁ κύριος διέταξεν)고 말한다. 앞에서 제시한 모든 사례와 예증을 보면 그것들 사이에 평행 관계가 있고, 사도로서 "권리"가 있다는 바울의 주장을 정당화하는 교훈도 배우게 된다. 그러나 이제 바울은 이것이 또한 순종에 관한 말이라고 주장하는 것으로 결론을 맺는다. '명하다'(διατάσσω)로 번역된 말은 '지시하다'나 '명령하다'를 의미할 수 있고, 군인들이 명령하고 지시하는 것에 자주 사용된다. 사도행전 18:2에서 황제 글라우디오가 모든 유대인에게 로마를 떠나라고 "명하는"(ordering) 것에서 이 단어가 사용된다(commanded, RSV). 바울은 여기서 예수님의 말씀을 인용하지 않는다. 그렇지만 주님의 많은 어록이 초대교회의 일상적 삶과 믿음을 이끄는 역할을 했고, 이 말씀 역시 의심할 것이 없이 그 가운데 하나였다. 복음서 본문 가운데 예수님의 이 명령("복음 전하는 자들이 복음으로 말미암아 살리라")과 아주 가까운 말씀이 마가복음 6장 그리고 그와 적절하게 평행을 이루는 마태복음 10장과 누가복음 9, 10장에서 발견된다. 예수님의 명령은 열두 제자에게 주신 명령(막 6:7; 마 10:5; 눅 9:1) 또는 72명에게 복음을 전하도록 파송하면서 주신 명령(눅 10:1)에 담겨 있다. 예수님의 명령에는 두 국면이 있는 것이 분명하고, 바울도 자신의 편지에서 이 두 국면을 다 사용한다. 첫 번째 국면은 예수님이 제자들에게 "너희 전대에 금이나 은이나 동을 가지지 말고 여행을 위하여 배낭이나 두 벌 옷이나 신이나 지팡이를 가지지 말라 이는 일꾼이 자기의 먹을 것 받는 것이 마땅함이라"(마 10:9-10)고 말씀하시는 것이다. 두 번째 국면은 사람들이 복음을 전하는 자에게 숙식을 제공하는 것이 기대되는 것이다. "그 집에 유하며 주는 것을 먹고 마시라 일꾼이 그 삯을 받는 것이 마땅하니라 이 집에서 저 집으로 옮기지 말라 어느 동네에 들어가든지 너희를 영접하거든 너희 앞에 차려놓는 것을 먹고"(눅 10:7-8; 참고. 9:4).

바울은 주님의 이 명령에 호소하지만, 얼핏 보면 실제로는 그가 이 명령에 불순종하기로 결정하는 것처럼 보인다. 어쨌든 바울은 자신이 고린도 교인의 지원을 받지 않고 있는 사실을 쟁점으로 삼는다. 그러나 그것은 바울의 주장을 오해하는 것이다. 고든 피가 아주 분명히 지적하듯이, "여기서 '명령'으로 언급된 예수님 말씀은 그의(바울의) 행동이 아니라 그들의(고린도 교인의) 행동과 관련되어 있다…그 명령은 전도자들에게(to) 주어지는 것이 아니고 그들의 유익을 위해(for) 주어진다."[39]

9:15 그러나 내가 이것을 하나도 쓰지 아니하였고 또 이 말을 쓰는 것은[40] 내게 이같이 하여 달라는 것이 아니라 내가 차라리 죽을지언정 누구든지 내 자랑하는 것을 헛된 데로 돌리지 못하게 하리라(Ἐγὼ δὲ οὐ κέχρημαι οὐδενὶ τούτων. Οὐκ ἔγραψα δὲ ταῦτα ἵνα οὕτως γένηται ἐν ἐμοί, καλὸν γάρ μοι μᾶλλον ἀποθανεῖν ἤ–τὸ καύχημά μου οὐδεὶς κενώσει). 15절에서 바울은 설명의 클라이맥스에 도달하고, "그러나 내가 이것을 하나도 쓰지(사용하지) 아니하였고"라고 말할 때 논증의 전환점을 보여준다. 바울은 사도로서 경제적 지원을 받을 수 있는 "권리"를 가졌음을 충분히 논증했다. 이제 바울은 단순하지만 깊은 의미를 지닌 자신의 요점을 제시할 수 있다. 곧, 바울은 정당한 어떤 권리도 행사하지 않았다. 이 문장("그러나 내가 이것을 하나도 쓰지 아니하였고")은 바울이 1인칭 단수형으로 되돌아가고(1-3절에서 마지막으로 사용함), 두 부정어 "아니하였고⋯못하게 하리라"(οὐ와 οὐδενί)를 사용하는 것으로 한층 더 강조된다. 완료 시제(κέχρημαι, '썼고')는 바울이 이런 식으로 계속 적용하는 것을 암시한다. "이것"(ταῦτα)은 바울이 앞에서 자신의 권리를 확립하면서 펼친 논증 전체를 가리킨다. 여기서 바울의 글은 더 복잡해지고 언어가 단축된다. 따라서 바울은 앞의 12절에서 다 전개하지 못한 결론으로 되돌아간다.

여기서 목적절("내게 이같이 하여 달라는 것이 아니라")은 바울이 일어나기를(γίνομαι, '일어나다' 또는 '일어나게 되다') 바라지 않는 것을 암시한다. 바울은 권리가 있음을 확실히 하려고 편지를 쓰는 것이 아니다. 오히려 정반대다. 바울은 자신을 한평생 복음에 절대적인 우선권을 부여하는 자의 한 본보기로 제시한다. 그다음 절("내가 차라리 죽을지언정 누구든지 내 자랑하는 것을 헛된 데로 돌리지 못하게 하리라")은 '⋯때문에' 또는 '왜냐하면'이라는 말로 각각 시작하고 이전 문장을 부연 설명하는 다섯 개의 문장 가운데 첫 번째 것이다.

바울이 지원을 받지 않은 것을 편지에 쓰는 이유는 '그가⋯하기보다는 차라리 죽는 것이 더 낫기'(γάρ μοι μᾶλλον ἀποθανεῖν ἤ⋯) 때문이다. 이처럼 감정이 매우 고조되자 바울은 비교를 다 끝내지 못한다. 여기서 독자가 빈 곳을 채워야 한다. 16절의 "화"라는 심판과 이 문맥 전체를 고려하면, 바울이 다음과 같이 말했다고 추정하는 것이 적합하다. '나는 복음의 길에 장애물을 두기보다는 차라리 죽겠다⋯만일 복음을 전하지 못한다면 내게 화가 있을 것이다.' 문맥상 이것이 바울의 전체 논증을 가장 잘 이해하게 해주는 것으로 보인다. 이와 다르게 그리고 또한 사변적으로, 여러 가지 번역이 단순히 바울의 자랑거리에 관한 그다음 문장과 연결하여 비교를 부각한다. 따라서 RSV는 "때문에 나는 누구든지 내 자랑의 근거를 박탈하게 하기보다는 차라리 죽겠다"라고 번역한다.

바울이 다 끝내지 못한 이 비교에서 복음에 관해 말했다는 사실이 그가 전하는 말로 보아 가치가 있다. 바울은 아무도 자신이 "자랑하는 것"을 빼앗지 못할 것이라고 주장한다. 여기서 만약 바울이 대가를 받았더라면 이것으로 그의 자랑거리가 없어지리라고 가정하는 점을 주목해야 한다. 다시 말하면 권력 다툼으로 그들 가운데 나쁜 신학과 무익한 후견제도가 있음을 그대로 보여준 고린도 교인과의 관계 속에서, 바울이 돈을 받으면 그의 자랑거리가 사라진다. 즉, 돈을 받는 것은 복음을 방해할 것이다.

게다가 그의 자랑은 오로지 "주 안에" 있다는 점을 기억해야 한다. 1:29-31에서 바울은 "자랑"의 관념을 소개했고, 어떤 주석가는 여기서 '자랑하다'라는 말

39. Fee, *1 Corinthians*, 456n280. 이 각주에서 Fee는 바울이 일부러 주님에게서 오는 명확한 명령을 제쳐두고 있다고 상세히 주장하는 Dungan에게 이의를 제기한다.

40. 서간문 부정과거 용법은 현재 시제로 번역되었다.

을 '영광을 돌리다'로 번역한다(1:29-31에 대한 설명을 보라).[41] 배경에 따르면, 소피스트의 영향 아래 그리스-로마 사회는 자랑을 오히려 혐오 대상으로 보았다는 사실을 알 수 있다. 그러나 "하나님 앞에서" 모든 사람이 안고 있는 문제점이 자신의 업적과 성취를 내세우는 경향이라는 바울의 주장을 근거로 그가 소피스트보다 얼마나 더 급진적이었는지를 앞에서 살펴보았다. 그러나 바울은 구약성경에 의존하여 이 관념을 바꾸었다. 사람의 성취나 사람의 지혜 속에는 자랑거리가 하나도 없었다. 그럼에도 한 가지 좋은 자랑거리가 있었고, 이것은 예레미야서 9:24(LXX 9:23)에서 인용한 "자랑하는 자는 주 안에서 자랑하라"는 말씀으로 요약되었다. 칠십인역에서 은혜로우신 하나님께 사랑으로 반응할 때 일어나는 자랑거리는 인정된다. 그러므로 성경이 사람들에게 하나님이나 그분의 "이름"으로 자랑하라고 권고하는 것은 놀랍지 않다. 여호와가 자기 백성에게 사랑을 요구하신다고 말하는 신명기 10장에서 이것이 어떻게 작용하는지에 관한 한 가지 사례를 발견할 수 있다. 하나님의 백성은 "[그들의] 마음에 할례를 행해야" 하고(16절), 하나님이 그들을 한 나라로 삼으셨으므로 하나님이 그들의 "자랑"이 되어야 한다[신 10:21(AT, LXX, καύχημα), 시편 89:17(LXX 88:17)]는 것은, 바울이 그렇게 사용할 준비가 되었음을 보여주는 그 단어의 또 다른 용례를 제공한다["주는 그들의 힘의 자랑(또는 영광, καύχημα)이심이라"].

그러므로 바울은 자신의 자랑에 관해 말할 때 여기서와 1장에서 두 가지 요점을 제시한다. 첫째, 바울은 자신이 자랑하고 싶은 것과 고린도 교회 엘리트 교인이 교만한 말과 행동으로 자랑해온 것을 의도적으로 대조한다. 고린도 교회 엘리트 교인은 외적 지혜와 신령한 은사를 자랑했다. 이런 종류의 자랑은 예레미야서 9장과 바울에게 정죄받는다. 둘째, 바울은 주 안에서 그리고 십자가에 못 박히신 그리스도 안에 계시된 하나님 중심의 은혜 안에서 행해지는 자신의 "자랑"을 해설하면서, 자신이 전적으로 그리스도에게 의존하고 있음을 지적한다. 바울의 자랑은 그의 탁월한 복음 전파나 그의 지혜에서 나오는 것이 아니라, 단순히 죄인들을 위하여 죽으신 분에 대한 그의 사랑에서 나온다.

9:16-17 내가 복음을 전할지라도 자랑할 것이 없음은 내가 부득불 할 일임이라 만일 복음을 전하지 아니하면 내게 화가 있을 것이로다 내가 내 자의로 이것을 행하면 상을 얻으려니와 내가 자의로 아니한다 할지라도 나는 사명을 받았노라(ἐὰν γὰρ εὐαγγελίζωμαι, οὐκ ἔστιν μοι καύχημα· ἀνάγκη γάρ μοι ἐπίκειται· οὐαὶ γάρ μοί ἐστιν ἐὰν μὴ εὐαγγελίσωμαι. εἰ γὰρ ἑκὼν τοῦτο πράσσω, μισθὸν ἔχω· εἰ δὲ ἄκων, οἰκονομίαν πεπίστευμαι). 이 네 문장은 '…때문에'로 시작한다(개역개정에는 번역되어 있지 않고, 처음 두 문장이 한 문장으로 묶여 있음-역주). 따라서 이전 문장을 부연 설명한다. 이 두 개의 제3조건문은 가정법을 낳는다. 심지어 고린도에서 그랬던 것처럼 결실을 본 바울의 복음 전도[42]도 그에게 자랑할 것을 하나도 제공하지 않고, 바울이 복음 전도를 하는 이유(세 번째 '…때문에')는 오직 주님께 있다. 바울은 "부득불 할 일"이 있다고 말한다. 이것은 하나님이 바울을 부르셔서 그에게 이 의무를 맡기셨다는 것을 의미한다. 이것은 바울이 복음을 전할 자신의 의무를 이행하지 않으면 자신에게 심판이 임할 것이라고 두려움을 표현할 정도로 불가피한 신적 의무다.

이 "부득불 할 일"(ἀνάγκη)에 관한 말은 많은 논란을 불러일으켰다.[43] 결국 바울은 자신이 이 문제에 있어 선택권이 없다고 말한다. 만약 바울에게 선택권이 있었다

41. 그 설명에서 우리는 바울이 고린도후서 여러 곳에서 자랑에 관해 말하는 것과의 연계성을 지적한다.

42. '복음을 전하다'라는 말은 '전도하다'(evangelize)로 번역될 수 있었다. 이 영어 단어는 여기서 사용된 동사(εὐαγγελίζω)로부터 직접 파생된다.

43. Ernst Käsemann은 이 주제에 관해 취해진 다양한 입장들을 간명하

면, 즉 만약 바울이 이것을 자의로(ἑκών) 행한다면[44] 그는 이미 자기 상을 얻은 것이다(17절). 만약 어떤 일을 행한 자가 바울이라면, 그는 자신이 행한 것에 대하여 자랑할 수 있었다. 만약 그것이 자의로 하지 않은(ἄκων) 것이라면, 그는 이것이 오직 하나님이 자기에게 맡기신 사명(οἰκονομία, '청지기직')이라고 말할 수밖에 없다. 그러므로 이 경우에 유일한 자랑은 주 안에 있다. 배럿이 지적하는 것처럼, 바울은 사도로서의 부르심과 복음 전파에 대한 강제와 의무를 선지자의 부르심과 비슷한 것으로 보았을 것이다(렘 20:9; 암 3:8, "주 여호와께서 말씀하신즉 누가 예언하지 아니하겠느냐").

바울은 16절에서 "화"(οὐαί)라는 말을 종말론적 의미로 사용할 가능성이 매우 크다(렘 23:1; 슥 11:17; 눅 6:26). 하나님에게서 온 이런 강제 때문에 바울은 하나님의 부르심을 이행하지 않으면 하나님의 심판을 받을 위험 속에 있다고 본다. 바울은 항상 자기 앞에 목표와 상을 두고 있고(24-27절), 절대로 실격되지 않겠다고 결심한다. 자신에게 위대한 사명을 '맡기신'(πεπίστευμαι)[45] 분의 청지기 또는 종인 바울은 주인에게 계산해야 함을 알고 있다.

9:18 그런즉 내 상이 무엇이냐 내가 복음을 전할 때에 값없이 전하고 복음으로 말미암아 내게 있는 권리를 다 쓰지 아니하는 이것이로다(τίς οὖν μού ἐστιν ὁ μισθός; ἵνα εὐαγγελιζόμενος ἀδάπανον θήσω τὸ εὐαγγέλιον, εἰς τὸ μὴ καταχρήσασθαι τῇ ἐξουσίᾳ μου ἐν τῷ εὐαγγελίῳ). 이 구절은 이전 두 구절(16-17절)의 논증을 채워 이 부분을 마무리한다. 만약 복음 전파의 상이 복음을 전하는 일에서 바울의 자원하는 태도와 탁월한 활동에 대한 사람들의 직접적인 칭송에서 발견되어서는 안 된다면, 어디서 발견되어야 할까? 이 질문에 대한 바울의 답변은, 자신의 상이 (현재로는) 단순히 십자가에 못 박히신 그리스도의 복음을 모든 사람이 "값없이"(ἀδάπανος) 받아들이는 것을 보는 데 있다는 것이다. 이것이 바울이 "모든 사람에게" 스스로 종이 된 주님의 청지기로서 수행하는 사명이기 때문이다(19절). 복음 메시지를 받기 위하여 아무도 대가를 지불하거나 무엇이든 시키는 대로 일을 해야 할 필요가 없다. 그들은 일부 엘리트 교인이 그런 것처럼 믿을 수 없고 또 그렇게 믿어서도 안 된다.

바울은 복음을 값없이 제공하는 것 자체를 어떤 면에서 현세에서 자신이 받는 상으로 본다. 상은 자신에게 맡겨진 과업을 이룰 때 임하는 기쁨 속에 있다. 그러나 이것을 여기서 바울이 말하는 상으로 볼 수가 없다. 왜냐하면 바울은 독자에게 참된 상이 그리스도의 터 위에 세운 자에게 있을 것이라고 이미 말했기 때문이다. 미래에 "공적을 밝힐 그날"에 상을 받는다(3:13). 오직 그날에 "삯" 또는 "상"(μισθός)이 주어질 것이다(3:8, 14, 미래 시제가 사용됨).[46]

여기서 바울이 상을 이해하는 관점은 마태복음 6:1-6, 16에서 가르치는 것과 비슷하다. 거기서 예수님은 의도적으로 자기를 과시하는 위선자의 행위와 의인의 은밀한 행위를 구분하셨다. 위선자는 지금 그들의 "상"

게 요약한다("A Pauline Version of the 'Amor Fati,'" in *New Testament Questions of Today* [Philadelphia: Fortress, 1969], 217-35).

44. ἑκών과 ἄκων이라는 단어를 상세히 검토한 것은 Gardner, *Gifts of God*, 91-93을 보라. 이 두 단어는 때때로 '기꺼이'와 '마지못해' 또는 '자원하여'와 '본의 아니게'로 번역된다. 비록 바울이 자신의 복음 전파를 신적 필연성 또는 '강제적 의무'(ἀνάγκη)로 보았다 해도, '마지못해' 복음을 전했다고 말한 적이 결코 없다. 절대로 그렇지 않다! 바울은 이 부르심에 대하여 명백한 열정을 품고 있었다. 바울은 마치 하고 싶지 않은 일을 어쩔 수 없이 하게 된 것처럼 "억지로" 복음을 전하는 것도 아니다. 이런 이유로 이 책은 이 두 단어를 "[그] 자신의 주도권으로"와 "[그] 자신의 주도권으로 아니 하는"으로 번역했다. Margaret E. Thrall, *Corinthians I and II*, CBC (Cambridge: Cambridge University Press, 1965), 69. Cf. Byron, *Slavery Metaphors*, 252-53이 그렇게 번역한다.

45. 이 완료 수동태는 이것이 바울을 한평생 계속 수고하게 만든 하나님에게서 온 부르심이라는 사실을 우리에게 상기시킨다(아마 바울은 다메섹으로 가는 길에 겪은 경험을 생각했을 것이다).

46. 3:15에 대한 설명 다음에 나오는 '심층 연구: 어떤 상인가?'를 보라.

(μισθός)을 "받고"(ἀπέχουσιν, 현재 시제), 반면 아버지는 미래에 의인에게 "상을 주실"(ἀποδώσει, 미래 시제) 것이다. 16절의 "화"가 미래를 내다보는 것처럼, 바울은 지금 자신이 심판보다 "상"을 기대한다는 것을 보여준다(24-27절을 다시 보라).[47]

우리는 여기서 바울이 이렇게 설명하는 동안 "권리"가 있다고 주장하는 "지식 있는 자"에게 자신을 본보기로 제시한다는 사실을 놓쳐서는 안 된다(11:1을 보라). 바울은 고린도 교회의 엘리트 교인이 주장하는 자칭 "권리"와 반대로 참된 "권리"를 가졌다. 그러나 비록 엘리트 교인들의 권리가 인정된다고 해도, 바울은 그들에게 온건하고 경건한 태도를 보여주었다. 바울은 자신이 '복음 안에서'(복음으로 말미암아) 경제적 지원을 받을 권리가 있음을 분명히 증명했지만 "[자신의] 권리를 다 쓰지"(καταχρήσασθαι) 아니할 것이다. '복음 안에서'라는 말은 그 권리가 복음 전파의 역할에 내재되어 있음을 의미할 것이다.

9:19 내가 모든 사람에게서 자유로우나 스스로 모든 사람에게 종이 된 것은 더 많은 사람을 얻고자 함이라(Ἐλεύθερος γὰρ ὢν ἐκ πάντων πᾶσιν ἐμαυτὸν ἐδούλωσα, ἵνα τοὺς πλείονας κερδήσω). 본문이 다음 부분(9:19-23)으로 나아가면서 '자유롭다'는 말이 크게 부각된다. 바울은 "자유로우나"(ἐλεύθερος) 지금은 자신이 그리스도를 위하여 더 많은 사람을 얻고자 어떻게 이 자유와 권리를 포기할 준비가 되어 있는지 개인적 사례를 통해 증명한다. 사람들이 복음 전파를 통해 믿음으로 나아오기 때문에 바울은 그들 속에서 그리고 그들을 위하여 자신의 권리를 포기할 준비가 된 다른 집단(사도들)의 본보기로 자신을 사용한다. 앞과 뒤를 동시에 바라보는 19절의 서론 다음에, 바울은 자신이 유대인(20절), 이방인(21절), "약한" 자(22절)에게 취한 태도를 특별히 언급한다. 이어서 23절은 독자에게 자신의 권리를 포기한 목적을 상기시킨다. 그 목적은 "복음을 위하여" 모든 것을 행하는 것이다.

많은 번역이 첫째 절을 양보절로 번역한다. "내가 자유롭지만…"(Ἐλεύθερος γὰρ ὢν…, 예를 들어, NIV, ESV, NRSV). 분사는 때때로 양보 의미를 전달할 수 있다. 그러나 여기서 문맥은 동시적 시간 분사라는 것을 암시한다.[48] 바울은 지금 자유인이다. 이것은 주절이 의도적으로 놀라움을 안겨준다는 점을 의미한다. 바울은 자유로우나 일부러 스스로 종이 되었다. 셋째 절은 이 종 됨의 목적 또는 목표를 제시한다. 곧, 더 많은 사람을 얻는 것이다. 관사 '그'(τούς)로 한정되는 비교급(πλείονας)은 "더"(the more)를 가리킨다. 따라서 "가능한 한 많이 얻고자"로 번역할 수 있을 것이다[NIV가 그렇다(참고. TEV)].

물론 여기서 종이 된 것은 바울이 복음 전파를 "부득불 할 일"(16절, ἀνάγκη)로 이해하는 면과 연계되어 있다. 종은 자기가 원하는 대로 할 자유가 없다. 그러나 바울은 일부러 종이 된다. 그것은 먼저 주님을 위해서이고, 그러므로 복음을 전하라는 자신의 부르심을 위해서다. 고린도전서 앞부분에서 직접 언급한 것처럼, 바울이 종이 된 것은 그리스도 예수 안에서 자기를 사랑하신 하나님의 사랑에 대한 반응이다. 바울이 자신의 부르심을 이해하도록 그리고 종으로서 절대 포기할 수 없을 만큼 그 부르심에 열정을 다하도록 자극한 것은 하나님의 은혜에 대한 환상이다. 게다가 바울은 고통과 고난으로 점철된 인생을 살 것이다(고후 1:5-7). 바울이 11:1에서 분명히 하는 것처럼, 여러 가지로 바울이 보이는 모습은 그리스도를 본받는 모습이다. 바울은 나중에 그리스도에 관해 이렇게 말한다. "우리 주 예수 그

47. 17절에서 현재 시제는 그것이 그들 자신의 힘으로 그리고 그들 자신의 주도권에 따라 일하는 사람들이 받을 수 있는 현재의 상이라는 점을 분명히 한다. 그러나 18절에서 바울은 정교하게 자신의 주된 목표인 종말론적인 상으로 초점을 바꾼다.

48. Wallace, *Greek Grammar*, 623 (시간 분사), 참고. 634 (양보 분사).

리스도의 은혜를 너희가 알거니와 부요하신 이로서 너희를 위하여 가난하게 되심은 그의 가난함으로 말미암아 너희를 부요하게 하려 하심이라"(고후 8:9). 따라서 바울이 '모두에게서'(ἐκ πάντων) 자유롭고, '모두에게'(πᾶσιν) 종이 되었다고 말하는 것은 무엇을 가리키는가? 바울이 모두에게서 자유롭다고 말할 때, 그가 사물을 생각하는지 아니면 사람을 생각하는지 분명하지 않다(개역개정에는 "사람"-역주). 어느 쪽으로 보든 일리가 있다. 한편으로 바울은 사도로서 자신의 "권리"를 행사해야 한다고 말하고 싶은 사람들에게서 자유롭다. 다른 한편으로 바울은 자신의 "권리"를 부르심 자체에 종속할 자유가 있다. 사실은 이 둘을 분리할 이유가 전혀 없다. 바울은 사람들이나 사람들의 생각으로부터 자유롭다. 바울은 일부 독단적인 엘리트 교인이 자신에게 해야 한다고 말하는 것을 따르는 일에서 자유롭다. 또한 자신이 가진 것으로 아는 합법적인 "권리"를 행사하는 일에서도 자유롭다. 따라서 이 논증은 7:17-24의 논증과 다르지 않다. 7:17-24을 보면, 바울이 고린도 교인에게 "사람들의 종"이 되어서는 안 된다고 권고하지만, 문맥은 바울이 아무도 할례의 필요성과 같은 사람들의 관념에 종노릇해서는 안 된다고 말한다는 점을 보여준다.

바울이 이 모든 것을 행하는 것은 사람들을 "얻기" [κερδαίνω, 19, 20(2번), 21, 22절] 위함이다. 이것은 바울이 이 동사를 이런 식으로 사용하는 유일한 구절이다(바울 서신에서 이 단어가 나타나는 유일하게 다른 구절은 빌립보서 3:8이고, 거기서 바울은 그리스도를 '얻는' 것에 관해 말한다). 현대 기독교 용어로는 이 단어가 주로 회심에 사용된다. 그리스도를 위하여 어떤 사람을 흑암이나 세상 등으로부터 '얻는다.' 사실 이 헬라어 단어는 "투자를 통해 얻거나 획득하다"를 의미할 수 있다.[49] 그렇기는 하지만 고든 피는 이렇게 말한다. "이 용어는 22d-f절에서 '구원하다'와 상호 교체하여 사용되는 말이 분명하므로 오직 복음을 전하는 것을 가리킬 수 있다."[50] 이 단어가 회심의 관점에서 사람들을 얻는 것을 의미할 수 있다는 점은 거의 의심의 여지가 없다. 이런 의미로 보면 20-21절이 더 자연스럽게 이해된다. 거기서 바울은 "유대인들에게 내가 유대인과 같이 된 것은…율법 없는 자에게는 내가…율법 없는 자와 같이 된 것은"이라고 말한다. 하지만 "약한 자들에게 내가 약한 자와 같이 된 것은"이라고 말하는 22절에서는 이 의미가 좀 약해지는 듯하다. 이것은 이 구절을 다룰 때 상세히 검토하겠다.

따라서 이 '자유로운' 사람인 바울은 자신이 받을 자격이 있는 모든 것을 포기하고 주님을 위하여 "종"이 되었다. 의심할 것 없이 이 모든 사실은 큰 소리로 낭독되었을 때 고린도 교인에게 큰 충격을 주었을 것이다. 바울은 확실히 약한 자 편을 들었고, 자신을 그들과 동일시했다. 바울은 사도직에 따라 자신에게 주어진 권리에 의존하지 않고 엘리트 교인에게 상처를 받은 자의 편을 들어줌으로써 자신을 낮추었다. 심지어는 먹고 마시는 것 그리고 돈에 대한 태도에 있어서도 "약한" 자와 '가진 것이 없다는' 이유로 교회 안에서 수시로 "업신여김을" 받던 가난한 자의 편을 들었다(11:20-22). 그래서 지금 바울은 자신의 삶에서 본보기를 취함으로써 이 종노릇이 어떤 결과를 가져왔는지를 부각시킨다.

9:20-21 유대인들에게 내가 유대인과 같이 된 것은 유대인들을 얻고자 함이요 율법 아래에 있는 자들에게는 내가 율법 아래에 있지 아니하나 율법 아래에 있는 자 같이 된 것은 율법 아래에 있는 자들을 얻고자 함이요 율법 없는 자에게는 내가 하나님께는 율법 없는 자가 아니요 도리어 그리스도의 율법 아래에 있는 자이나 율법 없는 자와 같이 된 것은 율법 없는 자들을 얻고자 함이라(καὶ ἐγενόμην τοῖς Ἰουδαίοις ὡς Ἰουδαῖος,

49. BDAG 541.

50. Fee, *1 Corinthians*, 471.

ἵνα Ἰουδαίους κερδήσω· τοῖς ὑπὸ νόμον ὡς ὑπὸ νόμον, μὴ ὢν αὐτὸς ὑπὸ νόμον, ἵνα τοὺς ὑπὸ νόμον κερδήσω· τοῖς ἀνόμοις ὡς ἄνομος, μὴ ὢν ἄνομος θεοῦ ἀλλ' ἔννομος Χριστοῦ, ἵνα κερδάνω τοὺς ἀνόμους). 20–22c절에서 다음과 같이 세 집단의 사람들이 제시된다. 곧, 유대인(율법 아래 있는 자), 율법 없는 자(이방인을 가리킴) 그리고 "약한" 자이다. 각각의 경우에 목적절은 바울이 세 집단의 사람들에게 적응하는 목적을 보여준다. 곧, 그 목적은 그들을 얻고자 함이다. 일반적으로 바울이 실천한 삶 속에서 이끌어낸 각각의 사례가 담고 있는 의미는 분명하다. 바울은 문화적인 차이나 다른 차이가 사람들에게 복음을 전할 때 걸림돌이 되지 않도록 하는 데 관심이 있었다. 따라서 바울은 유대인과 함께 있을 때 이방인 사이에서 행하던 자신의 사역이 복음 전파에 걸림돌이 되지 않도록 할 것이다. 마찬가지로 이방인과 함께 있을 때는 유대인으로서의 자신의 배경이 이방인이 복음의 의도를 충분히 파악하는 것을 방해하지 않도록 할 것이다.

그러나 20–21절의 일반적 취지는 비교적 분명해 보이지만 주석적 질문을 다양하게 불러일으킨다. "유대인"과 "율법 아래에 있는 자" 간에 차이가 있는가? 왜 여기서 율법이 그토록 지배적인 개념으로 나타나는가(20d–21절)? 왜 바울은 유대인"같이"(like a Jew) 그리고 "율법 없는 자같이"(like one outside the law) 된 것을 말하면서 "약한" 자에 대해서는 "약한 자"가 된 것(being 'weak')을 말하는가(개역개정에는 "약한 자와 같이 된 것"–역주)? 바울은 유대인인데, 그가 "유대인같이" 된다는 것은 어떤 의미인가? 여기서 '얻다'(κερδαίνω)라는 말은 무슨 뜻일까?

여기서 마지막 질문에 대한 답변은, 문맥에서는 벗어나지만 바울이 전하는 말을 더 잘 이해하게 해준다. 앞에서 이 동사는 종종 사람들을 그리스도에게 이끈다는 의미에서 단순히 '얻다'라는 뜻으로 이해할 수 있다고 지적했다. 다시 말하면 이 동사는 회심을 가리킨다. 그러나 헬라어에서는 드물게 이 단어가 단순히 '얻는 것'을 의미한다. 곧, 이 단어의 통상적 의미는 "획득하다"나 "유익을 얻다"가 된다.[51] 여기서 의미에 관한 질문이 생겨나는 이유는 지금까지 바울이 비그리스도인에 관해 말한 적이 없기 때문이다. 바울은 고린도에서 교회 안에 있는 사람들, 즉 교회 안에서 교만하고 엘리트 의식이 있는 사람과 그가 "약한" 자로 부른 사람에 관해 말했고, 그들은 다 고린도 교회 안에 있는 교인들이다. 바울은 회심하지 않은 자를 얻기 위해 적응이라는 전략을 사용한 것이 사실로 보인다. 하지만 이런 적응은 교인들이 교회에서 떨어져 나가지 않도록 하나님의 교회 안에서 요구된 행동이었음도 확인되었다. 따라서 이런 적응은, 교회에서 떨어져 나간 자를 그리스도를 위해 반드시 다시 얻기 위하여 모든 그리스도인에게 요구된 행동이었다.[52]

51. 막 8:36; 마 16:26; 눅 9:25; 약 4:13. BDAG 541을 보라.

52. 문맥은 다르지만 이 개념은 종교적 차원에서 유다서 1:22–23의 가르침과 다르지 않다. "어떤 의심하는 자들을 긍휼히 여기라 또 어떤 자를 불에서 끌어내어 구원하라." Garland, *1 Corinthians*, 433은 이 논증이 다만 "우상 음식에 관한 문제가 강한 자와 약한 자의 갈등으로 설명되어야만…일리가 있는 것처럼 보인다"라고 말할 때 요점을 놓쳤다. 그것은 확실히 여기서 제시된 논증이 아니다. 이 논증은 사도가 그리스도 안에 있는 어떤 형제나 자매가 너무 타협하여 '자격을 잃지' 않도록 항상 조심해야 하는 그리스도인이 믿음으로 서로에게 덕을 세우고자 합력할 때 보여주어야 하는 행동의 종류를 가르치는 문맥에서 일리가 있다. 이것은 바울이 다른 사람들이 아니라 자신을 위해 가진 관심사다(9:27).

심층 연구

9:20-21에서 동사 '얻다'의 의미

바울이 지금 그리스도를 위하여 사람들을 얻는다는 의미에서 '얻는 것'에 관해 말하는 것으로 이동했다는 견해에 많은 논증이 사용된다.[53] 첫째, 여기서 바울은 단순히 본보기를 제공하는 것이므로 완전히 다른 사역의 영역에 의존한다. 따라서 자신의 선교 방침에 관해 말한다고 볼 수 있다. 둘째, 바울이 복음을 전할 때 적응을 전략으로 취한 것은 거의 의심할 여지가 없다. 따라서 이것이 그리스도를 위하여 사람들을 얻는 것에 관한 말이라면, 우리는 적응이 바울의 실천 방식이었다는 점을 알게 된다. 10장에서 바울이 유대 율법에 따라 제물로 죽임을 당한 고기가 아니라 우상에게 바쳐진 고기를 먹는 것을 예측할 수 있다는 사실은, 그의 적응 능력이 어느 정도인지를 증명한다. 또한 바울이 갈라디아서 2:11-14에서 베드로와 맞선 사건을 다룬 일화에서처럼, 자신의 편지 많은 부분에서 신학적으로 비그리스도인에게 이런 식으로 다가가는 것도 충분히 정당화할 수 있다. 이 단어의 배경을 검토하는 도브(Daube)의 연구는 이것을 설명하는 많은 부분에 많은 영향을 미쳤다.[54] 도브는 '얻다/획득하다'(κερδαίνω)라는 단어가 회심을 가리킨다고 주장한다. 이것은 또한 바울이 이전 본보기들을 요약하면서 22절에서 '구원하다'(σῴζω)라는 말을 사용한다고 지적하는 많은 주석가의 지지를 받는다.

그러나 그 말이 이미 교회의 일원인 자를 '얻거나' '획득하는' 것을 가리킨다는 견해를 지지하는 이유도 있다. 첫째, 단어 자체에 이유가 있다. 도브는 자신이 검토하는 히브리어 배경 속에서 그 단어의 통상적 의미가 "안에 모으는 것", "이익을 얻는 것" 등이라는 사실을 인정한다. 도브는 랍비들의 일련의 본보기에 관해 말하면서, "방금 검토한 본문의 연쇄 관계 속에서 하나님이 '얻으시는' 집단은 '새로 얻은' 이방인이 아니라 정죄받고 다시 사면된, 곧 '다시 얻은' 이스라엘 사람들이라는" 점을 인정한다.[55] 사실 도브는 이 단어가 밖에 있는 자의 회심을 가리킨다는 증거를 어느 랍비 배경에서도 그리 명확하게 찾아내지 못한다. 마태복음 18:15에 예수님이 이 단어를 사용하신 사례가 있다. 거기서 그 단어는 하나님의 백성을 다시 얻는(되찾는) 것을 가리킨다("네 형제가 죄를 범하거든 가서 너와 그 사람과만 상대하여 권고하라 만일 들으면 네가 네 형제를 얻은 것이요"). 물론 κερδαίνω라는 단어는 회심하는 것과 길을 잃었거나 길을 잃는 자를 되찾는 것을 다 가리킬 수 있는 듯 보인다.[56]

그럼에도 고린도전서 9:19-22에서는 '얻는 것' 또는 '되찾는 것' 관념이 너무 쉽게 무시되는 것 같다. 어떤 이가 '주님께 되돌아가는' 것으로 이해하면, 바울이 여기서 말하는 내용이 가장 잘 파악된다. 둘째, 따라서 문맥이 이 단어를 이런 식으로 보는 견해에 대한 확고한 이유를 제공한다. 여기서 바울은 회심하는 자에 관해 말한 적이 없다. 그러나 바울은 '실족할'(멸망할) 수 있는 형제나 자매에 대하여

53. G. Bornkamm, "The Missionary Stance of Paul in 1 Corinthians 9 and in Acts," in *Studies in Luke-Acts: Essays Presented in Honor of Paul Schubert*, eds. L. Keck and J. Martyn (Nashville: Abingdon, 1966), 194-98은 이 접근법을 따라 19-23절이 바울의 "선교 방식"을 암시한다고 믿었다.

54. David Daube, "Κερδαίνω as a Missionary Term," *HTR* 40 (1947): 109-20. Daube는 랍비들의 기록에서 다수의 히브리어 단어를 검토하고, 그것들이 아마 바울이 κερδαίνω('얻다')라는 말을 믿음 밖에 있는 자에게 다가가는 것에 관해 말하는 것으로 사용하는 배경을 제공할 것이라고 주장한다.

55. 같은 책, 117.

56. 예를 들어, 벧전 3:1.

(8:11) 그리고 '교만하거나' '형제(와 자매)에게 죄를 짓는' 일부 엘리트 교인에 대하여(8:12) 크게 염려했다. 셋째, 개인의 회심을 중시하는 현대의 경향 때문에 종종 회심하는 것이 영어 동사 '구원하다'(save)와 '얻다'(win)의 유일한 의미로 지나치게 강조되었다. 바울은 자신이 "부득불 할 일"인 복음 전파와 하나님의 부르심이 회심으로써 멈춘다고 보지 않는다. 바울 서신은 바울이 복음 전파를 매우 포괄적인 관점에 따라 본 것을 분명히 암시한다. 바울은 그리스도를 위하여 사람들을 얻는 것이, 과거의 방식이 그리스도의 방식으로 대체되고 또 믿음이 자라 성숙해지는 '얻는' 과정이 이제 막 시작된 것이라고 알았다. 바울은 "구원"이 최초의 회심뿐만 아니라 하나님 백성의 종말론적인 운명과도 관련되어 있다고 보았다.[57] 바울은 이미 고린도전서 3:15에서 그리스도인 선생들의 이런 삶의 방식에 '구원하다'라는 동사를 사용했다 ["누구든지 그 공적이 불타면 해를 받으리니 그러나 자신은 구원을 받되(be saved) 불 가운데서 받은 것 같으리라"].

넷째, 마지막으로 10:31–33은 9:19–23과 조명적인 평행 관계가 있다고 보아야 한다. 10:31–33은 바울의 포괄적인 논증(8:1–11:1)의 마지막 부분에 해당한다. 바울은 "유대인에게나 헬라인에게나 하나님의 교회에나" 거치는 자가 되지 않고(10:31–32) "그들이 구원을 받도록"(33절) "많은 사람"의 "유익"을 구하는 것에 관해 말함으로써 자신이 말해온 모든 내용을 요약한다. 최소한 바울이 여기서 염두에 둔 것의 일부가 "하나님의 교회", 분명히 말해 그리스도인들이고, '구원하다'라는 말을 현대의 개인주의적인 의미에 따라 회심할 때를 가리키는 것으로 보면 정의상 그들은 이미 존재한다. 바울은 훨씬 더 포괄적으로 사람들을 믿음으로 이끄는 것에 관해 말한다. 바울은 간절하게 그들이 언약 공동체 안에 남아 있음을 보증하고 싶어 한다. 사실 우리는 바울이 여기서 성도의 견인을 염두에 두었다고 말할 수 있다. 그리고 특히 우리가 이미 "약한" 자가 진실로 하나님께 속한 교회의 일원이라는 것과 그것이 여기서 그들에 대하여 그토록 염려하는 이유라는 것을 알기 때문에 이것이 확실히 9:20–22의 문맥에 더 잘 들어맞는다.

또 하나의 주석적 질문이 여기서 제기된다. 이미 바리새인이자 유대인인 바울(참고. 빌 3:4b–7)이 어떤 의미에서 '유대인과 같이(ὡς Ἰουδαῖος) 될' 수 있단 말인가? 실제로 여기서 주목할 첫 번째 사실은 바울이 이런 말을 쓰기 위하여 유대인으로서 자신의 기업과 참으로 큰 거리를 둔다는 것이다. 헤이스가 설명하는 것처럼, 그것은 바울이 "그리스도 안에서" 이제는 '문화에 대한 모든 충성을 초월했다는' 사실을 얼마나 깊이 염두에 두고 있는가를 반영한다. 이 유대인(바울)이 이제 동포 유대인들에게 행하는 자신의 사역을 '적응'으로 볼 수 있었던 것은 참으로 획기적이다. 바울은 이전 것이 지나간 그리고 "할례를 아무것도 아닌 것으로 여기는" 새로운 피조물이었다(고후 5:17; 갈 6:15).[58] 그러나 이것이 실제로는 무엇을 의미했을까? 확실히 여기서 그리고 이어지는 본보기에서, 바울은 자신의 삶에서 유대교의 율법이 차지하는 위치와 자신이 할 일과 하지 않을 일에 관해 말한다. 바울은 유대인의 관습을 준수할 준비가 되어 있으나 율법을 구원의 길로 가르치지는 않는다고 주장되었

57. 참고. 고전 1:18–21; 고후 1:6; 6:1–3; 살전 5:8–9. 또한 E. P. Sanders, *Paul and Palestinian Judaism: A Comparison of Patterns of Religion* (Philadelphia: Fortress, 1977), 447–74도 보라.

58. Richard Hays, *First Corinthians*, Interpretation (Louisville: Westminster John Knox, 1997), 153.

59. Conzelmann, *1 Corinthians*, 160.

다.[59] 그러나 바울이 그리스도인이 되기 전에도 율법을 구원의 길로 항상 가르쳤는지는 의심스럽다.[60] 여기서 열쇠는 바울이 '모두에게' 종의 자세를 취한 자신의 모습을 보여준다는 점에 있다(19절). 바울에게는 그리스도를 위하여 종이 되는 것이 삶의 원동력이다. 따라서 바울은 "여러(모든) 사람에게 여러(모든) 모습이" 될 준비가 되어 있다(9:22). 이것은 바울이 더는 "율법의 소유로 증명되는 하나님과의 관계"[61]에 있지 않았다는 사실을 의미한다. 그럼에도 바울은 기독교로 회심한 유대인이나 아직 믿음으로 나아오지 않은 유대인 가운데서 활동할 때, 비록 유대인의 관습이 유대 율법에 깊이 새겨져 있다 해도, 여전히 그 관습을 따를 준비가 되어 있다. 두말할 것 없이 바울은 유대인과 같은 방식으로 먹고, 유대인과 같은 방식으로 기도하며 어쩌면 유대인과 같은 방식으로 옷을 입을 준비도 되어 있었다. 이런 사례가 사도행전 21:15-24에 나온다. 거기에서 바울은 동포 유대인을 도와 나실인 서약 의식에 참여할 준비가 되어 있었다. 사도행전 15:5이 분명히 하는 것처럼, 일부 믿는 유대인에게는 율법을 지키는 것, 특히 할례를 받는 것이 '구원받은' 자의 '표지'였다. "바리새파 중에 어떤 믿는 사람들이 일어나 말하되 이방인에게 할례를 행하고 모세의 율법을 지키라 명하는 것이 마땅하다 하니라"(참고. 행 15:1). 바울은 이것을 받아들이지 못한다. 그래서 삽입구로 "내가 율법 아래에 있지 아니하나"(고전 9:20)라는 말을 덧붙인다. 그런데 이런 태도 때문에 바울은 디모데를 다른 방식으로 대한다. 이때 바울은 유대인 가운데서 활동하고 있었고, 디모데의 어머니가 유대인이었기 때문에(행 16:3) 디모데에게 할례를 베풀었다. 반면 헬라인이었을지라도 디도에게는 억지로 할례를 받게 하지 않았다(갈 2:3-5). 율법을 지키는 것이 구원의 '표지'로 간주되고 '구원받은' 자로서 바울의 정체성을 입증하는 필수적인 증거가 될 때 바울은 더 이상 유대인이 아니다. 율법이 문화적으로 그리고 복음을 위하여 대체로 유용한 것으로 간주될 때, 바울은 거기에는 기꺼이 적응할 것이다. 고든 피가 지적하는 것처럼, 바울은 여기서 특히 음식법을 염두에 둔 것으로 보인다. 왜냐하면 음식 문제가 8-10장 전체에 걸쳐 일반적으로 다루어지기 때문이다.[62] N. T. 라이트는 이렇게 말한다. "'유대인'인 것이 이제는 바울의 기본 정체성이 아니었다. 왜냐하면 그것이 가장 깊은 의미에서 '바울이 누구인지' 더 이상 말해주지 못하기 때문이다."[63]

그다음 문제는 "율법 없는 자"(τοῖς ἀνόμοις)가 누구를 가리키느냐는 것이다. 어떤 주석가는 "율법 없는 자"는 하나님을 경외하는 자가 된 이방인을 가리킨다고 주장했다. 다시 말해, 율법 없는 자는 유대교의 율법 아래 나아와 율법과 관련하여 유대인처럼 살았던 경건한 이방인이라는 것이다. 다른 주석가는 바울이 단순히 같은 사실을 서로 다른 방식으로 말하는 것이라고 주장했다. 어느 쪽이든 바울의 논증에 크게 문제가 되지는 않는다. 그러나 바울이 '이방인에게는 내가 이방인과 같이 된 것은'이라고 말하지 않는다는 사실은 바울이 여기서 문제를 율법과 연결하고 있음을 더 분명히 드러낸다. '자유로운' 사도인 바울은 율법이 구원의 증거로 간주될 때 율법을 어떻게 대하는가? 이에 대한 바울의 반응은 유대인 가운데서 활동할 때와 똑같이 나타난다.

그러나 바울은 여기서 자신이 율법폐기주의자라는 잠재적인 비난에 대응할 기회를 얻는다. 바울은 양보분사를 사용하여 "내가 하나님께는 율법 없는 자가 아

---

60. 바울 당시의 유대교 신학은 율법을 통해 구원이 오는 것이 아니라, 율법에 대한 순종을 통해 증명되는 것으로 보았다. 이것에 관해 그리고 당시 유대교 속에서 구원이 어떻게 성취되었는지에 관해 상당히 치열한 논쟁이 계속되고 있다. Gardner, *Gifts of God*, 100, 특히 100n194에서 나의 간략한 요약과 거기서 다른 견해들에 대한 언급을 보라.

61. Sanders, *Paul and Palestinian Judaism*, 550 (강조체 원저자).

62. Fee, *1 Corinthians*, 473.

63. Wright, *Paul and the Faithfulness of God*, 1436.

니요 도리어 그리스도의 율법 아래에 있는 자이나"(μὴ ὢν ἄνομος θεοῦ ἀλλ' ἔννομος Χριστοῦ)라는 말을 삽입구로 덧붙인다. 바울은 언어유희(ἄνομος, 곧 "율법 없는"이라는 말이 두 가지 의미로 사용되고, ἔννομος, 곧 "율법 아래에 있는"이라는 말이 이어서 나온다)를 사용하여, 자신이 율법 없는 자이지만 율법 없는 자가 아니라고 주장한다(ὡς ἄνομος; μὴ ὢν ἄνομος). 여기서 율법의 기능이 관건이다. 바울은 그리스도인으로 인정받기 위해서는 율법을 따를 의무가 없다는 점에서는 율법 없는 자다. 그렇지만 여전히 "그리스도의 율법"을 따르므로 율법은 여전히 중요하다. "그리스도의 율법 아래에"라는 말은 다양한 사실을 의미할 수 있다. 하지만 바울이 지금 새로운 '기독교 율법'이 있다고 말하는 것이 아님을 깨닫는 것이 중요하다. 오히려 바울은 그리스도의 중심적 위치에 여전히 관심을 가졌다. 11:1에서 바울은 "내가 그리스도를 본받는 자가 된 것같이 너희는 나를 본받는 자가 되라"고 말한다. 바울의 관심사는 율법 체계에 있지 않다. 바울은 지금 일상적 섬김을 행할 때 그리스도께 순종하는 것에 관해 매우 폭넓게 생각하고 있다. 모든 사람에게 종이 된 자로서 바울은 무엇보다 먼저 그리스도의 종이다. 물론 이것은 바울이 그리스도를 위하여 사람들을 "얻기" 위해서라면 하지 않을 일이 있다는 것을 의미한다. 바울은 그리스도가 하시지 않을 일은 결코 하지 않을 것이다. 이런 맥락에서 다른 무엇보다 바울은 우상을 숭배하는 의식이나 식사에 참여하지 않을 것이다.

9:22 약한 자들에게 내가 약한 자와 같이 된 것은 약한 자들을 얻고자 함이요 내가 여러 사람에게 여러 모습이 된 것은 아무쪼록 몇 사람이라도 구원하고자 함이니(ἐγενόμην τοῖς ἀσθενέσιν ἀσθενής, ἵνα τοὺς ἀσθενεῖς κερδήσω· τοῖς πᾶσιν γέγονα πάντα, ἵνα πάντως τινὰς σώσω). 22절에서 헬라어 본문 구조와 목적절의 용법은 이전 두 구절을 따른다. 다만 여기서 바울은 약한 자"같이"(ὡς) 되었다고 말하지 않고 단순히 약한 자가 되었다고 말한다(개역개정에는 "약한 자와 같이 된 것은"-역주). 바울은 계속해서 약한 자에게 적응하고 배려하는 일에 관한 요점을 제시하고, 다른 사람들을 배려하지 않고 "권리"를 행사하는 것이 왜 약한 자에게 '걸림돌'이 되고, 심지어는 그들의 "멸망"을 가져올 수 있는(8:11, 13) 이유를 제시한다. 약한 자들을 "얻는" 것은, 유대인과 "율법 없는 자"의 경우와 같이, 만약 그들이 떨어져 나가거나 걸려 넘어지거나 지금 멸망으로 향하는 길로 나아가고 있다면, 그들을 그리스도를 위하여 다시 얻는(되찾는) 것을 의미한다고 보는 것이 가장 좋다. 이들은 바울이 8:11-12에서 염려했던 바로 그 "약한" 자였다. 그들은 공동체에 대한 자기 의식이 빈약했다. 그들은 엘리트 교인 때문에 힘든 일을 겪었고, 엘리트 교인들에게 합당하지 못한 자로 낙인이 찍혔다. 그래서 바울은 그들을 약한 자로 지칭했다. 그들은 스스로 약해졌기 때문에 "약한" 자다. 그들은 지위를 자랑하지 않는다. 그들은 물질적 소유를 많이 갖지 않았을 것이다. 또는 그들은 바울을 따르고, 자신들을 그리스도로부터 떼놓을 수 있는 "지혜", "지식", 경제력 또는 후견인과 같은 당시 사회의 요소들을 일부러 피했을 것이다. 이것이 바울이 '약한 자들에게 내가 약한 자가 된 것은'(ἐγενόμην τοῖς ἀσθενέσιν ἀσθενής)이라고 말할 수 있는 이유다. 바울이 복음을 위하여 약해지는 것에 문제가 없다. 바울은 자기에게 지위나 힘을 주고 자신이 다른 그리스도인들보다 더 나음을 암시하는 것은 무엇이든 거절하는 데 문제가 없다. 예를 들면 자신이 증명한 것처럼 바울은 사도로서 누릴 권리를 행사하기를 거절했다. 바울은 오직 복음을 위하여 그렇게 했다.

바울이 유대인과 동일화되는 방식과 약한 자와 동일화되는 방식에는 차이가 있다. 바울은 어떤 관습과 문화적, 종교적 실천이 적합할 때는 얼마든지 유대인과 같이 될 수 있다. 그러나 바울은 유대인처럼 율법이 하나님 백성의 일원이 되는 필수 표지로 믿는 자로서는 살아갈 수 없다. 반면에 바울은 약한 자가 될 수 있는데, 그것은 '약하게' 되는 일에는 잘못된 것이 없기 때문이다. 어쨌든 약한 자는 단지 엘리트 교인들의 눈에 약하다. 확실히 약한 자의 전체적인 문제는 그들이 공동체 표지를 자랑하지 못하는 것에 있다. 그런데 바울은 약한 자가 되는 일에 아무 문제가 없다. 사실은 약한 자가 되는 것이 바울의 삶의 방식이다. 바울은 나중에 그리스도인을 그리스도인으로 나타나게 하는 유일한 표지가 있음을 증명한다. 그것은 바로 사랑이다.

그럼에도 바울은 여전히 약한 자를 다시 얻어야(κερδαίνω) 한다. 약한 자는 고린도 교회 안의 교만한 자에 의해 잘못된 길로 빠질 위험 속에 있기 때문이다. 만약 약한 자가 멸망에 빠진다면 그들은 당연히 구원받아야 한다. 결론적으로 바울의 약함과 약한 자의 약함 간의 차이는 바울은 "약함"을 두려워하지 않는다는 점에 있다. 다른 사람들이 자신에 관해 뭐라고 말하든 간에, 바울은 그리스도 안에서 그리고 그리스도에 대한 자신의 사랑 안에서 안전하다. 바울은 자신의 안전이 주님 안에 있기 때문에 자신의 "권리"를 포기할 수 있다. 그리고 오직 그리스도 안에서만 자랑할 것이다. 반면에 약한 자는 주님 앞에서 그리고 하나님의 백성 가운데서 자기들의 지위에 대하여 확신이 없다.

여기서 바울이 말하는 바를 요약하면, 바울은 그리스도를 위하여 사람들을 얻기 위하여, 그것이 공동체 안에서 쫓겨난 것 같은 자를 되찾는 일을 의미하든 또는 사람들을 새로 믿음으로 나아오게 만드는 일을 의미하든, 그리스도의 율법에 불순종하지 않고 다 행할 것이라는 점이다.[64]

심층 연구

약한 자

바울은 지혜나 지식과 같은 성령의 은사와 관련된 어떤 권리를 행사하지 못하기 때문에 부족하다고 느낀 사람들을 가리키는 데 "약한 자"라는 용어를 사용했다. 이런 사람들은 엘리트 교인들, 곧 "지식 있는 자"에게 무시를 당했고, 그래서 자신을 약하다고 생각했다. 그러나 하나님의 눈에 소위 "약한 자"는 이런 (단순히) 인간적 표지들이 없어도 하나님께 속한 자이고, 그래서 바울은 기꺼이 약한 자와 동일화될 수 있다. 비록 일부는 그럴 수 있을지 몰라도 약한 자가 후원을 받지 못해 더 가난해질 것이라고 주장하는 것은 본문을 너무 깊이 파고든 것이다. 약한 자를 8장에서 제시된 대로 정의하는 것은 이 문맥에 잘 어울리고, 바울이 약한 자에 관해 말할 때 "…같이"(ὡς)라는 말을 빼는 이유가 설명된다. 만약 바울이 여기서 "약한 자"로 알려진 다른 집단의 사람들을 소개했다면 정말 이상할 것이다.

그러므로 "약한 자"라는 말을 경멸 용어로, 아니 사실은 어떻게 하든 기본적으로 부적합한 사람들을 가리키는 의미로 생각해서는 안 된다. 8장에서 바울은 약한 자 편을 들었고, 1:27 이후로 "약한 자"는 교만한 사람들을 가리키는 한 집단과 대조하는 용어가 되었다. 처음부터 바울은 이것이 약한 자에게 유

64. 여기서 바울의 적응 원리는 고린도전서 9장의 문맥에서 벗어나 모든 상황에 적용될 수 있는 것은 아니다. 예를 들어 바울은 '강한 자'에게는 적응하지 않는다. 바울은 강한 자가 근친상간 사건을 용납하거나 그들이 지위를 이해하는 관점에는 적응하지 않을 것이다. 그다음 장(10장)에서 바울은 우상의 집에서 음식을 먹는 것은 용납할 수 없음을 분명히 한다. 바울은 오직 하나의 κοινωνία만 있을 수 있고, 그 하나의 교제는 귀신이 아니라 주님과 하는 것이 되어야 한다고 주장한다(10:2-21). 바울의 적응은 사실은 자신(바울)을 위하여 '자신을 버리신' 그리스도에 대한 순종으로 정의된다(엡 5:2). 그러므로 바울의 적응은 "그리스도의 율법 아래에" 자기를 부인하는 것이 전부다.

리한 대조라는 점을 확실히 했다. 그러나 유감스럽게도 약한 자는 그리스도의 몸의 지체로서 가진 자기 의식이 희미하고 빈약하다. 만약 약한 자가 세상의 눈에 지위가 없고, 힘도 없으며, 후견인도 없고, 큰 재산도 없다면, 이로 말미암아 그들은 교회 안에서 훨씬 더 '약하다'고 느꼈을 것이다. 그러나 바울은 약한 자가 "하나님께서 세상의 미련한 것들을 택하사 지혜 있는 자들을 부끄럽게 하려 하시고 세상의 약한 것들을 택하사 강한 것들을 부끄럽게 하려 하시며 하나님께서 세상의 천한 것들과 멸시받는 것들과 없는 것들을 택하사 있는 것들을 폐하려 하시는"(1:27) 것의 참된 증거를 보여준다고 본다. 확실히 바울은 4:10의 강한 자와 비교하여 자신을 "약한 자"로 부르기도 했다.

9:23 내가 복음을 위하여 모든 것을 행함은 복음에 참여하고자 함이라(πάντα δὲ ποιῶ διὰ τὸ εὐαγγέλιον, ἵνα συγκοινωνὸς αὐτοῦ γένωμαι). 이 하위 부분은 요약하는 구절로 끝난다. 모든 것을 이끄는 역할을 하는 것은 복음이다. 바울은 복음을 위하여 "모든 것"을 행한다. 복음이 바울의 열정이고, 그를 완전히 사로잡고 있는 것이다. 바울은 누구든 그리스도에게서 떨어져 나가게 한다면 차라리 죽겠다고 말했다. 따라서 바울이 복음을 위하여 자신의 권리를 포기하는 것은 이상한 일이 아니다. 바울이 복음을 위하여 약한 자가 되는 것도 이상한 일이 아니다. 바울이 이 모든 것을 행하는 목적은 가능한 한 많은 사람을 그리스도께 이끌고, 그리하여 그들이 신실한 자가 되어 자신들의 안전을 지혜나 지식, 율법, 성령의 은사, 혹은 다른 어떤 "표지"에서가 아니라 오직 그리스도 안에서 찾도록 하는 것이다. 그러므로 바울에게는 "복음"이 단순히 복음 전도 메시지보다 훨씬 더 큰 개념이라는 사실이 이미 분명해졌다. 복음은 하나님의 백성이 되는 것, "그리스도 안에서" 하나님의 백성으로 언약의 교제에 참여하는 것에 관한 메시지이기 때문이다.

따라서 바울은 복음을 위하여 모든 것을 행하고, 그리하여 자신이 복음에 '참여하는 자'가 될 수 있다고 말하는 것으로 끝마친다. 이 마지막 목적절("복음에 참여하고자 함이라", ἵνα συγκοινωνὸς αὐτοῦ γένωμαι)은 약간 애매하다. 19-22절에 나오는 앞의 6개의 목적절에서 바울은 다른 사람들을 "얻는" 것과 그들을 장애물로부터 지키는 것에 관심을 두었다. 여기서는 마치 바울이 갑자기 자신에게 관심을 두는 것 같다. 콘첼만은 이렇게 말한다. "이 말은 실용적인 인상을 준다. 곧, 바울은 그렇게 행동함으로써 자신의 개인적 구원을 확보한다." 그러나 콘첼만은 계속해서 이렇게 말한다. "바울은 공동체와 자신의 신적 사명을 염두에 두고 있다."[65] "복음에 참여하고자 함이라"는 말은 복음의 유익이나 복에 참여하는 것을 의미할 수 있다(NIV, NRSV, TEV). 또는 복음 전파 사역에 참여하는 것을 의미할 수도 있다. 바클레이(Barclay)는 이렇게 번역한다. "내가 복음 때문에 이렇게 행하는 것은 내가 모든 사람과 함께 복음에 참여하기 위함이다."[66] 고데는 이 절이 "다른 모든 신자와 함께 그것(복음)이 제공하는 복과 그것이 약속하는 것들에 참여하는" 것으로 이해된다고 주장했다.[67] 그러나 그 문맥에서 바울은 복음을 위하여 자신의 "권리"를 포기하는

65. Conzelmann, *1 Corinthians*, 161.
66. William Barclay, *The Letters to the Corinthians* (Philadelphia: Westminster, 1975), 82, 참고. Johannes Weiss, *Der erste Korintherbrief* (Göttingen: Vandenhoeck & Ruprecht, 1970[1910]), 246.
67. Godet, *First Corinthians*, 2:42.

것에 대하여 설명했다. 그러므로 여기서 바울이 자신의 복에 관심을 두었다고 볼 수 없다. 바울이 전하고 사는 복음의 길은 십자가의 길이지 능력과 지위의 길이 아니다. 바울이 자신이 약한 자와 동일화되어야 함을 아는 것은, 그것이 고난을 겪고 죽으신 그리스도의 복음에 따라 사는 길이기 때문이다.[68]

1:9에서 지적했듯이,[69] 바울에게 '참여/나눔'(κοινωνός)의 개념은 교제와 분배 관념을 포함할 수 있지만 1:9 및 10장에서와 같이 여기서도 '언약에 참여'(covenantal participation)하는 관념을 포함한다고 보는 것이 낫다. 23절에서 바울은 자신이 "모든 사람" 가운데 살면서 자신의 "권리"를 포기하고 "약한 자"가 된 것은, 자신이 복음에 따라 살고 본을 보인 것을 의미했다는 점을 보여준다. 그리하여 바울은 주님 앞에서 자신이 가진 참된 언약적인 지위를 드러낸다.[70]

9:24-26 운동장에서 달음질하는 자들이 다 달릴지라도 오직 상을 받는 사람은 한 사람인 줄을 너희가 알지 못하느냐 너희도 상을 받도록 이와 같이 달음질하라 이기기를 다투는 자마다 모든 일에 절제하나니 그들은 썩을 승리자의 관을 얻고자 하되 우리는 썩지 아니할 것을 얻고자 하노라 그러므로 나는 달음질하기를 향방 없는 것 같이 아니하고 싸우기를 허공을 치는 것 같이 아니하며(Οὐκ οἴδατε ὅτι οἱ ἐν σταδίῳ τρέχοντες πάντες μὲν τρέχουσιν, εἷς δὲ λαμβάνει τὸ βραβεῖον; οὕτως τρέχετε ἵνα καταλάβητε. πᾶς δὲ ὁ ἀγωνιζόμενος πάντα ἐγκρατεύεται, ἐκεῖνοι μὲν οὖν ἵνα φθαρτὸν στέφανον λάβωσιν, ἡμεῖς δὲ ἄφθαρτον. ἐγὼ τοίνυν οὕτως τρέχω ὡς οὐκ ἀδήλως, οὕτως πυκτεύω ὡς οὐκ ἀέρα δέρων). 바울은 이 마지막 부분(24-27절)에서, 주제에서 벗어나지 않고 사람들이 목표를 위하여 자신의 권리를 포기할 준비가 되어 있는 또 다른 결정적인 본보기에 호소한다. 이 본보기는 이 부분의 요약과 결론으로 작용한다.

경기자와 경주자는 경기나 경주에서 승리하기 위하여 많은 것을 포기하는 사람들이다. 그들은 과신할 수 없다. 마찬가지로 그리스도인의 삶에서도 고린도 교회 엘리트 교인의 행동과 같은 과신이 있을 수 없다.[71] 바울은 그리스도인의 삶과 경기자의 세계에서 이끌어낸 본보기의 네 가지 평행 관계에 주의를 집중한다. 첫 번째로, 경기자처럼 그리스도인도 "상"(βραβεῖον, 하지만 이 상은 썩지 아니할 상이다)을 노린다. 두 번째로, 승리하는 것은 자신을 과업에 "복종하게 함"(δουλαγωγέω, 27절)을 의미한다. 세 번째로, 약한 자들이 엘리트 교인들을 따르고자 했을 때 실족의 위험에 빠질 수 있었던 것처럼, 모든 그리스도인은 얼마든지 실족할 수 있다. 여기에는 바울도 포함되고, 자신은 안전하다고 생각하는 자도 거의 확실히 포함된다. 네 번째로, 경기자의 세계는 바울이 주장하는 것의 대가와 고통에 대해 다시 말해준다. 그리스도인의 삶은 그리스도를 따르는 것과 바울이 그리스도를 본받는 자가 된 것같이 바울을 본받는 자가 되는 것(11:1)을 포함한다. 이것은 희생의 길이고

68. Horrell, *Social Ethos of the Corinthian Correspondence*, 216은 다음과 같이 올바르게 요약한다. "바울은 자신이 '약한 자'로 부르는 집단의 구성원으로부터 자기를 제외했을 때 생길 수 있는 장애물을 피하기로 결심한다…바울이 이 사회적 집단과 맺은 연대성은 두 가지, 곧 자신을 세상의 더러운 것으로 보는 자기 이미지와 손수 노동을 하는 것으로 증명된다."

69. "심층 연구: '코이노니아'(Κοινωνία)의 의미"를 보라.

70. 여기서 바울의 적응 행동과 갈라디아서 2:11-14에서 베드로를 책망할 때 보여준 행동에서 불일치가 나타날 수 있다고 지적되었다. 그러나 이 두 상황은 완전히 다르다. 가능한 불일치에 관한 상세한 설명은 D. A. Carson, "Pauline Inconsistency: Reflections on 1 Corinthians 9.19-23 and Galatians 2.11-14," *Churchman* 100.1 (1986): 6-45를 보라.

71. 많은 주석가가 이 마지막 세 구절에 나타난 문제를 '강한 자'나 '지식 있는 자'의 과잉 확신의 위험성 문제로 본다. 또 그중 많은 주석가가 성례에서 과도하게 확신하는 문제로 본다. 그러나 여기서 주제가 갑자기 바뀐 것을 암시하는 증거는 전혀 없다. 바울은 성례에 관해서는 아무 말도 하지 않았다. 이 주석가들은 10장에서 바울은 성례에 관심이 있다고 가정한다. 이것은 거의 사실이 아닌 것 같다. 여기서 문제를 성례 문제로 보는 자들의 자료로 다음 작품을 보라. Barrett, *First Corinthians*, 216; Whiteley, *Theology of St. Paul*, 172-73; Fee, *1 Corinthians*, 477.

종종 고통의 길이다. 고린도 교회의 엘리트 교인이 자신의 지식이 상을 보장하리라 생각하는 것처럼 보이지만, 바울은 그들의 지위가 이런 식으로 확증되지 않는다는 점을 다시 한번 강조한다. 여기서 말하는 사실은 단순히 경기자는 어떤 상도 보장하지 못한다는 점이다. 상을 얻고자 수고해야 하고, 그 길은 힘들고 벅차고 고통스럽다. 고린도 교인이나 바울은 아직 결승선을 통과하지 못했다. 10장에서 바울은 하나님이 모세를 통해 애굽에서 나오게 하신 이스라엘 자손을 언급하으로써, 자신이 안전하다고 생각했지만 많은 이가 '멸망당한' 사람들의 본보기로 삼는다.

24절에서 바울은 고린도 교인이 이 본보기를 그들 자신에게 적용하기 바란다는 사실(복수형 명령이 사용됨)을 분명히 함으로써 설명을 시작하지만, 26절에서 1인칭 단수형으로 바꾸어 자신이 행하지 않은 일을 요구하지 않는다는 점을 되풀이한다. 바울은 삶 속에서 그리스도를 본받는 자이므로(11:1) 자신을 고린도 교인에게 인생을 어떻게 살아야 하는지 보여주는 본보기로 삼는다.

"너희가 알지 못하느냐"라는 수사 의문문이 여러 번 반복된다(3:16에 대한 설명을 보라). 바울이 경기자에 관해 말하는 것은 논란이 없는 것으로 보아야 한다. 바울 당시에도 오늘날처럼 다양한 경기가 있었다. 로마 제국에서는 국제 및 지역 '경기 대회'가 개최되었다. 그중에 더 잘 알려져 있던 대회는 고린도에서 개최된 지협 경기 대회였다. 이 대회에는 육상과 권투 그리고 다른 스포츠 종목이 포함되었다. 머피 오코너는 이 경기 대회는 올림픽 대회보다는 등급이 낮았지만 델피와 네메아에서 개최된 경기 대회보다는 등급이 높았다고 주장한다. 고린도 지협 경기 대회는 2년마다 개최된 대형 행사였고,[72] 고린도 지협 경기 대회가 주후 49년과 51년에 개최되었기 때문에 바울은 대회 개최 기간에 고린도에 있었을 것이다. 규모는 훨씬 작았으나 현대의 올림픽 대회와 마찬가지로, 부유한 후원자가 엄청난 비용을 대면서 대회의 스폰서가 되었고, 참석한 관중에게 음식과 음료를 무료로 제공하기도 했다. 이 대회는 또한 방문객들이 각처에서 고린도로 몰려들어 돈을 엄청나게 썼기에 지역 경제를 활성화하는 역할도 했다.[73] 1세기 후반에 활동한 크리소스토무스는 고린도 지협 경기 대회 기간에 매우 흥미롭고 치열한 경기가 벌어졌지만, 동시에 종교적 축제와 문화적 활동이 왕성하게 이루어졌다고 설명한다. 크리소스토무스는 경기 대회에서 선수들의 눈에 띄는 모습도 몇 가지 묘사한다. 선수들은 "달리거나 맞붙어 씨름하거나 높이 뛰거나…서로 때리고, 창을 던지며, 원반을 세게 던진다."[74]

이런 경기 대회와 거기에서 진행된 각종 스포츠 종목은 1세기와 2세기 초의 다양한 저술가에게 은유로 사용되었다. 필로[75]와 에픽테투스의 글에는 이런 사례가 풍성하게 등장한다. 에픽테투스는 "경주자가 경주 원리에 따라 행할 때처럼, 철학자도 자신의 지도 원리를 실천할" 때 발전한다고 말한다.[76] 에픽테투스는 언젠가 철학자 지망생에게 관념들에 덥석 뛰어들어 중도에 포기하지 말고 사실들을 주의 깊게 사고하는 태도를 가지라고 권고한다. 에픽테투스는 이 철학자 지망생에게 경기자의 연습과 같은 태도를 권고하면서 이렇게 말한다. "그대가 몸이 아플 때 엄밀히 의사에게 맡기는 것처럼, 그대의 선생에게 그대 자신을 맡겨야 하네." 그러나 이어서 에픽테투스는 복잡하고 기발한 철학적 관념을 좇고 싶어 하는 자를 생각하면서 그들을 경기자 놀

72. Aelius Aristides, *Orations* 46.23.

73. Murphy-O'Connor, *St. Paul's Corinth*, 14-17. 이 책은 바울이 겪을 수 있는 일에 대한 유용한 설명과 함께 고린도 도시와 관련된 많은 흥미로운 본문을 인용한다.

74. Dio Chrysostom, *Orations* 8.6-16 (Cohoon, LCL).

75. E.g., Philo, *Moses* 1.48; *Spec. Laws* 4.99.

76. Epictetus, *Discourses* 1.4.20 (Oldfather, LCL).

77. 같은 책, 3.15.6-7.

이를 하는 아이들로 비유한다. "때때로 (아이들은) 경기자 놀이를 하고, 또 검투사 놀이를 하며, 또 나팔을 불거나 한다…마찬가지로 그대도 지금은 경기자이고, 지금은 검투사이며, 그런 다음에 철학자라네…그러나 그대의 영혼 전체에는 아무것도 아니지."[77]

"썩을"(φθαρτός) 화관과 "썩지 아니할"(ἄφθαρτος) 것의 대조 역시 고린도에서 쉽게 이해될 수 있었던 비교다. 경기자에게 주어진 화관은 셀러리(celery)로 만들어졌기 때문이다. 1세기에 고린도에서 살았던 플루타르크는 고린도 지협 경기 대회에서 경기자에게 주어진 화관에 관해 쓰면서, 역사적으로 그것은 "솔잎으로 만든 화관이었다…그러나 나중에 배경이 더 신성하게 되자 그들은 네메아 경기 대회에서는 셀러리 관을 만들었다"라고 말한다.[78] 이것은 그런 경기 대회에서 참으로 많은 신전 예배와 종교적 활동이 행해졌던 당시의 저술가가 언급한 많은 사례 가운데 하나에 불과하다. 이런 배경을 놓고 보면, 바울이 마지막으로 제시하는 예증은 고린도에서 정기적으로 개최된 경기 대회로부터 그리고 철학과 영성에 관한 일반적인 은유 언어로부터 누구나 쉽게 이해했던 것이 분명하다.

바울은 단순한 한 가지 요점을 제시하려는 목적을 가지고 경주 유비를 사용했다. 그 목적은 상을 받기 위하여 '달음질하는' 것이다.[79] 24절에서 "달음질하는 자들"(경주자들)은 바울이 고린도 교회 안에 있는 모든 사람에게 적용하는 심상이다. 그들은 "상"을 받기 위하여 달려갔고, 상을 받고자 하는 목표를 가지고 달음질해야 한다. 그들은 오직 '하나의 상'이 있다는 것을 유념해야 한다. 물론 이것이 오직 한 그리스도인만 상을 받게 되리라는 의미는 아니다. 오히려 이 유일한 상은 종말론적 영광의 기업이고, 경주를 마치는 모든 자가 얻는다(참고. 살전 2:19). 이것은 바울이 모든 일에 절제하는 자로 묘사하는 경기자(이기기를 다투는 자)에게서 배우는 것(25절)을 의미한다. 바울은 여기서 다른 곳에서 죄를 짓지 말라는 말을 듣는(참고. 살전 4:3; 5:22) 개개의 신자의 일반적인 삶을 말하는 것이 아니다. 그렇다고 절제라는 말이 여기서 고린도전서 7:9에서 사용된 것과 같은 의미로 사용되는 것도 아니다. 확실히 여기서 모종의 금욕주의를 요청하는 내용은 조금도 없다. 오히려 바울은 여전히 자신이 포기한 권리와 엘리트 교인이 포기해야 마땅한 권리에 관해 말하고 있다. 복음을 위하여 이런 일을 포기한다고 해서 경주 자체가 없어질 수는 없다. 경기자로서 '절제하는 것'(ἐγκρατεύομαι)은 힘들고 희생적인 일이 될 것이다. 그러나 경기자는 단순히 셀러리로 만든 "썩을" 관을 얻고자 큰 희생을 감수하고 고통스러운 연습을 버텨낼 것이다. 그렇다면 "우리"(바울과 고린도 교인)는 썩지 아니할 상을 얻기 위하여 합법적이든 아니든 "권리"를 제한함으로써 이처럼 절제할 준비를 참으로 더 많이 해야 한다.

바울은 1인칭 복수형으로 고린도에 있는 모든 그리스도인이 똑같은 목표와 상을 염두에 두었음을 인정한 다음, 26절에서 1인칭 단수형으로 바꾸어 자신의 삶이 제공하는 본보기에 대한 내용으로 돌아간다. 바울은 향방 없는 것같이(ἀδήλως) 달려가지 않는다. 이 단어는 '불확실하게'를 의미할 수 있다. 그러나 여기서 바울은 단순히 마음속에 목표가 없는 채로 달려가지 않는다는 것을 의도한다. 바울은 자신이 어디로 가고 있는지 알고, 이것이 그의 모든 행동을 이끌어야 한다. 허공을 치는 권투선수의 심상도 그의 목적에 잘 부합한다. 크리소스토무스는 권투선수 멜란코마스에 관해 다음과 같이 말한다. "그가 절제하고 인내하는 것은 정말 주목할 만했다…권투는 그의 전공이었다…그는 매우 엄격하게 훈련을 했고 다른 사람들보다 훨씬 더 많이 땀을 흘렸

78. Plutarch, *Moralia* 5.3.1–3 (LCL).

79. τρέχω('달음질하다')라는 단어의 부정과거 동사는 지금은 사라진 동사인 δράμω('뛰다')에서 나온 ἔδραμον이다.

다."[80] 이것은 바울이 자신의 모습이라 말하는 권투선수의 모습이다. 그러나 고린도 교회의 엘리트 교인은 모든 권리와 주장을 가지고 마치 허공을 치며 권투경기를 하는 것처럼 행한다. 그들은 자기들을 증명하는 표지가 하나님과 이웃에 대한 겸손한 사랑이어야 한다는 사실을 완전히 놓치고 있다. 실제로는 허공을 치고 있다(ἀέρα δέρων)고 바울이 생각하는 자가 '교만하다'(4:6; 8:1)는 점을 독자는 절대로 놓칠 수 없을 것이다.

바울이 주 안에 있는 다른 형제와 자매들에게 깊은 관심을 둔 것은, 그들을 위해 자신의 권리를 포기하겠다고 말하는 것으로 증명된다. 이것은 두 번째 '대계명'("네 이웃을 네 몸과 같이 사랑하라")을 지키는 것 외에 다른 것이 아니다. 주의 나라에는 어떤 교만함도 자리를 잡을 곳이 없다. 왜냐하면 항상 교만함 속에는 "멸망"(8:11), "실족"(8:13) 그리고 '버림당함'(9:27)의 가능성이 남아 있기 때문이다. 따라서 바울은 헛되이 달음질할 가능성이 없다. 바울은 그것을 갈라디아서 2:2과 빌립보서 2:16에서 다시 언급한다. 그러나 바울은 "푯대를 향하여" "달려가는" 방식으로(빌 3:13–14) 달음질할 것이다.

9:27 내가 내 몸을 쳐 복종하게 함은 내가 남에게 전파한 후에 자신이 도리어 버림을 당할까 두려워함이로다(ἀλλὰ ὑπωπιάζω μου τὸ σῶμα καὶ δουλαγωγῶ, μή πως ἄλλοις κηρύξας αὐτὸς ἀδόκιμος γένωμαι). 이 구절은 24–27절 부분이 8–9장 나머지 부분을 되돌아볼 뿐만 아니라, 10장의 이스라엘 본보기를 소개하는 역할을 한다는 사실을 분명히 보여준다. 여기서 동사 '복종하게 하다'(δουλαγωγέω)는 말은 스스로 모든 사람에게 종이 되었다(δουλόω, 19절)고 말한 바울의 설명을 환기한다. 바울은 복음을 위하여 자신의 권리를 행사하는 것을 조심스럽게 거부했다. 바울은 특별히 공동체 안에 있는 자는 아무도 실족하게 하는 자가 되어서는 안 된다고 주장했다. 고린도 교회 엘리트 교인의 행동은 다른 교인들을 실족시키고 있고, 이미 그렇게 실족시킨 것처럼 보인다. 바울은 지금 어떤 사람을 실족하게 하고, 그래서 그를 '멸망시키는' 자가 '버림을 당하는'(ἀδόκιμος) 위험에 처해 있다고 말한다. 그런 자는 상을 얻지 못하거나 푯대에 도달하지 못하거나 할 것이다. 사실 그 사람의 결말은 걸려 넘어져 멸망에 이른 자와 같을 것이다. 이에 대하여 이스라엘이 완벽한 본보기를 제공한다. 하나님의 백성으로 출애굽 함으로써 그리고 광야에서 하나님과 계속 함께함으로써 무대에 등장한 이스라엘은 자신이 안전하고 난공불락이라고 느꼈다. 그러나 하나님은 그들이 빠진 죄를 용납하지 아니하셨고, 결국 그들 가운데 많은 이가 '멸망했다'(10:10).

바울이 여기서 자기가 사도인데도 날마다 자기의 몸을 "쳐" 복종하는 자로 산다는 사실을 상기시키는 것은 이것이 심각한 문제이기 때문이다.[81] 이것이 경기로부터 이끌어낸 유비의 결론이다. 경기자가 자신의 몸을 '치는'(벌하는) 훈련을 통해 놀라운 성과를 거두는 것처럼, 그리스도인도 똑같이 자기들의 행동을 매우 주의해야 한다. 바울은 많은 사람에게 전하는 이 메시지가 날마다 자신에게도 도전장으로 날아온다는 점을 증명하는 것이 중요하다고 본다. 여기서 바울이 전하는 말은 신학적으로도 지극히 중요하지만, 매우 인격적인 진리이기도 하다. 바울은 복음을 위하여 절제함으로써 자기 몸을 쳐서 복종할 준비가 되어 있고, 나아가 스스로 만족하는 고린도 교인이 자신과 똑같이 사는 모습을 보고 싶어 한다.

이제 마지막으로 제시할 요점이 한 가지 있다. 8:1부

80. *Orations* 28.6–7.

81. '벌하다'(punish)라는 현대 영어 단어는 종종 경기자가 연습할 때 견뎌야 하는 고된 상태를 가리키는 데 사용된다. 여기서 ὑπωπιάζω라는 단어는 '징계하다'를 의미할 수 있지만, 바울은 아마 목표를 달성하기 위해 고통을 견디는 것을 더 염두에 두었을 것이다. BDAG 1043을 보라.

터 11:1에 이르는 이 긴 부분은 우상의 제물을 먹는 문제로 시작하고 끝나므로, 바울이 이 유비 마지막 부분을 사용하여 고린도 교인이 먹는 것에 관해 다시 생각하게 했다고 볼 수 있다. 앞에서 확인한 것처럼, 바울의 주 관심사는 "권리"와 관련된 심각한 종교적 문제에 있다. 우상의 제물에 관한 문제가 불거진 것은 소위 권리의 남용 때문이다. 그러나 바울은 복음을 위하여 자신에게 주어진 사도의 권리를 생각할 때, 어떤 형태의 음식의 위험성과, 먹고 마시는 것의 어떤 배경이 가진 위험성에 관해서도 염두에 두고 있다. 경기자 유비는, 오늘날에도 우리가 아는 것처럼 신중한 식생활 결정에 대하여 생각하게 한다. 1세기에 에픽테투스는 자칭 철학자의 삶에 관해 말하고, 그 삶을 올림픽 경기자가 되는 것에 비유했다. 에픽테투스는 이렇게 말했다. "그대는 규율에 복종해야 하고, 엄격한 식단을 지켜야 하며, 달콤한 과자를 먹어서는 안 되고, 덥거나 춥거나 정해진 시간에 엄격한 통제 아래 훈련해야 하네."[82] 바울은 10장에서 짧게 인용할 한 구절을 이미 여기서 생각했을 수 있다. "백성이 앉아서 먹고 마시며 일어나서 뛰논다"(10:7).

적용에서의 신학

1. 복음을 전하는 자에 대한 적절한 지원

9:1-14에서 바울은 복음 전파에 종사하는 자가 그들의 가족(배우자와 어쩌면 자녀가 포함된)과 함께 다른 그리스도인들에게 지원을 받는 것을 옹호하는 일련의 논증을 전개한다. 비록 바울이 지원을 받을 "권리"를 포기하는 것을 강력히 설명하려고 이 논증을 전개하지만, 그가 쌓은 논증은 강력하고, 설득력이 있으며, 복음 사역에 종사하는 모든 자에 대한 지원을 옹호하는 논증으로는 성경 본문 가운데 가장 길다. 예수님이 친히 이것을 명하셨다는 마지막 주장(14절)은, 이것이 교회가 감당해야 하는 중대한 문제라는 것을 모든 사람에게 상기시킨다. 바울이 분명히 하는 것처럼, 복음을 전하고 가르치는 일로 주님을 섬기는 자를 돌보는 것은, 하나님이 이스라엘 각 지파에게 명하신 것까지 거슬러 올라갈 수 있다. 레위 지파와 그들의 제사장 직무는 하나님이 자기 백성인 이스라엘 자손에게 주신 "선물"이었다(민 18:1-7). 레위 지파는 하나님께 여호와를 섬기고, 여호와에 대한 예배를 인도하며, 하나님의 백성을 가르치라는 사명과 부르심을 받았다. 그들은 다른 지파들이 바친 세금으로 그리고 백성이 여호와께 바친 정규 제물로 생계를 유지했다. 여호와께 바쳐진 것이 여호와를 통해 제사장에게 되돌아갔다(예를 들어, 레 7:28-36; 24:9; 민 18:8-24). 이스라엘 역사 속에서 부흥의 역사가 있을 때 성전에 제물과 십일조가 쏟아짐으로써 제사장 직분이 회복되고, 제사장들이 나라를 돌아다니

82. Epictetus, *Discourses* 3.15.2-4 (Oldfather, LCL).

며 율법을 가르치고, 예배 자체가 소생하게 된 것은 주목할 만하다[대하 29-31장(특히 31:4-5); 34:1-35:19].

현대 서양 교회에서는 목사와 선교사 그리고 교회의 복음 사역에 전념하는 다른 사역자들을 이런 식으로 지원하는 것이 통상적이다. 그러나 종종 목사들은, 마치 자신들의 보수가 교인들의 '호의'인 것처럼 교인들에게 온정주의에 입각한 대접을 받는다. 사실 여기서 바울의 논증 그리고 구약의 제사 제도와 레위 지파의 처우를 통해 제공된 유비는, 참된 '호의'가 하나님이 교회에 베풀어주신 것이라는 사실을 상기시킨다. 하나님이 레위 지파를 이스라엘에 선물로 주신 것처럼, 교회에도 교사와 복음 전하는 자를 선물로 주셨다(엡 4:11-14). 교인들이 목사를 이런 식으로 바라볼 때, 어느 정도 온정주의적인 태도로 자기들이 얼마나 잘하는지 짐짓 생색을 내며 목사를 돕는 것은 아무 소용이 없다. 오히려 교인들은 목사가 생계에 대한 걱정 없이 교회를 섬길 수 있도록 베풀고 지원할 때 기쁨이 있을 것이다. 종종 부흥의 때 하나님의 백성이 목사에게 베푸는 경제적 지원과 일반적 배려가 더 높아졌다는 것을 기억할 가치가 있다. 확실히 교인들의 신령한 삶은 복음 사역자에 대한 태도와 대우로 측정될 수 있다고 말할 수 있다.

그렇다 해도 교회나 목사가 권리를 자랑해서는 안 된다는 사실은 성경이 가르치는 것과 여기서 바울이 가장 크게 염려하는 것으로 분명히 추론된다. 일부 교파에서는 모든 목사가 대체로 지역 생계비에 맞게 조정된 '보수'를 동일하게 받는다. 이런 소득이 사역을 방해받는 심각한 경제적 걱정 없이 주거와 생계를 유지하는 데 적절하다면, 이것은 '최고' 목사를 끌어들이기 위해 교회 간에 벌어지는 경쟁을 예방하는 데 도움을 줄 수 있다. 또한 이것은 목사들이 소득 때문에 세속적으로 어떤 교회 대신 다른 교회를 선택하지 않고, 교회에 대한 하나님의 소명을 더 분명히 추구하는 데 도움을 줄 수 있다.

복음 사역은 적절한 지원을 받아야 하고, 목사와 복음 전도자와 선교사는 지역 교회가 보살핌과 사랑을 통해 제공하는 지원을 받을 "권리"가 있다. 그렇다 해도 그들은 현세에서 큰 보화를 얻을 것을 약속받지 않았다는 점을 유념해야 한다. 특히 부흥의 역사가 있을 때 구약의 제사장들은 여러 가지 면에서 대다수 이스라엘 백성보다 더 잘 살았겠지만, 그들이 이스라엘 땅에 기업이 없었다는 점은 의미심장하다. 여호와가 아론에게 다음과 같이 말씀하신 것과 같다. "너는 이스라엘 자손의 땅에 기업도 없겠고 그들 중에 아무 분깃도 없을 것이나 내가 이스라엘 자손 중에 네 분깃이요 네 기업이니라"(민 18:20). 복음 전도자, 교사, 선교사 등 주님을 섬기도록 부르심을 받은 자는 바울이 이 본문에서 제시하는 요점을 주목하는 것이 좋다. 바울은 "복음을 위하여" 이런 권리를 포기한다. 목사가 주님께 헌신하는 삶의 본보기를 보여주어야 할 필요성은 돈, 삶의 방식 그리고 심지어는 기업(inheritance)에 대한 그들의 태도에 깊이 담겨 있어야 한다. 교인 대다수가 누리는 것보다 적은 수입으로 가족을 부양하거나, 은퇴를 준비하거나, 어떤 나라에서처럼 긴급한 병원 치료가 필요한 것을 막론하고, 주님이 모든 것을 주시리라 믿고 의지하면 진실로 겸손해질 것이다.

어떤 지역에서는 반대의 상황이 바울의 가르침에 도전을 받을 수도 있다. 어떤 가난한 교회는 목사에게 교인 평균 수입보다 훨씬 더 많은 보수를 줄 수 있다. 이것은 교인들이 복음 사역에 대해 놀라운 사랑과 존경을 보낸다는 점을 증명할 수 있다. 그런데 목사는 자기 희생과 부르심 받은 영역에서 복음의 본보기를 보여주는 것에 관해 자문해보아야 한다. 목회자는 바울이 스스로 낮아지고 주님의 공급에 의존할 준비가 되어 있다고 말하는 것이 진실로 어떤 의미인지 다시 검토해보아야 한다. 그렇게 한다면 복음 전파가 우리에게 자랑할 근거를 조금도 주지 않고, 오히려 "복음을 전하지 아니하면 우리에게 화가 있을" 것이라는 바울의 말을 몸소 깨닫게 될 것이다.

2. 복음을 위한 적응

바울이 복음에 우선권을 두었다는 점은, 십자가에 못 박히신 그리스도에 관한 진리가 아닌 다른 것에 "걸려 넘어지는" 근거를 제공하지 않고 최대한 많은 사람이 그리스도에 관해 듣게 할 수 있는 방식에 따라 다양한 사람들에 맞추어 사회적으로 활동한 그의 능력에서 분명히 드러났다. 9:19-23에서 말하는 것에 대해서는 '적응'(accommodation)이라는 말이 널리 사용되는데, 이것은 그 말이 무엇을 의미하며 의미하지 않는지 파악되면 사용하기에 부적절한 말은 아니다. 바울은 "복음을 위하여" 모든 것을 행한다. 바울은 복음을 왜곡하지 않는다. 예를 들어, 바울은 그리스도의 지혜에 관한 메시지를 그리스가 지혜를 이해하는 방식(고린도 교회가 견지했던 것)에 적용하지 않는다. 예컨대 바울은 성 윤리나 우상 숭배 참여에 대하여 그리스도인이나 사회와 맞설 때 추호도 물러서지 않는다. 오히려 바울은 그 왕의 오심이 모든 사람에게 주어지는 소식이라는 성경적인 깊은 지식을 가졌다. 그 소식은 특정 음식을 먹는 것에 관한 율법 뒤에, 또는 지위나 능력에 대한 인간적 자랑 뒤에, 혹은 어떤 가상의 문화적 규범 뒤에 숨겨져서는 안 된다. 바울은 서로 다른 공동체에 들어갈 때 자신의 행동이나 삶 속에서 사람들의 귀에 복음이 들리지 않게 방해할 수 있는 것은 무엇이든 끊임없이 경계한다. 바울은 그리스도인 사이에서 활동하고 아무쪼록 몇 사람이라도 그리스도를 더 깊이 의지하도록 하고자 할 때도, 그가 전하고 본받기를 바라는 그리스도에 관한 환상을 혼란하게 하는 것은 절대로 용납하지 않는다.

십자가에 못 박혀 죽으시고 부활하신, 그리고 사랑과 믿음의 순종을 요구하시는 주 그리스도에 관한 메시지는 결코 변해서는 안 된다(갈 1:9-11). 많은 사람이 이 메시지로부터 돌아설 것이고, 믿는 자처럼 보이는 많은 사람이 결국 떠나갈 것이다(눅 8:9-15; 고후 4:3). 그런데 바울은 그것을 하나님의 손에 맡기는 것으로 만족한다(살전 1:4-5). 그러나 그들이 그리스도의 메시지를 흐려놓는다면, 바울은 언제든 자신의 개인적인 사회적, 문화적 우선권을 희생할 준비가 되어 있다. 현대 교회는 듣고 싶은 것에 따라 그리스도의 메시지를 너무나 자주 개조했다. 그리스도는 사랑과 친절과 윤리적 속성이 결합한 구미에 맞는 혼합물로 변형되었다. 오늘날 미국 기독교의 일부 신영에서는 그리스도의 메시지가 소위 복음주의의 정치적 목소리로 개조되어서 다른 정치적 견해를 가진 사람은 복음 메시지를 다시는 듣지 않을 것이다. 바울은 그의 정치적 관점이 무엇이든, 또는 그가 주변의 그리스와 로마 문명의 많은 부분을 무시하는 것이 무엇이든, 오직 성경의 진리와 성경 전체가 지시하는 인물인 그리스도에 관해 말한다. 현대 교회는 이것이 실제로 무엇을 의미하는지 더 주의 깊게 살펴보아야 할 것이다. 그런데 유감스럽게도 그리스도의 메시지에 많은 사람이 더욱 강하게 반발할 것이다. 그러나 다른 많은 사람은, 더이상 자유주의적이거나 부수주의적인 문화적 기독교의 케케묵은 온갖 신념을 받아들일 필요가 없다는 것을 깨닫게 되면, 훨씬 더 수월하게 그리스도의 메시지를 적절히 받아들일 수 있다.

CHAPTER 20

고린도전서 10:1–13

문학적 전후 문맥

일부 주석가는 9장에서 10장으로 전환할 때 편지 B(9장 또는 9장의 일부)가 편지 A(10:1–23)로 바뀐다고 주장했다.[1] 뒤의 설명에서 드러나겠지만, 10장은 8:1–11:1의 전체 내용에 잘 부합한다. 앞에서 바울은 우상의 제물을 먹는 문제를 하나님 백성의 공동체 안에서 생긴 지위 문제를 설명하는 맥락에서 제시했다. 이 공동체 "지위"는 어떻게 인증되는가? 바울은 우상 고기를 먹는 것이 공동체 지위가 어떻게 인증되는지에 대한 잘못된 이해를 함축하기 때문에 그것이 심각한 문제임을 증명한다. 이런 이유로 바울은 8:1에서 우상의 제물에 관한 문제로부터 "지식"에 관한 문제로 즉각 방향을 돌린다. 고린도 교회 엘리트 교인은 지식과 같은 은사를 교회 안에서 자기들의 높은 지위를 인증하는 표지로 보았다. 9장에서 바울은 공동체 안에서의 지위에 관해 그리고 본보기를 통해 사도로서 자신의 지위에 수반된 권리에 관해 말했다. 바울은 자신의 권리가 복음 전파에 장애물이나 걸림돌로 나타난다면 차라리 죽을 것이다. 바울은 항상 상을 얻기 위하여 경기자처럼 행했다고 주장했다(9:24–27). 그리고 이것은 바울이 그리스도를 위하여 언제든 "권리"를 포기할 준비가 되어 있다는 점을 의미했다. 바울은 8장 마지막 부분에서 과장법으로 자신은 사람들을 걸려 넘어지게 하는 자가 되기보다는 차라리 고기를 절대로 먹지 않겠다고 말했다. 그리고 이제 10장에서 그는 비장의 카드를 내민다.

바울은 이제 진실로 하나님께 속한 공동체의 일원이고, 나름대로 "신령한 은사"를 가졌던 사람들을 본보기로 제시한다. 그러나 그들은 은사가 자기들이 상상했던 지위와 안전의 증거를 제공하지 않는다는 사실을 발견했다. 그 결과 그들 가운데 많은 이가 '걸려 넘어졌고', 결국 많은 이가 멸망당했다. 이 본보기는 애굽에서 나와 광야에서 유랑하던 시대의 이스라엘 백성에게서 취한 것이다. 당시 이스라엘 자손은 하나님의 백성이었다. 그들이 받은 신령한 은사에

1. 이 책의 '서론'을 보라. 또한 Schmithals, *Gnosticism in Corinth*도 보라. Hurd, *Origin of I Corinthians*, 45를 참고하라.

는 하나님이 주신 만나와 물이 포함되어 있었다(10:1–5). 그런데 그들 역시 교만했고, 하나님을 이용했으며, 고린도 교회에서 일어난 일과 비슷한 방식으로 죄를 범했다. 이어서 12절은 바울이 지위에 관해 전하는 메시지의 핵심 요소를 다음과 같이 제시한다. "그런즉 선 줄로 생각하는 자는 넘어질까 조심하라." 고린도 교인은 하나님의 은사를 악용해서는 안 된다. 이어서 바울은 우상의 제물을 먹는 것이 어떤 상황에서는 왜 그토록 위험한지 엄밀하게 증명한다.

VI. 공동체 지위와의 관계에서 본 결혼, 독신, 이혼, 과부 생활(7:1–40)

VII. 지위, 지식, 자유 그리고 우상에게 바친 음식(8:1–11:1)

- A. 지식과 사랑은 대조적임(8:1–3)
- B. '신들'과 '주들'의 실존에 관한 지식(8:4–6)
- C. 우상 신전에서 우상 제물을 먹는 것에 관한 지식(8:7–13)
- D. 지위와 권리는 복음의 목적에 종속되어야 함(9:1–27)
- ➦ **E. 신령한 은사를 악용하는 이스라엘에 대한 경고(10:1–13)**
- F. 언약의 충성에 관한 문제(10:14–22)

주요 개념

하나님이 세우시고 은사를 주신 이스라엘 공동체는 계속 죄를 범하고 그 결과 심판을 받았다. 따라서 이 이스라엘 공동체는 고린도의 그리스도인 공동체에 유용한 본보기를 제공한다. 고린도의 그리스도인 공동체는 자기들이 선 줄로 생각함으로써 죄를 범해 넘어지지 않도록 조심해야 한다. 고린도의 그리스도인 공동체는 궁극적으로 하나님의 신실하심에 의지할 때만 시험을 이겨낼 수 있다.

번역

고린도전서 10:1-13

1a	소원	형제들아 **나는 너희가 알지 못하기를 원하지 아니하노니**
b	내용	우리 조상들이 다 구름 아래에 있고
c	연속	바다 가운데로 지나며
2a		모세에게 속하여 다…세례를 받고

b	영역	구름과
c		바다에서
3	연속	다 같은 신령한 음식을 먹으며
4a		다 같은 신령한 음료를 마셨으니
b	기초	이는…**신령한 반석으로부터 마셨으매**
c	묘사	그들을 따르는
d	신원	**그 반석은 곧 그리스도시라**
5a	단언	그러나 **그들의 다수를 하나님이 기뻐하지 아니하셨으므로**
b	기초	**그들이…멸망을 받았느니라**
c	장소	광야에서
6a	단언	**이러한 일은…본보기가 되어**
b	유익	우리의
c	목적	우리로 하여금 그들이…즐겨 하는 자가 되지 않게 하려 함이니
d	비교 예증	악을 즐겨 한 것 같이
7a	비교 예증	그들 가운데 어떤 사람들과 같이
b	당부 1	**너희는 우상 숭배하는 자가 되지 말라**
c	증거	기록된 바
d	인용	백성이 앉아서 먹고 마시며 일어나서 뛰논다 함과 같으니라(출 32:6)
8a	비교 예증	그들 중의 어떤 사람들이 음행하다가
b	확대	하루에 이만 삼천 명이 죽었나니
c	당부 2	**우리는 그들과 같이 음행하지**
d	연속	말자
9a	비교 예증	그들 가운데 어떤 사람들이 주를 시험하다가
b	도구	뱀에게
c	확대	멸망하였나니
d	당부 3	**우리는 그들과 같이 시험하지**
e	연속	말자
10a	비교 예증	그들 가운데 어떤 사람들이 원망하다가
b	도구	멸망시키는 자에게
c	확대	멸망하였나니
d	당부 4	**너희는 그들과 같이 원망하지**
e	연속	말라
11a	단언/확대	**그들에게 일어난 이런 일은**
b	원인	본보기가 되고
c	확대	또한 말세를 만난

d	유익	우리를
e	단언	**깨우치기 위하여 기록되었느니라**
12	경고	**그런즉 선 줄로 생각하는 자는 넘어질까 조심하라**
13a	예외	사람이 감당할 시험 밖에는
b	단언	**너희가 당한 것이 없나니**
c	단언	**오직 하나님은 미쁘사**
d	범주	너희가 감당하지 못할
e	단언	**시험 당함을 허락하지 아니하시고**
f	상황	시험 당할 즈음에
g	단언	**또한 피할 길을 내사**
h	목적	너희로 능히 감당하게 하시느니라

구조

10장 이 부분(1–13절)의 핵심 요소는 12절의 경고에서 발견된다. 사람들이 사실은 넘어지지 않도록 조심해야 하는데도, 자신이 하나님 앞에서 합당한 지위를 가졌다고 생각한다. 그래서 바울은 그들에게 경고하고자 이스라엘 자손이 광야에서 보여준 본보기를 소개한다. 그런데 이 본문은 다양하게 세분될 수도 있고, 단순히 광야 이야기에 대한 하나의 긴 해설과 적용으로 간주될 수도 있다. 구조를 간명하게 살펴보면, 첫 번째 부분인 1–5절은 그리스도와 연결하여 광야 이야기를 소개한다(4절). 광야 이야기의 이 짧은 해설 부분은 전해야 할 모든 사실을 말해준다. 하나님의 백성은 안전하다고 믿을 만한 이유가 있었다. 그런데도 많은 이가 하나님께 죽임을 당했다(5절). 이어서 6–11절이 두 번째 부분을 구성한다. 이 부분의 첫 구절인 6절과 마지막 구절인 11절은 인클루지오를 이루고 있고, 이 두 구절은 이런 일이 일어난 것이 우리에게 "본보기"로 작용한다고 말한다. 이 두 구절은 바울이 자기 세대의 그리스도인이 배워야 할 교훈을 깨닫기를 바라는 간절한 심정을 명확히 표현한다. 곧, 제발 너희는 그들이 악을 즐겨 한 것 같이 (악을) 즐겨 하는 자가 되지 말라는 것이다. 이어서 7–10절은 고린도 교회에 나타난 죄와 평행을 이루는 이스라엘 자손의 네 가지 죄악, 곧 우상 숭배, 음행, 그리스도를 시험함, 원망을 열거한다. 그리고 결론적 경고(12절)와 그 경고의 단서(13절)로 이 두 번째 부분이 끝난다.[2]

2. Meeks는 1–4절에서 "(그리고) 다"라는 말이 들어간 다섯 개의 긍정적 절이 6–10절에서 "그들 가운데 어떤 사람들과 같이"라는 말이 들어간 다섯 개의 부정적 절과 평행을 이룬다고 주장하면서 이 본문의 정교한 구조를 너무 과장한다. Wayne A. Meeks, "'And Rose Up

이 본문(1-13절) 전체에 걸쳐 광야 사건에 대한 묘사가 "말세를 만난" 그리스도인에게 직접 적용된다(11절). 바울이 광야 사건과 광야 세대의 행동 사이에서 보는 대응 관계가 본문에서 정교하게 반복해서 언급된다. 이 언급은 암시적이면서도 명시적으로 주어진다. 2절에서는 이스라엘 자손의 "세례"를 암시적으로 언급한다. 4절에서는 물이 나온 광야의 반석이 명시적으로 그리스도로 간주된다. 6-10절에서는 다시 한번 명시적으로 일련의 명령을 사용하여 이스라엘 자손의 방식을 따라서는 안 된다고 고린도 교인에게 역설한다.

심층 연구

바울의 모형론과 출애굽 사건

세부적인 설명에 들어가기 전에, 바울이 구약 이야기를 사용하는 방법을 일반적으로 검토하는 것이 중요하다. 콜린스(Collins)는 10:1-13을 "일련의 미드라쉬 해설"로 간주한다. 콜린스는 바울이 민수기에서 가져온 본문을 사용하는 방식이 "랍비들의 '학가다'(*haggadah*, 이야기) 및 '할라카'(*halakah*, 행동 지침)와 비슷하다"라고 말한다.[3] 믹스(Meeks)는 1-13절이 "현재의 문맥에서 사용되기 전에 이미 매우 정교하게 작성된 하나의 문학적 단위(a literary unit)"라고 말한다.[4] 바울은 본문에서 "본보기"(τύπος, 6절; 참고. 11절)라는 말을 사용하고, 현대의 독자는 이 말을 '모형론'(예표론)으로 생각한다. 나아가 현대의 일부 독자는, 바울이 "신령한"이라는 말을 사용하는 것도 이 부분이 성경을 어느 정도 더 깊거나 은유적인 방식으로 사용하는 것을 담았다고 본다. 가장 유용한 접근법은, 단순히 이 본문을 바라보고 바울이 여기서 성경을 본보기로 한다는 점을 인식하는 것이다.

바울의 신학적 관점에 따르면, 분명히 광야 사건과 고린도 교회의 새로운 사건 간에 명백하고 섭리적인 대응 관계가 있다. 그래서 바울은 11절에서 '그들에게 일어난 이런 일은 본보기(τυπικῶς)가 된다'라고 말할 수 있다. 나아가 "말세를 만난" 자에게는 옛것과 새것의 관계가 중요하다고 보았다. 바울은 메시아 시대, 곧 그리스도 시대의 관점에 따라 구약성경을 "하나님의 능력과 하나님의 지혜"로 보았다(1:24). 이 관점에 따르면, 이제는 '감추어진' 실재들이 드러났다(2:9-12, 16). 왜냐하면 이제는 그리스도로 말미암아 "옛 언약"의 율법 조문으로부터 "수건"이 제거된 "새 언약"의 시대가 되었기 때문이다(고후 3:6, 14-16). 바울은 하나님이 주신 은사에 대하여 이스라엘 자손의 태도와 고린도 교인의 태도 사이에 대응 관계가 있다고 보았다. 그래서 바울은 구약성경을 "본보기" 또는 "경고"로 사용했다고 말할 수 있다. 그러나 이런 말로는 섭리적이고 역사적인 계시 구조에 대한 바울의 관심을 제대로 전달하지 못한다. 성경에 따라 바울은 이제 하나님이 구속사 속에서 어떻게 역사하셨는지를 계시하셨기 때문에 옛것과 새것의 대응 관계가 가시화되었다고 보았다. 바울 당시의 세대는 그리스도의 계시를 받았고, 그리스도로 말

to Play': Midrash And Paraenesis In 1 Cor 10:1-22," *JSNT* 16 (1982): 64-78.

3. Raymond F. Collins, *First Corinthians*, Sacra Pagina 7 (Collegeville, MN: Liturgical Press, 1999), 364-65.

4. Meeks, "'And Rose Up to Play,'" 64.

미암아 과거에 하나님이 섭리에 따라 일으키신 사건에 대한 해설을 통해 의도적인 목적을 분별할 수 있었다. "말세를 만난" 자는 누구나 구약성경에 기록된 이 사건들로부터 그리고 이스라엘 백성으로부터 배울 수 있고 또 배워야 한다. 왜냐하면 그들은 이스라엘 백성과 연속성이 있기 때문이다. 이스라엘 백성은 "우리 조상들"(οἱ πατέρες ἡμῶν, 10:1)이다. 확실히 하나님의 백성과 그들의 구속 및 구원에 관한 바울의 관점은 "새로운 출애굽"으로 지칭되었다. 이것은 이사야서 61:1–5을 포함하여 성경의 다양한 예언 본문이 지적하는 요점이다.[5]

이스라엘 자손이 하나님의 인도로 애굽을 탈출하여 속박에서 자유를 얻고 약속의 땅에 들어가는 기업을 받은 것처럼, 그들이 구름 기둥과 불기둥 속에서 자신들을 보호하고 인도하시는 하나님의 임재를 본 것처럼 그리고 이스라엘 자손이 홍해를 건널 때 분리된 거룩한 나라로 구별된 것처럼, 새 언약 시대의 하나님 백성도 자신들이 이와 평행을 이루는 이야기 속에 들어가 있음을 발견한다. 그리스도인은 옛 이스라엘 백성과 연속선상에 있다. 그리스도인도 죄와 그 속박에서 해방되고 결국 새 땅에서 성취될 기업으로 들어감으로써, 민족들에게서 나와 새롭게 따로 분리된 거룩한 백성이다. "조상들"에게 그렇게 하신 것처럼, 같은 주님이 자신의 영으로 그리스도인과 함께 계신다. 물과 성령으로 세례를 받음으로써 그리스도를 의지하고 그리스도께 충성하는 자는 그리스도의 백성으로 여겨진다. 그리스도는 자신의 영을 통해 그리스도인과 함께 계신다. 이것은 그리스도가 구름 기둥과 불기둥으로 이스라엘 자손과 함께 계셨던 것과 똑같다. 공동체 한복판에 세워진 성막에서 확인된 하나님의 임재가 이제는 성령이 하나님의 백성 가운데 거하시는 것으로 확인된다(3:16–17; 고후 6:16). 광야에서 하나님은 지금 교회에 주시는 것처럼 이스라엘에 은사를 주셨다. 그러나 이스라엘 자손은 이 은사를 당연한 것으로 여겨 무시하고, 심지어는 멸시하기까지 했다. 따라서 '새로운 출애굽'을 거친 자에게도 똑같은 위험성이 존재한다. 하나님의 백성은 언약의 주께 순종하고 그분을 사랑하는 거룩한 백성으로 살아야 한다.

바울은 계속 이러한 관점을 가지고 말하기 때문에, 광야에서 이스라엘 자손이 배고픔과 목마름 너머에 있는 것을 보아야 했다고 가정한다. 그것이 광야에서 많은 백성이 멸망을 당한 이유다. 또한 이후 세대들도 과거 사건들을 통해 계속 말씀하신 하나님께 적절히 반응하는 것이 참으로 중요하다(신 8:1–3).

이 설명에서 간과해서는 안 되는 두 가지 해석 원리가 있다. 첫째 원리는 출애굽과 같은 원 사건들이 자체로 하나님이 자기 백성에 두신 구속 목적을 입증하기 때문에 중요했다는 것이다.[6] 그러므로 "옛 것"에 부차적인 중요성이 있는 것으로 보아서는 안 된다.[7] 둘째 원리는 이후 하나님에게서 온 계시는 원 사건들을 반드시 어떤 "신령한" 방법으로 이후 세대에 직접 적용되는 것으로 여기지는 않았다는 점이다. 오히려 하나님은 실제 상황이 어떤지에 대하여 더 많이 계시하셨다. 따라서 일어난 일에 대한 이 새로운 이해는 지금 섭리에 따라 독자가 살던 시대의 사건들과 평행을 이루는 것으로 확인될 수 있었다.

5. 예컨대 Wright, *Paul and the Faithfulness of God*, 1069 이하와 1334 이하를 보라.
6. 물론 이스라엘 백성은 종종 이것을 인정하지 못하거나 하나님이 행하신 것을 '잊어버렸다.'
7. Ellis는 이렇게 말한다. "비록 '모형'에 자체로 역사적 가치가 있기는 해도, 진정한 의미는 모형론을 통해 오직 '대형'(anti–type) 또는 성취에서 드러난다"(E. E. Ellis, *Paul's Use of the Old Testament* [Grand Rapids: Eerdmans, 1957], 128).

울콤(Woolcombe)은 이것이 특별히 바울 서신에서 증명된다고 주장한다. "바울은 이 사건들이…그리스도가 양쪽에서 다 핵심 원동자이시므로 자신과 자신의 동시대인이 겪은 사건들과 직접 대응 관계가 있음을 계속해서 증명한다…옛 언약의 역사적 패턴은 새 언약의 역사적 패턴과 정확히 대응을 이룬다. 왜냐하면 둘 다 하나님의 말씀과 지혜의 역사이기 때문이다."[8]

바울은 편지를 쓸 때 독자가 그리스도가 오신 사건을 통해 그들이 실제로 광야 사건들이 어떻게 일어났는지 더 깊이 파악할 수 있게 되었으므로, 이 이야기 속에서 그들의 위치를 더 분명히 깨닫기를 바란다. 따라서 바울은 광야 이야기와 사건들을 바라볼 때 단순히 유비나 상징으로만 보지 않고, 그리스도가 광야에서 계셨던 것과 그분이 이스라엘 백성에게 은사를 주신 것도 본다. 이것은 "신령한" 모든 것이 예수님께 집중되어 있다고 보는 새 언약의 새로운 지혜다. 그러나 오늘날 교회에서 흔히 주어지는 몇몇 가르침에 비추어 보면, 바울의 가르침은 이스라엘 자손이 예수님을 직접 알았다는 주장을 보증할 정도는 아니라고 이해하는 것이 중요하다. 그러므로 예수님이 임하셨다는 것이 엄밀히 말하면 바울이 이 구약 본문을 해설하면서 보여주는 새로운 핵심이다.

석의적 개요

VII. 지위, 지식, 자유 그리고 우상에게 바친 음식(8:1-11:1)

A. 지식과 사랑은 대조적임(8:1-3)

B. '신들'과 '주들'의 실존에 관한 지식(8:4-6)

C. 우상 신전에서 우상 제물을 먹는 것에 관한 지식(8:7-13)

D. 지위와 권리는 복음의 목적에 종속되어야 함(9:1-27)

➡ **E. 신령한 은사를 악용하는 이스라엘에 대한 경고(10:1-13)**

1. 이스라엘: 신령한 은사를 받은 공동체(10:1-4)

a. 이스라엘 자손은 하나님의 백성으로 세워졌다(10:1-2)

b. 이스라엘 자손은 신령한 은사를 받았다(10:3-4)

2. 이스라엘: 많은 백성이 심판을 받음(10:5)

3. 이스라엘: "우리"의 본보기(10:6-11)

a. 이스라엘 자손은 악을 원했다(10:6)

b. 이스라엘 자손은 우상 숭배자였다(10:7)

c. 이스라엘 자손은 음행했다(10:8)

---

8. G. W. H. Lampe, K. J. Woollcombe 공저, *Essays on Typology*, SBT 22 (London: SCM, 1957), 66. 이것은 Ellis가 "언약 모형론"(covenant typology)으로 부르는 것과 비슷한 입장이다(Ellis, *Prophecy and Hermeneutic*, 166).

d. 이스라엘 자손은 그리스도를 시험했다(10:9)

e. 이스라엘 자손은 원망했다(10:10)

f. 이스라엘 자손은 본보기가 되는 경고를 제공한다(10:11)

4. 적용: 굳게 서라(10:12–13)

a. 넘어질까 조심하라(10:12)

b. 하나님이 미쁘신 것을 기억하라(10:13)

본문 설명

10:1–2 형제들아 나는 너희가 알지 못하기를 원하지 아니하노니 우리 조상들이 다 구름 아래에 있고 바다 가운데로 지나며 모세에게 속하여 다 구름과 바다에서 세례를 받고(Οὐ θέλω γὰρ ὑμᾶς ἀγνοεῖν, ἀδελφοί, ὅτι οἱ πατέρες ἡμῶν πάντες ὑπὸ τὴν νεφέλην ἦσαν καὶ πάντες διὰ τῆς θαλάσσης διῆλθον, καὶ πάντες εἰς τὸν Μωϋσῆν ἐβαπτίσαντο ἐν τῇ νεφέλῃ καὶ ἐν τῇ θαλάσσῃ). '…때문에'(γάρ)라는 말이 일부 번역에서는 빠져 있다(예를 들어, NRSV, TEV, 개역개정에도 번역되어 있지 않음–역주). 그러나 이 말이 중요한 것은 지금 말하는 것이 조금 전에 말한 것을 따르고, 또 그것을 예증하고 있음을 독자에게 명확히 하기 때문이다. "형제[와 자매]들"은 바울이 하는 것과 같은 경주를 해야 한다. 통상적인 강력한 수사 장치를 사용하여,[9] 바울은 자신의 말을 주목하라고 주장하면서 이 부분을 시작한다. "다"(πάντες)라는 말이 1–4절에서 5번 반복되는데(개역개정에는 4번 등장하고, 원문은 1절에 두 번 나옴–역주), 이는 이스라엘 백성 전체를 가리킨다. 이것은 앞으로 진행될 바울의 논증에서 중요한 역할을 한다. 바울이 심판을 받은 것으로 증명할 자는 단순히 이스라엘 공동체의 약한 자 또는 일부 백성이 아니다.

바울은 여기서 자기 삶에서 가져온 본보기를 제시하는 것에서 성경을 해설하는 것으로 이동한다. 처음 두 구절(1–2절)은 바울이 광야 세대 이야기를 통해 가르치고자 하는 교훈의 전제를 확립한다. (이스라엘 백성은) "다" 확실히 언약 공동체 지체였다. 이것은 이스라엘 백성이 다 구름 아래 여호와의 임재를 경험하고 그들이 다 바다 가운데를 지난 사실로 확인된다. 바울은 역사적으로 이스라엘 백성이 다른 민족들(특히 애굽)과 구별된 독립 민족으로서 형성된 사실을 묘사한다. 하나님의 보호 아래 있는 언약 공동체로서 이스라엘은, 하나님의 구별된 백성으로 하나님의 보호 아래 있는 새 언약 공동체에 대한 비교 모델을 자연스럽게 제공한다(1:2, 8). 티슬턴은 출애굽 사건이 "구속의 패러다임"을 제공하는 사건이라고 지적한다. 티슬턴은 이것을 "속박으로부터(from), 하나님의 구원 행위로 말미암아(by) 새로운 삶의 방식과 실재로(to)"[10]라는 말로 요약한다. 앞에서는 이것을 제2출애굽 또는 새로운 출애굽으로 볼 수 있다는 사실을 언급했다.

9. 곡언법이다. 바울의 글에서 이와 같은 절은 언제나 "형제들아"라는 말을 수반하고 12:1에서 사용된다. 또한 롬 1:13; 11:25; 고후 2:11; 살전 4:13에서도 사용된다. "강력한" 이중 부정 용법, 곧 ἀγνοεῖν("알지 못하기를")에 Οὐ("아니하노니")가 함께 나오는 것을 주목하라.

10. Thiselton, *1 Corinthians*, 724.

바울은 "우리 조상들"(οἱ πατέρες ἡμῶν)이라는 말로 광야 이야기를 시작한다. 세월이 흐르자 출애굽과 광야 여정 이야기는 이스라엘 역사 대대로 반복되었다. 많은 경우에 이 이야기를 상술할 때 "우리 조상들"[NIV, our ancestors 또는 our parents(참고. 신 5:3; 수 24:17; 삿 6:13; 왕상 8:53; 느 9:9, 16; 시 78:3)]이라는 말로 시작했다. 이 이야기는 종종 하나님의 구원을 즐거워하는 내용을 다루었으나 다른 경우에는, 바울이 이 부분에서 그러는 것처럼 당대의 죄를 설명하는 데 주의를 집중했다. 전승들이 하나님의 보호와 공급을 지시하는 데 사용되고, 이후 세대에 심판을 경고하기 위해서도 사용될 수 있다는 사실은 여기서도 바울이 고린도 교인에게 교훈을 주는 것처럼 전승들이 바울의 목적에 정확히 도움을 주는 것을 의미한다.

물론 "우리 조상들"(현대 용어로는 our ancestors, 곧 "우리 선조들"로 번역될 수 있는)은 옛 세대의 이스라엘 백성을 가리킨다. 고린도전서는 주로 이방인 교인에게 쓴 편지이므로 "우리 조상들"의 의미가 상당한 논란을 불러일으켰다. 따라서 어떤 주석가는 "우리 조상들"은 일반적으로 바울이 자녀로 여긴 고린도에 사는 그리스도인들, 그러므로 구약 시대 믿음의 사람들의 후사를 가리킨다고 주장한다. 다른 주석가는 "우리 조상들"에 관한 이야기는 '강한' 자가 회심한 유대인 그리스도인들로 구성되었다는 점을 증명한다고 주장했다. 그러나 바울이 이스라엘 전승에 의존하는 것은 놀랍지 않다. 바울이 편지에서 염두에 둔 이 부분의 독자 또는 의도된 독자가 유대인 그리스도인이라는 암시는 확실히 없다. 기독교 교회가 출범할 때부터 하나님 백성의 연속성에 관한 진리가 이방인들에게 선포되었다. 하나님이 이스라엘 백성 가운데서 행하신 활동은, 하나님이 "그리스도 안에서" 자기 백성 속에서 행하신 활동을 설명하는 데 도움을 준다. 이것은 복음을 해설할 때 성경(구약)이 처음부터 모든 사람에게 가르쳐졌다는 것을 의미했다. 십자가에 달리셔서 죽으시고 부활하신 그리스도의 복음 계시는 이스라엘에 일어난 일에 비추어 이해되어야 했다. 그것은 자기 백성에 대한 하나님의 은혜 이야기다.

이스라엘 자손을 "다" "구름 아래에" 있고(πάντες ὑπὸ τὴν νεφέλην), "바다 가운데로 지난"(διὰ τῆς θαλάσσης διῆλθον) 것으로 묘사하는 것은, 이스라엘 자손이 애굽을 떠나 마른 땅이 된 바다 가운데를 통과했을 때 구름 속에 임재하신 하나님의 보호를 받은 것[11]을 가리킨다. 전승들 속에는 "구름"과 "바다"가 연계된 내용이 거의 없다. 이 둘이 연계될 때 상기되는 본문은 통상적으로 출애굽기 14:19-22이다. 거기 보면 이스라엘 사람들이 바다를 안전하게 지나는 동안 하나님의 임재를 표상하는 구름이 애굽 사람들과 이스라엘 사람들 사이에 서서 인도한다. 바울도 같은 순서를 유지한다. 구름이 덮이면 그 아래로 바다 가운데를 지나갔다. 하나님의 임재를 통해 바닷속에서 애굽 사람들이 멸망을 당하자 이스라엘 백성은 "여호와를 경외하며 여호와와 그의 종 모세를 믿었다"(출 14:31; 참고. 시 106:7-12, 특히 7, 12절). 필로는 광야 전승을 알레고리로 사용했다. 따라서 애굽 사람들과 이스라엘 사람들 사이에서 운행하던 구름을 선과 악의 분리를 계시하는 것으로 보았다.[12] 그러나 바울은 그렇게 하지 않는다. 바울의 목표는 이처럼 크고 은혜로운 하나님의 사역과 표징이 하나님의 백성을 백성과 나라로 세운 것을 확립하는 데 있다. 이스라엘 자손이 "다" 백성과 나라의 구성원이었다.

바울이 이것을 "세례"로 말할 수 있는 것(2절)은 하나님의 백성이 애굽에서 구속받은 사건을 통해 이스라엘 언약 공동체로 이처럼 은혜롭게 편입되었기 때문이다. 바울은 구름 속에서 그리고 바다를 통과하여 '모

11. "여호와께서 불과 구름 기둥 가운데서 애굽 군대를 보시고"(출 14:24, ESV). 여호수아 24:7과 시편 105:39을 참고하라.

12. 예컨대 Philo, *Heir* 202-4를 보라. *Moses* 1.178-79; 2.254를 참고하라.

세에게 속하여 다 세례를 받았다'(πάντες εἰς τὸν Μωϋσῆν ἐβαπτίσαντο)고 말한다. 바다의 "물"이 "세례"와의 유비를 일으킬 수 있다. 확실히 "세례"라는 말은 광야 이야기의 이 배경에서는 유대인에게 선례가 없다. 바다의 물을 모세의 인도 아래 이루어진 하나님의 구속에 대한 모형론적인 이해 그리고 백성이 그(모세)와 하나님을 믿을 필요성[13]과 결합해보라. 그렇게 하면 "세례"라는 언어가 확실히 이해될 것이다. 그리스도인에게 세례는 그들의 삶 속에서 하나님의 은혜로운 구속 사역이 행해진 것에 대한 증거로 적용되고, 이로 말미암아 그리고 그리스도를 믿는 믿음을 통해 그들은 하나님 백성의 언약 공동체(교회)의 지체가 되었다.

그러나 어떤 주석가는 여기서 바울이 세례에 관해 말하는 것인지에 대해 여전히 의문을 제기한다. 다시 말해, 바울은 이제 성례 주제로 이동했는가 하는 것이다. 만약 이동했다면, 그것은 최소한 부분적으로라도 엘리트 교인의 교만함이 성례에 대한 과잉 확신을 낳았을 것이라고 이해되어야 하는가? 앞에서 제시한 견해는 바울이 언약 공동체가 형성될 때 베풀어진 하나님의 은혜에 관해 말한다는 것이다. 그러므로 바울은 이스라엘 자손과 기독교 공동체 간의 비교를 언약적인 관점에 따라 조명한다.

다수파 견해는 말할 것 없이 바울이 고린도 교회 엘리트 교인에게서 발견한 문제가 성례에 관한 잘못된 신뢰까지 거슬러 올라갈 수 있다는 것이다. 윌리엄 바클레이는 간명하게 이 입장을 이렇게 요약한다. "(고린도 교인의) 관점은 다음과 같다. '우리는 세례를 받았고, 그러므로 그리스도와 하나다. 우리는 성찬에 참여했고, 따라서 그리스도의 살과 피다. 우리는 그리스도 안에 있고 그리스도는 우리 안에 계신다. 그러므로 우리는 확실히 안전하다. 우리는 우상의 제물을 먹을 수 있고, 먹더라도 아무 해가 없다.' 따라서 바울은 여기서 과잉 확신에 대하여 경고한다."[14] 앞에서 고린도 교회의 엘리트 교인들의 교만함이 과잉 확신을 낳은 것에 문제가 있었던 것이지, 성례의 악용으로 일어난 문제가 아니라고 여러 번 주장했다. 성례는 지금까지 전혀 언급되지 않았다(그러하기에 여기서도 아마 언급되지 않을 것이다). 심지어는 10장 처음 다섯 구절(1-5절)에서도, 성례는 여전히 논의의 주제가 아니다. 물론 "모세에게 속하여 세례를 받고"라는 어구가 '그리스도 안으로 세례를 받는 것'과 유비로 나아간다는 것은 거의 의심의 여지가 없다. 그러나 앞에서 지적했듯이 바울이 가장 크게 염두에 둔 것은 세례와 그것의 악용이 아니라 세례의 결과였다고 보는 것이 더 낫다. 세례의 결과는 "다" 속해 있는 교인들의 공동체였다. 이것은 바다 가운데를 지나 출애굽 했을 때 이스라엘 공동체가 형성된 것과 같았다. 첫 번째로 이것은 1-2절에서 "다"라는 말이 반복되어 사용된 것으로 암시된다. 바울은 고린도 교인으로 하여금 그들이 "다" 단일한 공동체로 여겨진다는 사실을 가르치고자 했다. 두 번째로 구름과 바다의 경험은 이스라엘 자손의 백성 또는 나라로서의 신원과 관련되었다. 세 번째로 바울이 계속해서 말하는 것처럼, 나라를 형성한 사건들은 이스라엘 자손이 다 동일한 하나님의 보호를 경험하고, 다 하나님의 은사를 받은 것을 의미했다. 이스라엘 자손 간에 구별은 전혀 없었다. 엘리트 백성에게는 물을 주고 다른 백성에게는 물을 주지 않거나 하지 않았다. 모두 다 공동체의 일원이었고, 다 은사를 받았다(3-4절). 그리고 다 심판받을 수 있다는 점을 알았다(5절). 따라서 여기서 바울의 의도적인 비교는 그리스도 안으로 그리고 성령 안에서 세례를 받은 자는 다 언약 공동체에 속한 자라는 것이다. 다 하나님의 은사를 받는다. 그리고 다 하나님께 심판받을 수 있다는 사

13. 출애굽기 14:31.

14. Barclay, *Letters to the Corinthians*, 87. 또한 Bengel, *Gnomon of the New Testament*, 268-73도 보라. Fee, *1 Corinthians*, 487 이하는 분명히 14-22절을 1-5절에 집어넣고 이해한다.

실을 알 것이다. 따라서 1-2절은 바울이 왜 광야 전승(한 언약 백성이 그들의 계승자에게 말하는)을 사용하는지 그리고 바울이 광야 전승을 어떻게 사용하는지 지시하는 역할을 한다.

또한 일부 주석가가 부각한 '과잉 확신' 문제가 여기서 성례에 대한 언급과 함께 시작된다고 주장할 수 없는 점도 주목할 가치가 있다. 과잉 확신 문제는 고린도전서 전체에 걸쳐 지적되었다. 우상 고기에 대한 논란에서 더 분명해진 것은, 과잉 확신이 "지식 있는 자"를 자처하는 자에게서 발견된다는 점과 바울이 그들을 ("교만하게 하는") "지식"의 은사를 가진 자로 보았다는 점이다. 여기서 문제를 "성례"로 보는 주석가가 종종 완전히 무시한 또 하나의 그리고 확실히 어느 정도 명확한 요점은, 광야에서는 그것이 '떡과 포도주'가 아니라는 점이다. 광야에서는 그것이 '떡과 물'이다.

요약하면 10장의 첫 부분에서 바울은 유대 역사 속에서 광야 전승 기사가 강조한 것과 동일한 요점을 강조한다고 보는 것이 좋다. 특히 이스라엘 자손은 바다를 지나 애굽과 분리됨으로써("세례") 하나님께 속한 언약 백성으로 여겨졌다. 이스라엘 사람이라면 '하나님과 모세를 믿었기' 때문에 하나도 제외되지 않았다. 이스라엘 자손은 백성으로서 모두 만나와 물이라는 하나님의 신령한 은사를 받는 혜택을 누렸다. 그렇기는 해도 백성으로서 많은 이스라엘 사람이 악을 즐겨 했기(갈망했기) 때문에 그들은 그 죄로 말미암아 심판을 받았다. 의미심장하게도 이것이 유대 전승에서 이 이야기를 사용하는 고전적인 방식인데, 대다수 주석가가 이 요점을 놓쳤다.[15] 따라서 바울의 비교는, 그다음 몇 구절에서 확인될 것처럼 이 요점에 따라 이루어진다. 그리스도인은 다 하나님과 그리스도를 믿기 때문에 세례를 통해 언약 백성으로 여겨진다. 하나님의 백성으로서 그리스도인은 다 하나님의 신령한 은사의 혜택을 누린다. 거기서 아무도 제외되지 않는다. 마찬가지로 악을 즐겨 하는 그리스도인은 심판을 받을 것이다(6절). 6-12절에서 바울이 먼저 정교하게 다듬어 제시하는 것은 "악을 즐겨 하는 것"과 평행을 이룬다.

10:3-4a 다 같은 신령한 음식을 먹으며 다 같은 신령한 음료를 마셨으니(καὶ πάντες τὸ αὐτὸ πνευματικὸν βρῶμα ἔφαγον, καὶ πάντες τὸ αὐτὸ πνευματικὸν ἔπιον πόμα). "다"를 강조하는 요점이 여기서도 계속된다. "신령한 음식"을 먹고 "신령한 음료"를 마신 자는 이스라엘의 자손의 일부가 아니다. 이스라엘 자손이 다 먹고 마셨다. 이 언급은 이스라엘 자손이 광야에서 먹을 것과 마실 것이 없음을 알았을 때 하나님이 그들에게 공급하신 만나와 물을 가리킨다. 또다시 어떤 주석가는 바울이 옛 언약의 음식 및 음료가 새 언약의 성찬식의 음식 및 음료와 평행을 이루는 것으로 본다고 말했다. 앞에서 지적했듯이 이것은 별로 개연성이 없는 것 같다.[16]

유대 전승에서 만나와 반석에서 나온 물이 어떻게 기능하는지 검토해보면, 여기서 바울이 진실로 성찬에 관해 생각하고 있다고 볼 가능성은 별로 없다. 왜냐하면 바울도 그것들을 기능하는 것과 똑같은 방식으로 사용하기 때문이다. 유대 전승에서 만나와 반석에서 나온 물은 유대 전승에서 일관되게 하나님이 자기 백성에게 베풀어주시는 은사나 복으로 간주되었다. 각기 다

15. 뒤에서 '심층 연구: 바울이 광야 전승의 물과 양식을 사용하는 법'을 보라. 또한 Gardner, *Gifts of God*, 121-35("The Function of the Wilderness Traditions in Judaism"이라는 제목이 붙은 부분)도 보라.

16. 여기서 바울이 성례에 대한 과잉 확신이라는 새로운 주제를 소개할 가능성을 배제할 수는 없다. 그러나 너무 빈번하게 성례라는 말에 "신령한"이라는 말이 들어가는 것처럼 보이는데, 어떤 이는 이 단어에 '신비적' 또는 '신성한 효력이 있는'의 의미를 집어넣는 것 같다. Horrell, *Social Ethos of the Corinthian Correspondence*, 144는 다수파 견해를 따라 "이 본문의 주요 목표는 세례와 성찬에 참여하는 것을 통해 교인들이 취소할 수 없는 하나님의 백성으로 확증된다는 안일한 가정에 대하여 경고하는 것"이라고 말한다.

른 방식으로 이야기하더라도 그 이야기들의 강조점은, 이스라엘 자손이 먹고 마신 사실에 있지 않고 하나님이 섭리를 통해 은사를 베풀어주심으로써 자기 백성을 보호하신 활동의 본질에 있다. 이것이 새 언약 백성에게 베풀어주신 하나님의 공급과 평행을 이루기 때문에 바울이 의존하는 것이다. 바울이 "신령한"이라는 말을 사용하는 것은, 그가 옛것과 새것 사이에서 이끌어내려는 평행 관계가 언약의 식사가 아닌 하나님이 자기 백성에게 베풀어주신 은사에 중점이 있음을 지시하는 핵심 표지다. 이것이 지역적 배경 및 포괄적 배경에 더 부합한다.

심층 연구

바울이 광야 전승의 물과 양식을 사용하는 법

그렇다면 바울이 여기서 의존하는 광야 전승은 이스라엘 역사 속에서 어떻게 기능할까? 만나는 출애굽기 16장에서 처음 언급된다. 이스라엘 자손은 신 광야에서 먹을 것이 없자 모세를 원망했다. 그러나 여호와는 만나와 메추라기를 보내주셨다. 광야 전승은 여호와가 그들이 먹도록 주신 만나의 기적적인 성격(출 16:4, 8, 12, 15, 32, 35)과 모세가 "너희의 원망은 우리를 향하여 함이 아니요 여호와를 향하여 함이로다"(출 16:8)라고 말한 백성의 원망을 함께 강조한다. 민수기 20장에서는 이스라엘 자손이 마실 물이 없다는 이유로 모세를 다시 비난했다. 그때 모세는 자신의 지팡이를 사용하여 반석에서 물을 냈다(고전 10:4에서 바울이 염두에 둔 본문). 그리고 "우리 조상들"이 겪은 애굽 사람의 가혹한 통치가 상기된다. 이어서 이스라엘 자손이 모압 사람과 음행을 하고 다른 신에게 제물을 바치자(민 25장), 하나님은 많은 이스라엘 사람을 멸망시키셨다(아마 바울은 8절에서 이 본문을 염두에 두었을 것이다). 이 이야기는 신명기에 다시 나타난다. 비록 이스라엘 자손이 하나님이 주신 복의 증거를 가졌다고 해도, "이 말에도 불구하고 [그들은 그들의] 하나님 여호와를 믿지 아니하였고"(신 1:32, ESV) 오만방자했다. 그럼에도 하나님은 강력한 이적을 행하셨고, 그들은 '여호와는 하나님이시요 그 외에는 다른 신이 없음을 알 수 있었다'(신 4:35). 신명기 29장의 언약 갱신 의식을 보면, 백성이 '깨닫지'[εἰδέναι, 4절(LXX 3절)] 못해 심판을 받는다. 이스라엘 자손은 하나님이 광야에서 행하신 "이적"과 "큰 기사"의 본질을 식별하지 못했다(신 29:3). 이스라엘 자손은 잘못된 안전 의식에 의존하는 것이 참으로 위험하다는 사실에 다시 경고를 받는다. 그때 그들은 죄에 빠져 이런 경고의 말을 듣고도 "심중에 스스로 복을 빌어 이르기를 내가 내 마음이 완악하여 젖은 것과 마른 것이 멸망할지라도 내게는 평안이 있으리라"(신 29:19)고 말했다. 따라서 또다시 언약의 복과 저주가 이스라엘 백성 앞에 놓인다(신 27:9–28:68).

그다음 기사는 신명기 32장에 나온다. 앞에서 지적했듯이 고린도전서 8장에서 바울은 이 신명기 기사를 염두에 두었고, 10:20–22에서는 그 본문에서 내용을 인용한다. 신명기 32장은 하나님의 신실하심과 공의와 선하심을 찬양한다. 하나님은 "반석"으로 불리는데, 이것은 이스라엘 자손을 택하신 하나님의 영원하심과 신실하심을 강조한다(신 32:15, 18; 또한 사 44:8도 보라). 반면 이스라엘 자손은 '살찌고 비대하게' 되어 하나님을 거역하는 것으로 묘사된다(신 32:15). 또 그들 가운데 행하신 하나님의 역사를 '깨닫거나 분별하지' 못해 비난을 받는다(신 32:29). 우리는 고린도전서 10장에서 신명기 32장으로 또 한 번

돌아간다.

느헤미야서 9장은 포로 생활에서 귀환한 자에게 행한 중대한 언약 갱신 의식에 대하여 상술한다. 여기서도 광야 전승의 음식과 물에 대한 언급이 두드러지게 부각되고, 광야 역사에서 교훈을 전하고자 한다. 포로에서 귀환한 자는 광야에서 "우리 조상들"이 교만하고 목을 굳게 하여 주의 명령을 듣지 아니했다는 말을 듣는다(느 9:9, 16). 광야에서 "우리 조상들"은 시내 산에서 받은 율법 그리고 "하늘로부터"(LXX, ἐξ οὐρανοῦ) 내려온 떡과 "반석으로부터" 나온 물에도 불구하고 하나님을 잊어버렸다(15절). 이어서 금송아지 사건이 회상되고, 하나님의 용서하심이 언급된다(느 9:18-19). 그다음에는 20절에 매우 중요한 진술이 나오는데, 특히 이 진술은 고린도전서 10장에서 광야 전승이 어떻게 사용되는지 고찰할 때 중요하다. 느헤미야서 9:20은 이렇게 말한다. "또 주의 선한 영을 주사 그들을 가르치시며 주의 만나가 그들의 입에서 끊어지지 않게 하시고 그들의 목마름을 인하여 그들에게 물을 주어." 구약성경에는 성령에 대한 언급이 매우 드물다. 그러나 이 구절은 성령이 광야에서 하나님이 주신 만나와 물이라는 선물과 직결된 첫 번째 사례다. 그러므로 하나님의 백성에게는 이 선물을 깨닫는 것이 필수다. 모든 관련 전승이 만나와 물이 그 기원을 하나님에게 두고 있거나 하늘에서 온다는 사실을 강조한다. 그리고 대다수 전승이 이스라엘 백성은 만나와 물이 주어진 사건의 중요성을 '분별하거나 깨닫는' 것이 필수적이었다는 사실을 지적한다. 그러나 결국 이스라엘 백성은 교만하고 방자하고 '살찐' 자가 되었다(느 9:25). 그럼에도 느헤미야서 9장은 고린도전서 10장(13절)과 또 한 번 연계되고, 이때 이 본문은 광야 이야기를 상술하는 다른 모든 본문과 같이 하나님의 신실하심을 강조한다(느 9:7, 17, 20, 22, 28). 이사야서 63장도 하나님 백성의 미래에 있을 성령의 역사를 내다보면서 동시에 모세와 함께하던 광야 생활을 되돌아본다. 광야에서 하나님의 백성은 "주의 성령을 근심하게 했다"(사 63:10)라는 말을 듣는다. 이사야 선지자는 바다를 통과한 사건을 상기하면서 이렇게 수사적 질문을 한다. "그들 가운데에 성령을 두신 이가 이제 어디 계시냐 그(성령)의 영광의 팔이 모세의 오른손을 이끄시며 그의 이름을 영원하게 하려 하사 그들 앞에서 물을 갈라지게 하시고"(사 63:11-12).

광야 전승을 다룬 다른 많은 기사도 다 똑같은 주요 문제를 보여준다.[17] 여기서 언급할 가치가 있는 마지막 한 본문이 시편 78편이다. 시편 78편은 현재를 위한 교훈을 이끌어낸 '마샬'(*mashal*, 잠언)이다. 이 시편을 들은 자는 '하나님의 언약을 지키지 아니하여' 고난을 겪은 "그들의 조상들"과 같지 아니할 것이다(시 78:8, 10). 그다음에는 과장법으로 바위에서 나온 물이 "강"같이 흐르는 것으로 묘사된다(시 78:15-16, 20). "탐욕"에 따라 하나님을 '시험하는' 죄(시 78:18)는 하나님을 믿는 믿음이 없거나 하나님의 구원을 의지하지 않는 것으로 해석된다(시 78:22). 이스라엘 백성은 믿음이 없다는 이유로 처벌받았다. 그러나 처벌받을 때 이스라엘 백성은 하나님이 그들의 반석이자 "구속자"이심을 기억했다(시 78:35). 이스라엘 백성이 거역했는데도 하나님은 그들에게 신실하심을 보여주셨다. 만나는 열린 "하늘 문"으로부터 '비같

17. 시편, 선지서, 쿰란 공동체 문서, 필로, 지혜 문헌, 요한복음 6장 등에서 이 전승의 기능을 상세히 다룬 것은 Gardner, *Gifts of God*, 127-33을 보라.

이 내려왔고', "힘센 자(천사들)의 떡"으로 불린다(시 78:23-25).

느헤미야서와 이사야서에서 하나님의 영이 만나 및 물과 연계된 것과, 하나님에게서 온 은사의 본질을 깨닫고 받은 은사를 적절히 사용하는 데 필수적인 분별력을 갖는 것이 중요하다. 이 세 가지 은사(물, 만나, 깨달음이나 분별력)는 거의 모든 기사에서 '하늘로부터' 또는 하나님에게서 온 것으로 언급된다. 그러므로 느헤미야가 이것을 성령의 관점에서 설명하는 것은 놀랍지 않다. 이것이 바울 및 고린도전서 10장과의 핵심 연결고리다. 바울은 고린도전서 10장 전체에서 이 이야기를 비슷하게 사용한다. 만나와 물은 "신령한" 은사다. 언약 공동체에 주어진 은사는 하나님의 영으로부터 오고(그래서 '신령하다'), 그 은사는 의미와 용도에 따라 분별되어야 하므로 바울은 느헤미야와 똑같이 말하는 것이다. 말하자면 만나와 물은 하나님의 영으로부터 온 은사고(고전 10:3-4), 공동체 안에 그 은사가 주어진 적절한 의미를 분별하지 못함으로써 그 은사를 악용하는 자에게 심판이 기다린다. 이런 은사를 받은 자는 빈번하게 교만하거나 방자하거나 살찐 자가 된 것으로 묘사된다. 그들은 자신이 안전하다고 과신했고, 그로 인해 결국 다른 신에게 돌아섰다가 심판을 받았다. 그러나 모든 관련 전승은 동일한 맥락에서 하나님의 신실하심에 관해서도 말한다(예를 들어, 느 9:7, 17, 20, 22, 28; 시 78:67-72). 바로 이것이 이런 광야 전승에서 바울이 이끌어내는 것으로 보이는 요점이다(고전 10:6-10). 하나님은 자신의 (새) 언약 공동체의 각 지체에게 그리스도 안에서 세례를 받았을 때 신령한 은사를 주셨다. 이것은 하나님의 영이 옛 언약 공동체의 각 지체에게 그들이 모세 안으로 세례를 받아 언약 백성이 되었을 때 은사를 주신 것과 같다. 하나님의 새 언약 백성 가운데 더러는 이 은사가 안전을 보장한다고 느꼈고, 그래서 그들은 결국은 스스로 주님에게서 떨어져 나가는 일을 하고 말았다. 곧, 그들은 교만하고 과신에 사로잡혔다. 이것이 이스라엘 자손 가운데서 일어난 일이다. 이스라엘 백성은 회개하라는 요청을 받았다. 그래서 전승들이 상술하는 것처럼, 이스라엘 백성이 회개할 때 하나님은 항상 그들에게 신실하신 모습을 보여주셨다. 바울도 회개가 요구되는 것과 하나님이 신실하시다는 요점을 똑같이 제시한다(13절).

10:4b-d 이는 그들을 따르는 신령한 반석으로부터 마셨으매 그 반석은 곧 그리스도시라(ἔπινον γὰρ ἐκ πνευματικῆς ἀκολουθούσης πέτρας· ἡ πέτρα δὲ ἦν ὁ Χριστός). 바울은 여기서 반석을 그리스도와 동일시하는 것만 제외하고 광야 전승에 계속 의존한다. "이는"(γάρ)이라는 말은 이 구절이 이전 문장에서 말한 내용을 더 상세히 설명한다는 점을 독자에게 환기시킨다. 광야 전승에서는 물을 주시는 분이 하나님 아니면 성령이시다. 그런데 여기서 바울은 그분을 예수님으로 본다. 이것은 분명히 광야 전승을 기독교적으로 해석하는 것이다.

바울은 옛 언약 공동체와 새 언약 공동체 사이에서 참된 평행 관계를 이끌어낼 수 있다는 것과, 기독교 공동체가 과거에 일어난 일에서 본질적인 교훈을 배워야 한다는 것을 확실히 하기로 결심한다. 바울은 '세례를 받다'라는 말로 이런 결심을 보여주었다. 또 "신령한"이라는 말을 사용함으로써 이런 결심을 보여주었다. 그리고 이제 바울은 이처럼 직접 그리스도를 반석과 동일시함으로써 이런 결심을 보여준다. 다시 한번 바울은 여기서 이 전승들의 내용에 나타난, 특히 바울이 여러 번에 걸쳐 되돌아가는 신명기 32장과 같은 본문에 나타난, 유대 방식을 염두에 두었다고 말하는 것이 더 나을 것 같다. 신명기 32:4에서 하나님은 만나와 물을 주시는 분이지만 또한 "반석"으로도 불리시는데, 이것은 하나님의 신실하고도 변함없는 성품을 묘사하는 말이다. 신명기 32장의 시가 상기시키는 것처럼, 하나님은 자기 백성을 인도하고 그들에게 선물을 주셨지만 이스라엘은 '자기를 구원하신 반석을 업신여겼다'(15절). 따라서 이스라엘은 다른 신에게 돌아서고 귀신들에게 제물을 바쳤으며, '(그들을) 낳은 반석을 상관하지 아니했다'(신 32:18). 이 시는 원수들의 신을 참 하나님과 비교하면서 "진실로 그들의 반석이 우리의 반석과 같지 아니하니"라고 말하며 끝맺는다. 시편 78편과 95편도 반석에서 나오는 물에 관해 말하고, 나중에는 하나님을 그의 백성의 "반석"으로 언급한다(78:35; 95:1). 따라서 그리스도를 언약 백성에게 은사를 주시는 분으로 보는 것은, 그리스도가 언약의 주님이라는 새로운 (기독교적) 관점에 비추어 볼 때 쉽게 이해할 수 있다.

많은 주석가가 특히 그들(이스라엘 자손)을 "따르는" 반석 관념을 설명하기 위하여 그리스도와 반석 사이에서 또 다른 연계성을 찾아내려고 애썼다. 그러나 이런 식으로 연계성을 찾는 시도는 유대 사상으로부터 몇 가지 흥미로운 관념을 이끌어내기는 하지만 별로 도움이 되지 않는 것으로 판명되었다고 말해야 한다. 광야 전승은 유대 역사의 모든 시기에 다양한 목적으로 광범하게 사용되었으나 대부분은 앞에서 지적한 목적으로 사용되었다. 때때로 광야 여정에 작용한 하나님의 섭리에 대한 묘사, 특히 만나와 반석에서 나온 물의 공급에 대한 묘사는 상당한 시적 과장법에 따라 재진술되고(예를 들어, 시 78:16; 81:16), 나중에는 유대교 전승의 해설에서 과장법이 더 심해진다. 앞에서 확인했듯이 광야 전승의 기능이 부분적으로는 이스라엘 자손에게 하나님의 크신 신실하심과 그들에 대한 하나님의 공급을 상기시키는 것에 있음을 고려하면, 광야에서 많은 세월 동안 만나가 계속 주어진 것만큼 그 기간에 물도 계속 주어졌다는 관념이 전개될 수 있었던 것은 놀랍지 않다.[18]

사도 바울은 그리스도가 광야에 또는 반석에 임재

18. 유대 문헌에서 이 관념에 가장 가까운 자료 가운데 일부는 민수기 21:16-20에 주로 기반을 두었다. 탈굼 네오피티 민수기 21:16 이하를 보면, 이스라엘 자손이 여행하며 지나간 지역들의 이름이 문자적으로 해석되었다. 브엘은 '샘'(우물)을 가리키는 것으로 취해졌고, 맛다나는 '선물'을 가리켰다. 그리고 나할리엘은 '급류'를, 바못은 '높은 곳'을 가리켰다. 이로 말미암아 민수기를 해석할 때 "샘"은 "높은 곳"까지 올라갔다 계곡까지 낮아진 "급류"가 된 "선물"이었다는 해석이 나왔다(A. Diéz Macho 외 공저, *Neophyti I*, 전6권 [Madrid and Barcelona: Consejo Superior de Investigaciones Cientificas, 1968-79]). 또 다른 탈굼은 샘이 이스라엘 전체 진영을 둘러싸고 각 사람에게 자기 장막 문에서 마실 물을 주었다는 말을 덧붙인다(Diez Macho, *Neophyti I*, 4:582n2 (*Pseudo Jonathan*)을 보라). 이런 관념은 물의 원천이 이스라엘 자손을 따라갔다는 관념을 낳지만 우리는 목적상 그것들이 반석이 아니라 샘에 관해 말하는 것을 기억해야 한다. 그리고 바울은 그리스도를 "따르는" 반석으로 언급한다. 다른 주석가는 민수기 랍바(Rabbah) 1.5에서 민수기 21:17에 관한 설명을 인용한다. "샘(우물)은 어떻게 만들어졌는가? 샘은 일종의 벌집과 같은 바위 모양이었다. 샘은 굴러다니며 어디든 다 갔다…기준이 멈추었을 때는…그 같은 반석이 자리를 잡는다(*Midrash Rabbah*, 공동편집 H. Freedman, M. Simon, 전10권 [London: Soncino, 1961]으로부터의 번역). 저자는 또한 샘은 본문에서 "그가 반석을 여신" 것에 대한 증거로 "주어졌다"라고 말했다. 이스라엘 자손을 따르는 물 관념은 초기 전승들에 나타나 있었다. 시프레(*Sifre*) 민수기 11:21은 이렇게 말한다. "광야에서 시내가 그들을 따르고 그들에게 살진 물고기를 공급하지 않았는가?"(이 작품은 아마 주후 4세기에 편집되었을 것이나 탄나임 시대 랍비 전승을 대표한다. Paul P. Levertoff, *Midrash Sifre on Numbers: Selections from Early Rabbinic Scriptural Interpretations* [London: SPCK, 1926], 77을 보라). 탈무드 숙카(Sukkah) 3:11에서 다음과 같은 글을 볼 수 있다. "따라서 광야에서 이스라엘과 함께 있던 샘은…그들과 함께 여행하는…반석과 같았다. 그리고 그것은 힘 있는 시내를 만들었다"(이 본문은 또 샘이 산으로 올라가고 계곡까지 내려온 것도 언급한다. 온라인 사파리아 도서관, https://www.sefaria.org/texts를 보라) 그러나 심지어는 Philo도 "따르는" 반석에 대해서는 언급하지 않는다. 바울은 하나님이 이스라엘 "모든" 백성을 "신령한 은사"를 주셔서 계속 보살피셨다는 것에 주의를 집중시켰다. 위에서 언급한 본문과 같은 형태가 바울에게 "따르는" 반석 관념을 제공했을 것이다. 확실히 말해 "따르는" 것에 대한 언급은 하나님이 자기 백성에게 공급하시는 역사의 지속성 관념을 전달한다.

하신 사실을 어떤 의미로 생각했을까? 어떤 주석가는 이것이 필로에게서 발견되는 알레고리 용법이라고 주장했으나 그럴 개연성은 전혀 없다. 바울이 「집회서」나 「지혜서」와 같은 문헌으로부터 그런 관념에 도달했다는 것도 가능하지 않다. 「지혜서」를 보면, 은사가 지혜로 말미암아 주어지고 반석은 곧 지혜였다. 따라서 버크(Bourke)는 지혜는 반석이고, 그리스도는 지혜이므로 그리스도가 곧 반석이라는 관념에 바울이 도달한다고 주장했다.[19] 아마 더 개연성 있는 관점은, 신명기 32장에서 발견되는 것처럼 바울이 "반석"이라는 별칭을 하나님께 사용하는 것에 의존한다는 점일 것이다. "반석"이 자기 백성에 대한 하나님의 언약적인 신실하심에 대해 말해주기 때문에, 바울은 이 반석 관념도 자신이 구약성경의 "여호와"["야훼"(LXX, κύριος)]라는 말을 그리스도께 적용했던 것과 똑같은 방식으로 단순히 그리스도께 적용할 수 있었다.

바울은 그리스도를 하나님의 신실하심의 성취이자 하나님이 베푸신 은혜의 구현으로 보았다(1:4). "그리스도 예수 안에서" 고린도 교인은 온갖 신령한 은사를 받았다(1:4-7). 구약성경의 가르침과 일치되게, 바울은 만나와 물을 "반석"으로 불리신 신실하신 하나님이 주신 은사로 보았다. 그러나 바울은 이에 대하여 새로운 "신령한" 지식을 가졌다. 곧, 그리스도가 그 물의 원천이었다. 이 물은 이전에 그리스도를 지시했다는 의미에서 "신령한" 물이었다. 이것이 참된 방식인지 묻는 것은 바울의 요점을 제대로 파악하지 못한 것이고, 아마 4절보다 시대착오적인 성찬 설명으로 제기된 질문일 것이다. 바울은 직설적이었다. 반석은 곧 그리스도였다. 그리스도가 어떻게 반석인지에 대한 상세한 분석은 주어지지 않는다. 바울에게는 그리스도가 반석이었던 것이 사실이고, 그것이 바울에게 주어진 하나님의 계시다. 따라서 이스라엘 자손이 광야에서 그리스도를 보았는지에 관한 질문은 무의미하다. 왜냐하면 그런 이해는 엄밀히 바울에게 새로 주어진 지식이기 때문이다. 그것은 '바울의 독자가 그때의 반석을 지금의 그리스도와 동등한 것으로 보아야 한다'[20]는 것이 아니다. 오히려 그들은 성경을 찾아 즉각 자신의 상황과 평행을 이루는 사례를 보아야 한다는 것이다. 왜냐하면 언약의 주는 옛날에 이스라엘과 함께 계셨던 것처럼 지금 자기 백성과 함께 계시기 때문이다.

10:5 그러나 그들의 다수를 하나님이 기뻐하지 아니하셨으므로 그들이 광야에서 멸망을 받았느니라(ἀλλ' οὐκ ἐν τοῖς πλείοσιν αὐτῶν εὐδόκησεν ὁ θεός, κατεστρώθησαν γὰρ ἐν τῇ ἐρήμῳ). 광야 전승은 거의 항상 하나님이 이스라엘 자손에게 은사를 주셨는데도 그들을 어떻게 심판하셨는지 적극적으로 상기시키는 내용을 담고 있었다. 이스라엘 자손은 "살찌고" 교만한 자가 되었고, 그래서 그 가운데 많은 백성이 광야에서 하나님께 심판을 받아 죽임을 당했다. 강한 반의 접속사(ἀλλά, "그러나")는 독자에게 이것이 예상될 수 있는 일이 아니었음을 상기시킨다. 하나님은 은혜로우셨지만, 지금은 그들을 심판하신다. 시편 78:29-31은 먹는 것을 말하고 광야 세대에 대한 하나님의 심판을 직접 묘사하는 많은 본문 가운데 하나에 불과하다. 지금 바울은 민수기 25:9을 되돌아보는 8절에서 언급되는 2만 3천 명의 죽음을 생각하는 것으로 보인다. 그러나 바울은 "그들의 다수를"(ἐν τοῖς πλείοσιν αὐτῶν)이라고 말할 때 이스라엘 자손이 광야에

---

19. M. M. Bourke, "The Eucharist and Wisdom in First Corinthians," in *Studiorum Paulinorum Congressus Internationalis Catholicus, Vol 1*, AnBib 17 (Rome: Pontifical Biblical Institute, 1963), 376-81, 특히 376-77을 보라. 그리스도를 바울이 여기서 말하는 것과 관련하여 "지혜"로 보는 것에 대한 상세한 설명은 Thiselton, *1 Corinthians*, 728-29를 보라.

20. Dunn, *Christology*, 184는 이와 반대다.

서 겪은 경험 전체를 생각했을 것이다. 갈런드가 말하는 것처럼, 만약 이것이 사실이라면 그것은 "단지 두 사람, 곧 여호수아와 갈렙만이 살아남아 약속의 땅에 들어갔기 때문에 줄잡아 하는 말이다."[21]

이것이 고린도 교인에 대한 바울의 염려다. 바울은 광야 세대의 언약 공동체와 당시 고린도 지역의 언약 공동체 간에 복합적으로 평행 관계와 패턴이 나타나는 것을 본다. 이 두 공동체는 자신의 은사를 부어주신 하나님께 큰 복을 받았다. 고린도 교인은 은사가 부족하지 않았고 "모든 언변과 모든 지식에" 풍족했다(고전 1:5). 그러나 하나님은 심판을 통해 많은 이스라엘 백성을 죽이셨다. 따라서 바울은 이스라엘 백성이 심판받은 이유를 제시하고 또다시 이스라엘 백성과 고린도 교인 간의 평행 관계를 증명한다. 고린도 교인도 과거 이스라엘 백성과 아주 똑같은 위험에 직면해 있기 때문이다. 엘리스(Ellis)는 10:1-4에서 하나님의 은혜를 제시한 바울은 이제 "심판 모형론"[22]을 따르는 구절들로 시선을 옮긴다고 올바르게 지적한다.

10:6 이러한 일은 우리의 본보기가 되어 우리로 하여금 그들이 악을 즐겨 한 것 같이 즐겨 하는 자가 되지 않게 하려 함이니(Ταῦτα δὲ τύποι ἡμῶν ἐγενήθησαν, εἰς τὸ μὴ εἶναι ἡμᾶς ἐπιθυμητὰς κακῶν, καθὼς κἀκεῖνοι ἐπεθύμησαν). "이러한 일"(ταῦτα)은 하나님이 주신 은혜의 선물을 되돌아보고 6-11절에 제시된 공동체의 심판 사례를 내다본다. 바울은 이스라엘 자손이 "우리의 본보기"(τύποι ἡμῶν)라고 말한다.[23] 물론 바울은 "이러한 일"이 오직 새 언약 백성들을 위하여 기록되었다고 주장하는 것은 아니다. 본질상 "이러한 일"은 하나님이 자기 백성을 구속하고 심판하시는 목적에 대한 증거였다. 그러나 바울은 이와 같은 사건들을 사용하여 그때 일어난 일에 대한 새로운 이해를 지금 독자가 살던 당시의 평행적인 사건들을 섭리에 따라 증명할 수 있었다. 헤이스가 다음과 같이 지적하는 것과 같다. "바울은 (구약) 성경의 내러티브와 예언들이 다 자기 당시의 일들을 지시한다는 것을 확신하고 성경을 읽는다…하나님이 과거에 이스라엘과 세상을 다루실 때 행하신 모든 일이 이제 그 결정적 지점에 도달했다."[24]

여기서 "우리"라는 말은 "말세를 만난" 바울과 모든 그리스도인을 가리킨다(11절). 문제는 죄에 있다. 바울이 1인칭 복수형을 사용하는 것은 그가 자기도 죄인이었고 또한 악(악한 욕심)을 가졌었다는 사실을 항상 인정할 수 있었다는 점을 상기시킨다("우리로 하여금 악을 갈망하는 자가 되지 않게 하려 함이니", εἰς τὸ μὴ εἶναι ἡμᾶς ἐπιθυμητὰς κακῶν). 광야 세대의 문제점은 그들이 악한 일을 '갈망한'(ἐπιθυμέω, 개역개정에는 "즐겨하는"-역주) 것에 있었다. 이 동사는 십계명에서 사용되었고, 거기서 '탐내다'로 번역되었다(출 20:17). 십계명과의 이런 연계성 때문에 '갈망하다'나 '탐내다'와 같은 단어가 죄에 대한 두드러지고 일반적인 묘사가 되었다고 볼 수 있다. 바울은 '악을 갈망하는' 죄를 구약성경의 광야 이야기에서 두드러지게 묘사되는 죄의 네 가지 사례, 곧 우상 숭배, 음행, 그리스도에 대한 시험(하지만 구약성경에서는 시험의 대상이 "하나님"이나 "여호와"이시다) 그리고 원망으로 제시한다.[25]

이 죄들은 그다음 몇 구절에서 자세히 설명된다. 물

21. Garland, *1 Corinthians*, 458. 민수기 14:2-33을 보라.
22. Ellis, *Prophecy and Hermeneutic*, 168.
23. 여기서 τύπος라는 말은 단순히 "본보기" 이상의 의미는 없다. 바울이 어떤 전문적 의미를 염두에 둔 것 같지는 않다. 하지만 물론 바울은 이 본보기를 자신의 가르침을 위한 도구로 여긴다.
24. Hays, *First Corinthians*, 162.
25. 명사("욕심", ἐπιθυμητής)가 이스라엘 자손이 탐욕으로 말미암아 기브롯 핫다아와("탐욕자의 무덤")에서 하나님의 심판을 받아 죽임을 당한 사실을 기록하는 민수기 11:34에서 사용된다. 그들은 심지어 "고기", 곧 여호와께서 공급하시는 메추라기를 먹기 시작할 때 죽기도 한다[33절(LXX, τὰ κρέα); 참고. 고전 8:13).

론 바울이 언급하는 모든 죄 또는 특정 욕심들은 고린도 교인이 연루된 죄다. 이런 죄가 광야에서와 기독교 공동체 안에서 저질러졌다는 사실은 과거 광야 세대를 통해 현재 기독교 세대에 제공하는 비슷한 본보기를 더욱 부각한다. 고린도 교인은 역사 대대로 하나님의 백성이 배워야 했던 교훈을 배워야만 한다. 자만으로 죄를 범할 때 하나님은 심판하신다.

10:7 그들 가운데 어떤 사람들과 같이 너희는 우상 숭배하는 자가 되지 말라 기록된 바 백성이 앉아서 먹고 마시며 일어나서 뛰논다 함과 같으니라(μηδὲ εἰδωλολάτραι γίνεσθε, καθώς τινες αὐτῶν· ὥσπερ γέγραπται, Ἐκάθισεν ὁ λαὸς φαγεῖν καὶ πεῖν, καὶ ἀνέστησαν παίζειν). 네 가지 죄 가운데 첫 번째는 우상 숭배다. "우상의 제물" 문제는 고린도전서에서 핵심 문제로 계속 언급된다(8:1). "우상의 제물" 문제는 고린도 교인이 바울에게 제기하고 바울이 직접 관심을 두고 있는 특별한 문제다. 고린도 교인은 자신들이 차지한 공동체 지위에 관한 과신과 교만을 통해 이런 죄를 짓는 지점까지 이르렀다. 그러나 이 문제 역시 해결되어야 한다.

광야 전승이 다시 한번 바울의 권고 목적에 적절한 역할을 한다. 바울이 인용하는 구절(출 32:6)은 금송아지 사건을 상술하는 본문이다. '뛰놀다'(παίζειν)라는 단어는 하팍스 레고메논(*hapax legomenon*, 성경에서 단 한 번 나오는 단어-역주)이다. 이 단어는 그들의 방탕함에 성 문제가 내포될 수 있는 춤이나 오락을 제사에 사용하는 것을 가리킨다. 출애굽기 32장에서 이 히브리어 단어는 또한 방탕한 성적 파티를 함축한다. 고린도 지역의 우상 숭배 의식도 다양한 성범죄를 포함했다고 볼 수 있다. 반면에 바울이 이미 성범죄를 언급한 것으로 보아(고전 5:1-2, 10-11; 6:9, 13, 18) 단순히 우상을 숭배하는 제사의 축제를 생각하는 것이 아니라, 더 폭넓게 생각했다고 볼 수 있다.

명령은 명확하다. 그것은 출애굽기 32장의 기사에 언급되는 일종의 우상 숭배 제사에 참여하지 말라는 것이다. 만약 엘리트 교인이 종교적으로 중립적인 이교 신전 활동에 참여할 수 있다고 생각할 때 그들에게 아무 '죄가 없었다면', 바울은 그 관념을 즉각 일축할 것이다. 만약 보이는 것처럼 이것이 그들의 자칭 "지식"에서 나왔다면, 그 지식은 분명히 잘못이고 크게 위험하다. 바울은 나중에 귀신들에 "참여하는" 문제를 다룬다(18-20절). 티슬턴은 헬라어 명령인 γίνεσθε는 "참여하지 말라"를 의미한다고 올바르게 주장한다.[26] 우상을 숭배하는 제사의 권리와 그 권리에 수반된 행동은 과거에 하나님의 심판을 받았고 또다시 심판받을 것이다. 이것은 바울이 9:25-27에서 말한 절제가 신자에게 얼마나 중요한지를 보여주는 전형적인 사례다.

10:8 그들 중의 어떤 사람들이 음행하다가 하루에 이만 삼천 명이 죽었나니 우리는 그들과 같이 음행하지 말자[27](μηδὲ πορνεύωμεν, καθώς τινες αὐτῶν ἐπόρνευσαν, καὶ ἔπεσαν μιᾷ ἡμέρᾳ εἴκοσι τρεῖς χιλιάδες). 바울은 고린도전서 앞부분에서 강조했던 음행(πορνεία)을 언급한다고 볼 수 있다.[28] 그러나 이 두 번째 명령은 첫 번째 명령(7절, "너희는 우상 숭배하는 자가 되지 말라")과 긴밀하게 연계된 것 같고, 광야 내러티브를 계속 해설하는 내용의 일부다. 따라서 바울은 이스라엘 백성의 우상 숭배가 어떻게 성적 방탕을 낳았는지 생각하고, 그리스도인은 음행해서는 안 된

26. Thiselton, *1 Corinthians*, 736.
27. 명령의 목록이 계속될 때, 부정 명령과 함께 반복된 불변화사(μηδὲ)의 의미는 '…도 아니다'(neither)로 가장 잘 번역된다(따라서 7절의 "되지 말라" 다음에 8-9절의 '하지 말자'로, 또 10절의 "말라"로 이어진다). 1인칭 복수형으로 사용된 권유 가정법(πορνεύωμεν)이 9절에서처럼 사용된다(ἐκπειράζωμεν). 6절에서처럼 바울은 1인칭 복수형을 사용한다. 따라서 광야에서 배우는 교훈을 자신을 포함하여 조심스럽게 적용한다. 영국 영어에서는 부정 명령이 단순하게 '우리는 절대로…해서는 안 된다'로 번역될 수 있다.
28. 예컨대 6:18에서 바울은 "음행을 피하라"고 결론적으로 요약한다.

다고 주장하는 것 같다. 우상 숭배와 문란한 성관계가 많은 곳에서 함께 언급된다.[29]

바울은 민수기 25:1-9에서 본보기를 가져온다. 이 민수기 본문을 보면, 성범죄와 우상 숭배가 명백히 연계되어 있다. 또 이 본문은 바울이 고린도전서 10:18-22에서 다루는 우상의 제물을 먹는 문제도 언급한다. 민수기 25장에서는 이스라엘 남자와 모압 여인의 부정한 성관계가 우상 숭배를 낳았다. 모압 여인은 이스라엘 백성을 자기들의 신을 섬기는 제단으로 청했고, 이에 "백성이 먹고 그들의 신들에게 절하므로 이스라엘이 바알브올에게 가담"하게 되었다(2-3절). 이런 우상 숭배와 성범죄의 결말은 다시 한번 하나님의 준엄한 심판을 받는 것으로 나타난다. 그 결과 2만 4천 명[30]이 하나님이 보내신 재앙으로 죽었다(9절). 여기서도 바울의 요점은 분명하다. "그들 중의 어떤 사람들"이, 비록 그들이 "이스라엘"로 여겨졌다 해도, 하나님의 심판 아래 죽었다. 그리고 이런 일이 일어난 것은 그들이 악을 갈망했기(즐겨 했기) 때문이다(고전 10:6).

10:9 그들 가운데 어떤 사람들이 주를 시험하다가 뱀에게 멸망하였나니 우리는 그들과 같이 시험하지 말자(μηδὲ ἐκπειράζωμεν τὸν Χριστόν,[31] καθώς τινες αὐτῶν ἐπείρασαν, καὶ ὑπὸ τῶν ὄφεων ἀπώλλυντο). 바울은 동사의 목적어가 없는 생략 구문('그들 가운데 어떤 사람들이 시험하다가'가 원문임)으로, 이스라엘 자손이 '(그를, 즉 그리스도를) 시험했다'고 말한다(개역개정도 "주를"이라는 목적어를 넣고 번역함-역주). 이로 말미암아 그들은 멸망당했다. 하나님을 '시험하는'(πειράζω) 죄는 광야 기사에서도 두드러졌고, 종종 "탐욕"이나 "갈망"과 연계되었다(출 17:2; 신 6:16; 시 78:18; 95:8-9; 106:14). "말세를 만난"(11절) 자로서 바울은 하나님 대신 그리스도를 '시험하는' 대상으로 말할 수 있었다. 이런 변화는 백성이 "주"(κύριος)께 죄를 범한 것을 다루는 칠십인역 민수기 21장으로 쉽게 일어날 수 있다. 그러나 4절에서 바울은 이미 광야에 있던 하나님의 백성에게 그리스도가 임재하셨다고 주장했다. 이스라엘 백성의 이 심각한 죄는 또다시 하나님의 심판을 초래했고, 그들 가운데 어떤 사람들은 뱀에 물려 죽었다. 이 사건은 민수기 21:4-6에 기록되어 있다. 그때 먹을 것이 없자 백성은 '참지 못하고' 하나님과 모세를 "원망했다." 이 사건을 언급하는 것으로 추측되는 시편 78:18(LXX 77:18)은 그들이 "그들의 탐욕대로 음식을 구하여 그들의 심중에 하나님을 시험하였으며"라고 말한다.

하나님을 '시험하는 것'은 하나님의 공급에 대하여

---

29. 6:20에 대한 설명에서 '심층 연구: 성범죄, 우상 숭배 그리고 언약 공동체'를 보라. 요한계시록 2:14, 20에서 저자는 발람과 발락을 언급하고, 비슷한 어휘 용법이 고린도전서에서 바울의 어휘에 사용된다. 발락은 이스라엘 백성 앞에 "거리끼는 것"(σκάνδαλον)을 두었고, 그 결과 그들은 "우상의 제물"(εἰδωλόθυτα)을 먹고 "음행"에 빠졌다(πορνεύω, 또한 Philo, *Moses* 1.301-2도 참고하라). 「지혜서」 14:12은 "간음(πορνεία)이 시작되었을 때 우상을 만들어낼 생각을 하게 되었다"(NRSV)라고 말한다.

30. 바울은 그 재앙에서 죽은 자가 2만 3천 명이라고 언급하고, 민수기 25장은 2만 4천 명이라고 언급한다. 이 차이에 대하여 다양한 주장이 제시된다. Lietzmann, Barclay, Barrett 그리고 다른 주석가는 여기서 바울은 기억을 통해 기록했다고 주장한다. Calvin(*First Corinthians*, 208-9)은 모세나 바울이나 "정확한 개인의 수"를 세는 것에는 관심이 없었고 대략적인 수를 제시한 것으로 추정한다. "모세는 상한선을 제공하고 바울은 하한선을 제공한다. 따라서 사실은 숫자가 불일치하는 것이 아니다." Collins/Kremer는 바울이 또 다른 심판 사건에서 2만 3천 명이 언급되는 민수기 26:61-62의 기록에 영향을 받는다고 믿는다. 이 난제를 해소할 명확한 해결책은 없다. 하지만 바울의 요점에는 전혀 차이가 없고, Calvin의 요점도 성경의 신빙성을 조심스럽게 존중하는 어떤 대답만큼 훌륭하다.

31. "그리스도"(Χριστόν)는 초기 사본의 강력한 지지를 받고($\mathfrak{P}^{46}$ D F G K L Ψ 630, 1241, 1505, 1739, 1881 𝔐 latt sy co; Ir^{lat} Or^{1739mg}), 광야에서 그리스도의 임재 방식이 설명될 필요가 있기 때문에 더 어려운 이문이다. 일부 이문은 "그리스도"를 "주"(κύριον; ℵ B C P 33, 104, 326, 365, 1175, 2464 sy^{hmg})로 대체하고, 다른 이문은 "하나님"(θεόν; A 81)으로 대체한다. 이러한 변화는 또한 본문이 이스라엘 자손이 "하나님"[참고. 시 78:18 (LXX 77:18); 106:14(LXX 105:14)]이나 "주"(참고. 출 17:7)를 시험한 것을 담은 칠십인역의 일부 구절들과 결부되어 있다. Metzger, *Textual Commentary*, 494는 이것을 "B"로 평가한다.

하나님을 의지하지 않는 것 또는 하나님의 약속을 신뢰하지 않는 죄를 가리킨다. 그러나 하나님을 시험하는 것은 그 이상이다. 이스라엘 자손은 주가 양식을 공급해주실 것을 신뢰하지 않았다. 그러나 양식을 주셨을 때도 그들은 하나님의 공급을 멸시했다. "우리 마음이 이 하찮은 음식을 싫어하노라"(민 21:5). 주님과 그분이 공동체에 주신 은사와 양식을 이처럼 멸시하는 것은 하나님이 즉각 뱀을 보내 심판하시는 결과로 이어진다(6절). 그 결과 또다시 많은 사람이 죽었다.

10:10 그들 가운데 어떤 사람들이 원망하다가[32] 멸망시키는 자에게 멸망하였나니 너희는 그들과 같이 원망하지 말라(μηδὲ γογγύζετε, καθάπερ τινὲς αὐτῶν ἐγόγγυσαν, καὶ ἀπώλοντο ὑπὸ τοῦ ὀλοθρευτοῦ). 특히 원망함으로써(γογγύζω) 언약의 주를 '시험하는 것'은 주의 심판을 자초하는 일이다. 2인칭 복수형 명령("너희는…말라")으로 바뀌는 것은, 바울이 전하는 말이 고린도 교인에게 직접 적용된다는 점을 강조한다(τινὲς αὐτῶν, 곧 "그들 가운데 어떤 사람들"이라는 말이 반복되는 것을 주목하라). 바울은 고린도 교인에게 그들이 이스라엘 자손과 얼마나 비슷한지 보고, 이 광야 기사가 기독교 공동체에 경고로 주어지는 점을 알아야 한다고 주장한다. 바울은 11절에서 이 경고로 되돌아간다. "멸망시키는 자"를 이스라엘 자손의 "원망"과 직결시키는 구약 본문은 없다. 그러나 시편 106:23–25이 바울이 원하는 이 연계성을 제공한다. 거기서 시편 기자가 이스라엘 자손이 광야에서 저지른 죄를 상술할 때 동사 '멸하다'(ἐξολοθρεύω, LXX 시 105:23)라는 말이 "원망"이라는 말 가까이에서 두 번 나타난다['그들은 원망했다'(ἐγόγγυσαν)라는 똑같은 동사 형태가 LXX 시편 105:25에서 사용된다]. 게다가 시편 기자는 이 지점에서 금송아지 사건을 이야기했고, 바울은 이 사건을 7절에서 방금 언급했다.

광야 이야기에서 이스라엘 자손이 '원망하는' 대상은 모세와 하나님이었다. 그러나 결국 이스라엘 자손의 모든 원망은 사실 하나님을 향한 원망이다(예를 들어, 출 16:7; 민 16:41). 원망의 문제점은 하나님에 대한 시험의 문제와 비슷했다. 그것은 이스라엘 자손이 애굽을 동경하는 마음으로 돌아보고, 따라서 죄를 갈망하는(즐겨하는) 경향을 반영했다. 이것은 출애굽기 17:2–3을 읽을 때 명확해진다. "모세가 그들에게 이르되 너희가 어찌하여 나와 다투느냐 너희가 어찌하여 여호와를 시험하느냐 거기서 백성이 목이 말라 물을 찾으매 그들이 모세에게 대하여 원망하여 이르되 당신이 어찌하여 우리를 애굽에서 인도해 내어서 우리와 우리 자녀와 우리 가축이 목말라 죽게 하느냐." 여기서 바울의 주 관심사 가운데 하나는 과거로 돌아가는 것에 담긴 문제점이다. 교만한 자는 자신에게 주어진 성령의 은사로 증명되었기 때문에 자신의 구원이 안전하다고 믿는다. 그러나 그들은 꿩 먹고 알 먹기를 바란다. 분별력을 완전히 잃은 그들은 "지식"이 있었는데도, "주의 식탁과 귀신의 식탁에 겸하여 참여할"(21절) 준비가 되어 있다.

심판 사례를 제시하는 이 마지막 몇 구절은, 심판받을 수 있다는 사실을 진실로 전혀 고려하지 못하는 고린도 교인의 교만한 모습을 바울이 얼마나 크게 염려하는지 잘 보여준다. 바울은 하나님으로부터 은사를 받았으나 죄로 말미암아 자기들이 매우 준엄한 심판 아래 있음을 깨닫지 못한 하나님 백성의 한 본보기를 제시했다. 9절과 10절에서 '멸망하다'(ἀπόλλυμι)라는 동사를 사용하고,[33] 10절에서 "멸망시키는 자"라는 명사를 사용하는 것은 8:11에서 언급한 멸망에 대한 경고를 상기시키

32. 10:9의 1인칭 복수형에 맞추어 이것을 1인칭 복수형으로 하는 이문이 있다(א D F G 33 bo). 그럼에도 이 본문이 더 어려운 이문이고 사본의 강력한 지지를 받는다. 이런 사본에는 특히 A B C K L P Ψ 81 𝔐 lat sy가 있다.

33. 9절에서 3인칭 복수형 미완료형이 사용되지만 10절에서는 이전 구절들에서처럼 부정과거형이 사용된다. 이 미완료형은 사건이 '독

고, 8:12에서 '그리스도께 죄를 짓는 것'의 결과를 예증하는 역할을 한다.

10:11 그들에게 일어난 이런 일은 본보기가 되고 또한 말세를 만난 우리를 깨우치기 위하여 기록되었느니라(ταῦτα δὲ τυπικῶς συνέβαινεν ἐκείνοις, ἐγράφη δὲ πρὸς νουθεσίαν ἡμῶν, εἰς οὓς τὰ τέλη τῶν αἰώνων κατήντηκεν). 이 구절은 고린도 교인이 바울의 말을 주목해야 하는 이유를 요약한다. '본보기로'(by way of example, τυπικῶς)라는 부사는 신약성경이나 칠십인역 다른 곳에서는 발견되지 않고, 본보기나 패턴을 따르는 것을 의미한다. 6절에 비슷한 진술이 나와 있다(6절에 대한 설명을 보라). 6절에서는 그 본보기가 "우리의"(우리를 위한) 본보기라고 말하지만, 여기서는 이런 일이 "그들에게" 본보기로 일어났다고 말한다. 티슬턴이 지적하는 것처럼, 이 구절에서 계속 용법의 미완료형이 사용된 것이 의미심장하다(συνέβαινεν, "일어난"). 광야에서 나타난 패턴, 곧 본보기는 이스라엘 백성이 배워야 할 교훈을 제공한 연속적 사건들의 패턴이었다.[34] 연속된 각각의 심판은 그들에게 경고로 작용했다. 그들이 한 사건의 결과로 다 멸망당한 것은 아니었다. 각기 다른 경우에 "그들 가운데(중의) 어떤 사람들"이 다양하게 하나님을 거역한 결과로 멸망을 당했다. 여기서 바울의 요점은 이와 동일한 심판이 "말세를 만난" 기독교 공동체에도 일어날 수 있다는 점이다.

바울은 지금이 전체 역사와 하나님이 자기 백성을 인도하시는 모든 활동이 종착점을 향해 가는 시대라고 본다. 바울은 그리스도인을 "말세를 만난" 자로 묘사함으로써 이것을 요약한다. 완료 시제("만난", κατήντηκεν)는 하나님의 백성이 이 마지막 시대에 들어갔음을 함축하는 지속적 의미를 강조한다. 다른 신약성경 저자들과 동일하게, 바울도 그리스도의 오심으로 "말세"(마지막 때)가 시작되었다고 이해한다(참고. 행 2:17; 히 1:2; 약 5:3; 벧후 3:3). 그러나 복수형 "말세"(ends of the ages, τὰ τέλη τῶν αἰώνων)는 이상하고 약간의 논란을 불러일으켰다. 브루스가 제안하는 것처럼, 여기서 복수형은 단순히 견인(牽引) 용법에 의해 "때"(ages)라는 말의 복수형을 가리킬 수 있다.[35] "말세"에서 '마지막'(the ends)이 한 시대의 시작을 가리킬 수 없다는 단순한 이유로 보면, 바울이 어떻게 한 시대가 끝나고 다른 시대가 시작된 것을 가리킬 수 있었는지 확인하기 어렵다.[36] 물론 메시아 시대와 말세(마지막 때)는 부분적으로 옛것이라는 공통부분을 갖는다(참고. 2:6-8; 3:18). 그러나 그리스도인은 그리스도 안에서 도달한 새 시대의 중요성을 이해한다. 이런 이유로 바울이 말하는 것은 매우 중요하다. 그리스도인은 하나님이 심지어는 자기 백성까지도 그리스도의 복음을 주목하지 않으면 심판하시고 또한 그러하실 것이라는 사실을 알아야 한다.

자의 눈앞에서 펼쳐지는 것처럼 전개되기' 때문에 내러티브에 어느 정도 생생함을 불어넣을 수 있다. 다시 말하면 여기서 미완료형을 사용하는 이유는 시제가 아니라 공간적 상(相) 때문일 것이다. Constantine R. Campbell, *Verbal Aspect, the Indicative Mood, and Narrative: Soundings in the Greek of the New Testament*, SBG 13 (New York: Peter Lang, 2007), 84를 보라.

34. Thiselton, *1 Corinthians*, 746.

35. Bruce, *1 and 2 Corinthians*, 93.

36. Robertson, Plummer 공저, *First Corinthians*, 207은 베드로전서 1:20에 대한 설명에서 그리고 "때"라는 말을 설명할 때 "인간 역사의 연속된 시기를 가리키고, 또한 세상의 다른 민족들과 부분들에 대하여 평행을 이루는 시기를 가리킨다"라고 말하는 Hort의 말을 인용한다. Hort는 계속해서 이것은 바울의 "때"(αἰῶνες)라는 말을 더 단순하게 말하는 것이라고 주장한다. 이 견해에 따르면 유대 시대(어쩌면 모세 시대, 율법 시대로 부를 수 있는)를 포함하여 역사의 다양한 시대와 일반적으로 인간의 시대는 마지막 때의 새 시대가 시작될 때 목표를 달성한다.

심층 연구

10:1-11에서 이루어진 성경의 사용에 관한 추가 설명

미래에 성경에 대한 더 깊고 상세한 해석이 필요하다는 관념은 구약성경 자체에 기반을 둔다. 어떤 주석가는 이사야서 8:16-17이나 다니엘서와 같은 본문은 성경의 어떤 내용에 더 계시되어야 할 의미가 남아 있음을 가리킨다고 주장했다("마지막 때까지…이 글을…봉함하라"는 다니엘 12:4을 참고하라). 그러나 이 가운데 어느 것도 바울이 여기서 전하는 말의 필수적인 배경은 아니다. 미드라쉬로 지칭하는 것이 적절한 전형적인 유대 방식으로, 바울은 1-5절에서 다양한 구약 본문에 대한 부연 설명을 "다"(πάντες)라는 단어를 중심으로 구성하여 제공했다. 이어서 6-10절에서 바울은 그 구약 본문을 해설하며 적용했고, 7절에서는 구약 본문을 추가했다. 그러나 바울이 구약 본문을 현재 상황에 맞추어 해설하고 적용하는 것과 유대교의 표준 미드라쉬 방식의 큰 차이점은, 그리스도의 오심으로 제공된 새로운 지혜와 관점에 의존하여 해설한다는 점이다. 우리가 확인한 것처럼, 바울이 광야 전승을 되돌아보고 해설할 때 광야 전승은 단순히 오늘날 "우리에게" 유비로 그치는 것이 아니다. 바울은 그리스도에 관한 계시에 따라 그리스도를 광야에서 이미 임하셨고 하나님의 백성에게 은사를 주신 분으로 본다. 그 사람들(이스라엘 자손과 그리스도인)은 하나님의 동일한 언약 백성이다. 언약의 주는 똑같이 그리스도이시다. 그리스도는 그때나 지금이나 그의 백성의 "출애굽"에 역사하셨다. 그때나 지금이나 하나님의 백성은 배우고 깨달아야 한다. 이런 의미에서 과거에 기록된 모든 것은 단순히 "경고"나 "본보기" 또는 심지어는 '패턴'으로 작용하는 것으로 그치지 않는다. 비록 이런 말이 번역에 유용하고 도움을 주기는 해도 말이다.

10:12 그런즉 선줄로 생각하는 자는 넘어질까 조심하라(ὥστε ὁ δοκῶν ἑστάναι βλεπέτω μὴ πέσῃ). "그런즉"(ὥστε)이라는 말은 이 짧은 구절의 중심 요소가 무엇인지를 증명하고, 여기서는 직접적인 적용이 논증의 클라이맥스를 구성한다. 고린도 교인의 문제점은 바로 이것이다. 곧, 어떤 교인은 안전하다고 느끼고, 언약 공동체 안에서 심판에 대한 두려움 없이 안전하게 '서 있다'고 생각한다. 그들은 확실히 "선 줄로 생각[한다]"는 점에서 교만하다. 그래서 바울은 명령("조심하라", βλεπέτω)으로 그들이 넘어지지 않도록 '조심해야' 또는 '주의해야'한다는 사실을 강조한다. 위험은 실재하고, 바울은 자신이 분명히 한 것처럼 깊은 고민에 빠진다.

바울은 '서는 것'과 '넘어지는 것'에 관해 말할 때 자신이 "언약"의 범주 안에서 생각한다는 점을 다시 증명한다. 바울이 '서다'(ἵστημι)라는 동사를 사용할 때는 항상 신학적 의미를 담고 있다. 이 말은 '확립하다'나 '안전하게 서다'를 의미할 수 있지만(롬 3:31; 참고. 고후 13:1), 통상적으로는 하나님 앞에 서는 것을 가리킨다. 사람들은 믿음으로 하나님 앞에 설 수 있다(롬 11:20; 고후 1:24). 그러나 설 수 있게 하시는 분은 오직 주님 자신이다.[37] 이것은 이런 사람에 대한 심판이 오직 하나님께만 속해 있음을 의미한다(롬 14:4). 일단 믿음으로 의롭다 함을 얻으면 사람은 은혜 안에 "서 있다"(롬 5:2). 이 단어에 대한 언약적인 이해는 또한 '서다'(ἵστημι)라는 말

37. 바울이 여기서 "믿음에 굳게 서는 것"(고전 16:13)에 관해 생각하고 있는 것 같지 않다. 거기서는 다른 헬라어 단어(στήκω)를 사용하고, 다루는 문제가 다르다.

이 같은 관념을 번역하는 데 사용되는 칠십인역에서도 분명히 드러난다. 하나님의 언약은 안전하게 '서 있다'[예를 들어, 시 105:10(LXX 104:10)]. 예레미야서 7:8-15을 보면, 다른 신을 찾는 자는 하나님의 집에서 하나님 앞에 설 수 없다(10절). 따라서 신학적으로 언약의 주 앞에 '서는 것'과 반대되는 관념은 '넘어지는 것'이다. 스스로 선 줄로 생각하지만 다른 교인들을 "넘어지게" 하는 엘리트 교인이 사실은 "넘어질" 위험에 있었기 때문에 여기에는 상당히 큰 아이러니가 있다. 바울이 "선 줄로 생각하는 자"(ὁ δοκῶν ἑστάναι)라고 말하는 것은 8:2에 나오는 "만일 누구든지 무엇을 아는 줄로 생각하면"(εἴ τις δοκεῖ ἐγνωκέναι)이라는 말과 또 하나의 연계성을 구성한다. 8:2에서 이 사람은 바울이 마땅히 알아야 할 것을 아직 알지 못하는 자로 상기시키는 교만한 "지식 있는 자"를 가리킨다. 10:12에 언급된 사람도 마찬가지다. 곧, 스스로 선 줄로 생각하는 자는 넘어질 위험에 있다는 사실을 유념해야 한다.

10:13 사람이 감당할 시험 밖에는 너희가 당한 것이 없나니 오직 하나님은 미쁘사 너희가 감당하지 못할 시험 당함을 허락하지 아니하시고 시험 당할 즈음에 또한 피할 길을 내사 너희로 능히 감당하게 하시느니라(πειρασμὸς ὑμᾶς οὐκ εἴληφεν εἰ μὴ ἀνθρώπινος· πιστὸς δὲ ὁ θεός, ὃς οὐκ ἐάσει ὑμᾶς πειρασθῆναι ὑπὲρ ὃ δύνασθε, ἀλλὰ ποιήσει σὺν τῷ πειρασμῷ καὶ τὴν ἔκβασιν τοῦ δύνασθαι ὑπενεγκεῖν). 바울이 광야 전승을 유대 역사 속에서 통상적으로 사용되어온 방식으로 사용하고 있다는 사실을 깨달으면, 그의 논증에서 13절이 논리적으로 어떤 위치를 차지하는지 파악하기가 어렵지 않다. 13절의 기능은 광야 전승에서 언약에 신실하신 하나님을 강조하는 기능과 똑같다. 여기서 논리는 이렇게 계속된다. 하나님은 자기 백성을 시험하심으로써(πειράζω) 그들이 자신을 의지하는 법을 배우게 하셨다(참고. 신 8:2). 그들은 이 시험을 통과하지 못했을 때 하나님을 "시험하거나"(ἐκπειράζω) "판단하는" 죄를 지었다[시 78:18(LXX 77:18); 참고. 고전 10:9]. 따라서 원래 그들을 택하신 하나님이 그들에게 신실하신 분으로 남아 있지 않았다면, 전체 상황은 절망적이었을 것이다. 이것이 1:8-9에서 바울이 감사했던 점이다. 그렇지만 과거 사건을 통해 교만함과 거짓 안전을 경고하는 것이 이해되려면 이 사실을 반복해야 했다.

얼핏 보면 이 구절(13절)은 제자리에 있지 않은 것처럼 보인다. 14절은 합리적으로 12절을 잇는 말로 볼 수 있다. 고데는 이렇게 설명했다. "최소한 이전 및 이후 부분과 결합하는 논리적 연관성에 관해 말하면, 이 구절은 의심할 것 없이 고린도전서 전체에서 가장 난해한 한 구절이다."[38] 그러나 이러한 난점은, 거역한 백성에게도 하나님이 신실하시다는 사실이 광야 사건에 관한 거의 모든 기사에 공통된다는 점을 기억하면 크게 줄어든다. 앞에서 그리스도를 "반석"으로 보는 관념(10:4)이 특히 신명기 32장에서 하나님께 적용된 "반석"이라는 별칭에서 나왔다고 주장했다. 그것은 확실히 언약의 주가 광야에서 백성에게 자신의 신실함을 보여주신 것을 언급하는 데 도움을 주었다.[39] 사실 칠십인역에서는 하나님을 "신실하신(미쁘신) 하나님"으로 묘사하는 사례가 딱 두 번 나온다. 신명기 7:9에서 하나님은 '언약을 이행하시며 인애를 베푸시는' "신실하신 하나님"(θεὸς πιστός)으로 불린다. 그리고 신명기 32:4은 "그는 반석이시니 그가 하신 일이 완전하고 그의 모든 길이 정의롭고 진실하고(θεὸς πιστός) 거짓이 없으신 하나님이시니 공의로우시고 바르시도다"라고 말한다. 이 구절은 언약 관념으로 충만하다. 심지어는 이스라엘 자손이 하나님의 심판을 경고받을 때도 자기 백성에게 신실하시고 그들을

38. Godet, *First Corinthians*, 2:68.

39. 바울에게 신명기 32장이 차지하는 중요성은 앞에서 언급했고, 10:20-22을 살펴볼 때 더 면밀하게 검토할 것이다.

보호하시는 하나님의 본성이 강조된다. 따라서 하나님이 자기 백성을 애굽에서 이끌어내 그들을 "시험하신" 출애굽 사건에서도, 하나님이 그들에게 항상 신실하셨다는 사실이 강조된다.

바울이 여기서 염두에 둔 시험은 '악을 갈망한'(즐겨한) 일반적 죄(6절)나 더 특수하게는 우상 숭배의 죄(7절)를 가리킬 것이다. 그렇다면 여기서 14절로 쉽게 나아갈 수 있다. "우상 숭배하는 일을 피하라." 그러나 우상 숭배의 죄가 그다음에 언급되기는 하지만, 이 포괄적인 본문에서 바울은 일반적으로 "선 줄로" 믿지만 서지 못한 자 속에 나타난 자기 교만의 죄를 생각하는 것 같다. 그러나 하나님을 언약 백성에게 이 죄에서 "피할 길"('출구', ἔκβασις)을 충분히 제공하신다. 자비하신 하나님의 자기 백성에 대한 신실하심으로 말미암아 그들은 얼마든지 시험을 "감당할"(ὑπενεγκεῖν) 수 있다. 말하자면 하나님의 신실하심으로 그들은 '넘어지는' 것을 방지할 수 있다. 이처럼 특별하신 하나님의 신실하심은, 섭리를 통해 자기 백성의 삶을 감찰하심으로써 그들이 "감당하지 못할"(ὑπὲρ ὃ δύνασθε) 시험을 허락하지 않으시는 데서 확인된다. 다시 말하면, 바울이 말하는 죄는 피할 수 없는 죄가 아니다. 바울은 여기서 절망과 낙망의 경륜을 묘사하는 것이 아니다. 오히려 하나님은 백성이 그분께 돌아올 때, 그들을 용서하실 뿐만 아니라 자신의 영을 통해 그들이 부르심에 따라 거룩한 삶을 살 수 있게 하신다(참고. 롬 8:4, 13; 고전 6:19; 갈 5:16, 25; 베드로후서 1:3도 참고하라).

적용에서의 신학

1. "우리의" 역사를 아는 것

사도행전 17:10-12에서 누가는, 베뢰아 지역 유대인들이 바울과 실라의 가르침이 과연 참된지 시험하려고 날마다 성경을 어떻게 상고했는지 상술한다. 그 결과 '그중에 믿은 사람이 많았다'(12절). 회심한 유대인은 하나님이 자기 조상들을 다루신 것을 기록한 유대 역사가 메시아의 오심을 가리키고, 그 역사가 이제는 사도들이 전하는 복음을 해석하는 데 도움을 준다는 사실을 즉각 깨달았다. 새것을 재는 시금석은, 그것이 옛것에 대한 하나님의 말씀을 충족하는지 여부에 있다. 정말 좋은 점은 이방인이 매우 신속하게 이 이야기를 받아들이고, 그것을 '자기들의' 이야기로 삼기 시작했다는 것이다(행 13:44-49). 신학적으로 이것은 단순히 이방인이 우리가 구약성경으로 부르는 것을 주목하고, 그 안에서 유용한 내용을 찾아내거나 그리스도 안에서 특정 예언의 성취를 보기 시작했다는 것보다 훨씬 더 깊은 의미가 있다. 이것은 아담과 하와부터 시작하여 (특히) 민족들이 복을 받게 할 아브라함을 거쳐, 이스라엘의 구속 역사 속에 나타난 하나님의 임재와 율법의 계시를 거쳐, 그들이 거역으로 말미암아 받은 심판을 거쳐 그리고 주의 오래 참으심과 메시아의 오심으로 그들이 경험한 견고한 사랑 속으로 들어간 것까지 세상에 관한 성경 전체의 이야기를 받아들이는 것이다. 이것은 한 언약 백성에 대한 하나님의 부르심을 시야를 넓혀 항상 모든 민족을 향한 것으로 보는 것이다. 이것은 '우리 조상들에게 일어난 일'이라고 말할 수 있는 것이다. 기독교가 출범한 초기에 회심한 그리스인과 이방인에게 (구약) 성경의 가르침을 강조하는 것은 많은 곳에서 증명된다(예를 들어, 행 18:11; 롬 15:4; 고전 15:3-8; 딤전 4:13). 유감스럽게도 현대 교회는 이 가운데 많은 것을 놓치고 있다. 우리의 전체 이야기가 전해지지 않는 경우가 많다. 신학교에서 가르치는 사람은 종종 열광주의 경향을 지닌 다른 그리스도인들의 '성경에 대한 무지'를 비판할 것이다. 이것은 그들이 놀라운 하나님 이야기가 자기들의 기업이라는 것을 거의 혹은 전혀 알지 못함을 의미한다. 현대인이 율법과 은혜의 관계에 대하여 이해가 부족한 이유는, 단순히 언약 공동체 안에서 거룩함과 사랑이 어떻게 기능하는지 그리고 거룩함과 사랑의 목적이 무엇인지 제대로 파악하지 못하는 것으로 거슬러 올라갈 수 있다. 교회가 각 세대를 파악하고, 그리하여 각 세대를 가르칠 때 "우리 조상들"의 이야기를 해주는 것은 매우 중요하다. 단편적인 주제 설교로는 이 목표를 달성할 수 없음은 거의 의심할 여지가 없다. 내러티브 설교 방식은 종종 등한시되는 설교 기술 가운데 하나다.

2. 사회생활과 우상 숭배

바울이 고린도전서 10:7-8에서 이스라엘 자손의 우상 숭배 문제에 관한 두 가지 사례(출애굽기 32:1-6과 민수기 25:1-3에서 이끌어낸)를 공동체라는 배경 속에서 제시하는 것은 흥미롭다. 금송아지 사건을 상술하는 첫 번째 본문을 보면, 마치 전체 공동체가 단순히 지도자의 부재(모세가 없을 때)로 거의 우상 숭배에 빠져든 것처럼 보인다. 앞에서 언급한 것처럼 춤과 오락이(어쩌면 성적 문란함과 함께) 제사에 사용된 것은 매혹적인 시험으로 판명되었다. 민수기 25장을 보면, 이스라엘 남자와 모압 여자의 부정한 성관계가 아무 이유 없이 일어난 것이 아니다. 두 집단의 많은 구성원, 곧 많은 모압 사람과 많은 이스라엘 자손이 그 일로 어떤 일이 벌어지는지 잘 알고 있었다. 그때 이스라엘 자손은 모압 신들에게 제물을 바치고 모압 사회에 함께 참여하는 자가 되었다. 다시 말해, 예배의 성적 요소에 대한 시험이 민수기 25:1에 묘사된 '모압 여자들과 음행했다'는 말과 직결되었다. 마찬가지로 고린도 교인이 신전에서 우상의 제물을 먹은 것도 분명히 기독교 초기 자료들이 우리에게 쉽게 증명하는 것처럼 공동체 전체 사건이었다.

종종 현대 교회는 예배에서 저지르는 개인의 죄를 강조한다. 이것은 당연히 옳고 성경적이다. 각 사람이 자신의 죄에 대하여 책임이 있다. 그러나 종종 성경에서 그리고 교회 역사 속에서 사람들이 얼마나 자주 공동으로 죄를 짓는지 기억하는 것이 중요하다. 이것은 단순히 '동료 압력'(peer pressure)으로 부르는 것을 넘어선다. 잘못된 것을 옳은 것으로 바꾸고 사람들을 하나님의 말씀에 반하는 활동과 사고방식으로 이끄는 공동체의 힘이 현대 서양 세계 모든 곳에서 증명된다. 그토록 많은 사람 속에서 성경에 반하는 성행위를 조장한 것은 21세기의 공동체 생활이다. 마찬가지로 사람들을 소비주의와 물질주의의 신을 기념하고 숭배하도록 이끈 일도 공동체 속에서 벌어진다. 이런 상황에 대한 성경의 답변은 복합적이다. 그렇지만 그리스도인이 실제로 속해 있는 공동체가 이 답변의 핵심이다. 교회, 곧 언약의 주를 따르는 공동체 안에서 사람들이 서로 사랑과 선행을 하도록 덕을 세우고 사람들이 서로 책임을 질 수 있다. 여기서 사람들은 '거룩하고' 하나님을 공경한다고 묘사할 수 있는 완전히 다른 삶의 방식을 제공할 수 있다. 사도 바울은 교회를 하나님이 온전히 경배받으시고 다른 신들이 절대로 용납되어서는 안 되는 안전한 대안 공동체로 본다.

많은 그리스도인이 다양한 형태의 우상 숭배와 직결된 활동에 연루되는 것이 얼마나 심각한지 깨닫지 못하고, 다른 그리스도인이 자신보다 어떻게 훨씬 더 심각한 죄에 빠질 수 있는지 보지 못한다. 사회 활동과 공동체가 선이나 악에 얼마나 강력한 힘을 미칠 수 있는지 알게 되면, 우상 숭배를 방비하는 데 큰 도움이 될 수 있다. 불행하게도 사회 활동은 종종 중립적이지 않고, 많은 사람을 죄로 이끌 수 있다.

우상 숭배라는 문제는 그것이 다른 신에 대한 공공연한 충성을 내포하는 데 있었다. 우상 숭배는 타락 이후 지금까지 모든 인간이 안고 있는 문제였다. 죄인인 인간은 다른 신을 따르고 숭배하도록 미혹을 받는다. 그리고 전체 공동체가 거기서 잘못된 점을 찾아내지 못할 때 시험은 감당할 수 없게 되어버린다. 오늘날의 세계에는 열거할 수 있는 신이 많다. 그러나 소비주의, 물질주의 그리고 개인적 자아를 부추기는 철학들은 다 나름대로 그것 자체의 숭배 형태를 만들어낸다. 이 모든 우상 숭배는 우리가 참여하는 사회로 말미암아 크게 조장된다.

3. 시험에서 탈출하는 것

많은 그리스도인은 바울이 13절에서 전하는 말이 무슨 뜻인지 궁금하게 여겼다. 시험을 피할 길은 항상 있는가? 여기서 배경이 중요하다. 바울은 하나님 앞에서 안전('지위')의 참된 근거가 신실하신 하나님께 있다는 요점을 제시한다. 하나님은 자기 백성을 보호하시고 보살피시는 신실하신 언약의 주님이다. 만약 사람들이 (자신과 자칭 자신의 영성에 의존하지 않고) 오로지 하나님만 바라본다면, 하나님은 항상 자기 백성에게 신실하시기에 그분 앞에서 그들의 '지위'는 확실히 안전하다. 그러나 이것은 주님께 겸손히 순종하는 것과 주님을 따르는 헌신을 의미한다. 이것은 바울에게 예비되었던 것처럼 십자가의 길을 따르고 경기자와 같이 훈련된 삶을 사는 것을 의미한다. 이런 사람들이 충분히 안전한 것은, 그들이 자신의 힘이나 지위가 아니라 하나님과 그분의 약속을 의지하기 때문이다. 사람들이 교만하게 하나님이 은혜로 주신 것에 의존하고, 자기들은 너무 안전하므로 행위는 별로 중요하지 않다고 믿는 믿음을 가지고 자기중심적인 존재가 될 때 이 안전은 결코 보장되지 않는다. 하나님은 신실하고 강하신 분이므로 시험에서 벗어나는 것은 항상 가능하다. 그러나 이 탈출은 사람들이 죄를 깨닫고, 신실하신 하나님께 의존하며 도움을 구할 때 이루어진다.

CHAPTER 21

고린도전서 10:14-22

문학적 전후 문맥

고린도 교회의 엘리트 교인은 "지식"과 "지혜"를 소유했다는 이유로 교만해졌다(1:5-7; 8:1, 11). 바울은 광야 사건과 이스라엘 자손의 행동이 어떻게 고린도 교인에게 명확하게 경고로 작용하는지 증명했다. 그러므로 하나님 앞에 "서 있다"고 생각하는 모든 고린도 교인은 많은 이스라엘 자손과 같이 '넘어지지' 않도록 조심해야 한다(10:12). 그러나 하나님은 항상 신실하시다. 그리고 공동체 지위를 보존하기 위하여 오직 자신만을 바라보는 자에게 모든 시험에서 벗어날 길을 제공하신다. 자기 백성을 부르신 하나님은 그들을 죄에서 지키고 보호할 수 있는 유일하신 분이다. 따라서 10:14-22에서 바울은 8:1에서 먼저 제기된 우상의 제물을 먹는 특정 문제를 다룰 때 언약의 관점에서 계속 생각한다. 우상을 숭배 하는 식사에 참여하는 것은 우상 숭배에 가담하는 것이다. 따라서 이 부분은 우상 숭배에 대한 경고로 시작하고 주의 질투를 일으킬 위험성을 언급하는 말로 끝난다(22절). 하나님이 우상 숭배와 그분을 다른 신으로

VI. 공동체 지위와의 관계에서 본 결혼, 독신, 이혼, 과부 생활(7:1-40)

VII. 지위, 지식, 자유 그리고 우상에게 바친 음식(8:1-11:1)

- A. 지식과 사랑은 대조적임(8:1-3)
- B. '신들'과 '주들'의 실존에 관한 지식(8:4-6)
- C. 우상 신전에서 우상 제물을 먹는 것에 관한 지식(8:7-13)
- D. 지위와 권리는 복음의 목적에 종속되어야 함(9:1-27)
- E. 신령한 은사를 악용하는 이스라엘에 대한 경고(10:1-13)
- ➦ **F. 언약의 충성에 관한 문제(10:14-22)**
- G. 오직 이웃의 유익과 하나님의 영광을 구하라(10:23-11:1)

VIII. 지위, 공적 예배, 자유, 은사(11:2-14:40)

대체하려는 모든 시도를 미워하신다는 사실은, 그분을 '질투하시는 하나님'으로 제시하는 구약성경의 묘사에서 확인된다. 우상을 숭배하는 식사의 문제가 또다시 언약의 관점에서 주의 만찬 사례를 통해 설명된다(16-17절). 주의 만찬에 참여하면, '그리스도 안에 참여하는 일'이 일어난다. 그렇다면 우상을 숭배하는 식사에 참여할 때 어찌 그런 참여가 일어나지 않는다고 볼 수 있겠는가(18-21절)? 이 부분은 자기들이 주님보다 더 강하다고 주장하는 것을 신랄하게 비판하는 것으로 끝난다. 다시 말하면, 그들은 마치 자신들이 하나님의 질투를 물리칠 수 있는 것처럼, 또는 하나님의 질투가 아무런 문제가 아닌 것처럼 행동한다(22절). 이어지는 부분(10:23-11:1)은 일반적으로 시장에서 살 수 있는 우상 고기를 먹는 법에 관한 문제를 다룬다.

주요 개념

일부 고린도 교인은 우상의 제물이 놓여 있는 식탁에서 그 제물을 먹음으로써 우상 숭배에 빠져들었다. 주의 만찬이 증명하는 것처럼, 언약의 식사에 참여하면 그들이 공경하는 하나님이나 신들에 연루되거나 가담하는 일이 벌어진다. 이것은 이스라엘 자손이 광야에서 우상 숭배에 빠져 여호와의 언약에 따른 질투와 심판을 자극한 것처럼 주님의 질투를 자극한다.

번역

고린도전서 10:14-22

14a		그런즉 내 사랑하는 자들아
b	명령	**우상 숭배하는 일을 피하라**
15a	단언	**나는 지혜 있는 자들에게 말함과 같이 하노니**
b	당부	**너희는 내가 이르는 말을 스스로 판단하라**
16a	묘사	우리가 축복하는 바
b	수사적 질문/ 단언	**축복의 잔은**
c		**그리스도의 피에 참여함이 아니며**
d	묘사	우리가 떼는
e	수사적 질문/ 단언	**떡은**
f		**그리스도의 몸에 참여함이 아니냐**

17a	16d-f절로부터 추론	떡이 하나요
b	단언	**많은 우리가 한 몸이니**
c	기초	이는 **우리가 다 한 떡에 참여함이라**
18a	부정적 예증	**육신을 따라 난 이스라엘을 보라**
b	수사적 질문	**제물을 먹는 자들이 제단에 참여하는 자들이 아니냐**
19a	확대	**그런즉 내가 무엇을 말하느냐**
b	내용	우상의 제물은 무엇이며
c	수사적 질문	우상은 무엇이냐
20a	단언	무릇
b	내용	이방인이 제사하는 것은
c	인용	귀신에게 하는 것이요 하나님께 제사하는 것이 아니니(LXX 신 32:17)
d	소원	**나는 너희가 귀신과 교제하는 자가 되기를 원하지 아니하노라**
21a	부정적 단언	**너희가…마시지 못하고**
b	내용	주의 잔과
c		귀신의 잔을 겸하여
d	내용	주의 식탁과
e		귀신의 식탁에 겸하여
f	부정적 단언	**참여하지 못하리라**
22a	수사적 질문	그러면 **우리가 주를 노여워하시게 하겠느냐**
b	수사적 질문	**우리가 주보다 강한 자냐**

구조

이 부분(10:14-22)은, 첫 구절에서 "우상 숭배하는 일을 피하라"고 명령하는 것(14절)과 마지막 구절에서 주님의 질투를 자극하는 우상 숭배에 관한 결론적인 수사적 질문으로 문제를 요약하는 것(22절)에 초점이 있다. 바울의 관심사는 그리스도인이 주님과 맺은 언약 관계가 그들의 전적인 충성을 요청한다는 것에 있다. 충성은 나누어질 수 없다. 이 부분은 하나의 논증으로 서 있으나 유용하게 두 하위 부분으로 나누어지고, 둘째 하위 부분인 10:20d-22은 첫째 하위 부분(10:14-20c)의 구체적인 적용으로 볼 수 있다. 첫째 하위 부분(10:14-20c)은 강력한 논증을 전개한다. 여기서 주의 만찬을 소개하는 것은 만찬에 참여하는 자가 실제로 그 만찬의 "주" 안에 또는 "주"께 '참여하는' 것을 입증하는 한 본보기로 소개된다는 사실을 주목해야 한다(16-17절). 이 부분은 일반적으로 성만찬이 어떻게 기능하는지 이해하는 데 도움을 줄 수 있으나, 그것이 여기서 바울의 목적은 아니다. 오히려 논증이 전개되면서 바울은 신속하게 광야 전승에서 이끌어낸 교훈을 제시하는 것으로 돌아간다(18절). 이스라엘 자손은 광야에서 우상 숭배에 빠졌을 때 이교 제사 식사에 가담함으로써 귀신들에게 참여하는 자가 되었다. 그때 이스라엘 자손은 여호와와 맺은 언약을 어겼다. 신명기 32장에 호소함으로써 바울은 이제 다른 신들은 실재하지 않지만 귀신들은 실재하고, 이스라엘 자손의 우상 숭배는 사실이었다는 점을 증명한다(19-22절). 따라서 주의 만찬과 이스라엘의 본보기는 하나님의 '질투'를 충분히 일리 있게 하는 배경을 제공한다. 왜냐하면 언약의 주로서 하나님은 전적 충성을 요구하시고 또 기대하실 수 있기 때문이다. 이 충성은 절대로 양보될 수 없다(20d-22절). 연속적인 7개의 수사 의문문은 여기서 바울이 선호하는 논증 방식을 반복해서 보여준다.

석의적 개요

VII. 지위, 지식, 자유 그리고 우상에게 바친 음식(8:1-11:1)

A. 지식과 사랑은 대조적임(8:1-3)

B. '신들'과 '주들'의 실존에 관한 지식(8:4-6)

C. 우상 신전에서 우상 제물을 먹는 것에 관한 지식(8:7-13)

D. 지위와 권리는 복음의 목적에 종속되어야 함(9:1-27)

E. 신령한 은사를 악용하는 이스라엘에 대한 경고(10:1-13)

➦ **F. 언약의 충성에 관한 문제(10:14-22)**

1. 언약의 충성이 이교 제사 식사에서 암시됨(10:14-20c)

a. 우상 숭배를 피하라(10:14)

b. 주의 만찬에 나타난 언약의 충성을 숙고하라(10:15-17)

c. 이스라엘 사람이 이교 제사 식사 자리에서 언약을 어긴 것을 숙고하라(10:18)

d. 이방인은 귀신에게 참여하는 자다(10:19-20c)

2. 주에 대한 충성은 양보될 수 없음(10:20d-22)

a. 귀신과 교제하지 말라(10:20d)

b. 귀신의 식탁과 주의 식탁에 겸하여 참여하지 말라(10:21)

c. 주를 노엽게 하지 말라(10:22)

본문 설명

10:14 그런즉 내 사랑하는 자들아 우상 숭배하는 일을 피하라 (Διόπερ, ἀγαπητοί μου, φεύγετε ἀπὸ τῆς εἰδωλολατρίας). 이 구절은 10장에서 바울이 지금까지 말한 내용과 이제 우상을 숭배하는 식사에 관해 말할 내용 사이에 다리를 놓는다. "그런즉"(διόπερ)이라는 말은, "우상 숭배하는 일을 피하라"는 명령이 바울이 광야 세대로부터 이끌어낸 교훈을 주의하라고 권고하면서 전한 말의 명백한 결과라는 사실을 암시한다. 현재 명령 동사("피하라", φεύγετε)는 바울이 이것을 그리스도인에게 계속해서 필요한 일로 간주한다는 사실을 암시한다. 고린도 교인 중 어떤 이가 뻔뻔한 자만심으로 지금 실제로 위험에 처한 것은 그들이 우상 숭배에 빠졌기 때문이다.[1] 바울이 고린도 교인을 친절하게 "내 사랑하는 자들아"(ἀγαπητοί)라고 부르는 것은 전하는 말에 대한 그의 열정을 배가시키고, 그가 조심스럽지만 확실하게 그들에게 그 위험을 설득하기로 마음먹었다는 것을 암시한다(참고. 4:14; 15:58).

많은 주석가가 바울이 여기서 우상 숭배 문제를 다루는 것과 6장에서 성범죄 문제를 다룬 것 사이에 두드러진 평행 관계가 있다고 지적했다.

10:14/6:18	우상 숭배하는 일/음행을 피하라.
10:17/6:18-19	우리가 한 떡에 참여하므로 한 몸이다/우리의 몸은 성령의 전이다.
10:21/6:15	이중으로 충성할 수 없다. 곧, 주와 귀신의 식탁에 겸하여 참여할 수 없다/그리스도의 지체이면서 동시에 창기의 지체가 될 수 없다.

10:15 나는 지혜 있는 자들에게 말함과 같이 하노니 너희는 내가 이르는 말을 스스로 판단하라(ὡς φρονίμοις λέγω· κρίνατε ὑμεῖς ὅ φημι). 이제 바울은 "지혜 있는 자들"(φρόνιμοι)로 부르는 고린도 교인들을 설득하기 위해 정교하게 구성된 논증을 제시한다.[2] 바울이 일부 고린도 교인이 보여 준 부족한 분별력을 거듭해서 염려한 것과 영적 문제를 적절하게 "판단하고" 분별하는 문제가 지금까지 고린도전서 많은 부분에서 다루어진 것으로 보면, 이런 비판은 약간 아이러니할 수 있다.[3] 그러나 여기서 바울이 단순히 분명한 사실을 진술한다고 보는 것도 가능하다. 이 "지혜 있는 자들"은 바울이 전하는 말에 주의를 기울이고, 그 말을 스스로 조심스럽게 "판단해야" 한다. "스스로"(ὑμεῖς)라는 말이 덧붙여진 것은, 바울이 우상 숭배를 낳는 종교적 식사의 본질을 해설할 때 바울처럼 생각해야 하는 것에 대한 책임을 고린도 교인에게 확고하게 부과한다.

바울이 16-17절에서 성찬 식사에 관해 말하는 것과 18-20절에서 이교 제사 식사에 관해 말하는 것의 가능한 배경을 이해하면, 바울이 이 부분에서 의도하는 바가 무엇인지 파악하는 데 큰 도움을 받을 수 있다. 두 가지 주된 견해가 등장한다. 어떤 주석가는 바울이 유대교의 종교적 식사에서 나온 배경에 의존한다고 주장한다. 다른 주석가는 바울이 이교 제사 식사에서 이끌어낸 관념에 의존한다고 말한다. 우리가 보기에는 바울은 사실 언약 갱신 및 유월절과 연계된 유대교의 식사에 의존한다고 말해야 할 것 같다.

---

1. 바울이 직면할 수 있는 우상 숭배에 관해서는 Richard L. Phua, *Idolatry and Authority*를 보라.

2. NASB와 AV: "Wise men."

3. Weiss, *Der erste Korintherbrief*, 256. 그러나 Conzelmann, *1 Corinthians*, 171n12를 참고하라. Conzelmann은 이것이 "아이러니하지 않다"라고 말한다.

심층 연구

10:16-20에 나오는 '식사'의 가능한 배경

어떤 주석가는 주의 만찬(16-17절)과 이교 제사 식사(18-20절)에 대한 바울의 '성례전적' 태도로 보는 것을 헬레니즘 시대의 이교 신비 제사의 배경에 따라 설명하는 데 심혈을 기울였다. 이런 접근법은 일반적으로 초기 종교사학파(*religionsgeschichtliche Schule*) 학자들이 주도했다. 예를 들어, 로이지(Loisy)는 이렇게 주장했다. "그리스도인은 이것(예수님의 죽음)을 단순히 기념하는 것이 아니다. 우리는 오시리스나 아티스의 신봉자가 자기들이 섬기는 신의 죽음을 스스로 새롭게 한 것처럼 그리스도인도 예수님의 죽음을 스스로 다시 검토한다고 말할 수 있다."[4] 리츠만은 주석에서 자신이 "제사 식사"(cult meals)로 부르는 것에 대하여 중요한 부기(附記)를 제공한다. 거기서 리츠만은 제사 식사와 주의 만찬의 명확한 평행 관계를 다양하게 설명한다.[5] 그러나 리츠만은 고린도전서 11:23-26에 대한 더 개연성 있는 배경이 유대교 식사인 '하부라'(*haburah*)에 있다고 지적한다. 리츠만은 하부라 식사가 고린도 교인이 즐긴 기본적인 식사였지만, 바울은 이교 제사 식사 방식에서 더 '성례전적인' 식사 관념을 보았다고 주장했다. 그러므로 리츠만은 고린도 교인의 주의 만찬에 대한 태도에 바울이 제기한 한 가지 문제점은 그들이 모든 이교 제사 식사에 대해 너무 '수준 낮은' 관점을 가진 것에 있었다고 주장한다. 이 접근법의 명백한 문제는 바울이 10:16-19에서 수사적 질문들을 통해 주의 만찬에 대한 자신의 견해가 고린도 교인의 견해와 다르지 않다고 가정한다는 점이다. 고린도 교인에 대해 바울이 제기하는 문제점은, 이교 제사 식사가 주의 만찬과 비슷하게 신과의 언약 관계에 참여하는 결과를 낳는 기능을 한다는 점을 그들이 깨닫지 못한 것이다.

더구나 많은 주석가가 지적한 것처럼, 바울이 이교 제사 식사에 의존하여 주의 만찬을 이해했다고 믿는 견해가 가진 문제는 상당히 많다. 맥그리거(MacGregor)는 시대착오적인 문제가 있을 뿐만 아니라, 이교 제사 식사는 어쨌든 이교 제사에서 중심적이었던 것 같지 않다고 정확히 지적한다.[6] 나아가 '신을 먹는다'는 원시적인 관념(일부 주석가가 신비 식사에서 이끌어낸 주장)이 이런 식사에서 발견된다고 보는 것도 의심스럽다. 맥그리거는 이렇게 결론을 내린다. "그 발전에 관해 뭐라고 말할 수 있든 간에, 성만찬의 기원을 이교 사상에서 찾을 수는 없다."[7] 맥그리거 자신은 안식일 키두쉬(*kiddush*) 의식(유대교에서 안식일 또는 축일 전날 저녁 식사 전에 포도주잔을 놓고 복을 비는 기도를 하는 것-역주)이 성만찬의 배경이라는 견해를 주장한다. 그러나 키두쉬 의식에는 유월절 식사나 언약 갱신 식사와 같은 다른 유대교 식사에서 발견되는 언약 요소가 대부분 없었다.

"축복의 잔"(16절)이라는 말은 확실히 유대교 식사, 특히 유월절 식사 배경을 암시한다. 따라서 예레미아스(Jeremias)는 바울의 기사에서 발견되는 주의 만찬의 다양한 국면을 제시하고, 주의 만찬을 유월

4. A. Loisy, "The Christian Mystery," *HibJ* 10 (1911/12): 54.
5. Lietzmann, *An Die Korinther I-II*, 49-51, 57-58.
6. George C. H. MacGregor, *Eucharistic Origins: A Survey of the New Testament Evidence* (London: J Clarke, 1929), 23-28.
7. 같은 책, 28.

절 식사에서 유래된 것으로 믿었다.[8] 다른 주석가도 예레미아스의 견해를 따랐다.[9] 어떤 주석가는 유월절 전례에 비추어 바울이 기독교 식사에서 "새 언약"과 "피" 사이에 세워놓은 연계성을 설명하고(11:25; 참고. 10:16), 유월절 식사가 "언약의 식사"의 한 형태라고 주장했다. 예를 들어, 세갈(Segal)은 언약을 비준하는 의식의 하나로 식사를 했고, 유월절 피 의식은 언약의 식사에서 매우 흔했다고 주장한다.[10] 물론 주의 만찬과 유월절 식사의 연계성은 복음서 내러티브들에 확립되어 있다(참고. 마 26:17-28; 막 14:16-24).

고린도전서 10장에서는 언약이라는 배경이 매우 중요하기 때문에, 유월절 식사를 "언약의 식사"로 쉽게 간주할 수 있는지를 놓고 상당한 논란이 벌어졌다. 확실히 말하면, 유월절 식사가 언약의 식사 자체는 아니지만 많은 주석가는 이 문맥에서 유월절 식사 배경이 바울에게 유용한 것으로 보아 그 배경은 포괄적으로 언약의 배경이며 당연히 그렇다는 데 동조한다. 출애굽, 홍해, 시내 산에서의 배회를 연계시키는 경향을 고려하면, 유월절이 하나님이 "언약"에 따라 자기 백성을 다루시는 사실을 상기시키는 것도 놀랍지 않다. 그럼에도 구약성경에서 실제로 '언약의 식사'로 기능했던 식사를 언급하는 것도 가치가 있다. 흥미롭게도 몇 개 안 되는 명확한 사례 가운데 하나가 출애굽기 24:11에서 발견된다. 거기 보면 하나님이 이스라엘과 언약을 맺으신 다음에, 모세가 번제의 피를 취해 백성들에게 뿌렸다. 이 일 후에 모세와 아론과 장로들이 '하나님을 뵙고 먹고 마셨다'(9-11절). 하나님이 그 식사에 임하신 것으로 여겨진 것이다. 언약에서 먹고 마시는 일은 하나님의 임재를 확립하는 데 도움을 주고 언약의 체결을 기념하는 역할을 한다. 다른 식사가 특정 언약이나 조약과 연계되어 나온 경우는 불과 몇 번에 그친다. 이삭과 아비멜렉, 야곱과 라반, 이스라엘과 모압, 여호수아와 기브온 족속 간에 언약이나 조약이 맺어졌을 때가 그런 경우다.[11] 확실히 바울은 이교 제사 식사나 유대교의 다른 식사가 아니라 이런 언약의 식사들(특히 출 24장)을 염두에 두었다고 볼 수 있다.

요약하면 바울은 아마 주의 만찬의 주요 배경을 유월절 식사로 간주할 것이다. 왜냐하면 이 기독교 식사는 유월절 기간에 세워졌고 "축복의 잔"이라는 말도 유월절 식사 범주에 속해 있는 것 같기 때문이다.[12] 그러나 바울은 고대 유대인의 언약의 식사 관습을 통해서도 '언약에 참여'하는 신학을 주목할 수 있었다. 마지막으로 바울이 계속해서 이스라엘 자손이 우상 숭배하는 식사에 참여한 것을 언급하고, 출애굽기 32:6을 인용하여 금송아지 사건을 이미 제시한(고전 10:7) 것으로 보면, 바울은 '앉아서 먹고 마시며 일어나서 뛰논' 이스라엘 자손이 그로 말미암아 언약의 주께 어떻게 심판을 받았는지 생각하면서 이 이교 제사 식사도 염두에 두었을 수 있다.

8. Joachim Jeremias, *The Eucharistic Words of Jesus*, 번역 Norman Perrin, New Testament Library (London: SCM, 1966). 또한 같은 저자, "This is My Body," *ExpTim* 83 (1972): 196-203도 보라.
9. Thiselton, *1 Corinthians*, 756-60은 유월절 식사를 배경으로 보는 관점을 옹호하는 주장들을 광범하게 요약한다. Garland, *1 Corinthians*, 476n5는 초기에 존속한 유월절 전례는 성전이 파괴된 후에 세워졌고 바울 당시에는 "아마 일률적으로 지켜지지 않았을" 것이라는 경고와 함께 이 접근법을 조심스럽게 추천한다.
10. J. B. Segal, *The Hebrew Passover: From the Earliest Times to A.D. 70*, London Oriental Series 12 (London: Oxford University Press, 1963), 105-6.
11. 창 26:28-30; 31:44, 51-54; 민 25:1-5; 수 9:3-15.
12. 누가의 기사와의 평행 관계는 11:23c-24에 대한 설명을 보라.

10:16 우리가 축복하는 바 축복의 잔은 그리스도의 피에 참여함이 아니며 우리가 떼는 떡[13]은 그리스도의 몸에 참여함이 아니냐(τὸ ποτήριον τῆς εὐλογίας ὃ εὐλογοῦμεν, οὐχὶ κοινωνία ἐστὶν τοῦ αἵματος τοῦ Χριστοῦ; τὸν ἄρτον ὃν κλῶμεν, οὐχὶ κοινωνία τοῦ σώματος τοῦ Χριστοῦ ἐστιν;). 16절에서 바울은 단언을 제시하기 위하여 수사적 질문으로 다시 돌아간다. 여기서 바울은 독자가 인정할 것으로 추정하는 주의 만찬의 본질과 실제에 관한 주장을 제시한다. 이 구절에 나타나 있는 바울의 이른바 '성례' 신학의 다양한 국면을 언급한 주석가가 많았지만, 여기서 바울의 의도는 주의 만찬에서 일어나는 일의 본보기로부터 그리스도인이 이교 제사 식사에 참여하는 일이 얼마나 위험한지 예증하는 것에 있다. 바울은 이런 형태의 종교적 식사, 곧 주의 만찬과 이교 제사 식사는 단순한 '식사'가 아니라고 본다. 곧, 식사에 참여하는 것은 곧 종교적 활동으로, 신이 임해 있다고 추정되는 배경 속에서 음식을 먹는 것과 같다고 생각한다. 그러므로 이런 식사는 추종자나 신복의 숭배를 받는 신에 대한 충성을 말해준다.

"축복의 잔"(τὸ ποτήριον τῆς εὐλογίας)이라는 말은 유월절 식사에 기원이 있다. 하지만 바울이 염두에 둔 잔이 유월절 식사의 잔 가운데 두 번째인지, 세 번째인지 또는 네 번째인지 여부는 사소한 문제다. "축복의 잔"은 하나님께 복이나 감사를 기원하는 잔이다. 첫 번째 복수형('우리가 축복하는', εὐλογοῦμεν)은 이것이 전체 회중이 참여하는 감사의 기도라는 점을 암시한다. '축복을 받는' 대상을 잔이나 잔에 담긴 포도주로 보는 것은 일리가 없다. 유대교와 기독교 사상에서는 '축복을 받는' 대상이 똑같이 하나님이시다. 시암파와 로스너가 다음과 같이 지적하는 것과 같다. "여전히 전통적인 고대 유대인의 축복 기도는 이렇게 시작된다. '오 주여, 우리 하나님, 우주의 왕으로 땅에서 양식을 생산하시는 당신에게 복이 있나이다.'"[14] 시암파와 로스너는 또 복음서의 기사에서 "떡에 축사하는 것에 대한 언급과 그 떡에 감사하는 것에 대한 언급이 어떻게 교차하는지" 주목하고, "떡에 축사하는 것에 대한 언급은 그 떡에 대하여 하나님께 복을 구하거나 감사를 구하는 언급으로 이해해야 한다"라고 지적한다.[15] 따라서 "축복의"(τῆς εὐλογίας)라는 소유격은 목적의 소유격이다. 사람들이 그 잔으로 마실 때 그것은 그들이 받는 복을 소유한 잔이 아니다. 그것은 그 잔으로 마시는 사람들을 통해 하나님께 주어지는 축복, 곧 감사를 담은 잔이다.

고린도전서 여러 곳에서, 그중에도 특히 10장에서 지적된 것처럼, 바울은 그리스도인을 광야 세대와 마찬가지로 하나님과 언약 관계 속에 서 있는 기독교 공동체의 지체로 이해한다. 물론 언약의 왕의 피가 새 언약을 인친 것(11:25)과 언약의 주로서 그분이 언약 관계를 해석하는 것은 그때와 차이가 있다. 바울이 새 언약에 참여하는 것과 새 언약의 다양한 복을 묘사하기 위하여 선택하는 단어는 κοινωνία다. 1:9에서 지적한 것처럼,[16] 이 말은 단순히 "교제"나 "관계" 또는 "나눔"을 의미할 수 있다.[17] 앞에서는 이 말을 '언약에 참여함'(covenant participation)으로 번역하기로 했다. '언약에 참여함'이라는 말을 사용하면, κοινωνία라는 말이 복음 메시지와 교회의 모든 것(행 2:42)의 핵심에 있다는 점을 상기하게 된다. 또 바울이 그리스도의 주 되심의 문맥과 주 되심에서 나오는 복이나 심판의 문맥에서 여러 번에 걸쳐 이 말을 사용하는 점도 상기하게 된다.

---

13. 문법적으로 "우리가 떼는 떡"이라는 절에서 "떡"(τὸν ἄρτον)은, 잔(τὸ ποτήριον)의 경우와 마찬가지로, 목적격이라는 사실이 지적되어야 한다. 이것은 선행사가 이어지는 관계 대명사의 격에 이끌리는 '역(逆) 견인 용법' 때문이다.

14. *First Corinthians*, 472.

15. 같은 책, 472n201.

16. 1:9에 대한 설명에서 '심층 연구: Κοινωνία의 의미'를 보라.

17. BDAG 552.

그런데 '우리가 떼는 것(떡)'(ὃν κλῶμεν)이라는 말, 곧 전례 집행자가 그렇게 부르는 것처럼 '떡을 떼는 것'이 어떤 의미가 있는지에 관해 약간의 논란이 있다. 분명히 떡을 떼는 행동은 식사가 시작된 것을 함축하고, 또한 떡이 떼어져 많은 사람이 먹는다는 점에서 나눔의 관념을 전달한다. 그러나 실제로 떡을 "떼는" 행동은 그 행동 자체를 넘어, 십자가에 못 박히신 그리스도의 몸을 떼는 것을 의미하는가? 11:24과 25절의 평행 구조는 이런 의미를 가능하게 한다. 11:24에서 우리는 다음과 같은 말을 볼 수 있다. "[주께서] 떼어 이르시되 이것은 너희를 위하는 내 몸이니." 11:25은 다음과 같이 말한다. "[주께서] 또한 그와 같이 잔을 가지시고 이르시되 이 잔은 내 피로 세운 새 언약이니." 이 평행 관계는 아마 떡을 떼는 행위가(잔에 담긴 포도주가 그런 것처럼) 그리스도의 죽음("내 피로 세운 새 언약"을 확립시키는 사건)의 가시적인 표상의 한 부분으로 의도되었음을 암시할 것이다.[18]

10장의 문맥에 언약의 관념이 담겨 있음을 고려하면, 바울은 확실히 주의 만찬을 유월절 식사뿐만 아니라 구약성경에 나오는 언약의 식사들을 계승하는 것으로 본다. 11:25에서 바울이 "이 잔은 내 피로 세운 새 언약(ἡ καινὴ διαθήκη)이니"라고 진술하는 사실 역시 이것을 가능하게 한다. 여기서 10:16과 11:24-25의 평행 관계가 도움을 준다(그러나 11장에서 현대의 주의 만찬의 통상적 순서에서처럼 떡이 포도주보다 앞서는 것을 주목하라). 윌리스는 그것을 다음과 같이 제시한다.[19]

잔 = 그리스도의 피에 참여함(10:16a-c)
= 내 피로 세운 새 언약(11:25)
떡 = 그리스도의 몸에 참여함(10:16d-f)
= 너희를 위하는 내 몸(11:24)

그리스도의 몸과 피는 새 언약의 형성적 요소로 여겨지고, 이것은 여기서도 언약 관념이 지배한다는 사실을 보강하는 역할을 한다. 심지어 "잔"이라는 말도 이런 관념의 범주에서 나오는 것 같다. 칠십인역에서 "잔"(ποτήριον)은 분배되는 것이고, 그래서 사람이 '참여해야' 하는 것에 은유적으로 사용될 수 있다. 비록 "구원의 잔"과 하나님의 신실한 백성에게 공급하는 잔이 있다고 해도(참고. 시 16:4-5; 23:5; 116:13), 그 말의 은유적 용법을 지배하는 것은 "진노의 잔"과 심판의 잔이다(예를 들어, 시 11:6; 75:8; 사 51:17, 22; 렘 49:12; 애 4:21; 겔 23:33). 유월절 식사에서도 잔이 때때로 유대인들에게는 '위로'를, 다른 사람들에게는 '심판'을 지시하는 것으로 해석되는 점은 주목할 만하다. "네 개의 잔은 하나님이 언젠가 세상 민족들이 마시도록 할 네 개의 처벌의 잔과 대응을 이룬다…그리고 그들에 대응하여 하나님은 언젠가 이스라엘이 네 개의 위로의 잔을 마시도록 하실 것이다."[20] 언약의 "복"과 "저주"의 이러한 이중의 비준 개념은 구약성경에서 하나님이 언약에 따라 자기 백성을 다루시는 역사 전체에서 발견된다.

이 모든 것은 그리스도인이 그리스도의 피로 말미암아 새 언약으로 들어갔고, 주의 만찬이 언약의 형성과 언약의 지속적인 구성원 지위를 반영하는 것이라는

---

18. 로마 가톨릭의 관점에서 이것을 주석적으로 검토하는 것은 Francis J. Moloney, *A Body Broken for a Broken People: Eucharist in the New Testament*, 개정/편집 (Peabody, MA: Hendrickson, 1997), 159-77을 보라.

19. Willis, *Idol Meat in Corinth*, 206. 도표는 Willis의 것이지만 번역은 내가 한 것이다.

20. L. Goppelt, "ποτήριον," *TDNT* 6:150-51. 또한 Dan Cohn-Sherbok, "A Jewish Note on ΤΟ ΠΟΤΗΡΙΟΝ ΤΗΣ ΕΥΛΟΓΙΑΣ," *NTS* 27 (1981): 704-9도 보라. 참고. J. Keir Howard, "Christ Our Passover: A Study of the Passover-Exodus Theme in I Corinthians," *EvQ* 41 (1969): 97-108.

바울의 이해를 증명한다. 그러므로 떡과 포도주를 떼고 마실 때 그리스도인은 '그리스도의 죽음'을 선포한다. 즉, 그때 그리스도인은 새 언약을 세운 사건을 선포하고 "새 언약"에 참여하고 있음을 증명한다. 그리스도인은 주님과 자신들의 언약 관계를 확립하고('수직적' 국면) 그리고 언약 공동체인 교회의 구성원 지위를 확립하는('수평적' 국면) 방식으로 새 언약에 참여함으로써 새 언약의 복을 누린다. 그러나 나중에 바울은 이처럼 언약을 지시하는 "잔"을 마시는 것이 또한 심판을 낳을 수 있다는 사실도 증명한다(11:27–29). 따라서 이것은 새 언약 식사에도 이중의 비준이 나타나 있음을 보여준다.

10:17 떡이 하나요 많은 우리가 한 몸이니 이는 우리가 다 한 떡에 참여함이라(ὅτι εἷς ἄρτος, ἓν σῶμα οἱ πολλοί ἐσμεν, οἱ γὰρ πάντες ἐκ τοῦ ἑνὸς ἄρτου μετέχομεν). 그리스도의 피 흘리심으로 말미암아 형성된 언약의 가장 놀라운 혜택은 그리스도의 공동체가 형성된 것이다. 이것이 정말 중요한 것은 바울이 12장과 14장에서 이 관념에 따라, 그 "몸"을 높이 세우기 위하여 성령의 은사를 적절히 사용해야 한다고 말하기 때문이다. 여기서 그려진 그림은 사람들이 '참여할'(μετέχω) 수 있도록 분배를 위해 떼어진 떡 한 조각(εἷς ἄρτος)이 그리스도께 속해 있고 그리스도께 부르심 받은 한 백성의 연합을 보여주는 그림이다. "많은" 자(οἱ πολλοί)가 실제로 "한 몸"(ἓν σῶμα)으로 계시된다. 따라서 이 식사는 고린도 교회에서 일어난 분쟁과 반대된다. 다시 말해 고린도 교인은 주의 만찬에서 함께 먹는 식사가 언약의 주에 대한 교회의 헌신을 함축한다는 사실을 깨닫지 못했다. 주의 만찬은 단순한 식사가 아니다. 그 식사를 할 때마다 하나님의 백성은 '주가 오실 때까지 그분의 죽음을 선포한다.' 말하자면 그들은 그 식사를 통해 한 몸으로서 주의 죽음으로 말미암아 세워진 주님과의 언약 관계에 대한 지속적 헌신을 선포한다. 바울은 여기서 고린도 교회의 분열을 직접 언급하지 않지만, 그의 진술은 확실히 분열 문제를 간접적으로 제시한다. 하나님께 속한 백성 사이의 분열은 언약 공동체를 파괴하는 일이다.

10:18 육신을 따라 난 이스라엘을 보라 제물을 먹는 자들이 제단에 참여하는 자들이 아니냐(βλέπετε τὸν Ἰσραὴλ κατὰ σάρκα· οὐχ οἱ ἐσθίοντες τὰς θυσίας κοινωνοὶ τοῦ θυσιαστηρίου εἰσίν;). 주의 만찬에서는 하나님과 맺은 언약에 대한 참여가 확인된다. 그러나 지금 바울은 이스라엘이 보여준 부정적 본보기를 통해 자신의 논증을 재개한다. 바울은 또 하나의 수사적 질문으로 제물을 먹는 자는 제단에서 "[언약에] 참여하는 자들"(κοινωνοί)이라고 주장한다. 바울은 광야 세대의 이스라엘 자손이 (귀신에게 바쳐진 제물을 먹고) 귀신과 교제했다고 본다. 바울은 여전히 7절에 언급된 금송아지 사건과 식사를 염두에 둔 것으로 보인다. 또다시 광야 세대가 부정적 본보기로 제공된다. 바울이 고린도 교인에게서 보는 것과 직접 평행되는 것은 광야 세대가 이교 제사 식사에 참여한 것이었고, 이것 때문에 바울은 20절에서 다음과 같이 결론 맺는다. "나는 너희가(강조 표현) 귀신과 교제하는 자가 되기를 원하지 아니하노라."

바울이 이스라엘 자손과 우상들 사이에 확립되었다고 믿는 "참여" 형태에 따르면, 이스라엘 자손이 신의 식사(theophagy)에 가담했거나 모종의 '성례전'을 통해 귀신과 결합되었음을 암시하는 내용은 없다. 오히려 그 식사에서 이스라엘 자손은 제사를 드렸고(예를 들어, 번제와 화목제, 출 32:6), 그 제사에서 자신들이 만든 신 앞에서 먹고 마시고 '뛰놀았다.' 사실 이것은 그들이 참된 언약의 주이신 "여호와 앞에서" 제물을 먹으며 해야 했던 일이다(참고. 출 29장). 그러나 이것은 여호와를 철저히 배반하는 일이었다. 그 결과 백성은 진멸당하고, 새로운 "큰 나라"가 형성되었다(출 32:10).

특히 미국에서는 복음주의 교회의 용어 가운데 '제단'이라는 단어가 성찬 식탁을 가리키는 말이 되었다. 그러므로 티슬턴이 지적하는 것처럼, 여기서 중요한 것은 제물이므로 "제물을 바치는 제단"에 관해 말하는 것은 중요하다. 또한 그것은 이 헬라어 단어("제단")가 바울이 방금 사용한 "제물"이라는 단어를 기반으로 한다는 사실(θυσίας…τοῦ θυσιαστηρίου)을 분명히 설명해준다.[21] 고린도 교인은 광야 세대가 이교 축제에 참여했을 때 어떤 일이 벌어졌는지 '숙고하라'는 요구를 받는다(여기서 βλέπετε라는 단어는 비유적으로 '숙고하다'라는 의미로 사용된다). 여기서 바울의 요점은 믿는 그리스도인이 주의 만찬에서 언약에 따라 주님과 연계되는 것처럼, 고린도 교인이 언약에 따라 우상과 결탁하게 되었다는 것이다.

어떤 주석가는 이것이 과거에서 이끌어낸 부정적 본보기인지, 또는 바울이 일반적으로 하나님이 정하신 대로 이스라엘 자손의 제사가 실제로 하나님께 참여하고 헌신하는 것을 함축한다는 사실을 단순히 가리키는 것인지 질문을 제기했다. 이 견해에 따르면, 여기서 현재 시제 동사들(ἐσθίοντες…εἰσίν)에 상당한 비중을 두게 되고, 그것은 예루살렘 성전에서 유대인들이 행하는 당대의 관습을 가리키는 것으로 언급된다.[22] 그러므로 "육신을 따라 난 이스라엘"(유대인)과 "영을 따라 난 이스라엘"(그리스도인)이 암묵적으로 대조된다.[23] 따라서 바울은 이 구절들에서 세 가지 식사를 제시한다고 여겨진다. 첫 번째로 주의 만찬이 있다(16-17절). 두 번째로 바울이 이스라엘에 규정된 경건한 제사에서 이끌어낸 교훈을 제시하는 또 다른 좋은 사례가 있다. 그리고 세 번째로 20절의 이교 제사 식사가 있다. 그러나 바울이 이스라엘 자손의 광야 세대로부터 18절의 식사를 이끌어낸 또 하나의 부정적 본보기로 취한다고 볼 충분한 이유가 있다. 첫째, "육신을 따라"(κατὰ σάρκα)라는 말은 단순히 사람들의 역사적 혈육을 가리킬 수 있지만(롬 4:1; 9:5; 11:14; 참고. 고후 5:16), 또한 바울이 종교적 의미로 부정적 용법으로 사용할 수 있다(참고. 롬 8:5). 확실히 고린도전서 3:3에서 "육신"(σαρκικός)을 이렇게 부정적 의미로 사용했다. 10장에서 이스라엘은 일관되게 부정적인 본보기로 사용되었다. 아직도 배워야 할 교훈이 있다. "육신에 속한" 이스라엘 백성은 여전히 경고의 대상으로 서 있다. 둘째, 이 관점에 따르면 19절도 이해된다. 바울은 18절과 19-20절 사이를 부자연스럽게 비약하지 않고, 자연스럽게 우상 숭배적인 이교 제사 식사에서 이스라엘 자손이 보여준 충성에 대하여 생각하고 있다. 그래서 바울은 우상의 본질에 관해 묻는다. 셋째, 20절과 22절에서 인유하는 신명기 32장의 원래 문맥은 죄를 지은 이스라엘을 다룬다. 신명기 32:17에서 "그들은 하나님께 제사하지 아니하고 귀신들에게 하였으니"라고 말할 때 언급하는 대상이 이스라엘 자손(NRSV)이라는 점을 주목하는 것이 중요하다. 넷째, 마지막으로 여기서 취한 관점은 20절에 다른 주제를 가져올 필요가 없게 한다. 그런데 20절에서 실제로 단순히 3인칭 복수형 주어로 되어 있기 때문에 대부분의 번역은 '그들이 제사하는 것은…'이라는 어구에 "이방인" 또는 '이교도'라는 말을 추가한다.[24]

10:19-20 그런즉 내가 무엇을 말하느냐 우상의 제물은 무엇이며 우상은 무엇이냐 무릇 이방인이 제사하는 것은 귀신에게 하는 것이요 하나님께 제사하는 것이 아니니 나는 너희가 귀신과 교제하는 자가 되기를 원하지 아니하노라(τί οὖν φημι; ὅτι εἰδωλόθυτόν τί ἐστιν; ἢ ὅτι εἴδωλόν τί ἐστιν; ἀλλ᾽ ὅτι ἃ θύουσιν [τὰ ἔθνη],[25] δαιμονίοις καὶ οὐ θεῷ θύουσιν, οὐ

21. Thiselton, *1 Corinthians*, 772.
22. 원리상, 이 현재 시제 동사들은 격언 용법으로 보인다. 그들이 "앉아서 먹고 마시며 일어나서 뛰놀았던" 이스라엘의 모습을 숙고하라고 요구받을 때 (수사적 질문을 통해) 이런 일을 행하는 자는 사실 제단에 참여하는 자라고 주장할 수 있다. 이것은 보편적 진리이자 시대를 초월하는 사실로, 엄밀히 바울이 전하고 싶어 하는 요점이다.
23. Ciampa, Rosner 공저, *First Corinthians*, 477-78은 이것을 찬성한다.
24. 다음 각주를 보라.
25. 20절은 주어가 없는 문제점이 오래전부터 지적되었다. 그러나 "이방인"(민족들, τὰ ἔθνη)을 주어로 포함하는 것에 대한 본문의 증거

θέλω δὲ ὑμᾶς κοινωνοὺς τῶν δαιμονίων γίνεσθαι). 따라서 19절은 바울이 펼치는 논증의 전개를 완전히 그리고 자연스럽게 따른다. 바울은 다른 수사적 질문을 통해 자신의 생각을 요약한다. 곧, 이교 제사 식사는 귀신들에 대한 숭배와 충성을 낳는다. 첫째, 바울은 자신이 전하는 말에 따라올 수 있는 오해를 처리해야 한다. 우상의 제물(θυσία, 18절)에 참여하는 것은 그 제물로 언약에 대한 참여가 이루어지는 것이므로 축제에서 특정 음식(εἰδωλόθυτος)을 먹는 것이 참여(κοινωνία)를 일으키는 것인지 또는 이 참여가 우상(신)이 그 제물에 있기 때문에 이루어지는 것인지 묻는 것이 논리적이다. 다시 말하면 '신들'이 축제에 임하는가 하는 것이다. 이 두 질문에 대한 바울의 대답은 '아니다'이다. 이스라엘이 이교 제사에 어떻게 참여했는지에 대한 문제의 답변은 제사 음식의 특수한 본질에 있는 것도 아니고, 음식 속에 우상이 실재하는 것에 있는 것도 아니다. 오히려 '참여'는 이교 예배에 가담하는 것에서 일어난다. 윌리스는 그것을 이렇게 표현했다. "사람은 자기가 섬기는 대상으로 자신의 주인을 드러내는 것처럼(롬 6:16 이하), 그가 참여하는 예배로 충성을 증명한다."[26]

따라서 20절은 19절의 질문에 대한 답변이다. "무릇 이방인이 제사하는 것은 귀신에게 하는 것이요 하나님께 제사하는 것이 아니니[라고 나는 말한다]." 바울이 신명기 32:17(LXX)을 인용할 때 신명기 32장에 의존하는 것이 명확해진다. '모세의 노래'는 구약성경에서 하나님의 언약 백성을 향한 신실하심에도 그들이 다른 신들("귀신들")을 숭배함으로써 하나님을 거역한 것을 가장 명확하게 묘사하는 한 기사를 제공한다. 여기서 이 본문의 일부(신 32:5 이하와 15-18절)를 인용하는 것이 좋겠다.

> 그들이 여호와[4절. 반석(LXX, θεὸς πιστός); 참고. 고전 10:13]를 향하여 악을 행하니 하나님의 자녀가 아니요…여호와의 분깃은 자기 백성이라 야곱은 그가 택하신 기업이로다…여호와께서 홀로 그를 인도하셨고 그와 함께 한 다른 신이 없었도다…네가 살찌고 비대하고 윤택하매 자기를 지으신 하나님을 버리고 자기를 구원하신 반석을 업신여겼도다 그들이 다른 신으로 그의 질투를 일으키며 가증한 것으로 그의 진노를 격발하였도다 그들은 신들에게(LXX, 그리고 하나님께) 제사하지 아니하고 귀신들에게 하였으니 곧 그들이 알지 못하던 신들…이로다 너를 낳은 반석을 네가 상관하지 아니하고(신 32:5-18, ESV).

이 원래 문맥을 확인해보면, 여기서 이 본문(신 32:5-18)이 바울에게 특별히 중요한 자료인 것이 분명하다. 8-10장에서 바울은 자신의 전체 논증을 탁월하게 요약한 내용을 효과적으로 제시한다. 이스라엘 자손이 "반석을 상관하지 아니한"(신 32:18) 것은 그들이 주제넘게 하나님의 선물에 의존하여 교만해졌기 때문이다. 이로 인해 귀신들의 본성에 따라 소위 다른 주와 신들을 숭배하는 결과가 빚어졌다(참고. 고전 8:5). 바울은 고린도 교인이 "육신을 따라 난" 이스라엘과 같은 방식으로 행했고, 그로써 다른 주들에 대한 충성을 드러내는 일에 가담했다고 믿었다. 따라서 이것이 고린도 교인에게 주

는 결정적이지 못하다(개역개정은 "이방인"이라는 말을 주어로 넣어 번역함-역주). 주로 알렉산드리아 사본들에 그 말이 들어 있다($\mathfrak{P}^{46vid}$, ℵ, A, C, P, Ψ, 33^{vid}, 81 등). B, D, F, G, Ambst 사본에는 그 말이 빠져 있고, Tischendorf는 그 말을 "예로부터 전해진 주해"(ancient gloss)로 보았다. 더 어려운 이문은 주어를 생략하는데, 아마 그것이 받아들여져야 할 이문일 것이다. 내가 이스라엘을 주어로 여기는 다른 이유와 함께, 이것이 τὰ ἔθνη는 주해라는 견해를 확실히 밝힌다. Constantin von Tischendorf, *Novum Testamentum Graece* (Lipsiae: Tauchnitz, 1904), 518을 보라. 또한 G. Zuntz, *The Text of the Epistles: A Disquisition upon the Corpus Paulinum* (London: Oxford University Press, 1953), 102; Metzger, *Textual Commentary*, 494도 보라.

26. Willis, *Idol Meat in Corinth*, 192.

는 바울의 메시지였다. 이 본문은 '하나님의 자녀'는 절대로 그렇게 하지 않는다는 사실에 주의를 집중한다. 이것이 바울이 '그들 중 다수'가 심판을 받았다고 말했을 때 제시한 요점이다(신 32:5; 고전 10:5). 물론 언약의 주의 신실하심은 그분을 따르는 자에게 그대로 유지된다(그분은 그들의 "반석"이시고 "신실하신 하나님"이시다). 그러나 이 언약 관계를 깨뜨린 이스라엘 자손의 제사는 "신이 아닌 귀신들에게" 한 것이다(신 32:17, ESV). 이것 때문에 여호와는 "질투"를 일으키셨다(신 32:21; 참고. 고전 10:22).

바울은 여기서 성경적 일신론을 강력하게 천명한다. 그러나 바울은 사람이 우상을 숭배할 때 사실은 귀신의 형태로 존재하는 다른 주에 대한 충성을 드러낸다는 점을 인정한다.[27] 음식 자체는 특별한 것이 아니고, 나무나 흙으로 만든 우상도 본질상 어떤 실존이 있는 것이 아니다. 그러나 사람들이 유일하신 참 하나님과 언약의 주께 직접 불순종하여 다른 신들을 숭배하고 그 앞에서 먹을 때 그 식사는 끔찍한 결과를 초래한다. 그들은 사실상 귀신을 숭배한 것이다. 만약 고린도 교인이 이 이교 제사 식사에 내포된 언약의 충성을 심각하게 여기지 않으면, 그로 인해 두려운 위험에 직면하게 될 것이다. 바울이 나중에 다른 형태의 음식을 먹는 것에 관해 간략히 말할 것이므로, 여기서 이 구절들의 전체 논리가 바울이 단순히 우상의 제물을 먹는 문제가 아니라 우상이나 귀신을 숭배하는 문제에 관심을 두었음을 파악하는 것이 중요하다. 따라서 바울은 20d절에서 진심 어린 호소와 함께 결론을 제시하기 시작한다. 바울은 고린도 교인이 "귀신과 교제하는"(κοινωνοὺς τῶν δαιμονίων) 자가 되기를 바라지 않는다. 여기서 바울의 메시지는 이것이다. 일단 귀신과 교제하는 일이 벌어졌다면 다시는 그런 일이 일어나지 않도록 조심하라!

10:21-22 너희가 주의 잔과 귀신의 잔을 겸하여 마시지 못하고 주의 식탁과 귀신의 식탁에 겸하여 참여하지 못하리라 그러면 우리가 주를 노여워하시게 하겠느냐 우리가 주보다 강한 자냐(οὐ δύνασθε ποτήριον κυρίου πίνειν καὶ ποτήριον δαιμονίων· οὐ δύνασθε τραπέζης κυρίου μετέχειν καὶ τραπέζης δαιμονίων. ἢ παραζηλοῦμεν τὸν κύριον; μὴ ἰσχυρότεροι αὐτοῦ ἐσμεν;). 바울은 명확한 단언을 통해 고린도 교인에게 주의 만찬에서 예배한 다음 또한 우상의 제사 식탁(식사)에서 예배할 수 없다고 주장한다. 여기서 관건은 충성이다. 언약의 주님은 자기 백성의 온전하고도 전적인 충성을 요구하신다. 하나님과 돈에 관한 다음과 같은 주님의 말씀에서처럼 여기서도 같은 원리가 작용한다. "집 하인이 두 주인을 섬길 수 없나니 혹 이를 미워하고 저를 사랑하거나 혹 이를 중히 여기고 저를 경히 여길 것임이니라 너희는 하나님과 재물을 겸하여 섬길 수 없느니라"(눅 16:13). 바울이 이방인 식사와 그리스도인 식사를 대조하지 않고 주님과 귀신을 대조하는 것을 눈여겨 보아야 한다. 바울이 "귀신…하나님…귀신(20절)", "주…귀신…주…귀신(21절)"이라는 말을 의도적으로 대립시켜 반복하는 것이 종종 간과된다.

"귀신의 잔"(ποτήριον δαιμονίων)은 아마 16절에서 그리스도인의 축복의 "잔"처럼 언약에 참여하는 것을 강조하는 말일 것이다. "귀신의 식탁"(τράπεζα δαιμονίων)이라는 말을 사용할 때 바울은 7절의 "앉아서 먹고 마시는" 것을 생각했을 수 있다. 그러나 언어 면에서 보면, 말라기 1:7, 12에 의존한다고 말할 수도 있다. 거기서 말

---

27. 바울은 오직 한 하나님이 계신다는 사실을 굳게 믿지만, 하나님을 반대하는 우주적 세력이 있다는 것도 인정한다. 그러나 이 세력은 '없어질 운명에' 있다(고전 2:6). 그리스도 안에서 이 세력은 이미 정복당했다. 그러나 이 세력이 악한 능력으로 저항하는 영역이 있다. 이 영역은 사람들이 참 하나님이 아닌 것을 경배할 때 매우 분명히 확인된다. 그러나 이 영역은 또한 복음이 전파될 때 가시화되고, 아마 에베소서 6:12에 언급된 "하늘에 있는 악의 영들"과 동일한 존재일 것이다.

라기 선지자는 하나님께 제물이 바쳐진 제단을 언급했다.[28] 어떻게 보든 관건은 숭배를 받는 신에게 있다. 귀신은 우상 축제에서 주에 대한 언약의 충성을 주장하는 자의 숭배를 받아서는 안 된다.

21-22절에서 "주"는 그리스도를 가리킨다. 하지만 바울이 4, 9, 16절에서와 달리 여기서는 "그리스도"라는 말을 사용하지 않은 것이 약간 놀랍다. "주"라는 말을 일부러 선택했다고 볼 수 있는 것은, 바울이 여기서 주됨(lordship)의 문제를 강조하고 싶어 했기 때문이다(8:5에서 "신"과 "주" 그리고 8:6에서 "한 하나님"과 "한 주"의 대조를 참고하라). 바울이 여기서 이중 충성은 불가능하다고 주장하기 때문에, 복을 주고 심판할 온전한 권세를 가지신 언약의 주이신 그리스도의 역할이 그의 마음속에 없다고 할 수 없다.

일단 바울이 "주의 잔"과 "주의 식탁"이라는 말에 예배의 모든 내용을 담았다고 이해하면, 바울의 생각이 특정 제사 행위보다 더 폭넓게 미치는 것이 분명해진다. 앞에서 지적했듯이, 바울의 생각은 예배의 대상에 대한 헌신 및 그분과의 일체화에 중점을 둔다. 따라서 22절에서 뒤에서 두 번째로 나오는 수사적 질문이 명확히 이해된다. 다시 말해, 이 수사적 질문은 강력한 단언으로 기능한다. 바울은 사람들이 자신과 다른 논리를 갖기를 바라지 않는다. 주의 이 '질투'(노여움)는 신명기 32:21의 언약의 주의 질투다. 주님을 자극하는 것은 위험하다. 그로 말미암아 5-10절에서 바울이 말한 것과 같은 심판이 있을 것이기 때문이다.

바울은 로마서 10:19, 11:11, 14과 여기서 네 번에 걸쳐 '질투를 불러일으키다'(παραζηλόω)라는 동사를 사용했다. 이 동사는 일반 그리스어 작품에는 나오지 않는 것 같다. 그러나 의심할 것 없이 이 질투는 주의 영예를 유지하기 위한 '열심'(ζῆλος)에서 나온다. 이 열심은 주님을 위한 예배가 아닌 다른 모든 예배에 대해서는 반대로 작용한다. 에스겔서에서는 이 열심이 부부간의 질투로 비유되었다. 이 질투는 진노와 심판을 불러일으켰다(겔 16:38; 23:25; 참고. 고후 11:2).

마지막 수사적 질문 '우리가 그(주)보다 강한 자냐'(μὴ ἰσχυρότεροι αὐτοῦ ἐσμεν)는, 바울이 1인칭 복수형을 사용하여 교회 안에 있는 모든 자에게 그리고 심지어는 자신에게까지 말하기는 해도 아이러니하다.[29] 이 경고는 이런 식사에 연루된 사람들에게 하는 것이지만(8절), 사실 모든 그리스도인에게 하는 것이 틀림없다. "약한" 자는 가담하지 않아도 잘못된 근거에 따라 이교 축제에 휩쓸리기 때문에 거의 '실족할' 위험에 있다. 이런 식으로 바울은 "우상의 제물"을 설명하는 부분의 결론에 도달한다. 그리스도인은 한편으로는 이교 제사 식사를 통해, 다른 한편으로는 주의 만찬을 통해 암시된 언약의 충성을 깨달아야 한다. 우상의 집에서 고기를 먹을 수 있을 정도로 하나님 앞에서 충분히 안전하다고 생각하는 자에게(8:10), 바울은 단호하게 '안 된다! 우상 숭배하는 일을 피하라'고 촉구했다. 따라서 그다음 부분에서 바울은 시장에서 산 고기로 시선을 돌린다(10:25).

---

28. 참고. 겔 44:16, T. Jud. 21:5, T. Levi 8:16. Leonhard Goppelt, "τράπεζα," *TDNT* 8:214는 여기서 성경적 배경을 인정한다. Conzelmann, *1 Corinthians*, 174n47은 이와 반대다.

29. 이 질문은 '더 강한 자'를 언급한다는 점에서 아이러니할 수 있다. 왜냐하면 애당초 지식과 엘리트 의식으로 문제를 일으킨 자가 "강한 자"이기 때문이다. 그러나 전체 공동체가 잘못된 길로 빠지는 위험 속에 처했다. 이로 말미암아 바울은 "걸림돌"에 관해 말했고, 자신을 "약한 자"와 동일시했다.

적용에서의 신학

1. 언약의 주에 대한 헌신

현대 기독교 진영은 그리스도를 언약의 주로 여기는 일을 종종 간과한다. 언약의 주라는 말은, 자기 백성을 보호하고 사랑하며 보살피시는 동시에 그들의 심판자이기도 하신 분을 정확히 묘사한다. 그리스도인은 종종 그리스도를 믿는 믿음을 통해 하나님이 베푸시는 구원의 은혜를 받았다는 감격에 지나치게 사로잡힌 나머지 하나님의 통치와 주 되심을 망각한다. 오직 하나님만이 경배의 대상이어야 하고, 거룩해진 자로 부르심을 받은 하나님의 백성은 하나님의 명령에 복종해야 한다(1:2; 참고. 벧전 1:13-15). 바울은 고린도전서 전체에 걸쳐 그리스도를 주(主)로 일관되게 강조했다(특히 고린도전서 1:1-9을 주목하라). 주의 백성의 우선순위는 주의 우선순위가 되어야 한다. 주의 생각은 주의 백성의 생각이 되어야 한다. 삶의 모든 영역에서 주의 뜻에 우선순위를 두는 것이 자기 백성에 대한 그리스도의 소원이다. 그러나 그것은 또한 그리스도를 따르고 순종하며 섬기는 주의 백성의 소원이어야 한다. 그러므로 그리스도인은 어떤 것을 막론하고 우상을 숭배하는 일을 피하는 것을 삶의 최우선 순위에 두어야 한다. 왜냐하면 그것은 오직 그리스도만을 추구하는 핵심적이고 적극적인 초점의 이면이기 때문이다(참고. 벧전 4:3-5). 고린도전서 10:13은 이런 과정이 하나님의 신실하심에 대한 감사로 가능하다는 점을 이미 지적했다.

그러나 그리스도 안에서 하나님이 생명을 주시는 놀라운 은혜를 빌미로 우상 숭배와 죄를 합리화하고, 심지어는 그런 일을 '별로 심각하지 않은' 것처럼 생각하기가 너무 쉽다. 만약 그리스도인이 하나님이 어떻게 은사를 베풀어주셨는지 주목했다면, 이런 함정에 특히 더 잘 빠져들 수 있다. 그리스도인의 생각은 '나는 하나님이 내 삶에서 역사하시는 것을 본다'에서 '나는 내 죄에도 불구하고 하나님이 내 삶에서 역사하시는 것을 본다. 그러므로 내 죄는 그리 중요한 것이 될 수 없다'로 너무 쉽게 옮겨갈 수 있다. 어쩌면 그것은 죄를 부인하는 문제가 아니라 주에 대한 충성에 관해 죄가 무엇을 드러내는지 깨닫지 못하는 문제다(참고. 롬 6:1-4). 이런 태도는 하나님을 이용하는 것과 같다. 결국 그것은 그분의 사랑에도 불구하고 하나님을 거부하고, 다른 "신"에게 초점을 맞추는 것이다. 우리는 이미 오늘날 세상 속에서 '신들'이 고개를 쳐들고 있는 다양한 현상을 만났다.

복음을 전하고 가르치는 자는 올바르게 이런 '신들'의 죄악(예를 들어, 음행, 물질적 소유, 탐욕, 스포츠, 가정)에 관해 자주 알려주고, 이 죄악이 우리의 삶에 어떻게 작용하고 우리가 얼마나 회개해야 하는지 가르치겠지만, 주에 대한 언약적인 책임이라는 성경 주제의 맥락에서 이것을 제시하는 것이 정말 필수적이다. 특정한 죄가 바울이 이 본문에서 제시하는 배경 속에 놓이지 않고 그리스도인을 통제하는 힘을 가진 것으로 선별될 때, 죄가 그리스도의 주 되심 문제와 분리될 수 있다. 그렇게 되면 "귀신"이 실재하는 영적 배경이 그만큼 더 애매해진다. 따라서 언약을 파괴하는 우상 숭배의 심각한 가능성 역시 그만큼 약화된다. 그리스도의 교회에 속한 일원임을 주장하는 모든 사람은 누구를 또는 무엇을 경배하는지가 그들의 마음을 드러내고, 결국은 주님 앞에서 서거나 넘어지는 그들의 지위를 드러낸다는 사실을 이해하는 것이 중요하다. 우상 숭배를 피하는 것이 관심사가 되면, 그 자체로 사람이 주님을 의존하는지 여부가 불가피하게 드러날 것이다: 이중 충성은 있을 수 없다. 그러나 여기서 강력한 경고의 소리를 들으면, 진실로 주님께 속해 있는 자는 거짓 신들이나 귀신의 활동에 미혹당할 심각한 위험 속에 있기는 하지만 실제로는 성령을 '소유했다'는 사실을 유념해야 한다(고전 3:16; 고후 5:5; 롬 8:14). 그리스도인은 시험과 우상 숭배 그리고 그 배후에 있는 것에 대하여 이 본문과 다른 본문들에서 바울이 하는 경고를 귀담아듣는 것이 중요하다. 그러나 그리스도인은 성령이 보호하시고, 결국은 그들을 보존하시며, 마귀의 통제로부터 건져내시는 분이라는 사실을 인정해야만 한다. '하나님은 신실하시다'(미쁘시다)는 약속을 담은 10:13이 10:14절과 우상 숭배의 위험성을 다루는 부분 앞에 오는 것은 의미심장하다.

2. 한 떡과 한 몸

바울은 11장에서 주의 만찬에 관해 더 많이 말한다. 10장에서 바울이 주의 만찬과의 유비를 통해 이교 제사 식사에 관한 요점을 제시하지만, 바울이 얼마나 언약의 식사에서 계시되는 몸의 연합에 주의를 집중하는지 주목해야 한다. 바울은 논증을 전개할 때 이 식사에 주님의 임재가 있음을 당연하게 여기지만 그가 한 "몸"으로서 주께 속한 백성의 연합을 강조하는 것도 매우 중요하다. 나중에 바울은 "몸"의 은유를 제시한다. 그렇지만 여기서는 식사 자체가 공동체의 주 그리스도에 대한 헌신을 상징한다고 주장한다. 종종 교인들이 주의 만찬, 곧 성찬을 개인이 주님과 맺는 관계에 관한 규례로 보는 경향이 있다. 확실히 그렇기는 하다. 그렇지만 이 본문은 모든 개인이 더 큰 공동체의 일원이라는 사실에 주의를 다시 집중시킨다. 함께 먹고 마시는 것은 교회가 주님을 섬기는 일에서 서로 연합하여 헌신해야 한다는 사실을 의미한다.

언약의 책임이라는 연합적 국면은, 개인주의가 하나의 '신'으로 역할을 하는 사회의 영향을 받은 현대 교회에서 애매해진 또 하나의 가르침이다. 주의 만찬을 중심으로 행해지는 교회의 식탁 교제를 통해 그리스도인은 그 자리에 주님이 영적으로 함께 앉아 계시기 때문에 자신이 '언약에 참여'하는 것과 주님에 대한 책임을 표현한다. 그런데 이렇게 할 때 그리스도인은 서로에 대한 책임과 서로에 대한 보살핌을 표현한다. 여기서 교회는 하나의 전체로서 지체들이 주님을 따르고자 애쓰고 구속을 기뻐함으로써 "한 몸"이라는 사실을 상기하게 된다.

많은 교회에서 한 떡에서 떼어낸 떡 조각을 받고 하나의 큰 잔에서 부어진 것을 마시는 일이 사라졌기 때문에 바울이 여기서 묘사하는 생생한 그림이 얼마간 흐려졌다. 그리스도의 죽음은 단순히 '나를' 그리스도께 이끄는 것으로 그치지 않고, 함께 예배하고 현재 같은 주님 아래 언약의 관계에 묶여 있는 모든 사람에게도 이끌었다. 나는 이 주의 만찬에서 우리가 함께 다른 '신들'을 무시하고 오직 주 그리스도만을 경배하는 사람들이어야 함을 떠올린다. 우리는 함께 예배에 대하여 서로 책임을 진다. 만약 책임을 지지 않는다면 주님이 오셔서 심판하실 것이다. 교회에 대해 주님이 행하실 언약의 심판은 예수님이 요한계시록에서 일곱 교회에 내가 와서 "촛대"를 옮기겠다고 경고하시는 것에 생생하게 묘사되어 있다(계 1:20; 2:5, 16, 22-23; 3:3, 19).

CHAPTER 22

고린도전서 10:23–11:1

문학적 전후 문맥

바울은 우상 숭배적인 식사의 문제점을 언약의 관점에 따라 설명했다. 그리스도인이 주의 만찬에 참여할 때처럼, 우상 숭배의 일부로 종교적 식사가 행해질 때도 충성 문제가 대두된다. 우상의 제물 문제를 다룬 이 주요 부분은 8:1에서 시작한다. 바울은 먼저 "지식 있는 자", 곧 엘리트 교인들이 이 문제를 처리하는 방식을 비판하는 것으로 그들에게 반응했다. 엘리트 교인들은 자신의 "지식"이 공동체 지위를 보장하고, 자신은 그 지식으로 말미암아 어떤 상황에서든 어떤 음식이라도 먹을 수 있다고 주장했다. 바울은 이런 주장에 대해 그들을 따르는 다른 교인들이 결국은 걸려 넘어지고, 그로 인해 심판까지 받게 될 위험성이 있다고 지적한다. 사도로서 바울은 복음의 길에 걸림돌이 되지 않도록 지원받을 자신의 권리를 포기할 준비가 되어 있었다(9장). 10장에서 바울은 8장과 9장의 단락들을 함께 묶어 설명했다. 고린도 교인과 같이 광야 세대의 이스라엘 자손도 하나님께 은사를 받았다. 하지만 이 은사가 언약 공동체 안에서 그들의 안전을 보장하는 것은 아니었다. 이스라엘 자손 가운데 많은 백성이 당시 사회에서 그들을 둘러쌌던 우상 숭배에 빠졌다. 결국 하나님은 "그들의 다수"를 심판하셨다(10:5). 그러므로 고린도 교회 안에서 "선 줄로 생각하는"(10:12) 자는 우상 숭배의 형식을 띠는 식사에 연루되면 자신도 "넘어질" 수 있음을 인정해야 한다. 이 부분(10:23–11:1)에서 바울은 이제 일반적으로 말한다. 하나님께 영광을 돌리고 이웃의 덕을 세우는 것이 (제물로 바쳐진) 음식을 먹는 문제에 접근하는 일반적 범주를 제공한다. 걸림돌에 관한 주제가 32절에서 다시 나타난다. 다른 사람에게 유익이 없으면 먹지 않는 것이 좋다. 9장과의 연계 속에서 바울은 여기서 1인칭 단수형으로 되돌아가 결론을 내리고, 자신이 그리스도를 본받는 것처럼 자기를 본받으라고 권고한다. 바울은 특히 9장에서부터 자신이 어떻게 자기의 유익을 구하지 않고 많은 사람이 구원받기를 바라는지 상기한다.

VI. 공동체 지위와의 관계에서 본 결혼, 독신, 이혼, 과부 생활(7:1-40)

VII. 지위, 지식, 자유 그리고 우상에게 바친 음식(8:1-11:1)

A. 지식과 사랑은 대조적임(8:1-3)

B. '신들'과 '주들'의 실존에 관한 지식(8:4-6)

C. 우상 신전에서 우상 제물을 먹는 것에 관한 지식(8:7-13)

D. 지위와 권리는 복음의 목적에 종속되어야 함(9:1-27)

E. 신령한 은사를 악용하는 이스라엘에 대한 경고(10:1-13)

F. 언약의 충성에 관한 문제(10:14-22)

➡ **G. 오직 이웃의 유익과 하나님의 영광을 구하라(10:23-11:1)**

VIII. 지위, 공적 예배, 자유, 은사(11:2-14:40)

주요 개념

그리스도인은 시장에서 우상의 제물을 팔 때 얼마든지 먹을 수 있고, 어떤 사람의 집에 식사 초대를 받았을 때 그 음식을 먹을 수 있다. 그러나 무엇보다 다른 그리스도인의 유익과 하나님의 영광에 우선순위를 두어야 한다. 9장에서처럼, 가하거나 잘못이 아니라고 다 유익한 것은 아니다. 모든 것이 '덕을 세우는' 것은 아니기 때문이다.

번역

고린도전서 10:23-11:1

23a	인용	**모든 것이 가하나**
b	단언(대조)	**모든 것이 유익한 것은 아니요**
c	인용	**모든 것이 가하나**
d	단언(대조)	**모든 것이 덕을 세우는 것은 아니니**
24a	권고	**누구든지 자기의 유익을 구하지 말고**
b	대조	남의 유익을 구하라
25a	권고	**무릇 시장에서 파는 것은…먹으라**
b	방식	양심을 위하여 묻지 말고
26a	25a절의 성경적 기초	이는 땅과 거기 충만한 것이 주의 것임이라(시 24:1)

절	구분	본문
27a	조건(소선설)	불신자 중 누가 너희를 청할 때에
b	확대	너희가 가고자 하거든
c	권고(귀결절)	**너희 앞에 차려 놓은 것은 무엇이든지…먹으라**
d	방식	양심을 위하여 묻지 말고
28a	조건(조건절)	누가 너희에게…말하거든
b	내용/인용	이것이 제물이라
c	유익	알게 한 자와
d		그 양심을 위하여
e	권고	**먹지 말라**
29a	설명	내가 말한 양심은 너희의 것이 아니요 남의 것이니
b	28c–29a절의 기초	**어찌하여 내 자유가 남의 양심으로 말미암아 판단을 받으리요**
30a	조건	만일 내가 감사함으로 참여하면
b	질문	**어찌하여 내가…비방을 받으리요**
c	원인	감사하는 것에 대하여
31a	25–30절의 요약	그런즉
b	상황	너희가 먹든지
		마시든지
c	상황	무엇을 하든지
d	권고	**다 하나님의 영광을 위하여서 하라**
32a	유익/목록	유대인에게나
b	목록	헬라인에게나
c		하나님의 교회에나
d	권고	**거치는 자가 되지 말고**
33a	비교	나와 같이…모든 사람을 기쁘게 하여
b	방식	모든 일에
c	대조	자신의 유익을 구하지 아니하고
d		많은 사람의 유익을 구하여
e	목적	그들로 구원을 받게 하라
11:1a	비교	내가 그리스도를 본받는 자가 된 것 같이
b	권고	**너희는 나를 본받는 자가 되라**

구조

이 부분(10:23–11:1)의 초점은 다른 그리스도인의 덕을 세우는 것에 있다. 바울은 이 주제를 이미 말했고 또 계속해서 말할 것이다. 이 요점은 이 부분 첫 구절(23절)과 마지막 구절(33절)에서 언급된다. 따라서 두 구절은 인클루지오를 구성한다. 이 포괄적 주제는 바울이 우상의 제물을 먹는 문제를 다루는 부분 전체(8:1–11:1)에서 보이는 관심사다. 10:23–11:1은 다음과 같이 나누어질 수 있다. 23–24절에서 바울은 각자 자기 유익이 아니라 남의 유익을 구해야 한다는 원리를 반복한다. 25–26절에서는 시장에서 파는 고기를 먹도록 허용하고 이에 대한 성경의 지지를 제시한다. 27–29a절에서는 비신자의 집에서 대접한 음식을 먹거나 먹어서는 안 되는 이유를 검토한다. 그리고 이어서 29b–30절에서는 그리스도인이 누리는 자유의 본질을 제시하고, 31–33절에서는 모든 것을 하나님의 영광을 위해 하라고 권고한다. 그런 다음 11:1은 8:1에서 시작된 전체 부분의 결론을 제시한다.

석의적 개요

VII. 지위, 지식, 자유 그리고 우상에게 바친 음식(8:1–11:1)

A. 지식과 사랑은 대조적임(8:1–3)

B. '신들'과 '주들'의 실존에 관한 지식(8:4–6)

C. 우상 신전에서 우상 제물을 먹는 것에 관한 지식(8:7–13)

D. 지위와 권리는 복음의 목적에 종속되어야 함(9:1–27)

E. 신령한 은사를 악용하는 이스라엘에 대한 경고(10:1–13)

F. 언약의 충성에 관한 문제(10:14–22)

➦ **G. 오직 이웃의 유익과 하나님의 영광을 구하라(10:23–11:1)**

1. 먹을 때와 먹지 않을 때(10:23–30)

a. 남의 유익을 구하라(10:23–24)

b. 시장에서 파는 음식은 먹으라(10:25–26)

c. 불신자가 식탁에 차려놓은 음식은 먹으라(10:27)

d. 정당함을 보여주려고 먹지 말라!(10:28–29a)

e. 너희의 자유의 본질을 이해하라(10:29b–30)

2. 다 하나님의 영광을 위해 하라(10:31–11:1)

본문 설명

10:23-24 모든 것이 가하나 모든 것이 유익한 것은 아니요 모든 것이 가하나 모든 것이 덕을 세우는 것은 아니니 누구든지 자기의 유익을 구하지 말고 남의 유익을 구하라(Πάντα ἔξεστιν, ἀλλ' οὐ πάντα συμφέρει. πάντα ἔξεστιν, ἀλλ' οὐ πάντα οἰκοδομεῖ. μηδεὶς τὸ ἑαυτοῦ ζητείτω ἀλλὰ τὸ τοῦ ἑτέρου). 여기서 바울은 고린도 교인이 사용한 속담을 언급하면서, 서로 덕을 세우는 것이 기독교 공동체의 특징이 되어야 한다고 다시 역설한다. 서로 덕을 세우는 것은 무엇이 교회에 "유익"이 될 수 있는지를 재는 척도가 된다. 인용된 고린도 사람의 속담은 6:12에서 이미 등장했다. '모든 것이 가하다'는 진술과 바울이 그 진술을 어떻게 제한하는지는 6:12에 대한 설명을 보라. 바울은 엘리트 교인에게 "지혜로운" 말로 보이는 어구와 속담은 매우 면밀히 검토할 필요가 있음을 증명했다. 첫째, 교회는 전체적으로 이런 지혜가 고린도 교회 안에서 누군가의 구성원 자격이나 교회 안에서 우월한 "영적" 지위를 인증하는 척도가 아니라는 사실을 기억해야 한다(이것은 10:27-29에서 다룬 문제의 일부다). 둘째, 어떤 교인이 "지혜로운" 것으로 생각할 수 있는 것은 다수의 중요한 신학적 '기정 사실'에 비추어 판단되어야 한다. 바울이 고린도전서의 주축을 이루는 13장에서 분명히 하는 것처럼 "사랑"이 기독교 공동체의 지체 자격을 재는 결정적 표지이므로, 바울이 6:12에서처럼 여기서도 이를테면 "지식"의 가치를 공동체에 '유익한지'(συμφέρω) 여부에 따라 검증하는 것은 놀랍지 않다. 이런 검증 방식은 진술이 참되고 경건한 지혜를 드러내는지 여부를 재는 유일하고도 진정한 시금석이다. 바울이 6:12에서 '모든 것이 내게 가하다'라는 속담에 두 번째로 붙이는 단서, 곧 아무도 경건하지 않은 삶의 방식이나 행위에 얽매여서는 안 된다는 말이 10장에서는 반복되지 않는다. 오히려 바울은 단도직입적으로 '누구든지 자기의 유익을 구하지 말라'(μηδεὶς τὸ ἑαυτοῦ ζητείτω)고 명령한다.

여기서 '유익하다'로 번역된 동사(συμφέρω)는 '함께 가져오다'라는 의미를 함축한다. 그러나 문맥이 증명하는 것처럼, 이 동사의 의미는 바울이 고린도전서에서 반복해서 다루는 "덕을 세우는(build up) 것"의 결과다. 이것은 전체 기독교 공동체의 경건하고 신령한 교화를 가능하게 하는 것을 수반한다. 8:1에서 바울은 이것이 사랑이라는 말에 요약되어 있음을 분명히 했다("사랑은 덕을 세우나니"). 사랑이 덕을 세우기 때문에 바울은 6:12과 이 구절에서 성숙한 그리스도인에게 항상 이웃이나 남의(τὸ τοῦ ἑτέρου) 유익을 구하라고 권고하고, 그리스도 안에서와 그분의 교회 안에서 그 사람에게 덕을 세우라고 촉구한다(13:5을 보라, "사랑은 자기의 유익을 구하지 아니하며", οὐ ζητεῖ τὰ ἑαυτῆς).

바울은 '모든 것이 가하다'라는 속담을 제한하지만, 사실은 그 속담에 동조했다는 주장이 종종 제기된다. 하지만 이러한 견해는 여기서와 6장에서 바울이 펼치는 논증의 의미를 오해한 것이다.[1] 21절에서 "(너희가)…못하리라"(οὐ δύνασθε)는 말의 취지로 보면, 이 속담이 절대적 진술로 받아들여질 수 없음이 이미 증명되었다.[2] 확실히 23-24절에서 곧바로 확인되는 이 속담의 단서는 이 속담을 완전히 무익한 말로 여겨도 될 만큼 매우 강력했다. 그러나 사실상 바울이 고린도 교인 가운데 강한 자가 한 말에 동조했다고 보는 가정은, 이 부분을 해석하는 데 큰 영향을 미쳤다. 그 결과 바울이 여기서 "강

1. Willis, *Idol Meat in Corinth*, 224n1.
2. 여기서 바울이 하는 말에 대해 완전히 불필요한 추론이나 오해를 보여주는 Senft, *Première Épître de Saint Paul aux Corinthiens*, 136은 10:23의 속담이 이제는 그 주제가 21절과 조화될 수 없음을 입증하는 증거라고 본다.

한" 자를 향해 우상의 제물을 먹는 것에 대해 약한 자가 보인 태도를 말한 것으로 여겨진다.[3] 그러나 사실 바울은 이 속담을 단순히 자신의 검증을 통과하지 못하는 말로 본다. 바울은 이 속담에 동조할 수 없었다.

'덕을 세우는 것'('높이 세움', building up)의 주제는 이 부분 전체를 뒷받침하고 있으나, 특히 8:1과 8:10(참고. 3:9)에서 바울이 제시한 논증의 바탕이 되었다. 8:10에서 바울은 일부 고린도 교인이 우상의 집에서 음식을 먹도록 이끌어 약한 자를 '높이 세우는'(building up) 일을 염려했다. 바울은 이런 일이 얼마나 잘못되고 악한지 증명했다. 이런 일은 그리스도인을 '서도록' '높이 세우는' 것이 아니라(10:12) '걸려 넘어지고' '실족하도록' 만들었다(8:13; 10:12). 다른 사람을 '높이 세우는'(다른 사람의 덕을 세우는) 일의 반대는 "형제[와 자매]에게 죄를 짓는" 일이다(8:12). 14장에서 바울은 공동체의 '덕을 세우는 일'이 어떻게 이루어져야 하는지 더 깊이 증명한다. 바울은 하나님의 은사가 엘리트 교인들에게 기능하는 방식이 아니라, 공동체 안에서 실제로 어떻게 기능해야 하는지 논증하는 문맥에서 그렇게 한다(14:3–6). 여기서 바울이 제기하는 문제는 엘리트 교인들처럼 그 행동이 가져올 영적, 공동체적 결과를 고려하지 않고 우상의 제물을 먹는 자에게 있다. 24절의 헬라어 본문을 문자적으로 번역하면 '누구든지 자기의 것을 구하지 말고 남의 것을 구하라'다. 앞 구절(23절)을 고려하면, 이 단축 구문의 의미는 분명하다. 그래서 이 책은 "유익"이라는 말을 넣어서 번역한다(개역개정도 동일하게 번역–역주).

10:25–27 무릇 시장에서 파는 것은 양심을 위하여 묻지 말고 먹으라 이는 땅과 거기 충만한 것이 주의 것임이라 불신자 중 누가 너희를 청할 때에 너희가 가고자 하거든 너희 앞에 차려 놓은 것은 무엇이든지 양심을 위하여 묻지 말고 먹으라 (Πᾶν τὸ ἐν μακέλλῳ πωλούμενον ἐσθίετε μηδὲν ἀνακρίνοντες διὰ τὴν συνείδησιν, τοῦ κυρίου γὰρ ἡ γῆ καὶ τὸ πλήρωμα αὐτῆς. εἴ τις καλεῖ ὑμᾶς τῶν ἀπίστων καὶ θέλετε πορεύεσθαι, πᾶν τὸ παρατιθέμενον ὑμῖν ἐσθίετε μηδὲν ἀνακρίνοντες διὰ τὴν συνείδησιν). 바울은 문제가 명확히 드러나도록 무대를 다시 설치한다. '이런 행동은 주님과 맺은 그리고 서로가 맺은 언약의 헌신 속에서 하나님의 백성의 덕을 세우는가?' 고린도에서는 시장에서 팔린 많은 음식이 이전에 신전에서 우상의 제물로 바쳐졌을 것이므로 그리스도인에게는 이것이 생생한 실제 문제였다. 만약 이전 구절들에서 바울이 제시한 것만큼 우상 숭배가 심각한 문제라면 그리고 우상의 제물을 먹는 것이 우상 숭배의 중심에 있고 우상과 인격적으로 동일화되는 것이라면, 제물로 바쳐진 곳에서 나와 시장에 팔린 우상의 제물은 어떤가? 바울은 이런 고기와 음식은 먹을 수 있다는 사실을 분명히 한다.

이것은 우상의 제물을 먹는 일에 대해 바울이 진심으로 염려하는 바가 그 음식이 어느 단계에서 우상의 제물로 바쳐진 것일 수 있다는 사실이 아니라, 그 음식을 먹게 된 배경이라는 점을 추가로 암시한다. 우상의 집, 곧 신전 안에서 음식을 먹게 되면(8:10), 먹는 일이 우상 숭배의 일부가 되므로 먹는 자는 우상 숭배에 휩쓸리게 된다. 그래서 바울은 이번 장(10장) 앞부분에서 그 결과에 대해 언급했다. 제사의 일부로 음식을 먹는 것이 아니라 단순히 비종교적인 배경에서 음식을 먹는 것은 우려할 것이 하나도 없다. 그리스도인은 이런 음식을 얼마든지 먹을 수 있다. 바울은 원리적으로 자신이 우상 고기를 먹을 용의가 있는 신학적 이유를 시편 24:1에 의존하여 제시한다("이는 땅과 거기 충만한 것이 주의 것임이

3. 이렇게 말하는 것으로 다음과 같은 자료가 있다. Weiss, *Der erste Korintherbrief*, 263–64; H. A. W. Meyer, *Critical and Exegetical Handbook to the Epistles to the Corinthians*, Vol. 1 (*First Epistle, Ch. I–XIII*), 공동번역 D. D. Bannerman, W. P. Dickson (T&T Clark: Edinburgh, 1877), 307.

라"). 다시 말하면 제사 음식을 신전 예배의 일부로서 먹는 것이 아닐 때, 먹는 것은 단순히 하나님의 피조물을 누리는 일이다. 이때는 모든 양식을 공급하시는 하나님께 진정으로 감사하는 마음을 품고 먹어야 한다(30절).

27절에서 바울은 또 하나의 비슷한 상황을 고찰한다. 만약 그리스도인이 비신자가 준비한 식사에 초대를 받았다면, 아마 시장에서 사 왔을 음식과 고기를 먹게 될 것이다.[4] 따라서 그 사이에 어떤 상황이 벌어진다. 즉, 음식을 신전 안에서도 아니고 기독교 가정에서도 아니라 비신자 앞에서 먹는 일이 벌어진다. 이런 상황에서도 바울은 원리상 음식을 먹는 것 자체를 반대하지는 않는다. 여기까지는 모든 것이 분명하다.

그러나 또다시 바울은 단서를 붙이는데, 25절과 27절에서 정확히 같은 말로 단서를 붙인다. 이 책은 이 단서를 '자기 의식을 위해 평가하지 말고'(μηδὲν ἀνακρίνοντες διὰ τὴν συνείδησιν)로 번역했다(개역개정에는 "양심을 위하여 묻지 말고"-역주).[5] 이 책이 취하는 견해는, 바울이 이 음식은 먹을 수 있으나 이것이 사람의 공동체 지위나 '자기 의식'을 증명하거나 전달하는 것과 연계된 문제가 되어서는 안 된다는 점을 지적한다는 것이다. 다시 말하면 바울은 "너희가 이 음식을 감사하며 먹을 수 있는 것은 땅과 땅에 충만한 것이 주님의 것이기 때문이다. 하지만 너희 자신이나 다른 어떤 사람의 공동체 지위를 평가하거나 '판단하기' 위해서라면 이 음식을 먹지 말라. 이 음식을 먹는 것이 너희 가운데 신령함을 결정하는 요소가 되지 않도록 하라"고 말하는 것이다. 그렇게 하면 24절에서 바울이 방금 한 말을 위배한다.

이런 이해에 도달하려면, 고린도전서에서 이미 다루어졌고 또 무슨 일이 일어났는지 파악하는 데 빛을 비추어줄 문제로 돌아갈 필요가 있다. 이 문제들은 바울이 여기서 누구에게 말하는지, 또는 바울이 판단하거나 평가하는 일을 행하는 자로 누구를 염두에 둔 것인지의 질문과 관련되어 있다. '평가하다'(묻다, ἀνακρίνω, 25, 27절)라는 말과 '자기 의식'(양심, συνείδησις)이라는 말은 이미 살펴보았고, 고린도전서 전체에서 이 두 단어가 중요하다는 점을 지적했다. 신령한 평가와 분별, 곧 판단에 대한 바울의 설명을 명확히 밝히고자 그가 고린도전서에서 사용하는 다양한 단어를 해설하는 내용은 2:14에 대한 설명을 보라(2:14-15에서 ἀνακρίνω라는 단어가 세 번 사용된다).

고린도 교회 공동체 안에서 행해지던 평가나 판단은 2장에서 지적된 것처럼 분명히 엘리트 교인들에게서 나온 자칭 '신령한 평가'다. 엘리트 교인들은 항상 자기의 유익을 구한다(10:24). 9:3에서 바울은 자기를 '판단하거나' '평가하는'(ἀνακρίνω) 자들에게 변명한다. 고린도전서에 기록된 모든 사실에 비추어 보면, 바울이 언급하는 평가의 형태는 여기서 그가 전하는 말과 아무 상관이 없는 것으로 취급되거나 처리될 수 없다. 강한 자, 곧 "지식 있는" 자는 적절하고도 신령하게 행동할 수 있다고 생각했으나 (2장에서) 바울은 그들이 적절하게 행동하지 못했다고 말했다. "약한 자"가 "지식 있는 자"를 판단했다는 암시는 조금도 없음을 주목하라.

그러나 앞에서 8:7과 8:10을 고찰할 때 이 책은 소위 '약한 양심'은 단순히 공동체와 관련하여 지식이나 자기 의식이 부족한 것을 의미한다고 지적했다. '자기 의식'이 '약한' 자는, 자기 의식이 그들 자신의 행동과 감정에 반영되어 하나님의 백성으로서 마음이 불안한 사람들이었다. 그들의 약함은 도덕적 판단에 있지 않았다. 자기

4. 이런 식사 초대의 본질은 명확하지 않다. 이것이 가족 식사나 신전과 관련된 '식당'에서의 식사였을까, 아니면 "이교 신전에서 제사 후에 식사"였을까?(Willis, *Idol Meat in Corinth*, 235-40). 여기서 "이교 신전에서 제사 후에 이루어지는 식사"는 8장에 비추어 보면 개연성이 없다. 대다수 주석가는 이것을 가족 식사 초대로 본다.

5. '자기 의식'에 관해서는 8:7에서 "심층 연구: '양심'(συνείδησις)의 의미"를 보라. 이 말은 8:10과 8:12에도 나온다. 여기서 이 말을 '자기 의식'으로 번역하는 것은 Thiselton, *1 Corinthians*, 785를 따랐다.

의식의 문제점은 약한 자 속에서 확인되었다. 약한 자에게는 어떤 사람이 우상 숭배에서 빠져나왔을 때 그리스도의 백성 가운데서 그의 지위를 인증하는 것과 관련된 문제가 실제 관심사가 되었다. 이 인증 문제가 약한 자에게 실제 관심사가 된 것은, 엘리트 교인들이 하나님께 은사를 받았으므로 이 안전한 지위가 주어졌다고 주장했기 때문이다. 그리고 이에 대한 증거가 우상의 집에서 우상의 제물로 바쳐진 고기를 먹는 일을 행했을 때 확인되었다. 그러나 바울은 이것이 완전히 잘못된 것임을 증명했다.

바울은 '평가'와 '자기 의식' 같은 문제를 염두에 두었다. 그것을 공동체 앞에서 어떤 사람의 자기 의식을 평가하거나 판단하는 방법으로 이해하지 않는다면, 식사 초대를 받은 자리에서 음식을 먹거나 시장에서 사온 고기를 먹는 것은 괜찮다고 주장한다. 영적으로 온전하거나 '지식'을 과시하려고 하지 않는 한, 이런 음식을 먹는 일은 괜찮다. 따라서 바울은 두 번에 걸쳐 '자기 의식(양심)을 위하여 평가하지(묻지) 말고' 먹으라고 주장한다.

이 절('자기 의식을 위하여 평가하지 말고 먹으라')에 대해서는 견해가 다양하게 엇갈리고, 지금 상세히 검토할 수는 없다. 그러나 대다수 주석가가 여기서 "양심"은 '도덕적 양심'을 의미하고, 유대교에서 기독교로 개종한 "약한" 유대인은 이런 고기를 먹는 일이 가장 큰 문제였다고 추정한다는 점을 주목하는 것이 중요하다.[6] 배럿은 바울이 여기서 강한 자 편에서, "먹기 전에 양심이 매우 철저한 조사를…요구한" 유대교의 입장과 "명확한 단절"을 행하고 있다고 본다.[7] 그러므로 25절과 27절의 진술('자기 의식을 위하여 평가하지 말고 먹으라')은 바울이 "먹는 자나 잠재적인 먹는 자의 양심이 아니라 약한 그리스도인 형제의 양심을 언급함으로써", 자신의 견해를 제한한다.[8] 확실히 유대교 음식 법에 따라 음식을 먹을지를 '검토하는' 일과 가능한 평행관계가 있다. 유대교 음식 법은 먹기 전에 주의 깊게 조사하여 고기의 출처가 어디인지 식별할 것을 요구했다. 그러나 앞에서 주장한 것처럼, "약한 자"에게서 유대교 배경을 찾기는 불가능하다.

어떤 주석가는 바울이 여기서 '강한 자'에게 직접 말한다고 주장한다. 이 견해의 문제점은, 단순히 먹는 것에 대한 '도덕적 양심'이 문제라면, 강한 자는 분명히 이런 양심을 가진 자가 아니라는 점이다. 어쨌든 강한 자는 우상의 집에서 음식을 먹었다. 또 이 견해는 바울이 여기서 소위 '강한 자'와 '약한 자'를 전혀 구분하지 않고 있고, 일반적으로 공동체 전체에 말한다는 갈런드의 주장이 어떻게 옳을 수 있는지 파악하기 어렵게 만든다.[9] 여기서 바울의 신학은 이런 구분에 의존하지 않고, (바울이 자신을 '강한 자'로 본다고 지적한) 일부 교인의 한 가지 문제점은 그들이 항상 이런 고기를 얼마든지 먹을 '권리'와 '자유'를 가졌다고 느꼈다는 점이다. 그들은 그 문제에 대해 (도덕적) "양심"이 없었다. 그들은 "모든 것이 덕을 세우는 것은 아니니라"는 바울의 교훈을 받아들이지 않았다. 사실 바울은, 비록 우상의 제물을 '먹는' 것을 '자기 의식', 곧 "양심"과 함께 말하기는 해도, 그 권리를 제한한다. 바울은 우상의 제물을 먹을 권리를 확대하지 않는다. 바울이 약한 자와 강한 자를 구분한다는 사실은 식사 초대에 관해 변화된 가설적인 상황을 가정하는 28절에서 더 명확해진다.

10:28-29 누가 너희에게 이것이 제물이라 말하거든 알게 한 자와 그 양심을 위하여 먹지 말라 내가 말한 양심은 너희의 것

6. Fee, *1 Corinthians*, 530-32를 참고하라. Fee는 이 음식의 기원을 유대교 관점에 따라 조사한 것이 문제였으나 바울은 여기서 약한 자를 다루는 것보다 이 질문들이 "완전히 양심의 염려 밖에" 놓여 있음을 증명하는 데 더 큰 관심이 있었다고 주장한다.

7. Barrett, *First Corinthians*, 240.

8. C. K. Barrett, *Essays on Paul* (London: SPCK, 1982), 46.

9. Garland, *1 Corinthians*, 490, "이 경우에는 무지가 행복이다."

이 아니요 남의 것이니 어찌하여 내 자유가 남의 양심으로 말미암아 판단을 받으리요(ἐὰν δέ τις ὑμῖν εἴπῃ, Τοῦτο ἱερόθυτόν ἐστιν, μὴ ἐσθίετε δι᾽ ἐκεῖνον τὸν μηνύσαντα καὶ τὴν συνείδησιν–συνείδησιν δὲ λέγω οὐχὶ τὴν ἑαυτοῦ ἀλλὰ τὴν τοῦ ἑτέρου. ἱνατί γὰρ ἡ ἐλευθερία μου κρίνεται ὑπὸ ἄλλης συνειδήσεως;). 이제 바울은 가설적으로, 만약 비신자의 집에서 이전에 우상의 제물로 바쳐진 음식을 먹는 동안 "누가" 음식에 대해 문제를 제기하면, 그리스도인이 어떻게 행동해야 하는지 묻는다. 다시 말해 누가 이 음식의 성격과 출처에 관심을 둔다면, 그것은 이 비신자의 집에서 이런 음식을 먹는 것이 괜찮다는 이전의 권고를 바꾸는가? 이 제3조건문에서 바울은 이것을 가설적 질문으로 제시한다. 27절에서 바울은 제1조건문을 사용했고, 이것은 조건을 사실로 추정한다. 여기서는 바울이 잠재적인 상황을 예견하는 것이므로 애매함이 더 크다.

여기서 해석과 관련해 두 가지 질문이 즉각 대두된다. 정보 제공자, 곧 "누가"(τις)는 누구인가? 또 '그들의' 양심/자기 의식이 어떻게 그리고 왜 영향을 받을 수 있는가? 결국은 본문이 매우 제한적인 정보를 제공한다는 점을 인정하는 것이 중요하다. 그러나 앞에서 전한 내용으로 보면, 먹는 것에 관심을 두는 자는 "지식 있는 자"로 보아야 할 것 같다(8:10에 대한 설명을 참고하라). 대다수의 음식은 제사에서 나온 것이었고, 어느 식사든 모든 참석자가 확실히 이것을 알았을 것이므로, 바울이 언급하는 진술은 단순히 음식이 어디서 나왔는지 이상의 사실을 선언한다. 그 정보는 바울이 분명히 증명하는 '자기 의식'과 관련된 목적을 위해 주어진 것이 틀림없다. 바울이 이 문제로 논쟁을 벌이는 대상은 변함없이 고린도 교인 가운데 강한 자다. 그러므로 여기서 바울은, 종교적 배경이 없는 경우에도, 먹는 것에 갑자기 종교적 중요성이 부여된다면, 먹어서는 안 된다고 말하는 것으로 보인다. 만약 '강한 자'가 마치 "이것을 보라. 우리는 이것을 '지식'에 따라 행하고 있고, 이것으로 우리의 공동체 지위와 안전이 증명된다"라고 말하면서 먹는 사실을 강조한다면, 바울은 그런 음식은 먹어서는 안 된다고 말한다. 이것은 일반적 진술이다. 왜냐하면 바울이 단순히 "약한 자"가 아니라 참석할 수 있는 모든 그리스도인에게 먹어서는 안 된다고 말하는 것이기 때문이다. 이런 상황에서 먹는 것은 정보 제공자의 교만함을 확증할 것이다. 그것은 약한 자의 '자기 의식'에 나쁜 영향을 미치고, 완전히 잘못된 사실에 기반을 둔 그들의 거짓 확신을 가속할 것이다. 바울이 전하는 말을 이렇게 이해하면, 그다음에 나오는 29b절의 수사적 질문이 논리적으로 적합하다. 28절의 상황을 고려하면, 바울은 단순히 다른 이의 자기 의식에 대한 이해를 돕기 위해 먹지 않을 것이다. 바울의 "자유"는 절대로 이런 식으로 '판단받거나' '평가받을' 수 없었다.

명확성을 위해 28–29절은 다음과 같이 의역할 수 있다.

> 만약 불신자와 식사할 때 소위 "지식 있는" 그리스도인 가운데 하나가 우상 고기를 먹는 사실에 주의를 기울이고, 그러므로 이것이 너희의 "자유"를 증명할 좋은 기회라면 너희는 먹어서는 안 된다. 너희는 사람이 자기 의식에 대한 거짓 이해를 조장하고 싶지 않을 것이다. 어찌 자기 의식의 다른(그리고 거짓) 형태가 내가 '자유로운지' 여부를 결정하도록 만들겠는가?[10]

이 의역은 27–29절 전체에 가장 일리가 있는 것처럼 보인다. 하지만 "누가"가 누구인지에 관해서는 다른 많은 견해가 제시되었다. 이러한 견해에는 다양하게 이방

10. Gardner, *Gifts of God*, 178. Bultmann의 비슷한 의역을 참고하라. "다른 어떤 사람도 그의 판단을 내게 강요할 권리가 없다. '어찌하여 내 자유가 (나 자신의 양심이 아니라) 어떤 다른 양심에 의해 결정되겠는가'"(*Theology of the New Testament*, 1:219).

인 주인,[11] 다른 이방인 손님,[12] 식사 자리에 참석한 다른 신자[13] 또는 참석하지 않았더라도 그 식사 초대에 관해 아는 자[14] 등이 포함되어 있다. 그러나 이 정보가 어떻게 이방인 주인에 의해, 아니 심지어는 다른 이방인 손님에 의해 주어졌을지는 상상하기 어렵다. 만약 그때 그리스도인이 고기 먹기를 거절했다면, 그것이 이방인에게 어떻게 도움이 되었을까(28절)? 그리고 왜 이방인이 어떤 말을 하게 될까?[15] 이방인이 먹고 싶지 않은 음식을 먹게 하려는 악한 의도로 그리스도인을 식사에 초대했다고 보는 것은 억지처럼 보인다.[16] 그러나 고든 피의 견해와 같이, 그리스도인은 이런 음식을 먹지 않을 것이라고 가정하는 이방인이 '그리스도인에 대한 도덕적 의무감'에서 그렇게 말했다고 주장하는 것 역시 지나친 상상으로 보인다. 만약 그렇다면, 왜 주인은 처음에 그리스도인을 초대했을까? 또한 이방인의 '고상한' 동기 개념[그리스도인의 '(도덕적?) 양심'을 보호하려는]도 바울이 이방인에 관해 말하는 관점이 거의 아니다. 확실히 이 접근법으로는 29b절을 거의 이해할 수 없다. 지적했듯이 많은 주석가는 정보 제공자가 식사에 참석한 다른 그리스도인으로, 맞서야 했던 도덕적 문제에 주의를 기울이는 자라고 주장하면 이 주석적 문제가 가장 잘 해소된다고 믿는다. 그러나 이것도 여전히 몇 가지 문제가 있다. 그들의 동기는 무엇이었을까? 만약 참석한 그리스도인이 소위 '강한 자' 가운데 하나였다면, 왜 굳이 음식을 언급할까? 확실히 그는 음식에 대해서는 아무 문제를 느끼지 않았을 것이다. 따라서 대다수 주석가가 보는 것처럼, 참석한 그리스도인이 "약한 자"였다면, 즉 이런 일에 대해 민감한 "양심"을 가진 "약한 자"였다면, 왜 이 사람은 처음에 초대를 받아들였을까? 만약 이 그리스도인이 식사 자리에 참석했더라도 어쨌든 고기를 먹지 않을 작정이었다면, 어떻게 그의 양심이나 자기 의식이 상처를 받겠는가? 요약하면 바울이 여기서 (도덕적) "양심"(συνείδησις)에 관해 말한다고 가정하면, 사실상 바울이 여기서 전하는 말을 조금도 만족스럽게 이해할 수 없다.

반면에 바울이 특히 공동체 정체성과 관련하여 '자기 의식'에 대해 말하는 것으로 이해하면, 우리가 확인한 것처럼 바울이 여기서 전하는 말은 일리가 있다. 고린도 교회 엘리트 교인은 당연히 '이것은 우상의 제물로 바쳐진 고기다'라고 말했을 것이다. 엘리트 교인들은 그렇게 말할 때 그 상황에 자기들의 "지식"(γνῶσις)을 적용하여 종교적 요점을 제시했을 것이다.[17] 엘리트 교인들이 비신자 앞에서 이렇게 우상의 제물로 바쳐진 음식을 먹는 것은, 교만하게 그리고 남을 생각하는 마음은 추

---

11. Bultmann, *Theology of the New Testament*, 1:219. 참고. Senft, *Première Épître de Saint Paul aux Corinthiens*, 138; Garland, *1 Corinthians*, 496.

12. J. J. Lias, *The First Epistle to the Corinthians*, Cambridge Bible for Schools (Cambridge: Cambridge University Press, 1881), 103; H. Osborn, "Συνείδησις," *JTS* 32 (1931): 178; Lietzmann, *An Die Korinther I-II*, 53.

13. Meyer, *Epistles to the Corinthians*, 1권, 311; Robertson, Plummer 공저, *First Corinthians*, 221; Barrett, *First Corinthians*, 242. 이 경우 정보 제공자는 통상적으로 약한 그리스도인으로 추정된다.

14. Murphy-O'Connor, *Keys to First Corinthians*, 125는 정보 제공자가 "약한 그리스도인"이었다고 말한다.

15. Garland (*1 Corinthians*, 497)는 일단 이방인 주인이 "이 음식은 신에게 바쳐진 것"이라고 선언했다면, 참석한 그리스도인은 다음 세 가지 근거에 따라 그 음식을 먹는 것을 중단하지 않을 수 없다. 첫째, 그 음식을 먹는 것은 이교 신을 암묵적으로 인정하는 것이다. 따라서 유일하신 참 하나님에 대한 신앙고백을 더럽힐 것이다. 둘째, 그 음식을 먹는 것은 비신자의 우상 숭배적인 믿음을 승인하고 그 믿음을 멀리하지 못할 것이다. 셋째, 그 음식을 먹는 것은 이교 신에 대한 기독교의 비난을 위선으로 보이게 할 것이다. 그러나 이것은 그리스도인이 왜 처음에 그 식사 자리에 갈 수 있다고 느꼈는지 그 이유에 대해서는 사실상 답변하지 못한다! 거의 불가피하게 일부 음식은 우상의 제물에서 나올 수밖에 없었다. 어떤 주인도 그 점을 굳이 말할 필요가 없었다. 어쩌면 그리스도인이 도착해보니 예상과 달리 주인이 매우 심각하게도 종교적 식사를 준비했음을 알고 먹기를 사양한 것으로 볼 수 있다.

16. Chrysostom, *Homilies on First Corinthians*, homily 25.2의 주장이다.

17. 여기서 정보 제공자가 누구인지에 관해 명확한 입장을 취하지 않지만, Garland가 "그런 말을 하는 자는 음식이 종교적으로 중요하다는 점을 이해한다"라고 말하는 것은 옳다(*1 Corinthians*, 496).

호도 없이 안전한 자라는 자기 의식을 증명할 또 한 번의 기회가 되었을 것이다. 마지막으로, 앞에서 지적했듯이, 문제를 이런 식으로 볼 때 거기서 파생되어, 나오는 한 가지 중요한 결과는 그것이 29b절의 '…때문에'(γάρ)라는 말을 일리 있게 만든다는 점이다. 이 부분 전체에 걸쳐 바울은 '사랑은 덕을 세운다'(8:1)라는 핵심 원리를 계속 적용했다. 바울은 약한 자를 걸려 넘어지게 할 수 있는 어떤 상황이나 어떤 이유를 막론하고 아무도 우상의 제물을 먹지 못하게 할 것이다(32절에서 바울의 요약을 보라).

10:30 만일 내가 감사함으로 참여하면 어찌하여 내가 감사하는 것에 대하여 비방을 받으리요(εἰ ἐγὼ χάριτι μετέχω, τί βλασφημοῦμαι ὑπὲρ οὗ ἐγὼ εὐχαριστῶ;). 바울은 이런 음식을 먹는 것이 서로의 덕을 세우지 못하거나 하나님께 영광을 돌리지 못한다면 먹는 것을 거절할 권리가 있다고 주장함으로써 자신의 논증을 계속한다. 그러나 30절도 해석적 문제점을 다양하게 불러일으켰다. 만약 30절을 한 방식으로 읽으면, 바울이 자신이 전한 말을 사실상 안 지키는 것처럼 보일 수 있다. 바울이 먹을 때 감사한다면 누가 어찌하여 바울을 비방하겠는가? 그러나 이 구절이 난해하기는 하지만 29b-30절을 "난외주"로 제쳐놓을 하등의 이유는 없다.[18] 이 마지막 수사적 질문들을, 마치 28-29a절이 단순히 바울이 주된 내용을 중단하고 부차적인 문제를 전하는 것처럼, 27절에서 자연스럽게 흘러나오는 것으로 볼 필요는 절대로 없다. 그렇더라도 30절은 여전히 이해하기 어렵다. 왜냐하면 바울은 앞선 세 장의 많은 부분을 할애하여 남의 덕을 세우고 하나님께 영광을 돌리는 목적에 항상 종속되어야 한다고 주장했기 때문이다. 불트만[19] 및 배럿[20]의 견해와 같이, 바울은 여기서도 계속 우상의 제물을 먹지 않는 입장을 옹호하는 듯 보인다. 바울이나 "누가"[21] 하나님의 은혜로 우상의 제물을 먹는 일에 참여할 때 어느 누가 어떻게 바울을 비방할 수 있겠는가? 다르게 말하면 감사함으로 먹을 자유나 또한 바울이 방금 먹지 않는 것에 관해 말한 자유에 대해 어느 누구도 바울을 비방하거나 욕할 근거가 없다. 9장에서 증명한 것처럼, 어떤 원리를 따른다면 바울은 자유가 동의할 권리뿐만 아니라 거부할 권리도 포함한다고 본다. 8-10장에서 개진한 이 두 중대한 원리가 31-32절에서 요약된다(그리고 이것은 30절과 절대로 분리되어서는 안 된다). 31절에서 바울은 무엇을 하든지 하나님의 영광을 위해 하라는 원리로 돌아가고, 32절에서는 어느 집단에서나 "거치는" 자가 되지 않도록 덕을 세우는 원리로 돌아간다.

10:31 그런즉 너희가 먹든지 마시든지 무엇을 하든지 다 하나님의 영광을 위하여 하라(Εἴτε οὖν ἐσθίετε εἴτε πίνετε εἴτε τι ποιεῖτε, πάντα εἰς δόξαν θεοῦ ποιεῖτε). "그런즉"(οὖν)이라는 말은 강력한 수사적 호소력이 있다. 바울이 이전 구절들에서 말한 내용뿐만 아니라 8:1-11:1의 전체 문맥에서 다룬 내용도 명확하게 요약한다. "무엇을 하든지"(τι ποιεῖτε)라는 말은 생략 어구지만, 아마 사람이 때때로 하나님의 영광을 위해 먹거나 마시지 않기로 할 수 있다는 관념을 가리킬 것이다. 28절과 직접 문맥이 분명히 보여준 것처럼, 앞에서 제시된 이유로 먹거나 마시지 않는 것이 하나님께 영광을 돌리는 일이 될 수 있다. 남의 유익을 생각하는 것 역시 하나님께 영광이 되기 때문이다.

18. Weiss, *Der erste Korintherbrief*, 266.
19. Bultmann (*Theology of the New Testament*, 1:219)은 이렇게 의역한다. "나는 어떤 것을 먹든 감사하며 먹을 자유가 있다…그러나 만일 내가 남의 양심을 배려하여 먹지 않는다면 그것은 내 자유를 포기하는 것이 아니다."
20. Barrett, *First Corinthians*, 243-44. "바울은 여전히 강한 자의 절제를 정당화한다."
21. 30a절의 "내가"라는 말로 보아, "누가"라는 말은 이 음식을 먹는 것에 대해 바울과 입장이 같은 사람들의 대표를 가리킬 것이다.

"하나님께 영광을" 돌리는 일을 다루는 문맥에서 이와 반대되는 것은 '주님의 질투를 불러일으키고(노여움을 사고)', 자신의 행동으로 '자신이 주보다 강하다'(22절)는 것을 드러내는 일임을 주목하는 것이 중요하다. 우상의 제물에 관한 이 긴 부분의 마지막 지점에서 '모든 것이 가하다'는 관념은 분명히 아무 의미 없는 속담으로 여길 정도로 기각되거나 최소한으로 제한되었다. 오히려 하나님의 영광과 하나님 백성의 유익이 항상 최고 목표여야 한다. 물론 이것이 '언약에 참여'(κοινωνία)하는 것의 참된 목표다. 바울은 계속해서 이것이 그리스도를 따르는 것이 가리키는 의미라고 말한다(11:1). 바울이 9:21에서 한 말에 따르면, 이것이 엄밀히 그리스도의 율법 아래에 있는 것이 가리키는 의미다. 자유와 음식과 음료는 하나님의 것이다. 땅은 주님의 것이다. 모든 것은 언약에 대한 헌신을 드러내는 데 사용되어야 하는데, 이는 주님 앞에서 낮아지고 하나님의 백성을 걸려 넘어지게 하는 것이 아니라 덕을 세움으로써 그들을 사랑하는 방식으로 이루어진다.

10:32 유대인에게나 헬라인에게나 하나님의 교회에나 거치는 자가 되지 말고(ἀπρόσκοποι καὶ Ἰουδαίοις γίνεσθε καὶ Ἕλλησιν καὶ τῇ ἐκκλησίᾳ τοῦ θεοῦ). 여기서 바울의 요약이 일반화된다. 9:19-23에서 바울은 자신의 삶에서 이끌어낸 엄밀한 본보기를 제시했다. 바울은 유대인들에게 유대인과 같이 되었다. 헬라인들에게는 헬라인과 같이 되었다. 여기서는 흥미롭게도 "하나님의 교회에나"(καὶ τῇ ἐκκλησίᾳ τοῦ θεοῦ)라는 말을 덧붙인다. 교회에 걸려 넘어지게 하는 자가 되지 말라는 말은 확실히 바울이 전한 말을 다 포함할 것이다. "약한" 자는 거의 걸려 넘어졌다(9:22에 대한 설명을 참고하라). '강한' 자는 우상의 집에서 우상 음식을 먹음으로써 걸려 넘어지게 하는(거치는) 자가 되었다. 그리스도인은 많은 면에서 형제나 자매에게 "걸려 넘어지게 하는" 자가 되어 심판받을 위험 속에 있을 수 있다.

문장 첫 부분의 명령(헬라어 원문은 명령이 맨 앞에 나옴-역주)은 종종 '성나게 하지 말고'(give no offence)로 번역된다. 하지만 현대 관용어인 이 번역은 별로 만족스럽지 못하다. 이 번역은 마치 바울이 단순히 '그들에게 잘하라'고 말하는 것처럼 들린다. 바울은 여기서 그들이 그리스도의 날에 '허물없는'(책망할 것이 없는, blameless) 자가 되는 것을 생각하지 않았다. RSV, NRSV, ESV, NIV는 빌립보서 1:10에서 이 단어(ἀπρόσκοπος)를 그렇게 번역한다. 다이어(Thayer)가 분명히 하는 것처럼, 이 단어의 의미는 거치거나 걸려 넘어지게 하는 관념에 굳게 고정되어 있다. 따라서 "사람이 부딪힐 것이 아무것도 없는", 또는 "걸려 넘어지게 하지 않는"으로 번역될 수 있다.[22] 따라서 NIV는 "아무도 걸려 넘어지게 하지 말라"로 번역한다. 복음의 길에 걸림돌을 두지 않는 것에 대한 바울의 관심은 이 부분 전체에 걸쳐 제시되는 논증의 일부였다. 확실히 걸림돌 주제는 고린도전서 전체 요점 중 하나였다. '걸려 넘어지지 않게 함'(ἀπρόσκοπος)이라는 명사는 바울이 앞서 '걸림돌'을 가리키기 위해 사용한 두 단어(σκάνδαλον/πρόσκομμα)를 떠오르게 한다. 걸림돌 주제는 1:23에서 소개되었다. 거기서는 그리스도가 유대인에게 '걸림돌'(거리끼는 것)이 된다고 말했다. (1:23b에서 '심층 연구: 걸림돌에 관한 주제'를 보라.) 앞에서는 바울이 걸림돌 관념을 사용할 때 십자가에 못 박히신 그리스도를 전하는 것을 시험하는 돌, 곧 믿음의 근본 항목으로 본다고 지적했다. 다른 어떤 것도 십자가에 못 박히신 그리스도를 대체할 수 없는 것은 그것이 사람들에게 즉각 '걸림돌'이 되기 때문이다(1:23에 대한 설명을 보라). 여기서도 바울은 동일한 메시지를 요약한다. '권리'

22. Thayer, *Greek-English Lexcion*, 70. 또한 LSJ("걸려 넘어지지 않는")도 보라.

는 포기될 수 있다. 그러므로 우상의 제물로 바쳐진 음식은 어떤 상황에서는 먹어서는 안 된다. 아무도 그리스도의 복음에 방해가 되어서는 안 되기 때문이다.

10:33 나와 같이 모든 일에 모든 사람을 기쁘게[23] 하여 자신의 유익을 구하지 아니하고 많은 사람의 유익을 구하여 그들로 구원을 받게 하라(καθὼς κἀγὼ πάντα πᾶσιν ἀρέσκω, μὴ ζητῶν τὸ ἐμαυτοῦ σύμφορον ἀλλὰ τὸ τῶν πολλῶν, ἵνα σωθῶσιν). 마지막으로 바울은 한 번 더 자신을 본보기로 제시한다. 바울이 교회 앞에서 살아온 인생은 항상 동료 그리스도인의 영적 유익을 위해 힘씀으로써 그들의 덕을 세우려는 열망에 따라 펼쳐졌다. 신자든 아니든 고린도 교인을 대할 때[24] 바울의 특별한 열망은 언제나 그들이 구원받은 자임을 보증하는 데 있었다(따라서 이 구절은 9:22을 환기한다). 13:5에서 사랑은 '자기의 유익을 구하지 않는'(οὐ ζητεῖ τὰ ἑαυτῆς) 것으로 정의된다. 그리고 바울은 이 진리를 삶을 통해 증명했다. 바울은 자신과 그리스도의 복음 사이에 아무것도 두지 않는다.

11:1 내가 그리스도를 본받는 자가 된 것 같이 너희는 나를 본받는 자가 되라(μιμηταί μου γίνεσθε, καθὼς κἀγὼ Χριστοῦ). 11:1을 11장에 포함하는 전통적 구분은 만족스럽지 않다. 이 구절은 10장에 속해 있다. 그리스도가 아버지께 순종하고 하나님의 백성을 위해 목숨까지 내놓은 종의 대표적인 본보기가 되신다. 그리스도는 사람들의 구원과 그들의 영적 행복에 가장 큰 관심을 두셨다. 그리스도의 생애와 죽음은 그분을 이끈 사랑이 얼마나 깊은지 증명했다. 사도 리더십에는 그리스도의 복음 진리를 가르치는 것뿐만 아니라, 주님을 본받아 복음 진리를 따라 사는 것도 포함되었다. 4:9-13, 16(각 구절에 대한 설명을 보라)과 9장에서 바울은 복음 진리를 따라 사는 몇 가지 방식을 제시했다. 그러나 그 주제는 바울의 삶과 바울 서신 전체에 면면히 흐르고 있다(빌 3:17; 살전 1:6; 살후 3:7, 9). 따라서 여기서 바울의 마지막 명령("너희는 나를 본받는 자가 되라", μιμηταί μου γίνεσθε)은 8:1-11:1에서 바울이 전한 모든 내용을 참으로 적절하게 요약한다.

적용에서의 신학

1. 다른 사람의 눈을 통해 자신을 보는 법을 배움

바울은 10:23에서 6:12에 나온 속담을 반복해서 언급하고, 그 속담에 강력한 단서를 붙이는 것으로 이 부분(10:23-11:1)을 시작했다. "모든 것이 내게 가하나 다 유익한 것이 아니요"[πάντα (μοι) ἔξεστιν ἀλλ' οὐ πάντα συμφέρει]. 8-9장에서 확인했듯이, 바울은 어떤 그리스도인이 가진

23. 여기서 ἀρέσκω라는 단어는 즐거움이나 만족을 준다는 의미가 있다는 점에서 단순히 '기쁘게 하다' 이상의 뜻이 함축되어 있다. 7:32-34에서 이 단어는 그런 식으로 사용된다. 여기서 이 단어가 이어지는 대조 절에 나오는 σύμφορον과 연계되어 있는 것은 바울의 생각이 남의 유익에 자신을 적응시키는 일에 계속 머물러 있음을 암시한다(Thayer, *Greek-English Lexicon*, 72). 따라서 '유익하게 하여'(to benefit)라고 번역할 수 있다. 참고. 롬 15:2.

24. Garland, *1 Corinthians*, 502는 여기서 "많은 사람"은 '교회 안팎에 있는 다수의 사람'을 가리킨다고 올바르게 주장한다.

"권리"를 인정했다. 바울은 이른바 "신"을 위해 제물로 바쳐진 음식의 일부로 우상 고기를 먹을 수 없다고 주장한 다음, 이제 그리스도인이 다른 고기를, 아니 사실은 종교가 아닌 다른 배경에서 우상의 제물로 바쳐진 고기일지라도 먹을 수 있는 자유가 있다고 확언한다. 이런 의미에서 시장에서 팔린 고기는 중립적인 음식이다. 그런 고기를 먹는 것은 자체로 옳거나 그른 것이 아니다. 그러나 다시 한번 바울은 신자의 지배적인 삶의 원리로 되돌아간다. 곧, 그리스도 안에서 사람들의 덕을 세우는 방식으로 행동하라고 명령한다. 여기서 어려움은 이 원리가 타인의 눈으로 자신의 행동을 보는 법을 배우라고 요청하는 것에 있다. 바울의 관심사는 사람들의 '덕을 세우는' 일이었다. 이것은 사람들의 덕을 세우는 데 무엇이 필요한지 알았다는 뜻이다. 그러나 이것은 사람들을 끌어내리는 일이 무엇인지도 알았다는 것을 의미한다. 남의 유익을 구하는 것(10:24)은 어떤 신학적 진리(예를 들어, "땅과 거기 충만한 것이 주의 것임이라")를 주장하는 것 이상이라는 점을 의미한다. 남의 유익을 구하는 것은, 자신의 행동이 잘못 이해되거나 타인을 조종하는 힘의 표현으로 사용될 수 있는지 보고자 자신의 행동이 타인에게 어떻게 인식되는지를 주목하는 것을 의미한다. 이미 9장에서 바울은 전문적으로 자신의 "권리"가 될 수 있는 것을 주장하지 않고, 다른 사람의 덕을 세우기 위해 얼마나 많은 것을 포기할 준비가 되어 있는지 증명했다. 우리의 행동이 사람들에게 영적으로, 정서적으로, 심리적으로 어떻게 영향을 미칠 수 있는지 파악하려면 성숙한 믿음이 필요하고, 바울이 여기서 제시하는 요점도 바로 이것이다. 그리스도인은 다른 사람을 죄를 범하게 만들거나 진리에서 벗어나게 하는 행동을 하지 않도록 조심해야 한다. 어떤 음식을 먹지 않거나(그래서 가능하면 다른 사람의 율법주의를 조장하지 않는 것) 먹기로(그래서 가능하면 다른 사람의 방탕함을 자극하지 않는 것) 결심하는 것은 영적으로 '타인'을 배려하는 것을 함축하는데, 많은 그리스도인이 제대로 실천하지 못한다. 다른 사람들이 우리의 행동에 잘못된 종교적 의미를 부과하기는 정말 쉽다. 우리는 어떤 때는 적극적으로 행할 필요가 있지만, 또 다른 때는 누군가를 그릇된 길로 이끌지 않도록 삼가야 한다. 하나님께 영광을 돌리는 일(31절)은, 다른 사람을 영적으로 깊이 배려하고 그를 위해 행동을 바꿀 준비가 된 것을 포함한다.

2. 피조물에 대한 긍정적 관점

"땅과 거기 충만한 것이 주의 것임이라"는 시편 24:1의 인용문은 바울의 논증에서 거의 스쳐 지나가듯이 등장한다. 그러나 이 인용문은 바울이 자신의 인생에 적용한 깊은 진리를 담았다. 물론 베드로에게 일어났던 일처럼(행 10:14–15), 바울도 시편 24:1이 모든 음식에 적용된다는 것을 배워야 했다. 유대인으로서 바울은 시편 24:1을 음식을 주신 하나님께 감사하는 근거로 삼았다. 그러나 그 음식이 유대교의 음식법에 합당하다는 것을 보증하기 위해 이미 주의 깊게 조사했을 것이다. 그런데 이제 바울은 모든 피조물에 관한 이 일반 원리를 사용하여 그것을 모든 음식에 적용한다(참고. 딤전 4:4). 사람들은 종교적 의미를 부당하게 덧붙이는 것을 포함하여 하나님의 피조물을 다양하게 악용할 수 있지만, 피조물은 전적으로 인간이 누리도록 그리고 그들의 유익을 위해 주어졌다.

오늘날 일부 기독교 진영에는 본질적으로 그리스의 이원론적인 세계관이 그대로 남아 있다. 서양 교육은 이원론적 세계관에 따라 대체로 '종교' 분야가 과학과 완전히 분리되어 있기 때문에, 이런 현상이 몹시 놀랄 일은 아니다. 오늘날 이런 이원론적 세계관을 가진 그리스도인은 물질세계를 대체로 악한 곳, 또는 최소한 자신의 믿음에 부적합한 곳으로 여긴다. 한편 예배와 기도 그리고 다른 '종교적' 활동과 같은 '영적인' 것 또는 "하늘에" 속한 것은 선한 것으로 보는 경향이 있다. 성경적 세계관은 이런 이원론을 정면으로 거부한다. 창조 세계는 비록 부패하고 왜곡된 상태(롬 8:19-22)에 있을지라도 선하고, 하나님이 인간에게 주신 선물로 보아야 한다. 따라서 인간은 창조 세계를 보살피고 지배하며, 창조 세계에 대해 감사해야 한다(창 1:26-30; 시 147:7-20). 이런 성경적 세계관에 따라 바울은 다양한 음식을 먹을 수 있다. 그러나 또한 바울은 세상에 복음을 전할 때 다양한 문화 속에서 적절하게 대처해야 한다. 먹을 것과 마실 것을 비롯하여 하나님의 피조물을 누리는 것은 우리를 위해 피조물을 창조하신 주님께 영광을 돌리는 것이다. 우리는 그리스도인 친구와 비그리스도인 친구를 막론하고 차별 없이 이렇게 할 수 있어야 한다.

이 본문은 간혹 그리스도인이 환경 문제를 의식하고 피조물을 보호하는 활동을 해야 한다는 주장을 지지하는 데 사용되었다. 일반적으로 말해 이런 주장은 창조 기사 자체로 보아 그리고 성경의 많은 본문에 따라 옳을 수 있다. 그러나 이런 주장은 이 특수한 문맥에서 바울이 말한 사실을 너무 멀리 끌고 간다. 바울이 그런 논증을 제시하지만 이어서 곧바로 단서를 붙인다는 사실을 기억하는 것이 좋다. 곧, 먹는 것이 우상을 숭배하는 의식을 포함하는 배경에 있다면 음식을 꼭 먹을 수만은 없다. 요즘 사람들의 사고를 들여다보면, 피조물의 선함에 대한 생각이 왜곡된 사람들이 많다. 예를 들어, 어떤 이는 피조물을 경외심을 품고 대한다. 심지어 오직 하나님께만 드려야 하는 예배를 피조물을 대상으로 행하기도 한다. 따라서 어떤 음식을 먹지 않는 것이 필요할 때가 있는 것처럼, 자연의 '선함'을 믿는 것처럼 보이지만 창조주를 인정하지 않는 종교 생활을 영위하는 다른 사람들과 분리되어야 할 때도 있다.

3. 그리스도를 본받음

하나님께 항상 영광을 돌리는 일을 추구할 때 예수 그리스도는 최고의 본보기로 우뚝 서 계신다. 하나님께 항상 영광을 돌리는 일을 추구할 때 바울은 사람을 "걸려 넘어지게 하는" 문제를 얼마나 심각하게 다루는지 증명했다. 바울은 사람을 걸려 넘어지게 하는 일을 피하고자 자신의 권리를 포기했다. 그는 권리를 포기함으로써 많은 사람이 구원받기를 바란다(10:33). 로마서 15:2-3에서 바울은 "우리 각 사람이 이웃을 기쁘게 하되 선을 이루고 덕을 세우도록 할지니라 그리스도께서도 자기를 기쁘게 하지 아니하셨나니 기록된 바 주를 비방하는 자들의 비방이 내게 미쳤나이다 함과 같으니라"고 말함으로써 이 본받음이 어떤 의미인지에 대해 또 하나의 통찰을 제공한다.

그리스도를 본받은 자신을 본보기로 삼으라는 바울의 권고는 현대인에게 무척 교만하게 들릴 수 있다. 그러나 역설적이게도, 만약 그 말을 바울 자신의 관점에서 이해하면, 그것은 겸손하고 낮아져서 죽기까지 순종할 것을 촉구하는 말이다. 그것은 "그리스도의 마음"을 품고 사는 삶이다(2:16). 바울은 빌립보서 2:4-8에서 이에 관한 내용을 생생하게 묘사한다. 거기서 바울은 먼저 그리스도인에게 남을 돌아보라고 다시 호소한다. 이어서 그리스도가 '자기를 비워 종의 형체를 가지고' 십자가에 죽기까지 복종하심으로써 보여주신 본보기를 제시한다. 바울이 사람들에게 그를 본받으라고 요구하는 것은, 바로 많은 사람의 구속을 위해 교만함과 "권리"를 스스로 내려놓은 모습이다. 바울은 자신의 삶이 완전하다고 주장하지 않았다. 하지만 이것이 바울의 삶의 방식이었고, 그가 모든 그리스도인에게 본받으라고 촉구하시는 분(그리스도)의 삶의 방식이었다.

슬프게도 오늘날 일부 기독교 지도자의 가르침과 그들의 삶의 방식에 괴리가 있는 모습을 특히 언론에서 종종 지적한다. 물론 이것은 교회 역사 전체에 걸친 문제였다. 예수님과 바울과 베드로는 성경의 말씀이나 진리와 일치하지 않는 삶의 위선을 강력히 경고한다(참고. 마 23:13; 갈 2:13; 벧전 2:1). 그러나 그리스도인은 이런 노력이 종종 실패한다 하더라도, 그 실패 때문에 항상 그리스도를 본받되, 성령의 도우심을 받아 그렇게 노력하는 일을 단념해서는 안 된다. 죄와 실패를 기꺼이 인정하는 태도는 넘어질 수밖에 없는 죄인에게 요구되는 겸손함을 증명하는 필수 요소다. 교회 지도자는 아무에게도 '걸려 넘어지게 하는'(거치는) 자가 되지 않도록 특별히 자신의 삶을 복음의 본보기로 제공해야 한다는 사실을 인정해야 한다. 하나님의 백성이 실제로 자신들의 선생이 보인 행실을 '생각하며' 그들을 "본받으라"고 명령받는다는 사실(히 13:7)을 기억하는 일은 가치가 있다. 확실히 이것이 야고보가 "우리가 다 실수가 많은" 점을 인정하는 한편, 그리스도의 교회에서 선생이 되는 것이 엄청난 부담이 따르는 일임을 강조하는 이유다(약 3:1-2).

CHAPTER 23

고린도전서 11:2–16

문학적 전후 문맥

바울은 8:1–11:1에서 우상의 제물을 먹는 문제를 어느 정도 상세히 다루었다. 바울은 8:1–11:1을 통해 온화하지만 단호하게 스스로 "지식"이 있다고 여기고 '교만해진' 일부 고린도 교인을 비판했다(8:1). 우상의 집에서 제물로 바쳐진 음식을 먹는 것은 주님과의 언약을 깨뜨리는 결과를 낳기 때문에 심각한 문제지만, 바울은 또한 모든 적법한 기독교적 행위의 세 가지 원리를 제시했다. 9장에서 바울은 자신의 삶을 통해 어떻게 이 세 가지 원리에 따라 사는지 증명한 다음, 10:31–33에서 이것을 요약한다. 그리스도인은 무엇을 하든지 다 하나님의 영광을 위해 해야 하고, 누구를 막론하고 복음의 길에 "걸림돌"을 두어서는 안 된다. 그리고 자기보다 다른 그리스도인의 유익을 구하거나 덕을 세워야 한다. 이 세 가지 원리를 함께 묶으면 "사랑"이라는 말로 요약할 수 있다. 사실 사랑이 그리스도인의 참된 표지다. 따라서 8:1–11:1은 놀라운 결론을 담은 13장을 예견하는 역할을 한다.

이어서 11:2–14:40은 논쟁을 일으키고 공동체의 연합을 깨뜨리는 다른 특정 문제들을 다룬다. 바울은 이 다른 문제들에 대한 답변이 아무도 "거치는" 자가 되지 않도록 보장하는 하나님의 영광의 관점에 따라 그리고 공동체 안의 다른 사람들의 '덕을 세우는' 관점에 따라 어떻게 제시되어야 하는지를 계속 증명한다. 12장에서 바울은 어느 정도 상세하게 "은사"의 본질을 설명한다. 바울은 큰 은사를 가졌다고 주장하는 자가 "지식"을 사용하는 방식을 비판한 다음, 여기서 하나님의 영에게서 오는 은사의 실제 기능을 긍정적으로 설명한다. 은사는 엘리트 교인들에게 악용될 소지가 있지만, 그렇다고 그것이 은사를 무시해야 한다는 뜻은 아니다. 바울은 은사가 하나님이 의도하신 대로 공동체의 '덕을 세우는' 목적에 사용될 때 공동체에 엄청난 가치를 가졌다고 지적한다. 14장에서 바울은 실제로 예언이나 방언과 같은 은사를 교만을 낳지 않고 남의 덕을 세우는 방식으로 사용하는 법에 관해 말한다. 따라서 13장은 고린도전서 전체, 특히 8:1–14:40의 모든 내용을 요약한다. 영적 성숙의 표지이자 추구해야 할 목표인 사랑 앞에서는 아무리 놀라운 은사일지라도 빛이 바랜다.

이번에 살펴볼 11:2–16에서, 바울은 서로에 대한 배려와 존중과 사랑에 비추어 검토해야 할 "권리" 문제를 다룬다. 그리고 일부 여자가 머리를 가리지 않는 이유가 무엇이든 간에, 9장에서 묘사한 것과 비슷한 방식으로 "자유"나 "권리"로 보일 수 있는 것을 박탈하라고 경고하고, 다른 이를 존중하라는 의미로 권고하는 것 같다. 머리를 가리는 문제는 분명히 남자와 여자의, 아니 어쩌면 주로 결혼한 여자와 남편의 성 구별과 관련되어 있다. 그런데 만약 많은 교인이 교회에서 일어나는 일로 고통을 겪는다면, 여러 가지 이유로 여자는 머리를 가리지 않음으로 자신에게 이목을 집중시키기보다 머리를 가림으로써 다른 사람들의 "덕을 세우고" "유익"을 구해야 한다.

바울은 (결혼한) 여자가 예배에서 머리를 가려야 하는 다섯 가지 논증을 제시한다. 첫 번째로, 바울은 하나님이 그리스도, 남자, 여자와 맺으신 관계 속에서 확인되는 질서에 호소한다. 이어서 두 번째로, 바울은 남자와 여자의 머리 단장에 관한 사회적 규범에 호소한다. 세 번째로, 바울은 창조 기사에서 남자와 여자가 지음 받은 순서에 의지하여 논증한다. 네 번째로, 약간 애매하게 바울은 "천사들로 말미암아"라고 말한다. 마지막 다섯 번째로, 바울은 다른 교회들의 공통 관례에 호소한다. 그런 다음 11:17–32에서 바울은 교회의 공동 예배와 관련된 다른 문제를 제시한다. 거기서 문제는 바울이 제시한 행위의 원리를 심각하게 위반한 또 다른 사례다. 주의 만찬이라는 공동체 활동의 핵심에서 교인 사이에 분열이 일어났다. 즉, 어떤 교인은 엘리트 교인과 같은 방식으로 행동하고, 다른 교인은 거기서 배제되는 일이 벌어졌다.

VII. 지위, 지식, 자유 그리고 우상에게 바친 음식(8:1–11:1)

➦ **VIII. 지위, 공적 예배, 자유, 은사(11:2–14:40)**

A. 공적 예배에서 남편과 아내가 지켜야 할 행위(11:2–16)

B. 주의 만찬에서 교회가 지켜야 할 행위(11:17–34)

C. 신령한 자와 교회 안에서 은사의 기능(12:1–31)

D. 사랑으로 인증받는 신령한 자의 지위(13:1–13)

E. 공적 예배에서 은사의 적절한 기능(14:1–25)

F. 공적 예배에서 모든 행위는 교회의 덕을 세워야 함(14:26–40)

주요 개념

바울은 공적 예배 때 여자가 머리를 가리는 문제를 다루고, 결혼한 여자가 교회의 예배 자리에서 기도하고 예언할 때 자신의 머리인 남편이 수치를 당하지 않도록 남편을 존중하는 의미로 머리에 수건을 써야 한다는 견해를 시시하는 신학적 논증을 제시한다. 그런데 바울은 남편과 아내의 상호 의존성도 강조한다. 여기서 바울이 명하는 관례는 다른 '하나님의 교회'에서도 발견된다.

번역

고린도전서 11:2-16

2a		[이제]
b	기초	너희가 모든 일에 나를 기억하고
c	확대	또 내가 너희에게 전하여 준 대로
d	기초	그 전통을 너희가 지키므로
e	단언	**너희를 칭찬하노라**
3a		그러나
b	단언	**나는 너희가 알기를 원하노니**
c	내용	각 남자의 머리는 그리스도요
d	내용	여자의 머리는 남자요
e	내용	그리스도의 머리는 하나님이시라
4a	단언(주체)	**무릇 남자로서**
b	방식	머리에 무엇을 쓰고
c	묘사	기도나
		예언을 하는 자는
d	단언	**그 머리를 욕되게 하는 것이요**
	대조	[그러나]
5a	단언(주체)	**무릇 여자로서**
b	방식	머리에 쓴 것을 벗고
c	묘사	기도나
		예언을 하는 자는
d	단언	**그 머리를 욕되게 하는 것이니**
	기초	이는 머리를 민 것과 다름이 없음이라
6a		
b	조건(조건절)	만일 여자가 머리를 가리지 않거든
c	권고(귀결절)	**깎을 것이요**
d	대조(조건절)	만일 깎거나 미는 것이 여자에게 부끄러움이 되거든

절	구분	본문	
e	권고(귀결절)	가릴지니라	
7a	기초	남자는 하나님의 형상과 영광이니	
b	단언	그 머리를 마땅히 가리지 않거니와	
c	대조	여자는 남자의 영광이니라	
8a	기초(원천, 소극적)	남자가 여자에게서 난 것이 아니요	
b	원천(적극적)	여자가 남자에게서 났으며	
9a	유익(소극적)	또 남자가 여자를 위하여 지음을 받지 아니하고	
b	유익(적극적)	여자가 남자를 위하여 지음을 받은 것이니	
10a	7c절의 결과	그러므로	
b	단언	여자는…권세 아래에 있는 표를 그 머리 위에 둘지니라	
c	이유	천사들로 말미암아	
11a	대조	그러나	
b	영역	주 안에는	
c	단언	남자 없이 여자만 있지 않고	(A, 여자)
d	대조	여자 없이 남자만 있지 아니하니라	(B, 남자)
12a	기초(원천)	이는 여자가 남자에게서 난 것 같이	(A)
b	연속(원천)	남자도 여자로 말미암아 났음이라	(B)
c	연속(원천)	그리고 모든 것은 하나님에게서 났느니라	
13a	권고	너희는 스스로 판단하라	
b	수사적 질문	여자가 머리를 가리지 않고 하나님께 기도하는 것이 마땅하냐	
14a	확대	만일 남자에게 긴 머리가 있으면 자기에게 부끄러움이 되는 것을	
b	수사적 질문	본성이 너희에게 가르치지 아니하느냐	
15a	대조	만일 여자가 긴 머리가 있으면 자기에게 영광이 되나니	
b	15a절의 기초	긴 머리는 가리는 것을 대신하여 주셨기 때문이니라	
16a	조건	논쟁하려는 생각을 가진 자가 있을지라도	
b	단언	우리에게나	
c	단언	하나님의 모든 교회에는 이런 관례가 없느니라	

구조

바울은 고린도 교인이 자신이 전해준 전통을 지켰다고 말하는 것으로 이 부분을 시작한다(2절).

이 전통에는 의심할 것 없이 전례와 관련된 관습이 포함되었나. "머리" 관계에 관한 신학적 진술은 예배에서 여자가 머리를 가리는 문제에 관한 논란을 소개한다(3절). 4–5절에서 '욕되게 하는 것'의 문제는 바울의 관심사의 성격을 보여준다. "남자"에 대한 언급은 전체적으로 이 주된 문제를 부각하기 위한 수사적 방편으로 작용한다. 이것은 10절에서 "그러므로"(διὰ τοῦτο)라는 말을 사용하고, 13절에서 여자에 관해 수사적 질문을 하는 것으로 분명해진다. 이어서 다양한 신학적 논증이 6–16절에서 제시된다. 이것은 욕됨을 피해야 함을 말해주고, 여자가 공적 예배에서 적절하게 머리를 가릴 필요가 있음을 증명한다.

석의적 개요

VIII. 지위, 공적 예배, 자유, 은사(11:2–14:40)

➦ **A. 공적 예배에서 남편과 아내가 지켜야 할 행위(11:2–16)**

1. 공적 예배에서 남편과 아내의 관계(11:2–3)

2. 부적절하게 머리를 가리는 것은 그 "머리"를 욕되게 함(11:4–16)

a. 남편이 자신의 "머리"를 욕되게 함: 머리를 가리고 기도하거나 예언함(11:4)

b. 아내가 자신의 "머리"를 욕되게 함: 머리를 가리지 않고 기도하거나 예언함(11:5–6)

c. 머리를 가리는 일을 차별화하는 신학적 이유(11:7–16)

본문 설명

11:2 너희가 모든 일에 나를 기억하고 또 내가 너희에게 전하여 준 대로 그 전통을 너희가 지키므로 너희를 칭찬하노라('Επαινῶ δὲ ὑμᾶς ὅτι πάντα μου μέμνησθε καί καθὼς παρέδωκα ὑμῖν τὰς παραδόσεις κατέχετε). 앞에서 언급된 내용과의 연계성이 '이제'(δέ, 개역개정에는 번역되어 있지 않음–역주)라는 시작하는 말에 그리고 이 구절의 내용에 담겨 있다. 바울은 고린도 교인에게 자신이 그리스도를 본받는 자가 된 것같이 자기를 본받는 자가 되라고 촉구하면서 앞 구절을 끝맺었다. 이것은 바울의 말을 듣고 바울을 따를 것을 의미한다. 이제 바울은 고린도 교인이 자기를 기억하고 자신의 가르침을 지킨 것을 '칭찬한다'(ἐπαινέω). 미첼(Mitchell)이 증명한 것처럼, 고린도 교인에게 하는 이 칭찬은 그들의 일부 행위에 대한 바울의 권고와 비판을 받아들이도록 준비하는 역할을 하므로 주도면밀한 바울의 수사의 일환이다.[1] 여기서 바울이 표출하는 감정을 아이러니로 볼 필요는 전혀 없

1. Mitchell, *Rhetoric of Reconciliation*, 260.

다. 그렇다고 고린도 교인에 대한 이 칭찬을 '놀라운 일'로 볼 이유도 없다.[2] 바울은 여전히 고린도 교인을 사랑하는 형제(와 자매)로 부르고(4:14, 17; 10:14; 15:58), 모든 일 속에서 그들의 영적 유익을 구한다. 바울이 고린도 교인에게 적극적으로 도전하고 교훈하지만, 그가 그들과 맺은 관계는 다시 한번 전체적으로 강력하고 건설적인 관계로 확인된다.

바울은 여기서 "전통"(τὰς παραδόσεις)에 관해 말하는데, 이것은 예배에서 남자와 여자의 역할과 관련된 전통이 아니라 일반적인 전통이다. 이 전통에는 예수님에 관한 복음 진리의 가르침뿐만 아니라, 복음 진리에서 나온 기독교의 근본 교리도 포함된다(참고. 15:3). 또 이 전통에는 기독교적 삶의 방식(참고. 살후 3:6)과 공동 예배에 대한 교훈도 포함된다. 여기서 공동 예배에 대한 교훈은 바울이 11:23에서 주의 만찬을 기념하는 방식에 관해 말할 때 직접 제시된다. 데살로니가후서 2:15에서 바울은 말과 편지로 전달된 전통에 관해 다 말한다. 바울은 이런 전통에 관해 말함으로써, 교회 전체에 공통적이고(11:16) 자신이 원래 고린도 교인에게 가르친 관념의 신학적인 지지 근거를 제공하는 것 같다. 바울이 여기서 앞서 가르친 것에서 나온 관례를 바꾸었을 가능성은 전연 없다. 하지만 고린도 교인이 받은 어떤 요소에 대해 질문하기 시작했다고 보는 것은 확실히 가능하다.

많은 주석가가 고린도전서 이 부분에서 바울이 이 문제를 거론하게 된 상황이나 제기된 질문이 무엇인지 상상하는 데 힘쓴다.[3] 바울이 예배에서 여자의 태도에 관한 문제를 거론하는 것은 그 문제에 관한 소식을 들었기 때문인가? 혹은 고린도 교인이 조언해달라고 그에게 편지를 보냈기 때문인가? 아니면 그 문제에 관한 바울의 가르침에 혼란이 있기 때문인가? 이런 본문들 가운데서 우리는 바울의 글을 통해서만 얻은 지식이 전부고, 고린도 교인에게서 나온 인용문이나 그들이 직접 주고받은 글이 없기 때문에, 모든 해석자는 여기서 불가지론자로 남아 있어야 한다. 으레 그런 것처럼, '거울 읽기'(mirror reading)는 항상 문제점을 안고 있다. 고린도 교회 안에서 어떤 일이 일어났는지에 대한 정교한 재구성이 불가능할 이유는 전혀 없다. 그렇더라도 그것은 항상 임시적인 재구성으로 그칠 것이다. 바울이 이런 말을 하게 한 사건이나 질문에 관한 몇 가지 주장은 본문을 설명할 때 검토하겠다.

11:3 그러나 나는 너희가 알기를 원하노니 각 남자의 머리는 그리스도요 여자의 머리는 남자요 그리스도의 머리는 하나님이시라(Θέλω δὲ ὑμᾶς εἰδέναι ὅτι παντὸς ἀνδρὸς ἡ κεφαλὴ ὁ Χριστός ἐστιν, κεφαλὴ δὲ γυναικὸς ὁ ἀνήρ, κεφαλὴ δὲ τοῦ Χριστοῦ ὁ θεός). 바울은 결혼한 여자가 예배에서 차지하는 위치 문제를 다룬다. 그것을 다룰 때 그리스도와 하나님이 연루된 일련의 관계를 먼저 주목한다. '이제'(δέ, 개역개정에는 "그러나"–역주)는 단순한 계속 용법이다. 하지만 때때로 온건한 반의 접속사("그러나")로 번역하기도 한다. '지식'과 '이해' 주제가 반복되는 것이 분명하지만, 지금 바울은 중립적 관점에서 편지를 쓴다. 여기서 "나는 너희가 알기를 원하노니"라는 말에는, "나는 너희가 알지 못하기를 원하지 아니하노니"(10:1; 12:1)라는 강조 요소나 "…을 알지 못하느냐"(3:16; 5:6; 6:2 등)와 같은 아이러니 요소는 담겨 있지 않다. 바울이 공동 예배의 일부 영역에서 벌어지는 남자와 여자의 관계를 해설하는 것으로 보아 전해져온 전통에 대해, 특히 여자가 기도하고 예언할 수 있는지와 관련하여 고린도 교인에게 질문을 받은 것으로 볼 수 있다(5절). 일부 고린도 교인이 여자와 예배에서 여자의 역할에 관한 이런 전통과, "남

2. Fee, *1 Corinthians*, 551은 이와 반대다.
3. 최근에 고린도 교인이 바울에게 물을 수 있는 질문을 가설적으로 상세히 재구성한 두 권의 주석이 나왔다. Hays, *First Corinthians*, 182–83, Ciampa, Rosner 공저, *First Corinthians*, 501–2.

자나 여자나 다 그리스도 예수 안에서 하나"라는 사실을 강조하는 갈라디아서 3:28의 요약적인 가르침이 대립된다고 보았을 가능성도 조금은 있다. 그러나 이에 대한 직접적인 증거는 없고, 이 부분에서 바울의 관심사는 대체로 다른 곳에 있다.

그다음 몇 구절에 나오는 바울의 말은 엄청난 논쟁을 불러일으켰다. 부분적으로 이런 논쟁은 매우 복잡한 바울의 논증이 짧게 단축되어 있기에, 그가 정확히 확언하고 싶은 말이 무엇인지, 또는 만약 있다면 그가 교정하고 싶은 행위가 무엇인지 확실히 알 수 없기 때문에 촉발되었다. 그러나 대체로 이 구절들을 다룬 책들이 나오게 된 것은, 현대 교회의 예배에서 여성의 역할에 관해 종종 논쟁이 격렬하게 벌어졌기 때문이다. 처음에 5절에 나온 바울의 전제는 분명히 여자도 예배의 어떤 분야에, 최소한 기도와 예언하는 일에 참여할 자격이 있다는 것이다. 따라서 바울이 이런 일이 교회에서 일어날 수 있는지가 아니라 어떻게 일어나야 하는지를 말한다는 점을 기억해야 한다. 바울은 여자가 머리를 가리거나 가리지 않고 기도하고 예언해야 하는 문제에 관해 말하기 때문에[4] 예배에서 남자와 여자, 곧 남편과 아내의 관계에 관한 사실도 말한다. 이 난해한 부분 전체에 걸쳐 그리고 예배에서 여성의 역할에 대한 바울의 관점에 관해 어떤 견해를 취하건 상관없이, 일부 주석가가 주장하고 싶어 한 것처럼 이 부분이 성(性)과 관련된 신학을 정당화하는 데 적절히 사용될 가능성은 거의 없을 것 같다.

3절은 두 가지 어려운 해석 문제를 즉각 불러일으킨다. 첫째, 이 문맥에서 통상적으로 "머리"(κεφαλή)로 번역된 단어는 무슨 뜻인가? 둘째, "남자"(ἀνήρ)라는 말은 '남편'으로, "여자"(γυνή)라는 말은 '아내'로 번역되어야 하는가? 두 단어 모두 애매하다. 먼저 두 번째 질문부터 다루어보자.

심층 연구

남자와 여자인가, 아니면 남편과 아내인가?

3c절에서 "남자"가 모든 남자, 또는 최소한 모든 그리스도인 남자를 가리킨다는 사실은 거의 의심할 여지가 없다. 이것은 4절에서도 마찬가지다. 한편 3d절에서 바울은 남자와 여자를 일반적으로 가리킬 수 있다(NIV, AV). 혹은 남편과 아내를 가리킬 수 있는데, 이때 "그의 아내의 머리는 남편이요"라고 번역할 수 있다(NRSV, TEV). 보통은 문맥이 독자의 판단에 도움을 준다. 예를 들어, 에베소서 5:23에서 문맥은 "남편"과 "아내"를 요구한다. 그러나 고린도전서 11:3d에서는 문맥이 별로 도움이 안 된다. 이에 대해 헤이스는 "그 반대에 대한 어떤 표시가 없을 때는…여기서 바울이 지시하는 대상이 결혼을 했든 하지 않았든 공동체에 속한 모든 교인에게 적용된다고 이해하는 것이 낫다. 곧, 여자는 예배에서 머리를 가려야 하고 남자는 머리를 가려서는 안 된다"[5]라고 말한다. 그러나 다른 주석가는 본문 속에 남편과 아내를 염두에 두었음을 암시하는 표시가 얼마간 나타나 있다고 주장한다. 두 단어(ἀνήρ와 γυνή)는 헬라어 본문에서 함께 사용될 때 종종 남편과 아내를 가리킨다(예를 들어, 고전 7:2-16; 엡 5:23; 딛 1:6). 만약 거론된

4. 뒤에 나오는 머리를 가리는 일의 본질에 대한 설명을 보라.

5. Hays, *First Corinthians*, 185. Conzelmann, *1 Corinthians*, 184는 여기서 다루는 문제가 "결혼 문제가 아니고…공동체 문제"라고 주장한다.

문제가 여자가 수건을 쓰는 일(나중에 검토할 문제)을 가리킨다면, 윈터(뒤의 내용을 보라)는 수건을 쓰거나 쓰지 않는 문제가 교회 안에 들어와 논란이 된 것이 결혼한 로마 여자 때문이었다는 주장을 덧붙인다. 나아가 7–9절에서 창세기의 창조 기사에 호소하는 것으로 보아 먼저 결혼한 부부에 대한 언급임을 주목한다. 이것에 비추어 보면, 바울이 결혼한 여자와 그들의 남편을 염두에 두었다는 견해가 타당해 보인다. 이 견해는 바울이 이 본문에서 남녀 전체에 관해 일반적으로 설명한다는 사실도 부정하지 않는다. 마지막으로, 14:35이 11:2–16에서 제기된 것과 같은 문제를 말한다고 추정해서는 안 되지만, 두 본문 사이에 어느 정도 명확한 관계가 존재하고, 14장에서는 거론된 문제가 공동 예배에서 어떤 남편과 아내의 행동과 관련된 것이 분명하다.

심층 연구

"머리"(Κεφαλή)의 의미

전통적으로 "머리"의 의미는 그 말이 3절에서 은유적으로 사용될 때(4절에서는 그 말이 문자적으로 사용됨) 모종의 권위나 계급을 함축하는 것으로 이해되었다. 모든 사전이 "머리"의 이런 은유적 의미를 지지한다. 따라서 "머리"는 "높은 지위의 존재"나 "우월한 등급"을 가리키는 데 사용된다(BDAG). 그러므로 모종의 권위적 관계를 함의하는 것으로 이해된다. 최근에 (κεφαλή에 대해) '원천'이라는 의미가 큰 관심을 끌었다. 물론 '원천'은 주요 사전에서 가능한 의미로 인정받지 못하고 있기는 하다. 하지만 이에 대한 명백한 예외가 LSJ다. 거기 보면 "머리"가 강의 '원천'이나 '상류'를 가리키는 것처럼 물리적 대상과 함께 문자적 의미가 있다고 말한다. 그러나 이 사전의 정의는 은유적 용법으로 취해지는 용례를 제공하지 않는다. 오히려 이 용법에서 "머리"는 간혹, 아니 사실은 드물게 문자적으로 어떤 대상의 '마지막 지점' 또는 '맨 끝'을 가리키는 또 하나의 사례다.

(κεφαλή에 대해) '원천'이라는 의미가 일부 현대 작품 속에서 두드러지게 주목받은 것은, 이 용법과 다른 신약성경 용법들에서 통상적으로 추정되는 것과 같은 '권위'나 계급의 의미를 함축하지 않는 방법을 제공하기 때문이다. 이론상 '원천'은 거기서 파생된 권위나 통제 관념과 상관없이 어떤 것이 다른 것에서 나온다고 말하는 것처럼 중립적일 수 있다. 특히 성 문제에 있어 권위 구조를 크게 의심하는 현대 세계에서, 만약 이 의미가 구현될 수 있다면 바울의 남성 우월주의에 담긴 일부 문제는 사라질 것이다. '원천'이라는 의미를 옹호하는 원래 주장은 스티븐 비데일(Stephen Bedale)의 논문[6]에서 시작된 것으로 보인다. 이후로 많은 학자가 비데일의 논문으로부터 그가 쓴 결론과 아주 다른 결론을 이끌어냈다.[7] 비데

6. Stephen Bedale, "The Meaning of κεφαλή in the Pauline Epistles," *JTS* 5 (1954): 211–16, 특히 215.

7. 예컨대 Bruce, *1 and 2 Corinthians*, 103은 이 단어가 "원천"을 의미하는 것으로 보고, Barrett, *First Corinthians*, 248에서 그러는 것과 같이 Bedale의 결론을 자신의 증거로 제시한다. Barrett도 Herodotus의 작품에서 그리고 제우스에 관해 "첫 번째도 제우스, 중간도 제우스 그리고 제우스로부터 모든 것이 완결된다"라고 말하는 오르페우스 단편에서, 이 단어가 강의 원천을 가리키는 의미로 나타나는 다수의 용

일의 짧은 논문에서 주장되는 많은 내용이 강력하고 설득력 있는 비판에 부쳐졌지만, 그가 11:3에 관해 실제로 내린 결론을 여기서 주목할 필요가 있다.

> 말하자면 남자는 상대적으로(sic) 여자의 ἀρχή(시작)라는 의미에서 κεφαλή(머리)다. 그리고 사도 바울의 관점에 따르면, 여성은 결과적으로 '종속된다'…그러나 바울이 인간관계 속에서 찾아내는 이 종속 원리는 창조 질서에 의존하고, 그리스도의 '아들 자격'을 포함한다…κεφαλή라는 단어는…의심할 것 없이 '권위'의 관념을 담고 있지만, 사회관계 속에서 이 권위는 존재 질서 속에서 상대적 우선권(단순히 시간적인 것이 아니라 원인적인)으로부터 나온다.[8]

이러한 논증을 받아들이든 그러지 않든 간에, 비데일은 자신의 해석이 이 단어에서 '권위'라는 은유적 의미를 제거한다는 사실을 조금도 암시하지 않았다. 비데일의 논문이 일부 진영에서 매우 유명해졌다는 사실을 생각하면, 11:3에 대한 그의 실제 주석이 별로 언급되지 않는 것은 이상하다.[9]

그러나 '원천'이 "머리"의 의미일 수 있다고 보는 견해가 최근에는 무너졌다. 웨인 그루뎀이 1985년에 쓴 논문은 "머리"라는 단어가 헬라어 문헌에서 사용된 2,336번의 용례를 검토하고, 그 단어는 절대 '원천'을 의미하지 않는다고 결론을 내렸다.[10] 이 논문은 다양한 반응을 불러일으켰고, 여기에는 이후 발행된 같은 잡지에 실린 리처드 세르빈(Richard Cervin)의 직접적 반응도 포함되었다.[11] 세르빈은 그루뎀의 사례를 검토하고 이렇게 결론을 내린다. "바울은 서신들에서 머리라는 단어를 사용할 때 어떤 의미로 사용하는가? 바울은 전통주의자가 주장하는 것처럼 '지배하는 권위'의 의미로 사용하는 것도 아니고, 인류 평등주의자가 주장하는 것처럼 '원천'의 의미로 사용하는 것도 아니다. 나는 바울이 단순히 머리-몸의 은유를 사용했을 뿐이고, 그의 요점은 탁월함(preeminence)에 있다고 생각한다."[12] 그루뎀의 논문에 대한 상세한 대응과 반응은 알베라 미켈슨(Alvera Mickelsen)이 편집한 책에 여러 편 담겨 있다.[13] 고든 피도 주석에서 그루뎀의 분석을 검토한 다음 "머리와 몸의 은유에 대한 바울의 이해…그리고 거의 확실히 고린도 교인이 파악한 유일한 이해는 '머리'를 '원천'으로, 특히 '생명의 원천'으로 보는 것이다"[14] 라고 말했다. 그루뎀은 세르빈의 반응에 상당히 긴 글로 대응한다. 그루뎀은 두 번째 논문에서 이 모든

례를 인용한다.

8. Bedale, "The Meaning of κεφαλή," 215.

9. 참고. Bruce, *1 and 2 Corinthians*, 103. 또한 Ben Witherington, *Women in the Earliest Churches*, SNTSMS 59 (Cambridge: Cambridge University Press, 1989), 84-85도 보라. 흥미롭게도 '원천'의 의미를 옹호하는 초기의 가장 영향력 있는 대중적인 한 논문은 위에서 지적한 것처럼 한 번의 복수형 언급으로 그치는 LSJ 외에는 권위 있는 인용을 전혀 제공하지 않는다. Berkeley, Alvera Mickelsen 공저, "Does Male Dominance Tarnish our Translations?" *Christianity Today* (5 October 1979): 23-29. 또한 Letha Scanzoni, *All We're Meant to Be: Biblical Feminism for Today*, 3차 편집 (Grand Rapids: Eerdmans, 1992)도 보라.

10. Wayne Grudem, "Does Κεφαλή ("Head") mean 'Source' or 'Authority Over' in Greek Literature? A Survey of 2,336 Examples," *TrinJ* 6 (1985): 38-59. Grudem이 제시한 것은 다양한 시대와 다양한 장르의 다양한 저자들에게서 뽑아온 이 단어의 대표적인 용례들이다. 이 단어는 그리스 문헌에서 대략 12,000번 등장한다.

11. Richard S. Cervin, "Does Κεφαλή Mean 'Source' or 'Authority' in Greek Literature? A Rebuttal," *TrinJ* 10 (1989): 85-112.

12. 앞의 책, 112.

13. Alvera Mickelsen, 편집, *Women, Authority and the Bible* (Downers Grove, IL: InterVarsity Press, 1986).

14. Fee, *1 Corinthians*, 555.

것에 대해 코트렐(Cotterell)과 터너(Turner)의 견해를 따라, 고든 피가 "머리"의 의미를 '원천'으로 보는 주장을 강력히 비판하고, 본질상 고든 피의 주장에 어떤 증거가 있는지 묻는다.[15] 2001년에 나온 그루뎀의 세 번째 논문은 캐서린 크로거(Catherine Kroeger)에게 대응하는 긴 글과 세르빈의 견해를 따라 "가장 두드러지고, 가장 중요하며, 가장 높고, 가장 탁월한 것"을 "머리"의 의미로 주장하는 앤드루 페리먼(Andrew Perriman)의 견해에 반응하는 짧은 글을 담았다.[16] 조셉 피츠마이어(Joseph Fitzmyer)는 머리의 의미를 '원천'으로 보는 견해의 부적합성을 증명하는 추가 증거를 제시했다. 피츠마이어는 3절이 "이 부분에서 바울의 설명을 지배할 신학적 근본 원리, 곧 기독교 공동체를 지배하는 머리 됨 또는 탁월함 원리"를 제시한다고 주장했다.[17]

마지막으로 최근에 그 단어(κεφαλή)가 '우두머리'나 '지배자'나 '원천'을 의미하지 않는다는 페리먼의 결론을 데이비드 갈런드가 옹호했다는 사실을 주목해야 한다. 갈런드는 페리먼이 "최고의 논증을 보여준다"라고 주장한다.[18] 페리먼은 짧은 한 논문에서 "머리"를 '원천'으로 보는 견해를 상세히 비판했을 뿐만 아니라, 이 단어가 '우두머리'를 의미하는 것도 아니고 '권위'를 함의하지도 않는다고 주장했다. 페리먼은 고린도전서 11장에서 이 본문의 주요 문제는 '영예' 및 '수치'와 관련되어 있다고 강력히 주장한 다음 이렇게 천명한다. "머리 관계를 훼손하는 것은…불순종이 아니라 수치다. 따라서 머리를 가리지 않고 기도하거나 예언하는 것은 '그 머리를 욕되게 하는 일'이다(5절)."[19] 페리먼은 "머리"라는 단어가 (1) 어떤 대상의 물리적 꼭대기 또는 맨 끝, (2) 첫 번째 자리(극단)에 있는 것, (3) 뛰어나거나 탁월한 것, (4) 그 탁월함에 의해 결정되거나 대표되는 것과 같이 네 가지 의미가 있다고 말한다. 따라서 페리먼은 이 문맥에서 이 단어가 다음과 같이 대표하는 머리를 반영한다고 본다. "여자의 행동은 그녀의 머리로서 **그녀를 대표하는** 남자를 반영하고, 그 관계에서 남자가 더 두드러진 당사자다. 또는 여자의 지위와 가치가 남자에게 집약되어 있음을 반영한다."[20] 그루뎀은 다시 한번 이 견해에 많은 문제가 있다고 지적했다. 그루뎀은 특별히 세 가지 난점을 지적한다. 첫째, 사전들이 이 의미를 전혀 지지하지 않는다. 둘째, 탁월함이라는 관념은 11:3의 문맥에 적합하지 않다. 셋째, 탁월함을 증명할 수 있는 문헌 용례들을 보면 탁월함이 "(예컨대) 국가의 왕이나 부족의 우두머리가 소유한 지배권이나 권력으로부터 또는 교회의 머리라는 그리스도의 지위로부터 나온다."[21]

이 책은 "머리"가 지배 권위를 함의한다는 견해를 취한다. 이 견해는, 모든 사전과 최근에 그루뎀이

15. Peter Cotterell and Max Turner, *Linguistics and Biblical Interpretation* (Downers Grove, IL: InterVarsity Press, 1989), 141–45, 316–25; Wayne Grudem, "The Meaning of Κεφαλή ('Head'): A Response to Recent Studies," *TrinJ* 11 (1990): 3–72.

16. Wayne Grudem, "The Meaning of Κεφαλή ('Head'): An Evaluation of New Evidence, Real and Alleged," *JETS* 44 (2001): 25–65. 그리고 다음 자료들을 보라. C. Kroeger, "Head," in *Dictionary of Paul and his Letters*, Gerald F. Hawthorne, Ralph P. Martin 공동편집 (Downers Grove, IL: InterVarsity Press, 1993); Andrew Perriman, "The Head of a Woman: The Meaning of Κεφαλή in 1 Cor. 11:3," *JTS* 45 (1994): 602–22.

17. Fitzmyer, *1 Corinthians*, 409–10. 또한 Jorunn Økland, *Women in Their Place: Paul and the Corinthian Discourse of Gender and Sanctuary Space*, JSNTSup 269 (London: T&T Clark, 2004), 174–83에서 비슷한 결론을 상세히 설명하는 것도 보라.

18. Garland, *1 Corinthians*, 516.

19. Perriman, "The Head of a Woman," 621.

20. 앞의 책, 621(강조체 저자).

21. Grudem, "The Meaning of Κεφαλή: An Evaluation of New Evidence, Real and Alleged," 25–65.

증명한 것처럼, 다른 그리스어 문헌에서 입수할 수 있는 증거를 기초로 할 때 충분히 정당화되는 것 같다. 그러나 이것이 이 단어에 탁월함과 같은 다른 뉘앙스는 부여하지 않는다는 뜻은 아니다. 그렇다 해도 바울이 11:3에서 "머리"라는 단어를 탁월함을 가리키는 의미로 사용했다고 믿을 때 제기되는 한 가지 주된 문제는 문맥에 있다. 바울이 고린도전서 전체를 통해 제기하는 문제는 일부 고린도 교인이 자신을 남보다 우월한 존재로 생각하고, 그리하여 자신의 "지식"으로 '교만해짐으로써' 자신을 "자랑하고" 과시하는 모습을 보이는 점에 있었다. 일부 고린도 교인은 자신을 "강한 자"로 믿고, 다른 사람들에게 영향력을 행사하여 권리를 내세움으로써 칭송을 받고자 애쓰지만, 그 결과 다른 형제와 자매들의 삶에서 영적으로 어떤 일이 일어나는지 인식하지 못했다. 이것이 여기서 바울이 제시하는 한 가지 문제다. 따라서 그의 첫 번째 관념이 남자와 여자의 관계에서 남자의 탁월함을, 하나님과 그리스도의 관계에서 하나님의 탁월함을 강조하는 데 있는 관계를 언급하는 것은, 바울이 엄밀히 펼치는 논증의 취지에 반하는 것 같다. 여기서 다루어야 할 문제는 바로 이것이다. 곧, 남편이 아내의 "머리"라는 점(따라서 어떤 권위가 있다는 점)을 고려하면, 남녀를 막론하고 모든 교인이 함께 모여 예배할 때 어떻게 이 머리 됨을 예배에 반영해야 할까? 사실 그리스도는 아버지와 맺은 관계 속에서 어떻게 '권위' 구조가 리더십과 권위의 역할과 자원하는 복종의 역할이 경건하게 사랑에 기초를 둔 성취에 따라 작용할 수 있는지 보여주신다. 방금 개괄한 논쟁에서 한 가지 이상한 부분은 결국 공동체 지위의 동등성(바울이 고린도전서 전체에 걸쳐 확언하는)을, 만약 그것이 바울이 여기서 남편에 대해 확언하는 것이라면, 탁월함이라는 관념과 함께 받아들이는 것이 확실히 어렵다는 점이다. 반면에 사람이 공동체 지위의 동등성을 의심하지 않고 다른 사람에게 자원하여 복종하거나 다른 사람을 지배하는 권위가 있다고 생각하기란 어렵지 않다. 여기서 공동생활에서 나온 많은 명확한 사례가 떠오른다. 교회 생활에서 염두에 두어야 할 한 가지 사례는 교인에게 영적 지도자나 장로에게 순종하라고 요구하는 것이다(히 13:17; 참고. 벧전 5:1-4). 이런 복종은 자발적이고, 지도자라는 지위는 하나님의 백성 가운데 몇몇이 그 지위를 얻도록 부르심을 받는다. 그러나 기독교 전통 속에서 자란 자는 아무도 지도자와 양 떼가 하나님께 속한 공동체의 지체로서 그리고 하나님 앞에서 동일한 지위를 차지하였음을 의심하지 않았다. 당연히 지도자와 양 떼의 지위는 동일하다!

일부 논증의 한 가지 문제는 관념들의 '저하 현상'(slippage)에 있다는 점을 덧붙여 지적해야 한다. 첫째, 많은 주석가가 관계에 '권위'가 들어 있음을 인정하는 것은 한 사람이 다른 사람보다 '열등하다'는 점을 의미한다고 추정한다. 갈런드는 "머리"가 탁월함을 의미하는 것은 "열등함을 내포하는 것은 아니라"고 주장한다. 여기에 더하여 "머리"라는 말이 '권위'를 뜻한다는 견해가 열등함을 함축하는 것이 절대 아니라는 말을 덧붙이고자 한다.[22] 그리스도가 아버지와 맺는 관계가 그 본보기다.[23]

여기서 한 가지 설명을 추가하는 것으로 만족해야겠다. '권위'에 대한 이해가 없는 사람들 사이의

---

22. Bedale의 말이 특히 주목을 끈다. "사도 바울은 여기서 자신이 오직 남녀의 영적 지위나 능력의 관점이 아니라 성의 구별과 기능의 관점에서 남자와 여자에 관해 말했음(2절; 참고. 갈 3:28)을 분명히 한다"("The Meaning of κεφαλή", 215).

23. 일부 현대 여권주의자의 작품들이 그리스도-하나님 관계 속에서 '권위'를 조금이라도 암시하는 것은 '종속주의'다. 따라서 초기 아리우스 이단과 똑같다고 주장한 것은 문제가 있다. 예컨대 Gilbert Bilezikian, *Beyond Sex Roles: What the Bible Says about a*

'대표' 관계를 생각하는 것이 가능한지는 의심스럽다. 확실히 이 문맥에서는 이것이 특히 사실이다. 고린도전서 많은 부분이 다른 교인들에 대한 지도자의 역할을 자랑해온 엘리트 교인들과 관련되어 있다. 앞으로 살펴보겠지만, 이 부분도 일부 여자들이 '권리'를 자랑한 사실과 관련된 것 같다. 그러나 사도 바울은 특히 8-11장에서 이것을 언약의 범주 안에서 다루었다. 그리스도는 오직 경배받아야 할 '주'이시다. 8-10장을 읽어보아도, 사람들에 대한 그분의 주 되심과 권위에 대한 어떤 이해를 덧붙이지 않고 그리스도를 '모든 사람의 머리'로 성찰하는 것이 가능하다는 관념은 논리를 무시하는 것과 같다. 곧, 바울이 지금 다루는 것은 주님에 대해 방금 말한 것과는 아무 관계가 없다고 주장하는 것과 같다.

이제 본문으로 돌아가 3절의 내용을 세부적으로 살펴보자. 삼중의 진술(남자와 그리스도, 아내와 남편, 그리스도와 하나님)은 하강이나 상승 계급 구조를 보여주는 것이 아니다. 그렇다고 계급 구조가 전혀 나타나 있지 않다는 뜻은 아니다. 바울은 남편과 아내가 그리고 더 폭넓게 남자와 여자가 서로 그들의 지음 받은 사회적인 관계를 생각할 때 그들이 하나님을 어떻게 예배해야 하는지에 관한 주제를 소개한다. 여기서 헬라어 본문의 단어 순서를 주목하면, 바울은 "남자"의 머리를 먼저 말한다. 이어서 "여자"의 머리를 말한다. 마지막으로 그리스도의 머리로 끝맺는 것으로 원칙을 세운다. 여기서 세 번째 진술(그리스도의 머리에 관한)은 독자에게 "남자와 여자가 자신에게서 발견하는 계급 구조가 하나님 아버지께 이를 때까지 계속되는 것"을 상기시킨다.[24] 바울은 남자가 자신의 머리를 "욕되게" 하거나 또는 여자가 자신의 머리를 욕되게 하는 것을 염려하기 때문에, 하나님을 그리스도의 머리로 언급하는 것은 참으로 깊은 의미가 있으나 주석가들은 종종 이 요점을 놓친다. 바울은 11:1에서 "내가 그리스도를 본받는 자가 된 것같이 너희는 나를 본받는 자가 돼라"고 말했다. 바울은 이 말로 권리를 포기하고, 남의 유익을 구하며, 공동체의 덕을 세우고, 자신을 자랑하지 말라고 언급하는 이 긴 부분을 결론지었다. 그동안 바울은 이것이 자신이 하고자 힘썼던 일임을 삶을 통해 보여주었고, 그렇게 함으로써 "십자가에 못 박히신 그리스도"를 본받았다. 하나님이 주신 은사로 말미암아 확립된 지위와 권리를 강조하지만, 바울은 그리스도를 본보기로 삼았다. 만약 사람들이 관계를 맺을 때 권리를 내세우거나 지위를 자랑함으로써 '교만해진다면', 그리스도가 그들에게 궁극적인 본보기가 되신다. 언약의 주가 역사상 어떤 사람보다 더

Woman's Place in Church and Family, 3차 편집 (Grand Rapids: Baker Academic, 2006), 228은 머리 됨 개념에 함축된 전통적인 '권위' 견해를 설명하면서 "이 '종속주의' 이론들은 4세기에 등장했고 이단으로 거부당했다"라고 말한다. 이것은 실제 이단인 종속주의로 크게 오해받은 것이다. 사실 이 설명은 현대에 남녀의 역할을 설명할 때 종종 나타나는 두 가지 사실을 혼동한다. 오늘날은 사람이 다른 사람에게 자발적으로 복종할 수 있고, 따라서 '남'을 본질이 다른, 아니 사실은 지위가 다른 존재로 보지 않고 '남'에게 영광을 돌리거나 높이는 다른 역할이나 기능을 수행할 수 있다고 이해하기는 당연히 어렵다. 그리스도가 아버지께 그리고 성경적 관점에서 아내가 남편에게 기능상 복종하는 것은 존재나 본질에 관해서는 아무것도 말하지 않는다. 정통 기독교가 항상 주장한 것처럼, 그리스도는 본질상 하나님과 동등하시다. 하지만 우리가 지적한 것처럼 그리스도는 스스로 아버지께 복종하신다. 그리스도인 남자와 여자는 하나님 앞에서 (형상에 있어) 존재와 지위가 동등하다(남자와 여자의 차이가 없다). 바울은 이 요점을 11:11-12에서 분명히 한다. 하지만 그것은 여자가 결혼하기로 한 남자의 '권위'에 복종할 수 없다는 뜻은 아니다. 15:28에 대한 설명에서 그리스도께서 아버지께 복종하시는 것에 대해 더 상세히 설명하는 것을 보라.

24. Ciampa, Rosner 공저, *First Corinthians*, 507.

분명하게 머리 됨과 자원하는 복종이 어떻게 지위를 조금도 무시하지 않고 이루어지는지를 직접 보여주셨다. 그리스도는 최종적으로 "나라를 아버지 하나님께 바칠 때" 아버지의 궁극적 머리 되심에 복종하는 모습을 보여주실 것이다(15:24, 28). 그리스도는 바울이 골로새서 2:10에서 "모든 통치자와 권세의 머리"라고 말할 수 있는 바로 그분이시다. 이때 그리스도의 권세는 아버지께 받으신 것이고, 결국은 아버지께 자신과 자신의 교회를 바치신다. 바울에 관해 말하면, 바울은 "내가 그리스도를 본받는 자가 된 것같이 너희는 나를 본받는 자가 돼라"고 말할 때 자신을 단호하게 "각 남자의 머리는 그리스도요"라는 말씀 속에 두었다.

이제 바울은 창조 질서와 본성에서 취한 논증으로, 남편과 아내가 공동 예배 자리에서 어떻게 기도하고 예언해야 하는지를 다룬다. 이 기도와 예언은, 남편이 그의 아내의 머리가 되는 부부 관계의 본질에 공적 존경을 보여주는 방식으로 이루어져야 한다. 다시 말해 바울이 머리를 가리는 문제를 다룰 때 여자의 참여 여부에 관한 문제가 아니라 참여 방법에 관한 문제를 다루고 있음을 주목하는 것이 중요하다. 이런 의미에서 바울은 여자가 공동 예배에서 말하는 것을 금지한 유대교 지도자와 완전히 다르다.

11:4–5 무릇 남자로서 머리에 무엇을 쓰고 기도나 예언을 하는 자는 그 머리를 욕되게 하는 것이요 무릇 여자로서 머리에 쓴 것을 벗고 기도나 예언을 하는 자는 그 머리를 욕되게 하는 것이니 이는 머리를 민 것과 다름이 없음이라(πᾶς ἀνὴρ προσευχόμενος ἢ προφητεύων κατὰ κεφαλῆς ἔχων καταισχύνει τὴν κεφαλὴν αὐτοῦ· πᾶσα δὲ γυνὴ προσευχομένη ἢ προφητεύουσα ἀκατακαλύπτῳ τῇ κεφαλῇ καταισχύνει τὴν κεφαλὴν αὐτῆς· ἓν γάρ ἐστιν καὶ τὸ αὐτὸ τῇ ἐξυρημένῃ). 4–5절에서 바울은 기도하거나 예언할 때 남자는 (긴 머리카락으로?) 머리를 가려서는 안 되고, 여자는 머리를 가려야 한다고 주장한다. 이 규정에서 벗어나면 남자나 여자는 각기 자신의 머리를 '욕되게 (한다).' 바울은 어쨌든 그들의 문자적 머리, 즉 가려지거나 가려지지 않는 머리가 욕되게 된다고 말하는 것이 아니다. 3절에 이를 이해하는 무대가 설치되었다. 남자는 머리를 "가릴" 때 그의 머리, 곧 그리스도를 욕되게 한다. 여자는 머리를 "가리지 않을" 때 자신의 머리인 남편을 욕되게 한다.

첫째, 바울은 3절의 구조를 따라 먼저 남자를 다루고, 이어서 여자를 다룬다. 머리를 가리는 문제는 "수치"(καταισχύνω), 곧 "머리"를 욕되게 하는 것을 언급하는 문맥에서 다루어진다. 7절과 14절에서도 남자를 다루기는 하지만 여기서 바울의 주 관심사는 남자가 아니다. 그러나 남자가 여자와 이런 대조를 이루기 때문에, 본문을 계속 보면 바울이 남자를 언급하는 것은 남편과 아내의 성 관련 역할의 구별이 열쇠라는 사실이 분명해진다.[25]

남자와 여자가 다 예배에서 기도하고 예언할 수 있었다. 이것은 아마 하나님의 영의 영감을 받은 개인이 기도나 예언을 통해 교인을 인도할 수 있는 즉흥 예배 시간이 있었음을 의미할 것이다. 초대교회의 이런 즉흥 예배에서 "예언"이 무엇인지 아주 엄밀하게 정의하기는 어렵다. 이에 대해서는 12:10과 14:1–3에서 예언 주제를 설명할 때 더 상세히 말하겠다. 결정할 만한 내용이 거의 없는 이 본문을 기초로 요약하면, 예언은 성령이 영적으로 교인의 "덕을 세우는" 방식 가운데 하나였다는 점이다. 예언은 특별히 세 가지 요소, 곧 "격려", "위안" 그리고 약간의 "가르침"을 포함했다.[26] 예언은 항상

25. Økland, *Women in Their Place*, 178은 이렇게 말한다. "일상생활의 유동적이고 혼란스러운 관습들과 반대로, 의식적(儀式的) 배경은 남자와 여자의 자리와 남자와 여자 간의 경계를 분명히 하고 둘 사이를 구별시키는 적절한 지점이다."

26. '예언'의 본질에 관한 현대의 상세한 설명은 Wayne Grudem, *The Gift of Prophecy in the New Testament Today*, 교정/편집 (Wheaton,

그리스도를 가리켰다(은사의 목적). 따라서 교회 생활이나 개인 생활에서 벌어진 문제에 성경을 직접 적용했을 때 복음에 초점을 두고 본질상 복음을 해설하는 역할을 했다(바울이 여기서 머리를 가리는 문제에 관해 전하는 말에 관해서는 뒤에서 '심층 연구: 머리카락인가, 아니면 수건인가?'를 보라).

그러나 바울이 여기서 머리를 가리는 방식 자체를 가리키는지, 아니면 수건을 써야 하는 여자를 가리키는지 여부에 관해 결정을 내리기는 모호하다. 머리를 가리거나 꾸미는 방식과 관련된 문제라고 보는 것이 더 나아 보인다. 6절에서 사람의 머리를 '깎는' 문제를 언급하는 것과 14-15절에서 '긴 머리를 갖는' 문제를 언급하는 것은, 바울이 본성에 호소하는 것과 같이, 이 견해를 지지한다.

그러나 바울이 다루는 문제가 "마땅[한]"(13절, πρέπω) 것 그리고 공적 예배에서 남편과 아내가 다 기도하고 예언할 때 둘 사이의 역할 관계를 가장 적합하게 반영하는 것과 관련되어 있고, 둘 다 언약 공동체 안에서 자신의 입장을 취하는 것은 그리 잠정적인 요소가 아니다.

이것이 수건과 관련되어 있든 아니면 머리 모양과 관련되어 있든, 요점은 자기 자신에게 이목을 집중시키는 방식으로 사회적 관행을 자랑해서는 안 된다는 것이다. 당시에 일부 문화에서 그런 일이 일어난 것처럼, 간음한 여자는 때때로 머리를 깎였다는 증거가 더러 있다.[27] 만약 이것이 바울이 언급하는 것이라면, 남편과 관련된 '욕됨'은 아내가 그리스도인 예배자로서 가진 "자유"만이 아니라 남편에게서 벗어나는 "자유"도 전달하는 것 같다. 결혼한 여자는 공개석상에서 머리를 길게 늘어뜨리거나 풀어놓는 것을 예상할 수 없다. 결혼한 여자는 가정에서 남편을 위해 그렇게 해야 하고, 공개석상에서는 (헐리 및 머피 오코너의 견해와 같이) 기혼자로서 자신의 지위와 "머리"로서 남편의 지위를 반영하는 의미로 머리를 "위로" 가리거나 조심스럽게 단장해야 한다[28](문제가 머리를 가리는 스카프나 수건이라고 해도 마찬가지일 것이다. 머리를 가리지 않는 것은 결혼한 여자로서 자신의 지위를 공개적으로 욕되게 하고, 따라서 자신의 머리인 남편에게 굴욕과 수치를 안겨줄 것이다).

그다음에 제기되는 질문은 아내나 여자가 처음에 왜 머리를 가리고 싶어 하지 않느냐는 것이다. 이 질문은 사변에 불과하다. 본문이 그 이유를 말하지 않기 때문이다. 일부 엘리트 여자 교인이 머리를 가리지 않는 이교 풍습을 별 생각 없이 교회 안으로 들여왔을 수 있다. 예배할 때 여자가 머리에 수건을 쓰지 않는 이교 제사 풍습을 일부 여자 교인이 택했을 수 있다. 그러나 본문은 머리를 가리는 방식에 대해, 어쩌면 일부 교인이 의도적으로 우상의 집에서 고기를 먹은 방식과 비슷하게, 이런 선택이 의도적이고 "논쟁[적]"이었다는(16절) 점을 암시한다. 대다수 주석가는 머리를 가리지 않는 여자의 행동을 "그리스도 안에서" 여자를 포함하여 모든 사람이 자유인이라는 믿음과 주님 앞에서 예배할 때 성의 구별은 전혀 중요하지 않다는 믿음을 반영하는 것으로 본다. 헐리는 관련 사실을 다음과 같이 유익하게 요약한다. "고린도 교회의 여자 교인은 자신이 그리스도와 함께 살아났기 때문에(고전 4:8-10), 그리스도 안에서 새로 얻은 지위와 그 결과 기도와 예언을 통해 예배에 참여하게 된 자유와 남편에게 복종하는 표시로 머리를 가리는 일이 양립할 수 없다고 결론지은 것이 거의 확실해 보인다. 바울은 예배에서 여자가 기도하고 예언하는 권리가 있다고 인정한다. 하지만 그 권리를 결혼 관계를 폐지하는 것으로 보지 않는다…오직 부활

IL: Crossway, 2000)을 보라. Grudem과 다른 학자들의 상호 대응에 대해서는 아래에서 12:10과 14:1-3에 대한 설명을 보라.

27. Dio Chrysostom, Orations 64.3을 보고, Winter, *After Paul Left Corinth*, 128에서 다른 인용들을 보라.

28. 뒤에서 '심층 연구: 머리카락인가, 아니면 수건인가?'를 보라.

할 때 결혼 관계가 완전히 끝날 것이나(마 22:30), 고린도 교인은 현재 임한 하나님 나라의 두 국면을 파악하지 못했다."[29]

바울은 고린도 교회의 일부 여자 교인이 머리를 가리지 않는 이유가 무엇이든 간에, 그런 여자에게 9장에서 묘사한 것과 비슷한 방식으로 "자유"나 "권리"로 보일 수 있는 것을 포기하라고 권고한다. 머리를 가리거나 가리지 않는 행동은 분명히 남자와 여자 사이, 아니 대체로 결혼한 여자와 남편 사이의 성의 구별과 관련되어 있다. 그런데 만약 많은 교인이 이런 일로 괴로움을 겪는다면, 여자(또는 결혼한 아내)는 여러 가지 이유로 자신에게 이목을 집중시키기보다는 다른 사람들의 '덕을 세우고' 그들에게 '유익을 주기' 위해 머리를 가려야 한다.

심층 연구

머리카락(hair)인가, 아니면 수건(veil)인가?

바울이 여기서 언급하는 문제, 곧 머리를 가리는 일의 정확한 본질은 많은 논쟁을 불러일으키는 또 하나의 문제로 판명되었다. 문제는 헬라어 본문에서 시작된다. 헬라어 본문은 문자적으로 '머리로부터 아래에 있고'(4절, κατὰ κεφαλῆς ἔχων)라는 뜻이다. 여기서 전치사(κατὰ)는 소유격과 함께 보통 "아래"나 "아래로" 또는 "…에 대해"를 의미한다.[30] 따라서 '기도나 예언을 하는 자는 머리로부터 아래에 있고'라는 번역은 이해하기 어렵다. 이것은 그가 '그의 머리로부터 아래로' 머리카락을 길게 늘어뜨리는 것(참고. 14절) 또는 그가 '그의 머리로부터 아래로' 어떤 종류의 덮개나 수건을 덮은 것을 의미할 수 있다. 본문에서 곧바로 나타나는 또 다른 문제는 본문에는 '수건'이라는 말이 실제로 나오지 않는다는 점이다. 그러나 고린도후서 3:13-16에서는 "수건", 곧 '머리 덮개'(κάλυμμα)라는 명사가 사용되고 '벗기다'(ἀνακαλύπτω)라는 동사도 발견된다. 이 말은 수건, 천, 머리 장식으로 가리지 않거나 단순히 (마땅히) 머리를 가리지 않는 것을 의미할 수 있다. 고린도전서 11:15에서는 특별한 가리개가 언급된다(περιβόλαιον). 그러나 그것은 우리가 '수건'으로 생각하는 것을 가리킬 수 없다. 이 말은 더 통상적으로 '망토' 같은 가리개로 추정된다. 따라서 어쩌면 천 덮개를 가리킬 것이다. 하지만 많은 주석가가 이 구절은 여자의 머리가 머리 가리개 '대신에' 또는 머리 가리개'로 말미암아'(ἀντί) 주어진 것을 말한다고 주장하기 때문에 난해하다.

이 본문의 애매한 의미는 전통적으로 문제가 주로 여자와 관련되어 있고 머리에 쓴 가리개가 관건이라고 말하는 것으로 해소되었다. 그러므로 여자는 단정함을 유지하고 자신들의 머리의 영광을 보여 주려면, "수건"이나 모종의 천 가리개가 필요했다(NRSV, NEB).[31] 최근에 로마와 그리스 시대의 남녀가 공개석상에서와 예배의 자리에서 머리 장식을 사용한 것에 대한 다양한 논의는, 이 견해에 상당히 더 큰

29. James B. Hurley, *Man and Woman in Biblical Perspective* (Grand Rapids: Zondervan, 1981), 170. 참고. Barrett, *First Corinthians*, 247; J. P. Meier, "On the Veiling of Hermeneutics (1 Cor 11:2-16)," *CBQ* 40 (1978): 216-17; Hays, *First Corinthians*, 182-84.

30. Dana, Mantey 공저, *Manual Grammar*, 107; BDF §225.

31. 만약 '수건'을 염두에 두었다면, 현대의 신부가 쓴 베일과 같이 얼굴을 가린 것이 될 수 없음이 주목할 만하다. 공적 기도나 예언이 천을 통해 이루어지고 보이지 않는 얼굴로부터 나온다는 관념은 당치 않다. 만약 '수건'이라는 말이 사용된다면, 그것을 일종의 머리 스카프나 숄과 같은 의상으로 생각하는 것이 더 나을 것이다.

비중을 두게 했다. 특히 두 가지 관점을 주목해야 한다. 첫 번째 관점은 윈터가 주장했다. 윈터는 여기서 바울은 공개석상에서 적절하게 머리를 가리는 것에 관심이 있다고 주장한다.[32] 윈터는 "신분 있는 모든 결혼한 여자는 집밖에 나오면 로마의 법과 관습대로 수건을 걸쳐야 한다"[33]라고 말한다. 그러나 윈터가 한 말의 주된 요점은 예배에서 고의로 수건을 벗음으로써 어떤 여자가 관습을 조롱하고, 그리하여 교회에서 "논쟁"을 불러일으켰다는 것이다(16절). 윈터는 그런 여자는 로마 사회의 통상적 규범보다 사회적 자유 관행을 더 받아들이고, "후기 로마 공화정과 초기 로마 제국 시기에" 등장한 것으로 보이는 소위 로마의 "신" 여성의 특징을 모방하는 데 힘썼다고 주장했다.[34] 또한 이들은 사회 속에서 새로 얻은 지위와 자유를 좋아했고, 주로 로마 사회의 부유 계층에 속해 있었다. 이런 여자는 가족에 대한 책임을 가볍게 여기고, 심지어는 "결혼, 정절, 정숙에 관한" 공인된 규범도 가볍게 여겼다.[35] 교회 생활을 할 때 이런 세속 사회의 영향을 받은 여자는 무례한 모습을 보여주었고, 이런 행동은 결혼 및 아내와 남편의 관계에 관한 로마 사회의 규범뿐만 아니라, 겸양과 남편에 대한 아내 역할에 관한 성경의 규범도 파괴하는 것으로 여겨졌다. 윈터가 말하는 바, 이것이 '머리를 민 여자와 같다'는 바울의 진술을 일리 있게 하는 것은 간음한 여자가 머리를 깎였기 때문이라고 주장한다.[36] 다시 말하면, 바울은 머리를 가리지 않은 여자는 성경과 로마의 성 윤리와 예의범절을 무시하는 태도를 보여준 것이고, 따라서 그런 여자는 간음한 여자나 창녀와 같다고 말한다.

두 번째 관점은 여기서 바울의 중대한 관심이 사실 로마의 예배에서 사용된 머리 가리는 풍습에 있었다고 보는 것이다. 로마의 남자는 예배할 때 토가(toga, 고대 로마 시민의 겉옷-역주)로 머리를 가렸다. 남자들은 토가를 머리 위에서 끌어당겨 "아래로 늘어뜨렸는데", 오스터(Oster)는 이 관례가 바울이 여기서 사용하는 언어를 설명해준다고 주장한다. 갈런드는 부분적으로 이 견해를 취하면서 이렇게 결론짓는다. "'머리'이신 그리스도를 욕되게 하는 일이 이교 제사에서 사용된 머리 장식을 연상할 때 일어났다."[37]

다른 주석가는 여기서 머리를 가리는 것이 (14-15절을 기초로 하면) 실제로 머리 자체를 가리는 것을 의미하고, 바울의 말은 어느 정도 남자와 여자의 머리를 다 염두에 두었다고 주장한다. 곧, 남자는 머리를 짧게 깎아야 하고 여자는 긴 머리를 해야 한다는 것이다. 헐리는 문제가 머리를 가리는 것에 있는 것이 아니라, 머리 자체를 기르는 방식에 있다고 주장한다. 또한 가리는 것이 "그리스도 당시에 아마 대도시 부자들을 제외하고 유대인에게 요구되었다"라는 증거는 없다고 주장한다. 헐리는 계속해서 그리스, 로마, 유대 여자들에게는 긴 머리가 중요했고, 그래서 머리를 "다양한 스타일로 꾸몄다"라고 주장한다. 일반적으로 모든 문화에서 머리를 헝클어뜨리는 것은 공동체에서 이탈했음을 보여주는 표지로 이해했다.[38]

---

32. Winter, *After Paul Left Corinth*, 121-41. 그의 전문적인 작품 *Roman Wives, Roman Widows: The Appearance of New Women and the Pauline Communities* (Grand Rapids: Eerdmans, 2003)에서 훨씬 더 많은 내용이 추가된다.

33. Winter, *Roman Wives*, 90.

34. 앞의 책, 5.

35. 앞의 책.

36. *After Paul Left Corinth*, 128-29.

37. Richard Oster, "When Men Wore Veils to Worship: The Historical Context of 1 Corinthians 11:4," *NTS* 34 (1988): 481-505. Garland, *1 Corinthians*, 518.

38. James B. Hurley, *Man and Woman in Biblical Perspective: A Study in*

머피 오코너도 관건은 머리 모양에 있었고, 여기서 바울은 남자와 여자에게 다 말하고 있다고 주장했다. 머피 오코너는 이 책이 택한 통상적 견해를 논박하고, 남자에 대한 설명은 여자와 여자가 머리를 가리는 것에 대한 바울의 주된 메시지를 부각하는 모종의 방편으로 보아야 한다고 주장한다. 머피 오코너는 다양한 본문을 제시하며 당시 그리스-로마 사회에서는 남자의 긴 머리가 동성애와 연관되었다고 주장한다. 바울이 동성애 주제에 관해 이미 언급한 관점을 고려하면(참고. 롬 1:26-27; 고전 6:9), 이것은 남자에게 머리 길이에 관해 말하는 이유를 제공한다. 여자에게는 긴 머리가 그녀의 '가리개'로 예상되었지만, 이것은 여성스러워야 하고 '관례에 따라 단정해야 한다.' 이런 관례를 받아들이지 않은 여자는 남자와 같이 되고자 한 것이므로, 예배에서 그리스도인에게 기대된 성의 구별을 존중하지 않은 것이다.[39]

티슬턴, 갈런드, 피츠마이어가 저술한 비교적 최근의 세 주석을 보면, 각기 다른 입장을 보여준다. 현재로서는 합의된 견해가 없는 것이 분명하다. 윈터와 오스터의 연구는 로마와 그리스 문화에서 머리 모양과 머리 단장에 대한 사람들의 태도가 얼마나 중요한지를 강조한다. 헐리도 비슷한 연구를 했지만, 주로 유대 배경과 머리 기르는 방식에 관한 문제를 다루었다. (문자적인) 머리를 반복해서 언급하고, 6절에서 여자의 머리를 완전히 '깎거나 미는' 것을 명시적으로 언급하며, 14-15절에서 "긴 머리"를 특별히 언급하는 것 그리고 헐리 및 머피 오코너가 제시한 다른 논증에 비추어 보면, 여기서 문제는 머리 기르는 방식과 관련되어 있다고 볼 수 있다. 그러나 이것은 잠정적인 결론일 뿐이다.

11:6 만일 여자가 머리를 가리지 않거든 깎을 것이요 만일 깎거나 미는 것이 여자에게 부끄러움이 되거든 가릴지니라(εἰ γὰρ οὐ κατακαλύπτεται γυνή, καὶ κειράσθω· εἰ δὲ αἰσχρὸν γυναικὶ τὸ κείρασθαι ἢ ξυρᾶσθαι, κατακαλυπτέσθω). 바울은 만일 여자가 주변 사람들에게 머리가 '깎인' 여자로 여겨지기를 바란다면 "깎으라"고 주장하면서 논쟁적인 태도를 보여준다. 바울은 결혼한 여자가 적절한 머리 모양을 하지 않고 예배에 참여하면 자신의 결혼 관계의 지위를 욕되게 하고, 그러므로 (명령으로) '머리를 가리라'(κατακαλυπτέσθω)거나, 아니면 예배 자리에서 자기에게 이목이 쏠리지 않도록 적절한 방법으로 가려야 한다고 주장한다.

이 구절 첫 번째 절에서 "가리지 않거든"이라는 말은 '가리다'(κατακαλύπτω)라는 동사의 허용의 중간태이고, "깎을 것이요"라는 말은 '깎다'(κείρω)라는 동사의 부정과거 중간태 명령형이다. 문맥은 바울이 머리를 가리는 것을 염두에 두었음을 알려준다(따라서 ESV는 "만일 아내가 머리를 가리지 않을 것이라면"으로 번역한다). '깎다'와 '밀다'로 번역된 두 동사의 용법은 문체의 특징이고, 둘 다 머리에서 머리카락을 깨끗하게 제거하는 행동을 가리킨다. "부끄러움"(αἰσχρός)이라는 명사는 앞서 나온 '욕되게 하다'(καταισχύνω)라는 동사와 같은 어근에서 나온 말이 아니다. 그러나 그 말은 더 직접적으로는 도덕적으로 용납할 수 없는 일을 함의한다(참고. 엡 5:12; 딛 1:11). 이

Role Relationships and Authority (Leicester: Inter-Varsity Press, 1981), 168-71. 그의 부록, 254-71에서 상세한 설명을 보라.

39. Jerome Murphy-O'Connor, "Sex and Logic in 1Cor 11:2-16," *CBQ* 42 (1980): 482-500. 같은 저자, "1 Cor 11:2-16 Once Again," *CBQ* 50 (1988): 265-74도 보라.

제1조건문은 언급한 내용의 진실함을 가정한다. 여자가 머리를 가리지 않는 것은 진정으로 부끄러운 일이다.

따라서 6절은 바울이 방금 말한 내용에 새로운 사실을 덧붙이는 것이 아니라 그 내용에 힘을 불어넣는 역할을 한다. 첫 번째 절의 압축 형태 및 귀류법(*argumentum ad absurdum*)과 마지막 절의 명령에 담긴 6절의 설득력은, 독자에게 바울이 전하는 말의 심각성에 추호도 의심을 남기지 않는다. 그다음 세 부분에서 바울은 창조 기사(7-12절)와 본성(13-15절)과, 마지막으로 그 문제에 관한 모든 교회의 공통적 가르침(16절)에 호소함으로써 자신의 주장을 더 상세히 제시한다.

11:7-9 남자는 하나님의 형상과 영광이니 그 머리를 마땅히 가리지 않거니와 여자는 남자의 영광이니라 남자가 여자에게서 난 것이 아니요 여자가 남자에게서 났으며 또 남자가 여자를 위하여 지음을 받지 아니하고 여자가 남자를 위하여 지음을 받은 것이니(ἀνὴρ μὲν γὰρ οὐκ ὀφείλει κατακαλύπτεσθαι τὴν κεφαλὴν, εἰκὼν καὶ δόξα θεοῦ ὑπάρχων· ἡ γυνὴ δὲ δόξα ἀνδρός ἐστιν. οὐ γάρ ἐστιν ἀνὴρ ἐκ γυναικὸς, ἀλλὰ γυνὴ ἐξ ἀνδρός· καὶ γὰρ οὐκ ἐκτίσθη ἀνὴρ διὰ τὴν γυναῖκα, ἀλλὰ γυνὴ διὰ τὸν ἄνδρα). 이제 바울은 아내(여자)가 기도하거나 예언할 때 머리를 가려야 하고 남자는 가려서는 안 되는 이유를 상세히 설명한다. 바울은 하나님의 영광을 반영하는 존재인 남자와 창조 질서에 호소한다. 이것이 부연 설명이라는 것은 헬라어 구문(μὲν γὰρ…δὲ)을 보면 확인된다. 창조 질서에 호소할 때 바울의 생각은 "형상"(εἰκών)이라는 말이 아니라 "영광"(δόξα)이라는 말에 집중되어 있다. 배럿이 지적하는 것처럼, "바울이 형상이라는 말을 소중히 여기는 것은 그 말이 영광이라는 말을 이끌어내기 때문이다."[40] 바울이 7c절에서 여자가 남자의 "형상"이라고 말하지 않는 것은 주목할 만하다. 확실히 바울은 남자와 여자가 다 하나님의 형상으로 지음 받은 사실을 익히 안다(창 1:26-27). 바울이 머리를 가리는 문제와 욕되게 하거나 하지 않는 것을 바라보는 관점은 창세기 1:27과 2:18-23에서 나온다. 하나님은 남자와 여자를 다 자신의 형상으로 창조하셨다. 그러나 바울의 요점은 더 미묘하다. 하나님의 형상으로 먼저 창조된 남자는, 세상에서 하나님을 섬기고 살아가고 행동함으로써 하나님께 영광을 돌리도록 지으심을 받았다. 남자 다음에 똑같이 하나님의 형상으로 창조된 여자는 "그(남자)를 위하여 돕는 배필"로 하나님께 지으심을 받았다(창 2:18). 하나님은 남자를 섬기게 하려는 목적으로 "남자에게서"(ἐξ ἀνδρός) 여자를 창조하셨다. 여자는 남자와 함께 살고, 남자에게 힘을 주며, 남자를 섬김으로써 남자에게 "영광"이 되어야 했다. 따라서 여자의 창조는 남자에게 영광이 되어야 했다. 첫째로는 남자에게서 나왔기 때문이고(남자의 갈비뼈를 취해 만들어진 것을 생각함), 둘째로 여자가 남자를 위해 지음 받았기 때문이다(9b절, διά는 대격과 함께 원인을 제공함).

여기서 "영광"(δόξα)이라는 말은 사실상 시편 8:5에서 사용된 것과 똑같이 '영예'(honor)와 동의어다. "그를 하나님보다 조금 못하게 하시고 영화와 존귀(영예)로 관을 씌우셨나이다"(LXX 8:6, δόξῃ καὶ τιμῇ ἐστεφάνωσας αὐτόν). 이 "영광"이 대체로 '영예'와 같은 의미라는 것은 14절과 15절을 비교해보아도 확인된다. 14절에서 남자가 머리가 긴 것은 "부끄러움"[dishonor, ἀτιμία, 그리고 τίμιος는 "영예를 지키다"를 의미한다(BDAG)]이지만, 15절에서 여자의 머리는 "자기에게 영광이 [된다]"(δόξα αὐτῇ ἐστιν). 시편 8편과 고린도전서 11:14-15에서처럼, 바울은 비슷한 의미를 가진 말을 사용하는 것 같다. 핵심을 보면 "영광"이라는 말은 그 사람에게 본질적으로 속해 있는 것을 가리킨다. 따라서 어떤 사람에게 영광을 돌리는 것은

40. Barrett, *First Corinthians*, 252. 또한 Morna D. Hooker, "Authority on Her Head: An Examination of 1 Cor. 11:10," *NTS* 10 (1964): 410-16도 보라. 바울이 여자를 하나님의 형상으로 생각하지 않는다고 주장하는 것은 확실히 잘못이다.

그 사람의 모든 선함을 드러내거나 지시한다는 의미에서 그 사람을 영예롭게 하는 것이다. 바울은 "여자가 남자를 위하여 지음을 받은 것"이라고 말할 때, 하나님이 주신 아내의 역할이 그가 위하여 살도록 지음 받은 남자를 영예롭게 하는 데 있었음을 다시 지시한다. 반면에 먼저 지음 받은 남자는, 아직 지음 받지 않은 여자가 아니라 하나님께 영예 혹은 영광을 돌리도록 지음을 받았다.[41] 당시 사회적 관행에 따라 머리를 가리는 이유가 무엇이건 간에, 여기서 바울의 요점은 남편과 아내의 창조 질서의 차이는 단순히 그리스도인이 되었다고 해서 바뀐 것이 아니라는 점이다. 이 창조 질서는 계속 존중되어야 한다. 이런 면에서 예배할 때 영광을 받으실 분은 궁극적으로 오직 그리스도시다.

11:10 그러므로 여자는 천사들로 말미암아 권세 아래에 있는 표를 그 머리 위에 둘지니라(διὰ τοῦτο ὀφείλει ἡ γυνὴ ἐξουσίαν ἔχειν ἐπὶ τῆς κεφαλῆς διὰ τοὺς ἀγγέλους). 천사들을 언급하는 이 이상한 구절은 실제로 여자가 머리를 올리거나 머리에 스카프나 숄을 쓸 때 어떤 일이 일어나는지 이해하도록 돕는다. 논쟁할 때 이 구절의 위치에 대한 몇몇 구조적 설명은 해석을 돕는 무대를 설치하는 역할을 한다. 첫째, '이 때문에'(διὰ τοῦτο, 개역개정에는 "그러므로"-역주)라는 말은 바울이 남자가 머리를 '가려서는' '안 되는'(οὐκ ὀφείλει) 이유를 증명한(7절) 직전 논증을 돌아본다. 8-9절은 창조 내러티브에서 나온 이에 대한 두 가지 증명을 제공했다. (1) "여자는 남자에게서 났다." (2) 남자가 "여자를 위하여" 지음을 받지 아니하고 반대로 여자가 남자를 위하여 지음을 받았다. 따라서 이 창조 질서 '때문에' 지금 어떻게 해야 할지 여자에게 말씀이 주어진다. 다시 말하면 남자(7절)와 여자(10절)에게 모두 주어진 "…지니라"(ought to/must)라는 말에 함축된 강력한 명령[42]이 8-9절의 논증으로 옹호된다. 둘째, 11절의 '그럼에도'(πλήν, 개역개정에는 "그러나"-역주)라는 말은 10절에서 방금 말한 내용과의 강력한 대조를 암시한다. 이것 역시 10절을 이해하는 방식에 중대한 역할을 한다.

그렇다면 10절의 '여자는 권세(권세의 상징)를 그 머리 위에 두라'(ἐξουσίαν ἔχειν ἐπὶ τῆς κεφαλῆς)는 말은 무슨 뜻인가? 다양한 번역이 단어를 덧붙여 이 말을 더 잘 이해할 수 있게 하려고 애쓴다. 말하자면 "…의 상징"(NASB 1995, ESV, NRSV, NKJV, NIV 2011), "…의 표"(NIV 1984), "수건"(RSV), "권세를 그 머리 위에 두다"(AV) 등을 덧붙인다(개역개정에는 "…아래에 있는 표"-역주). 3절부터 나온 전체 논증의 구조와 틀을 고려하면, 바울은 여자에게, 더 개연성 있는 것으로는 아내에게 마땅하고도 적절한 방식으로 머리를 단장할(또는 가릴) 것을 언급한다. 그러나 "권세"(권세의 상징)는 무엇을 가리키는가? 대다수 번역처럼, 그것은 아내가 남편의 권세 아래 있음을 증명하기 위해 완곡하게 "자기의 머리를 가리는 것"(TEV)을 가리키는가? 이것이 이 본문에 대한 전통적인 해석이었다. 이 해석에 따르면, 여자가 머리를 적절하게 단장하는 것이 필수 조건인 이유는 이것이 여자가 공개석상에서 말할 때 남편에게 합당한 영예를 돌리는 것을 증명하는 방식이기 때문이다. 따라서 머리를 가리는 것은 결혼한 여자로서 자기 남편의 "권세" 아래 있음을 보여주는 상징이다.

또는 왓슨(Watson)이 주장하는 것처럼, 그것은 여자의 머리의 성적인 매력으로 말미암아 예배에서 남자들

41. 잠언 11:16a(LXX)은 이렇게 말한다. "유덕한 여자는 남편에게 영광을 얻고"(γυνὴ εὐχάριστος ἐγείρει ἀνδρὶ δόξαν). 이런 여자의 반대는 "치욕(ἀτιμίας)의 자리"에 있는 부정한 여자다.

42. Winter, *After Paul Left Corinth*, 130-31은 이렇게 지적한다. "온건한 '당위'(ought)는…그리스-로마 사회에서 그 말이 표상하는 강력한 의미를 정당화하지 못한다. 로마법은 전체 부분을…의무 법칙에 할애했다. 의무가 속박이었고, Seneca에 따르면 의무를 이행하지 못하는 것이 죄였다"(강조체 저자).

의 마음을 산만하게 하는 문제가 있었고, 그러므로 여자는 머리를 가려 자신의 (육체적) 머리를 통제함으로써 기도하거나 예언할 때 남자들이 자기를 '주목하지' 못하도록 보장하는 것을 암시하는가? 따라서 바울은 이 점에서 여자가 새 언약 공동체에서 예배와 관련하여 충분한 권리를 행사하도록 허용한다.[43] 그러나 여기서 한 가지 문제점은 바울이 지금까지 성적 시험 문제에 관해 말한 적이 없고, (타락하기 전) 창조 질서에 호소하는 것이 강조점을 갑자기 바꾸는 것에 별로 도움이 되지 않는다는 점이다. 그러므로 여자가 예배에서 충분한 권리를 행사하는 주제는 일반적으로 현재 문맥과 맞지 않는 것 같다.

후커(Hooker)가 또 다른 견해를 제시했다. 후커는 "권세"(ἐξουσία)라는 단어가 항상 "능동적" 의미로 사용되므로, 여기서 그것이 여자 외에 다른 사람의 권세를 가리킬 수 없다고 주장한다. 오히려 머리를 가리는 것은 여자가 기도하거나 예언하는 권세와 관련되어 있다. 그리고 그것은 남자의 영광을 가린다. 머리를 가리는 것은 여자가 남편의 권세 아래 있음을 증명하는 것이 아니다. 여자는 남자의 영광이지만 예배의 대상은 하나님이므로, "남자의 영광"을 감추기 위해 머리를 가리는 것이 요구된다고 주장한다. 이렇게 보면 오직 하나님의 영광만이 예배의 초점이다.[44] 이 부분의 주석적, 신학적 문제를 다루는 한 중요한 논문에서, 슈라이너(Schreiner)는 일곱 가지 이유를 들어 후커의 견해를 반대한다.[45] 가장 중요한 이유는 다음과 같다. 이 견해는 10절이 8-9절에서 언급한 내용 '때문에' 참되다는 사실을 적절히 설명하지 못한다. 10절은 7절과 평행을 이룬다. 10절의 명령은 여자에게 주어지되, 여자가 어떻게 단장해야 하는지에 관한 명령이다. 여기서 강조점은 여자의 "권리"에 있지 않다. 만약 초점이 지금 여자의 "권리"나 "권세"에 있었다면, "바울이 이전 구절들에서 말한 내용과 모순된다." 일부 주석가가 주장한 것처럼, "10절에서 *exousia*(권세)를 '권세의 표' 또는 '권세의 상징'으로 보는 것은 조금도 문제가 없다." 확실히 슈라이너는 머리 위에 둔 것이 어떤 것의 표나 상징이 될 수 있는 것이 솔직히 가능하다고 주장한다. 슈라이너는 요한계시록 12:3에 나오는 용과 그의 왕관을 본보기로 제시한다. 슈라이너가 "머리에 세 왕국을" 가진 석상을 언급하는 시칠리아의 디오도루스(Diodorus of Sicily) 1.47.5를 제시하는 것이 특히 흥미롭다. 그 문맥에서 이것은 "다스리는 왕국의 상징인 세 왕관"을 가리킨다.[46] 따라서 디오도루스에게서 나온 사례는 후커가 "권세"는 항상 사람의 권세를 가리킨다고 말한 것이 과장이었음을 증명하는 데 다시 사용된다. 슈라이너는 다음과 같이 계속 설명한다.

> 본문은 오지만디아스 왕의 모친의 조상(彫像)을 묘사하고, 내용은 다음과 같다.
>
> 홀로 서 있는 그의 어머니의 또 다른 조상도 있다. 이 비석은 높이가 20규빗이고 머리에 세 왕국을 갖고 있는데, 이것은 그녀가 딸과 아내 그리고 왕의 어머니였다는 것을 상징했다(1.47.5).
>
> 여기서 세 왕관은…모두 다른 사람의 권세를 표상한다.[47]

---

43. Francis Watson, "The Authority of the Voice: A Theological Reading of 1 Cor 11:2-16," *NTS* 46 (2000): 520-36.

44. Hooker, "Authority on Her Head." Hooker의 견해를 많은 학자가 따랐다. 참고. Barrett, *First Corinthians*, 253; Cotterell, Turner 공저, *Linguistics and Biblical Interpretation*, 326.

45. Thomas R. Schreiner, "Head Coverings, Prophecies and the Trinity: 1 Corinthians 11:2-16," in *Recovering Biblical Manhood and Womanhood: A Response to Evangelical Feminism*, 공동편집 John Piper, Wayne A. Grudem (Wheaton, IL: Crossway, 1991), 124-39.

46. 앞의 책, 135.

47. 앞의 책, 136.

이 논증에 비추어 볼 때 그리고 논증의 큰 방향 전환이 여기가 아니라 다음 구절에서 "그러나"라는 말과 함께 이루어지는 사실에 비추어 볼 때, 이 본문에 대한 전통적 관점인 다수파 견해가 정확하다고 본다. 바울은 "머리"의 역할 관계에서 이끌어낸 논증을 통해 교회 안에서 기도하고 예언하는 여자에게 머리를 가리라고 요구했다. 그러나 바울은 또한 창세기 1장과 2장으로부터 함께 나온 논리를 통해서도 이것을 주장했다. 남편의 머리 됨이 한 논증이다. 또 한 논증은 여자의 원천인 남자와 관련되어 있다. 머리를 가리는 것은 이런 성의 구별을 적절히 존중한다. 모두가 예배에 참여할 수 있지만, 남편과 아내의 역할은 존중되어야 한다. 그리스-로마 사회에서는 이것이 여자가 머리를 헝클어뜨리는 것이 아니라 특별히 단정하게 꾸미는 모습에서 확인되었다.

마지막으로 이 구절에서 우리는 "천사들로 말미암아"(διὰ τοὺς ἀγγέλους)라는 수수께끼 같은 어구를 만난다. 가능한 의미로 다양한 견해가 제시되었다. 다만 여기서는 세 가지 가능한 의미만 언급하겠다. 어떤 주석가는 이 단어(ἄγγελος)가 '사자'(messenger)를 의미한다고 보았다. 예를 들어, 윈터는 여자가 다른 교회에서 파견되어 로마의 "신 여성"처럼 보이는 여자들을 두렵게 만들 수 있는 사자 때문에 자기의 머리를 가렸다고 주장한다.[48] 다른 주석가는 이 언급이 천사들이 내려와 사람의 딸들과 성관계를 했다고 말하는 창세기 6장에 대한 해석을 되돌아본다고 믿었다. 예를 들어, 테르툴리아누스는 창세기 6장에서 여자는 (나쁜) 천사들에게 취약하다는 결론을 이끌어냈다. 테르툴리아누스는 이렇게 말했다. "'천사들로 말미암아'에서 그들은 어떤 천사인가? 즉, 누구의 천사들인가? 만약 바울이 창조주의 타락한 천사들을 가리킨다면, 그의 말에 큰 타당성이 있다. 타락한 천사들에게 덫이 된 얼굴은 겸손한 모습을 가장하고 아름다움을 희미하게 만드는 어떤 표를 가져야 하는 것이 옳다."[49] 따라서 여자는 머리를 가리지 않음으로써 (타락한) 천사들을 '유혹해서는' 안 된다.

마지막으로 어떤 주석가는 예배에 힘을 주고 예배 질서의 수호자가 되는 천사와 연계성이 있다고 주장했다.[50] 예를 들어, 요한계시록 8:3에서 천사는 사람들의 기도를 중재한다. 요한계시록 8:3과 히브리서 1:6에는 (선한) 천사가 예배의 자리에 있는 장면을 반영한다. 천사는 땅에 있는 하나님의 백성 가운데 일어나는 일을 아는 것으로 여겨진다(눅 15:10). 나아가 천사는 율법의 수호자와 중재자로 여겨진다(참고. 갈 3:19). 따라서 바울은 이것이 남자나 다른 사람들만이 아니라 천사도 관련된 예배에서 행하는 일이기 때문에, 여자가 머리를 적절하게 단장해야 하는 또 하나의 이유가 된다고 보는 것 같다. 또한 이것은 여자에게 그들이 하나님을 예배하고 언젠가 천사들을 심판하게 될 하나님이 세우신 사회의 진정한 일원이라는 사실을 상기시켜줄 수 있다. 이 마지막 견해가 이 난해한 구절을 가장 잘 이해하게 해주는 것 같다.

11:11-12 그러나 주 안에는 남자 없이 여자만 있지 않고 여자 없이 남자만 있지 아니하니라 이는 여자가 남자에게서 난 것 같이 남자도 여자로 말미암아 났음이라 그리고 모든 것은 하나님에게서 났느니라(πλὴν οὔτε γυνὴ χωρὶς ἀνδρὸς οὔτε ἀνὴρ χωρὶς γυναικὸς ἐν κυρίῳ· ὥσπερ γὰρ ἡ γυνὴ ἐκ τοῦ ἀνδρός, οὕτως καὶ ὁ ἀνὴρ διὰ τῆς γυναικός· τὰ δὲ πάντα ἐκ τοῦ θεοῦ). 만약 이 부분에서 바울의 논증에 전환점이 있다면 바로 이 구절이라고 할 수 있다. 이제 바울은 남자와 여자의 상호 관계성을 강조한다. 바울은 여기서 남편이 아내와 맺은 역할 관계에서 남편의 머리 됨에 호소했던

48. *Roman Wives*, 91.

49. Tertullian, *Against Marcion* 5.8 (ANF 3:445).

50. 참고. Hays, *First Corinthians*, 188; Fitzmyer, *1 Corinthians*, 418-19(특히 쿰란 문서를 참조함); Collins, *First Corinthians*, 412.

이전의 말과 의도적으로 대조한다. 바울의 말은 오늘날 우리가 들을 수 있는 말, 곧 여자는 '열등하다'거나 남자는 '우월하다'는 식의 주장을 반대하려는 의도가 있다. 바울은 이런 말을 절대 하지 않는다. '그럼에도'(πλήν)라는 단어(개역개정에는 "그러나"-역주)는 앞에 나온 말과 강력한 대조를 이룬다. 여기서 논증은 다시 정교하게 그리고 구조적으로 균형을 이루고(여자, 남자, 여자, 남자), 이것은 여자와 남자에 관한 내용의 대조를 명확히 한다. 남자와 여자는 "주 안에서"(ἐν κυρίῳ) 살며 일할 때 상호 의존적이다. 여자가 원래 남자에게서 난 것처럼, 지금은 모든 남자가 여자를 통해 난다(여자에게서 태어난다는 의미에서). 여기에 남자와 여자의 실존과 관련하여 상호 의존성이 있다.

바울은 남편의 머리 됨이 아내가 머리를 가리는 일에 반영되어 있다는 주장(하지만 여자는 여전히 기도와 예언을 통해 예배에 충분히 참여한다)이 자신의 의도를 벗어나 제시되지 못하도록 단서를 붙인다. 벵겔(Bengel)은 바울이 방금 말한 내용에 단서를 붙이는 의도가 "남자가 자기를 높이지 않도록, 또는 여자가 자신이 경멸당했다고 생각하지 않도록" 하는 데 있다고 적절하게 요약한다.[51] 여기서 위험성은 여자를 하나님 나라의 경륜 속에서 별로 가치가 없게 여기거나, 남자가 하나님 나라의 경륜 속에서 특별하고 더 중요한 지위를 차지했다고 여기는 것에 있다. 오히려 바울은 남자와 여자가 상호 의존성을 절대로 망각해서는 안 된다고 말한다. 남자는 여자 없이 살 수 없고 반대로 여자도 남자 없이 살 수 없다. 아마 여기서 바울의 생각은 12장에서 "몸"을 해설하는 내용과 상당히 많이 중첩될 것이다. 12장에서 바울은 교회 안에서 다른 은사로 다른 역할을 감당하는 교인들이 외관상 더 중요한 은사를 가진 교인들보다 절대로 열등하지 않다고 주장한다. 예를 들어, 12:16은 "또 귀가 이르되 나는 눈이 아니니 몸에 붙지 아니하였다 할지라도 이로써 몸에 붙지 아니한 것이 아니니"라고 말한다. 여기에서 하나님 앞에서 존재와 지위의 동등성을 주장하는 것과, 다른 한편으로 역할의 구분을 묘사하는 것이 바울에게 모순된 관념이 아니라는 점을 또 다시 확인한다. 왜냐하면 중요한 점은 모두가 "주 안에" 있는 것이기 때문이다.

'그리스도인'이라는 말의 동의어가 되는 것에서부터 언약의 주의 대표적인 사역을 묘사하는 것에 이르기까지 폭넓은 의미를 내포할 수 있는 "주 안에 [있는 자]"(ἐν κυρίῳ)라는 말을 바울이 어떤 의미로 사용하는지 약간 논란이 있다. 하지만 여기서는 이 말의 의미가 무척 자연스럽게 드러나는 것 같다. 말하자면 이 말은 주의 새 공동체의 지체가 되는 자, 즉 그리스도 안에 '참여하는' 자를 가리킨다(주와 κοινωνία라는 단어가 함께 나옴, 1:9). 바울은 1:3에서 고린도 교회의 그리스도인에게 말할 때 이 기초를 세웠다. 바울은 12장에서 이 기초에 따라 몸에 관한 은유를 제시한다.

"모든 것은 하나님에게서 났느니라"(12c절, πάντα ἐκ τοῦ θεοῦ)는 바울의 결론은 고린도 교인에게 결국 하나님이 만물의 원천이라는 사실과 모든 영광은 하나님 안에 최종적인 초점을 두어야 한다는 사실을 상기시킨다. 이 진술은 포괄적이지만 "주 안에" 있는 자만이 아니라 모든 피조물이 창조주 하나님에게서 났다는 사실을 암시한다. 따라서 바울은 모든 사람이 사는 가장 폭넓은 배경을 지시하기 때문에 "본성"이 가르칠 수 있는 것에 관해서도 말하는 길을 연다.

11:13-15 너희는 스스로 판단하라 여자가 머리를 가리지 않고 하나님께 기도하는 것이 마땅하냐 만일 남자에게 긴 머리가 있으면 자기에게 부끄러움이 되는 것을 본성이 너희에게 가르

51. Bengel, *Gnomon of the New Testament*, 281.

치지 아니하느냐 만일 여자가 긴 머리가 있으면 자기에게 영광이 되나니 긴 머리는 가리는 것을 대신하여 주셨기 때문이니라 (ἐν ὑμῖν αὐτοῖς κρίνατε· πρέπον ἐστὶν γυναῖκα ἀκατακάλυπτον τῷ θεῷ προσεύχεσθαι; οὐδὲ ἡ φύσις αὐτὴ διδάσκει ὑμᾶς ὅτι ἀνὴρ μὲν ἐὰν κομᾷ ἀτιμία αὐτῷ ἐστιν, γυνὴ δὲ ἐὰν κομᾷ δόξα αὐτῇ ἐστιν; ὅτι ἡ κόμη ἀντὶ περιβολαίου δέδοται [αὐτῇ]). 바울은 여기서 일부 고린도 교인에게 남자와 여자의 역할 차이를 존중해야 하고, 따라서 여자는 머리를 적절히 가려야 한다고 당부하는 말로 결론을 맺는다. 여기에 세 가지 마지막 요소가 담겨 있다. 첫째, 바울은 먼저 '마땅한' 것(13절)에 호소하고, 이어서 "본성"에 호소하며(14–15절), 마지막으로 16절에서 모든 교회의 관례에 호소한다. 이 가운데 처음 두 가지는 통상적으로 같은 논증의 일부로 본다. 다시 말하면 우리는 "본성"(ἡ φύσις)을 통해 '마땅한' 것(πρέπον)을 배워야 한다.

다시 한번 여자–남자–여자의 구조 속에서 여자가 초점이 된다. 명령이 첫 번째 수사적 질문(세 개 중 첫 번째)을 소개하는데, 이것은 단언으로 기능한다. 이 질문의 추정된 답변은 '아니, 그것은 마땅하지 않다'가 된다. 여기서 바울은 "본성"에 호소한다. 아마 "판단하라"(κρίνατε)는 명령에는 어느 정도 아이러니가, 아니 사실은 비꼬는 태도가 담겨 있을 것이다. 고린도 교회의 많은 교인이 확실히 자기들의 지혜 또는 지식으로 말미암아 사실을 '판단하고' '분별할' 수 있다고 믿었다. 따라서 성경의 가르침을 던져버리고, 일부 여성의 추정된 새로운 지위를 과시할 준비가 된 이 교만한 사람들에게 스스로 판단하라고 도전한다. 이 부정과거 명령은 고린도전서에 흔히 나오지 않는다. 아마 그들이 그 문제에 대해 논의할 것이 아니라 결정해야 한다는 사실을 함축할 것이다. 스스로 판단할 때 그들에게 주어질 답변은 극명하다. 바울은 암묵적으로 왜 그들이 이것의 명백함을 보지 못했는지 그리고 왜 아내의 '마땅한' 머리 모양이나 머리 가리는 일을 무시했는지 묻고 있다.

더 나아가 첫 번째 질문은 독자가 문제를 이해하도록 돕는 역할도 한다. 바울은 성경으로부터 왜 남자와 여자 간에 역할의 차이가 있는지 그리고 어떻게 그 차이가 공적 예배에서 반영해야 할 창조 질서의 일부인지 증명했지만, 이것을 실제 삶 속에서 증명하거나 예증하는 길은 문화에 의존한다. '마땅한' 것은 이 시대 전체 내내 고정된 것이 아니다. 헐리와 윈터 그리고 다른 주석가가 증명한 것처럼, 머리 모양과 머리를 가리는 일은 가변적이었다. 당시에 유대인 여자는 머리를 기르는 데 있어 그리스인 여자가 보여준 것과 다른 방식에 익숙했다. 로마 여성들은 그 시대에 세상이 또다시 바뀌는 것을 보았다. 확실히 윈터가 로마의 "신" 여성에 관해 제시한 증거는 이런 경향을 잘 보여준다. 그러므로 바울은 어떤 것이 '마땅한지'에 관한 문제를 정숙함 및 결혼한 여자라는 지위에 반영한다. 따라서 남편에게 영예를 돌리는 문화적 방식과 관련된다고 본다. 바울이 창조 내러티브에서 가져온 증거는 하나님을 공적으로 예배할 때 남자와 여자라는 성의 차이와 역할에 관한 사실을 보여준다. 이 역할이 오늘날 어떻게 반영될지는 옛날과 똑같이 다음 명령에 복종하는 것으로 가장 잘 반응할 수 있다. "너희는 스스로 판단하라"(참고. 10:15).

"본성"에 대한 호소는 또 다른 논쟁을 불러일으켰다. 어떤 면에서 바울은 창조 내러티브의 관념으로 되돌아가는 것 같다. 말하자면 남자와 여자는 "본성[상]" 또는 그들이 지음 받은 방식에 따라, 남자는 머리를 짧게 자르고 여자는 머리를 길게 길러야 한다고 알고 있다. 그러나 블롬버그(Blomberg)는 다음과 같이 정확히 지적한다.

> 유대인인 바울은 엄밀히 머리를 자르지 않았다는 이유로 하나님이 복을 베풀어주신 나실인에 대해 잘 알았다[가장 유명한 사례가 삼손에 관한 사건이다(삿 13:5)]. 그리스 세계에서 스파르타 사람들은 어깨까지 내려오는 치렁치렁한 머리로 유명했다. 그러나 지금과 마찬가지로 그때도 대부분의 문화는 남자와 여자

간의 머리 길이의 상대적인 차이를 인정했다.[52]

그러므로 블롬버그는 다른 많은 주석가와 마찬가지로 다음과 같이 결론을 내린다.

> 여기서 "본성"은 아마 "오랫동안 형성된 관례", 곧 "긴 습관으로 말미암아 거의 본능"이 된 것으로 가장 잘 이해될 것이다.[53]

이 문맥에서 바울은 "본성"을 모든 인간이 직관적으로 이해하는 것으로 생각했다고 볼 수 없다. 그렇다고 남자와 여자의 창조의 참된 본질에 속한 것에 대한 묘사(예컨대 스토아 사상에서처럼)로 보지도 않았다.

따라서 바울 당시의 관례 및 대다수 세대의 관례는 긴 머리를 한 남자는 자신을 욕되게 한다는 것이다. 아마 이것은 많은 현대 사회에서 그런 것처럼 남자에게 긴 머리가 유약함, 곧 남자가 여자처럼 보이려고 애쓰는 모습을 암시하는 풍속과 관련되어 있을 것이다. 바울이 성경을 통해 증명한 것처럼, 성의 역할은 중요하기 때문에 이렇게 확립된 관례를 무시하는 것은 함께 모여 예배할 때 교회와 하나님 앞에서 부끄러운 짓이다. 이 구절은 바울이 철저히 남자와 여자가 머리를 가리는 문제가 아니라, 그들의 머리를 대하는 문제를 다루었다는 견해를 추가로 확증하는 역할을 한다고 앞에서 지적했다.[54] 바울은 계속해서 여자의 긴 머리는 그의 "영광"이라고 말한다. 배럿은 이에 대해 유익한 설명을 제시한다. "하나님이 정하신 목적에 순종하는 것이 인간이 하나님께 돌릴 수 있는 최고의 영광이다. 여자가 여성스럽게 머리를 길게 기르는 것은 피조물 속에서 자기의 역할을 제대로 감당하고 있음을 보여주는 외적 표지다."[55] 적절하게 그리고 정숙하게 단장한 긴 머리는 여자의 영광이다. 그러므로 여자는 그의 머리인 남편에게 진실로 영광을 돌린다. 그렇게 하면 여자가 아내라는 점이 드러나고, 여자가 교회 안에서 자신의 "권세"를 자랑하지 않고 겸손함을 택했음을 보여주기 때문이다. 따라서 바울은 '긴 머리가 가리는 것을 대신하여 주어졌기(주셨기) 때문이니라'고 결론을 맺는다. 여기서 완료 수동태 '주어졌다'(δέδοται)는 말은 이처럼 성의 구별에 무척 중요한, 머리를 가리는 일을 여자에게 부여한 당사자가 '자연'과 같은 어떤 비인격적 힘이 아니라 여자에게 그의 머리를 주신 하나님 자신이라는 점을 상기시킨다. 바울이 창세기에서 가져온 논증에 따르면, 여자가 주어진 일을 행하는 것은 남편에게 영광을 돌리거나 돌리지 않거나 하는 일이 될 것이다. 의무를 이행하고 머리를 적절하게 단장할 때, 여자는 예배의 자리에서 기도하고 예언하는 자신을 포함한 전체 공동체가 하나님께 영광을 돌릴 수 있게 할 것이다. 여자의 머리는 적절하게 단장해야 한다. 그리고 여자의 머리는 하나님이 주신 가리개다.

11:16 논쟁하려는 생각을 가진 자가 있을지라도 우리에게나 하나님의 모든 교회에는 이런 관례가 없느니라(Εἰ δέ τις δοκεῖ φιλόνεικος εἶναι, ἡμεῖς τοιαύτην συνήθειαν οὐκ ἔχομεν, οὐδὲ αἱ ἐκκλησίαι τοῦ θεοῦ). 결론에서 바울은 사람들이 논쟁하는(φιλόνεικος) 문제를 제기한다. 이 불완전한 제

52. Blomberg, *1 Corinthians*, 213.

53. 앞의 책. Calvin, *1 Corinthians*, 235는 이렇게 말한다. "(바울은) 본성을 이미 승인된 관습으로 본다."

54. Bruce, *1 and 2 Corinthians*, 108은 여자에게 충분한 머리 가리개가 주어졌고, 그러하기에 여자는 그 머리를 가려야 했다는 "유비적인 추론"이 나올 수 있다고 주장한다. 이것은 당치 않다. Francis Watson, *Agape, Eros, Gender: Toward a Pauline Sexual Ethic* (Cambridge: Cambridge University Press, 2000), 86-87, 그리고 이후 Ciampa, Rosner 공저, *First Corinthians*, 540은 동일한 방향으로 움직인다. 이것은 바울의 논증을 매우 복잡하게 만든다. 바울은 훨씬 더 단순하게 관습에 호소하는 것으로 이해된다. 여자는 머리가 길고 남자는 머리가 짧다. 여자에게는 긴 머리가 영광이고 남자에게는 긴 머리가 치욕이다.

55. *First Corinthians*, 257.

1조건문은 이런 사람들이 주변에 있을 수 있음을 가정한다. 고든 피가 지적하는 것처럼,[56] 첫 번째 조건절은 3:18과 8:2에 이미 나왔고, 14:37(참고. 10:12)에서 다시 사용된다. 이 각각의 사례에서 바울은 고린도 교인 가운데 일부가 "지혜 있는" 줄로 생각하거나(3:18), "무엇을 아는 줄로" 생각하거나(8:2), "자기를 선지자나 혹은 신령한" 자로 생각한(14:37) 것을 다룬다. 각각의 경우에서처럼, 일부 교인은 잘못된 길을 따르고 있었다. 따라서 바로 그들이 여기서 논쟁하려는 자다. 더 지혜롭고 무엇을 안다고 '생각하는' 자에게 줄곧 주어지는 도전은 '다시 생각하라'는 것이다.

앞에서 지적한 것처럼, 이것은 단지 일부 여자 교인이 머리를 '가리지 않고' 기도하면서 자기들의 "지혜"나 "지식"에 의존했음을 보여주는 또 하나의 표시다. 바울이 고린도전서에서 거론하는 다른 많은 문제를 보면, 바울의 생각과 다른 입장을 가진 교인들이 논쟁하려고 한 것은 거의 의심할 바가 없다. 일부 교인은 교만해서 바울이 전하는 말을 두고 "논쟁하려는" 태도를 취할 수 있었다. 여기서 문제는 그들이 서로 논쟁한다는 점에 있는 것 같지 않다. 바울은 다루는 주제를 어떻게든 더 나은 성경적 관점에 따라 그들을 설복하려는 의도를 여전히 고수한다. 이제 바울이 마지막으로 호소하는 대상은 다른 교회들('하나님의 교회들', αἱ ἐκκλησίαι τοῦ θεοῦ)의 관례다. 고린도 교인은 바울이 광범한 교회들 속에서 일반적으로 가르쳐지고 따르는 사실을 요구한다는 점을 파악하는 것이 중요하다(7:17과 14:33에서도 보라).

■ 12-16절에 대한 요약

바울은 결혼한 여자가 공적 예배에 참여할 때, 남편과 아내가 맡은 역할의 차이를 인정해야 한다는 입장을 정교하고 다면적인 논증을 통해 제시했다. 바울은 예배 배경에 '마땅한' 것이 문화 속에서, 최소한 부분적으로, 여자와 남자의 각기 다른 머리 모양에서 확인될 것이라고 주장했다. 바울은 머리 됨에 관한 다양한 관계를 진술하여 논증의 토대를 마련했다. 바울은 이 관계들 안에서 어떻게 영광과 영예(존귀)가 "머리"에 주어져야 하는지 설명했다. 바울은 여자가 머리를 가리는 일이 이 영예를 남편과 아내 사이에 반영하는 한 방식이라는 점을 증명했다. 바울은 이 사실을 지지하고자 창조 내러티브로 돌아갔다. 이어서 "본성"의 일반적 습관으로 돌아갔다. 그리고 여자의 머리 자체가 이 목적을 위해 주어졌다는 사실을 제시했다. 그런 다음 마지막으로 다른 교회들의 일반적 관례에 호소했다(이렇게 다른 "교회들"의 관례에 호소하는 사례가 4:17과 7:17에서도 사용된 것을 주목하라). 바울의 논증은 강력하고 정교한 수사에 따라 구성되었다. 이 부분은 바울이 고린도 교인에게 전해준 전통을 얼마나 잘 지켰는지 칭찬하는 것으로 시작하고, 모든 "하나님의 교회들" 속에서 발견된 전통에 호소하는 것으로 끝마친다. 그러나 바울은 내내 고린도 교회를 크게 염려하고, 그들에게서 적절하게 하나님을 공경하는 방식으로 예배하는 모습을 보고자 하는 마음으로 논증했다. 이런 이유로 이 부분이 다른 교회들에 호소하는 것으로 끝마치는 것은 매우 적합하다. 교회들은 다른 여자들이 기도하고 예언하는 모습을 볼 수 있는 곳이기 때문이다.

56. Fee, *1 Corinthians*, 585n160.

적용에서의 신학

고린도전서에서 이 부분이 현대에 많은 논란을 일으킨 것은 의심할 여지가 없다. 이 부분은 교회 안에서 진행되는 예배와 관계에 대한 가부장적 관점, 아니 사실은 여성 차별주의적인 관점을 반영하는 본문으로 여겨졌다. 확실히 이 본문을 신학적으로 현대 교회에 적용할 때는 다음 세 가지 요점을 유념해야 한다. 첫째, 남자와 여자, 남편과 아내, 젊은이와 노인을 막론하고, 문화 속에서 사람들 사이의 존중과 영예를 표현하는 방식은 세대마다 다르고 문화마다 다르다. 둘째, 이 부분에서 바울의 일반적 관심사는 예배의 질서, 예절, 평안에 있다는 점을 기억해야 한다(11:13, 16, 33; 14:33, 40). 바울은 여자가 예배 자리에서 기도하거나 예언할 수 있는지에 관한 문제를 다루지 않는다. 오히려 바울은 이때 여자가 어떻게 기도하고 예언해야 하는지에 관심이 있다. 이것 때문에 우리는 14:33-34을 해석할 때 주의를 기울인다. 셋째, 바울은 남자와 여자 사이의, 그러므로 특히 남편과 아내 사이의 적절한 구별을 유지하는 것에 관심이 있다. 바울은 자신의 견해를 옹호하고자 다양한 논증을 제시했다. 하지만 바울은 결혼 생활에서 남편의 머리 됨을 손상하고, 그래서 남편을 욕되게 할 수 있는 문화적 규범은 공동 예배에서 절대로 무시되어서는 안 된다는 점에 관심을 둔다.

그러나 남자와 여자를 번갈아 진술하는 이 본문의 정교한 균형적 구조는, 남자와 여자 사이를 구별하는 문화적 규범을 무시함으로써 어떤 '수치'(욕됨)를 피할 의무가 남편과 아내에게 부과되어 있음을 상기시킨다. 남편과 아내의 역할의 차이는 창조 자체에 기원이 있다고 바울은 주장했다. 남자와 여자는 함께 개인 생활이나 결혼 생활에서 하나님을 반영한다. 하나님과 그분의 백성이 맺는 사랑의 관계는 종종 성경에서 결혼 관계로 그려진다(사 54:5; 렘 3:20; 겔 16장; 호 2:16). 에베소서 5:23-33이 분명히 하는 것처럼, 결혼 그림에서 아내는 교회를 반영하고 남편은 주님을 반영하기 때문에 역할이 다를 수 있다. 그러나 남편과 아내는 함께 그리스도와 교회의 사랑의 관계를 강력히 표현한다(엡 5:32).

여기서 바울의 관심사는 머리를 어떻게 기르느냐에 있다. 머리의 길이(또는 머리를 가리는 법)에 대한 문화적 규범을 어기는 것이 여자가 자신의 "머리", 곧 남편을 욕되게 하는 것을 함축하기 때문이다. 남편과 아내의 구별을 흐리고 남편과 아내가 그들의 머리에 대해 영광을 드러내야 하는 다양한 방법을 희미하게 하는 것은, 그리스도 안에서 남자와 여자가 가진 자유를 왜곡하고 오해하는 것이다. 아내는 남편과 똑같이 예배에서 기도하고 예언할 수 있다. 그러나 아내는 모든 교인에게 남편에 대한 사랑과 영예를 계속 반영하는 방식으로 기도하고 예언해야 한다. 여기서 머리 모양으로 확인된 것처럼, 남편과 아내는 마땅히 되어야 할 존재가 됨으로써 그리고 성의 구별을 유지함으로써 그들의 "머리"에 영광을 돌리게 된다. 이것이 바로 그들이 지음 받은 목적이다.

고린도 교회에서 일부 여자 교인이 적절치 못하게 지위를 자랑하기 위해 어떤 활동을 했다는 견해는 아마 참될 것이다. 이 여자들이 다른 교인들을 배려하거나 그리스도 안에서 남에게 덕을 세우지 못하고 자신에게 주어진 성령의 은사를 자랑했을 때 문제가 일어났다는 사실은, 이것이 고린도 교회의 생활의 다른 분야에서 바울이 접한 '교만한' 엘리트주의의 또 다른 특수 사례임을 암시한다.

많은 현대 교회에서 남자와 여자는 기도하고 예언하는 일에 얼마든지 참여할 수 있다. 그러나 이 활동이 자기 자랑이 되거나 창조 당시에 남편과 아내에게 주어진 소임의 차이를 불투명하게 만들어서는 안 된다. 하나님을 예배하는 동안 성의 역할을 규정한 문화적 방식을 의도적으로 깨뜨리는 것은 상대방을 욕되게 하는 일이다. 따라서 이것은 하나님, 남자, 여자의 영광을 흐리는 일이다. 오늘날 서양 사회에서는 머리를 가리는 일이 별로 문제가 되지 않는다. 그러나 남자와 여자가 문화적 관습과 성의 구별을 무시하는 것을 자랑하고, 그리하여 주님과 그분의 창조 질서가 아니라 자신에게 이목을 집중시킬 수 길은 여전히 존재한다. 사실 오늘날 서양 문화의 어느 분야에서는 성의 역할 차이를 무시하는 경향이 너무 강하기 때문에, 바울 당시의 예배보다 현대 예배에서 이런 문제가 일어날 소지가 더 크다. 어떤 지역에서는 이런 문제가 의상을 과시하거나, 값비싼 보석을 자랑하거나, 여자가 남자처럼 또 남자가 여자처럼 보이는 일에서 일어날 수 있다. 각기 다양한 문화 및 시대 속에서 각 사람과 각 교회는 예배 시간에 자신이 바울이 확언하는 진리(3절)를 희미하게 하는 유혹을 어떻게 받는지 판단해 보아야 한다. "그러나 나는 너희가 알기를 원하노니 각 남자의 머리는 그리스도요 여자의 머리는 남자요 그리스도의 머리는 하나님이시라."

CHAPTER 24

고린도전서 11:17–34

문학적 전후 문맥

11장은 바울이 고린도 교인에게 전해준 전통을 지킨 것에 대해 그들을 칭찬하는 것으로 시작했다. 하지만 17–34절은 이 칭찬과 대조를 이룬다. 여기서 바울은 '그들을 칭찬하지 않는다'고 두 번 반복한다(17, 22절). 바울은 고린도 교회의 공동 예배와 관련된 질문을 계속해서 다룬다. 심지어 고린도 교회는 주의 만찬에서도 교회의 삶에서 교정되지 않고 그대로 남아 있는 교만한 엘리트주의의 끔찍한 결과를 보여준다. 이 경우에는 가난한 교인이 주의 만찬에서 배제되는 일로 사회·경제적 맥락에서 분열이 나타난다. 바울은 예배하는 동안 고린도 교회에서 일어난 이 분열을 검토하면서 그들에게 성찬에 대한 지침을 돌아보도록 촉구한다. 이어서 바울은 고린도 교인이 성찬 식탁에서 저지른 죄에 대한 하나님의 심판을 피하기 위한 유일한 대책으로 앞서 언급한 자기 판단과 검토 주제로 돌아간다. 12장에서도 바울은 계속 공동 예배 문제를 다룬다. 거기서 바울은 더 긍정적인 관점에 따라 고린도 교인에게 은사를 올바르게 사용하는 법과 은사가 공동체 안에서 적절하게 기능할 때 어떻게 몸을 손상하지 않고 높이 세우는지 보여줄 것이다.

VII. 지위, 지식, 자유 그리고 우상에게 바친 음식(8:1–11:1)

VIII. 지위, 공적 예배, 자유, 은사(11:2–14:40)

A. 공적 예배에서 남편과 아내가 지켜야 할 행위(11:2–16)

➦ **B. 주의 만찬에서 교회가 지켜야 할 행위(11:17–34)**

C. 신령한 자와 교회 안에서 은사의 기능(12:1–31)

D. 사랑으로 인증받는 신령한 자의 지위(13:1–13)

E. 공적 예배에서 은사의 적절한 기능(14:1–25)

F. 공적 예배에서 모든 행위는 교회의 덕을 세워야 함(14:26–40)

주요 개념

고린도 교회가 파벌로 갈린 경향은 주의 만찬에서 보여준 수치스러운 행위에서 분명히 확인된다. 가난한 교인은 주의 만찬 식탁에서 배제됨으로써 굴욕을 겪었다. 고린도 교회는 함께 떡과 포도주를 먹고 마실 때 그들의 공통적인 언약의 지체로서의 몸을 기억해야 한다. 자신을 면멸히 살펴보아야 하나님의 심판을 피할 수 있다.

번역

고린도전서 11:17-34

17a 상황 내가 명하는 이 일에
b 단언 (11:2e과 대조) **너희를 칭찬하지 아니하나니**
c 기초 이는 너희의 모임이
d 유익 유익이 못되고
도리어 해로움이라

18a 기초 먼저
b 시간 너희가 교회에 모일 때에
c 단언 **너희 중에 분쟁이 있다 함을 듣고**
d 단언 어느 정도 **믿거니와**
19a 기초 **너희 중에 파당이 있어야**
b 목적 너희 중에 옳다 인정함을 받은 자들이 나타나게 되리라

20a 그런즉
b 시간 너희가 함께 모여서
c 주제 소개 (단언) **주의 만찬을 먹을 수 없으니**
21a 기초 이는 먹을 때에 **각각 자기의 만찬을 먼저 갖다 먹으므로**
b 확대 어떤 사람은 시장하고
어떤 사람은 취함이라
22a 탄식/수사적 질문 **너희가 먹고 마실 집이 없느냐**

b 수사적 질문 **너희가 하나님의 교회를 업신여기고**
c 연속, 질문 **빈궁한 자들을 부끄럽게 하느냐**
d 연속 **내가 너희에게 무슨 말을 하랴**

e	연속	**너희를 칭찬하랴**
f	단언(부정적)	**이것으로 칭찬하지 않노라**
23a	내용	내가 너희에게 전한 것은
b	단언	**주께 받은 것이니**
c	전통의 내용	곧 주 예수께서
d	시간	잡히시던 밤에
e	단언	떡을 가지사
24a	시간	축사하시고
b	단언	떼어 이르시되
c	인용	이것은 너희를 위하는 내 몸이니 이것을 행하여 나를 기념하라 하시고 (참고. 마 26:26-28과 공관복음서 평행 본문들)
25a	시간	식후에…이르시되
b	단언	또한…잔을 가지시고
c	방식 (23e-24절에 대한 언급)	그와 같이
d	인용(계속)	이 잔은 내 피로 세운 새 언약이니 이것을 행하여 마실 때마다 나를 기념하라 하셨으니 (참고. 마 26:26-28과 공관복음서 평행 본문들)
26a	설명	너희가 이 떡을 먹으며 이 잔을 마실 때마다
b	단언	**주의 죽으심을…전하는 것이니라**
c	시간	그가 오실 때까지
27a	23-26절로부터 추론	그러므로
b	단언(주체)	**누구든지…먹고 마시는 자는** **주의 떡이나 잔을**
c	방식	합당하지 않게
d	단언	**주의 몸과 피에 대하여 죄를 짓는 것이니라**
28a	대조	[오히려]
b	권고	**사람이 자기를 살피고** 그 후에야
c	권고	**이 떡을 먹고** **이 잔을 마실지니**
29a	상황	주의 몸을 분별하지 못하고
b	기초	**먹고** **마시는 자는**

		자기의 죄를
		먹고 마시는 것이니라
30a	추론	그러므로
b	단언	**너희 중에 약한 자와**
c	목록	**병든 자가 많고**
d	목록	**잠자는 자도 적지 아니하니**
31a	조건(조건절)	우리가 우리를 살폈으면
b	단언(귀결절)	**판단을 받지 아니하려니와**
32a	시간	우리가 판단을 받는 것은 주께
b	단언	**징계를 받는 것이니**
	목적	이는 우리로 세상과 함께 정죄함을 받지 않게 하려 하심이라
33a	결론	그런즉 내 형제들아
b	시간	먹으러 모일 때에
c	권고	**서로 기다리라**
34a	조건(조건절)	만일 누구든지 시장하거든
b	권고(귀결절)	**집에서 먹을지니**
c	목적	이는 너희의 모임이 판단 받는 모임이 되지 않게 하려 함이라
d	단언	**그밖의 일들은…바로잡으리라**
e	시간	내가 언제든지 갈 때에

구조

이 본문은 세 부분으로 나누어진다. 첫 번째 부분(11:17–22)은 바울이 주의 만찬에서 보여준 고린도 교인의 태도와 행위에 대해 그들을 칭찬하지 않는다는 언급으로 시작하고 끝맺는다. 두 번째 부분(11:23–26)에서 바울은 독자에게 자신이 전해준 주의 만찬에 관한 전통을 상기시킨다. 그리고 세 번째 부분(11:27–34)에서는 하나님의 심판을 초래하는 위험에 빠지지 않고 성찬 식사에 참여하는 법에 관한 지침을 제공한다. 주의 만찬에서 연합하여 모이는 일의 중요성에 강조점이 있는 것은 17, 18, 20, 33, 34절에서 '함께 모이다'(συνέρχομαι)라는 동사가 반복해서 나오는 것으로 확인된다.

석의적 개요

VIII. 지위, 공적 예배, 자유, 은사(11:2–14:40)

A. 공적 예배에서 남편과 아내가 지켜야 할 행위(11:2–16)

➡ **B. 주의 만찬에서 교회가 지켜야 할 행위(11:17–34)**

1. 고린도 교회의 분열이 주의 만찬에서 드러남(11:17–22)

2. 주의 만찬 전통을 주께 받음(11:23–26)

3. 주의 만찬의 악용을 교정하는 지침(11:27–34)

a. "합당하지 않게" 마시는 죄(11:27)

b. 최후의 심판을 피하게 하는 자기 판단(11:28–32)

c. 먹으러 모일 때 기다리라(11:33–34)

본문 설명

11:17–18 내가 명하는 이 일에 너희를 칭찬하지 아니하나니 이는 너희의 모임이 유익이 못되고 도리어 해로움이라 먼저 너희가 교회에 모일 때에 너희 중에 분쟁이 있다 함을 듣고 어느 정도 믿거니와(Τοῦτο δὲ παραγγέλλων οὐκ ἐπαινῶ ὅτι οὐκ εἰς τὸ κρεῖσσον ἀλλὰ εἰς τὸ ἧσσον συνέρχεσθε. πρῶτον μὲν γὰρ συνερχομένων ὑμῶν ἐν ἐκκλησίᾳ ἀκούω σχίσματα ἐν ὑμῖν ὑπάρχειν, καὶ μέρος τι πιστεύω). 바울은 예배 시간에 함께 모여 주의 만찬을 행할 때 일부 고린도 교인이 보인 분열된 행동을 다루는 일로 시선을 돌린다.[1] 바울이 10:16–17에서 예증을 통해 증명한 것처럼, 주의 만찬은 언약의 주 그리고 하나님의 언약 백성에 대한 충성을 가리키는 의미가 있다. 따라서 주의 만찬에서 일어난 분열은 주의 만찬의 목적을 훼손하고 조롱하는 일이다. 18절에서 암시하는 것처럼, 바울은 구두로 보고를 받아 문제를 파악한 것 같다. "…이 있다 함을 듣고"(ἀκούω). 그러나 바울의 조심스러운 판단과 강력한 수사로 문제의 심각성이 더 크게 드러난다.

바울은 의도적으로, 칭찬으로 시작한 2절과 대조되게 17절을 시작한다. 이 본문의 첫 번째 부분(11:17–22)을 시작하고(17절) 마칠 때(22절), 바울은 그들을 칭찬하지 않는다(οὐκ ἐπαινῶ)고 말한다. 따라서 '아니다'(οὐκ) 다음에 각각 두 비교 접속사 '더 낫고'와 '더 나쁨'을 소개하는 강력한 반의 접속사 "도리어"(ἀλλά)가 나오는 것으로 대조 수사가 강화된다. 고린도전서 전체를 통해 바울이 고린도 교인에게 남의 "덕을 세우고" 남의 유익을 위해 수고하기를 바란다는 사실이 분명해진다. "유익이 못 되고(더 좋지 못하고) 도리어 해로움이라(더 나쁨이라)" 고 말할 때 염두에 둔 사실이 바로 이것이다. '더 나쁜 것'(해로움)은 사람들이 주의 만찬이 지시하는 언약 관계 안에서 서로 덕을 세우지 않고 도리어 그 관계에서 벗

1. '함께 모이다'(συνέρχομαι)라는 말은 이 부분에서 5번에 걸쳐 나타나고, 14:23, 26에서 다시 나타난다. 그것은 바울이 이 부분에서 고린도 그리스도인들로 구성된 "교회"의 공동 예배에 관해 말했음을 분명히 한다. 18절의 "너희가 함께 모일 때에"(συνερχομένων ὑμῶν)라는 말은 절대 소유격이다. 또 다른 사례가 20절에 나온다.

어났다는 것을 의미한다. 마땅히 해야 할 일이 일어났다면 주어졌을 '더 좋은 것(유익)'은 주의 만찬이 주님에 대한 언약의 헌신뿐만 아니라 교인들 상호 간 언약의 헌신도 확증하는 역할을 했다는 점을 의미했다.

종종 그러는 것처럼, 17절은 "이 일에"(Τοῦτο)가 이전 부분을 가리키거나 앞으로 나올 내용을 가리킬 수 있는 주격 구문으로 시작한다. 많은 번역은 바울이 앞으로 말할 사실을 바라보았다는 점을 가리키기 위해 "이어지는"(following)이라는 말을 추가하여 "이 (이어지는) 일에"로 번역한다(예를 들어, NIV, ESV, NRSV). 특히 이전 부분과 의도적으로 대조되는 것을 고려하면, 이것이 개연성이 가장 크다. "명하는"(giving instructions, παραγγέλλων, 참고. 7:10; 딤전 1:5)이라는 말은 헬라어에서는 현재 단수형 분사고, 따라서 "…하는"(giving)과 "이 명령"(this instruction)으로 나타난다(AV, NASB). 그러나 영어에서는 복수형으로 표현하는 것이 더 낫다(RSV, NIV, ESV). '교회로서'(ἐν ἐκκλησίᾳ)라는 말은 "교회에[서]"로 번역될 수 있다(개역개정도 그렇게 번역함–역주). 그러나 바울은 예배를 드릴 목적으로 세운 특정 건물을 염두에 두지 않았다. 오히려 함께 모일 때 그들 자신이 교회다. 어디서 모이든 공적 예배에서 하나님의 백성은 '교회로서' 모든 사람에게 가시적으로 나타난다. 당시 그리스도인들은 큰 건물에서 모이거나 교인 중에 부자가 소유한 큰 집에서 모였을 것이다. 적어도 그 가운데 스데바나, 글로에, 가이오의 집이 예배 처소로 사용되었다고 볼 수 있다(참고. 1:11, 14, 16; 16:15; 롬 16:23). '정말 중요하게'라는 부사구의 수사적 힘은 바울이 전하는 말의 무게를 훨씬 무겁게 하는 역할을 한다. 헬라어 본문은 문자적으로 '…때문에 첫 번째로'(πρῶτον μὲν γὰρ)라고 되어 있다(개역개정에는 "먼저"–역주). 그러나 '두 번째로'라는 말이 없으므로, 그 말은 단순히 이어지는 부분의 중요성을 확언하는 한 방식이다(참고. 막 12:28, "모든 계명 중에 첫째").

여기서 문제는 "분쟁"(divisions, σχίσματα)이다. 현대 영어는 이 헬라어 배경에서 '분파'(schisms)라는 말을 이끌어내지만, 이 영어 단어의 의미는 바울이 여기서 이 헬라어 단어를 사용하여 가리키는 의미와 전연 다르다. '분파'는 보통 교인들이 소속된 교회를 떠나 다른 교회를 만들거나, 교인들이 깊은 신학적 불일치로 다른 교회를 세웠을 때 교회가 완전히 갈라지는 것을 가리킨다. 여기서는 문제가, 심각하기는 하지만, 우리가 생각할 수 있는 것처럼 신학적 불일치나 분파적인 요소가 없는 주의 만찬에서 교인들 사이에 벌어진 분쟁이다. 신학적 문제가 위기에 처해 있다. 하지만 바울은 이 문제가 바로잡힐 수 있음과 그들이 교회로서 자신의 말을 계속 들을 것임을 안다. "어느 정도 믿거니와"(καὶ μέρος τι πιστεύω)라는 말이 이상하게 덧붙여진 것은 바울의 목회적인 관심사를 반영한다. 바울은 여기서도 문제를 일으킨 자가 단지 일부 교인이라는 점을 알고 있고, 모든 교인이 그 문제에 빠지지 않기를 바란다.

11:19 너희 중에 파당이 있어야 너희 중에 옳다 인정함을 받은 자들이 나타나게 되리라(δεῖ γὰρ καὶ αἱρέσεις ἐν ὑμῖν εἶναι, ἵνα [καὶ] οἱ δόκιμοι φανεροὶ γένωνται ἐν ὑμῖν). 바울은 수수께끼같은 말을 덧붙이면서 주의 만찬에서 이 파당이 진정으로 주님께 속한 자와 심판 아래 설 자를 드러낸다고 주장한다. 얼핏 보면 바울이 고린도 교회 안에서 벌어진 "분쟁"의 죄에 대해 마음을 바꾼 것처럼 보일 수 있으나, 그것은 분명히 가능하지 않다.[2] 바울은 1:10에서 분쟁이 얼마나 심각한 일인지 그리고 연합이 얼마나 본질적인 일인지 말했다. 일부 주석가는 바울이 이 파당이 "있어야" 한다고 말할 때 하나님의 종말론적 계

2. 여기서 "분쟁"(σχίσματα)과 "파당"(αἱρέσεις) 간에 의미의 차이는 전혀 없다. 분쟁이라는 말이 현대의 의미인 '분파'를 가리키지 않는 것처럼, 파당이라는 말도 '이단'을 가리키지 않는다. 다만 '이단'을 가리키는 영어 단어는 이 헬라어(αἵρεσις)에서 기원한다.

획을 암시한다고 주장했다. 말하자면 바울은 이런 식의 끔찍한 분쟁을 하나님께 진정으로 속한 자와 속하지 않은 자를 드러내려고 하나님이 정하신 방법의 하나로 본다. "있어야"(δεῖ)라는 말은 분쟁이 하나님이 체를 치시는 과정의 일환이라는 점을 의미한다. 그래서 이것은 하나님이 주의 만찬에서 그들의 행동을 기초로 교인들을 판단하실 것이라는 27-31절과 잘 들어맞는다고 여겨진다. 따라서 "옳다 인정함을 받은"(δόκιμοι) 자는 이 문제에 대해 올바른 태도를 취하고, 주의 만찬에서 분쟁을 일으키지 않은 자다. 로버트슨과 플러머는 이렇게 말한다. "신적 섭리는 이런 악한 경향을 선한 결과로 만든다. 곧, 분쟁은 신실하고 참된 자가 인정받을 수 있는 수단이다."[3] 확실히 분쟁은 마지막 때의 징조로 예상되는 일의 하나다. 예수님도 사람들이 어떻게 분열하게 될지 여러 곳에서 예언하셨다(마 10:34-37; 24:9-13).

최근에는 바울이 "옳다 인정함을 받은 자"(δόκιμοι)를 "고관"이나 "엘리트 교인"을 가리키는 부정적 의미로 사용했다는 견해가 제기되었다.[4] 이것은 여기에 강력한 아이러니가 있음을 암시한다. 이 경우에 가난한 형제 및 자매들과 분리된 부유한 자로 이루어진 엘리트 교인 집단은 주의 만찬 식탁에서(뒤의 내용을 보라), 자신을 "옳다 인정함을 받은 자"로 여긴다. 갈런드는 캠벨(Campbell)의 견해를 따라 이 구절을 이렇게 번역한다. "엘리트 교인이 너희 중에 증명될 수 있도록 너희 중에 파당이 있어야 한다."[5] 이것이 내적으로 이 부분 자체를 크게 지지한다고 볼 수 있는 것은 나중에 바울이 결론 부분에서 고린도 교인에게 "사람이 자기를 살피고"(28절, δοκιμαζέτω)라고 권고하기 때문이다. 이것은 이 난해한 본문을 파악하는 흥미로운 방식이기는 하지만 많은 가정을 필요로 한다. 이것은 통상적으로 '인정하다'나 '시험하다'를 의미하는 이 단어의 매우 드문 용례일 것이다. 이것은 18절에서 지적한 목회적인 경고가 사라지고 거칠게 비꼬는 말이나 아이러니 용법이 되게 할 것이다.

그러나 주의 만찬에는 종말론적 요소가 강하게 담겨 있고, 동사 '살피다'(시험하다)"(δοκιμάζω)라는 말은 이미 3:13에서 명확히 종말론적 배경 속에서 사용되었다. 마찬가지로 11:28도 종말론적 배경에 있다. 11:26-32 전체는 세상을 심판하고 '정죄하러' "그가 오실 때까지" 주의 죽음을 전하는 일에 비추어 기록되었다. 바울은 여기서 이런 종말론적 배경을 염두에 두었을 가능성이 가장 크다. 바울은 언약의 식사가, 심지어는 음식을 먹을 때, 슬프게도 주님께 복받을 자와 심판받을 자를 드러낸다는 사실을 어느 정도 목회적으로 경고한다. 왜냐하면 그들이 주의 만찬을 대하는 모습이 언약에 참여하는 다른 교인들에 대한 그들의 태도를 보여주기 때문이다. 또다시 여기서도 잘못하는 자는 단지 고린도 교인의 '일부'다. 하지만 그들에게 이것은 심각한 상황이다. 그들의 행동은, 그들이 미래에 물려받게 될 것이 복이 아닌 결정적 심판이라는 사실을 가리킨다.

11:20-22 그런즉 너희가 함께 모여서 주의 만찬을 먹을 수 없으니 이는 먹을 때에 각각 자기의 만찬을 먼저 갖다 먹으므로 어떤 사람은 시장하고 어떤 사람은 취함이라 너희가 먹고 마실 집이 없느냐 너희가 하나님의 교회를 업신여기고 빈궁한 자들을 부끄럽게 하느냐 내가 너희에게 무슨 말을 하랴 너희를 칭찬하랴 이것으로 칭찬하지 않노라(Συνερχομένων οὖν ὑμῶν ἐπὶ τὸ αὐτὸ οὐκ ἔστιν κυριακὸν δεῖπνον φαγεῖν, ἕκαστος γὰρ τὸ ἴδιον δεῖπνον προλαμβάνει ἐν τῷ φαγεῖν, καὶ ὃς μὲν

3. Robertson, Plummer 공저, *First Corinthians*, 240. 참고. Bruce, *1 and 2 Corinthians*, 109.
4. R. Alastair Campbell, "Does Paul Acquiesce in Divisions at the Lord's Supper?," *NovT* 33 (1991): 61-70. Campbell은 Philo, *Joseph* 201을 δόκιμοι의 정확한 번역이 "고관"일 수 있는 흥미로운 사례로 제시한다("다른 이집트 고관들이 그들과 함께 축제에 참여했다").
5. Garland, *1 Corinthians*, 535-39. 참고. Horsley, *1 Corinthians*, 159. Campbell, "Does Paul Acquiesce in Divisions at the Lord's Supper?," 61-70.

πεινᾷ, ὃς δὲ μεθύει. μὴ γὰρ οἰκίας οὐκ ἔχετε εἰς τὸ ἐσθίειν καὶ πίνειν; ἢ τῆς ἐκκλησίας τοῦ θεοῦ καταφρονεῖτε, καὶ καταισχύνετε τοὺς μὴ ἔχοντας; τί εἴπω ὑμῖν; ἐπαινέσω ὑμᾶς; ἐν τούτῳ οὐκ ἐπαινῶ). 바울은 또 하나의 절대 소유격 용법으로, 자신이 지금 다루는 문제를 소개한다. 언약 공동체의 연합을 가장 분명히 드러내는 분야는 주의 만찬이다. 교인들은 주의 만찬으로 모일 때 언약 공동체의 형성을 기억하고, 주 그리스도와 함께하는 언약 공동체가 현재 누리는 실존을 기념하며, 주님이 오실 미래를 바라본다. 그러나 이 언약의 식사가 교인 간의 분쟁을 증명하는 자리가 되고 말았다. 가난한 자와 부자가 분열되었다. 또다시 한 집단은 엘리트 교인과 똑같은 방식으로 행동했다. 곧, 부유한 엘리트 교인이 다 마셔 버린 탓에 다른 가난한 교인은 굶고 굴욕을 겪었다. 다시 말해 일부 교인의 지위를 추구하는 경향 때문에 다른 교인들을 '부끄럽게 하는'(καταισχύνω) 일이 벌어졌다.

주의 만찬은 예수님이 십자가에 못 박혀 죽으시기 전에 제자들이 지킨 마지막 유월절에 정하신 기념 식사다. 바울은 23-26절에서 '최후의 만찬'에서 물려받은 전통을 해설하고, 성찬 식사에서 일어나는 일을 설명한다. 주의 만찬은 교인들이 각자 음식을 가져와 공동 식사를 하는 배경 속에서 일어난 일로 보인다. 이 공동 식사를 할 때 부자와 가난한 자의 불균형이 분명히 나타났다. 여기서 바울은 부자가 '자기의 만찬'(τὸ ἴδιον δεῖπνον)을 먼저 가져다 먹은 일을 비판하는데, '그렇게 되면 그것은 주의 만찬이 아니기'(οὐκ ἔστιν κυριακὸν δεῖπνον) 때문이다. 만약 부자가 이런 식으로 행동하기를 원했다면, 자기 집에 가서 식사 모임을 해야 했다. 부자들이 그렇게 행동한 결과 하나님의 교회가 업신여김을 당하고, 많은 그리스도인이 굴욕을 겪었다. 바울은 이 부분을 어떻게 시작했는지 반복해서 말한다. 바울은 '아니라'는 답변이 예상되는 수사적 질문으로, 아이러니하게도 자신이 부자들의 이런 행동을 과연 칭찬할 수 있는지 묻는다. 바울은 결단코 그런 부자들을 칭찬할 수 없다.

교인 중 일부가 부자라는 점과 그들이 '자기의 만찬'을 가져다 먹은 자라는 사실은, 바울이 그들이 먹고 마실 "집"이 있다(οἰκίας οὐκ ἔχετε εἰς τὸ ἐσθίειν)고 지적할 때 분명하게 드러난다. 부자들만이 자기 집을 소유했을 것이다. 따라서 바울이 사람들에게 누구든지 시장하거든 집에서 먹으라고 한 것은 역시 부자에게 하는 말이다(34절). 당시에 부자들이 교회로 제공한 집에서 주의 만찬이 열렸을 것이다. 부자들은 식사를 분리하여 부자가 먼저 먹고, 음식을 가져올 형편이 안 되는 나중에 오는 다른 교인들은 따로 식사한 것 같다.[6] 머피 오코너는 고고학적 증거를 통해 이 부자들의 집이 대체로 어떤 모습일지 설명했다. 머피 오코너는 이 집에 초대받아 주인과 식사한 사람들은 통상적으로 식탁(로마식 식사용 침대인 *triclinium*)에서 먹었다고 주장한다. 이때 식탁은 대략 평균 36평방미터로 침대 면적보다 조금 작았다. 그들은 비스듬히 누워서 식사했고, 종들이 그들에게 음식을 대접했기 때문에 9명이나 10명 정도 외에는 더 수용하지 못했을 것 같다. 교회로 함께 모였을 때 나머지 교인은 안뜰에 앉아 있었을 것이다. 그런 배경 속에서 나머지 교인은 음식을 대접받지 못했을 것이다. 아니 어쩌면 하급 계층이나 공동체에서 지위가 낮은 사람들에게 알맞은, 다른 음식을 대접받았을 것이다. 이런 집의 안뜰은 대략 50명이 넘지 않은 수가 앉을 수 있었다.[7] 식탁이 있는 곳에서도 주인과 더 가까운 자리에 앉은 손님에게 더 좋은 음식이 갔을 것이라는 암시가 더러 있다. 로마

6. Bruce W. Winter, "The Lord's Supper at Corinth: An Alternative Reconstruction" *RTR* 37 (1978): 73-82. 또한 Theissen, *Social Setting of Pauline Christianity*, 152-68도 보라.

7. Murphy-O'Connor, *St. Paul's Corinth*, 178-85. 또한 Witherington, *Conflict and Community*, 241-52도 보라.

의 식사에서는 일반적으로 지위가 중요한 요소였다. 따라서 당시 고린도 사회에서 크게 중시된 "지혜" 및 "지식" 문제와 마찬가지로, 주의 만찬 자리에서도 고린도 사회에서 지위가 있는 자는 대체로 로마 사회의 요소를 들여오는 방법을 찾아냈다. 심지어 식탁에서 일하던 종도 통상적으로 수종을 들던 사람과 똑같이 주의 만찬에 참여할 자격이 있었던 점을 고려하면, 기독교 신앙이 얼마나 획기적인 사회적 격변을 일으켰는지 쉽게 상상된다. 빈곤 계층은 마음대로 쓸 수 있는 한가한 시간이 많지 않았다는 점을 고려하면, 그들은 주의 만찬에 참여하기 위해 주최자의 집에 뒤늦게 당도했던 것 같다. 따라서 가난한 교인은 당도했을 때 가장 좋은 식사 자리를 차지하지 못했을 뿐만 아니라 지위를 과시하는 엘리트 교인이 음식을 이미 먹고 있거나 벌써 다 "먹어치운" 장면을 보게 되었을 것이다.[8] 바울은 어떤 사람은 '취했다'고 지적할 때 자신의 요점을 강조하고자 과장법을 사용한다.

주의 만찬에서 하는 모든 기념식은 부유한 그리스도인의 큰 집에서 행했을 것이다. 따라서 여기서 바울이 제시하는 요점은, 교회가 '함께 모일' 때 그곳은 더는 누군가의 가정집이 아니라 특별한 예배 공간이라는 점이다. 앞에서 확인했듯이, 이것 때문에 여자가 가정이나 교회 모임에서 어떤 머리 모양을 했느냐에 대해 약간 혼란이 있을 수 있다. 실제로 그들에게 어떤 차이가 있었는가? 바울의 요점은 확실히 차이가 있다는 것이다. 집이 예배를 위해 개방되면, 교인들이 주의 만찬에서 먹고 마실 때 로마 사회의 규칙이 아니라 함께 모인 교회 공동체의 규칙이 적용된다. 나아가 이것에 비추어 보면, 바울이 17절에서 "너희의 모임이 유익이 못 되고(더 좋지 못하고) 도리어 해로움이라(더 나쁨이라)"고 말한 이유를 이해하기가 더 쉽다.

고린도 교회가 주의 만찬에서 식사할 때 일어난 일의 결과는 일부 교인이 부끄럽게 된 것이다. 먹을 음식이 없는 자는 체면이 깎이고 말았다. 그들은 주님 앞에 동등한 자로 예배하러 나왔기 때문에 자기들이 동등하지 못한 대접을 받고 있음을 인식했다. 사실 엘리트를 자처한 교인들의 두드러진 행동은 하나님의 심판을 초래하는 바로 그런 행동이다(27–30절). 바울이 이제 제시할 기독교 규칙은 주님에게서 직접 나온 것으로, 어느 정도 유월절의 태도를 반영하고 로마 시대의 지위 관념과는 정면으로 대립한다.

11:23a–b 내가 너희에게 전한 것은 주께 받은 것이니(Ἐγὼ γὰρ παρέλαβον ἀπὸ τοῦ κυρίου, ὃ καὶ παρέδωκα ὑμῖν). 바울은 계속해서 고린도 교인에게 주의 만찬의 본질을 상기시킨다. 바울은 주께 받아 고린도 교인에게 전한 전통에 호소한다. "받은"(παρέλαβον)이라는 말과 "전한"(παρέδωκα)이라는 말은 사실상 유대 사상 속에서 조상들의 전통을 후세대에 전달하는 것을 가리키는 전문 용어다. 먹고 마시는 일의 사회적 관습이 끊임없이 유동적인 성격을 띠는 것과 달리, 주의 만찬은 주님이 주신 것으로, 모든 교회가 변함없이 따르는 전통이다.[9] 바울은 이러한 전통을 고린도 교회가 처음 세워지고 자신의 지도를 받았을 때 전했을 것이다. 어떤 도시에 그리스도인이 별로 없을 때 바울과 사도들은 성경에 나온 하나님과 그리스도를 예배하는 공동 예배 관습을 가르

8. 이 책은 Winter가 제시한 번역을 따른다("The Lord's Supper at Corinth," 77). Winter는 통상적으로 "첫 번째로 먹다"(NASB)나 "먼저 들다"(RSV, NIV, ESV)로 번역된 이 단어(προλαμβάνω)는 "먹어치우다"(devour)를 의미하는 것으로 보는 것이 더 낫다고 주장한다. 따라서 여기서 접두사 προ는 '먹다'(λαμβάνω)의 의미를 심화하는 역할을 한다.

9. Cullmann은 "주께"라는 말은 "역사적 예수를 발생 순서의 시작과 전통의 첫 번째 계통을 가리킬 뿐만 아니라, 사도들의 교회 안에서 펼쳐진 전체 전통의 실제 창시자로서 높아지신 주님을 가리키는 것으로 이해할 수 있다"라고 주장한다(Oscar Cullmann, *The Early Church*, 압축 편집 [London: SCM Press, 1966], 62, 67).

친 것으로 보인나. 하시만 그 가르침의 핵심에는 (고대 유월절 식사에 기반을 두었으나) 주 예수가 친히 세우신 새로운 관습인 한 제도가 있었다. 이것은 그 제도가 어떻게 "주의 만찬"으로 불리게 되었는지 설명해줄 것이다. 바울이 그것을 "주께" 받은 것이라고 말한 것은 개인적으로 특별한 계시를 받았다는 뜻이 아니고, 단순히 자신이 받은 이 전통이 최후의 만찬에 확실히 참여했던 자들에게서 직접 나왔다고 말하는 것이다. 그러므로 이것은 주님에게까지 거슬러 올라가는 확실하고 진정한 전통이다.

이렇게 주의 만찬 전통을 상술하는 목적은 중요하다. 여기에는 세 가지 목적이 있다. 첫째, 이 "만찬"을 제정하실 때 주님의 초점과 고린도 교회가 생각한 식사의 초점은 전연 달랐다. 주의 만찬에는 온갖 사회적 분열을 극복하는 먹고 마시는 단순한 일이 있었다. 둘째, 주의 만찬의 종말론적 배경은 엘리트주의의 가능성을 상대화한다. 셋째, 주의 만찬이 언약의 식사라는 지위를 차지했기 때문에 바울은 그 식사에 참여하는 것에 복과 저주가 수반된다는 사실을 강조했다.

바울이 여기서 언급하는 전통과 복음서, 곧 마태복음 26:26-28, 마가복음 14:22-24, 누가복음 22:19-20의 성찬 제정 기사에서 발견된 전통 사이에 일어난 변동에 관해 쓴 학자들의 글이 많다. 바울은 대체로 누가와 관점이 일치한다. 그러나 이것이 흥미롭기는 하지만 전통의 전달을 묘사하는 수사를 보면, 바울이 가르친 것이 분명히 바울 이전에 형성되었다는 점과[10] 그 내용이 고린도 교인에게 논란이 되지 않았다는 점을[11] 암시한다.

11:23c-24 곧 주 예수께서 잡히시던 밤에 떡을 가지사 축사하시고 떼어 이르시되 이것은 너희를 위하는 내 몸이니 이것을 행하여 나를 기념하라 하시고(ὅτι ὁ κύριος Ἰησοῦς ἐν τῇ νυκτὶ ᾗ παρεδίδετο ἔλαβεν ἄρτον καὶ εὐχαριστήσας ἔκλασεν καὶ εἶπεν, τοῦτό μού ἐστιν τὸ σῶμα τὸ ὑπὲρ ὑμῶν· τοῦτο ποιεῖτε εἰς τὴν ἐμὴν ἀνάμνησιν). 바울은 과거에 고린도 교인에게 전한 전통을 지금 제시한다. 배반당하신 날 밤에 대한 묘사에 따르면, 이 전통의 기원은 예수님이 체포되시기 전에 제자들과 함께 기념했던 유월절 식사다. 복음서에 따르면, 유월절 식사에서 예수님은 자신이 잡힐 것이라고 선언하셨다(마 26:24-25; 막 14:18-20; 눅 22:20-23). "잡히시던"(παρεδίδετο)이라는 묘사의 미완료 시제[12]는 "주 예수께서…떡을 가지사 축사하시고(부정과거 분사) 떼어…"의 부정과거 시제들과 대조를 이룬다. 이 수동태 동사는 '넘겨지다' 또는 '배반당하다'를 의미할 수 있다. 공관복음서에서 유다의 배반을 언급하는 최후의 만찬 관련 기사들[13]에서 이 말이 사용되는 것은, 그 의미로 '배반당하다'가 더 개연성이 있다는 점을 암시한다.[14] 그러나 바울이 예수님이 당국자에게 '넘겨져서' 십자가에 못 박히시게 된 과정을 어쨌든 폭넓게 생각했을 가능성은 남아 있다. 다른 곳에서 바울은 예수님이 넘겨지신 일의 행위자가 하나님이라고 말한다. 따라서 로마서 4:25은 예수님이 "우리가 범죄한 것 때문에 [죽음에] 내줌이 되고 또한 우리를 의롭다 하시기 위하여 살아나셨다"(NRSV)라고 말한다. 로마서 8:32에서

10. Jeremias, *Eucharistic Words of Jesus*, 103-4.
11. 주의 만찬에 대한 신약시대 증인들의 범주를 검토할 때 다음 두 작품이 크게 추천된다. 이 두 작품은 주의 만찬에 대한 복음서와 바울 서신 전통을 검토함으로써 그 관계를 증명하고, 주의 만찬의 본질과 신학적 배경 그리고 계속된 교회 공동체에서 주의 만찬이 가진 중요성에 관해 일어나는 문제들을 다룬다. I. Howard Marshall, *Last Supper and Lord's Supper* (Exeter: Paternoster, 1980)와 Jeremias, *Eucharistic Words of Jesus*를 보라.
12. 묘사의 미완료 또는 진행의 미완료는 "다른 행동과의 생동성이나 동시성에 대해 말한다"(Wallace, *Greek Grammar*, 543).
13. 마 26:15-25; 눅 22:4-6, 21-22, 48; 막 14:10-11, 18-21.
14. Fee가 말하는 것처럼, 이 단어가 "앞에 나온 παρέδωκα(내가 전한)이라는 말과 가까운 것은 완전히 우연일 것이다." *1 Corinthians*, 608n90. Hays, *First Corinthians*, 198에는 실례지만,

바울은 이렇게 말한다. "자기 아들을 아끼지 아니하시고 우리 모든 사람을 위하여 내주신 이가." 헤이스는 여기서와 똑같은 동사(παραδίδωμι)를 사용하는 두 구절, 곧 이사야서 53:6과 12절(LXX)의 "흔적"이 여기에 있다고 주장한다. "여호와께서는 우리 모두의 죄악을 그에게 담당시키셨도다…그가 많은 사람의 죄를 담당하며 범죄자를 위하여 기도하였느니라."[15] 바울은 편지를 쓸 때 이 문제들을 구분하지 않은 것으로 보인다. 바울에게 그리스도의 죽음으로 말미암아 임하는 구원은 항상 하나님이 준비하신 일이었다. 그러나 배반한 사건은 유다 한 사람의 행위였다.

예수님의 행동은 식사 초대에서 보통 유대인 주인이 보여주는 것과 같았다. 예수님은 떡을 가지사 축사하실 때 그 떡에 대해 '복'을 말씀하셨다. 그 복은 우리가 '감사 기도'(saying grace)로 부를 수 있는 것과 같다. 그러나 티슬턴이 강조하는 것처럼, 여기서 신학적 혼란이 있어서는 안 된다. 예수님의 "축사" 배경이 유월절에 마시는 세 개의 잔에 대한 표준 복이든 또는 단순히 '식사의 은혜'든 축복과 감사의 대상은 떡이나 식사 자체가 아니라 항상 하나님이시다. 일부 성례 신학을 어떻게 전개했는지 고려하면, 티슬턴의 결론적 진술은 의미심장하다. "이처럼 '은혜'를 '이 음식을 축복하는' 것으로 보는 현대의 번역은 배경이 예루살렘이든, 예수님이든, 바울이든 간에 하나님께 축사함으로써 전달된 의미와 맞지 않을 뿐만 아니라 과도한 성찬의 '성결' 관념을 무리하게 최초 단계에 집어넣을 위험성도 있다."[16] 예수님은 "축사하시고"(εὐχαριστήσας)[17] 떡을 떼신 후 식사를 시작하셨을 것이다. 그러나 이 행동에 대해 예수님은 자신이 행하시던 일에 스스로 해석을 덧붙이셨다. 이 해석은 '전통의 전달' 형식으로 교회에 대대로 전해졌다.

"이것은…내 몸이니"(τοῦτό μού ἐστιν τὸ σῶμα)라는 말은 각기 다른 성례 신학의 관점에 따라 대대로 많은 논쟁을 불러일으켰다. 그러나 주의 만찬에서 먹는 떡에 대해 그것이 로마 가톨릭의 화체설이든 루터 교회의 공재설이든 간에, 이 구절의 헬라어 단어만으로는 이런 신학적 관념을 담아낼 수 없다. "…이니"(is)라는 말은 단순히 '대표하다' 또는 '표상하다'를 의미하고, 떡이 표상하는 것은 "너희를 위하는…몸"이다. 말하자면 예수님이 자기 백성을 위해 죽음에 내놓으신 그분 자신의 몸이다. "이것은 너희를 위하는"(τὸ ὑπὲρ ὑμῶν)이라는 추가 설명은 단축된 문장이고, 금방 이해하기가 쉽지 않다. 각 복음서 기사는 "이것은…내 몸이니"라고 말하지만, 누가복음 기사만이 "이것은 너희를 위하여 주는…너희가 이를 행하여 나를 기념하라"(22:19, τὸ ὑπὲρ ὑμῶν διδόμενον· τοῦτο ποιεῖτε εἰς τὴν ἐμὴν ἀνάμνησιν)는 말을 덧붙인다. 이것이 바로 고린도전서 11:24에 약간의 변화가 있는 이유다. 아마 그것은 누가복음 기사를 모방하거나 또는 단순히 그 구절을 더 이해하기 쉽게 만들고자 '너희를 위하여 떼어낸'이나 '너희를 위하여 주는'이라는 말이 덧붙여졌을 것이다.[18]

"너희를 위하는"(ὑπὲρ ὑμῶν)이라는 말은 단순히 그것은 지금 '너희를 위한' 먹을 음식이라는 뜻이 아니다. 앞에서 언급한 이사야서 53:6의 인유를 고려하면, 이 표현은 그 종이 "많은 사람의 죄를 담당하며"라고 말하는 이사야서 53:12에 의존하는 것으로 보인다. '…위하여'라는 전치사는 다른 문맥에서 '…을 대표하여'(ὑπέρ)로 번역되는데, 바울은 다른 곳에서 그 표현을 대리적 의미로 여러 번 사용하고, 종종 그리스도의 속죄 사역

15. Hays, *First Corinthians*, 198.

16. Thiselton, *1 Corinthians*, 871.

17. 시간의 부정과거 분사.

18. '떼어낸'(κλώμενον)이라는 이문은 ℵ² C³ D¹ F G K L P Ψ 81, 104, 365, 630, 1175, 1241, 1505, 1739^mg, 1881, 2464 𝔐 sy 사본의 지지를 받는다. 𝔓⁴⁶ ℵ A B C° 6, 33, 1739^txt vg^st Cyp 사본에는 이 단어가 빠져 있다. '너희를 위하여 주는'이라는 이문은 오직 불가타와 콥트 역본에서만 발견된다(διδόμενον).

을 염두에 둔다(참고. 고전 15:3; 롬 5:6, 8; 8:32; 고후 5:14; 갈 3:13). 그러나 여기서 언급한 내용을 명확히 밝히는 데 또 도움을 주는 것은 주의 만찬과 유월절 식사의 연계성이다.[19] 비록 최후의 만찬이 자체로 유월절 기념 의식은 아니었다 해도, 우리는 예레미아스가 다음과 같이 말하는 것을 인정할 수 있다. "최후의 만찬은, 비록 유월절 축제 전날 저녁에 행해졌기는 해도, 유월절 분위기로 둘러싸여 있었다."[20]

이스라엘의 유월절 식사는 특별히 기념을 위한 시간이었다. 출애굽기 12:14은 유월절에 대해 "너희는 이 날을 기념하라"(LXX, μνημόσυνον)고 말한다. 예수님은 유월절 식사의 기념 요소를 취하여 이것을 행하여 "나를 기념하라"(εἰς τὴν ἐμὴν ἀνάμνησιν, 참고. 눅 22:19)고 말씀하셨다. 이스라엘 자손은 애굽에서 해방된 사건을 기념해야 했다. 여기에는 이스라엘 자손 중 장자의 죽음 대신 어린양을 제물로 바치는 일이 포함되었다. 어린양의 피가 이스라엘 집들의 문설주와 인방에 칠해졌다. 예수님은 언약의 "피"에 관해 계속 말씀하실 때 분명히 자신을 제물로 내놓으실 것을 생각하셨다(눅 22:20). 유월절이 어린양의 죽음이 있는 희생 제사를 기념한 것처럼, 주의 만찬도 예수님을 바라보고 그리스도의 희생 제사로 말미암은 하나님 백성의 구원을 기념한다. 신명기 16:1–8은 유월절을 묘사하고, 이스라엘 자손에게 그들이 애굽에서 "밤에" 나온 것과 "저녁에" 그것을 기념해야 한다는 것을 상기시킨다. 이것이 바로 고린도전서 11:23에서 바울이 주목하는 요점이다("밤에", ἐν τῇ νυκτί). 이스라엘 자손은 해마다 구원을 기념하면서 자기들의 이야기를 자녀에게 말해주고 유월절 식사의 요소들을 설명해주었다(출 12:26). 예레미아스는 주의 만찬이 유월절에 뿌리를 둔다고 이해할 때 이것이 결정적 요소라고 주장한다. 유월절 식사에서는 "식사의 특수 요소에 대한 해석이 유월절 기념 의식의 필수적인 부분"이다.[21] 예수님도 주인으로서 이 해석을 담당하신다. 떡을 "너희를 위하여" 주어진 자신의 몸을 표상하는 것으로 보는 예수님의 해석과 그 식사를 기념하라는 예수님의 주장은 이 문맥에서 합당하다. 더 나아가 유월절 배경이 희생과 대리의 의미를 함축한 것은 어린양이 이스라엘 자손 대신 죽기 때문이다(어린양을 희생시키지 않은 애굽 사람들은 멸망의 사자의 사역으로 장자의 죽음을 경험했다). 그 문맥에서 "너희를 위하여"라는 말은 대리적 의미가 있다. 바울이 5:8에서 분명히 한 것처럼, 매우 초기부터 초대교회는 예수님과 유월절 어린양을 동일시했다. 흥미롭게도 후기 유월절 전례는 메시아의 혼인 잔치와 마지막 날을 미리 내다보았고, 이것 역시 바울이 여기서 말하는 내용과 평행을 이룬다. 유월절과 같이 주의 만찬도 역사적 사건들을 선포할 뿐만 아니라 마지막 날을 바라보기 때문이다. 주의 만찬은 주의 죽으심을 "그가 오실 때까지" 전할 것이다(26절, ἄχρι οὗ ἔλθῃ).

여기서 기념에 강조점이 있다는 사실이 "나를 기념하라"(εἰς τὴν ἐμὴν ἀνάμνησιν)는 어구가 두 번 반복되는 것으로 강화된다. 이 어구는 여기서는 떡에 대해 그리고 25절에서는 잔에 대해 사용된다. 따라서 이렇게 주께 받은 주의 만찬 전통은 지금 그리스도인에게 "너희를 위하여" 죽으신 그리스도의 죽음을 기념하라고 촉구하는 전통이다. 그러나 주의 만찬 전통은 단순히 한 사건을 기념하는 것을 넘어선다. 왜냐하면 주의 만찬에서 교회는 복음을 선포하고 교인은 복음 선포에 담긴 사건들 속으로 들어가기 때문이다. 이것은 이스라엘 자손의

---

19. 주의 만찬과 주의 만찬의 유월절과의 관계를 다룬 충분한 내용은 위에서 10:15에 대한 설명 다음에 나오는 것('심층 연구: 10:16–20에 나오는 '식사'의 가능한 배경')을 보라.

20. Jeremias, *Eucharistic Words of Jesus*, 88. Jeremias는 한 긴 부분에서 최후의 만찬을 유월절 식사의 배경 속에서 일어난 일로 그리고 유월절 식사의 본질을 깊이 반영하는 일로 이해해야 한다고 주장한다. Jeremias는 자기와 견해가 다른 자에게 철저히 대응한다(앞의 책, 41–88).

21. Jeremias, *Eucharistic Words of Jesus*, 56(그리고 더 폭넓게 41–62를 보라).

가족이 해석하는 말과 떡을 떼고 분배하는 의식을 통해 유월절 식사에 들어간 것과 같다. 심지어는 떡을 떼어 먹을 때 교회는 자기들을 "위하여" 자기 몸을 내놓으신 그리스도의 희생을 기념한다. 유월절 식사에서 참여자가 떡과 쓴 나물을 먹고 "여호와께서 우리를 속박에서 자유로 이끄셨다"라고 말하며 구속을 기념하는 것처럼,[22] 주의 만찬에서도 그리스도의 희생은 현재 일어나는 사건이 되고, 그들은 떡을 떼면서 그리스도의 희생이 모든 그리스도인 세대를 위해 준비되었다는 사실을 인정한다.

11:25 식후에 또한 그와 같이 잔을 가지시고 이르시되 이 잔은 내 피로 세운 새 언약이니 이것을 행하여 마실 때마다 나를 기념하라 하셨으니(ὡσαύτως καὶ τὸ ποτήριον μετὰ τὸ δειπνῆσαι, λέγων, Τοῦτο τὸ ποτήριον ἡ καινὴ διαθήκη ἐστὶν ἐν τῷ ἐμῷ αἵματι· τοῦτο ποιεῖτε, ὁσάκις ἐὰν πίνητε, εἰς τὴν ἐμὴν ἀνάμνησιν). 그리스도인은 주의 만찬에서 떡과 같이 잔도 "나(그리스도)를 기념하여"(εἰς τὴν ἐμὴν ἀνάμνησιν) 취한다. 이 방식을 통해 그리스도인은 자기들을 언약의 주와 연계한다. 그리스도인은 잔을 마실 때 언약의 주 자신을, 다시 말해 그분이 자신의 피로 세우신 언약과 그들이 죄 사함과 의롭다 함을 얻게 한 그분의 희생을 생각한다(참고. 롬 5:8-9). 이것이 주의 만찬의 한복판에 있는 '언약에 참여'(κοινωνία)하는 것으로, 언약 공동체의 지속적 삶의 한 부분이 된다.

"또한"(ὡσαύτως)이라는 말은 예수님이 떡을 떼어 구두로 그 떡을 해석하시는 이전 장면을 가리킨다. 이제 예수님은 잔을 가지시고 그 잔에 대해 해석까지 하셨다. 이 일은 '만찬 후에',[23] 곧 주요 식사를 마친 후에 일어났다. 따라서 바울이 묘사하는 식사 사건들의 순서에 의문이 제기된다. 이 일이 유월절 식사의 세 번째 잔이나 네 번째 잔으로 볼 수 있는지는 그리 중요하지 않다.[24] 순서는 떡이 먼저다. 이어서 '만찬'이 있다. 이후로 잔이 이어진다. 그래서 많은 주석가가 주장하는 바, 초대교회에서 행한 주의 만찬 기념식 순서는 처음에 떡을 떼어 분배하며 떡을 해석했고, 그다음에는 공동 식사인 만찬이 있었다. 그리고 그후에 포도주가 담긴 잔을 마셨을 것으로 여겨진다. 확실히 '만찬 후에'(식후에)라는 말은 떡과 잔을 분리하는 식사를 요청하는 것처럼 보인다. 만약 이것이 사실이라면, 어떤 이는 일찍 먹고 마심으로써 잘 먹었으나 다른 이는 먹지 못 하는 비극이 벌어져 먹지 못한 이가 비참함을 느꼈을 것이다. 가난한 자는 잔이 분배되는 시간에 도착함으로써 실제로는 온전한 "주의 만찬"에 참여하지 못하는 일이 생겼으리라 여겨진다. 따라서 가난한 자는 예배의 가장 중요한 국면과 구원과 해방에 관한 그들의 이야기를 다시 듣는 시간을 놓치고 말았을 것이다.

주님은 잔을 해석하실 때 "언약"(διαθήκη)을 언급하셨다. 앞에서, 특히 10:16-17에 대한 설명에서 확인했듯이, 이것은 특히 우상 숭배에 빠져 언약을 어기는 일을 다루면서 바울이 한 말에서 근본적으로 중요하다. 여기서 언급되는 "언약"은 "새"(καινή) 언약이고, 새 언약은 예수님이 자기 백성을 위해 십자가에 달려 피를 흘리심으로써 형성되었다. 만찬의 본질은 앞에서 부분적으로 제시되었고, 10:15을 설명할 때 면밀하게 검토되었다. 10:16에서 바울이 어느 정도 상세히 "잔"의 본질을 '그리스도의 피에 언약적으로 참여(κοινωνία)'하는 관점에 따라 설명했다는 점을 기억하는 것이 중요하다. 앞에서는 유월절 식사와 다른 '언약적 식사'가 잔에 대한 해석과 언약에 둔 강조점의 배경을 제공했다고 주장했다.

22. m. Pesahim 10:5을 보라

23. 부정과거 부정사 δειπνῆσαι는 μετὰ τό와 함께 사용되어 이전 시간을 가리킨다. "식후에"라는 말은 '만찬을 먹은 후에'를 의미한다.

24. 앞에서 10:15에 대한 설명 가운데 나오는 "심층 연구: 10:16-20에 나오는 '식사'의 가능한 배경"을 보라.

11장에서 바울은 기독교에서 행하는 언약의 식사에 참여하는 올바른 방식에 관해 설명하는데, 이 식사는 이교도의 식사와는 정반대다.

여기서 잔은 거의 확실히 10:16의 "축복의 잔"을 가리키고, 지적했듯이 유월절 식사를 되돌아본다. 언약을 체결할 때는 통상적으로 언약의 복(약속)과 저주(언약을 어겼을 때 주어지는 심판)에 대한 서약의 표시로 짐승의 죽음이 필요했다. 결론적으로 짐승의 도살을 통해 제공된 언약 체결의 피는, 양 당사자가 자신의 죽음(피를 흘림)을 걸고 언약을 맺었다는 표시가 되었다. 그러나 예수님은 "이 잔은 내 피로 세운 새 언약이니"라고 말씀하실 때 가장 먼저 언약을 형성하는 일에서 자신이 맡은 역할에 헌신하신 것에 관해 말한다. 그리하여 예수님은 하나님이 친히 자기 백성의 죄악을 사하시고 "다시는 그 죄를 기억하지 아니할" 새 언약을 그들에게 주실 것이라는 예레미야의 예언(렘 31:31-34)을 성취하신다.

11:26 너희가 이 떡을 먹으며 이 잔을 마실 때마다 주의 죽으심을 그가 오실 때까지 전하는 것이니라(ὁσάκις γὰρ ἐὰν ἐσθίητε τὸν ἄρτον τοῦτον καὶ τὸ ποτήριον πίνητε, τὸν θάνατον τοῦ κυρίου καταγγέλλετε, ἄχρις οὗ ἔλθῃ). 그리스도의 새 언약에 참여하는 자는 '이 떡을 먹고 이 잔을 마실' 수 있다. 그렇게 할 때 그들은 새 언약의 복에 참여하고 주님과 동일시될 뿐만 아니라 "주의 죽으심을 전하는"(τὸν θάνατον τοῦ κυρίου καταγγέλλετε) 자가 된다. 이것을 부연 설명하면, 이렇게 해석된 주의 만찬에서 먹고 마시는 행동은 교회와 세상을 향해 다음과 같이 선포하는 역할을 한다. 예수님이 우리를 위해 죽으심으로써 자기 몸을 주셨고 피를 흘리셨으며, 이 희생의 죽음이 우리를 그분의 언약으로 이끌고 우리에게 죄 사함을 가져다주었음을 선포하는 것이다.

새 언약 백성은 그리스도와 그분의 죽음으로 말미암아 존재하고 함께 모인다. 따라서 주의 만찬을 통해 각 지체가 함께 모임으로써, 새 언약 공동체는 하나님께 속한 백성이라는 위치를 재확인한다. 이때 새 언약 백성의 초점은 그리스도께 있고, 그리스도가 하나님의 백성을 위해 행하신 모든 일, 말하자면 "너희를 위하여" 행하신 그분의 자기 희생에 초점이 있다. 따라서 고린도 교인이 하나님의 은혜로 그분의 유일한 백성으로 형성된 것을 기념하는 그 순간에 분쟁이 벌어진 것은 정말 부끄러운 일이다.

주의 만찬은 "그가 오실 때까지"(ἄχρις οὗ ἔλθῃ) 계속되는 하나님 백성의 기념 의식이 될 것이다. 주님은 약속된 복, 즉 하나님 백성의 구속을 완성하고, 언약을 어긴 자를 심판하러 자기 백성에게 다시 오실 것이다. 주의 만찬의 이 종말론적 국면은 바울의 논증에서 중요한 역할을 한다. 그다음 몇 구절에서 바울은 주님이 자기 백성에게 행하시는 현재의 심판, 곧 "징계"하려는 목적을 가진 판단(32절)으로 시선을 돌린다. 이 징계가 필수적인 이유는 재림하실 주님이 행하는 심판에 언약 백성이 휘말리지 않게 하기 위함이다. 고린도전서 전체에 걸쳐 바울은 교회의 종말론적 실존 국면을 자주 강조했다. 티슬턴은 적절하게 이렇게 말한다. "고린도전서에서 종말론은, 고린도 교회 안의 안일한 집단에 그들의 오류 가능성, 취약성 그리고 여행자가 아직 최종 목적지를 향해 가는 도중에 있는 것과 같은 그들의 지위를 상기시키는 역할을 한다."[25] 이 주제는 8-10장에서 우상의 제물과 권리를 설명할 때 특히 두드러진다. 언약의 헌신을 진지하게 취하지 않는 자에게 심판의 위험성이 깊이 드리워져 있다(8:10-13; 9:24-27). 주의 만찬은 새 언약이 큰 대가를 치르고 형성된 것임을 상기시킨다("내 몸…내 피"). 그리스도인은 주의 만찬에서 먹고 마실 때

25. Thiselton, *1 Corinthians*, 888

그리스도가 그들을 "위하여" 죽으심으로써 그들이 언약 공동체로 연합할 수 있게 되었다는 이야기를 다시 듣는다. 또한 주님이 다시 오시면 그때는 그분을 "얼굴과 얼굴을 대하여"(13:12) 보므로 그분을 가리키는 상징들이 더이상 필요 없다는 사실도 되새긴다. 그러므로 주의 만찬을 무시하는 자는 모두 주님을 욕되게 하고, 스스로 주님의 심판에 문을 열어두는 것이다. 바울은 이제 이 문제로 시선을 돌린다.

11:27 그러므로 누구든지 주의 떡이나 잔을 합당하지 않게 먹고 마시는 자는 주의 몸과 피에 대하여 죄를 짓는 것이니라("Ωστε ὃς ἂν ἐσθίῃ τὸν ἄρτον ἢ πίνῃ τὸ ποτήριον τοῦ κυρίου ἀναξίως, ἔνοχος ἔσται τοῦ σώματος καὶ τοῦ αἵματος τοῦ κυρίου). "그러므로"(ὥστε)라는 말은 바울이 방금 제시한 논증에서 이끌어내고자 하는 결론을 소개하는 역할을 한다(11:33도 보라). 23–26절에서 바울이 전한 말은 주의 만찬을 욕되게 한 고린도 교인에게 직접적이고도 중요한 결과를 도출한다. 이 부분에서 바울은 "합당하지 않게"(ἀναξίως) 먹고 마시는 자는 그리스도의 죽음에 대해 죄를 짓는다고 주장한다(27절). 그러므로 그들은 주의 만찬에 참여하기 전에 자기를 살펴야 한다(28절). 만약 그들이 "주의 몸을 분별하지" 못하고, 즉 공동체 전체에 대한 관심 없이 참여하면, 그들 자신에게 임할 심판을 먹고 마시게 된다(29절). 이미 이것은 주님이 현재 행하시는 심판을 받아 어떤 이는 병들고, 또 어떤 이는 죽는 일까지 벌어졌다(30절).

잠시 바울은 2인칭 복수형(26절, "너희가…먹으며…마실")을 일반적인 부정(不定)의 3인칭 단수형, "누구든지…먹는 자는"(ὃς ἂν ἐσθίῃ)으로 바꾼다. 이것은 고린도 교인에게 하는 또 다른 강력한 경고를 완화하는 효과가 있다.

여기서 "합당하지 않게"로 번역된 단어(ἀναξίως, 참고. NRSV, NIV)는 하팍스 레고메논으로 신약성경에서 딱 한 번만 나온다. 또한 "무가치하게"(AV, NJB)와 "주를 욕되게 하는 방법으로"(TEV)도 번역되었다. 이 부사에 대한 해석 문제는 중요하다. 종종 이 구절은 문맥에서 벗어나, 주의 만찬에 참여한 자에게 부정확하게 적용되었다. 여기서 바울이 죄로 말미암아 주의 만찬에서 주님 앞에 나오기에 '합당하지 못한' 개인들에게 말했다는 견해가 있다. 그래서 28절을 떡과 포도주를 먹고 마시기 직전에 삶에서 용서를 받아야 할 죄가 있는지 살펴보는 조심스럽고 내적인 자기 검토를 촉구하는 내용으로 본다. 이런 자기 검토는 가치가 있을 수 있고, 다른 면에서 성경적으로 찬성할 수 있지만, 이 문맥에서 살펴볼 것은 교인들이 중심이 되는 식사에서 먹는 방식이나 참여하는 방법이다(뒤의 내용을 보라). 여기서 바울의 관심사는 전체 공동체가 주의 만찬에 참여하기 위해 동등한 조건에 따라 나아오는 것과 관련된 "합당[한]" 혹은 올바른 방법과, 부적절한 혹은 "합당하지 [못한]" 방법이 있다는 것이다.[26] "주의…잔"(τὸ ποτήριον τοῦ κυρίου)이라는 말은 단순히 주의 만찬을 가리키는 또 하나의 방법이다.

"주의 몸과 피에 대하여 죄를 짓는 것이니라"는 표현에서 "죄를 짓는"(ἔνοχος)이라는 단어는 죄를 저지른 자, 죄 자체, 또는 죄에 책임이 있는 자를 가리킬 수 있었다.[27] 이런 이유로 다음과 같이 다양한 번역이 제시된다. "…의 죄가 있는"(AV, NASB 1995), "…에 대하여 죄를 범한 죄책이 있는"(NIV), "…의 책임이 있는"(NRSV, NJB). 이 단어는 "책임을 표현하는 법적 전문 용어"이므로 '…의 책임이 있는'이라는 의미가 적합할 수 있다.[28] 그러나 이 의미는 전달되는 내용의 법적 엄격함을 거의 내포하지 않는다. 어떤 죄에 대해 법적 책임을 주장하는 것은

26. 그리고 L&N 66.7을 보라.
27. BDAG 338을 보라.
28. Fee, *1 Corinthians*, 560.

'죄책'(guilty)이 있다는 것이다. 그러나 그들에게 어떤 죄책이 있는가?

바울이 주의 만찬에서 먹고 마시는 일을 언급하는 것은 일부 고린도 교인의 죄가 주의 만찬을 둘러싼 행위 속에 있기 때문이다. 그들은 "주의 몸과 피"에 대한 책임이 있다. 이것은 그들이 단순히 주의 만찬 자체를 모독하거나 욕되게 하는 죄를 저지를 수 있다는 것을 의미한다. 그러나 바울의 요점은 이보다 더 깊이 들어간다. 가난한 자를 존중하지 않고 만찬을 먹은 엘리트 교인들은 주의 만찬의 요점을 완전히 놓쳤다. 엘리트 교인들은 언약의 식사가 주님 앞에서 죄 사함과 주의 백성의 하나 됨을 예증한다는 사실을 제대로 반영하지 못했다. 엘리트 교인들은 공동체로서 그리스도의 죽음과 그들 모두를 "위한" 그분의 죽음을 통해 임한 구원을 선포하지 못했다. 그래서 고든 피는 정확히 이렇게 말한다. "그들이 어떤 행위를 하면서 주의 만찬을 '모독하는' 것은, 자신을 처음에 주의 죽음에 대한 책임이 있는 자와 똑같은 책임 아래 두는 것이다. 따라서 '주의 몸과 피에 대해 죄를 짓는' 것은 '주의 죽음에 대한 책임이 있는' 것을 뜻한다."[29] 고린도 교인이 주의 만찬에서 행한 일에 대해서는 이처럼 믿을 수 없을 정도로 심각한 문제가 연루되어 있었다. 따라서 이어지는 구절들에서 심판을 거듭 강조하는 것에 명확한 관점을 제공한다.

11:28-29 [오히려][30] 사람이 자기를 살피고 그 후에야 이 떡을 먹고 이 잔을 마실지니 주의 몸을 분별하지 못하고 먹고 마시는 자는 자기의 죄를 먹고 마시는 것이니라(δοκιμαζέτω δὲ ἄνθρωπος ἑαυτὸν, καὶ οὕτως ἐκ τοῦ ἄρτου ἐσθιέτω καὶ ἐκ τοῦ ποτηρίου πινέτω· ὁ γὰρ ἐσθίων καὶ πίνων κρίμα ἑαυτῷ ἐσθίει καὶ πίνει μὴ διακρίνων τὸ σῶμα). 이제 바울은 자신이 묘사한 대로 주의 만찬을 악용하고 '죄를 짓는' 일부 부유한 교인에게 "자기를 살피[라]"고 권고한다. 동사 '살피다'(δοκιμάζω)의 의미는 11:19에 대한 설명을 보라. 바울이 염려하는 것은, 합당하지 못한 방식으로 주의 만찬에 참여할 때 주어지는 종말론적 결과와, 세상과 똑같은 방식으로 하나님의 심판이 임할 위험성(32절)이었다. 따라서 이러한 맥락에서 자기 검토가 이루어져야 한다. 여기서 핵심 관념은 교인들은 마지막 날에 '시험받지' 않도록 자기 자신을 '시험하거나' '살펴야' 한다는 것이다.

바울은 다시 한번 엘리트 교인에게 분별하고 올바르게 판단하라고 권고한다. 여기서 직접적인 문제가 "주의 몸"을 적절히 분별해야 한다는 바울의 주장으로 요약된다. '판단하다'로도 번역될 수 있는 '분별하다'(διακρίνω)라는 동사는 4:7과 6:5에서 사용되었고, 11:31과 14:29에서 다시 나타난다. 그리고 이 동사의 명사형(διάκρισις)이 12:10에서 발견된다. 대다수 사례에서 확인되는 것처럼, 이 동사는 폭넓은 의미가 있고 두 입장이나 서로 다른 두 문제 사이를 판단하는 것을 함축한다. 다른 교인들은 배고픈 상태에 있는 반면, 주의 만찬에 참여하여 지위를 과시하는 데 혈안이 된 부유한 엘리트 교인들은 "주의 몸"의 본질을 분별하지 못한 죄를 범한다. 바울은 그들에게 주의 몸이 무엇이고 무엇이 아닌지 판단하고, 주의 만찬이 지닌 본연의 의미를 바로 파악하라고 권고한다.

'그(주의) 몸'(τὸ σῶμα)은 무엇을 가리키는가? 어떤 주석가는 바울이 엘리트 교인들에게 일반 식사에서 먹는 통상적인 떡과 주의 만찬에서 떡 속에 임한 "신성한" 주의 몸을 분별하라고 권고하는 것이라고 주장했다.[31] 그러나 바울은 이 부분에서 떡이나 포도주의 본질에 관해서나, 언약의 주의 실재 임재에 관해서는 관심이 없

29. Fee, *1 Corinthians*, 621.
30. '오히려'(rather)라는 말은 여기서 불변화사 δέ의 반의적 성격을 표현하는 역할을 한다.
31. 다수의 중세 주석가와 다음과 같은 최근 주석가가 그렇다. Lietzmann, *An Die Korinther I-II*, 59; Johan C. Beker, *Paul the Apostle: The Triumph of God in Life and Thought* (Philadelphia: Fortress, 1984),

는 것 같다. 강조점은 "기념"에 있다. 개신교 주석가가 대부분 주장하는 또 하나의 견해는, 여기서 바울이 교회를 그리스도의 몸으로 분별하고 적절히 이해하는 것에 관해 말한다는 것이다. 고린도 교회의 부유한 교인이 주의 만찬에서 가난한 교인을 배려하지 않고 먹은 것은 그들이 그리스도의 몸을 분별하지 못했기 때문이다. 그들은 한 조각의 떡이 하나님 앞에서 하나님 백성의 연합과 동등성에 관해 말한다는 사실을 잊었다(참고. 10:17). 그들은 자신의 행동이 그리스도의 몸, 곧 그리스도 안에 있는 형제와 자매들에게 어떠한 영향을 미치는지 고려해야 한다.[32] 이 견해의 주된 문제점은, 사람의 몸이 여기서 바울이 다룬 주제가 아니라는 점이다. 그 몸을 사람으로 보는 것은 10:17로 되돌아가거나 12:12-13절을 내다볼 것을 요청한다.

세 번째 견해는 그 몸이 주의 몸과 피("내 몸…내 피", 24-25절)이지만 어떤 성례적인 의미에서 그런 것은 아니라고 보는 주장이다. 오히려 떡과 포도주는 그분의 죽음이 지닌 모든 의미와 함께 "너희를 위하여" 죽으신 분을 가리킨다. 그러므로 이것을 '분별하는' 것은 주의 만찬을 일반 식사와 다른 의미를 가진 것으로 구별하는 것을 가리킨다. 다시 말해 (어떤 성례적인 의미에서) 그 떡이 더이상 떡이 아닌 것은 아니다. 그러나 주님이 친히 정하신 주의 만찬에서는 일반 식사에서 일어날 수 있는 것과 다른 일이 일어난다. "기념"이 일어나는 것이다. 그리스도는 죄 사함을 가져오시고, 자신의 피로 보증하신 언약에 함께 참여한 백성을 형성하기 위하여 죽으셨다. 만약 그들이 이런 식으로 '분별했다면', 이처럼 성격이 다른 두 식사를 혼동하지 않았을 것이다. 또는 언약의 지체들을 서로 갈라놓는 방식으로 주의 만찬에 참여하지 않았을 것이다. 이 견해가 직접 문맥에 가장 일리가 있는 것 같다.[33] 주의 만찬은 단순히 일반 식사와 같은 것이 아니다. 비록 주의 만찬이 규모가 큰 식사를 통해 기념되기는 해도, 이 큰 식사의 본질은 전체 참여자가 한 '공동체'라는 것을 보증하는 데 있다.

주의 만찬에서 분별하지 못하고 먹고 마신 결과가 강력히 진술된다. 그 사람은 '자기에 대한 심판을'(자기의 죄를, κρίμα ἑαυτῷ) 먹고 마신다. 다르게 말하면 하나님이 그를 심판하신다. 여기서 현재 시제가 사용된 것은, 바울이 이것을 이 심판을 받는 것이 합당한 공동체 안에서 일어날 일로 본다는 것을 암시한다. 왜냐하면 이 심판은 현재 실재하기 때문이다. 다음 구절(30절)에서 바울은 이 현재의 심판으로 시선을 돌린다.

이처럼 주의 만찬에서 떡을 먹는 일과 잔을 마시는 일이 무엇을 암시하는지 분별하거나 구별하는 것은 전적으로 지속적인 영적 판단의 문제다. 사실 이 부분은 전체적으로 '죄를 짓다'라는 말을 사용하는 순간부터 확실히 법정 분위기를 취한다. 영어 번역으로는 바울이 여기서 사용하는 언어유희를 증명하기가 어렵다. 그러나 그 취지는, 언약의 지체들이 주의 만찬에 참여하려면 하나님이 심판에 사용하실 수 있는 분별과 판단을 필수적으로 갖추어야 한다는 것이다. 따라서 사람은 자기 판단을 통해 하나님이 내리시는 징계의 심판을 피하고, 나아가 최후의 심판도 피할 수 있다. 여기서 다음과 같은 언어유희가 발견된다. "죄를 짓는"(ἔνοχος, 27절), "사람이 자기를 살피고"(δοκιμαζέτω, 28절), '심판'(판단, κρίμα, 29절), "분별하지"(διακρίνων, 29절), "살폈으면"(διεκρίνομεν, 31절), "판단을 받지"(ἐκρινόμεθα, 31절), "우리가 판단을 받는 것은"(κρινόμενοι, 32절), "정죄함을 받지"(κατακριθῶμεν, 32절), "판단"(심판, κρίμα, 34절).

253; Senft, *Première Épître de Saint Paul aux Corinthiens*, 153.

32. Günther Bornkamm, *Early Christian Experience* (New York: Harper & Row), 149; Fee, *1 Corinthians*, 623-24; Hays, *First Corinthians*, 200.

33. Barrett, *First Corinthians*, 274-75. 참고. Ciampa, Rosner 공저, *First Corinthians*, 555.

11:30 그러므로 너희 중에 약한 자와 병든 자가 많고 잠자는 자도 적지 아니하니(διὰ τοῦτο ἐν ὑμῖν πολλοὶ ἀσθενεῖς καὶ ἄρρωστοι καὶ κοιμῶνται ἱκανοί). 현재 시제 '죽는' 또는 "잠자는"(κοιμῶνται)이라는 말은 바울이 "심판"을 먹고 마시는 것에 관해 말하는 이전 구절의 현재 분사를 따른다. 이 현재 시제는 이것이 하나님이 공동체 안에서 지금 행하시는 일이라는 점을 우리에게 상기시킨다.[34] 따라서 주의 만찬은, 그리스도인이 자신이 죄인이라는 심판 판결을 받아들이고, 그리스도가 그 판결을 뒤집고자 죽으셨다는 사실을 다시 받아들이는 자리다. 주의 만찬을 악용한 것에 대해 육체적 질병 그리고 심지어는 죽음을 포함하여 심각한 결과가 현재 발생한다는 것은, 언약의 주가 그 가운데 임재하시기 때문에 이 공동체 사건과 언약의 식사를 최대한 존중해야 함을 엄숙하게 상기시킨다.

그러므로 주의 만찬을 악용하는 일은 그리스도가 죄를 위해 죽으신 사건을 거부하고, 현재 하나님을 거역하는 사람에게 임할 심판을 자초하는 것이나 다름없다. 이 때문에 주의 만찬에 참여하기 전에 자기를 살피는 일이 필수적이다. 만약 그렇게 하지 않으면, 주님이 직접 개입하여 심판하실 것이다.[35] 그러나 바울이 언급하는 이 심판은 아직 최후의 심판은 아니다. 사실은 엄밀히 개인이 최후의 심판을 피하게 할 목적으로 하나님이 징계하시는 것이다(32절).

11:31–32 우리가 우리를 살폈으면 판단을 받지 아니하려니와 우리가 판단을 받는 것은 주께 징계를 받는 것이니 이는 우리로 세상과 함께 정죄함을 받지 않게 하려 하심이라(εἰ δὲ ἑαυτοὺς διεκρίνομεν, οὐκ ἂν ἐκρινόμεθα· κρινόμενοι δὲ ὑπὸ [τοῦ] κυρίου παιδευόμεθα, ἵνα μὴ σὺν τῷ κόσμῳ κατακριθῶμεν). 주의 만찬에서 하나님이 미래에 행하실 심판이 예견된다. 하나님의 일부 백성은 징계를 통해 심판을 받았다(30절). 그러나 그들은 최종적으로 세상이 받을 정죄는 받지 않는다. 바울이 여기서 영적 자기 분별이나 연단을 권고하는 것은 그것이 주의 징계를 피하는 데 더 낫기 때문이다. 여기서 자기 판단에 대한 말을 어떻게 번역해야 가장 좋은지 역시 알기가 어렵다. 많은 역본이 "우리가 우리를 살폈으면"('판단했으면', διακρίνω)이라는 말을 제2조건문의 조건절(사실과 반대)로 번역한다. 이것은 당연히 독자가 "우리가…판단을 받지(κρίνω) 아니하려니와"라는 말과 언어유희가 계속되는 것을 보도록 도움을 준다. 그러나 29절(주의 몸을 '분별함', διακρίνω)과의 평행 관계도 중요하다. 이것을 염두에 두고 29절과 31절을 '분별했으면'(discerning)으로 번역했다. 여기서 동사들의 수동태는 우리에게 그리스도인에 대한 심판과 징계가 자기 백성 가운데 계시는 (언약의) 주의 손에(ὑπὸ [τοῦ] κυρίου) 일어난다는 사실을 상기시킨다. 이 제2조건문의 미완료 시제는 그것이 현재 시기를 가리킴을 암시한다.[36] 사실 그들은 자신을 분별하지(살피지) 않고, 그래서 미래의 심판에 직면할 위험 속에 있다.

바울은 고린도 교인 가운데 시기와 분쟁이 있는 배경 속에서(3:3), "신령한 자"가 영적인 일을 분별하는(판단하는) 습관이 있다는 사실을 2:14–16에서 이미 소개했다. 따라서 자신의 상황을 주님 앞에서 그리고 언약 공동체 안에서 분별하는 것은 영적으로 성숙한(온전한) 자가 행하는 일이다(참고. 3:1–2). 특히 주의 만찬에서 성숙한(온전한) 그리스도인은, 공동체 안에서의 세속적 지위나 푸짐한 음식을 먹는 일에 관해 생각하지 않고 자신을 용서가 필요한 죄인으로 분별할 것이다. 사람들은 주의 만찬을 통해 주님 앞에서 자신에 대한 '죄인'이라

34. 동사 '있고'가 담겨 있는 것으로 추정되고(즉, '많이 있고'), "약한" 자와 "병든" 자는 술어 주격이다.

35. 뒤의 '적용에서의 신학'에서 '주의 만찬과 하나님의 심판'이라는 부분의 설명을 보라.

36. Wallace, *Greek Grammar*, 695–96.

는 판결을 받아들이고 오직 주님만이 주실 수 있는 용서와 용납의 복을 받기 위해 주님께 돌아섬으로써 새로워질 때 진실로 겸손하고 경건한 자가 될 수 있다. 그렇게 겸손해지고 자기 분별이 있을 때 사람들은 각자가 하나님 백성의 공동체의 일원이라는 점과 주님 앞에서 각각 동등한 가치와 지위를 지닌다는 점 그리고 그리스도가 먼저 자기 백성을 위해 배려하고 사랑을 보여주셨기 때문에 서로 배려하고 사랑을 보여주어야 한다는 점을 새롭게 깨달을 것이다.

그러나 32절에서 바울은 언약에 따른 하나님 편의 보호 국면을 우리에게 상기시킨다. 시간 분사, '우리가 판단을 받을 때(받는 것은)'(κρινόμενοι)라는 말은 "주께"(ὑπὸ [τοῦ] κυρίου) 심판(징계)을 받는 일이 실제로 지금 당장 그들 가운데 일어나고 있다는 사실에 기반을 두었다. 그러나 그것은 파멸이 아니라 "징계"(παιδεύω)를 목적으로 한 심판이다. 의미상 이 단어는 어린아이가 장차 바람직한 어른으로 자라기 위해 징계를 받는 관념과 결합한다. 바울에게는 이것이 완전히 적합하다. 바울은 고린도 교인을 온전한(신령한) 자로 부를 수 없었다(3:1). 고린도 교인이 마땅히 되어야 할 신령한 자로 자라게 하실 수 있는 분은 하나님밖에 없다. 히브리서 12:5-11에서 저자는 하나님이 징계를 내리시는 목적과 징계의 깊은 영적 필요성을 상세히 밝힌다. 히브리서 저자는 이렇게 말한다. "징계는 다 받는 것이거늘 너희에게 없으면 사생자요 친아들이 아니니라"(히 12:8).

교회 공동체로서 고린도 교인은 하나님이 그들을 징계하는 가운데에서도 그들 속에서 역사하고 계신다는 점과, 하나님의 궁극적 목적이 "[그들이] 세상과 함께 정죄함을 받지 않게 하려는" 사랑의 아버지의 목적이라는 점을 각별히 이해해야 한다. 지금 주어지는 징계는 하나님의 백성이 마지막 날에 있을 심판을 피하게 하려는 의도가 있다. "정죄함을 받[다]"라는 말(κατακρίνω)은 심판을 가리키는 또 하나의 헬라어 단어다. 이 단어는 항상 심판받는 자의 죄를 함축하고, 따라서 사형 판결을 가리킨다.[37]

요약하면 그리스도인이 주의 만찬에 참여하는 방식은 자체로 하나님께 진실로 속한 자(따라서 사랑의 아버지께 간혹 징계를 받기도 하는 자)와 주의 것이 아닌 자(따라서 자기에 대한 심판을 먹고 마시는 자)를 구별하시는 하나님의 영이 하시는 사역의 일부다. 마지막 날에 '죄'에 대한 판결이 주의 만찬 자체에서 미리 읽힌다. 따라서 '의'에 대한 판결이 합당한 방법으로 주의 만찬을 참여하는 자에게 미리 읽힌다.

11:33-34c 그런즉 내 형제들아 먹으러 모일 때에 서로 기다리라 만일 누구든지 시장하거든 집에서 먹을지니 이는 너희의 모임이 판단 받는 모임이 되지 않게 하려 함이라(ὥστε, ἀδελφοί μου, συνερχόμενοι εἰς τὸ φαγεῖν ἀλλήλους ἐκδέχεσθε. εἴ τις πεινᾷ, ἐν οἴκῳ ἐσθιέτω, ἵνα μὴ εἰς κρίμα συνέρχησθε). 바울의 결론이 이제 17-22절에서 제시된 문제점(분쟁)에 구체적으로 적용되는 것으로 확인된다. 주의 만찬에서 어떻게 먹는지 그리고 언제 먹는지에 대한 문제와 일부 교인이 만찬에서 배제되는지의 여부에 관한 질문이 제기되고, 이에 대해 바울은 직접 지침을 준다. 고린도 교인은 주의 만찬에서 서로 배려하는 마음으로 함께 먹어야 한다. 또는 필요하면 집에서 먹어야 한다. 27-32절과의 연계성도 분명한데, 그것은 고린도 교인이 바울의 명령을 따를 때 그가 경고한 심판을 피할 수 있기 때문이다. 다시 한번 전체 상황이 아무리 심각할지라도, 바울은 목회자로서 고린도 교인을 "내 형제들[과 자매들]"로 부르면서 자상하게 말한다. 고린도 교인은 교회로서 함께 모여 주의 만찬을 "먹을" 때 '다른 사람들'을 생각

37. BDAG 519.

해야 하고, 따라서 교인이 다 참석할 때까지 먹지 말고 기다려야 한다. 이것은 배가 고픈 시간에 맞추어 식사하러 오는 사람이 있다면 그는 "집에서 먹어야"(ἐν οἴκῳ ἐσθιέτω) 한다는 점을 의미한다. 추측해보면, 바울은 교인들이 배가 고파 단순한 "음식"을 먹는 것처럼 주의 만찬에 달려들지 않도록 이미 먹고 오거나, 그러지 않으면 기다려서 주의 만찬 후에 먹기를 바란다. 어느 쪽이든 다른 교인들이 굶는 동안 무정하게 식사를 즐기는 엘리트 교인들은 주의 만찬을 일반 식사와는 다른 것, 곧 모든 교인이 '함께 모여' 먹는 "기념" 식사로 여겨야 한다['함께 모이는' 일에 강조점이 있다는 것은 그 동사(συνέρχομαι)가 17-20절에서 세 번, 33-34절에서 두 번 사용되는 것으로 분명히 암시된다]. 여기에 모두가 함께 모여 먼저는 떡을 떼고, 이어서 식사(만찬)를 하며, 그다음에는 잔을 마셔야 한다고 명백히 주장하는 내용은 없다(23-25절). 바울은 해야 할 일을 엄밀하게 제시하지 않는다. 그러나 그의 지침을 따랐다면, 그것은 중간의 주요 식사가 주의 만찬의 일부가 아니었거나 또는 음식이 차별 없이 교인들에게 충분히 나누어졌음을 의미했을 것이다. 여기서 요점은 가난한 자와 부자를 막론하고 모든 교인이 나란히 앉아 동시에 같은 음식을 먹어야 한다는 점이다. 확실히 일부 엘리트 교인이 보여준 행동은 의도적으로 피할 필요가 있었다. 그리고 그렇게 하는 것은, 음식을 충분히 나누어 주고 가난한 교인들과 함께 마시는 것을 의미할 것이다.

주의 만찬이 가리키는 본질을 이해하고, 또 주의 만찬에 참여하는 모든 신자가 동등하다는 것을 인정하는 마음으로 주의 만찬에 참여하여 함께 나아와 먹는 것은 그들이 "판단(심판) 받는"(εἰς κρίμα) 모임을 하는 것이 아니라는 사실을 의미한다. 하나님은 자기 백성을 징계하는 심판을 통해 선을 행하실 수 있다. 그러나 그것이 가장 바람직한 일은 아니다. 언약의 주님이 복과 저주를 베풀기 때문에 하나님의 백성은 분명히 모든 면에서 주님의 뜻에 따라 살면서 주님의 복을 받을 수 있도록 해야 한다.

11:34d-e 그밖의 일들은 내가 언제든지 갈 때에 바로잡으리라(Τὰ δὲ λοιπὰ ὡς ἂν ἔλθω διατάξομαι). 그 밖의 일들이 무엇인지 우리는 모른다. 아마 그 일들은 주의 만찬과 관련되거나 공동 예배에서 그들이 행한 덜 시급한 다른 일들과 관련되었을 것이다.

적용에서의 신학

1. 공동체 사건으로서의 주의 만찬

개인주의가 팽배한 사회에서는 바울이 여기서 성찬을 공동체 사건으로 강조하는 요점이 종종 상실된다. 이런 사회에서 주의 만찬이 오직 "너희가 함께 모일 때" 거행되어야 한다고 말하면 그저 부수적인 말로 들릴 수 있다. 이런 사회에서는 교인들이 함께 앉아 언약에 참여한다는 개념, 곧 다른 교인 및 그들의 주님과 함께 앉아 언약에 참여한다는 개념이 빠져 있다. 그리스도는 친히 자기 백성이 "온전한(건전한) 자"(요 7:23)가 되고, 그리하여 아들과 자기 백성에 대한 하나님의 사랑을 교회 밖에 있는 자에게 보여주도록 기도하셨다. 그리스도는 잡히시기 직전에 그리고 제자들과 유월절 식사를 하실 즈음에 그렇게 기도하셨다. 제자들의 연합과 제자들을 통해 믿게 된 자들의 연합은 복음의 필수 요소이고, 그것은 그리스도의 죽음과 부활을 통해 그들에게 주어진 연합이다. 이 연합을 가리는 것 또는 하나님의 백성의 "몸"의 본질을 부정하는 태도로 행동하는 것은 "하나님의 교회를 업신여기는" 것이다(11:22). 또한 잠재적으로 "주의 몸과 피에 대하여 죄를 짓는 것"으로(11:27) 심판을 초래한다.

바울은 28-29절에서 하나님의 심판을 피하려면 자기 검토나 자기 판단을 해야 한다고 권고한다. 그러나 단순히 사도의 관점에 따라 현대 기독교의 개인주의적인 정신분석을 요청하는 것보다 더 많은 것이 여기서 언급되고 있음을 알아야 한다. 여기서 바울이 요청하는 바는, 우리는 그리스도가 대신 죽으실 필요가 있던 죄인이라는 사실과, 그리스도가 자신의 죽음과 부활로 우리를 자신의 교회 공동체로 이끄셨다는 사실을 충분히 인정하고 언약의 식사에 참여하라는 것이다. 자신을 적절히 분별하는 그리스도인은 자신의 정체성을 바라볼 때, 자신을 위해 목숨을 내놓으신 분이 세우신 공동체의 일원으로 보기 마련이다. 확실히 여기서 바울이 전하는 말의 핵심은 죄에 대한 개인적인 자기 검토다. 하지만 현대의 개인주의자는 종종 자기 검토로 그치고 만다. 주의 만찬에서 개인적으로 자신을 죽임당해야 할 죄인으로 여기는 것은, 자신을 언약 공동체의 참여자로 여기는 것이므로 그 몸을 적절히 분별하는 것을 의미한다.

2. 주의 만찬과 하나님의 심판

30절("그러므로 너희 중에 약한 자와 병든 자가 많고 잠자는 자도 적지 아니하니")은 우리의 현재 행동과 현재 하나님이 사람들에게 하시는 심판 사이에 어떤 가능한 연계성이 있다는 말을 귀담아듣는 것은 고사하고, 최후의 심판에 대해서도 듣기 싫어하는 현대인의 귀에는 충격적인 말로 들릴 수 있다. 그러나 현대의 독자가 어떻게 반응하든 간에, 바울은 고린도 교회 안에 병든 자와 약한 자가 "많고", 어떤 이는 "잠자는 자"(즉, 죽은 자)가 되었다고 본다. 그리고 그것이 주의 만찬에서 분별이 부족한 것에서 발견되고, 거기에 하나님의 심판이 수반되었음을 알려준다. 우리는 바울이 모든 질병이 이런 악한 행위에 뿌리를 두었다고 주장하지 않는다는 점을 주목해야 한다. 어쨌든 여기서 사람의 죄는 온갖 질병을 낳고, 그러므로 죄로부터 돌아서게 되면 누구나 진정으로 건강해질 것이라는 주장을 침묵 논증을 통해 세우는 것은 완전히 부적합하다. 그러나 우리는 또한 하나님의 심판이 그분의 백성에게 임하므로, 비록 개인적으로 어떤 특수한 죄에 대한 죄책이 없다 해도, 누구든지 심판을 받을 수 있다고 지적할 수 있다(참고. 수 22:17).

여기서 고린도 교회 안에서 일어난 일에 대한 바울의 접근은 그의 언약 신학 안에서 이해되어야 한다. 바울이 고린도전서를 쓰는 내내 견지해오면서 특히 8장 이후로 직접 제시한 언약 신학은 자기 백성 가운데 거하시는 언약의 주님의 임재를 가정한다. 주님은 자기 백성을 보호하고 사랑으로 보살피시는 동시에, 진실로 온전한 백성이 되어 언약의 주님을 세상에 반영하도록 그들에게 책임을 지우신다. 바울은 여호와께서 자기 백성 가운데 계시면서 복과 저주를 내리시는 내용을 담은 구약 본문(참고. 신 11:26-28)을 기초로, 예수님을 자기 백성에게 복을 베풀어주시지만 아울러 그분을 거역할 때는 심판하시는 주님으로도 본다. 바울은 이미 8장에서 이 요점을 제시했다. 그러나 모울(Moule)이 분명히 증명한 것처럼, 특히 성례에서 하나님이 자기 백성과 맺은 언약 관계의 이 이중 비준이 규칙적으로 모든 그리스도인에게 증명된다.[38] 모울은 자신이 "두 절대 요소"로 부르는 것, 즉 세례와 마지막 날에 대한 설명으로 시작하면서, 그리스도인이 세례에서 그리스도와 함께 죽은 현실에 살지만, 여전히 마지막 날까지 죄를 짓는 자신의 모습을 발견한다는 사실을 지적한다. "새 창조는 이미 끝났다"라고 믿는 "분리파 열광주의자"와 달리 그리고 "만물이 처음 창조될 때와 같이 그냥 있다고 생각하는" 베드로후서 3:3의 "조롱하는 자들"과 달리, "기독교 실재론자"는 "변화가 일어났다는 확신을 고수하되" 동시에 죄에 대한 지식을 가지고 인생을 산다.[39] 이처럼 그리스도인에게 죄를 규칙적으로 회개하라고 촉구하는 것은, 그들로 하여금 세상이 받는 심판을 받지 않도록 하기 위함이다. 주의 만찬의 심판이라는 주제가 이 본문을 지배하므로, 그리스도인은 주의 만찬에서 그리스도의 죽음에 비추어 인생을 살고 그리스도를 주로 따라야 한다는 사실을 상기해야 한다. 만약 주의 만찬에 참여하는 그리스도인이 죄와 죽음에 대한 정당한 판결을 인정하지 않으면, "세속 권력이 예수님께 '죄'를 선고하는 일에" 가담하는 자가 된다(27절).[40]

그리스도가 우리를 위해 행하신 일, 곧 그분이 죄값으로 죽음의 판결을 받으신 것에 대한 세례 서약이 마지막 날이 될 때까지 주기적으로 새롭게 되는 것은 바로 주의 만찬에서 일어난다. 자기 판단과 그 판단에 수반되어야 하는 회개와 변화된 삶이 없으면, 현재와 미래에 심판이 기다리고 있을 것이다. 하나님의 백성이 주의 만찬에서 영적 분별이 부족해서 영적 맹목성에 빠지면, 주의 만찬은 액면 그대로 죄가 사망을 낳는다는 사실을 상기시키는 것으로 가득 차게 된다. 그때 주의 만찬은 죄의 본질과 하나님이 하시는 심판의 두려움을 절절하게 상기시킨다. 이 경고의 취지에 비추어 보면, 현대 교회의 많은 교인이 주의 만찬에 그렇게 무심코 참여하는 것은 주목할 만하다. 확실히 성찬식을 주재하는 목사는 주의 만찬에 참여할 때 확인되는 용서와 하나님과의 화평이라는 언약의 복에 기쁨을 표현해야 할 뿐만 아니라, 그리스도의 몸을 업신여기고 공동체를 파괴하는 자에게 임할 언약의 심판도 함께 경고해야 한다.

38. C. F. D. Moule, "The Judgment Theme in the Sacraments," in *The Background of the New Testament and Its Eschatology*, 공동편집 W. D. Davies, D. Daube (Cambridge: Cambridge University Press, 1956), 464-81.

39. 앞의 책, 468-69.

40. 앞의 책, 472.

CHAPTER 25

고린도전서 12:1-31

문학적 전후 문맥

12장에서 바울은 "은사"의 본질을 얼마간 상세히 말하는 문제로 돌아간다. 큰 은사를 가졌다고 주장하는 자의 "지식"의 용도를 비판한 바울은, 이제 하나님의 영이 주신 은사의 참된 기능을 적극적으로 설명한다. 엘리트 교인들이 은사를 악용하는 것은 문제일 수 있지만, 그렇다고 은사가 무시되어야 한다는 뜻은 아니다. 바울은 은사가 하나님이 의도하신 대로 공동체의 '덕을 세우는' 목적에 따라 사용되면 공동체에 큰 가치가 있다고 말한다. 앞에서 주의 만찬에 관해 설명할 때 바울은 언약의 관점에 따라 그리스도의 주 되심과 하나님의 교회를 업신여긴 자에게 임할 잠재적 심판을 다루었다(11:22, 27). 이제 바울은 신령한 자가 그리스도를 "주"로 선포할 것이라고 주장함으로써 이 주제에 관한 논증을 계속 이어간다(12:1-3). 주님은 공동체의 덕을 세우도록 은사를 주신다. 이 은사는 공동체 지위를 보장하는 표지가 아니고, 교인들을 갈라놓거나 교회 안의 한 집단을 다른 집단과 구분하는 데 사용될 수 없다. 12장에서 바울은 은사를 정확하게 이해하고 적절하게 기능할 때 교회를 진실로 어떻게 유복하게 하는지(1:4-9에서 제시된) 자신의 견해를 피력하기 시작한다. 각 사람에게 은사가 있다. 다른 사람들은 다른 은사가 있다. 그러나 이 모든 일은 "같은 한 성령"이 행하신다(12:11). 성령은 각 사람에게 자신이 원하는 대로 은사를 주신다. 아무도 한 지체가 다른 지체보다 쓸모가 없다거나, 은사가 부족하다고 말하거나 암시함으로써 그리스도의 몸을 갈라놓아서는 안 된다. 모든 신자가 겸손하게 다른 지체들이 필요하다는 것을 인정해야 한다. 은사는 그리스도의 몸에 덕을 세워야 하고, 몸을 분리하기보다는 몸과 연합해야 한다(12:25, 27).

따라서 "사랑"의 표지를 중점으로 다루는 그다음 장(13장)은 은사에 관해 언급한 모든 내용을 탁월하게 요약하고, "사랑"이라는 기독교적 표지에 따라 상대화된 은사의 지위를 제시한다. "지식"은 교만하게 하며 사랑은 덕을 세운다(8:1). 영적으로 온전함을 입증하는 표지로 추구되어야 할 사랑 옆에 있을 때 어떤 은사도 전혀 놀랍지 않은 것으로 드러난다.

주요 개념

신령한 자는 성령을 소유한 자로 그리스도의 주 되심을 전적으로 인정할 수 있는 사람이다. 신령한 자는 그리스도의 몸으로서 서로에게 의존하고 있음을 인정해야 한다. 신령한 자는 각자 성령이 주신 은사를 사용함으로써 그리스도의 몸의 덕을 세워야 한다.

번역

고린도전서 12:1-31

1a	주제 소개	형제들아 신령한 것에 대하여
b	소원	**나는 너희가 알지 못하기를 원하지 아니하노니**
2a	단언	**너희도 알거니와 너희가 이방인으로 있을 때에** 말 못하는 우상에게로
b	상황	끄는 그대로 끌려 갔느니라
3a		그러므로
b	단언	**내가 너희에게 알리노니**
c	고백	하나님의 영으로 말하는 자는 누구든지 예수를 저주할 자라 하지 아니하고
d	고백	또…누구든지 예수를 주시라 할 수 없느니라
e	수단	성령으로 아니하고는
4a	단언 1	**은사는 여러 가지나**
b	단언/원천 2	**성령은 같고**
5a	연속 (1)	**직분은 여러 가지나**
b	연속 (2)	**주는 같으며**
6a	연속 (1)	또 **사역은 여러 가지나**

b 묘사 모든 것을 모든 사람 가운데서 이루시는
c 연속 (2) **하나님은 같으니**

7a 단언 **각 사람에게 성령을 나타내심은**
b 유익 유익하게 하려 하심이라

8a 사례… **어떤 사람에게는**…지혜의 말씀을,
b 수단 성령으로 말미암아
c 연속 어떤 사람에게는…지식의 말씀을,
d 수단 같은 성령을 따라
9a 연속 다른 사람에게는…믿음을,
b 수단 같은 성령으로
c 연속 어떤 사람에게는…병 고치는 은사를,
d 수단 한 성령으로
10a 연속 어떤 사람에게는 능력 행함을,
b 연속 어떤 사람에게는 예언함을,
c 연속 어떤 사람에게는 영들 분별함을,
d 연속 다른 사람에게는 각종 방언 말함을,
e 연속 어떤 사람에게는 방언들 통역함을 주시나니

11a 단언 **이 모든 일은…행하사**
b 행위 같은 한 성령이
c 확대 그의 뜻대로 각 사람에게
나누어 주시는 것이니라
12a 단언 **몸은 하나인데**
b 목록 **많은 지체가 있고**

c 목록 **몸의 지체가 많으나**
한 몸임과
d 유비(4-11절에 대한) **같이**

e 단언 **그리스도도 그러하니라**
기초
13a 단언 **우리가…다…세례를 받아 한 몸이 되었고**
b 확대 유대인이나 헬라인이나
종이나 자유인이나
c 영역 한 성령으로
d 단언 또 **다 한 성령을 마시게 하셨느니라**

14a 단언 **몸은 한 지체뿐만 아니요**
b 대조 **여럿이니**

15a 예증…
조건 만일 발이 이르되
b 직접 화법 나는 손이 아니니 몸에 붙지 아니하였다 할지라도
c 수사적 질문 **이로써 몸에 붙지 아니한 것이 아니요**

16a 수사적 질문의 연속 또
귀가 이르되
b 나는 눈이 아니니 몸에 붙지 아니하였다 할지라도
c **이로써 몸에 붙지 아니한 것이 아니니**

17a 연속 만일 온 몸이 눈이면
b **듣는 곳은 어디며**

c 연속 온 몸이 듣는 곳이면
d 수사적 질문 **냄새 맡는 곳은 어디냐**

그러나 이제
18a 단언 **하나님이…지체를…두셨으니**
b 방식 그 원하시는 대로
c 확대 각각
d 위치 몸에

19a 수사적 질문 만일 다 한 지체뿐이면
b **몸은 어디냐**
20a 이제
b 단언 **지체는 많으나**
몸은 하나라

21a 예증 **눈이 손더러…하거나**
b 내용 내가 너를 쓸 데가 없다
c 재진술 또한 **머리가 발더러…하지 못하리라**
d 내가 너를 쓸 데가 없다

22a 대조 그뿐 아니라
b 단언 **더 약하게 보이는 몸의 지체가 도리어 요긴하고**
23a 묘사 우리가 몸의 덜 귀히 여기는
b 단언 그것들을
|
c **더욱 귀한 것들로 입혀 주며**
d 재진술 **우리의 아름답지 못한 지체는 더욱 아름다운 것을 얻느니라**
24a 확대 그런즉 우리의 아름다운 지체는

		그럴 필요가 없느니라
b		오직
c	단언	**하나님이 몸을 고르게 하여**
d	확대	부족한 지체에게 귀중함을 더하사
25a	목적(소극적)	몸 가운데서 분쟁이 없고
b	목적(적극적)	오직 여러 지체가 서로 같이 돌보게 하셨느니라
26a	조건(조건절)	만일 한 지체가 고통을 받으면
b	단언(귀결절)	**모든 지체가 함께 고통을 받고**
c	조건	한 지체가 영광을 얻으면
d	단언	**모든 지체가 함께 즐거워하느니라**
27a	요약	**너희는 그리스도의 몸이요**
b	재진술	지체의 각 부분이라
28a	단언	**하나님이 교회 중에 몇을 세우셨으니**
b	목록	첫째는 사도요
c	목록	둘째는 선지자요 셋째는 교사요
d	목록	그 다음은 능력을 행하는 자요
e	목록	그 다음은 병 고치는 은사와
f	목록	서로 돕는 것과 다스리는 것과 각종 방언을 말하는 것이라
29	수사적 질문	**다 사도이겠느냐 다 선지자이겠느냐 다 교사이겠느냐 다 능력을 행하는 자이겠느냐**
30	연속	**다 병 고치는 은사를 가진 자이겠느냐 다 방언을 말하는 자이겠느냐 다 통역하는 자이겠느냐**
31a	요약	**너희는 더욱 큰 은사를 사모하라**
b	결론/13장으로 가는 다리	**내가 또한 가장 좋은 길을 너희에게 보이리라**

구조

첫 번째 부분인 12:1–3에서 바울은 지식과 고린도 교인이 '알아야' 할 것을 다루는 문제로 돌아간다. 그리스도의 주 되심을 받아들이는 것은 사람의 삶 속에 성령이 임재하시는 것을 암시한다. 따라서 이런 자는 다 "신령한" 자라는 점을 계시한다. 이어서 두 번째 부분(4–11절)은 성령이 나누어주신 대로 받는 다양한 은사를 설명한다. "같은 성령"(4, 9, 11절), "같은 주"(5절),

"같은 하나님"(6절)이라는 말이 반복되는 것은, 모든 그리스도인이 똑같은 방식으로 하나님께 복을 받고 은사로 풍성해진다는 사실을 독자에게 상기시킨다. 은사는 다를 수 있다. 그것은 성령이 하나님의 백성에게 그분의 뜻대로(11절), 그들의 덕을 세우게 하려고(7절) 은사를 나누어주시기 때문이다. 세 번째 부분(12–26절)에서 바울은 모든 그리스도인이 그리스도의 몸의 덕을 세우고, 그리하여 각 지체가 다른 지체들을 보살피고 그들 사이에 분열이 일어나지 않도록 은사를 올바로 사용하는 방법을 명시적으로 제시한다. 바울은 그리스도의 몸을 하나로 묶는 상호 의존 관계를 역설한다. 그리고 네 번째 부분(27–31절)에서 바울은 초점을 그리스도의 몸의 본질에 둔다. 성령의 은사의 올바르고 적절한 기능을 이해하려면 이 본질을 먼저 파악해야 한다.

석의적 개요

VIII. 지위, 공적 예배, 자유, 은사(11:2–14:40)
- A. 공적 예배에서 남편과 아내가 지켜야 할 행위(11:2–16)
- B. 주의 만찬에서 교회가 지켜야 할 행위(11:17–34)
- ➦ **C. 신령한 자와 교회 안에서 은사의 기능(12:1–31)**
  - **1. 신령한 자는 그리스도의 주 되심을 인정한다(12:1–3)**
  - **2. 신령한 자는 은사를 성령이 나누어주시는 대로 받는다(12:4–11)**
  - **3. 신령한 자는 은사를 그리스도의 몸의 덕을 세우는 데 사용한다(12:12–26)**
    - a. 모든 그리스도인이 한 몸의 지체다(12:12–14)
    - b. 모든 그리스도인이 그리스도의 몸에 필요하다(12:15–16)
    - c. 모든 그리스도인이 그리스도의 몸의 다른 지체에 의존한다(12:17–21)
    - d. 모든 그리스도인이 각기 다른 지체를 보살펴야 한다(12:22–26)
  - **4. 신령한 자는 그리스도의 몸에서 자기의 위치를 알아야 한다(12:27–31)**

본문 설명

12:1 형제들아 신령한 것에 대하여 나는 너희가 알지 못하기를 원하지 아니하노니(Περὶ δὲ τῶν πνευματικῶν, ἀδελφοί, οὐ θέλω ὑμᾶς ἀγνοεῖν). 바울은 고린도 교인이 자기에게 쓴 편지를 다시 언급하는 것으로 이 부분을 시작한다. 여기서 바울은 고린도 교인이 신령한 자의 정체성에 대해 가진 관심사를 다룬다. "[이제]…에 대하여"(περὶ δέ)라는 소개 어구는 고린도전서에서 6번 사용된다(7:1, 25; 8:1; 12:1; 16:1, 12; 참고. 8:4). 대부분의 경우 이 어구는 바울

이 양 당사자, 곧 자신과 고린도 교인이 관심사로 삼은 문제를 다룬다는 점을 암시한다. 그러나 7:1 및 8:1과 달리, 여기에는 고린도 교인이 쓴 편지에서 나온 인용문이 없다. 이 부분은 새로운 부분이지만 공동 예배 요소를 다룬 직전 부분과 긴밀한 연계성이 있음이 쉽게 증명된다. 게다가 이 부분은 바울이 2:13-16에서 "영적인 일"(신령한 것) 및 "신령한 자"에 관해 쓴 내용과도 긴밀하게 관련되어 있다[거기서 바울이 고린도전서에서 사용한 "신령한"(πνευματικός)이라는 단어의 의미에 대한 설명을 보라]. 2:13에서처럼 여기서도 결정해야 할 첫 번째 사실은 바울이 말하는 것이 "신령한 것", 곧 성령의 은사나 다른 문제인지, 아니면 '신령한 자'에 관해 말하는지 여부다. 이 명사적 형용사(πνευματικός)는 남성이거나 중성일 수 있다. 대다수 번역은 중성을 택했다. 따라서 "신령한 은사"로 번역하거나(AV, RSV, TEV, NIV, NASB) 단순히 "성령의 은사"로 번역하거나 한다(REB, NJB, 개역개정에는 "신령한 것"-역주).

여기서 바울이 사람들이 아니라 은사를 다룬다는 관점을 지지하는 논증은 여러 가지가 있다. 그중에서 특히 중요한 논증은 바울이 4절에서 신령한 은사 부분을 분명히 시작한다는 사실이다. 그러나 거기서 사용된 단어는 "은사"(χαρίσματα)로, 이것은 고린도전서 앞부분에서도 사용되었다(참고. 1:7과 7:7). 바울은 다른 서신에서 보통 "율법"(롬 7:14), 지금 이방인들이 상속받은 복(롬 15:27) 그리고 하나님의 일반적인 복[엡 1:3; 또한 엡 5:19과 골 3:16도 참고하라("신령한" 노래)]과 같은 일(것)에 "신령한"이라는 단어를 사용한다. 그러나 이 단어가 독립적 용법으로 다시 사용되는 갈라디아서 6:1에서 바울은 "신령한 너희는"이라고 말한다.

바울은 특히 2:15, 3:1, 14:37에서 신령한 자에 관해 말한다. 그리고 이 구절들과 고린도전서 전체에 비추어 보면, 바울이 여기서도 사실은 사람들을 가리킨다고 보아야 할 것 같다.[1] 2-3장이 매우 분명히 암시한 것처럼, 여기서 한 가지 문제점은 스스로 신령하다고 생각한 사람(엘리트 교인들)이 사실은 은사를 비롯하여 신령한 것(또는 "영적인 일")을 적절히 분별하지 못한다는 점이다. 더 중요하고 직접적인 12-14장의 문맥에서 보면, 12:2-3은 계속해서 사람들의 신령한 믿음과 행동에 관해 말한다. 3절은 진실로 신령한 사람이 누구인지 그리고 그가 성령의 인도를 받아 예수님에 관해 어떤 말을 하는지 이해하는 것과 관련되어 있다.[2] 이 부분 마지막 지점인 14:37에서 바울은 신령한 사람들에 관한 질문으로 돌아간다("만일 누구든지 자기를…신령한 자로 생각하거든"). 바울은 여기서 은사에 관해 말하고자 하므로, 그가 은사를 유일하게 적절히 분별하고 '판단할' 수 있는 "신령한 자"에 관한 언급으로 시작한다고 보는 것이 논리적인 듯하다(2:14-15에 대한 설명을 보라). 누가 진실로 신령한 자인지의 문제는 고린도전서 전체에 걸쳐 다양하게 전개되는 핵심 주제다. 게다가 14장은 어떤 은사를 가진 사람들에 관해 말하고, 이런 사람들이 예배의 본질과 교회 안의 다른 교인들을 적절히 배려하며 행동하는 법에 관해 다룬다. 13장은 온전한 그리스도의 사람은 사랑을 보여주어야 하고, 아무리 놀라울지라도 은사보다 사랑을 더 중요하게 여겨야 한다는 사실을 직설적으로 지적한다.

12장에서 바울은 교회 안에서 다른 교인에게 관심이 없는 엘리트 교인들을 주로 겨냥한다. 그렇기 때문에, "나는 너희가 알지 못하기를 원하지 아니하노니"라

1. Schmithals, *Gnosticism in Corinth*, 172는 12:1의 "신령한 것에 대하여"를 "성령론에 대하여"(concerning the Pneumatics)로 번역한다. 그러나 Schmithals는 여기서 바울의 논증을 "지식"을 "자신을 공동체의 다른 지체들과 구별하는" 표지로 소중히 여기는 엘리트 교인들을 반대하는 논증으로 이해한다는 점에서는 정확하지만, 이 엘리트 교인들이 영지주의자라고 잘못 주장한다. 앞에서 '고린도전서 서론'을 보라.

2. 2:13-15에서 설명한 것처럼, "신령한"이라는 단어는, 사람들이나 사물들에 적용되는 것과 상관없이, 성령의 일과 관련되어 있고 특별히 예수님을 가리킨다.

는 곡언법은 그 표현이 10:1에서 사용되었을 때 앞에서 설명한 것과 똑같은 의미를 전달한다. 다시 말해 고린도 교회의 자칭 신령한 자가 자신이 "아는" 줄로 믿었다는 점을 고려하면(8:2), 여기에 아이러니가 담겨 있다. 이제 바울은 이방인과 성령의 인도를 받은 그리스도인 간의 차이를 알려주는 문제로 시선을 돌린다[3절, "내가 너희에게 알리노니"(γνωρίζω ὑμῖν)].

12:2-3 너희도 알거니와 너희가 이방인으로 있을 때에 말 못 하는 우상에게로 끄는 그대로 끌려 갔느니라 그러므로 내가 너희에게 알리노니 하나님의 영으로 말하는 자는 누구든지 예수를 저주할 자라 하지 아니하고 또 성령으로 아니하고는 누구든지 예수를 주시라 할 수 없느니라(Οἴδατε ὅτι ὅτε ἔθνη ἦτε πρὸς τὰ εἴδωλα τὰ ἄφωνα ὡς ἂν ἤγεσθε ἀπαγόμενοι. διὸ γνωρίζω ὑμῖν ὅτι οὐδεὶς ἐν πνεύματι θεοῦ λαλῶν λέγει, Ἀνάθεμα Ἰησοῦς, καὶ οὐδεὶς δύναται εἰπεῖν, Κύριος Ἰησοῦς, εἰ μὴ ἐν πνεύματι ἁγίῳ). 바울은 계속 설명하면서, 말 못 하는 우상과 결부된 이방인의 영적 정체성과 성령의 임재와 그리스도를 주로 인정하는 믿음에 의존하는 그리스도인의 영적 정체성 간의 대조를 부각한다.

2절의 문장 구조는 정동사가 빠져 있는 복합문이다. 헬라어 본문은 '너희는 이방이었을 때 말 못 하는 우상에게 이끌린 대로 (너희가 끌려갔다)'와 같이 읽힌다. 헬라어 분사구문에서는 생략이 비교적 흔한 특징이다. 여기서는 생략된 말을 2인칭 '너희가 끌려갔다'로 추정하는 것이 가장 자연스러워 보인다. 잘못된 길로 이끌린 반복된 행동은 헬라어 본문에서 미완료 수동태 시제('너희가 이끌렸다', ἤγεσθε)와 불변화사(ἄν)의 결합으로 강조된다.[3] 이 부분 처음 세 구절(1-3절)을 더 잘 이해하려면 세 구절을 함께 묶어 이해할 필요가 있다. 특히 2절과 3절을 함께 묶는 것이 중요하다. 그런데 많은 주석이 논증의 점진적 진행을 숨기고 이 두 구절을 따로 분리하는 것 같다. 따라서 다른 해석이나 바울이 사용하는 말을 주목하기 전에, 이 세 구절(1-3절)이 함께 묶여 전하는 내용이 무엇인지 그리고 바울이 독자를 어디로 이끄는지 파악하는 것이 유용하다.

첫째, 1-3절 부분의 각 구절은 '앎'이라는 주제로 결합한 것이 특징이다. 바울은 고린도 교인이 "알지 못하기를"(1절, ἀγνοεῖν) 원하지 않는다. 바울은 "너희도 알거니와"(2절, οἴδατε)라고 말하고, 이어서 "내가 너희에게 알리노니"(3절, γνωρίζω ὑμῖν)라고 말한다. 여기에 점진적 진행이 나타나 있다. 바울은 온건한 아이러니로 시작하여 "신령한" 자가 어떤 사람인지 다 안다고 생각하는 자에게 "나는 너희가 알지 못하기를 원하지 아니하노니"라고 강력하게 말한다. 바울은 고린도 교인에게 그들이 더 "알" 필요가 있다고 주장하기 전에, 그들이 '알고 있는' 그들의 과거에 관한 분명한 사실을 말하는 것으로 시선을 돌린다. 1-3절에서 말하는 지식은 지배적 주제인 "신령한 자" 및 신령한 자의 정의와 관련되어 있다. 확인했듯이 고린도 교회 공동체 안에서 어떤 교인은 신령한 자가 다양한 은사를 소유한 자로 정의된다고 믿고, 교만해져서 자기들이 다른 교인들보다 영적으로 우월하다고 생각했다. 그러나 바울이 이미 2장과 8장에서 주장한 것처럼, 은사의 기능은 이런 것이 아니다. 따라서 바울은 고린도 교인이 신령한 자의 정의를 제대로 "알기"를 바란다. 그것은 은사의 목적이 아니므로 바울은 이제 12:4부터 은사의 참된 목적을 제시하고, 이 주제를 13장과 14장에서도 계속 다룬다.

그러면 바울의 논증은 무엇인가? 2절에서 바울은 특별히 이방인의 배경을 가진 교인에게 말한다. 그들은 자신들의 출신 배경을 '안다.' 그들은 과거에 우상을 섬긴 적이 있었기 때문에 우상 숭배의 영적 형태와 활동

3. Robertson, *Grammar of the Greek New Testament*, 974.

을 잘 알았다. 바울은 그들이 잘 알지 못하는 것을 말하는 것이 아니다. 정의(定義)가 중요하다. 그들을 이방인으로 구분하는 이유는 그들이 "말 못 하는 우상"(τὰ εἴδωλα τὰ ἄφωνα)에게 이끌렸기 때문이다. 그들은 어디든 우상을 섬기는 예배가 이끄는 대로 끌려갔다. 이 요점은 분명하고 단순하다. 하지만 그것이 그들이 진실로 '아는' 것이다. 그들의 이방인 영성(바울은 그리스도인의 활동이나 이방인의 활동 어디에도 이 말을 사용하지 않지만)은 그들을 우상에게로 (잘못) 이끈 영적 세력으로 정의되었다. 그들의 이방인 정체성은 그렇게 형성되었다. 이 우상은 그들에게 어떤 말도 해주지 못했고, 그들이 해야 할 말도 전하지 못했다.

"그러므로"(3절, διό), 너희는 (또한) 신령한 자의 참된 정의를 "알" 필요가 있다고 바울은 말한다. 그리고 이에 대한 답변은 신령한 자는 "하나님의 영으로"(ἐν πνεύματι θεοῦ) 말하고, 이런 자는 "예수를 주"(Κύριος Ἰησοῦς)로 인정하는 유일한 사람이라는 것이다. 세례의 배경 속에서 사용된 말로 보이는 이 초기의 선언은 매우 적절하다. 이 선언이 "예수"를 언약의 "주"로 그리고 순종을 받으셔야 하고, 자기 백성을 자신의 공동체에 참여할 수 있게 하시는 분으로 이해하기 때문이다. 따라서 의미심장하게도 바울은 이 중대한 선언을 "성령으로" 말하는 자만 제시할 수 있다고 주장한다(추가로 뒤의 설명을 보라). 다른 이들은 "예수를 저주할 자"라고 말할 수 있으나 성령으로 인도를 받는 자는 절대로 그렇게 말하지 못할 것이다. 따라서 정의상 신령한 자(즉, 성령의 인도를 받는 자)는 기본적인 믿음으로 언약의 주께 복종한다고 선언할 수 있는 자다. 결론은 다음과 같다. 신령한 자는 모든 그리스도인을 의미한다. 이런 이유로 엘리트 교인과 같은 집단은 있을 수 없다. 기독교 공동체의 다른 어느 집단보다 "성령으로" 더 인도받는 집단은 없다. 신령한 지위의 최종적 증거는 신실한 언약적인 헌신을 선언하는 것 자체에 있기 때문이다. 그리스도인들 사이에서 다양한 수준의 영적 지위를 주장하는 것은 무의미하다.

1-3절의 내용을 개관했으므로, 여기서 "끌려간" 것과 "말 못 하는"(ἄφωνα) 우상에 대해 말할 때 바울이 무엇을 염두에 두었는지에 관해 논란이 많다는 점을 주목해야 한다. 그들이 끌려간 것을 반복해서 언급하는 것은 그들이 이교 사상으로 돌아가 우상에게 도움을 구한 것이 그들의 공통적 경험이었다는 점을 암시한다. 그러나 이 우상은 '말을 못한다.' 여기서 바울은 구약성경이 우상과 그것이 표상하는 대상인 신에 대해 말하는 관념에 의존하는 것 같다. 예를 들어, 하박국 2:18은 "새긴 우상은…무엇이 유익하겠느냐…만든 자가 이 말하지 못하는 우상을 의지하니 무엇이 유익하겠느냐"[4]라고 말한다. 바울이 지적하는 것처럼 그들은 아무 도움도 줄 수 없고, 도움의 말도 해줄 수 없는 신에게 이끌려 갔다. 이것 때문에 그들은 이방인으로 정의된다. 이방인의 전체적인 영적 실존은 이렇게 속임수에 빠져 있었다.

그러나 어떤 주석가는 바울이 우상의 "말 못하는" 특징을 강조한 것이 당시 이교 사상의 일부 숭배자가 빠진 황홀경을 가리킨다고 주장했다. 따라서 고든 피는 이렇게 말한다. "그러므로 바울은 이교 숭배자들에게 그들이 잘 아는 것, 곧 '말 못 하는' 우상인데도 일부 이교 종교에서 '영감받은 말'이 숭배의 일부가 된 것을 상기시키는 것 같다." 고든 피는 계속해서 이것이 바울에게 '영감받은 말' 자체가 성령으로 말하는 것의 확실한

4. 참고. 「바룩서」 6:41(Ep Jer 41). "만약 그들이 말을 할 수 없는 한 벙어리(우상)를 본다면, 그 벙어리를 데려와, 마치 그가 이해할 수 있었던 것처럼 말할 수 있게 해달라고 벨에게 탄원한다"(Lancelot C. L. Brenton, *The Septuagint with Apocrypha: Greek and English* [London: Samuel Bagster & Sons, 1851; 개정, Grand Rapids: Zondervan, 1993], 129 [Apocrypha section]). 「바룩서」 6장(Ep Jer) 전체는 우상의 무익함을 상세히 변론한다.

보증은 아니라는 증거가 된다고 주장한다.[5] 그러나 3a절을 그런 식으로 이해하지 않는 한, 바울이 이런 황홀경 경험을 염두에 두었음을 암시하는 내용이 본문 속에 전혀 없다. 이방인이 '끌려갔다'는 말의 수동태는, 그들이 어떤 황홀경이나 다른 경험 속에 끌려들어가 말로 초자연적인 표현을 하게 된 결과를 요구하지 않는다. 확실히 그루뎀이 증명한 것처럼, "끌려갔느니라"(ἀπαγόμενοι)는 분사가 황홀경 경험 속으로 끌려들어간 것을 의미한다는 주장은 "그 말의 다른 용법 속에 지지 증거가 전혀 없다." 오히려 그것은 단순히 한 지점으로 나아간 것을 가리킨다. 따라서 바울은 이방인으로서 그들이 "우상을 섬기는 신전에 참여하는 강한 충동 아래" 있었다고 말한다.[6]

그루뎀과 다르게, 테렌스 페이지(Terence Paige)는 우상"에 의해(by) 끌려간" 것을 의미하는 내용은 본문에 전혀 없다고 주장했다. 바울은 단순히 그들이 우상에게(to) 이끌렸고 "2절은 이교 제사의 축제 행렬 심상을 불러일으킨다"라고 말한다는 것이다.[7] 페이지는 다수의 고대 자료를 인용하면서, 이 축제 행렬은 대체로 공공 거리를 통과하여 우상의 신전에 도착하여 그곳에서 숭배하는 것으로 끝났다고 주장한다. 따라서 페이지는 바울이 여기서 그들이 이방인이었을 때 (거리를 거치며) "우상들에게" 이끌린 과정에 대해 말한다고 주장한다. 축제 행렬 자체는 이교 사회에서 권력의 상징이였다. 페이지는 다른 정동사의 삽입을 요청하지 않는 "너희가 (그 행렬에) 이끌렸을 때마다 (실제로는) 포로로 끌려가고 있었느니라"와 같은 번역으로 끝맺는다. 따라서 2절은 일부 회심한 이방인이 그들의 과거 생활에 얽매여 있었다는 점을 고린도 교인에게 상기시켜준다. 따라서 바울은 12-14장 나머지 부분에서 "하나님에 의해 진정으로 '이끌리는' 것이 무엇인지" 설명한다.[8] 페이지가 제시하는 본문에 대한 이런 해석은 매력적이고 혁신적이기는 하다. 그렇지만 본문에 명백하게 나타나 있지 않은 사실에 지나치게 의존한다. 더구나 이어지는 구절들에서 바울은 이방인의 종노릇과 그리스도인의 자유 간의 대조에 기반을 두고 설명하지 않는다. 바울은 "신령한 자"가 어떠한지에 대한 요점을 제시한다.

'예수는 저주받을 자라'(ἀνάθεμα라는 말을 선언으로 취함)는 말의 의미 또한 많은 논란을 불러일으켰다. 티슬턴은 3절에서 단어들의 의미와 바울의 의도를 이해하는 열두 가지 다른 방법을 제시한다.[9] 여기서는 몇 가지만 다루겠다. 바울이 2절에서 이방인의 황홀한 말이라는 주제를 소개했다는 관점을 취해 어떤 주석가는 우상이나 귀신들의 영향 아래 있는 사람들이 때때로 예수님께 저주를 선언했다고 주장한다.[10]

다른 주석가는 여기서 바울은 가설적 상황을 만들었다고 주장했다. 그러므로 실제로는 아무도 '예수는 저주받을 자'라고 말하지 않았다. (플리니우스가 트라야누스 황제에게 보낸 편지에서 언급한 것과 같이) 그리스도인에게 예수님을 저주하라고 당당하게 요청하는 것은 구시대적이다. 이런 박해는 당시에 일어나지 않았다. 황홀경을 추구하는 일부 영지주의자가 육체로 거하신 예수님을 저주할 수 있다는 주장도 완전히 사변에 불과하다. 어쨌든 완전히 구시대적이다. 헤이스는 자신의 견해를 이렇게 요약한다. "바울은 단순히 예수님을 저주하는 이극적인 허구 장치를 사용하여 성령의 인도를 받는 자가

5. Fee, *1 Corinthians*, 640. 또한 다음 자료들도 보라. Conzelmann, *1 Corinthians*, 206; Weiss, *Der erste Korintherbrief*, 295-97; James D. G. Dunn, *1 Corinthians*, New Testament Guides (Sheffield: Sheffield Academic Press, 1995), 80-81.

6. Wayne A. Grudem, *The Gift of Prophecy in 1 Corinthians* (Washington, DC: University Press of America, 1982), 164.

7. Terence Paige, "1 Corinthians 12:2: A Pagan Pompe?" *JSNT* 44 (1991): 57-65.

8. 앞의 책, 64.

9. Thiselton, *1 Corinthians*, 918-27.

10. Chrysostom, *Homilies on First Corinthians*, homily 29.3은 이렇게 하는 자가 "점쟁이"였다고 말한다. 다음 자료들을 보라. Dunn, *1 Corinthians*, 80-81; Hering, *First Corinthians*, 125.

예수의 주 되심을 높이는 방식으로 말하고 행동할 것이라는 사실을 강조한다."[11]

그러나 또 다른 주석가는 바울이 회심하지 않은 유대인을 염두에 둔 것이라고 주장한다. 바울이 이방인에 관해 말한 후 여기서는 유대인에 관해 말한다. 그다음에는 그리스도인에 관해 말한다. 이것은 이방인이 자신이 누구인지 알고 있었다면 절대로 예수님을 저주하지 못했을 것이라는 근거에 따라 주장된다. 하지만 사도 바울의 개인적인 인생사는 당시에 예수님을 메시아로 따르는 자를 미워한 전통적인 유대교인의 모습을 보여준다(행 26:10-11). 바울이 그런 것처럼 유대교인은 예수님을 메시아로 따르는 것을 신성모독으로 여겼다. 이 말을 저주 문장('예수에게 저주가 있으리라')으로 취하지 않고 진술 문장('예수는 저주받을 자라')으로 취하면, 예수님이 메시아라는 사실을 (신성모독적인) 주장으로 보는 유대인의 분석과 맞아떨어질 것이다.[12]

'예수는 저주받을 자라'(ἀνάθεμα Ἰησοῦς)는 말은 다양한 형태로 신약성경에서 매우 자주 언급되고 분명히 참된 그리스도인의 정체성을 인증하는 요소인 '예수는 주시라'는 그리스도인의 고백(참고. 8:6; 롬 10:9; 빌 2:9-11)에 비추어 이해해야 한다. 여기서 열쇠는 예수님의 주 되심에 대한 복종이다. 바울은 고린도전서 전체에 걸쳐 다양하게 이 점을 분명히 했다. 특히 8장과 10장에서 귀신들의 활동과 숭배를 이 주 되심과 대조했을 때 더 분명히 보여주었다. '끌려갔다'는 수동태에 함축된 우상을 따르는 강제성을 피하는 2절에 대한 설명은 모두 2절과 3절의 대조를 쉽게 놓치고, 우상과 함께 먹는 자는 우상에게 '언약에 따라 참여하는' 자라는 바울의 주장(10:20)을 정당화하지 못한다. 다른 주를 따르는 것은 예수님을 저주하는 것과 같다.

이방인이라 해도 그리스도인이 되기 전에 "예수는 저주받을 자라"고 외치는 모습을 상상하기 어렵다는 점에서, 바울이 가설적 상황을 제시한다고 볼 수 있다. 바울이 갑자기 이 지점에서 회심하지 않은 유대인의 외침을 언급해야 하는 이유는, 비록 바울이 '*anathema*'라는 말을 사용할 때 거기에 유대 배경이 있다고 할지라도 불분명하다. 반면에 어떤 이방인이 어떤 상황 속에서 실제로 그렇게 많이 말했든 그러지 않았든, 그 상황은 회심한 이방인에게는 사실이었을 것이다. 특히 우상에게 이끌렸다는 점에서 그들은 또 다른 주에게 끌려갔고, 그래서 참된 주님께 등을 돌리고 말았다. 오직 참 하나님의 영에 이끌린 자만이 "예수를 주"로 말할 수 있다. 더 중요한 요점은, 특히 10장에 나온 광야 세대의 본보기를 고려할 때, 오직 참 하나님의 영에 이끌린 자만이 언약의 주께 복종하는 신복으로 살 수 있다는 점이다. "신령한 자"는 예수님을 (언약의) 주로 고백하고 일상적인 삶을 이 고백에 따라 사는 모든 자를 가리킨다. 이것은 바울이 고린도 교인이 확실히 "알기"를 바라는 사실이다. 고린도 교인은 자기들의 이방인 배경에 관해 잘 알았다. 이에 관해 그들은 모를 수도 없고 또 몰라서도 안 된다. 은사로 자신을 '신령한 자'로 다른 교인들과 구분하지만, 사실은 신령한 자가 아닌 "지식 있는 자", 곧 엘리트 교인들에게는 이것이 정말 심각한 경고다.

오직 하나님에 의해 그리고 하나님의 영으로 '이끌린' 자만이 "신령한 자"로 정의될 수 있으므로, 바울은 이제 이 기초에 따라 반복되는 비슷한 진술들, 곧 "같은 성령", "같은 주", "같은 하나님"이라는 말을 언급한다. 그러나 바울은 이 첫 부분(1-3절)에 함축된 사실, 즉 모든 그리스도인은 그들 속에서 하나님의 영의 역사와 내주하심을 경험하고, 따라서 그들이 영성 수준에

11. Hays, *First Corinthians*, 209. 또한 Jouette M. Bassler, "1 Cor 12:3: Curse and Confession in Context," *JBL* 101 (1982): 415-18도 보라.

12. Bengel, *Gnomon of the New Testament*, 293; Robertson, Plummer 공저, *First Corinthians*, 261; Moffatt, *First Corinthians*, 179; Garland, *1 Corinthians*, 570-71.

따라 구별될 수 없다는 점도 분명히 할 것이다. 바울은 이어지는 부분(4절 이하)에서 이에 따라 하나님이 '모든 것을 모든 사람 가운데서 이루신다'고 언급하고, '각 사람에게' 성령의 역사가 일어난다고 주장한다.

앞에서 고린도 교인이 지혜와 지식의 은사를 강조했다고 주장했기 때문에, 이 두 가지 은사가 8절에서 시작된 긴 목록에서 또다시 가장 먼저 언급되는 것은 주목할 만하다.

12:4-6 은사는 여러 가지나 성령은 같고 직분은 여러 가지나 주는 같으며 또 사역은 여러 가지나 모든 것을 모든 사람 가운데서 이루시는 하나님은 같으니(Διαιρέσεις δὲ χαρισμάτων εἰσίν, τὸ δὲ αὐτὸ πνεῦμα· καὶ διαιρέσεις διακονιῶν εἰσιν, καὶ ὁ αὐτὸς κύριος· καὶ διαιρέσεις ἐνεργημάτων εἰσίν, ὁ δὲ αὐτὸς θεὸς, ὁ ἐνεργῶν τὰ πάντα ἐν πᾶσιν). 이 부분에서 바울은 고린도 교인 가운데 성령의 은사, 특히 지혜와 지식의 은사를 각별히 강조하는 엘리트 집단에게 은사에 관해 중요하지만 서로 결정적으로 관련된 두 가지 진리를 확실히 알려주기로 한다. 바울은 이미 소개한 사실, 곧 모두가 성령의 은사를 가졌고, 따라서 은사는 영적 지위에 관해 그리스도인들을 구별하는 용도로 사용될 수 없다는 점을 제시한다. 은사는 지위를 증명하는 것이 아니므로, 고린도 교인은 은사의 참된 목적을 아는 것이 중요하다. 따라서 일부 주석가가 주장하는 것과 달리, 이 부분은 황홀한 말의 은사에 관해서는 전혀 언급하지 않는다. 그렇다고 예언과 방언의 은사를 주로 말하는 것도 아니다. 왜냐하면 이 두 은사는 바울이 제시하는 두 가지 주요 문제, 곧 지위가 은사로 구별되지 않는다는 점과 은사의 기능을 적절히 이해해야 한다는 점에 대한 명확한 본보기를 보여주는 것에 불과하기 때문이다. 은사의 기능은 7절에서 다시 명확히 제시된다. 이때 바울은 하나님이 자기 백성에게 주신 은사가 다르기는 하지만 모든 그리스도인이 '(모두의) 유익을 위하여'(7절, πρὸς τὸ συμφέρον) 하나님께 은사를 받는다고 주장한다.

바울은 여기서 세 번에 걸쳐 하나님이 자기 백성에게 주신 은사가 '다르게 할당'(διαίρεσις)된다고 주장한다. 바울이 다양한 할당을 직접 강조하는 것은, 일부 은사가 다른 은사보다 더 가치 있다고 보는 엘리트 교인들을 겸손하게 만드는 도전을 준다. 지식이나 지혜의 은사, 아니 심지어는 방언과 예언의 은사도 중대한 은사로 우월한 영적 지위를 표시하는 것처럼 보일 수 있으나 '각종'(여러 가지), '각종', '각종' 은사가 있다. '각종'(varieties)이라는 번역이 일부 역본에서 사용된다(예를 들어, RSV, NRSV, ESV). 이것은 이 단어(διαιρέσεις)의 내포 의미가 은사들 간의 차이와 관련되어 있음을 포착한다. 이는 이후 바울이 제시할 요점이다. NIV는 "다른 종류"(different kinds)로 번역한다. 그러나 이 번역은 하나님이 다양한 은사를 배분하셨다는 의미를 제대로 포착하지 못한다. 따라서 이 책은 '다른 할당'(different allocations)이라는 말로 번역했다. 다른 주석가는 다수의 방법으로 같은 관념을 전달하고자 애썼다. 로버트슨과 플러머는 "다양한 분배"(various distributions)로 번역했고, 티슬턴은 "다른 배당"(different apportionings)으로 번역했다(이 번역은 티슬턴이 말하는 것처럼 좀 딱딱해 보인다).[13] 갈런드는 "할당"(allotments)이라는 말을 사용했다.[14] 이 단어(διαίρεσις)의 의미는 11절에서 추가로 유용하게 정의된다. 거기 보면 관련 동사를 사용하고, 바울은 '같은 한 성령이…각 사람에게 나누어 주신다(apportions/distributes, διαιρέω)'고 말한다.[15]

13. Robertson and Plummer, *First Corinthians*, 258; Thiselton, *1 Corinthians*, 929.
14. Garland, *1 Corinthians*, 574-76. 현대 영국 독자에게는 이 내포 의미가 아무 도움이 되지 않을 수 있다.
15. BDAG 229.

이 구절들의 구조는 명확하다. 구조는 그 단어('다른 할당', 개역개정에는 "여러 가지"–역주)로 시작되는 각 구절과 함께 할당된 은사들의 다양성을 주의 깊게 강조한다. 그러나 반복된 끝말(같은 성령/주/하나님)은 바울의 요점이 하나님과 그분의 다른 할당 사이의 결합을 적절히 이해시키는 데 있음을 증명한다.

고린도 교인은 지위를 설명할 때 하나님이 지위를 주시는 분이고, 하나님이 지위를 다르게 할당하신다는 점을 이해해야 한다. "은사"(χαρίσματα)라는 말은 1:7을 설명할 때 정의했다. 은사는 '은혜'로 주어진 선물이라는 관념을 담았다. '섬김'(serving)이라는 말은 종종 "직분"(ministries, διακονία)으로 번역되는 말에서 나온다(개역개정에는 "직분"–역주). 이 단어가 복수형인 것으로 보아 바울은 많은 섬김 활동에 다양한 형태가 있음을 염두에 두었다. "직분"(ministry)은 오늘날 종종 교회 진영에서 더 특수한 의미로(곧, 목사 직분을 가리키는 의미로) 사용되므로 여기서는 그 말을 피하는 것이 가장 좋아 보인다. 마지막으로 "사역"(workings, ἐνέργηματα)이라는 말이 사용된다. "사역"이라는 말은 '일을 일어나게 하는 것'으로 번역될 수 있다. 많은 다양한 일이 교회의 삶에서 사람들의 영향을 받는다.

하지만 은사나 섬김이나 사역이라는 세 가지 형태의 구분을 너무 중시하지 말아야 한다. 이 구분은 단순히 하나님이 자기 백성 가운데 각기 다르게 행하시는 다양한 은혜 활동이 충분히 이해됨을 보증하기 위한 수사 장치다. 각 구절의 구조에서 후반부는 이 은사들의 삼위일체 국면으로 부를 수 있는 것에 중점을 둔다. 이 세 국면은 "같은 성령", "같은 주" 그리고 "같은 하나님"이다. 다시 말해 여기서 성령은 어떤 은사를 주시고, 주는 다른 은사를 주시며, 하나님은 세 번째 은사를 주신다고 상상하지 않는 것이 중요하다. 종합적인 요점은 하나님이 원천이시고, 자기에게 속한 모든 자에게 은사를 주신다는 점이다. 하지만 블롬버그가 신중히 제시하는 구분은 아마 정확할 것이다. 그는 다음과 같이 말한다. "바울은 신령한 은사를 세 가지 다른 각도에 따라 설명한다. 곧, 은사는 성령의 은혜로 값없이 주어지고(4절), 그리스도와 같은 섬김의 태도에 따라 사용되어야 하며(5절), 사람의 삶 속에서 하나님 아버지가 강력하게 역사하신 결과다(6절)."[16]

마지막으로 6절 마지막 부분에서 바울은 하나님이 "모든 것을 모든 사람 가운데서 이루시는"(ὁ ἐνεργῶν τὰ πάντα ἐν πᾶσιν) 분이라고 덧붙인다. 하나님은 자신의 교회의 공동체 안에서 이루어지는 모든 영적 활동의 원천으로 모든 사람에게 능력을 베풀어주신다. 거기서 아무도 제외되지 않는다. 하나님이 그분을 섬기고 영화롭게 하도록 은사를 베풀어주시기 때문에 모든 지체에게는 즐거워하고 만족할 만한 은사가 있다. 결론적으로 이처럼 모든 은사가 하나님에게서 나오고 하나님의 은혜에 속해 있다는 사실을 인정하면, 바울이 고린도전서 앞부분에서 "자랑하는 자는 주 안에서 자랑하라"(1:31; 참고. 3:21; 4:17)는 말을 핵심 진술로 제시한 이유를 충분하고도 온전히 상기할 수 있다.

12:7 각 사람에게 성령을 나타내심은 유익하게 하려 하심이라 (ἑκάστῳ δὲ δίδοται ἡ φανέρωσις τοῦ πνεύματος πρὸς τὸ συμφέρον). 바울은 두 가지를 근거로 그리스도인이라면 누구나 "신령한" 자라는 사실을 확립했다. (1) 모든 그리스도인이 예수님을 주라고 선언한다. 오직 '성령으로' 그렇게 선언할 수 있다. (2) 모든 그리스도인이 같은 성령에 의해, 즉 하나님에 의해 다양한 은사를 받는다. 바울은 이 다양한 은사를 검토하는 일로 시선을 돌릴 것이다. 그러나 지금은 두 번째 문제, 즉 은사의 목적을

16. Blomberg, *1 Corinthians*, 243.

간략히 다루어야 한다. 만약 은사가 모든 그리스도인에게 주어지고, 영성이나 지위의 등급을 제시할 목적으로 주어지는 것이 아니라면 은사가 주어지는 목적은 무엇인가? 7절은 이 질문에 충분한 답변을 제공하고, 이 답변은 12-14장에서 상세히 전개된다.

은사는 공동체의 유익을 위해, 즉 하나님께 속한 백성의 덕을 세우도록 주어진다. 여기서 바울은 "은사"(4절), '섬김'(직분, 5절), "사역"(6절)이라는 말 다음에 네 번째 단어로 "나타내심"이라는 말을 사용한다. 피츠마이어가 지적하는 것처럼, "나타내심"(ἡ φανέρωσις)이라는 말이 "중요한 것은 바울이 여기서 단순히 성령의 내적 은사에 관해 말하지 않고 성령이 공동체 안에서 임재하고 활동하시는 것을 입증하는 **외적** 표지에 관해 말하기 때문이다."[17] '성령의'(τοῦ πνεύματος)라는 소유격은 주격의 소유격이나 목적의 소유격일 수 있는데, 여기서는 어느 쪽인지 확실하지 않다. 따라서 그것은 각 사람이 받는 은사가 성령을 나타내거나 계시하는 것(목적의 소유격)을 뜻할 수 있다. 또는 성령이 각 사람에게 은사를 나타내거나 분배하는 것[주격의 소유격(참고. 11c절)]을 의미할 수 있다. 후자가 문맥에 더 알맞아 보인다. "나타내심"은 성령에게서 오고 바울이 언급한 성령의 은사와 사역을 포괄적으로 요약하는 말이다.

"유익"(τὸ συμφέρον)이라는 단어는 고린도전서에서는 6:12에서 처음 사용되었다(거기서 상세한 설명을 보라). 사람들의 영적 유익과 혜택 관념은 고린도전서 전체에 걸쳐 강력히 제시되는 주제다(10:23, 33에 대한 설명도 참고하라). 바울은 영적 유익을 누군가가 "신령한" 자인지 여부를 판단하는 결정적 요소로 본다. 영적 유익이 사람의 영적 지위의 참된 표지인 "사랑"을 나타내는 길이다(13장을 보라). 따라서 이 구절은 공동체 안에서 은사의 목적에 관한 질문에 답한다. "유익" 또는 "혜택" 관념은 분명히 하나님의 전체 교회에 유익을 주는 것과 관련되어 있다. 따라서 바울이 이에 대해 사용하는 다른 은유, 곧 공동체의 "덕을 세우는 것"과 거의 같은 말이다. 이것 역시 이어지는 장들에서 전개된다. 예를 들어, 이것은 바울이 14장에서 "예언"과 "방언"이라는 은사의 상대적 가치를 설명하는 기초를 제공한다.

이 책은 하나님의 영이 하나님의 백성을 통해 행하신 사역에서 나오는 유익의 예상 수혜자를 암시하고자 헬라어 본문에는 없는 '모두의'(of all)라는 말을 덧붙였다(συμφέρω의 συμ-은 이 단어의 '함께 가져옴'이라는 일반적 의미를 가리킨다). 일부는 이 단어를 "공통의 유익을 위하여"로 번역했다(NASB, NRSV, ESV, NIV). 그러나 이 번역은 그 동사 자체의 통상적 용법 및 바울이 여기서 말하는 것과 비교하면 매우 비인격적이다.

12:8 어떤 사람에게는 성령으로 말미암아 지혜의 말씀을, 어떤 사람에게는 같은 성령을 따라 지식의 말씀을(ᾧ μὲν γὰρ διὰ τοῦ πνεύματος δίδοται λόγος σοφίας, ἄλλῳ δὲ λόγος γνώσεως κατὰ τὸ αὐτὸ πνεῦμα). 이제 바울은 여러 은사를 언급함으로써 성령이 하나님의 백성 가운데 어떻게 역사하시는지에 대해 예증한다. 이 은사들의 다양성은 매우 중요하고, 바울은 이 목록이 모든 은사가 망라된 완벽한 목록이라는 점을 조금도 암시하지 않는다. 현대 교회에서 여기에 나오는 일부 은사를 소위 '카리스마적인' 은사 집단을 구성하는 것으로 보고자 애쓴다면 바울의 요점을 놓친 것이다. 바울이 지금 "어떤 사람에게는…다른 사람에게는…어떤 사람에게는"이라는 말을 반복해서 사용함으로써 강조하는 바는, 엄밀히 말해 성령이 하나님의 모든 백성 가운데서 행하시는 역사의 다양성이다. 11절 마지막 부분은 은사는 무엇이든 성령이 전적으로 자기 뜻대로 할당하시지만 "각 사람에

17. Fitzmyer, *1 Corinthians*, 406 (강조체 저자).

게"(ἑκάστῳ) 할당하신다는 사실을 다시 상기시킨다. 이어서 바울이 곧바로 "몸"에 대해 그리고 각 지체가 어떻게 필수적인지에 대해 설명하는 것은, 그가 "모두", 즉 각 개별적인 그리스도인이 똑같은 것을 받지는 않더라도 성령의 "나타내심"을 받는다고 가르친다는 사실을 추가로 암시한다.

'초자연적 은사'나 '기적적'(비기적적 은사와 반대로) 은사에 관해 말하는 것도 바울의 생각 속에 있는 관념이 아니다.[18] 이런 사고는 바울이 하나님의 은사를 어떻게 생각하는지 이해하고자 할 때 아무 도움이 되지 않는 그리스 이원론의 유산이다. 어떤 은사는 다른 은사보다 더 '특출하다'고 충분히 생각될 수 있으나 모든 은사는 같은 하나님에게서 온다. 확실히 모울의 말은 하나님이 "기적적이고" 초자연적으로 행하시는 역사와 일반적 인도 아래 자연적으로 행하시는 역사를 판단하는 일에서, 물질세계의 규칙성을 결정적 요소로 보는 이원론적 세계관에 따라 성경 본문을 이해하는 것이 위험하다는 사실을 상기시킨다. 모울은 이렇게 말한다. "만약 일관성의 궁극적인 자리가 인격적 영역, 곧 '자기 자신을 부인하실 수 없는' 하나님의 성품에 있다면, (우리의 현재 상태 속에서) 특이한 것을 굳이 개입 또는 돌발적 침투 또는 자연 법칙의 이탈이나 정지로 볼 필요는 없다. 그것은 다만 정상적으로 일어나는 일, 즉 확실히 일어나게 되어 있는 일이 하나님의 가족 안에서 올바른 관계가 이루어질 때는 드물고 '불규칙하게' 일어날 따름이다."[19] 어떤 은사는 다른 은사보다 확연히 눈에 더 띄지만, 그리고 이것이 8-12절의 첫 번째 목록에서 바울이 언급하기로 선택한 은사라고 믿을 충분한 이유가 있지만, 성령의 "나타내심"과 질적으로 다른 것으로 보아서는 안 된다. 그중에 어떤 것은 사물을 보는 통상적인 방식에는 숨겨져 있고, 불가시적이며, 두드러지지 않을 수 있다. '긍휼을 베푸는 행위'와 '섬기는 일'이 은사(χαρίσματα) 항목으로 "예언"과 나란히 자리 잡고 있는 로마서 12:3-8에서 이것이 더 분명해진다.

8-12절에서 바울은 교인들이 함께 모여 예배하는 공동체 속에서 각각의 은사가 사용될 때 어떻게 되는지 설명하는 데 관심이 없다. 다만 언급된 각 은사의 본질에 관해 설명하는 데 주력했다.[20] 뒤에서는 다양한 은사들을 일반적으로 설명하는 것으로 그칠 것이다. 그 이상 나아가면 대체로 이 본문이 말하는 내용을 넘어서고, 이 본문에 나타난 바울의 의도도 확실히 벗어나기 때문이다. 그러나 주석가들 사이에서 이 본문에 나타난 바울의 은사 목록의 구조를 확인하려는 시도가 매우 다양하게 펼쳐졌다. 어떤 주석가는 가르침의 은사(지혜와 지식의 말씀)로 시작되어 '기적적인' 은사(믿음, 병 고치는 은사)를 거쳐 영감받은 말씀(예언, 영들 분별함, 방언과

---

18. 이 구분은 '은사주의' 진영과 '은사 중지주의' 진영에서 통상적으로 이루어진다. 따라서 일부 은사 중지주의자는 사도 시대 이후에는 '초자연적' 은사나 '기적적' 은사가 사라졌다고 주장한다. 그들은 이에 대한 신학적 논증을 다양하게 제시한다. 그러나 여기서 요점은 단순히 그들이 현대 교회에서 중지되었다고 주장하는 은사가 '기적적' 은사나 '초자연적' 은사로 보는 기준을 만족시키는 은사라는 점이다. 그들은 가르침, 설교 또는 접대나 행정과 같은 은사의 중지는 주장하지 않는다. 예컨대 B. B. Warfield, *Counterfeit Miracles* (New York: Charles Scribner, 1918)를 보라. 그리고 Kistemaker, *First Corinthians*, 421-22를 참고하라. 일부 은사주의 신학자도 표면상으로는 비슷한 구분에 찬성한다. 확실히 일부 대중적인 은사주의 집단은 예배에서 의도적으로 '초자연적 은사'를 성령의 특별한 '복'의 증거로 추구하는 경향이 있다. 가끔 방언에 특별히 이런 높은 지위를 부여한다. 예컨대 G. Arekion, *The Power of Praying in Tongues: Unleashing the Supernatural Dimension in You* (Citta Sant' Angelo, Italy: Evangelista Media, 2010)를 보라.

19. C. F. D. Moule, 편집, *Miracles: Cambridge Studies in Their Philosophy and History* (London: A. R. Mowbray, 1965), 16-1. 또한 부기(附記) "The Vocabulary of the Miracle," 235-38도 보라.

20. 예컨대 다음 자료들을 보라. Arnold Bittlinger, *Gifts and Graces: A Commentary on I Corinthians 12-14*, 번역 Herbert Klassen (London: Hodder & Stoughton, 1967), 27-53; J. D. G. Dunn, *Jesus and the Spirit: A Study of the Religious and Charismatic Experience of Jesus and the First Christians as Reflected in the New Testament* (Philadelphia: Westminster, 1975), 199-258.

방언 통역)의 순서로 진행된다고 주장했다. 카슨은 유일하게 유용한 구분이 "다른"을 가리키는 헬라어 단어의 변화를 기초로 이루어질 수 있다고 조심스럽게 주장한다. 이 구분은 원래 로버트슨과 플러머가 주장했다. 따라서 "다른"(ἕτερος)이라는 말이 사용되는 곳에서 새로운 집단에 속한 은사가 소개되는 것으로 볼 수 있다. 그러나 카슨은 지혜롭게 이렇게 결론짓는다. "모든 것을 고려할 때 은사를 하나씩 다루는 것이 가장 좋다."[21]

이 구절 처음에 나오는 '…때문에'(γάρ)라는 말(개역개정에는 이 말이 번역되어 있지 않음–역주)은, 이 구절의 내용이 '각 사람에게…주어지는'이라는 표현이 나오는 앞 구절에서 이어진다는 점을 암시한다. 이제 바울은 "각 사람에게" 주어진 은사의 종류를 예증한다. 첫째, 이 네 구절(8–11절)에서 바울은 성령이 은사들의 원천과 제공자라는 점을 계속해서 주장한다. 다시 말해 8–9절에서는 3번에 걸쳐 성령의 활동을 구체적으로 언급하고 11절에서는 그것을 요약한다. 여기서 전치사의 변화는 단순히 문체상의 특징으로 보아야 할 것 같다("성령으로 말미암아", διὰ τοῦ πνεύματος; "같은 성령을 따라", κατὰ τὸ αὐτὸ πνεῦμα; "성령으로", ἐν τῷ…πνεύματι). 1:4–7에서 이미 지적한 것처럼, 바울은 엘리트 교인이 그들 가운데서 성령의 은사가 기능하는 것을 보는 방식에 문제가 있다고 생각한다. 그러나 어디서도 바울은 "지혜"나 "지식" 또는 다른 어떤 가시적인 은사가 성령에게서 나오거나 그것을 성령으로 말미암아 소유할 수 있다는 사실을 부정하지 않는다. 확실히 바울은 이 은사들이 고린도 교인 가운데서 매우 '풍성한' 것에 대해 특별히 '하나님께 감사한다'(1:5). 바울은 그것을 성령의 역사로 말한다.

지혜/지식의 말씀: 바울이 이 목록에서 첫 번째와 두 번째로 언급한 은사는 "지혜의 말씀"(λόγος σοφίας)과 "지식의 말씀"(λόγος γνώσεως)이다. 이 문맥에서 "말씀"은 사람이 주님에게서 받은 지혜나 지식의 전달을 가리킨다. 따라서 NRSV는 "지혜의 발언"(utterance of wisdom)과 "지식의 발언"(utterance of knowledge)으로 번역한다. 지금까지 고린도전서의 내용에 비추어 보면, 이 두 은사가 먼저 등장하는 이유는 이것이 다른 은사보다 더 중요하기 때문은 아닌 것 같다. 그렇게 보면 지금까지 바울이 가르친 것과 상충하기 때문이다. 그러나 이 두 은사는 엘리트 교인에게는 분명히 무척 중요했다. 바울은 서두에서 "지식"을 고린도 교인이 풍성하게 받은 은사의 한 본보기로 제시한다. 그러나 참된 "지혜"와 거짓 지혜의 대조 역시 서두에서 두드러지게 나타나는 특징이다(1:17, 19; 1:21–2:13). 바울은 의도적으로 자신이 고린도 교인에게 나아왔을 때 '그리스도의 십자가가 헛되지 않게 하려고 말의 지혜로 하지 아니했다(οὐκ ἐν σοφίᾳ λόγου)'고 말한다(1:17). 2:1에서 바울은 이렇게 말한다. "내가 너희에게 나아가…말과 지혜의 아름다운 것으로 아니하였나니"(οὐ καθ' ὑπεροχὴν λόγου ἢ σοφίας καταγγέλλων ὑμῖν). 2:5에서는 고린도 교인의 믿음이 "사람의 지혜에"(ἐν σοφίᾳ ἀνθρώπων) 기반을 두지 않았다고 주장했다.

우리가 확인했듯이, "지식"의 은사는 8장을 거쳐 10장에 이를 때까지 다시 초점이 되었다(8:1–2에 대한 설명에서 지식의 은사가 가진 기능과 본질을 다룬 자세한 설명을 보라). 13장에서 지식은 "사랑"과 대조되는 특정 은사 가운데 하나다. 그러므로 바울은 고린도전서 앞부분에서 이미 설명한 요점을 다시 부각하여 언급한다. 교만한 고린도 교인에게 가장 중요한 은사로 판명된 두 은사를 먼저 언급하는 것으로 보인다. 그러나 은사 목록 자체는, 이 두 은사가 단지 하나님의 영이 하나님 백성에게 주시는 많은 다양한 은사 가운데 한 사례에 불과하다는 점을 예증한다.

21. Carson, *Showing the Spirit*, 37.

바울이 '지혜/지식의 말씀'이라는 표현을 사용하는 것은, 그 은사가 성령의 특수하고 자발적인 사역으로 그것을 받은 자가 교회에 제공한 어떤 공적 진술이었다는 점을 의미할 수 있다. 많은 주석가가 이것을 사실로 보는 가정을 취한다. 물론 지혜/지식의 은사가 준비된 "말씀"일 가능성도 배제해서는 안 된다. 아마 지혜/지식의 은사는 교회의 직접적 필요에 대해 말하는 (하나님에게서 온) 것으로, 교인들을 통해 관념이나 신학을 구체적이고 필요한 행동에 적용한 말씀이었을 것이다. 앞에서 엘리트 교인이 "우상은 아무것도 아니므로" 우상의 집(신전)을 얼마든지 출입할 수 있다고 주장한 것은 "지식의 말씀"(그 경우에는 결함 있는 말씀)에 따라서였을 것이라고 설명했다(8:4). 어떻게 보든 지식의 말씀과 "지혜"의 말씀은 이론적 신학으로 그칠 수가 없었다. 유대의 지혜 문학은 매우 실천적이고 실제적이다. 지식과 지혜의 말씀도 마찬가지였다. 지식과 지혜의 말씀은 성령이 그 은사를 받은 사람이 성경을 더 깊이 통찰할 수 있게 하는 은사였다. 확실히 지혜와 지식의 말씀을 들은 후에는 뭔가 행할 것을 기대했던 것 같다. 엄밀히 말해서 이러한 행함이 문제였던 것은 약한 자가 그로 말미암아 우상의 집에 들어갈 '담력을 얻게' 되었기 때문이다. 바울은 좋거나 나쁜 지식 및 지혜가 있을 수 있다고 보았다. "사람의 지혜"와 "이 세상의" 지혜가 있었다(2:5-6). 그리고 "하나님의 지혜"가 있었다(2:7). "판단"과 "분별"은 바울이 증명한 것처럼 "신령한" 자가 되려면 필수적으로 갖추어야 할 요소다. 그러나 바울은, 12:8-11에서 말하는 것처럼 교인들이 말하는 지혜롭거나 지식 있는 말씀은 분명히 성령이 주신 것이라고 가정한다. 여기서 바울은 그 말씀의 내용에 대해서도 최선을 다한다. 그러나 바울은 한두 가지 은사를 다른 은사보다 더 중요하게 여기지 않는다는 점, 모든 은사는 하나님에게서 온다는 점 그리고 모든 은사를 하나님께 속한 백성의 덕을 세우는 데 사용해야 한다는 점에 더 관심을 집중한다. 결론적으로 고린도전서에 나온 증거를 고려하면, "지식"과 "지혜" 사이에서 실제적인 차이를 찾아내기는 매우 힘들다.

12:9 다른 사람에게는 같은 성령으로 믿음을, 어떤 사람에게는 한 성령으로 병 고치는 은사를(ἑτέρῳ πίστις ἐν τῷ αὐτῷ πνεύματι, ἄλλῳ δὲ χαρίσματα ἰαμάτων ἐν τῷ ἑνὶ πνεύματι). 바울은 분명히 구원에 이르게 하는 믿음을 하나님에게서 나온 은혜의 선물로 보았다. 하지만 바울이 여기서 말하는 믿음은 그것이 아닌 것 같다.[22]

믿음: 고린도전서 13:2("산을 옮길 만한 모든 믿음이 있을지라도")은 하나님의 은사를 다루는 이 문맥에 나오는 "믿음"(πίστις)이라는 말을 정의하는 데 도움을 준다. 이것은 마가복음 11:23-24에서 예수님이 친히 믿음을 기도와 직결하신 말씀에 의존하는 것으로 보인다. "내가 진실로 너희에게 이르노니 누구든지 이 산더러 들리어 바다에 던져지라 하며 그 말하는 것이 이루어질 줄 믿고 마음에 의심하지 아니하면 그대로 되리라 그러므로 내가 너희에게 말하노니 무엇이든지 기도하고 구하는 것은 받은 줄로 믿으라 그리하면 너희에게 그대로 되리라." 카슨은 믿음의 은사에 관해 이렇게 말한다. "믿음의 은사는 하나님이 주신 능력으로…곧 여러분이 실제로 믿지 않는 것을 믿고, 성경에 약속되지 않은 어떤 복에 대해 하나님을 신뢰하는 능력으로 나타난다. 이 은사를 받은 자로 잘 알려진 본보기는 브리스톨에서 사역한 조지 뮬러(George Muller)다."[23] 제임스 던(James Dunn)은 바울이 여기서 믿음의 은사에 관해 말할 때, "때때로 특별히 곤경이나 도전적인 상황에 처한 사람 속에서 생겨나고, 그에게 하나님이 말씀을 통해 행하실 것이라는 각

22. 고전 6:11, 롬 8:9, 갈 3:2-5을 참고하라. 바울 서신에서 회심에서 성령의 역할을 다룬 것은 Fee, *God's Empowering Presence*, 853-60과 Ridderbos, Paul, 226-28, 233-35를 보라.

23. Carson, *Showing the Spirit*, 38-39.

별한 확신과 보증을 주는 신비로운 신뢰의 감동"이라는 관념을 염두에 두었을 것이라고 주장한다.[24]

병 고침: 많은 주석가가 지적하는 것처럼, "병 고치는 은사"는 "믿음"과 긴밀하게 연계된 듯 보인다. 야고보서 5:15은 "믿음의 기도는 병든 자를 구원하리니 주께서 그를 일으키시리라"고 말한다. 그러나 현대 교회에서는 병 고치는 은사가 치료할 자에게 주어지는 점을 인정하는 것이 필수적이다. 따라서 "믿음"을 병 고치는 은사와 연결하지 않을 수 없다. 병 고치는 은사는 단순히 치료받을 자가 충분한 "믿음"이 있는 것과 관련된 문제가 아니다. 병 고치는 은사는 하나님께 치료해달라고 병든 개인을 위해 기도하거나 안수하는 것과 같은 특별한 경우에 성령의 역사를 받는 개인과 관련되어 있다. 사도들은 사역하면서 다양한 방식으로 이런 치유가 일어나는 것을 자주 보았다(참고. 행 4:30). 물론 이런 치유는 예수님이 하신 사역의 특징이기도 하다. 병 고치는 은사는 28절과 30절에서 다시 언급되고, 항상 복수형(healings)으로 나타난다. 제임스 던은 병 고치는 은사에 대해 "병 고치는 은사는 온갖 (종류의) 질병을 효과적으로 치료하는 능력이 아니다. 이 은사는 **실제 치료 자체**다"[25]라고 말한다. 이 말은 아마 옳을 것이다. 병 고치는 은사가 이런저런 사람에게 주어질 수 있음을 유념하는 것이 확실히 중요하다. 그러나 이런 은사를 경험한 사람이 '치료자'라는 뜻은 아니다.

12:10 어떤 사람에게는 능력 행함을, 어떤 사람에게는 예언함을, 어떤 사람에게는 영들 분별함을, 다른 사람에게는 각종 방언 말함을, 어떤 사람에게는 방언들 통역함을 주시나니(ἄλλῳ δὲ ἐνεργήματα δυνάμεων, ἄλλῳ [δὲ] προφητεία, ἄλλῳ [δὲ] διακρίσεις πνευμάτων, ἑτέρῳ γένη γλωσσῶν, ἄλλῳ δὲ ἑρμηνεία γλωσσῶν). 능력 행함: "능력 행함"(ἐνεργήματα δυνάμεων)은 "믿음" 및 "병 고침"의 은사와 같은 범주에 있는 또 하나의 은사다. 능력 행함은 어떤 사람이 '능력을 행하는 것', 곧 '산을 옮기거나'(13:2) 병을 고치거나 통상적으로 기대되는 일을 넘어서는 행위를 하는 은사를 받은 것과 관련되어 있다. 능력 행함은 성령이 공동체 안에서 하나님의 영광을 위해 예상치 못한 방식으로 행동할 수 있도록 사람에게 은사를 주시는 것이므로, 그 범주가 "포괄적일" 수밖에 없다. 그리고 이 범주에 '병 고침'이 포함될 수 있다. 그러나 능력 행위의 은사는 예컨대 축사(귀신 쫓아냄)를 포함하고, 심지어는 다른 사람의 필요를 특별히 분별해내는 것도 포함할 수 있다. 그리고 사도들이 활동할 때도 이 은사가 나타나는 것을 볼 수 있다(행 19:11; 참고. 갈 3:5). 칼뱅은 이렇게 설명한다. "그러나 나는 능력 행위를 귀신들에게 그리고 위선자들에게 행해지는 능력으로 생각하고 싶다. 따라서 그리스도와 사도들이 권세를 갖고 귀신들을 굴복시키거나 쫓아냈을 때…그리고 베드로가 단순히 말로 아나니아와 삽비라를 엎드러져 죽게 했을 때 그것이 바로 '에네르게마'(νέργημα), 곧 능력 행위였다." 따라서 칼뱅은 이렇게 대조를 지적한다. "병 고침의 은사와 이적을 행하는(능력 행함) 은사는 다 우리에게 하나님의 선하심을 제공하는 통로다. 그러나 사탄을 파괴하실 때는 준엄하게 이적을 행하는 은사를 사용하신다."[26]

'능력 행위'(works of power)라는 이 책의 번역은 "이적 행함"(working of miracles, AV, RSV, NJB)이나 "기적적 능력"(miraculous powers, NIV)과 같은 많은 역본의 번역보다 더 문자적이다. "이적" 개념의 잠재적인 문제점은 현대인이 집어넣은 의미가 있다는 것이다. 폭넓게 말해 성경적 세계관에 따르면, 하나님은 항상 만물 속에서 역사하신다. 하지만 때때로 하나님은 '능력 행위'를 통해 역사하신다. 말하자면 하나님은 통상적으로 행하지 않

24. Dunn, *Jesus and the Spirit*, 211.
25. 앞의 책, 211 (강조체 원저자).
26. Calvin, *First Corinthians*, 262-63.

는 방식으로 역사하신다. 현대의 '이적' 개념은 앞에서 언급한 이원론 관념, 곧 하나님이 한 번씩 '초자연적' 방법으로 삶의 규칙적인 과정에 개입하신다고 보는 관념과 아주 면밀하게 관련되어 있다. 모울이 "이적과 관련된 어휘"[27]를 연구한 것을 보면, 신약성경에서는 하나님의 행하심에 관해 이런 의미가 (설사 있다 해도) 얼마나 드문지 유익하게 상기시켜준다. '이적'이라고 불릴 수 있는 것을 가리키는 통상적 용어는 "능력 [행위]"(δύναμις)이나 표적(σημεῖον)이라는 말이고, 여기서 후자는 특히 요한복음에서 사용된다(예를 들어, 요 2:11). "기사"나 "징조"(τέρατα)와 같은 말이 간혹 나타나지만, 오직 복수형으로 그리고 "표적"이라는 말과 함께 사용된다(예를 들어, 행 2:43). 일상적인 삶의 통상적인 사건은 하나님과 별로 상관이 없다고 여기고, 간헐적으로 기도 '응답'을 경험하거나 교회 안에서 병 고침의 역사가 일어날 때 '하나님이 행하신' 역사로 보는 이원론적 사고방식에 깊이 젖어 있는 현대 교회는, 하나님이 항상 자기 백성 가운데서 역사하신다는 사실을 기억하는 것이 좋다. 간헐적이기는 해도, 하나님이 자신의 은사를 통해 백성 가운데 "능력"으로 역사하시는 분임을 그들에게 보여주시는 것은 사실이다. 하나님의 이러한 강력한 행하심은 하나님의 영이 그의 은사를 하나님의 백성 속에서 베풀어주셨을 때 바울이 기대했던 한 요소였다.

예언: "예언"(προφητεία)은 14:1 이하에 대한 설명에서 더 상세히 검토할 것이다.[28] 최근에 예언의 은사에 대한 연구가 많이 진행되었다.[29] 이 연구는 대체로 은사주의 교회에서 더 두드러졌다. 예언은 교회로 함께 모인 모임에서 사용되는 말의 은사다. 14장에서 더 상세히 설명되는 내용에서 볼 수 있는 것처럼, (보통) 예언의 은사는 완전히 자발적이지는 않지만, 그것이 주어진 목적은 권면과 위로의 말로 교인의 덕을 세우는 것이다(14:3). 예언은 아마 주님을 따르기를 바라는 그리스도인들을 가르치고 교화하는 방식으로 하나님의 구원 계획 및 그분의 교회에 대한 하나님의 뜻과 관련된 성경의 내용을 교인에게 직접 적용하는 것을 포함할 것이다. 바울은 예언을 적절한 규제에 따라 행사해야 한다고 주장한다. 최소한 기능적으로 보면, 일부 현대 예배에서 예언이 성경과 동등한, 아니 사실은 성경보다 더 큰 지위를 부여받는다. 우리는 14장을 읽을 때 예언이 성경을 대체한다거나, 영감의 관점에서 성경과 동등한 수준에 있다고 본다는 암시를 조금도 받지 못한다는 점을 분명히 해야 한다. 확실히 다른 모든 은사와 마찬가지로, 예언도 성경에 비추어 검증되어야 한다. 앞에서 확인했듯이 이것이 바울이 사실들을 '분별하고 판단하라'고 말하는 한 가지 의미고, 그렇게 해야 진실로 "신령한" 자가 된다. 14장에 비추어 이 책은 그루뎀의 견해에 동조하고, 일부 대중 신학과는 반대로 "예언의 핵심 기능은 안내나 예측에 있지 않다"는 점에 동조한다.[30]

영들 분별함: "영들 분별함"(διακρίσεις πνευμάτων)은 아마 영적 활동을 평가하거나 식별하는 은사와 관련되어 있을 것이다. 여기서 다시 한번 우리는 고린도전서의 근본 주제를 접하는데, 그것은 곧 사실들과 사람들에 관한 올바른 '영적' 평가의 문제다. 우리는 바울이 고린도 교인에게 모든 은사 가운데 영들 분별함에 관해 더 잘 평가하기를 바란다고 상상할 수 있다. 영들 분별함의 은사를 가진 자에게 답변하도록 주어질 수 있는 질문은 다음과 같다. "이 예언은 성경과 일치하는가?" "이것은 거짓 가르침인가 아니면 예언인가?"(참고. 살전 5:20-21;

27. Moule, *Miracles*, 235-38.
28. 14:1에 대한 설명에서 요약을 보라.
29. 성경과 초대교회의 예언 현상을 폭넓게 검토한 것은 다음 자료들을 보라. Dunn, *Jesus and the Spirit*, 170-76, 227-33; David E. Aune, *Prophecy in Early Christianity and the Ancient Mediterranean World* (Grand Rapids: Eerdmans, 1983); Grudem, *Gift of Prophecy in the New Testament*; Fee, *God's Empowering Presence*; Turner, *Holy Spirit and Spiritual Gifts*, 185-220, 315-28.
30. Grudem, *Gift of Prophecy in the New Testament*, 212.

살후 2:1-2) 또는 "이것이 진실로 지식이나 지혜의 말씀인가, 아니면 단순히 어떤 사람의 (선의의?) 생각인가?" 따라서 이런 평가와 판단으로 거짓 선생을 퇴치할 수 있다. 그러나 바울이 14:29에서 "예언하는 자는 둘이나 셋이나 말하고 다른 이들은 분별할 것이요"라고 말할 때, 비록 같은 헬라어 동사가 똑같이 사용된다 해도, 영들 분별함의 은사를 가리키는 것은 아니라는 말을 덧붙여야 한다.

영들 분별함의 은사는 이보다 더 폭넓을 수 있고, 어떤 사람이 귀신에게 붙잡힌 사람인지와 같은 문제를 판단하는 것도 포함하며, 따라서 '이것이 주님의 활동인가, 아니면 마귀의 활동인가' 하는 질문도 할 수 있다. 따라서 영들 분별함의 은사는 귀신을 내쫓을 때 요구되는 판단도 해야 할 수 있다. 그러나 여기서 우리는 티슬턴의 다음과 같은 지적에 주목해야 한다. 그는 만약 "영들"이라는 말이 '악령'을 의미하면, 바울 서신에서는 "영"이나 "영들"이라는 말이 악령에 대해 절대 사용되지 않으므로, 이것은 특이한 경우가 될 것이라고 말한다.[31]

방언 말함: 각종 "방언 말함"(γένη γλωσσῶν)은 14:2 이하와 14:10-11에 대한 설명에서 상세히 검토된다. 방언의 은사는 물론 사람의 찬양이나 기도의 일부로 항상 하나님을 향해 행사된다. 비록 이 은사가 함께 모인 교인 가운데서 통역(해석)과 함께 사용된다 해도, 이것은 여전히 사실이다(참고. 14:13, 16-17). 방언을 통한 하나님과의 교통은 통상적으로는 알아들을 수 없는 소리나 말로 이루어진다. 이런 방언의 본질에 대한 세 가지 가능한 이해가 14:4에서 제시된다.[32] 그것은 다음과 같다. 첫째는 천사들의 말로서의 "방언"이고, 둘째는 말하는 자에게 외국어인 실제 언어로서의 "방언"이며, 셋째는 모종의 황홀경 속에서 전하는 말로서의 "방언"이다.

방언 통역: "방언 통역"(ἑρμηνεία γλωσσῶν)은 방언으로 말한 내용을 그대로 통역하는 은사다. 티슬턴은 방언 통역을 "방언을 이해할 수 있는 말로 명확히 알려주는 것"으로 정의한다.[33] 14:5을 주석해보면, 통상적으로 방언 통역이 기대되는 사람은 방언을 말한 당사자로 보인다. 다시 말하면 다른 사람이 방언으로 말하는 자에게 통역을 요구받았다고 추정할 필요가 없다. 반면 "다른 이에게는"(ἄλλῳ)이라는 말은 확실히 이 두 은사, 곧 방언 말함과 방언 통역이 개별적으로 주어질 수 있음을 함축한다.

12:11 이 모든 일은 같은 한 성령이 행하사 그의 뜻대로 각 사람에게 나누어 주시는 것이니라(πάντα δὲ ταῦτα ἐνεργεῖ τὸ ἓν καὶ τὸ αὐτὸ πνεῦμα, διαιροῦν ἰδίᾳ ἑκάστῳ καθὼς βούλεται). 이 간명한 요약 구절은 바울이 펼치는 논증의 각 국면을 지배한다. "이 모든 일은"(πάντα)은 바울이 언급한 모든 은사를 가리키고, 확실히 다른 은사들은 언급되지 않는다. 이것은 엘리트 교인의 주장과 반대된다. 엘리트 교인들은 기껏해야 한두 가지 은사를 영적으로 우월한 지위를 지시하는 것으로 강조했다. 그러므로 그들은 모두 이 한두 가지 은사를 추구해야 한다고 믿는다.

모든 은사는 다 "같은 한 성령"에 '의해 행해진' 또는 같은 한 성령에 의해 '능력이 주어지고'(ἐνεργέω), 그분의 뜻에 따라 할당된다(참고. 18절). 성령이 "[개별적으로] 각 사람에게"(ἰδίᾳ ἑκάστῳ) 주시는 것 역시 어떤 특별한 은사가 있다고 믿고 자기들을 하나의 집단으로 묶어 다른 교인들과 다른 위치에 두는 엘리트 교인들의 관점과 대립한다. 이것에 비추어 보면, 엘리트 교인들이 특정 은사를 자랑하거나 지식이나 지혜에 있어 자기들의 우월함을 과시하는 것은 부당하다. 이런 은사는 그들의 개인 능력에서 나오는 것이 아니다. 또는 그들의 '영적' 성

31. Thiselton, *1 Corinthians*, 966 (그러나 살후 2:2을 가능한 예외로 본다).
32. 14:4에 대한 설명에서 "심층 연구: '방언'에 대한 바울의 태도는 무엇이었고, 방언 현상은 무엇인가?"를 보라.
33. Thiselton, *1 Corinthians*, 970.

숙함을 좌우하는 것도 아니다. 확실히 "신령한 사람들"을 분별하기 위해서는(12:1) 성령의 참된 역사를 먼저 분별해야 한다.

12:12 몸은 하나인데 많은 지체가 있고 몸의 지체가 많으나 한 몸임과 같이 그리스도도 그러하니라(Καθάπερ γὰρ τὸ σῶμα ἕν ἐστιν καὶ μέλη πολλὰ ἔχει, πάντα δὲ τὰ μέλη τοῦ σώματος πολλὰ ὄντα ἕν ἐστιν σῶμα, οὕτως καὶ ὁ Χριστός). 이제 바울은 교회를 사람의 몸으로 묘사함으로써 교회에 대한 상세한 은유를 전개한다(12-26절). 이 은유의 의도는 모든 교회의 지체가 절대로 필요한 존재이고, 어느 한 지체라도 무시되거나 쓸모없는 자나 무가치한 자로 여겨질 때 교회는 적절히 기능하지 못한다는 사실을 증명하는 것에 있다. 각 지체가 다르지만 중요한 기능을 담당하는 육체적인 몸의 연합은, 교회의 몸이 어떻게 기능하고 각 지체를 어떻게 보아야 하는지 보여주는 그림이 된다. 다시 한번 바울은 이 연합을 일부 은사에 기반을 둔 엘리트 교인의 교만한 생각에 관한 문제를 전체적으로 해결하는 또 하나의 길로 본다. 성령이 이 은사들을 "그의 뜻대로"(καθὼς βούλεται) 나누어주신다는 11절의 강조점이 "하나님"이 "그 원하시는 대로"(καθὼς ἠθέλησεν) 지체를 각각 몸에 두셨다고 말하는 18절에서 다시 취해진다. '…때문에'(γάρ)라는 말(개역개정에는 번역되어 있지 않음-역주)은 바울이 앞부분(4-11절)에서 다룬 내용을 계속 설명한다는 사실을 암시한다. 하나님은 그(그리스도의) 몸이 어떠해야 하는지, 그 몸이 어떻게 기능하는지 그리고 그 몸 안에서 각 사람의 위치가 어떻게 되는지 결정하신다. 이것 때문에 아무도 다른 지체를 더 크거나 더 작은 존재로 볼 수 없다.

몸 은유는 상세하게는 아니지만 6:15-17에서 이미 소개되었다(거기서 설명을 보라). 그러나 여기서 몸 은유를 제시할 때 바울은 언약 공동체의 통일성을 "많은 우리가 한 몸"이라는 말로 표현하고, 이 통일성을 주의 만찬의 "한 떡"으로 묘사하는 10:17과 더 잘 부합한다(고든 피에게는 실례지만, 11:29의 "몸"은 교회 공동체를 가리키는 말이 아니다. 11:29에 대한 설명을 보라). 칼뱅은 당시 몸 은유는 정치계에서 사용되었기 때문에 바울에게 상당히 잘 알려져 있었다고 주장하면서 이렇게 말한다. "메네니우스 아그리파(Menenius Aprippa)는 반란을 일으킨 로마 사람들을 원로원과 화해시키고자 했을 때 바울이 여기서 가르치는 몸 은유와 비슷한 우화를 사용했다. 그러나 그 상황은 그리스도인의 경우와 전연 달랐다. 그리스도인은 단순한 몸의 역학관계를 구성하는 것이 아니라, 바울이 직접 언급하는 것처럼 신령하고도 신비적인 그리스도의 몸이기 때문이다."[34]

몸의 "지체"(τὰ μέλη)는 이후 구절들이 분명히 하는 것처럼 몸의 구성 요소인 발, 손, 귀 등을 가리킨다. 몸에는 '많은' 지체가 있으나 많은 지체가 함께 "몸"을 구성한다. "그리스도도 그러하니라"(οὕτως καὶ ὁ Χριστός)는 말의 의미는 애매하다. 그러나 바울의 논증이 진행될 때 의미가 분명하게 드러난다. 27절에서 지적하는 것처럼, 단순히 그 말은 "그리스도의 몸", 곧 교회를 가리키는 약어다. 육체적인 몸이 많은 지체를 가졌으나 한 몸인 것처럼 그리스도의 몸인 교회도 마찬가지다.

34. Calvin, *First Corinthians*, 264. 이 로마 총독이 몸의 지체들의 긴밀한 관련성 및 상호 의존성에 대한 예증을 사용하여 반란을 어떻게 진압했는지 설명하는 내용은 Livy, *History of Rome* 2:32에서 찾아볼 수 있다. 그러나 칼뱅이 바울을 따라 "이와 경우가 다르다"라고 말하는 것은 옳다. 이와 비교되는 많은 대략적인 사례들 가운데 하나가 Dio Chrysostom, *Orations* 1.32에서 발견된다. "사람이 얻은 동지의 수가 얼마든 간에, 그는 자신이 원하는 것을 볼 수 있는 눈이 매우 많고…귀도 매우 많다…마음도 매우 많다…확실히 그것은 신이 그에게 한 몸을 주면서 동시에 그를 위해 관심으로 가득 찬 많은 영혼을 준 것과 정확히 똑같다"(3:104-7). 고대인들에게서 나온 추가 예증 그리고 몸 은유에 대한 고대인들의 용법과 바울의 용법 간의 평행 관계를 다룬 상세한 설명은 Mitchell, *Rhetoric of Reconciliation*, 159-64를 보라. "그리스도의 몸" 그리고 특히 그리스도의 몸의 윤리적 의미와 그리스 로마 관념들과의 관계에 대해서는 김영석, *Christ's Body in Corinth: The Politics of a Metaphor* (Minneapolis: Fortress, 2008)를 보라.

헤이스가 설명하는 것처럼, 바울이 여기서 "단순한 유비를 넘어 교회와 그리스도의 존재론적 동등성을 제시하는" 것인지의 문제가 많은 토론과 논쟁의 주제가 되었다.[35] 슈바이처(Schweitzer)에서 불트만, 로빈슨(Robinson), 스테이시(Stacey), 쥬엣(Jewett), 건드리 그리고 다른 학자들에 이르기까지, 바울이 "그리스도의 몸"으로 부르는 이 연합적 실재를 어떻게 보는지를 중점에 놓고 논란이 확대되었다. 바울은 그리스도의 몸의 어떤 신비적 개념이 교회 안에 계시되었다고 보는가? 바울은 부활하신 그리스도를 기독교 공동체로 보는가? 세례로 그리스도의 몸이 생겨나는가, 아니면 사람들이 이미 존재하는 몸 속으로 들어가는가? 이런 연구는 바울의 인간론, 종말론 그리고 심지어는 교회론을 이해하고자 할 때 이루어지고, 이 책의 범주에서 크게 벗어난다.[36]

이 구절들에서 우리는 하나님이 거하시고, 그분의 영광을 위해 살며, 그분을 세상에 반영하는 사회를 함께 구성할 사람들을 정하시고 창조하시는 방식을 예증하는 매력적인 은유를 만난다. 이것은 엄밀히 각 개인이 공동체의 유익을 위해 사용하는 은사들에서, 주의 언약 공동체의 유익을 위해 성령이 행하시는 역사를 발견하는 몸이다. 따라서 칼뱅이 정확히 지적한 것처럼, 이 몸은 단순히 다른 동지 집단이나 지성들의 사회·정치적 모임과 '차원이 다르다.'

12:13 우리가 유대인이나 헬라인이나 종이나 자유인이나 다 한 성령으로 세례를 받아 한 몸이 되었고 또 다 한 성령을 마시게 하셨느니라(καὶ γὰρ ἐν ἑνὶ πνεύματι ἡμεῖς πάντες εἰς ἓν σῶμα ἐβαπτίσθημεν, εἴτε Ἰουδαῖοι εἴτε Ἕλληνες εἴτε δοῦλοι εἴτε ἐλεύθεροι, καὶ πάντες ἓν πνεῦμα ἐποτίσθημεν). '…때문에 확실히'(καὶ γάρ, 14절에도 나옴)라는 말(개역개정에는 번역되어 있지 않음-역주)은 의미를 심화한다. 따라서 이어지는 부분은 이전 부분의 내용을 설명하는 역할을 한다. 몸이 이루는 통일성의 기초는 "한 성령"에 있다. 바울은 이전 구절들에서 '같은 성령'에 관해 거듭 말했다. 성령의 사역을 이처럼 강조하는 것은 바울의 논증에서 필수적이다. 성령의 사역 문제는 '신령한 자'와 관련되어 있는데(12:1), 이것은 하나님의 백성 가운데 일어나는 성령의 사역을 분별하는 것을 의미한다. 그러나 여기서 제기되는 다수의 주석 문제를 간략히 다루고 넘어가야 한다.

"한 성령으로"(ἐν ἑνὶ πνεύματι)라는 말의 의미는 처격(NRSV, ASV, REB) 또는 도구적 용법일 수 있다. 그렇게 보면 모든 그리스도인을 한 몸에 참여하게 만든 세례가 성령으로 말미암아(by) 일어난 것으로 볼 수 있다(AV, RSV, NIV, TEV, NASB).[37] 그러나 카슨이 지적하는 것처럼, 신약성경 다른 곳 어디서도 성령을 세례의 행위자로 제시하지 않는다. 통상적으로 "성령"은 우리가 그 안에서(in) 세례를 받는 매개체나 영역이다. 카슨은 세례를 설명할 때 "…안에서"(in)라는 전치사를 사용하여 표현되는 것이 세례의 매개체라고 지적한다. 물, 불, 구름 속에서 받는 세례가 본보기로 지적된다.[38] 게다가 '세례받다'라는 동사 자체가 여기서 일반적으로 그리스도인

35. Hays, *First Corinthians*, 213.

36. '인간성'(personhood)에 관한 바울의 일반적인 신학적 이해의 이 국면과 "몸"이 어떻게 이것에 적합한지 검토하고 싶다면, 참고할 문헌이 아주 많다. 유용한 서론이 *Dictionary of Paul and his Letters*, 71-82에서 (L. J. Kreitzer가 쓴) "몸"에 관한 논문과 (R. Y. K. Fung이 쓴) "그리스도의 몸"에 관한 논문에서 발견된다. 이 주제를 매우 상세히 다룬 한 논문은 바울이 주로 영지주의적인 헬레니즘 사상을 가진 반대자에게 대응하면서 인간에 관한 자신의 견해를 발전시킨다고 주장한다. Robert Jewett, *Paul's Anthropological Terms: A Study of Their Use in Conflict Settings*, AGJU 10 (Leiden: Brill, 1971)을 보라. 또 Gundry, *SOMA in Biblical Theology*와 *David Stacey, The Pauline View of Man in Relation to Its Judaic and Hellenistic Background* (London: Macmillan, 1956)도 보라. 또한 Michelle V. Lee, *Paul, the Stoics, and the Body of Christ*, SNTSMS 137 (Cambridge: Cambridge University Press, 2006)도 보라.

37. 특히 Moffat, *First Corinthians*, 186과 Oscar Cullmann, *Baptism in the New Testament*, trans. J. K. S. Reid, SBT 1 (London: SCM, 1952), 30을 보라.

이 그리스도의 몸 안으로 들어가 연합하는 것(즉, 회심할 때)을 가리키는 은유인지, 또는 특수적으로 물세례 의식을 가리키는지 질문해야 한다(13절 후반부에서 한 성령을 '마시는' 것을 언급하기 때문에 일부 주석가는 여기서 염두에 둔는 것이 물세례라고 주장한다). 어떤 주석가는 이 두 가능성 사이에 차이가 거의, 아니 전혀 없다고 본다. 그들은 물세례가 회심과 관련이 있고, 회심할 때 성령이 개인에게 임하며, 그는 교회와 연합한다고 생각한다. 칼뱅은 이 구절을 주석할 때 바울이 우리를 그리스도의 몸과 연계시키는 (물)세례의 본질에 관해 가르친다고 말한다. "그러나 아무도 외적 상징이 효력을 발생시킨다고 생각할 수 없게끔 바울은 그것이 성령의 역사라고 덧붙인다."[39] 다른 주석가는 이 (은유적인) 성령 세례와 물세례 사이에 명확한 구분이 있다고 본다. 그들은 성령 세례가 거듭남과 신자들이 교회로 연합되는 것을 가리킨다고 생각한다. 그리고 물세례가 유비는 제공할 수 있으나 그것이 바울이 여기서 말하는 바는 아니라고 주장한다. 그러나 또 다른 주석가는 이 한 구절에 두 가지 성례가 제시되어 있다고 본다. 곧, "세례를 받아 한 몸이 되었고"라는 말에는 세례가 제시되어 있고, "한 성령을 마시게 하셨느니라"는 말에는 주의 만찬(성찬)이 제시되어 있다는 것이다. 결론적으로 말하면 바울이 이 가운데 어느 견해를 염두에 두었는지 분명히 밝힐 만한 내용이 본문에는 별로 없다. 뒤에서 10:2을 설명할 때 바울이 "세례"를 유비적으로 공동체 입문을 가리키는 의미로 사용하는 것에 대해 이 구절의 중요성을 다시 다룰 것이다.

그러나 "성령으로"라는 말을 사람들이 언약 공동체에 잠기고 결합하는 성령의 영역을 가리키는 것으로 취하면 그리고 그 구절에서 '하나'를 삼중으로 강조하는 점(한 성령, 한 몸, 한 성령)을 보면, 우리는 모든 그리스도인이 일상 언어로 말해 '같은 곳에' 있음을 상기한다. 모든 신자는 성령의 영역 안에서 발견되고, 교회 공동체 안에서 성령의 특별한 영향 아래 산다는 점에서 "신령한" 자다. 그리스도의 몸의 지체가 되는 것은 사람들을 하나님과 주님에게 인도하시는 성령의 역사를 통해 성령의 영역으로 들어가는 것이다. 따라서 "세례"는 단순히 환유법을 통해 그리스도의 교회에 들어가는 것을 가리킨다고 보아야 할 것 같다. 교회는 성령이 하나님의 백성을 위해 은혜롭고 특별한 역사를 펼치시는 영역이다. '같은 성령을 마시는 것'은 아마 모든 그리스도인이 공통으로 경험하는 것, 곧 성령이 하나님의 모든 백성에게 베풀어주시는 즐거움, 원기 회복, 풍성한 복이나 은사를 가리킬 것이다. 그러나 우리는 두 개의 수동 부정과거 동사, '세례를 받았다'(ἐβαπτίσθημεν)와 '마시게 되었다'(ἐποτίσθημεν)라는 말이(일부 현대 은사주의자가 주장한 것과 달리) '마시는 것'을 회심 이후 일어나는 (후속) 사건으로 볼 수 없게 만든다는 점을 유념해야 한다.

일부 주석가가 10:2-4을 스쳐 지나가듯이 다루기는 해도, 바울이 여기서 말하는 것과 10장에서 말하는 것의 연계성이 크게 주목받지 못하는 것은 흥미롭다. 이 둘 사이의 주된 차이는 12:13에서 바울이 1인칭 복수형("우리")으로 바꾸는 것에 있다. 그러나 10:2-4은 여기서 이 연계성을 밝히는 데 도움을 준다. 평행 관계를 다음과 같이 확인할 수 있다.

모세에게 속하여 다 세례를 받고	세례를 받아 한 몸이 되었고
구름에서(속으로)	한 성령으로
다 같은 신령한 음료를 마셨으니	다 한 성령을 마셨느니라

38. Carson, *Showing the Spirit*, 47. 또한 Dunn, *Baptism in the Holy Spirit*, 127-29도 보라.

39. Calvin, *First Corinthians*, 265.

'모세에게 속하여(모세 속으로) 세례를 받는' 것은, 이스라엘이 언약과 여호와에 대한 충성으로 들어가는 것(그리스도 속으로 세례를 받는 것과의 유비로 말미암아)을 가리킨다고 지적했다. '구름 속으로'라는 말은 이스라엘을 민족으로 형성하는 사건과 그들에 대한 지속적 보호 속에 하나님의 적극적인 임재가 있었음을 말해주었다. 같은 "신령한 음료"를 마시는 것은 이스라엘 모든 자손이 광야에서 성령의 선물로 주어진 물을 마신 것을 가리킨다(상세한 내용은 10:2-4에 대한 설명을 보라). 따라서 우리는 12:13에서 이와 확실히 비슷한 내용을 언급한다고 주장할 것이다. 여기서 과거 광야 세대가 부정적 본보기로 사용되었다. 광야 세대의 본보기라는 가르침의 목적은 그들이 다 언약 공동체의 일원이고, 구름 속에 임하신 하나님의 임재로 그들이 구별된 백성이 되며, 그들이 다 유익을 위해 성령의 은사를 받았는데도, 그들 가운데 많은 이가 거역하고 심판을 받았다는 것이다. 그러나 12:13에서는 광야 세대 본보기가 더는 부정적 예증이 아니다. 이제는 긍정적 용도로 사용된다. 고린도 교회의 신자들은 '한 몸 속으로' 세례를 받았다. 즉, 그들은 다 그리스도의 단일한 언약 공동체의 일원이 되었다. "한 성령으로"(in one Spirit)라는 말은 공동체를 형성한 사건 속에, 하지만 그들이 성령의 영역 속에 남아 있기 때문에 특히 그들을 지속해서 보호하신 것에 있는 성령의 적극적인 임재에 관해 말한다. 고린도 교인은 다 한 성령을 마셨다. 즉, 그들은 하나님이 그들의 영적 유지를 위해 그들에게 주신 은사를 누린다. 따라서 성령을 마시는 것은, 바울이 백성이 "반석으로부터 마셨고…그 반석은 곧 그리스도였던" 광야에서 받은 물 은사를 보는 방식 그리고 이스라엘 자손에게 공급하신 것에 나타난 성령의 역사와 충분히 연계된다.[40] 여기서 한 가지 추가로 제시할 요점이 있다. 수동태 동사(ἐποτίσθημεν)는 '마시게 했다'로 올바르게 번역된다. 칠십인역에서 이 동사의 가장 흔한 용법을 보면, 이것은 마실 것이 주어진다는 의미에서 양 떼와 땅에 '물을 대는' 것을 의미한다(이 동사의 수동태는 창세기 3:10과 에스겔 32:6에서만 나타난다).

요약하면 바울은 회심할 때 모든 그리스도인에게 임하여 공동체를 형성하는 성령의 역사의 본질에 관해 다시 생각한다. 이 일이 성령의 적극적인 임재를 통해 일어났기 때문이다. 또한 모든 그리스도인에게 성령의 복을 마시는 혜택이 주어졌다. 즉, 바울이 여기서 언급하는 문제인 은사가 주어졌다. 이 수동태는 우리에게 그것이 "신령한" 개인의 활동이 아니라 전적으로 성령의 역사 때문임을 다시 상기시킨다. "유대인이나 헬라인이나 종이나 자유인이나"라는 언급은 한 번 더 모두가 이 안에 함께 있고, '한 성령 안에' 있다면 아무도 거기서 제외되지 않는다는 점을 강조한다. 아무도 다른 사람보다 더 낫지 않다. 사람이나 은사에는 어떤 계급 구조도 없다.

12:14 몸은 한 지체뿐만 아니요 여럿이니(καὶ γὰρ τὸ σῶμα οὐκ ἔστιν ἓν μέλος ἀλλὰ πολλά). 13절에서처럼 '…때문에 확실히'라는 말(개역개정에는 번역되어 있지 않음-역주)이 나온 것은 12절의 설명을 계속하고 있음을 암시한다. 이제 바울은 몸 유비를 전개하고 이 유비를 그리스도의 몸인 교회에 적용한다. 바울은 몸 유비에서 먼저 다양성을 강조하고, 그런 다음 상호 의존성을 강조한다고 보는 것이 어떤 면에서 정확하다. 그러나 포괄적인 그림은 더 복잡하다. 여기서 바울의 요점은 각 지체는 몸에

40. 헬라어 단어 ποτίζω가 반석이 물을 내는 사건을 다루는 민수기 20:8에서 사용되는 것을 주목하라. 따라서 바울은 (고전 10:4에서처럼) 반석에서 나온 물을 마시는 것을 성령과 쉽게 연계시켰을 것이다. 이사야 29:10(LXX)과 주님이 거역하는 사람들에게 "잠의 영"을 마시게 하신 것 간에 연계성이 있다는 주장은 적절하지 않다. 이사야서 29장의 환상이 무엇을 의미하든 간 그들이 마시는 것은 성령이 아니다(Carson, *Showing the Spirit*, 46에는 실례지만).

서 분리되면 결코 존재할 수 없다는 점 그리고 몸은 지체들이 몸에 붙어 있지 않을 때 기능을 상실한다는 점이다. 이 구절의 메시지는 몸이 '한 지체가 아니고 많은 (여럿이) 지체가 있다'고 주장함으로써 이 요점을 요약한다(참고. AV, NASB). 몸이 "한 지체를 구성하지" 않는다거나(NRSV, ESV) "한 지체로만 구성되어 있지 않다"(TEV)라고 말하는 정도로는 본질상 몸의 전체성을 확실히 전달하지 못한다. 지체들이 없으면 몸은 존재할 수 없다.

12:15–17 만일 발이 이르되 나는 손이 아니니 몸에 붙지 아니하였다 할지라도 이로써 몸에 붙지 아니한 것이 아니요[41] 또 귀가 이르되 나는 눈이 아니니 몸에 붙지 아니하였다 할지라도 이로써 몸에 붙지 아니한 것이 아니니 만일 온 몸이 눈이면 듣는 곳은 어디며 온 몸이 듣는 곳이면 냄새 맡는 곳은 어디냐(ἐὰν εἴπῃ ὁ πούς, Ὅτι οὐκ εἰμὶ χείρ, οὐκ εἰμὶ ἐκ τοῦ σώματος, οὐ παρὰ τοῦτο οὐκ ἔστιν ἐκ τοῦ σώματος· καὶ ἐὰν εἴπῃ τὸ οὖς, Ὅτι οὐκ εἰμὶ ὀφθαλμός, οὐκ εἰμὶ ἐκ τοῦ σώματος, οὐ παρὰ τοῦτο οὐκ ἔστιν ἐκ τοῦ σώματος· εἰ ὅλον τὸ σῶμα ὀφθαλμός, ποῦ ἡ ἀκοή; εἰ ὅλον ἀκοή, ποῦ ἡ ὄσφρησις;). 이제 바울은 교회를 구성하는 지체로서 자기 의식이나 자신감이 없거나 모자란다고 생각하는 교인에게 명확히 권고한다. 누가 뭐라고 말하든 그들은 진실로 (그리스도의) 몸의 일부다. 부정과거 가정법을 사용한 제3조건문은 수사 의문문 형태를 가진 귀결절과 함께 가설적 상황을 제시한다. "이로써"(παρὰ τοῦτο)[42]라는 말은 귀결절의 가설적 요점을 가리킨다. 여기서 바울의 의도는 단순히 발이 몸의 일부가 아니라고 말할 수 있다고 해서 그 말이 사실이 될 수 없음을 분명히 하는 데 있다. 발은 자기가 손이 아니라고 말할 수 있으나 그렇게 말한다고 해도 발은 여전히 몸의 일부다. 엘리트 교인들의 압력 아래 일부 고린도 교인은, 엘리트 교인들이 가진 은사를 받지 못했으므로 자신이 교회에 속하지 못한다고 느끼거나 그렇다고 말할 수 있다. 그러나 사실은 그들이 (그리스도의) 몸의 일부라는 점이다. 강한 자가 다른 교인들에 관해 뭐라고 말하든 간에, 또는 약한 자가 자신에 관해 어떻게 느끼든 간에 모든 교인이 그리스도의 몸이다. 16절은 15절과 똑같은 요점을 반복하지만 다루는 몸의 지체가 귀와 눈으로 바뀐다.

그래서 17절에서 바울은 마지막 두 사례, 곧 눈과 귀의 기능을 언급하여 몸의 은유를 적용하기 시작한다. 몸에 한 지체(눈)만 있다면 몸이 되지 못한다. 몸에 보는 곳만 있고 듣거나 냄새 맡는 곳은 없게 되는 것이다. 이것 역시 공동체 지체로서 자기 의식이 부족한 자를 격려하는 역할을 하고, 자신을 가장 필수적인 존재나 우월한 자로 보는 자도 겸허하게 하는 역할을 한다. 특히 23–24절에 비추어 보면, (고든 피에게는 실례지만) 한 사람(또는 몸의 한 기관)이 자기는 다른 사람(또는 다른 기관)보다 못하거나 낫다고 생각하고 있다는 암시가 전혀 없다는 주장은 부실하다.[43] 그리스도의 몸이 기능을 발휘하려면 모든 교인이 필요하다는 바울의 주장은, 일부 교인이 지위에 관해 느끼는 감정을 근거로 스스로 배제되거나 배제하는 배경에 분명히 답변한다.

12:18 그러나 이제 하나님이 그 원하시는 대로 지체를 각각 몸에 두셨으니(νυνὶ δὲ ὁ θεὸς ἔθετο τὰ μέλη, ἓν ἕκαστον αὐτῶν, ἐν τῷ σώματι καθὼς ἠθέλησεν). 바울은 계속 몸 유비를 교회에 적용한다. 각 지체가 몸에서 차지하는 위치는 하나님이 정하신다. 바울이 "이제 사실은"[44]이라고

---

41. NA[28]의 구두법을 따라 이 책은 이것을 질문으로 이해한다.
42. Moule, *Idiom Book of New Testament Greek*, 51은 παρὰ τοῦτο의 의미가 4:4의 ἐν τούτῳ의 의미와 비슷하다고 주석하고 "그런 이유로"(for that reason)라는 견해를 채택한다.
43. Fee, *1 Corinthians*, 676.
44. νυνί는 가설적 본보기를 따라 실제 상황을 소개하는 역할을 한다(BDAG 682).

말하는 것은, 자신이 제기한 수사적 질문들에 답변을 제공하기로 굳게 결심한 것처럼 보인다. 바울은 자신이 이 부분에서 말하는 전체 내용에 혼란이 일어나는 것을 절대 허용하지 않는다. 하나님은 "그 원하시는 대로" 몸의 지체를 배치하셨다. 이 번역은 하나님이 일어나기를 바라신 어떤 일(모든 일이 동등하게)에 관해 말하는 것이 아니라, 그분의 주권 속에서 하나님이 '일어나도록 뜻하신' 일을 분명히 하고자 한다(참고. 4:19; 약 4:15). 이런 의미에서 독자는 여기서 몸이 전체적으로 어떻게 기능하고, 또 다양한 사람들이 몸에서 어떤 역할을 하는지 여부가 전적으로 하나님께 달려 있음을 강조하는 것을 다시 본다. 6절에서 바울은 모든 은사가 하나님에 의해 능력이 주어진다고 말했다. 8절에서는 각종 은사가 성령으로 말미암아 주어진다고 말했다. 11절에서 성령은 "그의 뜻대로" 모든 은사를 나누어주셨고, 그들에게 모두 능력을 베풀어주셨다. 여기서 다시 (몸의) 지체는 하나님이 "그 원하시는(ἠθέλησεν) 대로" 배치하셨다. 몸의 다양성이 이 구절의 주된 초점처럼 보이지만, 논증을 전개할 때 몸의 다양성은 여기서도 바울이 말하는 핵심이 아니다. 바울이 여기서 몸의 다양성을 적용하면서 그리는 그림은 그보다 훨씬 더 많은 것을 말한다. 바울은 몸 자체가 한 몸으로서 많은 지체를 가지고 존재하도록 마련된 것임을 암시한다. 이것이 하나님의 교회다. 이것이 하나님이 몸을 세우고자 정하신 방법이다. 다음 구절의 논리가 이것을 뒷받침한다.

12:19-20 만일 다 한 지체뿐이면 몸은 어디냐 이제 지체는 많으나 몸은 하나라(εἰ δὲ ἦν τὰ πάντα ἓν μέλος, ποῦ τὸ σῶμα; νῦν δὲ πολλὰ μὲν μέλη, ἓν δὲ σῶμα). 다양성을 이해하고자 하는 열망에서 바울의 관심사는 몸에 있다. 하나님이 정하신 것처럼 몸이 만일 눈이나 귀나 다른 지체로만 이루어져 있다면, 그것은 몸이 아닐 것이다. 은사의 관점에서 보면, 만일 지체의 자격이 하나나 두 은사를 소유한 자로 좁혀져 있다고 본다면, 그것은 진실로 하나님이 정하고 만드신 몸이 아닐 것이다. 물론 몸을 이런 식으로 보게 되면, 우리는 바울이 이것으로 어떤 클럽의 회원 자격과 같은 것을 암시하지 않는다는 사실을 기억해야 할 것이다. 바울은 몸의 지체들에 관해 말하고 있다. 이 각 지체는 목적에 적합하고, 일관성 있게 기능하며, 하나님이 바라신 몸이 될 수 있게 한다. 그러므로 확실히 다양성이 있으나 초점은 하나님이 만드신 한 몸에 있다(20절).

12:21 눈이 손더러 내가 너를 쓸 데가 없다 하거나 또한 머리가 발더러 내가 너를 쓸 데가 없다 하지 못하리라(οὐ δύναται δὲ ὁ ὀφθαλμὸς εἰπεῖν τῇ χειρί, Χρείαν σου οὐκ ἔχω, ἢ πάλιν ἡ κεφαλὴ τοῖς ποσίν, Χρείαν ὑμῶν οὐκ ἔχω). 한편 이 요약 문장은, 자기들이 이미 목적지에 이르렀다고 생각하고 지혜와 지식과 어쩌면 다른 성령의 은사까지 자랑하는 엘리트 교인을 질책한다. 엘리트 교인들의 은사는 하나님께 감사해야 할 것으로, 하나님의 섭리 속에서 공동체를 풍성하게 하는 것이다(1:4-5). 그렇지만 그리스도의 몸을 정의하는 요소로 받아들여질 수는 없다. 그리스도의 몸은 오직 하나님이 교회의 모든 지체가 각자 마땅히 갖추어야 할 모습으로 함께 수고하는 공동체가 되기를 바라신 한 집단으로 정의된다. 그러나 이 구절은 주로 하나님의 백성으로서의 자기 의식에 불안함을 느끼는 자에게 힘을 줄 것이다. 결론적으로 그들은 바울이 다음과 같이 말하는 것을 들어야 한다. '다른 어떤 사람이 말하는 것은 정말 중요하지 않다. 몸의 어떤 부분도 네가 필요 없다고 합당하게 말할 수 없다. 왜냐하면 몸은 네가 그 일부일 때만 몸이기 때문이다!' 일부 주석가는 바울이 이 사례들에서 몸의 우월한 지체 또는 최고의 지체에서 시작하여 열등한 지체 순으로 언급한다고 지적했다. 곧, 눈에서 손으로, 머리에서 발로 순서가 진행된다는 것이다. 그다음 구절(22절)이 강한 반의 접속사인 '이와 반대로'(그뿐 아니라)라는 말로 시작하고, 이어서 더 약하고 덜 존중받는 지체에 관해 말하는 것은 이

주장을 어느 정도 지지하는 것으로 볼 수 있다. 분명히 바울은 엘리트 교인이 이른바 약한 자를 깔보는 태도를 생각한다. 그러나 바울이 그런 순서로 몸의 지체를 인용함으로써 이 관념을 더 깊이 증명하려는 의도를 가졌다고 보는 것은 다소 무리한 해석으로 생각된다.

이 부분 전체에서 바울이 '신령한 은사'가 아니라 '신령한 자'(12:1)를 계속 다루고 있음을 주목하는 것이 중요하다. 고린도전서 전체에 걸쳐 이 책이 지적한 것처럼, 성령의 은사는 엘리트 교인에게 지위를 부각하는 데 사용되었다는 주장이 많지만, 몸 유비는 은사 자체가 아니라 사람들을 언급하는 것이다. 몸 유비에서 지체를 구성하는 것은 사람들이다. 바울은 이어서 설명할 때도 계속 그렇게 본다. 교회 안에서 아무도 다른 사람에게 그가 불필요한 존재라고 말할 권리가 없다. 사실 신령한 자는, 바울이 전하는 말의 진리를 인정하고 자신을 몸의 필수 부분으로 인정하지만 자기 자신을 어떤 다른 지체보다 더 중요하다고 여기지 않는다. 이제 바울은 이것을 더 명확히 제시한다.

12:22–24a 그뿐 아니라 더 약하게 보이는 몸의 지체가 도리어 요긴하고 우리가 몸의 덜 귀히 여기는 그것들을 더욱 귀한 것들로 입혀 주며 우리의 아름답지 못한 지체는 더욱 아름다운 것을 얻느니라 그런즉 우리의 아름다운 지체는 그럴 필요가 없느니라(ἀλλὰ πολλῷ μᾶλλον τὰ δοκοῦντα μέλη τοῦ σώματος ἀσθενέστερα ὑπάρχειν ἀναγκαῖά ἐστιν, καὶ ἃ δοκοῦμεν ἀτιμότερα εἶναι τοῦ σώματος, τούτοις τιμὴν περισσοτέραν περιτίθεμεν, καὶ τὰ ἀσχήμονα ἡμῶν εὐσχημοσύνην περισσοτέραν ἔχει, τὰ δὲ εὐσχήμονα ἡμῶν οὐ χρείαν ἔχει). 이제 바울은 그림을 약간 바꾸지만, 내용은 앞에서 사용해온 예증에서 자연스럽게 흘러나온다. 여기서 바울은 주목을 받는 몸의 지체와 그러지 못한 지체를 비교한다. 이 비교의 요점은 "아름다운"('보기 좋은', εὐσχήμων)이라는 말에 있다. 실제로 이 말은 '영예로운'이라는 말과 사실상 동의어지만 강조점은 공적이고 가시적인 것에 있다. 따라서 사도행전 13:50에 '고귀한'(εὐσχήμονας) 여자들(귀부인들)이라는 말이 나오고, 플루타르크는 "영예로운 지위"(εὐσχημόνων)를 가진 여자에 관해 말한다.[45] 바울은 23절에서 이것을 덜 영예롭고(귀히 여김을 받고) "아름답지 못한"(ἀσχήμων), 그럼에도 절대로 필요한 지체와 대조한다. "아름답지 못한"이라는 말은 '바라볼 가치가 없는' 것을 의미한다. 여기서 바울이 우리가 다 아는 것처럼 다양하게 매우 본질적인 기능이 있는 생식기 부분을 염두에 두고 있다는 사실이 분명해진다(LXX 창 34:7; 신 24:1에서 이 단어가 불법적인 성행위에 사용되는 것을 주목하라). 사실 몸의 생식기 부분이 '더 약해' 보이는 것은 실제로는 그 부분이 필수적이기 때문에 그렇게 '보인다.' '이와 반대로'(ἀλλά, 개역개정에는 "그뿐 아니라"–역주)라는 말은 강한 반의 접속사다. "도리어"(Even more, πολλῷ μᾶλλον)라는 말은 여러 역본에서 번역되지 않는다(여기에는 RSV, TEV, NIV, NRSV가 포함된다). 그러나 바울은 이 말을 사용하여 자신의 논증이 강력하다는 점을 암시한다. 의역하면 다음과 같다. "우리가 방금 말한 것보다 훨씬 더 나아가 몸의 그 지체는…하다고 말할 수 있다."

이것은 은사를 외적으로 과시하고 자랑하는 자에게 또 하나의 경고가 된다. 몸에서 어떤 기관은 주목받고 '영예로운' 것처럼 보일 수 있지만 다른 어떤 필수 기관은 거의 주목받지 못하고 항상 숨겨져 있는 것처럼 그리스도의 몸도 마찬가지다. 그리스도의 몸이 참된 몸이 되려면, 영예롭지 못한 것처럼 보이고 자주 주목받거나 언급되지 않고 자신을 자랑하지 않는 자가 필수적으로 요구된다.

45. Moralia 4.309.15 (LCL).

'더 약한'(ἀσθενέστερα)이라는 말의 의미는 고린도전서 전체에 걸쳐 제공되었다. 그 의미는 육체적 약함이 아니라 주로 공동체 지위와 영적 우월함에 대한 자랑 및 주장과 관련되어 있다. 또한 그것은 교회의 몸을 세우는 데 있어 하나님의 목적과 뜻을 이해하거나 이해하지 못하는 것과 관련되어 있다. 결론적으로 그 의미는 십자가의 도, 곧 그리스도의 길이 하나님이 원하시는 교회의 길이라는 점을 이해하는 것이다. 바울은 4:9-10에서 이런 식으로 '강함'과 '약함'을 비교했다. 거기서 바울은 큰 아이러니를 담아 고린도 교회의 엘리트 교인에게 말하면서 그들을 '지혜롭다'고 부르고, 그리스도로 말미암아 "어리석은" 자가 된 자신과 사도들을 그들과 대조한다. 그러면서 바울은 계속해서 이렇게 말한다. "우리는 약하나 너희는 강하고 너희는 존귀하나 우리는 비천하여"(10절).

일부 주석가는, 바울이 몸에서 손은 없어도 되지만 생식기관이 없어서는 안 된다는 사실을 독자가 추론해 내기 원했을 것이라고 말했다. 그러나 그런 추론은 몸 은유를 너무 크게 확대하고 바울의 종합적인 가르침을 손상하는 것 같다. 바울은 어떤 은사가 불필요하다고 말하지 않고 그렇게 말한 적도 없었다. 바울은 '더 약한' 지체가 필수적이고 다른 지체는 필수적이지 않다는 사실을 암시하지도 않는다. 바울은 지식과 지혜를 자랑하는 자에게 문제를 제기한다. 아마 일부 고린도 교인이 방언과 같은 일부 은사를 사용하는 방식에 대해 문제를 제기했을 것이다. 하지만 한 번도 어떤 사람의 은사가 필요 없다고 주장하지 않았다. 오히려 전체적인 바울의 요점이 각 사람은 은사를 갖고 있다는 점과, 그리스도의 몸이 진정한 몸이 되려면 각 사람이 필요하다는 것이다. 바울이 계속해서 말하는 것처럼, 그것이 하나님이 정하신 방식이기 때문이다.

12:24b-25 오직 하나님이 몸을 고르게 하여 부족한[46] 지체에게 귀중함을 더하사 몸 가운데서 분쟁이 없고 오직 여러 지체가 서로 같이 돌보게 하셨느니라(ἀλλὰ ὁ θεὸς συνεκέρασεν τὸ σῶμα τῷ ὑστερουμένῳ περισσοτέραν δοὺς τιμήν, ἵνα μὴ ᾖ σχίσμα ἐν τῷ σώματι, ἀλλὰ τὸ αὐτὸ ὑπὲρ ἀλλήλων μεριμνῶσιν τὰ μέλη). 바울은 이것이 하나님이 사물을 결합하는 방식이라는 사실로 되돌아간다. 하나님은 몸을 결합하셨다. 따라서 육체적 몸과 같이 교회도 하나님의 피조물이다. 하나님은 한 지체는 시선을 끌도록, 다른 지체는 시선을 끌지 못하도록 정하셨다. 그러나 몸은 이것을 이유로 분리될 수 없다. 여기서 '결합하다'(compose, συγκεράννυμι)라는 동사는 영어로 모든 악기가 곡을 온전히 연주하기 위해 요구되는 오케스트라를 상기시킨다. 이 헬라어 단어는 "조화로운 단위를 만드는" 것[47] 또는 '함께 섞는' 것을 의미한다(참고. LXX 단 2:43; 2 Macc 15:39).

두 목적절(25절)은 이것이 바로 하나님이 사물에 대해 그렇게 되도록 계획하신 방식이라는 바울의 명확한 요점을 상술한다. 첫 번째 목적절("몸 가운데서 분쟁이 없고")은 부정적 비교를 다루고, 두 번째 목적절("오직 여러 지체가 서로 같이 돌보게 하셨느니라")은 긍정적 비교를 다룬다. 하나님은 몸이 이런 식으로 "분쟁이 없고"(ἵνα μὴ ᾖ σχίσμα) 여러 지체가 "서로 같이 돌보게 하셨[다]"(τὸ αὐτὸ ὑπὲρ ἀλλήλων μεριμνῶσιν). 여기서 현재 능동태 가정법은 몸의 이 국면과 몸이 위하여 지음 받은 것의 지속적 성격을 암시한다. 이 두 절은 특별히 몸 은유를 고린도 교인에게 적용할 때 고린도전서 전체에 걸쳐 많은 곳에서 언급된 내용을 요약한다. 바울은 1:10-13 이후로 고린

46. 이 책은 능동태 ὑστερουντι를 취하지 않고 NA[28]을 따라 중간태 ὑστερουμένῳ를 취한다. Thiselton, *1 Corinthians*, 1010은 확실히 정확하게 이 중간태가 중요한 것은 "바울이 그의 논증과 모순되는 열등한 자에 관해서가 아니라, 열등하다고 느끼거나 부족하다고 느끼는 자에 관해 말하기 때문"이라고 주장한다(강조체 원저자).

47. BDAG 951-952.

도 교회에서 벌어진 이런저런 분쟁을 염려했다. 바울은 또한 교회를 분열하는 행동을 하는 것처럼 보이는 교인들이 행하는 모든 일이 다른 교인들의 "덕을 세우고" 그들의 "유익"을 위해 행해져야 함을 깨닫도록 하는 데도 관심이 있었다. 비록 자신이 신령하다고 생각할지라도, 그들 가운데 분쟁이 있으면, 그것은 바울이 보기에 "신령하지" 못한 자의 특징을 나타내는 것이다. 반면에 서로 돌보는 행위는 사람들의 덕을 세우는 일과 관련되어 있다는 점에서 "신령한 자"의 특징이다. 바울은 '돌보다'로 번역된 동사(μεριμνάω)를 대체로 '걱정하다'라는 의미로 사용한다(참고. 7:32-34). 일반적으로 이 동사는 영어 단어 '보살피다'(care for)라는 말보다 훨씬 더 절박한 태도를 함의한다. TEV는 "관심을 두다"(concern for)로 번역한다. 이 번역이 더 나은 의미를 담을 수 있다(참고. 빌 2:20). 다른 지체들의 덕을 세우고 돌보는 일에 관심을 둘 때 수반되는 행위는 8:1에서와 같이 13:1에서도 "사랑"이라는 말로 요약된다.

12:26 만일 한 지체가 고통을 받으면 모든 지체가 함께 고통을 받고 한 지체가 영광을 얻으면 모든 지체가 함께 즐거워하느니라(καὶ εἴτε πάσχει ἓν μέλος, συμπάσχει πάντα τὰ μέλη· εἴτε δοξάζεται ἓν μέλος, συγχαίρει πάντα τὰ μέλη). 여기서 바울은 지체들이 서로에게 "같은" 관심을 깊이 두는 것으로 요점을 확대한다. 지체들이 서로 깊은 관심을 둔 몸은 다음과 같은 모습을 보여줄 것이다. 한 지체가 고통을 받으면 모든 지체가 함께 고통을 받고, 한 지체가 영광을 얻으면 모든 지체가 함께 즐거워한다. 여기서 모든 지체가 '참여하는' 참된 언약 공동체가 묘사되고 있다. 개개의 지체는 서로 깊이 연관되어 있어서 그들 가운데 벌어지는 일에 하나로 반응한다. 그들은 서로를 동일시한다. 물론 이것은, 주의 만찬에서 부자가 가난한 자에게 일어나는 일을 신경쓰지 않거나 엘리트 교인들이 자신과 같이 특수한 은사를 갖지 못한 자를 무시하고 업신여기는 것같이 교회에서 실제로 일어나는 일과 거리가 멀다.

12:27 너희는 그리스도의 몸이요 지체의 각 부분이라(Ὑμεῖς δέ ἐστε σῶμα Χριστοῦ καὶ μέλη ἐκ μέρους). 바울은 편지를 쓰는 대상인 고린도 교인을 직접 언급하면서, 그들이(강조 용법인 "너희는") 진실로 "그리스도의 몸"(σῶμα Χριστοῦ)이라는 사실을 분명히 한다. 여기서 전 세계 교회를 "그리스도의 몸"으로 말하는 것이 확실히 가능할 수도 있지만, 바울이 각 지역 교회를 이런 식으로 바라보았음을 주목하는 것이 중요하다. 각 교회에는 성령이 하나님의 백성에게 베풀어주시는 각종 은사가 있는데, 그것이 하나님이 그리스도의 몸을 구성하는 참된 방식이기 때문이다. 함축적으로 보면, 이것은 모든 지역 교회가 똑같이 보이거나 그 안에 정확히 똑같은 은사 목록이 있는 것은 아님을 의미한다. 하나님은 최대의 영적 유익을 낳는 데 적합한 방식으로 보셨기에 "그리스도의 몸"을 지역 교회 형태로 창조하셨다. 그러므로 모든 개인은 어떤 은사가 있든 간에 자신을 그리스도의 몸의 일부로 보아야 한다. 이것이 개인이 교회의 본질에 다가가는 근본적인 접근 방식이다. 이것은 교회 안의 은사의 다양성에 관한 문제를 포함하지만, 바울이 여기서 다루는 것은 다양성 문제가 아니다. 바울은 이미 그렇게 한 것처럼 교회 안에서 다양한 은사의 사용 방식과 연합의 필요성 문제를 계속 다룬다. 그러나 바울의 주 관심사는 '신령한 자'가 "그리스도의 몸"을 보는 방식에 있다. 그 방식은 개인이 다양성의 참된 모습을 더 깊이 인정하는 것이 될 수 있다. 또는 개인이 이전에 무시당했던 지체에게 영예를 돌릴 준비를 하는 것이 될 수도 있다. 그러나 엘리트 교인과 자기 의식이 부족한 자에게 동일한 핵심 관심사는 교회인 그리스도의 몸의 본질이다.

12:28 하나님이 교회 중에 몇을 세우셨으니 첫째는 사도요 둘째는 선지자요 셋째는 교사요 그 다음은 능력을 행하는 자요 그 다음은 병 고치는 은사와 서로 돕는 것과 다스리는 것과

각종 방언을 말하는 것이라(καὶ οὓς μὲν ἔθετο ὁ θεὸς ἐν τῇ ἐκκλησίᾳ πρῶτον ἀποστόλους, δεύτερον προφήτας, τρίτον διδασκάλους, ἔπειτα δυνάμεις, ἔπειτα χαρίσματα ἰαμάτων, ἀντιλήμψεις, κυβερνήσεις, γένη γλωσσῶν). 갈런드는 "바울은 하나님이 몸 된 교회 안에 두신 지체들의 본보기를 제시한다"라고 정확히 말한다.[48] 바울은 또 은사를 가진 사람들(예를 들어, 교사들)이 아니라 은사 자체(예를 들어, 돕는 행위)에 관해 말하는 내용으로 이동하지만 은사를 가진 사람들을 크게 중시한다고 볼 수 있다. 29–30절의 수사적 질문은 모든 목록에서 바울이 이런 은사를 가진 사람들에게 관심이 있음을 보여준다. 어떤 이는 어떤 은사가 있고, 다른 이는 다른 은사가 있다. 여기서 바울은 하나님이 확실히 그리스도의 몸을 어떻게 구성하셨는지를 교회 생활에 대한 그들의 지식 및 경험에 따라 예증한다.

바울이 여기서 동사 "세우셨으니"를 수식하고자 부사 "첫째는…둘째는…셋째는"이라는 말을 사용한다는 사실이 상당한 논란을 불러일으켰다. 바울의 설명은 일관되게 다른 교인에 비해 자신이 우월하거나 열등하다고 생각하는 일부 교인 집단을 반대했기 때문에, 이것은 얼핏 보면 최소한 그의 방침이 바뀐 것처럼 보인다. 만약 여기에 중요도에 따라 '등급이 매겨지는' 어떤 직분이 있다면, 그 등급은 처음 세 직분(사도, 선지자, 교사)에만 해당한다. 그것은 바울이 그 사역이 없으면 교회가 오래 유지될 수 없는 사역, 곧 우선되고 지속하는 말씀의 근본 사역을 강조하기 때문이라고 볼 수 있다. 이것이 대다수 주석가의 견해다. 그런데 대다수 주석가는 콜린스의 견해와 같이 "12:28에서 은사들 가운데 첫 번째 자리에 사도직을 두는 것은 이 역할을 맡은 자가 공동체 안에서 우월한 지위를 차지했다는 것을 암시하는 것이 아니라"[49]는 것도 심혈을 기울여 말한다. 이 말이 아무리 참되다 해도, 이 본문에서 바울이 주장하는 사실과는 거리가 멀어 보인다.

바울이 14장에 가서야 비로소 충분히 증명되는 논증을 전개하기 시작한다고 보는 주석가는 등급 문제에 약간 다르게 접근한다. 그들은 바울이 여기서 교회 안에서 교인들 간에 구분이 없고 그들이 다 하나님께 받은 은사가 있지만, 그럼에도 은사 자체는 어떻게 사람들의 '덕을 세우는지'에 따라 구별될 수 있다는 사실을 증명하기 시작한다고 말한다. 바울은 나중에 이런 관점에서 "방언"이 교회 안에서 예언보다 덜 유용하다는 점을 증명한다. 따라서 이것 역시 바울이 28절의 목록에서 방언을 마지막 순서에 두는 이유를 설명한다. 그루뎀도 이와 비슷하게 제시한다. 그루뎀은 여기서 등급은 바울이 "더욱 큰" 은사로 이해하는 것(12:31a)과 관련되어 있다고 주장한다. 그루뎀은 예언하는 자가 "교회라는 배경에서 큰 자인 것은 교회에 유익을 주기" 때문에 방언을 말하는 자보다 "더 낫다"라고 말하는 14:5에서 이것이 설명된다고 말한다.[50] 그러나 그것은 너무 앞서가는 것처럼 보인다. 그것은 모든 사람이 모든 은사를 가진 것은 아니라는 12장 전체의 일반적 논증을 강화하는 29–30절에서 바울의 수사적 질문이 실제로 제시하는 요점이 아니다. 오히려 하나님은 자신이 원하시는 대로 각 사람에게 은사를 할당하신다. 만약 바울이 여기서 그들이 사람들의 덕을 어떻게 세우는지를 보고 공동체 안에서 그들의 지위에 비추어 이 소수의 사람의 등급을 매길 의도가 있었다면, 그것은 사람들을 은사에 따라 구분하는 것이다. 이것은 엄밀히 바울이 지금까지 반대한 주장이다.

그러나 "하나님이 세우셨으니"라는 말을 수식하는 서수사("첫째는…둘째는…셋째는")의 부사적 성격을 고려하면, 블롬버그가 12장의 종합적 경향을 정확하게 설명

48. Garland, *1 Corinthians*, 598.
49. Collins, *1 Corinthians*, 468.
50. Grudem, *Gift of Prophecy in the New Testament*, 53.

하는 길을 제시하는 것 같다. 블롬버그는 다음과 같이 말한다. "이 목록을 시간적 순서로 보는 것이 가장 좋다(참고. 엡 2:20). 지역 교회를 세우려면 먼저 교회를 심는 자가 필수적이다. 이어서 하나님의 말씀을 주기적으로 선포하는 자가 등장해야 한다. 그다음에는 교사들이 제자도로 복음 전도를 보완해야 한다…이렇게 해야만 다른 모든 은사가 제대로 활동을 시작할 수 있고 유효한 그리스도인의 교제가 이루어진다."[51]

여기에 언급된 은사들은 12:7-10에 언급된 것과 겹치지만 같지는 않다. "사도"의 의미는 1:1에 대한 설명을 보라. 15:7-9이 분명히 하는 것처럼, 바울은 자신이 일원인 "사도"의 범주(부활하신 주를 직접 목격한 예수님의 제자들을 포함한)와 사자, 아니 사실은 교회를 심는 자를 가리키는 보다 일반적인 사도의 범주를 구분할 수 있었다. 그러나 이 문맥에서 바울은 사도'직'으로 불릴 수 있는 것을 매우 제한적인 의미로 생각하고 있는 것 같다. 이것은 바울이 9장에서 자신을 포함하여 본보기로 사용한 사도직이다. 그리고 이 구절이 사도라는 말을 의도적으로 선교나 교회 심는 역할을 감당하는 모든 자를 폭넓게 포함한 의미로 사용하는 고린도전서의 유일한 본문이라고 생각할 아무런 이유가 없다. "예언"은 12:10을 다룰 때 설명했고, 14:1 이하에 대한 설명에서 더 깊이 다룰 것이다. 예언의 은사는 성령의 뜻에 따라 교회에 속한 교인이라면 누구에게나 주어질 수 있지만, 일부 교인은 주기적으로 예언을 했던 것 같다. 따라서 그들은 "선지자"로 알려지게 되었다. 이것은 목록의 세 번째 집단("교사")도 마찬가지다. 누구든 교회 생활의 다양한 시기에 이처럼 성령이 가르치는 능력을 은사로 주시면 가르칠 수 있었기 때문에, 일부 교인은 부르심을 받아 주기적으로 가르치는 능력을 갖추게 되었다. 그래서 그들은 "교사"로 불렸다. 예언은 성경을 교회의 직접적인 필요에 즉각 적용하도록 성령이 주신 "지식" 및 "지혜"와 관련되었고, 성경에 대한 충분한 이해가 필요했을 것이므로(당연히 성경에 반하는지 '판단받아야' 했다, 14:29), 선지자를 어떻게 교사보다 '등급'이 더 높은 자로 여겼는지 확인하기는 어렵다. 이 두 집단은 비슷하고, 사도 전통이 교회 안에서 적절하게 이해되고 적용되도록 보장할 책임이 있던 교사들은 선지자가 전한 말이 사도들의 가르침과 일치되는지 판단하는 일에도 종사했던 것 같다. 이것은 바울이 어떤 중요도에 따라 이 사람들을 열거한 것이 아니라고 볼 이유를 추가로 제공한다.

"능력을 행하는" 은사와 "병 고치는 은사"에 관해서는 9-10절에 대한 설명을 보라. "서로 돕는 것"(ἀντίλημψις)이라는 말은 드물게 사용되고, 신약성경에서 딱 한 번 나오는 단어, 곧 하팍스 레고메논이다. 이 단어의 동사형이 로마서 8:26에서 발견된다. 그 구절은 '성령이 우리의 연약함을 도우신다'고 말한다. 칠십인역을 보면, 이사야서 41:9에서 하나님의 섭리를 통한 보호가 언급될 때 이 단어의 또 다른 동사형이 사용된다(ἀντιλαμβάνω). 바울이 돕는 은사에 관해 말할 때 어떤 특수한 '도움'을 염두에 두었는지 독자가 판단하는 데 도움을 줄 만한 근거는 많지 않다. 칼뱅은 돕는 은사가 교회에서 집사가 행한 구제 사역과 관련되어 있을 것이라고 생각한다. 티슬턴은 그 말이 복수형인 것으로 보

51. Blomberg, *1 Corinthians*, 247. 그리고 Charles H. Talbert, *Reading Corinthians: A Literary and Theological Commentary on 1 and 2 Corinthians* (New York: Crossroad, 1987), 85는 여기서 바울은 "연쇄관계를 제시하고" 그들 간에 "등급은 없다"라고 설명한다. 참고. Fitzmyer, *1 Corinthians*, 482. 그리고 Grudem, *Gift of Prophecy in the New Testament*, 68은 여기서 등급은 "확실히 연대순에 따른 것이 아니다. 왜냐하면 방언은 교회가 처음 출범할 당시에 시작되었지만(행 2:4) 여기서는 마지막에 언급되기 때문이다"라고 말한다. 그러나 이것은 방언의 본질에 관한 중대한 질문을 일으킨다. 그것은 바울이 언급하는 방언은 "교회의 덕을 세우는" 것이 목적이고, 사도행전 2장에서 그리스도인이 아닌 자가 복음을 들을 수 있도록 주어지기 때문이다. 그것들은 같은 은사든 아니든 수행한 기능이 확실히 달랐다.

아 "일종의 행정적 지원"을 가리킨다는 입장을 취한다.[52] 티슬턴은 돕는 은사를 가진 자에게 사도행전 6:1-6에 언급된 일이 요구되고 지정되었다고 지적함으로써, 일부 주석가가 돕는 은사를 가진 자의 등장은 나중에 더 제도화된 교회를 전제로 한다고 보는 관점을 반대한다. 이 관점에 따르면 돕는 은사를 가진 자가 담당한 사역에 재정 감독이 포함되었다는 점을 의미할 것이다. "다스리는 것"(행정적 감독, κυβέρνησις)은 보통 도선사(導船士)와 같이 앞장서서 이끄는 '리더십'을 가리키는 말이다(참고. LXX 잠 1:5; 11:14; 24:6). 단지 소위 '초자연적' 은사와 다른 '자연적' 은사 간의 구분을 중시하는 자는, 자연적 은사를 성령의 필수적 은사로 보기가 어려울 것이다. 다스리는 은사는 아무리 작은 교회라도 순조롭게 운영되도록 도움을 준다. 다스리는 은사는 그리스도의 몸이 진정한 몸이 되려면 필수불가결한 요소로 요구된다. 그 역할이 교회 자체의 방향을 이끄는 역할로 이해되는 한, 현대 교회에서는 다스리는 은사를 가진 자를 '교회 행정가'로 부를 수 있다.

"각종 방언을 말하는 것"은 12:10에서 설명했다.[53] "고린도 교회 안에서 방언 문제"가 심각하게 대두되었기 때문에 이 "은사가 또다시 마지막에 언급된다"라는 주장은 아무리 좋게 보아도 부실한 판단이다.[54] 어떻게 보아도 본문 안에는 이 주장을 지지하는 내용이 거의 없기 때문이다. 방언 통역(해석)은 10절에서 마지막 순번에 나왔고, 14장이 분명히 하는 것처럼 탁월하고 유익한 성령의 은사다. 고든 피는 방언 통역의 은사가 "확실히 앞선 네 항목 다음에 나오는 것은 잘못된 것 같다"라고 설명한다. 이것은 그가 "말에 속한" 어떤 은사들이 다른 통상적인 은사에서 나온 "성령의 특별한 나타나심"과 완전히 다른 질서에 속해 있다는 신념을 가졌음을 드러낸다.[55] 비록 고린도 교회의 일부 엘리트 교인이 그렇게 생각했다고 보아도, 본문에는 바울이 그렇게 생각했다는 증거가 없다.

12:29-30 다 사도이겠느냐 다 선지자이겠느냐 다 교사이겠느냐 다 능력을 행하는 자이겠느냐 다 병 고치는 은사를 가진 자이겠느냐 다 방언을 말하는 자이겠느냐 다 통역하는 자이겠느냐(μὴ πάντες ἀπόστολοι; μὴ πάντες προφῆται; μὴ πάντες διδάσκαλοι; μὴ πάντες δυνάμεις; μὴ πάντες χαρίσματα ἔχουσιν ἰαμάτων; μὴ πάντες γλώσσαις λαλοῦσιν; μὴ πάντες διερμηνεύουσιν;). 이 수사 의문문 목록은 모든 사람이 똑같은 은사를 갖고 있는 것은 아니라는 한 가지 사실을 강력히 천명한다. 모든 교인이 공동체 안에서 같은 일을 행하는 것은 아니다. 이 수사 의문문들은 '아니'(not, μή)라는 단어와 함께 시작되고(개역개정에는 이 부정의 의미가 나타나 있지 않음–역주) 부정의 답변을 요구한다. 그렇더라도 이 헬라어 단어는 긍정의 질문으로 번역되는 것이 가장 좋다. 영어에서는 이것이 부정의 답변을 요구하기 때문이다(개역개정에는 긍정 질문–역주). 헬라어의 부정 형태를 유지하려면 질문이 다음과 같이 되어야 한다. "다 사도는 아니다, 그렇지?" 여러 번에 걸쳐 지적한 것처럼, 이와 같은 수사적 질문은 실제 질문이 아니라 한정적 진술로 적절히 기능한다. 사실 누구에게나 성령이 모든 필수적 은사를 주시는 것은 아니므로, 누구나 이 모든 일을 행하는 것은 아니다. 여기서도 바울의 초점은 다양성이나 통일성 자체에 있지 않다. 초점은 몸의 본질에 있다. 이 본질은 사람들이 성령의 은사의 올바르고 적절한 기능을 이해하려면 반드시 이해되어야 한다.

---

52. Thiselton, *1 Corinthians*, 1020-22. Thiselton은 "행정"(administrations)으로 번역한다.

53. 또한 14:4에 대한 설명 다음에 나오는 "심층 연구: '방언'에 대한 바울의 태도는 무엇이었고, 방언 현상은 무엇인가?"도 보라.

54. Ciampa, Rosner 공저, *First Corinthians*, 614.

55. Fee, *1 Corinthians*, 662, 688.

12:31 너희는 더욱 큰 은사를 사모하라 내가 또한 가장 좋은 길을 너희에게 보이리라(ζηλοῦτε δὲ τὰ χαρίσματα τὰ μείζονα. Καὶ ἔτι καθ' ὑπερβολὴν ὁδὸν ὑμῖν δείκνυμι). 바울은 13장에서 "더 좋은 길"인 사랑에 관해 상세히 설명하기 전에 자신이 지금 제시하고 있는 문제, 곧 일부 교인이 "더욱 큰 은사"를 추구하는 것을 요약한다. 31a절에서 바울이 독자에게 제기하는 문제는 명확하다. 여기서 '사모하다'(ζηλόω)라는 동사는 현재 직설법으로 취해야 할까, 아니면 명령으로 취해야 할까? 바울은 자기들이 어떤 은사를 소유했다고 자랑하는 자를 반대하고, 많은 구절을 통해 그리스도의 몸이 사람들로 구성되고 그들 각자에게 다 그리스도의 몸을 위해 성령이 은사를 주셨다고 주장했다. 그런데 지금 사람들에게 "더욱 큰" 은사를 사모하라(명령으로 추정됨)고 권고하는 것은 무슨 뜻인가? 바울은 완전히 자신의 이전 논증을 뒤집은 것인가? 두 가지 관련 질문이 제기된다. 여기서 "더욱 큰"이라는 말은 무슨 뜻인가? 그리고 바울이 더욱 큰 은사를 사모하라고 말할 때 그 말의 의미는 무엇인가? 주석가들은 다양한 해석을 제공한다.

첫째, 바울은 8:1에서처럼 여기서도 고린도 교인에게서 취한 인용문을 제시한다는 주장이 있다.[56] 이 견해의 문제점은 바울이 인용문을 취했다고 볼 수 있는 암시가 본문에 전혀 없다는 것이다. 제자리가 아닌 것처럼 보이는 어려운 본문이 인용문일 수 있지만, 우리가 앞선 사례에서 지적한 것처럼 보통은 본문에 인용문임을 보여주는 표시가 있을 것으로 예상된다. 또한 8:1에서처럼, 바울이 '그러나'와 같은 반의 접속사로 시작된 문장으로 인용문을 한정하는 것도 예상할 수 있다[예를 들어, δέ(8:1) 또는 ἀλλά(6:12)]. 물론 뒤에서 확인할 것처럼, 31a절에 인용문이 있다고 말하지 않고 고린도 교인의 의견을 반영한다고 말하는 것도 가능하다.

둘째, 31절 전체는 12장의 결론이 아니라 13장의 주제를 소개하는 서론이라는 주장이 있다. 따라서 31a절과 31b절 사이를 행으로 분리하는 대신, 30절 끝을 분리해야 한다. 왜냐하면 바울은 거기서 확실히 중요한 관련 주제지만 그동안 그가 말해온 내용과는 확연히 구분되는 주제로 마음을 돌리기 때문이다. 따라서 바울은 사모해야 할 "더욱 큰" 은사에 관해 말하는 것으로 이동한다. 그리고 그 가운데 "사랑"이 핵심 은사인 것은 사랑이 공동체의 덕을 세우기 때문이다.[57] 이 견해는 31a절에서 중대한 방향 전환이 있다는 사실을 인정하는 데 큰 이점이 있다. 그러나 이 견해 역시 문제가 있다. 31a절을 시작하는 '이제' 또는 '그러나'(δέ)라는 말은 어쨌든 반의적 의미는 없을지라도 최소한 연속적 의미가 있다. 이런 돌발적인 방향 전환이 거의 이런 식으로 일어날 것 같지 않다. 더구나 이것은 새 부분을 시작하기에는 매우 혼란스러운 방법이다. '신령한 자는 다 하나님이 주신 은사를 갖고 있고, 따라서 어떤 은사를 다른 은사보다 더 중요하다고 생각하지 말라. 그러나 (또는 이제는) 더욱 큰 은사를 간절히 사모하라.'[58] 더 나아가 바울은 어디서도 사랑을 "은사"로 언급하지 않는다. 확실히 13장 전체 문맥은 "은사"와는 완전히 다른 것을 보여준다. 13장은 이전 부분과 여러 가지 면에서 질적으로 다르다. 갈라디아서 5:22에서 묘사하는 것처럼, 바울

56. David L. Baker, "The Interpretation of 1 Corinthians 12-14," *EvQ* 46 (1974): 224-34.

57. Barclay, *Letters to the Corinthians*, 116; Horsley, *1 Corinthians*, 175: "12:31은…(12장의) 결론이 아니라…13장의…서론이다." 또한 Talbert, *Reading Corinthians*, 108도 보라.

58. 흥미롭게도 Chrysostom은 이 문제점을 지적하면서 바울은 "더욱 큰 은사가 아니라 최고의 은사"에 관해 말하고 있다고 주장한다. 이어서 최고의 은사를 교회에 더욱 큰 유익을 가져오는 모든 것으로 정의한다. Chrysostom은 계속해서 바울에게는 이것이 특정 은사를 의미하는 것이 아니라 "모두에게 공통적으로 열려 있는" "길"을 의미한다고 말한다. 왜냐하면 Chrysostom은 이 사랑의 길은 "보편적 은사"라고 말하기 때문이다(*Homilies on First Corinthians*, homily 32.3 [p. 441]).

은 "사랑"을 (성령의 은사가 아니라) "성령의 열매"로 본다. 앞으로 살펴볼 것처럼, 사랑이 언약 공동체에 속해 있음을 인증해주기 때문에 모든 그리스도인이 보여야 할 필수 요소라는 것이 바울의 요점이다. 모든 사람이 똑같은 은사를 가진 것은 아니지만(그렇다고 해도 모두가 최소한 하나는 갖고 있다), 모두에게 사랑은 있어야 한다. 이것 때문에 은사와 달리 사랑은 '온전한 것'이 온 후에도 영원까지 지속되고(13:10) "항상 있어야" 한다(13:13). 성령의 뜻에 따라 사람들마다 차이가 있는 "은사"를 모든 그리스도인이 삶에서 보여주어야 하는 열매와 혼동하는 것은 바울이 여기서 염두에 둔 사실과 반대되고, 엄밀히 바울이 고치라고 말하는 문제점이다. 이 견해의 변종을 고든 피가 제공한다. 고든 피 역시 31절 전체와 함께 "바울은 자신의 그다음 논증, 즉 14:1–25을 시작하려고 한다"고 믿는다. 이것은 고든 피가 13장을 돌발적 삽입으로 보고, 14:1을 "요약 문장"으로 본다는 점을 의미한다. 13장은 "알아들을 수 있는 은사"의 필요성에 대해 "적절한 준거 틀"을 세운다.[59]

셋째, 31a절은 아이러니가 담긴 질문 또는 진술이라는 주장이 있다. 최근에 피츠마이어는 첫째 문장(31a절)은 아이러니가 담긴 질문으로 이해해야 한다고 주장했다. 피츠마이어는 이렇게 설명하고 번역한다. "그러나 너희가 더욱 큰 은사를 얻고자 애쓰느냐? 즉, 우월한 *charismata*(은사들)를 얻고자 애쓰느냐?…바울은 고린도 교인들 가운데 일부가 공동체 안에서 중요한 영적 역할을 맡고자 혈안이 되어 있음을 깨닫자 아이러니가 담긴 질문을 그들에게 던진다."[60] 피츠마이어는 계속해서 사실 고린도 교인들이 얻고자 애쓰는 것이 성령의 은사인 사랑이라는 사실에 너 깊은 아이러니가 담겨 있다고 말한다. 이 설명은 이 책이 언급한 것에 비추어 보면 전연 개연성이 없어 보이지만, 바울이 여기서 아이러니 기법을 사용할 수 있다는 사실은 널리 지지를 얻고 있다. 하지만 증거가 거의 없어 보이므로 첫째 문장을 질문으로 보는 견해는 거의 없었다. 널리 인용되는 한 논문에서 스미트(Smit)는 수사 규칙으로 보아 31절은 아이러니가 담긴 문장으로 이해해야 한다고 주장한다. 이 견해는 이후 티슬턴의 수정을 거쳤다. 스미트는 이것이 사실이라면 문맥에 표시가 있어야 함을 인정한다. 그러나 엄밀히 이 본문이 보여주는 표시는 "문맥의 모순"이라고 주장한다.[61] 갈런드는 "사랑에 대한 설명을 소개하기" 위해 그가 "조롱"으로 부르는 것, 곧 아이러니 기법을 바울이 사용하는지 묻기는 하지만, 왜 사용하지 않는지(하지만 아이러니는 조롱과 거리가 멀다)에 대한 본질적인 이유는 전혀 없다. 그리고 확실히 이 설명은 스미트가 제안하는 수사 논증을 다루지 않는다. 사실 이 수사 장치는 30절과 잘 어울리고, 결정적으로 중요한 13장을 비중 있게 그리고 명확히 소개하는 역할을 한다. 이것은 마틴(Martin)의 견해이기도 하다. 마틴도 31a절을 질문으로 이해한다. "'따라서 너희는 더욱 큰 은사를 사모하고 있다, 그렇지 않은가?' 바울의 답변은 이렇다. '그러나, 내가 너희에게 훨씬 더 좋은 길을 보여주겠다.'"[62]

넷째, 마지막으로 다수의 학자가 여기서 동사(ζηλοῦτε)를 명령법이 아니라 직설법으로 취해야 한다고 주장했다(참고. REB). 그러면 31절의 문장이 "이제 너희는 더욱 큰 은사를 사모한다. 그런데 나는 너희에게…을 보여줄 것이다"가 된다. 물론 이 견해는 앞에서 언급한 학자

59. Fee, *1 Corinthians*, 691–92.

60. Fitzmyer, *1 Corinthians*, 484.

61. Joop Smit, "Two Puzzles: 1 Corinthians 12:31 and 13:3: A Rhetorical Solution," *NTS* 39 (1993): 246–64. Smit는 다수의 고대 수사학자들의 글을 인용하지만 특히 이 문제에 관해서는 Quintilian, *Institutio oratoria* 8.6.54를 인용한다. Quintilian은 만약 "주제의 성격이…단어들과 일치되지 않으면, 즉각 화자의 의도가 실제로 그가 말하는 것과 다르다는 점이 분명해진다"(앞의 책, 251n16)라고 주장한다. 참고. Thiselton, *1 Corinthians*, 1024–26. Thiselton은 바울이 "비꼬는 말"을 하고 있다고 말한다.

62. Ralph P. Martin, *The Spirit and the Congregation: Studies in 1 Corinthians 12-15* (Grand Rapids: Eerdmanns, 1984), 35.

들, 곧 명령법이든, 의문문이든 또는 직설법이든 그 진술에 아이러니가 담겨 있다고 말하는 자의 주장과도 잘 들어맞는다. 그래도 정확하다면 정답은 직설법이다. 바울은 은사들의 계급 구조나 어떤 은사가 다른 은사보다 더 낫다는 관념을 반대했다. 바울은 이 논리를 계속 전개하지만, "너희", 즉 고린도 교인은 "더욱 큰 은사"를 사모한다. 그런데 바울이 13장에서 설명하는 이유들을 보면, 고린도 교인은 더욱 큰 은사를 사모해서는 안 된다. 이 견해는 현대에 종종 인정되는 것보다 더 많은 지지자가 있다. 그러나 그들의 주장은 세부적으로 종종 차이가 날 수 있다.[63] 이 동사를 명령으로 취하는 거의 모든 주석들이 이 동사를 직설법으로 취하는 것에 대해 제기하는 주된 반론은, 같은 단어가 14:1과 14:39에서 '분명히' 명령법으로 사용된다는 점이다. 카슨은 고든 피를 따라, 만약 이 동사가 직설법이라면 31a절과 31b절 사이에 훨씬 더 강한 반의접속사가 요구될 것이라고 주장한다. 카슨은 일관성을 유지하려면 접속사 "그리고"(καί)가 "매우 드문"의 의미인 "그러나"로 번역되어야 한다고 말한다. 이 동사가 직설법이라는 견해에 대한 카슨의 나머지 비판의 많은 부분은, 사실 여기에 고린도 교인의 인용문이 있다고 주장하는 자를 공박하는 데 할애된다.[64]

31a절이 '이제(δέ) 너희는 더욱 큰 은사를 사모하고(현재 직설법, ζηλοῦτε), 나는 너희에게 훨씬 더 좋은 길을 보여주고 있다'가 될 수 없는 결정적 이유가 있다. [여기서 동사 '보이다'(δείκνυμι)는 현재 시제고, 그 동사를 미래가 함축된 현재로 취할 필요가 없다는 점을 주목하라.] 이 문장 전반부에는 강력한 아이러니가 담겨 있지 않고, 31b절과 반의적 대조를 이루는 것도 아니다. 8:1 이후로 바울이 말해온 많은 내용이 그런 것처럼, 아이러니의 느낌이 있을 수는 있다. 그러나 그것은 단순히 고린도전서 마지막 몇 장의 논증이 어디로 가야 하고 어디로 가고 있는지를 요약하는 문장이기도 하다. 고린도 교회의 엘리트 교인은 자신이 '더욱 크거나' '더욱 높다'고 생각하는 은사를 "사모한다." 그것은 사실이다. 이에 바울은 그들에게 다른 길을 보여주고 있다. 그것 역시 사실이고, '그리고'(καί)라는 접속사로 적절히 연계된다. 나아가 13장이 단순히 막간이나 여담으로 이해되지 않는 한, 14:1이 12:31a에 대한 우리의 이해를 안내해야 한다고 주장할 하등의 이유가 없다. 비록 14:1이 안내자가 될 수 있음을 인정한다 해도, 대체로 이 관점을 찬성하는 자가 언급하지 않은 많은 질문이 남아 있다. 첫 번째로, 14:1은 '사랑을 추구하라'는 명령으로 시작한다. 따라서 그 명령을 위해 이제 다른 문맥이 세워졌다. 이 문맥과 함께 이 명령은 12:31a에서 보이는 것과 달리, 방금 말한 사실과 확연히 대립하는 것은 아니다. 두 번째로, 14:1은 "더욱 큰 은사(τὰ χαρίσματα)를 사모하라"고 말하지 않는다. 실제로는 '신령한 것들(τὰ πνευματικά)을 사모하라'고 말한다. 신령한 "것들"이 은사일 수 있으나(그러나 14:1에 대한 설명을 보라) 여기에 아이러니가 담겨 있다는 암시는 없고, 그곳에 "더욱 큰"이라는 말이 나타나지 않음을 볼 수 있다.

요컨대 31a절은 12장에서 전한 말을 요약하고 13장의 사랑의 길을 소개하는 길을 열어놓는 아이러니가 담긴 명령법이거나, 앞에서 제시한 것처럼 직설법이거나

63. 다음 영문 자료들을 보라. Bittlinger, *Gifts and Graces*, 73-75; Dunn, *Jesus and the Spirit*, 430n37; John S. Ruef, *Paul's First Letter to Corinth* (Philadelphia: Westminster, 1977), 140-41; Talbert, Reading Corinthians, 85; Martin, *Spirit and the Congregation*, 34-35; J. P. Louw, "The Function of Discourse in a Sociosemiotic Theory of Translation Illustrated by the Translation of Zeloute in 1 Corinthians 12:31," *BT* 39 (1988): 329-35. Fitzmyer, *1 Corinthians*, 484는 그것을 의문의 직설법으로 이해한다. "그러나 너희가 더욱 큰 은사를 사모하고 있느냐?" 독일어 자료 가운데 이 입장을 지지하는 기본 논문은 다음과 같다. Gerhard Iber, "Zum Verstandnis von 1Cor 12:31," *ZNW* 54 (1963): 43-52; Andreas Lindemann, *Der Erste Korintherbrief*, HNT 9/1 (Tübingen: Mohr Siebeck, 2000), 278.

64. Carson, *Showing the Spirit*, 53-54.

둘 중 하나다. 어느 쪽이든 티슬턴이 바울은 여기서 "최고의 은사"[65]에 관한 고린도 교인의 관점을 근본적으로 '무너뜨리는' 과정에 있다고 말하는 것은 확실히 옳다. 그러나 더 적절한 견해는 31a절의 동사를 직설법으로 보는 것이다. 우리는 이것을 반대하는 어떤 논증도 본질적이지 않고, 그 논증들은 대부분 14장의 내용을 해석하는 특정 방법에 의존한다. 더 나아가 이 진술을 직설법으로 보면 이 동사를 명령법으로 취한 견해가 가진 다른 많은 문제점도 해결된다고 주장하고 싶다. 지면이 부족해 더 상세히 설명할 수는 없다. 하지만 사실에 대한 진술로서 직설법으로 보는 견해는 바울이 "사모하라"(ζηλόω)고 말하는 것 그리고 이어서 13:4에서 사랑은 "시기하지 아니하며"(οὐ ζηλοῖ)라고 말하는 것과 외견상 모순을 피한다. 이 견해는 또한 "더욱 큰 은사"처럼 보이기에 '간절히 사모하는' 은사들, 곧 방언, 예언, 지식 등(또는 최소한 더욱 큰 은사로서의 "예언", 14:3)을 "더욱 큰 은사"로 취하는 데서 나오는 문제점도 피한다. 이 은사들은 바울이 "무익하고(1–3절), 덕이 없고(4–7절), 불완전하다는(8–12절) 점을 성공적으로 예증하는" 13장의 직후 구절들에서 체계적으로 비판받았다.[66]

우리는 고린도전서 전체에 걸쳐 고린도 교인이 "신령한 것들"(τὰ πνευματικά)을 어떻게 추구했는지 주목했다. 이 책은 "신령한 것들"이 고린도 교인에게서 나온 말이라는 다수파 견해를 의심하지 않는다. 바울은 그 말을 두려워하지 않는다. 바울은 단순히 다른 사고 세계에서 나오는 관념들로 종종 하는 일을 한다. 곧, 바울은 그 말을 재정의하려고 애쓴다. 바울은 "신령한(영적인) 자"는 "신령한(영적인) 것"을 분별해야 한다고 주장한다(2장). "은사"는 신령한 것이다. 확실히 은사는, 엘리트 교인의 잘못된 의도와 목적에도 불구하고 신령한 것이다. 엘리트 교인들은 자신의 눈에 따라 은사를 "신령한" 것으로 정의한다. 그러나 바울은 진실로 "신령한 자"는 신령한 것을 확실히 다르게 볼 것이라고 말한다. 신령한 자는 "사랑"이라는 기독교적 표지의 인도를 받고 그 표지에 따라 확인된다. 신령한 자는 철저히 공동체의 "덕을 세우고" "유익"을 주는 것에 비추어 "신령한 것"을 추구한다. 이것은 바울이 8:1에서 말한 것이고, 12장에서 언급한 것이며, 13장과 14장에서 계속 다루는 것이다. "신령한 자"는 사랑으로 정의된다. 이것 때문에 고린도 교인이 "은사"를 사모할 때도 바울은 그들에게 신령한 자가 마땅히 가야 할 더 좋은 길을 보여줄 수 있다.

'훨씬 더 좋은 길'(ἔτι καθ' ὑπερβολὴν ὁδόν)이라는 말은 다양하게 번역될 수 있다(개역개정에는 "또한 가장 좋은 길"–역주). 그런데 그 말은 접속사 '그리고'와 연계될 수도 있다. 따라서 "또한 내가…을 너희에게 보이리라"를 의미할 수도 있다(개역개정도 이렇게 번역–역주). '더 좋은'(καθ' ὑπερβολήν)이라는 말은 부사적으로 취해질 수 있는데, 그것은 그 통상적 의미가 고린도후서 1:8("심한 고난을 당하여")에서처럼 '지극히' 또는 '심하게'이기 때문이다(여기서 영어 단어 hyperbole, 곧 '과장'이라는 말이 나왔고, 헬라어로 과장된 주장을 묘사할 때 같은 것을 의미할 수 있음을 기억하라). 그러나 여기서 이 말은 형용사 어구로 "길"을 수식한다. 바울은 이렇게 말한다. "이제 너희는 더욱 큰 은사를 사모한다. 그리고[67] 나는 너희에게 훨씬 더 좋은 길을 보여준다."

12장에 대한 설명을 시작하면서 진정한 문제는 '신령한 사람들'과 신령한 사람들을 정의할 때 거기서 은사의 위치에 관한 것이라고 주장했다. 12장 끝부분인

65. *1 Corinthians*, 1024.

66. Smit, "Two Puzzles," 250.

67. 여기서 καί는 (반의적 의미가 아니라) 온건하게 주목할 만한 것을 표현하는 데 사용된다고 볼 수 있다. 이 단어가 '그러나'나 '그럼에도'를 의미하는 접속사로 사용되는 다수의 사례가 있다. BDAG 495를 보라. 참고. 고전 5:2; 고후 6:9. 문법적으로는 가능하지만 이 책의 주장에서 본질적이지 않은 방금 언급한 의미에 따르면, 본문이 이렇게 된다. "너희는 이것을…사모한다. 그러나 나는 너희에게 이것을 보이고 있다."

27-30절 그리고 31절에서 바울이 사람들에게 관심이 있음이 다시 분명해진다. 한 집단이 은사가 공동체 안에서 신령한 지위를 결정한다고 주장하지만, 바울은 "더 좋은 길"을 지시한다. 바울은 중요한 것은 사랑을 추구하는 일이라고 말한다.

바울은 하나님이 "[그분을] 사랑하는" 자를 위하여 예비해놓으셨다고 가르친다(2:9). '하나님을 사랑하는' 자는 '(하나님도) 알아주시는" 자다(8:3). 따라서 바울은 자신이 말하는 내용을 통해 자신의 삶의 방식을 통해(9장), 성경에 대한 언급을 통해 그리고 이제 은사와 사랑을 대조하는 진술을 통해 고린도 교인에게 더 좋은 길을 보여준다. 사랑이 하나님의 영을 소유한 "신령한" 자를 인증한다.

적용에서의 신학

1. 교회 안에서 은사의 적절한 기능

바울은 공동체 입장에서 은사의 가치를 제시했다. 은사는 개인의 이익이 아니라 교회의 덕과 유익을 위해 주어진다. 고린도 교회 일부 교인이 영적 교만을 드러내고 엘리트 의식에 빠져 일부 은사에 의존하는 경향이 있음을 생각하여, 바울은 이 본문에서 은사가 교회 안에서 적절히 기능하게 될 때 주어질 건설적 유익에 초점을 맞추었다. 은사가 사람들을 갈라놓아서는 안 된다. 은사는 영성의 '척도'가 아니라, 교회 전체의 유익을 위해 모든 그리스도인에게 하나님이 주권적으로 값없이 베풀어주시는 선물이다(12:7, 11, 18).

모든 현대 교회에서 교인들의 은사를 조심스럽게 검토하고 활용하는 일이 절실하게 요구된다. 이것은 지도자는 물론이고 각 교인도 다른 사람들을 바라볼 때 하나님이 그들에게 주실 수 있는 은사를 찾아내면, 그들을 교회 공동체로 이끌 수 있다는 점을 의미한다. 교만과 자만에 사로잡힌 사람은, 하나님이 다른 은사를 가진 다른 사람들을 의지하고 그들에게 유익을 얻기 바라신다는 사실을 알면 겸손해질 수 있다. 그런데 다른 사람들에게 이것은 하나님이 자신에게 주신 것을 받아들여서, 그것이 하나님이 주시고 성령이 능력을 갖게 하신 그리스도의 몸에 대한 의무임을 알고 공동체 안에서 그리스도의 몸의 유익을 위해 살고 활동하는 것을 의미할 것이다. 여기에 교만이 들어설 여지는 조금도 없다. 따라서 거짓 겸손의 여지도 조금도 없다.

다른 은사를 이류로, 아니 사실은 부적절한 것으로 여길수 있다는 가르침이나 설교를 지나치게 강조하는 교회들은, 종종 은사가 사람들의 덕을 세우기 위해 무척 다양하게 기능한다는 사실을 거의 인정하지 못한다. 반면 다른 많은 교회는 방언이나 병 고침과 같은 특출한 은사를 지나치게 강조함으로써 모든 교인이 폭넓고 다양한 은사로부터 유익을 얻지 못할 때 역시 고통을 겪는다. 실제로 대다수 교회 목사가 정말 분별하고 싶지만 많은 교인의 은사를 분별하기가 어렵다고 호소할 것이다. 그러나 권면과 덕을 세움과 위로를 위해 왕께서 친히 은혜로 은사를 주신(14:3, 26) 메시아 왕의 공동체라는 사실을 인정하는 것이 교회의 행동의 동기가 되어야 한다. 요엘서 2:28-32(참고. 행 2:17-18)의 예언이 새 언약 백성 가운데서 진정으로 이루어진다면, 그들은 자기들에게 부어진 것을 즐거워하고 은사를 모든 사람을 서로 유익하게 하는 데 사용할 수 있어야 한다. 이것을 시간이 제한된 것처럼 보이는 예배 시간에, 또는 소규모의 가정 교회 모임에서, 또는 단순히 소그룹이나 일대일 만남에서 행할 것인지 여부는 문제가 아니다. 문제는 하나님의 영이 교회 각 지체에게 은사를 주신다는 점이고, 대다수 교회가 하나님이 그들에게 원하시는 것에 따라 서로 "덕을 세우는" 방법을 모두에게 납득시키는 길을 찾기는커녕 자기들이 누구인지조차 제대로 알지 못한다는 점이다. 이런 다양한 은사를 열거한 신약성경의 여러 목록은 이러한 경고를 강조하는 역할을 한다. 은사들이 악용되거나 은사들이 모종의 교만이나 엘리트주의를 낳은 상황에서 세 가지 은사 목록이 (고린도전서 밖에서) 제시되지 않는 것은 특히 주목할 만하다. 각 은사 목록은 연합된 몸이 하나님이 주신 다양한 은사로 말미암아 강건해진다는 사실을 당연하게 여긴다. 따라서 우리는 이런 은사 목록으로 로마서 12:3-8, 에베소서 4:1-16, 베드로전서 4:8-11을 제시할 수 있다.

2. 그리스도의 몸과 그리스도인의 긴밀한 관계

12장에서 주목할 만한 한 가지 사실은, 각 교인이 하나님의 다른 백성과 얼마나 긴밀하게 관련되어 있는지를 묘사하는 것이다. 메시아의 백성은 모든 민족과 배경 속에서 나와 "한 몸"으로 세례를 받기 때문에(12:12-13, 27), 그리스도의 몸의 다양성은 하나님의 자기 백성에 대한 중대한 계획의 일환으로 여겨진다. 이 점에서 바울은 다양성이 교회의 본질에, 교회의 행복에(12:12-13) 그리고 세상에 대한 교회의 증언에 필수적이라고 지적한다. 12장의 몸 은유는 다양성 자체가 적절히 이해될 때 그리고 사랑을 배경으로 펼쳐질 때 그리스도의 몸을 더 강하게 한다는 사실을 분명히 한다(8:1; 13장).

그런데 슬프게도 개인주의가 지배하는 오늘날에는 이러한 공동체 정체성이 많은 교회에서 완전히 사라진 듯하다. 12:25-26에서 이 상황이 가장 두드러지게 묘사된다. 하나님이 몸을 배치하시므로, 어떤 지체도 자기가 다른 지체보다 더 중요하다고 생각할 수 없고(24절) 분쟁도 있을 수 없음(25절)을 증명한 다음, 바울은 교회 안에서 당연히 있어야 하는 상호 보살핌에 관해 말한다(26절). 26절의 놀라운 주장은, 하나님의 백성으로서 교인들이 통일성을 높이고자 힘쓰고 연합을 발전하게 했는지 숙고하도록 확실히 교회에 도전을 준다. 은사의 적절한 용도는 다른 사람의 덕을 세우는 것이다. 은사는 다른 사람에게 초점을 맞춘다. 그런 배경에서 각 지체는 다른 지체들을 알게 되고, 따라서 "한 지체가 고통을 받으면 모든 지체가 함께 고통을 받는다"(26절). 만약 다른 사람이 우리에게 유익을 줄 수 있는 존재로 보지 못하고, 주님이 은사를 주신 목적에 맞추어 다른 사람에게 유익을 줄 필요성을 느끼지 못한다면, 우리는 타인의 고통을 모르므로 그들의 고통을 결코 느끼지 못한다. 그리스도의 몸의 지체들은 다른 지체들을 의식하고, 다른 지체들이 말하고 행하는 것은 물론이고 그들이 느끼는 것도 알아야 한다. 여기서 묘사된 공동체의 친밀한 관계는 좋은 가족 관계의 친밀함과 같다. "몸" 은유는 바울이 교회를 가족 은유가 암시할 수 있는 것보다 훨씬 더 친밀한 공동체로 본다는 점을 암시한다.

CHAPTER 26

고린도전서 13:1-13

문학적 전후 문맥

바울은 지금까지 고린도 교회 교인 가운데서 일어난 사건으로 인한 다양한 걱정거리를 다루었다. "지혜"와 "지식"을 주장하고 이 은사로 자신은 다른 그리스도인과 다르다고 믿은 일부 고린도 교인의 교만과 엘리트 의식은 교회 안에서 심각한 문제를 불러일으켰다. 8:1-3에서 바울은 특별히 "지식"을 "사랑"의 표지와 대조했다. 지식은 "교만하게 하고" 사랑은 "덕을 세운다." 슬프게도 고린도 교회에서 일어난 분쟁으로 공동 예배마저 분열되고 말았다. 11:17-34에서 바울은 성찬 예배에서 벌어진 분쟁을 논박했다. 12장에서 바울은 좀 더 긍정적인 태도를 취하고, 결국은 하나님의 백성의 "덕을 세우는" 기능을 해야 하는 은사의 적절한 용도에 대한 주제로 이동했다. 13장은 이 은사들을 추가로 평가하는 내용으로 본문을 시작한다. 그러나 이제는 "사랑"(ἀγάπη, 이 말은 13장에서 10번 나온다)에 초점을 맞춘다.

13장은 은사와 "사랑"의 표지가 공동체 안에서 맡은 역할에 대한 바울의 설명의 절정을 이룬다. 8:1-3에서처럼 사랑이 은사와 대조된다. 바울은 "사랑"과 "은사"가 '양자택일'의 문제로 제시되어서는 안 된다고 본다. 바울은 특히 12장에서 은사의 필요성을 주장했다. 또한 고린도 교회가 하나님의 영으로 은사를 충분히 받은 것에 하나님께 감사했다(1:4-9). 바울은 14장에서 계속 은사를 다룬다. 그러나 은사는 다만 사람들이 "사랑"을 통해 주의 것으로 판명되는 배경에서 사용되어야 의미가 있다. 그러므로 은사 자체를 공동체 표지로 보아서는 안 된다.

8:1-3과 13장 사이의 연계성은 실질적이다. 8:1에 언급된 지식과 사랑의 대조가 사랑은 "교만하지 아니하며"라는 13:4의 진술로 강조된다. 8:3에서 사랑을 하나님의 백성이라는 지위를 인증하는 표지로 보는 것("또 누구든지 하나님을 사랑하면 그 사람은 하나님도 알아주시느니라")은 13:12의 "내가 온전히 알리라"는 진술로 강조된다. 바울은 방언의 은사의 용도를 검토하는 14장에서 계속 사랑과 은사의 대조를 자신의 가르침의 기초로 삼는다. 거기서 다시 한번 바울은 개인보다 공동체의 덕을 세우는 목적을 강조한다.

13장은 사랑을 칭송한다는 점에서 과시적 수사 기법을 비교적 명확하게 보여준다. 그러나 앞에서 지적한 것처럼, 고린도전서가 전체적으로 정치적 수사와 가까운 기법을 취한다고 보고 13장을 여담으로 이해해야 한다고 결론짓지 않는 것이 중요하다. 이 정도 길이의 편지에서는 한 부분의 내용과 다른 부분의 내용을 갈라놓거나 13장과 고린도전서 나머지 부분을 분리하는 수사 분석을 해서는 안 된다.[1] 이 책은 여러 가지 이유로 13장이 길고 다양하게 펼쳐진 엘리트 교인에 대한 비판의 정점이라고 주장했고, 앞으로도 그렇게 주장할 것이다. 그러나 바울이 체계적이고 시적인 묘사를 통해 사랑을 칭송하는 것은, 만약 그가 자신의 논증에서 사랑이 차지하는 중심적 위치를 엄밀히 강조하려고 과시적 수사 기법을 사용한다고 이해하면, 훨씬 더 큰 무게를 가진 것으로 확인된다. 바울은 고린도 교인에게 호소할 때 감정이 크게 고조되어 있다.

VII. 지위, 지식, 자유 그리고 우상에게 바친 음식(8:1-11:1)

VIII. 지위, 공적 예배, 자유, 은사(11:2-14:40)

- A. 공적 예배에서 남편과 아내가 지켜야 할 행위(11:2-16)
- B. 주의 만찬에서 교회가 지켜야 할 행위(11:17-34)
- C. 신령한 자와 교회 안에서 은사의 기능(12:1-31)
- ➡ **D. 사랑으로 인증받는 신령한 자의 지위(13:1-13)**
- E. 공적 예배에서 은사의 적절한 기능(14:1-25)
- F. 공적 예배에서 모든 행위는 교회의 덕을 세워야 함(14:26-40)

주요 개념

신령한 자는 은사가 아니라 그들의 사랑으로 표시된다. 사랑은 영원까지 지속되고, 신령한 자의 모든 행동과 생각을 통제해야 한다. 하지만 은사는 부분적이고, 일시적이며, 지나가는 것으로 판명된다.

1. Ben Witherington, *New Testament Rhetoric: An Introductory Guide to the Art of Persuasion in and of the New Testament* (Eugene, OR: Cascade, 2009), 127-28을 보라.

번역

고린도전서 13:1-13

절	구분	본문
12:31b	단언/12장과의 다리	**내가 또한 가장 좋은 길을 너희에게 보이리라**
13:1a	조건(조건절)	내가 사람의 방언과 천사의 말을 할지라도
b	대조	사랑이 없으면
c	단언(귀결절)	**소리 나는 구리와 울리는 꽹과리가 되고**
2a	조건	내가 예언하는 능력이 있어
b	연속	모든 비밀과 모든 지식을 알고
c	연속	또…모든 믿음이 있을지라도
d	결과	산을 옮길 만한
e	대조	사랑이 없으면
f	단언(귀결절)	**내가 아무 것도 아니요**
3a	조건(조건절)	내가 내게 있는 모든 것으로 구제하고
b	조건(조건절)	또 내 몸을 불사르게 내줄지라도
c	대조	사랑이 없으면
d	단언(귀결절)	**내게 아무 유익이 없느니라**
4a	단언 연속	**사랑은 오래 참고**
b	연속	**사랑은 온유하며**
c		**시기하지 아니하며**
d		**사랑은 자랑하지 아니하며**
e		**교만하지 아니하며**
5a		**무례히 행하지 아니하며**
b		**자기의 유익을 구하지 아니하며**
c		**성내지 아니하며**
d		**악한 것을 생각하지 아니하며**
6a		**불의를 기뻐하지 아니하며**
b	단언(대조)	**진리와 함께 기뻐하고**
7a	단언	**모든 것을 참으며**
b	연속	모든 것을 믿으며
c		모든 것을 바라며

d 모든 것을 견디느니라

8a 단언 **사랑은 언제까지나 떨어지지 아니하되**

b 대조 사례 예언도

c 단언(귀결절) **폐하고**

d 연속 방언도

e **그치고**

f 연속 지식도

g **폐하리라**

9a 기초 **우리는 부분적으로 알고**

b 기초 **부분적으로 예언하니**

10a 시간 온전한 것이 올 때에는

b 기초(대조) **부분적으로 하던 것이 폐하리라**

11a 8b–10b절의 예증 내가 어렸을 때에는

b 단언 **말하는 것이 어린 아이와 같고**

c 연속 **깨닫는 것이 어린 아이와 같고**

d **생각하는 것이 어린 아이와 같다가**

e 대조/시간 장성한 사람이 되어서는

f 단언 **어린 아이의 일을 버렸노라**

12a 유비 **우리가 지금은 거울로 보는 것 같이 희미하나**

b 대조 (1) 그 때에는 얼굴과 얼굴을 대하여 볼 것이요

c 단언 지금은 **내가 부분적으로 아나**

d 대조 (2) 그 때에는…**내가 온전히 알리라**

e 단언 주께서 나를 아신 것 같이

그런즉

13a 결론/단언 **믿음, 소망, 사랑,**…항상 있을 것인데

b 이 세 가지는

c 비교 그 중의 제일은 사랑이라

구조

13장은 세 부분으로 간단히 나눌 수 있다. 13:1-3에서 바울은 사랑의 필연성을 역설한다. 왜냐하면 사랑이 진실로 신령한 자를 주의 것으로 인증하는 표지이기 때문이다. 신령한 자가 은사를 가졌다고 해도 사랑이 없으면 그는 "아무것"도 아니다. 13:4-7에서는 그리스도인 속에서 사랑이 어떻게 잘 알려진 특징으로 인정될 수 있는지 그리고 사랑이 어떻게 그리스도인의 생각과 행동을 통제해야 하는지를 확인할 수 있다. 이어서 13:8-13에서 바울은 은사와 달리 사랑이 어떻게 영원까지(8, 13절) 그리고 "얼굴과 얼굴을 대하여" 볼 때까지(12절) 지속되는지 증명함으로써, 사랑이 하나님의 교회에서 담당한 인증 기능을 다시 언급한다. 13:13은 결론을 요약한다.

석의적 개요

VIII. 지위, 공적 예배, 자유, 은사(11:2-14:40)
- A. 공적 예배에서 남편과 아내가 지켜야 할 행위(11:2-16)
- B. 주의 만찬에서 교회가 지켜야 할 행위(11:17-34)
- C. 신령한 자와 교회 안에서 은사의 기능(12:1-31)
- ➦ **D. 사랑으로 인증받는 신령한 자의 지위(13:1-13)**
  - **1. 사랑만이 신령한 자를 인증한다(13:1-3)**
  - **2. 사랑이 신령한 자의 생각과 행동을 통제한다(13:4-7)**
  - **3. 사랑은 영원하고 온전하지만 은사는 일시적이다(13:8-13)**

본문 설명

12:31b은 12장의 결론이면서 동시에 13장을 소개하는 역할도 하므로, 여기서 잠시 구절을 간략히 설명하고자 한다.

12:31b 내가 또한 가장 좋은 길을 너희에게 보이리라(Καὶ ἔτι καθ' ὑπερβολὴν ὁδὸν ὑμῖν δείκνυμι). 앞서 확인했듯이 많은 면에서 바울은 고린도전서 전체에 걸쳐 '훨씬 더 좋은 길'(ἔτι καθ' ὑπερβολὴν ὁδόν)을 보여주었다. 이것은 그리스도인을 "신령한 자"로서 온전히 성숙하게 하는 성경의 길로, 그리스도인이 사실을 제대로 분별하고 "판단할" 수 있게 해주고, 그로써 주 안에서 자랑하는 것과 자신을 자랑하는 것의 차이를 볼 수 있게 한다. 이 길은 "남"을 보살피고 그리스도의 몸과 그 몸의 지체의 본질을 이해할 수 있는 "신령한 자"를 낳는다. 이것은 근본적으로 "십자가에 못 박히신 그리스도"를 따르는 길, 즉 겸손하고 "권리"를 포기하는 길이자 거부와 고난을 겪

을 수 있는 길이다. 이 길은 자랑의 길도 아니고 우상 숭배에 빠지는 길도 아니다. 또한 엘리트 집단의 길도 아니고 가난한 자가 굶는 동안 부자가 진수성찬을 먹는 모습을 보는 길도 아니다. 이 '더 좋은 길'은 고린도전서 서두에서 다룬 주제고, 그것이 31b절의 동사(δείκνυμι, "보이리라")가 진정한 현재 시제로 적절히 이해되어야 한다고 말하는 주된 이유 가운데 하나다.

고린도전서 13장이 띠는 뚜렷한 특징은 이 본문을 다른 모든 성경 중에서 두드러지게 해준다. 13장이 그리스도인의 궁극적 표지인 "사랑"을 간명하고 명확하게 묘사한다는 점은 누구나 이해한다. 그러나 13장은 고린도 교회의 특수한 필요와도 직결되어 있다. 이제는 "사랑"이 일부 은사와 직접 대조된다. 이 은사들은 사랑과 대조될 때 부정적 관점에 따라 제시되는 것 같다. 그러나 그것은 바울이 여기서 전하는 말을 너무 단순하게 보는 것이다.

여기서 다시 우리는 바울이 관심을 가진 대상이 사람들이고, 또 그들이 하나님 앞에 서는 여부와 그들을 "신령한 자"로 나타나게 하는 것에 관심이 있다는 점을 계속 기억해야 한다. 그러므로 이 본문에서 바울이 외관상 은사를 부정적으로 보는 것은, 사실 공동체 안의 일부 교인이 이런 은사들에 귀속시킨 것으로 보이는 기능을 부정적으로 보는 것이다. 바울이 은사 자체를 부정적으로 보지 않았다는 점은 매우 분명하다(참고. 1:4–9; 12:4–11, 28; 14:1–2, 18, 26, 29, 39). 한편으로 바울은 고린도 교회 그리스도인들을 칭찬하고, "지식"과 같은 은사로 그들이 풍성해진 것에 대해 하나님께 감사할 수 있었다(1:5). 그렇지만 다른 한편으로 바울은 '지식은 교만하게 한다'(8:1)고 말한다. 이것은 문제가 "지식"에 있지 않고 지식이 고린도 교인들 속에서 기능하는 방식에 있음을 보여주는 또 하나의 명확한 암시다. 지식은 고린도 교회 일부 교인을 교만하게 하고, 다른 사람들과 갈라놓으며, 공동체의 "유익"이나 "덕을 세우는 것"이 아니라 오히려 분열시키는 원인이 되었다. 바울이 말하는 바가 바로 이것이다. 성경적 믿음에 따르면 영적으로 온전한(성숙한) 그리스도인의 표지로 기능해야 하는 것은 바로 사랑이다. 사랑은 진정한 그리스도인을 나타내는 표지다. 그리고 사랑이 그런 표지가 되는 것은 영원까지 있을 것이기 때문이다(13:13).[2]

13:1 내가 사람의 방언과 천사의 말을 할지라도 사랑이 없으면 소리 나는 구리와 울리는 꽹과리가 되고('Εὰν ταῖς γλώσσαις τῶν ἀνθρώπων λαλῶ καὶ τῶν ἀγγέλων, ἀγάπην δὲ μὴ ἔχω, γέγονα χαλκὸς ἠχῶν ἢ κύμβαλον ἀλαλάζον). 바울은 사랑과 은사의 기능을 대조할 때 세 개의 제3조건문에서 1인칭 단수형을 사용한다. 여기서 1인칭은 당연히 바울이 수사적으로 전하는 말을 부드럽게 하는 역할을 한다. 하지만 바울이 둘 중의 하나를 제시하는 것이 아님을 분명히 하는 데도 도움을 준다. 곧, '나는 은사를 가졌거나' 아니면 '나는 사랑을 가졌거나' 둘 중 하나라는 뜻이 아니다. 세 개의 조건문의 구성을 보면, '현재 일반' 조건절 자체도 바울이 전하는 말을 부드럽게 하는 데 도움을 준다. 왜냐하면 이 세 조건절은 우리가 고린도전서를 통해 고린도 교인이 매우 중요하게 여기는 것으로 알고 있는 은사들, 곧 방언, 예언, 지식의 은사와 관련된 가설적 상황을 표현하기 때문이다.[3] 지식이 고린도 교회의 엘리트 교인에게 중요한 은사였다는 점은 이미 밝혀졌다. 그러나 바울이 여기 13장에서 방언과 예언을 소개하고, 14장 대부분을 두 은사를 중심으로 논증을 전개하기 때문에 두 은사 역시 고린도 교회의 엘리트 교인 사이에서 높은 위상을 차지했던 것이 틀림없다.

바울은 방언의 은사를 언급하는 것으로 13장을 시

2. 13:3에 대한 설명에서 '심층 연구: 사랑, 그 기능과 배경'을 보라.

3. Wallace, *Greek Grammar*, 470–71.

작한다. 방언은 12:10과 12:30에서 은사의 하나로 제시되었고, 이 은사를 12:10에 대한 설명에서 언급한 바 있다. 바울은 나중에 자신이 방언의 은사를 가진 것이 감사하다고 말하고(14:18), 그렇게 함으로써 이후 설명의 토대를 마련할 것이다. 그러나 여기서는 방언의 은사가 관심사가 아니다. 여기서 요점은 단순하다. 곧, (방언을) 말하는 자가 소리(소음)를 낸다는 것이다. 만약 교회 생활에서 방언의 은사가 행사되지만 방언을 말하는 자가 "사랑이 없으면", 그는 단지 소리가 된다. 2절이 분명히 하는 것처럼, (사랑 없이 방언을 말하는) 사람은 '아무것도 아니고', '아무 유익이 없다'(3절). 1절에서 바울은 그리 멀리 가지 않는다. 하지만 그는 단순히 무익한 소리를 만들어내는 자가 되고 말 것이라는 요점을 제시한다. 이것이 세 구절(1-3절)에서 내내 염두에 둔 결정적 요점이다. 그 사람은 단순히 소음을 만들어낼 뿐이다. 그리고 그 사람, 곧 "나"는 "아무것"도 아니다. 고린도 교회의 엘리트 교인이 믿은 것과 달리, 그들은 방언을 말하는 것으로 영적 지위의 증거를 얻기는커녕 사랑을 보여주지 못했기 때문에 어디서도 유익을 주지 못했다.

바울이 여기서 묘사하는 것처럼, 사랑은 예외적인 특별한 은사가 아니라 성령으로 말미암아 모든 그리스도인이 가져야 할 표지다. 사랑이 없고, 자아가 첫 번째가 되어 하나님과 이웃은 두 번째나 세 번째가 되는 그리고 겸손보다 지위가 더 추구되는 배경에 따라 은사를 행사하는 자는 단순히 영적으로 부적합한 존재가 된다. 그 사람은 아무 목적이나 의미가 없는 불협화음과 같이 되고 말았다. 여기서 '되다'나 '…이다'를 의미하는 동사(γέγονα)는 심화의 완료 용법이다. 바울에게 중요한 것은 현재의 결과다. 만약 이 사람이 사랑 없이 이런 식으로 말했다면, 그는 소리 나는 구리(징)가 되거나, 이미 소리 나는 구리일 것이다. 바울이 여기서 말하는 바는 지금까지 분명하다.

그러나 주의를 요하는 다른 질문들이 있다. 바울은 "사람의"(τῶν ἀνθρώπων) 방언과 "천사의"(τῶν ἀγγέλων) 말(방언) 관해 말할 때 다른 두 종류의 "방언"에 관해 말하는 것인가? 그렇지 않으면, 두 번째 방언은 확대 용법으로 단순히 첫 번째 방언을 심화하는 역할을 하는가? "사람의 말"은 화려한 수사 표현을 가리킬 수 있다고 주장되었다. 이것은 2:1(참고. 1:5)에서 "내가 너희에게 나아가 하나님의 증거를 전할 때에 말과 지혜의 아름다운 것으로 아니하였나니"라고 말할 때 바울이 가리킨 말이었을 수 있었다. 그렇게 보면 "천사의 말"은 12:10에 언급된 것과 같은 방언이고, 통역(해석)을 필요로 한다. 이 관념은 매력적이지만, "방언"에 대한 유일한 언급은 방언의 은사와 관련되어 있고, 이 주제는 14장에서 다시 다루어질 것이다. 바울이 두 가지 형태의 방언을 염두에 두었을 가능성은 있으나 그럴 개연성은 전혀 없다. 더 개연성이 큰 관점은 "천사의 말"이 관념을 심화하는 역할을 한다는 것이다. 고린도 교인이 "방언"(통역이 요구되는)을 천사의 말로 믿었을 가능성이 있다. 만약 이것이 사실이라면, 그것은 고린도 교인이 은사가 자신이 이미 목표에 도달하고 확실히 신령하다는 점을 암시한다고 여겼다는 사실을 더 부각할 것이다. 천사의 "말"은 12:10에서처럼 통역을 요하는 "방언"을 가리키고, "천사의"라는 말은 강조를 위해 덧붙여졌다고 보는 것이 더 개연성이 있어 보인다. 사람이 사용할 수 있는 은사가 얼마나 완전히 특수한지 또는 고린도 교회의 일부 교인에게 주어진 은사가 얼마가 큰 가치가 있는지는 중요하지 않고, 사랑이 없으면 그 사람은 '소리 나는 징'에 불과하다는 것이 중요하다. 이것 때문에 최근에 악기 유비에 관해 논란이 있다.

'징'(gong, χαλκός)이라는 말은 통상적으로 단순히 다양한 형태의 금속, 특히 청동이나 놋쇠를 가리킨다(개역개정에는 "구리"-역주). 이 말은 음악과 거의 관련이 없다. 이 사실은 AV 번역에 반영되어, "내가 소리 나는 놋쇠가 되고"로 번역된다. 짧은 한 논문에서 클라인(Klein)은 이것이 "극장 주변의 알맞은 자리에" 항아리를 놓아둔 "음향 항아리"를 가리키는 것일 수 있다고 주장했다.

음향 항아리는 배우와 음악 소리를 반사하는 데 도움을 주는 용도로 사용되었다. 그러므로 더 나은 번역은 이 음향 항아리를 염두에 둔 "소리를 반사하는 청동"이 될 수 있다. 클라인은 다음과 같은 매력적인 그리고 어쩌면 계몽적인 주장으로 결론을 맺는다. "방언을 말하는 것은 괜찮은 소리다. 그렇더라도 공허한 생명 없는 그릇에서 나오는 단순한 메아리, 반향, 빈 소리에 불과하다."[4] '시끄러운'(noisy)이라는 말은 형용사적 분사(ἠχέω)를 번역한 것이다. 이 말은 단순히 "소리 나는"(sounding, AV, 개역개정도 이렇게 번역–역주) 또는 '소리를 내는'(sounding out)을 의미할 수 있다. 그러나 시편 46:3(LXX 45:4; 참고. 렘 5:22)과 다른 곳에서, 이 말은 파도가 '포효하는 소리'를 가리킨다. 여기서 바울의 강조점은 소리 자체에 있고, 따라서 NASB, NRSV, ESV와 같이 이 책도 이 말을 "시끄러운"(noisy)으로 번역한다. 분사 "[크게] 울리는"(ἀλαλάζον)이라는 말로 수식되는 꽹과리에 대한 언급은 바울의 설명에 과장을 더한다. 이 말은 장례식 날 밤에 크게 통곡하는 울음소리를 가리킬 수 있다. 이처럼 사랑 없이 방언을 말하는 것은 크게 시끄러운 소리에 불과하다.

13:2 내가 예언하는 능력이 있어 모든 비밀과 모든 지식을 알고 또 산을 옮길 만한 모든 믿음이 있을지라도 사랑이 없으면 내가 아무 것도 아니요(καὶ ἐὰν ἔχω προφητείαν καὶ εἰδῶ τὰ μυστήρια πάντα καὶ πᾶσαν τὴν γνῶσιν, κἂν ἔχω πᾶσαν τὴν πίστιν ὥστε ὄρη μεθιστάναι, ἀγάπην δὲ μὴ ἔχω, οὐθέν εἰμι). 바울은 계속 같은 요점을 제시한다. 하지만 이번에는 다른 두드러진 은사와 관련시켜 제시한다. 여기서 바울이 언급하는 다른 은사가 넷인지, 셋인지, 또는 둘인지는 그리 분명하지 않다. 중요한 두 은사인 예언과 믿음의 은사가 언급되고, 이어서 "비밀"(τὰ μυστήρια)과 "지식"이 예언의 하부 요소로 나온다고 보는 것이 가능하다. 또 다른 가능성은 동사 '알다'(οἶδα에서 나온 εἰδῶ)가 개별적으로 함께 취해져야 하는 "비밀"과 "지식"을 대표한다고 보는 것이다.

바울은 앞 구절(1절)에 언급된 방언과 함께, "믿음"을 언급하기 전까지 말의 은사를 다루는 것으로 보인다. "예언"은 12:10에 대한 설명에서 다루었고(14:1-2에 대한 설명에서 더 상세한 내용을 보라), "지식"은 12:8에 대한 설명에서 다루었다(참고. 1:5; 8:1-2). 그리스도의 몸을 위해 성령이 주시는 이 은사들은, 교회에 대한 하나님과 그리스도의 계획을 실제적이고 도전적이며 권고하는 방식으로 교인들에게 다양하게 해설하는 기능을 한다. "비밀"은 아마 유대 묵시 배경과 다니엘서 2:19-47이나 「에녹1서」 63:3과 같은 본문에 의존할 것이다. 바울은 간혹 계시된 "비밀"에 관해 말한 적이 있었다. 하지만 그때 비밀은 대체로 이방인이 하나님의 백성이 되는 길을 가리킨다. 다시 말해 "비밀"이었던 것, 즉 아브라함의 복이 만민에게 미치도록 하나님이 행하시는 역사를 완성하는 길이 그리스도 안에서 계시되었다(롬 11:25; 16:25; 엡 3:6; 골 1:26-27). 그런 의미에서 복음 자체는 그리스도 안에서 드러난 "비밀"에 대한 계시다(2:7에 대한 설명을 보라). 그러나 여기서 말하는 비밀은 은사로, 바울이 구원 계획의 국면들을 교회 생활에 적용하는 특수한 은사에 관해 말하는 것 같다. 어쩌면 비밀은 구원이나 공동체를 위한 하나님의 계획의 유익에 대한 어떤 재강조나 특수한 통찰력을 가리키는 것일 수도 있다. 이 비밀과 "모든 지식"(πᾶσαν τὴν γνῶσιν)의 큰 차이를 확인하기는 어렵다.[5] "모든"이라는 말이 삼중으로 반복되는 것은 바

4. William W. Klein, "Noisy Gong or Acoustic Vase: A Note on 1 Corinthians 13:1," *NTS* 32 (1986): 286-89.

5. Dunn은 긴 설명 다음에 "지혜의 말씀"(12:8)이 하나님의 구원 계획의 선포와 관련된 은사로 복음 전도자와 관계되어 있을 수 있고, 반면에 "지식의 말씀"은 교사에게 속한 은사일 수 있다고 주장한다. 그러나 이에 대한 증거가 거의 없는 것을 고려하면, 이 두 은사 간의 어떤 구별도 분명히 정의하기는 어렵다. Dunn, *Jesus and the Spirit*, 219-21을 보라.

울이 요점을 제시하는 입장을 일부러 과장하고 있음을 보여준다. 과장법은 계속된다. 물론 바울은 성령께 예언의 은사를 받았기에 하나님의 "비밀"에 관해 "지식"이 있으며, 그것도 많이 "알고" 있다. 로마서 16:25-26에서 바울은 자신이 전파한 복음을 "영세 전부터 감추어졌다가 이제는 나타내신" 그리고 "선지자들의 글로 말미암아" 알게 하신 계시의 말씀으로 설명한다.

바울이 1인칭 단수형을 사용하고, 또 그가 예언, 지혜, 지식을 비롯하여 많은 은사가 있음을 교인들이 익히 알았으므로(2:9-10, 12-13; 4:1), 여기서 그가 제시하는 요점이 더 강력해진다. 비록 자신이 이 모든 것을 가졌을지라도 사랑이 없으면, 비록 자신이 산을 옮길 만한 믿음이 있을지라도 사랑이 없으면, "내가 아무것도 아니요"(οὐθέν εἰμι)라고 바울은 말한다. 이 귀결절은 앞 구절의 귀결절에 비하면 짧지만, 인정되는 것보다 훨씬 더 중대한 진술이다. 이 귀결절은 1장을 언급하지 않고는 이해될 수 없다. 1장에서 바울은 자신이 십자가에 못 박히신 그리스도를 전한다고 주장하고, 이어서 고린도 교인에게 그들이 그리스도를 믿는 믿음으로 부르심을 받았을 때 어떤 상태였는지 기억하라고 촉구한다. 고린도 교인은 세상의 지혜나 능력의 관점에서 보면 특별할 것이 하나도 없었다. 바울은 하나님이 '없는 것들을 택하사 있는 것들을 폐하려 하셨다'(1:28)고 주장했다. 다른 말이 사용되지만 이 대조는 의미심장하다. 엘리트 교인들은, 비록 교회 안에서 공동체 지위에 크게 집착하기는 했어도 세상의 눈에 아무 가치가 없는 자들이었다. 따라서 교회 안에서 지위를 추구한다면 그들은 다시 한번 "아무것"도 아닌 존재로 끝날 것이다. 하지만 지금 교회 안에서 그들은 "아무것"도 아니다. 얼마나 아이러니한가! 은사에 비추어 자신이 '[대단한] 어떤 존재'라고 생각하는 자는 믿음으로 나아오기 전에 아무것도 아니었다. 그리고 그들은 교회 안에서 자신이 "아무것"도 아닌 것을 또다시 확인한다. 그리고 무엇보다 결정적 표지는 사랑이어야 한다. 고린도 교인은 십자가에 못 박히신 그리스도를 만났을 때 '어떤 것'이 되었던 것처럼, 이 강력한 한 마디, 곧 "사랑"으로 요약되는 그리스도를 닮은 모습에서 자신의 지위와 존재를 발견한다.

13:3 내가 내게 있는 모든 것으로 구제하고 또 내 몸을 불사르게 내줄지라도 사랑이 없으면 내게 아무 유익이 없느니라 (κἂν ψωμίσω πάντα τὰ ὑπάρχοντά μου, καὶ ἐὰν παραδῶ τὸ σῶμά μου ἵνα καυχήσωμαι,[6] ἀγάπην δὲ μὴ ἔχω, οὐδὲν

6. NA[28]은 다양한 이문이 편집자가 '자랑하다'라는 동사(καυχήσωμαι: 𝔓46 ℵ A B 048. 33. 1739* co; Hier[mss])를 선택한 것과 관련되어 있음을 증명한다. 이 책이 여기서 사용하는 다른 이문은 '불사르다'라는 동사(καυθήσομαι: C D F G L 6. 81. 104. 630. 945. 1175. 1881* latt sy[hmg]; Tert Ambst)다. NA[28]의 균형적인 증거의 선택은 Metzger(*Textual Commentary*, 497-98)에 의해 "C"로 평가되고, 이것은 본문이 우수한 의미를 담고 있는지에 관해 상당한 의심이 든다는 점을 의미한다. 그럼에도 대다수 주요 역본은 이 동사를 '불사르다'로 번역한다(예를 들어, RSV; ESV; NIV 1984; TEV; REB; NJB). 한 가지 두드러진 예외가 NRSV다. 이 역본은 이렇게 번역한다. "내가 내 몸을 자랑하도록 내어줄지라도"(NIV 2011도 보라). 외적 증거가 균형을 잘 맞추고 있음을 고려하면, 내적 증거에 큰 비중을 두어야 한다. 만약 '자랑하다'라는 동사가 받아들여지면, 바울이 자기 몸을 내주고, 그러므로 마지막 날에 "자랑할" 것이 있다고 단정한다는 관념이 되어야 한다. 따라서 비록 바울이 하나님 앞에서 자랑할 정도로 고난에 자기 몸을 내주는 놀라운 일을 한다고 해도 사랑이 없으면, 그는 아무 유익이 없다. Fee(*1 Corinthians*, 703-4)는 바울이 고린도후서 11:23-29에서 육체의 질고를 자랑하는 것을 인용한다. 따라서 "자랑"은 긍정적인 것으로 본다. 그러나 사랑이 없으면 그것은 아무 유익이 없다. 그러나 Garland(*1 Corinthians*, 615)는 다음과 같이 답변하는데 확실히 옳다. "사람이 자신의 소유와 자신의 몸을 내놓은 것을 진정으로 자랑할 수 있을까? 결코 그럴 수 없다. 그런데 바울은 자신이 마지막 심판 날에 자랑할 것이라고 믿는다. 그러나 자신이 개척한 교회들 속에서 바울이 할 수 있는 자랑은 자신의 큰 희생에 대한 것이 아니고, 오직 '그리스도 예수 우리 주 안에' 있는 것이다(15:31)." 다른 많은 논증이 '불사르다'라는 동사를 지지한다. Barrett, *First Corinthians*, 302는 "불사르게"라는 말은 "산을 옮길 만한"이라는 말과 평행을 이룬다고 주장한다. Barrett는 또 "내줄지라도"는 특별한 의미가 없고 "보충하는 절"을 필요로 한다고 지적한다. 불사르게 무엇을 내주었는가? 이 입장에 대한 찬반 논증을 Thiselton, *1 Corinthians*, 1042-44에서 확인할 수 있다. 거기서 Thiselton은 "자랑하다"라는 말을 선택하고 결론을 내린다. 또한 J. H. Petzer, "Contextual Evidence in Favour of

ὠφελοῦμαι). 바울의 마지막 예증은 자기 희생의 본보기를 다루고, 약간은 잠언과 같은 내용을 담고 있다. 가난한 자에게 먹을 것을 내줌으로써(또는 가난한 자를 도우려고 재산을 처분함으로써) 다른 이를 위해 자기를 희생하는 것은, 로마 제국 당시 고린도 사회나 구약의 풍성한 본문과 예수님의 말씀에 따라 권고를 받은 일부 기독교 진영을 막론하고, 많은 사회에서 지위를 부여받는 일로 잘 알려진 고상한 개념이다. '구제하다'(ψωμίζω)라는 말은 조금씩 나누어주는 것을 의미할 수 있다. 하지만 어떤 사람을 '먹이는' 것을 의미할 수도 있다.[7] 대다수 역본에서 발견되는 '가난한 자'라는 말이 헬라어 본문에는 나오지 않는다(개역개정에도 나오지 않음—역주). 그러나 가난한 자의 관념이 바울이 전하는 말 속에 담겨 있다. '그리고 만일'의 헬라어 단축 형태(κἄν=καί ἐάν, 첫 단어로 나오는 이 말이 개역개정에는 번역되어 있지 않음—역주)는 가설적 조건절을 지속하는 부정과거 가정법과 함께 문장을 소개하는 역할을 한다.

이처럼 먹을 것을 나누어주는 것은 12:28에 언급된 "돕는"(ἀντιλήμψεις) 은사를 가진 자가 행하는 사역의 일부로 볼 수 있다. 로마서 12:8에서 바울은 "구제하는" 은사를 언급한다. 어떻게 보든 바울은 사람이 자신이 소유한 모든 것을 남에게 나누어주는 상황을 가정한다. 바울과 독자는 여기서 예수님이 영생을 얻으려면 자기에게 무엇이 필요한지 묻는 한 남자를 만나신 이야기를 떠올릴 수 있다. 그때 예수님은 이렇게 답변하신다. "네게 아직도 한 가지 부족한 것이 있으니 가서 네게 있는 것을 다 팔아 가난한 자들에게 주라"(막 10:21). 바울의 요점은, 비록 자신이 이런 일을 실제로 행하고 자신이 가진 모든 것을 나누어주었다고 해도, 사랑이 없으면 그것은 아무 유익이 없다는 점이다.

더 나아가 바울은 과장법으로 이런 말을 덧붙인다. "또 내 몸을 불사르게 내줄지라도." 이 연속된 본보기는 바울이 고도의 수사법을 사용하는 것에서 정점에 달한다. 비록 바울이 자신을 불사르게 내줄지라도, 그에게 사랑이 없으면 아무 유익이 없다. 바울이 이 말로 무엇을 염두에 두었는지는 그리 분명하지 않다. 어떤 주석가는 '불사르는 것'이 당시 로마 당국의 죄수 처형 방식의 하나로 사용되었는지는 상당한 의심이 있다고 주장하면서, '불사르다'라는 동사보다 '자랑하다'라는 동사를 취하는 것이 더 낫다고 말한다. 그러나 믿음을 위해 '불태워진' 것에 대한 관념이 다니엘서의 사드락과 메삭과 아벳느고 이야기에서 발견된다. 이 세 사람은 하나님에 대한 믿음과 순종 때문에 맹렬히 불타는 풀무불 속에 던져졌다(다니엘서 3장). 유대 배경을 가졌든 헬라 배경을 가졌든, 그리스도인이라면 누구나 성경을 공부하면서 이 이야기를 들었을 것이다. 히브리서 11:33–34은 구약에서 배운 이 중대한 믿음 이야기가 그리스도인 사이에서 믿음을 권고하는 데 공통 주제가 되었음을 보여준다. 바울과 같이 유대 배경을 가진 고린도 교인도 아마 마카베오서에 상술된(2 Macc 7:5; 4 Macc 9:22; 10:14을 보라) 기사를 보고 어떤 이가 불로 고통을 당한 끔찍한 이야기를 알았을 것이다. 4세기 말에 크리소스토무스는 "몸을 불사르게" 내주는 것을 이렇게 설명한다. "(바울은) 모든 죽음 가운데 산채로 불살라지는 것을 가장 끔찍한 죽음으로 언급하고, 심지어는 이런 죽음도 사랑이 없으면 아무 유익이 없다고 말한다." 크리소스토무스는 이 부분을 설명할 때 이웃을 사랑하는 법에 대한 예수님의 해설과 "사람이 친구를 위하여 자기 목숨을 버리면 이보다 더 큰 사랑이 없나니"(요 15:13)라는 예수님의 진술을 되돌아본다.[8] 따라서 바울은 이 격동적인 마

ΚΑΥΧΗΣΩΜΑΙ in 1 Corinthians 13:3," *NTS* 35 (1989): 242–43도 보라.

7. BDAG 1100. 참고. 롬 12:20. Liddell, Scott 공저, *An Intermediate Greek-English Lexicon* (New York: Harper & Brothers, 1889), 903은 "남을 먹이는 데 종사하는" 것을 의미한다고 본다.

8. Chrysostom, *Homilies on First Corinthians*, homily 32.8 (p. 444).

지막 예증으로 자신의 말을 마무리한다. 사랑이 없으면 박해를 받고 죽는 것도 아무 유익이 없다.

"내게 아무 유익이 없느니라"(οὐδὲν ὠφελοῦμαι)는 표현은 바울이 이 예증들을 끝마칠 때 정확히 예상되는 말이다. 바울과 고린도 교인의 관심사는 하나님 앞에서의 지위에 있었다. 고린도 교회의 엘리트 교인은 자신이 어떤 은사를 행사할 때 확실히 그들에게 많은 "유익이 있고", 하나님 앞에서 자신의 지위가 드러난다고 믿는다. 그렇지만 바울은 이것이 사실이 아니라고 심혈을 기울여 말한다. 바울은 8:8에서 고린도 교인과 그들이 가졌다고 주장하는 "지식"을 놓고 논쟁할 때 "음식은 우리를 하나님 앞에 내세우지 못[한다]"라고 말했다. 고린도 교인은, 자신이 "선" 줄로 생각한다면, "넘어질까 조심[해야]" 한다(10:12). 엘리트 교인의 신학은 확실히 은사를 행사하는 일에 유익이 있다고 보았다. 반면에 바울은 자신이 여기서 제시한 모든 일을 행했다고 해도, 사랑이 없으면 자신에게 아무 "유익"이 없다고 주장한다. 여기서 "유익"은 종종 경제적 빚을 함의하는 말이다. 하지만 여기서는 은유적으로 이득에 대한 수사 논증에 사용된다. 고린도전서의 전체 논증 속에서 모든 '이득' 또는 유익은 하나님 자신에게서 흘러나온다. 하나님은 사람들을 자신이 정하시는 대로 자신에게 부르시되, 심지어는 '없는 것들을 택하사 있는 것들을 폐하려 하신다. 이는 아무 육체도 하나님 앞에서 자랑하지 못하게 하려 하심이다'(1:28-29). 오직 "그 사람을 하나님이 알아주시는"(8:3) 것을 증명하는 요소는 하나님으로부터 흘러나오는 사랑이다. 곧, 그리스도의 자기 희생 속에서 그리고 자기 백성을 향한 부르심 속에서 확인된 사랑이다. 사랑이 없으면 하나님 앞에서 어떤 이득이나 유익이 없다. 따라서 바울은 은사를 근거로 지위를 주장하는 사람에 관한 매력적이고 점진적인 논증을 이렇게 끝맺는다. '나는 다만 시끄러운 소리에 불과하다!' '나는 아무것도 아니다.' '나는 아무 유익이 없다.'

심층 연구

사랑, 그 기능과 배경

사랑은 사람이 사람으로 존재하는 방식, 곧 사람이 사고하고 행동하며 살아가는 방식이다. 사실 사랑은 그리스도와 같이 되는 것, 또는 (11:1에서 1인칭 단수형이 사용된 것을 고려하면) 심지어 바울과 같이 되는 것이다. 바울은 9장에서 자신의 삶을 통해 사랑이 무엇인지 우리에게 보여주었고, 고린도 교인들에게 "나를 본받는 자가 되라"(4:16; 11:1)고 촉구했다. 사랑은 삶의 모든 분야에 스며들어 삶의 전체적인 길에 영향을 미치는 존재 방식이다.

"사랑"이라는 관념은 "지식" 및 은사와 대조되어 8:1에서 소개되고, 14장이 끝날 때까지 많은 설명의 배후에 놓여 있다. 바울은 은사 주제로 되돌아가기 전에 '사랑을 추구하라'(διώκετε τὴν ἀγάπην, 14:1)는 명령으로 14장을 시작한다. 이것은 은사를 사랑으로 행사해야 한다는 점을 가리킨다. 13장의 장엄한 시는 사랑에 대한 최고의 해설을 담고 있다. 그러나 사랑의 개념은, 심지어 그 말이 나타나지 않더라도 다른 장에도 담겨 있다. "사랑은 덕을 세우나니"(ἀγάπη οἰκοδομεῖ)라는 8:1의 주장은 독자에게 바울이 교회, 곧 그리스도의 몸의 "덕을 세우는" 일에 관해 말할 때 공동체의 활동에 나타나야 할 사랑을 염두에 두었다는 사실을 환기한다. 여기서 사랑의 초점은 이처럼 두드러지게 "덕을 세워야 하는" 의도된 대상인 신자나 교회에 있다.

그러나 고린도전서 8:3은 이에 대한 한 가지 드문 예외를 보여준다. 거기서는 사랑의 대상이 하나님이다. 바울은 하나님에 대한 사랑을 별로 말하지 않으므로,[9] 이것은 먼저 설명할 가치가 있다. 배럿이 말하는 것처럼, "사랑보다 믿음으로 하나님께 반응하는 사람에 관해 묘사하는 것이 바울의 더 두드러진 특징이다."[10] 그러나 우리는 바울이 2:9에서 이미 하나님에 대한 사랑에 관해 말했고, 8:3은 의도적으로 1-3장의 가르침을 기초로 말한다는 사실을 상기할 수 있다. 거기서는 자신의 능력으로(2:5) 자기 백성을 구원하신(1:18) 하나님의 택하시는 부르심에 강조점이 있었다(1:26-29). 따라서 하나님에 대한 사랑은 하나님이 자신의 영을 통해 먼저 행하신 사역에 달려 있는 것으로 확인되었다. 여기서 언급된 과정에 대한 바울의 이해는 로마서 5:5에 "우리에게 주신 성령으로 말미암아 하나님의 사랑이 우리 마음에 부은 바 됨이니"[11]라고 극명하게 표현되어 있다. 이것 때문에 바울은 지혜나 지식이 아니라 하나님에 대한 사랑이 "우리가 세상의 영을 받지 아니하고 오직 하나님으로부터 온 영을 받은"(2:12) 증거라고 본다. 사랑과 성령의 사역 간의 이 긴밀한 관계는 의심할 것 없이 바울 안에서 그리고 더 일반적으로는 초대교회 안에서, 사랑이 그리스도인의 표지나 인증 잣대로 여겨진 이유를 부분적으로 설명한다. (하나님의 사랑을 신자의 마음속에 부어주시는) 하나님의 영을 소유한 것이 사람이 그리스도께 속해 있음을 암시하는 증거가 된다(롬 8:9-11).[12]

사랑이 참된 신자의 특별한 표지로 기능하는 이유를 더 상세히 설명해주는 요소는 그리스도를 본받는 것이다. 그리스도는 한평생, 아니 특히 죽으실 때 사랑의 최고의 본보기로 우뚝 서 계신다. 고린도전서 1장을 보면, 바울은 그리스도의 죽음을 자기 백성을 구원하시는 하나님의 지혜(그분의 계획)를 이해하는 핵심 요소로 보았다. "십자가의 도"가 "구원을 받는" 자에게 하나님의 능력이었다(1:18). 그리스도의 죽음에서 독보적으로 하나님과 그리스도의 사랑이 증명되었다. 그리스도의 죽음과 하나님의 사랑의 연계성은 "우리가 아직 죄인 되었을 때에 그리스도께서 우리를 위하여 죽으심으로 하나님께서 우리에 대한 자기의 사랑을 확증하셨느니라"는 로마서 5:8에 명확히 나타나 있다. 이 연계성은 에베소서 5:2에서도 "그리스도께서 너희를 사랑하신 것 같이 너희도 사랑 가운데서 행하라 그는 우리를 위하여 자신을 버리사 향기로운 제물과 희생제물로 하나님께 드리셨느니라"는 말로 명백하게 확인된다. 확실히 이런 이유로 고린도전서 8:11-12에서는 이 연계성이 "그리스도께서 위하여 죽으신" 형제나 자매에게 죄를 범하는 것과 "그리스도께 죄를 범하는 것" 사이에 나타난다. 바울에게는 "형제"(또는 '자매')가 그리스

9. 로마서 8:28은 하나님이 사랑의 대상인 유일하게 다른 구절일 것이다. 참고. 살후 3:5.
10. Barrett, *First Corinthians*, 190.
11. 이것은 τοῦ θεοῦ를 목적의 소유격으로 가정한다.
12. 비록 Barrett이 바울은 '믿음'이라는 말을 통상적 의미로 사용했다고 믿기는 해도, 우리는 바울이 8:3에서 그렇게 말하지 않은 이유를 제시할 수 있다. 갈라디아서 5:6은 그 구분을 명확히 하는 데 도움을 준다. "그리스도 예수 안에서는 할례나 무할례나 효력이 없으되 사랑으로써 역사하는 믿음뿐이니라." Hans D. Betz, *Galatians*, Hermeneia (Philadelphia: Fortress, 1979), 264에서 올바르게 지적한 것처럼, 여기서 믿음은 이론이고 사랑은 실천이라고 말하는 것은 완전히 잘못이다. 오히려 사랑은 믿음의 실제적인 표현이다. Ridderbos가 다음과 같이 말하는 것과 같다. "믿음은 말하자면 사랑으로 자체를 표현한다"(Herman N. Ridderbos, *Galatians*, NICNT [Grand Rapids: Eerdmans, 1976], 191).

도인과 동의어였다. 그런데 "그리스도께서 위하여 죽으신"이라는 말을 덧붙인 것은 그리스도의 죽음이 사랑의 동기로서 차지한 중심적 위치를 강조한다. 바울은 고린도후서 5:14-15에서 그것을 다음과 같이 요약했다. "그리스도의 사랑이 우리를 강권하시는도다…그가 모든 사람을 대신하여 죽으심은 살아 있는 자들로 하여금 다시는 그들 자신을 위하여 살지 않고 오직 그들을 대신하여 죽었다가 다시 살아나신 이를 위하여 살게 하려 함이라." 물론 그것은 특히 요한복음에 기록된 것처럼 예수님의 말씀에서도 찾아볼 수 있다. 거기서 예수님은 참된 제자도의 증거를 제공하는 본보기로 자신의 사랑에 관해 말씀하신다. 예를 들어, 요한복음 13:34-35에서 다음과 같은 말씀하신다. "새 계명을 너희에게 주노니 서로 사랑하라 내가 너희를 사랑한 것같이 너희도 서로 사랑하라 너희가 서로 사랑하면 이로써 모든 사람이 너희가 내 제자인 줄 알리라"(참고. 요일 4:7-21).

세 번째로, 사랑이 사람들에게 참된 기독교 신앙을 입증하는 표지가 되는 이유에 대한 설명은, 율법이 지금은 모든 그리스도인의 마음속에 기록된 것으로 보는 관점에서 확실히 발견된다. 두 가지 방향에 초점이 있는 사랑은 모세 율법 시대 이후로 하나님의 모든 백성의 결정적 표지가 되어야 했다. 거듭 강조되는 첫 번째 방향의 사랑은 신명기 6:5에서 "너는 마음을 다하고 뜻을 다하고 힘을 다하여 네 하나님 여호와를 사랑하라"는 명령으로 요약되어 있다. 두 번째 방향의 사랑은 이웃에 대한 사랑이다(레 19:18). 예수님은 이 율법을 거듭 말씀하셨고, 심지어는 마태복음 5:43-44에서 제자들에게 원수까지 사랑하라는 명령으로 그 지평을 확대하셨다. 바울도 갈라디아서 5:13-14에서 율법이 "네 이웃 사랑하기를 네 자신같이 하라 하신 한 말씀에서 이루어졌다"라고 말했다.

이 설명은 어느 것도 홀로 서지 못한다. 성경 신학 전체의 많은 부분이 하나님 및 자기 백성에 대한 하나님의 사랑과 그분의 백성에게서 나오는 사랑의 반응에 기반을 둔다. 새 언약 백성은 지금 자신을 성령을 부여받은 자로, 율법을 마음속에 새긴 자로 그리고 그리스도께 순종하도록 부르심을 받은 자로 본다. 그렇기 때문에, 구약성경에서 언급된 것보다 훨씬 더 분명하게 사랑이 그리스도께 속해 있고 그분을 따르는 자의 결정적 표지로 나타나는 것은 결코 놀랍지 않다. 당연히 바울은 나중에 영원토록 지속될 그리스도인의 표지에 관해 말할 때 사랑을 "가장 큰" 표지로 말한다(13:13c). 따라서 바울은 하나님을 향한 사랑을 그 사람이 "(하나님께) 알려지는" 확실한 표지로 본다(8:3).

마지막으로 13장에서 정말 놀라운 사실은 바울이 묘사한 사랑 관계의 깊은 친밀함일 것이다. 확실히 바울이 특히 "얼굴과 얼굴을 대하여" 볼 것으로 기대하고, "그때에는 주께서 나를 아신 것 같이 내가 온전히 알리라"(12절)고 말하기 때문에 그 친밀함은 상상을 초월한다. 말하자면 연애편지와 사진과 메시지는 사라질 것인데, 그것은 "그때"(요한의 말을 사용하면) 신랑과 신부가 함께 할 것이기 때문이다(계 18:3; 19:7). 하나님과 같은 전지하심을 우리가 가졌다는 의미에서가 아니라, '그 순간에' 하나님이 이처럼 특별히 깊은 사랑을 품고 개인적으로 우리를 아셨다는 의미에서 우리가 하나님을 알게 될 것이다.

13:4-6 사랑은 오래 참고 사랑은 온유하며 시기하지 아니하며 사랑은 자랑하지 아니하며 교만하지 아니하며 무례히 행하지 아니하며 자기의 유익을 구하지 아니하며 성내지 아니하며 악한 것을 생각하지 아니하며 불의를[13] 기뻐하지 아니하며 진리와 함께 기뻐하고(Ἡ ἀγάπη μακροθυμεῖ, χρηστεύεται ἡ ἀγάπη, οὐ ζηλοῖ, οὐ περπερεύεται, οὐ φυσιοῦται, οὐκ ἀσχημονεῖ, οὐ ζητεῖ τὰ ἑαυτῆς, οὐ παροξύνεται, οὐ λογίζεται τὸ κακόν, οὐ χαίρει ἐπὶ τῇ ἀδικίᾳ, συγχαίρει δὲ τῇ ἀληθείᾳ). 이제 바울은 사랑이 어떤 것인지 묘사한다. 물론 이 묘사에서 바울은 삶에서 사랑을 보여주는 속성들을 계속해서 제시한다. 바울은 사랑을 신학적으로 구성된 어떤 이론으로 보지 않는다. 사랑은 오직 개인의 삶에서 펼쳐지는 행동에서 또는 그리스도 예수 안에서 펼쳐지는 하나님의 행동에서 확인될 때 의미가 있다. 바울이 사랑을 묘사하고자 선택한 동사들은 기독교적 사랑이 담긴 행동을 강조한다. 그러나 그 동사들은 바울이 고린도전서에서 다루어온 문제들과 특별히 관련되어 조심스럽게 선택된다.

사랑은 오래 참고: 바울은 먼저 '참다'나 '인내하다'(μακροθυμέω)를 의미하는 현재 능동태 동사로 사랑을 묘사하기 시작한다.[14] '참는' 자는 불평하지 않고 어떤 사람을 기다리고, 남의 약점과 결점과 개성을 참아낼 수 있는 사람이다. 그러나 바울의 사고 속에서 참음의 본질은 그가 하나님의 오래 참으심을 이해한 것에서 나올 것이다. 구약성경에서 인내는 종종 특히 하나님과 이스라엘의 관계 속에서 하나님이 보여주시는 크신 속성 가운데 하나로 언급된다. 이 속성은 하나님의 자기 백성에 대한 사랑과 자주 연계되고, 그분의 긍휼과 용서 속에서 확인된다. 예를 들어, 느헤미야서 9:17(LXX)은 이렇게 말한다. "주께서는 용서하시는 하나님이시라 은혜로우시며 긍휼히 여기시며 더디 노하시며(patient) 인자가 풍부하시므로"(참고. 시 144:8; 욜 2:13). 바울은 하나님의 "[오래] 참으심"을 "회개로" 나아갈 시간을 주시는 인자하심의 한 부분으로 묘사한다(롬 2:4). 사도 베드로는 베드로후서 3:9에서 그리스도의 재림을 기다리는 시기를 더 많은 사람이 믿음으로 나아올 기간으로 묘사할 때 하나님의 오래 참으심을 이와 비슷하게 설명한다. 종종 그 동사에 종말론적 어조가 수반되는 용례가 야고보서 5:8에서 확인된다. 그 구절은 "너희도 길이 참고(μακροθυμέω) 마음을 굳건하게 하라 주의 강림이 가까우니라"고 말한다(참고. 눅 18:7). 인내를 보여주는 공동체와 사람들은 자기들을 오래 참으시는 하나님을 따르는 마지막 때의 사람들이다.

사랑은 온유하며: '온유하다' 또는 '인자하다'(χρηστεύομαι)라는 뜻을 가진 동사(형태는 수동이지만 능동의 뜻을 가진 이태 중간태 동사)는 여기서 사랑하는 자의 지속적 행동이나 (만약 여기서 바울이 사랑을 의인화한 것이라고 본다면) 사랑 자체의 지속적 성격을 가리킨다. 로마서 2:4에 언급된 것처럼, 이 속성도 하나님 자신에게서 그 기초가 발견된다. 하나님은 온유함을 가르치신다(시 119:66). 「지혜서」 15:1은 "우리 하나님은 인자하시고(χρηστός) 진실하시고 오래 참으시고(μακρόθυμος) 만물을 자비로 다스리신다"라고 진술한다. 하나님의 오래 참으심과 같이, 인자하심도 자주 거역하는 백성에게 하나님이 보여주신 용서 및 긍휼과 연계되어 있다[시 25:7-8(LXX는 24:7-8, χρηστότης), 참고. LXX 106:1]. 기독교적 온유함의 핵심은 하나님과 예수님의 인자하심을 닮는 것이다. 확실히 기독교적 온유함은 긍휼, 용

13. 전치사 ἐπί는 다양한 의미를 가질 수 있다. 여기서 이 전치사는 여격과 함께 존재나 근접성을 표시한다(BDAG 363 [2.b.]). 따라서 불의'에서'(evil at)나 불의 '앞에 있는 것'(being presence of evil)로 번역할 수 있다. '진리에서'(at the truth) 기뻐하는 것은 단순한 여격을 번역한 것이다. Barrett이 지적하는 것처럼, "(진리와) 함께 기뻐하는 것이 아니다. 진리는 기뻐하지 않는다"(*First Corinthians*, 304, 강조체 원저자).

14. Wallace, *Greek Grammar*, 413은 이것을 상태 능동태 동사로 본다. 즉, "주어가 동사에 의해 지시된 상태 속에 존재한다"고 본다.

서, 연민을 포함할 것이다. 오래 참음과 온유함은 갈라디아서 5:22에서 성령의 열매로 함께 묶여 있고, 골로새서 3:12(참고. 고후 6:6)에서는 신자의 정체성을 규정하는 "옷 입음"을 언급할 때 함께 묶여 있다. 일부 주석가는 테르툴리아누스가 제시한 특별한 주석도 주목했다. 테르툴리아누스는 2세기 말에 그리스도인의 특성을 언급하면서, 그리스도인의 미움에 관해 다음과 같이 말했다. "번역을 계속해보면 '크리스천'(Christian)이라는 말은 '기름을 부음'(anointing)이라는 말에서 연원한다. 그런데 너희가 '크리스천'을 '크레스천'(Chrestian, '착한 사람'이라는 뜻-역주)으로 잘못 발음할 때…'크레스천'이라는 말은 '친절함' 또는 '온유함'이라는 말에서 만들어진 것이다. 따라서 착한 사람들 속에서 너희는 착한 이름조차 미워한다."[15] 바울이 여기서 독자에게 권고하는 바는 그리스도인의 이런 가시적인 정체성을 가지라는 것이다. 왜냐하면 많은 교인이 그리스도 안에 있는 형제와 자매에게 온유하지 못하고 참지 못하는 태도를 취하기 때문이다.

시기하지 아니하며:[16] 이제 사랑에 관한 다수의 부정적 진술이 시작된다. 끊임없이 자신을 다른 사람들과 비교하여 자신의 지위가 우월하거나 적합한지를 보는 자는 그 지위를 얻는 데 필요하다고 생각하는 일들을 '힘써 추구하는' 태도를 보인다. 여기서 '시기하다'를 의미하는 헬라어 동사(ζηλόω)는 긍정적으로 사용될 때 '열심히 힘쓰다'라는 관념을 전달한다. 영어로는 '열심을 갖다'(have zeal for)라는 말을 사용할 수 있다. 그러나 여기서 바울은 이 말을 부정적 의도로 사용한다. 결론적으로 이 말은 어떤 사람이 다른 사람과 같이 되기를 바랄 때 질투하거나 시기하는 일에 열심을 다하는 것을 가리킨다. 여기에 함축된 대상은 다른 사람의 소유가 아니라 그 사람 자신이다. 지위를 좋아하는 공동체 안에서 어떤 사람과 같이 되거나 어떤 집단에 속하려고 애쓰는 것은 의심할 것 없이 사회 생활의 핵심 요소였다. 그런데 유감스럽게도 그것이 고린도 교인의 교회 생활의 한 단면이었다. 12:31에서처럼 여기서도 바울이 같은 동사를 사용할 때 아이러니가 담겨 있다. 바울이 고린도 교인에게 보여준 '훨씬 더 좋은 길'은 12장과 이번 장 처음 세 구절(13:1-3)에 언급된 은사를 소유한 사람들이 '추구하지 않는' 길이다. 그리스도인의 삶은 바울이 다른 곳에서 '새 창조'(새로운 피조물)로 부르는 것의 일부로 규정되어야 한다(고후 5:17; 갈 6:15). 그리스도인이 살아가는 그리스도 안에서의 새로운 삶의 실존은 다른 사람을 첫 번째 자리에 두고 "시기하지 않는" 것이다.

사랑은 자랑하지 아니하며(οὐ περπερεύεται): 이 두 번째 부정적 진술은 앞에서 다룬 '열심히 힘쓰거나' '시기하는' 문제와 긴밀하게 관련되어 있다. 고린도 교회의 엘리트 교인은 지위와 인증을 얻고자 온갖 잘못된 일들을 열심히 추구했다. 그들은 자신이 그 지위와 인증을 찾았다고 느꼈을 때 그것들을 "자랑했다." 이것은 사랑이 아니다. 바울은 고린도전서 여러 곳에서 엘리트 교인의 자랑과 교만을 폭로했다(3:21; 4:7; 5:6). 그러므로 여기서 아주 자연스럽게 다음 진술로 넘어간다.

교만하지 아니하며(οὐ φυσιοῦται): 8:1에서 출발한 이 부분은 "지식은 교만하게 하며 사랑은 덕을 세우나니"라는 진술로 시작되었다. 지위를 추구하는 자가 "지식"의 은사를 그리고 의심할 것 없이 바울이 12장과 13장 처음 세 구절(13:1-3)에서 언급한 다른 은사들을 자랑할 때 그들은 교만해졌다. 바울이 여기서 사랑을 묘사하면서 전하는 말은 4:6-7을 거의 그대로 반복한다. 거기서 바울은 자신을 본보기로 사용하여 고린도 교인에게 "서로 대적하여 교만한 마음을 가지지 [말라]"고 말했다.[17] 바울은 고린도 교인에게, 12장에서 주장한 것

15. *Apology* 3.5 (Glover, Rendall 공편, LCL).

16. 여기서 이문들은 "사랑"(ἀγάπη)에 대한 세 번째 언급을 생략한다. 그렇다고 해석에 영향을 미치지는 않는다. NA[28]과 UBS[5]의 꺾쇠괄호는 명확한 결정이 불가능하다는 것을 암시한다.

과 똑같이 그들이 가진 것은 다 하나님으로부터 은사로 주어졌다는 사실을 상기시켰다. 그러므로 그들이 갖고 있는 것은 그들의 "자랑"의 근거가 될 수 없었다(4:7). 앞에서는 8:1을 다음과 같이 설명했다. "'교만하게 되는'(φυσιόω) 것은 자신의 어떤 장점을 자랑하거나 자신의 지위를 내세우는 것을 의미한다. 따라서…바울은 고린도 교회 엘리트 교인의 '지식'이 공동체 안에서 기능하는 방식에 대해 단호하게 그리고 의도적으로 일축하는 태도를 보여준다." 정말 중요한 것은 그 동사(φυσιόω)의 사용에 자랑이 함축되어 있는 점이다. 그것은 또한 우리에게 고린도 교회 엘리트 교인이 자신이 우월하거나 '신령하다'는 점을 입증하는 가시적 증거를 추구했다는 사실을 상기시킨다. 누구나 볼 수 있어야 어떤 것을 '뽐낼' 수 있는 법이다. 따라서 바울이 여기서 '자랑하다'라는 동사로 포착하는 자랑거리가 생긴다. "사랑"의 참된 표지도 눈에 보여야 한다. 하지만 사랑은 개인의 자랑이나 과시, 또는 지위를 추구하는 교만과는 아무 관련이 없는 전연 다른 형태로 나타난다.

무례히 행하지 아니하며: 바울이 여기서 사용하는 단어(ἀσχημονέω)는 신약성경에서 이곳과 7:36에서만 나타난다. 7:36에서 이 단어는 결혼을 앞둔 남자가 결혼할 수도 있고 하지 않을 수도 있는 약혼녀에 관해 취하는 행동을 가리키는 데 사용된다. 다이어(Thayer)는 도덕적 함축의 의미를 담아 이 말을 "부적절하게 행동하다"로 번역하는데 아마 옳을 것이다.[18] 이 단어의 형용사가 12:23에서 사용되었다. 거기서도 이 말은 도덕적으로 인정할 수 있는 것을 의미하고, "아름답지 못한" 몸의 지체들(생식기 부분)을 가리켰다. 13:4-7의 문맥에서 이 단어는 "교만한 것"과 "자기 유익을 추구하는 것" 사이에 자리 잡고 있다. 이것은 이 단어가 엘리트 교인들이 형제와 자매를 대할 때 보여준 교만함 그리고 그 결과 나타난 그들의 부적절한 행동과 관련되어 있음을 암시한다. '무례히 행하다'라는 번역은 '무례함'의 엄밀한 본질을 그대로 드러낸다. 사랑은 항상 오래 참고 온유하고, 따라서 교만함에서 나오는 무례하고 배타적인 행동과는 다른 것이다.

자기의 유익을 구하지 아니하며(οὐ ζητεῖ τὰ ἑαυτῆς): 다시 한번 바울은 앞에서 엘리트 교인에게 했던 비판을 상기시킨다. 10:23에서 바울은 "모든 것이 가하나"라는 속담을 취했으나 모든 것이 "덕을 세우는 것은" 아니라고 주장했다. 바울은 계속해서 이렇게 말했다. "누구든지 자기의 유익을 구하지 말고(μηδεὶς τὸ ἑαυτοῦ ζητείτω) 남의 유익을 구하라." 따라서 9장에서 바울이 한 행동으로 확인한 것처럼, 사랑은 자신의 권리를 포기할 준비가 되어 있다. 사랑은 항상 남을 첫 번째 자리에 둘 준비가 되어 있다. 바울은 또다시 10:33에서 다음과 같이 자신을 본보기로 제시했다. "나와 같이 모든 일에 모든 사람을 기쁘게 하여 자신의 유익을 구하지 아니하고 많은 사람의 유익을 구하여 그들로 구원을 받게 하라"(참고. 빌 2:4). 이상의 부정적 진술은 각각 바울이 고린도전서 전체에 걸쳐 말하는 대상인 고린도 교회의 엘리트 교인에게 해당한다. 엘리트 교인들은 자기의 유익을 구하지만 사랑하는 자는 남의 유익을 구한다. 물론 결론적으로 본받아야 할 분은 그리스도다(11:1). 그리스도는 '자기를 비우시고', 자신이 위하여 죽은 자들의 유익을 위하여 '하나님과 동등한' 지위를 취하지 아니하셨다(빌 2:6-8).

성내지 아니하며: 이 동사(παροξύνω)는 수동태로 쓰였다. 바울과 바나바가 '심히 다툰' 사건을 기록한 사도행전 15:39에서 동족 명사가 사용되었지만, 이 단어는 단순히 "화를 내는"(irritable, RSV, NRSV) 것 이상의 의미가 있다. "기분을 상하게 하다"(take offence, REB, NJB)라는

17. '교만하게 되다'라는 동사(φυσιόω)는 고린도전서에서 6번 나온다. 다른 곳에서는 골로새서 2:18에서 딱 한 번 나오는데, 다 부정적 의미로 사용된다.

18. Thayer, *Greek-English Lexicon*, 82.

번역도 부적합하다. 이 동사가 이보다 더 강한 의미가 있기 때문이다. 비은유적인 용법으로 사용될 때 이 단어의 배경은 '날카롭게 하다'에 있다(참고. LXX 잠 27:17). LSJ는 '재촉하다', '박차를 가하다', 또는 '자극하다'를 이 단어의 의미로 제시한다. 칠십인역에서 부정적 및 긍정적으로 모두 사용된 그 단어의 용법에 비추어 보면, "성내지 아니하며"가 더 나은 번역으로 보인다. 일부 역본은 단순히 "자극받지 아니하며"(is not provoked)로 번역한다(AV, NASB). 신약성경에서 수동태로 사용된 이 동사의 유일한 다른 용례가 사도행전 17:16에 나온다. 거기에서 바울은 우상 숭배에 빠진 도시를 보고 화를 '자극받았다'(개역개정에는 '격분하다'라는 능동적 의미로 번역됨-역주). 칠십인역에서 하나님은 때때로 백성의 죄에 화를 자극받으신다(참고. 신 9:22; 32:19; 사 47:6). 오래 참음과 온유함은 똑같이 다른 사람에게 성내지 않는 자의 특성에 기여한다. 삶 속에서 사랑을 보여주는 사람은 상처받거나, 공격받거나, 심지어는 박해를 당할 때도 즉각 반응하지 않는다. 이 경우에도 이런 사랑을 예증한 최고의 본보기는 예수님이시다. 바울 역시 예수님을 본보기로 따랐다.

악한 것을 생각하지 아니하며: 이 헬라어 동사(λογίζομαι)는 다양한 의미를 가질 수 있다. 이 단어는 주로 수학이나 계산 용어이지만, 또한 "인식 과정"과 관련될 수도 있다.[19] 따라서 이 단어는 '계산하다', '기록하다' 또는 문제를 생각하거나 계획을 궁리한다는 의미에서 '숙고하다'를 의미할 수 있다[따라서 AV는 "악을 생각하지 아니하며"로 번역한다(참고. LXX 슥 8:17)]. 여기서는 자신이 당한 불의나 악을 계산하는 것, 따라서 그 계산을 기록한다는 의미다(참고. TEV, NIV). 그렇게 되면 용서는 진심으로 이루어지지 않는다. 6:7에서 바울이 "차라리 불의를 당하는 것이 낫지 아니하며 차라리 속는 것이 낫지 아니하냐"라고 언급하는 것은, 그가 불의를 계산하고 심지어 형제와 자매를 법정으로 끌고 가는 고린도 교인의 태도에 보여주는 반응이다. 이런 태도는 사랑의 태도와 얼마나 다른가! 여기서 악한 것을 계산하지 않는 태도는 하나님 자신의 태도와 같다. 바울은 하나님이 어떻게 신자에 대해 '죄를 계산하지 아니하시는지'에 관해 다음과 같이 말한다. "주께서 그 죄를 인정하지(count, λογίζομαι) 아니하실 사람은 복이 있도다"[롬 4:8; 참고. 고후 5:19, "그리스도 안에 계시사…그들의 죄를 그들에게 돌리지(counting) 아니하시고"(ESV)]. 사랑의 이 모든 특성을 하나로 묶으면, 쉽게 성내는 사람은 자신이 겪은 불의를 계산하는 자가 된다는 점도 암시한다. 그들은 그렇게 함으로써 결국 불의를 기뻐하는 자가 되고 만다.

불의를 기뻐하지 아니하며 진리에서 기뻐하고: 바울은 사랑에 관한 이 일련의 긍정적 및 부정적 진술들을 마무리할 때, 부정적 진술 하나와 은혜로운 긍정적 진술 하나를 함께 묶어 말하면서 끝마친다. 불의와 진리를 직접 대조하는 사례는 성경 곳곳에서 발견된다[예를 들어, LXX 신 32:4; 말 2:6, 참고. 1 Esdras 4:37, "그들 속에는 진리가 없고 그들은 불의로 멸망할 것이다"(NRSV)]. 많은 사람은 불의한 것을 즐거워하거나 기뻐하는 위험에 처해 있다. 이것은 고린도 교회의 엘리트 교인이 지위를 자랑하고, 이교 신전에서 우상의 제물을 먹으며, 주의 만찬에서 가난한 형제자매들을 무시하는 등 다양하게 저지른 일을 가리키는 것 같다. 이런 일들은 엘리트 교인이 즐거워했던 불의한 일이자 불의한 행동이다. 대신 "사랑"은 불의가 어디서 발견되든 간에 불의에서와 불의가 있는 곳에서 돌아서고, 오히려 '진리에서'(at the truth, τῇ ἀληθείᾳ, 개역개정에는 "진리와 함께"-역주) 기뻐할 것이다. 이것은 바울의 긴 논증을 잠정적으로 요약하는 말이다. 그러나 고든 피는 확실히 올바르게 다음과 같이 말한

19. BDAG 597.

다. “그러므로 불의와 진리는, 여기서 포괄적인 의미의 복음과 그것을 반대하는 모든 것을 가리키는 것으로 생각된다.”[20] 진리에서 기뻐하는 자는 사람들 가운데서 그리고 사람들을 통해 역사하시는 하나님을 보고, 그분을 공경과 순종을 받으셔야 할 분으로 본다. 이런 사람은, 누군가에게 “거리끼는 것”이 되고 또 다른 누군가에게는 “미련한 것”이 되는 복음 선포를 그것이 진리이기 때문에 기뻐한다(1:23). 이런 사람은 합당하면 비판받는 것도 마다하지 않는다(갈 4:16). 이런 마다하지 않는 태도는 도리어 큰 기쁨을 낳는다.[21]

이상의 네 구절(4-7절)은 의인화된 사랑에 관해 멋진 그림을 보여준다. 여러 가지 면에서 아름답고 시적이지만 그 그림의 묘사는 고린도 교회가 직면하고 바울이 부각한 문제점과 직접 대응을 이룬다. “신령한 자”를 자칭하는 고린도 교회의 많은 교인은 하나님의 백성을 진실로 확증하는 요소가 무엇인지 다시 생각할 필요가 있다. 그들은 자신의 행동과 인격으로 하나님의 영이 믿는 모든 자의 마음에 부어주신(롬 5:5) 사랑을 증언한 바울을 (그리고 예수님을, 11:1) 바라보아야 한다.

13:7 [사랑은][22] 모든 것을 참으며 모든 것을 믿으며 모든 것을 바라며 모든 것을 견디느니라(πάντα στέγει, πάντα πιστεύει, πάντα ἐλπίζει, πάντα ὑπομένει). 바울은 정교하게 균형을 맞춘 구조에 따라 사랑을 묘사하는 또 다른 네 가지 목록을 제시한다. 다시 말해 헬라어 본문의 아름다운 시 형태를 보면, 특이하게 각 문장이 “모든 것”(all things, πάντα)이라는 말로 시작되고 네 문장 각각의 마지막 소리가 유음(類音)으로 되어 있다. “모든”이라는 말이 구문의 중심에 있고, 보통 네 동사의 직접 목적어로 취해진다. 그래서 유명한 AV의 번역은 다음과 같다. “(사랑은) 모든 것을 참고, 모든 것을 믿으며, 모든 것을 바라고, 모든 것을 견디느니라.” 그러나 그 말은 또한 부사적으로 네 동사를 각각 수식하는 것으로 취해질 수도 있다. 그래서 NIV(참고. NJB)는 그 말을 네 번 다 “(사랑은) 항상…”와 같이 “항상”(always)이라는 말로 번역한다. 헬라어 본문은 두 가지 번역이 다 가능하다. 문장의 구성 또한 논란이 된다. 예를 들어, 갈런드, 고든 피, 헤이스 그리고 다른 주석가들(다 약간 차이가 있는)은 문장이 교차 대구 구조(ABBA)를 이룬다고 주장한다. 다시 말해 중간의 두 동사('믿다'와 '바라다')가 맞물려 있고, 이후 항상 지속될 것의 일부를 구성한다(13:13, 따라서 어쩌면 그것들은 미래를 바라본다). 반면 첫 번째와 마지막 동사('참다'와 '견디다')는 사실상 동의어로 현재 상황을 다룬다. 이것들은 인클루지오(수미상관관계)를 구성한다. 피츠마이어는 처음 두 동사('참다'와 '믿다')를 첫 번째 짝으로, 다음 두 동사('바라다'와 '견디다')를 두 번째 짝으로 본다. 네 문장은 다 언약 공동체의 삶에서 적극적이고 매우 긍정적인 사랑의 역사에 대해 바울이 그리고자 하는 전체 그림의 뼈대를 세우는 데 도움을 준다.

첫 번째로, 바울은 사랑은 “모든 것을 참으며”(πάντα στέγει)라고 말한다. 그는 9:12에서 “그리스도의 복음에 아무 장애가 없게” 하려고 자신이 어떻게 '범사에 참았는지'(πάντα στέγομεν) 말했다. 비록 '덮다'나 '침묵을 지키다'를 주로 의미할 수 있는 다른 헬라어 문헌에서는 '참다'라는 말이 이 동사의 통상적 의미는 아니라고 해도, 13:7에서는 그리스도와 복음을 다른 모든 것보다 앞에 두는 데서 오는 결과를 참기 위해 자신이 취해야 했던 일을 염두에 두었다고 보는 것이 가장 좋다. 13장의 많은 부분에서 고린도전서의 앞부분, 특히 바울이 자신을 본보기로 사용한 곳을 어떻게 되돌아보는지를 주목했다. 사랑은 권리를 포기할 준비가 되어 있고(9장), 박해와 모욕을 참는 것을 비롯하여 그 결과 일어날 수 있는 '모

20. Fee, *1 Corinthians*, 708.
21. 접두사 συν-는 동사(συγχαίρω)의 의미를 심화시키는 역할을 한다.
22. 이 동사들의 주어는 4절의 ἡ ἀγάπη로 남아 있다.

든 것을 참는다.' 많은 그리스도인이 경험한 것처럼 그 결과 져야 할 짐은 확실히 무거울 수 있다. 심지어는 그 결과 죽을 수도 있다. 결론적으로 이것은 모든 일에서 하나님의 섭리를 깨닫고 살아가야 한다는 점을 의미한다.

그다음 두 문장에서 바울은 사랑이 "모든 것을 믿으며 모든 것을 바라며"(πάντα πιστεύει, πάντα ἐλπίζει)라고 말한다. 티슬턴은 현대 세계에 비추어 보면 그리고 현대 세계가 "모든 것을 믿으며"라는 말을 오해할 가능성에 비추어 보면, 여기서 조심할 필요가 있다고 말한다. 티슬턴은 니체와 마르크스가 기독교 신앙을 자기 식대로 이해함으로써 비판한 견해를 인용한다.[23] 그러나 이 세상에서 그리스도인의 생활 기준에서 보더라도, 여기서 언급하는 내용을 오해하지 않는 것이 중요하다. 사랑이 모든 것을 믿는다고 말하는 것은, 진리 자체가 상대화되거나 타협이 가능하다는 사실을 함축하지 않는다. 이에 대한 티슬턴의 한 가지 답변은 7절 전체를 "연속된 부정적 진술들을 부정하는 것으로" 번역하는 것이다. 따라서 티슬턴은 이렇게 번역한다. "(사랑은) 믿음을 잃지 않으며, 소망을 소모하지 않으며."[24] 이 책은 티슬턴의 번역을 따르지 않는다. 그렇지만 그의 진지한 경고는 유념할 가치가 있고, "모든 것을 믿으며"가 무슨 의미인지 설명할 때 크게 조심해야 한다는 점은 인정한다. 더 나아가 바울이 묘사하는 것처럼, 사랑을 경솔하고 순진하고 분별력이 없는 속성으로 생각하지 않는 것이 무척 중요하다.

모든 것을 믿고 바라는 활동은 사랑이 믿음을 갖는 일을 멈추지 않고 소망을 잃는 경우도 절대 없으리라는 점을 암시한다.[25] 그것은 단순히 사랑은 항상 사람들을 최대한 좋게 생각하려고 힘쓴다는 의미가 아니다. 바울은 하나님이 자기 백성에게 주신 약속들에 대한 전적 헌신과 함께, 모든 그리스도인의 특징이 되어야 하는 하나님에 대한 깊고 전체적인 헌신을 염두에 두었다. 바울은 그 안에서 이런 식의 사랑을 세워야 하는 종말론적 구조를 독자에게 상기시키기 시작한다. 바울은 이 구조를 그다음 몇 구절에서 전개한다. 여기서 언급된 "소망"은 아마 하나님이 베푸시는 미래의 영원한 복을 기다리는 지금 하나님이 그리스도인을 보호하시리라는 확신을 가리킬 것이다(참고. 15:19; 롬 8:24-25; 골 1:4-5). 현세에서 그리스도인이 직면하는 많은 일은 일시적이고 우발적이다. 바울이 말하는 믿음과 소망은 하나님이 자신의 사랑을 우리에게 부어주시기 때문에 일시적인 것도 아니고 우발적인 것도 아니다. 이것은 "이 세상의 지혜"와 영적 지위의 표지를 추구하는 어리석음에 대한 헌신이 아니라, 영광 속에서 내려오신 십자가에 못 박히신 그리스도에 대한 헌신이다. 바울이 이미 그리스도를 위해 '참아낸' 위험과 박해 속에서도 굳게 의지한 "소망"은, 그가 모든 것을 믿고 모든 것을 바랄 때만 가능하다.

마지막으로 바울은 사랑은 "모든 것을 견디느니라"고 말한다. 이 네 문장에서 첫 번째 동사와 마지막 동사(στέγω와 ὑπομένω) 사이에 어떤 차이가 있는지는 분명하지 않다[이 책은 두 동사가 단순히 헬라어로 다른 동사라는 점을 반영하여 이 두 동사를 다른 말(put up with와 endure)로 번역했다]. 이 두 다른 헬라어 동사는 단순히 정교한 시적 구조 안에서 문체상의 특징을 살리고자 사용된 것으로 볼 수도 있다. 만약 그것이 사실이라면, '믿는 것'과 '바라는 것'은 이 두 비슷한 문장으로 둘러싸인 중심부로 이해된다. 그리스도인이 그리스도로 말미암아 고통을 겪을 때 모든 것을 참거나 견딜 수 있는 것은 이처럼 전적으로 주님을 믿고 바랄 때로 한정된다. 따라서 그리스도인의 인내라는 개념이 7절의 바탕에 깔려 있는데, 이 인내는 사랑으로, 사랑과 함께, 사랑을 통해 펼쳐지는 삶에서만 발견된다.

23. Thiselton, *1 Corinthians*, 1057.
24. 앞의 책. 참고. REB.
25. 참고. Fee, *1 Corinthians*, 709.

13:8-10 사랑은 언제까지나 떨어지지 아니하되 예언도 폐하고 방언도 그치고 지식도 폐하리라 우리는 부분적으로 알고 부분적으로 예언하니 온전한 것이 올 때에는 부분적으로 하던 것이 폐하리라(Ἡ ἀγάπη οὐδέποτε πίπτει. εἴτε δὲ προφητεῖαι, καταργηθήσονται· εἴτε γλῶσσαι, παύσονται· εἴτε γνῶσις, καταργηθήσεται. ἐκ μέρους γὰρ γινώσκομεν καὶ ἐκ μέρους προφητεύομεν· ὅταν δὲ ἔλθη τὸ τέλειον, τὸ ἐκ μέρους καταργηθήσεται). 이제 바울은 사랑의 본질과 은사의 본질의 차이를 파악하는 데 적용할 종말론적 관점을 전개한다. 바울은 이렇게 하면서 13장에서 사랑을 매우 아름답게 묘사한다. 그런데 그는 "(그 묘사를) 고린도 교회 공동체 안에서 신령한 은사를 평가할 때 보여준 특별한 문제점을 다루기 위한 용도로 삼았다. 사랑은 단지 이 단원 첫 지점과 끝 지점에서만 언급된다"라는 사실이 분명해진다.[26] 바울은 사랑과 은사를 두 가지 차원에서 대조한다. 한편으로는 영원하고 지위를 확증하는 성격을 띠는 사랑과 폐해지는 것으로 일시적 성격을 띠는 은사를 대조한다. 다른 한편으로는 부분적인 것과 온전하거나 완전한 것을 대조한다. 여기서 사랑에 관한 두 진술(8, 13절)로 구성된 인클루지오는 첫 번째 요점, 곧 사랑은 '언제까지나 떨어지지 아니하고, 항상 있을 것이라'는 사실을 강조하는 역할을 한다. 마지막 날에 예언과 방언과 지식은 영원히 폐할 것이다. 그러나 지금도 예언과 방언과 지식은 하나님의 뜻에 대한 이해를 온전히 제공하지 못한다. 반면에 "사랑"은 부분적인 것으로 볼 수 없다. 왜냐하면 사랑은 (영원한) 하나님의 나라가 현재에 침투한 것을 계시하기 때문이다. 사랑은 결코 폐하지 않는다. 오히려 사랑은 단순히 지금처럼 사랑을 반대하는 죄가 완전히 제거되는 세상에서도 계속될 것이다. 은사는 사랑이 없으면 "아무것"도 아니다(1-3절). 반면 사랑은 충분히 계시되기 위해 은사가 필요하지 않다.

바울은 사랑의 영속성을 확언하는 "사랑은 언제까지나 떨어지지(fails) 아니하되"라는 단순한 진술로 이 부분을 시작한다. 그러나 의미심장하게도 여기서 사용된 헬라어 동사(πίπτω)는 보통 '넘어지다'(fall)를 의미한다. 바울은 10:12에서 하나님 앞에서 "서 있다"고 생각하는 어떤 이는 "넘어질" 것이라고 경고했다. 사랑은 '넘어지지 않는다.' 혹은 사랑은 심판 날에 '넘어지지' 않을 것이다(그 이전 어느 시점에도 마찬가지다).[27] 이것은 (마지막 날에 하나님 앞에서 서 있는 자의 특징이라는 의미에서) 언제까지나 떨어지지 않는 사랑, '폐해지고'(καταργέω) '그칠'(παύω) 것이기에 안전한 지위를 제공할 수 없는 은사 간의 대조를 부각한다. 문맥은 주님이 오실 때 일어나는 일에 관해 말한다. 사랑은 확실히 항상 "참고" '견딘다'. 하지만 특별히 최후의 심판과 주의 얼굴을 직접 대할 때 주어지는 계시(13:12)를 통해서 그렇게 할 것이다. 사랑은 현세에서 하나님의 백성과 마찬가지로, 새 땅에 거하는 자의 특징이 될 것이다.

이처럼 언제까지나 떨어지지 않는 사랑의 영속성은 앞에서 언급된 세 가지 은사, 곧 예언, 방언, 지식과 대조된다. 이러한 은사의 성격은 앞에서 검토했다(12:8-10). 그럼에도 여기서 바울이 성찰하는 것이 말과 관련된 은사, 곧 1:5에서 "모든 언변과 모든 지식"으로 언급된 은사로 보인다는 사실을 다시 한번 지적해야 한다. 이 은사들은 자랑의 대상이 될 수 있고 사람들을 지배할 힘이 있는 것으로 보인다. 바울은 이 은사들 각각에 다양한 방식으로 초점을 맞춘다. 따라서 바울은 11장에서 예언에 관해 상세히 다루고, 14장에서는 예언을 방언과 대조하는 방식으로 다룬다. 바울은 14장에서 방

26. Hays, *First Corinthians*, 228.

27. W. Michaelis, "πίπτω," TDNT 6:164-66. BDAG 815는 이 단어가 건물과 구조물이 무너지거나 붕괴하는 것을 가리킬 수 있다고 말한다. 따라서 비유적으로 '떨어지거나' '끝나는' 것을 의미할 수 있다. 누가복음 16:17에서 현재 부정사(πεσεῖν)는 이런 함축 의미를 가지고 사용된다(참고. LXX 룻 3:18).

언을 상세히 다루고, 8장에서 그리고 10장 일부에서는 지식을 다룬다.

이 은사들은 각각 고린도 교회의 삶에 그리고 특히 "신령한 자"를 자처하면서 자신을 더 수준 높은 자로 보고, 그 안에 파멸의 씨를 품고 있는 교인들에게 매우 필수적인 은사로 여겨졌다. 말하자면 본질상 그들은 사실 자신의 비영속성을 보여준다. 각 절은 '만일 …이 있으면'(εἴτε)이라는 말로 소개된다. 이 불변화사가 사용되는 것은 각 절에 조건적 의미를 소개하는 역할을 하는데, 다양한 번역에서 이 역할이 종종 무시된다(개역개정에서도 무시됨-역주). NJB와 NASB는 '만일 …이 있으면'이라는 말을 삽입함으로써 이 조건적 요소를 제대로 포착한다. 이것은 12장에 나오는 은사들에 대한 바울의 관점을 확증할 것이다. 12장에서 바울은 누구나 똑같은 은사를 가진 것은 아니라고 주장한다.[28] 그러므로 '만일 예언이 있으면'이라는 말은, 성령이 예언의 은사를 주지 않기로 정하시면 그때나 지금이나 예언은 있을 수 없다는 바울의 생각을 암시한다. 바울은 이 세 가지 은사가 다 반드시 항상 교회 안에서 증명되는 것은 아니고, '만일 …이 있으면' 결국 다 폐하게 되리라는 점을 알아야 한다고 추정하는 것 같다.

예언과 지식은 '폐해질'(καταργέω) 것이다. 이 동사는 1:28에서 하나님이 자기 앞에서 자랑할 수 없도록 있는 것들을 폐하실 것이라고 말할 때 사용되었다. 2:6에서는 이 동사가 "없어질 [운명에 있는]" 이 세대의 통치자들을 하나님이 최후에 심판하신다고 말할 때 사용되었다(참고. 6:13). 13장 마지막 부분의 문맥에 나타난 수동태는 이 일을 일으키시는 행위자가 하나님이라는 사실을 전제한다(1:28, 2:6, 6:13에서는 하나님이 주어이고 수동태가 사용된다). 바울은 여기서 논증할 때 예언과 지식에 일어나는 일('폐해지다' 또는 '없어지다')과 방언에 일어나는 일('그치다')을 구분하지 않는다.[29] 바울은 그리스도가 영광 중에 오셔서 만물을 온전하게 하실 때를 고대하고, 이 세대의 통치자들에 대한 심판과 함께 선하신 성령이 주신 것들도 폐해질 것이라고 주장한다. 왜냐하면 그것들은 일시적이고 하나님이 단지 현세에서만 사용하도록 주셨기 때문이다. 예언이 '지나갈'(will pass away) 것이라고 말하는 번역들(예를 들어, RSV)은 여기서 수동태로 전달되는 개념, 곧 은사들에 일어나는 것의 성격을 하나님이 정하셨다는 점을 제대로 포착하지 못한다.

이어서 바울은 방언이 '그치거나' '멈출' 것이라고 말한다. 예언 및 지식과 관련하여 이중 수동태가 나타난 것은 보통 '그치다'의 내포 의미에 영향을 미친다고 주장된다. 따라서 바울은 하나님이 방언 역시 '그치게' 하신다는 점을 말하고 있다고 추정된다. 그러나 이것은 미래 중간태 동사 '그치다'(παύσονται)를 이태(異態) 동사로 추정하는 것이다. 이태 중간태 동사는 보통 능동 형태가 없지만 중간태 형태가 마치 능동태인 것처럼 기능하는 동사를 가리키는 것으로 이해된다. 그러나 월리스(Wallace)는 실질적으로 이 동사가 참된 중간태가 되면서 재귀 형태가 되는 문법적 사례를 제시한다. 월리스는 "만일 방언이 있으면 방언도 (그 자체로) 그치고"[30]라는

---

28. Robertson, Plummer 공저, *First Corinthians*, 296과 같이 말할 필요는 없다. 거기서 Robertson과 Plummer는 이렇게 말한다. "반복되어 나오는 εἴτε라는 말은 무시된다. 그것은 그 행사가 기껏해야 일시적인 은사들의 존속에 관해 차이가 없음을 암시한다."

29. 여기서 바울이 "방언"에 관해 말하는 것은 방언이 정확히 무엇이냐에 관해 다시 질문을 불러일으킨다. 만약 방언이 현세에서 하늘의 말을 반영하는 것이라면 다음 시대에도 존속할 것이라고 예상할 수 있을 것이다. 14:4에 대한 설명에서 "심층 연구: '방언'에 대한 바울의 태도는 무엇이었고 방언 현상은 무엇인가?"를 보라.

30. Wallace, *Greek Grammar*, 422-23. 참된 이태 동사들에 대한 설명은 428-30에서 Wallace의 설명을 보라. 그러나 Robertson, *Grammar of the Greek New Testament*, 355-57의 설명과 비교해보라. 거기서 Robertson은 일부 이태 중간태 동사가 어떤 형태를 가질 수 있는지 더 정밀한 견해를 제시한다. 중간태에 대한 이해를 회복시킬 필요성에 대해서는 *Studying the Greek New Testament: Papers from the SBL Greek Language and Linguistics Section*, 편집 Stanley Porter and Matthew Brook O'Donnell (Sheffield: Sheffield Phoenix, 2009)에서 Jonathan T. Pennington, "Setting Aside 'Deponency' and Rediscovering

견해를 채택한다. 윌리스는 이것은 다만 문체상의 특징일 뿐이라고 주장한다. 일부 다른 주석가는 그것은 방언은 다르다는 것, 말하자면 방언은 단순히 그 자체로 그치지만 다른 은사들은 그리스도가 재림하실 때 끝난다는 것을 암시한다고 주장했다. 그렇지만 본문은 이 은사들이 그 자체로 그칠 때가 언제인지에 관해서는 전혀 말해주지 않는다. 얼굴과 얼굴을 대하여 볼 때는 방언으로 말하고자 하는 자가 아무도 없으리라고 말하는 것으로 충분하다. 그러나 이 모든 것은 바울이 전하는 의미를 너무 멀리 끌고 간다. 여기서 바울은 모든 것이 새롭게 될 때, 곧 주님이 영광 중에 오시는 미래의 그날이 되면, 예언이든 방언이든 지식이든 이런 모든 "언변"(1:5)은 불필요하다고 말한다. 모든 백성이 하나님이 그들을 충분히 "아신" 것같이 '알게 될' 것(12절)이기 때문이다.

이제 바울은 이 세대와 다음 세대의 차이에 비추어 "말"의 은사들이 폐지되는 이유를 분명하게 제시한다. 바울은 핵심적인 말의 은사, 곧 "지식"의 은사에 대한 고린도 교인의 관점으로 되돌아가 지금도 얼마나 지식이 부분적인지 비판한다.[31] 지금과 그때의 차이는 "그때"가 "온전한 것이 올 때"(10절, ὅταν δὲ ἔλθῃ τὸ τέλειον)로 정의되는 점에 있다. 바울의 논증은 단순하다. 하나님은 온전하고 완전한 모든 것을 이끄시는 분이므로 온전하고 완전한 지식도 가져오신다는 것이다. 하나님은 온전한 시대를 위해 온전하지 못한 것, 즉 부분적이거나(9절) 부적절하거나 불필요한 어떤 것을 일제히 폐하거나 제거하실 수 있다. 8절에서 바울은 예언에 관해서도 똑같이 말한다. 바울이 고린도 교인이 좋아하는 은사를 먼저 말하고 그다음에 자신이 좋아하는 은사에 관해 말한다고 보는 것은, 본문에서 너무 많은 것을 읽어내는 것이다. 왜냐하면 바울은 특별히 선호하는 은사가 없기 때문이다(바울의 관점은 단순히 모든 은사가 사람들의 덕을 세워야 한다는 것이다). 그럼에도 바울은 계속해서 방언과 대조하여 예언의 좋은 점을 말한다. 그러나 예언과 같은 유익한 은사라도 다음 시대에는 폐해질 것이므로 영원히 존속하지 못한다(10b절, 8c절에서 같은 수동태 동사와 형식을 주목하라).

"온전한 것"(τὸ τέλειον)은 그리스도의 강림과 현세가 끝날 때 임할 모든 것의 온전함을 가리킨다(10절). 많은 요소가 이 방향을 가리킨다. 아마 가장 중요한 요소는 12절의 "그때에는 주께서 나를 아신 것같이 내가 온전히 알리라"는 진술일 것이다. 우리가 하나님을 얼굴과 얼굴을 대하여 보기 전에는 하나님이 섭리를 통해 우리를 "알아주신" 것이므로, 우리는 "온전히 알" 수 있는 방법을 모른다(참고. 8:3). 따라서 "온전한" 것은 현시대에 부분적으로 아는 것 및 보는 것과 구별된다. 고린도전서에서 '폐하다'(καταργέω)라는 말을 종말론적 관점에서 사용하는 것은 최소한 심판 날에 하나님이 행하실 행동을 지시한다. 주님이 오시면 새로운 상태가 지배한다. 어떤 것은 제거되지만 남아 있는 모든 것(사랑과 주의 백성으로서 우리의 실존과 같은) 그리고 새로 나타난 모든 것은 영속적이다. 이 본문 전체에서 미래 시제가 아주 많이 사용된 것은, 그것이 '성숙'의 때를 가리킨다는 견해를 반대한다. 12절의 거울 유비에서 "그때"와 "지금"을 대조하는 것은 "지금"을 "얼굴과 얼굴을 대하여"(πρόσωπον πρὸς πρόσωπον) 볼 때와 대조하는 것이다. 이것은 확실히 하나님을 대면하여 만나는 것에 관해 말하고, 사도 요한이 새 땅에 들어간 하나님의 백성에게 주어지는 큰 복 가운데 하나로 여긴 것이다(계 22:4, "그

the Middle Voice for New Testament Studies"를 보라.

31. Fee (*1 Corinthians*, 714n379)가 여기서 예언과 지식을 선정한 것은 "별다른 '의미가' 없다"라고 주장하는 것은 잘못이다. 이 책이 지적했듯이 그것은 상당한 의미가 있다. "14장(특히 6절)의 논증이 이것을 논박한다"라고 말하는 것은 완전히 이상하다. 많은 구절 가운데 14:6은 엄밀히 바울이 이 두 은사를 선정하는 이유를 암시한다(14:6에 대한 설명을 보라). 그럼에도 하나님에게서 나온 말씀의 명확하고 유용한 전달을 위한 이 두 핵심 은사도 부분적이고 결국은 하나님이 폐하실 것이다.

의 얼굴을 볼 터이요"). 그런데 그것은 성경에 이미 전례가 있었다(참고. LXX 출 33:20; 신 5:4). 이미 지적했듯이 바울의 신학에서 "소망"이라는 말의 용법은 일반적으로 단순히 현재를 위해 하나님을 신뢰하는 것을 가리키지 않고, 하나님이 약속하신 미래의 복을 신뢰하는 것을 가리킨다. 이 소망의 절정은 그리스도가 영광 속에서 나타나시는 일에 있다(참고. 롬 8:18-25). 확실히 그것이 13장에서 말하는 "소망"의 의미다.

따라서 바울은 은사와 사랑의 본질적 차이에 관해 자신이 전개한 두 가지 논증을 정교하게 하나로 묶는다. 바울은 언제까지나 떨어지지 않는 사랑의 영속적 성격과 폐해질 은사의 일시적 성격을 대조했다. 이어서 바울은 여기에 "부분적인 것"과 "온전한 것" 간의 대조를 추가했다.

13:11-12 내가 어렸을 때에는 말하는 것이 어린 아이와 같고 깨닫는 것이 어린 아이와 같고 생각하는 것이 어린 아이와 같다가 장성한 사람이 되어서는 어린 아이의 일을 버렸노라 우리가 지금은 거울로 보는 것 같이 희미하나 그 때에는 얼굴과 얼굴을 대하여 볼 것이요 지금은 내가 부분적으로 아나 그 때에는 주께서 나를 아신 것 같이 내가 온전히 알리라 (ὅτε ἤμην νήπιος, ἐλάλουν ὡς νήπιος, ἐφρόνουν ὡς νήπιος, ἐλογιζόμην ὡς νήπιος· ὅτε γέγονα ἀνήρ, κατήργηκα τὰ τοῦ νηπίου. βλέπομεν γὰρ ἄρτι δι' ἐσόπτρου ἐν αἰνίγματι, τότε δὲ πρόσωπον πρὸς πρόσωπον· ἄρτι γινώσκω ἐκ μέρους, τότε δὲ ἐπιγνώσομαι καθὼς καὶ ἐπεγνώσθην). 바울이 시(詩)로 작성한 13장은, 이제 "어린아이와 같고"라는 반복 어구로 각 문장이 끝나는 고전적인 수사 결구(結句)의 가장 잘 알려진 한 사례를 담고 있다. 이렇게 하면서 바울은 유비를 사용하여 자신이 제시해온 요점을 계속해서 보강한다. 여기서 반복되어 사용되는 동사 '폐하다'(버리다, καταργέω)는 이 구절에서 수동태로 되어 있다. 그런데 이 책은 이것을 '내가 없앴다'(I got rid of)로 번역했다.[32] 이 번역은 유비의 주요 목적을 제시하는 데 도움을 준다. 여기서 유비는 인생의 한 단계에 적합한 말이나 생각의 한 방식과, 인생의 다른 단계에 적합한 말이나 생각의 다른 방식에 관한 것이다. 후기 단계에서는 이전 단계의 삶의 방식을 일부러 '없애는'(버리는) 일이 벌어진다. 이것은 문헌에 흔하게 나오는 익숙한 유비다. 어려서 사람이 '어린아이같이' 말하거나 생각했던 "그때"와 장성하여 어린아이의 말이나 생각의 방식을 의도적으로 '없앤'(버린) "지금"이 있다. 유비 전반부에 나오는 미완료 시제가 후반부에서 완료 시제로 바뀌는 것은 유비를 더 명확히 하는 효과를 낸다. '내가 어렸을 때에는…같이 했고'(I was a child, I used to…)라는 말의 영어 표현은 어렸을 때 견지한 존재 방식의 지속적 성격을 잘 포착한다. 완료 시제는 장성한 사람이 되어서는 장성한 사람과 같이 행동하고자 취한 의도적 판단을 잘 포착한다. '내가…되어서는…없앴노라'(I became…I got rid of)는 말은 결정적인 과거 행동이지만 강조점은 그 결과에 있다(심화의 완료 용법).

그러나 이 유비를 오해해서는 안 된다. 바울이 여기서 어린아이와 같이 방언을 말하는 것에 대해 생각해서 고린도 교인이 이런 일에 '성숙해야' 한다고 주장한 것이 아니다. 바울이 어린아이 유비를 3:1을 되돌아보는 성숙함에 관한 요점을 제시하는 데 사용하기는 해도, "그때"와 "지금"은 영적으로 성숙하지 못한 자와 "신령한" 자를 묘사하는 말이 아니다. 전체 문맥이 암시하고 12절이 특히 분명히 하는 것처럼, 어린아이 심상은 그리스도인이 "지금" 어떠한지 보여주고, 장성한 사람 심상은 "온전한

---

32. 앞에서 '폐하다'로 번역한 이 동사(καταργέω)의 심의적 의미는 여기서도 고수할 필요가 있다. 이 동사는 반드시 '폐지'를 의미하는 것은 아니고, 어떤 것을 끝내는 것 또는 어떤 것이 더 이상 존재하지 않거나 없어졌음을 보증하는 것을 가리킨다(BDAG 525-26). 따라서 이 책은 여기서 "없앴다"(got rid of)라고 번역했다.

것"이 올 때인 "그때" 그리스도인이 어떠한지를 가리킨다. 물론 한편으로 바울은 고린도 교인에게 온전한 것이 올 때인 장성한 시기에 대해 성찰할 것을 요구한다. 바울은 고린도 교인에게 이런 기독교의 종말론적 구조 안에서 일어날 일들을 생각해보라고 촉구한다. 고린도 교인은 오늘 자신이 사는 세계와 앞으로 임할 세계의 차이를 깨달을 때, 일어날 일들에 관해 말하고 생각하며 평가하는 온전한 길이 그들 앞에 있음을 보기 시작한다. 그 길은 더 이상 은사를 필요로 하지 않는다. 이 구조 안에서 그들이 현재 가진 은사의 중요성이 상대화된다.

이 유비 다음에 곧바로 또 다른 예증이 이어진다. 11절과 12a-b절은 '…때문에'(γάρ)라는 말(개역개정에는 이 말이 번역되어 있지 않음-역주)로 연계되어 있고, 따라서 12a-b절은 11절을 더 상세히 설명하는 역할을 한다. 여기서 1인칭 단수형("내가")에서 1인칭 복수형("우리가")으로 바뀌는 것은, 바울이 자신이 전하는 말을 이 시대에 사는 모든 사람에게 적용하기 때문이다. 여기서 예증은 이 시대에는 간접적으로 보지만 온전한 것이 오고 새 시대가 시작되는 그때는 "얼굴과 얼굴을 대하여" 보는 것이다. 두 시대 간의 대조가 12a-b절과 12c-e절에서 "지금은"(ἄρτι)이라는 말과 "그때에는"(τότε)이라는 말로 두 번에 걸쳐 이루어진다.

여기서 거울 예증을 어떻게 이해할지는 "우리가…거울로 보는 것같이 희미하나"(ἐν αἰνίγματι)라는 문장의 의미에 따라 좌우된다. 인상적이게도 AV는 "우리가 지금은 거울을 통해 어둡게(darkly) 보나"와 같이 번역한다. 확실히 어구가 부사적으로 사용된다. 하지만 그것은 거울 '안을'(δι' ἐσόπτρου, 또는 '거울로'나 '거울을 통해'인가?) 보는 사람이 '어둡게', 즉 "희미하게"(dimly, NRSV) 보는 것을 의미하는가? 아니면 "단지 반사물만"(only a reflection, NIV) 보거나, "단지 반사물…단순한 수수께끼만"(only reflections…mere riddles, NJB) 보거나, 혹은 "혼란스러운 반사물"(puzzling reflections, REB)을 보는 것인가? 아니면 "간접적으로"(indirectly, Thiselton) 보는 것을 뜻하는가?[33] 첫째, 배럿이 주장하는 것처럼, 그것은 단순히 바울이 거울을 "통해" 보는 것과 같다고 말해야 하는 이유를 아는 것이다.[34] 이 책이 번역한 것처럼, "거울로"(in a mirror) 본 상은 사실 실상을 거꾸로 보여준다. 그리스인들은 "거울을 통해" 보는 것을 그런 식으로 말했다. 둘째, 어떤 주석가는 로마의 거울은 금속으로 만들어진 탓에 상이 항상 흐렸고 약간 왜곡되거나 어두웠다고 주장한다. 다시 말하면 오늘날 우리가 잘 만들어진 유리 거울로 보는 것처럼 상이 선명하지 않았다.[35] 그러나 일부 주석가가 지적하는 것처럼, 종종 품질이 좋은 거울도 있었다. 거울은 때때로 문헌에서 언급되고, 그래서 바울도 거울이 시야의 명확성에 관해 말하는 것을 알고 있었을 것이다. 셋째, 여기서 "희미하게"로 번역된 부사 어구(ἐν αἰνίγματι)에서 중심 단어는 보통 "난해함" 또는 "수수께끼"를 의미한다.[36] 이 문맥에서는, 그 의미가 무엇이든 간에 이 단어는 "얼굴과 얼굴을 대하여" 볼 때 주어지는 완전한 명확성과 대조 관계에 있다.

민수기 12:8이 12a-b절과 분명한 평행 관계가 있다는 사실이 오랫동안 지적되었다. 민수기 12:8에서 하나님은 자신과 모세의 관계에 관해 언급하시며, 자신이 모세에게 "입과 입을 맞대고 명백히 말하고 은밀한 말로 하지 아니하셨다"(LXX; οὐ δι' αἰνιγμάτων)라고 말한다. LXX 본문은 계속해서 이렇게 말한다. "그는 또 여호와의 영광을 보거늘"(히브리어 본문에는 이 말이 "여호와의 형

33. Thiselton, *1 Corinthians*, 1027. 물론 이것은 현대 영어 단어(enigma)가 그 말을 파생시킨 헬라어 단어의 내포 의미를 충분히 전달하는 드문 사례 가운데 하나다.

34. Barrett, *First Corinthians*, 307.

35. 참고. Robertson, Plummer 공저, *First Corinthians*, 298에서 저자는 이렇게 말한다. "당시 고린도의 거울은 유명했다. 그러나 아무리 좋더라도 그 거울은 불완전하고 어느 정도 반사가 왜곡되었다." Hays, *First Corinthians*, 230은 "거짓은 아니지만 희미했다"라고 말한다.

36. BDAG 27. 앞에서 NJB와 REB 역본도 그렇다.

상"으로 되어 있음). 바울은 의심할 것 없이 하나님을 보거나 보지 못하는 것이 관건이라고 본다. 물론 '입과 입을 맞대고'(mouth to mouth) 말하는 것은 "얼굴과 얼굴을 대하여"(face to face) 보는 것과 같지는 않다. 히브리어와 헬라어 역본은 현대의 많은 주석가와 달리 여기서 조심스럽게 전통적인 태도를 보여준다. 바울이 여기서 전하는 말의 배경을 아주 상세히 설명한 연구는 영지 관념을 다룬 듀퐁(J. Dupont)의 걸작에서 찾아볼 수 있다. 거기서 듀퐁은 한 장을 이 구절을 다루는 데 할애했다.[37] 그 작품 이후로 많은 주석가가 듀퐁이 쓴 내용의 최소한 일부나 대부분을 따랐다. 듀퐁은 바울이 선지자들에게 하나님에 관한 '지식'이 주어지고(민 12:6) 모세가 더 분명하게 더 깊은 지식을 받았다고 말하는 민수기 12:6-8과 같은 성경 본문을 배경으로 삼았다고 본다. 그러나 듀퐁은 출애굽기 34:29-35도 검토한다. 듀퐁은 이 출애굽기 본문을 '얼굴' 주제를 뽑아내는 핵심 본문으로 이해한다. 시내 산에서 내려온 모세를 다룬 기사를 보면, 모세의 얼굴에 광채가 난 것은 그가 "여호와와 말하였[기]" 때문이다. 모세의 얼굴에서 나는 광채를 보고 백성은 두려워했고, 모세는 백성에게 말한 후 수건으로 자기 얼굴을 가렸다. 그리고 여호와와 말할 때는 수건을 벗었다. 그런 다음 모세는 여호와 앞에서 "나와" 백성에게 여호와께서 말씀하신 것을 말해주었고, 그때 백성은 "모세의 얼굴의 광채를" 보게 되었다. 그런 다음 모세는 자기 얼굴을 또 수건으로 가렸다. 출애굽기 34:29-35이 12a-b절을 조명하는 역할을 하는 것은, 12a-b절이 여호와의 말씀이 주어질 당시에 모세의 "얼굴"과 직결되어 있기 때문이다. 이것 때문에 일부 주석가는, 바울이 백성에게는 금지되고 모세에게 허락된 하나님에 대한 경험을 종말에는 하나님의 모든 백성이 공통으로 겪을 경험의 전조로 본다는 견해를 취했다. 이 견해가 매력적이기는 하지만, 듀퐁은 모세가 받은 하나님에 대한 환상도 하나님이 모세에게 "네가 내 얼굴을 보지 못하리니 나를 보고 살 자가 없음이니라"고 말씀하는 출애굽기 33:20의 신학적 맥락에 견고하게 기반을 둔 것으로 보아, 바울이 이보다 훨씬 더 큰 "소망"을 품고 있다고 지적한다. 바울은 땅 위에서는 어떤 사람도 하나님의 얼굴과 모습을 보지 못하고, 그것은 모세도 마찬가지라는 관점에 따라 설명을 제시한다. 그러므로 '입과 입을 맞대어'(민 12:8)라는 말이 "얼굴과 얼굴을 대하여"와 같은 의미라고 하는 것은 많은 질문을 불러일으킨다. 그러므로 듀퐁은 바울이 통상 하나님이 선지자를 통해 "간접적으로" 또는 "은밀하게"(δι' αἰνιγμάτων) 말씀하시는 문제를 이끌어내기 위해, 민수기 12:8을 "느슨하게" 사용한다고 주장한다. 그러나 바울은 이 이상으로 말할 작정이다.[38] 바울의 요점은 우리가 "얼굴과 얼굴을 대하여" 보게 되리라는 종말론적 소망에 집중되어 있는데, 이것은 모세에게도 허락되지 않은 소망이다.

그렇더라도 듀퐁이 지적하는 것처럼, 이것으로 "거울" 유비가 설명되는 것은 아니다. 이것 때문에 많은 주석가와 같이 듀퐁도 설명을 위해 다양한 헬레니즘 자료로 시선을 돌린다. 사실 거울은 '투명한' 것으로 널리 이해되었고, 거울로 적절하고 올바른 상(像)을 확인할 수 있다고 여겨졌다. 따라서 문제는 얼마나 희미하게 보느냐에 있지 않다.[39] 어떤 자료를 보면, 거울은 좋은 상을 보여주지만 실제로는 '희미한', 아니 사실은 '간접적인'

37. 이것은 이 유비의 의미와 이 유비의 가능한 헬레니즘 배경 및 유대교와 구약 배경을 가장 철저하고 상세하게 검토한 것 가운데 하나다. J. Dupont, *Gnosis: La Connaissance Religieuse dans les Épîtres de Saint Paul*, Dissertationes ad gradum magistri in Facultate Theologica vel in Facultate Iuris Canonici consequendum conscriptae 2.40 (Louvain: Nauwelaerts, 1949), 106-48.

38. 고린도후서 3:16-18에서 바울은 모세에게 유효했던 수건을 벗기는 일을 지금 그리스도를 받아들인 모든 자에게도 유효한 일로 비슷하게 적용한다. 여기서 그리스도인은 모세에게 말해진 것처럼 그들이 "수건이 벗겨진 얼굴"(ESV)로 주의 영광을 볼 것이라는 말을 듣는다. 지금이 이때다. 그러나 그리스도인 앞에 놓인 소망은 모세가 가진 것 또는 지금 우리가 가진 것보다 훨씬 더 크다.

상을 보여준다고 지적한다. 플라톤에서 플루타르크에 이르기까지 "거울" 관념을 신이나 본체를 파악할 수 있는 방식으로 보는 많은 언급을 찾아볼 수 있다. 어떤 이는 투명함을 갖지 못한 관점에 따라 거울을 묘사한다. 하지만 다른 이는 거울의 상을 희미하거나 간접적인 투명성과 영광을 지적하는 데 사용한다.[40] 이것은 확실히 여기서 바울이 하나님께 속한 교회의 유익을 위해 지금 가진 "지식"과 "그때" 경험할 "지식"을 생각할 때 원하는 그림이다(참고. 8:2). 지금 우리가 가진 것은 참된 지식이다. 이것은 모세가 받은 것이 참되고 놀랍게도 '입과 입을 맞대고' 하나님으로부터 받은 세부적인 지식이었던 것과 같다. 그렇더라도 그 지식은 희미하고 부분적이었다.[41]

바울이 이 유비를 적용하는 배경은 "하나님을 아는 지식"에 관한 성경적, 유대적 배경에 굳게 세워져 있다. 이 지식은 선지자들을 통해 참되지만 희미하게(단지 부분적이므로) 하나님의 은혜로 가능하게 되었다. 민수기 12:6이 "너희 중에 선지자가 있으면 나 여호와가 환상으로 나를 그에게 알리기도 하고 꿈으로 그와 말하기도 하거니와"라고 말하는 것과 같다. 모세는 더 명확한 지식을 받았다. 하지만 하나님이 분명히 하시는 것처럼 여전히 구체적으로 보면 "얼굴과 얼굴을 대하여" 보는 것은 아니었다. 왜냐하면 모세는 하나님의 얼굴을 볼 수 없으리라는 말을 들었기 때문이다. 바울은 모세의 계시에 관한 요점을 다른 선지자들의 계시와 다르게 제시하는 것이 아니다. 오히려 바울은 헬레니즘의 거울 유비로 설명되는 요점, 곧 "지금" 하나님의 이런 모든 계시는 '간접적'이라는 사실을 제시한다. 따라서 듀퐁이 말하는 것처럼, 미래에는 모세가 알았던 것보다 훨씬 더 깊은 지식을 갖게 된다. 그러나 출애굽기 33:17-22은 여전히 근본적 배경으로 남아 있다. 이 세상 질서에 속한 모든 것이, 그리스도 안에서 "말세를 만난"(고전 10:11) 그리고 하나님의 영의 은사를 받은 우리에게도, 여전히 장차 임할 영광과 비교하면 부분적이고 희미한 상태에 있다.

흥미롭게도 13:12 후반부로 나아갈 때 우리는 출애굽기 33:17의 서두가 "너는 내 목전에 은총을 입었고 내가 이름으로도 너를 앎이니라"[LXX, "무엇보다 먼저"(παρὰ πάντας)]고 하나님이 모세에게 말씀하는 내용임을 주목해야 한다. 바울이 지금 돌아보는 것이 바로 이것이다. 여기서 바울에게 가장 중요한 문제는 그리스도인은 하나님이 알아주시는 자라는 사실이다(참고. 8:3; 갈 4:9). 하나님이 먼저 모세를 알아주셨고, 그다음에 영광스럽지만 제한적인 하나님에 관한 환상을 그에게 주셨으며, 그것은 하나님의 모든 백성에게도 마찬가지다. 바울은 다시 1인칭 단수형("내가")으로 바꾸어 '내가 온전히 알았다'(ἐπεγνώσθην)고 주장한다. 그러나 그렇더라도 바울은 다만 "부분적으로"(ἐκ μέρους) 알고 있다. 온전히 알았다고 하더라도 바울은 오직 "그때"만 온전히 알게 된다. 여기서 1인칭 단수형이 다시 사용된 것은, 바울이 선지자와 사도로서 지식이 있고 방언을 말하는 자신이 다

39. 오히려 플라톤 사상과 일치되게, 문제는 종종 거울의 반사물이 "실제적인지" 또는 "참된지" 여부에 있다. 참고. Plato, *Republic* 10.596E (Emlyn-Jones and Preddy, LCL).

40. 여기서 플라톤 사상을 의지하는 Plutarch, *Moralia* 10.781.F-782를 참고하라. 플루타르크는 자신의 피조물 속에 비친 신에 관해 말한다. "해처럼 그의 매우 아름다운 상이 하늘에서 그 상 안에서 자기를 볼 수 있는 자에게 반사된 모습으로 나타난다…"(LCL). 또한 *Moralia* 5.382.A도 참고하라. 거기서 플루타르크는 "무생물 속에서 신적 존재의 은밀한 것(αἴνιγμα)"을 관찰한 것을 반성한다. 하지만 본성과 혼 등을 가진 이 존재들을 "신적 존재의 명확한 거울"로 이해한다(LCL).

41. 이런 관점은 (출 38:8을 통해 해석된) 에스겔서 43:3과 민수기 12:8을 함께 묶는 '환상'과 '거울'에 관한 미드라쉬 언어 유희에 호소하는 것보다 훨씬 더 만족스럽다. M. Fishbane, "Through the Looking Glass: Reflections on Ezek 43:3, Num 12:8 and 1 Cor 13:8," *HAR* 10 (1986): 63-75를 보라. 바울은 언어 유희를 필요로 하지 않는다. 바울은 단순히 예언적 지식에 대한 구약의 이해와 하나님의 영광에 관한 계시에 기반을 두는데, 이것은 심지어 모세에게도 부분적이고 일부러 반석 틈에 희미하게 두었다(출 33:22).

른 모든 그리스도인과 똑같은 배를 타고 있다는 사실에 집중했기 때문이다. 최종적인 결론은 장차 임할 것에 비추어 보면 모든 은사가 상대화된다는 것이다. 모든 것이 그저 간접적이다. 모든 것이 진리를 제공하지만, 그것은 부분적 진리이고, 부분적 시각이며, 부분적 지식이다. "부분적"이라는 말은 부적절하거나 잘못이거나 빈약하다는 뜻이 아니다. 바울의 관점에서 보면, 이 부분적 "지식"은 하나님으로부터 오고 교회의 덕을 세우도록 주어진다. 그러나 "온전한 것"이 올 때 이 부분적 지식은 제거된다. 온전한 계시가 임하고 온전히 알 수 있을 때 누가 간접적으로 하나님을 보고 부분적으로 알기 원하겠는가?

13:13 그런즉 믿음, 소망, 사랑, 이 세 가지는 항상 있을 것인데 그 중의 제일은 사랑이라(Νυνὶ δὲ μένει πίστις, ἐλπίς, ἀγάπη, τὰ τρία ταῦτα· μείζων δὲ τούτων ἡ ἀγάπη). 바울은 자주 사용하는 믿음, 소망, 사랑이라는 삼중 요소로 이 놀라운 본문(13장)을 마무리한다(살전 1:3; 5:8; 롬 5:1-5; 골 1:4-5; 엡 4:2-5). "항상 있을" 이 삼중 요소는 '폐할' 또는 '그칠' 8절의 예언, 방언, 지식의 삼중 요소와 생생한 대조를 이룬다. 따라서 13절은 결정적인 요약을 담은 구절이 된다. 영원토록 지속되는 것은 현세에서도 가장 가치 있는 것이어야 한다. '그러나 이제는'(νυνὶ δέ)이라는 말(개역개정에는 "그런즉"-역주)은 이 부분 전체에 걸친 바울의 논증의 논리적 진행을 암시한다. 직전 구절(12절)에서 바울은 두 번에 걸쳐 "그때"와 "지금"을 대조한다.[42] 그러나 13절에서는 "그때"라는 말이 다시 나오지 않는데, 그것은 믿음, 소망, 사랑이 "항상 있을" 것이기 때문이다. 심지어는 똑같이 영원까지 지속될 믿음 및 소망보다 사랑이 우월하다는 사실이 굳건하게 확립된다. 바울은 예언, 지식, 방언은 폐해질 것이라고 주장했다. 그리고 아마 이 삼중의 은사(은사의 대표적인 사례들) 때문에 바울은 자신이 "항상 있을"(μένω, 참고. NIV, TEV, NJB)[43] 것이라고 말하는 참된 기독교적 실존의 세 가지 영속적인 인증 요소(곧, 믿음, 소망, 사랑)를 제시했을 것이다. 영속성 대 비영속성 문제가 8-12절에서 확립되었다. 따라서 그것은 기독교적 지위의 참된 인증 요소가 실제로 무엇인지 결정하는 중대한 방법 가운데 하나가 된다. 그러나 여기에 주의를 요하는 세 가지 주석 문제가 있다.

첫째, 삼중 요소(믿음, 소망, 사랑)의 의미는 각각 주의 깊게 살펴볼 필요가 있다. 여기서 "믿음"(πίστις)은 2절에서 언급된 산을 옮길 만한 믿음의 은사가 아니다. 오히려 바울이 서신의 많은 곳에서 사용하는 요약 표현이다. 여기서 믿음은 십자가에 못 박히신 그리스도의 구원하는 복음에 온전히 반응하는 것을 가리킨다.[44] 이것은 특별히 앞에서 다룬 삼중 요소가 나오는 본문들에서 확인된다. 이 믿음은 예수님의 죽음으로 말미암아 죄 사함과 의롭다 함에 대한 사법적 판결을 받아들이는 것을 함축한다. 바울이 로마서 10:6-11에서 말하는 것처럼, "예수를 주"로 시인하는 고백과 "부끄러움을 당하지(심판을 받지) 않는" 경험으로 증명된다. 바울의 요점으로 나타나는 것처럼, 만약 이 믿음이 영원까지 계속된다면, "믿음"은 그리스도의 구원을 알고 경험하는 그리고 그리스도가 영원히 주로 인정받는 영역 속에서 세세토록 사는 인생의 특징이다. 따라서 그리스도인의 믿음은 그가 언젠가 얼굴과 얼굴을 대하여 보게 될 주님께 영원히 헌신하는 것이다.

"소망"(ἐλπίς)도 비슷하게 미래에 대해 하나님을 신뢰

42. Ciampa, Rosner 공저, *1 Corinthians*, 664n238은 12절의 "지금은"(ἄρτι)에서 13절의 '이제는'(νυνί)으로 어휘가 바뀌는 것이, 후자가 시간적 내포 의미를 때때로 상실하기 때문에, 중요한지 여부를 검토한다. Ciampa, Rosner는 이것이 개연성은 없지만 13절의 단어는 시간적 요소가 있는 12절의 단어와 대조 관계에 있다고 결론짓는다.

43. "Last for ever"(REB), "abide"(NASB, NRSV, ESV. 참고. AV ["abideth"]).

44. Fitzmyer, *1 Corinthians*, 501.

하는 것을 가리킨다. 지금 그리스도인의 소망은 주로 그리스도가 영광 중에 오시는 사건에 초점이 맞추어져 있다(참고. 갈 5:5; 골 1:5). 그러나 소망은 믿음과 긴밀하게 관련되어 있으므로 영원까지 지속될 수 없다고 주장할 하등의 이유가 없다. 배럿은 다음과 같이 말할 때 이 점을 잘 포착한다. "믿음과 같이 소망도 참된, 그러므로 변경할 수 없는, 하나님에 관한 진리를 전제하고 표현한다. 하나님은 신실하시다(πιστός). 즉, 믿음(πίστις)이 적절히 의지하는 대상이다. 마찬가지로 하나님은 우리의 소망이시다. 즉, 소망이 적절히 의지하는 대상이다. 믿음과 소망이 인간에 관한 **영원한** 진리를 표현하는 것은 그것들이 하나님에 관한 진리에 이처럼 뿌리를 두었기 때문이다."[45] 소망이 이런 식으로 성찰되기 때문에 우리는 특별히 15:19을 기억해야 한다. "만일 그리스도 안에서 우리가 바라는 것이 다만 이 세상의 삶뿐이면 (심지어는 지금도) 모든 사람 가운데 우리가 더욱 불쌍한 자이리라." "사랑"은 8:1–3에서 이미 묘사되었다.

일부 주석가는 위의 설명에 이의를 제기한다. 그들이 엄밀히 "믿음"과 "소망"이 영원까지 계속될 수 있다고 보지 않기 때문이다.[46] '그러나 이제는'이라는 말은 완전히 시간적 의미로 취해져야 하고, 12절의 "지금"(ἄρτι)이라는 말과 마찬가지로 '현시대'를 가리킨다고 보는 주장이 있다. '그러나 이제는'이라는 말을 시간적 의미로 취하는 것을 옹호하는 주장은, "그중의 제일은 사랑이라"는 말의 논리적 의미가 오직 사랑만이 영원까지 계속되는 것을 가리킨다고 보는 주장으로도 지지를 받는다.[47] 믿음과 소망은 그리스도가 오실 때 끝난다고 언급된다. 그때는 믿음과 소망이 필요하지 않기 때문이다. 따라서 "믿음"은 "보는 것"이 임할 때(고후 5:7) 끝나고, "소망"은 보는 것의 '임함'을 예견한다. 따라서 우리가 얼굴과 얼굴을 대하여 볼 때 사라진다(롬 8:24–25). 그러나 이 책이 앞서 설명한 것(믿음, 소망, 사랑이 영원까지 지속한다는 것)에 대한 이런 반론은 설득력이 없어 보인다. 지적했듯이 믿음과 소망이 그다음에 나란히 나오는 사랑과 함께 현세를 넘어 계속된다고 보는 것은 가능하다. 그보다도 우리는 13:7에 따라 바울이 이미 믿음과 소망을 사랑과 깊이 연결한 것을 지적할 수 있다. 따라서 사랑은 '모든 것을 믿고 모든 것을 바란다.'

둘째, 바울이 사랑을 "그중의 제일"로 말하는 바의 의미를 묻는 것이 중요하다.[48] 이것은 13:3에 대한 설명에 나온 "사랑"에 관한 '심층 연구'에서 설명했다. 사랑이 "그중의 제일"인 것이 믿음과 소망은 끝나지만 사랑은 영속적이기 때문이라고 보는 관점은 개연성이 없다. 사랑이 그중의 제일인 것은 사람이 하나님께 속해 있고 그분을 본받는 것을 입증하는 참된 표지이기 때문이라고 보는 관점이 더 개연성이 있다. 사랑은 하나님께 속해 있고 성령으로 말미암아 그리스도인에게 부어진다(롬 5:5). 하나님 자신은 "믿음"과 "소망"을 갖고 계시지 않다. 그러나 하나님은 사랑은 갖고 계시며, 자신의 모든 백성에게 사랑을 베풀어주신다. 대계명은 하나님을 사랑하고 이웃을 사랑하는 두 가지로 집약된다. 성령이 주어질 때 하나님의 사랑이 부어지지 않으면 사랑은 가능하지 않다. 그러나 그리스도가 오셔서 자신의 피로 새 언약을 세우셨기 때문에 요엘 선지자가 예언한 것처럼(욜 2:28–32) 성령이 확실히 모든 육체에 부어졌다. 따라서 모든 그리스도인은 진실로 주님을 본받을 수 있다(고전 11:1). 바울은 이 본보기를 친히 보여주었다(9장). 배럿이 다음과 같이 말하는 것과 같다. "사랑은 하나님

45. Barrett, *First Corinthians*, 309 (강조체 저자).

46. 다음 자료들을 보라. Calvin, *First Corinthians*, 283; Ruef, *Paul's First Letter to Corinth*, 145; Hays, *First Corinthians*, 230; Horsley, *1 Corinthians*, 179.

47. Chrysostom, *Homilies on First Corinthians*, homily 34.3(p. 476)은 이렇게 말한다. "그러면 사랑이 어떻게 그중에 제일인가? 그것들(믿음과 소망)은 지나가는 것이기 때문이다."

48. 신약성경이 기록될 당시 간혹 비교급과 최상급의 구분이 없었던 사례가 여기 있다. BDF §244를 보라. 상세한 설명은 Wallace, *Greek Grammar*, 299–300을 보라.

자신의 행동, 그것도 본질적 행동이고, 사람들은 하나님이나 동료 인간들을 사랑할 때 (아무리 불완전하더라도) 하나님이 행하시는 것을 행하는 것이다."[49]

셋째, '남아 있을'(항상 있을)이라는 말의 의미를 고찰해보아야 한다. 영어 단어에서 '거하다'(abide)와 '남아 있다'(remain)는 말은 굳이 구별할 필요가 없다. '거하다'라는 말이 현대에는 지속 관념을 더 잘 함축할 수 있으나, '남아 있다'는 말은 새 시대에는 은사가 중단되는 것과 달리 삼중 요소가 지속된다는 관념을 더 잘 함축할 수 있다. 사랑이 "그중의 제일"이라는 말을 사랑만이 다음 시대까지 미친다고 해석하는 사람은, 믿음, 소망, 사랑이 남아 있을(항상 있을) 때 그것은 삼중 요소가 현세에 미치고 그리스도가 오실 때까지 지속된다는 뜻이라고 주장한다. 그런데 이 주장의 문제점은 단순히 이 본문 전체에 걸쳐 바울이 사랑과 은사의 대조를 확립해왔다는 것이다. 이 삼중 요소는 대조를 이어가고, 바울은 어디서도 은사 역시 (그런 의미에서는) '남아 있지' 않을 것이라고 주장하지 않는다. 그렇게 보면 8-12절에 나오는 대조의 요점이 13절의 요약에서는 사라지고, 13절의 요점은 거의 불필요한 것이 되며, 사랑은 어쨌든 믿음과 소망보다 더 낫다고 말하는 것 외에 다른 의미가 없게 된다.

바울은 교회의 삶과 정체성에 있어 사랑의 우선권을 분명히 확립했다. 모든 지체가 소유하지 못하는 은사와 달리, 사랑은 모든 지체가 소유해야 하는 것으로 참된 공동체 지체를 입증하는 표지다. 그리스도인이라면 누구나 사랑을 소유한다. 사랑은 능동적이므로 활동하고 모방할 수 있다. 또 사랑은 하나님으로부터 나오고 하나님을 반영하므로 영원히 남아 있다.

따라서 14:1의 '사랑을 추구하라'(διώκετε τὴν ἀγάπην)는 말은 13장 끝부분과 14장의 시작 부분을 연결하는 다리가 된다. 이것이 진실로 진정하고 온전한 공동체 지체를 증명할 '더 좋은 길'이다.

적용에서의 신학

1. 삶의 방식인 사랑

고린도전서 13장에 묘사된 사랑은 예수 그리스도를 본받는 삶의 방식으로 가장 잘 이해되고, 여기서 초점은 자신이 아니라 '다른 사람'과 그들의 유익에 있다. 이것 때문에 하나님에 대한 사랑(8:3)과 주님께 속한 자에 대한 사랑을 구분하는 것이 별로 유용하지 않다. 사랑은 행동이다. 곧, 사람이 어떻게 주님을 위해 살고 주님께 순종하는지 그리고 사람이 어떻게 다른 사람을 위해 살고 그들을 섬기는지에 관한 행동이다. 그러나 사랑은 또한 존재에 관한 속성이기도 하다. 사랑의 기초가 사랑이신 하나님 안에(고후 13:14, 참고. 요일 4:8, 16) 그리고 그 사랑을 확증하시는 그리스도 안에(롬 5:8) 있기 때문이다. 이것이 단순히 사람들이 행동하는 방

49. *First Corinthians*, 311.

식 이상의 의미가 있는 것은, 에베소서 3:14-19에서 그리스도인이 "사랑 가운데서 뿌리가 박히고 터가 굳어지도록"(17절) 바울이 기도할 때 확인된다. '그리스도의 사랑을 아는' 것은 믿음으로 말미암아 그리스도가 그리스도인의 "마음"에 계심을 경험하는 것이다(17, 19절). 하나님의 백성은 그리스도를 더욱 닮아가야 하는데, 바울이 여기서 기도하는 내용도 바로 이것이다. 바울이 사랑을 '더(가장) 좋은 길'(12:31)로 부르는 것은, 존재와 행동이 먼저는 하나님과 그리스도 안에서 그리고 그다음에는 하나님의 백성 가운데서도 매우 긴밀하게 연계되어 있기 때문이다. '더 좋은 길'은 자신의 생애, 고난, 죽음으로 사랑을 보여주고, 또 자신의 존재로도 사랑을 보여주신 메시아의 등장으로 시작된 새 시대의 길이다. 사랑은 하늘에 속한 실존의 길이다. 이것이 그리스도 안에서 현재에 침투하기 때문에, 그리스도의 영으로 충만한 그분의 백성은 이 실존의 길을 취해야 하고, 사랑이 모든 것에 대한 그들의 관점을 이끄는 삶을 영위해야 한다. 물론 이것은 그들이 살고 말하며 생각하는 방식에서 즉각 확인된다. 13장, 특히 4-7절에서 바울은 이것을 묘사한다. 여기서 언급하는 모든 일이 이루어질 때도 신자에게 사랑의 의미는 절대로 상실되지 않는다!

사랑으로 행한 행실에 대한 바울의 설명은 특히 반문화적이다. 그것은 고린도 교인의 시기와 교만과 이기심을 반대하고, 그 반대는 분명히 우리 시대를 향해서도 말한다. 많은 것이 '자아'(자아 의식, 자아 존중, 자아 수용, 자아상, 자아 실현 등을 막론하고)에 따라 제시되는 사회 속에서, 자기 희생을 따르는 삶으로 남을 위해 사는 실존 방식을 드러내는 것은 매우 도발적으로 보인다. 우리를 위한 희생 제물로 자신의 목숨을 내놓으신 분을 따르는 것은, 세속 사회가 정의하는 대로 사람의 인정과 삶의 진보에 비추어 보면 비천하고 당연히 값비싼 대가를 치르는 일이다.

우리가 내내 확인했듯이, 그리스도는 본보기로 남아 있어야 한다. 그리스도를 본보기로 삼으면 통상적인 삶의 시기, 자랑, 무례, 교만, 성냄은 무너질 것이다. 대신 인내와 사랑 그리고 진리를 기뻐하는 것은 하나님께 속한 백성의 특징이 된다. 그리스도가 우리의 죄를 사하시고 다시는 죄가 우리를 반대하지 않게 하신 길을 따라 우리의 사랑도 악한 것을 생각해서는 안 된다. 예를 들면, 그리스도인이 죄를 범할 때 적절하게 처리하지 못하기 쉬운 한 가지 경우가 있다. 곧, 그들은 용서하지만 그들의 마음 언저리에는 상처나 고통이 남아 있는 것이다. 그래서 다음에 자신에게 잘못을 저지른 사람을 만났을 때 그들은 기억하고 쌓아둔다. 만약 그 관계에서 어떤 잘못이 다시 일어나면, 그들은 다시 한번 '너를 용서한다'고 말할 수 있으나 그런 다음 '그러나'라는 말을 덧붙일 것이다. 이 '그러나'라는 말은 보통 과거로 되돌아가 이전에 받은 상처의 기억을 되살릴 것이다. 우리는 여기서 형제가 자신에게 죄를 범하면 몇 번이나 용서해주어야 하는지 물었던 베드로의 말을 떠올린다(마 18:21). 이때 예수님이 주신 답변은 용서하는 인생이 되어야 한다는 것이다. 그리스도의 제자들이 계속 용서하는 인생을 살아야 하는 이유는 그것이 그들의 정체성의 일부이기 때문이다. 가장 좋은 길은 바로 사랑이다.

2. 사랑은 부드럽기만 한 것이 아니다

많은 사람이 사랑을 누구나 '기분 좋게 하는' 태도를 취하는 것이라고 생각한다. 이것은 논쟁이나 중요한 문제에 대한 강력한 발언 그리고 고된 영적 훈련이나 다른 훈육에 사랑이 없다고 보는 것과 같다. 이것 때문에 어떤 교회에서는 누구든 정죄받거나 사랑받지 못한다는 느낌을 갖지 않도록 거룩함을 강조하는 설교를 거의 전하지 않고, 그 결과 매우 허약한 기독교 신앙을 낳고 말았다. 사도 바울은 디모데후서 4:3–4에서 이런 문제들에 대해 세상의 관점이 교회에 영향을 미침으로써 겪게 된 위험성을 다음과 같이 경고했다. "때가 이르리니 사람이 바른 교훈을 받지 아니하며 귀가 가려워서 자기의 사욕을 따를 스승을 많이 두고 또 그 귀를 진리에서 돌이켜 허탄한 이야기를 따르리라." 우리 사회에 크게 자리잡은 한 가지 현대의 신화는 모든 것을 용납하고, 모든 것을 장려하며, 아무것도 부정하지 않는 것을 사랑이라고 보는 것이다. 성경이 말하는 사랑은, 하나님은 사랑이시고 예수님은 우리 모두에게 이 사랑을 온전히 증명하셨다는 점에서 아름답게 잘 정의되어 있다. 바울이 13장에서 하는 것과 같이, 신약성경 저자들도 사랑에 관해 실천적 요소를 더 강조한다. 사랑은 무조건 부드러운 것이 아니다. 사랑은 항상 다른 사람의 덕을 세워주고자 한다. 하지만 그것이 다른 사람의 죄를 눈감아주고 악을 방관한다는 것을 뜻하지는 않는다. "불의를 기뻐하지 아니하며"(13:6).

사실 참된 사랑은 예수 그리스도의 복음에서 가장 잘 확인되므로 종종 사람들을 갈라놓기도 한다. 왜냐하면 그런 갈라짐이 복음이 선포되고 복음을 따라 살 때 벌어지기 때문이다. 바울은 인내를 권고하고 온유함을 강조할 수 있으나(4절), 이런 온유한 태도와 고린도 교인에게 "매"를 가지고 가는 모습(4:21) 사이에 대립이 없다고 본다. 바울은 4:8에서 보여준 신랄한 비꼼과 이런 온유함 사이에 갈등이 없다고 본다. 또한 바울은 자기 백성에 대한 하나님의 사랑과 하나님의 엄격한 징계 사이에도 상충하는 것이 없다고 본다(11:32; 그리고 히 12:6에서 주의 징계가 주의 사랑으로 확인되는 것을 참고하라). 예수 그리스도의 복음에 담긴 사랑을 나타낼 때 우리는 그것이 의미 없는 빈말을 건네거나, 단지 피상적인 '미소'에 그치는 것이 아님을 명심해야 한다.

CHAPTER 27

고린도전서 14:1–25

문학적 전후 문맥

고린도 교회 안에서 은사를 악용한 탓에 벌어진 실천 신학의 심각한 문제점을 언급한 다음, 바울은 12장에서 하나님이 주신 은사의 올바른 용도와 목적을 고찰하기 시작했다. 은사의 목적은 그리스도의 몸의 덕을 세우는 것이다. 13장은 바울의 논증에 잘 들어맞는다. 13장에서 바울은 특별히 은사와 온전한 기독교적 믿음의 참된 인증 잣대인 사랑을 대조한다. 바울은 사랑의 열쇠는 공동체의 덕을 세우는 기능을 하는 데 있다고 이미 지적했다(8:1). 이어서 13장에서 바울은 요점을 부각하고자 예외적인 또는 특출한 몇 가지 은사를 언급했다. 이 특정 은사는 고린도 교회의 엘리트 교인이 주로 추구한 것으로 언급되었다. "사랑"이 하나님의 백성임을 입증하는 유일하게 참된 인증 잣대이고, 은사와 달리 죽음 자체보다 오래 존속하는 속성임을 증명한 바울은 이제 은사의 올바르고 적절한 기능을 다루는 일로 돌아간다. 따라서 14장은 분명히 그리고 순조롭게 13장을 이어간다. 14장의 첫 구절은 13장의 사상을 요약하며, 전환 구절로 작용하고, 특별히 13:1–2에 언급된 두 은사와 관련된 문제로 되돌아간다.

따라서 바울은 특별히 방언의 은사와 예언의 은사를 비교함으로써 자신의 가르침을 적용한다. 바울은 한 은사(예언)가 어떻게 공동체, 아니 심지어는 공동체 밖에 있는 자에게도 덕을 세우는 역할을 하는지, 그래서 13장에서 말한 사랑의 본보기가 될 수 있는지 예증하지만, 다른 은사(방언)는 통상적으로 이처럼 덕을 세우는 목적을 감당할 수 없다는 점을 예증한다. 이 두 은사가 고린도 교회 엘리트 교인에게 높은 평가를 받았다고 추정할 만한 충분한 이유가 있다. 그런데 바울은 이 두 은사를 통해 성령의 일들을 분별하고 판단해야 할 필요성에 관한 일반적 요점을 제시하고, 두 은사가 공동체 안에서 어떻게 기능해야 하는지 설명한다.

주요 개념

교인들은 사랑을 추구해야 한다. 이것은 이런 은사들을 사모하는 것이 교회의 덕을 세우기 위한 목적에 있다는 점을 의미한다. 이것 때문에 공적 예배에서 예배자의 덕을 세우는 은사가 최우선순위에 놓이게 된다. 방언의 은사와 예언의 은사의 대조는 바울의 요점을 확립하는 데 도움을 준다.

번역

고린도전서 14:1-25

1a	권고	사랑을 추구하며
b	권고	신령한 것들을 사모하되
c	확대	특별히 예언을 하려고 하라
2a	1c절의 기초/단언	**방언을 말하는 자는** 사람에게 하지 아니하고
b		하나님께 하나니
c	2a절의 기초	이는 **알아 듣는 자가 없고**
d	수단	영으로
e	대조	**비밀을 말함이라**

3a	2a절과 대조	그러나 **예언하는 자는** 사람에게 말하여
b	유익	덕을 세우며
c		권면하며
d		위로하는 것이요
4a	단언	**방언을 말하는 자는 자기의 덕을 세우고**
b	대조	**예언하는 자는 교회의 덕을 세우나니**
5a	소원(허락)	**나는 너희가 다 방언 말하기를 원하나**
b	비교	특별히
c	소원	**예언하기를 원하노라**
d	단언	만일 **방언을 말하는 자가…예언하는 자만 못하니라**
e	예외	통역하여
f	목적	교회의 덕을 세우지 아니하면
6a	설명	그런즉 형제들아
b	가설적 예증(1)	내가 너희에게 나아가서 방언으로 말하고
c	도구	계시나 지식이나
d	목록	예언이나 가르치는 것으로
e	예외	말하지 아니하면
f	질문	**너희에게 무엇이 유익하리요**
7a	가설적 예증(2)	혹
c		피리나 거문고와 같이
b		**생명 없는 것이**
		소리를 낼 때에
d	조건	그 음의
		분별을 나타내지 아니하면
e	질문	**피리 부는 것인지 거문고 타는 것인지 어찌 알게 되리요**
8a	가설적 예증(3)	
b	조건	만일 나팔이 분명하지 못한 소리를 내면
c	질문	**누가 전투를 준비하리요**
9a	가설적 예증(4)	이와 같이 너희도
b	조건(소극적)	혀로써 알아 듣기 쉬운 말을 하지 아니하면
c	질문	**그 말하는 것을 어찌 알리요**
d	이유	**이는 허공에다 말하는 것이라**

10a	조건(가능성의	이같이 세상에 소리의 종류가 많으나
b	표현)	뜻 없는 소리는 없나니
11a	조건(조건절)	그러므로 내가 그 소리의 뜻을 알지 못하면
b	단언(귀결절)	**내가 말하는 자에게 외국인이 되고**
c		**말하는 자도 내게 외국인이 되리니**
12a	연속	그러므로
b	12c절의 기초	너희도 영적인 것을 사모하는 자인즉
c	권고	**교회의 덕을 세우기 위하여 그것이 풍성하기를 구하라**
13a	6–12절에서 뽑아낸 추론	그러므로
b	권고	**방언을 말하는 자는 통역하기를 기도할지니**
14a	조건	내가 만일 방언으로 기도하면
b	단언	**나의 영이 기도하거니와**
c	대조	**나의 마음은 열매를 맺지 못하리라**
15a	수사적 질문	**그러면 어떻게 할까**
b	반응(단언)	**내가 영으로 기도하고**
c		**또 마음으로 기도하며**
d	연속	**내가 영으로 찬송하고**
e		**또 마음으로 찬송하리라**
16a		그렇지 아니하면
b	조건	네가…축복할 때에
c	수단	영으로
d	묘사	알지 못하는 처지에 있는
e	단언	**자가**
f	기초	네가 무슨 말을 하는지 알지 못하고
g	단언(계속)	**네 감사에 어찌 아멘 하리요**
17a	추론	**너는 감사를 잘하였으나**
b	대조	그러나 **다른 사람은 덕 세움을 받지 못하리라**
18a	단언(과장법)	내가 너희 모든 사람보다 **방언을 더 말하므로**
b	단언	**하나님께 감사하노라**
19a		그러나
b	위치	교회에서

c	소원	**내가…다섯 마디 말을 하는 것이…나으니라**
d	목적	남을 가르치기 위하여
e	수단	깨달은 마음으로
f	비교	**일만 마디…말하는 것보다**
		방언으로
20a		형제들아
		지혜에는
b	권고	**아이가 되지 말고**
c	대조	악에는
d	권고	**어린 아이가 되라**
e	권고/대조	지혜에는
		장성한 사람이 되라
21a	단언	**율법에 기록된 바**
b	인용	주께서 이르시되 내가 다른 방언을 말하는 자와 다른 입술로
c		이 백성에게 말할지라도
d		그들이 여전히 듣지 아니하리라 하였으니(참고. 사 28:11-12)
22a	추론	그러므로
b	단언	**방언은…표적이나**
c	부정	믿는 자들을 위하지 아니하고
d	유익	믿지 아니하는 자들을 위하는
e	단언	**예언은…위함이니라**
f	부정	믿지 아니하는 자들을 위하지 않고
g	유익	믿는 자들을
23a	22b-d절에 대한 고찰	그러므로
b	조건(조건절)	온 교회가 함께
c	위치	모여
d	조건(계속)	다 방언으로 말하면
e		알지 못하는 자들이나 믿지 아니하는 자들이 들어와서
f	수사적 질문	**너희를 미쳤다 하지 아니하겠느냐**
24a	22e-g절에 대한 고찰	그러나 다 예언을 하면
b	확대	믿지 아니하는 자들이나

c		알지 못하는 자들이 들어와서
d	단언	**모든 사람에게 책망을 들으며**
e		**모든 사람에게 판단을 받고**
25a		**그 마음의 숨은 일들이 드러나게** 되므로
b	태도	엎드리어
c	단언	**하나님께 경배하며**
d	고백	하나님이 참으로 너희 가운데 계신다 전파하리라

구조

14장은 두 주요 부분으로 나누어지고, 1절과 39절의 '사모하라'는 명령이 인클루지오를 구성한다. 첫 번째 주요 부분(14:1-25)은 방언의 은사와 예언의 은사를 비교하고 대조한다. 두 은사가 바울에게 고린도 교회 공동체 안에서 은사의 올바른 기능에 관해 적절한 사례 연구를 제공하기 때문이다. 알아들을 수 없는 방언은 아무에게도 덕을 세우지 못하지만, 듣는 자가 분명히 이해하고 파악할 수 있는 예언은 확실히 덕을 세우는 기능이 있다. 14장의 두 번째 주요 부분(14:26-40)은 첫 번째 부분과 긴밀하게 관련되어 있으나 약간 다른 방향으로 나아간다. 함께 모인 교회 안에서 벌어진 예배 문제에 관해 특별히 다시 말하는 이 두 번째 부분은, 하나님이 질서의 하나님이라는 사실에 기반을 두고 예배의 질서 문제를 다룬다. 하나님은 예배를 받으시고 은사를 베풀어주신 분이므로, 영적으로 온전한 자는 누구를 막론하고 쉽게 이 사실을 인정할 것이다. 완전히 자율적인 예배는 질서의 하나님께 적합하지 않다. 그러나 또한 본질상 그런 예배는 사랑의 구심력과 예배에서 공동체의 덕을 세우는 일도 제대로 반영하지 못한다.

첫 번째 주요 부분(14:1-25)은 다음과 같이 4개의 하위 부분으로 나누어진다. (1) 14:1-5은 은사의 두 사례(방언과 예언)와 두 은사가 예배에서 어떻게 쓰이는지 검토함으로써 은사의 용도를 제시한다. 바울이 11:17-34에서 예배 문제를 다룬 것을 주목하라. 그리고 바울은 12장에서 그리스도인이 한 몸으로 함께 모여 하나님의 은사를 받는다고 가정한다. 예언의 은사와 방언의 은사라는 두 사례는 교회의 "덕을 세우는" 능력에 따라 정면으로 대조된다. (2) 14:6-12은 더 깊이 나아가 두 가지 유비를 사용하여 방언의 은사가 교회의 덕을 세우지 못하는 이유를 제시한다. 오히려 바울은 '교회의 덕을 세우는 데 풍성한' 은사를 추구하라고 권고한다(12절; 참고. 15:58). (3) 14:13-19은 방언의 은사가 어떻게 교회 안팎의 사람들의 덕을 세우지 못하는지 증명한다. 또한 덕을 세우는 일이 적절하게 일어나려면 알아들을 수 있게 말하는 것이 필수적임을 강조한다. (4) 14:20-25은 신자들의 참된 영적 성숙(온전함) 문제로 돌아간다.

전체 교인이 알아들을 수 있는 예배에 함께 참여할 때, 심지어는 교회 밖에 있는 자도 깨달을 기회를 얻으며, 자기 백성과 함께 하시는 하나님의 임재를 인정하고 예배에 나올 수도 있다.

석의적 개요

VIII. 지위, 공적 예배, 자유, 은사(11:2-14:40)

A. 공적 예배에서 남편과 아내가 지켜야 할 행위(11:2-16)

B. 주의 만찬에서 교회가 지켜야 할 행위(11:17-34)

C. 신령한 자와 교회 안에서 은사의 기능(12:1-31)

D. 사랑으로 인증받는 신령한 자의 지위(13:1-13)

➡ **E. 공적 예배에서 은사의 적절한 기능(14:1-25)**

1. 사랑을 추구하며 예배하는 자의 덕을 세우는 은사를 사모하라(14:1-5)

2. 방언은 예배에서 문제가 될 수 있다(14:6-12)

a. 악기에서 이끌어낸 예증과 적용(14:6-9)

b. 다른 언어에서 이끌어낸 예증과 적용(14:10-12)

3. 공적 예배는 알아들을 수 있는 것을 특징으로 해야 한다(14:13-19)

4. 공적 예배에서 예언이 방언보다 더 유익하다(14:20-25)

본문 설명

14:1 사랑을 추구하며 신령한 것들을 사모하되 특별히 예언을 하려고 하라(Διώκετε τὴν ἀγάπην, ζηλοῦτε δὲ τὰ πνευματικά, μᾶλλον δὲ ἵνα προφητεύητε). 첫 번째 명령("사랑을 추구하며")은 13장의 취지를 요약하고, 이제 신령한 은사와 그리스도인의 참된 표지인 사랑의 관계를 가르치고자 은사 문제로 되돌아간다. 사랑을 추구해야 한다. 여기서 바울의 명령에는 중요하고 역동적인 국면이 있다. 현재 명령이 필수적인 것은 "사랑"이 그리스도인의 표지인 만큼 당연히 행하고 전개해야 했기 때문이다. 최소한 현세가 끝날 때까지 그리스도인은 단순히 주님께 속해 있는 것이므로 사랑은 그리스도인의 '자연적' 속성이 아니다. 그리스도인은 하나님을 닮도록 부르심을 받고 사랑은 확실히 하나님의 본성의 한 부분이지만, 사도 요한이 지적하는 것처럼 '그가 나타나실 때까지는 우리가 그와 같게 되지' 못할 것이다(요일 3:2).

바울은 다른 곳에서 신자가 하나님이나 그리스도의 뜻을 따르고자 할 때 감당해야 하는 일에 대해 '추구하다'라는 동사를 사용한다(롬 14:19; 빌 3:12, 14; 살전 5:15; 딤전 6:11). "신령한 것들"(πνευματικά)의 용법에 관해서는 2:13-15에 대한 설명을 보라. 고린도 교회 일부 교인은 자신이 신령한 것을 소유하거나 추구했다고 믿었지만, 바울은 그들이 전혀 그러지 못했다고 주장한다. 그것은 그들이 온전한 것과 신령한 것이 무엇인지 전체적으로 잘못 알았기 때문이다. 이로 인해 바울은 고린도 교인을 "어린아이"로 불렀고 그들에게 영적 온전함이 없음을 염려했다(3:1). 여기에 큰 아이러니가 있는 것은, 하나님이 자기 교회에 베풀어주시는 은사가 사실 사랑의 성장을 낳아야 하지만 일부 교인이 은사를 악용함으로써 도리어 정반대의 결과를 가져왔기 때문이다. 따라서 사랑을 추구하는 것은, 마치 계급 구조가 있는 것처럼 더 큰 은사를 사모하지 않고(12:31) "신령한 것들"(πνευματικά)을 사모하도록 올바른 관점을 세워준다.

고린도 교인은 "신령한 것들"에 대해 이미 열심인데, 바울은 지금 그들에게 신령한 것들을 '사모하라'(ζηλόω)고 말한다. 그러나 14:12에서 분명해지는 것처럼, 추구해야 할 것이 무엇인지 정의하고 이 특수한 일들을 왜 추구해야 하는지 말해줄 자는 엘리트 교인들이 아니라 바울이다. 2장에서 지적했듯이, "신령한 것들"은 그리스도를 가리키도록 성령이 주신 것들이다. 따라서 "예언"은 바울이 필요로 하는 본보기를 제공한다. "예언"의 정의는 12:10을 설명할 때 다루었다. 결국 예배 시간에 전하는 말의 실제 본질을 신중하게 유지하는 것이 중요하지만, 예언의 은사는 확실히 더 면밀한 정의를 요한다. 이어지는 부분에서 예언이 (대체로) 완전히 자발적일 수 없다는 것, 교회의 덕을 세우고 권면하며 위로하는 역할을 한다는 것 그리고 심지어는 교회 밖에 있는 자도 언제나 알아들을 수 있다는 것을 확인할 수 있다(3–4, 12, 19, 31, 40절). "[그러나] 특별히"(μᾶλλον δέ)라는 말(개역개정에는 '그러나'가 번역되어 있지 않음–역주)은 교회 생활에서 예언이 방언보다 더 중요하다는 바울의 믿음을 직접 소개하는 역할을 한다.

14:2 방언을 말하는 자는 사람에게 하지 아니하고 하나님께 하나니 이는 알아 듣는 자가 없고 영으로 비밀을 말함이라(ὁ γὰρ λαλῶν γλώσσῃ οὐκ ἀνθρώποις λαλεῖ ἀλλὰ θεῷ, οὐδεὶς γὰρ ἀκούει, πνεύματι δὲ λαλεῖ μυστήρια). 이 구절의 요지는 단순히 "방언을"(γλώσσῃ) 말하는 자가 하는 말이 하나님의 영에 의해(πνεύματι, 수단의 여격) 그에게 주어진 "비밀"이므로 보통 사람들이 아니라 하나님만이 이해하실 수 있다는 점이다.[1] "방언"(tongue)으로 번역된 헬라어 단어는 영어에서처럼 단순히 발성 기관을 가리킬 수 있으나 여기서는 문맥상 특수한 의미가 담겨 있다. '알아듣다'(ἀκούω)라는 말은 단순히 '듣다'라는 의미일 수 있다. 그렇지만 문맥은 또 실제 문제가 어떤 사람이 들을 수 있느냐가 아니라 들리는 말을 알아들을 수 있느냐, 그러므로 이해할 수 있느냐에 있음을 암시한다.[2] 방언의 본질에 관해서는 12:10에 대한 설명을 추가로 보라. 14장에 나오는 상세한 설명은 방언의 은사를 더 명확히 이해할 수 있는 요소가 담겨 있다. 2절이 증명하는 것처럼, 방언의 은사는 항상 자신의 찬양이나 기도의 한 부분으로 하나님께(to God) 행해진다. 비록 회중 가운데서 통역과 함께 이루어지기는 해도, 방언의 은사가 하나님께 행해지는 것은 여전히 사실이다(13절과 16–17절을 참고하라). 이때 하나님과의 교통이 분명히 통상적으로 이

1. NIV 1984는 "그의 영을 가지고"(with his spirit)로 번역한다. 따라서 영이 성령을 가리키는 것으로 보지 않는다. 참고. AV, ASV, NASB. (NIV 2011은 "Spirit"으로 번역한다.) 또한 Héring, *First Corinthians*, 146도 보라. Héring은 Godet, *First Corinthians*, 2:266의 설명을 따르고, 자신의 주장의 기초를 "이 명사 앞에 관사나 전치사가 전혀" 없다는 사실에 둔다. 따라서 이 절은 방언을 말하는 자는 "황홀경에 빠져 있고", 소통하는 것이 그의 영이라는 사실을 의미하는 것으로 취해진다. 그러나 관사가 없는 것은 아마 정확히 그 반대를 의미할 것이다. Fee, *1 Corinthians*, 641n46(참고. 727n442)은 πνεῦμα가 여격으로 사용되어 성령을 가리킬 때는 거의 항상 관사를 붙이지 않는 것이 바울의 특징이라고 올바르게 지적한다(예컨대 롬 8:9, 13, 14에서 관사가 사용되는 다른 사례를 보라). 14:14에서 "영"에 관사가 붙는 것은 사람의 영을 가리키고 있음을 추가로 증명한다. 문맥상 여기서 "영"은 12:9에 비추어 보면 성령으로 훨씬 더 쉽게 정의되는 것 같다.

해될 수 없는 소리나 언어로 이루어진다.

2:1을 설명하면서, 바울이 흔하게 사용하는 "비밀"이라는 말이 지금 예수 그리스도 안에서 계시된 것과 관련되어 있다고 지적했다(15:51에서도 그렇다). 다시 말하면 비밀은 예수 그리스도 안에서 발견된 계시와 사역을 통해서만 이해될 수 있는 복음에 초점을 맞추고 있다(참고. 4:1). 그러나 13:2에 대한 설명에서 그 말이 아주 폭넓은 의미일 수 있다고 지적했다. 문맥상 14장에서 이 말은 "알아듣는 자가 없고"(οὐδεὶς⋯ἀκούει)를 해설하므로, 전달 내용이 의도치 않은 청자에게는 "비밀"로 남아 있다는 것을 암시한다. 왜냐하면 그것은 하나님의 영에 의해 주어지고 그분께 들려지는 언어나 메시지이기 때문이다. 이것은 평소 바울이 말한 의미론적 내용이 완전히 빠져 있다는 말이 아니다. 그리스도의 오심의 전체 요점은 하나님과 그분의 목적과 그분의 사랑을 계시하는 것이다. 그러므로 어떤 것이 "비밀"로 남겨지게 되어 있다면, 그것은 분명히 그리스도와 맞지 않은 것이다. 복음과 그의 영광을 명확히 설명하고, 그리스도로 말미암아 행하신 사역에 대해 하나님을 끊임없이 찬양해야 하는 교회 안에서 선포된 말씀이 설명되지 않고 있다면, 그것은 매우 부적합하다.

14:3 그러나 예언하는 자는 사람에게 말하여 덕을 세우며 권면하며 위로하는 것이요(ὁ δὲ προφητεύων ἀνθρώποις λαλεῖ οἰκοδομὴν καὶ παράκλησιν καὶ παραμυθίαν). 바울은 이제 앞부분, 특히 8:1에서 사용한 건축 은유로 돌아간다(참고. 3:10; 8:10; 10:23). 바울은 '사랑이 덕을 세우지만' 8:1에 언급된 "지식"과 14장에 언급된 "방언"과 같은 "신령한 것들"은 잘못 사용되면 덕을 세울 수 없다는 이 긴 논증을 8:1에서 시작했다. 바울은 고린도 교인에게 그렇게 사용되는 것처럼, "방언"과 "예언"의 대조가 교회 공동체 안에서 "신령한 것들"을 사용할 때 그 기능을 분별하는 일에서 "사랑"이 어떻게 결정적 요소가 되어야 하는지를 이해하는 열쇠를 제공한다고 본다. 접속사 "그러나"(δέ)는 여기서 반의 접속사로 기능한다.[3] 바울이 예언은 "권면"(παράκλησις)과 "위로"(παραμυθία)하는 기능을 한다고 말할 때 수사적으로 두운법칙을 사용하는 것으로 볼 수 있다.[4]

'덕을 세우는 것'의 개념은 8:1에서 검토했다. 이제 "권면"(παράκλησις)과 "위로"(παραμυθία)라는 말을 사용함으로써 그 관념에 더 깊은 의미가 추가된다.[5] 이 두 단어는 의미가 중복되는 것 같다. "권면"(παράκλησις)은 종종 구두로 권고하는 것(참고. 2 Macc 7:24; 딤전 4:13; 히 12:5; 13:22)과 위로를 제공하는 것(롬 15:4; 고후 1:4-7; 빌 2:1)이 함께 관련되어 있다. 성경이 이런 "권면"의 역할을 한다는 언급은 바울이 예언을 어떻게 보고 있는지 알 수 있다. 곧, 예언은 권고와 도전을 통해 성경이 행하는 것을 교인 가운데서 행하는 것이다(물론 이것이 예언의 상대적 권위를 강조하는 바울의 관점에 관해 말해주는 것은 아무것도 없기는 하다). 이 본문을 계속 읽으면, 예언이 실제로 행하는 기능과 바울이 예언을 추천하는 이유를 확인할 수 있다. 분명히 예언의 권면은 어떤 상황에서는 교회의 감사를 이끌어낼 수 있다(16절, 이것은 방언으로는 일어날 수 없다). 예언의 권면은 교인들을 가르칠 때 주어지는 권고와 격려를 포함한다(19절). 예언의 권면은 회계할 것을 요구받는 교회 안팎에 있는 자를 모두 책망하고(24절), 그들의 마음의 비밀이 드러나게 한다. 따라서 예언의 권면은 경배를 낳는다(25절). "위로"(παραμυθία)는 신약성경에서 여기서만 여성 명사로 나타나는 희귀한 단어다. 동족 단어인 중성 명사가 빌립보서 2:1에

2. BDAG 37 (sect. 7), 참고. 막 4:33; 갈 4:21.

3. 이 후치 불변화사에 대해서는 1:12에 대한 설명을 보라.

4. 관사가 붙은 주격 분사는 동사의 주어로 작용한다(4절에서도 마찬가지다).

5. 또한 Grudem, *Gift of Prophecy in the New Testament*, 126-28도 보라.

서 한 번 나타나고, 동족 동사가 4번 나타나기는 하지만(요 11:19, 31; 살전 2:12; 5:14), 그 의미는 주로 '위로하다'(console)라는 영어 단어에 반영되어 있다. 이 단어는 사랑하는 자와 사별한 자에게 위로의 말을 해주거나, '연약한 자' 옆에 서 있거나, 힘든 시기에 있는 자를 도와주는 일과 관련되어 있다(살전 5:14).[6] 따라서 권면과 위로라는 두 단어는 예언을 통해 '덕을 세운다'라는 말이 내포하는 의미를 얼마간 제시한다. 예언은 사람들이 주님께 돌아서고 믿음이 더 강해지도록 도전하거나 권고하거나 위로하는 말을 해주는 것을 가리킨다.

3:11에서 바울은 터가 예수 그리스도이고, 모든 집이 반드시 그 터 위에 세워져야 한다는 사실을 명확히 했기 때문에, 그가 이 "권면"과 "위로"를 어떤 식으로든 항상 그리스도를 지시하는 것으로 이해한다고 추론하는 것이 합리적이다. 예언하는 자는 곤경 속에 있는 자에게 온전한 위로를 제공하거나 사람들에게 회개를 촉구하거나, 자신을 따르는 자의 삶에 도전을 줄 수 있기 때문이다. 따라서 "예언"은 본질상 복음에 초점이 있고 복음을 해설하는 것이다.[7]

14:4 방언을 말하는 자는 자기의 덕을 세우고 예언하는 자는 교회의 덕을 세우나니(ὁ λαλῶν γλώσσῃ ἑαυτὸν οἰκοδομεῖ· ὁ δὲ προφητεύων ἐκκλησίαν οἰκοδομεῖ). 이 구절은 이제 방언과 예언 사이의 대조를 요약한다. 바울은 줄곧 고린도 교인에게 말해왔다. 일부 교인이 스스로 영적 우월함이나 성숙함을 기초로 다른 교인과 자신을 분리시킬 때, 하나님 백성의 친밀함과 사랑이 사라지고 교회가 분열되었다. "교회"라는 말은 여기서 하나님의 백성이 예배드리려고 모이는 모임을 가리킨다[26절을 보라("너희가 모일 때에"); 참고. 11:18; 그리고 1:2; 6:4; 12:5, 12, 19, 23, 28-35도 주목하라]. 예언은 예언하는 개인 자신보다 남에게 초점을 맞춤으로써 각 교인이 다른 교인과 이루어야 할 연합과 관심을 표현하도록 도움을 준다. 예언은 그리스도를 닮은 모습을 보여주기 위해 그리스도의 터 위에 집을 세우도록 권면한다. 어떤 사람이 남이 알아듣지 못하는 방언으로 말할 때, 그것은 자신에게는 유익할 수 있으나 공동체의 '덕을 세우는' 시험은 통과하지 못한다. 그것은 마치 사람이 집을 지을 때 잘못된 재료를 사용한 것과 같다. 각 그리스도인은 여기서 바울의 가장 큰 소원이 그리스도의 온전한 몸의 '덕을 세우는 것'을 보는 데 있음을 알아야 한다(5절).

심층 연구

"방언"에 대한 바울의 태도는 무엇이고, 방언 현상은 무엇인가?

14장에서 바울은 일반적으로 통역이 있는 경우를 제외하고 공동 예배에서 방언을 억제하는 것이 분명하지만(5절), 방언 현상에 대한 바울의 일반적 태도에 관해 상당히 논란이 많다. 4절에서 바울은 이 활동이 방언을 말하는 개인의 '덕을 세우는 일'이라고 말한다. 이것은 올바르고 좋은 것과의 대조를 더 분명

6. MM 488과 Horsley, *New Documents*, 3:79에 나오는 사례를 보면, 죽음으로 슬퍼하거나 곤경 속에 있는 자에게 베푸는 위로의 의미가 중성과 여성 형태로 다 나타난다.
7. 신약성경에 나타나 있는 예언의 본질은 12:10에 대한 설명에서도 다루어진다. 거기서 신약성경에서 예언의 주된 목적 또는 기능은 미래를 예견하거나 구체적인 안내를 제공하는 것에 있지 않다고 지적한 바 있다.

히 하려는 수사 장치에 불과한가? 이 경우에 방언을 말하는 자는 '자신을 교만하게 만들 수 있기' 때문에(참고. 8:1), 4절에서 처음에 사용된 '덕을 세우다'라는 말은 바울이 부정적으로 또는 심지어 비꼬려는 의도로 한 말일 수 있다. 방언을 말하는 자는 교회와 그리스도의 몸보다 자기 확대에 관심이 있다는 것이 바울의 요점인가? 엘리트 교인들이 남보다 더 "교만해진"(4:16, 18-19; 5:2; 8:1) 또 다른 사례는 "사랑"과 완전히 반대되는 것인가(13:4)? 4:7-13에서 바울이 보여준 비꼬는 태도와 깊은 아이러니를 고려하면, 여기서도 똑같은 태도를 보여준다고 볼 수는 있다. 그러나 이것은 별로 개연성이 없다. 첫째, 5절에서 바울은 누구나 방언을 말하기를 바라거나(아래를 보라) 많은 이가 방언을 하는 사실을 인정한다. 둘째, 18절에서 바울은 자신이 방언을 말하는 것을 언급하고, 이런 사적인 방언과 대조하여 "교회에서…깨달은 마음으로 다섯 마디 말"을 하는 것이 더 낫다고 분명히 말한다. 만약 방언의 은사를 개인을 반드시 교만하게 하는 철저히 자기만 섬기는 활동으로 여겼다면, 바울은 방언의 은사를 사적으로 사용하는 것을 용납하지 않았을 것이다.

은사주의, 곧 오순절 전통에 속한 자는 때때로 이 본문에서 정반대 주장을 이끌어낸다. 말하자면 바울은 주로 "예언"과 공적 예배에 관심이 있기는 해도, 사실 방언을 장려한다는 것이다. 그들은 14:5, 18에 이 견해가 암시되어 있다고 본다. 하지만 바울은 "통역"이 있으면 예배에서 방언의 사용을 인정한다는 사실을 지적한다고 보는 견해가 더 지지를 받는다. 바울은 12:10에서 방언 성령이 어떤 사람들에게 주시는 은사로 말했다. 바울은 13:1에서 자신을 방언을 말하는 자의 본보기로 제시했고, 14:18에서는 자신이 고린도 교인 중 어느 누구보다 방언을 더 잘한다고 주장한다. 바울은 방언을 공적 예배에서 사용할 때 통역해야 한다는 중대한 단서를 붙이는 것 외에는 부정적으로 말하지 않는다. 바울의 부정적 태도는 오히려 계속되는 주제인 자기 확대를 겨냥한다. 그루뎀은 바울이 방언의 사용을 완전히 반대한다고 주장하는 "일부 개혁파와 세대주의 해석자의 이 본문에 대한 해석"을 조용히 비판한다. 그루뎀은 이런 식의 반대는 통역되지 않은 방언의 특수 문제(실제 문제)에 대한 반대를 부당하게 일반화하는 잘못이라고 지적한다. 그루뎀은 이렇게 말한다. "통역이 수반된 방언을 말할 때 주어지는 적절한 공적 기능 또는 방언의 적절한 사적 기능에 관해, 바울은 다른 곳에서 상당히 긍정적으로 말한다(고전 12:10-11, 21-22; 14:4, 5, 18, 26-28, 39)."[8] 그루뎀의 이런 지적은 당연한 사실로 이해한다. 그러나 주로 교회가 방언의 은사를 악용하는 문제를 다루는 문맥의 본문들을 중심으로는 온전한(긍정적인) 방언 신학을 세울 수 없는 것 역시 사실이다. 이것은 확실히 통역 없이 방언의 은사를 추구하는 일부 현대의 대중 신학이 가진 위험성이다. 많은 현대 교회에서 통역 없이 방언을 행하는 것은 목사들에게 걱정거리임이 확실하다.[9]

그러나 고린도전서에서 바울이 방언의 은사를 언급할 때 제기되는 더 중대한 질문이 있다. 단순히 말해 "'방언을 말하는' 은사는 무엇인가?" 하는 것이다. 게다가 바울이 "다른 사람에게는 각종 방언 말함"(ἑτέρῳ γένη γλωσσῶν)이 주어질 수 있다고 인정할 때(12:10) 주석적으로 문제가 더 복잡해진다. 바울은

8. Grudem, *Gift of Prophecy in the New Testament*, 177-78.

9. Carson은 방언의 은사에 관해 깊은 우려를 표현하지만 방언의 은사의 사용 자체를 배제하는 것은 아니다(*Showing the Spirit*, 87-88, 108-17).

"각종"이라는 말을 무슨 뜻으로 사용했는가? 이에 대해서는 해석이 다양하다. 어떻게 보든 세 가지 견해가 이 논쟁을 지배했다. 첫 번째 견해는 13:1에 비추어 "방언"을 "천사의" 말로 이해하는 것이다. 방언은 사람의 말이 아니라, 하나님의 보좌 앞에서 천사들이 사용하는 것과 비슷한 하늘의 말 또는 신령한 말이라는 것이다. 두 번째 견해는 방언의 은사를 실제 언어, 즉 알려진 인간의 언어와 관련된 것으로 본다. 사도들이 오순절에 설교하고 함께 있던 사람들이 각자 모국어로 복음을 들은 사도행전 2장에 기록된 사건이 종종 이 견해를 입증하는 실례로 인용된다. 세 번째 견해는 일부, 아니 사실은 다수의 현대 주석가가 취하는 견해로, "방언"을 어떤 '황홀한 상태에서 하는 말', 즉 듣는 자에게 의미 있게 해석될 수 있는 감정의 '무의식적' 폭발로 보는 것이다. 물론 이 각각의 견해 안에는 변형된 견해가 많이 있다.

첫째, 천사의 말로서의 "방언"으로 보는 견해가 있다. 바울이 여기서 "천사의" 말, 즉 13:1에서 "사람의 방언"과 대조되는 "천사의 말"(13:1에 대한 설명을 보라)을 가리킨다고 주장하는 주석가 가운데는 엘리스(E. E. Ellis)가 있다.[10] 엘리스는 고린도 교회의 자칭 "신령한" 자 배후에 천사의 영이 있다고 주장한다. 말하자면 이 사람들이 "부활하신 주님으로부터 나온 '신령한 은사'의 전달자와 그리고 혹은 관리자"로 활동하는 천사들에게 의존한다는 것이다.[11] 엘리스는 유대교의 묵시 사상, 그리고 특히 1QS(공동체 규칙) 4:21-22과 같은 쿰란 공동체 문서의 일부 본문에서 천사의 역할에 관한 가르침을 추적한 다음, 구약의 선지자도 천사를 통해 메시지를 받은 것으로 확인되었다고 주장한다(예를 들어, 왕상 13:18). 엘리스는 고린도 교인도 예언의 은사 역시 천사로부터 나왔다고 본다고 주장한다[엘리스는 14:12에서 "영적인 것"(πνευμάτων)이라는 중성 명사를 천사의 영으로 이해되는 "영"을 가리키는 의미로 본다]. 천사는 하나님의 뜻과 메시지의 전달자이므로, 천사의 말인 "방언"은 누구든 이해하려면 반드시 통역되어야 한다는 추정이 자연스럽다고 엘리스는 주장한다. 엘리스와 다른 주석가는 매우 이원론적인 묵시 문헌으로, 욥과 그의 딸들의 회복을 다루는 「욥의 언약서」(*Testament of Job*, 48-50장)를 인용한다. 거기서 욥과 그의 딸들은 변모되어 육체에서 이탈하고 하늘의 신비를 반영하는 천사의 음성으로 노래하고 말하기 시작한다. 물론 이 사례는 내용이 너무 사변적이다. 그러나 바울이 "방언"의 은사에 관해 말할 때 천사의 말을 염두에 두었다는 사실을 의심할 만한 주석적인 이유가 존재한다. 고린도전서 14:12에서 "영"(개역개정에는 "영적인 것"-역주)이라는 말의 중성 복수형이 천사들을 전혀 가리킬 것 같지 않다.[12] 또한 13:1은 "방언"을 은사로 이해하는 데 거의 도움을 줄 수 없다. 왜냐하면 그 구절에서 천사의 말이 "사람의 방언"과 나란히 놓여 있기 때문이다(13:1에 대한 설명을 보라). 바울은 사랑이 항상 필수조건이므로 자신이 어떤 말(사람의 말이나 천사의 말)을 하느냐는 문제가 아니라는 요점을 제시한다. 확실히 "천사의 말"은 과장법을 사용하려고 단순히 덧붙인 것으로 볼 수 있다. 또한 천사가 하는 말이 미래에 '그칠' 가능성이 거의 없지만(13:8), 방언의 "은사"는 확실히 그칠 것이다(13장에서 강력히 제시된 요점).

10. Ellis, *Prophecy and Hermeneutic*, 63-71. 또한 Collins, *First Corinthians*, 456, 475도 보라. Collins는 「욥의 언약서」에서 '평행 요소'를 찾아낸다. Dunn, *Theology of Paul*, 556-57과 같은 저자, *Jesus and the Spirit*, 242-46을 보라.

11. Ellis, *Prophecy and Hermeneutic*, 37.

12. Ellis의 견해를 상세히 검토하고 결국은 그 견해를 단호하게 거부하는 내용은 Grudem, *Gift of Prophecy in 1 Corinthians*, 120 이하, 특히 긴 각주 10을 보라.

둘째, 말하는 자에게 외국어인 실제 언어로서의 "방언"으로 보는 견해가 있다. 이것이 더 널리 퍼진 견해다. "통역" 자체는 황홀경 속에서 더듬거리며 말하는 어떤 말보다 실제 언어에 더 필요하다는 점을 암시한다. 이 견해를 지지하는 주석가는 은유적 의미로 사용된 "방언"(γλῶσσα)이라는 말이 '언어'를 의미한다고 말한다.[13] 그들은 13:1에서 "사람의 방언과 천사의 말(방언)"이라는 어구는 두 개의 다른 언어 또는 다른 형태의 두 언어를 가리킨다고 본다. 14:21에서 바울은 분명히 문제의 말이 '외국인'의 언어를 가리키는 이사야서 28:11-12을 인용한다. 또한 사도행전 2:6-11도 바울이 염두에 둔 것이 무엇인지 어느 정도 증거를 제공한다고 주장된다. 이 견해를 주장하는 최근 주석가로는 건드리와 포브스(Forbes)가 있다.[14] 이 견해와 관련된 한 가지 문제는 "통역" 은사의 기능(12:10; 14:26, ἑρμηνεία)과 '통역하다'(interpret)라는 동사의 의미(12:30; 14:5, 13, 27, διερμηνεύω)다. 건드리는 이 동사가 "통상적으로 이런 배경 속에서 사용되었을 때 언어를 번역하는 것을 가리킨다"라고 주장한다. 건드리는 계속해서 "누가와 바울의 깊은 관계"로 보아 누가가 사도행전 2장에서 쓴 것은 "방언 현상에 대한 바울의 이해"를 반영한다고 덧붙인다.[15] 이 견해는 사도행전 2장과 고린도전서를 다음과 같이 연결한다. 다양한 나라에서 온 많은 사람이 오순절에 참여했다. 통역의 은사가 요구되지 않은 것은 전해진 말이 그것을 모국어로 사용하는 자들에게 이해되었기 때문이다. 고린도에는 종종 다른 언어로 말하는 사람들이 있었고, 따라서 방언으로 말하는 것이 그들에게 유익했을 것이다. 그러나 그 지역 사람들만 있었을 때는, 다른 언어를 사용하는 자가 그 자리에 없다면 그 언어로 말하는 은사는 아무 소용이 없었다. 따라서 그때는 참석한 사람들의 공통 언어로 통역할 필요가 있었다. 이런 배경 속에서 단순히 "통역"이 요구되었기 때문에 방언을 '황홀경 속에서 하는 말'로 볼 아무런 필요가 없다고 주장된다. 또한 이 견해는 14:10-11을 통해서도 지지를 받는다. 이 구절은 황홀경 속에서 하는 말에 관한 실제 언어를 예증하는 것이 아니라, 공동체 안에서 사용되는 실제 언어에 관한 직설적 진술로 볼 수 있다.

그러나 이 견해도 크게 도전을 받았다. 만약 여기서 실제 언어가 관건이라면, 사실 14:2, 13-14, 18, 26의 요점은 파악하기가 정말 힘들어진다. 예를 들어, 왜 굳이 하나님은 교회 안에서 말하는 자에게 이 세상의 다른 언어로 말을 들으실(14:2) 필요가 있는가? 바울은 어떤 은사든 공동체의(그리고 심지어는 공동체 밖의 사람들) '덕을 세우도록' 주어진다는 사실을 굳게 확립했다. 방언의 은사가 가진 문제점은 통역되지 않으면 방언을 말할 필요가 없다는 것이고, 따라서 여기서 엄밀히 방언의 은사의 요점이 무엇인지 묻게 된다. 바울이나 다른 어느 누구나 왜 자신의 모국어가 아니라 다른 나라의 언어로 하나님께 말할 필요가 있을까? 성령의 어떤 역사가 자기 안에서 또는 자기를 통해 일어나고 있음을 안다는 일반적 의미 말고는, 방언을 말하는 것이 어떻게 그의 덕을 세우는 일이 되는가? 만약 사도행전 2장에 평행 기사가 있다면, 방언의 목적은 확실히 복음 전도를 위한 은사로 여겨지거나(다른 언어를 사용하는 사람들이 복음

13. 사도행전 2:6에서 그 말이 이런 식으로 사용된다. 거기 보면 사람들이 각각 "자기의 방언으로(모국어로)" 듣는다(참고. 롬 14:11; 빌 2:11). BDAG 201, sect. 2를 보라.

14. Robert H. Gundry, "Ecstatic Utterance (N.E.B.)," *JTS* 17 (1966): 299-307; Christopher Forbes, *Prophecy and Inspired Speech in Early Christianity and Its Hellenistic Environment* (Tübingen: Mohr Siebeck, 1995). 또한 Turner, *Holy Spirit and Spiritual Gifts*, 227-39도 보라.

15. Gundry, "Ecstatic Utterance," 305.

을 듣고 이해하기 때문에), 메시아가 오신 것을 확신할 필요가 있는 자에게 메시아 시대의 도래를 알려주는 표지로 이해될 수 있다. 그러나 이 목적 가운데 어느 것이 그리스도인 개인에게 무슨 유익을 주는지는 확인하기 어렵다. 사실 이것이 목적이었다면, 바울은 확실히 방언의 은사에 관해 자신이 실제로 말하는 내용과 거의 정반대로 말할 수 있다. 곧, 바울은 방언의 은사가 복음을 아는 개인과는 관련이 없고 복음을 모르는 자와 관련이 있다고 주장하거나, 또는 함께 모인 공동체의 언어로 말하는 자와는 관련이 없고 다른 언어로 말하는 자와 관련이 있다고 주장할 것이다.

셋째, 모종의 황홀한 말로서의 "방언"으로 보는 견해가 있다. 방금 제시한 두 번째 견해는 바울이 방언을 성령이 개인에게 임하신 것에 대한 소위 "황홀한" 말의 표현으로 여긴다는 관념에 반대하여 최근에 주로 전개되었다. 방언의 은사가 임할 때 사람은 통역이 요구되는 알아들을 수 없는 소리를 낸다. 어떤 주석가는 방언 소리가 사람 속에 그것을 멈추게 할 능력이 거의 없어 어쩔 수 없이 터져 나오는 것 같다고 주장한다. 방언 소리는 교회 안에 있는 자가 아무도 알아듣지 못하는 인간의 실제 언어로 말해지는 것이 아니다. 방언 소리는 하나님께 찬양과 감사를 표현하는 개인의 존재의 깊은 곳에서 폭발적으로 솟아나는 모종의 소리의 분출이다. 방언을 '황홀한' 은사로 주장하는 것에는 다양한 이해가 있다. 종교사학파 신학자들에게서 나온 오래된 견해에 따르면, 그들은 이 "방언"과 비슷한 현상이 그리스-로마 세계에서도 발견된다고 주장했다. 이 견해를 지지하는 증거를 상세히 연구한 포브스에 따르면, 바울이 설명하는 것처럼 헬레니즘 시대의 신비 종교들에서는 방언 현상을 지지하는 증거가 전혀 발견되지 않으므로 여기서 우리가 이것을 굳이 다룰 필요는 없다.[16] 나아가 '황홀경'이 어떤 사람이 모종의 무아경 상태에서 말하는 것을 의미하거나, 개인의 통제에서 벗어난 어떤 특별한 영적 체험을 거치는 것을 의미할 수 있지만, 그 말이 반드시 이런 현상을 함축할 필요는 없다는 점을 주목해야 한다. 그러므로 황홀경이라는 말 자체는 때때로 다양한 그리스도인들 사이에서 불필요한 오해를 불러일으켰다. 현대의 대중 신학에서 '황홀경'이라는 말은 종종 단순히 말하는 자가 직접적이고 즉각적인 것, 즉 계획이나 준비 없이 저절로 일어나는 하나님에 대한 경험을 의미하는 것으로 사용된다. 그러나 의도적으로 방언의 은사를 사용하기로 결정하는 것도 '황홀경'의 개념에 들어갈 수 있다. 사실 현대에 사용되는 대부분의 방언은 보통 이처럼 대중적인 의미의 '황홀경'의 범주에 들어가 있다. 그 언어를 알지 못하는 자를 통해 어떤 알려진 언어가 말해지는 것으로 추정되는 사건에 관해 듣는 경우는 극히 드물다. 대체로 현대에 방언은 개인이 교회 안에서 그 은사를 사용할 때 어느 정도 그 길이 같은 공간에 있는 다른 사람과의 관계 등을 통제하는 것을 함축한다. 통역이 없으면 방언의 은사의 사용을 제한해야 한다고 가정한다는 점에서, 바울은 방언을 말할 때 이런 통제가 가능하다고 본다. '황홀경'이라는 말을 이런 방식으로 사용할 필요가 있다는 것은 방언으로 말한 것이 어쨌든 횡설수설하는 말이라는 뜻은 아니다. 그렇기는 해도 이런 식으로 방언을 말하는 것이 적법하게 '알아들을 수 있는' 소리로 볼 수 있는지 여부에 관해 폭넓은 논란이 있다. 이 모든 것은, 현대의 많은 집단에서 "방언"으로 불리는 것을 말할 때 그것은 '황홀경' 속에서 말하는

16. Forbes, *Prophecy and Inspired Speech*, 특히 5-7장.

것일 뿐만 아니라 "천사의 말"로도 정의될 수 있다는 것에 일반적 가정이 있다는 사실로 이끈다. 순수주의자는 이것을 말의 모순으로 볼 수 있다. 추측건대 천사는 완전히 자신의 말을 통제하고, '황홀경' 상태에 있을 때만 서로 또는 하나님께 말하는 것이 아니다. 전통적으로 개혁파 진영에 속한 일부, 세대주의에 속한 일부, 그리고 현대 은사주의 진영에 속한 일부 사이에서 현재 벌어지는 논쟁을 보면, 외관상 단어들의 용법에 관해 빚어지는 작은 오해를 조심할 필요가 있다.

그렇다고 해도 '황홀경' 속에서 말하는 것으로 볼 수 있는 방언에 인식적 요소가 존재할 수 있는지 흥미로운 질문이 제기된다. 카슨은 이것을 현대의 "방언" 경험과 관련된 최근의 언어학 연구에 비추어 설명한다. 카슨은 "모든 것을 고려할 때" 방언의 은사는 "실제 언어의 은사, 즉 사람의 방언이든 천사의 말이든 인식적 기능을 하는 언어의 은사"라고 믿는다.[17] 그러나 아울러 카슨은 방언이 인간의 어떤 언어가 아니라는 데 "보편적인" 일치가 있다고 지적한다. 카슨은 포이스레스(Poythress)의 방언의 은사에 관한 연구에 기반을 두고, 방언 현상을 이해하는 네 가지 가능한 길을 제시한다. 첫째, 방언 소리는 "사람의 언어와 혼동되지 않는 갑자기 내지르는 소리 등"과 구분될 수 있다. 둘째, 방언 소리는 비록 실제 언어는 아니라고 해도…듣는 자가 알지 못하는 실제 언어로 보이는 소리의 연속적 배열일 수 있다. 셋째, 방언 소리는 "비록 듣는 자는 모른다고 해도" 실제 언어일 수 있다. 그리고 여기에 카슨은 앞에서 언급한 두 번째와 세 번째 가능성을 함께 묶어 자신의 네 번째 가능성을 추가한다. 곧, 방언 소리는 "비록 그 소리의 패턴이 인간의 언어로 확인될 수 없다고 해도, 온갖 인식적 정보를 어떤 규칙적인 배열로 전달할 수 있는" 복합 언어 패턴을 띨 수 있다.[18] 아주 재미있는 두 가지 사례를 언급한 다음, 카슨이 간단히 제시하는 마지막 요점은 비록 결과가 인간의 언어는 아니라고 해도 방언은 인식적 정보를 전달하는 은사로 생각할 수 있다는 점이다. 그리고 컴퓨터 프로그래머가 자신이 만든 프로그램에 할 수 있는 것처럼(카슨이 든 실례), 결국은 방언을 통역하는 자가 통역의 코드를 제공해야 한다.

우리의 경험에 따르면, 이와 같은 설명은 현대에 방언을 말하는 많은 사람이 방언에 관해 항상 말해온 사실 외에 별다른 것이 없어 보인다. 그러나 이런 설명은 통역할 수 있는 방언의 '말'을 횡설수설하는 말로 보는 자를 하나로 묶는 길이 될 수 있는데, 이것은 분명히 카슨이 바라는 바다. 물론 카슨이 이 특수한 논증에서 행하는 일은 바울이 말한 것처럼 "방언" 문제를 직접 말하지 않는 것이다. 그러나 그것은 12:10에서 "다른 사람에게는 각종 방언 말함"에 관해 말할 때 바울이 염두에 둘 수 있는 것에 대한 또 하나의 본보기를 제공한다. 티슬턴은 (그가 번역하는 것처럼) "방언의 종류"(species of tongues, 개역개정에는 "각종 방언"-역주)라는 바울의 말에 비추어 "방언"을 매우 폭넓게 이해할 것을 강력히 주장한다.[19] 티슬턴은 또한 중요하게 "통역"(interpretation)의 은사는, 비록 거기에 그런 의미가 포함되기는 해도, "번역"(translation)을 의미해서는 안 된다고 주장한다. 통역의 은사는 "방언의 말을 알아들을 수 있는 말로

17. Carson, *Showing the Spirit*, 83.

18. 앞의 책, 83-85는 Vern S. Poythress, "The Nature of Corinthian Glossolalia: Possible Options," WTJ 40 (1977): 130-35의 내용의 연장이다. 또한 Poythress, "Linguistic and Sociological Analyses of Modern Tongues-Speaking: Their Contributions and Limitations," *WTJ* 42 (1980): 367-88도 보라.

19. Thiselton, *1 Corinthians*, 970.

들려주는" 은사일 것이다.[20] 결론적으로 티슬턴은 이 방언을 "말할 수 없는 탄식"으로 표출된 "무의식적 인 말"로 성령이 주신 것으로 보지만(롬 8:26-27), 이것 역시 통역하는 자는 단순히 하나님이 주신 "코드"를 필요로 한다는 카슨의 견해에 포함될 수 있다.

이제 마지막으로 말할 수 있는 것은 무엇일까? 첫째, '황홀경'이라는 말을 오직 그 순간에 하나님이 주신 인식적 전달에 사로잡혀 '사람의 의식에서 벗어난' 것을 의미한다고 이해하면, 확실히 그 말을 사용하는 것에 거의 이의를 제기할 수 없다. '황홀경'이라는 말을 이런 의미로 사용하는 것은, 마약에 취해 비몽사몽 헤매는 상태나 주술과 같이 어떤 종교 행위로 유도해낸 환각 상태와 매우 비슷한 것에 대해 말하는 것이 아니고 성경적인 기독교에 관해 말하는 것이다. 오히려 이런 상태는 하나님이 자기 백성 가운데서 행하시는 은혜의 활동으로, 이때 교회는 하나님의 은혜에 충분히 감사하도록 주어진 코드를 해독하고 알아들을 수 있는 통역이나 '발설'로 전달해야 한다. 이어서 그다음으로 "방언"은 교회가 아니라 개인의 덕을 세운다는 바울의 논증의 논리를 염두에 두어야 한다. 방언을 말하는 자가 자신이 말하는 방언의 내용을 알지 못할 때 자신의 덕을 세우는 일이 어떻게 일어날 수 있는지에 대해 바울은 말하지 않는다. 다만 개인은 삶에서 성령의 역사가 내포한 더 깊은 의미로 자극을 받는다고 추측할 수 있다.

14:5 나는 너희가 다 방언 말하기를 원하나 특별히 예언하기를 원하노라 만일 방언을 말하는 자가 통역하여 교회의 덕을 세우지 아니하면 예언하는 자만 못하니라(θέλω δὲ πάντας ὑμᾶς λαλεῖν γλώσσαις, μᾶλλον δὲ ἵνα προφητεύητε· μείζων δὲ ὁ προφητεύων ἢ ὁ λαλῶν γλώσσαις ἐκτὸς εἰ μὴ διερμηνεύῃ, ἵνα ἡ ἐκκλησία οἰκοδομὴν λάβῃ). 얼핏 보면 이 구절은 매우 이상하게 느껴진다. 표면상 이 구절의 의미는 이전 구절들의 내용과, 심지어는 이어지는 일부 논증과 비교할 때 마음의 변화가 있음을 암시하는 것처럼 보인다. 바울은 특별히 모든 은사를 '다 받는 것은 아니라'고 주장했는데, 왜 여기서는 "다" 방언 말하기를 원할까? 바울은 왜 방언은 통역이 없으면 "덕을 세우는" 목적을 달성하지 못하는 은사라고 주장했으면서 "다" 방언 말하기를 바라는가? 우선 바울이 개개의 모든 사람이 방언을 말하고 예언도 말하기를 원했다는 의미에서 "다"가 각 개인을 의미한다고 추정할 필요가 없음을 주목해야 한다. 바울은 분명히 여기서 말하는 두 은사(방언과 예언)를 비롯하여 모든 은사의 분배는 "그의 뜻대로"(12:11) 은사를 나누어주시는 하나님 자신의 온전하고 자유로운 판단에 따른다고 가르친다. 대신 많은 주석가는 '내가 원하다'라는 동사(θέλω)가 쓰일 때 이것이 명령이 아니라 허락이라는 사실을 암시한다고 올바르게 주장한다. 바울은 자신이 방언의 은사 자체를 반대하지 않는다는 점을 확언한다. 그러나 확실히 의도는 단순한 허락보다 더 적극적이다. 바울은 분명히 누구나 "다" 덕을 세우기를 바란다. 바울은 여기서 사적인 경우에 개인의 덕을 세우는 긍정적 결과에 관해 생각하는 것으로 보인다.[21] 바울은 일부 고린도 교인이 조장하는 것과 같은 엘리트 의식이 교회 안에 있어서는 안 된다고 본다. 모든 은사가 모든 교인에게 주어지는 목적은 각 교인과 전

20. 앞의 책, 970, 974.
21. Fee, *1 Corinthians*, 658. 결론적으로 이 견해는 4a절의 "자기의 덕을 세우고"라는 말이 5a절에서 이해된다는 면에서 5a절이 4a절과 평행 관계가 있다고 주장한다.

체 교회의 덕을 세우게 하려는 데 있다. 이런 의미에서 바울은 모든 교인에게 온갖 좋은 것을 바랄 수 있다. 그러나 여전히 개개인이 "다" 특정 "유익"을 경험하지 못할 수 있다는 점을 알고 있다. 물론 그리스도의 몸에 대한 바울의 이해를 보면, 통역된 방언이나 예언 등을 통해, 비록 교인들이 그 은사들을 개인적으로 소유하지 않더라도, 누구나 "다" 유익을 얻을 수 있다. 부분적이지만 이 구절과 평행을 이루는 구문이 7:7에서 발견된다. 거기에서 바울은 독신을 언급하면서 "나는 [너희 가운데] 모든 사람이 나와 같기를 원하노라"(θέλω δὲ πάντας ἀνθρώπους εἶναι ὡς καὶ ἐμαυτόν)고 말한다. 바울은 부르심 속에서 확인한 "유익" 때문에, 그들이 받은 선한 부르심에 남아 있음을 고린도 교인에게 알리고 주장할 때도 누구나 "다" 그 부르심을 소유할 수 있기를 바란다.

그러나 티슬턴은 이 절들에 대해 중요한 또 하나의 견해를 제공한다. 티슬턴은 이 책이 앞에서 '원하다'(to wish, θέλω)로 번역한 동사의 의미를 검토하고, "나는 즐거워한다"로 번역하는 것이 문맥에 더 적절하다고 주장한다.[22] 티슬턴은 여기서처럼 이 동사가 부정사와 함께 사용될 때 '나는 즐거워한다'를 의미할 수 있다고 지적한다. 마가복음 12:38이 이에 대한 한 사례를 제공한다. 또한 BDAG에는 목적어가 다음에 나오는 다른 사례들도 있다(시 21:9를 인용한 마 27:43과 히 10:5을 참고하라). 이것은 바울이 누구나 다 방언을 말하는 것을 좋게 말하고 '즐거워한다'는 점을 암시한다. 이어서 바울은 자신이 예언을 말하는 모든 자에게서는 더 큰("특히", μᾶλλον) 즐거움을 얻는다고 말한다.

이 책의 견해로는, 바울이 방언의 은사를 개인적으로 행사할 때 누구나 "다" 개인의 덕을 세우는 유익이 있기를 바라는 일반적인 소원을 표현하는 것 같다. 그러나 바울은 예언의 은사가 전체 교회의 덕을 세우기 때문에 교인들이 예언하기를 '(훨씬) 더 크게' 원한다. 이것은 방언을 말하는 자가 한 가지 단서를 따르지 않으면, 곧 '방언을 말하는 자가 자신의 메시지를 통역하여 교회의 덕을 세우지 아니하면', 예언하는 자보다 못하다는 바울의 그다음 진술과 일치한다. 여기서 바울은 앞에서 자신이 교만과 자만 문제에 관해 가르친 모든 사실을 되돌아보지 않고 실용적인 관점에 따라 말한다. 함께 모인 교회에서 더 큰 사람은, 그 순간에 자신의 은사로 교회의 덕을 더 잘 세우는 자다. 이것이 예언하는 자의 통상적인 길이다. 다만 방언을 말하는 자가 자신의 방언을 통역하는 경우는 예외다. 이 부분에서 예언의 우월성이 "나는 너희가…특별히(훨씬 더 크게) 예언하기를 원하노라"(μᾶλλον δὲ ἵνα προφητεύητε)는 절을 통해 수사적으로 더 강조되고, 이것은 1절에서 같은 어구로 시작된 인클루지오의 결말을 구성한다.[23]

여기서 주의를 요하는 또 한 가지 문제가 있다. 바울은 누가 방언을 '통역하거나' (티슬턴이 말하는 것처럼) "말로 옮기기를" 기대하는가?[24] 여러 역본에는 '어떤 사람'(someone)이라는 단어가 삽입되어 있다["어떤 사람이 통역하지 않으면"(예를 들어, ESV, NIV 2011)]. 이 단어의 삽입은 12장에서 확인된 통역의 은사와 방언의 은사의 구별을 반영하는 데 도움을 준다. 그러나 특히 12:13에 비추어 보면, NIV 1984가 다음과 같이 더 정확하게 번역한다. "그가 통역하지 않으면"(참고. AV, "그가 통역하는 것을 제외하고"). 13절은 이 경우에 "방언"을 통역하도록 요구받은 자가 현재 방언을 말하는 자라는 점을 가리키는 것 같다. 우리가 이런 은사에서, 특히 하나님께 찬양하거나 기도할 때 어느 정도 '흥분하는' 경우가 있다는 점을 인정하면, 이런 말을 하는 개인은 최소한 어느 정도

22. Thiselton, *1 Corinthians*, 1097.

23. 바울이 첫 번째 절에서 보어 부정사를 가진 '원하다'라는 동사를 두 번째 절에서 가정법[위의 1절에서 지적한 것처럼, ἵνα의 비(非)최종적 용법]으로 바꾸는 것은 확실히 의도적으로 인클루지오를 결말짓기 위한 문체상의 특징이다.

24. Thiselton, *1 Corinthians*, 1098-1100.

는 자신의 입에서 나오는 찬양과 기도를 이해하고, 그리하여 "아멘"이라고 말할 수 있을 정도로 교회와 일부 비신자를 돕는 역할을 하도록 요구받는다(참고. 16절).

마지막 절인 "교회의 덕을 세우지"(ἵνα ἡ ἐκκλησία οἰκοδομὴν λάβῃ)라는 말은 예언이든 통역된 방언이든 어떤 은사를 막론하고 은사의 목표를 표현하는 목적절이다. 바울이 한 은사가 다른 은사보다 훨씬 더 크기를 원하고 한 사람이 다른 사람보다 더 크다고 말하는 사실은, 이것이 더욱 큰 은사를 판단할 수 있는 유일한 기준이라는 점을 독자에게 상기시킨다(12:31). 더욱 큰 은사는 더 화려한 은사가 아니다. 더욱 큰 은사는 (아무리 우리가 그 말을 이해하더라도) '황홀경' 속에 있는 것으로 정의되는 은사도 아니다. 더욱 큰 은사는 교회의 '덕을 가장 잘 세우는' 은사로 정의된다. 이것이 14장 나머지 많은 부분에 걸쳐 제시된 논증 요지가 된다.

14:6 그런즉 형제들아 내가 너희에게 나아가서 방언으로 말하고 계시나 지식이나 예언이나 가르치는 것으로 말하지 아니하면 너희에게 무엇이 유익하리요(Νῦν δέ, ἀδελφοί, ἐὰν ἔλθω πρὸς ὑμᾶς γλώσσαις λαλῶν, τί ὑμᾶς ὠφελήσω, ἐὰν μὴ ὑμῖν λαλήσω ἢ ἐν ἀποκαλύψει ἢ ἐν γνώσει ἢ ἐν προφητείᾳ ἢ ἐν διδαχῇ;). 6절은 바울이 두 가지 유비를 사용하여 한 은사는 덕을 세우고 다른 한 은사는 덕을 세우지 못하는 이유를 상세히 제시하는 그다음 하위 부분(6-12절)을 소개하는 역할을 한다. 바울은 '교회의 덕을 세우는 데 풍성한' 은사를 구하라는 권고로 결론을 맺는다(12절; 참고. 15:58). 바울은 "형제들[과 자매들]"로 부르며 독자에게 권고하는 것으로 시작함으로써 자신의 말을 고린도 교회의 가족 안에 견고하게 세운다. 바울의 말은 고도로 논쟁적이거나 대치적인 수사 기교가 아니라 조심스럽고 설복적인 말이다. '그러나 이제는'(νῦν δέ, 개역개정에는 "그런즉"-역주)이라는 말은 계속적 의미와 설명적 의미를 다 전달한다. 바울이 가설적 사례와 유비를 제시하는 것을 고려하면, 이 말의 의미는 '이제는 이와 같으니…'라고 전달된다. 이어서 바울은 네 개의 가설적 예증 가운데 첫 번째 예증을 제시한다. 상당히 큰 누적적 효과를 가진 이 네 개의 예증은 동일한 문법 구조가 있고, 조건절에서 부정과거 가정법을 구성하며, 의문문인 귀결절에서 미래를 구성하는 제3조건문 형태로 제시된다.[25] 각 사례는 첫 번째 사례와 같이 알아들을 수 있는 전달(intelligibility)에 초점이 있다. 두 번째 사례(7절)는 악기가 명확한 소리를 내지 못하면 연주되는 것이 무엇인지 어떻게 알겠느냐고 말한다. 세 번째 사례(8절)는 나팔 소리가 분명하지 못하면 누가 전투를 준비하겠느냐고 말한다. 네 번째 사례(9절)는 알아들을 수 없는 "방언"에 관한 문제로 되돌아가고, 거기서는 말하는 내용을 누가 어떻게 알겠느냐고 말한다.

알아들을 수 있는 전달에 관한 이 논증의 전체적인 기반은 물론 공동체의 '덕을 세우는 것'에 있고, 이것이 더욱 큰 은사를 평가하고 고린도 교인이 교회 안에서 은사를 사모할 때 적용해야 하는 기준이다. 따라서 여기서 바울은 '유익하게 하는'(ὠφελέω) 것에 대한 개념을 다시 소개한다. 그렇게 할 때 바울은 13:3에서 같은 말을 사용하여 제시한 대조를 상기시키고, 따라서 자신의 강조점이 사랑에 있음을 다시 암시한다. 또한 바울은 각 은사가 공동의 유익을 위해 주어졌다는 관념으로 되돌아간다(12:7). 바울은 여기서 말의 은사에 관해 언급한다. 따라서 그는 알아들을 수 있는 전달의 네 가

25. 종종 제3조건문은 '개연성이 더 큰 미래'를 언급하는 것으로 여겨진다. 이 경우에는 기껏해야 개연적이지 못한 가설을 제공하는 것으로 그친다. 6b절에서 TEV의 "내가 올 때"라는 번역은 조건 형태를 정당화하지 못한다. Wallace, *Greek Grammar*, 470(14:8에 대해서는 698쪽을 보라)은 고전 헬라어와 코이네 헬라어 사이에 기원문의 사용이 줄어든 것과 함께 제사 조건문이 완전히 사라지고 제3조건문이 '폭넓은 가능성'을 가리키는 데 사용된다고 올바르게 주장한다. 흥미롭게도 신약성경에서 기원문의 드문 사례 가운데 하나가 14:10에서 발견된다.

지 방식"으로"(도구적 용법, ἐν) 유익을 주는 일에 대해 말하는 것이다.

신약성경에서 보통 "계시"(ἀποκάλυψις)는 그리스도 안에서 발견되는 복음 계시를 가리킨다. 이것은 단순히 복음 선포를 의미하거나 또는 그리스도의 복음이나 그리스도가 전하신 메시지가 사람에게 임한 어떤 특별한 경험을 가리킬 수 있다(참고. 갈 1:12; 2:2; 롬 16:25; 엡 1:17; 계 1:1). 여기서는 계시가 교회의 유익을 위해 그리스도로부터 나온 것이나, 더 가능성이 큰 것으로 그리스도에 관해 성령이 주신 메시지를 가리킨다. 이 본문에서 계시 다음에는 "지식"(γνῶσις, 8:1을 보라)이 나온다. 말로 의미를 전달하는 이 두 활동(계시와 지식)이 어떻게 다른지는 본문에서나, 폭을 더 넓혀 바울 서신에서 나오는 증거만으로는 분명하지 않다. 그리고 바울이 언급하는 뒤의 두 활동은 "예언"과 "가르치는 것"이다. "예언"은 앞에서 설명했다. 그리고 "가르치는 것"은 명확히 이해되는데, 아마 교회 안에서 이루어지는 복음과 성경에 대한 가르침을 가리킬 것이다(12:28-29을 보라).

14:6에 나온 바울의 본보기로 돌아가면, 그의 요점은 다음과 같다. 바울은 고린도 교인 가운데서 방언[그들이 바울이 가진 것으로 아는 은사(18절)]으로 말했다면, 알아들을 수 있는 어떤 메시지를 전달하지 않는 한, 그들에게 어떤 유익을 주겠느냐고 묻는다. 여기서 관건은 각각의 특수한 전달 방식이 아니라 "계시", "지식" 등을 알아들을 수 있게 전달하는 것이다. 물론 이 부분의 수사는 이 질문에 대해 '전혀 알아들을 수 없다'는 답변을 예상하게 한다.

14:7 혹 피리나 거문고와 같이 생명 없는 것이 소리를 낼 때에 그 음의 분별을 나타내지 아니하면 피리 부는 것인지 거문고 타는 것인지 어찌 알게 되리요(ὅμως τὰ ἄψυχα φωνὴν διδόντα, εἴτε αὐλὸς εἴτε κιθάρα, ἐὰν διαστολὴν τοῖς φθόγγοις μὴ δῷ, πῶς γνωσθήσεται τὸ αὐλούμενον ἢ τὸ κιθαριζόμενον;). 여기서 바울은 네 가지 가설적 사례 중 두 번째 사례를 소개한다. 여기서 말하는 악기가 피리와 같은 관악기든 거문고와 같은 현악기든 간에, 각 악기는 좋은 소리를 내는 것으로 가정되고 알아들을 수 있는 소리의 연속적 배열에 따라 연주되어야 한다. 오직 그때만 어떤 곡조인지 알아들을 수 있으니 말이다. 만약 이런 악기가 인식할 수 있는 방식으로 소리를 구분하고자 하는 시도가 전혀 없이 연주되면, 전체적으로 결과는 전혀 알아들을 수 없고 무의미한 잡음이 되고 만다.

이 구절의 구문은 조건절 다음에 의문문이 나온다는 점에서 본질상 이전 구절(7절)과 동일하다. 그러나 사용된 어휘가 두말할 것 없이 흥미롭다. '마찬가지로'(ὅμως, 개역개정에는 "혹"-역주)라는 말은 바울 서신에서 딱 두 번 나온다.[26] 이어서 나오는 "생명 없는"(ἄψυχος)이라는 말과 "피리"(αὐλός)라는 말은 신약성경에서 딱 여기서만 나타난다. 중성 복수형 "생명 없는" 것(참고. NIV, AV)은 피리와 거문고를 가리키고, 따라서 종종 올바르게 "생명 없는 악기"(lifeless instruments)로 번역된다(RSV, NRSV, ESV). 분사 '(소리를) 내다'(διδόντα)라는 말은 '생명 없는 악기'라는 말과 수와 격이 일치한다. 따라서 앞에서처럼 형용사적으로 번역되는 것('소리를 내는 생명 없는 악기들이', 개역개정에는 이와 다르게 "생명 없는 것이 소리를 낼 때에"-역주)이 어렵기는 해도 가장 좋아 보인다. 그런데 헬라어 본문에서 귀결절의 동사는 단수형이다.

14:8 만일 나팔이 분명하지 못한 소리를 내면 누가 전투를 준비하리요(καὶ γὰρ ἐὰν ἄδηλον σάλπιγξ φωνὴν δῷ, τίς παρασ-

26. 이 단어는 통상 요한복음 12:42에서처럼 '그럼에도'(개역개정에는 "그러나"-역주)를 의미한다. 그러나 여기서 이 단어의 용법은 다른 것 같다. BDAG 710은 이것은 아마 '마찬가지로'나 '똑같이'를 의미하는 앞서 나온 ὁμῶς의 한 형태일 것이라고 주장한다. 물론 원래 강세는 없었을 것이다.

κευάσεται εἰς πόλεμον;). 이번에는 세 번째 사례가 소개된다. 나팔(참고. 15:52)이 불리는 것은 군대에 전투 준비를 하라는 메시지를 특별히 전달하기 위해서다. 나팔이 분명한 소리를 내지 못하면 중요한 메시지를 전해야 할 때 군인에게 아무것도 전하지 못한다. 헬라어 본문의 구조는 조건절 다음에 의문문이 나온다는 점에서 이전 두 구절과 똑같다. '…때문에'(γάρ)라는 말은 계속적 용법의 불변화사로 번역하지 않고 그대로 놔둘 수 있다. 그래서 '또한'(καί)이라는 말에 아무것도 덧붙이지 않는다(개역개정에는 καὶ γὰρ를 번역하지 않음–역주). 그러나 이 불변화사는 종종 '명확성을 표시하는 말'로도 기능하는데, 그것은 여기서 적합할 것이다. 그래서 이 책은 "너희가 알다시피"(you see)[27]로 번역한다.

14:9 이와 같이 너희도 혀로써 알아 듣기 쉬운 말을 하지 아니하면 그 말하는 것을 어찌 알리요 이는 허공에다 말하는 것이라(οὕτως καὶ ὑμεῖς διὰ τῆς γλώσσης ἐὰν μὴ εὔσημον λόγον δῶτε, πῶς γνωσθήσεται τὸ λαλούμενον; ἔσεσθε γὰρ εἰς ἀέρα λαλοῦντες). 여기서 조건절 형태를 유지하는 것은 바울의 단호한 적용으로 넘어갈 때 경고의 충격을 약간 완화하는 역할을 한다. 이제 바울은 여기서 신체 기관의 하나인 "혀"(γλῶσσα)라는 단어를 효과적으로 사용하여 자신의 요점을 제시한다. 음악이 어떤 의미를 가지려면 악기가 적절하게 연주되고 적합한 소리를 적절한 배열에 따라 내야 했던 것처럼, 혀도 분명하고 알아들을 수 있는 말을 하도록 통제되어야 한다. 이런 명확성이 없으면 소리는 어디에도 가지 못하는 말, 곧 "허공에다 말하는 것"이 되고 만다. 바울의 첫 번째 가설적 조건문은 자신을 주어로 삼았고(6절), 두 번째와 세 번째 조건문은 "생명 없는" 악기를 주어로 삼았다(7–8절). 그러나 9절에서 바울은 2인칭 복수형으로 되돌아가 가설적 사례를 더 일반적으로 적용한다. "이와 같이"(οὕτως)라는 말은 바울이 적용을 시작할 때 마지막 가설적 예증을 소개하는 역할을 한다. 부정과거 가정법이 사용되고 가정법 다음에 미래(완곡한 미래, ἔσεσθε) 의문문이 나오는 이 조건문 구조는 이전 구절들과 똑같다. 다만 조건절이 부정 용법인 "[만일]…하지 아니하면"으로 표현된다. "허공에다"(into the air)라는 어구는 헬라어에서 구어로 사용된다. 따라서 이 책은 '흔적도 없이'(into thin air)라는 구어로 번역했다. "알아듣기 분명한(쉬운)"(εὔσημος)이라는 말은 하팍스 레고메논, 곧 신약성경에서 단 한 번 나오는 또 하나의 단어로 "쉽게 알아들을 수 있는"을 의미할 수도 있다.[28]

흥미롭게도 바울은 '오직 하나님만 들으실' 것이라고 말하지 않는다. 여기서 바울의 적용은 희석될 수 없고, 단서가 붙어 제한되지도 않는다. 바울은 다른 곳에서 논증할 때 방언의 긍정적 용도를 인정하고, 통역과 함께 방언이 분명한 목적이 있음을 인정했다. 그러나 여기서는 그런 말을 하지 않는다. 바울은 교인들이 함께 모인 교회에 관해 말하기 때문에 단호하다. 여기서 가장 중요한 점은 교인들이 모일 때 어떤 일이 일어나더라도 전체 내용을 모든 교인이 파악할 수 있어야 한다는 점이다. 심지어는 주로 하나님께 찬양을 돌릴 때도(2절) 예배하는 몸 전체에 의미가 있도록 이루어져야 한다. 그렇지 못하면 그 몸을 무시하는 일이 벌어진다.

14:10–11 이같이 세상에 소리의 종류가 많으나 뜻 없는 소리는 없나니 그러므로 내가 그 소리의 뜻을 알지 못하면 내가 말하는 자에게 외국인이 되고 말하는 자도 내게 외국인이 되리니(τοσαῦτα εἰ τύχοι γένη φωνῶν εἰσιν ἐν κόσμῳ, καὶ οὐδὲν ἄφωνον· ἐὰν οὖν μὴ εἰδῶ τὴν δύναμιν τῆς φωνῆς, ἔσομαι τῷ λαλοῦντι βάρβαρος καὶ ὁ λαλῶν ἐν ἐμοὶ βάρβαρος). 여

27. BDAG 189 (sect. 2).

28. BDAG 413.

기서 또 하나의 관련 예증이 전개된다. 고린도는 전형적인 국제 항구 도시였다. 헬라어와 라틴어가 주된 언어로 사용되었지만 거리에서 여러 언어를 들을 수 있었다. 따라서 거의 모든 사람이 수시로 다른 언어로 말하는 소리를 듣지만 무슨 뜻인지 알아듣지는 못했다. 고향에서 "외국인"이 되는 경험은 교역을 위해 각 나라 사람이 모이는 도시에서는 얼마든지 가능했다. 따라서 그것이 강력한 예증을 제공한다. 말하는 자가 "외국인"이 되고, "내가 말하는 자에게 외국인이 될" 것이라는 말이 바울의 요점이다. 이런 상황에서 느끼는 좌절과 시간 낭비에 대한 느낌이 잘 나타나 있다. 바울은 교회의 지체인 "내"가 가족 안에서 외국인처럼 되는 일은 상상할 수 없다고 본다. 이 점에서 바울은 앞에서처럼 "방언"의 알아들을 수 없는 특징에 주의를 기울일 뿐만 아니라 지체들을 갈라놓는 특징에 대해서도 초점을 맞추고 있다.

이 구절은 드물게도 '있을 수 있으나'(though there may be)라는 기원문(εἰ τύχοι, 참고. 15:37)이 포함된 제4조건문으로 시작한다. 그러나 이것은 귀결절이 없는 불완전 문장이다. 사실 신약성경 헬라어 본문에는 완전한 제4조건문이 하나도 나오지 않는다. 따라서 이 절은 단순히 이어지는 내용을 논증하고자 가능성을 표현하는 역할을 하고, 어쩌면 '언어(소리)의 종류가 많다'는 말이 주는 충격을 어느 정도 완화할 것이다(τοσαῦτα, 곧 "이같이"와 γένη, 곧 "종류"가 일치됨). '종류가 많이 있을 수 있지만'이라는 번역은 기원문에서 종종 나타나는 가능성과 약간의 의심에 대한 느낌을 함께 반영하려는 시도다. 여기서 "언어"라는 말은 앞에 나온 "방언"(γλῶσσαι)이 아니라 말을 가리킬 수 있는 "소리"(7-8절에 사용된 φωνή)를 번역한 것이다(개역개정에는 "소리"-역주). '뜻 없는'이라는 말은 문자적으로 '소리 없는'(ἄφωνον)을 의미하므로 바울은 이 단어로 언어 유희를 보여준다. 11절은 앞의 절들과 구조가 같은 또 다른 제3조건문이다.

14:12 그러므로 너희도 영적인 것을 사모하는 자인즉 교회의 덕을 세우기 위하여 그것이 풍성하기를 구하라(οὕτως καὶ ὑμεῖς, ἐπεὶ ζηλωταί ἐστε πνευμάτων, πρὸς τὴν οἰκοδομὴν τῆς ἐκκλησίας ζητεῖτε ἵνα περισσεύητε). 12:31과 14:1에 사용된 "사모(하는 자)"(ζηλωτής)라는 명사는 '간절히 바라다' 또는 '열심을 내다'라는 의미로 사용된 동사의 동족 단어다. 고린도 교인은 영적 능력을 가시적으로 보여주는 증거를 열심히 추구했다. 그러나 바울은 다시 그들에게 교회의 덕을 세우는 일을 추구해야 한다고 역설한다. 여기서 바울이 "은사"(χαρίσματα) 또는 "영적인 것"(πνευματικά)이라는 말이 예상되는 곳에서 통상적으로 '영들'로 번역되는 단어[πνεύματα. 이 책은 "성령의 영감들"(inspirations of the Spirit)로 번역했다. 개역개정에는 "영적인 것"-역주]를 사용하기 때문에 그 말이 정확히 무엇을 가리키는지 알기가 어렵다. 또한 14:32에서도 바울은 예언하는 자에게 종속된 그들의 '영감들'[문자적으로, '영들'(πνεύματα)]도 언급한다. 고데는 이 단어에 대해 "많은 인격(personalities)이라는 의미에서가 아니라…12장에서 언급한 유일한 신적 원리가 교회 모임에서 일시적이고 아주 다양한 성령의 영감의 침투로 나타났다는 의미에서 성령의 강력한 개인화(individualizing)로 여겨야 한다"[29]라고 올바르게 말한다.

이 장들에서 분명히 확인되는 것처럼, 바울은 성령을 하나님으로부터 온 모든 나타남과 영감들을 주시는 분으로 보았다. 따라서 '성령의 영감들'이라는 번역은 원천(성령)을 반영할 뿐만 아니라, 고린도 교인에게는 그들 안에서 그리고 그들을 통해 성령의 역사가 가시적으로 나타나는 것이 관건이라는 점을 반영하려는 취지를 담고 있다. 고린도 교인은 성령의 은사를 영적 온전함의

29. Godet, *First Corinthians*, 2:276.

표지로 여겼기 때문에 성령의 역사가 나타나는 것 각각을 그 순간에 성령이 특별히 자신에게 개인적으로 임하신 것을 표시하는 증거로 보았다. 고린도 교인은 성령의 역사가 자신의 안에 있음을 입증하는 이 증거를 열렬히 사모하는 자, 곧 열성분자였다. 바울은 고린도 교인에게 그들 자신을 위해 이런 '영감들', 곧 '이런 영들'을 추구하는 일은 잘못이라고 지적한다. 만약 고린도 교인이 성령의 영감을 사모한다면, 그들에게 처음에 주어진 유일한 목적, 곧 교회의 덕을 세우는 일을 위해 사모해야 한다. 바울은 고린도 교인에게 교회의 덕을 세우기 위해(참고. 15:58) 그것이 "풍성하기를"(περισσεύητε), 즉 그 잔이 충분히 흘러넘치도록 이 영감들을 구하라 또는 추구하라(ζητεῖτε)고 촉구한다.

14:13 그러므로 방언을 말하는 자는 통역하기를 기도할지니(Διὸ ὁ λαλῶν γλώσσῃ προσευχέσθω ἵνα διερμηνεύῃ). 이 구절은 방언의 은사가 사람들의 덕을 세우지 못하는 것을 더 상세히 검토하는 그다음 부분(13-19절)을 시작한다. 여기서 다시 바울은 덕을 세우는 일이 적절히 일어나려면 방언을 알아듣게 말하는 것이 필수적이라는 사실을 강조한다. 바울은 오직 그때만 교회에 덕을 세우게 될 것이므로 "방언을 말하는 자는 통역하기를 기도하라"고 단순히 말하는 것으로 시작한다. "그러므로"(διό)라는 말에는 강한 의미가 담겨 있다. 때때로 바울이 여기서 전하는 말의 힘이 간과된다. 바울은 어떤 사람이 함께 모인 교회 안에서 방언을 말하려면 오직 한 가지 길이 있다고 주장한다. 그 사람은 교회에 덕을 세울 수 있도록 "통역할" 수 있기를 기도하거나(5절) 자신이 말하는 것을 알아듣게 설명해야 한다. 다시 말하면 바울은 방언을 말하는 자에게 다른 일을 행할 것을 권고한다. 이때 교회 안에 필요한 성령의 은사는 개인이 방언으로 말하는 은사가 아니라 오히려 통역하는 은사다.

14:14-15 내가 만일 방언으로 기도하면 나의 영이 기도하거니와 나의 마음은 열매를 맺지 못하리라 그러면 어떻게 할까 내가 영으로 기도하고 또 마음으로 기도하며 내가 영으로 찬송하고 또 마음으로 찬송하리라(ἐὰν [γὰρ] προσεύχωμαι γλώσσῃ, τὸ πνεῦμά μου προσεύχεται, ὁ δὲ νοῦς μου ἄκαρπός ἐστιν. τί οὖν ἐστιν; προσεύξομαι τῷ πνεύματι, προσεύξομαι δὲ καὶ τῷ νοΐ· ψαλῶ τῷ πνεύματι, ψαλῶ δὲ καὶ τῷ νοΐ). 여기서 문제는 교인이 개인 기도(또는 찬송)의 열매를 누리는지 여부에 있다. 바울은 방언을 하나님께 말하는 것으로 설명하기 때문에(2절) 여기서 그가 방언으로 하는 기도를 언급하는 것은 놀랍지 않다. 그러나 바울은 일부 주석가가 주장한 것처럼, 여기서 두 가지 은사(방언으로 말하는 것과 방언으로 기도하는 것)에 관해 말하는 것이 아니다. 바울은 또 하나의 제3조건절에서 자신을 가설적 본보기로 제시한다. 여기서 바울의 의도는 '열매를 맺지 못하는'(ἄκαρπός)이라는 말에 잘 나타나 있다.

바울이 "나의 영"과 "나의 마음"을 대조하는 것이 엄밀히 무슨 의미인지를 놓고 많은 논란이 벌어졌다. 찰스 하지는 이 구절에 대해 "이 구절은 전체적 의미는 이처럼 명백하지만 14장 전체에서 가장 난해한 구절"이라고 말한다.[30] 이에 대해서는 도움이 될 만한 설명이 많다. 첫째, 바울이 "나의 영"을 언급하면서 성령을 염두에 두었을 가능성은 없다. 성령으로부터 나오는 자신의 개인적 영감을 염두에 두었을 가능성이 있기는 해도(12절), 바울은 이런 특별한 방식으로 성령을 개인화하지 않는다. 또한 "나의 마음"과의 대조도 바울이 성령에 관해서가 아니라 자신의 영, 곧 나의 영에 관해 말하고 있음을 암시한다. 둘째, 바울은 플라톤의 이원론에 따라 사고하지 않는다. "영"은 하나님과 관련된 것이고

---

30. Hodge, *First Corinthians*, 287. 이 책은 또한 Hodge가 열매가 없는 것에 관해 다음과 같이 말할 때 그의 말에 동조한다. "그러므로 열매를 맺지 못하는 것에 대한 바울의 이해는 다른 사람들이 그가 말한 것을 파악하지 못한 것을 의미했다"(앞의 책, 288).

"마음"은 비영적으로 이 세상과 관련된 것이 아니다. 이런 이원론적 사고는 바울의 세계관과 완전히 상충한다. 확실히 바울이 "영"과 "마음"으로 다 기도하는 것에 관해 말하는 14:15은 이러한 이원론과 반대로 말한다.[31]

문맥을 고려하면, 세 번째 주장이 가장 좋을 것이다. 여기서 바울이 알아들을 수 있는 전달에 관심이 있음을 파악하는 것이 결정적으로 중요하다(참고. 16, 19절). 따라서 바울은 한편으로는 사고 과정의 결과 하나님과 소통하며 어떤 전달 내용을 말하는 사람과, 다른 한편으로는 (하나님의 영감을 통해) 이해되지 않는 방식으로 말하거나 받아들여지는 정보를 말하는 사람 사이를 단순히 구분하는 것일 수 있다. 따라서 "영"이라는 말은 "마음"과 반대로 성령의 일을 받아들일 수 있는 개인적 특성에 대한 정의가 아니다. 또 "마음"이라는 말도 "방언"을 완전히 황홀경 속에서 말하거나 (마음에 의해) 완전히 통제되지 않는 상태에 있을 때 받아들여지는 것으로 묘사할 여지를 남겨 놓을 때만 사용되는 말이 아니다. 이런 의미에서 "영"이라는 말은 단순히 하나님이나 영적인 것에 대해 말하는 능력의 관점에서 온전한 사람을 가리킨다[참고. 롬 8:16; 12:11; 고전 2:1; 5:3-4(아마); 5:5; 16:18]. 따라서 성령으로부터 은사를 받은 자에게는, 이것이 단순히 이해되거나 이해될 수 없는 것을 구분하는 ("마음"의 기능 가운데 하나인) 바울의 방식일 수 있다. 바울은 전 인간, 곧 마음과 영이 다 성령의 일들을 받는다고 보기 때문이다. 이것은 방언과 예언을 대조하는 이 본문에서도 분명하다. 그러나 어떤 상황에서는 "마음"이 일어나는 일에 제대로 반응하지 못할 수 있고, 이 경우에는 받은 은사가 교회 안에서 아무 열매를 맺지 못한다. 그러므로 방언으로 말하는 자는 항상 교회의 덕을 세우기를 바라고(12:7) 하나님이 성령으로부터 받은 것을 설명하거나 통역하거나 말로 제시해줄 있도록 자신의 마음을 "방언"에 사용해주실 것을 특별히 기도해야 한다. 바울은 예언과 방언이 사람의 핵심 요소(사람의 영)로부터 나온다는 사실을 확언하지만,[32] 이 사람은 주변 사람들에게 큰 소리로 말하는 것이 반드시 각자에게 유익이 되도록 해야 한다.

우리는 마음을 신령한 은사나 경험과 분리하기가 너무 쉽다. 이것은 그리스도인이 삶의 실천을 예언의 내용과 너무 쉽게 분리할 수 있는 것과 똑같다. 마음이 직접 설명하기에는 너무 깊은 일들을 표현하는 은사가 "방언"이라면(롬 8:26-27의 "탄식"에서처럼), 특히 이것이 사실일 것이다. 사실 알아들을 수 있는 전달의 의미에서 마음의 분리는 성령의 은사로, 어떤 (은밀한) 상황에서는 하나님이 찬성하신 것이다. 그러나 신자는 마음을 사용하여 개인적으로 은사를 사용하기로 선택하거나, 또는 교회 안에서라면 모든 사람에게 덕을 세울 수 있도록 알아들을 수 있는 말로 통역할 수 있게 해달라고 성령께 즉각 기도해야 할 필요가 있다. 그리스도인이 품어야 하는 "마음"은 "그리스도의 마음"이다(2:16). 사람의 전체 삶이 그리스도를 반영하고 전체 교회가 유익을 얻도

31. 따라서 Philo와 다른 헬레니즘 시대 저술가들에 대한 언급은 그들이 바울이 사용하고 고린도 교인들에게 익숙한 말과 비슷한 말을 사용한다는 점에서 스쳐 지나가는 관심에 불과하다. 그러나 우리가 헬레니즘 철학으로 바울의 "신령한"이라는 말의 용법을 규정해서는 안 되는 것처럼 이런 언급으로 바울이 이런 말로 의도하는 내용을 규정해서는 안 된다. Philo의 "마음"과 "영"에 관한 용법과 바울의 이 말들에 관한 용법을 비교할 때 매우 흥미로운 국면은, 이 말들의 비 이원론적인 용법에 있어 바울은 Philo와 참으로 크게 다르다는 것이다. 물론 바울의 논증을 감안하면, 고린도 교인 자신이 이런 것을 이원론적 관점에 따라 생각했을 가능성이 크다. 황홀경에 관해서는 Philo, 4권, *Quis Rerum Divinarum Heres* (Who is the Heir of Divine Things), 249-67을 참고하고, "마음"과 "방언" 그리고 그것들의 "황홀경"과의 관계에 관해서는 265-66을 참고하라. "확실히 예언하는 자에 대해 말하면, 그가 말하는 것처럼 보일 때도 사실 그는 침묵을 지키고, 그의 언어 기관, 곧 입과 혀는 완전히 다른 존재에게 사용되어 그 존재가 뜻하는 것을 보여준다."

32. Thiselton, *1 Corinthians*, 1110은 유용하게 이 문맥에서 "영"을 "내면 가장 깊은 곳에 있는 신령한 존재"로 의역한다. 그러나 Thiselton은 "이것은 플라톤이나 관념론자 또는 데카르트의 이원론의 방향 속에서 오해할 위험이 있다"라고 경고한다.

록 은사를 어떻게 사용해야 할지 분별할 수 있는 것은 마음이다(롬 7:23–25; 12:2; 14:5; 고전 1:10; 골 2:18). 이것 때문에 성령의 은사에 관해 계속해서 말하는 문맥에서 바울은 "오직 마음을 새롭게 함으로 변화를 받[으라]"(롬 12:2)는 말로 설명을 시작한다.

고린도전서 14:15은 앞 구절과 연관 지어 보아야 한다. 수사 의문문 "그러면 어떻게 할까"라는 말은 방언으로 기도하는 자에게 바울이 제공하는 길을 소개하는 역할을 한다. "마음"과 "영"이 분리가 가능하다고 해서 둘 사이에 대립이 성립되는 것은 아니다. 바울은 인격의 진정한 핵심에서 나오는 "나의 영"으로 기도할 수 있다. 그러나 바울은 그의 "마음"으로도 기도할 수 있다. 바울은 찬송할 때도 똑같이 그렇게 할 수 있다.[33] 분명히 바울은 이에 대한 선택권이 있다고 믿는다. 바울은 자신이 교회의 덕을 세울 수 있도록 통역을 위해 기도할 수 있다. 또는 교회 안에서 조용히 있는 길을 선택할 수도 있다.

여기서 바울이 언급하는 찬송은 방언으로 찬송하는 것을 가리키는 것 같다. 하지만 바울은 한 개인으로서 자신에 관해 말한다. 현대에 방언으로 찬송하는 교회 안의 모습은 아름답고 자체로 감동적이지만 14장에서 이것을 지지하는 근거가 발견되지는 않는다. 그리스도인들의 모임에서는 모든 것이 이해되어야 하므로, 확실히 14장은 방언으로 찬송하는 것을 간접적으로 반대한다. 다시 말해 바울은 (방언으로 하는) 찬송이 그의 인격의 가장 깊은 곳에서 나올 수 있지만, 그렇더라도 누구나 이해할 수 있는 말로 찬송해야 한다고 주장한다. 이 동사(ψάλλω)는 칠십인역 시편에서 널리 사용되고 악기의 수반 여부와 상관없이 '노래하다' 또는 '찬송하다'를 의미한다(예를 들어, 시 7:18; 9:12; 107:4). 바울도 시편을 인용할 때(롬 15:9)와 에베소서 5:19(참고. 약 5:13)에서 이 단어를 사용한다.[34] 초대교회가 주기적으로 시와 찬송을 노래하고, 시와 찬송을 통해 주님께 찬양과 감사를 표현한 것은 의심의 여지가 없다. 16절이 분명히 하는 것처럼, 여기서 바울은 감사를 염두에 두었다. 특히 흥미로운 것은 26절(아래에서 설명을 보라)에서 "각각 찬송시도 있으며"라고 말하는 사실이다. 이것은 초대교회의 예배에서 즐겁게 노래하는 일이 중심적인 위치를 차지했음을 분명히 암시한다. 15절과 26절은 함께 묶여 찬송은 "하나님께" 하는 것일 뿐만 아니라 서로에게 덕을 세우는 역할도 한다는 사실을 상기시킨다. 다시 말하면 교회에서 그리스도인은 하나님께 노래하고 또 서로에게 노래한다. 왜냐하면 서로에게 노래할 때 노래의 내용을 통해 모두에게 주님께 대한 훨씬 더 큰 찬양과 감사를 불러일으키고, 아울러 영적으로 모두에게 덕을 세우는 일이 일어나기 때문이다.

14:16–17 그렇지 아니하면 네가 영으로 축복할 때에 알지 못하는 처지에 있는 자가 네가 무슨 말을 하는지 알지 못하고 네 감사에 어찌 아멘 하리요 너는 감사를 잘하였으나 그러나 다른 사람은 덕 세움을 받지 못하리라(ἐπεὶ ἐὰν εὐλογῇς ἐν πνεύματι, ὁ ἀναπληρῶν τὸν τόπον τοῦ ἰδιώτου πῶς ἐρεῖ τὸ Ἀμὴν ἐπὶ τῇ σῇ εὐχαριστίᾳ, ἐπειδὴ τί λέγεις οὐκ οἶδεν; σὺ μὲν γὰρ καλῶς εὐχαριστεῖς, ἀλλ' ὁ ἕτερος οὐκ οἰκοδομεῖται). 바울은 자신이 전하는 말의 배후에 둔 이유로 다시 돌아간다. 바울은 여기서 자신의 가르침을 적용할

33. BDAG 1096 (ψάλλω). 여기서 찬송 형태를 "영적 황홀경" 상태에서 찬송하는 것이나 "사람의 정신적 기능에 완전히 사로잡혀" 찬송하는 것의 대조로 보는 것은 잘못이다.

34. 에베소서 5:19에서 바울은 "너희의 마음으로 주께 노래하며"라고 말한다. 여기서 "마음"은 사실상 "영"과 동의어로 보인다. Ernest Best는 *Critical and Exegetical Commentary on Ephesians*, ICC (Edinburgh: T&T Clark, 1998), 513에서 에베소서 5:19의 "마음"에서 나오는 노래에 관해 "그것은 실존의 가장 깊은 차원에서 나온다"라고 말한다. Markus Barth, *Ephesians: Translation and Commentary on Chapters 4-6* (New York: Doubleday, 1974), 583도 똑같이 마음에 대한 호소를 "사람의 지성과 의지의 중심, 곧 전(全) 인간에 대한 호소"로 본다.

때 1인칭 단수형에서 2인칭 단수형으로 바꾼다. 교회의 예배는 근본적으로 참여하는 예배다. 심지어는 "아멘"을 말하는 것도 일어나는 일에 지지를 선언함으로써, 이를테면 그 일에 자신의 이름을 덧붙임으로써, 모두가 참여할 수 있는 길이다. "아멘"이라는 말은 히브리어 단어의 음역이다. 히브리어에서 이 단어의 동사형은 '굳게 서다'라는 의미가 있다. 따라서 전례 배경에서는 말해진 것이나 노래된 것에 충분히 그리고 굳건히 동조하거나 동의하는 것을 함의한다(회중이 어떤 율법의 낭독에 동조하는 것을 다룬 신명기 27:15-26을 참고하라). 개인의 관점에서 보면, "아멘"이라는 말로 찬성을 표하는 것은 '이것이 내게는 참되고 타당하다'는 뜻이 있다. 그러므로 전체 교인이 메시지에 동조하려면, 주님께 복을 구하거나 감사하는 내용을 반드시 알아들을 수 있어야 한다. '만일 네가 축복하면'(ἐὰν εὐλογῇς)이라는 말은 하나님께 복을 구하거나 하나님께 감사하는 것을 가리킨다(17절은 '축복하다' 대신 '감사하다'라는 말을 사용함). 여기서 바울이 염두에 둔 사실은 의심할 것 없이 아삽이 역대상 16:36에서 여호와께 감사의 노래를 부르는 것과 긴밀하게 평행을 이룬다. 칠십인역은 '축복하다'(εὐλογέω)라는 동사와 히브리어 단어를 음역한 "아멘"(ἀμήν)이라는 말을 다 사용한다. 노래가 끝날 때 거기서 "여호와 이스라엘의 하나님을…송축할지로다 하매 모든 백성이 아멘 하고 여호와를 찬양하였더라"와 같은 말을 본다. 이 두 구절(16-17절)이 분명히 하는 것처럼, 만약 감사가 이해되지 않으면 그것이 얼마나 좋은지 또는 얼마나 선의가 담긴 감사인지는 중요하지 않게 되고 만다. 그렇게 되면 다른 누구의 덕도 세우지 못하는 일이 벌어진다.

여기서 두 가지 문제를 추가로 검토할 필요가 있다. 첫째, 다시 한번 "영"(πνεῦμα)의 의미에 관한 질문이 제기된다. 가장 확실한 답변은 영이 앞 구절에서와 똑같은 의미를 가졌다고 추정하는 것이다. 다시 말하면 바울은 사람의 존재의 가장 깊은 곳에서 나오는 기도와 교인이 알아듣지 못하는 "방언"을 말하는 것에 관해 계속 생각한다. 그러나 바울이 지금 성령을 "네가 감사하는", 즉 (NIV 2011에서처럼) 방언으로 말하는 수단으로 말하는 것이라고 주장할 만한 논증이 있다. 많은 영어 역본이 "영"에 (헬라어 본문에는 없는) "너의"라는 말을 덧붙임으로써 이 견해를 끝장내버린다(예를 들어, ESV, NIV 1984). 대체로 바울은 사람의 "영"에 관해 말할 때는 관사를 붙이고, 성령에 관해 말할 때는 관사를 붙이지 않는다는 사실은 앞에서 지적했다. 이 본문에는 관사가 없다. 따라서 이 요소는 규칙의 문제가 아니라 문체의 문제이므로 너무 강조해서는 안 된다. 나아가 어떤 저술가든 관사, 불변화사 등을 사용할 때 통상적 용법에서 벗어나 항상 예외가 있을 수 있다. 그러나 이것은 여기서 바울이 성령을 염두에 두었음을 입증하는 가능한 증거를 제공한다. 그리고 최근에 월리스는 이 주장에 더 강력한 문법적 기초를 부여했다.[35] 더 나아가 이 구절에서는 이 책이 15절에서 '나의 영과 함께'(with my spirit, 개역개정에는 "내가 영으로"-역주)로 번역한 단순 여격(τῷ πνεύματι)이 16절에서 '영 안에서'(ἐν πνεύματι)로 바뀐다. 15절은 아마 연합의 여격일 것이다. 따라서 번역은 이렇게 된다. "내가 나의 영과 함께(연합하여)…또 나의 마음과 함께(연합하여) 기도하며." 말하자면 바울은 자신의 "마음"을 기도 과정으로 끌어들이고자 한다. 그러나 16절은 전치사 '안에서/의해/으로'(ἐν)의 지배를 받는 여격을 제공하는데, 이것은 수단의 여격으로 "네가

35. Wallace, *Greek Grammar*, 215는 "소유 대명사나 최소한 관사로 수식되는 명사가 없으면, 거의 확실히 소유가 함축되어 있지 않다는 사실을 주목하는 것이 중요하다"라고 말함으로써 Fee의 주장(Fee, *1 Corinthians*, 671과 578n43)에 무게를 더한다. Wallace는 에베소서 5:18을 인용하면서 ἐν πνεύματι라는 말에는 함축되어 있지 않고, 따라서 그것은 '네 자신의 영 안에서'를 의미할 수 없고 '성령 안에서/함께/으로'를 의미한다고 주장한다. 만약 Wallace가 정확하다면, 고린도전서 14:16에서 바울이 염두에 둔 것은 성령이 틀림없다.

영으로(by means of) 감사(축복)할 때에"를 의미할 수 있다.[36] 문맥상 여기서 성령을 염두에 두었다면, 이 요구를 이상한 것으로 여겨서는 안 된다. 고린도전서 전체에 걸쳐 바울은 방언과 예언의 은사를 포함하여 모든 은사는 성령으로 말미암아 사람들에게 주어진다는 사실을 인정했다. 따라서 바울은 성령이 할 수 있게 하시기 때문에('성령으로') 감사하는 것에 관해 말한다.

둘째, "알지 못하는 처지에 있는 자"가 엄밀히 누구를 가리키는지 불분명하다. 이 말은 "사적 시민(a private citizen)의 처지에 있는 자"[37]로 번역될 수 있다. 바울이 문자 그대로 공동체 안에서 아직 지체가 아닌 사람들을 위해 마련된 '자리'(place)를 가리킨다고 볼 수 없다. 오히려 그 말은 비유적으로 취해야 한다. 그러면 이 사람은 어떤 사람일까? 이 사람은 '충분한 지식이 없는 사람'(uninitiated person)인가, '이해하지 못하는 사람'인가, '외부인'인가, '평범한 사람'인가, 또는 '방언에 익숙하지 못한 사람'인가?[38] 예배 배경 속에서 이 말은 '제사장'이나 '지도자'와 다른 '평신도'를 의미할 수 있다고 주장되었다. 그러나 기독교 교회에서 이런 의미는 확실히 시대착오적이다. '충분한 지식이 없는 사람'이라는 번역은 너무 전문적이고, 바울이 여기서 전하는 말의 내용을 제한하며, "처지에 있는"이라는 말이 문자적으로 어떤 공식적 지위를 가리킨다고 보는 것에 더 의존한다. '보통 사람'은 대체로 '사적 시민'과 같은 의미가 있고 여기 문맥에 적합할 수 있다. 이 말은 신약성경 다른 곳에서는 찾아보기 힘들고, 사도행전 4:13에서는 "범인"(평범한 사람)을 의미하고, 고린도후서 11:6에서는 '숙달되지 못한'(부족한) 사람을 의미한다. 그러나 슐리어(Schlier)는 14장 이 부분의 문맥에서 이 사람은 같은 구절에서 언급한 내용을 알지 못하고, 그러므로 "아멘"이라고 말할 수 없는 자로 "분명히 묘사된다"라고 정확히 지적한다.[39] 그러므로 수시로 접하는 의미인 '사적 시민'이 바울이 염두에 둔 의미와 별로 다르지 않은 것 같다. 알지 못하는 처지에 있는 자는 전문가다운 특별한 노하우가 없는 사람이다. 따라서 바울은 단순히 이 말을 비유적으로 알아듣지 못하는 자를 가리키는 데 사용한다. 교회에서는 누구나 예배에 참여하여 "아멘"이라고 말할 것으로 추정된다. 그러나 만약 어떤 사람이 방언으로 말하고 나머지 사람들은 듣고 이해하지 못한다면, 그들은 다 자신들이 참여하기 전에 어떤 특별한 노하우를 가져야 하는 '사적인 사람'으로, 알아듣지 못하는 자와 같은 처지에 있다고 느낄 것이다. 이 문제는 알아듣는 것에 관한 문제로 남아 있다. 따라서 방언을 말하는 자만이 아니라 모든 지체가 (NIV 1984의 번역과 같이) 자기들이 알아듣지 못하는 자에 속해 있음을 발견한다. 그들은 다 덕을 세우지 못하는 다른 자가 되고 만다(17절). 우리는 뒤에서 이 사람들이 누구인지에 대한 이런 이해가 사실은 23절에 쓰인 그 단어(ἰδιώτης)의 용법과도 맞물려 있음을 확인한다. 누구든 교인들이 하나님이 주신 은사로 끊임없이 서로의 덕을 세우는 기능적인 공동

36. BDF §219.1을 보라. 그리고 Wallace, *Greek Grammar*, 373-74에서 긴 설명을 보라.

37. MM 299는 단순히 '사적 시민'을 지배적 의미로 보는 사례를 제시한다. BDAG 468은 사적 시민을 ἰδιώτης의 한 가지 의미로 제시하지만 이 구절에서 가능한 의미로는 '구성원이 될 후보자'나 '상대적으로 외부인'인 자로 본다. 이것은 고린도전서 14:23에서 그 단어의 용법에 기반을 두었다.

38. Thiselton은 이 말을 "충분한 지식이 없는 자"로 번역한다(*1 Corinthians*, 1114. NIV 2011은 이 말을 "질문자"로 번역하고, NRSV는 "외부인"으로 번역한다). Calvin은 이 말을 "보통 사람"으로 번역한다(*First Corinthians*, 293. 참고. REB). Horsley는 이 말을 "미숙한 자"로 번역한다(*1 Corinthians*, 185).

39. H. Schlier, "ἰδιώτης," *TDNT* 3:217. 그러나 Schlier는 이어서 이 단어의 의미를 23절의 그 단어의 용법과 직결시킨다. 거기서 Schlier는 (이 책의 견해와 맞게) 그 단어는 "비신자"를 의미하고 16절을 되돌아본다고 말한다. 그러면서 이것은 "비-그리스도인에 대한 언급을 요구한다"라고 결론짓는다. 그러나 이런 결론은 불필요하고 불가능하다. 문맥은 이 사람들이 은사를 가진 예배하는 신자로 추정되는 교회에 주는 말이다. 그들은 지금 어떻게 예배해야 하는지 그리고 "방언"은 공적 예배에서 통역되어야 하고 그렇지 않으면 사용해서는 안 되는 이유에 관해 듣고 있다.

체가 되어야 하는 곳에서 자신을 '사적인' 개인처럼 느끼는 모습을 발견한다는 관념은 바울에게 저주와 같다. 그런 교회는 더는 '교회'가 아니기 때문이다.

14:18-19 내가 너희 모든 사람보다 방언을 더 말하므로 하나님께 감사하노라 그러나 교회에서 내가 남을 가르치기 위하여 깨달은 마음으로 다섯 마디 말을 하는 것이 일만 마디 방언으로 말하는 것보다 나으니라(εὐχαριστῶ τῷ θεῷ, πάντων ὑμῶν μᾶλλον γλώσσαις λαλῶ· ἀλλὰ ἐν ἐκκλησίᾳ θέλω πέντε λόγους τῷ νοΐ μου λαλῆσαι, ἵνα καὶ ἄλλους κατηχήσω, ἢ μυρίους λόγους ἐν γλώσσῃ). 독자에게 통역 없이 말하는 방언에 대한 바울의 비판이 아무리 강하고 심지어 아무리 거칠다 하더라도, 그는 방언을 완전히 거부하지 않는다. 이 구절은 바울이 방언의 은사를 가진 것에 대해 하나님께 감사하는 것으로 보아 방언이 확실히 하나의 은사라는 사실을 확언한다. 방언의 은사는 적절히 사용되면 하나님께 감사해야 할 은혜라는 요점을 강조하려고 바울은 과장법을 사용한다("너희 모든 사람보다", πάντων ὑμῶν μᾶλλον). 그러나 여기서 중심 요소는 방언이 공동체에 끼치는 유익에 있다. 왜냐하면 바울은 강한 반의 접속사 '그럼에도'(ἀλλά, 개역개정에는 "그러나"-역주)라는 말을 사용하여 방언에 관해 계속 말하기 때문이다. 심지어 (14-15절에서처럼) 그의 "마음"이 담겨 말해지는, 그러므로 알아들을 수 있는 말로 전해지는 몇 마디 가르침의 말이 방언으로 전해지는 셀 수 없이 많은 말보다 훨씬 더 낫다.

바울은 자신을 가설적 본보기로 삼았지만, 지금은 자신이 자주 방언으로 말한다는 점을 분명히 한다. 하지만 방언의 은사를 개인적 용도로 사용하는 것은 자제한다. 예배드리기 위해 함께 모인 그리스도인 지역 공동체를 의미하는 '교회' 안에서, 바울은 교인들이 믿음과 이해로 교회의 덕을 세우도록 가르치는 일에 항상 심혈을 기울인다.

14:20 형제들아 지혜에는 아이가 되지 말고 악에는 어린 아이가 되라 지혜에는 장성한 사람이 되라(Ἀδελφοί, μὴ παιδία γίνεσθε ταῖς φρεσίν, ἀλλὰ τῇ κακίᾳ νηπιάζετε, ταῖς δὲ φρεσὶν τέλειοι γίνεσθε). 14장 첫 번째 부분의 네 번째 하위 부분인 14:20-25절에서 바울은 신자들의 참된 영적 성숙(온전함) 문제로 되돌아간다. 통역 없는 방언으로 어려움을 겪는 것과 반대로 전체 교회가 알아들을 수 있는 예배에 참여하면, 심지어 교회 밖에 있는 자도 하나님이 자기 백성과 함께 계시는 것을 확신하고 인정하는 기회를 얻게 되며, 그로써 그들이 예배에 나올 수도 있다. 바울이 이제 "어린아이"(παιδία)와 "장성한" 자(τέλειοι)에게 말하는 내용으로 이동하는 것은, 독자에게 고린도 교인이 방언의 은사를 악용하는 것이 그들의 근원적인 문제점을 드러내는 또 다른 징후라는 사실을 상기시킨다. 고린도 교인은 자신이 우월하고 성숙하다고 생각하면서 사실상 어린아이처럼 행동함으로써, 자신의 은사가 실제로는 아무것도 인증하지 못한다는 점을 드러냈다. 영적 온전함과 은사는 별로 관계가 없다. 둘 사이의 관계는 은사를 어떻게 사용하느냐에 따라 좌우된다. 만약 은사를 사랑의 배경 속에서 사용하면 다른 그리스도인의 덕을 세우는 역할을 할 것이다. 동료 신자의 덕을 세우거나 교회의 덕을 세우고자 힘쓸 때 그리스도인은 다른 사람에 대한 사랑을 드러내고, 따라서 그의 영적 온전함이 증명된다.

바울은 2:6, 3:1 그리고 13:11-12에서 성숙함(온전함)과 어린아이 같은 미숙함에 관해 말한다. 2:6에 대한 설명에서 이 책은 바울이 "온전한 자"(τέλειοι)에 관해 말할 때 헬레니즘 시대 신비 종교에 의존하고 있다는 관념을 거부했다. 3:1-2에서 분명히 한 것처럼, 바울에게는 '온전한' 자가 진실로 "신령한" 자다. 모든 그리스도인이 "신령한" 자다. 그렇지만 고린도 교인은 신령한 자로 처신하지 못했고, 자신의 은사가 영적 지위를 증명해준다고 생각했다. 사실 고린도 교인의 행동과 태도는 영적 어린아이의 미숙함을 보여주었다. 따라서 바울은 같은 이유로 고린도 교인에게 다시 당부하지 않으면 안 된다. 바울은 고린도 교인에게 "지혜"(생각, φρεσίν, 참조의 여격)에는 "어린아이"(παιδία)로 행하지 말라고 권고한다. 고린도 교인은 방언을 영적 지위의 표지로 생각해서는 안 된다. 이런 형태의 생각과 함께 진행되는 교만과 자만은 "악"(κακία) 외에 다른 것이 아니다. 바울은 정교한 수사로 고린도 교인이 이런 악에 어린아이지만 그들의 지혜에는 성숙해져야 한다고 말한다. 말하자면 고린도 교인은 바울과 같이 생각하고, 그들이 덕을 세우는 데 은사를 사용한다는 사실을 보증하는 표지가 "사랑"이라고 보아야 한다.

이 유비는 참 적절하다. 어린아이, 특히 아주 어린 아기는 굉장히 자기 중심적이다. 어린아이는 남을 생각하지 않고 그저 자신의 길만 생각하며, 다른 어린아이들 중에서 지배자가 되기를 바란다. 이런 식의 행동은 장성한 사람의 행동이 아니다. 장성한 사람은 남을 자기보다 앞세우고 남을 배려하는 생각을 할 수 있어야 한다. '생각'(φρήν)이라는 말(개역개정에는 "지혜"-역주)은 주의 깊은 성찰 또는 분별을 함축한다. 또한 온전한 자가 영적으로 성령의 일들을 분별하거나 판단할 수 있다는 2:14-16의 주장을 생각나게 한다. 2:14에 대한 설명에서 이런 형태의 분별 또는 판단(ἀνακρίνω/συγκρίνω)을 설명한 것을 보라. 방언의 은사에 관해 이런 식의 분별력을 가진 '온전한' 그리스도인은 공동체의 유익에 비추어 은사의 사용을 제한해야 할 경우가 있음을 인정한다. 또한 이런 은사가 어떤 사람의 '영성'의 수준을 나타내는 표지가 될 수 없다는 사실도 인정한다. 13:11에서처럼 바울은 그리스도인이 "어린아이의 길을 버리고", 자신이 "아무것"도 아닌 것이 아니라 '의미 있는' 자가 되려면 사랑을 보여줄 때 가능하다는 지식(13:2)을 반영하며 살아야 한다는 것을 당부한다.

14:21 율법에 기록된 바 주께서 이르시되 내가 다른 방언을 말하는 자와 다른 입술로 이 백성에게 말할지라도 그들이 여전히 듣지 아니하리라 하였으니(ἐν τῷ νόμῳ γέγραπται ὅτι Ἐν ἑτερογλώσσοις καὶ ἐν χείλεσιν ἑτέρων λαλήσω τῷ λαῷ τούτῳ, καὶ οὐδ᾽ οὕτως εἰσακούσονταί μου, λέγει κύριος). 모티어(Motyer)는 바울이 인용한 이사야서의 본문을 주석하면서 이렇게 말한다. "취지는 명백하다. 곧, 거부된 은혜의 말씀은 정죄의 말씀이 되고 만다는 것이다."[40] 바로 이 요점이 이 인용문에서 바울이 품은 의도다. "율법"은 모세 오경뿐만 아니라 '선지서'도 포함할 수 있다(참고. 9:8, 9; 14:34; 요 10:34). 하지만 "주께서 이르시되"라는 말을 덧붙이는 것으로 보면, 본래 예언을 말하는 자를 선지자가 아니라 하나님으로 이해한다. 따라서 여기서 바울은 이사야서 28:11-12을 의역하고, 그것을 고린도 교회의 상황에 적용한다. 이 인용문은 칠십인역 및 히브리 성경의 본문과 여러 가지 면에서 차이가 있지만, 바울이 이 이사야서 본문을 어떻게 사용하는지가 명확하고, 원래의 배경을 염두에 두고 사용하는 것이 분명하다. 이스라엘 지도자들은 비틀거릴 정도로 음식을 탐하고 술을 많이 마심으로써 제대로 재판할 수가 없었다(사 28:7-8). 이 불순한 지도자들은 배울 것이 아무것도 없다고 생각했다. 그래서 단순한 메시지를 전한 이사야를 조롱했다(사 28:9-10). 이사야서 28:10의 말은 단순히 어린아이가 선생의 교훈을 따라 조심하고 인내하는 것을 암시할 수 있다. 또는 단순히 아기에게 있을 수 있는 잡음을 반영할 수 있다. 이사야서 28:11에서 이사야는 지도자들이 결정적으로 들어야 할 메시지를 예언한다. 이 지도자들은 기촛돌로 제공된 돌에 관한 단순한 메시지(사 28:16)를 들었으나 곧바로 거부했다(사 28:12). 그들이 의지해야 했던 것은 이 견고한 터였으나 그렇게 하지 못했다. 결국 하나님의 심판은 주의 보호에

40. J. Alec Motyer, *The Prophecy of Isaiah: An Introduction and Commentary*, TOTC (Leicester: Inter-Varsity Press, 1993), 231.

관해 단순하고 어린아이 같은 메시지를 말하는 자가 아니라, 침략 군대(앗수르인들)의 외국어를 말하는 자를 통해 임할 것이다.

바울이 이사야서에 나온 이 이야기의 일부를 의역하는 것은 그가 고린도 교인에게 주는 메시지에 매우 적합하다. 고린도전서 본문과 이사야서 본문의 관련성은 단순히 "방언을 말하는"이라는 표현에 있지 않다. 오히려 바울은 "율법"으로부터 사례를 취해 복잡한 언어, 잘난 체하는 엘리트주의(이 세상의 지혜), 알아들을 수 있는 메시지 문제를 하나로 묶는다. 고린도 교회에서 일어난 문제는 고린도 교인이 세속적인 엘리트주의와 자신은 '안전하다'고 믿은 신념에 있었으나, 사실 그들은 하나님의 심판을 받을 위험 속에 있었다(10:1-12에 대한 설명을 보라). 고린도 교인이 좋아하는 한 가지 은사는 교회 안에서 방언을 말하는 것이었다. 이때 통역이 없으면 전체 교인의 모임에서 또는 덕을 세우는 일에서 어느 정도 배제되는 결과가 빚어졌다. 여기서 바울의 요점은 모든 사람, 곧 교회의 모임에 참석할 수 있는 신자와 비신자 모두에게 유익을 끼치기 위해 단순히 하나님께 알아들을 수 있는 기도를 해야 한다는 것이다. 이사야는 엘리트 지도자 집단의 문제에 봉착하자 단순하고 알아들을 수 있는 말로 메시지를 전했으나 그들에게 그 메시지는 아무 의미가 없었고 금방 무시되고 거부되었다. 그러므로 하나님은 그들이 더 복잡한 언어를 듣게 하실 것이고, 그때 그들은 알아듣지 못하고 결국은 멸망할 것이다.

고린도 교회에서 다른 사람이 알아듣지 못하는 말을 하는 데 열심을 내는 자는 그로 인해 초래되는 심각한 결과를 깨달아야 한다. 그들은 앗수르 사람들이 결국 이스라엘 땅에 쳐들어왔을 때 이스라엘 자손이 보여준 모습과 비슷하게 깨닫지 못하는 자가 될 수 있다. 하나님의 경륜 속에서 알아들을 수 없는 메시지는 심판을 낳고, 단순하고 명확한 메시지가 구원을 가져온다. "그리스도께서 위하여 죽으신"(8:11) 형제와 자매를 '사랑해야' 하는 자가 어떻게 이 형제자매가 더 이상 집이 없고 '소속'이 없다고 느끼도록 만드는 일을 생각할 수 있을까? 이런 그리스도인은 다른 '교회 밖 사람들', 곧 심판 아래 있는 비신자와 같은 입장에 처한다. 따라서 이 모든 것의 결말은 일부 교인이 "지식"의 은사를 근거로 옹호했던 우상에게 바쳐진 고기를 먹는 문제의 결말과 똑같다. 이 일로 약한 형제나 자매가 '멸망을 당하는' 결과가 벌어질 수 있었다(8:11). 또한 그것은 10:1-12에서 다룬 문제와도 평행을 이룬다. 거기 보면 신령한 은사를 하나님 앞에 서는 굳건한 지위의 증거로 여기는 자가 옛날 이스라엘 자손에게서 취한 본보기를 통해 멸망이 그들을 기다리고 있다는 경고를 받는다. 여기서 가장 아이러니한 점은, 통역 없이 "방언을 말하는" 은사를 옹호한 자가 자신과 똑같이 방언을 사용하는 다른 신자에게 '배제되는' 결과를 맞이한다는 것이다. 그때 그들도 더는 집이 없고 오히려 배제되어 심판의 위험 속에 있음을 깨닫게 될 것이다. 이사야서 본문에서 알아들을 수 없는 방언이 하나님께서 행하신 심판의 표지가 된 것처럼, 고린도 교회도 실제로 이런 위험 속에 있다. 요컨대 하나님의 은혜로운 구원의 말씀은 단순하고 알아들을 수 있는 언어로 전달되어야 한다. 알아들을 수 없는 언어가 하나님의 백성 가운데서 사용될 때 하나님의 심판에 대한 진정한 두려움이 있어야 한다. 왜냐하면 하나님은 심판하시기 전에 이런 알아들을 수 없는 언어를 사용하셨기 때문이다. 이제 바울은 자신이 전한 말을 더 깊이 적용한다.

14:22 그러므로 방언은 믿는 자들을 위하지 아니하고 믿지 아니하는 자들을 위하는 표적이나 예언은 믿지 아니하는 자들을 위하지 않고 믿는 자들을 위함이니라(ὥστε αἱ γλῶσσαι εἰς σημεῖόν εἰσιν οὐ τοῖς πιστεύουσιν ἀλλὰ τοῖς ἀπίστοις, ἡ δὲ προφητεία οὐ τοῖς ἀπίστοις ἀλλὰ τοῖς πιστεύουσιν). 방언은 계속 부정적인 표적으로 여겨진다. 따라서 비신자를 위한 것이다. 반면 바울은 방언과 예언의 은사를 계

속 대조하면서, 엄밀히 알아들을 수 있고 신자의 덕을 세운다는 이유로 예언을 신자의 표적으로 본다. 그러므로 바울이 이제 말하는 것은 명확히 방금 말한 내용으로부터 추론하는 것이다["그러므로"(ὥστε)]. '방언은 표적이다'가 올바른 번역이다(방언은 '표적을 위한 것'이라고 말할 필요가 없다).[41] 당연히 '어떤 면에서 방언이 믿지 아니하는 자들을 위하는 표적인가'라는 질문이 즉각 제기된다. 뒤에서 이 질문에 대한 답변이 이어지는 구절들로 인해 더 복잡해지는 것을 확인할 수 있다.

일부 주석가는 방언이 사도행전 2장에서 오순절에 복음 전도를 위한 표적으로 행해졌다는 의미에서 그것이 비신자를 위한 표적이라고 주장했다. 그러나 이것은 바울이 여기서 말하는 내용을 사도행전 2장의 사건과 동일한 현상으로 가정하는 것이고, 그 둘은 동일한 현상이 아니라고 앞에서 주장한 바 있다. 또한 이것은 사도행전 2장의 방언이 복음 전도의 도구로 작용했다는 점을 가정하는 것이다. 이 가정은 전혀 분명하지 않은데, 여기서 다룰 수는 없다.[42] 요한슨(Johanson)은 고린도 교인은 "방언"을 변증의 목적이 있는 것으로 이해했다고 믿고, 22절은 그들의 주장의 일부이며, 23절에서 바울이 그 주장에 반응한다고 설명한다.[43] 만약 이것이 (고린도 교인에게서 나온) 인용문이라면, 우리는 이것이 사실임을 암시하는 표시를 본문에서 어느 정도 예상할 수 있을 것이다. 그런데 그런 관념은 23절에서 "그러므로"라는 말을 사용하는 것으로 흔들린다. 이것은 바울이 다른 이가 말한 것이 아니라 자신이 말한 내용으로부터 결론을 이끌어냈음을 암시한다. 루프(Ruef)는 사도행전 11장의 고넬료가 명백히 본보기를 보여주는 것같이, 여기서 방언은 그리스도인이 되어 새로 얻게 된 그들의 정체성의 표지로 (이방인) 비신자에게 하나님이 주신 표적이라고 주장했다. 그러나 이런 입장은 이 문맥에 거의 부합하지 않고, 23절에서 비신자가 언급되는 것을 제대로 설명하지 못한다.[44] 배럿과 다른 많은 주석가는 바울이 여기서 방언이 비신자에 대한 '심판의 표적으로' 작용한다고 주장하고 있다고 결론짓는다. 대체로 말하면 이것이 확실히 올바른 관점으로 보인다. 그러나 예언에 대해 말하는 문장 후반부가 방언에 대해 말하는 전반부와 균형을 이루는지 그리고 그것이 23절에 어떻게 적합한지에 대한 질문이 제기된다.

바울은 "표적"이 십자가에 못 박히신 그리스도에 대한 메시지를 들은 유대인이 요구하는 것이라고 이미 지적했다(1:22). 유대인이 그리스도가 제시될 때 "표적"을 요구하는 것은 잘못이었다. 그러나 성경에는 전체적으로 하나님이 표적을 적절하고 올바르게 사용하신 역사가 담겨 있다. 그루뎀은 "표적"이라는 말을 상세히 연구한 다음, 그것이 "종종 하나님의 태도의 표시를 의미할 수 있다"라고 말한다.[45] 그루뎀은 계속해서 표적은 종종 믿는 자에게는 긍정적이고, 믿지 않거나 주님께 불순종하는 자에게는 부정적이라는 사실을 증명한다. 그루뎀은 (LXX에서 σημεῖον이라는 말이 사용되는 곳에서) 이 두 종류의 표적에 대한 사례를 다수 제시한다. 예를 들어, 신자에게 긍정적 표지로 작용하는 표적으로 무지개(창 9:1-14)와 문설주의 피(출 12:13)가 있다. 종종 하나님의 백성에게 회개하라는 경고를 담은 부정적 표적도 매우 많다. 예를 들면, 불충성한 고라 자손의 놋 향로[민 16:38(LXX 17:3)]와 아론의 지팡이[민 17:10(LXX 17:25)]가 있다. 그러나 그루뎀은 많은 표적에 긍정적 의미와 부정적 의미가 함께 있다고 지적한다. 말하자면 표적은 믿

41. '표적이다'(εἰς σημεῖόν εἰσιν)라는 말은 전치사와 대격으로 대체된 동사, "…이다"(to be)를 가진 술어 주격의 한 사례다(참고. 골 2:22; 약 5:3). BDF §145.1.

42. Carson, *Showing the Spirit*, 138 이하를 보라.

43. Bruce C. Johanson, "Tongues, A Sign for Unbelievers? A Structural and Exegetical Study of 1 Cor 14:20-25," *NTS* 25 (1979): 180-203.

44. Ruef, *Paul's First Letter to Corinth*, 152.

45. Grudem, *Gift of Prophecy in the New Testament*, 148.

는 자에게는 하나님의 인정을 표시하고 다른 자에게는 하나님의 심판을 표시한다.[46] 따라서 출애굽 당시 열 가지 재앙은 이스라엘에는 복으로, 애굽에는 심판으로 여겨진다(참고. 출 10:1-4; 신 4:34-35). 이것은 신약성경에서도 마찬가지다. 사도행전 2:22, 43, 4:30을 보면, "표적"은 하나님의 인정을 표시한다. 그리고 사도행전 2:19에서는 표적이 하나님의 거부를 표시한다. 그러므로 그루뎀은 바울이 "표적"을 익숙하고 잘 정립된 의미에 따라 사용했다고 결론짓는다.[47]

여기 22절에서 바울은 표적이라는 말의 긍정적 기능과 부정적 기능을 다 염두에 둔 것으로 보인다. 이사야서 본문에서 '이상한 방언'의 기능은 심판을 경고하는 일에 있었다. 따라서 바울은 여기서 "표적"을 그런 의미로 사용한다. 표적이 신자에게는 긍정적 기능이 있고 하나님의 복을 암시하기 때문에, 바울은 예언도 똑같이 공동체 안에 거하시는 하나님의 임재와 공동체에 베풀어주시는 복을 가리키는 긍정적 표적으로 생각할 수 있다. 확실히 구약성경에서는 예언의 철회가 하나님의 심판을 암시하는 표적으로 나타난다(시 74:9; 사 29:10).[48] 이런 배경에서 이제 이 구절의 구조를 살펴볼 수 있고, 그 구조는 다음과 같이 명확하다.

방언은 표적이다
　　믿는 자들을 위하지 아니하고
　　　　믿지 아니하는 자들을 위하는

예언은 (표적이다)
　　믿지 아니하는 자들을 위하지 않고
　　　　믿는 자들을 위함이니라

바울이 이사야서 28장을 인용하여 알아들을 수 없는 방언은 부정적 "표적"이라는 점을 이미 확립했다는 점을 이해한다면, 방언이 "믿지 아니하는 자들"이나 최소한 자신을 비신자의 자리에 두는 자들에게 부정적 표적이라는 것을 알 수 있다. 엄밀히 방언은 부정적 표적이므로 "믿는 자"를 위한 것이 아니다. 신자에 대해서는 긍정적 "표적"이 기대되는데, 이것은 신자에게 베풀어주시는 복에 대한 하나님의 태도를 암시한다. 이것이 엄밀히 예언의 은사로 제공된다고 바울이 주장하는 것이다(14:3). 따라서 "예언의 은사"는 "믿는 자"를 위한 것이다. 14장 전체에 걸쳐 여러 곳에서 바울은 공적 예배에서 예언이나 확실히 어떤 알아들을 수 있는 은사의 우선권을 강조한다. 그 이유는 이런 은사가 공동체의 덕을 세우는 기능을 하고, 따라서 그들 속에 하나님의 복이 주어짐을 표시하기 때문이다. 바울의 논증은 우리의 귀에는 좀 이상하게 들릴지 몰라도 지금까지 상당히 명확하다. 그러나 많은 주석가가 이 구절은 특히 파악하기 어렵다고 생각했다.[49] 이어지는 구절들에서 발견되는 유비 때문이다. 처음에 그 유비들은 예언이 비신자에 대해 갖는 긍정적 성격을 암시하는 것처럼 보인다.

14:23 그러므로 온 교회가 함께 모여 다 방언으로 말하면 알지 못하는 자들이나 믿지 아니하는 자들이 들어와서 너희를 미쳤다 하지 아니하겠느냐('Εὰν οὖν συνέλθῃ ἡ ἐκκλησία ὅλη ἐπὶ τὸ αὐτὸ καὶ πάντες λαλῶσιν γλώσσαις, εἰσέλθωσιν δὲ ἰδιῶται ἢ ἄπιστοι, οὐκ ἐροῦσιν ὅτι μαίνεσθε;). 이 구절을 앞 구절과 관련시키기 어려운 온갖 요소가 있음에도, 바울은 이제 할 말을 앞에서 한 말의 결과로 생각한다["그러므로"(οὖν)]. 여기서 바울의 의도는 교회 안에 들어온 비신자가 하나님이 교회나 그들에게 말씀하실 수 있

46. 앞의 책, 149.
47. 앞의 책.
48. 앞의 책, 148-54.
49. 예컨대 Hays, *First Corinthians*, 239-40은 "큰 혼란이 있고…바울의 논증은 약간 혼란스럽다"라고 지적한다.

는 내용을 분명히 알아들을 수 있어야 한다는 사실을 보증하는 데 있다. 또 하나의 조건절에서 바울은 교회 전체가 '한곳에'(ἐπὶ τὸ αὐτό, 참고. 눅 17:35; 행 2:1, 개역개정에는 이 말이 번영되어 있지 않음–역주) 함께 모인 것과 "다" 방언으로 말하는 가설적 상황에 관해 말한다. 여기서 "다"라는 말은 바울이 모든 교인이 방언의 은사를 갖기를 기대한다는 의미일 수 없고, 오히려 그럴 수 없음을 생생히 예증하는 역할을 한다.

따라서 여기서 바울이 '밖에 있는 자들'(outsiders, ἰδιῶται, 개역개정에는 "알지 못하는 자들"–역주)과 "믿지 아니하는 자들"(ἄπιστοι)에 관해 말하는 것이 다른 두 집단을 가리키는지 하는 질문이 제기된다. 지적했듯이 16절에서는 여기서 '(교회) 밖에 있는 자들'로 번역된 말(ἰδιῶται)이 이미 그리스도인이 되었으나 일어나는 일을 이해하지 못한다는 점에서 밖에 있는 자와 같은 입장에 있는 자에게 적용되어야 한다. 여기서 바울은 '밖에 있는 자들'이라는 말에 보다 전문적인 종교적 의미를 담아 사용할 수 있다. 그러나 단순히 이 문맥에서는 이 말이 그리스도인이 아닌 자, 곧 "믿지 아니하는 자"와 동의어로 사용된 것으로 볼 수 있다. 여기서 요점은 이 사람들이 자신이 듣고 있는 말을 알아듣지 못한다는 점에 있다. 따라서 '밖에 있는 자들'이라는 말은 16절에서와 같은 의미가 내포되어 있다. 그러나 이제는 알아듣지 못하는 "믿지 아니하는 자들"을 가리킨다. 그러므로 바울은 여기서 두 범주의 사람들에게 말하는 것이 아니다. 오히려 교회 밖에 있는 비신자, 그러므로 들리는 말을 알아듣지 못하는 사람들에 관해 생각한다.

만약 비신자가 교회 안에 들어와 누구나 알아들을 수 없는 말로 말하는 것을 발견하면, 그들은 단순히 '너희가 제정신이 아니다'(또는 미쳤다, μαίνεσθε)라고 생각할 것이라고 바울은 말한다. 일부 주석가는 이런 비신자가 신비 종교의 제사 관습에 매우 익숙하고, 따라서 단순히 이런 제사 관습의 한 순서로 보이는 무절제한 소리의 분출과 연루된 또 하나의 집단이 모인 것으로 보았다고 주장했다. 하지만 이것은 적절해 보이지 않는다. 확실히 우리는 바울이 여기서 말하는 것에서 너무 많은 사실을 읽어내서는 안 된다.[50] 그럼에도 당시 사람들의 반응은 오늘날 우리가 예상할 수 있는 것과 비슷했을 것이다. 사람들은 그리스도의 복음에 도전을 받기는커녕 오히려 종교적 광란이라고 생각하여 밖으로 나가버렸을 것이다. 그러므로 여기서 비신자와 관련된 "표적"은(22절) 이사야서 28장에서처럼 심판의 표적이다. 예배하는 그리스도인 집단에 들어온 비신자는 하나님에게서 오는 경고를 알아들을 수 있어야 한다. 이것 때문에 24절의 논증이 매우 자연스럽게 확립된다.

14:24–25 그러나 다 예언을 하면 믿지 아니하는 자들이나 알지 못하는 자들이 들어와서 모든 사람에게 책망을 들으며 모든 사람에게 판단을 받고 그 마음의 숨은 일들이 드러나게 되므로 엎드리어 하나님께 경배하며 하나님이 참으로 너희 가운데 계신다 전파하리라(ἐὰν δὲ πάντες προφητεύωσιν, εἰσέλθῃ δέ τις ἄπιστος ἢ ἰδιώτης, ἐλέγχεται ὑπὸ πάντων, ἀνακρίνεται ὑπὸ πάντων, τὰ κρυπτὰ τῆς καρδίας αὐτοῦ φανερὰ γίνεται, καὶ οὕτως πεσὼν ἐπὶ πρόσωπον προσκυνήσει τῷ θεῷ ἀπαγγέλλων ὅτι Ὄντως ὁ θεὸς ἐν ὑμῖν ἐστιν). 바울은 교회 안에 들어온 비신자에 관해 계속 말한다. 우리는 방언이 어떻게 비신자를 위한 표적인지 알고 있다(23절은 22b–d절에 기반을 두고 제시되었다). 그러나 이제

50. Conzelmann, *1 Corinthians*, 243은 "독자는 자연스럽게 광신적 제사를 생각한다"라고 말한다. Hays, *First Corinthians*, 238은 외부인(교회 밖에 있는 자들)은 그것을 "그 문화에서 통상적인 관습인 종교적 황홀경 속에서 일어나는 발작"으로 본다고 지적한다. 많은 학자 가운데 Thiselton, *1 Corinthians*, 1127과 Garland, *1 Corinthians*, 652는 이 배경에 너무 지나치게 의존하지 말라고 경고한다. "미쳤다"라는 말은 단순히 정신이 나간 모습을 가리킨다(참고. 행 26:25).

바울은 예언이 어떻게 비신자에게 영향을 미칠 수 있는지를 고찰한다. 비신자는 예언을 통해 자신의 죄가 심판에 노출되어 있으므로 하나님의 경고에 도전을 받을 수 있다. 이 결과 예배 중에 하나님께 돌아서는 사람이 생길 수 있다. 얼핏 보면 이 구절은 이상해 보인다. 바울은 이제 예언으로 시선을 돌려 독자가 믿는 자들에 관해 반성하고, 따라서 예언이 어떻게 믿는 자들을 위한 표적일 수 있는지 숙고할 것을 기대한다. 그러나 일부 주석가가 주장하는 것만큼 해석이 극히 어렵지는 않다. 해석의 열쇠는 마지막 부분의 성경 인용문, "하나님이 참으로 너희 가운데 계신다"라는 말에 있다. 이것은 예언이 믿는 자들에게 공동체 안에 거하시는 하나님의 은혜로운 임재를 제공할 수 있는 표적이다. 이 결과 믿지 아니하는 자들이 예배하기 시작하는 일이 벌어진다. 24-25절은 확실히 22e-g절을 더 상세히 제시한다. 예언의 은사의 장점과 교회의 덕을 세우는 예언의 기능은 이렇게 두 가지 면에서 확인된다. 첫째, 예언은 교회의 덕이 세워질 때 열매를 맺는다. 둘째, 예언의 효력은 어떤 비신자가 신자가 될 때 확인된다.

이 두 구절(24-25절)에 대해서는 유의해야 할 몇 가지 세부 사실이 더 있다. 이전 구절들에 나온 것과 동일한 형태의 조건문이 이런 가설적 상황을 추가로 확립한다. '깨닫다'로 번역된 단어(ἐλέγχω, 개역개정에는 "책망을 들으며"-역주)는 또한 '폭로하다'나 '밝히다'를 의미할 수 있다(참고. 엡 5:11, 13). 그러나 이 심판 문맥("판단을 받고", ἀνακρίνεται)에서는 '죄를 깨닫다'가 말이 가장 나은 번역으로 보인다(참고. 요 16:8; 약 2:9). 성령이 하나님의 백성에게 주신 "예언"의 은사가 지닌 "깨닫게 하는" 기능은 요한복음 16:8에 언급된 성령의 사역 및 역할을 반영한다. 요한복음 16:8에서 예수님은 제자들에게 성령을 보내겠다고 약속하시고, 성령이 "죄에 대하여, 의에 대하여, 심판에 대하여 세상을 책망하시는(깨닫게 하시는)" 역할을 하실 것이라고 말씀하신다. 바울은 여기서 고린도 교회 그리스도인들이 보는 눈이 있다면, 신자들의 회심을 성령이 그들에게 오셔서 그들 속에서 역사하시는 것의 증거로 보리라는 점을 암시한다.

비신자는 '모든 사람에게 판단을 받을'(ἀνακρίνεται ὑπὸ πάντων) 것이다. 우리는 분별과 판단의 주제를 검토할 때 이 말에 법적 의미가 있다고 지적했다(2:14). 예언의 역사는 마음으로 죄를 깨닫게 된 비신자가 또한 자신이 모든 사람에게 영적으로 판단받고 있음을 발견하리라는 점을 의미한다. 이것은 예언하는 개개의 신자가 누구든 판단한다는 것이 아니라, 주님이 예언하는 자에게 주시는 메시지가 어떤 비신자를 깨달음으로 이끈다는 것이다. 예언을 통해 일어나는 일의 신적 본질은 "그 마음의 숨은 일들이 드러나는"(τὰ κρυπτὰ τῆς καρδίας αὐτοῦ φανερὰ γίνεται) 것으로 분명해진다. 여기서 "마음"은 사람의 내적 자아를 가리키고, 이 내적 자아는 예언할 때 주어지는 주의 말씀으로 숨김없이 드러난다. 하나님의 영으로부터 나오는 통찰하는 빛으로 말미암아 사람들의 죄의 성향, 욕심 그리고 심지어는 동기까지 여실히 드러난다. 그렇다고 예언하는 자가 어떤 특별한 "계시"로 개인의 마음속에 직접 말한다고 가정할 필요는 없다.[51] 오히려 어떻게든 복음은 비신자가 주님 앞에서 예배하는 모습으로 바뀔 때 증명된다.

여기서 엎드리는 것(πεσὼν ἐπὶ πρόσωπον)은 하나님이 사람들 속에 임재하심을 인정하는 경배의 한 행위다(참고. 왕상 18:39). 바울이 여기서 영감을 받은 비신자의 입에서 "하나님이 참으로 너희 가운데 계신다"(ὄντως ὁ θεὸς ἐν ὑμῖν ἐστιν)라는 말이 나온다고 말할 때, 이사야서 45:14(LXX, ἐν σοὶ ὁ θεός ἐστιν)을 인유하고, 또 어쩌면 스가랴서 8:23(LXX, ὁ θεὸς μεθ' ὑμῶν ἐστιν)도 인유하는 것

51. Grudem, *Gift of Prophecy in the New Testament*, 142-43은 이와 반대다. 그러나 아울러 그들의 마음에 직접 말함으로써 개인에게 특별히 주어지는 계시의 가능성을 무시할 하등의 이유는 없다.

같다. 이 두 구약 본문의 문맥을 보면, 하나님이 자기 백성에게 선포하신 말씀이 외국인을 통해 특별히 이스라엘에게 주어진다. 모든 민족으로부터 나온 사람들을 자기 백성으로 삼는 것이 항상 하나님의 뜻이었다. 비신자가 하나님이 고린도 교회의 자기 백성 가운데 임재하시는 것을 인정할 때, 이사야와 스가랴 그리고 다른 선지자들에게 주어진 민족들에 대한 중대한 환상이 성취된다. 스가랴서 8:23은 다른 민족 및 "말"이 다른 사람들과 하나님의 백성이 결합하는 것을 특별히 언급한다. "만군의 여호와가 이와 같이 말하노라 그날에는 말이 다른 이방 백성 열 명이 유다 사람 하나의 옷자락을 잡을 것이라 곧 잡고 말하기를 하나님이 너희와 함께 하심을 들었나니 우리가 너희와 함께 가려 하노라 하리라 하시니라." 고린도전서 14:25에서 비신자의 말("하나님이 참으로 너희 가운데 계신다")은 직접 화법으로 볼 수 있다.[52] "참으로"(ὄντως)라는 말은 이 사람들이 예언을 통해 발견하는 진리가 엄청나다는 점을 부각시킨다.

고린도전서 14:1-25은 다양한 결론을 제공했다. 그러나 그중에 가장 중요한 결론은 예언이 방언보다 공동예배에서 사용하기에 더 좋은 은사라는 점이다. 예언은 알아들 수 있고 교회에 유익을 준다. 하지만 방언은 관련 당사자가 방언으로 하는 말을 통역하지 않으면 공동체에 유익이 되거나 덕을 세우거나 하지 못한다. 예언은 예배에서 함께 모일 때 신자들의 덕을 세우고 모두가 메시지를 "아멘"으로 화답하는 일에 참여할 뿐만 아니라, 비신자로 교회 안에 들어온 자의 회심도 이끌어낼 수 있다. 그런데 이런 자들은 단순히 통역되지 않은 방언을 들을 때 그리스도인이 미쳤다고 주장하고 교회 문을 박차고 나가버릴 것이다. 그러나 바울은 방언을 완전히 거부하지는 않는다. 방언은 공적 유익을 위해 통역될 수 있고, 하나님께 방언으로 기도하는 개인에게 유용할 수 있다. 하나의 표적으로서 예언은 하나님이 공동체에 은혜를 베푸시는 것을 증명한다. 그러나 일반적으로 신자나 비신자에게 알아듣지 못하는 방언은 심판의 표적으로 기능한다.

적용에서의 신학

1. 더 깊은 영적 경험을 추구함

그리스도인이라면 누구나 하나님과 그리스도를 아는 지식을 훨씬 더 깊은 차원에서 경험하기를 바란다. 확실히 이 지식은 "우리가…얼굴과 얼굴을 대하여 보기"(13:12) 전인 현세에서 그리스도인의 목표 가운데 하나일 수 있고 또 하나여야 한다. 바울은 에베소 교인을 위해 기도할 때 확실히 그렇게 되기를 바란다(엡 3:14-19). 바울은 성령이 에베소 교인의 "속사람"을 능력으로 강건하게 해주시기를 기도한다(엡 3:16). 바울은 에베소 교인이 그들에 대한 그리스도의 사랑을 지식에 넘치도록 "깨달아" "하나님의 모든 충만하신 것으로"(엡 3:19, τὸ πλήρωμα τοῦ θεοῦ)

52. ὅτι를 서창 용법으로 취함

충만하게 되기를 기도한다. 하나님에 관한 경험적 지식과 신자의 삶 속에 역사하시는 성령의 능력이 때때로 교회 역사 속에서 강조되어야 할 만큼 충분히 강조되지 못한 것은 의심할 여지가 없다. 따라서 어떤 이가 성령의 역사를 더 명확히 드러낼 때 다른 사람보다 더 신령하거나 믿음이 더 온전한 자로 존경받을 수 있음은 놀랍지 않다. 어떤 경우에는 개인이나 집단이 그런 지위를 스스로 부여하기도 한다. 이것이 고린도 교회에 나타난 심각한 문제였다.

바울은 사랑과 십자가에 못 박히신 그리스도를 크게 강조함으로써 그리스도인들이 추구해야 할 영적 경험에 관해 완전히 다른 관점을 제공했다. 다른 사람 앞에서 겸허하고, 심지어는 다른 사람의 유익을 위해 고난을 겪는 것이 십자가에 못 박히신 그리스도를 따르는 길로 확인된다. 십자가의 도는 구주께서 자기 백성의 유익을 위해 자신을 완전히 내놓으신 길이었다. 바울은 고린도 교인에게 그리스도를 본받으라고 권고하면서 그 길이 어떠해야 하는지에 대해 "사랑"이라는 한 단어로 요약했다. 바울은 사랑이 어떻게 나타나는지와, 어떻게 다른 이에게 초점을 맞추어야 하는지에 대해 특별히 언급했다. 따라서 바울은 하나님과 그리스도에 관한 가장 효과적인 경험적 지식은 예배 공동체 안에서 발견되어야 한다고 본다. 곧, 예배 공동체 안에서 하나님의 백성은 그리스도의 사랑을 더 잘 배울 뿐만 아니라 그리스도의 삶을 서로 살아낼 수 있다. 하나님의 백성은 다른 사람의 유익과 영적 덕을 세우는 일을 구할 때 그리스도와 그분의 사랑에 관해 더 잘 알게 된다. 하나님의 영이 교회에 부어주신 은사들이 공동체 안에서 적절히 기능할 때 누구나 "우리 주 곧 구주 예수 그리스도의 은혜와 그를 아는 지식에서 자라[가기]"(벧후 3:18) 마련이다. 성령으로부터 오는 것을 이해하는 것은 이처럼 특별히 중요하다. 그것을 이해해야만 영적으로 덕을 세울 수 있기 때문이다. 게다가 오직 이해해야만 들은 것이 주님께 속해 있는지 여부를 적절히 판단하거나 제대로 분별할 수 있다. 이런 식의 분별은 주님이 자기 백성에게 말씀하거나 행하시는 것에서 유익을 얻는 가장 좋은 방법을 결정하는 데도 도움을 준다. 이 과정에서 "질서"가 본질적인 문제가 되고, 이로써 단지 몇 사람만이 아니라 교회 전체가 유익을 얻을 수 있다.

2. 방언, 예언 그리고 말의 은사

우리 시대를 포함하여 역사 대대로 교회에 한 가지 큰 슬픔이 있다. 그토록 많은 신자가 자신의 삶에서 일어나는 (방언을 말하는 것과 같은) 하나님의 "표적"을 공동체 안에 거하시는 하나님의 임재를 증명하고 공동체의 덕을 세우도록 이끄는 표적이 아니라, 자신이 특별한 은사를 받았음을 입증하는 증거로 바라보는 것이다. 고린도전서 14:12은 고린도 교인이 삶에서 '성령의 감동'에 대한 증거를 얼마나 사모했는지 분명히 한다. 예상할 수 있는 것처럼, 이에 대한 바울의 반응은 고린도 교인은 공동체의 유익을 추구하는 데 힘써야 한다는 것이다. 만약 그리스도인 사이에 어떤 형태든 경쟁이 있다면, 바울은 그 중심이 다른 사람에게 있어야 한다고 말한다. "형제를 사랑하여 서로 우애하고 존경하기를 서로 먼저 하며"(롬 12:10). 바울은 그리스도인에게 가장 바람직하고 가장 깊은 영적 경험이 다른 이의 덕을 세우는 일을 보는 데서 발견되어야 한다고 본다. 거기서 그리스도인은 자기들을 위해 죽으신 그리스도께 가장 가까이 나아가는 모습을 보기 때문이다. 바울은 알아들을 수 있는 예언은 심지어 비신자의 회심도 일으킬 수 있다는 즐거운 마음을 가지고 이 부분을 매듭짓는다(14:25).

바울이 방언과 예언을 대조하는 것은 방언을 우월한 은사인 예언으로 대체하기 위해서가 아니었다. 오히려 예언은, 공동체의 덕을 세우는 은사라면 어떤 것이든 (통역되지 않으면) 방언과 같이 공동체의 덕을 세우지 못하는 은사보다 우선되어야 한다는 바울의 요점을 입증하는 좋은 본보기다. 그러나 현대 교회에서는 교회 안에서 방언으로 말하든 말하지 않든 간에 하나님의 뜻과 목적에 일치되게 알아들을 수 있는 말을 하고 영적으로 사람들의 덕을 세우는 일이 중요한 문제로 남아 있다. 현대 서양 기독교의 많은 교회에서 건전한 가르침이나 설교가 빈약한 것은 (영적 성숙함을 바란다면) 심각한 일이다. 하나님께 속한 백성의 덕을 세우는 일은 하나님의 말씀이 그들 속에 알아들을 수 있게 선포될 때 일어난다. 하나님의 백성을 영적으로 성숙하게 만드는 일은 특별히 가르침, 설교 그리고 예언과 같은 말의 은사를 사용할 때 이루어진다. 교회가 전체적으로 가르침, 토론, 분별을 활성화할 때 교인들은 어디서 이 세상과 너무 쉽게 타협하는지 그리고 어떻게 하나님의 뜻을 따라 사는 것이 더 나은지 배우게 된다. 우리는 바울이 로마서 12:2에서 말한 대로 살아야 한다. "너희는 이 세대를 본받지 말고 오직 마음을 새롭게 함으로 변화를 받아 하나님의 선하시고 기뻐하시고 온전하신 뜻이 무엇인지 분별하도록 하라." 우리의 마음은 하나님의 진리에 깊이 매여 있어야 한다(고전 14:14, 19, 20). 많은 사람이 영적 경험을 갈망하고 자기들을 선한 존재로 느끼게 하는 무언가를 찾아내려고 다양한 교회를 좇아다니기 때문에, 교인들은 "교회의 덕을 세우는 데 풍성하기를" 구해야 한다는 사실을 배워야 한다(14:12). 이것은 하나님의 말씀에서 찾아낸 하나님의 뜻을 올바로 분별하는 것을 의미한다.

자기 자신에게서 하나님의 더 특별한 역사를 보고자 애쓰는 자는 회심을 참된 기적으로 보는 관점을 다시 붙잡을 필요가 있다. 바울이 방언과 예언을 대조할 때, 우리는 하나님이 교회에 주신 은사를 사용하여 다른 사람이 참 하나님을 예배하는 자가 될 수 있도록 역사하실 때만큼 하나님의 활동을 더 분명히 확인할 수 있는 곳은 어디에도 없음을 새롭게 되새길 수 있다. 만약 일부 고린도 교인이 은사를 자신의 영적 우월함의 표지로 삼았다면, 자신에게서 눈을 돌리고 은사가 진실로 어떻게 기능하는지 알아보아야 한다. 만약 그들이 그렇게 했다면, "예언"이 놀라운 은사인 것은 고린도 교인 가운데 열매를 맺었을 뿐만 아니라, 어떤 비신자가 그리스도를 믿는 믿음으로 나아온 기적을 일으켰기 때문임을 확인했을 것이다. 특히 공동 예배에서 비신자가 '하나님이 너희 가운데 계신다'는 말을 들을 때보다 알아들을 수 있는 말의 은사가 우선되어야 한다는 사실을 분명히 하는 것은 없다.

28 CHAPTER

고린도전서 14:26-40

문학적 전후 문맥

하나님이 주신 은사의 올바른 용도와 목적을 검토한(12장) 바울은 방언과 예언을 대조하는 것으로 시선을 돌렸다(14장). 바울은 13장에서 사랑을 진정한 믿음의 핵심 표지로 선언한다. 이제 바울은 공동 예배에 관해 자신이 전했던 말을 깊이 전개한다. 이 부분은 교회로 함께 모인 공동체 안에서 예배의 본질에 관한 작은 통찰력을 제공한다. 하지만 모든 도시의 모든 예배가 이 패턴을 따랐음을 반드시 암시하지는 않는다. 이 부분(14:26-40)에서 바울은 예배 진행 방식에 질서가 있다는 사실을 보증하고자 한다. 예배 질서는 하나님이 질서의 하나님이라는 사실을 반영해야 한다. 여기서 바울은 계속해서 모든 공동 예배가 모든 참석자의 덕을 세우는 데 힘써야 한다는 점을 분명히 한다. 이것은 교인들에게 말하고 듣는 일이 허용되어야 함을 의미한다. 이것은 말한 것을 공동체의 유익이 되는지 분별하기 위해 판단할 시간을 갖는 것을 뜻한다. 또한 어떻게든 혼란을 피하는 것을 의미한다. 그리고 심지어 사람들이 서로 어떻게 관련되어 있는지 살펴보는 것을 의미한다. 따라서 바울의 결론은 '은사를 사모하라'는

VII. 지위, 지식, 자유 그리고 우상에게 바친 음식(8:1-11:1)

VIII. 지위, 공적 예배, 자유, 은사(11:2-14:40)

A. 공적 예배에서 남편과 아내가 지켜야 할 행위(11:2-16)

B. 주의 만찬에서 교회가 지켜야 할 행위(11:17-34)

C. 신령한 자와 교회 안에서 은사의 기능(12:1-31)

D. 사랑으로 인증받는 신령한 자의 지위(13:1-13)

E. 공적 예배에서 은사의 적절한 기능(14:1-25)

➦ **F. 공적 예배에서 모든 행위는 교회의 덕을 세워야 함(14:26-40)**

IX. 그리스도와 그의 백성의 부활의 복음(15:1-58)

첫 부분의 권고로 돌아가는 것이다. 하지만 바울은 여기서 은사의 범주를 "예언"으로 좁히고, "방언"의 비중을 여전히 축소한다(39-40절). 바울은 이 두 은사를 본보기로 사용하여 '더욱 큰 은사'가 무엇인지 성공적으로 예증한다. 바울은 11:2에서 시작하여 이 본문까지 공적 예배, 은사의 사용, 지위를 인증하는 사랑의 본질과 같은 다수의 문제를 다룬 이 긴 부분(11:2-14:40)을 끝맺는다.

주요 개념

공적 예배에서 하나님께 속한 백성의 영적인 덕을 세우기 위해서는, 질서 있는 예배 행위, 질서 있는 은사의 사용 그리고 특히 예언에 열심을 다하는 일 등이 요구된다.

번역

고린도전서 14:26-40

26a	수사적 질문	**그런즉** 형제들아 **어찌할까**
b	시기	너희가 모일 때에
c	단언	**각각 찬송시도 있으며**
d	목록	**가르치는 말씀도 있으며 계시도 있으며**
e		**방언도 있으며 통역함도 있나니**
f	단언	**모든 것을 덕을 세우기 위하여 하라**
27a	조건	만일 누가 방언으로 말하거든
b	권고	**두 사람이나 많아야 세 사람이**
c		차례를 따라 하고
d	권고	**한 사람이 통역할 것이요**
28a	조건	만일 통역하는 자가 없으면
b	장소	교회에서는
c	권고(귀결절)	**잠잠하고**
d	대조	자기와
		하나님께
		말할 것이요
29a	권고	**예언하는 자는 둘이나 셋이나 말하고**

b	권고	**다른 이들은 분별할 것이요**
30a	조건	만일…다른 이에게 계시가 있으면
b	묘사	곁에 앉아 있는
c	권고	**먼저 하던 자는 잠잠할지니라**
31a	기초	**너희는 다…하나씩 하나씩 예언할 수 있느니라**
b	목적	모든 사람으로 배우게 하고
c	목적	모든 사람으로 권면을 받게 하기 위하여
32	단언	**예언하는 자들의 영은 예언하는 자들에게 제재를 받나니**
33a	기초	**하나님은 무질서의 하나님이 아니시요**
b	대조	**오직 화평의 하나님이시니라**
c	위치	모든 성도가 교회에서 함과 같이
34a	단언	**여자는…잠잠하라**
b	위치	교회에서
c	기초	**그들에게는 말하는 것을 허락함이 없나니**
d	34e절의 기초	율법에 이른 것 같이
e	34a절의 확대	**오직 복종할 것이요**
35a	조건	만일 무엇을 배우려거든
b	34a절의 확대	집에서 **자기 남편에게 물을지니**
c	기초	**여자가** 교회에서 **말하는 것은 부끄러운 것이라**
36a	29-35절의 보강	
b	수사적 질문	**하나님의 말씀이 너희로부터 난 것이냐**
c		또는
d	수사적 질문	**너희에게만 임한 것이냐**
37a	조건	만일 누구든지 자기를 선지자나 혹은 신령한 자로 생각하거든
b	권고	**내가 너희에게 편지하는 이 글이 주의 명령인 줄 알라**
38a	대조	만일 누구든지 알지 못하면
b	권고	**그는 알지 못한 자니라**
39a	추론	그런즉 내 형제들아
b	권고	**예언하기를 사모하며**
c	(연속)	**방언 말하기를 금하지 말라**
40a	(연속)	**모든 것을 품위 있게 하고**
b	태도	**질서 있게 하라**

구조

14장은 1절과 39절에서 인클루지오를 구성하는 '사모하라'(ζηλοῦτε)는 명령과 함께 두 주요 부분으로 나누어진다. 첫 번째 주요 부분(14:1-25)은 방언의 은사와 예언의 은사를 대조했다. 두 번째 주요 부분(14:26-40)에서 바울은 방언의 은사와 예언의 은사를 함께 모인 교회 가운데 이루어지는 예배 행위의 일반적 관심사로 삼는다. 예배를 진행하는 방식은 그 자체로 모든 교인이 교회의 덕을 세우는 목표를 가져야 한다는 사실을 그들이 적절히 이해했는지 보여줄 것이다. 이 두 번째 주요 부분(14:26-40)은 네 개의 하위 부분으로 나눌 수 있다. 첫째, 14:26-33b은 모든 교인이 교회의 덕을 세울 수 있도록 돕는 질서 문제를 직접 말하기 전에, '덕을 세우는 일'의 필요성을 다시 강조한다(26절). 바울은 필수적인 질서 문제로 먼저 방언(27-28절)에 대해 그리고 이어서 예언(29-32절)에 대해 다룬다. 둘째, 14:33c-36은 공적 예배에서 일부 여성의 행위를 다룬다. 셋째, 14:37-38은 선지자들에게 경고한다. 넷째, 마지막으로 14:39-40에서 바울은 예배에서 질서를 유지하는 가운데 은사를 적절히 사용할 것을 권고한다.

석의적 개요

➦ **VIII. 지위, 공적 예배, 자유, 은사(11:2-14:40)**

- A. 공적 예배에서 남편과 아내가 지켜야 할 행위(11:2-16)
- B. 주의 만찬에서 교회가 지켜야 할 행위(11:17-34)
- C. 신령한 자와 교회 안에서 은사의 기능(12:1-31)
- D. 사랑으로 인증받는 신령한 자의 지위(13:1-13)
- E. 공적 예배에서 은사의 적절한 기능(14:1-25)
- **F. 공적 예배에서 모든 행위는 교회의 덕을 세워야 함(14:26-40)**
  - **1. 예배에서 은사를 질서 있게 사용하면 덕을 세울 수 있다(14:26-33a)**
    - a. 많은 은사가 교회의 덕을 세우는 데 사용됨(14:26)
    - b. 방언을 사용하는 법(14:27-28)
    - c. 예언을 사용하는 법(14:29-33b)
  - **2. 예언을 판단할 때 아내의 행위(14:33c-36)**
  - **3. 선지자는 주의 명령에 주의해야 한다(14:37-38)**
  - **4. 누구나 예언을 사모하고 공적 예배에서 질서를 지켜야 한다(14:39-40)**

본문 설명

14:26 그런즉 형제들아 어찌할까 너희가 모일 때에 각각 찬송시도 있으며 가르치는 말씀도 있으며 계시도 있으며 방언도 있으며 통역함도 있나니 모든 것을 덕을 세우기 위하여 하라[그런즉 형제들과 자매들아 우리가 뭐라고 말할까? 너희가 함께 모일 때마다 각 사람이 찬송 시, 가르침, 계시, 방언, 통역함이 있다. (그런데) 모든 것이 (교회의) 덕을 세우기 위하여 있다-저자 사역](Τί οὖν ἐστιν, ἀδελφοί; ὅταν συνέρχησθε, ἕκαστος ψαλμὸν ἔχει, διδαχὴν ἔχει, ἀποκάλυψιν ἔχει, γλῶσσαν ἔχει, ἑρμηνείαν ἔχει· πάντα πρὸς οἰκοδομὴν γινέσθω). 바울은 고린도 교인에게 자신이 말해온 내용을 압축해 요약하고, 모든 것을 덕을 세우기 위하여 하라는 핵심 주제로 다시 돌아간다. 이 주제는 바울이 말하는 모든 것의 핵심 결정 요소로 남아 있다. 바울은 고린도 교인에게(따라서 역사 전체의 다른 교인들에게) 어떤 '순서'나 보편적 예배 '규칙'을 강요하지 않는다. 바울은 교회가 교회의 '덕을 세우는'(πάντα πρὸς οἰκοδομήν, 참고. 12절)[1] 은사의 기능이 주는 충분한 유익을 경험할 수 있는 방법을 제시한다. 알아들을 수 있는 전달을 강조하는 만큼 각자 차례로 말하면 어떤 이는 공동체 '안의' 일원이 되고 다른 이는 그 일원에서 배제되는 일이 사라질 것이다. 사실 이런 예배 질서는 각 사람이 전해지는 말을 듣고 생각할 때 행하는 사랑을 반영할 것이다. 이 구절은 교회 공동체의 초기 예배 모임에서 일어난 일을 좀 더 상세히 설명한다. 다양한 교인이 다양한 은사를 갖고 있었고, 분명히 그들은 예배하는 동안 이 은사들을 사용하는 데 익숙했다. 따라서 26-33b절은, 다양한 교인들이 각자 참여하리라 예상될 때 성령이 주신 은사가 정해진 대로 기능하는 것을 보증하는 한편 예배를 가장 잘 드리는 법에 관한 지침도 제공한다.

처음 질문은 관심을 이끌고 논증을 부각하기 위한 수사 장치다. '…때마다'(whenever, ὅταν)는 단순히 "때에"(when)로 번역될 수 있다(개역개정도 그렇게 번역-역주). 그러나 현재 가정법은 부정(不定)의 시간절과 시간의 반복 정도를 암시한다. 그래서 이 책은 "때마다"로 번역했다.[2] '각 사람'(ἕκαστος)이라는 말은, 24절에서 "다"라는 말이 모든 개인을 의미한 것과 달리 모든 개인이 예배 모임에서 말할 자격이 있다는 뜻을 함축하지 않는다. 여기서 언급된 다양한 은사는 이번 장이나 12:10-11에서 열거된 것이고, 배타적인 목록은 아니다. 바울은 12장에서 "지혜의 말씀"이나 "지식의 말씀" 또는 "영들 분별함"과 같은 다른 은사들에 관해 말했다. 따라서 우리는 그 은사들 역시 교회 예배에서 사용되었다고 합리적으로 추정할 수 있다.

찬송시 등을 '갖다'(has, ἔχει)라는 동사에 추가로 문제가 제기된다. 그것은 예배를 위해 하나님이 주신 것을 내놓을 준비가 되어 있거나 그들이 예배할 때 자발적으로 어떤 것을 '받는' 것을 의미할 수 있다. 고든 피는 이것들이 예배 도중에 주어지는 성령의 자발적인 은사가 틀림없다고 주장한다. 여기서 난점은 고든 피가 정확하거나 정확하지 않을 수 있는 매우 포괄적인 일반적 사실로부터 이런 결론을 이끌어낸다는 것이다. 예를 들면 고든 피는 이렇게 말한다. "뒤의 세 가지는 성령이 영감을 주신 말의 은사(계시, 방언, 통역함)이므로 자발적인 은사다. 그러므로 확신할 수는 없어도 처음 두 가지(찬송시, 가르침)도 그렇게 이해되어야 한다."[3] 여기서 문제점은 바울이 성령의 영감으로 주어진 말을 어디서도

1. 이 책의 번역에 포함된 '그런데'(Well)라는 말은 헬라어 본문에 함축된 연속성을 암시하고자 단순히 덧붙인 것이다. 의도된 동사('있다')와 목적어('교회')도 헬라어 본문에는 빠져 있으나 이해를 돕기 위하여 추가했다.

2. Wallace, *Greek Grammar*, 479. BDAG 730을 보라.

3. Fee, *1 Corinthians*, 765. 655, 658-660도 보라. 바울이 실제로 고린

'자발적인' 것으로 규정하지 않는다는 점이다. 다만 뒤의 세 가지(계시, 방언, 통역)와 같이 어떤 은사는 자발적일 수 있기는 하다. 나아가 이 은사들의 본질이 사람들이 사용하는 용어로 말미암아 왜곡될 수 있는 점도 문제다. 많은 이가 이 은사들을 "초자연적" 은사로 부를 수 있다. 따라서 고든 피는 "초자연적 은사라는 데 강조점이 있다"라고 말한다.[4] 그러나 "초자연적"이라는 말은 숱한 질문을 불러일으키고, 비(非)바울 관점에서는 철저히 이원론적인 말로 들릴 수 있다. 그것은 그 범주에 두거나 둘 수 없는 것을 자의적으로 결정할 것을 독자에게 요구한다. 바울은 성령이 처음부터 끝까지 신자 속에서 역사하시고, 신자에게 공동체의 덕을 세우도록 은사를 주시는 분이라고 본다. 의심할 것 없이 어떤 은사는 다른 은사보다 더 '굉장한' 것처럼 보였고 또 그렇게 보인다. 가르치는 말씀을 듣는 것은 갑자기 방언을 말하는 사람의 말을 듣는 것보다 주목할 가치가 없어 보이고, 방언은 단순히 보기에 '굉장하다는' 이유만으로, 또는 알아듣지 못해 그저 기묘하다는 이유만으로 큰 반향을 불러일으킬 수 있다. 다른 사람이 말하는 동안 "계시"나 "예언"이 갑자기 어떤 사람에게 임할 수 있다. 최소한 14장은 이것이 사실일 수 있음을 암시한다. 따라서 그런 순간이 더 굉장해 보이고, 직접적인 관심을 가질 만한 가치가 더 커 보인다. 그러나 이 중에는 어떤 것은 "초자연적" 은사고 다른 것은 초자연적 은사가 아니라는 사실을 함축하는 것이 전혀 없다. 만약 교회의 덕을 세운다면, 가르침이든 설교든 또는 방언을 통역함이든 모든 은사는 하나님에게서 나온 것이다.

고린도 교인은 다른 교회 교인들보다 어쩌면 더 굉장한 은사를 가졌고(그 가운데 어떤 것은 확실히 '자발적인' 은사였던 것으로 보인다) 그런 은사를 영적 온전함의 표시 또는 표지로 삼았다는 것을 이 책에서 내내 주장했다. 바울은 그 은사들이 영적 온전함의 표시로 기능한다는 점을 철저히 부정했다. 관건은 그 은사들이 덕을 세우느냐 세우지 못하느냐에 있다. 비록 어떤 은사를 하나님이 자발적으로 주실 수 있다고 해도, 이 은사들이 완전히 자발적인 속성을 가졌다고 주장할 명확한 이유는 없다. 본문은 어떤 교인이 미리 준비한 '가르침'을 교회 안에서 마음껏 가르치는 것을 배제하지 않는다.

"찬송시"(psalm, ψαλμός)는 단순히 구약의 시편을 가리킬 수 있다. 이 경우에는 다른 이가 말하는 동안 한 개인이 자신의 찬송시를 노래할 수 있다. 또는 어떤 사람이 성경에 나온 적당한 찬송시를 부르자고 제안하면 그것이 회중에 의해 무시되는 일도 있을 수 있다. 반면에 15절에서 지적된 것처럼, 찬송시는 '방언으로 찬송하는 것'을 가리킬 수도 있다. 이 경우에는 27절의 규정에 따라 전체 회중이 알아들을 수 있는 말로 부르도록 요청함으로써 이 은사를 제한할 수 있다. 우리가 보기에 "시와 찬송과 신령한 노래들"(ψαλμοῖς καὶ ὕμνοις καὶ ᾠδαῖς)을 구별하는 것 같은 에베소서 5:19이나 골로새서 3:16 등의 구절들을 특별히 고려하면, 가장 개연성 있는 결론은 다음과 같다. 바울이 염두에 둔 것은, (자발적으로?) 성령이 마음속에 기억나게 하신 성경의 말씀으로 교인들이 하나님을 찬양하는 모습이었다는 것이다.

이 책은 여기서도 계속 "통역함"(interpretation, ἑρμηνεία)이라는 말을 사용하지만, 그것이 방언으로 전한 것을 '말로 나타내다', 아니 단순히 '알아듣게 말하다'를 포함하여 폭넓은 의미를 가질 수 있다고 본다. 그것이 '번역'(translation)과 똑같은 의미를 가리킨다고 생각할 필요는 없다. 이제 바울은 방언으로 돌아가 자신의 말이 이 방언의 은사에 어떻게 적용되는지 다룬다.

도전서에서 말하는 내용을 고려하면, 유감스럽게도 그리고 혼란스럽게도 Fee는 또 "카리스마적인"(charismatic)이라는 말을 "모든 지체의 일반적인 참여가 있었다는 것…그리고 자발적인 말의 은사에 대한 표현이 상당히 많았다는 것"을 암시하는 데 사용한다(앞의 책, 758).

4. 앞의 책, 655.

14:27-28 만일 누가 방언으로 말하거든 두 사람이나 많아야 세 사람이 차례를 따라 하고 한 사람이 통역할 것이요 만일 통역하는 자가 없으면 교회에서는 잠잠하고 자기와 하나님께 말할 것이요(εἴτε γλώσσῃ τις λαλεῖ, κατὰ δύο ἢ τὸ πλεῖστον τρεῖς, καὶ ἀνὰ μέρος, καὶ εἷς διερμηνευέτω· ἐὰν δὲ μὴ ᾖ διερμηνευτής, σιγάτω ἐν ἐκκλησίᾳ, ἑαυτῷ δὲ λαλείτω καὶ τῷ θεῷ). 바울이 이제 "방언"에 관해 말하는 내용은 26절에서 모든 것을 '덕을 세우기 위하여' 하라고 말한 것을 적용하는 방식과 실제로 관련되어 있다. 아마 교회 안 다른 곳에서 몇몇 사람이 동시에 방언을 말했을 것이다. 만약 방언의 은사를 특별히 더 깊은 영성의 표지로 여겼다면, 이런 모습에 놀랄 필요는 없다. 그것은 많은 사람이 단번에 주변 사람의 '주목을 받을' 수 있는 길이었기 때문이다. 현대의 많은 '은사주의' 교회들을 보면, 한 지체가 갑자기 방언으로 말하거나 찬송하는 경우가 있기 때문에 이런 모습을 바울이 문제로 보았다고 가정하지 않는 것이 중요하다. 이 본문은 우리가 고린도 교회의 관습으로 볼 수 있는 것에 관해 어떤 결론을 이끌어낼 만한 내용이 거의 없다.

그러나 여기서 바울은 자신의 지침을 분명히 한다. 첫째, 방언으로 말할 때는 오직 "두 사람이나 많아야 세 사람이"(κατὰ δύο ἢ τὸ πλεῖστον τρεῖς) 말할 수 있다. 바울은 어떤 예배 모임에서든 이렇게 방언을 말하는 자의 수를 제한한다. 그렇다고 이 제한이 예배 시간이 길어지는 문제와 관련되어 있다고 보지는 못할 것 같다. 왜냐하면 예배 시간의 길이 문제는 사실 현대에 대두된 문제이기 때문이다. 오히려 그것은 바울이 "방언"의 은사를 공적으로 행사하는 것에 관해 상당한 유보 조항을 두었다는 점을 보여준다. 둘째, 방언을 말하는 자는 "차례를 따라"(ἀνὰ μέρος) 말해야 한다. 이것은 바울이 예배 질서와 알아들을 수 있는 전달에 둔 관심사의 일환이다. 각 사람의 방언은 교인 전체가 들어야 한다. 셋째, 14:5, 13에서 바울이 말한 것에 따르면, "누가", 곧 방언을 말하는 자가 통역해야 한다.[5] 이 세 가지 지침은, '황홀한'이라는 말이 어떤 은사들에 사용될 수 있다고 해도 그리고 그 은사들이 '자발적인' 것으로 볼 수 있다고 해도 항상 말하는 자에 의해 통제될 수 있다는 사실을 분명히 한다. 방언을 말하는 자는 방언의 은사를 행사할 때 행사 여부에 대한 선택권이 있다. 비록 선택이 다른 사람이 말할 수 있도록 또는 공동체에 더 나은 덕을 세울 수 있도록 방언의 행사를 중단하는 것에 있다 해도, 바울은 이 선택의 초점이 공동체에 대한 사랑에 있어야 한다고 가르친다.

바울은 14:28에서 또 다른 조건절로 설명을 시작한다. 귀결절의 동사는 현재 명령이다. 방언을 말하는 개인이 통역할 수 없으면 '그가 잠잠하게 하라'(σιγάτω). 바울은 고린도 교인을 친절하게 "형제들[과 자매들]아"라는 소개말로 부르며 권고하지만(20절), 그들에게 주는 지침은 매우 강력하다. 이 조건절은 일반적으로 "만일 통역하는 자가 없으면"(NIV) 또는 "만일 통역할 자가 아무도 없으면"(NRSV)으로 번역될 수 있을 것이다. 그러나 이 책은 '만일 그가 통역하는 자가 아니라면'(if he is not interpreter)이라고 번역했다. 이 번역은 앞에서 전한 말과의 연속성을 유지하고, 앞 구절의 "누가"가 여기서 "없으면"이라는 동사의 주어가 되게 하려는 취지를 담고 있다.[6] 이 번역은 명사("통역하는 자", διερμηνευτής)를 동사

5. '그 사람이 통역할 것이요'라는 말은 헬라어 본문에서 '하나'(εἷς)라는 말을 사용한 것을 정당화하려는 의도가 있다. 물론 이 문장은 방언으로 말한 사람 자신이 아니라 다른 "한 사람"이 통역하는 것을 인정한다고 보는 것이 가능하다. 그러나 BDF §247이 분명히 하는 것처럼, "하나"라는 단어(εἷς)의 사용은 수(數)를 암시하는 것이 아니라 단순히 '어떤 사람', 곧 정해지지 않은 한 "사람"(τις, "누가")을 암시할 수 있다(참고. 마 19:16; 막 10:17). 여기서는 그것이 단순히 '만일 누가 방언으로 말하거든…(그) 사람이 통역할 것이요'를 의미할 수 있다.

6. Barrett, *First Corinthians*, 328은 주어가 "애매함을 피하기 위해 요구된다"라고 올바르게 말한다. 그러나 Barrett은 이것을 두 번째 절에 둔다. 따라서 그는 "방언으로 말하는 자는 잠잠하고"라고 번역한다. 이 번역은 불필요하게 너무 현학적인 것 같다.

형으로 번역하는 것을 피하고, 단수형이 사용되어 말하는 당사자에게 하는 말로 보이는 그다음 명령의 의미를 더 잘 파악하게 한다.

이 명령은 제한적 명령이기는 하나 바울에 의해 면밀하게 한정된다. 바울은 (교회 밖도 아니고 개인적인 것도 아니라) '교회 안에서' 일어나는 일에 관심이 있다. 바울은 말하는 자와 하나님 간의 개인적 대화를 (잠잠히) 계속하는 것 또는 공적 예배가 끝났을 때 계속하는 것을 허용한다. 바울은 앞에서 그런 태도를 취한 것처럼 통역되지 않은 방언은 무시한다. 통역되지 않은 방언은 "하나님께"(θεῷ, 여기서와 2절에서) 말하는 것이고, 따라서 "기도할" 때 언급된다(14절). 그러나 통역되지 않은 방언은 또한 지극히 개인화되고, 그러하기에 "자기"(ἑαυτοῦ는 여기서와 4절에서 사용됨)와 하나님께 말하는 것이다. 물론 바울은 어쨌든 자아와 하나님 간의 관계를 부정하지 않는다. 그러나 바울은 누구에게나 다 덕이 세워지고 누구나 다 "아멘"이라고 말할 수 있도록 예배의 지침을 제공하는 데 관심이 있다(16절).

14:29-31 예언하는 자는 둘이나 셋이나 말하고 다른 이들은 분별할 것이요 만일 곁에 앉아 있는 다른 이에게 계시가 있으면 먼저 하던 자는 잠잠할지니라 너희는 다 모든 사람으로 배우게 하고 모든 사람으로 권면을 받게 하기 위하여 하나씩 하나씩 예언할 수 있느니라(προφῆται δὲ δύο ἢ τρεῖς λαλείτωσαν, καὶ οἱ ἄλλοι διακρινέτωσαν· ἐὰν δὲ ἄλλῳ ἀποκαλυφθῇ καθημένῳ, ὁ πρῶτος σιγάτω. δύνασθε γὰρ καθ' ἕνα πάντες προφητεύειν, ἵνα πάντες μανθάνωσιν καὶ πάντες παρακαλῶνται). 바울은 또 하나의 현재 명령법으로 예언하는 자에게 말하고, 그들에게 예언할 때 둘이나 셋이 말할 것을 지시한다. 방언의 경우와 마찬가지로, 예언도 예배에서 배움과 권면을 통해 전체 교인이 최대한 유익과 교화를 "얻도록"(ἵνα, 목적을 암시함) 예언하는 적절한 방법이 있다.

우선 한 개인이 예언하는 말을 이해할 수 있으려면, 알아들을 수 있는 말로 전하는 것이 여전히 관건이다. 예언하는 자는 "하나씩 하나씩"(καθ' ἕνα) 예언하라는 권고를 듣는다. 실제로 같은 시간에 교회 안에서 복수의 예언하는 자가 각기 다른 "예언"을 말하는 것이 허용되었는지 여부는 분명하지 않다. 바울은 참석한 자가 다 예언이나 "계시"(ἀποκαλύπτω)의 말을 분명히 알아들어야 한다는 사실에 관심이 있다.

그다음으로 바울은 예언을 다른 이들이 '판단하는'(διακρίνω) 경우도 예상한다. "신령한" 자는 올바른 "판단"과 "분별"을 하는 데 힘써야 한다는 사실은 고린도전서에서 거듭 강조되었다. 여기에는 경건하고 올바른 것 그리고 그리스도 안에서 교회의 덕을 세우는 것에 대해 평가하는 것이 포함된다(2:10-16; 3:1-4; 4:3-13에 대한 설명과 9장을 보라). 바울은 '판단하다'라는 같은 어근 동사에서 파생된 다양한 동사들을 사용했고(κρίνω; συγκρίνω; διακρίνω), 그 동사들에 약간 다른 뉘앙스를 부여했다. 여기서 바울은 '판단하다'(διακρίνω)라는 말을 사용한다. 6:5에서는 그리스도인 형제들 사이의 법적 분쟁을 해결하는 데 그 말이 사용되고, 11:29, 31에서는 분별과 주의 만찬에 관해 그 말이 사용된다. 바울이 예배 시간에 예언되는 말은 무슨 말이든 '판단받아야' 한다고 예상한다는 것은 의심할 여지가 거의 없다. 이 '판단'(분별)은 아마 다른 교인들이 다음과 같은 요점을 평가하는 것을 가리킬 것이다. 첫째, 이 예언은 진실로 주님에게서 나온 것인가? 둘째, 예언하는 자가 전한 말이 참석자에게 어떻게 적용되어야 하는가? 여기서 이것을 반드시 염두에 둔 것은 아니지만, 이 판단과 분별 과정은 교회의 행복에 매우 필수적이므로 교회에 "분별" 또는 "영들 분별함"(διακρίσεις πνευμάτων, 12:10)의 은사가 있어야 한다.

이 판단이 어떻게 이루어지는지 정확한 과정은 알기가 어렵다. 우리 시대에는 일부 전통적인 오순절 교회에서, 장로들이 앞에 앉아 예언을 듣고 그때그때 판단함으로써 어떤 예언이 성령에 속해 있지 않은 것인지 말해주거나 또는 그 예언이 주님으로부터 온 것으로 주목하고 마음에 새기라고 회중에게 권고했다. 그러나 이런 현대의 관습을 바울이 겪었을 일에 또다시 적용해서는 안 된다. 이 동사의 통상적인 법적 배경은 당시 교회 안에서 매우 공식적인 '판단'이 행해졌음을 암시하지만, 이것은 당시 상황에서 너무 많은 것을 읽어내는 것일 수 있다. 판단 또는 평가 방식이 어떠하든 간에, 그 말은 판단의 결정이 최종적이고 교인과 예언하는 자가 다 인정하고 따랐음을 암시한다. 12:10에 언급된 은사를 고려하면, 예언하는 자가 예언한 말의 본질과 가치를 평가하는 데 은사를 사용한 "다른 이들"이 있을 수 있다. 이 판단은 확실히 바울이 앞서 2-4장에서 권고한 형태의 판단을 반영할 것이다. 하나님의 백성은 십자가에 못 박히신 그리스도 앞에서 겸손한가? 한 개인이 자기중심적이 되고 자신이 전한 메시지를 자랑함으로써 하나님보다 자신에게 영광을 돌리는가? 전해진 메시지가 자기 백성과 세상 전체에 대한 하나님의 목적과 계획을 깊이 파악하도록 권장하는가? 그러므로 31절의 직접 문맥에 비추어 이 예언들이 하나님의 백성이 '배우거나' '권면받을' 수 있다고 말할 수 있는가? 이런 분별과 판단은 의심할 것 없이 무엇보다 전해진 메시지가 성경 자체와 그리스도의 복음과 사도들의 가르침에 일치하는가에 기반을 두었다.[7]

여기서 "다른 이들"이 누구인지는 약간 논란이 있다. 어떤 주석가는 "다른 예언하는 자"라고 주장했다.[8] 이 견해의 가장 강력한 논증은 32절에서 나온다. "예언하는 자들의 영은 예언하는 자들에게 제재를 받나니." 그러나 뒤에서 지적한 것처럼, 32절은 예언하는 자가 바울이 언급한 대로 예언의 은사를 통제할 수 있고, 통제해야 한다는 사실을 의미한다. 예언의 은사를 행하는 것은 예언하는 자에게 종속되어 있다. 또한 바울이 여기서 예언하는 자를 생각했다면, 굳이 "다른 이들"이라는 말을 사용하는 것은 개연성이 없어 보인다. 더구나 그루뎀이 지적하는 것처럼, 바울은 여러 곳에서 교인이라면 누구나 교회 안에서 일어나는 일을 판단하는 데 참여할 수 있다는 사실을 인정하는 것 같다(예를 들어, 고전 12:3; 살전 5:20-21; 참고. 요일 4:1-6).[9] 다른 이들이 "영들 분별함"(12:10)의 은사를 가진 자일 수 있으나[10] 그 은사는 아마 단순히 예언을 판단하는 것보다 훨씬 더 폭넓은 의미가 있을 것이다. 그 은사는 일반적으로 어떤 것이 주님께 속해 있는지, 또는 악령에 속해 있는지 분별하는 일을 가리키는 것 같다. 또한 데살로니가전서 5:19-21과 같은 본문과 심지어는 고린도전서 2-3장에서 온전한 분별에 일반적으로 호소하는 것은, 여기서 "다른 이들"이 회중 전체를 가리킨다는 점을 암시한다. 바울이 이 '판단'을 교인 전체의 몫으로 남겨놓기는 하지만, 참석한 어떤 사도나 교사가 이 과정에서 주도적인 역할을 했으리라는 점은 얼마든지 상상할 수 있다.

더 나아가 예언하는 자는, 만약 다른 사람에게 어떤 계시가 주어진다면, 예언을 멈추어야 한다. 여기서 헬라어 구문은 번역하기가 쉽지 않다. 헬라어 본문은 이렇게 되어 있다. '만일 곁에 앉아 있는(여격 분사) 다른 이에게 계시되면(부정 과거 수동태 가정법), 먼저 예언하던 자는 잠잠할지니라(현재 명령).' 여기서 조건절이 가정법 부정과거 동사를 설명한다. 그러나 계시되는 것은 무엇인가? 이것은 일부 영어 역본에서 "예언"보다 우선권이 있다고 여겨지는 26절에 언급된 것과 같은 "계시"인가? 또는 단순히 한 예언하는 자가 계시된 어떤 내용을 갖고 있고, 그래서 그 예언을 먼저 (예언하던 자가) 예언을 멈

7. 14:37-38을 보라. 참고. 행 17:11; 갈 1:8.

8. Calvin, *First Corinthians*, 302; Horsley, *1 Corinthians*, 187.

9. Grudem, *Gift of Prophecy in the New Testament*, 60-61. 참고. Godet, *First Corinthians*, 2:303.

10. Dunn, *Theology of Paul*, 581.

추고 앉아 있는 동안 말해야 한다는 것인가? 30절은 예언하는 자가 어떻게 말해야 하고 그들의 메시지가 어떻게 판단받았는지를 다룬 문장(29절)과 모든 사람이 "하나씩 하나씩" 예언하라는 명령(31절) 사이에 있으므로, 여기서 "계시되는" 것은 또 다른 예언을 가리키는 것으로 보아야 할 것 같다.

예배 시간에 예언하는 자는 서서 예언하고 그렇지 않으면 다른 사람이 예언하는 동안 앉아 있었던 것으로 보아, 여기서 우리는 예배 행위에 대한 작은 통찰력을 얻을 수 있다. 바울이 말하는 것은, 만약 한 사람이 예언하는 동안 다른 사람이 계시를 받는다면, 먼저 예언하던 자는 자리에 앉고 그다음 사람이 서서 예언하도록 해야 한다는 것이다. 여기서 수동태 동사의 행위자는 하나님의 영이다. 어떤 면에서 이것이 주목할 만한 진술인 것은, 바울이 다른 예언의 메시지를 위해 한 예언의 메시지를 포기할 준비가 되어 있음을 암시하는 것 같기 때문이다. 만약 이것이 사실이라면, 이것은 신약성경에서 말하는 예언이 거의 절대적 권위를 부여받은 구약의 예언과 다르다는 또 하나의 사실을 암시한다.[11] 바울은 성령이 자유롭게 그의 뜻대로 각 사람에게 은사를 나누어주심으로써 하나님이 이 예언 사건들을 주권적으로 통제하실 수 있도록 준비하셨다는 관점을 분명히 한 것 같다. 물론 예언 사건은 그때마다 예언 자체를 판단하는 과정을 거쳐 통제되었다. 이 통제가 주님께 속해 있는지 여부는 "다른 이들"이 분별했을 것이다. 다시 말하지만 이와 같은 본문에서 너무 많은 것을 읽어내는 것은 위험하다. 바울은 처음부터 다음 예언하는 자에게 예언할 기회를 주는 예배 조직을 단순히 염두에 둔 것일 수 있다. 다르게 말하면 오늘날 우리가 어느 모임에서 볼 수 있는 것처럼, 예언하기를 원하는 자는 어떤 신호를 통해 지금 예언하는 자에게 자신의 의사를 알렸을 것이다. 그러면 먼저 예언하는 자는 다른 사람이 예언할 수 있도록 자신이 '그만두어야' 하는 것을 깨닫는다.[12] 이때 먼저 예언하는 자는 자신이 받은 예언을 요약할 수 있지만, 기다리는 그다음 예언하는 자를 적절히 배려하는 자세로 너무 길지 않게 요약해야 한다.

14:32-33b 예언하는 자들의 영은 예언하는 자들에게 제재를 받나니 하나님은 무질서의 하나님이 아니시요 오직 화평의 하나님이시니라(καὶ πνεύματα προφητῶν προφήταις ὑποτάσσεται, οὐ γάρ ἐστιν ἀκαταστασίας ὁ θεὸς ἀλλὰ εἰρήνης). 바울이 지금 예배 질서에 관해 말하고 있기 때문에, 이 문장은 앞 문장을 직접 따른다. 효과적이려면 예언 메시지는 겸손하게 그리고 질서 있게 선포되어야 한다. 그래야 모두가 유익을 얻을 수 있다. 여기서 다시 한번 바울이 사용하는 "영"(πνεύματα)이라는 단어를 파악하는 데 어려움이 있다. 이 책은 이 단어를 12절에서 사용된 것과 같이 '성령의 영감'(또는 '성령의 감동', inspirations of the Spirit)이라는 의미로 취한다.[13] 이런 의미에서 "영"은 성령이 예언하는 자들에게 영감을 주실 때 나타나는 결과를 가리킨다. 성령이 주시고 예언하는 자들 속에서 솟아나는 이 '영감'은 바울이 말하는 규율에 따라 제재되거나(ὑποτάσσω) 절제되어야 한다. 바울은 예언하는 자 자신이 말하는 것을 스스로 절제하기를 바란다. 물론 고린도 교회 엘리트 교인은 영적 절제가 없

11. Grudem, *Gift of Prophecy in the New Testament*, 68-69.

12. 더 정교한 이 이해는 Turner, *Holy Spirit and Spiritual Gifts*, 203에 나타나 있다. Turner는 거기서 예언하는 자에게 "거의 직접 듣도록" 예언이 주어지고(강조체 저자), 그런 일이 있을 때 예언하던 다른 자는 "자신이 하던 예언을 끝낼 수 있다"라고 말한다.

13. 12절과 14절에 대한 설명을 보라. 32절의 "영"에 대한 주된 견해는 이 "영"을 예언하는 자의 "영"으로 보는 것이다. 그러나 그렇게 보면 여기서는 일리가 거의 없다. 왜냐하면 바울은 여기서 "예언하는 자들(의 영)은 예언하는 자들에게 제재를 받는다"라고 단순히 말할 수 있기 때문이다. 참고. Grudem, *Gift of Prophecy in the New Testament*, 97-98.

는 상태를 자기들의 영적 탁월함을 표시하는 증거로 충분히 느꼈을 수 있다. 바울은 9:25에서 자신을 본보기로 사용하여 그들에게 자기 절제의 필요성을 이미 언급했다. 비록 다른 사람들은 그렇게 하더라도, 여기서 서서 예언하는 것에 관한 고린도 교회의 엘리트 교인의 주장은 자기 기만을 드러내는 것에 불과했다. 그러나 그런 주장은 '절제'가 무절제보다 덜 '신령하다'는 신념에서 나왔을 것이다. 예언하는 자가 처음에 예언을 받는 것 못지않게 자기들의 예언을 절제하는 것도 성령의 역사다. '왜냐하면'(γάρ는 이유를 소개함) 그들은 "무질서의 하나님이 아니라 화평의 하나님"께 영감을 받기 때문이다.

바울은 그리스도인의 참된 실존을 인증하는 표지가 "사랑"이라는 점을 분명히 밝혔다. 영적으로 온전한 자는 하나님의 형상을 반영할 것이므로 사랑을 보여주기 마련이다. 따라서 바울은 여기서 하나님의 성품으로 돌아간다. 하나님은 "화평"의 하나님이고, 따라서 "무질서"의 하나님이 아니시다. 이처럼 하나님을 '반영하는 일'이 함께 모인 교회의 예배에서만큼 분명히 드러나는 곳은 없다. 그러므로 바울은 이 부분을 끝맺는 것처럼 예언과 같은 특별히 유용한 은사에 관해 말할 때도, 그의 관심사는 여전히 그리스도의 몸을 세우는 일에 고정되어 있다. 예언으로부터 나오는 온갖 좋은 교훈과 권면(31절)은 예언 메시지가 겸손하고 화평한 방법으로 주어지지 않으면 아무 소용이 없다. 바울은 14:37-38에서 예언하는 자에 관해 더 말하지만 예배 질서에 관한 그의 설명은 이제 '여성' 문제로 시선을 돌린다.

14:33c-35 모든 성도가 교회에서 함과 같이 여자는 교회에서 잠잠하라 그들에게는 말하는 것을 허락함이 없나니 율법에 이른 것 같이 오직 복종할 것이요 만일 무엇을 배우려거든 집에서 자기 남편에게 물을지니 여자가 교회에서 말하는 것은 부끄러운 것이라(Ὡς ἐν πάσαις ταῖς ἐκκλησίαις τῶν ἁγίων, αἱ γυναῖκες ἐν ταῖς ἐκκλησίαις σιγάτωσαν· οὐ γὰρ ἐπιτρέπεται αὐταῖς λαλεῖν· ἀλλὰ ὑποτασσέσθωσαν, καθὼς καὶ ὁ νόμος λέγει. εἰ δέ τι μαθεῖν θέλουσιν, ἐν οἴκῳ τοὺς ἰδίους ἄνδρας ἐπερωτάτωσαν, αἰσχρὸν γάρ ἐστιν γυναικὶ λαλεῖν ἐν ἐκκλησίᾳ). 이 구절은 어려운 주석 문제를 많이 불러일으킨다. 요컨대 이 책은, 여기서 아내가 듣는 권고가 남편이 말하는 어떤 예언에 대해서도 공적으로 판단하거나 질문하지 말라는 것이라는 견해를 따른다. 이런 행동은 결혼 생활의 수치가 될 수 있다. 만약 물으려면 집에서 물어야 한다.

구조를 보면, 이 두 구절 반(33c-35절)은 바울이 계속해서 교회가 예배로 모일 때 가져야 할 행위와 질서에 관해 가르치기 때문에 14장 후반부의 두 번째 단원을 구성한다. 번역하기 어려운 이 본문은, 현대 교회가 성(gender) 관련 문제에 매우 민감하다는 점을 생각하면, 특히 최근에 큰 도전을 주었다. 이 책이 이에 대해 제시할 해석은, 공적 예배에서 아내(하지만 더 일반적으로는 여자일 수도 있다)와 남편(하지만 더 일반적으로는 남자일 수도 있다)이 보여야 할 관계에 대해 아내에게 말한다는 것이다. 바울이 29절에서 옹호하는 것처럼, 예언을 판단하고 평가하는 과정에서 하나님께 속한 교회의 화평과 질서를 지키려면 아내가 남편에게 공개적으로 도전하는 행위를 해서는 안 된다. 그러므로 이 책은 33c-35절을 삽입문으로 보거나, 바울이 36절에서 비꼬듯이 답변한 고린도 교인으로부터 취한 인용문(34-35절)으로 보지 않는다. 또한 이 책은 이 부분이 모든 여자가 교회 안에서 말하는 것을 완전히 금지한다고 보지 않는다. 그러므로 이 부분이 11:2-16과 일치한다고 믿는다. 이 부분은 해석과 관련된 문제가 상당히 복잡하다.

심층 연구

14:33c-35의 해석에 관한 세 가지 핵심 질문

(1) 33c절은 이후 부분에 속하는가(대다수 영어 역본이 그렇게 번역함), 아니면 이전 부분에 속하는가(AV와 NIV 2011이 그렇게 번역함)? 헤이스는 33c절("모든 성도가 교회에서 함과 같이")을 이전 내용에 포함시키고, 그것을 바울의 "강도 높게 비꼬는 풍자"(withering sarcasm)로 부른다.[14] 이렇게 말하면서 헤이스는 34-35절을 삽입문으로 보지 않고, 바울이 "예배의 공동체 규율"을 무너뜨리려고 획책하는 고린도 교회의 열광주의자에 맞서 논쟁하는 것으로 보는 견해를 제시한다. 헤이스는 바울의 반응을 이렇게 의역한다. "정말 우습구나. 다른 모든 성도들의 교회에서는 하나님이 질서와 화평의 하나님이신 것 같다. 혹은 (36절) 너희가 하나님의 말씀을 실제로 들은 유일한 사람들이라는 말이냐?"[15] 뒤에서 확인할 것처럼, 본문 비평의 관점에서 보면 이 구절들을 제외하지 말고 본문을 있는 그대로 읽어야 한다. 만약 그렇게 읽으면, 33c절을 33a-b절("하나님은 무질서의 하나님이 아니시요 오직 화평의 하나님이시니라")과 묶을 때 나오는 관념은, 이후 부분과 대립하고 난센스처럼 보인다. "모든 성도가 교회에서 함과 같이, 하나님은 무질서의 하나님이 아니시요 오직 화평의 하나님이시니라." 그래서 우리는 다음과 같이 답변하고 싶은 유혹을 받는다. "당연히 그렇다! 우리는 하나님이 다른 어떤 곳에서도 무질서의 하나님이 되신다고 결코 상상할 수 없다!" 고든 피도 똑같이 이 두 번째 절을 앞 절과 결합한다.[16] 다시 말해 이에 대해 고든 피가 제시하는 첫 번째 이유는 그가 34-35절을 '믿지 못할 본문'으로 생각한다는 것이고, 그래서 그는 34-35절이 36절의 수사적 질문과 잘 맞는다고 주장한다.[17] 이것이 고린도전서에서 네 번째 비슷한 당부(4:17; 7:17; 11:16)라는 고든 피의 주장은, 단순히 다른 세 사례가 자체 문맥에서 논리적 및 문법적 의미가 있지만 여기서는 의미가 전혀 명백하지 않다는 사실을 제대로 전달하지 못한다. 또한 고든 피는 바울이 수시로 가르침을 교회의 통상적인 사역의 하나로 말함으로써 그 사역을 강조하지만, 그 사역을 하나님의 성품과 관련해서가 아니라 교회에서의 행동 방식과 관련해서 강조한다는 사실은 지적하지 못한다. 문법적으로 보면, 사이에 껴 있는 문장이 하나님에 관한 진술을 잠정적으로 요약했을 때 "…같이"(ὡς)를 "질서"에 관한 이전의 설명 전체와 관련시키는 것은 불가능하지는 않아도 억지에 불과하다. "…같이"는 직전 내용과 관련시키거나 직후 내용과 관련시켜야 한다. 만약 직전 내용과 연결하면, 이 진술은 무의미하게 되거나 기껏해야 진부한 말이 되고 만다.

그렇기는 하지만, 대다수 번역에서처럼 33c절을 34절과 직접 연결한다 해도 문제는 남아 있다. "모든 성도가 교회에서 함과 같이 여자(아내)는 교회에서 잠잠하라"고 말하는 것은 불필요한 반복 같다. 영어 번역에서 이 불필요한 반복은 첫 번째 절이 "교회"(churches)에 관해 말하고, 두 번째 절은 "모임"(assemblies)이나 "회집"(congregations)에 관해 말한다고 보면 피할 수 있다.[18] 그러나 이것으로 바울이

14. Hays, *First Corinthians*, 244.
15. 앞의 책. 다른 주석가는 33c절을 이전 부분과 함께 묶는다. 그러나 그들은 어려움이 있음을 일반적으로 인정하기는 해도 그곳에 비꼬는 태도가 나타난다고 보지 않는다(예를 들어, Robertson, Plummer 공저, *First Corinthians*, 324; Barrett, *First Corinthians*, 330; Horsley, *1 Corinthians*, 188; Fitzmyer, *1 Corinthians*, 527).
16. Fee, *1 Corinthians*, 772-73.
17. 뒤에서 33-35절에 제기되는 본문 비평 문제를 보라.

말한 내용의 외관상 불필요한 중복 문제가 해결되지는 않는다. 마틴(Martin)의 주장이 아마 가장 일리가 있을 것이다. 마틴은 여기서 바울이 독자가 주목하기를 바라고 "교회"에 강조점을 두었다고 주장한다.[19] 바울이 여기서 "교회"를 강조하고자 하는 이유는 분명하지 않다. 하지만 바울은 35절에서 자신이 명확히 제시하는 대조, 곧 "교회에서"(ἐν ἐκκλησίᾳ) 일어나는 일과 "집에서"(ἐν οἴκῳ) 일어나는 일 사이의 중요한 대조를 제시하기 위한 근거를 미리 준비하는 것 같다.

(2) 34-35절은 여기에 속하는가? 이것은 본문 비평 문제다. 예를 들어, NRSV는 33c-36절을 삽입구로 본다.[20] 물론 이것은 단순히 외적 본문의 증거 문제가 아니다(비록 이 책에서 그렇게 시작하기는 했어도). 다양한 주석가가 내적 주석 문제를 기초로 33c-36절을 최소한 본문의 이 위치에서 제거한다. 가장 오래되고 압도적인 증거는 현존하는 영어 역본들에 33c-36절이 위치한 곳을 지지한다(33c-36절 안에 약간 다른 이문이 다수 있지만, 이 이문들은 본문의 위치에 아무 영향을 미치지 않는다). 초기에 등장한 𝔓46 사본(주후 200년 경)으로부터 4세기의 시내 사본(ℵ) 그리고 5세기의 알렉산드리아 사본(A)을 거쳐, B, Ψ, 33, 고대 수리아 역본, 불가타 판본들 그리고 대부분의 비잔틴 증거들까지 포함해도, 33c-36절이 40절 이후로 또는 다른 곳으로 옮겨졌음을 보여주는 암시는 전혀 없다. 사실 이 본문의 이런 위치 변화에 대해서는 대부분 서방 교회 전통에 속한 사본들을 사례로 언급하는 것이 더 쉽다. 말하자면 6세기의 베자 클라로몬타누스 사본(D), 9세기의 아우기엔시스 사본(F)과 G 사본이 이처럼 위치가 바뀌어 있다(F와 G 사본은 D 사본에서 발견된 이문을 거의 그대로 따른다). 또한 몇몇 고대 라틴어 사본과 암브로시우스의 글도 인용된다. 그의 글은 이처럼 바뀐 위치를 보여주는 최초의 증거다(4세기 말). 한 논문에서 페인(Payne)은 이 증거를 통해 이 본문의 위치 변화는 그것이 삽입문임을 보여준다는 점을 증명하고자 애썼다.[21] 페인은 이 본문이 원래 난외주일 수 있는 이유를 숙고한 다음, 이 본문은 "14:31의 '너희가 다 예언할 수 있느니라'는 말이 여자에게 적용되는 것"을 반대하고자 덧붙여졌을 것이라고 주장한다.[22] 니쿰(Niccum)은 이 견해를 철저히 논박하고, "전체 서방 교회 전통"이 "이 본문의 위치가 바뀐 것을 지지한다"라는 고든 피의 강력한 주장과 어느 정도 균형을 맞춘다.[23] 그리고 니쿰은 이렇게 말한다. "서방 교회 전통 전체가 그런 것이 아

18. 예를 들어, NIV 1984, "회집(congregations)에서…교회에서(churches)"; TEV, "교회(churches)에서…모임(meetings)에서." Collins, *First Corinthians*, 520-21은 "성도들의 집회"(ταῖς ἐκκλησίαις τῶν ἁγίων)를 '관용' 어구로 본다. 따라서 첫 번째 절은 사실 여자가 공동체 안에서 말하는 것을 허용하지 않은 회당의 관습을 언급한다고 주장한다. 그러나 바울이 고린도 교회를 1:2에서 "성도로 부르심을 받은 자들"(κλητοῖς ἁγίοις)로 지칭하고, 고린도전서에 회당에 대한 언급이 전혀 없으며, 고린도 교회가 주로 회심한 이방인으로 구성된 교회라는 점을 고려하면, 이것이 외관상 불필요한 반복을 다룬다고 보기는 거의 어렵다.

19. Martin, *Spirit and the Congregation*, 83.

20. NRSV가 36절을 이 안에 포함시키는 이유는 전혀 분명하지 않다. 또한 NRSV 서론에서 편집자가 직후에 UBS⁴로 인쇄된 장치를 입수할 수 있었고 그것을 신약성경 번역자들이 활용했다고 지적하는 것은 흥미롭다. 그러나 그 장치 등급에서 UBS⁴는 (40절 이후가 아니라) 현재의 자리에 있는 34-35절을 "B" 등급으로 규정하는데, 이것은 "본문이 거의 확실하다"라는 것을 의미한다. Metzger, *Textual Commentary*, 499는 "주로 서방 교회"의 위치 변화에 관해 말한다. "필사자의 이런 변경은 여자에 관해 주는 바울의 지침에 대해 문맥에서 더 적절한 위치를 찾도록 노력한 흔적을 보여준다." 어떤 본문의 이문도 36절의 위치와 관련된 항목은 보여주지 않는다. 우리가 알기로는 NRSV는 다른 곳 어디서도 이것을 "B" 등급 본문으로 보지 않는다.

21. Philip B. Payne, "Fuldensis, Sigla for Variants in Vaticanus, and 1 Cor 14:34-35," *NTS* 41 (1995): 240-62.

22. 앞의 책, 252.

23. Fee, *1 Corinthians*, 780을 보라.

니고 이런 위치 변화는 일부 본문에 그친다." 니쿰은 "현존하는 어떤 사본(MS)도 고린도전서 14:34-35이 원래는 빠져 있었음을 입증하는 증거를 제공하지 않는다"라는 사실을 상기시키는 것으로 결론을 맺고, 이를테면 동방 교회 전통과 서방 교회 전통의 이문들 사이에 이른바 증거들의 "균형"은 단순히 존재하지 않는다고 지적한다. 전통적인 순서가 "원문"이라는 것이 유일한 주장이다.[24] 고린도 교회의 여선지자를 다룬 중요한 한 작품에서, 와이어(Wire)도 본문 증거를 붙들고 씨름한 다음, 전통적 독법이 올바른 방식이라고 결론짓지만 몇몇 사본에서 이 본문의 위치가 바뀐 이유에 관해서는 다양한 설명이 가능하다고 단정한다. 흥미롭게도 와이어는 페미니스트를 자처하며 글을 쓰기 때문에, 필사자가 "본문을 생략하여 여성을 침묵시키려는" 의도와 같은 "이념적인" 이유로 이 본문을 제외시켰을 것이라고 생각한다.[25] 마지막으로, 이 본문의 위치가 바뀌었다고 해도, 그것이 반드시 삽입문을 의미할 필요는 없다는 사실이 지적될 수 있다.

다른 주장들도 이 본문을 삽입문으로 보는 견해를 발전시키는 데 일조한다. 가장 중요한 주장은 이 본문이 예배에서 여성의 참여를 가정하는 11:2-16의 내용과 대립하기 때문에 문맥에 들어가는 것이 알맞지 않다는 것이다. 이 본문은 디모데전서 2장에서 발견되는 '후기의' 사상, 곧 여성의 예배 참여에 대한 제한이 더 엄격해진 경향을 반영한다고 주장한다. 이 본문과 디모데전서 본문 사이에 있는 말의 평행 관계도 지적된다.[26] "율법"에 호소하는 일은 바울답지 않다고 주장된다. 게다가 33c-35절 또는 34-35절은 예언, 방언 그리고 공동체의 덕을 세움과 같은 핵심 주제를 방해하고, 은사에 대해서는 명백한 관심이 없이 단지 여자에게 말한다는 주장이 제기된다. 그래서 이 본문이 생략되면 본문은 술술 읽히고 방해 요소가 사라진다고 여겨진다. 이 본문이 삽입문이라는 관점을 보강하고자 추가로 제시하는 주장에는 주변 부분과 어휘들이 약간 중복되기는 하지만 단어들이 다르게 사용되고, 여기서 "잠잠하라"는 명령을 절대 명령으로 보는 주장이 포함되어 있다.[27] 그러나 이 주장들 가운데 어느 것도, 특히 외적 본문 증거가 결여되었을 때는, 이 본문이 삽입문임을 보증할 만한 설득력이 없다. 사실은 매우 난해한 이 두 구절은 가능한 한 지금 있는 자리에 두고 읽히고 이해되어야 한다. 본문 비평의 관점에서 보면, 더 어려운 이문이 더 정확한 이문일 가능성이 크다. 만약 나중에 이 본문이 40절로 이동했다면, 36절이 33절 이후를 좀 더 쉽게 이해하도록 만들 수 있다. 이 본문을 40절 이후에 두면, 단순히 이 본문을 바울이 한쪽에는 예언과 방언, 다른 한쪽에는 부활을 두고 설명하고 싶어 하는 또 다른 주제가 만들어졌을 것이다. 단지 이 본문을 문맥에 따라 주석하면, 이 더 어려운 이문을 취하는 것, 즉 이 본문을 전통적 입장에 따라 보는 것이 일리가 있음을 증명한다.

24. Curt Niccum, "The Voice of the Manuscripts on the Silence of Women: The External Evidence for 1 Cor 14:34-35," *NTS* 43 (1997): 242-55. Fee의 외적 논증에 대한 단언과 Niccum과 다른 학자들에 대한 그의 피상적 거부에 관해서는 그의 *1 Corinthians*, 780-85를 보라.

25. Antoinette C. Wire, *The Corinthian Women Prophets: A Reconstruction through Paul's Rhetoric* (Minneapolis: Fortress, 1990), 149-58 (152로부터 인용함). 부록 11도 주목해야 한다.

26. 이 책은 주석 다음에 11:2 이하와 이 부분 간의 관계를 간략히 언급할 것이다.

27. Fee, *1 Corinthians*, 780-85는 이 부분을 삽입문으로 보는 이유를 매우 폭넓게 요약한다. Conzelmann, *1 Corinthians*, 246은 본문 증거에 비중을 두지 않고 특유의 간명한 문체로 이 부분을 삽입문으로 보는 이유를 제시한다. Murphy-O'Connor, "Interpolations in 1 Corinthians," *CBQ* 48 (1986): 81-94도 이 구절들을 검토한다.

(3) 34-35절은 36절에서 바울의 강력한 반박을 받는 고린도 교인에게서 나온 인용문인가? 원리상 이것이 가능할 수는 있다. 예를 들면, 8:1과 8:4에 다른 인용문이 있는 것이 확인되었다. 오델 스코트(Odell-Scott)가 이 견해를 가장 명확히 설명한다. 오델 스코트는 세 개의 논문에서 이 견해를 다루었다. 그중 첫 번째 논문 제목이 이 견해의 의도를 보여준다.[28] 오델 스코트의 주된 논증은 36절은 강한 이접(disjunctive) 불변화사로 보아야 하는 "또는"(or, ἤ)이라는 말로 시작한다는 것이다(개역개정에는 번역되어 있지 않음-역주). 따라서 그는 36절을 앞에서 전한 내용에 대한 반응이자 부정으로 생각한다. 이 경우에 앞에서 말한 것은 34-35절에 제시된 본문에 속한 단원이다. 따라서 36절의 수사적 질문이 여자가 예배 모임에서 말하는 것을 금지한 남자들을 공격하는 질문이라고 주장한다.[29] 남자들이 바울의 공격 대상이라는 것은 "너희에게만"(ὑμᾶς μόνους)이라는 말에 사용된 남성 형태로 확인된다. 이 점에서 바울은 11:2-13에서 그가 여자에게 준 자유와 일치하고, 교회 안에서 여자의 활동을 제한하려는 남자를 공격했다고 여겨진다. 이 견해에 대해서는 다양한 반발이 있을 수 있다. 첫째, "너희에게만"의 남성 형태가 바울이 남자에 관해 언급하는 것을 필수적으로 요청한다고 주장하는 것은 난센스다. 바울이 어떻게 모든 남자와 여자에게 각기 다르게 말할 수 있단 말인가? "너희에게만"이라는 말은 남녀를 다 포괄한다. 문맥상 바울이 33절에서와 34-35절에서 말한 것처럼, 전체 교회에 계속 말했다고 보는 것이 훨씬 더 낫다. 거기서 바울은 (그가 이 지침으로 무엇을 가리킬 수 있든 간에) 전체 교회에 지침을 주었다.[30] 방금 언급한 문제점을 제쳐두더라도, 이 견해의 주된 문제점은 "또는"이라는 이접 불변화사에 너무 큰 비중을 둔다는 것이다. 이 불변화사(ἤ)는 고린도전서에서 여러 번 나타난다. 그러나 딱 한 번만 고린도 교인의 인용문이 나오는 것 같다. 1:13b이 바로 그런 경우다. 거기서 바울은 "너희가 각각 이르되…"(1:12b)라는 말을 사용하여 자신이 고린도 교인의 말을 인용했음을 매우 분명히 한다. 그 구절에서 그리고 6:2에서, 이 불변화사는 고린도 교인을 비꼬는 데 사용하거나 고린도 교인의 입장과 확실히 대립하는 수사적 질문을 소개하는 역할을 한다. 하지만 이것은 아무것도 증명하지 못한다. 나아가 36절의 두 질문은 34-35절에서 방금 제시한 요점을 보강한다. 그리고 그 요점을 부정하지 않는다.[31] 다양한 주석가가 인용문으로 여기는 대부분의 본문은 이런 이접 불변화사가 없다(예를 들어, 6:12-13; 8:1, 4). 옳든 그르든 인용문을 염두

28. David W. Odell-Scott, "Let the Women Speak in Church: An Egalitarian Interpretation of 1 Cor 14:33b-36," *BTB* 13 (1983): 90-93. 또한 *BTB* 17 (1987): 100-103과 *BTB* 30 (2000): 68-74도 보라.

29. 앞의 책, 91. Odell-Scott는 11:20-22은 이 본문과 "구조적으로 똑같다"라고 주장한다. 그러나 확실히 이것은 사실이 아니다. 11:20-21에서 바울은 고린도 교인 가운데 일어난 일을 이미 비판한다. 그것은 인용문이 아니다(Odell-Scott도 그렇게 주장하지 않는다). 그렇다고 고린도 교인의 입장을 단순히 요약하는 것도 아니다. 그것은 바울이 고린도 교인들 가운데서 보는 것, 곧 자신이 14:34-35에서 주장하는 것과는 완전히 다른 관념에 관해 숙고하는 것이다.

30. Odell-Scott가 34-35절은 "여자에 관해 남자에게 말한" 것이라고 주장하는 것은 또 다른 추정이다(앞의 책, 92. 강조체 원저자). 이것을 인용문으로 받아들이더라도, 그것은 여전히 여자에 관한 것일 수 있고, 남자와 여자에게 다 말한 것일 수 있다. 여기서 Odell-Scott는 그의 제목에 언급된 "평등주의적 해석"을 촉진시키기 위해 단순히 추측에 추측을 덧붙인 것 같다. 물론 이 본문을 평등주의 관점으로 보는 것은 어쨌든 이것이 인용문이라는 결론에 굳이 의존할 필요가 없다.

31. D. A. Carson, *Recovering Biblical Manhood and Womanhood: A Response to Evangelical Feminism*, 공동편집 John Piper, Wayne Grudem (Wheaton, IL: Crossway, 1991), 151에서 "'Silent in the Churches': On the Role of Women in 1 Corinthians 14:33b-36"을 보라. Carson은 "이접 불변화사가 이 본문과 비슷한 구문에서 사용되는 신약성경 모든 곳에서 이 불변화사는 그 앞에 나오는 절이나 구절의 진리를 보강하는 역할을 한다"라고 지적한다.

에 두었음을 암시하는 것은 8:1의 "[이제] …에 대하여"나 7:1의 "[이제] 너희가 쓴 문제에 대하여 말하면"과 같은 직접적 표시 어구다. 일반적으로 말해 인용문이 존재한다고 학자들이 합리적으로 그리고 널리 인정한 본문은 보통 사실상 명시적이고(ὅτι로 시작되는 서창부와 같은 표시나 방금 언급한 것과 같은 표지를 가진), 본문이 짧고, 그 뒤에 (때로는 긴) 반증이 이어지며, 그 반응이 분명히 인용문에 적합하고 애매하지 않다는 점을 주목하는 것이 가치가 있다.[32] 오델 스코트의 견해는 대부분 요점이 부실한 것 같아 보인다. 그러나 인용문에 호소할 필요는 전혀 없다. 본문 설명에서 이 지침이 바울 자신의 말임을 강력히 암시하는 주제와 어휘를 다 확인하게 되기 때문이다.

여기서는 이 구절들을 전통적 입장에 따라 현재 있는 위치에 그대로 놓고 검토할 것이다. "교회에서"라는 말이 외관상 불필요한 중복으로 보이는 것은 바울이 '성도의'(성도가, τῶν ἁγίων)라는 말을 덧붙이기 때문이다. 이것은 바울 서신에서 독특한 표현이다. 하지만 바울은 1:2에서 "성도라(성도로) 부르심을 받은"(κλητοῖς ἁγίοις) 그리고 "그리스도 예수 안에서 거룩하여진(ἡγιασμένοις)" "교회에" 편지를 쓴다는 사실을 이미 밝혔다. 바울은 "하나님의 성전은 거룩하고(ἅγιος), 그들이 성전이라고" 말했다. 바울은 또한 6:1에서 교회를 "성도"로 지칭했다(참고. 6:2; 7:14). 그러므로 이 말 자체에 놀라서는 안 된다. 비록 바울이 대규모 공적 모임이나 교인들의 집에서 모이는 소모임과 같이 다양한 배경이나 장소를 염두에 두었다고 말함으로써 외관상 불필요한 중복을 해소하고자 한다 해도, 이것이 본문에서 완전히 명확한 것은 아니다. 오히려 문맥을 보면, 바울은 단순히 한 지역 교회가 아니라 교회 전체가 따를 사실에 주의를 집중시키는 데 확실히 관심을 두었다. 만약 '성도의'라는 말이 여기서 어떤 특별한 의미가 있다면, 바울은 마치 '이것이 하나님의 거룩한 백성이 하는 일이다'라고 말하는 것처럼, 이런 교회에서 예배하는 신실한 자(또는 거룩한 자)에게 주의를 집중시키는 데 관심이 있을 것이다. "여자는 교회에서 잠잠하라(σιγάω)"는 이어지는 명령은 현재 명령법이다. 이것은 설명적 용법의 '…때문에'(γάρ, 개역개정에는 이 말이 번역되어 있지 않음—역주)와 수동태 동사 '그들에게는 허락되지 않나니'(ἐπιτρέπεται)라는 말이 나오는 것으로 설명된다. 여기서 후자의 말은, 일반적으로 이해되는 규칙은 아니더라도, 최소한 '모든 교회'(고린도 교회 일부 교인을 제외하고)가 예배 행위에 대해 인정하는 모종의 받은 지혜가 있다는 것을 함축한다.

이 문장(34절) 후반부("율법에 이른 것 같이 오직 복종할 것이요")는 강한 반의 접속사 '그러나' 또는 "오직"(ἀλλ') 과 중간태 명령 동사 "복종할 것이요"(ὑποτασσέσθωσαν)로 시작함으로써(개역개정에는 이 동사가 맨 뒤에 나옴—역주) 바울의 의도가 무엇인지를 암시한다. 여기서 어휘는 이전 구절들에서 이미 사용된 단어들을 반영한다. 이것은 최소한 관념의 연속성과 사상의 일관된 흐름을 암시하지만 단어들의 의미를 파악하는 데도 도움을 준다. 주목해야 할 단어로는 '말하다'(λαλέω, 14, 23절 그리고 이외에도 14장 이전 구절들에서 13번 나옴), '잠잠하다'(σιγάω, 28, 30절), '제재를 받다'(ὑποτάσσω, 32절), '교회에서'(ἐν ἐκκλησίᾳ, 28, 35절)가 있다.

32. 앞의 책, 148.

'말하다'(λαλέω)라는 표현은 통상적으로 말하는 것에서부터 소리를 내는 것, 대화하는 것, 단언하는 것, 선언하는 것, 이야기하는 것 등에 이르기까지 의미의 폭이 굉장히 넓다. 다이어는 '말하다'(λέγω)라는 말이 통상적으로 말한 내용을 가리키지만 이 동사(λαλέω)는 종종 말의 소리, 즉 '말하는 것' 자체를 가리킨다고 주장한다.[33] 이 동사는 또 13:1["(내가) 말을 할지라도"]에서도 영감받은 말의 형태를 가리키는 데 사용되었다(참고. 13:11). 14장에서 이 동사는 또한 두 형태의 영감받은 말, 곧 방언(2, 4절 등)과 예언(2, 4절 등)에 사용되었고, 선생이 가르침으로 줄 수 있는 통상적인 말의 형태에도 사용되었다(19절). 이 동사는 법정 용어나 심판 용어로 사용되었고(21절), 또 하나님과의 개인적 대화에도 사용되었다(2절과 28절). 34절에 이르면, 이 동사는 이 의미 가운데 어느 것이라도 가리킬 수 있다. 예를 들어, 그것은 여자가 예언을 '말하거나' 방언을 '말하는' 것을 금지당하는 것을 가리킬 수 있다. 그러나 이것은 '모든 사람'이 방언하거나 예언할 수 있음을 의도적으로 강조한다는 점을 고려하면(23-34절) 개연성이 없다. 여기서 '모든'이라는 말은 참석한 각 개인을 의미하지 않지만, 우월한 자나 다른 사람보다 우선권을 가진 자가 아니라 누구나(남자나 여자) 그렇게 말할 수 있는 가능성을 가리킨다. 바울은 단순히 어떤 통상적인 말을 염두에 두었던 것 같다. 하지만 어떤 종류의 말이고 바울은 "잠잠한 것"을 어떤 맥락에서 생각하는가? '모든'이라는 말이 11:5을 확증하고 여자에 관해 "잠잠하라"고 말하는 자를 배제하는 것처럼 보이지 않으므로, 그 명령이 아무리 뻔한 말로 들려도, 그리고 그들이 어떤 "허락"을 갖고 있지 않더라도, 그것은 확실히 제한되어야 한다.

여기서 '잠잠하다'라는 동사(σιγάω, 참고. 28, 30절)는 침묵하는 것, 잠잠하게 되는 것, 아무 말을 하지 않는 것, 또는 잠자코 있는 것을 의미할 수 있다. 신약성경 어디서도 이 말은 완전한 침묵을 가리키지 않는다(참고. 눅 18:39; 행 12:17; 15:12). 이 동사는 한동안 침묵을 지키는 것, 특별한 문제에 관해 잠자코 있는 것, 또는 다른 사람이 말할 때 조용히 있는 것을 가리킬 수 있다. 이것은 명령된 침묵이 다른 사람이 말하는 동안 잠잠한 것을 가리키는 28, 30절에서 사실로 확인된다.

이 문맥에서 거의 누구나 어떤 형태로든 말할 때 제한을 받고 있고, 모두가 '덕을 세우는' 것의 규제 아래 있다. 만약 통역하는 자가 없으면 '각자 잠잠하고' "자기와 하나님께 말"해야 한다(28절). 만약 예언하는 자는 예언하려면 둘이나 셋이 말하고, 그 후에는 분별하는 일이 시작되어야 한다. 어떤 사람이 계시받은 것이 있으면, 지금 예언하는 자는 말하는 것을 멈추고 잠잠해야 한다(30절). 이것은 여기서 바울이 예배의 '질서'와 '행위'를 관건으로 보기 때문이다. 사실은 바울이 염두에 두었고, 그가 "부끄러운 것"(뒤에서 검토할 것)이라고 주장하는 '통상적인' 말의 형태가 확실히 제한된다. 35절은 우리에게 '질문하는 것'은 "교회에서" 이루어져서는 안 되고, "집에서" 남편에게 물어야 한다고 말한다. 이제 이 요점을 간략히 다룰 것이다.

한 가지 분명한 말의 제한이 34절에서 이어진다. 바울은 "[여자는] 복종할 것이요"(ὑποτασσέσθωσαν)라고 말한다. 여기에 간접 목적어가 없다. 비록 이어서 집에서 자기 남편에게 물어보라고 언급하는 것(35절)이 잠잠하라고 말하는 명령이 남편에 대한 여자(아내)의 자발적인 복종의 일부로서 주어지는 것임을 암시하기는 해도, 거기서 우리는 여자가 무엇에 복종할 것인지에 대해 아무 말을 듣지 못한다. '그러나(오직) 여자는'이라는 말에서 강한 반의 접속사 '그러나'라는 말은 여자가 어쨌든 자기 남편을 존경하거나 충분히 배려하지 않았다는 점을

33. Thayer, *Greek-English Lexicon*, 368. BDAG 582는 다수의 의미를 제시한다. 두 단어가 함께 나오는 것에 대해서는 로마서 3:19을 보라.

암시한다. 바울은 여기서 창세기 3:16과 "너는 남편을 원하고"라는 말을 들은 하와의 입장을 생각했다고 볼 수 있다. 이것이 "율법에 이른 것같이"라는 바울의 언급을 설명해줄 것이다.[34] 그러나 창세기 3:16이나 구약의 다른 어떤 구절도 여자에게 잠잠하라고 말하지 않기 때문에 바울은 단순히 성막이나 성전 예배에서 직분을 맡지 않은 여자에 관해 보다 일반적으로 생각했을 수도 있다. 그러나 바울이 창조 내러티브(창 2:20b-24)에 다시 의존했다고 보는 것이 더 나을 것 같다. 이 내러티브에서 하나님의 창조 질서가 묘사되고 있다. 바울은 11:3-12에서 남자와 여자가 어떻게 기도하고 예언해야 하는지에 관해 말할 때 이 타락 이전 내러티브에 의존했다. 바울은 하나님, 그리스도, 남자, 여자 간의 질서 있는 관계에 의존했고, 따라서 자신의 "거룩한 영으로 창조를 통해 혼돈을 질서로 변화시키신"[35] 하나님은 그분이 '무질서의 하나님이 아니라 화평의 하나님'이신(14:33) 것을 반영하는 방식으로 경배받아야 한다고 예상한다. 그러나 타락 이후로 남자와 여자의 역할 간의 차이가 왜곡되고 죄의 지배를 받게 되었다(창세기 3장). 따라서 바울은 여자는 율법에 따라, 즉 성경과 창조 질서에 대한 성경 기사에 따라 "복종해야" 한다고 주장한다. 헐리(Hurley)가 지적하는 것처럼, 바울은 "여자에게 새롭게 주어진 예배 참여의 자유에 맞추어" 그렇게 말한다.[36] 그러나 이 자기 복종은 남자, 아니 사실은 남편에게 이루어져야 한다(35절). 그리고 그것은 단순히 일단의 규칙으로 그치는 것이 아니다.

35절은 여자는 확실히 질문이 있고 자기들이 들은 것에 대해 토론하고 싶어 한다는 사실을 전달한다. 그러나 이제 바울은 여자는 '집에서 자기 남편에게 물어야' 한다고 주장한다. 분명히 "집에서"(ἐν οἴκῳ)라는 말은 "교회에서"(ἐν ταῖς ἐκκλησίαις)라는 말과 대조되고, 또 그 말을 정의하는 데 도움을 준다. 두 다른 상황이 언급된다. 교인들이 함께 모인 예배 자리에서 여자가 어떤 한정된 상황 속에서 말하는 것은 부끄러운 짓이다. 그렇지만 이것은 여자가 말하는 것 자체를 금해야 한다는 뜻은 아니다. 11:6에서 자기 머리를 깎은 여자에게 '부끄럽다'(αἰσχρός)는 말을 사용하는 것은, 그 행동이 사회적으로나 도덕적으로 용납할 수 없는 일이라는 점과(딛 1:11) 문화적으로 불쾌감을 주는 일이라는 점(엡 5:12)을 함축한다. 그리고 이것은 여기서 일부 여자의 행동이 선정된 이유를 암시할 수 있다. 바울이 말하는 것처럼, 만약 "모든 교회"가 말에 대해 이렇게 제한했었다면, 어떤 잘못된 일이 벌어지지 않는 한 여기서 그것을 다시 반복할 필요는 없었을 것이다. 사실 '그러나(오직) 복종할 것이요'에서 강한 반의 접속사(ἀλλά)는 특정 방식으로 여자의 말이 특별히 자기 남편과의 관계 속에서 부적절했다는 점을 암시한다. 이것이 바로 "부끄러운" 짓이다.

이 지점에서 본문의 명확한 의미가 형성되기 시작한다. 만약 단순히 교회에서 예언하거나 기도하는 것이 자체로 "부끄러운"(αἰσχρός) 짓이 아니라면, 여자가 머리를

34. 이것은 일부 주석가가 주장한 것처럼 이상한 표현이 아니다. 바울은 이미 직접 문맥인 14:21과 9:8에서 율법에 관해 말했을 뿐만 아니라 9:9에서도 "모세의 율법"으로 설명했다. 참고. D. A. Carson, *Exegetical Fallacies* (Grand Rapids: Baker, 1984), 37-40.

35. Thiselton, *1 Corinthians*, 1154. Thiselton은 1153-55에서 여기서 문제는 여자의 남자에 대한 복종에 관한 것이 아니라 (부분적으로 Antoinette Wire의 말을 인용하여) "주로 '질서'가 카리스마적인 복음 공동체에 여전히 적용되는지 여부"에 관한 것이라고 지적한다. Thiselton은 ὑποτασσέσθωσαν을 "그들의 규정된 자리를 지키게 하라"로 번역한다. Thiselton은 여기서 창세기 3:16에서 나오는 복종 문제를 다루는 것이 아니라, 남자와 여자의 온갖 긴장관계와 죄악성을 다루고 있다고 확실히 올바르게 주장한다. 그러나 Witherington이 그렇게 하는 것처럼, 여자가 이 "질서"를 반영하고자 남자에게 복종할 때 일어나는 실제 문제로부터 이것을 제거하려고 시도하면, 그 신학이 예배 공동체의 그 배경과 완전히 분리되고 만다. Witherington은 여자는 자기 남편이 아니라 "예배 의식의 질서 원리에 복종하라"는 말을 듣는다고 주장한다(*Women and the Genesis of Christianity* [Cambridge: Cambridge University Press, 1990], 179). 이 주장을 유지하려면, 여자가 남자보다 이런 말을 왜 더 들어야 하는지 설명하는 상세한 논증(거의 증거가 없는)을 제시하는 것이 필수적이다

36. Hurley, *Man and Woman in Biblical Perspective*, 192.

가리는 것이 적절하다는 점을 생각할 때(11:10-15), 여기서 여자가 하는 말의 한도는 문맥상 훨씬 더 제한적이어야 한다. 29절은 예배에서 행해지는 예언 행위를 더 상세히 검토하기 시작한다. 전해진 예언은 "다른 이들"에게 '분별되어야' 하고, 우리는 이 다른 이들이 예언하는 자를 제외한 다른 모든 사람을 가리킨다고 주장했다. 누구나 배우고 권면을 받을 수 있도록 모든 이가 예언을 하라는 권고를 받는다(여자에 대한 제한은 없다). 예언하는 자가 이런 행위 규칙에 맞추어 자기들의 영감을 규제해야 하는 것은, 그것이 질서의 하나님이 바라시는 일이기 때문이다. 다만 예언을 평가하거나 분별하는 것에 추가 단서가 붙는다. 만약 여자가 교회 안에서 다른 남자들, 특히 자기 남편과 앉아 판단하거나 다투거나 논쟁하는 모습을 보여준다면, 엄밀히 여기서 창조 질서가 무너질 우려가 있다. 이것은 가족에게 "부끄러운" 짓이 될 뿐만 아니라 교인 전체에도 부끄러움을 안겨줄 것이다. 어떤 주석가는 여기서 바울이 염두에 둔 자는 단지 아내와 남편이라고 말했는데 아마 정확할 것이다. 확실히 "여자"(αἱ γυναῖκες)는 '아내'로 번역될 수 있다. 또 "남편"(τοὺς…ἄνδρας)은 '남자'로 번역될 수 있다. 하지만 바울이 "자기"(ἰδίους) 남자를 가리킨다는 점을 고려하면 '남자'로 보는 것은 별로 개연성이 없다.

마지막으로 이 설명이 이 본문 전체의 흐름과 일치하는지 확인하기 위해 이 구절들의 구조를 살펴볼 수 있다. '예언하는 자의 행위'라는 제목 아래에서 29절은 예언하는 자는 둘이나 셋이 말하고, 다른 이들이 그들이 말한 내용을 '분별하는' 과정을 거침으로써 예언이 통제되어야 한다는 사실을 제시한다. 29절의 첫째 절("예언하는 자는 둘이나 셋이나 말하고")은 30-33절에서 더 상세히 언급된다. 단지 둘이나 셋이 말하는 것은 사람들이 "하나씩 하나씩" 예언하는 것(31절)과 그들의 영감을 적절히 절제하는 것(32절)을 의미한다. 29절의 둘째 절("다른 이들은 분별할 것이요")은 33c-36절에서 다음과 같이 더 상세히 언급된다. "다른 이들은 분별할 것이요…여자는 교회에서 잠잠하라", 혹은 이런 배경에서는 '말하지 말라'(σιγάω). 본문에 대한 이런 관점은 직접 문맥을 충분히 설명해줄 뿐만 아니라 포괄적 문맥에도 부합한다. 또 11:5에서 바울이 여자에게 예언하고 기도하는 일을 허락하는 것과도 대립하지 않는다. 여자는 여기서 예언을 하지 말라는 요구를 받지 않았다. 사실은 '모든 사람'이 예언하라는 권고를 받았다. 오히려 여자는 예언하는 자를 제외한 모든 사람이 전해진 예언을 '분별하는' 동안 그리고 어쩌면 특히 자기 남편의 예언을 분별하는 동안, 예언하지 말라는 요구를 받았다.

14:36 하나님의 말씀이 너희로부터 난 것이냐 또는 너희에게만 임한 것이냐(ἢ ἀφ' ὑμῶν ὁ λόγος τοῦ θεοῦ ἐξῆλθεν, ἢ εἰς ὑμᾶς μόνους κατήντησεν;). 바울은 비꼬듯이 고린도 교인이, '모든 교회'(33c절)와 반대로, 마치 하나님이 자기들에게만 직접 말씀하신 것처럼 독단적인 길을 가고 있다고 지적한다. 이 이접 불변화사(ἤ)는 34-35절에 나온 고린도 교인의 추정된 입장에 대한 반박을 소개하지 않는다. 사실 이 두 질문은 수사 장치로 바울이 전하는 말을 보강하는 역할을 한다. 이 책은 이 불변화사를 '자 말해보라'(So tell me)로 번역했다. 이 불변화사는 단순히 '또는'을 의미할 수 있다(개역개정은 이 불변화사의 첫 번째 용례는 번역하지 않고, 두 번째 용례는 "또는"으로 번역함-역주). 그러나 여기서 이 이접 불변화사는 의미상 거의 비꼬는 질문을 소개하는 역할을 한다. 따라서 이 비꼬는 요점을 드러내려면 적절한 영어 어구가 요구된다. 바울은 고린도전서에서 1:13에서 처음으로 시작된 수사적 질문을 여러 번 사용했다. 12:29-30에서 바울은 다양한 은사와 교회라는 몸 안에서 은사들의 위치를 설명할 때 또 다른 일련의 수사적 질문을 사용해 자신의 설명을 요약했다. 따라서 이 수사 구조는 돌발적인 것이 아니다. 36절은 29절에서 시작된 예언에 관한 설명 전체를 돌아본다. 바울은 고린도 교회의 엘리트 교인의 반발을 어느 정도 예상했을 것이다. 엘리트 교인은 방

언과 예언이 사람들의 덕을 세우고 교회 안에서 모든 사람을 권면하는 역할보다 지위와 더 관련되어 있다고 보았다.

고린도 교인은 "모든 사람"에게 예언하라고 권면한 것 같지 않다. 사실 바울의 가르침은 은사들, 특히 예언의 은사를 '민주화했다'(democratized). 고린도 교회의 엘리트 교인이 진리를 독점하는 것이 아니다. 바울이 첫 부분과 12장에서 증명한 것처럼, 은사는 복음 자체의 일부고, 그 복음("하나님의 말씀")은 고린도 교인'에게서 나오지'(ἐξῆλθεν) 않았다. 여기서는 예배 질서가 바울은 예배 질서가 구약성경에 새겨져 있다고 본다. 하지만 예배 질서를 하나님 자신의 성품 속에 훨씬 더 깊이 새겨져 있는 것으로 본다(33절). 만약 예언하는 자가 동시에 다 예언을 하고, 그래서 아무에게도 '덕을 세우지' 못하거나 권면받는 자가 없게 되면, 만약 예언하는 자가 자기들의 예언이 다른 이들에 의해 분별되는 과정을 기다리지 않으면 그리고 만약 아내가 자기 남편의 예언을 공개적으로 판단하는 자리에 앉아 있으면, 이 고린도 교인은 성경에서 벗어난 자가 된다. 그렇게 함으로써 그들은 다른 많은 교회가 바울이 묘사한 방식으로 하나님의 말씀을 듣고 이해하고 적용하는 사실을 무시한다. "너희에게만"(ὑμᾶς μόνους)이라는 말은 고린도 교회의 남자와 여자를 다 가리키고, "모든 성도가 교회에서"(33절)라는 말과 수사적 대조 관계에 있다. 고린도 교인이 어떻게 마치 자기들만 예배하는 법을 알고 있었던 것처럼 전체 교회를 무시할 수 있겠는가?

14:37-38 만일 누구든지 자기를 선지자나 혹은 신령한 자로 생각하거든 내가 너희에게 편지하는 이 글이 주의 명령인 줄 알라 만일 누구든지 알지 못하면 그는 알지 못한 자니라 (Εἴ τις δοκεῖ προφήτης εἶναι ἢ πνευματικός, ἐπιγινωσκέτω ἃ γράφω ὑμῖν ὅτι κυρίου ἐστὶν ἐντολή· εἰ δέ τις ἀγνοεῖ, ἀγνοείτω). 바울은 자신이 전한 말의 정확성이 진정으로 신령한 자를 통해 인정될 것이라고 주장한다. 이 문제에 관해 바울의 견해에 동조하지 않는 자는 교회에서 선지자나 신령한 자로 보아서는 안 된다. 여기서 바울은 제1조건문을 사용하는데, 이는 조건절의 진리를 가정한다. 바울은 스스로 "선지자"나 "신령한 자"로 생각하는 자에게 말한다.

38절에서 본문의 이문이 주목할 만하다. 어떤 본문은 '인정하다'(알다)라는 동사의 수동태(ἀγνοεῖται)가 나오고, 또 어떤 본문은 3인칭 현재 명령(ἀγνοείτω)이 나온다. 이 책은 명령법이 쓰였다고 본다.[37] 그리고 이 두 구절(37절과 38절)을 14장 후반부의 세 번째 하위 부분에 넣었지만, 내용은 이전 부분의 사상을 긴밀하게 따른다. 바울은 자신이 예언에 관해 말한 사실, 곧 예언 행위와 질서는 다 주님으로부터 나오고, 무질서의 하나님이 아니라 화평과 질서의 하나님이신 주님 자신의 성품을 반영한다고 주장했다. 그러하기에 참된 선지자는 이것을 인정할 것이다. 진실로 "신령한" 자는 항상 주님의 뜻과 지침에 복종하기 마련이다.

그러므로 바울은 설명을 끝마칠 때 고린도전서 전체에 걸쳐 자신이 전한 많은 내용을 요약하는 진술에서 "신령한" 자가 누구인지에 대한 한 가지 정의를 제공한다. 앞에서 두 번에 걸쳐 바울은 "신령한" 자를 자처하는 자에게 같은 말을 사용하여 경고했다. "…줄로 생

37. 명령법이 더 오래되고 더 강력한 지지 증거가 있다. 여기에는 $\mathfrak{P}^{46}$, $\aleph^2$, A^c, B, D^1, Ψ, Byz, Syriac, Origen, Chrysostom이 포함된다. AV, TEV가 이 증거를 따른다. 수동태 직설법을 지지하는 사본에는 $\aleph^*$, A^{*vid}, D^*, 048, 0243, 6, 33, Coptic이 포함된다. NIV, NJB, RSV, ESV는 이 증거를 따른다. 다수의 현대 주석가는 수동태 직설법을 지지하고, 그것이 8:3의 문법 구조와 일치하고 더 강력한 독법이라고 주장한다. 이 책이 명령법을 취한 이유는 그것이 초기에 폭넓은 지지를 받았기 때문이다. 또한 Zuntz, *Text of the Epistles*, 107-108에서 7:15이 비슷한 구문을 제공한다고 말하는 것에도 주목한다.

각하면(생각하거든)"(εἴ τις δοκεῖ, 3:18; 8:2). 바울은 고린도 교회의 일부 교인이 "지혜"와 "지식"에 기반을 둔 그리고 여기서는 "예언, 방언"에 기반을 둔 자기중심적인 엘리트 의식에 젖었다는 사실을 경고했다. 3:18에서 바울은 "너희 중에 누구든지 이 세상에서 지혜 있는 줄로 생각하거든 어리석은 자가 되라"고 말함으로써 곧바로 또 하나의 명령을 전한다. 8:2에서 바울은 이렇게 말했다. "만일 누구든지 무엇을 아는 줄로 생각하면 아직도…알지 못하는 것이요." 만약 진실로 "신령한" 자(πνευματικός)라면, 그들은 주님께 그리고 성경에 나오는 그분의 말씀에 복종할 것이다. 성경에 비추어 분별되어야 하는 대상에는 예언하는 자의 말하는 내용만이 아니라 그의 행위도 포함되어야 한다. 예언하는 자는 어떤 사람이 주님으로부터 영감을 받으면 겸손하게 그에게 예언을 말할 기회를 주는가? 예언하는 자는 자기들의 예언을 참석한 모든 사람이 분별하고 질문하는 것을 인정하는가? 예언하는 자는 예배 질서에 진정한 관심을 가지고 하나님의 말씀과 하나님의 성품을 반영하고자 애쓰는가? 만약 예언하는 자가 "주의 명령"에 순종할 준비가 되어 있지 않으면 교회는 이런 사람들을 거부하고, 그들이 교회의 말을 듣지 않은 것을 확실히 하라는 확고한 명령이 주어진다는 것은 가혹하지만 중요한 진실이다.

바울은 여기서 다른 이들이 '분별하는' 것(29절)이 무엇을 말하는지 어느 정도 상세히 설명한다. 그것은 단순히 예언의 내용을 평가하는 것 이상이다. 그것은 예언하는 자가 예언하는 것에 대한 전체적인 접근 방식을 살펴보는 것이다. 37절에서 바울은 '[선지자는]…줄 인정하라(ἐπιγινώσκω)'고 말한다. 이 헬라어 단어는 단순히 '알다'나 '이해하다'를 의미할 수 있으나 '인정하다'나 '인지하다'를 의미할 수도 있다.[38] 바울은 교인들 가운데 진실로 신령한 자는 이것이 주의 말씀임을 인정할 것이라고 주장한다. 이 명령은 29절에서 설명한 "분별"의 형태로 이루어진 공식적 평가의 의미가 있다. 오늘날 논쟁에서 어떤 사람이 '인정을 받아' 발언할 기회를 얻는 것처럼, 바울도 이 사람들이 '인정받지는' 않았다고, 즉 말하는 것이 허용되지 않았다고 주장한다. 그러나 이런 은사는 여전히 성령이 자발적으로 주실 수 있다. "모든 사람"이 교회에서 말할 수 있고, 바울은 모든 사람에게 그렇게 하라고 권고했다. 그럼에도 바울은 교만해서 하나님이 교회에 대해 정하신 질서 법칙을 인정하지 않는 자에게는 말할 기회를 허락해서는 안 된다고 말한다.

여기서 한 가지 질문이 더 제기된다. 이처럼 불순종하는 개인을 인정하지 않는 주체는 교회인가, 아니면 하나님인가? 앞에서는 교회로 본다. 29절에 비추어 보면 이 답변이 개연성이 있다. 이 답변이 명령으로 보는 관점을 진실로 일리 있게 만드는 유일한 길이다. 만약 수동태 동사로 보면('그는 인정받지 못한 자니라'), 행위자가 교인들이거나 하나님이거나 둘 중 하나일 수 있다. 어떤 주석가는, 하나님이 이 수동태 동사의 행위자라면 본문이 정말 '가혹한' 내용이 될 것이라고 말했지만 그것은 너무 큰 차이를 만들어낸다. 교회가 하나님의 말씀에 불순종하는 사람을 인정하지 않을 때는 하나님의 이름으로, 또는 여기서처럼 사도들을 통해 주신 주의 말씀에 따라 그렇게 하는 것이다. 교회가 하나님을 위해 행하고 하나님께 순종하는 하나님의 백성으로서 매우 고귀한 위치를 차지한 것은 사실이다. 만약 성도들의 교회가 어떤 사람을 '인정하지 않는다면', 그것은 사도들의 말을 통해 하나님의 지침에 따라 행하는 것이다. 이것은 아마 마태복음 18:18에서 예수님이 제자들에게 직접 주신 다음과 같은 가르침을 상기시킬 것이다. "무엇이든지 너희가 땅에서 매면 하늘에서도 매일 것이요."

38. BDAG 369; Thayer, *Greek-English Lexicon*, 237.

만약 교회에 관한 "주의 명령"을 따르지 않는다면, 사람들은 하나님의 교회에서 유익을 얻지 못할 것이다. 여기에는 아이러니 요소가 다분하다. 엘리트 교인들이 가장 원했던 바로 그 일, 온전하고 신령한 자로 인정받는 것이 공동체에 의해 거부되는 일이 되어버리기 때문이다. 이 명령은 이에 따라 행하고 그것을 진지하게 취할 것을 공동체에 지시한다.

14:39-40 그런즉 내 형제들아 예언하기를 사모하며 방언 말하기를 금하지 말라 모든 것을 품위 있게 하고 질서 있게 하라 (ὥστε, ἀδελφοί [μου], ζηλοῦτε τὸ προφητεύειν, καὶ τὸ λαλεῖν μὴ κωλύετε γλώσσαις· πάντα δὲ εὐσχημόνως καὶ κατὰ τάξιν γινέσθω). 이제 바울은 세 번의 명령으로 자신의 가르침을 적용한다. 따라서 14장 후반부의 이 네 번째 하위 부분은 핵심 요점을 요약하고 모두에게 권고와 권면을 제시한다. 바울은 14:1에서 진정한 기독교적 삶의 표지인 "사랑을 추구하고 신령한 것들을 사모하[라]"고 말하는 것으로 14장을 시작했다. "사모하라"(ζηλοῦτε)는 말로 첫 부분과 끝부분 사이에 인클루지오가 형성되었다. 바울은 이렇게 사모해야 할 것이 무엇인지 그리고 왜 사모해야 하는지 설명했다.

고린도 교인은 '예언하기를 사모해야' 한다. 교회의 덕을 세우는 일은 온전한 것이 올 때인 그리스도의 재림이 있을 때까지 계속되어야 한다(13:10, 12). 예언은 성령이 이 목표를 이루도록 나누어주신 은사 가운데 하나다. 14:31과 일치되게 모든 교인은 교회를 위해 이 은사를 사모하라는 이 마지막 권고를 받는다. 두 번째 명령("방언 말하기를 금하지 말라")도 이전 논증의 취지를 반영한다. 바울이 14장에서 명시한 모든 이유로 보아 분명히 방언보다는 예언에 우선순위가 있고, 이것은 이 명령이 "금하지 말라"(κωλύετε)고 거의 마음 없이 주어지는 것처럼 보이는 이유를 설명한다. 일부 주석가는, 방언에 관한 중대한 경고에 비추어 보면 바울은 실제로 방언을 금지한 것이라고 즉각 반응할 수 있다. 그러나 방언은 통역되면 알아들을 수 있고, 따라서 덕을 세울 수 있으므로 바울은 그렇게까지 극단적으로 말하지 않는다. 이 점에서 바울은 지금까지 독자에게 '더욱 큰' 은사가 무엇인지 그리고 왜 그 은사가 더욱 큰지 설명했다.

세 번째 명령(40절)은 전체 논증의 클라이맥스다. 바울은 "모든 것을", 즉 하나님의 백성이 함께 모여 예배하는 자리에서 일어나는 모든 일을 '품위 있게(εὐσχημόνως) 하라'고 말한다. 이 부사는 로마서 13:13과 데살로니가전서 4:12에서 교회 밖 사람들에게 그리스도인의 행위와 삶을 '단정하게' 또는 공손하게 보여주라고 말할 때 사용된다. 7:35에서는 이 단어의 형용사형이 결혼과 독신의 관점에서 '이치에 합당한' 것을 가리키는 데 사용되었다(참고. 12:24). 그리스도인은 교회 밖 사람들 앞에서 자신이 누구인지 보여주고, 자신이 누구를 예배하는지 반영하면서 온전하고 올바른 삶의 방식을 따라 살아가야 한다. 이 단어는 여기서 교회 밖 사람들 앞에서 살아가는 도덕적 배경이 아니라 하나님 앞에서 예배하는 교회 배경 속에서 사용된다. 올바른 행위의 길이 있고 잘못된 행위의 길이 있다. 바울은 사람들이 공동 예배에서 올바르게 행동하고, 그리하여 모든 것이 "품위 있게"(또는 '단정하게') 행해져야 하는 길을 묘사했다. 그리고 여기에 바울은 "질서 있게"라는 말을 덧붙인다. 이것이 핵심 요점이다. 하나님은 혼란의 하나님이 아니라 화평의 하나님이시므로 그리고 하나님은 모든 것에 질서를 부여하시는 분이므로, 모든 것은 하나님을 "질서 있게"(κατὰ τάξιν) 반영하는 방식으로 행해져야 한다.[39]

39. 명사 τάγμα가 15:23에서 사용된다. 거기서 바울은 부활이 등급에 따라 "차례대로" 진행되는 방식에 관해 말한다. "각각 자기 차례대로 되리니 먼저는 첫 열매인 그리스도요 다음에는 그가 강림하실 때에 그리스도에게 속한 자요."

적용에서의 신학

1. 형식과 자유

오늘날은 교회 예배에서 때때로 소위 '자유'를 질서와 대립시키는 경향이 있다. "질서"는 덜 영적이거나 성령의 인도를 덜 받는 것으로 여긴다. 그러나 "절제"(ἐγκράτεια)가 갈라디아서 5:23에서 성령의 열매로 제시되고, 신약성경 많은 곳에서 온전한 그리스도인의 특성으로 나타나는 점(예를 들어, 행 24:25; 벧후 1:6; 참고. 딛 1:8)을 주목하는 것이 중요하다. 바울은 9:25에서 한평생 복음을 위해 경기자와 같이 절제를 행하는 것에 관해 말했다. 그러므로 바울이 사람들에게 예배에서 절제하라고 요구하는 것은 놀랍지 않다. 바울은 복음을 알아듣게 하려고 그리고 많은 사람의 영적 덕을 세우려고 그렇게 했다. 다른 사람을 위해서와 공동체의 덕을 세우기 위해 이런 사랑을 보여주는 것이 구심력이었다.

고린도 교회에서 자발적인 "방언"이나 "예언"이나 "계시"가 주기적이고 잘 준비된 예배 형식보다 더 "신령한" 것으로 여겨졌는지는 확실하지 않다. 14장은 이 문제를 직접 다루지 않는다. 대신 교회가 예배를 판단할 수 있는 명확한 지침을 제시한다. 예배는 단순히 자발적인 태도에 맡겨질 수 없다. 그렇게 되면 예배에서 일어나야 하는 사랑이라는 구심력과 공동체의 덕을 반영하지 못하게 되기 때문이다. 예배에서는 모든 사람이 무언가를 느낄 때마다 '그들 자신의 방식대로 행할' 수 없다. 첫째, 예배는 개인이 자신의 덕을 세우는 자리가 아니다. 둘째, 하나님은 자기 백성에게 자신을 반영하라고 촉구하셨다. 하나님은 화평과 질서의 하나님이므로 이것이 예배에 반영되어야 한다. 셋째, 예배에서 말하고 행하는 모든 것은 모든 교인의 분별력 있는 판단에 종속되어야 한다. 그리고 이것 역시 질서를 그리고 최소한 어느 정도 형식을 요구할 것이다.

이것은 바울이 주제넘게 예배의 어떤 권위적 구조를 주장한다는 뜻이 아니다. 바울의 관점은, 만약 진실로 성령이 신자들 안에 있다면, 그분이 불가피하게 공동체를 사랑, 믿음 그리고 하나님을 아는 지식 안에서 덕을 세우도록 이끄시리라는 것이다. 만약 성령이 진실로 임하신다면, '자발적인' 가운데에도 화평과 질서가 있을 것이다. 단순히 어떤 개인들이 아니고 전체로서 교인들에게 영적으로 덕이 세워질 것이다. 나아가 전체 교인이 그들의 마음이 새롭게 되어 주님의 뜻을 이루려는 목표를 가지고 가르침을 받고 들은 말 속에서 주님의 뜻을 분별하는 일에 열심을 낼 것이다. 마지막으로 성령이 진실로 임하신다면, 개인들은 즐겁게 절제하고, 그 절제가 그들 속에 사랑을 향상시킬 때 교회에서 말하는 것도 삼갈 것이다.

12장에서 바울은 하나님이 교회 안에서 자신의 영의 역사를 '규제하시는' 것에 대해 가르쳤다. 바울은 "몸"의 유비를 사용하여 하나님이 정교하게 조직한 교회의 본질을 증명했다. 하나님 백성의 질서 있는 모습은 모든 개인이 다른 모든 사람에게 영향을 미치는 것을 보시기 바라는 하나님의 마음을 반영한다. 어떤 사람도 다른 사람보다 우월하지 않다. 몸의 어떤 지체도 다른 지체 없이는 존재할 수 없는 것은, 각 지체가 다른 지체의 덕을 세워주어야 하기 때문이다. 심지어는 성령이 다양한 은사를 갖고 계속 임하시는 것도 각 지체를 연합시켜 하나님께 영광을 돌릴 수 있게 하는 데 목적이 있다. 따라서 바울이 무질서를 반대하는 것은 무질서가 하나님이 누구신지 반영하지 못하고, 또 하나님이 자신의 교회에 계시하신 것도 보여주지 못하기 때문이다. 이기적인 엘리트주의가 지배하고 무질서가 크게 지배한 것으로 보이는 고린도 교회에서, 야고보의 말은 화평이 왜 그토록 본질적인 요소인지 잘 설명한다. 야고보는 "독한 시기와 다툼"은 세상 지혜의 징후고 귀신에게 속한 것이라고 주장한다(약 3:14-15). 시기와 다툼은 "혼란"(무질서, ἀκαταστασία)과 "모든 악한 일"을 일으킨다(약 3:16). 이것은 '화평하고, 관용하고, 양순하며, 긍휼과 선한 열매가 가득하고, 편견과 거짓이 없는' "위로부터 난 지혜"와 대조된다. 그리고 의의 열매는 화평하게 하는 자들이 화평으로 심는다(약 3:17-18). 만약 은사를 공동 예배에서 자발적으로 사용한다면, 조심스럽게 규제해야 한다. '황홀한 경험'을 강조하는 일부 현대 교회에서는 규율이나 질서가 거의 또는 전혀 없다. 일부 현대의 비은사주의 교회에서도 예배 모임에서 어느 시점에 선포되거나 가르쳐진 것을 '분별하는 판단'을 행할 여유가 없다. 바울은 오늘날은 자주 볼 수 없지만 몸의 많은 지체가 예배의 각 국면에 참여하고, 질서와 형식이 영적으로 몸의 덕을 세우는 일이 일어나게 하는 데 도움을 주는 균형을 말하는 것 같다.

2. 예언에 관한 고찰

여기서 예언에 관해 네 가지를 추가로 설명할 수 있다. 첫째, 예언은 비판에서 제외되지 않는다(29절). 예언은 교인의 분별을 받아야 한다. 예언하는 자의 말은 비난에서 벗어나 있지 않다. 방언과 예언의 은사가 실제보다 더 높은 지위에 있는 시대에는, 누구나 예언되는 내용을 바르게 이해하고 성경에 계시된 하나님의 뜻에 적절히 순종하게 하는 방도가 마련되어 있음을 보는 것이 중요하다. 둘째, 이런 "분별"을 받았다고 해서, 마치 다시는 "분별"(19절, διακρίνω)을 받지 않아도 되는 것처럼 그가 "선지자"의 자격이 있는 자로 확증되는 것은 아니다. 각 예언은 신학적 신빙성과 예언이 교회에 가져오는 결과에 대해 자체 조건에 따라 분별된다. 셋째, 특히 이런 은사가 사용되지 않는 현대 교회에 속한 자는 바울이 '모든 사람으로 하나씩 하나씩 예언하는 것'을 허락하는 것을 주목할 가치가 있다(31절). 앞에서 확인한 것처럼, "모든 사람"이 아무나 예언할 수 있다는 뜻이 아니다. 그것은 바울이 이 은사를 가진 자는 누구나 자신이 제시한 규제를 따라 예배에서 그 은사를 사용하는 것에 만족했다는 점을 암시한다. 바울은 방언에 관해 확연히 냉담한 태도를 보였지만, 예언에 관해서는 14:29-33에서 이런 냉담한 태도를 보이지 않는다. 넷째, 예언은 "모든 사람으로 배우게 하고 모든 사람으로 권면을 받게 하기 위해" 주어진다(31절). 여기서 '배움'은 예언의 내용이 교사나 설교자가 가르칠 수 있는 것과 다르지 않다는 점을 암시한다. 확실히 칼뱅은 예언하는 자는 "(1) 성경에 대한 특출한 해석자이고, (2) 교회의 직접적 필요가 무엇인지 파악하고 그 필요를 충족하기 위해 올바른 말을 하는 일에서 특별한 지혜와 재능을 부여받은 자"라고 주장한다. "그리고 그런 이유로 그들은 하나님이 원하시는 것에 대한 소식을 가지고 오는 사자다."[40] 목사, 교사, 사도들이 말한 것 가운데 어떤 것은 자동으로 예언으로 여겨지고, 교인들의 판단과 토론에 예속된 것 같다. 권면도 목사와 교사의 사역의 일부다. 다시 말해 이 모든 것은 우리가 "교사"와 "선지자" 또는 "선지자"와 "목사"를 서로 대립시키지 않고, 신약성경에서 제시되는 이 다양한 은사들 간의 유연한 흐름을 유지하는 것이 적절하다는 점을 암시한다. 바울은 당시 누가, 언제 그리고 엄밀하게 어떤 은사를 사용했는지보다 교회의 덕을 세우는 은사의 목적에 훨씬 더 큰 관심을 가졌다.

3. 아내가 자기 남편의 예언을 판단하는 문제

앞서 확인했듯이 이 문제에 관한 글은 아주 많고, 이 본문에 관한 해석은 많은 논쟁을 불러일으켰다. 요컨대 이 책은 이 문제가 남편과 아내의 관계와 관련되어 있고, 아내가 행할 수 있는 "부끄러운" 짓이 공적 예배에서 남편에게 도전하는 모습으로 여겨졌다는 견해를 취했다. 바울은 아내에게 교회에서 질서와 절제를 유지할 것을 요구한다. 아내는 예언에 관한 분별을 행할 때, 특히 자기 남편의 예언을 분별할 때, 자진해서 말을 삼가야 한다. 누군가 현대에 이것을 어떻게 생각할지라도, 바울이 창세기 2장의 창조 질서가 예배에 반영된 사실에 관심이 있음은 주목할 만하다. 오늘날 남편과 아내 사이에 복종이 어떻게 이루어질 수 있든 간에, 바울은 예배에서 당시의 문화적 규범을 깨뜨리는 일이 남편과 아내가 서로 어떤 관계를 가져야 하는지에 관해 잘못된 결론을 낳을 것을 우려했다. 오늘날 최소한 서양에서는, 머리를 가리는 관습(11장)이나 아내가 교회에서 말하는 일이 반드시 불복종이나 창조 질서의 파괴를 암시하지는 않는다. 그러나 만약 성 역할의 차이를 언급하면, 질서 관념이 무시되는 시대에는 특별히 반문화적인 것을 모방하는 다른 길을 모색해야 한다. 말하자면 예배에서 누군가 말하는 내용에 대한 분별과 판단이 예배에서 허용될 때, 남편과 아내가 서로에 대한 사랑과 존중을 함께 본받고 그들의 역할 차이를 가장 잘 인정할 수 있는 방법이 무엇인지 물어야 한다.

40. Calvin, *First Corinthians*, 271.

CHAPTER 29

고린도전서 15:1-11

문학적 전후 문맥

고린도전서 15장은 얼핏 보면 고린도전서 나머지 부분과 거리가 멀어 보일 수 있다. 고린도전서 15장은 바울의 모든 서신 가운데 한 특정 주제를 가장 길게 설명하는 내용을 담고 있고, 예수님의 부활과 후속적으로 일어나는 예수님께 속한 자의 부활을 다룬다. 15장은 믿음의 요소들을 제시하고, 부활 주제와 그리스도인이 지닌 부활의 함축 의미를 함께 전개하기 때문에 기독교 신앙 전체에서 핵심적인 중요성을 담은 장으로 여겨졌다. 그러나 15장은 고린도전서 나머지 부분과 연계되어 있고 그 연계성이 간과되어서는 안 된다. 바울은 그리스도 안에서 고린도 교인에게 주어진 하나님의 은혜를 강조하는 것으로 고린도전서를 시작했다. 고린도 교인은 하나님께 은사를 받았다. 하지만 그것은 다만 하나님이 자기 백성이 되도록 그들을 은혜로 부르신 일의 일부로 받은 것이다. 바울은 독자에게 그들이 그리스도를 주로 섬기도록(예를 들어, 1:2, 10, 31; 2:8; 5:4; 8:6; 10:21-22), 십자가에 못 박히신 그리스도를 믿는 그들의 믿음이 갖고 있는 함축적 의미를 이해하도록(1:17-25; 5:7; 6:20; 11:17-32), 그리고 "마지막(끝)", 곧 "주의 날"까지(예를 들어, 1:7-8; 3:13; 4:5), 신실하신 하나님으로 말미암아(1:9; 10:13) 그들이 하나님의 은혜를 받아 보존되리라는 것(1:4; 3:10)을 인정하도록 계속해서 각인시켰다. 바울은 고린도 교인에게 이 세상은 심판과 부활로 끝이 온다는 사실을 알고 살아야 함을 거듭 증명했다(1:2, 7-8; 2:9; 6:2-3, 13; 7:29; 9:24; 10:11). 그러므로 그리스도인은 항상 끊임없이 "믿음", 곧 예수 그리스도의 "복음"으로 되돌아가야 한다.

하나님은 자기 아들 예수를 이 땅에 보내셔서 태어나시고, 살아가시며, 십자가에 달려 죽으시고, 죽은 자 가운데서 살아나시며, 영광 속에 들어가 하늘 보좌에 앉으시고, 영광 중에 강림하여 이 땅에서 영원히 다스리시게 하심으로써, 역사 속에서 근본적으로 중요한 일을 행하셨다. 이 전체 메시지가 바울이 가르친 모든 것을 이끈다. 세상에 대한 이런 관점, 곧 그리스도가 만유의 주이시고 하나님이 세상에서 사람들을 "그리스도 안에서" 자기에게 부르시는 것을 믿는 믿음이 신자가 살고 생각하며 예배하는 방식을 이끌어야 한다. 이 전체 메시지가 공동체 안에서 맺는 관계뿐만 아니라 나머지 주변 이방 세계와 맺는 관계도 이끌 것이다. 이 전체 메시지는 신자가 살고 죽고, 죽은 자 가운데서 다시 살아날 때 하나님과의 관계 속에서 그들에게 일어날 일을 이해하도록 이끌 것이다. 많은 교인이 은사를 자랑하고 영적으로 목표에 도달했다고 믿는 고린도 교회에서, 부활은 고린도 교인의 유일한 "자랑"이 주님께 있다는 점(1:31) 그리고 그들의 전체 실존은 오직 하나님의 은혜로만 결정된다는 점(4:7)을 특별히 상기시킨다.

수사학 관점에서 보면, 주석가들은 15장 처음 몇 구절은 '나라티오'(*narratio*, 서술)로 기능한다고 주장한다.[1] 말하자면 그 구절들은 일어난 일을 서술하는 내러티브를 제공하고, 제시될 주장을 설명하는 역할을 한다. 12절은 논쟁을 제시하므로 '프로포지티오'(*propositio*, 논제)로 기능한다고 말할 수 있다. 그다음 15:13-19에서는 '레푸타티오'(*refutatio*, 논박)가 이어진다.[2] 따라서 15:12에 이르러서야 독자는 고린도 교인들 사이에 부활의 본질에 관한 질문이 있었다는 사실을 비로소 알게 된다. 그리고 15:13 이후로 바울은 부활을 부인하는 자를 반박하는 논증을 전개한다.

15:1-12에서 바울은 독자에게 자신이 선포했고 그들이 믿었던 믿음의 기본 요소를 상기시킨다. 예수님의 죽음과 장사를 언급한 다음, 바울은 부활 후 예수님이 육체로 나타나신 것을 더욱 상세히 제시하고, 예수님에 대한 자신의 증언과 자신의 부르심 속에 나타난 하나님의 놀라운 은혜를 언급한다. 그렇게 함으로써 바울은 자신이 전개할 주제, 곧 부활 사건과 부활의 신학적 의미와 그리스도인의 삶과 사고에 미치는 부활의 함축성을 제시한다.

1. 이런 수사 용어를 사용하면, 바울이 자신의 논증을 얼마나 조심스럽게 단계별로 전개하는지 파악하는 데 무척 유용하다. 이런 수사 용어 자체는 고전 연설 전통에서 나오고, 다양한 곳에서 설명된다. 예컨대 Quintilian의 *Institutio Oratoria*에서 설명된다.
2. 15장에 나타난 바울의 수사 기법을 약간 다르게 더 상세히 검토하는 것은 Thiselton, *1 Corinthians*, 1176-78을 보라.

주요 개념

바울은 부활 신학을 상세히 설명하기 전에, 자신이 고린도 교인에게 전파한 복음의 내용을 환기한다. 바울이 전파한 것은 사도들이 전파한 것과 똑같았다. 이어서 바울은 부활과 부활하신 주님에 대한 다양한 증언에 초점을 맞춘다.

번역

고린도전서 15:1-11

1a	상기시키는 자	**형제들아 내가…너희에게 알게 하노니**
b	묘사	너희에게 전한
c	내용	복음을
d		이는 너희가 받은 것이요
e	확대	또 그 가운데 선 것이라
2a	조건	너희가 만일 내가 전한 그 말을 굳게 지키고
b	예외	헛되이 믿지 아니하였으면
c	도구	그로 말미암아 구원을 받으리라
3a	단언	**내가 받은 것을 먼저 너희에게 전하였노니**
b	목록	이는 성경대로
c	신조 단언	그리스도께서 우리 죄를 위하여 죽으시고
4a		장사 지낸 바 되셨다가
b		성경대로
c		사흘 만에 다시 살아나사
5a		게바에게
		보이시고
b		후에 열두 제자에게와
6a	시간(연속)	그 후에
b	단언	오백여 형제에게 일시에
		보이셨나니
c	확대	그 중에 지금까지 대다수는 살아 있고
d	대조	어떤 사람은 잠들었으며
7a	시간(연속)	그 후에

절	기능	본문
b	단언	야고보에게
		보이셨으며
c		그 후에
		모든 사도에게와
8a	시간(연속)	맨 나중에
b	상황	만삭되지 못하여 난 자 같은
c	단언	내게도 보이셨느니라
9a	8절의 기초	**나는 사도 중에 가장 작은 자라**
c	기초	나는 하나님의 교회를 박해하였으므로
b	확대	사도라 칭함 받기를 감당하지 못할 자니라
10a	단언	**그러나 내가 나 된 것은**
b	수단	하나님의 은혜로 된 것이니
c	단언	**내게 주신 그의 은혜가 헛되지 아니하여**
d	단언	**내가 모든 사도보다 더 많이 수고하였으나**
e	허락	내가 한 것이 아니요
f	수단	오직 나와 함께 하신 하나님의 은혜로라
11a	조건	그러므로 나나 그들이나
		이같이
b	요약 단언	**전파하매**
		너희도 이같이 믿었느니라

구조

15장은 명확한 논증 절차를 따라 진행된다. 15장의 첫 번째 부분(15:1-11)은 부활에 관한 기본적인 복음 메시지를 제시하고 '나라티오'(서술)로 기능한다. 이 부분은 네 개의 하위 부분으로 나누어져 바울과 수신자 간에 기독교 신앙의 공통 근거를 제공한다. (1) 1-2절에서 바울은 독자에게 복음이 그들에게 구원을 가져다준 사실을 상기시킨다. (2) 3-5절에서 부활에서 절정을 이루는 복음 신앙의 요소들을 확언한다. (3) 6-8절에서 부활하신 주님의 증인들에 관해 말함으로써 부활에 다시 초점을 맞춘다. (4) 9-11절에서 바울은 독자에게 사도로서 행한 사역을 통해 그들에게 전해졌지만 복음이 전적으로 "하나님의 은혜"로 말미암아 모든 사람에게(사도들과 고린도 지역 신자들에게) 임한 것을 상기시킨다. 바울이 1절과 11절에서 "전한" 것과 '받은' 것 혹은 '믿은' 것에 대해 쓸 때 인클루지오가 형성된다.

석의적 개요

IX. 그리스도와 그의 백성의 부활의 복음(15:1–58)

➦ **A. 그리스도의 부활로 보증된 복음의 사실들(15:1–11)**

1. 복음을 상기시키는 것과 그 결과(15:1–2)
2. 전파되고 받아들여진 복음의 내용(15:3–5)
3. 부활하신 그리스도를 목격한 증인들(15:6–8)
4. 바울은 다른 사도들이 전한 것과 같은 복음을 전하고 같은 결과를 얻음(15:9–11)

본문 설명

15:1–2 형제들아 내가 너희에게 전한 복음을 너희에게 알게 하노니 이는 너희가 받은 것이요 또 그 가운데 선 것이라 너희가 만일 내가 전한 그 말을 굳게 지키고 헛되이 믿지 아니하였으면 그로 말미암아 구원을 받으리라(Γνωρίζω δὲ ὑμῖν, ἀδελφοί, τὸ εὐαγγέλιον ὃ εὐηγγελισάμην ὑμῖν, ὃ καὶ παρελάβετε, ἐν ᾧ καὶ ἑστήκατε, δι᾽ οὗ καὶ σῴζεσθε, τίνι λόγῳ εὐηγγελισάμην ὑμῖν εἰ κατέχετε, ἐκτὸς εἰ μὴ εἰκῇ ἐπιστεύσατε). 바울은 고린도 교인에게 자신이 처음에 그들에게 전한 복음의 내용을 상기시킴으로써, 부활의 본질을 상세히 거론할 이 중요한 15장을 시작한다. 바울은 고린도 교인이 자신의 전파를 통해 복음을 받았음을 인식하고, 구원받은 자라는 그들의 현재 지위가 자신이 전한 메시지를 받아들인 것에 의존한다는 사실을 깨닫기 바란다. 고린도 교인이 복음을 적절히 믿었다면, 3–7절에 제시된 복음의 요소들을 바울과 공통으로 가졌음을 인정해야 한다.

'내가 너희에게 상기시키노니'(Γνωρίζω)라는 말은 통상적으로 "내가…너희에게 알게 하노니"로 번역될 수 있다(개역개정도 그렇게 번역함–역주). 그러나 문맥은 바울이 이전에 고린도 교인에게 전한 것을 환기하고 있음을 분명히 한다. 바울이 전한 내용은 "복음"이라는 말로 요약된다.[3] 이 명사나 이 단어의 동사형(εὐαγγέλιον 또는 εὐαγγελίζω)은 이미 고린도전서 여러 곳에서 사용되었다(1:17; 4:15; 9:12–23). 그러나 바울에게 복음의 내용은 구원을 가져오는 하나님의 말씀으로서 복음에 내재된 능력과 결코 분리될 수 없다. 이것은 자체로 수행적 행동인 하나님의 메시지다. 복음은 발화 능력을 가진 언어 행위다. 따라서 예수 그리스도 안에서 하나님의 은혜로운 행위가 복음의 내용이자 구원을 가져오는 복음의 능력이다(롬 1:16). 이런 이유로 바울은 2절에서 복음을 신자의 구원을 유지하게 하는 도구("그로 말미암아 구원을 받으리라", δι᾽ οὗ καὶ σῴζεσθε)로 볼 수 있다.

"내가…전한 복음"(τὸ εὐαγγέλιον ὃ εὐηγγελισάμην)과 '내가 (너희에게) 전한 그 말'(τίνι λόγῳ εὐηγγελισάμην ὑμῖν)이라는 두 절은 서로를 해설해주는 역할을 한다. 바울이 자신이 전한 메시지를 "그 말"로 부르는 것은 그가 "하나님의 말씀"을 언급하는 14:36을 되돌아보고 있음

3. 1:17에 대한 설명에서 '심층 연구: 복음'을 보라.

을 보여준다. 골로새서 1:5에서 "복음"이라는 말이 "진리의 말씀"과 동격을 이루고 있음을 확인할 수 있다. 다른 곳에서 바울은 "십자가의 도"(고전 1:18), "그리스도의 말씀"(롬 10:17), "주의 말씀"(살전 1:8), "진리의 말씀"(엡 1:13)을 언급한다. 이곳에서 바울은 그 표현들을 사용하여 전파된 복음이나 들려지거나 받아들여진 복음 메시지를 가리킨다. 그러나 여기서 독자는 전한 내용을 알려면 3-4절까지 기다려야 한다.

그에 앞서 바울은 "복음"을 네 개의 종속절로 한정한다. 첫 번째 절에서 바울은 고린도 교인에게 복음을 전한 자가 자신이었다는 점을 상기시킨다. 바울은 이미 하나님이 자기에게 복음을 전할 것을 요구하셨다는 점(9:16)과, 복음 전파가 다른 모든 것을 포기하게 한 자신의 열정이었다는 점(9:21-23)을 분명히 했다. 고린도에서 바울이 행한 사역의 핵심 초점은 복음이었다(1:17). 두 번째 절에서 바울은 고린도 교인에게 그들이 "받은" 것이 바로 이 복음이라는 사실을 강조한다.[4] 따라서 바울은 이어질 설명을 위한 기초를 요약하는데, 그 설명은 자신과 고린도 교인 간의 공통적 믿음에 관한 문제다. 그리고 "또 그 가운데 선 것이라"[5]는 세 번째 절은, 복음이 전파된 말씀을 통한 하나님의 은혜의 역사로 말미암아 그리스도의 교회의 지체로서 그들이 현재 누리는 지위를 제공한다는 점을 의미한다. 이어서 2절은 네 번째 절을 시작하고, 복음이 구원의 도구로서 역할을 한다는 점을 증명한다(앞의 설명을 보라). 바울은 구원을 과거 시제, 현재 시제, 미래 시제로 다 말할 수 있다. 그러나 여기서 현재 시제(수동태)는 미래에 이 구원이 심판 날에 완성될 수 있도록 하나님의 은혜가 '구원하는' 일을 계속한다는 사실을 우리에게 상기시킨다.

'너희가 만일…굳게 지키면'(εἰ κατέχετε)이라는 조건절은 고린도 교인이 받고 믿은 구원의 복음을 되돌아본다. 바울은 "믿음에 굳게 서서"(16:13)라고 말할 때 같은 관념을 묘사한다. 바울이 자신이 전한 것에 '굳게 서지' 않은 자가 있었다고 진실로 믿었는지는 분명하지 않다.[6] 어떻게 보든 이어지는 절("헛되이 믿지 아니하였으면[7]")은 복음을 반대하는 반응이 있었음을 상기시키는 역할을 한다. 전자(헛되이 믿지 않는 것)는 "구원을 받은" 자를 낳고, 후자(구원을 반대하는 것)는 "멸망하는" 자를 낳는다(1:18).[8] 바울이 여기서 전하는 말에서 자주 파생되는 신학적 질문을 키스트메이커가 다음과 같이 잘 정리했다. "그리스도인은 하나님의 기쁜 소식을 받고, 예수 그리스도를 굳게 의지하지만…여전히 헛되이 믿을 수 있는가?"[9] 슈라이너는 단호하게 이 조건절을 바울이 그리스도인에게 하는 경고의 배경에 두고 설명한다. 슈라이너는 이 구절에 대해 이렇게 말한다. "경고와 권고는 바울이 전한 복음의 필수 요소다…종말론적 구원은 복음

4. 여기서 사용된 "받은"(παρελάβετε)이라는 말은 헬라어 부정과거의 완료 상(相)의 좋은 한 사례를 제공한다. 고린도 교인은 밖으로부터 바울에 의해 확인된 복음을 '받았다.' 이 부정과거는 '요약'으로 기능한다. Campbell, *Basics of Verbal Aspect*, 84-86.

5. 이 완료형은 자주 존재 상태를 전달하고 여기서는 현재 지시 관계가 있다(ἑστήκατε). '서다'(ἵστημι)라는 동사가 언약의 의미를 함축하는 것은 고린도전서 8:7 그리고 1:23b에 대한 설명에서 '심층 연구: 걸림돌에 관한 주제'를 보라.

6. 11:2에서 바울은 같은 단어(κατέχετε)를 사용하고, 고린도 교인이 바울에게 전해 받은 전통을 "[굳게] 지킨" 것을 칭찬한다.

7. "아니하였으면"(unless)은 ἐκτὸς εἰ μὴ를 번역한 것이다. 14:5에 대한 설명을 보라.

8. Thiselton, *1 Corinthians*, 1186은 "헛되이"라는 부사(εἰκῇ)는 "적절한 고려 없이"나 "생각 없이"로 이해되어야 한다고 주장한다(참고. BDAG 281). Thiselton은 여기서 바울이 강조한 문제점은 "종말론이나 실천적인 제자도에 실제로 함축된 의미를 일관성 없이 파악하게 만든 "복음의 혼란스러운 적용" 가운데 하나였다고 주장한다.

9. Kistemaker, *First Corinthians*, 527. 다음은 그가 보인 반응의 일부다. "바울은 고린도 교인이 구원받았다고 말한다. 다른 곳에서 바울은 구원은 한편으로는 신자가 충분히 이루어야 하고, 또 다른 한편으로는 하나님이 그들 속에서 역사하심으로써 이루어야 하는 과정이라고 가르친다(빌 2:12-13). 이것은 신자가 복음을 지키고 복음을 삶에 적용한다면 구원을 받게 된다는 것을 의미한다. 하나님은 구원 과정에 역사하고 신자를 붙들어주신다. 하나님은 신자가 자신의 말씀에 순종함으로써 자신을 붙들기를 바라신다. 바울은 '너희가 만일 굳게 지키면'이라는 조건절로 말하지만 굳게 지키는 행동이 사실이라는 점을 알고 있다."

안에서 굳게 인내하는 것에 따라 좌우된다. 바울은 믿음을 현재의 믿음과 미래의 믿음의 필요성을 무시하는 정적 실재로 결코 보지 않는다."[10]

바울은 전파된 복음의 요소들을 요약한 내용을 방금 말했기 때문에 이 특별한 절은 복음의 요소들을 가장 잘 말해줄 것이다. 만약 바울이 지금 요약하는 것이 참되지 않다면, 고린도 교인의 믿음은 확실히 헛될 것이다. 바울은 13-14절에서 부활에 대한 구체적인 적용과 함께 이 사실을 계속 말한다. 여기서 첫 번째 문제는 그리스도인이 그들의 믿음을 상실할 수도 있다는 점이 아니다. 오히려 이 믿음의 전체 관념이 헛될 것이라는 점이다. 바울은 고린도 교인에게 부활의 신학적이고 실천적인 취지와 부활을 부인하는 일의 위험성을 상기시킨다(12-19절).

15:3 내가 받은 것을 먼저 너희에게 전하였노니 이는 성경대로 그리스도께서 우리 죄를 위하여 죽으시고(παρέδωκα γὰρ ὑμῖν ἐν πρώτοις, ὃ καὶ παρέλαβον, ὅτι Χριστὸς ἀπέθανεν ὑπὲρ τῶν ἁμαρτιῶν ἡμῶν κατὰ τὰς γραφὰς). '왜냐하면'(γὰρ)이라는 말(개역개정에는 번역되어 있지 않음-역주)은 바울이 이제 신앙고백 공식을 통해 자신의 가르침에서 무엇이 가장 중요한지 요약할 때 이후 부분과 이전 진술 간의 연속성을 표시한다.[11] "내가 받은 것을…너희에게 전하였노니"라는 말은 전통의 이전(移轉)을 반영한다. 두 단어(παρέδωκα/παρέλαβον)는 11:23에서 더 상세히 설명되는 단어들과 거의 동일하다. 각 절의 신앙고백은 "이는"(that, ὅτι, 서창 용법)이라는 말로 소개된다. 이것은 이 문맥에서 직접 화법을 소개하는 역할을 한다. 따라서 이 책은 "이는"(that)으로 번역하는 대신 단순히 인용 부호를 사용하여 번역했다(왜냐하면 나도 받은 것을 먼저 너희에게 전하였고, "성경대로 그리스도께서 우리 죄를 위해 죽으셨으니"-저자 사역).[12] 이 신앙고백에 나오는 세 동사에서 빈번하게 등장하는 완료 상(相)과 부정과거 시제의 시점적인(punctiliar) 기능이 드러난다. "죽으시고"(ἀπέθανεν), "장사 지낸"(4절, ἐτάφη), "보이시고"(5절, ὤφθη). 그러나 바울은 부활에 대해서는 완료 시제를 사용한다(4절, ἐγήγερται, "다시 살아나사"). 여기서 완료 시제를 사용하는 것은 의심할 것 없이 완료 시제의 규칙적 '상태' 기능을 반영한다. 말하자면 이 완료 시제는 그리스도의 부활의 시점을 지시하는 것이 아니라 그리스도의 부활의 상태를 지시한다. 그리스도는 부활한 상태로 계속 계신다. 여기서 수동태가 사용된 것에는 분명히 다른 행위자가 암시되어 있다. 말하자면 그리스도는 그의 친구들에 의해 장사되었고 하나님의 의해 다시 살아나셨다.[13]

이 구절들에서 해석과 관련하여 세 가지 질문이 주목을 끌었다. 첫 번째 질문은 바울이 언급하는 전통의 본질 및 형태와 관련되어 있다. 두 번째 질문은 "우리 죄를 위하여 죽으시고"라는 절과 관련되어 있다. 그리고 세 번째 질문은 두 번에 걸쳐 반복되는 "성경대로"라는 말과 관련되어 있다.

첫째로, 바울이 받은 전통을 전한다는 것은 그가 "내가 받은 것을…전하였노니"라는 동사들을 사용하는 것으로 보아 분명하다. 11:23에 대한 설명을 보라. 그러므로 바울이 믿음을 요약하고, 초기 예루살렘 교회까지 거슬러 올라갈 정도로 매우 이른 시기에 형성된 신조 진술을 사용했다고 추정하는 것이 합리적이다. 예를 들면 사도행전 2장에 나오는 베드로의 설교도 그리스도의 죽음, 부활 그리고 이 일과 인간의 죄가 맺는 관

---

10. Schreiner, *Paul, Apostle of God's Glory in Christ*, 291.
11. 영어 형용사 'first'와 같이 이 헬라어 부사(πρῶτος)도 시간적 지시 관계가 있다["내가 첫째로(먼저) 전하였노니"]. 또는 이 부사는 탁월함을 가리킬 수 있다. 여기서 문맥은 후자, '첫 번째로 중요한'을 암시한다.
12. Dana, Mantey 공저, *Manual Grammar*, 252. BDF §395.5.
13. 5절의 "보이시고"(appeared, ὤφθη)라는 말은 능동의 의미로 번역된 부정과거 수동태다(BDF §313을 보라. 이 단어는 ὁράω에서 나온 이태 자동사다).

계에 관한 내용이 여기서 나타난 것과 본질적으로 똑같다. 그러나 신조 공식은 이후 언젠가, 어쩌면 이방인 선교를 감당할 때 확립된 것일 수도 있다. 초기 기독교 신조의 본질에 관한 연구가 많이 이루어졌고, 3-5절을 이런 초기 기독교 신조 공식의 하나로 보는 연구도 많이 이루어졌다. 켈리(Kelly)의 오래된 작품[14]은 성경 안팎에 등장한 신조들의 발전을 평가하는 데 중요하다. 하지만 켈리는 "본래 의미의 믿음에 관한 신조, 고백, 공식은 신약성경 안에서 찾아볼 수 없다"라고 경고한다. 켈리는 초기에 다만 "슬로건"이나 "작은 신조"로 존재했던 것이 더 "상세한 신앙고백 문장"으로 바뀌어 발전했다고 지적하고, 15:3-7을 후자의 중요한 한 사례로 분류한다.[15] 이 본문이 증인들의 열거를 통해 "방어적인 변증 진술"을 증명한다는 켈리의 주장은 확실히 옳지 않다. 하지만 그 진술이 교리문답적이거나 설교적인 목적에 알맞은 요약문이라고 주장하는 것은 유익하다.

바울은 갈라디아서 1:11-12에서 자신이 복음을 어느 '사람'에게서가 아니라 "계시"(다메섹으로 가는 길에 있었던 자신의 회심을 가리킴)를 통해 받았다고 주장한다. 그런데 여기서는 자신이 "받은" 것을 전했다고 주장한다. 갈런드는 갈라디아서 1:11-12에서 바울은 아마 고린도전서 15:3-7의 역사적 사실들보다 "이 사실들이 무엇을 가리키는지에 대한 해석"을 염두에 두었을 것이라고 주장한다.[16] 그러나 이 책은 제임스 던의 견해를 따라 바울이 "케리그마 전통"을 자신의 신념을 확증하고, 자신의 믿음에 유용한(그리고 널리 알려진?) 형식을 제공하는 것으로 보았다고 추정할 수 있다.[17] 그럼에도 이 공식의 가능한 배경에 대한 설명, 일부 주석가가 이 공식의 통일성에 관해 제기한 질문 그리고 이 공식의 범주에 관한 논쟁[18]은 다 이 공식의 원래 형태나 기원에 관해 확실한 결론을 내리기가 불가능하다는 점을 보여준다.[19] 우리가 본문을 통해 알아낼 수 있는 것에 대해서는 다음과 같이 단순히 주장하는 것이 가장 나을 것 같다. 곧, 바울은 친히 복음을 이런 공식으로 가르쳤고, 이 공식의 내용은 가장 중요한 사실들로, 바울이 주장하는 구원하는 은혜의 복음이 품은 본질을 구성한다.

둘째, "우리 죄를 위하여 죽으시고"라는 말은 이 공식의 첫 번째 확언이다. 기독교 신앙의 핵심에는 그리스도께서 십자가에서 죽으셨다는 근본적인 단언이 있고, 이 '십자가에 못 박히신 그리스도'가 바울이 전한다고 말하는 복음의 핵심이다(1:23; 2:2, 8; 8:11). "그리스도"라는 이름이 바울이 예수님의 십자가 사건이나 죽음에 관해 말할 때 고린도전서에서 4번에 걸쳐 사용된다는 사실은, 그 이름이 단순히 예수님의 두 번째 이름이라는 점보다는 메시아의 의미를 내포한다는 점을 추가로 암시한다. 메시아는 하나님의 백성의 구원에 대한 구약의 소망과 일치되게 자기 백성의 왕으로 오신다. 메시아의 왕권은 고린도후서 5:14에서 다음과 같이 확인되는 것과 똑같이 자기 백성을 대신하는 대표로서의 역할을 함의한다. "그리스도의 사랑이 우리를 강권하시는도다 우

14. J. N. D. Kelly, *Early Christian Creeds*, 2차 편집 (London: Longmans, 1960).

15. 앞의 책, 16-18. 또한 Dunn, *Theology of Paul*, 174-77도 보라.

16. Garland, *1 Corinthians*, 684.

17. James D. G. Dunn, *Unity and Diversity in the New Testament: An Inquiry into the Character of Earliest Christianity* (London: SCM, 1977), 66-67.

18. 예컨대 Hering, *First Corinthians*, 158은 이 인용문이 4절에서 끝난다고 말한다. Fitzmyer, *1 Corinthians*, 541은 5b-7절을 부활하신 그리스도의 초기 목격자 명단 일부로 여기고, 원 "캐리그마 단편"이 5a절로 끝난다고 주장한다. 대다수 주석가는 이 공식이 5절 끝까지 미치는 것으로 본다. 그러나 (καὶ ὅτι로 소개된) 직접 화법은 5a절에서 끝난다. 5b, 6a, 7a, 7b절에 나오는 절들은 "그 후에"(εἶτα / ἔπειτα)라는 말로 시작된다.

19. 참고. Conzelmann, *1 Corinthians*, 251. 또한 다음 자료들도 보라. John S. Kloppenborg, "An Analysis of the pre-Pauline formula in 1 Cor 15:3b-5 in Light of Some Recent Literature," *CBQ* 40 (1978): 351-67; J. Murphy-O'Connor, "Tradition and Redaction in 1 Cor 15:3-7," *CBQ* 43 (1981): 582-89.

리가 생각하건대 한 사람이 모든 사람을 대신하여 죽었은즉 모든 사람이 죽은 것이라"(갈 2:20도 보라). 비슷한 대표 신학이 고린도전서 15:21-22(뒤의 설명을 보라)에서도 발견된다. 거기 보면 아담은 사망에 속한 한 집단을 대표하고, 그리스도는 생명에 속한 다른 집단을 대표한다. 부분적으로 메시아의 이 연합적 및 대표적 역할에 따라 "우리 죄를 위하여"(ὑπὲρ τῶν ἁμαρτιῶν)라는 말의 의미도 파악할 수 있다.

고린도전서에는 사실상 죄의 기원이나 죄 사함을 받을 수 있는 길에 대한 설명이 전혀 나오지 않는다. 죄는 교회 윤리와 그리스도를 반영하지 못하는 삶의 위험성이라는 배경 아래 6-8장에서 설명된다. 사실은 15:3에서처럼, 그리스도가 오셔서 십자가에 달려 죽으심으로써 죄를 처리하신다는 메시지는 기독교 공동체에 이미 기정사실이다. 따라서 이 본문만으로는 그리스도가 죄를 처리하시는 방식을 판단하는 데 불가피하게 제약이 따른다. 바울 서신의 신학적 배경은, 모든 사람의 사망이 "모든 사람이 죄를 범하였으매 하나님의 영광에 이르지 못한"(롬 3:23) 세상에 속한 사람들에게 임하는 확실한 결과라는 사실이다. 그리스도를 믿는 모든 사람에게는 그리스도의 인격과 사역으로 하나님의 심판의 결과인 사망(롬 5:9; 6:23)이 정복된다. 무엇보다 그리스도의 죽음은 모든 민족까지 확대되는 하나님의 사랑을 계시한다(롬 5:8).

문법적으로 보면, "…위하여"(ὑπέρ)라는 말에 어떤 비중을 두느냐가 많은 설명의 열쇠가 되었다. 그러나 코이네 헬라어에서 이 전치사의 의미는 매우 유동적이다. 사람의 소유격과 함께 사용될 때 이 전치사는 "우리의 유익을 위하여"(참고. 빌 2:13)를 의미할 수 있다. 그러나 15장 뒷부분(고전 15:29, 참고. LXX 사 43:3-4)에서 이 전치사는 분명히 대리적 의미로 "…을 대신하여"를 뜻한다.[20] '사물'의 소유격과 함께(이 경우에는 "죄"와 함께) 사용될 때 이 전치사는 비슷한 의미들이 분명히 있다. 나아가 이 전치사는 때때로 다른 두 전치사(περί/ἀντί, 참고. 롬 8:3; 11:15)와 거의 구별할 수 없다.[21] 이것은 1:13에서 두드러진다["바울이 너희를 위하여(ὑπὲρ ὑμῶν) 십자가에 못 박혔으며"]. 그런데 𝔓⁴⁶ 사본에는 "바울이 우리를 위하여(περὶ ἡμῶν) 십자가에 못 박혔는가?"와 같은 이문이 나온다. 요약하면 이 전치사의 의미는 직접 문맥에 따라 결정되어야 한다. 그런데 15:3에서는 직접 문맥이 그리스도의 죽음을 설명하는 내용의 일부라는 점을 제외하면 이 전치사의 의미를 파악하는 데 직접 도움을 주지 못한다. 그러므로 바울 서신에서는 그리스도의 죽음의 일반적 의미가 무엇인지 논의되어야 할 사안이다. 바울 서신에서 이 구절과 가장 가까운 평행 관계를 이루는 본문은 갈라디아서 1:4이다. 거기서 바울은 그리스도의 죽음을 "이 악한 세대에서 우리를 건지시려고 우리 죄를 대속하기 위하여" 일어난 사건으로 말한다. 여기서는 문맥이 종말론적이고, 주로 주 되심이나 천국으로 이동하는 것과 관련되어 있다. 그러나 바울은 그리스도의 죽음을 속죄 제물을 말하는 문맥에서 가장 빈번하게 말한다. 예를 들어, 로마서 8:3(περὶ ἁμαρτίας라는 말이 사용되는)의 문맥은 그리스도의 속죄 제물을 언급하는 문맥으로 보아야 가장 좋다.[22] 부분적으로 이것은 칠십인역에서 이 말을 히브리어에서 "속죄 제물"로 번역한다는 사실로, 또는 이사야서 53:10에서 "속건 제물"로 번역한다는 사실로 확인될 수 있다. 더 나아가 바울이 그리스도의 피를 언급하는 것도 보통 속죄 제물의 어떤 국면을 가리킨다. 이것은 바울이 그리스도의 죽음에 관해 가장 명확하게 진술하는 것 가운데 하나인 로마서 3:23-26에서 분명하다. 고린도전서 5:7에서 바울은 그리스도를 희생당한 "우리의 유월절 양"으로 지칭했다.

20. BDF §231.

21. BDF §229.1.

22. 더 상세한 설명은 Dunn, *Theology of Paul*, 216을 보라.

고린도후서 5:14-15에서 바울은 그리스도를 "모든 사람을 대신하여"(ὑπὲρ πάντων) 죽은 "한 사람"으로 언급한다. 그리고 이것 때문에 21절에서 속죄 신학으로부터 이끌어낸 관념에 분명히 기반을 둔 설명이 나온다. 또한 바울은 이사야서 53:4-6을 인유하면서 하나님이 죄를 알지도 못하신 그리스도를 "우리를 대신하여(ὑπὲρ ἡμῶν) 죄로" 삼으셨다고 말하는데, 이것은 확실히 대리 개념을 함축하지만 어떤 의미에서 우리가 "하나님의 의가 되게" 하려고 그리스도가 두 길을 다 가시는 것을 함축한다.[23]

만약 우리가 바울이 대체로는 아니라도 간혹 그리스도의 죽음을 모종의 속죄 제물 관점에서 생각한다고 보면, 구약성경과의 평행 관계를 볼 때 앞에서 언급한 사실 가운데 어떤 사실은 많이 발견된다. 그러나 15:3에서 "우리 죄를 위하여"라는 어구의 기초를 제공하는 것으로 보이는 가장 두드러진 평행 요소는, 특히 "성경대로"라는 뒤의 어구(개역개정에는 이 어구가 뒤가 아니라 앞에 나옴—역주)를 고려하면 칠십인역 이사야서 53장에 있다. 많은 주석가가 대대로 이사야서의 종의 노래, 특히 이사야서 52:13-53:12을 여기서 바울의 생각에 가장 크게 영향을 미친 배경으로 보았다.[24] 하지만 이 관점이 보편적으로 동의를 얻은 것은 아니다.[25]

심층 연구

"우리 죄를 위하여"와 이사야서 53장

이사야서 53장을 그리스도의 대속의 죽음의 (주요) 배경으로 여기는 관점을 반대하는 가장 강력한 논증은, 기독교 이전 시대에 유대교 신학에서 메시아와 고난의 종 사이에 직접적 연관성이 없는 것처럼 보인다는 데 있을 것이다.

그럼에도 사도 바울은 종종 그리스도의 죽음을 속죄 제물의 관점에서 생각하기 때문에, 이 속죄 제물 관점이 기독교 역사가 시작되기 전에 있었든 없었든 그리스도가 사람들을 대신하여 자신을 제물로 내놓으신 것을 설명하고자 바울이 이사야서 53장에 의존할 수 없었다고 가정할 이유는 전혀 없다. 바울은 예수님이 "우리가 범죄한 것 때문에(우리의 죄를 위하여) 내줌이 되고"(참고. LXX 사 53:12, διὰ τὰς ἁμαρτίας αὐτῶν παρεδόθη)[26]라고 말하는 로마서 4:25에서는 확실히 이사야서 본문에 의존한다. 앞에서 언급한 것

23. 바울의 그리스도의 구원 사역에 대한 이해에서 속죄 제물의 역할을 상세히 설명하는 내용은 Stephen Finlan, *The Background and Content of Paul's Cultic Atonement Metaphors*, AcBib 19 (Atlanta: SBL Press, 2004)를 보라.
24. *Ancient Christian Commentary on Scripture, 1-2 Corinthians*, 편집 Gerald Bray (Downers Grove, IL: IVP Academic, 1999), 146에 인용된 Ambrosiaster의 말과 Calvin, *First Corinthians*, 314를 참고하라. 그리고 Fee, *1 Corinthians*, 803-4를 보라.
25. 이 본문의 배경을 종의 노래로 보는 관점을 반대하는 주석가의 글은 Morna D. Hooker, *Jesus the Servant: The Influence of the Servant Concept of Deutero-Isaiah in the New Testament* (London: SPCK, 1959)를 보라. Fitzmyer, *1 Corinthians*, 546은 종의 노래의 가치를 의심하지만 그렇다고 다른 대안을 제시하지는 않는다. Garland, *1 Corinthians*, 685도 종의 노래를 1차 배경으로 보는 것을 거부하지만 "그리스도인은 성경에서 폭넓게 예수의 죽음에 관한 선례와 관념들을 찾아냈다"라고 결론짓는다. 그러나 Martin Hengel, *The Atonement: The Origin of the Doctrine in the New Testament* (Philadelphia: Fortress Press, 1981), 36-38, 58-61을 보라. Hengel은 교회가 출범할 당시부터 그리스도의 죽음은 대속 제물로 이해되었고 이사야서 43장과 53장은 이 신학이 어떻게 전개되었는지 이해하는 데 상당히 중요한 배경을 제공하는 것 같다고 주장한다.
26. James D. G. Dunn, *Romans*, WBC 38A (Dallas: Word, 1988), 225는 우리가 "아마도" 여기서 헬라어로 작성된 "예수님의 죽음에 관한 최초의 신학적 반성 가운데 하나"를 가졌을 것이라고 주장한다.

처럼, 고린도후서 5:21에서도 바울은 이사야서 53:6을 인유하는 것 같다. 다른 주석가들은 베드로가 그리스도를 고난의 본보기로 사용할 때(벧전 2:21-25, 3:18도 보라, περὶ ἁμαρτιῶν), 이사야서 53장을 길게 인용한 것을 고려하면, 그리스도의 고난과 죽음이 이방인 선교 이 단계에서 고난의 종과 관련되었을 가능성에 주의를 기울인다. 그러나 그리스도와 이사야서 53장의 연계성이 예수님의 생애 당시까지 거슬러 올라가 찾아볼 수 있는 것도 확실히 가능하다(많은 주석가가 이것을 막 10:45, 14:24과 눅 22:37에서 확인할 수 있다고 말한다). 게다가 앞에서 확인했듯이, "복음"이라는 말을 사용하는 것도 확실히 이사야서 본문, 특히 이사야서 52:13-53:12의 종의 노래에서 연원한다. 따라서 이것은 예수님의 "복음"과 이사야서의 종이 연계된 것으로 보는 것이 그다음 단계였을 가능성을 암시한다. 그러므로 종종 주석가들에게 그렇게 해설되므로 칠십인역 이사야서 53장을 좀 더 상세히 검토하는 것은 가치가 있다.

이사야서 53:4은 "우리의 죄"(τὰς ἁμαρτίας ἡμῶν, 5절에도 같은 단어들이 나온다. 6절도 보라)를 지고, "우리를 위하여"(περὶ ἡμῶν) 고난을 당하신 종에 관해 말한다. 그리고 5절에서 다음과 같은 말을 본다. "그가 상함은 우리의 죄악 때문이라"(여기서 전치사는 διά임). 또 11절에서는 "그들의 죄악을 친히 담당하리로다"라고 말하고, 12절에서는 그가 "범죄자를 위하여"(διὰ τὰς ἁμαρτίας αὐτῶν) 기도했다고 말한다. 그러나 고린도전서 15:3과 가장 가까운 평행 관계를 이루는 구절은 10절이다. 10절은 '그가 죄를 위하여(περὶ ἁμαρτίας) 자신을 바치면'(개역개정에는 "그의 영혼을 속건 제물로 드리기에 이르면"-역주)이라고 말한다. 여기서 히브리어 원문은 자신을 "속건 제물"로 바친 종을 가리킨다. 우리는 이사야서 53장으로부터 고린도전서 15:3에서 바울의 의도를 더 명확히 파악하는 데 도움을 주는 세 가지 요점을 주목해야 한다. 첫째, 이사야서 53장은 속죄 제물의 세계에 관해 말한다. 칠십인역 이사야서 53:10은 여호와의 뜻에 따라 죄를 위하여 영혼을 내놓은 종에 관해 말한다. 이것은 "성경대로"라는 말의 의도와 일치한다. 말하자면 그리스도의 죽음은 하나님의 의도와 뜻에 따른 일이었다. 둘째, 이사야서 53장은 최소한 부분적으로 "우리의 죄악"을 그에게 담당시키고(53:6) 그가 "많은 사람의 죄를 담당한"(53:12) 대리적 속죄로 이해된 그리스도의 죽음 관념이 바울에게 아무 근거 없이 주어진 급진적 요소가 결코 아니라는 사실을 암시한다. 셋째, 이사야서 53장은 구약성경의 다른 어떤 본문보다 더 분명히 사람(짐승과 달리)을 "속건 제물"(53:10, LXX, περὶ ἁμαρτίας, 여기서 περί는 사실상 고전 15:3의 ὑπέρ와 상호교체적 의미가 있다)로 말한다. 이것 역시 바울이 "그리스도께서 우리 죄를 위하여 죽으시고"라는 말로 전하는 의미를 충분히 지지한다.

엄밀히 15:3의 이 문장("이는 성경대로 그리스도께서 우리 죄를 위하여 죽으시고")은 믿음을 요약하는 신조 공식의 한 부분이므로 본질상 그리스도의 희생적 죽음에 관한 가르침을 충분히 담은 약어와 같다. 바울은 그리스도의 죽음이 "성경대로" 일어났고, 따라서 분명히 대리적이고 대속적인 제사로 대표 의미를 가진 속죄 제사를 비롯하여 다른 모든 제사를 성취했다고 보았다. 그래서 죄 사함이 이해되었다. 그러나 갈라디아서 1:4의 비슷한 말을 고려하면, 바울이 주 됨, 곧 주재권의 이동과 "이 악한 세대에서"(갈 1:4) 구원받는다는 관점에서 생각하지 않으면 속죄에 대해서도 거의 생각할 수 없었으리라고 가정할 수 있다.

셋째, "성경대로"라는 어구는 바울의 신조 공식에서 두 번 등장하고, 그가 인용하는 원래 공식의 한 부분이었음을 암시한다. "성경"이라는 말을 사용하는 것은 하나님으로부터 온 것으로 추정되는 규정된 본문 집단의 의미를 가진 정경이 있었다는 사실을 함축한다. 따라서 바울은 로마서 1:2에서 "성경"(the holy Scriptures)에 관해 말할 수 있고, 로마서 3:2에서는 "하나님의 말씀"(oracles of God)에 관해 말할 수 있다. 바울은 그리스도에 비추어 성경을 되돌아보면, 고린도전서 15장에 주어진 것처럼 복음의 요소들, 아니 사실은 그리스도 및 구원에 관한 모든 것을 성경이 미리 말했다는 사실이 드러난다고 본다. 따라서 성경은 죄인이 어떻게 의롭다 함을 얻을 수 있는지(롬 4:3) 그리고 심지어는 그리스도의 교회가 사도 시대와 사도 이후 시대에 어떻게 살고 행동해야 하는지(롬 15:4) 보여준다. 바울은 다수의 성경을 (적어도 백 번은) 인용하고, 그보다 훨씬 더 많이 성경을 인유하므로, (구약) 성경이 그리스도를 미리 지시한다는 자신의 관점을 명확히 드러낸다. 이로 말미암아 바울은 이해할 수 없는 복음의 함축적 의미를 보게 된다. 게다가 바울의 성경관은 그리스도 중심의 관점으로 오래된 본문들을 이해하고, 그러지 않고서는 알려질 수 없는 방식으로 그 본문들을 파악하게 한다. 따라서 예컨대 바울은 아브라함이 믿음의 조상이 될 정도로 복음이 아브라함에게 미리 전해진 것으로 본다. 또한 바울은 복음 전파가 모든 민족에게 임할 복에 대해 아브라함에게 주어진 하나님의 약속의 성취로 본다. 따라서 그는 이것이 이방인 선교를 설명한다고 이해한다(갈 3:8).

그러므로 이처럼 두 번 반복되는 어구("성경대로", 고전 15:3-4)는 이 모든 일이 하나님의 계획에 따라 그리고 하나님의 약속에 따라 일어났음을 확증하는 사례로 작용하고(참고. 행 2:23), 그리스도의 죽음과 부활을 설명하는 데 도움을 준다. 무엇보다 "성경대로"라는 말은 죄를 위한 그리스도의 죽음의 가르침을 확증하는 데 사용된다. 우리는 성경이 어떻게 죄를 위한 이 난해한 관념을 설명하는 데 도움을 줄 수 있는지 확인했다. 이사야서 53장은 속죄 제물 관념에 실질적인 배경을 제공할 수 있지만, 의심할 것 없이 그 언급은 단순히 한 본문보다 포괄적이고, 죄의 처벌에 관한 그리고 하나님의 긍휼을 증명하고 죄 사함을 받는 결과를 낳은 관련 속죄 제사에 관한 성경의 폭넓은 흐름을 가리킨다.

15:4-5 장사 지낸 바 되셨다가 성경대로 사흘 만에 다시 살아나사 게바에게 보이시고 후에 열두 제자에게와(καὶ ὅτι ἐτάφη, καὶ ὅτι ἐγήγερται τῇ ἡμέρᾳ τῇ τρίτῃ κατὰ τὰς γραφὰς, καὶ ὅτι ὤφθη Κηφᾷ, εἶτα τοῖς δώδεκα). 여기서 "장사 지낸"(ἐτάφη)이라는 말이 믿음에 관한 이 요약 진술의 열쇠가 된다. 이 말이 이 진술에 최종적 효력을 부여하기 때문이다. 예수님은 문자 그대로 '죽고 장사되셨고', 그것으로 그리스도의 죽음에 대한 설명이 완결된다. 이후로 '부활'에 관한 말은 모두 무덤이 비어 있다는 말을 필수적으로 요청한다. 대다수 주석가는 바울(그리고 초대교회)이 그가 말하는 대로 사건이 해석되려면 빈 무덤을 믿었어야 한다고 인정하지만, 어떤 주석가는 이런 믿음에 대한 증거가 여기에는 전혀 없다고 주장했다.[27] 이어서 부활의 목격자를 열거하는 목록은 몸의 부활을 변증하기 위한 목적이 아니지만, 믿을 만한 사람이 그토록 많이 부활하신 주님을 본 것은 확실히 몸의 부활에 관한 초대교회의 믿음에 증거를 더하는 역할을 한다. 복음서 저자들과 함께, 예수님의 부활의 목격자들은 확실히 무덤이 비어 있었고, 부활하신 주님이 그의 몸으로 많은 사람 주위를 걸어가신 모습을 보여주었다고 믿었다.

여기서 장사 지냄을 강조하는 것은 부활하신 사실과 부활의 영광을 부각하는 역할을 한다. 고린도전서의 초

27. Conzelmann, *1 Corinthians*, 255; Bultmann, *Theology of the New Testament*, 1:292-306.

기 연대 기록설로 보면, 이것이 부분적으로 가현설을 반대하는 논증의 한 사례는 아닌 것 같다. 물론 티슬턴은 그리스도의 고난은 단순히 "겉으로만 그렇게 보인" 것이라고 주장한 어떤 사람들을 언급하는 이그나티우스(대략 주후 108년)를 이 논증의 사례로 인용하기는 한다.[28]

두 번째로 언급된 "성경"은 부활을 그리고 어쩌면 "사흘 만에"(τῇ ἡμέρᾳ τῇ τρίτῃ)도 수식한다. 이것 역시 약간 논란을 불러일으켰다. 바울은 특정 성경 본문을 염두에 두었는가, 아니면 생명을 창조하시는 하나님에 관한 많은 본문과 결부된 예언의 일반적 흐름을 염두에 두었는가? 여기서도 답변은 아마 '둘 다'일 것이다. 수동태("다시 살아나사")가 하나님이 부활의 행위자임을 분명히 하므로 그리고 두 구절 전체가 복음을 요약하는 말이므로, 아마 바울은 자비롭고 은혜로운 하나님이 이전에 죽음이 있었던 곳에서 생명을 이끌어내시는 일과 특히 관련된 성경의 일반적 흐름을 생각했을 것이다(신 32:47; 시 16:9-11; 21:1-7; 103:4; 116:8; 119:25, 50; 사 66:22; 단 12:1-3). 펠라기우스가 주장한 것처럼, 옛날부터 많은 사람이 바울은 여기서 호세아서 6:2을 염두에 두었다고 주장했다. 호세아서 6:2의 문맥은 여호와께서 자기 백성을 자기에게 돌아오게 하고 회복하시는 것에 관해 말한다. "여호와께서 이틀 후에 우리를 살리시며 셋째 날에 우리를 일으키시리니 우리가 그의 앞에서 살리라". 또한 신약성경 다른 곳에서 다른 두 구약 본문이 부활에 관한 본문과 분명히 연계되는 것도 주목할 만하다. 예수님이 자신의 죽음과 부활과 관련하여 요나서 1:17을 언급하신다(마 12:40). 시편 16:9-11은 사도행전 2:27-28에서 베드로가 오순절에 설교할 때 사용한다. 이 두 사례는 최소한 개별적인 구절이 어떻게 부활을 지지하는 데 사용되었는지를 보여준다. 그러나 티슬턴의 주장, 곧 부활은 하나님의 주권적 계획의 최고 클라이맥스이자 하나님의 은혜를 입증하는 사건이므로 이와 같은 본문들을 뚝 떼어다 부활과 관련시키는 것은 "의도치 않은 환원주의와 거북함"을 낳는다고 한 말은 확실히 옳다.[29]

더 구체적으로 말하면, "사흘 만에"라는 말은 마태복음 16:21, 20:19과 누가복음 9:22, 24:46 그리고 이 두 복음서 다른 곳에서 그리스도의 부활을 언급할 때 사용된 표현이다. 또한 이 말은 사도행전 10:40에도 나타난다. 이 사흘은 보통 그리스도가 무덤에 머무신 날과 그다음 날과 부활하신 날로 계산되어 설명된다. 예수님은 친히 누가복음 24:46-48에서 성경대로 고난을 받고 제3일에 부활이 있을 것이라고 가르치셨다. 사흘은 의심할 것 없이 실제 기간이지만(예수님이 장사된 실제 기간이다), 또한 역사 전체에 걸쳐 하나님의 중요한 많은 활동이 사흘이라는 기간과 관련된 것도 주목할 만하다. 사흘이 너무 중시되어서는 안 되지만 하나님은 사흘을 능력으로 행하는 자신의 구원 행위 가운데 또 하나의 행위, 그런데 가장 위대한 행위인 부활로 관심을 이끌고자 일부러 정하신 기간일 수 있다. 창세기 40:12-13을 보면 하나님이 주신 꿈을 통해 바로의 술 맡은 관원장이 사흘 안에 복직될 것이라는 사실이 예언되었는데, 이것은 결국 하나님이 자기 백성을 구원하실 수 있는 곳에 요셉을 두신 것을 의미했다. 사흘은 이스라엘 자손이 요단강을 건너기 전 준비 기간이었다(수 1:11). 요나와 물고기는 이미 지적한 사례고, 다른 사례들도 인용할 수 있다. 호세아서 6:2도 또 하나의 가능한 사례를 제공한다.

요약하면 그리스도는 오래전에 약속되고 오랫동안 기다려온 바로 그 구주셨기 때문에, 처음부터 바울뿐만 아니라 기독교 공동체 전체가 복음 신앙의 요약을

28. Thiselton, *I Corinthians*, 1192.
29. 앞의 책, 1195.
30. 1:1에 대한 설명을 보라.

구약성경에 예언된 사실에 대한 해설과 설명으로 이해한 것 같다.

부활하신 주님이 게바(베드로의 아람어 이름, 1:12, 3:22, 9:5도 보라) 앞에 나타나신 일을 언급하는 것은 놀랍지 않다. 복음서는 예수님이 부활하신 후에 처음 등장하실 때 베드로에게 나타나신 일을 기록한다(막 16:7; 눅 24:34). 그러나 베드로는 초대교회에서 예수님을 메시아로 여긴 증인으로 이미 유명했다(마 16:15-20). 부활하신 예수님이 베드로에게 나타나신 것은 원래 공식의 일부였고, 이것은 베드로가 복음 전파 그리고 오순절에 그리스도의 부활을 선포하는 데 있어 초대교회에서 중대한 역할을 맡았다는 점을 반영하는 것 같다(행 2:14-36). 베드로는 또한 사마리아인(행 8:14-17)과 이방인(행 10:40) 가운데서 행한 사역으로도 유명했다.

"열두 제자에게"(τοῖς δώδεκα)라는 말로 신조 공식이 완결된다. 하지만 이 표현은 바울이 덧붙인 것일 수도 있다. 이 말은 이전 절들처럼 직접 화법(καὶ ὅτι)으로 소개되지 않는다. 오히려 이것은 "[그] 후에"라는 말로 소개되고, 또는 어쩌면 더 낫게 말하면 단순히 "그리고 열두 제자에게"(εἶτα, 뒤에서 7절에 대한 설명을 보라)라는 말이다. 열두 제자는 예수님의 부활을 최초로 본 목격자이자 예루살렘에서 초대교회를 이끈 제자들이었다. 다시 말해 이로 말미암아 "열두 제자에게"라는 진술은 초기에 예루살렘 교회가 모임을 할 때 힘이 있었다. 따라서 항상 큰 비중을 차지했다. 예수님의 생애 말기에 마태는 "열한 제자"에 관해 말한다(마 28:16). 따라서 "열두 제자"라는 말을 사용하는 것은 사도행전 첫 부분에 묘사된 대체하는 사건이, 비록 신약성경에서 이 특수한 '열두 제자'에 관해 더는 아무것도 듣지 못하더라도, 잘 알려져 있었다는 것을 암시한다. 원래 "열두 제자"가 전부 예수님의 부활을 목격한 증인은 아니었고, 여기서 바울은 분명히 자신을 포함하지 않으므로, 이 열두 명에 맛디아가 포함되는 것으로 보아야 한다. 대체될 사도의 핵심 기준은, 사도가 예수님의 부활을 목격한 자여야 한다는 것이었다(행 1:22).

15:6-7 그 후에 오백여 형제에게 일시에 보이셨나니 그 중에 지금까지 대다수는 살아 있고 어떤 사람은 잠들었으며 그 후에 야고보에게 보이셨으며 그 후에 모든 사도에게와(ἔπειτα ὤφθη ἐπάνω πεντακοσίοις ἀδελφοῖς ἐφάπαξ, ἐξ ὧν οἱ πλείονες μένουσιν ἕως ἄρτι, τινὲς δὲ ἐκοιμήθησαν· ἔπειτα ὤφθη Ἰακώβῳ, εἶτα τοῖς ἀποστόλοις πᾶσιν). 예수님의 부활에 대한 논증과 증거가 예수님이 부활 후에 나타나신 사례를 추가로 언급하는 것으로 계속된다. "그 후에"(ἔπειτα)라는 말은, 여기서 사용된 두 경우 다 시간적 연쇄 관계를 함축한다. '그 외에'(additionally, εἶτα)라는 말은 보통 "그 후에"로도 번역되지만(개역개정에는 "그 후에"-역주) 또 하나의 시간적 연쇄 관계를 표현하는 것으로 볼 수 없다. 오히려 이 말은 방금 말한 것에 사례가 추가로 하나 더해진 것을 단순히 암시한다. 만약 이것이 사실이라면, 바울은 야고보와 사도들(모든 사도)이라는 말도 시간적 연쇄 관계를 함축하지 않고 언급한다. 5절에서도 마찬가지다. 5절에서 부활하신 예수님은 게바와 열두 제자에게 나타나신다. 우리는 어떤 다른 자료를 통해서도 예수님이 언제 오백 명에게 나타나셨는지 알 수 없기 때문에 오백 명이 야고보보다 앞서 여기서 언급된 이유를 사변적으로 추측해서는 안 된다. 이 야고보는 예수님의 부활에 매우 큰 충격을 받았을 주님의 동생을 거의 확실히 가리킨다. 바울은 야고보를 사도로 여겼다(갈 1:18-21). 또 그는 예루살렘 교회의 지도자("기둥", 갈 2:9)였다. 따라서 초대교회 전역에 널리 알려져 있었을 것이다. 바울이 "열두 제자"와 구별하여 "모든 사도"를 언급한 것은 세상으로 복음 메시지를 들고 간 초대교회에서 그리스도의 부활을 전하는 증인으로 여긴 지도자들을 묘사하기 위해 "모든 사도"라는 말을 폭넓은 의미로 사용했음을 보여준다.[30] 오백여 형제에게 "일시에"(ἐφάπαξ) 보이셨다는 언급은, 언급된 다른 사람들과 함께, 증언의 진실성에 무게를 더한다. 이야기를 날조된 것으로 보

기에는 너무 많은 사람이 부활하신 그리스도를 목격했다. 그리고 바울이 분명히 하는 것처럼, "그중에 지금까지 대다수는 살아 있고"(οἱ πλείονες μένουσιν), 따라서 그들이 하는 증언의 정확성이 검증될 수 있다. '잠들다'(κοιμάω)라는 말은 죽음을 가리키는 통상적인 완곡어구다. 그러나 그 말은 결정적으로 깨어남을 함축하므로 매우 적절하고, 그러므로 자연스럽게 부활을 설명하는 데 도움을 준다.

야고보에게 그리고 이어서 "모든 사도"에게 나타나신 것을 언급하는 것처럼 예수님이 오백 명 앞에 나타나신 일을 간략히 언급하는 것은, 이 다양한 사건들이 그리고 심지어는 이야기할 때 그 순서까지도 잘 알려져 있었고, 복음을 전파할 때 일관되게 제시되었다는 점을 암시한다. 바울은 자신에 대한 언급으로 끝나는 일련의 증인들을 의도적으로 신속히 제시함으로써 자신의 논증을 전개한다.

15:8-9 맨 나중에 만삭되지 못하여 난 자 같은 내게도 보이셨느니라 나는 사도 중에 가장 작은 자라 나는 하나님의 교회를 박해하였으므로 사도라 칭함 받기를 감당하지 못할 자니라 (ἔσχατον δὲ πάντων ὡσπερεὶ τῷ ἐκτρώματι ὤφθη κἀμοί. Ἐγὼ γάρ εἰμι ὁ ἐλάχιστος τῶν ἀποστόλων, ὃς οὐκ εἰμὶ ἱκανὸς καλεῖσθαι ἀπόστολος, διότι ἐδίωξα τὴν ἐκκλησίαν τοῦ θεοῦ). 여기서 바울이 방금 열거한 예수님의 부활을 목격한 증인들의 시간적 연쇄 관계에 집중한 이유가 분명히 드러난다. 본문은 (시간상으로) "맨 나중에" 바울 자신의 증언에 주의를 집중시킨다. 바울은 다메섹으로 가는 도중에 부활하신 주님을 만났기 때문에 그것은 기이한 나타나심이었다. "만삭되지 못하여 난 자"(ἔκτρωμα)라는 말은 하팍스 레고메논으로 신약성경에서 여기서만 유일하게 나온다. 그러나 여기서 이 말을 사용하는 바울의 의도는 분명하지 않다. 이 단어는 칠십인역 민수기 12:12, 욥기 3:16 그리고 전도서 6:3에서 나타나고, 거기서 이 단어는 사산한 아기를 가리킨다. 하지만 이 말은 낙태한 태아를 가리킬 수도 있다.[31] 인용된 각 본문에서 사산이라는 말은 사람들이 처한 끔찍하고 비천한 상황을 묘사하는 데 사용된다. '사산한 아기'(개역개정에는 "만삭되지 못하여 난 자"-역주)라는 말은 바울의 반대자가 그를 모욕하려고 사용하는 매우 잔혹한 욕설이었을 수 있다. 그런데 바울은 지금 자신이 주님으로부터 받은 은혜의 영광을 강조하기 위하여 그 말을 취하고 인정한다. 그러나 바울은 여기서 반대자에게 관심이 있는 것 같지 않다.[32] 또 다른 가능성은 바울이 자신의 부르심에 이 말을 사용하는 것이 사산의 돌발성과 예측 불가능성 때문일 수 있다는 것이다. 세 번째 가능성은 이 말이 칠십인역에서 사용되는 것처럼, 바울이 이 표현을 자신의 비천한 상태에 관한 생생한 비유로 사용한다는 것이다. 10절과 사도로서 자신이 하나님의 은혜로 어떤 자가 되었는지에 대한 바울의 주장을 고려하면, 바울이 새롭고 목적 있는 생명을 자기에게 주신 그리스도의 주권적인 구속 사역이 없었으면 '죽은 자'와 똑같았을 상태에 주목하고 있다고 이해하는 것이 가장 좋을 수 있다(고후 5:16-18).

따라서 자신을 "사도 중에 가장 작은 자"로 묘사할 정도로 바울의 상태는 매우 비천했다(참고. 엡 3:7-8). 말하자면 바울은 사도의 사역에 가장 가망성 없는 후보자다. 사도들 가운데서 바울의 위치는 다른 어느 누구보다 그의 부르심이 하나님의 은혜에 전적으로 의존했음을 더 분명히 보여준다. 다른 사도들은 예수님과 함께 살았고 그분께 직접 가르침을 들었다. 오순절에 주어

31. J. Munck, "Paulus tanquam abortivus, I Cor 15:8," in *New Testament Essays: Studies in Memory of Thomas Walter Manson*, 편집 A. J. B. Higgins (Manchester: Manchester University Press, 1959), 180-93을 보라.

32. *Contra* Fee, *1 Corinthians*, 814.

진 계시는 확실히 사도들이 과거 몇 달과 몇 년 동안 배운 모든 것을 최종적으로 이해하게 한 완전한 계시였다. 그러나 사도들은 이미 예수님의 제자였다. 바울의 삶은 그런 사도들과 완전히 달랐다. 바울은 독자에게 하나님의 교회를 박해한 자신의 과거를 상기시킨다. 바울은 회심하기 전에는 예수님의 제자가 아니었다. 오히려 반대로 하나님의 교회를 파괴하려는 열망을 품고 있었다(행 9:1-2; 22:3-5; 26:9-11). 바울은 자신을 의인으로 생각했었다(갈 1:13-16). 하지만 하나님이 극적으로 개입하지 않으셨다면 그는 '사산한 아기'에 불과했을 것이다.

15:10 그러나 내가 나 된 것은 하나님의 은혜로 된 것이니 내게 주신 그의 은혜가 헛되지 아니하여 내가 모든 사도보다 더 많이 수고하였으나 내가 한 것이 아니요 오직 나와 함께 하신 하나님의 은혜로라(χάριτι δὲ θεοῦ εἰμι ὅ εἰμι, καὶ ἡ χάρις αὐτοῦ ἡ εἰς ἐμὲ οὐ κενὴ ἐγενήθη, ἀλλὰ περισσότερον αὐτῶν πάντων ἐκοπίασα, οὐκ ἐγὼ δὲ ἀλλὰ ἡ χάρις τοῦ θεοῦ [ἡ] σὺν ἐμοί).[33] 바울의 태도는 단호하다. 바울에게는 하나님의 은혜가 첫 번째다. 바울이 어떤 사람이었든 간에, 하나님의 은혜가 현재의 바울을 만들었다. 여기서 중성 단어 "것"(ὅ)은 일반적 의미로 사용될 수 있으나 바울의 사도직을 가리킨다고 보는 것이 더 개연성이 있다. 바울은 하나님의 은혜로 사도가 되고, 이 부르심에 맞게 인생을 살았다. 이 은혜는 "헛되지" 않았다. 즉, 목적 없는(κενή) 은혜가 아니었다. 바울은 이 단어를 14, 58절에서 다시 사용한다. 그리고 고린도후서 6:1에서도 사용하는데, 거기서 고린도 교인에게 하나님의 은혜를 "헛되이" 받지 말라고 경고한다. 하나님의 은혜는 하나님을 섬길 때 열매를 통해 드러난다. 이 열매는 행함을 포함하고, 이런 의미에서 바울은 자신이 다른 모든 사도보다 "더 많이"(περισσότερον) 수고했다고 말한다. 바울은 자신을 다른 사도들과 비교하는 것이 아니라, 자신의 현재 사역을 과거 사역과 비교하는 데 관심을 둔다. 바울은 항상 열심히 수고했다. 이전에 바울은 주님을 거역하는 일로 수고했지만 지금은 다른 사도들이 수고하는 것보다 훨씬 더 열심히 주님을 위해 수고한다. 그런데 자신의 부르심을 성취하는 바울의 많은 수고는 그가 한 것이 아니다. 그것은 "그러나"(ἀλλά, 이 반의 접속사가 그 요점을 강하게 한다) 그에게, 곧 내게(εἰς ἐμέ) 주어진 하나님의 헛되지 않은 은혜로 행해진 것이다. 이 문장에서 "은혜"라는 말이 세 번 반복되는 것은 바울이 여기서 설명할 때 강조하기 원하는 요점을 부각하는 역할을 한다. 만약 바울에게 자랑거리가 있다면, 그것은 그 자신, 그의 사도직, 그의 많은 수고가 아니라 "주 안에" 있다(1:31).

이 부분은 "헛된" 복음 전파의 가능성에 관해, 따라서 고린도 교인이 "헛된" 믿음을 가졌을 가능성에 관해 말하는 14절의 논증의 토대를 마련한다. 이 부분의 마지막 지점인 58절에서 바울은 고린도 교인에게 "주의 일에 더욱 힘쓰는 자들이 되라"고 권고하고, 그리하면 그들의 '수고가 헛되지 않을' 것이라고 보증한다.

15:11 그러므로 나나 그들이나 이같이 전파하매 너희도 이같이 믿었느니라(εἴτε οὖν ἐγὼ εἴτε ἐκεῖνοι, οὕτως κηρύσσομεν καὶ οὕτως ἐπιστεύσατε). 여기서 바울의 요점은 자신이 복음을 고쳐 말하거나 다른 사도들과 다른 복음을 전파하거나 하지 않았다는 것이다. 이 동일한 메시지는 기독교적 헌신의 공통적 기초이므로 그리스도인이라면 누구나 가진 것이다. 첫 부분의 조건문(εἴτε…εἴτε)은 동사가 보충되어야 한다(참고. 3:22). 반면에 '전파하

---

33. [ἡ] σὺν ἐμοί라는 어구에 관해 말하면, ℵ* B, D*, F, G, 0243, 0270*에는 ἡ가 빠져 있다. 이 본문은 특히 𝔓46, ℵ2 A, D1, Ψ, 33, 1881, 𝔐에서 발견된다. 포함 여부에 대한 사실은 확실하지 않고, 그 구절 첫 부분에서 ἡ εἰς ἐμέ로 동화된 것을 반영할 것이다. 또한 𝔓46은 아마 앞선 어구에 동화됨으로써 οὖν을 εἰς로 바꾸었을 것이다.

다'(κηρύσσομεν)라는 현재 시제 동사가 사용된 것은 진행적 기능이 있다. 바울과 다른 사도들(따라서 "우리")은 이 동일한 복음, 곧 그들이 처음에 믿음으로 나아왔을 때 "믿은" 것을 계속 전파한다(기동의 부정과거 동사 ἐπιστεύσατε는 그들의 믿음이 그들에게 새로운 삶의 과정을 시작하게 한 것을 암시한다). 변한 것은 아무것도 없다. 이 동일한 복음은 계속 전파되어야 한다.

따라서 바울은 15장 첫 부분에서 자신이 해온 말을 요약한다. 그 전파는 1-3절을 되돌아본다. 이 동일한 복음 전통은 바울에게 전해졌고, 모든 사도가 전파한 것처럼 바울을 통해서도 전해졌다. 다른 사도들이 바울을 인정할 마음이 있는지 여부는 중요하지 않다. 다른 사도들이 그런 위치에 있는 것은 바울과 사도들과 고린도 교인이 공통으로 가진 복음을 받고 믿었기 때문이다. 복음의 핵심에는 편지의 수신자들만큼 바울이 깊이 경험한 것인 하나님의 주권적 은혜가 있다. 하나님의 은혜는 복음 전파에서, 특히 그리스도가 자기 백성을 위해 죽으신 것에서 그리고 뒤이어 그리스도가 부활하신 것에서 확인된다. 바울은 이제 부활의 본질과 부활이 그리스도인에게 어떤 의미를 띠는지 해설한다.

적용에서의 신학

1. 온전한 그리스도의 복음을 전함

구원을 얻기 위해 믿도록 주어진 진리의 동체로서 복음이 가진 중심적 위치는 바울 서신 전체에 걸쳐 증명된다. 앞에서(1:17에 대한 설명 다음에 나오는 '심층 연구: 복음') 지적한 것처럼, 바울의 복음의 본질은 하나님의 계획과 뜻에 뿌리를 두었다. 구약성경에서 특히 이사야가 하나님의 구원 사역이 폭넓게 선포되어야 할 "좋은 소식"이라는 관념을 취하는데(참고. 사 52:7; 61:1-2), 바울은 여러 번에 걸쳐 이사야의 예언을 인용하고 인유한다(참고. 롬 10:15). 바울은 거듭해서 복음을 '전하거나' '선포할' 필요성을 언급한다(예를 들어, 롬 1:9, 15; 15:20; 고전 1:17; 9:14; 15:1; 고후 10:16). 무엇보다 먼저 복음 전파는 주 그리스도이신 왕에 대한 선포이자 그리스도 안에서 모든 믿는 자의 구원을 위한 하나님의 능력에 대한 선포다. 만약 이 복음이 적절히 전파되려면, 그 전파의 역사적 위치와 절대로 분리될 수 없다. 이것은 단순히 부활의 역사성을 확증하는 문제가 아니다. 이것은 예수님이 사시고, 고난받으시며, 죽으시고, 장사되시며, 자신의 높아지심과 우리의 칭의를 위해 죽은 자 가운데서 부활하셨기 때문에 구원과 죄 사함이 예수님의 역사적 행위 안에서 그리고 그 행위를 통해 이루어진다는 사실을 이해하는 문제다.

많은 사람이 예수님의 생애에 관한 사실들을 의심하거나 노골적으로 부인하는 현대 교회에서는, 믿는 자가 이 복음을 절대로 무시하지 않는 것이 본질적이다. 바울이 설명한 것처럼, 이 복음을 온전히 전하자 고린도 사람들이 그리스도를 믿는 믿음으로 나아오게 되었다(15:11). 이 방식은 오늘날 세계 전역의 아주 많은 사람에게도 똑같이 적용된다. 그러나 바울이 로마서 10:14에서 "그런즉 그들이 믿지 아니하는 이를 어찌 부르리요 듣지도 못한 이를 어찌 믿으리요 전파하는 자가 없이 어찌 들으리요"라고 말하는 것과 같다. 바울은 또 이렇게 역설한다. "믿음은 들음에서 나며 들음은 그리스도의 말씀으로 말미암았느니라"(롬 10:17). 복음 선포의 온전한 개념이 교회 생활에서 종종 간과된다. 죄를 언급하는 일을 종종 회피하기 때문에, 예수님의 자비와 사랑이 아무리 많이 거론되어도 그분의 죽음은 아무 소용이 없게 되고 만다. 죄인에 대한 하나님의 심판을 말하지 않기 때문에, (죄와 사망을 이긴) 예수님의 부활의 승리는 공허한 사건이 되고 만다. 오늘날 너무 많은 그리스도인이 (심지어는 일부 복음주의 교회에서도) 본보기로 제시되는 경우를 제외하면 그리스도의 죽음과 대속에 대해 들을 기회가 별로 없다. 그 결과 많은 그리스도인이 도덕 종교에 쉽게 이끌리고, 결국은 자아에 중심을 둔 일종의 율법주의적인 의에 사로잡히게 된다. 바울이 항상 어디서든 이 복음 전파에 헌신하고, 또 그로 말미암아 고난을 받은 것은 확실히 우리에게 도전을 준다. 그리스도인은 하나님이 보내신 곳 어디서든 세상에 온전하고 충분하게 복음을 전할 의무가 있다.

2. "성경대로"

바울은 서신 전체에 걸쳐 성경에 대한 자신의 신학의 뼈대를 구축한다. 다메섹으로 가는 길에 회심하는 사건이 바울로 하여금 바리새인으로서 헌신했던 삶을 신적 영감을 받은 글이자 신탁인 성경에 헌신하는 삶으로 바꾸게 한 것이 아니다.[34] 그러나 이 회심 사건으로 바울의 성경 해석에 변화가 일어났다. 변화된 해석에 따르면 "주"는 곧 예수님이었고, 예수님은 메시아(왕)였다. 따라서 성경은 그리스도의 인격, 특히 그리스도의 생애, 죽음, 부활, 높아지심을 통해 제공된 유대인과 이방인의 구원에 대한 하나님의 계획에 비추어 해석되어야 했다. 이것이 15:2-3에서 강조하는 사실이다. 바울이 성경에 의지하는 것을 보면, 당연히 특정 성경 구절들에 의지하여 자신의 많은 신학적 설명을 제시한다. 여기 15장에서도 여러 본문이 인용된다. 그러나 바울은 여기서 하나님이 그리스도의 구원 활동을 예견하고 예정하신 것을 증명하기 위해 단순히 선지자들로부터 증거 본문을 찾아내는 일보다 훨씬 더 많은 일을 한다. 바울은 이 복음 사건을 하나님과 인간에 관한, 죄로 말미암아 파괴된 관계에 관한, 구원과 용서를 제공하는 하나님의 약속에 관한, 하나님이 이스라엘을 백성으로 부르신 부르심에 관한 그리고 구원과 화목의 가능성에 관한 긴 성경 이야기의 절정으로 본다. 아담이 죄를 짓고 하나님의 심판을 받아 에덴동산에서 쫓겨난 것처럼, 노아가 죄에 대한 끔찍한 심판을 목격한 다음에 죄를 지은 것처럼, 이스라엘은 하나님의 부르심을 받고 은혜로 하나님의 율법을 받아 안식하고 평화를 누리는 땅에 들어간 후에도 죄를 범했다. 하나님이 거듭해서 은혜를 보여주시자

34. Dunn, *Theology of Paul*, 169-77은 바울에게 성경이 어떤 위치에 있는지와 그가 기독교 신조 공식을 사용하는 용도를 검토한다.

사람들은 한동안 하나님을 경배했지만, 오래 지나지 않아 다시 거역과 죄에 떨어져 심판을 받았다. 이 이야기는 십자가에서 절정에 달한다. 예수님이 대표로서 맡으신 역할(마지막 아담)에서 그분의 죽음은 아담에 대한 하나님의 심판을 보고, 이스라엘에 대한 하나님의 심판도 본다. 왜냐하면 예수님은 이스라엘의 메시아, 곧 왕이기 때문이다. 그러나 예수님의 부활로 유대인이나 이방인을 막론하고 모든 인간이 믿음으로 이 왕께 나아와 용서를 받을 수 있게 되었다. 이 모든 것은 성경 이야기에서 기대하는 한 부분이었다. 곧, 이스라엘과 민족들은 하나님 안에서 구원을 얻을 것이다. 이 전체 이야기가 하나님의 구원이라는 좋은 소식의 배경을 구성한다. 그리스도는 만물이 다 파괴되기 전에 한 세대만 살도록 되어 있던 왕이 아니다. 그분은 의로움과 거룩함 속에서 믿는 자신의 모든 백성을 대표하여 영원히 살도록 다시 살아나신 왕이다. 따라서 "성경"의 긴 이야기는 메시아이자 왕이신 분에서 절정에 달한다. 라이트가 잘 묘사하는 것처럼, "예수님은 독자적인 '이야기'를 홀로 갖고 계시지 않다."[35]

그리고 이 포괄적인 성경 이야기는 모든 시대의 그리스도인이 이해해야 한다는 것이 결정적으로 중요하다. "성경대로" 제시된 예수님에 관한 이 가르침은 하나님의 백성이 더 깊이 은혜를 보도록 할 뿐만 아니라, 그 이야기 속에서 그들의 위치도 발견할 수 있도록 한다. 하나님의 백성은 그 이야기를 활용하여 예수님을 "그리스도", "주" 그리고 "왕"으로 부르는 것이 무슨 뜻인지 설명하는 데 도움을 줄 수 있다. 성경 전체 이야기가 상황에 맞게 사용될수록 현대 세대는 복음과 왕에 대해 그만큼 더 강력한 열정을 품는다. '우리가 서 있는 곳에서' 구원을 보는 것은 정말로 '중요하다'. 사람들이 자신의 직접적인 이야기보다 다른 이야기 속에 참여하려면 그만한 노력이 필요하다. 그리스도인이 자신의 이야기를 하나님과 맺은 관계 속에서 이해하는 법에 따라 "성경"이 예수님의 이야기를 묘사하는 것을 보도록 돕는다면, 우리의 믿음과 예배가 확실히 더 깊어질 것이다.

35. Wright, *Paul and the Faithfulness of God*, 521.

고린도전서 15:12–19

30 CHAPTER

문학적 전후 문맥

이제 바울은 부활과 거기에 담긴 함축적 의미를 고린도 교인에게 설명하는 것으로 시선을 돌린다. 15:12에서 비로소 바울은 부활에 관해 말하는 이유를 독자에게 제시한다. 수사적으로 보면, 이 부분은 '프로포지티오'(논제)로 부를 수 있다. 바울은 일부 교인의 부활을 부인하는 태도에 깊은 혼란을 느낀다. 바울은 복음을 전달받아 전파한 것으로 설명함으로써, 고린도 교인과 자신 사이에 있는 생각의 공통 근거를 말한('나라티오', 15:1–11) 다음, 이제 '프로포지티오'(논제)와 전문적으로 '레푸타티오'(논박)로 부를 수 있는 부분으로 이동한다.[1] 바울은 먼저 부활을 부인하는 자의 불합리성을 논박하는 것으로 부활에 관한 진리를 논증한다(15:13–19). 바울이 부활을 부인하는 자에게 임하는 결과를 제시할 때 수사는 간결하면서도 적절하다. 이 부분 다음에 '콘피르마티오'(*confirmatio*, 증명, 15:20–28)가 이어진다. '콘피르마티오' 부분에서 바울은 예수님의 부활이 신자들에게 미치는 결과와 유익을 천명함으로써 예수님의 부활의 진실성을 확언한다. 그리고 15:29–34에서 바울은 부활을 부인하는 사상에 내재된 문제를 다루는 일로 되돌아간다.

예수님의 부활은 복음의 최절정이다. 예수님의 부활은 그분의 죽음에 의미를 부여한다. 부활이 없으면 복음도 없다. 그러나 예수님의 죽음도 그분의 부활에 의미를 부여한다. 왜냐하면 예수님의 죽음에서 그리스도와 하나님 백성의 정당성에 대해 주권적으로 역사하시는 하나님의 활동이 확인되기 때문이다. 더욱이 그리스도의 부활은 예수 그리스도로 말미암아 믿는 모든 자에게 효력을 갖게 된 부활 생명에 관한 사실을 보증하는 역할도 한다. 이전에 예수 그리스도가 가셨던 곳에 그의 백성도 갈 수 있다. 이 점에서 예수님의 부활은 중대한 종말론적 소망을 불러일으키고, 모든 중대한 언약의 약속을 성취하는 사건으로 볼 수 있다.

1. Mitchell, *Rhetoric of Reconciliation*, 177, 283을 보라. 그리고 Thiselton, *1 Corinthians*, 1177, 1214를 보라. Witherington, *Conflict and Community*, 292는 이 부분을 프로포지티오로 부른다.

주요 개념

부활을 부인하는 것은 그리스도가 다시 살아나지 못했다는 것을 함축한다. 그렇다면 믿음은 헛것이고, 하나님은 잘못 제시되며, 그리스도인은 죄 가운데 있고, 죽은 자는 다시 살아날 수 없다.

번역

고린도전서 15:12-19

12a	조건	그리스도께서 죽은 자 가운데서 다시 살아나셨다 전파되었거늘
b	수사적 질문	**너희 중에서 어떤 사람들은 어찌하여**
		죽은 자 가운데서 부활이 없다 하느냐
13a	조건(전제)	만일 죽은 자의 부활이 없으면
b	단언(귀결)	**그리스도도 다시 살아나지 못하셨으리라**
14a	조건(전제)	그리스도께서 만일 다시 살아나지 못하셨으면
b	귀결 1	**우리가 전파하는 것도 헛것이요**
c	귀결 2	**또 너희 믿음도 헛것이며**
		또
15a	귀결 3	**우리가 하나님의 거짓 증인으로 발견되리니**
b	기초	우리가 하나님이…증언하였음이라
c	내용	그리스도를 다시 살리셨다고

d	조건	만일 죽은 자가 다시 살아나는 일이 없으면
e		하나님이 그리스도를 다시 살리지 아니하셨으리라
16a	조건(전제)	만일 죽은 자가 다시 살아나는 일이 없으면
b	귀결	**그리스도도 다시 살아나신 일이 없었을 터이요**
17a	조건(전제)	그리스도께서 다시 살아나신 일이 없으면
b	귀결	**너희의 믿음도 헛되고**
c	동격	**너희가 여전히 죄 가운데 있을 것이요**
18	귀결	또한 **그리스도 안에서 잠자는 자도 망하였으리니**
19a	조건(전제)	만일 그리스도 안에서 우리가 바라는 것이 다만 이 세상의 삶뿐이면
b	귀결	**모든 사람 가운데 우리가 더욱 불쌍한 자이리라**

구조

바울은 복음을 상기하면서 특별히 부활을 "성경대로" 일어난 일로(15:4) 그리고 많은 사람에게 목격된(15:5–8) 일로 강조했다. 바울은 예수님의 몸의 부활을 역사적 사실로 지지하는 논증을 펼치면서, 12절에서 자신이 방금 말한 내용과 결부되어 있고 앞으로 언급될 주제를 제시하는 수사적 질문으로 설명을 시작한다. 만약 그리스도의 부활이 선포된 것이라면, 고린도 교회의 일부 교인이 지금 어떻게 부활을 부인할 수 있단 말인가? 이어지는 13–19절에서 바울은 부활을 부인할 수 있는 자의 관점에 따라 자신의 전제를 제시한다. 따라서 이어지는 일련의 조건절은 거짓 전제들을 제공하고, 이어서 바울은 이 거짓 전제들이 어떤 논리적 귀결에 이르는지 증명한다. 그런데 각 귀결은 그다음 전제의 기초가 된다. 기본 전제인 "만일 죽은 자의 부활이 없으면"(13절)이라는 말은 16절에서 "만일 죽은 자가 다시 살아나는 일이 없으면"으로 반복된다. 그다음 전제가 되는 귀결은 "그리스도도 다시 살아나지 못하셨으리라"(13절)는 것이고, 이 말은 16b절에서 반복된다. 헛된 믿음의 귀결이 14절과 17절에서 반복된다. 이 논증은 그들이 여전히 죄 가운데 있고(17절), 죽은 자도 망할 것(18절)이라고 증명할 때 절정에 달한다. 마지막 조건절은 "만일 그리스도 안에서 우리가 바라는 것이 다만 이 세상의 삶뿐이면"이라는 결정적인 거짓 전제를 제공한다. 이는 사람들이 불쌍하게 되는 결과를 가져올 것이다(19절). 그리스도인을 자처하는 자에게는 이 구절들의 부정적 논증이 일종의 귀류법(*reductio ad absurdum*)이 된다. 15:20에서 바울은 부활에 관한 사실들에 기반을 둔 긍정적 논증으로 시선을 돌린다.

석의적 개요

IX. 그리스도와 그의 백성의 부활의 복음(15:1–58)

A. 그리스도의 부활로 보증된 복음의 사실들(15:1–11)

B. 부활에 관한 진리(15:12–34)

➡ **1. 부활을 부인할 때 주어지는 불합리한 결과(15:12–19)**

a. 그리스도는 다시 살아나지 아니하셨다(15:12–13)

b. 복음 전파와 믿음은 헛것이다(15:14–16)

c. 죄는 여전히 남아 있고 죽은 자는 멸망할 것이다(15:17–19)

본문 설명

15:12 그리스도께서 죽은 자 가운데서 다시 살아나셨다 전파되었거늘 너희 중에서 어떤 사람들은 어찌하여 죽은 자 가운데서 부활이 없다 하느냐(Εἰ δὲ Χριστὸς κηρύσσεται ὅτι ἐκ νεκρῶν ἐγήγερται, πῶς λέγουσιν ἐν ὑμῖν τινες ὅτι ἀνάστασις νεκρῶν οὐκ ἔστιν;). 바울은 방금 가르친 것, 곧 그리스도가 "다시 살아나셨다"(ἐγήγερται)라고 전파되었다는 사실을 천명하는 것으로 이 부분을 시작한다. 하지만 그 관념을 조건절의 형태로 제시한다. "너희 중에서 어떤 사람들"(ἐν ὑμῖν τινες)이 부활을 부인한다고 천명하는 것은, 이 필수적이고 핵심적인 가르침에 관해 바울과 불일치가 있는 것으로 그치지 않고 그들 사이에도 불일치가 있다는 점을 암시한다.[2] 이처럼 부활을 부인하는 것은 바울이 1–11절에서 복음을 제시할 때 부활 주제로 지면을 할애한 이유를 설명한다.

바울의 질문은 수사적 질문이고, 탄식에 가까운 기능을 한다. '어찌하여(πῶς) 이럴 수 있단 말인가!'[3] 이 조건절은 제1조건문 혹은 단순 조건문이고, 그리스도가 다시 살아나셨음이 전파되었다는 진술의 진리를 가정한다. 이 수사적 질문은, 누군가 부활을 부인하는 일을 바울은 상상도 할 수 없었음을 암시한다. 논리는 단순하다. 만약 그리스도가 죽은 자 가운데서 다시 살아나셨다면, 죽은 자의 부활과 같은 일이 반드시 일어날 것이라는 결론이 따라 나온다. 바울은 논리를 전개할 때 죽은 자의 부활이 없다고 가정하고, 그렇게 되면 그리스도의 부활도 있을 수 없다고 주장한다. 바울은 이런 입장의 귀결을 계속해서 증명한다.

고린도 교회의 일부 교인이 부활에 관해 견지한 특수한 입장은 많은 논란을 불러일으켰다. 부활에 관

2. Fee, *1 Corinthians*, 713은 바울의 말에는 고린도 교인 사이에서 부활에 대해 견해 차이가 있음을 암시하는 내용이 전혀 없다고 주장한다. 그러나 이것은 "너희 중에서"(ἐν ὑμῖν τινες), "모든 사람"과 다르게, "어떤 사람들"이라는 말의 명확한 의미를 정당화하지 못한다. 또한 그들이 부활을 부인하는 이유에 관한 가능한 주장들을 고려하면, 이것은 유대인과 이방인이 혼합되어 구성된 교회가 부활의 본질에 관해 견해가 엇갈렸을 가능성을 고려하지 못하는 것이다(뒤의 내용을 보라). 우리는 사도행전 18:7–8과 고린도전서로부터('고린도전서 서론'을 보라) 고린도 교회 안에 회심한 유대인도 있었지만 이방인 출신 교인들이 대다수였다는 사실을 잘 알고 있다.

3. πῶς라는 말은 14:7, 9에서도 이와 같이 사용된다. BDAG 900을 보라.

한 그들의 신학을 재구성하려면 어느 정도 '거울 읽기'(mirror reading)가 필요하다. 말하자면 여기서 바울은 자신이 인정하지 않는 입장을 반대하는 진술을 하는데, 그는 이 입장을 설명하지 않고 그의 반대자가 가르친 것이 무엇인지 결정하려고 애쓴다. 이런 거울 읽기 작업은 불확실할 수 있다.[4] 그럼에도 그런 시도를 한 많은 주석가는 부분적으로 설득력이 있는 결과를 이끌어냈다. 주석가들이 거울 읽기를 통해 만들어낸 여섯 가지 주요 견해가 있는데, 이 견해들은 종종 서로 관련된다. (1) 그리스인 가운데 대체로 이원론 세계관을 버리고 회심한 일부 고린도 교인은 영혼 불멸설을 믿었지만 몸의 부활은 믿지 않았다. 이런 태도는 물질적인 것과 영적인 것, 현상적인 것과 본체적인 것 간의 분리를 인정하는 이원론을 반영한다. 몸은 물질적인 것이므로 영적인 것 안에 들어가지 못한다. (2) 헬레니즘-유대교 배경을 버리고 회심한 일부 고린도 교인은 몸의 부활을 부인한 사두개인과 비슷한 입장을 취했다[위의 (1)번 견해와 비슷한 근거에 따름. 마 22:23; 행 23:6을 보라]. (3) 일부 고린도 교인은 에피쿠로스 철학의 영향을 받았고, 에피쿠로스 철학은 죽음 이후의 삶을 완전히 부정했다고 알려져 있다. 이 견해는 15:19의 바울의 설명에 반영되어 있다. "만일 그리스도 안에서 우리가 바라는 것이 다만 이 세상의 삶뿐이면 모든 사람 가운데 우리가 더욱 불쌍한 자이리라." 15:32에서도 바울은 에피쿠로스학파의 사상을 인용한다. "내일 죽을 터이니 먹고 마시자." (4) 일부 고린도 교인은 부활이 이미 지나갔다고 믿었다(과실현된 종말론). 그리스도인은 그리스도를 믿는 믿음으로 말미암아 이미 새로운 '영적' 실존이 있다. 그리스도인은 죽어서도 이 영적 상태를 계속 유지한다. 어떤 의미 있는 방법으로 추가 부활이 있다고 말할 필요가 전혀 없다. 어떤 주석가는 디모데후서 2:18의 언급을 이런 견해가 이미 존재했음을 입증하는 증거로 본다(후메내오와 빌레도는 "부활이 이미 지나갔다"고 말한다). (6) 일부 고린도 교인은 영지주의 사상의 영향을 받았다. 다시 말해 이 견해는 그리스 이원론에 기반을 두고 "신령한" 자나 "지혜로운" 자는 이미 영적 생명으로 "다시 살아난" 것이라고 주장한다. 그러나 영지주의가 이처럼 일찍부터 존재했다는 주장은 전혀 개연성이 없다.

여기서 이 책의 견해는 고린도 교회의 일부 교인이 그리스 사상의 일반적 이원론에 크게 의존함으로써, '영적인' 것의 의미를 잘못 이해한 모종의 실현된 종말론에 따라 부활을 부인했을 것이라는 것이다. 12절에서 바울이 전하는 요점은 그리스도가 죽은 자 가운데서('죽은 자로부터', ἐκ νεκρῶν, 20절에도 나옴) 부활하셨다는 것이다. 그리스도의 부활 사건으로 새로운 시대가 시작되었다. 나중에 20절에서 그리스도의 부활이 "첫 열매"로 묘사된다. 제임스 던은 그리스도의 부활로 시작된 마지막 때에 관해 "이 새로운 시대는 하나님의 목적이 펼쳐지는 데 있어 최종적이고 결정적인 시대로 여겨졌다"라고 말한다.[5] 그리스도가 죽은 자 가운데서(from) 다시 살아나셨기 때문에, 바울은 논리적으로 죽은 자의(of) 부활도 기정사실이어야 한다고 주장한다.

15:13 만일 죽은 자의 부활이 없으면 그리스도도 다시 살아나지 못하셨으리라(εἰ δὲ ἀνάστασις νεκρῶν οὐκ ἔστιν, οὐδὲ Χριστὸς ἐγήγερται). 만약 죽은 자의(of) 부활이 없다면 그리스도도 다시 살아나지 못했을 것이라는 결론이 따라 나온다. 13a절은 12b절을 또 하나의 제1조건문의 출

4. 이 책은 J. M. G. Barclay, "Mirror-Reading a Polemical Letter: Galatians as a Test Case," *JSNT* 31 (1987): 73-93에서 "거울 읽기"를 경고하는 것을 주목한다. Barclay의 경고는 주로 많은 주석가가 갈라디아서를 해석할 때 세 번째 당파의 입장을 재구성하려고 시도한 것을 겨냥한다. 여기 고린도전서에서는 바울이 직접 편지를 쓰는 대상의 견해를 재구성하려는 시도가 있다(고린도전서의 가능한 재구성에 관한 더 상세한 설명은 Gardner, *Gifts of God*, 11-12를 보라).

5. Dunn, *Theology of Paul*, 240.

발점으로 삼는다. '죽은 자의 부활이 없다'는 진술은 논증을 위하여 참된 사실로 추정된다.

15:14 그리스도께서 만일 다시 살아나지 못하셨으면 우리가 전파하는 것도 헛것이요 또 너희 믿음도 헛것이며(εἰ δὲ Χριστὸς οὐκ ἐγήγερται, κενὸν ἄρα [καὶ] τὸ κήρυγμα ἡμῶν, κενὴ καὶ ἡ πίστις ὑμῶν). 바울은 가르침을 받은 것과 같은 복음의 모양을 그대로 보존하면서 부활을 부인하는 견해의 불합리성을 증명하고자 하므로 조건절의 수사를 의도적으로 계속 사용한다. 후치 연결사(δέ/ἄρα)는 논증의 진행을 드러낸다('이제 만일…하면, 따라서'). 다시 한번 이전 문장의 후반부, 곧 귀결절을 출발점으로 삼고 그 진리를 가정하면서, 바울은 다양한 귀결에 관해 말한다. 첫째, 복음 전파가 헛것이 된다. 즉, 바울과 다른 사도들이 전파한 복음(1-3, 11절)의 내용과 효력이 다 무익한 것이 되고 만다. 복음은 구원하는 믿음을 일으키는 하나님의 능동적인 말씀으로 이해되므로 그리고 그 믿음의 핵심이 "그리스도께서 우리 죄를 위하여 죽으[셨다]"라는 것과 "죽은 자 가운데서 다시 살아나셨다"라는 진술에 있으므로, 그 메시지의 진리를 부인하면 그 메시지의 수행 효력도 완전히 없어진다. 따라서 바울은 그들의 믿음이 헛된 두 번째 귀결을 덧붙인다. 그들이 사실이 아닌 것을 믿은 것으로 그치지 않고, 죽은 자의 부활을 믿는 믿음이 없는 신앙은 개인의 삶에서 아무것도 이루지 못한다. 그런 복음은 가짜다.

15:15-16 또 우리가 하나님의 거짓 증인으로 발견되리니 우리가 하나님이 그리스도를 다시 살리셨다고 증언하였음이라 만일 죽은 자가 다시 살아나는 일이 없으면 하나님이 그리스도를 다시 살리지 아니하셨으리라 만일 죽은 자가 다시 살아나는 일이 없으면 그리스도도 다시 살아나신 일이 없었을 터이요(εὑρισκόμεθα δὲ καὶ ψευδομάρτυρες τοῦ θεοῦ, ὅτι ἐμαρτυρήσαμεν κατὰ τοῦ θεοῦ ὅτι ἤγειρεν τὸν Χριστόν, ὃν οὐκ ἤγειρεν εἴπερ ἄρα νεκροὶ οὐκ ἐγείρονται. εἰ γὰρ νεκροὶ οὐκ ἐγείρονται, οὐδὲ Χριστὸς ἐγήγερται). 이제 바울은 복음 전파자가 거짓 증인이 되어버리는 세 번째 귀결을 제시한다. 왜냐하면(ὅτι는 원인 용법이다) 바울과 사도들이 전파한 원래의 복음에는 하나님이 그리스도를 다시 살리신 것을 목격한 증인 진술(15:5-8)이 포함되었기 때문이다. 따라서 부활이 없다면 하나님에 관한 증언도 거짓이 되고 만다(τοῦ θεοῦ는 목적의 소유격이다). 여기서 결정적으로 중요한 것은 단순히 부활 생명의 가능성에 관한 사실이 아니라 그 부활에서 하나님이 행하신 행동의 진실성 여부다. 사도들의 증언은 예수님을 다시 살리신 하나님의 행동에 대한 증언이었고, 따라서 부활이 없다면 하나님 자신이 잘못 증언된 것이다. 12절에서처럼, 논증은 예수님의 특수한 부활이 죽은 자의 일반적인 부활의 한 부분이라는 가정에 따라 진행된다. 따라서 16절은 13절의 논증을 반복한다.

15:17-18 그리스도께서 다시 살아나신 일이 없으면 너희의 믿음도 헛되고 너희가 여전히 죄 가운데 있을 것이요 또한 그리스도 안에서 잠자는 자도 망하였으리니(εἰ δὲ Χριστὸς οὐκ ἐγήγερται, ματαία ἡ πίστις ὑμῶν, ἔτι ἐστὲ ἐν ταῖς ἁμαρτίαις ὑμῶν. ἄρα καὶ οἱ κοιμηθέντες ἐν Χριστῷ ἀπώλοντο). 바울은 여기서 13절의 관념을 반복함으로써 죽은 자의 부활을 부인하는 것에 따른 두 가지 추가 귀결을 제시하는데, 다시 한번 14절에서 발견된 것과 동일한 수사적 조건절로 소개한다. 네 번째 귀결은 믿음이 헛되게 되는 것이다. 14절에서는 복음 전파가 "헛것"으로 언급되고, 여기서는 믿음이 헛된 것으로 언급된다. 여기서 헬라어 두 단어(κενός/μάταιος)는 똑같지 않으나 이 두 단어의 의미는 분명히 중복된다(개역개정은 두 단어를 똑같이 '헛되다'로 번역함-역주). 바울은 단순히 문체상의 이유로 다른 단어를 사용했을 수 있다. 그러나 믿음이 헛된 것은 동격절인 "너희가 여전히 죄 가운데 있을 것이요"라는 말로 설명된다. 여기서 복수형(ἐν ταῖς ἁμαρτίαις, "죄 가운데")은 3절의 고백을 상기시킨다. 죽으시고, 장사

되시며, 부활하신 그리스도를 믿는 믿음은 죄 사함을 결과를 가져온다. 부활이라는 사실이 제거되면 죄 사함이라는 결과도 사라진다. 그러나 설상가상으로 이로 말미암아 그리스도 안에서 죽은 자가 망하는 다섯 번째 결과에 이르게 된다. 13절의 요점이 다시 언급되지만, 그리스도인을 자처하는 자에게 결과가 직접 적용된다. 그리스도의 부활이 없는 것은 죽은 자의 부활도 없음을 의미한다.

물론 이것으로 문제가 끝나는 것이 아니다. 부활이 없으면 죽은 자가 '멸망할'(ἀπόλλυμι) 것이기 때문이다. 배럿이 주의 깊게 지적하는 것처럼, 부활이 없으면 사람들은 계속 죄 속에서 하나님과 관계를 맺는다.[6] 부활이 없으면 칭의는 여전히 요구되고, 이전에 얻은 칭의는 그리스도 안에서 더 이상 유효하지 못하다. 부활이 없으면, 그리스도의 희생이 바울의 신학에서 부활과 직결된 대속이나 용서 혹은 속박에서 자유롭게 되는 것을 가져오지 못하기 때문이다(고전 15:1–11; 참고. 롬 4:24; 5:10; 6:4; 살전 1:10). 여기서 부정과거 수동태 분사(κοιμηθέντες)는 '잠을 잤다'(have fallen asleep)라는 능동의 의미가 있고, 문법적으로는 기동 용법이다. 그리스도 안에 있는 자에게는 죽음의 잠이 한 번 더 깨어나는 길에 들어선 것을 의미한다. 그러나 부활이 없다면 죽음과 파멸의 상태에 들어간다(1:18; 8:11을 보라). "그리스도 안에" 있는 것(22절을 보라)은 우리를 대표하시는 그리스도 아래 있는 것이고, 그분과 연합되어 있는 것이다. 만약 그리스도가 다시 살아나신 일이 없으면, 모든 사람의 대표가 아담이 되고, 그와 연합되어 있으므로 '(모든 사람이) 다 죽는다'(21절). 고린도 교회의 일부 교인은 그리스도를 믿는 자의 죽음이 하나님에 관한 새롭고 "신령한" 비육체적인 경험을 가져온다고 느꼈을 수 있다.

바울은 이런 관점을 올바른 것으로 보지 않는다. 사람은 그리스도와 같이 (육체로) 부활한 상태 속에 존재하거나, 아니면 아담과 같이 사망과 멸망의 상태 속에 존재하거나 둘 중 하나다(22절). 그리스도의 부활을 부인하는 자칭 신자들에게도 미래는 없다.

15:19 만일 그리스도 안에서 우리가 바라는 것이 다만 이 세상의 삶뿐이면 모든 사람 가운데 우리가 더욱 불쌍한 자이리라(εἰ ἐν τῇ ζωῇ ταύτῃ ἐν Χριστῷ ἠλπικότες ἐσμὲν μόνον, ἐλεεινότεροι πάντων ἀνθρώπων ἐσμέν). 만약 죽은 자에게 '망하는' 것 외에 다른 미래가 없다면, 부활이 없다고 믿는 고린도 교인은 현재의 믿음이 아무 의미가 없다는 사실을 알아야 한다. 바울은 앞의 몇 구절에서 이에 대한 각종 이유를 제시했다. 따라서 바울은 여기서 또 하나의 조건절을 사용하여 자신의 추론을 더 깊이 전개한다. 완곡한 완료 시제(ἠλπικότες ἐσμὲν)가 '우리가 (지금도) 바라는 자'라는 심화된 의미로 사용되었다.[7] "다만"(μόνον)이라는 말이 무엇을 지시하는지는 확실히 알기 어렵다. 대다수 역본은 그것이 "이 세상"을 지시하는 것으로 번역한다. 그러나 전문적으로 보면, 그 말은 (조건절) 끝에 나오므로 (조건절) 전체를 지시할 수 있다. 그리고 바울은 여기서 1인칭 복수형을 사용한다. 논증을 위해 이 명제가 참이라면, 고린도 교인들에게 사실인 것만큼 그와 다른 사도들에게도 사실인 것이 틀림없기 때문이다. 바울의 말("만일 그리스도 안에서 우리가 바라는 것이 다만 이 세상의 삶뿐이면")은 이런 입장을 가진 자의 비극을 표현하는 귀결절의 클라이맥스를 계속해서 강력히 확립한다. "우리가 더욱 불쌍한 자이리라"(ἐλεεινότεροι πάντων ἀνθρώπων ἐσμέν). 여기서 소유격은 비교급 다음에 나오는 비교의 소유격 용법이다.

6. Barrett, *First Corinthians*, 349는 이렇게 말한다. "너희가 범하는 죄가 너희에 대한 하나님의 심판을 결정한다…죽은 그리스도를 믿는 헛된 믿음으로 너희가 계속 죄를 범하면 사망이 승리를 거둔다."

7. 완곡한 분사의 심화 의미에 대해서는 Dana, Mantey 공저, *Manual Grammar*, 232; BDF §352를 보라.

바울은 부활을 부인할 때 임하는 결과가 심각하고 다양하다고 본다. 이 결과는 미래에서 발견되는 것만큼 현재에서도 많이 발견된다. 사람들의 믿음은 지금 당장 헛되다. 현재의 복음 전파는 부활이 없으면 아무 유익이 없다. 그리스도는 만약 다시 살아나시지 않았다면 지금 살아 계시지 못할 것이다. 이것은 지금 당장 사람들이 자신을 위해 어떤 효력을 가진 대속의 제물 없이 여전히 죄 가운데 있다는 것을 의미한다. 심지어는 지금 죽은 자도 아무 유익을 얻지 못하고 망했다. 따라서 19절은 강력한 요약 문장으로 기능한다. 그렇게 되면 모든 신자가 죽은 그리스도를 소유한 것이므로 이 세상의 삶을 위해서만 그리스도를 믿는다고 생각하는 자는 참으로 불쌍하다.

적용에서의 신학

부활: 행복한 결말 이상의 사건

복음에서 부활이 차지하는 중심적 위치가 부활을 믿지 않을 때 임하는 결과를 통해 확립된다. 바울은 그리스도가 "성경대로" 다시 살아나셨다고 주장했다(15:4). 앞에서 지적했듯이 이것은 아마 성경의 일반적 흐름과, 자기 백성에게 생명을 주시는 하나님의 자비롭고 은혜로운 사역을 가리킬 것이다. 호세아서 6:2, 요나서 1:17 그리고 시편 16:9-11과 같은 특정 본문들은 그리스도의 부활이 구약성경에도 확실히 나타나 있음을 일반적으로 확증하는 증거로 제시될 수 있다. 바울은 성경의 충분한 권위와 그때 아직 살아 있는 증인들의 권위가 부활에 관한 성경의 진술의 진실성을 말한다고 주장한다. 그러나 몸의 부활의 가능성을 믿지 않을 때 임하는 신학적 결과는 바울의 논증에서 결정적으로 중요하다. 본질적으로 바울은 복음을 요약하면서 언급한 것처럼(1-8절), 부활을 믿지 않으면 기독교 신앙 전체가 무익하고 공허한 것이 되고 만다고 주장한다.

역사적으로 이해되었고 이 본문에서 묘사하는 것처럼, 기독교 신앙은 부활하신 그리스도께 달려 있다. 그리스도의 부활이 없으면 그리스도인의 부활에 대한 소망도 없다. 사망은 죄의 형벌이자 죄의 최종 결과이므로 부활이 없으면 죄를 피할 방도도 없다. 전체 인류의 대표 머리인 아담 안에서 모든 사람이 죽는다. 만약 그리스도가 죽어서 여전히 시체로 남아 있다면, 그분은 아담이 대표하는 다른 어떤 사람과도 아무 차이가 없다. 그리고 그리스도는 여전히 심판 아래 있고, 그리스도가 대표하는 자 역시 심판 아래 있으며, 그리스도가 없었을 때보다 더 나은 것이 아무것도 없다. 그러므로 이미 죽은 자는 다 "망했을 것이다." 부활과 "우리 죄를 위한" 그리스도의 죽음(15:3)의 연계성은 거부해서는 안 되고 또 거부할 수도 없다. 이것 때문에 바울은 계속해서 사망을 정복한 "승리"에 관해 말할 수 있다(54-57절). 바울에게는,

그리스도인을 자처하는 자가 겪을 수 있는 온갖 고난을 겪으면서 그저 "아담 안에" 남아 있는 자로 발견되는 모습을 상상하는 것이 불쌍한 일이다. 부활이 없다면 바울이 왜 자신의 "권리"(9:15)와 자신의 과거 공동체 및 친구들을 포기했겠는가? 모두 '헛되다면'(15:17) 왜 누군가에게 믿으라고 권고하겠는가? 부활이 없으면 그리스도의 메시지가 어떤 의미에서 "좋은 소식"으로 여겨지겠는가? 왜 복음을 부득불 전할 '의무감'을 갖겠는가(9:16)?

지난 몇십 년 동안 복음 전도자들은 새 땅에서 살고 하나님의 백성이 부활한 몸을 갖게 될 때인 미래보다는 현세의 삶에 관해 더 많이 말했다. 아마 과거에 아주 막연한 '천국' 개념을 지나치게 강조한 탓에 어떤 사람에게는 그런 식의 전도가 문제가 되었을 것이다. 오늘날에도 많은 사람이 인간의 최종 목표를 대체로 수고하고 누리며 우리의 몸을 준비하는 영광스러운 창조 세계가 아니라, 천상의 영원한 합창대로 더 자주 묘사한다. 미래는 너무 지나치게 '영적' 관념으로 채색되고 말았다. 일부 복음 전도 집단은, 현세 너머의 '육체적' 실존을 결코 상상하지 않는 자유주의 신학의 일부 가정들에 똑같이 동의한다. 여기서 바울의 주장은 부활이 우리가 현 시대를 살 수 있게 하고 우리가 실존의 목표를 파악하는 데 도움을 주는 결정적 믿음의 요소라는 것이다. 만약 부활이 없으면 지금 우리는 하나님과 화평을 누릴 수 없다. 그렇게 되면 우리는 여전히 죄 가운데 있게 되기 때문이다. 만약 왕이신 그리스도가 지금도 주님으로 통치하지 않으신다면, 우리에게는 전파할 복음이 없을 것이다.

어떤 그리스도인은 "우리 죄를 위하여" 죽으신 그리스도의 대속의 죽음을 강력히 선포하면서도, 부활을 '구원 이야기의 행복한 결말' 정도로 축소하는 것 같다. 바울이 여기서 말하는 것, 즉 부활이 없으면 믿음이 헛되다는 것, 그리스도 자신도 다시 살아나지 못했으리라는 것, 죽은 신자가 다 망했으리라는 것을 이해하면, 복음을 선포하고 전하는 자는 누구든 그리스도 안에서 하나님이 행하시는 사역 전체를 전파해야 한다는 사실을 엄숙히 깨닫게 될 것이다.

부활이 난해한 개념인 것은 의심의 여지가 없다. 복음을 전할 때 죄 사함의 필요성을 강조하는 일이 그런 것처럼 부활도 쉬운 메시지가 아니다. 그러나 부활 메시지를 전파할 때 거기에는 구원에 대한 하나님의 능력이 있다(2:5). 그리고 많은 이유로 바울은 여기서 부활 메시지가 전파될 수 있고 또 전파되어야 한다고 주장한다.

CHAPTER 31

고린도전서 15:20-28

문학적 전후 문맥

이제 바울은 예수님이 부활하신 것의 진실성을 확언하고, 예수님의 부활로부터 모든 신자의 부활을 확증한다. 이 부분에서 바울은 주님의 부활이 그분을 믿는 자에게 주는 결과와 유익을 평가한다. 앞부분은 기독교 신앙에서 몸의 부활을 부인하는 것이 불합리함을 증명했다. 그리고 이 부분은 그리스도의 부활을 믿는 신자에게 그분의 부활이 주는 신학적, 실제적 유익을 설명한다. 바울은 아담과 그리스도라는 각각의 대표 머리 관념을 기초로, 그리스도 안에서 사망이 어떻게 생명(삶)에 자리를 내주는지 증명한다. 이 삶(생명)은 지금 '첫 열매인 그리스도' 안에서 충분히 확인되고, 그다음에는 그리스도가 강림하실 때 "그리스도에게 속한" 모든 자에게서 확인된다(23절). 부활은 '맨 나중 원수인 사망'의 멸망을 보증하고(26절), 만물이 하나님 아래 복종할 때 정점에 달한다(27-28절). 논증의 수사법에 따르면, 이 부분은 '콘피르마티오'(증명)로 보아야 할 것이다. 즉, 자신의 입장이 타당함을 논리적으로 증명하는 논증의 본론으로 보아야 한다.

VIII. 지위, 공적 예배, 자유, 은사(11:2-14:40)

IX. 그리스도와 그의 백성의 부활의 복음(15:1-58)

A. 그리스도의 부활로 보증된 복음의 사실들(15:1-11)

➡ **B. 부활에 관한 진리(15:12-34)**

C. 부활한 몸: 연속성과 불연속성(15:35-49)

D. 몸의 변화의 필연성(15:50-58)

X. 결론적 지침과 의견(16:1-24)

주요 개념

그리스도는 실제로 다시 살아나셨고, 하나님의 확고한 계획에 따라 자기 안에 있는 모든 자를 사망에서 부활로 이끄신다. 그리스도는 마지막으로 아버지께 모든 것을 바치실 때까지 사망을 정복하고 자신의 나라를 다스리신다.

번역

고린도전서 15:20-28

20a	12-19절과의 대조	그러나 이제
b	단언	**그리스도께서 죽은 자 가운데서 다시 살아나사**
c	동격	잠자는 자들의 첫 열매가 되셨도다
21a	단언	**사망이 한 사람으로 말미암았으니**
b		**죽은 자의 부활도 한 사람으로 말미암는도다**
22a	단언	**아담 안에서 모든 사람이 죽은 것 같이**
b	비교	**그리스도 안에서 모든 사람이 삶을 얻으리라**
23a	단언	그러나 **각각 자기 차례대로 되리니**
b	연속	먼저는 첫 열매인 그리스도요
c		다음에는 그가 강림하실 때에 그리스도에게 속한 자요
24a	단언	**그 후에는 마지막이니**
b	24a절의 묘사	그가 모든 통치와…멸하시고
c	목록	모든 권세와 능력을
d	24a절의 묘사	나라를…바칠 때라
e	수령인	아버지 하나님께
25a	24a절의 기초	**그가…반드시 왕 노릇 하시리니**
b	시간	모든 원수를 그 발 아래에 둘 때까지
26	단언	**맨 나중에 멸망 받을 원수는 사망이니라**
27a	인용/ 26절의 설명	만물을 그의 발 아래에 두셨다 하셨으니(참고. LXX 시 8:7)
b	인용	만물을 아래에 둔다
c	상황	말씀하실 때에
d	신원	만물을 그의 아래에 두신 이가
e	단언	**그 중에 들지 아니한 것이 분명하도다**

28a	시간	만물을 그에게 복종하게 하실 때에는
b	단언	**아들 자신도 그 때에⋯복종하게 되리니**
c	신원	만물을 자기에게 복종하게 하신 이에게
d	목적	이는 하나님이 만유의 주로서 만유 안에 계시려 하심이라

구조

이 본문의 구조는 두 주요 부분, 곧 20-24a절과 24b-28절로 나누어진다. 첫 번째 주요 부분(20-24a절)에서 바울은 논증의 새 부분을 시작하는데, 이번에는 긍정적 관점에 따라 그리스도가 죽은 자 가운데서 다시 살아나셨고, 그분이 장차 임할 큰 추수의 첫 열매라는 참된 진술을 제시한다. 이 첫 열매 관념을 중심에 두고 바울은 21-22절에서 ABAB 구조에 따라 간략히 아담-그리스도 모형론을 전개한다. 이 구조는 사망이 '한 사람으로 말미암아' 그리고 "아담 안에서" 세상 속에 들어온 것에 대한 묘사(A)로 시작하고, 부활과 삶(생명)에 대한 묘사(B)로 끝난다.

A 한 사람으로 말미암았으니
사망이 (21a절)
B 한 사람으로 말미암는도다
죽은 자의 부활도 (21b절)
A¹ 아담 안에서 같이
모든 사람이 죽은 것 (22a절)
B¹ 그리스도 안에서 (또한)
모든 사람이 삶을 얻으리라 (22b절)

23-24a절에서 "그러나 각각 자기 차례대로 되리니⋯그 후에는 마지막이니"라는 말은 이 요점을 결론짓고 두 번째 부분을 시작하는 역할을 한다.

그런데 두 번째 주요 부분(24b-28절)에서 더 정교한 구조를 확인할 수 있다(ABCBA). 이 부분은 아들이 아버지를 위해 행하는 일로 시작하고 끝난다(A). 아들은 나라를 바치고(24b절), 아버지께 복종한다(28절). 그 중간에(25, 27절) 바울은 만물이 그리스도께 복종하는 것에 관해 말하고(B), 그의 논증의 중앙 부분(26절)에서는 사망 자체의 멸망에 관해 말한다(C).[1]

1. 이 구조를 더 상세히 그리고 폭넓게 제시한 것은 C. E. Hill, "Paul's Understanding of Christ's Kingdom in 1 Corinthians 15:20-28," *NovT* 30 (1988): 301-2를 보라.

A 그리스도는 아버지 하나님께 나라를 바치신다(24절).

B 그리스도는 모든 원수를 자기 발아래 두실 때까지 왕 노릇 하신다(25절, 시편 110편에 의존함).

C 마지막 원수는 사망이다(26절).

B[1] 하나님은 만물을 그의(아들의) 발아래 두신다(27절, 시편 8편에 의존함).

A[1] 그리스도 자신이 아버지께 복종하신다(28절)

석의적 개요

IX. 그리스도와 그의 백성의 부활의 복음(15:1-58)

A. 그리스도의 부활로 보증된 복음의 사실들(15:1-11)

B. 부활에 관한 진리(15:12-34)

1. 부활을 부인할 때 따라오는 불합리한 결과(15:12-19)

➡ **2. 그리스도는 다시 살아나셨고, 따라서 그리스도 안에서 모든 자가 삶을 얻는다(15:20-28)**

a. 아담 안에서 모든 사람이 죽은 것같이 그리스도 안에서 모든 사람이 삶을 얻는다(15:20-22)

b. 부활하신 그리스도는 자기에게 속한 자를 위해 강림하신다(15:23-24a)

c. 그리스도는 아버지께 나라를 바치신다(24b-25)

d. 죄는 파괴된다(26절)

e. 그리스도는 아버지께 복종하신다(27-28)

본문 설명

15:20 그러나 이제 그리스도께서 죽은 자 가운데서 다시 살아나사 잠자는 자들의 첫 열매가 되셨도다(Νυνὶ δὲ Χριστὸς ἐγήγερται ἐκ νεκρῶν, ἀπαρχὴ τῶν κεκοιμημένων). 이 문장은 그리스도의 부활을 "첫 열매"(ἀπαρχή, 이 단어는 단수형임, 영어로는 대체로 복수형 firstfruits로 번역됨-역주)로 말함으로써 앞부분과 강력한 대조를 이루며 새로운 부분을 시작한다. 그리스도는 죽은 자 가운데서 다시 살아난 첫 번째 사례다. 이 첫 절은 '콘피르마티오'(증명)를 시작한다. 그리고 이 수사 단계에서 바울은 상세하고, 정교하며, 논리적인 논증을 제시한다. 여기서 바울은 예수님의 부활의 진실성을 강조한다. 그러면서 예수님의 부활이 신자에게 미치는 결과와 효력을 평가한다. '실제로'(in fact)라는 헬라어 단어(νυνί)는 통상적으로는 시간 부사다(개역개정에는 시간 부사 "이제"-역주). 그런데 여기서처럼 이 말 다음에 간혹 현실적인 상황을 집어넣어 비현실적인 상황을 진술하는 절(이 경우에는 일련의 조건절)이 나온다(12:18을 보라; 참고. 히 9:26). '다시 살아난' 것과 "잠자는" 것의 대조는 앞의 구절들(15-18절)에서 연

원한다. 여기서 동사(been raised, ἐγήγερται)의 수동태는 하나님이 그리스도를 다시 살리신 것을 말해준다. 그리고 완료형은 상태를 나타내는 상(相), 곧 현재의 상태를 시작한 과거 행동을 표현한다(AV, "But now is Christ risen from the dead").

BDAG는 이 경우 "['첫 열매'(ἀπαρχή)라는 단어의] 원래 의미가 크게 약화되고", 따라서 그 말은 단순히 "첫 번째"(first)[2]를 가리킨다고 주장한다. 그러나 이런 설명은 바울의 생각을 제대로 드러내지 못한다.[3] 핀란(Finlan)은 이에 대해 "은유가 모든 경우에 동일한 대상을 지시할 필요는 없다. '첫 열매'는 회심한 자나, 그리스도나, 성령을 가리킬 수 있다(고전 6:15-20; 5:7; 고후 7:1)"[4]라고 적절히 경고한다. 그리스도를 "우리 죄를 위한" 대속물로 말하는 것이 복음의 핵심 요소다. 바울은 아담과 그리스도에 관해 말할 때 대표 신학 속에 들어가는 것 같다. 그러므로 바울은 의도적인 목적을 가지고 "첫 열매"라는 말을 사용했다고 볼 수 있고, 이 말의 기원은 레위기 23:10-12에서 말하는 하나님께 바치는 곡물의 첫 이삭 한 단에 있다.[5] 요제로 곡식 단을 바친 안식일(즉, 정규 안식일 다음 날)에 예수님의 부활이 일어났다고 종종 추정되는 사실도 바울이 여기서 그 은유를 사용하고 있음을 입증하는 근거로 제시할 수 있다.[6]

바울이 구약의 모든 예물과 제물의 목적이 그리스도 안에서 성취된 것으로 본 사실은 앞에서 지적했다. 첫 열매로 바치는 예물도 또 하나의 사례다. 이스라엘 백성은 추수한 곡물의 첫 이삭, 곧 처음 수확한 보리 곡식 단을 제사장에게 예물로 바쳤다. 이것은 개인의 예물이 아니라 공동체의 예물이다.[7] 제사장이 여호와 앞에서 바쳐진 곡식 단을 "흔들거나" 높이 들 때 이 곡식 단은 자기 백성에게 양식을 공급하신 여호와를 찬송하는 예물이 된다. 이런 의미에서 이 심상은 바울이 15장에서 일관되게 제시하는 강조점, 곧 하나님이 예수님을 다시 살리신 분이라는 것과 "첫 열매"로서 예수님은 하나님께 영광을 돌리신 것이라는 사실을 정당화한다. 레위기 본문에 따르면, 사실 이스라엘 백성은 첫 열매를 하나님께 바치기 전에 수확한 곡식을 먹을 수 없다. 하지만 첫 열매가 바쳐지면 백성은 얼마든지 수확을 누릴 수 있다. 바울은 여기서 논증을 전개할 때 그리스도가 먼저 살아나시고, 그다음에는 "그리스도 안에" 있는 자가 살아나야 한다는 이 엄격한 순서를 염두에 두었다고 볼 수 있다(23절). 첫 열매로 바치는 예물은 또한 여호와께서 풍성한 수확을 공급해주실 것이라는 기대를 담았다. 바친 첫 열매는 풍성한 수확을 보증할 것으로 여겨졌다. 이런 의미에서 바울은 "장차 임할 것"을 얻게 하는 성령의 사역도 '계약금'이나 "보증"(ἀρραβών)과 같은 관념을 취하여 설명한다(고후 5:5).

그러나 바울이 "첫 열매"로 바치는 예물을 이처럼 언급할 때 그가 생각한 또 다른 국면이 쉽게 간과될 수 있다. 첫 열매로 바치는 예물에는 특별히 "흠 없는 숫양"을 "여호와께 번제로 드리는" 것이 포함되어 있었다

2. BDAG 98.
3. Fee, *I Corinthians*, 749가 다음과 같이 말하는 것은 우리가 보기에 잘못이다. "(그 단어에서) 바울의 관심은 성경에서 사용된 의미를 취하는 데 있지 않다." Fee는 강조점을 그리스도가 "첫 번째"가 되신다는 사실에 둔다. 그러므로 그리스도의 부활을 앞으로 있을 부활의 보증으로 본다.
4. Finlan, *Atonement Metaphors*, 162.
5. 고린도전서 5:7-8에서 바울은 순전함과 진실함을 위해 누룩을 제거할 필요가 있다는 사실에 주의를 집중시키고자 무교절 규례를 언급했다.
6. 이것은 레위기 23장에 나오는 절기들의 순서를 어떻게 이해하느냐에 달려 있다. 요제는 유월절 축제 이후 안식일 이튿날에 시행된다. 그러나 Barrett, *First Corinthians*, 351을 보라. 거기 보면 Barrett은 이것을 지지하는 증거를 Philo에게서 찾아낸다. 하지만 곧바로 "그러나 이 증거가 적극적으로 인정될 수는 없다"라고 덧붙인다. 예수님의 삶에서 일어난 중요한 구속 사건들이 구약의 주요 절기와 어떻게 평행을 이루는지 전통적 관점을 요약한 것은 Gordon J. Wenham, *The Book of Leviticus*, NICOT (Grand Rapids: Eerdmans, 1979), 306을 보라. 그리고 "안식일 이튿날"의 의미를 설명한 것은 같은 책, 304를 보라.
7. John E. Hartley, *Leviticus*, WBC (Dallas: Word, 1992), 385가 그렇다.

(레 23:12). 곡식 단을 흔들어 바치는 그날에 흠 없는 숫양도 함께 바쳐야 했다. 어떤 주석가는 번제(또는 whole offering, '온전한 제물을 바치는 제사')가 여호와에 대한 복종이나 충성 행위를 상징했다고 주장했다. 그러나 많은 주석가가 그 번제는 죄의 대속을 함축한다고 지적한다(레 1:3-4; 14:20; 16:24).[8] 바울은 여기서 "첫 열매"에 관해 말할 때 매우 폭넓게 죄가 처리된 것에 대해서도 생각했을까? 아마 그렇게 생각했을 것이다. 특히 바울은 "우리 죄를 위하여"(앞의 설명을 보라) 죽으신 그리스도(분명히 속죄 제물 관념)에 관해 말한 신조 공식을 자신의 전체 논증의 기초로 삼았고, 또 지금도 삼고 있다. 더구나 바울은 17절에서 "그리스도께서 다시 살아나신 일이 없으면…너희가 여전히 죄 가운데 있을 것이요"라고 주장했다. 따라서 바울은 '실제로 그리스도께서 죽은 자 가운데서 다시 살아나사…첫 열매가 되셨도다'라고 말한다. 게다가 이 부분에 대한 바울의 결론은 죄의 최종적 패배를 말하는 것이다.

어쩌면 현대 주석가들이 제물 인유에 어떤 특별한 생각이 덧붙여져 있는지 보고 싶어 하는 이곳에서, 5:7-8에서 유월절 제사를 언급하며 그렇게 하는 것처럼, 바울은 여러 가지 부수적인 상황들을 생각하고 있었을 것이다. 만약 그것이 여기서도 사실이라면, "첫 열매"는 의미로 가득 차 있다. 곧, 그리스도는 홀로 영광을 받기에 합당하신 하나님께 제물로 바쳐진 첫 이삭이고, 이후로 풍성한 수확이 있을 것이다. 그리고 (어쩌면) 그리스도는 죄를 처리하는 속죄 제물로 첫 이삭 제물에 함께 바쳐진 흠 없는 어린양이시다. 그러므로 그리스도는 하나님이 죽은 자 가운데서 다시 살리신 분으로 복음의 주제와 내용이 되신다.

15:21-22 사망이 한 사람으로 말미암았으니 죽은 자의 부활도 한 사람으로 말미암는도다 아담 안에서 모든 사람이 죽은 것 같이 그리스도 안에서 모든 사람이 삶을 얻으리라(ἐπειδὴ γὰρ δι᾽ ἀνθρώπου θάνατος, καὶ δι᾽ ἀνθρώπου ἀνάστασις νεκρῶν. ὥσπερ γὰρ ἐν τῷ Ἀδὰμ πάντες ἀποθνῄσκουσιν, οὕτως καὶ ἐν τῷ Χριστῷ πάντες ζῳοποιηθήσονται). 이 두 구절에서 바울은 일부 고린도 교인이 믿은 것으로 보이는 헛된 환상과 반대되는 진리를 제시한다. 사망은 아담 한 사람으로 말미암아 왔다. 오직 부활만이 사망을 처리할 수 있는데, 부활도 그리스도 한 분으로 말미암아 왔다. 하나님과 그의 아들 예수 그리스도의 참된 세계에서는, 그리스도께 속해 있는 모든 자가 삶을 얻을 것이다. '…이므로'(ἐπειδή)라는 말은 1:21, 22에서처럼 원인 용법이다. 15:21에서 "한 사람으로 말미암아"(δι᾽ ἀνθρώπου)는 도구적 용법이고, 그래야 동사가 이해된다. 22절에서 바울은 일반적으로 모든 사람의 죽음을 원리상 아담에게 귀속되는 것으로 말하기 때문에, '잠자다'(κοιμάω)가 아니라 '죽다'라는 동사(ἀποθνήσκω)를 사용한다. 바울은 '잠자다'라는 동사를 여러 번 사용하지만, 그 말을 오직 죽은 신자들에 대해서만 사용한다(11:30; 15:6, 18, 51; 살전 4:13-15). 아담의 죽음은 오래전에 일어났으나 그 죽음의 결과는 지금도 지속되고 있고, 따라서 바울은 '죽다'라는 동사를 현재 시제로 사용한다(ἀποθνήσκουσιν). 그리스도의 부활도 과거에 일어났으나 여기서 바울은 "그가 강림하실 때"(ἐν τῇ παρουσίᾳ αὐτοῦ, 23절) 일어날 신자들의 부활에 관해 말하고, 따라서 '삶을 얻게 될'(ζῳοποιηθήσονται) 것이라고 미래 수동태를 사용한다. 이 수동태는, 그리스도가 하나님에 의해 다시 살아나신 것처럼, 그리스도인도 하나님에 의해 다시 살아나게 될 것을 암시한다. 그리스도께 해당하는 것이

8. R. E. Clements, "Leviticus," in *Leviticus-Ruth*, The Broadman Bible Commentary (Nashville: Broadman, 1970), 11; Wenham, Leviticus, 57. 그리고 Hartley, Leviticus, 18은 이렇게 말한다. "언약 공동체는 온전한 제물을 자주 바침으로써 인간적인 죄의 성향에도 불구하고 거룩하신 하나님과 교제를 유지할 수 있었다."

"그리스도 안에 있는" 하나님의 백성에게도 해당한다. '…것같이…도'(ὥσπερ…οὕτως καί)라는 말은 "아담 안에" 있는 자와 "그리스도 안에" 있는 자를 비교하는 역할을 한다.

그러나 이 두 구절의 대응 관계가 어떻게 작용하는지 주목하는 것이 중요하다. 바울이 관심을 둔 죽은 자가 누구인지는 18절에서 확인되었다. 그들은 "그리스도 안에" 있는 자로, 고린도 교인의 눈에는 망하는 것처럼 보이는 자다. 그러나 사실은 그들이 '삶을 얻을 것이다.' 바울은 여기서 모든 사람이 죽고 모든 사람이 다시 살아날 것이라고 주장하는 것이 아니다. 이를 식별하는 핵심 요소는 "아담 안에서"와 "그리스도 안에서"라는 말이다. "아담 안에서" 모든 사람이 죽고, "그리스도 안에서" 모든 사람이 삶을 얻는다. 그러므로 여기서 바울은 같은 사람들에 관해 생각하는 것이 아니다. 그렇다고 헤링이 강력하게 제시한 요점인 전체 부활에 관해 생각하는 것도 아니다. "모든 사람이 아니라 그리스도의 몸에 속해 있는 그리스도인만이 새로운 인간을 구성한다."[9] 오히려 바울은 지금 신자들이 가졌고, 51-55절에서 요약하는 참된 미래에 관해 생각한다. 따라서 바울은 이제 참된 사실을 천명하고, 앞에서 지적한 ABAB 구조에 따라 22절에서 21절의 논리를 설명한다.

아담은 첫 사람이었고, 아담의 죄로 세상에 사망이 들어왔다. 여기서 바울의 논증은 로마서 5장에서처럼 역사적 아담에게 의존한다. 아담으로 말미암아 사망이 모든 사람에게 이르렀는데(롬 5:12), 그것은 그가 모든 인간의 대표이기 때문이다. 말하자면 죄에 대한 하나님의 심판과 관련된 육체적 죽음은 모든 사람이 경험하고, 아담까지 거슬러 올라간다. 바울은 여기서는 설명하지 않으나, 엄밀히 이런 이유로 그리스도가 죄를 처리하신 일과 생명과 부활을 가져오신 일은 함께 가야 한다(15:3, 17, 56; 고후 5:19, 21).

바울은 고린도전서에서 "그리스도 안에서"라는 말을 여러 번 사용하고, 바울 서신 전체에 걸쳐 이 말을 수시로 사용한다. "아담 안에서"라는 바울의 표현은 유비 용법이다. 그리스도는 하나님께 속한 백성의 머리로서 계신다. 그리스도는 왕으로서 그들을 대표하고, 따라서 바울이 왕이신 그리스도께 해당하는 것을 일반적으로 그분의 백성에게 말할 정도로 그들은 그분께 속해 있다. 그리스도가 죽은 자 가운데서 다시 살아나신 것이 사실이므로, 메시아 공동체에서는 그리스도의 소유인("그리스도에게 속한", 23절) 모든 자도 그리스도와 같게 되는 것 역시 사실이다. 유비에 따르면, 아담도 모든 인간을 대표하는 머리로 기능한다. 아담은 죽었고, 따라서 모든 사람도 죽는다.

바울의 논증에서 깜짝 놀랄 만한 사실은, 그리스도가 진실로 (아담과 같이) "한 사람"이지만 "그리스도 안에서" 아담이 맡은 대표의 역할이 파괴되는 엄청난 일이 일어났음을 강조한다는 점이다. 이 파괴는 부활에서 결정적으로 확인된다. 심지어는 그리스도도 인간으로서는 아담과 동일시되었다. 왜냐하면 확실히 이 두 구절은 아무도 예수님이 사람이 아니었다는 주장을 못하게 만들기 때문이다(δι' ἀνθρώπου, "사람으로 말미암아"). 그러나 아담의 인간성은 사망을 낳고 말았다. 아담은 죽었으나 그것으로 끝나지 않았다. 그리스도 안에서 이루어진 하나님의 행동으로 드디어 아담이 대표 머리로서 지닌 연계성이 파괴되었다. 하나님이 그리스도 안에서 어떻게 이 연계성을 깨뜨리셨는지는 고린도후서 5:21에 잘 요약되어 있다. "하나님이 죄를 알지도 못하신 이를 우리를 대신하여 죄로 삼으신 것은 우리로 하여금 그 안에서 하나님의 의가 되게 하려 하심이라." 따라서 언약 백성의 머리이신 그리스도는, 자기 백성을 위해 아담

9. Hering, *First Corinthians*, 165.

과의 연계성도 파괴하신다. 자기 백성의 부활을 보증하고자 그리스도는 그들의 인간성을 취하실 뿐만 아니라 심지어는 그들의 죽음도 취하시는데, 그 죽음은 단순히 늙어서 죽는 육체적 죽음이 아니라 하나님의 심판에 따른 죽음이다. 고린도후서 5:17에서 바울은 역동적인 은유를 사용하여 정체성에 이처럼 근본적인 변화가 이루어진 놀라운 사실을 묘사한다. 바울은 이렇게 말한다. "누구든지 그리스도 안에 있으면 새로운 피조물이라".

15:23 그러나 각각 자기 차례대로 되리니 먼저는 첫 열매인 그리스도요 다음에는 그가 강림하실 때에 그리스도에게 속한 자요(ἕκαστος δὲ ἐν τῷ ἰδίῳ τάγματι· ἀπαρχὴ Χριστός, ἔπειτα οἱ τοῦ Χριστοῦ ἐν τῇ παρουσίᾳ αὐτοῦ). 여기서도 바울은 계속 예수님이 하나님 백성을 대표하시는 머리라고 생각한다. 말하자면 메시아 왕, 곧 그리스도로서 그분이 맡으신 역할을 생각한다. 그리스도가 먼저 가시고, 그의 백성이 뒤따른다. 그리스도의 부활 생명이 백성의 부활 생명을 가능하게 한다. 여기서 소유격(τοῦ Χριστοῦ)은 "…에게 속한" 또는 '…의 소유인'이라는 뜻을 함축하는데, 황제에게 속한 노예를 묘사할 때 소유격 Καίσαρος(of Caesar)라는 말을 사용하는 것에서 흥미로운 평행 관계가 발견된다.[10] 바울은 여기서 "차례"(τάγμα)라는 생소한 말을 사용하는데, 이 말은 '등급'(rank)으로 쉽게 번역될 수 있다. 이 말의 1차 의미는 군인의 구분이나 분리 또는 군인의 계급과 같은 군사적 배치를 가리킨다. 이 말은 하팍스 레고메논으로 신약성경에서 딱 한 번 나오고,[11] 자기 원수들을 멸망시키시는 그리스도의 통치에 수반된 군대 이미지 때문에 바울이 염두에 두었을 수 있다(25절). 더 나아가 바울은 25절과 27절에서 인유하는 듯 보이는 메시아 시편인 시편 110편과 8편을 이미 염두에 두었을 수도 있다. 사실 바울은 여기서 "하나님이 만유의 주로서 만유 안에 계시려 하심이라"는 절정의 사실을 확립하면서(28절), 사건들과 사람들의 '순서'를 다루고 있다. 일어나는 일에 하나님이 세우신 '순서'와 등급에 대한 이런 이해는 27-28절에서 동사 '복종하게 하다'(아래 두다, ὑποτάσσω)가 6번 나오는 것에도 반영되어 있다.

여기서 단수형(ἐν τῷ ἰδίῳ τάγματι, "자기 차례대로")은 분리된 두 순서를 가리키는 데 사용된다. 곧, 그리스도가 먼저고 그리스도께 속한 자가 그다음이다. 바울이 묘사하는 순서는 등급에 따른 순서다. 첫 번째 등급은 자기 백성의 길을 이끌고 그들을 대표하는 메시아다. 메시아 다음에 "그리스도에게 속한 자"(οἱ τοῦ Χριστοῦ)가 뒤따른다. 그리스도의 백성은 자신들의 왕을 위해 두 번째 등급을 차지한다. 이 사실로부터 우리는 그리스도의 부활이 불가피하게 그의 백성의 부활보다 앞서 일어나야 하는 시간적 순서도 발견한다. 그리스도는 첫 열매다. 이것은 20절의 관념을 계속 이어나간다. 그리스도의 백성은 그분이 강림하실 때 부활할 것이다.

그리스도의 "강림"(재림)도 강력하고 명확하게 왕적 통치 개념을 내포한다. 바울은 여기서와 데살로니가전후서에서만 그리스도의 "강림"(παρουσία)에 관해 말한다(살전 2:19, 3:13; 4:15; 5:23; 살후 2:1, 8). 이 단어는 다양한 의미가 있다.[12] 빌립보서 2:12에는 이 단어로 단순히 '함께 있는 상태'를 가리키는 한 사례가 있다. 다른 곳에서 이 말은 마치 친구가 '오늘 오후에 온다'라고 말하는 것처럼 '도착'을 가리킬 수 있다(참고. 고후 7:6; 빌 1:26). 이 말의 다른 두 전문적 의미도 그리스 문헌에서 발견

10. 주전 1세기-주후 1세기의 파피루스 문서가 증명함. Adolf Deissmann, *Light from the Ancient East: The New Testament Illustrated by Recently Discovered Texts of the Graeco-Roman World*, 개정/편집 (New York: George H. Doran, 1927), 382를 보라.

11. 참고. LXX 삼하 23:13, 블레셋 사람의 "한 무리"(τάγμα). 1 Clem. 37:3, "모두가 군인이나 대장은 아니다…그러나 각 사람은 자기 자리(ἐν τῶ ἴδιο τάγματι)가 있다." 관련 단어(τάξις)가 고린도전서 14:40에서 예배의 "질서"를 묘사하는 데 사용된다.

12. BDAG 780-81.

된다. 첫 번째로, 이 단어를 사용하여 "숨어 있던 신이 자신의 권능을 보여줌으로써 자신의 임재를 느끼게 만든, 또는 신의 임재가 제사로 기념되는" 것을 묘사하는 용례가 있다.[13] 두 번째로, 이 단어는 자기의 영토를 탐방하는 황제나 왕과 같이 "높은 직위를 가진 자의 방문을 가리키는 공식적 용어"이기도 한다. 심지어는 황제의 "방문"을 맞이하기 위해 세금을 걷는 경우를 가리키기도 하는데, 이때는 매우 호화로운 일이 벌어질 것이다.[14] 이것은 스가랴서 9:9의 관념과 다르지 않다. 거기서 백성은 나귀를 탄 왕이 자기 백성에게 올 때 나와서 크게 소리치며 즐거워하라는 권고를 받는다(그러나 παρουσία는 LXX의 이 구절에서 사용되지 않는다).

바울은 부활을 보지 못한 자에게 부활이 어떻게 일어나는지 이해시키는 데 관심이 있다. 그리스도는 다시 살아나셨고, 그리스도의 부활 때문에 사람들의 부활도 가능하다. 그러나 사람들의 부활은 그리스도가 '강림하실' 때, 즉 그가 왕으로 나타나실 때 일어난다.[15] 바울이 이런 식으로 그리스도의 '강림하심'에 관해 말하는 것은 황제 숭배에 직격탄을 날리는 일이다.[16] 왕이신 그리스도가 오시면, 그토록 많은 시민이 '속해 있었고' 기세등등한 모습으로 등장했던 카이사르의 권력을 포함하여 다른 모든 권세가 패배당할 것이기 때문이다. 그래서 바울은 그리스도의 재림의 때에 관해 말한다.

15:24 그 후에는 마지막이니 그가 모든 통치와 모든 권세와 능력을 멸하시고 나라를 아버지 하나님께 바칠 때라(εἶτα τὸ τέλος, ὅταν παραδιδῷ τὴν βασιλείαν τῷ θεῷ καὶ πατρί, ὅταν καταργήσῃ πᾶσαν ἀρχὴν καὶ πᾶσαν ἐξουσίαν καὶ δύναμιν). 하나님의 백성의 부활은 그리스도가 "강림하실" 때, 곧 그분이 하나님께 나라를 바치실 때 일어난다. 그때 로마 황제와 같이 지배권을 가졌다고 주장하는 다른 모든 자는 멸망당할 것이다. 일부 주석가가 주장한 것처럼, "그 후에는"이라는 말이 앞에서 말한 "차례"에서 세 번째 사건을 소개하는 것이라고 볼 필요는 없다. 순서나 등급은 23절의 그리스도 및 그의 백성과 관련되어 있고, 시간적 연쇄관계는 없다. "그 후에는"(εἶτα)은 종종 방금 언급한 내용을 논리적으로 따른다는 의미가 어느 정도 있다. 이것은 5절과 7절을 설명할 때 지적했다. 따라서 23절의 끝과 24절의 시작 사이에 시차가 있다고 볼 필요는 없다. 뒤에서 지적할 것처럼, 일부 주석가는 그리스도의 부활과 "그리스도 안에" 있는 자의 부활 사이에 시차가 있기 때문에 그리스도 안에 있는 자의 부활과 그리스도가 하나님께 최종적으로 나라를 바치실 때 그 사이에도 시차가 있다고 주장한다(뒤에서 25-26절에 대한 설명 마지막 부분을 보라). 비록 시차가 있다 해도, 이 본문에는 이 견해를 지지하는 증거가 거의 없다.

여기서 문제는, 바울이 '일부' 고린도 교인에게 죽은 자의 부활이 있다는 사실을 증명하는 데 관심을 둔다는 것이다. 바울은 죽은 자의 부활은 그리스도의 부활로 말미암아 일어난다고 설명했다. 하지만 자명하게도 사람들은 여전히 죽는다. 따라서 '언제'에 대한 질문이 바울의 논증에 결정적으로 중요하다. 답변은 간단하다. 죽은 자의 부활은 그리스도가 "강림하실" 때 일어난

13. 앞의 책. 참고. Josephus, *Ant*. 3.80; 9.55.

14. BDAG 781. Deissmann, *Light from the Ancient East*, 372-75는 이 단어를 이런 식으로 사용한 증거를 상당히 많이 제시한다. 최근에 나온 Horsley, *New Documents*, 4:167-68도 보라.

15. 믿음을 가지고 죽은 자가 부활하는 시점에 관한 바울의 견해가, 15장의 이 부분과 고린도후서 5장[죽은 후에 모두가 '파루시아'(주의 재림)를 기다리고 있는 것이 아니고 즉각 부활한 몸이 주어진다고 주장하는 것 같은] 사이에 발전되었는지에 대한 질문이 제기된다. 이 논쟁의 양편 주장을 유용하게 요약한 것은 P. Woodbridge, "Time of Receipt of the Resurrection Body-A Pauline Inconsistency?," in Burke and Elliott, *Paul and the Corinthians*, 241-58을 보라. Woodbridge는 둘 사이에 불일치는 없다고 결론짓고, 고린도후서 5장도 모든 그리스도인의 부활이 주의 재림이 있을 때 일어남을 가리키는 것으로 이해할 수 있다고 주장한다.

16. 그리스도의 강림에 대해서는 N. T. Wright, *Surprised by Hope* (London: SPCK, 2007), 136-49도 보라.

다. 그리스도인은 지금 그때를 기다리고 있다. 바울이 1:7-8에서 지적한 것과 같다. "우리 주 예수 그리스도의 나타나심을 기다림이라…우리 주 예수 그리스도의 날에…"(그 구절에 대한 설명을 보라). 그리스도께서 "강림하실" 때는 "마지막"(τέλος)이고, 이 마지막은 우리가 알고 있는 것처럼 일들의 종결을 의미한다. 바울이 다른 곳(롬 8:21-23)에서 생생하게 묘사하는 것처럼, 신자들의 부활이 일어날 때 마지막(끝)이 오고 새 시대가 시작된다.[17] 우리는 예수 그리스도 안에서 첫 열매를 갖고 있지만, 이 시대가 끝날 때 일어날 마지막 추수를 기다린다. 부활을 부인하는 자는 이 시대가 끝나기를 기다려야 함을 알아야 한다. 바울은 51-55절에서 그리스도가 '강림하시기' 전에 "그리스도 안에서" 죽은 자에 대한 문제를 계속 다룬다. 어쨌든 그때 '사망을 삼키는 승리가' 있을 것이다(54절).

그러나 그리스도가 '강림하심'(재림)과 동시에 일어나는 그 마지막(끝) 시점은 알려지지 않았고, 따라서 바울도 현재 가정법(παραδιδῷ)과 함께 부정(不定) 용법의 "때"(ὅταν)를 사용한다. 이 말은 '때마다'(whenever)로 번역할 수도 있으나, 이것은 너무 애매하다. 바울은 동반하는 사건들에 비추어 그리스도의 강림이 언제 일어날지 알고 있으나 정확한 시점은 모른다. 그리스도의 강림은 모든 원수를 '(그리스도가) 멸하실(καταργήσῃ, 부정과거 가정법) 때' 일어난다. 이것은 예견은 되지만, 그 시점이 언제인지는 알려지지 않은 또 하나의 사건이다. 따라서 두 종속절은 그리스도가 "강림하실" 마지막 순간에 일어나는 일을 더 상세히 묘사하고, 그리스도가 이 일이 일어날 때까지 우리에게 '왕 노릇 하실' 것이라고 말한다.

28절까지 바울의 생각의 흐름을 검토할 때 본문의 정교한 구조를 염두에 두는 것이 중요하다.

A 그리스도는 아버지 하나님께 나라를 바치신다(24절).
　B 그리스도는 모든 원수를 자기 발아래 두실 때까지 왕 노릇 하신다(25절, 시편 110편에 의존함).
　　C 마지막 원수는 사망이다(26절).
　B' 하나님은 만물을 그의(아들의) 발아래 두신다(27절, 시편 8편에 의존함).
A' 그리스도 자신이 아버지께 복종하신다(28절).

첫째, 우리는 여기서 그리스도가 '왕 노릇 하시는' 것이 어떤 의미인지 살펴보기 전에, 바울이 어떤 일이 일어나기를 기대하는지 확인한다. 첫 번째 절은 "아버지 하나님[이신 분][18]께 나라를 바칠" 때에 관해 말한다. 이 "나라"는 4:20과 6:9-10에서 언급되었다.[19] 여기서 나라는 부활과 높아지심 이후로 그리스도가 행사해온 이 땅에 대한 하나님의 통치를 가리킨다. 그리스도의 통치 시기와 통치 범주에 관해 논란이 있으므로(뒤의 내용을 보라), 에베소서 1:21에서 그리스도께 "모든 통치와 권세"가 주어졌다고 언급된 것처럼, 바울이 이 통치가 이미 시행되고 있음을 가정하는 것을 이해해야 한다. 고린도전서 15:27-28도 하나님이 확실히 만물을 예수님과 예수님의 통치에 복종시키셨다는 사실을 분명히 한다. 심지어는 여기 24절의 두 번째 절도 이 점을 함축한다. 마지막(끝)이 오면 그리스도가 "모든 통치와 모든 권세와 능력을 멸하[실]" 것이기 때문이다. 그리스도의 심판의 이 마지막 활동은 이 시대에 일어날 마지막 큰 행위고, "마지막"이 왔음을 입증하는 분명한 한 증거가 된다. 그

17. Lietzmann, *An Die Korinther I-II*, 81은 바울은 "마지막"(τέλος)에 관해 말할 때 세 번째 "순서"를 염두에 두었다고 잘못 말한다. 첫 번째 순서는 그리스도의 부활이고, 두 번째 순서는 그리스도 안에 있는 자의 부활이다. 그리고 세 번째 순서는 "나머지(이것이 Lietzmann이 번역하는 τέλος의 의미다) 사람들"의 부활이라는 것이다. 그런데 이 단어는 그런 의미를 가질 수 없다.

18. 여기서 헬라어 본문은 애매하다. '하나님에게 그리고 아버지에게'(τῷ θεῷ καὶ πατρί).

19. 6:9a-b에 대한 설명 다음에 나오는 '심층 연구: 하나님 나라'를 추가로 보라.

때 나팔 소리가 울리고(뒤에서 15:52에 대한 설명을 보라), 사망이 마지막으로 멸망당하며, 죽은 자들이 다시 살아날 것이다.

이 마지막(끝)은 그리스도가 모든 통치를 '멸하셨을'(καταργέω) 때 온다. 바울은 이 동사를 앞에서 7번이나 사용했다[1:28; 2:6; 6:13; 13:8(2번), 10, 11]. 바울은 15:26에서 이 동사를 다시 사용한다. 이 동사는 '헛되다'나 '멸망하다'를 의미할 수 있다. 이것은 고린도전서에서 일관되게 이 세상의 일시성(지나가는 특성)을 확고하게 강조하는 종말론적 배경 속에서 사용된다(1:20). 바울이 '통치자들이 이 세상에서 없어질' 것이라고 이미 증명한 2:6에서 확인한 것처럼, 이런 의미에서 이 동사는 최후의 심판과 관련된다. "멸망하는" 것은 이 세상이 그리스도가 '강림하시는' 마지막 순간이 임할 때 "이 세상"에 속한 모든 사람과 사물들에 일어날 일이다. 1:28에 따르면, '멸망할 자'에 따르는 모든 부대 장비, 즉 그들의 지혜, 교만 등도 폐해진다. 2:6에 따르면, "이 세상의" 통치자들을 진멸로 이끄는 것은 "십자가", 즉 복음이다. '멸망하다'라는 말을 사람들에게 적용하면, 이것이 1-2장에서 그 말이 쓰였을 때 함축한 의미임이 분명해진다(1:18). 바울은 내내 "이 세상"은 '지나가는' 것이고(7:31), 이 세상의 일과 사람들과 통치자들은 무익하게 될 것이라는 관점에 따라 말한다. 그리스도의 십자가 죽음과 부활은 새 시대를 출범시켰다. 어떤 이는 '멸망하고 있기' 때문에 마지막(끝)에 있을 판결이 현세에서 이미 느껴진다. 하나님은 그리스도를 통해 벌써 이 세상의 지혜를 폐하고 계신다. 이런 이유로 "진멸했다"(has annihilated)는 번역은 부적절하지 않다.[20] 하지만 이 단어는 다른 헬라어 문헌에서 이런 의미가 있는 것처럼 보여도 매우 드물게 사용된다.[21] 따라서 이 책은 이 동사를 '무(無)가 되다'(being brought to nothing) 또는 '멸망하다'(has destroyed)로 번역했다(13:8-11도 보라).

이처럼 멸하시는 일에서 그리스도가 사역하시는 대상은 "모든 통치와 모든 권세와 능력"(πᾶσαν ἀρχὴν καὶ πᾶσαν ἐξουσίαν καὶ δύναμιν)이다. 2:6-8("이 세상의 통치자들", 참고. 롬 8:38)에서 바울은 자신이 무엇을 염두에 두었는지 이미 증명했다고 보는 것이 가장 좋다(그 부분의 설명을 보라). 거기서 우리는 바울이 하나님과 그리스도 안에서 행하시는 하나님의 계획을 거역하는 통치 당국자에 관심이 있음을 확인했다. 바울이 왕이신 그리스도와 로마 제국의 통치 당국자 사이를 대조하는 것을 고려하면, 24절이 이해된다. 이들은 "영광의 주를 십자가에 못 박은" 자들(2:8), 곧 "아담 안에" 있는 지도자들이다. 그러나 바울과 고린도 교인은 다 그들 당시의 통치자를 직접 생각하는 것 같지만, 진술이 매우 포괄적이므로 바울이 이 통치자들 배후에 있는 사탄의 세력도 생각하는 것일 수 있다. 여기에는 이 세상의 정치적, 법적, 경제적 구조에 종종 스며든 불의한 악의 세력이 포함될 수도 있다. 그리고 확실히 "멸망받을" 마지막 원수는 "사망"이다(26절).[22]

15:25-26 그가 모든 원수를 그 발 아래에 둘 때까지 반드시 왕 노릇 하시리니 맨 나중에 멸망 받을 원수는 사망이니라 (δεῖ γὰρ αὐτὸν βασιλεύειν ἄχρι οὗ θῇ πάντας τοὺς ἐχθροὺς ὑπὸ τοὺς πόδας αὐτοῦ. ἔσχατος ἐχθρὸς καταργεῖται ὁ θάνατος). 그리스도는 이미 다스리고 계시고, 그 다스리심은 그분의 원수들이 마지막으로 굴복하고 사망이 정복당할 때까지 계속된다. 그리스도가 '왕 노릇 하신다'

20. Conzelmann, *1 Corinthians*, 271; Thiselton, *1 Corinthians*, 1231.
21. MM 331에 나온 사례들은 이 단어를 "방해하다"나 "게으르게 되다"와 같이 매우 약한 의미로 사용한다. BDAG 525도 보라.
22. Fee, *1 Corinthians*, 754는 바울은 이 용어를 "영적 세력"을 가리키는 데 사용하고, 25절은 언급된 그 "세력"의 패배가 사망이라는 사실을 분명히 한다고 주장하는데 증거와 거리가 멀다. 만약 바울이 의미하는 바가 그것이 전부라면, 왜 그는 이런 포괄적인 용어를 사용하고, 또 왜 "모든 원수"라는 말을 언급하는가?

는 것은 이 모든 일이 만물에 대한 아버지 하나님의 주권 아래 수행된다는 사실을 상기시킨다. 바울이 27절에서 시편 8:1을 인유하는 것으로 보아 성경이 이 사실을 확실히 증언한다. "그가…둘 때까지"라는 말은 이 부정과거 가정법(ἄχρι οὗ θῇ) 뒤에 나오는 관계 대명사의 의미를 전해주려는 의도가 있다. 부정과거 가정법은 종종 요약과(혹은) 시점적인 동사의 상(相)을 전달하는 데 사용되지만, 시점 자체가 불명확한 상태로 남아 있다는 사실이 가정법으로 전달되기도 한다. 현재 수동태 '무가 되다'('멸망받다', καταργεῖται)라는 말도 영어에서는 그것이 단순히 미완료 상이 아니라 완료 상을 취하는 것처럼 들리게 하지 않으면 전달하기가 어렵다.[23] 바울은 그리스도의 통치의 절정이 사망의 최종적 패배에 있기는 하지만, 그 패배가 그리스도의 죽음과 부활로 시작된 일이라는 사실을 전달하고 싶어 하는 것 같다.[24] 이 책이 이 동사를 '무가 되는'(개역개정에는 "멸망받을"-역주)으로 번역한 것은 이 동사의 지속적 의미를 반영하려는 취지가 담겨 있다.

바울은 시편 110:1을 인유한다(정확하게 인용은 아니다. 그러나 LXX 시편 109:1과 매우 긴밀하다).[25] 시편 110:1은 신약성경 다른 곳에서도 사용되고, 이 시편은 이미 그리스도의 시대 이전에 메시아 시편으로 충분히 인정받았다. 이 시편을 보면, 하나님이 원수들을 다윗 계열의 왕이신 "주"께 굴복시키신다. 이것 때문에 15:25에서 '두다'(θῇ)라는 동사의 주어가 누구인지 질문이 제기된다. 24절에 비추어 볼 때 논리적, 문법적으로 가장 자연스러운 답변은 주어가 예수 그리스도라는 것이다. 그러나 시편 110:1에 비추어 어떤 주석가는 여기서 주어가 하나님 자신이라고 주장했다.[26] 시편 110편에서처럼 그리스도는 하나님이 원수들을 복종시키실 때까지 다스리신다. 28절에서 바울은 시편 8편을 인용하면서 하나님이 만물을 그리스도께 복종시키는 일에 관여하신다는 사실을 분명히 한다. 요약하면 문법적으로 더 자연스러운 해석을 취함으로써 그리스도를 주어로 보는 것이 가장 좋아 보인다. 바울이 시편 110편을 직접 인용하는 것이 아니라는 사실도 이 관점을 지지한다.

이 구절들로 보아 '마지막'(끝)을 향해 가는 역사의 흐름 속에서 그리스도가 이미 다스리고 계시는 것이 분명하다. 25절은 원수를 멸망시키실 때까지 "그가 반드시 왕 노릇 하실"(δεῖ…αὐτὸν βασιλεύειν) 것이라는 말을 덧붙인다. 따라서 이것은 하나님께 나라를 바칠 때까지 미치는 시간을 말한다. 이것 때문에 24절과 25절의 때와 그리스도가 이처럼 왕 노릇 하시는 때 사이에 시차가 있는가 하는 그다음 질문이 제기된다. 앞에서 이미 문법적으로 시차가 암시되지 않는다고 지적했다. 또한 고린도전서 전체에 걸쳐 그리스도가 지금 주(主)로 계시고, 지금 다스리신다는 것이 분명하게 드러났다. 확실히 그리스도의 '강림하심'은 주가 되시려고 오시는 사건이 아니라 이미 왕이신 분이 도래하시는 혹은 등장하시는 사건이다.

따라서 바울은 26절에서 자신의 논증의 초점을 제시한다. 그리스도의 부활(그리고 높아지심)로 그분의 통치가 시작되었다. 이후로 그리스도는 자신의 모든 원수를 복종시키실 때까지 계속 왕 노릇 하시고, 하나님을 거역하는 모든 자를 멸망시키실 것이다. 이 멸망의 역사에 적용될 마지막 원수는 사망 자체다. 부활을 부인하는 자에게 바울은 다음 사실을 분명히 한다. 곧, 그리스도의 부활이 없으면 왕 노릇도 없고, 주 되심도 없으

23. Campbell, *Basics of Verbal Aspect*, 72-73.
24. Calvin, *First Corinthians*, 324. "그러나 그것이 그리스도의 통치 아래 성취되었다고 해도 마지막 날이 될 때까지는 절대적인 완전한 성취가 없을 것이다."
25. 시편 110편의 사용에 대해서는 Donald M. Hay, *Glory at the Right Hand: Psalm 110 in Early Christianity*, SBLMS (Nashville: Abingdon, 1973)를 보라.
26. 특히 Barrett, *First Corinthians*, 358; Fitzmyer, *1 Corinthians*, 573.

며, 하나님의 원수들의 패배도 없고, 사망의 패배도 없다(따라서 아무에게도 부활이 일어나지 않는다). 그렇게 되면 사망이 승리자로 남게 된다. 그러나 그리스도가 다시 살아나셨고, 지금 다스리고 계시며, 장차 사망을 포함하여 하나님의 모든 원수를 멸망시키실 것이 진실이다. 따라서 이 진실은 "그리스도 안에" 있는 자에게 부활을 보증한다. 27절에서 바울은 시편 8편에서 가져온 성경적 증거를 더 깊이 제시함으로써 이 진실을 더 확대한다.

심층 연구

고린도전서 15:23-28에 세 가지 부활 관념 (그리스도, 그리스도 안에 있는 자, 다른 죽은 자의 부활)을 지지하는 증거가 있는가?

일부 주석가는 이 본문을 "전천년설"에 따라 해석한다. 이 전천년설은 주로 부활하신 그리스도가 재림하실 때 그의 백성이 그리스도와 함께 땅에서 왕 노릇 하기 위해 부활한다고 가르친다. 그다음에 그리스도는 요한계시록 20장의 소위 '천년 왕국'과 일치되게 이 땅에서 천 년 동안 다스리는데, 이 기간은 비유적일 수도 있고 아닐 수도 있다. 그다음에 주님께 속하지 않은 자가 심판받기 위해 부활하고 사망이 정복되는 때가 온다. 요한계시록 20:4에서 우리는 다음과 같은 말씀을 본다. "또 내가 보니 예수를 증언함과 하나님의 말씀 때문에 목 베임을 당한 자들의 영혼들…이 살아서 그리스도와 더불어 천 년 동안 왕 노릇 하니". 이것은 "첫째 부활"로 묘사된다(계 20:5). 천 년 기간이 끝날 때 사탄이 공적으로 패배를 당하고, "죽은" 자들은 심판을 받는다(계 20:13). 이어서 '사망과 음부도 불 못에 던져진다'(계 20:14). 고린도전서의 이 본문은 요한계시록 20장을 설명하는 것도 아니고,[27] 그렇다고 요한계시록의 저자가 사망의 최종적 패배를 그리스도의 재림의 때와 분리된 시간에 일어나는 것으로 보았는지 여부를 설명하는 것도 아니다. 여기서 우리에게 주어지는 질문은 이런 구조가 고린도전서 15:20-28에서 확인될 수 있느냐는 것이다.

로워리(D. K. Lowery)는 간략한 고린도전서 주석에서 자신과 다른 학자들이 24절을 어떻게 이해하는지 요약한다. "교회의 부활 이후로 그리스도가 자신의 나라를 아버지 하나님께 바치실 마지막 순간이 임할 때까지 중간에 다른 한 시기가 끼어 있다"(참고. 마 13:42-43).[28] 그런 다음 로워리는 그것이 어떤 기간인지에 대해 '논란이 있을' 것임을 인정한다. 하지만 계속해서 이렇게 확신한다. "시간적인 연쇄관계는 확실히 거의 순간적일 수도 있으나(고전 15:5) 다시 길어질 수도 있다(참고. 23절). 대략 2천 년이 첫 단계와 다음 단계 사이에 흐를 수 있다면…두 번째와 세 번째 단계 사이에 천 년이 흐른다고 해서 놀랄 필요는 없다."[29] 바울은 고린도전서 15장의 이 문맥에서 그리스도의 천 년 통치를 전혀 언급하지 않고, 또 "그리스도 안에" 있지 않은 자의 부활도 전혀 거론하지 않으며, 오히려 그리스도의 부활은 그분이 다스리고 계시고 지금 주님으로 계심을 의미한다는 사실을 분명히 암시하므로, 지금과 그때에(천년 왕국에서)

27. 무천년설에 따라 요한계시록 20장을 간략히 설명한 것은 나의 주석 *Revelation: The Compassion and Protection of Christ*, Focus on the Bible (Ross-shire, UK: Christian Focus, 2008), 269 이하를 보라.

28. D. K. Lowery, "*1 Corinthians*," in *The Bible Knowledge Commentary: An Exposition of the Scriptures by Dallas Seminary Faculty*, 공동편집 John F. Walvoord, Roy B. Zuck, New Testament edition (Wheaton: Victor, 1983), 544.

29. 앞의 책.

그리스도의 주 되심이 어떻게 다를지 묻는 것도 필수적이다. 일부 주석가는 미래에 주 되심의 두 번째 국면이 그리스도가 새 땅이 최종적으로 세워질 때, 곧 '마지막'(끝)이 오기 전에 "그리스도 안에" 있고 죽은 자 가운데서 부활한 자와 함께 이 땅에서 가시적으로 왕 노릇 하러 오시는 것에 있다고 주장한다. 그러나 이 그림이 성경에서 이런 형태로 나타난다고 해도, 이 본문에는 해당되지 않는다.

래리 크라이처(Larry J. Kreitzer)는 전천년설 자체는 지지하지 않으나 "그리스도 안에" 있는 자의 부활 후에 그리고 "마지막"과 사망의 최종적 패배가 오기 전에 메시아 나라가 있다는 관점을 지지하는 상세한 주석적 논증을 제공한다. 크라이처는 이렇게 결론을 내린다. "이 본문은 시간적인 메시아 나라를 믿는 믿음을 반영하는 것 같다…하지만 이것이 그 문제에 관한 바울의 나머지 가르침을 수정하는 것을 뜻하지는 않는다."[30] 그러나 크라이처의 주석은 많은 주석가에게 강한 도전을 받았고, 그런 도전을 제기한 학자 가운데 조셉 플레브닉(Joseph Plevnik)과 특히 힐(C. E. Hill)이 있다.[31] 힐은 그리스도의 시간적 통치가 승천으로 시작된다고 주장한다. 힐은 주님이 원수들을 패배시킬 때까지 보좌에 앉아 계시고, 또 만물을 자기 발아래 두셨다고 말하는 시편 110편과 8편의 언급을 지적한다. 힐은 이 두 시편이 어떻게 신약성경의 다른 여러 문맥에서 함께 사용되는지 그리고 어떻게 일관되게 그리스도가 현재 주로서 누리시는 지위를 가정하는지 증명한다. 힐은 주석을 통해 엄밀히 "그리스도께서…할 때까지 왕 노릇 하실" 것이므로, 24절과 25절은 "통치의 출발점으로 볼 수 없다"라고 주장한다.[32] 이 본문을 상세히 검토한 다음, 힐은 이렇게 결론을 내린다. "그리스도 자신의 부활은…따라서 하늘 보좌 등극의 시작이고, 그의 백성의 부활은 이 승리의 완결뿐만 아니라 왕으로서의 통치 사역의 종결도 표시한다. 마지막 원수의 요새가 제거됨으로써 평화를 되찾은 우주가 승리하신 아들을 통해 아버지 하나님께 바쳐진다…그때 확실히 하나님이 만유의 주로서 만유 안에 계실 것이다."[33] 여기에 또 한 가지 설명을 추가할 수 있다. 26절이 번역하기 어려운 것은 동사가 현재 시제이기 때문이다. 이것은 최소한 여기서 미완료의 상(相)을 전달한다.[34] 마지막(끝)에 결국 멸망당할 마지막 원수는 지금도 멸망당한다. 바울은 이것이 예수님의 죽음과 부활로 시작되고, 그리스도가 다스리시는 동안에는(그가 왕 노릇 하실 것이므로, 25절) 마지막(끝)이 될 때까지 계속된다는 사실을 알리고자 한다.

이 본문이 전천년설에 얼마나 적합한지는 전천년설을 취하는 자가 증명해야 할 필요가 있다.[35] 그러나 이 본문이 명확히 '세 번째 단계'를 지지한다는 견해, 즉 재림 후에 천 년 동안 이 땅에서 다스리는 시간적 나라를 지지한다는 견해는 주석적으로 신빙성이 없는 것 같다.

30. Larry J. Kreitzer, *Jesus and God in Paul's Eschatology*, JSNTSup 19 (Sheffield: JSOT, 1987), 168. 이것을 지지하는 주석은 142-64를 보라.

31. Joseph Plevnik, *Paul and the Parousia: An Exegetical and Theological Investigation* (Peabody, MA: Hendrickson, 1997). 그리고 Hill, "Paul's Understanding of Christ's Kingdom," 297-320을 보라. 또한 Ridderbos, *Paul*, 556-62에서 15:23-28에 대한 상세한 설명도 보라.

32. Hill, "Paul's Understanding of Christ's Kingdom," 315.

33. 앞의 책, 320.

34. 헬라어 본문에서는 더 정확하다("멸망받을 마지막 원수는 사망[이니라]"). Thiselton, *1 Corinthians*, 1234는 "무(無)가 될 운명을 가졌다"(doomed to be brought to nothing)라고 번역함으로써 이 지속적 의미를 담는다.

35. Darrell L. Bock, *Jesus according to Scripture* (Grand Rapids: Baker, 2002), 588-90은 전천년설에 따라 개관하는 내용을 유용하게 제공한다. Bock은 요한계시록 20장에 의지하여 "새 하늘과 새 땅이 임하기 전 중간 나라를 세우는 일"이 어떻게 고린도전서 15:25-28과 로마서 11장의 바울의 가르침에 맞게 일어날 수 있는지 증명하는 데 힘쓴다.

15:27 만물을 그의 발 아래에 두셨다 하셨으니 만물을 아래에 둔다 말씀하실 때에 만물을 그의 아래에 두신 이가 그 중에 들지 아니한 것이 분명하도다(때문에 "그는 그의 발 아래 만물을 복종하게 하셨다." 그러나 "만물이 복종한다"라고 그것이 말할 때 그가 만물을 그에게 복종하게 하신 분에서 제외되는 것은 분명하다-저자 사역)(πάντα γὰρ ὑπέταξεν ὑπὸ τοὺς πόδας αὐτοῦ. ὅταν δὲ εἴπῃ ὅτι πάντα ὑποτέτακται, δῆλον ὅτι ἐκτὸς τοῦ ὑποτάξαντος αὐτῷ τὰ πάντα). 바울은 '만물을 복종하게 하신' 분이 하나님이라고 설명한다. 하나님은 자신이 정하신 만물의 '질서' 속에서 죽은 자를 다시 살리시는 분이다. 그리고 그리스도는, 시편 8편이 지적하는 것처럼 만물의 복종에 대한 하나님의 계획과 "그리스도 안에" 있는 모든 자의 부활이 그들에게 최고의 영광이 되게 하시는 하나님의 계획을 수행하시는 분이다. '그것이 말하다'(it says, εἴπῃ)는 말은 '그가 말씀하다'로 번역될 수 있다. '그것'은 '성경'을 가리키고, '그'는 '하나님'을 가리키기 때문이다(개역개정의 번역으로는 이 점을 포착하기가 어려움-역주). 하나님은 성경에서 말씀하시는 분이므로 바울은 어느 쪽이든 사용할 수 있었다(롬 11:12; 갈 4:30과 함께 롬 10:8; 엡 5:14도 참고하라). 바울은 여기서 시편 8:6(LXX 시 8:7)을 인용한다.[36] 구조를 보면 바울은 25절에서 제기된 문제, 곧 만물이 그리스도께 복종하는 문제로 되돌아간다(앞에서 '구조'에 제시된 개요를 보라). 인용문의 마지막 부분은 정확히 25절에서 바울이 사용한 말("반드시 왕 노릇 하시리니")을 반복하고, 이것은 부분적으로 바울이 "성경대로" 말하고 있음을 다시 증명하고자 시편 8편을 사용한 것을 암시한다.

시편 8편은 지음 받은 인간이 피조물을 지배하는 통치에 관해 말한다. 하나님은 인간에게 영화와 존귀로 관을 씌워주셨다. 이에 시편 기자는 하나님을 찬송하며 이렇게 말한다. "만물을 그의 발아래 두셨으니"(시 8:6). 그러나 히브리서 저자가 시편 8편을 더 상세히 인용하며 지적하는 것처럼, "지금 우리가 만물이 아직 그에게 복종하는 것을 보지 못[했다]"(히 2:8). 하지만 "우리가… 영광과 존귀로 관을 쓰신 예수를" 본다(히 2:9). 인간에 대해 예언된 것이 지금 한 사람 예수 안에서 확인된다. 바울은 여기서 똑같은 아담-그리스도 유비 관계에 따라 말한다. 아담이 실패했던 곳에서 예수님은 성공하신다. 시편 110편과 8편이 다시 함께 언급되는 에베소서 1:20-23을 보면, 이 역할에 따라 만물을 복종하게 하신 분으로서 그리스도는 그의 백성의 대표라는 사실이 생생하게 제시된다. 그리스도는 "만물 위에 교회의 머리"가 되신다(엡 1:22).

진정한 의미에서 아버지 하나님이 이런 온전한 지배권을 예수 그리스도께 주신 것은 창세기 1:27-30과 시편 8편 및 110편에 제시된 목적을 하나님이 직접 성취하셨다는 것을 의미한다. "그리스도 안에서" 인간은 만물을 복종하게 하는 권세가 있다. 그러나 외관상 불필요해 보이는 한 가지 단서가 남아 있다. 바울은 그리스도께 주어진 만물의 이 복종에서 하나님은 제외되는 것이 '분명하다'(δῆλον ὅτι)고 말한다. 어떤 면에서도 만물과 모든 사람에 대한 하나님 아버지의 궁극적인 전적 주권은 의심받는 진리가 아니다. "그리스도 안에서" 인간은 하나님 아버지에 대해 주권을 갖지 못한다.

바울이 왜 이처럼 명백한 진리를 굳이 말할 필요를 느꼈는지에 관해 일부 주석가들은 사변을 동원해 설명했다. 그것은 거의 확실히 바울이 28절에서 이 관념들의 결론으로 그리고 최종 목표의 본질로 시선을 옮기기 때문일 것이다. 마지막(끝)에는 어떻게 될까? 하나님 아버지가 부활한 모든 인간을 대표하는 이에게 복종하는 것이 아니라 "그리스도 안에" 있는 모든 자가 그들의 왕과 함께 하나님께 복종할 것이다. 구조적으로 이것은

36. 바울은 자신의 논증을 위해 LXX의 2인칭 단수형을 3인칭 단수형으로 바꾸었다.

24절의 관념으로 돌아가면서 이제 28절로 이끄는 것이다. 24절에서 그리스도의 목표는 아버지 하나님께 나라를 바치는 것이다. 28절에서 만물을 복종시키신 그리스도는 하나님의 모든 백성을 대표하시는 왕으로서 그리스도를 포함하여 만물을 하나님께 복종하게 하실 아버지의 목표를 성취하신다.

15:28 만물을 그에게 복종하게 하실 때에는 아들 자신도 그 때에 만물을 자기에게 복종하게 하신 이에게 복종하게 되리니 이는 하나님이 만유의 주로서 만유 안에 계시려 하심이라(ὅταν δὲ ὑποταγῇ αὐτῷ τὰ πάντα, τότε [καὶ][37] αὐτὸς ὁ υἱὸς ὑποταγήσεται τῷ ὑποτάξαντι αὐτῷ τὰ πάντα, ἵνα ᾖ ὁ θεὸς [τὰ] πάντα ἐν πᾶσιν). 이제 바울은 그리스도가 자신의 원수인 죄와 사망을 물리치고 승리하신 일의 궁극적 목표를 묘사한다. 하나님께 궁극적이고 전체적인 영광을 돌리는 최종적 복종 또는 예속에 따라 그리스도는 마지막 시점에 자신을 포함하여 아버지께 만물을 바치실 것이다.[38] 여기서 "만물"(everything)은 영어로 번역할 때 3인칭 단수형 동사(ὑποταγῇ)에 맞추어 단수형을 유지한다. 24절에서처럼, 만물이 하나님께 복종하리라는 사실은 확실하다. 하지만 시기가 언제인지는 불확실하다(ὅταν). 이 구절은 "아들"이 독립 용법으로 사용되는 유일한 곳이다. 바울은 여기서 두 가지 이유로 의도적으로 24절의 "아버지 하나님"과 대조하여 "아들"이라는 말을 사용하는 것 같다.

첫째, 구조상 24절과 28절은 'A'를 구성하고, 따라서 서로 잘 대조된다.

A 그리스도는 아버지 하나님께 나라를 바치신다 (24절).

……

A 아들(그리스도) 자신이 그분(아버지)께 복종하신다 (28절).

여기서 더 중요한 사실은 바울이 의도적으로 이 두 구절(24절과 28절)의 대조를 통해 신격의 구별된 역할을 명확히 하고 싶어 한다는 점이다. 여기에는 종속주의가 조금도 함축되어 있지 않다. 바울은 사람들을 자신에게 이끌어 그들을 전적으로 자신에게 속해 있는 나라로 편입시키는 주권자 하나님의 계획을 언급한다. 아들로서 그리스도의 역할은 유일하신 참 하나님의 내적 사역을 어느 정도 계시한다. 아버지는 만물을 아들에게 '복종하게 하시지만' 또한 아들을 아버지께 복종하게 하시는 행위자도 되신다. "아들 자신도 그때에 만물을 자기에게 복종하게 하신 이에게 복종하게 되리니"(ὑποταγήσεται, 미래 수동태). 물론 그리스도는 자신의 사역이 완결될 때 자신을 포함하여 만물이 아버지께 복종하는 일에 기꺼이 참여하신다. 이 복종은 그리스도가 구속 사역을 행하시는 동안에도 내내 이루어졌다. 그러나 바울은 그리스도의 아들로서의 본질이라는 매혹적인 국면을 지적하

37. καί가 (특히) B D* F G 0243, 33, 1175, 1739, Vulgate에는 빠져 있다. 반면에 ℵ A D² K L P Ψ와 여러 소문자 사본에는 이 단어가 들어 있다. 여기서 이 단어는 '또한' 이나 '…라도'("아들도 그때에")를 의미할 수 있다.

38. 15:23에서 하나님이 정하신 '순서' 관념을 이미 지적했다. 동사 '복종하다'(ὑποτάσσω)라는 말은 14:32, 34에서 나타났다. 15:28에서처럼, 14:32, 34 문맥에서도, 일들의 '순서' 관념이 명확히 제시된다. Thiselton, *1 Corinthians*, 1235는 이렇게 말한다. "그러나 중요한 요점은 τάσσω와 τάγμα나 τάξις, 곧 정리된 것이 이 단어들에 ὑπό가 붙은 것, 즉 복종과의 관련성이다." 이 동사가 반복되는 것(27–28절에서 6번)은 성경의 인용으로 시작되지만 바울의 관심이 이 사건들과 사람들의 순서 및 아버지에 대한 만물의 결정적인 복종에 있음을 반영한다. Wright가 다음과 같이 말하는 것과 같다. "물론 바울이 '아들 자신도 그때에 만물을 자기 아래 적절한 순서에 두게 하신 이 아래 적절한 순서에 두어지게 되리니'(개역개정에는 '아들 자신도 그때에 만물을 자기에게 복종하게 하신 이에게 복종하게 되리니'–역주)라고 말하는 사실은 그 말이 나중에 갖게 된 의미를 함축하지 않고 '복종'이라는 단어로 요약될 수 있다"(Wright, *Paul and the Faithfulness of God*, 737n353).

고 있는 듯 보인다. 그리스도는 아들의 지위("아들"이라는 말을 독립적으로 사용하는 것을 다시 주목하게 하는)를 갖고 계시기 때문에 마지막에 아버지께 반드시 복종하실 것이다(추가로 아래를 보라). 샘플리(Sampley)는 확실히 올바르게 이렇게 말한다. "하나님의 웅대한 최고 목적을 묘사할 때 바울의 말은 송영으로 흘러간다."[39]

"하나님이 만유의 주로서 만유 안에 계시려 하심이라"(ἵνα ᾖ ὁ θεὸς [τὰ] πάντα ἐν πᾶσιν)는 목적절은 의미가 즉각 명확히 드러나지 않지만 의도는 매우 분명한 것 같다. 그리스도의 모든 사역, 하나님의 모든 원수의 정복, 죽은 자의 부활의 목표는 하나님의 크신 영광을 위해 만물을 진실로 하나님께 복종하게 하는 데 있다. 이 세상이 끝날 때 만물, 곧 하나님의 백성을 비롯하여 우주 속에 있는 '모든 것'(중성, τὰ πάντα)이 아들과 같이 아버지께 복종할 것이다. 그때 모든 악은 패배하고, 하나님의 백성은 이처럼 그들을 사랑하신 하나님 앞에서 그분을 위해 살 것이다. 다시는 아무것도 하나님의 통치에 도전하지 못할 것이다.

이 부분은 "[실제로] 그리스도께서 죽은 자 가운데서 다시 살아나사"라는 말로 시작되었다. 하나님이 그리스도 안에서 사망을 이기시고, 그리스도가 하나님의 모든 원수를 정복하신 최종 결과는 하나님이 주권적으로 다스리시는 것이다. 만약 죽은 자의 부활이 없으면, 하나님의 참된 통치는 부인되고 만다.

심층 연구

아들의 복종

28절은 아버지와 아들의 관계에 관해 많은 논란을 불러일으켰다. 지적했듯이 "아들"이라는 말을 절대적 용법으로 사용하면 삼위일체 하나님의 두 인격, 곧 아버지와 아들의 차별화가 주목을 끈다. 24절에서 아들은 "아버지 하나님"께 나라를 '바치신다.' 25절에서 그가 "…때까지…왕 노릇 하시리니"라는 말은 아버지의 뜻을 성취하는 데 아들이 필수적으로 참여해야 한다는 사실을 지시한다. 27절에서 아버지는 만물을 아들에게 복종하게 하신다. 일단 이 모든 일이 일어났을 때 '아들 자신도 그때에 아버지께 복종하게' 되고, 거기서 다시 한번 아버지가 복종의 행위자가 되신다. 많은 주석가가 삼위일체 신학의 논증은 복잡하다고 지적했다. 여기서는 때때로 제기되는 신학적 문제를 지적하고 그 문제를 간략히 설명하는 것으로 만족해야 한다.

의심할 것 없이 이 구절들에서 아들이 아버지께 복종하신다는 사실이 무시되어서는 안 된다. 이 구절들은 최소한 이 땅에서 구속 활동을 행하신 시기를 넘어서도 아들이 기능적으로 아버지께 종속된다는 사실을 제시하고, 전통적으로 기능적 종속을 찬성하는 데 도움을 주는 본문으로 사용되었다. 다시 말하면 28절에서 아들은 영원토록 아버지께 복종하는 분으로 여겨진다고 주장된다. 즉, 예수님이 아버지께 복종하는 관계에 있는 것은 그분이 "아들"로서 하시는 일의 한 부분이다. 물론 이것이 사실이라 해도, 이렇게 말하는 대다수 주석가는[40] 아들이 "본체와 능력과 영원성"에 있어 아버지와 하나이신 분

39. J. Paul Sampley, "The First Letter to the Corinthians," in *The New Interpreter's Bible*, 편집 Leander E. Keck, 12 vols. (Nashville: Abingdon, 2002), 10:982.

40. 물론 이 구절과 다른 구절에서 바울이 아들의 아버지에 대한 '본질

으로 계시된다(「웨스트민스터 신앙고백」 2.3)고 보는 정통 기독교의 관점을 지지한다. 정통 기독교와 니케아 신조의 관점에 따르면, 우리는 "한 주 예수 그리스도는 하나님의 독생자이며, 창세전에 아버지에게서 나셨으며, 하나님으로부터 나온 하나님"(니케아 신조)이라는 사실을 반드시 믿어야 한다. 따라서 특히 28절로 부각되는 질문은, 아들이 아버지에 의해 아버지께 복종하는 것이 아들과 아버지의 영원한 (기능적) 관계의 일부냐는 것이다. 예를 들어, 고든 피는 다른 면에서 주장하기는 하지만 다음과 같이 이 사실을 인정한다. "(25-28절은) 아들의 아버지에 대한 모종의 '영원한 복종'을 함축한다고 쉽게 주장할 수 있다."[41] 배럿은 이 구절에 관해 이렇게 말한다. "사람의 지배권은 회복되고 있지만 그 지배권의 안정성은 **오직 아들이신 예수님이 그의 아버지께 한결같이 복종하시는 것에** 있다."[42]

이 견해를 대신하는 한 견해는 아들의 아버지에 대한 복종을 오직 구주로서 감당하는 그리스도의 역할에 따라서만 보고, 따라서 그분의 자기 백성의 구속과 성육신과 같은 문제로 제한하는 것이다. 그러나 찰스 하지가 (앞에 묘사된 것처럼) 아들이 어떻게 아버지와 동등하지만 아버지께 종속될 수 있는지에 관해 이 구절들을 붙들고 심혈을 기울여 씨름하면서 지적하는 것처럼, 이 후자 견해는 여기서 바울이 전하는 말에 대한 설명으로는 적합하지 않다.[43] 이 견해를 따를 때, 특히 28절이 아버지에 대한 아들의 "복종"을 마지막(끝) 시점과 영원한 미래에 있을 일로 묘사하는 것처럼 보이게 한다는 것이 문제다. 이 견해에 따르면, 아버지에 대한 아들의 복종은 하나님이 "만유의 주로서 만유 안에 계시는" 영원한 미래에 있을 일의 하나로 보인다. 찰스 하지는 이렇게 주장한다. "우리는 논리상 두 모순된 진술, 곧 아들이 아버지께 종속되어 있다는 진술과 아들이 아버지와 동등하다는 진술이 다 참이라고 알고 있다. 어떤 의미에서는 그(그리스도)가 아버지께 복종하고, 다른 의미에서는 아버지와 동등하다. 왕의 아들은 그의 본성의 모든 속성에 있어서 자기 아버지와 동등할 수 있으나 직무상으로는 왕 아래 있다. 따라서 영원하신 하나님의 아들은 아버지와 동등할 수 있지만 직무상으로는 종속적이다."[44]

패커(J. I. Packer)는 요한복음 5장과 8장을 인용하여 이에 관한 성경의 일반적 가르침을, 특히 최소한 고린도전서 15:24-28에 암시된 입장을 잘 설명하는 것 같다. 그는 다음과 같이 말한다.

> 삼위일체의 두 번째 인격의 본성은 첫 번째 인격의 권위를 인정하고 기꺼이 복종하는 것이다. 그것 때문에 두 번째 인격은 자신을 아들로, 첫 번째 인격을 아버지로 선언한다. 영원성, 능력, 영광에 있어 아버지와 동등하지만 아들의 역할을 하는 것이 그분에게는 자연스럽고, 아버지의 뜻을 행할 때

적인' 영원한 복종을 가르치고, 따라서 모종의 명백한 종속주의가 있다고 믿는 주석가가 더러 있다. 예컨대 Hay가 이런 관점을 따라 이렇게 말한다. "바울이 여기서 나중에 종속주의 기독론으로 불리게 될 사상을 적용했다는 인상을 피할 수 없다"(*First Corinthians*, 266). John V. Dahms, "The Subordination of the Son," *JETS* 37 (1994): 351-64는 "아들의 아버지에 대한 종속은 단순히 경륜적인 종속"이라는 견해를 반대하고, "그 종속은 본질적이고 영원하다"라고 주장한다. 때때로 이런 설명에서 "본질"과 "본질적"이라는 말이 사용될 때 용어의 혼란이 확실히 존재한다.

41. Gordon Fee, *Pauline Christology: An Exegetical-Theological Study* (Peabody, MA: Hendrickson, 2007), 113. Fee는 계속해서 "바울이 여기서 그리스도의 인격을 생각했을 가능성이 없고, 오히려 구원 역사 속에서 그분의 역할에 관해 생각한다"라고 말한다.

42. Barrett, *First Corinthians*, 361 (강조체 저자).

43. Hodge, *First Corinthians*, 333-36.

44. 앞의 책, 334.

가장 큰 기쁨을 얻는다. 이것은 신격의 사역을 계획하고 시작하는 것이 삼위일체의 첫 번째 인격에게 자연스럽고, 또 아버지와 아들로부터 나와 두 인격의 공동 명령을 수행하는 것이 세 번째 인격에게 자연스러운 것과 같다. 따라서 신인(神人)이 땅에 계시는 동안 아버지께 순종하는 것은 성육신으로 말미암아 일어난 새로운 관계가 아니었다. 하늘에서 가지신 아들과 아버지의 영원한 관계가 시간 속에서 계속되는 것이다.[45]

유감스럽게도 참으로 흥미롭고 중요한 이 설명은, 최근 남성에 대한 여성의 종속과 관련된 매우 감정적인 논쟁의 찬반 논증 때문에 아들의 아버지에 대한 복종 문제에 이 설명을 활용하고자 애썼던 사람들 사이에서 희미해지고 말았다. 남성에 대한 여성의 종속 문제는 분명히 15:24-28의 주제가 아니므로, 그 본문이 실제로 무엇을 말하는지 검토해보는 것이 중요하다. 오직 이렇게 할 때만 그렇게 주장하고 싶은 자는 그 결과 얻어낸 가르침을 적용할 수 있다. 어떻게 보든, 28절을 아버지에 대한 아들의 복종을 아들의 영원한 기능적인 역할을 가리키는 것으로 보는 자에게 '종속주의'의 초기 이단이라는 딱지를 붙이는 것은 분명히 잘못이다. 이것은 이 초기 이단을 오해하는 것이고, 이와 같은 본문에 접근할 때 요구되는 진지한 신학적 씨름을 너무 쉽게 무시하는 것이다.

결론적으로 로버트슨과 플러머는 다음과 같이 명확히 제시한다. "이 본문은 우리의 현재 지식으로는 설명할 수 없고, 우리의 현재 능력으로는 이해할 수 없는 비밀을 요약한다."[46] 우리가 15:28을 읽고 확신을 갖고 할 수 있는 일은, 바울이 우리를 어디로 데리고 가든 따라가서 아버지 앞에 경외하는 마음으로 무릎을 꿇는 것이 전부라고 말해야 한다. 우리는 아직 주께서 나를 아신 것같이 우리가 온전히 알게 될 때를 기다리고 있기 때문이다(13:12).

적용에서의 신학

정복하시는 왕

창세기 3장 이후로 모든 사람의 최고의 원수가 사망이라는 사실이 분명해졌다. 모든 사람이 일반적인 삶에서 사망을 대원수로 경험한다. 늙어서 죽을 수도 있고 또는 질병이나 자연재해로 죽음을 맞이할 수 있다. 전쟁으로 죽을 수도 있고, 살인자의 손이나 법적 처벌에 의해 죽

45. J. I. Packer, *Knowing God* (London: Hodder and Stoughton, 1973), 64. 아들이 아버지께 영원히 종속되어 있다는 견해를 폭넓게 옹호하는 것은 Steven D. Kovach, Peter R. Schemm Jr. 공저, "A Defense of the Doctrine of the Eternal Subordination of the Son," *JETS* 42 (1999): 461-76을 보라.

46. Robertson and Plummer, *First Corinthians*, 357.

을 수도 있다. 사망은 항상 그리고 누구에게나 대원수다. 사망의 권능은 엄밀히 "아담 안에" 있는 모든 사람을 사망의 지배 아래 두는 것이다. 심지어는 너무 고통이 심해 죽음을 고통에서 "도피"하는 것으로 보는 자에게도 여전히 사망은 최종적이고 끔찍한 결말이다. 이 부분에서 바울의 핵심 진술, 즉 처리되어야 할 마지막 원수가 사망이라는 말(26절)은 너무나 판에 박힌 말이다. 그러나 여기서 바울은 이 문제를 직시하고, 사망이라는 원수를 정복하는 분으로서 부활하신 주님께 호소한다.

삶과 죽음, 의와 악의 관계는 구약성경에서 자주 발견되는 주제다. 에스겔서 18장은 죽음과 삶에 관한 예언과, 심판하심으로써 죽음과 삶을 결정하시는 왕으로서의 하나님에 관한 예언의 말씀을 상세히 전한다. 그 본문에서 하나님은 죽음을 보고 싶어 하지 않는 크신 마음을 가진 분으로 계시된다(겔 18:23, 32). 하나님은 사람들이 죄에서 돌아서고 생명을 얻기를 바라신다. 삶과 죽음에 관한 성경의 본문과 설명은 여기서 바울의 가르침의 배경으로 작용한다. 고린도전서 15:20-28을 보면, 모든 사람을 심판하시는 하나님은 "그리스도 안에서" 죄가 처리된 것과 부활로 생명이 그리스도께 주어진 것처럼 많은 사람에게 생명이 주어진 것을 보도록 결정하신다. 그리스도가 가신 곳에 그의 백성도 함께 간다. 그리스도가 부활하심으로 그의 백성도 부활할 수 있다.

바울은 여기서 '순서'가 결정적으로 중요하다고 주장한다. 그리스도가 첫 열매다. 따라서 이것은 그리스도 왕이 "강림하실" 때 다른 사람들에게 부활이 일어난다는 것을 의미한다. 이 부분은 그리스도의 왕 노릇을 언급하고 암시하는 말로 가득 차 있다. 이 왕 노릇은 바울이 "그리스도"(메시아)라는 말을 네 구절에서 네 번에 걸쳐 거듭 사용하는 것으로 확인된다. 또 이 왕 노릇은 자기에게 "속한" 자에 대한 그리스도의 대표 기능("그리스도 안에서")으로 그리고 "나라"에 대한 언급으로 확인된다. 그런데 이 부분에서 바울이 이 모든 표현을 사용하는 것은, 왕이 싸워서 승리하실 결정적 전투에 대한 묘사를 더 생생하게 만들기 위해서다. 그리스도는 지금도 멸하는 일로 다스리시고, 결국은 모든 권세와 통치를 멸하실 것이다. 마지막으로 그리스도는 사망 자체도 멸하실 것이다. 이로써 만물에 대한 그리스도의 통치와 최종적 대 "승리"에 관한 말이 이어진다. 아마 이것은 주의 능력과 승리와 나라에 대한 다윗의 말을 상기시킬 것이다(대상 29:10-11). 바울은 이 승리의 결과가 순종하는 아들이신 왕이 스스로 아버지께 복종하고 만물을 바치시는 일이라고 본다.

그리스도가 악한 모든 것을 파괴하고 승리하는 것과 아버지께 복종하시는 것을 말하는 일은 오늘날에는 문화에 반발하는 도발이다. 나아가 복음을 제시할 때 죄 자체를 너무 가볍게 다루면, 그리스도의 재림과 그분의 승리 및 영광을 의미 있게 말하기가 어렵다. 그러나 그리스도가 죄와 사망을 물리치시고 최종적으로 승리하시는 사실에 관해 바울이 그리는 이 중대한 그림이 주는 기쁨은 그가 제공하는 배경에 비추어 이해되어야 한다. 왕이신 그리스도가 사망을 정복하시고 자기 백성을 아버지께 이끄셔서 완전히 복종하시는 그날의 영광은 성경에 제시된 그 어떤 영광과도 비교가 되지 않는다. 사람들이 악을 두려워하고, 정부를 두려워하며, 질병을 두려워하고, 대체로 여러 가지를 매우 크게 두려워하는 세상에서, 부활과 영광의 필요성과 기쁨을 제대로 이해하려면 죄와 사망을 다시 설교하는 것이 지극히 필수적이다. 부활의 목표가 '하나님이 만유의 주로서 만유 안에 계시려 하려는' 데 있다는 말을 사람들에게 분명히 들려주는 것이 매우 중요하다.

CHAPTER 32

고린도전서 15:29-34

문학적 전후 문맥

부활을 확실하게 설명하고 부활의 최종 목표에 관해 진술한 다음, 바울은 15:13-19에서 확인된 것과 비슷한 형태의 논증으로 돌아간다. 바울은 두 가지 문제와 관련하여 부활을 부인하는 자의 불합리성에 관해 말한다.[1] 첫 번째 문제는 죽은 자를 위한 세례 관습과 관련되어 있는데, 이 세례는 부활이 없으면 무익하다. 두 번째 문제는 보다 개인적이다. 여기서 바울은 1인칭 단수형을 사용하고 자신은 복음을 위해 목숨을 바칠 용의가 있으나 그것은 부활이 없으면 완전히 헛된 일이 될 것이라고 주장한다. 이어서 32b-34절의 바울의 요약 진술은 이런 사실을 이 세상에서 살아야 할 삶의 방식에 적용한다. 만약 부활이 없으면 희생적인 삶은 무익하고 자기가 원하는 대로 사는 것이 더 낫다. "내일 죽을 터이니 먹고 마시자"(32절). 마지막으로 바울은 부활에 관한 가르침이 고린도전서 앞부분에서 제시한 윤리 문제와도 얼마나 명확히 관련되어 있는지 증명한다. 부활은 당연히 신자에게 죄를 심각하게 여기라고 촉구한다. 바울은 고린도전서 많은 부분에서 자신이 염두에 두었던 한 주제에 대해 아이러니한 태도를 보이고, 자기들이 우월한 "지식"이 있다고 주장하는 고린도 교인들에게 시선을 돌려 34절에서 이렇게 말한다. "죄를 짓지 말라 하나님을 알지 못하는 자가 있기로 내가 너희를 부끄럽게 하기 위하여 말하노라." 그러므로 부활은 그리스도인의 현재 삶의 방식에 직접 영향을 미쳐야 한다. 15:35-49에서 바울은 부활을 변증하는 일로 돌아가고, 거기서 질문에 답하는 형식으로 부활을 변증한다.

1. 이 부분은 두 번째 '레푸타티오'로 이해할 수 있다.

- VIII. 지위, 공적 예배, 자유, 은사(11:2–14:40)
- **IX. 그리스도와 그의 백성의 부활의 복음(15:1–58)**
  - A. 그리스도의 부활로 보증된 복음의 사실들(15:1–11)
  - ➦ **B. 부활에 관한 진리(15:12–34)**
  - C. 부활한 몸: 연속성과 불연속성(15:35–49)
  - D. 몸의 변화의 필연성(15:50–58)
- X. 결론적 지침과 의견(16:1–24)

주요 개념

만약 죽은 자의 부활이 없으면 그리스도인이 행하는 많은 일이 미련한 짓이 되고 만다. 심지어는 정직하게 도덕적인 삶을 사는 것도 어리석다. 따라서 그리스도인은 이런 미련함과 죄를 진지하게 취하고 거기서 벗어나야 한다.

번역

고린도전서 15:29-34

절	구분	본문
29a		
b	조건(조건절)	만일 죽은 자들이 도무지 다시 살아나지 못하면
c	수사적 질문	**죽은 자들을 위하여 세례를 받는 자들이 무엇을 하겠느냐**
d	수사적 질문	**어찌하여 그들을 위하여 세례를 받느냐**
30a	29절의 확대	또
b	수사적 질문	**어찌하여 우리가 언제나 위험을 무릅쓰리요**
31a	묘사	형제들아 내가 그리스도 예수 우리 주 안에서 가진 바
b		**너희에 대한 나의 자랑을 두고 단언하노니**
c	맹세	**나는 날마다 죽노라**
32a	조건	내가 사람의 방법으로 에베소에서 맹수와 더불어 싸웠다면
b	수사적 질문	**내게 무슨 유익이 있으리요**
c	조건	죽은 자가 다시 살아나지 못한다면
d	속담(단언)	내일 죽을 터이니 먹고 마시자 하리라(사 22:13)

33a	권고	**속지 말라**
b	속담(단언)	**악한 동무들은 선한 행실을 더럽히나니**
34a	권고	**깨어**
b	상황	의를 행하고
c	권고	**죄를 짓지 말라**
d	기초	**하나님을 알지 못하는 자가 있기로**
e	단언	**내가 너희를 부끄럽게 하기 위하여 말하노라**

구조

이 부분은 세 개의 하위 부분으로 나누어지고, 바울은 죽은 자의 부활을 부인하는 그리스도인의 불합리성을 더 상세히 증명한다. 여기서 바울은 죽은 자의 부활을 부인하는 것이 초래하는 두 가지 잠재적 결과를 가지고 논증을 전개한다. (1) 바울은 세례의 본질에 호소한다(29절). 만약 죽은 자의 부활이 없다면 세례 관념은 전체적으로 무의미하다. (2) 바울은 자신이 복음을 위해 고난을 받은 것에 논증을 의지한다(30-32b절). 만약 부활이 없다면 "날마다 죽는" 것은 아무런 의미가 없다. 그렇다면 바울은 차라리 복음과 상관없이 오늘만을 위해 단순하게 사는 것이 더 낫다. (3) 바울은 부활을 믿는 자에게 합당한 삶을 살라고 권고한다(32c-33절). (4) 바울은 부활을 믿는 자에게 죄를 짓지 말라고 명령한다(34절).

석의적 개요

IX. 그리스도와 그의 백성의 부활의 복음(15:1-58)
- A. 그리스도의 부활로 보증된 복음의 사실들(15:1-11)
- **B. 부활에 관한 진리(15:12-34)**
  - 1. 부활을 부인하는 것에 따르는 불합리한 결과(15:12-19)
  - 2. 그리스도는 다시 살아나셨고, 따라서 그리스도 안에서 모든 자가 삶을 얻는다(15:20-28)
  - ➦ **3. 부활을 부인할 때 주어지는 실제 결과(15:29-34)**
    - a. 죽은 자를 위한 세례 관습이 의미가 없다(15:29)
    - b. 복음을 위해 고난받는 것이 의미가 없다(15:30-32b)
    - c. 기독교적 삶의 행실이 중요하다(15:32c-33)
    - d. 적용: 죄를 짓지 말라(15:34)

본문 설명

15:29 만일 죽은 자들이 도무지 다시 살아나지 못하면 죽은 자들을 위하여 세례를 받는 자들이 무엇을 하겠느냐 어찌하여 그들을 위하여 세례를 받느냐(Ἐπεὶ τί ποιήσουσιν οἱ βαπτιζόμενοι ὑπὲρ τῶν νεκρῶν; εἰ ὅλως νεκροὶ οὐκ ἐγείρονται, τί καὶ βαπτίζονται ὑπὲρ αὐτῶν;). 바울은 여기서 12-19절의 설명으로 돌아가고, 죽은 자의 부활이 없다고 주장하는 고린도 교회의 일부 교인의 입장을 취했을 때 임하는 추가 결과를 증명한다. 첫 번째 논증은 '죽은 자를 위한 세례' 관습이 완전히 무익하게 되는 결과를 증명하는 것이다. 이때 바울이 제시하는 요점은 분명하다. 세례는 새 생명 및 부활과 관련되어 있다(참고. 롬 6:3-4; 갈 3:27-29; 골 2:12). 부활을 부인하면 죽은 자를 위한 세례 관습은 불필요하고, 심지어는 어리석은 미신이 되고 만다. 이 '아드 호미넴'(*ad hominem*) 논증에서, 첫 번째 수사적 질문에는 미래 시제가 사용되고(ποιήσουσιν), 이것은 '세례를 받는 자들이 무엇을 할 것인가?'를 의미할 수 있다. 말하자면 죽은 자의 부활이 없으면 죽은 자를 위한 세례가 무의미하다는 것을 그들이 이해했다면 과연 무엇을 하겠느냐는 것이다. 두 번째 대안은 그 질문이 '그들이 이 세례로 무엇을 이루겠는가?'를 의미할 수 있다는 것이다.

요점이 분명하기 때문에 더 설명하지 않고 이 구절을 넘어가고 싶은 유혹을 받는다. 왜냐하면 죽은 자를 위한 세례 관습에 관한 글이 매우 많기는 해도 사변을 동원하는 것 외에 다른 할 일이 거의 없음을 인정할 수밖에 없기 때문이다. 이 가운데 어떤 사변은 지나치게 공상적이고, 어떤 것은 너무 설득력이 없다. 사실 우리는 바울이 언급하는 이 세례가 어떤 관습인지 확실히 알 수 없고, 본문에는 그 관습을 설명하는 내용이 전혀 없다. 여기서 "죽은 자들을 위하여 세례를 받는"(βαπτιζόμενοι ὑπὲρ τῶν νεκρῶν) 것의 의미에 대해 인기 있는 견해 가운데 세 가지만 간단히 다루어 보겠다.[2]

첫 번째 견해는 본문을 매우 명확하게 해석하기 때문에 가장 잘 알려져 있다. 말하자면 여기서 바울이 대리 세례 관습을 언급한다고 보는 견해다. 당시 교인들은 먼저 죽은 자를 대신하여 세례를 받았다. 죽은 자를 위한 세례가 어떤 신비적 연합의 의미를 가진 것으로 이해되었든, 그리스도인이었지만 미처 세례를 받지 못하고 죽은 친척을 대신하여 교인들이 세례를 받았든 간에 이 견해는 세례받는 그리스도인을 다른 사람의 자리에 서 있는 자로 본다. 본문에 대해 이런 관점을 취하는 대다수 주석가는 본문을 직접 제한하고, 바울은 이 대리 세례를 옹호하지 않는다고 주장한다. 확실히 그들은 초대교회 당시에 교부들이 이런 대리 세례를 강력히 정죄했다고 지적한다. 오늘날 이 견해가 잘 알려져 있는 이유는 모르몬교도가 죽은 자를 위해 모종의 세례를 거행하는 것을 많은 사람이 익히 알고 있기 때문이다. 15:29 본문 자체가 이해되지 못하는 것처럼, 종종 이 세례 관습이나 그 목적도 이해되지 못하기 때문에 종종 이 본문의 연구를 단순히 회피하는 경향이 있다. 그러나 20세기 내내 여기서 바울이 대리 세례를 염두에 두었다는 견해를 강력히 지지하는 학자들이 있었다.[3] 이렇게 대리 행위로 이해하면, ὑπὲρ τῶν νεκρῶν이라는 말의 문법적 의미가 쉽게 이해된다. 이 대리 세례

2. 이 세례에 관한 다른 많은 견해들을 보다 상세히 설명하는 것은 다음 자료들을 보라. Thiselton, *1 Corinthians*, 1242-49("생각할 가치가 거의 없는" 견해들은 생략하고 13가지만 제시함); Adam C. English, "Mediated, Mediation, Unmediated: 1 Corinthians 15:29: The History of Interpretation, and the Current State of Biblical Studies," *Rev-Exp* 99 (2002): 419-28; Beasley-Murray, *Baptism in the New Testament*, 185-92; Rudolf Schnackenburg, *Baptism in the Thought of St. Paul: A Study in Pauline Theology*, 번역 G. R. Beasley-Murray (Oxford: Blackwell, 1964), 95-102.

3. Fitzmyer, *1 Corinthians*, 577-80; Hays, *First Corinthians*, 267;

로 어떤 일이 벌어질 수 있는지에 관해 무척 다양한 설명이 제시되지만, 바울은 이 관습을 사용하여 부활이 없으면 이 세례 의식이 얼마나 어리석은 일이 되고 마는지 단순히 설명한 것이라고 일반적으로 주장된다.

일부 주석가는 과장된 성례주의를 고린도 교인의 문제점 중 하나(앞에서 10장을 설명할 때 거부한 요점)로 보고, 고린도 교인이 주변 세속 문화에서 죽은 자에 대한 풍속을 본받아 이 가르침을 취한 것일 수도 있다고 쉽게 추정한다. 정말 설득력 없게도 죽은 자를 위한 세례 관습이 고린도 지역의 이교도 사이에 유행한 생사(生死)의 통과 의식에 뿌리를 두었다는 견해도 있다.[4] 이 견해의 가장 큰 문제는 바울이 인정할 수 없는 이상한 관습을, 그것도 부정적인 또는 설명적인 평가를 전혀 하지 않고 언급한다고 보게 하는 것이다. 게다가 죽은 자를 위한 세례 관습이 모종의 성례주의와 관련되었다면, 바울은 그런 행태를 절대로 용납하지 않았을 것이다. 그리고 이런 중요한 문제에 관해, 심지어는 은연중에라도 고린도 교인에게 오해를 사지 않도록 조심했을 것이다. 최근에 29절을 다룬 한 논문에서 헐(Hull)은 그리스-로마 세계에서 고린도와 고린도의 고대 종교나, 이 구절 외에 바울의 글 어딘가에 있을 암시까지 포함하여 온갖 자료를 살펴보고 대리 세례의 존재를 입증할 수 있는 배경이 있는지 검토했다. 그러나 대리 세례의 존재에 대한 "어떤 역사적 근거도" 찾아내지 못했다.[5]

두 번째 견해는 죽은 자를 위한 세례 관습이 '죽기 직전'이라는 의미에서 죽은 뒤에 부활을 얻을 수 있도록 사실상 '죽은 몸'에 베푸는 세례라고 보는 것이다. 여기서도 바울이 제시하는 실제 신학적 요점은 똑같다. 사람들이 거의 죽기 직전일 때 아직 세례를 받지 못했다는 이유로 서둘러 세례를 받는다고 해도, 그들이 죽은 자 가운데서 살아나지 못한다면(세례와 부활이 긴밀하게 연계되므로) 그 세례가 무슨 소용이 있겠는가? 문법적으로 보면, 이로 말미암아 "죽은 자들을 위하여"라는 말은 결국 '그들의 (거의) 죽은 몸을 위하여'라는 의미를 갖게 된다. 일부 헬라 교부들이 이 견해를 취했고, 최근에도 이 견해를 취한 다른 주석가가 있다. 탤버트(Talbert)는 이렇게 의역한다. "세례를 받은 자들이 시체를 위해 무엇을 이루겠는가? 만약 시체가 다시 살지 못하면…."[6] 시체, 곧 죽은 몸을 문제로 보는 이 똑같은 견해를 일부 주석가는 '자기들의 죄로' 죽었거나 죽어가는 자를 은유적으로 가리킨다고 보는 견해로 수정한다. 여기서 주된 문제점은 바울이 "죽은" 자를 '시체'가 아닌 다른 존재로 말해왔다는 점이다(13, 15, 16, 20, 21절). "죽은" 자(νεκροί)는, 누구든 죽은 자로부터 다시 살아나지 못하면, 그 죽음이 정복되지 못한 것과 하나님이 궁극적으로 주권자가 아니라는 사실을 증명하게 된다. 바울은 세례가 믿음을 통해 "그리스도 안에서" 죽은 것에 대한, 따라서 "그리스도 안에서" 일어날 부활의 기대에 대한 가시적 헌신이라고 본다(롬 6:4).

세 번째 견해는 "죽은 자들을 위하여"라는 말을 '죽은 자들을 돕기 위하여'나 심지어는 '죽은 자들 때문에'로 취하는 것이다. 다시 말하면 이 말은 그 세례에 목적을 부여하는 역할을 한다. 이 세례의 목적이 무엇인지에 관해서는 여러 가지 주장이 제시되었다. 다수의 주석가가 따르는 보다 설득력 있는 주장 가운데 하나는 이 세례의 목적이 부활할 때 죽은 친척과 재결합하는 일에 있다는 것이다. 아마 일부 고린도 교인은 믿음을 가진 자가 죽으면 그들의 친족에게 세례를 받도록 권

Collins, *First Corinthians*, 557; Barrett, *First Corinthians*, 362-64; Conzelmann, *1 Corinthians*, 275-77.

4. Richard E. DeMaris, "Corinthian Religion and Baptism for the Dead (1 Corinthians 15:29): Insights from Archaeology and Anthropology," *JBL* 114 (1995): 661-82.

5. Michael F. Hull, *Baptism on Account of the Dead (1 Cor 15:29): An Act of Faith in the Resurrection*, AcBib 22 (Atlanta: SBL Press, 2005).

6. Talbert, Reading Corinthians, 99. Chrysostom, *Homilies on First Corinthians*, homily 40.2; Martin, *Spirit and the Congregation*, 118-21; J. C. O'Neil, "1 Corinthians 15:29," *ExpTim* 91 (1980): 310-11.

고했을 것이다. 죽은 친족을 다시 만나고자, 죽은 자 가운데서 다시 살아난 자에 관해 가르치는 기독교 신앙을 받아들이고 세례를 받는 것이다. 만약 죽은 자의 부활이 없다면, 이렇게 세례받는 것은 완전히 무익하다. 이 견해의 한 가지 약점은 죽은 뒤에 친족을 만나보고 싶어 하는 마음을 그리스도를 믿는 믿음의 동기로 삼는 것이다. 그러나 성경을 보면 사람들을 믿음으로 이끄는 다양한 동기가 있다. 친구나 가족의 죽음을 접하면 확실히 죽을 수밖에 없는 사람의 운명을 상기하게 되는데, 하나님은 사람들을 자신에게 부르실 때 이런 상황을 사용하실 수 있다. 이 수사적 질문의 의미에 관한 이런 관점은 그다음 두 구절(30-31절)의 내용과도 매우 잘 맞는 이점이 있다. 거기서 바울은 자신을 본보기로 제시한다. 바울은 부활할 수 있기 때문에 맹수에게 던져질 마음의 준비가 되어 있다(30-32절). 게다가 이 견해는 여기서 3인칭과 미래 시제(ποιήσουσιν)와 중간태(βαπτιζόμενοι)가 사용된 것도 적절히 설명해준다. 그들, 곧 "죽은 자들을 위하여 세례를 받는(have themselves baptized)" 자들이 이 세례에서 어떤 유익을 얻겠는가?[7] 이 "세례"가 고린도 교회의 많은 교인에게 문제가 된 것은 아니다. (최소한 바울에게 확실히 논란이 되었을 대리 세례와 반대로) 이 세례가 논란이 되지 않았음을 쉽게 이해할 수 있는 증거가 있다. 사람들이 믿음으로 나아와 이 세례를 받은 것은 그들이 부활의 경이에 감사하고 죽은 친족을 다시 만날 가능성이 있었기 때문이다. 이 세례는 만약 죽은 자의 부활이 없으면 아무 소용이 없을 것이다.

헐이 상세히 제시한 또 다른 견해가 있는데, 이 견해는 방금 설명한 세 번째 견해와 긴밀하게 관련되어 있다. 요컨대 헐은 바울이 부활을 의심할 것 같은 사에세 좋은 본보기로서 세례받는 자를 제시하고 있다고 주장한다. 여기서 헐은 본문을 대체로 직설적으로 이해한다. 이때 세례받는 자는 아마 새로 믿은 젊은 교인들이었을 것이다. 그들은 복음의 가르침을 따라 세례를 받았다. 그들의 세례는 엄밀히 기독교 신앙과 동일시된다. 그들은 세례를 받고 어떤 사람들이 의심할 것 같은 사실, 곧 예수님이 죽은 자 가운데서 다시 살아나셨다는 것, 믿음 안에서 죽는 자도 똑같이 다시 살아나리라는 것 등을 실제로 믿게 된다. 그리스도의 부활과 죽은 자의 부활(죽은 자 자신의 부활)은 그들이 믿음으로 세례를 받은 이유가 된다. 따라서 헐은 "그들을 위하여"(ὑπὲρ αὐτῶν)라는 말을 "죽은 자들로 말미암아" 또는 "죽은 자들 때문에"로 번역한다. 헐은 바울이 세례에 대한 "통상적인" 이해를 기초로 죽은 자의 부활의 타당성을 깊이 호소한다고 주장한다. 따라서 바울은 여기서 다음과 같이 말한다. "열렬한 세례 후보자를 보라. 그들의 믿음을 보라…그들은 우리 가운데 잠자는 자가 마지막 날에 다시 살아날 것을 의심하지 않는다…그들이 세례를 받는 것은 그리스도의 부활과 그리스도 안에서 죽은 자의 부활을 믿는 그들의 확고한 믿음 때문이다…그것은 너희가 이전에 믿었던 것이다. 그러니 정신 차려라!"[8]

결론적으로 슈나켄부르그(Schnackenburg), 하워드(Howard), 티슬턴 그리고 다른 주석가와 같이 세 번째 견해가 가장 명확하고 문제점도 가장 적은 것으로 보인다. 하지만 헐의 견해(성례주의 설명을 좀 더 제거한)도 전체적으로 본문을 직설적으로 이해할 수 있음을 증명하는 데 도움을 준다. 그러나 이 문제가 어디서 시작되었는지 기억해야 한다. 바울이 제시하는 실제 요점은 다

7. Thiselton, *I Corinthians*, 1248은 이 번역을 제시하면서, 그것이 동사의 현재 중간태 형태(βαπτιζόμενοι)의 효력을 그대로 유지한다고 올바르게 주장한다. ὑπὲρ τῶν νεκρῶν에 대한 마지막 의미를 따르는 다른 주석가의 설명에 대해서는 다음 자료들을 보라. Joachim Jeremias, "Flesh and Blood Cannot Inherit the Kingdom of God (I Corinthians 15:50)," *NTS* 2 (1956): 155; Schnackenburg, *Baptism*, 102; J. Keir Howard, "Baptism for the Dead: A Study of 1 Cor 15:29," *EvQ* 37 (1965): 137-41.

8. Hull, *Baptism on account of the Dead*, 229-56.

음과 같이 매우 명백하다. 만약 부활이 없다면 신자의 죽음과 관련된 세례가 무슨 소용이 있겠는가? 물세례로 상징된 죽음은 부활의 소망 속에서 경험할 수 있다.

15:30-32 또 어찌하여 우리가 언제나 위험을 무릅쓰리요 형제들아 내가 그리스도 예수 우리 주 안에서 가진 바 너희에 대한 나의 자랑을 두고 단언하노니 나는 날마다 죽노라 내가 사람의 방법으로 에베소에서 맹수와 더불어 싸웠다면 내게 무슨 유익이 있으리요 죽은 자가 다시 살아나지 못한다면 내일 죽을 터이니 먹고 마시자 하리라(Τί καὶ ἡμεῖς κινδυνεύομεν πᾶσαν ὥραν; καθ' ἡμέραν ἀποθνῄσκω, νὴ τὴν ὑμετέραν καύχησιν, [ἀδελφοί,][9] ἣν ἔχω ἐν Χριστῷ Ἰησοῦ τῷ κυρίῳ ἡμῶν. εἰ κατὰ ἄνθρωπον ἐθηριομάχησα ἐν Ἐφέσῳ, τί μοι τὸ ὄφελος; εἰ νεκροὶ οὐκ ἐγείρονται, Φάγωμεν καὶ πίωμεν, αὔριον γὰρ ἀποθνῄσκομεν). 바울은 이제 자신이 행하는 모든 일이 부활을 전제로 한다는 요점을 제시하고자 자신과 자신의 삶으로 시선을 돌린다. 만약 부활이 없다면, 바울이 평생해온 사역도 무의미하다. "또"(καί)라는 말은 바울이 지금 앞에서 해온 논증에 내용을 추가하고 있음을 암시한다. "우리"라는 말은 바울이 자신을 사도들과 동일시하고, 특히 자신이 끊임없이 겪은["언제나"(매순간), πᾶσαν ὥραν] 고난을 일부 고린도 교인의 고난이 아니라 사도들의 복음을 위한 고난과 동일화하고 있음을 반영한다. 바울과 사도들은 항상 위험 속에 있다. "나는 날마다 죽노라"(καθ' ἡμέραν ἀποθνῄσκω)는 과장법은 수사적으로 바울이 제시하는 논증의 힘을 더 강화하는 역할을 한다. 의역하면 다음과 같다. "매일, 매시간 우리는 죽음을 당할 위험에 처해 있는데, 죽은 자가 다시 살아나지 못하면 어떤 목적으로 그런 위험을 무릅쓰겠는가?"

31절을 번역할 때 약간 어려움이 있다. 호소하는 사물이나 사람의 대격 앞에 나오는 불변화사 '…의하여'(by, νή)라는 말(개역개정에는 "두고"-역주)은 강력한 진술이나 맹세를 소개하는 역할을 한다.[10] 여기서 바울은 늘 겪는 고난을 부각할 때 고린도 교인에 대한 자신의 "자랑"(καύχησις)에 호소한다. "나는 날마다 죽노라"는 말은 바울의 '맹세'다. 따라서 이 책은 영어로 번역할 때 명확성을 위해 '내가 이것을 맹세하는데'(this I swear)라는 말을 추가했다(개역개정에는 "내가…단언하노니"라는 말을 삽입함-역주). 그러므로 바울은 단호한 맹세로 이것이 자신이 날마다 죽음의 두려움 속에서 사는 방법이라고 주장한다. 고린도 교인에 대한 바울의 자랑은 그들이 믿음으로 나아온 사실에 있다. 그러나 이것은 궁극적으로 교인이 된 그들이나 그들에게 복음을 전한 자인 바울에 대한 자랑이 아니다. 이것은 주 예수 그리스도와 그의 복음에 대한 자랑이다("내가 그리스도 예수 우리 주 안에서 가진 바"). 바울은 이 절을 덧붙임으로써 자랑하는 자는 오직 "주 안에서"만 자랑하라는 1:31의 명령을 성취한다(참고. 9:14-16). 바울에게는 고린도 교인이 가진 기독교 신앙이 그의 가장 큰 기쁨 중 하나다. 고린도 교인의 기독교 신앙은 바울의 사역을 확증하는 역할을 하고, 고난과 죽음의 위험에도 주님에 대한 그의 복음 사역을 보람 있게 만든다. 바울은 자신의 사역에 목적을 부여하는 바로 그 일, 곧 사람들이 복음을 듣고 그리스도를 주로 받아들이는 일을 염원한다. 이것은 정교하고 중요한 논증이다. 바울은 전했고, 고린도 교인은 믿었으며, 영광은 그리스도께 돌려진다. 이 사역의 목표가 부활이라는 점을 누가, 어떻게 부인할 수 있겠는가? 부활이 없다면 누가, 왜 이 모든 고난을 무릅쓰겠는가?

바울이 여기서 호소하는 죽음은 은유적 의미로 취해서는 안 된다. 하지만 의심할 것 없이 바울은 자신의 고난을 예수님의 발자취를 따르는 것으로 본다(고후 4:9-11). '죽다'(ἀποθνῄσκω)라는 말은 고린도전서에서 이

9. 𝔓[46], D, F, G, L Ψ 𝔐 그리고 다른 사본들에는 "형제들아"라는 말이 빠져 있는데, 아마 이것이 정확한 이문일 것이다. 필사된 본문 전승이 있었다면 굳이 그 단어를 빼놓을 이유가 전혀 없었을 것이다.

10. BDAG 670; MM 426.

미 사용되었고, 그리스도의 십자가 죽음이든(8:11) 바울 자신의 죽음(9:15)이든 실제 죽음을 가리킨다. 바울의 관심은 자신이 늘 육체적 죽음에 직면한다는 점 그리고 부활의 소망이 없으면 자신의 삶과 사역은 무의미하다는 점을 고린도 교인에게 알려주는 데 있다. 그리스도의 복음과 죽은 자의 부활을 위해 자신의 목숨을 내놓을 준비가 되어 있음을 의심하지 못하도록, 바울은 자신의 삶에서 본보기를 취한다.

수사 의문문으로 작성된 두 개의 제1조건절은 바울이 설득력 있는 수사를 전개하도록 도움을 준다. 첫 번째 조건절에서, 바울은 에베소에서 맹수와 싸운 것을 말한다. 이것이 문자적 의미인지, 아니면 은유적 의미인지에 관해 즉각 질문이 제기된다. 이것은 제1조건절이므로, 헬라어 본문은 통상적으로 조건절의 내용을 참된 사실로 가정할 것을 요구한다. 하지만 단순히 논증하기 위해 참된 사실로 여길 수도 있다. 여기서 질문이 제기되는 것은 바울이 에베소에서 실제로 투기장에 던져져 사자와 싸운 것으로 보이지 않기 때문이다. 바울로 인해 에베소에서 일어난 소동(행 19:23-41)을 생각하면, 실제로 맹수와 싸운 일이 일어났을 수도 있다는 세간의 소문을 언급하는 것으로 볼 수 있다. 그러나 이것은 조건절의 내용을 사실이 아닌 가설적 조건으로 볼 것을 요구한다. 제1조건절과 부정과거 직설법(ἐθηριομάχησα)도 바울이 실제로 투기장에 던져진 것을 반대한다. 게다가 투기장에 던져진 자는 누구를 막론하고 로마의 시민권을 박탈당했고,[11] 나중에 바울이 로마 시민권으로 로마 당국에 호소하는 일이 있었던 사건을 보면 그가 투기장에 던져진 일이 일어난 것 같지는 않다(행 22:25-29). 또한 하나님이 기적적으로 개입하시지 않는 한, 누구도 실제로 투기장에서 살아남을 수 없다. 고린도후서를 보면, 바울은 자신의 논증을 위해 자신이 실제로 겪은 고난들을 일일이 열거한다. 그런데 투기장에 던져지는 일이 실제로 일어났다면, 당연히 그 일도 열거했을 것이다(고후 9:23-27). 이것을 고려하여 많은 주석가가 "맹수와 더불어 싸웠다"는 표현을 은유 용법으로 보아야 이 구절의 의미가 가장 잘 드러난다고 주장한다.[12] 말하자면 바울은 "맹수와 더불어 싸웠다"는 말로 에베소에서 사람들과 빚은 다툼 및 사람들의 손에 겪은 고난(참고. 고전 16:6-9)을 가리킨다. 코핀(Coffin)은 더 나아가 이 말을 '사람의 방법으로 맹수와 싸웠다'고 의역할 수 있다고 주장한다(κατὰ ἄνθρωπον을 "사람의 방법으로"라는 의미로 번역함.[13] 개역개정도 이렇게 번역-역주)

그러나 문법과는 별개로, 고린도후서 1:8-10에서 바울이 에베소에서 겪은 일을 묘사한 것은 실제 상황이다. 에베소에서 바울은 "살 소망까지 끊어지고", "사형 선고를 받은" 줄로 알았다고 말한다. 바울이 로마 시민권의 덕을 본 것은 일부에 지나지 않았고, 폭동이 벌어졌을 때 바울은 당연히 부당한 재판을 받을 수밖에 없었다. 더구나 사람들이 투기장에 던져진 후 살아남은 경우는 결코 없었다. 어쩌면 바울이 직면한 영적 싸움을 은유적으로 말했다고 보는 것이 더 나을지 모르지만, 이 부분에서 바울의 설득력 있는 수사로 볼 때 그

---

11. Theodor Mommsen 편집, *Digesta Iustiniani Augusti*, 1권 (Berolini: Apud Weidmannos, 1870), 28.1.8.4.

12. Guy Williams는 바울이 "맹수"와 더불어 싸운 것은 고린도 도시의 마술사와 우상 숭배자를 사로잡은 악령과 싸운 것을 가리킨다고 주장했다. Williams는 이것이 그런 것은 맹수와 짐승들이 때때로 유대교에서 악령을 상징했기 때문이라고 주장한다. 성경 자체로 범주를 한정하면, 염두에 둘만한 가장 명확한 사례가 베드로전서 5:8에서 발견된다. 거기 보면 마귀가 "우는 사자"로 묘사된다. G. Williams, "An Apocalyptic and Magical Interpretation of Paul's 'Beast Fight' in Ephesus (1 Corinthians 15:32)," *JTS* 57 (2006): 42-56. Clint Arnold도 이 관점을 취해 "맹수와의 싸움은 영적 전쟁을 반영한다"라고 주장한다. 이 주장을 자신의 주석 서론에서 상세히 전개한다(Arnold, *Ephesians*, 38-39).

13. Charles P. Coffin, "The Meaning of 1 Cor 15:32," *JBL* 43 (1924): 172-76. 은유 용법을 암시하는 히브리 자료들로부터 뽑아온 은유와 주장에 대한 찬반 논증을 요약한 것은 Robert E. Osborne, "Paul and the Wild Beasts," *JBL* 85 (1966): 225-30을 보라.

의 진술의 요점은 충분히 이해될 것으로 추정된다.

32절 첫 부분에서 설명을 요하는 또 한 가지 문제는 RSV와 ESV에서 "인간적으로 말하면"(humanly speaking)으로 번역된 표현에 있다(κατὰ ἄνθρωπον, 참고. 3:3, 개역개정에는 "사람의 방법으로"–역주). 이 말은 맹수와 더불어 싸운 것을 수식한다. 바울은 여기서 맹수와 더불어 싸우게 된 동기를 암시한다. 단순히 인간적 야망이 전부였다면, 바울은 이 싸움에서 아무것도 얻지 못한다. 부활을 바라보지 않고 죽음 앞에 나서는 것은 무모하다. 따라서 "단지 인간적 소망을 가지고"(with merely human hopes)라는 NRSV의 번역과 "그저 인간적 소망만을 가지고"(with no more than human hopes)라는 NIV의 번역이 정확해 보인다. 3:3에서처럼, 바울은 세상을 보는 두 방식, 곧 영적으로 복음에 비추어 보는 것과 단순히 인간적 차원에서 보는 것에 대한 대조를 염두에 두고 있다. 만약 바울이 '단지 인간적인 이유로' 맹수와 더불어 싸웠다면, 아무 유익을 얻지 못했을 것이다. 바울이 바라는 유익이나 혜택은 인간적 이득이 아니다. 바울의 관심은 오로지 모든 민족에게 복음이 들어감으로써 하나님의 목적이 이루어지는 것을 보는 데 있다. 부활이 이 목적의 정점인 것은, 세상 전역에서 나온 사람들이 그리스도 안에서 자기들의 유업을 받고 주권적인 하나님 아버지의 은혜의 통치를 충만하게 경험하기 위해 죽은 자 가운데서 다시 살아나도록 되어 있기 때문이다. 이런 "유익"(ὄφελος), 곧 '혜택'은 부활이 없으면 완전히 사라지고, 부활은 바울이 이 본문에서 주장해온 내용이 진리임을 입증하는 증거를 더 잘 제공한다. 부활이 없으면 고난과 그리스도를 따르는 삶은 아무 소용이 없고, 완전히 다른 삶의 방식을 취하는 것이 더 나을 것이다. 바울은 이 다른 삶의 방식을 다음과 같이 말하는 것으로 요약한다. "내일 죽을 터이니 먹고 마시자"(φάγωμεν καὶ πίωμεν, αὔριον γὰρ ἀποθνήσκομεν).

이 말은 칠십인역 이사야서 22:13에서 직접 가져온 인용문이다. 그 본문을 보면, 당시 이스라엘 자손은 앗수르 군대의 포위 때문에 고통을 겪고 있었다. 그러나 이스라엘 자손은 여호와가 촉구하신 회개를 하지 않았다. 사실 이스라엘 자손은 거의 확실히 패배와 진멸에 직면했을 때 도리어 소를 잡아먹고 마시며 축제와 파티를 즐겼다. 이스라엘 자손의 관점에 따르면 그들에게 미래가 없었고, 마음속에 하나님이 없었기 때문에 그들은 죽기 전에 그런 파티를 즐길 수 있었을 것이다. 이것은 바울이 취한 방식과는 다른 것이다. 죽음에 직면하는 것 외에 다른 것이 아무것도 없다면, 바울은 죽기 전에 얼마든지 "먹고 마실" 수 있다. 여기서 속담["(우리가) 내일 죽을 터이니 먹고 마시자"]이 복수형인 것은 바울이 죽은 자의 부활이 없다는 관점을 취하는 모든 고린도 교인을 이 범주에 넣을 수 있기 때문이다.

15:33 속지 말라 악한 동무들은 선한 행실을 더럽히나니(μὴ πλανᾶσθε· φθείρουσιν ἤθη χρηστὰ ὁμιλίαι κακαί). 바울은 6:9에서 말한 것과 똑같은 명령으로 이 구절을 시작한다(말은 다르지만 의미는 똑같은 3:18도 참고하라). 여기서는 문제가 다르지만 위험에는 차이가 없다. 그리스도인은 항상 스스로 속아 그른 것을 옳다고, 옳은 것을 그르다고 생각할 수 있다. 그리스도인은 자신을 속일 수 있으나 하나님은 속지 않으신다. 이어지는 속담("악한 동무들은 선한 행실을 더럽히나니")은 바울 당시에 잘 알려져 있었을 것이다. 사실 이 속담은 메난드로스의 희곡[연극 "타이스"(*Thais*)]에서 뽑아낸 인용문이다. 하지만 그것은 바울이 이 희곡을 반드시 읽었음을 의미하는 것은 아니다. 추측건대 바울은 이 말을 부활을 부인하는 '어떤' 사람들에게 전하는 것 같다. 그들은 부활을 부인하는 것으로 보아 바울이 앞 구절 끝에서 경고한 행동을 이미 했을 것이다. 아마 이 사람들은, 부활이 없다고 믿은 것을 고려하면, 현재 인생을 어떻게 살지에 관해 완전히 부주의한 태도를 취했을 것이다.

이 경고 자체는 약간의 검토가 요구된다. 여기서 "동무들"은 한 집단의 사람들 그리고 확대하면 그 집단의 사람들이 참여하는 교제와 친교를 가리키는 말(ὁμιλία)을 번역한 것이다.[14] "선한 행실"(ἤθη χρηστά)은 사람들의 관습이나 습관을 가리킨다. 그것은 단순히 "도덕"(NRSV, ESV)이 아니다. 바울은 어떤 사람들의 삶의 방식에 관심을 둔다. 악한 동무들과 어울리면 선한(경건한) 행실을 더럽히게 되는 실제 위험이 있다. 지금까지 고린도전서 전체에 걸쳐 성령의 은사, 특히 지혜와 지식의 은사를 가졌다고 주장하는 일부 고린도 교인의 행동을 접하면서 바울이 얼마나 큰 혼란을 겪었는지 확인했다. 그들은 "신령한" 자를 자처했지만 그들의 행동은 경건과는 거리가 멀었다. 만약 이런 교인들이 부활을 부인하는 자와 교제하거나 심지어는 그들의 견해를 지지한다면(자기들은 이미 영적으로 목표에 '도달했다'는 이유로), 그들이 도덕적으로 부패한 자가 되리라는 점은 쉽게 이해할 수 있다.

15:34 깨어 의를 행하고 죄를 짓지 말라 하나님을 알지 못하는 자가 있기로 내가 너희를 부끄럽게 하기 위하여 말하노라 (ἐκνήψατε δικαίως καὶ μὴ ἁμαρτάνετε, ἀγνωσίαν γὰρ θεοῦ τινες ἔχουσιν· πρὸς ἐντροπὴν ὑμῖν λαλῶ). 고린도 교회의 일부 교인이 내세우는 자칭 "지식"과 "지혜"에도 불구하고, 바울은 어느 때보다 더 확고하게 자신의 전제를 진술한다. "하나님을 알지 못하는 자가 있기로"(ἀγνωσίαν… θεοῦ τινες ἔχουσιν). 그들은 자기들의 죄를 멈추어야 하며, 바울이 이런 식으로 말할 때 부끄러운 줄 알아야 한다. 바울은 이제 자신의 권고를 확대한다. "악한 동무들"(ὁμιλίαι κακαί)이 부활을 부인하는 자로 구성된 자들임을 암시한 다음, 바울은 32절의 먹고 마시는 문제로 되돌아가 잔치에서 마신 술을 '깨라'(ἐκνήψατε)고 말한다. 이 부정 과거 명령은 특별한 명령을 하는 데 사용된다. 하지만 그것은 한 번으로 끝나는(punctiliar) 행동이 아니다. 그것은 즉각 행해야 하는 일이지만 "죄를 짓지 말라"(ἁμαρτάνετε)는 현재 명령이 암시하는 것처럼, 죄에 빠져 있지 않은 상태를 포함하는 지속적인 절제를 낳아야 한다. 바울이 생각하기에 "죄"는 여기서나 일반적으로 포괄적 범주의 죄다. 비록 때때로 특수한 "죄"에 관심을 두기는 해도(6:18; 15:3) 바울은 종종 여기서처럼 하나님과 하나님의 길을 알지 못하는 무지를 반영하는 모든 것에 비추어 죄를 성찰한다. 「웨스트민스터 소요리문답」은 죄의 이런 포괄적 개념을 잘 정의한다. "죄는 하나님의 법에 대한 순종이 부족하거나 하나님의 법을 어기는 것이다"(14문). '적합하다'(as is fitting)로 번역된 말(δικαίως)은 '옳다'(살전 2:10) 또는 '공의롭다'(벧전 2:23)를 의미할 수 있다(개역개정에는 "의를 행하고"–역주). 이 형용사는 '옳은' 것과 '적합한' 것을 의미할 수 있고, 따라서 이처럼 부사 형태로 '적합하게'로 번역하는 것이 가장 좋다. 말하자면 그리스도를 따른다고 주장하는 자에게 적합한 행동을 하라는 말이다.

"알지 못하는"(ἀγνωσία)으로 번역된 단어는 하나님에 관한 지성적 이해를 가리키는 것이 아니라 하나님에 대한 참된 영적 경험을 가리킨다. 일부 고린도 교인은 스스로 영성과 깊은 경험을 주장했지만, 실제로는 하나님을 전혀 모르는 이방인과 동일시되어야 할 것이다(롬 1:21, 24-32을 참고하라). 이런 무지에 대해서는 '우리가 다 지식이 있다'(8:1)는 공허한 외침보다 더 좋은 사례가 있을 수 없다. 너무 '교만해서' '깨어날' 필요가 있는 사람들이 있다. 당연히 바울은 이것이 '[그들의] 부끄러움이 되어야' 한다고 덧붙인다. 6:5에서 확인한 것처럼, 이 말은 고린도 사회에서 그들이 지위에 비추어 '창피를 당하는' 뜻만 있는 것이 아니다. 물론 그런 의미도 있지만 이 말의 배후에는 하나님 앞에서 겪는 '부끄러움'이라는 구약의 관점이 있다. 이 사람들은 부활을 부인하고 끝까지 먹고

14. BDAG 705. 또한 MM 448의 용례들도 보라.

마시는 '잔치를 벌이'면서 자신에게 과연 하나님에 관해 참된 지식이 있는지 여부를 생각하지 않기 때문에 분명 하나님 앞에서 부끄러움을 당하게 될 것이다.

이런 식으로 바울은 정교하게 구성된 신랄한 논증을 마무리한다. 고린도 교인은 바울과 사도들이 그들에게 전한 복음(1–11절)을 공유하는 것으로 추정되지만 일부 교인은 부활을 부인한다. 바울은 두 부분(12–19절과 29–34절)에서 부활을 부인하는 자의 불합리성을 증명할 때 매우 설복적인 '아드 호미넴' 논증에 정치적 수사를 사용했다. 바울은 또한 그들 앞에 반대 입장, 곧 진리를 제시한다(20–28절). 그리스도는 다시 살아나셨고, 다스리시며, 사망을 정복하실 것이다. 따라서 "그리스도 안에" 있는 자도 다 죽은 자 가운데서 다시 살아날 것이다. 그러므로 그다음 부분에서 바울은 '부활이 어떻게 일어날지' 그리고 '부활이 어떤 것인지'에 관한 질문을 다루는 것으로 시선을 돌린다.

적용에서의 신학

목표와 동기부여가 되는 부활

고린도전서에서 거듭 확인한 것처럼, 소위 "강한" 자, 곧 "지식"과 "지혜"와 같은 신령한 은사를 자랑하는 엘리트 교인들은 겸손해져서 그리스도께 다시 초점을 맞추어야만 한다. 따라서 바울은 부활 문제를 다룰 때, 부활을 부인하는 '일부 교인'(2절)이 "하나님을 알지 못하는"(34절) 자로 드러날 것이라고 주장한다.[15] 바울은 이렇게 또다시 통렬히 비판한다. 바울이 12–19절과 29–34절에서 조심스럽게 지적한 것처럼, 지식이 있는 자라면 부활을 부인하는 것은 복음 신앙의 전체 요점을 불필요한 것으로 만들어버린다는 점을 깨달아야 한다. 믿음의 목표는 부활하신 그리스도와 그분의 영광 속에서 발견되므로 부활은 그 목표 중 하나다. 하나님의 백성은 그리스도와 같이 되어야 한다. 그리스도의 삶과 죽음은 단순히 역사적 사실로 그치지 않고 그분을 인간과 인간의 죄 및 사망과 동일시하는 것과 관련되어 있는 것처럼, 그분의 부활도 하나님 앞에서 그들의 영원한 실존과 관련되어 있다. "얼굴과 얼굴을 대하여" 보고 "온전히 아는 것"(13:12)은 하나님과 맺은 관계 속에서 그리스도인이 추구하는 목표 가운데 하나다. 만일 이런 미래가 없다면, 남아 있는 것은 "오늘"이 전부다(15:32). 그러나 이 미래는 현재의 삶에 동기를 부여하는 역할도 한다.

성경은 이 세상에서 경건한 삶을 살도록 동기를 부여하는 사실을 다양하게 알려주는데,[16] 그리스도의 부활에서 확실하게 증명된 죄 및 사망에 대한 최종적 승리야말로 확실히 그 가운

15. 특히 예수님은 부활을 부인하는 문제로 사두개인과 대화를 나누셨을 때 "너희가 성경도 하나님의 능력도" 알지 못한다고 그들을 비난하셨다(마 22:29).

16. 예컨대 하나님에 대한 사랑, 그리스도를 본받음 그리고 순종에 대한 부르심은 다 경건한 삶의 동기로 작용한다.

데 하나다. 죄인들은 심판이 있을 때 자신이 부활하신 그리스도 앞에 직접 서게 되리라는 사실을 확실히 알고 살아갈 때 확실히 두려움에 대한 자극을 받을 것이다(벧후 3:9–10). 그러나 이 사실은 아울러 기대를 갖도록 동기를 크게 자극하는 역할도 한다(벧후 3:14–15). 그리스도는 사망을 이기신 왕으로 오셨다. 그래서 그의 백성은 사망이 정복되기를 고대한다. 그리스도는 죄에서 승리하셨다. 그래서 그의 백성은 영원한 실존에 적합한 몸으로 죄 없이 사는 인생을 기대한다. 오늘날 그리스도인은 항상 온전한 순종을 실현하는 삶을 살아야 하고, 그리스도인의 온전함이 확립될 날을 고대하면서 그리스도께 순종해야 한다. 그 경주는 결승점을 그리스도로 삼고, 그분의 부활과 영광에 참여할 때만 달려갈 가치가 있다. 그렇지 않으면 그리스도인은 그저 '지나가버릴'(7:29–31) 세상에 남겨지는 것이다. 유감스럽게도 일부 고린도 교인은, 오늘날의 교회에서처럼 "하나님을 알지 못하는" 자로 판명되어 파멸 속으로 뛰어드는 몽유병자와 같다(15:34). 부활에 대한 기대가 없으면 미래에 대해 큰 소망이 없는 자와 쉽게 결탁하기 마련이다. 고린도 교인의 정말 심각한 문제는 그들이 죽은 자를 다시 살리시는 하나님의 능력을 크게 무시한 것이다.

고린도전서 15:35–49

33 CHAPTER

문학적 전후 문맥

바울이 몸의 부활을 복음 메시지의 핵심 요소로 변증하는 작업은 두 번째 '콘피르마티오'(증명)에서 계속된다. 여기서 바울은 부활이 기독교 신앙의 모든 국면에 본질적인 역할을 한다고 주장한다. 몸의 부활이 없으면 남는 것은 사망뿐이다. 따라서 바울은 부활한 몸의 형태에 관한 문제를 붙들고 씨름한다. 바울은 약간 비꼬는 태도로 그런 질문("죽은 자들이 어떻게 다시 살아나며 어떠한 몸으로 오느냐")을 하는 자를 "어리석은 자"로 부른다(36절). 고린도전서 앞부분에서 바울이 "지혜로운" 자와 "미련한" 자를 대조한 것이 여기서 다시 암시된다. 위더링턴이 지적하는 것처럼, 이 "어리석은 자"는 "하나님의 행동을 고려하지 못하는 자"를 가리킨다.[1] 이 "어리석은 자"는 시편과 성경의 지혜 문헌에서 확인되는 미련한 자와 비슷하고, 이것은 바울이 앞에서 '미련함'과 '지혜'를 대조할 때 지적된 요점이다.

논증을 더 깊이 전개하기 위해 바울은 씨의 뿌림과 성장에 관한 비유를 사용한다. 첫째, 바울은 하나님이 존재하도록 정하시는 것에 따라 몸이 다르다고 주장하기 전에 씨와 같이 작고 하찮은 것을 선택하여 하나님이 몸을 만드시는 특별한 역사를 강조한다. 어떻게 각 "몸"이 다를 수 있는지 확립한 다음, 바울은 씨의 비유로 돌아가 그 비유가 어떻게 부활에 대한 그림을 제공하는지 설명한다. "씨"가 '존재해야 할 형체'로 변화되는 것(37절)은 부활과 같다. 썩을 몸과 욕된 몸이 썩지 아니할 몸과 영광스러운 몸으로 다시 살아난다. 이것은 '자연적(육의) 몸'과 "신령한 몸", 첫 사람 아담과 마지막 아담이신 예수님을 대조하는 것이다. 모든 신자는 부활할 때 예수님께 해당되는 것이 자신에게도 해당되는 것을 발견한다. 그러므로 부활한 몸의 형태를 생각하면 거기에는 연속성과 불연속성이 공존한다. 여기서 바울이 참조하는 주된 성경 배경은 창세기 1–2장이다.

1. Witherington, *Conflict and Community*, 307.

VIII. 지위, 공적 예배, 자유, 은사(11:2-14:40)

IX. 그리스도와 그의 백성의 부활의 복음(15:1-58)

A. 그리스도의 부활로 보증된 복음의 사실들(15:1-11)

B. 부활에 관한 진리(15:12-34)

➦ **C. 부활한 몸: 연속성과 불연속성(15:35-49)**

D. 몸의 변화의 필연성(15:50-58)

X. 결론적 지침과 의견(16:1-24)

주요 개념

부활할 때 아담의 형상 속에 있는 자연적(육의)인 몸은 그리스도의 형상 속에 있는 신령한 몸으로 대체된다. 이 신령한 몸은 영원한 실존을 갖기에 적합하다.

번역

고린도전서 15:35-49

35a	단언	**누가 묻기를**
b	수사적 질문	죽은 자들이 어떻게 다시 살아나며
c	수사적 질문	어떠한 몸으로 오느냐 하리니
36a	탄식(다리)	**어리석은 자여**
b	단언	**네가 뿌리는 씨가…살아나지 못하겠고**
c	수반된 일	죽지 않으면
37a	36b절의 확대	또 네가 뿌리는 것은
b	단언	**장래의 형체를 뿌리는 것이 아니요**
c	대조	다만 밀이나
d	목록	다른 것의 알맹이
e		뿐이로되
38a	36b, 37b절의 대조	**하나님이…그에게 형체를 주시되**
b	방식	그 뜻대로

c		각 종자에게 그 형체를 주시느니라
39a	명제(유비를 위한)	**육체는 다 같은 육체가 아니니**
b	설명	[그와 반대로]
c	단언	**하나는 사람의 육체요**
d	연속	**하나는 짐승의 육체요**
e		**하나는 새의 육체요**
f		**하나는 물고기의 육체라**
40a	명제(유비를 위한)	**하늘에 속한 형체도 있고**
b		**땅에 속한 형체도 있으나**
c	단언	**하늘에 속한 것의 영광이 따로 있고**
d	단언	**땅에 속한 것의 영광이 따로 있으니**
41a	확대(40c절의)	
		해의 영광이 다르고
b	연속	달의 영광이 다르며
c		별의 영광도 다른데
d	확대	별과 별의 영광이 다르도다
42a	요약	**죽은 자의 부활도 그와 같으니**
b	단언(부정적)	**썩을 것으로 심고**
c	대조(긍정적)	**썩지 아니할 것으로 다시 살아나며**
43a	42b, c절의 확대	
	단언(부정적)	**욕된 것으로 심고**
b	대조(긍정적)	**영광스러운 것으로 다시 살아나며**
c	연속	**약한 것으로 심고**
d		**강한 것으로 다시 살아나며**
44a		**육의 몸으로 심고**
b		**신령한 몸으로 다시 살아나나니**
	요약	
c	조건(조건절)	육의 몸이 있은즉
d	단언(귀결절)	**또 영의 몸도 있느니라**
45a	증거	기록된 바
b	인용	첫 사람 아담은 생령이 되었다 함과 같이(창 2:7)
c	단언	마지막 아담은 살려 주는 영이 되었나니
46a	단언(대조)	그러나 **먼저는 신령한 사람이 아니요**
b	순서	육의 사람이요

c	순서	그 다음에 신령한 사람이니라
47a	단언	**첫 사람은 땅에서 났으니 흙에 속한 자이거니와**
b	단언	**둘째 사람은 하늘에서 나셨느니라**
48a	비교	무릇 흙에 속한 자들은
b	단언	저 흙에 속한 자와 같고
c	비교	무릇 하늘에 속한 자들은
d	단언	저 하늘에 속한 이와 같으니
49a	비교	우리가 흙에 속한 자의 형상을 입은 것 같이
b	권고	**또한 하늘에 속한 이의 형상을 입으리라**

구조

바울은 부활과 관련된 두 가지 질문으로 이 부분을 시작하고, 그리스도인이라면 누구나 이 질문의 답변을 알아야 한다고 본다(35절). 따라서 본문은 바울이 답변을 제시하는 두 주요 부분으로 나누어진다. 첫 번째 주요 부분에서 바울은 뿌려져서 자라는 씨의 비유를 소개한다(36-44절). 두 번째 주요 부분에서는 '자연적' 사람인 아담과 부활하신 그리스도를 비교한다(45-49절). 첫 번째 주요 부분은 더 세분화될 수 있고, 설명의 진행을 보여준다. 씨가 어떻게 될지 결정하는 과정에서 하나님의 역사가 강조되고(36-38절), 바울은 다른 배경을 위해 존재하고 다른 "영광"과 목적이 있는 다른 "육체"들의 사례를 추가로 제공한다(39-41절). 이 논증 부분의 결론은 42-44절에 나온다. 부활한 몸은 그 배경에 적합하게 다시 살아난다. 따라서 부활한 몸은 처음에 심겨진 자연적(육의) 몸과 다르다. 이로 말미암아 45-49절에서 바울은 아담과 그리스도를 비교하는 두 번째 주요 논증을 시작한다. 아담은 이 땅에서 났지만 그리스도는 하늘에서 나셨다(45-47절). 따라서 현세에서 신자는 자연적 몸을 가진 아담과 같지만 부활할 때는 부활한 몸을 가지신 그리스도와 같을 것이라고 추론할 수 있다(48-49절).

석의적 개요

IX. 그리스도와 그의 백성의 부활의 복음(15:1-58)

A. 그리스도의 부활로 보증된 복음의 사실들(15:1-11)

B. 부활에 관한 진리(15:12-34)

➡ **C. 부활한 몸: 연속성과 불연속성(15:35-49)**

1. 부활한 몸에 관한 두 질문(15:35)

2. 뿌리는 씨가 두 질문에 대한 답변을 예증함(15:36-44)

a. 씨는 식물이 될 때 죽는다(15:36-37)

b. 하나님이 각 씨가 될 형체를 결정하신다(15:38)

c. 각기 다른 형체는 다른 배경을 위해 존재한다(15:39-41)

d. 적용: 죽는 자연적 몸은 신령한 몸으로 다시 살아난다(15:42-44)

3. 아담과 그리스도를 비교함(15:45-49)

a. 아담은 땅에서 났고 그리스도는 하늘에서 나셨다(15:45-47)

b. 현재 아담의 형상을 가진 그리스도인은 다시 살아날 때 그리스도의 형상을 입을 것이다 (15:48-49)

본문 설명

15:35 누가 묻기를 죽은 자들이 어떻게 다시 살아나며 어떠한 몸으로 오느냐 하리니(Ἀλλὰ ἐρεῖ τις, Πῶς ἐγείρονται οἱ νεκροί; ποίῳ δὲ σώματι ἔρχονται;). 이전에 전한 내용과 주제가 직결되어 있지만, 이제 바울은 몸의 부활의 본질을 검토하는 새로운 내용으로 전환한다. 따라서 강한 반의 접속사(ἀλλά)는 이전 부분과의 대조를 표현하기보다는 부활에 관한 바울의 새로운 설명이 시작됨을 표시하는 역할을 한다. 그래서 이 책은 이 말을 '그럼에도'(nevertheless, 개역개정에는 번역되어 있지 않음-역주)로 번역한다. 고린도 교회 안에서 제기된 것으로 추정될 수 있는 일부 질문에 대해 통렬한 비판 형태로 답변이 주어진다. 부활을 부인한 자는 다음과 같이 비꼬는 질문을 할 수 있다. '그래 네가 부활을 믿는다면, 부활은 어떻게 일어나고 부활한 자는 어떤 몸이 되는가?' 이 질문은, 종종 '어떻게'(πῶς)라는 말로 시작된 수사적 질문이 "가정(假定)을 의심하거나 완전히 거부하는 데" 사용된다는 것 때문에 제기된 것일 수 있다.[2] 또는 이 질문은 그리스 철학의 영향을 받아 실제 "몸"이 영적 영역 속에 존재한다는 사실을 상상도 할 수 없었던 일부 고린도 교인에게서 나온 것으로 볼 수 있다. 어떻게 보든 바울은 몸(σῶμα)의 부활이 무엇인지 그리고 몸의 부활을 어떻게 이해해야 하는지에 관해 성경에서 가장 명확하게 설명한다.

어떠한 몸으로 "오느냐"(ἔρχονται)라는 말의 현재 시제를 보면, 질문자가 죽은 자의 부활을 그리스도의 '강림하심'(coming)과 관련짓고 있다고 추론할 수 있다. 만약 그리스도가 '강림하신다면'(23절) 죽은 자는 어떤 몸으로 '올까?' '강림하다'(παρουσία)는 말이 23절에서 사용되지만, 35절에서 사용된 '오다'라는 동사(ἔρχομαι)는 그 말과 관련이 없다. 35절의 이 동사는 간혹 그리스도

2. BDAG 900.

의 "강림"에 사용되기도 하지만(참고. 요 4:25; 히 10:37), 질문자는 그리스도의 재림보다는 부활한 몸이 어떤 몸일지에 관해 생각하는 것 같다. 따라서 두 번째 질문을 첫 번째 질문과 긴밀하게 연계시킴으로써 이렇게 의역할 수 있다. '그러면 부활한 죽은 자는 어떤 종류의 몸을 보여줄까?' 만약 그 몸이 죽은 자로부터 다시 살아난 것이라면, 이 질문은 육체적인 몸의 형태에 관한 질문이다. 바울이 자신의 신학을 해설할 때 "몸"이라는 말의 의미를 확대하는지는 그다음 몇 구절과 관련하여 논란이 많은 주제다.

15:36-38 어리석은 자여 네가 뿌리는 씨가 죽지 않으면 살아나지 못하겠고 또 네가 뿌리는 것은 장래의 형체를 뿌리는 것이 아니요 다만 밀이나 다른 것의 알맹이 뿐이로되 하나님이 그 뜻대로 그에게 형체를 주시되 각 종자에게 그 형체를 주시느니라(ἄφρων, σὺ ὃ σπείρεις οὐ ζῳοποιεῖται ἐὰν μὴ ἀποθάνῃ· καὶ ὃ σπείρεις, οὐ τὸ σῶμα τὸ γενησόμενον σπείρεις ἀλλὰ γυμνὸν κόκκον εἰ τύχοι σίτου ἤ τινος τῶν λοιπῶν· ὁ δὲ θεὸς δίδωσιν αὐτῷ σῶμα καθὼς ἠθέλησεν, καὶ ἑκάστῳ τῶν σπερμάτων ἴδιον σῶμα). 이제 바울은 36-41절에서 3개의 유비를 사용하여 이 두 질문에 대한 첫 번째 답변을 시작하고, 이 답변을 42-44절에서 죽은 자의 부활에 적용한다. 이 구절들(36-38절)에서 바울은 죽음은 부활을 낳는다는 것과 부활한 몸은 어떤 면에서 죽은 몸과 다르다는 사실을 확립한다. 이 과정은 전체적으로 완전히 하나님의 뜻의 산물이다.

"[너] 어리석은 자여"(ἄφρων)라는 말은 강한 호격이고, '너'(σύ)라는 말과 함께 취해진다(개역개정에는 '너'라는 말이 번역되어 있지 않음-역주). 따라서 NA^{28}과 구두법이 다르다. 바울은 여기서 이 세대의 '어리석음'이나 그리스도인이 세상의 눈에 "미련한 자"로 보이는 것에 관해 생각하는 것이 아니다(3:18과 4:10을 참고하라). 이것은 수사적 탄식이다. 이런 질문을 하는 그리스도인은 분별력이 없는 것이다. 따라서 수사적 관점에서 이 탄식은 '명확한' 사례를 소개하는 역할을 한다.

첫 번째 유비(37-38절)는 심겨진 씨와 다 자란 식물에 관한 것이다. 그리스도는 "첫 열매"로 묘사되었고(20절), 여기서 씨와 다 자란 밀 유비가 나온다. 바울은 씨가 형체(body)를 가졌다고 말한다. 이것은 그리스 문헌에 사례가 없지 않으나 아주 드물다.[3] 그러나 성경에서 유일하게 여기서 식물의 종자가 형체를 가졌다고 묘사된다. 바울은 의도적으로 형체라는 말을 사용하여 자신의 유비를 이해하기 쉽게 만든다. 말하자면 이것은 죽음과 부활에 있어 사람의 몸에 대한 유비를 제공한다. 또한 이것은 피조물 속에는 많은 다른 "형체"가 있고, 이 형체들은 각기 다른 "영광"을 가졌다고 예증하는 그다음 두 가지 유비의 길을 열어놓는다.

바울은 생명과 죽음 사이를 대조한다. "죽지 않으면(unless it dies) 살아나지 못하겠고"(οὐ ζῳοποιεῖται ἐὰν μὴ ἀποθάνῃ). 여기서 가정법은 우연성을 낳으나 부정과거 시제는 현재를 의미한다. 또한 더 통상적인 의미인 미래의 우연성을 동사에 부여하면, '죽지 않으려면'(unless it should die)으로 번역할 수도 있다. 사실은 씨가 죽는 것이 아님을 과학적으로 증명하는 것은 여기서 문제가 아니다. 오늘날에는 씨가 땅에 떨어져 발아하고 식물로 자랄 때 일어나는 일을 과학적으로 상세히 설명해줄 수 있지만, 사실 이 예증은 현재에도 여전히 유용한 사례로 남아 있다. 딱딱하고 생명이 없는 물건처럼 보이는 씨가 땅에 떨어져 생명으로 충만한 어떤 형체로 자라갈 수 있는 것은 획기적인 일이다. 바울은 유비를 통해 인간의 죽음과 부활이 비슷한 방식으로 이루어지는 일로 이해되어야 한다고 말한다. 물론 이것은 어떤 면에서 유

---

3. BDAG 984와 MM 620-21에서 몇 가지 사례가 제공된다.

비를 넘어선다. 그것은 우리가 예수님을 "첫 열매"로 바라보기 때문이다.

이 부분 전체가 1-8절의 복음에 대한 고백에 뿌리를 두었음을 파악하는 것이 중요하다. 이 부분은 일부 고린도 교인의 부활을 부인하는 태도에 비추어 복음에 대한 고백의 한 부분을 해설한다. 예수님이 다시 살아나시기 전에 먼저 죽으시고 장사되신 것처럼, "그리스도 안에" 있는 자도 먼저 죽어야 다시 살아날 것이다(그리스도가 강림하실 때 아직 살아 있는 자는 제외, 51-52절을 보라). 그러므로 우리는 바울의 묘사를 통해 이 땅에서 걷고 말하고 생활하신 예수님께 일어나고, 많은 사람이 직접 목격한 일(부활)을 다시 주목할 수 있다(4-7절). 예수님은 씨가 땅에 묻히는 것처럼 죽으시고 '장사되셨다.' 그런데 예수님은 다시 살아나셨다. 이 첫 번째 대조는 근본적인 불연속성을 말한다. 죽음 다음에 생명이 온다. 씨 다음에 식물이 온다.

그다음에 바울은 "네가 뿌리는"(σπείρεις)이라는 말과 "하나님이 그 뜻대로"(ἠθέλησεν, 38절)라는 말을 대조한다. 36절은 '살아나다'라는 동사로 이 대조를 이미 시작했다. 여기서 현재 수동태(ζῳοποιεῖται)는 "신적" 수동태로 볼 수 있다.[4] 하나님은 이른바 생명을 주시는(살려 주는) 분이고, 이것은 분명히 38절의 요점이다.[5] 사실 대조는 명백하다. 바울은 세 번에 걸쳐, 곧 36절에서 한 번 그리고 37절에서 두 번에 걸쳐 '네가 뿌리다'라는 말을 사용한다. 그런데 이것이 종종 번역할 때 사라진다. 37절에서 바울은 이렇게 말한다. "그리고 네가 뿌리는 것[6]에 관해 말하면, 너는 앞으로 있을 형체를 뿌리는 것이 아니라…"(NRSV). 37절에서 RSV와 ESV는 첫 번째로 등장하는 '뿌리다'라는 동사를 완전히 무시한다. NIV는 두 번째로 등장하는 '뿌리다'라는 동사를 '심다'(plant)로 바꾸고, 첫 번째 동사를 시간절로 만든다. "네가 뿌릴 때, 너는 심지 않고…." 그런데 38절의 "[그러나] 하나님이…그에게 형체를 주시되"와 중요한 대조를 이끄는 수사 장치로서 이 반복은 매우 중요하다. 또한 바울은 하나님이 창조 목적에 따라 부활 이전의 몸을 주시는 것을 부인하는 것도 아니다. 진실로 씨를 심고 씨가 자라는 것에 대한 바울의 예증은 확실히 하나님이 식물계, 곧 하나님이 아담에게 지배권을 주신 세계(창 1:28)를 창조하셨기 때문에 창세기의 창조 내러티브(창 1:11-12; 2:9)를 계속 인유하는 것이다.[7] 따라서 바울은 인간적 관점에서 보고 "네가" 형체를 죽게 한 것이라고 추정했다. 네가 하는 일 또는 네가 할 수 있는 일은 죽게 하는 것이 전부고, 따라서 모든 부활은 오직 하나님만이 하실 수 있는 일에 달려 있다. 그리스도께 그렇게 하신 것처럼, 하나님은 사람들을 죽은 자 가운데서 다시 살리실 것이다. 따라서 형체를 주시는 이도 하나님이신 것이 틀림없다. 부활은 "네가" 일으키는 것이 아니라, 근본적으로 하나님의 '기적적인' 능력으로 불리는 것으로 말미암아 일어난다. 만약 고린도 교회의 일부 교인이 부활을 부인한다면, 그들은 먼저 현재의 생명과 부활 생명 간에 근본적으로 불연속성이 있다는 점을 알아야 한다. 그리고 오직 하나님의 능력만이 부활을 일으키실 수 있다는 사실도 알아야 한다. 실제로 바로 이것이 '뿌리다'라는 말로 추정되는 사실이다. 어떤 놀라운 일이 일어나리라 가정된다. 우리는 식물이 자랄 것으로 확신하고 씨를 뿌린다. 그러면 하나님이 뿌려진 씨에서 열매를 맺게 하신다. 그러므로 우리는 이와 동일하게 기대하고 형체를 뿌린다.

4. Fitzmyer, *1 Corinthians*, 588.
5. 많은 곳에서 하나님이 능동태 동사와 함께 '생명을 주시는' 일의 주어가 되신다(요 5:21; 롬 4:17. 그리고 갈 3:21에서 생명을 줄 수 없는 율법과 대조하라). 15:22에서 우리는 이미 함축된 행위자가 하나님이고, 죽은 자가 "그리스도 안에서" 살아나게 되는 이 동사의 수동태 용법을 확인했다. 참고. N. T. Wright, *The Resurrection of the Son of God*, Christian Origins and the Question of God 3 (Minneapolis: Fortress, 2003), 244 이하.
6. 존중의 대격 관계 대명사.
7. Wright, *Resurrection of the Son of God*, 341.

바울은 (고후 5:3과 비슷하게) '벗은' 것과 '입은' 것 사이의 또 다른 대조를 제시한다[37절, γυμνὸν κόκκον; 53-54, ἐνδύω(4번)]. 이 비유의 뜻은 즉각 드러난다. 씨는 옷을 입지 않은 것처럼 딱딱하고 활력이 없어 보인다. 오늘날에는 사람이 죽으면 종종 관에 넣기 전에 화장을 한다. 그러나 그런 화장은 단순히 보기 싫은 모습을 보기 싫지 않게 포장하는 것에 불과하고, 결국 이 사람은 껍데기만 남은 시체일 뿐이다. 그리스도 안에서 죽은 자가 다시 살아날 때 어떤 일이 일어나든 간에, 새로 옷 입는 일이 요구되고, 바울의 설명에 따르면 그것은 다른 실존 양식으로 판명된다. 그러나 이 비유는 연속성에 관해서도 말한다. 먼저 벗은 상태에 있다가 그다음에 입혀지는 것은, 존재의 중단이 아닌 벗은 것의 중단을 함축한다. 이것은 38절에서 더 깊이 설명된다. 하나님은 각 종자가 하나님이 주시는 대로 형체를 갖도록 정하셨다.[8] 다르게 말하면 씨는 죽은 것처럼 보인다. 하지만 하나님의 뜻으로 말미암아 어떤 씨든 그 씨에 적합한 장래의 형체를 이미 가리키고 있다. 밀 종자가 밀을 생산할 것처럼,[9] 하나님은 죽은 인간의 몸으로부터 부활한 인간의 몸을 살려내신다. 바울이 말하는 것처럼, 각 종자는 "그 [자체의] 형체"(ἴδιον σῶμα)를 받는다. 신조 공식은, 그리스도가 다시 살아나 나타나셨기 때문에 이런 '형체, 곧 몸'이 존재하고 그것을 인식할 수 있음을 확신할 수 있다는 점을 고린도 교인에게 상기시켰다. 이것은 그리스도의 부활을 설명해주는 것만큼 '죽은 그리스도인'의 부활에 대해서도 설명한다.

15:39 육체는 다 같은 육체가 아니니 하나는 사람의[10] 육체요 하나는 짐승의 육체요 하나는 새의 육체요 하나는 물고기의 육체라(οὐ πᾶσα σὰρξ ἡ αὐτὴ σὰρξ, ἀλλὰ ἄλλη μὲν ἀνθρώπων, ἄλλη δὲ σὰρξ κτηνῶν, ἄλλη δὲ σὰρξ πτηνῶν, ἄλλη δὲ ἰχθύων). 이제 바울은 몸이 환경에 필수적으로 적응하는 일을 언급하고, 두 번째 유비를 소개함으로 그것을 설명한다.

두 번째 유비(39-41절)는 다양한 배경에 맞추어 존재하는 다양한 몸에 관한 것이다. 하나님이 부활한 몸이 어떤 모습일지 결정하시고 씨에 형체를 주시는 분이다. 따라서 이 부활한 몸은, 다른 몸과 같이 살아갈 환경과 상황에 적합하게 되리라고 이해하는 것이 중요하다. 이것이 42-49절에서 바울의 결론이다. 곧, 다시 살아나는 것은 죽었을 때의 형상(form)과 다른 형상으로 다시 살아난다. 그 형상은 멸망할 것이 아무것도 없는 시대와 세상에 적합하다. 이 유비는 이제 독자에게 이런 결론을 제시한다. 바울은 "육체는 다 같은 육체가 아니니"(οὐ πᾶσα σὰρξ ἡ αὐτὴ σὰρξ)라고 확언한다. 하나님이 창조하신 우주를 둘러보라. 모든 피조물은 다른 형상을 취하거나, 바울이 여기서 "육체"(σάρξ)로 부르는 것을 취한다. 바울은 창세기 1:20-25에서 보는 것과는 반대 순서로 창조의 면류관인 사람부터 시작해서 점차 덜 복잡한 피조물(짐승, 새, 물고기)로 나아간다.

여기서 새로운 단어 "육체"(flesh)가 소개되는데, 설명이 필요하다. 바울은 여기서 그가 싫어하는 이원론에 빠져든 것이 아니다. 바울은 "신령한 몸"과 물질적 및 비물질적 요소로 이해되는 "육체"를 대조하는 것이 아니다. 그렇다고 우리가 "그는 살과 뼈(flesh and bones)로 이루어져 있다"라고 말하는 경우처럼 바울이 단순히 '살'을 가리키는 육체를 염두에 둔 것도 아니다. 오히려 바울은 여기서 생물의 외모 또는 '외관'을 염두에 두었다(바울이 41절에서 해나 달에 대해 "육체"라는 말을 사용하지 않는 점을 주목하라). 외부에서 보면 사람은 다른 짐승들

---

8. 이 복수형 부분 소유격은 많은 씨 가운데 특수한 씨를 가리킨다. 반면에 단수형 "씨"(seed)는 집단으로 뿌려지는 씨 전체를 가리킨다.

9. εἰ τύχοι는 기원의 가능법으로 드문 용법이다. 또한 14:10에 대한 설명도 보라. BDF §385.2.

10. 이 구절에 나오는 소유격들은 주격의 소유격이다. 따라서 번역은 '…에게 속한'(belonging to)이다.

과 다르고, 새는 물고기와 다르다. 둘 다 그들의 환경에 적합한 "육체"가 입혀진 물리적인 몸이 있다. 이 경우에 새의 다른 "육체"는 창공을 날아야 하는 환경에 적합한 깃털과 날개일 것이다.[11]

바울은 하나님이 채소와 나무와 식물을 창조하신 창세기 1:11-12의 창조 이야기를 확실한 기반으로 삼아 자신의 본보기를 제시한다. 창세기 1:11-12은 각 식물이 씨를 맺되, "각기 종류대로 그들의 씨"를 맺는다고 말한다. 심지어는 씨가 특수한 종류의 식물을 생산할 때 나타나는 차이도 하나님의 창조 목적의 하나다. 미래는 하나님께 달려 있고, 그때 하나님은 죽은 사람의 씨가 이후로 살아갈 영역이나 환경에 적합한 형상과 육체적 몸(physical body)으로 다시 살아나게 하신다(여기서 '육체적'이라는 말을 사용하는 데 잘못된 점은 없다. 왜냐하면 바울은 죽은 육체적 몸과 연속성이 있지만 그 몸과는 다른 "육체"나 외형을 가진 실체의 진정한 부활을 다루고 있기 때문이다. 바울이 전하는 말 속에는 우리가 육체성 자체가 사라졌다고 믿을 만한 내용이 조금도 없다. 사실 "육체"라는 말을 이런 식으로 사용하면 이런 믿음에 오히려 불리하게 작용한다).

이와 같이 바울은 두 개의 유비를 제시했다. 세 가지 대조를 언급하는 첫 번째 유비는 먼저 죽고 그 후 다시 살아나는 씨에 관한 것이었다. 여기서 생명과 죽음의 첫 번째 대조가 나타났고, 이어서 "네가 뿌린" 것(즉, 사람이 땅 속에 둔 것)과 부활의 때인 장래에 있도록 하나님이 정하신 것의 두 번째 대조가 나왔다. 그리고 세 번째 대조는 땅 속에서 벗은 것처럼 보이는 씨와 부활할 때 입게 될 몸에서 확인된다. 두 번째 유비는 하나님이 다른 목적을 위해 다른 몸을 정하신 것과 관련되어 있다. 그리고 이 유비는 하나님이 다른 환경을 위해 다른 "육체"로 창조하신 다른 몸들 사이의 네 번째 대조가 나오게 한다. 이상의 모든 사실을 요약하면, 부활한 몸은 죽는 몸과 다르지만 그 몸과 연속성이 있다. 죽어 장사된 몸은 오직 부활한 몸의 한 형태, 곧 하나님이 정하신 형태만을 낳을 수 있기 때문이다. 부활한 몸은 부활 생명과 환경에 적합하다. 부활한 몸은 이전에 가졌던 몸과 연속성이 있다.

15:40-41 하늘에 속한 형체도 있고 땅에 속한 형체도 있으나 하늘에 속한 것의 영광이 따로 있고 땅에 속한 것의 영광이 따로 있으니 해의 영광이 다르고 달의 영광이 다르며 별의 영광도 다른데 별과 별의 영광이 다르도다(καὶ σώματα ἐπουράνια, καὶ σώματα ἐπίγεια· ἀλλὰ ἑτέρα μὲν ἡ τῶν ἐπουρανίων δόξα, ἑτέρα δὲ ἡ τῶν ἐπιγείων. ἄλλη δόξα ἡλίου, καὶ ἄλλη δόξα σελήνης, καὶ ἄλλη δόξα ἀστέρων· ἀστὴρ γὰρ ἀστέρος διαφέρει ἐν δόξῃ). 이제 바울의 논증이 본격화된다. 다양하게 창조된 실재들은 다양한 상황과 환경에 맞추어 다양한 "육체"가 있다. 그러므로 우리는 부활한 몸이 조직상으로는 원래의 몸과 관련되어 있지만 부활 생명의 새로운 존재 양식에 적합하게 되어 있으므로 죽은 몸과 다를 것이라는 사실을 이해할 수 있다. 따라서 바울은 다른 창조된 실재들도 다른 "영광"을 가졌음을 예증하고, 또 하나의 유비를 제공한다. 웅대한 우주의 광명체가 이에 대한 본보기를 제공한다. 다시 말해 바울은 큰 광명체로부터 작은 광명체로, 곧 해와 달 그리고 별

11. "육체"라는 단어에서 맞닥뜨리는 문제는 바울이 이 단어를 아주 다양한 의미로 사용했다는 데 있다. 이 단어는 이 경우에 대체로 가리키는 의미처럼 육체적인 몸을 가리킬 수 있다(참고. 6:16). "육체"라는 말은 아마 하나님의 길을 반대하는 것을 가리키는 은유적 의미로 가장 잘 알려져 있을 것이다(참고. 롬 7:18; 8:6). 고린도전서 10:18의 "육신을 따라 난 이스라엘"이라는 말(그 구절에 대한 설명을 보라)은 이스라엘 사람을 가리키지 않고, 그 말에 영적 함축성이 담겨 있다. 바울이 거기서 다른 이스라엘이 있다는 점을 암시하기 때문이다(참고. 롬 9:6). "육체"는 또한 어떤 문맥에서는 도덕적 의미를 내포하고, 따라서 바울은 "육체의 소욕"과 "육체의 일"에 관해 말할 수 있다(갈 5:17, 19). 바울이 이 단어를 사용하는 용례에 대한 다양한 접근과 요약을 다룬 것은 다음 자료들을 보라. Dunn, *Theology of Paul*, 62-73; Bruce, *Paul*, 203-11; Ridderbos, *Paul*, 93-95, 102-3, 548-51; Stacey, *Pauline View of Man*, 154-73.

의 순서로 언급하고, 창조주 하나님의 손에서 엄밀히 이런 차이가 일어난다는 사실을 상기시킨다(참고. 창 1:14-18). 해와 달과 같이 하늘에 속한 형체는 식물과 같이 땅에 속한 형체와 다를 뿐만 아니라 천체 안에서도 해와 달과 별 사이에 차이가 있다. 심지어는 별들도 서로 그 "영광"(δόξα)이 다르다.

40절에 나오는 "하늘에 속한 형체"(σώματα ἐπουράνια)라는 말의 정의가 41절에서 서술된다. 41절에서 바울은 해와 달과 별에 관해 말한다.[12] 바울은 의심할 것 없이 여기서 해와 별의 광채, 곧 빛남을 생각했다. 이것의 배경은 다니엘서 12:2-3일 수 있다. 거기서 다니엘 선지자는 죽었으나("땅의 티끌 가운데에서 자는") 깨어나 "영생"을 받을 자에 관해 말한다. 다니엘은 계속해서 이렇게 말한다. "지혜 있는 자는 궁창의 빛과 같이 빛날 것이요 많은 사람을 옳은 데로 돌아오게 한 자는 별과 같이 영원토록 빛나리라." 이것은 바울이 (현대의 대중 신화가 말하는 것처럼) 죽은 자가 반짝이는 별이 되어 살아 있는 자를 내려다보고 있다고 생각한다는 뜻이 결코 아니다. 오히려 이것은 바울이 지금까지 말해온 내용의 일부다. 새로운 "영광"이 있다. 곧, 부활한 신자에게 적합한 새로운 존재 양식이 있다. 부활한 몸에는 "얼굴과 얼굴을 대하여"(대면하여) 하나님을 보게 됨으로써 갖게 된 더 큰 영광과 광채를 반사할 것이 있다(참고. 13:13; 계 22:4).

그러나 "영광"이라는 말은 단순히 빛과 광채를 의미하지 않는다. 고린도전서 11:7에서 제시한 설명이 여기서도 유용하다. 거기서 사람에게 주어진 모든 "영광"은 하나님께 주어진 "영광"에서 파생되었다고 지적했다. 하나님에게는 영광이라는 말이 그분에 관해 오로지 참된 모든 것을 가리킨다. 말할 것 없이 영광이라는 말은 하나님의 빛남과 "빛"으로서의 현존을 함축한다. 하나님은 출애굽 당시에 "불기둥"으로 나타나셨고, 또 그때 "구름"이 하나님을 둘러싸고 있었던 것은 인간을 죽음에서 보호하기 위해서였던 것으로 보인다. 그리고 이런 목적은 바울이 다메섹으로 가는 도중에 그리스도가 "영광" 속에 계신 것을 보았을 때 눈이 멀게 된 것을 통해서도 확인된다. 11:7에서처럼 "영광"이라는 말이 사람에게 적용될 때는, 하나님의 형상을 갖고 있기에 삶을 예배로 바침으로써 그분의 영광을 반사하는 것과 긴밀한 관계 속에서 "영광"이라는 단어를 이해해야 한다고 주장한 바 있다(참고. 고후 4:6). 그러므로 "영광"은 하나님이 창조하신 목적에 맞게 그 사람을 압축해서 보여주는 것이 된다. 영광은 그 사람에게 속해 있는 것이고, 이 경우에 내용을 확대하면 영광은 창조된 실재가 창조자를 반영하는 것이다.

그러므로 여기서 바울의 요점은 더 강력해진다. 땅에 속한 형체와 같이 하늘에 속한 이 모든 형체도 창조된 목적, 곧 하나님이 그것들에게 주신 영광이 있다. (창세기 1장이 분명히 하는 것처럼) 각기 다른 목적이 있기 때문에 서로 영광이 다른 것처럼, 부활도 마찬가지다. 부활한 몸은 하나님의 형상과 인간이 이 새 시대에 맡은 역할을 적절히 반영하는 "영광"을 반영한다. 부활한 몸의 "영광"은 매우 아름답고 각기 다르다는 점에서 죽은 몸이 심는 "욕된 것"(43절)과 비교된다. 이것은 인간이 지금은 영광을 갖지 못함을 암시하는 것이 아니다. 오

12. 몇몇 주석가가 이 견해에 이의를 제기했다. Morris, *First Corinthians*, 225는 바울이 여기서 하나님이 적합한 몸들로 창조하신다고 말하는 하늘의 존재들에 관해 말하고 있다는 견해를 취한다. Héring은 "하늘에 속한 형체"를 "별의 형태로 우리에게 보이는 어떤 천사들의 살아 있는 몸"으로 이해한다. Héring은 여기서 바울의 요점이 하늘에 속한 형체가 "땅에 속한 형체와 다른 물질을 가졌다"는 것이라고 말한다(*First Corinthians*, 174). 그러나 이것은 바울이 창세기 1장의 피조물의 구별과 차이에 의존하는 것과, 40절이 바울이 직접 설명하는 두 범주 간의 중심축을 구성하고 그가 천사를 가리킬 가능성이 결코 없다는 점을 고려하지 못하는 견해다. 사실 여기서 천사들을 언급하면 완전히 혼란에 빠진다. 그것은 이원론 사고를 따라 부활한 "몸"이 "육체적" 몸과 상관없고 그보다 더 못한 몸이 되리라는 점을 함축한다.

히려 한동안 "영광"을 상실한 것처럼 보이는 죽은 몸과 하나님을 제대로 반영하는 부활한 몸 사이의 대조가 매우 크다는 사실을 암시한다.

15:42-44b 죽은 자의 부활도 그와 같으니 썩을 것으로 심고 썩지 아니할 것으로 다시 살아나며 욕된 것으로 심고 영광스러운 것으로 다시 살아나며 약한 것으로 심고 강한 것으로 다시 살아나며 육의 몸으로 심고 신령한 몸으로 다시 살아나나니 (Οὕτως καὶ ἡ ἀνάστασις τῶν νεκρῶν. σπείρεται ἐν φθορᾷ, ἐγείρεται ἐν ἀφθαρσίᾳ· σπείρεται ἐν ἀτιμίᾳ, ἐγείρεται ἐν δόξῃ· σπείρεται ἐν ἀσθενείᾳ, ἐγείρεται ἐν δυνάμει· σπείρεται σῶμα ψυχικόν, ἐγείρεται σῶμα πνευματικόν). "그와 같으니"(οὕτως, 42a절)는 지금까지 전한 모든 말, 곧 다른 "육체"와 "형체"(몸)의 연속성과 불연속성, 다른 "영광" 그리고 자신의 계획된 목적을 위해 이 형체들을 창조하신 하나님의 주권적 결정을 하나로 묶는 역할을 한다. 바울은 이제 이 새로운 형체들을 "신령한" 몸으로 부른다. 여기서 "죽은 자"(νεκροί)는 "그리스도 안에서" 죽은 자를 가리킨다. 이 말이 그리스도 안에서 죽은 자를 가리키는 것은 15장 전체에 걸쳐 그 앞에 정관사가 붙어 있는 것으로 확인된다(참고. 35, 42, 52절). 반면에 신자와 비신자를 막론하고 죽은 자 전체, 곧 죽은 모든 사람을 가리킬 때는 관사가 없다(참고. 12, 15, 16, 21, 29절). 따라서 바울은 여기서 '그들은 어떤 몸으로 오는가'라는 질문에 중간 결론을 제시한다. 그러나 바울은 할 말이 더 있다.

바울은 이제 하나님이 죽음으로부터 다시 살리신 자의 몸의 본질을 더 상세히 묘사하기 시작한다. 동사 '심다'의 주어는 나타나 있지 않으므로 보충되어야 한다. 심겨지는 "것" 또는 '그것'이 무엇인지는 아주 명확히 드러난다. 그것은 땅에 묻히는 몸, 곧 죽은 몸이다. 이 '심다'라는 동사는 계속 수동의 의미를 내포한다('심겨지다'). 이것은 36절의 "네가"를 여전히 심는 자로 염두에 두었다는 점과 몸을 다시 살리시는 이가 여전히 하나님이라는 점을 가리킨다. 확실히 '자연적 몸으로 심고 신령한 몸으로 다시 살아나나니'라는 44a-b절의 마지막 네 번째 2행 연구(連句)는 심겨지는 것이 "몸"이라는 사실을 진술한다. 바울은 여기서 죽는 몸과 부활한 몸 사이의 큰 차이를 다시 언급한다. 전자는 썩고 죽은 몸이다. 후자는 '썩지 아니하고' 결코 죽지 않을 몸이다(15:53-55을 보라; 참고. 롬 8:38). 그런데 이 세 개의 추가된 2행 연구는 썩을 몸과 부활한 썩지 아니할 몸 사이, 곧 욕됨과 영광, 약함과 강함, 육의 것과 신령한 것 사이를 특별하고 명확하게 대조한다.

일부 주석가는 이 세 개의 2행 연구에 대해 42b절의 "것" 또는 '그것'이 보이는 것만큼 실제로 그렇게 분명한지 의문을 표했다. 갈런드가 말하는 것처럼, 여기서 주된 염려는 '욕되고' "약한" 것으로 심는 것이 "장사지냄에 적용할 만한 묘사로 보이지 않는" 것이다.[13] 다르게 말하면 생명 없고 죽은 몸을 "약한" 것으로 말하는 것이 이상해 보인다. 또한 바울이 죽은 몸을 (Edwards의 말을 인용하면) "혼적(soulish, ψυχικός) 몸"으로 지칭하는 것도 개연성이 없어 보인다. 왜냐하면 '죽은 몸은… 혼이 없기(soulless)' 때문이다. 에드워즈(Edwards)는 더 나아가 두 번째 2행 연구를 죽은 몸의 장사에 적용하기가 "불가능하고", "44절에서 '혼에 의해 움직이는'이라는 의미가 있는 육의(psychical)라는 말을 무덤 속에 있는 몸에 적용하기는 훨씬 더 불가능하다"라고 역설한다.[14] 고데는 이렇게 주장한다. "심는다는 말에는 존재의 첫 출발로 시작되어 땅에 장사되는 것으로 끝나는 몸의 실존

13. Garland, *1 Corinthians*, 732-33.

14. Thomas C. Edwards, *A Commentary on the First Epistle to the Corinthians* (London: Hodder and Stoughton, 1885), 438-40은 σῶμα ψυχικόν를 "혼적 몸"(soulish body)로 번역한다. 많은 주석가가 이 헬라어 어구를 번역할 때 어려움을 토로한다. 통상적인 번역인 "자연적 몸"(natural body, ESV, NIV)이나 "육체적 몸"(physical

의 모든 국면이 담겨 있다." 고데는 "욕된 것"이라는 말이 현세에서 몸이 겪는 일반적인 불행을 가리킨다고 본다. 삶을 되돌아보면, "약한 것"은 출생의 순간을 가리키고, (Godet가 ψυχικός를 번역할 때 사용하는) "육체적"(psychical)이라는 마지막 말은 "생기"가 "혼"(ψυχή) 속에 들어와 활동을 시작하는 순간을 가리킨다.[15]

그러나 바울이 여기서 시체로서의 몸에 관해 말하고 있다고 추정할 이유가 없다. 바울은 하나님이 다른 환경에 알맞게 다른 몸을 창조하신 것을 증명함으로써 하나님의 창조 목적을 검토하는 것으로 생각의 폭을 넓힌 38절에서 이런 관점에서 벗어났다. 여기서 바울은 부활 이전과 부활 이후의 그리스도인의 몸에 관해 말한다. 바울은 앞으로 갖게 될 '몸의 형태'에 계속 주의를 기울인다. 이때 바울은 부활 이전과 이후 몸의 두 상태의 차이를 다시 증명한다. 하지만 44a-b절이 분명히 하는 것처럼, 두 몸 다 여전히 "몸"이다. '자연적 몸'(뒤의 내용을 보라)으로 심겨진 것이 "신령한 몸"으로 다시 살아난다. 그렇더라도 신령한 몸도 여전히 몸이다. 부활하기 전에 몸은 "썩을 것"(ἐν φθορᾷ)이다. 말하자면 항상 부패하고 점차 썩는다. 바울은 로마서 8:21에서 그 표현을 사용하여 피조물 자체가 이 썩어짐에 예속되어 있다고 설명한다. 로마서 8:21에서 바울은 미래에 하나님의 백성이 "우리 몸의 속량"(롬 8:23)을 받을 때 피조물이 이 종노릇에서 해방될 세상이 올 것이라고 설명한다. 그러므로 사망은 현재의 이 썩을 "몸"이 최종적으로 맞이하는 결과다. 반면에 부활한 몸은 "썩지 아니할" 본질에 속한다. 부활한 몸에는 쇠퇴와 사망으로 이끄는 것이 없다.

두 번째 2행 연구는 40-41절에 나오는 "영광" 관념을 취한다. 부활한 그리스도인의 몸의 상태는 영광이 속해 있는 상태가 된다. 말하자면 하나님께 "영광"을 돌리는 목적을 온전히 성취하는 몸이 된다. 부활한 몸을 가진 자는 하나님이 원래 창조하신 대로 죄나 썩음의 방해를 받지 않는 몸을 가졌다. 이와 반대로 바울은 "욕된 것"으로 심겨진 몸에 관해 말한다. 빌립보서 3:21이 비슷한 관념을 제시한다고 볼 수 있다. 그리스도가 "우리의 낮은 몸을 자기 영광의 몸의 형체와 같이 변하게" 하실 것이다. 빌립보서 3:21에서 그리스도의 부활하신 몸은 미래에 부활할 모든 몸의 상태에 대한 본보기를 제공한다. 빌립보서 3:21을 지침으로 삼으면, 바울은 여기서 결국은 사망을 낳는 온갖 제약과 고난으로 얼룩진 현재의 낮은 몸과 장차 임할 온전한 영광 사이의 대조를 염두에 두었다고 볼 수 있다. 그러나 부활하기 전 "욕된" 것은 또한 일종의 "종노릇"(속박)을 반영할 수 있다. 바울은 다른 곳에서 옛 몸이 어떻게 죄에 붙잡혀 있는지(롬 6:6, 12), 그리고 마음이 어떻게 "땅의 일"에 얽매어 있는지(빌 3:19) 묘사한다. 이 몸은 사람들을 공동체 앞에서뿐만 아니라 하나님 앞에서 '부끄러움'과 욕됨으로 이끈다(고전 6:5; 15:34). 헤링이 말하는 것처럼, 바울은 여기서 "부패에서 해방된 몸, 즉 창조자가 바라는 영원하고 온전한 삶을 충분히 실현시킨 몸"을 묘사한다.[16]

세 번째 2행 연구는 "약한 것"(ἐν ἀσθενείᾳ)으로 심겨진 몸과 "강한 것"으로(ἐν δυνάμει) 다시 살아난 몸을 비교한다. 고린도전서 1장에서 바울은 "십자가의 도"를

body, RSV, NRSV)은 이 헬라어 어구의 의미를 충분히 포착하지 못하는 것 같다. Calvin, *First Corinthians*, 337은 이렇게 말한다. "바울은 은유적으로 현세의 삶의 기간을 파종기로, 부활 기간을 추수기로 비유한다. 그리고 바울은 지금은 우리의 몸이 확실히 사망과 욕됨에 종속되어 있으나 그때는 영광스럽고 썩지 아니할 것이 된다고 말한다." 또한 Jeffrey R. Asher, "Σπείρεται: Paul's Anthropogenic Metaphor in 1 Corinthians 15:42-44," *JBL* 120 (2001): 101-22도 보라. 하지만 Fitzmyer의 비판도 보라(*1 Corinthians*, 595).

15. Godet, *First Corinthians*, 2:412.

16. Héring, *First Corinthians*, 175. 부활한 몸과 그리스도인의 부활 소망을 검토하는 내용이 N. T. Wright, *Surprised by Hope*, 특히 55 이하, 167 이하에서 발견된다. 훨씬 더 상세한 내용에 대해서는 Wright, *Resurrection of the Son of God*, 277-374를 보라.

"하나님의 능력"으로 말함으로써 통상적인 인간적 가치와 반대로 말했다(1:18). "하나님께서…세상의 약한 것들을 택하사 강한 것들을 부끄럽게 하려 하시며"(1:27). 바울이 여기서 염두에 둔 것은 바로 약함이다. 그리스도인의 몸이 끊임없이 경험하는 것은 약함이다. 그러나 그것은 단순히 인간의 몸의 허약함으로 그치는 것이 아니다. 왜냐하면 그리스도를 위해 사는 것과 그분을 위해 부끄러움과 모욕을 당하는 것도 세상의 눈에는 명백히 약한 모습이기 때문이다(4:9-10). 그러나 부활한 몸은 그리스도를 닮고 절대로 죄를 짓지 않는다. 또한 하나님의 능력을 새롭게 증명함으로써 정당성을 입증한다.

따라서 이 세 개의 2행 연구는 고린도 교인에게 그리고 부활을 부인할 수 있는 자에게 부활한 몸의 새로운 상태가 부활 이전의 몸과 완전히 다르다는 점을 강조한다. 이 세상의 실존 속에서 그리스도인을 규정하는 것처럼 보이는 모든 정의가 역전된다. 1장에서 이 역전에 대해 복음이 빛을 던져준 것처럼, 또 그리스도가 첫 열매로 그 빛을 던져주신 것처럼, 이 모든 것이 죽은 자 가운데서 다시 살아날 모든 자를 기다리고 있다.

마지막으로 44a-b절의 네 번째 2행 연구가 중심축을 구성한다. 이 2행 연구는 앞에서 연속된 연구의 결론을 내리고 자연적(육의) 몸과 신령한 몸을 비교하는 역할을 한다. 그런데 우리는 그리스 이원론의 영향을 너무 크게 받아 '자연적 몸'(σῶμα ψυχικόν)과 "신령한 몸"(σῶμα πνευματικόν)의 주된 차이를 유형적이고 물질적인 몸과 불가시적이고 비유형적인 몸의 차이로 생각하기가 너무 쉽다. 더구나 "혈과 육은 하나님 나라를 이어받을 수 없다"라고 말하는 50절로 문제가 더 복잡해진다. 일부 주석가는 거기서 쟁점이 유형성(corporeality)에 관한 것이라고 더 확신하게 되었다(뒤의 내용을 보라). 그러나 바울이 지금까지 전한 모든 말은 유형성을 사물을 보는 한 방식으로 보는 것을 반대했다. 부활한 몸은 이전의 몸과 다르지만 어디까지나 진정한 몸이다. 부활한 몸은 강하고 영광스러우며 썩을 수 없다. 아마 바울이 여기서 전하는 말을 가장 가까운 현대 용어를 사용해 말한다면 바울은 여기서 다른 '차원'에 관해 말한다고 보아야 할 것이다. 몸이 영광 속에 들어가고 더 좋게 기능하며 썩지 않는다고 해서 몸이 아닌 다른 존재가 되는 것은 아니다. 바울이 여기서 직접 언급하지는 않지만 이런 몸을 가진 자로 우리 앞에 있는 본보기는 15장을 시작할 때 언급된 분이신 주 예수 그리스도다(15:4). 그리스도의 부활의 증인들은 바로 이런 몸을 직접 보았다.

이것을 염두에 두고, '자연적'(ψυχικός)이라는 단어(개역개정에는 "육의"-역주)와 "신령한"(πνευματικός)이라는 단어를 검토할 필요가 있다. RSV, NRSV, TEV 등과 달리, '자연적'(ψυχικός)이라는 말은 '육체적'(physical)이라는 말로 번역되어서는 안 된다. 앞의 세 2행 연구가 몸의 실체나 본질을 다루는 것이 아니고 몸의 실존 방식이나 양식(썩음, 썩지 않음 등)을 다루는 것처럼, 네 번째 연구도 마찬가지다. 우리는 지금 몸에 생명을 불어넣는 것을 다루고 있다. 첫 번째 단어는 모든 인간에게 공통적인 통상적 또는 '자연적'(ψυχικός) 실존 방식으로 부를 수 있는 것에 관해 말한다. 따라서 이 책은 이것을 "자연적"(natural)이라는 말로 번역한다(AV, NIV 2011, ESV가 이렇게 번역한다).[17] 두 번째 단어는 그리스도의 부활하신 몸이 지금 누리고 있는 "신령한"(πνευματικός) 실존 방식에 관해 말한다. 여기서 바로 대조가 이루어진다. 이 대조는 15장 전체에 나타난 것처럼(참고. 49절), 현재와 미래의 관점에서 볼 때 확인된다. 또한 이 대조는 두 단어

17. BDAG 1100은 주된 의미를 성령이 중심 특징인 세계와 반대로 "자연 세계의 삶에 적합한"으로 본다. 그런데 이상하게도 고린도전서 15:46은 "육체적" 사람이 신령한 사람과 대조되는 의미로 인용된다(개역개정에는 "육의 사람"으로 번역하여 이런 오해를 불러일으킴-역주).

가 고린도 교인의 삶의 행동 방식에 관해 사용된 2:13-14에도 나온다. “신령한”이라는 단어는 ‘자연적’이라는 단어의 의미를 정의하는 데 도움을 준다. 하지만 바울이 “신령한”이라는 단어를 일관되게 성령을 지시하는 데 사용하고, 무엇보다 그리스도에 관해 더 많은 것을 계시하는 의미로 사용한다는 점을 이해할 때만 도움을 준다. 헬라어에서 ‘-ικός’라는 어미 자체는 대체로 존재의 특성이나 방식을 가리킨다. 죽은 그리스도인은 육체로(bodily) 다시 살아난다(“영의 몸도 있느니라”, 44절). 그러나 이것은 그리스도를 가리키는 성령으로 말미암아 그의 몸이 생명을 얻게 된 실존 방식에 들어간다는 것을 의미한다. 확실히 성령이 그들의 몸을 그리스도의 몸과 같이 만드신다. 그리스도를 죽은 자 가운데서 다시 살리신 이가 그의 영으로 말미암아 죽을 몸도 살리신다(롬 8:11).

물론 이 모든 것은 사망이 정복된다는 사실에 바울이 관심을 갖고 있음을 기억할 때 더 쉽게 파악된다. 바울은 이 주제로 다시 돌아갈 것이다(54-55절). 몸이 다시 살아나려면 사망이 정복되어야 한다. 이것을 다르게 말하면, 빈 무덤이 있어야 한다. 몸은 진실로 변화될 것이다. 그러나 45절에서 계속 다루는 것처럼, 부활 이전이나 이후나 여전히 사람(아담)이다. 자기들이 이미 영적으로 목표에 ‘이르렀다’고 생각하고 자신을 온전하고 신령한 자로 본 일부 고린도 교인에게는 이런 말이 귀에 거슬릴 것이다. 바울은 완전히 “신령한” 자가 되려면 “신령한 몸”을 기다려야 한다고 말한다. 그 동안에는 모든 “신령한” 삶, 곧 바울이 모든 신자가 갖기를 바라는 삶은 모두 잠정적이다.

15장 전체에 걸쳐 바울은 창세기 1-2장의 창조 기사를 뇌리에서 지운 적이 결코 없었다. 그리고 바울이 ‘자연적’이라는 말을 사용할 때 배후에 놓인 본문은 당연히 창세기 2:7이다. 창세기 2:7은 새로 지음 받은 아담을 ‘생령(ψυχή)이 된’ 사람으로 부른다. 바울은 아담을 첫 창조의 특징이 있는 사람으로 본다. 아담의 몸은 ‘영혼’을 위해 형성된 몸이다. 아담은 지금과 같이 이 땅에서 살도록 지음 받았다(47절). 그러나 부활하신 그리스도는 다른 몸을 갖고 계시는데, 그것은 그분이 영의(또는 ‘하늘의’, 47-49절) 영역에서 살고 있기 때문이다. 따라서 바울은 여기서 요점을 제시하고자 창세기 2:7로 돌아간다.

15:44c-45 육의 몸이 있은즉 또 영의 몸도 있느니라 기록된 바 첫 사람 아담은 생령이 되었다 함과 같이 마지막 아담은 살려 주는 영이 되었나니(εἰ ἔστιν σῶμα ψυχικόν, ἔστιν καὶ πνευματικόν. οὕτως καὶ γέγραπται, Ἐγένετο ὁ πρῶτος ἄνθρωπος Ἀδὰμ εἰς ψυχὴν ζῶσαν· ὁ ἔσχατος Ἀδὰμ εἰς πνεῦμα ζῳοποιοῦν). 첫 번째로, 바울은 44c절에서 요약을 제공하는데, 이 요약은 계속 전개될 내용의 전제가 된다. 자연적(육의) 몸이 있다는 것을 가정하면, 신령한(영의) 몸도 있어야 한다. 누구나 ‘자연적 몸’, 즉 하나님이 창조하신 세상에 적합한 “생령”(45절)을 가졌다는 조건절(제1 조건문)을 받아들여야 한다. 그러나 바울이 증명한 것처럼, 이것은 부활한 몸이 어떤 천상계가 아니라 그 몸이 거할 세상에 적합한 “신령한 몸”이어야 한다는 것을 의미한다. 아담과 그리스도는 44c-d절과 45절 사이에 평행 관계가 있는 유비를 다시 한번 제공한다. 바울은 창세기 2:7에서 취한 인용문에 단순히 “첫 (사람)”이라는 말을 덧붙인다. 첫 사람 아담은 “생령”이었다(따라서 ‘자연적 몸’을 가졌다). “마지막 아담”은 “살려주는(생명을 주시는) 영”이 되었다(따라서 “신령한 몸”을 가졌다). 여기서 바울의 비교는 아담과 그리스도를 그들의 대표 역할에 따라 보는 것에 요점이 있다. 아담과 그리스도가 첫 번째로 갔던 곳을 다른 사람들이 따랐고 혹은 따를 것이다. 그러나 이것은 간단하지 않다. 분명히 아담을 따르는 모든 자는 똑같이 인간적 영혼, 곧 “생령”이다. 그러나 “그리스도 안에” 있는 모든 자가 “살려주는 영”(life-giving Spirit)이 되는 것은 아니다(비록 그 단어에서 ‘Spirit’을 소문자 ‘s’를 사용해 ‘spirit’으로 취한다고 해도). 그렇다면 비교가

어떻게 이루어지는가?

마지막 아담이 새로운 부류의 인간, 곧 부활한 인류의 창시자라고 보는 제임스 던의 주장은 확실히 옳다. 여기서 염두에 둔 것은 부활하신 그리스도가 "살려주는 자"로서 맡으신 역할의 유일성이다.[18] 그러나 이 비교를 이해하려면, 바울이 아담의 역할의 유일성에도 기반을 두었다는 사실을 파악하는 것이 중요하다. 아담은 첫 사람으로서의 대표 역할에 따라 사망을 가져온다. 그리스도는 마지막 아담으로 생명을 가져오신다. 각 집단의 머리로, 곧 "아담 안에" 있는 자와 "그리스도 안에" 있는 자의 머리에는 각각 유일한 자가 서 있다. 바울이 증명한 것처럼, 그리스도는 자신의 역할에 따라 하나님이 정하신 목적을 이루신다. 그리스도는 자신이 대표하는 모든 자에게 하나님의 영의 살려주는 능력을 갖고 오신다(사망을 가져온 아담과는 반대로). 이는 22절에서 이미 언급된 것과 같다. "아담 안에서 모든 사람이 죽은 것같이 그리스도 안에서 모든 사람이 삶을 얻으리라." 따라서 각 "아담"(첫 아담과 마지막 아담)은 자신의 권리로 하나님의 역사(歷史)에 완전히 새로운 단계를 시작한다. 아담의 죄가 이후로 모든 것을 바꿔놓은 단계를 시작한 것과 똑같이, 예수님의 부활은 근본적으로 새로운 단계를 시작한 것으로 이해된다.

15:21-22과 45-47절에서 확인된 아담과 그리스도 모형론이 로마서 5:12-19에 제시된 이 주제의 전개를 가리킨다는 점이 주목할 만하다. 로마서 5:12-19에는 아담의 대표 역할이 분명히 나타나 있다["한 사람으로 말미암아 죄가 세상에 들어오고", "사망이 왕 노릇 하였나니"(12, 14절)]. 확실히 로마서 5:14에서 바울은 아담을 "오실 자의 모형"으로 말한다. 또한 두 대표를 구별하는 한 방식이 그들의 행동에 있다는 점도 분명히 한다(롬 15:18-19). 아담의 행위("한 범죄로")는 모든 사람의 정죄를 낳았다. 그리스도의 "한 의로운 행위"로 "많은 사람이 의롭다 하심을 받아 생명"에 이른다. 이 해설 전체에 걸쳐 바울은 그리스도가 "더욱"(롬 8:15) 뛰어나다는 요점을 강조한다. 모형론이 적용되지만 그리스도가 행하시는 일은 비교할 수 없을 정도로 이전에 일어난 일보다 훨씬 우월하다. 그래서 바울은 이렇게도 말할 수 있다. "이 은사는 그 범죄와 같지 아니하니"(롬 5:15). 바울은 고린도전서 15장에서도 그리스도의 이런 독보적인 우월함을 독자에게 제시한다. 결국은 비교가 되지 않는다. 하나님이 그리스도 안에서 사망을 "삼키고" 파괴하는 승리를 주시기 때문이다(54-57절).

앞으로 더 나아가기 전에, 45절에 관해 그리고 그리스도의 대표 역할에 관해 언급할 것이 더 있다. 여기서 예수님이 "아담"으로 불리는 사실("마지막 아담"으로 불리기는 해도)을 간과하기 쉽기 때문이다. 바울은 예수님을 새로운 단계를 시작하고 부활을 가능하게 하신 분인 동시에, 사물의 옛 질서의 일부가 되시는 분으로도 본다. 예수님은 진실로 "아담"이 되신다. 이것은 사람들의 머리가 되신다는 의미에서뿐만 아니라 진정한 인간이 되신다는 의미에서도 그렇다. 예수님은 썩고 욕되며 약한 '자연적 몸'에 무엇이 들어 있는지 알고 계신다. 다시 말하면 예수님은 죽으시기 전에도 대표 역할을 맡고 계셨는데, 그것은 그분이 특히 메시아이신 왕이기 때문이다(롬 1:3). 따라서 예수님은 죽으실 때도 부활하실 때와 똑같이 자신에게 속해 있는 모든 자를 대표하신다(참고. 롬 8:3-4; 갈 4:4-6; 고후 5:21). 이런 이유로 바울은 다른 곳에서 그분과 함께 살기 위해 그리스도와 함께 죽어야 한다고 말할 수 있다(롬 6:4-5, 8; 참고. 골 2:12; 딤후 2:11).

따라서 바울은 44c-45절에서 다시 한번 '자연적(육의) 몸'과 "신령한 몸"의 차이에 주의를 집중한다. 하지만 이번에는 아담에 관해, 즉 첫 사람 아담과 마지막 아담

18. Dunn, *Theology of Paul*, 261. Also Morris, *First Corinthians*, 228-29.

이 성취한 다른 대표 역할에 주의가 집중된다. 창세기 본문이 인용되기 때문에, 우리는 이 모든 것 속에서 하나님의 창조 능력이 주권적이라는 사실을 다시 상기한다. 첫째 아담이 땅의 흙으로부터 하나님으로 말미암아 지음 받은 것처럼, 둘째 아담도 하나님으로 말미암아 무덤으로부터 다시 살아나셨다.

15:46 그러나 먼저는 신령한 사람이 아니요 육의 사람이요 그 다음에 신령한 사람이니라(사실은 먼저는 신령한 것이 아니요, 그러나 오히려 자연적인 것이요 그다음에 신령한 것이니라-저자 사역)(ἀλλʼ οὐ πρῶτον τὸ πνευματικὸν ἀλλὰ τὸ ψυχικόν, ἔπειτα τὸ πνευματικόν). 이제 46절은 앞 문장을 기초로 하여 고린도 교인에게 하나님이 자신의 계획에 따라 일어날 일들을 계속 규제하셨다는 사실(15:23-24)을 상기시킨다. "신령한" 것(몸)이 아니라, 자연적인 것(몸)이 먼저 오고 그다음에 신령한 것이 온다. 바울은 대조를 부각하고자 강한 반의 접속사(ἀλλά)를 두 번 사용한다(개역개정에는 이 말이 한 번만 나타남-역주). 그래서 이 책은 번역할 때 이 강조점을 포착하는 데 힘썼다('사실은…그러나 오히려'). "신령한"과 '자연적'이라는 말은 여기서 둘 다 중성으로 실명사 기능을 하는 형용사다. 따라서 "몸"과 일치한다고 보는 것이 가장 좋다(개역개정에는 "사람"-역주). 하지만 바울이 아담과 그리스도, 그들 각자의 육체적 실존을 폭넓게 생각했다고 보는 것도 가능하다. "먼저는"(first)이라는 부사는 여기서 시간 개념으로 이해해야 한다. 물론 그리스도 자신이 이것을 시간의 관점에서 이해하도록 증거를 제공하신다. 그리스도는 "살려주는 영이 되신" "아담"("마지막 아담"이기는 하지만)이셨다.

이것이 묘사된 몸의 경험의 육체성(physicality)에 관해 부정적으로 말하지 않는다는 점을 거듭 강조해야 한다. "몸"이 첫 번째고 "영"이 두 번째인 것이 아니다. 그렇다고 예수님이 이전에 인간이었지만 이제는 영이라는 것도 아니다. 오히려 예수님은 이전에 자연 세계를 충분히 경험하신 몸을 갖고 계셨고, 지금은 자신의 영역인 영의 영역, 곧 하나님의 영역을 충분히 경험하는 새롭고 변화된 몸으로 다시 살아나셨다. 그리고 이것은 "그리스도 안에" 있는 자에게도 똑같이 일어날 일이다. 따라서 바울은 각자 경험하는 약함과 부패성이 지금은 자기 자리와 시간을 갖고 있지만 결국은 지나갈 것이라고 사람들에게 권고한다. 심지어는 지금 "그리스도 안에서" 온전하고 신령한 사람이 되고, 또 이에 수반되는 온갖 유익과 하나님의 백성에게 주어지는 온갖 "은사"를 갖고 있더라도, 장래에 주어질 것과 비교하면 아무것도 아니다. 각 사람은 새 질서에 적합하게 "생명을 주시는"(살려주시는) 그리스도와 성령의 사역을 경험한다. 바울은 49절에서 똑같은 요점을 다음과 같이 요약한다. '그때 우리는 아담의 형상을 입은 것같이 그리스도의 형상을 입을 것이다.'

15:47 첫 사람은 땅에서 났으니 흙에 속한 자이거니와 둘째 사람은 하늘에서 나셨느니라(ὁ πρῶτος ἄνθρωπος ἐκ γῆς χοϊκός, ὁ δεύτερος ἄνθρωπος ἐξ οὐρανοῦ). 여기서 바울은, 마치 그리스도가 하늘에서 나왔다고 항상 주장하는 것처럼, 그분의 기원이나 선재성과 같은 기독론 문제를 다루는 문제로 들어가지 않는다. "우리 주님의 천상적인 기원"은 "주요 언급"이 아니다.[19] 바울이 "하늘에 속한 이"가 순서상 두 번째라는 요점을 제시했음을 고려하면, 확실히 우리 주님의 천상적 기원을 언급한다고 볼 수 없다. 오히려 바울은 이 두 사람의 특성이 무엇인지 계속 묘사한다. 비록 바울이 드물게 사용되는 형용사 "흙에 속한"(χοϊκός)이라는 말을 사용할지라도 그의 의도는 분명하다. 여기서 바울은 창세기 2:7과 "사람"

19. Morris, *First Corinthians*, 230과는 반대다. 또한 Martin, *Spirit and the Congregation*, 137도 보라. 그렇다고 배경에 "최초 인간"에 관한 어떤 신화를 두는 것도 아니다(참고. Conzelmann, *1 Corinthians*, 284-86; Barrett, *First Corinthians*, 377).

과 흙의 필수적 관계로 돌아간다. 앞에서 바울은 창세기 2:7b을 인용했으나 지금은 2:7a을 인유한다. "여호와 하나님이 땅의 흙으로 사람을 지으시고"(LXX, ἔπλασεν ὁ θεὸς τὸν ἄνθρωπον χοῦν ἀπὸ τῆς γῆς). 바울은 아담을 창세기 창조 기사에 묘사된 대로 생각한다. 하나님은 아담을 땅의 흙으로 지으셨다. 이것은 아담을 땅에서 살도록 지음 받은 존재로 규정한다. 사실 창세기 2:7 자체는 지음 받은 사람과 그가 살아야 할 땅의 이런 긴밀한 연계성을 계시한다. "사람"('아담', אָדָם)은 '땅의 흙'('아다마', אֲדָמָה)으로 형성된다. 확실히 '아다마'로부터 취해진 '아담'은 '아다마'를 경작해야 하고, 결국은 '아다마'로 돌아가야 한다(창 3:19, 23). 그러므로 아담이 '땅에서 난' 자라는 말은 그가 죽어서 흙으로 돌아가야 한다는 관념도 함축한다.

따라서 바울이 창세기 2:7을 인유하는 것은 여기서 두 "몸"의 차이를 설명하는 데 결정적으로 중요하다. 아담은 "땅"과 필수적으로 관련된 존재로 지음 받았다. 마찬가지로 사람이신 그리스도도 지금 자신의 새로운 실존 영역과 필수적으로 관련되는 방식으로 다시 살아나셨다. 그래서 그리스도는 "하늘에 속한 이"로 묘사되고, 이것은 그리스도를 하나님 앞에서 하나님의 영의 영역에서 이루어지는 실존에 적합한 분으로 규정한다. 그리스도의 부활하신 몸은 썩지 않고 하나님의 영광과 능력을 반영하는 몸이다. 그것은 43절에서 "능력"과 "영광"이라는 말로 잘 요약된다. 지금 부활하신 그리스도가 가진 몸의 형태는 언젠가 변화될 "그리스도 안에" 있는 모든 자의 몸(빌 3:21)과 동일하다. 바울이 부활하신 주님을 목격한 일을 직접 언급한 점(고전 15:8)을 생각하면, 여기서 그는 그리스도가 죽으시고 부활하신 다음 다메섹 도상에서 자기에게 영광 중에 나타나신 일을 생각한다고 볼 수 있다.

15:48 무릇 흙에 속한 자들은 저 흙에 속한 자와 같고 무릇 하늘에 속한 자들은 저 하늘에 속한 이와 같으니(οἷος ὁ χοϊκός, τοιοῦτοι καὶ οἱ χοϊκοί, καὶ οἷος ὁ ἐπουράνιος, τοιοῦτοι καὶ οἱ ἐπουράνιοι). 이 구절은 먼저는 "아담 안에" 있는 모든 자에게 그리고 그다음에는 "그리스도 안에" 있는 모든 자에게 이 가르침을 적용한다. 아담은 "[땅의] 흙에 속한" 자로 '자연적 몸'을 갖고 죽었다(22절). 마찬가지로 그것은 그리스도를 포함하여 아담과 같은 모든 사람에게 해당한다. 그러나 하늘에 속한 이인 "그리스도 안에" 있는 자는 "하늘에 속한" 자들이다. 바울이 지금까지 말해온 것처럼, 미래에 부활이 있을 때 그리스도 안에 있는 자는 완전히 변화된다. 그러나 지금도 여전히 그들은 하늘에 속해 있다. 따라서 일부 주석가가 주장하는 것과 달리, 48d절에 미래 시제를 사용하지 않고, 대신 48b절과 48d절에 현재 시제를 사용하는 것이 적합하다.[20]

15:49 우리가 흙에 속한 자의 형상을 입은 것 같이 또한 하늘에 속한 이의 형상을 입으리라(καὶ καθὼς ἐφορέσαμεν τὴν εἰκόνα τοῦ χοϊκοῦ, φορέσομεν καὶ τὴν εἰκόνα τοῦ ἐπουρανίου). '[그리고] …한 것같이'(καὶ καθώς)라는 말은 바울이 자신의 가르침을 계속 적용하고 있고, 또 "아담 안에" 있는 자와 "그리스도 안에" 있는 자를 다시 한번

20. Calvin, *First Corinthians*, 341은 "이것은 권고가 아니라 순전하고 단순한 가르침이다"라고 말한다. Garland, *1 Corinthians*, 737을 보라. Garland는 48절에서 아담과 그리스도는 각기 그들을 따르는 자에게 "본보기"로 서 있다고 주장한다. 따라서 "마지막 아담은 부활하고 신령한 몸을 받게 **될** 모든 자에게 본보기로 서 있다"(강조체 저자). 이런 설명은 단순히 "본보기"로 서 있는 것을 크게 넘어서는 아담과 그리스도의 대표 역할에 관해 지금까지 바울이 말해온 사실을 무시한다. 비록 바울이 지금까지 가르쳐온 것처럼 '끝'이 임할 때까지는 충분히 계시되지 않는다고 해도, 메시아에게 해당되는 것은 지금 그의 백성에게도 해당된다. 바울이 여기서 대표 관념에 따라 "흙에 속한 자"와 "하늘에 속한 이"에 관해 계속 설명하고 있다는 점은 그 다음 구절에서 더 명확해진다. 거기서 이 책은 (하늘에 속한 이의) '형상을 입다'라는 논란이 많은 동사를 미래 시제가 아니라 권고의 가정법으로 취한다. 뒤의 내용을 보라.

대조하고 있음을 암시한다. 첫 번째 절의 기동(起動)의 부정과거 동사('입었다')는 아담의 대표 역할로 말미암아 그와 같이 썩을 몸을 가진 사람들에게 말한다. 그들은 지금 사람이기 때문에 아담의 형상을 '입었다.' 이 헬라어 단어(φέρω가 아니고 φορέω임)는 이 땅에 적합한 "옷을 입는 것"에 대한 관념을 취한다(참고. TEV, "우리가 사람의 형상을 입은 것같이", 뒤에서 53-54절에 대한 설명을 보라).

간혹 바울은 그리스도 안에 있는 자의 변화를 생각할 때 ("영광"이라는 말을 사용하는 것과 같이) "형상"이라는 말을 사용한다.[21] 15장에서 바울은 주로 사람들이 온전히 "신령한" 몸으로 그리스도의 형상을 입을 때인 장래의 부활에 관해 생각했다. 하지만 바울이 그리스도인에게 미래에 관해서만 말하고 지금도 그리스도의 형상을 입어야 한다고 권면하지 않는 경우는 거의 없다. 바울은 고린도후서 3:16-18에서 이것을 "영광"에서 "영광"에 이르는 것으로 본다(참고. 롬 8:29; 골 3:10; 엡 4:24). 바울이 이 부분 끝에서 고린도 교인에게 "하늘에 속한 이의 형상을 입으라"고 권고할 때 그가 말하는 것도 이것이다. 아담이 우리를 대표하고 우리가 죄와 사망이라는 면에서 아담과 같은 것처럼, 그리스도도 우리를 대표하시므로 우리의 의와 삶은 그리스도와 같아야 한다.

두 번째 절("또한 하늘에 속한 이의 형상을 입으리라")의 동사의 이문에 관해 약간 논란이 있다. 49b절은 '우리도 입을 것이다'(단순미래, φορέσομεν)로 보아야 하는가, 아니면 '우리도 입자'(부정과거 가정법, φορέσωμεν)로 보아야 하는가? 앞에서 확인했듯이, 이 책은 바울이 여기서 후자, 곧 가정법 형태를 염두에 두었다고 믿는다(NET와 함께). 그러나 전자가 바울이 전한 말에 단순히 그리고 쉽게 부합한다는 사실을 인정해야 한다. 새로운 형상, 곧 그리스도의 형상은 장래에 세상이 끝날 때 "그리스도 안에" 있는 모든 자가 입는 형상이다. 그러나 이 동사를 권유의 가정법 동사로 취하면('우리가 입자') 문장의 의도가 전연 다르게 파악된다. 바울은 고린도 교인에게 장차 임할 일을 대비하라고 요구한다. 따라서 이것은 바울이 부활의 마지막 "영광"을 숙고함으로써 "그리스도 안에 있는 것"의 현재에 대한 함축적 의미를 생각했음을 보여주는 또 하나의 사례가 된다. 비록 몸의 부활과 그리스도를 닮은 완전한 모습이 '세상이 끝날' 때인 미래에 놓여 있기는 해도, 그리스도인은 현세에서 그리스도를 닮아 가라는 권고를 받는다. 비록 이 권고가 부활의 요소들과 사람들이 결국 입게 될 몸의 형태에 관해 말하는 현재의 문맥에 별로 자연스럽지 않다고 해도, 일반적으로 고린도전서 전체의 취지에 매우 적합하다.[22]

다수의 현대 역본에서 사용하는 미래 시제에 대해 말하면, 메츠거(Metzger)가 지적하는 것처럼, 본문 증거가 "매우 빈약하다."[23] 대신 가정법 형태가 초기부터 일관된 증거가 있다.[24] 본문 증거에도 다수 주석가가 미래 시제로 번역하는 주요 역본들을 따른다. 고데는 미래 시제를 지지하는 이 일반적 견해를 다음과 같이 요약한다. "미래 시제는 문맥에 의해 요구되고, 문맥은 로마서 5:1의 경우보다 더 강한 권고를 허용하지 않는다. 목적은 단순히 39절에서 시작된 논증을 결론짓는 것이다."[25] 두 형태를 구분하는 것은 두 동사가 전부다. 이 두 동사에 모두 있는 '오' 발음은 헬라어 구어에서는 똑같이 발음되었을 것이다. 이것은 오메가(ω)에서 오미크론(o)으로 바뀐 것을 쉽게 설명해줄 것이다. 물론 이 주

21. 예를 들어, 롬 8:29; 고후 3:18.

22. 예컨대, 고린도전서 3장이나 10장 앞부분에서 바울의 권고를 참고하라.

23. Metzger, *Textual Commentary*, 502. NA[28]은 단지 B, I, 6, 630, 945(이문), 1881, Sahidic만을 실례로 제시한다.

24. 여기에는 𝔓[46], ℵ, A, C, D, F, G, Ψ 그리고 다양한 다른 언셜 자체 사본과 소문자 사본, 𝔐 등이 포함된다.

25. Godet, *First Corinthians*, 2:431. 그리고 Metzger, *Textual Commentary*, 502를 보라. Metzger는 그 문맥을 "권유가 아니라 교훈"으로 보는 "주석적 고찰" 때문에 "B" 등급으로 판정하는 미래 시제를 지지한다.

장은 반대로, 곧 오미크론(ο)에서 오메가(ω)로 바뀌었다고 제시될 수도 있었다. 그럼에도 더 어려운 이문(부정과거 가정법)이 다양한 전통을 거치면서도 중단되거나 수정되지 않고 그대로 유지되었다. 물론 어느 쪽이든 가능하다. 앞에서 이 책은 통상적인 본문 비평 지침과 일치되게 더 어려운 이문과 더 많은 지지를 받는 이문을 택했다. 그 이문(부정과거 가정법)은 신학적으로 바울이 종종 미래의 소망에서 현재의 삶으로 이동하여 설명하는 것과도 부합한다.

그러나 여기서 가정법이 사용될 수 있는 이유를 지지하는 또 하나의 근거가 있다. 이 근거 역시 동사의 원래 형태는 문맥이 결정해야 한다고 주장한 자에게 최소한 부분적으로라도 답변을 제공한다. 바울은 이 권고와 앞서 32절에서 보여준 권유의 가정법을 의도적으로 대조한다고 볼 수 있다. 거기서는 권고가 "먹고 마시자"라는 후렴구 형태로 제시되었다. 이것은 죽은 자의 부활을 부인하는 자가 행동으로 보여주는 적절한 반응이었다. 사실 바울은 29-34절의 논증을 일련의 명령으로 결론지었다(33-34절을 보라). 따라서 바울이 42-49절에서 부활 생명의 실재에 관해 해설하는 것처럼, 그가 이 부분을 권고로 끝마친다고 가정하는 것 역시 부적절하지 않다. 이 권고는 "하늘에 속한" 자가 행동으로 보여주는 적절한 반응이다. 그들은 하늘에 속한 분인 그리스도를 닮아야 한다. 그리스도인은 지금 종말론적인 하나님의 백성으로 살아야 한다. 그리스도인은 지금 그리스도로 '옷 입어야' 하고, 그리스도의 형상과 일치되어야 한다.[26] 15장 전체를 결론짓는 그다음 부분도 명백히 권고로 끝맺는다(58절). 이 책은 바울이 여기서 의도하는 바가 권고라고 본다. 비록 그다음 몇 구절에서 추가로 이런 생각을 어느 정도 더 전개하기는 해도, 바울은 이런 식으로 이 부분을 잠정적 결말로 이끈다.

적용에서의 신학

바울은 창조 이야기, 특히 창세기 2:7을 사용하여 부활한 몸은 썩어질 몸에 중대한 변화가 일어나는 것을 포함하므로 근본적으로 새로운 피조물임을 증명했다. 만약 부활한 자에 관해 '그들이 어떤 몸으로 오는가'라고 질문하면, 씨앗이 곡식으로 자라는 과정과 두 아담 유비가 답변하는 데 도움을 준다. "마지막 아담"이신 그리스도는, 부활하신 몸을 통해 사람들로 하여금 그들이 현재 썩지 않고 죽지 않으며 새 땅에서 살 준비가 된 몸으로 살고 있음을 발견하는 거듭난 사람들의 일원이 되는 것의 의미를 계시하셨다. 부활하신 그리스도는 새로운 존재 방식을 출범시키신다. 그러나 그분은 여전히 적절하게 변화된 몸을 가지신 육체적 존재다.

이 모든 것의 핵심에는 욕된 것, 약한 것, '자연적인' 것(육의 것) 그리고 이 땅의 실존에 적합한 권리가 영광과 능력으로 다시 살아나고, "신령한" 것(영의 것)과 영원한 영적 영역의 실

26. 이 원리는 2:12-16을 뒷받침한다. 참고. 살전 5:23-24. 권유의 가정법을 옹호하는 이 논증은 우리가 위에서 그런 것처럼 바울이 48c-d절에서 "그리스도 안에" 있는 사람들의 현재 상태에 대한 고찰로 이미 이동했다고 가정하면 더 쉽게 지지할 수 있다.

존에 적합한 권리가 된다는 사실이 있다. 이 영원한 영적 영역은 "새 하늘과 새 땅"에 있다(사 65:17; 그리고 벧후 3:13; 계 21:1을 보라). 이 새로운 몸은 새 땅에서 살 준비가 되어 있다. 부활을 부인하면, 예수님이 첫 열매라는 것과 그분이 다른 사람들에게 "신령한 몸"을 주시는 분이라는 사실을 보지 못한다. 바울은 예수님이 "살려주는 영"이 되시기 때문에 그런 역할을 하시는 것이라고 말한다(45절). 다시 말해, 그리스도와 아담의 비교는 바울이 창세기에 기반을 둔 것을 기억하게 하고, 새로운 피조물, 혹은 더 적절한 표현으로 거듭난 피조물이 되는 일이 벌어지고 있음을 알려준다. 따라서 "그리스도 안에" 있는 자는 온전히 그분과 같이 된다. 그러나 바울은 또한 그리스도가 지금 온전하신 것처럼, 적어도 어떤 면에서는 그의 백성도 온전하다는 요점을 제시한다. 아직 목적지에는 도달하지 못했다. 하지만 새 질서는 이미 시작되었다. 그리스도의 온전한 형상은 몸의 부활이 있을 때 이루어져야 한다. 그렇지만 우리는 여전히 지금도 그리스도의 형상을 입어야 한다.[27] 지금 바울은 단순히 고린도 교인에게 이 근본적인 변화를 기다리는 동안 그리스도의 형상을 입으라고 권고한다. 따라서 이 부활 신학이 미치는 영향력은 지금 이 땅에 사는 우리의 삶에서 분명히 확인되어야 한다.

몸과 몸으로 하는 일이 '영'보다 덜 중요한 것은 아니다. 우리가 부활한 몸과 그 삶의 온전한 상태를 아직 기다리고 있지만, 성령이 이 몸에 거하신다는 사실을 유념하여 삶 전체를 통해 몸으로 하나님께 영광을 돌려야 하고 또 얼마든지 그렇게 할 수 있다. 주님을 섬기는 길을 종종 막는 것처럼 보이는 이 세상의 고투, 곧 질병이나 노화나 다른 고난 등으로 맞닥뜨리는 분투 속에서, 부활에 관한 지식과 소망은 그리스도인의 현재의 삶에 동기를 부여하고 자극을 준다. 진정한 의미에서 현세에 적합한 그리스도인이 몸으로 살아온 삶은 그런 미래의 삶과 몸을 준비하는 역할을 한다.

오늘날에는 이원론적 세계관이 아주 많은 사람을 사로잡고 있다. 이 점을 고려하면, 설교자는 바울이 그리는 그림이 창조와 그 안에서 이루어지는 하나님의 영과 인간의 관계에서 나온다는 사실을 어떻게 전할지 차열하게 고민해야 한다. 성령이 그 안에 거하는 자가 곧 "신령한" 자라는 말은, 신령한 자의 결정적인 영적 실존이 비육체적인 실존에 있다고 말하고 싶도록 거세게 유혹한다. 그러므로 원래 창조된 피조물과 새로운 피조물 사이의 연속성과 불연속성을 함께 가르치는 것이 필수적이다. 그렇게 가르치면 "신령한" 것의 진정한 의미에 관해 비성경적인 견해들을 물리치는 데 도움이 된다. 바울이 로마서 8:11에서 지적한 것과 같다. "예수를 죽은 자 가운데서 살리신 이의 영이 너희 안에 거하시면 그리스도 예수를 죽은 자 가운데서 살리신 이가 너희 안에 거하시는 그의 영으로 말미암아 너희 죽을 몸도 살리시리라." 이 점에서 우리도, 바울이 주장한 것처럼 "우리가 흙에 속한 자의 형상을 입은 것같이 또한 하늘에 속한 이의 형상을 입자"라고 주장할 수 있다. 여러 가지 면에서 바울은 육체적 실존에 연

27. 고린도전서를 통해 확인한 것처럼, 여기서 바울은 성령의 은사의 목적을 본다. 하나님의 백성은 성령의 은사를 통해 '파루시아', 곧 그리스도의 재림을 기다리는 동안 그리스도를 더 닮아갈 수 있다.

속성이 있지만, 이 육체적 실존이 영원을 위해 썩지 아니하고 죽지 아니할 것으로 변화된다는 점에서 보면 둘 사이에 불연속성도 있다고 가르쳤다. 그것이 어떻게 이루어지는지는 부활하신 예수님에 관한 묘사를 다시 들여다보는 것 말고 다른 방법은 상상도 할 수 없다.

CHAPTER 34

고린도전서 15:50-58

문학적 전후 문맥

고린도 교인이 부활에 관해 반드시 이해해야 할 내용의 핵심에 연속성과 불연속성 문제가 놓여 있다. 바울은 앞의 구절들을 통해 이것을 부분적으로 설명했고, 이제 더 상세히 제시한다. 확실히 연속성은 존재한다. 곧, 그리스도인은 죽은 자 가운데서 다시 살아난다. 그러나 불연속성도 크다. 따라서 바울은 35절의 "죽은 자들이 어떻게 다시 살아나며, 그들은 어떠한 몸으로 오느냐"라는 질문에 대한 답변을 계속한다. 하지만 동시에 부활 자체를 검토하는 것으로 독자를 끌고 간다. 50절은 바울의 논증의 전개에서 전환 구절의 역할을 한다. 사망에 대한 승리가 최종적으로 확증되려면, 부활에서 하나님이 정하신 특별하고 기적적인 변화가 일어나야 한다. 바울은 사망에 대한 승리 관념을 전개할 때 이사야서와 호세아서 본문을 되돌아본다. 그리스도가 강림하실 때 죽은 자와 산 자를 막론하고 모든 신자가 '변화될' 것이다(51절). 이 변화는, 죽은 자가 다시 살아나고 살아난 모든 자에게 썩지 아니할 몸이 주어질 것이므로, 사망이 패배당했음과 죄의 권능이 파괴되었음을 그리고 하나님의 승리가 "우리 주 예수 그리스도로 말미암아" 이루어졌음을 입증하는 최종적인 증거가 된다(54-57절). 58절의 마지막 당부는 바울이 부활 신학 자체를 다루는 것이 아니라, 부활을 믿는 참된 믿음과 신뢰가 현재의 삶에 직접적이고 강력한 함축적 의미를 띠고 있기 때문에 그 주제를 다루었음을 고린도 교인에게 다시 한번 상기시켜준다. 그것은 주님과 그분의 부르심에 대한 신실하고 견고한 헌신이 결코 헛되지 않음을 의미한다.

주요 개념

죽은 자는 다시 살아날 것이다. 모두가 홀연히 변화되고, 죄와 사망에 대한 하나님의 승리가 모든 사람에게 증명될 것이다. 이 결과는 보장되어 있기 때문에 그리스도인은 현재의 삶에서 주님을 위해 살고 열심히 수고해야 한다.

번역

고린도전서 15:50-58

50a	확언	**형제들아 내가 이것을 말하노니**
b	내용	혈과 육은 하나님 나라를 이어 받을 수 없고
c	내용	또한 썩는 것은 썩지 아니하는 것을 유업으로 받지 못하느니라
51a	단언	**보라 내가 너희에게 비밀을 말하노니**
b	내용	우리가 다 잠 잘 것이 아니요
c	동시 요소	마지막 나팔에
d	시간	순식간에
e	재진술	홀연히
f	대조	다 변화되리니
52a	단언	**나팔 소리가 나매**
b	연속	**죽은 자들이 썩지 아니할 것으로 다시 살아나고**
c		**우리도 변화되리라**
53a	51–52절의 기초	**이 썩을 것이 반드시 썩지 아니할 것을 입겠고**
b	재진술	**이 죽을 것이 죽지 아니함을 입으리로다**
54a	시간	이 썩을 것이 썩지 아니함을 입고
b	재진술	이 죽을 것이 죽지 아니함을 입을 때에는
c	내용/인용	사망을 삼키고 이기리라고(사 25:8)
d	단언	**기록된 말씀이 이루어지리라**

55		사망아 너의 승리가 어디 있느냐
		사망아 네가 쏘는 것이 어디 있느냐(참고. 호 13:14)
56a	55절의 확대	**사망이 쏘는 것은 죄요**
b		**죄의 권능은 율법이라**
57a	행위	우리 주 예수 그리스도로 말미암아
b	묘사	우리에게 승리를 주시는
c	감사	**하나님께 감사하노니**
58a	추론	그러므로 내 사랑하는 형제들아
b	권고	**견실하며**
c	권고	**흔들리지 말고**
d	권고	**항상 주의 일에 더욱 힘쓰는 자들이 되라**
e	58b–c절의 기초	이는 너희 수고가 주 안에서 헛되지 않은 줄 앎이라

구조

바울은 이 본문에서 부활과 부활로 일어날 몸의 변화의 본질에 관해 설명한다. 이 설명은 "우리 주 예수 그리스도로 말미암아" 얻는 죄와 사망에 대한 승리를 상세히 진술할 때 절정에 달한다. 이 본문은 두 주요 부분과 마지막 권고로 나누어질 수 있다. 첫 번째 주요 부분(50–53절)에서, 바울은 사람들이 "하나님 나라를 이어받으려면" 어떤 일이 일어나야 하는지에 관해 신학적 이해를 개괄한다. 죽고 썩을 몸이 죽지 아니하고 썩지 아니할 몸에 자리를 내주어야 한다. 이미 죽었든 혹은 그리스도가 강림하실 때 아직 살아 있든 모든 신자가 변화될 것이다. 두 번째 주요 부분(54–57절)은 구약 본문을 인용하여 몸의 이런 근본적 변화가 그리스도 안에서 하나님이 죄와 사망을 정복하고 승리하신 것을 증명한다는 사실을 예증한다. 그리고 15장 마지막 구절(58절)은, 부활에 관한 설명을 그리스도인이 미래의 부활과 그들을 기다리는 유업을 염두에 두고 주의 일에 온전히 힘써야 하며 이 수고가 결코 헛되지 않다는 점을 알아야 한다는 긍정적 주장으로 마무리된다.

석의적 개요

IX. 그리스도와 그의 백성의 부활의 복음(15:1–58)

A. 그리스도의 부활로 보증된 복음의 요소들(15:1–11)

B. 부활에 관한 진리(15:12–34)

C. 부활한 몸: 연속성과 불연속성(15:35-49)

➦ **D. 몸의 변화의 필연성(15:50-58)**

1. 죽을 것이 죽지 아니함을 입을 것이다(15:50-53)

2. 모두가 죄와 사망에 대한 그리스도의 승리를 볼 것이다(15:54-57)

3. 주의 일에 더욱 힘쓰라: 그 수고는 헛되지 않다(15:58)

본문 설명

50절은 전환 구절이지만 앞에서 전한 내용과 일치할 뿐만 아니라, 내용을 상당히 추가하는 새롭고 매우 은혜로운 본문을 소개한다. 이 본문은 이미 죽었든 혹은 그리스도가 강림하실 때 아직 살아 있든 상관없이 사람들이 사망의 패배에 대한 언약의 약속을 '이어받으려면', 근본적인 변화가 필수라는 강력한 확언으로 시작된다. 근본적 변화는 파루시아가 있을 때, 곧 그리스도가 재림하실 때 순식간에 일어난다. 바울은 하나님의 능력이 드러나고 무리의 부활이 증명될 때 어떤 일이 벌어질지에 대한 그림을 그린다. 사망이 패배하고 죄의 권능이 정복되기 때문에, 이것은 대전투의 결정적이고 완벽하며 강력한 결말이다. 왕이 자기 백성을 위해 승리하실 때 나팔 소리가 울려 퍼지는 이 대사건에서 강조점은 하나님의 승리에 있다. 그러므로 하나님은 감사의 대상이다. 그리고 오늘이라는 시간은 이 대사건에 비추어 보아야 의미가 있다(58절).

15:50 형제들아 내가 이것을 말하노니 혈과 육은 하나님 나라를 이어 받을 수 없고 또한 썩는 것은 썩지 아니하는 것을 유업으로 받지 못하느니라(Τοῦτο δέ φημι, ἀδελφοί, ὅτι σὰρξ καὶ αἷμα βασιλείαν θεοῦ κληρονομῆσαι οὐ δύναται, οὐδὲ ἡ φθορὰ τὴν ἀφθαρσίαν κληρονομεῖ). 만약 적절한 형상을 입지 않으면, 신자는 하나님이 화평과 의의 나라에서 행하시는 최종적 통치에 요약된 놀라운 언약의 약속들을 물려받을 수 없다. "혈과 육"이 부적절한 것은 죄의 성향에 매우 약하고 쉽게 쇠하기 때문이다. 혈과 육은 의롭거나 영광스럽지 않다. 나아가 바울이 앞에서 말한 것처럼, "썩을 것"은 "썩지 아니할 것"으로 대체되어야 한다(15:42). '이제'라는 말(개역개정에는 이 말이 번역되어 있지 않음-역주)은 앞에서 말한 내용과의 연속성을 함축한다. 이 전환 구절은 "내가 이것을 말하노니"(φημί)라는 강력한 말로 시작된다. 이 동사는 다양한 의미가 있다. 이 동사는 때로는 인용문을 소개하고(예를 들어, 6:16), 때로는 앞에서 말한 내용을 설명하는 데 사용될 수도 있다(10:19에서처럼). 또한 이 동사는 자주 직접 화법을 소개하는 역할을 한다. 그래서 이 책은 바울이 직접 화법으로 전하는 말에 인용 부호(큰 따옴표)를 달았다. 이 확언의 취지는, 35절에서 지적한 것처럼, 바울이 약간 비꼬는 태도로 반응하거나 혹은 최소한 자신의 말에 일치하지 않는 요소에 반발하고 있다는 점을 암시한다. 이전 주제가 계속되지만 동시에 이 확언으로 이후 구절들(51-57절)에서 설명되는 새로운 문제가 소개된다. 이 새로운 문제를 통해 독자는 죽은 자의 부활과 사람들이 부활로 갖게 될 몸에 관한 질문을 해결한다. 이미 죽은 자에게는 어떤 일이 일어나고, 그리스도가 강림하실 때 아직 살아 있는 자에게는 어떤 일이 일어날까? 바울은 부패하고 부서지기 쉬운 몸을 가지고 아직 살아 있는 자나 이미 죽은 몸을 가진 자가 다 근본적으로

'변화될' 것이라고 주장한다(51절, ἀλλάσσω). 50절이 이 문제를 어떻게 소개하는지 더 잘 이해하려면 다음 세 가지 주제를 설명할 필요가 있다.

(1) "혈과 육"(σὰρξ καὶ αἷμα): 이 말은 확실히 사람이 지금 갖고 있는 몸을 가리킨다. 혈과 육은 썩고 부패하며, 고통을 겪는 몸으로, 결국은 죽는다. 사람이 죽으면 육은 부패하고, 혈은 순환을 멈춘다. 앞에서 지적했듯이, 일부 주석가는 "혈과 육"에 관한 바울의 진술을 사용하여 44절을 이원론적으로 설명했다. 말하자면, 그들은 "혈과 육"이 육체적인 것을 가리키고 '자연적(육의) 몸'을 묘사하는 것으로 본다. 그들에 따르면 이 육체적인 몸이 "하나님 나라"를 유업으로 받을 수 없는 것은, 하나님 나라는 오직 "신령한"(즉, 비물질적인) 몸만 받을 수 있기 때문이다. 그러나 우리는 앞에서 바울이 육체적인 것이 무엇인지의 여부에 관한 문제에는 관심이 없었다는 점을 확인했다. 오히려 바울은 다른 실존 영역이 어떻게 다른 형태의 (육체적인) 몸을 요구하는지에 관해 말했다.

이 구절의 해석의 열쇠는 전반부와 후반부의 평행 관계에 있다.

혈과 육은	하나님 나라를	이어받을 수 없고
썩는 것은	썩지 아니하는 것을	유업으로 받지 못하느니라

50c절은 단순히 50b절과 같은 사실을 말하는 다른 방법인가, 아니면 50b절을 보충하는가, 아니 사실은 50b절과 대조되는가? 예레미아스는 이 어구를 깊이 있게 검토한 다음 이렇게 설명한다. 바울이 "부활한 자는 어떤 몸으로 오는가?"라는 질문을 다룬 후, 이제는 "죽은 자는 어떻게 다시 살아나는가?"(35절)라는 질문을 다루는 것으로 시선을 돌리기 때문에 이 평행 관계는 대조를 보여준다는 것이다. 이때 바울은 살아 있는 자의 상황과 그들이 죽지 아니함을 입음으로써 어떻게 변화되는지 제시한다. 살아 있는 자가 변화되는 일은 죽은 자가 다시 살아날 때와 동시에 일어난다.[1] 더 나아가 예레미아스는 "혈과 육"이라는 말이 "하나님과 반대로 부서지기 쉬운 피조물로서 자연적 사람을 가리킨다"라고 주장한다.[2] 말하자면 이 말은 단순히 인간의 몸이 겪는 육체적 취약성을 의미하지 않고, 거룩하신 하나님 앞에서 죄인인 살아 있는 사람들의 죄악적 취약성을 가리킨다. 예레미아스는, 마치 어떤 유치한 형태로 부활이 단순히 몸의 부활을 의미하는 것처럼, "혈과 육"이라는 어구가 죽은 자에 관해 말하는 데는 사용되지 않는다고 주장한다.

우리가 여기서 예레미아스와 같이 "혈과 육"이라는 어구는 (변화될) 살아 있는 자에 관해 말하고, 이와 대조적으로 "썩는 것"은 이미 "죽은" 자에 관해 말하는 것이라고 반드시 결론지을 필요는 없다. "썩는 것"(ἡ φθορά)이 죽은 몸에 관한 참된 묘사인 것처럼 살아 있는 몸에 관해서도 참된 묘사라는 점을 고려하면, 예레미아스의 견해는 유지되기 어렵다. 그러나 그렇다고 이 평행 관계가 동의 관계라고 추정할 필요도 없다.[3] "혈과 육"은 취약성을 폭넓게 가리킬 수 있지만, 특히 하나님과 관련하여 죄악성 관념과 결합된다는 예레미아스의 견해는 세 가지 면에서 지지를 받을 수 있다. 첫째, 「집회서」 17:31에서 "혈과 육"이라는 어구가 사용되는 것을 보면, 좀 약하기는 하지만 거기에는 부분적으로 지지하는 요

1. Joachim Jeremias, "'Flesh and Blood Cannot Inherit the Kingdom of God' (1 Cor. xv. 50)," *NTS* 2.3 (1956): 151–59. Godet, *First Corinthians*, 2:434는 이와 약간 다른 근거에 따라 Jeremias와 비슷한 입장으로 끝맺는다. Godet에 따르면, 50a절은 그리스도가 강림하실 때 살아 있는 자에 관해 말하고, 50b절은 그리스도가 강림하실 때 이미 죽은 자에 관해 말한다.

2. Jeremias, "Flesh and Blood," 152.

3. Collins, *First Corinthians*, 579는 이 평행 관계가 동의 관계라고 주장한다. 곧, 첫 번째 어구는 유대교 묵시사상에 새겨져 있고 두 번째 어구는 같은 관념을 헬레니즘 철학에 따라 반복한다는 것이다.

4. 이 어구의 배경으로 LXX가 빈번하게 언급됨에도, 사실 이런 형태로 나오는 것은 Sirach의 이 두 사례뿐이다.

소가 있다. 거기서 이 어구는 분명히 죄와 연계되어 있다. "혈과 육은 죄악을 꾀한다"(참고. NRSV; Sir 14:18).[4] 둘째, 더 중요하게, 부활할 때 죄가 반드시 처리될 것이므로 이 문맥에서 바울은 분명히 죄를 염두에 두었다(55-56절). 부활은 사망을 낳는 것, 곧 죄에 대한 하나님의 승리를 가장 확실하게 보여주는 사건이다. 셋째, "혈과 육"이라는 어구 바로 뒤에 "하나님 나라"가 언급되고(뒤의 내용을 보라), 이 나라는 하나님의 의롭고 거룩한 나라(죄의 권능 아래 있는 것으로는 이어받을 수 없는) 관념을 함축한다.

그러므로 여기서 바울은 죄의 성향과 함께 취약한 인간적 몸을 가진 사람들에 관해 생각하고 있다고 말하는 것이 합리적이다. 어쨌든 이에 대해 바울이 내세운 본보기는 죄를 세상에 들여오고 그로 인해 사망을 가져온 아담이었다. 바울은 "혈과 육"을 가진 자에게 일어나도록 되어 있는 특별하고도 기적적인 강력한 변화에 대해 숙고하면서, 만약 그들이 부활하신 그리스도와 같이 되려면, 하나님이 부활을 통해 새로운 환경에 적합할 뿐만 아니라 "거룩한 성향을 받아 죄에서 완전히 해방된" 몸을 창조하셔야 한다고 보았다.[5]

(2) **'유업으로 받다'(κληρονομέω)라는 동사**: 통상적으로 상속자가 유업을 받으려면, 친족에게 속해 있던 것을 그 친족에게 받을 때까지 살아 있어야 한다. 최소한 어떤 면에서, 유업은 대체로 법적으로 약속된 것이다. 성경의 유업 관념도 이런 관점과 별반 다르지 않다. 성경을 보면, 하나님은 그분의 백성에게 성취를 기다리는 약속들을 주셨다. 많은 약속이 예수 그리스도의 성육신과 죽음과 부활로 말미암아 최소한 잠정적으로 성취가 이루어졌다. 그러나 성경은 온전한 유업은 마지막(끝), 곧 15:28에서 바울이 말하는 것처럼 "하나님이 만유의 주로서 만유 안에 계실" 때를 기다린다고 계시한다. 그 약속에는 하나님의 모든 원수가 정복될 것이라는 약속도 담겨 있다. 바울은 이 약속이 그리스도가 강림하실 때 사망의 멸망과 함께 성취될 것이라는 점을 이미 증명했다(15:26-28). 유업에 관해 말하는 구약의 유명한 예언들을 보면, 통상적으로 "땅" 또는 "토지"(אֶרֶץ)를 유업으로 언급하고, 그것을 하나님의 것이 주어지는 것으로 본다[신 4:21; 시 25:13(LXX 24:13)]. 그런데 이 유업과 긴밀하게 관계되어 있는 것이 "화평"(שָׁלוֹם, 시 35:20, 27)에 대한 하나님의 약속이다. 이 약속은 원수들의 정복과 하나님의 백성이 그분의 신실하신 사랑을 알게 될 의의 땅과 관련되어 있다. 이것은 "구원"(יֶשַׁע, 시 85:8-10)이라는 말로 요약될 수 있다. 바울은 이런 배경에 따라 유업을 마지막 날에 주님이 자기 백성에게 주시는 것으로 본다. 에베소서를 보면, 이것이 "그리스도 안에서" 받은 기업이고(1:11; 또한 1:13에서는 "구원"으로 불린다), 신자들은 "그 얻으신 것을 속량하고 그의 영광을 찬송할 때까지 우리의 기업의 보증"으로 그리스도의 영을 받았다(1:14). 바울이 15:50에서 '유업으로 받다'라는 동사를 사용하는 것으로 보아 이 문맥도 분명히 종말론적이다.

(3) **"하나님 나라"(βασιλεία θεοῦ)라는 말**:[6] "하나님 나라"는 지금까지 말해온 유업을 한 마디로 요약한 것이다. 여기서 "하나님 나라"는, 마지막 때 그리스도가 왕으로 오셔서 땅에 화평과 의를 가져오시고 사망을 포함하여 하나님의 모든 원수를 정복하실 때 언약의 모든 약속을 성취하시는 것을 가리키는 약어로 기능한다. 이것이 15:23-27이 말하는 때다. 이때 하나님의 백성은 그리스도의 통치 아래 있고, 결정적으로 아버지의 영광의 통치를 온전히 받게 될 것이다.

이런 놀라운 역사를 물려받으려면, 몸이 변화되고 근본적으로 바뀌어야 한다. 마지막 날에 관한 이런 관점은 빌립보서 3:20-21의 비슷한 말에 반영되어 있다.

5. Thiselton, *1 Corinthians*, 1291.

6. 6:9a-b에 대한 설명 다음에 나오는 '심층 연구: 하나님의 나라'를 보라.

거기서 또한 바울은 우리가 오셔야 할 구주를 기다리고 있다고 말하고, 우리의 몸의 변화에 관해 우리가 확실히 그때 '그리스도의 영광의 몸의 형체와 같이' 변하게 될 것이라고 주장한다. 또한 거기서 바울은 그 변화에 내재된 특별한 능력에 관해 말하고, 그것을 하나님이 만물을 자기에게 복종하게 하실 때 역사하시는 것과 같은 능력으로 본다. 모든 그리스도인이 언젠가 갖게 될 형체를 상기시킬 때 바울 앞에 서 계시는 분은 항상 부활의 영광 속에 계시는 그리스도다. 오직 그때만 그리스도인은 하나님 나라를 적절히 경험할 수 있다.

15:51-52 보라 내가 너희에게 비밀을 말하노니 우리가 다 잠잘 것이 아니요 마지막 나팔에 순식간에 홀연히 다 변화되리니 나팔 소리가 나매 죽은 자들이 썩지 아니할 것으로 다시 살아나고 우리도 변화되리라(ἰδοὺ μυστήριον ὑμῖν λέγω· πάντες οὐ κοιμηθησόμεθα, πάντες δὲ ἀλλαγησόμεθα, ἐν ἀτόμῳ, ἐν ῥιπῇ ὀφθαλμοῦ, ἐν τῇ ἐσχάτῃ σάλπιγγι· σαλπίσει γὰρ, καὶ οἱ νεκροὶ ἐγερθήσονται ἄφθαρτοι, καὶ ἡμεῖς ἀλλαγησόμεθα). 바울은 대체로 하나님의 지혜와 그리스도 안에서의 하나님의 구원 계획과 관련된 일에 "비밀"(μυστήριον)이라는 말을 붙인다(2:7; 4:1; 참고. 롬 11:25; 16:25; 엡 1:9; 3:3, 4, 9). 일반적으로 말하면, 사실 "비밀"이라는 말은 그리스도 안에서 지금은 계시된 사실을 가리킨다. 50절에서 지적했듯이, 바울은 부활의 영광 속에 계신 그리스도를 직접 보았다. 그러므로 계시된 비밀은 하나님 나라를 이어받아야 할 모든 자가 그리스도와 같은 형체로 변화될 것이라는 사실이다. 이것이 어떻게 될지는 15장 첫 부분에 언급된 모든 증인에게 이 변화된 모습을 보여주신 그리스도 안에서 계시되었다. 이제 바울은 특별히 그리스도가 강림하실 때 살아 있을 자에 관해 그리고 그들 모두에게 일어날 근본적 변화에 관해 말한다.

'잠자다'라는 동사는 죽음을 완곡하게 표현하는 말이다. 하지만 18절에서 지적했듯이, 그리스도 안에 있는 자에게는 죽음의 잠이 한 번 더 깨어나는 관문을 의미한다(참고. 6절). "우리가 다 잠잘 것이 아니요"(πάντες οὐ κοιμηθησόμεθα)라는 말은 마지막 나팔이 불리기 전에는 아무도 죽지 않을 것이라는 뜻이 될 수 없다. 바울은 그리스도 안에서 죽은 자를 가리키는 뜻으로 "죽은 자"에 관해 이미 많이 말했기 때문이다. 그러나 이제 바울은 그리스도가 강림하실 때 아직 살아 있는 자에게 그분의 재림이 미치는 영향과 관련된 주제를 새로 시작한다. 바울이 언젠가 그리스도의 재림이 있으리라고 예견한 것은 많은 구절에 분명히 나타나 있다. 그런데 바울이 여기서 1인칭 복수형을 사용한다는 사실은 무시해도 된다. 바울이 여기서 "우리"라는 말을 사용하는 것을 기초로 그가 자신은 아니더라도 자기 당대의 어떤 이는 그리스도가 강림하실 때 아직 살아 있을 것이라고 확실히 예상했다는 견해는 너무 멀리 나간 것이다. 바울은 어쩌면 그 점을 생각했을 수도 있고, 그러지 않았을 수도 있다. 다만 바울이 날마다 그리스도 앞에 서고 그분의 등장을 준비하며 살았던 것은 확실하다. 그러나 근본적으로 바울이 여기서 "우리"라는 말을 사용하는 것은, 이미 죽어서 다시 살아날 필요가 있든 혹은 그리스도가 강림하실 때 아직 살아 있든 간에 그 역시 "변화될" 자 가운데 하나이기 때문이다.[7] '변화되다'(ἀλλαγησόμεθα)라는 수동태는 오직 하나님만이 이 역사의 행위자가 되실 수 있음을 다시 상기시킨다.

---

7. 여기에는 "바울의 말은 그가 살아 있을 때 개인적으로 파루시아를 볼 것을 기대한다는 사실을 밑받침한다"라는 Conzelmann의 결론(*I Corinthians*, 290)을 입증할 만한 내용이 전혀 없다. 일부 주석가는 이 본문을 데살로니가전서 4:15 및 다른 몇몇 본문과 함께 사용하여, 바울의 사상에서 이 초기 본문들을 통해 형성된 종말론 사상에서 더 굳건한 그의 후기 종말론 사상으로 종말론의 발전이 있다고 주장하는 데 심혈을 기울인다. 예컨대 Charles H. Dodd, *The Meaning of Paul for Today* (New York: Meridian, 1965), 40-41이 그렇다. 많은 주석가가 이 관점을 단호하게 거부했다. 참고. Plevnik, *Paul and the Parousia*, 276-81; Dunn, *Theology of Paul*, 310-15.

그리스도가 강림하실 때 살아 있든 혹은 죽은 자 가운데서 다시 살아날 필요가 있든 상관없이, 부활할 몸이 경험하게 될 근본적이고 특별한 이 변화의 본질은 그 일이 일어나는 속도로 크게 강조된다. "순식간에"라는 말은 더 이상 세분할 수 없을 정도로 극히 짧은 시간이다(ἄτομος). '눈 깜짝할 새'(홀연히, ῥιπή)라는 말도 같은 요점을 부각한다.

"나팔" 소리는 그리스도이신 왕의 도착을 알리는 역할을 한다. 이 관념은 제2성전 시대 묵시 문헌에서도 발견되지만 모든 시대 모든 문화 속에서 흔하게 주권자의 도착을 알리는 목적이 있다. 성경적 사상을 보면 그 유래가 오래되었다. 솔로몬이 왕으로 기름 부음을 받을 때 나팔을 불었다(왕상 1:39). 군대와 사람들을 소집할 때 나팔을 사용한다(느 4:20; 사 27:13). 또한 위험을 경고할 때도 사용된다(호 5:8; 욜 2:1). 아마 여기서 바울의 의도와 더 가까운 사례는 시내 산 위에 하나님이 내려오실 때 울려 퍼진 두려운 나팔 소리일 것이다(출 19:16, 19; 참고. 시 47:2–5). 나팔 소리와 함께 등장하시는 하나님에 관해 말하는 묵시 본문들에서 나팔이 주는 느낌은 확실히 이런 두려움일 것이다(예를 들어, 슥 9:14; 참고. 살전 4:16).

나팔 소리가 울릴 때, 곧 그리스도 왕이 강림하시는 그 순간에 엄청난 변화가 눈 깜짝할 새 하나님의 모든 백성에게 일어나게 된다. 죽은 자에게는 그 변화가 다시 살아날 때 일어난다. 아직 살아 있는 자에게는 다시 살아나는 것이 '변화되는' 것을 의미한다. 최종 결과는 둘 다 똑같다. 곧, 죽은 자나 아직 살아 있는 자나 그들의 몸은 새로 주어지는 영광의 환경에 적합한 몸으로 바뀐다. 여기서도 바울은 이것이 그리스도가 다시 살아나셨을 때 그분에게 일어났던 것과 똑같은 변화라는 사실을 아무도 잊지 않도록 생생하게 환기한다. 그때 우리는 그리스도와 같이 되어 하늘에 속한 이의 형상을 온전히 입을 것이기 때문이다(49절).

15:53 이 썩을 것이 반드시 썩지 아니할 것을 입겠고 이 죽을 것이 죽지 아니함을 입으리로다(δεῖ γὰρ τὸ φθαρτὸν τοῦτο ἐνδύσασθαι ἀφθαρσίαν καὶ τὸ θνητὸν τοῦτο ἐνδύσασθαι ἀθανασίαν). 바울이 이전 부분에서 주장한 것처럼, 이 변화는 "반드시" 일어난다(참고. 15:25). 이 변화는 특히 죽는 것이 죽지 아니하는 것으로 바뀌는 변화다. 하지만 "썩을 것"이라는 말은 죽어가거나 부패로 쇠하는 것을 의미한다. 따라서 '…때문에'(γάρ, 개역개정에는 이 말이 번역되어 있지 않음–역주)라는 말은 하나님 나라를 물려받기 위해 요구되는 변화에 대해 추가로 설명을 시작하는 역할을 한다. 53절의 두 절은 54절과 평행을 이루고 있으므로 동의 관계다. 두 중성 형용사는 "썩을"(φθαρτός) 몸과 "죽을"(θνητός) 몸을 가리키는 실명사로 기능한다. 영어 동사 '쇠하다'(waste away)라는 말은 바울이 묘사하는 것처럼 옛 것과 새 것의 차이를 잘 포착한다. 따라서 부활한 새 몸은 사망에 종노릇하지 않을 뿐만 아니라 '쇠하는', 곧 점차 결실을 얻지 못해 결국은 소멸되는 일도 없다. 비록 이 영원한 나라에서도 "늙는" 것이 의미를 가질 수 있기는 해도(사실 이런 의미가 있을 것이라는 암시는 전혀 없지만), 우리가 이 세상에서 알고 있는 것과 같은 '노화'의 의미가 그곳에는 절대로 없다. 곧, 우리가 지음 받은 목적을 위해 수고할 수 있는 힘이 점차 약해지거나 감소되는 것 같은 일은 전혀 없다. 오히려 우리의 몸은 부패로 쇠약해지는 일이 없이 살아갈 수 있도록 변화된다.

이 변화가 아무리 근본적일지라도, 53–54절에서 "이"(this)라는 말이 4번 반복되는 것은 옛 몸과 새 몸의 연속성을 예증한다. "이" (현재의) 몸이 썩지 아니함을 '입는다.' 이 본문을 통해, 비록 영이 몸이 죽은 후와 "변화"가 있기 전 사이에 몸과 분리되어 존재할 수 있다 해도, 사람의 인격적 정체성이 몸과 분리된 "영"에 있다는 주장은 정확하지 못하다. 그럼에도 인간은 이 세상과 다음 세상을 위해 몸을 가진 존재로 지음 받았고, 몸에 관한 두 형태의 실존의 연속성이 여기서 분명히 진술된다. 여기에는 온전해지려면 영이 몸에서 벗어나야 한다는 그리스 관념이 없다.

이를테면 '영원히 죽지 않는'(불멸의) 사람들을 다룬 과학 소설과 많은 이야기가 퍼져 있는 시대에는, 여기서 바울의 묘사가 그것들과 얼마나 다른지 인정하는 것이 중요하다. 여기서 연속성과 불연속성이라는 두 국면이 다 중요한 것은 하나님의 역사가 "새 땅"과 일어날 "변화"를 예견하기 때문이다. 몸의 연속성이 인정되지만 불연속성도 중요하다. 이 변화된 몸은, 우리가 15장 전체에 걸쳐 확인한 것처럼, 의가 거하고 화평이 지배하는 새로운 실존 질서에 적합하게 준비되어 있다. 이 몸은 '하나님이 만유의 주로서 만유 안에 계시도록'(28절) 모든 것과 모든 사람이 하나님께 복종하는 나라에서 영원히 살아갈 자에게 유일하게 적합한 실존 양식이다.

15:54–55 이 썩을 것이 썩지 아니함을 입고 이 죽을 것이 죽지 아니함을 입을 때에는 사망을 삼키고 이기리라고 기록된 말씀이 이루어지리라 사망아 너의 승리가 어디 있느냐 사망아 네가 쏘는 것이 어디 있느냐(ὅταν δὲ τὸ φθαρτὸν τοῦτο ἐνδύσηται ἀφθαρσίαν καὶ τὸ θνητὸν τοῦτο ἐνδύσηται ἀθανασίαν, τότε γενήσεται ὁ λόγος ὁ γεγραμμένος, Κατεπόθη ὁ θάνατος εἰς νῖκος. ποῦ σου, θάνατε, τὸ νῖκος; ποῦ σου, θάνατε, τὸ κέντρον;). 이제 바울은 죽을 몸이 죽지 아니할 몸으로 변화될 것이라고 예견한다. 이 변화는 사망의 패배에 대한 놀랍고도 최종적인 증거가 된다. 여기서 "때에는"(ὅταν)이라는 말은 이 변화가 일어날 시기가 불확실하다는 점을 소개하는 역할을 한다. 따라서 가정법 동사가 사용된다. 그러나 그것은 이 변화 자체가 불확실하다는 뜻은 아니다. 죽지 아니함을 '입는'(ἐνδύσηται) 것은 다른 방식으로 입혀지는 것 또는 추가로 입혀지는 것을 암시한다. 53절의 부정과거 중간태 부정사는 기동(起動) 용법으로(ἐνδύσασθαι), 단번에 모든 사람이 순식간에 다시 살아나고 다시 입혀짐으로써 새 시대가 시작되는 것을 의미한다. 새 옷을 '입는' 관념은 이와 비슷하게 은유적으로 신약성경에서 몇 차례 사용된다. 고린도후서 5:1–5은 새로운 실존을 '오히려 덧입는' 것으로(4절), 또는 다른 옷 위에 또 입는(ἐπενδύομαι) 것으로 묘사하는데, 이것 역시 부활 이전과 이후의 몸의 연속성을 암시한다.[8]

그러나 이처럼 새로 입는 것은 윤리적 변화도 함축한다. 이 새로 입혀진 몸은 죄가 정복된 곳에 적합하게 준비된다. 이 몸은 하나님의 심판을 거침으로써 처음에 "썩을 것"과 사망으로 이끌었던 죄에 다시는 빠지지 않는다. 이어지는 인용문이 이 점을 확립한다. 게다가 42절에서 지적된 관념이 여기서도 그대로 이어진다. 그러나 "그리스도 안에" 있는 자에게는 이미 정죄함이 없다(롬 8:1). 하지만 로마서 8장에서 바울이 묘사한 허무한 데 굴복하는 것은, 곧 죄에 종노릇하는 것이다(롬 8:10–11). 창세기 3장에 나온 인간에 대한 하나님의 심판 이후로 줄곧 이 둘은 서로 일부를 구성했다. 지금과 같은 인간적 실존은 불가피하게 죄와 연루되고 죄의 지배권 아래 있는 실존이기 때문에, 인간적인 육체적 실존을 갖는 것은 쇠약과 치명적인 사망을 낳는 실존을 갖는 것과 같다. 그러하기에 신자는 죽지 아니함을 제공하고 남아 있는 죄의 얼룩을 조금도 보여주지 않는 새 옷을 입기를 갈망하기 마련이다. 이것 때문에 로마서 8:23에서 바울은 몸의 변화를 "우리 몸의 속량"(τὴν ἀπολύτρωσιν τοῦ σώματος ἡμῶν)으로도 말할 수 있다. 이 변화는, 죄를 지을 수 있고 수시로 죄에 연루되는 것으로부터 그렇지 않은 것으로 바뀌는 것을 함축한다.

이 변화에 윤리적 측면이 있다는 것은, 바울이 50절에서 "하나님 나라"라는 말을 사용하는 것과 완전히 부

8. 참고. 빌 3:21. 이 구절은 '우리의 낮은 몸'을 '자기 영광의 몸의 형체와 같이' 변하게 하시는(μετασχηματίζω) 것에 관해 말한다.

합하는데, 그것은 특히 바울 서신에서 "하나님 나라"라는 말이 종종 윤리적 맥락에서 사용되기 때문이다. 이런 문맥들에서 그리스도인은 자기들의 행동이 하나님 나라의 일원임을 반영해야 한다는 사실을 상기한다(예를 들어, 롬 14:17; 고전 4:20; 6:9–10; 살전 2:12).[9] 부활 이전과 이후의 몸의 연속성이 이런 식으로 확립된다. 하지만 불연속성의 본질도 다시 명백해진다. 몸은 변화되어 더 이상 죽음을 겪지 않고, 쇠약해지거나 다시 죄에 빠지거나 하지 않는다. 변화된 몸은 하나님 나라의 모든 면에 완벽하게 적합하기 때문이다.

이 변화가 일어났을 때, 곧 왕이 강림하실 때 "사망을 삼키고 이기리라"[10]는 말씀이 사실로 판명된다(54절). 여기서 바울은 두 구약 본문에 의지한다. 첫 번째 본문은 칠십인역이 아니라 히브리 성경에서 취하는 본문이다. 이때 바울의 태도는 헤이스가 "바울은 예언 본문을 원래의 문맥에 맞추어 주의 깊게 파악한다"[11]라고 지적하는 것과 같다. 이사야서 25:8에서 이사야 선지자는 하나님이 자기 백성의 눈에서 눈물을 씻기시고 "사망을 영원히 멸하실" 때를 내다본다. 이사야에게는 그때가 하나님의 백성이 고대하는 주의 "구원"의 날이다. 그것은 하나님이 자기 원수들을 정복하시는 문맥에서 굳게 확립된다(25:9–12). 이사야서 25장 이 부분의 전체 문맥은 사망의 정복에 대한 바울의 관점에 통찰력을 제공한다. 따라서 "승리"라는 말이 이사야서 25장의 히브리어나 헬라어 본문에 쓰이지 않았지만 이 원래 문맥에 따라 바울은 이 말을 사용한다. 바울은 "승리"라는 단어로 이사야가 예견하는 사실을 요약한다. 바울은 하나님 백성의 교만하고 완악한 반대자를 무너뜨리는 것, 따라서 사망 자체를 정복하는 것이 지금 그리스도와 그분의 사역에 비추어 보면 확인된다고 생각한다. 이 인용문이 특히 흥미로운 것은, 바울이 미래에 성취가 있을 것이라고 예견하는 데 계속 사용하는 유일한 성경 본문이기 때문이다.

55절의 두 번째 인용문(하지만 인용보다는 '인유'가 더 나은 말로 보인다)은 사망이 정복되는 날의 영광을 확증하고, 특별히 56절에서 바울이 정교하게 제시하는 사망과 죄의 연계성을 독자에게 환기하는 역할도 한다. 이 인용문은 호세아서 13:14에서 나온 것이다. 하지만 바울은 본문을 그대로 취하지 않고 말을 바꿔 사용한다. 히브리어 본문은 "사망아 네 재앙이 어디 있느냐"라고 묻고, 또 "스올아 네 쏘는 것이 어디 있느냐"라고 묻는다(ESV). 칠십인역은 "사망아 네 형벌이 어디 있느냐"라고 묻고, 또 "하데스야 네 쏘는 것이 어디 있느냐"라고 묻는다. 따라서 바울은 히브리어 본문의 "재앙"이나 헬라어 본문의 "형벌"이라는 말을 "승리"로 바꾸고, 사망을 의인화하여 의문문을 만든다. 호격 "사망아"(θάνατε)라는 말은 신약성경에서 어떤 사람이 아니라 어떤 사물이 호격으로 불리는 단 두 번의 사례 가운데 하나다.[12] 이 의인화는 특이하다. 사망의 정복은 결국 바울이 26절에서 증명한 대로 원수의 정복이다. 바울이 여기서 사용하는 "승리"라는 말의 기원에 대해서는, 54절의 "이기리라"는 말과 마찬가지로, 주석가들 사이에서 논란이 계속되고 있다. 헤이스는 바울이 칠십인역의 "형벌"을 "승리"로(곧, δίκη에서 νῖκος로) "바꾸는" 것이라고 주장한다. 그렇지만 바울은 아마 호세아서의 "하나님의 궁극적 긍휼에 관한 폭넓은 메시지"에 비추어 그렇게 했을 것이라고 덧붙인다.[13] 바울이 여기서 사용하는 "승리"라는 말의 기원이 헬라어 본문의 다양한 번역이든 혹은

9. 바울의 하나님 나라 개념을 상세히 검토한 것은 Kreitzer, *Jesus and God in Paul's Eschatology*, 131–64에서 3장을 보라.

10. 이 부정과거 수동태 동사(κατεπόθη)는 격언 용법으로, 완료의 상(相)을 갖고 있으나 일반적 진리를 표현한다. 그러므로 영어로는 현재 시제로 번역하는 것이 가장 좋다.

11. Hays, *First Corinthians*, 295.

12. 요한계시록 18:20에서 '하늘아'라는 표현을 참고하라.

13. Hays, *First Corinthians*, 276. 바울이 여기서 본문들을 사용하는

오역에 있든 상관없이, 확실히 바울의 요점은 의인화된 원수인 사망은 패배했고, 따라서 "승리"가 이루어졌다는 것이다. 바울은 57절에서 계속 이 "승리"가 주 예수 그리스도로 말미암아 주어졌음을 증명한다.

여기서 "쏘는 것"(κέντρον)은 전갈이나 독이 있는 벌레나 짐승에게서 발견되는 치명적인 독침을 가리킨다(참고. 계 9:10). 따라서 죄와 사망 사이의 연계성이 다시 한번 굳게 확립된다. 바울이 56절에서 증명하는 것처럼, 희생자를 찔러 사망을 낳은 원흉은 죄다. 따라서 55절의 수사적 질문은 사망을 조롱하는 것 외에 다른 것이 아니다. 사망의 독침은 사라졌다. 확실히 이전에 사망이 모든 길에서 모든 것을 정복한 듯 보이던 곳에서 이제는 아무런 승리도 얻지 못한다. 마지막 나팔 소리가 울리고 썩을 것이 썩지 아니함을 입기 때문에, 사망의 모든 권능은 아무 소용이 없는 것으로 여겨진다. 뱀이 물거나 전갈이 쏘았을 때 독을 빨아들일 수 있는 것과 같이, 그리스도인이 아직은 썩을 몸을 가졌지만 쏘는 것이 이미 뽑힌 것은 매우 확실하다. 따라서 이 조롱이 현재 시제로 제시되는 것은 바울이 독자에게 이 모든 것이 그리스도가 완수하신 십자가 사역을 통해 가능해졌음을 증명하기 때문이다. 이것이 신자에게 "십자가의 도"의 영광 가운데 가장 큰 영광이고, 지금도 바울이 그리스도인을 "구원을 받는 우리"(1:18)로 칭할 수 있는 이유다.

15:56 사망이 쏘는 것은 죄요 죄의 권능은 율법이라(τὸ δὲ κέντρον τοῦ θανάτου ἡ ἁμαρτία, ἡ δὲ δύναμις τῆς ἁμαρτίας ὁ νόμος). 얼핏 보면 56절은 용두사미로 흘러 이 부분에서 바울이 제시하는 논증의 전개에서 거의 벗어난 것처럼 보인다. 그러나 이 구절은 먼저 "쏘는 것"의 원인을 설명한다. 따라서 그리스도의 승리의 특별한 성격, 곧 이 승리에 대해 하나님께 감사해야 하고(57절) 그리스도인이 섬기는 삶으로 반응해야 하는(58절) 특성을 소개하는 역할을 한다. 사망의 쏘는 것을 없애려면 죄가 처리되어야 한다. 바울은 사망을 인간의 죄에 대한 하나님의 심판으로 보는 성경적 개념을 기정사실로 생각한다(참고. 롬 1:32). 창세기 3장은 아담과 하와가 에덴동산에서 퇴출되는 것과, 아담이 땅의 흙으로 돌아갈 것이라는 말을 들을 때(창 3:19) 사망에 대한 약속(창 2:17)이 성취되는 것을 서술한다. 바울이 사망에 관해 생각할 때 하나님의 심판을 염두에 두었다는 사실은 앞에서 바울이 아담과 죄와 사망에 관해 해설할 때 지적했다(고전 15:21-22; 참고. 롬 5:17-19). 여기서 궁극적인 문제가 사망 자체가 아니라 죄에 있다는 사실을 보는 것이 필수적이다. 사망은 죄에 대한 하나님의 심판의 결과다(롬 6:23a). 이것 역시 고린도전서 여러 곳에서, 특히 15장 앞부분에서 바울이 설명한 내용의 일부였다. 신조 공식은 그리스도가 "우리 죄를 위하여" 죽으셨다고 말한다(3절). 만약 그리스도가 다시 살아나지 못하셨다면, 사람들은 여전히 죄 가운데 있을 것이라고 바울은 역설했다(17절). 따라서 부활, 특히 그리스도의 부활은 죄가 처리되었음을 의미하고(롬 4:25), 반면에 부활이 없는 것은 죄가 사망을 낳는 권능을 그대로 갖고 있음을 의미한다. 이것은 또한 바울이 자신의 서신들에서 그리스도인에게 죄를 범하지 말거나 그리스도를 닮은 인생을 살라고 수시로 당부하는 이유를 설명한다(6:8; 8:12; 15:34). 그것은 그리스도인이 삶을 통해 죄에 대한 그리스도의 승리의 수혜자로서 자기들의 현재 상황을 반영해야 했기 때문이다.

이 구절에서 두 번째 절("죄의 권능은 율법이라")은 문장이 단축된 탓에 파악하기가 더 어렵다. 이 절은 죄와 율법의 관계에 관해 말한다. 죄와 율법(그리고 사망)의 이런 관계는 로마서 5:8-21, 6:12-23, 7:7-14 그리고 갈라

방식에 관한 상세한 설명은 Christopher D. Stanley, *Paul and the Language of Scripture: Citation Technique in the Pauline Epistles and Contemporary Literature* (Cambridge: Cambridge University Press, 1992), 209 이하를 보라.

디아서 3–5장에서 훨씬 더 상세히 설명된다. 바울이 율법과 죄에 관한 자신의 생각을 나중에 로마서를 쓸 때 전개했다고 가정할 아무런 이유가 없다. 여기서 사실을 단축해서 설명하는 것은 바울이 이 사실을 이미 전하고 가르쳤기에 그의 말의 의미가 독자에게 명확히 알려져 있었다는 점을 암시한다. 바울은 율법을 "거룩하고", "의로우며", "신령한" 하나님의 은혜로운 선물로 보았다(롬 7:12, 14). 확실히 로마서 7:13에서 바울은 "선한 것"(율법)이 '내게 사망이 된' 것이 아니라고 명백히 말한다. 오히려 사망을 낳은 것은 죄였고, 율법은 그 죄를 계시했다. 바울은 율법이 다양하게 기능한다고 보았다. 여기 56절에서 가장 중요하게 고려해야 할 사항은 율법이 하나님의 언약의 요구를 계시하는 기능과 율법을 어기는 자에 대한 언약의 제재를 열거하는 기능이 있다는 점이다.[14] 다시 말하면 율법은 하나님의 뜻을 계시하고, 모든 사람이 율법의 요구를 만족시키지 못하므로 모든 사람에게 죄를 계시하는 기능도 있지만, 반면 모든 죄인에 대한 하나님의 (공의로운) 언약의 심판을 계시하는 기능도 있다. 따라서 여기서처럼 "죄의 권능"(ἡ δὲ δύναμις τῆς ἁμαρτίας)이 "율법"이라는 말은 죄가 율법을 사용하여 불순종에 대한 관심을 불러일으키고, 사람이 주님께 순종하지 못하도록 이끄는 점을 묘사하는 것이다. 요컨대 죄의 권능은 모든 사람을 "죄 아래에"(갈 3:22) "가두거나" '감금하는' 것에 있다. 율법은 죄를 드러내고, 심지어는 반항하고 거역하는 죄인에게 죄를 부추긴다. 그러나 율법은 사망이 쏘는 것을 겨냥하지 못하게 하려면 반드시 요구되는 죄 사함이나 속량을 제공할 수 없다(갈 3:21). 사실 율법은 순종할 수 없는 무능력에 절망하는 사람들의 상태를 드러내고, 따라서 그들의 심판에 대한 공의를 확증하는 역할을 한다(고후 3:6). 그러므로 죄는 진실로 하나님의 율법 자체로 합법화되는 권능이 있다. 죄의 권능은 죄인이라면 누구를 막론하고 사망의 포로로 만들어버린다.

15:57 우리 주 예수 그리스도로 말미암아 우리에게 승리를 주시는 하나님께 감사하노니(τῷ δὲ θεῷ χάρις τῷ διδόντι ἡμῖν τὸ νῖκος διὰ τοῦ κυρίου ἡμῶν Ἰησοῦ Χριστοῦ). 여기서 문장을 여는 '그러나'(δέ)라는 말(개역개정에는 이 말이 번역되어 있지 않음–역주)은 사망, 죄, 율법과 그리스도 안에서의 "승리"의 대조를 확립하는 역할을 한다. 바울이 죄, 사망, 썩을 몸 그리고 죄의 권능을 피하게 하는 본질적 변화에 관해 말한 모든 것에 비추어 보아야만, '(우리에게) 구원을 가져오는' '좋은 소식'의 참된 경이(1–2절)와 "그리스도께서 우리 죄를 위하여 죽으시고"(3절)라는 말의 엄청난 파급 효과를 진정으로 파악할 수 있다. 예수님의 부활이 죄의 권능을 완전히 그리고 근본적으로 박살냈음을 계시한다는 것을 진실로 이해할 때만, 죄와 사망에 대한 이 승리를 "우리에게…주시는"(τῷ διδόντι) 분께 어떤 찬양을 돌려야 하는지 비로소 깨닫게 된다. 여기서 분사("주시는")의 현재 시제는 변화가 미래에 일어나지만 승리의 역사는 이미 이루어졌음을 우리에게 상기시킨다. 이 승리는 예수님 안에서 하나님이 우리에게 주시는 선물이다. 이 승리는 율법이 줄 수 있는 것이 아니다. 다만 율법은 용서하시는 하나님의 은혜가 우리에게 절대로 필요하다는 사실을 분명히 가리켰다. 이 승리는 사람의 수고를 통해 얻을 수 있는 것이 아니다.

---

14. 고린도후서 2:14–4:6에 비추어 "율법"의 이런 용도를 상세히 검토한 것은 Frank Thielman, *Paul & the Law: A Contextual Approach* (Downers Grove, IL: IVP Academic, 1995), 107–18을 보라. 바울 서신에 나타난 "율법"의 용도와 기능을 합리적으로 접근하고 상세히 설명한 것은 (위의) Thielman의 작품을 보고, 또 다음 자료들도 보라. Brian S. Rosner, *Paul and the Law: Keeping the Commandments of God*, NSBT 31 (Downers Grove, IL: InterVarsity Press, 2013); Dunn, *Theology of Paul*, 128–61; Stephen Westerholm, *Justification Reconsidered: Rethinking a Pauline Theme* (Grand Rapids: Eerdmans, 2013); 김세윤, *Paul and the New Perspective: Second Thoughts on the Origin of Paul's Gospel* (Grand Rapids: Eerdmans, 2002).

이것은 하나님으로 말미암아 주어지고 그리스도로 "말미암아"(διά) 일어난다. 죄와 사망에 대한 승리라는 하나님의 은혜의 선물을 그분의 백성에게 가져오신 당사자는 바로 그리스도다. 만약 죄의 권능이 율법이라면(15:56), 하나님의 능력과 지혜는 그리스도다(1:24). 하나님의 능력이 죄의 권능을 대적할 때 맞수는 없다(참고. 2:5). 그리스도는 승리자다. 하나님은 확실히 자신이 그리스도 안에서 자기 백성의 생명의 원천이라는 사실을 보증하셨다(1:30a–b에 대한 설명을 보라). 따라서 "말미암아"(through)라는 말은 그리스도 안에서 자기 백성을 구원하시는 하나님의 사역, 특히 십자가 사역에 관해 고린도전서 다른 곳에서 언급된 모든 것을 가리키는 약어다(1:18, 23–24).

바울은 독자가 그리스도의 죽음이 "우리 죄를 위하여" 일어난 사건이라는 사실을 절대로 잊지 않게 한다. 사망의 쏘는 것은 뽑혔으나 큰 희생을 치렀다. 신자는 그리스도의 죽음에서 생명을 발견한다. 그 죽음에서 죄에 대한 하나님의 공의로운 심판이 행해졌기 때문이다. 바로 여기서 죄인은 하나님이 영원히 자신의 소유가 될 사람들을 구원하시겠다는 신적 언약의 모든 은혜로운 경이를 만나게 된다. 바울이 묘사한 것처럼, 신자는 그리스도의 부활 안에서 나중에 그가 참여할 추수의 첫 열매를 바라본다. 그동안 신자는 최후의 부활을 위해 "마지막 날"을 기다리고 있지만, 지금 당장 하나님이 새로운 실재와 함께 사망을 조롱할 수 있는 이런 확실한 방식으로 승리를 "주시는" 것을 발견한다. 그리고 하나님의 백성은 죄의 권능이 무한히 더 큰 하나님의 능력으로 말미암아 파괴된 것을 확신을 가지고 믿을 수 있다. 그러므로 '하나님께 감사하라'(τῷ δὲ θεῷ χάρις).

15:58 그러므로 내 사랑하는 형제들아 견실하며 흔들리지 말고 항상 주의 일에 더욱 힘쓰는 자들이 되라 이는 너희 수고가 주 안에서 헛되지 않은 줄 앎이라("Ωστε, ἀδελφοί μου ἀγαπητοί, ἑδραῖοι γίνεσθε, ἀμετακίνητοι, περισσεύοντες ἐν τῷ ἔργῳ τοῦ κυρίου πάντοτε, εἰδότες ὅτι ὁ κόπος ὑμῶν οὐκ ἔστιν κενὸς ἐν κυρίῳ). 바울은 주님을 섬기라고 권고할 때, 종종 그러는 것처럼(34, 49절) 이 부분도 가르침으로 끝맺는다. 이 가르침은 지금까지 말한 것의 결론으로, "그러므로"(ὥστε, 참고. 7:24; 11:33)라는 말로 시작된다. (독자와의) 논쟁은 지나갔고, 바울은 독자에게 이런 애틋한 사랑(ἀγαπητοί, 호격)의 배경에서 권고함으로써 자신이 그들을 가족으로 사랑한다는 사실을 상기시킨다. 앞에서 확인한 것처럼(1:10–11, 26; 2:1 등), 여기서 "형제들아"라는 말은 공동체의 남성 지체들만 가리키는 것이 아니라 여성 지체들도 포함하는 폭넓은 의미가 있다. 따라서 이 표현을 '형제들과 자매들아'로 보아야 한다. 고린도 교회는 바울이 사랑하는 공동체고, 바울은 고린도 교인에게 먼저 "견실하며" '흔들리지 말라'고 권고한다. 1–2절에서 바울은 "너희가…그 가운데 선" 복음에 관해 말하고, "너희가 만일 내가 전한 그 말을 굳게 지키고 헛되이 믿지 아니하였으면"이라는 말을 덧붙인다. 바울은 이제 자신이 부활과 사망을 이긴 승리에 관해 전한 모든 말에 비추어 15장 첫 부분을 반영한다. 고린도 교인은 부활에 관해 어떤 의심이나 회의적인 생각으로 흔들려서는 안 된다. 여기서 현재 명령(γίνεσθε, "되라")은 형용사적 명사들과 이어지는 절을 함께 지배한다. 첫 번째 형용사적 명사는 방향에 대한 굳은 확신 또는 확고함에 대해 말하고("견실하며", ἑδραῖοι, 참고. 7:37), 두 번째 형용사적 명사는 그 확신이 '변하거나' '흔들리는' 그들의 경향에 대해 말한다("흔들리지 말고", ἀμετακίνητοι). 여기서 후자의 관념은 골로새서 1:23에서도 확인된다. 이 구절에서는 관련 동사가 "복음의 소망"에서 "흔들리지" 않는 것을 가리킨다. 그것은 여기서 이 형용사적 명사가 의미하는 것과 똑같다. 바울은 고린도 교인에게 죄를 위한 그리스도의 죽음 안에 있는 그리고 사망을 이긴 승리와 부활 안에 있는 소망의 복음에 기반을 두고, 이 복음을 원래 받았을 때처럼 계속 굳게 서 있어야 한다고 확언한다(15:3).

그다음 절도 바울의 권고의 세 번째 부분을 구성한다. 이것은 '그리고 …에 풍성한'으로 번역될 수 있다. 고린도 교인은 성령을 통해 받은 은사를 사용하여 그리스도 안에서 주어진 하나님의 은혜에 부르심 받은 일을 행하는 것으로 반응해야 한다. '풍성한'(개역개정에는 "더욱 힘쓰는"-역주)이라는 단어를 사용하는 것은, 그리스도인이 그리스도의 교회의 덕을 세우는 절실한 사랑의 사역을 바울이 염두에 두었음을 암시한다. 바로 이것 때문에 바울은 14:12에서 고린도 교인에게 그들이 받은 은사를 사용하라고 권면한다. "너희도 영적인 것을 사모하는 자인즉 교회의 덕을 세우기 위하여 그것이 풍성하기를 구하라(ζητεῖτε ἵνα περισσεύητε)"(참고. 살전 3:12; 4:1, 10). '풍성함'의 관념은 열심과 넘침의 의미가 있다. 그리스도인은 그들 앞에 이런 어마어마한 구원이 있고 몸의 부활에 관한 영광스러운 전망이 있으므로 그리스도 안에서 이루어진 하나님의 은혜의 역사에 대해 지나치다고 할 정도로 열심과 헌신이 '흘러넘치는' 반응을 보여주어야 한다.

여기서 소유격 "주의"(τοῦ κυρίου)는 목적의 소유격이다. 그리스도인은 주를 위한 일에 풍성해야 한다.[15] 그리고 이런 이유로 고린도 교인은, 바울이 자신의 일에 대해 생각했던 것처럼(15:14) 주를 위한 이 수고가 "헛되지"(κενός) 않은 줄 알아야 한다. 이것은 단순히 마지막 절이 아니라 모든 권고에 이유를 제공하는 역할을 한다("이는 …줄 앎이라"). 고린도 교인의 일(공적)은 주님 앞에 굳게 서야 하고, 불에 타버리면 안 된다(3:12-15). 어쨌든 고린도 교인은 확실히 "헛되이(εἰκῇ) 믿지"(15:2) 않았다. 물론 이 일이 "헛되지" 않으리라는 사실은 전적으로 하나님께 귀속되어야 한다. 고린도전서에서 종종 지적된 것처럼, 하나님은 이 일을 행하도록 자신의 은사를 나누어주셨다. 그리스도인의 일이 헛되지 않으려면, 바울이 분명히 증명하는 것처럼 그리스도인에게 주어진 하나님의 은혜가 결코 '헛되지 아니하다'(15:10, κενός)는 사실에 그 일이 궁극적으로 기인해야 한다. 진실로 하나님이 그 일을 하도록 모든 것을 주신다. 그러므로 "승리"는 곧 하나님의 승리고, 신자가 내놓을 수 있는 모든 반응은 하나님이 제공하시고 그분이 능력을 주셔야 가능하다.

따라서 15장은 고린도전서 전체를 관통하는 중대한 주제 가운데 하나인 하나님의 은혜로 결론을 맺는다. 15장 전체는 부활을 부인하는 것에 관한 특수한 문제를 다루지만, 사실은 독자에게 다음과 같은 하나님의 은혜를 거듭해서 상기시킨다. 즉, 신조 공식에 요약된 구원 이야기에 나타난 하나님의 은혜, 복음 전파에 담겨 있는 하나님의 은혜(9-11절), 믿음 안에서 죽은 모든 자의 첫 열매로 그리스도를 다시 살아나게 하신 일에 나타난 하나님의 은혜, 그리스도가 다스리시고 사망을 비롯하여 하나님의 모든 원수를 정복하실 때 만물을 자신에게 이끄시는 일에 드러난 하나님의 은혜, 그리스도가 강림하실 "마지막 날"에 사람의 지속적 실존에 적합한 몸을 주시는 일에 나타난 하나님의 은혜, 부서지기 쉬운 인간이 하늘에 속한 이의 형상을 입도록 하는 일에 나타난 하나님의 은혜, 그리스도가 강림하시기 전에 죽은 자와 그분이 강림하실 때 살아 있는 자가 부활한 몸의 변화와 부활 생명으로부터 유익을 얻도록 보증하는 일에서 드러난 하나님의 은혜, 다음 세상에서 신자를 기다리는 이런 놀라운 것들에 대해 이 세상에서 적절히 반응하도록 인도하시는 일에 나타난 하나님의 은혜를 되새기게 한다. 결론적으로 15장은 '십자가에 못 박히신 그리스도'에 대한 복음 선포의 결과들을 상세히 분석한다. 바울이 1:31에서 말한 것처럼, '자랑하는 자는 주 안에서 자랑해야 한다.' 이것은 엄밀히 57절에서 바울이 전하는 말이다.

---

15. 16:10에서 바울과 디모데가 감당한 "주의 일"은 복음 전도 사역으로 보아야 할 것이다(참고. 16:9). 고린도 교회 전체 교인에게 그들이 주의 일에 '풍성하다'고 말할 때 바울이 복음 전도 사역을 염두에 두었을 수 있지만 그럴 가능성은 작다.

적용에서의 신학

1. 지금과 아직

고린도 교회의 일부 교인은 신령하지 못하거나 기껏해야 덜 신령한 자로 생각한 다른 그리스도인들과 달리 "신령한" 자를 자처했다. 바울은 고린도전서 전체에 걸쳐 하나님의 모든 백성은 성령을 소유하고, 따라서 성령을 소유한 자가 "신령한 자"라고 주장했다. 그리고 바울은 고린도 교인이 신령한 자이지만 어린아이같이 행동했기 때문에 신령한 자가 어떻게 행동해야 하는지 조심스럽게 정의했다. 또한 고린도 교회의 일부 교인은 "신령한" 것을 지나치게 강조하고, 신령한 것을 잘못 이해한 결과 몸의 부활을 부인하는 지경까지 이르렀다. 바울은 내주하시는 그리스도의 영이 죽은 자를 영원에 적합한 몸으로, 곧 새롭고 변화되며 썩지 아니할 몸으로 다시 살리시는 분이라고 주장했다. 여기에 바울은 이제 하나님 나라의 유업에 관한 언급을 간략하게 덧붙였다. 앞에서는 이것이 바울이 하나님의 모든 언약의 약속의 성취에 대한 경험을 간명하게 묘사하는 한 방식이라고 주장했다. 이 세상에 사는 동안 하나님의 백성은 자기들이 이미 하나님의 영을 소유했다는 사실을 삶에 반영하고, 하나님 나라에 적합한 인생을 살아야 한다. 그리스도인이 하나님이 약속하신 모든 것을 경험하는 일은, 사망을 정복하는 최종적 승리가 있고 하나님 백성의 충만한 수가 다시 살아나 영광 속에 들어갈 때 비로소 가능하다. 물론 지금도 그리스도인은 하나님의 임재를 즐거워하고, 그리스도 안에서 하나님의 모든 백성과 함께 언약의 교제에 참여한다. 그리스도인은 주어진 성령의 은사를 누리고, 하나님과 화평을 누리며, 하나님의 변함없는 사랑을 경험한다. 그러나 더 많은 것이 그들을 기다리고 있다.

오늘날 교회 안에는 하나님이 약속하신 모든 것을 이 세상에서 경험할 수 있는 것에 대해 그리고 아직 앞으로 임할 것에 대해 많은 오해가 있다. 오늘날 몸의 부활을 강조하지 않는 경향(교회가 애매한 하늘에서의 영적 실존 양식을 너무 자주 목표로 내세우기 때문에)이 두드러진 것은 많은 그리스도인이 이 세상에서 너무 큰 기대를 가지고 있는 것을 아직 깨닫지 못했음을 드러낸다. 어떤 이는 충분한 믿음이 있으면 누구나 질병에서 고침 받을 수 있다고 가르친다. 또 어떤 이는 성경 많은 곳에 나오는 부와 땅에 대한 약속을 이 세상에서 얼마든지 경험할 수 있다고 가르친다. 물론 성경은 내주하시는 성령이 이 기업의 보증이라고 가르친다. 또한 성경은 우리가 지금 그 마지막 나라의 기업의 첫 열매를 맛볼 수 있다는 지식도 분명히 제공한다. 교회가 누리는 은사는 앞으로 올 것을 미리 맛보게 한다. 둘 사이에는 연속성이 있다. 그러나 여전히 많은 것이 빠져 있는데, 이것은 아마 "썩을" 것과 "썩지 아니할" 것이라는 바울의 말로 가장 잘 요약될 것이다. 썩지 아니할 몸이 되었을 때만 하나님 나라를 온전히 누릴 수 있고 하나님의 약속들도 완전히 성취될 것이다. 이런 약속들에는 땅(새 땅), 온전한 치유(썩지 않고 죽지 않을 몸) 그리고 하나님과 온전한 화평(죄와 사망이 정복됨)을 누리는 것이 포함된다. 지금 너무 많은 것을 기대하는 사람 가운데 몸의 부활과 영광 중에 오시는 왕의 재림이 함축하는 모든 사실을 제대로 이해하지 못하는 이가 더러 있다. 단순히 이런 신학을 비판하는 사람에게는 고린도전서 15장의 논증을 더 깊이 검토해보라고 권고하는 것이 더 낫다. 그리스도인이 썩지 아니할 하나님 나라를 물려받으려면 그리스도와 같이 죽은 자 가운데서 다시 살아나거나 온전히 "변화되"어야 한다(15:51, 52). 과실현된 종말론은 거의 항상 그리스도인의 부활과 새로워진 피조물의 온전함을 강조하지 않는다.

2. 미래를 간절하게 기대하며 현재를 살아감

성경 전체에 걸쳐 하나님이 자기의 백성의 미래를 직접 주관하시는 것처럼, 그분은 백성의 현재의 실존도 직접 권고하신다. 아브라함은 메소포타미아를 떠날 때 약속의 땅을 기대하며 힘을 얻었다. 모세와 광야 세대도 똑같은 방식으로 힘을 얻었다. 선지자들은 하나님의 언약 백성의 화평과 그들이 얻을 땅의 기업을 바라보았다. 무엇보다 다윗 왕과 그의 통치의 도래는 하나님이 진실로 자기 백성을 구원하고 회복해 주실 것이라는 용기를 그 백성에게 심어주었다. 동시에 하나님의 백성이 그분을 거역했을 때 심판을 겪은 일은 미래의 심판을 가리키는 경고와 도전이 되었다(10:1-13; 참고. 3:12-15). 바울은 고린도전서에서 이런 다양한 주제들을 중대하고 결정적인 부활 관념으로 함께 묶는다. 미래는 현재에 직접 영향을 미친다. 부활하신 주님의 재림은 하나님의 백성이 그에 적합하게 준비되어야 함을 의미한다. 하나님 백성의 실존은 그러한 미래를 증언해야 한다. 그리고 하나님 백성의 정체성은 넘어지지 않고 굳게 서 있는 자로서 확증되어야 한다.

백성의 삶에 거하시는 하나님의 영의 임재는, 그들이 진실로 신령한 자이지만 아직은 썩을 몸을 가졌다는 것을 의미한다. 그러나 성령은 지금 하나님의 백성에게 하나님을 위해 살 수 있는 능력을 공급하신다. 또한 성령의 임재는 십자가에 못 박히신 그리스도 안에서 구속받은 신령한 자인 하나님 백성의 참된 정체성도 제공한다. 성령은 하나님의 백성에게 그들의 부끄러움이나 넘어짐(10:12)이 아니라 하나님 앞에 서는 그들의 지위를 보증한다. 이 정체성은 그리스도인이 사랑으로 살아갈 때(13장) 삶에서 인증된다. 이런 사람은 "신령한 자"가 되고자 이 세상이 끝날 때까지 기다릴 필요도 없고 기다려서도 안 된다. 그들은 이미 신령한 자다. 그러므로 신령한 자의 의미를 이 세상에 반영하며 살아야 한다. 그들의 삶은 이 모든 것에 '풍성해'야(더욱 힘써야) 한다(15:58).

우상 숭배, 자기 중심적인 교만, 음행과 함께 이 세상의 지혜는 현재 하나님의 백성이 그리스도 안에서 깨닫는 하나님의 지혜와 공존하지만, 부활은 이 두 지혜가 결국 어떻게 완전히 분리될 것인지 역력히 드러낸다. 두 지혜가 겹쳐 있는 시대에, 하나님 백성으로서 교회가 지속적으로 실존하는 것은 오직 내주하시는 성령의 보존하시는 능력을 통해서만 가능하다. 성령은 하나님의 백성에게 미래의 온전한 실존에 대한 기대를 가지고 거룩하고, 구별되며, 그리스도 중심의 삶을 살 능력을 주신다. 그러므로 현재는 더욱더 중요하다. 지금 무엇을 행하느냐와 지금 어떻게 인생을 사느냐가 미래를 좌우하기 때문이다. 인생은 앞으로 올 것을 미리 맛보는 삶이 되어야 한다. 지금 주님께 속해 있는 자는, 비록 죽고 썩겠지만 성령의 임재로 현재의 삶이 인정받는 것을 확인한다. 그들은 주님의 재림과 그들 자신의 부활을 기다리고 있다. 그때 그들은 모든 죄가 제거된, 죽지 아니하고 썩지 아니할 존재로서 그리스도를 섬기고 본받으며 거룩한 삶을 살 수 있게 되기 때문이다.

현대 교회에서 그리스도의 재림에 대한 기대가 절실하지 않다는 점은 앞에서 지적했다. 그러나 얼마나 많은 지역에서 얼마나 빈약한 신학이 이런 잘못된 경향을 낳았는지 파악하는 것이 중요하다. 그것이 사람들이 영원히 비육체적인 신령한 존재가 된다는 거짓 종말론을 반대하는 것이든 또는 과실현된 종말론의 전파를 반대하는 것이든 막론하고, 하나님의 백성은 부활하신 주님을 향해 다시 눈을 들고 그분 안에서 미래를 바라볼 필요가 있다. 그러나 다른 문제들이 이처럼 미래를 좌우하는 현재의 삶을 건전하게 이해하는 길을 여전히 방해한다. 서양 교회는 너무 편안해서 기독교 공동체에 속한 많은 사람은 타락한 세상의 '고통'을 보지 못하거나 크게 느끼지 못한다. 많은 사람이 현재 너무 행복하기 때문에 부활에 관해 별로 생각하지 못하고, 새 땅이 얼마나 좋은지 확신하지도 못하다. 또 많은 교회가 하나님의 언약의 약속들을 전하지 못하고, 하나님 나라가 그리스도 안에서 모든 충만함 속에서 무엇을 의미하는지 제대로 가르치지 못한다. 세계 전역에서 박해받고 고난을 겪는 교회를 보면, 이에 대해 더 나은 관점을 줄 것이다. 거룩함을 추구하고, 우상 숭배와 음행을 피하라는 성경의 당부를 전하는 일로 돌아가면, 사람들이 이 세상에서 자신의 죄악과 거룩한 삶을 위한 투쟁을 더 잘 깨닫도록 도움을 줄 수 있다. 바울이 가르치는 것처럼 주님을 따르지 못하는 자는 하나님 나라를 "유업으로 받지" 못할 것(고전 6:9-10; 갈 5:21)이라고 분명히 가르치면, 그리스도인에게 주님을 섬길 필요성과 그들의 수고가 주 안에서 헛되지 않다는 사실을 깨닫도록 자극할 수 있다.

35 CHAPTER

고린도전서 16:1-24

문학적 전후 문맥

바울은 16장에서 이 긴 고린도전서를 끝맺는다. 바울은 고린도 교인이 그에게 편지로 제기한 것으로 보이는 성도들의 연보 주제를 간략히 다루면서 16장을 시작한다(1-4절). 16장 첫 부분과 부활에 관한 15장 사이에 직접적인 연계성은 없지만, 바울이 15:58에서 "항상 주의 일에 더욱 힘쓰는(풍성한) 자들이 되라"고 언급하는 것은 16장 첫 부분에서 바울이 고린도 교인에게 너그러운 마음으로 연보하기를 바라는 것과 매우 자연스럽게 연결된다. 연보를 다루는 고린도후서 8:2, 7과 9:12에서 바울은 같은 단어(περισσεύω)를 사용하여 선한 일에 "풍성한" 것을 말한다. 바울이 고린도 교인들에게 복음의 '언약의 참여'(κοινωνία)가 그들에게 함축하는 의미에 따라 살도록 강조하는 것은, 그의 개인적 설명, 여행 계획에 대한 반성, 고린도 교인과 디모데에 대한 목회적인 염려 그리고 효과적인 사역의 문이 열린 것에 대해 고린도 교인에게 기도해달라고 부탁하는 그의 간청(9절)에 반영되어 있다. 바울은 고린도 교인에게 스데바나의 본보기를 통해 배우고, 스데바나와 브드나도와 아가이고와 같은 자를 인정하라고 권고하면서, 연합과 지혜로운 리더십을 적극적으로 제시하고 지도자들의 이름이 분쟁을 예증하는 데 사용되는 1장과 대조한다. 마지막 개인적인 인사말(21-24절)에서, 바울은 "사랑"이 신실한 그리스도인의 참된 인증 잣대라는 고린도전서의 중심 사상으로 돌아간다. 바울은 부정적으로 사랑을 보여주지 못하는 자에게 임할 심판에 관해 말하고(22절), 긍정적으로 24절에서 고린도 교회에 대한 자신의 사랑을 확언한다. 바울이 고린도 교인에 대한 사랑을 강조하는 이 마지막 구절은 그가 사실은 그들에게 "매를 가지고" 가는 것이 아니라 "사랑으로" 나아가는 일(4:21)을 생각했음을 암시한다. 이것은 '사랑은 덕을 세운다'(8:1)고 주장하고, 누구든 '사랑을 추구하라'(14:1)는 권면이 담긴 편지의 결말로 완전히 적합하다.

IX. 그리스도와 그의 백성의 부활의 복음(15:1–58)

➡ **X. 결론적 지침과 의견(16:1–24)**

A. 연보에 관한 지침(16:1–4)

B. 바울의 여행 계획(16:5–9)

C. 디모데와 아볼로에 관한 언급(16:10–12)

D. 다양한 권고(16:13–18)

E. 주 안에서 다른 사람들이 전하는 문안 인사(16:19–20)

F. 바울이 직접 쓴 편지의 결말(16:21–24)

주요 개념

고린도 교인은 예루살렘 교회를 위해 연보한다. 다른 잡다한 계획 및 설명과 권고는 고별 인사말과 사랑에 대한 마지막 당부에서 절정에 달한다.

번역

고린도전서 16:1-24

1a	주제 소개	성도를 위하는 연보에 관하여는
b	상황	내가 갈라디아 교회들에게 명한 것 같이
c	단언	**너희도 그렇게 하라**
2a	시간	매주 첫날에
b	권고	**너희 각 사람이**
c	상황	수입에 따라
d	목적	모아 두어서
e	시간	내가 갈 때에
f	결과	연보를 하지 않게
g	결과	하라
3a	시간	내가 이를 때에
b	3c절에 대한 확인	너희가 인정한 사람에게
c	단언	**편지를 주어**

d 목적 너희의 은혜를 예루살렘으로 가지고 가게 하리니

4a 조건(조건절) 만일 나도 가는 것이 합당하면
b 단언(귀결절) **그들이 나와 함께 가리라**

5a 단언 **내가…너희에게 가서**
b 원인 마게도냐를 지날 터이니
c 시간 마게도냐를 지난 후에

6a 단언 **혹 너희와 함께 머물며**
b 시간 **겨울을 지낼 듯도 하니**
c 목적 이는 너희가 나를 내가 갈 곳으로 보내어 주게 하려 함이라

7a 단언(소극적) **이제는…너희 보기를 원하지 아니하노니**
b 상황 지나는 길에

c 기초 **이는…너희와 함께 머물기를 바람이라**
e 소원 만일 주께서 허락하시면
d 시간 얼마 동안

8a 단언 **내가…에베소에 머물려 함은**
b 시간 오순절까지
9a 8절의 기초 내게 광대하고 유효한 문이 열렸으나
b 대적하는 자가 많음이라

10a 시간 [이제]
디모데가 이르거든
b 권고 **너희는 조심하여 그로 두려움이 없이 너희 가운데 있게 하라**
c 이유 이는 그도 나와 같이 주의 일을 힘쓰는 자임이라
11a 추론 그러므로
b 권고 **누구든지 그를 멸시하지 말고**
c 권고(대조) **평안히 보내어**
d 목적 내게로 오게 하라
e 기초 나는 그가 형제들과 함께 **오기를 기다리노라**

12a 주제 소개 형제 아볼로에 대하여는
b 단언 **그에게…너희에게 가라고 내가 많이 권하였으되**
c 상황 형제들과 함께

d 단언(소극적) **지금은 갈 뜻이 전혀 없으나**

e	대조(적극적)	기회가 있으면
		가리라
13a	권고(1)	**깨어**
b	목록(2)	**믿음에 굳게 서서**
c	(3)	**남자답게**
d	(4)	**강건하라**
14a	(5)	**너희 모든 일을 사랑으로 행하라**
15a	단언	형제들아…**내가 너희를 권하노니**
b	16절의 기초	스데바나의 집은 곧 아가야의 첫 열매요…너희가 아는 지라
c		또 성도 섬기기로 작정한 줄을
16a	15a절의 보충	이같은 사람들과…에게 순종하라
b		또 함께 일하며 수고하는
c		모든 사람
17a	단언	**내가 스데바나와 브드나도와 아가이고가 온 것을 기뻐하노니**
b	원인	그들이 너희의 부족한 것을 채웠음이라
18a	17b절의 기초	**그들이 나와…시원하게 하였으니**
b	비교	너희 마음을
c	권고	그러므로 **너희는 이런 사람들을 알아 주라**
19a	인사말	**아시아의 교회들이 너희에게 문안하고**
b	인사말	**아굴라와 브리스가와**…주 안에서 **너희에게 간절히 문안하고**
c		그 집에 있는 교회가
20a	인사말	**모든 형제도 너희에게 문안하니**
b	인사말	**너희는…서로 문안하라**
c	방식	거룩하게 입맞춤으로
21a	방식	나 바울은 친필로
b	인사말	**너희에게 문안하노니**
22a	조건	만일 누구든지 주를 사랑하지 아니하면
b	저주 공식	**저주를 받을지어다**
c	기도	**우리 주여 오시옵소서**
23	축복	**주 예수 그리스도의 은혜가 너희와 함께 하고**

24 나의 사랑이 그리스도 예수 안에서 너희 무리와 함께 할지어다

구조

16장은 비교적 간단하게 다섯이나 여섯 부분으로 나눌 수 있다. 성도들의 연보는 독립적 부분(1–4절)으로, 바울의 여행 계획을 소개하는 역할도 한다. 이어서 바울의 여행 계획과 사역의 기회가 두 번째 부분에서 제시된다(5–9절). 어떤 주석가는 10–12절을 두 번째 부분에 포함시키기도 하는데, 이는 10–12절이 디모데와 아볼로의 여행 문제를 계속 다루기 때문이다. 이 책은 10–12절을 따로 분리하여 세 번째 부분을 구성하는 것으로 본다. 네 번째 부분(13–18절)은 교회의 믿음과 생활에 관한 다수의 권고를 다룬다. 다섯 번째 부분은 주로 인사말로 이루어져 있다(19–24절). 이 책은 목적상 이 마지막 부분을 둘로 나누었다. 첫 번째는 다른 사람들의 문안 인사를 다룬다(19–20절). 이어서 두 번째는 바울의 개인적 인사말과 '사랑'의 주제에 중점을 둔 결말이 온다(21–24절). 뒤에서 웨이마(Weima)가 제공한 13–24절의 구조에 대해 상세하고 유용한 분석을 제시할 것이다.[1]

석의적 개요

➡ **X. 결론적 지침과 의견(16:1–24)**
- **A. 연보에 관한 지침(16:1–4)**
  1. 매주 연보하는 일은 피하라(16:1–2)
  2. 바울이 연보를 모아 전달할 것이다(16:3–4)
- **B. 바울의 여행 계획(16:5–9)**
  1. 고린도 방문 계획(16:5–7)
  2. 바울의 임박한 계획(16:8–9)
- **C. 디모데와 아볼로에 관한 언급(16:10–12)**
- **D. 다양한 권고(16:13–18)**
- **E. 주 안에서 다른 사람들이 전하는 문안 인사(16:19–20)**
- **F. 바울이 직접 쓴 편지의 결말(16:21–24)**

1. Jeffrey A. D. Weima, *Neglected Endings: The Significance of the Pauline Letter Closings*, JSNTSup 101 (Sheffield: JSOT, 1994), 203–8.

본문 설명

16:1 성도를 위하는 연보에 관하여는 내가 갈라디아 교회들에게 명한 것 같이 너희도 그렇게 하라(Περὶ δὲ τῆς λογείας τῆς εἰς τοὺς ἁγίους, ὥσπερ διέταξα ταῖς ἐκκλησίαις τῆς Γαλατίας, οὕτως καὶ ὑμεῖς ποιήσατε). 바울은 주제를 바꾸어 하나님의 백성을 위한 재정적 연보에 관해 말한다. 이 구절에서와 12절에서 "이제 …에 대하여"(περὶ δέ)가 가리키는 바가 고린도 교인이 보낸 편지에서 제기한 추가 문제인지 여부에 관해 약간의 논란이 있다. 7:1, 25, 8:1 그리고 12:1에서는, 그 말이 고린도 교인이 보낸 편지에 거론된 문제를 가리킨 것으로 보였다. 확실히 그 말은 수사적으로 새로운 주제를 소개하는 데 사용되고, 문맥적으로 바울의 이 마지막 의견은 고린도 교인이 바울에게 쓴 편지에서 나온 최소한 두 가지 작은 문제, 곧 "연보"와 아볼로와 관련된 문제를 다루는 것으로 보인다.

우리가 바울이 편지에 쓴 내용을 바탕으로 고린도 교인이 제기한 질문을 재구성하고자 할 때 연보에 관한 질문의 성격은 당연히 조심스럽게 다루어야 한다. 두 가지 명확한 가능성이 있다. 고린도 교인은, 갈라디아서에 언급된 교회들과 같은 다른 교회들로부터 예루살렘 교회 "성도"들을 위한 바울의 연보(3절)에 관한 소식을 듣고 그들도 참여해야 하는지 물었을 수 있다. 그러나 바울은 예루살렘 교회를 위한 연보가 무척 절박했기 때문에 이미 많은 교회에 참여를 촉구했던 것 같다. 특히 바울이 여기서 말하는 내용에 비추어 고린도 교인이 연보를 통해 모은 돈을 어떻게 처리해야 하는지 그리고 어쩌면 모은 돈이 합당한 사람들을 통해 합당한 사람들에게 안전하게 전달되리라 어떻게 확신할 수 있는지 물어보았다고 여기는 것이 나은 듯하다.[2] 사실 바울이 이 단어(λογεία)를 독특하게 "연보"를 가리키는 데 사용하는 것은 이것이 고린도 교인에게서 나왔다는 사실을 암시할 수 있다. 신약성경 다른 곳에서 사용되지 않는 이 단어는 기부나, '비정규적인' 간헐적 세금 징수, 또는 종교적 목적을 위한 모금을 가리킬 수 있다.[3] 여기서는 분명히 종교적 목적을 위한 모금을 염두에 두었다. 사실 티슬턴은 바울이 이 말을 의도적으로 사용하는 것은 그 연보가 "'세금'과 같은 것으로 보는 함축적 의미를 피하고, 확실히 계속 내는 세금으로 여기지 않기를" 원했기 때문이라고 주장한다.[4] 다른 곳에서 바울은 예루살렘 교회를 위한 연보나 모금에 관해 말할 때 다양한 말을 사용한다. 예를 들어, 3절에서는 "은혜"(χάρις)로 지칭하지만 고린도후서 8:4과 9:1, 12, 13에서는 "섬기는 일"(διακονία)로 부른다.

예루살렘 교회를 위한 이 연보의 배후에 어떤 참된 이유가 있는지는 거의 알려지지 않았다. 하지만 이 이유에 관해서는 특히 갈라디아서 2:10의 연보에 대한 언급과 고린도후서 8-9장의 상세한 설명과 관련하여 많은 연구가 이루어졌다.[5] 이 연보의 배후에 사도행전 15장에 기록된 예루살렘 회의가 있다고 볼 수도 있을 것 같다. 예루살렘 회의가 개최되고 몇 년 후에 바울은

2. Verlyn D. Verbrugge는 바울은 고린도 교인이 예루살렘 교회를 위한 연보에 적극적으로 참여하지 않고 있다는 말을 듣고 편지로 적극적인 참여를 명령했다고 주장한다. Verbrugge는 바울이 고린도 교인의 연보에 관해 계속 불편한 마음이 있었다고 언급한다(하지만 이 가설은 고린도후서의 세부 내용에 기반을 두고 작성된 재구성에 크게 의존한다). 나아가 Verbrugge는 이에 대한 증거로 1-2절의 "명령", 부정과거 명령들, 그리고 또 다른 증거를 제시한다. Verbrugge, *Paul's Style of Church Leadership Illustrated by His Instructions to the Corinthians on the Collection* (San Francisco: Mellen Research University Press, 1992), 60 이하를 보라.
3. 파피루스 증거는 MM 377을 보라. 또한 BDAG 597; G. Kittel, "λογεία," *TDNT* 4:282도 보라.
4. Thiselton, *1 Corinthians*, 1318-19.
5. Verbrugge, *Paul's Style of Church Leadership*, 60 이하. 이 주제에 관한 많은 자료 가운데 다음 작품들을 보라. D. Georgi, *Remembering the Poor: The History of Paul's Collection for Jerusalem* (Nashville:

갈라디아서 2:10에 쓴 것처럼 그때 부탁받은 것을 되돌아보고 "다만 우리에게 가난한 자들을 기억하도록 부탁하였으니 이것은 나도 본래부터 힘써 행하여 왔노라"고 말한다.

그러나 여기서 세 가지 중대한 요점을 지적할 수 있다. 첫째, 자선(giving)은 로마서, 고린도전후서, 갈라디아서와 같은 주요 바울 서신에서 바울이 늘 되돌아보는 주제다. 이것은 바울이 연보를 예루살렘 교회의 가난한 그리스도인에 대한 단순한 염려보다 더 깊은 차원에서 이루어지는 일로 생각했다는 점을 암시한다. 둘째, 사도행전 15장과 갈라디아서 2장에서 부분적으로 지적된 예루살렘 교회의 특별한 빈곤 때문에 자선은 오순절 사건 직후인 교회 선교 초창기에 교인들이 특별히 집중했던 사역이었다고 볼 수 있다. 한동안 초기 그리스도인들은 자기들의 소유를 팔고 물건을 공유했다(행 4:32, 34-36). 비록 이 빈곤이 나중에 더 악화되는 다른 이유들이 있었지만, 이처럼 재산을 내놓았기 때문에 많은 교인이 훨씬 더 빈곤해졌을 것이다. 만약 이것이 사실이었다면, 바울의 한 가지 관심사는 초창기가 지난 다음에 설립된 교회들이 초창기에 세워진 예루살렘 교회에 사랑의 빚을 졌음을 인정해야 한다는 사실을 확실히 하는 데 있다. 그때 예루살렘 교회가 경제적으로나 다른 면에서 희생하지 않았다면, 초대교회는 훨씬 더 힘들었을 것이다.

셋째, 바울은 자선의 다양한 동기에 관해 말할 수 있으나 고린도후서 8:9-10, 24에서 자선을 "사랑"의 시금석과 증거로 제시한다. 고린도전서는 "사랑"을 진정한 그리스도인의 표지로 자주 언급했다. 비록 바울이 16장의 이 부분에서 사랑에 기반을 두지 않기는 해도, 14, 22, 24절에서 확인하는 것처럼 사랑이 그의 마음에서 벗어나 있는 것은 결코 아니다. 바울이 고린도후서에서 사랑과 자선을 연계하여 설명하는 내용은, 자선이 바울에게 이처럼 중요한 주제가 되는 이유를 설명해 주는 일반적인 신학적 배경으로 작용한다. 자선은 복음 자체의 은혜와 하나님의 백성이라는 구성원 자격을 반영하는 길이다. 주님이 그 본보기가 되신다. "우리 주 예수 그리스도의 은혜를 너희가 알거니와 부요하신 이로서 너희를 위하여 가난하게 되심은 그의 가난함으로 말미암아 너희를 부요하게 하려 하심이라"(고후 8:9). 주님의 은혜와 사랑에 대한 이런 반응은 신자 안에 사랑이 있다는 증거다. 따라서 고린도후서 8:8에서 바울은 "너희의 사랑의 진실함을 증명하고자 함이로라"고 말한다. 또한 고린도후서 8:24에서 디도와 다른 사역자들에 관해 바울은 "그러므로 너희는 여러 교회 앞에서 너희의 사랑과 너희에 대한 우리 자랑의 증거를 그들에게 보이라"고 말한다. 고린도전서 13장에서 바울은 사랑의 중심적 위치를 강조하고, 일관되게 사랑을 엘리트 교인들이 은사를 악용하는 모습과 대조했다. 자선은 편지 마지막 부분에서 언급하는 것으로는 작은 문제처럼 보일 수 있으나, 바울은 교회가 다른 사람의 덕을 세우기 위해 진실로 사랑하는 모습을 보여줄 수 있는 매우 공개적인 방법 가운데 하나라는 이유만으로 자선을 필수적인 일로 본다.

다른 사람의 필요를 채우는 것과 교회들의 상호 교제에 중점을 두고, 자기 백성을 위해 자신을 내놓으신 그리스도께 초점을 맞춘 자선에 대한 바울의 이런 접근법은 말할 것 없이 그리스-로마 사회의 선물을 주고받는 풍속과는 다르다. 자선에 대한 바울의 지침은 고린도전서에서 거듭 거론된 문제점인 엘리트주의와 연결할 수 있다. 자선은 그리스-로마 세계에서는 거의 보편적으로 의무와 관련되어 있었던 것 같다. 주고받는 것은 '사회적 호혜 관계'의 일부였고, 이것은 오늘날 많은 문

Abingdon, 1992); G. W. Peterman, *Paul's Gift from Philippi: Conventions of Gift Exchange and Christian Giving*, SNTSMS 92 (Cambridge: Cambridge University Press, 1997).

화에서도 똑같이 확인된다. 만약 선물을 받는다면 종종 갚아야 할 의무가 있었다.[6] 이때 주고받는 호혜 관계가 유지될 수 없는 경우에는 주는 자가 "사회적으로 우월한" 자로 여겨진다. 이 선물 교환에서는 이렇게 우월한 지위를 점하는 자에게 영예가 주어진다.[7] 생각해보면, 당연하게도 일부 고린도 교인은, 연보가 사회적 지위를 과시하는 데 유익했기 때문에 누가 선물을 전하고 누가 선물을 교환하는 일에 관련되었는지에 큰 관심을 가졌을 것이다. 이것은 교회 생활의 모든 영역에서 이런 저런 방식으로 '지위'를 증명하는 데 그들이 가진 일반적 관심사와 일치할 것이다. 그러므로 자선에 대한 바울의 신학적 이해는 이 간단한 단락에서는 제시되지 않지만 엘리트 교인들, 곧 부유한 고린도 교인들의 관점과는 근본적으로 다른 관점을 제공한다. 바울은 이 연보에서 주고받는 호혜 관계에 대한 기대를 전혀 가지지 않았다. 오히려 바울은 고린도 교인에게 갈라디아 교회에 '명령했던' 것과 똑같이 부정과거 명령으로 "너희도 그렇게 하라"고 강력히 권고한다(참고. 행 13-14장).

16:2 매주 첫날에 너희 각 사람이 수입에 따라 모아 두어서 내가 갈 때에 연보를 하지 않게 하라(κατὰ μίαν σαββάτου ἕκαστος ὑμῶν παρ' ἑαυτῷ τιθέτω θησαυρίζων ὅ τι ἐὰν εὐοδῶται, ἵνα μὴ ὅταν ἔλθω τότε λογεῖαι γίνωνται). 이 구절은 효과적인 연보를 위한 지침을 간단히 제공한다. "각 사람"(ἕκαστος)이 연보해야 한다. 각 사람이 구제하려는 목적을 가지고 매주 주기적으로 돈을 '모아 두어야'(τίθημι) 한다(현재 명령은 이 행동의 연속성을 암시한다). 그러면 바울이 올 때 모은 돈을 내놓을 수 있다.[8] 바울은 실제로 부자들만 여분의 돈으로 참여하는 간단한 '모금 운동'(fund drive, 우리가 붙일 수 있는 말)을 시작하기를 바라지 않는다. 돈을 모을 시간을 정하면, '아무리 누가 번성할지라도'(one may prosper, 개역개정에는 "수입에 따라"-역주) 누구나 연보에 참여해야 한다. 여기서 동사 '번성하다'(εὐοδόω)는 길을 따라 인도를 잘 받는 것에 대한 관념에서 나왔다. 로마서 1:10에서 이 단어는 바울이 로마로 여행하는 데 '성공하는'(좋은 길을 얻는, ESV를 보라) 것에 사용된다. 여기서는 은유적으로 어떤 이의 길이 번성한 것을 가리키는 데 사용된다(참고. LXX 스 5:8; Tob 4:19). 이 절은 부정(不定)의 의미가 있다. 하지만 다음과 같이 2인칭 복수형에서 3인칭으로 바뀌는 것이 영어로는 이상해 보인다. '아무리 누가 번성할지라도'(However one might prosper, ὅ τι ἐὰν εὐοδῶται). 바울의 도착 또한 불명확하다. 바울이 편지를 쓰는 시기나 고린도에 도착할 시기가 언제인지도 불분명하다. 바울이 연보를 매주 하라고 제안하는 사실은 결국 자신이 도착할 때까지 그 일이 오래 계속될 수 있음을 암시한다.

바울은 여기서 자신이 전하는 말로 두 가지 결과를 얻고 싶어 하는 것 같다. 첫 번째 결과는 일정 기간 꾸준한 연보를 통해 큰 선물을 마련하는 것이다. 두 번째 결과는 가능한 모든 자가 연보에 참여하는 것이다. 이런 저런 이유로 도저히 참여할 수 없는 자가 있다면 그들은 유일하게 예외다. 실직자나 노인 또는 무보수 노예나 종이 그런 자였다. 바울은 여담처럼 가볍게 하는 말일지 모르겠지만, 그가 "매주 첫날에"(κατὰ μίαν σαββάτου) 돈을 모아 거두라고 말하는 것은 역사적으로 숙고해볼 필요가 있다. 사도행전 20:7은 그 주간의 첫날에 떡을 떼고 강론하며 예배했다고 언급한다. 주간의 첫날을 예배의 날로 삼은 것은 교회가 출범하고 아주

6. 바울 서신에 나타난 "선물"과 자선을 당시의 문화적 배경에 비추어 그리고 그 배경 안에서 매우 철저히 검토한 내용은 Barclay, *Paul and the Gift*, 24-30, 183-88, 576-80을 보라.

7. Peterman, *Paul's Gift from Philippi*, 51-89. 또한 Barclay, *Paul and the Gift*, 432-39도 보라.

8. 이 분사(θησαυρίζων)는 정확히 '목적'을 가리키는 것으로 볼 수 있다(Wallace, *Greek Grammar*, 637이 그렇게 본다).

이른 시기에 확립된 관습으로 보인다. 이 날은 요한계시록 1:10에서 "주의 날"(주일)로도 지칭되고, 2세기 저술가들도 자주 사용한다.[9]

16:3-4 내가 이를 때에 너희가 인정한 사람에게 편지를 주어 너희의 은혜를 예루살렘으로 가지고 가게 하리니 만일 나도 가는 것이 합당하면 그들이 나와 함께 가리라(ὅταν δὲ παραγένωμαι, οὓς ἐὰν δοκιμάσητε, δι᾽ ἐπιστολῶν τούτους πέμψω ἀπενεγκεῖν τὴν χάριν ὑμῶν εἰς Ἰερουσαλήμ· ἐὰν δὲ ἄξιον ᾖ τοῦ κἀμὲ πορεύεσθαι, σὺν ἐμοὶ πορεύσονται). 이제 바울은 예루살렘 교회에 편지를 전할 방법과 고린도 교인이 이 과정에서 감당해야 할 역할에 대해 말한다. 바울은 앞 구절에서처럼 여기서도 언젠가 곧 자신이 고린도에 가는 것을 언급하지만(참고. 4:19; 11:34) 시기는 언제가 될지 확실하지 않다. 4장으로 돌아가 보면, 바울이 고린도에 간다는 말이 고린도 교인에게는 위협처럼 느껴졌다. 그러나 여기서는 그렇지 않고 중립적이다. 추측건대 바울은 고린도 교인과 함께 있는 동안 그들이 예배하는 가정집(가정집들)에서 각 사람이 집에서 저축한 연보금을 받을 것이다. 연보는 바울이 맡은 임무이기에 그에게는 그것을 통제할 권한이 있다. 그러나 바울은 고린도 교인 가운데 예루살렘으로 연보금을 가지고 갈 중요한 임무에 합당하다고 판단되는 자라면 누구에게나 맡길 준비가 되어 있다고 설명한다. 바울은 그들 편에 허가 편지를 보낼 작정이다. 이 허가 편지는 연보금을 가지고 간 고린도 교인들을 예루살렘 교회 지도자들에게 소개하는 역할을 하고, 그들이 바울의 권위를 가지고 간 것과 그들이 믿을 만한 사자임을 확증한다. 사실 바울이나 고린도 교인에게 가장 큰 걱정거리는 안전이었다. 안전 문제는 고린도 교인이 쓴 편지에서 바울에게 제기된 질문의 하나였을 수 있고, 바울이 고린도 교인 가운데 일부가 이 선물을 전달하는 일에 참여할 것이라고 말하는 이유일 것이다. 바울은 이와 같은 중대한 임무를 고린도 교인들이 '인정한' 자가 감당하기를 바란다. 그리스도인으로서 그들의 신뢰성과 성숙함은 당연히 바울이 바라는 추천서의 한 부분이 될 것이다. 바울은 '인정하다'(δοκιμάζω)라는 동사를 3:13과 11:28에서 사용했다. 11:19에서는 동족 명사가 사용된다. 각각의 경우에 이 단어는 하나님 앞에서의 지위 및 마지막 날과 관련되어 사용될 때 시험(testing)의 의미를 함축한다. 여기서는 이 단어가 이 모든 의미를 반드시 함축하는 것은 아니지만 아마 성숙한 그리스도인, 따라서 신뢰받는 그리스도인으로 검증된 것을 가리킬 것이다.

'권한을 위임한 편지를 들고'(개역개정에는 "인정한 사람에게 편지를 주어"-역주)로 번역된 헬라어 어구(δι᾽ ἐπιστολῶν)는 애매하다. 이것은 바울이 고린도 교인이 신임하는 자에게 편지를 들려 보내는 것을 뜻한다고 볼 수 있다(AV, ESV). 그러나 더 통상적이고 가장 개연성 있는 번역은 바울이 고린도 교인이 신뢰하는 자들과 동행할 수 있도록 예루살렘 교회에 그들을 추천하는 추천 편지를 쓰고자 한다는 것이다(TEV, NASB, REB).

바울은 4절에서 만일 "합당하면"(ἄξιον) 자기도 가겠지만 신뢰받은 고린도 교인들과 함께 갈 것이라고 덧붙인다. 다시 한번 이것은 고린도 교인이 안전을 걱정했을 가능성이 있다는 점을 암시한다. '고린도 교회의 선물이 그곳에 안전하게 도착하겠는가?' 한편 고린도 교인이 선물 주는 일에 따르는 지위에 관심이 있었다면, 바울은 그들 가운데 어떤 이가 자기와 동반하는 일을 허용하겠다고 말한다. 바울이 예루살렘에 가는 일이 중요한 것은 예루살렘 교회에 벌어진 문제 자체 때문이라고 보는

9. 한 주의 첫날, 곧 주의 날 그리고 부활의 날과 거의 확실히 관련되어 있는 첫째 날이 예배의 날로 선택된 이유를 상세히 설명한 것은 R. J. Bauckham, "The Lord's Day" in *From Sabbath to Lord's Day: A Biblical, Historical, and Theological Investigation*, 편집 D. A. Carson (Grand Rapids: Zondervan, 1982), 221-50을 보라.

것도 가능하다. 또한 바울은 자신이 예루살렘에 가는 것이 너무 위험한 일은 아닌지 생각해보았을 수도 있다. 여기서 바울이 어떤 생각을 했는지 파악하는 데 다른 본문들이 약간은 도움을 줄 수 있지만, 여기 본문에는 바울이 예루살렘에 가기를 원하는지 여부를 파악할 만한 암시가 조금도 없다. 바울은 고린도후서 1:15-16을 쓸 즈음에, 자신이 예루살렘 교회에 선물을 가지고 가겠다고 결심한 것 같다(참고. 롬 15:25-27).

회심한 이방인들로 주로 구성된 다음 세대 교회들이 보낸 선물을 들고 예루살렘 교회로 가는 이방인 지도자들과 사도 바울이 동행하는 것만큼 유대인과 이방인을 포함한 하나님의 모든 백성이 '언약에 참여'(교제, κοινωνία) 하는 것을 잘 보여주는 일은 없다. 바울은 교회에 편지를 쓸 때 그 교회의 개별적인 장점을 말할 수 있다. 그러나 자신의 여행에 관해 말할 때 바울은 교회들의 아름다운 상호 관계를 얼마나 명확히 보고 있는지도 드러낸다.

16:5-9 내가 마게도냐[10]를 지날 터이니 마게도냐를 지난 후에 너희에게 가서 혹 너희와 함께 머물며 겨울을 지낼 듯도 하니 이는 너희가 나를 내가 갈 곳으로 보내어 주게 하려 함이라 이제는 지나는 길에 너희 보기를 원하지 아니하노니 이는 만일 주께서 허락하시면 얼마 동안 너희와 함께 머물기를 바람이라 내가 오순절까지 에베소에 머물려 함은 내게 광대하고 유효한 문이 열렸으나 대적하는 자가 많음이라('Ελεύσομαι δὲ πρὸς ὑμᾶς ὅταν Μακεδονίαν διέλθω· Μακεδονίαν γὰρ διέρχομαι· πρὸς ὑμᾶς δὲ τυχὸν παραμενῶ ἢ καὶ παραχειμάσω, ἵνα ὑμεῖς με προπέμψητε οὗ ἐὰν πορεύωμαι. οὐ θέλω γὰρ ὑμᾶς ἄρτι ἐν παρόδῳ ἰδεῖν, ἐλπίζω γὰρ χρόνον τινὰ ἐπιμεῖναι πρὸς ὑμᾶς, ἐὰν ὁ κύριος ἐπιτρέψῃ. ἐπιμενῶ δὲ ἐν Ἐφέσῳ ἕως τῆς πεντηκοστῆς· θύρα γάρ μοι ἀνέῳγεν μεγάλη καὶ ἐνεργής, καὶ ἀντικείμενοι πολλοί). 5-12절에서 바울은 여러 여행 계획과 이 여행들이 고린도 교회에 주는 영향에 관해 말한다. 5-9절에서 바울은 특히 자신의 여행 계획을 말하고, 이어서 10-11절에서는 디모데의 여행 계획을, 12절에서는 아볼로의 여행 계획을 말한다. 바울은 자신의 여행 계획을 짤 때 전략적으로 복음 전파를 분명히 생각한다. 바울의 여행 계획에 관해서는 여러 가지 요점을 지적할 수 있다.

첫째, 어떤 여행 계획을 세우든 바울은 항상 주님의 뜻에 복종한다. 바울의 모든 사역과 여행은 그에 대한 주님의 계획에 따라 좌우된다(그래서 가정법이 쓰인 조건절로 말한다). '허락하다'(ἐπιτρέπω)라는 단어는 야고보서 4:15에서 야고보가 사용하는 "주의 뜻이면"(θέλω)이라는 말보다 훨씬 더 강력한 어조를 띤다. 영어를 사용하는 그리스도인은 '주의 뜻이라면'(The Lord willing)라는 말을 흔히 사용한다. 하지만 이 말은 경건한 상투 어구 이상의 의미는 없다. 바울은 복음을 전할 '강력한 의무' 아래 있고(9:16), 이 부르심이 복음 선교를 위해 자신의 모든 여행과 모든 선택을 지시하는 주님에게서 온다고 알고 있다. 따라서 이 말은 특별한 의도 없이 말하는 '기독교적' 상투 어구가 아니다. 이 말은 자기에게 다른 일이 아니라 어떤 일을 하도록 허용하거나 '허락하시는' 분께 순종하는 것에 대한 바울의 이해를 말한다(참고. 롬 1:13; 살전 2:18).

둘째, 바울은 주님의 허락에 복종하여 복음에 우선권을 두고 실용적으로 활동한다. 거의 의인화된 표현인 "광대하고 유효한"(μεγάλη καὶ ἐνεργής) 문이 바울에게 열렸다. 바울이 에베소에서 행한 사역이 크게 성공한 것은 열매를 맺도록 하나님이 사역의 문을 열어주셨기 때문이고,[11] 그러므로 그 사역이 '유효했다'(ἐνεργής)는 것을

10. 마게도냐는 데살로니가와 빌립보를 포함하는 그리스 북부에 위치한 로마 제국의 대 속주였다.

11. 바울은 고린도후서 2:12에서도 사역의 "문"이 열린 것을 언급한다. 골로새서 4:3에서 바울은 "전도할 문을 우리에게 열어 주사"라고 기도한다. 다시 말해 바울은 하나님이 그리스도의 복음을 전할 기회를 열어주신다고 언급한다(참고. 행 14:27).

가리킨다.[12] 바울의 선교는 정교하게 계획된 가운데서도 탄력적으로 진행되는 것으로 항상 드러나고, 복음의 기회가 열릴 때 바울은 그 기회를 충분히 활용한다. 따라서 바울은 얼마 동안, 즉 오순절까지 에베소에 남아 있기를 바란다.[13] 여기서 오순절을 언급하는 것은 다채로운 배경을 가진 고린도 교인들이 성경과 유대 절기를 잘 알았다는 사실을 전제로 한다.[14] 바울은 여기서 구체적인 기간이 아니라, 우리가 '부활절에 가겠다'고 말하는 것처럼 늦은 봄에 있는 오순절 전후 기간을 염두에 두었을 수 있다.

셋째, 바울은 또한 목회적인 필요를 기초로 전략적으로 여행 계획을 세운다. 조심스럽게 말해도 바울과 고린도 교인의 관계는 아주 복잡한 관계로 판명되었다. 고린도전서 자체가 그것을 증명한다. 바울이 고린도 교인에게 몇 번의 편지를 보냈는지, 아니 사실은 바울이 결국 고린도를 몇 번이나 방문했는지 확실한 정보가 전혀 없다. 그러나 여기서 바울은 이 중요하고 전략적인 교회를 단순히 "지나는" 길에 찾지 않고, 더 긴 기간 그곳에 머무를 필요가 있다는 사실을 암시한다. 바울은 "지나는 길에(ἐν παρόδῳ) [그들을] 보기를 원하지 않고" 그들과 함께 "얼마 동안" 머물기를 바란다(7절). 바울이 고린도 교인과 함께 있고자 하는 한 가지 이유는 그들이 자기를 "내가 갈 곳으로"(οὗ ἐὰν πορεύωμαι, 6절) 보내 줄 수 있기 때문이다. 바울은 고린도 교인을 대상으로 사역하며 고린도에 머무르는 동안 수고한 대가를 받지 않았다. 그렇지만 선교 계획에 따라 다른 곳으로 여행할 때는 모금을 통해 경비를 마련했다. 이 모금이 고린도를 방문해서 머무르는 동안 바울이 그들에게 기대한 일 가운데 하나일 수 있다. 하지만 바울은 고린도 교인에게 기도와 일반적인 지원도 기대했을 것이다. 바울은 다음에 어디로 가야 할지 미리 공개한다. 그렇지만 우리는 바울이 "합당하면" 예루살렘으로 가는 계획도 염두에 두었다는 사실을 이미 알고 있다(4절). 결국 바울이 고린도에 갔을 때 바울의 목회 사역은 어느 정도 성공을 거두었지만 동시에 힘든 일도 많이 겪었던 것으로 보인다. 바울은 그때 고린도를 떠나 마게도냐를 거쳐 에베소로 돌아갔을 것이다(고후 2:12–13).[15]

넷째, 바울은 영적 싸움을 벌이고 있다는 사실을 잘 알았다. "대적하는 자"(ἀντικείμενοι)가 많이 있다. 여기서 "대적하는 자"는 바울을 개인적으로 반대하고, 또 바울이 선포하는 메시지를 반대하는 자를 가리킨다.[16] 바울은 복음으로 인해 목숨을 위협받는 상황을 이미 숱하게 경험했다. 에베소에서 이런 일을 이미 겪었다(15:32에 대한 설명을 보라). 우리는 사도행전 19장에 묘사된 에베소에서 일어난 폭동 기사를 읽을 때 이 대적하는 자가 얼마나 사악한지 대략 짐작할 수 있다. 이 사건은 나중에 일어난 일일 수도 있지만 바울이 에베소에 머무르는 동안 악의 세력도 항상 그와 함께 있었다.

이 구절들은 바울의 복음 사역과 선교 여행에 관한 계획 및 생각을 파악하도록 돕는 흥미롭고 간명한 통찰력을 제공한다. 결론적으로 독자는 여기서 감당하도록 부르심 받은 자신의 복음 전파 직무에 대해 정서

12. 또한 빌레몬서 1:6도 보라. 거기서 바울은 "네 믿음의 교제"가 "역사하도록" 기도한다.

13. 접두사 ἐπί는 동사 ἐπιμένω의 의미를 심화시키는 역할을 한다.

14. 오순절은 칠칠절을 가리킨다. 바울이 고린도 교인을 위해 오순절이 지날 때까지 기다리기로 의도적으로 결정하는지 여부는 알아낼 수 없다. 바울이 오순절을 지나 여행하기로 결정한 가장 개연성 있는 이유는 그때가 겨울보다 여행하기가 훨씬 수월하다는 것이다. 그러나 바울이 예물을 강조하는 것도 그가 그런 결정을 하게 된 한 요인일 수 있다. 칠칠절은 특별히 자원 예물을 바치는 날로 알려져 있었고, 바울이 위에서 묘사하는 것처럼 "네 하나님 여호와께서 네게 복을 주신 대로" 힘껏 바쳐야 했다(신 16:10). 확실히 오순절에 그리스도인이 성령의 부어주심을 기념한 것은 그날에 특별한 예물을 바치도록 적극적으로 자극하는 역할을 했을 것이다.

15. 바울의 방문들을 상세히 재구성하는 시도에 대해서는 Jerome Murphy-O'Connor, *Paul: His Story* (Oxford: Oxford University Press, 2004), 291–332, 341–51을 보라.

16. 참고. 빌 1:28.

적으로, 육체적으로 그리고 영적으로 잘 준비되어 있는 바울을 만난다. 이 모든 것 속에서 바울은 만약 복음을 위해 문이 열렸다면 그것은 바로 주님의 역사라고 알고 있다. 그러나 순회 사도로서 바울은 여행할 때 명확히 목회자의 역할도 감당했다. 따라서 방문한 여러 곳에서 필요한 시간만큼 상황에 따라 탄력적으로 활동할 수 있었다. 따라서 바울은 다음에 고린도를 방문할 때 그 기간이 고린도 교인이나 자신이 예상한 것보다 더 길어질 수 있다고 생각했다. 그동안 바울은 "주의 일"을 감당할 때 대적하는 자의 방해와 같이 숱하게 직면하는 영적 싸움을 끊임없이 의식한다(10절).

16:10-11 디모데가 이르거든 너희는 조심하여 그로 두려움이 없이 너희 가운데 있게 하라 이는 그도 나와 같이 주의 일을 힘쓰는 자임이라 그러므로 누구든지 그를 멸시하지 말고 평안히 보내어 내게로 오게 하라 나는 그가 형제들과 함께 오기를 기다리노라(Ἐὰν δὲ ἔλθῃ Τιμόθεος, βλέπετε, ἵνα ἀφόβως γένηται πρὸς ὑμᾶς, τὸ γὰρ ἔργον κυρίου ἐργάζεται ὡς κἀγώ· μή τις οὖν αὐτὸν ἐξουθενήσῃ. προπέμψατε δὲ αὐτὸν ἐν εἰρήνῃ, ἵνα ἔλθῃ πρός με, ἐκδέχομαι γὰρ αὐτὸν μετὰ τῶν ἀδελφῶν). 4:17에서 바울은 디모데를 고린도 교인에게 "보낸" 이유를 제시한다.[17] 그 이유는 디모데가 '그리스도 예수 안에서 그의 행사를 생각나게 하는' 것이었다. 분명히 바울은 디모데를 크게 존중하여 자기 대신에 다양한 사명을 맡겨 고린도로 보냈다. 여기서 바울은 디모데가 자기와 같이 주의 일에 힘쓰는 자라는 사실을 강조한다. 디모데는 이미 고린도 교인에게 가는 길에 있었으므로, 이 부정(不定)의 절("디모데가 이르거든")은 실제로 디모데가 고린도를 향해 여행하고 있는지 여부보다 그의 도착 시기와 더 깊이 관련되어 있다. 당시는 여행에 어려움이 많은 시대였기 때문에 언제 도착할지 알 수 없게 하는 불확실한 일이 자주 벌어졌다. 디모데는 바울을 대신하는 자로 고린도 교인 앞에 설 것이다. 그런데 그것 때문에 디모데가 겪을 위험한 일이 있다. 비록 이 점에 대한 바울의 주장이 디모데에게는 사태를 더 악화시키는 요인이 될 수 있었다 해도, 고린도 교인은 디모데가 왔을 때 갖고 있는 권위를 파악하는 것이 중요하다. 디모데는 바울처럼 사람들이 자기를 어떻게 느끼든 간에 주의 일을 행하는 자로 고린도에 간다. 여기서 바울이 두려워하는 일은 고린도 교회의 일부 교인이 교만하게 그에게 품은 불만을 그의 사자인 디모데에게 쏟아 붓는 것이다. 바울의 편지는 고린도 교회의 엘리트 교인에게 비판을 강하게 받았고, 디모데가 방문하는 명확한 목적은 바울의 가르침을 보강하는 것이다(4:17). 4:18에서도 바울은 고린도 교인의 교만함을 지적했다. 바울은 교만한 자들에게 맞서고자 고린도 교회를 방문할 계획이 있지만(4:19), 디모데가 먼저 바울의 사자로 그곳에 간 것이다. 그러므로 바울은 독자에게 디모데가 그들에게 왔을 때 불편함을 조금도 느끼지 않게 하라고 당부한다. 바울은 고린도 교인에게 자기가 방문했을 때 예상되는 것과 동일한 보살핌과 지원을 실제로 베풀어 디모데를 평안히 자기에게 그리고 에베소에 있는 다른 형제들(과 재매들)에게 돌려보내라고 요구한다(16:6).[18] "평안히"(ἐν εἰρήνῃ)라는 말은 화해 문제를 가리키는 것이 아니고, 단순히 겸손한 사양을 표현하는 한 방식으로, 정중한 인사말의 형식일 수 있다.

이 모든 것을 고려하면, 바울은 고린도 교인에게 처음에 자신과 함께 고린도 교회를 세우는 일에 헌신한

17. 바울의 동역자로서 디모데에 관해서는 4:17에 대한 설명을 보라.
18. 여기서 언급된 형제들(과 자매들)은 디모데와 함께 여행했을 가능성이 있다. 그러나 사도행전 19:22을 보면, 에라스도만 디모데와 함께 있었던 것으로 나타난다. 따라서 바울은 여기서 에베소에서 자기와 함께 있던 자들을 언급하는 것 같다. 그렇다고 해도 이 본문에서 주어진 정보로는 바울이 에베소에 있는 자기에게 돌아오기를 바라는지 여부는 전혀 분명하지 않다. 하지만 이 책은 이것을 가장 개연성이 큰 시나리오로 본다.

(행 18:5) 젊은 디모데를 존중하라고 당부한다. 고린도 교인은 디모데를 "멸시해서는"(ἐξουθενέω) 안 된다. 여기서 '멸시하다'라는 말은 디모데를 중요하지 않은 자로 생각한다는 뜻을 함축한다(참고. 1:28; 6:4). 고린도 교인은 디모데가 바울의 사자로서 말하는 것을 주의하여 들어야 한다.

16:12 형제 아볼로에 대하여는 그에게 형제들과 함께 너희에게 가라고 내가 많이 권하였으되 지금은 갈 뜻이 전혀 없으나 기회가 있으면 가리라(Περὶ δὲ Ἀπολλῶ τοῦ ἀδελφοῦ, πολλὰ παρεκάλεσα αὐτόν ἵνα ἔλθῃ πρὸς ὑμᾶς μετὰ τῶν ἀδελφῶν· καὶ πάντως οὐκ ἦν θέλημα ἵνα νῦν ἔλθῃ, ἐλεύσεται δὲ ὅταν εὐκαιρήσῃ). "[이제] …에 대하여는"이라는 말은 바울이 고린도전서에서 다루기로 결심하는 마지막 문제를 소개한다. 고린도 교회 일부 교인은 특히 아볼로가 다시 방문하기를 바랐던 것으로 보인다.[19] 이에 대한 바울의 설명은 매우 간명하다. 독자는 아볼로가 왜 그때 디모데와 함께 곧바로 방문하거나 나중에 바울과 함께 방문할 것을 생각하지 않았는지 그 이유에 대해 아무런 암시를 받지 못한다. 그러나 명확히 가지 않겠다는 아볼로의 결정("갈 뜻이 전혀 없으나", πάντως οὐκ ἦν θέλημα)[20]은 그럴 만한 중요한 이유가 있으리라는 점을 시사한다. 사변에 치우치지 않도록 조심하는 것이 중요하지만, 다른 주석가들이 주장한 것처럼, 최소한 아볼로가 자신의 등장 때문에 고린도전서에서 다루어진 파벌주의(1:11-13)가 더 조장되지 않을까 염려했을 가능성이 있다. 그러나 만약 그것이 사실이라면, 바울이 아볼로에게 방문할 것을 '많이 권했다'고 주장한 것으로 보아 바울은 분명히 다르게 생각했을 것이다.[21] 두말할 것 없이 바울은 3:9에서 확언한 내용, 곧 자기와 아볼로는 하나님의 동역자라는 사실을 믿는다. 여기서 바울의 말은 자신이 '심은' 곳에 '물을 준' 것으로 이미 인정한(3:6) 자에게 그가 아무 위협을 느끼지 않았다는 사실을 확증한다.

16:13-14 깨어 믿음에 굳게 서서 남자답게 강건하라 너희 모든 일을 사랑으로 행하라(Γρηγορεῖτε, στήκετε ἐν τῇ πίστει, ἀνδρίζεσθε, κραταιοῦσθε· πάντα ὑμῶν ἐν ἀγάπῃ γινέσθω). 바울은 모든 일을 "사랑으로" 행하라는 명령에서 함께 나온 일련의 명령들로 결론적 언급을 계속한다. 웨이마는 13-24절을 "고린도전서의 편지 결말"로 부른다.[22] 아래에 나오는 웨이마의 개요는 이 긴 서신의 결론적 언급을 검토하는 데 유용한 구조를 제공한다.

- 13-16절 권고 부분
  - 13-14절 5개의 명령
  - 15-16절 παρακαλέω("내가 권하노니") 단원
- 17-18절 기쁨 표현
- 19-21절 인사말
  - 19-20b절 문안
  - 20c절 입맞춤 문안
  - 21절 자필 문안
- 22절 권고 부분
  - 22b절 저주 공식
  - 22c절 종말론적 기도 공식
- 23절 은혜를 구하는 축도
- 24절 후기: 보증의 말

---

19. 이전에 아볼로가 고린도를 방문한 일은 사도행전 18:24-28과 19:1에 언급되었다.

20. "갈 뜻이 전혀 없으나"라는 절은 헬라어 본문에서는 비인칭 절이지만 가장 자연스러운 선행사는 아볼로다. 이 책도 "(아볼로가) 갈 뜻이 전혀 없으나"라고 번역했다. 또 다른 가능성은 아볼로가 고린도를 방문하는 것이 하나님의 뜻이 아니었기 때문이라는 것이다(참고. Barrett, *First Corinthians*, 391).

21. πολλά라는 말이 여기서 16:19에서처럼 부사적으로 사용된다. 이 부사는 '많이' 또는 '반복해서'를 의미할 수 있지만 관사가 없으면 다른 의미를 가질 수 있다. 참고. 롬 15:22.

22. Weima, *Neglected Endings*, 203-8. 18절에 나오는 명령을 생각하면, "기쁨 표현"은 "권고 부분"에 충분히 포함될 수 있었다.

수사적으로 보면, 13-18절은 위더링턴이 주장하는 것처럼 '페로라티오'(결론)를 반영한다.[23] 말하자면 13-18절은 약간 감정을 담아 편지 전체의 주요 논제의 국면들을 개관한다. 5개의 명령은 편지의 내용과 깊이 관련되어 있다.

깨어: 이 동사(γρηγορέω)는 때때로 종말론적 배경에서 사용되고(참고. 눅 12:37-39; 살전 5:6), 여기서는 그리스도가 영광 중에 강림하실 것에 대해 경계를 게을리 하지 않도록 당부하는 의미일 수도 있다. 그러나 더 개연성 있는 관점은 이 말이 시험과 죄에 빠지지 않도록 경계를 당부한다는 것이다(참고. 행 20:31; 벧전 5:8; 계 3:2). 바울은 고린도 교회 일부 교인이 저지른 음행과 우상 숭배의 죄를 다루는 데 많은 지면을 할애했다. 여기서 명령은 우상 숭배의 위험성을 언급하는 10:12에서 "조심하라"(βλεπέτω)고 명령하는 것과 비슷하다. 이어지는 명령도 여기서 바울이 염두에 둔 것이 확실히 죄를 경계하는 일임을 암시한다.

믿음에 굳게 서서(στήκετε ἐν τῇ πίστει): 15:1에서 바울은 복음 안에 굳게 서는 것에 관해 말했다. 거기서처럼 바울은 여기서도 15장 초반에 주로 요약되는 그리스도인이 되는 것의 의미를 결정하는 믿음의 본체에 관해 말한다. 빌립보서 4:1과 데살로니가전서 3:8에서 바울이 '주 안에 (굳게) 섬'(στήκετε ἐν κυρίῳ) 필요성에 관해 전하는 말을 주목하는 것도 가치가 있다. 이 관념들이 외관상 상호 교체적이라는 사실을 고려하면, 바울에게는 '서는 것'이 고린도전서 10:12에서 살펴본 언약적인 '섬'과 '넘어짐'을 자주 가리킨다는 사실을 기억해야 한다. 그러므로 '굳게 서는' 것은 확실히 예배에서 주기적으로 교회 신조를 선서하는 것 이상의 의미가 있다. 바울은 '굳게 서는 것'이 주님과 언약의 교제 안에 있는 사람이 인생을 사는 방법에서 주님의 뜻을 온전히 따르는 것을 의미한다고 본다. 이때 15:3-11에서 상술된 것처럼 복음의 요소들에 대한 충성을 마음으로 확언하는 것과, 이처럼 선포의 대상인 주님 자신에 대한 충성을 마음으로 확언하는 것 사이에 분리가 있어서는 안 된다.

남자답게 (그리고) 강건하라(ἀνδρίζεσθε, κραταιοῦσθε): 마지막 세 명령은 칠십인역 시편 30:24-25(31:23-24, ET)에 의존하는 것 같다. "너희 모든 성도들아 여호와를 사랑하라 여호와께서 진실한 자를 보호하시고 교만하게 행하는 자에게 엄중히 갚으시느니라 여호와를 바라는 너희들아 강하고(ἀνδρίζεσθε) 담대하라(κραταιοῦσθε)."[24] 여기서 시편 기자는 여호와께 교만한 자를 부끄럽게 해달라고 간구하는 한편, 여호와를 의지할 때 자기를 구원하시는 하나님에 관해 말한다. 이 시편은 바울 서신에 일부 주제가 반영된 교만, 수치 그리고 여호와에 대한 사랑을 매우 분명히 강조하기 때문에 확실히 바울이 자신의 결론에서 인유하기에 적합하다.

바울은 고린도 교인에게 어떤 시험이 오든 간에 '남자답게 행하라'(ἀνδρίζεσθε), 즉 '용기 있고' '강건하라'고 당부한다. 바울은 과시적인 "지혜"와 "지식"으로 교만해진 엘리트 교인들의 문제부터 음행과 우상 숭배의 문제에 이르기까지 고린도 교회가 이교 사회의 압력 아래 겪는 문제들을 충분히 제시했다. 이교 사회의 압력을 극복하려면 참된 용기가 필요하고 주님을 의지해야 한다.

너희 모든 일을 사랑으로 행하라(ἐν ἀγάπῃ γινέσθω): 이 마지막 명령은 문장의 길이뿐만 아니라, 2인칭 복수형이 아닌 3인칭 단수형이 쓰였다는 점에서 앞의 네 명령과 다르다. 이 명령은 독자에게 사랑이 "신령한" 자의 참된 인증 잣대라는 사실을 상기시킨다. 이 명령은 13장에서 매우 아름답게 전개되는 8:1-3의 중심 전제를 돌아보게 한다. "사랑은 덕을 세우지만" "지식은 교만하게 한다"(8:1). 바울은 22절과 24절에서 두 번 더 이 중대한

23. Witherington, *Conflict and Community*, 318. 그리스 수사학에서 페로라티오는 논증의 요약을 구성하고, 보통 '파토스', 곧 감정에 호소하는 말이 담겨 있다.

24. 이 두 동사는 LXX 사무엘하 10:12에서도 함께 발견된다.

주제로 되돌아간다. 뒤에서 확인하는 것처럼, 스데바나의 집에 대한 설명도 사랑의 관념에 통합되어 있는 겸손과 섬김에 관한 바울의 가르침을 보강하는 역할을 한다. 대체로 바울 서신의 다른 결말에는 사랑을 강조하는 내용이 빠져 있는 점이 주목할 만하다.

따라서 고린도 교인은 이 마지막 권고에서 교만이나 엘리트주의를 위한 자리는 있을 수 없다는 것, 남보다 더 '신령하다'고 자랑하는 자를 위한 자리는 있을 수 없다는 것 그리고 고린도 교회 안에 팽배했던 것으로 보이는 분쟁을 위한 자리는 없다는 것을 떠올린다. 또 그들은 "한 몸"으로 행하라는 부르심과 주님이 자기들을 사랑하시는 것처럼 서로 사랑하라는 그들의 언약적인 헌신에 관해서도 상기한다.

16:15-18 형제들아 스데바나의 집은 곧 아가야의 첫 열매요 또 성도 섬기기로 작정한 줄을 너희가 아는지라 내가 너희를 권하노니 이같은 사람들과 또 함께 일하며 수고하는 모든 사람에게 순종하라 내가 스데바나와 브드나도와 아가이고가 온 것을 기뻐하노니 그들이 너희의 부족한 것을 채웠음이라 그들이 나와 너희 마음을 시원하게 하였으니 그러므로 너희는 이런 사람들을 알아주라(Παρακαλῶ δὲ ὑμᾶς, ἀδελφοί· οἴδατε τὴν οἰκίαν Στεφανᾶ, ὅτι ἐστὶν ἀπαρχὴ τῆς Ἀχαΐας καὶ εἰς διακονίαν τοῖς ἁγίοις ἔταξαν ἑαυτούς· ἵνα καὶ ὑμεῖς ὑποτάσσησθε τοῖς τοιούτοις καὶ παντὶ τῷ συνεργοῦντι καὶ κοπιῶντι. χαίρω δὲ ἐπὶ τῇ παρουσίᾳ Στεφανᾶ καὶ Φορτουνάτου καὶ Ἀχαϊκοῦ, ὅτι τὸ ὑμέτερον ὑστέρημα οὗτοι ἀνεπλήρωσαν, ἀνέπαυσαν γὰρ τὸ ἐμὸν πνεῦμα καὶ τὸ ὑμῶν. ἐπιγινώσκετε οὖν τοὺς τοιούτους). 이 네 구절(16:15-18)은 '페로라티오'(결론)에 포함된 마지막 당부다. 15-16절은 헬라어 본문에서 따로 분리된다. 16절은 "내가 너희를 권하노니"로 시작되는 바울의 당부를 보충하는 역할을 한다. 바울은 고린도 교인에게 교회에서 지도자로 활동하는 친구들에게 순종하라고 권고한다. 중간에 나오는 문장인 "…줄을 너희가 아는지라"는 바울의 당부의 기초를 구성한다.

1:16에서 바울은 스데바나의 집 사람에게 세례를 베푼 일을 언급했다. 그런데 지금은 스데바나의 집을 "아가야의 첫 열매"로 묘사한다.[25] "첫 열매"는 스데바나의 집이 아가야 지역에서 회심한 집들 가운데 첫 번째라는 것, 또는 첫 번째 집에 속해 있다는 것을 암시할 수 있다.[26] 사도 바울은 고린도에서 몇몇 사람에게만 세례를 직접 베풀었고, 그 가운데 스데바나의 집이 있었기 때문에(1:14-17), 여기서 "첫 열매"라는 말은 아마 그 이후로 많은 사람이 바울이 아닌 다른 이들에게 세례를 받았다는 관념을 전달할 것이다. 15-16절은 고린도 교회의 핵심 지체 또는 창립 지체인 스데바나와 그의 집 사람들이 엘리트 교인의 편을 들지 않고 바울이 원래 전했던 믿음 안에 진실로 굳게 서 있었다는 흥미로운 사실을 가능하게 만든다. "첫 열매"라는 말은 시간 순서뿐만 아니라 높은 품질(주님께 바치는 열매 가운데 가장 좋은 것)도 함축할 수 있으므로 이런 판단은 개연성이 있다.[27]

바울이 고린도 교인에게 "이 같은 사람들"에게 순종하라고 권고하는 두 번째 이유는 스데바나의 집이 "성도 섬기기로 작정한" 사람들이었기 때문이다. '작정했다'(ἔταξαν)는 말은 물건이나 사람들을 정돈하거나 배치하는 것을 가리킨다.[28] 즉, 스데바나의 집은 하나님의 사람들을 섬기는 데 헌신하기로 결심한 사람들이

25. 아가야는 마게도냐 남부에 위치한 로마 속주로(참고. 행 19:22), 그리스 남부 전체 지역(펠로폰네소스 지역)을 포함하고, 고린도나 아덴(아테네)과 같은 대도시가 자리 잡고 있었다.

26. 참고. RSV, REB, NRSV, ESV, NIV: "첫 번째 회심한 자(First converts)," 롬 16:5과 살후 2:13을 참고하라.

27. BDAG 98을 보라. 그리스도를 "잠자는 자들의 첫 열매"(15:20)로 부를 때 염두에 둔 것은 주로 시간 순서지만, 거룩한 제물로 자신을 스스로 바치신 것의 높은 품질도 무시될 수 없다. 또한 요한계시록 14:4도 보라. 만약 이 제물 심상을 염두에 둔다면(참고. LXX 민 18:29-32), 바울은 스데바나의 집 사람들을 크게 존중하고 있으며, 이것은 바울이 고린도 교인에게 그들을 "알아주라"(인정해주라)고 당부하는 한 가지 이유를 암시한다.

28. BDAG 991.

다. 바울은 여러 번에 걸쳐 고린도 교인에게 섬김과 겸손을 요구하고, 이 중대한 속성을 지닌 사람은 타인에 대한 태도와 행동이 교만하고 엘리트 의식에 빠져 있는 사람과 정반대라고 지적했다. 그리스도의 교회를 위해 온 힘을 다해 수고하는 '이 같은 사람들에게 순종하는(ὑποτάσσω)' 것은 확실히 말하면 그들의 지도를 따른다는 것을 의미한다. 이것이 그들의 삶의 길이 마음과 생각의 태도를 반영하는 종들의 리더십이고, 바울은 이런 리더십을 고린도전서 전체에서 강조했다.[29] 이런 가족은 주님께 속한 성도들의 유익을 위해 다른 일꾼들과 함께 일할 때 사람들에게 교만이나 차별을 조금도 보여주지 않는다(참고. 고후 8:23). 여기에 이미 고린도 교인에게 그들을 헌신적으로 섬기는 자에게 복종할 것을 요구하는 아이러니가 담겨 있다. 이것이 바로 하나님이 택하는 백성의 방법인 이유는 "사랑은 자랑하지 아니하며…자기의 유익을 구하지 아니하"기 때문이다(13:4-5).

17절에서 바울은 스데바나와 함께 온 브드나도와 아가이고를 추가로 언급한다. 바울은 '그들이 너희의 부재를 채웠기'(τὸ ὑμέτερον ὑστέρημα οὗτοι ἀνεπλήρωσαν) 때문에 기뻐한다.[30] 스데바나와 브드나도와 아가이고는 바울이 혼자 힘으로는 듣거나 볼 수 없는 소식을 알려줄 수 있었다. 바울은 고린도 교인에게 자신의 애정을 다시 표현한다. 진실로 바울은 '그의 사랑하는 자녀'(4:14; 참고. 15:58)와 접촉이 부족했음을 느꼈고, 그래서 확실히 편지로 말하기보다 그들에게 직접 말하기를 더 원했다.

바울은 이 세 사람이 고린도 교회에서 가져온 소식에 영(마음)이 '시원해졌다'(18절).[31] 이 세 사람은 문제점 말고도 새로 회심한 자나 믿음이 성장한 자에 관한 소식 그리고 어쩌면 바울을 향한 고린도 교인의 사랑에 관한 소식도 전했을 것이다. 바울은 또한 이 사람들로 말미암아 고린도 교인의 영이 시원하게 된 것도 언급한다.[32] 티슬턴은 영이 시원하게 되었다는 말의 의미를 상세히 설명한다. 티슬턴은 REB의 "그들이 내 영을 소생시켰으니"(they have raised my spirits)라는 번역이 가장 명확하다고 결론짓는다.[33] 전체적으로 이 세 사람이 전해온 소식으로 바울과 고린도 교인 양쪽이 다 위로와 기쁨을 얻는다.

바울은 이 짧은 부분을 '인정해주라'(ἐπιγινώσκετε, 개역개정에는 "알아주라"-역주)는 명령으로 끝맺고, 이런 사람들이 인정받을 자격이 있다는 사실을 강조한다. 지위, 지혜, 재산 등을 근거로 인정받는 일이 고린도 교회 일부 분야에서 일어난 것과 달리, 바울은 이런 사람들이 주님을 위해 자신과 고린도 교회를 겸손하고 자비롭게 섬긴 것을 근거로 고린도 교인에게 인정받기를 바란다.

16:19-21 아시아의 교회들이 너희에게 문안하고 아굴라와 브리스가와 그 집에 있는 교회가 주 안에서 너희에게 간절히 문안하고 모든 형제도 너희에게 문안하니 너희는 거룩하게 입맞춤으로 서로 문안하라 나 바울은 친필로 너희에게 문안하노니 (Ἀσπάζονται ὑμᾶς αἱ ἐκκλησίαι τῆς Ἀσίας. ἀσπάζεται ὑμᾶς ἐν κυρίῳ πολλὰ Ἀκύλας καὶ Πρίσκα σὺν τῇ κατ' οἶκον αὐτῶν ἐκκλησίᾳ. ἀσπάζονται ὑμᾶς οἱ ἀδελφοὶ πάντες. Ἀσπάσασθε ἀλλήλους ἐν φιλήματι ἁγίῳ. Ὁ ἀσπασμὸς τῇ ἐμῇ χειρὶ Παύλου). 이제 바울은 자신과 다른 교회 동료들의 문안 인사를 소개한다. 앞에서 지적했듯이, 웨이마는 이 '문안 인사'를 유용하게 세 부분으로 나눈다.

29. 특히 9:19과 13:5을 보라.

30. 참고. NJB, "그들이 너희가 여기 있지 아니한 것을 채웠음이라"(They have made up for your not being here). NIV는 헬라어 본문에 더 가깝게 번역한다. "그들이 너희에게서 부족한 것을 채웠음이라"(They have supplied what was lacking from you).

31. '시원하게 하다'(ἀναπαύω) 또는 '휴식을 주다'(BDAG 69)라는 말이 고린도후서 7:13(개역개정에는 "안심함을 얻었음이라"-역주)과 빌레몬서 1:7(개역개정에는 "평안함을 얻었으니"-역주)에서 똑같이 사용된다.

32. 문자적으로, '그리고 너희의 그 (영을)'(καὶ τὸ ὑμῶν).

33. Thiselton, *1 Corinthians*, 1340-41.

19-20b절에서는 대체로 일반적인 인사말을 한다. 이어서 웨이마가 "입맞춤 문안"으로 부르는 것이 나온다. 그다음에 21절에서 바울의 인사말이 나온다.[34] 현대 영어에서 사람이 문자나 이메일을 보낼 때 '내 아내도 안부를 전합니다'라는 말을 덧붙일 수 있는 것처럼, 헬레니즘 시대의 편지도 발신자와 다른 사람들의 문안 인사를 함께 담아 편지를 끝맺는 것이 관례였다. 멀린스(Mullins)는 "문안 인사는 친밀감을 나타낼 의도로 작성된 독특한 문학 양식이었다"라고 말한다.[35] 여기서 바울은 자신의 인사말 외에 세 가지 인사말을 추가한다. 바울은 로마의 아시아 속주의 수도인 에베소에서 편지를 쓰기 때문에[36] 많은 교인이 보내는 인사말을 전한다. 하지만 바울은 특히 어떤 교회로부터 문안 인사를 하게 해달라는 요청을 받았는지는 언급하지 않는다. 사도행전 19:10을 보면, 아시아 속주에 교회가 급속도로 확장된 것을 알 수 있다. 이런 인사말은 대체로 관례를 따른 것일 수 있다. 그렇더라도 이것은 현대 독자에게 이 초기 기독교 교회들 사이에 긴밀한 관계가 유지되었다는 사실을 알려주고, 많은 교회가 다양한 박해에 직면했던 이교 사회 속에서 서로 기도하고 "믿음에 굳게 서는" 법을 함께 배울 만큼 서로 많은 소식이 오간 것을 상기시켜준다.

그다음으로 바울은 아굴라와 브리스가가 고린도 교인에게 전하는 '정다운'[37](개역개정에는 "간절한"-역주) 문안 인사에 관해 말한다. 이 두 사람은 다른 곳에서 간혹 아굴라와 브리스길라로 불린다(행 18:2, 18, 26). 라틴어 이름은 그들의 원래 고향이 로마일 수 있다는 점을 암시하고, 일부 주석가는 그들이 해방된 종이었다고 추정한다. 이 부부는 바울이 고린도를 처음 방문했을 때를 다룬 사도행전 18:2-3에서도 언급되는 것으로 보아 초대교회에서 잘 알려져 있었던 사람들로 보인다. 바울과 같이 아굴라와 브리스가도 "천막 만드는 일"을 했고, 따라서 바울은 그들과 함께 머무르며 함께 장사도 했다.[38] 사도행전 18장에서 아굴라는 아내와 함께 주후 49년에 글라우디오 황제의 칙령으로 로마에서 유대인이 추방될 때 그곳을 떠난 유대인으로 언급된다. 이 추방에 그리스도인도 더러 포함되었기 때문에, 대다수 주석가는 아굴라와 브리스가 부부가 바울을 처음 만났을 때 이미 그리스도인이었을 것이라고 추정한다. 만약 그때 그리스도인이 아니었다면, 아굴라와 브리스가 부부는 바울이 고린도에서 안식일마다 회당에서 강론했을 때(행 18:4) 예수 그리스도를 믿는 믿음을 처음 갖게 되었을 수도 있다. 바울이 고린도전서를 에베소에서 쓰기 때문에, 고린도 교인에게 잘 알려져 있던 아굴라와 브리스가 부부가 바울이 편지를 쓸 당시 에베소에서 그와 함께 있었다고 추정할 수 있다. 로마서 16:3-5에서 바울은 이 두 사람을 "그리스도 예수 안에서 나의 동역자들"이라고 지칭하고, 그들이 자신의 목숨을 위해 "자기들의 목까지 내놓았"기 때문에 자기와 함께 "이방인의 모든 교회"도 그들에게 감사한다고 설명한다. 사도행전 18:26-27은 바울이 에베소를 여행하고 있었을 때 브리스길라(브리스가)와 아굴라가 이미 그곳에 있었다고 말한다. 브리스가와 아굴라 부부의 기독교 신앙에 대한 지식은 당연히 바울과 함께 사역하면서 날마다 늘어났고, 결국은 아볼로를 가르칠 수 있을 정도로 깊어졌으

34. Fee(*1 Corinthians*)와 비슷하게 Weima도 바울과 고린도 교회 간의 긴장 관계를 너무 지나치게 부각시킨다.

35. Terence Y. Mullins, "Greeting as a New Testament Form," *JBL* 87 (1968): 418-26.

36. 로마 제국의 아시아 속주는 현재 터키 서부 대부분 지역을 포함했다. 에베소가 아시아 속주의 수도였다. 요한계시록 1:11의 일곱 교회는 모두 아시아 속주에 속했다.

37. πολλά라는 단어는 보통 '많은'을 의미한다. 여기서 이 말은 형용사 용법으로 사용되고, 현대 영어의 '정다운 인사'(warm greetings)에 해당한다. Mullins, "Greeting as a New Testament Form," 422는 πολλά는 파피루스 편지에서 인사말을 수식하는 말로 가장 빈번하게 사용되고, "인사말의 정다움을 심화하기 위해" 사용된다고 주장한다.

38. Murphy-O'Connor, *Paul: His Story*, 83-84는 바울이 고린도의 한 작은 가게에서 일하는 모습을 바울이 가죽 제품을 사러 온 고객들에게 말하는 장면으로 묘사한다.

며, 아볼로가 강력한 설교 사역을 계속했을 때 그의 믿음에 대한 이해가 더 심화되도록 도움을 줄 수 있었다(행 18:24-28).

바울에게 그리고 바울이 세운 교회들에 큰 도움을 준 이 훌륭한 그리스도인 부부는 우리가 지금 아는 것처럼 현대의 '교회 개척'과 비슷한 사역을 수행할 수 있었고, 기독교 신앙이 도시 전역에 파급될 때 가정 교회를 더 많이 세웠을 것이다. 물론 이런 교회들은 현대 교회가 종종 그러는 것과 달리 서로 독자 노선을 걷지 않았을 것이다. 어쨌든 바울은 아굴라와 브리스가 부부뿐만 아니라 "그 집에 있는 교회"의 문안까지 언급한다. 심지어 생애 말엽에도 바울은 브리스가와 아굴라에게 문안하라고 말한다(딤후 4:19).

마지막으로 바울은 "모든 형제"(οἱ ἀδελφοὶ πάντες)가 보내는 문안도 전한다. 여기서 "모든 형제"는 아마 고린도 교회와 관계가 있고, 그때 에베소에 사는 모든 그리스도인을 가리킬 것이다. 이것은 교회들 간의 긴밀한 관계와 서로에 대한 사랑을 추가로 암시하는 마지막 언급이다(참고. 12절).

이제 바울은 "거룩하게(거룩한) 입맞춤으로 서로 문안하라"고 말한다(롬 16:16도 보라; 참고. 고후 13:12; 살전 5:26). 당시 교회들은 모일 때 가정집에서 만났고 그리스도인들은 자신을 그리스도 안에서 형제와 자매를 구성하는 가족으로 보았기 때문에, 이것은 그들의 가정집에서 가족이 가족을 찾아왔을 때 사회에서 흔히 사용했던 인사 관습을 반영한 것일 수 있다. 베드로는 "사랑의 입맞춤"을 말한다(벧전 5:14). 일반적으로 말하면, 입맞춤이 사회 전체에서 인사법으로 널리 통용된 것은 아닌 것 같다.[39] 오늘날 많은 교회에서 그런 것처럼, 훗날 "화평의 입맞춤"이 공동 예배의 공식적인 전례 요소가 된 것이 사실이지만, 나중에 전례에서 행한 규격화된 입맞춤을 여기서 바울의 말에 적용하여 이해하는 것은 분명히 시대착오적인 판단이다.[40] 교회 안에서 이루어지는 입맞춤은 모든 그리스도인이 공동으로 "그리스도 안에 참여하는 일"을 통해 서로에게 품은 깊은 사랑과 친밀감의 표시라고 단순히 이해하는 것이 더 낫다. 입맞춤이 가진 개인적인 정다움의 표시는 또한 종과 자유인 또는 부자와 가난한 자 사이에서 지위, 권력, 민족성과 같은 다른 사회적 표지들에 의존하지 않도록 도움을 줄 것이다.

바울이 직접 말하는 압축된 마지막 인사말은 이 편지가 대필자를 통해 기록되었고 바울이 이제 펜을 들어 친필로 서명한다는 점을 우리에게 상기시킨다. 갈라디아서(6:11)와 데살로니가후서(3:17)에서 확인하는 것처럼, 여기서도 바울은 대필자가 자신의 말을 받아쓰게 했다. 로마서 16:22에서 이 사실을 언급하는 자가 대필자 자신이다("이 편지를 기록하는 나 더디오도 주 안에서 너희에게 문안하노라").

전체적으로 이 세 구절(19-21절)은 단순히 인사말로 편지를 결말짓는 것 이상의 의미가 있다. 이 세 구절은 아시아, 마게도냐, 아가야와 같은 로마 속주들의 초기

39. "거룩한 입맞춤"에 관한 상세한 연구는 William Klassen, "The Sacred Kiss in the New Testament: An Example of Social Boundary Lines," *NTS* 39 (1993): 122-35를 보라. Klassen은 초대교회의 "거룩한 입맞춤"에 관해 이렇게 말한다. "어떤 그리스-로마 사회에서도, 아니 사실은 쿰란 공동체에서도, 이와 비슷한 관습을 찾아볼 수 없다"(앞의 책, 128).

40. J. A. T. Robinson, *Twelve New Testament Studies* (London: SCM, 1962)는 바울의 편지가 함께 모인 교회 예배에서 큰 소리로 낭독되었고, 마지막 말은 초기의 성찬 의식 장면을 분명히 보여준다고 주장한 많은 학자 가운데 하나다. Robinson은 Didache 10:6과 고린도전서 16:22의 "문답 장면처럼 보이는 것" 사이에 "두드러진 유사성"이 있다고 주장한다(154). Robinson은 "문안 인사, 입맞춤, 평강, 은혜는 다 예배를 충분히 연상시킨다"라고 주장한다(156). 그러나 주석가들이 Didache의 성찬 의식에 대한 묘사와 이 본문 사이의 유사성을 주목한 이유는 특히 심판과 "우리 주여 오시옵소서"라는 기도 간의 연계성에 있다. Didache 10장은 성찬 후에 가진 기도와 관련되어 있다. 그 기도의 일부는 "은혜가 오고, 이 세상은 지나가리라! 다윗의 자손에게 호산나! 어느 누가 거룩하면 그에게 오고, 거룩하지 못하면 회개하라. 마라나타! 아멘"과 같다. 또한 다음 자료들도 참고하라. Bornkamm, *Early Christian Experience*, 169-76; Talbert, *Reading Corinthians*, 106-7; G. Stählin, "φιλέω," *TDNT* 9:138-40.

교회들 간의 긴밀한 연합과 사랑뿐만 아니라, 개개의 그리스도인들이 사이에서 그리고 그들과 사도 바울 사이에서 이루어지는 친밀한 교제에 주의를 집중시킨다.

16:22 만일 누구든지 주를 사랑하지 아니하면 저주를 받을지어다 우리 주여 오시옵소서(εἴ τις οὐ φιλεῖ τὸν κύριον, ἤτω ἀνάθεμα. Μαράνα θά). 22절은 사랑을 강조하기 위해 덧붙인 것으로 보인다. 그러나 세 번 중 두 번째로 이 마지막 구절들에서 바울은 사랑이 그리스도를 믿는 믿음을 고백하는 자의 표지여야 한다는 관심사로 되돌아간다. 바울이 모든 참 신자는 사랑이라는 표지나 특성을 지녔다고 말하는 것을 의심하는 사람이 있다면, 이 마지막 저주 공식의 선언을 보고 이런 의심을 해소해야 한다. 다른 바울 서신의 결말 어디서도 이와 같은 강력한 진술이 나타나지 않는다.[41] 이 저주 선언(anathema)[42]은 바울이 갈라디아서 1:8에서 "우리나 혹은 하늘로부터 온 천사라도 우리가 너희에게 전한 복음 외에 다른 복음을 전하면 저주를 받을지어다(ἀνάθεμα ἔστω)"와 같이 선언하는 것과 비슷하다.

여기서 어떤 사람에게 하나님의 심판을 내려달라고 간청하는 것은 직후에 나오는 "우리 주여 오시옵소서"(μαράνα θά)라는 말을 이해하는 데 도움을 준다. 그리스도가 강림하실 때 그분의 언약 공동체에 속해 있다고 주장하는 자의 섬이나 넘어짐이 최종적으로 드러난다. 구약 언약법의 핵심에는 여호와를 사랑하고 이웃을 사랑하라는 명령이 있었다. 이 언약에 대한 불순종은 저주를 낳았으나 순종은 복을 낳았다.[43] 우리는 10장의 많은 부분에서 이 요점이 광야에서 이스라엘 자손에게 임한 하나님의 심판(그리고 복)으로부터 제시된 것을 보았다. 칠십인역에서 "저주"(ἀνάθεμα)라는 말은 대체로 백성이 율법을 어겼을 때 하나님이 매우 엄숙하게 '물건이나 사람들을 진멸하는 일에 헌신하시는 것'을 가리키는 데 사용된다(예를 들어, 신 7:26; 수 7:12).

아람어 공식 μαράνα θά라는 어구는 의심할 것 없이 성경에 약속된 대로 이 땅을 다스리기 위해 크신 영광 중에 강림하실 것을 주님께 간구하는 기도문으로 교회 안에서 매우 초기에 형성되었다.[44] 그것은 아들이 "모든 통치와 모든 권세와 능력을 멸하시고 나라를 아버지 하나님께 바칠" 때 "만물"이 하나님께 "복종하게" 해달라는 기도다(15:24, 27). 따라서 이 기도 자체에는 복과 저주에 대한 간청이 다 들어 있다. 말하자면 이 기도는 하나님의 백성과 하나님의 이름이 최종적으로 정당성이 입증될 것과 관련되어 있다.

이 점에서 '페로라티오'(결론) 부분의 이 마지막 간절한 당부는, 그리스도의 영광스러운 강림하심과 심판 날에 어떤 사람들에게 임할 극도의 위험을 함께 내다본다. 선택은 저주나 복 가운데 하나다. 매우 많은 이스라엘 자손이 광야에서 경험한 것처럼, 하나님의 심판 앞에서 '넘어지느냐'(10:8, 12), 아니면 하나님 앞에서 '서느냐'(10:12-13) 둘 중 하나를 택할 뿐이다. 귀신의 잔과 주의 잔은 함께 마실 수 없다(10:21). 15:22의 아담의 관점에서 보면, 문제는 사람들이 "아담 안에" 있는 자신을 발견하여 그리스도가 "강림하실" 때 심판을 받느냐, 아니면 "그리스도 안에" 있는 자신을 발견하여 '삶을 얻기를' 바라느냐에 있다. 사랑은 그리스도인들 간에 불일치해도 되는 작은 문제가 아니다. 심판이나 복은 사랑을 바로 행하는 데 달려 있다. 주님을 위한 사랑은, 교회가 "우리 주여 오시옵소서"[45]라고 기도하기에 복을 의미하

41. 데살로니가후서 3:14에 이보다 조금 약한 진술이 나온다.
42. '저주받게 하라'(Let him be cursed)가 합리적인 번역이다.
43. 예컨대 신 30:19; 수 8:34을 보라.
44. 아람어 '마라나타'(*maranatha*)는 '우리 주가 오셨다'(*maran atha*)나 '오소서, 주여'(*marana tha*)로 번역될 수 있었다. BDAG 616을 보라. 문맥은 최후의 심판을 암시한다.
45. 에베소서 6:24의 "우리 주 예수 그리스도를 변함없이 사랑하는 모든 자에게 은혜가 있을지어다"라는 축복 기도를 주목하라. 또 고린

고 두려움이 없는 것을 의미한다. "만약 주님을 사랑하지 않으면" 그에게는 심판이 기다리고 있다.[46]

16:23-24 주 예수 그리스도의 은혜가 너희와 함께 하고 나의 사랑이 그리스도 예수 안에서 너희 무리와 함께 할지어다 (ἡ χάρις τοῦ κυρίου Ἰησοῦ μεθ' ὑμῶν. ἡ ἀγάπη μου μετὰ πάντων ὑμῶν ἐν Χριστῷ Ἰησοῦ). 웨이마처럼 23-24절을 따로 분리할 필요는 없다.[47] 바울의 축도와 마지막 말은 그가 방금 말한 것과 통합적으로 연계되어 있다. "은혜"라는 말은 바울 서신의 서두와 결말에 나오는 통상적인 인사말일 수 있으나 그 이상의 의미를 함축한다. 바울은 오직 하나님의 은혜만이 고린도 교인을 온전한 믿음으로 이끌 것이라고 알고 있기 때문이다. 오직 고린도 교인을 구원으로 이끈 은혜는 그리스도인으로서 그들이 온전한 길, 곧 "얼굴과 얼굴을 대하여"(13:12) 볼 때만 끝나게 될 길을 걸어가는 중에 필요한 것과 똑같은 은혜다. 그리스도인의 삶에는 한평생 그리스도와 아버지의 신실하고 자비로운 사랑이 늘 필요하기에 바울은 고린도 교인을 주님의 손에 맡긴다.

바울의 마지막 말은 자신이 전한 말의 원리를 직접 지켰음을 암시한다. 바울은 크게 염려하면서도 고린도 교인을 그리스도 안에서 깊이 사랑한다. 고린도 교인은 바울의 "사랑하는 자녀"이고, 그는 그리스도 예수 안에서 복음으로 말미암아 그들의 "아버지"가 되었다(4:14-15). 이 사랑은 "그리스도 예수 안에" 있다. 다시 한번 바울은 고린도 교인에게 그들이 주님과 언약의 교제 안에 있음을 상기시킨다. 주님은 죽기까지 고린도 교인을 사랑하셨다. 주님은 고린도 교인이 하나님을 사랑하고 이웃을 사랑하고자 힘쓸 때 본받아야 할 분이다. 그렇게 하면 고린도 교인은 그들의 언약의 주님과 동일시된다. 마지막에 나오는 '기원'은 바울이 마음 깊이 사랑한 사람들을 위한 마지막 기도와 편지를 마무리하고 확언한다.

적용에서의 신학

1. 연보

교회와 교회의 사역을 지원하고자 그리고 이 경우처럼 곤궁한 자를 돕고자 연보를 하는 것은 항상 기독교 예배의 특징이었다. 이런 자선의 뿌리는 구약의 다양한 제사, 십일조와 자원 예물에 대한 명령 그리고 이웃을 도우라는 명령에서 발견된다. 신학적으로 보면, 고린도전서 16장을 설명할 때 지적한 것처럼 그런 일은 항상 신자나 공동체가 하나님과 이웃에 대한 사랑을 명백히 표현하는 사례로 보았다. 그런 의미에서 이런 자선은 예수님이 지적하신 것처럼

도전서 8:3의 "누구든지 하나님을 사랑하면 그 사람은 하나님도 알아주시느니라"는 권고와 13:8의 "사랑은 언제까지나 떨어지지 아니하되"라는 진술도 주목하라.

46. Thiselton, *1 Corinthians*, 1348-51은 Eriksson의 견해에 기반을 두고 여기서 바울의 사고를 지배하는 언약 구조를 상세히 설명한다. Anders Eriksson, *Traditions as Rhetorical Proof: Pauline Argumentation in 1 Corinthians*, ConBNT 29 (Stockholm: Almquist and Wiksel, 1998), 279-98에서 특히 "Maranatha in the Letter's Peroratio"라는 장을 보라.

47. Weima, *Neglected Endings*, 203-8.

두 가지 대계명에 대한 반응이다(눅 10:27; 참고. 레 19:18; 신 6:5). 그러나 이런 자선의 기원은 이보다 훨씬 더 거슬러 올라가 살펴보아야 한다. 이런 자선은, 성경적인 믿음에 따라 우리를 먼저 사랑하신 하나님 앞에서 우리가 보이는 예배의 한 반응이기 때문이다(대상 16:29-34). 이런 자선은 특별히 부흥의 때 자원 예물을 바치는 일이 급격히 증가하는 것으로 확인된다(대하 29-31장, 34-35장).

만약 16:1의 "연보"를 구약 시대의 제도와 비교한다면, 십일조나 세금이 아니라 그러한 부흥의 때나 특별한 안식일에 바친 자원 예물과 더 일치할 것이다(참고. 출 36:3; 레 23:37-38; 대상 29:6-8). 그리스도가 친히 자선을 강조하시는 것도 이런 예물을 진실하고 자발적인 마음으로 바쳐야 한다는 구약의 가르침을 보강한다(마 12:41-43; 참고. 출 35:22, 29; 대상 29:17). 바울은 이런 자선을 공동체의 "사랑"이 표현된 것으로 보기 때문에, 교인들이 진실한 마음으로 그 일을 감당하기를 바란다.

현대 교회에서는, 주일 예배에서 행하는 "연보"나 '헌금'이 종종 여러 가지 면에서 공동 예배와 분리된다. 일부 교회에서(그리고 특히 일부 국가에서) 의무로 바치는 율법주의적인 "십일조" 관념에는, 우리를 먼저 사랑하신 주님께 바치는 진실하고 자발적이며 마음이 담긴 선물의 의미가 사실상 완전히 배제되어 있다. 사람들이 자선을 완전히 개인적인 일로 보기 때문에 자선의 공동체 관념은 거의 논의되지 않는다. 의심할 여지없이 모든 교회의 바람직한 자선 지침은, 자선을 주기적으로 행하고 모든 교인이 그 일에 참여해야 한다는 것이다. 바울도 고린도 교인에게 그렇게 하라고 권고한다. 그러나 종합하면 이 관념에 따라 교회는 자선을 전체 공동체 사건으로 삼고 매주 행해야 한다. 그러므로 교회는 주기적으로 자선을 행해야 한다. 바울이 강조하는 균형적인 자선에 따르면, 교회가 항상 자선을 '주께서 번성하게 하시는 것에 따라' 행하는 일로 가정했다는 사실도 되새길 수 있다. 그러므로 경건한 부자는 가난한 자보다 더 많이 바쳐야 하고, 어떤 가난한 자는 바칠 것이 없을 수 있다. 바울이 여기서 제시하는 자선에는, 비록 바쳐야 한다고 권고는 하지만, 그렇게 하는 것 자체에 자유와 기쁨이 담겨 있다. 교회 사역자는 바울이 한 것처럼 교인들에게 주저 없이 자선을 권고해야 한다. 그렇게 하면 많은 교인이 주님께 새롭고 기쁘게 반응하는 결과를 낳고, 교회의 물리적 곤경, 특히 가난하고 궁핍한 형제와 자매에게 새로운 관심을 갖게 될 것이다.

2. 훈련된 유연함

"만일 주께서 허락하시면"(16:7)이라는 말은 아무리 위대한 복음 전도자와 사도일지라도 궁극적으로 그들의 순회 활동을 통제하시는 분은 하나님이라는 사실을 상기시킨다. 성경 전체에 나타난 위대한 믿음을 지닌 사람의 특징은, 선한 계획이 바뀌더라도 자기의 계획을 포기하고 주님이 바라는 곳으로 기꺼이 갈 준비가 되어 있는 것이다. 아브라함은 "믿음으로" 순종하여 약속의 땅으로 떠났다(히 11:8; 그리고 창 12:1-4을 보라). 그리고 바울은 목숨을 잃을까 두려워서 고린도를 떠나기 원했지만, 실제로는 주님이 꿈을 통해 그에게 떠나지 말고 그곳에 머무르라고 말씀하셨기 때문에 이후로 18개월을 더 고린도에 머물렀다(행 18:6-11). 로마서 1:13에서 바울은 로마 지역의 교회를 방문할 계획을 세웠으나 길이 '막힌' 것에 관해 말한다. 그 구절에 사용된 수동태는 하나님이 로마를 방문하지 못하도록 가로막으셨다는 바울의 관점을 암시한다. 누가는 훨씬 더 분명하게 우리에게 바울과 다른 사람들이 '성령이 아시아에서 말씀을 전하지 못하게 하셨다'(행 16:6)고 말한다.

고린도전서 이 마지막 부분에서 바울이 자신의 여행 계획에 관해 말하는 것을 보면, 사역에 대한 활동 계획을 확실히 갖고 있는 훈련된 사람의 명확한 본보기를 보여준다. 바울의 의도는 선하고 존중할 만하며, 말씀을 선포하고 교회의 덕을 세우는 일과 관련되어 있다. 그런데 바울은 자신이 단지 그 사실만 알 뿐이고, 주님이 다른 계획을 갖고 계실 수 있다고 보는 진정한 유연함도 지녔다.

현대 교회에서는 종종 오직 두 가지 대안만 유효한 것처럼 보인다. 많은 경우에 교회 '프로그램'이나 매우 상세하고 주의 깊은 선교 여행 계획은 변경되거나 이의가 제기될 수 없는 것처럼 보인다. 종종 이런 일은 이전에 "성공했던" 프로그램이나 과거에 이루어졌던 여행 계획에 기반을 두고, 이번에도 과거와 똑같이 해야 한다고 보는 관점에서 결정이 이루어진다. 유연함이 부족한 것은, 그 일에 동반된 기도가 "만일 주께서 허락하시면"이 아니라 '주께서 우리의 계획에 복을 주신다'는 노선에 더 가깝다는 사실을 함축할 것이다. 한편 바울은 선교 여행을 주의 깊게 계획했다는 것을 보여준다. 바울은 자신이 보고 싶은 사람들과 자신에게 오기를 바란 사람들을 위해 세심히 계획을 세웠다. 바울은 마치 그것이 더 신령한 방법인 것처럼 어떤 초자연적인 꿈이나 환상을 통해 어디로 가야 할지 또는 무엇을 해야 할지 알 때까지 무작정 기다리지 않았다. 우리는 자신의 계획이나 교회의 계획을 세울 때, 바울이 전략적이고 목적 지향적인 계획과 적절한 유연함 사이에서 균형 있게 행하는 것을 본받아야 한다. 그렇게 할 때 우리에게 주어진 은사를 사용하여 하나님의 부르심을 따르고, 항상 주님의 인도하심이 지배하도록 기도의 자세를 취할 수 있다.

3. 성도들을 향한 사랑

고린도전서와 이 책은 사랑이 성숙한 기독교 신앙의 표지나 인증 잣대라고 거듭 이야기했다. 따라서 바울이 그렇게 하듯, 사랑의 중요성을 되새기며 마무리하는 것은 당연하다. 예레미야는 새 언약에 관해 말하면서 율법이 하나님의 백성의 마음에 기록될 날을 예견한다(렘 31:31-34). 율법은 하나님을 사랑하고 이웃을 사랑하라는 두 가지 대계명으로 요약된다. 따라서 신학적으로 보면 지금 자신의 마음에 새겨진 율법을 가진 자는 삶과 예배를 통해 그것을 충분히 증명해야 한다. 고린도전서 16장 마지막 몇 구절에서 바울은 사랑에 대한 헌신에서 나오고, 그 헌신을 반영하는 모든 신실한 행동의 필요성에 집중한다(13-14절). 바울은 또한 주를 향한 사랑이 자신이 편지에 쓴 내용을 입증하는 표지가 된다고 주장함으로써 가장 큰 명령에 주의를 집중한다(22절). 만약 주를 사랑하지 않는다면, 그 사람은 정죄받을 자로 서 있는 것이다. 사랑이 낭만적이고 관념주의적인 개념이 되어버린 이 시대에, 교회가 세상을 향한 사랑과 주님을 향한 사랑이 진실로 무엇인지 검토하는 일은 결정적으로 중요하다. 바울이 고린도전서에서 고린도 교인을 다룰 때 보여주는 것처럼, 종종 그 적용은 직설적이고 직접적이다. 하지만 결론적으로 사랑은 항상 그리스도 안에 참여하는 것과 관련된다. 사랑은 그리스도를 본받는 것이고, 순종과 관련되어 있다. 바울은 주의 말씀을 단순히 인용하는 것에 그치지 않고, 예수님이 제자들에게 주신 말씀을 모든 면에서 지키는 데 힘쓰는 자의 좋은 본보기다. "너희가 나를 사랑하면 나의 계명을 지키리라"(요 14:15-24).

고린도전서의 신학

바울의 주요 신학적 주제를 연구할 때 많은 사람이 본능적으로 로마서나 갈라디아서 같은 서신을 펼친다. 하지만 고린도전서도 바울의 신학에 대해 많은 통찰력을 제공한다. 고린도전서의 눈을 통해 바울의 신학을 연구할 때, 우리는 바울이 자신의 신학을 교회 생활의 특정 문제들에 적용하는 지점에서 많은 교훈을 얻는 유익을 누릴 수 있다. 이는 바울의 신학을 활력 있게 할 뿐만 아니라, 그가 무척 중요하다고 여기는 문제들을 얼마나 일관성 있게 다루는지 입증하는 데도 도움이 된다. 이 책은 전체에 걸쳐 고린도 교회가 직면한 주요 문제들이 우리가 실제로 믿는 것과 관련되어 있다는 점을 지적했다. 그러나 바울은 우선순위에 있다고 여기는 신학적 주제들을 더 깊이 해설함으로써 고린도 교인의 신학을 장려하거나 교정하는 데 심혈을 기울인다. 이제부터 설명할 내용은 고린도전서에서 제기된 많은 신학적 주제를 빼놓지 않고 철저히 제시한 것은 아니다. 또한 중요성 면에서 우선되는 주제들을 순서대로 제시한 것도 아니다. 고린도 교회라는 특정 교회와 바울의 관계를 배경으로 제시된 신학적 주제들을 다루었다.

하나님

바울은 고린도전서에서 여러 차례 하나님(θεός)에 관해 말한다. 사실은 하나님이라는 이름이 "그리스도"(Χριστός)보다 두 배 가량 더 자주 나온다. 바울은 고린도전서에서 신론을 체계적으로 전개하지 않지만 그가 하나님을 어떻게 이해했는지 알아보기에는 충분하다. 하나님은 궁극적인 창조자와 주권자로, 하나님의 뜻은 특별히 주 예수 그리스도를 통해 수행된다. 따라서 바울은 처음부터 자신이 "하나님의 뜻을 따라" 그리스도 예수의 사도라고 말한다(1:1). 8:4에서 바울은 구약의 '쉐마'(*Shema*)에 기반을 두고 성경적 일신론을 고수하고 한 하나님, 곧 "아버지"가 계신다고 주장한다(8:6). 하나님을 아버지로 부르는 가족 배경은 구약성경에 종종 나타난다(시 68:5; 89:26; 사 9:6). 이 가족 배경은 대체로 자신이 '지으시고'(말 2:10) 자기 "아들"

로 부르실 수 있는(출 4:22; 호 11:1) 자기 백성, 곧 이스라엘을 하나님이 자비롭게 보살피신다는 관념에서 나온 것으로 보인다. 이 관념은 특히 신약성경에서 하나님을 자기 아버지로 부르시는 그리스도의 가르침에서 전면에 부각된다(예를 들어, 막 8:38; 14:36; 눅 10:21). 그런데 예수님은 아버지라는 이 친근한 호칭을 제자들에게 효과적으로 언급하거나 '계시하신다'(막 11:25; 눅 10:22; 특히 마 5:44–6:33을 보라). 고린도전서에서 하나님께 붙인 "아버지"라는 호칭은 자신을 위해 자신이 사랑하는 자들을 창조하신 하나님을 가리킨다(1:3). 또 마지막 날에 그리스도가 자기 백성을 바치실 대상인 하나님을 가리키는 데(15:24) 사용된다. 하나님의 백성에게는 아버지가 만물의 창조자와 보존자이고, 만물은 그분을 위해 존재한다(8:6). 다른 곳에서 바울은 하나님을 예수님의 아버지라고 말하는데(고후 1:3; 11:31; 엡 1:17), 이 가르침은 고린도전서 3:23과 11:3에 함축되어 있다.

하나님은 주 예수 그리스도 안에서 그리고 주 예수 그리스도로 말미암아 구주로 여겨지신다. 그러나 1:18–2:5에서 바울이 고린도 교인의 부르심과 구원을 묘사할 때 "하나님"을 매우 자주 언급하는 것은 주목할 만하다. 고린도 교인이 구원을 받은 것은 하나님의 "능력"이고(18, 24절), 하나님의 "지혜"(24절)이며, 하나님의 선택이다(18, 21절). 하나님이 구원에 대해 가지신 법적인 주권은, 바울이 이 세상의 지혜와 하나님의 지혜 및 능력을 대조하는 대목에서도 확인된다(2:7–9).

고린도전서에서 바울은 신명기 7:9과 32:4(LXX)에 의지하여 특별히 하나님의 신실하심[미쁘심(1:9; 10:13); 참고. 고후 1:18]에 독자의 주의를 집중시킨다. 하나님은 신실하신 분이므로 자기 백성을 세우시고, 마지막 날에 "책망할 것이 없는 자로" 발견되도록 그들에게 능력을 주신다(1:8). 일부 주석가가 '임마누엘 원리'(Emmanuel principle)로 부른 것, 즉 하나님이 항상 자기 백성과 함께하신다는 원리도 바울이 중점에 둔 것이다. 성경 전체에 걸쳐 하나님은 그곳이 에덴동산이든, 성막이든, 성전이든 자기 백성 가운데 거하신다. 바울은 하나님의 백성을 하나님의 영이 내주하시는 "하나님의 성전"으로 이해한다(3:16–17). 이 성전(교회, 뒤의 내용을 보라)은 하나님께 보호를 받는다. 하나님은 자기 백성을 멸하고자 하는 자는 누구든 멸하실 것이다(3:17). 6:19에 따르면 하나님은 개개의 신자의 몸에 거하도록 성령을 주신다.

마지막으로 바울이 부활에 관해 설명하는 내용을 보면(뒤의 내용을 보라), 하나님은 그리스도를 죽은 자 가운데서 다시 살아나게 하셨고(15:15), 따라서 "우리", 곧 그분께 속해 있는 자도 다시 살려내실 것이다(6:14). 결국은 승리하신 그리스도가 아버지 하나님께 "나라"를 바치실 것이다(15:24–25). 만물을 그리스도께 복종하게 하실 하나님은, 결국 그리스도로부터 만물을 받으심으로써 '만유의 주로서 만유 안에 계실' 것이다(15:28).

그리스도의 주 되심

고린도전서 1:1–10에서 바울은 "그리스도"와 "주님"이신 예수님의 중심적 위치를 강력하게 천명했다. 이 열 개의 구절에서 바울이 "그리스도 예수"를 언급하고(세 번), 반복되는 호칭인 "주 예수 그리스도"(5번)와 "예수 그리스도 우리 주"(1번) 및 "그의 아들 예수 그리스도 우리 주"(1번)라는 말 등으로 그분을 "주"로 지칭하는 사실은, 그가 고린도전서에서 그리스도의 통치와 권세를 중요하게 여긴다는 점을 암시한다. "그리스도"라는 말에 부여된 예수님의 주 되심(주재권)은 바울이 "그리스도"를 왕의 관점에서 생각하고 있음을, 곧 메시아이신 왕으로 보았음을 충분히 암시한다. 로마서 10:9에서 바울은 그리스도를 주로 인정하는 일이 구원에 필수적이라고 말한다. 고린도전서 12:3에서 신령한 자는 "하나님의 영으로…예수를 주"로 시인하는 자로 정의된다. 이것은 이 간략한 진술이 최초로 형성된 기독교 신앙고백에 한 요소로 포함되었음을 암시한다. 대부분의 바울 서신에서 "주 예수 그리스도"라는 온전한 호칭이 인사말과 축도에서 사용되는 것은, 이 호칭이 바울 이전에 초대교회에서 일반적으로 인정되었다는 사실과 일찍부터 예수님이 그리스도로서 지니신 메시아 지위와 주 되심이 결합되었다는 사실을 암시한다. 고린도전서 16:22에 나오는 '마라나타'(*maranatha*, "우리 주여 오시옵소서")라는 아람어 어구 역시 바울 서신이 기록되기 전에 주라는 명칭이 사용되었음을 암시한다. 고린도전서 곳곳에서 바울은 구약성경을 인용하거나 인유할 때 κύριος라는 말을 사용한다. 칠십인역에서 이 표현은 종종 히브리어 단어 '야훼'를 대체하는 용어로 사용된다. 고린도전서 3:20과 14:21에서 κύριος라는 말은, 이 두 본문이 각각 시편 94:11과 이사야서 28:11을 인용하므로 하나님을 가리킨다. 그러나 바울은 야훼(LXX는 κύριος로 번역)를 언급하는 구약 본문을 취하여 그 말을 그리스도께 적용한다. 고린도전서 1:31과 10:26이 그에 해당하는 사례다. 거기 보면 각기 예레미야서 9:23–24과 시편 24:1이 인유된다. 고린도전서에서 바울이 그리스도의 주 되심에 의지하는 것은 다음 세 문맥에서 두드러지게 확인된다.

첫째, 우상 숭배에 관해 말하는 문맥에서 확인된다. 바울은 8장과 10장에서 우상 숭배 문제를 다룰 때 그리스도의 주 되심에 논증을 의지한다. 고든 피는 8:6이 "특별한 기독론 요소"를 제공한다고 올바르게 주장한다.[1] 8:5에서 바울은 우상 숭배에 빠진 이방인이 섬기는 "많은 '신'"과 "많은 '주'"에 관해 말한다. 이때 바울은 이방인의 신앙 체계를 무너뜨리고자 '쉐마'에 나오는 유대인의 일신론 고백에 의지하지만 엄밀히 그리스도를 주로 지칭하기 위해 유대인의 일신론 고백을 교정한다. 바울은 유대인의 일신론 고백을 훼손하지 않으면서 성경을 두 부분으로 나누어 아버지와 그리스도의 통일성을 확언한다. 첫 번째 부분에서 한 하나님(εἷς θεός)에 대한 확언은 아버지께 귀속되고, 두 번째 부분에서 한 주(εἷς κύριος)에 대한 확언은 주이신 예

1. Fee, *Pauline Christology*, 89.

수 그리스도께 귀속된다. 아버지 하나님이 다른 모든 "신"을 반대하는 위치에 계신 것처럼 주이신 예수 그리스도도 다른 모든 "주"를 반대하는 위치에 계신다. 바울은 이렇게 말할 때 아버지는 창조하신 분이고, 주님은 창조의 행위자이자 구속을 이루시는 분이라고 확언한다["만물이 그로 말미암고 우리도 그로 말미암아 (하나님께 나아오느니라)"]. 또 바울이 전하는 똑같이 놀라운 사실은, 주이신 그리스도가 다른 모든 "주"를 반대하여 십자가에 못 박히신 메시아라는 사실이다(뒤의 내용을 보라).

바울은 "우리를 위하여" 오직 한 "주 예수 그리스도"가 있다고 주장할 때, 그리스도와 우상 숭배에 빠진 자가 섬기는 주들을 대조한다. 따라서 바울이 앞서 "이 세대의" 또는 "이 세상의 지혜"와 하나님과 그리스도의 지혜를 대조하는 것은 두 나라, 곧 그리스도의 나라와 어둠의 나라가 대립하는 훨씬 큰 그림의 일부 요소로 본다(골 1:3; 엡 5:5-8). 그런데 10:20-22에 이르러 바울은 사람들이 한 주께 충성하여 주의 잔을 마시고 주의 식탁에 앉든지 아니면 귀신들에게 충성하든지 둘 중 하나에 충성하는 것을 증명함으로써 이 주제를 더 상세히 다룬다. 바울은 구약에 나오는 여호와의 "질투" 관념에 의지함으로써, 그리스도가 왕 노릇 하시고 순종을 받아야 할 분이신 참된 주라는 사실과 두 나라가 서로 대립하고 있음을 분명히 한다. 그리스도인은 또한 주 그리스도 안에서 최종적으로 죄와 사망에 대한 자신의 승리를 발견한다(15:54-57). 다른 모든 "주"와 "주 예수 그리스도"의 대조로 말미암아 기독교 신앙에 매우 근본적인 "예수를 주"로 고백하는 신조 공식이 만들어진다(12:3). 구약의 언약의 주와 주 그리스도를 동일하게 보는 것은, 우상 숭배자들이 섬기는 귀신들을 이기시는 예수님의 권세와 능력을 말해줄 뿐만 아니라 그분의 선재성에 대해서도 말한다.

둘째, 종말론 문맥에서 확인된다. 바울은 처음부터 재림하시는 주님과 그분이 행하시는 심판을 다루는 문맥으로 고린도전서를 시작한다. 따라서 1:7-8에서 바울은 교회 생활이 "우리 주 예수 그리스도의 나타나심", 곧 심판의 날이자 "우리 주 예수 그리스도의 날"(구약 본문의 "주의 날"에서 나옴. 본문 설명을 보라)로 불리는 때를 기다리는 배경에서 이루어진다고 본다. 심판자 앞에서 서거나 넘어지는 것에 관한 주제가 반복된다(1:23에서 '심층 연구: 걸림돌에 관한 주제'를 보라). 따라서 신자가 심판과 영광의 그날에 책망할 것이 없는 자로 견고하게 설 수 있는 이유가 바로 주 예수 그리스도 때문이라는 점을 깨닫는 것이 중요하다(8절). 5장에서 다룬 출교는 엄밀히 관련 당사자가 궁극적으로 "주의 날에" 구원을 받을 수 있도록 회복하는 데 목적이 있다(5:5). 바울은 또한 마지막 날에 공동체 지체들이 심판을 받지 않도록 주님이 공동체에 "징계"를 통해 현재 심판을 내리시는 것에 관해서도 말한다(11:31-32). 그리스도의 부활의 중요성을 설명할 때 그리스도의 종말론적 주 되심과 왕의 권세도 강조된다. 마지막 날에 "그리스도 안에" 있는 모든 자가 다시 살아나고, 그리스도는 나라를 아버지께 바치신다. 그리스도의 주 되심은 모든 통치와 권세와 능력을 멸하실 때 모든 사람에게 최종적으로 드러난다(15:23-24). 마지막 날에 세상은 자기 백성의 대표이신 왕과 주로서 그리스도가 최종적으로 아버지께 복종하기 전에(28절), '그분이 모든 원수를 그 발아래에 두시는'(25절) 것을 볼 것이다. 바울이

57절에서 “우리 주 예수 그리스도로 말미암아 우리에게 승리를 주시는 하나님께 감사하노니” 라고 기뻐할 때도 초점은 그리스도의 주 되심에 있다. ‘마라나타’(16:22)라는 말은 그리스도가 왕, 구주, 심판자로 다시 오실 주님이라는 바울의 기독론의 중심 요소를 잘 요약한다.

셋째, 윤리를 다루는 문맥에서 확인된다. 바울은 그리스도의 주 되심을 기초로 고린도 교인에게 윤리적 도전을 준다. 고린도 교회는 ‘십자가에 못 박히신 그리스도’로 요약되는 하나님의 은혜를 받았고, 그리스도가 고린도 교인의 주님이시며, 그들은 주님께 ‘속해 있다’(3:23). 따라서 바울은 그들이 주님을 섬기고 그분께 복종해야 한다고 주장한다. 이것은 바울이 감사와 보답으로 반응하는 모습에서 다양하게 확인된다. 바울은 1:10에서부터 그리스도의 주 되심이 고린도 교인에게 함축하는 모든 사실에 호소하기 시작한다. “형제들[과 자매들]아 내가 우리 주 예수 그리스도의 이름으로 너희를 권하노니 모두가 같은 말을 하고.” 고린도 교인의 존재와 소유는 다 “그리스도 예수 안에서” 하나님의 은혜로 말미암은 것이므로 그들의 “자랑”은 오직 주 안에 있어야 한다(1:30–31). 교회의 터이신 그리스도와 그분의 강림하심에 의존하는 것은 그리스도를 닮아가야 하는 삶의 동기로 사용되고(3:11–15), 바울은 자신과 사도들을 “그리스도의 일꾼”의 본보기로 제공한다(4:1). 그러므로 바울이 청지기 직무를 어떻게 행하는지 판단하실 수 있는 분은 오직 주님밖에 없다(4:4). 그리스도는 주이시고 그리스도인의 모든 존재와 소유는 그리스도께 속해 있으므로, 바울은 음행을 죄악이라고 말할 수 있다. 어쨌든 몸은 “주를 위하여” 있다(6:13). 바울이 사람들이 결혼을 하거나 하지 않을지에 관해 말할 때는 주를 기쁘시게 하는 것이 핵심 관심사가 된다. 더 나은 길은 흐트러짐이 없이 “주를 섬기는” 것이기 때문이다(7:35). 주께 속한 자는 주의 법, 곧 “그리스도의 율법”에 순종하는 삶을 살아야 한다(9:21). 주가 누구신지에 비추어 그리고 주의 종말론적 승리에 비추어 바울은 그리스도인에게 다음과 같이 권고하면서 15장을 마무리한다. “항상 주의 일에 더욱 힘쓰는 자들이 되라 이는 너희 수고가 주 안에서 헛되지 않은 줄 앎이라”(15:58).

십자가에 못 박히신 그리스도

고린도전서에서 바울은 그리스도의 주 되심과 그가 강조하는 십자가에 못 박히신 그리스도 관념을 정교하게 하나로 묶는다(참고. 롬 14:9). 그러나 십자가에 못 박히신 예수님에 관한 신학적 주제에 호소할 때는 둘을 분리하여 언급할 수 있다. 십자가에 못 박히신 그리스도라는 바울의 말은 그리스도의 죽음과 부활을 통해 이루어진 그분의 구원 사역을 가리키는 약어다. 분명히 바울은 “그리스도께서 만일 다시 살아나지 못하셨으면 우리가 전파하는 것도 헛것이요 또 너희 믿음도 헛것이며”라고 말한다(15:14). 그럼에도 바울이 그리스도의 죽음을 강조하는 것은, 진실로 죽으시고 죽은 자 가운데서 다시 살아나신 메시아의 인간성에 여전히 집중하고 있음을 상기시키는 역할을 한다. 바울은 그리스도의 죽음이 믿음의 근거를 제공한다고 본다(롬 5:6; 갈 3:1; 고후 5:14-15). 그리스도의 죽음은 하나님의 은혜의 표현이다(롬 5:8; 골 1:22). 그리스도의 죽음은 하나님의 공의의 증거다(롬 3:21-26; 5:17-18; 갈 2:21). 하지만 무엇보다 고린도전서에서 바울은 특히 믿음에 대한 이 근본적인 가르침을 목회적인 다양한 상황에 실제로 적용한다.

"십자가에 못 박힌" 그리스도(1:23)는 바울이 고린도 교인에게 전한 복음의 핵심 요지였다(2:2). 바울은 십자가에 못 박히신 그리스도의 메시지가 메시아의 표적을 구하는 유대인에게는 거리끼는 것이고, 사람의 지혜와 계획을 더 좋아하는 이방인에게는 미련한 것이라고 말한다(1:23). 따라서 바울은 자신의 메시지가 불가피하게 사람의 모든 기대를 무너뜨린다는 점을 인정한다. 바울은 예상과 달리 그리스도의 십자가의 능력, 곧 "십자가의 도"를 구원을 위한 "하나님의 능력"으로 언급한다(1:18). 사람의 지혜에 따르면, 십자가에 못 박히신 그리스도는 하나님이 사람의 지혜를 멸하실 것이라고 예언하는 구약의 관념을 성취하신다(1:19). 그러나 같은 메시지 속에 구원을 위한 하나님의 능력이 포함되어 있다.

고린도전서 서두에서 바울은 다섯 가지 면에서 십자가에 못 박히신 그리스도라는 메시지에 호소한다. 첫째, 이 메시지는 고린도 교인에게 구원이 전적으로 하나님의 능력과 은혜라는 사실을 상기시킨다(1:17). 둘째, 이 메시지는 고린도 교인에게 그리스도의 인격과 복음 메시지가 사람들을 갈라놓는다는 사실을 전한다. 곧, 구원을 받는 자와 멸망하는 자로 나누어진다(21-24절). 셋째, 바울은 이 메시지를 그리스도인의 교만은 용납될 수 없다는 사실을 상기시키는 데 사용한다(26-31절; 참고. 4:17-21). 넷째, 바울은 십자가에 못 박히신 그리스도의 가르침에 담겨 있는 낮아짐과 종 됨의 메시지를 자신의 삶의 방식과 복음 전파 방식에 반영함으로써 그 방식들을 정당화한다(1:17; 2:1-5; 참고. 4:8-13; 9:12). 고린도 교인은 바울을 본받아야 한다. 다섯째, 이 메시지는 바울이 윤리적 권고를 행할 때 그리스도의 주 되심에 호소하는 것을 강화하는 데 사용된다(5:7; 8:10-13; 10:14-22; 11:23-30).

다시 말하면 자신의 교회를 위해 십자가에 못 박히시고 죽으신 메시아 예수님에 관한 이 근본적인 복음 신학은, 다양한 효력을 지닌 신학적 주제가 된다. 십자가에 못 박히신 그리스도 메시지는 신자를 겸손하게 하고, 삶의 방식을 변화시키며, 과시적인 교만의 흔적들을 파괴한다. 이 메시지는 사람의 관점에서 보면 완전히 약하고 무력하다. 하지만 이 메시지는 사실상 '만물이 그로 말미암고 우리도 그로 말미암아 (하나님께 나아오는) 한 주 예수 그리스도'를 선포하는 것이다(8:6). "주 예수"가 친히 정하신 성찬식은 이 매력적인 신학이 중심적 위치를 차지하고 있음을 가장 명확히 보여준다(11:23). 그리스도의 죽음의 약함과 그 죽음으로 교회를 위해 성취된 해방 및 구원의 영광이 성찬식에서 매주 선포된다. 성찬식에서 떡과 포도주로 말미암아 십자가에 못 박히신 그리스도를 기억할 때, 그분이 주로서 행하시는 심판도 기억하게 된다(32절). 이는 바울이 다음과 같이 말하는 것과 같다. "너희가 이 떡을 먹으며 이 잔을 마실 때마다 주의 죽으심을 그가 오실 때까지 전하는 것이니라"(26절).

성령

성령의 사역은 고린도전서에서, 특히 2장과 12장에서 두드러지게 부각된다. 성령의 사역은 복음 전파의 핵심에 놓여 있다. 바울은 고린도 교인에게 설득력 있는 지혜의 말이 아닌 십자가에 못 박히신 그리스도에 관한 단순한 메시지를 들고 나아갔으나, 그럼에도 그것이 성령의 나타나심과 능력이 되었다고 주장한다(2:4). 성령은 사람들에게 하나님의 지혜를 계시하신 하나님의 행위자로 여겨진다. 오직 성령만이 "하나님의 깊은 것"까지 통달하시고, 하나님이 복음으로 그들을 위해 예비하신 것을 파악할 수 있도록 하나님의 백성에게 능력을 주시는 분이기 때문이다(2:9-13). 따라서 성령이 "신령한" 자가 누구인지 정의하신다. 신령한 자는 성령을 소유하므로, 성령의 능력으로 복음을 이해할 수 있다. 즉, 예수 그리스도 안에 있는 하나님의 사역과 말씀 그리고 그분이 십자가에 못 박히신 것을 제대로 이해할 수 있다. 그리스도인은 성령을 통해 "그리스도의 마음"을 가질 수 있다. 반면 '육에 속한 사람은 하나님의 성령의 일들을 받지 않는데, 이는 그것들이 그에게는 어리석게 보이기' 때문이다(2:14-16; 참고. 롬 8:9). 이것은 오직 "성령으로"만 "예수를 주시라" 말할 수 있다는 바울의 주장으로 잘 요약된다(12:3).

성령은 하나님으로부터 그분의 백성에게 오셔서 그들이 하나님께 속해 있음을 증명하시는 분으로 여겨진다(6:19; 참고. 롬 8:14, 16; 고후 1:22; 5:5). 확실히 그리스도를 믿는 자는 누구든 한 성령으로 세례를 받아 한 몸이 되었다(12:13에 대한 설명을 보라). 따라서 성령의 사역은 하나님 백성의 삶의 모든 단계에서 확인된다. 곧, 성령의 사역은 하나님의 백성이 복음을 듣고 이해할 때, 그들이 언약 공동체로 편입될 때, 그들이 거룩해질 때, 그들이 안전을 보장받을 때 그리고 그들이 그리스도의 몸의 지체로서 갖추어야 할 삶을 대비할 때 발견된다. 고린도전서 3:16과 12:3에서 성화, 곧 성도가 거룩해지는 일에서 성령이 맡으신 역할에 대한 바울의 관점이 드러난다. 그렇지만 다른 바울 서신에서 확인되는 것과 같은 방식으로 그 관점이 전개되지는 않는다(참고. 롬 8:2-4, 12-14; 갈 5:16-23). 그러나 성령이 하나님의 은사를 교회에 베풀어주시는 활동은 고린도전서의 핵심 초점이다.

성령의 은사

편지의 서두(1:4-7)에서 바울은 "그리스도 예수 안에서" 고린도 교인에게 모든 은사(χάρισμα)에 부족함이 없을 정도로 풍족하게 베풀어진 은혜에 대해 하나님께 감사한다. 이 은사는 "우리 주 예수 그리스도의 나타나심"을 기다리는 동안 하나님의 백성으로 살아가는 배경에서 주어진다. 이 은사의 목적은 하나님의 백성이 지역 교회로서 함께 살면서 각자 하나님의 능력으로 교회의 "덕을 세울" 수 있도록 하는 것이다(14:12). 편지의 서두에 따르면 이 은사의 원천은 하나님이시다. 바울이 12장에서 은사에 대한 주제를 전개하는 것을 보면, 은사가 다양하게 하나님과 그리스도께 귀속된다. 하지만 결국은 성령으로 말미암아 주어지는 것을 볼 수 있다. 12장에서 바울은 각기 다른 "은사"(χαρίσματα), "직분"(διακονίαι), "사역"(ἐνεργήματα)이 교인들에게 할당되는 것을 다양하게 언급한다. 하지만 이것들의 목적은 모두 교회의 덕을 세우는 것이다(12:4–6). 12:4–6에서 바울은 "같은 성령", "같은 주", "같은 하나님"을 언급한다. 그러나 8–11절을 보면 성령이 은사의 원천과 제공자로 판명된다. 은사를 나눠주시는 성령의 행위가 8–9절에서 4번에 걸쳐 특별히 언급된다. 11절의 요약을 보면, 성령이 은사의 능력의 원천이고 누가 어떤 은사를 받을지 결정하시는 분이다. 따라서 성령은 교회가 "얼굴과 얼굴을 대하여" 볼 때까지(13:12) 그리스도의 몸이 하나로 연합되어 공동의 유익을 위해 기능할 수 있게 하시는 분이다. 앞에서 본문을 주석하며 확인했듯이 은사가 무척 다양하고 성령이 원하시는 자에게 은사를 나누어주신다는 사실은, 은사가 "사랑"과 달리 경계 표지로 기능할 수 없음을 입증하는 마지막 신학적 이유를 제공한다. 성령이 거하시는 모든 사람에게서 당연히 발견되어야 하는 것은 바울이 다른 곳에서 성령의 열매의 하나로 부르는 것, 곧 "사랑"이다(갈 5:22).

은사는 또한 교회의 예배에서 성령이 맡으신 역할을 강조한다. 예배에 모인 공동체에는 성령이 임재하시고, 성령은 예배하는 자가 모일 때 은사를 사용할 힘과 능력을 성도들에게 베풀어주신다. 바울은 특히 방언과 예언의 은사에 관해 말하고, 모든 일이 질서 있게 진행되도록 공동 예배에서 두 은사를 적절히 사용하는 법에 관해 특별한 지침을 준다(12, 14장). 가르침도 성령이 주실 수 있는 은사다(12:28). 심지어는 교회에서 기도하고 찬송하는 것도 성령이 힘과 능력을 주실 수 있다(14:15–17, 26; 참고. 엡 5:18–19; 6:18; 골 3:16).

교회

고린도전서에서 바울이 교회에 관해 폭넓게 가르치는 교훈은 대체로 두 가지 큰 주제로 나누어질 수 있다.[2] 첫 번째로 교회는 하나님의 영이 거하는 곳이다. 두 번째로 각 개인은 교회 안에서 맡은 역할이 있고, 바울은 이것을 "몸"과 비슷한 역할을 하는 것으로 가르친다. 교회의 중요성은 고린도전서 첫 부분에서 분명하게 드러난다(1:2). 바울은 "고린도에 있는 하나님의 교회"에 편지를 쓴다. 그 교회는 하나님께 속해 있고, 하나님으로 말미암아 세워졌다. 이런 의미에서 교회는 현대에 자주 축소되는 것처럼 인간적 기관이나 협회나 모임이 아닌, 하나님이 창조하신 공동체다. 이것은 이 공동체에 속한 사람의 거룩한 지위에 즉각 주의를 집중하게 하는 동격 절들을 통해 상세히 제시된다. 바울이 고린도전서를 쓸 때 교회에 관한 진술로 서두를 시작하는 것은, 이후 고린도 교인 사이의 분쟁과 파벌을 반대하는 논증을 강조하는 데 도

2. "교회"(ἐκκλησία)라는 단어는 복수형으로나 단수형으로 고린도전서에서 22번에 걸쳐 나오는데, 사실상 다른 어떤 바울 서신보다 더 빈번하게 나온다.

움을 준다. 단수형으로 "교회"(church)를 표현하는 것과 그 교회가 하나님께 속해 있다는 사실은 그 공동체의 원천과 통일성을 함께 말한다. 동격 절들에 나타난 복수형은 "교회"로 알려진 이 단수형 공동체를 구성하는 많은 지체에게 주의를 집중하게 한다. 바울 서신에서 "교회"는 일반적으로 특정 가정집이나 집회소에서 하나님의 백성이 함께 모이는 것을 가리킨다. 고린도전서에서 이것은 "먼저 너희가 교회에 모일 때에 너희 중에 분쟁이 있다 함을 듣고"(11:18)와 같은 표현에서, 또는 "예언하는 자는 교회의 덕을 세우나니"와 "너희가 모일 때에"와 "교회에서는 잠잠하고"(14:4, 26, 28)와 같은 구절에서 확인할 수 있다. 고린도에 있는 가이오의 집에서 모인 "온 교회"(롬 16:23)라는 표현에 비추어 보면, 교인들이 작은 가정집 '교회들'에서 모인 것이 통상적인 관례였던 것 같다.

고린도전서에서 바울이 '보편' 교회를 다룬다고 하는 것은 시대착오적인 말일지 모르겠지만,[3] 바울은 확실히 자신과 관련된 다양한 교회가 정책이나 예배에서 같은 기준을 따르고 교회들의 상호 의존성을 인정하는 것을 보고자 심혈을 기울인다. 따라서 바울은 4:17에서 자신이 "각처 각 교회"에서 가르치는 것과 "모든 교회에서" 명하는 방식(7:17)에 관해 말한다. 바울은 11:16에서는 "하나님의 교회"에 관해, 14:33-34에서는 '성도들의 모든 교회'에 관해 말한다.

성전으로서의 교회

고린도 교회의 분쟁과 다툼을 결연히 반대할 때 바울은 성전으로서의 교회에 의지하여 논증을 전개한다(3:16). 교회는 하나님이 자신의 영을 통해 거하시는 곳이다(ναὸς θεοῦ ἐστε καὶ τὸ πνεῦμα τοῦ θεοῦ οἰκεῖ ἐν ὑμῖν, "하나님의 성전인 것과 하나님의 성령이 너희 안에 계시는 것"). 불화를 극복하려면, 교인들은 교회의 의미를 알아야 했다. 성령이 그들 속에 거하신다는 사실이 불화를 극복하는 열쇠다. 그래서 바울은 고린도 교인에게 그들이 함께 모여 "우리 주 예수의 능력"을 경험하는 것에 대해 말할 수 있다(5:4). 하나님은 항상 자기 백성 가운데 거하셨다. 가장 먼저는 에덴동산에서, 그다음에는 성막에서 그리고 나중에는 성전에서 거하셨다. 그러나 지금은 자신의 영으로 성도들의 교회 안에 거하신다. 성령이 거하시는 곳이라는 하나님 백성의 교회가 띠는 중요한 의미는, 바울이 고린도전서에서 그 진리를 말할 때 절대 평가절하될 수 없다. 위더링턴은 "놀랍게도 바울이 이처럼 건강하지 못한 그리스도인들이 섞여 있더라도 교회는 여전히 하나님이 거하시는 하나님의 성전이라고 계속 믿는다"[4]라고 말한다. 요즘은 많은 그리스도인이 으레 자신의 개인적 구원을 먼저 생각한다. 따라서 우리는 하나님의 성전으로서 함께 모인 지역 공동체를 강조하는 일에 각별한 관심을 가져야 한다. 성전으로서의 교회에 이처럼 각별한 관심을 두게 되면 교회를 '덕을 세우는' 관점에 따라 보게 된다(3:9-12). 따라서

3. 4:17을 본보기로 사용한다. Whiteley는 "보편 교회에 관한 생각이 때때로 그 말에 지역 의미를 함축시킨 어구로 전달된다"라고 말한다 (*Theology of St. Paul*, 188-89, 강조체 원저자).

4. Witherington, *Conflict and Community*, 134.

바울은 하나님의 백성의 '덕을 세우는' 일(14:12, 26 등), 즉 특별히 사랑을 실천할 때 일어나는 일(8:1)을 자주 강조한다.

몸으로서의 교회

바울은 "몸" 은유를 사용하여 교회를 묘사할 때 교회를 구성하는 "성도"의 연합과 상호 의존성을 다시 강조한다. 이 관념은 10:16-17에서 주의 만찬을 배경으로 소개된다. 그리스도가 흘리신 피와 그분이 하나님의 백성을 위해 자기 몸을 내놓으신 것을 상징하는 떼어낸 떡이 만들어낸 결과는 언약 공동체, 곧 교회다. '한 조각의 떡'을 떼어낼 때 누구나 주님이 친히 이끄셔서 언약을 형성하신 사건에 참여하며 그것을 떠올릴 수 있다. 이 점에서 "많은" 사람이 사실은 "한 몸"으로(ἓν σῶμα) 나타난다. 따라서 그 몸은 언약의 주께 속해 있는 것으로 본다. 언약의 주는, 그분께 속해 있을 때 그리고 그분을 예배하고 섬길 때 하나로 연합될 사람들을 위해 그분 자신을 죽음에 내놓으셨다. 그러나 몸 은유는 교회를 탄생하게 한 그리스도의 희생을 상기시키는 것과 단순히 연합을 호소하는 것 외에 다른 역할도 한다. 11:27-29절에서 "몸" 은유는 온 교회가 성찬 식사에 참여하는 방식에 적절한 관심을 갖도록 자극하는 데 사용된다. 몸이 적절하게 '분별되려면', 전체 공동체가 함께 먹고 마셔야 한다. 그렇게 하지 못하면 그들에게 심판이 임할 수 있는데, 그것은 바울이 여전히 언약의 관점에서 생각하고, 주의 심판에 관해 생각하고 있음을 추가로 증명한다(1:29-32).

12장에서 바울은 그 관념을 더 깊이 전개한다. 거기서 바울은 몸 은유를 사용하여 그리스도의 마음을 갖는 것을 옹호하고, 세속적 생각을 우선시하는 태도를 바꾸기 위해 몸 은유를 더욱 깊이 적용한다. 바울은 그리스도의 몸의 지체들에게 은사가 다양하게 주어지는 점을 강조하면서, "아름다운" 지체와 "아름답지 못한" 지체 관념과 지체들의 관계의 중요성 관념도 전개한다(12:22-24). 여기서 우리는 1:26-29에서 바울이 고린도 교인의 사회·경제적 구성에 관해 설명한 것을 떠올릴 수 있다. 그리스도의 몸을 구성하신 분은 하나님이다. 천하고 멸시받는 자가 매우 중요한 자로 여겨져야 한다는 사실이 다시 강조된다. 몸의 각 지체에게는 다른 지체가 필요하다. "오직 하나님이 몸을 고르게 하여 부족한 지체에게 귀중함을 더하사 몸 가운데서 분쟁이 없고 오직 여러 지체가 서로 같이 돌보게 하셨느니라"(12:24-25). 교회가 개인주의 관념과 지위를 추구하는 사회의 영향을 크게 받는 시대에는, 모두가 이해할 수 있는 대중적인 관점에 따라 '교회'의 본질을 새롭게 가르치는 일이 결정적으로 중요하다. 전통적인 교회들이 그 안에서 일어나는 일을 처리할 때 여전히 한두 명의 목사에게 의존하기 때문에 그리고 많은 현대 교회가 앞서가는 일부 '전문가'에게 의존하기 때문에, 바울은 모든 교회에 하나로 연합하여 함께 하나님의 부르심을 성취하도록 은사를 받은 언약 공동체의 특별한 본질을 인정하라고 촉구한다.

우상 숭배와 귀신론

고린도전서에서 바울은 우상 숭배 문제를 매우 상세히 다룬다. 우상을 숭배하는 데 익숙했던 이교 배경을 가진 개종자가 많았기 때문에 우상 숭배는 초대교회 내내 큰 골칫거리였다(8:7; 참고. 벧전 4:3; 계 2:20). 우상 숭배 문제에 대한 바울의 신학적 접근법은 여러 가지 중요한 요점을 포함한다. 첫 번째로, 바울은 우상의 본질과 우상을 유일하신 참 하나님과 비교할 때 그것이 서 있는 상대적인 위치를 검토한다. 두 번째로, 바울은 우상 숭배가 그리스도인에게 왜 그토록 위험한지 설명한다. 세 번째로, 바울은 우상 고기를 먹는 관습 문제를 다룬다. 바울은 우상 숭배를 설명할 때 각 주장을 뒷받침하기 위해 성경에 호소하여 신학적 통찰을 제시한다.

첫째, 바울은 하나님의 본성에 관한 기독교적 이해에 맞추어 우상을 고찰한다. 바울은 그리스도인에게는 오직 한 하나님이 계신다고 주장하고, '쉐마'에 논증을 의지한다. 이 하나님은 만물과 존재하는 모든 사람을 창조하신 분이다. 게다가 오직 한 주, 곧 예수 그리스도가 계시는데, "만물이 그로 말미암고 우리도 그로 말미암아 [하나님께 나아온다]"(8:6). 따라서 하나님께 나아오는 것은 한 주로 말미암아(어떤 다른 "주"들로 말미암지 않고) 이루어진다. 바울은 이처럼 한 하나님과 한 주를 강조하는 가운데 우상 숭배자가 섬기는 "많은 신"과 "많은 주"에 관해 말한다(8:5). 처음에는 이것이 불합리한 추론처럼 보일지 모르지만, 10:14–22은 바울의 이런 생각을 설명하는 데 도움을 준다. 하나님 외에 다른 신은 존재하지 않지만 귀신은 실재한다. 귀신은 "세상에 아무것도 아닌" 우상의 배후에서 숭배를 받는 실재다(8:4; 그리고 10:20–22을 보라). 바울은 우상 숭배 문제를 다룰 때, 오직 한 하나님이 계시고 우상은 세상에 아무것도 아니라는 성경의 진리에 의지하는 것이 가르침의 전부가 아니라는 점을 증명한다. 성경은 그 이상을 말한다. 바울은 주로 신명기 32:17–18에 의지한다.

둘째, 바울은 우상 숭배가 그리스도인에게 매우 위험한 일이라고 여기는 이유를 제시한다. 그리스도인은 오직 언약의 주이신 주 예수 그리스도로 말미암아 하나님께 나아간다(8:6). 우상에게 돌아서는 자에게는 멸망이 기다리고 있다(8:11; 10:5–7). 이것은 특히 이전에 이방인이었고 우상 숭배로 다시 돌아갈 가능성이 있었던 사람에게 심각한 경고가 된다(8:10). 교회 안에 있는 다른 사람들을 잘못된 길로 이끌어 우상 숭배로 되돌아가게 만드는 사람은 그리스도가 위하여 죽으신 자를 걸려 넘어지게 하고, 단순히 형제와 자매에게 죄를 범하는 데서 그치지 않고 그리스도께도 죄를 짓는다는 사실을 알아야 한다(8:12). 우상의 신전에서 벌어진 종교적 식사에 가담하는 것은, 그 식사로 귀신들과 결합하게 되므로 특히 위험하다.

셋째, 마지막으로 바울은 우상 고기를 먹는 관습을 지배하는 신학을 해설한다. 여기서 바울의 논증은 정교하게 전개된다. 신전에서 우상에게 바쳐진 음식을 먹는 것은 용납할 수 없다(8:10). 그리스도인이 우상 숭배로 다시 돌아가는 문제와 별개로, 10장에서 바울은 주 되심(주재권)의 문제를 다시 다룬다. 종교적 맥락에서 볼 때 이런 식사는 언약의 식사로 보아야 한다. 바울은 주의 만찬을 본보기로 제시한다. 주의 만찬에는 주님과 '언약에 참여'함이 있다(10:16).

그러므로 주의 만찬에 참여하는 자는, 우상의 신전에서 우상을 숭배하는 식사에 참여하는 것에도 이와 똑같은 원리가 적용된다는 사실을 알아야 한다(10:16-18). 바울은 10장에서 이스라엘을 부정적 본보기로 사용하여 이스라엘 자손이 우상 숭배자들에게 가담했을 때 우상에 참여한 자가 되었다고 주장한다(참고. 말 1:7, 12). 그리스도인은 주님께 속해 있는 자이므로 귀신의 "식탁"에 참여함으로써 귀신에게 "참여해서는" 안 된다(10:18, 20-21). 바울이 이중 충성이 불가능하다고 주장할 때, 그는 복을 베푸시고 심판하시는 온전한 권세를 가지신 언약의 주로서 그리스도가 맡으신 역할을 전제한다. 바울은 심지어 주의 "질투"에 호소하기도 한다(10:22; 그리고 신명기 32:21을 보라). 그러나 우상에게 바쳐졌으나 시장에서 팔리는 고기는 먹을 수 있다(10:25). 이 일반적 진술이 성경의 지지를 받는 것은 "땅과 거기 충만한 것이 주의 것이기" 때문이다(10:26; 시편 24:1에서 인용). 그러나 이것도 고린도전서에서 바울이 핵심적으로 강조하는 한 가지 신학적 주제, 곧 모든 것이 그리스도 안에 있는 형제와 자매의 '덕을 세우는지' 여부에 따라 처리되어야 한다는(10:23) 신학을 배경으로 확립된다. 따라서 이 신학은, 사람이 우상에게 바쳐진 음식을 먹은 사실이 문제가 되는 경우와 같이 우상 고기를 먹는 특정 문제를 이끄는 지침이 되어야 한다(10:27-31, 그 구절에 대한 설명을 보라). 바울이 우상 숭배를 탐욕과 직결시키는 곳은 에베소서 5:5이지만, 고린도전서 5:10-11과 6:9에서도 이와 비슷한 말을 한다. 결론적으로 바울에게 우상 숭배는 주를 대신하거나 인간에 대한 주의 목적을 침해하는 것을 가리킨다.

음행과 성 윤리

성경 전체에 걸쳐 우상 숭배와 음행은 긴밀하게 연계되어 있다. 둘 다 주님과의 관계를 파괴하는 죄를 함축한다. 바울은 분명히 모든 죄, 특히 음행이라는 죄의 뿌리가 우상 숭배에 있다고 본다(롬 1:21-32). 바울이 고린도전서 5:10-11과 6:9-10에서 교회 밖에 있는 자의 다양한 죄를 열거하는 것을 보면, 우상 숭배와 음행과 탐욕이 긴밀하게 연계되어 있다. 이 연계성은 이스라엘 역사 속에서 다양한 시기에 명확히 드러났다. 바울이 고린도전서 10:7에서 언급한 기사, 곧 출애굽기 32장에 나온 금송아지 사건은 우상 숭배가 음행을 직접 불러일으켰음을 보여준다. 민수기 25-26장에 언급된 이스라엘과 모압의 관계에서 일어난 일도 마찬가지다(참고. 고전 10:8). 그러나 이 연계성은 성경에서 정결한 결혼을 자기 백성에 대한 하나님의 신실하신 사랑을 보여주는 그림으로 사용하는 것에도 나타난다. 반면 정결하지 못하고 간음에 빠진 관계는 다른 신을 따라간 자를 묘사하는 그림으로 그려진다. 창녀가 된 아내를 찾아 다시 결혼하라는 요구를 받은 호세아 선지자 이야기는 이 그림을 명확하게 증명한다. 그 이야기에서 호세아 선지자의 결혼 생활은 이스라엘의 죄와 심판을 상징하고, 아내와 다시 결합한 것은 하나님이 이스라엘을 회복하게 하신 것을 상징한다. 다른 많은 본문이 이런저런 형태로 이 그림에 의존하고, 우상 숭배와 음행을 연결한다. 고린도전서 6:9에서 음행과 관련된 죄는 우상 숭배라는 죄의 이면으로 나타난다(참고. 롬 2:2). 5:9에서 바울은 고린도 교인에게 이전에 그들에게 편지로 쓴 것을 상기시키고, 그들 가운데 있는 음행하는 자와 사귀지 말라고 말한다. 또한 바울은 고린도 교인에게 그들은 귀신(우상)의 식탁과 주의 식탁에 함께 앉을 수 없다고 말한다(10:21). "음행을 피하라"(6:18)와 "우상 숭배하는 일을 피하라"(10:14)는 바울의 명령은 서로를 거울처럼 반사한다.

신학적으로 보면, 바울이 음행을 피하라고 당부하는 이유는 고린도 교회가 "그리스도 예수 안에서 거룩하여지고 성도라 부르심을 받은" 자들로 구성된 공동체이기 때문이다(1:2). 그리스도인은 거룩한 삶으로 주변 사람들과 구별되어야 한다(참고. 엡 5:3). 그리스도인은 자신이 그리스도 안에 있고, 주와 한 영이며(6:17), 자신의 몸이 성령의 전이라는(6:19) 새로운 실재를 삶에 반영해야 한다. 데살로니가전서 4:3-4에서 바울은 이것이 교회에 주는 핵심 지침 중 하나라는 점을 분명히 한다. 곧, 그들의 "거룩함"은 하나님의 뜻이므로 그들은 음란을 버리고 "거룩함과 존귀함으로" 자신의 몸을 통제하는 법을 배워야 한다. 많은 이가 회심하기 전 음행한 적이 있었던(6:9) 고린도 교인에게 거룩함을 지키라고 요청하는 것은, 그들의 행동이 근본적으로 변화되어야 함을 의미했다.

성 윤리는 "주를 기쁘시게 할" 것이 무엇인지 시험하는 것으로(엡 5:10) 그리고 유월절 어린 양으로서 그리스도의 죽음이 묵은 "누룩"을 제거한 사실을 기억하는 것으로(고전 5:6-8) 결정되어야 한다. 성 윤리는 또한 부활에 비추어 결정되어야 한다(6:14). 이제 행동과 삶은 부활을 준비해야 하고, 하나님의 거룩한 백성에 대해 부활하신 그리스도가 가지신 우선권을 반영해야 한다.

따라서 바울은 몸이 주를 위해 있음을 알아야 하는 신자들에게 몸에 죄를 짓는 것이 완전히 잘못인 다섯 가지 이유를 제시한다(6:13-20). 하나님은 '주와 합하고'(17절) 하나님께 영광을 돌리도록(20절) 몸을 창조하셨다. 그러므로 몸은 부도덕한 목적에 사용되어서는 안 된다. 그리스도의 주 되심 아래 몸은 성관계를 가질 때 파괴될 수 없는 확고한 목적이 있다. 이 목적은 하나님의 형상의 국면들을 반사하는 것이다. 그리고 여기에는 자기 백성에 대한 하나님의 신실하심 및 그들을 향한 하나님의 사랑과 헌신(그리고 하나님을 향한 백성의 신실함과 사랑과 헌신)을 반영하는 것이 포함되어 있다. 몸은 하나님의 영광을 위해, 즉 "주를 위하여"(6:13) 사용되어야 한다.

그리스도와 그분의 백성의 부활

앞에서 확인한 것처럼, 고린도전서 15장은 바울 서신뿐만 아니라 성경 전체에서 부활을 가장 상세히 설명한다. 여기서는 '본문 설명'에서 언급한 내용 중 몇 가지 요소만 요약해도 충분할 것이다. 고린도전서에서 바울의 신학은 고린도 교회 전체에 영향을 준 관점을 가진 일부 교인의 질문이나 오해에 따라 제시된다. 하나님 백성의 부활은 그리스도의 부활에 달려 있다. 만약 그리스도의 부활이 의심되거나 부정되면, 교인들은 '여전히 죄 가운데 있고', 그들의 '믿음이 헛될'(15:17) 뿐만 아니라, 부활도 절대로 있을 수 없다고 바울은 주장한다. 바울은 15장을 복음에 대한 설명으로 시작하는데, 이것은 예수님의 부활에서 절정에 달한다. 사람들의 죄를 "위한" 그리스도의 희생적 죽음은 오직 부활로 의미를 갖는다. 복음은 죄가 극복되었고 사망이 정복되었다는 것이다. 따라서 그리스도의 부활은 부활 생명에 관한 사실 자체를 보증하고, 부활 생명을 예수 그리스도로 말미암아 모든 사람에게 유효하게 만든다. 바울의 논리는 그리스도가 죽은 자 가운데서 다시 살아나신 것처럼, 죽은 자의 부활도 기정 사실임이 틀림없다는 것이다.

앞에서 주장한 것처럼, 부활을 두고 고린도 교회에서 벌어진 문제는 아마 모종의 이원론에 원인이 있었을 것이다(15:12에 대한 설명을 보라). 바울은 부활에 관해 미래와 현세의 강력한 대조를 핵심에 둔 가르침으로 고린도 교회에서 벌어진 문제에 대처한다. 현 시대에는 현세에 대비한 몸을 갖고 있고, 다음 시대에는 새 시대에 대비한 새로운 몸을 갖는다. 바울은 이 가르침을 전개할 때 의도적으로 창세기 1–3장을 환기하는 것 같다. 바울은 아담과 그리스도가 각각 대표 머리라는 관념에 기반을 두고, 그리스도 안에서 사망이 어떻게 생명으로 대체되는지 증명한다. 이 생명은 지금 '첫 열매인 그리스도' 안에서 충분히 확인된다. 그리고 그리스도가 강림하실 때 "그리스도에게 속한" 모든 자에게서 확인된다(15:23). 따라서 부활은 "맨 나중에 멸망받을 원수[인] 사망"의 멸망을 보증하고(15:26), 만물이 하나님께 복종하게 될 때 절정에 달한다(15:27–28).

바울은 부활 이전과 이후의 두 몸을 대조할 때, 육의 몸(현세의 몸)과 다음 세상에서 비육체적인 몸이 된다는 의미의 "신령한" 몸으로 구분하지 않는다. 바울은 이 두 몸을 '진정한' 몸으로 본다. 이것을 표현하기 위한 더 나은 단어는 없다. 그런데 전자는 현세에 땅에서 살 수 있다는 점에서 하나님이 창조하고 준비하신 몸인 반면, 후자는 하나님의 강력한 부활 역사를 통해 다음 세상에서 살 수 있도록 하나님이 창조하고 준비하신 몸이다. 전자는 "썩을" 것이자 "죽을" 것이고, 후자는 "썩지 아니할" 것이자 "죽지 아니할" 것이다(50–54절). 바울이 다양한 실재에 적합한 형체(몸)의 다양한 형태에 의지하여 논증하는 것은 이 요점을 크게 보강한다. 하나님은 하늘의 별이든, 땅의 식물이든, 공중의 새든 각기 다른 영역이나 다른 세계에 사는 실존에 적합한 "몸", 곧 형체를 창조하신다(37–42절). 또 바울이 창세기 2:7에 의도적으로 관심을 두면서 아담과 그리스도를 대조하는 것은 그의 추론을 밝힌다(45절). "'첫 사람 아담은 생령이 되었다' 함과 같이 마지막 아담은 살려 주는 영이 되었나니"(45절). 바울은 아담이 "땅에서" 났으나 마지막 아담인 그리스도는 "하늘에서"(47절) 나셨다고 설명한다.

고린도전서 15장 마지막 부분에서, 바울은 부활의 변화 능력에 담긴 하나님의 특별한 역사를 지적하지만(53–55절), 사실은 현재와 아직 임하지 않은 시대 사이의 연속성을 강조하면서 결론을 맺는다(58절). 바울은 그리스도 안에서 주어질 인간의 미래 국면, 즉 "얼굴과 얼굴을 대하여" 볼 준비가 되고 영원과 새 땅에 거하는 데 적합한 몸을 가지고 살아갈 미래를 근거로, 고린도 교인에게 지금 "주의 일에" 더욱 힘쓰는 자가 되라고 당부한다. 오늘날 모든 그리스도인은, 고린도 교인이 처음 복음을 받았을 때처럼 죄를 위한 그리스도의 죽음 및 부활과 사망에 대한 승리에 소망을 둔 복음에 계속 굳게 서 있어야 한다(15:3).

성구 찾아보기

잠언

아가

이사야

마태복음

마가복음

누가복음

로마서

고린도전서